SERMONES Y BOSQUEJOS

DE TODA LA

BIBLIA

JAMES SMITH

SERMONES Y BOSQUEJOS

DE TODA LA

BIBLIA

13 TOMOS EN 1

editorial clie

JAMES SMITH

EDITORIAL CLIE
M.C.E. Horeb, E.R. n.º 2.910 SE-A
C/ Ferrocarril, 8
08232 VILADECAVALLS (Barcelona) ESPAÑA.
E-mail: clie@clie.es
Internet: http:// www.clie.es

SERMONES Y BOSQUEJOS DE TODA LA BIBLIA
James Smith y Robert Lee

Traducción: Daniel Somoza y Santiago Escuain
Revisión y reestructuración de la obra: Ana Magdalena Troncoso y Alicia Fuertes

Depósito Legal: B-37851-2006
ISBN: 978-84-8267-490-2

Impreso en USA / *Printed in USA*

Clasifíquese:
Sermones
Sermones completos
REL058010

26 27 28 TRM 16 15 14

CONTENIDO

PRÓLOGO

James Smith nació en el primer tercio del siglo XIX, por los alrededores del año 1835. Desarrolló gran parte de su ministerio en Escocia como pastor bautista, tarea que compartió extensamente con su vocación de escritor, publicando diversos libros de carácter evangelístico, doctrinal y apologético.

Su obra cumbre fue, sin embargo, un extenso **COMENTARIO HOMILÉTICO DE LA BIBLIA** publicado originalmente en doce tomos bajo el título de *Handfuls on Purpose*, y cuya redacción comenzó a la edad de cincuenta y cinco años, cuando ya había adquirido una notable experiencia en la predicación. A los sesenta y cinco años de edad, se trasladó a Australia, donde prosiguió su tarea como predicador, evangelista y escritor, dejando al morir, a la edad de ochenta años, el comentario inconcluso hasta el tomo diez, siendo acabada la obra por el pastor de Manchester Robert Lee, quien la revisó y completó hasta el Apocalipsis.

El comentario de James Smith es valorado y apreciado como una herramienta indispensable para el ministerio por todos los pastores de habla inglesa, por lo cual sigue siendo publicado y distribuido hasta el día de hoy por varias editoriales de prestigio en esa lengua, está presente en todas las bibliotecas y figura en todas las bibliografías y catálogos de obras de referencia y consulta en el apartado de comentarios.

No se trata, sin embargo, de un comentario en el sentido tradicional. Su enfoque es estrictamente homilético. Es decir, no comenta el texto de la Sagrada Escritura desde un perspectiva exegética o expositiva, lo que hace es proporcionar al predicador bosquejos homiléticos sobre la práctica totalidad de textos de la Biblia.

A tal fin, estructura homiléticamente la práctica totalidad de pasajes y versículos importantes de la Biblia, del primero al último, desde Génesis 1:1 hasta Apocalipsis 22:21. ¡Un tesoro de más de DOS MIL bosquejos originales y cuidadosamente elaborados partiendo de cualquier texto bíblico que podamos imaginar o sobre el que un pastor tenga la intención de predicar. Y para muchos textos presenta bosquejos *Devocionales, Temáticos, Expositivos, Evangelísticos,* etc.

Pero no se limita a facilitar el «esqueleto» del bosquejo; como corresponde a un «comentario» aporta también «carne», pensamientos e ideas fundamentales sobre cada uno de los puntos del bosquejo. Incluidas las ilustraciones y anécdotas.

En su presentación actual en un solo tomo, dentro la colección de GRANDES OBRAS, esta obra monumental de James Smith se presenta estructurado en cuatro partes:

1º Sermones y bosquejos sobre el Antiguo Testamento, colocados en orden de los pasajes y textos bíblicos en los que se basan, de Génesis a Malaquías.
2º Sermones y bosquejos sobre el Nuevo Testamento, colocados en orden de los pasajes y textos bíblicos en los que se basan, de Mateo al Apocalipsis.
3º Bosquejos temáticos clasificados alfabéticamente.
4º Anécdotas e ilustraciones.

A continuación si sitúan los *Indices:*

1º Índice de palabras clave.
2º Índice de versículos clave.
3º Índice de títulos de los bosquejos.

Estos tres índices han sido pensados y diseñados especialmente para facilitar al predicador la tarea de buscar de un bosquejo hasta rayar los límites de lo insólito. Puede buscar partiendo de un texto bíblico; partiendo de un tema o incluso partiendo simplemente de una sola palabra… las posibilidades son infinitas.

¿Queremos un bosquejo, por ejemplo, sobre el texto más corto de la Biblia, Juan 11:35 «Lloró Jesús»? Ningún problema, basta con buscar en el índice de versículos clave Juan 11:35 y ahí lo tenemos.

¿Nos interesa predicar sobre la «ansiedad»? Es fácil. Buscamos en el índice de palabras clave la palabra «ansiedad» y ¡encontramos seis bosquejos en 30 segundos!

¿Necesitamos preparar una serie de estudios bíblicos sobre el «Tabernáculo» o «La Armadura del Cristiano»? Disponibles en el acto! Buscamos «Tabernáculo» o «armadura cristiana» y ahí están.

Pero… éstos son temas conocidos. Algo más difícil. ¿Qué podríamos buscar verdaderamente «difícil» para demostrar las posibilidades ilimitadas de esta obra? Al mirar sobre mi despacho, veo un pequeño imán que sirve para colocar los «clips» sujetapapeles evitando así que se desparramen por la mesa. Y me pregunto… ¿acaso habrá algún bosquejo sobre los imanes? ¡Pues sí señor! ¡Nada menos que cuatro bosquejos! ¡Verdaderamente increíble!

Todos sabemos que el ideal está en que cada predicador prepare y elabore él mismo sus propios sermones y bosquejos. Para esto están las demás obras de referencia y consulta, los comentarios y otras herramientas de exégesis bíblica. Pero… ¡hemos de ser realistas! … y reconocer que la mayoría de pastores van siempre cortos de tiempo. Y que un auxiliar casi inagotable de ideas y sugerencias para sermones como el que aporta esta libro es una ayuda inmensa.

Partiendo de la estructura y las ideas que proporciona la obra de James Smith para la mayor parte de pasajes y textos de la Biblia, retocándolas y ampliándolas con ideas propias, es fácil conseguir un sermón «personalizado» a nuestro estilo con una mínima parte del tiempo y esfuerzo que requiere prepararlo si partiéramos de cero. Es por ello que todo pastor que la descubre, que aprende a utilizarla adecuadamente y consigue sacar de ella todo el partido que sus posibilidades ofrecen, la valora y la cuida como un verdadero un tesoro. Hasta el punto que un conocido predicador no dudó en afirmar en cierta ocasión: «Antes preferiría renunciar, si fuera necesario, a la mitad de su biblioteca que prescindir de este libro». No en vano alguien ha dicho que un pastor podría estar predicando cada domingo, durante toda su vida, utilizando y combinando únicamente los sermones y bosquejos que contiene este libro.

ELISEO VILA VILA
Presidente de la Editorial CLIE

Junio, 2005

SERMONES
Y
BOSQUEJOS
SOBRE EL

ANTIGUO TESTAMENTO

1. LA CREACIÓN
Génesis 1

«En el principio... DIOS». La regeneración, como la obra de la creación, tiene su principio en Dios (Jn. 3:5). La nueva creación, como la vieja, empieza con la «*Palabra* de Dios» y el *movimiento* del Espíritu. Compárese el orden aquí con la experiencia de un alma que pasa de muerte a vida. Obsérvese:

I. El estado de desorden (Gn. 1:2). La triple condición del estado del hombre por naturaleza se halla aquí lúcidamente sugerida:

1. CONFUSIÓN. «La tierra estaba desordenada. Ninguna forma; nada en armonía con el propósito final de Dios. Ninguna cosa perfecta. La mente carnal es enemistad contra Dios. Cosas espirituales simples.
2. VACIEDAD. «Vacía». Por sí misma completamente incapaz de producir algo bueno. La vida y la fructificación son dones de Dios. «En Mí, esto es, en mi carne, no mora el bien» (Ro. 7:18). El hombre es absolutamente vacío aparte de ese Espíritu que se mueve. «¿Quién hará limpio a lo inmundo?» (Job. 14:4).
3. OSCURIDAD. «Las tinieblas estaban sobre la faz del abismo». No puede haber otra cosa que tinieblas hasta que sea enviada la luz. Nosotros hubiéramos estado en tinieblas hasta ahora si Dios no hubiese *mandado* que resplandezca la luz (2 Co. 4:6). Estar bajo el pecado es estar bajo el poder de las tinieblas. Satanás es el Príncipe de las Tinieblas.

II. La obra del Espíritu. «El Espíritu se movía». La tierra podrá haberse movido, pero su propio movimiento no podía repararla. Era menester un movimiento *sobre* ella. La regeneración no es resultado de una operación del corazón natural. No es evolución, sino creación (2 Co. 5:1, 7). Nacidos, no de *voluntad* de hombre, sino de Dios; nacidos de arriba (Jn. 6:63).

III. El poder de la palabra de Dios. «Dijo Dios... y fue». Él habló, y quedó hecho. La palabra de Dios es viva y eficaz. Esta palabra, esta energía poderosa, moviente y recreadora, está en el evangelio de Cristo. Es potencia de Dios para salud. ¡Lázaro, ven fuera! (Jn. 11:43). Su palabra era con autoridad.

IV. La separación divina. «Separó Dios la luz de las tinieblas» (Gn. 1:4, 5). La palabra de Dios, por el poder del Espíritu Santo obrando en el «nuevo hombre», divide entre alma y espíritu, y aparta lo espiritual de lo carnal. «¿Qué comunión tiene la luz con las tinieblas?» (2 Co. 6:14-18).

V. La manera de fructificar. «Que dé fruto *según su género*, que su semilla esté en Él» (Gn. 1:11). La fructificación es resultado de la luz y el moviente Espíritu. El efecto de una condición, no un esfuerzo; de lo que *somos*, no de lo que hacemos. El fruto de Cristo en nosotros será semejanza a Él: fruto según su género, y con la semilla en Él. Reproductivo.

VI. La posición de las lumbreras. «En la expansión de los cielos para alumbrar sobre la tierra» (Gn. 1:15). La luz tiene que estar *sobre* la tierra para que pueda brillar *sobre* ella. «Vosotros sois la luz del mundo». No de Él, levantados encima de Él. Sentados en los lugares celestiales para resplandecer *sobre* Él (Jn. 17:1-26).

VII. La imagen de Dios. «Creó Dios al hombre a su imagen». La culminación de su poder creativo resulta en su propia semejanza. Es así en la nueva creación. «Conforme a la imagen del que lo creó» (Col. 3:10). La gran obra del Espíritu Santo es renovar el alma según la imagen de Dios. Dios y el hombre estarán satisfechos cuando seamos perfeccionados a su semejanza.

VIII. La corona de honor. «Señoree». El poder y la autoridad vienen cuando hemos sido hechos como Él es. En el reino reinaremos con Él (Ap. 20:6).

2. EL SÁBADO DEL CREADOR
Génesis 2

Dios reposó recién cuando hubo *acabado* los cielos y la tierra. No halló descanso hasta haber puesto fin a todo su trabajo. El sábado, o reposo de Dios, significa perfecta satisfacción en lo que ha sido realizado. Él solo fue el obrador. Solo el suyo fue el descanso. Notemos:

I. El sábado ordenado. El día séptimo fue establecido por Dios como un tiempo de reposo y gozo para sí mismo y para toda la creación.

1. ES UN DÍA DE DESCANSO. No hay más obra que hacer. Él reposó, no porque estaba fatigado, sino porque toda cosa buena que podía ser hecha estaba hecha.
2. ERA UN DÍA DE BENDICIÓN. «Lo bendijo Dios». La especial predilección y deleite de Dios estaban en Él: veracidad y satisfacción.
3. ERA UN DÍA APARTADO. «Lo santificó Dios». Lo separó como su propia posesión y herencia porque manifestaba los resultados de su propia sabiduría, poder y bondad. Pero nótese más particularmente que:
4. ERA EL DÍA DE GRACIA PARA EL HOMBRE. Dios hizo al hombre en el sexto día, de modo que el primer día que amaneció sobre Adán fue el sábado de Dios, es decir, el hombre entró inmediatamente en el disfrute del reposo de su Creador. Dios acabó la obra; el hombre entra con Él en el descanso y disfrute de todo lo que Dios había hecho. ¡Oh, la gracia de Dios, al gozarse en introducir al hombre en una tal posesión!

II. El sábado destruido. Parece que el hombre no disfrutó por mucho tiempo del reposo de Dios. El tentador vino, el hombre fracasó, el reposo fue violado, Adán huyó de Dios. El pecado arruinó al hombre de modo que no pudo disfrutar del descanso de Dios. En las edades que siguen el hombre parece haber *olvidado* que el sábado fue «hecho por causa del hombre», de manera que cuando la ley fue dada (Éx. 20:1-26) la palabra «acuérdate» fue significativamente antepuesta al segundo mandamiento. El sábado del reposo divino, que era un *don* al hombre, ahora vuelve a Él en la forma de *ley*; pero todavía le recuerda el descanso de Dios. El maná no cayó en el sábado. Para gozar del reposo ahora tienen que juntar el doble el sexto día: no por gracia ahora, sino por obras.

III. El sábado restaurado. Por medio de Jesucristo el hombre puede ser vuelto al disfrute del reposo de Dios.

1. POR ÉL OTRA OBRA HA SIDO ACABADA. «He acabado la obra» (Jn. 17:4). Quitó el pecado, la obra de la expiación está terminada, y Dios lo ha declarado todo bueno.
2. SE DISFRUTA DE OTRO REPOSO. Como Dios reposó sobre el propiciatorio en el lugar santísimo, así ahora Él descansa satisfecho en la obra de su amado Hijo.
3. OTRO DÍA DE GRACIA ES PROCLAMADO. «Venid a Mí, y Yo os haré descansar» (Mt. 11:28). Como Adán entró en el reposo de Dios, así ahora podemos nosotros hacerlo por fe en Cristo. «Queda un reposo (sábado) para el pueblo de Dios» (He. 4:1-9); «procuremos, pues, entrar en aquel reposo». Este reposo significa para nosotros todo lo que significaba para Adán: 1). Una cesación de las obras. 2). Continua comunión con Dios. 3). Llevar su santa imagen. 4). Hallar nuestro todo en su posesión. 5). Regocijarnos en Dios. «No pudieron entrar a causa de incredulidad» (He. 3:19).

3. EL HUERTO DEL EDÉN
Génesis 2:8-19

El huerto de Edén habla de gracia sobre gracia. El hombre hecho por Dios fue invitado a entrar en toda la plenitud de Dios y disfrutarla. El huerto puede ser tomado como una figura de la provisión que Dios ha efectuado para el hombre en Cristo Jesús.

I. La graciosa provisión de Dios. Hay algo en el hecho de que:

1. ERA UN JARDÍN. Esto sugiere un interior *especial*, un lugar preparado para un hombre preparado. Se nos recuerda el pacto hecho con Cristo antes que el mundo fuese. Él era el Cordero inmolado desde antes de la fundación del mundo (Ef. 1:4).
2. FUE PLANTADO POR EL SEÑOR. El hombre no puso mano en la hechura de esta heredad. Esta, como el plan de la salvación, era obra de Dios: «La salvación es de Jehová» (Jon. 2:9). Tanto la «planta» como el trabajo de plantar le pertenecían a Él solamente (Jn. 3:16).
3. FUE PLANTADO PARA EL HOMBRE. Dios tenía delante de Sí el bien del hombre en la plantación de cada árbol. Consideró toda la necesidad del hombre, e hizo amplia provisión para su completa satisfacción. Toda la eterna providencia de Dios a nuestro favor se ve en la plenitud que mora en Cristo. En Cristo está la provisión de Dios para el hombre necesitado. Veamos algunas de estas bendiciones arbóreas:

(1). *El árbol de la vida.* Éste se hallaba en medio del huerto (Gn. 2:9). LA VIDA es la primera necesidad del hombre: «Yo he venido para que tengan vida» (Jn. 10:10). Éste era el árbol de *vida eterna* para Adán. La cruz de Cristo en medio es el árbol de vida para el hombre caído. Antes que Adán pudiese morir tenía que ser alejado del árbol de la vida. Estar sin Cristo es estar sin esperanza.

(2). *Todo árbol delicioso a la vista.* Aquí también Adán encontró su placer. En la provisión de Dios para nosotros en Cristo hay vida y toda cosa deleitosa, todo placer que valga la pena tener: en el camino de la Sabiduría.

(3). *Todo árbol bueno para comer.* Hay muchos placeres que no satisfacen, pero estos placeres divinos son buenos para alimentación. Edifican y fortalecen. Cada promesa de Dios es un árbol de fruto; el jardín del Señor está lleno de ellos.

(4). *Estaba el «árbol de la ciencia del bien y el mal».* ¿Hubiera sido mejor sin esto? Aquí hay una verdad profunda. No podremos conocer el *bien* y el *mal*, en un sentido verdadero, hasta que hayamos sido plantados en Cristo. Allí el pecado y la gracia son bien conocidos.

(5). *Había un río de agua* (Gn. 2:10). Un río irrigaba el huerto. Hay un río cuyas «corrientes alegran la ciudad de Dios» (Sal. 46:4). Las bendiciones en Cristo son todas hechas fructíferas por el poder del Espíritu Santo. En Cristo seguramente tenemos una hermosa herencia.

II. El maravilloso privilegio del hombre.

1. FUE PUESTO ALLÍ POR DIOS. «Dios lo puso en el huerto» (Gn. 2:15). Adán no fue hecho en el huerto. El ser nosotros injertados en Cristo es un acto divino. La provisión es mucha, pero eso no es suficiente. El alma del hombre, por el Espíritu Santo, tiene que ser puesta en contacto con ella.
2. FUE PUESTO ALLÍ PARA DISFRUTAR LA OBRA DE DIOS. ¡Qué gracia! Somos bendecidos con toda bendición espiritual en Cristo Jesús.
3. FUE PUESTO ALLÍ PARA TRABAJAR Y VIGILAR: para labrar y guardar el huerto (Gn. 2:15). La vida cristiana, aunque una vida de fe, no es una de ocio.
4. FUE PUESTO ALLÍ CON UNA DIVINA LIBERTAD Y AMONESTACIÓN (Gn. 2:16, 17). ¿Pecaremos para que la gracia abunde? En ninguna manera. El pecado no cortará la calidad de hijo, pero destruirá la comunión.

4. EL PRIMER CASAMIENTO

Génesis 2:18, 21-25

Dios dijo: «Hagamos al hombre a *nuestra imagen*». Este primer hombre puede ser tomado como una figura del Segundo Hombre, el Señor del cielo, quien es la *imagen* del Dios Invisible. Eva puede representar la relación de los redimidos con Cristo: «Grande es este misterio; mas yo digo esto respecto de Cristo y de la iglesia» (Ef. 5:32).

I. La declaración. Dios dijo: «No es bueno que el hombre esté solo» (Gn. 2:18). Dios considera que ésta es la necesidad más alta del hombre, y piensa que la *soledad* no es para su mayor bien. ¡Pensad en Dios allá en la eternidad pasada diciendo esto en cuanto al Hijo de su amor! ¡No es bueno para Él estar solo, el único Hijo, llevando la imagen y reflejando la gloria del Padre! Llevará muchos hijos a la gloria.

II. La nueva creación. «Le haré ayuda idónea para Él» (Gn. 2:18). Eva fue hechura de Dios, y su don al hombre en su propia imagen. Nosotros somos hechura suya, creados de nuevo en Cristo Jesús. La iglesia es una apta ayudante para Cristo, es hecha por Él y es el don del Padre al Hijo. «Todo lo que el Padre *me da*, vendrá a Mí» (Jn. 6:37). «Los que me diste» (Jn. 17:9).

III. La operación. «Dios hizo caer sueño profundo sobre Adán» (Gn. 2:21). El sueño es figura de la muerte. Mientras Adán estaba en este estado, las manos obradoras de maravillas del Divino Operador produjeron una ayudante según su propia semejanza. Fue un sueño profundo el que Dios hizo caer sobre el Postrer Adán cuando éste inclinó su cabeza y dio el espíritu. «Jehová quiso quebrantarlo» (Is. 53:10). Dios tomó una costilla del primer hombre, pero nada menos que la sangre del Segundo Hombre bastó para poder darle una ayuda idónea. Su iglesia tenía que ser comprada con su propia sangre.

IV. La presentación. «La trajo al hombre» (Gn. 2:23). Todo hombre imitador de Dios puede tener su esposa del Señor. Él «la trajo al hombre». ¿Para qué? Para participar de su amor, disfrutar su comunión, ser partícipe de las bendiciones que Dios le dio libremente, y ser para Él un gozo, un consuelo y una ayuda. Así el Espíritu Santo nos trae a Cristo, para que recibamos de lo suyo y seamos trabajadores juntamente con Él. Todo cristiano debe ser una ayuda para Cristo.

V. La aceptación. «Dijo entonces Adán: Esto es ahora hueso de mis huesos» (Gn. 2:23). Reconoció a Eva, don de Dios, como parte de sí mismo. «Serán una sola carne». Nunca pensó en rechazarla. «Al que a Mí viene, no le echo fuera» (Jn. 6:37). ¡Cuán estrecha la unión! Somos miembros de su cuerpo, de su carne y de sus huesos. Sí, «os tomará a Sí mismo».

VI. El resultado. «Por tanto, dejará el hombre a su padre y a su madre, y se unirá a su mujer» (Gn. 2:24). Debe romperse cualquier relación que pudiera impedir que estemos constantemente apegados al Señor y que le sirvamos. Todo el corazón y toda la vida deben estar rendidos si queremos ser fieles. Cristo dejó a su Padre cuando vino a la tierra. Dejó a su madre cuando murió en la cruz. Se une a su esposa y a su pueblo redimido. Déjalos a todos, y sé firme en tu unión a Él (Mt. 16:24).

5. LA CAÍDA DEL HOMBRE

Génesis 3

El primer pecado fue como la nube de Elías: era pequeño al principio, pero oscureció todos los cielos. El pecado entró por un hombre, y la muerte pasó a todos. Por el Hombre (Cristo) vinieron también la resurrección y la vida (1 Co. 15:21, 22). Tenemos aquí la revelación de algunos principios radicales. Hay:

I. Enseñanza satánica. «No moriréis». La personalidad del diablo está claramente implicada. No dice: «No hay Dios», sino que sugiere falta de sinceridad en lo que Dios dice, o que si lo que dice es cierto, no es un Dios de misericordia. Su gran propósito es siempre desfigurar el designio de Dios para con el hombre. Engaños del diablo.

II. Razonamiento carnal (Gn. 3:6). Ella vio, porque miró, y, juzgando por la apariencia, *deseó*, y cuando el *deseo* ya estaba alimentado, se convirtió en un acto deliberado: *tomó*. Luego, no satisfecha con tomarlo para sí misma, *dio*. El proceso puede haber sido algo como éste: 1) *Prestando* atención al tentador. 2) *Olvidando* las misericordias de Dios. 3) *Mirando* a la cosa prohibida. 4) *Deseando* que Dios no la hubiese vedado. 5) *Dudando* la palabra de Dios. 6) *Creyendo* la mentira de Satanás. 7) *cediendo* al gusto.

III. Obra presuntuosa. «Cosieron hojas de higuera, y se hicieron delantales» (Gn. 3:7). Sus ojos fueron abiertos. El pecado abre los ojos de los santos para ver su propia debilidad, mientras que ciega los ojos de los impíos. Esta es una vana tentativa de cubrir el propio ser pecaminoso. «El que encubre sus pecados no prosperará» (Pr. 28:13). ¿Por qué no confesar y recibir perdón? (1 Jn. 1:9).

IV. Ocultamiento culpable. «Se escondieron» (Gn. 3:8). Escondidos entre los árboles del huerto, entre las mismas bendiciones que Dios les había dado. Muchos todavía se esconden *detrás* de los dones de Dios mientras viven en pecado. La «voz de Jehová Dios» es siempre un terror a los malhechores. Es en vano que el hombre se oculte en un alejamiento de Dios. «¡Contigo me escondo!» El pecado siempre aparta de Dios.

V. Búsqueda divina. «¿Dónde estás tú?» (Gn. 3:9). Éste es el llamado de la gracia. Dios es siempre el primer *buscador*. ¿Cuándo hubiera Adán buscado a Dios? Esta pregunta divina: 1) *Revela una gran compasión;* éste es el Buen Pastor que busca a la oveja perdida. 2) *Despierta convicción*, al llevar a un profundo escudriñamiento del corazón. 3) *Demanda confesión*; sométete, y dilo todo a Dios. 4) *Sugiere juicio*, «¿dónde estás tú?» No hay modo de escapar de Él.

VI. Excusa vana. «La mujer que (*tú*) me diste... me dio» (Gn. 3:12). Su boca todavía no había sido tapada (Ro. 3:19). Dios justifica al creyente, no al jactancioso. Si los hombres ahora no echan la culpa del pecado a Dios, se acercan todo lo posible cuando culpan a las circunstancias. No hay excusa para dudar de Dios.

VII. Cubierta misericordiosa. «Dios hizo... túnicas de pieles, y los vistió» (Gn. 3:21). Lo mejor que pueda hacer el hombre nunca cubrirá su desnudez a los ojos de Dios. Estas túnicas de *pieles* sugieren sacrificio. Es muy importante recordar que la *expiación* significa cubrir. La cubierta de Adán era la de otro, sustitución. Era algo *hecho* y *dado* por Dios, la justicia de Dios, que es para todos los que creen, y *sobre* ellos.

6. ¿DÓNDE ESTÁS?

Génesis 3:9

Así como los marineros, viajeros y comerciantes tienen a veces que examinar su posición, también los peregrinos hacia la eternidad debieran conocer su posición en relación con Dios.

II. Con respecto a la ira de Dios. ¿Estás huyendo de ella o permaneciendo en ella? (Is. 3:36). ¿En la Sodoma de condenación o en la Zoar de seguridad?

II. Con respecto al Hijo de Dios. ¿Le has recibido? (Is. 1; 12), o te encuentras entre aquellos que claman «¡Fuera!» (Jn. 19:15).

III. Con respecto al Espíritu de Dios. ¿Le has recibido desde que creíste, o sigues resistiéndole o contristándole? (Hch. 19:2).

IV. Con respecto a la Palabra de Dios. ¿Es tu delicia diaria, como miel en tu boca (Ez. 3:3), o es como el escrito en la pared contra ti? (Dn. 5:5).

V. Con respecto a los enemigos de Dios. ¿Tienes amistad con el mundo, estás encariñado con el pecado, y no estás resistiendo al diablo (Lc. 1:74), o eres enemigo de sus enemigos?

VI. Con respecto al servicio de Dios. ¿Eres colaborador juntamente con Él (2 Co. 6:1), o estás *ocioso* en la viña?

VII. Con respecto a la segunda venida de Cristo. ¿Eres indiferente a ella, o te hace esta esperanza purificarte a ti mismo (1 Jn. 3:3)? ¿Eres un burlador, o estás a la espera?

7. ¿QUÉ ES LO QUE HAS HECHO?

Génesis 3:13

I. ¿Cuál es la causa de ello? (v. 6).

II. ¿Cuál es su naturaleza? Desobediencia.

III. ¿Cuál es el efecto de ello? 1) Culpa. 2) Desnudez (v. 7). 3) Lágrimas (vv. 8, 9). 4) Dolor (v. 17). 5) Sacrificio (v. 21). 6) Cubierta.

8. CAÍN Y ABEL

Génesis 4:1-16

De Caín y Abel puede decirse: «Dos hombres subieron a orar: uno era fariseo, y el otro publicano» (Lc. 18:10). Aunque ambos disfrutaban de los mismos privilegios y oportunidades, distaban mucho de ser iguales. Los *privilegios* cristianos no pueden por sí mismos hacer un cristiano. Tenemos aquí:

I. La propia voluntad rechazada. Dios «no miró con agrado a Caín y a la ofrenda suya» (Gn. 4:5). Caín *personalmente* tiene que ser aceptable antes de que pueda serlo su ofrenda. Su ofrenda fue rechazada porque Él mismo era culpable. Cristo fue sin mancha cuando se ofreció a Sí mismo. El camino de Caín era su *propio* camino (Jud. 1:11). El propio camino del hombre es el de buscar aceptación con Dios sin confesar la culpabilidad. No hay acceso por este camino; ambos son rechazados: el ofrecedor y la ofrenda.

II. Fe aceptada. «Miró Jehová con agrado a Abel y a su ofrenda» (Gn. 4:4). «Por la fe Abel ofreció a Dios más excelente sacrificio que Caín» (He. 11:4). La ofrenda y el ofrecedor permanecen o caen juntos. Cuando por fe nos trabamos de Cristo, no hay posibilidad de rechazo, por cuanto esta ofrenda ha sido aceptada por Dios, y todo ofrecedor creyente es acepto en Él. Todo aquel que cree es justificado de todas las cosas. La fe en Cristo es siempre fe aceptable.

III. Enemistad manifestada. «Se ensañó Caín» (Gn. 4:5). Era religioso en apariencia, pero en su corazón estaba en enemistad contra Dios. Tenía la *forma* de la piedad, pero era desconocedor de su poder. En estos días hay muchos que han tomado el camino de Caín, satisfechos con una mera ceremonia, mientras que la sustancia viviente nunca ha sido tocada o gustada.

IV. Misericordia revelada. «Jehová dijo a Caín: ¿Por qué te has ensañado?… el pecado (o la ofrenda por el pecado) está a la puerta» (Gn. 4:6, 7). Dios en misericordia señala a Caín que la única manera de obtener aceptación como pecador es mediante un sacrificio por el pecado. Cristo llevó nuestros pecados en su propio cuerpo sobre el madero. Esta ofrenda por el pecado yace a la puerta de cada pecador. ¡Qué misericordia que el precio expiatorio esté tan cerca!

V. Justicia aborrecida. «Caín lo mató» (Gn. 4:8). ¿Y por qué mató a su hermano? (véase 1 Jn. 3:12). Aborrecía la justicia de Dios exhibida en su hermano. La mente carnal del hombre prefiere apagar la luz en el derramamiento de sangre antes que reconocer el pecado.

VI. Maldad juzgada. «Ahora maldito seas tú» (Gn. 4:11). El consejo de Dios con respecto a la ofrenda por el pecado fue rechazado; ahora viene la maldición. ¡Qué notable cumplimiento de Juan 3:18! Rechazar a Cristo como el sacrificio por el pecado significa no poder escapar de la ira y maldición de Dios. ¿Qué pensáis del Cristo?

VII. Justicia vindicada. «Dijo Caín: Demasiado grande es mi iniquidad para ser perdonada» (Gn. 4:13). Reconoce la justicia de su condenación, pero está tan endurecido que no implora misericordia. «Hay misericordia en la undécima hora», dicen muchos; pero ¿qué si tu corazón se vuelve tan duro que ni siquiera te sometes para buscar misericordia? El corazón es más perverso que todas las cosas; no confíes en Él. Falsos adoradores, recordad el castigo de Caín.

9. CAMINANDO CON DIOS

«Caminó, pues, Enoc con Dios, y desapareció, porque le llevó Dios» (Gn. 5:24).

Caminar con Dios significa simplemente vivir en presencia de Dios (Gn. 17:1). Una vida regulada por su voluntad, inspirada por su Espíritu y dedicada a sus propósitos. Implica:

I. Una total rendición. El nombre Enoc significa «dedicado», uno entregado a Dios, para quedar amoldado a su mente y voluntad.

II. Una comunión ininterrumpida. «¿Andarán dos juntos, si antes no se han puesto de acuerdo?» (Am. 3:3). La buena compañía hace corto el viaje.

III. Un progreso continuado. Caminar con Dios significa un creciente conocimiento de Él. La luz en este camino resplandece más y más. No hay detención con Él. Las ruedas llenas de ojos no reposan.

IV. Completa separación. No podrías imaginarte a Enoc tomando parte en los pecaminosos placeres del mundo. «Sed santos» (Lv. 20:7), porque Yo soy santo». Dios es luz, y los que aman la luz no caminan en tinieblas.

V. Perseverancia inquebrantable. Caminó con Dios durante 300 años. No una vez a la semana, ni tampoco unos minutos por la mañana o por la tarde, sino de continuo, y en medio de todos los cuidados y pruebas de una vida normal de familia. No era un eremita ni era un recluso.

VI. Confianza sin temor (Sal. 23). Cuando podemos decir «Tú estás conmigo», ¿por qué hemos de temer? Mayor es el que está con nosotros que todo el que pueda estar en contra de nosotros. Gracias sean dadas a Dios, que nos da la victoria sobre el pecado, sobre el mundo, sobre la muerte, y sobre el diablo (1 Co. 15:57).

VII. Intensa satisfacción. «Tuvo testimonio de haber *agradado* a Dios» (He. 11:5). ¡Qué consolación! Al actuar así es indudable que desagradaría a muchos. Por cuanto no sois del mundo, por esto el mundo os aborrece (Jn. 15:18).

VIII. Futura bienaventuranza. «Le llevó Dios.» Éste es el epitafio escrito acerca de un hombre que fue sepultado en el Cielo antes de morir. Prosiguió caminando con Dios «en vestiduras blancas» (Ap. 3:40. Una figura de la transformación de la Iglesia en la Segunda Venida del Señor (Jud. 14:15).

IX. Una fe simple. «Por la fe, Enoc fue trasladado» (He. 11:5). Él evidentemente *creía* que Dios se lo llevaría sin gustar la muerte, y así lo hizo Él. Por la fe en Cristo, Dios sigue tomando a personas a su compañía, capacitándolas para que le *agraden*, y transformándolas a su semejanza. «Que andéis como es digno del Señor» (Col. 1:10).

10. NOÉ, UN TIPO DE CRISTO

Génesis 6

I. Vino con bendición. Su nombre significa «consuelo» o «descanso» (Gn. 5:29). Dios envió a su Hijo para bendeciros (Hch. 3:26).

II. Él encontró gracia a los ojos del Señor (v. 8). Así fue con Cristo. «Éste es mi Hijo amado; a Él oíd» (Lc. 9:35).

III. Fue justo y perfecto (v. 9). Cristo se deleitaba en hacer la voluntad de Dios. Era santo, inocente, separado de los pecadores.

IV. Caminaba con Dios (v. 9). Jesús podía decir: «Yo y el Padre uno somos». Tú en Mí, y Yo en Ti (Jn. 17:21). Uno con el Padre en todos sus deseos y propósitos.

V. La voluntad de Dios le fue revelada (vv. 13-15). El arca, y su forma, fueron una revelación de Dios. Fue su camino de salvación dado a conocer por medio de Noé. ¿No fue lo mismo con Cristo? Él vino a manifestar su Nombre (Jn. 17:6). Él no hablaba sus propias palabras, sino las de Dios Padre (v. 8).

VI. Él preparó el camino de salvación (v. 14). Él hizo el Arca. Cristo ha abierto para nosotros un camino nuevo y vivo (He. 10:20). «La dádiva de Dios es vida eterna en Cristo Jesús Señor nuestro» (Ro. 6:23).

VII. Él acabó la obra que le había sido encomendada. «Así lo hizo Noé; hizo conforme a todo lo que Dios le mandó» (v. 22). No dejó nada sin hacer. Así también con el Antitipo: «He llevado a término la obra que me diste que hiciera» (Jn. 17:4). Sus últimas palabras en la cruz fueron: «Consumado es».

VIII. Su salvación fue eficaz (7:1). Fue suficiente

1. PARA SÍ MISMO. «Entró Noé». La gran obra de Cristo ha sido el medio de traer nuevo honor y glorias para Él.
2. PARA SU CASA. «Entra tú y toda tu casa en el arca». «Todo lo que el Padre me ha dado vendrá a Mí». Él traerá muchos hijos a la gloria. Toda la casa de la fe será salva (Ef. 3:15; 5:27).
3. PARA TODAS LAS COSAS. Todo lo que estaba en el arca pasó a través del diluvio a un mundo nuevo y purificado. Todas las cosas han de ser puestas bajo Cristo, que no es solo cabeza de la Iglesia, sino también de los ángeles y de todo. Todo lo que se halla bajo la influencia de su redención será purificado y renovado (Hch. 8:19-22).

IX. Fue recordado por Dios. «Y se acordó Dios de Noé, y de todos… los que estaban *con él* en el arca» (8:1). Dios jamás olvidará a su Hijo ni a los que están con Él en el Arca de su gracia salvadora. Serán sostenidos en su recuerdo eterno. El que contó las estrellas y los pajarillos no será olvidadizo de sus hijos, comprados con su sangre y nacidos de su Espíritu. «Y me acordaré de mi pacto» (Gn. 9:15).

11. NOÉ, SALVADO DE LA IRA

Génesis 6, 7

En estos capítulos tenemos un oscuro y funesto cuadro del hombre. Después de unos dos mil años de prueba aquí le tenemos como un completo fracaso. Cuando el hombre ha fracasado del todo, Dios viene en soberana *gracia* y manifiesta su poder salvador. Siempre es así. La gracia viene cuando el hombre está totalmente perdido e impotente. La salida de Noé y su familia del arca puede ser una indicación profética de la venida de Cristo y sus santos para bendecir una tierra nueva, purgada por el juicio de Dios. Ved el:

I. Veredicto divino. «Dijo Dios a Noé: He decidido el fin de todo ser» (Gn. 6:13). ¡Qué pobre fin fue éste! Nada más que el mal de continuo. Nótese que éste es el fin de *toda carne*. Los evolucionistas predicen un fin diferente, pero el veredicto divino ya ha salido: «solo el mal». «Lo que es nacido de la carne, carne es» (Jn. 3:6). «Los que viven según la carne no pueden agradar a Dios» (Ro. 8:8). Ser no regenerado, éste es el fin de tu supuesta buena vida como la ve un Dios justo y santo.

II. Plan divino. «Dijo Dios a Noé: Hazte un arca». Noé y su familia nunca hubieran podido escapar del diluvio de no haberle agradado a Dios revelar este camino de liberación. No está en el hombre (1 Co. 2:10, 11). La salvación pertenece al Señor. ¡Qué revelación de gracia nos ha venido mediante Jesucristo! Dios cargó en Él el pecado de todos nosotros.

III. Amonestación divina. «He aquí que Yo traigo un diluvio de aguas sobre la tierra» (Gn. 6:17). ¡Cuánta es la gracia de Dios al darnos un refugio en Cristo y al advertirnos tan claramente de la ira venidera! (Lc. 3:7). No hay escapatoria para quienes tienen en poco su misericordiosa provisión (He. 2:3). «Acordaos de la mujer de Lot» (Lc. 17:32).

IV. Invitación divina. «Entra tú y toda tu casa en el arca» (Gn. 7:1). El que proveyó lo necesario emite la invitación (Mt. 22:2, 3). Aquel que entregó a su Hijo a la muerte por nosotros nos invita a «oírle». El ruego de Jesús es el de Dios en Él (Mt. 9:28). El propósito de Dios en su gracia es el de salvarte a ti y a tu casa (Hch. 16:31).

V. Seguridad divina. «Jehová le cerró la puerta» (Gn. 7:16). Aquellos a quienes encierra están guardados con completa seguridad. Cuando Él cierra, ninguno puede abrir. Si alguno *entra*, será salvo (Jn. 10:9), preservado (1 P. 1:5) y confortado (Jn. 14:16). Estar puesto adentro por Dios es estar puesto fuera del mundo: de sus placeres, sus pecados y su condenación. Si tu vida está *escondida* con Cristo en Dios, busca las cosas de arriba.

VI. Cuidado divino. «Se acordó Dios de Noé» (Gn. 8:1). Quienes esconden saben dónde buscar. Los que están escondidos por Dios son siempre recordados por Él. Todos los que están encerrados en Jesucristo, como Noé, están encerrados para la fe. Es un bendito privilegio estar donde no podemos ser tocados por el juicio, y no podemos ser olvidados por Dios.

VII. Comisión divina. Dios dijo a Noé: «Sal… tú» (Gn. 8:16). *Entramos* para salvación, y *salimos* para testimonio. Primero somos sacados del mundo antes de ser enviados a Él (Jn. 17:1-26). Aquellos que *entran* y *salen* hallarán pastos. Al que no está salvado la palabra divina es: «Entra»; al salvado es: «Sal». ¡Qué feliz entrar y salir!

12. VEN

Una de las más dulces palabras en la Biblia. «¡Oh, la más dulce de las palabras!» El primer «Ven» de la Biblia es un «ven» de salvación (Gn. 7:1. Obsérvese, es «Ven», no «Ve»). Una prueba de que el mismo Señor estuvo en el Arca). También lo es el último (Ap. 22:17).

I. ¿Para qué debemos venir?

1. PARA REPOSO. «Venid… y yo *os haré descansar*», Mateo 11:28.
2. CONOCIMIENTO. «Ven y *ve*», Juan 1:46.
3. SATISFACCIÓN. «Venid a mí, y *bebed*», Juan 7:37.
4. DISCIPULADO. «Ven, *sígueme*», Marcos 10:21.
5. VICTORIA. «Acercaos, *poned vuestros pies sobre los cuellos de estos reyes*», Josué 10:24.
6. COMUNIÓN. «Venid, *comed*», Juan 21:12.
7. REFRIGERIO. «Venid… y descansad un poco», Marcos 6:31.
8. HERENCIA. «Venid… *y heredad*», Mt. 25:34.

II. ¿Cómo debemos venir? Debemos acudir tal como estamos, sin tratar de hacernos presentables, por la misma y buena razón de que estamos demasiado alejados, y que solamente Él puede hacer algo bueno con nosotros, y que entonces Él hará de nosotros nuevas criaturas –una nueva creación– en Jesucristo.

> «Tal como soy, sin más decir,
> Que por mi tu Sangre se vertió,
> Y Tú me invitas a venir,
> Bendito Cristo, ¡vengo a Ti!»

III. ¿Cuándo debemos venir? «¿Una hora antes de morir?» dijo alguno. Bueno, ¿cuándo será? No puedes decirlo, por lo que mejor es que vengas ahora. De hecho, la instrucción que se encuentra una y otra vez en el amado y antiguo Libro es: «Venid AHORA».

13. EL ARCA DE SALVACIÓN

Génesis 7:1-7

Desde Caín y Abel ha habido siempre dos clases de personas en el mundo. La posteridad de Caín son poderosos desde su propio punto de vista, mientras que a los ojos de Dios son solo malos, y ello de manera continua. La línea de Abel, como Noé, halla gracia a los ojos del Señor. La única esperanza para el hombre es «hallar gracia». Cristo, el arca divina, es la puerta abierta de la misericordia de Dios para todo aquel que quiera entrar.

I. El lugar de refugio. «¡El arca!«Éste fue el camino de salvación establecido por Dios. El arca era:

1. UN LUGAR DE SEGURIDAD. No hay condenación ahí. Dios es nuestro refugio. Escondidos con Cristo en Dios.
2. UN LUGAR DE SEPARACIÓN. Los salvos son siempre puestos aparte para Dios (Sal. 4:3). Separados del pecado y del juicio para ser testigos para Él.
3. UN LUGAR DE PROVISIÓN. Todas las necesidades de Noé fueron provistas en su escondedero (Is. 32:2; Fil. 4:19).

II. La invitación divina. Dios dijo: «Entra». Es con la invitación del mismo Dios que tienen que ver los hombres (Mt. 11:28). En lugar de obedecer y entrar,

1. ALGUNOS LA MIRAN. Su interés los lleva solo a echar una mirada pasajera a la gran provisión.
2. ALGUNOS HABLAN DE ELLA. Se muestran curiosos.
3. ALGUNOS SE BURLAN. De aquellos que aceptan.

III. La aceptación de la invitación. (v. 7.)

1. NOÉ ENTRO. Él creyó por sí mismo, y tomó el paso decisivo.
2. SU MUJER ENTRO. Es triste cuando un hogar está dividido acerca de esta importante cuestión. ¿Y qué si el marido no hubiera entrado?
3. SUS HIJOS ENTRARON. La promesa es para vosotros, y para vuestros hijos.
4. LAS MUJERES DE SUS HIJOS ENTRARON. «Cree (…) y serás salvo, y *tu casa*» (Hch. 16:31).

14. «LAS AGUAS PREVALECIERON»

Génesis 7:18; Mateo 24:37-39

Las aguas del juicio prevalecerán al fin sobre toda impiedad. Veamos aquí un ejemplo de:

1. Las aguas prevaleciendo sobre su **incredulidad.**
2. Las aguas prevaleciendo sobre toda su **indiferencia.**
3. Las aguas prevaleciendo sobre todos sus **placeres.**
4. Las aguas prevaleciendo sobre todos sus **esfuerzos** por salvarse a sí mismos.

15. EL MINISTERIO DE LA NUBE

«Y sucederá que cuando haga venir nubes sobre la tierra, se dejará ver mi arco en las nubes» (Gn. 9:14).

Introducción: Había tres señales del pacto.

1. EL ARCO IRIS. Señal de la promesa de Dios de preservar la tierra de otro diluvio.
2. LA CIRCUNCISIÓN. Señal de que el circuncidado estaba en el pacto de bendición.
3. EL SELLADO MEDIANTE EL ESPÍRITU SANTO. Señal de justificación y regeneración del creyente.

El arco iris fue la primera señal del pacto de Dios. No quería que su pueblo viviese en temor y temblor. La aparición del arco iris, que parecía unir cielo y tierra, proclamaba la disposición amistosa de Dios.

I. Nos vienen nubes encima.

1. Estamos muy familiarizados con las nubes en el cielo.
2. No solo vienen las nubes sobre el cielo de la naturaleza, sino también sobre el cielo de nuestras vidas.
3. A menudo nos encontramos con las nubes de la adversidad, del dolor, de la enfermedad y del enlutamiento.
4. A veces decimos: «Fulano-de-tal está bajo una nube», y sabemos lo que queremos decir.
5. Pero si nos vienen nubes encima, no olvidemos que es

II. Solo por permisión divina.

1. «Cuando haga venir nubes.» Las nubes no se agradan a sí mismas, sino que obedecen unas maravillosas leyes, y al Legislador.
2. Dios lo sabe todo acerca de nuestras nubes.
3. Leemos que los discípulos en el montede la Transfiguración «tuvieron temor al entrar en la nube».
4. No deberíamos temer, porque:
   a. Él ha traído la nube.
   b. Las nubes le obedecen a Él, y además,

III. Dios está en la nube.

1. Él dijo a Moisés: «Yo vengo a ti en una nube espesa» (Éx. 19:9).
2. Así, las nubes son la morada de Dios.
3. A menudo, Dios responde a nuestras oraciones pidiendo estar más cerca de Él enviando una nube.
4. Llegamos a conocernos mejor en medio de la nube antes que la niebla quede disipada.
5. Las nubes nos encierran en Dios.
6. Recuerda

IV. Su presencia está en la nube.

1. Por ello la hace resplandecer y la glorifica.
2. Leemos en Éxodo 16:10: «He aquí la gloria de Jehová apareció en la nube».

V. No hay nube sin un arco iris de la promesa. «Se dejará ver entonces mi arco en las nubes».

VI. Las nubes oscuras significan una gran bendición.

1. Así es en la naturaleza. Nubes oscuras significan lluvias que dan buenas cosechas.
2. Así sucede también en la gracia.
3. De esta manera, las nubes son algo más que barreras a la visión; son también manantiales de bendición.

APLICACIÓN.

1. Una mujer oró pidiendo más paciencia.
2. Dios respondió aquella oración mandando tribulación.
3. La tribulación obra paciencia.

«Atemorizados santos, alentaos otra vez;
Las nubes que tanto teméis
Llenas de misericordia son,
Y bendiciones sobre vosotros derramarán».

16. LA TORRE DE BABEL

Génesis 11:1-9

Hay siete interesantes puntos de contraste entre esta escena y la registrada en Hechos 1. El don de nuevas lenguas por el Espíritu Santo es el remedio divino para el orgullo que resulta en la contención de lenguas. Tenemos aquí:

I. Una revelación de ambición humana. «Del corazón mana la vida» (Pr. 4:23). Una paja puede indicar en qué dirección sopla el viento. Observad:

1. EL OBJETO EN VISTA. «Hagámonos un *nombre.*» El hombre natural busca un nombre para sí, y uno hecho por Él mismo. El establecimiento de nombres es una actividad muy común y popular, aunque nunca resulta de provecho al fin. Mirad el fracaso de los tres hacederos de nombres en Números 16. Es posible hacer obra cristiana con el mismo fin en vista.
2. EL MÉTODO EMPLEADO. «Edifiquémonos una ciudad y una torre.» Este propósito de ellos deja ver una sentida necesidad de protección, de comunión permanente y de perspectiva futura. Cualquier hombre necesita una ciudad de seguridad y una torre de esperanza. Aquellos que son justos en su propia opinión tratan de edificarlas para sí mismos. «Procurando establecer su justicia propia» (Ro. 10:3). Gracias a Dios, Jesucristo ha levantado una tal ciudad y torre, donde todos pueden gozar de salvación y esperanza.
3. LOS MEDIOS USADOS. «Hagamos ladrillo.» Los que quieren salvarse por sus propias obras tienen mucho que hacer. No solo tienen la edificación, mas aun tienen que hacer los ladrillos. No solo hacer buenas obras, sino fabricar hasta los mismos deseos (dura tarea), y, una vez hecho todo, en el mejor de los casos no es más que ladrillo. En Lucas 18:11-12 vemos a uno de estos fabricantes de ladrillos ocupado en su trabajo.

II. Una manifestación de desagrado divino. ¿Qué hará para nosotros toda nuestra edificación si no agrada a Dios? No es más que madera, heno, hojarasca, que solo sirve para el fuego.

1. LA INSPECCIÓN DIVINA. «Descendió Jehová para ver» lo que había edificado. La obra de cada hombre será probada. Ésta es una verdad muy solemne. Los ojos de Jehová escudriñarán cada ladrillo o joya. Todo motivo y acto por igual tiene que ser puesto a prueba. «Sin *fe* es imposible agradar a Dios» (He. 11:6).
2. LA CONFUSIÓN REPENTINA. «Allí confundió Jehová…, y dejaron de edificar». ¡Qué cambio se produjo al venir Dios! Cuando el Espíritu de Dios desciende sobre los justos en su propia opinión, hace que abandonen sus vanas y presuntuosas obras. Pensadlo. La presencia de Dios significa confusión al religioso

que busca lo suyo propio. Lo que puede ser muy agradable a los ojos de los hombres puede ser súbitamente convertido en Babel cuando Dios se acerca. «El que *creyere* en Él, no será avergonzado» (1 P. 2:6).
3. DISPERSIÓN COMPLETA. «Los esparció Jehová desde allí sobre la faz de toda la tierra». La mismísima cosa que se afanaban por impedir era la que vino sobre ellos. Los hombres soberbios trabajan por salvarse de ser echados por Dios al fin, y sus obras sin fe les están asegurando la condenación que luchan por evitar. Buscad la ciudad de Dios (He. 11:10). El *nombre* del Señor es una torre fuerte; huid a ella (Pr. 18:10).

17. ABRAHAM: SU LLAMAMIENTO

Génesis 12:1-4

La vida de Abraham, como el curso de un río, tenía muchas vueltas, pero parecía hacerse más profunda y juntar fuerza a medida que seguía. Ningún santo del Antiguo Testamento figura más prominentemente en el Nuevo. Una vida de fe en Dios siempre será fragante para bien.

I. Cuándo vino el llamamiento. Vino cuando vivía en ignorancia e idolatría (Ro. 4:10). No fue llamado por ser mejor que sus compatriotas. La gracia de Dios no busca mérito. Cristo no vino para llamar a los justos, sino a los pecadores. Siendo aún pecadores, Cristo murió por nosotros.

II. Cómo vino el llamamiento. Si oyó una voz audible, o si el Espíritu de Dios susurró el mensaje a su corazón, obrando en Él un deseo irresistible, no lo sabemos. Sea como fuere, el llamamiento fue muy *personal;* Solamente Él podía contestarlo. El llamamiento de Dios trae responsabilidad individual. Dios no nos llama para ser mejores que nuestros prójimos, sino mejores que nosotros mismos. El llamamiento salvador nos viene por medio del evangelio.

III. Qué implica este llamamiento.

1. UNA SEPARACIÓN COMPLETA. «Vete.» No debía ser impedido por su país, parentela o la casa de su padre. Era menester romper y dejar atrás todo vinculo y amistad que pudiera estar entre Él y el llamamiento divino. Si un hombre no está dispuesto a abandonar sus pecados, no está dispuesto a ser salvado (Is. 55:7).
2. UNA VIDA NUEVA. Esta vida es una de fe en Dios y comunión con Él: una vida bienaventurada. Todos aquellos que obedecen a Dios viven por fe. Es el trasplante por el Espíritu de la tierra estéril de uno mismo a la tierra rica y fructífera de infinita gracia.

IV. Qué pertenece a este llamamiento.

1. LA PROMESA DE UNA POSESIÓN. «La tierra que te mostraré.» Muchos se detienen cuando Dios llama, pensando qué cosas habrá que abandonar, olvidando lo que Dios ofrece. El hijo pródigo, por supuesto, tuvo que abandonar sus harapos cuando obtuvo el vestido principal.
2. LA PROMESA DE SER HECHO UNA BENDICIÓN. «Te bendeciré, y serás bendición». Todas las familias de la tierra están siendo y todavía serán bendecidas por medio de la simiente de Abraham (Cristo). Solo podemos ser una bendición para Dios una vez que Él nos haya bendecido a nosotros. Éste es el orden de Dios. Somos salvados para servir. Es de aquellos que vienen a Jesús y beben que corre el agua de vida (Jn. 7:37, 38).

V. Cómo fue recibido el llamamiento. Parece desprenderse de Gn. 11:31 que Abraham fue guiado por su padre y no por el mandamiento de Dios. Bajo esta dirección solo llegó a Harán. Después de la muerte de su padre Abraham obedeció de lleno (Gn. 12:4). La sabiduría mundana nunca nos ayudará en la vida de fe. No hay descanso o bendición para aquellos que no hacen más que aproximarse, pero sin allegarse, a Cristo, no importa hasta qué punto hayan avanzado. Cerca del reino todavía significa afuera. Casi salvado quiere decir perdido. Dios aún llama; ¡oídle!

18. ABRAHAM EN CANAÁN

Génesis 12:4-9

Tal vez Taré, padre de Abraham, solo buscaba su propia comodidad cuando hizo alto en Harán. En tal espíritu nunca puede poseerse la tierra prometida. Es menester cruzar el río (Eufrates) y pasar al desierto si ha de disfrutarse de Canaán. Los cristianos a medias que se quedan en el borde nunca heredan la plenitud de la tierra (Jos. 1:3).

I. Un viaje próspero. «*Salieron* para ir a tierra de Canaán; y a Canaán *llegaron*.» La vida de fe es siempre una de ir: «caminando y yendo» (Gn. 12:9).

1. EL COMIENZO. «Salieron.» *¿De qué?* De todos los pecados y fracasos pasados, de placeres mundanos, de la propia comodidad y del egoísmo que solo busca lo suyo. *¿Confiados en qué?* En la segura palabra de la infalible promesa de Dios, no apoyándose en sus propios sentimientos, sabiduría o entendimiento. «Salió sin saber adónde iba».
2. EL VIAJE. El camino se hallaba a través del desierto sirio. El *pasaje* al lugar de bendición puede ser uno de suma prueba para la carne y sangre, el *camino* a la cruz puede ser doloroso, pero la carga se va una vez que se llega allí. La entrada a la *plenitud* de la bendición es siempre a través del desierto estéril de la propia desesperación.
3. EL FIN. «A tierra de Canaán llegaron». Aquellos que salen en la expectativa de fe no se atascarán en el fango de la desilusión. Existen dos grandes y comunes causas de fracaso en la vida cristiana. Primero, *detenerse antes de alcanzar* el propósito y la promesa de Dios; segundo, ir *sin* la promesa divina. Salir en la energía de la carne, no teniendo ningún llamado especial de Dios sobre el cual apoyarse. De modo que cuando viene el calor de la tentación se marchitan, no teniendo raíz.

II. Una continua dificultad. «El cananeo estaba entonces en la tierra» (Gn. 12:6). Canaán no es figura del cielo, pues allí no habrá ningún enemigo. Representa la nueva relación en la cual entran los creyentes después de haber confiado en Dios y salido en su nombre. Aquí tenemos prueba y conflicto y, como peregrinos y advenedizos, necesitamos una fe continua. Estando en el lugar de *lucha*, estamos donde Dios ha prometido bendecir. Abraham no obtuvo ninguna bendición entre su *propia parentela* (Gn. 12:1). Es en las *alturas* de la promesa que batallamos contra principados y potestades (Ef. 6:12).

III. Una infalible certeza. «Apareció Jehová a Abram, y le dijo: A tu descendencia daré esta tierra» (Gn. 12:7). La aseguradora promesa fue dada cuando Abram había entrado del todo en el *centro* de la tierra. Cuando por fe nos ponemos en una firme actitud de acuerdo con su palabra, la encontraremos dulcemente cumplida en nuestra experiencia. El *centro* de las promesas de Dios es en Cristo. Seremos faltos hasta que seamos hallados en Él. «Todas las promesas de Dios son en Él» (2 Co. 1:20). Entra, creyente, en el corazón y centro de todos los propósitos de Dios en Cristo. Hallarás gracia suficiente allí. El alma ansiosa necesita llegar a este centro antes de que sea dada la *seguridad* de la salvación. La selladura viene al creer (Ef. 1:13).

IV. Un poderoso testimonio. «Plantó su tienda, y edificó altar a Jehová» (Gn. 12:8). La gran misión de Abram en Canaán era la de *testimoniar* para Dios. Su altar era un testimonio público. Todo cristiano es llamado con este fin. «Me seréis testigos» (Hch. 1:8). Mediante su tienda se declaró peregrino y extranjero, buscando una ciudad; por su altar testificaba de:

1. SU FE EN LA REALIDAD DE DIOS. Mientras el cananeo miraba debe de haberse convencido de que Abram creía en un Dios viviente y personal que oía la oración.
2. SU CREENCIA EN LA SANTIDAD DE DIOS. El altar habla de sacrificio. Dios es santo, y solo es posible acercarse a Él por medio de la sangre expiatoria. ¿Dan nuestras vidas este muy necesario testimonio? ¿Por nuestros actos condenamos al mundo? (He. 11:7).
3. SU CONFIANZA EN LA FIDELIDAD DE DIOS. No se avergonzaba de levantar su altar en presencia de los paganos, declarando por ello su expectativa del cumplimiento de la divina promesa. ¡Cuántas veces tememos osar mucho para Dios, no sea que fracasemos y vacile nuestra confianza!
4. SU ENTREGA A LAS DEMANDAS DE DIOS. Todos los que realmente saben la necesidad y significado del altar gustosamente rendirán todo al Señor. Que sean nuestras vidas vividas a la luz de ese terrible altar y sacrificio levantados en el Calvario. Rendíos a Dios.

19. ABRAHAM EN EGIPTO

Génesis 12:10-20; 13:1-4

En el mundo espiritual de nuestra experiencia cristiana, así como en el mundo natural, los cambios pueden venir muy repentinamente. ¿Quién hubiera pensado que un hombre con la fe de Abraham se volvería a un lado a la primera tentación? En nuestro mejor y más fuerte momento estamos en peligro de tropezar, si no estamos guardados por el poder de Dios *por fe*.

I. La prueba. «Hubo hambre en la tierra.» Es siempre una gran prueba experimentar la sequía y la falta de pastura en la *tierra de promisión.* Pero si la fe ha de triunfar y crecer, tiene que ser probada. «La prueba de vuestra fe es preciosa» (1 P. 1:7). Las llanuras bien regadas agradan a la vista. La fe debe asir las cosas invisibles. Muchas veces es en el lugar de bendición donde se sienten los más agudos tormentos de la sed. Las pruebas hacen dulce la promesa; no hay disciplina del alma sin ellas.

II. El fracaso. «Descendió a Egipto» (Gn. 12:10). ¿Por qué? ¿Había Dios fallado? ¡Oh, no! Pero parece haber sucedido a Abraham como frecuentemente resulta en nuestra propia experiencia. Habla estado confiando más a la tierra que al Dios de la promesa; mirando más a la bendición que al Bendecidor. Esto no lo permitirá Dios. Nuestra fe no debe descansar sobre los dones de Dios, sino sobre Él mismo. Nótese a qué condujo este paso descendente.

1. CONDUJO AL TEMOR (Gn. 12:12). Ahora temía que iban a tomar su vida. Su coraje para Dios se ha ido. Nadie es tan débil y fuera de lugar como los cristianos que son apartados de la vida de fe.
2. CONDUJO AL EGOÍSMO (Gn. 12:11, 12). Está más preocupado por su propia seguridad que por el honor y la castidad de su esposa. Cuando un hombre se aleja de Dios es seguro que su interés se concentrará en sí mismo.
3. CONDUJO A LA HIPOCRESÍA (Gn. 12:13). Fingió ser lo que no era, solo *hermano* de Sarai. Esto era una falsedad deliberada. Éste es el próximo paso del que cae de su fe, simulando no ser lo que realmente es.
4. CONDUJO A ABIERTA REPRENSIÓN. Faraón le dijo: «¿Qué es esto que has hecho?» (Gn. 12:18). Es triste cuando un hijo de Dios tiene que ser amonestado y corregido por el hombre del mundo.
5. CONDUJO A MALES SOBRE OTROS. «Jehová hirió a Faraón y a su casa con grandes plagas, por causa de Sarai mujer de Abram» (Gn. 12:17). La plaga del divino juicio tendrá sin duda que caer sobre muchos debido a la infidelidad de muchos del pueblo creyente de Dios. ¡Que nuestra luz brille para que sean guiados a glorificar a nuestro Padre que está en los cielos!

III. La restauración. «Subió Abram de Egipto, y volvió hasta el *lugar del altar* que había hecho allí *antes*» (Gn. 13:14). Se ha dicho que «el hombre de Dios sirve para muy poco como mundano». Abraham no edificó ningún altar en Egipto. No hay comunión con Dios mientras caminamos por la vista y no por fe. El único remedio para la apostasía es venir de nuevo al lugar del altar, la cruz de Cristo. Este es el lugar de sacrificio, perdón, comunión y consagración. No había felicidad ni restauración para el hijo pródigo hasta que regresó al lugar del cual se había extraviado (Lc. 15). «Me dejasteis a Mí», dice el Señor. «Convertíos, y sanaré vuestras rebeliones».

20. ABRAHAM, EL SEPARADO

Génesis 13:5-18

Abraham y Lot son representantes de dos clases de cristianos. Lot era un justo, pero, viviendo por la vista y los sentidos, solo buscaba su propio placer y provecho. Representa al cristiano no consagrado. Abraham vive por fe sobre la promesa de Dios. Podrá fracasar, pero no como Lot, que nunca podía hacer algo para ayudar a Abraham. Lot no construyó ningún altar. La vida no consagrada puede vivir sin adoración. Las llanuras bien regadas tienen más atracción para el creyente mundano. La «vida cristiana más elevada» sencillamente significa motivos más elevados en el vivir.

I. La relación imposible. «La tierra no era suficiente para que habitasen juntos» (Gn. 13:6). Las condiciones del país no permitían que Abraham y Lot moraran *juntos.* Aun la tierra de promesa no puede mantener un yugo desigual como la vida de fe en Dios y la vida del sentido y sabiduría mundana. Esta es una lucha que muchas veces tiene lugar en el corazón del creyente, un conflicto entre la vida carnal y la espiritual. Mientras siga la lucha, la tierra prometida no parece dar bendición (véase Ro. 7). Los cristianos mundanos, como Lot, no dan valor a las promesas de Dios.

II. La generosidad de la fe. «Abram dijo a Lot: ¿No está toda la tierra delante de ti? Te ruego que te apartes» (Gn. 13:8, 9). El amigo de Dios no tiene ninguna dificultad en dejar a otros la primera elección. Cualquier lado, derecho o izquierdo, sirve para el hombre de Dios. El siervo de Dios no debe ser contencioso. Podemos mostrar nuestra confianza en Dios retrocediendo de la contienda de lenguas, y dejando que otros ocupen los primeros asientos. Sostengamos lo que Dios manda, y Dios sostendrá nuestros derechos. Todos nuestros derechos están en Él.

III. El egoísmo del mundano. «Alzó Lot sus ojos» (Gn. 13:10, 13). Buscó lo mejor y lo escogió, y nunca dijo: «Gracias». Se separó alegremente del hombre de fe. Los cristianos dados a las cosas de este mundo no prestan mucho valor a la *comunión* de un hombre santo. Su mente estaba puesta en la prosperidad terrenal, no en las cosas celestiales. ¿Cuánto ganó por ello? Orientó su tienda (sin altar) hacia Sodoma, de donde salió casi quemado, salvado como por fuego.

IV. El privilegio del separado. «Jehová dijo a Abram, *después* que Lot se apartó de Él: Alza *ahora tus ojos*» (Gn. 13:14). Después de la separación viene el mensaje de consuelo: «Salid de en medio de ellos…, y Yo os recibiré» (2 Co. 6:17). El egoísmo y la codicia constriñeron a Lot a levantar sus ojos. Abram levantó los suyos a la invitación del Señor. Aquí se halla la gran distinción entre el cristiano mundano y el fiel. Uno es movido por el propio interés, el otro por la palabra de Dios. La actitud de levantar los ojos es la que permanentemente mantiene toda persona separada. Lot sigue estribando en su propia sabiduría. Abram sigue apoyándose en la promesa de Dios (véase Gá. 2:20).

V. El altar del testimonio. «Abram vino y moró en Mamre, y edificó allí altar a Jehová» (Gn. 13:18). Lot erigió su tienda mirando hacia Sodoma; Abram levantó el suyo hacia Dios. El cristiano que busca lo suyo propio no mantiene un testimonio para Dios. El momento en que intenta hacerlo, parece una burla (Gn. 19:14). El justo vivirá por la *fe.* Vivid para la voluntad de Dios.

21. ABRAHAM, EL HOMBRE DE FE

Génesis 14:18-24

Dios llamó a Abram, y Él salió, no sabiendo adónde iba. Lot fue *con él.* Lot siguió a Abram, y Abram siguió a Dios. Lot pronto está *habitando* en Sodoma. Ahora le vemos como un *prisionero.* La mundanalidad conduce seguramente al cautiverio espiritual. El carácter de Abram brilla aquí como:

I. Un hombre de simpatía. «Vino uno, y anunció a Abram que su pariente estaba prisionero» (Gn. 14:13, 14). Pensad en lo que podría haber dicho: «La culpa la tiene él. Se lo merece; no debería haber entrado en Sodoma». Nada más que la paga de la mundanalidad. Pero no. En seguida se puso en movimiento para librarlo. Los que andan en comunión con Dios no pueden permanecer indiferentes a los sufrimientos y tristezas de sus hermanos.

II. Un hombre de coraje (Gn. 14:14, 15). Con su puñado de siervos sale contra los cuatro reyes. El hombre de fe intenta grandes cosas. Sabe que Dios puede usar cosas débiles para confundir a los fuertes. La fe de Abram obró por el amor. Amaba a su hermano Lot, y se atrevió a hacer este gran hecho. Una fuerte fe constriñe a procurar hacer lo imposible. Pensad en Nehemías, Moisés y Pablo (Fil. 4:13).

III. Un hombre de poder. «Recobró todos lo bienes» (Gn. 14:16). Abram, como hombre apartado, moraba en la presencia de Dios. Fue a la batalla como uno que había *salido* de la santa presencia que inspira el alma. La victoria es completa. Lot se mezcló con los impíos, y no podía siquiera salvarse a si mismo. Solo el *separado* es capaz de salvar a otros. El poder de Abram estaba en su vida de fe. Si queremos tener la victoria para Dios, tenemos que estar separados para Dios. Recordad dónde y cómo Sansón fracasó (Jue. 16:1-31). El pámpano fructífero tiene que permanecer en la vid.

IV. Un hombre de independencia. «Nada tomaré de todo lo que es tuyo» (Gn. 14:23). Abram tomó todo lo que pudo del rey de Salem, porque éste era sacerdote del Dios Altísimo; pero no quiso tomar nada del rey de Sodoma, para que éste no pudiera decir: «Yo enriquecí a Abram». DIOS lo había hecho rico, y Él rehusaba recibir algo que pudiera impedir a Dios tener toda la honra. Esta no es la independencia del orgullo y la propia suficiencia, sino la de un santo celo por el nombre y carácter de Dios. Es la independencia que resulta de completa dependencia de Dios solamente. Que nuestros corazones sean estimulados para ejercitarla. «Mi porción es Jehová» (Sal. 119:57).

V. Un hombre aprobado de Dios. «Melquisedec... le bendijo» (Gn. 14:18, 19). También lo refrescó con «pan y vino». Jesucristo, el Sacerdote del Dios Altísimo, bendecirá y reanimará a todos aquellos que, como Abram, salen en nombre de Él para caminar, para trabajar y guerrear. ¡Qué privilegio salir al encuentro del *Sacerdote Bendecidor* cuando volvemos abatidos y cansados de la lucha de fe! El hombre de Dios separado tendrá que pelear muchas batallas a favor de otros, pero Jesús, el ayudante Rey de Paz, saldrá a encontrarle con su socorro y con su bendición, y al fin con su «Está bien», que trae bendición eterna.

22. LA SALVACIÓN DEL SEÑOR

«Fue la palabra de Jehová a Abram en visión, diciendo: No temas, Abram; Yo soy tu escudo, y tu galardón sobremanera grande» (Gn. 15:1). Esta salvación contiene:

1. UNA REVELACIÓN DE GRACIA. «Fue la palabra de Jehová.» La «Palabra [el Verbo] se hizo carne, y habitó entre nosotros» (Jn. 1:14).
2. UNA PROMESA DE REFUGIO. «Yo soy tu escudo». Un varón será como escondedero.
3. UNA CERTIDUMBRE DE SUFICIENCIA. «Yo soy... Tu galardón sobremanera grande.» «El que *me* halle, hallará la vida» (Pr. 8:35).
4. UNA PALABRA DE FORTALECIMIENTO. «No temas.» «El perfecto amor echar fuera al temor» (1 Jn. 4:18). «He aquí que Yo estoy con vosotros todos los días» (Mt. 28:20).

23. ABRAHAM, ALENTADO

Génesis 15:1-6

La palabra a su tiempo, ¡cuán buena es! Las palabras de Dios son siempre oportunas. Él sabe cómo hablar una palabra al cansado. Sus consolaciones no son pocas ni pequeñas.

I. El tiempo. «Después de estas cosas vino la palabra de Jehová a Abram.» Después de la batalla y el rescate de Lot de las manos de los cuatro reyes. No es una experiencia excepcional que el hombre de Dios tiemble, aun después de haber ganado una gran victoria. Las proezas de la fe nunca traen *confianza en uno mismo.* Abram puede haber temido la vuelta de los reyes con renovada fuerza; posiblemente estaba afligiendo su alma por haber rechazado los dones del rey de Sodoma; pero lo que le dijo Dios: «No temas; Yo soy tu galardón», tiene que haber sido una palabra llena de consuelo. Veamos:

II. El mensaje. Este mensaje contiene:

1. UNA REVELACIÓN DEL AMOR DE DIOS. «No temas.» Este es el lenguaje de Uno que, en amor y gracia, había considerado toda su necesidad. Jesús dijo: «Dadles vosotros de comer», porque «*Él* sabía lo que *había de hacer*» (Jn. 6:6). Este mensaje nos recuerda la plenitud de la bendición del evangelio de Cristo. No temáis; el que entregó a su Hijo por nosotros, ¿no nos dará también con Él todas las cosas?
2. UNA REVELACIÓN DEL PODER DE DIOS. «Yo soy tu escudo.» El Dios Omnipotente y Personal se declara a *Sí mismo* como la protección del hombre que anda por fe. DIOS es nuestro refugio. Vuestra vida está escondida con Cristo en Dios. «Yo soy tu escudo». Cristo nos ampara del pecado con el escudo de su sangre (Éx. 12:13). Cristo pone al abrigo a los débiles y vacilantes con el escudo de su intercesión (Lc. 22:32).
3. UNA REVELACIÓN DE LA PLENITUD DE DIOS. «Yo soy tu galardón sobremanera grande.» Es todavía el deseo y deleite de Dios que su pueblo esté satisfecho con *Él mismo.* El propósito grande y final de la encarnación es que el alma creyente sea galardonada con la revelación de Dios. Estas *riquezas inescrutables* están en Cristo para nosotros hoy. En Él habita toda la plenitud de la divinidad. El mayor galardón que Dios puede concedernos es un conocimiento más grande y mejor de si mismo. Para esto ha sido dado el Espíritu Santo, para que pueda tomar de las cosas de Cristo y *hacérnoslas saber*. Esta preciosa promesa fue dada a Abram después que hubo rechazado los profanos dones del rey de Sodoma (Gn. 14:23). Todo sacrificio por amor de Cristo traerá muy grande recompensa.

III. El resultado. «Creyó a Jehová» (Gn. 15:6). Esto es muy hermoso. Aceptó el bondadoso mensaje de Dios, y con calma descansó sobre su palabra, y leemos: «Le fue contado por justicia». suya fue la justicia, no de obras, sino de la fe (Ro. 4:3). La fe en Dios siempre tiene un poder transformador. Dios justifica al creyente en Jesús. Los cuenta, o estima, como justos. ¿Quién condenará a los que Dios da por justos? Esta *creencia en el Señor* implica la completa entrega de nosotros mismos a Dios, para que Él pueda obrar en nosotros el querer y el hacer lo que es agradable a Él.

24. ABRAHAM, ANDANDO DELANTE DE DIOS

Génesis 17:1-5

Abram era de noventa y nueve años de edad cuando el Señor se le apareció. No demasiado viejo para tener comunión con Él. La edad podrá excluirnos de los goces y compañerismos de la juventud, pero por gracia puede madurar nuestra amistad con Dios.

I. La revelación. «Yo soy el Dios Todopoderoso. *Yo soy el Dios Todosuficiente.*» Éste es un emplasto divino suficientemente grande para cubrir cualquier llaga humana. Un hijo había sido prometido a Abram; ahora era viejo, y todavía no le habla sido dado ningún hijo; pero en esta promesa tenía bastante para avivar la fe y despabilar de nuevo la lámpara de la esperanza con su llama vacilante. Esta revelación de Dios, como nuestra completa suficiencia, nos es dada a conocer en Jesucristo. En Él hay suficiente para llenar toda nuestra necesidad, como pecadores y como siervos. Vosotros los trabajadores cristianos que estáis fatigados y deprimidos, oídle decir: «Mirad a Mí; Yo soy el Dios Todosuficiente». Para alegrar tu pequeña morada hay abundante luz en este sol; para poner a flote tu navecilla hay abundancia de agua en este océano.

II. La comisión. «Anda delante de Mí y sé perfecto.» Quizás Abram había estado caminando demasiado *delante* de Sarai. Buscando agradaría a ella, guiado por el consejo de ella, ya se había desviado de la vida de fe en Dios (Gn. 16:1-4). Este llamado:

1. AFECTÓ SU VIDA. «*Anda delante de Mí.*» En todas las cosas debía actuar como uno que vivía en la *inmediata* presencia del Dios Todopoderoso. Ésta no es una vida de pavor y restricción embarazosa, sino una vida santa, gozosa y divinamente satisfecha. Es, en efecto, *la vida* de fe. Este es el alto privilegio de todo hijo de Dios nacido del cielo.
2. AFECTO SU CARÁCTER. «Sé perfecto». Es decir, sé *de entero corazón.* No teniendo doblez de corazón (Sal. 12:2), queriendo *agradar* a Dios y al hombre al mismo tiempo. Toda perfección viene de Aquel que solo es perfecto. La más elevada perfección humana se halla en una vida vivida de todo corazón delante de Dios.

III. La sumisión. «Abram se postró sobre su rostro» (Gn. 17:3). La mejor respuesta a la alta vocación de Dios es un espíritu humilde y quebrantado. Abram no dijo jactanciosamente, como dijeron algunos de sus descendientes: «Haremos todo lo que Tú nos mandes». Inclinó la cabeza hasta el polvo, y «*Dios habló con Él*». Un profundo y consciente sentimiento de ignorancia y debilidad nos lleva a la debida actitud de ser *enseñados de Dios*. Dios siempre habla al corazón del que se abate a sí mismo. Cuando Juan cayó a sus pies, sintió el toque de su bondadosa mano, y oyó su consolador «No temas» (Ap. 1:17). Quiera Él darnos esa humildad de corazón, esa calma de espíritu en que se discierne el más leve susurro de los labios del Espíritu Santo.

IV. La transformación. «No se llamará más tu nombre Abram, sino que será tu nombre Abraham». Abram, el *enaltecido*, es cambiado en Abraham, el *fructífero*. Se ha inclinado con entero corazón a la voluntad de Dios, y su carácter es transformado. Así es siempre; la completa rendición trae un cambio completo de naturaleza. Jacob llegó a ser un príncipe, y *prevaleció* cuando se *entregó* enteramente al luchador celestial. Es cuando estamos *crucificados* con Cristo que Cristo vive en nosotros (Ga. 2:20). Es por rendirnos al Espíritu de Cristo que somos transformados a su santa y celestial imagen.

25. ABRAHAM, HOSPEDANDO Y SIRVIENDO

Génesis 18:1-17

Todo incidente en el Antiguo Testamento da alguna verdad del Nuevo. Leamos esta porción a la luz de la nueva revelación.

I. Una visita bondadosa. «Le apareció Jehová...; y alzó sus ojos, y he aquí *tres* varones que estaban junto a Él» (Gn. 18:1, 2). Este es un lenguaje notable, que Jehová se manifestara en forma de tres. ¿No sugiere esto la *Trinidad* de la Divinidad? Toda la Trinidad está interesada y ejercitada buscando bendecir y salvar al hombre. El *Padre* amó, y envió a su Hijo; el *Hijo* amó, y se dio a Sí mismo a la muerte para redimir; el *Espíritu* amó, y vino para hacer su morada en el corazón creyente. Esta triple salvación está resumida en la bendición: «La *gracia* del Señor Jesucristo, el amor de Dios, y la *comunión* del Espíritu Santo» (2 Co. 13:14).

II. Una recepción cordial. La manera en que Abraham recibió a los visitantes, y sus varios actos para con ellos, pueden servirnos para ilustrar cómo un alma cansada y ansiosa puede recibir a Jesús, y ser atraída a Él, anhelosa de Él.

1. HABÍA DESEO VEHEMENTE. «Alzó sus ojos y miró» (Gn. 18:2). Se ha efectuado una buena obra *en* nosotros antes de que siquiera *levantemos* nuestros ojos. Es seguro que el Señor se aparecerá en gracia a aquellos que *miran*. Miraron y fueron alumbrados.
2. HABÍA ÁNIMO PRONTO. «Salió corriendo a recibirlos.» Fue de prisa para agasajar a todos cuantos vinieron a verlo. Cuando el corazón tiene verdadera *hambre* del pan de vida, lo recibirá de buena gana. Toda alma que suspira por Cristo se apresurará hacia Él.
3. HABÍA ESPÍRITU HUMILDE. «Se postró en tierra.» Cuanto más nos acercamos a Cristo, Visitante celestial, tanto más indignos vemos que somos. El camino a Dios es el de la humillación de nosotros mismos. Cuanto más nos aproximamos a su luz, tanto más indignas parecen las vestimentas de nuestra propia justicia.
4. HABÍA CONFESIÓN VOLUNTARIA. Abraham dijo: «Señor». Cuando un alma ha encontrado el camino a la presencia de Jesucristo, esperamos oír el lenguaje de confesión y testimonio. «¡Señor mío!» Estas dos palabritas implican dos grandes pensamientos: 1) *apropiación;* 2) *completa sujeción.* Él es mío y yo soy suyo.
5. HABÍA AMOR A LA COMUNIÓN. «Si ahora he hallado gracia en tus ojos, te ruego que *no pases de tu siervo*» (Gn. 18:3). ¿Qué podía ser más natural? El alma que ha hallado al Señor desea vivamente quedar en su presencia. En su presencia hay plenitud de alegría. El corazón solitario encuentra su hogar en el seno de su amor.
6. HABÍA DESEO DE QUE SE REFRESCARAN. «Recostaos... y sustentad *vuestro* corazón» (Gn. 18:4, 5). En nuestro egoísmo somos propensos a satisfacernos con *obtener* su favor y bendición, omitiendo buscar descanso para su alma y solaz para *su* corazón. Cristo nos dio reposo y consuelo al darse a Sí mismo por nosotros; démosle nosotros descanso y solaz al darnos nosotros mismos a Él.
7. HABÍA PRONTITUD PARA SERVIR. «Abraham fue de prisa y tomó y dio» (Gn. 18:6, 7). El amor presta rapidez a los pies voluntariosos. «Dios ama al dador *alegre*» (2 Co. 9:7). «Todo lo que hagáis, hacedlo *de corazón*, como para el Señor» (Col. 3:23). «El amor de Cristo nos constriñe» (2 Co. 5:14).

III. Una recompensa bendita. «¿Encubriré Yo a Abraham lo que voy a hacer?» (Gn. 18:17). La devoción de Abraham es recompensada con una revelación del propósito *secreto* del Señor. El secreto del Señor es para los que le temen. El camino a las cosas más profundas de Dios muchas veces se halla mediante el sacrificio de uno mismo y el servicio activo. Si queremos conocer la sabiduría oculta de Dios, y alimentamos con lo mejor del trigo, tenemos que ponernos nosotros mismos y todo lo que poseemos a los pies de nuestro Señor. Abre tu corazón a Él, y el suyo estará abierto a ti.

26. LA HISTORIA DE LOT
Génesis 19

La historia de Lot es la de un apóstata. Cuando se apartó de Abraham se apartó de la fe. Cuando buscó los llanos bien regados, estaba buscando *su propia* gloria. Mientras procuraba *su propio* interés, su testimonio como creyente en el Señor fue despreciado. Luego vinieron el fracaso y la huida, pero, siendo del Señor, Él mismo fue salvado como por fuego, aunque todas sus obras fueron quemadas (1 Co. 3:14, 15). Ved:

I. La elección que hizo. «Escogió para sí toda la llanura del Jordán, y fue poniendo sus tiendas *hasta* Sodoma» (Gn. 13:10-12). Aquellos que andan por la vista y no por fe siempre serán influenciados por las *apariencias*. La elección de Moisés fue la de la fe (He. 11:24, 25). Si seguimos los dictados de nuestros propios corazones, inevitablemente pondremos nuestra morada en dirección a Sodoma.

II. La posición que ocupó. «Lot estaba sentado a la puerta de Sodoma.» Habiéndose convertido en *compañero* de los sodomitas, ahora llega a ser un socio de *ellos*. Cuando un cristiano puede hallar placer en la comunión de los impíos, no tardará en ser partícipe de su iniquidad. El progreso mundano no es evidencia de crecimiento en la gracia. Mezclarse con el mundo significa muchas veces ayudar a los impíos (2 Cr. 19:12).

III. El mensaje que recibió. «Jehová nos ha enviado para destruir este lugar» (Gn. 19:13). Lugares malvados y cosas malvadas tienen todos que ser destruidos. Si todas tus cosas malvadas fuesen destruidas, *¿perderías* algo? ¿Cómo afectada tus *planes y propósitos*? Si los intereses de nuestro corazón están enredados con la maldad de este mundo, sufriremos pérdida. Pongamos la *mira*, los afectos, en las cosas de arriba; entonces, cuando todo lugar de impiedad sea destruido, nuestra herencia quedará intacta.

IV. El testimonio que dio. «Salió Lot y habló a sus yernos...; mas pareció como que se burlaba» (Gn. 19:14). Nuestro testimonio para Dios siempre será una mofa si estamos llevando una vida egoísta. ¿Quién creerá que el pecado es amargo si nosotros lo damos debajo de nuestra lengua como un dulce bocado? Ni la seriedad ni la elocuencia contrapesarán la *inconsecuencia*. La *vida* es la *luz*.

V. La desgana que demostró. «Deteniéndose Él, los varones asieron de su mano» (Gn. 19:16). Siempre somos lentos para obedecer el llamado de Dios cuando nuestras vidas están enmarañadas con los asuntos del mundo. El joven se fue triste, porque tenía muchas posesiones (Mt. 19:22). Muchos perecen en la plena luz del conocimiento por falta de decisión. Escapa por tu vida; no tardes.

VI. El pedido que hizo. «He aquí esta ciudad está *cerca;* dejadme escapar allá» (Gn. 19:20). Pensaba que el monte de refugio *señalado* se encontraba demasiado lejos. ¿Por qué deseaba ser salvado tan cerca como fuese posible de la ciudad condenada? ¿Por qué tenemos que desear ser salvados, y nada más? ¿No hay una renuencia oculta en las mentes de muchos del pueblo de Dios a huir hacia el monte distante de la completa *separación*? Lot fue salvado, pero todavía se hallaba lo suficientemente cerca del lugar de muerte para estar lleno de temor (Gn. 19:30).

VII. El favor que disfrutó. «Nada podré hacer hasta que (tú) hayas llegado allí» (Gn. 19:22). ¡Cuán precioso es a Dios aun un pobre apóstata! El juicio no puede caer sobre Sodoma mientras Él no esté afuera. Pero aún más, sigue pensando cómo la presencia de este creyente de pensamientos mundanos entre los impíos estaba *estorbando* a Dios en la ejecución de sus propios propósitos. Hasta que Él hubiese salido de entre ellos, la obra de Dios estaba detenida.

27. OBRA DE SOCORRO POR PARTE DE LOS ÁNGELES
Génesis 19:1

«Llegaron, pues, los dos ángeles a Sodoma.» *¡Angeles en Sodoma!* ¡Qué contraste! Los más resplandecientes y santos de los siervos en las más tenebrosas y malvadas de las ciudades. Incluso la obra en los bajos fondos puede ser angélica. Estos mensajeros de misericordia y de juicio son ejemplos para todos los que deseen rescatar a los perdidos. Observemos:

I. Adonde fueron. Fueron a «Sodoma» (v. 1). Una ciudad rebosante de iniquidad, y estaban conscientes de que sus ojos y oídos iban a captar cosas que traspasarían sus almas con una agonía de dolor y de angustia, pero estaban preparados para sufrir, estaban incluso dispuestos a quedarse toda la noche en la calle (v. 2). Los que quieren la salvación de los demás tienen que estar dispuestos a sacrificar su propia comodidad y bienestar.

II. Por qué fueron. Fueron porque Jehová los había enviado (v. 13). No fueron porque tuvieran la sensación de que la maldad del lugar exigía que se hiciera *algo*, o porque no tuvieran otra cosa que hacer. No. Fueron allá con un encargo concreto de parte del Señor. Se daban cuenta de que la obra no era de ellos, sino de Dios. Fueron en su Nombre, y en su fuerza, para hacer su voluntad entre ellos, y así iba a a ser. Los siervos de Cristo pronto se fatigarán en bien hacer si no tienen esta perfecta certidumbre de que están precisamente en el lugar y llevando a cabo la obra que él les ha enviado a hacer.

III. Lo que fueron a hacer. Fueron a predicar una salvación instantánea y el juicio venidero. «Levantaos, salid de este lugar; porque Jehová va a destruir esta ciudad» (v. 14). No vinieron a proponer ningún plan de reforma social. Los sodomitas ya estaban condenados. No tenían otra alternativa que no fuera escapar o perecer. Los ojos de estos mensajeros del cielo estaban muy despiertos a la verdadera realidad de la cuestión, por lo que no podían hacer otra cosa más que apremiar su mensaje de advertencia y esperanza. Hablaban y actuaban como creyentes que están realmente viendo que hay una «ira venidera», y como viendo el peligro de aquellos que estaban «deteniéndose» por su indecisión (v. 16). No había un momento como «*ahora*» para ellos: «He aquí ahora el día de salvación». Tan apremiantes fueron estos evangelistas que literalmente tomaron a Lot, a su mujer y a sus dos hijas (v. 16). Vieron que era una apremiante necesidad el tratar de una manera *personal* si las almas habían de ser rescatadas de la condenación que iba a sobrevenir. ¿Por qué no deberían ser apremiantes y urgentes los predicadores del Evangelio al modo en que lo fueron estos dos heraldos? ¿Acaso no tenían un mensaje concreto que entregar? ¿No hay acaso el mismo mensaje de destrucción esperando a los que no creen, ni obedecen el Evangelio? (1 Ts. 5:3). «Una cosa hago», esto es lo que caracteriza a los «enviados», y es una característica especial de los que han sido llamados y enviados por Dios. Él hace a sus ministros *llama* de fuego.

28. UNA REFLEXIÓN SOLEMNE

Génesis 19:27, 28

«Subió Abraham por la mañana al *lugar donde había estado delante de Jehová.* Y miró hacia Sodoma...; y he aquí que el humo subía de la tierra como el humo de un horno.» Éste era un punto sagrado para Él. Aquí el Señor había salido a su encuentro, y aquí había intercedido por los justos en Sodoma. Ahora desde este lugar santo contempla el juicio de Dios. Esas columnas de humo rodeadas de llamas declaran el cumplimiento de su palabra, y revelan su terrible carácter cuando obra en *justicia* con el pecado y la culpa. «Nuestro Dios es fuego consumidor» (He. 12:29). Es cuando nos situamos como Abraham en estos lugares altos y celestiales, andando por fe en *comunión* con el Señor y en el espíritu de intercesión, que vemos y entendemos a qué Dios santo y aborrecedor del pecado adoramos. Mientras en nuestra imaginación nos paramos con Abraham con la vista sobre la ardiente ruina de Sodoma, reflexionemos sobre:

I. La enormidad del pecado. Constriñó al Señor a descender del cielo para tratar con Él (Gn. 18:20, 21). El clamor de Israel en Egipto hizo descender al Señor para *librar*. El clamor de Sodoma le hizo descender para *destruir*. El clamor de la necesidad del mundo trajo a Jesús nuestro Señor del cielo para que pudiera tratar con ella. Cuando Dios viene en gracia trata con el *pecado*, quitándolo por el sacrificio de Sí mismo. Cuando viene en juicio, trata con el *pecador*, quitándolo. «La paga del pecado es muerte» (Ro. 6:23).

II. La certeza del juicio. «Vamos a destruir este lugar..., el humo subía» (Gn. 19:13-28). Sería tan fácil para un hombre escapar de su propia sombra como hacerlo de la culpabilidad y castigo mientras no estén perdonados sus pecados. El juicio de Dios podrá dormitar, y la culpa podrá levantar su soberbia y desafiante cabeza; pero ese juicio:1) *Es seguro.* 2) *podrá ser repentino.* 3) *será completo.*

III. La soberanía de la gracia. Mientras Abraham miraba con ojos llenos de lágrimas el humo de Sodoma que perecía, puede haberse preguntado: «¿Por qué no estoy yo allí? ¿Cómo es que he sido salvado de esto? ¿Por qué fui llamado a salir de Ur? ¿Era yo mejor que muchos de los que fueron dejados en sus pecados?». La respuesta es: «*Por gracia* sois salvos» (Ef. 2:8).

IV. La seguridad de los creyentes. «Nada podré hacer hasta que (*tú*) hayas llegado allí». «No la destruiré *por amor a los diez.*» Dios no destruirá a los justos con los impíos. Todos los que pertenecen a Él están bajo una providencia *especial*. Dios dijo a Moisés: «Apartaos *de entre* esta congregación, y los consumiré» (Nm. 16:21). Antes que viniera el diluvio los justos estaban encerrados en el arca. Antes que los juicios sean derramados sobre la tierra, la iglesia será trasladada al cielo. «Nadie las arrebatará de mi mano» (Jn. 10:28).

V. La importancia de dar testimonio. Los sodomitas, como los hombres de este mundo, estaban bajo condenación, pero no lo creyeron. Dios no nos ha dejado en ignorancia de nuestro destino si rechazamos a su Hijo. «El que no cree, ya ha sido condenado» (Jn. 3:18).

VI. El valor de la oportunidad presente. Pronto habrá terminado nuestro día de testimonio. Pronto aquellos entre quienes vivimos estarán cubiertos de vestiduras blancas delante de Dios, o envueltos en el humo del tormento. Los *veinte años* de Lot en Sodoma fueron infructíferos para Dios. Ahora se ha ido el día de su privilegio, y hasta sus mismos compañeros perecen en sus pecados. He aquí, ahora es el tiempo aceptable tanto para salvación como para servicio (véase Jud. 1:20-23).

29. AGAR LA IMPOTENTE

Génesis 21:14-19

«¿Qué tienes, Agar?» Las dolencias y los dolores humanos son muchísimos, y pueden alcanzarnos, como le sucedió a Agar, en una manera muy inesperada. ¿Quién podría haber sido más feliz que ella mientras criaba al hijo de Abraham? Pero el nacimiento de *Isaac* (figura de lo que es nacido del Espíritu) trae aflicción y separación a *Ismael* (lo que es nacido de la carne). Pobre Agar, oprimida en espíritu, vaga por el desierto, donde, igual que la cansada paloma fuera del arca, está por perecer, pero la misericordiosa mano de Dios está extendida, y es recibida en el amparo de Aquel que busca salvar a los perdidos. Notad:

I. La pregunta divina. Dios llamó y dijo: «¿Qué tienes, Agar?» (Gn. 21:17). ¡Cuán oportuna y tierna es la *simpatía* de Dios! No es una pregunta de mera forma o curiosidad, sino la amante averiguación de Uno cuyo corazón anhela ayudar al necesitado. Cuando Jesús dijo: «¿Qué quieres que te haga?» (Lc. 18:41), estaba abriendo la puerta de su propia plenitud divina. El mal de Agar, figurativamente, es muy común.

1. ERA UNA PROSCRITA. «Echa a esta sierva» (Gn. 21:10). «Abraham la despidió» (Gn. 21:14). Quedó excluida de la casa y presencia del amo. ¿Por qué? Porque su hijo se burlaba de Isaac, el don de Dios. Aquellos que fueron hallados escarneciendo la palabra de Cristo fueron todos puestos afuera (Lc. 8:51, 54) cuando Cristo levantó a la muchacha muerta. El pecado siempre separa y conduce fuera de la casa de bendición al desierto de tristeza y miseria.
2. ERA UNA DESTITUIDA. «Le faltó el agua del odre» (Gn. 21:15). Los recursos de un desterrado se agotan rápidamente. La fortuna del hijo perdido pronto estaba gastada (Lc. 15). Cuando el pecador llega al fin de sí mismo, no le queda más que la oración. Para Él llegar al punto de no saber qué hacer o decir era el mejor punto. Es cuando todos los arroyos de la propia creación se han secado y el ojo ansioso busca la Fuente Viva.
3. ERA IMPOTENTE Y ESTABA DESESPERANZADA. «Se fue a distancia, porque decía: No veré cuando el muchacho muera» (Gn. 21:16). Ahora no ve más que la horrenda cara de la muerte delante de ella. Verse separada del mozo debe de haber sido como exprimirle la última gota de sangre de su corazón agonizante. Es posible ver y sentir la grandeza de nuestras necesidades, de modo que temamos oír su voz. Ahogar su clamor no mejora nuestra condición. Agar es el cuadro verdadero y doloroso de un «débil». «Porque Cristo, cuando aún éramos débiles, a su tiempo murió por los impíos» (Ro. 5:6).

II. La palabra divina de consuelo. «El ángel de Dios dijo: No temas; porque Dios ha oído.» ¡Qué hermoso cumplimiento de «El sabe hablar palabras al *cansado*»! (Is. 50:4). La extrema necesidad del hombre es la oportunidad de Dios. «Siendo aún pecadores, Cristo murió por nosotros» (Ro. 5:8): lo hizo en el tiempo de nuestra completa falta de poder. El divino «No temas» está siempre acompañado por la divina plenitud (Is. 41:10).

1. LA PROVISIÓN. «Vio una fuente de agua» (Gn. 21:19). Estaba sentada pereciendo en la agonía de la sed mientras una fuente de agua estaba allí cerca. Espiritualmente, éste es el estado y condición de muchos que perecen por falta de conocimiento mientras la palabra de verdad se halla a su lado, y aun resonando en sus oídos.
2. LA PREPARACIÓN. «Dios le abrió los ojos». No era suficiente que la fuente estuviese allí; sus ojos tenían que ser abiertos para verla. La gran provisión del evangelio es doble: 1) la obra exterior de Cristo en la cruz; 2) la obra interior del Espíritu Santo en el corazón. El manantial de la expiación no puede satisfacer sin el poder del Espíritu de Dios que abre los ojos. «Abre mis ojos» (Sal. 119:18).
3. LA ACEPTACIÓN. «Fue y llenó el odre de agua». No podía *hacer* la fuente, pero podía *tomar* el agua que gratuitamente se le ofrecía. No se nos pide que hagamos la salvación, sino que la tomemos (Ap. 22:17). ¡Qué revelación era ésta a Agar!: 1) De *su propia ceguera*. Recién cuando sus ojos fueron abiertos descubrió cuán ciega había sido. 2) *De la bondad de Dios.* Él hizo la provisión, e impartió a la necesitada aun la capacidad para comprenderla. Dios abrió los ojos de ella, pero ella tenía que llenar la vasija. Hay una terrible responsabilidad cuando se tiene el ojo abierto y, con todo, se rechazan las bendiciones reveladas. En el Manantial abierto para la purificación del pecado y de la inmundicia hay suficiente para llenar toda botella para satisfacer todo corazón.

4. EL RESULTADO. «Dio de beber al muchacho». Al aceptar la divina provisión, se salvó a sí misma y salvó a su hijo. «Cree en el Señor Jesucristo, y serás salvo, *tú* y *tu* casa» (Hch. 16:31).

30. EL SACRIFICIO DE ABRAHAM

Génesis 22:1-14

El que había de ser padre de los creyentes también había de ser padre de todas las pruebas de la fe.

I. Vemos las obras de una gran fe en las acciones de Abraham.

1. *No razonó;* no consultó a nadie.
2. *No vaciló* bajo el peso abrumador de semejante demanda.
3. *Fue pronto;* se levantó temprano por la mañana.
4. *Fue deliberado,* preparando la madera de antemano.
5. *Estaba plenamente resuelto;* mandó a los siervos esperar aparte de modo que no le estorbaran. Esta es una porción muy provechosa. Veamos:

II. El sacrificio del padre. «Toma ahora tu hijo». Pensad en la preciosidad de este hijo. Todas las esperanzas y deseos y afectos del padre están concentrados en Él. Al ofrecer a su hijo, Abraham estaba entregando todo lo que tenía. No le quedaba nada absolutamente excepto su Dios. Empero, esto es suficiente para la fe. Dios entregó a su Hijo, aunque todos sus afectos y propósitos estaban puestos en Él. Nunca podremos entender la grandeza de su sacrificio hasta que hayamos entendido la grandeza de su amor a su amado Hijo. Como Abraham, al dar a su Hijo, dio su TODO.

III. La sumisión del hijo. Se dice significativamente que «fueron ambos juntos». En un sentido profundo y real esto fue cierto de Jesucristo y su Padre. Al hacer una expiación por el pecado, «fueron *ambos juntos*». «El hacer tu voluntad, Dios mío, me ha agradado» (Sal. 40:8). El propósito del Padre y del Hijo era uno. Como el Señor Jesucristo, Isaac se sometió:

1. A SER CARGADO. «Tomó Abraham la leña, y *la puso sobre* Isaac su hijo». ¡Qué carga a los ojos del padre! Era la cruz del sacrificio, símbolo de la muerte. ¡Qué cuadro del unigénito Hijo de Dios, con la carga de nuestra iniquidad puesta sobre Él, y puesta sobre Él también, por un Padre amante! «*Jehová cargó en Él* el pecado de todos nosotros» (Is. 53:6). También se sometió.
2. A SER ATADO. «Ató a Isaac su hijo, y lo puso en el altar». Como hombre joven, de veinticinco años de edad, podría haber resistido; pero Él, como nuestro Isaac, fue llevado como un cordero, y no abrió su boca. El *amor y la devoción* fueron las cuerdas que ligaron al Hijo de Dios al altar del sacrificio.

IV. Los requisitos del sacrificio. Isaac llevó la leña, mientras Él mismo iba a ser el holocausto; pero no dejemos de observar lo que estaba en las manos del padre.

1. EL FUEGO. «Abraham tomó *en su mano* el fuego». Hay algo terriblemente solemne en esto. «Nuestro Dios es fuego consumidor» (He. 12:29). «¿Quién morará con el fuego consumidor?» (Is. 33:14). ¿No sugiere esto el carácter santo, probador y consumidor de Dios al acercarse al altar de expiación?
2. EL CUCHILLO. «Tomó el fuego y el cuchillo». Si el fuego representa la santidad de Dios, entonces el cuchillo bien puede simbolizar la espada de la justicia. «Levántate, oh espada, contra el hombre *compañero mío*» (Zac. 13:7). El cuchillo estaba estremeciéndose en el aire cuando Jesús clamó: «Dios mío, Dios mío, ¿por qué me has desamparado?» (Sal. 22:1). En estos días los hombres fácilmente olvidan que todo sacrificio a Dios tiene que ver con el divino cuchillo y fuego.
3. EL ALTAR. «Edificó Abraham un altar». Isaac no hizo el altar, éste fue preparado por el padre. Alma mía, pisa suavemente este terreno. Éste era trabajo solemne para Abraham. En la eternidad Dios en su propio corazón y entendimiento preparó el altar para Cristo. El era *el Cordero inmolado* desde la fundación del mundo.
4. LAS CUERDAS con que Isaac fue atado al altar, simbólicas de los clavos que fijaron a Cristo a la cruz. No fueron los clavos los que ligaron al Salvador, sino el amor. Era el amor del Padre al Hijo, el amor del Hijo al Padre y el amor de ambos al hombre: un cordón de tres dobleces que no se rompe.

V. La doctrina de la sustitución. «Tomó el carnero, y lo ofreció en *lugar de su hijo*» (Gn. 22:13). La escena en el monte de Moria, como simbólica de una escena mayor en el monte Calvario, apenas podría haber sido perfecta sin que el pensamiento de la *sustitución* fuese prominente. La figura ahora cambia. El carnero se convierte en el *holocausto*, y el *hombre sumiso* se va libre. Observas que este sacrificio fue provisto por Dios. Todavía tenemos a Jesús ante nosotros, no como el *Hijo* ahora, sino como el Sustituto de uno condenado a morir.
El hombre encontró una cruz para Cristo, pero fue Dios quien encontró EL RESCATE: «Jehová-jiréh». «*No escatimó* ni a su propio Hijo (como el de Abraham), sino que lo entregó por todos nosotros» (Ro. 8:32). «Nuestra pascua, que es Cristo, ya fue sacrificada por nosotros» (1 Co. 5:7). Pregunta a Isaac, mientras mira hacia el carnero que arde en su lugar, si cree en la *sustitución*. «He aquí el Cordero de Dios, que quita el pecado del mundo» (Jn. 1:29).

31. LA PRUEBA DE LA FE

Génesis 22:1-14

La fe es preciosa (2 P. 1:1). Obsérvese lo que ha hecho (He. 11). La prueba de la fe es más preciosa que el oro (1 P. 1:7). Aquí se observaría:

I. El sacrificio de la fe. «Su único hijo amado» (v. 2). Esto, sencillamente, significaba su todo. TODO debe ser entregado a Dios (Mt. 19:21; Ro. 12:1, 2; 15:3).

II. La obediencia de la fe. «Se levantó muy de mañana» (v. 3). Obedeció por fe (He. 11:7). El amor da presteza a los pies de la fe. No discutió (Jn. 2:5).

III. La expectativa de la fe. «Yo y el muchacho... volveremos» (v. 5); contando que Dios podía resucitarlo (He. 11:19). Su promesa no podía quedar frustrada (Gn. 21:12).

IV. La obra de la fe. «Y tomó… la leña del holocausto, y la puso sobre Isaac su hijo» (v. 6). Solemne obra de la fe. Él «llevó Él mismo nuestros pecados en su cuerpo sobre el madero» (1 P. 2:24).

V. La certidumbre de la fe. «Dios proveerá» (v. 8). En el camino de la obediencia surgirán muchas cuestiones (v. 7) que solo la fe puede responder (Hch. 27:25).

VI. La persistencia de la fe. «Y ató a Isaac su hijo, y… tomó el cuchillo» (v. 9). La fe que fracasa en la hora de la prueba no es fe (Mr. 4:40).

VII. La victoria de la fe. «Ya conozco», dice Dios, y el muchacho es salvado; pero se hace una ofrenda (v. 12), y la fe es abundantemente recompensada (Ro. 9:33; Mr. 9:25; 1 Jn. 5:4).

32. JEHOVA-JIRÉ

Génesis 22:14

«Jehová proveerá». Éste fue el testimonio de Abraham a la bondad de Dios al proveer un carnero para que tomara el puesto de su hijo sobre el altar. Será también nuestro testimonio cuando hayamos aceptado como nuestro sacrificio a Aquel que fue atrapado en el zarzal de nuestros pecados y llevado al altar de la Cruz. JEHOVA-JIRÉ:

I. Él provee lo adecuado. «Un carnero.» Un *sustituto*. Uno para tomar el puesto, y morir en lugar de aquel que fue dedicado a la muerte. Debido al pecado estábamos bajo condenación, bajo maldición, consagrados a la muerte. Dios sabía lo que era necesario. Solo Él podía proveer el sacrificio necesario. Ni la educación ni la civilización podrían servir de nada, sino la *regeneración* por medio de la sangre del Cordero *designado* por Dios. «Me amó, y se dio a Sí mismo por mí» (Gá. 2:20). «Nuestra pascua, que es Cristo, ya fue sacrificada *por nosotros*» (1 Co. 5:7).

II. Él provee el lugar adecuado. «En el monte de Jehová.» El *lugar*, además de la ofrenda, constituía parte de la disposición divina. La Cruz había sido tanto designación de Dios como la venida de su Hijo. Es muy significativo que fuera en *aquel mismo monte*, quizá en el mismo lugar, donde quedó atrapado en el zarzal el carnero que debía morir en lugar de Isaac, donde Jesús, el Cordero de Dios, fue atrapado entre las cuerdas y clavos de la Cruz, y ofrecido como sacrificio por nuestros pecados. El Monte Calvario era el monte de Jehová. Aquel mismo monte fue el lugar de comunión para Abraham. Por la sangre de su Cruz somos hechos *cercanos* a Dios.

III. Él provee en el momento adecuado. Justo cuando estaba levantado el cuchillo, y el golpe de muerte a punto de caer, se oyó la voz y fue visto el sustituto. El reloj de Dios nunca se atrasa. La fe será probada, y puede que sea probada hasta el límite. Puede que se alcance el punto de la desesperanza, pero Él no probará más allá de lo que podamos sobrellevar, sino que con la tentación dará la puerta de salida. El mayor apuro del hombre es la oportunidad de Dios. Tenemos que llegar *al fin* en cuanto a nosotros mismos para ver los *comienzos* de la gracia. Cuando llegamos a decir: «¡Señor, sálvame, que perezco!» (Mt. 8:25), entonces su mano se extiende de *inmediato*. La fidelidad de Abraham condujo a la acción de gracias. Y siempre es así. Cree, y verás. «Jehová proveerá». También nosotros podemos decirlo:

1. CONFIADAMENTE. Porque, habiendo dado a su Hijo, ¿cómo no nos dará *con Él* también todas las cosas» (Ro. 8:32). «Él puede hacer todas las cosas mucho más abundantemente» (Ef. 3:20).
2. EXPECTANTE. «Fiel es el que prometió» (He. 11:11). Él dará sabiduría a los mansos, fuerza a los débiles, armas para la guerra, consuelo para el tiempo del dolor, gracia para cada necesidad aquí, y un lugar en la mansión celestial.
3. CONTINUAMENTE. ¿No ha dicho Él: «De ningún modo te desampararé, ni te dejaré», de modo que podamos decir confiadamente: «El Señor es mi ayudador; no temeré»? En vida, en muerte y en la eternidad, JEHOVA-JIRÉ.

33. JEHOVÁ PROVEERÁ

Génesis 22:14

I. El proveedor. Jehová.

1. En Él hay infinita SABIDURÍA para conocer nuestra necesidad.
2. En Él hay infinitas RIQUEZAS para suplir nuestra necesidad.
3. En Él hay infinita GRACIA para proveer toda nuestra necesidad.

II. La provisión. «Jehová proveerá». Él ha proveído:

1. REDENCIÓN en su Hijo.
2. SANTIFICACIÓN en su Espíritu.
3. SUSTENTO en su Palabra.

34. PROVISIÓN PARA LA NECESIDAD

«Y Abraham dio a aquel lugar el nombre de Jehová-yireh» (Génesis 22:14, V.M.).

El nombre de Jehová-Yireh es un monumento a un magno descubrimiento y a una magna liberación. Significa bien que Jehová *verá*, o que Jehová *proveerá*. En el lenguaje común, estas dos palabras, «ver» y «proveer», tienen un significado distinto. Pero en el momento en que tratamos con Dios, las dos palabras resultan ser la misma, porque su *pre*-visión significa su *pro*-visión.

«En el montede Jehová será provisto». Aquí tenemos ciertamente una insinuación y explicación de Juan 8:56. Dios le dio a Abraham un atisbo del misterio de la Cruz.

Podemos decir que el Señor ha dado provisión ahora para las grandes necesidades del hombre.

I. Para la insensibilidad y somnolencia del hombre. Él ha provisto en la Persona del Espíritu Santo un Despertador, Uno que nos despierte de la somnolencia del pecado.

II. Para el pecado del hombre, la preciosa Sangre de Cristo. No se le deja al pecador proveer un sacrificio (Gn. 22:8), porque es el mismo Dios quien lo ha hecho. El Señor Jesús murió en nuestro lugar, como el carnero murió en lugar de Isaac. El doctor Dinsdale T. Young ha declarado de manera espléndida: «Cada día que vivo, sí, cada día, esto me posee más y más completamente en mi mente y en mi corazón: que aquella muerte fue una sustitución. Sé que es una palabra pasada de moda, una palabra escarnecida en ciertos círculos. Confieso que da satisfacción a mi conciencia culpable, y que conforta mi turbado corazón, y que me da un gozo incomparable en mi religión. Cuando miro arriba y digo: «Él tomó mi lugar, no puedo comprenderlo. Pero lo hizo. Él llevó mis pecados sobre su propio cuerpo en el Madero».

III. Para la ignorancia del hombre, su Palabra, la Biblia. Lee el Salmo 119:98 y 99. Hemos de ser la gente del un Libro, sean cuales sean los otros libros que podamos poseer y leer. Debemos dar a la Biblia su puesto principal en nuestras vidas.

IV. Para la debilidad del hombre, el Espíritu Santo. ¡Cuán débil es el hombre! Pero el Espíritu Santo comunica fuerza, por medio de la Regeneración y de la Renovación.

V. Para la vaciedad del hombre, la Plenitud Divina. Hay una plenitud de bendición para todos los que creen. Le plugo al Padre que toda la plenitud morase en su amado Hijo, y cuando Él acude y llena mi corazón y vida con su santa y bendita presencia, tengo la plenitud.

VI. Para la soledad del hombre, la compañía divina. Él ha prometido no dejarnos ni desampararnos nunca.

¡Qué amplia y bendita provisión ha preparado Él para todas nuestras necesidades!

35. EN BUSCA DE LA NOVIA

Génesis 24

Éste es uno de los más maravillosos semilleros en todo el campo de la revelación. Es un epítome del plan de la salvación y una historia en bosquejo de la iglesia de Dios. ¡Que nuestros ojos sean abiertos para contemplar estas cosas tan admirables!

Aquí podemos ver:

I. A Abraham, o el propósito del padre. «Tomarás mujer para mi hijo Isaac» (Gn. 24:4). El pensamiento de una esposa para Isaac se originó en el padre. Fue el resultado de su amor a su hijo, y un deseo de introducir en una gran bendición a un ser que todavía estaba muy lejos. ¡Qué cuadro de Cristo y la iglesia! (Ef. 5:32). Dios el Padre vio que sería bueno para su Hijo tener una esposa con Él en la gloria de la presencia de su Padre. Este propósito fue declarado y el pacto hecho antes de que el mundo fuese formado. La iglesia, como su esposa, fue elegida en Él antes de la fundación del mundo. ¡Oh las riquezas inescrutables de su GRACIA! ¡Oh las profundidades insondables de su bondad hacia nosotros!

II. A Isaac, o el hijo y heredero. «Le ha dado a Él *todo cuanto tiene*» (Gn. 24:36). Isaac, como Jesús, poseyó su herencia después de pasar por la amargura de la muerte (Gn. 22:9, 10). En la experiencia de tanto el padre como el hijo, Isaac *virtualmente* murió y resucitó. Ahora llega a ser heredero de todo. Jesucristo «se humilló a Sí mismo, haciéndose obediente hasta la muerte...; por lo cual Dios le exaltó hasta lo sumo» (Fil. 2:8, 9). Ahora «agradó al Padre que en Él habitase *toda plenitud*» (Col. 1:19). «En Él habita corporalmente toda la plenitud de la Deidad» (Col. 2:9). A Él le ha dado el Padre todo lo que tiene, para que todas las necesidades de su bienaventurada esposa puedan ser plenamente satisfechas. «Por amor a vosotros se hizo pobre, *siendo rico*, para que vosotros con *su pobreza* fueseis *enriquecidos*» (2 Co. 8:9). Se vació a si mismo para que pudiera tomar contacto con la pobreza de su esposa. Estáis cumplidos en Él.

III. A Eliezer, o la misión del Espíritu (Gn. 24:2). Este viejo mayordomo de la casa de Abraham es una figura perfecta del Espíritu Santo.

1. TENÍA AUTORIDAD EN LA CASA. Cuidaba de los asuntos caseros de Abraham. El Espíritu es Uno con el Padre y el Hijo. El atendía a las cosas domésticas de este mundo (Gn. 1:2).
2. FUE ENVIADO POR EL PADRE. «El Espíritu Santo, a quien el Padre enviará» (Jn. 14:26).
3. FUE ENVIADO EN EL NOMBRE DEL HIJO (Jn. 14:26).
4. NO HABLÓ DE SÍ MISMO (Gn. 24:33).
5. REVELÓ LAS COSAS DE ISAAC (Gn. 24:53; Jn. 16:14).
6. TESTIFICÓ DE SU MAESTRO (Gn. 24:35).
7. GUIÓ POR TODO EL CAMINO A CASA (Gn. 24:61).

El «Consolador, para que esté con vosotros para siempre» (Jn. 14:16).

De cada acto de este siervo parece nacer una profunda enseñanza espiritual. No quería comer pan mientras no hubiese hecho saber su mensaje (Gn. 24:33). El Espíritu Santo no puede tener comunión *con* nosotros hasta que haya revelado *a* nosotros el carácter del Padre y del Hijo. El dijo: «No me detengáis» (Gn. 24:56). Si la presencia de Jesucristo ha de ser disfrutada, tenemos que ser obedientes a este Santo Mensajero.

IV. A Rebeca, o la esposa de Cristo. «¿Irás tú con este varón? Y ella respondió: Sí, iré» (Gn. 24:58). Si bien Rebeca es figura de la iglesia –llamada y sacada por el Espíritu de Dios, y separada al nombre de Jesús–, no debemos perder de vista nuestra responsabilidad *individual*. El celestial Eliezer todavía está llamando y apartando un pueblo para su nombre. En el evangelio todavía oímos el divino ruego: «¿Irás tú con este hombre?» Este llamado:

1. ES BONDADOSO. Es de gracia, gratuito; no se trata de una cuestión de carácter.
2. ES PERSONAL. «¿Irás *tú*?» Solo ella podía contestarlo.
3. ES URGENTE. «No me *detengáis*.» Aquel que llama puede pasar a otros.
4. ES CUESTIÓN DE LA VOLUNTAD. La pregunta podría leerse así: «*¿Quieres* ir tú?» No es asunto de aptitud moral. «El que quiera.» La *mala voluntad* es la única falta de aptitud.

5. IMPLICA SEPARACIÓN. «*¿Irás* tú?» Cuenta el costo (Rut 1:16). ¿Estás preparado para dejar todo y seguirle?

V. Seguimiento, o la vida presente. «Se levantó Rebeca... *y siguió al hombre*». Ella creyó, y así obedeció. Sabía en pos de *quién* iba: el mensajero que había venido del padre para guiarla a la presencia del hijo. ¿Qué atracciones podía tener para ella el país por el que pasaban mientras su guía le hablaba de la bondad y las glorias de Isaac, y mientras su corazón ardía en ella por ver a aquel a quien, sin haberle visto, ella amaba, y se regocijaba en la esperanza de su comunión? Tal es nuestro presente privilegio: guiados por el Espíritu, enseñados por Él por el camino y esperando la aparición de nuestro Señor, el que viene. ¿Proseguimos nosotros en forma tan resuelta al premio de esta alta vocación como lo hizo Rebeca?

VI. Canaán, o el futuro hogar. «La trajo Isaac, y tomó a Rebeca por mujer» (Gn. 24:67). Todas las molestias de su viaje agotador están ahora olvidadas. Ver una vez a nuestro glorificado Señor sanará todas las heridas y cicatrices recibidas en el trayecto. Ahora ella descansa en su amor, y es constituida heredera juntamente con Isaac de sus riquezas. Ella se sostuvo, como viendo al que era invisible; ahora está satisfecha en su presencia y semejanza. Es un pensamiento precioso el de que al final de nuestro viaje Jesús será tan *real* a nosotros como lo fue Isaac a Rebeca; que dicha unión *es personal*, y que el gozo será para siempre. Si seguimos al Espíritu ahora, seguiremos al Cordero después.

36. LA PRIMOGENITURA PERDIDA

Génesis 25:27-34; Hebreos 12:17

Esaú, como Caín, se levanta en la escritura como poste de advertencia, como el mástil de un barco repentinamente hundido que sigue viéndose por encima de la marea creciente. Observemos aquí:

I. Un privilegio heredado. Esaú era el *primogénito*, y así, por nacimiento, tenía la oportunidad de venir a ser el heredero. Aunque es cierto que el nacimiento natural no nos introducirá en la herencia de las promesas de Dios, sí que *nos* introduce en el maravilloso lugar de la oportunidad, en comparación con aquellos que, sin decisión alguna de su parte, han nacido en las tinieblas del canibalismo. Todos los nacidos en tierras de la Biblia son herederos de un privilegio inapreciable.

II. Un privilegio despreciado. Esaú dijo: «¿Para qué, pues, me servirá la primogenitura?» (v. 32). No podía servirle de nada siendo que consideraba más importantes otras cosas sensuales. En aquel momento, el guisado era para el lo principal. Dejó que su *apetito* dominara los más elevados instintos de su naturaleza. Los hombres caen una y otra vez en este error cuando permiten que las cosas temporales tomen el lugar de las espirituales. Las cosas de *primera* importancia debieran ser siempre puestas en primer lugar. Buscad *primeramente* el Reino de Dios y su justicia, y estas cosas por las que tantos sienten hambre os serán *añadidas*. Menospreciar los privilegios del Evangelio es menospreciar vuestro derecho de primogenitura.

III. Un privilegio perdido. «Y *vendió* su primogenitura» (v. 33). De manera deliberada la rechazó como algo carente de valor. Una oportunidad no aceptada es una oportunidad perdida. Hay siempre muchos alrededor del carácter de Jacob, que están dispuestos a sacar ventaja a costa de otros por su estupidez espiritual. Moisés consideró su primogenitura de una manera muy diferente cuando escogió antes sufrir aflicción con el pueblo de Dios que gozar temporalmente de los placeres del pecado (He. 12:17). El pecado de la incredulidad irá ciertamente seguido de un terrible *«después»*. Su envejecido padre trajo a su alma y conciencia la convicción; pero sus lágrimas, aunque muchas y amargas, no le valieron para devolverle la bendición hasta entonces despreciada. «Hijo, acuérdate que recibiste tus bienes en tu vida» fue el aguijoneante «después» para el rico de que se habla en Lc. 16. ¿Cómo escaparemos al doloroso después «si descuidamos una salvación tan grande»? (He. 2:3).

37. LA VIDA SATISFECHA

«Lleno de años» (Gn. 25:8).

Ésta es una frase escogida y sugestiva. No es un sinónimo de longevidad. Abraham vivió hasta los 175; Isaías, 180; Job, 140; David, 70; Joyadá, 130 (2 Cr. 24:15); sin embargo, se utiliza la misma expresión para todos. Léase «satisfecho» por «lleno» –en realidad, éste es su significado– y se tendrá el verdadero sentido del término. Y actuó como hombre satisfecho. Nada de aferrarse desesperadamente a la vida, ninguna mala disposición a partir. Era como uno que, teniendo suficiente en la mesa, bendice al Dador de la fiesta, aparta la silla, se levanta y se marcha sin una lucha, sin la más mínima resistencia: ¡SATISFECHO!

¿Qué había conseguido? Había salido de Mesopotamia esperando conseguir un país y una nación. Pero muere sin posesión, excepto un sepulcro, y sin más perspectiva de prosperidad que su hijo Isaac, y sus dos nietos, que cuando él murió tenían quince años. Entonces, ¿por qué Abraham quedó *satisfecho* y no *aburrido* por la vida? Vivió la siguiente vida, una vida:

1. Llena de Dios (Sal. 105:40; 107:9).
2. Llena del goce del favor inmerecido de Dios. «*Saciado de favores*» (Dt. 33:23). Su fe le fue contada por justicia.
3. Que recibía a diario las misericordias de Dios (Sal. 90:14).
4. De confianza en Dios. Es célebre por su fe.
5. De comunión con Dios, a pesar de muchos obstáculos.
6. De activo servicio para Dios.
7. En la plena certidumbre de ir a Dios. Ponderemos la frase, «*fue unido a su pueblo*».

38. REHOBOT, O VICTORIA POR CESIÓN

Génesis 26:17-28

Ser dueño de un pozo en Palestina era poseer una fortuna. Tener posesión de una fuente o pozo de salvación es tener la buena fortuna de una refrescante y eterna delicia. Obsérvese la:

I. Prueba de la fe. «Cuando los siervos de Isaac cavaron, y hallaron un pozo de aguas vivas, los pastores de Gerar riñeron, diciendo: El agua es nuestra.» Cavar pozos –buscar de abrir para nosotros manantiales de bendición– es una ocupación muy común. No todo pozo que cavamos rinde contentamiento. Éste tuvo que ser llamado «Contención» (Gn. 26:20). Cavaron otro; éste también trajo *contienda* con mayor fuerza, y fue llamado «Enemistad», u odio. Fue una prueba severa para Isaac haber trabajado tanto con estos pozos y dejar que otros reclamaran el agua. Isaac no riñó, sino que mansamente viajó más atrás en el valle. Esta es una de las lecciones más difíciles que nosotros como cristianos tenemos que aprender, a no resistir el mal hecho contra nuestros propios intereses. Es tan natural para nosotros defender nuestros propios derechos. Retrocede, y haz lugar para Dios. «No devolviendo mal por mal, ni maldición por maldición, sino *por el contrario*» (1 P. 3:9).

II. Compensación de Dios. «Abrió otro pozo...; y llamó su nombre Rehobot, y dijo: Porque ahora Jehová nos ha prosperado», o *«nos ha hecho ensanchar»; «ha hecho lugar* para nosotros.» *Cediendo* y confiando con calma hallaron:

1. LA PROVISIÓN DEL SEÑOR. Solo el Señor puede «hacer lugar *para nosotros*». El sabe cuándo, dónde y qué espacio necesitamos. Cuando el Señor hace lugar para nosotros, lo hace para todo don y talento que tengamos, para todo santo deseo y todo puro afecto. Hace falta lugar preparado por Él para satisfacer todas las necesidades del hombre como espíritu inmortal. Ha hecho lugar para nosotros:

1). *En la muerte expiatoria de Cristo.*
2). *En el glorioso evangelio.*
3). *En su amante corazón.*
4). *En su hogar celestial.*

El Señor ha hecho lugar para nosotros; entremos y tomemos posesión de su plenitud en Jesucristo.

2. LA PROMESA DEL SEÑOR. «Se le apareció Jehová, y le dijo: ... Te bendeciré.» Isaac no buscó lo suyo propio, y vino sobre Él la bendición de los *mansos*. Los pastores de Gerar le quitaron los pozos, pero no podían robarle la bendición del Señor. Nuestras aflicciones y pruebas muchas veces nos impelen a volver al lugar de bendición preparado para nosotros por el Señor. Los mansos heredarán.

3. LA PRESENCIA DEL SEÑOR. «Jehová dijo: No temas, porque Yo estoy contigo.» No disputemos ni lloremos cuando los hombres del mundo tratan de despojarnos de algunos de los pozos de nuestras comodidades terrenales. Los toros de Basán suelen echar al creyente manso a praderas más distantes. Permaneciendo en la presencia de Dios estaremos escondidos de la contención de lenguas, y guardados como la niña de su ojo. No os afanéis por vuestra vida. «Buscad primeramente el reino de Dios..., y todas estas cosas os serán *añadidas*» (Mt. 6:33). El Señor hará un lugar para nosotros.

4. EL PODER DEL SEÑOR. «Ellos respondieron: Hemos visto que Jehová está contigo.» Cuando otros ven que los cristianos no bus-

can lo suyo propio sino el bien de los demás, otros verán ciertamente que el Señor está con ellos. Isaac mostró su fe en Dios por negarse a discutir sobre los pozos que Él mismo habla cavado. «Mi Dios suplirá todo lo que os falta» (Fil. 4:19). ¿Cuándo cesarán los cristianos de esta egoísta búsqueda de honores y preferencias mundanales, contristando al Espíritu? ¿Ha terminado en lo que a ti respecta? El Señor hará lugar para nosotros; echemos toda nuestra ansiedad sobre Él. Como siervo de Jesucristo, ¿has hallado tu Rehobot: ensanchamiento hecho para ti por el Señor?

39. LA VISIÓN DE JACOB

Génesis 28:10-22

Es ahora un proverbio entre los hombres que «la desesperación del hombre es la ocasión de Dios». Cuando se hallaban en medio del fuego y entre los leones, Dios libró a sus hijos hebreos. Era mientras apedreaban a Esteban que Dios abrió los cielos ante Él. Era cuando Juan estaba en exilio en Patmos que vino la Revelación. Era cuando el sol se habla puesto sobre el camino de Jacob que Él vio la escalera. El valle de Acor muchas veces se convierte en una puerta de esperanza. Observad:

I. El errante anochecido, o la condición del pecador. «Durmió allí, porque ya el sol se había puesto.» La situación de Jacob era triste. Como fugitivo aterrorizado estaba corriendo por su vida (Gn. 27:41). La noche lo alcanzó en un *«cierto lugar»*. Ah, estos *ciertos* lugares: lugares y experiencias a los que muchas veces corremos sin pensar, pero lugares señalados por Dios en los que nos encontraremos con Él. Puede ser un amigo cristiano, una casa de reuniones o un periodo de profunda aflicción. Jacob, como todo otro pecador justo en su propia opinión, estaba buscando tener buen éxito mediante una vida de engaño y sin sinceridad. Tal vida es una de miseria a causa del constante terror de descubrimiento. ¿Se está poniendo el sol de tu esperanza? ¿Se está viniendo la noche de pavor y desesperación? ¡Descansa y mira arriba!

II. La escalera maravillosa, o el camino de salvación. «He aquí una escalera que estaba apoyada en tierra, y su extremo tocaba en el cielo.» Este camino nuevo y celestial fue revelado a Jacob por Dios mismo. Es una hermosa figura de Aquel que es «el Camino» (Jn. 14:6). Esta escalera, como la salvación de Jesucristo, fue «apoyada en tierra», indicando que era un camino de acceso para el hombre. Su «extremo tocaba en el cielo». La escalera de la cruz de Cristo no dejó de llegar al trono mismo de la santidad de Dios. Todas las escaleras de los hombres son incapaces de alcanzar el cielo (Ro. 10:3). Jesucristo, como la escalera de Jacob, une la tierra con el cielo. «Yo soy el Camino» (Jn. 14:6). «No hay otro nombre» (Hch. 4:12).

III. Los escaladores angelicales, o el ministerio de los ángeles. «He aquí ángeles de Dios que subían y descendían por ella.» Los ángeles, «¿no son todos espíritus ministradores, enviados para servicio a favor de los que serán herederos de la salvación?» (He. 1:14). Tan pronto como es levantada la escalera, los ángeles están sobre ella. ¡Cuán prestos son para aprovechar cualquier oportunidad de servicio! Los ángeles no tienen otro camino de la tierra al cielo sino este único camino: ascienden y descienden *sobre* el Hijo del Hombre (Jn. 1:51).

IV. La promesa bondadosa, o el mensaje evangélico. «He aquí, Jehová estaba en lo alto de ella.» Por medio de la escalera, Dios se reveló a Sí mismo y mostró su voluntad a Jacob. ¡Qué prefiguración de Dios en Cristo, el Camino Nuevo, reconciliándonos a Sí mismo! El Señor estaba en lo alto de ella, asegurándonos que Cristo es el Camino a Dios. El evangelio de Dios, predicado a Jacob, ofreció una triple bendición:

1. UNA POSESIÓN. «La tierra en que estás acostado te la daré a ti.» Aquellos que confían en Cristo, la Escalera Viviente, recibirán una herencia entre los santos en luz.
2. PROTECCIÓN. «Yo estoy contigo, y te guardaré.» A los pies de Jesús esta dulce promesa es nuestra también: «Jehová es tu guardador» (Sal. 121:5).
3. SU PERMANENTE PRESENCIA. «No te dejaré.» No temas. A los pies de la cruz hay la promesa de gracia suficiente (He. 13:5, 6). «No te dejaré hasta que haya hecho lo que te he dicho».

V. El descubrimiento solemne, o el testimonio del despertado. «Despertó Jacob, y dijo: Ciertamente Jehová está en este lugar.» Para aquellos que todavía duermen la cruz de Cristo no es más que un sueño confuso; para los despertados es un «lugar terrible»: terrible tanto a Dios como al hombre; ¡ay!, al diablo también. La experiencia de Jacob al pie de la escalera ha sido la de muchos al pie de la cruz, y mucho más después del mismo orden moral. 1) *El Señor está en este lugar, y yo no lo sabía.* Dios en Cristo, en la cruz, y yo no lo sabía. ¡Qué solemne descubrimiento! 2) *Este es un lugar terrible:* terrible, porque es el lugar donde la pavorosa cuestión del pecado ha sido arreglada; donde la ira de Dios cayó sobre la cabeza de su Santo Hijo. 3) *Ésta es la casa de Dios.* Aquí mora Dios, en Cristo, como un refugio y escondedero para el hombre pecador. 4) *Ésta es la puerta del cielo,* la puerta de acceso a la vida eterna y la gloria imperecedera. «El que entrare, será salvo» (Jn. 10:9).

VI. La columna ungida, o el sacrificio de alabanza. La gratitud y el agradecimiento constriñeron al privilegiado viajero a levantar las columnas de alabanza al nombre de Aquel que con tanta gracia lo había bendecido. Solamente la presencia de Dios puede hacer un Betel; solo aquellos a quienes esta presencia ha sido revelada pueden realmente alzar las columnas ungidas de la canción. ¿Dónde están las columnas que la bondad de Dios nos ha compelido a levantar? ¿Están a la vista de los que pasan? Todo acto de bondad hecho a otros, por amor de Jesús, es un pilar que sirve de memorial. El aceite de la gracia hace que cada tal acción sea santa y aceptable delante de Dios.

VII. El voto voluntario, o el pacto de consagración. «Hizo Jacob voto, diciendo: Si fuere Dios conmigo..., Jehová será mi Dios.» Hagamos este convenio sin introducir la conjunción «si», pues las promesas de gracia son incondicionales. A condición de la prosperidad, Jacob estaba dispuesto a dar a Dios un diezmo de su posesión. Esto está bien, pero es muy propio de Jacob. Cualquier mundano haría de buena gana un trato como ese. La consagración va más allá de una décima parte; lo abarca todo. «No sois vuestros; habéis sido comprados por precio; glorificad, pues, a Dios en vuestro cuerpo y en vuestro espíritu, los cuales son de Dios» (1 Co. 6:19, 20). Por tanto, «presentad vuestros cuerpos en sacrificio vivo a Dios» (Ro. 12:1). Al hacerlo así «comprobaremos cuál es la buena voluntad de Dios, agradable y perfecta» (Ro. 12:2).

40. JACOB

1. Su visión como peregrino, Génesis 28:12.
2. Su amor como siervo, Génesis 29:20.
3. Su victoria como príncipe, Génesis 32:29.
4. Sus pruebas como padre, Génesis 37:22.
5. Su aliento como creyente, Génesis 46:2-4.
6. Su fe como santo en el trance de morir, Génesis 47:29.

41. ARRASTRANDO LOS PIES POR LA VIDA

«Entonces Jacob *levantó sus pies*» (Gn. 29:1, BA, *margen*).

«Arrastrar los pies» es un término muy descriptivo. Veis a alguien que va a algún lugar de mala gana. Esto es «arrastrar los pies.» Algunos andan así por mero hábito, y desde luego se trata de un mal hábito. Estos pronto destrozan su calzado, y también la paciencia de los demás. Algunos arrastran los pies porque están embargados por un espíritu triste y dolido. Mucho era lo que había sucedido a Jacob para hacer que sus pies fuesen tan pesados como el plomo. Había engañado a su padre, robado a su hermano gemelo, y obligado a huir para salvar la vida. Todo esto se registra en Génesis 28. Es un triste capítulo. ¿Tenía Jacob que ir «arrastrando los pies» por la vida? No. Dios tomó medidas para salvarle de esta terrible calamidad.

Jacob «salió» (Gn. 28:10) del hogar y del campamento. Es indudable que se fue solo, sin ayuda, para no suscitar las sospechas de su hermano. Después de haber andado alrededor de sesenta y cinco km de terreno montañoso, llegó a un valle rocoso, con piedras amontonadas como una enorme escalinata rocosa. Al echarse para dormir, parecía como si las piedras del valle hubiesen sido edificado juntas, como por manos invisibles, formando una escalera, hasta que tocaba al azul cielo. Vio a los ángeles de Dios que ascendían y descendían, y allí a su lado (véase BAS, margen), el Señor. Jacob había estado tan lleno de sus propias actividades, planes y maniobras, que el único momento que Dios pudo conseguir su atención fue cuando estaba dormido. ¿Qué hizo esta visión por Jacob?

I. Proscribió la mera terrenalidad. «Su extremo tocaba el cielo.»

GUSANO.

1. No es probable que Jacob estuviese abrigando ninguna excelsa idea, porque era un fugitivo.
2. Había estado reptando como un gusano sobre la tierra, con pocos pensamientos más allá. Esta visión apartó su mirada del nivel inferior.

3. Había habido poco tráfico entre su alma y el cielo. La visión le muestra un camino desde su mismo lado hasta las mismas profundidades celestiales. Lo llama «puerta del cielo». La puerta es el lugar más activo de una ciudad; no solo la entrada, sino el lugar de reunión.
4. «No temas, gusano de Jacob.» Demasiadas veces era como el gusano reptando en la tierra cuando debía haber sido como la mariposa, revoloteando por soleados jardines.

ESCALERA.

1. Lo que aquella escalera fue para Jacob lo es Jesús para nosotros.
2. En verdad, en Juan 1:51 afirma que era un tipo de Él mismo.
3. Jesús es:
   a. Nuestro enlace con el cielo.
   b. Todas las bendiciones nos llegan por este camino.
   c. Cada hijo de hombre tiene esta escalera justo a sus pies.

II. Proscribió la soledad. «Ángeles de Dios que subían y descendían.»

1. Pensaba que estaba solo, pero la visión puebla el desierto.
2. Observemos, «que *subían* y descendían», no que descendían y subían, enseñando que la tierra era el hogar de ellos.
3. Solitario, alejado de su madre amada, estaba cuidado por los ángeles.

III. Proscribió el aislamiento espiritual. Pensaba que estaba desasistido, pero descubrió que no era así. *No nos detengamos en los ángeles.*

1. Vio «ángeles». Sí, pero vio a Alguien más: al Señor mismo.
2. Ah, ¡nunca dejes que los ángeles te priven del Señor!

¿DÓNDE ESTABA EL SEÑOR?

1. No «en lo alto de ella», como en *Reina Valera,* sino «junto a él» (BAS, margen).
2. Quizá pensaba que había dejado a Dios en el campamento de su padre.
3. O que Dios le había abandonado a causa de su pecado.
4. ¡Ah, cuán bendito es el pensamiento de la proximidad del Señor!
5. ¡Cómo Dios consuela a los solitarios y abandonados!
6. Oye, tú que estás triste y solitario, ¡Él está a tu lado!

IV. Proscribió la impotencia.

1. Se había sentido inerme en esa región inhóspita y peligrosa.
2. La visión moviliza ejércitos para protegerle.
3. Sí, y aún mejor, al Dios de los ejércitos (v. 15).

V. Proscribió la ausencia de objetivo.

1. Dios lo tomó como su compañero (vv. 13 a 15).
2. Se daría cuenta de que era colaborador de Dios en el cumplimiento del propósito divino.
3. Tenía un nuevo objetivo en la vida.

VI. Proscribió la ignorancia (v. 17).

1. Le reveló su pecado.
2. Es un testimonio elocuente de la conciencia de pecado por parte del hombre que siempre que Dios se vuelve real para un hombre mundano, éste tiembla.

VII. Proscribió el desamparo (v. 17).

1. Había sido echado de casa de su padre, pero vino a conocer la casa de Dios.
2. Jacob estaba más apegado al hogar que Esaú. Amaba quedarse en el hogar.
3. Esta visión le enseñó que la tierra, «que demasiadas veces convertimos en un taller o en un mero huerto de deleites, es un Betel: casa de Dios».
4. Observemos:
   a. Luz. Separación del mundo.
   b. Betel. Adopción en la casa de Dios, en la familia de Dios.
   c. Peniel. Comunión con Dios y conocimiento de Él. El rostro de Dios.
5. ¡Ah, qué horrible regateo se permitió Jacob con Dios! No terminaremos aquí.

VIII. Proscribió la indolencia (29:1).

1. *Margen: «Levantó sus pies».*
2. No arrastraba los pies.
3. ¡Cómo se arrastran nuestros pies cuando nuestros corazones están tristes y pesados!
4. Bendecido por este contacto, un contacto permanente con Dios, reanudó su camino con un corazón ligero y con pasos ágiles.
5. Hay en esta expresión un espíritu de alegría.
6. Así es como podemos ir por la vida.
7. Y los que, por la gracia de Dios, rehusan arrastrar los pies por la vida, llegan a ser medio de bendición para otros.

42. EL MISTERIOSO LUCHADOR

Génesis 32:24-31

Ya han pasado veinte años desde que Jacob hizo su pacto en Betel con el Dios de toda gracia. ¿Había sido Dios fiel a su promesa? Dejemos a Jacob testificar: «Con mi cayado pasé este Jordán, y ahora estoy sobre dos campamentos» (Gn. 32:10). La bendición de Dios no es una emoción pasajera, sino el permanente favor de su presencia y poder, siendo por lo tanto algo que no puede fallar (Gn. 28:15). La bendición de Dios enriquece. Las varias actitudes de Jacob que aquí se nos presentan son sugestivas.

I. Vedle temiendo. «Tuvo gran temor, y se angustió» (Gn. 32:7). «Los tomó, e hízolos pasar el arroyo; así se quedó Jacob solo» (Gn. 32:23, 24). Tenía miedo de su hermano, y, quedando atrás, se detuvo solo. El temor del hombre trae lazo, pero por la infinita misericordia de Dios Jacob cayó en los brazos de una todopoderosa gracia y amor. Estaba solo; ahora era el momento para que Dios se pusiera en contacto íntimo con Él. Las almas solitarias son idóneas para la comunión del cielo. Venid vosotros aparte para que el Señor tenga una oportunidad de intervenir en los pensamientos más recónditos del corazón.

II. Vedle luchando. «Luchó con Él un varón.» Cuando Jacob estaba solo, el Vencedor divino se acercó. De repente, Jacob se encontró lidiando contra Él. Esto es tan natural. En la soberbia de nuestro corazón nuestra voluntad propia se niega a inclinarse sumisamente a la primera manifestación de la voluntad divina, cuando esa voluntad es librarnos mediante nuestra rendición y no por el propio esfuerzo y la sabiduría camal. La naturaleza de Jacob que tenemos siempre se opone para suplantar la voluntad de Dios por la suya propia. Demos gracias a Dios por su plan de luchar con nosotros hasta que apunte el día. El sabe que nuestra única esperanza de buen éxito, como siervos suyos, se halla en nuestra completa sumisión a Él.

III. Vedle lisiado. «Cuando el varón vio que no podía con Él, tocó en el sitio del encaje de su muslo, y se descoyuntó el muslo.» El Ser celestial quiere prevalecer sobre todo nuestro carácter y vida para que todo pueda ser llenado con su poder y bendición. La fuente de nuestra fuerza debe ser tocada, y rota y marchitada, para que la potencia divina sea perfeccionada en nuestra flaqueza. ¡Pensadlo! Nuestra fortaleza no es más que un grado de poder para resistir. La sabiduría de Pedro era una lucha contra su Señor (Mr. 8:32). ¿No tiene el alfarero poder sobre el barro? Someteos a Dios.

IV. Vedle adhiriéndose. «No te dejaré, si no me bendices.» Ahora que su fuerza está totalmente quebrantada, el que resistía se convierte en uno que se agarra del Señor. Ésta es la verdadera actitud de bendición, la de adherirse al Vencedor. «Al corazón contrito y humillado no despreciarás Tú, oh Dios». Este clamor sumiso e impotente de completa dependencia nunca deja de traer una respuesta que cambiará nuestro carácter y revolucionará toda nuestra vida para siempre. Adherirse al rogante Cristo es la actitud que por la fe hace al alma conquistarlo todo.

V. Vedle cambiado. «No se dirá más tu nombre Jacob, sino Israel; porque como príncipe has vencido». El nuevo nombre indica la nueva naturaleza; la nueva naturaleza no vino por la lucha, sino por la rendición. La medida de nuestra sumisión a Cristo será la de nuestra victoria para Él. Jacob ahora se ha graduado en la escuela divina: tiene predominio con Dios y con los hombres. «Procurad los dones mejores». La manera de prevalecer con los hombres es prevalecer con Dios; el modo de prevalecer con Dios es prenderse de Él con tenaz confianza.

VI. Vedle testificar. «Vi a Dios cara a cara.» Éste es un gran testimonio. «He visto a Dios.» Ningún hombre puede seguir siendo el mismo de antes una vez que ha visto a Dios. La gloria de semejante visión no puede menos que cegar los ojos a los placeres pecaminosos del mundo, pues transforma la vida interior. Ver a Jesús es ver a Dios. «El que me ha visto a Mí, ha visto al Padre» (Jn. 14:9). «Éste es el verdadero Dios» (1 Jn. 5:20). ¿Te has puesto en un estrecho contacto con Jesucristo, por el Espíritu Santo, tal que con verdad puedas decir: «He visto a Dios»?

VII. Vedle cojeando. «Cuando había pasado... cojeaba de su cadera». Su caminar evidenciaba que era un hombre vencido por Dios. ¿Son nuestro andar y conversar pruebas de que somos príncipes con Dios por llevar la marca de una vida enteramente entregada a Dios? Todos aquellos a quienes Dios ha conquistado son príncipes. Con seguridad es significativo que «cuando había pasado, le salió el sol». El sol de la luz y poder de Dios saldrá inmediatamente cuando nos hayamos rendido del todo a la santa voluntad de Dios. «Sus caminos son caminos deleitosos» (Pr. 3:17). «Hágase tu voluntad.» «Alza sobre nosotros, oh Jehová, la luz de tu rostro» (Sal. 4:6).

43. EL SEÑOR LUCHANDO CON JACOB

Génesis 32:24-32

Esta lucha:

I. Fue un hecho literal. Ni un sueño ni una visión.

II. Su propósito. Llevar su yo a su fin.

III. Tuvo lugar. Cuando estaba a solas con Dios.

IV. Concluyó. Cuando la resistencia de Jacob se transformó en el aferramiento de Jacob.

V. Su fruto. El marchitamiento de la vida del Yo y el enriquecimiento del carácter.

ESTANTERÍAS BAJAS. El doctor F. B. Meyer dijo una vez: «Yo solía pensar que los mejores dones de Dios se encontraban en estanterías altas, y que debía hacerme alto para poder alcanzarlos. Ahora he aprendido que están en estanterías bajas, y que hemos de inclinarnos hasta el mismo polvo para recibirlos». El Señor había dado muchos dones y muchas bendiciones a Jacob, por muy elevado que él era en su propia estima, pero antes de recibir los mejores dones tuvo que inclinarse muy hacia abajo.

LA ORACIÓN DE JACOB. Al principio tramó planes y formas de actuación (3 a 8), y después oró. Le recordó a Dios que estaba en este viaje por su mandamiento (v. 9), confesó su propia indignidad (v. 10), recordó la abundante bondad de Dios para con él (v. 10), le expresó sus temores con franqueza (v. 11), y le recordó su promesa (v. 12). «Lo mejor que le podemos decir a Dios en oración es lo que Él nos ha dicho a nosotros».

El Fruto.

1. *Una cojera para toda la vida.* «La cojera de Jacob fue desde luego una incapacitación para toda la vida, pero constituyó también la patente de su nobleza».
2. *El encogimiento del tendón* fue un símbolo del encogimiento del «Yo», de la vida centrada en el yo.
3. *El Nuevo Nombre.* Fue declarado caballero sobre el mismo campo de batalla, en la escena de su derrota.
4. *Poder para con Dios y para con los hombres.*
5. *El amanecer.* Es el amanecer en el alma que tiene una experiencia concreta con Dios.

44. UNA CRISIS ESPIRITUAL

«No de dejaré, si no me bendices» (Gn. 32:26). El varón angélico que luchó con Jacob le dijo: «Déjame ir». Los privilegios provenientes del cielo pueden ser muy breves. Los pies de los mensajeros de Dios nunca se tardan.

I. Un precioso privilegio. Allí estuvo un hombre luchando con Él. Allí

1. SE ENCONTRÓ CON UNO QUE LE PODÍA BENDECIR. «Si no me bendices.» Dios ha enviado a su Hijo para bendeciros (Hch. 3:26). En la lectura o predicación de la Palabra puedes encontrarte con Él. «He aquí, Yo estoy a la puerta y llamo». «Venid a Mí», dijo el Segundo Hombre, el Señor del Cielo.
2. ENTRÓ EN RELACIÓN PERSONAL CON ÉL. «Y *luchó* con él un varón.» Es algo solemne entrar en contacto con el contendedor Espíritu de Dios. Mi Espíritu, dijo Él, no contenderá siempre con el hombre. Viene a redargüir de pecado, y lucha con nosotros porque le resistimos.
3. SABIENDO QUE EL TIEMPO ERA INCIERTO. El día estaba para comenzar, y Él podía irse en cualquier momento. El *día* traerá o liberación o frustración. «He aquí *ahora* el día de salvación» (2 Co. 6:2, 3). «Si oís hoy su voz, no endurezcáis vuestros corazones» (2 Co. 6:2, 3).

II. Un propósito definido. «No te dejaré, si no me bendices.» Estaba:

1. CONVENCIDO DE SU NECESIDAD. «Su poder de resistencia se quebró» (v. 25). No era fácil luchar con un muslo descoyuntado. Cuando el Espíritu convence de *pecado* pronto seguirá el clamor pidiendo misericordia. Cuando se secan las fuentes de los placeres terrenos, habrá un clamor en pos de Aquel que es la Fuente del agua de vida. Bendíceme también a mí, Padre mío.
2. CONSCIENTE DE SU OPORTUNIDAD ACTUAL. Se dio cuenta de que la victoria tiene que ser ahora o nunca. ¡Qué crisis! ¿Debe recibir bendición o perderla en este tiempo especial? ¿Que va a traerte este día de gracia, este día en que Dios te insiste? Recuerda que el tiempo es breve. Recuerda la mujer de Lot.
3. TOTALMENTE DECIDIDO EN SU CORAZÓN. «*No* te dejaré, si *no* me bendices.» Una decisión tan santa nunca quedará sin bendecir. Me encontraréis cuando me busquéis de todo corazón. «Grande es tu fe; hágase contigo como quieres» (Mt. 15:28). ¿Qué quieres que te haga? Por la fe cayeron las murallas de Jericó. Y lo bendijo allí (v. 29).

45. EL LLAMAMIENTO A BETEL

Génesis 32:1-7

El terror se había apoderado de Jacob debido a los actos sangrientos de sus hijos Simeón y Leví en Siquem. «Seré destruido yo y mi casa», dijo. ¿Es éste el lenguaje de un «príncipe con Dios»? ¿Por qué este cambio? El Dios de Betel ha sido olvidado. Si Jacob ha olvidado su pacto con Dios, Dios no ha olvidado su promesa a Jacob. Dios dijo a Jacob: «Levántate y sube a Betel». Aunque nosotros no creamos, nuestro Dios de gracia todavía permanece fiel y nos recuerda el lugar de refugio de nuestras almas turbadas. Ved:

I. El lugar señalado. «Sube a Betel.» La misma mención de Betel sería suficiente para despertar la fe soñolienta y los pensamientos soporíferos de Jacob. Betel era para Él tanto «un lugar terrible» como la «puerta del cielo». La puerta del cielo se transforma en *«casa de Dios»*, su lugar de refugio y socorro. Es hermoso observar cómo la gracia de Dios trae salvación a su irreflexivo siervo. Cristiano conturbado, ve hacia el Calvario. Ve al trono de la gracia, la casa de Dios, la puerta del cielo.

II. El mandato dado. «Levántate y sube a Betel, y quédate allí.» Morando en Betel bajo la sombra del Omnipotente, estará seguro contra la venganza de los airados siquemitas. Betel (casa de Dios) es figurativo del lugar o condición de comunión con Dios. Esta siempre podemos tenerla por descansar en Cristo, quien es el camino al cielo y la morada de Dios. Dios está en Cristo, de modo que morando en Él permanecemos en la comunión del Padre. Es la voluntad de Dios que habitemos allí. Moremos en esta casa para siempre.

III. La preparación hecha. «Jacob dijo a su familia... Quitad los dioses ajenos que hay entre vosotros, y limpiaos, y mudad vuestros vestidos.» Algunos de la casa de Jacob habían traído dioses de los extraños con ellos de la tierra de Mesopotamia. Había que hacer una separación. Si queremos estar en compañerismo sin interrupción con el Dios de Betel, no deberá haber otro Dios entre nosotros, ningún pensamiento o cosa usurpadora. Deberemos ser limpios, purificados de todo pecado y cubiertos mediante un cambio de vestidos. La santidad conviene a la casa de Dios.

IV. La razón aducida. «Haré altar al Dios que me respondió en el día de mi angustia.» El llamamiento de Dios a Jacob le hace recordar su anterior bondad hacia Él en tiempo de aflicción. La bondad de Dios mostrada a nosotros en el don de su Hijo, y en el tiempo de nuestra angustia espiritual, debiera ciertamente constreñirnos en tiempos de debilidad y temores a levantarnos e ir a Él. «Señor, ¿a quién iremos?» (Jn. 6:68). «El que no escatimó ni a su propio Hijo..., ¿cómo no nos dará también con Él todas las cosas?» (Ro. 8:32). No se ha perdido ni una de todas sus promesas.

V. El efecto producido. «Salieron, y el terror de Dios estuvo sobre las ciudades.» Cuando el pueblo de Dios afirma su rostro para buscarle y serle obediente a cualquier precio, es imposible que los impíos no sientan el poder de ello. Cuando Dios es santificado en los suyos, Él será exaltado entre los paganos. La razón por qué los malos son tan descarados en estos días, es que el pueblo de Dios es tan mundano. Betel queda olvidado, y otros dioses reinan en el campo.

VI. El lugar de bendición. «Llegó Jacob a Betel..., y edificó allí un altar, y... apareció otra vez Dios a Jacob» (Gn. 35:6, 7, 9). Cuando vino al lugar señalado, heredó la bendición prometida. La palabra de Dios será cumplida en nosotros cuando por fe mantenemos una posición de fidelidad a ella. Es imposible morar en Betel y ser extraños a Dios, o permanecer sin ser cambiados. Dios dijo a Jacob: «No se llamará más tu nombre Jacob, sino Israel será tu nombre». Ésta fue la segunda bendición de Jacob. Fue el rompimiento de ese espíritu egoísta que lo había caracterizado durante toda su vida pasada. ¿Hemos tenido nosotros una tal visión de Dios que todo ídolo ha sido enterrado, el altar de completa consagración erigido y nuestros caracteres tan enteramente transformados que hemos muerto a la vida en que se piensa solamente en el interés personal y estamos vivos a Dios? Si no, «levantémonos y subamos a Betel, y quedémonos allí».

46. JOSÉ, EL SUFRIDOR PACIENTE

Génesis 37

José es una bien conocida y fructífera figura de Jesucristo. Él verdaderamente fue despreciado y rechazado; un varón de dolores y experimentado en quebranto. Como nuestro bendito Señor, cuando fue echado por el hombre, fue exaltado por Dios para ser Príncipe y Salvador. Es instructivo y confortante observar que en todas sus aflicciones habla algunos elementos compensatorios. Si demonios tentaron a Cristo, ángeles le fortalecieron. Dios siempre tiene algún camino de escape para los suyos que sufren (1 Co. 10:13). Cada prueba padecida por Cristo en alguna manera traerá nuevas suministraciones de gracia y bendición.

I. Fue despreciado por sus hermanos, pero amado por su padre (Gn. 37:3, 4). Como Cristo, vino a los suyos, mas ellos no le recibieron; pero aunque sus hermanos le tuvieron en poco, fue reconocido por su padre como su hijo amado, en quien tenía gran placer. ¡Qué consolación para los cristianos tímidos, quizá perseguidos en su propia casa, por sus propios parientes y amigos! «Amado del padre»: dejemos que esto endulce toda prueba amarga. Recuerda que fue la experiencia de nuestro Señor y Maestro. «Ni aun sus hermanos creían en Él».

II. Fue aborrecido por sus palabras, pero honrado con visiones (Gn. 37:8, 9). Sus palabras de sabiduría y revelación fueron como aguijones en sus corazones; hirieron su orgullo mientras manifestaban el propósito de Dios. «Le aborrecieron aún más..., y soñó aún otro sueño.» Esteban fue aborrecido y apedreado por los hombres, pero Dios abrió los cielos a su visión. Podríamos ser aborrecidos más por nuestras palabras si fuéramos como José y Jesús, fielmente declarando toda la verdad revelada a nosotros por el Espíritu Santo de Dios. Si la Palabra no es predicada, las visiones cesarán, y lo que hemos aprendido se tomará rancio y de pura forma.

III. Fue echado en una cisterna, pero no había agua en ella (Gn. 37:24). Los impíos no tienen ningún poder sobre nosotros si no les es dado por nuestro Padre en los cielos. El fuego no tuvo poder sobre los tres hebreos, porque su tiempo de testimonio todavía no habla terminado. Metieron a Pablo y Silas en la cárcel, pero no habla en ella nada que pudiera enfriar el gozo de sus corazones o impedir su comunión con Dios. «Orando, cantaban himnos.» Arrojaron a Cristo al hoyo de la muerte, pero para Él fue el lugar de eterna victoria. No temáis.

IV. Fue vendido como esclavo, pero fue un hombre próspero (Gn. 37:28; Gn. 39:2). Como nuestro José celestial, llegó a no tener ninguna reputación, siendo trocado por el precio de un esclavo común. «Fue varón próspero». «He acabado la obra que me diste que hiciese» (Jn. 17:4). Es siempre próspero el hombre que tiene éxito en hacer la voluntad de Dios. Fue vendido por treinta piezas de plata, pero lo que Dios quería prosperó en su mano. No importa el bajo valor que el mundo pueda dar al siervo de Dios; será un hombre próspero a los ojos de Dios si le complace.

V. Fue falsamente culpado, pero el Señor estaba con Él. Muchos cargos injustos y blasfemos fueron hechos contra el Santo Hijo de Dios. Ningún José amado del padre escapará. Los *puros de corazón* no solo ven a Dios, sino que sufren por amor de Él. Si tu corazón es ferviente en celo por Dios, los hombres te acusarán, si no con ira y malicia, a lo menos con dureza. Pero si dicen todo mal de ti *falsamente*, gózate y alégrate (Mt. 5:11, 12).

VI. Fue abandonado por el copero, pero recordado por su maestro. Aunque sus compañeros en la tribulación le olvidaron, el Señor a quien servía se acordó de Él, e hizo que todas las cosas obraran juntamente para su bien. No necesitamos estar desanimados, aunque aquellos a quienes hemos ayudado, y de quienes podríamos esperar que hablaran una palabra en nuestro favor, se olviden completamente de nosotros en su afán de conseguir favores para sí mismos. El Señor sabe dónde están sus fieles. No necesita ninguna carta de recomendación; Él puede fácilmente crear las circunstancias que harán necesario hacer venir al que está escondido. Como obreros cristianos seamos fieles donde estamos, aunque sea en alguna mazmorra aparentemente olvidada. Es posible para nosotros vivir de manera tal que hasta podamos llegar a ser indispensables a Dios. Los grandes de Dios son, muchas veces, preparados en fosos y prisiones. Él sabe para qué somos útiles, y cuándo y cómo levantarnos. «Reconócelo en todos tus caminos, y Él enderezará tus veredas» (Pr. 3:6).

47. LA ASOMBROSA DUREZA DEL JUICIO HUMANO

Génesis 38

En olcasiones se acusa a la Biblia de ser un libro inmoral, debido a capítulos como Génesis 38. Ahora bien, ¿cuáles son los resultados de la lectura del libro?: «Por sus frutos los conoceréis». Este libro te apartará del pecado, o el pecado te apartará de este libro. Si no hubiese registros de esta naturaleza, no sería un verdadero registro de la humanidad. ¿Cómo habla de la impureza? De tal manera que nos hace aborrecer tales acciones. Desde luego, hay cosas en la Biblia que no son para leerlas en público. Vemos muchos pasajes como el presente en nuestros libros de medicina. ¿Se le permitirá a una mujer que lea en sus aposentos privados aquello que la haría temblar de oírlo en su salón? Naturalmente. La Biblia es un espejo que revela el carácter y el alma del hombre, y ... ¡qué espectáculo más terrible es el que vemos aquí!

Los hay que piensan que este capítulo, cronológicamente, debería seguir al capítulo 33. En la época del viaje de Jacob a Egipto para encontrarse con su hijo José, Fares, el hijo de Judá, cuyo nacimiento se narra en este capítulo, tenía dos hijos. Aunque Judá y su hermano se opusieron enérgicamente al casamiento de su hermana Dina con un cananeo, él se casó con una cananea. Creía que era malo que su hermana hiciese algo que él consideraba correcto para sí. Judá podía pecar, y no se debía inmiscuir nadie, pero en el momento en es descubierta la mujer que había tomado parte en su pecado, él grita: «¡Sea quemada!» (vv. 24, 25).

¿Por qué se encuentra este capítulo en el libro de Génesis precisamente en esta situación.

1. Sin este capítulo no tendríamos la genealogía humana de Jesús.
2. Con este capítulo podemos ver que la elección hecha por Dios de Judá como tribu regia, y como antecesor de Jesús, fue por gracia, y no por mérito.
3. Aquí vemos que el valor y la dignidad del Señor Jesús son suyos propios, y que no proceden de sus antepasados.
4. Aquí vemos destruida la orgullosa pretensión de los judíos: «Nosotros no somos nacidos de fornicación» (Jn. 8:41).
5. El casamiento de Judá con una cananea y los horrendos y sórdidos vicios practicados por los dos hijos de Judá nos revelan el peligro en que se encontraban Jacob y su familia de quedar asimilados y confundidos por la vía matrimonial con los habitantes de Canaán, y la absoluta necesidad de una larga estancia en Egipto, en el seno de la nación entonces más exclusivista del mundo.

48. FRUCTÍFERO EN LA AFLICCIÓN

«Dios me hizo fructificar en la tierra de mi aflicción» (Gn. 41:52).

I. La condición. La aflicción. Ésta es una condición

1. Alarmante para los impíos.
2. Regocijante para los creyentes (Ro. 5:3).

II. La bendición. Feracidad.

1. Un consuelo para los afligidos (1 Co. 1:5).
2. Un medio de satisfacción para el Salvador (Jn. 15:2).

III. La fuente. «Dios me hizo».

1. Por su gracia abundante (2 Co. 9:8) incluyendo su providencia soberana.
2. Mediante su Espíritu residente (Jn. 15:4).

49. JOSÉ Y SUS HERMANOS

Génesis 42

Por qué José trató a sus hermanos con tanta dureza:

1. Para descubrir el verdadero estado de su padre y resto de la familia.
2. Para producir un verdadero arrepentimiento (v. 21).
3. Como prueba del carácter.

Notas.

NO ES AGRADABLE.
Como dijo un teólogo puritano: «La verdad no es agradable, pero es sana». Las sacudidas y las pruebas que José aplicó a sus hermanos no fueron agradables, pero obraron maravillas.

«GRANO». (v. 1, V.M.).
Lo vería por las cargas de grano transportadas por las caravanas procedentes de Egipto. ¡Qué imagen de desesperanza y de impotencia se expresa en las palabras «Por qué os miráis el uno al otro»? (v. 1, V. M.). El hecho es que no hay mención de siervos, y el uso de asnos y no de camellos nos lleva a pensar que posiblemente Jacob se había quedado empobrecido debido al hambre. Fueron a «comprar». José les dio. No podéis comprar el pan de vida.

¿POR QUÉ FUE TAN DURO?
No porque no los conocía (v. 8) ni por ninguna falta de amor (v. 24), ni por un espíritu de venganza. Era para hacerse sabedor de la situación, y si se habían arrepentido, y descubrir si había habido cambio en el carácter de ellos.

SIMEÓN, ATADO.
Los rabinos dicen que había sido Simeón quien había atado a José. Le hizo sentir lo que había infligido a otros.

50. JOSÉ, EL EXALTADO ESCUDRIÑADOR DE CORAZONES

Génesis 42-44

José salió de gran tribulación para heredar el reino de privilegio y honor. Como Jesús, aquel que fue despreciado por sus hermanos fue exaltado por el rey a su propia mano derecha. Mientras José estaba en su estado de humillación, fue rechazado por los suyos. Mientras Cristo estaba en debilidad, fue menospreciado por su propia nación. Mientras José permanecía desconocido a sus hermanos, sus tratos con ellos eran completamente misteriosos. ¿No es aún así con nuestro ensalzado Redentor? Hasta que le conozcamos, sus tratos con nosotros por su Espíritu parecen extraños y difíciles de entender. Observad:

I. La actitud que asumió. «Había intérprete entre ellos» (Gn. 42:23). Todavía no estaban reconciliados a Él, de modo que no podía hablar con ellos como amigo cara a cara. El Espíritu Santo es el gran intérprete de las palabras de nuestro José celestial. Mientras estemos en nuestros pecados, Él habla a nosotros por su convincente Espíritu. Mientras seamos extraños a Él, Él solo puede tratar con nosotros como un gobernante, no como nuestro hermano. Debemos estar agradecidos porque se complace en hablar con nosotros en cualquier manera que fuere.

II. El modo de su habla. «Les habló ásperamente» (Gn. 42:7). «Habló *cosas duras.*» El Señor tiene que decirnos cosas severas para que nos despertemos y tengamos un sentido de nuestra pecaminosidad. Sus hermanos todavía no habían confesado su pecado. Era necesario hacerles sentir los amargos dolores de la culpa antes que pudieran conocer las profundidades de su amor perdonador. Si Jesús por su Espíritu nos dice cosas duras, es para que estemos preparados para su inmensa bondad.

III. Los resultados que siguieron. «Decían el uno al otro: Verdaderamente hemos pecado contra nuestro hermano» (Gn. 42:21). Cuando venga el Espíritu, el Intérprete, convencerá de pecado. La obra está ahora hecha; su pecado ha sido traído a su recuerdo y hecho sobremanera pecaminoso en presencia de aquel contra quien habían pecado. «*Ciertamente hemos pecado*». Esto es abrir la puerta del corazón para la entrada de la salvadora palabra de Aquel que vive después de la muerte. ¿Has hecho esta confesión?

IV. El privilegio que disfrutaron. «José dijo: Lleva a casa a esos hombres, pues comerán conmigo» (Gn. 43:16). Han reconocido su pecado. Ahora reciben su favor. ¡Qué gracia ser traídos a la casa de José el príncipe, y comer con Él! El Señor Jesucristo conduce al alma arrepentida a su casa de banquete de amor para satisfacer plenamente todas sus necesidades. Pero aún no lo conocían. Es posible estar banqueteando con sus misericordias y, todavía, ser extraños a Él.

V. La compasión que mostró. En tres ocasiones vemos a José llorando (Gn. 42:24; Gn. 43:30; Gn. 45:2). ¡Oh, qué ternura había en su corazón, aun cuando hablaba ásperamente! ¡Qué semejanza a Cristo encontramos en esto! ¡Qué lección para aquellos que tratan con almas en el nombre del Señor! Si la lengua tiene que hablar palabras rigurosas y penetrantes, que vengan de un corazón amante y que llora. Pensemos de Pablo cuando dijo: «Digo llorando» (Fil. 3:18). «Jesús lloró» (Jn. 11:35). Nuestras palabras son muchas, pero nuestras lágrimas son pocas.

VI. La victoria que ganó. El que lo vendió ahora dice: «Te ruego que quede tu siervo en lugar del joven por siervo de mi Señor» (Gn. 44:33). ¡Qué cambio ha sido obrado! El que persiguió a su hermano está ahora dispuesto a ser un esclavo en lugar de su hermano. ¿Qué ha producido esta transformación moral? Las palabras y acciones de aquel a quien Dios ha ensalzado grandemente. ¿Ha obrado la influencia de Cristo tan buen resultado en nosotros? ¿Estamos preparados para darnos a nosotros mismos para bien de otros?

VII. La revelación que dio. «Dijo José: Acercaos ahora a Mí. Yo soy José vuestro hermano» (Gn. 45:4). Han confesado que «Dios ha hallado su maldad» (Gn. 44:16). Así queda deshecha la enemistad, y ahora se les da la plena revelación. José no estaba satisfecho hasta haberse manifestado. Jesucristo, como José, nos ofrece sus dones y tierna invitación a acercarnos para que pueda revelarse a si mismo a nosotros. Esta bendición, en toda su poderosa y enternecedora plenitud, solo puede ser disfrutada por aquellos que se acercan a Él. Esta revelación hace falta para mantenernos humildes y confiados a sus pies. Todavía dice: «Acercaos, y Yo me manifestaré». «Venid a Mí, y Yo os haré descansar» (Mt. 11:28).

VIII. El consuelo que administró. «Ahora, pues, no os entristezcáis..., porque para preservación de vida me envió Dios delante de vosotros» (Gn. 45:5). «Y besó a todos sus hermanos, y después hablaron con Él» (Gn. 45:15). ¡Cuán sublimemente sugestivo es todo esto! Cuando el Señor se da a conocer a nosotros, luego viene la dulce seguridad de perdón por medio de su propia bendita palabra. Después de eso estamos en condiciones de hablar con Él. ¡Oh, cuán dulce y preciosa es esta comunión! ¡Cuánto tendremos que decir cuando le veamos en la gloria de su poder, y estemos «*siempre* con el Señor»!

51. BENJAMÍN: UNA IMAGEN DE LA SALVACIÓN EN EL ANTIGUO TESTAMENTO

Génesis 43 y 44

1. Objeto del amor especial de su padre. Dios nos ama.
2. Llevó inconscientemente en su viaje la evidencia de su culpa. Nuestra naturaleza caída, que llevamos, es evidencia de nuestra condición caída y culpable (Gn. 44:2).
3. La evidencia de su culpa no la puso él mismo. Nosotros heredamos la nuestra.
4. Separado temporalmente de su padre, pero en peligro de que aquella separación se volviese permanente. Ésta es nuestra terrible condición.
5. Un Garante provista antes que se suscitase la necesidad (Gn. 43:9). Así es con nosotros.
6. Este Garante era hueso de sus huesos y carne de su carne. Una imagen de la realidad e identificación del Señor Jesucristo con nosotros en nuestra humanidad.
7. Fue liberado por la intercesión del Garante (Gn. 44:16 a 34).
8. El liberado se aferra al liberador, porque la tribu de Benjamín siempre se adhirió a Judá. Una imagen de la gratitud eterna del liberado para con su Libertador.

Nota

«No veréis mi rostro si no», etc. (43:3). No podemos ver el rostro de Dios y vivir, si estamos sin Cristo. Dios aparte de Cristo es ininteligible, es un temor y un terror. Dios aparte de Cristo es fuego consumidor.

52. JOSÉ, EL PARIENTE REVELADO

Génesis 45

Éste es un capítulo sumamente conmovedor, leído a la luz de la segunda aparición de Cristo. Los hermanos de José le vendieron y le echaron. No querían que este hombre reinara sobre ellos; ahora aparece ante ellos en su carácter de gobernador. Miran a aquel a quien han traspasado con muchas aflicciones (Zac. 12:10), y lloran por causa de Él. Confesando su pecado, le reciben como su pariente, y le reconocen como su señor. Después van y proclaman las buenas nuevas de su resurrección y gloria. «¡José vive aún; y Él es señor en toda la tierra!» Aunque Cristo fue despreciado y rechazado por sus hermanos, aparecerá en gran poder y gloria, y será Rey sobre toda la tierra. Entonces sus hermanos (los judíos) confiesan que Él es el que fue «vendido y rechazado», y se convierten en heraldos de su poder y gloria, predicando el evangelio de su reino. Notemos aquí:

I. La revelación. «José se dio a conocer a sus hermanos» (Gn. 45:1). Nadie podía revelarles a José sino Él mismo. Cristo se manifiesta a Sí mismo para nosotros. Será revelado desde el cielo. La revelación de Cristo a nosotros es en mucho lo que la revelación de José fue a sus hermanos.

1. ES LA REVELACIÓN DE UNO A QUIEN HEMOS RECHAZADO. ¡Cuántas veces hemos oído sus súplicas por la predicación de su palabra! (Gn. 42:21). «He aquí, Yo estoy a la puerta y llamo» (Ap. 3:20).
2. ES LA REVELACIÓN DE UN PASADO CULPABLE. «Estaban turbados delante de Él» (Gn. 45:3). Cuando Cristo es revelado al alma, es seguro que nuestros pecados aparecerán ante nosotros. Nos damos cuenta de ellos para que sean borrados; son descubiertos para que sean sepultados para siempre.
3. ES LA REVELACIÓN DE UN VERDADERO PARENTESCO. «Yo soy José *vuestro hermano*» (Gn. 45:4). Miembros de su carne y de sus huesos. El fue hecho a la semejanza de carne de pecado para que nosotros pudiéramos participar de su naturaleza divina. ¡Qué plenitud de consolación procede de estas sencillas palabras, «Yo soy vuestro hermano»! Mi Padre y vuestro Padre.
4. ES LA REVELACIÓN DE GRAN GRACIA. José dijo: «No os entristezcáis» (Gn. 45:5). Está dispuesto a *olvidar* el pasado. «Nunca más me acordaré de sus pecados y transgresiones» (He. 10:17). La revelación de Cristo es la revelación de la infinita gracia de Dios.

II. La comisión. Ahora que han sido reconciliados a su exaltado y majestuoso hermano, reciben de Él una gran comisión. «Daos prisa, id y decid.» ¿No implica cada una de las revelaciones de Cristo una comisión? «El que oye, diga: Ven» (Ap. 22:17). «Id por todo el mundo» (Mr. 16:15).

1. PROCLAMAD QUE VIVE. «Subieron..., y dieron las nuevas, diciendo: José vive aún.» Aquel que pasó al pozo y a la prisión está ahora levantado hasta el trono. «Si Cristo no resucitó, vana es entonces nuestra predicación» (1 Co. 15:14). «Ha resucitado el Señor verdaderamente» (Lc. 24:34).
2. PROCLAMAD QUE ESTÁ EXALTADO. «Dios me ha puesto por señor de todo.» Las llaves de las tesorerías de Egipto cuelgan del cinturón de José. Nuestro ensalzado Pariente es el poseedor de todo. Las llaves del infierno y de la muerte están en sus manos, y toda la plenitud de la Divinidad habita en Él. «Todo es vuestro, y vosotros de Cristo, y Cristo de Dios» (1 Co. 3:22, 23).
3. PROCLAMAD SU BUENA VOLUNTAD DE RECIBIR. «id y decidle: ... ven a Mí» (Gn. 45:9). Ahora que está exaltado, desea que otros vean su gloria y tengan parte en su bendición. ¡Qué invitación es ésta: «Venid a Mí, y Yo os haré descansar»! (Mt. 11:28). Viene de Uno que es poderoso para salvar.
4. PROCLAMAD SU PODER PARA SUPLIR TODA NECESIDAD. «Te alimentaré.» Venid, y morad con Él. «Mi Dios suplirá todo lo que os falta» (Fil. 4:19). ¿No es éste un evangelio glorioso? «No me avergüenzo del evangelio» (Ro. 1:16). Cristo salva al pecador y *alimenta* al salvado.

III. La recepción. ¿Cómo recibió Jacob las grandes y alegres nuevas mandadas por su hijo perdido por tanto tiempo? Tal como muchos reciben las noticias de salvación por medio de un Redentor una vez crucificados pero ahora resucitado.

1. DUDÓ. «Jacob no los creía.» A aquellos que no conocen el carácter y propósito de Dios la noticia parece demasiado buena para ser cierta (Hch. 17:32).
2. CREYÓ. «Viendo los carros que José enviaba para llevarlo..., dijo: Basta.» ¡Ah, sí! Cuando los ojos son abiertos para ver la adecuada provisión hecha para nosotros por nuestro exaltado Señor, y nos damos cuenta de nuestra propia necesidad, no podemos continuar dudando su mensaje de amor y misericordia.
3. DECIDIÓ. Dijo: «José vive todavía; iré.» La fe conduce a la acción. No es fácil mover a personas para Dios hasta que sus corazones hallen reposo en su palabra.
4. POSEYÓ. «José les dio posesión en lo mejor de la tierra» (Gn. 47:11). Recibir la invitación de Cristo es llegar a ser heredero de una herencia eterna (1 P. 1:4, 5). Nuestro regio Maestro siempre da lo *mejor*. «En tu presencia hay plenitud de gozo; delicias a tu diestra para siempre» (Sal. 16:11).

53. JOSÉ, EL PRÍNCIPE GOBERNANTE

Génesis 47

Prevalecía el hambre en la tierra, pero había suficiente y de sobra en las manos de aquel a quien Dios había exaltado, y que llevaba el sello real. Todos los necesitados tenían que «ir a José». El tiempo de terrible necesidad solo sirvió para demostrar las inescrutables riquezas del Gran Libertador. Hay suficiente en Cristo Jesús para satisfacer a toda alma hambrienta. «Señor, ¿a quién iremos? Tú solamente tienes palabras de vida eterna» (Jn. 6:68). No es sin profundo significado que el hambre llegó a su fin recién cuando el pueblo no tenía más para dar. Cuando llegaron al fin de sí mismos, entonces Dios vino y los libró. Muchos están todavía luchando a través de un tiempo de hambre espiritual en sus almas porque no han cesado aún de querer hacer trueques con Dios para obtener bendición. En este capítulo tenemos a José honrado y servido por aquellos que una vez le negaron y persiguieron. Aquí podemos ver en figura nuestra relación con Jesucristo como siervos. Hay:

I. Gran privilegio. «Les dio posesión en lo mejor de la tierra» (Gn. 47:11). Al ser introducidos en la tierra de Egipto fueron colocados bajo el gobierno de José; en el reino de José. Nosotros como cristianos hemos sido puestos en el reino del amado Hijo de Dios, dentro de la esfera de su imperio de gracia. Ésta es nuestro Gosén, la frontera del cielo. Esta bendita tierra de promesa es la mejor de todas las tierras, porque aquí el Príncipe mismo ejerce su cuidado personal sobre nosotros. «Los alimentaba con pan.»

II. Sincera confesión. «Y ellos respondieron: La vida nos has dado» (Gn. 47:25). Salvó sus vidas al hacerles provisión mucho antes de que llegara el hambre. Jesús proveyó para nosotros hace largos años. Todavía guarda misericordia para millares; solo Él puede salvar nuestras vidas. ¿Le hemos honrado con semejante testimonio? Tú has salvado mi vida; salvado por pura gracia. A Él sea la gloria para siempre jamás.

III. Voluntario servicio. «Hallemos gracia en ojos de nuestro señor, y seamos siervos» (Gn. 47:25). Si la gracia de José les constriñó a consagrarse al servicio de Faraón, cuánto más debiera la gracia del Señor Jesucristo constreñirnos a nosotros a rendirnos a Dios. «El amor de Cristo nos constriñe» (2 Co. 5:14). «Presentad vuestros cuerpos en sacrificio vivo..., a Dios, que es vuestro culto racional» (Ro. 12:1).

IV. Amplia provisión. «José dijo: Os he comprado...; ved aquí semilla, y sembraréis la tierra» (Gn. 47:23). José no solo los compró, sino que llenó sus manos de buena simiente para que ahora pudiesen ser obreros fructíferos. La parábola es clara. Redimidos por su sangre y llenados de la simiente de la Palabra, salimos como sembradores para que el fruto abunde a gloria y alabanza de su nombre. Nunca olvidemos que Él provee la semilla. En nuestra vaciedad vengamos a Aquel que gustosamente llena las manos de aquellos a quienes ha comprado. Esta es la vida consagrada: llenados con su plenitud.

V. Especial recompensa. «Si hay hombres capaces, ponlos por mayorales» (Gn. 47:6). El hombre solicito en su trabajo estará delante de los reyes. Los diligentes en la causa de Cristo recibirán su recompensa en el día de su aparición. Nuestro José los buscará. Ni un vaso de agua dado en su nombre será olvidado. ¡Cuántos cristianos están perdiendo este honor por malgastar su precioso tiempo! El día lo declarará. No nos cansemos de hacer bien; recordemos que a su tiempo segaremos.

VI. Real honor. «José tomó a sus hermanos, y los presentó delante del Faraón» (Gn. 47:2). Nuestro Pariente, Redentor y Príncipe es también poderoso para presentarnos sin mancha delante de la gloria de su Padre con gran alegría. Si Él te preguntara en aquel día: «¿Qué fue tu ocupación?», como cristiano ¿cuál sería tu contestación? ¿Podrías decir: «Pastor de ovejas fue tu siervo», uno que alimentaba el rebaño de Cristo? Alabémosle por la sangre que todo lo expía, y por el Espíritu todopoderoso que mora en nosotros y por quien podremos estar ante el trono sin reprensión. Sed activos para el Señor si queréis ser irreprensibles delante de Él en su venida.

54. DOS VALORACIONES DE UNA VIDA

Génesis 47:9; 48:15

Estas dos valoraciones difieren en gran manera. La primera es lastimera. Hay en ella un espíritu de melancolía. Es una queja. ¡Qué cosa más ilógica! Si sus días habían sido malos, ¿no era cosa buena que fuesen pocos? El secreto es este: que en la primera no hay nada acerca de Dios. Es todo Jacob. En la segunda observamos mucho más acerca de Dios que de Jacob.

I. Todo Jacob (Gn. 47:9). Dios queda fuera.

1. Lastimera
2. Quejumbrosa.
3. Irrazonable.
4. Ilógica.

II. Todo Dios (Gn. 48:15). «El Dios que me mantiene ... el Ángel que me liberta.»

1. Triunfante.
2. Agradecida.
3. Razonable.
4. Lógica.

55. TIPOS DE CRISTIANOS

Génesis 49

Ésta es la bendición profética de Jacob cuando se estaba muriendo: «Os declararé lo que os ha de acontecer en los días venideros». Enseñado por el Espíritu Santo, puede declarar las consecuencias que con seguridad seguirán ciertas bien definidas características que ya habían aparecido en su propia familia. Los rasgos de los hijos de Jacob, con sus resultados, todavía se están manifestando entre los hijos de Dios. Aún tenemos con nosotros a los:

I. Inestables Rubenes. Rubén tenía muchas excelencias, «principal en dignidad y poder», el primogénito e hijo de gran esperanza, pero, siendo «impetuoso como las aguas», no fue superior. Rubén es figura de aquellos cristianos que tienen muchos excelentes dones, pero que tienen un pecado gravoso que obra como una mosca en el ungüento. El pecado de Rubén le costó sus derechos de primogenitura (1 Cr. 5:1). El pecado siempre engendra inestabilidad y conduce a la pérdida de lo que debiera pertenecernos: de poder y progreso espiritual. Estad firmes.

II. Obstinados Simeones y Levíes. «En su furor mataron hombres, y en su temeridad desjarretaron toros.» Jacob tuvo que decir de ellos: «Me habéis turbado» (Gn. 34:30). ¡Cuánta de la dificultad que nos sobreviene a nosotros, y a otros, tiene su raíz y causa en la misma mala fuente, LA VOLUNTAD PROPIA. No es maravilla que Jacob dijera: «En su consejo no entre mi alma». La conducta de estos hijos llevó a división y esparcimiento (Gn. 49:7). Siempre hay los frutos de un espíritu egoísta. Dejemos que el maldito egoísmo vaya a la cruz. «El hacer tu voluntad, Dios mío, me ha agradado» (Sal. 40:8).

III. Alabadores y valientes Judás. Judá quiere decir «alabanza de Jehová». Judá es un cachorro de león. «No será quitado el cetro de Judá.» El cristiano que alaba y es valiente siempre poseerá el cetro del poder. Como Judá, podremos poner el pie de la victoria sobre el pescuezo del enemigo cuando tengamos más de la naturaleza del león de la tribu de Judá en nuestras vidas y la alabanza de Jehová en nuestros labios. El cetro del poder espiritual se ha apartado de muchos cristianos que una vez eran como Judá, debiéndose la pérdida a cobardía e infidelidad a Dios. Los verdaderos Judás son siempre guiadores (Nm. 10:14).

IV. Consoladores Zabulones. «Zabulón será para puerto.» Las palabras significan «morada», o lugar de refugio para los afligidos. «Su limite fue hasta el mar». Este hijo de Jacob puede ser tomado como representante de los modernos hijos de consolación, prontos a ofrecer una mano de ayuda o palabra de consuelo a almas que, como barcos, buscan refugio de la tempestad abrumadora. Los Zabulones están siempre en gran demanda. El ministerio de la bondad es siempre aceptable. «¡Consolad, consolad a mi pueblo!, dice vuestro Dios» (Is. 40:1; Mt. 5:9), «Bienaventurados los pacificadores»

V. Tímidos y abatidos Isacares. «Vio que el descanso era bueno, y que la tierra era deleitosa», y, temeroso de ofender al enemigo, «bajó su hombro para llevar, y sirvió en tributo». Y así el padre moribundo lo caracteriza como «asno fuerte». Fuerte, pero estúpido; uno que posee el poder, pero, por temor al hombre, es entrampado y esclavizado. Isacar ilustra a aquellos que, aunque tienen toda la fortaleza de Cristo a su disposición, con todo, permanecen tímidos y débiles e impotentes, sometiéndose al yugo de toda pasión, esclavos del mundo, asnos fuertes.

VI. Astutos y arteros Danes. «Dan... juzgará... Será víbora..., que muerde los talones del caballo, y hace caer hacia atrás al jinete.» Esto es trato callado y personal. Dan puede representar a aquellos cristianos que tienen la sabiduría de la serpiente, o más bien el hábito disimulado de la víbora, para saber cómo abatir la soberbia del enemigo. Los danitas espirituales pueden discernir y juzgar. Saben aplicar la verdad, de modo que los enemigos de Dios son humillados. Los tales pueden servir a Dios mejor por medio del trato personal.

VII. Vencedores Gades. Gad será acometido, «mas Él acometerá al fin». Todo cristiano que quisiera ser un Gad vencedor debe Él mismo ser vencido primero. Tenemos que ser vencidos si deseamos ser victoriosos en la causa de Dios. Aquellos que vencen por la sangre del Cordero han sido vencidos por la sangre del Cordero. Las vidas vencidas por la gracia de Dios se convierten en vencedores por la gracia.

VIII. Dichosos Aseres. Aser quiere decir «bienaventurado». «Su pan será sustancioso, y Él dará deleites al rey.» Es figura de aquellos bienaventurados, tan pocos en número, que están ellos mismos satisfechos con buenas cosas, y que pueden sacar de sus tesoros bocados exquisitos para otros. Han recibido las inescrutables riquezas de Cristo; están llenos de la plenitud de Dios, y así pueden dar benévolas porciones a otros. Aquellos que no comen cosas sustanciosas gemirán en su magrez.

IX. Gozosos Neftalíes. «Cierva suelta, que pronunciará dichos hermosos.» La cierva feliz que brinca después de escapar del cautiverio, y ahora con sus hermosas astas, es una figura apta de esos cristianos alegres y gozosos que siempre se deleitan en la libertad con la que Cristo los ha hecho libres. Siguen gozándose en su primer amor; sus palabras son hermosas, y su apariencia es atractiva.

X. Fructíferos Josés. «Rama fructífera es José, cuyos vástagos se extienden sobre el muro». Aquí tenemos la figura de un cristiano ideal. Como rama permaneció junto al muro, manteniendo contacto con la fuente suministradora. Era fructuoso, evidencia de que como rama estaba plenamente satisfecho. Le asaetearon, fue perseguido por causa de la justicia. Los que son fructíferos para Dios, serán aborrecidos por los impíos. Sus sarmientos pasaron por encima de la pared. La vida fructífera es una bendición a otros, aun a aquellos que están fuera del muro de la salvación. Su rama permanece en fortaleza. El poder para servicio continúa mientras permanezcamos junto al muro.

XI. Descontentos Benjamines. «Benjamín es lobo arrebatador; comerá y repartirá.» ¡Qué lástima que tenga tantos sucesores en el campo de Cristo! Son conocidos por su espíritu de censura. Son los que charlan y andan en chismes, siempre repartiendo los despojos, deleitándose en hacer circular las faltas y fracasos de sus hermanos. ¡De los tales, oh buen Señor, sálvanos!

56. EL IMÁN

Son asombrosos los instrumentos actuales en talleres y fábricas que facilitan el trabajo. Lo que especialmente me atrajo la atención al visitar la fundición de hierro y acero en mi ciudad natal después de años de ausencia fue la grúa magnética. Estaba entonces descargando y depositando una carga de camión de hierro viejo. Antes esto se hacía a mano, una tarea lenta y laboriosa. Ahora se hacía con rapidez y facilidad con esta grúa magnética. Bajando un brazo parecido a un gran tronco, o como alguien ha sugerido como un pie de elefante, se conectaba la corriente, y el metal se adhería en el acto al mismo. Levantando este brazo, la grúa giraba hacia el lugar deseado, se desconectaba la corriente, y los recortes de metal caían. Se hacía de una forma tan rápida y manejando tanta cantidad de una sola vez, que era asombroso.

Nuestro imán es el Señor. «*A Él se congregarán los pueblos*» (Gn. 49:10). Un estudio de la palabra «atraer» en la Palabra nos posibilita ver los varios aspectos de su poder de atracción y los varios métodos y resultados que aparecen al atraernos a Sí.

I. Mediante la enseñanza (Jn. 6:44). «Nadie puede venir a mí, si el Padre que me envió no le atrae.» Pero no te detengas; sigue leyendo. No separemos nunca los versículos 44 y 45. El significado del versículo 45 es que muestra como el Padre busca atraer a los hombres a su Hijo, esto es, mediante la enseñanza de los libros proféticos y otros de la Biblia, y hoy mediante el ministerio de la Palabra.

II. Mediante el sacrificio (Jn. 12:32). Observemos que la atracción sigue al levantamiento. La gran atracción en la historia del Nuevo Testamento es la historia de la muerte sacrificial del Señor Jesucristo. El gran imán no es solo la Cruz, no solo la historia del Evangelio, sino el mismo Señor Jesucristo en y por medio de la Cruz y en la historia del Evangelio.

1. El sufrimiento siempre nos atrae.
2. El sufrimiento por causa de otros nos conmueve de manera particular.
3. El testimonio personal del efecto de la historia de la Cruz sobre nosotros siempre nos mueve.

III. Mediante su hermosura (Cnt. 1:4). La Esposa queda embelesada por la hermosura del Esposo. Y ella encuentra en ello una gran causa de atracción. Observemos el cambio del singular al plural: «*Llévame* en pos de ti ... *corramos*». Esto significa que cuando Él me atrae a Sí mismo, otros se benefician, otros son influenciados para bien por medio de mí».

IV. Mediante sus gentiles y amantes providencias (Jer. 31:3).

V. Mediante sus propios amados hijos y discípulos. Uno de los incidentes interesantes de días ya muy alejados fue persuadir a un obrero de la planta eléctrica en la fundición de hierro que tomase una navaja de bolsillo y que lo magnetizase, de modo que, al menos por un tiempo, era un imán. Solo una pieza ordinaria de meta, ¡pero qué cambio! Y esto viene a la mente cuando pensamos en los diversos métodos que tiene el Señor para atraer a Sí mismo a hombres y a mujeres. Él puede llenarnos tanto de Sí mismo que nosotros, aunque somos personas humildes, llegamos a ser como imanes para Él, debido a su vida en nosotros y a la maravillosa historia de la gracia que hemos de contar. ¡Ah, obreros cristianos, siempre levantad a Cristo! Hablad de su muerte y no meramente de su vida. Si dejáis de lado la muerte expiatoria en la Cruz, entonces, como muestra toda la historia, desmagnetizáis el cristianismo.

VI. Mediante una voz de mando (1 Ts. 4:16). Esto está en el futuro. El doctor Pettingill describió recientemente, en un artículo en *American Sunday School Times*, una experiencia con una grúa magnética que me interesó mucho, puesto que yo también había visto una grúa así. «Conecta la corriente, y muévete con lentitud, manteniendo el cabezal cerca del suelo», fueron las instrucciones que le dieron al operador de la grúa. Cuando actuó de esta manera, vi saltar trozos pequeños de chatarra, que habían estado tirados por el suelo, adheriéndose a los imanes. Y más aún, vi que la misma tierra se movía, y que del mismo polvo salieron trozos de hierro que habían quedado mezclados en el suelo y enterrados. Fuera salieron las piezas, volando directas hacia el imán, y juntándose con los otros trozos del suelo». Gracias a Dios, llega el tiempo en que los suyos que están en los sepulcros, y los que estén entonces vivos en la tierra, serán juntamente arrebatados por el Señor y a Él. Los santos qu entonces estén enterrados saldrán también de sus sepulcros.
Solo los trozos de hierro y acero se levantaron hacia los imanes de aquel patio del molino metalúrgico. Solo fueron arrebatados aquellos metales *que participaban de la misma naturaleza que el imán*. Y así será en aquel Gran Día venidero. Solo serán arrebatados los que han llegado a ser partícipes de su naturaleza divina mediante la regeneración. El resto deberá esperar hasta que se establezca el Gran Trono Blanco. Pero bienaventurados y santos los que tomen parte en esta primera y gloriosa resurrección.

57. CRISTIANOS FRUCTÍFEROS

Génesis 49:22-24

El nombre *José* significa «aumento», salud y prosperidad. La salud es esencial para dar fruto. ¿Tiene salud, tu alma? Si es así, puedes esperar dar fruto en la obra del Señor. Pensemos en su

I. Carácter. «Rama fructífera es José.» No una rama seca y estéril de la vid. Está lleno de savia como por el Espíritu del Señor. «En esto es glorificado mi Padre, en que llevéis mucho fruto» (Jn. 15:8).

II. Posición. «Rama fructífera *junto a una fuente.*» Las raíces han encontrado un lugar de plenitud, y allí permanecen. Un árbol plantado junto a las corrientes de aguas (Sal. 1:3). Toda la plenitud es en Cristo, permaneced en Él. Que las raíces de los afectos de vuestro corazón sean plantadas en El, y no sabréis cuando llegue la sequía.

III. Utilidad. «Sus vástagos se extienden sobre el muro.» Sobre el muro del egoísmo y del sectarismo. Algo que se ofrece a los de fuera y a los viandantes. De gracia recibisteis, dad de gracia. Así alumbre vuestra luz delante de los hombres.

IV. Sufrimientos. «Le causaron amargura, le asaetearon, y le aborrecieron los arqueros.» «Bienaventurados seréis cuando por mi causa os vituperen y os persigan» (Mt. 5:11). «En cuanto a vosotros [Él] es glorificado» (1 P. 4:13, 14).

V. Fortaleza. «Su arco se mantuvo poderoso. Y los brazos de sus manos se fortalecieron por las manos del Fuerte de Jacob.» Bástate mi gracia. Fortalecidos con todo poder, conforme a la potencia de su gloria (Col. 1:11; Sal. 27:14).

58. LA VIDA EN EGIPTO

Éxodo 1 y 2

Egipto, después de la muerte de José, es figura de un mundo que yace en la maldad. Faraón, que no conocía a José, representa al dios de este mundo. Las experiencias de los hijos de Israel en Egipto nos dan un claro pero doloroso cuadro de las experiencias de cristianos apóstatas en el mundo. Se convierte para ellos en «casa de servidumbre». ¡Qué diferencia en comparación con la tierra de Canaán! «Tierra de la cual Jehová tu Dios cuida; siempre están sobre ella los ojos de Jehová tu Dios, desde el principio del año hasta el fin» (Dt. 11:12).
Observad su:

I. Triste posición. Estaban:

1. SIN AMIGOS. «Murió José, y todos sus hermanos, y toda aquella generación» (Éx. 1:6). Aquellos cristianos que moran en el Egipto de este presente mundo malo, tarde o temprano tendrán que abandonar la comunión de Jesús y la compañía de sus hermanos. El brazo de la carne les falló cuando Moisés huyó (Éx. 3:15).
2. SIN FE. Las nuevas de liberación habían sido enviadas, pero ellos no creyeron (Éx. 5:21). Es con gran dificultad que los apóstatas despiertan para sentir el amor de Dios que perdona y restaura. Son tardos de corazón para creer.
3. SIN ESPERANZA. «No escuchaban a Moisés a causa de la congoja de espíritu» (Éx. 6:9). ¡Cuán cierto es todo esto de los que están en el mundo sin Cristo! (Ef. 2:12). Sin fe están sin el Amigo; sin Él están sin esperanza; tan ocupados con las miserias de su condición que no quieren oír la voz de la misericordia de Dios en el evangelio.

II. Amargo servicio.

1. SIRVIERON A UN ENEMIGO. «Edificaron para Faraón» (Éx. 1:11). Servían a uno que buscaba su destrucción. Todo su trabajo era para fortalecer las manos de su gran opresor, ayudando a los impíos. Esto es todo lo que podemos hacer mientras estemos fuera del reino del amado Hijo de Dios (Mt. 12:30).
2. SIRVIERON CON RIGOR. «Los cuadrilleros los apremiaban» (Éx. 5:13). El de ellos era un trabajo sin alegría e ingrato. ¡Cuán cruel amo es el dios de este mundo! ¡Qué trabajo complacer a aquellos que están bajo su autoridad! ¡Hijo del mundo, tienes un duro maestro! Es todo trabajar sin recibir nada.
3. SIRVIERON EN MISERIA. «Los comisarios los molestaban» (Éx. 1:11). Obligados a trabajar, no por amor, sino por temor del látigo del opresor. Pobres pecadores, luchando para suplir vuestra cuenta de buenas obras, para ganar un poco de tranquilidad mental, estáis bajo una ley que no puede recompensaros con misericordia (Ro. 7:13, 24).

III. Desesperante clamor. Fue:

1. SERIA. «Subió a Dios el clamor de ellos» (Éx. 2:23). Su misma miseria ayudó a obrarles una gran liberación. La gracia ha ganado una victoria cuando los esclavos del diablo se han dado cuenta de que no hay ayuda para ellos sino en Dios (Sal. 32:3-5).

2. OÍDA. «Oyó Dios el gemido de ellos» (Éx. 2:24). El ojo y el oído de Dios son rápidos para ver y oír los movimientos de los corazones de los quebrantados. Él es fiel a su promesa: «Invócame en el día de la angustia; te libraré» (Sal. 50:15). El padre vio al pródigo que volvía cuando éste aún estaba lejos (Ro. 10:9, 13).
3. CONTESTADA. «Miró Dios..., y los reconoció Dios» (Éx. 2:25). Su tierna mirada de amor implica su pleno conocimiento de nuestra necesidad. Dios miró desde los cielos y conoció la verdadera necesidad del hombre, así que en amor envió a su Hijo. El clamor del Israel que perecía fue satisfecho con: «He descendido para librarlos» (Éx. 3:8). «El Hijo del Hombre vino a buscar y a salvar lo que se había perdido» (Lc. 19:10).

59. MOISÉS, NACIMIENTO Y FRACASO

Éxodo 2:1-15

Los personajes de la Biblia, como los manuscritos viejos, necesitan estudio atento y paciente si se ha de entender la profunda y preciosa enseñanza de sus vidas. Cada santo del Antiguo y del Nuevo Testamento es la personificación de algún rasgo especial de carácter que será un ejemplo o modelo para nosotros (1 Ti. 1:16).

I. Su nacimiento. Nació «hermoso». «Fue agradable» (Hch. 7:20). María y Aarón, su hermana y hermano, eran indudablemente muy atractivos a ojos de sus padres; pero Moisés, el hombre sacado para Dios, era el de mejor parecer. Todos los que son agradables a Dios son personas sacadas: fuera del escondite de oscuridad y de temor, fuera del río de muerte y condenación. Fue escondido por fe y salvado por Dios (He. 11:23).

II. Su crianza. «Dijo la hija de Faraón: Lleva a este niño y críamelo.» En la providencia de Dios su madre fue elegida como su nodriza. Los hermosos hijos de Dios son siempre bien cuidados. «Todas las cosas les ayudan a bien» (Ro. 8:28). Más tarde es llevado al palacio; es enseñado en toda la sabiduría de los egipcios, y es probable que se haya dedicado a actividades militares. Moisés es como el barro en las manos del alfarero, una vasija sobre la rueda de la infalible providencia de Dios siendo preparada y hecha idónea para uso del Maestro. Que estemos dispuestos a tomar cualquier forma o hechura que su amor y sabiduría quieran imprimimos. Sea hecha tu voluntad en la tierra de este pobre vaso.

III. Su simpatía. «Crecido ya Moisés, salió a sus hermanos, y los vio en sus duras tareas.» ¡Qué doloroso espectáculo se presentó ante sus ojos! Estaban cavando, amasando, moldeando, llevando, construyendo, mientras suspiraban, gemían y lloraban. Un hombre no será de mucha utilidad mientras rehuse salir y mirar los sufrimientos de aquellos que están cargados de pecado. Nehemías inspeccionó los muros antes de comenzar el trabajo. Si el poder del evangelio ha de ser apreciado, la enormidad del pecado y la impotencia del pecador tienen que ser vistas.

IV. Su elección. «Rehusó llamarse hijo de la hija de faraón, escogiendo antes ser maltratado con el pueblo de Dios» (He. 11:24-26). Habiendo visto su propia relación, y las miserias de sus hermanos, tomó su audaz y resuelto paso para Dios y su pueblo. Podrá haberle costado muchas noches sin dormir. Había mucho que abandonar, pero la fe ganó la victoria. Nuestra simpatía con los oprimidos y los que perecen no es muy profunda si no nos ha llevado a una consagración definitiva de nosotros mismos a Dios y su obra.

V. Su fracaso. «Miró a todas partes, y... mató al egipcio... ¿Quién te ha puesto a ti por príncipe y juez sobre nosotros?» (Éx. 2:12, 14). Cuando un hombre tiene que mirar a este lado y al otro antes de obrar, es claro que todavía no es apto para ser usado por Dios. El temor del hombre todavía le es un lazo. Moisés sabia que era llamado de Dios para librar a sus hermanos. «Pero Él pensaba que sus hermanos comprendían que Dios les daría libertad por mano suya; mas ellos no lo habían entendido así» (Hch. 7:25). El tiempo no había aún llegado, el vaso no estaba preparado todavía. Se había dado a sí mismo a Dios, pero este esfuerzo no era más que la energía de la carne, la impaciencia de la voluntad propia. Tenemos no solo que rendirnos a Dios, sino también esperar en Él. El reloj de Dios tiene dos manecillas: su promesa y su providencia. Ambas son movidas por la misma voluntad: siempre actúan en armonía.

VI. Su huida. «Moisés huyó delante de Faraón.» ¡Cuán profunda y amarga debe de haber sido su desilusión después de toda su agonía de alma y resolución de propósito! Solo queda Dios. Toda la sabiduría de los egipcios es insuficiente; tiene que ser enseñado de Dios. Hace falta que se marchite nuestra propia suficiencia si hemos de ser fuertes en el poder divino. «Mirando a todas partes» no puede menos que terminar en huir de delante del hombre. «Si alguno quiere servirme, tome su cruz, y sígame.»

60. EL LLAMAMIENTO DE MOISÉS

Éxodo 3:1-10

En el primer capítulo vemos un cuadro de *servidumbre impotente*; en el segundo, *fracaso y desesperación*; en el tercero aparece el *Libertador Omnipotente*. El rey había muerto, y la oscuridad del dolor y opresión se hacía rápidamente cada vez más densa sobre Israel; pero Dios sabia dónde encontrar un hombre adaptado a su bondadoso propósito de liberación. Moisés ahora tiene ochenta años de edad, pero no es demasiado viejo para Dios; es más apto para su obra, ahora que ha sido blanqueado al sol del desierto por cuarenta años. Se necesita mucho para secar completamente la vieja y pecaminosa savia del «yo» que está dentro de nosotros. Moisés había intentado salvar a sus hermanos, pero falló. Ahora recibe el LLAMADO DE DIOS a la obra. El fue sin ser enviado; ahora Dios lo envía. En esta porción tenemos:

I. Una manifestación temible. «Se le apareció el Ángel de Jehová en una llama de fuego en medio de una zarza.» «Esta grande visión.» La llama de fuego era símbolo de la presencia de Dios.

1. SIGNIFICABA PUREZA. «Nuestro Dios es fuego consumidor» (He. 12:29). «¿Quién de nosotros morará con el fuego consumidor? ¿Quién de nosotros habitará con las llamas eternas?» (Is. 33:14). Solamente los puros de corazón. La presencia de Dios en el alma devora el impuro deseo del corazón. «Sed santos, porque Yo soy santo» (1 P. 1:16).
2. SIGNIFICABA PODER. «La zarza ardía en fuego.» Cuando el Espíritu Santo descendió para dar poder a los discípulos, vino en semejanza de lenguas de fuego. Si somos hechos participantes de la naturaleza divina, somos también hechos partícipes de un poder omnipotente.
3. SIGNIFICABA MISTERIO. «Y la zarza no se consumía.» La santa y consumidora presencia estaba allí, y sin embargo la zarza fue guardada. ¡Qué símbolo de Dios en Cristo! Grande es el misterio de la piedad: Dios manifestado en carne. ¡Qué cuadro del creyente! Tenemos este tesoro en vasos de barro. Dios mora en vosotros.

II. Una resolución oportuna. «Moisés dijo: Iré yo ahora (me desviaré) y veré esta grande visión.»

1. ERA NECESARIO DESVIARSE. Pensad cuánto hubiera perdido si hubiese seguido adelante sin prestar atención. Para encontrarse con Dios, y ser enseñado por Él, el hombre ha tenido muchas veces que hacerse a un lado, aun de su ocupación lícita, pero especialmente de los placeres del pecado y los razonamientos de una mente carnal. Cuando veas una nueva lumbre ardiendo en la zarza de la providencia de Dios, o en un texto de su palabra, desvíate y busca conocer su pleno significado.
2. SE DESVIÓ CON UN PROPÓSITO. «Iré yo ahora y veré..., por qué causa la zarza no se quema.» Tal vez se paró por un tiempo preguntándose si debía hacerse a un lado, pero ahora ya está decidido. «Yo iré a buscarla.» «Me hallaréis, porque me buscaréis de todo vuestro corazón.» «Mi pueblo no considera.»
3. DESVIÁNDOSE OYÓ LA VOZ DE DIOS. «Viendo Jehová que Él iba (se desviaba) a ver, lo llamó.» Un hombre pronto halla a Dios cuando deja todo para buscarle. La voz de Dios se oye pronto en el alma una vez que nos hayamos rendido a su invitación. Dios vio que se hizo a un lado, o inmediatamente manifestó su presencia. Dios ve cada vez que nos apartamos, ya sea hacia Él o de Él, y obra según el caso.

III. Una revelación bondadosa. Al hacerse a un lado, Moisés estaba tornándose a Dios; al tornarse a Dios recibió:

1. UNA REVELACIÓN DE SU CARÁCTER. «Yo soy el Dios de tus padres.» Ésta era una declaración de la eternidad de su nombre. Cuando un pecador se hace a un lado para ver esa gran visión en la cruz del Calvario, ¡qué revelación de Dios se le hace conocer!
2. UNA REVELACIÓN DE SU INTERÉS SIMPÁTICO. «Bien he visto la aflicción, he oído su clamor, y he conocido sus angustias.» Dios supo las angustias, y oyó el clamor de un mundo que gemía. En respuesta, de su propio seno envió a su Hijo. En esto está el amor. Cristo es la revelación del amor de Dios.
3. UNA REVELACIÓN DE SU PROPÓSITO SALVADOR. «He descendido para librarlos.» Dios descendió en la zarza para sal-

var a su pueblo por medio de su siervo Moisés. Dios ha descendido en Cristo para salvar por medio del evangelio. Ésta era una doble liberación: a) para sacarlos; b) para introducirlos. Fuera de Egipto a Canaán; fuera del reino de las tinieblas al reino del amado Hijo de Dios. Para efectuar esta gran salvación nuestro Dios de gracia tuvo que humillarse; le fue menester descender. «Obediente hasta la muerte» (Fil. 2:8).

IV. Una comisión definitiva. «Ven ahora, y te enviaré.» La revelación de Dios siempre precede a una comisión por Dios. La venida del Espíritu Santo en Pentecostés significó no solo poder a los discípulos, sino también una revelación más completa de la gloria de Jesús. Entonces fueron y salieron.

1. EL TIEMPO. «Ven ahora.» Ahora que has fracasado en tu propia fuerza; ahora que has sido muy bajado durante estos cuarenta años, esperando en el desierto; ahora que has tenido una nueva y más amplia visión de Mí; ahora que conoces el deseo de mi corazón tocante al pueblo.
2. EL PROPÓSITO. «Para que saques a mi pueblo.» «Están en esclavitud y miseria, pero son míos. Sácalos declarándoles mi voluntad y palabra». «Predicad el evangelio a toda criatura» (Mr. 16:15). No quiere la muerte de ninguno. Por medio de sus enviados, está llamando y sacando a un pueblo para su nombre.
3. LA AUTORIDAD. «Te enviaré.» En Éxodo (2:12) le vemos yendo en su propio nombre; ahora tiene la autoridad y el poder de Dios. Moisés obtuvo su Pentecostés en la zarza ardiente, su poder para servicio. ¿Has recibido esta potestad? Tiene que haber rendición a su llamado antes que Él envíe en su nombre. «Ven, y te enviaré».

61. INVITADOS PARA SERVIR

Éxodo 3:10-12

Tengamos cuidado de no tratar a la ligera ninguna indicación del Espíritu que mora en nosotros. Perderemos mucha enseñanza preciosa si rehusamos echarnos a un lado e indagar cuando se nos ha dado alguna nueva luz. Algunos de los mayores tesoros espirituales han sido descubiertos al seguir en el acto lo que era solo una insinuación. Moisés se echó a un lado y encontró la salvación de Israel. En los versículos arriba citados observamos:

I. La invitación. «Ven, por tanto, ahora.» Todos los que quieran oír su voz pueden dar oído a esta invitación llena de gracia. «Venid, pues, y arguyamos juntos» (Is. 1:18, V.M.). «He aquí ahora el tiempo favorable».

II. La comisión. «Te enviaré.» Debemos *acudir* a Él antes de que podamos *ir* en su Nombre. Tenemos que recibir antes de poder testificar. Que todos los que *acudan* se preparen para *ir*.

III. El propósito. «Para que saques de Egipto a mi pueblo.» Él iba a ser ahora empleado por Dios para liberar a otros de la servidumbre de la esclavitud. ¿No debería cada uno que se ha allegado a Cristo empeñar su ayuda para sacar a otros a la libertad de hijos?

IV. La excusa. «Entonces Moisés respondió a Dios: ¿Quién soy yo, para que vaya?» Jeremías dijo, en semejantes circunstancias: «¡Ah! ¡ah, Señor Jehová! He aquí, no sé hablar» (cap. 1:4-7). Cuando podemos darnos cuenta de la grandeza de la obra que nos ha sido dada, seremos conscientes en el acto de nuestra total incompatibilidad *en nosotros* mismos para llevarla a cabo. Este vaciamiento de uno mismo es un proceso necesario.

V. La promesa. «Ve, porque Yo estaré contigo.» Dios toma ahora el puesto de nuestras debilidades, y así nos da en su lugar su poder. Si Dios por nosotros, ¿quién contra nosotros? «*Por tanto,* de muy buena gana me gloriaré más bien en mis debilidades, para que *habite en mí* el poder de Cristo» (2 Co. 12:9). Cuando soy débil, entonces soy fuerte.

VI. La certidumbre. «Esto te será por señal de que Yo te he enviado.» Su *presencia con nosotros* es la prenda de que hemos sido *enviados por Él.* Él está con cada uno que ha sido enviado (Mt. 28:19, 20). Si tenemos esta prenda con nosotros, podemos quedar satisfechos acerca de los resultados. Los resultados están con Aquel que obra en nosotros (Fil. 2:13).

VII. La expectativa. «Serviréis a Dios sobre *este monte.*» Esto era una garantía de que su misión vendría a ser finalmente coronada con el éxito. Sus hermanos, ahora esclavos en Egipto, adorarían a Dios sobre este monte donde él se encontraba ahora. Tenemos que estar en el monte con Dios si queremos ser el medio de elevar a nuestros semejantes al mismo privilegio. Esta experiencia constituye siempre el comienzo de una poderosa obra para Dios. «Robusteceos en el Señor, y en el vigor de su fuerza» (Ef. 6:10).

62. LAS EXCUSAS DE MOISÉS

Éxodo 3:11-14; 4:1-16

En la zarza ardiente el llamado de Dios vino a Moisés clara y distintamente, pero suele suceder que no todo está hecho, aun cuando la voluntad de Dios es conocida y el curso de acción está manifiestamente indicado. Somos propensos a mirar en dirección a nosotros mismos en busca de los debidos sentimientos y aptitud para llevar a cabo la buena voluntad de Dios. La mayor dificultad de Dios con sus siervos es conseguir que crean que Él es poderoso para obrar en ellos así el querer como el hacer, por su buena voluntad. Moisés ofreció varias excusas para no obedecer.

I. Su propia indignidad personal. «Moisés respondió a Dios: ¿Quién soy yo para que vaya?» (Éx. 3:11). Este lenguaje revela un cambio muy grande en el carácter de Moisés desde que dejó Egipto (Éx. 2:12). Es bueno conocer nuestra propia falta de mérito, como tenemos que conocerla cuando, a semejanza de Moisés, somos puestos cara a cara con Dios y su gran obra; pero está mal convertir eso en una excusa para no recibir la gracia y el honor que Él nos está ofreciendo. Si nosotros como obreros cristianos apreciáramos toda la importancia de la obra que se nos ha dado que hacer, seríamos más sensibles a nuestra propia ineptitud para ella, y más prontos a confesarla. Pero notad cómo Dios en su gran gracia refuta esta objeción. «Yo estaré contigo.» Como si Dios estuviera diciéndole: «Tú dices: ¿Quién soy yo?, pero no se trata de quién eres Tú, sino *de quién soy yo.* Yo estoy contigo; bástete eso». «Toda potestad me es dada. Id» (Mt. 28:18, 19). Cuando Moisés abrió bien su boca, diciendo: «¿Qué les responderé?», Dios la llenó con «*Yo soy el que soy*». Aquí está el secreto del buen éxito en el testimonio para Dios:

1. Él me ha enviado.
2. Su palabra está en mí.
3. Su presencia está conmigo.
4). Él es *todopoderoso.*

II. La incredulidad del pueblo. «Moisés respondió: He aquí que ellos no me creerán, ni oirán mi voz» (Éx. 4:1). Parece haber olvidado lo que nosotros tantas veces olvidamos, que Dios había tomado en cuenta toda la natural aversión mental y dureza del corazón humano. No te oirán a ti; pero si estás lleno del Espíritu Santo, estarán compelidos a escuchar al Dios que está en ti. «Vosotros sois la sal de la tierra; pero si la sal se desvaneciere (perdiere su sabor, el poder del Espíritu), no sirve más para nada» (Mt. 5:13). ¿Cómo destruyó el Señor esta segunda razón de Moisés? Como lo hizo con la primera: con otra manifestación de su propia plenitud. Le dio una triple seguridad en la vara, la mano y el agua (Éx. 4:2-9).

1. LA VARA SE HIZO UNA CULEBRA. La señal de su poder vencedor, al traer juicios terribles sobre aquellos que se oponen a su voluntad.
2. LA MANO LEPROSA SE SANÓ. La señal de su poder restaurador. Era poderoso para sanar al marchito y leproso Israel, y restaurarlos a libertad y reposo.
3. EL AGUA SE HIZO SANGRE. La señal de su poder transformador, capaz de cambiar los corazones y caracteres de aquellos a quienes era enviado. ¿Qué voz tiene todo esto para nosotros? ¿No nos recuerda el poder que todavía pertenece al evangelio del Dios bendito: poder para vencer por convicción, poder para sanar enfermedades, poder para transformar vidas? El evangelio es potencia de Dios para todo aquel que cree.

III. Las flaquezas de su propio cuerpo. «¡Ay, Señor! Nunca he sido hombre de fácil palabra; soy tardo en el habla y torpe de lengua» (Éx. 4:10). Un habla rápida y elocuente podrá tener mucha influencia con hombres naturales, pero el silbo apacible y delicado no se oyó en la tempestad o el terremoto. El poder de Dios es una cosa diferente de mera afluencia de palabra (1 Co. 4:19). Notad cómo el Señor respondió a este argumento: «¿Quién dio la boca al hombre? ¿No soy Yo Jehová?». Dios sabía todo en cuanto a su debilidad física, y estaba dispuesto a perfeccionar su potencia en la flaqueza, y era poderoso para hacerlo. Lo que nos impide en el servicio de Dios no son nuestros achaques, sino nuestra incredulidad. Dios ha escogido lo flaco. Más aún, sugiere:

IV. La renuencia de su mente. «Él dijo: ¡Ay, Señor!, envía, te ruego, por medio del que debes enviar» (Éx. 4:13). Como diciendo: «Envía a cualquier otro, pero no pidas que sea yo el que hable». Esto parece indicar una tímida negativa a hacer todo lo que Dios estaba pidiéndole hacer. La divina contestación a esta última resistencia fue severa y final. Jehová se enojó, y dijo: «Aquí está Aarón, tu hermano. Yo sé que Él puede hablar bien; Él será quien lleve tu palabra». La mala disposición de Moisés no aparta a Dios de su propósito. Si un instrumento resulta inadecuado, elige otro; pero Moisés ha perdido el honor que hubiera sido suyo si no hubiese sido tan tardo de corazón para creer. ¿Hay alguna esfera de servicio en que tú o yo hemos sido eliminados por la misma razón? ¿Preferiríamos tener un vocero antes que hablar directamente? Andemos como es digno de Dios.

63. CIERTAMENTE ESTARÉ CONTIGO

Éxodo 3:12

Piensa:

1. En el **Carácter** de su Presencia.
2. En el **Propósito** de su Presencia. Guía, defiende, consuela.
3. En el **Poder** de su Presencia. Pureza, plenitud, progreso, y alabanza.

64. LA RENDICIÓN DE MOISÉS

Éxodo 4:16-31

MOISÉS, como siervo de Dios, era lento en creer todo lo que Dos estaba dispuesto a hacer por Él y a ser para Él. Su lentitud en obedecer le hizo perder un gran honor (v. 14). Por esta misma razón muchos cristianos dejan de crecer en la gracia, fracasando, en incredulidad, en aprovechar toda la plenitud que se les ofrece en Cristo Jesús. Este honor lo tienen todos los santos.

I. Su decisión manifestada. «Le dijo [a su suegro Jetro]: Iré ahora» (v. 18). Está ahora plenamente decidido a *volver* a Egipto, no como antes, sino como enviado por Dios. ¿No hemos sido sacados del Egipto que es este mundo, y no somos de nuevo enviados al mundo (Jn. 17:6-18)? Para obedecer este mandamiento Moisés se tenía que *separar* de su conexión con el desierto. ¿Ha quedado claramente expuesta nuestra decisión de santificarnos?

II. Su propósito fortalecido. «Dijo también Jehová a Moisés (...) Ve y vuélvete a Egipto, porque han muerto todos los que procuraban tu muerte» (v. 19). Cuando la voluntad se rinde a Dios, Él con gran gracia suaviza el *comienzo* de nuestro camino a fin de que nuestra fe sea alentada. Obrero cristiano, Dios puede quitar fácilmente cada obstáculo en tu camino de cumplir la obra a la que te ha llamado. Solo cree, y ellos serán como *muertos*.

III. La prosecución de su viaje. «Moisés tomó su mujer y sus hijos, ... y volvió a tierra de Egipto» (v. 20). Seguía llevando en su corazón su gran comisión como un *secreto*. ¿Quién iba a creer que *Él* iba a liberar a todos los hijos de Israel de la mano poderosa del despótico Faraón? ¿Dónde está el hombre que está haciendo una gran obra para Dios que no ha pasado por experiencias en su alma acerca de las que no osa hablar? Todas sus posesiones estaban sobre un asno, pero la vara de Dios estaba en su mano. Pobre en este mundo, pero rico en fe. Aférrate a la vara de su promesa.

IV. Su obra explicada. «Y dijo Jehová a Moisés: Cuando hayas vuelto a Egipto, mira que hagas delante de Faraón todas las maravillas que he puesto en tu mano; ... Y dirás a Faraón: Jehová me ha dicho así: Israel es mi hijo, mi primogénito. Ya te he dicho que dejes ir a mi hijo» (vv. 21-23). El pensamiento aquí es: Al lanzarnos adelante por fe en la Palabra de Dios su mente nos será más plenamente revelada. Por la simple obediencia crecemos en la gracia y en el *conocimiento* de Dios. Seamos diligentes en emplear los dones y las oportunidades que el Señor ha puesto a nuestro alcance.

V. Su progreso detenido. «Jehová le salió al encuentro, y quiso matarlo... Así le dejó luego ir» (vv. 24-26). Éste es un lenguaje muy singular, e indica un trato sumamente severo que Dios tuvo con Moisés. ¿Acaso había el dejado de circuncidar a su hijo meramente para complacer a su mujer? ¿Cayó sobre Él una enfermedad de modo que estuvo a punto de morir? ¿Y recordó *luego* su pecado e insensatez? En todo caso, el hombre que quiera ser poderosamente empleado por Dios no debe fallar en las pequeñas cosas secretas de su propia casa. Cuando todo fue rectificado, «le dejó luego ir».

VI. Su corazón alegrado. «Y Jehová dijo a Aarón: Ve a recibir a Moisés al desierto. Y Él fue, y lo encontró en el monte de Dios, y le besó» (v. 27). Debió ser ciertamente una feliz reunión después de cuarenta largos años de separación. El buen Señor planea muchas dulces sorpresas para sus fatigados y cansados siervos mientras se encuentran en el *desierto*. Dios sabe donde está nuestro hermano aarónico, y cuando enviarnos el beso de la ayuda y comunión cristiana. La *vara disciplinaria* de Dios y el beso de nuestros verdaderos hermanos en el Señor no están generalmente muy alejados.

VII. Su misión, declarada. «Y fueron Moisés y Aarón, ... y *habló Aarón* acerca de todas las cosas que Jehová había dicho a Moisés» (vv. 29-31). ¡Qué historia tenían que contar al pobre y oprimido pueblo de Israel! Fue para ellos el *Evangelio de Dios*. ¿Y cómo recibieron las buenas nuevas?

1. CREYERON. «Dios... ahora manda a todos los hombres que se arrepientan» y crean el Evangelio (Hch. 17:31). Cada verdadero siervo de Dios tiene un mensaje así para los pisoteados esclavos del pecado. ¡Qué triste que tan pocos lo crean!
2. SE INCLINARON. La inclinación de la cabeza puede indicar la rendición de la voluntad. Esto debería siempre acompañar a la fe en el Evangelio de Cristo.
3. ADORARON. La adoración y la acción de gracias convienen a aquellos que han sido favorecidos con tan gran salvación. ¡Alma mía, bendice a Jehová! «Por gracia habéis sido salvados por medio de la fe, y esto no proviene de vosotros, pues es don de Dios» (Ef. 2:8).

65. LIBERTAD ANTES DEL SERVICIO

«Que dejes ir a mi hijo, para que me sirva» (Éx. 4:23).

Estas palabras revelan la mente de Dios con respecto a su pueblo. En base de ellas podemos aprender que:

I. Dios tiene hijos. «Israel es mi hijo» (Éx. 3:22). Escogido por Él, y reivindicado, por cuanto es redimido. Ahora ya somos hijos de Dios, escogidos en Él antes de la fundación del mundo. ¡Qué privilegio es éste! Todos los que reciben a Cristo vienen a ser sus hijos (Jn. 1:12).

II. Los hijos de Dios a veces caen en servidumbre. Israel estaban en esclavitud en Egipto bajo duros capataces. Una y otra vez fueron conducidos al cautiverio debido a su rebelión contra la voluntad de Dios. El pecado atará a un hijo de Dios con tanta firmeza como un siervo de Satanás. La soberbia, la envidia, la voluntariosidad, el amor de los placeres y el temor al hombre atan las vidas de muchos hijos. Nos deslizamos al cautiverio cuando nos apartamos de la fe. No hay medias tintas entre la libertad del Espíritu y la esclavitud del pecado. «No podéis servir a dos señores».

III. Dios desea que sus hijos vivan en libertad. «Deja ir a mi hijo.» Fue para librarnos del poder y del dominio del pecado y de Satanás que Él entregó a su Hijo. Nuestras vidas lo deshonran a Él cuando nuestros dones y afectos caen en la trampa del diablo. El hombre que escondió el talento de su amo en la tierra era esclavo del temor. «El pecado no se enseñoreará de vosotros; pues no estáis bajo la ley, sino bajo la gracia» (Ro. 6:14). «Estad, pues, firmes en la libertad con que Cristo nos hizo libres» (Gá. 5:1).

IV. Dios quiere libres a sus hijos para que le sirvan. La salvación debe venir antes del servicio. El esclavo encadenado debe ser soltado antes que pueda trabajar. Siendo liberados de todos nuestros enemigos, le servimos sin temor (Lc. 1:74). «Ahora que habéis sido libertados del pecado y hechos siervos de Dios...» (Ro. 6:22). Liberados de la presa de Satanás, del amor al pecado y de los cuidados de este mundo, quedamos libres para servir a nuestro amante Señor y Redentor. Los esclavos sirven por temor, los asalariados por dinero, los hijos por amor.

66. TENTADO Y PROBADO

Éxodo 5

Como Nehemías, Moisés se encuentra con muchas dificultades inesperadas al tratar de llevar a cabo la tarea que Dios le ha encomendado. ¿Quién ha conseguido jamás grandes cosas para Él sin tener que vencer una oposición acerba y desesperada? Este capítulo está lleno de profundas y prácticas enseñanzas. Tratemos de recapitularlas bajo los siguientes encabezamientos.

I. Una gran demanda. «Deja ir a mi pueblo» (v. 1). Esta perentoria demanda nos expone que Dios quiere a su pueblo (1) SALVADO, (2) SEPARADO, (3) SIRVIÉNDOLE. No era suficiente que se les hubiera enseñado, sino que además deben ser emancipados. Jesucristo vino no solo a enseñar, sino «para dar su vida en rescate» (Mt. 20:28).

II. Un enemigo tenaz. «Yo no conozco a Jehová, ni tampoco dejaré ir a Israel» (v. 2). En lugar de dejarlos ir, su esclavitud y cargas son intensificadas. Faraón, como el dios de este mundo, nunca cede nada excepto cuando le vaya a aprovechar de algo. Satanás siempre aumenta las cargas de aquellos que ponen sus ojos en la liberación. El diablo siempre resistirá las demandas del pueblo de Dios hasta que, como Faraón, se vea abrumado hasta lo más hondo, en «el lago de fuego» (Ap. 19:20).

III. Un vano esfuerzo. «Los *capataces* de los hijos de Israel vinieron a Faraón y se quejaron a Él». (v. 15). Su respuesta fue: «Estáis ociosos». Se trataba de un intento bienintencionado, pero insensato y presuntuoso de tomar en su propia mano la cuestión de su liberación, ignorando a Moisés y a Aarón, los intercesores designados por Dios. Quizá esperaban lograr contemporizar con aquel déspota sin corazón; puede que creyeran que Moisés y Aarón estaban pidiendo demasiado. Ah, el hombre está muy dispuesto en la soberbia de su corazón a dictar o a modificar las demandas de Dios. Deja tu liberación en las manos del Señor Jesucristo, el libertador designado por Dios. Él es «poderoso para salvar» (Is. 6:31).

IV. Una acusación hiriente. Los capataces se encontraron con Moisés y Aarón después de su débil intento de mejorar su situación por sí mismos, y los acusaron de ser ellos la causa de esta mayor opresión que les había sobrevenido (v. 21). ¿Conoces experimentalmente lo que ello significa? Entonces has sido verdaderamente hecho participante del sufrimiento de Cristo. La fidelidad hacia Dios pronto atrae reproches de parte de los que están convencidos de pecado pero con la mente cegada por el mundo.

V. Un noble ejemplo. ¿Cómo reaccionó Moisés ante esta imputación tan injusta? «Moisés se volvió a Jehová» (v. 22). Herido en lo más vivo, descarga su pesado corazón ante el Señor su Dios. Sus palabras revelan un estado de intensa perplejidad. «¿Para qué me enviaste? Porque desde que yo vine a Faraón para hablarle *en tu nombre*, ha afligido a este pueblo; y tú no has librado a tu pueblo» (vv. 22, 23). No esperamos nada excesivo cuando esperamos que Dios cumpla todas sus promesas. Moisés había estado predicando que Dios estaba a punto de liberarlos, pero en lugar de liberación, el horno de su aflicción fue calentado aún más. ¡Qué prueba para la fe! ¡Con cuánta frecuencia las apariencias parecen contradecir las promesas! No seas incrédulo, sino creyente; la hora más oscura es la hora antes de romper el alba. Y así sucedía aquí. Luego tenemos

VI. Una respuesta inspiradora. El capítulo 6:1 nos dice que «Jehová respondió a Moisés: *Ahora* verás lo que Yo haré». Había llegado ya el AHORA de Dios. «He aquí *ahora* el tiempo favorable» (2 Co. 6:2). Todos los recursos de la gracia y de la verdad están actualmente en acción por medio de su Hijo Jesucristo. «Ahora verás lo que Yo haré». Escribe estas maravillosas palabras a través de la vida y muerte del Redentor, el Hijo de Dios. ¿Has visto todo lo que el amor y poder de Dios ha hecho por ti en y por medio de Él?

67. FARAÓN: UN TIPO DEL DIABLO

Éxodo 5:10

El Rey de Egipto, como el dios de este mundo, encuentra sus mayores dificultades en relación con el pueblo de Dios. Los considera como una fuente de grandes peligros para su reino. Su principal objeto es cegar las mentes, agobiar los corazones y *destruir* las vidas de los que se le oponen. Lo mismo que el diablo,

I. Su enemistad es inveterada. Es de largo tiempo (Gn. 3:15). El fuego y el agua nunca pueden unirse. Él:

1. NIEGA AL SEÑOR. ¿Quién es Jehová, para que yo *oiga* su voz? (v. 2). El gran adversario de las almas no sabe nada de *obediencia;* puede verse obligado, pero no hay una sumisión *bien dispuesta.* Lo que es verdadero de Satanás lo es también de todos los que están bajo su poder. «La mentalidad de la carne es enemistad contra Dios; porque no se somete a la mente de Dios, ya que *ni siquiera puede*». «Hijos de desobediencia» (Ef. 2:2).
2. MENOSPRECIA EL MENSAJE. Lo llamó «palabras mentirosas» (v. 9). Sin embargo, eran las palabras del Dios viviente, un mensaje de misericordia y libertad para sus abatidos y pisoteados súbditos. Pero es siempre así: «el mensaje de la Cruz (la redención) es locura para los que se están perdiendo». La frase «¿Ha dicho Dios?» sigue siendo un subterfugio favorito del diablo. Si puede conseguir que los hombres menosprecien el Evangelio de Cristo, sabe que quedarán bajo su dominio esclavizante.
3. OPRIME CON CARGAS. Se les niega la paja, pero se les exige toda la cantidad de ladrillos (vv. 17, 18). Es un manejo diabólico. Pablo fue una vez atrapado en esta red, porque dijo: «Pensé que debía hacer muchas cosas». Intentó dar muerte al espíritu de libertad multiplicando las obras de la ley.
4. PERMANECE SIN CAMBIAR. En el caso de Faraón fueron frecuentes las *profesiones* de arrepentimiento, pero nunca se vieron las *lágrimas* del arrepentimiento; su corazón, como el de Satanás, permaneció inconmovido e inconmovible. El diablo no puede mejorar; lo mismo que Faraón, perecerá en la inundación en el mismo acto de perseguir a los redimidos del Señor (Ap. 20:10).

II. Sus tretas son habilidosas. No somos ignorantes de sus añagazas. Si no puede conseguir sus fines con el escarnio expreso y la opresión intentará el lazo secreto de la contemporización. Obsérvese su manera de actuar:

1. ANDAD, OFRECED SACRIFICIO... **EN LA TIERRA** (8:25). Les ofrece libertad para sacrificar a Dios si se mantienen *dentro* de la tierra *bajo su gobierno.* Esto significa: Sed cristianos si queréis, pero no arrojéis de vosotros el yugo de las tinieblas; no quebrantéis el vínculo de vuestra conexión con el pecado. El diablo nos permitirá sacrificar a Dios solamente si seguimos siendo sus esclavos. «No podéis servir a Dios y a Mamón» (Mt. 6:24). Su siguiente artificio es:
2. OS DEJARÉ IR... CON TAL QUE **NO VAYÁIS MÁS LEJOS** (v. 28). Lo que equivale a decir: Si debes ir más allá de los límites de mi reino, te dejaré ir si no te alejas de manera que te vaya a *perder de vista.* Y qué triste es ver que muchos parecen haber aceptado esta condición, e intentan vivir la vida cristiana con sus ojos puestos en Egipto. «Recordad la mujer de Lot» (Lc. 17:32). La línea divisoria debería ser tan enfática como entre la muerte y la resurrección (Ro. 6:8). ¿Eres acaso un cristiano *perdido de vista,* habiendo escapado a la corrupción que existe en este mundo? No se llega a la vista de Canaán hasta que Egipto se ha perdido de vista. Pero dio un paso más, y dijo:
3. ID AHORA VOSOTROS LOS **VARONES** (10:11). Salvaos a vosotros mismos, pero dejad atrás a vuestras *mujeres* y a vuestros *niños.* Lo que temía Faraón y lo que teme el diablo es la total separación. Sabía que no irían demasiado lejos, o no se *quedarían* allá, los que hubieran dejado a sus familias en Egipto. Este servicio a medias nunca hace demasiado daño al reino de Satanás. La salvación de la familia es una doctrina de lo más alarmante para el príncipe de las tinieblas. «Cree en el Señor Jesucristo, y serás salvo, tú y *tu* casa» (Hch. 16:31). «Porque para vosotros es la promesa, y para *vuestros hijos*» (Hch. 2:39).
4. ID..., SOLAMENTE **QUEDEN VUESTRAS OVEJAS Y VUESTRAS VACAS** (10:24). Dejar sus rebaños significaría servir a su Dios *sin sacrificio.* Cuando el diablo no puede obstaculizar tu salida de su reino, ¡cuánto intenta dañar y asesinar tu influencia para bien! Los israelitas no podían servir a su Dios de manera aceptable sin un sacrificio personal. Y tampoco podemos hacerlo nosotros. Si el adversario puede interponerse entre nosotros y el sacrificio serán imposibles la separación y el servicio agradable a Dios. ¡Cuántos los hay hoy día que, en esta cuestión, han emprendido el camino de Caín al ofrecer a Dios un sacrificio que no ha sido consagrado por medio de la sangre. Respondamos a estas añagazas de Satanás con la respuesta de Moisés, el siervo de Dios: «No quedará ni una pezuña» (Éx. 10:26).

68. EL EVANGELIO DE MOISÉS

Éxodo 6:1-8

El Señor le dijo a Moisés: «Ahora verás lo que Yo haré». El tiempo de la liberación de Israel estaba cercano. Moisés es enviado a sus hermanos con un séptuple mensaje de parte del Señor. Tenía un glorioso Evangelio que predicar, un resplandeciente sol de esperanza para los míseros, impotentes y sujetos esclavos. Una magnífica ilustración del Evangelio de Cristo hecho indefectiblemente seguro por las siete proclamaciones de Jehová. En estas gratas nuevas de salvación proclamadas por Moisés había:

I. Reposo de sus cargas. «Yo os sacaré de debajo de las tareas pesadas de Egipto» (v. 6). El reposo les era muy necesario. Hacer ladrillos sin paja era una tarea dura y continua. En el servicio del pecado no hay descanso. El Evangelio de Dios, que nos vienen por medio de Jesucristo, nos ofrece alivio de la carga del pecado y de la culpa: «Venid a Mí, ... y Yo os haré descansar» (Mt. 11:28). Reposa en su amor perdonador, reposa en la calma de su corazón lleno de gracia.

II. Liberación del poder del Enemigo. «Os libraré de su servidumbre» (v. 6). No hay otro escape del aherrojamiento del pecado y de Satanás sino por medio de la intervención del poder y de la gracia todopoderosos. «El cual nos ha librado de la potestad de las tinieblas, y trasladado al reino de su amado Hijo» (Col. 1:13). Liberados de la mano de nuestros enemigos. La gracia de Dios no es para darnos paciencia y contentamiento en la casa de servidumbre: la gracia de Dios es portadora de *salvación*.

III. La redención con grandes juicios. «Y os redimiré con brazo extendido, y con juicios grandes» (v. 6). El juicio y la redención están estrechamente vinculados en la obra salvadora de Dios. Antes que Israel pudiera partir de Egipto los juicios de Dios debían ser derramados sobre aquella nación. Antes de la ofrenda debía haber una *muerte* efectiva. Antes que Cristo pudiera salvar de la maldición de la ley, Él tenía que venir a ser «maldición por nosotros» (Gá. 3:13).

IV. Los derechos de Dios sobre los suyos. «Y os tomaré por mi pueblo» (v. 7). La posesión es el fin de la redención: «No sois vuestros… porque habéis sido comprados por precio» (1 Co. 6:19, 20). Somos redimidos «de la maldición de la ley… a fin de que por medio de la fe recibiésemos la promesa del Espíritu» (Gá. 3:13, 14). Por medio de Cristo Él nos ha tomado a Sí mismo, para que pudiéramos ser guardados por su poder y ser usados para su gloria; tomados a Él a fin de que pudiéramos morar con Él y en Él.

V. La certidumbre que Dios da a los suyos. «Y seré vuestro Dios» (v. 7). El dulce pensamiento aquí es el de la mutua entrega. Nosotros nos damos enteramente a su demanda de ser todo suyos. Él se da a Sí mismo, como Dios, *a las vidas* de su pueblo creyente. La vitalizadora y alimentadora savia de la vid pasa al pámpano que permanece y que recibe. Los miembros del cuerpo bien dispuestos y obedientes tendrán la sabiduría y el poder controlador de la cabeza. Sé totalmente para Dios, y Dios será totalmente para ti.

VI. La promesa de la conducción continua. «Y os meteré en la tierra» (v. 8). No se limita solo a salvar, sino que está dispuesto a conducir a los salvos hasta el fin. Él conoce el camino más apropiado para nuestra educación y crecimiento en la gracia. «Encomienda a Jehová tu camino» (Sal. 37:5). Él dirigirá tus pasos. En el *Progreso del peregrino* el camino suave y fácil conducía a las tinieblas, y al castillo del Gigante Desesperación.

VII. La promesa de una gran posesión. «Yo os la daré por heredad» (v. 8). Todos los peregrinos de Dios tienen una gran herencia ante ellos. «En la casa de mi Padre hay muchas mansiones; … voy, pues, a preparar lugar para vosotros» (Jn. 14:2, 3). Os. lo daré.

«¡Oh, cansado peregrino, tu cabeza ya levanta,
Pues Dios mismo nos ha dicho
Que el gozo viene al romper el alba»

69. EL EVANGELIO DE JEHOVÁ

Éxodo 6:6-8

Este viejo Evangelio es siempre nuevo. Implica:

1. **Liberación**. «Yo… os libraré de *su servidumbre.*»
2. **Libertad**. «Yo *os sacaré.*»
3. **Redención**. «Y *os redimiré.*»
4. **Aceptación**. «Y *os tomaré.*»
5. **Reposo**. «Y Yo os sacaré *de debajo de las tareas pesadas.*»
6. **Conocimiento**. «Vosotros *sabréis.*»
7. **Herencia**. «Y os meteré *en la tierra*» (v. 8).

70. ADVERTIDOS DEL JUICIO QUE SE AVECINA

Éxodo 9:17-26

Plaga tras plaga había sido anunciada, y plaga tras plaga había venido, pero la plaga del pecado en el corazón humano sigue endureciéndolo en resistencia en contra de las advertencias claras de los juicios de Dios. La *evidencia* de la existencia y del poder de Dios no es suficiente para convencer a los hombres de pecado y de justicia. Tenemos aquí:

I. La amenaza de un juicio. «He aquí que mañana a estas horas Yo haré llover un granizo muy pesado» (v. 18).

1. ERA COSA CIERTA. «Yo haré.» Sus anuncios de juicio son tan seguros como sus anuncios de misericordia. Hay una ira venidera, y tenemos que huir de ella. «Por cuanto hay ira, ten cuidado» (Job 36:18).
2. ESTABA CERCA. «Mañana». No había tiempo para frivolidades ni razonamientos, solo tiempo para escapar por sus vidas. El tiempo es corto. La vida es un breve tiempo, el mañana de la eternidad está a las puertas. «El Juez está a la puerta» (Stg. 5:9).

II. Un encarecido ruego. «Envía, pues, a recoger tu ganado, y todo lo que tienes en el campo» (v. 19). El juicio de Dios ha de caer, pero aquí se revela la *misericordia* de Dios abriéndoles una puerta de salida. Fueron apremiados

1. A BUSCAR REFUGIO. El ganado y los siervos debía ser todo «recogido a casa». Los mensajeros se apresuraron por los campos clamando «*Venid a casa*, o pereceréis». ¡Qué ilustración de la invitación del Evangelio! Volved a casa, a Dios, y tened paz con Él antes que os alcance el juicio. «En ti me refugio» (Sal. 143:9). Oh, hijo pródigo, ¡vuelve al hogar!
2. PARA BUSCAR REFUGIO EN EL ACTO. «Envía, pues.» Sal, y oblígalos a entrar. «He aquí ahora el tiempo favorable; he aquí ahora el día de salvación» (2 Co. 6:2). Que Dios sea ahora tuyo.

III. La obediencia de la fe. «El que tuvo temor de la palabra de Jehová hizo huir sus criados y ganado a casa» (v. 20). Fue una gran misericordia para ellos que Dios les dio *un día de gracia*. Todos los que *creyeron* el mensaje aceptaron la oportunidad y huyeron hacia el refugio de la esperanza que les había sido puesta delante de ellos. Y así fueron salvados por la gracia *por medio de la fe*. No había nada maravilloso acerca de su fe. Vino por el *oír*, y el oír por la *palabra de Dios*. Dios ha hablado: acepta su Palabra como verdad y actúa en consonancia. «Torreón fuerte es el nombre de Jehová; a Él se acogerá el justo, y estará a salvo» (Pr. 18:10).

IV. El menosprecio de la incredulidad. «Mas el que no puso en su corazón la palabra de Jehová, dejó a sus criados y sus ganados en el campo… Y aquel granizo hirió en toda la tierra de Egipto todo lo que estaba en el campo» (vv. 21, 25). Su incredulidad los llevó a la indiferencia, y la indiferencia de ellos los llevó a la destrucción. No pudieron entrar en la casa de refugio debido a su incredulidad. La incredulidad deja a Dios *fuera* de toda consideración, y al pecador *en* el lugar de destrucción. Abraham creyó a Dios, y salió fuera. Noé creyó a Dios, y entró. Josué creyó a Dios, y continuó adelante. Enoc creyó a Dios, y fue llamado al hogar. Vale la pena señalar que en griego se emplea la misma palabra para incredulidad que para *desobediencia*. Toda incredulidad deliberada es rebelión en contra de la voluntad y de la palabra del Señor. «El que rehusa creer en el Hijo, no verá la vida, sino que la ira de Dios permanece sobre Él» (Jn. 3:36).

71. UNA PREGUNTA DIRECTA

«¿Hasta cuándo no querrás humillarte delante de Mí?» (Éx. 10:3).

EL Faraón, al igual que muchos en nuestros tiempos, se resistió constantemente al llamamiento de Dios.

I. El orgullo del hombre. No humillarnos ante Él es:

1. UNA INSENSATEZ. Muestra una terrible ignorancia con respecto a Dios.
2. PRESUNCIÓN. Resistirse deliberadamente a su voluntad.
3. EN VANO. Más tarde o más temprano Dios quebrantará la soberbia del hombre. «Antes del quebrantamiento se ensoberbece el corazón del hombre» (Pr. 18:12).

II. La pregunta de Dios. «¿Hasta cuándo no querrás?» Esta escudriñadora pregunta nos es una revelación de

1. LA GRACIA DE DIOS. ¿Por qué no lanzar el juicio de una vez? ¡Ah, la maravillosa longanimidad de Dios!
2. EL DOLOR DE DIOS. «¿Hasta cuándo?» Dios pregunta como si su corazón estuviera dolorido en lo más profundo.
3. LA IMPACIENCIA DE DIOS. «Hasta cuándo», como si su gran paciencia y longanimidad estuvieran casi agotadas. «No contenderá mi espíritu con el hombre para siempre» (Gn. 6:3).

III. Las excusas que se ofrecen en ocasiones. Al «¿Hasta cuándo?«de Dios, el soberbio y autosatisfecho hombre tiene muchas respuestas:

1. HASTA UN MOMENTO MÁS OPORTUNO.
2. HASTA QUE ME CONSIDERE ALGO MEJOR.
3. HASTA QUE QUEDE ESTABLECIDO EN LA VIDA.
4. HASTA QUE ME RETIRE DE LOS NEGOCIOS.
5. HASTA QUE ME LLEGUE EL MOMENTO DE MORIR.

Lo que todo esto significa es: Cuando llegue el momento que yo estime más adecuado. Humíllate, y Dios te ensalzará (1 P. 5:6).

72. LA SANGRE PROTECTORA

Éxodo 12:1-33

La historia de la primera Pascua es sencillamente una primera edición del Evangelio de Cristo. El orden de enseñanza en este capítulo es muy semejante al que tenemos en los primeros diez versículos de Romanos 5. Hay un camino de pensamiento bien transitado en esta parte del jardín del Rey, pero las flores y especias son tan hermosas y fragantes como siempre. Alabemos a Dios por la perenne lozanía de su Santa Palabra. El primer pensamiento es solemne. Todos los fundamentos de Dios ahondan muy profundamente.

I. Condenación. «Heriré a todo primogénito en la tierra de Egipto» (v. 12). Se pronunció sentencia de muerte sobre todos los primogénitos. Todos estaban ya condenados. No había diferencia aquí entre judío o egipcio. Ésta es la condición de todos los hombres bajo la ley; se encuentran todos bajo maldición, la sentencia de muerte ha sido ya pronunciada sobre todos, por cuanto «todos pecaron» (Ro. 3:23).

II. Sustitución. «Tómese *cada uno un cordero,* ... un cordero por familia» (v. 3). Cada condenado precisa de un cordero para redimirlo de la muerte. O bien el primogénito debe morir, o bien un sustituto inocente. Éste era el método divino, y no había modo de escapar de ello. El Señor Jesucristo es el Cordero designado por Dios (Jn. 1:29). Si no creéis, en vuestros pecados moriréis. «Nuestra pascua, que es Cristo, ya fue *sacrificada por nosotros*» (1 Co. 5:7).

III. Apropiación. «Y *tomarán* de la sangre, ... y la sangre os será por señal en las casas donde vosotros estéis» (vv. 7-12). La muerte del cordero no les valía de nada hasta que el sacrificio fuera *aplicado.* El alma individual no es salva por la *muerte* de Cristo en la Cruz, sino por la aceptación y apropiación personal de aquella muerte como la única base de nuestra justificación delante de Dios. Solo cuando la sangre estaba sobre los postes y el dintel de la casa se interponía entre el primogénito y el Vengador. Por fe levantamos el sacrificio de Cristo entre nuestras almas culpables y un Dios vengador del pecado.

IV. Confirmación. «Y veré la sangre y pasaré de largo en cuanto a vosotros» (v. 13). Cuando Jehová pasó por Egipto aquella noche, no miraba si se trataba de israelitas o de egipcios, sino que buscaba *la sangre del cordero.* La preciosa sangre de Cristo está siempre delante de su ojo, aunque nosotros, como los israelitas, podamos no verla. La sangre les daba *seguridad,* la promesa les daba *certidumbre.*

V. Purificación. «El primer día haréis que no haya levadura en vuestras casas» (v. 15). La levadura, como tipificación de los pecados secretos y ocultos, debe ser excluida (1 Co. 5:7, 8), y excluida el *primer día.* La sangre *fuera* no solo justifica, sino que lleva también a la purificación *adentro.* «Así que, amados, puesto que tenemos estas promesas, limpiémonos de toda contaminación de carne y de espíritu» (2 Co. 7:1). Jesucristo «se dio a Sí mismo por nosotros para redimirnos de toda iniquidad y *purificar para sí* un pueblo de su propiedad» (Tit. 2:14). «Y vosotros estáis ya limpios por la Palabra» (Jn. 15:3).

VI. Resignación. «Y ninguno de vosotros salga de la puerta de su casa hasta la mañana» (v. 22). Debían permanecer dentro hasta que el Señor hubiera pasado en juicio, reposando tranquilos tras la sangre protectora. Al actuar así tenían quietud, confianza y fuerza (Is. 30:15). ¿En qué otro lugar podemos refugiarnos hasta que las calamidades hayan pasado? No hay seguridad para nosotros fuera de la casa de refugio rociada con sangre. Poseed vuestras almas con paciencia con respecto a los juicios que se avecinan sobre la tierra. «Veré la sangre y pasaré de largo en cuanto a vosotros» (Éx. 12:13). Su pueblo comprado con sangre le es querido como la niña de su ojo.

VII. Separación. «Y les dijo [Faraón]: Salid de en medio de mi pueblo, ... e idos» (vv. 31, 32). Después que la sangre hubiera sido derramada y *aplicada* los israelitas no tuvieron dificultad en salir de entre ellos. Todos los redimidos de Dios deben ser separados hacia Él. «Salir de en medio de ellos, y apartaos, dice el Señor, y no toquéis lo inmundo; y Yo os acogeré» (2 Co. 6:17). Si la atmósfera debe recibir el águila y sostenerla, ésta debe entregarse por completo a ella. La total renuncia al mundo y al yo nos prepara para la entera y perfecta salvación de Dios. Déjalo todo, y todo poseerás. «El que pierde su vida por causa de Mí, la hallará» (Mt. 10:39).

73. LA VOZ DE LA SANGRE

Éxodo 12:13, Hebreos 12:24

«La sangre que habla».

1. De **Sacrificio.** «El Cordero Inmolado.»
2. De **Satisfacción.** El Propósito de Dios cumplido por medio de Él.
3. De **Sustitución.** «El Cordero inmolado» por la casa. Cristo por nosotros.
4. De **Sumisión.** La sangre rociada hablaba de la fe y obediencia de parte de la familia
5. De **Salvación.** Su seguridad dependía de la sangre.

74. PASANDO POR ALTO

«Y veré la sangre y os pasaré por alto» (Éx. 12:13, V.M.).

Introducción

NO DEJAR DE LADO. ¿No te has sentido nunca tocado por esto? Durante años pensamos que solo significaba que los dejaría de lado, pero cuando se llegaba a comprender el verdadero sentido del lenguaje empleado, ¡qué hermoso que se volvió este viejo versículo!

La historia nacional es siempre interesante e instructiva. Éxodo da la historia de Israel y su desarrollo desde una familia hasta una nación. Éxodo 12 da los muy inusuales detalles acerca del gran acontecimiento que llevó a su migración de Egipto a Canaán, y nos disponemos a proseguir, pensando que ya no tiene más interés para nosotros, pero no podemos olvidar varios hechos importantes e impresionantes.

1. EL ESPACIO DEDICADO A LA PASCUA NOS LLAMA LA ATENCIÓN. Si se da una gran cantidad de espacio a cualquier acontecimiento en la Biblia, podemos estar bien seguros de que aquel acontecimiento tiene, en la mente del cronista, una importancia primordial.
2. NOS IMPRESIONAS LAS REFERENCIAS A LA PASCUA EN EL NUEVO TESTAMENTO, especialmente la declaración: «Nuestra pascua, que es Cristo, ya fue sacrificada por nosotros» (1 Co. 5:7). De modo que, sin duda alguna, éste gran acontecimiento de la Pascua tiene para nosotros una importancia primordial.
3. NOS IMPRESIONA LA PALABRA «lo» en el versículo 6, y «él» en el versículo 12. En la víspera de la Pascua se había de sacrificar no menos de 250. 000 corderos para suplir las necesidades de la nación, pero todos aquellos miles de corderos eran considerados como uno solo. Nunca leemos «los inmolarán», sino «lo inmolará». Es evidente que aquellos miles de corderos constituían uno solo en la mente de Dios: el Señor Jesucristo, a quien el precursor ya había declarado «el Cordero de Dios, que quita el pecado del mundo».
4. También es impresionante observar que lo que SALVABA NO ERA COMER DEL CORDERO, SINO LA SANGRE DERRAMADA. Esto es muy importante. Comer del Cordero formaba parte del ritual, pero solo *después* del rociamiento de la sangre. No somos salvos por acudir a la Mesa del Señor para participar del Pan y del Vino, dulces memoriales del Cuerpo Entregado y de la Sangre derramada, sino por ponernos bajo la protección de la Sangre Derramada.
5. OBSERVEMOS DÓNDE ERA DERRAMADA LA SANGRE. Primero, en el dintel de la puerta, sugiriendo la protección frente a la justa ira del Cielo; luego en los postes de las puertas, separándolos de Egipto. Es muy importante tomar buena nota de este hecho tan importante: *la misma Sangre que salvaba de la ira de un Dios Santo los separaba de todo lo que les rodeaba.* Cuando acudimos a la Sangre de Cristo, no solo somos salvados de nuestros pecados, sino que somos también separados del mundo para Aquel que derramó su Sangre por nosotros.

Reflexionando en el versículo que encabeza este estudio, observamos que la Sangre Derramada significaba ocho grandes misericordias:

I. Una misericordia sustitutiva. «Un cordero por familia.» Cada persona tenía un interés personal en el cordero. El evangelio afirma «que Cristo murió por nuestros pecados», es decir, que su muerte fue sustitutiva.

II. Una misericordia perdonadora. Las autoridades dicen que «pasar por alto» podría significar «Saltar por encima». La idea de liberarlos del juicio que se extendió por toda la tierra aquella noche.

III. Una misericordia cobijadora. Mejor aún, la palabra «Pascua» significa *cobijar*, como un ave cobija a sus polluelos, protegiéndolos con su propio cuerpo (véase Dt. 32:11 y Mt. 23:37). Cuando confiamos en la Sangre de Cristo, Él nos cubre con sus alas, y quedamos luego y así a salvo de todo mal.

IV. Una misericordia que da certidumbre. «Y veré la sangre.» No vosotros, dice Dios, sino Yo. Así, nos da la certidumbre de nuestra seguridad, y por ello deberíamos quedar libres de todo temor.

V. Una misericordia de regeneración. Así se sugiere con la frase «*Principio* de los meses» (v. 2). Israel debía así comenzar su cuenta desde la fecha del derramamiento de la sangre y del rociamiento, de modo que la redención y la regeneración quedan vinculadas. En el momento en que quedamos bajo la sombra de la Cruz de Cristo, entonces quedamos regenerados por el Santo Espíritu de Dios.

VI. Una misericordia festejadora (véase v. 8). La sangre había sido rociada antes de la comida, pero a este rociamiento le seguía la comida. Los festejos, en la Escritura, hablan siempre de grande gozo y alegría. ¡Qué gozo sigue a la recepción por la fe del Señor Jesucristo como nuestra expiación!

VII. Una misericordia purificadora (v. 17). La Fiesta de los Panes sin Levadura sigue siempre a la Fiesta de la Pascua. No quitaban la levadura para ser salvos, sino porque habían sido salvos. En realidad, no había interrupción entre las dos fiestas. Ni pueden separarse las verdades doctrinales y las experiencias que simbolizan.

VIII. Una misericordia liberadora. Después de la Fiesta de los Panes sin Levadura vino la gloriosa liberación de Egipto. Y esto después de muchos años de durísima servidumbre. ¡Qué bien acogida sería esta libertad!

Advertencia. La sangre no debía ser rociada sobre el suelo ni sobre el umbral. ¿No es terrible la palabra en Hebreos 10:29?: «... el que haya hollado al Hijo de Dios, y haya tenido por inmunda la sangre del pacto...» ¡Terrible posibilidad!

75. LOS CLAMORES DE LA BIBLIA

Éxodo 12:29-36

Introducción

Grenfell sobre la Fe. «Estoy decidido, con la ayuda de Dios, a que *nadie me arrebatará mi fe*. No la ocultaré. La guardaré justo a mi lado. Me cuidaré que tenga su ejercicio. La alimentaré todo lo que pueda para que no padezca hambre. No la forzaré, si puedo evitarlo, para no debilitarla. Cuando esté en un verdadero peligro, si puedo, acudiré a alguien más fuerte que yo, para ayudarme a tenerla a buen recaudo. Pero cuando surja la necesidad, ¿a quién iré para pedir ayuda? Desde luego directamente a Aquel que me la dio» (Sir W. T. Grenfell, M. D.).
Es bueno que estemos así de decididos. Algunos tienen una fe que se pierde fácilmente.

ESTE CAPÍTULO ES UNA PRUEBA. Esta porción, y otras muchas, *es una prueba de la fe*. Es una terrible sección.
«Y se levantó» (v. 30). Se podría jugar con esta oración. Este faraón había accedido al trono por la muerte del primogénito: sus dos hermanos mayores. «Su primogénito»: 1) Había *conseguido notables* victorias. 2) Él mismo era un *monarca débil*. 3) Su bravo y valiente hijo *compartía el trono con él*. 4) Pero murió joven.

TINIEBLAS (10:21, 22). Para comprender lo terrible de esta visitación, observemos que la causa del clamor tuvo lugar al *final* de tres días de tinieblas. El cuarto día comenzó en la oscuridad: la puesta de sol del tercer día.

ALARIDO. Así lo traduce la V.M. La costumbre oriental, cuando alguien moría, era que toda la familia lanzaba un amargo clamor de angustia, lanzándose a la calle con chillidos fuertes y frenéticos, y otros se unían a él.

DURO Y CRUEL. ¿Te parece duro y cruel, este golpe? Te lo parecerá si comienzas aquí. Pero había otros clamores.

I. El clamor del pecado (Gn. 18:20 y 19:3).

1. DOS VECES. Este clamor se menciona dos veces. Una vez a Abraham y otra vez a Lot.
2. LA VOZ DEL PECADO. El pecado tiene una voz que Dios puede oír. Cuanto más fuerte es el pecado, tanto más clamorosa su voz.
3. MALES QUE LOS HOMBRES COMETEN. Es posible pensar en los males que sufren los hombres y no recordar los males que cometen.
4. LOS PECADOS DE LOS EGIPCIOS. Piensa en los pecados de Egipto contra Dios. ¡Qué voz! ¡Oh, sí! había otro clamor además del clamor de ellos.

II. El clamor de la injusticia (Neh. 5:1).

1. DESCUIDO. Se había dado tanto tiempo a los oficios públicos que se había descuidado la agricultura. Los judíos pobres fueron luego objeto de abusos por parte de sus compatriotas más ricos.
2. EL CLAMOR DE LA INJUSTICIA. La injusticia tiene una voz que Dios puede oír.
3. TRISTE. Es triste cuando unos hermanos abusan de otros.
4. LA INJUSTICIA DE EGIPTO:
 a) Israel sólo había venido provisionalmente a Egipto.
 b) Acudieron como huéspedes invitados.
 c) Observemos cuán injustamente se comportó Egipto con ellos.

III. El clamor de los oprimidos (Éx. 2:23; 3:7, 9).

1. LITERAL. Dos palabras hebreas diferentes se traducen aquí con una palabra «clamor». La primera es, literalmente, «*clamor fuerte*», y la segunda es «*gran clamor*».
2. ISRAEL. Si todos los egipcios clamaron bajo la pesada mano del Dios de Israel, Israel mismo, sí, todo Israel, había estado clamando durante muchos años –no solo una hora de medianoche– como resultado de la acerba opresión en Egipto.

IV. El clamor de la sangre (Éx. 12:13; He. 12:24).

1. VOZ. La sangre tiene una voz que Dios puede oír. Cada gota de sangre en las puertas de Israel clamaba protección.
2. CADA HOGAR. La muerte entró en cada hogar, en sustitución o en realidad. La sangre alrededor de la puerta era la prueba de que dentro había un cuerpo muerto.
3. EGIPCIOS. No tenemos duda de que si cualquiera de los egipcios se puso bajo la protección de la sangre, fue salvado.
4. SIERVO (Éx. 12:31). Solo los seres protegidos por la sangre llegaron a ser los siervos de Dios.
5. BENDICIÓN (Éx. 12:32). Solo los benditos por el rociamiento de la sangre, como Moisés, pueden bendecir a otros a su vez.

V. El clamor del opresor (Éx. 12:30).

1. TODOS. Todos estaban en pie de igualdad: príncipe o mendigo. El hijo de Faraón, que recibía honores divinos, y los siervos de la gleba.
2. POR QUÉ FUE DOBLEMENTE AMARGA. Toda esta miseria culminó con su aguda reflexión: hubiese podido ser prevenida.
3. NO FUE UN CLAMOR DE ARREPENTIMIENTO.
 a. Fue solo un clamor de terror.
 b. Fue un clamor de dolor, pero *dolor no es arrepentimiento*. «El dolor que es según Dios produce arrepentimiento» (2 Co. 7:10). Son dos cosas distintas.
 c. Bunyan: «La primera cuerda que toca el músico es la baja. Dios también toca primero esta cuerda, cuando afina el alma para Sí». Cuando Dios afina un alma, generalmente comienza con la nota más baja.

VI. El clamor del Sustituto (Mt. 27:46; Mr. 15:37). El clamor del Desamparado. El clamor de un corazón quebrantado.

VII. El clamor de la adopción (Ro. 8:15).

VIII. El clamor del advenimiento (Mt. 25:6).

1. LA MEDIA NOCHE. Otro clamor de medianoche.
2. EL REGRESO DE NUESTRO SEÑOR EN TRES ASPECTOS, tal como aparece en Mateo 25:
 a. Poniendo a prueba la profesión (Las Vírgenes) (1 a 13).
 b. Poniendo a prueba el servicio (Los Talentos) (14 a 30).
 c. Poniendo a prueba la nación gentil (31, etc.).

76. CONDUCIDOS POR EL SEÑOR

Éxodo 13:16-22; 14

El Dios *invisible* condujo a los hijos de Israel como su propio pueblo mediante la columna de nube *visible*, que se movía, guiándolos. De la misma manera el Espíritu Santo nos conduce igual de realmente por medio de la columna de la Palabra. Así como Dios hizo del pilar una protectora nube y un fuego resplandeciente, del mismo modo el Espíritu Santo hace de la Palabra para cada creyente un lugar de refugio y una lámpara conductora. Los que son *conducidos* por el Señor

I. Han sido librados por el Señor. «Jehová nos sacó de Egipto» (v. 16). No son los rebeldes, sino los *hijos* los que son *conducidos* por el Espíritu. Mientras estamos bajo el dominio del pecado estamos en «la casa de servidumbre». Debemos ser *liberados* por su sangre antes que podamos llegar a ser «un reino de sacerdotes para Dios» (Ap. 1:5, 6). «La salvación es de Jehová» (Jon. 2:9).

II. Debieran seguir sin vacilar. «Dios no los llevó por el camino de la tierra de los filisteos, *aunque era el más corto*, ... mas... por el camino del desierto» (vv. 17, 18). Nos es relativamente fácil seguir al Señor cuando se nos conduce por el *camino corto*, el camino que *esperábamos* seguir, pero la fe encuentra su prueba más severa cuando el camino nos lleva *dando rodeos*, y ello a través de un desierto. Cuando ÉL nos conduce podemos estar seguros de que es el camino correcto. Puede que sea a través del desierto de las circunstancias adversas, de aflicciones corporales, o del luto (Sal. 107:7).

III. Seguirán de una manera ordenada. «Los hijos de Israel salieron de Egipto de cinco en fondo» (v. 18, *margen*, New Translation; otras versiones, «en buen orden», V.M. ; «armados», RVR 77). Salieron siguiendo al Señor como una hueste ordenada y armada. ¿Puede acaso haber otra cosa que una regularidad armoniosa cuando el Señor conduce, y cuando todos desean por un igual seguirle? ¿De dónde vienen las divisiones (1 Co. 1)? De las profundidades de nuestras mentes orgullosas, carnales, que buscan lo propio. «Yo soy de Pablo; y yo de Apolos. ¿Está Cristo dividido?» (1 Co. 1:12, 13). Santo Espíritu, condúceme Tú.

IV. Andarán en la luz. «Y Jehová iba delante de ellos... de noche en una columna de fuego para alumbrarles» (v. 21). Desde la columna, Dios los *conducía*, y *protegía*, los *satisfacía* con pan, y en las tinieblas del desierto *resplandecía* sobre ellos. Jesús dijo: «El que me sigue, de ningún modo andará en tinieblas, sino que tendrá la luz de la vida» (Jn. 8:12). La luz de la presencia de Dios sigue resplandeciendo sobre su pueblo en la oscuridad de este mundo desierto por el santo pilar de su Palabra. «Camina en su luz.» «Prosigue adelante para conocer.»

V. Serán perseguidos por el enemigo. Y Faraón «siguió a los hijos de Israel» (cap. 14:8, 9). Dijo para sí: «Encerrados están en la tierra» (14:3). Están locos, y no saben a dónde van. Esta gente ingenua serán fácil presa. Sí, cuando somos conducidos por el Señor pareceremos necios a los ojos de los que son sabios en este mundo. Tan pronto como Cristo fue conducido por el Espíritu, fue tentado por el diablo. Si uno quiere vivir piadosamente, deberá sufrir persecución. Es solo después de haber escapado del reino de las tinieblas que somos perseguidos por los instrumentos y gobernantes de las tinieblas de este mundo. «¡Ay cuando todos los hombres hablen bien de vosotros!» (Lc. 6:26).

VI. Verán la salvación de Jehová. «Estad firmes, y ved la salvación que Jehová hará hoy con vosotros... Jehová peleará por vosotros, y vosotros estaréis tranquilos» (14:13, 14). La victoria debe ser de la fe. Ésta es el arma de nuestra milicia, luchar la buena batalla de la fe. «En quietud y en confianza será vuestra fortaleza» (Is. 30:7). «Vestíos de toda la armadura de Dios, para que podáis estar firmes, ... y habiendo cumplido todo, *estar firmes. Estad, pues, firmes*» (Ef. 6:11-14).
La gran lucha a brazo partido para la fe es que seamos capaces, frente a todas las fuerzas que se nos oponen, de simplemente *mantener nuestra posición* en Cristo Jesús, donde estamos completos. Permanece firme, continúa confiando, y verás la salvación de Dios. El Señor luchará por ti, Él abrirá camino a través del abismo, y tú le glorificarás.

VII. Cantarán el cántico triunfal. «Entonces cantó Moisés y los hijos de Israel este cántico» (15:1). Frecuentemente un Mar Rojo se interpone entre nuestros dolores y nuestros cánticos. «Por la noche nos visita el llanto, pero a la mañana viene la alegría» (Sal. 30:5). «Invócame en el día de la angustia; te libraré, y *tú me honrarás*» (Sal. 50:15). El cántico de alabanza seguirá de cierto al confiado reposar de la fe. Piensa en las palabras de David: «No daré sueño a mis ojos, ni a mis párpados adormecimiento, hasta que halle lugar para Jehová» (Sal. 132:4, 5). ¿Hemos encontrado lugar para el Señor en todos los planes, propósitos y asuntos de nuestras vidas? Haced lugar para Él, y vuestros cánticos de victoria no cesarán jamás.

77. EL CAMINO NUEVO

Éxodo 14

Al seguir al Señor los israelitas fueron conducidos al desierto. La primera acción del Espíritu Santo es llevar el alma a un verdadero conocimiento de su total vaciedad y esterilidad, a fin de que pueda llegar a ser capaz de gozar de las riquezas de la gracia divina. «Porque Yo *derramaré aguas* sobre el *sequedal*» (Is. 44:3). Nótese:

I. Su condición de impotencia. «Encerrados están en la tierra, el desierto los ha encerrado» (v. 3). Han sido llevados entre Pihahirot y Baalsefón como un pecador convicto sin esperanza, encerrado entre los riscos inaccesibles de una ley quebrantada y las ciénagas sin fondo de la impotencia humana. ¿Ha cometido Dios un error al conducirlos a tal callejón sin salida? No es para asombrarse que el enemigo diga, al ver el apuro de ellos: «Dios lo ha desamparado; perseguidle y prendedle, porque no hay quien le libre» (Sal. 71:11).

II. Su clamor desesperado. «Cuando Faraón se hubo acercado, ... los hijos de Israel temieron en gran manera, y clamaron a Jehová» (v. 10). Los que quedan amarrados por el conductor Espíritu de convicción quedan encerrados en *fe* (2 Cr. 20:12). Toda ayuda y esperanza terrenas deben ser cortadas para dar sitio a la liberación del Señor. Fue cuando los discípulos se vieron totalmente impotentes en la tormenta que el Señor reprendió a los vientos. La salvación está cerca cuando se levanta el clamor desesperado.

III. Su precioso privilegio. «No temáis; estad firmes, y ved la salvación que Jehová hará hoy con vosotros» (v. 13). Él es una *presente* ayuda en tiempo de angustia. Él sabe como liberar a los piadosos de la tentación. Esta salvación no fue por *obras*: «Jehová peleará por vosotros». No fue por *palabras*: «Y vosotros estaréis tranquilos [o, quedos]. Los entrometidos de Ro. 10:3 no consiguieron sacar ni un pie de la ciénaga. Jesús lo pagó todo. Tu fuerza es quedarte quieto y callado.

IV. Su milagrosa salvación. Y Jehová «volvió el mar en seco» (v. 21). Este *nuevo camino* de salvación era todo obra de Dios. Se necesitó el poder del Omnipotente para echar a un lado las dificultades y abrir un camino libre para que aquellos hombres cansados y atrapados pudieran escapar. ¡Qué ilustración de la gran obra salvadora de nuestro Rey Redentor! Por medio del velo de su carne Él ha consagrado para nosotros un camino nuevo y vivo (He. 10:20). Alleguémonos. Este camino no solamente fue hecho por el Señor, sino que se observará que tuvo que ser *mantenido* hasta que cada redimido quedó salvado. Jesús es el Camino. Y no solo el abridor del camino. Es a Él a quien necesitamos en cada paso que damos. «Yo soy el Camino» (Jn. 14:6).

V. Su fe salvadora. «Que marchen» (v. 15). «Entraron por en medio del mar» (v. 22). No es suficiente saber que hay un camino, verlo, ni incluso alabar y exaltar la sabiduría y el poder de Aquel que lo abrió; se tiene que *entrar en Él*, o el enemigo de las almas los alcanzará y destruirá. Marcha adelante, solo creyendo que estas paredes de agua del juicio, tan oscuras y amenazadoras, no pueden alcanzarte. «Ahora, pues, ninguna condenación hay para los que están en Cristo Jesús» (Ro. 8:1). Triste es decir que hay muchos de los que se puede decir: «No pueden entrar debido a su incredulidad».

VI. La protección omnipotente. «Y el Ángel de Dios... la columna de nube que iba delante de ellos, iba entre el campamento de los egipcios y el campamento de Israel» (vv. 19, 20). Los que caminan en los caminos de Dios serán guardados por el poder de Dios (Sal. 37:24). El pilar de su presencia entre nosotros y nuestros enemigos es una poderosa garantía de seguridad. La luz de la columna estaba oculta a los egipcios. Solemne pensamiento: «Si nuestro evangelio está aún encubierto, entre los que se pierden está encubierto» (2 Co. 4:3). Hay una tiniebla que se espesa hasta «la oscuridad de las tinieblas» eternas (Jud. 13).

VII. Su canto triunfal. «Cantaré yo a Jehová» (15:1). Es desde luego cosa sugerente que en este cántico hay una total adscripción de alabanza al Señor, quedando el cantor como absoluto beneficiario de Él. «No a nosotros, oh Jehová, no a nosotros, sino a tu nombre da gloria» (Sal. 115:1). «Pero gracias sean dadas a Dios, que nos da la victoria por medio de nuestro Señor Jesucristo» (1 Co. 15:57). El camino de la vida, a través del mar abierto de los padecimientos de nuestro Redentor, conduce al cántico de la victoria. «Oí como una gran voz de una gran multitud en el cielo, que decía: ¡Aleluya! La salvación, el honor, la gloria y el poder son del Señor Dios nuestro; porque sus juicios son verdaderos y justos» (Ap. 19:1, 2).

78. NUNCA MÁS PARA SIEMPRE LOS VERÉIS

Éxodo 14:13

Los israelitas vieron a sus enemigos egipcios por última vez en el Mar Rojo. Llegará el momento en que el pueblo de Dios dejará de ver a sus enemigos para siempre jamás. Aprendamos que

I. Grandes cambios pueden sobrevenir repentinamente. Hoy el enemigo los está apurando, mañana se verá hundido en el abismo. El que endurece su cerviz será destruido repentinamente.

II. Las oportunidades pueden desvanecerse rápidamente. Estos egipcios habían visto mucho del poder y de la grandeza de Dios, pero persistieron en su voluntariosa rebelión. No endurezcas tu corazón.

III. La confianza en uno mismo lleva a la destrucción. «Los egipcios *se lanzaron* en su persecución», pero con sus propias fuerzas. Se cavaron su propia tumba, se apresuraron al lugar de su condenación. La paga del pecado es la muerte. El corazón es engañoso más que todas las cosas.

IV. La salvación del creyente está asegurada. «Nunca más para siempre los veréis.» El pecado que acosa, los lazos del diablo, las concupiscencias de la carne, la soberbia de la vida, nunca más los veréis. Cierta es la liberación plena y eterna.

V. La separación entre el creyente y el incrédulo será total. «Nunca más los veréis.» El tamo será barrido. El trigo y la cizaña no irán juntos para siempre. Judas se fue *a su propio lugar.*

VI. La salvación es del Señor. El poder absoluto y sobrenatural de Jehová fue necesario para librar a los hijos de Israel. Este poder salvador de Dios se manifiesta ahora en su Hijo. Cristo es el poder de Dios. Él vino a buscar y a salvar, y «puede salvar completamente a los que por medio de Él se acercan a Dios» (He. 7:25).

VII. Tuvieron que estar quedos para ver la salvación del Señor. El hombre nunca puede lograr abrir un camino liberador a través del Mar Rojo de su insondable culpa. Solo el Señor puede hacer retroceder estas oscuras y mortíferas olas. Quédate quedo, cesa de tus obras. «He aquí el Cordero de Dios, que quita el pecado del mundo».

Inconversos, prestad seria atención ahora a vuestras Biblias, a vuestros amigos cristianos, y a los privilegios de que gozáis, o vendrá el tiempo en que «nunca más los veréis».

79. EL CÁNTICO DE MOISÉS

Éxodo 15; 1, 2

Éste es el primer cántico que se registra, y alabado sea Dios, es un cántico de salvación. De ahora en adelante el cántico tendrá un puesto especial en el servicio de Dios. Los cánticos sentimentales del mundo son engañosas ninfas que roban la adoración y alabanza que debieran ascender solo a Dios. La salvación y el cántico, como si fueran hermanos siameses, van juntos. Con la obra de Lutero, Wesley y Moody vinieron corrientes de nuevos cánticos de alabanza. «*Entonces* cantó Moisés… este cántico» (v. 1). Las causas están en el inmediato pasado. Miremos retrospectivamente y consideremos este cántico como:

I. Un cántico de redención. Habían sido redimidos de Egipto como casa de servidumbre, mediante la sangre. Habían sido libertados por el gran poder de Dios. Toda verdadera alabanza tiene su fuente en el poder redentor de la Cruz de Cristo. De las profundidades de su infinito amor y misericordia viene esta nota clave de nuestro primer cántico a Dios, y cantaremos en la misma clave en el Cielo. «Al que nos amó, y nos liberó de nuestros pecados con su sangre» (Ap. 1:5).

II. Un cántico de victoria. Al mirar atrás, vieron a sus enemigos sepultados en lo profundo dela mar, donde todos nuestros pecados son arrojados. Nuestros pecados, como egipcios sanguinarios, estaban lanzados en nuestra persecución, y cuando no había quien nos ayudara Él desnudó su brazo y obró para nosotros una gran liberación. Nuestra es la victoria sobre el pecado, sobre el mundo, sobre la muerte y la tumba. Él nos da la victoria por medio de nuestro Señor Jesucristo» (1 Co. 15:57). No los volvieron a ver más.

III. Un cántico de alabanza. «Cantó Moisés… este cántico a *Jehová.*» No fue una mera exhibición de destreza musical, sino un derramamiento de reconocimiento y de la gratitud del corazón a Dios. Él los había conducido afuera, Él los había hecho pasar a través, Él había abrumado a su aguerrido enemigo. Él merece la alabanza, y Él la tendrá, y ningún extraño se entremezclará con ello. Fíate de Él en todo tiempo, y derrama tu corazón ante Él.

IV. Un cántico de testimonio. Nótense los «mi» del versículo 2. Hay un timbre claro y decidido aquí. «Jehová es *mi* pastor.» Cuando una cierta joven decía: «Desearía confiar en el Dios de mi madre», estaba dando un buen testimonio tanto acerca de su madre como acerca del Dios de su madre, aunque ella misma no le conociera personalmente. La más dulce música de la tierra es como el croar de las ranas en comparación con la profunda y dulce melodía de un corazón en paz con Dios. «Dios *mío*, te ensalzaré» (Sal. 118:28).

V. Un cántico de dedicación. «Le prepararé una morada» (v. 2, traducido «lo enalteceré» en Reina Valera, significa propiamente «preparar morada«). Moisés decidió erigirle a Él una casa, un lugar de reposo entre el pueblo. Esto es natural: si Dios nos ha dado entrada, nosotros querremos darle entrada a Él. Si Él nos ha dado una habitación en Sí mismo, nosotros deberíamos darle morada en nuestros corazones. ¿No somos acaso «morada de Dios por el Espíritu»? (Ef. 2:22). ¿No es acaso su deseo intenso «habitar y andar entre nosotros»? (2 Co. 6:16). ¿No dijo Jesús: «El que me ama, guardará mi palabra; y mi Padre le amará, e iremos a Él, y haremos morada en Él»? (Jn. 14:23). Él ha ido a preparar lugar para nosotros. Preparemos ahora nosotros lugar para Él, y que este lugar sea el trono del corazón.

VI. Un cántico unido. Entonces cantó Moisés y *los hijos de Israel*. Diferían en muchas cosas, pero estuvieron de acuerdo en adscribir la salvación a Jehová. «Díganlo los redimidos de Jehová» (Sal. 107:2), y así lo hacen. Puede que haya tantas clases diferentes de cristianos como había colores en la túnica de José, pero la manga no debe decir al cuello: «no te necesito». Todos uno en Cristo, salvados por la misma sangre, justificados por el mismo Dios, y santificados por el mismo Espíritu, cantando el mismo cántico. Alabemos *nosotros* a Dios.

VII. Un cántico al otro lado del mar. Después que los egipcios se hubieran visto abrumados en las profundidades del mar. La destrucción de los malvados no será obstáculo para el cántico de los salvados. La precipitación de las olas del juicio parecen enviar hacia arriba un profundo y solemne Aleluya. En Apocalipsis (cap. 15:3) oímos el cántico de Moisés y del Cordero fundiéndose en uno. Al otro lado también cantaremos nosotros el nuevo cántico con un significado renovado y más pleno. Un cántico que retiñirá a través del más alto Cielo y abajo a través de las edades eternas con poder y dulzura siempre en aumento: «¡ALABAD A JEHOVÁ!».

80. EL ÁRBOL SANADOR

Éxodo 15:22-25

En ocasiones no hay mucha distancia entre nuestros *cánticos* y nuestros *pesares*. En el versículo 1 *cantan* un nuevo cántico al Señor; en el versículo 24 *murmuran* en contra de Él. Inmediatamente después que Cristo hubo recibido el bautismo del Espíritu Santo fue asaltado por el Tentador. Los Marás y Elims no están muy alejados entre sí (v. 27). Después del gozoso cántico de la victoria viene la amarga experiencia de Mará. La fe será probada; debe serlo. Dios no quiera que las amarguras de la vida solo agiten dentro de nosotros el murmurador corazón de incredulidad. En tanto que la columna de la nube de su presencia esté con nosotros cada amarga copa puede ser dulcificada. Hay poder en el «*Árbol de la Vida*», la Cruz de Cristo, para transformar y transfigurar todas las Marás en nuestra vida diaria.

Pero aquí tenemos una necesidad muy grande y muy real. «No pudieron beber las aguas… porque eran amargas» (v. 23). El pueblo murmuró, diciendo: «¿Qué hemos de beber?». ¿Dónde encontraremos satisfacción? ¿Quién nos mostrará lo bueno? Aquí tenemos el lenguaje de almas necesitadas y frustradas. Su nombre es legión. Moisés no se une a los murmuradores, sino que «clama al Señor». Feliz y victoriosa alma, que ha aprendido a orar en lugar de a murmurar. Véase ahora cómo se *provee* el remedio, cómo Dios en su sabiduría y misericordia y poder provee a todas sus necesidades. ¿No tenemos aquí un tipo del Evangelio de la Cruz? Era

I. Un árbol. «Jehová le mostró *un árbol*» (v. 25). Había un árbol en el huerto de Edén, pero defendido por una espada de fuego. El fruto de este árbol de vida no podía ser arrancado por el hombre. Hay otro árbol que fue primero cargado sobre Cristo, y luego Cristo fue crucificado en Él. Él «llevó Él mismo nuestros pecados en su cuerpo sobre el madero» (1 P. 2:24). El fruto de este árbol de vida está ahora al alcance de todos.

II. Un árbol señalado por el Señor. «*Jehová* le mostró un árbol» (v. 25). Nadie podría haber encontrado este árbol si el Señor no lo hubiera revelado. Jesucristo es el don y *revelación* de Dios. «El unigénito Hijo, que está en el seno del Padre, Él le ha dado a conocer» (Jn. 1:18). «A quien Dios puso como propiciación» por nuestros pecados (Ro. 3:25). El Padre lo señaló en el Jordán, cuando dijo: «Este es mi Hijo, el amado». «Nadie conoce al Hijo sino el Padre, y ninguno conoce perfectamente al Padre, sino el Hijo, y aquel a quien el Hijo resuelva revelarlo» (Mt. 11:27).

III. Un árbol revelado en respuesta a la oración. «Y Moisés clamó a Jehová, y Jehová le mostró un árbol» (v. 25). El Señor Jesucristo ha sido revelado por Dios en respuesta al profundo clamor de la necesidad humana (Gn. 21:19). Fue cuando Abraham tenía el cuchillo levantado sobre el amado Isaac que Dios le mostró un carnero trabado en un zarzal (Gn. 22:13). Es a los pecadores convictos y azotados por el pecado que se revela Cristo el Salvador. «¿Qué debo hacer para ser salvo?». Él me mostró a Jesús.

IV. Un árbol que estaba a mano. En base de la construcción de las palabras inferimos que estaba creciendo o yaciendo por allí cerca. Los remedios de Dios están siempre a mano. El árbol de la vida no está lejano: «Cerca de ti está la palabra, en tu boca» (Ro. 10:8). Pero es triste constatar que con frecuencia hay uno entre vosotros a quien vosotros no conocéis. Pensamos en María diciéndole: «Dime dónde lo has puesto», no sabiendo que era Él. Y en el ciego de nacimiento a quien Jesús le dijo: «El que está hablando contigo, Él es».

V. Un árbol aceptado y aplicado. Moisés tomó el árbol, y «lo echó en las aguas» (v. 25). El remedio divinamente señalado debe ser puesto en contacto con las sucias y amargas aguas de la vida. El hombre no necesita *proveer* la curación, tan solo tiene que tomarla y aplicarla. La pobre mujer enferma lo *tocó* y fue sanada. El poder sanador no está en nuestra *fe*, sino en el Cristo en quien confiamos. «Pero a todos los que le *recibieron*, a los que creen en su nombre, les dio potestad de ser hechos hijos de Dios» (Jn. 1:12).

VI. Un árbol que dulcificó lo amargo. «Y las aguas se endulzaron» (v. 25). Aquella insana masa de agua fue cambiada. Las aguas que no podían hacer bien alguno fueron de inmediato hechas útiles. Deja que Cristo entre, y el amargo estanque del corazón será dulcificado y sus aguas alegrarán las almas de otros. El poder de la Cruz de Cristo transforma todas las pruebas en bendiciones. Es un árbol que no se corromperá. Cuando los pastores acudieron y vieron al Recién Nacido en el pesebre, «regresaron, *glorificando* y alabando a Dios» (Lc. 2:20). Volvieron a su trabajo con vidas dulcificadas con el poder del glorioso Evangelio.

81. UNA EXTRAÑA CURACIÓN
Éxodo 15:23-25

1. **Un triste descubrimiento.** «Las aguas eran amargas.»
2. **Un remedio designado.** «Jehová le mostró un árbol.» La cruz.
3. **Una perfecta sanidad.** «Lo echó en las aguas, y las aguas se endulzaron.»

82. MANÁ, EL DON DE DIOS
Éxodo 16

«Es el pan que Jehová os da para comer» (v. 15). En el capítulo 6 del Evangelio de Juan Jesús enseña que Él es «el Pan de Vida». No hay dificultad alguna para ver a Jesús en este tipo. Que el Señor nos dé corazones llenos de hambre para este pan celestial.

I. El lugar y tiempo del don. El lugar era «*el desierto de Sin*» (v. 1). El tiempo fue cuando estaban *murmurando* contra los siervos de Dios (v. 2). ¡Qué verdadera imagen de la posición y carácter del hombre cuando vino Jesucristo! En el desierto de este mundo de pecado, y exhibiendo la naturaleza pecaminosa: «Siendo aún pecadores, Cristo murió por nosotros» (Ro. 5:8). El pecado lleva siempre a un desierto, siendo el desierto una circunstancia apurada y mísera de la que solo Dios puede librarnos.

II. La naturaleza del don. El «maná», que significa «¿qué es?», «porque no sabían qué era» (v. 15). Era su vida en un misterio. Tipo de la Encarnación. «Grande es el misterio de la piedad: Dios fue manifestado en carne» (1 Ti. 3:16). Mi carne, dijo Él, es verdadera comida. Ellos posiblemente no podían explicar o comprender la formación del maná, pero ello no era necesario para ser salvos de la muerte por medio de ello. No leemos «Ejerced la *crítica* y ved», sino «*Gustad*, y ved qué bueno es Jehová».

III. El otorgador del Don. «Es el pan que *Jehová os da*» (v. 15). No podían *comprar* este don, no se les pidió que pagaran por Él. Era el don de Dios. «Porque tanto amó Dios al mundo que *dio a su Hijo*». Como el maná, Cristo fue dado para mostrar la gloria del Señor (v. 7). La gloria de su gracia y misericordia y poder salvador se ven en la venida y misión de su Hijo. «Gracias a Dios por su don inefable» (2 Co. 9:15).

IV. El propósito del don. «Os saciaréis de pan, y *sabréis* que Yo soy Jehová vuestro Dios» (v. 12). Estaban en peligro de morir de hambre, El maná vino a *salvarlos* de la muerte y a *satisfacerlos* de manera total. Les trajo «plena salvación». Los judíos tienen un dicho de que «el maná le sabía a cada uno lo que Él quería». Todo hombre que guste a Cristo descubrirá que es exactamente lo que necesita. El precioso Salvador es siempre sabroso para el hambriento pecador. Véase también aquí la unidad de los creyentes: «Todos comieron del mismo alimento espiritual» (1 Co. 10:3). Debemos *conocer* a Dios, porque Él nos *llena* con pan del Cielo.

V. Este don fue continuo. «Recogerá diariamente la porción de un día» (v. 4). Lo recogían cada mañana. El maná los salvó, y aquel mismo misterioso maná los guardaba vivos de día en día. Era en verdad una provisión celestial de salvación *diaria*. Todo esto lo tenemos en Jesús nuestro Señor. Él puede «salvar completamente», hasta el fin, a los que se allegan a Dios por medio de Él. Vivimos por *fe* en el Hijo de Dios. En Jesucristo hay para cada creyente «*la porción de un día*». Él nos ha enseñado a esperar esto al poner en nuestra boca esta petición: «El pan nuestro de cada día, dánoslo hoy» (Mt. 6:11).

VI. Cómo fue revelado el don. «Cuando el rocío cesó de descender, he aquí sobre la haz del desierto una cosa menuda, redonda» (v. 14). Parece que el maná venía con el rocío, y que ambas cosas estaban inseparablemente unidas, pero no más que Cristo y el Espíritu Santo, del que el rocío es un emblema de lo más adecuado. Al ascender el rocío, *descubría* el maná ante los ojos de Israel. Así, por el movimiento del Espíritu Santo es *revelado* Jesucristo a las almas necesitadas como el Pan de Vida. «Tomará de lo mío, y os lo hará saber» (Jn. 16:15).

VII. El memorial de este don. «Toma una vasija y pon en ella un gomer de maná, y ponlo delante de Jehová» (v. 33). El maná en la vasija de *oro* delante de Jehová nos habla de Aquel que vino del Cielo para dar vida, pero que está ahora *glorificado* en presencia de su Padre: un memorial, por así decirlo, de gracia y salvación. Este memorial en la vasija era también para instrucción de sus hijos, «para que sea guardado para vuestros descendientes, a fin que vean el pan que Yo os di a comer en el desierto». Este santo memorial es hermosa y perfectamente perpetuado en la ordenanza de la Cena del Señor. El pan y el vino son memoriales de su vida, que fue dada por nuestra salvación. Aquí *nosotros*, como los hijos de los hijos de los primitivos discípulos de nuestro Señor, vemos en figura el pan por el cual ellos fueron alimentados desde el Cielo. «Señor, danos siempre ESTE PAN» (Jn. 6:34).

83. PAN DEL CIELO
Éxodo 16

Hay en este capítulo riquezas inescrutables, debido a que está tan lleno de Jesucristo. Lo mismo que Él, el maná era 1) de origen divino; 2) indispensable; 3) inmerecido; 4) apropiado; 5) suficiente; 6) satisfactorio; 7) gratuito. Examinando todo el capítulo, observamos:

I. La depravación del hombre. Murmuraron «contra Moisés» (v. 2), «contra Jehová» (v. 7). Consideremos lo que Él había hecho por ellos. Como el hijo pródigo amaban más los dones que a quien los daba. «*Toda cabeza* está enferma, y *todo corazón* doliente, … no hay en Él cosa sana» (Is. 1:5, 6).

II. La misericordia de Dios. «Yo os haré llover pan *del cielo*» (v. 4). Asombrosa gracia, «llover» pan ¡sobre *murmuradores*! ¿Por qué no hacer llover fuego y azufre? La gracia se deleita en derramar bendición sobre los no merecedores (Ro. 5:8). «Se deleita en misericordia.» Su propio brazo nos ha traído salvación. «Dios es amor», y de las profundidades de su propia bondad infinita brota el río de poder salvador. Es del *cielo* que debe venir el pan de vida. No se fabrica en la tierra.

III. Abundancia de suministro. «Un gomer por *cabeza*» (v. 16). El maná que caía del Cielo era suficiente para cada uno en el desierto. En Cristo Jesús, como don de Dios, hay suficiente para cada hombre. Él «gustó la muerte por todos» (He. 2:9). Su sangre expiatoria es suficiente para «todo el mundo» (1 Jn. 2:2). Sí, «un gomer por cabeza». ¿Qué estamos haciendo para llevar a cada hombre enfermo y perdido su gomer de bendición del Cielo? Como en el milagro de los panes, así es con el pan de vida. Después que multitudes han sido llenas con Él se verá en la resurrección que había de sobra. La expiación de Cristo, como «los pedazos que quedaron», tendrá su relato que contar.

IV. Necesidad de apropiación. «Y lo *recogían*» (v. 21). El maná era enviado desde el cielo, pero no caía dentro de sus gargantas. (1) Tenía que ser RECOGIDO. Dios ha entregado libremente a su Hijo a la muerte *por todos nosotros*, pero este don tiene que ser recibido de una manera concreta (Jn. 1:12). (2) Lo recogían CADA MAÑANA. Era pan diario: la confianza en Cristo debe ser ejercida a *diario*. (3) Recogía cada uno según LO QUE HABÍA DE COMER. Algunos podían recibir más que otros. «Conforme a *vuestra fe* os sea hecho» (Mt. 9:29). Recuérdese la bienaventuranza de los hambrientos en Mateo 5:6.

V. La frustración de la incredulidad. «Algunos... salieron en el séptimo día a recoger, y no hallaron» (v. 27). Es el colmo de la insensatez esperar encontrar el don de Dios cuando Dios dice que *no será hallado* (v. 25). Los hijos de estos infieles israelitas siguen con nosotros aún, los que esperan a recibir la salvación después que haya pasado el día de la gracia. Hay un tiempo que es demasiado tarde (Mt. 25:12; Lc. 16:25). «He aquí AHORA el tiempo favorable.»

VI. La vida de la fe. «Comieron los hijos de Israel maná cuarenta años, ... hasta que llegaron a los límites de la tierra de Canaán» (v. 35). El pan que los salvó fue el pan que los guardó vivos durante toda su peregrinación por el desierto. «Yo soy el PAN VIVO (dador de vida)... ; si alguien come de este pan, vivirá para siempre» (Jn. 6:51; ver v. 35). Creían que el pan del mañana vendría con la necesidad del mañana. «Fiel es Dios que prometió.» «Bástate mi gracia.» «Porque Él vive, nosotros viviremos.» «Cree tan solo.»

84. LA PEÑA QUE FUE GOLPEADA

Éxodo 17:1-7

Pablo dice que «la roca era Cristo» (1 Co. 10:4). Así, el tipo está claro. Era una roca en un desierto, y Cristo es un gran peñasco en tierra calurosa (Is. 32:2). Una roca habla de refugio, seguridad, durabilidad, fortaleza. Un cuidadoso examen de esta sección nos revela

I. Una condición de extrema necesidad.

1. MORABAN EN UNA TIERRA ESTÉRIL. «No había agua» (v. 1). Este mundo, por sí mismo, nunca puede suplir a las necesidades de un alma humana. Todas sus cisternas están rotas. Separados de la Cruz de Cristo, nuestra morada es en «lugares inhóspitos». Los rebeldes moran en sequedales (Sal. 68:6).
2. SUS ALMAS ESTABAN SEDIENTAS. «El pueblo tuvo allí sed» (v. 3). Cuando vino la sed sintieron la sequedad de la tierra. Cuando el Espíritu de convicción y necesidad toma posesión del alma, se llega a la clara consciencia de la vaciedad de los placeres del mundo. Esta agua saciadora no la podemos conseguir *cavando*; no serviría de nada. Bienaventurados aquellos que tienen sed de justicia.

II. Una inesperada fuente de suministro. «Saldrán de ella aguas» (v. 6).

1. SALIÓ DE UNA PEÑA. La sabiduría mundana no podría descubrir este método por investigación. Los hombres podrían más fácilmente esperar sacar *fuego* de una roca. «¿De Nazaret puede salir algo bueno?» (Jn. 1:46). Mis caminos no son vuestros caminos, dice el Señor (Is. 55:8).
2. SALIÓ DE UNA PEÑA POSEÍDA POR DIOS. «He aquí que Yo estaré... sobre la peña de Horeb» (v. 6). Detente y reflexiona sobre esto. Cuán sugerente de la gran Encarnación. Dios estaba en Cristo (2 Co. 5:19). La roca en el mismo Horeb no podía hacer nada, pero Dios sobre la roca podía hacer cualquier cosa. La roca representa a la naturaleza *humana* del Señor Jesús, Dios sobre la roca, su divino poder y Deidad. La *fuente* de nuestra salvación está en Dios, el *canal* de comunicación es Jesús. Él es «Señor y Cristo» (Hch. 2:36).

III. Utilización de un medio impensable.

1. LA ROCA DEBÍA SER GOLPEADA. «Y golpearás la peña» (v. 6). Este pensamiento nunca salió del corazón del hombre, que la salvación pudiera ser traída mediante un golpe sobre el Ungido de Dios. Pero «Él fue herido por nuestras transgresiones, molido por nuestros pecados; ... por sus llagas fuimos nosotros curados» (Is. 53:5). La espada debe levantarse contra el *hombre* compañero de Jehová. ¡Oh, adoremos al Señor!
2. LA ROCA DEBÍA SER GOLPEADA CON UNA VARA. «Toma también en tu mano tu vara con que golpeaste el río» (v. 5). Esta era la vara del juicio que había convertido el río en sangre, y la señal de la autoridad y poder de Dios. «Jehová quiso quebrantarlo, sujetándole a padecimiento» (Is. 53:10). Con respecto a los padecimientos de Cristo, podemos verdaderamente decir: «Esto ha sido *cosa de Jehová*, y es algo maravilloso a nuestros ojos» (Sal. 118:23).

IV. Una provisión misericordiosa.

1. LA PROVISIÓN FUE ABUNDANTE. «Brotaron aguas, y torrentes *inundaron* la tierra» (Sal. 78:18-20). «Todos bebieron de la misma bebida espiritual». Cuando Cristo, nuestra Peña, fue herido, «al instante salió sangre y agua», emblemas de una plena salvación, expiación y purificación. «Tenemos redención en su *sangre*», y purificación por medio del lavamiento de la *Palabra*. «El que quiera, tome del agua de la vida gratuitamente» (Ap. 22:17).
2. LA PROVISIÓN ERA GRATUITA. «A todos los *sedientos*: Venid a las aguas» (Is. 55:1). Era «sin dinero y sin precio». La *sed* es la única condición, pero es indispensable para poder tener el goce del las aguas de salvación dadas por Dios. El apóstol declara que la roca espiritual «*los seguía*». La Salvación de Dios en Cristo no es solo perfecta en su carácter, sino también *continua* en su aplicación. El poder de su sangre expiatoria sigue aún a las generaciones de los hombres. Demos gracias a Dios que esta roca salvadora nos ha seguido. Te está siguiendo: ¡Bebe y vive!

85. LA GUERRA SANTA

Éxodo 17:8-16

Sí, como los hijos de Israel, hemos sido liberados de la esclavitud y separados para Dios, podemos asimismo esperar ser atacados por el enemigo (Jn. 15:20). La *retaguardia*, los *débiles* y los *cansados* serían ciertamente los primeros en sufrir (Dt. 25:18). Los cristianos que permanecen en tierra fronteriza son muy atacados; cuidado con las *concupiscencias* que están emboscadas (1 S. 15:2), los *diabolianos*, como llama Bunyan a las concupiscencias que se asientan en la muralla (carne) del Alma Humana. Son enemigos jurados del Espíritu de Cristo. Como ilustración del conflicto espiritual del cristiano, veamos

I. Amalec, o el enemigo del peregrino. Podemos preguntar:

1. ¿QUIÉN ERA? Amalec no tenía un linaje muy honroso. Pertenece a la descendencia de Esaú, el hermano de Jacob (estrechamente relacionado), que vendió su derecho de primogenitura por un plato de potaje, «siendo carnal», y es por ello un tipo de la carne. Amalec, como aquello que es carnal, era la *primera* de las naciones, pero, como la carne, estaba condenado a perecer (Nm. 24:20). «Lo que es nacido de la carne, carne es» (Jn. 3:6).
2. ¿CUÁNDO LLEGÓ? No los incomodó hasta que llegaron a Refidim (lugares de reposo), y había bebido de la peña que fue golpeada. «Y la roca era Cristo». Los que no tienen a Cristo no saben nada del conflicto entre la carne y el espíritu, y el mundo ama a los suyos. El embate tuvo lugar mientras Israel *descansaba*. Los momentos de inactividad confiada son oportunidades para las concupiscencias amalecitas de la carne.

II. Josué, o la Lucha de la Fe. Las concupiscencias que batallan contra el alma son vencidas por medio de la fe en el Señor Jesucristo (Ro. 7:25).

1. LOS MEDIOS DE LA FE. Josué escogió entonces varones (véase Éx. 17:9). La fe tiene que tener algo mediante lo que obrar. La fe obra por el *amor*. Los que escoge el creyente son la Sangre, el Espíritu y la Palabra. Estos son «los tres campeones» del cristiano. Ponte toda la armadura de Dios, toma el escudo de la fe.

2. LA OBRA DE LA FE. Josué salió luego, «*peleando* contra Amalec» (v. 10). La esperanza espera, el amor se somete, la fe prosigue firmemente adelante; es la gracia agresiva que ataca y vence en la lucha. «Pelea la buena batalla de la fe» (1 Ti. 6:12). «Yo te mostraré mi fe por *mis obras*» (Stg. 2:18).

III. Moisés, o el espíritu de oración. Cada «vencedor» mantiene constantemente una doble actitud, una hacia arriba, otra hacia fuera.

1. HACIA DIOS. Hay el *constante* levantamiento de las manos en fe sin vacilación (1 Jn. 5:4). Es la mirada hacia arriba de la oración ferviente y eficaz de un hombre justo. Este santo privilegio y poder está dentro del alcance de todos que, como Moisés, se encuentran en la *cumbre* de la comunión con Dios.
2. HACIA EL ENEMIGO. Tiene que haber una determinación valerosa e inflexible. Mientras las manos estaban levantadas, Josué prevalecía. La fuente del poder vencedor está en Dios. Se comunica a y por medio de aquellos que están en contacto armónico con Él. «Si permanecéis en Mí, y mis palabras permanecen en vosotros, pedid todo lo que queráis, y os será hecho» (Jn. 15:17). «Retrocederán *entonces* mis enemigos, el día en que yo clame» (Sal. 56:9).

IV. Aarón y Hur, o las promesas de Dios. ¡Cuán frecuentemente han actuado las preciosas promesas de Dios la parte de Aarón y de Hur en nuestras débiles intercesiones!

1. LAS PROMESAS SON PODEROSAS. «Sostenían sus manos» (v. 12). Las suplicantes manos de Moisés pronto se fatigan. El tiempo de oración *concreta* es un tiempo de prueba. Es aquí donde sentimos con más intensidad nuestra absoluta debilidad y nuestra necesidad de las promesas sustentadoras. «Toma contigo palabras», las palabras auxiliadoras e infalibles de Aquel que no puede mentir. Apoya tu brazo de débil oración sobre su segura Palabra prometedora.
2. LAS PROMESAS SON FIRMES. «Así hubo en sus manos firmeza» (v. 12). Las manos vacilantes no recibirán mucho del Señor, pero tenemos un Dios estable, que no se fatiga ni se cansa (Is. 40:28, 29). «El da fuerzas al cansado». «En espíritu de nobleza afiánzame». La firmeza y seguridad logra la victoria. La promesa de Dios a Abraham obró en Él una fe *sin vacilaciones*. Mantén firme tu confianza y tu Dios te guardará venciendo constantemente. «Confiaré y no temeré» (Is. 12:2).

86. SOBRE O DEBAJO, ¿CUÁL?

«Os tomé sobre alas de águilas, y os he traído a mí» (Éx.19:4).

«Quise juntar a tus hijos ... debajo de las alas» (Mt.23:37).

Aquí tenemos un contraste. Desde luego, en el primer pasaje nos encontramos con una noble y majestuosa figura de lenguaje. Todo el poder de Dios levantando a Israel. ¡Qué maravillosa relación se muestra aquí entre Dios y su pueblo redimido. Esto era lo que Dios era para su pueblo en gracia bajo el Antiguo Pacto.
Pero, ¿cuál de las dos posiciones es la más segura: «*sobre*» o «*debajo*»? En el Nuevo Testamento, bajo el Nuevo Pacto, Dios nos esconde debajo de sus alas. Hasta el salmista sabía esto, como vemos en el Salmo 91: «Con sus plumas te cubrirá, y debajo de sus alas estarás seguro», No hay ninguna posición tan cercana al corazón de Dios, y ninguna posición tan cálida y cómoda, así como segura.

87. LA OBRA DE DIOS
Éxodo 19:4-8

«En tu mano están la fuerza y el poder,
llegando "el humeante pábilo" a salvar.
Inmensa tu misericordia revelas. Y con ello entendimiento nos das.
A tu tierra bendita, Señor, tráenos,
De tu Iglesia santa compañía haznos,
Y tu amor gozosos así anunciemos.»

«Grandes cosas ha hecho Jehová con nosotros; estamos alegres» (Sal. 126:3). Mientras Moisés estaba en el monte con Dios recibió la instrucción de recordar a los israelitas la gran liberación que Él había obrado para ellos, y de las obligaciones que ellos tenían para con Él. Nosotros necesitamos frecuentemente este recordatorio. Volvamos a examinar así lo que el Señor ha hecho, y pensemos en nuestros privilegios y responsabilidades.

I. El poder del enemigo está quebrantado. «Vosotros visteis lo que hice a los egipcios» (Éx. 19:4). Fueron echados todos al fondo del mar. «No los veréis más.» El poder del mundo, de la carne y del diablo, quedan todos ellos vencidos para nosotros en Cristo Jesús. Él ha hecho de nosotros más que conquistadores: manteneos quedos y ved.

II. El camino de la liberación. El Señor dice: «Os tomé sobre alas de águilas» (Éx. 19:4). Así, escaparon mediante:

1. UN CAMINO ALTO. El camino del águila está fuera del alcance del hombre. El camino de la salvación está por encima y más allá de los pensamientos de los hombres. Es tan alto como el Cielo. No podemos hacer otra cosa que confiar.
2. UN CAMINO VELOZ. El vuelo del águila es veloz, como una flecha. Hay muchos *inmediatamente y en el acto* relacionados con la obra del Salvador en su vida aquí abajo.
3. UN CAMINO FÁCIL. «Os llevé» (v. 4). Salvados *descansando en* el Señor, como el cordero reposaba sobre el hombro del pastor (Lc. 15:5).
4. UN CAMINO DIVINO. Fue por el poder de Dios que fueron sacados de Egipto. La salvación es de Jehová. El *paso* de muerte a vida es tan difícil y peligroso que nadie sino Cristo puede llevarnos a través de ello. Esto lo hace levantándonos «por **encima de todo», del temor del hombre o del poder del pecado.**

III. El final de este camino. «Os he traído a Mí» (v. 4). Cuando el hijo pródigo volvió en sí, se dirigió acto seguido de vuelta a su padre. Cristo se dio a Sí mismo por nosotros a fin de *traernos* a Dios. ¡Que gozosa revelación de Dios es ésta! Su corazón amante y lleno de gracia anhela tenernos para Sí mismo para bendecirnos con Él mismo. Él se ha dado a Sí mismo por nosotros y a nosotros a fin de que Él pudiera tenernos.

IV. Las condiciones de una vida bienaventurada. «Ahora, pues, si dais oído a mi voz, y guardáis mi pacto» (v. 5). Después que hemos sido hechos cercanos a Dios hay condiciones por las que esta vida de comunión y allegamiento ha de ser mantenida y continuada. Aquí tenemos dos:

1. OBEDIENCIA. «Si *dais oído* a mi voz» (v. 5). Su voz la podemos oír de continuo a través de la Palabra. No es un mero sonido que obedecemos, sino que es una voz viviente, personal, que comunica los pensamientos y la mente de Dios en nuestros corazones por medio del poder del Espíritu Santo a través de la Palabra escrita.
2. FIDELIDAD. «Y *guardáis* mi pacto» (v. 5). Si el Señor ha querido hacer pactos con nosotros (Dt. 5:2), debería ser nuestro deleite especial *guardarlos*. Nuestros propios pactos puede que estén pobremente hechos y pobremente guardados, y puede que sean las orgullosas jactancias de nuestra autoconfianza. Sus pactos de gracia dan certidumbre de la plenitud de la bendición.

V. El propósito de esta gran salvación. Que a través de nuestra obediencia y nuestra fidelidad después de haber sido llevados a Él mismo, fuéramos

1. UN ESPECIAL TESORO. El Señor nos ha escogido para ser un pueblo especial para Él mismo (Dt. 7:6), un pueblo peculiar para la *pureza* y las buenas *obras*, para el carácter y las acciones (Tit. 2:14). La porción del Señor es su pueblo. ¿Cuánto más valor pone el Señor sobre su tesoro comprado con sangre? Él ha vendido todo lo que poseía para comprarlo (Mt. 13:45, 46; 2 Co. 8:9).
2. UN REINO DE SACERDOTES. El pueblo de Dios no son solo de *gran precio* para Él, sino que como sacerdotes regios son *útiles*. Son mediadores para otros, y canales por medio de los cuales Él puede comunicar su voluntad a otros que están aún lejos de Dios. Veis vuestro llamamiento, hermanos: rogar a los hombres, en nombre de Cristo a que se reconcilien con Dios, y a hacer *intercesión* por los transgresores. Reyes y sacerdotes para Dios (v. 6).
3. GENTE SANTA. Esto puede enseñarnos el *testimonio* que la Iglesia como un todo debería dar para Dios. «Y les llamarán Pueblo Santo, Redimidos de Jehová» (Is. 62:12). El Santuario de Dios, que sois vosotros, es sagrado (1 Co. 3:17).

VI. El voto de las vidas consagradas. «Todo lo que Jehová ha dicho, haremos» (v. 8). Que sea éste el lenguaje de nuestros confiados y trémulos corazones. Por su gracia así lo haremos (1 Co. 29:5).

88. LA PROMULGACIÓN DE LA LEY

Éxodo 19-20

El carácter profético y sacerdotal de Moisés como tipo de Cristo queda aquí muy destacado. Como sacerdote refiere «las palabras del pueblo a Jehová» (v. 9). Como profeta Cristo nos revela la voluntad de Dios; como sacerdote, hace intercesión por nosotros. La promulgación de la ley fue acompañada de todos los solemnes símbolos de su carácter terrible aunque santo (19:16). El don del Espíritu en Pentecostés fue acompañado asimismo de señales que deberían caracterizar esta presente dispensación (Hch. 2:4). Ambas dispensaciones tienen un ministerio especial. La ley fue dada para revelar el pecado (Ro. 7:7), el Espíritu vino para revelar al Salvador y dar dominio sobre el pecado. Miremos este orden:

I. La solemne promesa. «Y todo el pueblo respondió a una, y dijeron: Todo lo que Jehová ha dicho, haremos» (19:8). ¡Qué manifestación de presunción e ignorancia! Hasta que no se ve la grandeza y santidad de Dios, y no se siente la pecaminosidad del pecado, el hombre está siempre dispuesto a hacer vacías promesas a Dios. El joven rico es un caso típico (Mr. 10:17-22).

II. El propósito divino. «He aquí, Yo vengo» (19:9). «Para probaros» (20:20). El pueblo había acordado hacer su voluntad, y ahora Él viene a probarlos. Los que quisieran ser salvos por sus *obras* tendrían que sufrir una ardiente prueba. Tendrían que afrontar a Dios como Juez justo, no como Padre de misericordias. «La ley es santa, y justa, y buena», una norma perfecta. Es la medida divina por la que el carácter del hombre es *probado* y ensayado. Es el aventador en manos de Dios el Espíritu, que separa la paja del trigo con infalible rectitud. Zarandea, prueba, justifica o condena. Es un ayo para llevarnos a la escuela de Cristo.

III. La necesaria preparación. «Y estén preparados..., porque al tercer día Jehová descenderá... cualquiera que toque el monte, de seguro morirá» (19:11, 12). El Señor descendía para probarlos; se daba una nota de advertencia de que se precisaba de mucha preparación. «Prepara el encuentro con tu Dios» (Am. 4:12). Santo, santo, santo, Jehová de los Ejércitos. Si alguien tan solo *toca* el monte, morirá. «Cualquiera que guarda toda la ley, pero ofende en *un punto*, se hace culpable de todo» (Stg. 2:10). Solo *toca* una cosa prohibida, y se pronuncia sobre ti la sentencia de muerte. Debido a que el pecado (no pecados) ha entrado en el mundo, ha entrado la muerte. «El alma que pecare, ésa morirá». ¿Como puede el hombre justificarse con Dios? Nunca «por las obras de la ley» (Ro. 3:20).

IV. La terrible presencia. «Y descendió Jehová» (19:16-20). Su venida por la ley es proclamada mediante una *séptuple*, o perfecta, expresión de su terrible carácter: «Truenos, relámpagos, espesa nube, fuego, humo, estremecimiento del monte, sonido de trompeta». Nada hay aquí para alentar, atraer ni pacificar. Tal es su carácter como JUEZ. Aquí no tenemos sangre de EXPIACIÓN, por lo que no hay esperanza para el hombre por esta vía. ¡Ay de la teología carente de sangre de nuestra época! (He. 9:22). ¿Quién podrá mantenerse de pie cuando Él aparezca? «Nuestro Dios es fuego consumidor» (He. 12:29).

V. El efecto producido.

1. QUEDARON ABRUMADOS. «Temblaron, y se pusieron *de lejos*» (cap. 20:18). Ésta era toda la cercanía a la que podían llevarlos sus buenas obras. «¿Quién podrá estar delante de Jehová el Dios santo?» (1 S. 6:20) fue la pregunta de los hombres de Betsemes. Nadie sin un Mediador. Nadie viene al Padre sino por Mí. Acercarse a Dios aparte de la Cruz de la redención es llegar al «fuego, a la oscuridad, a las tinieblas y a la tempestad» (He. 12:18).
2. DESEARON UN MEDIADOR. «Dijeron a Moisés: Habla tú con nosotros, y nosotros oiremos; pero no hable Dios con nosotros, para que no muramos» (20:19). La necesidad de un Mediador se siente cuando se conoce el pecado (Job 9:30-33). Los terrores del Sinaí revelan la necesidad del Calvario. Aquí tenemos un monte que *debemos tocar* o morir. «Hay un solo mediador entre Dios y los hombres, Jesucristo hombre» (1 Ti. 2:5).

VI. El nuevo camino. «Altar... harás para Mí, ... vendré a ti y *te bendeciré*» (20:24). Se mencionan dos clases de sacrificio: «holocaustos» y «ofrendas de paz». Cristo es ambas cosas; por medio del altar de su Cruz Él se ofreció a Sí mismo a Dios como ofrenda totalmente encendida, para poder hacer la paz por medio de la sangre de su Cruz. Dios estaba en Cristo reconciliando consigo al mundo. Allí Yo me encontraré contigo, y te bendeciré. Jesús dijo: «Yo soy el Camino» (Jn. 14:6). Los ojos y el corazón de Dios están allí perpetuamente (1 R. 9:3). «Por las obras de la ley ningún ser humano será justificado». «Por *gracia* sois salvos». Los encendidos dedos de la ley señalan a la sangre pacificadora de la expiación. «Sí, Padre, porque así te agradó» (Mt. 11:26).

89. LA ESCLAVITUD DEL AMOR

Éxodo 21:1-6

La venida de Dios sobre Sinaí, en el pacto de la ley, no dio oferta alguna de año de jubileo para los esclavos del pecado. Hubo trompeta, pero no era de jubileo; cuando sonó, se quedaron temblando a lo lejos. El año del jubileo habla de la libertad y reposo espirituales, y es también profético de la venidera edad milenial. Este incidente ante nosotros ilustra de una manera muy idónea la ceguera voluntariosa y la elección suicida de los que prefieren quedar bajo la servidumbre de su antiguo dueño, el pecado, antes que aceptar la libertad ofrecida y declarada por la trompeta del jubileo del Evangelio de Cristo, diciendo: «amo a mi dueño, y no saldré libre». Si el oído del tal es agujereado con la lezna de la esclavitud eterna, solo de ellos será la culpa. *Quieren* que sea así. El pecado es un año, y muchos lo aman, y con un amor tal que constriñe a un servicio absoluto. Pero visto de otra manera podríamos ver aquí una imagen de

I. Los privilegios del pecador impotente. Era

1. COMPRADO. «Si *compras* siervo hebreo» (v. 2). El *comprado* representa a uno que no podía hacer *nada* por sí mismo. Solo aquellos desesperadamente pobres son comprados como esclavos. Y así éramos algunos de nosotros, pero «por precio fuisteis *comprados*» (1 Co. 7:23; cp. 1 P. 1:19). ¡Y qué precio, la preciosa sangre de Cristo!
2. COMPRADOS PARA SERVIR. «Seis años servirá» (v. 2). El dueño debe tener algún provecho por su inversión. No seamos siervos inútiles: «Porque habéis sido comprados por precio; glorificad, *pues*, a Dios en vuestro cuerpo y en vuestro espíritu, los cuales son de Dios» (1 Co. 6:20). «Erais esclavos del pecado, ... y libertados del pecado, vinisteis a ser siervos de la justicia» (Ro. 6:18).
3. LIBERTADOS. «Saldrá libre, de balde» (v. 2). En este servicio llega una gloriosa libertad, un bienaventurado reposo en su yugo (Mt. 11:29). La trompeta del jubileo tiene una especial referencia a los esclavos. El Señor Jesucristo ofrece en su Evangelio una total libertad a sus esclavos. «Si el Hijo os liberta, seréis verdaderamente libres» (Jn. 8:36). «Estad, pues, firmes en la libertad con que Cristo nos hizo libres» (Gá. 5:1).

A continuación notamos:

II. La elección del siervo devoto. Era:

1. UNA ELECCIÓN DE SERVICIO CONTINUO. «No saldré libre» (v. 5). Tenía una *voluntad*, pero la empleaba para mostrar su agrado en la voluntad de su dueño. Empleaba su libertad para tomarse la libertad de mostrar que prefería la diligente servidumbre a la ociosa libertad. No quiero tener, dice, la libertad que me separaría de la obra de mi señor. «Ve tú, y haz lo mismo». «Observa a la hormiga, oh perezoso» (Pr. 6:6).
2. UNA ELECCIÓN IMPULSADA POR EL AMOR. «Amo a mi señor» (v. 5). Los que han tenido una experiencia de seis años en el servicio y comunión de Cristo no desearán dejarlo en el séptimo. El amor de Cristo nos constriñe. «Amo a mis hijos.» Los hijos que podamos haber engendrado en la fe constituyen otro vínculo con el amo. Cada convertido por medio de nuestra actividad debiera llevarnos a una más estrecha relación con el Señor por causa de ellos. Amo a mis hijos y no saldré libre.
3. UNA ELECCIÓN IMPLICANDO UNA ENTERA CONSAGRACIÓN. «Entonces su amo... le horadará la oreja con lezna, y será su siervo para siempre» (v. 6). La oreja horadada declaraba una separación bien dispuesta e inalterable para el uso del amo. Nuestro mismo Señor, constreñido por amor a su Padre, dice: «Has horadado mis orejas; ... El hacer tu voluntad, Dios mío, me ha agradado» (Sal. 40:6, 8). Sus orejas fueron horadadas con una lezna de perfección y devoción eternas a los asuntos de su Padre. El discípulo debe seguir al Maestro. «Preparad vuestro corazón a Jehová, y solo a Él servid» (1 S. 7:3).

Toma mi amor Señor mío, a tus pies
Su tesoro yo derramo;
A mí mismo toma y solo tuyo,
para siempre, eternamente, he de ser.

90. EL ÁNGEL SALVADOR

Éxodo 23:20-25

Podemos ver en este ángel al Hijo de Dios, por cuanto la obra que aquí se le atribuye es hermosamente típica de la gran obra cumplida por Jesucristo nuestro Salvador. «El ángel de su presencia los salvó; en su amor y en su clemencia los *redimió*» (Is. 63:9).

I. El Salvador. Véase cómo su carácter concuerda con el de Cristo.

1. ERA DEL CIELO. Un «Angel» (v. 20). El mensajero de Dios que se agradaba en hacer su voluntad. Dios envió a su Hijo a bendecirnos. Enviado en amor (Jn. 3:16).
2. FUE ENVIADO POR DIOS. «Yo *envío* mi Angel» (v. 20). El mensajero de Dios que se deleitaba en hacer su voluntad. Dios envió a su Hijo a bendecirnos. Enviado en amor (Jn. 3:16).
3. TENÍA EL NOMBRE DE DIOS. «Porque mi nombre está en Él» (v. 21). Su nombre es el Maravilloso, el Dios Poderoso. «Dios estaba *en* Cristo reconciliando consigo al mundo», y manifestándose a Sí mismo en y por medio del cuerpo del Señor Jesús (1 Ti. 3:16).
4. ÉL TENÍA PODER PARA PERDONAR LOS PECADOS. Si lo provocáis, Él no perdonará vuestra rebelión (v. 21), con lo que se implica que podía perdonarlas. Este ángel tenía derecho a perdonar, porque actuaba por y en *el Nombre de Dios*. «El Hijo del Hombre tiene autoridad en la tierra para perdonar pecados» (Mr. 2:10). Esta potestad la recibió también del Padre.

II. La Salvación. Esta salvación era grande y maravillosa, digna del Dios que predicó este glorioso Evangelio. El Evangelio de Dios contiene sus grandes y preciosas promesas.

1. LIBRARNOS DE NUESTROS ENEMIGOS. «A los cuales Yo haré destruir» (v. 23). Nuestros enemigos, los pecados y las concupiscencias, nos tenían fuertemente asidos, pero Él los *cortó*. Solo Él puede quebrantar los vínculos que nos atan al enemigo.
2. PARA TRAERNOS FUERA. «Y te introduzca en el lugar que Yo he preparado» (v. 20). Fuera «de la potestad de las tinieblas, ... al reino de su amado Hijo» (Col. 1:13). Afuera y adentro.
3. PARA GUARDARNOS EN EL CAMINO (v. 20). Él no solo es capaz de liberar, sino también de *guardarnos* de que caigamos fuera del camino. Es muy fácil que caigamos al lado del camino a no ser que seamos constantes en velar y orar. Jesús dice: «Yo soy el CAMINO». «Permaneced en Mí» (Jn. 14:6; 15:4).
4. PARA BENDECIR NUESTRAS MISERICORDIAS DIARIAS. «Y Él bendecirá tu pan y tus aguas» (v. 25). Con esta bendición en nuestra cesta y en nuestra artesa de amasar (Dt. 28:5) podemos verdaderamente experimentar que «la piedad para *todo* aprovecha, pues tiene promesa de esta vida *presente*, y de la venidera» (1 Ti. 8:17).
5. PARA LIBERARNOS DE ENFERMEDAD. «Y Yo quitaré toda enfermedad de en medio de ti» (v. 25). «Él llevó nuestros pecados». ¿No está también escrito, «Tomó Él mismo nuestras enfermedades, y cargó con nuestras dolencias»? (Mt. 8:17). «Conforme a vuestra fe os sea hecho.»
6. PARA IR DELANTE DE NOSOTROS. «Porque mi Angel irá delante de ti» (v. 23). El Buen Pastor va delante de sus ovejas. Él ha ido delante de nosotros a través del valle de las sombras de esta vida presente, a través de los portales del sepulcro, a través de la experiencia de la resurrección, y traspasado los cielos para entrar en la presencia del Padre. «Seguidme.»
7. A PREPARAR LUGAR PARA NOSOTROS. «Y te introduzca en el lugar que *yo he preparado*» (v. 20). Canaán, igual que las muchas mansiones en la casa del Padre, fue preparada para un pueblo preparado. «Voy a preparar lugar para vosotros» (Jn. 14: 1-3).

III. Los salvos. En presencia de tal Salvador, y en el goce de tal salvación, preguntemos: ¿Cuáles son las responsabilidades de los salvos?

1. CAMINAR HUMILDEMENTE. «Pórtate bien delante de Él» (v. 21). Éstas son unas solemnes palabras de advertencia. Que nunca olvidemos la elevada y santa dignidad de Aquel que murió por nosotros. «Temed a Dios.» Que la familiaridad no degenere en presunción. Debes «caminar humildemente ante tu Dios» (Mi 6:8).
2. OBEDECER TOTALMENTE. «Pórtate bien delante de él, y *oye su voz*» (v. 21). «Uno es vuestro Maestro, el Cristo» (Mt. 23:10). Oye la voz apacible y suave de tu Angel Redentor en su Palabra, y por su Santo Espíritu. «Haced lo que Él os diga» (Jn. 2:5). «Por la fe, Abraham… obedeció» (He. 11:8).
3. CONFIAR CONTINUAMENTE. «No le seas rebelde» (v. 21). Cuán a menudo ha sido Él provocado debido a nuestra *incredulidad* (Nm. 14:11). ¡Ah, estas dudas nuestras que provocan a Dios, cómo se presentan cuando las circunstancias parecen oscuras y complicadas! Como Jacob, nos lamentamos: «Contra mí son todas estas cosas» (Gn. 42:36), mientras que Dios, en su misericordia, está ocupado planeando nuestro bien.
4. MANTENERSE FIRME. «No te inclinarás a sus dioses, ni los servirás, ni harás como ellos hacen» (v. 25). ¡Qué privilegio servir a Aquel ante quien se postran todos los ángeles y adoran! «Está escrito: Al Señor tu Dios adorarás, y a Él solo servirás» (Mt. 4:10). «Ésta es la obra de Dios, que *credis*.» «Al Señor Cristo servís.» Sé fiel hasta la muerte.

91. HE AQUÍ LA SANGRE DEL PACTO

Éxodo 24:1-8

«He aquí la sangre del pacto». Estas palabras, pronunciadas por Moisés al rociar al pueblo con aquella vital corriente carmesí, nos recuerdan poderosamente las de Juan: «He aquí el Cordero de Dios, que quita el pecado del mundo» (Jn. 1:29). Un *pacto* es un acuerdo entre dos partes, algo establecido entre ellos como base de acuerdo y vínculo de unión perpetua. Este pensamiento es hermosamente expresado en Éxodo 12: «Y la sangre os será para señal». Éste era el lado humano. «Veré la sangre». Éste era el lado divino. Era la sangre del pacto. Así es la Sangre de su Cruz. «Reconciliados mediante la muerte de su Hijo.» «Esta copa es el nuevo pacto en mi sangre» (Lc. 22:20). Bebed de ella todos, y sed uno, así como «Yo y el Padre uno somos.» Observaremos ahora

I. Cuando esta sangre fue derramada. Como con la muerte de Cristo, así con el sacrificio aquí, hay mucho en común en sus circunstancias. Fue

1. DESPUÉS QUE DIOS FUERA HONRADO. «Sube ante Jehová… y *os inclinaréis*» (v. 1). Antes de llegar a la Cruz Cristo tuvo este testimonio de que había agradado a Dios (Mt. 3:17). Moisés *se acercó* al Señor, mientras que los otros adoraban «desde lejos». Jesús adoraba en el Lugar Santísimo.
2. DESPUÉS QUE FUERA REVELADA LA PALABRA DEL SEÑOR. «Moisés vino y contó al pueblo todas las palabras de Jehová» (v. 4). Cristo no murió hasta que hubo terminado la obra y declarado las obras que el Padre le dio. «Les he dado las palabras que me diste» (Jn. 17:8). El Camino fue revelado antes que el sol se pusiera.
3. DESPUÉS DE LA ERECCIÓN DE UN ALTAR. Y Moisés edificó un altar. La cruz apareció antes que el sacrificio fuera hecho. «Y Él salió, llevando su cruz.» Un altar *fijo* sugiere el *determinado* consejo de Dios. *Allí* «lo crucificaron» (Jn. 19:18).

II. Lo que esta sangre significa. Sacrificio, y esto:

1. IMPLICA PECADO. El pecado, como la sombra de un hombre, solo se ve a la luz. El pecado es el elemento dominante en el carácter de la naturaleza humana caída. El hombre *es pecador*. «Sin Dios» (Ef. 2:12).
2. IMPLICA SUSTITUCIÓN. Las ofrendas y los sacrificios eran a Jehová, y en *favor* del pueblo. «Él fue herido por *nuestras* transgresiones.» «Cristo padeció *por* nosotros.» Los sacrificios eran primero de derecho del Señor, y luego permitidos para el pueblo, y de nuevo aceptados por Él en el altar. Un tipo perfecto de Aquel que fue el Cordero de Dios, dado por nosotros, y vuelto a aceptar por medio de la muerte en nuestro lugar.
3. IMPLICA SALVACIÓN. Isaac fue salvado cuando el carnero tomó su puesto en el altar (Gn. 22:13). Él «se dio a Sí mismo por mí». «Todos los que creen son justificados» (Hch. 13:39).

III. Donde fue rociada la sangre. Fue:

1. ROCIADA SOBRE EL ALTAR. «Moisés tomó l*a mitad* de la sangre y… esparció la otra mitad de la sangre sobre el altar» (v. 6). El altar representa las demandas de la santidad y justicia de Dios. Antes que el pueblo pudiera recibir bendición su justicia debía quedar satisfecha. Antes que el pecador pueda ser salvo Cristo debe ofrecerse a Sí mismo sin mancha a Dios. La *división en dos mitades* de la sangre entre el altar y el pueblo indica el doble carácter del sacrificio de Cristo. A la vez *cumple* la ley y *hace la paz.* Al hacer la voluntad del Padre provee redención para el hombre. En Él quedan satisfechos todos los atributos de Dios y satisfecha totalmente cada necesidad del hombre. «Alaben la misericordia de Jehová, y sus maravillas para con los hijos de los hombres» (Sal. 107:8).
2. ROCIADA SOBRE EL PUEBLO. «Moisés tomó la sangre y roció sobre el pueblo, y dijo: He aquí la sangre del pacto que Jehová ha hecho con vosotros». La sangre *sobre* el pueblo significaba

a. REDENCIÓN. Habían entrado en contacto personal con la vida («La vida en la sangre está«) que había sido ofrecida a Dios por ellos. Todo el valor del sacrificio, como a vista de Él, es ahora imputado a ellos. «Tenemos redención por su Sangre, el perdón de pecados» (Ef. 1:7). Significa asimismo
b. RECONCILIACIÓN. Era la sangre del pacto. «¿Cuánto más la sangre de Cristo?» (He. 9:14). Somos «*hechos cercanos* por la sangre de Cristo» (Ef. 2:13). Ello implica
c. OBLIGACIÓN. «Haremos todas las cosas que Jehová ha dicho, y obedeceremos» (v. 7). Sé fiel hasta la muerte. Este pacto, como el camino de la salvación, es todo de gracia, y no puede fallar. Por medio de estas cosas inmutables, en las que es imposible que Dios mienta, tenemos una poderosa consolación los que nos hemos asido de la esperanza puesta delante de nosotros. «Y el Dios de paz que resucitó de los muertos a nuestro Señor Jesucristo, el gran pastor de las ovejas, en virtud de la sangre del *pacto eterno*, os haga aptos en toda obra buena para que HAGÁIS SU VOLUNTAD» (He. 13:20, 21).

92. LAS CUBIERTAS

Éxodo 25:1-5; 26:1-14

Las cubiertas del tabernáculo eran cuatro en número, cada una diferente de la otra, y pueden representar cuatro diferentes fases o aspectos del carácter y obra de Aquel cuyo nombre es Admirable, tal como tenemos en los Evangelios cuatro historias independientes de la una sola Persona, Cristo. Cada Evangelio, como cada cortina, es completo en sí, pero todos son necesarios para darnos un testimonio acabado de Él. En la cubierta de «*pieles de tejones*» vemos a Cristo en el Evangelio de Mateo como Rey con el aspecto cambiado; en la cubierta de «*pieles de carneros*» teñidas de rojo tenemos a Cristo en el Evangelio de Marcos como el Siervo que sufre. En la tercera cubierta de «*pelo de cabras*» (blanco) podemos ver a Cristo en el Evangelio de Lucas como el Hijo del Hombre, puro y santo, obediente y agradable a Dios. En la cubierta de más adentro de «*lino torcido*» reconocemos a Jesucristo el Hijo de Dios en el Evangelio de Juan, y la imagen del Invisible. Miremos estos aspectos de una manera separada y, mientras miramos, quiera el Espíritu Santo tomar de las cosas de Cristo y hacérnoslas saber.

I. La cubierta de lino torcido. Esta magnífica cubierta de azul, carmesí y púrpura, con sus querubines entrelazados, estaba en diez piezas, quizá con referencia a los diez mandamientos, y fue colocada sobre las tablas de oro y formaba el techo de la casa, o, como se llama, la «cubierta del tabernáculo». Cristo está aquí exhibido en toda la perfección de su glorioso carácter. Nótense los colores:

1. ERA AZUL. Esto dirige nuestros ojos a los cielos. ¡Cuán sereno e imponente es el intenso azul del cielo! Las nubes podrán oscurecerlo, pero nada puede mancharlo. Está alto encima de todo. Ningún ojo humano puede penetrarlo. Es ilimitado, inalterable y eterno. Es como la divina naturaleza del Hijo del Hombre, como Aquel que estaba con el Padre antes que el mundo fuese. En Cristo vemos esta increada pero visible gloria, el intenso azul de la insondable divinidad.
2. ERA CARMESÍ. Este color nos constriñe a mirar hacia abajo y pensar en la «tierra roja» de la cual al principio fue sacado el hombre. Si el azul habla de la divinidad de Cristo, entonces el rojo lo proclama humano. El uno le señala como Hijo de Dios, el otro como Hijo del Hombre. El hambre, el cansancio y las lágrimas de nuestro bendito Señor nos dicen cuán verdaderamente humano Él era.
3. ERA PURPÚREA. ¿En dónde buscaremos esto? Este es un nuevo color formado por la mezcla de azul y carmesí. La unión de estos dos forma un tercero y distinto color. ¡Cuán hermoso! ¡Cristo es divino, Cristo es humano y Cristo es ambas cosas en una sola distinta Persona! En la púrpura, pues, contemplamos a nuestro Señor en su gloria medianera, el Mediador entre Dios y los hombres, Jesucristo Hombre.
4. ESTABA LABRADO CON QUERUBINES. Quizás esto pueda significar que Él es Señor también sobre los ángeles, o, como más me inclino a pensar, representan a su propio pueblo redimido, tan estrechamente unido a Él que se constituyen parte de Él mismo, «hueso de sus huesos» (Gn. 2:23). La iglesia estaba entretejida con el carácter de Cristo en el propósito de Dios antes que el mundo fuese; era el «Cordero que fue inmolado desde el principio del mundo» (Ap. 13:8). ¡Maravilloso pensamiento! ¡Oh! las inescrutables riquezas de su gracia: «nos escogió en Él antes de la fundación del mundo» (Ef. 1:4).

II. La cubierta de pelo de cabra. Esta cubierta era de blanco puro, y estaba extendida sobre la primera de lino torcido, descansando sobre ella.
¿No vemos aquí la inmaculada santidad del Hombre Cristo Jesús, el apto para tener contacto con la terrible santidad y justicia de Dios y aun descansar sobre ellas? Pero esta cortina también puede sugerirnos el carácter y privilegio del creyente. *Emblanquecido* por la sangre del Cordero, y descansando en comunión con Él, que es tanto Dios como Hombre en una sola Persona para siempre, en lugares celestiales con Cristo Jesús, aun ahora contemplando su gloria. Solo la pureza puede tener comunión con la divinidad; los limpios de corazón verán a Dios. ¿Quién subirá a este santo monte de privilegio? ¿Quién estará en este lugar santo? El limpio de manos y puro de corazón (Sal. 24:3; Sal. 24:4). La divinidad de Cristo es un santo y devorador fuego. ¿Quién morará con ella? Éstos son los que han lavado sus ropas, y las han emblanquecido en la sangre del Cordero. *Por esto* están delante del trono de Dios (Ap. 7:14, 15).

III. La cubierta de pieles de carneros. El lino fino o pelo de cabras no implica sufrimiento, pero las *pieles* no pueden obtenerse sin sacrificio. «Pieles de carneros teñidas de rojo» sugieren muerte y transformación. Jesús está delante de nosotros aquí como el «Varón de Dolores», con vestiduras teñidas, como el Cordero de Dios que quita el pecado del mundo. Saquemos los zapatos de nuestros pies al entrar en Getsemaní, y veamos allí la piel del Sacrificio teñida de rojo con la sangre de la agonía. En esta cubierta tenemos a Cristo sobre la Cruz; en el «pelo de cabras», Cristo en Resurrección; en el «lino fino», Cristo en Gloria.
Pero estas «pieles de carneros teñidas de rojo» nos hablan a nosotros como cristianos. Debemos al poder transformador de la sangre expiatoria nuestra aptitud para morar en la santa presencia de Dios. La cortina blanca estaba *debajo* de la roja. La pureza ante los ojos de Dios sólo puede ser disfrutada «bajo la sangre». Tenemos que estar crucificados con Cristo antes de poder entrar en la vida de resurrección. ¿Estamos dispuestos a morir a nosotros mismos para ser hechos vivos a Dios? Así como la cubierta blanca se mantenía limpia por la cubierta carmesí, así seamos preservados en limpieza por una constante confianza en la sangre que siempre limpia.

IV. La cubierta de pieles de tejones. Algunos creen que en lugar de «pieles de tejones» se debería decir pieles rojas de foca. Es evidente que daban a entender un impermeable; no eran para belleza, sino para protección. Esta cubierta puede representar a Cristo en su rechazamiento: «Le veremos, mas sin atractivo para que le deseemos» (Is. 53:2), sin garbo. Tenía que soportar el calor del día, y estaba expuesta a tormentas y tempestades. Pensad en nuestro amante Señor, lleno de gracia, cómo le entendían mal mientras era hecho maldición por nosotros. Era fuerte para sufrir. Gracias a Dios, estaba a prueba de todo. No respondía una sola palabra. El diablo vino, pero no tuvo nada en Él. Si para el mundo no había hermosura en Él, para el Padre era del todo glorioso. «El hacer tu voluntad, Dios mío, me ha agradado» (Sal. 40:8). «Éste es mi Hijo amado, en quien tengo complacencia» (Mt. 3:17). Quienes solo veían las «pieles de tejones» nada veían de la gloria oculta adentro. Cristo todavía podrá ser al mundo una «raíz de tierra seca» (Is. 53:2), pero para el cristiano que tiene acceso dentro del velo todo Él es codiciable. ¡Oh, que nuestros corazones sean como el del tabernáculo!, habitación de Dios, o como la hija del rey, «todo glorioso en su morada», o «todo ilustre de dentro». Aunque nuestros rostros puedan tener el aspecto sin parecer de la piel de tejón, en los corazones podemos llevar sobre nosotros la hermosura del Señor nuestro Dios.

Estas cuatro cubiertas también pueden ilustrar las *diferentes divisiones* en conexión con el tabernáculo.

1. El Santísimo, por el «lino torcido».
2. El Lugar Santo, por el pelo puro de cabra.
3. El Atrio del Sacrificio, por las pieles de carneros TEÑIDAS DE ROJO.
4. El desierto afuera, por las «pieles de tejones».

También nos enseñan, como ya habremos notado, *una cuádruple experiencia* que el cristiano tiene de Jesucristo como Salvador y Señor.

1. En nuestro estado natural solo podíamos ver al bendito Redentor como la cubierta de «pieles de tejones»: ninguna hermosura, ningún atractivo, porque no teníamos sentido de nuestra culpa o necesidad.
2. En las «pieles de carneros teñidas de rojo» hemos sido limpiados y transformados por el poder de su sangre expiatoria por la fe.

3. En la cubierta de «pelo de cabra» experimentamos lo que es ser hechos limpios, librados del poder del pecado, escondidos en Dios y guardados por su poder omnipotente y protector.
4. En la cortina de más adentro de fino «lino torcido» estamos caminando en la Luz, como Él está en luz, contemplando su gloria y llenados de toda la plenitud de Dios. ¿Es ésta nuestra experiencia? ¿Sabéis lo que es vivir dentro del Santísimo, en dulce e ininterrumpida comunión con el Santo? Éste es vuestro privilegio en Cristo Jesús.

93. LEVANTANDO EL TABERNÁCULO

Al tratar de hacer una exposición del tabernáculo, no deseamos dogmatizar, sino humildemente seguir el método de Pablo como lo hallamos en su epístola a los Hebreos. Refiriéndose allí al tabernáculo y al sacerdocio, revela su modo de interpretación con sentencias claves como las siguientes: «Sombra de las cosas celestiales» (He. 8:5), «Figuras de las cosas celestiales» (He. 9:23), «Figura del verdadero» (He. 9:24), «Sombra de los bienes verdaderos» (He. 10:1). Viendo que estas cosas eran *sombras, modelos y figuras de cosas celestiales* o espirituales que todavía habían de venir, creo que tenemos la justificación necesaria para sacar de ellas toda la enseñanza espiritual que nos sea posible. La pregunta no es: ¿El tabernáculo *enseña* esta o aquella verdad neotestamentaria?, sino: ¿No ve usted prefigurada en Él esta o aquella verdad espiritual?
No todos tienen el mismo ojo, porque no todos poseen la misma luz y experiencia. Cuanto más profunda sea nuestra experiencia, tanto más profundamente penetrarán nuestros ojos estas poco claras sombras, y tanto más alabaremos al Dios que mostró el dechado a Moisés en el monte.
Vengamos a estos ejemplos, pues, como vino Simeón al templo, «buscando a Jesús». Y, a menos que nuestra vista esté velada, como lo estaba la de los discípulos en el camino de Emaús, ciertamente le veremos, y nuestro corazón se gozará.

I. La petición divina. «Harán un santuario para Mí, y habitaré en medio de ellos» (Éx. 25:8). ¿Quiénes? Los que habían sido *redimidos* de la servidumbre y *separados* para Él. Dios sólo puede *morar* con una gente apartada. Pero nótese que esta propuesta tuvo su origen en Dios mismo. Ama tanto a quienes ha salvado, que desea habitar entre ellos. Esto no es sino una nueva manifestación de un antiguo propósito en el corazón de Dios. El gran anhelo del divino corazón es tener una morada con el hombre. Dios habitó con el hombre en el huerto, después en el tabernáculo, después en el templo, después en la persona de su Hijo, y ahora en los creyentes. «¿No sabéis que sois templo de Dios, y que el Espíritu de Dios mora en vosotros?» (1 Co. 3:16).

II. El Modelo. «Mira y hazlos conforme al modelo que te ha sido mostrado en el monte» (Éx. 25:40). Porque estas cosas tenían un significado espiritual, debían ser hechas de acuerdo con un modelo celestial. El plan del tabernáculo, como el de la salvación, fue todo de Dios. Las opiniones y razonamientos del hombre quedaron completamente excluidos por «Así ha dicho Jehová». Todo era una *revelación*. El racionalismo nada podía añadir a lo que fue revelado en el monte. El esquema de la redención nos ha sido mostrado en el monte del Calvario. Allí, tú y yo, podemos ver a Aquel que es el Dechado para nuestras vidas.

III. Los materiales. ¿Dónde hallaron estos peregrinos que moraban en un desierto todos los ricos y raros materiales necesarios para una construcción tan costosa? El Señor sabía que iban a necesitar estas cosas, de modo que antes de que salieran de Egipto les dio todo lo que les haría falta (Éx. 12:36). Cuando el pueblo de Dios llega a poseer riquezas, es porque el Señor ha menester de ellas. «Dieron de su voluntad». El amor siempre es liberal. Si cada redimido estuviera ofreciendo a Dios lo que tiene, no habría falta, ninguna necesidad de bazares en las iglesias o expedientes cuestionables (Hch. 4:34). Su liberalidad era tan grande que Moisés tuvo que restringirlos (Éx. 36:6). En vez de tener que restringir al pueblo de Dios hoy en día, se recurre a cuantos medios existen para constreñirlo a dar siquiera un poco.

IV. El operario principal. «Mira, Yo he llamado por nombre a Bezaleel, y lo he llenado del Espíritu de Dios» (Éx. 31:1, 2). Bezaleel significa «En la sombra de Dios». ¡Cuán sugestivo es su carácter: en la sombra de Dios! Su obra fue en el Espíritu de Dios, llenado de sabiduría y entendimiento *en toda clase de mano de obra*, es decir, toda la hechura necesaria para llevar a cabo la mente y voluntad de Dios. Es una hermosa figura del Espíritu Santo, el gran Sobreveedor, en esta presente dispensación durante la edificación del mayor templo espiritual, una «morada de Dios» (Ef. 2:22). Bezaleel, como el Espíritu Santo, dio «a cada uno su obra», y no solo eso, sino que impartió a cada obrero la inteligencia necesaria para hacer aceptable a Dios su trabajo. Solamente lo que hacemos bajo la dirección del Espíritu de Dios le agradará y será apto para un lugar en el gran templo. Solo Bezaleel tuvo el derecho de proyectar (Éx. 35:32). El Espíritu de Dios es soberano en su obra. No podemos limitar al Santo a viejas rutas y formas. «El viento sopla de donde quiere» (Jn. 3:8). La obra del tabernáculo, como la obra cristiana, tenía muchas distintas fases, pero fue toda hecha para gloria de Dios bajo el Espíritu dirigente.

V. El fundamento. Viendo que esta casa sería figurativa de las cosas celestiales y eternas, podemos estar seguros de ver algo muy especial acerca del *fundamento*.
En Éxodo (30) vemos que cada hombre tenía que dar medio siclo como *expiación* por su alma. En Éxodo 38 hallamos que este «dinero de las expiaciones», el precio de las almas, debía convertirse en basas, en las cuales habían de descansar las tablas del tabernáculo. Las basas constituían el fundamento, de modo que el tabernáculo literalmente estaba colocado sobre la «expiación». Quizá Pedro tenía en vista este hecho cuando dijo: «Fuisteis rescatados... no con cosas corruptibles, como oro o plata, sino con la sangre preciosa de Cristo» (1 P. 1:18, 19). El tabernáculo no tenía ningún punto de apoyo aparte del expiatorio precio de las personas; tampoco tiene la iglesia de Cristo, la casa de Dios, ningún fundamento aparte de la *expiativa* y preciosa sangre. Negar el poder redentor de la muerte de Cristo es negar el único fundamento puesto por Dios y sobre el cual es posible edificar la verdadera adoración y un servicio aceptable. «Nadie puede poner otro fundamento que el que está puesto» (1 Co. 3:11). Cualquiera otra base es arena movediza.

VI. Las tablas. Como hemos visto, el fundamento representa la obra expiatoria de Cristo. Las tablas que se apoyaban sobre el fundamento y estaban aseguradas a Él podemos tomarlas como figuras de la relación del creyente a Cristo y a los otros creyentes. Cada tabla tenía diez codos (un codo equivale a 45 centímetros) de largo y un codo y medio de ancho, estando provista de una espiga mediante la cual se asía de la basa de plata (la palabra hebrea para espiga significa «mano»). La historia de estas tablas puede servir para ilustrar la experiencia de muchas almas. Vedlas:

1. TALADAS. Saulo tuvo esta experiencia estando en el camino a Damasco, cuando fue cortado de su viejo modo de vivir y de sus antiguas obras.
2. SECADAS. La vieja savia del egoísmo y carnalidad tiene que secarse completamente antes que pueda efectuarse algo de útil sobre nosotros o en nosotros. David sabía de esto cuando clamó: «Se agravó sobre mí tu mano; se volvió mi verdor en sequedades de verano» (Sal. 32:4).
3. LIMPIADAS. No es suficiente ser desprendidos de la vieja vida, mas hemos de serlo de todo aquello que en nuestro derredor pueda impedirnos de llenar un lugar en la casa de Dios.
4. REVESTIDAS. Estas tablas no solo fueron limpiadas, sino *cubiertas* de oro. Una nueva belleza fue puesta sobre ellas; así que cuando el pecador ha sido limpiado, es revestido de la hermosura del Señor. «Tu hermosura era perfecta, a causa de mi hermosura que Yo puse *sobre* ti» (Ez. 16:14).
5. BIEN COMPUESTAS Y COMPAGINADAS. Una vez plantadas sobre el fundamento, quedaban sólidamente unidas entre sí. La verdadera unión espiritual solo puede venir al ser juntados uno a otro en Cristo. Se habla mucho la unión en estos días. Muchas tablas quieren unión sin el fundamento. «Todos vosotros sois uno EN CRISTO.» Cada tabla que descansaba sobre las basas de la expiación tenía un punto de contacto y comunión la una con la otra. ¿Por qué no ha de ser así con todo creyente en Cristo?

VII. Las barras. Estas fuertes barras rodeaban las tablas de oro como los brazos del Todopoderoso, manteniéndolas derechas sobre el fundamento y bien próximas una a otra. ¡Qué figura del cuidado que Dios tiene de aquellos que están asentados sobre la expiatoria obra de Cristo! ¡Guardados por el poder de Dios! Cada tabla tenía tres anillos por los que pasaban las barras. Cada creyente tiene una triple conexión con el poder guardador de Dios: fe, esperanza, amor: tres anillos de oro que se traban de la triple suficiencia del Dios trino y uno, a saber, «la *gracia* del Señor Jesucristo, el *amor* de Dios, y la *comunión* del Espíritu Santo» (2 Co. 13:14).

VIII. El levantamiento. «En el primer día del mes primero harás levantar el tabernáculo» (Éx. 40:2). Veis pues que el tabernáculo fue levantado en el «día de año nuevo». Era un nuevo comienzo para ellos,

por cuanto ahora habría un nuevo orden de cosas. Todo tenía que ser establecido y puesto en orden antes que el Dios de Gloria pudiera venir y hacer su morada con ellos. Así es todavía. Todo lo que somos y tenemos debe ser levantado delante de Dios si queremos disfrutar de la poderosa plenitud de su Espíritu Santo. Un vaso no consagrado impediría la divina habitación en medio de todos.
Pero cuando todo fue entregado a Dios y cada cosa ya estaba puesta en orden delante de Él, Él cumplió su palabra y manifestó su santificadora presencia. Es siempre un nuevo principio cuando Dios viene por su Espíritu y posee el templo de nuestro cuerpo. Cuando la gloria de su presencia hinchió el tabernáculo, cada vaso, cortina, tabla y estaca fueron santificados y hechos santos. Su Santo Espíritu en nosotros santifica y hace santo todo don, facultad y miembro que poseemos.
La experiencia que los discípulos tuvieron durante diez días en el aposento alto también corresponde a la erección del tabernáculo, en que aquélla fue seguida por la poderosa y purificadora presencia de Dios. Entonces tuvo lugar un nuevo comienzo, el establecimiento de un nuevo orden de cosas, del cual todos los creyentes han sido hechos partícipes.

IX. El propósito. El tabernáculo no fue levantado como un ornamento ni como una exhibición de la habilidad humana, sino como un santuario, un lugar santo para Dios. Era «casa de Dios». Cada cristiano debe ser una «casa de Dios». «Sois templo de Dios» (1 Co. 3:16). Hemos sido colocados sobre el seguro fundamento, no solo para ser salvos, sino para ser morada de Dios. El tabernáculo tenía tres atrios: el exterior, el santo y el santísimo. Hay tres partes en el hombre: cuerpo, alma y espíritu. Es en el atrio de más adentro que el Espíritu de Dios habita. Si tiene posesión de nuestro espíritu, entonces todo lo demás será presentado y entregado a Él. Pero esta tienda en el desierto también tenía que ser un testimonio. Se llama «el tabernáculo del testimonio». Como la iglesia de Dios, era un testimonio en el desierto a la realidad, poder, misericordia y santidad de Dios. ¿Pero qué lo constituía un testimonio? La presencia de Dios. Hasta el momento en que Dios lo poseyó, no era ningún testimonio para Él. Aquí tenemos el secreto del verdadero testimonio. Solo podemos ser testimonios para Dios a medida que estemos llenos de Dios. El mundo no te necesita a ti, sino al Dios que está en ti. «Mayor es el que está en vosotros, que el que está en el mundo» (1 Jn. 4:4). Si el Espíritu Santo no nos está llenando, nuestro testimonio no es más que un van parloteo. «*Vosotros* (no vuestras lenguas) sois mis testigos» (Is. 43:10). «Vosotros sois la luz del mundo» (Mt. 5:14).

94. EL CARÁCTER Y USO DEL ARCA DEL PACTO

Éxodo 25:9-22

EL ARCA DEL PACTO, o la Persona y obra de Cristo

El primer objeto que Dios instruyó que Moisés hiciera fue el arca. Todos los otros objetos carecían de valor aparte de éste. Como símbolo de la presencia de Jehová, todos tomaban su valor en relación a éste. ¿Qué es la Iglesia sin Cristo sino un Tabernáculo sin arca, un sistema sin sol, un cuerpo sin alma? Lo que el arca era para los israelitas debiera serlo Cristo para nosotros: una realidad divina siempre presente, todo suficiente, solemne. Una fuente de bendición que nunca fallaba cuando se allegaban rectamente. Miremos al arca, así, como tipo de Cristo, «Emanuel, Dios con nosotros» (Mt. 1:23).

I. El origen del arca, o la revelación de Cristo. El mismo Jehová reveló el plan y modelo del arca a Moisés (Éx. 25:10-22). Todo el plan era de origen divino y de revelación divina. Así de los hombres santos de la antigüedad que vivían en el monte con Dios, se les dio que testificaran de Cristo como «El que había de venir». DIOS HABLÓ en tiempos pasados mediante los profetas (véase He. 1:1). El hombre, aparte de la Revelación, no puede encontrar a Dios. «Escudriñad las Escrituras, ... ellas son las que dan testimonio de Mí» (Jn. 5:39). El capítulo cincuenta y tres de Isaías es una vista telescópica de Cristo, una visión del modelo en el monte. Ellos nos lo han anunciado de antemano, para que cuando suceda, creamos.

II. Los materiales del arca, o el carácter de Cristo. «Hazte... un arca de madera de acacia... Y la cubrirás de oro puro» (Éx. 25:10, 11). La madera incorruptible y el oro puro nos recuerdan en el acto la pura humanidad y gloriosa divinidad de nuestro bendito Señor: dos naturalezas tan distintas como la madera y el oro, pero misteriosamente unidas en una persona. El Unitarismo queda avergonzado hasta en los tipos. La madera crecida en la tierra representa a Cristo como nuestro pariente próximo, «hueso de nuestro hueso». El oro habla de Él como el compañero de Dios: «Mi Padre y Yo somos uno» (Jn. 10:30). Es el oro de su divinidad lo que da poder y precio, gloria y hermosura, a la madera de su humanidad. La humanidad incorruptible sola no podía jamás ponerse en lugar del pecador. Cristo es divinamente apto para representar tanto a Dios como al hombre. El hombre necesita a uno que le represente ante Dios. Esto es lo que el arca enseñaba; y esto es lo que hace Cristo.

III. La unción del arca, o el bautismo de Cristo. «Y harás... el aceite de la unción santa. Con Él ungirás... el arca del testimonio» (Éx. 30:25, 26). El santo aceite consagró el arca para el propósito para el que Dios la había designado, la puso aparte para su especial misión. El aceite sagrado representa al Espíritu Santo, que procede de Dios el Padre para consagrar y preparar para el servicio. Este aceite santo no debía ser derramado sobre carne humana (Éx. 30:31, 32). El hombre viejo, o la vida del yo, no debe ser santificado, sino *quitado*. Fue en el Jordán que Cristo, el Arca de nuestro testimonio, recibió su santa unción, y fue públicamente separado para su santa misión. Así, Él podía decir: «El Espíritu del Señor está *sobre mí*», para predicar, para sanar, para liberar, para rescatar, para abrir las puertas de la cárcel. Esto es lo que hizo el arca para Israel; y esto es lo que el Cristo de Dios hace por nosotros.

IV. El contenido del arca, o la obediencia de Cristo. «Y tomó el testimonio [la ley] y lo puso dentro del arca... y *encima* el propiciatorio» (Éx. 40:20). La ley quebrantada, que solo podía ministrar muerte, estaba aquí cubierta en la presencia de Dios. Y cubierta con un «propiciatorio». ¡Qué bendición! El hombre no podía *guardar* la ley, pero el arca podía. Solo Cristo podía decir, «Tu ley está en *medio* de mi corazón» (Sal. 40:8). En Él, como nuestra arca, está encerrada la ley quebrantada, cubierta en misericordia. Mediante su Cruz Él la quitó «de en medio» (Col. 2:14). Mirando al rostro de su Padre, le podía decir sin temor: «He llevado a término la obra que me diste a realizar» (Jn. 17:4). Las justas demandas de Dios quedan todas satisfechas en Él. Aquí Dios reposa como lo hacía en los días antiguos sobre el propiciatorio entre los querubim, diciendo: «Éste es mi Hijo, el amado, en quien he puesto mi complacencia» (Mt. 3:17).

V. El propósito del arca, o la expiación de Cristo. «Y de allí me *declararé* a ti, y *hablaré contigo* de sobre el propiciatorio, de entre los dos querubines que están sobre el arca» (Éx. 25:22). El arca era el *lugar* de reunión, y el *medio* de comunión. Esto es lo que Cristo, por medio de su muerte expiatoria, viene a ser para todos los que creen. En Él nos *encontramos* con Dios en misericordia; por medio de Él tenemos amistad y comunión. Cristo, como el propiciatorio entre Dios y una ley quebrantada, es el único camino para nuestra aceptación ante Dios. «Nadie viene al Padre, sino por medio de Mí» (Jn. 14:6). No puede haber comunión sin propiciación. «El es la propiciación» (1 Jn. 2:2). «Nos gloriamos en Dios *por medio* de nuestro Señor Jesucristo, por quien hemos recibido ahora la reconciliación» (Ro. 5:11). Dios está en Cristo reconciliando consigo al mundo (véase 2 Co. 5:19).

VI. La posición del arca, o, la intercesión de Cristo. «Pondrás... el arca del testimonio en el lugar santísimo» (Éx. 26:34). El arca se encontraba de continuo en la inmediata presencia de Dios en favor de Israel. El propiciatorio hacía continua intercesión por ellos. Aunque no es visto dentro del velo, Cristo, nuestra Arca, se ha sentado en las alturas. En el Lugar Santísimo Él vive perpetuamente para hacer continuamente intercesión por nosotros. Aunque ahora no lo vemos, por cuanto el Cielo lo ha recibido más allá de nuestra visión, sin embargo la Sangre habla. ¡Qué confortante es saber que la ley que estaba contra nosotros queda totalmente cubierta para nosotros en el Lugar Santísimo, y que en este propiciatorio Dios se deleita en morar y dar dones a los hombres, ¡incluso a los rebeldes!

VII. El rociamiento del arca, o, la apropiación de Cristo. «Tomará luego de la sangre... y la esparcirá sobre el propiciatorio y delante del propiciatorio» (Lv. 16:14, 15). La sangre de la ofrenda por el pecado era puesta sobre la cubierta del arca, vinculando así la misericordia con el sacrificio por el pecado. La virtud del arca dentro del velo sólo podía ser recibida en virtud de la sangre derramada fuera del campamento, enseñándonos que la obra mediadora de Cristo puede ser apreciada solo por aquellos que creen y se apropian su sacrificio. La reconciliación y la paz con Dios sólo pueden ser disfrutadas sobre la base de la *sangre de la expiación*. Venir ante Dios sin la sangre era muerte. Es una solemne advertencia para aquellos que se lo toman a la ligera. La sangre *sobre* el propiciatorio asegura nuestra aceptación *delante* de Dios; la sangre delante de Él nuestra posición con Dios.

95. LAS VARIAS POSICIONES DEL ARCA

Al analizar las diferentes posiciones en las que vemos el arca, podríamos considerarla como tipo de algunas de las relaciones que Cristo tiene con su pueblo.

I. El arca como guía de Israel, o Cristo conduciendo a su pueblo. «El arca del pacto de Jehová fue delante de ellos» (Nm. 10:33). El arca era para ellos una guía infalible. Iba delante de ellos «buscándoles *lugar de descanso*». Cristo, el Buen Pastor, va delante de sus ovejas. Él las conduce a verdes pastos; Él ha buscado y hallado un lugar de reposo para su pueblo, porque Él los hace yacer en lugares de delicados pastos (Sal. 23). Cristo, nuestra Arca, conduce al reposo antes de conducir al servicio. Él dice: «Venid a Mí» antes de decir «Tomad mi yugo» (Mt. 11:28, 29).

II. El arca en medio de Israel, o Cristo sosteniendo a su pueblo. Cuando el campamento estaba establecido, el arca se encontraba en medio de Él. Toda la fuerza de Israel residía en el arca como señal del poder de Dios. Así como los pámpanos son sostenidos por la vid, del mismo modo las doce tribus eran sostenidas por el arca. Y así es la Iglesia sostenida por Cristo. Él mismo es el candelero; nosotros, los creyentes, somos los brazos que salen de la caña central. Él «anda *en medio* de los siete candeleros de oro» (Ap. 2:1). Él es la fuerza de su pueblo. «Dios está *en medio* de ella; no será conmovida» (Sal. 46:5).

III. El arca en el río Jordán, o Cristo, la seguridad de su pueblo. «Mas los sacerdotes que llevaban el arca del pacto de Jehová, estuvieron en seco, firmes en medio del Jordán, *hasta* que todo el pueblo hubo acabado de pasar» (Jos. 3:17). El arca era su seguridad en medio del río. La señal de la salvación de Dios. Mientras Cristo, el arca de nuestra seguridad, repose sobre el trono de la gracia, el río del juicio será retenido. De esta manera quien quiera puede pasar en seco a la tierra prometida. «He aquí ahora el tiempo favorable». En el momento en que el arca fue quitada, descendió la corriente impetuosa. Cuando Cristo se levante, la puerta será cerrada (véase Lc. 13:24, 25).

IV. El arca ante las murallas de Jericó, o Cristo venciendo para su pueblo. El arca de Jehová fue alrededor de la ciudad, y la muralla cayó a plomo (véase Jos. 6:11-20). Todos tomaron su lugar según la posición del arca. Cuando la Iglesia de Cristo lo haga así, nada será imposible. Ellos tocaron las bocinas con todas sus fuerzas, pero no ponían su confianza en las bocinas, sino en el arca, como señal del poder de Jehová. Los hombres pueden encontrar placer en tocar las bocinas (la predicación) sin tener una verdadera fe en el poder de la presencia de Cristo para vencer, pero estos toques no lograrán la victoria. Pueden gritar hasta que la cara se les vuelva morada, pero ninguna muralla caerá.

V. El arca sobre el carro nuevo, o Cristo deseando a su pueblo. «Haced, pues, ahora un carro nuevo, y tomad luego dos vacas... y observaréis si sube por el camino de su tierra... Y las vacas se encaminaron por el camino... sin apartarse ni a derecha ni a izquierda» (1 S. 6:7-12). Aunque Israel había pecado previamente, sin embargo el arca de Jehová emprende el camino directo de regreso a su pueblo. Así el corazón de Cristo anhela el puesto que le corresponde entre su pueblo, puesto que le ha sido robado por el pecado y la incredulidad. Mientras el arca estaba tomada, la gloria de Israel se había apartado (1 S. 4:22). Si el Señor no está con nosotros, se puede escribir «Icabod» sobre todo lo que hagamos. Pero el Señor se complace en su pueblo. «He aquí, yo estoy a la puerta y llamo» (Ap. 3:20).

VI. El arca en la casa de Obed-edom, o Cristo bendiciendo a su pueblo. «Y estuvo el arca de Jehová en casa de Obed-edom geteo tres meses; y bendijo Jehová a Obed-edom y a toda su casa» (2 S. 6:11). El Santo (el arca) que moraba dentro del velo reposa ahora dentro del umbral de una casa. Aquel que mora en la Eternidad mora también en el corazón del humilde y contrito (Is. 57:15). Allí donde sea que Cristo es recibido se da bendición. Algunos tenían temor de recibir el arca. Pero todos los que le recibieron recibieron poder y bendición (Jn. 1:12). Algunos no tenían lugar para el arca. ¿Tienes tú lugar para Jesús en tu corazón o en tu hogar?

VII. El arca en la tienda de David, o Cristo peregrinando con su pueblo. «Así trajeron el arca de Dios, y la pusieron en medio de la tienda que David había levantado para ella» (1 Cr. 16; 1). La *tienda* es la morada del peregrino. El arca en la tienda puede ser símbolo de Cristo peregrinando con su pueblo como peregrinos y forasteros en la tierra. A David, como *varón de guerra*, solo le fue permitido levantar una tienda para el arca. La actual condición de la Iglesia es de conflicto y peregrinación. Por ello, el Señor, como peregrino con su pueblo, no tiene morada fija.

VIII. El arca en el Templo de Salomón, o Cristo reposando con su pueblo. «Y los sacerdotes metieron el arca del pacto de Jehová... y sacaron las varas» (1 R. 8). La casa de gloria ha quedado acabada. El reinado de paz ha llegado. Ahora las varas del arca son sacadas, lo que significa que sus peregrinaciones han terminado, y que ha hallado finalmente su lugar de reposo. Está claro que se sugieren aquí los días de la paz y gloria mileniales, cuando toda la tierra será llena de la gloria del Señor (Hab. 2:14), y cuando «verá el fruto de la aflicción de su alma, y quedará satisfecho» (Is. 53:11).

IX. El arca entre Ebal y Gerizim, o Cristo juzgando a su pueblo. En Josué 8:33, 34 vemos seis tribus sobre el monte Gerizim para bendecir, y seis tribus sobre el monte Ebal para maldecir, y el Arca *entre* ambos montes (véase también Dt. 27 y 28). Las bendiciones y las maldiciones fueron conforme a todo lo que estaba escrito en el Libro. Son juzgados por la Palabra de Dios. Todos nosotros debemos comparecer ante el Tribunal de Cristo. Nuestras obras se verán bien sobre Ebal o bien sobre Gerizim, para ser quemadas o bendecidas (1 Co. 3:13). Quizá tengamos aquí también en tipo a Mt. 25:32-46, donde vemos a los malditos a un lado, a los benditos al otro lado, y a Jesús en medio.

96. EL PODER DE LA PRESENCIA DEL ARCA

Al considerar el poder del arca en sus varias relaciones, deseamos ver a Jesús y el poder de su presencia cuando somos traídos en contacto con Él.

I. La presencia del arca es la esperanza de los humildes. «Josué rompió sus vestidos, y se postró en tierra sobre su rostro delante del arca de Jehová» (Jos. 7:6). Israel había huido perseguido por los hombres de Hai, derrotado debido a un pecado secreto. Esto hace que Josué se postre en tierra, humillado e inerme delante del Señor. El pecado secreto es causa de mucho de nuestro fracaso en el servicio de Dios. Si nos diéramos cuenta, como Josué, de la deshonra que tales fracasos traen a Cristo, estaríamos más frecuentemente sobre nuestros rostros delante de Él. Aunque el enemigo tiene en ocasiones ventaja sobre nosotros, ¡que gran consuelo tenemos al saber que Él ha dicho: «He aquí, yo estoy con vosotros», y que «Todo poder me ha sido dado» (Mt. 28:18-20).

II. La presencia del arca es la gloria de Israel. «Traspasada es la gloria de Israel; porque había sido tomada el arca de Dios» (1 S. 4:22). Israel sin el arca es como un rebaño sin pastor, como sal sin sabor, como cuerpo sin alma. ¿Qué hay más insípido que la sal sin sabor? ¿Y qué más inútil que un cristiano sin poder? (Jue. 16:20), La presencia de Cristo es la gloria de su Iglesia. La Iglesia, o el creyente, vivirán, resplandecerán y triunfarán precisamente en la proporción en que Cristo viva y resplandezca en ellos. Él no dará su gloria a otro.

III. La presencia del arca es el derrumbamiento del paganismo. «He aquí que Dagón había caído postrado en tierra delante del arca de Jehová; y la cabeza de Dagón y las dos palmas de sus manos estaban cortadas» (1 S. 5:4). Ningún otro dios puede mantenerse firme en presencia de Cristo, nuestra arca. Todos los poderes de este mundo deben aún caer postrados ante Aquel cuyo Nombre es sobre todo otro nombre. Traed al Cristo viviente cara a cara con el paganismo, y caerá sin cabeza ni mano a sus pies. No hay otro remedio. Puede que haya Dagones en el corazón que se exalten contra Dios, como el orgullo, el mundo, el temperamento irascible. Que Cristo tome su lugar en el trono del corazón, y todos estos se desplomarán.

IV. La presencia del arca lleva a la perplejidad a sus enemigos. «¿Qué haremos del arca de Dios?» (1 S. 5:8) ¿Qué haremos del arca de Jehová?» (1 S. 6:2) Pilato dijo: «¿Qué, pues, haré de Jesús?» (Mt. 27:22), y los escribas y fariseos tuvieron consejo entre sí acerca de «qué podrían hacerle a Jesús» (Lc. 6:11). Llegaron a la conclusión, como los filisteos, de enviarlo fuera. Le rogaron que se apartara de su región. Cuando Cristo, por su Espíritu y Palabra, se presenta ante los corazones de los pecadores, sigue habiendo perplejidad. «¿Qué haré?» O hay sometimiento y aceptación, o resistencia y rechazo.

V. La presencia del arca es la reprensión de los presuntuosos. «Entonces Dios hizo morir a hombres de Betsemes, porque habían mirado dentro del arca de Jehová; hizo morir cincuenta mil y setenta hombres» (1 S. 6:19). Levantar la cubierta del arca era quitar lo que cubría la ley quebrantada, exponiéndose con ello al «ministerio de muerte». Ésta tenía que ser la suerte de los que presuntuosamente echaran a un lado la expiación de Cristo (1 Jn. 2:2). «Uzá extendió su mano al arca de Dios, ... y lo hirió Dios allí por aquella temeridad» (2 S. 6:6). Se había dado la advertencia. «Que no toquen cosas santas, pues morirían» (Nm. 4:15). El arca, como símbolo del poder de Jehová, no necesita de la mano de Dios para sostenerla. Elí *temblaba* por el arca, y cayó muerto (1 S. 4:18). La incredulidad nos hace temer por la causa de Cristo. ¡Qué presunción habría sido echarle una cuerda a Cristo cuando caminaba sobre la mar! Algunos sabios de nuestros días parecen más preocupados acerca de salvar a Cristo que acerca de llevar a hombres a la salvación por medio de Él. Sí, tienen ansiedad acerca de que el sol pueda ser barrido por los vientos.

VI. La presencia del arca es el gozo del pueblo de Dios. «Y David danzaba con toda su fuerza delante de Jehová... Así David y toda la casa de Israel subieron el arca de Jehová con júbilo y sonido de trompeta» (2 S. 6:15, 16). La presencia manifiesta de Cristo siempre da alegría a los corazones del pueblo de Dios; y este gozo de cierto provoca el escarnio de los impíos, del mismo modo que la hija de Saúl se burló de David. Si David danzó de gozo cuando pensó en todo lo que se significa por «el arca con nosotros», ¡cuánto más deberíamos nosotros cuando pensamos en todo lo que significa «Cristo en nosotros»!

VII. La ausencia del arca es la derrota del pueblo de Dios. «Sin embargo, se obstinaron en subir a la cima del monte; pero el arca del pacto de Jehová, y Moisés, no se apartaron de en medio del campamento» (Nm. 14:44). Salieron sin el arca, y fueron derrotados por el enemigo. Si nosotros vamos en nuestra propia fuerza habrá las mismas consecuencias. Cada esfuerzo al margen de Cristo es un fracaso a los ojos de Dios, aunque sea recompensado con la alabanza de los hombres. «Sin Mí nada podéis hacer» (Jn. 15:5). Es bien posible que un «esfuerzo especial» para ganar almas no sea otra cosa que una exhibición carnal. Pedro trabajó toda una noche en una barca sin Cristo, y tuvo que confesar: «no hemos pescado nada» (Lc. 5:5), pero luego tuvo al Maestro con Él, y tuvo éxito.

97. EL LUGAR SANTÍSIMO

Éxodo 25:10-22; Números 7:89; Hebreos 9

En el Tabernáculo había tres divisiones. El «atrio», el «santuario», y el «Lugar Santísimo», quizá correspondiéndose con el *cuerpo, alma y espíritu*. Es en el lugar más interior que mora la gloria de Dios. El lugar santísimo era una pequeña estancia de algo más de 4, 5 metros de lado, un cubo perfecto. ¡Qué condescendencia la del Dios del Cielo de manifestar su presencia en un lugar tan humilde! Dios, que mora en la *altura* y la *santidad*, mora también *con el de espíritu contrito y humilde»* (Is. 57:15).
¿Por qué se llamaba «Lugar Santísimo»? Porque era la morada de Aquel que es el «Santísimo». La presencia de Dios santifica. El secreto de toda santidad es la plenitud del Santo. No se trata tanto de un logro como de una posesión, no tanto de un ascenso como de una postración. Toda la santidad está en Dios. Nosotros somos santos justo en aquella proporción en que somos llenos del Santo. Sed llenos del Espíritu, y Cristo, el Santo, morará por la fe en vuestros corazones (Ef. 3:16, 17).
El camino al Lugar Santísimo era solo por la sangre. No hay santidad posible para el hombre excepto por medio de la sangre de Jesús. El sacerdote se allegaba a este lugar sagrado solo una vez al año, no sin sangre, con pies descalzos, y revestido de una ropa de lino blanco. Aquí se oía siempre aquella voz: «Quita tus sandalias de tus pies, porque el lugar en que tú estás, tierra santa es» (Éx. 3:5). Buscar la santidad es una empresa solemne y terrible. Es buscar vivir en la luz y presencia de Aquel que prueba los corazones y que no puede ver el pecado. Implica la concentración de todos nuestros deseos en un solo propósito: glorificarlo a Él (Sal. 27:4). No sabemos que el sacerdote pronunciara jamás una palabra audible dentro del velo. Cuanto más nos acercamos a Dios tanto más nos inclinamos a «guardar silencio ante Él». El Lugar Santísimo es el verdadero lugar de *adoración*. Que su presencia sea tan real para nosotros que cuando nos postremos para adorar sea en acto y en verdad que caemos postrados ante Él.
¿Por qué nunca se refería el sumo sacerdote a lo que veía detrás del velo? Hay experiencias espirituales que no pueden ser *relatadas*. Visiones cegadoras y conmovedoras que son *inenarrables*. Pablo fue arrebatado al *tercer cielo* (el Lugar Santísimo), y oyó palabras inefables que el hombre no puede expresar (2 Co. 12:1-4). Éstas son algunas de las evidencias secretas que satisfacen el alma que tienen los cristianos, y de las que la sabiduría del mundo nada conoce. Una comida que comer de la que nada saben. Pero recuerda, solamente serán experimentadas en el Lugar Santísimo. «¡Los pondrás en un tabernáculo a cubierto!»

I. El arca y el propiciatorio. El mobiliario del Lugar Santísimo era muy limitado. No hay necesidad de mucho allí donde el mismo Dios está. Teniéndole a Él, lo tenemos todo y abundamos. Solo el arca y el incensario se encontraban dentro del velo. El arca con su trono de gracia, o propiciatorio, que cubría una ley quebrantada, representando la obra consumada de Cristo. El incensario, siempre presente (excepto en el gran día de la Expiación), sugiriendo la *continua* intercesión ante Dios.
Es de sumo interés observar que el arca fue el *primer* objeto que Dios ordenó a Moisés que hiciera. Al revelar este camino de salvación Dios comenzó con lo que estaba más cercano a Él. Esta escalera descendía del Cielo. Se trataba de un camino abierto *desde dentro*. ¿Y cómo iba a ser de otro modo si el hombre ha de ser salvado por la GRACIA? El primer camino hacia la redención es divino. Así como ha sido «Dios primero» para nosotros, así también debería ser «Dios primero» en nosotros. Hay dos maneras de contemplar la gran salvación cumplida por nosotros por medio de Cristo Jesús. Contemplada desde *dentro* vemos la gracia soberana de Dios viniendo al hombre, buscándole a pesar de todo su pecado y culpa. Contemplada desde *fuera* vemos la gran responsabilidad del hombre.

II. Los materiales del arca. Estaba hecha de «madera de acacia» recubierta «de oro puro por dentro y por fuera». Una vez más tenemos ante nosotros el doble carácter del Señor Jesús. La madera nos habla de su naturaleza humana, y el oro de la divina. Aquí la humanidad en la persona de Cristo es glorificada tanto por dentro como por fuera. Como Hombre Dios fue glorificado por un igual en sus pensamientos interiores y sus acciones exteriores. La madera es por sí misma de poco valor, pero el oro le daba valor y precio. Aquí toda la valía del oro es imputada a la madera. Era *un* arca. Precioso pensamiento, todo el valor y poder de la divinidad está en Cristo nuestro Señor como el Hijo del *Hombre*. Él está ahora resucitado en forma de Hombre, pero poseyendo toda la valía y poder del Dios Todopoderoso. Dentro del velo Él es el Hombre glorificado, tanto dentro como fuera. No es de asombrarse, pues, que Pedro llame «preciosa» su sangre. La vida está en la sangre. Todo el valor del Dios eterno estaba en la Sangre de Jesús. La divinidad de Jesús da una eficacia infinita a la sangre de Cristo. El engaño Unitario no tiene la más mínima base en qué sostenerse en los tipos del Tabernáculo. Cada objeto del mismo es la condena de un credo tan deshonroso para Cristo. La madera en el arca adentro era la misma que la madera en el altar afuera (acacia), proclamando la verdad de que el Jesús que sufrió en la cruz *afuera* es el mismísimo Jesús que está glorificado en el trono *adentro*. Dios ha exaltado hasta lo sumo a Aquel que se hizo obediente hasta la muerte.

III. La posición del arca. Como ya sabemos, el arca se encontraba en el Lugar Santísimo. Cristo, «el cual por medio del Espíritu eterno se ofreció a Sí mismo sin mancha a Dios», está ahora en la presencia del Dios viviente (He. 9:14). La estimación de Jesús a los ojos de Dios se ve en que Él ha encontrado reposo en la presencia de Dios.
El arca era el *centro* del campamento de Israel. Dios estaba en *medio* de ella. Su Hijo Jesucristo era, y es, el centro de todos los planes y propósitos de Dios. Por Él hizo Dios todas las cosas: «sin Él nada de lo que ha sido hecho, fue hecho» (Jn. 1:1-3). Por medio de Él hizo Dios el mundo; por medio de Él también lo redimió; en todas las cosas Él tiene la preeminencia.
Demos a Cristo el elevado lugar que Dios le da, el Centro de todo. ¡Que Él esté en el centro de nuestros corazones, de nuestros propósitos y vidas! Éste es su verdadero lugar. «Si alguno oye mi voz y abre la puerta, entraré a Él» (Ap. 3:26). Todos los otros objetos carecían de valor sin éste. Todos preparaban el camino hacia éste, eran meramente peldaños que subían hacia la comunión con Dios aquí en el trono de la gracia, o propiciatorio. Somos salvados y santificados para que podamos ser hechos aptos para servir y adorar.

IV. El contenido del arca. Había tres cosas en el arca. Las tablas de la ley, el vaso de maná, y la vara que reverdeció. El contenido del arca representa lo que Cristo ha conseguido en favor de su pueblo, una herencia para los santos. Contemplémoslo:

1. LAS TABLAS DE LA LEY. La ley es santa, justa y buena. Representa las santas y rectas demandas de un Dios justo. Fue dada en manos de Moisés a un pueblo que clamaba por una declaración por escrito de su voluntad, y que dijo: «Todo lo que Jehová ha dicho, haremos» (Éx. 19:8). Y mientras que la ley estaba siendo recibida, danzaban alrededor de un becerro de oro. La ley fue quebrantada, y se incurrió en juicio. Cuando el hombre fracasó al principio, Dios no l dio una ley, sino una *promesa* (Gn. 3:15). Sabía

que el hombre jamás podría salvarse por la observancia de la ley. «Por las obras de la ley ningún ser humano será justificado» (Ro. 3:0). Por la ley es el *conocimiento* del pecado, no el *perdón* del pecado. Por las obras el hombre es un gran fracaso. Pero ahora, por cuanto el hombre ha fracasado, la gracia entra en escena. Dios le dice a Moisés que encierre la ley en el arca. El arca literalmente *guardaba* la ley. La cubierta o propiciatorio de ro la cubría, *escondiéndola* en el corazón de arca. «La ley fue dada por Moisés, pero la gracia y la verdad vinieron por Jesucristo (Jn. 1:17). Como el arca de Dios, Cristo podía decir: «En mi corazón he *guardado* tus dichos... me complazco en el camino de tus testimonios». La santa ley quebrantada estaba encerrada en Él. Él la guardó. Y sigue guardándola. Fue magnificada en Él. Ahora ha sido quitada de en medio como obstáculo en el camino de la salvación de los hombres, «clavándola en su cruz» (Col. 2:14). La ley encuentra un plácido lugar de reposo en Aquel que es totalmente glorioso, tanto por dentro como por fuera. Allí es perfectamente guardada. Dios mismo la guarda y reposa satisfecho en Aquel que la cubre. Ahora la gracia reina en justicia.

2. EL VASO DE MANÁ. Los hijos de Israel se alimentaron de Maná durante los cuarenta años de sus peregrinaciones. Se depositó un vaso de oro con maná en el arca como memoria. Era pan escondido dentro del arca, «maná escondido» (Ap. 2:17). Hay en Cristo un poder secreto que da satisfacción al alma. Él es el Pan Vivo que descendió del cielo. El pan escondido que solo puede ser disfrutado por aquellos que comprenden y aprecian una ley cubierta. Pero quizá el «maná escondido» en el arca, en la que reposaba el Dios de gloria, tenía también un aspecto celestial. ¿No tenía acaso una voz para Dios? El Señor Jesucristo es también el «Pan de Dios», alimento satisfactorio para el corazón de su Padre celestial. La ley escondida habla de una *justicia* que ha quedado satisfecha, el maná escondido de un *corazón* satisfecho: «Éste es mi Hijo amado, en quien tengo complacencia» (Mt. 3:117).

3. LA VARA QUE REVERDECIÓ (He. 9:4). La historia de la vara se halla en Números 17. La vara muerta, representando a Aarón, fue hecho retoñar y florecer, y llevar fruto, cuando fue puesta delante de Dios. La vara, por tanto, significa a uno elegido por Dios, a Uno llamado a resurrección y a vida, a Uno que estuvo muerto, pero que ha vuelto a vivir. En el arca se encontraba la vara que reverdeció: en Cristo es vida para los muertos. En la *ley* cubierta vemos su obediencia; en el *maná* vemos su cuerpo entregado por nosotros a muerte; en la *vara* su resurrección. Lo primero es Cristo, el *Camino*, lo segundo es Cristo, la *Verdad*, lo tercero es Cristo, la *Vida*. «Yo soy el Camino, la Verdad, y la Vida» (Jn. 14:6).

V. La cubierta del arca. Se trataba de una losa de oro macizo que cubría el arca por completo. No había madera *en* la cubierta, pero reposaba sobre madera de acacia, recubierta de oro. Aquí tenemos la *pura gracia de Dios* reposando sobre Aquel que es a la vez humano y divino. La gracia vino por Jesucristo. El gran y maravilloso pensamiento aquí es que esta cubierta, en tanto que cubría el arca, constituía a la vez un TRONO DE MISERICORDIA, o propiciatorio, para Dios. Obsérvese cuidadosamente que esta cubierta es llamada el «Trono», el *trono* de MISERICORDIA de Dios. No podemos pensar en un *trono* sin asociarlo a la idea de *reposo*. Era un lugar de reposo para Dios. El único asiento en esta casa de Dios era ocupado por Él mismo. ¡Qué refrigerio para nuestros corazones saber que Dios ha hallado un lugar de reposo en la obra consumada de su propio amado Hijo! No hay ningún otro lugar en el que la fatigada alma del hombre pueda encontrar un lugar de reposo del pecado, sino allí donde Dios lo ha hallado, en la Persona y obra del Señor Jesucristo. «Venid a Mí todos los que estáis fatigados y cansados, y Yo os haré descansar» (Mt. 11:28). Nótese además que este asiento era llamado el trono de MISERICORDIA, el lugar donde la MISERICORDIA reinaba. La misericordia reinaba aquí por cuanto la ley quebrantada estaba cubierta. La misericordia reina en Cristo por cuanto en Él la justicia queda plenamente satisfecha. Éste era para Israel el «Trono de la Gracia». Aquí Dios reposaba para otorgar su favor sobre aquellos que se allegaban a Él por medio de la sangre derramada (He. 10:19). «Por tanto, teniendo un gran sumo sacerdote que pasó a través de los cielos, Jesús el Hijo de Dios, ... acerquémonos, pues, confiadamente al Trono de la Gracia, para alcanzar *misericordia* y hallar *gracia* para el oportuno socorro» (He. 4:14-16).

VI. La corona del arca. Aunque no todos podamos estar de acuerdo en nuestras interpretaciones de las cosas que pertenecen al Tabernáculo, me parece sin embargo que todos estamos de acuerdo en que cada cosa hace referencia a su gloria. Si cada estaca y cuerda tienen una lengua, podemos esperar que las «coronas» (traducido «cornisas» en RVR 77) clamarán fuerte. La corona del arca era un cerco de factura ornamental. Era una corona de gloria. Aquel que fue despreciado y desechado entre los hombres está ahora «coronado de gloria y de honra» en la presencia de Dios. Pero en tanto que la corona habla de honra, habla asimismo de poder y seguridad. Este cerco de oro, o corona, impediría que la cubierta del arca se moviera de su sitio. Era de suma importancia que el propiciatorio no fuera removido. La ley solo puede ministrar muerte. Si la cubierta es quitada, entonces la gracia queda obstaculizada, y surge el juicio. El hecho de que Cristo esté coronado ahora con honra en el Cielo como nuestro Pariente Próximo Redentor constituye una doble certidumbre de que la gracia salvará. En tanto que Él esté *sentado* delante del Padre, la MISERICORDIA está con ello entronizada. Llegará el momento en que Él se *levantará*. Entonces la cubierta será quitada del arca, quitado el trono de misericordia. El día de la gracia habrá entonces llegado a su fin. Éste es un solemne pensamiento: no te tomes a la ligera la gracia de Dios. «He aquí ahora el tiempo aceptable.»

Tenemos una prefiguración de esta terrible verdad en 1 Samuel 6. Los hombres de Betsemes levantaron la cubierta del arca, y murieron cincuenta mil setenta hombres. Clamaron entonces: «¿Quién podrá estar delante de Jehová el Dios santo?» La respuesta es: nadie, cuando se quite el TRONO DE LA MISERICORDIA. Menosprecia la obra expiatoria y cubridora de la ley efectuada por Jesucristo, y te expones a la venganza de una ley quebrantada. «Nadie viene al Padre sino por Mí» (Jn. 14:6).

VII. Las varas del arca. Acerca de estas varas mediante las que el arca era transportada, se dijo: «No se quitarán de ella». Las varas *permaneciendo* con el arca pueden enseñarnos que el ministerio debía ser continuo. La eficacia del arca era siempre la misma en favor del pueblo. Esto también es precioso para el corazón creyente. Podemos quedar, y quedamos, cortos de andar como es digno de tal gracia. Fallamos al no aprovechar plenamente nuestros sublimes privilegios, y a menudo tropezamos. Pero el trono de la misericordia permanece inmutable para nosotros. Las varas están siempre dentro, siempre a disposición para ayudar en tiempo de necesidad. La gracia omnipotente está siempre al alcance de la necesidad humana.

VIII. El propósito del propiciatorio. Era el único lugar de encuentro entre Dios y el hombre. «Y *de allí* me declararé a ti» (Éx. 25:22). Gracias a Dios que hay un punto de encuentro. Dios reposó en el trono de misericordia esperando encontrarse con el hombre; allí Dios está *en Cristo* reconciliando al mundo a Sí mismo. Allí, en la persona del Señor Jesucristo, el Sacrificio y Mediador, te encontrarás tú con Dios en misericordia. Aquí está un Dios dispuesto a perdonar. ¿Te encontrarás ahora con Él en el trono de la gracia, o después en el trono de juicio? (Ro. 3:24, 25).

98. LOS QUERUBINES SOBRE EL PROPICIATORIO

Éxodo 25:18-22; Hebreos 9:5

En un principio habíamos querido pasar por alto esta cuestión con una breve nota, pero cuando pensamos en la importantísima y prominente posición que ocupan los querubines, no nos atrevemos a tratar como cosa común esto que Dios ha distinguido tanto. Se han dado muchas interpretaciones diferentes; no podemos resistirnos a la convicción de que representan la posición de los redimidos dentro del velo, en gloria. Vistos al menos bajo esta luz, hay mucho para alentar y animar, e inspirar al pueblo de Dios con un sentimiento de maravilla y adoración. Antes de ver más estrechamente a los querubines sobre el propiciatorio, veámoslos (Ez. 10:15) como aparecen en Ezequiel (caps. 1 y 10). El carácter e historia de la Iglesia de Dios quedan hermosamente expuestos aquí en estos «seres vivientes». Nótese su

I. Origen. Emergieron «de en medio del fuego» (Ez. 1:4, 5). Estas palabras «de en medio» aparecen *tres* veces, quizá indicando la presencia del Dios Trino y Uno. El fuego es un emblema de Dios. El origen de la Iglesia fue con Dios. Hemos nacido de Dios. La vida que tenemos como cristianos es vida divina. Somos hechura suya.

II. Carácter. Son denominados «seres vivientes» (v. 5), no *muribundos*; poseen vida *eterna*. Son un pueblo peculiar. Así es el carácter de los que pertenecen a Dios. No son de la tierra, terrenales; no pertenecen a un mundo sumido en muerte. Son seres *vivientes*, «vivos para Dios» (Ro. 6:11).

III. Apariencia. «Había en ellos *semejanza de hombre*.» Cada miembro individual de la Iglesia lleva, en cuanto a conocido de Dios, la semejanza del *Hombre* Cristo Jesús. Han sido creados conforme a su imagen. Llevan la imagen del celestial. Hechos partícipes de la naturaleza divina. «Transformados de gloria en gloria, a la misma imagen» (2 Co. 3:18).

IV. Características. Tenían cuatro caras (v. 10):

1. Tenían cara de HOMBRE. Eran sabios. Cristo nos es hecho de Dios sabiduría. Sabios en Cristo.
2. Cara de LEÓN. Eran fuertes y valientes. «Todo lo puedo en Cristo, que me fortalece» (Fil. 4:13).
3. Cara de BUEY. Eran pacientes y perseverantes.
4. Cara de AGUILA. Tenían la visión penetrante y eran de altos vuelos. Los redimidos del Señor ven las cosas a la luz de la eternidad, y han puesto sus afectos bien alto, en las cosas de arriba. Tenían también cuatro alas (v. 11). Con dos *volaban*, y con otras dos se *cubrían*. ¿Es esto característico en nosotros, vivir solo para *servir* a Dios y *ocultarnos* a nosotros mismos?

V. Movimientos. Caminaban «derecho hacia adelante» (v. 12). Iban como aquellos que solo tienen una cosa que hacer; solo un propósito que cumplir. «Una cosa hago» (Fil. 3:13). Luego nótese que iban «hacia donde el espíritu les movía». Esto es sumamente significativo. Eran conducidos por el Espíritu. «Cuando venga el Espíritu de Verdad, Él os guiará a toda la verdad» (Jn. 16:13). ¿Qué podría describir con más precisión los caracteres y actitudes de la Iglesia del Dios viviente que esto? Pero ¿qué sigue ahora que son guiados por el Espíritu?

VI. Influencia. «Su aspecto era como de *carbones de fuego encendido,* como visión de *hachones* encendidos» (v. 13). Como carbones de fuego encendidos estaban todos bien vivos y resplandeciendo por sí mismos. Como hachones eran luces para otros. Además, corrían y volvían como relámpagos (v. 14). Esto es lo que debiera ser la Iglesia. Esto es lo que debieran ser los cristianos. Llenados con y conducidos por el Espíritu Santo, esto es lo que seremos: «carbones de fuego», corazones encendidos de celo; «hachones», dejando que nuestra luz se derrame; «mensajeros», yendo de un lado a otro, corriendo con, y volviendo a por, mensajes del Rey. Pero nótese más aún que «el sonido de sus alas [era]... como la voz del Omnipotente» (v. 24). El propósito de Dios es que la Iglesia sea conducida por el Espíritu Santo, llena de santo celo por la gloria de Dios, y que su testimonio sea como «la voz del Omnipotente»; pero es doloroso decir que por causa de su andar mundano y pecado su voz se asemeja más a la voz de la impotencia. Nuestro testimonio será siempre débil cuando no estemos «en el camino» del Espíritu Santo de Dios.

VII. Acompañamientos. «Cuando los seres vivientes (querubines) andaban, las *ruedas andaban junto a ellos*» (v. 19). Estas RUEDAS son descritas como «altas» y «llenas de ojos». Tenían una obra a llevar a cabo en relación con los seres vivientes (v. 16). Parecen simbolizar la *especial* providencia tan misteriosa, sabia y activa que acompaña a los escogidos de Dios en la tierra. «Todas las cosas *cooperan* para bien de los que aman a Dios, de los que son llamados conforme a su propósito» (Ro. 8:28).

VIII. Traslación. «Y alzando los querubines sus alas, *se levantaron de la tierra,* ... también las ruedas se alzaron al lado de ellos» (10:19). Aquí tenemos en figura el arrebatamiento de la Iglesia, y la especial providencia que la asistía en la tierra yendo con ella. «Arrebatados juntamente con ellos... para salir al encuentro del Señor en el aire» (1 Ts. 4:17). Así, los querubines, como la Iglesia, provenían de Dios, y, conducidos por el Espíritu, subieron a Dios.
Así que pensamos que en los querubines sobre el propiciatorio, en el Lugar Santísimo, podemos ver nuestra posición como «posesión de Dios» dentro del velo, *sentados con Cristo* en lugares celestiales.
Puede quedar aún más claro que representan los privilegios de los redimidos en gloria cuando consideramos:

1. CÓMO FUERON FORMADOS. Fueron hechos *del* extremo del propiciatorio, como lo afirma la traducción más literal de Éxodo 25:19. No fueron hechos por separado y puestos en el propiciatorio, sino que en realidad formaban *parte de Él*. Eran una sola cosa. El trono de misericordia declara la misericordia de Dios para con los hombres por medio de Jesucristo, el arca sobre el que reposaba. Los querubines, o iglesia, están relacionados con el propiciatorio que descansa sobre el arca de la obra redentora de Cristo, pero ligada con el propósito de Dios en Cristo antes que el mundo fuera. Esta oración puede parecer vaga, pero léase otra vez: hay un maná escondido en ella. Estaban hechos «labrados a martillo». «Labrados a martillo» sugiere un proceso largo de *sufrimiento*, hechos por medio de mucho aplastamiento y batido. Sí, antes que la Iglesia pudiera estar de pie redimida ante Dios tenía que haber muchos golpes y quebrantamiento, mucho padecimiento y agonía del alma. ¿Quién puede sondear la angustia de Dios mientras en amor daba Él a su Hijo a muerte por todos nosotros? «Él fue herido por nuestras transgresiones, molido por nuestros pecados» (Is. 53:5). Un pueblo salvo, una Iglesia glorificada en su propia presencia, serán el resultado de esta obra labrada de oro puro. Solo el oro *puro* podría haber resistido una prueba tan terrible; solo la gracia infinita pudo cumplir esta obra. Por gracia sois salvos. «Oh, Gracia, cuán dulce el son.»
2. DÓNDE ESTABAN. Estaban sobre el propiciatorio, formando parte de Él. Nosotros somos «hueso de sus huesos»; la relación es a la vez real y profunda. Nacidos «no de voluntad de varón, sino de Dios», participantes de *su naturaleza*. «Nos salvó... conforme a *su misericordia*» (Tit. 3:5). Y sobre su misericordia estaremos de pie, incluso en el Cielo de los cielos. Rutherford dijo:

«Sobre su mérito me sostengo,
Ninguna otra base conozco,
Ni aún donde la gloria mora,
En la Tierra de Emanuel».

3. LO QUE HACÍAN. «Sus rostros el uno enfrente del otro, mirando al propiciatorio». Una actitud sugestiva de la de los salvos en la gloria, uno delante del otro con la mirada de *reconocimiento* familiar, una intimación de que nos conoceremos allí en la Tierra Celestial, el Lugar Santo. Pero sus rostros estaban dirigidos de manera especial hacia el trono de la misericordia, mirando adorantes a Aquel que había adquirido para ellos este sublime y santo privilegio. Si preguntas: «¿Quiénes son estos?» respondemos, «Son los que han venido procedentes de la gran tribulación, y han lavado sus ropas, y las han emblanquecido en la sangre del Cordero; Por eso están delante del *trono de Dios*, y lo sirven día y noche en *su santuario*, y el que está *sentado* sobre el trono extenderá su tabernáculo *sobre ellos*» (Ap. 7:15). Si la voz de ellos pudiera ser oída, es indudable que los oiríamos decir: «Digno es el Cordero que fue inmolado». No solo formaban *parte* del propiciatorio, sino que además estaban *en Él*; se levantaban sobre Él, lo *miraban* y *sobre* Él extendían sus alas. Era su todo en todo. Así es la misericordia de Dios, en Cristo Jesús, para todos los que creen.
4. AQUELLO DE LO QUE GOZABAN. No debemos pasar por alto este gran hecho de que ellos *reposaban* continuamente en la misma presencia del Santo. Dios *moraba* en el propiciatorio, entre los querubines. Dios estaba en *medio* de ellos, y ellos estaban «para siempre con el Señor». «Partir» es estar «con Cristo». En el trono de la misericordia nos encontraremos en primer lugar con Dios; ante el trono estaremos de pie y serviremos para siempre, con una aceptación que se proyecta a toda la eternidad, por cuanto somos aceptos en el AMADO. «Seremos como Él, porque le veremos como Él es» (1 Jn. 3:2).

99. EL LUGAR DE REUNIÓN
Éxodo 25:22

1. **¿Dónde?** «Ante el Propiciatorio.» El lugar donde Dios reposa en misericordia. La Cruz.
2. **¿Por qué?** Debajo del «Propiciatorio» se encontraba «el Testimonio, la Ley». Expiación.
3. **¿A quién?** «De allí me declararé *a ti*.» Misericordia.
4. **¿Cómo?** «Y *hablaré contigo*.» Comunión.

100. LA MESA DE LOS PANES DE LA PROPOSICIÓN
Éxodo 25:23-30; Levítico 24:5-9

«¿Por qué buscáis entre los muertos al que vive?» ¿Por qué buscáis al Salvador viviente entre estos muertos símbolos y formas? No está ahí. ¡Cierto! Pero venimos a ver «el lugar donde nuestro Señor yacía». Si estos solo son «lienzos sepulcrales», son los lienzos sepulcrales de nuestro amado y glorioso Redentor. Todo lo que esté relacionado con Él es profundamente interesante para aquellos que lo aman de todo corazón.

I. La mesa. Estaba hecha, lo mismo que el altar de incienso y el arca del propiciatorio, de madera de acacia, recubierta de oro, volviendo a proclamar, con callada lengua, la divinidad del Hijo del Hombre. La mesa sugiere en el acto el pensamiento de la *comunión*. El pan era el «pan de Dios», pero era comido por los sacerdotes. Dios y los adoradores sacerdotales tenían comunión y compañerismo a la mesa. Bendito privilegio, alimentarse de aquello que satisface el corazón de Dios. Este sagrado goce es nuestro. Cristo es el «Pan de Dios» (Is. 6:33). Piensa en ello, el santo corazón de Dios gozándose en el carácter y obra de su Hijo como nuestro Salvador. Él halla infinita satisfacción en Él como Redentor y Representante del hombre. «Éste es mi Hijo amado, en quien tengo complacencia» (Mt. 3:17; 17:5). Pero Cristo es aún más: Él es el «Pan de Vida», pan para el hombre así como pan para Dios. Maravillosa gracia, Cristo da satisfacción tanto a Dios como al hombre, cumpliendo todas las demandas del primero, suple todas las necesidades de los últimos. A la mesa, en Cristo como Pan de Vida, tenemos comunión con el Padre y con su Hijo. Cierto, tenemos una comida que comer que el mundo no conoce. ¿Es Jesucristo para nosotros lo que Él es para el Padre? ¿SUFICIENTE? Parece por Éx. 25:24-25 que la mesa tenía dos coronas de oro, una sobre la mesa misma, y otra sobre «el borde de la misma». En el Santuario, Cristo es coronado por Dios y por los adoradores. Es solo cuando entramos en el pleno goce de Él mismo como el pan celestial para nuestras almas y fortaleza de nuestras vidas que podremos coronarlo Señor de todo. Dios lo ha coronado, dándole el ser «Cabeza sobre todas las cosas». En todas las cosas Él tiene la preeminencia con el Padre. ¿Tiene en todas las cosas la preeminencia para nosotros? ¿Es Dios PRIMERO? Coronadle, coronadle, y vuestra comunión con Él será más dulce y duradera.

II. Los panes. Parece que mientras que la mesa, hecha de madera y oro, representa a Cristo en su doble naturaleza como Dios y hombre, los panes lo representan en su carácter moral y también el carácter de su pueblo en unión con Él. Los panes eran:

1. HECHOS CON FLOR DE HARINA. La harina es el producto de la tierra y la necesidad del hombre. El cuerpo humano de Jesucristo puede ser visto aquí. Su vida terrena fue como flor de harina, perfecta en su blancura. Pilato dio testimonio de ello cuando dijo: «Ningún delito hallo en este hombre» (Lc. 23:4). Era sin mancha. Como flor de harina fue ensayado y probado, puesto a prueba en todo punto por Dios, y tentado por hombres y el diablo, pero en todo momento se mantuvo firme. Sin accidentes ni irregularidades; todo fue metódico, uniforme, recto, puro. Se puede examinar la «flor de harina» del modo que se quiera, y sigue siendo flor de harina. Ningún cribado, prensado ni machaque puede alterar su carácter. Así fue la vida terrena de nuestro Señor, por cuanto no había en Él *levadura* de pecado.

¿Cómo se corresponde nuestro carácter con la flor de harina? ¿Somos los mismos cristianos, gozosos y confiados, tanto en la adversidad como en la prosperidad? ¿Somos siempre y en todas partes inalterables? ¿Nunca provocan los cambios de circunstancias ningún orgullo, ninguna impaciencia, ningún sentimiento egoísta? ¡Ay! ¡Ay! «Escudríñame, oh Jehová, y pruébame; examina mis íntimos pensamientos y mi corazón» (Sal. 26:1, 2). «Llevad mi yugo sobre vosotros, y aprended de Mí, que soy *manso y humilde de corazón*» (Mt. 11:29).

2. COCIDOS. Aunque la flor de harina tenía que ser cocida en tortas o panes, seguía siendo «flor de harina». El horneado no cambiaba el carácter de la harina. El Señor Jesús no tenía pecado, pero sufrió por el pecado. Fue en verdad horneado en el ardiente horno de la ira de Jehová. «Hecho *maldición* por nosotros» (Gá. 3:13). Vedle en el huerto en aquella terrible hora de agonía y sangre. ¡Ah, qué ardiente fue el fuego por el que tuvo que pasar nuestro amante y devoto salvador! Pero en medio de todo ello permaneció el mismo, puro e inmutable. Flor de harina aún, ¡gloria a su Nombre! Que nos haga partícipes de tal naturaleza. Hay cristianos que son como una harina inferior: no *hornean* bien. El fuego no parece mejorarlos mucho. La harina tenía que ser *cocida* antes de poder ser consumida como pan sagrado. Nuestras vidas no servirán de mucho para los demás hasta que nosotros mismos hayamos pasado a través del ardor de las pruebas. Los aditivos artificiales no suplirán la carencia de *pureza* de la harina. «Crea en mí, oh Dios, un corazón *limpio*, y renueva un *espíritu recto* dentro de mí» (Sal. 51:10).

3. EN CANTIDAD DE DOCE. Naturalmente, inferimos de esto que las doce tribus estaban representadas en ellas. Todo el pueblo de Dios estaba delante de Él en estas tortas, y se encontraba *sobre* uno que era bien capaz de llevarlos: la mesa de oro. ¡Qué imagen de nuestra sublime vocación en Cristo! Todos reposando en Aquel que puede levantarnos y mantenernos siempre frescos y aceptables ante Dios. Había grandes diferencias entre las gentes en el campamento afuera; dentro eran todos iguales ante Dios. Judá podía ir delante y Dan atrás durante la marcha por el desierto, pero tales distinciones se desvanecen ante la mesa. Y así es todavía. Podemos tener dones, talentos y experiencias, difiriendo los unos de los otros, pero ante Dios somos «uno en Cristo Jesús» (Gá. 3:28), todos aceptos en el Amado. No solo queda claramente enseñada aquí nuestra unidad en Cristo, sino también nuestra unidad *unos con otros*. Esto es de gran importancia para nosotros. No importa de qué parte del campamento provinieran los doce panes, en el lugar santo quedaban todos unidos a la mesa y unos con otros. Siendo miembros de Cristo, somos miembros los unos de los otros. Esta doble unión es expuesta muy plenamente en aquella gran oración *reveladora* del Señor en Juan 17, «Para que todos sean *uno*».

4. RENOVADOS CADA SÁBADO. El pan de *su presencia* debe ser siempre fresco. Cristo, como «Pan Vivo», es siempre fresco ante los ojos y en estimación de Dios. Y lo que es cierto de Cristo es asimismo cierto de su pueblo redimido, que son uno con Él. La historia del Evangelio puede parecer vieja y desgastada para muchos, pero para el alma despertada y hambrienta es pan fresco del Cielo. El secreto de todo frescor del alma es el continuo alimentarse de Cristo, el pan oculto. Los que sirven en el Santuario nunca tienen que quejarse de debilidad, caminan en luz, y tienen una comida que comer de la que el mundo nada sabe. No podemos mantenernos vigorosos si vivimos del pan seco de las experiencias pasadas. Deberíamos tener una *renovación* por lo menos una vez a la semana. Se hace una amplia provisión para que seamos de esta manera «vigorizados con poder en el *hombre interior*» (Ef. 3:16-20).

III. El incienso. Los panes eran colocados en dos hileras sobre la mesa, y el incienso, puro, blanco y fragante, era *puesto sobre* los panes. Este incienso puro que cubría los panes nos habla de la justicia de Dios –o el mérito de la obra expiatoria de Cristo– *imputada* a nosotros al estar por la fe sobre el terreno de la redención. «Para todos y sobre todos los que creen en Él» (Ro. 3:22, RV 1569). Los panes, aunque puros en sí mismos, no tenían *fragancia*. Un hombre, aunque sea recto, no tiene de que gloriarse ante Dios. El incienso es más que la bondad humana, es la dignidad divina, algo que asciende hacia Dios con un aroma dulce y placentero. «En mí, esto es, en mi carne, no mora el bien» (Ro. 7:18). En Cristo, por medio de la dulce influencia del Espíritu Santo, Dios puede obrar en nosotros aquello le *es agradable a sus ojos*. Amén.

101. EL CANDELERO

Éxodo 25:31-40; Levítico 24:1-4; Apocalipsis 1:12-20

Al candelero sería más apropiado llamarlo soportalámparas, por cuanto se ponía una lámpara en la parte superior de cada brazo. Es de lo más sugestivo observar que se hace una distinción entre el candelero y *sus* brazos. La rama central o derecha era *el* candelero, mientras que las otras eran simplemente *sus* brazos. Ésta es el mismo precioso pensamiento que encontramos en Juan 15: «Yo soy la vid, vosotros los pámpanos». Obsérvense su:

I. Formación. Estaba hecho «de oro puro, labrado a martillo». No había madera aquí; pero, como los demás objetos, tenía un doble carácter: «Su caña y sus brazos». Se supone que este candelero estaba hecho de *una* pieza sólida de oro, y que fue conformado a su forma final a *martillazos*. Somos aquí llevados a la vista de una profunda verdad del Nuevo Testamento en relación con Cristo y su Iglesia. Todo de una pieza para empezar. En el propósito de Dios el Cordero fue inmolado, y nosotros fuimos escogidos en Él, antes de la fundación del mundo (Ef. 1:4). Todo *de una pieza*, antes del comienzo del mundo. ¡Oh, la profundidad de la sabiduría de Dios! Pero el candelero no apareció realmente hasta que el martillo hubo llegado a su fin. El *martilleo* es un enfático símbolo de *sufrimiento*. Fue por medio de los sufrimientos de nuestro Señor Jesucristo. El candelero no fue hecho en el santuario. El duro y fatigoso proceso de martillear fue hecho *fuera*. Cristo tuvo que salir de la presencia de su Padre y salir *fuera* de la puerta de Jerusalén. Solo Él conoce toda la profundidad del sentido que se hallaba en esta palabra «martillear». Fue para que pudiéramos venir a ser partícipes de su naturaleza divina que Él sufrió por nosotros, el Justo por los injustos, para llevarnos a Dios.

II. Tamaño. El candelero, lo mismo que la pila –el tipo del Espíritu Santo– fue dado sin *medida*. Es de reflexionar que estos dos objetos, que representan los dos grandes misterios de la Iglesia y del Espíritu Santo, sean mencionados sin ningún tamaño específico. La Iglesia era un misterio escondido en las edades pasadas. ¿Quién puede medir el cuerpo místico de Cristo? Su presencia no puede ser *entendida* por los carnalmente mentalizados. Es un gran misterio. Hay tres uniones que son idénticamente misteriosas:

1. La unión entre el Padre, el Hijo y el Espíritu.
2. La unión entre el Hijo y el hombre.
3. La unión entre el creyente y Cristo.

III. Posición. La pila se encontraba en el centro del santuario, la mesa de los panes de la proposición a la derecha, y el candelero a la izquierda. Todos los objetos que forman una *línea recta* muestran la posición que ha hecho Dios para que nos *allleguemos* a Él. Los que estaban al *lado del camino* representan los privilegios y las responsabilidades de los salvos. La única luz en el santuario provenía del candelero de oro. No había ventanas, ninguna luz *natural*. Solo a la luz del candelero ofrecía el sacerdote el incienso y renovaba el pan sobre la mesa. Era a la luz de su presencia que se debía efectuar toda la actividad santa. «Tú eres mi lámpara, oh Jehová» (2 S. 22:29). Es cuando andamos y obramos en la luz de las chispas que nosotros encendemos que erramos, tropezamos y fallamos. La Iglesia, como el candelero, es en el propósito de Dios algo *separado*. En el mundo, pero no de Él. «Y por ellos me santifico a Mí mismo, para que también ellos estén santificados en la verdad» (Jn. 17:19). Las ramas no son del mundo porque la caña no es del mundo (Jn. 17:16-18).

IV. La caña y los brazos. La caña, o rama central, recibía el nombre de candelero. La caña es Cristo, y los brazos a cada lado son su pueblo. Jesús en medio. En todas las cosas Él tiene la preeminencia. Los brazos fueron labrados a martillazos *fuera* de la parte central. Eva, el tipo de la Iglesia, fue formada del costado de Adán. «Miembros... de su carne y de sus huesos» (Ef. 5:30). La caña con sus brazos era de oro puro. Esto es lo que nosotros, los creyentes, tenemos por medio de la operación del Espíritu Santo. Obsérvese además que la *fuerza* del brazo residía en la caña. Aparte de la caña, el brazo no tiene capacidad para mantenerse en pie. «Separados de Mí, nada podéis hacer» (Jn. 15:5). «Todo lo puedo en Cristo que me fortalece» (Fil. 4:13). La *hermosura* de la caña era puesta en cada brazo. Las copas, manzanas y flores que adornan la caña central debían ser obradas en cada brazo individual. ¿No es hermoso? Que *sea sobre* nosotros la hermosura de Jehová nuestro Dios. Es voluntad de Dios que el mismo espíritu que obraba en Jesús obre también en nosotros, transformándonos a la *misma imagen* (2 Co. 3:18). Revistámonos, pues, «del nuevo [hombre], el cual [es] *conforme* a la imagen del que lo creó» (Col. 3:10; Jn. 17:22).
La misma posición y privilegios que pertenecen a la caña pertenecen asimismo a las ramas. Resucitados con Él y sentados juntamente con Él en «lugares celestiales» (Ef. 1:3). «Para que donde Yo estoy, vosotros también estéis» (Jn. 14:3). Quizá las *tres* ramas a cada lado puedan también indicar los tres grandes dones en la Iglesia: evangelistas, pastores, maestros. Éste es el verdadero orden. La rama exterior era la más larga. El *primer* deber de la Iglesia es evangelizar. La segunda rama es el pastor, que reune a los evangelizados, y cuida de ellos como grey. La tercera rama es el maestro. Ésta era la rama más cercana a la caña. Es necesaria la cercanía a Cristo para enseñar provechosamente. Ellos se sientan a sus pies y aprenden de Él. Aunque los oficios son diferentes, todos ellos pertenecen a, viven por y exaltan al mismo Señor: «todos uno en Cristo».

V. La luz. La luz del candelero era algo diferente del candelero mismo. Uno puede tener un candelero sin lámpara, o una lámpara sin luz, de la misma manera que se puede tener la *forma* de piedad sin el poder. Pero el candelero fue hecho con el propósito expreso de dar luz. Su luz era don de Dios. «La VIDA era la LUZ» (Jn. 1:4). Así, la luz es un hermoso tipo de la vida. La vida que tenemos en Cristo es vida *proveniente* de Dios, es la vida de Dios. Esta luz nunca podía apagarse. No. La vida que recibimos es «vida eterna», que nunca se desvanecerá. El secreto de un testimonio estable y poderoso reside no en la abundancia de conocimiento, sino de vida. Recordemos que la *vida es la luz*. Dejar que nuestra luz brille significa simplemente dejar que sea vista *la vida* del Cristo que mora en nosotros. Esta luz, como el fuego en el altar, debía ser empleada y guardada, pero no *hecha*. La vida eterna no es producto de los hombres, sino «don de Dios» (Ro. 6:23). «Os es necesario nacer de arriba» (Jn. 3:7).
Nótese además el gran propósito de esta luz. Debía:

1. ALUMBRAR «DELANTE DE JEHOVÁ». Nuestra primera gran ocupación, como cristianos, es *vivir delante de* Dios. «Uno solo es vuestro Maestro, el Cristo» (Mt. 23:8). Camina *delante* de Mí, dijo Dios a Abraham. Es posible brillar a los ojos de los hombres y no hacerlo ante Dios. Para este fin necesitamos el corazón devoto y el ojo sencillo. «¿O no sabéis... que no sois vuestros? Porque habéis sido comprados por precio; glorificad, pues, a Dios en vuestro cuerpo y en vuestro espíritu, los cuales son de Dios» (1 Co. 6:19, 20). Mientras el candelero alumbraba «delante de Jehová», también:
2. ALUMBRABA SOBRE LA MESA. Cuando estamos viviendo solo para complacer a Dios, revelamos entonces a Cristo a otros como el pan de vida. Los hombres ven en Cristo el pan que necesitan para sus pobres almas perdidas por medio de la brillante y gozosa luz de la vida consagrada. Al alumbrar delante de Dios es como mejor recomendamos al Señor Jesucristo. No hay lugar aquí para agradar a los hombres. Al alumbrar «delante de Jehová», también:
3. ALUMBRABA SOBRE EL ALTAR. El poder de la oración se verá y sentirá por medio de la vida vivida delante de Dios. El Dios que da respuesta a la oración es el Dios que responde por el fuego de una vida santa y glorificadora de Dios. También
4. ALUMBRABA SOBRE SÍ MISMO. Al alumbrar *delante* de Dios manifestamos ante otros la hermosura que el Señor nuestro Dios ha puesto *sobre nosotros*. «Que vean *vuestras* buenas obras, y glorifiquen a vuestro Padre que está en los cielos» (Mt. 5:16).

VI. El aceite. El poder del candelero estaba en la luz que daba. Pero la luz debe ser alimentada. La nueva vida que Dios nos ha dado necesita sustento. Para la luz había la provisión de aceite puro de oliva. El aceite es un notable símbolo del Espíritu Santo. Pentecostés fue el derramamiento del aceite sobre las vidas vacilantes de los primeros discípulos. Puede que tengamos vida, pero no podemos tener vida abundante a no ser que tengamos un abundante suministro del espíritu de gracia. Un testimonio de mecha seca es un testimonio bien deficiente. ¿Cómo se aplica este aceite? El Espíritu toma las cosas de Cristo y nos las *muestra*, de manera que cuando estas cosas preciosas son vistas y aceptadas, la fe es fortalecida y la vida iluminada. El aceite santo es una necesidad primaria si la lámpara del testimonio debe ser mantenido ardiendo resplandecientemente. No hay otro camino. Si nuestra vida cristiana es mediocre, nebulosa y vacilante, ello es evidencia suficiente de que carecemos del aceite del espíritu de la libertad. La educación y la seriedad no sirven como sustitutos del inspirador aceite del Espíritu Santo. El aceite no puede resplandecer por sí solo ni puede hacer que una lámpara apagada dé lumbre. Solo puede manifestar su gran poder por medio del fuego de un alma viviente. Se dice del Espíritu que «No hablará de Sí mismo», pero Él puede hacer que la vida que hemos recibido por medio de Cristo resplandezca con tanta claridad que Cristo nuestro Señor sea magnificado en nosotros. «Él me glorificará», dijo Jesús. Él lo glorifica así a Él en nosotros. El sacerdote ponía el aceite en las lámparas. Las avivaba con sus propias manos. ¿Cuánto más no dará Él el Espíritu Santo a los que le pidan? Ser llenos del Espíritu significa estar llenos de fe, amor, sabiduría y poder, de modo que nuestras vidas sean conforme a Cristo, y glorifiquen a Dios. «No con la fuerza, ni con el poder, sino solo con mi Espíritu, dice Jehová» (Zac. 4:1-6).

VII. Despabiladeras y platillos. Se trataba de utensilios pequeños pero indispensables. Las lámparas necesitaban ser apabiladas, y se tenían que quitar las *cenizas* de la mecha. ¡Oh sí, incluso aquí hay cenizas! Hay cosas en ocasiones en los mejores hombres que mejor sería que no hubiera. Pero notemos que las cenizas que perjudican el testimonio no provienen del santo aceite, sino del cuerpo de la mecha. La dificultad nunca se encuentra en el Espíritu Santo, sino en nosotros mismos. Puede que se trate de un pequeño levantamiento de la voluntariosidad, algún deber descuidado, algún pecado no confesado. Pero es un consuelo bendito que aunque nuestro Gran Sumo Sacerdote pueda tener que emplear las despabiladeras de la prueba y de la aflicción para purificarnos, nunca emplea el apagador. Cuando Pedro lo negó Él no procedió a apagarlo, sino que aplicó las despabiladeras de la intercesión llena de gracia. No tenemos un sumo sacerdote que *no pueda* compadecerse de nuestras debilidades. Las despabiladeras eran de oro puro. Las pruebas de fuego a través de las que podamos ser llevados no serán ocasión de gozo, sino de tristeza. Pero obran para nosotros un peso eterno de gloria. La prueba de vuestra fe es «mas preciosa que el oro» (1 P. 1:7). Las despabiladeras no se emplean para adolorar, sino para dar provecho, para que la lámpara alumbre con más resplandor. Pruebas de oro en las manos de un compasivo sumo sacerdote que mira más allá al futuro. «Sea hecha tu voluntad» (Mt. 26:42). Obra entonces en nosotros tanto el querer como el hacer de tu buena voluntad. Querido hermano en la fe, en el día de la prueba piensa en las despabiladeras de oro.

102. EL VELO

Éxodo 26:30-32; Marcos 15:38; Hebreos 10:19, 20

I. El nombre. El nombre «velo» sugiere algo que *oculta*, un algo escondido detrás que no puede verse aún. El velo sobre el rostro de Moisés *cubría* la gloria que resplandecía dentro. El velo de la incredulidad en el corazón oculta del alma la gloria de la gracia de Dios vista en la faz de Jesús. El velo del Tabernáculo ocultaba –o se interponía entre– el sacerdote y la gloria de la presencia divina, que reposaba sobre el propiciatorio en el Lugar Santísimo. Es un tipo del cuerpo del Señor Jesucristo. Él tomó sobre Sí «la semejanza de carne de pecado» (Ro. 8:3). Esta *carne*, como un velo, ocultaba la gloria de su carácter divino. Su transfiguración en el monte fue un rebosamiento incidental de la gloria oculta que moraba dentro. La divina majestad estaba siempre allí, pero el débil cuerpo de carne la velaba. Nuestros propios cuerpos son tan solo velos que esconden de nosotros la faz de nuestro amante y glorificado Salvador. La muerte es solo el rasgado del velo, la apertura del camino para nuestro acceso a su presencia inmediata. «Ausentes del cuerpo, presentes con el Señor» (2 Co. 5:8). Justo ahora –cuán dulce pensarlo– hay solo un *velo* en medio.

II. Su carácter:

1. Estaba hecho de «LINO FINO TORCIDO». Aquí podemos ver la pureza moral de Cristo como Hombre. Su carácter era el de «lino fino», puro y sin mancha. Satanás vino pero no encontró nada en Él. La vestimenta de sus pensamientos y vida era impoluta. Este lino debía ser «fino y *torcido*». ¿Quién puede contemplar la *textura* de la vida y carácter de Cristo sin dar una exclamación maravillada? Las naturalezas divina y humana estaban ciertamente finamente entrelazadas. Tan hermosamente estaban retorcidas juntas, tan estrechamente unidas, que al mirar solo se puede decir: «¡He aquí el Hombre!» (Jn. 19:5).
2. Debía ser de «OBRA PRIMOROSA». Ahora bien, debemos mirar más allá de la textura visible de la vida de Jesús. Llegamos a su nacimiento, el misterio de la Encarnación. Esto es en verdad «obra primorosa» del Espíritu Santo. «El Espíritu santo vendrá sobre ti, y el poder del Altísimo te cubrirá con su sombra; por lo cual también lo santo que va a nacer será llamado Hijo de Dios» (Lc. 1:35). ¡Obra primorosa! ¡«Grande es el misterio de la piedad: Dios fue manifestado en carne»! (1 Ti. 3:16). ¿Quién sino el mismo Cristo pudo haber sugerido un tipo así?
3. Era «AZUL, PURPURA Y ESCARLATA». Los mismos colores que aparecen en la entrada y en la puerta, porque es siempre el mismo Hombre Divino. El «azul» habla de Aquel que *vino* del Cielo. El escarlata de Aquel que *nació* de mujer. El purpura, formado mezclando azul y escarlata, habla de Aquel que es Dios y hombre en *una* Persona, el Mediador, el Sacerdote regio, Emanuel. Podemos desde luego unirnos a María en proclamar: «Engrandece mi alma al Señor, y mi espíritu ha saltado de gozo en DIOS mi SALVADOR» (Lc. 1:46).

III. La posición. Este santo velo colgaba directamente enfrente del arca del propiciatorio. Era la única separación entre el santuario y el Lugar Santísimo. Era solo a *través* del velo que el sacerdote podía entrar en la SANTA PRESENCIA. Es solo a *través* de Cristo que podemos allegarnos a Dios. «Yo soy el Camino» (Jn. 14:6). Este velo sólo podía ser abierto una vez al año, y el sacerdote no entraba sin sangre. Pero obsérvese que antes que pudiera entrar el velo tenía que ser *quitado*. Éste debe haber sido un acto profundamente solemne por parte del sacerdote. Al *apartar* el velo se veía en el acto ante el mismo Jehová. ¡Cuán significativo! Acerquémonos a la verdad con profunda reverencia. El Santo tenía que ser quitado antes que el hombre pueda entrar, por medio de la sangre expiatoria, en comunión con Dios. Cuando aquellos sacerdotes y gobernantes, cegados por el pecado, gritaron, «*Quita, quita*» (Jn. 19:15, RV), estaban rudamente desgarrando el santo velo echándolo a un lado, y exponiéndose ellos a la ira del Dios de Israel (Hch. 2:23). Pero el propósito de Dios se cumplía con ello.

IV. El rasgado. Tan pronto como Jesús entregó el espíritu, «el velo del templo se rasgó en dos, de arriba abajo» (Mt. 27:51). Se supone que el velo del Templo era el mismo velo que se empleaba en el Tabernáculo. La muerte de Cristo en la Cruz y el rasgado del velo sobre los pilares son cosas estrechamente relacionadas, porque significan lo mismo: que tenemos libertad para entrar en el Lugar Santísimo «por el camino nuevo y vivo que Él abrió para nosotros *a través del velo*, esto es, de su carne» (He. 10:19, 20). Fue:

1. DIVINAMENTE RASGADO. Fue rasgado desde *arriba*. Rasgado de lo alto, por Dios. Si hubiera sido obra humana, habría sido rasgado desde *abajo*. Hay en todo esto un profundo significado. Es cierto que ellos «con manos inicuas» lo crucificaron y le dieron muerte. Pero Él podía decir: «Nadie me la quita [mi vida]». Aquí está el meollo de la cuestión. «Jehová *quiso* quebrantarlo, sujetándolo a padecimientos» (Is. 53:10). «Dios mío, Dios mío, ¿por qué me has desamparado?» (Sal. 22:1). Él hizo que nuestros pecados se encontraran sobre Él. El velo fue rasgado desde arriba, las manos de Dios se extendieron, y tomándolo, lo rasgaron, indicando con ello que la muerte de su amado Hijo ha cumplido toda demanda justa, y que ahora Él establece ante nosotros una puerta abierta para que entremos en la presencia de su trono de gracia.
2. RASGADO POR LA MITAD. No por un lado. No fue una entrada lateral la que obró Cristo para nosotros por medio de su muerte expiatoria. El arca, con su propiciatorio y gloria de la Shekiná, se hallaba en el *centro* del Lugar Santísimo y cerca del velo. El velo, al quedar rasgado *por en medio*, quedó abierto justo delante del propiciatorio. La fe en Cristo trae al pecador en contacto inmediato con un misericordioso Dios (Ro. 3:25).
3. RASGADO DEL TODO. De *arriba abajo*. No quedó ni un hilo intacto. La gracia lo inició y la gracia lo terminó. «¡CONSUMADO es!» Ciertamente Él ha perfeccionado aquello que se refería a *nosotros*. Queda ahora eliminado todo obstáculo en el camino de Dios para salvar a los hombres, y eliminado por Él mismo. El CORDERO DE DIOS ha quitado el pecado del mundo (Jn. 1:29). Dios se levanta y rasga el velo de separación, para poder ofrecer su misericordia a todos los que se alleguen a Él en nombre de su Hijo Jesucristo. «Dios estaba *en Cristo* reconciliando consigo al mundo, *no tomándoles en cuenta* a los hombres sus transgresiones» (2 Co. 5:19). «En ti me refugio» (Sal. 143:9). «En ningún otro nombre hay salvación» (cp. Hch. 4:12). Ahora que el velo está rasgado carecen de valor todas las pretensiones sacerdotales humanas. «Cree en el Señor Jesucristo, y serás salvo» (Hch. 16:31).

103. LOS VELOS DE LA BIBLIA

Éxodo 26:31, 32

El significado de un velo es algo que cuelga entre, y que esconde bien lo que está dentro, bien lo que está fuera. Hay varios mencionados en la Escritura. Consideremos algunos de ellos.

I. El velo del tabernáculo (Éx. 26:31, 32). Colgaba de cuatro columnas, y separaba el lugar santo del Santísimo, y servía como cubierta para la gloria, que reposaba sobre el propiciatorio entre los querubines. Era azul, púrpura y escarlata, y era un tipo de Cristo. El azul representaba su carácter celestial o divino, el escarlata (rojo terreno) su naturaleza humana, y el púrpura una combinación del azul y del escarlata, su carácter como Dios-Hombre en una persona. «Un solo mediador entre Dios y los hombres, Jesucristo HOMBRE» (1 Ti. 2:5). Este velo habla de mucho que había de ser aún revelado, pero cuyo tiempo no había llegado aún. No lo podéis llevar.

II. El velo de Moisés (Éx. 34:33-35). Este velo ocultaba de los ojos débiles de los Israelitas la gloria de Dios resplandeciendo a través de la piel de su rostro de Moisés. Moisés había estado en presencia de Dios durante cuarenta días, y mucho del glorioso carácter de Dios se había prendido de Él a través de la apertura de su rostro. Pero Él no sabía que su rostro resplandecía. Aquí tenemos un testimonio inconsciente tan resplandeciente y convincente que otros no podían soportarlo. Por lo que tuvo que esconder mucho de lo que Dios había obrado sobre Él a fin de poderse adaptar a la capacidad de los débiles e inexpertos. «No... echéis vuestras perlas delante de los cerdos» (Mt. 7:6).

III. El velo del templo (Mt. 27:51). El velo del templo se rasgó de arriba abajo cuando el espíritu de Jesús fue desgarrado de su cuerpo. Así, mediante la separación de su espíritu y cuerpo se rasga el velo en dos. Por medio de la separación de su alma y espíritu discernimos los pensamientos y propósitos del corazón de Dios. El rasgado del velo nos da una nueva revelación de nuestro Dios y Padre. «He aquí, he puesto delante de ti una puerta abierta» (Ap. 3:8).

IV. El velo de la carne de Cristo (He. 10:19, 20). Mientras que el arca viajaba, la cubría un velo (Éx. 40:3). La carne de Cristo, que era en semejanza de carne de pecado, fue el velo que escondía la gloria oculta de su carácter divino. Algunos pudieron, por la fe, ver la gloria divina resplandeciendo a través del velo (Mt. 16:16). En el ofrecimiento de su cuerpo, se hizo el necesario sacrificio por el pecado. Ahora, por medio del velo de su carne tenemos consagrado para nosotros un camino nuevo y vivo. Ahora tenemos «libertad para entrar en el Lugar Santo por la sangre de Jesucristo» (He. 10:19).

V. El velo de la incredulidad (2 Co. 3:13-16). Aunque el velo de la tiniebla ha sido quitado en Cristo, «Pero hasta el día de hoy, cuando se lee a Moisés, el velo está puesto sobre el corazón de ellos (de Israel)». El velo de la ceguera es quitado del corazón cuando nos volvemos al Señor (v. 16). «El que quiera hacer la voluntad de Dios, conocerá» (Jn. 7:17). Este velo de incredulidad sigue impidiendo a los judíos ver la gloria de Cristo en la faz de Moisés, y ciega a multitudes de gentiles de contemplar la gloria de Dios en la faz de Jesucristo. Pero cuando se vuelvan al Señor, será quitado.

VI. El velo de la ceguera nacional (Is. 25:7-9). Este velo que está extendido sobre las naciones les impide ver el remedio divino para los pecados y dolores del mundo en la Venida del Señor Jesucristo (v. 9). Este velo de ceguera que oculta al Rey de derecho de los ojos de las naciones será quitado cuando Él venga. Él vendrá cuyo es el derecho a reinar, el «bienaventurado y único Soberano, Rey de reyes, y Señor de los que gobiernan» (1 Ti. 6:15). «Florecerá en sus días la justicia» (Sal. 72:7).

104. LA PUERTA

Éxodo 26:36, 37; Juan 10:9

¿Por qué tiene que haber una puerta entre el ministerio de la fuente y el servicio y la comunión del lugar santo? Quizá para enseñarnos que la obra de la una era simplemente para prepararnos para el disfrute y privilegio del otro. Crecer en gracia significa recibir en plenitud las bendiciones que nos son ofrecidas en Cristo Jesús. Aquellos que andan en la luz recibirán más luz. «La senda de los justos es como la luz de la aurora, que va en aumento» (Pr. 4:18). En la experiencia del cristiano siempre hay más todavía. Las cortinas que formaban la puerta, como la puerta exterior y el velo interior, estaban hechas de «lino torcido: azul, púrpura y carmesí». Aquí nuevamente tenemos a Jesús como el Hijo de Dios, el Hijo del Hombre y el Mediador entre Dios y los hombres. Para el creyente tiene que ser Jesús en su triple carácter todo el camino. Vivimos por fe en el Hijo de Dios. La puerta tenía cinco columnas, hechas de madera de acacia cubiertas de oro, la madera y el oro señalando otra vez a la naturaleza humana y divina de Cristo. Él mismo dijo: «Yo soy la puerta» (Jn. 10:9). Las cinco columnas pueden representar su nombre quíntuplo como lo da Isaías (Is. 9:6). «Llamarás su nombre JESÚS» (Mt. 1:21). Es el 1) Rey, 2) Eterno, 3) Inmortal, 4) Invisible, 5) único y sabio Dios (1 Ti. 1:17). Si en el altar tenemos que ver con la obra de Jesucristo, aquí le encontramos a Él mismo en todas las riquezas de su glorioso carácter. La verdad sobre la «más plena» o «más elevada vida cristiana» y que tanto se enseña en estos días aparece aquí en figura en la puerta. Es una aceptación clara o definida de, o el entrar en, toda plenitud de Cristo Jesús, adquirida para nosotros por su sangre expiatoria, ofrecida en su palabra y efectuada en nosotros por fe mediante el Espíritu Santo. Habiéndonos puesto bajo el poder de la limpieza en la fuente, ahora podemos ver y disfrutar las inescrutables riquezas de Cristo. La puerta era:

1. EL CAMINO A LA ORACIÓN ACEPTA. Pasando la puerta, justamente enfrente, estaba el altar de incienso de oro, figura de la intercesión. Cuando Cristo mismo viene a ser a nuestros corazones el señalado entre diez mil, la oración se hace una delicia. Estando ahora llenos de su amor y su palabra, pedimos y recibimos (Jn. 15:7). El ministerio del Espíritu Santo (la fuente) es necesario para capacitarnos para este santo y bendito privilegio (Ro. 8:26-27). Es también:

2. EL CAMINO A LA LUZ CONTINUA. Dentro de la puerta estaba el candelero de oro que siempre ardía, la luz que nunca debía apagarse. Cuando se entra por la puerta, o cuando Cristo es recibido en toda la plenitud de su gracia y poder, el alma entra en la dulce experiencia de andar en la «luz del Señor». Muchos cristianos nada saben de este brillo continuo. Solo ven a Cristo en el altar de expiación. Saben que sus pecados son perdonados, pero no saben qué es ser «llenos de toda la plenitud de Dios» (Ef. 3:16-20). Se descuida la enseñanza de la fuente. ¡Oh, que los hombres creyeran en el Espíritu Santo y se sometieran a su poder y enseñanza; entonces Cristo sería glorificado en ellos, y andarían en novedad de vida!

3. EL CAMINO A LA COMUNIÓN PERMANENTE. Cuando el sacerdote pasaba por la puerta, también venía a la presencia de la mesa de los panes de la proposición. La mesa habla de comunión. Aquí tenemos comunión con Dios en su Hijo, quien es el «Pan de vida». Esta comunión con Cristo en la mesa del pan es una comunión que fortalece y satisface. Esta preciosa bendición también viene después de la influencia santificadora del Espíritu Santo, representada en la fuente. Hay que quitar toda cosa inmunda si hemos de permanecer en la amistad que satisface el alma y que proviene del santo Hijo de Dios. ¿Andarán dos juntos, si no estuvieren de acuerdo? Este privilegio no viene a nosotros de cuando en cuando como la ordenanza de la «cena». Nunca hay necesidad de descender de este santo monte. «PERMANECED EN MÍ».

4. EL CAMINO A LA CERCANÍA DE DIOS. Al pasar por la puerta el sacerdote era, sin duda, consciente de que se había acercado más a Dios. Ahora solo quedaba el velo entre Él y la gloria que reposaba sobre el propiciatorio dentro.
Esta es la solemne experiencia de aquellos que, por el poder del Espíritu Santo, andan en la luz de la comunión de Cristo. Solo interviene el velo, solo está este velo de carne entre nosotros y la inmediata visión de la gloria de Dios. «Ausentes del cuerpo, y presentes al Señor» (2 Co. 5:8). Cuando pensamos en nuestra propia pecaminosidad, bien podemos, como Acab, «andar humillados» (1 R. 21:27). Cuando pensamos en la gracia de Dios por la cual hemos sido introducidos a este privilegio, bien podemos regocijarnos y adorar. Postrémonos y demos gracias.

5. EL CAMINO A LA CALMA DE LA DIVINA SEGURIDAD. No importa lo tormentoso que pudiera haber sido el día, dentro de la puerta siempre había calma y tranquilidad. Aquí el adorador poseía la consciente certidumbre de estar especialmente amparado bajo las alas de la presencia de Jehová. Había la promesa de una protección general para todos los que moraban debajo de la columna de humo. Esta otra era una bendición especial disfrutada solamente por los sacerdotes, los escondidos; solo aquellos que tenían que ver continuamente con la obra de la fuente, el ministerio del Espíritu Santo. La importancia de esta verdad es la única excusa para repetirla tan frecuentemente. Podremos ser cristianos que viven debajo de la columna de la promesa, y gozando de perdón mediante el altar de la cruz, y, con todo, ser completamente extraños a la quietud y sosiego de aquellos que viven y sirven en el lugar santo. Aquí estamos «protegidos», escondidos de contención de lenguas (Sal. 31:20), ocultados del mal (Sal. 27:5). Aquí somos fortalecidos con «maná escondido», enseñados con «sabiduría oculta» (1 Co. 2:7) y satisfechos con «tesoros escondidos» (Is. 45:3). Vuestra vida está escondida con Cristo en Dios. ¡Cuán calmos, cuán tranquilos, cuán seguros, cuán llenos, cuán santos, cuán felices, cuán agradecidos, cuán llenos de alabanza debiéramos ser! Pasando la puerta también había:

6. EL CAMINO A LA ESFERA DE SANTO SERVICIO. Aquí, mediante manos sacerdotales, era puesto el incienso sobre los carbones del altar, eran despabiladas las lámparas y era renovado el pan. Era trabajo santo, de veras: orando, testificando, enseñando. Orando a Dios; ofreciendo, no peticiones frías y formales, sino deseos, como incienso de los carbones ardientes de un celo santo que lo consume a uno mismo. El incienso recién hacía subir su suave perfume cuando tenía contacto con los carbones ardientes. Los carbones de nuestros afectos deben arder si nuestras oraciones han de ascender. Aquí la lámpara de nuestra vida espiritual se mantiene metódicamente abastecida de nuevo y constantemente brillando, de modo que llevemos un testimonio constante y agradable a Dios. Aquí se da y se recibe el pan de su presencia, siempre fresco. Si queremos ministrar a otros en las cosas santas, debemos saber qué es ministrar «en la presencia de Dios». Esta aptitud para un santo servicio, repitámoslo, viene por participar personalmente del poder y gracia del Espíritu Santo. Rendíos a Dios.

No había piso en el lugar santo. Los pies descalzos del sacerdote todavía andaban sobre el desierto arenoso. Se le recordaba que, aunque estaba en el lugar de la santidad disfrutando de las cosas celestiales, todavía se hallaba en la tierra. La lección aquí es evidente. Estas grandes bendiciones y privilegios espirituales son para nosotros ahora en nuestro actual estado terrenal. Muchos cristianos relegan sus posesiones al cielo en vez de entrar en el disfrute de ellas ahora. «Yo soy la puerta; el que por Mí entrare, será SALVO; y entrará, y saldrá, y hallará pastos», fortaleza para SERVICIO (Jn. 10:9). «He aquí he puesto delante de ti una puerta abierta» (Ap. 3:8).

105. EL ALTAR DE BRONCE

Éxodo 27:1-8; Levítico 6:9-13

La palabra «altar» significa simplemente «lugar alto», o lo que *levanta*. El altar, con su sacrificio, es profundamente significativo de Cristo en la cruz (Jn. 3:14). Mediante el altar Israel fue *levantado* hasta la comunión con Dios. La cruz de Cristo es una escalera que llega al cielo. Como la escalera que Jacob vio, es el camino de Dios –a Dios– establecido en la tierra. Nos eleva a la comunión con el Padre. Tener contacto con el altar era tener contacto mediante sacrificio con las demandas y el carácter de un Dios Santo. En la cruz el pecador tiene contacto con la bondad y severidad de Dios: condenación del pecado, pero misericordia para el pecador. Este altar de holocausto *levantaba* todo lo que sobre Él se ponía. El sacrificio era *levantado* en forma de humo por el fuego consumidor que ardía continuamente en Él. ¡Verdad que escudriña el corazón! ¿Estamos dispuestos a que nuestros cuerpos sean hechos humo para la gloria de Dios? ¿He sido yo levantado, crucificado con Cristo? ¿Está el fuego del Espíritu Santo quemando mi vida? ¿Estoy yo enteramente rendido a Él? ¿Y está Él haciendo que todo mi ser *ascienda* como un olor suave a Dios? El sacrificio, estando muerto, era inconsciente de su propia virtud. Moisés no sabía que su rostro brillaba. ¡Oh, busquemos ese bendito estado de inconsciencia! Entretanto que oraba, la apariencia del rostro del Señor se hizo otra.
Pero notemos además:

I. Su propósito. Este altar de bronce, colocado a la puerta de entrada, representaba las *demandas de Dios*. Como un Dios santo y justo, tiene exigencias que deben ser satisfechas antes de que pueda, en misericordia, reunirse con el hombre y bendecirlo. El altar tiene que ser llenado antes que el hombre pueda acercarse a Dios en paz. El altar fue llenado y todas las demandas de Dios fueron satisfechas cuando Cristo

exclamó en la cruz: «Consumado es» (Jn. 19:30). El gran propósito del altar era el de quemar sacrificios. Aquí se mataba el sacrificio por el pecado, luego era llevado fuera del campamento, pero su sangre era vertida al «pie del altar». El valor del sacrificio por el pecado estaba en la sangre. «La sangre es la vida», o «La vida está en la sangre». Ésta era dejada al pie del altar, puesta delante de Dios. Aquí vemos a Cristo como Sustituto del pecador, derramando su alma hasta la muerte. «Han vencido por medio de la sangre del Cordero» (Ap. 12:11).
El holocausto, representando a Cristo como Aquel que *se consagró enteramente*, era completamente consumido sobre el altar. Se reservaba solamente la piel; ésta era dada al sacerdote como abrigo: cubierto mediante un sacrificio. Adán y Eva estaban desnudos, aunque vestidos de hojas, hasta que Dios les hizo túnicas de pieles. Todos estamos desnudos hasta hallarnos cubiertos con la justicia de Dios, que es para todos y está sobre todos los que creen.

II. Su posición. Se hallaba justo frente a la puerta. Esto nos recuerda que la expiación es la primera necesidad en nuestro acercamiento a Dios. La *primera* bendición que nuestro Dios de gracia desea darnos es el perdón de nuestros pecados, pero «sin derramamiento de sangre no se hace remisión» (He. 9:22). Cuando entra en el corazón un sentimiento de pecado, ¡cuánto anhelamos, como Job, que venga un árbitro entre nosotros y ponga su mano sobre ambos! Aquellos que rechazan a «Jesucristo y a éste crucificado» como su Sustituto que expía el pecado, no tienen *libertad* de acceso a Dios. Aproximarse a Dios no haciendo caso del altar significaba muerte. Caín trató de hacerlo; pasó por alto la sangre, y trajo sobre sí la maldición divina. «Un sacrificio por el pecado *yace* a la puerta» (Gn. 4:7). Dios lo puso allí; está allí para nosotros. Tiene una voz: «Mirad a Mí, y sed salvos…, porque Yo soy Dios» (Is. 45:22). No lo holléis.

III. Sus materiales. Aunque parezca extraño, estaba hecho de dos diferentes materiales, «madera de acacia y bronce», dos elementos distintos en un solo altar. Al hombre nunca se le hubiera ocurrido poner *madera* en un altar a menos que le hubiese sido revelado, como a Moisés en el monte. El altar, como Cristo, el Hijo del Hombre, debe tener una naturaleza de dos partes. La figura es perfecta; la madera habla de la simpatía verdaderamente *humana* de Jesús, mientras que el bronce revela el carácter fuerte y sufrido del *Ser Divino*: estos dos elementos en Uno, y eso para la salvación del hombre. Que la naturaleza humana de Cristo no haya sido consumida al entrar en una relación tan íntima con la divina es un misterio tan grande, quizá, como el de que la madera en el altar no hubiese sido consumida. El fuego divino estaba en la zarza humana, pero la zarza no se consumió. Aunque el altar era parte de madera, nunca se le llamaba el *altar de madera*, sino el *altar de bronce*, uno que era fuerte y poderoso, de modo que cuando el sacrificio era puesto encima, era de veras «socorro puesto sobre Uno que era poderoso».

IV. Su tamaño. Parecería que, comparando las medidas dadas para los otros utensilios con las del altar, tenía suficiente capacidad para contenerlos todos. Esto es muy sugestivo. Todas las bendiciones espirituales proceden de la muerte expiatoria de Cristo. «Lo entregó por todos nosotros; ¿cómo no nos dará también con Él todas las cosas?» (Ro. 8:32). La sangre del sacrificio era esparcida sobre todos los demás utensilios y así éstos estaban relacionados con el altar (He. 9:21). Es una preciosa verdad la de que cuando confiamos en Cristo como un Sacrificio por nosotros, podemos entrar en todas las bendiciones de su resurrección y vida. Esto sólo podemos hacerlo a medida que por fe somos capaces de aprehender y apropiar. «Señor, auméntanos la fe» (Lc. 17:5).

V. Los cuernos. Este altar era cuadrado; se mantenía sólido y estable. En cada esquina habla un cuerno. El cuerno es símbolo de poder. Señalaban en todas las direcciones, y hablaban de poder suficiente para todo el mundo. Los sacrificios eran atados a los cuernos del altar antes de ser inmolados (Sal. 118:27). ¿Qué ligó a nuestro Gran Sacrificio al altar de la cruz? No los clavos, sino las cuerdas de un amor más fuerte que la muerte. «Nadie me la quita, sino que Yo de Mí mismo la pongo. Tengo poder para ponerla, y tengo poder para volverla a tomar» (Jn. 10:18). Estas son sus propias palabras. Como los cuernos del altar miraban hacia todos lados, así el poder de la cruz de Cristo mira sobre todo este mundo entenebrecido y arruinado por el pecado. El valor de este sacrificio es suficiente para satisfacer la mortal necesidad de todo hombre.

VI. El enrejado. Bien en medio del altar habla un enrejado, sobre el cual se colocaban el combustible y las ofrendas. Las cenizas caían por medio del enrejado a los calderos debajo. Es muy significativo notar que el enrejado, aunque colocado en el altar a la mitad de su altura, se hallaba no obstante tan alto como el propiciatorio (un codo y medio). ¿Quién hubiera pensado en esto? Sin embargo, ¿cómo podríamos pensar en un sacrificio expiatorio *por debajo* del nivel del propiciatorio de un Dios santo? El propiciatorio era el trono de Dios; el sacrificio debe ser *igual* a Él. ¡Gloriosa verdad! ¡Maravillosa gracia! La cruz del crucificado Hijo de Dios está al mismo nivel del justo trono de Dios. La vida y muerte de Jesucristo son iguales a las demandas de la santa ley, y de las justas exigencias de un Dios santo; y todo esto en favor de nosotros como pecadores delante de Él. ¡Oh, tú que eres justo en tu propia opinión, a menos que tu justicia sea igual a la justicia de Dios y al mismo nivel que ella, no tienes esperanza alguna! Ofender o fallar en un solo punto, es ser culpable de toda la ley. En la muerte de Jesús hay suficiente para satisfacer a Dios. ¿No hay suficiente para satisfacerte a ti?

VII. Las cenizas. ¿Y qué se hacía con ellas? Arrojarlas afuera, a cualquier parte, dejando que los vientos las desparramen. Sí, si la sabiduría humana ha de decidir. Pero aquí todo es sagrado; nada debe estimarse con ligereza. Las cenizas son una porción preciosa en ojos del sacerdote, a causa del valor que Jehová les atribuye. Las cenizas hablan de un sacrificio hecho, y más especialmente de un sacrificio aceptado por Dios a través del fuego consumidor. Las cenizas eran evidencia de que estaba consumado, que la ofrenda fue aceptada en lugar del pecador. Eran la última cosa que velan del sacrificio. La última palabra de Cristo en la cruz fue: «Consumado es»; la obra de padecimiento y muerte estaba hecha; la expiación estaba completada. El cuerpo muerto del Hijo de Dios (las cenizas) declaraba que todo lo que podía hacerse estaba hecho. ¿Pero qué debía hacerse con las cenizas? Había que «sacarlas fuera» y ponerlas en un «lugar limpio». El acto de sacar las cenizas era a la vista de Israel un solemne entierro. Eran preciosas, por cuanto iban a ser empleadas para «rociar a los inmundos». En ellas se hallaba el *mérito* del sacrificio. Esto se aplicaba al limpiamiento del leproso. ¡Cuán sugestivo! El cuerpo de Jesús fue llevado afuera y colocado en un lugar limpio, «un sepulcro en el cual aún no se había puesto a nadie» (Lc. 23:53). Ahora el mérito de su muerte y resurrección es para el rociamiento de los inmundos, la limpieza y quitamiento del pecado. El proceso del rociamiento era muy personal. El valor de las cenizas no está en lo que nosotros pensamos de ellas, sino en la gran estima en que Dios mismo las tiene. Pensemos en esto y alabémosle.

VIII. La sangre. La sangre de la ofrenda era derramada al pie del altar. «La vida en la sangre está» (Lv. 17:11); así la vida del devoto era simbólicamente vertida delante de Dios. «Todo lo que el hombre tiene dará por su vida» (Job. 2:4). Pero cuando un hombre da su vida, da todo lo que tiene. Nuestro bendito Señor dio su vida, la derramó delante de Dios, y al dar su vida, dio todo lo que tenía. ¿Cuánto era eso? «Se hizo pobre, siendo rico, para que vosotros con su pobreza fueseis enriquecidos» (2 Co. 8:9).
¡Oh, cuán pobre se hizo! ¡Oh, cuán ricos podemos ser! La sangre, la vida del sacrificio, era para Dios; las cenizas, el fruto del sacrificio, eran para el hombre. La muerte de Cristo tenía un doble aspecto: tenía que hacer expiación a un Dios Santo y limpiar a un hombre culpable. La palabra hebrea para «expiación» se usa en tres diferentes aspectos:

1) *Limpiar* (Lv. 16)
2) *Cubrir* (Gn. 6:14)
3) *Aplacar* (Gn. 32:20).

Tiene un poder aplacador hacia el justo Jehová. «Éste es mi Hijo amado, *en quien* tengo complacencia» (Mt. 3:17). Siendo un Dios santo y justo, ningún hombre puede venir ante Él *con las manos vacías*. Como pecadores, debemos tener nuestras manos llenadas con la ofrenda del Hijo y nuestros corazones limpiados por su sangre. La muerte expiatoria no solo apacigua a Dios, mas también limpia y cubre al hombre creyente. «Bienaventurado aquel cuya transgresión ha sido perdonada, y cubierto su pecado» (Sal. 32:1). Pensad mucho de la sangre, la preciosa sangre; la *misericordia* de Dios es solamente por medio de la sangre.

IX. El fuego. El fuego en el altar tenía que «arder continuamente»; *nunca* debía apagarse. ¿De dónde venía este eterno fuego? Por Levítico (Lv. 9:24) podemos creer que venía directamente de Dios mismo, de la gloria de la Shechinah, o presencia visible, que descansaba sobre el propiciatorio dentro del velo. Venía de Dios; era símbolo de la santidad de Dios y, sobre el altar, señal visible de su presencia con ellos. «Nuestro Dios es fuego consumidor» (He. 12:29). Este fuego es un terrible elemento en un terrible lugar. Aquellos que niegan que Dios demanda expiación por el pecado, mediten sobre esto. Abraham subió al monte para ofrecer un sacrificio con el *cuchillo* y el *fuego* en su mano (Gn. 22:6). Todo holocausto tenía que tener contacto con el cuchillo del sacerdote y el fuego de Dios. Aquí el Sustituto del pecador tuvo que hacer frente, no a la misericordia o amor, sino al FUEGO de

Dios. El fuego tenía que ser satisfecho con la ofrenda antes de que las «cenizas del rociamiento» pudieran ser tomadas o usadas. La justicia de Dios tiene que ser satisfecha primeramente antes de que la clemencia divina pueda fluir libremente.

El fuego continuo en el altar enseñaba a los israelitas que Dios estaba *siempre* dispuesto a recibirlos mediante un sacrificio. No había otra manera. Cristo, nuestro Sacrificio, ha sido ofrecido una vez para siempre. Por medio de Él Dios está *siempre listo* para aceptar y perdonar a todos los que vienen (He. 7:25). El fuego que *nunca* debía apagarse también proclamaba enfáticamente que las *demandas* de Dios, como el Santo, nunca serían rebajadas o cambiadas. El ardimiento continuo exigía un sacrificio continuo. Demos gracias a Dios que esta incesante e inexorable exigencia ha sido y está ahora siendo completamente satisfecha en Cristo Jesús, quien murió, y ahora está en el cielo con las marcas del altar (la cruz) en sus manos y pies; cuya sangre constantemente habla, y quien hace intercesión *continua* por nosotros. El fuego de la santidad de Dios está recibiendo eterna satisfacción por medio del glorificado Hijo del Hombre a su misma diestra.

No había otro altar para Israel. Los altares privados no tenían valor, no había en ellos fuego dado por Dios. «No hay otro nombre bajo el cielo, dado a los hombres, en que podamos ser salvos» (Hch. 4:12).

106. EL SACERDOCIO

Éxodo 28; Levítico 8; Hebreos 7

Hay una diferencia, naturalmente, entre un sacerdote y un apóstol. Un apóstol es uno que es *enviado* por Dios con un mensaje para el hombre. Un sacerdote es uno que *entra* ante Dios en favor del hombre. El Señor Jesús es a la vez Apóstol y Sumo Sacerdote (He. 3:1). Él vino de Dios, y volvió a Dios. La gran obra del sacerdote era ministrar al Señor (Éx. 28:3). «El hacer tu voluntad, Dios mío, me ha agradado» es el lenguaje del Gran Sumo Sacerdote. Éste será también el deleite de nuestras vidas si caminamos en los blancos ropajes de nuestro santo sacerdocio (Ap. 1:6).

I. El llamamiento sacerdotal.

1. AARÓN FUE LLAMADO POR DIOS. «Nadie toma para sí mismo este honor, sino el que es llamado por Dios, como lo fue Aarón» (He. 5:4). Jesucristo nuestro Sumo Sacerdote fue el escogido de Dios; Él es el único sumo sacerdote divinamente ordenado, el único «mediador entre Dios y los hombres» (1 Ti. 2:5).
2. FUE LAVADO. Deben ser limpios los que llevan los vasos de Jehová. Aarón es un tipo resplandeciente de Cristo, pero este lavamiento nos recuerda lo lejos que se encuentran los mejores hombres de parecerse al Santo de Dios. Él no necesitó este lavamiento.
3. FUE REVESTIDO. Le pusieron la túnica, el manto y el efod. Nuestro gran Sumo Sacerdote estuvo adornado en vestiduras de gloria y hermosura. Estos ropajes santos eran, como veremos, típicos de su carácter.
4. FUE CORONADO. La mitra, o *corona santa,* fue puesta sobre su cabeza. El vestido sacerdotal no quedaba completo sin la corona (Zac. 3:1-5). El sacerdote debe ser *apto* para llevar una corona. El mediador entre Dios y el hombre tiene que ser apto para, y digno de, una corona gloriosa. La corona de santidad Suya es.
5. FUE UNGIDO. «Moisés... derramó el aceite de la unción sobre la cabeza de Aarón» (Lv. 8:12). El espíritu de la unción fue derramado sobre la cabeza del amado de Dios cuando estaba en el Jordán. El Espíritu, como paloma, lo coronó de honra. Él es el ungido de Jehová.
6. FUE CONSAGRADO. Aarón fue rociado con la sangre, y sus *manos llenadas* para el Señor (Lv. 8:24-27). *Reconocido y llenado* es el verdadero estado de consagración. El Señor Jesucristo fue ambas cosas. La voz del Cielo dijo: «Éste es mi Hijo amado», *reconocido.* El Espíritu le fue dado sin medida, *lleno.* Sus santas manos fueron en verdad llenadas para Dios y para el hombre.
7. SE ALIMENTABA DEL PAN DE LA CONSAGRACIÓN (v. 31). Y era pan santo. Lo que ningún otro podía tocar era suyo en virtud de su carácter como sacerdote. Jesús podía decir: «Yo tengo para comer un alimento que vosotros no sabéis» (Lv. 21:22). Él comía el «Pan de su Dios».
8. ERA SIN TACHA. Nadie que tuviera tacha alguna debía allegarse a ofrecer la ofrenda de Jehová (Lv. 21:23). Nuestro Sumo Sacerdote era «santo, inocente, sin mancha, apartado de los pecadores» (He. 7:26). El hombre no pudo encontrar falta alguna en Él, y Dios estuvo infinitamente complacido con Él. Aarón es un tipo de Cristo.

II. Los hijos de Aarón representan la posición y el privilegio de todos aquellos que *pertenecen* a Cristo. Que el Espíritu Santo tome ahora las cosas que son de Cristo y que nos las muestre. En Levítico 8 aprendemos algunas profundas verdades espirituales concernientes al sacerdocio de los creyentes.

1. SUS NOMBRES ESTABAN ESTRECHAMENTE ASOCIADOS. Leemos diez veces «Aarón y sus hijos». Aarón fue llamado, y sus hijos fueron llamados *en Él.* ¡Qué profundidad! Escogidos *en Él* desde «antes de la fundación del mundo». Llamados a ser santos. «Sed santos, porque Yo soy santo» (1 P. 1:16). Los hijos de Aarón eran sacerdotes de *nacimiento.* Y también nosotros. Eran sacerdotes porque eran *hijos.* Ahora nosotros somos hijos de Dios, parientes directos del Gran Sumo Sacerdote, hueso de sus huesos, y carne de su carne.
2. TENÍAN EL MISMO LLAMAMIENTO. Llamados a ser sacerdotes. «Como me envió el Padre, así también Yo os envío» (Jn. 20:21). Él nos ha hecho sacerdotes para Dios. ¿Permanecemos en nuestra elevada y santa vocación, o estamos descuidándola?
3. TENÍAN LA MISMA PRENDA DE VESTIR INTERIOR. Aarón tenía *vestiduras* de gloria y hermosura que le pertenecían a Él solo como *sumo* sacerdote. Sus hijos, como Él, tenían túnicas de lino puro. Hay glorias que pertenecen al Señor Jesucristo como Divino y Eterno y que nosotros no podemos tener, pero, a semejanza de Él, podemos tener, y debiéramos tener, la túnica de lino de pureza interior.
4. TENÍAN LA MISMA UNCIÓN. Fueron aceptados por la misma sangre y ungidos con el mismo aceite. Cristo ha entrado mediante *su propia* sangre, y lo mismo nosotros como de Él. El mismo Espíritu que vino sobre Él nos unge a nosotros (1 Jn. 2:27). ¡Qué tipos más infalibles! El aceite fue *primero* derramado sobre la cabeza de Aarón antes de ser dado a sus hijos. El Espíritu fue dado a Cristo sin medida para que Él pudiera dar el Espíritu a aquellos que se lo pidieran. «La promesa es para vosotros y para vuestros hijos» (Hch. 2:39). Esto era también cierto de Él. El aceite de la unción no debía ser puesto sobre *extraños.* El mundo no puede recibir el Espíritu Santo. Solamente los *nacidos* dentro de la familia de Dios pueden recibir este sagrado honor.
5. LES FUERON LLENADAS LAS MANOS CON LA MISMA OFRENDA. No tenemos nada más que ofrecer a Dios en nuestro favor que lo que ofreció Cristo, nuestro Aarón. Pero debemos mecer delante del Señor *aquello* que Él mece.
6. COMÍAN LOS MISMOS ALIMENTOS. Comen del mismo pan santo. Jesús vivía por la fe, y así debemos hacerlo nosotros. Su alma reposaba en las promesas de su Padre, y se fortalecía en ellas. Tal es también nuestro sublime privilegio. Vivamos como Él vivía. Él nos dejó «ejemplo, para que sigáis sus pisadas» (1 P. 2:21).
7. ESTABAN BAJO LA MISMA AUTORIDAD. Debían cuidarse «de guardar los mandamientos de Jehová» (Jos. 22:3). ¡Ah, cuán fielmente guardó Jesús el encargo que se le había encomendado¡: «Yo debo estar en los asuntos de mi Padre» (Lc. 2:49). Anduvo de continuo haciendo el bien. «Te he glorificado en la tierra; he llevado a término la obra que me diste que hiciese» (Jn. 17:4). «¡Consumado es!» ¿Estamos cuidándonos de guardar los mandamientos del Señor? ¿Estamos glorificándole sobre la tierra? ¿Estamos llevando a cabo, o esquivando, la obra que nos ha sido encomendada? «Como Tú me enviaste al mundo, así Yo los he enviado al mundo» (Jn. 17:18; cf. 20:21).

III. La vestimenta sacerdotal revela el *carácter* sacerdotal. Cada parte de la misma había sido ordenada por Dios. Él debía ser un hombre conforme al corazón de Dios, tanto por dentro como por fuera. En los pensamientos internos de su corazón y en los actos externos de su vida el Señor Jesús fue todo lo que Dios deseaba. La vestimenta del sumo sacerdote constaba de tres partes diferentes, así como había tres divisiones en el Tabernáculo. Encontramos los mismos pensamientos en la vestimenta del sacerdote que la que hallamos en los velos y en los vasos. Todo ello nos habla de Aquel que vino en forma humana a glorificar a Dios y a salvar a los hombres. Había

1. LA TÚNICA. Estaba hecha de «lino blanco fino», y era la prenda que tocaba al cuerpo. «El lino fino es las acciones justas de los *santos*» (Ap. 19:8). Así que el lino nos recuerda aquí el carácter *humano* puro y sin tacha del Señor Jesús, que no *conoció* pecado como experiencia personal, sino que era «santo, inocente, *sin tacha*». ¡Qué contraste entre el «lino fino» de su justicia y los «trapos de inmundicia» de la justicia propia del hombre! Nadie ha tenido tantos escrúpulos acerca de su ropa como Dios acerca de esto. Antes de poder llevar la túnica de lino blanco de su justicia, como los hijos de Aarón, debemos lavarnos en la sangre del Cordero. El lino blanco no era para cubrir impureza, sino para cubrir la desnudez. Relacionada con esta túnica tenemos *«el cinto de lino torcido».*

La enseñanza es aquí clara, el cinto nos habla de servicio, el cinto de *lino torcido* nos habla del *hombre* Cristo Jesús como el Siervo de Dios. Él se ciñó a Sí mismo con una toalla y lavó los pies de sus discípulos. Su cinto nunca se aflojó. Anduvo de continuo haciendo el bien. Dios el Padre dijo de Él: «He aquí mi Siervo» (Is. 42:1). Como siervo, Él se humilló a Sí mismo, y se hizo obediente hasta la muerte (Fil. 2:5-7). El servicio del Señor «en su porte exterior como hombre» fue, a la vista de Dios, como *lino fino*». Todos los *hijos* de Aarón llevaban esta túnica y este cinto. Cada creyente en el Señor Jesús tiene la túnica de justicia y el cinto del servicio. Pero ¡cuán triste que los cintos de tantos cuelgan sueltos, si es que no los han echado de sí del todo! El cinto iba unido a la túnica. Dios quiere que ambas cosas vayan juntas. Somos salvados para servir (Lc. 1:74).

2. EL MANTO. Este manto se llevaba sobre la túnica de lino blanco, y era «todo de azul». Era «obra de tejedor», «sin costura». Así como el «lino blanco» habla del *hombre* perfecto, del mismo modo el «todo de azul» habla del *Señor* del cielo. «Obra de tejedor» u «obra primorosa» en su encarnación, y con respecto a su existencia eterna, «sin costura». En lo primero vemos a Cristo como el «Niño *nacido*», en el otro lo vemos como «Hijo *dado*». Este manto azul lo vestía únicamente el sumo sacerdote. Representa algo perteneciente a Cristo que no puede ser pasado a su pueblo: la DIVINIDAD, la DEIDAD. Este manto debía ser fuertemente atado. La Deidad de Cristo, nuestro Sumo Sacerdote, no puede serle ni arrancada ni manchada, es inmutable.

Cosidas en la orla de este manto había «CAMPANILLAS DE ORO» y «GRANADAS». Las campanillas hablan de un son armónico y gozoso. La jugosa y gustosa granada habla de refresco, de satisfacción, de fruto. Es sumamente significativo ver que ambas cosas no estaban conectadas con la túnica (la naturaleza humana), sino con el manto (la divina). Si Cristo hubiera sido *solamente* un hombre no hubiera podido oírse el gozoso son de la salvación, ni satisfacción de alma para nosotros como pecadores delante de Dios. El gozoso son del ángel heraldo fue: «Dejad de temer, porque os traigo buenas noticias de gran gozo, ... que os ha nacido hoy, en la ciudad de David, un Salvador, que es CRISTO EL SEÑOR» (Lc. 2:11). La dulzura de esta proclamación residía no en el hecho de que hubiera nacido un *hombre*, sino en que este Hombre era el Santo, el Hijo de Dios. Las campanillas colgaban del manto azul. Estas campanillas y granadas tenían indudablemente una referencia a Dios así como al hombre. El hecho de que pertenecían *solo* a aquella parte del vestido que distinguía al sumo sacerdote indica esto. En Cristo, como nuestro Sumo Sacerdote, hay aquello que es infinitamente dulce y melodioso para el oído de Dios, y también aquello que es refrescante y satisfactorio para su corazón. Las campanas del Evangelio y las granadas de la promesa han dado alegría y satisfacción a muchas almas fatigadas y desesperanzadas. «¡Cuán bienaventurado es el pueblo que sabe lo que es la voz de júbilo!» (Sal. 89:15). Éstas son las campanas de oro de la gracia de Dios, y tienen un son maravilloso.

3. EL EFOD. Esta parte de la vestimenta sacerdotal era llevada sobre el «manto de azul». Se hacía con los mismos materiales que el velo: «azul, púrpura y escarlata». Tenemos aquí el mismo orden que en las cortinas. La túnica blanca, representando el carácter *humano* de Cristo, el «manto de azul», su *divinidad*, el efod y dos naturalezas en *una Persona*. Lo primero es el Hombre *Jesús*; lo segundo es el hombre *Cristo* Jesús; lo tercero es el *Mediador* entre Dios y los hombres, el Hombre Cristo Jesús. Había también un cinto relacionado con el efod, hecho de los mismos materiales. El cinto significa servicio. Así aprendemos que aun cuando el sacerdote estaba revestido con estas «vestiduras de gloria y de hermosura» seguía estando en la actitud de servicio. Nuestro gran Sumo Sacerdote, aunque ahora revestido de gloria y hermosura, sigue llevando el cinto dorado de servicio (Ap. 1:13).

4. EL PECTORAL. Este pectoral era de alrededor de veintitrés centímetros de lado, y estaba hecho «de obra primorosa, ... de oro, púrpura, violeta y carmesí y lino torcido» (ver Éx. 28). No *debía separarse* el pectoral del efod (v. 28). Es por ello típico de algo que pertenece a Cristo como nuestro Mediador. Se pusieron allí doce piedras, en cuatro hileras, una para cada tribu de Israel, llevando sus nombres. Así, el sumo sacerdote llevaba al pueblo de Dios en su seno, escritos en su corazón. Éste es un precioso pensamiento para cada redimido por la sangre de Cristo. Son siempre recordados por Él, están siempre ante Él. Nuestro lugar con Él está en su corazón, sostenidos delante de Dios, y siempre aceptados en Él. El sacerdote no podía quitarse el pectoral sin quitarse también su prenda de gloria. Si el Señor echa de Sí a su pueblo echa de Sí su propia gloria como el Hijo de Dios Redentor. El glorioso carácter de Cristo y su pueblo están *ligados*. Él no se quedará en la gloria dejándome atrás. Estas piedras tenían todas diferentes colores. El pueblo de Dios puede poseer dones y esferas de utilidad muy diferentes, pero estaban en un solo pectoral, todos cerca por un igual al sacerdote, todos uno en Cristo.

Pero hay algo más que se debe observar aquí, esto es, las «HOMBRERAS». Estaban relacionadas con el pectoral y con el efod. En cada una de estas dos piezas había una piedra con los nombres de seis tribus de Israel grabados en ella. Así quedaba todo el pueblo de Israel representado en el corazón y sobre los hombros de su mediador. Sobre el corazón, el lugar de los afectos; sobre los hombros, el lugar de fuerza y seguridad. Cada vez que el sumo sacerdote entraba en el lugar santo llevaba con Él a todos los redimidos del Señor. Donde Él iba ellos iban. Recordemos las palabras del Señor, cómo dijo Él: «Para que donde Yo estoy, vosotros también estéis» (Jn. 14:3). «Abogado tenemos para con el Padre, a Jesucristo el justo» (1 Jn. 2:1).

5. LA MITRA. Era un tocado para la cabeza, la «corona santa» del sacerdote. Estaba hecha de lino fino y tenía una placa de oro puro en la frente, con estas solemnes palabras claramente grabadas sobre ella: «SANTIDAD A JEHOVÁ» (Éx. 28:36). En tanto que la verdad aquí enseñada es profundamente humillante, es también consoladora. Esta corona santa fue puesta sobre Aarón para que llevara «las faltas cometidas en todas las cosas santas». Pensemos en esto. Hay aquello en nuestras cosas más santas que daña su pureza y que desfigura su carácter, pero nuestro representante está coronado de santidad, y estamos en Aquel que es el verdadero. ¡Alabado sea el Señor! Se añade significativamente que «Sobre su frente estará continuamente, para que OBTENGAN GRACIA delante de Jehová» (Éx. 28:38). «¿Quién es el que condena? Cristo es el que murió; más aún, el que también resucitó, el que además está a la diestra de Dios, el que también intercede por nosotros» (Ro. 8:34). ¿Quién nos separará de Aquel que nos ha ligado a su hombro y corazón con cuerdas de amor y de poder? Yo nada soy; Él lo es todo. De mí mismo solo puedo decir, «inmundo»; pero Él es «Santidad a Jehová». «Permaneced en Él.» «Estáis completos en Él.» En Él sois perfectos, estáis enteros, de nada careciendo.

6. EL URIM Y EL TUMIM. Estas misteriosas piedras estaban relacionadas con el pectoral. Estos nombres significan «Luces y Perfecciones». Parece que se empleaban cuando se hacían preguntas específicas al Señor (Nm. 27:21; 1 S. 28:6). Quizá se volvieran brillantes u oscuras según fuera «sí» o «no» de parte de Dios. Es evidente que la mente de Dios era *revelada* en ocasiones por medio de ellas, de la forma que fuera. Parece que tipifican el ministerio revelador y santificador del Espíritu Santo. Sería en verdad cosa extraña que aquí donde hay tanto que nos habla del carácter y de la obra de Cristo no hubiera nada que indicara el gran don que ha venido a su Iglesia por medio de su entrada en el Lugar Santísimo. El Urim y el Tumim revelaban la voluntad de Dios por intermedio del Sumo Sacerdote. El Espíritu Santo, que nos ha sido dado por medio de nuestro Sumo Sacerdote, nos conduce «a toda verdad».

Estas piedras preciosas, como el Espíritu Santo, testifican solo de ÉL. El hecho de que fueran dos puede ser indicación de que el Espíritu Santo es el don del Padre y del Hijo. Se daba una gran importancia al Urim y al Tumim. Un sacerdote sin ellas era solo un hombre sin poder ante Dios (Neh. 7:65). Fue por el Espíritu Eterno que Cristo se ofreció a Dios. Si queremos, como sacerdotes, tener poder con Dios y con los hombres, cuidémonos de tener siempre con nosotros el Urim del Espíritu Santo.

Éstas eran las vestiduras oficiales del gran Sumo Sacerdote. Pero no se podía revestir de ellas hasta *después* del gran Día de la Expiación. Cristo debe ofrecerse a Sí mismo como sacrificio a Dios antes de poderse poner sus vestiduras de gloria y hermosura como representante nuestro delante del trono de Dios.

IV. La obra del sacerdote. La gran obra del sumo sacerdote Aarón, así como la obra de sus hijos, quedaba recapitulada en estas palabras: «Guardaréis la ordenanza delante de Jehová» (Lv. 8:35). La observancia de la ordenanza significaba hacer toda su voluntad. En cumplir esto se agradaba el Señor Jesucristo. Las actividades sacerdotales eran muy variadas. El sacerdote tenía que

1. PRESENTARSE A SÍ MISMO DELANTE DE DIOS. Tenía, ante todo, que hacer expiación *por sí mismo* antes de poder hacer nada por otros. Tenía que ser sin pecado Él mismo, si quería ofrendar sacrificio a Dios por otros. Cristo no necesitó de sacrificio por Sí mismo, siendo «santo, inocente, sin mancha» (He. 7:26). Pudo presentarse inmediatamente a Sí mismo ante Dios en lugar de otros.

2. HACER EXPIACIÓN POR EL PUEBLO. Este sacerdote tenía que ofrecerse a sí mismo dos veces: una por sí mismo, y otra vez por el pueblo. Jesucristo «fue ofrecido *una sola vez*» (He. 9:28).

Esta expiación era hecha una vez al año, era *«el gran día»*. Todos los utensilios del Tabernáculo eran rociados con sangre. Todos recibían su autoridad y eficacia sobre la base de la gran expiación. La enseñanza está clara. Todas las bendiciones espirituales vienen por medio de la magna muerte expiatoria de Jesús. Solo el sumo sacerdote podía hacer expiación. Debía estar a solas en esta obra. ¿Quién podía ayudar al Hijo de Dios a hacer expiación por el pecado? Él «piso... solamente el lagar, y... nadie había conmigo» (Is. 63:3). Aquel día el sacerdote debía *quitarse* sus vestiduras de gloria y hermosura, y hacer su mayor obra vestido como un sacerdote ordinario. Cristo no murió vestido del manto de *púrpura* (Mr. 15:20), ni con sus vestiduras *blancas* y resplandecientes, sino en «Sus vestidos» de humildad y mansedumbre, como el HOMBRE santo.

3. ROCIAR LOS VASOS. El rociamiento de los vasos o utensilios significaba la santificación, o apertura, del camino hacia la presencia de Dios (He. 9:21-26). Jesús, por medio de su propia sangre, nos ha *consagrado* un camino nuevo y vivo hacia el Lugar Santísimo (He. 10:20). Él murió por nuestros pecados para que nosotros pudiéramos ser justificados delante de Dios, y para cada persona justificada hay provisión de parte de Él para cada paso en el camino. «Todo el camino es JESÚS.»

4. OFRECER DONES. Además de los sacrificios y oblaciones, el sacerdote ofrecía también los dones de incienso sobre el altar de oro. Jesús, también, tenía algo que ofrecer. «Me preparaste un *cuerpo*» (He. 10:5). «Quien llevó el mismo nuestros pecados en su cuerpo» (1 P. 2:24). Los dones de incienso aromático los ofreció también en los días de su carne: «Ruegos y súplicas con gran clamor y lágrimas» (He. 5:7). Y aquí está el grato aroma: *«Fue oído* a causa de su piedad».

5. APABILAR LAS LÁMPARAS. El sacerdote ponía el aceite diario para las lámparas. Las lámparas se apagarían pronto si los sacerdotes negligían las ordenanzas del Señor. Nuestro Sumo Sacerdote no fallará; Él suministra diligentemente el Espíritu de gracia a fin de que podamos dar un resplandeciente testimonio para Él. «Bástate mi gracia» (2 Co. 12:9).

6. DISCERNIR ENTRE LO LIMPIO Y LO INMUNDO. Aquel que era «Santidad a Jehová» era bien apto para emitir juicio entre lo limpio y lo inmundo. «... quienquiera que seas tú que juzgas» (Ro. 2:1). Si hay alguna perplejidad acerca de si alguna cosa es pura o impura, justa o injusta, tómala a Él, que conoce todo lo que es impuro a los ojos de Dios. No hay razón para abrigar dudas, a no ser que tengamos temor de someternos al escudriñador ojo del Santo. Si caminamos conforme a su juicio, andaremos «como es digno del Señor, agradándole en todo» (Col. 1:10).

7. HACER INTERCESIÓN. Si el pueblo indagaba del Señor, tenía que ser por medio de un sacerdote o de un profeta. El Señor Jesús es a la vez sacerdote y profeta. Un *profeta* para declararnos la voluntad de Dios, y un *sacerdote* para hacer intercesión por nosotros. Él podía interceder porque estaba calificado para expiar. Aquel que podía reconciliar podía asimismo interceder por ellos. Debido a la muerte el sacerdocio tenía que ir cambiando, «mas éste (Cristo), por cuanto *permanece para siempre*, tiene un sacerdocio intransferible; *por lo cual* puede también salvar completamente a los que por medio de Él se acercan a Dios, viviendo siempre para interceder por ellos» (He. 7:24, 25).

El sumo sacerdote nunca se sentaba durante el tiempo de su ministerio; salía y entraba, pero nunca se sentaba; su obra no se acababa. Jesús pudo decir: «He *llevado a término* la obra que me diste a realizar» (Jn. 17:4). De modo que «habiendo ofrecido un solo sacrificio por los pecados, para siempre *se ha sentado* a la diestra de Dios» (He. 10:12). Pero el orden de la obra del sacerdote no quedaba terminado hasta que salía y se presentaba ante el pueblo que le *esperaba* y les daba la bendición. El Sumo Sacerdote ha entrado, ahora esperamos al Hijo que viene del Cielo, y que dijo: «Y si me voy y os preparo lugar, vendré otra vez, y os tomaré conmigo, para que donde Yo estoy, vosotros también estéis» (Jn. 14:3).

107. EL ALTAR DE INCIENSO

Éxodo 30:1-10, 34-38; Lucas 1:9-13; Apocalipsis 8:3-4

Desde el desierto, fuera de la presencia de Dios, hasta el Lugar Santísimo, había siete pasos o experiencias.

1) *Decisión* en la puerta.
2) *Aceptación* ante el altar.
3) *Purificación* en la pila.
4) *Intercesión* ante el altar de incienso.
5) *Comunión* a la mesa.
6) *Testimonio* en el candelero.
7) La fe vuelta en vista más allá del velo.

I. Su propósito. El altar de incienso no debe ser confundido con el altar del holocausto. Nunca se ofrecía *sacrificio* alguno sobre este altar. Solo se podía poner *incienso* sobre sus carbones encendidos. El sacrificio debía ser hecho fuera, a la puerta de entrada. El incienso de este altar rociador de sangre habla del mérito de la sangre expiatoria ascendiendo a Dios, y puede ser también una prefiguración de aquel precioso *Nombre* por medio del cual presentamos nuestras peticiones a Dios. «Si me pedís algo en mi nombre, Yo lo haré» (Jn. 14:14). «Tu nombre es como un ungüento que se vierte» (Cnt. 1:3).

II. Sus materiales. Como el gran altar de fuera, este estaba hecho también de dos materiales diferentes. Pero no de madera y *bronce*, sino de madera y *oro*. Aquí se nos presenta otra vez el carácter divino y humano de Cristo. En el altar de bronce la madera quedaba *fortalecida* por el bronce. En el altar de incienso la madera (la naturaleza humana) queda *glorificada* por el oro. Cristo fue crucificado en debilidad, pero resucitado en gloria. Aquel que «varón de dolores» es ahora el Hombre en la gloria. Él tomó sobre Sí la semejanza de carne de pecado. Ahora la semejanza ha sido glorificada en Él. ¡Qué aliento a la oración y a la fe cuando recordamos que el Señor de la gloria sigue siendo verdaderamente humano! «Considerad... a Aquel» (He. 12:3).

III. Su posición. Estaba dentro de la puerta, en el centro del Santuario, y en línea recta entre el altar de bronce, la pila y el arca del Propiciatorio. Estos objetos que estaban en línea con el gran altar y el Propiciatorio parecen indicar la *provisión* hecha para que podamos allegarnos a Dios. El Propiciatorio era el trono de Dios, y el altar de incienso se encontraba *delante de Él*. Ésta es la posición que vemos en Apocalipsis 8:3. Cuán significativo de Aquel que es nuestro Gran Sumo Sacerdote, ahora delante del trono haciendo intercesión por nosotros.

IV. Su altura. Era de «dos codos». Por alguna razón específica tenía medio codo más de altura que los otros objetos. Aquel que se humilló a Sí mismo hasta la muerte ha sido ahora «exaltado hasta lo sumo». Dios lo resucitó de entre los muertos y lo ha puesto «por encima de todo» (Ef. 1:20, 21). Él es ahora Cabeza sobre todo a su Iglesia. En la apreciación de Dios el mérito de la muerte de su Hijo está *por encima de todo*. Glorificado sea su Nombre, aunque podamos no ser capaces de apreciar el pleno valor de la muerte del Salvador, Dios sí puede, y lo hace. Él puede bendecirnos, y nos bendice, en conformidad a su propia gran estima de la valía de la obra expiatoria de Cristo.

V. Sus varas. Las varas con las que era transportado no debían ser quitadas. Debían estar siempre presentes con el altar. Así, el altar estaba siempre *dispuesto* para la marcha. ¿No podemos ver aquí que el valor de la intercesión de Cristo puede ser para nosotros, y ello de continuo? «He aquí que Yo estoy con vosotros todos los días» (Mt. 28:20). ¡Siempre dispuesto! ¡Qué privilegio! ¡Siempre cerca! ¡Qué bendición! ¿Estamos viviendo en el poder de ello? Cuando ofrecemos nuestras peticiones a Dios, mezcladas con el aromático incienso del precioso Nombre de Jesús, ¿estamos conscientes de que nos encontramos entre las varas de su fidelidad y poder? VI. Sus cuernos. En cada esquina del altar había un cuerno de oro. El cuerno es símbolo de poder. Aquí hablan del poder de su intercesión. El número cuatro puede que tenga referencia a los cuatro campamentos de Israel, e indicaría un poder suficiente para todos. «Por lo cual puede también salvar *completamente* a los que por medio de Él se acercan a Dios, *viviendo siempre* para interceder por ellos» (He. 7:25). El poder de la intercesión de Cristo no reside en su capacidad de persuasión, sino en el hecho de su presencia ante Dios como el glorificado Hijo del Hombre. El hecho de que Dios lo haya exaltado a su diestra en forma humana es la garantía para cada creyente de toda bendición temporal y espiritual. Las heridas de Cristo nunca sanan a la vista de nuestro Dios lleno de gracia. Él es siempre «un Cordero... como inmolado» (Ap. 5:6). Él tiene poder para quitar el pecado, poder para preservarnos de caer, y si anhelamos crecer en el *conocimiento* de Dios, no olvidemos que también tiene poder «para abrir el libro» (Ap. 5:5).

VII. Su corona. Alrededor del extremo superior del altar había una cornisa o corona, para impedir que los carbones cayeran del altar. Los carbones encendidos estaban protegidos por una corona de oro. El poder sacerdotal de Cristo queda preservado y asegurado, por cuanto está ahora «*coronado* de gloria y de honra» (He. 2:9). Era indudablemente un pensamiento alentador para el peregrino israelita, mientras llevaba el altar por el quebrado desierto, que Dios había dado provisión en contra de la caída de los carbones encendidos. Sus pies podrían tropezar, pero los carbones encendidos quedaban preservados por la corona de oro. Preciosa verdad, aunque Pedro tropezó y cayó, no fallaron los carbones de la oración de Cristo. «Yo he rogado por ti» (Lc. 22:32). Nosotros podemos fracasar, pero el incienso de sus méritos sigue ascendiendo. Léase el capítulo 17 de Juan cuando se esté ante este altar.

VIII. El incienso. El valor de este altar residía en el *incienso*. Tal como sería de esperar, aquello que tipifica el *mérito* del Hijo de Dios expiando el pecado tendrá algo peculiar y misterioso. Se hacía mezclando *tres* especias, y cada uno de estos ingredientes debía ser del *mismo* peso (Éx. 30:34-38). Cuáles fueran estas especias nadie puede saberlo. El mérito del Señor Jesucristo como Redentor consiste en tres partes:

1. El mérito de SU VIDA.
2. El mérito de SU MUERTE.
3. El mérito de SU RESURRECCIÓN.

Estas partes eran todas del *mismo peso* ante Dios. Ninguna de ellas podría tener valor sin las otras. Es un misterioso compuesto que solo Dios puede comprender plenamente. Él conoce el valor de cada especia aromática.
Nadie puede hacer nada como esto para su propio uso. No debe ser imitado. ¿Qué puede servir como sustituto al *mérito* de Jesucristo? Es triste que haya todavía muchos que evidencian la soberbia suficiente para intentarlo. El sabor de nuestra propia justicia es abominación para Dios. Solo el aromático incienso de la propia designación de Dios le será agradable. La justicia de Dios, que es para todos y sobre todos los que creen. Cuando el sacerdote ponía las especias sobre el altar, los «carbones encendidos» las levantaban en grato aroma delante de Dios. Necesitamos tanto el incienso como el fuego. Ambas cosas nos vienen por medio de Cristo. Cuando nos hacemos conscientes de la valía de Cristo por parte de alguien cuyas aflicciones son como carbones encendidos, la adoración y la alabanza ascenderán como fragante nube. Para que las oraciones sean dulces y fragantes para el corazón de Dios, tienen que brotar de un corazón ardiente. «Ojalá fueses frío o *caliente*» (Ap. 3:15).
Se ordena igualmente que el incienso fuera puesto sobre el altar «cuando aliste las lámparas». El incienso de la oración y la lámpara del testimonio son cosas que deben ir siempre juntas. Resplandecemos mejor ante los hombres mientras el afecto de nuestra alma arde para Dios. «El amor de Cristo nos constriñe» (2 Co. 5:14). En la experiencia de Isaías, el «carbón encendido» y la gran *comisión* estuvieron estrechamente asociadas (Is. 6:5-8). «Y pondré dentro de vosotros mi Espíritu… Y las naciones… sabrán que Yo [soy] Jehová» (Ez. 36:27-36). «Seréis bautizados con Espíritu Santo y *fuego*, y me seréis *testigos*.»
Este altar, como los otros objetos, tenía que ser rociado en el gran día de la Expiación con la sangre del sacrificio, lo que nos enseña que las bendiciones aquí significadas nos vienen por medio de la muerte de Cristo en la Cruz, y que todas son nuestras en Él. ¿Hemos entrado en ellas? ¿Las gozamos ahora? Pueden ser nuestras en este mismo momento. Esto nos es recordado por el hecho de que el sacerdote, mientras ministraba en el Santuario, seguía pisando la arena del desierto. Estaba en «lugares celestiales», aunque seguía en la tierra. No había *asiento* aquí. El sacerdote nunca se sentaba, porque su obra nunca estaba acabada. Nuestro Gran Sumo Sacerdote ha entrado, y está *sentado* a la diestra del trono. ¡Aleluya!

108. EL DINERO DEL RESCATE

Éxodo 30:11-16

Es interesante señalar que este dinero, dado por el pueblo como *«expiación»* por sus personas, fue a constituir el *fundamento* del Tabernáculo, de modo que el Tabernáculo, como Casa de Dios, se levantaba literalmente sobre el precio de almas: sobre REDENCIÓN. Y la Iglesia de Dios, hoy día, no tiene otra base. Este «medio siclo» es una figura de la preciosa Sangre de Cristo, por medio de la que hemos sido redimidos para Dios (1 P. 1:18, 19). Obsérvese que

I. Todos necesitaban de la redención por un igual. «Cada uno» (v. 12). En relación con Dios todos son iguales, no hay diferencia, por cuanto todos pecaron. Ni el nacimiento, ni la riqueza, ni la posición social, ni la formación académica, ni la reforma moral servirán para recomendar a uno más que a otro. La palabra de Dios lo deja claro. Cada uno debe aportar un rescate (He. 9:22).

II. El precio del rescate fue fijado por Dios. «Medio siclo» (v. 13), dice Jehová: ni más, ni menos. Dios no le deja al hombre decidir cuánto dará por su alma. Esto sólo podría ministrar a su vanidad. El hombre es tan ignorante acerca de sí mismo y de la terrible naturaleza del pecado, que no le toca a Él decidir cuál pueda ser el rescate. «Lo libro de descender al sepulcro, … halló redención» (Job 33:24). ¿Dónde? En su propio seno, en la Persona de su Hijo (Jn. 3:16). «Mi Hijo, el Amado». Éste es el precio fijado por Jehová antes que el mundo fuera creado.

III. El rescate fue juzgado por Dios. «Conforme al siclo del santuario» (v. 13). Cada medio siclo entregado como dinero *de expiación* debía ajustarse a la perfecta norma de la santidad. El dinero de la expiación debía estar ajustado al peso del siclo del santuario, cumpliendo las justas demandas de la santa ley. El Señor Jesucristo, como nuestro Rescate, fue probado y juzgado por medio de la perfecta ley de justicia. Él cumplió la norma del santuario (Mt. 17:5).

IV. La redención era idéntica para todos. «Ni el rico aumentará, ni el pobre disminuirá» (v. 15). Dios tiene un solo precio para las almas. «La preciosa sangre de Cristo». Ni más, ni menos. No la sangre y tus oraciones, dones, o buenas obras. *Nada* debe ser añadido a la Sangre de su Cruz, y nada debe serle restado. Él «se dio A SÍ MISMO en *rescate* por todos» (1 Ti. 2:6). Los que predican un evangelio sin sangre están cerrando a los pecadores el camino a Dios. No importa lo que digan la cultura o la crítica. Su Palabra permanece inalterable. «Ni más, ni menos».

V. La redención tenía que ser presentada a título personal. «Todo el que sea contado», cada uno (v. 14). La salvación es una cuestión personal. Nadie puede «redimir a su hermano» (Sal. 49:7). El testimonio de Moisés tenía que ser creído, el precio tomado, y presentado ante Dios para un propósito muy especial y definido. Así tiene que ser creída la Palabra del Evangelio, y Cristo aceptado personal y conscientemente (Jn. 1:12), y ofrecido a Dios como la única redención, pero placentero a Dios. No hay salvación en ningún otro nombre. Jesús lo pagó todo. «Consumado es».

VI. La redención era la única base de aceptación. No importaba qué era lo que alguien pudiera traer; si no aportaba el «medio siclo» ordenado no podía ser aceptado, no podía ser un alma redimida. Un hombre no era aceptado porque fuera rico o pobre, letrado o analfabeto, bueno o malo, sino porque presentaba el dinero *de la expiación*. Ésta era la única condición, y todos los que lo entregaban venían a ser partícipes de la redención, con independencia de linaje o carácter. Aquí el rico y el pobre se encontraban, el Señor solo es el Salvador de todos. «El que no cree ya ha sido condenado» (Jn. 3:18).

VII. De los redimidos se esperaba su servicio. «Los que podían salir a la guerra en Israel» (Nm. 1:45). Somos liberados para que «liberados de las manos de nuestros enemigos, le sirvamos sin temor… todos nuestros días» (Lc. 1:74, 75). Salvados para servir (Hch. 27:23). «De gracia recibisteis, dad de gracia» (Mt. 10:8). Habiendo sido redimidos a tal precio, glorifiquemos por ello a Dios en nuestros cuerpos y espíritus, que son de Él. Los redimidos del Señor que salen a la lucha volverán con cánticos y gozo eterno sobre sus cabezas. La batalla es de Jehová. Tu Dios luchará por ti. «Díganlo los redimidos de Jehová» (Sal. 107:2).

109. NI MÁS NI MENOS

Éxodo 30:15

La redención es:

1. **Necesaria para todos.** «Cada uno dará… el rescate» (v. 12).
2. **Igual para todos.** «Ni el rico aumentará, ni el pobre disminuirá.»
3. **Suficiente para todos.** «Expiación para vuestras personas.»

110. LA FUENTE

Éxodo 30:17-21; Tito 3:4-6

La fuente estaba entre el altar y la puerta del tabernáculo, en línea recta con el propiciatorio y el altar de incienso, significando que los privilegios y bendición relacionados con ella se hallaban en el camino de nuestro *acercamiento* a Dios. En el altar tenemos a Cristo muriendo por nuestros pecados; en la fuente, el ministerio del Espíritu Santo. La fuente viene después del altar. «Aún no había venido el Espíritu Santo, porque Jesús no había sido aún glorificado» (Jn. 7:39). Primero la cruz, luego Pentecostés; primero justificados por su gracia, luego santificados por la verdad. La fuente era llenada con agua; el agua es figura de la Palabra; la fuente, del Espíritu. La gran verdad aquí es el ministerio de la Palabra en el poder del Espíritu Santo. Esto, por supuesto, solo puede venir después de haber sido justificados de todas las cosas por la sangre de su cruz. Si no sabes que tus pecados han sido perdonados en el altar, no es probable que la verdad aquí enseñada te resulte provechosa. Confía en Jesucristo ahora, y entra con nosotros en la herencia revelada en figura por la fuente. Primeramente observaremos:

I. Su origen. En Éxodo 38:8 aprendemos que la fuente debía hacerse de «espejos» de bronce, que pertenecían a las mujeres que se juntaban a la puerta del tabernáculo. Hay dos maneras en que podemos vernos: a la luz de nuestro espejo ilustrado, o a la luz del Señor al ponernos delante de Él.

Cuando, como estas mujeres, nos ponemos a la puerta del tabernáculo y nos vemos a la luz de la presencia de un Dios santo que aborrece el pecado, nos disgustamos tanto con nosotros mismos que no queremos ver a nuestras propias soberbias personas, y así de buena gana nos deshacemos de nuestros espejos para poder obtener aquello que nos dará hermosura y ornato interiores. La elección todavía tiene que ser hecha, aun por los redimidos, entre andar en la luz de sus propios ojos o en la verdad revelada y aplicada por el Espíritu Santo. Aquellos que viven según su propia norma están sencillamente viéndose en su propio espejo. Toda la luz que los tales tienen, proviene de las chispas que ellos mismos encienden.

La ley de Dios es un espejo para mostrarnos nuestra necesidad del lavamiento de la regeneración. Cuando Nicodemo, conocedor del espejo, vino a Jesús, Él lo dirigió enseguida a la fuente, al cambio interno que es obra del Espíritu Santo. «Nacido de *agua* y del *Espíritu*» (Jn. 3:5).

II. Su propósito. El fin principal de la fuente era, naturalmente, el de «limpiar», «lavar». La justicia judicial debía ser seguida de justicia personal. La limpieza interior debía acompañar al acto de la justificación. Es posible que el bronce bruñido de la fuente ayudara a revelar la suciedad, mientras que el agua la limpiaba. Ésta es, a lo menos, la obra del Espíritu, convencer de pecado, y aplicar la Palabra limpiadora. El agua de la fuente era solo para los redimidos. «Quedaos vosotros en la ciudad de Jerusalén, hasta que seáis investidos de poder desde lo alto» (Lc. 24:49). El ministerio del Espíritu da aptitud para el servicio. Los sacerdotes deben lavarse aquí, no sea que mueran. Si no mantenemos constante contacto con la Santa Fuente, nuestro testimonio para Dios cesará; seremos como ramas secas.

En vez de tener poder con Dios y los hombres, seremos hollados por los hombres, como sal sin sabor.

El hecho de que estos dos utensilios (fuente y altar) estuviesen separados el uno del otro, también podrá enseñarnos que el recibimiento del Espíritu Santo ha de ser una experiencia definida y personal (Hch. 19:2). Las bendiciones de la fuente solo podían ser disfrutadas por aquellos que deseaban servir en el lugar santo. ¿No es lástima que hay muchos que toman la bendición de la salvación en el altar, y luego se van satisfechos? No avanzan hacia un servicio santo en la presencia de Dios, de modo que no saben nada del ministerio especial de la fuente, y poco del gozo de la comunión con Dios. Cristo fue crucificado para salvarnos. Fue glorificado para santificarnos (Jn. 7:39). Si hemos sido salvados por su sangre, así seamos enseñados por su Espíritu y llenados con Él.

III. Su forma. Cuando Moisés recibió instrucciones para hacer la «fuente con su base», no se hace ninguna mención de tamaño o forma. A primera vista esto parece extraño. ¿Se trata de un olvido? Dios no puede equivocarse. Con Él toda omisión es tan enfática como una declaración. Seguramente es significativo que el utensilio que representa la obra del Espíritu Santo no esté limitado a alguna forma o dimensión dada. «El viento (Espíritu) sopla de donde quiere, y oyes su sonido; mas ni sabes de dónde viene, ni adónde va» (Jn. 3:8). ¿Por qué no fue la fuente hecha de madera y bronce como el altar? La respuesta parece ser clara e inequívoca. Cristo tenía dos naturalezas: divina y humana. El Espíritu Santo es una sola Persona. Adoremos al ver la sabiduría de Dios. Quienes estudian y entienden las figuras no tienen dificultad en cuanto a la inspiración de las Escrituras.

Los otros utensilios del tabernáculo tenían varas mediante las cuales eran llevados. La fuente no las tenía. Esto también podrá confirmar la inferencia de que aquí tenemos no solo representada una obra, sino una Persona Divina. Somos salvos por la obra de Jesucristo por nosotros; y santificados por la presencia del Espíritu Santo en nosotros.

IV. Su conexión con el altar. Como todos los otros utensilios, habla una relación de sangre entre ella y el altar del holocausto. Sobre ella se esparcía la sangre de la expiación. La fuente no podía ser usada hasta que la sangre hubiese sido derramada. El Espíritu recién vino después de que la obra en la cruz estuvo consumada. El esparcimiento de la sangre sobre la fuente era simbólicamente su consagración y el acto de impartir autoridad divina para su obra. Cuando Cristo entró en el cielo por su propia sangre, envió al Espíritu Santo. El Espíritu Santo recibió su autoridad del Hijo de Dios sobre la base de su propia muerte expiatoria. Existe una conexión muy vital entre Calvario y Pentecostés. ¡Ojalá fuese así en la experiencia de cada cristiano! La fuente tenía que ser llenada con agua: agua, sin duda, de la roca herida. ¿No es esto maravilloso? «La roca era Cristo» (1 Co. 10:4). Se podía llenar la fuente, y hombres podían limpiarse, porque la peña había sido golpeada. En el altar vemos la sangre de la expiación; en la fuente vemos el agua de la limpieza. Ambas son necesarias. Ambas nos vienen por nuestro Divino Redentor. Recordáis que cuando abrieron su costado, «al instante salió sangre y agua» (Jn. 19:34): primero la sangre, después el agua.

El agua, o ministerio del Espíritu, siempre viene por vía del altar (Ez. 47:1-12). «Tomará de lo mío, y os lo hará saber» (Jn. 16:13-15). Creéis en el perdón de pecado; creed también en el Espíritu que mora en vosotros. Confiad en Él para que aplique la Palabra limpiadora e imparta aptitud para el servicio.

El agua estaba en la fuente. Las dos estaban íntimamente relacionadas, pero no más que el Espíritu y la Palabra. Si queremos ser poderosos en el Espíritu, debemos ser poderosos en la Palabra. Era cuando Ezequiel hubo comido el rollo que el Espíritu lo levantó y lo tomó (Ez. 3:1-14). El Espíritu siempre levanta y lleva a aquellos en quienes la palabra de Cristo habita en abundancia.

V. Otras lecciones importantes. De la enseñanza de este vaso seguimos aprendiendo:

1. QUE HAN DE SER LIMPIOS QUIENES DESEAN ESTAR DELANTE DE DIOS. Cada vez que el sacerdote entraba en el lugar santo, tenía que lavarse. La pureza de corazón es una necesidad para ver a Dios. Sin santidad ninguno verá al Señor. No necesitamos tanto un cambio de lugar para ver a Dios como un cambio de estado. Cree, y verás.

2. QUE HABÍA SOLO UN MODO DE OBTENER LIMPIEZA. Había solo una fuente; no se precisaba otra. Esta era provisión de Dios. Podrían haberse lavado en otra parte, pero eso no los hubiera hecho «limpios delante de Dios». Escuchemos el testimonio de Job: «Aunque me lave..., aún me hundirás en el hoyo» (Job. 9:30-31). Las aguas de nieve de la tierra y de la propia voluntad nunca aprovechan mientras el «Manantial abierto para la purificación del pecado y de la inmundicia» (Zac. 13:1) esté abandonado y sea despreciado.

3. QUE UN PEQUEÑO ACTO PUEDE INHABILITAR PARA SERVICIO. Si el sacerdote hubiese rehusado tan solo una vez lavarse en la fuente, este solo acto de desobediencia le hubiera privado de poder hacer su obra sacerdotal. Nuestros pecados secretos podrán no afectar nuestras vidas delante de los hombres por un tiempo, pero nuestra relación con Dios queda afectada enseguida. La llama vacilante es indicio de una rajadura en la linterna. Un testimonio inconstante habla de fracaso en alguna parte. Una sola mosca echa a perder el ungüento. «Si en mi corazón hubiese yo mirado a la iniquidad, el Señor no me habría escuchado» (Sal. 66:18). Han de ser limpios los que llevan los utensilios del Señor.

4. QUE LAVARSE ERA CUESTIÓN DE NECESIDAD, NO DE OPINIÓN. El sacerdote, guiado por su propia sabiduría carnal, podría haber dicho: «Oh, yo me lavé por la mañana. Además, hasta donde yo puedo juzgar, no hay ninguna inmundicia que lavar». Veis que no era «¿Qué dice el sacerdote?» sino «¿Qué dice el Señor?» «Se lavarán, para que no mueran». «Si decimos que no tenemos pecado, nos engañamos a nosotros mismos» (1 Jn. 1:8). Si bien somos «limpios por la Palabra», los pies necesitan ser lavados, y eso continuamente. Los pies representan nuestra relación como cristianos con el mundo. La contaminación muy frecuentemente viene en nuestro contacto con los impíos y las cosas del presente siglo. Puede venir en forma de pensamientos duros y despropósitos de bondad acerca de los que no son salvos, falta de compasión, perdiendo la oportunidad de testificar para Cristo, impaciencia, codicia. «Líbrame de los errores que me son ocultos» (Sal. 19:12).

111. EL ACEITE DE LA UNCIÓN

Éxodo 30:22-33

Este santo aceite de la unción es un notable emblema del Espíritu Santo, siendo sus usos claramente indicativos de su enfático carácter simbólico. El doctor Kurtz nos recuerda que los orientales empleaban el aceite con tres propósitos bien definidos: (1) Para ungir el cuerpo. (2) En la preparación de los alimentos. (3) Para tener luz en sus lámparas. De la misma manera el Espíritu Santo da *lozanía* al cuerpo, *fuerza* para el corazón y el alma, y *brillantez* de vida para testimonio a otros. ¡Que Aquel que nunca habla de Sí mismo nos conduzca a la verdad acerca de Sí! Acerca de este aceite, era

I. Santo. «Aceite de la unción santa» (v. 31). Ésta era su característica esencial y distintiva, porque su principal propósito era santificar y poner aparte para el servicio de Dios. El Espíritu es constantemente designado como «Santo», el Consolador que es el «Espíritu Santo». El Espíritu no es más santo que el Padre o el Hijo, pero su gran misión es la de *santificar* entrando en contacto con aquello que ha sido consagrado a Dios. «Sed santos, porque yo soy santo» (Lv. 20:26).

II. Reivindicado por el Señor. «Éste será *mi* aceite de la unción santa» (v. 31). El aceite santo era *en sí mismo* el *sello* de Jehová. Todo aquello que era tocado por Él quedaba santificado. Era la voz de Dios afirmando su autoridad. Era la *mano* de Dios que tomaba y separaba los vasos para su uso. El Espíritu Santo es el Espíritu de Dios. Actúa por Él, llevando a cabo su voluntad en la Iglesia, como Casa de Dios. Es don tanto del Padre como del Hijo (Jn. 14:26).

III. Puesto sobre Aarón y sus Hijos. Aarón es un tipo de Cristo, y sus hijos de creyentes en Cristo, que son los hijos de Dios. Nuestro Aarón recibió su unción en el Jordán, y los hijos en Pentecostés. Fue el *mismo aceite* el que fue derramado sobre ambos. Así que somos bautizados por el mismo Espíritu que descendió sobre el Cordero de Dios, y con el mismo propósito, para que pudiéramos «servir al Señor». «Y por cuanto sois hijos, Dios envió a vuestros corazones el Espíritu de su Hijo» (Gá. 4:6). ¡Cuán estrechamente relacionados estaban Aarón y sus hijos en cuanto a privilegios y servicio! ¿Somos nosotros hijos dignos de tal Padre? Este santo aceite de la unción es para cada *hijo*. Es una gran herencia (1 Jn. 2:27). ¿Has demandado tú esta porción?

IV. Usado para santificar los utensilios, o vasos. «Con Él ungirás el tabernáculo de reunión... con todos sus utensilios... Así los consagrarás, y serán cosas santísimas» (vv. 26-29). Cada artículo separado, y cada cosa *relacionada* con el mismo, eran tocados y separados con este santo aceite: la *mesa* con *todos sus utensilios*. Ciertamente que está clara aquí la enseñanza. Como *utensilios*, si queremos estar dispuestos para el uso del Señor, todas nuestras pertenencias y relaciones deben ser cedidas a Aquel que nos ha llamado y limpiado. Nuestras voluntades, afectos, deseos, pensamientos, todo ello bajo el control de la Santa unción, todo ello reconocido como perteneciente a Dios.

V. No derramado sobre carne de hombre. «Sobre carne de hombre no será derramado» (v. 32). Solo se podía derramar sobre la mitra pura y blanca del sacerdote, no sobre *carne*. «Lo que es nacido de la carne, carne es». El Espíritu Santo no santifica jamás la carne por su venida a nosotros o en nosotros. La carne debe ser *crucificada;* sus obras deben ser *mortificadas*, no santificadas. La carne codicia *contra* el Espíritu, y por ello no puede ser empleada por el Espíritu. La soberbia y el egoísmo de la mente carnal nunca tendrán una unción del Santo. «Sobre carne de hombre *no será* derramado». Esta santa unción jamás será dada para nuestra propia gloria. El Espíritu ha venido a glorificar a Cristo (Jn. 16:14), y si no estamos dispuestos y preparados a glorificar a Cristo en nuestras vidas no podemos tener la comunión del Espíritu Santo. Su presencia es poder.

VI. No podía ser puesto sobre extraños (v. 33). Los extraños eran los que estaban *fuera* del sacerdocio, los que no eran *hijos*. Cada hijo, por pobre o ignorante que fuera, podía recibir la santa unción. Nadie más podía. Y ninguna especie de santidad profesional podría tomar su lugar. Era un privilegio heredado por *nacimiento*. «No engendrados de sangre, ni de voluntad de carne, ni de voluntad de varón, sino de Dios» (Jn. 1:13). Somos primero hechos hijos, *luego* herederos.

VII. No debía ser imitado. «Cualquiera que compusiere ungüento semejante... será cortado de entre su pueblo» (v. 33). Es imposible para nosotros *imitar* las acciones del Espíritu Santo sin atraer sobre nuestros espíritus la separadora plaga de la muerte. «Dios no puede ser burlado.» Hay un algo inescrutable en los ungidos con el Espíritu Santo que no puede ser producido por ninguna erudición, elocuencia o fervor. Hay un fuego de entusiasmo que no es de Dios, un fuego falso, la impía imitación por parte del «viejo hombre» de la unción de Dios. Ningún celo puede fabricarla, ninguna penitencia puede *comprarla*. Es el don de Dios. «*Recibid* el Espíritu Santo» (Jn. 20:22).

112. ¿QUIÉN ESTÁ DEL LADO DEL SEÑOR?

Éxodo 32:25-27

I. Hay únicamente dos bandos.

1. EL BANDO DEL SEÑOR. El bando de la infinita sabiduría y poder.
2. EL BANDO DE LOS ENEMIGOS. El bando de la soberbia humana y del aborrecimiento diabólico. Una compañía de ciegos debilitados que se glorían de su fortaleza, y haciendo dioses de sí mismos a partir de sus propias y pervertidas imaginaciones.

II. Estos dos bandos pueden encontrarse mezclados de manera indiscriminada. Así sucedía aquí en el campamento de Israel. Los idólatras y los adoradores de Jehová estaban entremezclados. Y así es ahora. El trigo y la cizaña están creciendo juntos.

III. La necesidad de la separación.

1. EL LLAMAMIENTO A ELLA. «¿Quién está por Jehová? Júntese conmigo». Que salga y tome su lugar junto a aquel que vive para y testifica de Dios. «Salid de en medio de ellos, y apartaos» (2 Co. 6:17).
2. LA RAZÓN PARA LA SEPARACIÓN. La espada de la venganza iba a pasar por en medio del campamento (véase v. 27). Los juicios de Dios alcanzarán de cierto al pecador presuntuoso.
3. LA RESPUESTA AL LLAMAMIENTO. «Y se juntaron con él todos los hijos de Leví». La predicación fiel siempre logrará a algunos que se entreguen del todo al Señor.

IV. Lo que implica esta separación.

1. UNA POSTURA PÚBLICA EN CONTRA DE TODO LO QUE SE OPONE A DIOS. Los pecados públicos demandan el testimonio público de los siervos de Cristo.
2. UNA CONSAGRACIÓN DE SÍ MISMOS AL SEÑOR. «Hoy os habéis consagrado a Jehová» (v. 29). Muertos al pecado y vivos a Dios. Para mí el vivir es Cristo. ¿Quién está del lado del Señor?

113. UNA LLAMADA A LA DECISIÓN

«Se puso Moisés a la puerta del campamento, y dijo: ¿Quién está por Jehová? Júntese conmigo» (Éx. 32:26).

En ausencia de Moisés, el pecado y la iniquidad, como una hueste armada, irrumpieron en el real de Israel. Toda la nación se ve en peligro de ser barrida de la fe por una irrupción popular de idolatría. Y como fue entonces, así es ahora. Hay una gran necesidad de que hombres *den un paso al frente* en Nombre de Dios. «¿Quién está por Jehová? Júntese conmigo. En medio de la presente confusión, a veces es difícil saberlo.

I. Hay solo dos lados. El lado del Señor, y el *otro*. El otro lado puede estar dividido en muchas filas y compañías, pero son todas impías. «El que no está *conmigo*, está *contra Mí*.» Los que no están por el Príncipe de Paz están luchado en las filas del príncipe de las tinieblas. En esta guerra no hay neutralidad. El señor Nada-y-guarda-la-ropa es un traidor a Dios.

II. ¿Qué se implica con estar por el Señor? Se implica:

1. Un CONOCIMIENTO de Él. Dios se ha manifestado a nosotros en su Hijo, que dijo: El que me ha visto a Mí, ha visto al Padre».
2. FE en Él. Si lo conocemos como el «misericordioso Señor Dios», etc., esto indudablemente nos llevará a *creer* en Él (Jn. 5:24).
3. Una DECISIÓN por Él. Debido a que Rut creía en Noemí, *decidió* vivir y morir con ella. La verdadera fe conduce siempre a una total rendición.
4. Un PERMANECER con Él. Aferrándose a su presencia, y entrando de corazón en todos sus planes y propósitos. Una perfecta aceptación de su voluntad.
5. Un REPOSAR en Él. La batalla es del Señor. Los que están «decididos» por Dios reposan en su fortaleza para la victoria. «Mayor es el que está en vosotros, que el que está en el mundo.»

III. ¿Qué se demanda de los que están del lado del Señor». Que se declaren a sí mismos:

1. Por la SEPARACIÓN. «Júntense conmigo.» Salgamos a Él fuera del campamento, llevando su vituperio» (He. 13:12, 13).
2. Por la CONSAGRACIÓN. «Hoy os habéis consagrado.» La consagración tiene referencia al «llenado de las manos.» Toda consagración es una *plenitud* y un equipamiento para el servicio de Dios.
3. Por la BATALLA (v. 27). No tenemos lucha contra carne ni sangre (Ef. 6:12). Guardaos de que caiga sobre vosotros la maldición de Meroz (Jue. 5:23).

114. LA PROMESA DE SU PRESENCIA

Éxodo 33:12-16

Una gran promesa de un grande y fiel príncipe es un grande y valioso privilegio. Que Dios pronuncie tan solo una palabra, y su Palabra será indefectiblemente cumplida. Él «nos ha dado preciosas y grandísimas promesas, para que *por ellas* llegaseis a ser participantes de la naturaleza divina». Las promesas de pago de nuestra naturaleza humana en bancarrota carecen de valor alguno. «Mi presencia irá contigo, y te haré descansar.» Inquiramos

I. Cómo esta promesa fue buscada. «Dijo Moisés a Jehová: Mira, Tú me dices a mí: *Saca este pueblo*» (v. 12). Esta promesa fue buscada entonces ante una gran comisión que le había sido encomendada. ¿Cómo podría Él «sacar este pueblo» sin la poderosa y conductora presencia del Dios sometedor? Se ha dicho frecuentemente que «los mandamientos de Dios son sus capacitaciones». Su presencia va siempre asociada con sus mandamientos y demandas. Podemos pedir confiados, y esperar de su todasuficiencia que supla todas nuestras necesidades para hacer su voluntad (2 Co. 9:8).

II. Lo que esta promesa ofrecía. «Mi *presencia* irá contigo» (v. 14). ¿Quién puede desembalar todos los tesoros contenidos en este baúl? Los tesoros de la tierra y del océano pueden agotarse, pero todas las demandas y necesidades de una humanidad en redención nunca podrán disminuir, ni en el tiempo ni en la eternidad, las riquezas aquí contenidas. Y esta promesa es tuya. «He aquí que yo estoy con vosotros todos los días» (Mt. 28:20). Esta presencia solo puede ser hecha real para nosotros por medio del Espíritu de Dios que habita en nosotros, así como la presencia o influencia del sol nos es hecha real por medio de la atmósfera. Contrista al Espíritu santo y cierras la puerta a su presencia de gracia. ¡Que su presencia llene nuestras almas así como la gloria llenaba el Santuario!

III. Cuándo fue dada esta promesa. Fue dada en respuesta a un clamor y deseo que era infinitamente grato para Dios. Moisés dijo: «Te ruego que me muestres tu camino, para que *te conozca*». Aquellos que buscan *conocerle* «le conocerán y se regocijarán». Él se deleita en manifestarse A SÍ MISMO a estas almas anhelantes, honradas y devotas. Los de puro corazón verán a Dios. Él derramará agua sobre los *sedientos*. Cuán a menudo clamamos por bendiciones en lugar de por Dios. Dios mismo debe ser el gozo de nuestros corazones. El camino a la plenitud de la bendición no es mediante la búsqueda de bendiciones, sino yendo en pos de Dios. Muéstrate para que pueda conocerte a ti. «Y esta es la vida eterna: QUE TE CONOZCAN A TI» (Jn. 17:3), y no solo la vida, sino el amor, el gozo, la paz y el poder.

IV. Lo que esta promesa trajo. Si la presencia de un potentado terrenal crea y manifiesta tales distinciones entre los hombres, ciertamente podemos esperar que la presencia de Dios traerá asimismo señales distintivas. Su presencia da la:

1. EVIDENCIA DE GRACIA. «Se conocerá aquí que he hallado gracia en tus ojos, yo y tu pueblo, … en que Tú andes con nosotros» (v. 16). Andar en el goce de su presencia implica que podemos vivir en la plenitud de su gracia. Dulce pensamiento, su presencia significa gracia abundante. Su gracia es hecha suficiente para nosotros, mientras que su presencia va con nosotros.
2. CERTIDUMBRE DEL REPOSO. «Mi presencia irá contigo, y te haré *descansar*» (v. 14). Reposo para cada paso del camino, y en cada circunstancia de la vida. Su presencia da reposo como la presencia del sol da luz, o como la vid da su savia al pámpano que permanece en ella, o mejor aún, como la presencia de la madre consuela al hijo enfermo. «Venid a Mí, … y Yo os haré descansar». Permaneced en Mí, y vuestro reposo permanecerá. «No temeré mal alguno, porque Tú estás conmigo». Su presencia da reposo
   1) Del *poder del pecado.*
   2) Del *temor al hombre.*
   3) De *las ansiedades del mundo.*
   4) De *las inquietudes del servicio* (Mt. 11:29).

Y también
3. EL PODER DE SEPARACIÓN. «Que Tú andes con nosotros, y… seamos *apartados*» (v. 16). Su presencia con ellos los separó de la tierra de Egipto y de la casa de servidumbre. Su presencia con Abraham lo separó de Ur de los caldeos, de su familia y de la casa de su padre (Gn. 12:1). El aceite santo, símbolo de la presencia de Dios el Espíritu Santo, separó a Aarón y a sus hijos para el servicio de Jehová. La presencia de Dios con nosotros, por el Espíritu Santo, nos separará de la vida y de los pensamientos del mundo, del dominio de Satanás, y de la tiranía del yo. SU PRESENCIA SEPARA. Si nosotros no salimos y nos separamos de lo inmundo, entonces debemos separaros de la presencia. «¿Andarán dos juntos si no están de acuerdo?»

115. LA ORACIÓN DE MOISÉS O LA NECESIDAD DEL SIERVO

Éxodo 33:12-23

Los que, como Moisés, son llamados por Dios para ser sus embajadores entre un pueblo perverso, tienen necesidad, como Moisés, de ser «el más manso de los hombres». Aunque el tesoro es grande, el vaso es de barro (2 Co. 4:7). En esta oración hay cuatro peticiones que Dios concede:

I. Que Dios conduzca. «Te ruego que me muestres ahora tu camino» (v. 13). Todos los que han tenido estrechos tratos con Dios sienten la necesidad de ser *conducidos* por el Espíritu. Moisés pide esta gracia por dos razones:

1. PARA QUE TE CONOZCA. Todavía hambriento, después de todo lo que conocía de Él (Éx. 24:18). Pablo tenía el mismo anhelo (Fil. 3:10). «Y conoceremos y *proseguiremos en conocer* a Jehová» (Os. 6:3).
2. Y HALLE GRACIA EN TUS OJOS. Mientras Rut seguía por el campo de Booz encontró «gavillas de propósito» (Rut 2:16, V. M.). «Cuando *os envié*…, ¿acaso os faltó algo? Ellos dijeron: Nada» (Lc. 22:35; *cf.* Sal. 65:11).

II. Que la presencia de Dios sea conocida. «Si tu presencia no ha de ir conmigo». Dios ha dicho, «MI PRESENCIA IRÁ». Y Moisés quería ir en el poder de esta presencia. Su presencia asegura:

1. COMUNIÓN Y REPOSO. «Irá contigo, y te haré descansar» (v. 14). No es esto amistad con una fantasía, sino con el Dios vivo (1 Jn. 1:3). Y el *reposo* es tan real que Moisés habla de ser «llevado» por los brazos eternos abajo.
2. PROTECCIÓN Y VICTORIA. Su presencia es la columna protectora de su pueblo (Éx. 14:20). El manzano bajo el que se sientan con gran deleite (Cnt. 2:3). La prenda del triunfo y de la victoria (He. 13:5, 6).

III. Que el poder de Dios pueda manifestarse. «¿Y en qué se conocerá?» El sabor prueba la sal (Mt. 5:13). Si la presencia de Dios está con nosotros, será conocida por

1. SU PODER SEPARADOR. «En que… seamos apartados». Dios y el mundo no concuerdan. ¿Cómo podrán andar juntos? (2 Co. 6:14-18; He. 9:24-26).
2. SU PODER DE CONVICCIÓN. La vida separada condena al mundo (He. 11:17). La presencia de Dios deja convicto al culpable (Hch. 2:37; 7:54).

IV. Que la gloria de Dios pueda ser vista. «Te ruego que me muestres tu gloria» (v. 18). La petición «Te ruego que me muestres ahora tu camino» lleva a «que me muestres tu gloria». A esta petición respondió Dios con una doble promesa. Prometió:

1. LA VISIÓN DE SU CARÁCTER. «Yo haré pasar todo *mi bien* delante de tu rostro». Su gloria es su bondad (*cf.* vv. 19-22). En Cristo vemos la gloria de su gracia (Jn. 1:17) pasando ante nosotros. «Alaben [los hombres] la misericordia de Jehová» (Sal. 107:8).
2. EL REFUGIO DE SU MANO. «Te cubriré con mi mano.» Nadie siente más la necesidad de ser cubiertos más que aquellos que contemplan su gloria (Is. 6:5). Fue en la hendidura de la peña que Moisés contempló esta visión. Así en el Cristo herido se ve la gloria de la bondad de Dios (2 Co. 5:19). Su gloria ha sido vista en la faz de Moisés: *velada*; en la faz de Jesús: *revelada*; en la faz de Esteban: *impartida* (Éx. 34:29; 2 Co. 4:6; Hch. 6:15). «Muéstrame tu gloria».

116. EL ROSTRO TRANSFIGURADO

Éxodo 34:29-35

Muchos hay que anhelan el rostro transfigurado, pero que temen y retroceden ante la disciplina de alma necesaria para producirlo. Moisés oró, «Muéstrame tu gloria», y he aquí que «la piel de su rostro resplandecía». ¿No revela esta petición hastío ante la gloria de este mundo, y hambre del alma por la gloria que satisface para siempre? Es un reconocimiento de que solamente Dios puede *mostrar* su gloria. Aquellos que mejor conocen los caminos de Dios, y que más han visto de su gloria, más anhelo tienen de conocer su camino (cf. 33:13), y de contemplar su hermosura.

I. La causa de este resplandor. «Y Él estuvo allí *con Jehová* cuarenta días y cuarenta noches» (v. 28). ¿Quién podría pasar cuarenta días de ininterrumpida comunión con Dios sin ser transformado a su semejanza? Algunas gemas, tras ser expuestas a la luz, pueden retener su resplandor y brillar en las tinieblas. Moisés deseaba ver su gloria. Dios dijo: «Yo haré pasar todo mi bien delante de tu rostro». Cuando Él contempló su bien su alma quedó transfigurada, y la gloria de ello resplandeció en su rostro. En la Cruz de Cristo vemos la gloria de su bien. ¿Lo hemos absorbido? ¿Resplandece en nuestras vidas? La gloria externa es el resultado de la plenitud interna.

II. El lugar en el que apareció la gloria. «La piel de su rostro» (Éx. 34:29). La luz de la faz de Dios resplandecía en la faz de su siervo. Un célebre misionero en China recibió el nombre de Sr. Rostro Glorioso debido a que su cara resplandecía con una luz celestial. El *rostro* resplandecía indicando que todo el carácter de Moisés iba a dar testimonio de su misión divina. El rostro es el índice del hombre, la expresión de una vida y disposición internas. En el rostro de Jesús vemos la gloria de Dios. ¿Ve el mundo en nuestra cara la evidencia de que somos hechos partícipes de la naturaleza divina? (2 Co. 3:18).

III. El efecto que esta gloria tuvo:

1. SOBRE OTROS. «Tuvieron miedo de acercarse a Él» (v. 30). Cuando Aquel que *es glorioso* en santidad se manifiesta a Sí mismo por medio de la vida consagrada de su siervo, los impíos son reprendidos y se alarman, temiendo frecuentemente *aproximarse*. Una apariencia semejante a Cristo ha hecho frecuentemente ruborizarse a los pecadores. Los hombres del mundo le temen a la santidad como la serpiente le teme al fuego.
2. SOBRE SÍ MISMO. «No sabía Moisés que la piel de su rostro resplandecía» (Éx. 34:29). Su resplandor era *inconsciente*. Como lo decía el viejo negro: «No puedo remediarlo: la luz de la Cruz me hace brillar». «Moisés era muy manso» (Nm. 12:3), y Dios lo hizo sumamente poderoso. Uzías «se ayudó maravillosamente, *hasta* hacerse fuerte» (2 Cr. 25:15). El alma que es plenamente aceptada por y para Dios será hermoseada, y ejercitará una santa pero inconsciente influencia sobre otros. Ningún arte humano puede pintar esta gloria; ninguna alquimia cambiará jamás lo humano en divino. Solo en el secreto de su presencia puede tenerse este poder; este resplandor debe comenzar primero en el corazón (2 Co. 4:6).

IV. La gloria fue velada ante el pueblo. «Cuando acabó Moisés de hablar con ellos, puso un velo sobre su rostro» (v. 33). Hay mucho de lo que pertenece al cristiano que es fácil y gozosamente llevado, y que otros no pueden soportar. Los que andan en la luz de su rostro tienen frecuentemente experiencias de las cosas más profundas de Dios que tienen que ser veladas de los débiles ojos de los creyentes carnales. Hay verdades y experiencias que solo pueden ser reveladas a los que pueden llevarlas. Además, Dios puede darnos bendiciones y revelaciones que no deben ser comunicadas a otros: «Palabras *inefables* que no le es permitido al hombre expresar» (2 Co. 12:4).

V. La gloria que fue desvelada ante el Señor. «Cuando venía Moisés delante de Jehová..., se quitaba el velo» (Éx. 34:34). Bendito sea su nombre, siempre podemos contemplarle a Él con rostro descubierto. Él comprende a la perfección los pensamientos ocultos de nuestro corazón. Podemos hablar libremente con Él de aquellas cosas que otros no pueden ver ni contemplar. Si el Señor en su misericordia nos ha dado luz que ni siquiera nuestros hermanos cristianos pueden todavía apreciar, de forma que tiene que ser en parte velada, cuidémonos de no comparecer ante el Señor de Luz y Gloria con el velo puesto, como si Él no apreciara plenamente nuestra nueva y celestial experiencia. «Levántate, resplandece; porque ha venido tu luz» (Is. 60:1). En el monte de la comunión será visto e impartido.

117. EL TABERNÁCULO DE DIOS
Éxodo 40:17-35

Pensemos en:

I. Su significado. Todo aquí es típico de cosas espirituales. Pablo, en su epístola a los Hebreos, habla de ellas como «Figuras de las cosas celestiales», «figura de lo verdadero». Los ciegos a las cosas espirituales no pueden ver ni belleza ni significado en este maravilloso ordenamiento. Era la sombra que Dios dio a su pueblo «de los bienes venideros». Abre Tú mi mente a contemplar cosas maravillosas aquí en Tu Tabernáculo.

II. Su propósito. Debía ser un santuario para Dios, para que él morara en medio de ellos (Éx. 25; 8). Dios amaba de tal modo a su pueblo, al que había redimido y liberado de la esclavitud en Egipto, que deseo tener un lugar para Sí mismo, para que su presencia morara en medio de ellos. ¿Y no desea aún morar en cada alma que él ha salvado por la gracia? Hagamos entonces un santuario en nuestros corazones, para que él more en medio de nosotros. «Vosotros sois templo de Dios.»

III. El tiempo en que fue erigido. «En el día primero del primer mes... el tabernáculo fue erigido» (v. 17). ¿No es significativo que esta Casa de Dios fuera erigida «el Día de Año Nuevo»? ¿No indicaba que ello debía ser para ellos *un nuevo comienzo*? Debían comenzar el año con Dios en medio de ellos: como Peregrino él con ellos. El único *nuevo comienzo* que vale la pena hacer es comenzar con Dios. Si él está con nosotros, entonces es seguro que seguirá la prosperidad en el mejor sentido.

IV. Su estructura. La forma de su construcción fue sencilla, pero tuvo que ser hecho y erigido en orden y conforme al modelo mostrado a Moisés en el monte. Las basas, que constituían su *fundamento* (v. 18), eran de plata maciza, proveniente del «dinero de la expiación» (Éx. 38), de modo que estos tableros revestidos de oro se levantaban literalmente sobre aquello que representaba la «Redención», el precio de las almas. Como este Tabernáculo en el desierto, la «Iglesia de Dios» no tiene otra base que aquello que ha sido pagado (la sangre de Cristo) como redención del alma. Estos tableros, erigidos sobre las basas de la «Redención», y «bien trabados por las junturas», fortalecidos por las «barras» que actuaban como poderosos brazos sustentadores, representan nuestra posición en Cristo, y nuestra mutua unión dentro de los eternos brazos del poder y de la fidelidad de Dios.

V. Su contenido. El Tabernáculo estaba dividido en tres partes: «El Lugar Santísimo», «el Lugar Santo» y «el Atrio». En «el Lugar Santísimo» se encontraba el arca que contenía la ley, cuya cubierta constituía el «*propiciatorio*», donde Dios había prometido reunirse con ellos (vv. 20, 21). Cristo ha *cubierto* la ley quebrantada, y se ha constituido en propiciatorio para nosotros. Luego, en el «Lugar Santo» había una Mesa con su pan, significando comunión con Dios en Cristo. El *portalámparas*, con sus brazos (v. 24), que habla de testimonio en el poder de Cristo. El *altar de oro* (vv. 26, 27), con su olíbano, que habla de la oración aceptable en nombre de Cristo. Luego, fuera de la puerta del Lugar Santo se encontraba el «*altar* del holocausto», el lugar de sacrificio, indicando que la *primera necesidad* del pueblo al acercarse a Dios era la *expiación* (v. 29). El altar señala a la cruz de Cristo. Entre el altar del sacrificio y la puerta de la Comunión levantaron la *fuente* o *pila* de lavamientos (v. 30), con su agua de purificación, que enseña la necesidad de la purificación efectuada por el Espíritu Santo mediante la Palabra de Cristo. Tiene que haber Sustitución antes que haya una verdadera comunión con Dios.

VI. Su gloria. «La gloria de Jehová llenó el Tabernáculo» (v. 34). Su gloria era la presencia *manifiesta* de Dios. Como fue con el tabernáculo, así fue con la vida y obra del Señor Jesucristo. Quedó coronada con una manifestación sobrenatural. Se manifestó vivo con muchas pruebas indubitables (Hch. 1:3). Cuando se ve la gloria de su Santa Presencia, entonces los hombres sienten como Moisés, que «no podía entrar» sin la sangre de la expiación.

118. LA CONSAGRACIÓN Y SUS RESULTADOS
Éxodo 40:33-38

El Tabernáculo es un tipo del cuerpo de Cristo (He. 9:11), y los sacrificios prefiguran su sangre derramada. Por el hecho de que era la morada de Dios, es también figura de nuestro cuerpo, que es templo del Espíritu Santo (1 Co. 6:19). En estos versículos tenemos una cadena de oro de santos vínculos.

I. Hubo la entrega de todo a Dios. «Finalmente erigió... y puso... Así acabó Moisés la obra» (v. 33). Todo lo que se había hecho y preparado para el Tabernáculo estaba ahora puesto en su sitio. La puesta en su sitio de todos los utensilios y cortinajes significaba su entrega de todo a Dios. Muchas cosas habían estado en sus propias manos para la preparación. Ahora todo fue entregado como perteneciente al Señor. Éste es el primer paso hacia una vida consagrada. Dale lo que es de Él. «*Vosotros* no sois vuestros». «Presentaos» (Ro. 12:1).

II. Dios lo demanda todo. «La nube *cubrió* el tabernáculo» (v. 34). Esta nube era el símbolo de la presencia de Jehová. Cuando cubrió la tienda o reposó sobre ella, fue la seguridad a Israel de que lo que había sido ofrecido era ahora aceptado y sellado para su empleo. Dios demanda nuestro todo, porque ¿qué tenemos que no hayamos recibido? Y cuando nuestro todo es sellado a Él nuestro todo es aceptado por Él, y el sello de la presencia del Espíritu es igual de ciertamente dada, aun que podamos no estar consciente de ello. «Él puede *guardar* mi depósito que le he entregado» y también puede *utilizarlo* (Ro. 6:13).

III. El llenado. «La gloria de Jehová llenó el tabernáculo» (v. 34). El orden es perfecto: *rendición, aceptación, posesión*. Los discípulos se rindieron totalmente a la voluntad de Dios cuando esperaban en el aposento alto, y todos fueron *llenos* del Espíritu Santo. El Tabernáculo fue llenado antes de ser usado. Esteban era un hombre lleno de fe y del Espíritu Santo. «Estoy lleno de poder del Espíritu de Jehová» (Mi 3:8). El *llenado* de la tienda con la gloria fue la *consagración* de la misma por el lado divino. Podemos dar, o ceder; solo Dios puede consagrar llenando. Ser lleno del Espíritu Santo es estar consagrado en el verdadero y más pleno sentido. «Sed llenos del Espíritu» (Ef. 5:18).

IV. El resultado que siguió al llenado.

1. LA EXCLUSIÓN DEL HOMBRE. «Y no podía Moisés entrar en el tabernáculo de reunión, porque la nube estaba sobre Él, y la gloria de Jehová lo llenaba» (v. 35). El lugar del hombre es fuera cuando Dios entra. El *yo* debe apartarse cuando el Espíritu Santo llena. No hay sitio ni lugar para la energía de la carne cuando el poder del Espíritu Santo nos posee. Cuando Cristo es entronizado dentro, entonces es «ya no vivo yo, sino que Cristo vive en mí» (Gá. 2:20). Cuando vemos su gloria, entonces clamamos, «¡Ay de *mí*!».
2. LA CONDICIÓN DIVINA. La nube que llenó la casa vino a ser su guía. «Cuando la nube se alzaba del tabernáculo, los hijos de Israel se movían» (v. 36). El mismo Espíritu que llena nuestras almas nos guiará en todos los caminos y en la voluntad de Dios. Hay una relación muy vital entre el *llenado* y la *conducción* (véase Mt. 3:16; 4:1). La nube era a la tienda lo que la santa unción debe ser para nosotros (1 Jn. 2:27), una presencia plena, conductora, separadora. «Él me guía a mí, ¡gracia sin par!»
3. TESTIMONIO. «La nube de Jehová estaba... *a vista* de toda la casa de Israel» (v. 38). La tienda se llamaba «el Tabernáculo del Testimonio». Era un testigo tanto de la presencia como del poder y de la santidad de Dios. «Vosotros sois mis testigos», dice el Señor. Pero nosotros, como el Tabernáculo, no somos testigos hasta ser *llenados*. Una casa o corazón carentes de Cristo nunca pueden dar testimonio de Él. Una rama seca da un mísero testimonio de la plenitud de la vid. Es el mismo Dios en nosotros, por el Espíritu Santo, que da testimonio. «El Espíritu de vuestro Padre», dijo Jesús, «habla en vosotros» (Mt. 10:20). Los primitivos discípulos de Cristo fueron *llenados* por el Espíritu Santo antes de llegar a ser sus testigos (Hch. 1:8). La rama tiene que quedar llena de la savia antes que el carácter del árbol pueda manifestarse en el fruto.

119. EL HOLOCAUSTO, O LA DEVOCIÓN DE CRISTO

Levítico 1:1-9

Un estudio de estas ofrendas no hacen otra cosa que ahondar nuestra reverencia para la Palabra de Dios, y ensalzar al Señor y Salvador al cual representan. Nunca deberíamos pasar por alto el hecho de que todos los detalles que tenemos acerca de estas cinco ofrendas, y que revelan tantos aspectos diferentes de la vida y obra de Cristo, fueron dados a Moisés por el mismo Jehová, que conocía de antemano el carácter de Cristo y de sus padecimientos. Esta ofrenda, el holocausto, es «una ofrenda de *allegamiento*», que indica el camino a Dios.

I. El carácter de la ofrenda. Mucho depende de su carácter y de la manera en que era ofrecida.

1. TENÍA QUE SER SIN DEFECTO (v. 3). No solo a la vista de los hombres, sino también a la de Dios. Cristo, como el amado Cordero de Dios, era sin defecto y sin mancha (1 Pedro 1:19). Un pecado de pensamiento o de sentimiento habría hecho de Él un sacrificio defectuoso.
2. TENÍA QUE SER TRAÍDO A LA PUERTA (v. 3). La *puerta* de acceso a Dios ha quedado cerrada por el pecado. Solo puede ser abierta mediante sufrimiento y sacrificio. Fue con este propósito que vino Jesucristo. Ahora Él dice: He aquí, he puesto delante de ti una puerta abierta.
3. TENÍA QUE SER DEGOLLADO EN LA PRESENCIA DE JEHOVÁ (v. 5). Una vida sin tacha no es suficiente para expiar el pecado y eliminar la barrera de la puerta. Cristo tiene que morir, y tiene que morir *en la presencia de Jehová*. Su muerte fue acto de Jehová, y no del hombre. Jehová quiso quebrantarlo, sujetándole a padecimiento. La expiación tiene que ver con Dios.
4. TENÍA QUE SER PUESTO EN ORDEN SOBRE EL ALTAR (v. 8). Todo aquí tiene que ser en *orden*, por cuanto todo es típico de Él, que vino a hacer la voluntad del Padre. Puede que aquí este prefigurado el enclavamiento de Cristo, nuestro Sacrificio, sobre la Cruz.
5. SU SANGRE TENÍA QUE SER ROCIADA (v. 5). El que no tenía defecto ahora no tiene vida. La sangre, que significa la vida, tenía que ser aplicada tanto al altar como al corazón. La sangre *rociada* salvó al primogénito en Egipto (Éx. 12). La sangre del rociamiento sigue hablando (He. 12:24).
6. SE TENÍAN QUE LAVAR SUS ENTRAÑAS (v. 9). Las *entrañas* puede que sugieran los pensamientos y los sentimientos, las intenciones del corazón, que tienen que ser limpios delante de Dios. Todo era perfecto en el Hijo del Altísimo como nuestro Cordero Pascual. Él podía decir: tu ley está en mi corazón; el hacer tu voluntad me agrada.
7. TENÍA QUE SER PUESTO ENTERO SOBRE EL ALTAR (v. 9). Se daba enteramente a Dios, se ofreció a *Sí mismo* totalmente, y fue enteramente acepto. Olor fragante al Señor (Ef. 5:2).

II. Algo acerca del ofrendante. Por todo esto aprendemos que:

1. SE NECESITABA UNA OFRENDA DE ALLEGAMIENTO. Debido al pecado, el hombre ha perdido todo derecho e *idoneidad* para acercarse a Dios. Jesús es el Camino.
2. ESTA OFRENDA TENÍA QUE SER VOLUNTARIA (v. 3). Nuestra «propia voluntad» es responsable de la aceptación o del rechazo de la gran ofrenda de Dios por nuestros pecados «Y *no queréis* venir a Mí para que tengáis vida» (Jn. 5:40).
3. TENÍA QUE HABER UNA IDENTIFICACIÓN PERSONAL (v. 4). «Y pondrá su mano sobre la cabeza del holocausto.» Éste es el *toque* de apropiación, es el toque de la fe, la *inclinación* de un corazón creyente.
4. EL OFRENDANTE ERA ACEPTADO EN LA OFRENDA. «Y será aceptado para expiación *suya*.» Él nos ha hecho aceptos en el Amado (Ef. 1:6). ¡Qué glorioso evangelio, que por nuestra aceptación de su ofrenda hemos sido hechos aceptos a Dios! Justificados libremente de todas las cosas.
5. ESTE PRIVILEGIO ES OFRECIDO A TODOS. «Cuando alguno» (v. 2). Ésta es una ancha puerta abierta por la infinita misericordia de Dios. La salvación, por la ofrenda de Cristo, es puesta al alcance de toda persona que haya oído las nuevas. Él es la *propiciación* por todo el mundo.

120. LA OBLACIÓN, U OFRENDA VEGETAL EL CARÁCTER PERSONAL DE CRISTO

Levítico 2:1-16

En esta ofrenda no había derramamiento de sangre, significando que no estaba asociada con ella el pensamiento de *sufrimiento*. Tenemos aquí en tipo el carácter y verdadera valía moral de Jesús como Hijo de Dios. Al considerar esta ofrenda observamos que era,

1. DE FLOR DE HARINA (v. 1). La harina es un producto de la tierra, y puede que se refiera al parentesco de Cristo con el hombre. Era de *flor* de harina. Aunque era verdaderamente hombre, estaba enteramente libre de la fibra de la mente carnal. No había en Él defecto, ni rugosidad de pasión o sentimiento; todo en Él era perfectamente uniforme y sincero.
2. AMASADA CON ACEITE (v. 4). El aceite es un emblema del Espíritu Santo. Así como la harina era *amasada* con aceite, del mismo modo la presencia y el poder del Espíritu Santo impregnaba cada acto y pensamiento del Salvador. El proceso de *amasamiento* de lo humano y divino es un gran misterio. Grande es el misterio de la piedad.
3. UNGIDA CON ACEITE. «*Sobre* la cual echará aceite» (v. 1). El aceite en ella y el aceite *sobre* ella sugieren la doble verdad de la *plenitud* y de la *unción*. El Espíritu Santo en nosotros para conducirnos y enseñarnos; *sobre* nosotros para poder y servicio. El Espíritu Santo estuvo en Cristo desde su nacimiento, y sobre Él desde su bautismo en el Jordán. Así Él está en nosotros desde nuestro nacimiento, y sobre nosotros desde el día de nuestra entera consagración al servicio de Dios.
4. CUBIERTA DE INCIENSO (vv. 2-16). El incienso era «olor grato a Jehová», y habla de la satisfacción que Dios encuentra en una vida poseída y ungida por el Espíritu.
5. COCIDA EN HORNO. Las verdes espigas eran secadas al *fuego* y se desmenuzaba el grano (v. 14). El fuego y el *desmenuzamiento* son emblemas sumamente sugerentes de los *sufrimientos* de Aquel que era el Santo, pero también «Varón de dolores, experimentado en quebranto». Él pasó a través del horno de ardiente fuego en el Huerto de Getsemaní. El Pastor fue duramente azotado, fue hecho una oblación perfecta por medio de padecimientos. «Nuestros fueron los padecimientos que sufrió».
6. NO DEBÍA TENER NI LEVADURA NI MIEL (v. 11). La levadura como tipo de pecado representa la obra *secreta* del engaño y de la corrupción. La miel puede que simbolice la adulación y el aplauso de los hombres. A Jesucristo no le movían ni lo primero ni lo segundo. No había engaño en su boca, y podía decir: «Yo soy la Verdad».
7. SAZONADA CON SAL (v. 13). La sal tiene una influencia pungente y preservadora; algo opuesto a la corrupción. Así es el efecto de la verdad revelada en Jesús sobre los que entran en contacto con ella. El *pacto* eterno y la infalible fidelidad de Cristo a la voluntad de Dios el Padre son cosas que están sin duda alguna tipificadas por la sal. Él permanece fiel. Tened sal en vosotros mismos.

8. OFRECIDA AL SEÑOR (v. 2). La harina, el aceite, el incienso, estos tres, cuerpo, alma y espíritu, todos presentados al Señor, y aceptados por Él. Ésta es la «ofrenda de allegamiento». Por medio de Cristo tenemos entrada por un mismo Espíritu al Padre. Presentaos a vosotros mismos (Ro. 12:1, 2).

9. ALIMENTO PARA EL OFRENDANTE (v. 10). Una porción de esta ofrenda era dada a Aarón y a sus hijos «Es cosa *santísima*». Era el Pan de Dios, y también del hombre. Se precisa de lo santísimo para dar satisfacción al corazón de Dios y al alma del hombre. Venía a ser alimento del ofrendante solo después de haber sido ofrecida a Dios. Cristo puede solo dar satisfacción a nuestras almas al presentarlo a Dios como nuestro Sustituto, invocando el mérito de su precioso Nombre. Dios no quiere que festejemos nuestra alma con menos que aquello que ha dado infinita satisfacción a su propio corazón.

121. LA OFRENDA DE PACES COMUNIÓN POR MEDIO DE CRISTO

Levítico 3

En la ofrenda de paces podemos ver a Jesús como el *Camino*; en la oblación, u ofrenda vegetal, a Jesús como la *Verdad*; en el holocausto a Jesús como la *Vida*. En este capítulo la ofrenda de paces nos es traída en tres aspectos.

I. El Buey (v. 1).

II. El Cordero (v. 7).

III. El Macho Cabrío (v. 12).

Como el buey, Cristo fue fuerte y paciente; como el cordero, manso y gentil; como el macho cabrío, rechazado y menospreciado. O bien estas tres ofrendas pueden representar tres grados del aprecio de las ofrendas de Cristo por parte de su pueblo creyente. Al observar esta ofrenda vemos que:

1. PODÍA SER MACHO O HEMBRA (v. 1). En nuestra comunión con Dios no hay varón ni hembra: todos somos uno en Cristo. Hijos del Dios viviente.

2. TIENE QUE SER SIN DEFECTO DELANTE DEL SEÑOR (v. 1). Digan o hagan lo que quieran los hombres acerca de su Hijo, Dios no ve defecto ni dentro ni fuera. Incluso un demonio tuvo que confesar: «Tú eres el Santo de Dios».

3. TIENE QUE HABER IDENTIFICACIÓN. «Pondrá su mano sobre la cabeza de su ofrenda» (v. 2). Un pacificador tiene que ser digno de la confianza de ambas partes. La sangre expiatoria de Cristo, derramada por todos, justifica solo a aquellos que por la fe se identifican con ella (Ro. 5:1).

4. TIENE QUE HABER MUERTE. «La degollará a la puerta» (v. 2). Si somos salvos por su vida, se trata de su *vida* de entre los muertos. La vida de Cristo antes de la Cruz no podía salvar, era la evidencia de su idoneidad para ser el Sustituto del pecador delante de Dios. Sin derramamiento de sangre no hay remisión.

5. LA SANGRE TENÍA QUE SER ROCIADA SOBRE EL ALTAR (v. 2). El altar significa las justas demandas de Dios. Es ante Él que se tiene que hacer la expiación. La propiciación o *cubrimiento* del pecado hecho por la muerte y resurrección de Cristo es suficiente para todos. La sangre sobre el altar habla de la aceptación de la ofrenda por parte de Dios.

6. ESTA OFRENDA SE HACÍA POR MEDIO DE FUEGO (v. 3). El fuego del juicio de Dios tiene que caer sobre ella antes que pueda haber paz para el alma errante. Él sufrió por nosotros, el Justo por los injustos, para llevarnos a Dios. En los versículos 3 a 5 vemos que todas las partes escogidas de la ofrenda eran puestas sobre el altar. Los afectos y las energías de Cristo se dirigían del todo hacia la gloria de su Padre.

7. ERA OLOR GRATO AL SEÑOR (v. 5). Ello no significa una mera satisfacción, como si solo se hubiera satisfecho una deuda, sino un *grato* deleite, como cuando uno recibe un gran don. Dios el Padre será glorificado toda la eternidad debido a la obediencia de su Hijo hasta la muerte (Is. 42:1).

8. EL OFRENDANTE TENÍA UNA PORCIÓN DE LA OFRENDA (véase 7:34). El *pecho* y la *espalda* eran tomados por el Señor y devueltos al ofrendante. Ésto es muy significativo. El pecho habla de *afecto*, la espalda de *fortaleza*; ambos nos son dados por medio de Jesucristo nuestro Señor y Salvador. El amor y el poder nos vienen por medio de su Cruz.

9. SE PODÍA COMER EL MISMO DÍA EN QUE SE OFRECÍA (19:5, 6). La paz y la satisfacción del alma vienen en el acto cuando se pone verdaderamente la confianza en Cristo la ofrenda de paz. La fe instantánea trae la inmediata salvación.

10. DEBÍA COMERSE HASTA EL TERCER DÍA (19:6). El *tercer* día señala a la resurrección. Nos alimentamos en el amor y reposamos en la fortaleza de nuestro Redentor glorificado hasta la mañana de la resurrección. El pecho y la espalda nos serán suficientes hasta que despunte el alba y se desvanezcan las sombras, cuando le veremos como Él es, y estaremos para siempre con Él. Mientras tanto, demos gracias y adoremos.

122. LA OFRENDA POR EL PECADO CRISTO NUESTRO SUSTITUTO

Levítico 4:1-12

El pecado, el pecador y la ofrenda por el pecado se nos presentan vívidamente en este capítulo. Sobre él se podrían escribir las palabras «Ruina y Remedio». «Si es el sacerdote ungido el que peca». Sí, es posible incluso que uno *ungido* peque, pero, bendito sea Dios, hay provisión para los tales (1 Jn. 2:1). Pero cuando los *maestros* religiosos pecan, es como cuando el reloj municipal marcha mal. Otros pueden ir errados por su ejemplo. Como dice Trapp, «los pecados de los maestros son maestros de pecado». El camino de la vida es una revelación de Dios. Una escalera *bajada* del cielo. Así, esta ofrenda por el pecado puede ser mencionada aquí, porque es el travesaño más bajo de la escalera, y el *primero* con el que tenemos que ver como pecadores. Como sucede con todos los otros sacrificios,

I. Tiene que ser sin defecto (v. 3). La más pequeña deformidad física descalificaba al buey o al cordero para el altar. El Señor Jesús era perfectamente intachable ante la escudriñadora mirada de Dios. En todo su estrecho y continuo contacto con los hombres y con las cosas de la tierra Él permaneció sin mancha de concupiscencia y del mundo. Él podía tocar a los inmundos, y quedar sin embargo inafectado por la inmundicia. Él era santo, inocente, separado de los pecadores.

II. Tenía que haber imputación e identificación (v. 4). El ofrendante ponía las manos sobre la cabeza de la ofrenda, identificándose con los pecados imputados al sacrificio, y también con el mismo sacrificio. La imposición de nuestros pecados sobre Jesús no es nuestra acción, sino la de Jehová. «Jehová cargó sobre Él la iniquidad de todos nosotros... Jehová quiso quebrantarlo, sujetándole a padecimiento.» Nosotros *confesamos* nuestros pecados sobre Él, y por la fe ponemos nuestra mano de apropiación sobre Él. Él se dio a Sí mismo por nosotros.

III. La vida tiene que ser quitada. «Lo degollará [al becerro] delante de Jehová» (la muerte de la ofrenda tenía que ver con Jehová. La muerte de Cristo no fue un accidente, ni se trató simplemente de un ejemplo para nosotros de paciencia en medio de padecimientos. *Fue una muerte* demandada por Dios. Así, su vida fue ofrecida a Dios como sustitución por la de otros. Él murió delante de Jehová. Él se ofreció sin mancha a Dios.

IV. La grosura era quemada sobre el altar (vv. 8-10). Esta gordura era olor grato a Jehová (v. 31). La grosura es con frecuencia mencionada, y ocupa un importante puesto en relación con la ofrenda por el pecado. Puede representar las riquezas y el valor de Cristo como lo ve Dios totalmente entregados como ofrenda a Él en el altar de la Cruz, ofrenda grata.

V. El cuerpo era sacado afuera. Todo el becerro sacará fuera del campamento... y lo quemará al fuego (v. 12). La razón humana, por sí misma, nunca habría sugerido un cambio de procedimiento así. ¿Por qué esta ofrenda debía ser quemada fuera del campamento, y no en un altar como las otras? Porque tipifica a Aquel que por nosotros fue hecho *maldición*, y que sufrió *fuera* de la puerta (He. 13:11, 12), y a quien el Padre ocultó su rostro por un tiempo (Mt. 27:46). Dios no puede mirar al pecado, pero mira al pecador con compasión.

VI. La sangre tiene que ser rociada. «El sacerdote rociará... de aquella sangre siete veces delante de Jehová» (v. 6). El *orden* en que la sangre era rociada es sublimemente hermoso, y perfectamente congruente con el camino de la salvación que se enseña en el Nuevo Testamento. Era rociada: (1) Delante de Jehová. (2) Delante del velo. (3) Sobre el altar del incienso. (4) Luego toda la que quedaba era *derramada* al pie del altar del holocausto. El sacerdote rociaba la sangre al salir, no al entrar, en este caso, enseñándonos que el camino ha quedado establecido *desde* Dios para los pecadores. La salvación es del Señor. Pero al allegarnos a Dios nos encontramos con la sangre *derramada*, primero de todo ante el altar, que hace expiación por el alma. Es tipo de Aquel que derramó su alma hasta la muerte en la Cruz del Calvario:

1. EN EL ALTAR DEL SACRIFICIO tenemos la expiación.
2. EN EL ALTAR DEL INCIENSO tenemos intercesión.
3. LA SANGRE DELANTE DEL VELO nos habla de acceso.
4. LA SANGRE ROCIADA SIETE VECES *delante de Jehová* nos indica una perfecta posición en su presencia. Así, tenemos libertad para entrar en el Lugar Santísimo mediante *la sangre de Jesús*. Alleguémonos (He. 10:19-22).

VII. Los benditos resultados. La aceptación por parte de Dios de la sangre de la ofrenda por el pecado pone al alcance de cada creyente:

1. EL PERDÓN DE PECADOS. En lo que respecta a su pecado, le será perdonado (v. 26). Dichoso el varón a quien el Señor no imputará pecado (Ro. 4:7, 8). Es un perdón ganado con sangre.
2. LA CERTIDUMBRE DEL PERDÓN. «*Tendrá.*» Ésta es la promesa de Aquel que conoce todo el valor de la sangre de su propio amado Hijo. Somos *salvados* por su sangre, y tenemos la *certidumbre* que nos da su Palabra. En el derramamiento y rociamiento de la sangre del mismo Hijo de Dios se hace provisión por los pecados de *ignorancia* (v. 2), así como por los pecados que vienen a nuestro conocimiento (v. 28). «He aquí el Cordero de Dios, que quita el pecado del mundo.»

123. LA OFRENDA POR LA CULPA LA ADAPTACIÓN DE LA OBRA DE CRISTO A LA NECESIDAD DEL PECADOR

Levítico 5; 6:1-7

El mensaje de la ofrenda de la culpa al hombre es: «Es infracción, y *ciertamente* delinquió contra Jehová» (v. 19). En relación con esta ofrenda se tratan destacadamente los pecados individuales más bien que las personas. Consideremos:

I. La necesidad. «Todos nos hemos descarriado como ovejas». Por ello se precisa de una ofrenda por *la culpa*. Los pecados aquí mencionados son cardinales, y demuestran que todos hemos pecado.

1. EL PECADO DEL SILENCIO cuando deberíamos hablar (v. 1). Todo descuido del privilegio de *testificar* de la verdad conlleva culpa. El silencio puede ser a veces dorado, pero puede también ser criminal. El silencio comporta consentimiento. ¿Cuán a menudo los cristianos nos permitimos este culpable silencio acerca de Cristo debido al temor del hombre? «Mas yo os digo: Temed a Dios».
2. EL PECADO DE LA CONTAMINACIÓN por medio de asociaciones impuras. «La persona que haya tocado cualquier cosa inmunda», etc. (vv. 2, 3). Las manos y los pies pueden tocar cosas inmundas sin incurrir en contaminación *moral*, pero no si se trata de algo que tiene que ver con la *persona*. Es nuestra *comunión* con lo inmundo lo que corrompe la vida. Incluso el *toque* de simpatía y de deseo conllevarán contaminación y condenación.
3. EL PECADO DE IGNORANCIA, al quebrantar los mandamientos del Señor. «Si una persona peca, o hace alguna de todas aquellas cosas que por mandamiento de Jehová no se han de hacer, *aun sin hacerlo a sabiendas*, es culpable» (v. 17). No son ni nuestra razón ni nuestra conciencia los que determinan lo que es pecado, sino la Palabra de Dios. La inadvertencia o negligencia por nuestra parte con respecto a la voluntad *revelada* de Dios es en sí mismo pecaminosa. Aunque Pablo dice que él fue perdonado por haber actuado en *ignorancia* (1 Ti. 1:13), no por ello necesitaba menos el perdón. Decir que no estoy consciente de pecado no implica que estoy libre de culpa (Sal. 19:12).
4. EL PECADO DE DEFRAUDAR a nuestros semejantes (6:1, 2). Todo pecado es pecado contra Dios. Él considera culpable al hombre que en alguna manera engaña a su prójimo. El apóstol estaba consciente de ello al decir: «Me debo a griegos y a no griegos», etc. No defraudes a nadie. ¿Cuánto debes tú?

II. La provisión. La variedad de las ofrendas permitidas, según la pobreza de los ofrendantes culpables, revela la adaptabilidad y todosuficiencia del sacrificio para las necesidades de todos. El gasto de la ofrenda se reducía hasta «la décima parte de un efa de flor de harina» (5:7-11). Un puñado de harina estaba al alcance de los más pobres. La *gracia* de Dios que trae salvación se ha manifestado. No importa cuán pobres puedan ser los ofrendantes: se les aplicaba todo el valor y poder del sacrificio. Nuestra fe puede ser débil, verdaderamente pobre, pero se aferra a un poderoso Redentor, el poderoso para salvar. Puede que tengamos una pobre estimación de la valía de Cristo como nuestra ofrenda por la culpa, y sin embargo quedar tan perfectamente perdonados como los que son ricos en fe, dando gloria a Dios. No hay *grados* en nuestra justificación delante de Él. Todas estas varias ofrendas representan el *un sacrificio* por los yerros del pueblo. Asociados a ellos tenemos los siguientes pensamientos:

1. SUSTITUCIÓN. En todo caso, la ofrenda era *por* el ofrendante. «Cristo nos amó, y se entregó a Sí mismo *por* nosotros» (Ef. 5:2). Murió por nuestros pecados.
2. RESTAURACIÓN (cap. 6:1, 2). Mediante la ofrenda de Sí mismo, nuestro Señor Jesucristo ha restaurado lo que el pecado y la incredulidad habían quitado. Y ciertamente si dependemos de la ofrenda por la culpa para nuestra restauración a Dios, restauraremos de corazón a nuestro prójimo lo que fraudulentamente les hayamos quitado. De gracia recibisteis, dad de gracia.
3. COMPENSACIÓN. «Pagará lo que haya defraudado..., y añadirá a ello la quinta parte» (v. 16). Debemos dar compensación a nuestro prójimo por lo que haya perdido por nuestras acciones, porque en esta ofrenda, como tipo de Cristo, tenemos no solo el pago de una deuda, sino en un sentido profundo e insondable, la plena compensación a Dios de la pérdida sufrida por la ruina del hombre por el pecado. ¡Aleluya, qué Salvador! La muerte de Cristo ha hecho *compensación* a Dios por nuestra culpa, y *añadido* la «quinta parte» de una Iglesia a la eterna alabanza de su santo Nombre.

III. La condición. La provisión hecha por la ofrenda por la culpa no servía de nada si no había:

1. CONFESIÓN. «Confesará *aquello* en que pecó» (v. 5). *Aquello* implica que la confesión tiene que descender a cosas *particulares*. La ofrenda por la culpa trata de ellas, y puede que tenga una referencia especial a los que caen como creyentes, y que tienen que confesar su caída con detalle antes de que puedan obtener restauración. Luego debe haber:
2. ACEPTACIÓN. Tiene que haber buena disposición a aceptar la única vía de liberación de la culpa, dada por Dios, y a mostrar obediencia a su Palabra.

IV. La promesa. «Y será perdonado» (v. 10). Este versículo contiene una doble promesa, dando una doble certidumbre.

1. LA EXPIACIÓN HECHA POR ÉL. El sacerdote hará expiación por él. Esta obra está fuera del ofrendante. Esto lo ha hecho Cristo por nosotros (Ro. 5:11).
2. EL PERDÓN EXTENDIDO A ÉL. Justificado libremente por su gracia. «Por medio de Él [de Jesucristo] se os anuncia perdón de pecados» (Hch. 13:38).

124. AARÓN Y SUS HIJOS

Levítico 8

Aarón y sus hijos representan de manera muy idónea a Cristo y a sus siervos.

1. Fueron LLAMADOS con él: «Toma a Aarón y a sus hijos *con él*».
2. Estaban relacionados con él POR NACIMIENTO, «hijos». De la misma manera hemos sido nosotros *llamados* en Cristo, y nacidos de lo alto.
3. Llevaban una VESTIMENTA IDÉNTICA (v. 13). La justicia de Dios que revestía a nuestro gran Sumo Sacerdote está sobre todos los que creen.
4. Estaban ASOCIADOS EN EL SERVICIO (v. 27). Somos colaboradores juntamente con Él.
5. RECIBIERON LA MISMA UNCIÓN (v. 30). Bautizados con el mismo espíritu. Los hijos de Aarón eran todos siervos. Veamos en este capítulo cómo fueron hechos aptos para su sagrada obra. Fueron:

I. Lavados. «Moisés los lavó con agua» (v. 6). Ni siquiera se lavaron a sí mismos. Lávame *Tú*, y seré más blanco que la nieve. Antes del lavamiento viene el desnudamiento. Toda la soberbia y la autosuficiencia son echadas a un lado (Hch. 2:37). *Él* nos amó, y nos lavó de nuestros pecados en su propia Sangre.

II. Revestidos. «Moisés... les vistió las túnicas» (v. 13). Se nos sugiere que esto también fue hecho por ellos. Adán y Eva fueron considerados como desnudos hasta que Dios hizo túnicas de pieles y los *vistió* (Gn. 3:21). El vestido de bodas no fue comprado, sino *puesto* como un don. Cubiertos con la vestidura de su justicia.

III. Ceñidos. «Moisés... les ciño con cintos.» El cinto habla de *servicio*. La imposición del cinto significaba su llamamiento a una vida de actividad en la obra del Señor (Jn. 13:4). Estén vuestros lomos ceñidos. Servís al Señor Cristo. El cinto de muchos del pueblo del Señor parecen colgar muy sueltos, cayendo y vueltos a poner una y otra vez.

IV. Separados. «Puso Moisés de la sangre sobre el lóbulo de sus *orejas* derechas, sobre los pulgares de sus *manos* derechas, y sobre los pulgares de sus *pies* derechos; y roció Moisés la sangre sobre el *altar* alrededor» (v. 24). Con todo ello se indicaba que así como el oído, la mano y el pie estaban conectados mediante la sangre con el altar, estaban separados para Dios. Los miembros untados con sangre eran tanto propiedad de Dios como el mismo altar. La sangre sobre el oído, etc., significaba lo mismo que la sangre sobre el altar. Dios siempre reclama para Sí a aquellos a los que Él ha lavado, vestido y ceñido (He. 13:12).

V. Suplió. «Y lo puso todo… en las manos de sus hijos» (vv. 26, 27). El separado con seguridad tendrá las manos llenas con y para el servicio. El Señor nunca manda a nadie a guerrear a sus propias expensas. Limpiados y vestidos, y con las *manos llenas* con ofrendas aceptables para Dios. ¿Quién está pues dispuesto a *llenar sus manos* este día? (véase 1 Cr. 29:5 margen). Nadie, dice el Señor, vendrá DELANTE DE MÍ con las manos vacías. El servicio con las manos vacías es la causa de muchos fracasos en la obra cristiana.

VI. Ungidos. «Tomó Moisés del aceite de la unción… y consagró a Aarón y sus vestiduras, y a sus hijos y sus vestiduras» (v. 30). Este aceite dela unción es indudablemente tipo del Espíritu Santo, y nos enseña el secreto de la santidad, cómo las *vestiduras* de nuestra vida diaria exterior puede ser «Santidad a Jehová». Ser santo es ser *íntegro* por dentro (Ro. 8:29) e irreprochable externamente. Esta unción se corresponde con Pentecostés después de la expiatoria y purificadora Sangre de la Cruz. ¿Has recibido esta misma unción que te enseña todas las cosas? (1 Jn. 2:27).

VII. Comisionados. «Guardaréis la ordenanza delante de Jehová» (v. 35). La ordenanza del Señor es: «Predicad el Evangelio a toda criatura» (Mr. 16:15). Me seréis testigos. Hemos sido salvados para servir (Hch. 9:15, 16). Al guardar esta ordenanza los hijos de Aarón debían mostrar obediencia a la Columna de Nube que se movía (Nm. 9:19). «Una ordenanza tengo para guardar.» «Señor, así como Tú eres poderoso para guardar lo que he depositado en tus manos, que sea yo también capacitado para guardar lo que Tú me has encomendado.»

125. LA GLORIA DEL SEÑOR

Levítico 9

Hemos visto que en los capítulos anteriores se dice mucho acerca de varias ofrendas y sacrificios, indicándose con cada uno de ellos, de una u otra manera, la apertura de un camino por el que el hombre pecador puede allegarse a Dios y encontrar su favor. ¿Qué podría ser más graciosamente hermoso que la promesa de la gloria de Dios revelada después que se han hecho todos los sacrificios, y que esta revelación de Sí mismo estuviera asociada con el *octavo* día? (v. 1). El *octavo* día es siempre el comienzo, o el *primer* día de una nueva semana, y por ello nos trae a la memoria el día de la resurrección de nuestro Señor y Salvador, y de la manifestación de su gloria, la gloria de su poder, después de haberse consumado el gran sacrificio.

I. La gloriosa promesa. «La gloria de Jehová se os aparecerá» (v. 6). Siempre ha sido su deseo manifestarse al hombre, y que el hombre le conociera. Fue para esto que vino Cristo. Él podía decir: «La gloria que Tú me diste les he dado». Esta gloria incluye la gloria de su longánima misericordia y abnegado amor.

II. La necesaria preparación. Antes que pudiera aparecer el Señor en su gloria el pueblo debía tener:

1. UN MEDIADOR SANTO. Aarón como sacerdote debía hacer primero expiación por sí mismo (v. 7). El que había de estar entre Dios y el hombre debía ser él mismo aceptado por Dios. Cristo es nuestro Sacerdote, *constituido a favor de los hombres* en lo que a Dios se refiere (He. 5:1-3).
2. UN SACRIFICIO PERFECTO. No es sin un debido significado que los cuatro sacrificios especiales anteriormente mencionados (caps. 1, 2, 3, 4) fueran ofrecidos en aquel día en que el Señor iba a aparecer (vv. 1-4). Como ya hemos observado, todas estas ofrendas, tomadas globalmente, nos exhiben una plena vista del perfecto carácter moral y preciosa muerte expiatoria del amado Hijo de Dios. La gloria de Dios únicamente puede ser revelada a los que tienen una verdadera apreciación de los padecimientos del Salvador. Te ruego que me muestres tu gloria.

III. El magno resultado. Éste puede ser recapitulado en las siguientes y expresivas palabras:

1. BENDICIÓN. «Alzó Aarón sus manos hacia el pueblo y lo bendijo» (v. 22). Esto implicaba la consciencia del perdón. Aceptados por medio de la ofrenda. ¿Acaso no nos ha bendecido con toda bendición en los lugares celestiales en Cristo?
2. GLORIA. «La gloria de Jehová se apareció a todo el pueblo» (v. 23). Está será asimismo nuestra porción cuando Él aparezca. Lo veremos como Él es, y seremos juntamente glorificados. Hemos recibido la *bendición* ahora por medio de su gran muerte expiatoria; veremos esta gloria cuando seamos cambiados y trasladados a su presencia.
3. JUICIO. «Salió fuego de delante de Jehová», etc. Este fuego consumidor saliendo en presencia del pueblo sugiere el terrible juicio de Dios, sea que caiga sobre el altar o sobre el pecador. Nuestro Dios, el Dios de la gloria, es asimismo un *fuego consumidor*. Éste es el juicio que caerá sobre los malvados a los que Él destruirá con el *resplandor* de su venida (2 Ts. 2:8). Palabras solemnes… Piénsalas.
4. ADORACIÓN. «Todo el pueblo… se postraron sobre sus rostros» (v. 24). ¿Qué podía ser más apropiado? Al manifestarse la gloria de su poder solo podemos postrarnos sobre nuestros rostros y adorar. La salvación por medio de Cristo lleva a ser juntamente glorificados. La gloria de su gracia y justicia conduce al clamor de alabanza y al postramiento de un corazón adorante (2 Cr. 7:1-3). Que cada uno de nosotros se pregunte: ¿Tiene el Señor respeto de *mi* ofrenda?

126. NADAB Y ABIÚ

Levítico 10:1-5

Los milagros no son suficientes para convencer a los hombres de pecado, ni para llevarlos a una actitud correcta para adorar a Dios aceptablemente. Nadab y su hermano sacerdote habían visto hacía poco la gloria de Dios, y el milagroso fuego cayendo desde el cielo, consumiendo el sacrificio sobre el altar, y habrían estado entre los que reverentes se habían postrado y adorado (véase cap. 9); sin embargo, debido a su soberbia e irreverencia fueron azotados con juicio. En verdad tenemos aquí una solemne advertencia para todo el pueblo de Dios. Observamos aquí:

I. Un gran privilegio. Eran «hijos de Aarón». Tenían

1. UN PADRE PIADOSO. Ser hijo de un santo es una maravilla sin precio, pero un hombre puede ser hijo de un piadoso entendido y ser sin embargo un siervo del diablo.
2. UNA CRIANZA RELIGIOSA. Desde su infancia se habían familiarizado con las cosas santas, y habían sido instruidos en la amonestación del Señor.
3. UNA BUENA PROFESIÓN. Eran reconocidos por otros como los *siervos* de Dios. Es posible portar el nombre de cristiano, tener parte en la obra cristiana, y sin embargo no conocer en el espíritu la santidad de Dios ni lo terrible del pecado.

II. Un acto de presunción. «Ofrecieron delante de Jehová fuego extraño.» Ellos

1. OFRECIERON UN FUEGO HECHO POR ELLOS MISMOS. Era algo que Dios no había ordenado (v. 1). Su ofrenda era como la oración del Fariseo (Lc. 18:11) o como el sacrificio de Caín. Solo una manifestación de orgullo y rebelión.
2. RECHAZARON EL DON DE DIOS. El fuego que ardía sobre el altar era don de Dios. Éste era el que debían haber usado, pero lo menospreciaron (cap. 16:12). ¿Cuán mejores son los que buscan el favor de Dios sobre la base de su propia bondad pero que rechazan absolutamente a Cristo como don de Dios? Intentan establecer su *propia* justicia, pero no se someten a la *justicia de Dios*.

III. Una condenación inesperada. «Salió fuego de delante de Jehová y los quemó.» Los profesantes de *cera* tienen que guardarse del fuego. Estos

1. PERECIERON EN MANOS DE AQUEL A QUIEN PROFESABAN SERVIR. Tenemos en ello una versión anterior de la historia de Ananías y Safira (Hch. 5). No se trata tanto de celo sin conocimiento como de presunción temeraria.
2. PERECIERON POR MEDIO DE LO QUE HABÍAN RECHAZADO. *Fuego* de delante del Señor. La piedra rechazada molerá hasta pulverizar (Lc. 20:17, 18). Cristo Jesús, el don de Dios, ha sido ahora designado Juez de todos. Rechazarlo a Él ahora como ofrecido por nosotros en el altar de la Cruz significará encontrarle entonces como fuego consumidor.

IV. Un espectáculo solemne. Murieron *delante* del Señor. «Benditos los que mueren *en* el Señor.» Éstos

1. FUERON SACADOS. Pudieron entrar por su propio pie, pero no pudieron salir por sí mismos. No hay expiación por el pecado de presunción (Nm. 15:30). El que siendo frecuentemente reprendido endurece su cerviz perecerá sin remedio.
2. FUERON SACADOS CON SUS TÚNICAS. Sus vestiduras sacerdotales no sirvieron para protegerlos. Las *túnicas* de la profesión no salvarán. «He visto a los *impíos* ser sepultados, los que entraban y salían del lugar santo» (Ec. 8:10, BAS). El que edifica su casa sobre arena de cierto perecerá en su derrumbamiento. Si nuestra religión está solo en nuestros *hábitos*, quedará de cierto enterrada con nosotros.

III. Una importante lección. El propósito de Dios en gracia es de ser:

1. SANTIFICADO EN NOSOTROS. «*En los que a Mí se acercan* me santificaré.» Santificad por tanto al Señor en vuestros corazones, porque Él no contempla la apariencia exterior, sino el corazón (1 S. 16:7). Sin santidad nadie verá al Señor. Los puros *de corazón* verán a Dios.
2. GLORIFICADO POR MEDIO DE NOSOTROS. «En presencia de todo el pueblo seré glorificado.» A nosotros nos toca estar *quedos y conocer* que Él es Dios, para que Él sea exaltado entre los gentiles (Sal. 46:10). Magnifiquemos al Señor juntos. Glorifica Tú a tu Hijo en mí.

127. SERÉIS SANTOS

Levítico 11

La santidad, o separación de lo contaminado, es la carga de este capítulo. Después de haberse hecho una plena expiación, y que el Señor se haya revelado a su pueblo, como hemos visto en el capítulo 9, ciertamente conviene a sus redimidos ser imitadores de Dios como hijos amados (Ef. 5:1). Éste es el deseo de su corazón. «Seréis santos, porque Yo soy santo». No podemos ser seguidores de Santo y complacernos en aquellas cosas que son impuras a sus ojos.
Consideraremos:

I. La advertencia que se da. «Lo tendréis por inmundo, os serán, pues, abominación». Otros pueden comer de estos animales inmundos, pero no será así con *vosotros*. Vosotros sois Mi pueblo, redimidos con sangre, y separados para la gloria de Mi Nombre, de modo que vuestra manera de vivir no debe ser según la manera indiscriminada de los impíos. Está clara la lección que esto encierra para nosotros.

II. Las distinciones que se hacen. El mismo Dios distingue para su pueblo lo que es limpio o inmundo. Los animales limpios son conocidos por sus *pies* y *boca*, tienen la pezuña hendida y rumian. Lo que Dios ha purificado, no lo llaman común o inmundo (Hch. 10:12). Los pies y la boca indican nuestro *camino* y *palabra* como evidencia de que somos limpios delante del Señor. Muchos cristianos profesantes tienen serios problemas con la «enfermedad de los pies y de la boca»; no se deleitan en caminar en sus caminos ni en hablar en su Nombre. «Todas *volátil que anda sobre cuatro patas,* tendréis en abominación» (v. 20). Todos los que tienen poder para *elevarse hacia los lugares celestiales,* y que pasan el tiempo *arrastrándose* sobre la tierra, están en un estado abominable, y son abominables delante de Dios. «¡Ojalá fueses frío o caliente! Así, por cuanto eres tibio, y no frío ni caliente, voy a vomitarte de mi boca» (Ap. 3:15, 16). «Nada abominable *comerás*» (Dt. 14:3). Los que están dotados de las alas de la fe se contaminan cuando se mezclan con los «*seres reptantes*».

III. Las razones para ello. Hay varios poderosos argumentos que se dan aquí acerca de por qué como pueblo redimido de Dios debemos vivir una vida separada. Debido a:

1. SU DERECHO SOBERANO SOBRE NOSOTROS. «Yo soy Jehová *vuestro* Dios» (v. 44). Ésta es verdaderamente una bienaventurada revelación. «Yo soy *vuestro* Dios». ¿Acaso no dijo el Salvador resucitado: «Subo a mi Padre y a *vuestro* Padre, a mi Dios y a *vuestro* Dios?» Cuando oréis, decid: «Padre *nuestro*».
2. LO QUE ÉL HA HECHO POR NOSOTROS. «Yo soy Jehová, que *os hago subir* de la tierra de Egipto» (v. 45). Hemos sido libertados de manos de nuestros enemigos, a fin de poderle servir sin temor en santidad (Lc. 1:74, 75). Redimidos por su Sangre, y el dominio del pecado sobre nosotros y en nosotros ha quedado quebrantado.
3. SU CARÁCTER INMACULADO. «Soy santo» (v. 45). Él es perfecto en santidad. La *integridad* de su carácter es completa eterna e inmutablemente en todos sus atributos y obras.
4. NUESTRA RELACIÓN CON ÉL. «Porque Yo soy... vuestro Dios: *seréis, pues, santos,* porque Yo soy santo» (v. 45). «*Por tanto,* os santificaréis» (v. 44). ¿Cómo pueden dos andar juntos si no están de acuerdo? «¿Qué comunión [tiene] la luz con las tinieblas?... Vosotros sois el santuario del Dios viviente, como Dios dijo: Habitaré y andaré entre ellos, y seré su Dios, y ellos serán mi pueblo. *Por lo cual* salid de en medio de ellos, y apartaos, dice el Señor, y no toquéis lo inmundo; y Yo os acogeré, y seré para vosotros por Padre, y vosotros me seréis por hijos e hijas, dice el Señor Todopoderoso. Así que, amados, puesto que tenemos estas promesas, limpiémonos de toda contaminación de carne y de espíritu, perfeccionando la santidad en el temor de Dios» (2 Co. 6:14-18).

128. LA PURIFICACIÓN DEL LEPROSO

Levítico 13; 14:1

La lepra, como tipo, expone la terrible naturaleza del pecado. Sus raíces son profundas, no solo en la cabeza donde *se exhibe,* sino en el hombre oculto del corazón. Hace toda la vida estéril y sin fruto, como el manantial en Jericó (2 R. 2:19). El pecado, como la lepra, aflige a la misma *persona,* a las *vestiduras* que lleva, y a la *casa* donde vive. Esto sugiere idóneamente el espíritu, el alma y el cuerpo:

1. La PERSONA interior, del corazón.
2. Las VESTIDURAS exteriores, de la vida.
3. La CASA común, de nuestras asociaciones diarias.

Consideremos la enfermedad y la curación:

I. El carácter de la enfermedad. «Es una plaga de lepra». Y tiene los siguientes efectos:

1. CONTAMINA. Se trata de un leproso, y el tal es inmundo (cap. 13:44). Una mancha era suficiente para hacerlo *totalmente* impuro. El pecado es algo tan terrible que ofender *en un solo punto* es hacerse culpable de todo. Si no hemos *continuado en todas las cosas* estamos bajo maldición (Gá. 3:10). Si la enfermedad era solo de la piel no era considerada impureza. Las *debilidades* no son pecados.
2. CONLLEVA JUICIO. «El sacerdote lo declarará luego inmundo» (cap. 13:44). La *condenación* venía por medio del representante de la Palabra de Dios. El que no cree ya ha sido condenado. No había apelación ante el pronunciamiento del sacerdote. El pronunciamiento de Dios está siempre asociado al pecado. Nadie puede alterarlo.
3. CONLLEVA SEPARACIÓN. «Fuera del campamento será su morada» (13:46). *Fuera* del campamento significaba fuera de la esfera de la comunión divina. En tanto que fuera leproso no podía gozar de la comunión con Dios ni con su pueblo (Ef. 2:12). La impureza de corazón impide el goce de su presencia. Los de puro corazón verán a Dios. ¡Qué imagen de uno *muerto* en pecado, muerto en vida, muerto para Dios, muerto al goce de lo santo, muerto a una vida de utilidad!

III. Debe ser confesada. Había cuatro cosas por las que era conocido un leproso, y que revelan la verdadera condición de un pecador delante de Dios:

1. LLEVABA LOS VESTIDOS RASGADOS. Indicando desgracia y desnudez.
2. LLEVABA LA CABEZA DESCUBIERTA. Se mostraba indefenso y expuesto. Ninguna cubierta para la venganza del sol justiciero.
3. LLEVABA LA BOCA CUBIERTA. Indicando que su aliento estaba contaminado, y que su boca estaba tapada por lo que se refería a justificarse.
4. SU CLAMOR ERA «INMUNDO». El sacerdote lo había declarado inmundo. Él lo aceptaba, y confesaba que era cierto. Aceptaba su condena y asumía el puesto que le correspondía. Vé tú y haz lo mismo.

III. El modo de su restauración. Así como la lepra muestra el pecado, del mismo modo el *camino de restauración* revela el método divino de la salvación. Obsérvense los varios actos:

1. EL SACERDOTE SALÍA. «Éste [el sacerdote] saldrá fuera» (14:3). El leproso no puede *entrar,* por lo que el mediador *sale fuera.* El pecador no puede por sí mismo encontrar el regreso a Dios, pero Jesucristo, nuestro gran Sumo Sacerdote, *salió* a buscar y a salvar. El Pastor sale a buscar la oveja perdida.
2. LA OFRENDA DE UN SACRIFICIO. «El sacerdote mandará luego que se tomen para el que se purifica dos avecillas» (14:4-6). El sacerdote sale fuera, y luego se hace el sacrificio. Cristo salió de delante del Padre, y luego se entregó en rescate por todos. La inmolación de una avecilla, y el mojado de la otra en la sangre de la primera, dejándola a continuación suelta para que volara hacia el cielo, es todo sublimemente típico de la muerte y resurrección de Cristo, y de su ascensión al Cielo por medio de su propia Sangre. Un camino nuevo y *vivo.*

3. EL ROCIAMIENTO CON LA SANGRE. «Y rociará siete veces sobre el que se purifica de la lepra» (14:7). El leproso tenía que entrar en contacto personal con el sacrificio hecho por él. La *sangre* denota el valor de la vida ofrendada; este rociamiento por parte del sacerdote significa que la aplicación de la muerte de Cristo al pecador es obra de Cristo. Yo os rociaré y seréis limpios. Solo Aquel que imputó nuestros pecados a Cristo puede imputarnos su justicia a nosotros.
4. LA PALABRA DEL SACERDOTE. «El sacerdote… le *declarará* limpio.» Solamente aquel que había pronunciado inmundo al leproso podía pronunciarlo limpio. El que condena al incrédulo es el que justifica al que cree en Jesús. Es Dios el que justifica. Cuando el pobre leproso tenía la *palabra* justificadora del sacerdote, nada le importaban las opiniones de los otros ni sus propios sentimientos.
5. LA PURIFICACIÓN PERSONAL. «Y el que se purifica lavará sus vestidos, y raerá todo su pelo, y se lavará con agua», etc. (14:8) La purificación por medio de la Sangre de Jesús debería conducirnos a eliminar toda impureza de la carne y del espíritu. Los que están justificados delante de Dios por la *fe* deberían justificarse a sí mismos por sus *obras*.
6. RESTAURACIÓN. «Y después entrará en el campamento» (14:8). ¿Después de qué? Después del *rociamiento*, del *lavamiento* y del *afeitado*. Es nuestra impureza lo que nos cierra el paso al campamento de la comunión. ¿Qué comunión tiene la luz con las tinieblas? Cuando somos limpiados del pecado no queda nada que nos estorbe para allegarnos a Dios.
7. CONSAGRACIÓN (vv. 14-18). La *sangre* y el *aceite* puestos sobre el oído, la mano y el pie son prenda de *redención* y *consagración*. Después de la sangre de la expiación (la obra de Cristo) viene el aceite de la unción, la obra del Espíritu santo. Lo que comprado por sangre es reclamado por el Espíritu Santo. El resto del aceite era puesto sobre la cabeza del que se purificaba (v. 29). Con ello se indicaba que el purificado también recibiría el derramamiento del Espíritu *sobre* él. Las lenguas de fuego se posaron *sobre* cada uno de ellos (Hch. 2:3).

129. LA PURIFICACIÓN DEL LEPROSO

1. Condenación, Levítico 13:44
2. Confesión, 13:44
3. Separación, 13:46
4. Sustitución, 14:3-6
5. Justificación, 14:7
6. Restauración, 14:8
7. Consagración, 14:14-18

130. EL DÍA DE LA EXPIACIÓN, O LA OBRA DE CRISTO

Levítico 16

El día de la Expiación era el *gran* día de Israel. Todos los vasos y servicios derivaban su valor de él. Era el día más solemne de todo el año para el sumo sacerdote. El día de la humillación de Cristo fue el más solemne en toda la historia de su existencia eterna. En el versículo 30 tenemos la clave de todo el capítulo. Hay:

1. La obra: «expiación por vosotros».
2. El obrero: «el sacerdote».
3. El tiempo: «en este día».
4. El propósito: «*seréis* limpios de todos vuestros pecados *delante de Jehová*».

Este gran día era:

I. Día de necesaria humillación. Las vestiduras de gloria y hermosura tenían que ser puestas a un lado, revistiéndose el sumo sacerdote de la lisa y llana «túnica santa de lino» (v. 4). No podía representar al pueblo *delante de* Dios hasta haber hecho la *expiación*. Cristo se despojó a Sí mismo (véase Fil. 2:7, 8). Aunque *en forma de siervo*, su carácter de como «lino santo» (He. 7:26).

II. Día de sacrificio especial (vv. 5-11). El sacerdote tenía que ofrecer primero un sacrificio por *sí mismo*. Tenía que asegurar su propia posición delante de Dios. Cristo, siendo el Hijo, no necesitó esto (He. 7:27). Los *dos* machos cabríos constituían *una sola* ofrenda, representando los dos aspectos de la muerte de Cristo. El primero ascendía (v. 9, lit. heb.) y el otro *se alejaba* (v. 12; Jn. 1:29): expiación y sustitución.

III. Día de solemne imputación. «Pondrá Aarón sus dos manos sobre la cabeza del macho cabrío vivo, y confesará sobre él todas las iniquidades de los hijos de Israel» (vv. 21, 22). El macho cabrío era hecho *maldición* por ellos (Gá. 3:13), era conducido a una tierra deshabitada (Mr. 15:34), llevando en su cuerpo las iniquidades de ellos (1 P. 2:24; Is. 53).

IV. Día de allegamiento a Dios (vv. 12-15). En aquel día se corría el velo. La muerte de Cristo eliminó la última barrera (Lc. 23:45). El camino al *lugar santísimo* queda ahora manifiesto (He. 9:8). La sangre era rociada *sobre* y *encima* del propiciatorio, tipificando: (1) una aceptación completa; (2) una posición segura (Ef. 1:6, 7).

V. Día de verdadera aflicción. «Y esto tendréis por estatuto *perpetuo*: … *afligiréis vuestras almas*» (v. 29). El PECADO no es una nadería, como tampoco lo es la EXPIACIÓN. Los corazones frívolos siempre lo tratarán a la ligera. La terrible expiación tiene que ser aceptada con corazones convictos y quebrantados (Jn. 16:8; Hch. 2:37).

VI. Día de reposo perfecto. «*Ninguna obra haréis*» (v. 29; véase 23:30). En el día de la expiación era el sacerdote el que hacía todo el trabajo. Jesús lo hizo todo (Jn. 19:30). El hombre soberbio querría hacer *algo* para ayudarse ante Dios, pero este algo sólo puede producir muerte (Ef. 2:8).

VII. Día de experiencia bienaventurada. «*Limpios* de todos vuestros pecados *delante de Jehová*» (v. 30). Nuestra parte es aceptar por fe lo que *Él ha hecho*; esto comporta salvación (Hch. 13:39). Y creer lo que *Él ha dicho*, esto trae certidumbre (1 Jn. 5:13). Si la muerte de Cristo no nos ha *limpiado* delante del Señor, de nada nos ha servido (Jn. 13:8).

131. EL GRAN DÍA DE LA EXPIACIÓN

Levítico 16; Romanos 5:1-10; Hebreos 10

La palabra «expiación» no significa tanto reconciliación como «*cubierta*». Nunca se emplea en el Antiguo Testamento en el sentido de reconciliar, sino siempre como «cubiertas» o «cubrir». La expiación era aquello mediante lo que todo lo que obstaculizaba el allegamiento del hombre a Dios quedaba cubierto. El gran día de la Expiación era el gran día de las CUBIERTAS. Así como los cortinajes del Tabernáculo cubrían las cosas santas de los ojos del hombre, del mismo modo la expiación cubre nuestros pecados e iniquidades del ojo de Dios. Nos logra la justicia de Dios, que es para todos y sobre todos los que creen. ¡Qué cubierta!
El gran día de la Expiación era:

I. Un día de humillación sacerdotal. El sumo sacerdote tenía que poner a un lado las vestiduras de gloria y hermosura, y vestirse con la normal «túnica de lino». En la mañana de aquel día salía en forma de *siervo*. ¡Cuán solemne y sugestivo es todo esto! Cristo no salió para hacer expiación en las vestiduras de su gloria visible. La gloria que Él tenía con el Padre fue ocultada. Fue en forma de siervo que apareció «para quitar de en medio el pecado» (He. 9:25). El sacerdote seguía siendo el *sumo* sacerdote, aunque vestido con la túnica ordinaria. El Señor Jesús seguía siendo el Hijo eterno, aunque «se humilló a Sí mismo». Incluso «en su porte exterior *como hombre*» estaba revestido de la túnica de puro blanco de un carácter intachable.

II. Un día de sacrificio especial. El acto de tomar dos machos cabríos de la congregación como una ofrenda por el pecado constituía un tipo singular pero sumamente instructivo. Habiendo salido del pueblo representaban por ello al mismo pueblo. En Adán, el primer hombre, todos mueren. En Cristo, el segundo hombre, tomado de entre el pueblo, todos serán vivificados. Estos dos machos cabríos exponen no solo la conexión de Cristo con el pueblo como hombre, sino también el doble aspecto de su obra sacrificial. Ambos machos cabríos eran presentados ante el Señor, y luego, después de echar suertes, uno era dado *al* Señor, y el otro venía a ser el macho cabrío de escape *para* el pueblo. El gran sacrificio expiatorio del Señor Jesucristo tuvo que satisfacer todas las santas demandas de Dios, y todas las profundas necesidades de la pecadora humanidad. Así como los dos machos cabríos constituían una sola ofrenda, de la misma manera Cristo, por medio de su sola ofrenda, dio satisfacción a la doble necesidad de Dios y del hombre. El día en que Cristo murió en la cruz fue el GRAN DÍA DE LA EXPIACIÓN para el mundo. ¿Qué es lo que ha traído para ti?

III. Un día de solemne imputación. Leemos así: «Y opondrá Aarón sus dos manos sobre la cabeza del macho cabrío vivo, y confesará sobre Él todas las iniquidades de los hijos de Israel, todos sus pecados, *poniéndolos sobre la cabeza* del macho cabrío, ... y aquel macho cabrío *llevará sobre sí* todas las iniquidades de ellos» (Lv. 16:21, 22). Aquí queda claramente enseñada la SUSTITUCIÓN. El macho cabrío *llevaba* los pecados del pueblo, que eran puestos sobre Él por uno que era «Santidad a Jehová», el Santo de Dios. ¡Qué significativas que son estas palabras: «Jehová *cargó* sobre Él la iniquidad de todos nosotros... Jehová quiso quebrantarlo, sujetándole a padecimientos» (Is. 53:6, 10). El santo Dios cargó sobre su santo Hijo el pecado del mundo. Cristo «llevó Él mismo nuestros pecados en su cuerpo sobre el madero» (1 P. 2:24). A veces cantamos, «Mis pecados pongo sobre Jesús». Pero, ¿qué derecho tengo yo a poner mis pecados sobre el santo Hijo de Dios? No osaré hacer tal cosa. Pero, ¡oh la profundidad de la gracia divina!, le plugo al Padre hacerlo. ¿Quién puede desafiar la justicia de la sustitución cuando es obra del SEÑOR?

Estos dos machos cabríos revelan el doble aspecto de la redención que es en Cristo. El primer macho cabrío era ofrecido al Señor como *expiación*, y el otro era un *sustituto* para la congregación. El primero no puede salvar sin el segundo. La expiación de Cristo es la *apertura* del camino de allegamiento a Dios. Es la provisión de aquello que es suficiente para *cubrir* los pecados de todo el mundo (1 Jn. 2:3). Él es la expiación (cubierta) de nuestros pecados, sea que lo creamos o no, pero Él es sólo el sustituto y Salvador de aquellos que se identifican *con Él* por medio de la fe en Él. Cuando llegamos a Cristo nos refugiamos bajo la *cubierta* de sus alas (Mt. 23:27).

IV. Un día de servicio solitario. Mientras el sacerdote estaba obrando la expiación nadie podía estar en el Tabernáculo hasta el que Él saliera (Lv. 16:17). Debía estar solo en esta obra solemne. Era su propia obra, la obra para la que Dios lo había llamado y enviado. ¡Cómo se parece esto a la obra del Hijo del Hombre! Él buscó, pero no había quien ayudara. Mientras pisaba el lagar del dolor y del sufrimiento estuvo «solo». Tomó consigo a Pedro, a Jacobo y a Juan consigo al huerto. Pero a pesar de todo, estuvo a solas en el sangrante sudor de su terrible agonía. Salió y los encontró dormidos. Buscó, pero no había quien ayudara. En la tenebrosa y amarga hora de la muerte Él clamó: «Dios mío, Dios mío, ¿por qué me has *desamparado*?» (Sal. 22:1). Estaba solo. Pero incluso en sus giras de predicación y enseñanza estaba solo. «Porque ni aun sus *hermanos* creían en Él» (Jn. 7:5), y sus discípulos más introducidos no lo comprendían plenamente. Estuvo solo en su sagrado, santo y abnegado propósito. Pecadores, echaos atrás: no podéis tomar parte en absoluto en toda esta gran obra de la expiación. «He puesto el poder de socorrer [dice el Señor] sobre uno que es poderoso» (Sal. 89:19).

V. Un día de aceptación ante Dios. Una vez al año, en este gran día, el sumo sacerdote entraba dentro del santo velo. Llevaba consigo la sangre del sacrificio, mientras sus manos estaban llenas de incienso aromático. La sangre la rociaba *sobre* y *delante* del propiciatorio, sobre el lugar donde Dios reposaba, y sobre el lugar donde Él mismo estaba. Así la sangre hacía expiación delante de Dios, y daba al hombre una base de aceptación en su santa presencia. Estaba «sobre terreno de redención». El incienso era puesto sobre el fuego en el incensario, y la nube de fragancia debía *cubrir* el propiciatorio. Como ya hemos observado, la palabra «expiación» significa *cubierta*. Aquí vemos el *mérito* de la muerte expiatoria en la nube de incienso, cubriendo tanto a Dios como al hombre. El sacerdote estaba dentro del velo sobre la base de la sangre expiatoria, presentándose como el representante del pueblo. Aceptado ante Dios. ¡Qué imagen de Jesús, nuestro gran Sumo Sacerdote, que está ahora ante la presencia de Dios por nosotros! Él ha entrado mediante su propia sangre, y somos aceptos en Él, en Aquel cuyo mérito cubre tanto el propiciatorio de Dios como la desnuda alma del hombre.

VI. Un día de aflicción del alma. En aquel día «afligiréis vuestras almas» (Lv. 16:29). Mientras el pueblo contemplaba y veía al sacerdote obrando la expiación por ellos, ellos debían afligir sus almas. Ello debía llevar dolor y arrepentimiento a sus corazones debido a sus pecados. «Mirarán a Mí, a quien traspasaron, y llorarán... afligiéndose por Él» (Zac. 12:10). Es un espectáculo solemne y que quebranta el corazón, contemplar al Cordero de Dios inmolado *por nosotros*. ¿Puedes contemplar a Aquel a quien tus pecados traspasaron sin que tu alma se aflija? No podía haber corazones frívolos en aquel día terrible. La gran obra expiatoria del Señor Jesucristo solo puede ser apreciada por almas afligidas y quebrantadas a causa del pecado. En presencia del inmolado Hijo de Dios las bocas contenciosas y amantes de la controversia deben quedar selladas con mudez. «Verdaderamente, éste era el Hijo de Dios» (Mt. 27:54). «¿No os conmueve a cuantos pasáis por el camino? Mirad, y ved si hay un dolor como el dolor que me aflige» (Lm. 1:12). A través de las lágrimas de un dolor quebrantado y roto podremos ver mejor la hermosura y profundo significado de «*la sangre del Cordero*».

VII. Un día de perfecto reposo. «Ninguna obra haréis... día de sábado será para vosotros» (vv. 29, 31). El *sacerdote* hará expiación por vosotros. *Vosotros* no haréis obra alguna. ¡Qué pauta más perfecta tenemos aquí! En el día de la expiación el pueblo cuyos pecados están siendo expiados no deben hacer obra alguna. Cualquier cosa que hagan solamente servirá para obstaculizar la gran obra del sacerdote. No pueden ayudar, sino que deben cesar de sus obras y confiar en la obra del sacerdote en favor de ellos. ¡Cuán hermosamente sencillo! Solo Cristo puede quitar el pecado. Nosotros tenemos que reposar de nuestras *obras*. «Nos salvó, no en virtud de obras de justicia que nosotros hubiéramos hecho, sino conforme a su misericordia» (Tit. 3:5). «Por las obras de la ley ningún ser humano será justificado delante de Él» (Ro. 3:20). Somos «justificados *gratuitamente* por su gracia, *mediante la redención* que es en Cristo Jesús» (Ro. 3:24). Jesús lo pagó todo. ¡Reposa!

VIII. El resultado de la obra sacerdotal era que eran «*limpios... delante de Jehová*». ¡Qué bienaventurado privilegio! Aunque tomemos mucho jabón y nos limpiemos totalmente a nuestros propios ojos, solo la preciosa sangre del Redentor, el Hijo de Dios, puede limpiarnos a sus ojos. «La sangre de Jesucristo su Hijo nos limpia de todo pecado» (1 Jn. 1:7). «Si no te lavo, no tendrás parte conmigo» (Jn. 13:8). «Cree en el Señor Jesucristo, y serás salvo» (Hch. 16:31).

132. VIDA SANTA
Levítico 19

«Señor, mi doliente corazón te descubro,
Del pecado libérame, sin temer el dolor;
Por fuera y por dentro, puro quiero ser,
¡Oye Señor mi clamor! ¡dame sanidad!
No sé todo lo que en esto te ruego,
Pero concédeme, o dame, Señor tu santidad.»

Con vistas a la santidad práctica, el sermón del monte de Cristo no es más directo y apropiado que la enseñanza que tenemos registrada en este capítulo. Comienza con la demanda tan frecuentemente repetida: «Sed santos», unida a la revelación siempre llena de gracia: «Porque santo soy Yo Jehová *vuestro* Dios». La vida santa es la más útil de todas las vidas, y la persona santa es la más práctica de todas las personas. En esta porción tenemos expuestas ante nosotros:

I. Las características de una vida santa. Aquí tenemos las características de una persona santa.

1. DA HONRA A SU PADRE Y A SU MADRE (v. 3). Una sugerencia muy necesaria para los convertidos jóvenes. Se ha dicho que «la piedad comienza en el hogar». En tanto que no debe quedarse encerrada en él, sin embargo nuestro carácter cristiano tendrá poca influencia si no ha sido primero arraigado en la vida del hogar.
2. NO TIENE NADA QUE VER CON ÍDOLOS (v. 4). No se permite nada que tome el lugar de Dios en sus afectos. Busca *primero* el reino de Dios, y tiene más gozo real en presencia de Dios que en compañía de nadie. Como amados, huyen de la idolatría (1 Co. 10:14).
3. HACE SUS SACRIFICIOS CON BUENA VOLUNTAD (v. 5). Sufre *bien dispuesto* las pérdidas por causa de Cristo, deleitándose en hacer la voluntad de Dios cueste lo que cueste. Lo que para otros puede ser un gran quebranto es para él un gozo.
4. RECUERDA A LOS POBRES (vv. 9, 10). Sigue el ejemplo de su Maestro, y predica el Evangelio a los pobres. Se da cuenta también de que los pobres tienen derecho a sus posesiones, y de que él es simplemente administrador de las misericordias de Dios.
5. TRATA HONRADAMENTE CON SUS SEMEJANTES (v. 11). Incluso si su negocio no logra éxitos, prefiere sufrir quebranto antes que mentir o defraudar a su prójimo. Lleva una balanza exacta en su conciencia, y no se hará culpable de un silencio falto de honradez. Su servicio no es meramente servicio al ojo.
6. NO DESHONRARA EL NOMBRE DE DIOS (v. 12). Es más celoso por el Nombre de su Dios que por el suyo propio. Está más dispuesto a sufrir pérdida que a que se manche el nombre de su Señor y Maestro.
7. TIENE CONSIDERACIÓN PARA CON SUS SIERVOS (v. 13). Los sueldos los paga cuando vencen, y lo hace de manera que hace que su perceptor considere que tiene placer el hacerlo.
8. NO SE APROVECHARÁ DE UN HERMANO MAS DÉBIL (v. 14). Es muy natural ser impaciente con los sordos, con aquellos cuya capacidad de comprensión pueda ser pobre, y poner con nuestro caminar sin precaución piedras de tropiezo en el camino de aquellos cuya visión pueda no ser tan clara como la nuestra. Él recuerda (Dt. 28:18).

9. ES IMPARCIAL EN SUS TRATOS. Su interés en los *pobres* del Señor es igual de intenso que por aquellos que ocupan los principales asientos en el santuario público. El amor imparcial de Dios inunda su corazón. Teme a Dios y da honra a todos los hombres.
10. NO ANDA CHISMEANDO (v. 16). Los chismes que entran en su oído encuentran en él su tumba. Siendo de espíritu fiel, oculta el asunto (Pr. 11:13). Sabe que la lengua es un fuego, un mundo de iniquidad, y por ello le pone riendas.
11. REPRENDE CON AMOR A LOS QUE YERRAN (v. 17). No hay odio en su corazón contra ningún hermano, ni contra ningún semejante. Estos sentimientos asesinos no tienen sitio en él. Pero a veces habla severamente, y es fiel reprendiendo el pecado, porque ama la verdad y al que yerra (2 Ti. 2:4).
12. NO SE VENGA NI GUARDA RENCOR (v. 18). No devuelve mal por mal, sino que espera en el Señor (Pr. 20:22). Deja la venganza a Aquel a quien la venganza pertenece (Ro. 12:19), y por la gracia de Dios es capaz de no tener rencor para con sus enemigos.
13. DISTINGUE ENTRE LAS COSAS DIFERENTES (v. 19). No practica la mezcla de clases *diversas*. Sabe que no puede servir a Dios y a Mamón, y que la luz y las tinieblas no se mezclan, y que no hay concierto entre Cristo y Belial (2 Co. 6:14-16).
14. ECHA A UN LADO LOS MÉTODOS NO SANTOS (v. 31). Para lograr el éxito en la obra de Dios depende enteramente en el poder y la sabiduría del Espíritu de Dios. No tiene fe en los *espíritus familiares* ni de hombres ni de demonios, y no confiará en los métodos de *brujería* de los mundanos impíos.

II. El gran incentivo para una vida santa. Santos seréis, porque santo soy Yo Jehová vuestro Dios (v. 1). Santo soy Yo Jehová vuestro Dios. Por tanto:

1. SANTOS SERÉIS. «Que andéis como es digno del Señor, agradándole en todo» (Col. 1:10; 1 Ts. 2:12).
2. BÁSTATE MI GRACIA. «Mi Dios proveerá a todas vuestras necesidades» (Fil. 4:19).
3. NO TEMAS EN EL DÍA DE LA PRUEBA. «He aquí que Yo estoy con vosotros todos los días» (Mt. 28:20).
4. SERVID CON ALEGRÍA. «Recibirá recompensa» [si permanece la obra].
5. SED IMITADORES DE DIOS (Ef. 5:1). «Yo en ellos, y Tú en Mí» (Jn. 17:23).

133. LAS CARACTERÍSTICAS DE UN HIJO DE AARÓN

Levítico 21

El sacerdocio de todos los creyentes se enseña hermosa y claramente en los *hijos* del Sumo Sacerdote de Israel. Al haber *nacido* de Dios en el privilegio de la filiación, tienen esta libertad de acceso a su presencia como sacerdotes. En este capítulo observamos algunas de las marcas que distinguen a un hijo de Aarón. Veamos si como hijos y sacerdotes tenemos o no estas distinciones. Un hijo de Aarón es:

I. Un principal entre el pueblo (v. 4). No se trata de un hombre ordinario; su nacimiento lo ha separado del común de la humanidad. Es reconocido por todos como perteneciente a una diferente familia, al estar relacionado con su gran sumo sacerdote. ¿Nos eleva nuestra relación con Cristo, el gran Sumo Sacerdote, en una tal dignidad santa como para ser señalados entre el pueblo como «principales»? «Un hombre de Dios».

II. No distinguido por marcas corporales (v. 5). Los sacerdotes de Roma contradicen la Escritura en esto, como en muchas otras cosas, al aceptar la tonsura en sus cabezas. Las marcas de un hijo de Dios son más profundas, en la *mansedumbre* y *humildad* de Cristo. «Mis ovejas oyen mi voz, y Yo *las conozco*, ... y Yo les doy vida eterna» (Jn. 10:27, 28).

III. Uno que ofrece el pan de Dios (v. 8). Esto puede hacer referencia al *pan de la proposición* que era ofrendado a Dios y reivindicado por Él como «Su pan», que era acto seguido dado por Él al sacerdote. Así, se presenta al sacerdote dando a Dios aquello que lo satisfacía a Él. Luego Él da satisfacción al sacerdote con pan, el *pan de Dios*. Luego podemos, como sacerdotes, por medio de nuestro ministerio, dar a Dios lo que es el pan de satisfacción.

IV. Ungido con aceite (vv. 10-12). La corona del santo aceite de su Dios está sobre él. El aceite de la unción es un emblema del Espíritu Santo. Ser bautizado con el Espíritu Santo es ser *coronado* con honor y gloria. ¡Cuántos de los hijos y sacerdotes de Dios están aún sin coronar porque todavía no han recibido (a causa de su incredulidad) esta bendición coronadora! (Hch. 1:8) ¿Recibisteis el Espíritu Santo cuando creísteis? (Hch. 19:2). La *corona* nos habla de un sacerdocio *regio*.

V. Libre de asociaciones profanas (vv. 13-15). Siendo un hombre *separado*, lo que puede ser correcto en el caso de otros no le es permisible para él. Su vida no está gobernada por su propia voluntad, gustos o sentimientos, sino por la *Palabra de Dios*. El propósito del gran Sumo Sacerdote es el motivo que rige su vida. (2 Co. 6:14-18.) «El hacer tu voluntad, Dios mío, me ha agradado, y tu ley está en medio de mi corazón» (Sal. 40:8).

VI. Sin ninguna tacha visible (vv. 17-21). Naturalmente, las tachas a las que aquí se hace referencia son físicas, pero sugieren determinados defectos morales y físicos que impiden a las personas tener comunión con Dios. La incredulidad y la frialdad del corazón son terribles defectos, y los que acuden a Dios con ellos lo hacen solo para burlarse de Él. Una ofrenda defectuosa no la aceptará; tiene que ser perfecta para que logre su aceptación (Lv. 22:21). Él ha hecho la provisión mediante la que el hombre de Dios puede ser hecho *perfecto* (2 Ti. 3:17). Esto implica estar en una *condición* perfecta para hacer un servicio aceptable a Dios. Se trata de una perfección al alcance de cada cristiano (2 Co. 13:9). Si no somos perfectos así, estamos viviendo una vida defectuosa. Sed por ello perfectos e íntegros, sin carecer de nada (Stg. 1:4).

VII. Uno que come el pan de Dios (v. 22). Su alma se satisface con la provisión de Dios. *Festeja* con cosas santas que ningún *extraño* puede recibir (Lv. 22:10). Antes éramos extraños y ajenos, pero ahora somos conciudadanos con los santos, y miembros de la *familia* de Dios (Ef. 2:19). Compañeros en el sacerdocio, ¿estamos viviendo de manera coherente nuestra santa y feliz vocación?

134. COSAS SANTAS PARA LOS SANTOS

Levítico 22:1-16

Así como Aarón es un tipo de Cristo, del mismo modo sus *hijos* representan a todos los que han *nacido* de Dios. Todos los hijos de Dios son sacerdotes, aunque no todos viven en conformidad a sus privilegios sacerdotales. Estas «*cosas santas*», tan frecuentemente mencionadas en este capítulo (doce veces) son emblemas idóneos y apropiados de las «*cosas espirituales*» que nos han sido libremente dadas por Dios, pero que solo son plenamente disfrutadas por los que se entregan plenamente a Dios. Estas «cosas santas» son la provisión de Dios para sus santos.
Hay varias importantes lecciones que podríamos aprender de lo que se dice acerca de ellas. Que:

I. El trato con las cosas santas de una manera no santa conlleva muerte (v. 3). Lo impuro no puede pasar por este camino santo. El hombre natural no recibe las cosas del Espíritu de Dios (1 Co. 2:14). Estas cosas quedan ocultas a los sabios según el mundo y a los autocomplacientes, y nuestro Señor, lleno de gracia, le dio las gracias al Padre que fuera así. El alma inmunda no puede apreciar el alimento de los ángeles. Tomemos cuidado de cómo manejamos las cosas espirituales, no sea que comamos y bebamos juicio para nosotros mismos, haciendo así del *Evangelio* sabor de muerte.

II. Los inmundos no pueden comer cosas santas. «No comerá de las cosas sagradas hasta que esté limpio» (v. 4). Tenemos que ser limpiados del pecado antes de poder tener ningún apetito o capacidad de disfrute de las cosas celestiales y espirituales. Él no echa sus perlas delante de cerdos. La santidad y la impureza son contrarios. El que ama las tinieblas aborrece la luz.

III. Las cosas santas son alimento de los santos. «Podrá comer de las cosas sagradas, porque su *alimento* es» (v. 7). El hombre santo no puede encontrar *alimento* en los meros placeres del mundo; las cosas que seducen a los impíos no tienen atracción para él. Su corazón está en las cosas celestiales. La comunión con Dios es para él más deliciosa que su alimento diario, y la salvación de los perdidos más preciosa que la plata o el oro.

IV. Ningún extraño o siervo asalariado podía comer de estas cosas santas (v. 10). El *extraño* representa a aquellos que no conocen a Dios, y que no han creído en su Hijo. El siervo *asalariado* denota aquella clase de cristianos profesantes que hacen de la piedad un medio de ganancia, que sirven al Señor para provecho personal. Estos mercenarios religiosos tienen su recompensa, pero nunca gustan de las COSAS SANTAS.

V. Los comprados por el sacerdote, o nacidos en su casa, podían comer de las cosas santas (v. 11). Ser *comprado* o *nacer* en la familia sacerdotal daba derecho a estos santos privilegios. *Comprados* por la sangre de Cristo, y *nacidos* de Dios, ello nos introduce en la familia de Dios, y nos da el derecho y la idoneidad para el goce de las inescrutables riquezas de Cristo, estas cosas santas que tan libremente nos han sido dadas por Dios.

VI. Las relaciones profanas descalifican para comer estas cosas santas (v. 12). Un yugo desigual destruye a menudo el apetito por las cosas espirituales. La hija del sacerdote tenía derecho por nacimiento, pero quedaba descalificada si se casaba con un *extraño*. Podemos ser cristianos por el nuevo nacimiento, y sin embargo quedar descalificados, por nuestras asociaciones mundanas y pecaminosas, para recibir las cosas de Cristo como las ha revelado el Espíritu Santo. Pero al volver a la casa del padre el privilegio quedaba restaurado (Lc. 15:18).

VII. Comer de las cosas santas por yerro no aprovechaba (v. 14). Es muy posible leer y hablar de cosas santas grandes y preciosas, y ser sin embargo totalmente ajeno a su poder. La verdad puede estar sobre el corazón y no quedar nunca asimilada con la vida, al no ir mezclada con fe. Un hombre sólo está tratando de manera casual con las promesas maravillosamente grandes y preciosas de Cristo hasta que las prueba, por una fe personal, en su propia alma (Sal. 19:12).

135. LA OFRENDA VOLUNTARIA

Levítico 22:17-25

Los redimidos del Señor tienen muchas oportunidades de mostrar su amor hacia el Señor con sus ofrendas *voluntarias* a Él. El Señor ama al dador alegre. Al ser salvo por la gracia, esta gracia debería hallar expresión en actos espontáneos de sacrificio y de acción de *gracias*. De gracia recibisteis, dad de gracia. Nótese aquí que estas ofrendas:

I. Son «esperadas por el Señor» (v. 18). No que Él necesite el *don*, sino que Él desea anhelantemente aquella condición de corazón y mente que prefiere reconocerlo de esta manera. El apóstol Santiago dice: «Te mostraré mi fe por mis obras». Nuestro *amor* a Dios puede manifestarse de la misma manera.

II. Deben ser «traídas al altar» (v. 18). Al ser holocaustos, eran puestas sobre el gran altar de bronce fuera del lugar santo. Este altar nos habla de la Cruz de Cristo, por medio de la que nosotros y nuestras ofrendas son hechas aceptables para Dios. Incluso una ofrenda voluntaria no es aceptable para Jehová aparte de la persona y obra de su Hijo Jesucristo. Los dones de los impíos, incluso para la obra de la Iglesia, no puede decirse que son puestos sobre el altar. Ofrendas voluntarias a hombres, pero no a Dios. El *amor* de Cristo no es el motivo que les constriñe.

III. Podían ser entregadas por «cualquiera» en Israel. «Cualquier varón *de la casa de Israel»* (v. 18). Se debía pertenecer al pueblo de Dios antes de que una ofrenda voluntaria pudiera ser aceptada. Nadie tiene una voluntad *libre* hasta que llega a ser hijo de Dios por la gracia redentora. Hasta entonces el pecado tiene dominio sobre toda la naturaleza, estando bajo la ley (Ro. 6:14). Hasta que quedemos libres del pecado mediante el poder de Cristo, nunca nuestras ofrendas podrán llegar al altar.

IV. Deben ser dadas «voluntariamente». «Como ofrendas *voluntarias»* (v. 18). No puede tratarse de una ofrenda de libre voluntad a no ser que se haga de buena voluntad, no de mala gana ni por necesidad. Cuando Dios dio a su Hijo a la muerte por nosotros, lo dio *de buena voluntad*. Todo lo que *hagáis*, hacedlo de *corazón* como para el Señor. El Señor mira al corazón.

V. Tienen que ser «sin defecto». Lo que tiene defecto «no os será aceptado» (v. 20). Muchos ofrecen a Dios lo que no darían a un amigo terreno: mal dinero y malos modos. Dios nos ha dado su Unigénito y lo mejor de su parte, ¿y le vamos a ofrecer lo ciego, lo cojo y lo que carece de valor? *Viejas* monedas de cobre y momentos *desocupados* pueden serle dados *voluntariamente*, pero ello demuestra el poco lugar que tiene el Señor en estos corazones y en estas vidas. Presentaos a Dios.

VI. «Para que sea aceptado deberá ser sin defecto» (v. 21). Debemos cuidarnos de que no estemos dando a Dios *porque* no es perfecto. La *perfección*, naturalmente, es un término relativo, y lo que puede ser perfecto para uno puede estar muy lejos de ser perfecto en otra persona. Las dos blancas de la viuda pobre (una cantidad insignificante) fueron una ofrenda perfecta, mientras que tu don puede constituir un insulto. Dar según el Señor nos haya prosperado, con una mente bien dispuesta: esto es lo bueno y aceptable delante de sus ojos De gracia recibisteis, dad de gracia.

136. SIETE ESLABONES EN LA CADENA DE LA GRACIA

Levítico 22:31-33

«Yo soy Jehová.» Estas palabras aparecen tres veces en estos tres versículos, y son como los tres sellos del Dios Trino y Uno, puesto sobre estas grandes y preciosas verdades. Es refrescante para el alma, y un firme fundamento para ella, encontrar lo muy frecuentemente que Jehová les recuerda que fue Él que los sacó de Egipto. Dios nunca puede olvidar la gran salvación cumplida para su pueblo, y está constantemente recordándoles que Él, que *los había salvado*, seguía con ellos y por ellos. Él, que dio a su Hijo por nosotros, ¿cómo no nos dará también *con Él* todas las cosas? Necesitamos que se nos recuerde esto con frecuencia.

Los diferentes eslabones en esta cadena de oro de la gracia son:

I. Revelación. «Yo Jehová.» Si Dios debe ser conocido, debe revelarse a Sí mismo. Nadie buscando puede encontrar a Dios. Esta revelación de Sí mismo la tenemos en Cristo Jesús. Cuando Felipe le dijo a Jesús: «Muéstranos al Padre, y nos basta», Jesús le respondió: ¿Tanto tiempo hace que estoy con vosotros, y no ME HAS CONOCIDO, Felipe? El que me ha visto A Mí, ha visto al Padre... El Padre que mora EN Mí, Él hace las obras». ¡Qué revelación! ¿Has oído y visto al Dios invisible en las palabras y vida de Jesús?

II. Salvación. «Os saqué de la tierra de Egipto.» Egipto era el lugar de esclavitud y miseria, y de un afán sin frutos. Tipo del mundo y de nuestro estado anterior. En su impotencia Él se apiadó de ellos, y con su gran poder, por mano de Moisés, los *sacó*. Trasladados del reino de las tinieblas al reino de su amado Hijo. Salvos por la gracia.

III. Adaptación. «Os saqué... para *ser vuestro Dios*.» ¿Alcanzamos a comprender en alguna medida la infinita bondad de Dios revelada en estas palabras? Él nos ha liberado de la opresión del pecado para poderse manifestar en toda la plenitud de su gracia y gloria a nosotros. Debemos ser *para Él* un pueblo tomado por Él mismo, y Él debe ser Dios *para nosotros* (Éx. 6:7). Como nuestro Dios, Él se compromete a adaptar las riquezas de su gracia y cada atributo de su carácter a nuestras necesidades diarias, y a enriquecer nuestras vidas para la gloria de su Nombre. Os. he sacado *para ser vuestro Dios*. Alma mía, ¡bendice a Jehová!

IV. Santificación. «Yo Jehová que os santifico.» Esta *santificación* o *separación* para Sí mismo constituye parte de la gran salvación. Los israelitas no fueron salvados de Egipto simplemente para escapar del cruel látigo del capataz, sino para que vinieran a serle pueblo *para Él*. No hemos sido salvados por Cristo simplemente para ser liberados de las manos de nuestros enemigos, sino para servirle sin temor *en santidad* todos los días de nuestra vida (Lc. 1:74, 75). Yo Jehová que os santifico. La santificación es la obra del Señor. Cristo Jesús... nos ha sido *hecho de parte* de *Dios*... santificación (1 Co. 1:30).

V. Representación. «Que *Yo sea santificado* en medio de los hijos de Israel.» La santidad de Dios debe ser vista en la santidad de su pueblo. ¿Somos fieles y verdaderos representantes del carácter de nuestro Señor y Salvador? El desea morar en nosotros y caminar en nosotros como templo del Dios viviente (2 Co. 6:16). Si Él debe ser santificado entre su pueblo, nos conviene ser *imitadores* de Dios como hijos amados (Ef. 5:1).

VI. Prohibición. «Y no profanéis mi santo nombre.» Es fácil que los que son *llamados por su nombre* lo profanen con un caminar indigno (Col. 1:10). Todo lo relacionado con nuestras vidas fuera del templo de su santa voluntad es profano. Profanamos su nombre con nuestras oraciones incrédulas, con nuestras profesiones formales solo de boca, e incluso cuando estamos predicando el Evangelio, si no lo hacemos en el poder del Espíritu Santo. Sed llenos del Espíritu, y no profanaréis su Nombre Santo, porque Él obrará en vosotros tanto el querer como el hacer de su buena voluntad.

VII. Comisión. «Guardad, *pues*, mis mandamientos, y *cumplidlos»* (v. 31). Por ello, por cuanto Yo soy vuestro Dios, habiéndoos redimido para Mí mismo, y por cuanto os he separado para la santificación de Mi Nombre, vosotros haréis vuestra delicia de guardar Mis palabras y de hacer Mi voluntad. Cada persona salvada y santificada era comisionada. Ningún amigo terrenal conoció mejor a Jesús que su madre. Recordemos entonces las palabras de ella a los criados en la boda de Caná: «Haced lo que Él os diga». Ella misma conocía la bienaventuranza de la fe y la obediencia.

137. LAS FIESTAS MEMORIALES O SIETE EXPERIENCIAS EN LA VIDA CRISTIANA

Levítico 23

Estas siete fiestas eran sazones, o solemnidades gozosas, *ordenadas* por el Señor. Eran santas reuniones memoriales, o convocaciones, por medio de las cuales, como medios de gracia, Dios bendecía a su pueblo. Tienen una profunda y poderosa voz profética. Cada fiesta parece señalar a alguna experiencia concreta por parte de su pueblo, y denotar alguna renovada manifestación de las riquezas de su gracia y propósito hacia ellos. Puede que también tengan un sentido dispensacional, representando, como creo que lo hacen, las diferentes épocas en la historia de su antiguo pueblo y de la Iglesia de Dios. Hagamos un examen de las mismas en cuanto a esto:

1. LA PASCUA. Sugiere el día de la humillación y muerte de Jesucristo.
2. LA FIESTA DE LOS PANES SIN LEVADURA puede indicar la experiencia *actual* del pueblo de Dios como sus separados.
3. LAS PRIMICIAS pueden señalar a la primera resurrección a la venida del Señor, como se predice en 1 Tesalonicenses 4:16.
4. LA FIESTA DE LAS SEMANAS, o de la cosecha: la restauración de los judíos, cuando todo Israel será salvo.
5. LA FIESTA DE LAS TROMPETAS: la publicación por parte de los Judíos del Evangelio del Reino.
6. EL DÍA DE LA EXPIACIÓN: el final ajuste de todas las cosas a Dios en justicia.
7. LA FIESTA DE LOS TABERNÁCULOS: «Dios en medio de ellos», como cuando moraban en tiendas en el desierto: el reinado milenial. Paz en la tierra y buena voluntad para con los hombres.

Estas santas ordenanzas de Dios son dignas de un estudio de lo más estrecho, al revelar el programa divino con respecto a «los eventos del porvenir». Pero deseamos contemplar estas fiestas bajo lo que algunos pudieran denominar una luz más práctica, como atañendo a nuestra experiencia individual. La

I. Fiesta de la Pascua, o salvos por la sangre (v. 5). Es la *Pascua de Jehová,* por cuanto Él pasó sobre aquellos que estaban refugiados bajo la sangre rociada del cordero en Egipto. No habéis sido redimidos con oro o plata, sino con la preciosa Sangre de Cristo, como de un cordero sin mancha (1 Pedro 1:18, 19). Cada vez que comáis de este pan y bebáis de esta copa, la *muerte del Señor* anunciáis, hasta que Él venga.

II. La Fiesta de los Panes sin Levadura, o limpiados por la Palabra (v. 6). Esta fiesta era celebrada justo el día después de la Pascua, enseñándonos que hay una relación muy estrecha entre la redención y la purificación. La *levadura* del pecado y de la hipocresía debe ser excluida del pan de los redimidos para Dios por la Sangre de Cristo. Desead la leche *sincera* de la palabra para que podáis crecer; la lectura de literatura barata y destructiva dificulta el crecimiento de muchos hijos de Dios. Que no se vea tal cosa en todo tu territorio (Éx. 13:6, 7).

III. La Fiesta de las Primicias, o consagrados a Dios (vv. 10-12). La *primera* gavilla de la siega presentada a Jehová es un tipo enfático de Cristo (1 Co. 15:23), que fue el *grano* de *trigo* que cayó a la tierra y *murió* para poder dar mucho fruto (Jn. 12:24). Si las *primicias* son santas la masa también lo es (Ro. 11:16). Los *redimidos* de entre los hombres son las primicias para Dios (Ap. 14:4). La *gavilla* y el *cordero* eran ofrecidos juntos (v. 12). Nosotros, como una especie de primicias, somos representados «resucitados juntamente» con Cristo el Cordero de Dios. La gavilla representaba el fruto de una nueva vida, ofrecida a Dios en el poder de un Cordero sin tacha. Siendo vivificados para Dios, la gavilla de nuestra nueva naturaleza debería serle presentada a Él como las *primicias* de una siega de alabanza y honra que aún han de ser traídas por medio de nuestra vida fiel para Dios.

IV. La Fiesta de las Semanas, o la plenitud del Espíritu Santo (vv. 15-22). Se llama la «fiesta de las semanas» porque se celebraba siete semanas después de Pentecostés. Se llamaba también Pentecostés porque se celebraba en el día quincuagésimo. Fue en este día que fue derramado el Espíritu Santo (Hch. 2:1-4). Era la fiesta *de la siega o de la recolección.* Y se cumplió hermosamente en el día de Pentecostés, por cuanto leemos que «Se añadieron aquel día como tres mil personas». Así como *Pentecostés* siguió a la ofrenda de las *primicias,* así la plenitud del Espíritu Santo sigue a nuestra presentación de nosotros mismos ante Dios, y luego viene la siega o recolección de preciosas almas. Éste es el orden divino, y no hay otra vía para lograr el éxito. Así como el grano de trigo tenemos nosotros que caer y morir al pecado y al yo si queremos dar mucho fruto para Dios. También parece, por lo que aquí se afirma, que no debemos esperar que el mundo sea convertido o recogido durante esta dispensación, por cuanto Él dice: «No segaréis hasta el último rincón de ella» (v. 22), aunque sí llegará el día en que toda rodilla se doblará ante Él.

V. La Fiesta de las Trompetas, o la proclamación del Evangelio (vv. 23-25). Cuando uno ha quedado lleno del Espíritu Santo pronto comenzará a proclamar el Evangelio. El toque de la trompeta era una obra tan santa como la ofrenda de un sacrificio. Es «santa convocación». Un muerto no puede soplar una trompeta, por costoso que sea el instrumento: se precisa del aliento de un hombre vivo para poderlo manejar. Los espiritualmente muertos pueden predicar el Evangelio, pero no hay ningún gozoso sonido del Cielo para las almas de los hombres. La trompeta está ahí, pero está ausente el aliento vivo y vivificador del Espíritu Santo. ¡Ay, que tantos se contenten con la *forma* sin el poder. Los que *conocen* el gozoso son caminan en la luz de su rostro (Sal. 89:15).

VI. La Fiesta de las Expiaciones, o salvación final (vv. 26-32). En hebreo la palabra traducida «expiación» está en plural. Esta solemne ocasión era memorial no solo de la expiación hecha por el pueblo, sino también por los *vasos,* o *utensilios,* etc., del santuario. Viniendo como viene entre la fiesta de las trompetas y la fiesta de los tabernáculos, somos llevados a creer que tiene referencia a nuestra perfecta *redención* en la resurrección del cuerpo, el vaso del Espíritu. Incluso nosotros mismos, que tenemos las primicias del Espíritu, gemimos dentro de nosotros mismos, esperando la adopción, esto es, la redención de nuestro *cuerpo.* Porque somos *salvos en esperanza* (Ro. 8:22-24). Todavía no hemos entrado en esta salvación, sino que estamos en la *esperanza* de ella. La fiesta de las expiaciones ordenada por Dios la hace segura.

VII. La Fiesta de los Tabernáculos, o caminando con Dios (vv. 33-43). Esta fiesta era «asamblea solemne», conmemorando el tiempo en que moraban en cabañas en el desierto, y cuando Dios moraba en medio de ellos en la columna de nube. Tiempos en los que literalmente caminaron con Dios. ¿No tiene todo esto una voz para nosotros, *recordándonos* que después de la resurrección o *cambio* del cuerpo (de los que estén vivos cuando venga el Señor) vendrá el estar «para siempre con el Señor»? Ellos caminarán conmigo de blanco. Se cumplirá entonces lo que está escrito: «He aquí el tabernáculo de Dios con los hombres, y Él morará con ellos; y ellos serán su pueblo, y Dios mismo estará con ellos» (Ap. 21:3). Entonces el fruto de aquel puñado de trigo en la tierra se mecerá al viento haciendo un ruido como el Líbano (Sal. 72:16-19, véase margen).

Para nosotros es sublimemente conmovedor que fuera en el *último día* de esta fiesta que Jesús se puso en pie, clamando: «Si alguno tiene sed, venga a Mí y beba». Esto dijo Él del Espíritu Santo iban a recibir los que creyesen en Él (Juan 7). Pensar que estas siete fiestas terminaran en la práctica con este amante y desgarrador clamor lleno de gracia del compasivo Salvador da un solemne énfasis a las dos grandes verdades que contienen:

1. LOS SEDIENTOS deberían acudir a Él y beber.
2. LOS CREYENTES deberían recibir el Espíritu Santo.

Cristo es la gran y perfecta fiesta de Dios para pecadores y santos.

138. EL AÑO DEL JUBILEO

Levítico 25

Cada quincuagésimo año era para Israel una fiesta memorial. Era una ocasión periódica señalada por Dios para el reajuste de los asuntos sociales de su pueblo, y es un tipo con tono de trompeta del Evangelio de Cristo y de su poder de rectificar las relaciones del hombre con Dios y *entre ellos.* El año del jubileo era el «tiempo aceptable» y el «día de salvación» para muchos en Israel. El valor de mercado de las cosas era regulado por él (vv. 15, 16). Los tratos entre los hombres debían ser ordenados según los ordenamientos de Dios. En nuestros tiempos los negocios y el Evangelio parecen estar totalmente divorciados. Pero con todo, esta ley permanece en que el *valor real* de las cosas de esta vida depende de su relación con Cristo y su Evangelio. El son de la trompeta del jubileo era el son de:

I. La expiación. «El día de la expiación haréis tocar la trompeta» (v. 9). No puede haber un son gozoso para el hombre *pecador* aparte de la sangre expiatoria. La trompeta necesita un hombre vivo para que la toque, y ha de tener además la *autoridad* de Dios antes de poder dar un mensaje divino a los que oyen. Cristo murió por nuestros pecados, y resucitó para nuestra justificación; por ello, la gran trompeta de la expiación está siendo tocada, y su son alcanza los confines de la tierra.

II. La libertad. «Pregonaréis libertad en la tierra a *todos sus moradores*» (v. 10). Sobre la base de la expiación de Cristo Dios proclama la libertad a cada cautivo. El toque de la trompeta en boca de los santos de Dios era la proclamación de estas gratas nuevas. Esta liberación para el esclavo era *inmediata y completa* al oír y *creer* las nuevas. El son era para el oído, y el mensaje para el corazón (Lc. 4:18).

III. El perdón. «Cuando tu hermano empobrezca y se acoja a ti, tú lo ampararás» (v. 35). Incluso la *deuda* y la *pobreza* de un hombre no le impedía de gozar la *gracia* del jubileo, sino que lo hacía un más idóneo sujeto para ella. A los pobres es predicado el Evangelio. Cuando éramos aún pecadores Cristo murió por nosotros. Él no vino a llamar a los justos, sino a los pecadores a arrepentimiento.

IV. El reposo. «Año de sábado será» (v. 5). Era guardado como sábado al Señor. El Evangelio de Cristo proclama el reposo a los fatigados y cargados (Mt. 11:28). No reposo en sus obras, sino de ellas. Era el Sábado del Señor, y por ello el reposo de Dios. Era, y sigue siendo, entrar en su reposo. Reposa en el Señor (Sal. 116:7). Los que hemos *creído* entramos en el reposo (He. 4:1-3).

V. La abundancia. «Comeréis hasta saciaros, y habitaréis en [la tierra] con seguridad» (v. 19). ¡Qué Evangelio! Protegidos en el lugar de abundancia. Yaciendo en verdes pastos. Las inescrutables riquezas de Cristo son nuestra santa tierra prometida. Es a esta plenitud por su gracia a la que hemos sido traídos los que creemos. Todo es vuestro, y vosotros sois de Cristo, y Cristo de Dios. No estéis ansiosos por nada. Tomad gratuitamente del agua de vida.

VI. La restauración. «Volveréis cada uno a vuestra posesión» (v. 13). Todo lo que se perdía por el fracaso o el pecado quedaba restaurado gracias el Evangelio del jubileo. Todo lo que se perdió en Adán queda restaurado en Cristo, y así lo declara el Evangelio del bienaventurado Dios. *Hechos cercanos* por la Sangre de Cristo. El pobre Mefiboset oyó un evangelio así y gozó de una similar restauración (2 S. 9). Él restaura mi alma. Herederos de Dios y coherederos con Cristo Jesús.

VII. El amor fraternal. «No engañe ninguno a su prójimo, sino temed a vuestro Dios» (v. 17). En esto conocerán todos que sois *mis* discípulos, si os amáis unos a otros. Tenemos que amar a los indignos así como nosotros, indignos, hemos sido amados, y perdonar como hemos sido perdonados. El siervo *perdonado* que agarró a su consiervo por el cuello era evidentemente lo suficientemente valiente como para tratar con él cara a cara, pero estaba totalmente carente de la gracia y compasión de su amo (Mt. 18:28). Amarás a tu prójimo como a ti mismo. De gracia recibisteis, dad de gracia. Sed imitadores de Dios, como hijos amados (Ef. 5:1).

139. EL CAMINO DE LA OBEDIENCIA

Levítico 26:1-13

Dos caminos se abren en este capítulo ante nosotros: el de obediencia y bendición y el de desobediencia y miseria. Los caminos estrecho y de vida, y ancho y de perdición.
Al considerar el primero de éstos comentaremos acerca de:

I. Las características de los obedientes. Tal como se observa en los versículos mencionados anteriormente,

1. RECHAZAN LOS ÍDOLOS (v. 1). Ningún ídolo o imagen tendrá una base de *sustentación* en sus pensamientos o mentes. No se inclinarán ni se postrarán ante los dioses del mundo.
2. REVERENCIAN LAS ORDENANZAS DE DIOS (v. 2). No transforman el Día de Reposo en un día de placer egoísta, ni el santuario en teatro o centro de espectáculo, ni el púlpito en un escenario de marionetas.
3. SON CONDUCIDOS POR SUS PALABRAS (v. 3). Caminan en los *estatutos* del Señor, y no en la luz de las *chispas* que ellos mismos hagan brotar (Is. 50:11). Para ellos la Palabra de Dios, como el mismo sol, está afirmada en los cielos (Sal. 119:89).
4. SE DELEITAN EN HACER SU VOLUNTAD (v. 3). La Palabra de Dios debe ser *guardada*, no como el avaro guarda su oro, acumulado para la *inutilidad*, sino como el guerrero guarda su espada. No es sabio el que meramente escucha, sino el que *pone sus palabras por obra* (Mt. 7:24).

II. Las bendiciones que acompañan a la obediencia. El camino de la obediencia es el camino de:

1. DAR FRUTO. «Yo daré vuestra lluvia en su tiempo, y la tierra rendirá sus productos» (v. 4). Por el versículo 3, «Si andáis en mis estatutos», se ve que esta promesa es condicional. El fruto depende de nuestra relación con Dios, de donde procede todo fruto. Él sabe *cuando es el tiempo debido*. «A su *debido* tiempo segaremos» (véase Is. 44:3). La *lluvia* de su bendito Espíritu del Cielo precede al tiempo de la cosecha.
2. PAZ Y REPOSO. «Y Yo daré paz en la tierra, y *dormiréis*» (v. 6). El secreto de dar fruto y del reposo reside en ser serenamente obediente a su santa voluntad. Al ir siguiendo, Él hará y dará. En lugar de ansiedad y fatiga hay paz y reposo (Sal. 23:2). Tomamos su yugo, y sin ningún secreto anhelo de popularidad hallamos reposo para nuestras almas (Mt. 11:29).
3. LIBERACIÓN DE LO MALO. «Y haré quitar de vuestra tierra las malas bestias» (v. 6). Hay muchos males como «fieras», de los que incluso el cristiano necesita liberación. La bebida fuerte, el amor al dinero, los amantes de los placeres más que de Dios, la soberbia, la impaciencia, la auto-afirmación. Éstas son malas bestias que se ven frecuentemente en la tierra de la herencia de Dios, pero de las que Él nos puede librar. Solo Él puede quitarlas. Véase toda la lista en Gálatas 5:19-21.
4. PODER PARA VENCER. «Cinco de vosotros perseguirán a ciento» (vv. 7, 8). En esta guerra espiritual no se trata de números ni de experiencia, sino de «santidad a Jehová». Lo que Dios emplea son las cosas *débiles* pero *limpias* (1 Co. 1:26-31). La espada de su Palabra es poderosa para el derribo de todo refugio de mentiras. «*Cinco* de vosotros». No muchos, pero totalmente de *acuerdo*. Si dos de vosotros os ponéis de acuerdo en cuanto a qué pediréis en Mi Nombre, os será hecho.
5. FAVOR DISTINTIVO. «Yo me volveré a vosotros» (v. 9). Los obedientes tienen continuamente la mirada de su gracia especial sobre ellos (Ro. 8:28). El Señor hará la diferencia, de manera que no tendrán que rogar ni buscar el favor de los impíos príncipes de este mundo. Él lo ha prometido, de manera que podemos decir confiadamente: ... No temeré (He. 13:5, 6).
6. PROVISIÓN ABUNDANTE. «Pondréis fuera lo añejo para guardar lo nuevo» (v. 10). Las viejas bendiciones no serán atesoradas debido a la cantidad y grandeza de las nuevas. El viejo grano de nuestras experiencias espirituales será empleado con liberalidad debido a la abundancia del nuevo. Esto indica un estado de alma muy saludable, siendo la senda del justo, que resplandece más y más como la aurora. El viejo grano de la salvación debiera ser sacado debido al nuevo bautismo del Espíritu Santo. Saquemos también el viejo grano de la teología debido al *nuevo*, que es anchura contra estrechez.
7. COMUNIÓN DIVINA. «Andaré entre vosotros» (v. 12). Su presencia con nosotros es la prenda de la prosperidad, del progreso, dela protección, de la pureza y del poder. Aquella alma o vida poseída por el santo Espíritu de Dios nunca dejará de encontrar deleite en un camino de obediencia. El testimonio de aquella vida nunca quedará silenciado por el terror ni azotado por calentura (v. 16). Mayor es el Espíritu de Cristo en nosotros que el espíritu del Anticristo que está en el mundo (1 Jn. 4:4).

140. EL CAMINO DE LA DESOBEDIENCIA

Levítico 26:14-45

Como ya hemos visto, las bendiciones que siguen a la obediencia quedan claramente indicadas en la primera parte de este capítulo. En esta división las consecuencias de la desobediencia son también enfáticamente destacadas. En la primera sección tenemos el camino angosto que lleva a la vida; aquí tenemos el camino anchuroso que conduce a la perdición. Consideremos así:

I. Los males que siguen a la desobediencia. «Si no me oís, ni hacéis todos estos mis mandamientos», habrá:

1. TERROR. «Enviaré sobre vosotros terror» (v. 16). Cuando una Iglesia ha comenzado a apartarse, pronto comenzará a sentir terror acerca de las colectas, las innovaciones, y todo excepto acer-

ca de la mundanalidad y del pecado. Un alma fuera de comunión con Dios se siente aterrada por las reuniones especiales evangelísticas. La desobediencia trae la cobardía en el servicio de Dios. El temor del hombre pondrá lazo.
2. UNA SEGURA DECADENCIA. «Enviaré sobre vosotros extenuación» (v. 16). Ni los órganos, ni las imágenes, ni los coros profesionales, ni los ventanales pintados, ni los entretenimientos populares, podrán controlar esta dolencia. La herida es más grande que el emplasto, y más profunda que la capacidad de alcance de los falsarios religiosos. La desobediencia como dolencia es un cáncer que llega hasta lo más hondo. La *apariencia* de salud y de integridad puede ser mantenida durante un tiempo, de la misma manera que se puede pintar el rostro de una persona con anemia perniciosa, mientras que no hay más que debilidad y desorden en el interior.
3. ACTIVIDAD INSANA. Ésta se describe en el versículo 16 como «calentura», sugiriendo la idea de espasmos periódicos de esfuerzos *febriles*. Estos espasmos pueden a veces asumir la forma de «conciertos mundanos, tardes domingueras para el pueblo, sermones breves, temas populares», etc. Estas actividades en nombre de Cristo se parecen a la excitación *sin aliento* de los huesos secos en el valle de la visión. Como los movimientos convulsivos de un esqueleto accionado por una batería galvánica.
4. OBRAS INFRUCTÍFERAS. «Sembraréis en vano vuestra semilla» (v. 16). «Vuestra fuerza se consumirá en vano» (v. 20). Puede que haya mucho anhelo, pero en tanto que haya *rebelión* en el corazón, será solo azotar el aire (1 S. 15:22). Puede que siembres tu semilla como predicador, pero será en vano en tanto que tu vida no esté consagrada al Señor. Solo gastas tu fuerza en vano cuando intentas por medio de tu cultura y elocuencia conseguir fruto para Dios en la conversión de los pecadores, o en la edificación del pueblo del Señor. El fruto depende más en lo que *somos* que en lo que *hacemos*.
5. COBARDÍA ABYECTA. «Los que os aborrecen se enseñorearán de vosotros, y huiréis sin que haya quien os persiga» (v. 17). Desobedecer a Dios es caer bajo la tiranía del mundo, de la carne y del diablo. Luego viene la huida delante de un enemigo fantasma, porque hay dentro un corazón malo de incredulidad, una conciencia no limpia.
6. ORACIÓN SIN RESPUESTA. «Haré vuestro cielo como hierro» (v. 19). Un cielo de *hierro* es *inflexible*. La oración sin respuesta es una oración no oída. Nuestras oraciones prevalecen en tanto que *nosotros* y *ellas* estén bien con Dios (Stg. 5:16). Las oraciones preparadas para los oídos de los hombres en lugar de para el oído de Jehová de los Ejércitos jamás traspasarán un cielo de hierro. Si los cielos se nos muestran como sólidos para nosotros, ello es una evidencia de que nosotros mismos no somos rectos para con Dios.
7. PÉRDIDA DOLOROSA. «Enviaré también contra vosotros bestias fieras que os arrebaten vuestros hijos» (v. 22). Las bestias fuera de la incredulidad, del escepticismo, del menosprecio y la indiferencia han robado ya a la Iglesia desobediente de muchos de sus hijos. Una religión farsante ni salvará ni guardará a la generación que va subiendo. La causa de este fallo no es primariamente la ausencia de *interés* afuera, sino la carencia de *realidad* dentro.
8. DIVISIONES INTERNAS. «Tropezarán los unos con los otros» (v. 37). «Devorándoos unos a otros» viene a ser el último paso de esta consunción espiritual. Los asientos vacíos, los miembros que se apartan, los ancianos inquisidores y los predicadores irónicos son consecuencias naturales de una Iglesia desobediente y rebelde.

II. El remedio para toda esta miseria. Se hallará en

1. LA CONFESIÓN (v. 40). No en la mutua inculpación, sino en que cada uno se golpee *su* pecho (Sal. 32:5).
2. LA HUMILLACIÓN (v. 41). Si hay una verdadera conciencia de pecado, habrá un verdadero *desgarro* del corazón.
3. LA FE (vv. 42-45). Una confianza sin vacilar en su Palabra cierta de promesa. Cuando se confiesa el pecado, y se asume el lugar de la humildad, manteniéndose la actitud de fe, entonces se exhibirá el gran poder de la gracia divina, se desvanecerán las maldiciones esterilizadoras de la vida desobediente, y aparecerán rápidamente los dichosos frutos de la obediencia.

141. LOS LEVITAS COMO PUEBLO PECULIAR

Números 1:47-54

Los levitas eran un pueblo peculiar entre los miles de Israel. Sus peculiaridades, como en el caso de los cristianos, tenían que ver en la relación que tenían con el mismo Dios. Estar estrechamente asociados con Él siempre nos hará peculiares a los ojos de los demás. Pensemos en

I. Su separación.

1. NO ERAN CONTADOS con los otros (v. 47). Dios siempre establece una diferencia entre el creyente ordinario y aquellos que están *totalmente dedicados* a Él
2. ERAN ESCOGIDOS POR DIOS (3:12). Él los tomó a *ellos* en lugar de a los primogénitos en Israel, de modo que cada uno tenía un carácter representativo. Cada *primogénito* no representado por un levita tuvo que ser redimido (3:46-48). Ya veis vuestro llamamiento, hermanos, vosotros los que pertenecéis al círculo interior de sus escogidos. En *lugar de Cristo*, que es el Primogénito de toda criatura.
3. DADOS A AARÓN (3:9). Y así somos nosotros, como sus escogidos, dados a Cristo. Jesús reveló este pensamiento cuando dijo: «He manifestado tu nombre a los hombres que del mundo *me diste*». Todo lo que el Padre me ha dado vendrá a Mí.
4. RECLAMADOS POR DIOS. «Los levitas serán míos» (3:12). Pedro, Jacobo y Juan eran los tres peculiares entre los Doce, y parecían beber más profundamente del Espíritu de Jesús su Maestro, y por ello fueron reconocidos por Él no tanto como historiadores sino como *maestros*. Desead anhelantes los mejores dones.

II. La obra de los levitas era múltiple. En estos versículos se manifiesta algo de esta variedad. Los vemos como

1. SUPERVISORES. «Pondrás a los levitas en el tabernáculo del testimonio, y sobre todos sus utensilios, y sobre todas las cosas que le pertenecen» (v. 50). Los siervos escogidos de Dios deberían tomarse un interés general en lo relacionado con la obra y el culto de Dios. Debemos mostrar un interés lleno de simpatía por todo lo que tiene que ver con el servicio y honra de Dios.
2. PORTEADORES. «Ellos llevarán el tabernáculo» (v. 50). El transporte de los artículos del tabernáculo era para ellos la «carga del Señor». No todos los profesos seguidores de Cristo son porteadores de cargas. Pablo comprendió esto experimentalmente cuando dijo: «Desearía yo mismo ser anatema... por amor de Cristo».
3. SERVIDORES. «Ellos servirán» (v. 50). No eran siervos del tabernáculo, sino de Dios. Es bien posible ser siervos bien dispuestos de una Iglesia, y sin embargo no estar sirviendo al Señor.
4. DESMONTADORES. «Los levitas lo desarmarán» (v. 51). Cuando la columna de nube se movía, les tocaba a ellos desarmar el tabernáculo. Aquellos que tienen el oficio de servir en las cosas divinas deberían conocer cómo abrir y trazar rectamente la Palabra de Verdad. En este caso, disección no significa destrucción.
5. EDIFICADORES. «Los levitas lo armarán» (v. 51). En ocasiones tenían que despiezar la casa tabla a tabla, pero podían volverla a levantar y lo hacían. No eran del tipo de estos críticos destructivos que solo saben destruir, pero que no pueden edificar. Los que no pueden poner en orden las cosas de la casa de Dios harían bien en no tocarla.
6. MEDIADORES. «Los levitas acamparán *alrededor* del tabernáculo del testimonio, para *que no haya* ira sobre la congregación» (v. 53). Por la *posición* que ocupaban eran un canal de bendición o de maldición para el pueblo. Así son los que ocupan la posición de maestros públicos de la Palabra y voluntad de Dios. Al tomar nuestro verdadero lugar delante de Dios y del pueblo podemos salvar a muchos de la ira que ha de venir. Sois la sal de la tierra. La nuestra debiera ser la posición de *consagrados*.
7. GUARDIANES. «Los levitas tendrán la guarda del tabernáculo del testimonio» (v. 53). Eran custodios del tesoro del Señor. De manos de ellos Él demandaba todo vaso y cortina, toda tabla, pilar y estaca. ¿Somos nosotros, siervos de Él, fieles en guardar todo lo que el Señor nos ha encomendado? ¿No nos ha encomendado a nosotros la palabra de la reconciliación? (2 Co. 5:19). Pablo, casi con su último aliento, dijo: «Oh Timoteo, guarda lo que se te ha encomendado». «He guardado la fe» (1 Ti. 6:20; 2 Ti. 4:6-8).

142. LAS BANDERAS DE ISRAEL

Números 2

Las huestes de Israel fueron divididas por Jehová en cuatro campamentos, y cada campamento tenía su propia bandera. El *orden* en el que debían marchar cuando se movía la columna de nube fue también especificado claramente por el Señor. Esta disposición tiene indudablemente un profundo significado moral. El orden no era ni por nacimiento ni por la fuerza numérica. Judá, que iba primero, era el *cuarto* hijo de Jacob, y el campamento que debía ir en último lugar era el segundo más grande. Así como todos los vasos y sacrificios estaban llenos de significado espiritual, de la misma manera las *varias posiciones* en la gran marcha de la obediencia al llamamiento de Dios tiene asimismo sus lecciones espirituales para nosotros, que somos peregrinos y extranjeros con Él. Quizá el significado de los nombres de los diferentes campamentos y su relación moral entre sí nos ofrezca una clave para la verdad, que pueda sernos de provecho. Tenemos:

I. La bandera de Judá. Judá iba *primero* (vv. 3-9). *Judá* significa «Alabanza a Jehová» (cp. Gn. 29:35). Es desde luego lo más apropiado que el campamento de la alabanza conduzca en el camino. La alabanza es quizá la *primera* señal de un alma verdaderamente en buena relación con Dios. Es solo cuando hemos aprendido nuestro propio estado mísero y culpable, y cuando por la fe nos aferramos de la misericordia y todo-suficiencia de Cristo que podemos alabar al Señor con un corazón sincero. ¿Podemos nunca llegar a progresar en la vida divina si no hemos tomado primero nuestro puesto bajo la bandera de la alabanza? Judá fue hecho el principal de sus hermanos, y de él descenderían reyes (Gn. 49:8-10). Los cristianos dados a la alabanza serán siempre príncipes entre el pueblo. El cetro del poder no se apartará de ellos. Alabad al Señor.

II. La bandera de Rubén. Este campamento venía inmediatamente después de Judá. *Rubén* significa «Ved el hijo». Ved a uno en el pleno goce de la condición de hijo. Rubén, como hijo, trató de salvar la vida de José (Gn. 37:21), y ofreció a sus dos hijos como garantía por Benjamín. Después de la alabanza viene el testimonio de la verdadera condición de hijo, «ved al hijo». ¿Quién creerá que somos hijos de Dios si nuestras vidas no resplandecen con su alabanza? Si el espíritu de alabanza y de adoración llena tu corazón, entonces tú puedes esperar que otros tomen conocimiento de ello, diciendo, «ved al hijo». Además, los magnos y benditos privilegios de la condición de hijo sólo pueden ser adquiridos y disfrutados mediante un corazón *agradecido* y confiado. Comienza a alabar, y tu testimonio como hijo será sentido y reconocido por otros. Conviene a los hijos de Dios clamar de gozo.

III. La bandera de Efraín (vv. 18-24). *Efraín* significa «doblemente fructífero». Un fruto abundante es el resultado seguro *después* de la alabanza y de la perfecta vida como hijo. No alabamos al Señor porque no damos fruto, en lugar de alabarlo para que seamos hechos fructíferos. Bajo Josafat, el pueblo de Judá «comenzaron a entonar cantos de alabanza», y fue *entonces* que el Señor dispuso emboscadas contra sus enemigos, y les dio la victoria (2 Cr. 20:22). En nuestra incredulidad no estamos dispuestos a bendecir al Señor hasta que *veamos*, aunque el Señor ha dicho, «¿No te he dicho que si crees, verás?» Pero el camino hacia ser *doblemente fructífero* pasa por la apreciación plena de nuestros privilegios como hijos de Dios. La rama tiene que recibir de la vid su porción de *rama*. La feracidad siempre implica plenitud.

IV. La bandera de Dan (vv. 25-31). El sentido de *Dan* es *juzgar*. Un juez es uno sentado con autoridad. Todos los contados en el campamento de Dan «irán los últimos» (v. 31). El privilegio de juzgar viene en último término. ¿No está escrito que «los *santos* juzgarán el mundo»? ¿No deberán reinar con Cristo durante mil años? ¿Acaso no hemos de ser hechos *reyes*, así como sacerdotes para Dios? Y, ¿no se dice acaso que *reinaremos* sobre la tierra? Sí, tras Efraín viene Dan, después del fruto viene la exaltación y la recompensa (Lc. 19:17).

1. COMO PECADORES. Alabémosle por las grandes cosas que ha hecho por nosotros.
2. COMO Hijos Recibamos las grandes cosas que nos ofrece de continuo.
3. COMO SIERVOS. Demos fruto en la obra que Él nos ha dado.
4. COMO JUECES. Esperemos el honor que nos fue prometido.

Estas cuatro banderas son también sugerentes de:

1. El nacimiento de Cristo, con sus alabanzas angélicas.
2. La vida de Cristo, «He aquí el Hombre».
3. La muerte y resurrección de Cristo. Doble fruto.
4. El regreso de Cristo. Él juzgará a su pueblo.

143. TRES CLASES DE OBREROS

Números 4

En el transporte del tabernáculo y de todas sus pertenencias de lugar a lugar había mucha división de trabajo. Como podríamos observar, el trabajo de los gersonitas, que se cuidaban de las cortinas, etc., podría haber sido fácilmente llevado a cabo por una veintena de hombres, pero para esta tarea solo se separaron 2630. Esto nos enseña que ninguna obra hecha para Dios es pequeña o de poca importancia. El envolvimiento de los vasos santos lo hacían Aarón y sus hijos (vv. 5-15). Eran manos consagradas las que debían poner en orden las cosas santas. Los porteadores del tabernáculo y de su mobiliario eran tres familias de los levitas, los hijos de Coat, de Gersón y de Merari. La obra de los mismos era:

I. Variada.

1. Los hijos de *Merari* se encargaban de lo que era FUNDAMENTAL. «Basas, columnas, tablas, barras y estacas» (vv. 31, 32). Al levantar el tabernáculo, se necesitaría primero de las basas y columnas. Las verdades fundamentales deben ir siempre en primer lugar. Y es la obra del *evangelista*. «Nadie puede poner otro fundamento que el que está puesto, el cual es Jesucristo». Las basas de plata hablan de redención, porque estaban hechas con el precio de *rescate* dado por las almas del pueblo (Éx. 30:15). Sí, *en primer lugar* va la Sangre redentora.
2. Los hijos de *Gersón* se encargaban de los ELEMENTOS DE UNIÓN. «Cubiertas, cortinas, colgaduras» (vv. 24-27). Las basas y columnas pueden ser fuertes, pero están desnudas y descubiertas sin las cubiertas y cortinas. De hecho, no había *tabernáculo* sin las cubiertas. Estas pueden representar la obra del *pastor*, ligándolo todo y hermoseándolo con las cubiertas y colgaduras del orden y de la doctrina. Las cubiertas, etc., *unían* entre sí cada columna y tabla. Es la obra del pastor, *manifestando* la verdad. «Todos uno en Cristo Jesús».
3. Los hijos de *Coat* se encargaban de los ELEMENTOS DE ALLEGAMIENTO. «Todos los utensilios del santuario» (v. 15). Los utensilios puestos en su lugar indican el *camino a Dios*. No se podía hacer ningún *servicio* en el tabernáculo sin ellos. Todo aquello era *impotente* hasta que no acabara el trabajo de los coatitas. Ésta es la función del *maestro*. Estos tres dones pertenecen a la Iglesia igual que pertenecían al tabernáculo. «Él mismo dio: unos, los apóstoles; otros, los profetas; otros, los evangelistas, y otros, los pastores y maestros, a fin de equipar completamente a los santos para la obra del ministerio, para la edificación del cuerpo de Cristo» (Ef. 4:11, 12). El oficio de maestro no es solo el de exponer la verdad, sino hacerlo de tal manera que *conduzca a la misma presencia de Dios*, y mantenga una vida santa. La impartición del conocimiento que hincha no es el cumplimiento de la obra de un maestro. El verdadero maestro espiritual no solo señala el camino, sino que por el poder del Espíritu Santo, por medio de la verdad y de un santo ejemplo, conduce a Él.

II. Ordenada por el Señor (vv. 1-4). Nadie toma sobre sí esta obra, sino el que es *llamado de Dios*, como lo fue Aarón. ¿Podría uno imaginarse a otros haciendo otras basas, cubiertas, y vasos, y estableciendo *otro* tabernáculo? Todo ello no sería más que una ficción y una burla. ¿Por qué? Porque no serían las basas de Dios, ni las cubiertas de Dios, ni los vasos de Dios, ni los siervos de Dios. ¿Y cuán mejores son los evangelistas, pastores y maestros que se lanzan sin ser enviados, y que ponen *otros* fundamentos, y *se amontonan* maestros, teniendo comezón de oír, y sin soportar la sana doctrina? De los tales apártate. Es a *sus propios* siervos que el Señor encomienda *sus bienes* (Mt. 25:14). Los que negocian hasta que Él venga *negocian* con *su mina* (Lc. 19).

III. Unida. Los gersonitas no sentían celos algunos debido a que los hijos de Merari comenzaran la obra antes que ellos, y tomaran posesión del lugar antes que llegaran. Todos iban conducidos por una misma voluntad, y para la honra y gloria de un Señor. Sus *cargas* eran diferentes, pero su *objetivo* era el mismo. «Hay diversidad de dones, pero el Espíritu es el mismo… Dios, que efectúa todas las cosas en todos, es el mismo» (1 Co. 12:4-6). Ellos buscaban siempre el bien de la casa del Señor. Al usar cada uno el don que le haya sido confiado como administrador, mostramos la *multiforme* gracia de Dios (1 P. 4:10).

IV. Recompensada. El Señor vino a serles su porción y herencia (Dt. 18:1-2). «Yo soy su posesión» dijo el Señor (Ez. 44:28). Los que se consagran a la obra del Señor encontrarán su todo en Él. «Los que sirven al altar, participan *del altar*» (1 Co. 9:13). Los que sirven al Señor son participantes con el Señor de su gracia, misericordia y fortaleza. «Bien, siervo bueno y fiel, … *entra en el gozo de tu Señor*». Participantes de su vida, de su obra y luego, de su gozo.

144. EL NAZAREATO O UNA VIDA CONSAGRADA

Números 6:1-12

Nazaret significa separada o santificada. ¿Puede acaso algo bueno venir de Nazaret? ¿Hay algún provecho en consagrar la vida al servicio del Señor? Sigue habiendo muchos escépticos, incluso entre el pueblo del Señor, en cuanto a que algo bueno pueda venir del Nazaret de una vida *separada*. Parecen pensar que el mejor camino es santificar los placeres del mundo en lugar de santificarse a sí mismos. «Oh, insensatos y tardos de corazón para creer». Es mucho lo que podríamos aprender del voto del nazareno:

I. Era voluntario. «El hombre o la mujer que *se aparte*» (v. 2). El Señor no nos *obliga* a consagrarnos a su servicio. Habiéndonos salvado mediante su Sangre, nos deja *escoger* a quién sirvamos. Pero por medio del apóstol, el Espíritu Santo *nos ruega* por las *misericordias de Dios* a presentar nuestros cuerpos como sacrificio vivo a Dios (Ro. 12:1).

II. Era total. No hay consagración aceptable para Dios que no sea total. Era una separación: 1). *De todo el fruto de la vid:* «desde los granillos hasta el hollejo» (v. 4). «La bebida fuerte [sidra]» es mencionada dos veces como si hubiera un doble peligro de que su consagración pudiera quedar arruinada por causa de ella. Esta advertencia es urgentemente necesaria hoy. 2). *De los usos de los hombres.* «No pasará navaja sobre su cabeza» (v. 5). Es *vergonzoso* para el hombre dejarse crecer el cabello (1 Co. 11:14), pero tenía que llevar la vergüenza. El nombre separado no tiene nada de qué avergonzarse. Será peculiar, pero no camina como los hombres. 3). *De la presencia de los muertos* (v. 6). Los *muertos* pertenecen a otro mundo: él no debe contaminarse con ninguna cosa mortecina. «No son del mundo, como tampoco Yo soy del mundo».

III. Era hacia el Señor. «Todo el tiempo de su nazareato, será santo para Jehová» (v. 8). No era para hacerse un ser extraño, ni para servir de motivo de conversación entre sus semejantes. Se entregaba de voluntad para ser totalmente del Señor. ¿No estaba con ello buscando una más estrecha relación con Dios? ¿No estaba actuando en base del principio enseñado en 2 Corintios 6:17, 18, «No toquéis lo inmundo, y Yo os acogeré, y seré para vosotros por Padre»? Pablo era un nazareno para el Evangelio de Dios (Ro. 1:1).

IV. Implica una profesión abierta. «No pasará navaja sobre su cabeza.» Su cabeza era un testimonio público en cuanto a su carácter. El nazareno no podía ser escondido. La vida consagrada es una luz que no puede ser escondida debajo de un almud. El AMOR es una marca abierta por medio de la que somos conocidos como sus discípulos. Ningún cristiano se avergüenza de su consagración como tampoco una oveja se avergüenza de la marca de su amo. Las tijeras de Dalila arruinaron el nazareato de Sansón.

V. Involucra una gran negación propia (v. 7). El fruto de la vid puede ser muy dulce, pero no debe tocarlo. Aun si morían su padre o madre, o su hermano o hermana, no podía acercarse a verlos ni a sepultarlos. Sus inclinaciones *naturales* debían dar lugar a la Palabra de Dios. Estas cosas eran legítimas para otros, pero no convenientes para Él. La vida separada significa: «No se haga *mi* voluntad, sino la *tuya*». «Si alguno quiere seguirme, que se *niegue a sí mismo* y tome su cruz.» Es un sacrificio, pero uno que es grato a Dios.

VI. Significaba una vida de santidad. «Todo el tiempo de su nazareato, será santo para Jehová» (v. 8). Mientras vivía una vida separada tenía este testimonio, que agradaba a Dios. La santidad es, así, una condición, más que un logro. Los que se han separado a sí mismos de cosas prohibidas, y se han consagrado enteramente en sus manos para hacer su voluntad son santos. Cuando el voto separador es quebrantado, dejamos de estar en estado de santidad a Jehová. Nuestra consagración queda contaminada, y se desvanece nuestro testimonio como nazarenos. «Sed santos, porque Yo soy santo.»

VII. Era fácilmente quebrantado. «Si alguno muere súbita-mente junto a él, su cabeza consagrada será contaminada» (vv. 9-12). Entrar en contacto con los muertos, aunque fuera accidentalmente, era suficiente para ensuciar su santidad delante de Dios. ¿Nos damos cuenta cuán fácilmente la corona de consagración puede caerse de nuestras cabezas? ¿De cuán fácilmente el Espíritu Santo puede quedar contristado, y desaparecer el poder de nuestro testimonio? Es en vano que nos mostremos con nuestros rizos sin rapar a los ojos de los hombres, si ante sus santos ojos nos hemos contaminado. Puede que en nuestras vidas esté escrito Icabod. Ten cuidado de ti mismo (1 Ti. 4:16).

145. LA BENDICIÓN SACERDOTAL

Números 6:22-27

Así como el azul del cielo es mayor que las nubes de la tierra, de la misma manera las riquezas de su bendición son mayores que nuestras necesidades. Pero una nube muy pequeña puede ocultar el azul. Las nubes se levantan de la tierra, y son cambiantes y pasajeras. El azul es eterno. Su bendición es la que enriquece.

I. El otorgamiento de la bendición. Dios siempre tiene abundancia para dar. Y se daba:

1. POR MEDIO DE UN MEDIADOR. «Jehová habló a Moisés, diciendo» (v. 22). Moisés era al pueblo lo que Cristo es para nosotros, el mediador de la bendición divina. No hay otro Nombre bajo el cielo.
2. DESPUÉS DE HABERSE HECHO LA EXPIACIÓN (véase Lv. 9). Él no nos puede bendecir hasta que hayamos sido reconciliados mediante la muerte de su Hijo. Tenemos que *nacer* de Dios antes que podamos recibir la porción de hijos Primero la Sangre, luego la bendición.
3. RICAMENTE. El nombre Jehová se repite tres veces, indicando que era la bendición del Dios *trino* y *uno*. Esta triple bendición aparece en la bendición apostólica:
   1) La gracia del *Señor Jesucristo.*
   2) El amor de *Dios.*
   3) La comunión del *Espíritu Santo.*

Dios el Padre la fuente de ella, Dios el Hijo el canal de ella, Dios el Espíritu el transmisor de ella. ¡Oh, alma mía, bendice a Jehová!

II. La naturaleza de la bendición. Es infinitamente profunda y plena. Implica:

1. INTIMIDAD. «Jehová te bendiga.» Era muy personal, y sugiere el conocimiento de la necesidad individual. Él manda esta bendición, la vida eterna (Sal. 133:3). Él conoce tu necesidad.
2. PROTECCIÓN. «Te guarde.» ¡Qué bendición, ser preservados del pecado, del temor del hombre y del dominio del diablo. Guardado cerca de Él mismo y en el poder de su Espíritu. El Señor es tu Guardador (Sal. 121:3-5). Recuerda la oración del Redentor (Jn. 17:11).
3. LUZ. «Jehová *haga resplandecer su rostro sobre ti.*» La luz de su rostro es una luz gloriosa, la vemos en el rostro de Jesús. David oró: «Haz resplandecer tu rostro sobre tu siervo» (Sal. 31:16). En su luz vemos claramente la luz (2 Co. 4:4).
4. FAVOR. «Tenga de ti *misericordia.*» Si tenemos la gracia de Dios, tenemos a nuestro alcance las riquezas de Dios. Habiéndonos dado a su Hijo, ¿cómo no nos dará también con Él todas las cosas? ¿Quién ha usado jamás del todo el favor que nos es ofrecido en Cristo Jesús?
5. COMUNIÓN. «Jehová alce sobre ti su rostro.» Su propio rostro sobre ti significa el goce consciente de su propia presencia personal. Bienaventurados son, oh Señor, los que caminan a la luz de tu rostro. Oh, tener la faz de Dios siempre resplandeciendo sobre nosotros: ¡Cómo cegaría nuestros ojos a las atracciones y seducciones de la tierra!
6. PAZ. «Y ponga en ti paz.» No solo la paz *con* Dios; esto lo tenemos por medio de la Sangre expiatoria, sino la paz *de* Dios. La propia paz de Dios gobernando y montando guardia en nuestros corazones, la paz de Dios que sobrepuja a todo entendimiento (Fil. 4:6, 7). «Mi paz os dejo, no se turbe vuestro corazón.»
7. SEMEJANZA. «Pondrán mi nombre sobre los hijos de Israel» (v. 27). Poner su Nombre sobre nosotros significa poner su *naturaleza* en nosotros. El nombre de *Cristo*, el ungido, es puesto sobre nosotros cuando recibimos la unción del Espíritu Santo. El llenado del Espíritu es la puerta a la plenitud de la bendición. «Pondré mi nombre sobre ellos, y los bendeciré.» Bendecidos con todas las bendiciones espirituales en Cristo Jesús (Ef. 1:3-5; Lc. 24:50).
   1) Jehová el Padre te bendiga y te guarde.
   2) Jehová el Hijo haga resplandecer su rostro sobre ti, y tenga de ti misericordia.
   3) Jehová el Espíritu alce sobre ti su rostro, y ponga en ti paz.

146. ¡SOLO UNA CUCHARA!

«*Una cuchara de oro de diez siclos, llena de incienso*» (Nm. 7:14).

Cuando la reina Victoria era aún niña, la reina Adelaida, que la estaba visitando, le preguntó cuál sería lo que más le gustaría para disfrutar de su tiempo. Para sorpresa de todos, ella dijo *que le gustaría limpiar las ventanas*. En otras palabras, deseaba ser útil.
En aquel largo capítulo en Números (cap. 7) donde se nos da un relato de los regalos de los representantes tribales en la dedicación del Altar, ofrendas aparentemente de su propia voluntad, leemos doce veces que entre los dones para la dedicación del Tabernáculo había una cuchara de oro llena de incienso.
«Solo una cuchara». «Soy solo un pobre y humilde seguidor del Señor, débil, sin mucha capacidad: ¿de qué servicio puedo ser para mi Señor?» ¡Mucho, en mucha manera! ¿Solo una cuchara? Sin embargo, las cucharas era y son necesarias. Se precisa de ellas para «moverse» el uno al otro, «con este recuerdo» (2 P. 1:13). Si solo eres una cuchara, puedes ser

I. Una cuchara presentada. Entregado al Señor, para estar a su total disposición.

II. Una cuchara de oro. Esto es, genuino, dedicado, fiable, servicial, valioso. En nosotros mismos nada somos; en Él somos de oro: con el oro de la justicia imputada e impartida, el oro de la naturaleza divina comunicada por el Espíritu Santo en la regeneración.

III. Una cuchara llena. Lleno del Espíritu Santo, y por ello mismo lleno de incienso: de oración y comunión.

147. EL LLAMAMIENTO DE LOS LEVITAS

Números 8:1-14

«Por mí escoge Tú, y haz mía tu elección,
Sea lo que quiera tu amor asignarme;
¿Qué obra para ti, y a dónde iré?
Oh, Tú mi Señor ordénalo, yo no sé;
Temor tengo de elegir escenas y cosas para mi placer:
Escoge Tú por mí, Señor, y dame la paz que en ello hay.»

Los levitas eran los descendientes de Leví, y fueron escogidos por el Señor para que tomaran el puesto de los primogénitos para efectuar el servicio del santuario. Consideremos lo que eran

I. Por naturaleza. Cuando el moribundo Jacob convocó a sus hijos para dejarles su último mensaje, caracterizó a Simeón y a Leví como «crueles y *obstinados*» (Gn. 49:5-7, BAS). Pero Dios puede conseguir los mejores santos en base de este material tan tosco y poco prometedor. Así éramos algunos de nosotros. «Caminando según la corriente del mundo» (Ef. 2:2). Cuando éramos todavía pecadores, Cristo murió por nosotros. No vino a llamar a los justos.

II. Por gracia. La misma gracia de Dios que trajo la salvación a nosotros se manifestó a ellos. Fueron salvados por gracia por medio de la fe. Ellos fueron:

1. LLAMADOS. «Toma a los levitas *de entre* los hijos de Israel» (v. 6). Fueron llamados fuera de entre los otros, como sucede con todo cristiano. Puede que se prefigure aquí el llamamiento *fuera* de la Iglesia de Dios. «Los hombres que del mundo me diste». Los elegidos según la gracia.
2. PURIFICADOS. «Y purifícalos» (v. 6, BAS). Así erais algunos, mas ya habéis sido *lavados*» (1 Co. 6:11). Este lavamiento implica impureza anterior. Es la primera necesidad para la comunión y el servicio. Este lavamiento les fue hecho para ellos (He. 9:13, 14).
3. SANTIFICADOS. «Haz pasar navaja sobre todo su cuerpo, y lavarán sus vestidos, y *serán purificados*» (v. 7). Después de haber sido limpiados con la Sangre de Cristo, y justificados gratuitamente por su gracia, somos llamados a purificarnos a *nosotros mismos* de toda contaminación de la carne. Afeitémonos de todo hábito inconveniente, y lavémonos las manchas del mundo de las vestiduras de nuestra vida diaria, y andemos como es digno del Señor, agradándole en todo.
4. EXPIADOS. «... para hacer expiación por los levitas» (v. 12). Aquí se les enseñó que era mediante la *sustitución* que se les daba la gracia de Dios y los privilegios del creyente. Se debe hacer una ofrenda por el pecado, y solo podía hacerse por medio del sacrificio de la *vida*. Cristo se dio a Sí mismo por nosotros. Su *alma* fue derramada como ofrenda por el pecado (Is. 53:10).
5. CONSAGRADOS. «Presentarás a los levitas... y los ofrecerás en ofrenda a Jehová» (v. 13). Después de haberse presentado una ofrenda a Dios *por* ellos, *ellos mismos* tenían que ser ofrecidos a Dios. Habiendo sido redimidos por su Sangre, somos llamados a presentarnos a Dios (Ro. 12:1, 2). *No sois vuestros*, porque fuisteis comprados por precio.
6. RECONOCIDOS POR EL SEÑOR. «Y serán míos los levitas.» Ellos eran de Él por elección, por gracia y por la sangre; por amor, por favor y por vida. Un cordón de tres dobleces no se rompe fácilmente. ¿Quién acusará a los escogidos de Dios? Es Dios el que justifica. ¿Quién condenará? Escogidos por la gracia del Padre, redimidos por la Sangre del Hijo, reclamados por el poder del Espíritu. Míos serán. Serán mis *hijos* para amarme a Mí, mis *siervos* para servirme a Mí, mis *santos* para adorarme a Mí.

148. TREINTA DÍAS DE GRACIA

Números 9:6-14

En este capítulo vemos gracia sobre gracia. La Pascua debía ser observada en el día catorce del *primer* mes, pero aquí surge la cuestión: Si alguien no estaba en condición de observar la fiesta en el día señalado, ¿debía verse privado de ella durante todo un año? Algunos que se encontraban con este problema fueron oídos diciendo: «¿Por qué somos impedidos?» (v. 7). Ésta era una nueva dificultad, y Moisés trata con ella cómo nosotros deberíamos tratarlas cuando surgen repentinamente ante nosotros. La presentó al Señor. Si alguno carece de sabiduría, pídala al Señor, que da a todos con liberalidad. La respuesta es dada con claridad. Se debía celebrar una fiesta *especial* de la Pascua en el día catorce del *mes segundo*. Era una provisión especial para afrontar una necesidad especial. Así son las riquezas de su gracia, gracia suficiente para *cada* necesidad.
Aquí se enseña con claridad el camino de la salvación.

I. Inaptitud. «Algunos que estaban inmundos a causa de muerto, ... no pudieron celebrar la pascua aquel día» (v. 6). La causa de su inaptitud para tomar provecho de la provisión dada por Dios en el día catorce del mes primero era la *impureza* en que estaban. No estaban en estado de recibirla. Ésta era la condición del hombre al promulgarse la ley, la *primera* provisión de Dios. Siendo ya pecadores, la ley no podía salvarlos, sino solamente servir para mostrar su condición de pecadores. Por medio de la ley es el conocimiento del pecado. La incredulidad hace inapto al hombre para recibir los beneficios de la muerte redentora de Cristo. La impureza era la propia obra de ellos.

II. Confesión. «Le dijeron aquellos hombres: Nosotros estamos inmundos» (v. 7). Confesaron su inaptitud, e intentaron no justificarse a sí mismos. Se presentaron como descalificados a causa de su impureza, y rogaron la misericordia y gracia que pudiera alcanzar a su necesidad y dar satisfacción a sus almas. La gracia de Dios, como un río, *desciende* a toda grieta *abierta*, o, como la luz del sol, nunca rehusa entrar, por oscuro o sucio que esté aquel rincón, si tan solo hay una *abertura* hacia allí. Si *alguien* abre la puerta, dice el Señor, Yo entraré a Él. La confesión es la apertura de la puerta. «Si confesamos nuestros pecados, Él es fiel y justo para perdonarnos» (1 Jn. 1:9).

III. Provisión. «Celebrará la Pascua a Jehová en el mes *segundo*, a los catorce días del mes» (vv. 9-11). Entre la primera y la segunda Pascua había treinta días. Estos eran días de gracia. Después de ellos no había posibilidad de recibir una bendición pascual durante aquel año. Esta Pascua pequeña, instituida para beneficio de los que se veían impedidos, es una hermosa pequeña ilustración de la gracia de Dios al trazar un plan de salvación para el hombre pecador e impotente. *Moisés* era totalmente incapaz de ayudar a estos hombres. Solo podía decir: «Esperad, y oiré lo que ordena Jehová acerca de vosotros» (v. 8). La salvación es del Señor. La ley fue dada por Moisés, pero la gracia y la verdad vinieron por Jesucristo. Es sugerente que esta provisión de *gracia* especial fuera para los *contaminados* y para los que estaban de viaje, «lejos», no pudiendo por ello observar la gran fiesta de la Pascua. El Evangelio de su gracia ofrece purificación a los contaminados, y acercar a Dios a los que estaban alejados (Ef. 2:12, 13).

IV. Advertencia. «Mas el que esté limpio, y no esté de viaje, si deja de celebrar la pascua, la tal persona será cortada de entre su pueblo» (v. 13). La Pascua habla de redención: «Nuestra Pascua, que es Cristo, ya fue sacrificada por nosotros». Para los que voluntariosamente la descuidan, no les queda otra cosa que una horrenda expectación de juicio. Es considerar inmunda la sangre del pacto, y afrentar al Espíritu de gracia (He. 10:26-31). El menosprecio o el *descuido* de la gracia es elegir la muerte. ¿Cómo escaparéis si descuidáis una salvación tan grande?

V. Invitación. «Si mora con vosotros *extranjero*, y celebra la pascua a Jehová, conforme al rito de la pascua y conforme a sus leyes la celebrará» (v. 14). Cualquier extranjero que peregrinara entre ellos podía venir a ser partícipe de la bendición de esta fiesta memorable. Denota que la redención mediante la Sangre del Cordero se ofrece a todos los que quieran entrar en el campamento. ¡Cuán apropiado es todo esto, como tipo de la gran salvación, por medio de la Sangre del Cordero de Dios! «El que tiene sed, venga, y el que quiera, tome» (Ap. 22:17). Una vez hayáis venido y tomado *vuestra parte* de esta gracia que Dios os ofrece, ya no seréis más *extraños*, sino conciudadanos con los santos y miembros de la familia de Dios (Ef. 2:17-19).

149. LA COLUMNA DE NUBE

Números 9:15-21, Éxodo 40:33-38

I. Lo que significaba. El origen y la formación de la columna de nube son un misterio. Es figura de la encarnación del Hijo de Dios. Dios estaba en la columna; Dios estaba en Cristo (2 Co. 5:19). En ambos vemos la unión de la debilidad y el poder, débil como una «nube»,

fuerte como una «columna». Jesucristo Hombre. Grande es el misterio de la piedad. Dios manifestado *en carne*. A quienes estaban afuera la columna les habrá parecido solamente una columna de humo, pero para aquellos que por medio de la sangre expiatoria hablan presenciado la gloria adentro, era la visible presencia del Dios Eterno. Para algunos, Cristo era «sin parecer ni hermosura»; para otros era «el Cristo, el Hijo del Dios viviente» (Mt. 16:16).
Dios en la columna también puede ser una prefiguración de Cristo en las Escrituras. «Ellas son las que dan testimonio de Mí» (Jn. 5:39). Los escépticos podrán mofarse de la columna de nube y decir: «La primera tempestad del desierto la hará pedazos y la derretirá en el aire». Pero no saben que Dios está en la columna. Todos los temporales de la crítica no podrán impedir la constante y augusta marcha de la Escritura de Verdad. Hay una divina personalidad que mora y respira en esta santa columna: «Su nombre es: EL VERBO DE DIOS» (Ap. 19:13). Con santa reverencia inclinémonos ante ella, y con corazones obedientes prosigamos.

II. Lo que era para el israelita. Para ellos era evidencia de:

1. UN DIOS PERSONAL. La columna nubosa era la evidencia visible del Dios invisible. «Dios está en medio de ella; no será conmovida» (Sal. 46:5). Jesucristo es para nosotros lo que la columna era para Israel, la expresión visible del Dios invisible (He. 1:3). «Yo y el Padre uno somos» (Jn. 10:30). La gloria estaba escondida hasta que el velo fue rasgado –el velo de su carne–; entonces la gloria resplandeció en la venida del Espíritu Santo.
2. COMUNIÓN DIVINA. «Habló Jehová de en medio del fuego» (Dt. 5:22). Era un transeúnte con ellos. ¡Maravillosa condescendencia! «He aquí Yo estoy con vosotros todos los días» (Mt. 28:20). Desde la columna de su palabra Dios todavía habla de su pueblo. El Espíritu Santo es ahora el «Urim y Tumim» de cada creyente individual. Toma de las cosas de Cristo y nos las revela. Nuestra comunión es con el Padre, con el Hijo y con el Espíritu Santo.
3. LA COLUMNA ERA TAMBIÉN LA GARANTÍA DE ABUNDANTE SUMINISTRO. Mientras moraban con la columna, todas sus necesidades eran satisfechas. Aquí el maná caía diariamente del cielo. También las aguas de la roca herida siguieron a la columna guiadora. «Bebían de la roca espiritual que los seguía, y la roca era Cristo» (1 Co. 10:4). Todas las promesas de Dios son en Él. Permaneced en Él, y la plenitud de Dios permanecerá en vosotros. Oh, seguidle; de otro modo caeréis en pobreza.
4. LA PRESENCIA DE LA COLUMNA TAMBIÉN SIGNIFICABA PROTECCIÓN. En el Mar Rojo la columna se puso *entre* los israelitas y los egipcios (Éx. 14:1), librando a los unos y destruyendo a los otros. Cuán significativas son las palabras: «Jehová *miró desde la columna*, y trastornó el campamento de los egipcios» (Éx. 14:24). El Señor miró desde Cristo, y nos salvó. Todavía mira desde Él para protegernos y guardamos. Un día también mirará a través de Él en juicio sobre los impíos. «Juzgará al mundo por aquel Varón a quien designó» (Hch. 17:31). La venida de Cristo a la cruz fue la venida de la columna entre nosotros y nuestro gran enemigo el pecado. Se puso en medio para poder vencer al adversario, y salvar a todos los que creen.
5. LA COLUMNA ERA UN AMPARO PARA ISRAEL. Era, en realidad, un enorme paraguas que cubría todo el campamento, con su calla descansando en el medio, sobre el propiciatorio. Podían verdaderamente cantar: «Jehová es tu sombra» (Sal. 121:5). La presencia de Cristo con el creyente tiene un maravilloso efecto refrescante y confortante cuando los calurosos y furiosos rayos de la adversidad caen sobre nosotros. «En el día de la adversidad considera» (Ec. 7:14), considera que el Señor te guarda. El Señor es tu sombra. Por su sangre Él resguarda del pecado y la ira; por su consolador Espíritu, de la tristeza y la aflicción. Mora bajo su sombra, y tendrás gran deleite.
6. LA COLUMNA ERA SU FUENTE DE LUZ. Era una columna de nube de día y una columna de *fuego* de noche. No tenían luz propia. Aparte de la nube que habitaba entre ellos, no tenían luz alguna para alumbrar su oscuridad. Cristo es la Luz del mundo. Él dice: «El que me sigue, no andará en tinieblas, sino que tendrá la luz de la vida» (Jn. 8:12). ¿Qué es esta luz? La luz de la columna era la vida en la columna. «La VIDA era la luz» (Jn. 1:4). Ser llenados de vida es ser llenados de luz. No hay luz espiritual excepto de Aquel que da vida. Si somos la *luz* del mundo, es porque tenemos la *vida* de Dios que mora en nosotros. Si queremos brillar para Dios, entonces tenemos que vivir para Él.
7. LA COLUMNA ERA SU GUÍA (Nm. 9:18). Cuando se movía, ellos se movían; cuando paraba, ellos paraban, ya por un día, un mes o un año. Ir sin la columna era ir sin Dios. Eso significaba sin luz, abrigo, protección o provisión: sin una promesa. Meditemos sobre esto. Sin Cristo estamos fuera de contacto con la persona, la preciosidad y la plenitud de Dios. Existe tanto peligro de perder su comunión por quedarnos atrás como por correr adelante. Si no crecemos en gracia, ésta no crecerá de nosotros. Muchos cristianos han cesado de estar alegres y ser útiles porque han perdido de vista la columna. Cristo ya no llena la visión de sus almas. Andar en la luz es mantenerse en contacto personal con el Dios viviente. Esta guía era *infalible*, porque era Dios en la columna quien guiaba. La palabra de Dios es una lámpara guiadora a nuestros pies, una palabra segura, a la que hacemos bien de estar atentos. En ella está el «silbo apacible y delicado», la voz del Dios infalible. Los libros que mueven a los hombres como deben ser movidos son los de la Biblia. La verdad aquí enseñada lleva a los hombres fuera de la oscuridad a la luz, de la muerte a la vida.

Antes de hablar del atrio mismo, veamos las «estacas y cuerdas» que mantenían a las cubiertas en su lugar, uniéndolas al tabernáculo y a la tierra. Estas estacas eran de bronce, hablando de aquello que puede durar (Éx. 27:16-19). La tierra simboliza el lugar de la muerte. Las estacas estaban parte en la tierra y parte fuera. Las cuerdas estaban, por supuesto, sujetadas a la parte que se hallaba sobre la tierra, pero la fuerza de la estaca dependía de su conexión con la tierra. Veis la parábola. Significa muerte y resurrección. De la resurrección de Cristo pende toda la gloria de la iglesia como habitación de Dios. Pero ¿de qué valor sería su vida si Él no hubiese sido llevado al lugar de la muerte? Él murió por nuestros pecados, y resucitó para nuestra justificación. El Cristo levantado es poderoso, pero debido a su vinculación con la tierra y su maldición es poderoso para SALVAR.

Las cuerdas presumiblemente eran del mismo material que el velo, y la cubierta de más adentro de gloria y hermosura, azul, purpúrea y carmesí. Esto parece representar el poder de Cristo en su oficio medianero para preservar a su propia casa, o iglesia, en la tierra. Los hombres hablan de conservar la Sion terrenal; olvidan que se necesita el poder de un Cristo glorificado para hacer eso. El tabernáculo, como la iglesia de Dios, estaba en el mundo, pero no era de Él. Su fortaleza para resistir no estaba en sí mismo, sino en la triple cuerda del amor, gracia y poder de Jehová. Un cordón de tres dobleces no se rompe pronto. ¡Cuán seguros se hallan quienes están lavados en la sangre! «Guardados por el poder de Dios» (1 P. 1:5). «No temeré mal alguno, porque Tú estarás conmigo» (Sal. 23:4).

El atrio del tabernáculo era de ciento cincuenta pies de largo, setenta y cinco pies de ancho, y estaba cercado por una pared, o cortinas de «lino torcido», de siete pies y medio de alto. En el extremo oriental estaba la puerta por la cual entraban los adoradores al altar del holocausto. De la puerta podemos aprender muchas preciosas lecciones. Demos gracias a Dios porque:

1. HAY UNA PUERTA. ¡Qué mundo oscuro sería éste si no hubiese una entrada al conocimiento de Dios y a la comunión con Él! «He aquí, he puesto delante de ti una puerta abierta» (Ap. 3:8). Pero nótese que:
2. HABÍA UNA SOLA PUERTA. La Puerta dijo: «Yo soy el camino» (Jn. 14:6). La pared de cortinas dijo: «No hay otro nombre bajo el cielo en que podamos ser salvos» (Hch. 4:12). Estas cortinas colgaban de «barras de plata» hechas del «dinero de rescate», «suspendidas de la expiación». ¡Cuán sugestivo! Parecen ocupar el lugar y hacer la obra del evangelista. Estaban hechas de «lino fino», que significa las acciones justas de los santos. Dependían enteramente del *precio de las almas* (barras de plata) para su soporte (Éx. 30:12-16). Daban un testimonio unido de que el único camino a Dios era por el altar de sacrificio, la cruz de Cristo.
3. ÉSTA ERA UNA PUERTA ANCHA. Era cúbicamente del mismo tamaño que la puerta o el velo. Lo que le faltaba en altura lo tenía en anchura. La altura significa una experiencia espiritual mayor o de más amplitud; la anchura indica una gran libertad de acceso. *El que quiere* puede venir. La puerta de la expiación es ancha como el mundo (1 Jn. 2:2). El camino de la sustitución es estrecho como el nuevo nacimiento. Si pocos lo hallan, es porque pocos lo buscan (Mt. 7:7). El camino a la vida es angosto en este sentido, de que es el único camino, y que todos los que entran deben tener un solo propósito en su corazón, el de confiarlo todo a Aquel que murió por el pecado: abierto para todos, pero solo para quienes buscan la expiación en el altar.
4. ÉSTA ERA UNA PUERTA FUERTEMENTE APOYADA. Pendía de cuatro columnas. El evangelio de Jesucristo está soportado por cuatro columnas infalibles. Cada una ostenta un diferente aspecto de Aquel que es «el Camino, la Verdad, y la Vida» (Jn. 14:6). Sus nombres son Mateo, Marcos, Lucas y Juan.

5. ESTA PUERTA ERA DEL MISMO MATERIAL QUE EL VELO. «Lino torcido, azul, púrpura y carmesí». El Hijo de Dios, el Hombre sin pecado, en una misma Persona sale a nuestro encuentro a la puerta de la vida. Un Cristo entero para comenzar es la provisión de Dios. Todo era necesario para abrir el camino. Todo es menester para llenar la necesidad del hombre.
6. ESTA PUERTA ERA EL CAMINO A LA VIDA. Justo frente a la puerta estaba el altar del sacrificio. Era imposible pasar sin ver la provisión divina para el pecador. Pasar por la puerta significaba aceptación del camino divino de salvación. ¿Qué aprendemos de ello? Esto ciertamente, que el momento en que el pecador confía en el Señor Jesucristo como el camino al Padre, en ese momento tiene contacto con la sangre expiatoria del Cordero, y puede leer claramente su derecho a la luz de la cruz. Aunque pueden indicarse aquí dos pasos entre la puerta y el altar, en Cristo hay uno solo. Él es tanto Puerta como Altar. Experimentalmente decidimos en la puerta; somos *justificados* en el altar. Un acto es nuestro; el otro es de Dios. «Es justificado todo aquel que cree» (Hch. 13:39). ¡Preciosa fe! ¡Preciosa sangre! ¡Preciosa promesa!

150. LA NUBE SANTA
Números 9:15-23

«Con rodeos dirige, pero dirige recto,
Todo el camino Él conoce;
Sea duro o sea largo,
Sin alegría o con canto,
En abundancia o escasez,
Con rodeos dirige, mas recto es.
Con rodeos dirige, pero dirige recto,
Nube de día, de noche fuego es;
Albor tras albor, levántese Dios,
Para nuestros enemigos ahuyentar;
Y cantaremos con la luz del ocaso,
Con rodeos dirige, mas recto es.»

Parecía una infinita locura que los hijos de Israel fueran conducidos «por el camino del desierto por el Mar Rojo». Era desde luego un gran rodeo, pero era el camino correcto, por cuanto Dios en la columna de nube así los dirigía. Esta nube santa, porque estaba poseída por Dios, era un milagro tanto cuando estaba detenida como cuando se movía, y era testimonio de la estabilidad y movilidad de los tratos de Dios con su pueblo. Ninguna tempestad podía agitarla, pero se movía como una lámpara conductora para los pies de los peregrinos. Pensemos algo acerca de

I. Su origen. No tenemos ningún relato de cómo se formó esta nube. Como el *cuerpo* de Jesús, tenía una apariencia normal, pero había un gran misterio en ella. Dios estaba en la nube. Era para los Israelitas el cuerpo *visible* del Dios invisible. Grande es el misterio de la piedad, Dios manifestado *en la carne*. La carne de Jesucristo era el cuerpo visible en el que el Padre invisible hablaba y obraba. «El Padre que mora *en Mí*, Él hace las obras» (cp. Jn. 17:9, 10). ¿No sabéis que vuestro cuerpo es el templo de Dios, y que Dios mora en vosotros?

II. Su venida. «*El día* que el tabernáculo fue erigido, la nube cubrió el tabernáculo» (v. 15). Cuando todo fue puesto en orden, y todo consagrado para el servicio de Dios, *entonces* la nube reposó sobre él, y tomó posesión de él. Y así es con nuestras vidas individuales. Cuando todo sea rendido a Él para su gloria Él encontrará una morada en nosotros y nos empleará por causa de su Nombre.

III. Su Carácter. «La nube cubrió el tabernáculo» (v. 15). Esta *cubierta* significaba *protección* así como posesión. Su presencia es una presencia que cubre. Aquí tenemos el mismo pensamiento que el que tenemos en la *expiación*: cubierta. Cubiertos por las alas del Todopoderoso. El Señor tu guardador, el Señor tu sombra, oculto en su pabellón.

IV. Su significado. «La nube cubrió el tabernáculo sobre la tienda del *testimonio*» (v. 15). La tienda, o tabernáculo, fue un testimonio para Dios *después de quedar cubierta* por la nube de su presencia. Solo tenemos la forma sin el poder hasta que quedamos cubiertos con el Santo Espíritu de la Unción. Es *su presencia* la que hace que la tienda de nuestra vida sea un *testimonio* para Él. Las tiendas sin nube son cosa muy común, pero muy inútiles como testigos para Dios.

V. Su apariencia. «La nube lo cubría de día, y de noche la apariencia de fuego» (v. 16). Tenía la apariencia de fuego *hasta* la mañana (v. 15). Durante la ausencia del sol, el símbolo de la Presencia Divina asumía la apariencia de fuego. ¿Y no es lo mismo ahora? Durante la ausencia del Hijo de Dios, el Espíritu Santo asume la apariencia de lenguas de fuego. Es indispensable este santo fuego durante la noche de la incredulidad de este mundo hasta que llegue la mañana de su aparición. Seréis bautizados con el Espíritu Santo y con fuego (cp. Hch. 1:5).

VI. Su autoridad. El movimiento de la nube es llamado «El mandato de Jehová» (vv. 17-20). Un símbolo sumamente impresionante del Espíritu Santo.

1. ALLÍ DONDE ELLA MORABA ELLOS MORABAN (v. 17). Su comunión con Dios dependía de mantenerse en contacto con la columna de nube. Andad en el Espíritu, y morad en Él; entonces vuestra comunión no quedará interrumpida.
2. CUANDO SE MOVÍA ELLOS SE MOVÍAN (v. 21). Así como ellos seguían la columna que se iba moviendo, así debemos nosotros estar listos para seguir al Espíritu conductor. Ser conducidos por el Espíritu de Dios es una evidencia de filiación (Ro. 8:14).
3. CUANDO ELLA SE DETENÍA, ELLOS SE DETENÍAN (v. 22). No les tocaba a ellos decidir cuánto tiempo debían detenerse en un lugar. Moverse sin la nube habría sido simplemente moverse a una condición impía. Entrar en una nueva esfera sin que el Espíritu de Dios conduzca es entrar en un estado de impotencia y de desobediencia. Obrero cristiano, recuerda que el movimiento del Espíritu Santo es el *mandato* del Señor. No lo contristes con tu impaciencia o cobardía.

151. LAS TROMPETAS DE PLATA
Números 10:1-10

«¡Corazón quebrantado! ¡Corazón quebrantado!
Él venda nuestras heridas.
Mi Dios, cuán tierno es tu arte,
¡Cuán dulce suena tu palabra!
Un quebrantado corazón, ¡oh menudencia
Al lado de los radiantes cielos!
Y con todo Tú, oh Dios, a mi corazón llamas,
Cuando yo a mí mismo me desprecio.»

El toque de las trompetas era, por así decirlo, la voz de Dios para el pueblo de Israel. El que tenga oídos para oír, que oiga.

I. Las trompetas, o el Evangelio. Bienaventurados los que conocen el gozoso son. Nótese:

1. SU NÚMERO. «Hazte *dos* trompetas de plata». Estas dos trompetas nos recuerdan el Antiguo y el Nuevo Testamento, por medio de los cuales Dios se ha complacido en hablar a su pueblo, y por medio de los cuales se sigue oyendo su llamamiento.
2. SU NATURALEZA. «Trompetas de *plata*». Eran preciosas y con un dulce timbre. El mejor de los otros libros es tan solo de cobre y lata en comparación con la Biblia.
3. SU UNIDAD. «De obra de martillo las harás». Se debían hacer de una sola pieza. Y ésta es una característica de la Biblia que da mucha certidumbre. Aunque tanto el Antiguo como el Nuevo Testamento están escritos por diferentes autores en diferentes tiempos y circunstancias, son ambos de una sola pieza. El mismo Espíritu alienta a través de todo ello.

II. Los trompeteros, o predicadores del Evangelio. «Los hijos de Aarón... tocarán las trompetas» (v. 8). En el capítulo 8 los vemos:

1. LLAMADOS (8:6). Los primeros predicadores del Evangelio fueron todos llamados y escogidos por el Maestro. Nadie toma para sí mismo este honor (Ro. 10:15).
2. PURIFICADOS (8:7). Tienen que ser limpios los que llevan los vasos del Señor.
3. CONSAGRADOS (8:10). Su elección de nosotros debería ir seguida de nuestra total dedicación a su causa. «Yo os elegí a vosotros, y os he puesto».
4. COMISIONADOS (8:15). «Id por todo el mundo, y predicad el Evangelio a toda criatura». Esta es la gran comisión del trompetero.

III. El trompeteo, o predicación del Evangelio. No importa lo buena que pueda ser la trompeta, se precisa del aliento de un hombre vivo para tocarla. La predicación del Evangelio en el poder del Espíritu Santo es la voz y el llamamiento de Dios al que escucha. Puede haber mucho ruido allí donde no hay la voz o el mensaje del cielo. El toque de estas trompetas de plata tenía varios grados de significado. Por medio de ellos oímos las siguientes llamadas:

1. LA EXPIACIÓN. «Tocaréis las trompetas sobre vuestros holocaustos» (v. 10). Cuán importante es esto. La predicación que no esté conectada con el sacrificio expiatorio de Jesucristo no es la

predicación que Él ordena. Es en vano tocar la trompeta aparte de la Sangre reconciliadora del Cordero.
2. INVITACIÓN. «Y cuando las toquen, toda la congregación se reunirá ante ti a la puerta del tabernáculo de reunión» (v. 3). Así, el toque de trompeta llamaba a «la *puerta* del tabernáculo». Y también la invitación del Evangelio es para todos, que vayan a Aquel que es la Puerta de las ovejas y el Camino al Padre. «Venid a Mí, y Yo os haré descansar» (Mt. 11:28). «A vosotros, hombres os llamo.»
3. PROGRESO. «Y cuando toquéis alarma, entonces *moverán* los campamentos» (v. 5). El llamamiento del Evangelio no es solo para salvación, sino para avanzar en el conocimiento de Dios y en el crecimiento en la gracia. «Prosigo a la meta», dice el Apóstol de los Gentiles. Esta nota de la trompeta del Evangelio es muy necesaria hoy en día. Lancémonos adelante en una renovada consagración de nosotros mismos, y en una nueva fe en Dios. Lánzate a lo profundo.
4. CONFLICTO. «Y cuando salgáis a la guerra en vuestra tierra contra el enemigo que os moleste, tocaréis alarma con las trompetas, ... y seréis salvos de vuestros enemigos» (v. 9). Con el progreso de la indiferencia y del escepticismo debería venir este toque de la alarma, para que seamos «recordados por Jehová», y luchar la buena batalla de la FE. Vestíos de toda la *armadura de Dios*, para que podáis estar firmes. Para nosotros, la armadura de Dios significa ser *investidos* por Cristo. «Permaneced en Mí.»
5. ALEGRÍA. «Y en el día de vuestra alegría... tocaréis las trompetas» (v. 10). Es una obra bendita predicar el Evangelio con un corazón alegre. El gozo del Señor es vuestra fortaleza. La debilidad de muchos trompeteros del Evangelio es que no tienen verdadera *alegría* en el servicio de Dios. Su alegría viene cuando su obra para Cristo ha acabado por aquel día. El testimonio de los tales solo puede ser como bronce que resuena y címbalo que retiñe. El poder del amor está ausente. Restáuranos el gozo de tu salvación.

«La trompeta de Cristo jamás a retirada suena,
Todas sin sangre sus batallas, más con sangre aptos hechos;
O sea peligro o sea derrota,
Jamás a retirada la trompeta de Cristo suena».

152. LA INVITACIÓN DE UN PEREGRINO
Números 10:29-32

«El pasado ahora detrás yace,
Sobre él esté sellado el perdón;
El presente nos circunda,
E ignoto el futuro es.
En tus manos nuestras vidas,
largas o cortas, ponemos;
Guarda y guíanos, Jesús,
Hasta tu tierra de bendición.»

Moisés le dijo a Hobab, su suegro, que había llegado de Madián para visitarle en el desierto: «Nosotros partimos para el lugar del cual Jehová ha dicho: Yo os lo daré. Ven con nosotros, y te haremos bien». Los que por la fe ven aquella ciudad cuyo Constructor y Arquitecto es Dios desean que otros acudan y compartan la bendición.

La vida cristiana, como peregrinaje, puede ser idóneamente ilustrada en base de este incidente al vernos como:

I. Peregrinos. «Nosotros partimos.» 1. *¿De dónde?* De la casa de servidumbre, de la esclavitud del pecado y del dominio del diablo, de una vida de miseria y de esterilidad. 2. *¿A través de dónde?* A través del desierto de este mundo, que sigue estando bajo el Maligno. La experiencia de cada peregrino individual puede ser enormemente diferente, pero todos *siguen adelante.*

II. Peregrinos dirigiéndose a una tierra prometida. La tierra prometida del cristiano es el mismo Cristo. Todas las promesas de Dios están en Él. El Espíritu Santo toma las cosas de Cristo y nos las revela. Que nuestra vida espiritual crezca y prosiga su peregrinaje creciendo más y más en semejanza a Él, a quien aún no habiendo visto, amamos. Herederos juntamente con Cristo. «Voy a preparar lugar para vosotros.»

III. Peregrinos animados por la fe. «Jehová ha dicho: Yo os la daré.» Ellos creen *su palabra,* y prosiguen adelante. El camino puede ser escabroso o fácil, sus sentimientos pueden ser felices o desgraciados, pero su palabra cierta no cambia. Por fe andamos, no por vista. Cree, y verás. La fe es la evidencia de las cosas que no se ven. Por la fe peregrinó Abraham (He. 11:8, 9).

IV. Peregrinos anhelantes de que otros vayan con ellos. «Ven con nosotros.» Es un día de gratas nuevas, y no haremos bien en callar (2 R. 7:8-10). La entrada de otros en el gozo de la salvación no limita, sino que ensancha nuestra propia herencia de bendición. Hay muchos como Hobab, que solo son *visitantes amistosos;* asisten a la Iglesia, etc., pero que no son seguidores decididos del Señor. Invítalos a acudir. En mísera condición está aquella Iglesia o aquel cristiano que ha dejado de decir, VEN. «El que oye, diga: Ven» (Ap. 22:17).

V. Peregrinos dispuestos a ayudar a otros. «Te haremos bien.» La Iglesia Cristiana es una hermandad, una familia, la «*Familia* de Dios». ¡Y cuán atractiva sería para aquellos espectadores enfermos de pecado, infelices y de corazón herido si pudieran simplemente ver el amor de Dios anhelando en nosotros por el bien de ellos! Se precisa del amor de Cristo para constreñirnos de esta manera.

VI. Peregrinos dispuestos a ser ayudados por otros. «Nos serás en lugar de ojos.» Hobab tenía un profundo conocimiento de la geografía de todo el país, que podría ser de utilidad a los peregrinos. Muchos hombres del mundo podrían ser de gran ayuda para la Iglesia si tan solo fueran llevados a una plena simpatía hacia el Señor y su pueblo. Al tratar de ganar almas para Cristo no tengamos en poco los dones de aquellos que puedan aún no ver como nosotros vemos. Puede ser útil señalarles, como hizo Moisés, cómo sus logros y experiencias pudieran ser útiles para la causa de Dios, y alcanzar así su mayor valor.

VII. Peregrinos que a menudo se encuentran con negativas. «Y él le respondió: Yo no iré, sino que me marcharé a mi tierra.» *Mi tierra* es frecuentemente preferida a la tierra de la promesa de Dios. Mi propia pequeña finca, el yo, al gran reino de nuestro Dios y de su Cristo. Las excusas para no ir son muy numerosas y variadas. «No me gusta vuestra compañía.» «Tengo el propósito de ir algún día, pero no ahora.» «Iría si Fulano de Tal viniera conmigo.» «Me temo que no podría persistir.» «Estoy contento tal como estoy.» «Me he casado, etc., y no puedo venir.» Bueno, nosotros sí *nos vamos,* sea que vengas con nosotros o no.

153. EL ARCA DEL PACTO
Números 10:33-36

Es por la misericordia del Señor que tenemos alguna muestra visible de su gran presencia espiritual con su pueblo. Consideremos:

I. Su carácter. Se trataba de

1. UN ARCA. Una pequeña caja, de alrededor de 1,30 metros de largo, 0,65 metros de ancho, y 0, 65 metros de fondo, hecha de madera de acacia (incorruptible), y recubierta de oro puro. Tipo de Cristo en su doble naturaleza, humanidad incorruptible y pura divinidad. El arca, como Cristo, *guardaba* la ley y cubría todas sus demandas. Su cubierta, como la obra de Cristo, constituía el propiciatorio para Jehová en sus tratos con el pueblo.
2. EL ARCA DEL PACTO. Debido a que la ley, el pacto de Dios con el pueblo, y que ellos habían quebrantado, era aquí guardada en lugar seguro y grandemente honrada. Entonces su pacto con ellos estaba en el arca, y ahora su pacto con nosotros está en Cristo. Todos han pecado, pero todo lo que el Padre le ha *dado a Él* acudirá a Él. El honor de Dios queda a salvo guardado por su amado Hijo.

II. Su posición. «Fue delante de ellos.» Mientras reposaba se encontraba justo en medio del campamento, y cuando se movía iba delante de ellos. El Buen Pastor va delante de sus ovejas (Jn. 10:3, 4). Él ha ido delante de nosotros a través de la muerte hacia la resurrección, «camino de tres días», desde el monte de la ley quebrantada hacia la vida de resurrección. «El arca del pacto de Jehová fue delante de ellos *camino de tres días.*» El primer día: *entregándolo* todo a Dios. El segundo día: *muerte del yo.* El tercer día: *resurrección en novedad* de vida.

1. Consagración.
2. Crucifixión.
3. Resurrección.

III. Propósito. «Buscándoles lugar de descanso.» Se precisaba la sabiduría divina para hallar un lugar de descanso para el hombre. El hombre nunca podría encontrarlo con su búsqueda. La gran obra del sacrificio de Cristo fue la búsqueda y el encuentro de un lugar donde podamos reposar en paz *delante de Dios.* Un *lugar de descanso,* ésta es la gran necesidad del hombre. Alma fatigada y cargada, aquí tienes un lugar en el que puedes verte libre de tus cargas, el lugar llamado Calvario. Venid a Mí, y Yo os haré descansar. Entrad en mi reposo (He. 4:5). Allí donde el arca reposaba, reposaban ellos. Allí donde Cristo ha reposado en la palabra y voluntad del Padre también nosotros podemos hallar descanso para nuestras almas.

IV. Poder. «Cuando el arca se movía, Moisés decía: Levántate, oh Jehová, ... Y cuando se detenía, decía: Vuelve, oh Jehová» (vv. 35, 36). El arca era el símbolo de:

1. LA PRESENCIA DE DIOS. Sin su presencia, sería solo un peso muerto. ¿Qué son todas nuestras formas de culto sin el poder? (He. 13:5, 6).
2. LA VICTORIA. «Sean dispersados tus enemigos.» Cuando Cristo, el arca de su poder, está con nosotros, queda quebrantado el poder del enemigo. Mayor es el que está con nosotros que todo lo que pueda estar contra nosotros.
3. BENDICIÓN. «Y de allí me declararé a ti» (Éx. 25:22). Reposar donde Él reposó significa comunión con Él y unos con los otros. «Mi presencia irá contigo, y te haré descansar». Morando con el arca, la columna de nube iba sobre ellos (v. 34). Bendecidos con protección y *provisión*, ya que el maná acompañaba a la nube. En su presencia hay plenitud de gozo, ahora y para siempre jamás.

154. LOS SEPULCROS DE LA CONCUPISCENCIA

Números 11

«Hermosa sin par la escena veía,
más que si el día en su orgullo la extendiera;
La brisa de tierra suave soplaba,
Y puro el azul cielo cual el Espíritu que lo creara.
Un murmullo se oyó, mientras quedo yo veía
Un juguetón movimiento sobre las umbrosas ondas;
Desde la lontana isla hasta que iluminose el fanal
Como estrella brillante en medio de la mar.»

El sepulcro de un pecador está siempre más cercano de lo que se piensa. Cuando la multitud mezclada comenzó a manifestar *concupiscencia*, ello fue el desencadenamiento del abismo de destrucción. El fuego del Señor que ardió entre *ellos* (v. 3) es la luz de un fanal para *nosotros*. Los peldaños desde el lugar de privilegio hasta el hoyo de la miseria pueden ser muy pocos (Nm. 16:32).

I. El pecado de concupiscencia. Deseos sin freno por cosas prohibidas. Observemos

1. DE QUIÉN SE TRATABA. «Gente extranjera que se *mezcló* con ellos» (v. 4). Una multitud de gentes y lenguas diferentes entre los israelitas. La mezcla con el mundo de la impiedad llevará indefectiblemente a codiciar las cosas del mundo. En tanto que estamos en el mundo, debemos *guardarnos* de lo malo en él (Jn. 17:15).
2. CUANDO CODICIARON. «Nos acordamos del pescado, etc., que comíamos en Egipto» (v. 5). *Pensar* en los placeres del mundo desembocará en *concupiscencia* cuando las cosas espirituales no sean tan preciosas como antes. «*Oídme* y comed lo que es bueno». «Abre tu boca, y Yo la llenaré» (Sal. 81:10-13).

II. El efecto de la concupiscencia. El anhelo por las cosas de Egipto creó en ellos:

1. UN ABORRECIMIENTO POR LA PROVISIÓN DE DIOS. «Y *ahora* nuestra alma se seca; pues nada sino este maná ven nuestros ojos» (v. 6). Aunque el maná del cielo les había salvado la vida, ahora lo menosprecian como *seco* y común. Cuando los dones de Dios (Cristo y su Palabra) se vuelven secos y carentes de interés, ello constituye una evidencia poderosa de que el corazón no es recto para con Dios. El *amor* del mundo enfría a muchos. El maná sabía a «aceite nuevo» (v. 8). La Palabra de Dios en el poder del Espíritu Santo es siempre *nueva*.
2. UN DESALIENTO DEL SIERVO DE DIOS. «Dijo Moisés a Jehová: ... lloran a mí, diciendo: Danos carne que comamos. No puedo yo solo soportar a todo este pueblo, que me es pesado en demasía» (11:15). El gran honor puesto sobre Moisés por el Señor es ahora sentido como carga. Los siervos de Dios son solo humanos, y la mundanalidad de los profesos cristianos hace que a veces su alta posición sea una *carga*. Quizá hubiera algo de debilidad aquí por parte de Moisés, porque el más manso de los hombres en la tierra pueden fallar a veces (12:3). Pero ello no disminuye la culpa de aquellos murmuradores que tanto le entristecían. Se da misericordia a éste, mientras que el juicio cae sobre los otros.

III. La promesa de Dios. Él promete dar respuesta a la oración:

1. PARA ALIVIAR LA CARGA DE SU SIERVO. «Tomaré del espíritu que está en ti, y pondré en ellos, y llevarán contigo la carga del pueblo» (vv. 16, 17). Aunque se añadieron setenta hombres para compartir las responsabilidades de la supervisión, no se ve que se diera una mayor provisión de poder espiritual. No se precisaba de más, porque el espíritu de sabiduría y poder dado a Moisés era suficiente. Pero observemos que cada hombre añadido tenía que ser dotado con el Espíritu. «Quedaos... hasta que seáis investidos de poder desde lo alto» (Lc. 24:49).
2. PARA CONCEDER LA PETICIÓN DE LOS REBELDES. «Se os dará carne, y comeréis... hasta un mes entero, hasta que os salga por las narices, y la aborrezcáis» (vv. 18-20). Las bendiciones de Dios nunca serán dadas para agradar al paladar de la concupiscencia. Recibieron lo que pidieron hasta tal punto que vino a serles maldición. Los que codician oro o placeres pueden conseguir estas cosas hasta tal punto que se vean devorados por ellas. En la eternidad tendremos buenos motivos para alabar a Dios por oraciones sin respuesta.

IV. Las terribles consecuencias.

1. LA IRA DE DIOS. «Aún estaba la carne entre los dientes de ellos, antes que fuese masticada, cuando la ira de Jehová se encendió en el pueblo» (v. 33). La abundancia de cosas buenas en esta vida no constituye evidencia de la *gracia de Dios* (Lc. 16:25). Parece en base de Salmos 78:30, 31 que muchos de ellos se habían engordado comiendo la carne de la concupiscencia, pero su *gordura* solo los señalaba para el degüello. Alma mía, no te impacientes por la prosperidad de los malvados. Sea mi satisfacción Cristo, ahora y siempre, el verdadero pan del cielo.
2. LOS SEPULCROS DE LA CONCUPISCENCIA. «Y llamó el nombre de aquel lugar Kibrot-hataavá (sepulcros de la concupiscencia). Cada anhelo impío es abrir un sepulcro. La concupiscencia engendra el pecado, y el pecado, al ser consumado, da a luz la *muerte*. El sepulcro es el lugar destinado por Dios para la concupiscencia. La *carne* codicia contra el Espíritu; sea la carne crucificada y sepultada con Cristo. Que el sepulcro de Jesús venga a ser también el Kibrot-hattaavá de la carne.

155. HOMBRES POSEÍDOS POR EL ESPÍRITU

Números 11:24-30

«¡Oh Consolador, Santo Espíritu!
Ante ti ningún mortal jactarse puede;
A tu Nombre de Paracleto me aferro,
Mas hallo en Ti poder así como dulzor;
Más aún: tu presencia tan cercana
Hace mi mirada de fe brillante y clara;
Mi corazón en cántico prorrumpe,
Por tu presencia fuerte mantenido.»

El Señor no trata con todos de la misma manera. Moisés oró para ser aliviado de «la carga de todo este pueblo», y el Señor le concedió su petición (vv. 11-17). Pablo oró que el aguijón de su carne le fuera quitado, pero en lugar de ello recibió la gracia suficiente para *sobrellevarlo* (2 Co. 12:7-10), y gloriarse en él. En el primer caso, Moisés fue el perdedor (v. 17), en el segundo Pablo fue el ganador. Tengamos cuidado acerca de cómo tratamos con nuestros aguijones y cargas. De esta porción podemos aprender:

I. Las posibilidades de la vida de un creyente. En Moisés había una influencia espiritual suficiente para setenta hombres (vv. 24, 25). ¿Hay acaso algún límite para la medida de sabiduría y de poder que Dios pueda comunicar a un siervo manso y fiel? El Espíritu fue dado a Cristo, nuestro gran Sumo Sacerdote, *sin* medida, de modo que este santo aceite de unción pudiera rebosar descendiendo a las faldas de sus vestiduras, a todo el cuerpo de su pueblo.

II. Los hombres poseídos por el Espíritu son hombres separados. «Y reunió a los setenta varones de los ancianos del pueblo, y los hizo estar alrededor del tabernáculo» (v. 24). Estos hombres fueron *llamados* fuera, apartados, y sus nombres fueron escritos (v. 26) antes que el Espíritu Santo viniera sobre ellos. Los ciento veinte en el aposento alto fueron separados y apartados con este propósito determinado antes de que fueran todos llenos con el Espíritu. Venid vosotros aparte a la invitación de Dios, y recibiréis el poder del Espíritu Santo sobre vosotros.

III. Hay grados de plenitud del Espíritu. «Jehová… tomó del espíritu que estaba en él [en Moisés], y lo puso en los setenta varones ancianos» (v. 25). Después de esto Moisés no tendría la misma medida del Espíritu sobre sí. No era necesaria por cuanto no tendría la misma cantidad de trabajo que hacer. La medida de nuestra plenitud del Espíritu depende mucho de la medida de nuestra fe y *servicio* por el Señor. El Señor no da su dinero a ociosos en la plaza. El lema de Carey era: «Intenta mucho para Dios, y espera mucho de parte de Dios».

IV. Los hombres poseídos por el Espíritu no pueden quedar ocultos. «Eldad y Medad profetizaron en el campamento» (vv. 26, 27). El poder del Espíritu Santo es fuego del cielo, no puede esconderse. Si se pone debajo de un almud, tanto peor para el almud. Cristo no pudo quedar oculto. Cuando Él vive en nosotros por el Espíritu Santo no puede uno ocultarse de Él. Cuando los que han estado hasta ahora mudos para Cristo comienzan a profetizar, esto desde luego creará una cierta excitación. «Y corrió un joven y dio avisto a Moisés, y dijo: Eldad y Medad profetizan en el campamento». No hay nada como el gran poder del Espíritu Santo para hacer que los *jóvenes* corran, y para despertarlos de su haraganería de indiferencia espiritual. Cuando un hombre es dotado por el Espíritu Santo su vida lo mostrará.

V. Los hombres poseídos por el Espíritu no deben ser impedidos. «Josué, hijo de Nun, ayudante de Moisés, uno de sus jóvenes, … dijo: Señor mío Moisés, impídelos. Y Moisés le respondió: ¿Tienes tú celos por mí? Ojalá todo el pueblo de Jehová fuese profeta, y que Jehová pusiera su espíritu sobre ellos» (vv. 28, 29). Quizá fue el mismo Josué aquel joven que tan sorprendido se quedó por estas innovaciones que se lanzó a la carrera para dar la noticia. Estos hombres son necesarios, y la alegría de Moisés al oir de ello muestra la grandeza y mansedumbre de su corazón exento de envidia. Todo hombre lleno del Espíritu se regocija en que otros sean dotados de poder de lo alto por Cristo y por causa de su reino. «Ojalá todo el pueblo de Jehová fuese profeta», como todos pudieran serlo (1 Co. 14:5). El Espíritu Santo ha sido dado para que todo creyente pueda tener este poder; y el mandamiento es: «Sed llenos del Espíritu» (Ef. 5:18).

156. CELOS ENTRE LOS SIERVOS DEL SEÑOR

Números 12

«Sálvame, oh mi Dios, de inquietarme,
Pecado éste que a otros engendra;
Concédeme que yo entienda
Que todo tu mano lo gobierna.
Sálvame, oh mi Dios, de impaciencia,
Que sutil teje del pecado la red;
Otros grandes, humilde yo he e ser,
Gracia dame para tu voluntad obedecer.»

Crueles son como el sepulcro los celos. Es un triste espectáculo ver al pueblo del Señor contemplándose entre sí con la arrogante mirada de la envidia. Gran ganancia es la piedad con *contentamiento*. Veamos aquí:

I. Su origen. «Porque [Moisés] había tomado mujer cusita» (v. 1). En esta contención es significativo que Miriam sea mencionada en primer lugar, por cuanto indudablemente fue ella la que encendió este fuego de sedición. La mujer cusita, o *etíope*, elevada a un lugar de gran honor, parece que fue lo que suscitó la envidia de ella. ¿Nos agita que un hermano de baja clase sea elevado a un puesto prominente en la causa de Cristo? ¿Estamos más dispuestos a encontrar faltas que a bendecir a Dios por ello?

II. Su forma. «¿Solamente por Moisés ha hablado Jehová? ¿No ha hablado también por nosotros?» (v. 2). Esta era una cuestión en cuanto a la recepción del favor de Dios, y la idoneidad de ellos para tomar el liderazgo en su palabra. Cuando hay orgullo y descontento en el corazón, pronto se manifestará en buscar faltas en los demás. ¿No soy yo un siervo del Señor lo mismo que él? Un gorrión goza del mismo cuidado que un ángel, pero el carácter de ellos y los propósitos de sus vidas son muy diferentes. Un geólogo conoce la diferencia entre el granito y la arenisca, y también un niño en edad escolar puede saberla. Pero ello no lo convierte en geólogo.

III. Su tema. «Hablaron contra Moisés… Y aquel varón Moisés era muy manso, más que todos los hombres que había sobre la tierra» (v. 3). Moisés no hace intento alguno de vindicar su propio nombre. Está consciente de que su comisión es de Dios, y deja que Él trate con los ofensores. ¿Qué puede haber más cruel que los celos? Ciegan el alma de manera tan terrible que son capaces de acusar al más humilde de la tierra con vanidad y presunción. No es infrecuente encontrar a obreros cristianos insatisfechos y envidiosos arrojando estas piedras a los que son más usados por Dios que ellos. Ten cuidado de ti mismo.

IV. Su tratamiento. «Luego dijo Jehová a Moisés, a Aarón y a María: Salid vosotros tres al tabernáculo de reunión… Y él les dijo: Oíd ahora mis palabras» (vv. 4-8). *Rápidamente* aparece el Señor en defensa de su siervo Moisés. Él lo honra y justifica delante de ellos como más que un profeta ordinario, como uno a quién Él podía hablar cara a cara, y claramente (Éx. 33:11). Dios siempre compensará a sus siervos bajo prueba por el fiel *silencio* de ellos. El camino a una recompensa *abierta* es por medio de una puerta *cerrada* (Mt. 6:6).

V. Su culpa. «Entonces la ira de Jehová se encendió contra ellos» (v. 9). A los que son celosos de otros en la obra del Señor se les debería recordar que tienen que tratar con un Dios celoso (Nah. 1:2). Él vengará los males hechos a aquellos que permanecen en el secreto de su presencia. El Señor mira al corazón. ¿Es tu corazón recto para con Dios a este respecto? Sabe que *tu pecado* te alcanzará.

VI. Sus resultados. La evidencia de su ira sobre ellos se ve en que

1. PRODUJO INMUNDICIA. «María estaba leprosa» (v. 10). El pecado del corazón pronto se manifestó en una impureza externa. Los murmuradores y calumniadores pronto se verán *fuera* del servicio de Dios. Cuando los obreros cristianos se vuelven envidiosos y ambiciosos, es de esperar una manifestación así.
2. INTERRUMPIÓ LA COMUNIÓN. «Sea echada fuera del campamento siete días» (v. 14). El espíritu de celos pronto hace marchitar el espíritu de comunión. Es una impureza adentro que imposibilita para la comunión con Dios y con su pueblo. Esta es una ley que es inalterable. La ausencia de amor *fraternal* contrista al Espíritu Santo, y así se pierde el espíritu de oración y de adoración, y el alma tiene que apartarse del goce de todas las cosas santas. Tomemos cuidado acerca de cómo hablamos de los siervos del Señor. Ésta es una solemne pregunta que hizo Jehová: «¿Por qué, pues, no tuvisteis temor de hablar contra mi siervo?» (v. 8). Para su propio Señor se mantiene firme o se cae.
3. OBSTACULIZO EL PROGRESO. «El pueblo no pasó adelante hasta que se reunió María con ellos» (v. 15). Todo el campamento se vio retenido debido al pecado de ella. Los que pecan en las altas esferas de la iglesia son grandes obstáculos para el adelanto de la causa de Cristo. Una mosca puede echar a perder el buen ungüento, un Acán puede ser causa de la derrota de todos los ejércitos de Dios, un pecado estorbará el crecimiento en la gracia, dañará el testimonio, y será causa de esterilidad en la vida. «Escudríñame, oh Dios, y conoce mi corazón; pruébame y conoce mis pensamientos; y ve si hay en mí camino de perversidad, y guíame en el camino eterno» (Sal. 139:23).

157. LA INSENSATEZ DE LA INCREDULIDAD

Números 13 y 14

La mente carnal es enemistad contra Dios, y hasta que la mente no sea cambiada hacia Dios no se apreciarán su gracia y fidelidad. Puede uno espiar la tierra prometida, pero solo con ojos ciegos. Podrá uno oír de su bondad y belleza, pero solo con oídos sordos. Hasta que el *corazón* no sea recto para con Dios todo está torcido. La incredulidad para con Dios brota tan naturalmente del corazón carnal como las aguas pendiente abajo. Ninguna cantidad de evidencia por sí misma (y los israelitas tenían abundantes evidencias) cambiará la mente humana. «Es el Espíritu el que da vida». La incredulidad:

I. Mide las dificultades en base de la fuerza humana. «No podemos subir contra aquel pueblo, porque es más fuerte que *nosotros*» (v. 31). «Como langostas, … así les parecíamos a ellos» (v. 33). Los que persisten en trabajar sin Dios tienen solo un brazo de carne en el que apoyarse, frente a los terribles obstáculos en el camino de poseer las bendiciones divinas. ¿Cómo puede un pecador *impotente* llegar nunca a vencer todos los gigantes del mal adentro, y todas las murallas del hábito que han sido edificadas alrededor de ellos? Mide todo esto contra tus propias capacidades, y podrás bien decir: «No podremos» (Nm. 13:31). Es bueno cuando un pecador hace esta confesión, pero triste cuando la hacen los cristianos. Hay grandes bendiciones en la Palabra de Dios ofrecidas a su pueblo: paz, gozo, fuerza y victoria permanentes. Como Nehemías, tenemos que aquilatar todas nuestras dificultades teniendo a la vista «al Dios del cielo». «He aquí, Yo estoy con vosotros todos los días.»

II. Anula la Palabra de Dios. Ellos dijeron: «Es tierra que traga a sus moradores» (13:32). Dios había dicho que era «una tierra buena y ancha, ... tierra que fluye leche y miel» (Éx. 3:8). Aquí tenemos una contradicción. La incredulidad contradice siempre a Dios, porque solo puede juzgar por las apariencias. «El que no cree en Dios le ha hecho mentiroso». La Palabra de Dios promete perdón, paz, y paraíso a todos los que creen en Jesús. Pero el corazón no creyente piensa que la religión de Jesucristo consume a sus creyentes, porque ellos ya no buscan los placeres del mundo. Dios dice: «Mirad y vivid». La incredulidad dice: «Obrad y vivid». La Palabra de Dios dice que los caminos de la sabiduría (los de Cristo) son caminos de deleite. La incredulidad dice que tenemos que abandonar todo placer para andar en ellos (He. 4:2).

III. Desprecia la provisión de Dios. «Y hablaron mal... de la tierra» (v. 32). «*Aborrecieron* la tierra deseable; no creyeron a su palabra» (Sal. 106:24). La buena y fructífera tierra era la provisión de Dios para ellos, pero ellos no vieron en ella belleza para desearla. Cristo y sus preciosas promesas son la provisión de Dios para el pecador, pero cuántas veces es Él calumniado y menospreciado, herido también en la casa de sus amigos. Tú mismo arrojas una calumnia sobre la tierra cuando profesas ser cristiano, y no actúas como tal. Menosprecias la tierra placentera cuando te fías más de tu propia bondad que de Cristo. Rechazas la provisión de Dios cuando pides ser excusado (Lc. 14:18).

IV. Deshonra al mismo Dios. «Y Jehová dijo... ¿Hasta cuando no me creerán?» (4:11). Cuando Eva creyó a la serpiente, desacreditó con ello mismo al Señor. Cuando tú crees a tu propio malvado corazón, dejas de creer en Dios. ¿Qué había hecho Dios por ellos? Los había perdonado *«desde Egipto hasta aquí»* (v. 19), había tenido misericordia de ellos a lo largo de todo el camino, y seguían dudando de su cierta Palabra de promesa. ¿Qué ha hecho Dios por ti? ¿Donde están muchos que solían angustiarte? ¿No ha tenido misericordia contigo desde la cuna? ¿Qué estás haciendo ahora? Rebelarte, rechazar, y deshonrar. La incredulidad traspasó con clavos sus manos y sus pies. La incredulidad traspasó su corazón. Si estás menospreciando su misericordia lo estás crucificando de nuevo. ¡Qué deshonra dudar de Aquel que no puede mentir! «El que peca contra mí, defrauda su alma» (Pr. 8:36, RV).

V. Es la fuente del pecado y del dolor. «Entonces toda la congregación gritó y dio voces, ... y se quejaron» (14:1-4). Cuán fácilmente cree el hombre un mal informe, y cuán lento es en aceptar que Dios es veraz. Los que no creen a Dios llorarán y se lamentarán. La incredulidad excluye a Dios, y prefiere así las tinieblas a la luz, el dolor y la miseria a la paz y el gozo. Tened fe en Dios, y Él enjugará las tristes lágrimas. La incredulidad excluye al Espíritu conductor, y clama, «Designemos un capitán» (v. 4). ¡Oh, que necedad cuando el hombre rehusa recibir bendición de Dios! Jesús dijo a los discípulos: «¿Por qué estáis tristes?». Precisamente porque «no habían creído las Escrituras». ¿Por qué hay tanto dolor en el mundo? Porque no se cree a Dios. El joven rico se fue triste. Éstos irán al castigo eterno. Atención a los falsos informes.

VI. Tiene la presunción de buscar el éxito sin Dios. «Se obstinaron en subir a la cima del monte; pero el arca del pacto de Jehová, y Moisés, no se apartaron del campamento» (vv. 40-45). Las vírgenes insensatas llegaron llamando cuando la puerta estaba ya cerrada. Sansón dijo: «Esta vez saldré como las otras y me escaparé. Pero no sabía que Jehová ya se había apartado de él» (Jue. 16:20). Llamé y no quisisteis oír... también Yo me reiré de vuestra desgracia. Ésta es la presunción de casi cada pecador incrédulo; esperan lograr la bendita posesión al final, aunque no crean en la Palabra de Dios. Pero si no quieren tomar la salvación en el camino de Dios, nunca la poseerán en el suyo propio. Algunos fueron a recoger maná en el día *séptimo* y no encontraron nada (Éx. 16:27). Demasiado tarde.

VII. Incurre en sentencia de muerte. «Vivo Yo, dice Jehová, que... así haré Yo con vosotros. En este desierto caerán vuestros cuerpos» (14:28, 29). Cuán terriblemente solemne. «El que no cree no verá la vida», etc. (Jn. 5:56). «El día que de él comieres, ciertamente morirás.» No pudieron entrar a causa de la incredulidad. Tened cuidado en no caer en el mismo ejemplo de incredulidad. «El que no crea, será condenado.» Dios es misericordioso, pero no puede frivolizarse con Él. El castigo de los incrédulos es tan cierto como la bienaventuranza de los creyentes (Mt. 25:46).

158. LOS TRIUNFOS DE LA FE

Números 13 y 14

Si creemos que Dios ha hablado, deberíamos creer entonces todo lo que dice. Pero ¡ay! no es así. Muchos dicen que creen que la Biblia es todo lo que afirma ser, y sin embargo cuán pocas de sus ofertas son aceptadas, cuán pocas de sus promesas son creídas. «Te mostraré mi fe *por* mis *obras.*» ¿Puedes tú mostrarme tu fe si ellas? Sin fe es imposible agradar a Dios. Dios se complace más con la fe que con las obras. En realidad, la fe es una obra. «Ésta es la *obra* de Dios, que *creáis.*» Observamos aquí siete acciones de la fe:

I. Confirma la promesa de Dios. «Nosotros llegamos a la tierra a la cual nos enviaste, la que ciertamente fluye leche y miel» (13:27). Era precisamente lo que Dios había dicho acerca de ella. «La fe certifica que Dios es veraz.» Los que prueban su Palabra encontrarán que es fiel. Dios promete paz creyendo, y también descanso. Si no puedes decir que has encontrado esto no puedes decir que crees en Dios, o le haces mentiroso. La voluntad sometida y la Palabra de Dios nunca pueden diferir, son siempre y precisamente armónicas. Aunque nuestra *experiencia* no haya aún llegado, la fe siempre tiene que ir muy por delante de la experiencia. Cuando Cristo es creído, Dios recibe honra, porque el alma que es justificada justifica a Dios.

II. Exhibe las pruebas de la fidelidad de Dios. «Y les mostraron el fruto de la tierra» (13:26). Trajeron al desierto (v. 3) aquello que el desierto no podía producir. Cada creyente debería manifestar al mundo frutos que le son contrarios. Cuando ellos vieron el denuedo de Pedro y Juan reconocieron que habían estado con Jesús. La vida de cada creyente debería ser un testimonio de la verdad de la Palabra de Dios. La gracia de Dios puede transformar la esterilidad en maravilloso fruto. Cada cristiano cuya vida manifieste los frutos de las promesas de Dios condena a los incrédulos. «El fruto del Espíritu es amor, gozo, paz, longanimidad, benignidad, bondad, fe, mansedumbre, dominio propio» (Gá. 6:22). Este fruto forma un hermoso racimo procedente del celestial Escol. Pero ¡ay! qué pocos parecen llevarlo.

III. Aboga por la posesión presente. «Subamos luego, y tomemos posesión de ella» (13:30). La incredulidad siempre espera a una ocasión más adecuada. Si Dios nos ha hecho una promesa, ¿por qué no debemos tomar esta promesa como nuestra en el acto? El deseo de Dios de que la poseamos se ve *en la promesa* que Él hace. Ésta es la promesa que Él nos ha dado: la *vida eterna*, una posesión presente. Aférrate a ella en el acto. El promete descanso *del* trabajo, y descanso *en* el trabajo (Mt. 11:28, 29). No solo en el cielo, sino ya ahora. ¿Estás gozando de ella? Si no, sube ahora, y poséelo. La tierra prometida se extiende ante ti. Si tienes fe, poseerás. La fe valora lo presente, porque sabe que la *futura* bienaventuranza depende de ello.

IV. Lamenta la necedad de la incredulidad. Josué y Caleb «rompieron sus vestidos» (14:6). Jesús, que tenía todo el poder para salvar, llora sobre la impenitente Jerusalén. Cuando un hombre ha descubierto la infinita gracia de Dios, la incredulidad de los otros le parece una terrible locura. Aquellos cuyos ojos están abiertos a las cosas espirituales y eternas son aquellos cuyos ojos tienen que llorar a menudo por otros. Aquellos cuyos corazones han sido quebrantados por el amor de Dios sentirán sus corazones frecuentemente heridos por aquellos que lo desprecian a Él. Solo aquellos que creen a Dios pueden apreciar la magnitud de la insensatez y del pecado de dudar de Él. Cuando la fe desciende, el dolor por el pecado será superficial, tanto en la Iglesia como en el individuo. Si tuviéramos la fe de Cristo, sentiríamos entonces algo de su simpatía.

V. Reposa exclusivamente en el Señor. «Si Jehová se agrada de nosotros, Él nos conducirá a esta tierra, y nos la entregará... Con nosotros está Jehová; no los temáis» (14:8, 9). La fe no pasa por alto las dificultades (13:28), sino que las contrasta con la promesa y con el poder de Jehová. La incredulidad excluye a Dios en sus razonamientos. La fe dice: ¿Hay algo difícil *para Él*? Los que confían en Él tienen un éxito seguro, porque tienen:

1. *Su placer*: «Se agrada de nosotros».
2. *Su promesa*: «Nos conducirá».
3. *Su presencia*: «Con nosotros está».
4. *Su poder*: «Él puede».

Aquí vemos cómo un aturdido pecador puede obtener la liberación; no mirando a todos los grandes pecados, o malos hábitos, u otros grandes obstáculos, sino aceptando su promesa y dejándolo todo en sus manos. Por la fe Abraham obedeció, por la fe Pedro anduvo sobre el mar, por gracia sois salvos *por medio de la fe.*

VI. Sigue a Dios siempre y a todas partes. «Pero mi siervo Caleb... decidió ir en pos de Mí» (14:24). Dios siempre justifica del todo, y siempre, y en todas partes, a aquellos que *de continuo confían* en Él. Ésta es la vida de la fe. La fe en Dios es un acto, pero es el acto de una fe una vez sellada que se rompe abriéndose, fluyendo de continuo, y regocijándose en fluir, y contando ésta la obra de su existencia. Poco le importaba a Caleb cuántos gigantes hubiera, ni lo grandes que fueran las murallas. Su corazón se apoyaba en Dios. No tenemos que temer a mal alguno si en verdad podemos decir, «me guía Él». Los que le sigan plenamente sufrirán persecución: «Apedreamiento» (v. 10). «Lanzados a la hoguera» (los tres jóvenes hebreos). «Crucifixión». Pero mayor es Aquel que es por nosotros.

VII. Hereda las promesas. «Yo le meteré en la tierra» (v. 24). Ésta es la victoria que vence al mundo, nuestra fe. Los tales no son despedidos de vacío. «Hoy estarás conmigo en el Paraíso.» «Yo honraré a los que me honran.» La fe acepta las promesas que son los títulos al cielo ofrecidos por Dios a pecadores que se hallan en bancarrota. Hay aún mucha tierra que poseer: «tierras altas», «tierras soleadas», «tierras felices». «Cree, y verás». Aquí tenemos una pendiente soleada en la ladera del privilegio espiritual. «Tú guardas en *perfecta paz* a aquel cuyo pensamiento en ti persevera.» En el Salmo 37 se prometen cinco de los felices campos de Canaán a los fieles seguidores (vv. 3, 4, 5, 7, 11, 34). Dios es fiel.

159. EL PECADO DE PRESUNCIÓN

Números 14:39-45

«Profundo es el mar, y hondo el Infierno, pero más aún
lo es mi orgullo;
Enroscado como ponzoñosa serpiente alrededor de la base
del alma.
Si lo denuncias en tus motivos, y sigues de tu pensamiento
el origen,
Complacido en su propia denuncia, indignada virtud
parecerá.»

Se ha dicho que «los sabios no presumen de nada, sino que esperan lo mejor; la presunción es esperanza sin sabiduría». En esta porción de la Escritura tenemos un solemne ejemplo de la insensatez de tratar de llevar a cabo la obra del Señor sin su presencia con nosotros.

I. Quiénes eran.

1. PEREGRINOS de Egipto que habían sido salvados por el poder de Dios.
2. SEGUIDORES de la divina columna de nube, habiendo sido testigos en repetidas ocasiones de las maravillas obras por Aquel que moraba en ella.
3. MURMURADORES que habían rehusado aceptar el informe de los dos fieles espías, y que querían designarse un capitán y volver a Egipto (v. 4).

II. Lo que hicieron. Cuando oyeron que el Señor los había sentenciado, por la incredulidad que habían manifestado, a cuarenta años de andar errantes por el desierto (v. 34), dijeron: «Henos aquí *para subir*». Con esta actitud iban:

1. CONTRA LA PALABRA DE DIOS. «¿Por qué quebrantáis el mandamiento de Jehová? Esto tampoco os saldrá bien» (v. 41). Aquello que había sido ayer su deber y privilegio se convierte hoy en desobediencia. Dios había dicho: «En este desierto... morirán». Ellos replicaban: «Henos aquí para subir». Pero ahora era con sus propias fuerzas. Vano esfuerzo.
2. VANAMENTE PRESUMIENDO DE LAS PASADAS MISERICORDIAS DE DIOS. «Henos *aquí*». Hemos sido preservados y traídos hasta aquí. «Subiremos». Es en vano apoyarnos en favores y experiencias del pasado cuando por nuestro pecado hemos contristado al Espíritu Santo. La murmuración con toda certeza conducirá al fracaso.
3. SIN LA PRESENCIA DE DIOS. «Sin embargo, se obstinaron en subir a la cima del monte; pero el arca del pacto de Jehová, y Moisés, no se apartaron de en medio del campamento» (v. 44). Si vamos en contra de la Palabra de Dios, tenemos que ir fuera de su presencia. Sin Mí nada podéis hacer. El Señor está con vosotros mientras que estéis *con* Él en su voluntad y propósitos (2 Cr. 15:2). Si tu presencia no ha de ir conmigo, no nos saques de aquí.
4. CON EL PENSAMIENTO DE QUE UNA CONFESIÓN FORMAL DARÍA SATISFACCIÓN A DIOS. «Henos aquí para subir...; porque hemos pecado» (v. 40). La confesión sin someter la voluntad a la mente de Dios es una ardiente hipocresía. A no ser que la polilla se haya quemado del todo en la llama en su primer contacto con ella, la volverá a buscar.

III. Lo que experimentaron. «Y descendieron el amalecita y el cananeo que habitaban en aquel monte, y los hirieron y los derrotaron» (v. 45). En su *presuntuosa confianza en sí mismos* solo lograron:

1. FRUSTRACIÓN. No alcanzaron el lugar prometido por el Señor. Habían erigido sus esperanzas sobre un fundamento de arena.
2. DERROTA. El enemigo los venció. Los enemigos del alma son numerosos y poderosos. El que confía en su corazón es un necio. Sin la armadura de Dios no resistiremos los ataques del diablo.
3. DESGRACIA. Empleo esta palabra a propósito: «*fuera de la gracia*». Conscientes de haber perdido el favor y la presencia de Dios. Éste es un descubrimiento de lo más alarmante para un verdadero hijo de Dios. Fuera de la gracia de Dios significa también deshonra entre los hombres. Desgraciado rebelde.
4. MUERTE. Muchos fueron heridos. En sentido espiritual, la presunción va siempre acompañada por la hiriente plaga de la muerte. Antes de la caída es la soberbia. «Uzías... fue ayudado en forma prodigiosa hasta hacerse fuerte»: fuerte en confianza en sí mismo. La paga del pecado de *autoconfianza* es muerte a todo fruto para Cristo.

IV. Lo que nos enseñan. Estas cosas que les sucedieron a ellos son ejemplo para nosotros (1 Co. 10:11). Hay aquí una solemne advertencia para:

1. EL OBRERO CRISTIANO. Ten cuidado de los esfuerzos al margen de Dios, de esperar lograr el éxito en la obra de Cristo sin la presencia y poder del Espíritu Santo contigo y en ti. Si el Señor no edifica la casa, en vano trabajan los que la edifican.
2. LOS QUE PRESUMEN DE SU PROPIA JUSTICIA. Líbrate de buscar la herencia celestial, la tierra prometida, sin antes asegurar que Dios está contigo mediante su Palabra y promesa.
3. LOS FORMALISTAS. Líbrate de confiar en oraciones y confesiones formales en tanto que la voluntad *revelada* de Dios se levanta en oposición a tu carácter y propósitos (vv. 41, 42).
4. LOS RETARDADORES. Líbrate de confiar en un arrepentimiento a *última hora.* Aquellos israelitas descubrieron que para ellos la hora undécima era *demasiado tarde.* Su *último* esfuerzo fue fatal. El arca no siempre reposó en el Jordán. Si bien un ladrón fue salvo en la hora undécima, el otro pereció. Aquí otra vez repetimos la advertencia: «Cuidado con el pecado de presunción». Para él no había señalado ningún sacrificio (He. 6:4-6).

160. LA DESTRUCCIÓN DE CORÉ Y DE SU COMPAÑÍA

Números 16

«Cuando en mí veas pasión arder,
Sobre mí, Señor vuelve tu manso rostro;
Dame tal visión, dámela por fe,
Tocándome así con tu gentil aliento
Para que impaciente no me muestre yo,
Sino que a Ti se amolde todo mi ser.»

Antes de la caída viene la soberbia. Cuando la envidia entra en el corazón, pronto se convierte éste en un criadero de la maleza del descontento, de la impaciencia y de la presunción.

I. Ve a los pecadores. Los tres líderes de esta rebelión contra Moisés y Aarón el santo del Señor (Sal. 106:16) fueron Coré, Datán y Abiram; sus seguidores eran 250 príncipes, varones de renombre. Los grandes no siempre son sabios. La voz del pueblo es frecuentemente la voz del diablo. Coré parece haber sido el cabecilla. Su nombre significa *hielo,* y su carácter se corresponde con su nombre. Solo un hombre con un corazón helado, frío, y con sentimientos helados pudo haber actuado de una manera tan mezquina contra «el más manso de todos los hombres que había sobre la tierra». Allí donde el amor es endeble las faltas son fuertes. Cuando los obreros cristianos profesos se vuelven de hielo en su forma de actuar, pronto se puede esperar de ellos que encabecen la oposición. Estos témpanos de hielo son un terrible peligro para las naves del Evangelio.

II. Ve el pecado de ellos. Era muy grande, y era el resultado de una *acrecencia* en el tiempo, como lo son todos los grandes pecados. El rebelde es uno que está *deslizándose* hacia atrás, puede que lentamente, pero seguro: hacia el lozadal del pecado *abierto*. El descenso desde la falta de caridad conduce al envolvimiento de todo el carácter dentro de la fosa de la iniquidad:

1. SU RAÍZ ERA LA INCREDULIDAD. Habían dejado de creer que Moisés y Aarón seguían siendo los especiales representantes entre la congregación. Cuidémonos de que no haya entre nosotros un corazón malo de incredulidad. Si comienzas a dudar la voluntad de Dios, comenzarás a caer.
2. SU RAMA ERA LA ENVIDIA. ¿Por qué, pues, os levantáis vosotros *sobre la congregación*? (v. 3). Era el Señor quien había levantado a Moisés y a Aarón; y eran ellos, Coré y su grupo, los que se estaban levantando a *sí mismos*. Sócrates dijo: «La envidia es la hija de la soberbia, la iniciadora de la sedición secreta, y la perpetua *atormentadora de la virtud*». Este testimonio es verdadero.
3. SU FLOR ERA LA PRESUNCIÓN. «¡Basta ya de vosotros! Porque toda la congregación, *todos ellos* son santos» (v. 3). Como si todo el pueblo fuera tan lleno de gracia y santidad como Moisés y Aarón. Su pecado está madurando. Hay una creciente *ceguera* al bien en otros, y a su propia pecaminosidad.
4. SU FRUTO FUE LA MUERTE. La concupiscencia da a luz el pecado, y el pecado da a luz la muerte, con tanta certeza como la noche sigue al día.

III. Véase su separación. «Apartaos de entre esta congregación, y los consumiré en un momento» (vv. 21-24). Es una señal de mal presagio cuando los representantes de un gobierno son llamados fuera de entre una nación. El llamamiento de Lot a salir significó la destrucción de Sodoma. El llamamiento de la Iglesia a salir indica los juicios venideros (2 Ts. 1:7-10; Jer. 51:6; Ap. 18:4).
Esta separación nos recuerda que:

1. HAY DOS CLASES. Aquellos que están *por* Dios, y los que están *contra* Él. El trigo y la cizaña, que ahora crecen juntos, pero que tienen que ser separados al final.
2. SE NECESITA UNA SEPARACIÓN. Dios no juzgará a los justos sino los malvados. Antes que Dios pudiera cumplir su propósito con Sodoma, Lot tuvo que ser arrastrado afuera. La separación es necesaria si nosotros, como seguidores de Cristo, vamos a escapar al juicio del mundo por medio de la concupiscencia (2 Co. 6:17).
3. DIOS ES JUSTO. Al llamar a una *separación*, Él muestra una especial consideración hacia los suyos. «Sal de ella, *pueblo mío*». El Juez de toda la tierra ¿no hará lo que es justo? Ninguno perecerá de los que confían en Él.

IV. Véase su destrucción. «Abrió la tierra su boca, y los tragó a ellos» (vv. 31-35). Los medios de venganza están siempre en manos de Dios. La poderosa oposición es fácilmente vencida cuando se desnuda el brazo de Dios. El juicio de estos murmuradores (Jud. 11) fue:

1. INESPERADO. «Se abrió la tierra que *estaba debajo de ellos*» (v. 31). Su base cedió. «*No se erguirán* los malos en el juicio» (Sal. 1:5). Solo está la *tierra* entre ellos y el abismo, en lugar de la promesa de Dios.
2. REPENTINO. «Descendieron vivos al Seol» (v. 33). El que al ser muchas veces reprendido endurece la cerviz, perecerá de repente, y sin remedio. Dicen Paz, Paz, pero sobrevendrá destrucción repentina.
3. COMPLETO. «Y ellos, con todo lo que tenían, descendieron» (v. 33). La obra destructora de Dios es tan perfecta como su obra de salvación. ¿Cómo escaparéis, si tenéis en poco una salvación tan grande?

161. LA VARA QUE REVERDECIÓ
Números 17

«Oh Señor, mi Dios, no hay en Ti mudanza,
Ni bondad alguna borras jamás;
Yo también, en tu tierna piedad,
He venido a conocer esta preciosa verdad.
Tu más pesada vara sobre mi cargada,
Para reverdecer y florecer Tú la hiciste;
Y aún tu vara, siempre creciendo,
De ti fragancia y fruto va rindiendo.»

La vara que reverdeció es un maravilloso tipo del Señor Jesucristo.

1. EN SU LLAMAMIENTO. Al igual que esta vara, fue separado, y el nombre del Sumo Sacerdote fue inscrito sobre Él.
2. EN SU VIDA. Al igual que esta vara, Él era de apariencia común, sin hermosura para ser deseado; raíz de tierra seca.
3. EN SU MUERTE. Como la vara de Aarón, Él fue *puesto* con otros. «Uno a cada lado, y Jesús en medio». Levantado en la Cruz, y también para el *juicio* de Dios.
4. EN SU RESURRECCIÓN. Como la vara, Él reverdeció y floreció, y dio fruto.
5. EN SU ASCENSIÓN. Como la vara, Él ha sido presentado de nuevo *delante del Señor* como testimonio. Él está en la presencia de Dios *por nosotros*.

Hay otras lecciones que se podrían aprender de este tema tan fructífero, verdades aplicables a la vida y al testimonio del cristiano, porque como Él es, así nosotros somos. La historia de lo que llevó a estas varas se puede leer en el capítulo anterior, en la rebelión de Coré y de su compañía contra MOISÉS y AARÓN. Véase aquí:

I. El mandato de Dios. «Toma... doce varas...; y escribirás el nombre de cada uno sobre su vara, y las pondrás... donde Yo me manifestaré a vosotros» (vv. 1-3).

1. ESTO ES UN LLAMAMIENTO DE REPRESENTANTES. Cada vara representaba una tribu. ¿No está el Señor apremiando hoy día su demanda de *representantes* cuando los Corés y los príncipes de este mundo están desafiando el ministerio y el poder del Evangelio?
2. Cada representante tenía que ENTREGARSE TOTALMENTE. Cada vara debía ser puesta «delante del testimonio» (v. 4). Puesta en el lugar santo, delante del velo. Los que quieran tener la personificación divina sellada sobre ellos deben *entregarse totalmente* a Él. No todo el que *dice* Señor, Señor, entrará en la plenitud de bendición exhibida en la vara de Aarón.

II. Evidencia de ser escogidos por Dios. Los escogidos de Dios siempre se harán evidentes. «Y he aquí que la vara de Aarón de la casa de Leví había reverdecido, y echado flores, y arrojado renuevos, y producido almendras» (v. 8). Esto se hizo *en secreto*, pero no pudo permanecer en secreto. La luz y la *vida* se manifiestan. Esta evidencia era doble:

1. VIDA. Esta vida era el *don* de Dios. El don de Dios es la vida eterna. Si hemos sido *hechos vivos* para Dios, entonces podemos tener la certidumbre de que somos los *llamados de Dios*, como lo fue Aarón. Participantes de la naturaleza divina.
2. FERACIDAD. «Produjo almendras.» El fruto es la evidencia de la *abundancia* de vida. Si hemos *renacido* como la vara de Aarón, la vida *natural* de la cual había muerto y dado lugar a su nueva vida, es para que llevemos fruto para Dios. ¿No dijo nuestro Señor: «Yo os elegí a vosotros, y os he puesto para que vayáis y llevéis fruto», y que, al igual que el fruto de esta vara, «vuestro fruto *permanezca*»? (Jn. 15:16). Pero dirás tú: solo una de las doce varas *consagradas* fue escogida. Sí: La que llevaba encima el nombre del *Sumo Sacerdote* (v. 3). No importa a qué nombre te consagres, si no es al *Nombre de Jesucristo*, el Gran Sumo Sacerdote, no se mostrarán las *evidencias* de la elección de Dios. Pon *su nombre* sobre tu vida, y preséntala a Él para su honor y gloria, y tan cierto como que reverdeció la vara de Aarón reverdecerá y florecerá tu vida dando fruto. Observa también:

III. La posición del testimonio para Dios. Tenía que ser:

1. GUARDADA EN SU PRESENCIA. «Jehová dijo a Moisés: Vuelve la vara de Aarón delante del testimonio, para que se *guarde*» (v. 10). Si su vida y su fruto tienen que permanecer, debe ser *guardada cerca* de Aquel que es la fuente de su vida y feracidad. La aplicación de esto es sencilla, pero sublime. La rama no puede llevar fruto por sí misma, *ni podéis vosotros*, excepto *si permanecéis en Mí* (Jn. 15:1-6). El secreto de la feracidad permanente es ser *guardado* en presencia del Dador de la vida. En su presencia hay plenitud de gozo.
2. COMO TESTIMONIO. «Para que se *guarde en señal* a los hijos rebeldes» (v. 10). Así es con el Cristo viviente ahora delante del trono de Dios (Hch. 17:30, 31). Es así con toda alma espiritualmente resucitada. Son testimonio contra los rebeldes que no creen a la palabra del Evangelio. La *vida* del creyente, como las *obras* de Noé, son dadas para condenar al mundo (He. 11:7). Así como esta vara *viviente y fructífera* era una evidencia de que Dios había escogido a Aarón, así la *vida* del cristiano es señal al mundo impío de que el Padre ha enviado a su Hijo a salvarlo (Jn. 17:21). Guardados en su presencia para el goce de su amor, guardados allí para testimonio del poder de su gracia. Él puede guardar mi depósito para aquel día.

162. EL SECRETO DE LA VIDA Y DE LA BELLEZA

Números 17:8

Esta Escritura es una de las porciones del Antiguo Testamento que se emplean en los servicios de la Iglesia. Es un extraño capítulo, pero enseña útiles lecciones. Indica el secreto de la primavera en nuestras almas. Mientras Israel estaba en el desierto, Coré, Datán y Abiram, movidos por los celos, suscitaron una insurrección. A pesar de un terrible juicio, no había sumisión, y Dios recurrió a un método que resultó eficaz, plantando y probando las varas.

Lección

Cuando te encuentres con problemas, haz como hizo Moisés. Deja la dificultad en sus manos, y Él solucionará el problema.

Las varas eran naturalmente los bastones que se emplean en Oriente para andar. ¡Qué milagro!, dirás. Sí, pero es un milagro así el que tiene lugar en cada alma cristiana. Veamos la voluntad de Dios para la vara de Aarón. Pero no tiene vida.

I. Sin vida. Mi alma es como aquella vara: muerta e inerte debido a su separación de Dios por la cuchilla del pecado.

1. Aunque no haya objeciones a ella.
2. Aunque está desprovista de todas las desagradables evidencias de la muerte.
3. Aunque haya sido empleada para hacer grandes cosas.

II. Viviente. Mi alma puede llegar a ser como la vara de Aarón, siempre que yo me ponga allí donde Dios pueda obrar.
El lugar para otorgar la vida era el lugar donde había evidencia de otorgamiento de vida, o sea, delante del Arca, y sobre su cubierta, conocida como Propiciatorio, se rociaba la sangre.
¡Oh, acude delante de la Cruz de Jesús! No especules acerca de cómo va a obrar el Espíritu de Dios, sino ponte a sus pies. Y simplemente acude tal como eres, tal como Moisés puso las varas. Con esta diferencia, que TODOS los que acudan a sus pies, y no solo uno de cada doce, recibirán la vida que se les da. Los almendros florecen en enero, y dan fruto en abril. Pero aquí aconteció en una sola noche.

III. Llevando fruto. Mi alma puede llegar a ser como esta vara, no solo teniendo vida, sino también hermosura y fruto.
Todos los verdaderos cristianos tienen vida. No todos tienen hermosura de carácter y una vida fructífera. «*Magnífico* en santidad.» «La *hermosura* de la santidad.»

IV. Con honra. Un hecho solemne: solo la vara que dio brotes, flor y fruto, recibió honra al dársele un puesto permanente delante de su presencia.
El fruto decide el carácter, y el carácter decide el destino.

163. AARÓN COMO REPRESENTANTE DE CRISTO

Números 18

«Retiro busco de este ruido vano,
Mera babel humana, en libros que no tienen fin;
En el supremo Libro es mi regocijo,
Oh Señor, ¡más fuego de poder, predicadores ungidos manda!
Envía videntes que tu Voz conozcan y a ti sigan,
A alturas y profundidades, de la Sangre de Jesús gloriándose.
Oh danos, Señor, a estos ver más y más,
Tus palabras aún su predestinado alimento celestial.»

En Aarón tenemos un tipo profundamente impresionante del carácter sacerdotal de nuestro Señor y Salvador.
A semejanza de Cristo, él:

I. Fue enviado por Dios como Revelador. Su nombre significa «*Iluminador*». Fue escogido por Dios para *proclamar* su mente y voluntad a oídos de Faraón. Fue de él que dijo el Señor: «Él habla bien» (Éx. 4:14). Cristo vino para revelar la voluntad del Padre. Él podía hablar bien. «¡Jamás hombre alguno ha hablado como este hombre!» Yo soy la *Luz* del mundo.

II. Recibió el encargo de todas las cosas santas. «Yo te he dado también el cuidado de mis ofrendas; todas las cosas consagradas» (v. 8). Cristo tenía ciertamente el cuidado de la ofrenda y de todas las cosas santificadas a Dios. Él vino a entregarse a Sí mismo en ofrenda y sacrificio a Dios. Todas las cosas están ahora en su mano, por cuanto Él es el Hijo del Hombre. Las llaves del Cielo, de la tierra y del Infierno cuelgan de su cinto.

III. Tuvo una unción especial. «Te las he dado *por razón de la unción*» (v. 8). «Esta preciosa unción, que es símbolo del Espíritu Santo, fue derramada sobre su cabeza, y corrió sobre la barba, la barba de Aarón, derramándose hasta las faldas de sus vestiduras» (Sal. 133). Este *rebosamiento* del santo aceite indica una medida sobreabundante de plenitud. El Espíritu Santo fue dado a Cristo sin medida, y debido a esta unción el Señor pudo acabar la obra que le había sido encomendada. Vivió, se movió y tuvo su ser en el Espíritu Santo como el *Hombre* Cristo Jesús.

IV. Tenía el privilegio de comer en el lugar santo. «En el lugar santísimo la comerás» (v. 10). Tenía comida que comer de la que los otros nada sabían ni podían gozar. Su alma quedaba abundantemente satisfecha en el lugar secreto de la santa presencia de Dios. «El hacer tu voluntad, oh Dios, *me ha agradado.*» «Mi *comida* y mi *bebida* es hacer la *voluntad de Aquel* que me ha enviado.» Ésta es santa comida, consumida en el lugar santísimo. Oh, alma mía, como escogido con Cristo en Dios ¿te alimentas del maná escondido? El trigo más fino se encuentra en el secreto de su presencia.

V. Redimía a los impuros. «Harás que se redima el primogénito del hombre; también harás redimir el primogénito de animal inmundo» (v. 15). Es sumamente significativo que el *hombre* sea clasificado con los animales *inmundos* en necesidad de redención. Las vacas o las ovejas eran consideradas santas, sin necesidad de redención (v. 17). Cristo nos *redimió* de la maldición de la ley, siendo hecho por nosotros maldición. No era un *ejemplo* lo que necesitaban los inmundos, sino un Redentor. Redimidos con la Sangre preciosa de Cristo (Ef. 1:7).

VI. Recibió muchos siervos. «Yo he tomado a vuestros hermanos los levitas de entre los hijos de Israel, dados a vosotros en don de Jehová» (v. 6). Los levitas fueron dados por el Señor a Aarón como colaboradores juntamente con él para el Señor. También muchos han sido dados a Cristo por el Padre, como fruto de sus padecimientos, y como colaboradores para la honra de su gran Nombre. «Padre santo, *a los que me has dado*, guárdalos en tu nombre» (Jn. 17:11).

VII. Tuvo su simiente bendita en él. «Todas las ofrendas elevadas de las cosas santas… las he dado para ti, y para tus hijos y para tus hijas contigo, por estatuto perpetuo; pacto de sal perpetuo» (v. 19). Todas las bendiciones espirituales son nuestras en Cristo Jesús (Ef. 1:3). «Verá *descendencia*, vivirá por largos días, y lo que plazca a Jehová se cumplirá por su mano. Verá el fruto de la aflicción de su alma, y quedará satisfecho» (Is. 53:10, 11). De su plenitud hemos recibido todos, y estáis completos en Él (Col. 2:10). Habiéndole entregado por todos nosotros, ¿cómo no nos dará también *con Él* libremente todas las cosas? (Ro. 8:32).

VIII. Encontró su porción en el mismo Dios. «Y Jehová dijo a Aarón: … Yo soy *tu parte* y tu heredad» (v. 20). Lo mismo que Aarón, Cristo no tuvo herencia terrena entre el pueblo. Ni un lugar en el que recostar su cabeza, aunque Él era el Heredero de todo. «Éste es el heredero; venid, matémosle.» Al igual que María, habiendo escogido la mejor parte, le fue dada a Él la mejor parte. Para nuestro Señor el mismo Padre era su galardón sobremanera grande. Glorifícame Tú AL LADO TUYO (Jn. 17:5). Jehová es mi porción, dijo mi alma. Escoge la mejor porción, que nunca os será quitada (véase Sal. 73:26).

164. LA VACA ROJA

Números 19

La ordenanza de la vaca fue estatuida por Dios (v. 2). Lo mismo que el plan de salvación, es indudable que sería mal entendida por muchos. La ofrenda tenía que ser según la mente de Dios. Él mismo la designa. Jesucristo, el gran Sacrificio, era también, según el propio corazón de Dios, «El Cordero de Dios». Solo Dios tiene derecho a decir qué y cuánto aceptará como expiación por el hombre, o como purificación por los contaminados. No se trata de cuánto uno pueda dar, sino de lo que Dios aceptará. Solo sus condiciones son las justas. Toda la escena nos muestra a Cristo y su salvación.

I. El sacrificio, o el carácter de Cristo. «Una vaca roja, perfecta, en la cual no haya falta, sobre la cual no se haya puesto yugo» (v. 2). Cristo se ofreció a Sí mismo sin mancha a Dios, y como Cordero sin tacha (1 P. 1:19). Los hombres intentaron descubrir alguna mancha en el Cordero de Dios para rechazarlo, y lo que hicieron fue rechazar «al Santo» y

«al Justo», aunque no hallaron delito en aquel Hombre. Y la criatura humana, en la soberbia de su corazón, sigue intentando encontrar falta en Dios. El *yugo* habla de la *maldición.* «Maldita será la tierra por tu causa». Pero el yugo del pecado nunca estuvo sobre Él como *atadura.* El pecado jamás ligó su vida, aunque frecuentemente el dolor llenó su corazón.
No debe haber levadura en esta oblación. Él fue santo, inocente, sin mancha, apartado de los pecadores» (He. 7:26).

II. El degüello, o la muerte de Cristo. «La sacará fuera del campamento, y la hará degollar en su presencia» (v. 3). Sin mancha, y sin embargo fuera del campamento. Parece extraño. Santa, pero tratada como inmunda. Como *sustituta,* tiene que ser tratada como vil, pero para ser aceptada por Dios tiene que ser intrínsecamente intachable e irreprensible. Así fue con Cristo, sin mancha, pero tratado como el más vil delincuente, muerto fuera de la puerta como el primero de los pecadores. Fue despreciado y desechado por los hombres. Dios se complacía en Él, pero ocultó de Él el rostro fuera de la ciudad. La gran verdad que tenemos aquí es la sustitución, el Justo sufriendo por nosotros los injustos, para llevarnos a Dios.

III. La combustión, o la ofrenda de Cristo. «Hará quemar la vaca ante sus ojos; su cuero y su carne y su sangre, con su estiércol, hará quemar» (v. 5). Todo debe ser consumido por el fuego, y todo lo que era quemado era dado a y aceptado por Dios. Era un holocausto, pero en lugar de la ofrenda por el pecado, totalmente dedicada a Dios. Aquí vemos a Cristo ofreciéndose *a Sí mismo,* presentando cada parte y parcela de su ser, con todas sus energías, y todo aceptado por Dios. Algunas veces las ofrendas eran despellejadas, tipificando una imperfección *exterior.* Pero la vida de Cristo, tanto la exterior como la interior, fue totalmente pura, y totalmente entregada a Dios. Nosotros faltamos en pensamiento, palabra y obra, pero *Él* no falla nunca. «Tomará el sacerdote madera de cedro, e hisopo, y púrpura, y lo echará *en medio del fuego»* (v. 6), lo que implica que tanto los más grandes (cedro) como los más pequeños (hisopo) y los más viles (escarlata) pueden ser aceptados en esta ofrenda.

IV. Las cenizas, o las virtudes de Cristo. Las cenizas debían ser reunidas y amontonadas en un lugar limpio. «Y las guardará... es una expiación» (v. 9). Las cenizas eran todo lo que quedaba. El lugar limpio puede tener referencia al «sepulcro nuevo» en el que Jesús fue depositado. Se hace referencia a ellas con el singular: «es». El resultado de la muerte de Cristo es una total «expiación», o «purificación del pecado» (véase BAS), el único remedio, divinamente dispuesto, y sobre la base de la muerte. Estas cenizas deben ser *guardadas,* puestas aparte para los inmundos. ¡Qué provisión llena de gracia, qué buenas nuevas para los contaminados e inmundos! Así Dios sigue *guardando* misericordia para miles.

V. Los inmundos, o la necesidad que se tiene de Cristo. «El que toque cadáver de cualquier persona será inmundo siete días» (v. 11). La muerte es la obra del pecado. El pecado, al consumarse, da a luz la muerte. Por ello, un *contacto* era, y sigue siendo, suficiente para hacer al hombre inmundo a *los ojos de Dios.* Si alguien toca la obra del pecado, se vuelve inmundo. El que ofende en un solo punto es hecho culpable de todo. ¿Quién no ha tocado o entrado en contacto con el fruto del pecado? Esta inmundicia ha de ser solucionada por las cenizas, el fruto de la muerte del Santo. Todos han pecado, todos necesitan de los méritos purificadores de la muerte de Cristo. Solo los inmundos tienen título a las cenizas; solo los pecadores tienen título al Salvador. Tu inmundicia es tu título a acudir a la fuente que ha sido abierta.

VI. El rociamiento, o la aceptación de Cristo. «Tomarán de la ceniza de la vaca... y echarán sobre ella agua viva en un recipiente; ... y rociará... sobre aquel que haya tocado» (vv. 17, 18). El degüello del sacrificio o el guardar las cenizas no era suficiente. Tenía que haber *contacto,* y ello mediante el agua de la Palabra. El Espíritu toma las cosas de Cristo, y las muestra, y las aplica. Los inmundos deben tener fe en las cenizas, o en el Dios que las ordenó, o no las recibirían. Así, tiene que haber fe en la obra *consumada* de Cristo. El rociamiento es la impartición a los rociados de todo lo que significan las cenizas: justicia, aceptación, y purificación de todo pecado. El *agua corriente* puede representar el *movimiento* del Espíritu por medio de la Palabra, revelando y aplicando la gran salvación.

VII. Los incrédulos, o los que descuidan a Cristo. «Y el que quedó inmundo, y no se haya purificado, la tal persona será cortada de entre la congregación» (v. 20). Y el tal, sólo podrá culparse a sí mismo de ello. La provisión eficaz es libre y está dentro del alcance de todos. Al menospreciar o descuidar las cenizas menosprecia a Dios, y la suerte de todo aquel que descuida a Cristo será quedar «cortado» de toda comunión y esperanza. «¿Cómo escaparemos nosotros, si descuidamos una salvación tan grande?» Nada que contamine entrará dentro. Los no purificados contaminarían el cielo. Los *negligentes* quedan «cortados», lo mismo que los rechazadores, y el «acortamiento» es tan solo la consecuencia de la inaptitud natural. «De todo aquello de que por la ley de Moisés no pudisteis ser justificados, en él es justificado todo aquel que cree» (Hch. 13:39).

165. EL PECADO DE MOISÉS, Y SU FRUTO

Números 20:1-13

«Al errabundo habla gentilmente,
Aunque vergonzosos sus hechos hayan sido;
De otro modo tan solo exasperas,
Quizá volviendo ira en odio.»

El que esté sin pecado, que eche la primera piedra. No juzguéis, para que no seáis juzgados. Las desgracias parecen venir juntas. En este capítulo se registran tres tristes acontecimientos: 1) La muerte de María (v. 1). 2) La transgresión de Moisés (v. 12). 3) El desnudamiento de Aarón (v. 28). Tres resultados de la incredulidad. Con respecto a Moisés, consideraremos:

I. Las circunstancias relacionadas con su pecado.

1. EL LUGAR. De vuelta en *Cades,* donde habían estado hacía treinta y nueve años, cuando enviaron a los espías a reconocer la tierra, donde muchos dudaron y atrajeron sobre sí la condena de cuarenta años vagando por el desierto. Cuidado con los viejos pecados y lugares estériles en tu experiencia.
2. LA CONDICIÓN DEL PUEBLO. Descontentos y murmurando. «Habló el pueblo contra Moisés», y murmuró contra la providencia de Dios (vv. 2-5). Éste es siempre el origen de un intenso conflicto para el hombre fiel de Dios.
3. LA HUMILDAD DE MOISÉS. «Moisés y Aarón... se postraron sobre sus rostros» (v. 6). No como delante del pueblo, sino delante del Señor, y su gloria se les apareció, y se les reveló un camino de liberación. «Les sacarás aguas de la peña» (v. 8). Moisés no podía hacer el agua, pero ella vendría a su orden.

II. La naturaleza de su pecado. «*Hablad* a la peña» (v. 8). Ésta era la orden que habían recibido, pero en lugar de *hablar,* Moisés *golpeó dos veces la peña* (v. 11). Cuando se tuvo que sacar agua de la peña la *primera* vez, Dios ordenó a Moisés que la *golpeara* (Éx. 17:6). Aquella peña era Cristo (1 Co. 10:4), y así, en el propósito de Dios, solo podía ser *golpeada* una vez: «El padeció *una vez*». Las bendiciones adicionales o los renovados derramamientos de su plenitud nos vienen pidiéndolos: «*Hablad* a la peña». Tenemos aquí una evidencia incidental de la meticulosidad de Jehová acerca de las cosas que eran tipo de su Hijo que había de venir. La enseñanza en los tipos es la enseñanza del Espíritu Santo. Estas cosas se disciernen espiritualmente.

En este pecado del siervo de Dios hubo:

1. DESOBEDIENCIA. Dios dijo *hablad,* pero él *golpeó,* y ello dos veces, como si además hubiera *impaciencia* en el acto. Quizá estaba dejándose llevar más por su experiencia *pasada* que por la Palabra de Dios que le había sido dada entonces. Esto es siempre un peligro para los siervos de Cristo. Los medios empleados y bendecidos ayer puede que no sean los medios dispuestos por Dios para hoy. Espera en el Señor.
2. PASIÓN EGOÍSTA. «¡Oíd ahora, rebeldes!» Es bien cierto que eran *rebeldes,* pero llamarlos así en tal circunstancia no servía para mejorar las cosas. Su espíritu fue provocado, y así habló imprudentemente con sus labios (Sal. 106:33). Los mejores de los hombres son tan solo hombres. El más manso de los hombres sobre la tierra no tenía un seguro contra el orgullo. El que se piensa que está de pie, que tenga cuidado que no caiga.
3. PRESUNCIÓN. «¿Os *hemos* de hacer salir aguas de esta peña?» (v. 10). Es muy doloroso para Dios cuando buscamos *nuestra propia* gloria mientras hacemos su obra. Notemos cuán diferente fue con Pedro y Juan en relación con la curación del cojo mencionado en Hechos 3:12. «¿Quieres que yo te muestre el camino de la salvación?» le dijo un predicador a un alma ansiosa. Estos «yoes» pueden llegar a ser magnificados por el buscador de modo que lleguen a ocultar al Maestro. Sin Mí, dijo el Señor, nada podéis hacer. Es el Espíritu el que vivifica.

Hay dos cosas que no debemos olvidar al tratar con el pecado de Moisés: 1) Que *él mismo nos lo cuenta.* No intenta ocultar sus propios fallos a los ojos de los demás. Es para la gloria de Dios y nuestro bien que se registran. 2) Que su fracaso por su incredulidad (v. 12) *no alteró la fidelidad de Dios.* «Y salieron muchas aguas» (v. 11). La incredulidad de algunos no anula la fe de Dios. Como cristianos todos nos quedamos cortos de lo que pudiéramos ser, pero Él permanece fiel. Bendito sea su Nombre.

III. El fruto de su pecado:

1. DESHONRÓ AL SEÑOR. «Por cuanto no creísteis en Mí, para *santificarme delante* de los hijos de Israel» (v. 12). El Nombre del Señor es profanado por la incredulidad y por los actos de autoglorificación de su pueblo. «Seré santificado en vosotros a los ojos de las naciones» (Ez. 20:41).
2. LE CERRÓ EL PASO A LA POSESIÓN PROMETIDA. «No meteréis esta congregación en la tierra que les he dado» (v. 12). Siervo de Dios, un pecado puede impedirte el goce de un gran privilegio, una pequeña nube puede ocultar de tu mirada todo el azul del cielo. Esta es la razón de que muchos del pueblo del Señor se ven estorbados de entrar en la plenitud de bendición y poder en su servicio para Cristo: hay pecado en el campamento. Y ellos no pudieron entrar por su incredulidad.
3. ES UNA SOLEMNE ADVERTENCIA PARA NOSOTROS. No te jactes de ti mismo. Es posible ser calmoso y transparente como un plácido estanque, y sin embargo no estar *limpio* en el fondo, de manera que cuando la piedra de la calumnia caiga repentinamente, todas las aguas se ensucien. Límpiame de las faltas secretas, Señor, y guárdame en la palma de tu mano.

166. LA MUERTE DE AARÓN, PREFIGURANDO LA MUERTE DE CRISTO

Números 20:23-29

Al ver a una mariposa justo saliendo de su capullo, un escritor anónimo ha dicho:

«¿Por qué, encantador insecto, te detienes,
Y agitas tembloroso tus alas;
Como temeroso de levantarte
Por los campos de la suave primavera?
Pero ahora a tu frágil forma ha llegado
Del sol un cálido y resplandeciente haz,
Y en el acto tú hacia arriba te has lanzado
Anhelante hacia la fuente de luz.»

El cristiano nunca muere; solo se levanta hacia la fuente de su vida y ser, perdido en el resplandor de su presencia. En su llamamiento y carácter sacerdotal, Aarón es un tipo bien conocido y completo de Jesucristo como nuestro Gran Sumo Sacerdote. Es precisamente lo que era de esperar, que aquel que tanto se pareció al Señor en su vida y obra se asemejara también a Él en la causa y forma de su muerte. La muerte de Aarón fue como la de Cristo en que:

I. La conocía de antemano. El Señor le reveló a Aarón que iba a ser reunido con su pueblo (vv. 23, 24). Jesús sabía el *tiempo* y la forma de su tiempo ya antes de ella. Incluso los profetas habían hablado de ella. «Mi hora aún no ha llegado.» Vino no para ser servido, sino para servir y *dar su vida* en rescate. En el monte de la gloria hablaban de su muerte (Lc. 9:31).

II. Fue repentina. Aarón subió al monte Hor con el propósito de morir. No se indica ningún período de enfermedad. Parece como si hubiera sido *cortado* repentinamente. «El Mesías será cortado.» «Se asombraron de que ya estuviera muerto.» Los soldados esperaban que tardara en morir, pero el escarnio *quebrantó su corazón* (Sal. 60:20).

III. Fue debido al pecado. Aarón fue cortado de entrar en la tierra prometida por cuanto fue «rebelde» al mandamiento del Señor (v. 24). Le fue imputado pecado, y por el pecado murió. Cristo murió por el pecado, pero no por el suyo. El Señor puso sobre Él la iniquidad de todos nosotros. Él llevó nuestros pecados en *su cuerpo*, en su misma alma, que estuvo sumamente triste, hasta la muerte, y que derramó como ofrenda por el pecado.

IV. No murmuró ante la expectativa de la misma. Es sumamente significativo que a través de todo este tiempo de prueba no se oye la voz de Aarón. Como el gran Antitipo *no abrió su boca.* Él, por el gozo que fue puesto delante de Él, soportó la cruz. Ninguna queja escapó de los labios o halló cabida en el corazón de Jesús. Mas no se haga mi voluntad, sino la tuya.

V. Murió en un monte. «Toma a Aarón y a Eleazar su hijo, y hazlos subir al monte de Hor» (v. 25). Fue para él una solemne ascensión, dejando a todos los demás detrás de sí para no volver a ver sus rostros sobre la tierra. Jesús puso su rostro como un pedernal para *subir* a Jerusalén, aunque sabía que iba a cumplir la muerte a que se habían referido Moisés y Elías en el monte de la transfiguración. Así como Moisés levantó la serpiente en el desierto, de igual modo tenía que ser levantado el Hijo del Hombre. Un puñado de grano en la cumbre del Monte Calvario, destinado a cubrir toda la tierra (Sal. 72:16).

VI. Fue desnudado. «Moisés desnudó a Aarón de sus vestiduras» (v. 28). Cristo fue también desnudado, y ello para su vergüenza. «Repartieron entre sí mis vestidos, y sobre mi túnica echaron suertes». Esto lo hicieron para que se cumpliera la Escritura, tanto en tipo como en profecía.

VII. Hubo dos personas con él en su muerte. Había solo tres personas en aquel monte cuando Aarón murió, una que fue *exaltada* mediante su muerte, y otra que no (v. 28). En el monte Calvario, cuando murió Jesús, *había otros dos con Él,* Jesús en medio, y ellos uno a cada lado. Uno también recibió bendición y exaltación mediante su muerte: «Hoy estarás conmigo en el Paraíso». Puede que no sea legítimo comparar al ladrón no arrepentido con Moisés, pero, al igual que Moisés, no pudo entrar a causa de su incredulidad (v. 12).

VIII. Su obra fue continuada una vez que él hubo partido. «Sus vestiduras… *se las vistió* a Eleazar su hijo» (v. 28). Su hijo perpetuó la obra comenzada por su padre, y ello por mandamiento del Señor. El manto de Aarón cayó sobre Eleazar, como después el manto de Elías caería sobre Eliseo, y como más adelante en el tiempo el Espíritu que poseía al Señor Jesucristo cayó sobre sus herederos en el aposento alto, para que ellos prosiguieran con la obra sacerdotal de intercesión tras su partida. Él nos ha hecho para Dios reyes y *sacerdotes.* Eleazar, el hijo de Aarón, ministró *en lugar suyo* (Dt. 10:6). Os. rogamos *en nombre de Cristo,* reconciliaos con Dios. Ésta es nuestra obra *sacerdotal.* Que para ella esté sobre nosotros la santa unción.

167. LA SERPIENTE DE BRONCE

Números 21:1-9

«Se desanimó el pueblo por el camino.» Los que siguen al Señor porque saben que es lo justo, pero que no le *aman*, de seguro que se desalentarán. Un corazón rebelde hace difícil seguir. El pecado siempre lleva a *rodear* en lugar de ir directo a poseer. Es el *caminar* de la vida lo que expone lo que realmente somos. La insatisfacción de seguro llevará a la rebelión. Si el corazón no está satisfecho con Dios, irá errante a otros lugares. Rebeldes, prestad atención. Observemos tres cosas acerca de Israel:

I. El pecado de ellos. Fue triple. Fue un pecado contra

1. EL MISMO DIOS. Hablaron en contra de Dios (v. 5). Todo pecado es pecado contra Dios. Hablamos en contra de Dios cuando murmuramos en contra de su providencia, cuando rehusamos someternos de todo corazón a su obra. Hablamos en contra de Dios cuando mostramos más simpatía por los del mundo que por los cristianos, y más interés en las cosas de esta vida que de la vida venidera. Cuando preferimos los placeres de la carne al provecho del alma. El que no está por Mí está contra Mí.
2. EL SIERVO DE DIOS. Hablaron contra Moisés (v. 5). Los que aborrecen a Cristo no pueden amar a su pueblo. «Si me han perseguido a mí, también os perseguirán a vosotros.» No es deseable que hablen bien de *nosotros* aquellos que hablan contra nuestro Dios. La medida de nuestra unidad con Él será la medida de nuestros padecimientos por Él. Si las bendiciones de Cristo caen sobre nosotros debido a nuestra identificación con Él, ¿por qué no sus vituperios? Si hablan en contra de mí aquellos que hablan en contra de Cristo, con ello dan testimonio de que soy semejante a Cristo.
3. LA PROVISIÓN DE DIOS. «Nuestra alma tiene fastidio de este pan tan liviano» (v. 5). El corazón enemistado con Dios aborrecerá su pan. Cristo es el pan para el mundo, pero el mundo lo aborrece como pan liviano, bueno solo para niños y enfermos, pero no para hombres vigorosos en la batalla de la vida. Muchos, en su soberbia, tratan a Cristo como insuficiente para ellos; quieren algo más, y así menosprecian la provisión de la gracia de Dios.

II. Su dolor. Este dolor que lleva al arrepentimiento se ve en su:

1. CONFESIÓN. Vinieron y dijeron: «Hemos pecado por haber hablado contra Jehová» (v. 7). El verdadero dolor conducirá a una verdadera confesión. Hay poca esperanza para el pecador hasta

que éste no haga esta confesión: «Padre, he pecado». Cuando se ve el pecado como contra el Señor, se ve entonces como sobremanera pecaminoso, y cuando se cree así, la confesión sale fácil y natural. Si alguien cree que es un pecador contra Dios, y sin embargo no confiesa su culpa, demuestra con ello su decidida enemistad contra Él.

2. PETICIÓN. «Ruega a Jehová.» El menospreciado siervo viene a ser ahora el intercesor. El perseguido pasa a ser el peticionario en favor de los perseguidores. En el día malo envían a por Daniel. El camino de acceso sigue siendo por medio de Aquel que es nuestro Guía y Capitán. Sin que se lo pidieran, el Señor Jesús oró así: «Padre, perdónalos». Esteban intercedió también por los transgresores. Cuando los hombres están verdaderamente conscientes de su culpa, se hacen también conscientes de su necesidad de un Mediador.

3. AFLICCIÓN. Fue solo cuando el Señor envió serpientes en medio de ellos (v. 6) que volvieron en sí. Los harapos y la pobreza del pródigo le hicieron volver a pensar en el hogar de su padre. Las ardientes serpientes de la prueba y de la angustia han llevado a muchos a la confesión, cuando Dios las ha mandado. Pero el veneno de la mordedura de la serpiente antigua ha ido mucho más hondo que esto, a las venas y arterias de una humanidad pecaminosa. El hombre es un ser envenenado, siendo su naturaleza, en el mejor de los casos, algo contaminado y condenado. Para esto hay solo un remedio: la regeneración. Cristo crucificado.

III. Su salvación. Fue:

1. DIVINAMENTE DISPUESTA. El Señor dijo: «Hazte una serpiente», etc. (v. 8). Esta provisión, como la encarnación y muerte de Cristo, nunca podría haber sido sugerida por el hombre. El hombre no puede inventar remedios para el pecado, como tampoco el criminal podría inventar un plan por el que la ley pueda ser echada a un lado, y él quedar justificado. Es el que condena el que debe justificar. La salvación es del Señor. Es por una serpiente que han sido mordidos, y por uno en forma de serpiente tienen que ser sanados. La muerte entró por el hombre, por el *hombre* también vino la justificación de vida. El Hombre Cristo Jesús, que fue *hecho en semejanza* de carne de pecado.

2. DIVINAMENTE APROPIADA. «Ponla sobre un asta; y *cualquiera* que haya sido mordido y mire a ella, vivirá» (v. 8). Esta serpiente fue levantada para *cualquiera que hubiera sido mordido*. Estaba al alcance de todos. El medio de aplicación lo poseía todo aquel que tuviera ojos para ver. Si tenían ojos que podían ver las tiendas y los montes, entonces, con aquellos mismos ojos podían ver su salvación. Si los hombres tienen fe para creer en otros, entonces con aquella misma fe pueden creer para salvación. Cristo ha sido levantado bien alto por encima de cualquier otro como el Amigo y Salvador de los hombres. «Miradme a Mí, y sed salvos» (Is. 45:22).

3. DIVINAMENTE EFECTIVA. «Cuando… *alguno miraba* a la serpiente de bronce, … vivía» (v. 9). Nadie miraba en vano. Ninguno perecerá de los que confían en Él. «*Cualquiera*» (v. 8). No importaba cuántas serpientes le hubieran mordido ni cuán pocas. Nada importaba si era rico o pobre, la promesa de Dios era: «Cualquiera que… mire a ella, vivirá». El mismo Dios ha dicho: «El que cree en el tiene la vida eterna». Y esta salvación es tan real hoy como la curación mediante la serpiente en el pasado. No es el *medio* lo que salva, sino el Dios de salvación. Creyeron a Dios y miraron, y Él sanó todas sus dolencias.

«Regocíjate, regocíjate, oh, toda la tierra,
Y prorrumpe con santa alegría;
Vieja es la serpiente ahora, la muerte... herida,
El reino infernal, ¡velo! por la Cruz de Cristo confundido;
«Cualquiera» es la palabra abrazadora,
Y a ella Tú, oh Señor, fiel te mantienes.»

168. SALVADOS POR MIRAR

«Y cualquiera que haya sido mordido y mire a ella, vivirá» (Nm. 21:8).

La vida por una mirada. Cierto, ¿pero qué clase de mirada? Recuerda, la vista es un don, pero mirar es un arte. *Hay una gran diferencia entre una ojeada y una mirada.* Tu atención es atraída a algo que no te interesa. Miras y apartas la mirada, e inmediatamente te olvidas de lo que has visto. Esto era una mera ojeada. Estás caminando por un museo de arte. Un amigo te llama la atención a alguna destacada obra de arte. Le echas un vistazo y luego te sientas y la contemplas, y tu contemplación descubre lo que quedaba escondido a una mera ojeada. El israelita mordido recibía la vida no por una ojeada sino por una mirada. Según el doctor Young, la palabra del original traducida «mire» en el v. 9 es muy intensa y definida, y podría traducirse «cuando mire *atentamente*». No, el Señor no ha prometido la vida meramente por, sino en una mirada. Esto lo reconoció el doctor Watts. ¿Cuándo dijo él que la Cruz se le volvió maravillosa, y que por ella consideraba ganancias todas sus pérdidas? Cuando la hubo *explorado.*

«Al explorar la maravillosa Cruz
En la que el Príncipe de Gloria murió.»

Sabes qué es explorar. Has oído de hombres emprendiendo el estudio de terrenos desconocidos, levantando mapas y tomando notas de todas las colinas y valles. ¿Has explorado la Cruz? Naturalmente, le habrás dado un pensamiento pasajero. Pero, ¿has leído alguna vez el relato de la pasión de nuestro Señor registrado por los cuatro Evangelistas, y, después de cerrar el libro, le has dedicado una hora de meditación, examinándolo todo con la mirada de tu mente? Si es así, deja que te diga lo que sucede primero: serás mordido, porque

I. Hay una mordedura por una mirada, la mordedura de una conciencia despertada. En el caso de los israelitas, solo los mordidos miraban; en nuestro caso, somos mordidos al mirar, mordidos por una conciencia despertada, por la Palabra de Dios y por el Espíritu de Dios. Es en la Cruz que comienza todo verdadero arrepentimiento. Es al ver la bondad de Dios revelada en la cruz que somos llevados a un genuino arrepentimiento. Es extraño, pero cierto, que para que nuestra alma despierte hemos de ver nuestros pecados no sobre nosotros, sino en otro. Ilustremos esto. Aquí tenemos a un joven, que nunca se ha dado cuenta de sus pecados, aunque haya sufrido a menudo a causa de ellos, y haya sido frecuentemente reñido por sus padres. Pero un día, mientras está sentado junto al hogar, se da cuenta de una mirada en el rostro de su madre, ve las líneas de ansiedad alrededor de sus labios y frente, y la verdad se le hace evidente: Esto es lo que ha hecho mi pecado; ella está sufriendo a causa de mis pecados. Y esto actúa sobre el corazón de este joven. ¿No te has preguntado nunca por qué el Señor fue a la cruz? No por sus propios pecados; no porque no pudiera evitar aquella acerba experiencia. Al contemplar aquel rostro desfigurado, ¿no ha resplandecido la verdad en tu mente?: «Esto es lo que ha hecho mi pecado». Es al contemplar la cruz que una espada traspasa nuestras almas, y sabemos por vez primera lo que es el verdadero arrepentimiento.

II. Hay también muerte por una mirada. A veces decimos: «Él murió para que pudiésemos vivir». Muy cierto. Pero es igualmente correcto decir que Él murió para que pudiésemos morir. Esto queda bien expresado en aquel verso:

«Una vez estaba muerto en pecado, y también mi esperanza;
Pero ahora al pecado muerto estoy, con Jesús crucificado.»

Cowper escribió aquella obsesionante sentencia: «La Cruz, una vez vista, la muerte a todo vicio es». El joven a que se ha hecho referencia, que vio lo que su pecado estaba haciendo a su amada madre, se apartaría ciertamente de su pecado. El arrepentimiento no es un mero dolor por el pecado, sino sentirlo lo suficiente como para abandonarlo. Es al pie de la Cruz que aborrecemos nuestros pecados y que nos apartamos de ellos a Dios.

III. Hay vida por una mirada. «Y cualquiera que haya sido mordido y mire a ella, vivirá.» Y sucedió en la experiencia de multitudes aquel día. Y sigue sucediendo en la experiencia de todos aquellos que de manera similar miran hoy a la Cruz, porque nuestro Señor presenta este incidente como una imagen de la salvación que hallamos en Él. Mirar es la cosa más sencilla del mundo. Casi todo conocimiento nos viene a través de mirar. Miramos el mundo físico, y nos enseña lo que la naturaleza tiene que decirnos. Miramos libros, y aprendemos lo que la letra impresa tiene que decirnos. Miramos a la Cruz, y por contemplarla hay vida, vida eterna. Por ello, se nos invita a hacer aquello que todos pueden fácilmente hacer.

La mirada de fe al que ha muerto en la cruz
Infalible la vida nos da:
Mira pues, pecador, mira pronto a Jesús,
Y tu alma la vida hallará.

Ve, ve, ve a Jesús;
Que si miras con fe al que ha muerto en la cruz,
Al momento la vida tendrás.

169. ¡SUBE, OH POZO!

Números 21:17

Al comienzo de las peregrinaciones de los hijos de Israel, Moisés recibió la orden de *golpear* la roca en Horeb para que saliera agua para el sediento pueblo. Ahora, casi cuarenta años después, se le manda que *hable* a la roca, pero en su ira la golpea dos veces, y por esta desobediencia se ve impedido de entrar en la tierra prometida (20:10-12). La Roca era Cristo, dice el Apóstol (1 Co. 10:4), y por ello no era propósito de Dios que fuera golpeada *dos veces*. Él sufrió *una vez* para siempre en la consumación de los siglos, por el sacrificio de sí mismo, para quitar de en medio el pecado. Ahora solo tenemos que *hablar* a la roca para que la refrescante agua suba. Esta pequeña aunque dulce frase, «Sube, pozo», contiene:

I. Una sugestiva metáfora. Un «*pozo*». Un pozo dentro de una roca. Esta roca es Cristo, la fuente de agua viva. Lo mismo que el pozo de Jacob, es *profundo*, profundo como la insondable plenitud de Dios. Las aguas en este pozo representan las inescrutables riquezas de Cristo, aquello que es abundantemente capaz de satisfacer todas las necesidades de un alma humana.

II. Una necesidad sentida. «*Sube*, oh pozo.» Sube a mi alma sedienta, porque he estado en las cisternas rotas de la tierra, y estoy desengañado, y muriendo de sed. Sube, oh pozo, en esta vida mía desierta, que hasta ahora no ha dado fruto para Dios. Mi corazón tiene sed de Dios, del Dios vivo.

III. Un gran aliento. Este pozo puede «subir» para que sus corrientes de vida estén al alcance de cada persona necesitada. Hay una tremenda presión en este pozo. Es la presión de un amor infinito, una fuerza que puede enviar su influencia a las más hondas profundidades de la necesidad, y hasta las más sublimes alturas de la satisfacción y de los logros espirituales.

IV. Un medio sencillo. «Sube.» *Háblale* a la *roca*. Esta roca está esperando dar sus tesoros a los que los pidan. *Habla*, no tienes que gritar. Tu habla no ha de ser elocuente. La oración es algo muy sencillo si es sincera. El remedio para la sed del alma es hablarle a la roca. Háblale siempre que tu corazón esté abatido con esterilidad y muerte. *Háblale* cuando estés cargado con la mortal necesidad de los otros. *Háblale* creyendo, y las aguas manarán, y entonces podrás «a él *cantar*».

170. LA PARÁBOLA DE BALAAM, O LOS PRIVILEGIOS DEL PUEBLO DEL SEÑOR

Números 23:18-24

Es algo que deja perplejo tratar de comprender el carácter de Balaam; su naturaleza moral parece una madeja enredada. Le recuerda a uno el carácter de la obra de Bunyan, el señor Nada-y-guarda-la-ropa. Parece un tipo de aquellos que tienen una gran cantidad de conocimiento espiritual, pero que son más un obstáculo que una ayuda en la obra del Señor. Profesantes con la cabeza grande pero el corazón frío, que hablan mucho de religión, pero que se mantienen en la compañía de los impíos (31:8). Dios puede emplear la boca de un Balaam lo mismo que puede usar la boca de su asna. Aquel que puede hacer hablar a un asna puede hacer que un falso profeta discierna cosas maravillosas, y decirnos mucho que es verdadero y precioso, aunque ellos mismos sean totalmente ajenos a la experiencia de ello mismo. Esta segunda parábola de Balaam comienza con una clara vindicación de *la fidelidad de Dios*. «Dios no es hombre para que mienta.» Luego contempla al pueblo de Dios como:

I. Un pueblo perdonado. «No ha notado iniquidad en Jacob» (v. 21). Bienaventurados son aquellos cuyos pecados son perdonados (Ro. 4:7, 8). Vuestros pecados son perdonados por causa de su Nombre (1 Jn. 2:12). Dios es el que justifica (Ro. 8:33).

II. Un pueblo liberado. «Dios los ha sacado de Egipto» (v. 22). Fuera de la casa de esclavitud, fuera del dominio del Faraón. Nos ha salvado de la ira venidera (1 Ts. 1:10); de la potestad de las tinieblas (Col. 1:13); del pecado (Ro. 6; 18); de este presente mundo malo (Gá. 1:4).

III. Un pueblo gozoso. «Jehová su Dios está con él, y es aclamado como rey» (v. 21). Bien podemos gozarnos en nuestro Rey. Todo el poder en los cielos y en la tierra lo tiene Él en sus manos, y Él ha dicho, «Yo estoy con vosotros todos los días». Regocijaos en su presencia, en su luz y amor, en su poder y fidelidad. Será bien con la causa de Cristo cuando los impíos oigan el clamor del Rey de la Gloria en medio de su pueblo. Cuando el Evangelio sea predicado en el *poder del Espíritu Santo* se oirá el inconfundible clamor del invisible pero siempre presente Rey de los Santos.

IV. Un pueblo protegido. «Porque contra Jacob no hay agüero» (v. 23). El carácter del pueblo de Dios está a prueba contra todos los conjuradores murmuradores. El manantial de la vida y de los goces del cristiano no pueden ser envenenados por el enemigo. Viven en la presencia de Aquel que no parará mientes a los envidiosos murmuradores. María y Aarón pueden hablar contra Moisés, pero será para propio daño de ellos. Su bondad es grande para los que le temen (Sal. 31:19).

V. Un pueblo testificador. «Será dicho de Jacob y de Israel: ¡Lo que ha hecho Dios!» (v. 23). La *vida separada* de ellos era un testimonio para Dios. Las riquezas de su gracia se ven en su bondad para con nosotros. Al volver nuestra cautividad, Él ha llenado nuestra boca con risa y nuestra lengua con cánticos. ¡Lo que ha hecho Dios! Grandes cosas ha hecho Jehová con nosotros; estamos alegres (Sal. 126:1-3).

VI. Un pueblo valeroso. «He aquí un pueblo que se levanta como leona» (v. 24). Esta valerosa reina de las fieras, que desconoce el temor, es el emblema escogido del valor cristiano. Hay muchos que se *agazapan* como un león, pero bien pocos que se *levantan* por la verdad que es en Jesús, saltando sobre aquellos males que están hurtando a la Iglesia de su vida y poder. Hombres como el señor Gran-corazón de Bunyan son sumamente necesarios en el frente (Pr. 30:29, 30).

VII. Un pueblo victorioso. «No se echará hasta que devore la presa» (v. 24). He aquí, el león de la tribu de Judá ha vencido, y los cachorros del león compartirán el despojo (Gn. 49:9). Somos más que vencedores por medio de Aquel que nos amó. Ésta es la victoria que vence al mundo, nuestra fe. Que tu alma no yazca para reposar hasta que comas el gozo de la victoria sobre todos tus pecados y sobre todas tus circunstancias. Todos los suyos serán «más que vencedores» (Ro. 8:37).

171. VIENDO, MAS SIN POSEER

Números 27:12-17

«Como el resplandor en las nubes del sol,
Como las espumosas oleadas en una inundación,
Como la fragancia en la flor,
Como el benéfico rocío del amanecer sobre la hierba,
Tú, Señor, en tu amor mitigas
La agudeza y amargura de la prueba.»

Cuando Dios le dio a Moisés, en su amor, una vista de la tierra de la que se veía impedido de entrar por el pecado que había cometido al rebelarse contra el Señor, eliminó lo más doloroso de la frustración de Moisés. Moisés, como representante de la ley, no podía introducir al pueblo en la tierra prometida. Lo que la ley *no podía hacer*, por cuanto era débil por medio de la carne, Dios lo ha cumplido al enviar a su Hijo en la *semejanza de carne de pecado* (Ro. 8:3). La ley fue dada por Moisés, mas la gracia y la verdad vinieron por Jesucristo. Observemos

I. Su visión aseguradora. «Jehová dijo a Moisés: Sube a este monte Abarim, y verás la tierra que he dado» (v. 12). Si Moisés no podía entrar en la tierra, tuvo confirmación de su fe por la vista de que la tierra buena y placentera estaba ahí. Era

1. UNA TIERRA DE BENDICIÓN. Frecuentemente mencionada, pero todavía no poseída, y típica de las promesas sobremanera grandes y preciosas que nos han sido dadas por nosotros en Cristo Jesús, de las que muchos cristianos han oído mucho, pero ¡cuán pocos han tomado plena posesión!
2. UNA TIERRA MÁS ALLÁ. Moisés la vio desde el Monte Abarim. Abarim significa *regiones más allá*. Tuvo después una vista muy clara y sumamente ampliada desde la cumbre del Pisgá (Dt. 34:1-3). ¡Ah, cuán grandes son las «regiones más allá» de las posibilidades cristianas en la vida presente! Ciertamente, la tierra es grande, pero Dios era el Dador. Todo es vuestro, y vosotros de Cristo (1 Co. 3:22, 23).

II. Su triste falta. «Después que la hayas visto, tú también serás reunido a tu pueblo, como fue reunido tu hermano Aarón. Pues fuisteis rebeldes a mi mandato» (vv. 13, 14). Su falta fue a causa de

1. INCREDULIDAD. Se rebeló contra su palabra golpeando la peña, en lugar de *hablarle* (Nm. 20:8-12). ¿Cuán a menudo no he-

mos hecho lo mismo? El Señor ha dicho *cree* solamente, pero hemos imaginado que se precisaba de algo más, de alguna sabiduría terrenal o de energía carnal para dar énfasis a su palabra. Nuestro golpe, en lugar de hablar, solo sirve para revelar nuestra incredulidad. Hay muchas bendiciones en las que no podemos entrar por nuestra incredulidad.

2. LA SOBERBIA USURPADORA DEL PUESTO DE DIOS. Dios lo acusa de faltar «no santificándome en las aguas a los ojos de ellos» (v. 14). Moisés dijo: «¿*Os* hemos de hacer salir aguas de esta peña?» Por un momento se puso en lugar del Señor, y lo robó de su honor delante de los ojos del pueblo. Toda la soberbia y autoexaltación es un intento de destronar al Señor. El interés propio siempre excluirá al Señor de los goces de la más plena vida cristiana. Pondera cuidadosamente las palabras de nuestro señor cuando Él dijo: «Te alabo, Padre, Señor del cielo y de la tierra, porque ocultaste estas cosas a los sabios y a los entendidos, y las revelaste a los niños» (Mt. 11:25).

III. Su acción magnánima. «Respondió Moisés a Jehová, diciendo: Ponga Jehová, Dios de los espíritus de toda carne, un varón sobre la congregación, que salga delante de ellos y que entre delante de ellos, que los saque y *los introduzca*» (vv. 15-17). Si no puede entrar en la tierra por sí mismo, tiene la mayor ansiedad en que los otros lo hagan. Está intensamente interesado en que su sucesor logre mejor éxito en ello que él. Esta oración suya revela

1. UNA TOTAL SUMISIÓN A LA VOLUNTAD DE DIOS. Ninguna queja escapa de sus labios. Si el honor de conducir al pueblo a la posesión que les ha sido prometida no va a corresponderle a él, entonces, «Buena es la voluntad del Señor». No cayó en aquel otro pecado tan común de volverse *hosco*, plaga que a veces estalla entre los obreros cristianos, afectando tanto a los predicadores como al pueblo.

2. UN PROFUNDO INTERÉS EN EL PUEBLO DE DIOS. Se sentía feliz sabiendo que otros iban a heredar más que él, si el Señor iba a ser con ello glorificado. En la buena tierra de la promesa, las inescrutables riquezas de Cristo, que nos han sido dadas libremente en Él, hay suficiente para que cada hijo de Dios tenga una *porción* satisfactoria. Oh, que todos los líderes cristianos estuvieran igualmente ansiosos que Moisés por ver al pueblo de Dios entrar en su herencia en el Señor. Pero, lo mismo que Moisés, tenemos al menos que ver la tierra por nosotros mismos antes de poder verdaderamente interesarnos en enriquecer a los hijos de Dios con la plenitud que está en Cristo para ellos. Pero bienaventurados son los que no han visto, y han creído.

172. CARACTERÍSTICAS DE UN LÍDER ENVIADOPOR DIOS

Números 27:18-23

«Obrero tras obrero muere,
Esta tu Iglesia, Señor, bien que lo intenta,
mientras en llanto siente el golpe,
Tristemente lamentando "las manos que faltan",
Voluntades firmes, valientes corazones
Siempre dispuestos para asumir su parte.
Oh, Dios, Renueva la confianza nuestra.
Mueren los obreros, más Tú para siempre vives;
En la profunda desolación
Tú tu obra sigues impulsando.»

Moisés acaba de recibir una indicación de su apartamiento por medio de la muerte, y el Señor señala a Josué como aquel que iba a tomar su lugar y a llenar su vacante. Dios sepulta a sus obreros, pero prosigue con la obra de ellos. Se mencionan algunas cosas aquí en relación con el llamamiento de Josué que podrían servirnos de ayuda para escudriñar nuestros corazones como predicadores o maestros de la Palabra de Dios, y ver si como siervos del Señor pertenecemos a este orden divino. Él fue:

I. Llamado por el Señor. El Señor dijo: «Toma a Josué hijo de Nun, ... y pondrás tu mano sobre él» (v. 18). Esta posición no fue de su elección hasta que la mente de Dios se manifestó de una manera bien clara. Es misión suya *mandar* a los obreros al campo. Orad al Señor de la cosecha.

II. Lleno del Espíritu. Indudablemente había sido uno de los setenta que compartió del Espíritu de poder que reposó sobre Moisés (Nm. 11:17). Pero por la imposición de manos de Moisés fue *llenado* con el espíritu de sabiduría (Dt. 34:9). Todos los cristianos tienen una medida del Espíritu, pero no todos están llenos con el Espíritu. En los tiempos de la dispensación antigua no todos recibieron la oferta de esta plenitud, pero *ahora* Dios desea que ninguno carezca de ella. «Sed llenos del Espíritu» (Ef. 5:18).

III. Honrado por el representante de Dios. «Y pondrás de tu dignidad sobre él» (v. 20). El honor que Dios puso sobre Moisés fue compartido por él. Este honor lo tienen todos los santos. ¿Acaso uno más grande que Moisés no dijo: «Yo les he dado la gloria que me diste»? (Jn. 17:22). El espíritu de Elías reposa sobre Eliseo. *Dotados* del poder del Espíritu Santo: ésta es la prenda de que estamos en la verdadera sucesión apostólica.

IV. Aceptado por el pueblo del Señor. «Para que toda la congregación de los hijos de Israel le obedezca» (v. 20). Ellos respondieron a Josué, diciendo: «De la manera que obedecimos a Moisés en todas las cosas, así te obedeceremos a ti» (Jos. 1:16, 17). El poder de Dios por el Espíritu significa la posesión de autoridad, y una autoridad tal que los hijos de Dios la reconozcan como proveniente de arriba. Cuando un hombre habla en el poder del Espíritu Santo, otros estarán conscientes de que están oyendo la voz divina. Así como estarían dispuestos a escuchar a Jesús, así escucharán a los tales.

V. Conducido por la luz divina. «Él se pondrá delante del sacerdote Eleazar, y le consultará por el juicio del Urim delante de Jehová» (v. 21). El *Urim* significa «luces», y denota la sabiduría que procede de lo alto (1 S. 28:6). Él fue, enfáticamente, «enseñado por Dios». Ésta es otra marca de un maestro enviado por Dios. No depende de la sabiduría de los hombres. Se le encuentra frecuentemente consultando el Urim de las Sagradas Escrituras. La fuerza de sus síes y de sus noes proviene de esto. Sus dificultades y todos sus problemas son resueltos a la luz de este Urim.

VI. Eficaz en su obra. «Por el dicho de él saldrán, y por el dicho de él entrarán, él y todos los hijos de Israel *con él*» (v. 21). Fue llamado y recibió poder para introducir al pueblo en la tierra prometida, y sin fallar lo hizo. La promesa del Señor se cumplió: «Como estuve con Moisés, así estaré contigo» (Jos. 3:7). Su presencia siempre asegura el éxito. Si Dios ha de obrar en nosotros y por medio de nosotros aquello que es grato a sus ojos, entonces debemos darnos perfectamente a Él en espíritu, alma y cuerpo. El secreto del éxito verdadero y duradero reside en que *su voluntad se cumpla en nosotros*. No hay logro más grande que éste, y puede ser tuyo, y siempre tuyo.

173. UN LLAMAMIENTO AL ESFUERZO UNIDO

Números 32:1-33

«Oh Señor, todos aquellos que tu gracia bendijo,
Llevándoles a confesar tu Nombre,
¿No despertarás Tú a que vean
Que cada uno te debe servicio?
Inflama cada corazón de tal manera
Que consuma toda cobarde timidez.
Corto es el tiempo, y la vida breve,
Almas en derredor están muriendo;
Agita, Señor, cada corazón y voluntad,
Y llénalos Tú de tu propia compasión».

Los hijos de Rubén y los hijos de Gad buscaron sus posesiones a este lado del Jordán. Pero Moisés les dijo: ¿Irán *vuestros hermanos* a la guerra, y vosotros os quedaréis aquí? (v. 6). En este capítulo podemos aprender que:

I. Todo el pueblo del Señor tiene una causa común. Aunque eran doce tribus, sin embargo eran todos hermanos (v. 6). El debilitamiento o el fortalecimiento de una era el debilita-miento o fortalecimiento de la totalidad. Así es en la causa de nuestro Señor y Salvador. «Os he llamado amigos.» «Y vosotros sois hermanos.» ¿No debería estar cada uno de nosotros interesado en todo lo que toca al reino de Dios?

II. La anteposición de los intereses egoístas constituye un gran peligro para la obra del Señor. «Los hijos de Rubén y los hijos de Gad... dijeron: ... dése esta tierra a tus siervos en heredad, y no nos hagas pasar el Jordán» (vv. 1-5). Vieron que la tierra de Jazer y de Galaad era lo que ellos querían, por lo que desearon establecerse allí y entonces, y dejar que los otros se cuidaran de sí mismos. Es lastimoso ver a los cristianos asentarse con el conocimiento de la salvación, o en el goce de la doctrina de la vida cristiana más elevada, y saliéndose de las filas de los *obreros* activos.

III. El interés egoísta desalienta a otros. «¿Por qué desanimáis a los hijos de Israel, para que no pasen a la tierra que les ha dado Jehová» (v. 7). Hay formas diferentes en las que podemos desalentar a nuestros hermanos en el seguimiento de una experiencia más profunda y amplia de la plenitud de Dios en Cristo. Podemos hacerlo calumniando esta tierra buena por nuestra propia incredulidad y vidas empobrecidas como cristianos, o exagerando las dificultades en el camino de llegar a su posesión (Dt. 1:22-28), o por medio de nuestra propia y complacida indiferencia a su crecimiento espiritual en la gracia.

IV. La búsqueda del bien de los otros es ayudar en la causa de Dios. «¿Irán vuestros hermanos a la guerra, y vosotros os quedaréis aquí?» Es un gran privilegio poder ayudar a nuestros hermanos a entrar en la herencia que les corresponde en Cristo. En este día presente hay un anhelo intenso en los corazones de multitudes del pueblo del Señor por un *agrandamiento* de los términos de su experiencia espiritual. Se puede plantear la cuestión de si jamás hubo un tiempo en que hubiera una mayor necesidad de una enseñanza pura de la Biblia. Puede haber mucha predicación de sermones sin el poder compelidor de la mente revelada de Dios que se da en la Escritura de verdad. Con el paso del tiempo, puede ser que haya más demanda de maestros de la Palabra que de evangelistas.

V. No hacer nada es un pecado contra el Señor. «Mas si así no lo hacéis, he aquí habréis pecado ante Jehová; y sabed que vuestro pecado os alcanzará» (v. 23). El pecado de la pereza, o de dejar de hacer nuestra parte en la gran campaña de la obra de la Iglesia, es un pecado contra el Señor, que de cierto nos alcanzará. Se revela en cobardía, indiferencia, mundanalidad, y finalmente en pecado abierto. ¿Por qué estáis ahí ociosos todo el día? ¿Que no os ha contratado nadie? ¿Acaso no os ha contratado el Señor al *compraros* con su Sangre?

VI. La devoción a los intereses del reino de Dios asegura la bendición presente. «Si... todos vosotros pasáis armados el Jordán delante de Jehová, hasta que haya echado a sus enemigos delante de Sí, ... esta tierra será vuestra en heredad delante de Jehová» (vv. 20-22). Los hijos de Rubén y de Gad iban a tener su posesión a *este lado del Jordán* bajo la condición de que lo atravesaran para ayudar a sus hermanos en su porción de la herencia. La razón de que muchos cristianos no hayan llegado en esta vida presente a una porción que les dé satisfacción a sus almas es que han dejado de ayudar a otros, . No hay entre los discípulos de Jesús ninguna clase tan feliz como los obreros. Aquellos *obreros*, naturalmente, que no buscan lo suyo, sino el bien de los otros según el mandamiento del Señor: «Sobrellevad los unos las cargas de los otros, y cumplid así la ley de Cristo» (Gá. 6:2).

«El placer no compartido solo es a medias placer,
¡Así, oh hermano, el tuyo comparte!
El placer si compartido es un tesoro preparado,
Un algo excelente de la mina extraído».

174. CÓMO HEREDAR LA TIERRA PROMETIDA DE DIOS

Números 33:50-56

«Largo el camino es por donde me apresuro,
Fatigado mi espíritu se queda;
Que tu mano en gracia me tenga asido,
Y mi temblorosa mano la tuya tome;
Fatigados mi corazón y yo estamos,
Mas Tú, oh Jesús, cercano estás.»

Así como los hijos de Israel se sentían a menudo «desalentados a causa del camino», también hay muchos que están fatigados y cansados en su peregrinación en busca de la mejor tierra prometida que nos ha sido ofrecida en Jesucristo el Hijo de Dios. Es una tierra de reposo y refrigerio en la que solo se puede entrar por la fe. Pensemos otra vez con respecto a:

I. El carácter de la tierra. La tierra de Canaán no es tanto un tipo del cielo como de nuestra actual herencia en Cristo Jesús. Era:

1. UNA TIERRA DE ABUNDANCIA. «Porque Jehová tu Dios te introduce en la buena tierra, tierra de arroyos, de aguas, de fuentes y de manantiales, que brotan en vegas y montes; tierra de trigo y cebada, de vides. higueras y granados; tierra de olivos, de aceite y de miel; tierra en la cual no comerás el pan con escasez, *ni te faltará nada en ella»* (Dt. 8:7-9). ¡Qué maravillosa descripción figurativa de Cristo! ¡Oh, la profundidad de sus riquezas! (Fil. 4:19).
2. UNA TIERRA DADA POR DIOS. «La buena tierra que [Jehová tu Dios] te habrá dado» (Dt. 9:10). «Porque de tal manera amó Dios al mundo, que ha dado a su Hijo unigénito.» Él nos ha dado a su Hijo, y en Él todas las riquezas de su gracia. Las inescrutables riquezas de Cristo. ¡Qué don! «Todo es vuestro, y vosotros de Cristo, y Cristo de Dios» (1 Co. 3:23).
3. UNA TIERRA OFRECIDA A TODO SU PUEBLO. La tierra *prometida* era para cada israelita. Había en ella una amplia heredad para cada uno de ellos. Hay suficiente en Cristo para cada cristiano, sí, para cada criatura bajo el cielo. Todo el que quiera puede tomar libremente del agua de vida.

II. La forma de poseer la tierra. Tenía que haber:

1. FE EN LA PROMESA. Recibe el nombre de tierra prometida. La promesa de Dios tenía que ser aceptada. Se debía confiar en su palabra. Ésta es la promesa que nos ha dado, la vida eterna, y esta vida está en su Hijo. Esta es la obra de Dios, que *creáis*. No pudieron entrar a causa de su incredulidad.
2. LA ENTRADA EN ELLA. La tierra no podía ser heredada hasta que estuvieran *en ella*. Tenían que reivindicarla con sus pies (Jos. 1:3). Tenemos que estar *en Cristo* antes que podamos venir a ser *herederos* de Dios. Somos aceptados en Cristo, y aquí Cristo nos es hecho de Dios a nosotros sabiduría, justicia, santificación y redención. Estáis completos en Él, perfectamente llenos, abundantemente satisfechos. «Jehová es mi porción», dice mi alma. Él es la porción de mi herencia. Mi copa está rebosando (Sal. 16:15; 23:6).
3. LA EXPULSIÓN DEL ENEMIGO. «Echaréis a los moradores de la tierra» (vv. 52, 53). Los enemigos que quisieran cerrar el paso a nuestras almas de la plena posesión de nuestra herencia en Cristo son muy numerosos y sutiles, y con frecuencia pretenden ser amistosos. No se debía dar ningún cuartel. Todo nativo tenía que ser *expulsado*. Todo *pensamiento* debe ser traído a cautividad a Cristo, y sometido todo deseo de la carne.

III. La advertencia contra el fracaso.

1. CABE LA POSIBILIDAD DEL FRACASO. «*Y si no echáis* a los moradores» (v. 55). Es de temer que multitudes del pueblo del Señor fracasan ahí. Entran en la tierra, esto es, aceptan al Señor Jesucristo como su Salvador, pero fallan en expulsar al *viejo hombre* con sus concupiscencias.
2. LAS COMPONENDAS SON PELIGROSAS. «Los que dejéis de ellos serán por aguijones en vuestros ojos y por espinas en vuestros costados» (v. 55). El enemigo no debe tener lugar en el campamento de los santos. No demos oído a los razonamientos de la mente carnal, y que el ojo no los perdone. Estas cosas *cuestionables* que a veces actúan como espinas en la conciencia, y traen incomodidad, o como aguijones en los ojos, que no nos dejan ver las cosas bajo su verdadera luz, *echémoslas*. Fuera con los Agags. Las componendas con el mal adentro o con el mundo afuera, estorba al alma de gozar de sus posesiones en Cristo.
3. LA DESOBEDIENCIA ES FATAL. «Y si no echáis a los moradores del país... haré a vosotros como Yo pensé hacerles a ellos» (v. 56). Esto es, si no expulsáis todo mal de vuestra vida, y si no sois obedientes a la palabra y voluntad del Señor después de haber acudido a Él para obtener la justificación y la vida, el gozo de la salvación y las bendiciones que están en Cristo perderán para vosotros su valor y atractivo. Seréis expulsados del goce de las cosas espirituales en los lugares celestiales. No podéis servir a Dios y a mamón. Si estáis dispuestos y sois obedientes, comeréis el bien de la tierra, pero si rehusáis y os rebeláis, seréis devorados.

175. LAS CIUDADES DE REFUGIO

Números 35

«El niño que a su madre se aferra
No del todo seguro está sobre su pecho
Hasta que ella con sus brazos lo rodea,
dulcemente acariciando y acariciada.
Así también mi Dios, tus fuertes brazos
No nada mío, de todo daño me resguardan.»

Es indudable que el apóstol tenía estas ciudades de refugio en su mente cuando escribió estas palabras en Hebreos 6: «Que... tengamos un fuerte consuelo los que nos hemos *refugiado* para asirnos de la esperanza puesta delante de nosotros». Así, las ciudades de refugio son un tipo de la esperanza *puesta delante de nosotros* en Jesucristo. «Será *aquel varón* como un *escondedero.»*
Estas ciudades fueron:

I. Señaladas por Dios. «Habló Jehová a Moisés, ... diciendo», etc. A Éste, Dios ha exaltado... por Jefe y Salvador» (Hch. 5:31). «Éste es mi Hijo amado, en quien tengo complacencia». Un profeta escogido de entre el pueblo.

II. Encargadas a los levitas (v. 6). Los levitas estaban encargados de las cosas santas en relación con el culto divino, y pueden ser figura de los embajadores de Cristo, en manos de los que ha sido encomendado el Evangelio de la salvación, como se enseña en 1 Corintios 5:20.

III. Apartadas para los homicidas. «Las cuales daréis para que el *homicida* se refugie allí» (v. 6). Oh, Israel, tú te destruiste a *ti mismo*: homicida. El que comete pecado es homicida. Todos hemos pecado, y todos tenemos necesidad de un lugar de refugio. ¿Cuántos están matándose a *sí mismos* inopinadamente?

IV. En las que se debía entrar apresuradamente. «Para que el homicida huya a ellas» (v. 11). Hay un gran peligro en la pérdida de tiempo. La muerte puede llegar a alcanzar al pecador antes de llegar al refugio que es en Cristo. Escapa por tu vida. He aquí *ahora* es el tiempo aceptable. A ti huyo yo, Señor, para encontrar en Ti mi refugio.

V. Protección en contra de un vengador legítimo. «Ciudades para refugiarse del vengador» (v. 12). El vengador del muerto tenía la autoridad de Dios para matar al homicida *fuera de las ciudades de refugio*. El vengador representa de manera adecuada a la ley, que no puede salvar, pero que tiene poder para matar. Por las obras de la ley nadie se justificará.

VI. En lugares convenientes. «Tres ciudades daréis a este lado del Jordán, y tres ciudades daréis en la tierra de Canaán» (v. 14). Al alcance de todos, estaban situadas en lugares conspicuos, de manera que pudieran verse bien a distancia. El Evangelio de Cristo debe ser predicado a toda criatura. «La sabiduría clama en las calles, alza su voz en las plazas» (Pr. 1:20-26). «He aquí el Cordero de Dios» (Jn. 1:29).

VII. Abierto para todos. «Para que huya allí *cualquiera* que hiera a otro a muerte» (v. 15). El extraño así como los hijos de Israel tenían el privilegio del refugio. La salvación en Cristo se ofrece a todos. Hay suficiente lugar en esta muerte expiatoria para todas las almas culpables que se confían a Él. Si *alguno* tiene sed, que venga a *Mí*. El que por Mí entre será salvo.

VIII. Para todos los que se sentían contritos por sus actos. Estas ciudades no ofrecían refugio para el asesino *voluntarioso*. «El homicida morirá» (v. 16). Estas ciudades estaban señaladas para el que había cometido homicidio *inopinadamente*, y el que hubiera dado muerte a su prójimo inopinadamente desde luego se sentiría muy dolido. La muerte de Cristo, aparte del *arrepentimiento* y la fe, no puede refugiar al alma culpable. Arrepiéntete, y cree el Evangelio.

IX. Lugares de justicia y juicio. «La congregación juzgará entre el que causó la muerte y el vengador de la sangre conforme a estas leyes» (v. 24). Aquí tenemos un pensamiento muy solemne. Para llegar a ser nuestro refugio, Cristo tiene que tomar nuestro lugar. Los justos juicios de Dios cayeron sobre Él, y la cuestión del pecado quedó eternamente resuelta. De modo que ahora es un Dios justo y Salvador. «Te desposaré conmigo en *rectitud*» (Os. 2:19).

X. Lugares de permanencia para el homicida. «Morará en ella hasta que muera el sumo sacerdote.» Éste es un pensamiento maravilloso. La vida del homicida que hubiera huido a la ciudad de refugio estaba desde entonces *conectada* con la vida del sumo sacerdote, *el cual fue ungido con aceite santo* (v. 25). En tanto que viviera el sumo sacerdote, él vivía asimismo en el lugar de refugio. En tanto que viva Cristo nuestro Gran Sumo Sacerdote, viviremos junto a Él. Por cuanto Yo vivo, vosotros también viviréis. Permaneced en Mí. El lenguaje de David es hermoso, en relación con esto: «Quédate conmigo, no temas; quien busque mi vida, buscará también la tuya; pues conmigo estarás a salvo» (1 S. 22:23).

176. HACIA DELANTE

Deuteronomio 2:1-7

«Bastante habéis rodeado este monte»

«Confiaré, no he de temer,
Sea en la luz, o en la sombra;
Al enemigo, fuerte y que se deje ver,
O sutilmente agazapado;
¡Sí! Por tu gracia osado seré,
Si con tu gracia me has de envolver.»

Como peregrinos y extranjeros en la tierra tenemos dos peligros a los que estamos siempre expuestos, el de quedarnos cómodamente aposentados en nuestra actual condición de comodidad, o el de introducirnos inquietos en nuevas esferas y circunstancias. Encomienda tu camino al Señor, y Él enderezará tus pasos. Considera:

I. La detención. «Bastante habéis rodeado este monte.» El monte que habían estado rodeando no era para ellos, «ni aun lo que cubre la planta de un pie» (v. 5). Había otras posesiones que les estaban esperando.

II. La orden. «Volveos al norte.» La buena tierra prometida se extendía al norte de ellos. Debían dirigir sus rostros hacia todo lo que les había sido dado libremente por Dios. Peregrino cristiano, recuerda al hombre con el rastrillo del estercolero en la alegoría de Bunyan. Cuídate de que no se paralice tu cerviz mirando solo a las cosas de la tierra y de los sentidos. «Volveos al norte». Mira arriba y espera el cumplimiento de sus promesas, preciosas y sobremanera grandes, en tu experiencia diaria. En lugar de la basura de la tierra, espera la corona de gloria.

III. La advertencia. «Pasando vosotros por el territorio de vuestros hermanos los hijos de Esaú, no os metáis con ellos» (vv. 4, 5). Cuando Dios bendice a su pueblo, lo hace con *justicia*, incluso en presencia de los impíos. Tenemos un Dios *justo* y Salvador. Y será así de manera manifiesta delante de todo el universo reunido. No fue el Señor, sino uno de los míseros consoladores de Job, el que declaró que «Ni aún los *cielos* son limpios delante de sus ojos».

IV. El recordatorio. Así como nosotros somos los recordadores de Dios, igual lo es Él el nuestro.
En el versículo siete se les recuerda

1. SU FAVOR. «Jehová tu Dios te ha bendecido en toda obra de tus manos.» Su favor siempre significa bendición. La *gracia* de Dios se ha manifestado para ofrecer salvación a todos los hombres. Su favor es mejor que lo mejor de una vida meramente terrena.
2. SU SABIDURÍA. «Él sabe que andas por este gran desierto.» Él se acuerda de nosotros. Y sabe el camino que llevamos. Nuestro Señor Jesucristo fue tentado en todo como nosotros, con exclusión del pecado, y ha sido tocado con el sentimiento de nuestras debilidades. Sí, Él sabe tu caminar, sea que te encuentres entre las grandes sombras de la prueba y del sufrimiento, o a lo largo del soleado camino de la prosperidad sin dolor. Para que puedas decir sin temor:

«A donde Él me guíe yo iré,
Mi esperanza en Él reposa,
Y cada momento en paz perfecta,
Cantaré, Él lo sabe, lo sabe bien».

3. SU PRESENCIA. «Jehová tu Dios ha estado contigo.» ¿No tenemos evidencias del pasado de que Jehová nuestro Dios ha estado con nosotros? ¿Fallarán sus fidelidades hacia nosotros en el futuro? Aliéntate, alma mía, si tu corazón busca la honra y gloria de su Nombre. Él no puede negarse a Sí mismo. Él estaría negándose a Sí mismo y robando a su Palabra de su poder y gloria si su presencia le fallara al espíritu humilde, fiado y creyente. Él ha estado contigo, y aún te bendecirá.
4. SUFICIENCIA. «Nada te ha faltado.» «Cuando os envié… ¿acaso os faltó algo? Ellos dijeron: Nada» (Lc. 22:35). El Dios de toda gracia dio satisfacción a sus necesidades desde el cielo y de la peña. Puede que haya cosas que *queramos*, pero no careceremos de ninguna cosa buena cuando Él esté con nosotros. Mi Dios proveerá a todas vuestras necesidades. Muchas veces murmuraron ellos en el desierto, pero el Señor su Dios declara que *nada les había faltado*. Somos verdaderamente ricos cuando tenemos lo que Él quiere que tengamos, *sea lo que sea*. «Contentos con lo que tenéis ahora; porque Él dijo: De ningún modo te desampararé, ni te dejaré» (He. 13:5).

177. UN SOLEMNE ENCARGO

Deuteronomio 4:1-9

«Tus palabras dan a los hombres estatuto jamás por ellos promulgado
No es la pena mas la conciencia lo que vigor les da;
Pronto o más tarde los hombres se encuentran atrapados,
Y quebrantados el don de tu Espíritu empiezan a buscar.
¡Cómo Tus palabras han herido cual aceradas espadas,
Cómo en el gran corazón del mundo han penetrado,
Cómo la libertad de ellas su guerra de palabras ha desatado,
Y Tus imágenes verbales han llegado el arte a glorificar!»

«Oh Israel... que guardéis los mandamientos de Jehová vuestro Dios que yo os ordeno» (vv. 1, 2). Esta es una evidencia muy clara de inspiración. Los estatutos y juicios enseñados por Moisés eran las *palabras* autoritativas *de Dios*. Como lo observa Newberry, los «yo» de Moisés aquí son enfáticos en hebreo. Él habla en lugar de Dios. Esto lo declara Pablo escribiendo a los Hebreos (1:1). Este solemne encargo de guardar las *palabras de Dios* viene fuerte y urgente sobre nosotros hoy. Para ello se dan varias razones.

I. Porque son poderosas. Ellas

1. SON FUENTE DE VIDA. «Para que las ejecutéis, y viváis» (v. 1). El hombre no vivirá sólo de pan, sino de toda palabra que sale de la boca de Dios. Las palabras que yo os he hablado son espíritu y son *vida, engendrada* por la incorruptible Palabra de Dios.
2. ASEGURAN UNA HERENCIA. «Y entréis y poseáis.» Es aferrándose a su promesa que el alma entra en la posesión de la herencia proveída y ofrecida. «Fueron halladas tus palabras, y yo las comí; y tus palabras fueron para Mí un gozo y la alegría de mi corazón.» Cualquier hambriento tiene que comer para sentirse satisfecho.

II. Porque son perfectas (v. 2). A ellas nada se debe

1. AÑADIR. «No añadiréis a la Palabra.» La Ley (Palabra) del Señor es perfecta. Está acabada. No podemos añadir más a la revelación de Dios que lo que podemos añadir a la obra *consumada* de Cristo o a la obra de la Creación, aunque el hombre, en su orgullo, haga muchos intentos para ello. Actuamos presuntuosamente *añadiendo* a la gracia de Dios cuando tratamos de establecer nuestra propia justicia. «No añadas nada a sus palabras, para que no te reprenda, y seas hallado mentiroso» (Pr. 30:6). «Toda palabra de Dios es limpia» (v. 5).
2. DISMINUIR. «Ni disminuiréis de ella.» «Y si alguno quita de las palabras del libro de esta profecía, Dios quitará su parte del libro de la vida» (Ap. 22:19). La Escritura de verdad *no puede ser quebrantada*, por lo que nunca se precisa de ninguna reparación. Añadir o disminuir solo lleva a dañar al perfecto *Hombre* de nuestro consejo.

III. Porque son de gran precio (vv. 4-9). De gran precio porque son

1. FIELES. «Vosotros que *seguisteis* a Jehová vuestro Dios, todos *estáis vivos* hoy.» Josué y Caleb confiaron en la Palabra del Señor, y eran testigos *vivientes* de su fidelidad inconmovible (Nm. 26:65). El Cristo viviente es la Palabra eterna. Él no te fallará; no seas infiel.
2. ILUMINADORAS. «Guardadlos, pues [los estatutos y decretos], porque ésta es vuestra sabiduría y vuestra inteligencia ante los ojos de los pueblos.» «El testimonio de Jehová es fiel, que hace sabio al sencillo» (Sal. 19:7). Aparte de la palabra del Señor, Israel se hundiría al nivel de las naciones paganas a su alrededor. Si su Palabra no mora en nosotros, también nosotros recaeremos en un estado de insipidez, buenos para nada, o como un pámpano sin fruto.
3. CONSOLADORAS. «¿Qué nación grande hay que tenga dioses tan cercanos a ellos?», etc. (v. 7). Israel, como pueblo redimido, se distinguía por la *cercanía* a que estaban de Dios. Esta cercanía era solo disfrutada cuando caminaban en obediencia a su Palabra (2 S. 7:23). «*Cercano* está Jehová a todos los que le invocan» (Sal. 145:18). Todos los que han creído son hechos cercanos por medio de la sangre de Cristo. Su cercanía es la marca distintiva de todos los que viven en el poder del Espíritu de verdad. Cuanto más seamos *como* Cristo, tanto más cercano estará Él.
4. ENNOBLECEDORAS. «¿Qué nación grande hay que tenga estatutos y juicios justos como es toda esta ley?». (v. 8). ¿Qué alma hay tan grande que tenga las palabras del Dios viviente morando en ella ricamente? Sus palabras son más deseables que el oro. Además, en guardarlos hay gran *galardón* (Sal. 119:3). La Palabra incorruptible en el corazón hermoseará todo el carácter como cuando al brotar la semilla en la tierra hermosea todo el campo con un atractivo que no es suyo, pero que no está separado de él.
5. PERMANENTES. «Las enseñarás a tus hijos, y a los hijos de tus hijos» (v. 9). Las palabras de Dios son permanentes para nosotros, y serán igual de eficaces para nuestros hijos creyentes, y para los hijos de nuestros hijos. Timoteo conocía las Escrituras desde su *niñez*, y no tenemos que asombrarnos por ello, siendo que el amor a la Palabra de Dios moraba en su madre Eunice y en su abuela Loida (2 Ti. 1:5). La Palabra del Señor permanece para siempre. Tiene una pureza, idoneidad y fidelidad permanentes. «El que oye mi palabra, y cree al que me envió, tiene vida eterna» (Jn. 5:24). ¿Crees esto?

«Un encargo tengo que guardar,
Un Dios debo glorificar,
Una Palabra infalible en que confiar,
Que al cielo me ha de llevar.»

178. LA RECAÍDA: SU CAUSA Y SU TRATAMIENTO

Deuteronomio 4:23-31

«Oh Señor, no codicio la fama
De un gran renombre,
Sino el que se encuentra bajo
Una corona por sangre adquirida.
Más quisiera sostener un vaso, aun si pequeño,
A sedientos labios,
Bien sólo quisiera brillar para dar luz,
Al eclipse de algún alma.»

Sea lo que sea que ocupe el principal lugar en nuestros corazones y vidas, toma el puesto de Dios, y se convierte en nuestro dios. Estamos en constante peligro, igual que lo estaba Israel, de permitir que cosas *visibles* usurpen el puesto del Eterno, a quien no vemos. Cuando el Señor habló en Horeb de en medio del fuego, no se vio *ninguna figura* (v. 15). Una de las razones que se dan es: «Porque Jehová tu Dios es fuego consumidor, Dios celoso» (v. 24). Celoso de nuestra *fe*, y de la adoración de nuestros corazones. La recaída se manifiesta siempre *prefiriendo* alguna cosa terrena al Señor.

I. La causa. Hombre prevenido vale por dos. Aquí se les previene en contra de caer de una vida grata a Dios. En determinados momentos, las circunstancias pueden cambiar, pero en principio las causas continúan siendo las mismas.

1. OLVIDO. «Guardaos, no os *olvidéis* del pacto de Jehová vuestro Dios» (v. 23). Olvidando la Palabra de Dios y abandonando el lugar secreto de la oración. Es tan fácil olvidar nuestra propia necesidad espiritual en medio de los apremios de la vida diaria. Guárdate a ti mismo. Olvidarte de sus promesas significa apoyarte en un paralizado brazo de carne.
2. EL FALSO CULTO. «Guardaos, no os hagáis escultura o imagen de ninguna cosa que Jehová tu Dios ha prohibido» (v. 23). Es cosa cierta que aparecerán *imágenes* prohibidas en las mentes y en los pensamientos de los que olvidan a Dios, y el horror de ello reside en que son de factura propia; la obra deliberada de un alma que duda de Cristo.
3. LA PROPIA CORRUPCIÓN. «Si os *corrompéis*» (v. 25). Cuando nos apartamos de la luz nos vamos a las tinieblas. Cuando dejamos de vivir por la fe en el Hijo de Dios comenzamos a corrompernos como un miembro separado del cuerpo.

II. El efecto. La recaída en el corazón pronto se evidenciará en la vida. Habrá:

1. DESPOSESIÓN. «Pronto pereceréis totalmente de la tierra» (v. 26). Sus días en la tierra y su goce de ella no se prolongarían si se apartaban de servir al Señor. Es totalmente imposible para ningún alma gozar de la herencia en Cristo y prolongar su comunión con Él si se aparta en su corazón del Señor. Pronto serán cortados en el terreno de la *experiencia*.
2. DIVISIÓN. «Jehová os *esparcirá*», etc. (v. 27). Iban a ser esparcidos entre las naciones y quedarían pocos en número. La recaída individual va siempre acompañada de división y separación. Cuando no son de nosotros se irán de en medio de nosotros. Cuando el Señor es destronado de su verdadero lugar en medio de su pueblo, tienen lugar cismas en el Cuerpo de Cristo, su Iglesia.
3. DEBILIDAD. «Quedaréis *pocos en número* entre las naciones» (v. 27). Pocos en medio de las naciones significa una terrible debilidad e impotencia. Robados de su poder agresivo y gloria distintiva como el pueblo de Dios, en lugar de ser un ejército conquistador llegan a ser esclavos de su propia concupiscencia y orgullo. ¡Qué imagen de una Iglesia en retroceso, clamando de entre su disminución en números, y en medio de un paganismo abrumador y en continuo crecimiento! Esta triste situación es indudablemente el resultado de la infidelidad a Dios.

III. La curación. Gracias a Dios que aunque podamos apartarnos de Él, sin embargo Él deja la puerta de restauración abierta.

1. CONFESIÓN. «Porque Dios misericordioso es Jehová tu Dios; no te dejará, ni se olvidará del pacto que les juró a tus padres» (v. 31). Esta declaración de su misericordia y fidelidad en el sentido de que no olvidará su pacto es una poderosa llamada para

que los que han olvidado su pacto confiesen sus pecados, y sean perdonados. Si confesamos, Él es fiel y justo para perdonar y limpiar.
2. BÚSQUEDA. «Si desde allí *buscas* a Jehová tu Dios, lo hallarás» (v. 29). Pero observa que es Él mismo quien tiene que ser buscado. Es Él mismo a quien necesitamos. Después de que el Señor resucitó de los muertos, se mostró. ¿Qué otra cosa podía dar satisfacción a las almas angustiadas y suplir toda su necesidad? Buscadle, y buscadle desde allí, desde donde os encontráis, en todo vuestro falso culto, divisiones e impotentes debilidades y esclavitud. Oh Iglesia recaída, te has destruido a ti misma, pero en *Mí* está tu ayuda. Vuelve, tú que vas errante y sin rumbo.
3. OBEDIENCIA. «Si... te vuelves a Jehová tu Dios, y oyes su voz» (v. 30). Ésta es nuestra seguridad, mantenernos firmes en la Palabra de Dios. Dar oído a otras voces solo puede conducir a la vergüenza y a un fracaso irremediable. El gran poder de Jesucristo residía en su obediencia a la voz y voluntad del Padre, y ¿será acaso diferente con sus discípulos? La obediencia es mejor que los sacrificios. Éste es Mi Hijo amado. *A Él oíd.*

179. MANDAMIENTOS PARA CANAÁN

Deuteronomio 6

Los primeros tres versículos de este capítulo nos dan el secreto de una vida feliz, fructífera y satisfecha. «Todo aquel... que me oye estas palabras y *las pone por obra,* le compararé a un hombre *prudente»* (Mt. 7:24). Así, aquí tenemos:

I. Una solemne declaración. «Jehová es nuestro Dios, Jehová uno es» (v. 4). Éste es su Nombre glorioso y terrible (cap. 28:58). «Yo y el Padre uno somos» (Jn. 14:9).

II. Una actitud absorta. «Y amarás a Jehová tu Dios con *todo* tu corazón, y con *toda* tu alma, y con *todas* tus fuerzas» (v. 5). Si el Señor absorbe los afectos, no habrá lugar ni para el yo ni para el mundo. No se hará provisión para la carne (Fil. 1:21).

III. Una responsabilidad en gracia (vv. 6-9). Cuando se ame al Señor, sus palabras serán atesoradas, meditadas, materia de conversación, escritas y vividas (Sal. 1:2; Job 23:12).

IV. Una posesión inmerecida (vv. 10, 11). La herencia de los santos, presente o futura, no es el fruto de nuestras propias obras, sino la consecuencia de la infinita gracia (Ef. 3:16-19).

V. Un recordatorio necesario. «Cuídate de no olvidarte de Jehová, que te sacó de la tierra de Egipto, de casa de servidumbre» (v. 12). El recuerdo de que «eso eramos algunos de nosotros» (cp. 1 Co. 6:11) nos servirá para mantener nuestra simpatía hacia los inconversos.

VI. Una promesa condicional. «Y haz lo recto y bueno ante los ojos de Jehová, para que te vaya bien» (v. 18). «Anda delante de Mí», le dijo el Señor a Abraham (Gn. 17:1). Compórtate como en la presencia de Dios (Mt. 23:8).

VII. La espera de un testimonio (v. 21-25). «Entonces dirás», etc. El testimonio de ellos, como el nuestro, consistía en

1. UNA CONFESIÓN de su condición pasada. «Siervos en Egipto» (v. 21).
2. UN RECONOCIMIENTO de los justos juicios del Señor contra el pecado (v. 22).
3. UNA DECLARACIÓN de su poder para salvar «de allá» (v. 23).
4. UNA SEGURIDAD de su fidelidad a su Palabra «para traernos» (v. 23).
5. UNA ADVERTENCIA en contra de la incredulidad (v. 24).
6. UN ALIENTO a una obediencia implícita (v. 25).

180. LIBERACIÓN Y TESTIMONIO

Deuteronomio 6:21-25

«¿Hasta cuándo oh Señor, no llegará el día
En que unánime el cántico ascienda?
Desmenuzado el trono del mal,
Dispersadas las huestes del averno;
Descendido sobre esta tierra el cielo,
Tu voluntad universalmente cumplida,
¿Hasta cuando, oh Señor, no llegará el día?»

Esta gran tierra que gime sigue necesitando de liberación tanto como lo necesitaba cada israelita del horno de aflicción y de la casa de esclavitud (Ro. 8:22, 23). Cada israelita era instruido a dar testimonio a su hijo cuando éste le preguntara de todo lo que el Señor había hecho por ellos. Por las declaraciones aquí puestas en su boca aprendemos mucho de lo que fue esta gran salvación. Aprendemos por ello

I. La necesidad de la liberación. Mientras estaban en Egipto, eran:

1. EXILIADOS. Estaban en aquel entonces «alejados» de la santa ciudad de la comunión divina. Vosotros que en otro tiempo erais *lejanos* habéis sido hechos cercanos por la sangre de Jesús. El exilio del disfrute de la gracia de Dios implica la esclavitud al mundo y al pecado.
2. ESCLAVOS. «Nosotros éramos siervos de Faraón en Egipto» (v. 21). Agobiados y oprimidos bajo un amo ingrato y hosco, siempre intentando en vano complacer a un enemigo irreconciliable. Así éramos algunos de nosotros, llevados cautivos por el diablo a voluntad de él.

II. La manera de la liberación. Fue:

1. DEL SEÑOR. «Jehová nos sacó de Egipto» (v. 21). No fue ni por los planes de ellos, ni fue según sus propios pensamientos. Era algo *nuevo,* como la redención que es en Cristo Jesús. Todos los salvos han de confesar, como Jonás, que «la salvación es de Jehová».
2. POR MEDIO DE UN HOMBRE. Moisés fue llamado y ordenado para esta gran obra, en un rincón del desierto de Madián, mientras estaba de pie delante de la zarza ardiendo. El Hombre, Cristo Jesús, fue también llamado por Dios, en un rincón de la eternidad, mientras estaba de pie ante la gloria ardiente de la presencia del Santo, cuando puso la ayuda sobre Aquel que era poderoso.
3. CON PODER OMNIPOTENTE. «Nos sacó... con mano poderosa» (v. 21). Cuando el Señor desnuda su santo brazo para herir a sus enemigos y liberar a su pueblo, ¿quién podrá resistir? El brazo de su poder redentor ha sido desnudado en Cristo Jesús, que es poderoso para salvar.
4. MARAVILLOSA. «Jehová hizo señales y milagros» (v. 22). Hubo muchas maravillas asociadas a la emancipación de Israel de Egipto. No hubo solo las *señales en Egipto,* sino también se dio en el «Mar Rojo» la gran maravilla que los separó de la casa de servidumbre. Cada conversión a Dios en apartamiento del pecado es una maravilla. Una liberación sobrenatural.
5. COMPLETA. «Jehová nos *sacó»* (v. 21). No estaban en parte en Egipto y en parte en el desierto. «Ni una pezuña quedó atrás». La salvación de Dios implica la salvación de *la totalidad* del hombre, espíritu, alma y cuerpo. Cuando nuestra cabeza y corazón hayan salido del pozo de la desesperación, también nuestros *pies* saldrán del lodo cenagoso (Sal. 40:2).
6. CON JUICIOS. «Señales y milagros grandes y terribles en Egipto, sobre Faraón y sobre toda su casa» (v. 22). En la salvación de Israel, tanto Egipto como Faraón, su rey, caen bajo los juicios de Dios. En la crucifixión y muerte de Cristo (que significa la salvación de Dios), han sido juzgados tanto el mundo como su príncipe. Todos los que no obedezcan el llamamiento de la gracia soberana de Dios se encontrarán de seguro bajo las terribles plagas de los justos juicios del Omnipotente.
7. DOBLE. «Nos sacó... para traernos», etc. (v. 23). Los sacó de Egipto para traerlos a Canaán. Nos saca del reino de las tinieblas para introducirnos en el reino de su amado Hijo. Fuera de la esclavitud y de la pobreza a la libertad y riqueza de la condición de hijos. Fuera de debilidad y de esfuerzos propios al poder del Espíritu Santo. Para *entrar* tenemos primero que *salir.* Pero podemos estar fuera y no dentro todavía.

III. La responsabilidad de los libertados. Buscar:

1. EL BIEN QUE VIENE POR MEDIO DE UNA SANTA REVERENCIA. «Temiendo a Jehová nuestro Dios, para que nos vaya bien todos los días» (v. 24). Sigue siendo cierto que las riquezas espirituales y la honra pertenecen a los que reverencian al Señor con humildad (Pr. 22:4). Temiendo contristar al Espíritu de Dios aseguraremos el incesante bien de su presencia consoladora, y mantendremos una conciencia sin ofensa.
2. LA JUSTICIA QUE VIENE POR MEDIO DE UNA OBEDIENCIA IMPLÍCITA. «Y tendremos justicia cuando cuidemos de poner por obra todos estos mandamientos delante de Jehová nuestro Dios, como Él nos ha mandado» (v. 24). «Si me amáis, guardad mis mandamientos». Nuestra *rectitud* para con Dios en nuestra vida diaria depende de que caminemos cada día a la luz de su Palabra. De la manera que recibisteis al Señor Jesucristo, andad así en Él.

181. PRIVILEGIOS Y RESPONSABILIDADES

Deuteronomio 7

En este capítulo tenemos, por así decirlo, las granadas de la promesa y las campanillas de la advertencia colgando del manto de nuestro gran Sumo Sacerdote.
Observemos:

I. Los privilegios del pueblo del Señor. Ellos son:

1. ESCOGIDOS. «Jehová tu Dios te ha escogido» (v. 6). Escogidos en Cristo (Ef. 1:4). Según el propósito de Dios (Ro. 8:28; 1 P. 1:2-9).
2. REDIMIDOS. El Señor «os ha rescatado de... Egipto» (v. 8). Redimidos por sangre (1 P. 1:18, 19). De la maldición de la ley (Gá. 3:13). Para Dios (Ap. 5:9).
3. ASEGURADOS. Conoce, pues, que Jehová tu Dios es el Dios verdadero, Dios fiel» (v. 9). Fiel es el que prometió. «Estas cosas os he escrito para que *sepáis*» (Jn. 5:13).
4. FAVORECIDOS. «Bendito serás más que todos los pueblos» (v. 14). Tienen luz en sus moradas (Éx. 10:23). Todas las ruedas de la providencia *obran juntamente* para su bien (Ro. 8:28).
5. PRESERVADOS. «Quitará Jehová de ti toda enfermedad; y todas las malas plagas de Egipto, que tú conoces, no las pondrá sobre ti» (v. 15). Las enfermedades de Egipto eran los frutos de la incredulidad (Éx. 9:14; He. 12:6, 7).
6. HONRADOS. «Jehová tu Dios está en medio de ti» (v. 21). «Habitaré y andaré entre ellos» (2 Co. 6:16). Y Cristo mora *en* nuestros corazones *por la fe* (Ef. 3:17).
7. PODEROSOS. «Nadie te hará frente hasta que los destruyas» (v. 24). Los interlocutores de Esteban, que estaba lleno del Espíritu Santo, «no podían resistir a la sabiduría y *al Espíritu* con que hablaba» (Hch. 6:10; Mi 3:8; Hch. 1:8).

II. Las responsabilidades del pueblo del Señor. No debe existir

1. COMPONENDAS CON EL ENEMIGO. «No harás con ellas alianza», etc. (vv. 2, 3). «No os unáis en yugo desigual con los incrédulos» (2 Co. 6:14). Cuidado con los modernos gabaonitas (Jos. 9:6; véase Éx. 10:24-26).
2. CONNIVENCIAS ALGUNAS CON EL CULTO FALSO. «Sus altares destruiréis», etc. (v. 5). La fe cristiana es iconoclasta. Contended ardientemente por ella. Fue cuando el Arca fue puesta *junto* a Dagón que cayó Dagón (1 S. 5:2, 3; Jn. 12:32).
3. DESVIACIÓN ALGUNA DEL MANDAMIENTO DIVINO. «Guarda... los mandamientos que Yo te mando hoy que cumplas» (vv. 11, 12). Nótese la conexión entre los «mandamientos», «dichos» o «palabras» de Cristo, y el *amor* en Juan 14:21, 24, 31; 15:9-17.
4. TEMOR ALGUNO AL HOMBRE. «No tengas temor de ellas» (v. 18). El temor del hombre es un lazo para nuestra libertad (Gn. 12:2) y contrista al Espíritu. Tened el arrojo de Pedro y de Juan (Hch. 4:19, 20).
5. CODICIA ALGUNA DE LAS RIQUEZAS DEL MUNDO. «No *codiciarás* plata ni oro de ellas» (vv. 25, 26). Pablo no codició la plata de nadie (Hch. 20:33). ¿Cuántos no se han apartado de la fe por esto? (1 Ti. 6:10). Codiciad los mejores dones (1 Co. 12:31).

182. EXPERIENCIAS EN EL DESIERTO

Deuteronomio 8

«Hay los que en tiniebla andan,
Pero también los que en luz transitan;
Tentados y vencidos se conocen,
Pero también vencedores en la lucha.
En la luz o en la sombra, vencidos o triunfantes,
Por tu gracia guárdanos Tú de pecar.»

Si tuviéramos tanto anhelo de ser salvos del pecado como lo somos de ser guardados del dolor, sería éste un sano temor. Este capítulo es muy rico en pensamientos sugerentes. Se indican aquí las grandes bendiciones cardinales que tendrían que caracterizar a cada vida cristiana.
Hay cuatro bendiciones citadas en el primer versículo como resultado de la obediencia. 1) Vida: «Para que viváis». 2) Feracidad: «Seáis multiplicados». 3) Progreso: «Entréis». 4) Posesión: «Poseáis la tierra».
La vida cristiana es:

I. Una vida bajo la conducción de Dios. «El Señor tu Dios te *condujo*» (v. 2). Los condujo en la columna de nube y de fuego. La encendida nube era para ellos lo que es para nosotros la *Palabra* de Dios: *espíritu y poder*. El Espíritu Santo os conducirá a toda verdad (Jn. 16; 13). Todos los que son conducidos por el Espíritu de Dios son hijos de Dios.

II. Una vida de humildad delante de Dios. «Te ha traído Jehová tu Dios... para *afligirte*» (v. 2). Nunca escogeríamos por nosotros mismos el camino de la humillación. Ser *humillados* es precisamente ser puestos en aquella posición en la que el mismo Dios puede encontrar más lugar en nuestras vidas. El proceso de la prueba es siempre penoso, pero provechoso. Tiene como fin exponer lo que hay en nuestros corazones, para que seamos bien aprobados o bien condenados delante de Dios (Gn. 22:12; 2 Cr. 31:32).

III. Una vida sustentada por Dios. «Te sustentó con maná» (v. 3). «Él te sacó agua de la roca del pedernal» (v. 15). El *sostenimiento* de su vida fue tan milagroso como la salvación que habían experimentado. El Pan de Dios es Aquel que desciende del cielo y da vida al mundo (cf. Jn. 6:50, 51). Cristo no solo salva, sino que además satisface (Fil. 4:19). Si alguien come este pan, vivirá para siempre. El Verbo era Dios, y el Verbo fue hecho carne, y habitó entre nosotros.

IV. Una vida de dependencia de Dios «De todo lo que sale de la boca de Jehová *vivirá el hombre*» (v. 3). Lo que sale de la boca de Dios es para ser escuchado con fe. Vivimos por la fe en el Hijo de Dios. «Fueron halladas tus palabras, y yo las comí» (Jer. 15:16). En la Palabra de Dios hay aquello que es exactamente idóneo para cada constitución espiritual. «Todos comieron el mismo alimento espiritual.» Señor, ¿a quién iremos? Tú tienes palabras de vida eterna.

V. Una vida de esperanza en Dios. En los versículos 7-9 se nos da una descripción de la buena tierra que se extendía delante de ellos, de manera que ellos debían olvidar las cosas que tenían atrás, y extenderse a las mejores cosas que tenían por delante. «Corred de tal manera que lo obtengáis» (Fil. 3:12-14), y recibid *el fin* de vuestra fe, la *salvación* de almas (1 P. 1:9) (Alford). Esperamos en Dios por medio de nuestro Señor Jesucristo. Es la esperanza de su venida, que no solo lleva a la salvación de otros, sino también a la purificación de nosotros mismos (1 Jn. 3:3).

VI. Una vida de alabanza a Dios. «Te saciarás, y bendecirás a Jehová tu Dios» (v. 10). El Señor quiere que lo alabemos con un corazón *lleno*». Los *consumidos* lo que harán será clamar acerca de su propia consunción (Is. 24:16). No pueden gloriarse en sus debilidades. Son los que han hallado *satisfacción* los que bendicen al Señor (Sal. 103:1-5). El que come para el Señor con seguridad dará gracias (Ro. 14:6). El alma hambrienta clama: Señor, bendíce*me*. El alma satisfecha dice: Señor, yo te bendigo. Gracias a Dios por su don inefable.

VII. Una vida energizada por Dios. «Él te da el poder para hacer las riquezas» (v. 18). Al *salvar* a su pueblo de la pobreza de Egipto; al *sostenerlos* en un desierto grande y espantoso; al *conducirlos* en la tierra de la promesa y de abundancia; con todo ello Él les daba el poder de lograr riquezas. El *poder*, así, fue lo que les posibilitó aferrarse a, y tomar posesión de, los más plenos dones de su gracia. Este poder lo tenemos en el Espíritu Santo, que mediante su presencia sustentadora y conductora nos capacita para asirnos de y entrar en la posesión de la *plenitud de la bendición* en Cristo Jesús nuestro Señor. En el don del Espíritu, Dios nos ha dado poder para lograr riquezas: la abundancia de las las inescrutables riquezas de Cristo ahora, y la riqueza de su inefable gloria después.
Esta bendición del Señor enriquece. ¿Por qué clamar debido a pobreza y consunción cuando Dios te ha dado poder para hacer las riquezas? «Te aconsejo que de Mí compres, para que seas rico» (Ap. 3:18). Recibid el Espíritu Santo.

183. EL PROPÓSITO DIVINO A PRUEBA

Deuteronomio 8:2-6

«Cuando se desvanece mi sentido de seguridad,
Pon en mi mano tu mano por clavo traspasada;
Cuando falle mi sensación de fortaleza,
En tu fuerte mano por la mía temblorosa.
De Ti me aferré, aferrado a Ti me quedo,
Mientras tu poderoso amor me envuelve.»

Aunque «las pruebas hacen dulces las promesas», sin embargo para el pueblo de Dios el dolor tiene su misterio, lo mismo que el pecado. Abraham sufrió, siendo intensamente probado, no debido a su desobediencia o incredulidad, sino debido a su fe (Gn. 22). Así que el «después» dio un fruto apacible. Si no podemos *ver* la sabiduría de su mano en la aflicción, podemos *confiar* en el amor de su corazón. Mientras los israelitas se encontraban en el desierto, estuvieron verdaderamente pasando por un tiempo de prueba.

I. La naturaleza de la prueba. Fue:

1. LARGA. «Estos cuarenta años» (v. 2). Nuestro Señor ayunó durante cuarenta días, y fue tentado por el diablo. «Estos cuarenta años» nos recuerdan la paciencia de Dios. Él puede permitirse la espera. Las grandes ruedas del propósito divino se mueven lentamente, pero sin cesar.
2. SEVERA. «Te hizo tener hambre» (v. 3). Dios pudo fácilmente haberlo evitado, pero lo *permitió*. Nos es bueno en ocasiones sentir el pellizco de la necesidad (2 Co. 12:8, 9).
3. EL RESULTADO DE LA INCREDULIDAD. «No pudieron entrar a causa de su incredulidad» (He. 3:19). La incredulidad siempre deshereda del goce de la promesa. El nombre de los que profesan ser seguidores de Cristo y que, como estos vagabundos, viven una vida sin propósito, es legión. Dudando de la Palabra de Dios, dejan de ser guerreros para Dios.
4. BAJO SU CAUDILLAJE. «Donde te ha traído Jehová tu Dios» (v. 2). Bendito sea su santo Nombre por esto. Aunque descuidemos el aferrarnos de todo aquello que Él en su misericordia ha proveído para nosotros, sin embargo no olvidará a los que Él ha redimido. Él permanece fiel.

II. Las bendiciones disfrutadas durante la prueba.

1. PAN DEL CIELO. «Te sustentó con maná» (v. 3). Durante la lucha de los «covenanters», en lo que se conoce en Inglaterra como «la matanza», una mujer dijo que «sacaba más bien de un versículo de la Biblia ahora que lo que solía sacar de un capítulo antes».
2. SU VESTIMENTA, PRESERVADA. «Tu vestido nunca se envejeció sobre ti» (v. 4). Es maravilloso lo lejos que un poquito irá cuando la bendición de Dios esté sobre ello (Mt. 16:9). El manto de la justicia de Dios que orna a cada peregrino rescatado con sangre nunca se desgasta por el uso. Las vestimentas sugieren la apariencia *externa* de nuestra vida diaria.
3. SUS PIES, GUARDADOS. «Ni tu pie se ha hinchado en estos cuarenta años» (v. 4). Él también puede guardar los pies de sus santos en su salida y en su entrada (Sal. 121:8). Esto implica una capacidad preservada para *andar* en sus caminos y para testificar de Él. Es cuando nos apartamos del camino del Señor que fallan los pies de la fe y que comenzamos a cojear.
4. SU PRESENCIA CON ELLOS. «Te ha traído Jehová tu Dios» (v. 2). Fue mientras estaba en este horno de aflicción que los tres hebreos constataron la presencia preservadora de su Dios. Si se vieron disciplinados, se les recuerda que la vara estaba en la mano de su Dios redentor (v. 5). «¿Por qué no puedes confiar en Dios?». le dijo una mujer a su alarmado marido una noche en que un terrible vendaval hacía temblar la casa y se llevaba tejas del tejado. «He aquí, Yo estoy con vosotros todos los días» (He. 12:5, 6).

III. Su propósito. Dios tiene un *propósito* (Ro. 8:28), y este propósito es tan grande como el universo, y tan definido como la luz de la verdad. Para Israel fue triple:

1. PARA AFLIGIRTE (v. 2). Los que caminan con humildad delante de su Dios amarán la misericordia y obrarán con rectitud. La altanera cabeza de la soberbia siempre está lista para levantarse para contrición del gentil Espíritu de Dios, que se deleita en morar con el de corazón contrito y humilde. Ser afligido es una gran misericordia, y pone el alma en una mejor posición para el goce de las cosas celestiales escondidas.
2. PARA PROBARTE. «Para saber lo que había en tu corazón» (v. 2). El horno de la prueba tiene la intención de *manifestar* el verdadero carácter interior. ¿No le dijo el Señor a Abraham, después que éste hubiera sido sometido a una severa prueba: «ahora conozco que tú temes a Dios»? (Gn. 22:12, V. M.). Nunca habríamos oído hablar de la «paciencia de Job» excepto por las severas pruebas que padeció. No te desalientes, por tanto, bajo la reprensión del Señor. Él a quien ama disciplina (v. 5).
3. PARA ENSEÑARTE. «Para hacerte saber que no solo de pan vivirá el hombre, sino que de todo lo que sale de la boca de Jehová vivirá el hombre» (v. 3). Lo que el maná era a los israelitas debería serlo para nosotros la Palabra de Dios: «pan del Cielo», «alimento de ángeles», «pan de vida». Danos siempre de este pan. El Verbo fue hecho carne, y habitó entre nosotros. Al cerrar su testimonio con respecto a Sí mismo como el «Pan», nuestro Señor relaciona el *pan* con las *palabras* de verdad, diciendo: «Las palabras que Yo os he hablado son espíritu y vida» (Jn. 6:63). Si la aflicción y la adversidad nos hacen ser conscientes de nuestra vital necesidad de su Palabra, será como la apertura de una fuente viviente de aguas para un alma reseca. Esta es la copa del Nuevo Testamento, bebed de ella todos.

184. EL DON DE DIOS

«Y comerás y te saciarás, y bendecirás a Jehová tu Dios por la buena tierra que te habrá dado» (Dt. 8:10).

I. Qué era este don. «La buena tierra.» No podían comprarla, ni podían *trabajar por ella*. Era el don de su gracia, como lo es el Señor Jesucristo su Hijo. «El don de Dios es la vida eterna» (Ro. 6:23).

II. A quién fue dada. «Que te habrá dado [Jehová tu Dios].» Fue dada a los que habían sido redimidos por la sangre del cordero de la Pascua, y que por la *fe* habían entrado en ella. La buena tierra prometida está para nosotros en Cristo Jesús, en quien están todas las promesas de Dios. Por medio de su sangre redentora podemos entrar por la fe en la posesión de estas inescrutables riquezas que se encuentran en Él (Pr. 10:22).

III. El disfrute del don. «Y *comerás* y te *saciarás*.» Había suficiencia en la buena tierra para satisfacer *en ella* a toda alma. Hay una gracia sobreabundante para todos los que están *en* Cristo Jesús (1 Ti. 1:14). Comed, amados. Ésta es una tierra de abundancia. Cuando nuestro Señor alimentó a la hambrienta multitud, todos comieron, y quedaron *saciados*. Si nuestros ojos están sobre Él, Él «llena de bien el alma hambrienta» (Sal. 107:9).

IV. El bendito resultado. «Bendecirás a Jehová tu Dios.» La abundancia sin Dios sólo lleva a los hombres, en la soberbia de sus corazones, a cocear (Dt. 32:15). La plenitud de la *gracia* lleva a la acción de gracias. Su deseo es darnos satisfacción de modo que seamos llevados a bendecir al Señor. Bendice, alma mía, a Jehová, y no olvides ninguno de sus beneficios (Sal. 103:1-4).

185. LA TIERRA PROMETIDA

Deuteronomio 9-11

«Lo que Él quiera, yo digo que debo hacer;
Lo que debo, digo que quiero;
Al Él mandar dice expresamente
Lo que Él quisiera que yo llegue a cumplir.
Mientras Él ordena creo yo
Que lo que Él pide Él dará;
Obedecerle a Él, eso es vivir.»

Canaán puede representar de modo apropiado la herencia presente del creyente, aunque muchos parecen contentarse con morar en el desierto con la promesa de «pan y agua», en lugar de proseguir para lograr una plena liberación y gozosa abundancia (He. 3:17). En base de los capítulos citados podemos aprender:

I. El carácter de la posesión. «Es una tierra regada por las lluvias y sobre la que está la atención de Dios continuamente» (véase 11:10-12). Y puede tipificar la gracia y la plenitud que nos han sido dadas por Dios en Jesucristo (Jn. 1:16, 17).

II. Las dificultades que deben ser de esperar. «Naciones más numerosas y más poderosas que tú» (9:1, 2). Pablo nos habla acerca de estos más poderosos en Romanos 7, y también cómo vencer, en el versículo 25.

III. La condición a recordar. «No pienses en tu corazón… diciendo: Por *mi* justicia me ha traído Jehová a poseer esta tierra», etc. (9:5, 6). La condición de recibir una mayor bendición no reside en nuestra justicia, sino *vaciedad* (Is. 40:29).

IV. Las actitudes a mantener. En el capítulo 10:12 se les exhorta: 1) a temer; 2) a andar; 3) a amar; 4) a servir; 5) a guardar; y en el capítulo 11:22 6) a apegarse (véase 2 P. 1:8).

V. La fe a ejercitar. «Todo lugar que pise la planta de vuestro pie será vuestro» (11:24). En aquel momento en que los pies de la fe se posen sobre la promesa, la bendición queda asegurada (Mr. 11:24).

VI. La promesa en la que confiar. «Es Jehová tu Dios el que va a pasar delante de ti» (9:3). Yo moraré en ellos (2 Co. 6:16). Es Dios *en nosotros* que hace las obras (Jn. 14:10).

VII. La victoria a lograr. «Nadie se *sostendrá* delante de vosotros», y el *temor de vosotros* será sobre la tierra (11:25. ¿Cómo se corresponde con esto la actual Iglesia» (Hch. 6:10; Lc. 21:15).

186. LAS DEMANDAS DEL SEÑOR

Deuteronomio 10:12-22

«De toda otra confianza desligados,
De toda 'anterior concupiscencia' liberados;
Tu liberto soy, oh Señor, y a Ti clamo,
Guárdame de dolorosos tropezones.
Unge mis ojos con tu visión misma,
E impregna Tú mi ser entero
Para que por Ti del todo asido,
Llegue a su fin este conflicto fatigoso.»

El secreto del reposo y de la victoria reside en dejar de debatirse contra las demandas de Dios. No fue hasta que Jacob cedió ante el hombre del Cielo, en el torrente de Jaboc, que llegó a ser un príncipe prevaleciente. Aquí tenemos una pregunta que debería entrar de manera poderosamente inquisitiva en el corazón de cada hijo de Dios: «¿Qué pide Jehová tu Dios de *ti*?». (v. 12). En verdad que esta pregunta debería constreñirnos con honradez a hacer esta pregunta: «Señor, ¿qué quieres que haga?».

I. El Señor hace ciertas demandas.

1. COMO NUESTRO CREADOR. «De Jehová tu Dios son los cielos, y los cielos de los cielos, la tierra, *y todas las cosas* que hay en ella» (v. 14). Como criaturas de su mano creadora, vivimos y nos movemos sobre y en las cosas que son de Dios (Sal. 24:1). ¿Qué tenemos que no hayamos recibido? Como nuestro Hacedor, Él demanda el homenaje agradecido de nuestras vidas.
2. COMO NUESTRO REDENTOR. «Él es tu Dios, que ha hecho contigo estas cosas grandes y terribles que tus ojos han visto» (v. 21). Al redimirlos de la casa de servidumbre egipcia fue mediante *grandes* cosas en misericordia para ellos, y cosas *terribles* en juicio contra sus enemigos. Cristo nos redimió de la maldición de la ley. Por precio fuisteis comprados, glorificad *por tanto* a Dios en vuestro cuerpo y en vuestro espíritu, que son de Él. «A Él solo servirás» (Mt. 4:10).

II. Cuáles son estas demandas. «¿Qué pide Jehová tu Dios de *ti*?». La demanda se basa en el hecho de su gracia salvadora. *Tu* Dios que ha hecho tan grandes cosas por ti. Él pide:

1. UN TEMOR FILIAL. «Que temas a Jehová tu Dios» (v. 12). No como un *esclavo* que teme a su amo debido a los azotes, sino como un *hijo* amante y consciente teme herir o deshonrar a su padre. Dios es nuestro Padre, pero Él es asimismo Juez, y tiene poder para echar tanto el alma como el cuerpo en el infierno. «Sí, Yo os digo, a éste debéis temer.»
2. UN CAMINAR OBEDIENTE. «Que andes en todos *sus caminos*» (v. 12). Si queremos andar en sus caminos debemos estar dispuestos a poner continuamente al Señor delante de nosotros, y entonces nuestro andar será «digno del Señor, agradándole en todo» (Col. 1:10). ¿Qué pide Jehová de ti? Solamente hacer justicia, y amar misericordia, y caminar humildemente ante tu Dios (Mi. 6:8).
3. UN CORAZÓN AFECTUOSO. «Que lo ames» (v. 12). El que mira al corazón demanda la verdad en *lo íntimo*. ¿Qué hay más abominable y repelente que un amor fingido? Es la más repulsiva etapa de la lepra del pecado. Las meras *palabras* pronunciadas a oídos de Dios no cumplirán las demandas de su corazón con respecto a nosotros. *Amarás* a Jehová tu Dios de todo corazón. Si alguno no amare al Señor Jesucristo, sea anatema.
4. UN SERVICIO CORDIAL. «Y sirvas a Jehová tu Dios con todo tu corazón y con toda tu alma» (v. 12). Ésta es una demanda divina que precisa ser especialmente apremiada en su Nombre. No somos salvos meramente para gozarnos en la salvación, sino para glorificar a Dios mediante una vida de servicio consagrado para Él. Este servicio implica vender, dar, seguir (Mr. 10:21). Al cojo le dijo Pedro: «Lo que tengo te doy». Presentad vuestros cuerpos en sacrificio viviente a Dios. Éste es *vuestro* servicio racional (Ro. 12:1).
5. UNA VOLUNTAD SOMETIDA. «No endurezcáis más vuestra cerviz» (v. 16). Habiéndonos presentado a Dios, como hizo Isaac con su padre, seamos quedamente sumisos como lo fue él (Gn. 22). «Aquí estoy, haga de mí lo que bien le parezca» (2 S. 15:26). El barro que permanece *tieso* en manos del alfarero no será conformado en una vasija de gran honra. «No se haga mi voluntad, sino la tuya.»
6. UN ESPÍRITU CARITATIVO. «Amaréis, pues, al extranjero; porque extranjeros fuisteis en la tierra de Egipto» (v. 19). Esta es otra demanda de lo más sana de parte del Señor. Era mientras que éramos extraños y enemigos que Dios nos amó, y que su Hijo murió por nosotros, por ello si el *amor de Dios* está en nosotros tendremos compasión de los que están fuera del camino. Así erais algunos de vosotros, pero ya habéis sido lavados. Habiendo sido vosotros antes extranjeros, deberíais saber «cómo es el alma del extranjero» (Éx. 23:9). Recordad las palabras del Señor Jesús tal como están registradas en Lucas 10:29-37.
7. UNA FE TENAZ. «El Jehová tu Dios, a Él te adherirás» (v. 20, V.M.). Él es nuestra vida, *adherirnos* al Viviente. Que nuestra adhesión sea tan tenaz como la de la lapa sobre la roca, que tanto más se aferra a ella cuanto más se ve azotada por las olas. «No te dejaré ir». Fijo está mi corazón (Sal. 57:7, V.M.). La adhesión al Señor es el secreto del poder, y los tales siempre compartirán de su resplandor. Señor, ¿a quién iremos?

187. LA POSESIÓN BENDITA

Deuteronomio 11:10-17

«Tú, Señor, ¿más santo me harás?
¿Más santo, Señor, me guardarás?
Quebranta dentro de mí del pecado el poder,
Mírame como angustiado mis lágrimas he de verter.
Señor, veo oscuramente, dame tu luz,
Que no resulte yo indigno de Ti;
Mi escudo sé, oh escúdame con gentil poder,
En la longánima paciencia de tu infinito amor.»

Si el Señor se cuidó tanto de la tierra dada a su pueblo en posesión que sus ojos estaban siempre sobre ella, «desde el principio del año hasta el fin», es bien cierto que su ojo cuidador estará siempre sobre su *propia* heredad y «tesoro peculiar», comprado con la sangre de su propio Hijo. ¡Oh, cuánta de esta posesión necesita «beber las aguas de la lluvia del cielo», y ser limpiada y purificada por el poder de su propia presencia. Con cuánta frecuencia se contamina esta *tierra santa*. Observemos aquí:

I. Una maravillosa certidumbre. Con respecto a la herencia reservada para ellos en Canaán, se les asegura que:

1. NO ES COMO LA ANTIGUA. «No es como la tierra de Egipto, de donde habéis salido» (v. 10). Un estado de libertad y de abundancia nunca es como un estado de servidumbre y de pobreza. «Porque en otro tiempo erais tinieblas, mas ahora sois luz en el Señor» (Ef. 5:8). Estabais lejos, mas ahora habéis sido hechos cercanos por la sangre de Cristo.
2. NO ESTA IRRIGADA POR OBRAS. «La tierra de Egipto… donde… regabas con tu pie. La tierra a la cual pasáis para tomarla es tierra… que bebe las aguas de la lluvia del cielo» (vv. 10, 11). «Regar con el pie», naturalmente, hace referencia al *laborioso* proceso de irrigación por el que las aguas del Nilo eran llevadas de lugar en lugar, o quizá el accionamiento de una *noria* para elevar el agua desde el río a cisternas para el riego. Es una tarea terrible la de lograr el *refrigerio* de nuestra heredad mientras estamos en casa de servidumbre; pero *en* Cristo nuestra posesión es continuamente alimentada por la lluvia de su Espíritu Santo del cielo. No se precisa de ningún esfuerzo propio para hacer que las «cosas que nos han sido libremente dadas por Dios» broten en hermosura viviente y avivador delante y dentro de nosotros. *Él* vendrá como lluvia sobre la hierba segada.
3. ES VIGILADA POR EL SEÑOR. «Siempre están sobre ella los ojos de Jehová tu Dios, desde el principio del año hasta el fin» (v. 12). Incluso a mediados de invierno, cuando no hay ninguna señal aparente de vida, y cuando cualquier ser viviente parece haberse vuelto a la quietud de la muerte, y cuando las heladas reinantes han apresado la tierra como con cadenas de hierro. Del mismo modo, en la vida espiritual Él no ha dejado a los suyos, aunque no haya evidencias *exteriores* de abundancia de lozanía de vida interior. «Desde el principio del año hasta el fin» nos enseña ciertamente que en cada *sazón* de la vida cristiana su cuidado sobre nosotros es el mismo. Yo Jehová no cambio (Mal. 3:6; cp. Sal. 33:18).

II. Una sencilla condición. Los términos de Dios son siempre fáciles. «Mi yugo es cómodo, y mi carga ligera» (Mt. 11:30). La condición de permanecer en su posesión y de gozar de una continua bendición es triple:

1. OÍDLE. «Si oyeres atentamente» (v. 13, V.M.). Oíd, y vuestra alma vivirá. «Oídme atentamente, y comed de lo bueno» (Is. 55:2).
2. AMADLE. «Amarás a Jehová tu Dios» (v. 13). Él no solo busca un *oído* abierto, sino también un abierto *corazón*. Así como su amor por nosotros nos da entrada a su corazón, del mismo modo nuestro amor a Él le da entrada a nuestros corazones.

3. SERVIDLE. «Sirviéndole con todo vuestro corazón y con toda vuestra alma» (v. 13). Todos los afectos del corazón y toda la vida y las energías del alma deben aplicarse al servicio que le demos al Señor, si tal servicio no ha de ser rutinario, carente de fruto, e hipócrita.

III. Una solemne advertencia.

1. CONTRA EL AUTOENGAÑO. «Guardaos bien, no sea que se engañe vuestro corazón» (v. 16). El corazón es fácilmente engañado, precisamente porque de natural es engañador. Una de las principales añagazas del diablo es hacer creer a los hombres que no hay diablo. Vigilad pues, no sea que seáis secretamente engañados (véase Job 31:27).
2. CONTRA EL CULTO FALSO. «Guardaos, pues... que os apartéis y sirváis a dioses ajenos» (v. 16). No se debía erigir ninguna imagen en la tierra (Lv. 26:1). Los corazones que llegan a engañarse y que se apartan de Dios pronto verán como en sus imaginaciones se levantan otros dioses a los que adorarán *secretamente*. Cuando Jesucristo es destronado del corazón algún dios de factura propia tomará su lugar.
3. CONTRA LA PÉRDIDA DE SU HERENCIA. «Cuidaos, pues, que... perezcáis pronto de la buena tierra que os da Jehová» (v. 17). Ésta es una verdad solemne. Al permitir que el corazón nos engañe, poniendo los afectos en otros objetos que el mismo Dios, perecemos por ello mismo del goce práctico de los dones de la gracia de Dios. El Señor tu Dios es un Dios celoso. Tu pecado te privará del rocío del cielo (1 R. 8:25). La *lluvia* a que se hace referencia en Am. 4:7 es muy sugerente de la moción del Espíritu Santo. La actitud del corazón para con Dios determina dónde el poder refrigerante de su presencia irá. Cuando su Espíritu avivador no acude, con certeza todo se *secará*, por lo que hay *experimentalmente* un perecer de la buena tierra.

188. CÓMO USAR SUS PALABRAS

Deuteronomio 11:18-20

1. Ponerlas en el corazón.
2. Atarlas.
3. Enseñarlas.
4. Hablar de ellas.
5. Escribirlas. «HACED lo que Él os diga» (Jn. 2:5).

189. EL SECRETO DE LA VICTORIA

Deuteronomio 11:22-25

«Vencedor, aunque manifiesta Víctima,
Amor dirigió a su obra poderosa;
Víctima, mas Vencedor: la justicia
Sufriendo para a nuestra raza caída bendecir.
Víctima, mas Vencedor: en la Cruz,
Redimiendo nuestra pérdida inmensa;
Víctima, mas Vencedor: sacrificio
Por el que muere la eterna muerte.»

El Señor Jesús nos ha dejado ejemplo de cómo una Víctima a la *voluntad de Dios* puede llegar a ser Vencedor en la *obra de Dios*.
Aprende aquí, oh alma, que no hay ninguna otra vía a la vida de triunfo a su vista. Debemos ser vencidos por el poder del Espíritu Santo antes de que podamos ser vencedores en este presente mundo malo. La batalla es del Señor, y Él conquista *en* nosotros. En estas Escrituras más arriba indicadas tenemos otra vez ante nosotros algunas viejas palabras que respiran el vital aliento de vida para nosotros.

I. Las condiciones.

1. UNA VIDA CONSAGRADA. La vida entregada se detalla aquí con los siguientes términos, concretos e inclusivos (v. 22). 1) «*Si guardáis* cuidadosamente todos estos mandamientos». 2) «*Si amáis* a Jehová vuestro Dios». 3) «*Andando en todos* sus caminos». 4) «*Adhiriéndoos* a Él». La vida consagrada : plena: es una vida que está siendo consumida a diario por el celo por el Señor, pero también una vida llenada a diario por el Espíritu pleno de ardor. Este santo fuego, que arde en el corazón del altar, nunca debe extinguirse. Presentaos *a vosotros mismos* a Dios, para que vuestros miembros sean instrumentos de justicia.
2. UNA FE AVENTURERA. «Todo lugar que pise la planta de vuestro pie será vuestro» (v. 24). «La fe se ríe de las imposibilidades, y dice que se cumplirá.» La fe de Abraham era aventurera cuando salió, no sabiendo a dónde iba. Cada promesa *reivindicada* es una promesa *poseída*. Cree, y verás. Los que le tienen miedo a las profundidades no atraparán muchos peces. Ten el valor para «echar mar adentro». Necesitamos *pioneros* en el reino de la fe así como en los lugares oscuros de la tierra, y ningún otro campo de estudio puede dar tal recompensa, porque «todo lugar que pise la planta de vuestro pie será *vuestro*».

II. Las promesas. Cada promesa de Dios suena como una campana de cena para el corazón hambriento y creyente. Son puertas abiertas a la sobrepujante plenitud de Dios, arcos de cirios del pacto que se extienden a través de la negrura de cada nube de dificultad, coronándola de gloria. Y estas promesas son:

1. TAN GRANDES COMO NUESTRA NECESIDAD. «Jehová también echará de delante de vosotros a todas estas naciones» (v. 23). «Nadie se sostendrá delante de vosotros», etc. (v. 25). El énfasis debería recaer sobre el nexo condicional que se ve en el versículo 22, «Si... ». Cuando su corazón sea recto para con Dios, *entonces* será que Él magnificará su Nombre obrando milagros para ellos. Ésta es una ley del reino de la gracia que es inalterable. Santificaos, y el Señor obrará maravillas. Son los *hijitos* los mencionados como vencedores (1 Jn. 4:4). No importa lo poderoso que sea el hombre que quiera robarnos de nuestros bienes: más fuerte es el Señor que él. Que tu confianza sea en Él (Lc. 11:21).
2. TAN CIERTO COMO SU PALABRA. «Miedo y temor de vosotros pondrá Jehová vuestro Dios sobre toda la tierra que piséis, *como Él os ha dicho*» (v. 25). «Probadme ahora en esto, dice Jehová de los ejércitos, si no os abriré las ventanas de los cielos, y derramaré sobre vosotros bendición». «Dios no es *hombre*, para que mienta» (Nm. 23:19), como si ningún hombre fuera digno de nuestra confianza. ¿Qué son las circunstancias adversas ante su Palabra? (Gn. 17:15). La fe siempre verá que es como Él lo ha dicho (Mr. 14:16). ¿Acaso no se ha comprometido Dios a que *Él no mudará* lo que ha salido de sus labios? (Sal. 89:34). Todas sus promesas van sazonadas con la sal de la fidelidad eterna. Sí, tenemos una *palabra segura* a la que hacemos bien en dar oído. Las palabras que os he hablado son espíritu y son vida. ¿Crees esto?

190. ESCOGIDOS Y SANTOS

Deuteronomio 14:2

Aquí se dice, del pueblo del Señor, que son

1. Un pueblo *escogido.*
2. Un pueblo escogido *por Jehová.*
3. Un pueblo escogido *para ser santo.*
4. Un pueblo escogido *para ser peculiar.*
5. Un pueblo escogido *para Sí.*
6. Un pueblo escogido *por encima de todos los demás.*

191. EL LUGAR QUE JEHOVÁ TU DIOS HAYA ESCOGIDO

Deuteronomio 16:7, 15, 16

«Hay un lugar sagrado, santo,
Que vez tras vez ante mis ojos está,
Y que nunca el santo olvidar podrá:
El bien amado Calvario es».
«Hay un lugar donde Jesús acude a derramar
El óleo de gozo sobre nuestras cabezas;
Lugar más dulce que todo otro lugar:
El propiciatorio, que su sangre roció.»

«El lugar que Jehová tu Dios escoja.» Estas palabras aparecen tres veces en este capítulo, y doce veces en este libro. El *lugar* llamado calvario fue tanto el lugar como la ocasión que Dios designó. Abraham e Isaac llegaron *al lugar* que Dios le había indicado a Abraham (Gn. 22:9). Dios, la parte ofendida, tiene desde luego el derecho a escoger el lugar donde va a encontrarse con el hombre. ¿No le dijo Él a Moisés: «Y pondrás el propiciatorio encima del arca, y... *de allí* me declararé a ti?». (Éx. 25:21, 22). Miraremos las relaciones en las que estas palabras, «el lugar que Jehová tu Dios escoja», se emplean como postes señalizadores de la cruz de Cristo. Cada vez que se hace referencia al lugar *escogido por Dios* parece haber una asociación con alguna nueva verdad que nos recuerda «el lugar llamado Calvario». Espíritu Santo, condúcenos a toda verdad.
Este lugar se halla conectado con:

I. Su Nombre. «El lugar que Jehová vuestro Dios escoja para poner en Él su Nombre» (12:11). ¡Ah, cuán estrecha y vitalmente está asociado el *Nombre de Dios* con la Cruz de Cristo! Dios en Cristo reconciliando consigo al mundo. Es la gloria del *lugar* llamado Calvario que la sangre allí derramada fue la sangre de Dios (Hch. 20:28). Su Nombre salvador mora allí.

II. El holocausto. «En el lugar que Jehová escoja, allí ofrecerás tus holocaustos» (12; 14). Cristo, el gran holocausto, fue ofrecido en el lugar escogido por Dios fuera de Jerusalén. Él se dio a Sí mismo como ofrenda y sacrificio a Dios. Su aspecto de *ofrenda* encendida, u holocausto, declara su vida y carácter *perfectamente aceptos* por Dios en nuestro lugar.

III. La comida. «Delante de Jehová tu Dios las comerás [las ofrendas], en el lugar que Jehová tu Dios haya escogido» (12:18). Después del sacrificio viene la fiesta. En este lugar escogido por Dios también el ofrendante debía encontrar su alimento y fortalecimiento. La sombra de la Cruz cae sobre este lugar. «Si no coméis la carne del Hijo del Hombre, y bebéis su sangre, no tenéis vida en vosotros.» «Mi carne es verdadera comida.» Podemos todavía estar oyendo estas palabras del Crucificado: «Oídme atentamente, y comed de lo bueno» (Is. 55:2).

IV. Los votos. «Las cosas que hayas consagrado, y tus votos, las tomarás, y vendrás con ellas al lugar que Jehová haya escogido» (12:26). Si en la cruz hemos encontrado el sacrificio por nuestros pecados y el alimento para nuestras almas, de cierto que lo siguiente es entregarnos a nosotros mismos en promesa pactada a Dios. Que los votos hechos en secreto sean pagados abiertamente en presencia del pueblo, pagados en la moneda de una adoración y un servicio cordiales y abnegados.

V. Un precio. «Y si el camino es tan largo para ti, de modo que no puedes llevarlo, entonces lo venderás y guardarás el dinero en tu mano, y vendrás al lugar que Jehová tu Dios escoja» (14:25). Este adorador traía el precio de su ofrenda en su mano al lugar donde Dios había escogido para que habitara en Él su Nombre. Pero el mismo Hijo de Dios ha aparecido delante de Él por nosotros con el precio en su mano. «Habéis sido comprados por precio» (1 Co. 6:22). «Sabiendo que fuisteis rescatados... no con cosas corruptibles, como oro o plata, sino con la sangre preciosa de Cristo» (1 P. 2:18, 19).

VI. La Pascua. «En el lugar que Jehová tu Dios escoja para que habite allí su Nombre, sacrificarás la pascua» (16:6, 7). Éste es otro poste señalizador que nos dirige a Cristo: «Nuestra pascua, que es Cristo, ya fue sacrificada por nosotros». «Veré la sangre, y *pasaré de largo* en cuanto a vosotros». Dios ve suficiencia en la sangre de su Hijo para poder pasar por alto con justicia a todos los que se refugian debajo de ella.

VII. El regocijo. «Y te alegrarás delante de Jehová tu Dios... en el lugar que Jehová tu Dios haya escogido para poner allí su Nombre» (16:16). Los que quieran ser hechos partícipes de su gracia salvadora deben presentarse *personalmente* delante de Él, y los que quieran mantenerse en el goce de su favor deben acudir frecuentemente. El pensamiento de *consagración personal* a Dios puede que también esté aquí. Los salvos por su gracia son llamados a presentarse *a sí mismos* a Dios como sacrificio vivo. No deben aparecer de vacío delante del Señor (véase Ro. 6:13).

VIII. La enseñanza. «Cuando alguna cosa te sea difícil en el juicio, entonces te levantarás y recurrirás al lugar que Jehová tu Dios escoja» (17:8). Sabemos que surgirán dificultades, pero se debía encontrar luz en el lugar en el que estaba puesto su santo Nombre: el propiciatorio. Ésta es una lección preciosa para nosotros. Si quieres ser enseñado por Dios, levántate, acude a Él, que es el gran Maestro venido de Dios. Señor, ¿a quién iremos? Únicamente Tú tienes las palabras de vida eterna. Él nos ha sido hecho por Dios sabiduría. «Aprended de Mí, que soy manso y humilde de corazón, y hallaréis descanso.»

IX. El servicio. «Cuando salga un levita... porque tuviera un gran deseo en su alma de ministrar en el lugar escogido por Jehová, *ministrará* en el Nombre de Jehová su Dios» (18:6, 7). Esta referencia es de hermosa aplicación a nuestro Señor y Maestro. Si acudimos a Él *con* gran deseo del alma como levitas (separados), ello nos abrirá siempre la puerta al santo ministerio. Si Cristo es deseado con toda el alma, entonces el ministerio será en *el Nombre* del Señor.

X. La congregación de todos ante el Señor. «Cuando venga *todo* Israel a presentarse delante de Jehová tu Dios en el lugar que Él escoja» (31:11). Esta es una comparecencia general de hombres, mujeres y niños, de todos los que estén *dentro de tus puertas*, y ello nos recuerda intensamente el juicio ante el tribunal de Cristo, ante quien tenemos todos que comparecer. Él juzgará el mundo por medio de aquel Hombre a quien Él ha *designado*. Ante esta gran y solemne asamblea se abrió el libro de la ley (v. 10). Ahora para instrucción, pero entonces para juicio (Ap. 20:12-15). «No os dejéis engañar, de Dios nadie se mofa» (Gá. 6:7).

192. LAS CARACTERÍSTICAS DE UN PROFETA SUSCITADO POR DIOS

Deuteronomio 18:15-22

«Sobre alas de fe levantado, oí la alabanza prístina
De las huestes redimidas en las alturas,
Así como en la Isla de Patmos oídas fueron
Por el discípulo amado del Señor.
Vi también, en la calle dorada que llevaba
A Cristo el Señor arriba entronizado
A la gloriosa compañía de los rescatados
Desde antiguo tiempo, el 'nuevo Nombre' portando.
Oh, tan hermosa fue la visión que dada me fue
Así en profunda meditación y pensar,
Que camino ahora por esta tierra llagada por el pecado
Como si ya al cielo hubiera llegado, mi Hogar.»

Cada verdadero profeta de Dios es un *vidente*. Uno cuyos ojos han sido abiertos para ver el pecado y la redención, Dios y la Eternidad a la luz misma de la Eternidad. Una visión así de fe ha de revolucionar con seguridad la vida al traer la gracia de Dios y la gloria del cielo en ella. Por las referencias en el Nuevo Testamento está muy claro que el profeta de quien se habla aquí es:

El Señor Jesucristo.

1. Fue suscitado por Dios (Mt. 17:5; Jn. 1:45; Jn. 6:14).
2. Fue tomado de entre sus hermanos (He. 2:14-17).
3. Fue hecho semejante a Moisés (cp. Nm. 12:3; Mt. 11:29).
4. Habló la palabra de Dios (He. 1:1, 2; Jn. 8:24; 17:14).
5. Sus palabras serán demandadas de los que las oigan (He. 2:1-4; Jn. 12:48).
6. Sus palabras se cumplen (Jn. 4:19).

Balaam fue un hombre cuyos «ojos fueron abiertos», pero cuyo corazón no fue cambiado, porque «amó el salario de iniquidad». Cada siervo suscitado por Dios, cada obrero ordenado por el Espíritu (Hch. 13:2) llevará las marcas de este verdadero Profeta. Él:

I. Pertenecerá a los hermanos. «Les levantaré de en medio de sus hermanos» (v. 18). Todos los profetas de Dios fueron tomados de en medio de su propio pueblo. Y así sigue siendo. Debemos ser traídos a la familia de Dios, a la santa hermandad, antes de estar en disposición de servir. Primero hijos, luego siervos.

II. Se asemejará al Gran Prototipo. «Como Tú» (v. 18). Como profeta, Jesucristo fue hecho semejante a Moisés en lo humilde de su nacimiento, en su carácter principesco, y en su obra como Libertador. De la misma manera los siervos de Dios son suscitados semejantes al Maestro de ellos, nacidos de Dios, hechos partícipes de la naturaleza divina, y colaboradores juntamente con Él. Él nos ha dejado ejemplo, para que sigamos sus pisadas (Jn. 17:18).

III. Será poseído por la Palabra de Dios. «Pondré mis palabras en su boca» (v. 18). Sus palabras son puestas como un tesoro en una vasija de barro. Son *puestas* dentro de Él porque hay por parte del siervo una verdadera hambre por la verdad de Dios, y una boca abierta para recibirla. Las palabras de Dios son palabras vivientes, y arden como un fuego en sus huesos. Recibir sus palabras es recibir sus pensamientos, y *saber* cuál es la voluntad del Señor (Is. 55:8-11).

IV. Hablará la verdad sin temor. «Él les hablará todo lo que Yo mande» (v. 18). Él declara todo el consejo de Dios, sin retener nada. La palabra implantada tiene tal poder rompedor que «no podemos menos de decir lo que hemos visto y oído» (Hch. 4:20). Nada puede ser más recto que un rayo de luz. Nada tan dogmático como la verdad. Es la poca fe la que vacila; los fuertes en fe glorifican a Dios.

V. Hablará en Nombre de Dios. «El que hable en mi Nombre» (v. 19). Las palabras y los pensamientos de Dios deben ser pronunciados en el Nombre de Dios. Ningún siervo es responsable de las palabras de su amo. «No sois vosotros los que estáis hablando, sino el Espíritu Santo» (Mr. 13:11). Cuando los pensamientos de Cristo son declarados en su Nombre, Él toma la responsabilidad de hacerlos eficaces para el propósito para el que fueron enviados; Él tiene suficiente celo de *su propio Nombre* para aliviar al siervo de toda ansiedad: «Así será la palabra que sale de mi boca: No volverá a mí vacía» (Is. 55:11).

VI. Será conocido por sus frutos. Se hace la pregunta: «¿Cómo conoceremos la palabra que Jehová no ha hablado?» (v. 21), de modo que se pueda distinguir entre los profetas de sí mismos, y los enviados por Dios. La respuesta es: «Si... no se cumple lo que dijo, ni *acontece*, es palabra que Jehová no ha hablado» (v. 22). Hay bajo esto un principio escudriñador. Puede que hablemos en el Nombre del Señor, pero si el Señor no nos ha dicho aquella cosa a *nosotros*, se transformará en nada. Si el mensaje cae *sin fruto* en los oídos de los oyentes, ello es evidencia de que el Señor no lo ha pronunciado. La prueba de un profeta hablando en su propio nombre era que no habría resultado alguno de su testimonio; nada sucedería. ¿Cómo se aplica esto a nuestra obra en el Nombre del Señor? Un profeta tiene necesariamente que *oír* antes de poder hablar con poder. Que el Señor nos dé un oído abierto (véase Jn. 15:15, 16).

193. DESPREVENIDOS PARA LA BATALLA

Deuteronomio 20:1-8

«Oh Señor,
Que no sea que yo en tu Iglesia sea
Estéril como la higuera junto al camino
Para siempre inútil. ¡Qué castigo!
Señor, que tal sobre mi no venga,
Mas en ti injertado, la Vid viviente,
que me des que cada día fruto mucho lleve.»

«El pensamiento de no ser apto para el trabajo va a quebrantarle el corazón». Esto dijo una mujer hace poco al hablar de su envejecido padre. ¡Sería una bendición si la perspectiva de la *inutilidad* para la obra del Señor creara esta angustia en el alma! ¿Y por qué no debiera ser así? Si alguien tiene una mano seca y no puede trabajar, nos da lástima y damos nuestra ayuda, pero si tiene un *alma* seca y es incapaz de servir a Cristo, ¡qué pocos que se preocupan!
Aprendamos de este pasaje que:

I. Hay una batalla que librar. «No tenemos lucha contra sangre y carne, sino contra principados, contra potestades, contra los dominadores de este mundo de tinieblas, contra huestes espirituales de maldad en las regiones celestes» (Ef. 6:12). Consideremos:

1. EL PODER DEL ENEMIGO. «Caballos y carros, y un pueblo más grande que tú» (v. 1). Las fuerzas del mal son a la vez numerosas y formidables, y forman en tres grandes divisiones: el mundo, la carne y el diablo. En el pasado habíamos luchado bajo las banderas del príncipe de las tinieblas (Ef. 2:2).
2. EL SECRETO DEL PODER. «Está contigo Jehová tu Dios» (vv. 1, 4). En esta batalla nada podemos hacer sin la presencia del Cristo viviente. La batalla no es vuestra, sino del Señor en vosotros. Mayor es el que está *en vosotros* que el que está en el mundo (1 Jn. 4:4). Algunos confían en los carros y caballos de sus propias fuerzas y energías, mas nosotros recordaremos el Nombre del Señor (Sal. 20:7; véase Is. 31:1).
3. LA PALABRA ALENTADORA. «No desmaye vuestro corazón, no temáis, ni os azoréis, ni tampoco os desalentéis» (vv. 3, 4). «No temas, porque Yo estoy contigo; no desmayes, porque Yo soy tu Dios» (Is. 41:10). «En estas cosas somos más que vencedores por medio de aquel que nos amó» (Ro. 8:37). «Ahora el príncipe de este mundo será echado fuera» (Jn. 12:31). «Tened ánimo, Yo he vencido al mundo.»

II. Hay algunos que no son aptos para la batalla. ¿Quiénes son?

1. AQUELLOS CUYA OBRA DE DEDICACIÓN NO HA QUEDADO COMPLETADA. «¿Quién ha edificado casa nueva, y no la ha estrenado? Vaya, y vuélvase a su casa» (v. 5). El Señor sabía que aunque los tales fueran reclutados forzosamente a luchar, sus *corazones* estarían en sus casas. Cada cosa no dedicada en la que se pone el corazón hace inapto para el servicio de todo corazón que Él demanda. La consagración de todas nuestras posesiones a Dios es la manera de librarnos de toda ansiedad acerca de ellas, de modo que de ninguna manera nos estorben de llevar a cabo la obra del Señor.
2. LOS QUE NO HAN GUSTADO DEL FRUTO DE SU TRABAJO. «¿Y quién ha plantado viña, y no ha disfrutado de ella? Vaya, y vuélvase a su casa.» El hombre que todavía no había obtenido ningún fruto de su labor quedaba también descalificado. Para nosotros esta es una severa prueba. Los cristianos cuyas vidas no hayan dado fruto en el hogar no es probable que sean fructíferos fuera de él. Los misioneros que han recibido mayor bendición en el campo extranjero son los que también han tenido más éxitos en su propio país. Si como predicadores no hemos cosechado de lo plantado en nuestras propias viñas, no podemos esperar cosecha cuando sembremos en los viñedos de otros. El camino para ser apto para la gran y *agresiva* obra de Dios es comenzar en casa. Que vuelva a su casa y coma allí del fruto de su trabajo, y después que libre las batallas del Señor fuera de ella.
3. LOS QUE TIENEN OBLIGACIONES INCUMPLIDAS PARA CON OTROS. «¿Quién se ha desposado con mujer, y no la ha tomado? Vaya, y vuélvase a su casa» (v. 7). El hombre cuyos afectos están puestos en alguien, en tanto que puede estar en el servicio de Cristo en lo externo, es igual de culpable que el hombre que dijo: «Acabo de casarme, y por tanto no puedo ir» (Lc. 14:20): su *corazón* está ausente. Toda promesa incumplida, hecha a un semejante, o cualquier sentimiento poco caritativo, descalifican para el servicio. Una deuda, por pequeña que sea, puede actuar como una mosca en el perfume. Primero reconcíliate con tu hermano, y luego ven, y ofrece tu don de servicio (Mt. 5:23, 24).
4. LOS ATEMORIZADOS Y PUSILÁNIMES. «¿Quién es hombre medroso y pusilánime? Vaya, y vuélvase a su casa» (v. 8). En cada caso, el lenguaje es muy claro, «*vaya, y vuélvase*». Será mejor tanto para él como para la causa. Los cobardes y los pusilánimes en la gran obra de Dios son muy numerosos. Es ahora como fue en los días de Gedeón (Jue. 7:3). Pero la causa de Cristo no sufre porque se vayan. La purificación de las filas las fortalece. Trescientas almas consagradas son de más valor en esta batalla que veintinueve mil setecientos dubitativos pretenciosos. La batalla es del Señor, y solo los que son *de Él y por Él* pueden librarla.

194. LA ALQUIMIA DE DIOS

«Jehová tu Dios te convirtió la maldición en bendición, porque Jehová tu Dios te amaba» (Dt. 23:5).

1. Este versículo es un gran consuelo para nosotros.
2. Puede que haya cosas en nuestras vidas que puedan ser consideradas una maldición:
   a. En nuestras familias.
   b. Actividades profesionales.
   c. Cuerpos.
3. Y clamamos a Dios de día y de noche para que las quite, y no lo hace.
4. Pero Él hará algo mejor: las transformará en bendiciones.
5. Él está siempre haciendo esto, por ejemplo, en la maldición del trabajo: «Venid aquí, vosotros que os echáis sobre camas de plumas y no dormís; miradle sudando por su pan antes de comerlo. Es la maldición primigenia. Pero ha sido suavizada en misericordia, y hecha la prenda de alegres días, y de noches sin un gemido» (Cowper).
6. ¡Considera el aguijón de Pablo! ¡Mira como Dios, por la gracia, lo tornó en bendición!
7. Los viejos alquimistas no podían hacerlo. ¿Por qué lo hace Él? Por AMOR.

195. «AMÉN» A LAS MALDICIONES

Deuteronomio 27:15

Introducción

Éste es el «Amén» más difícil de la Biblia. Es fácil decir «Amén» a las bendiciones. Es muy natural que el corazón las desee. ¿Pero las maldiciones? Ah, esto es difícil. Aquí tenemos instrucciones que tratan de una extraña ceremonia que debía tener lugar cuando se entrase en Canaán.
¿Por qué habría de ser difícil decir «Amén»? Es relativamente fácil decir: «Así sea», una de las definiciones de «Amén». Pero va a suceder tanto si decimos «Amén» como si no. Ahora bien, decir «Mi corazón desea que sea exactamente así»: bueno, ahí está la dificultad. Y sin embargo esta es la decisión a la que el Señor quiere que lleguemos. Nuestros corazones deberían solo ser y oír y hacer aquello que es su deseo y su voluntad por nosotros.

I. ¿Es su voluntad para nosotros que andemos en un camino solitario y tortuoso? Ora pidiendo gracia para decir «Amén».

II. ¿Es su deseo para ti que lleves muchas cargas de responsabilidad? Ora pidiendo gracia para decir «Amén».

III. Si hay una maldición sobre todo aquel que no continuaba en todas las cosas del Libro de la Ley para cumplirlas, Él, sin embargo «fue hecho maldición por nosotros».

196. LA BIENAVENTURANZA DE LOS OBEDIENTES

Deuteronomio 28:1-14

Las palabras de Robert Blair acerca de la «amistad» son hermosamente aplicables a Aquel que es el Amigo de los pecadores:

«Tú mereces de mí
Más, mucho más de lo que jamás pueda yo pagar;
Muchas veces he probado las obras de tu amor,
Y los cálidos esfuerzos de tu gentil corazón.»

Somos bendecidos con toda bendición espiritual en Cristo Jesús. Las bendiciones registradas en este capítulo son solo figuras de las verdaderas: sombras de cosas mejores por venir a todos los que son obedientes a la voluntad de Dios. La obediencia está siempre conectada con la bendición, como lo está la desobediencia con la maldición (27:26). Lutero dijo que «prefería obedecer a obrar milagros». Pero los obedientes obrarán milagros: milagros de gracia por el poder de Aquel que obra dentro de nosotros. Obedecer es mejor que los sacrificios. La vida obediente será bendita con:

I. Comodidades materiales. «Benditas serán tu canasta y tu artesa de amasar» (vv. 2-5). Una canasta bendecida, como la vasija de la viuda, es una que nunca queda del todo vacío. Tu pan y tu agua los tendrás seguros. «Mejor es lo poco del justo que las riquezas de muchos malvados» (cp. Ro. 8:28).

II. Una protección inmutable. «Jehová derrotará a tus enemigos que se levanten contra ti», etc. (v. 7). «Jehová vuestro Dios es quien pelea por vosotros, como Él os dijo» (Jos. 23:10). Es el verdadero deleite de un padre ejercitar su sabiduría y poder en favor de su hijo. ¿Cuánto más vuestro Padre celestial? Los enemigos de la Iglesia, como los del alma, son muchos, sutiles y poderosos, pero mayor es aquel que es *por nosotros*. Cuando Él obre, ¿quién estorbará?

III. Un trabajo próspero. «Jehová te enviará su bendición... sobre todo aquello en que pongas tu mano» (v. 8). «La *piedad* para todo aprovecha, pues tiene promesa de esta vida *presente*», etc. (1 Ti. 4:8). La vida del cristiano es como un árbol plantado junto a corrientes de aguas, cuyas raíces se encuentran dentro del mismo Dios como la fuente de toda su suficiencia, por lo que hay una prosperidad inmarcesible (Sal. 1:3).

IV. Una comunión permanente. «Te *confirmará* Jehová por pueblo santo *suyo*» (v. 9). *Llamados* por su gracia soberana, *separados* por su sangre purificadora, *confirmados* en su Hijo resucitado, *reconciliados* para Sí, y *transformados* a su propio imagen. En verdad, nuestra comunión es con el Padre y con su Hijo Jesucristo. «Arraigados y sobreedificados en Él, y consolidados en la fe» (Col. 2:7). El que nos ha consolidado en Cristo es Dios (2 Co. 1:21). Cada alma así confirmada pertenece a la Iglesia que Dios ha establecido. Permaneced en Él. Las puertas (autoridades) del infierno no prevalecerán contra los tales.

V. Un poderoso testimonio. «Y verán todos los pueblos de la tierra que el Nombre de Jehová es invocado sobre ti» (v. 10). Los llamados por su Nombre deben ser regidos por Él (Is. 63:19). Si el Señor rige sobre nosotros y en nosotros, entonces será derramado sobre nosotros el aroma de su Nombre, como un ungüento. El *Nombre* del Señor sobre nosotros implica su vida y carácter engendrados en nosotros. Esta es la *vida* que es la *luz* que alumbra el camino de dolidos pecadores en su búsqueda de salvación. Así alumbre vuestra luz delante de los hombres.

VI. Suministro abundante. «Te abrirá Jehová su buen tesoro» (v. 12). ¡Qué privilegio tener abiertos para nosotros los tesoros de su gracia infinita! Esto lo ha hecho en el don de su Hijo, y por el ministerio del Espíritu Santo. Las cosas que nos son gratuitamente dadas por Dios en Cristo son plenamente abundantes, e inenarrablemente preciosas. ¿Quién jamás podrá agotar las *inescrutables* riquezas de Cristo? Cuando el Señor nos abrió su tesoro, abrió nuestro suministro para el tiempo y para la eternidad.

«Cuando todos los raudales creados se sequen,
Su plenitud igual quedará;
Con ello satisfecho estaré,
Y en su Nombre me gloriaré.»

VII. Honor especial. «Te pondrá Jehová por cabeza, y no por cola; y estarás encima solamente, y no estarás debajo» (v. 13). Esto se cumplirá, naturalmente, en los últimos días, cuando Israel sea restaurado como el antiguo pueblo de Dios (Is. 9:15; Ro. 11:26), y cuando los pueblos de la tierra recibirán bendición por medio de ellos. Pero desde luego estas palabras tienen un mensaje para los creyentes actuales. «Estarás *encima solamente*». Vuestra vida está escondida con Cristo en Dios: «encima solamente», poned por tanto vuestros afectos en las cosas arriba, y no en las cosas sobre la tierra. Ellos son de abajo, mas vosotros sois de arriba. Nacidos de arriba, y uno con Él que está ahora en los lugares celestiales «por encima de todo» (Ef. 1:20, 21). Este honor lo tienen todos los santos.

197. ALCANZADO POR LAS BENDICIONES

Deuteronomio 28:2

¡Que gran diferencia hay entre que las bendiciones nos sigan y que nos alcancen! Una cosa es seguir a una persona, pero otra muy distinta es alcanzarla. «Ciertamente la bondad y la misericordia me seguirán». Sí, esto es bueno, pero, ¿me alcanzará? El salmista sabía qué significaba ser alcanzado por misericordias, porque podía decir: «Bendito el Señor; cada día nos colma de beneficios». El carro de la benevolencia llena de gracia de Dios le había alcanzado a diario, descargando sus bendiciones.
Si sus bendiciones han de alcanzarnos, observamos, al estudiar este versículo y su contexto, que se deben guardar ciertas condiciones.

I. Solamente los redimidos son alcanzados con bendiciones. Israel estaba en aquella feliz posición y condición, como redimidos del Señor. Si no hemos todavía llegado a estar bajo la sombra de la Cruz de Cristo y bajo la seguridad del Rociamiento de la Sangre, el Vengador de la Sangre nos está acosando; somos llamados a huir a nuestro Refugio, «no sea que el vengador de la sangre, enfurecido, persiga al homicida y le *alcance*» (Dt. 19:6). Recordemos que más adelante en este capítulo leemos acerca de las maldiciones que siguen y alcanzan al pecador. ¡Es algo terrible!

II. Aprendices. Solamente aquellos que escuchan diligentemente al Señor y su mensaje son alcanzados con misericordias. Escucha la Palabra del Señor tal como la tenemos en la Palabra de Dios, porque el Espíritu Santo hará de la Palabra Escrita una Voz viviente en nuestros corazones.

III. Obedientes. Los alcanzados han de ser «observantes de la ley de Dios». ¿Sabes qué es un observante? Date un paseo por un Museo de Arte, y observa al experto en arte contemplando las obras expuestas, y sabrás qué es observar. Observa a una madre contemplando a su primogénito durmiendo en su cuna, y aprenderás qué es realmente la observación.

IV. Servidores. Solamente los que «hacen» son alcanzados por bendiciones. No es suficiente con que nos familiaricemos con su voluntad. Debemos:

«Confiar y obedecer, porque otro camino no hay
Para dichosos en Jesús ser, que confiar y obedecer.»

En otro lugar, el salmista podía decir: «Está mi alma *apegada* a ti». ¿Es ésta también tu actitud? Entonces tú le alcanzarás, porque Él se revelará a ti de manera repentina.

198. PRECIOSAS PROMESAS

Deuteronomio 30:1-10

«Dios a nadie pierde sino al que se va,
Y nadie se va sin que Dios se duela;
Dios se duele por su abandono,
Yendo tal corazón a su propia condenación».

Abandonar a Dios es abandonar la FUENTE DE AGUAS VIVAS, y escoger las cisternas rotas de una incontenible frustración. No tenemos elección entre la plenitud oceánica de la gracia infinita de Dios y los eriales secos y estériles de las vanas imaginaciones del hombre. En estos versículos hay siete promesas que se dan a aquellos que *se conviertan* al Señor y *obedezcan* su voz (vv. 1, 2). Esto, naturalmente, implica el *regreso* a Dios, y la *consagración* de la vida. Dos condiciones inalterables por medio de las que son recibidas y disfrutadas las promesas de Dios. Serán con ello:

I. Liberados. «Entonces Jehová hará volver a tus cautivos» (v. 3). Él desligará tus cadenas de iniquidad y libertará tu alma del lazo del diablo (2 Ti. 2:26). Él libera del poder de las tinieblas a aquellos que fueron vendidos bajo el pecado (Ro. 7:14; 2 Co. 1:10; Is. 55:7).

II. Restaurados. «De allí te recogerá Jehová tu Dios» (v. 4). Él no solo libera del dominio de Satanás, y de las fascinaciones del pecado y del mundo, sino que nos lleva a su gran corazón de amor para que podamos tener comunión con Él. El pródigo en Lucas 15 fue *libertado* cuando *dejó* la provincia lejana, pero no fue *restaurado* hasta que cayó en brazos de su padre lleno de gracia. El amor de Cristo nos *constriñe*.

III. Proveídos. «Te hará volver Jehová tu Dios a la tierra que heredaron tus padres, y será tuya; y te hará bien» (v. 5). Estas promesas fueron dadas, naturalmente, a los hijos de Israel; pero *toda la Escritura*, inspirada por Dios, es provechosa para el *hombre de Dios* (2 Ti. 3:16, 17). Todos los que se han reconciliado con Dios por medio de la muerte de su Hijo son hechos *herederos* de Dios, y coherederos con Cristo (Ro. 8:17). Lo que puede ser solo una roca estéril para el ojo carnal dará miel y aceite al corazón creyente.

IV. Disciplinados. «Y circuncidará Jehová tu Dios tu corazón», etc. (v. 6). Un corazón circuncidado es un corazón afligido y sometido, de modo que todos los afectos del alma quedan desligados del mundo y del yo, y centrados en el Señor. La disciplina es la señal dolorosa de la posición de hijos (He. 12:8). Es también una necesidad positiva de feracidad (comparar He. 12:10, 11 con Jn. 15:2). Se debe quitar el corazón de *piedra* para dar lugar al corazón de carne que pueda *sentir* el toque gentil de Dios (Ez. 36:26).

V. Defendidos. «Y pondrá Jehová tu Dios todas estas maldiciones sobre tus enemigos» (v. 7). ¡Qué diferencia entre la disciplina y la *condenación*! (Éx. 11:7). Nosotros no debemos maldecir a nuestros enemigos, sino orar por ellos. La venganza es mía, dice el Señor. Pon a todos tus enemigos en sus manos. No tengas ansiedad por tu vida. Así es como los primeros apóstoles actuaron. «Concede a tus siervos que con todo denuedo hablen tu palabra» (Hch. 4:29). Vosotros sois como la niña de sus ojos.

VI. Fructíferos. «Te hará Jehová tu Dios abundar en toda obra de tus manos» (v. 9). Los árboles plantados y regados por Dios nunca carecen de fruto. Florecen como la palmera (Sal. 92:12). Arraigan *hacia abajo*, y dan fruto *para arriba*, «Y lo que haya escapado, lo que haya quedado de la casa de Judá, volverá a echar raíces abajo, y llevará fruto arriba» (2 R. 19:30). «Si el grano de trigo no cae en la tierra y muere, queda solo» (Jn. 12:24). El proceso hacia abajo (morir) de la vida del yo es el fortalecimiento de la nueva vida en Cristo hacia arriba. Los mejores frutos son los que maduran al sol.

VII. Objeto de alegría. «Jehová volverá a gozarse sobre ti para bien» (v. 9). Un hijo sabio alegra a su padre. «Se regocijará sobre ti con cánticos» (Sof. 3:17). Bienaventurados son los que se encuentran en tal caso. Veamos como el padre se regocijó sobre su hijo perdido cuando éste *regresó* (Lc. 15: 24). ¡Ah, que gozo saber que somos un gozo para Él, para Aquel cuya alma estuvo profundamente angustiada por nuestra causa! Así quede su gozo en nosotros, y que así nuestro gozo pueda ser pleno (Jn. 15:11).

199. LA VIDA Y LA MUERTE

Deuteronomio 30:15-20

«Dulce paz, ¿dónde moras tú? Yo humilde anhelo
Que me lo hagas saber;
En pos de ti busqué en recóndita caverna,
Y pregunté si la paz estaba en ella;
Un hueco viento pareció con un "¡No!" responder;
A otro lugar deberás ir a indagar.»

Fue Douglas Jerrold quien dijo: «Estoy convencido de que el mundo se cansará, o al menos así lo espero yo, de tanto reírse de todas las cosas». No hay ninguna señal evidente *todavía* de esta fatiga. Es muy frecuente que las cosas más sagradas y solemnes sean saludadas con una vacía carcajada. Pero hay terribles realidades en la vida, y solo los insensatos pueden permitirse tratarlas a la ligera. Una de las realidades más solemnes que pueden asaltar a un alma inmortal es que nuestra *elección presente* determina nuestro bienestar o nuestra desgracia de un modo irrevocable para toda la eternidad.
Observemos aquí:

I. Una solemne alternativa.

1. ¿CUÁL ES? «La vida y el bien, la muerte y el mal» (v. 15). La vida o la muerte, y sus acompañamientos, el bien o el mal. Este *bien* y *mal* deben quedar eternamente asociados con la vida y la muerte. Esta vida espiritual es el favor eterno de Dios, así como la muerte espiritual es la ausencia espiritual de tal favor.
2. ¿CÓMO SE LLEGA A ELLA? «Mira, Yo he puesto delante de ti hoy», etc. (v. 15). En su infinita misericordia, Dios se ha complacido en poner ante nosotros este privilegio de la vida. Nos es puesto *ante nosotros* en el Evangelio. Nos es traído muy cerca: «Porque muy cerca de ti está la palabra, en tu boca y en tu corazón» (v. 14). «Tu dicho me ha vivificado» (Sal. 119:50). «Ésta es la palabra de fe que predicamos» (Ro. 10:17, 18).

II. Un consejo lleno de misericordia. «A los cielos y a la tierra llamo por testigos hoy contra vosotros, que os he puesto delante la vida y la muerte, la bendición y la maldición; *escoge, PUES, la vida*» (v. 19). Éste es el ruego de Moisés, el varón de Dios, que había probado personalmente el valor y la bienaventuranza de tal elección (He. 11:24-26).

1. ESTA VIDA, ¿DÓNDE ESTÁ? «Él [Jehová tu Dios] *es vida* para ti» (v. 20). «He venido para que tengan vida». Esta vida está en su Hijo. «El que tiene al Hijo tiene la vida» (1 Jn. 5:12). «Cuando Cristo, *vuestra vida*, se manifieste», etc. (Col. 3:3, 4). Esta vida que da un bien eterno no está en nosotros de natural, sino que es un don de Dios (Ro. 6:23).
2. ¿CÓMO SE DEBE ALCANZAR ESTA VIDA? «*Escoge*, pues, la vida» (v. 19). No es por las obras de la ley, sino por un consentimiento deliberado y cordial de la voluntad. María escogió la mejor parte, una parte que no le sería quitada. No es suficiente esperar y desear esta vida, sino que se debe hacer la *elección*, y se debe elegir la *vida* como la *una cosa* necesaria. «Escogeos hoy a quién sirváis» (Jos. 24:15).

III. Los benditos resultados. Se evidenciará:

1. EL AMOR. «Amando a Jehová tu Dios», etc. (v. 20). Es en vano esperar que *ames* al Señor hasta tanto no hayas hecho de Él la elección de tu corazón. Cuanto más te confíes a Él tanto más lo amarás.
2. OBEDIENCIA. «Atendiendo a su voz.» Aquí de nuevo vemos la obediencia leal y del corazón como resultado de hacer del Señor mismo el único objeto de nuestra elección. No podemos doblegarnos a nosotros mismos hasta una obediencia aceptable. EL amor de Cristo nos constriñe.
3. ADHESIÓN. «Que te adhieras a Él» (V.M.). Nuestra adhesión a Él o nuestro permanecer en Él quedará mayormente determinado por la medida en que nuestro corazón le haya escogido realmente a Él como la fuente y fortaleza de nuestras vidas.
4. REPOSO. «A fin de que *habites* en la tierra.» En Él vivimos, y nos movemos, y somos» (Hch. 17:28). Nuestra suficiencia es de Dios. Porque sin arrepentimiento son los dones y el llamamiento de Dios (Ro. 11:29). Haz de Cristo tu todo, y tú encontrarás tu todo en Él.

«Mi corazón está fijado, Dios Eterno,
Fijado en Ti;
Y hecha mi eterna elección:
Cristo para mí.»

200. VIDA Y MUERTE

Deuteronomio 30:19, 20

I. Una **responsabilidad**. «Vida y muerte.»

II. Un **privilegio**. «He puesto *ante ti* la vida.»

III. Una **explicación**. «ÉL es vida para ti.»

IV. Una **exhortación**. «Escoge, pues, la vida.»

V. Un **aliento**. «Para que vivas tú y tu descendencia.»

201. EL CÁNTICO DE LA ROCA, O LO QUE CRISTO ES PARA SU PUEBLO

Deuteronomio 32

Se mencionan dos rocas en este capítulo. Una representa a los dioses de los paganos, o los falsos fundamentos sobre los que los hombres cegados por el pecado erigen sus falsas esperanzas (v. 37). La otra habla de Cristo como nuestro poderoso e inmutable Salvador. Así que «la roca de ellos no es como nuestra Roca» (v. 31). Nuestra Roca es Roca de salvación (v. 15). Cristo, nuestra Roca, se representa aquí como:

I. El dador de la vida. «La Roca que te *creó*» (v. 18). Con otras religiones se trata solo de convertirse a un *sistema*» (v. 18). En el cristianismo se trata de *nacer* de Dios (1 Jn. 5:1). Nada menos que esto será suficiente (Jn. 3:3). ÉL es quien debe vivificar (Ef. 2:1).

II. El Salvador de los hombres. «La Roca de su salvación» (v. 15). El Nombre de Cristo, sus obras, muerte, resurrección, todo ello le proclaman Salvador, y ello con exclusión de todo y todos los demás (Hch. 4:12). Aquellos que edifican sin esta Roca quedarán confundidos (Lc. 6:48, 49). Su roca es solo las arenas movedizas de sus imaginaciones.

III. La fuente de suministro. «Le dio a gustar miel de la peña, y aceite del duro pedernal» (v. 13). La miel y el aceite puede hablar de dulzura y refrigerio, de fortaleza y unción, o de la gracia de Cristo y del poder del Espíritu Santo. Véase en Gálatas 3:13, 14; 4:4-6 la relación entre la muerte de Cristo y el don del Espíritu.

IV. El obrero perfecto. «Él es la Roca, cuya obra es perfecta» (v. 4). Lo que Él comienza, lo lleva a su buen fin (Fil. 1:6). La sabiduría del creyente, y su justicia, santificación y redención comenzadas en Cristo quedan perfeccionadas en Él (Col. 2:10; Ec. 3:4). La obra que Él perfeccionó *por* nosotros quiere, asimismo, perfeccionarla *en* nosotros (Fil. 2:13).

V. El Maestro incomparable. «La roca de ellos no es como nuestra Roca» (v. 31). Las rocas de los impíos les fallan en el día de la prueba (v. 30; 1 R. 18:26). Servís al Señor Cristo, señalado entre diez mil. Nunca os olvidará (He. 13:5, 6). Nuestra Roca es inconmovible, y todas las tormentas de la tierra y del tiempo no pueden moverlas. Una mujer joven cuyo padre era un incrédulo, pero cuya madre era cristiana, yacía moribunda. «Ahora que estoy muriendo», le dijo la muchacha a su padre: «¿Te he de creer a ti, o a mamá?». Él le respondió: «Cree a tu madre». En verdad que la roca de ellos no es como nuestra Roca, «y aun nuestros enemigos son de ello jueces» (v. 31).

202. SU OBRA ES PERFECTA

Deuteronomio 32:4

Esto puede ser demostrado poniéndolo a prueba:

1. Como se ve en la **Creación**.
2. Como se ve en la **Revelación**.
3. Como se ve en la **Redención**.
4. Como se ve en la **Salvación**.
5. Como se ve en la **Providencia** (con respecto a su propio pueblo) (Ro. 8:28).

203. LA PALABRA DE DIOS NO ES una cosa VANA

Deuteronomio 32:47

I. Lo que la Palabra de Dios no es. «No os es cosa vana.»

1. Porque se necesita de su poder VIVIFICADOR (Sal. 119:5).
2. Porque tiene un poder ILUMINADOR (Sal. 119:105).
3. Por lo IRRESISTIBLE de su poder (Jer. 23:29).

II. Para quiénes no es una cosa vana. «No os es cosa vana.» A *vosotros* que habéis oído y creído.

III. Por qué no es una cosa vana. «Es *vuestra vida.*»

1. Es la FUENTE de vuestra vida (1 P. 1:23-25).
2. Es el SUSTENTO de vuestra vida (1 P. 2:2).
3. Es la FUERZA de vuestra vida (Ef. 6:17).

204. EL PUEBLO BENDITO

Deuteronomio 33

«Señor, no siempre quisiéramos traerte,
Quejas y gemidos, sollozos y suspiros;
Quisiéramos gozosos cantar delante de Ti
Sobre nuestros éxtasis surgidos de tu Cruz».

Contar las muchas bendiciones que gozamos es una cosa excelente para barrer las nubes de las amortecedoras ansiedades. Este capítulo comienza con «Ésta es la bendición con la cual bendijo Moisés, varón de Dios, a los hijos de Israel». Pero, ¿cuál es la bendición con la que Jesús el Hijo de Dios bendice a los hijos de la fe? La *bendición* entonces dividida entre las tribus puede ser heredada ahora, en un sentido espiritual, por cada creyente individual en Cristo. Desde luego tenemos aquí lo suficiente para hacer que tu «copa rebose». Todos sus santos son *amados* por Él, y ellos están *en su mano*, y se *sientan* a sus pies, y reciben sus palabras (v. 23). Amados, protegidos, descansados y enseñados. Contemplando estas bendiciones como pautas de cosas espirituales, como figuras de las verdaderas, quisiéramos señalar que los miembros del pueblo de Dios son bendecidos porque son:

I. Un pueblo viviente. «Viva Rubén, y no muera» (v. 6). Lo que Abraham oró por Ismael es cierto de toda alma nacida del cielo: «viven delante de Dios». Han sido «vivificados por el Espíritu», y «resucitados de entre los muertos», y «vivificados para Dios». «Porque Yo vivo, y vosotros también viviréis».

II. Un pueblo que ora. «Oye, oh Jehová, la voz de Judá, y Tú seas su ayuda» (v. 7). Así leemos que Judá prevaleció sobre sus hermanos (1 Cr. 5:2). Siempre prevalecen los que tienen a Dios como su ayuda. ¿Acaso no ha dicho Él, «invócame, y Yo te libraré»?

III. Un pueblo iluminado. «Tu Tumim y tu Urim sean para el hombre de tu agrado [Leví], ellos enseñarán», etc. (vv. 8-10). Entonces fue con Leví como con los *santos* de Dios ahora. Ellos enseñan la diferencia entre lo santo y lo profano (Ez. 44:33). Los que poseen las *luces* y las *perfecciones* (Urim y Tumim) que vienen por medio del don del Espíritu Santo serán testigos de Él (Hch. 1:8). Aquí puede que tengamos en tipo lo que se enseña en 1 Juan 2:17.

IV. Un pueblo protegido. «El amado de Jehová habitará confiado *cerca de Él; lo cubrirá* siempre, y *entre sus hombros* morará» (v. 12). Los amados del Señor están: 1) *Cerca de Él* para la comunión. 2) *Cubierto* por Él en seguridad. 3) *Sobre* Él para reposar. Él nos ha amado con amor eterno. Amados por causa del Salvador (Mt. 3:17).

V. Un pueblo fructífero (vv. 13-17). La bendición de José está llena de preciosas cosas del Cielo: el rocío, el sol, la luna, pero la bendición coronadora de todas es «*la gracia del que* habitó en la zarza». No es para asombrarse que José fuera una rama *fructífera*, y que sus ramas se desparramaran por encima del muro. Si tenemos la «gracia de Aquel» que moró en Cristo, entonces también serán nuestras «las cosas sin precio del Cielo» (1 Co. 3:22, 23).

VI. Un pueblo sacrificador. «Allí sacrificarán sacrificios de justicia» (v. 19). La ofrenda a Dios de sacrificios *rectos* es la crucifixión de la carne con sus concupiscencias. El corazón irregenerado es incapaz de tales ofrendas. El primer sacrificio de justicia que somos llamados a ofrecer es el de *nosotros mismos* (Ro. 12:1). Que el siguiente sea la acción de gracias (Sal. 116:17). El motivo constreñidor es el amor de Cristo (2 Co. 5:14, 15). Al entregarnos *a nosotros* mismos a Dios entregamos nuestros miembros como instrumentos de justicia para Él (Ro. 6:13).

VII. Un pueblo valeroso. «Dan es cachorro de león» (v. 22). El cachorro de león tiene en sí la naturaleza de león, y crecerá hasta llegar a la imagen del león. Nosotros hemos sido creados según la imagen de Aquel que recibe el nombre de «León de la tribu de Judá». Vayamos con la audacia de su poder.

VIII. Un pueblo satisfecho. «Neftalí, saciado de favores, y lleno de la bendición de Jehová» (v. 23). ¡Qué herencia! Quedar llenos con la bendición del Señor es ciertamente quedar *saciados de* FAVORES. Este favor, que es la *gracia* de Dios, es abundantemente capaz de hacerlo (Fil. 4:19). Nunca quedaremos *saciados* hasta estar llenos de su bendición. Esta gracia que llena y da satisfacción y que lleva a abundar en toda buena obra queda dentro del alcance de todos (véase 2 Co. 9:8).

IX. Un pueblo dichoso. «Bienaventurado tú, Israel» (v. 29). Pueblo feliz debía ser aquel al que Dios *salió para redimir* para que fueran un *pueblo para Sí*, y para ponerle nombre, y para *hacer grandezas en su favor*, y maravillas (2 S. 7:23). Buscados, redimidos, separados, usados. Feliz el pueblo que está en tal caso, sí, feliz es el pueblo cuyo Dios es Jehová (Sal. 144:15).

205. TRES ESES

Deuteronomio 33

I. Salvado (v. 29). Israel se encontraba sola, entre todas las naciones, como la nación salvada por el Señor. Habían sido salvados de la esclavitud en Egipto y de morir en el desierto. Y por cuanto habían sido salvados, eran felices.

II. Separados (v. 16). Desde el principio, José fue separado de sus hermanos. Desde el principio de nuestra vida cristiana deberíamos reconocer que hemos de vivir la vida separada. Separados del mundo y del pecado, a Dios.

III. Satisfechos (v. 23). Satisfechos: ¿por qué? Porque estamos llenos con la bendición del Señor.

206. UN PUEBLO PRIVILEGIADO

Deuteronomio 33:3

1. AMADO, «De cierto ama a su pueblo».

2. GUARDADO, «Todos los congregados estaban *en tu mano*».

3. DESCANSADO, «Ellos se sentaron a tus pies» (V.M.).

4. ENSEÑADOS, *«Recibiendo dirección de ti»*.

207. LA MUERTE DE MOISÉS

Deuteronomio 34

«Un cambio de mal a gozo, de tierra a cielo,
La muerte me da; calmado me conduce allí
Donde con almas que de la mía mucho ha se separaron
Podemos otra vez reunirnos; la muerte oraciones contesta.
¡Día brillante, sigue esplendente! Alégrate: días mejores
que ante los mortales ante mis ojos se extienden»

NICOLL

Cuando Moisés se detuvo en la cumbre del Pisgá no fue como «tembloroso candidato a la compasión de Dios», sino como *siervo* que había encontrado gran favor con Él, como uno cuya obra había terminado antes que se agotaran su fuerza y vigor. Como la ley que representaba, fue echado a un lado antes de que se desvaneciera su fuerza natural. Hay algunas cosas acerca de esta singular partida de Moisés que sugiere características que pertenecen a la muerte de cada santo. Fue:

I. Una subida. «Subió Moisés... a la cumbre del Pisgá» (v. 1). Subió para morir. ¡Qué pensamiento! Subiendo en espíritu a la puerta del cielo para que pudiéramos partir y estar con Cristo. «Como Enoc, no fue hallado, porque Dios se lo llevó.» Al morir, el cuerpo parte para la tierra, pero el espíritu para Dios, quien lo hizo y lo salvó. Los que viven en la cumbre de la comunión con el Padre no tienen que temer la partida cuando llega la llamada al hogar.

II. En soledad. Moisés estuvo a solas con Dios en el monte (v. 6). Por lo que respecta a las amistades de la tierra, cada persona está *sola* cuando se encuentra con Dios. Ninguna mano humana puede guiarnos a través de este Jordán. Pero el siervo de Dios al morir no siente la pérdida del pariente según la carne; está tan lleno de la gloria de su presencia que se olvida de las cosas que quedan atrás. Solos, pero sin sentimiento alguno de soledad. En el hogar con Dios.

III. Lleno de una visión saciadora. «Le mostró Jehová toda la tierra» (v. 1). Esta visión de la tierra prometida la había tenido ante sí durante muchos años, pero ahora el Señor *permitió* que la viera (v. 4). Si no entró en ella, sí que en espíritu entró en el *reposo* que viene al confiar en un Dios fiel. Moisés no está solo en su aparente fracaso aquí. ¿No hay acaso muchos privilegios espirituales en los que hemos dejado de entrar debido a nuestra incredulidad? Pero bendito sea el Dios de toda gracia, la visión de su misericordia y fidelidad en Cristo saciará el alma mientras esté dando sus últimas boqueadas en la tierra. «Quedaré saciado cuando despierte a tu semejanza».

IV. En la presencia del Señor. «Y le dijo Jehová», etc. (10:4). Morir en su presencia es morir para *entrar* en su presencia, y estar para siempre con el Señor. «Bienaventurados los muertos que mueren *en el Señor* de aquí en adelante. Sí, dice el Espíritu» (Ap. 14:13).

«No es muerte morir cuando Él está cerca.»

No, sino que es solo entrar en una más plena posesión de la vida de Dios. «Aunque pase por valle de sombra de muerte, no temeré mal alguno, porque Tú estarás conmigo» (Sal. 23:4).

V. Según su Palabra. «Y murió allí Moisés, siervo de Jehová, conforme al dicho de Jehová» (v. 5). Sigue siendo así con los santos de Dios. Su Palabra dice: «El que cree en Mí nunca morirá». «Hágase conmigo según tu palabra». «¿Dónde está, oh muerte, tu victoria? ¿Dónde está, oh muerte, tu aguijón? ... Pero gracias sean dadas a Dios, que nos da la victoria por medio de nuestro Señor Jesucristo». En *su* victoria queda la muerte sorbida (1 Co. 15:54-57).

VI. Mientras sus facultades estaban incólumes. Hasta el mismo momento de la muerte, «Sus ojos nunca se oscurecieron, ni perdió su vigor» (v. 7). No tenemos ninguna razón para esperar que *físicamente* esto se cumpla en nosotros cuando llegue el momento de nuestra partida (Sal. 90:10). Pero el nuevo hombre creado según Cristo Jesús no quedará con los ojos oscurecidos, ni se perderá su vigor. «Los jóvenes se fatigan y se cansan, los valientes flaquean y caen; pero los que esperan a Jehová tendrán nuevo vigor; levantarán el vuelo como las águilas» (Is. 40:30, 31). Los que mueren *en* el Señor mueren en su fuerza. En Él el ojo de nuestra esperanza nunca tiene por que oscurecerse, ni perder nunca el vigor la fuerza natural de nuestra fe.

VII. Seguido de un funeral singular. «Y lo enterró en el valle, y ninguno conoce el lugar de su sepultura hasta hoy» (v. 6). No es una verdadera pérdida, porque aunque nadie sepa dónde está sepultado un siervo de Dios, Él sí lo sabe. Él supervisa el funeral de cada uno de sus siervos. En la resurrección no quedará atrás un solo miembro. El diablo contendió con Miguel acerca del *cuerpo* de Moisés (Jud. 9). ¿Acaso quería reclamarlo porque Moisés había dado muerte a un egipcio, o porque no había santificado al Señor en el desierto de Sin? (Nm. 20:10-13)? El *cuerpo* es del Señor, así como el espíritu (1 Co. 6:19). ¿No está el Señor contendiendo incluso ahora por nuestros cuerpos? (Ro. 12:1) ¿Y no sigue el diablo disputando esto?

208. LAS CONDICIONES DEL ÉXITO

Josué 1:1-9

«Obrero tras obrero muere,
E inacabada queda su tarea;
Mas su obra tuya es, oh Cristo,
Y Tú mantendrás tu promesa dada.
Mantén tu palabra prometida,
Que envíes obreros a servirte;
Nuestro Dios dará renovado ardor,
Mueren los obreros, mas Tú vives.»

«Después de la muerte de Moisés... Jehová habló a Josué.» Aunque Dios sepulta a sus obreros no sepulta su obra. Antes que Elías sea llamado su manto cae sobre Eliseo. Los grandes propósitos de Dios, originados y abrigados en una eternidad pasada, no dejarán de cumplirse en el tiempo. Lograr el éxito en la obra de Dios es simplemente caer dentro de su voluntad, y hacerlo a su manera. Todo lo que le agrada es un éxito. En estos versículos se nos da una receta infalible para el *buen* suceso, o como obrar sabiamente.

I. Un entendimiento del propósito de Dios. «Jehová habló... diciendo: ... levántate y pasa este Jordán» (vv. 1, 2). Josué no tuvo que decir: «Señor, ¿qué quieres que haga?». Nunca podía dudar de este *llamamiento*. El camino estaba para él perfectamente claro, y al emprenderlo estaba plenamente consciente de que estaba haciendo la voluntad de Dios. A no ser que hayamos asegurado nuestra *vocación* todo lo demás será incierto (Gá. 1:1). Lo que sigue es: «*Entendiendo* cuál sea la voluntad del Señor».

II. La fe en la promesa de Dios. «Yo os he entregado... todo lugar que pise la planta de vuestro pie» (v. 3). Todas las cosas son posibles para los que creen. La tierra tenía que ser reclamada con los pies. Toda promesa *reivindicada* es una herencia que se nos da. Creed que recibís, y lo *tendréis*. ¿No hay acaso mucha tierra todavía sin poseer en los «lugares celestes»? (Is. 36:3; 2 Co. 2:14).

III. La certidumbre de la presencia de Dios. «Estaré contigo; no te dejaré, ni te desampararé» (v. 5). Para la fe, esta triple promesa es un legado inagotable. Su presencia con nosotros significa que todo lo que Él es en Sí mismo para nosotros. «He aquí, Yo estoy con vosotros todos los días.» «En mi Nombre expulsarán demonios.» Esta certidumbre conduce a una actitud valerosa y a la victoria (Dn. 3:17). ¿No sabéis que Dios mora en vosotros?

IV. Valor en el Nombre de Dios. «Esfuérzate y sé valiente» (v. 7). Si creemos que Él está con nosotros, entonces podremos ser valerosos como un león para enfrentarnos a nuestros gigantescos enemigos (1 S. 17:45). ¿Qué es lo que alentó a Elías a enfrentarse a un total de 450 engañadores? Mayores obras que éstas haréis si creéis en Él (Jn. 14:12-14). «Robusteceos *en el Señor*, y en el vigor de su fuerza» (Ef. 6:10). «Todo lo puedo en Cristo, que me fortalece.»

V. Fidelidad a las indicaciones de Dios. «No te apartes de ella ni a diestra ni a siniestra.» La Palabra de Dios tiene que ser para nosotros nuestra única e infalible guía. En observarla hay gran galardón. El ejemplo de nuestro Señor Jesucristo debería ser el nuestro. ¡Cuán consagrado estaba a las palabras de su Padre! «Las palabras que Yo os hablo, no las hablo por mi propia cuenta». Rechazar su palabra es quedar rechazado (1 S. 15:26). Los hijos de Dios son conducidos por el Espíritu de Dios.

VI. Deleitarse en la Palabra de Dios. «De día y de noche has de meditar en él [este libro de la ley]» (v. 8). Los que realmente encuentran su *deleite* en las Escrituras de verdad serán como árboles plantados junto a ríos de aguas (Sal. 1:2), siempre lozanos y llenos de fruto. Los que guardan su Palabra en sus corazones podrán, como buenos hombres, sacar buen tesoro de ellos (Mt. 12:35). ¿No es acaso en estos corazones nuestros que el Señor pone sana sabiduría para los justos por la operación de su Espíritu Santo por medio de la Palabra? (Pr. 2:6). El mismo Cristo recibe el Nombre de Palabra [o Verbo] de Dios (Ap. 19:13).

VII. Obediencia a la voluntad de Dios. No fue suficiente que Josué oyera el llamamiento y conociera la voluntad de Dios, si no seguía a ello una obediencia y sumisión cordiales. La rendición de nuestra *voluntad* a Dios es tan indispensable para la vida y prosperidad espirituales como lo es la respiración para la vida natural. La respuesta que el pueblo dio a Josué es desde luego la respuesta que deberíamos dar a nuestro Señor y Capitán: «Haremos todas las cosas que nos has mandado, e iremos adondequiera que nos mandes» (v. 16). «Entonces harás prosperar tu camino, y todo te saldrá bien» (v. 8). Aquel que es nuestro gran Ejemplo se hizo obediente hasta la muerte. Haced todo lo que Él os diga. Entonces obrarás con sabiduría.

209. RAHAB
Josué 2:8-24

«De cansancio muerto en mi búsqueda sin fruto,
Con un corazón doliente que el reposo anhela;
Negras memorias mi alma sobrecogen,
Y viejos pecados cual fuego griego me bombardean;
A tu Cruz me postro Señor, yo culpable,
Del infierno digno, y sin embargo... tuyo.»

Josué envió espías para que reconocieran la tierra, pero esto no sirvió en absoluto de ayuda para la *promesa* de Dios. Su Palabra es cierta tanto si la *vemos* como si no. Por *fe* andamos, no por vista. Nadie puede justificar los dudosos tratos de Rahab con el rey de Jericó (vv. 3-6); pero nadie es un ángel porque esté buscando la salvación. El Dios de toda gracia sabe que es solo de las profundidades de las tinieblas y de la culpa que *nadie* puede entrar a la luz de la vida. Que arroje la piedra el que esté sin pecado de pretender lo que no es. Sigámosla paso a paso hasta la vida sublime. Ella:

I. Oyó. «Hemos oído que Jehová hizo secar las aguas del Mar Rojo delante de vosotros», etc. (v. 10). Las nuevas de la gran salvación de Dios habían llegado a sus oídos. ¿Cómo creerán en Aquel de quien no han oído? Contad sus maravillosas obras en medio del pueblo. La apertura del Mar Rojo, y la apertura del camino nuevo y vivo por medio de la sangre expiatoria de Cristo: estas cosas no fueron hechas en un rincón.

II. Confesó. «Oyendo esto ha desmayado nuestro corazón» (v. 11). Las noticias de lo que Dios había hecho por su propio pueblo quebrantó el orgullo de que estaban poseídos e hizo que sus fatuos corazones se fundieran dentro de ellos como cera. ¡Ah, que fuera así ahora! Ella hace una confesión honrada de su total impotencia y desesperanza. No hay intento alguno de justificación propia. Sin fuerza.

III. Creyó. «Sé que Jehová os ha dado esta tierra» (v. 9). El terror del Señor había caído sobre todos los moradores de la tierra, pero solo Rahab *creyó*. La suya fue una fe producida por el *temor*, pero una fe así salvará tan bien como la fe que obra por medio del amor. El temor de Jehová es el principio de la sabiduría. Así, conociendo el terror del Señor persuadimos a los hombres.

IV. Oró. «Os ruego, pues, ahora, que me juréis por Jehová», etc. (v. 12). Habiendo creído ruega ahora que se le conceda un lugar en esta gran liberación que Jehová estaba llevando a cabo por su pueblo. Era una gran petición por parte de una ramera bajo sentencia, pero su fe la hizo osada. «Por *la fe*», dice el apóstol, «Rahab la ramera no pereció» (He. 11:31). Su petición no fue solo para ella misma, sino también por «la casa de mi padre», e incluso esto no fue todo. Ella rogó pidiendo una prenda aseguradora de que su ruego le sería concedido, porque añadió: «de lo cual me daréis *señal segura*». Hay una deliciosa sencillez en esta pecadora pero anhelante buscadora. Y cada creyente puede tener una señal segura (He. 6:18). El Espíritu da testimonio con nuestro espíritu. Él es la SEÑAL SEGURA.

V. Recibió. «Ellos le respondieron: Nuestra vida responderá por la vuestra, nosotros haremos contigo misericordia y *verdad*» (v. 14). Ella ha recibido ahora la promesa. Si ella reposó en la promesa de los hombres, desde luego mayor es la *promesa* de Dios. La fe se ase de la Palabra de Dios. Si no creyeron en Moisés y en los profetas, tampoco se persuadirán aunque uno se levante de entre los muertos. «El que no cree a Dios le ha hecho mentiroso».

VI. Obró. «Ella los hizo descender con una cuerda por la ventana» (v. 15). El apóstol Santiago emplea este acto para demostrar que fue justificada por sus *obras* (Stg. 2:15). Sus obras justificaron la fe de ella a la vista de los hombres con las que estaba tratando, y también la justificaron con toda nobleza y perfectamente. *Muéstrame* tu fe sin obras (imposible), y yo te mostraré mi fe por mis obras. La fe sin las obras que den evidencia de vida es fe muerta en sí misma. Somos justificados ante Dios son obras, solamente por la fe; pero la fe en Dios quedará justificada delante de los *hombres* mediante *obras* de amor y de bondad. Fe que obra por medio del amor.

VII. Obedeció. Los hombres le dijeron: «Atarás este cordón de grana a la ventana por la cual nos descolgaste; y reunirás en tu casa a tu padre y a tu madre», etc. Y ella les dijo: «Sea así como habéis dicho... y ella ató el cordón de grana a la ventana» (vv. 18-21). El marino cree en el viento, y por ello extiende sus velas. Rahab honró a su padre y a su madre al buscar anhelantemente la salvación de ellos así como la suya propia. Ponlo todo en regla en la casa de tu corazón, y refúgiate bajo el cordón de grana de la preciosa sangre de Cristo que siempre habla en nuestro favor. Es horrendo contar como inmunda la *sangre del pacto* (He. 10:39). El cordón de grana era para Rahab la señal del pacto, por lo que lo ató a la ventana *en el acto*.

VIII. Triunfó. «Josué salvó la vida a Rahab la ramera, y a la casa de su padre, y a todo lo que ella tenía; y habitó ella entre los israelitas hasta hoy» (Jos. 6:25). Ella recibió mucho más allá de lo que había pedido o pensado, porque después se convirtió en mujer de un príncipe de Israel y madre de Booz, que tomó como esposa a la gentil Rut. Así entró en la honrosa y gloriosa línea genealógica de nuestro Señor (Mt. 1:5). Todos los que creen se convierten en hijos e hijas de Dios, son introducidos a su familia, y hechos partícipes de la naturaleza divina. Rahab, por su fe, fue salvada y santificada.

210. EL PASO DEL JORDÁN
Josué 3

«En medio de tu presencia recogido,
En lo más profundo de tu amor sumergido,
De Ti cual mi gran tesoro asido,
En un amor que no puede ser medido,
Guárdame, oh Dios, como hijo de luz,
Sí, reflejo yo de tu mismo esplendor.»

El alma que ha dejado de anhelar una experiencia más plena de las riquezas de Dios ha dejado de crecer en la gracia. Cada cristiano tendrá su Jordán que atravesar antes de entrar en la plenitud de la bendición del Evangelio de Cristo. En las mentes de los hombres el Jordán ha sido siempre asociado con la muerte, aunque no es fácil ver relación ninguna entre ambas cosas. Después de la muerte entramos en el reposo, y nuestras *obras nos siguen*, pero cuando los hijos de Israel cruzaron el Jordán, sus obras estaban *delante* de ellos. Mediante sus propias obras debían expulsar al enemigo y tomar posesión de su heredad por el poder de la espada. Su salvación de Egipto fue toda de *gracia*, pero entraron en la posesión de la tierra de abundancia por medio de sólidas *obras de fe*. Veamos como tuvo lugar. Hubo:

I. Una palabra de advertencia. «Cuando veáis el arca del pacto de Jehová vuestro Dios, marcharéis en pos de ella, a fin de que sepáis el camino por donde habéis de ir; ... no os acercaréis a ella» (vv. 3, 4). Esta advertencia es doble. 1) *Tenían que ir en pos cuando el arca se moviera.* El arca era el símbolo de la presencia de Jehová y la señal del pacto. Se trata de una condición inalterable de progreso espiritual; tenemos que estar dispuestos a seguir al Señor adondequiera y en cualquier momento. 2) *Debe haber un espacio* entre ellos y el arca. «Una distancia como de dos mil codos» (v. 4). La razón dada para poner esta distancia entre ellos y el arca es: «Por cuanto vosotros no habéis pasado antes de ahora por este camino» (cp. RV, V.M., o BAS). Esto tiene de cierto la intención de recordarnos que hay siempre una distancia entre el ETERNO YO SOY y las criaturas de solo ayer (Sal. 89:7). Y también que se debe entrar en cada *nuevo camino* sobre una dependencia total en Él. No habéis pasado antes por este camino; asegurad por ello que el arca de su presencia conductora está delante de vosotros.

II. Un llamamiento a la preparación. «Santificaos, porque Jehová hará mañana maravillas entre vosotros» (v. 5). Es la ley del reino espiritual que si Dios debe ser glorificado *por* medio de nosotros tiene que ser primero santificado *en* nosotros (Lv. 10:3). El Espíritu Santo tiene que tener instrumentos santos para cumplir sus maravillas entre los hombres. *Santificaos.* Despojaos del viejo hombre con sus hechos si queréis pasar en lo más íntimo de vuestras almas a la «vida más abundante» y a las «obras más grandes» de vuestro Dios obrador de maravillas.

III. Una palabra de aliento. El Señor dijo a Josué: «Desde este día comenzaré a engrandecerte delante de los ojos de todo Israel» (v. 7). El día que Josué llamó a que el pueblo se santificara Dios comenzó a dar honra a Josué. Busca la honra que viene solamente de Dios; ésta es la que enriquece sin añadir tristeza. Todos los honores humanos son como flores cortadas, pronto se marchitan, pero el honor de Dios corona con una recompensa eterna. Esta diadema de favor divino nunca se pone sobre la cabeza de los que la buscan para su propia gloria. Comenzad a santificar al Señor en vuestra vida, y Dios comenzará a magnificaros a la vista del pueblo. Vuélvete un príncipe con Dios, y tendrás poder con los hombres.

IV. Un alto extraño. «Mandarás a los sacerdotes que llevan el arca del pacto, diciendo: Cuando hayáis entrado hasta el borde del agua del Jordán, pararéis en el Jordán» (v. 8). El paso del Jordán no parece ser el paso de un alma del tiempo a la eternidad tanto como un paso de un alma de una experiencia más inferior o otra de superior de las cosas de Dios. El arca del Pacto se detuvo justo en el río como la garantía del Señor a su pueblo de que las poderosas inundaciones de las dificultades que podrían estorbarlos de tomar posesión de su herencia serán detenidas delante de los pies de la fe (v. 13). Desde luego es cosa bien significativa que cerca de este mismo lugar, *Betábara* (la casa del paso) reposaran los pies del Hijo de Dios, el Arca verdadera, en quien estaba guardada la ley. Y que mientras Él estaba allí, las nubes se desgarraron, y *el cielo se abrió*, y el Espíritu como paloma descendió sobre Él. Aquel bautismo nos ha abierto un paso para nosotros desde las experiencias del desierto hasta la tierra de leche y miel. En este Jordán, que hace separación entre la vida del yo y la vida de Cristo, nuestra «Arca del Pacto» sigue estando allí mediante su intercesión, manteniendo abierto el camino para todos los que están dispuestos a entrar por la fe. ¡Ah, que fuera cierto ahora del pueblo de Dios tal como lo fue entonces, que «todo Israel pasó en seco» (v. 17). Recibid el Espíritu Santo. Si este poderoso bautismo, ¿cómo lo harás en el caudaloso Jordán?

V. Una promesa tranquilizadora. «Y cuando las plantas de los pies de los sacerdotes que llevan el arca de Jehová, Señor de toda la tierra, pisen en las aguas del Jordán, las aguas del Jordán... se detendrán en un montón» (vv. 13-16). «El que tenga oídos para oír, que oiga.» Vosotros que habéis sido hechos sacerdotes para Dios, y que lleváis a Cristo, el Arca del Señor (Hch. 9:15), consolaos y alentaos. Ningún río de oposición cuyo destino, como el Jordán, es el mar Muerto, os obstaculizará nunca del goce de las promesas de Dios si en vuestro corazón lleváis al Hijo de Dios. «¿Qué te pasó, oh Jordán, que te volviste atrás?» (Sal. 114:5). «Mayor es el que está con vosotros.»

VI. Una prueba de su presencia. «En esto conoceréis que el Dios viviente está en medio de vosotros, y que Él echará de delante de vosotros...» (v. 10). La prueba de su presencia es un *poder victorioso.* El vencedor es siempre receptor de la heredad (véase Ap. 2 y 3). Siempre y cuando no estemos viviendo una vida de victoria, podemos poner verdaderamente en tela de juicio si el Señor está con nosotros. Oigamos el testimonio del apóstol: «Si Dios por nosotros, ¿quién contra nosotros?».

211. LOS MEMORIALES

Josué 4

«Como en la quietud de la noche
Despierto estoy;
Las horas, como fatigadas aves, hacia el cielo
Vuelo emprenden;
Y del pálpito de mi corazón,
Sin artificio,
Imagino que con cada pausa y pulsación,
Símbolos fantasiosos dibuja.»

Cada memorial que Dios ha ordenado es una gran misericordia. Así de propensos somos a *olvidar* las grandes cosas que Él ha hecho por nosotros. Sus memoriales no siempre aparecen en agrupaciones de piedras, ni en templos hechos con mano, o en instituciones filantrópicas. Cada piedra viva edificada sobre Cristo, el fundamento divino, es un memorial de su poder redentor.

I. Cómo se levantaron estos memoriales.

1. POR HOMBRES DISPUESTOS. «Josué llamó a los doce hombres a los cuales había designado» (v. 4). No todos pueden edificar un memorial para la gloria de la gracia de Dios. Es necesaria una obra de *preparación personal* por parte de nuestro celestial Josué. Tenemos que ser llamados de Dios, y creer.
2. POR HOMBRES REPRESENTATIVOS. «Uno de cada tribu» (v. 2). Es un privilegio bienaventurado ser escogido por Dios para representarle delante del pueblo, y para levantar un monumento a su Nombre. Estos doce hombres actuaron por toda la nación, cargándoseles a cada uno «una piedra sobre su hombro». Los hombres privilegiados serán hombres con una carga, pero la *carga del Señor* no es una esclavitud (Mt. 11:29, 30).

II. Dónde reposaron estos memoriales.

1. EN MEDIO DEL JORDÁN. «Josué... levantó doce piedras en medio del Jordán, en el lugar donde estuvieron los pies de los sacerdotes» (v. 9). En aquel mismo punto en el que reposó el arca del pacto se colocaron estas grandes piedras. Jesucristo, el Arca de nuestro Pacto, descendió al Jordán de la muerte y de la separación por nosotros, y resucitó. Y así ellos *subieron* fuera del Jordán en el día décimo del primer mes (el día en que el cordero era tomado para el sacrificio, Éx. 12:2, 3). Ahora los memoriales de la Última Cena siguen recordándonos a Aquel que se detuvo en medio del Jordán para que pudiéramos pasar a pie enjuto.
2. EN EL CAMPAMENTO DE GILGAL. «Y Josué erigió en Gilgal las doce piedras que habían traído del Jordán» (vv. 3-20). Gilgal significa el lugar del *rodamiento.* Todos sus pecados y fracasos del pasado son ahora echados fuera rodando. Se encuentra, por así decirlo, sobre terreno de resurrección. Este *segundo* testimonio tiene una voz diferente. Esas piedras, sacadas del lugar de la muerte, se transforman ahora en memoriales de vida y bendición, habiendo sido *salvadas* de la inundación, y designadas como *señales* para otros.

III. Lo que significan estos memoriales. Estos dos montones de piedras, uno en el Jordán y otro en Gilgal, pueden haber tenido la intención de enseñar a los hijos de Israel lo que quieren enseñarnos a nosotros Calvario y Pentecostés, la *salvación* y la *suficiencia* de Dios. Estas piedras declaran:

1. LA MISERICORDIA DE DIOS. «Jehová vuestro Dios secó las aguas del Jordán» (v. 23). Nada hay imposible para Él; Él ha abierto para nosotros un camino nuevo y vivo. «Para que conozcáis la eminente grandeza de su poder para con nosotros los que creemos.»
2. LA FIDELIDAD DE DIOS. «Hasta que se hizo *todo*» (v. 10). El que ha comenzado la buena obra la proseguirá hasta el fin. El ángel del Señor *se quedó* hasta que el sumo sacerdote Josué hubo obtenido todo lo que precisaba (Zac. 3:1-5). El Espíritu Santo es poderoso y está deseoso de hacer lo mismo para cada uno de los que en Él confían.
3. LA GRACIA DE DIOS. En tanto que los sacerdotes permanecían en el Jordán se mantenía abierto el camino, pero cuando los sacerdotes salieron, las aguas volvieron y se derramaron (v. 18). Entonces pasó el día de la gracia, y quedó cerrada la puerta. La gracia de Dios sigue apareciendo trayendo salvación. «He aquí *ahora* el tiempo favorable.»
4. EL AMOR DE DIOS. «Se lo explicaréis a vuestros hijos» (v. 22). Éste es el lenguaje de Aquel que quiere que todos los hombres se salven, y vengan *al conocimiento de la verdad.* «Dejad que los niños vengan a Mí, y no se lo impidáis».

5. EL PODER DE DIOS. «Para que todos los pueblos de la tierra conozcan que la mano de Jehová es poderosa» (v. 24). Estas piedras son testimonio del poder salvador de Dios. Son como ascuas sacadas del fuego. Que todos lo sepan. Proclamadlo. «Él puede salvar completamente.»

212. ¿QUÉ SIGNIFICAN ESTAS PIEDRAS?

Josué 4:21-24

«*Sobre un banco ante la puerta,*
Sentado está con débiles y fijos ojos;
Sentado, mira, delante de él
Donde el sepulcro de su hija se encuentra.
Una oscura masa de piedra cortada,
Sorda, ciega, frente a los elementos desafiante;
Una lápida quebrada medio erosionada,
Que solo muestra el nombre de: JUANA.»

Hay «sermones en piedras», en las piedras de molinos, en las piedras miliarias, y en las piedras funerarias. «¿Qué significan estas piedras?» Esto podría escribirse sobre la verja de cada cementerio, aunque solo Dios sabe lo que todas significan. Según la declaración del Señor, estas *doce* piedras amontonadas en Gilgal debían enseñar a la nueva generación de israelitas lo que Él había hecho por sus padres (vv. 22, 23). La historia de estas piedras puede ser considerada como estableciendo de manera figurada su liberación por el poder de Dios. Así como nosotros podríamos preguntar hoy día: ¿Qué significan estos judíos? o, ¿qué significan estos cristianos? En todo caso, nos encontramos cara a cara con testigos, con memorias del pasado. ¿Qué significan estas piedras?

I. Hablan de esclavitud. Habían estado sepultadas en el oscuro Jordán, apresados y abrumados por sus aguas en su profundo y tenebroso fondo. Así estuvo Israel en Egipto, cuando las profundas y oscuras olas de la opresión los abrumaron, y los barrieron las inundaciones de la persecución. Ésta es también la condición de cada alma no salva. Se encuentran sepultados en las tinieblas de la muerte, encarcelados por la iniquidad y con una corriente del mundo fluyendo sobre ellos.

II. Hablan de impotencia. Los israelitas en Egipto no podían hacer más para librarse de la corriente de la tiranía y esclavitud bajo el faraón que estas piedras podían levantarse por sí mismas del río Jordán. Eran totalmente impotentes. Y tampoco nada podéis los que estás acostumbrados a hacer el mal. ¿Quién puede hacer limpio lo inmundo, o dar vida a lo muerto? Solo hay uno que pueda (Ef. 2:1). Y éste no eres tú, sino Dios.

III. Hablan de descubrimiento. «Dios *secó* las aguas» (v. 23). Ésta era la manera divina de sacar las piedras a la luz. Estas piedras nunca hubieran sido halladas si Jehová Dios no hubiera llevado a cabo esta gran y misericordiosa obra de echar atrás la inundación. Esto es lo que hizo por su pueblo en la casa de servidumbre. Secó la soberbia y el poder de faraón, y extrajo de la riada de la aflicción a aquellos que durante tanto tiempo se habían encontrado impotentes debajo de aquella corriente caudalosa de opresión y muerte. Sí, nuestro Dios puede *secar* las aguas que sepultan y ocultan de su mirada y favor. Si estas piedras tuvieran sentimientos, ¿cuáles habrían sido cuando las aguas fueron detenidas, y se vieron repentinamente bajo el resplandor del cielo? Los que conocen el poder de Dios en la *conversión* saben bien lo que esto significa; la detención de las negras aguas del juicio, y el alma traída a la luz del favor de Dios por medio de la sangre expiatoria de Jesucristo su Hijo. Resucitados de los muertos e introducidos a un nuevo reino, y ahora *sin nada que* se interponga, ¡Aleluya! Pero tenemos aquí un solemne pensamiento para los que quieran *cubrirse* delante de Dios en las aguas del formalismo y de la hipocresía. Él *secará* de repente esta cubierta acuosa. Y entonces, ¿qué?

IV. Hablan de liberación. Estas doce piedras fueron sacadas de en medio del Jordán y *llevadas* sobre los *hombros* de hombres *preparados* (vv. 4, 5), y puestas en un «lugar de acampada» (v. 8). ¡Qué imagen de la salvación de Israel, y de la nuestra! Sacados de la esclavitud al reposo y a la libertad sobre los hombros del Pastor, que ha venido a buscar y a salvar lo que se había perdido (Lc. 15:5). Su presencia es una presencia *sustentadora* (Éx. 33:15). Aquel que nos ha liberado de gran muerte nos librará aún (2 Co. 1:10) del terrible hoyo y sobre la Roca con cánticos de alabanza (Sal. 40:2).

V. Hablan de testimonio. Son piedras memoriales. Señales de lo que el Señor ha hecho. Habían estado cubiertas por el Jordán, inútiles, y ahora son exaltadas y testigos para Dios. Israel debía ser testigo para Él, pero ¡ay! Su testimonio pronto se secó por su iniquidad. Todos los *llamados* de Dios deben ser testigos (Hch. 1:8). Testigos de una riada de ira detenida y echada atrás, y del eminente poder *levantador* y *transmisor* de la gracia de Dios. «Sois mis testigos.» ¿Qué significan estas piedras? «Se lo explicaréis a vuestros hijos» (v. 22).

213. GILGAL

Josué 5:1-12

«*Reposa en Cristo, y descansa en Él,*
En vano en otro lugar buscarás;
El corazón solo para Dios hecho está,
Y agitado queda, como piedra por agua batida,
Hasta que a Él acoge como morador,
Entrando así en descanso cabal».

Al acoger la voluntad de Dios, Israel entró en el reposo de Dios. Muchos no pudieron entrar debido a su incredulidad (He. 3:18, 19). Gilgal fue el primer campamento después de cruzar el Jordán. Como sería de esperar, el primer día pasado en la tierra prometida sería muy memorable. ¿Quién puede olvidar el día de la conversión, cuando el alma gustó por vez primera de los frutos de la salvación? Gilgal era, para ellos:

I. Un lugar de memoriales. Aquí se erigieron las doce piedras sacadas de en medio del Jordán como testimonio del hecho de que Dios había secado el río. Cada alma que ha pasado al reino del amado Hijo de Dios tiene muchas piedras memoriales de la bondad y del poder de Dios su Salvador.

II. Un lugar de sacrificio. «Celebraron la pascua a los catorce días del mes». Cruzaron el Jordán en el *décimo día,* y en el *catorce* celebraron la pascua.
Los días tienen significado en el propósito de Dios. El cordero era tomado el día *décimo,* e inmolado en el *catorce* (Éx. 12:3-6). Estos dos días sugieren *escogidos* por gracia y *pasados por alto* en misericordia. Esto es lo que ha hecho la gracia de Dios, que trae salvación, para todos los que creen.

III. Un lugar de reposo. Aquí encontraron «lugar donde acamparon» (cap. 4:8). Les había sido dada la promesa, y entraron en su reposo (He. 4:1). Temamos, entonces, no sea que alguno de vosotros parezca no haberlo alcanzado (He. 3:12). «Venid a Mí, y Yo os haré reposar.»

IV. Un lugar de humillación. «Josué los circuncidó» (vv. 5-7). El sentido espiritual de este acto parece ser el de abandonar toda confianza en la carne (Fil. 3:5). Los de corazón circuncidado pueden decir: «En mí, esto es, en mi carne, no mora el bien». Es necesario que al entrar en el reposo por la fe en Jesucristo aprendamos *experimentalmente* que la carne de nada aprovecha en el servicio de Dios, y que estamos crucificados con Cristo.

V. Un lugar de libertad. «Hoy he quitado [lit., *he hecho rodar*] de vosotros el oprobio de Egipto (v. 9). Cuando el Hijo os libertare, seréis verdaderamente libres. El «oprobio de Egipto» señala a la pobreza, a la esclavitud y a la incredulidad; pero, bendito sea Dios, Él puede hacer rodar el pasado y quitarlo. De vuestros pecados e iniquidades no me acordaré más: hechos rodar y quitados. Todos los que creen son justificados de todo. Hay libertad de la culpa, de la condenación, y del temor del hombre, quedando *irreprochables* por la misericordia de Dios haciendo rodar todo nuestro mal.

VI. Un lugar de nuevos alimentos. «Al otro día de la pascua comieron del fruto de la tierra» (v. 11). El *fruto* de la tierra, o *producto* de la tierra era para ellos algo nuevo, por cuanto todos, excepto Josué y Caleb, habían nacido en el desierto, y con toda probabilidad nunca lo habían probado antes. «El fruto de la tierra de las preciosas promesas de Dios», antiguo pero siempre nuevo, solamente puede ser disfrutado por aquellos que por fe han tomado posesión. Aquí cesó el alimento del desierto (el maná), declarando con ello que lo que es suficiente meramente para *preservar* la vida no es suficiente para los que tienen que librar las batallas del Señor. Los que quieren testificar y ganar almas para Cristo necesitan más que la *leche* de la Palabra; necesitan del fruto de la tierra, de alimento sólido, si quieren ser valientes para hacer hazañas y ser más que vencedores.

214. POSTRÁNDOSE PARA VENCER

Josué 5:13-15

«Mi camino, y no el tuyo», oh Señor,
Me traspasó como acerada espada;
«Tu camino, no el mío», me levanta,
Y toda tentación sacude a un lado.
«Mi camino, y no el tuyo», me desvía,
Y a toda mala acción conduce;
«Tu camino, no el mío» paz produce
Y todo su dulce fruto.

Como ya se ha visto en la primera parte de este capítulo, Gilgal tiene un significado muy profundo (v. 9). Cuando Dios *hace rodar* una cosa siempre hace lugar para otra. El lugar de bendición va frecuentemente seguido por el lugar de *prueba.* Esto es lo que le sucedió a Josué cuando acudió cerca de Jericó. Nos parece que estos tres versículos están cargados de instrucción espiritual para aquellos que tienen oídos para oír.
Podríamos considerar su:

I. Determinación. «*Estando* Josué cerca de Jericó» (v. 13). Después de las pruebas y refrigerio de Gilgal, se encuentra ahora cara a cara con la gran obra de su vida cuando se encuentra «cerca de Jericó». ¿Cuáles son sus pensamientos al ver delante de sí aquellas formidables murallas? Como Nehemías, va con calma a examinar las dificultades. «¿Qué quieres que haga?».

II. Interrupción. «Vio a un varón que estaba delante de él, el cual tenía una espada desenvainada en su mano» (v. 13). Ésta fue otra crisis en la vida de Josué, como la que vivió Jacob (Gn. 32:24) y también Balaam, aunque éste (Balaam) no la aprovechó (Nm. 22:41). Tiempos como estos, en una u otra forma, vienen a la vida de cada cristiano. Interrupciones repentinas, privilegios, cambios que pueden dirigir las fuerzas de nuestras vidas a líneas más brillantes de bendición, o desviarnos a la inactividad o inutilidad. Nadie es igual una vez que se ha visto cara a cara con Aquel que es Dios (Ap. 3:20).

III. Interrogación. «¿Eres de los nuestros, o de nuestros enemigos?» (v. 13). Josué, como hombre totalmente dedicado a la causa de Dios, ve solo dos grandes clases y causas. «*Nosotros* y nuestros enemigos». Hay un príncipe que trabaja para y en los adversarios (Ef. 2:2), pero «mayor es *el que* está en vosotros que el que está en el mundo» (1 Jn. 4:4). Esta pregunta podría ser hecha con provecho acerca de *cada* nueva dificultad que pueda surgir en nuestro camino, y de cada pensamiento y sentimiento y acción dudosos, porque todo será o bien para ayudarnos a nosotros o bien a nuestros adversarios.

IV. Revelación. «No; mas como Príncipe del ejército de Jehová he venido ahora» (v. 14). El Príncipe del cielo no acude a tomar el puesto de *soldado raso* en las huestes de Jehová. Si Él no es el capitán, no está ahí. El Señor Jesucristo no es siervo de la Iglesia, sino su Cabeza. Quizá mientras Josué estaba junto a Jericó estaba temblando de responsabilidad al pensar en sí mismo como caudillo de esta gran hueste, pero allí llega a saber que *otro* debe asumir toda la responsabilidad, y que él es solamente un *seguidor.* ¿Hemos aprendido esta importantísima lección? ¿Hemos dado a nuestro Señor su verdadero lugar en toda nuestra obra para Él? No yo, sino Cristo.

V. Adoración. «Josué, postrándose sobre su rostro en tierra, le adoró» (v. 14). Cuando a alguien le han sido abiertos los ojos para ver la gracia y el poder de Jesucristo, como le sucedió a Josué, no *intentará* ser humildes, sino que caerán sobre sus rostros; no orarán pidiendo el espíritu de adoración, sino que adorarán. Esta actitud de humildad conlleva una total sumisión, una total buena disposición para tomar el puesto designado por el Capitán de la Salvación, que en todas las cosas y circunstancias demanda la preeminencia.

VI. Petición. «¿Qué dice mi Señor a su siervo? (v. 14). Los que tienen un corazón *humilde* tendrán también un oído *abierto.* Fue cuando Abram cayó sobre su rostro que Dios le habló (Gn. 17:3). Daniel tenía su rostro hacia el suelo cuando oyó la voz de sus palabras (cap. 10:9). Cuando hemos sido humillados delante del Señor, podremos entonces oír lo que Dios el Señor hablará. «Aprended de Mí, que soy manso de corazón».

VII. Sumisión. «Y el Príncipe del ejército de Jehová respondió a Josué: Quita el calzado de tus pies, porque el lugar donde estás es santo. Y *Josué así lo hizo».* (v. 15). Cada lugar en el que el Santo está es santo. Quitarse los zapatos tenía entonces un sentido muy semejante al de quitarse el sombrero en la actualidad. Era un acto que indicaba reverencia (Éx. 3:5). El sumo sacerdote servía delante del Señor con los pies descalzos. Si en los tiempos antiguos se quitaban los zapatos cuando se encontraban ante el *mensajero* de Dios, ¿qué harán ahora aquellos en quienes mora Dios por su Espíritu Santo? De cierto esto: que todo el hombre interior quede desnudo y a descubierto delante de su Santa presencia. Esta actitud del alma siempre dará honra a Dios y logrará victorias para Él (véase 6:27). Él se postró, y venció. «El que se humilla, será ensalzado.»

215. LA CAÍDA DE JERICÓ

Josué 6

«La fe es un correo rápido y seguro, que nos llevará a los ausentes»
MADAM DE JASPARIN

El terror del Señor había caído sobre los cananeos al oír lo que el Señor había hecho. Josué creyó a Dios, y Él venció. Todos los hombres verdaderamente santos son un terror para los impíos. Los que viven solo para Dios tendrán un poder para Él que no podrá resistir la sabiduría y el poder del mundo (v. 1). Todas las defensas humanas se hunden delante de la poderosa presencia del Espíritu Santo. La unidad con Dios es poder para el testimonio, como da testimonio de ello la vida de Jesucristo. A Josué le fue fácil vencer, precisamente porque confió en Dios, que va delante con el espíritu de convicción, mostrando al enemigo su total debilidad en la presencia del Todopoderoso. Observaremos en este capítulo tres pensamientos conductores:

I. Una ciudad sentenciada, o, EL ESTADO DEL PECADOR. Estaba:

1. BAJO LA MALDICIÓN DE DIOS. «Será la ciudad anatema» (v. 17). La sentencia de muerte había sido pronunciada hacía cuarenta años (Éx. 23:27, 28), aunque ellos se gloriaban en su propia fortaleza, ignorando su condición delante de Dios, así como muchos siguen insensibles al estado en que se hallan. Su sentencia estaba igualmente determinada tanto cuando se holgaban que cuando temblaban. Las Escrituras han pronunciado a todos *bajo pecado*, y por ello bajo la maldición de una ley quebrantada. La sentencia de muerte ya ha sido pronunciada sobre todos los hombres, por cuanto todos han pecado (Ro. 5:12).
2. BIEN CERRADA (v. 1). Si hubiera estado cerrada por Dios tal como había cerrado a Noé en el arca, entonces bien hubieran podido reírse con escarnio de los israelitas. Cuando Él cierra nadie puede abrir, pero en este caso *ellos se cierran* contra Dios. El que *encubre sus pecados* no prosperará. Éste es un gesto característico del vano esfuerzo de orgullosos y desafiantes niños, que se cierran dentro de las murallas de su *propia justicia.* Toda boca debe cerrarse.
3. RÁPIDAMENTE DERRIBADA. «El muro cayó a plomo» (v. 20). Les falló su único refugio, y grande fue su ruina. ¿De qué sirve un refugio que de nada servirá para el día de la prueba? Es como una nave podrida en medio de una tempestad. Estas grandes murallas, la *obra de sus propias manos,* eran toda su confianza (Is. 28:17). Estas esperanzas solo avergonzarán.

II. Un extraño asalto, O, LA VICTORIA DE LA FE (He. 11:30). Los medios designados por Dios son frecuentemente locura para el hombre. Pero el corazón creyente se deleita en obedecer. Los medios señalados fueron:

1. RODEAR LA CIUDAD (v. 3). Aquí vemos la *medida* de la fe. Dice Pablo: «Por la *fe*, cayeron los muros de Jericó». Ellos debieron tener una gran fe; su fe, así como sus pies, rodeó la ciudad. Nuestra fe también tiene que rodear el objeto de nuestro deseo si queremos poseerlo. «Según vuestra fe», etc. Es en el rodeo que se prueba la fe, porque no se ve nada más que tremendas murallas de dificultad. No se siente otra cosa que la incapacidad humana. Pero esto solo lleva al corazón confiado a confiar más aún en Dios.
2. EL TOQUE DE TROMPETAS (v. 4). Aquí vemos el medio de la fe. Los *medios* que emplea la fe son muy diferentes de los inventos de la mente carnal. Se trata de las cosas sencillas, aparentemente débiles, de Dios; pero son armas no de la duda ni del experimento, sino de la fe. La honda y la piedra no le servirían de nada a Saúl, pero son poderosos instrumentos en manos de David. La trompeta del Evangelio tiene que ser soplada con fe si se debe lograr la victoria. Solo debían tocarlas los santos labios de los sacerdotes. Y son los hombres santos los que deben seguir hablando, movidos por el Espíritu Santo.
3. EL ACOMPAÑAMIENTO DEL ARCA (v. 6). Aquí vemos el *objeto* de la fe. El arca, el símbolo de la presencia de Jehová. Todo era dispuesto en relación con el arca. ¡Qué confianza! Viene el arca

que dividió el Jordán. La fe de ellos no estaría en sus toques de trompeta ni en su marcha alrededor, pero si no marchan el arca no los sigue. Así también nuestra fe debe mirar a Aquel que dijo: «He aquí, Yo estoy con vosotros todos los días», y proseguir rodeando y soplando las trompetas.
4. EL CLAMOR DEL PUEBLO (v. 20). Aquí vemos la *expectativa* de la fe. No es obra de los sacerdotes solamente, sino de todo el pueblo (v. 5). Por medio de lo que se ha hecho, ha aumentado la fe en los corazones de todo Israel. Ahora todos están confiados y esperando, y todos claman por la caída y la victoria. ¿Por qué se logran tan pocas grandes victorias para Dios? Porque tan *pocos esperan*. Porque tan pocos se unen al clamor. ¡Ah, cuánto soplar hay en estos días de tanta predicación, pero cuán poco clamor entre el pueblo!

III. Una familia perdonada, o LA GRAN SALVACIÓN (v. 25). «Por la fe Rahab la ramera no pereció» (He. 11:31). Observemos que ella:

1. CREYÓ. «Sé que Jehová os ha dado esta tierra; ... Porque Jehová vuestro Dios es Dios» (2:9, 11). Ella ocultó el mensaje, así como a los mensajeros. Sus viejas creencias y sus prejuicios fueron echados a un lado. Ella *oyó* y creyó (vv. 2, 11). «¿Quién ha dado crédito a nuestro mensaje?, ¿y a quién se ha revelado el brazo [poder] de Jehová». El que creyere será salvo.
2. OBEDECIÓ. «Y ella ató el cordón de grana a la ventana» (cap. 2:21). Su fe quedó justificada a la vista de los hombres mediante sus obras. Ella ocultó a los mensajeros y expuso el cordón (Stg. 2:25). «La fe sin obras está muerta». Es mediante el cordón de grana que ella será justificada o condenada. ¿Está la sangre carmesí interponiéndose entre ti y la venganza que se avecina, que debe caer sobre todos los que no obedecen al Evangelio? Cuando vea el cordón [la sangre] pasaré de largo en cuanto a vosotros.
3. TESTIFICO. No solo se salvó a sí misma, sino «todo lo que era suyo» (v. 23). Cómo ella los persuadió no lo sabemos, pero los que están para ahogarse se agarrarán a una paja flotando; la esperanza podrá parecer vana, pero aquí estaba en juego el honor de Josué. Torre fuerte *es el nombre de Jehová*. «Cree en el Señor Jesucristo, y serás salvo, tú y tu casa». He aquí ahora el día aceptable»; no cuando los muros ya han caído a plomo. «Entra tú y toda tu casa en el arca».

216. EL FRACASO EN HAY, O EL PODER DEL PECADO SECRETO

Josué 7

«Resplandece, tú luminoso faro, sin nubes, libre,
Desde tu altura serena sobre el bramar del mar de la vida.
Pero, barca de la eternidad, ¿dónde estás ahora tú?
Las turbulentas aguas baten a cada caída de tu proa,
Sobre el piélago solitario, haciéndote crujir y gemir:
Ilumina Tú, oh Solitario: "Si te pierdo, perdido estoy".»

La caída de Jericó fue seguida por la caída temporal de Israel. Nos es muy necesario cuidarnos de los peligros del éxito. Cuando Uzías se fortaleció su corazón se engrió para su destrucción (2 Cr. 26:16). La semilla del orgullo y de la confianza en sí mismo se siembra frecuentemente en la gozosa pero descuidada hora de la victoria, o entre el peligroso aplauso de los hombres. Sigue habiendo deseos acánicos acechando en el corazón, solo esperando una oportunidad para enriquecerse a *sí mismos* con las cosas que deben ser totalmente dedicadas a Dios (cap. 6:17, margen). El pecado siempre lleva al fracaso. Perder la comunión con Cristo es perder todo poder para el testimonio para Él. Hay aquí dos pensamientos intensamente solemnes:

I. La vergonzosa derrota de Israel, o, EL FRACASO DEL CREYENTE. Fue:

1. INESPERADA. Dijeron ellos: «No suba todo el pueblo» (v. 3). Estaban muy confiados en que lograrían el éxito, pero eran muy ignorantes de su propia condición a la vista de Dios. La confianza y el *fervor* en un obrero cristiano nunca pueden sustituir a la *santidad*. Nuestro poder no reside siquiera en nuestras experiencias pasadas. ¿Es recto tu *corazón* para con Dios? Incluso los fracasos *inesperados* tienen una raíz de mal en algún lugar.
2. COMPLETA. «Huyeron delante de los de Hay» (v. 4). ¿Por qué huyeron? Porque el Señor no estaba con ellos. No hay nada tan impotente como los Sansones cuando se desvanece su fuerza. El hombre cuya única fuerza es Dios tiene que ser siempre alguien totalmente inerme sin Él (Jn. 15:5). Pero preguntadles: ¿Creéis que Dios está con vosotros? Ellos dirán: Sí. Mirad como nos ayudó en Jericó. Pero el pasado no es el presente. Todos nuestros esfuerzos serán así de totalmente infructuosos a no ser que la presencia y poder de Dios estén ahí. No ganamos la victoria simplemente porque seamos cristianos, como tampoco los hijos de Israel las ganaban simplemente por ser israelitas. Tenemos que ser cristianos según la santa mente y voluntad de Dios si queremos ser vencedores.
3. HUMILLANTE. «¡Ay, Señor!, ¿que diré?», etc. (v. 8). El fracaso de Israel atrae deshonra sobre el Dios de Israel. ¡Cuán agudamente deberían dolernos nuestros fracasos en lo más hondo de nuestros corazones, cuando sabemos que por ellos nuestro Señor es deshonrado! ¡Cómo deberíamos humillar nuestras cabezas hasta el polvo, confundidos y avergonzados, diciendo, como Josué, «Oh, Señor, ¿qué diré?», etc. Si los fracasos del pasado no nos llevan a un examen humillante y escudriñadora de Dios nunca descubriremos la verdadera fuente del poder. Los que esperan fracasos nunca se humillan debido a ellos, y el Señor no es exaltado por ellos a la vista del pueblo. El que se humilla será exaltado.
4. NECESARIO. «¿Por qué te postras así sobre tu rostro? Israel ha pecado... ni estaré más con vosotros, si no destruís el anatema de en medio de vosotros» (vv. 10-13). Muchos están lamentando su *fracaso* cuando tienen más necesidad de lamentar su *pecado*. El Señor no puede usarnos en ocasiones debido a pecados secretos. Aunque seamos desconocedores de ello, Dios no lo es. Él no puede tratar el pecado a la ligera porque nosotros no estemos conscientes de él. Si ellos no hubieran fracasado, hubieran persistido en su pecado. Dios no puede tener comunión con la injusticia. El anatema tiene que ser quitado o su presencia nos será quitada. Nuestros fracasos deberían también llevarnos a escudriñar la tienda de nuestro corazón. «Escudríñame, oh Dios».

II. El pecado de Acán, o, LA CONDENACIÓN DEL PECADOR. Su historia es muy breve y triste. Cuatro pensamientos lo incluyen todo. Su

1. DESEO. «Vi... codicié» (v. 21). El pecado muchas veces comienza con una *mirada*. Eva vio el fruto. Lot vio la llanura bien irrigada. Acaz vio un altar y lo copió (2 R. 16:10). Pero el pecado de Acán no consistió en ver el oro, etc., quizá no pudo evitarlo; pero lo *codició*. Amó la ganancia prohibida, hasta el punto en que el deseo hizo mover su mano. Los placeres del pecado siempre atraerán cuanto más uno los contemple con *deseo*. Los cristianos tienen mucha necesidad de vigilar sus corazones. Ciertas circunstancias podrían conllevar resultados ruinosos si cada *pensamiento* no es llevado a Cristo *en cautividad*.
2. DESOBEDIENCIA. «Tomó del anatema» (v. 1). Dios los había advertido que se guardaran en absoluto del anatema (de las cosas dedicadas) (6:18). Él pecó a sabiendas, no en ignorancia. El hecho de que *ocultara* lo tomado demuestra que estaba *consciente* de lo malo de su acción. Igualmente hoy en día hay muchos que siguen desobedeciendo a Dios prefiriendo el mundo a Cristo, y a menudo manteniendo la *apariencia* de piedad para engañar a los hombres. La hipocresía de Acán no es poco común en nuestros días, incluso entre profesos obreros de Cristo. Aunque el Señor ha dicho con claridad: «*No* améis el mundo», ¡ay, cuánto de él se esconde en el corazón!
3. DETECCIÓN. «Y fue tomado Acán» (v. 18). Sabe que tu pecado te encontrará, sea que seas santo o pecador, cristiano o no. Fue descubierto entre todos los miles de Israel, porque nada se oculta a la mirada de Dios, con quien tiene que ver cada pecador. ¡Cuán solemne el descubrimiento, expuesto a la mirada de todo el pueblo, y con cada cosa escondida sacada a la luz! ¡Qué prefiguración del Gran Juicio! El que encubre sus pecados, no prosperará.
4. DESTRUCCIÓN. «Y todo Israel le mató a pedradas» (v. 25, V.M.). No hay vía de escape. ¿Cómo escaparéis? ¡Qué contraste entre la casa de Rahab y la de Acán! La primera salvada, la segunda perdida (6:25). La fe de la primera y la desobediencia del segundo hicieron la diferencia. Como padres, ¿estáis actuando como Rahab o como Acán? ¿Cuál será el final, salvación o destrucción? Hay pecado en el campamento. «¿Está en mí, Señor?» Lo que la ley no podía hacer Dios lo puede cumplir gracias a que envió a su Hijo.

217. EL ALTAR EN EL MONTE EBAL

Josué 8:30-35

«Fuerza divina, Él no blandirá,
Alta y baja la marea de su mal se hinchió;
¿Nadie cerca para a su Señor escudar?
Solo uno: y "obligado" fue.
Cuán humano, oh Cristo, fuiste,
Desmayando, cayendo por la calle;
Mas la "obra" a Ti encomendada,
De Ti salió sin tacha, completa.»

El altar en el monte Ebal es el cumplimiento del mandamiento de Dios (Dt. 27:2-8) y una prefiguración de la Cruz de Cristo. El gran acontecimiento venidero, la muerte del Hijo de Dios, arroja su sombra delante de sí. Toda la escena delante de nosotros es sumamente impresionante y sugerente. «Abre Tú mis ojos para contemplar las maravillas de tu ley».

I. El monte Ebal, o EL SITIO DE LA MALDICIÓN. Ebal estaba justo en el centro de la tierra, y se les mandó que pusieran allí la maldición (Dt. 11:29). *Ebal* significa «pedregoso» o «montón de esterilidad». Puede ser la imagen de lo que Jerusalén iba a devenir en años posteriores, o de un corazón pedregoso y una vida estéril. En ambos casos, la maldición ha venido debido a la incredulidad (Gá. 3:10).

II. El altar del sacrificio, o LA CRUZ DE CRISTO. «Entonces Jehová edificó un altar a Jehová Dios de Israel en el monte Ebal» (v. 30). Es sublimemente sugestivo que el altar fuera puesto en el lugar donde fue puesta la maldición. Éste es el pensamiento que tenemos en Gálatas 3:13: «Cristo... habiéndose hecho maldición por nosotros». Este altar fue hecho «de piedras enteras sobre las cuales nadie alzó hierro» (v. 31). La advertencia dada fue: «Si me haces altar de piedra, no las labres de cantería; porque si alzas herramienta sobre él, *lo profanarás*» (Éx. 20:25). En la obra de la *expiación* no hay en absoluto lugar alguno para la *obra* del hombre. Todo el corte y talla humanos solo sirven para contaminar la *gracia salvadora* de Dios. Las piedras *sin* tallar eran piedras preparadas y *acabadas* por Dios. Como dijo Ruskin, «*solamente* Dios puede terminar». El altar de la Cruz de Cristo levantado en el lugar de la maldición, y la ofrenda de Sí mismo a Dios por nosotros es una obra divinamente acabada, y acabada con materiales de su propia factura. Los modernos talladores que intentan mejorarlo solo lo dañan e impurifican, mientras que traicionan su ignorancia e incredulidad. El altar era para Dios, y nunca fue dispuesto como *ornamento*; era una terrible necesidad.

III. La ley de Moisés, o LA PALABRA DE DIOS. «También escribió allí sobre las piedras una copia de la ley de Moisés» (v. 32). Estas piedras encaladas, sobre las que fue escrita la ley, eran diferentes de las piedras del altar (Dt. 17:2-8). Allí donde el altar fue edificado, allí fue declarada la ley. Con la Cruz de Cristo viene la revelación de la Palabra y de la voluntad de Dios. El pilar de la verdad se levanta junto al altar de la Cruz. De cierto que la ley del Señor tiene un nuevo significado en presencia del altar del Señor. El altar declara la expiación por el pecado de una ley quebrantada. «Cristo nos redimió de la maldición de la ley, habiéndose hecho maldición por nosotros». «Las *palabras* que yo os he hablado son espíritu y son vida».

IV. El arca del pacto, o JESÚS EN MEDIO. «Y todo Israel... estaba en pie a uno y otro lado del arca... La mitad de ellos estaba hacia el monte Gerizim, y la otra mitad hacia el monte Ebal» (v. 33). El arca del pacto, como símbolo de la presencia de Dios, *entre* la maldición y la bendición, parece como una prefiguración de aquella solemne escena registrada en Mateo 25:31-46: «Y serán reunidas delante de Él todas las naciones, y *separará* a los unos de los otros, como separa el pastor las ovejas de los cabritos». Tan cierto como el pacto infalible de Jehová estaba en el arca que se cumplirá su Palabra *en Cristo*. Jesucristo es el Hombre divinamente designado, por quien Él juzgará el mundo en justicia (Hch. 17:31).

V. El doble propósito, o BENDICIÓN Y MALDICIÓN. «Leyó todas las palabras de la ley, las bendiciones y las maldiciones» (v. 34). Fueron leídas *todas las palabras* de la ley, pronunciándose y justificándose todas las bendiciones y todas las maldiciones. No había neutralidad posible. En la presencia de Dios somos o benditos o malditos. No estar bendito es estar maldito. La única alternativa a la *vida* es la *muerte* (Dt. 30:19). Salvación o condenación. Todas las amenazas así como las promesas de Dios serán cumplidas en cumplimiento exacto en aquel día en que se celebre el juicio.

218. LOS ANSIOSOS GABAONITAS

Josué 9

Se cometieron dos pecados en relación con los gabaonitas. 1) Josué actuó siguiendo su propia sabiduría, en lugar de preguntar a Dios (v. 14), y por ello hizo alianza con ellos, en contra del mandamiento de Dios. Guardémonos de ser llevados a la desobediencia mediante adulación. 2) Los gabaonitas acudieron con falsos pretextos. Hicieron males para que vinieran bienes. Si hubieran sido humildes y honrados como Rahab hubieran podido llegar salvarse igualmente. Rahab fue muy exaltada (Mt. 1:5). Ellos quedaron muy humillados (v. 23). Pero dejando a un lado los fallos, examinemos algunos de los factores de su vida que ilustran la necesidad de gracia y salvación. Los vemos a continuación:

I. Sumamente alarmados (vv. 9, 10). Y no es para asombrarse, cuando creían que estaban todos bajo la condenación de Dios, y que había sido pronunciada contra ellos sentencia de muerte (Ro. 3:23). Temieron en gran manera (v. 24), precisamente porque *creyeron*. El diablo cree y tiembla. La paz falsa del pecador se fundamenta sobre las arenas movedizas del «No me lo creo». Es imposible para nadie creer la Palabra de Dios y no quedar afectado por ella. ¡Ah, que muchos tuvieran esta profunda consciencia de su estado ante Dios! ¡Qué preocupación, ansiedad, insomnio y dolor que crearía! Visita Gabaón, conversa con los ciudadanos, aprecia sus artículos. ¡Qué cambio ha sobrevenido en toda la ciudad, como el cambio que viene al corazón cuando la conciencia está verdaderamente convicta de pecado!

II. Rogando por la salvación. «Haced, pues, ahora alianza con nosotros» (v. 6). No tratamos ahora acerca de la manera en que acudieron, sino del *objeto* de su llegada. Ellos querían *gracia* salvadora. Estaban convencidos de que su única esperanza residía en esto. La resistencia era inútil. Cuando los pecadores se despiertan sienten profundamente que lo que necesitan de verdad es misericordia. La justificación propia queda fuera de toda consideración. Su único refugio está en la gracia de Dios (Ef. 2:8). Ellos le dijeron: «Haz alianza con nosotros». Querían *la promesa de Josué* como garantía de seguridad. Esto es lo que nuestro Josué les da a todos los que acuden a Él, por lo que quedan asegurados de la salvación, y pueden reposar, como los gabaonitas, en la *palabra* de aquel que no miente. No te vayas sin la promesa. Lo que los gabaonitas fingieron, nosotros podemos decirlo con toda verdad: «Venimos de tierra muy lejana» (v. 6), lo mismo que el pródigo en el Evangelio de Lucas.

III. Reconciliados en gracia. «Y Josué hizo paz con ellos, y celebró con ellos alianza, *concediéndoles* la vida» (v. 15). Él hubiera podido condenarlos con toda justicia. Tenía poder y autoridad para ello, pero les concedió la vida. Era puramente una provisión de la gracia; además, se añadía a la paz el *juramento de confirmación*, que es el punto final de toda disputa (He. 6:16). Hay tres cosas que se destacan en relación con esta reconciliación: 1) La *aceptación*, 2) El *pacto*, 3) El *juramento*. El pecador que acude a Jesús es aceptado por misericordia. Luego entre en el pacto (o alianza) de gracia, y luego el sello de la *promesa* de Dios hace el compromiso eternamente seguro (Ef. 1:13).

IV. Totalmente consagrado. Ellos dijeron: «Henos aquí en tu mano; lo que te pareciere bueno y recto hacer de nosotros, hazlo» (v. 25). El efecto de la gracia no es convertirlos en orgullosos y desafiantes. ¡Cuán hermoso es cuando el alma, abierta por la misericordia y el amor de Dios, se entrega dulcemente a su gran Libertador! Éste es el lenguaje de la consagración: Tú nos has salvado, tuyos somos, haz solo tu voluntad en nosotros y con nosotros. A Ti te debemos la vida, tuya es, hágase tu voluntad. Éste es el puro efecto de la gracia de Dios cuando se disfruta verdaderamente. Si su amor no te ha constreñido a consagrar todo a Él, debe ser poco el amor de que tú gozas.

V. Activamente dedicados. «Josué los destinó aquel día a ser leñadores y aguadores para la congregación» (v. 27). No solo debemos ser humildes y obedientes, sino además bien dispuestos y activos. Es una obra muy humilde la que se les asigna. Algunos están dispuestos, como Naamán, a hacer alguna gran cosa, pero es en las cosas pequeñas que se ve nuestro verdadero carácter. Si profesamos ser muy humildes, Dios nos probará con algún servicio humilde. Pero el verdadero corazón no encuentra nada demasiado humilde cuando es *su voluntad*. Un ángel estaría tan bien dispuesto a barrer una calle como a proclamar que «el tiempo no será más», si es enviado para ello. Hemos sido salvos para servir (Lc. 1:74). Los leñadores para el *altar* y los aguadores para la pila de purificación siguen siendo muy necesarios.

VI. Grandemente despreciados. «Subid a mí y ayudadme, y combatamos a Gabaón; porque ha hecho paz con Josué y con los hijos de Israel» (cap. 10:4). Fueron aborrecidos por su pacífica relación con Josué. Fueron menospreciados por su causa (Jn. 15:19). Los que han hecho paz con Jesús no lo encuentran mejor hoy en día. El mundo sigue aborreciendo al Cristo de Dios como en el pasado, pero Él vencerá. Algunos se avergüenzan de confesar su adhesión a Jesús, por temor al menosprecio de los hombres. Los gabaonitas no intentaron ocultarlo, sino que se regocijaron en ello. ¡Qué cobardía, avergonzarse de tener paz con Dios!

VII. Poderosamente protegidos. En los tiempos de angustia y de peligro amenazador ellos envían a Josué, diciendo: «Sube prontamente para defendernos y ayudarnos» (10:6). ¡Oh, que amigo les es Josué! Él puede salvarlos completamente. Su salvador viene a ser su protector. ¿Es menos nuestro Salvador para nosotros? El sol y la luna se detuvieron sobre Gabaón, para que la victoria pudiera ser completa. ¡Qué honor que se les da a los gabaonitas por su confianza! Ellos invocan a Josué, y él logra la victoria para ellos. Miraron a él y fueron librados. Él puso a los enemigos de ellos bajo sus pies (v. 24). La Iglesia de Dios, como Gabaón, parece a punto de perecer aplastada por los enemigos que la rodean, pero Él que es el Salvador y Rey acudirá de repente (v. 9). ¿Está tu alma, como esta ciudad, a punto de perecer? Que suba tu clamor al vencedor Jesús. Estos gabaonitas que habían asumido el puesto de extraños demandan ahora los privilegios de los siervos. El ruego de ellos es: «No niegues ayuda a tus siervos; sube prontamente a nosotros para defendernos y ayudarnos». El ruego de ellos fue cumplido con toda celeridad. «¿Y acaso Dios no hará justicia a sus escogidos…? Os digo que pronto les hará justicia» (Lc. 18:7, 8; 2 Cr. 16:9).

219. LA CONQUISTA DE JOSUÉ

Josué 10:7-14

Toda la tierra de Canaán era el don de Dios a su pueblo Israel, pero fueron lentos en entrar y poseer. Dios está siempre más dispuesto a dar que nosotros a tomar:

I. La obra a llevar a cabo. Cinco reyes de los amorreos, con todas sus huestes, habían acampado delante de Gabaón, con quienes recientemente Josué había hecho alianza. Ellos le enviaron un mensaje urgente, diciendo: «No niegues ayuda a tus siervos; sube prontamente a nosotros para defendernos y ayudarnos». Tan pronto como los gabaonitas se hicieron aliados de Israel, se convirtieron en enemigos de los amorreos. Josué considera su honor comprometido a ayudar a sus hermanos más débiles a mantener su posición contra el enemigo común. Tenían enemigos, y también nosotros los tenemos, con los que son imposibles las contemporizaciones.

II. El aliento dado. «No tengas temor de ellos; porque yo los he entregado en tu mano» (v. 8). Esto dijo el Señor a Josué, cuando éste se preparaba para la batalla. Los que han propuesto en su corazón hacer la *voluntad* de Dios pueden esperar confiados la *ayuda* de Dios. Todo depende de la actitud que Dios toma hacia nuestras empresas, si van a prosperar, o si van a terminar en confusión (Gn. 11:4-8). Su promesa: «He aquí, yo estoy con vosotros», puede ser reivindicada por cada uno que lucha contra todos los malos principios y hábitos que estorban a las almas de gozar del don de la gracia de Dios.

III. El método adoptado. «Y Josué vino a ellos de repente, habiendo subido toda la noche desde Gilgal» (v. 9). No perdió el tiempo. Todo lo que hagas, hazlo de corazón como para el Señor. «Subir *toda la noche*» implicó un cierto sacrificio personal, pero las grandes victorias en el Nombre de Dios pocas veces se ganan sin esto. Los que intentan grandes cosas sobre la autoridad de la Palabra Divina saben lo que es estar «un día y una noche en alta mar».

IV. Las armas empleadas. Hubo, naturalmente, la espada, pero nuestras armas no son carnales, sino espirituales y poderosas, para derribar las fortalezas de Satanás.

1. La espada del ESPÍRITU es también nuestra espada, que es la «PALABRA DE DIOS». Si el Espíritu tiene una confianza inquebrantable en esta hoja de doble filo como irrompible y eficaz para vencer al enemigo y para el establecimiento del Reino de Dios, bien podemos tenerla *nosotros*. Ellos tuvieron otra arma llamada «grandes piedras desde el cielo». Los que guerrean contra los propósitos revelados de Dios tienen más contra ellos que lo que puedan soñar. Esta destructora lluvia de grandes piedras eran las saetas del Omnipotente, disparadas desde el certero arco del juicio (Is. 30:30). Los batallones del cielo están del lado de los que creen la Palabra de Dios y hacen su voluntad (Job 38:22, 23).
2. La siguiente arma que entró en acción fue una FE OSADA. Cuando Josué clamó al Señor a la vista de Israel, y mandó: «Sol, detente en Gabaón», no fue solo un aventurarse en fe sin precedentes, sino, nosotros habríamos imaginado, inimaginable. El aquel momento le pareció tan cercana y real la presencia del Omnipotente que «para el que cree, todas las cosas son posibles». Allí y entonces pidió «algo grande, y lo recibió». No lo pidió por causa de sí mismo, sino para el cumplimiento de la misión que Dios le había encomendado.
3. Todo PODER en los cielos y en la tierra sigue estando a disposición de los que están consagrados a su servicio (Mt. 28:18-19). Si fuera necesario, sería cosa tan fácil para Dios detener todo el sistema solar y volverlo a poner en marcha sin que se dislocara en ninguna parte, como para un maquinista detener el tren. Es de la naturaleza de la fe esperar los milagros, y cuando es ejercitada de una manera decidida nunca se ve frustrada. El Señor continúa «escuchando la voz del hombre», y hace por él cosas memorables (v. 14).

220. BALAAM, O LAS EXPERIENCIAS DE UN RÉPROBO

Josué 13:22; 1 Corintios 9:27

«No un cambio de lugar, mas de corazón
Es lo que logran las dulces heridas de la flecha del amor;
Viniendo o se yendo, solo tu poder
Quebranta o funde el duro corazón
No un cambio de lugar, mas de corazón
Nos aparta de donde Tú estás, Señor;
¡Amor entenebrecido! ¡Triste maravilla!
Que entre Dios y nosotros pone separación.l»

«También mataron a espada los hijos de Israel a Balaam el adivino, hijo de Beor, *entre los demás* que mataron». Ésta es una declaración muy breve, pero es una terrible revelación. Aquel que una vez declarara la Palabra y la voluntad de Dios es hallado muerto entre sus enemigos. Un ejemplo notable de los «pámpanos secos» a que se hace referencia en Juan 15:6. Se puede realizar en nuestra experiencia cristiana lo que Felicia Hemans dijo en otro contexto:

«Nada externo ha cambiado,
Solo que de la pureza el gozo ha huido».

Un árbol puede presentar todas las apariencias de salud y estabilidad incluso cuando su núcleo interno se está pudriendo. Es posible tener la *forma* de piedad mientras que hay una total ausencia del poder. El carácter de Balaam es algo enigmático, pero se nos ha dado lo suficiente para servir de faro de alarma a cada siervo de Jesucristo. Observemos:

I. Su carácter y privilegios.

1. FUE TRAÍDO AL CONTACTO CON DIOS (Nm. 22:9-12; 23:4). ¡Qué privilegio angélico, que Dios nos hable, y *saber* que es Dios quien habla! Uno pensaría que tal evidencia de su existencia e interés personal en nosotros sería suficiente para ligar nuestras almas para siempre a Él en fidelidad. Pero ¡ay! ¿cuántos de nosotros oímos su Palabra y creemos que es su Palabra, y sin embargo fallamos en cuanto a nuestra obediencia a ella?
2. TUVO EL VALOR DE RECONOCER A DIOS DELANTE DE OTROS. «La palabra que Dios ponga en mi boca, esa hablaré» (Nm. 22:38). Unas nobles palabras. En su forma, ésta es la confesión de los *fieles* (1 R. 22:14). Éste es un inicio esperanzador de la carrera profética. Corríais bien. ¿Quién os estorbó? Acordaos de la mujer de Lot.
3. LA PALABRA DE DIOS FUE PUESTA EN SU BOCA (Nm. 23:5). En esto fue tan grandemente favorecido como el fiel y sensible Jeremías (Jer. 1:9). Y no se encontraba solo en este honor. «Mas ¿que dice? Cerca de ti está la palabra, en tu boca y en tu corazón. Esto es, la palabra de fe que predicamos» (Ro. 10:8). Tener la Palabra de Dios en nuestras bocas cuando somos jóvenes es cosa buena, pero no es suficiente para hacer siervos fieles de Cristo.
4. ESTABA CONVENCIDO DE LA SEGURIDAD Y DICHA DEL PUEBLO DE DIOS (Nm. 23:21-24). El testimonio de Balaam es: «*No ha notado* iniquidad en Jacob… Jehová su Dios *está con él*, no hay agüero ni adivinación contra Israel». Ello indica un triple privilegio que pertenece a todos sus redimidos: 1) El perdón; 2) la comunión; 3) la seguridad (Ro. 4:7, 8; He. 13:5; Ro. 8:33). Nunca es muy difícil convencer a los impíos de que el cristiano tiene la mejor parte. Cuando los magos *fracasaron* en su intento de imitar las obras de Moisés, estuvieron dispuestos a confesar que «Éste es el dedo de Dios» (Éx. 8:16-19).
5. TUVO SUS OJOS ABIERTOS PARA VER LA VISIÓN. «El que vio la visión del Omnipotente, caído, pero abiertos los ojos» (Nm. 24:3, 4). Para tener los ojos abiertos a fin de ver la visión del Omnipotente en su gracia y misericordia maravillosas en Cristo Jesús es absolutamente necesaria una vida santa, grata a Dios. Los hay que tratan de dar testimonio de Dios cuando nunca han visto la visión, cuyos ojos interiores nunca han sido aún abiertos; y los

hay que, como Balaam, han visto la visión, y se han echado atrás. Zacarías tenía entendimiento en las «visiones de Dios», y como alguien dijo: «La misma eternidad será necesaria para medir la vida del hombre que ha visto las visiones de Dios». Es cosa terrible ver a Dios en Cristo y morir. La visión abrumará al no arrepentido a través de la eternidad.

6. DECLARO SU FIDELIDAD A DIOS. «Yo no podré traspasar el dicho de Jehová para hacer cosa buena ni mala de mi arbitrio, mas lo que hable Jehová, eso diré yo» (Nm. 24:13). Estas cosas tienen un son muy grato en nuestros oídos, viniendo como vienen después de haber visto «la visión del Omnipotente». Fueron dichas con un tono firme y decisivo. «Si Balac», dice él, «me diese su casa *llena de plata y oro*, yo no podré traspasar el dicho de Jehová». ¡Ay, ay!, Pedro tiene un terrible comentario a esta pretenciosa profesión de labios. «Balaam, el hijo de Beor, el cual *amó* el pago de la iniquidad» (2 P. 2:15; Jud. 11). No todo el que *dice* entrará en el reino.

7. FUE EN OCASIONES MOVIDO POR EL ESPÍRITU DE DIOS. «El Espíritu de Dios vino sobre él» (Nm. 24:2). ¿Está Balaam también entre los profetas? Sí, por un tiempo está sobre él la lengua de fuego profético, y habla la sabiduría de Dios. La venida del Espíritu sobre él, como sobre otros, fue enteramente de la GRACIA de Dios, una oportunidad y provisión puestas al alcance de un alma que puede enriquecer la vida para siempre, o que puede ser recibida *sin corazón*, y acabar en fracaso, tinieblas, desengaño y desgracia. Presta atención, que la *luz* que está en ti no se convierta en tinieblas.

8. TENÍA UN GRAN ANHELO DE MORIR LA MUERTE DE LOS JUSTOS. «Muera yo la muerte de los rectos, y mi *postrimería* sea como la suya» (Nm. 23:10). Hay dos fines para la vida del justo, el primero y el *postrero*. El primero puede no siempre ser feliz, pero el postrimero sí lo es. «Bienaventurados los muertos que mueren en el Señor» (Ap. 14:13). A la vista del Señor la muerte de ellos es estimada (Sal. 116:15). Él deseaba el bienaventurado fin de los justos sin vivir su vida *separada*. Vana esperanza. Balaam fue encontrado muerto entre los enemigos del Señor (Jos. 13:22). Ten cuidado de ti mismo.

II. Su culpa y fracaso.

1. INTENTÓ ALTERAR LA PALABRA DE DIOS. El Señor declaró posteriormente: «Yo no quise escuchar a Balaam» (Jos. 24:9). Por estas palabras se deduce que pidió al Señor que cambiara su forma de actuar con Israel, y que quebrantara su promesa a ellos. Los recaídos de corazón siempre quisieran esto.

2. AMÓ EL PAGO DE LA INIQUIDAD (2 P. 2:15). Como la mujer de Lot, quería las *recompensas* de los justos, pero su *corazón* estaba entregado al pago de la impiedad. El *amor* del corazón decide el carácter de la vida delante de Dios. No os engañéis, Dios no puede ser burlado. El Señor mira al corazón. El *amor* es o bien el cumplimiento o el quebrantamiento de la ley de Dios.

3. ENSEÑÓ A PECAR AL PUEBLO DE DIOS (Ap. 2:14; Nm. 31:16). Tenemos aquí una solemne acusación contra un hombre cuyos ojos habían sido abiertos para ver la visión del Omnipotente, pero es el mismo Omnipotente que presenta la acusación. No podéis servir a Dios y a Mamón. Si no andamos en luz, y nos echamos a un lado, como Balaam, a la compañía y comunión de los impíos, no podemos más que «echar una piedra de tropiezo» en el camino de otros, y atraer el mal sobre nuestras propias almas.

4. SE VOLVIÓ A SU LUGAR. «Entonces se levantó Balaam y se fue, y volvió a su lugar» (Nm. 24:25). Atrás como la puerca lavada, de vuelta a revolcarse en la ciénaga. «Salieron de nosotros, pero no eran de nosotros; porque si hubiesen sido de nosotros, habrían permanecido con nosotros.» De vuelta a *su lugar* de maldición después de que Dios en su gracia le hubiera dado un lugar de bendición. Si hubiera salido *cordialmente* por Dios y por su pueblo, no habría tenido ningún deseo de volverse. Apartarse de Dios es volverse a su lugar propio de muerte y deshonra (He. 6:4-6).

5. LLEGÓ A UN TRISTE FIN. «También mataron a espada los hijos de Israel a Balaam el adivino, hijo de Beor, entre los demás que mataron» (Jos. 13:22). Al volver a su propio lugar cavó su propia tumba y selló su propia perdición. Tú recaído, cuídate. Vuelve al Señor, y Él te restaurará el gozo de la salvación. El *amor del mundo* es un pecado que recomerá la vida espiritual del alma como un cáncer. No fue sin buenas razones que Pablo escribió: «Trato severamente a mi cuerpo, y lo pongo en servidumbre, *no sea que* habiendo proclamado a otros, yo mismo venga a ser reprobado» (1 Co. 9:27; Hch. 1:25).

221. CALEB

Josué 14:6-15

«¿Cuál es el fin de la fama? Es solo llenar
Una cierta sección de un incierto papel;
Algunos lo comparan a subir un monte
Cuya cima en la neblina, como todas, se pierde;
Para esto se escribe, habla, predica y los héroes matan,
y los bardos queman la que llaman "nocturna mecha"»

BYRON

Si la fama del mundano termina solo en las cegadoras nieblas, no es así con el hombre de Dios, porque «la senda de los justos es como la luz de la aurora, que va en aumento hasta el día perfecto». El nombre *Caleb* significa *de corazón entero*. En su carácter fue fiel a su nombre, y su fama sigue extendiéndose como fragante ungüento derramado. Su carrera no terminó en el frío vapor del desengaño, como el de Balaam, con su corazón dividido. Él «siguió del todo a Dios», y tuvo rica recompensa. Aquí tenemos una revelación de:

I. Su carácter. Él era:

1. HONRADO. Dice él: «Cuando Moisés siervo de Jehová me envió de Cadés-barnea a reconocer la tierra... yo le traje noticias *como lo sentía en mi corazón*» (v. 7). Su corazón era recto para con Dios, y por ello dijo lo que tenía en él. Salomón dijo: «El corazón del sabio hace prudente a su boca» (Pr. 16:23). El hombre que tiene su corazón afirmado, confiando en el Señor, no teme malas nuevas (Sal. 112:7, 8). El hipócrita es un hombre sin *corazón*. «Los de puro corazón verán a Dios.»

2. CARITATIVO. «Y mis hermanos, los que habían subido conmigo, hicieron desfallecer el corazón del pueblo» (v. 8). Aunque sus compañeros de exploración trajeron un informe negativo, deshonraron a Dios, y desmintieron su propio testimonio, sigue refiriéndose a ellos como *«mis hermanos»*. El amor es paciente y amable; no se irrita fácilmente. Moisés clamó: «¡Rebeldes!», y con ello su lengua impidió que sus pies entraran en la tierra.

3. CONSAGRADO. «Yo cumplí siguiendo a Jehová mi Dios» (v. 8). Caleb tenía otro espíritu dentro de él (Nm. 14:24). Siguió a Jehová su Dios exactamente de la manera en que nosotros deberíamos seguirlo: Aceptando su voluntad, confiando en su Palabra, descansando en su propósito revelado, y afirmándonos sin temor en el poder del mismo. Como dijo Lutero, «No puedo actuar de otra manera: que Dios me ayude». Y Dios le ayudó.

II. Su fe. Él:

1. RECUERDA LA PROMESA. «Moisés juró diciendo: Ciertamente la tierra que holló *tu* pie será para ti» (v. 9). «La fe es la firme realidad de las realidades que se esperan, la prueba convincente de lo que no se ve» (He. 11:1). La incredulidad tiene la memoria muy corta, pero la fe recuerda la Palabra del Señor.

2. CREE LA PALABRA. La promesa de Dios (Nm. 14:24) no es solo para ser recordada, sino para *confiar* en ella. Todo a lo largo de su peregrinación hizo de ella la vara y el cayado que le confortaban. Que sea también nuestra parte, por la fe, no mirar a las cosas que se ven, sino a las que *no se ven*. «Por fe andamos, no por vista» (2 Co. 5:7).

3. RECLAMA LA BENDICIÓN. «Dame, pues, ahora este monte, del cual habló Jehová aquel día» (v. 12). Las condiciones se habían cumplido, y él iba a entrar «ahora, pues» en posesión del mismo. No es esto presunción, sino el valor de una fe honrada en Dios que gana su sonrisa, que asegura su favor, y que logra la bendición cimera: un alma satisfecha. Presenta tu demanda: «Dame, pues, la bendición de la cual habló Jehová». *Recuerda* su promesa, y *cree* en ella, y *pide* su cumplimiento. «Hágase conmigo según tu palabra.»

III. Su testimonio. «Voy a predicar a Jesús», dijo uno a otro dirigiéndose a una reunión. «Espero que el Señor sea contigo», le contestó su amigo. «Muy bien, y si *no*, hablaré bien de Él a sus espaldas», respondió él contento. Caleb habla bien de Dios. Da testimonio de:

1. LA FIDELIDAD DE DIOS. «Jehová me ha hecho vivir, como Él dijo, estos cuarenta y cinco años» (v. 10). Guardado a través de aquellos terribles cuarenta años en el desierto. Guardado por el poder de Dios, mientras que toda la multitud se extinguía por su incredulidad. Guardado por el poder de Dios *por medio de la fe* para la salvación ahora revelada y disfrutada. Él es fiel. Testifica según la medida de tu fe.

2. LA BONDAD DE DIOS. «Todavía estoy tan fuerte como el día que Moisés me envió» (v. 11). Si *el gozo del Señor* es nuestra forta-

leza, no hay razón por la que el transcurso del tiempo haya de debilitarla. Los que pierden su primer amor perderán asimismo su primera fortaleza. Los árboles plantados por el Señor y por Él cuidados están *siempre* llenos de savia. Los árboles sanos y fructíferos son un buen testimonio de la sabiduría y del cuidado del jardinero. Un cristiano fuerte y sano es un testigo continuo de las riquezas y bondad de su Señor y Salvador.

3. EL PODER DE DIOS. «Si Jehová está conmigo, *los echaré*» (v. 12). Este testimonio es verdadero. Nuestra capacidad de lograr la victoria sobre nuestros enemigos reside no en nuestra sabiduría y fortaleza, sino en su presencia con nosotros. Caleb sabía que solo Dios podía ceñirlo con la fuerza suficiente para entesar el arco de bronce (Sal. 18:32-34). «Con Dios haremos proezas, y Él hollará a nuestros enemigos» (Sal. 60:12). «Gracias sean dadas a Dios, que nos da la victoria por medio de nuestro Señor Jesucristo» (1 Co. 15:57). No es sorprendente encontrar que tras un testimonio como éste Josué bendijera a Caleb y le diera la herencia (v. 13). «Bienaventurados son todos los que en Él confían».

222. EL PREMIO DE OTONIEL

Josué 15:16-19

«Unge nuestros ojos para que aquí abajo
El camino de fe, no de vista, podamos conocer;
En fuertes tormentas el ancla de la fe echar,
Y aún en amor aferrarnos fuertemente del Señor.
¡Fe! que a la Cruz se ase firme;
¡Esperanza! que mira más allá del cielo azul;
¡Amor! Que todo lo considera pérdida,
Para ganar la gloria en el más allá»

GROSART

La osadía y heroicidad de Otoniel para obtener la mano de Acsá, la hija de Caleb, constituye un pequeño pero hermoso y singular episodio en la toma de las ciudades de Canaán. Sería absolutamente absurdo imaginarse que un hombre honrado y que seguía a Dios, como Caleb, ofreciera a su hija a *cualquiera* que fuera el *primero* en escalar las murallas de Debir. Un hombre que *atacara* esta ciudad fortificada, y que la *tomara*, solo podría ser un hombre que asumiera el mando de un ejército, y lo *condujera* a la victoria. Aquel hombre digno era Otoniel, hermano de Caleb. «Toda Escritura es inspirada por Dios, y útil para *doctrina*». Así que estamos justificados para buscar doctrina incluso aquí, «para que el hombre de Dios sea enteramente apto, bien pertrechado para toda buena obra» (2 Ti. 3:16). Siempre aceptamos esta declaración del apóstol como una licencia divina para buscar enseñanza espiritual en los acontecimientos históricos.

I. El héroe descrito, o, EL CARÁCTER DE CRISTO. El nombre de Otoniel es significativo: el «León de Dios», o «la fortaleza de Dios». Y no se trata de un nombre al azar, porque en años posteriores, cuando los hijos de Israel cayeron en servidumbre, y clamaron al Señor, Él les suscitó a este mismo Otoniel como libertador (Jue. 3:9). Jesucristo, como Otoniel, es *«Fortaleza de Dios»*, enviado como Libertador para su pueblo. El León de la tribu de Judá. Si hablo de fuerza, he aquí, Él es fuerte, Él viaja en la grandeza de su fuerza, y es poderoso para salvar.

II. La tarea cumplida, o, LA OBRA DE CRISTO (vv. 16, 17). La misión de Otoniel era la de *atacar* y *tomar*, y llevó a cabo la obra en que había puesto su corazón. La toma de Quiryat-séfer le llevó indudablemente mucho esfuerzo e intensa lucha; pero, como el Hijo de Dios, puso su rostro como pedernal para hacerlo. La obra de Jesucristo fue también la de *atacar* y *tomar*. *Atacó* Él al diablo con el arma de la Palabra, y despojó a los principados y potestades, triunfando sobre ellos (Lc. 4:1-12; Col. 2:15), y *tomó* a los inermes cautivos de las manos del fuerte, haciendo de ellos prisioneros de la gracia (Lc. 11:21, 22; 2 Co. 1:9, 10). Al capturar la ciudadela del corazón humano, tiene también que *atacar* con el espíritu de convicción antes de poder *tomarlo* como morada para Sí.

III. La recompensa ofrecida, o, LA ESPOSA DE CRISTO. Caleb dijo: «Al que ataque Quiryat-séfer, y la tome, yo le daré mi hija Acsá por mujer» (v. 16). Era una batalla por la esposa. La obra de conquistar la tierra era una obra encomendada por Dios; la recompensa ofrecida en Acsá era una recompensa de amor, reverencia y servicio. ¡Qué sugerente imagen de la iglesia, como esposa del Cordero, la recompensa dada por Dios a Él por su obra, pasión y victoria! Comprada con el sacrificio de su propia sangre. «Él amó a la Iglesia, y se entregó a Sí mismo por ella, para presentársela a Sí mismo» (Ef. 5:25-27). La hija de Caleb se casó con aquel que había luchado y vencido por ella. Éste es también nuestro privilegio, como hijos e hijas que han sido dados por Dios a Él, que vivió, y amó y murió, y conquistó por nosotros (Jn. 17:6). ¿Estamos actuando como verdadera esposa dándole a Él el amor de nuestros corazones y el servicio de nuestras vidas? De la esposa se espera que «reverencie a su marido» (Ef. 5:33).

IV. La dote recibida, o, LA PORCIÓN DEL CRISTIANO. «Él entonces le dio las fuentes de arriba, y las de abajo» (v. 19). Ella le pidió las fuentes de agua, y las recibió. Una fuente era una gran herencia en aquellos tiempos. La posesión de fuentes en los montes y en los valles era ser heredero de una fuente de riqueza perpetua. Estas fuentes son emblemas perennes de la porción del creyente en Cristo. Ya que tenemos el honor de formar parte de la esposa de Cristo, busquemos gozar, como Acsá, de las fuentes que Dios nos ha dado libremente. Fuentes para las alturas y fuentes para los valles de nuestra vida diaria. Cada promesa de Dios para nosotros nos es una fuente inexhaustible de refrigerio y fortalecimiento. Si conocieras el don de Dios, le pedirás, y Él te dará una fuente de agua viva que estará en ti, brotando eternamente (Jn. 4:10-14). Es el gozo del Cordero llevarnos *ahora* a estos *manantiales* de aguas (Ap. 7:17). Cada hijo de Dios puede poseer su dote de manantiales vivientes. Todo es vuestro, porque vosotros sois de Cristo. «Anhelad los mejores dones» (1 Co. 12:31). En los manantiales *de arriba* tenemos la promesa de suministro para toda nuestra necesidad *espiritual*, y en los *de abajo* la promesa de suministro para toda nuestra necesidad *temporal*. «Mi Dios proveerá a *todas* vuestras necesidades». «Todas mis fuentes están en ti» (Sal. 87:7).

223. LAS CIUDADES DE REFUGIO, O LAS CARACTERÍSTICAS DE CRISTO COMO SALVADOR

Josué 20

«Seguro estoy, pues Cristo me sostiene;
Confortado, porque a Él me aferro yo;
Salvador, que sea así,
Cuando mis moribundos ojos se oscurezcan;
De Ti sostenido, a Ti aferrado,
Envolviéndome tu amor.»

Se precisa de todas las ciudades de refugio para formar un tipo perfecto de aquel «varón [que será] como un escondedero contra el viento, y como un refugio contra el turbión». Obsérvese:

I. La naturaleza de su designación. Era:

1. DIVINA. El Señor dijo: «Señalaos las ciudades de refugio». Estas ciudades fueron luego santificadas, o separadas por sí, según la voluntad de Dios. Son indudablemente una prefiguración de Cristo (He. 6:18), que por nuestra causa se santificó (separó) a Sí mismo, según la voluntad de Dios. Desde luego, sería un consuelo para el refugiado, al entrar en la ciudad, saber que estaba en el *refugio designado* por Dios. Así nosotros podemos tener fuerte consolación, los que hemos huido en pos de refugio. No hay seguridad sino en estar donde y ser lo que Dios quisiera que fuéramos.

2. MISERICORDIOSO. Tenían que ver especialmente con los *homicidas*. ¡Qué gracia la del Señor de pensar en las tales, y dar provisión para los que verdaderamente sintieran su necesidad de *misericordia presente* y de *protección justa*! Esto se encontraba en cada una de estas ciudades, y esto es lo que necesita profundamente cada pecador, y esto es lo que encontramos en Jesús. Misericordia para perdonar, gracia para ayudar, y el poder de la justicia para proteger. Él es el justificador de cada uno que cree en Jesús. Como pecadores culpables, necesitamos más que un mero refugio: necesitamos una *justificación* justa, y Cristo es todo esto.

II. Significación de los nombres de estas ciudades. Al examinar el significado de los nombres de estas ciudades, destaca la característica distintiva de cada una de ellas, al mostrar alguna característica particular del carácter de Cristo, y cuando se toman como un todo ilustran la suficiencia de Cristo como Refugio para afrontar toda nuestra necesidad y la necesidad de todos.

1. CEDES (lugar santo). *Un refugio para los inmundos.* La santidad de Jesús y la pecaminosidad del hombre es lo que se sugiere aquí de manera simultánea. No se pueden negar ninguna de estas verdades: ambas están claramente enseñadas en la Escritura. La santidad de Jesucristo viene a ser la esperanza de los inmundos. Solo lo limpio puede limpiar. Los injustos solo pueden encontrar refugio en la justicia de Dios. La obra acabada de Cristo da un santo escondedero, porque solo allí son los inmundos hechos santos. No hay purificación para los inmundos aparte de la fuente abierta para el pecado (Zac. 13:1).

2. SIQUEM (Hombro). *Un refugio para los fatigados.* La oveja perdida encontró seguridad y reposo sobre los hombros del Pastor (Mt. 11:28; Lc. 15:5). Él es Salvador, y Salvador poderoso. «El principado [es] sobre su hombro.» No hallaremos reposo si nos gobernamos a nosotros mismos, pero los fatigados pueden encontrar reposo bajo su gobierno. Cuando *confiamos* nos apoyamos no solo en su mérito, sino también en su omnipotencia, o más bien en su omnipotente mérito. Cuando estamos sobre el hombro, la fuerza del portador está debajo nuestro. ¡Qué refugio para el niño fatigado es el hombro de su amante padre! Cristo ha llevado nuestra carga sobre su hombro, como Sansón llevó las puertas de Gaza.
3. HEBRÓN (comunión). *Un refugio para los sin hogar.* El hombre es espiritualmente un errante sin hogar, como la paloma de Noé. Fuera del arca no se encuentra reposo, ni comunión, ni seguridad. El pródigo sin hogar encontró refugio en la casa del padre y en la comunión del padre. «Comamos», etc. Jesucristo es el único Hebrón para el alma. No hay comunión con el Padre excepto por medio de Él (1 Jn. 1:3). No se trata del refugio de una cárcel solitaria, sino en el seno de un ser amante y amado. ¡Qué refugio es el hogar del marino después de una peligrosa travesía, o la lumbre del hogar para un desolado y aturdido peregrino. Así es Jesús para el alma un refugio de amor y *comunión* (Jn. 17:21).
4. BÉSER (fortaleza). *Un refugio para los inermes.* El hombre no solo es pecador, sino que es también un pecador *impotente.* En el caso del homicida, no debía haber nada de *autoprotección*, y así es para con nosotros. Estamos «sin fuerza». Torre fuerte es el Nombre del Señor, y a ella huirán los justos, y tendrán protección. Huye de la justicia de Dios a la misericordia de Dios. La misericordia de Dios en Cristo es una fortaleza que nunca puede ceder. No importa lo impotente que te encuentres, ahí estás eternamente a salvo. Jesús es el único Béser, mientras que todas las otras fortalezas fallarán y caerán como los muros de Jericó, por mucho que se cierren las puertas (Mt. 7:27).
5. RAMOT (exaltada). *Un refugio para los desesperanzados.* Por naturaleza no solo estamos sin fuerza, sino también sin esperanza en el mundo (Ef. 2:12). Los que esperan en el mundo no tienen esperanza. Hemos de esperar *fuera del mundo.* Él es nuestra esperanza, *exaltado* a la diestra del Padre con un nombre por *sobre* todo nombre, elevado y exaltado. Jesús es nuestro Ramot. Si estás abatido, y te sientes desesperanzado en el mundo, mira arriba. Jesús es un Refugio para ti. «Y Yo, si soy levantado de la tierra, a todos atraeré a mi mismo.» Huye a Él para que Él te oculte, y luego tú serás exaltado con Él. Ninguna montaña pudo salvar del diluvio; los salvos fueron levantados en el arca. Él es el Arca de esperanza.
6. GOLÁN (separado). *Un refugio para los tentados.* Muchos cristianos son muy tentados en el mundo porque se entremeten mucho con el mundo; no han escapado a Jesús como su ciudad de separación. No se han vuelto exiliados con Él y por su causa. Aunque Él dice: «Salid de en medio de ellos, y apartaos, dice el Señor, y Yo os acogeré», sin embargo no huyen a Él, y es frecuente que el tentador los alcance. Él se apartó a Sí mismo por nuestra causa, para poder socorrer a los que son tentados. Golán es la última ciudad mencionada. La separación del mundo y hacia Dios suele ser el último refugio que se busca. Jesús tiene que ser nuestro Todo en Todo si queremos quedar perfectamente refugiados de la maldición, del mundo, de la carne y del diablo.

Al quedar envueltos en los brazos de su poder omnipotente, y reposar en el seno de su amor infinito, podemos cantar con un corazón descansado y gozoso: «Dios es nuestro refugio y nuestra fortaleza». Por estos nombres aprendemos que *en Cristo* tenemos 1) Santidad, 2) Reposo, 3) Comunión, 4) Seguridad, 5) Exaltación, 6) Separación.

224. CÓMO POSEER Y MANTENER LA POSESIÓN

Josué 23:1-13

«Los discípulos abatidos estaban por su gran afán,
Y el Maestro se conmovió, y con sonrisa llena de gracia,
Los llamó: "id al desierto, y un tiempo reposad".»

Es siempre el anhelo del corazón de Cristo, en su gracia, dar reposo a sus amados (Mt. 6:28, 29). Josué estaba a punto de entrar en su reposo después de una vida larga, activa y fiel para Dios, siendo ahora «viejo y avanzado en años», y en estos versículos tenemos lo que puede ser considerado como su testimonio ante la muerte, y, como sería de esperar, la característica predominante de su noble vida es «fuerte en la muerte». Es un magnífico espectáculo ver la *temprana* fe madurando hasta dar una fortaleza tan glorificadora de Dios. Por su último mensaje a Israel podemos aprender cómo entrar en nuestras posesiones, y las condiciones en base de las que pueden ser preservados.

I. Cómo fue lograda esta posesión. Había habido:

1. UNA LIBERACIÓN EN EL PASADO. Como pueblo fueron salvados de la tierra de Egipto, y de la *casa de servidumbre.* El poder que los había mantenido como esclavos tuvo que ser quebrantado antes que ellos pudieran siquiera comenzar a emprender camino hacia las posesiones que les estaban reservadas en Canaán. Así es con nosotros: tuvimos que ser liberados de la culpa y del poder del pecado antes de poder dirigir nuestros corazones a las cosas de arriba.
2. UNA LIBERACIÓN PRESENTE. «Jehová vuestro Dios es quien *ha peleado* por vosotros» mientras estaban en la tierra (v. 3). Había muchos enemigos que intentaban *estorbarles* el *goce* de sus posesiones. Pero el Señor pudo liberarles de todos ellos. Hay también una liberación *presente* que necesitan todos los que han sido libertados de la esclavitud del pecado y de la ira venidera. El mundo, la carne y el diablo presentan una oposición igualmente acerba a que entremos en nuestra herencia en Cristo, como lo estaban los cananeos contra los israelitas. Necesitamos el poder del mismo Señor, que *nos sacó* del mundo para *guardarnos* en el lugar de bendición. Pero Él puede guardarnos de caer de la bendita tierra de promisión, y de *expulsar* a todos los pensamientos usurpadores del corazón (v. 5).

II. Cómo debía mantenerse esta posesión. Las condiciones son:

1. NO SE DEBE RETROCEDER. «Si os apartáis, sabed que Jehová vuestro Dios no arrojará más a estas naciones delante de vosotros» (vv. 12, 13). No debe haber vuelta a Egipto ni al desierto de pecado. Los principios que regían la vida antigua deben ser abandonados. Despojaos del viejo hombre con sus obras, y basta ya al tiempo pasado para la voluntad de la carne (He. 10:38, 39). El corazón *malo* siempre intentará apartarse del Dios vivo (He. 3:12). Las cosas malas no quitadas del corazón nunca dejan de actuar como espinos en los ojos (Nm. 33:55).
2. NINGUNA COMUNIÓN CON EL ENEMIGO. «Que no os mezcléis con estas naciones», etc. (v. 7). No concertéis «con ellas matrimonios», etc. (v. 7). «Salid de en medio de ellos, y apartaos, y Yo os acogeré» (2 Co. 6:14-17). La mezcla con los cananeos nunca sirvió para mejorar a los cananeos, y siempre conllevó miseria para el pueblo de Dios. Volverse mundano para mejorar el mundo es doctrina de demonios, aunque fueran demonios blancos.
3. NINGUNA DOBLEZ DE CORAZÓN. «Guardad, pues, con diligencia vuestras almas, para que *améis* a Jehová vuestro Dios» (v. 11). El amor no puede admitir rival alguno. El *primer* mandamiento es: «No tendrás dioses ajenos delante de Mí» (Éx. 20:2). «Amarás a Jehová tu Dios *con todo tu corazón*» (Dt. 6:5). «Éste», dijo Jesús, «es el primer mandamiento» (Mt. 22:37, 38). La mujer de Lot tenía doblez de corazón, y el juicio la alcanzó.

III. Las consecuencias de retroceder. «Sabed de cierto que vuestro pecado os alcanzará.» El cristiano que recae se verá ciertamente con una vida empobrecida y un testimonio sin corazón. El apartamiento del camino y de la voluntad de Dios significa:

1. LA PÉRDIDA DE PODER. Dios no iba a estar con ellos si se apartaban. Esto se enseña con claridad en los versículos 12 y 13. Apartarse del camino de Dios es contristar al Espíritu Santo y volverse totalmente impotentes. Es una terrible pérdida la pérdida del poder para vivir y testificar para Jesucristo. Sansón se apartó, y el poder del Espíritu lo dejó (Jue. 16:20). La separación de la Vid involucra la pérdida de la savia que es el poder de la vida.
2. LA PÉRDIDA DEL BIENESTAR. «Azote para vuestros costados y… espinas para vuestros ojos» (v. 13). Éstos son los resultados de la desobediencia. Fracasados miserables en lugar de gozosos conquistadores. Apartarse de la luz es ir a las tinieblas. Es una gran misericordia que los pecados del pueblo de Dios activen la conciencia. La calamidad más terrible que puede acaecerle a un alma es sentirse cómoda y feliz sin Dios.
3. LA PÉRDIDA DE LA CAPACIDAD. «Pereceréis prontamente de esta buena tierra que Él os ha dado» (v. 16). Este *perecer* de la tierra de la promesa, debido a la desobediencia y a la incredulidad, no sería la obra de un día. Cuando se apartaron de Dios se volvieron más y más *incapaces*, como pueblo, de mantener la posesión de la tierra que Dios les había dado. La recaída es, naturalmente, un proceso (Sal. 1:1), y un proceso mediante el que nuestras *capacidades* para el goce de las cosas espirituales que Dios nos ha dado abundantemente va desvaneciéndose gradualmente, hasta que en nuestro corazón salimos del todo de la tierra por lo que respecta a nuestra *experiencia* personal. Si estáis dispuestos y sois obedientes, comeréis de lo bueno de la tierra.

225. REVISIÓN DE LAS BENDICIONES, O MOTIVOS PARA EL SERVICIO

Josué 24:1-13

«Bajo tu toque maravilloso, Señor, me vengo yo,
Ríndeme, Señor, oh, ¿me rendirás?
Dame el poder que tu propio brazo agita
Para impartir lo que de gracia haya yo obtenido.»

En el v. 14 observamos: 1) **Que se demanda servicio.** «Ahora, pues, temed a Jehová, y servidle.» Cada uno de los que ha recibido bendición debería levantarse y servir (Mr. 1:31). 2) **Cómo debe darse este servicio.** «Con integridad y en verdad.» Un servicio meramente formal es una abominación (Lc. 19:20-23). 3) **Lo que implica este servicio.** «Quitad de entre vosotros los dioses a los cuales sirvieron vuestros padres». *Solamente* la voluntad de Dios debe ser el principio rector de la vida. El dios, el yo, debe ser quitado. Sólo a Él servirás. «Ahora, *pues*». Esta palabra «pues» sugiere algunas razones anteriormente expuestas acerca de por qué se debe dar este servicio. Había habido

I. Liberación. «Os saqué» (v. 5). Habían sido emancipados por medio de la sangre (Éx. 12:13). Lo mismo nosotros (1 P. 1:18, 19). Una vez éramos los esclavos del pecado, y ahora somos hijos de Dios. Liberados para servir (Lc. 1:74).

II. Separación. «Jehová... puso oscuridad entre vosotros y los egipcios» (v. 7). La oscuridad de la muerte sigue yaciendo entre los salvos y los perdidos (Jn. 5:24). El Señor estableció una diferencia (Éx. 11:7). Ningún poder humano podrá jamás salvar la gran sima establecida entre la muerte y la vida.

III. Victoria. «Yo los entregué [a vuestros enemigos] en vuestras manos» (v. 8). Todos los enemigos del creyente son enemigos vencidos. No tienen por qué ejercer dominio sobre vosotros (Ro. 6:14; Mi 7:9). Él nos da la victoria por medio de nuestro Señor Jesucristo (Ro. 7:25).

IV. Protección. «Después... Balac envió a llamar a Balaam, hijo de Beor, para que os maldijese. Mas... os bendijo repetidamente» (vv. 9, 10). Él puede anular el consejo de los malvados (Neh. 4:15). «Jehová es tu guardador; Él te guardará de todo mal» (Sal. 121:5, 7).

V. Posesión. «Y os di la tierra por la cual nada trabajasteis», etc. (v. 13). «No por obras, para que nadie se gloríe». ¿Qué hizo el pródigo para ganar los beneficios que recibió? (Lc. 15:22, 23). ¿Qué tenemos que no hayamos recibido? (Ef. 2:7). «Ahora, pues, temed a Jehová, y *servidle*».

226. CONSAGRACIÓN Y SERVICIO

Josué 24:14-28

«Cuán escasos y medidos nuestros dones son,
que el deber unos a otros nos hace dar
Y en nosotros generosos gastamos,
Y miserias para su causa damos.
¿Qué le costó a Él tu alma salvar
Antes que sobre Él fueras tú tu culpa a descargar?»

Se ha dicho que «la plena consagración abarca tres cosas: *ser, hacer y padecer.* Debemos estar dispuestos a ser, a hacer y a padecer todo lo que Dios demande. Abarca el cuerpo, el alma y el espíritu. Y éstos deben ser empleados *cuando, donde* y *como* Dios lo demande y *solo* en tanto que Él lo demande. Debe hacerse de manera deliberada para todo el tiempo futuro, sin reservas, y apoyándose en el poder divino. Éste es un testimonio fiel y verdadero. Aquí tenemos:

I. Un llamamiento a la decisión. «Escogeos hoy a quien sirváis» (v. 15). No podéis servir a *dos* señores. Vacilar entre las opiniones del yo y de Dios es perder el tiempo en la llanura de la destrucción, como la mujer de Lot (Lc. 16:13). «¿No sabéis que si os sometéis a alguien como esclavos para obedecerle, sois esclavos de aquel a quien obedecéis?» (Ro. 6:16). El sometimiento al pecado nos hace siervos del pecado. El sometimiento a Dios nos hace siervos de Dios.

II. Una noble decisión. «Pero yo y mi casa serviremos a Jehová» (v. 15). El Señor reconocerá públicamente, de alguna manera, a aquellos que, en el temor de Dios, mandan a sus hijos y a su casa (Gn. 18:19). Pero que sea una decisión individual: «Pero yo». «¿Qué quieres que haga?» Cada uno dará a Dios cuenta de *sí. Servir* al Señor implica hacer de Él tu Señor. No yo, mas Cristo. Uno es vuestro Maestro. ¿Quién es? ¿El yo, o el Cristo?

III. Una reflexión inspiradora. El pueblo respondió y dijo: «Jehová nuestro Dios es el que nos sacó a nosotros y a nuestros padres de la tierra de Egipto, de la casa de servidumbre; el que ha hecho estas grandes señales, y nos ha guardado por todo el camino..., y... arrojó de delante de nosotros... al amorreo...; nosotros, pues, también serviremos a Jehová» (vv. 16-18). El hecho de llamar a la memoria las bondades pasadas de Dios los llevó a una rendición total de sí mismos a Él. ¿Nos llevará la memoria de los padecimientos de Cristo y su victoria *por nosotros* a darnos en leal servicio para Él? «No sois vuestros, porque fuisteis comprados por precio; *por ello* glorificad a Dios en vuestros cuerpos y en vuestros espíritus, que son de Él.»

IV. Una declaración solemne. Josué les dijo: «No podréis servir a Jehová, porque Él es Dios santo, y Dios celoso» (v. 19). Es fácil *decir* que serviremos al Señor, pero es muy diferente llevarlo a la práctica diaria (véase Mt. 26:33-35). El servicio de Dios es un servicio santo, y solo los santos pueden llevarlo a cabo (Lv. 19:2). «¿Quién podrá estar delante de Jehová, el Dios santo?» (1 S. 6:20). Los purificados por la sangre y llenos del Espíritu. No podéis servir a Dios si Mamón o el yo tiene autoridad alguna sobre vosotros, porque Él es un Dios celoso, *celoso* debido a que Él es Amor (1 Jn. 4:8).

V. Una decidida afirmación. «No, sino que a Jehová serviremos... Testigos somos» (vv. 21, 22). Se constituyeron en testigos contra ellos mismos de que habían escogido al Señor para servirlo. Pedro y el resto de los discípulos afirmaron que antes morirían que negar a su Señor, pero todos lo abandonaron, y huyeron, cuando sobrevino el peligro. La confianza propia es el brazo de la carne, que falla. Una voluntad fuerte puede ser una bendición o un lazo. Todo depende de si su *fuerza* es meramente humana, o divina. Solamente esfuérzate y sé muy valiente (Jos. 1:7).

VI. Una condición indispensable. «Quitad, pues, ahora los dioses ajenos que están entre vosotros, e inclinad vuestro corazón a Jehová Dios», etc. (v. 23). Si el Señor debe ser servido se debe *echar fuera* todo otro dios usurpador, e *inclinar del todo* el corazón al Señor, para que se *apoye* solo en Él. Todo lo que tome el puesto que solo el Señor debiera tener en nuestros corazones es un dios *ajeno* a Él; aquello con lo que Él no puede tener comunión alguna. El servicio debe ir siempre asociado con la santidad. La obra para Dios tiene que ser el fruto de la consagración personal a Dios. David no quería ofrecer a Dios lo que no le costara nada (2 S. 24:24). El ministerio del Hijo del Hombre era poner su vida (Mt. 20:28). Así que nosotros deberíamos darnos *primeramente* a nosotros mismos al Señor. «Y no como lo esperábamos, sino que se dieron a sí mismos primeramente al Señor, y luego a nosotros por la voluntad de Dios» (2 Co. 8:5).

227. LA MUERTE DE JOSUÉ

Josué 24:29-31

«Cuando los peligrosos escollos ya superados son,
Cuando cesan las amenazadoras tempestades,
¡Oh cuán dulce por fin reposar
En un silencioso puerto de paz!
Aunque desconocido el puerto pueda ser,
Aunque ninguna carta de navegar su nombre esté,
Brillante su haz sobre Uno resplandece,
Y dichoso es allí el refugio hallar.»

El puerto de refugio del marino espiritual no tiene lugar en las cartas de navegación de la tierra. El Puerto de la Muerte es un refugio donde los ansiosos por las ganancias del mundo no tienen deseo alguno de echar el ancla. Algunos sin embargo se precipitan a él cuando ruge la tempestad con el intento de escapar a lo que les parece más terrible que la separación del alma del cuerpo. El «puerto de paz» del cristiano es el seno de Dios. Para él, la muerte es tan solo las plácidas aguas de la bahía, que le hablan de lo cercano que está el reposo que se halla en el puerto de su presencia saciadora. Morir es ganancia. La muerte de Josué fue el triunfo definitivo de un vencedor. Y sugiere

I. Un gran honor. «Josué hijo de Nun, siervo de Jehová» (v. 29). ¡Qué privilegio tener el nombre y carácter de uno tan estrechamente relacionados con el Señor! Ser conocido como «siervo del Señor» es una herencia digna de ser codiciada. Es infinitamente mejor que ser conocido como un hombre de éxito o un millonario. No hay grado que en la eternidad vaya a tener tanto peso como éste. De muchos se puede verdaderamente decir: «Nicolás, siervo del mundo», «Antonio, siervo del pecado», «Alejandra, sierva del yo», «Margarita, sierva de la moda». Estas personas ya tienen su recompensa, su corona de honor está en el polvo en lugar de en el Señor.

II. Un privilegio pasajero. «Después de estas cosas, murió Josué hijo de Nun» (v. 29). Sí, mueren hasta los considerados como indispensables para el buen suceso de la obra de Dios. No importa cuán grande sea el peso de la responsabilidad, tiene que ser echado a un lado. La vida misma, con todas sus grandes y eternas potencialidades, es tan solo una oportunidad pasajera. Las palabras clave de Génesis 5 son: «y murió». «Está reservado a los hombres el morir una sola vez.» Pero este breve tiempo que pronto se desvanece es suficiente para cumplir la obra que Dios nos ha encomendado si se redime el tiempo. ¿No estaba acaso bien consciente de esto el Señor cuando dijo: «Es necesario que Yo haga las obras del que me envió, *entretanto que el día* dura»? (Jn. 9:4). Su día de trabajo fue corto, pero, ¡cuánta obra efectuó!

III. Un reproche a la codicia. «Y enterráronlo en el término de su posesión» (v. 30, RV). No importa lo grande que sea nuestra posesión terrenal, un pequeño agujero *en su* término será suficiente cuando se vaya el espíritu. Los que se enorgullecen en añadir casa a casa y terreno a terreno deberían recordar que muy poco dinero será suficiente para pagarles su sudario. Hay muchos sepulcros en los *términos*. Aquella hoya en el cementerio puede significar el *término* de tu posesión. El sepulcro no es solo el término de nuestra heredad terrenal, sino que es también el límite de la eternidad. «Se siembra cuerpo natural, resucitará cuerpo espiritual» (1 Co. 15:44). El término es el último punto de contacto con lo antiguo y para morir, antes de tocar lo nuevo y eterno. Poned vuestros afectos en las cosas de arriba, no en las cosas que están sobre la tierra.

IV. Un aliento a la fidelidad. «Y sirvió Israel a Jehová todo el tiempo de Josué, y todo el tiempo de los ancianos que sobrevivieron a Josué» (v. 31). Otra evidencia de la influencia póstuma de una vida santa. «Muerto él, habla todavía.» El rey que no conocía a José trató duramente a sus hermanos. La memoria de los malvados perecerá, mientras que los justos serán recordados eternamente. Piensa en la influencia póstuma de Jesucristo. Cuanto más elevada la vida o intensa la luz tanto más lejos irradiará su poder y gloria. Jesucristo ha sido exaltado al cielo, «por encima de todo», para que su influencia pudiera alcanzar hasta lo último de la tierra y hasta las mayores profundidades de la necesidad humana, y hasta el fin de las edades. Hasta allí donde nuestras vidas sean vividas en lugares *celestes* actuarán con un poder represor o alentador sobre aquellos que puedan venir detrás. El sol puede ponerse, pero el efecto de sus benéficos rayos sigue actuando sobre cada ser vivo. Para mí el vivir es Cristo.

228. ¿POR QUÉ HABÉIS HECHO ESTO?

Jueces 2:1-5

«Si Tú conmigo
Severo no hubieras sido,
Sino que a mí mismo me hubieras dejado,
Me habría olvidado
De mí mismo y de Ti»

BEN JOHNSON

El «Angel del Señor» puede significar «el Angel de su Presencia», aquella forma angélica que hace que la *presencia* del Señor sea una poderosa realidad. Esto lo hace ahora el Espíritu Santo. Allí donde Él se encuentre se siente la presencia de Dios. El viaje desde Gilgal (rodamiento) hasta Boquim (llorosos) puede ser muy corto en un sentido moral. Si no caminamos a la luz de su voluntad, las distancias entre nuestros éxitos y nuestros fracasos nunca será muy grande. Aquí observamos:

I. Una obra de gracia. Esta gracia se manifestó en:

1. UNA COMPULSIÓN MISERICORDIOSA. «*Yo os saqué* de Egipto» (v. 1). Es una bienaventuranza cuando la salvación deviene una *necesidad* apremiante. Obligados a abandonar nuestros caminos de impiedad por la fuerza de la gracia constreñidora. Así fue con Saulo cuando iba camino de Damasco (Hch. 9). La compulsión del amor omnipotente.
2. EL DON DE UNA RICA POSESIÓN. «Os introduje en la tierra» (v. 1). Esta buena tierra era la tierra de la promesa. Para Israel significaba libertad, paz, plenitud, progreso y poder. Un tipo de las posesiones que el creyente tiene en Cristo Jesús.
3. UNA CERTIDUMBRE INALTERABLE. «No invalidaré jamás mi pacto con vosotros» (v. 1). Los dones y el llamamiento de Dios son sin arrepentimiento. Dios mismo no alterará lo que ha salido de sus labios (Sal. 89:34). Nosotros podemos fallar, pero Él permanece fiel a lo que prometió. El compromiso nunca será quebrantado del lado de Dios. Él no se puede negar a Sí mismo.
4. UNA ADVERTENCIA NECESARIA. «Que no hagáis pacto con los moradores de esta tierra, cuyos altares habéis de derribar» (v. 2). Los habitantes de la tierra estaban acerbamente opuestos a los propósitos de Dios, y por ello los hijos de Dios no debían hacer pacto con ellos. Los siervos de Cristo no debían identificarse en modo alguno con aquel espíritu que obra en los hijos de desobediencia. Sus dioses falsos debían ser derribados, y solo el Señor exaltado.

II. Un mísero fracaso. «Mas vosotros no habéis atendido a mi voz» (v. 2). El fracaso vino en su caso, como frecuentemente sucede en el nuestro, por incredulidad. ¡Oh insensatos y tardos de corazón, *para creer todo* lo que Él ha dicho! La voz de Dios sigue estando en su Palabra, por cuanto su Palabra es la exhalación del Espíritu Santo (2 P. 1:21). Las Escrituras son siempre *vivas* y *activas* (véase He. 4:12). El alejamiento de su voluntad revelada es cerrar nuestros oídos a la *voz* de Dios. No os engañéis: Dios sabe cuando su voz es atendida. Él está personalmente interesado en cada uno de sus hijos, individualmente. ¿Cuán a menudo nos hemos quejado de nuestros fracasos? ¿No será que la causa está aquí, que «No habéis atendido a Mi voz»?

III. Una pregunta escudriñadora. «¿Por qué habéis hecho esto?» El «ángel de su presencia» es celoso del honor de Dios. ¿Qué respuesta puede darle un desobediente a esta pregunta personal y al punto? Una respuesta honrada podría ser: «Temí más a los hombres que a Dios, y me complacieron más mis pensamientos y planes que los suyos». La frase paulina de «No ya yo, mas Cristo» ha sido mudada por la de «No Cristo, mas yo». Sabéis que aparte de la presencia y del poder del Espíritu Santo dentro de vosotros no podréis vivir ni testificar por Dios como debierais; y sin embargo habéis persistido en apoyaros en vuestra propia fuerza y sabiduría, y os habéis retirado derrotados. «¿Por qué habéis hecho esto?» Sabéis que la obediencia a su voz es el secreto del reposo del corazón, y sin embargo no habéis andado a la luz de ello. «¿Por qué habéis hecho esto?»

IV. Una respuesta expresiva. No respondieron con palabras, sino con hechos. Las acciones hablan más fuerte que las palabras:

1. LLORARON. «El pueblo alzó su voz y lloró» (v. 4). El mensaje de aquel que representaba la *presencia de Dios* había entrado en sus corazones. «¿Por qué habéis hecho esto?» los azotó con el silencio de una autocondena que solo podía hallar expresión en lágrimas de arrepentimiento. Era una pregunta escudriñadora que los indujo a esta respuesta de quebrantamiento de corazón. El canto de un gallo envió la misma escudriñadora pregunta al corazón del engreído Pedro, y con el mismo resultado: «Saliendo fuera, lloró amargamente» (Mt. 26:75). «Porque la tristeza que es según Dios produce un arrepentimiento para salvación, del que no hay que tener pesar» (2 Co. 7:10).
2. SACRIFICARON. «Y ofrecieron allí sacrificios a Jehová» (v. 5). Sacrificar a Dios es la única manera posible de *redimir* lo que hemos perdido por la desobediencia. Las lágrimas que no van seguidas de acciones de negación propia no son muy ardientes. «Sacrificio es para Dios un espíritu quebrantado» (Sal. 51:17). El espíritu *quebrantado* deja que todo lo que está en el se derrame para Dios. «Así que, hermanos, os exhorto por las misericordias de Dios, a que presentéis vuestros cuerpos como sacrificio vivo, santo, agradable a Dios, que es vuestro servicio de adoración espiritual» (Ro. 12:1).

229. EL CÁNTICO DE DÉBORA

Jueces 5

«Ordena, Señor, lo que quieras Tú,
Sea oscuro o luminoso mi camino;
Sobre la Roca plantado estoy,
Tú el derecho defenderás;
Oh mírame y llévame
Con cántico a vencer.»

«El cántico de Débora», dice el doctor Farrar, «es uno de los más grandes estallidos de poesía apasionada en la Biblia». Como el cántico de salvación, la profunda plenitud de su armonía depende de la rica variedad de sus notas. Es un cántico de triunfo. Es maravilloso lo agradablemente que podemos *cantar* cuando hemos experimentado la liberación de todos nuestros enemigos por medio de la fe en Jesucristo. Los que han sido sacados del terrible hoyo de la iniquidad tienen un nuevo cántico puesto en su boca (Sal. 40:2, 3).
Este cántico de la profetisa se parece a nuestro cántico en que tiene en él una nota de

I. Comunión. «Aquel día cantó Débora con Barac» (v. 1). El cántico de la salvación no es un solo, porque mientras que el salvo canta de gozo hay también gozo en presencia de los ángeles de Dios (Lc. 15:10). El cántico de liberación en el Mar Rojo fue cantado por Moisés y *los hijos de Israel* (Éx. 15:1). Exaltemos juntos su Nombre.

II. Dedicación personal. El pueblo se *ofreció voluntariamente* (v. 2). En esto tenemos un seguro precursor de la victoria. Cuando el pueblo de Dios se ofrece de buena voluntad como instrumentos de justicia en su mano, para hacer su voluntad, el clamor de triunfo seguirá con toda certeza. Al igual que con la Iglesia, así sucede con el individuo; la *consagración* personal a la obra del Señor es la puerta estrecha para entrar en el camino del éxito en su servicio. «Se dieron a sí mismos *primeramente* al Señor» (2 Co. 8:5).

III. Gozo exultante. «Despierta, despierta, entona cántico» (v. 12). El cántico de los libertos del Señor tiene un tono tan alto que únicamente los salvos pueden cantarlo, y tienen que estar bien *despiertos* para darle el debido énfasis. Los descorazonados hacen un fracasado intento de tocar las notas en las líneas adicionales del pentagrama de este cántico celestial. El salmista se estaba aclarando la garganta al decir: «Despierta, alma mía; despierta, salterio y arpa; yo despertaré a la aurora» (Sal. 57:8). ¡Despertad y cantad, moradores del polvo! (Is. 26:19).

IV. Aliento mutuo. «El pueblo de Zabulón expuso sus vidas a la muerte, y Neftalí en las alturas del país» (v. 18). Rubén podía dedicarse a *debatir* acerca de los méritos de la guerra, y a crear divisiones, jugando el papel de «crítico alto» (v. 16), y quizá ayudando a Galaad, Dan y Aser en su culpable egoísmo y cobardía (v. 17). Pero demos honor a quien se debe. Los que se mantienen firmes «en las alturas del país» en esta santa guerra en contra del mundo y de toda forma de pecado que obre en oposición a la voluntad de Dios en gracia, sean mencionados en nuestras oraciones y alabanzas a Dios. Todos los que arriesgan sus *vidas* por la causa de Cristo, e incluso su buena *fama*, deberían merecer una mención honrosa delante de Dios y de los hombres. Éste es un antídoto muy eficaz para los celos en la obra de Dios.

V. Una fiel advertencia. Meroz y sus moradores tenían que ser maldecidos acerbamente, «porque no vinieron en ayuda de Jehová contra los fuertes» (v. 23). El pueblo de Meroz puede que no haya estorbado activamente a los guerreros del Señor, pero sí que no *ayudaron*; ahí estaba la culpa de ellos. Fueron maldecidos porque no hicieron *nada*. Cristiano que no oras, ten esto en cuenta. La higuera fue maldecida por el misericordioso Cristo porque estaba sin fruto. No hacer nada para ayudar en la causa de Cristo es el camino seguro hacia una vida cristiana seca, y puede conducir a una posteridad que deshonre al Señor. Abigail estaba bien instruida en teología cuando le aseguró a David que «Jehová de cierto hará casa estable a mi señor, por cuanto mi señor pelea las batallas de Jehová» (1 S. 25:28). Cuídate de sus negocios, y Él se cuidará de los tuyos.

VI. Una solemne reflexión. La madre de Sísara miraba por la ventana y exclamaba, «¿Por qué tarda su carro en venir?», etc. (vv. 28-30). La referencia de Débora a la madre de Sísara esperando y ansiando el regreso de su asesinado hijo es una pincelada intensamente *femenina*. Aquí tenemos descrito el terrible desengaño que ha de sobrevenir finalmente a los que esperan paz y prosperidad mientras que se enfrentan a los propósitos de Dios y a su pueblo (Éx. 15:9). En tanto que celebramos nuestra liberación de la culpa y del poder del pecado en nuestro cántico de alabanza, no nos olvidemos de aquellos que están sin Dios ni esperanza en el mundo; los que se alimentan de vanidad, y que son como lo que el tamo es al trigo; los que caminan a la luz de las chispas que ellos mismos emiten y cuya luz será repentinamente apagada. El único himno que leemos que Cristo cantó fue cantado bajo la sombra de la Cruz (Mt. 26:30).

230. ESPERANDO A UN MUERTO

Jueces 5:28

Es una imagen muy triste la que tenemos aquí ante nosotros. La madre de Sísara está sentada junto a la ventana fatigada de esperar la llegada de uno que está ya tendido en el frío de la muerte en la tienda de la mujer de Héber. Está esperando a uno que nunca llegará. Vana espera, esperar a los muertos. La causa de su vana espera es la causa de que tantos siguen hoy esperando en vano: por carencia *del conocimiento de la verdad.* Estás esperando a un muerto

1. SI ESTÁS ESPERANDO CONSEGUIR LA PAZ CON DIOS SIN LA SANGRE DE JESÚS (Col. 1:20).
2. SI ESPERAS LA SALVACIÓN SIN CREER EN EL HIJO (Jn. 3:36; Ef. 2:8).
3. SI ESPERAS A SENTIRTE SALVO ANTES DE ACUDIR A CRISTO. La mujer lo *tocó* antes de sentirse sanada (Mr. 5:27).
4. SI ESPERAS PODER SIN RECIBIR LA PLENITUD DEL ESPÍRITU SANTO (Hch. 1:8). Todo el poder se encuentra en Él. Él hace el trabajo.
5. SI ESTÁS ESPERANDO UNA PROMOCIÓN SIN SER FIEL DONDE ESTÁS (1 S. 16:12).
6. SI ESTÁS ESPERANDO LA CONVERSIÓN DEL MUNDO ANTES DE LA VENIDA DEL REY (Lc. 19:12; Is. 2:2; Zac. 2:10).
7. NO ESTÁS ESPERANDO A UN MUERTO SI ESTÁS ESPERANDO AL HIJO DEL CIELO (1 Ts. 1:10; Hch. 1:11). Aunque Él se tarde, espéralo.

231. EL LLAMAMIENTO DE GEDEÓN

Jueces 6:11-24

«Tanto se cuida Dios de Ti como si solo tú,
Y nadie más en cielo o tierra hubiera;
Así el sol derrama su glorioso haz,
Para mundos alumbrar, o despertar de un insecto el gozo;
Brilla esplendoroso e inexhaustible:
Tú eres de tu Salvador el amado, no busques pues ya más»

KEBLE

Muchos han vivido vidas de dolor y fracaso porque han perdido de vista su *llamamiento*. No es así con los llamados de Dios, como lo fue Gedeón. Los dones y llamamientos de Dios son sin arrepentimiento. Israel hizo lo malo delante de Jehová, y la consecuencia fue la que siempre será cuando nos apartemos del Señor nuestro Redentor: esclavitud y opresión bajo la mano de un enemigo (vv. 1, 2). Pero cuando eran *empobrecidos* clamaban a Jehová (v. 6), y Él los salvaba de sus angustias enviándoles un profeta para exhortarles, y a un fuerte para salvarlos. El clamor desde la profundidad de un corazón empobrecido trae una respuesta desde la profundidad de su plenitud infinita. Al intentar asimilar las características principales de esta sección, observemos:

I. Un apuro doloroso. «Gedeón estaba sacudiendo el trigo en el lagar, para esconderlo de los madianitas» (v. 11). ¡Qué imagen de una vida vivida bajo *el temor a los hombres*! La separación de los caminos de Dios lleva desde luego a pervertir los motivos de la vida. ¿Cómo han caído los poderosos que los redimidos del Señor tiemblen ante el rostro de los hombres? Elías, en otro sentido, sacudía su trigo abierta y resueltamente en presencia del enemigo, porque estaba en presencia de Jehová Dios de Israel (1 R. 17:1).

II. Un mensaje consolador. El ángel del Señor se le apareció, y le dijo: «Jehová está contigo, varón esforzado y valiente» (v. 12). Este mensajero del pacto predicó a Gedeón el Evangelio de la gracia de Dios: «Jehová está contigo, varón esforzado». Es su voluntad y propósito bendecirte y hacer de ti una bendición; levántate por ello y revístete de fortaleza. Este ángel llevó a Gedeón lo que el Espíritu Santo nos trae a nosotros: una rememoración de nuestros privilegios como su pueblo. Él tomará de lo mío y os lo hará saber.

III. Una pregunta ansiosa. Y Gedeón le respondió: «Si Jehová está con nosotros, ¿por qué nos ha sobrevenido todo esto?», etc. Toda esta deshonra y miseria sobrevinieron debido al pecado; pero, bendito sea Dios, aunque caigamos por nuestra iniquidad, Él no descarta ni niega para siempre a su pueblo. Su gran corazón paterno sigue amando y anhelando la restauración de sus pródigos a su seno. Si el Señor está con nosotros, ¿por qué nuestro testimonio es tan estéril y nuestras oraciones tan impotentes? Precisamente por esta razón: un corazón malo de incredulidad (2 Cr. 15:2).

IV. Una gran comisión. El Señor lo miró y le dijo: «Ve con esta tu fuerza, y salvarás a Israel de la mano de los madianitas. ¿No te envío Yo?» (v. 14). Su *poder* residía indudablemente en la certidumbre de la *presencia de Jehová* con él (v. 12). Sansón no era un gigante; su gran fuerza residía en el poder del Espíritu de Dios con él. Él no nos envía a hacer la guerra a nuestras expensas. Alma deprimida y llena de dudas, aquí tienes el secreto del poder: «He aquí, Yo estoy con vosotros todos los días» y «toda potestad me es dada». Ve con *esta* tu fuerza (Jue. 1:9; Mt. 28:18, 19).

V. Una excusa común. «Ah, señor mío, ¿con qué salvaré yo a Israel? He aquí que mi familia es *pobre*… y yo el *menor*», etc. (v. 15). Así fue con Moisés (Éx. 3:11) y con Saúl (1 S. 9:21). La *pobreza* y la *debilidad* no son argumentos en contra de las abundantes *riquezas* de su gracia y de su *poder* para con nosotros. El apremio de *nuestra propia* carencia delante de su promesa todosuficiente solo traiciona nuestra falta de fe en su Palabra. Con todo, el Señor espera que su gracia abundante no engendre en nosotros nada semejante a la autoconfianza ni la jactancia. La revelación de la gloria de su bondad y del sublime llamamiento al que hemos sido traídos deben con toda seguridad hacernos sentir agudamente la impotencia de toda la fortaleza y sabiduría humanas (véase Lc. 5:8, 9). Nuestra consciente debilidad es una de las mejores cualificaciones para la obra de Dios (1 Co. 1:27; 2 Co. 12:10).

VI. Una promesa tranquilizadora. «Jehová le dijo: Ciertamente Yo estaré contigo» (v. 16). Dios afronta su necesidad sentida con la promesa de su presencia. La *presencia de Dios* significa la provisión para todas nuestras necesidades como sus siervos. No hay otra manera mediante la que el Señor pueda equiparnos para su obra que mediante el poder de su presencia, por el Espíritu Santo en nosotros. Gedeón viene a decir: «Yo soy pobre, y mi familia somos pocos», pero la respuesta de Dios a su y nuestra pobreza y debilidad es: «Yo estaré contigo». Mayor es el que está con nosotros que todo lo que pueda estar contra nosotros. «Él dijo: De ningún modo te desampararé, ni te dejaré», de modo que podemos decir valerosamente: «El Señor es mi ayudador; no temeré» (He. 13:5, 6).

VII. Una prenda confirmadora. «Yo te ruego que si he hallado gracia delante de Ti, me des señal… y subió fuego de la peña» (vv. 17-21). El Dios que responda con fuego, sea Él Dios (1 R. 18:24; Hch. 2:1-4). ¿Por qué ha de ser necesaria una señal después de haber dado Él su palabra segura de promesa? Con gracia infinita Dios adapta sus métodos a las debilidades naturales de los hombres. Él añade el sello del Espíritu a la promesa de su Palabra. Este fuego santo apareció después que la ofrenda fuera derramada delante del Señor. De la misma manera que el fuego del Señor en la antigüedad tenía que ver con las ofrendas del *altar* (Lv. 9:24), ahora también el Espíritu Santo de ardor viene como respuesta de Dios y señal de una vida consagrada a Él. Seréis bautizados con el Espíritu Santo y con fuego. «¿Recibisteis el Espíritu Santo cuando creísteis?» (Hch. 19:2).

VIII. Un acto de adoración. «Y edificó allí Gedeón altar a Jehová, y lo llamó Jehová-salom», esto es, *Jehová es paz* (v. 24). Por cuanto había visto el ángel del Señor cara a cara, temía que moriría. Pero al quedar eliminados sus temores por medio de su «paz a ti» (vv. 22, 23), edificó un altar, y lo llamó *«Paz de Jehová»*. «Mi paz os doy.» La tranquilizadora promesa de la Palabra de Dios debería ser suficiente para conducirnos a esa actitud adoradora de reposo sacrificial (Jn. 14:27). Este altar, como el altar de la Cruz de Jesucristo, habla poderosamente de la paz de Dios. El clamor de ambos fue: «Jehová, envía paz». Y se ha hecho la paz. Una paz que sobrepasa a todo entendimiento. Que esta paz guarde nuestros corazones y nos lleve a una adoración de todo corazón.

232. EL PODER DE GEDEÓN: ¿QUÉ ES?

Jueces 6:11-24

Introducción

Hay en estos versículos unas declaraciones notables y chocantes. En particular, obsérvese vv. 12 a 14. «Ve con esta tu *fuerza.*» ¿Fuerza? ¿Qué fuerza? Estaba escondiéndose de los madianitas. Hay nueve elementos en esta fuerza.

I. Una experiencia personal concreta (v. 12). La nuestra debería ser una religión de pronombres personales. A no ser quien quiere dedicarse a la obra haya tenido una experiencia personal definida de salvación no debería emprenderse ninguna obra para el Señor. Primero, «escóndete», y solo después «muéstrate» (1 R. 17:3; 18:1). Primero debe haber un ocultamiento en la «Roca de la Eternidad, abierta para mí»; luego se puede salir a llevar a cabo servicio para Él.

II. La complacencia divina. El Señor *lo miró* (v. 14), con aquella sonrisa que tanto significaba:

1. Su sonrisa es una ayuda y poder maravilloso.
2. Es una ayuda en la perturbadora travesía de la vida.
3. Ayudará en el espinoso camino de la obra cristiana.

«Aún le tengo de alabar por la salud que de su rostro viene» (Sal. 42:5, V.M.) dijo el salmista, esperanzado y lleno de certidumbre.

III. Un sano descontento. «¿Por qué nos ha sobrevenido todo esto?» (v. 13).

1. Nunca nos contentemos con la existencia de los males sociales y morales del mundo.
2. Nunca perdamos nuestro horror contra el vicio por una mortífera familiaridad.

IV. Una apropiada humildad. «Yo [soy] el menor» (v. 15).

1. Y lo decía de verdad.
2. Existe la falsa humildad.
3. ¡Qué gran poder tiene la humildad! (La rama que más fruto da es la que más se abaja.)

V. La compañía divina (vv. 12 y 16).

1. Nunca salgas solo. Cuídate que Él siempre esté contigo.
2. En cierto sentido nunca estamos solos, porque Él es el Omnipotente.
3. Pero no tengas presunción; no des nada por supuesto.

VI. Un maravilloso desprendimiento (vv. 12 y 13).

1. El Señor dijo: «Contigo», no refiriéndose a Israel; pero Gedeón se envolvió en su pueblo.
2. La respuesta del Señor a Moisés y a todos sus siervos es: «Yo estoy contigo».
3. La expresión del Señor: «*Ciertamente*».
4. Su presencia nos hace *poderosos*.

VII. Una intercesión que prevalece.

1. El poder de la oración en el servicio cristiano ha sido frecuentemente destacado.
2. Repasa de rodillas los puntos de tus sermones y discursos.
3. Ora más en tu obra cristiana.

VIII. Lealtad y creencia en la Palabra de Dios. Él creyó, y se dirigió a cumplir su misión fiado en la Palabra de Dios.

IX. Una comisión definida. «¿No te envío yo?»

233. GEDEÓN EN ACCIÓN

Jueces 6:25-40

«Pues así como el sol eclipsado
Más contemplado por los mortales es
Que cuando adornado de todo su esplendor
Brilla en toda su intensidad en el cielo azul,
Así el valor más admirado y contemplado es
Cuando aparece revestido de humildad»

BUTLER

El apóstol Pablo ha dicho que «cuando soy débil, entonces soy fuerte». Si se juzga por la sabiduría del mundo, esto es verdaderamente paradójico. Este aparente absurdo se explica en parte por su anterior declaración: «Me gloriaré más bien en mis *debilidades*, para que habite en mí el *poder de Cristo*» (2 Co. 12:9, 10). Gedeón, en sí mismo, era débil y carecía de influencia; pero ahora que la *presencia* y la *paz* de Jehová estaban con él, y en él, viene a ser lo que Dios había visto que debía ser: «varón esforzado y valiente».

I. Dónde comenzó.

1. EN SU CASA. «Toma el toro de tu *padre*, y derriba el altar de Baal que *tu padre tiene*» (v. 25). El mandamiento de «honrarás a tu padre», etc., tiene un gran alcance, y puede ser cumplido por un hijo de una manera que sea muy dolorosa para el padre. Gedeón honraría a su padre, pero destruiría sus dioses. Se precisa de valor para comenzar y declararse por Dios y por la justicia entre nuestra propia parentela. «Ve a tu casa, adonde los tuyos, y cuéntales todo cuanto el Señor ha hecho por ti» (Mr. 5:19).
2. EN EL ACTO. «Entonces Gedeón tomó diez hombres… e hizo como Jehová le dijo… de noche» (v. 27). Parece que no se perdió nada de tiempo. Los diez siervos de Gedeón, gracias a su testimonio consecuente, se mostraron en pleno acuerdo con Jehová, y listos en el acto para seguir a su amo en esta necesaria obra de Dios. El llamamiento estaba claro. ¿Por qué tenía que retrasar su cumplimiento? ¿No es igual de claro para ti? Pero dejas correr el tiempo. El Maestro ha llegado, y te llama.

II. Lo que hizo. Su obra fue doble.

1. UN DERRIBO. «Derriba el altar de Baal» (v. 25). El altar de Baal representaba lo falso, engañoso y opuesto a la voluntad y al gobierno de Jehová. Todo lo que busque usurpar el lugar de Dios alrededor o dentro de nosotros debe ser derribado y destronado.

«Las armas de nuestra milicia no son carnales, sino poderosas en Dios para la destrucción de fortalezas, derribando argumentos y toda altivez que se levanta *contra el conocimiento de Dios»* (2 Co. 10:4, 5).

2. UNA EDIFICACIÓN. «Edifica altar a Jehová tu Dios» (v. 26). No es suficiente con desengañar a los adoradores de falsos dioses; el verdadero Dios debe ser puesto en lugar de ellos. No es suficiente con quitarles los placeres del mundo a sus partidarios; debemos ser capaces de poner algo mejor en su lugar. El Altar de Dios, esto es, la *cruz* de Cristo, es el sustituto divino para las estériles e impotentes invenciones de los hombres. Predicar a Cristo, y a Él crucificado, es edificar el Altar del Señor.

III. Lo que siguió. Una acción tan decidida irá siempre acompañada de resultados muy positivos. Con ello hubo:

1. UN CAMBIO DE ACTITUD. «Los hombres de la ciudad dijeron... : Saca a tu hijo para que muera» (vv. 29, 30). La muerte, de una u otra forma, es siempre la pena que aplica el mundo por la fidelidad a Dios. Los *hombres de la ciudad* (que piensan lo terreno) están siempre acerbamente opuestos a los iconoclastas: hombres de Dios: que buscan primero el reino de Dios. Pero el discípulo no es mayor que su Maestro. La primera evidencia de fidelidad a Cristo es la oposición de los impíos.

2. UN CAMBIO DE NOMBRE. «Aquel día Gedeón fue llamado Jerobaal» (v. 32). «Contienda Baal» o «*El antagonista de* Baal». Es un bendito estigma ser llamado «aborrecedor de dioses falsos», enemigo de la ignorancia y de la superstición. Es muy adecuado recibir un nuevo nombre cuando uno viene a ser una nueva creación (Gn. 32:28).

IV. Cómo fue alentado por:

1. LA UNCIÓN DEL ESPÍRITU. «Entonces el Espíritu de Jehová vino sobre (revistió a) Gedeón, y... éste tocó el cuerno» (v. 34). La *idoneidad* para el servicio solo puede ser hallada en el Espíritu de Dios. El toque de la trompeta del Evangelio por parte de un hombre revestido por el poder de Dios será ciertamente eficaz para reunir a muchos *tras él*. «Recibiréis poder, cuando haya venido sobre vosotros el Espíritu Santo» (Hch. 1:8).

2. EL TESTIMONIO DEL VELLÓN. Como respuesta a la oración de Gedeón, el vellón quedó mojado con rocío, mientras que la tierra a su alrededor estaba seca; y la siguiente vez, el vellón quedó seco mientras que había rocío en la tierra alrededor (vv. 36-40). Una prueba convincente de que la providencia de Dios en relación con las necesidades de su pueblo no va según el ciego azar. El Espíritu de Dios, como el viento, sopla donde quiere; y, como el rocío, puede caer sobre el vellón o no, según el clamor del hombre de Dios. Cada siervo de Dios puede tener este doble testimonio: el Espíritu dentro de él, y la prenda especial de las obras de Dios afuera. La oración y la providencia van juntas.

234. LA NECESIDAD DEL ESPÍRITU SANTO

«Entonces el Espíritu de Jehová vino sobre Gedeón, y... éste tocó el cuerno» (Jue. 6:34).

El Espíritu Santo es necesario para llevar a cabo rectamente los deberes normales. ¿Necesitaba Gedeón de la especial investidura del Espíritu Santo para poder tocar un cuerno? Es muy posible que digas: «Solo sé que mis niños pueden tocar trompetas sin ninguna ayuda especial».

Pues entonces te pierdes una gran lección, al razonar de esta manera. La gran verdad aquí es que necesitamos la ayuda del Santo Espíritu de Dios para llevar a cabo rectamente *nuestros deberes diarios y ordinarios*, lo mismo que las cosas extraordinarias de la vida. Nada cuenta en el cielo excepto lo que se hace mediante su gracia y poder. En realidad, lo que Él desea es que hagamos las cosas ordinarias de la vida de una manera extraordinaria efectiva y eficaz. Incluso para citar un texto muy conocido de una manera propia y eficaz necesitamos el Espíritu Santo (véase 2 Cr. 15:1 y 2).

El conocido doctor A. B. Simpson dio un pensamiento, en una de sus prédicas, que todos los obreros cristianos harían bien en recoger. Es como sigue:

Un toque de Dios. Una vez en Egipto un grupo de hombres estaban tratando de levantar un obelisco sobre su base, y la obra estaba al cuidado de un ingeniero muy diestro y cuidadoso.

Habían levantado la gran masa de granito hasta unos pocos centímetros del nivel de la base y luego ya no podían levantarlo más. No podían llevarlo al nivel del pedestal por más que se esforzasen.

Pero había un secreto de la naturaleza que ellos no conocían. Un marinero que estaba allí sabía lo que había que hacer. Gritó: «¡Mojad las cuerdas!» Lo hicieron, y las cuerdas comenzaron a gemir, a tensarse y a encogerse, y la gran masa se levantó y levantó hasta que llegó al nivel de la base, y pudieron empujarla y establecerla firmemente sobre su pedestal.

Era un pequeño secreto, pero de gran eficacia. Los hombres habían estado tirando de las cuerdas y esforzándose en ello, pero el obelisco se había quedado suspendido en medio del aire, y allí se quedó colgando hasta que llegó el grito de mojar las cuerdas.

Queridos amigos, en el mismo instante en que dejemos que el Espíritu Santo sature el alma, el Señor Jesucristo trae a ella todas sus infinitas fuerzas de amor y de poder. Un toque de Dios hará todo lo que nuestros tirones y esfuerzos jamás podrían llegar a hacer.

235. LA PRUEBA DE LOS SEGUIDORES DE GEDEÓN

Jueces 7:1-8

«No concluyas aún que todas las duras pruebas han pasado,
Porque el Cielo hasta el fin nos ejercitará,
Algunas veces nos retendrá en nuestra loca carrera,
Con dudosas bendiciones y con mezclado temor»

DRYDEN

Dios había llamado a Gedeón «varón esforzado y valiente». Dios sabe dónde encontrar el instrumento apropiado para su obra. «No es aprobado el que se alaba a sí mismo, sino aquel a quien Dios alaba» (2 Co. 10:18). Cuando Gedeón tocó el cuerno muchos se reunieron en torno a él (v. 34), encomiándose a sí mismos, pero a quienes el Señor no había encomiado. Así que se tenía que aplicar el proceso de criba. Acamparon junto a *la fuente* (v. 1), y entre el agua y la batalla fueron puestos a prueba los aspirantes a seguidores. Pero observemos:

I. Un extraño estorbo. El Señor le dijo a Gedeón: «El pueblo que está contigo *es demasiado numeroso* para que Yo entregue a los madianitas en su mano» (v. 2). Esto es «para la *sabiduría* humana, ¿cuán severo?». Un ejército de 32. 000 ¡*demasiados* para 120. 000! (8:10). Sí, ésta es la lógica del Omnipotente, para que ninguna *carne* se gloríe en su presencia (Dt. 8:12-17). Nuestra propia fuerza y sabiduría son siempre demasiados para Dios (1 Co. 1:29). Es a los *fatigados* a los que les da vigor, y a los que están *sin fuerza* que les acrecienta la energía (Is. 40:29). «Cuando soy débil, entonces soy fuerte» (2 Co. 12:10). «No con la fuerza, ni con el poder» (Zac. 4:6).

II. Un llamamiento urgente. «El que tenga miedo y tiemble, *madrugue* y vuélvase» (v. 3). La presencia de los *cobardes* y de los *egoístas* es siempre un obstáculo para la obra de Dios (Dt. 20:8). ¡Cuán lentos somos en comprender que nuestro Señor puede pasarse sin aquellos vacilantes y cobardes profesantes! Somos propensos en desalentarnos cuando *ellos* se apartan de las filas de los obreros de Cristo, cuando *de corazón* nunca estuvieron de verdad en línea con el Espíritu de Dios. Se *apartan* porque *en espíritu* nunca habían estado *dentro*. «Porque si hubiesen sido de nosotros, habrían permanecido con nosotros» (1 Jn. 2:19).

III. Una revelación sorprendente. «Y se retiraron de los del pueblo veintidós mil» (v. 3). Este giro de los acontecimientos adelgazó mucho las filas. Solo quedaron diez mil. Los guerreros de Dios tienen que ser debilitados y reducidos para lograr que lleguen a una verdadera eficacia *en su presencia*. Cuando la Iglesia de Dios y la enseñanza de Cristo están siendo asaltadas por un número mayor de enemigos, es maravilloso ver cuántos falsos profesantes se descubren al apartarse de la fe. Estas disensiones no pueden dificultar el progreso el reino de Dios, como tampoco el arrebatamiento de ramas podridas por un vendaval puede impedir el crecimiento de un árbol.

IV. Una segunda prueba. «Y Jehová dijo a Gedeón: Aún es mucho el pueblo; llévalos a las aguas, y allí de los probaré» (v. 4). Cuando el llamamiento fue a *la propia voluntad* de ellos, muchos se volvieron atrás, pero ahora la *purificación* de los que quedan debe ser según la voluntad de Dios. Mucho de lo que pasaría por trigo su aventador demostrará que es solo tamo (Is. 1:25). Cuanto mayor sea la victoria que debamos obtener en Nombre de Jesucristo, tanto más ardiente el horno de prueba por el que debemos pasar. Así fue con Abraham, José, Moisés, daniel, Pedro y Pablo. ¿Dónde están los que han sido muy usados por Dios que no se han encontrado con su sacudimiento, con su fuego purificador sobre ellos? Una cosa es que *nosotros* nos examinemos a nosotros mismos. Esto seguramente que quitará muchas cobardías de nuestras vidas, pero cuando es el mismo Dios que viene a probarnos con su escudriñador Espíritu, entonces es que somos traídos a una total desesperanza de nuestra propia fuerza, para que *ninguna carne* se gloríe en su presencia, y para que la excelencia del poder sea de Dios, y no de nosotros (2 Co. 4:7). «Escudríñame, o Dios, y conoce mi corazón; pruébame».

V. Una banda de gente consagrada. «Con estos trescientos hombres que lamieron el agua os salvaré» (vv. 5-7). Una paja es útil para indicar de dónde sopla el viento. Los que *lamieron* el agua estaban evidentemente más despiertos a la importancia y urgencia de aquella ocasión. Los que se doblaron «sobre sus rodillas para beber el agua» estaban especialmente ansiosos de satisfacer sus propios deseos egoístas. No somos idóneos para la obra de Dios cuando nuestro propio *confort personal* sea nuestra principal preocupación. Es indudable que estaban todos sedientos por un igual, y que el agua debió ser igualmente preciosa para ambos grupos como un don bueno y necesario de parte de Dios. Pero no vivimos para comer y beber; comemos y bebemos para poder vivir para la gloria de Dios. Como siervos de Cristo, lamamos agradecidos de los pozos que Dios, en su providencia, pueda abrir ante nosotros por el camino; pero no debemos *doblarnos* ante ellos como meros asalariados, o a la vista de Dios quedaremos descartados para unirnos a los *vencedores* en la batalla del Señor. «Una cosa hago» es el lenguaje de los que se han entregado enteramente para hacer la voluntad de Dios, y que participan de los placeres de este mundo como un perro lame las aguas de pasada, pero cuyo *corazón* está en la voluntad y obra del Señor. Las almas consagradas lamen las aguas de la tierra con la mirada puesta en la Cruz de Cristo.

236. EL ALIENTO DE GEDEÓN

Jueces 7:9-15

«Observa la nívea gracia del lirio que crece,
Observa la varia raza de las plantas;
Ni hilan ni tejen, mas sin cuidados crecen,
¡Pero observa con cuán cálido colorido resplandecen!
¿Qué regias vestiduras con ellos se comparan?
¿Qué rey tan esplendente o qué reina tan bella?
¿De vosotros no se ha de cuidar, incrédulos decís?
¿Acaso no sabe Él? ¿O menos que los lirios sois?»

THOMSON

No te desalientes a causa del camino. El que ha comenzado la buena obra en ti y dentro de ti la llevará hasta el fin, hasta el día de la perfección. Si el corazón de Gedeón se hinchó de orgullo al ver cómo se reunían 32.000 en torno a él, debió deshincharse rápidamente al ver como solo le quedaba un puñado de trescientos, pero esto fue «un puñado a propósito». Los puñados de separados de Dios, «dispuestos para hacer todo lo que el Rey dispusiera». El método divino es *calidad*, no cantidad. Él no desea apariencias, sino verdad *en lo íntimo*. «El Espíritu de Jehová vino sobre David», pero «*se había apartado* de Saúl» (1 S. 16:1-7).
Gedeón se sintió poderosamente alentado por:

I. La promesa de Dios. «Levántate, y desciende al campamento; porque Yo lo he entregado en tus manos» (v. 9). La batalla ya había sido librada y la victoria ganada en el propósito de Dios. Ahora Gedeón es llamado a que se levante y entre en aquel propósito y que reclame la liberación ofrecida. ¿No significan las promesas de Dios en Cristo tanto como esto para nosotros? ¿No es el propósito de Dios que seamos salvos de todos nuestros pecados y seamos liberados de todos nuestros enemigos? Entonces levántate, y demanda la victoria en su Nombre. Fiel es el que prometió (Lc. 1:74, 75).

II. La presencia de Dios. El Señor le había dicho: «Ciertamente Yo estaré contigo» (6:16). Su promesa de victoria siempre conlleva la seguridad de su presencia (v. 9). «He aquí, Yo estoy con vosotros todos los días». ¿Acaso esta promesa solo es válida cuando estamos conscientes de su proximidad? ¿Han de ser nuestras sensibilidades morales el criterio de la veracidad de su Palabra? ¿Hemos de sentirnos agradecidos por su presencia poderosa con nosotros solo cuando la *sintamos*? Es desde luego un aliento que podamos contar de continuo con nuestro Señor como presentes con nosotros por su Espíritu cuando sabemos que estamos haciendo lo que es agradable para Él.

III. La providencia de Dios. «Todas las cosas cooperan para bien de los que *aman* a Dios, de los que son *llamados* conforme a su propósito» (Ro. 8:28). Cuando nuestros afectos se dirigen a Él mismo, y cuando caminamos en conformidad a nuestra sublime vocación, cada circunstancia de la vida es planeada para nuestro bien por la mano obradora de maravillas de Dios. Y esto forma parte de la gran Redención que tenemos en Cristo Jesús. Veamos como obró para fortalecer a su siervo Gedeón. Aquí tenemos tres diferentes corrientes de influencias que culminaron en un momento divinamente señalado. Hubo:

1. UN SUEÑO. «He aquí yo soñé un sueño: veía un pan de cebada que rodaba hasta el campamento de Madián», etc. (v. 13). Los sueños son cosa común, pero Jehová fue el Autor y Dador de éste. No desesperes por la falta de medios por entrar en contacto con los que están enfrentados a Dios y a su Cristo mientras el *oído* de Dios esté abierto a tu clamor. Él puede llevar a otros a ver las pequeñas tortas de cebada trastornando sus tiendas y creando la confusión incluso mientras nosotros estamos lamentando la total indiferencia que muestran a la voluntad de Dios.
2. LA INTERPRETACIÓN DEL SUEÑO. «Y su compañero respondió: Esto no es otra cosa sino la *espada* de Gedeón», etc. (v. 14). Cuando el tembloroso soñador contó su sueño, el gran poder de Dios pareció capturar hasta tal punto la imaginación de su *oyente* que no pudo ver otra cosa que su sentencia y la de su compañero en esta simple visión. ¡Ah, cuando Dios está hablando, el sencillo mensaje viene con una revelación de auto-condenación! Sí, el *pan de cebada*, el pan de la hueste de Jehová, deviene la *espada* del Señor en el campamento de sus enemigos. El pequeño y consagrado grupo de Gedeón está en manos del Señor, y Él les prepara la victoria.
3. GEDEÓN LO OYE. «Cuando Gedeón oyó el relato del sueño y su interpretación, adoró» (v. 15). Toda la escena era una coincidencia divinamente planeada, y otra prueba de aquella providencia infalible que constriñe al fiel siervo de Dios una y otra vez a adorarse en silenciosa adoración. Éste es dedo de Dios. Es la forma que tiene Dios de escoger lo débil y menospreciado para confundir a lo que es poderoso (1 Co. 1:27, 28). Aunque al Señor le place a menudo darnos evidencias *providenciales* de la verdad de su Palabra, recordemos siempre que sus promesas son suficientes sin tales evidencias. Lo que Gedeón oyó en la tienda no hizo que la Palabra de Dios fuera más segura. «Todas las promesas de Dios son en Él Sí, y en Él Amén» (2 Co. 1:20).

237. LA VICTORIA DE GEDEÓN

Jueces 7:16-25

«Siempre la mañana en algún lugar del mundo es,
Y el entronizado mal de su elevación será arrojado;
La mano que enclavada fue las "siete estrellas" aún sostiene,
Y la verdad más fuerte y noble crece por sus heridas»

GROSART

Las armas de nuestra milicia no son carnales. Como Gedeón, cada persona *llamada* por Dios tiene una obra que hacer que sería absolutamente imposible excepto por la gracia de Dios. Cada vida regenerada es un milagro, un nuevo centro de operaciones para las fuerzas espirituales del Cielo, y naturalmente debe haber una manifestación especial de influencias *sobrenaturales* y extramundanas. Si un cristiano no es una anomalía a los ojos del mundo, no es nada. El Espíritu de Dios siempre establece una tremenda distinción entre los hombres. «Sois pueblo adquirido». La energía del hombre natural, y la del Espíritu santo en el creyente, son tan diferentes como lo es la oscuridad de la luz; y tan contrapuestas en carácter como Judas lo era de Juan. Observemos:

I. Los extraños preparativos. «Dio a todos ellos trompetas en sus manos, y cántaros vacíos con teas ardiendo dentro de los cántaros» (v. 16). Trompetas, lámparas y cántaros. Los que tienen fe en Dios pueden permitirse emplear cosas débiles. Había una gran diferencia entre el armamento de Goliat y el de David (1 S. 17:40-45). Los cántaros vacíos excepto por la luz en ellos pueden sugerir corazones purificados y llenos de la luz del conocimiento de Dios (2 Co. 4:6, 7). Este conocimiento debe ser proclamado con boca como *trompeta* (Ro. 10:14). Cuando Dios elige sus armas, siempre son débiles y pobres a los ojos de la sabiduría de este mundo (1 Co. 1:27, 28). Necios por amor de Cristo.

II. Un ejemplo presente. Gedeón les dijo: «Miradme a mí, y haced como hago yo» (v. 17). Cada uno debe mirar al que es mensajero de Dios, y que va delante de ellos. El mismo Gedeón, en sus caminos y acciones, era un ejemplo para cada seguidor consagrado. Cristo nos ha dejado ejemplo para que sigamos sus pisadas. Puestos los ojos *en Jesús*, y no en nadie más. Haced todo lo que Él os diga. Él no se agradó a Sí mismo. Mirad a Él, y haced lo mismo. El capitán de nuestra salvación, como Gedeón, desea que sus seguidores siempre estén *a la vista* de Él.

III. Un grito de guerra que une. «Y gritaron: ¡Por la espada de Jehová y de Gedeón!» (v. 20). Solo había una espada entre ellos, pero fue suficiente, porque era la ESPADA DE JEHOVÁ, y la mano de Gedeón se aferraba a ella. Aquella hoja resplandeciente de verdad divina es más poderosa que todas las armas de las tinieblas. La espada del Espíritu es la Palabra de Dios. Esta Palabra es la espada del Señor, y de su Cristo. Es la *única* arma para todo el campamento de sus seguidores. Será un día bendito y victorioso para la Iglesia cuando éste sea su clamor *inconfundible*: «La Palabra del Señor y de su Iglesia».

IV. La peculiar táctica militar. «Y los tres escuadrones *tocaron* las trompetas, y *quebrando* los cántaros tomaron en la mano izquierda las teas, y en la derecha las trompetas con que tocaban, y *gritaron*», etc. (vv. 19, 20). Cada hombre, como escogido de Dios, tenía una trompeta, un cántaro y una tea, pero la fe de cada uno de ellos estaba en la «Espada de Jehová». Cada soldado *tocó* su trompeta como testimonio individual de Dios, y luego los cántaros fueron quebrados y rotos en incontables fragmentos; se precisa de un corazón quebrantado y contrito si la lámpara de la verdad celestial debe resplandecer ante los ojos de los impíos. Luego vino el grito *unido*, y la gran batalla se ganó rápidamente. Los labios relatando el evangelio con claros tonos de trompeta, y la *luz del conocimiento de Dios* brillando en corazones quebrantados, y Cristo, la Palabra de Dios, ensalzado. Estas son las apremiantes necesidades hoy día, y estos son los medios divinos para vencer a las fuerzas del mal. Vestíos de toda la armadura de Dios.

V. La completa victoria. «Y se estuvieron firmes cada uno en su puesto en derredor del campamento; entonces todo el ejército echó a correr dando gritos y huyendo» (v. 21). Indaguemos en cuanto a la fuente y secreto de tal triunfo. Fueron:

1. UNIDOS. Eran como un solo hombre con una espada. Cuando los que cantaban lo hacían *unánimes* es cuando la casa se llenó de la gloria (2 Cr. 5:13). No es solo la unión lo que se necesita, sino la unanimidad (Jn. 17:21).
2. OBEDIENTES. Siguieron el ejemplo de Gedeón. El sabio no es el que *dice* la voluntad de Dios, sino el que la *hace* (Mt. 7:21; véase Sal. 81:13, 14).
3. FIELES. «Se estuvieron firmes cada uno en su puesto» (v. 21). Solo los que verdaderamente confían pueden estar firmes (2 Cr. 20:17). Cuando nosotros tomemos el lugar que nos corresponde, Dios tomará el suyo.
4. TRIUNFANTES. Dios les dio la victoria (*cf.* Zac. 4:6). «Cuando os envié…, ¿acaso os faltó algo? Ellos dijeron: Nada» (Lc. 22:35; 2 Co. 9:8). Entonces los hombres de Israel le dijeron a Gedeón: «Sé nuestro Señor, tú, pues que nos has librado» (8:22).

Así coronemos nosotros a nuestro Libertador, de todos el Señor.

238. GAAL, O UN ESFUERZO A ESPALDAS DE DIOS

Jueces 9:26-49

«Menosprecia siempre ser cobarde, quedar callado
Cuando malas lenguas a nuestro Señor buscan crucificar;
Nunca te avergüences de ser con Él contado,
Ni apagues jamás la gloria de cristiano ser.»

Los hombres escriturales son siempre elocuentes acerca de sus portadores. «Gaal hijo de Ebed» significa «*menospreciativo* hijo de un esclavo», intensamente sugerente de soberbia y pobreza. Un hombre que no podía ver a nadie más sabio ni mejor que él mismo. A través de sus ojos «despreciativos» veía a los demás como a través de un cristal coloreado. Cierto es que Abimelec era un asesino (v. 5), pero no es el camino de Dios vencer el mal con el *mal*, sino vencerlo con el *bien* (Ro. 12:21). Cada siervo de Dios puede encontrar aquí sana materia para la reflexión. Observemos

I. Su comienzo esperanzador.

1. SE CONFIABA EN ÉL. «Los de Siquem pusieron en él su confianza» (v. 26). Los hombres de Siquem eran tan ciegos a la verdadera excelencia moral como el mismo Gaal. Pero es indudable que su *autoconfianza* se vería considerablemente aumentada por esta expresión de fe en él por parte de ellos. Todo lo que coadyuva a *hincharnos* ayuda a nuestra ruina como obreros de Jesucristo.
2. LO FESTEJARON. «Comieron y bebieron, y maldijeron a Abimelec» (v. 27). Los deleites carnales son una pobre preparación para el servicio de Dios. Los hombres de Gedeón fueron probados y sacudidos antes del conflicto, pero los seguidores de Gaal estaban reposados y holgados. En lugar de orar, *maldijeron*. El regocijo del Señor en el corazón es mejor que el que proviene del trigo y del vino (Sal. 4:7). El bienestar material no siempre denota prosperidad espiritual.

II. Su postura valerosa.

1. SE MOSTRÓ DESAFIANTE. «Y Gaal hijo de Ebed dijo: ¿Quién es Abimelec, y qué es Siquem, para que nosotros le sirvamos?» (v. 28). Esto suena como la nota de clarión de un reformador suscitado por Dios, pero nada era sino el vano viento de un fanático engreído. Es fácil incluso para el obrero cristiano *hablar* desafiante acerca de las fuerzas opuestas al progreso del alma, y del reino de Dios entre los hombres, pero todo depende de la base de nuestra jactancia (1 S. 14:6).
2. SE MOSTRÓ AUTOCONFIADO. «Ojalá estuviera este pueblo bajo *mi* mano, pues yo arrojaría luego a Abimelec» (v. 29). ¡Oh, estos poderosos *mis* y *yoes*, la progenie de la soberbia y de la propia confianza! ¿Cómo se vería si se expresara este lenguaje de una forma más lógica? Ojalá que yo fuera Dios. Naturalmente nos retraemos de tal cosa, pero la *confianza* propia es una *negación* de Dios, y la precursora de la destrucción (2 S. 15:4). «Antes de la caída es la altivez de espíritu».

III. Su derrota total. «Mas lo persiguió Abimelec, y Gaal huyó delante de él; ... y Zebul *echó fuera* a Gaal y a sus hermanos» (vv. 40, 41). No es para asombrarse que su obra fuera un fracaso total cuando consideramos los motivos deshonrosos para Dios que lo impulsaban. Ten la seguridad de que tu pecado *secreto* te alcanzará en derrota *pública*. No fue que la causa abrazada por Gaal y sus compatriotas fuera mala, bien al revés, pero la emprendió en *su propio* nombre, sin llamamiento de Dios. Jefté y Gedeón llevaron a cabo grandes liberaciones porque Dios estaba con ellos. El secreto del fracaso de Gaal sigue siendo la razón del fracaso de muchos de los profesos siervos del Señor. En todo ello:

1. NO HUBO RECONOCIMIENTO DE DIOS. Si queremos tener su bendición en nuestra obra, tenemos que hacerla en su Nombre. El alma de Gaal satisfecha de sí misma no tenía lugar para Dios. Era muy diferente de Moisés, David y Gedeón. Algunos tienen temor de reconocer honradamente a Dios, no sea que Él interfiera en todos los planes y propósitos que se han trazado, con lo que en lugar de ver sus propósitos alejados de Cristo aplastados en sus comienzos, los ven pisoteados por Dios en toda la fuerza de su madurez.
2. NO HUBO REVELACIÓN DE DIOS. No es fácil reconocer de continuo a Dios en nuestra obra si no hemos tenido de Dios una revelación de aquella obra. Gaal no tenía ningún mensaje de Dios que ardiera en su corazón. Lo mismo que Absalón, se había constituido a sí mismo, y fue depuesto por Dios. Donde no hay visión no hay el «Heme aquí, envíame a mí». Donde no hay voz del cielo no hay «Señor, ¿qué quieres que haga?».
3. NO HUBO INSPIRACIÓN DE DIOS. El Espíritu del Señor revistió tanto a Gedeón como a Jefté (Jue. 6:34; 11:29), pero la inspiración de Gaal provino de la copa de vino (v. 27). El primero es de arriba, lo otro es de abajo; el primero es de vida, lo otro de muerte. «Recibiréis poder, cuando haya venido sobre vosotros el Espíritu Santo, y me seréis testigos» (Hch. 1:8). ¿De cuánto de nuestro servicio para el Señor se puede decir: No hay *revelación*, ni *inspiración*? De todo ello se podrá decir: No hay victoria.

239. JEFTÉ, O LLAMADO A SERVIR

Jueces 11

«Dios nunca quiso que el hombre los cielos escalara
Con pasos de humana sabiduría. En sus obras,
Aunque maravillosas, Él nos manda en su Palabra
Que lo busquemos más bien donde su misericordia resplandece»

COWPER

Los hombres de Gedeón y de Jefté tienen una honrosa mención por parte del gran apóstol en su selecto registro de los fieles que «conquistaron reinos, hicieron justicia, *alcanzaron promesas*» (He. 11). La historia de Jefté es la historia de cada pecador convertido, un elevamiento del «menesteroso… del muladar, para hacerlo sentar con los príncipes» (Sal. 113:7).
Observemos algunas cosas acerca de él. Él:

I. Nació en pecado. «Era hijo de una mujer ramera» (v. 1). «Esforzado y valeroso», pero hijo de iniquidad. Naamán era «valeroso en extremo, pero *leproso*» (2 R. 5:1). Por *nacimiento* estaba descalificado para entrar en *la congregación* de Jehová (Dt. 23:2). «El que no nace de nuevo, no puede ver el reino de Dios.» «Lo que es nacido de la carne, carne es.» «¿Quién hará limpio lo inmundo?»

II. Fue desheredado. «Echaron fuera a Jefté, diciéndole: NO heredarás en la casa de nuestro padre» (v. 2). *Su* derecho a heredar por sucesión quedó destruido por el pecado de su padre (Dt. 21:16). Por la desobediencia *de uno* los muchos fueron constituidos pecadores. «Los injustos no heredarán el reino de Dios» (1 Co. 6:9). El pecado de Adán lo echó de su herencia en el huerto del Edén, y toda su posteridad ha nacido *fuera* de él. Si queremos tener herencia entre los santificados, tiene que ser mediante la fe en Jesucristo (Hch. 26:18).

III. Se hizo compañero de hombres ociosos. «Huyó, pues, Jefté y se juntaron con él hombres ociosos» (v. 3). Como oveja descarriada, se fue *por su camino*. Parece que se convirtió en un bandido, un salteador de caminos, a semejanza del famoso bandolero español Curro Jiménez, el salteador de Sierra Morena. Y así éramos algunos de nosotros. Cuando nos vimos privados de esperanza nos lanzamos al abismo de una vida desenfrenada y egoísta, intentando ahogar el remordimiento con la excitación de placeres pecaminosos. El hombre es conocido por sus compañías. «Lobos de la misma camada». «Y puestos en libertad, vinieron a los suyos» (Hch. 4:23).

IV. Recibieron una importante invitación. «Los ancianos de Galaad... dijeron a Jefté: Ven, y serás nuestro jefe» (vv. 5, 6). Estos ancianos vieron indudablemente en este osado hijo del desierto dones y calificaciones que, si se dirigían rectamente, serían de inmenso valor para la causa de Dios y de su pueblo: lo que los primeros discípulos verían ciertamente en el muy dotado Saulo, pero adversario de Cristo y que indudablemente rogarían mucho al Cielo por su conversión. El llamamiento vino a Jefté como el llamamiento del Evangelio nos vino a nosotros, «siendo aún pecadores». Como el llamamiento del Evangelio, era una invitación a *unirse* a las filas del pueblo del Señor, de quienes lo había separado el pecado, y a *luchar* las batallas del Señor. ¿Vendrás? «Al que a mi viene, de ningún modo lo echaré fuera» (Jn. 6:37).

V. Hizo pacto con el Señor. «Jefté habló todas sus palabras *delante de Jehová* en Mizpá» (v. 11, BAS). Esta inesperada llamada, pero llena de gracia, que le fue hecha, parece haber tenido el efecto de sentir su necesidad de reconciliarse con Dios y de servir en su Nombre y fortaleza. Si el Evangelio de Cristo no ha tenido aún esta transformadora influencia en nuestras vidas, nunca lo hemos conocido aún. No importa lo singulares y destacados que sean nuestras dotes y capacidades *antes* que nos volvamos al Señor: si queremos ser usados en su servicio, tenemos que rendirlo todo enteramente a Él, o solo serán barreras para el progreso de su reino. No es un corazón *fuerte*, sino uno *quebrantado* el que Dios no menospreciará. «Al corazón contrito y humillado no lo desprecias Tú, oh Dios» (Sal. 51:17).

VI. Fue dotado con el Espíritu. «Y el Espíritu de Jehová vino sobre Jefté» (v. 29). El Espíritu de Jehová no vino sobre él *hasta* que se hubo consagrado al Señor, y hecho total confesión hablando *«todas sus palabras delante del SEÑOR»* (v. 11, BAS). No son los naturalmente *valerosos*, sino los *consagrados*, los que reciben el don del poder del Espíritu Santo (Hch. 1:8). El que tenga el don del Espíritu santo tiene un *gran don*, no importa cuáles otros dones no tenga. No importa cuáles sean nuestras necesidades: sabiduría, fuerza, santidad, etc., la una y todo suficiente provisión de Dios es impartida por el don del Espíritu. Por el Cristo nos ha sido hecho sabiduría, justicia, santificación y redención (1 Co. 1:30).

VII. Logró la victoria. «Y Jehová los entregó en su mano» (v. 32). Él es apto ahora para que le sean entregados en *sus* manos, por cuanto ahora él mismo está en las manos de Dios, para que ninguna carne se jacte en su presencia. Jefté es otra ilustración de Dios empleando cosas *despreciadas* (v. 2). Hay sitio suficiente en la *gracia de Dios* para los más extraviados e impotentes. Hay también suficiencia para los hasta ahora estériles e infructíferos. No somos salvos por nuestras obras, ni somos *empleados* en el servicio de Dios debido a nuestros dones superiores o pasadas experiencias de éxito. Es todo de gracia, y su gracia es para todo suficiente. Sin la energía vital del Espíritu Santo dentro, nada conseguiremos. «Sed llenos del Espíritu» (Ef. 5:18). Él ha dicho: «Bástate mi gracia, porque mi poder se perfecciona en la debilidad» (2 Co. 12:9).

240. EL NACIMIENTO DE SANSÓN

Jueces 13:1-25

«Por mí escoge Tú, Señor. ¡A mí no me hagas escoger!
No sé que pedir o rechazar;
Tú la pobreza conoces, y las riquezas también,
De la enfermedad la palidez, la confianza de la salud;
Escoge por mí, Señor, que no sé yo qué es mejor,
Tú muy justo eres para mal hacer: en Ti reposo yo.»

Cuando confiamos en el Señor para que Él escoja nuestra herencia *diaria* para nosotros (Sal. 47:4), podemos estar seguros de que tendremos una hermosa porción. Los dones de Dios son todos divinos, dignos de Él. El Señor se apareció a la mujer de Manoa, y le prometió un hijo (v. 3). Con toda sencillez ella creyó el mensaje, y esperó que por cuanto Él había prometido, Él podría cumplir. Sobre la base de su Palabra podemos esperar confiados lo que humanamente hablando es perfectamente imposible (Mr. 10:27). El nacimiento de Sansón nos sugiere una ilustración del nuevo nacimiento de un alma.

I. Él fue un don de Dios (v. 3). Lo que ellos no podían hacer por la debilidad de la carne lo llevó a cabo Dios en su gracia. De la nueva naturaleza se dice: «No... engendrados de sangre, ni de voluntad de carne, ni de voluntad de varón, *sino de Dios*» (Jn. 1:13). Cada alma regenerada es don de Dios para un mundo tenebroso y desolado, otra luz en su tiniebla, otro testigo para Dios.

II. Nació libre de defectos hereditarios. La madre fue solemnemente exhortada: «No bebas vino ni licor, ni comas cosa inmunda» (v. 4). El cuerpo físico, como templo de este espíritu dado por Dios, tiene que ser puro y digno de Él. Los que quieren entrar en la labor de parto de almas tienen que cuidar su forma de vivir, y no tocar lo inmundo. Este es el aspecto humano; hay otro: «Lo que es nacido del Espíritu, espíritu es». El alma que ha nacido de lo alto, nacida de Dios, no puede poseer ninguna tacha hereditaria. Los tales han sido hechos partícipes de la naturaleza divina (2 P. 1:4). «Todo aquel que es nacido de Dios, no practica el pecado, porque la simiente de Dios permanece en Él; y no puede pecar, porque es nacido de Dios» (1 Jn. 3:9).

III. Su nacimiento estuvo conectado con un sacrificio y una maravilla. «Manoa tomó... una ofrenda... sobre una peña...; y el ángel hizo *un milagro*... el Angel de Jehová subió en la llama del altar» (vv. 19, 20). Observemos estas tres cosas: 1) La *ofrenda*; 2) la *maravilla*; 3) la *ascensión* por la llama del altar. ¡Cuán sugerente es esto todo de la *muerte, y resurrección y ascensión* de Jesucristo nuestro Señor, en virtud de lo que nace cada hijo de Dios. Su *ofrenda* sobre la cruz, el *milagro* de su poder y gloria en su resurrección, su ascensión al cielo, con las *marcas* de la cruz en sus manos y en sus pies, ya que estuvieron «en la llama del altar». Manoa y... Su mujer... se postraron en tierra» (v. 20). Y bien podemos nosotros hacer lo mismo delante de este maravilloso espectáculo (Ez. 1:28).

IV. Fue apartado para Dios. «El niño será nazareno a Dios» (v. 5). Su separación no fue por voto, sino por nacimiento (Nm. 6:5). Si hemos «nacido de Dios», creados de nuevo en Cristo Jesús, de cierto que ello es suficiente en sí mismo para enseñarnos que deberíamos ser separados en nuestras vidas de un mundo de pecado e iniquidad. La separación tiene dos aspectos: 1) Somos separados por la voluntad de Dios, según su propósito con nosotros (Lv. 20:24). 2) Debemos separarnos mediante nuestro propia y determinada acción, una *elección* deliberada y continua de la voluntad de Dios con respecto a nosotros (2 Co. 6:17). Cuando se separa lo precioso de lo vil, entonces el testimonio será como la misma boca de Dios (Jer. 15:19). Fue *después* que Abraham se apartara del mundano Lot que Dios acudió con su promesa (Gn. 13; 14).

V. Fue bendecido por el Señor. «Y el niño creció, y Jehová lo bendijo» (v. 24). Se le dio el nombre de Sansón: *soleado*. Como el sol. La vida separada es una vida *bendita*, soleada con el resplandor de su presencia. ¿Y no necesitamos nosotros esto si queremos crecer como nuestro Salvador, «en gracia ante Dios y ante los hombres»? (Lc. 2:52). Muchas de las acciones y dichos de Sansón revelan un espíritu casi juguetón que parecen indicar lo luminoso de su actitud. Una vida soleada es una vida poderosa. «El *gozo* del Señor es vuestra *fortaleza*.» La vida separada debe ser una vida soleada. Así fue la vida de nuestro bendito Señor y Salvador: separado, y resplandeciente. Aunque su rostro fue desfigurado, la *luz* de su vida no se vio amortiguada. La bendición del Señor enriquece. Hizo a Sansón rico en regocijo y fortaleza, y según He. 11:32 fue mediante *la fe* que se revistió de poder. «Según vuestra fe os sea hecho».

VI. Fue movido por el Espíritu. «El Espíritu de Jehová comenzó a manifestarse en él» (v. 25). Estos comienzos de *impulsos* de corazón (V.M.) del Espíritu de Dios eran indicaciones premonitorias de los propósitos de Dios con él, y un testimonio interno de su apartamiento para el Señor. Es de la mayor importancia que los que se han separado a sí mismos a Dios reconozcan los impulsos del Espíritu Santo en el corazón. Lo que pueda parecer ser solo un pensamiento o sentimiento pasajeros puede llegar a ser alimentado hasta llegar a ser un propósito poderoso y de gran alcance. Las glorias del esplendor del mediodía son introducidas por lo que parece ser unos débiles rayos de luz que se debaten en medio de la penumbra. Tan pronto como Jesús se apartó para la voluntad de Dios como su Siervo, fue impulsado por el Espíritu (Mt. 4:1). Desde luego es una vida espiritualmente bien monótona la que viven los que nada saben de la agitación de las aguas del alma, en ocasiones, por el Espíritu de Dios. El victorioso cristiano puede decir con Pablo: «Todo lo puedo en Cristo, que me fortalece» (Fil. 4:13).

241. LA VIDA Y LA MUERTE DE SANSÓN

Jueces 14–16

«Lo que el Cielo otorga, con mirada agradecida recibe tú;
Pide primero tu deseo, y luego con fe cree;
Lentos pasamos por un camino fatigoso,
Sombras de vida, y de un día peregrinos.
"Quien agitado en este mundo va se puede deslizar",
Mira a las alturas y en tu Dios por todo espera»

CHAUCER

Cuanto más llena la copa, tanto más fácil es derramar su contenido. Cuanto más elevados los privilegios espirituales, tanta más necesidad de humildad en el andar con Dios. Cuanto más fuertes seamos tanto más grande la tentación a *confiar* en nuestra fuerza. Cuanto más frecuentemente el Espíritu de Dios nos mueva, tanto más poderosamente se nos opondrán el mundo y la carne. La vida de Sansón tiene alternancias de luz y de sombras. Un nazareno que parecía parcialmente *inconsciente* de lo sagrado de su vida, lo que fue una mácula fatal en su carácter como siervo en la obra de Dios. «*¿No sabéis* que Cristo mora en vosotros?» Miremos esto:

I. Hazañas asombrosas: «Despedazó al león como quien despedaza un cabrito» (14:6). «Y hallando una quijada de asno fresca aún, mató con ella a mil hombres» (cap. 15:15). «Tomando las puertas de la ciudad [de Gaza] con sus dos pilares y su cerrojo, se las echó al hombro» (16:3). En Sansón se cumplió literalmente la promesa: «*Un varón* de vosotros perseguirá a mil» (Jos. 23:10). Es tan fácil para Dios trabajar con un hombre como con trescientos (Jue. 7:7). Sansón no tuvo seguidores; no pidió ninguno. solo Él fue comisionado y energizado; solo él debía llevarlo a cabo. En los tiempos de la antigüedad Dios comenzaba generalmente con *un hombre*. Jesús comenzó con dos (Jn. 1:37). Nunca haremos hazañas para Dios si esperamos que otros nos ayuden. Un hombre en el poder del Espíritu es siempre adecuado para la ocasión. «Mayor es el que está en vosotros que el que está en el mundo». Las armas empleadas por Sansón eran dignas del poderoso Espíritu del Señor. «Cosas necias y débiles» (1 Co. 1:27-29).

II. Una fortaleza sobrehumana. «Dalila dijo a Sansón: Yo te ruego que me declares en qué consiste tu gran fuerza» (16:6). Sansón no era un gigante; por ello, su gran fortaleza no residía en un brazo de carne. Ningún músculo humano puede desarrollarse para dar poder espiritual. El secreto de su gran fuerza residía en la presencia del Omnipotente Espíritu de Dios en Él, como consagrado a la voluntad de Dios. «Recibiréis poder, cuando haya venido sobre vosotros el Espíritu Santo, y me seréis testigos» (Hch. 1:8). Éste sigue siendo el secreto de la gran fuerza de cualquier siervo de Jesucristo, y puede ser tuyo. Esta *gran fuerza* no puede ser comprada ni por la sabiduría intelectual ni por la posición social. Es don de Dios (Hch. 8:18-20), y debiera ser para nuestras almas lo que es para nuestros cuerpos nuestra fuerza física, solo que en un grado sobrehumano, el inmenso poder de Dios.

III. Una intensa tentación. «Presionándole ella cada día con sus palabras e importunándole, su alma fue reducida a mortal angustia» (16:16). Observaréis que toda la energía de esta tentadora va dirigida a aquella *una cosa* que distinguía a Sansón de todos los demás hombres, «en qué consiste tu gran fuerza» (v. 15). Al enamorarse de Dalila se introduce deliberadamente en los fuegos de la prueba. Aquí tenemos un evidente yugo desigual; desde el mismo comienzo ella trata de arruinarlo como nazareno (vv. 5, 6), demostrando ser enemiga del propósito divino en la vida de Sansón. Es un espectáculo lamentable ver a alguien frivolizando de tal manera con el *secreto* de su poder para con Dios. Las alianzas impías son enemigas mortales del poder espiritual. Todo lo que destruya nuestra relación con Dios tiene que ser considerado como el veneno de una serpiente. Nuestro punto más poderoso para con Dios será precisamente el más atacado por el diablo y por el mundo en su resistencia al Espíritu. «Invócame en el día de la angustia» (Sal. 50:15).

IV. Un total fracaso. «Y ella hizo que él se durmiese sobre sus rodillas, y... luego que despertó él de su sueño, se dijo: Esta vez saldré como las otras y me escaparé. Pero no sabía que Jehová ya se había apartado de él» (16:19, 20). Mientras dormía le cortaron las guedejas, y le abandonó su fuerza. Él *se debatió* como en las otras ocasiones, pero es solo a sí mismo que se sacudió. Su gran poder con que se había sacudido antes de sus enemigos, el poder de la presencia del Señor, le había dejado. Ahora no es más que una *rama seca*, buena solo para ser echada en el fuego por parte de los *hombres* (Jn. 15:6). Cuando el Espíritu de Dios es contristado se desvanece nuestra defensa como siervos (Nm. 14:9). Cuando el Espíritu de Jehová se apartó de Saúl, en aquel momento comenzó su caída (1 S. 18:12). Su fuerza no residía en sus guedejas, pero aquella cabeza que nunca había sido tocada por navaja era *testimonio* de su consagración a la voluntad de Dios. Solamente el poder de Dios puede hacernos testigos para Cristo. Sin esto podemos sacudirnos con un esfuerzo febril, pero solo revelará nuestra absoluta debilidad. Que un siervo de Cristo sea tan *débil* como los otros hombres es una deshonra para el Espíritu de Dios. Sansón no es el único siervo de Dios que ha perdido su poder por el andar mundano y la indulgencia de sí mismo (v. 19). Mucha de la impotente predicación de hoy en día se puede remontar a la misma causa. Nadie puede fracasar en la obra del Señor si vive y actúa en el poder del Espíritu Santo (Fil. 2:13).

V. Una terrible esclavitud. «Los filisteos le echaron mano, y le sacaron los ojos, y le llevaron a Gaza; y le ataron con cadenas para que moliese en la cárcel» (16:21). Fue traicionado por la mujer a la que él *amaba*, y sobre cuyas rodillas había dormido su fatal sueño. Los placeres del pecado entregan a sus seguidores a la *ceguera* y a la *esclavitud* espirituales. ¡Pobre Sansón! ¡Cómo han caído los valientes! Aceptemos la exhortación, y guardémonos de los placeres mundanos que enlazan el alma para contrición del Espíritu Santo. ¿No hay nadie entre nosotros cuyo servicio para Dios y su Cristo esté siendo llevado a cabo bajo las mismas condiciones en que Sansón trabajaba en la cárcel de Gaza? Siervos *cegados* y *encadenados*, para los que la casa de oración se torna en cárcel, un lugar del que salir tan pronto como sea posible. No tenemos ni ojos para ver ni *libertad* para servir, a no ser que seamos llenos del Espíritu Santo. Aparte de esto, la obra del Señor se convertirá en una rutina y en una esclavitud. Molineros forzados en lugar de guerreros triunfantes.

VI. La victoria final. «Entonces clamó Sansón a Jehová», etc. (16:28-30). Él clamó al Señor desde lo más profundo de su dolor e impotencia. Ésta es la única ocasión en que leemos que reconociera al Señor. Su urgente y lastimera petición es concedida. «El cabello de su cabeza comenzó a crecer» (v. 22); *su apartamiento para Dios* comenzó a aparecer de nuevo. Si hemos perdido nuestro poder para Dios, hay solo un modo por el que se puede restaurar: la confesión y la renovada consagración. El clamor de Sansón en su muerte fue por una manifestación renovada de su antiguo poder, para morir como vencedor; y como Jesucristo, nuestro *infalible* Vencedor, por la gracia de Dios él venció a más con su muerte que en su vida. Nuestra propia restauración a Dios tiene que anteceder a la cosecha de las almas (Sal. 51:12, 13).

242. INCONSCIENCIA ESPIRITUAL

«Pero no sabía que Jehová se había apartado de Él» (Jue. 16:20).

«No sabía Moisés que la piel de su rostro resplandecía» (Éx. 34:29).

Parece casi un sacrilegio poner a Sansón y a Moisés juntos, viendo que el primero era un esclavo de las pasiones, mientras que el segundo era esclavo de Dios; sin embargo, lo hacemos con un propósito específico, esto es, situar los dos en contraste, y para poder emular a Moisés.

No hay nada nuevo ni extraño en los actos inconscientes. Hay muchas cosas en la vida que hacemos muy inconscientemente, por la misma fuerza del hábito. Por ejemplo, un virtuoso pianista o violinista no piensa acerca de qué notas tiene que tocar. Es fácil ver cuán misericordiosa es esta provisión que ahorra que nuestra limitada capacidad se vea sobrecargada debido a la carga de las tareas diarias. Si tuviésemos que pensar cómo debemos dar cada paso que damos, cómo masticar nuestros alimentos, cómo actuar o hablar, o cualquier acción que ahora llevamos a cabo de manera automática, la mente enloquecería ante estos elementos competidores, la razón se quebraría bajo unas tensiones tan enormes, y el mundo se transformaría en un manicomio sin orden.

Cuando tenemos que vigilar es cuando lo inconsciente toca el campo espiritual.

Hay dos clases de inconsciencia. Sansón estaba inconsciente de su pérdida espiritual, mientras que Moisés estaba inconsciente de su adquisición espiritual. Lo primero fue trágico; lo segundo, bienaventurado. Lo primero fue fatal para el servicio; lo segundo fue para potenciación del servicio, aumentando su utilidad.

I. La decadencia espiritual inconsciente. Uno no puede dejar de compadecer a Sansón, por muy insensato que fuese. «No sabía que Jehová se había apartado de Él», pero hubiese debido de saber que su mala vida llevaría a esta pérdida. Leyendo la vida de Sansón, tenemos la misma sensación de tristeza que al leer la vida de Burns, el poeta de Escocia: *es lo que hubiese podido ser* lo que nos duele. Sansón tuvo grandes posibilidades, pero nunca fueron llevadas a cabo de manera plena. Es una cosa muy solemne y terrible estorbar los planes que Dios tiene para nosotros.

Dios no lo abandonó de inmediato. Tuvo larga paciencia con él, al menos durante una veintena de años, dando liberación tras liberación.

La frase «se había apartado de él» solo se refería al servicio, no a la salvación. Aunque había jugado una y otra vez con el pecado, seguía perteneciendo a la familia celestial. «Apartado» significaba impotencia en el servicio para Dios.

Es algo terrible saber que el Señor se puede apartar de nosotros por lo que respecta a poder en el servicio, y que sin embargo no nos demos cuenta de ello. Significa que podemos quedar tan endurecidos por el engaño del pecado que no somos tan sensibles como antes.

II. El crecimiento espiritual inconsciente. Durante cuarenta días y cuarenta noches, Moisés había estado a solas con Dios. Contemplando la gloria del Señor, había sido cambiado a la misma imagen. Y si estuviésemos más a menudo a solas con el Señor, nuestros rostros estarían también radiantes más a menudo.

La brillo inconsciente es la señal invariable de la verdadera santidad.

243. EL JOVEN PRINCIPIANTE

Jueces 17; 18

«Los más grandes honores de que pueda el mundo jactarse
Son temas en demasía mezquinos para mi deseo;
Sus mas luminosos rayos de gloria son, como mucho,
Solo chisporroteos de tu viviente fuego;
Sin Ti, Señor, las cosas no son lo que son,
Ni tienen su ser de Ti mismo en comparación»

QUARLES

«En aquellos días no había rey en Israel; cada uno hacía lo que era recto a *sus propios ojos*» (17:6). Nuestros propios ojos son quizá la más pobre guía debajo del cielo. «El que confía en su propio corazón es necio». Estos capítulos nos relatan una triste historia de corrupción social, religiosa y moral. ¡Qué criaturas más insensatas y pecaminosas no llegamos a ser cuando la mano conductora de Dios no nos dirige! Algunos erais así, pero ya habéis sido lavados. La vieja vida del yo, incluso la vida *religiosa*, es simplemente hacer *lo recto a los propios ojos*. Cuando Saulo dijo: «¿Qué quieres que haga?». había dejado de caminar en la luz de sus propios ojos. El joven anónimo que se nos presenta aquí es digno de un estudio estrecho, debido a:

I. Su carácter. «Y había un joven… el cual era levita» (17:7). Según Números 8 los levitas fueron *llamados por Dios*, separados y santificados para la obra del Señor. La obra de ellos era cuidarse de las diferentes partes del tabernáculo cuando se movía la columna de nube, y *volver* a erigir la Casa de Dios. Eran los que habían sido apartados por Dios para su propio servicio (Nm. 4:15-33).

II. Su propósito. «Voy a vivir donde pueda encontrar lugar» (17:9). Está buscando un llamamiento. No desea pasar el tiempo ocioso. Es un joven activo y quizá con mucha conciencia; esperando que si tan solo puede encontrar *un lugar* pueda ser de ayuda de alguna manera. Es una señal segura de que la Casa de Dios está en ruinas cuando los profesos siervos de Dios buscan trabajo de parte de hombres. No era así en tiempos de Moisés y de Josué; no era así tampoco en tiempos de Cristo y de sus apóstoles. Es el *Señor* de la cosecha quien tiene que enviar los obreros. *Orad a Él* (Mt. 9:38). ¡Cuán a menudo se llama a los jóvenes a que vayan! ¿Por qué no orar al Señor de la mies que los envíe? (Hch. 13:2).

III. Su primer llamamiento. «Micá le dijo: Quédate en mi casa, y serás para mí padre y sacerdote; y yo te daré diez siclos de plata por año, vestidos y comida. Y el levita se quedó» (17:10). Cansado de su vagabundeo, aceptó la primera oferta. No era un lugar grande, sino solo una pequeña congregación (una familia), y un pequeño salario, que incluía alojamiento y comida. No había estado haciendo nada durante un tiempo, por lo que «se quedó». Aunque los panes eran pequeños y los peces eran pocos, estarían relacionados con el cargo de una cierta dignidad y provecho personales. Si no hubiera sido traidor a Dios no podría haber servido en tal casa, porque estaba llena de ídolos (v. 5), y el mismo Micá era un supersticioso idólatra. Pero es indudable que los «diez siclos», etc., cerraron la boca del levita. Está más interesado en su provecho personal que en la causa de Dios. Un mero asalariado (cap. 18:4).

IV. Su ordenación. «Y Micá consagró al levita» (17:11-13). La idea raíz de la *consagración* parece ser la de «llenar las manos», para que la adoración o el servicio pueda ser abundantemente aceptable para Dios (1 Cr. 29:5). Éste fue el aspecto principal en la consagración de Aarón y de sus hijos. Entonces, ¿cómo podría Micá, un adorador de ídolos, *llenar las manos* de un levita con lo que agrada a Dios? Tampoco podéis vosotros, a no ser que estéis llenos del Espíritu Santo. Pero el joven ministro parecía totalmente satisfecho con esta hueca y *vacía* consagración. ¿Cuál es el valor de tales manos vacías puestas sobre la vacía cabeza de un hombre con el corazón vacío? «Sin Mí nada podéis hacer».

V. Su traslado. Entonces los danitas le dijeron: «Pon la mano sobre tu boca, y vente con nosotros, para que seas nuestro padre y sacerdote. ¿Es mejor que seas tú sacerdote de *un solo hombre*, que de una *tribu* y familia de Israel? Y se alegró el corazón del sacerdote, y se fue» (18:19, 20). Éste fue un llamamiento a una esfera de labores más amplia con la condición de que «callara» y no denunciara la astucia criminal de ellos. Él aceptó su llamamiento, prometiéndoles virtualmente tener cerrada la boca acerca del pecado de robo. Un ministro hecho por el hombre es solo un ministro *según* los *hombres* (véase Gá. 1:10-12). Si un hombre no tiene una revelación de parte de Dios, no tiene comisión de Él. Debemos ver a Jesús si queremos ser *testigos* de Él. El *temor del hombre* trae lazo. Una esfera de servicio más grande no mejoró en absoluto al infiel levita; solo sirvió para mostrar más plenamente su espíritu impío y oportunista. Las posiciones más elevadas y congregaciones más grandes no son suficientes para llevar a un ministerio eficaz. Un siervo de Cristo que busque sólo lo suyo será siempre impotente frente a la impiedad y a la iniquidad abierta.

VI. Sus sucesores. «Los hijos de Dan levantaron para sí la imagen de talla; y Jonatán… y sus hijos fueron sacerdotes en la tribu de Dan» (18:30, 31). El levita carente de escrúpulos desaparece repentinamente de la escena como algo carente de vida e indigno. No efectuó ninguna reforma entre los idolátricos danitas; no ha dejado ningún ejemplo de fidelidad tras sí. Llegó como un ave inmunda, devoró la carne que pudo, y voló no sabemos a dónde. Pero la *imagen de talla de Micá* sigue ahí en medio de ellos, usurpando el puesto del Dios de Israel. Su sucesor no fue mejor que él. En este caso, «a tal pueblo, tal sacerdote». Aquí se revela la total indignidad de un ministerio no espiritual, y se implica enérgicamente la necesidad del bautismo del Espíritu Santo (Jn. 15; 16:26, 27).

244. RUT, LA PEREGRINA DECIDIDA

Capítulo 1, «Escogeos hoy».

El libro de Rut, como el Cantar de los Cantares, está lleno de gracia y de verdad. Pertenece evidentemente a la época de los Jueces, quizá a los días tempranos de Gedeón, cuando los madianitas prevalecían y «destruían los frutos de la tierra», causando con ello «hambre en la tierra» (Jue. 6:1-6), cosa que empujó a este varón «a morar en los campos de Moab» (v. 1).

El libro contiene la historia de un judío que fue a un país lejano y, por medio de la recaída de aquel judío, una mujer gentil es sacada del país lejano a la tierra de bendición. Luego, por medio dela fidelidad de la mujer gentil, la bendición es restaurada al judío. Una sencilla imagen de cómo judío y gentil son complementarios entre sí en el plan divino por el que todos reciben «la bendición de Jehová, y justicia del Dios de su salvación».

«Llegaron, pues, a los campos de Moab, y se establecieron allí» (v. 2). El hambre los *impulsó* allí, y su conexión moabita los *mantuvo* allí. «En los días de la adversidad considera», porque la adversidad o bien acercará más al cristiano a su Dios, o bien lo aproximará más al mundo. Si la fe no se aferra a Él, la carne lo arrastrará apartándolo de Él. ¿Acaso algún cristiano ha sacado algo de acudir a Egipto para pedir ayuda? ¿Que logró Lot? ¿O el pródigo? ¿O Elimelec? Noemí perdió a su marido y a sus hijos por su viaje a Moab. Bien estaba descender a Egipto a por ayuda cuando José estaba allí, porque había pan en Egipto; pero ahora el verdadero José ha sido exaltado al cielo, y mal le sobrevendrá al que busque ayuda aparte de Él. Los que acuden al mundo en solicitud de ayuda en lugar de acudir a Él acabarán probablemente volviendo como Noemí, una desolada viuda que lo ha perdido todo, o como el Pródigo, arrepentido en sus harapos.

«Entonces se levantó» (v. 6). el Pródigo recordaba también la casa de su padre mientras se encontraba en la provincia lejana, y dijo: «Me levantaré». Noemí *oyó* «que Jehová había visitado a su pueblo, dándoles pan», y esto eran buenas nuevas para la afligida errabunda. Creyó las nuevas, y su fe la hizo volver. *Oyó, creyó y actuó*. «La fe viene por el oír.» El Evangelio de Dios es buenas nuevas de un país lejano. El hombre se ha alejado de Dios. Las buenas nuevas han alcanzado el mundo, anunciando que Dios ha visitado al pueblo en la persona de su Hijo, y les ha dado pan: «el Pan de vida». ¡Oh, que los fatigados, hambrientos y desolados vagabundos que han oído las buenas nuevas hicieran lo que Noemí: «levantarse»! Muchos han oído este bendito Evangelio en el lejano país de la alienación, ¡pero cuán pocos han creído nuestro mensaje! La mayoría parecen contentarse con permanecer en Moab, y alimentarse de las algarrobas que comen los cerdos.

«SALIÓ, pues, del lugar» (v. 7). No puede haber *un regreso sin separación*. «Salid de en medio de ellos, y apartaos» (2 Co. 6:17). Si se quiere ganar el cielo, el mundo debe ser evitado; si quieres comer a la mesa del padre tienes que olvidarte de los comederos de los cerdos. «No podéis servir a Dios y a Mamón» (Lc. 16:13). Escogeos bien a cual de los dos sirváis. «Si alguno ama el mundo, el amor del Padre no está en él» (1 Jn. 2:15).

«Ciertamente nosotros iremos contigo a tu pueblo» (v. 10). Éste es el lenguaje de Rut y de Orfá, y aparentemente las dos tienen la misma resolución de ánimo. Pero los que quieran seguir al Señor Jesucristo deben resistir la prueba, y se debe decidir resistir. Hay muchos Orfás que, a través de la adversidad o del entusiasmo, corren bien durante un tiempo, pero que al final abandonan, como Demas, porque aman el mundo, y no infrecuentemente se separan, como Orfá, con el beso de la pretendida amistad. El reposo en el Moab de este presente siglo malo es lo que muchos querrían; pero el camino de Dios es el señalado en Mateo 11:28.

«Y Noemí respondió: ... ¿para qué habéis de ir conmigo?» Los motivos de cada discípulo profesante tienen que ser puestos a prueba. No se ofrece ninguna inducción terrena. No se puede ganar ninguna ventaja mundana. *«Yo ya soy vieja para tener marido»*. Solo el amor inmutable a la Persona de Jesús menospreciará toda tentación mundana y persistirá en proseguir.

«He aquí tu cuñada se ha vuelto a su pueblo» (v. 15). ¿Por qué? ¿No estaba Belén delante de sus ojos? ¡Ah, sí, pero Moab estaba en su corazón! «Acordaos de la mujer de Lot». No hay terreno neutral: tiene que ser o de vuelta a tu pueblo y a tus dioses, o «Tu pueblo será mi pueblo, y tu Dios mi Dios». Conviene a aquellos que invocan el Nombre de Jesús apartarse de toda iniquidad. Puede que haya profesión de boca donde hay separación de corazón, y confiar en la profesión es apoyarse en una sombra.
En el versículo 7 Ofrá salió; en el versículo 15 la vemos que **se ha vuelto**. El regreso de uno resultará ser siempre una prueba adicional a otro; pero vemos como Rut vence la tentación. Ella le dijo: **«No me ruegues que te deje»**. ¡Qué decisión hay en las palabras y en el tono de su réplica! ¿Qué la hizo decidirse así, y por qué dejó Noemí de someterla a prueba?

Porque estaba **«tan resuelta a ir con ella»** (v. 18). Los de doble ánimo son inestables. El corazón de ella estaba fijo en su propósito. Ojalá que todos los discípulos de Jesús tuvieran la misma decisión. Ella podía decir con verdad: «Una cosa hago: olvidando lo que queda atrás, y extendiéndome a lo que está delante, prosigo hacia la meta, para conseguir el premio del supremo llamamiento» (Fil. 3:14). ¿Y no logró ella el premio del supremo llamamiento cuando vino a ser la mujer del rico Booz? «Que ninguno tome tu corona» (Ap. 3:11).

Cada verdadero creyente en Jesús puede emplear el lenguaje de Rut en un sentido espiritual más profundo. Pueden decir: «Adondequiera que Tú vayas, iré yo, y dondequiera que vivas, viviré. Tu pueblo será mi pueblo, y tu Dios mi Dios». Pueden también añadir: «Donde Tú moriste he muerto yo, y allí sepultado he sido (pero ahora resucitado), y nada podrá hacer separación entre Tú y yo. Ni la vida, ni la muerte, ni ninguna otra cosa creada podrá hacerlo». Cada oidor del Evangelio hace su elección entre «salir» o «volver». ¿Cuál es tu elección? A Rebeca le preguntaron: «¿Irás con este varón?». La contestación de ella fue: «Sí, iré». En Lucas 14 todos comenzaron a excusarse; en 2 Crónicas 30:10 «se reían y burlaban de ellos».

«Anduvieron, pues, ellas dos hasta que llegaron a Belén» (v. 12). ¿Caminarán dos juntos si no están de acuerdo? Esto nos recuerda a los dos que iban de camino a Emaús. El andar juntas de Noemí y de Rut es una hermosa imagen de nuestra comunión unos con otros en nuestro camino a la celestial Belén (casa del pan) con el entendimiento mutuo de que nada, sino la muerte puede hacer separación entre nosotros; pero nuestro andar con el Señor Jesús no puede ser interrumpido ni por la muerte. «Porque Yo vivo, y vosotros también viviréis» (Jn. 14:19).
Belén puede representar a la Iglesia; así leemos que cuando llegaron a Belén toda la ciudad se *conmovió* por causa de ellas. Hubo gozo en la casa cuando el Pródigo volvió; hay gozo entre los ángeles cuando un pecador se arrepiente. Este gozo es real, porque la Iglesia es una familia tanto en *naturaleza* como de nombre.

Pero se preguntan atónitos: **«¿No es ésta Noemí?»** (v. 19). ¡Qué cambio, hasta el punto de que quizá pocos la reconocen! Sí, la experiencia en un país lejano es por lo general triste, transformándose lo placentero en amargura, la riqueza transformada en pobreza, y la abundancia tornada en vaciedad.

Yo me fui llena, pero Jehová me ha vuelto con las manos vacías» (v. 21). Así es con el Pródigo. *Juntó* todo lo que tenía, pero volvió de vacío al hogar, y si los siervos no lo conocieron, el padre sí lo conoció, y además desde lejos. Recordarás cómo volvió el hombre que descendía a Jericó y que cayó entre bandidos.
Si un cristiano recae hacia el mundo, ¿cómo puede escapar de ser robado de todo lo que posee, robado de su paz, de su gozo y de su testimonio, y cuando el Señor lo hace volver (porque el Señor lo hará volver), será con dolor, vergüenza y amargura de alma, pero puede que Rut esté con esta misma persona, hija como es del país lejano, una experiencia que le será para bendición en el futuro.

Ahora Noemí, al hacer memoria de su alejamiento, tiene que reconocer que **«Jehová ha dado testimonio contra mí»** (v. 21). Él testifica contra cada recaído. ¿Estás tú tan cerca del Señor como solías? ¿Está Él testificando contra ti? ¡Vuelve, tú errante, vuelve a tu hogar!

BOSQUEJO Capítulo 1

I. Una elección deshonrosa para Dios (vv. 1, 2). Elimelec significa «Mi Dios es Rey». ¿Por qué debía entonces ir *él* a Moab, y estar bajo Quemós, el dios del fuego que adoraban los paganos? Cuando no damos nuestra confianza al verdadero Dios caemos bajo el poder del dios de este mundo.

II. Una experiencia mísera (vv. 3-5). Noemí perdió a su marido y a sus dos hijos en el país lejano. El abandono de Dios por las ventajas mundanas y la prosperidad material llevará de seguro el *alma* a la miseria.

III. Una comunicación decisiva. (v. 6). «Jehová había visitado a su pueblo, dándoles pan.» Así es el Evangelio, la historia de provisión divina para los necesitados.

IV. Un tiempo de prueba (vv. 7-13). «Salió, pues.» La fe conduce a una acción definida. La acción de ella influencia a otros poderosamente. Rut y Orpah quedan profundamente conmovidas. «De modo que vean vuestras buenas obras» (Mt. 5:16).

V. Una decisión definitiva (vv. 14-18). La primera ya no *sigue* más. La segunda se aferra a ella como a su vida. La *inestable* besa, y se vuelve. La *de firme ánimo* lo deja todo y prosigue.

VI. Una confesión humillante (v. 21). «Me fui llena, pero Jehová me ha vuelto con las manos vacías.» Sí, tenemos que ser *vaciados* para poder ser restaurados a la fe en Dios. Pero, gracias a Dios, el camino de vuelta sigue abierto.

VII. Una cordial bienvenida (v. 19). «Toda la ciudad se conmovió». El regreso a una vida de simple confianza en Dios es volver al calor de un hogar. Este regreso es siempre *oportuno* (v. 22): *el comienzo de la siega.*

245. RUT, LA BUSCADORA HUMILDE

Capítulo 2:1-12, «Buscad y hallaréis».

«Tenía Noemí un pariente de su marido, varón poderoso y de hecho» (v. 1, RV). ¿Por qué, entonces, fue a Moab en lugar de acudir a su rico pariente? ¿Por qué muchos, en los tiempos de la prueba, abandonan la fuente de aguas vivas y se dirigen a cisternas rotas? Booz significa fuerza. ¡Qué insensatez es en la hora de la debilidad olvidarse del *amigo* fuerte! Nuestro pariente próximo Redentor es un hombre rico, y si hablo de fuerza, ¡he aquí, Él es fuerte!
Quizá el espíritu de independencia y de voluntariosidad detuvo a Elimelec y a su mujer de pedir ayuda a Booz. Ellos se las apañarían por su cuenta antes que rebajarse a pedir. Pero, ¡que frustración no conllevó tal actitud, que fracaso más doloroso! Siempre es así si somos demasiado orgullosos para presentar nuestras peticiones delante de Dios. Él puede permitirnos seguir nuestros tercos caminos hasta que hayamos gastado toda la fuerza y energía que teníamos. Entonces nos sentiremos felices de poder volver en nuestra vaciedad, y estaremos llenos de gratitud por espigar en los campos de nuestro rico pariente. «No tenéis porque no pedís» (Stg. 4:2).

Rut le dijo a Noemí: **«Te ruego que me dejes ir al campo, y recogeré espigas»** (v. 2). Rut puede representar aquí un alma ansiosa en pos de la verdad. Ha olvidado a sus viejas compañías y dioses. «Lo dejó todo», pero no ha hallado aún reposo para su alma, sino que, como fervoroso buscador, no se avergüenza de ceñirse con el delantal del espigador. Los que se avergüenzan de la verdad de Dios son los que no conocen su sagrado valor. A muchos les encantaría recibir para sus almas el pan de la celestial Belén, pero se avergüenzan de confesar su ansiedad apareciendo como espigadores o buscadores. Antes que buscar, prefieren consumirse de hambre. Consideran prudente que nadie *conozca* la necesidad que padecen. Rut no necesitó ser empujada a ello, ni siquiera persuadida. Fue porque *deseaba* ir. Cuando alguien se siente realmente ansioso acerca de su alma no necesitará que le empujen a escudriñar las Escrituras.

Observemos que también Rut sabía *adonde* ir para espigar. **«En pos de los segadores»** (v. 3). Éste es el lugar más seguro donde encontrar. ¿Dónde tiene más oportunidad el buscador honrado de encontrar la necesitada bendición? ¿No es siguiendo el ministerio de los que son «segadores», los que saben que traer *dentro* y lo que dejar *fuera*? Como en Levítico 19:19 los hay algunos que, sin dar atención a este mandamiento, lo recogen todo, no trazando rectamente la Palabra.

«Aconteció que aquella parte del campo era de Booz, y he aquí que Booz vino» (vv. 3, 4). «Por Jehová son ordenados los pasos del hombre piadoso» (Sal. 37:23, V.M.). Muchos buscadores han sido constreñidos a emplear un lenguaje así. «Sucedió que se encontraron con un pasaje de la Escritura que hablaba de Jesús, y al ir siguiéndolo, se hacían maravillosas revelaciones.» He aquí que el Amo llega y habla con ellos.

Mientras Rut estaba espigando, apareció Booz, y después de saludar a sus siervos (porque hay afecto y confianza mutuos entre Booz y sus trabajadores; llega con gracia en su corazón y bendición en sus labios, y sus siervos le bendicen; así sucede con los siervos bien dispuestos de Jesús: una mutua confianza y mutua bendición) les pregunta: **«¿De quién es esta joven?»** (v. 5). «El Maestro está aquí y te llama» (Jn. 11:28). Su mirada compasiva reposa sobre la ansiosa extraña. Él se acerca a ella, y le habla: **«¿No oyes, hija mía?»** (v. 8, V.M.). Es bien posible para uno estar tan ocupado *buscando* que al principio no oigan la voz del Señor. Sus palabras a la buscadora están llenas de gracia: **«No vayas a espigar a otro campo, ni pases de aquí».**

La ley le permitía espigar (Lv. 19:9), pero solo la gracia iba a decir, quédate aquí. Aquí es donde el Maestro ha encontrado a quien busca. El Buen Pastor busca hasta que halla. Cuando un pecador que busca está siguiendo anhelante a los «segadores» y buscando el campo de la revelación, de cierto que el Maestro se encontrará con él, y lo bendecirá con aquella gracia que llena su corazón y que fluye constantemente de sus labios. *Su* gracia es buenas nuevas para el cansado espigador. La gracia llegó a Rut por medio de Booz. Él sabe como hablar una palabra al fatigado.

«No vayas a espigar a otro campo» (v. 8). El campo de la razón carnal te ofrecerá solo paja y parva. Si *permanecéis* en Mí, pedidme lo que queráis, y os será hecho. La gracia dio a Rut mucho más allá de lo que podía pedir o pensar. No solo «libertad» sino también «protección». **«Yo he mandado a los criados que no te molesten»** (v. 9). Éste es el privilegio de todos los que comparten esta gracia «en la que permanecemos».

Ahora bien, ¿qué efecto tuvo esta manifestación de gracia sobre Rut? ¿Acaso la hizo confiada y jactanciosa? ¡Ah, no!: **«Bajando su rostro, se inclinó a tierra»** (v. 10). Cuando un alma fatigada y pesadamente cargada ve las supereminentes riquezas de su gracia, se inclina a tierra. Cuando Saúl encontró al Señor, se postró en tierra. No es la ira de Dios lo que nos conduce al arrepentimiento, sino Su *benignidad.* El martillo de la ley puede quebrantar el corazón de hielo en fragmentos, pero solo la gracia puede fundirlo. Solo que se funde más fácilmente una vez roto.

Después de inclinarse en tierra con un profundo sentimiento de indignidad, ella pregunta: **«¿Por qué he hallado gracia en tus ojos para que te fijes en mí, siendo yo extranjera»**, y siendo que *tú* eres hombre tan rico? (v. 10). «La gracia», y, ¡oh, qué gracia! «¿Por qué?» Simplemente porque *Él* está lleno de gracia. Es una señal segura de que la gracia ha sido recibida y gozada cuando se emite esta pregunta de una forma tan espontánea: «¿Por qué yo?» Hay asombro de que con tanta indignidad se pueda recibir un tan gran favor. Estos son los primeros sentimientos del alma recién nacida. «Mirad qué manera de amor» (1 Jn. 3:1, V.M.).

Y Booz dijo: **«He sabido todo lo que has hecho con tu suegra después de la muerte de tu marido»** (v. 11). «Yo conozco tus obras» (Ap. 2:2). Le ha sido mostrado a Él (a Jesús) todo lo que hemos hecho, fuere bueno o malo. «En cuanto lo hicisteis a uno de estos mis hermanos más pequeños, a Mí me lo hicisteis» (Mt. 25:40). Noemí era parienta de Booz. ¿No es consolador saber que Él conoce todas las pequeñas obras de bondad que hagamos, sin importar cuánto el ciego mundo pueda malinterpretar nuestras acciones?

«Adonde Él conduzca lo seguiré,
Mi confianza en Él reposa,
Y cada hora en perfecta paz,
Yo cantaré: Él sabe qué es mejor.»

BOSQUEJO Capítulo 2:1-12

I. La gran humildad de Rut (v. 2). Al desear convertirse en *espigadora* muestra su buena disposición a asumir la posición de una persona *pobre.* Pero ella prefería hacer esto antes que volverse a Moab. Su separación de la vida vieja era completa. No se avergonzaba de tomar el puesto de una *buscadora.*

II. Su buena porción. «Aquella parte del campo era» (v. 3). Puede que ella fuera temblando, pero el conductor Espíritu de Dios estaba con ella, como lo está siempre con aquellos que le han vuelto la espalda al país lejano y a sus dioses. Era mientras estaba *buscando* que se encontró con este poderoso rico.

III. Su carácter escudriñado (vv. 5-7). El amo *considera* el caso de ella. Nada hay que se le esconda. «He sabido todo», dijo él. «Yo conozco tus obras, y tu amor.»

IV. Su camino, hecho claro (v. 8). «No vayas, ni pases de aquí». Todo temor queda se desvanece ahora con la certidumbre de tu gracia. Los buscadores de la verdad en el campo de su Palabra encontrarán gracia sobre gracia.

V. Su reconocimiento lleno de gratitud. «Ella, bajando su rostro, se inclinó a tierra, y le dijo», etc. (v. 10). «¿Por qué…?» Simplemente porque está lleno de gracia. Ella no podía alegar que *merecía* tal gracia, pero llena de gratitud la aceptó.

VI. Su corazón, consolado. (1) Consolado con la certidumbre de que *él lo sabe todo acerca de ella* (v. 11). (2) Consolado con la certidumbre de que *él siente una total simpatía hacia ella* (v. 12). Él deseaba para ella refugio y reposo bajo las alas de Jehová. Todo esto lo da nuestro celestial Booz (Jesús) a los que en Él *confían* (Mt. 23:37).

246. RUT, LA ESPIGADORA EFICAZ

Capítulo 2:13-23, «La gracia reina».

Es ahora apropiado en el objeto de la gracia reconocer la bendición recibida. Rut dijo: **«Me has consolado, y... has hablado al corazón de tu sierva** [esto es, amistosamente]» (v. 13). Cuando el Maestro habla, habla directo al corazón. Él sabe bien que la angustia está ahí; Él vino a vendar a los quebrantados de corazón.

La confesión de Rut de la gracia acabada de recibir abrió aún más ancho el canal para el derramamiento de la gracia, porque **«Booz le dijo a la hora de comer: Ven aquí, y come del pan»** (v. 14), el pan proveído por Él para sus siervos. Ella goza ahora del privilegio del siervo sentado a la mesa del Señor, en comunión con los siervos del Señor.

«Y ella se sentó junto a los segadores» (v. 14). Es indudable que ésta fue una oportunidad de reposo y un tiempo de refrigerio (Is. 28:12) para esta fatigada trabajadora; y, además, **«él mismo le alcanzó el grano tostado; y ella comió, y se sació y le sobró»** (v. 14). ¡Qué dulce recibir el pan de manos del Señor! Ésta es, desde luego, una gracia que llena el corazón. Muchos reciben su pan de segunda mano, y raras veces quedan satisfechos. La de Rut era una existencia precaria, pero pasó de ir de su mano a su boca a ser alimentada por su mano, la mano del poderoso rico.

¡Qué encantadora imagen tenemos aquí de aquellos memorables tiempos de bendición con que nuestro Señor y Maestro refrigera los corazones de sus siervos mientras que ellos soportan la carga y calor del día! Cuando Él los invita con las palabras «Venid, comed» (Jn. 21:12) y ellos se sientan con Él y reciben de su propia mano aquellas cosas que Él ha proveído para ellos, «Mi Dios suplirá todas vuestras necesidades» (Fil. 4:19). Pero aunque Rut había experimentado *gran gracia,* hay más por venir, porque es todo de gracia de comienzo a fin. La salvación por la gracia, y la vida de la fe, están hermosamente manifestada en esta conmovedora historia. Rut no ofrece excusa alguna, pero recibe con gratitud todo lo que Él le da. Ella no le deshonra pensando que Él está dándole demasiado. Muchos cristianos deshonran al poderoso Hijo de Dios viviendo más como pobres que como príncipes.

«Todas las cosas cooperan para bien» (Ro. 8:28). Mientras que Rut está ocupada espigando, Booz está ocupado planeando comodidad y éxito para ella. **«Él va delante»** (Mt. 28:7). Booz dio órdenes a los jóvenes, diciendo: «Hasta en medio de las gavillas podrá ella recoger espigas; ... y también sacaréis parte de las gavillas de propósito para ella» (vv. 15, 16, V.M.). ¡Qué palabras de gracia! Espigar entre las gavillas es el privilegio de los que han hallado gracia a los ojos del Señor; ¡y qué ricas *gavillas* de promesa que tenemos en el campo de su Palabra! Pero solo los creyentes tienen libertad para espigar allí (Ef. 2:12), y según vuestra fe os sea hecho. También aquellos que han hallado gracia delante de sus ojos encuentran muchos manojos inesperados que han sido echados allí a propósito. Y obsérvese que estos manojos no cayeron allí por casualidad, sino que eran cada uno de ellos un don de su gracia. De la misma manera nuestro bendito Señor no abandona a sus siervos al capricho del ciego azar, ni que recojan el gozo o consuelo que puedan, sino que Él deja caer de propósito muchos y abundantes manojos para fortalecerlos y alentarlos en sus tareas. Espigar entre los codiciosos y egoístas es la tarea más ardua y miserable, y así es el mundano, buscando satisfacción en otros campos. ¡Pero qué diferencia en el campo en el que reina la gracia! *Allí* los manojos son dejados caer a propósito. Si vas a espigar a otros campos, ten la seguridad de que los manojos desaparecerán. Jesús dijo: «Sígueme».

Ahora leemos que ella **«desgranó lo que había recogido»** (v. 17). Mientras espigamos en el campo de la Revelación, ¡cuán susceptibles somos también a recoger la paja y el tamo de los insensatos pensamientos de nuestros propios malos corazones. El tamo y la paja pueden aumentar el volumen, pero no el valor de lo que hayamos podido espigar. El trigo es precioso en aquella proporción en que es puro. Por ello hay mucha necesidad de desgranar o *batir,* y el mejor lugar para hacerlo es donde lo hizo Rut: en el campo. Si, lo mismo que ella, estamos más deseosos de calidad que de cantidad, comparando Escritura con Escritura la verdad de Dios quedará claramente desgranada. Obtendremos el trigo fino, lo levantaremos, y aventaremos la paja y el tamo para quemarlo. Predica la Palabra; si tú no puedes comerte la paja, no se la des a otros.

También vale la pena observar que ella «lo tomó, y se fue a la ciudad... Sacó... y se lo dio» (v. 18). No solo lo que había espigado, sino también el grano tostado que había recibido directamente de Booz (v. 14). Ella lo había recibido todo de gracia, y no retuvo nada para sí. Si Noemí representa la «religión pura», ¿por qué carece de tanto? ¿No será porque muchos de los espigadores se quedan parte de lo que consiguen mientras atesoran para sí mismos, descuidando a la parentela de Jesús que está con necesidad?

Entonces Noemí le preguntó a Rut: **«¿Dónde has espigado hoy?»** (v. 19). ¡Ah, había estado con el «varón rico», y en los abundantes campos en los que los manojos se echan a propósito! Rut le contestó: **«El nombre del varón... es Booz»** (v. 19). Esto fue suficiente. Cuando los siervos salen de la presencia de Jesús para hablar de su Nombre, llegan como aquellos que llevan mucha preciosa semilla; hay una hermosura celestial y lozanía en ellos que lleva a otros a preguntarles: ¿Dónde has espigado hoy? Pero la respuesta es inmediata: Hemos estado con Jesús, el Dios Fuerte, el Príncipe de Paz.

Rut volvió a casa y contó a su amiga cuán grandes cosas había hecho Booz *por* ella y prometido a ella. Los que valoran la gracia y comunión de Jesús valorarán asimismo el privilegio de contar a otros lo que su gracia ha hecho por ellos. «Venid, oíd todos los que teméis a Dios, y contaré lo que ha hecho a mi alma» (Sal. 66:16).

BOSQUEJO Capítulo 2:13-23

Rut se fue de vacío, pero volvió cargada de bendición y radiante de gozo, y tanto que Noemí se vio impulsada a preguntar: «¿Dónde has espigado hoy?» (v. 19). El secreto de su éxito residía en esto:

I. Había estado con un varón rico y poderoso (vv. 1-19). Como Cristo, Booz tenía 1) abundancia de *posesiones*; 2) abundancia de *influencia;* 3) abundancia de *gracia.*

II. Había estado con un pariente cercano (v. 20). Ella no conocía el vínculo de parentesco, pero él sí. El pariente próximo tenía el derecho de *vengar* y de *redimir*. Nuestro Pariente Redentor no vino para condenar, sino para dar su vida en rescate por nosotros.

III. Había estado con uno que comprendía su necesidad. Él la habló al corazón (v. 13). Ésta es siempre la forma de actuar de nuestro Redentor, porque Él conoce lo que hay en el hombre.

IV. Había estado con uno que no se avergonzaba de reconocerla públicamente (v. 14). «Ella pues se sentó al lado de los segadores; y él mismo le alcanzó el grano tostado.» Él le dio a Rut un tiempo de refrigerio con su misma presencia. Rut nunca dice «no» a los dones de su gracia.

V. Había estado con uno que planeaba las cosas para su bien. Su mirada estaba sobre todo el campo, y todos estaban dispuestos a hacer su voluntad. Así, dejaban caer a propósito manojos para ella, «conforme a su propósito» (Ro. 8:28). Son verdaderamente benditos los que entran en contacto con las inescrutables riquezas de Cristo.

247. RUT, LA CREYENTE REPOSADA

Capítulo 3, «Descansad en el Señor».

Entonces Noemí dijo: **«Hija mía, ¿no he de buscar lugar de descanso para ti?»** (v. 1, V.M.). Rut había hallado favor a los ojos de Booz, y había gustado de las supereminentes riquezas de su gracia, pero todavía no había encontrado el reposo de una comunión *inquebrantada.* No se había unido aún a Booz con el yugo del matrimonio. «Llevad mi yugo sobre vosotros, y hallaréis descanso para vuestras almas» (Mt. 11:29). Éste fue el descanso que ahora quedaba para Rut. La unión con el varón rico y poderoso es el remedio todopoderoso para su pobreza. ¿Acaso no hay muchos tímidos creyentes que se han regocijado en la gracia de Jesús pero que con todo no pueden llamarlo aún *mi* Señor, *mi* Pastor?

La única manera de permanecer en comunión y compañerismo ininterrumpidos es a la manera de Rut, por «fe y obediencia». Ella creyó todo lo que se le dijo, e hizo todo lo que se le indicó (v. 5).

«He aquí que él avienta esta noche la parva de la cebada» (v. 5). Ésta no es la tarea de los segadores; se han ido a reposar. Ahora Él viene con el aventador en su mano, y limpiará su era. El trabajo de cada día tiene que ser aventado por el Maestro, y para los siervos de Cristo ésta es una fuente de consolación, porque con la cebada, si hay mucho trabajo, hay también mucha parva. Así que se sienten felices de que su trabajo sea limpiado antes que llegue al granero, sabiendo que son recompensados por el grano, y no por la parva, cuyo fin es el fuego por cuanto no hay *vida* en ella.

Y Noemí le dijo: **«Lávate»** (v. 3), y vete a la era. Este consejo dado a Rut era práctico y de sentido común, porque aunque había experimentado una gran gracia de parte de Booz, sin embargo para acercarse a él para obtener más altos favores tenía que emplear todos los medios posibles para lograr la bendición deseada. Y así deberíamos nosotros hacerlo al darle a conocer nuestras peticiones. Si abrigamos iniquidad en nuestro corazón, el Señor no nos oirá. Primero reconcíliate con tu hermano, *«lávate»*, quita de ti lo malo e inclina tu corazón (Jos. 24:23).

Noemí le dijo asimismo: **«Notarás el lugar donde se acuesta»** (v. 4), y acuéstate a sus pies, y él te dirá lo que debes hacer. Si queremos aprender la voluntad de nuestro Señor para con nosotros, también hemos de estar dispuestos a estar a sus pies. Señala la promesa que Él ha dado, porque es allí donde el Señor yace, y yace tú allí y echa sobre ti la capa de su Palabra, y espera pacientemente por Él, porque Él ciertamente te dirá lo que debes hacer. Observa los tres pasos de Rut para ir a los pies de Booz: 1) LAVAMIENTO, 2) VIGILANCIA, 3) ESPERA.

«Cuando Booz hubo comido y bebido, y su corazón estuvo contento, se retiró a dormir» (v. 7). El amo había plantado la semilla y había observado cuidadosamente como pasaba del brote a la espiga. Ahora ha pasado la cosecha, y ha terminado el aventamiento. Su alma está satisfecha, y reposa. ¿Acaso nuestro Amo Divino no verá también el fruto del trabajo de su alma, y quedará satisfecho cuando avente con el aventador en su mano la mezcla en la era del mundo? ¿No habrá acaso lo suficiente para satisfacer su alma anhelante y alegrar el corazón de Aquel que salió del hogar de su gloria, llevando preciosa semilla, y sembrando con llanto? (Lc. 19:41). ¿Se lamentará acaso de ver la paja llevada por el viento? No, sino que se regocijará sobre los suyos con cánticos (Sof. 3:17).

«Y aconteció que a la medianoche... él dijo: ¿quién eres tú?» (vv. 8, 9). Aunque tarde, espérale. Su voz es oída frecuentemente a la *medianoche* por los que esperan, mientras que otros puede que sean insensibles a su presencia. La bendición especial es frecuentemente recibida por medio de una especial espera.

BOSQUEJO Capítulo 3

Noemí tenía una gran fe en su Pariente Redentor. Ahora que Rut había puesto su causa en manos de él, recibe esta instrucción: «Estate tranquila, hija mía, porque este hombre no descansará hasta terminar *hoy mismo* este asunto» (v. 18). Véase cómo Rut entró en aquel bendito descanso.

I. Ella se echa a sus pies (vv. 4-6). Antes había ofrecido un *ruego* (cap. 2:7), pero ahora se ofrece a *sí misma*. Fue en la hora más negra de la noche que se oyó la voz de él.

II. Ella lo reclamó como redentor (v. 9). Ella demanda el cumplimiento de su oficio como redentor en favor de ella. Era una gran demanda por parte de la pobre extraña, pero el poderoso varón de gracia lo consideró como un acto de bondad hecho a Él (v. 10).

III. Ella recibió su promesa (v. 10-13). No había desgana de parte de Booz de actuar como pariente redentor. Ella le pide, y en el acto le es dada la promesa. Fiel es el que prometió. Rut no hace de él un mentiroso con dudas culpables.

IV. Ella descansa en la actividad de él. Ella se queda ahora tranquila, dejando que él lleve a cabo la obra redentora. ¿Qué más podía hacer? La obra no era de ella, sino de él. Tenía la promesa de que él daría término al asunto. Así que ella **descansa en fe.** Reposa en el Señor. Confía también en Él, y Él actuará (Lv. 16:30, 31).

248. RUTH, REDIMIDA Y RECLAMADA

Capítulo 4

«Booz subió a la puerta, y se sentó allí» (v. 1). ¿Para hacer qué? Para *interceder* por Rut. Y el éxito es seguro con tal intercesor, siendo «varón rico y poderoso». Es un hombre de gran influencia, y tiene que prevalecer. ¿No nos recuerda esto a Aquel que ha ascendido en las alturas y que está sentado a la diestra del Padre para interceder por nosotros, que hemos sido hallados por Él? Él, que se deleita en misericordia, y que puede salvar completamente a todos los que se allegan a Dios por medio de Él, siendo que Él vive para siempre para interceder por ellos.

Y Booz dijo a su pariente: **«Redime, porque no hay otro que redima sino tú, y yo después de ti»** (v. 4). Este pariente, a semejanza de la ley, tenía la primera opción, pero no la capacidad de *redimir*. La ley es nuestro *pariente condenador*; pero Jesús, como Booz, es nuestro *Pariente Redentor*. Por la ley es el *conocimiento* del pecado, no el *perdón* de los pecados. Esto sólo podemos tenerlo por medio de la preciosa Sangre, el gran precio de la redención. Por las obras de la ley nadie será justificado. La respuesta que este pariente dio fue: «No *puedo* redimir». Pero Booz, el poderoso varón, es bien capaz de redimir, y por ello lo que la ley no podía hacer, «porque era imposible para la ley» (Ro. 8:3), la gracia abundante ha cumplido, porque «Él ha redimido» (Gá. 3:13).

Booz dijo: **«El mismo día que compres las tierras de mano de Noemí, debes tomar también a Rut»** (v. 5). Rut es emblemática de la Iglesia, es el verdadero tesoro en el campo. El campo es el mundo; el tesoro es la Iglesia, como en Mateo 13:44. Y nuestro celestial Booz, que era rico, por nuestra causa se hizo pobre, por cuanto vendió todo lo que tenía, y compró el *campo*, para poder obtener el tesoro escondido.

«Y Booz dijo a los ancianos y a todo el pueblo: Vosotros sois testigos hoy, de que... tomo por mi mujer a Rut» (v. 10). Vale la pena examinar algunos puntos tocantes a

ESTA REDENCIÓN

I. Solo él podía redimir. Tenía *derecho* a ello como pariente; tenía *poder* para ello como varón rico y poderoso; estaba también en la *condición* correcta para redimir, estando solo; y ahora la redención misma trae gozo y satisfacción a su propia alma. ¿Y no será la Iglesia redimida una *nueva* fuente de gozo y satisfacción eternas para el corazón de su Redentor? Él quedará satisfecho. Solo Cristo puede redimir. Su encarnación lo hizo nuestro Pariente, y le dio el *derecho* a redimir. Su divinidad le hacía poderoso, y le daba el poder de redimir. Tenemos la redención por su Sangre (1 P. 1:18, 19).

II. Fue una redención voluntaria. Booz no dio a regañadientes el precio de la redención. ¿Cómo podría hacerlo a regañadientes, cuando su *corazón* estaba decidido a obtener a Rut? Ofreció de corazón la totalidad del precio, aunque aquel precio incluía el darse a *sí mismo*. Así fue con Jesús, nuestro principesco Pariente, que nos amó y se dio a Sí mismo *por nosotros*, para que pudiera darse a Sí mismo a nosotros. Y tampoco dudó en pagar el terrible precio del dolor, de sufrimientos y de sangre, para podernos redimir de la maldición de la ley, hecho maldición por nosotros.

III. Fue una redención de gracia. Booz no se sintió avergonzado de redimir a Rut, a la pobre extranjera. El rico príncipe se agacha para levantar a la pobre destituida que no puede redimirse a sí misma. Él puso sus ojos sobre la pequeñez de su esclava; realizó grandes proezas con su brazo; exaltó a los de humilde posición, colmó de bienes a los hambrientos, y ahora el alma de Rut engrandecerá a su señor.

El rico Príncipe del Cielo no se avergüenza de ninguno de los que miran a Él para redención. Él dice: «Miradme a Mí, y sed salvos». Él *invita* a los destituidos, a los arruinados, a los pobres, a los ciegos y a los desnudos a que le miren a Él y esperen en Él. Sí, Él se agacha en su obra de redención para levantar a los impotentes del terrible hoyo y plantarlos sobre la Roca de Fortaleza, para levantar a los pobres y a los contaminados del muladar, para constituirlos como príncipes y coherederos juntamente con Él. No se avergüenza de llamarlos hermanos. Así que la espigadora, por la gracia, viene a ser heredera de su gloria.

IV. Fue una redención pública. Hubo muchos testigos del hecho de que el precio había sido pagado. Esto no se hizo en un rincón, sino en presencia de los ancianos de *todo* el pueblo. Cuando Moisés hirió la roca, fue en presencia de los ancianos. La Roca Cristo fue también *públicamente* herida; Él fue avergonzado públicamente. Él sufrió *fuera* de la puerta. Así como Booz fue a la puerta para terminar la obra en favor de Rut, a la vista de muchos testigos, así Jesús fue al Calvario y acabó la obra que el Padre le había encomendado en favor de su pueblo. Después, cuando el precio fue pagado, Él se levantó de los muertos; y así como el primer pariente, cuando el compromiso quedó formalizado, «se quitó el zapato», así la piedra del sepulcro de Jesús quedó removida como prenda de que el pacto estaba sellado y la herencia redimida; y los apóstoles dicen: «Somos testigos». Fue *visto* por muchos.

V. El propósito de esta redención. «Para que el nombre del *muerto* no se borre» (v. 10). En Adán todos hemos muerto en cuanto a Dios; pero en Cristo, por medio de su redención, todos los que creen son *vivificados* para Dios. Así se suscita una simiente espiritual, según el propósito en gracia de Dios. Booz no redimió a Rut para hacerla su esclava. Él dice: «También tomo por *mi mujer* a Rut», para venir a ser parte de él mismo. ¿Qué más podía hacer por ella que lo que había hecho? La comunión ha culminado ahora en la unión. El servicio de ella será a partir de ahora aquel servicio amante y bien dispuesto que es el grato manar de la unidad de corazón y propósito e interés, y en el espíritu de abnegación de aquellos que permanecen en la presencia del Señor, y que saben que aborrece el repudio. No sois vuestros, habéis sido comprados con precio; glorificad pues a Dios en vuestro cuerpo y espíritu, los cuales son de Él. Fue solo la gracia de Booz lo que transformó la vida y la relación de Rut, y por la fe alcanzó el acceso a esta gracia en la que ahora permanece y se regocija en esperanza.

VI. Fue una redención perfecta. «Booz, pues, tomó a Rut, y ella fue su mujer» (v. 13). La profecía de Noemí se ha cumplido: «Este hombre no descansará hasta terminar hoy mismo este asunto» (3:18). Nuestro Pariente Redentor también vendrá a terminar su asunto tomando a su Esposa adquirida al Hogar para estar con Él, porque allí donde Él esté allí estaremos nosotros también. El día en que Booz redimió a Rut fue el día mismo en que la tomó. La presente dispensación es el día de la salvación (redención) a los gentiles. Al final de este mismo día aparecerá nuestro Divino Pariente Próximo, y tomará para Sí a su Iglesia redimida. Y así estará ella para siempre con su Señor y Salvador. Cuando Rut supo que Booz la había adquirido para ser su mujer, ¿no estaría ella esperando ansiosamente su llegada momento a momento, para que la tomara consigo? ¿No es ésta la actual posición de la Iglesia? Obrando, aguardando, velando, hasta que llegue Aquel que nos redimió mediante su propia Sangre; porque el Señor mismo descenderá, y cuando Él aparezca seremos como Él, le veremos como es, y moraremos en la casa del Señor para siempre.

¡Que el Señor dirija *vuestros* corazones en el amor de Dios y en la paciente espera de Cristo!

249. ANA, o el triunfo de un espíritu entristecido

1 Samuel 1

«Para qué la tentación acude, si no para que el hombre
La afronte decidido, la domine y con sus pies la holle,
Y como pedestal le sirva de triunfo»

BROWNING

Es un refrigerio encontrar un espíritu tan gentil como el de Ana en medio de la ruina moral que siguió al gobierno sacerdotal del amable pero *débil* Elí. La persona que se preocupa más del honor de sus hijos que del honor de Dios hará ciertamente caer la santa causa en ridículo (cap. 2:29). Ana significa *gracia,* y ella es fiel a su nombre; así la gracia de Dios es hecha suficiente para ella. Es mucho lo que podríamos aprender de ella.

I. Se sentía triste. «Una mujer atribulada de espíritu» (v. 15).

1. PORQUE NO TENÍA HIJOS (v. 5). Creyendo que «herencia de parte de Jehová son los hijos» (Sal. 127:3), estaba dolorida en su alma porque esta herencia no fuera de ella. Consideraba una vergüenza ser estéril. ¿Nunca te ha entristecido el alma el ser estéril para Dios? Es una vergüenza para todo cristiano ser estéril en la obra de Dios (2 P. 1:8).

2. PORQUE ERA ESCARNECIDA. «Peniná... Su rival, la irritaba, enojándola y entristeciéndola» (v. 6). Su condición de esterilidad atrajo sobre ella el escarnio de los impíos. Es una experiencia que pone a prueba el corazón y profundamente humillante para cualquier hijo de la gracia, como lo era Ana, sentir el dedo de la ridiculización y del escarnio apuntándolos a ellos por parte de uno que no ama al Señor, y que sin embargo parecen gozar más de su favor que ellos. ¿Acaso Dios no es bondadoso? Sí, es bondadoso, pero puede permitir estos ardientes dardos del enemigo para llevarnos a una profunda convicción de la esterilidad de nuestras vidas, para que nos demos tanto más sin reservas a la divina todosuficiencia.

3. PORQUE TENÍA UNA NATURALEZA SUMAMENTE SENSIBLE. Si hubiera tenido su corazón más endurecido, hubiera tenido menos lágrimas en los ojos (v. 7). Hay gran esperanza por parte de cualquier obrero cristiano que pueda llorar por la esterilidad de su vida. Es bueno que sintamos esta «amargura de alma... delante de Jehová» (vv. 10, 12). ¡Ay de los descuidados en Sion!

II. Estaba dada a la oración.

1. ELLA ORABA. «Oró a Jehová, y lloró abundantemente» (v. 10). No devolvía injuria por injuria; siendo escarnecida, no amenazaba. Podemos dar las gracias a Dios por las pruebas que Él nos conducen a su presencia, para suplicar de Él con propósito de corazón. Los azotes de su enemiga solo sirven para llevarla al lugar de bendición.

2. HIZO VOTO. «Jehová de los ejércitos, si... das a tu sierva un hijo varón, yo lo dedicaré a Jehová» (v. 11). Ella se propone en su corazón que si el Señor, en su misericordia, quita de ella su oprobio, ella consagrará su don enteramente a su servicio. Éste es un poderoso argumento para Dios. ¿Qué va Él a retener de aquellos que no buscan grandes cosas para ellos mismos, sino que desean honrarle con cada uno de los dones que Él otorgue?

3. ELLA CREYÓ. «Y se fue la mujer por su camino, y no estuvo más triste» (v. 18). El Señor le había hablado al corazón, como lo hizo Booz con Rut (Rt. 2:13). Ella trajo su carga al señor, y se fue *sin él.* Es una cosa *hablarle* al Señor de nuestras cargas; es otra muy distinta *echarlas* sobre el Señor (1 P. 4:7). El rostro cambiará con toda certeza cuando el corazón haya hallado reposo en la voluntad de Dios.

III. Estuvo gozosa (cap. 2:1).

1. SU ORACIÓN TUVO RESPUESTA. «Le puso por nombre Samuel, diciendo: Por cuanto lo pedí a Jehová» (v. 20). Pidió un *hijo,* y el Señor no le dio una hija. Lo que pidáis, creed que lo recibís, y lo tendréis. Aquel que puede hacer que la mujer estéril sea una madre gozosa de hijos (Sal. 113:9) puede también llevar al obrero cristiano estéril a que sea un feliz ganador de almas.

2. FUE PUBLICADO SU TESTIMONIO. «Yo soy aquella mujer que estuvo aquí junto a ti orando a Jehová... Y Jehová me dio lo que le pedí» (vv. 26, 27). ¡Qué testimonio más sencillo, pero poderoso! Ella sabía que Él la había escuchado, y ahora tenía la petición que le había hecho (1 Jn. 5:15). «Pedís y no recibís, porque pedís mal» (Stg. 4:3).

3. SU VOTO FUE CUMPLIDO. «Todos los días que viva, será de Jehová» (v. 28). Ella pagó su voto al Señor (Sal. 116:18). Al devolver a Samuel estaba forjando un fuerte eslabón de unión entre ella misma y el Señor que debe haber enriquecido su vida entera con bendición. Cada sacrificio que hagamos por el honor de nuestro Señor aumentará ciertamente nuestro interés en Él. No seas como el siervo malvado y negligente que ocultó el dinero de su señor (Lc. 19:22), sino emplea para su gloria todo don que recibas y toda victoria que ganes, por medio de la oración de la fe.

250. EL LLAMAMIENTO DE SAMUEL

1 Samuel 3

«Con frecuencia en mi corazón resuenan
Otras más voces que la tuya;
Muchos desganados ecos que surgen
De los muros de tu santuario
Que tus anhelados acentos se oigan:
Habla MAESTRO, y silencia todo lo demás»

F. R. HAVERGAL

«La palabra de Jehová escaseaba en aquellos tiempos; no había visión con frecuencia.» ¿Por qué? Los cielos espirituales estaban cerrados debido a la incredulidad e injusticia del profeso pueblo de Dios (2:12-17). En estos días de degeneración Dios toma al niño Samuel y lo pone en medio, para que de boca de este bebé pueda afirmar su fortaleza (Sal. 8:2). Dios ha escogido lo débil del mundo para avergonzar a lo fuerte (1 Co. 1:27). Samuel fue «prestado a Jehová» (cf. cap. 1:28, V. M.). Ahora el Señor toma este niño prestado para hablar por medio de él a todo Israel. Aquí podemos aprender:

I. Que el llamamiento de Dios puede venir muy temprano en la vida. Samuel debe haber sido muy niño cuando el Señor le habló, quizá de seis años. No es maravilloso que el Omnipotente, el «Anciano de Días», pueda dar a conocer su voluntad a un niño? «Me hallan los que madrugan para buscarme» (Pr. 8:17). «El Alto y Sublime, el que habita la eternidad» mora con el de espíritu contrito y humilde (Is. 57:15).

II. Que el llamamiento de Dios puede llegar aunque podamos no haber tenido una experiencia personal de Dios. «Y Samuel no había conocido aún a Jehová» (v. 7). Creía en Él, pero hasta ahora no había tenido tratos personales con Él. La existencia de Dios le era conocida, pero la *Palabra de Jehová* no le había sido revelada. Él adoraba fervorosamente al Señor según la fe tradicional (1:28), pero hasta entonces no había recibido ningún mensaje definido de parte de Él. ¡Qué diferencia es para la vida religiosa de uno cuando su Palabra ha sido oída, y su voluntad acerca de nosotros como individuos ha sido claramente revelada! Esta es la vida eterna, conocerle a Él y a Jesucristo a quien Él ha enviado! Los que honradamente buscan como Samuel, de cierto encontrarán.

III. Que el llamamiento de Dios viene en el momento oportuno. «Antes que la lámpara de Dios fuera apagada» (v. 3). Hay algo deprimente en la idea misma de apagar la lámpara de Dios. ¿Acaso no había Él mandado de manera expresa que la luz del santo candelero debía arder *continuamente*? (Lv. 24:2). ¿No revela esto la condición caída del sacerdocio, que se dejara apagar la lámpara de Dios? Tenemos una sugerencia de la gracia vigilante de Dios que habló con Samuel antes que la sagrada luz se hubiera desvanecido en las tinieblas de medianoche. ¿Cómo le va a la lámpara de Dios en nuestros propios corazones? ¿Está muriendo nuestro testimonio por falta de aceite renovado?

IV. Que el llamamiento de Dios puede venir de una manera muy natural. «Jehová llamó a Samuel; y él respondió... y corriendo a Elí, dijo: Heme aquí; ¿para qué me llamaste? (vv. 4, 5). La voz era tan humana que pensó que era la voz de Elí. Tengamos cuidado de que aquellos llamamientos o reprensiones que nos vengan en formas familiares no sean la misma voz de Dios para nuestras almas. El Señor tenía un propósito al hablar a Samuel como lo hacía. Quería que Elí, el sacerdote, supiera de labios del niño que el Señor había hablado. La *obediencia* instantánea de Samuel al llamamiento revela la disposición de su espíritu.

V. Que el llamamiento de Dios demanda una respuesta a Dios. «Habla, porque tu siervo oye» (v. 10). Elí no podía dar a Samuel respuesta alguna al *llamamiento de Dios*. os llamados por Él tienen que responderle por sí mismos. Así es en la cuestión de la salvación. Cada uno de los que se han apartado de Dios deben volver a Él, y con oído atento oír lo que Dios el Señor quiera decir. Así es en la cuestión de la consagración y del servicio. Nadie puede hacer esto por nosotros. Debemos *presentarnos a nosotros mismos* a Dios (Ro. 6:13). Es con Él con quien tenemos que ver. El Dios poderoso, el Señor, ha hablado.

VI. Que el llamamiento puede involucrar un testimonio penoso. «Y Samuel temía descubrir la visión a Elí.» Era un mensaje solemne y humillante el que había recibido para Elí. Él y su casa iban a ser echados a un lado como indignos del sacerdocio. Pero la verdad tenía que ser comunicada, y sea dicho para crédito del viejo y débil sacerdote, estaba dispuesto a oír *todo lo que Dios había dicho*, y a plegarse a su voluntad (vv. 17, 18). Hay muchos que dicen: «Profetízanos cosas suaves», y que se sentirían duramente ofendidos si se les manifestara claramente todo el consejo de Dios. Pero el Señor cumplirá todos sus propósitos, sea que los hombres lo acepten o no. Cuando el erudito y respetado Elí resulte infiel, el Señor hablará a algún niño consagrado, y hará de él un predicador de justicia.

VII. Que el llamamiento de Dios asegura la comunión y la victoria. «Y Jehová estaba *con él*, y no dejó caer a tierra ninguna de sus palabras» (v. 19). Él nunca nos manda a la guerra a nuestras propias expensas. Cuando la Palabra de Dios es traída a nuestros corazones por el poder del Espíritu Santo, es para que sea cumplida en nuestra propia experiencia. Su presencia con nosotros, en la predicación de su Palabra, es la garantía de que Él lo cumplirá. «Si no se cumple lo que dijo, ni acontece, es palabra que Jehová no ha hablado» (Dt. 18:22). La palabra no era de Samuel, sino del Señor, por lo que no volverá a Él vacía. El secreto del éxito en la obra del Señor siempre reside en hacer su voluntad. «Haced lo que Él os diga» (Jn. 2:5). «Llevad mi yugo sobre vosotros, y aprended de Mí, que soy manso y humilde de corazón; y hallaréis descanso para vuestras almas.»

251. UNA VIDA CONSAGRADA

1 Samuel 3

Al considerar los hechos registrados acerca de los años tempranos de la vida de Samuel, parecen sugerir la experiencia de un alma que ha nacido de Dios, y que se ha consagrado totalmente a Él. Le vemos:

I. Pedido al Señor (1:20). Ana consideraba a Samuel como dado por Dios en respuesta a muchas lágrimas y mucha amargura de alma (v. 10), después de haberse visto escarnecida y mal entendida por aquel que debiera haber simpatizado con ella e intercedido (v. 14). ¡Cuánto le debemos nosotros a Cristo, a sus lágrimas y oraciones, y amargura de alma, por nuestra vida de lo alto! ¡Cuán poco pensamos en que hemos sido dados a Cristo por el Padre en respuesta a sus oraciones! «Nacidos de arriba» es cosa cierta de cada hijo de Dios. Tenemos que creer que somos los «dados» por Dios. Uno de aquellos de los que Cristo manifiesta: «Todo lo que el Padre me da». Nuestra *ciudadanía* asegurada.

II. Consagrados al Señor (1:28). Él es ahora dado de vuelta al Señor, para que le pertenezca a Él «todos los días que viva». Lo que verdaderamente es de Dios no debería serle retenido. «Vivo, no ya yo, mas vive Cristo en mí». Esta vida, entonces, debería ser devuelta a Dios «todos los días de su vida». No retengas parte del precio. La conducta de Ana con su primer y amadísimo hijo podría parecer dura para los de mentalidad carnal, pero ella podía decir: «Mi corazón se regocija» (2:1). Los que lo rinden todo a Dios pueden siempre regocijarse. Cada hijo de Dios debería ser totalmente de Dios. Si nosotros somos los regalos del Padre a su Hijo Jesucristo, ¿para qué propósito es?

III. Ministrando delante del Señor (2:18). Él era sólo un servidor joven (siendo que era un niño). Era poco lo que podía hacer. Era poco lo que sabía, porque el Señor todavía no se le había *revelado* a él (3:7). Pero aunque era débil e ignorante, esto no le impedía hacer lo que podía. Creía, aunque comprendía poco. Jeremías dijo: «¡Ah! ¡ah, Señor Jehová! He aquí, no se hablar, porque soy un muchacho» (Jer. 1:6). Dios quiere que seamos niños primero, antes que seamos hombres en el servicio (un espíritu de niño). Pero el niño bien dispuesto se transformará en el hombre sabio. Es en nuestra *debilidad* que debemos acudir. Él da poder a los débiles.

VI. Esperando en el Señor (3:10). El Señor había hablado dos veces a Samuel, y acudió corriendo a Elí. Él no es el único que ha ido corriendo al hombre al oír la voz del Señor. Pablo dice: «No consulté en seguida con carne y sangre». Para conocer su voluntad, debemos *esperar* en Él con oídos abiertos. Habla, Señor, porque tu siervo oye. Es un buen punto el que se gana cuando estamos dispuestos a conocer cuál es la voluntad del Señor, pero *esperar* es la buena disposición puesta en práctica. ¡Qué natural es para nosotros acudir aquí y allá y servir a los hombres, pero cuán diferente callar ante el Señor!

V. Enseñando por el Señor (3:11-14). Mientras esperaba, Samuel aprendió cuál era la voluntad del Señor. Los que reciben enseñanza en las cosas profundas de Dios son los que esperan mucho en Dios. No estar dispuestos a esperar es no estar dispuestos a ser enseñados, sino a hacer nuestra propia voluntad. Cuando Dios enseña, retiñirán los oídos de los que oyen las nuevas. La *palabra del Señor* no será en vano. La predicación de Pablo fue «con demostración del Espíritu, y con poder». Los divinamente comisionados serán divinamente enseñados. La Biblia es un libro árido para los que no esperan.

VI. Testificando por el Señor (3:18). Aunque al principio temió (v. 15) decirle la verdad a Elí, sin embargo después *se lo manifestó todo, sin encubrirle nada*. ¿Hubiera podido ser él un siervo fiel, reteniendo parte de la verdad? Muchos oidores del Evangelio podrían quejarse con verdad que no se les ha dicho la mitad. Los predicadores o bien carecen de visión (v. 15), o bien temen mostrarla. ¿Cómo puede ser testigo uno que no ha tenido visión? Es como un siervo sin trabajo; puede ocuparse en esto o en aquello, pero no tendrá recompensa por su labor. Los fieles conocerán el consejo de Dios, y lo expondrán íntegramente (Hch. 4:20).

VII. Caminando con el Señor (3:19). «Jehová estaba con él, y no dejó caer a tierra ninguna de sus palabras». Si somos fieles al Dios, Él se mostrará fiel con nosotros. Él *mora* «con el de espíritu contrito y humilde» (Is. 57:15). No podemos *escalar* las alturas de una comunión permanente con Dios. No se trata del resultado de nuestros esfuerzos, sino del manar de una gran gracia a las profundidades del espíritu quebrantado. Así como las aguas permanecen en lo profundo, así Dios morará con los humildes.

VIII. Reconocido como del Señor. (3:20). «Y todo Israel... conoció que Samuel era fiel profeta de Jehová». ¿Cómo lo supieron? Solo porque exponía la verdad de Dios. Y Dios estaba con él. El que vive en la presencia de Dios será reconocido como perteneciente a Dios. «Les reconocían que habían estado con Jesús» (Hch. 4:13), cuando vieron el *poder* y el *denuedo* (véase *margen*, y v. 20). La fidelidad a Dios es lo que todos esperan de un siervo de dios. Si el mundo no ve esto, la conclusión tiene que ser o bien que somos hipócritas, o bien que no hay Dios.

IX. Privilegiado por la Palabra del Señor (3:21). «Jehová manifestaba en Silo *su palabra* a Samuel». La Palabra es el instrumento mediante el que debemos conocerle a Él. Es el teléfono del cristiano, y nuestro oído debe estar atento a su Palabra si queremos conocer su mente y voluntad. No podemos conocerle aparte de esto. Si cerramos su Palabra, cerramos el medio estatuido de comunicación entre nuestras almas y Dios. «He aquí que han rechazado la palabra de Jehová; ¿y qué sabiduría tienen?» (Jer. 8:8-9).

252. LA PÉRDIDA DEL ARCA DE DIOS

1 Samuel 4:1-11

«Mas mañana aparece el Poder
Que hoy del todo perdido parece,
Y el padecimiento reproductor
Es un tesoro que vale el dolor»

HOUGHTON

La captura del arca de Dios por parte de los filisteos fue el más duro golpe que jamás hubiera caído sobre la nación de Israel. El corrompido estado del sacerdocio era culpable de este fracaso y desgracia nacionales. Hay una más estrecha relación entre la vida santa y la prosperidad nacional que lo que muchos parecen creer en nuestros días. Los filisteos, como enemigos del pueblo del Señor, están siempre agresivos cuando Israel está en una condición de recaída. Las concupiscencias de la carne prevalecen cuando el alma se aparta de la comunión de Dios.

I. Lo que significa el arca. Era el símbolo de la presencia de Dios. Era el trono sobre el que el Señor tenía su asiento, y desde el que regía y enseñaba a su pueblo (Éx. 25:22). Era también el propiciatorio, el medio por el que tenía comunión con Israel. Lo que el Arca era para ellos lo es Cristo para nosotros, el lugar de descanso, el medio de comunión, y el canal de revelación y bendición.

II. Cuando el arca fue sacada. Después de haber sido heridos delante de sus enemigos, dijeron: «Traigamos a nosotros de Silo el arca del pacto de Jehová... para que nos salve de la mano de nuestros enemigos» (v. 3). Es bueno volver a Dios en el día de la derrota, pero ¿solo debemos buscar el favor y la ayuda de Dios solamente después que hayamos hecho lo mejor de nuestra parte para lograr el éxito sin Él? Puede ser verdad que «la extremidad humana es la oportunidad de Dios», pero ¿por qué debería venir la oportunidad de Dios sólo después de haberlo ignorado persistentemente hasta que nos vemos totalmente vencidos?

III. El temor de los filisteos ante el arca. «Cuando los filisteos... supieron que el arca de Jehová había sido traída al campamento... tuvieron miedo» (vv. 6-8). Y podían muy bien temer, si aquella arca representa la presencia de aquel Dios Omnipotente que hirió a los egipcios con plagas, y que obró tales milagros en el desierto en favor de su pueblo (v. 8). Si es así, al guerrear entonces en contra del pueblo de Dios se encontrarán luchando en contra del mismo Dios. ¡que pena que nosotros los cristianos nos olvidemos tantas veces de lo que los hombres del mundo recuerdan, que si Cristo está *con nosotros* se deberían hacer patentes poderosas obras, y que cuantas más veces nos identifiquemos con Él en nuestra obra y guerra, tanto más difícil y desesperada se muestra la propia condición de ellos! Los impíos siguen temiendo a un hombre lleno del Espíritu Santo. Bien saben ellos que para oponerse al tal tienen que reunir todo su valor y «ser hombres» (v. 9, *cf.* Lc. 16:8).

IV. La fe de Israel en el arca. «[El arca] nos salve de la mano de nuestros enemigos» (v. 3). Es evidente que su fe en el Dios invisible se había marchitado hasta venir a ser una reverencia supersticiosa hacia el arca material. Adoraban la forma, pero negaban el poder. El arca dejada de Dios (Sal. 78:60) era todo, mientras que Aquel que moraba en la eternidad no tenía lugar en sus corazones. Si en lugar de decir «Traigamos... el arca» hubieran dicho: «Confesemos nuestros pecados y volvamos al Señor», indudablemente los habría salvado. La multiplicación de las formas en servicios religiosos no constituirá ninguna seguridad en contra del minado del enemigo. El Evangelio que no es en el poder del Espíritu de Dios es solo el Arca con la gloria ida. Los filisteos de hoy son una gran fuerza contra el pueblo de Dios. Busquemos el Evangelio de Dios, pero cuidémonos de que nuestra fe no esté solo en la mera forma de las palabras, sino en el Dios del Evangelio. «El reino de Dios no consiste en *palabras*, sino en *poder*» (1 Co. 4:20).

V. La captura del arca. «El arca de Dios fue tomada» (v. 11). El objeto de su confianza les fue arrebatado, para que su fe reposara solo en Dios. Aprendamos de esto

1. QUE HOMBRES IMPÍOS NO PUEDEN PRESERVAR EL PODER DE LA RELIGIÓN. Los disolutos y licenciosos hijos de Elí estaban encargados del Arca del Pacto (v. 4). ¡Qué asociación tan deshonrosa para Dios! ¿Es para asombrarse que la causa de Dios sea tornada en ridículo cuando hombres egoístas y carentes de principios se encargan de las cosas santas? Tienen que ser limpios los que llevan los vasos del Señor.
2. QUE EL SEÑOR NO PROTEGERÁ LAS FORMAS CUANDO EL ESPÍRITU SE HA IDO. No hay nada en un plato vacío que pueda dar satisfacción ni a Dios ni a los hombres. El espíritu farisaico está siempre dispuesto a contender en favor de lo externo y formal, porque está ciego para lo espiritual y eterno.
3. QUE EL PECADO SIEMPRE LLEVA A LA DERROTA. Si abrigamos iniquidad en nuestro corazón, el Señor no oirá. El pecado secreto de Acán atrajo vergüenza manifiesta para Israel. La desobediencia de Saúl llevó a que Dios se apartara de Él. «La paga del pecado es muerte» (Ro. 6:23).

253. EL ARCA DE DIOS EN MANOS DE LOS FILISTEOS

1 Samuel 5, 6

«La ciega incredulidad de seguro errará
Y en vano su obra escudriñará;
Dios su propio intérprete es,
Y Él todo lo aclarará»

COWPER

Mientras los jubilosos filisteos se llevaban el arca como trofeo, poco se pensaban ellos que estaban atrayendo sobre sí mismos el juicio de Dios. El arca, como la Biblia, puede ser letra muerta para algunos, pero en manos del Espíritu Santo es una espada de dos filos. Es siempre una cosa solemne y crítica ser puesto en contacto con aquella *presencia* y *poder* de los que el arca era el símbolo visible, aquel poder que da muerte y vivifica, que abate y enaltece (2:6-8). Las experiencias de los filisteos, con el Arca del Pacto, son muy semejantes a las de los impíos que están ahora bajo el poder del Evangelio de Cristo.

I. Su religión quedó totalmente trastornada. «He aquí que Dagón había caído postrado en tierra delante del arca de Jehová; y la *cabeza* de Dagón y las dos palmas de sus *manos* estaban cortadas sobre el umbral» (vv. 3, 4). Pusieron el arca en el templo de su dios, pensando en guardar a ambos. Pero Dios y Dagón no pueden regir en la misma casa. «Nopodéis servir a Dios y a Mamón». Cuando Cristo entra, todas las falsas teorías y opiniones de los hombres tienen que caer. El Dagón del yo puede permanecer erguido, y demandar todo el homenaje y adoración, hasta que entra el Arca de la Verdad de Dios en el templo del corazón, y entonces Dagón tiene que caer postrado sobre su rostro delante del Señor, y verse privado tanto de su *cabeza* como de sus *manos*. Hasta que el *yo* no quede completamente quebrantado, será *puesto en pie* una y otra vez. Los hombres siguen pensando que tienen que hacer muchas y grandes cosas para merecer la salvación de Dios; pero cuando entran en presencia de Cristo, el Arca, sus exaltados pensamientos e imaginaciones tienen que caer delante de Él.

II. Fueron severamente heridos. «Y se hizo pesada la mano de Jehová... con gran quebrantamiento, y afligió a los hombres... y los que no morían, eran heridos de tumores» (vv. 6, 12). No solo quedó destruido el dios de ellos, sino que ellos mismos se vieron afligidos por dolorosos tumores. El Arca de su presencia no da consuelo ni aliento a los que son *sus enemigos*, nada sino las heridas y los golpes de la convicción y de la humillación. «Cuando Él [el Espíritu de Verdad] venga, redargüirá al mundo de pecado, de justicia y de juicio. De pecado, por cuanto no creen en Mí...» (Jn. 16:8, 9). El Evangelio será olor de muerte allí donde no sea olor de vida. El Arca del Señor es una terrible posesión para los inconversos.

III. Se sintieron totalmente perplejos. «¿Qué haremos del arca de Jehová?» (6:2). La habían enviado de ciudad en ciudad, tratando de librarse de ella pacíficamente, pero ello solo aumentó los sufrimientos y alarma de ellos. Aquí recordamos solemnemente como otros, muchos años después, intentaron librarse de Jesucristo, la verdadera Arca de Dios, hasta que Pilato, casi con las mismas palabras de los filisteos, dijo: «¿Qué, pues, haré de Jesús?». Pablo estaba en el papel de estos turbados enemigos de Dios cuando coceaba contra las aguijadas de la Palabra de Verdad (Hch. 9:5). Hay una pregunta tremendamente importante que sigue apremiando con una urgencia turbadora a los impíos a los que ha llegado el Evangelio. ¿Cómo vas a librarte de las demandas de Dios y de su Cristo? ¿Te someterás, o rehusarás?

IV. La enviaron fuera. Hicieron un carro nuevo, pusieron sobre él el arca, y la enviaron fuera junto con una ofrenda por la culpa (vv. 7, 8). ¡Supongamos que lo leyéramos así: «Hicieron una cruz nueva, lo pusieron en ella, y como ofrenda por la culpa lo enviaron fuera»! Los filisteos no estaban dispuestos a que esta arca gobernara sobre ellos. Fuera con ella. Cristo, como el arca, fue entregada por instigación de los principales sacerdotes (6:2). La presencia de la santa arca del pacto de Dios testificaba contra ellos, pero no hubo arrepentimiento por el pecado, ni ruego de clemencia, sino un creciente anhelo de volver a su anterior condición de carencia de arca. Sentían que no podían guardarla y continuar como eran. O bien debían enviar *el arca* fuera, o bien reconciliarse con Dios. ¿Cómo escaparemos si tenemos en poco una salvación tan grande?

V. Tuvieron una clara evidencia de su carácter divino. «Y observaréis; si sube por el camino de su tierra a Bet-semes, él nos ha hecho este mal tan grande; y si no, sabremos... que esto ocurrió por casualidad... Y las vacas se encaminaron por el camino de Bet-semes, y seguían por él derechamente, sin apartarse ni a derecha ni a izquierda» (vv. 9-12). Así, tuvieron otra prueba, en *su forma de volver al hogar,* de que el Señor Dios de Israel estaba con ella, y que había estado tratando con ellos por medio de ella. Bien hubieran podido decir lo que dijo el centurión, cuando vio la *forma* en que el rechazado Salvador de los hombres había vuelto al hogar: «Verdaderamente éste era el Hijo (Arca) de Dios» (Mr. 15:39). El Evangelio de Dios sigue siendo como el «Arca del Pacto» entre los hombres. Se siguen obrando portentos por medio de él, falsos sistemas religiosos caen delante de él, y los enemigos del Señor son heridos de terror en su presencia. Mediante sus obras afirma su propia divinidad. Pero muchos, aunque plenamente convencidos de que es de Dios, lo tratan como los filisteos trataron el arca: rehusan *ceder* ante sus demandas, y educadamente lo envían fuera con una ofrenda, y permanecen enemigos de Dios.

254. EBENEZER

1 Samuel 7

Si en el pasado hemos sido fieles, tendremos ahora muchos motivos para sentirnos agradecidos. Antes de Ebenezer viene:

1. *Contrición*: «Toda la casa de Israel lamentaba en pos de Jehová» (v. 2).
2. *Confesión*: «Contra Jehová hemos pecado» (v. 6). Después de esto tenía que haber
3. *Conversión*: «Si de todo vuestro corazón os volvéis a Jehová» (v. 3).
4. *Separación*: «Quitad los dioses ajenos» (v. 3).
5. *Consagración*: «Preparad vuestro corazón a Jehová, y solo a Él servid» (v. 3). Estos pasos siempre de seguro conducirán a Ebenezer: «Hasta aquí nos ayudó Jehová». Esta «Piedra de ayuda» tiene muchas lenguas.

I. Ebenezer habla de redención. «*Hasta aquí.*» Esto señala retrospectivamente a la servidumbre en Egipto, a la esclavitud al pecado, al agujero del hoyo del que hemos sido extraídos (Éx. 12:12, 13; Ef. 2:12, 13).

II. Ebenezer habla de preservación. «Hasta aquí nos *ayudó.*» El Señor te guarda. Él los guardó por medio de su gran poder, y los pastoreó con la pericia de sus manos (Sal. 78:72). Mientras estemos andando a través de las negras sombras en el valle de la vida no tenemos que temer mal alguno (Sal. 23:4). Él guarda los *pies* de sus santos, y también su *camino* (Pr. 2:8). ¡Que se cumpla en nosotros la oración de Pablo en 1 Tesalonicenses 5:23!

III. Ebenezer habla de respuesta a la oración. «Hasta aquí *nos ayudó Jehová.*» «Clamó Samuel a Jehová por Israel, y Jehová le oyó» (v. 9). La lluvia *desciende* según el vapor que *asciende* (Job 36:27). El incienso se ponía sobre carbones *ardientes*. La oración tiene que ascender de un corazón ardiente. «Todo lo que pidáis *creyendo.*» Cada oración creyente conllevará su propio testimonio.

IV. Ebenezer habla de victoria. Mientras Samuel ofrecía el Cordero, Jehová derrotaba al enemigo (v. 10). Esta fue verdaderamente una victoria por medio del Cordero. También nosotros debemos lograr la victoria por medio de la Sangre del Cordero (Ap. 12:11). Es cuando el Cordero de Dios es levantado en presencia de los impíos que el Señor truena con la voz de la convicción.

V. Ebenezer habla de la fidelidad divina. «Hasta aquí nos ayudó Jehová»: Nos ha ayudado a *todo lo largo del camino.* No ha faltado una palabra de todas las buenas palabras que Jehová nuestro Dios había dicho (Jos. 23:14). Fiel es el que prometió. Sus promesas, como la harina de la tinaja, no se agotan (1 R. 17:16). El que comenzó en vosotros la buena obra, la perfeccionará (Fil. 1:6).

V. Ebenezer habla de testimonio. «Hasta aquí nos ayudó *Jehová.*» Una noble confesión que honra a Dios. Le dan a Él toda la alabanza. ¿Qué tenemos que no hayamos recibido? No yo, sino Cristo en mí (Gá. 2:20). ¿Qué hemos hecho que valiera la pena que Él no haya obrado en nosotros? (Fil. 2:13). «A Dios sea la gloria, maravillas Él ha obrado».

VII. Ebenezer habla de aliento para el futuro. El Señor que *hasta aquí* nos ayudó también nos bendecirá *desde ahora* y para siempre. El que nos *ha* liberado y nos libera *aún,* también nos liberará EN ADELANTE (2 Co. 1:10). «¡Tened ánimo!» y «Tened fe en Dios».

255. EBENEZER

1 Samuel 7:12

Las circunstancias relacionadas con esta «piedra de ayuda» sugieren el camino a la victoria espiritual. Había:

I. Una necesidad consciente. «Toda la casa de Israel se lamentaba en pos de Jehová» (v. 2).

II. Confesión. «Hemos pecado» (v. 6).

III. Demanda de separación. «Quitad los dioses ajenos... y solo a Él [a Jehová] servid» (v. 3).

IV. Reconocimiento de la sustitución. «Samuel tomó un cordero de leche» (v. 9).

V. Otorgamiento de liberación. «Jehová tronó... y fueron [los filisteos] vencidos» (v. 10).

VI. Proclamación del testimonio. «Hasta aquí nos ayudó Jehová» (v. 12).

256. EBENEZER

1 Samuel 7:12

I. El camino hacia allí.

1. LA CONFESIÓN. «Hemos pecado» (v. 6).
2. LA CONVERSIÓN. «Si de todo vuestro corazón os volvéis a Jehová» (v. 3).
3. LA CONSAGRACIÓN. «Y preparad vuestro corazón a Jehová, y solo a Él servid» (v. 3).

II. La forma de ir hacia allí. Fue mediante:

1. EL SACRIFICIO. «Un cordero... en holocausto» (v. 9).
2. INTERCESIÓN. «Clamó Samuel a Jehová.»
3. JUICIO. «Jehová tronó.»

III. Su influencia.

1. La mirada ARRIBA. «Jehová.»
2. La mirada ATRÁS. «Hasta aquí.»
3. La mirada MAS ALLÁ. «Nos ayudó», y nos ayudará.

257. EBENEZER

> «Tomo luego Samuel una piedra y... le puso por nombre Eben-ha-Ézer, diciendo: Hasta aquí nos ayudó Jehová» (1 S. 7:12).

Cada piedra miliar a lo largo de la peregrinación de nuestra vida debiera ser para nosotros un Ebenezer, y así será si hemos estado caminando en sus caminos. No hubo piedras Ebenezer levantadas por el hijo pródigo en el país lejano. Esta piedra levantada por Samuel tiene muchas lenguas. Habla de:

I. Redención. «Hasta aquí.» El significado de esta palabra se extiende hasta el mismo Egipto, y abarca la gran liberación allí obrada. Nuestro Ebenezer alcanza hasta la Cruz de Cristo.

II. Preservación. «Hasta aquí *nos ayudó.*» Había habido muchos peligros y tentaciones desde Egipto hasta Canaán, pero el Señor los *ayudó* por todo el camino. Esto ha prometido hacer. ¡Qué aliento para el joven convertido, para el débil, y para el sometido a prueba!

III. Respuesta a la oración. Esta piedra fue erigida después que Samuel «*clamó a Jehová* por Israel, y Jehová... tronó aquel día con gran estruendo sobre los filisteos» (vv. 9, 10). Nuestro Ebenezer debe también llevar esta inscripción: «Clamé a Jehová, y Él me oyó, y me libró».

IV. Victoria. La victoria mencionada aquí tuvo lugar después que Samuel hubiera ofrecido «*un cordero de leche*» (v. 9). Fue la victoria por medio del Cordero. Siempre podemos triunfar por medio del poder del Cordero de Dios levantado en alto. Aquel que fue levantado sobre el altar de la Cruz ha sido ahora levantado en la gloria del trono del Padre para dar dones a los hombres. Ellos vencieron por la sangre del Cordero.

V. Fidelidad divina. «Hasta aquí *nos ayudó Jehová.*» Al mirar hacia atrás podemos ver fácilmente presencia y mano activa de Dios en nuestro favor. Él ha demostrado ser fiel en todas sus promesas.

VII. Testimonio presente. El Señor que *ayudó* está ahora *ayudando.* «De ningún modo de desampararé ni te dejaré; de modo que podemos decir confiadamente: El Señor es mi ayudador, no temeré» (He. 13:5, 6).

VII. Aliento para el futuro. Este «hasta aquí» es la garantía del *a partir de ahora.* El Dios de nuestra ayuda en eras pasadas será nuestra esperanza para los años venideros. Los inconversos no tienen Ebenezer en sus vidas, pero pueden tenerlo si ponen su confianza en aquella Piedra principal, probada, angular, preciosa, de cimiento estable (Is. 28:16).

258. SAÚL, EL JOVEN ESCOGIDO

1 Samuel 9

«Vida el día de gracia es,
¡Arriba! Lucha por la carrera ganar;
He aquí, venidas son la gracia y la verdad;
Vuélvete, escucha, y no detengas tu hablar»

GROSART

La mañana de la vida de Saúl fue serena y resplandeciente, y llena de promesas; su mediodía fue nuboso y amenazador; su tarde fue fría, oscura y tempestuosa; la noche fue terrible con el turbión de la desesperación y de la negrura del suicidio. Comenzó su vida con un día de gracia, y la acabó con «la paga del pecado». En este capítulo tenemos a Saúl presentado ante nosotros como un joven «gallardo y apuesto» (v. 2, V.M.). Tenía lo que casi todo joven anhela: una *presencia* atractiva e imponente. Dios lo había bendecido ricamente con un físico bien formado y superior. Ésta es una herencia que no debe ser tomada a la ligera, aunque muchos, tanto hombres como mujeres jóvenes, emplean este don de Dios sólo para sus propios fines egoístas. Un cuerpo sano y bien formado constituye un hermoso templo para el Espíritu Santo, y puede ser una poderosa arma en sus manos para derribar fortalezas de Satanás.

I. Obediencia sencilla. Salió en el acto en obediencia a la instrucción de su padre a «buscar las asnas» (vv. 3, 4). Aunque Saúl «de hombros arriba sobrepasaba a cualquiera del pueblo», no era demasiado alto para obedecer a su padre. Éste es un rasgo atrayente en el carácter de un joven apuesto. Cuando los discípulos contendían acerca de quién debía ser el mayor en el reino de Dios, Jesús tomó a un niño pequeño, y lo puso en medio como ejemplo del verdadero espíritu de grandeza, diciendo: «Cualquiera que desee llegar a ser grande entre vosotros, será vuestro sirviente» (Mr. 10:44). Él nos amó, y se entregó a Sí mismo por nosotros.

II. Atención filial. «Ven, volvámonos; porque quizá mi padre, abandonada la preocupación por las asnas, estará acongojado por nosotros» (v. 5). No estaba tan ansioso acerca de los objetos de su búsqueda como para olvidar los ansiosos pensamientos de un padre amante. Hay muchos hombres jóvenes que se van de casa en pos de negocios y que, en su nuevo lugar, se olvidan de los anhelos del corazón de un padre, por lo que las cartas al hogar se tardan en llegar. Son sabios los padres que se acongojan más por la *seguridad* de sus hijos que por el éxito de sus negocios mundanos.

III. Disposición generosa. Cuando su siervo le sugirió que fueran a consultar al profeta acerca de las asnas perdidas, él le recordó en el acto que «no tenemos qué ofrecerle al varón de Dios» (vv. 6, 7). Ésta es una revelación muy incidental de la bondad en su naturaleza. No podía pensar en pedir un favor, ni del «varón de Dios», sin compensarlo de alguna manera (Jue. 6:18). Se dice que «las naturalezas generosas son las que más fácilmente yerran». La misma profundidad y energía de sus afectos generosos puede llegar a ser su más grande tentación. Pero el joven superficial egoísta e inconsiderado ya ha errado. Que nadie se ocupe de sus propias cosas (intereses) sino en las cosas (intereses) de los demás (1 Jn. 2:15).

IV. Relación con Dios. «Luego que Samuel vio a Saúl, Jehová le dijo: He aquí, éste es el varón... éste gobernará a mi pueblo» (v. 17). No solo era él «gallardo y apuesto» a los ojos de los hombres, sino que también era «escogido» a los ojos de Dios. El mayor honor que ningún joven pueda tener sobre la tierra es ser *escogido* de Dios; vale la pena sacrificar todo el mundo por tal favor. Y este honor lo tienen todos los santos en Cristo Jesús. Un joven puede tener muchos rasgos atrayentes en su carácter, muchas ricas cualidades morales, pero si este vínculo de *aprobación divina* está ausente, es como un hermoso barco cargado de bienes valiosos, pero *a la deriva* sin rumbo alguno en el océano de la vida. Está fuera de armonía con el propósito de Dios. Saúl no halló las asnas, pero encontró un reino. Su frustración había sido ordenada por Dios para llevarlo a algo mejor. El Evangelio de Cristo es el llamamiento de Dios a cada hombre a que herede el reino de los cielos. ¡Oíd, fatigados buscadores en el mundo de los negocios o de los placeres, echaos a un lado, y buscad al Profeta de Nazaret: Él os dará un reino!

259. SAÚL, EL UNGIDO

1 Samuel 10

«Mi vida toma, y que sea
Señor, a Ti consagrada;
Mis momentos y días toma Tú,
Y que en incesante alabanza fluyan a Ti»

HAVERGAL

Arnold dijo: «Mientras la vida sea buena para dar, la doy». Esto es hermoso. ¿Por qué deberíamos esperar hasta que nuestra fuerza y vigor juveniles se agoten para darnos a Dios? Samuel, Saúl y David fueron escogidos por Dios cuando jóvenes. Y desde luego que el mejor de los amos merece el mejor de los siervos. Hemos visto a Saúl como joven «gallardo y apuesto». Observémoslo ahora como «escogido por Dios». Veamos como fue

I. Separado mediante la unción. «Tomando entonces Samuel una redoma de aceite, la derramó sobre su cabeza» (v. 1), como señal de que el Señor lo había ungido. Los sacerdotes y reyes eran generalmente designados de esta forma (Éx. 29:7; 2 R. 9:3). Todos los escogidos de Dios siguen siendo separados para Él mediante una santa unción (1 Jn. 2:27). Hubo un intervalo muy corto de tiempo entre la revelación del propósito divino a Saúl y el derramamiento del aceite de la consagración sobre su cabeza. Tan pronto como conocemos la voluntad de Dios, deberíamos separarnos hacia Él. «Habiendo creído, fuisteis sellados con el Espíritu Santo» (Ef. 1:13).

II. Alentado por promesas. El profeta le dio una triple palabra de seguridad. Había una promesa

1. CON RESPECTO A LO QUE LE OCUPABA. «Dos hombres... te dirán: Las asnas que habías ido a buscar, se han hallado» (v. 2).
2. CON RESPECTO A SUS NECESIDADES MATERIALES. «Tres hombres... te darán dos panes» (vv. 3, 4).
3. CON RESPECTO A SU NECESIDAD ESPIRITUAL. «El Espíritu de Jehová vendrá sobre ti» (v. 6). Así tuvo la certidumbre de que como escogido de Dios todas las cosas cooperarían para su bien, y que Dios haría que abundara toda gracia para él. Esta triple certidumbre la poseen todos los que han recibido la unción del Espíritu Santo (Ro. 8:32). El Señor jamás envía a nadie a la lucha a sus propias expensas.

III. Cambiado por la gracia. «Le mudó Dios el corazón» (v. 9). No podemos contar este cambio como igual a la *regeneración*, pero por la gracia de Dios surgieron nuevos motivos y deseos en el corazón de Saúl. Esta repentina e inesperada revelación del propósito de Dios acerca de su persona hizo de él, moralmente, otro hombre que lo que era antes de conocer esta gran verdad transformadora. Cuando «la gracia de Dios que trae salvación» se nos revela y es recibida por nosotros, hará ciertamente nuevas criaturas de nosotros. Nadie puede ser el mismo que antes después de recibir el reino de Dios. Si el

Evangelio no nos ha dado *otro corazón*, es cosa cierta que no lo hemos creído.

IV. Asegurado por medio de circunstancias. «Todas estas señales acontecieron aquel día» (v. 9). Es una experiencia dichosa encontrar que nuestras circunstancias exteriores son llevadas a amoldarse a y a confirmar los pensamientos e intenciones de la vida interior. Cuando el propósito de Dios ha sido revelado, y nuestros corazones y vidas voluntariamente cedidos al cumplimiento de aquel propósito, veremos de cierto, en la providencia de Dios, muchas señales confirmadoras. Las ruedas exteriores de nuestras circunstancias nunca se mueven en sentido contrario a las acciones interiores del Espíritu de Dios. Puede que haya ruedas dentro de ruedas, pero están «llenas de ojos», y por ello no pueden errar (Ez. 1:18).

V. Movido por el Espíritu. «El Espíritu de Dios vino sobre él con poder, y profetizó» (vv. 10, 11). Cuando el Espíritu de Dios viene sobre alguien, con toda seguridad habrá señales que seguirán. Es solo natural que Saúl se una en el cántico del grupo profético cuando es poseído por el mismo Espíritu. Así, se cumplieron las palabras de Samuel (v. 6). Aparte del poder del Espíritu Santo, el hombre, en el mejor de los casos, es tan solo un débil instrumento en el servicio de Dios; pero el don del Espíritu es la certidumbre que Dios nos da de que todos los recursos de su gracia y sabiduría están a nuestro alcance para la honra de su Nombre (Jn. 16:13, 14). Éste fue un privilegio sin precio dado a Saúl; un favor *maravilloso*. «¿Saúl también entre los **profetas**?».

VI. Humillado ante las expectativas. «Fue tomado Saúl... Y le buscaron, pero no fue hallado... He aquí que él está escondido entre el bagaje» (vv. 21, 22). Mientras fue pequeño ante sus propios ojos, todas las cosas cooperaron para su bien. No es la gracia de Dios la que hincha, sino la vanidad del engreimiento. El reino ha venido a él, no porque él lo haya buscado, ni trabajado por él. Fue para él un don de Dios. Estaba profundamente consciente de la insignificancia de la tribu a la que pertenecía, y de la pequeñez y pobreza de su familia (cap. 9:21). Pero la gracia se deleita en derramar sus riquezas y honra sobre los débiles e indignos (2 Co. 12:9, 10) Los que están sanos no tienen necesidad de médico.

VII. Menospreciado por los indignos. «Algunos perversos dijeron: ¿Cómo nos ha de salvar éste? Y le tuvieron en poco», etc. (v. 27). Estos hijos de gente *indigna* quizá habían conocido a Saúl desde su niñez, y como los modernos perversos no admiten la posibilidad del *llamamiento de Dios* y de *la unción* de su Espíritu. No es nada nuevo ser menospreciado y escarnecido porque se ha tenido una nueva revelación, exaltadora del alma, de la bondad de Dios. Cuanto más Dios nos honra, tanto más los abominables y los que se engañan a sí mismos nos menospreciarán en sus corazones. Pero en esto somos hechos partícipes de la comunión de los *sufrimientos de Cristo*. La mente carnal es enemistad contra Dios. Pero aquí Saúl, a semejanza de nuestro Señor y Amo, fue longánimo y paciente. «Disimuló». Es una prueba inconfundible de la fuerza moral de un joven que pueda tratar a sus enemigos con magnánimo silencio.

260. SAÚL, EL VALIENTE

1 Samuel 11

> *«Bienaventurados los que por Dios mueren,*
> *Y la corona de luz del martirio alcanzan;*
> *Mas el que vive para Dios puede ser*
> *Mayor vencedor ante Él»*
>
> PROCTOR

Aunque Saúl había ya sido declarado rey (10:24), parecía haber vuelto a su antigua ocupación, cuidando de su ganado (v. 5). Esto en sí mismo era una notable prueba de la dignidad y fortaleza del carácter moral de Saúl. Si hubiera sido un alma pequeña, superficial y exigente, habría considerado que su proclamación lo ponía por encima de la tarea servil de la ganadería. Los que están conscientes de que Dios está con ellos bien pueden permitirse esperar. «El que creyere no se apresurará» (Is. 28:16, V.M.). En este capítulo tenemos ante nosotros:

I. Un doloroso mensaje. Los mensajeros llegaron a Guibeá, y contaron como la ciudad de Jabes estaba asediada, y que Nahás el amonita iba a hacer alianza con ellos con la condición de que todos se quitaran el ojo derecho como afrenta sobre todo Israel (vv. 1-4). No es de extrañarse que el pueblo llorara ante tal humillación y nuevas atroces. Pero, ¿podrá nunca el pueblo de Dios hacer paz con los enemigos de Dios sin sufrir pérdida? Estas componendas eran contrarias a la Palabra del Señor (Éx. 23:32). El enemigo de nuestras almas, el mundo, sigue dispuesto a hacer pacto con nosotros si estamos dispuestos a privarnos de nuestra visión espiritual.

II. Un llamamiento divino. «Al oír Saúl estas palabras, el Espíritu de Dios vino sobre él con gran poder; y él se encendió *en ira* en gran manera» (vv. 5, 6). Un hombre puede estar bajo el poder del Espíritu Santo tanto cuando su alma arde de fogosa indignación como cuando está fundido con entrañable compasión. Hay diferentes manifestaciones, mas un mismo espíritu. La fuente de su ira era indudablemente la afrenta amenazada sobre todo Israel (v. 2). ¿No viene acaso el llamamiento de Dios frecuentemente con el despertar en el alma de algún deseo que se enseñorea de uno? Observemos el caso de Gedeón (Jue. 6:34), de Jefté (Jue. 11:29) y de Sansón (Jue. 14:6). Si el Espíritu Santo ha encendido en el corazón algún deseo ardiente, podemos tomarlo como el llamamiento de Dios de entrar y poseer aquella cosa así deseada.

III. Un desafío resuelto. El despedazamiento de los dos bueyes, y el envío de aquellos tétricos trozos por todo Israel (v. 7) fue como un toque de trompeta del cielo para una nación amodorrada. «Y cayó el temor de Jehová sobre el pueblo.» Cuando un hombre está actuando bajo la poderosa influencia del Espíritu Santo, habrá de seguro señales que seguirán. El hombre de Dios nunca falta cuando llega la crisis nacional. Así fue en los días de Lutero y de Knox. Siempre ha sido la manera de actuar de Dios señalar a hombres por medio de los cuales pudiera revelar su voluntad y poder. El arrojo será siempre una característica de aquel que está siendo llevado por el viento poderoso y recio del Espíritu Santo (Hch. 4:13).

IV. Gran liberación. La convocatoria de Saúl tuvo como respuesta una actitud bien dispuesta y general: «Y salieron como un solo hombre»: Dios siempre obra por medio del mensaje inspirado por el Espíritu. El alivio de Jabés fue a la vez oportuno y misericordioso (vv. 8-11). Estos asediados ciudadanos estaban a punto de convertirse en una perpetua afrenta para todo Israel (v. 2) quedando incapacitados para la guerra y llevando sobre sus cuerpos las marcas de una vergonzosa derrota. Este líder movido por el Espíritu pudo contener y hacer retroceder este desastre. ¡Qué poder más grande para Cristo y su causa puede llegar a ser una vida llena del Espíritu! ¿No hay muchos hoy día que, como los hombres de Jabés de Galaad, estén en peligro de perder su testimonio para Cristo, y de atraer afrenta sobre toda la Iglesia de Dios? ¡Ah, que aquel sacrificio, que fue, por así decirlo, «cortado en trozos» en la Cruz del Calvario, pudiera ser predicado con tal lozanía y poder por toda la tierra, y que el pueblo de Dios viniera «como un solo hombre» al rescate de los oprimidos y para salvación de los que perecen!

V. Una magnánima intervención. Cuando el pueblo propuso que todos los que se oponían al reinado de Saúl fueran muertos (10:27): «No morirá hoy ninguno» (vv. 12, 13). Bien nos corresponde a aquellos que gozamos de grandes privilegios en manos de Dios mostrar gran longanimidad a aquellos que puedan pecar contra nosotros (véase 2 S. 19:22). Mal. les va a los siervos de Cristo emplear su autoridad espiritual o posición eclesiástica con el propósito de vengar insultos personales. Recuerda a Aquel que, aunque era injuriado, no respondía con injurias. Vendrá el tiempo en que Jesucristo sí tratará con aquellos que se han opuesto a su gobierno (Lc. 19:37).

VI. Feliz resultado. «Invistieron allí a Saúl por rey delante de Jehová en Gilgal... Y se alegraron mucho allí Saúl y todos los de Israel» (vv. 14, 15). Ésta fue la confirmación *pública* del llamamiento *secreto* de Dios. Cada bendición secreta tendrá su coronación abierta (Mt. 6:6). El lugar, hecho memorable por el sufrimiento y la humillación (Jos. 5:2) ha venido ahora a ser el lugar de gozo exuberante. El lloro puede durar una noche, pero a la mañana viene la alegría. Los que han recibido la unción especial tienen que ser exaltados al final a un honor especial. El reino no vino a Saúl porque él hubiera trabajado para ello. Fue don de Dios, y al haber mostrado obediencia es ahora coronado de honra y gloria. Dichosos son todos los que en Él confían.

261. SANTA CÓLERA

> «El Espíritu de Dios vino sobre él con poder; y él se encendió en ira en gran manera» (1 S. 11:6).

¡Qué extraño el efecto del Espíritu Santo de Dios! Todos sabemos bien que el fruto del Espíritu es amor, gozo, paz y otras virtudes sumamente admirables y deseosas... pero, ¿ira? ¡Qué sorpresa! El biógrafo

de Savonarola, el gran patriota italiano, observa, al comentar sus escritos del año 1492: «Están llenos de manifestaciones de celo religioso a los que bien se les podría aplicar el término de *Santa Cólera*». ¡Qué frase más chocante: ¡*Santa Cólera*! El Reformador estaba furioso en su denuncia del mal y en su agitación en pro de la rectitud nacional, y este santo celo encontró expresión en la *Santa Cólera*.
Hay un mandamiento en la Sagrada Escritura que ha turbado a muchos: «Airaos, pero no pequéis». ¿Qué significa esto? La ira humana y pecaminosa lamenta la injuria infligida al Yo, mientras que la Santa ira lamenta la injuria infligida a Dios. La manera de airarse y no pecar es airarse solo contra el pecado. Cuando el santo fuego de Dios venga sobre mí, entonces sabré qué es estar encolerizado y no pecar.
Las nuevas que le vinieron a Saúl eran desde luego tristes. Léase el contexto. Dios no había abandonado a su pueblo. Tenía uno a quien podía emplear, por lo que llenó a Saúl con el Santo Espíritu, y el resultado fue una ira justa y una Santa Cólera.
Pero obsérvese la obra preparatoria. Está bien claro en el capítulo 9 de 1 Samuel que la primera entrevista de Saúl con el profeta Samuel fue con gran sacrificio. El paso a aquel Sacrificio fue un paso al Trono. También nosotros hemos de encontrarnos con el Señor ante la Cruz, descubriendo allí la perspectiva que tiene Dios de nosotros, y sus grandes propósitos para nosotros en el futuro. En el Salmo 90 se hace una pregunta: «¿Quién conoce el poder de tu ira?». ¡Qué pregunta! Solo el Señor Jesús llegó a conocer el poder de la ira de Dios, y entonces en la Cruz, y en particular durante las tres horas de tinieblas.

«El Señor, en el día de su ira
Tus pecados hizo gravitar
Sobre el Cordero
Que los pudo así quitar.»

El siguiente paso en la preparación de Saúl fue cuando fue «transformado en otro hombre» (1 S. 10:6 a 11), y ello por la acción y operación del Santo Espíritu. ¿No se refiere esto a lo que conocemos como Regeneración, en Nuevo Nacimiento?
Y todo viene a esto: Antes que el Espíritu de Dios pueda llenarme de santa ira y cólera, tengo que dejarle que me lleve a la Cruz para que mi pecado sea remediado, ser transformado en otro por su maravillosa gracia regeneradora, y luego ser llenado con su Santo Espíritu.

262. SAÚL, EL DESOBEDIENTE

1 Samuel 13:1-14

«Nadie
Podía tan claro como tú ver de Dios la voluntad,
La tuya estando en la de Él envuelta, mas fallas ahora,
Y nosotros, que tanto de esta voluntad parloteamos,
necios somos;
En resumen, el servicio de Dios aquí establecido está
Como Él oportuno lo considera, y no a tu manera:
Y esto intolerable te resulta»

BROWNING

Samuel, en el amor de su corazón, y en su fidelidad al Señor, había dado una advertencia a Saúl y al pueblo, acompañada de una palabra de aliento llena de gracia (12:20-25). Pero en el día de la prosperidad frecuentemente dejamos de *considerar*. «Ya había reinado Saúl un año». Esto se puede traducir así: *Hijo de un año* era Saúl cuando comenzó a reinar. Y lo que conocemos de Saúl hasta este tiempo justifica esta expresión. Como Uzías, fue ayudado maravillosamente *hasta que fue fuerte* (2 Cr. 26:15-16). La soberbia que levanta el corazón en autoconfianza llevará de seguro a la destrucción. Dios nunca fallará ni abandonará a los que confían en Él y que son pequeños a sus propios ojos.

I. Su deber estaba claro. Para tener la explicación del versículo 8 hemos de retroceder al capítlo 10:8. La palabra del profeta había sido a la vez apremiante y explícita: «Espera siete días, hasta que yo venga a ti *y te enseñe lo que has de hacer*». Aunque habían pasado tres años, sin embargo el camino de Saúl estaba perfectamente definido; tenía que actuar conforme a las ocasiones que se le presentaran (10:7) hasta que llegara esta crisis, y entonces debía esperar al ministerio y a la conducción del hombre de Dios. Nuestra responsabilidad será conforme a la *luz* que tengamos. Si, como Saúl, estamos conscientes de haber sido escogidos por Dios, y de haber sido hechos partícipes de la santa unción (10:1), entonces de cierto que la voluntad *revelada* tiene que venir a ser la ley absoluta e incondicional de nuestra vida. Éste es el camino, andad vosotros en él.

II. Su fe fue puesta a prueba. Los filisteos se habían reunido en gran número para luchar contra Israel (v. 5). Saúl había tocado la trompeta por toda la tierra, y convocado a los hebreos a que se reunieran con él en Gilgal. Mientras que se tardaba allí durante siete días, según el tiempo establecido por Samuel, «el pueblo se le desertaba» (v. 8). Su espera puede haber parecido a los ejércitos ya angustiados de Israel como una señal de debilidad y de temor, por lo que muchos de ellos aprovecharon el retraso y *se escondieron* (v. 6). De día en día, mientras esperaba al profeta, veía como las fuerzas de Israel iban mermándose. Cada hora que se retrasaba parecía hacer su causa más desesperada. ¡Qué prueba para su fe y supaciencia! ¡Qué lucha tiene que haber habido en su alma, y qué conflicto entre la *fe* y la *vista*! Es siempre una dura prueba entregar el Isaac de nuestras esperanzas para seguir las instrucciones de Dios (1 P. 1:7). «Es necesario que Él crezca, y que yo mengüe.»

III. Su fracaso fue grande. «Dijo Saúl: Traed*me* holocausto y ofrendas de paz… Y cuando él acababa de ofrecer el holocausto, he aquí que venía Samuel» (vv. 9, 10). Saúl esperó hasta casi el fin del día séptimo, tal como Samuel lo había dispuesto; pero antes de que terminara el tiempo total, por la presión de las circunstancias se quebrantó su paciencia con la voluntad de Dios. Escogió su propio camino, y se apartó del propósito y del favor de Dios. Cada uno de los que están ungidos por el Espíritu tendrán su tiempo de prueba. Tan pronto como Jesucristo fue bautizado con el Espíritu fue llevado al desierto para ser tentado (Mr. 1:10-13). Si Abraham hubiera fracasado cuando llegó la gran crisis de su prueba, nunca habría llegado a ser el «Padre de los creyentes». Pero no *vaciló*, por incredulidad, ante la promesa de Dios (Ro. 4:20). El camino a la honra y utilidad perpetuas en el servicio de Dios es «mantenerse firme, como viendo al Invisible». Fracasar cuando nos encontramos cara a cara con las circunstancias planeadas por Dios para la prueba y desarrollo de nuestra fe es llegar a ser un impedido de por vida en la obra del Señor. Cuando, como obreros cristianos, escogemos nuestro propio camino en lugar de esperar el cumplimiento de la Palabra de Dios, nos convertimos como huesos desarticulados en el cuerpo de Cristo. Y los tales solo pueden vivir una vida *dolorida*.

IV. Su excusa fue vana. «Entonces Samuel dijo: ¿Qué has hecho? Y Saúl respondió: Porque vi que el pueblo se me desertaba… *Me esforcé*, pues, y ofrecí holocausto» (vv. 11, 12). Su ejército estaba quedando mermado, la hueste filistea estaba creciendo a más y más, Samuel tardaba en llegar, y su propia paciencia se había agotado. Pero al tomar el lugar del profeta sacerdote actuó insensatamente, y en rebelión directa contra el mandamiento del Señor (v. 13). No puede haber excusa alguna para la incredulidad y la desobediencia. Ningún argumento ni raciocinio puede disminuir la culpa de hacer aquello que *sabemos* es contrario a la mente de Dios. El que oye los dichos de Cristo, y no los cree, es como el hombre insensato que prosigue edificando su vida sobre la ruinosa arena (Mt. 7:26). El rasgo más deprimente del intento de Saúl de justificar su acción es que no hay señal alguna de *arrepentimiento*. Después de la solemne advertencia de Samuel, pasa a *contar la gente* (v. 15). Cuando hemos descubierto que hemos fracasado y desobedecido, el único camino de regreso al favor y a la comunión de Dios es el arrepentimiento y la confesión genuinos.

V. Su pérdida fue lamentable. «Ahora tu reino no será duradero. Jehová se ha buscado un varón conforme a su corazón (…) por cuanto tú no has guardado lo que Jehová te mandó» (v. 14). Saúl se ha apartado del Señor, y ahora el Señor busca a otro hombre según su propio corazón, como instrumento más dispuesto a *permanecer* en su mano, para el cumplimiento de sus propósitos con respecto a Israel. Todo el trompeteo y planes de Saúl ahora no pueden estorbar que el reino se asiente en David que lo que podrían estorbar que el sol se pusiera en el oeste. Puede que se debata como Sansón, pero todo su poder se ha desvanecido. Es un pensamiento solemne que puede que estemos manteniendo la forma de nuestro servicio para Dios en la energía de la carne cuando el Espíritu de poder se ha separado de nosotros. No nos olvidemos nunca de que escoger nuestro propio camino es escoger la pérdida y la derrota. ¡Quiera Dios obrar en nosotros tanto el *querer* como el *hacer* por su buena voluntad!

263. SAÚL, EL RÉPROBO

1 Samuel 15

«No presumas de a Dios servir aparte de aquel
Designado canal que Él dispuso…
… Él no busca que sus altares
Ardan: sin cuidarse de cómo, con tal que solo ardan»

BROWNING

Hay un celo que no es conforme a conocimiento, sino que es en desafío del conocimiento, una violación de la Palabra de Dios y de la conciencia. Al tratar de servir a Dios con nuestra propia voluntad, mientras que rechazamos la de Él, estamos por así decirlo ofreciendo carne de cerdo sobre SU altar. El Señor quiere que su altar arda, pero los sacrificios deben ser sin tacha. Parece por estas palabras: «*Ahora, pues,* está atento a las palabras de Jehová» (v. 1), que Dios no deseaba apartar su favor de Saúl. Así es su gracia persistente, que da lugar al arrepentimiento. Saúl va a tener otra oportunidad de mostrarse *fiel* a Dios. Observemos su

I. Comisión. «Ve, pues, y hiere a Amalec, y destruye todo lo que tiene» (v. 3). Sus órdenes eran claras y explícitas. Amalec, como Jericó, debía ser totalmente entregado a la destrucción (Jos. 6:17). Ni sus sentimientos ni su razón deben interponerse en el camino del cumplimiento del propósito divino. Cuando tenemos la orden del Señor para ir, aunque sea *sobre agua,* nuestro lugar es obedecer confiados.

II. Desobediencia. «Y Saúl y el pueblo perdonaron a Agag, y a lo mejor de las ovejas... y de todo lo bueno» (v. 9). El mandamiento era *no dejar nada,* pero dejaron. Permitió que su ojo gobernara sus acciones, por lo que no caminó por la fe, sino por vista. Sus instintos naturales, como experto tratante en ganado, pasaron por encima de la directa Palabra de Dios. Por ello, perdonaron *lo mejor,* y destruyeron del todo lo *vil* y lo *despreciable.* Siempre es fácil dedicar a Dios aquello que *nosotros* no queremos. ¿Acaso se complacerá con lo vil y con lo despreciable mientras que nos guardamos con lo mejor para nuestros propósitos? Siempre que se deja que el interés propio adquiera un lugar en nuestro servicio para el Señor, será de cierto a costa de nuestra fidelidad a Él.

III. Justificación propia. Éste es un episodio muy triste y deprimente en la vida de Saúl. Tomémoslo como un toque de clarín en advertencia en contra de engañarnos a nosotros mismos. El Señor le dijo a Samuel: «Saúl... *no ha cumplido* mis palabras» (v. 11). Y cuando Samuel se encuentra con Saúl, después que él hubiera estado ocupado levantando un monumento de su victoria, le dijo todo autocomplacido: «Yo he cumplido la palabra de Jehová» (vv. 12, 13). Al mismo tiempo el balido de las ovejas y el mugido de los bueyes que había guardado como botín eran una solemne burla delante de Dios. Como el canto del gallo para Pedro, debían haber servido para recordarle a Saúl su pecado. Pero esto no era todo. Cuando Samuel lo acusó de no haber prestado oído a la voz de Jehová, le respondió: «Antes bien he obedecido la voz de Jehová» (v. 20). Es extremadamente penoso estar tratando de persuadirnos de que estamos bien con Dios cuando Él ha declarado enfáticamente que nos hemos «vuelto atrás». «No os dejéis engañar; de Dios nadie se mofa» (Gá. 6:7). Los ojos del Señor están sobre nosotros, como lo estaban sobre Saúl, observando si le somos fieles a Él y a su Palabra. Cada acto de desobediencia es un acto de rebelión contra Dios.

IV. Confesión. Samuel tenía que ser fiel con Saúl, aunque estaba profundamente apesadumbrado por su fracaso, y había pasado «toda aquella noche» clamando a Jehová (v. 11). «Ciertamente el obedecer es mejor que los sacrificios», le dijo, porque «como pecado de brujería es la rebelión» (vv. 22, 23). Saúl descubrió que los motivos secretos y egoístas de su corazón habían florecido y dado fruto que iban de cierto a crecer terriblemente amargos, por lo que confesó: «Yo he pecado; pues he quebrantado el mandamiento de Jehová y tus palabras, porque *temí al pueblo* y consentí a la voz de ellos» (v. 24). ¡Ah! El secreto ha salido. Temió al pueblo, y el temor del hombre enlazó su alma (Pr. 29:25). ¿No hay acaso multitudes de vidas jóvenes, vigorosas y dotadas a nuestro alrededor que zozobran y se pierden para el servicio de Dios por esta misma razón: el temor del hombre? «¿Quién eres tú para que tengas temor del hombre, destinado a fenecer como heno?» Toda alma sin espinazo puede ser cobarde. Revístete de la armadura de Dios, y podrás resistir en el día malo (Ef. 6:13).

V. Rechazamiento. «Samuel respondió a Saúl: ... Desechaste la palabra de Jehová, y Jehová te ha desechado para que no seas rey» (v. 26). Rechazar la Palabra de Dios es ser rechazado por Dios (Lc. 9:26). El que no cree a Dios le ha hecho mentiroso. El aparente arrepentimiento y confesión de Saúl han venido demasiado tarde. Quedaron cortadas las amarras de la presencia conductora de Dios. La vida de Saúl era ahora un pecio a la deriva.

«Hay una línea para nosotros invisible
Que cada camino cruza;
El oculto límite establecido
Entre la paciencia de Dios y su ira.»

«La Gloria de Israel no mentirá» (v. 29). Él permanece fiel. Él no puede negarse a Sí mismo. ¡Qué espectáculo más vano debe ser nuestra vida si no es vivida para la gloria de Dios! Saúl puede aún retener el favor del pueblo, pero ¡ay! el Espíritu de Dios se ha apartado de él (cap. 16:14). Es posible ser cristiano, y, como Saúl, partícipe del Espíritu Santo, y sin embargo *la vida,* al ser desobediente a la visión celestial, puede devenir una desértica desolación para sí misma, una piedra de tropiezo para otros, y una injuria a Dios.

264. EL LLAMAMIENTO DE DAVID

1 Samuel 16:1-13

«Otras palabras tiene Dios para otros mundos,
Mas para este mundo la Palabra de Dios Cristo es»
HAMILTON KING

El rezachamiento y fracaso total de Saúl al apartarse de la Palabra de Dios es un faro de advertencia para cada siervo de Jesucristo. Es en vano que edifiquemos si no estamos *haciendo* las *palabras* de nuestro Señor (Mt. 7:26). La sabiduría de este mundo será siempre insensatez para Dios. Observemos:

I. La elección. «Me he provisto de rey» (v. 1). Le fue prohibido a Samuel que prolongara su duelo por Saúl. La voluntad del Señor debería sernos más preciosa que la prosperidad de nuestros amigos. Otro rey ha sido preparado y proveído para su pueblo. David estaba siendo preparado para el trono de Israel mediante su *fiel pastoreo* y defensa de las ovejas de su padre (17:34-36). Como lo ha dicho un bien conocido predicador: «Dios siempre comienza muy atrás». Dios puede escoger las cosas necias de este mundo, pero nunca escoge las holgazanas. No es a la promoción a lo que debemos aspirar, sino a la *fidelidad* a Dios. El conocimiento personal con Él, y la devoción a su voluntad y obra, es la vía al éxito y a la recompensa abierta. No temas que tus dones y capacidades sean ignoradas porque te muevas en una esfera oscura de la vida; el Señor conoce dónde se encuentra el instrumento idóneo para la obra especial que se necesite hacer. Haz de ti una saeta *pulimentada,* y lo seguro será que Dios te esconda en su aljaba.

II. La comisión. «Dijo Jehová a Samuel: ... Llena tu cuerno de aceite, y ven» (v. 1). Por cuanto David, el hijo de Isaí, había venido a ser su escogido, también *escoge* Él el *medio* por el que se llevará a cabo este propósito. Las providencias de Dios jamás contradecirán sus propósitos. El que ha comenzado la buena obra en nuestro favor la llevará a buen fin. El aceite de la unción para la cabeza de David pasa al cuerno de Samuel por orden de Dios, y no será puesto allí en vano. Como tampoco es en vano cuando el Espíritu Santo llena el corazón de cualquier siervo de Dios, todos aquellos que sean ordenados a vida eterna por medio de ellos, creerán. Samuel fue, como debería ir todo embajador de Cristo, *en Nombre de Dios, con el mensaje de Dios,* llevando con ellos el santo *poder de la unción.* ¿Acaso debemos asombrarnos de que «los ancianos de la ciudad salieron a recibirle con miedo»? (v. 4). El verdadero *varón de Dios* siempre será un hombre de autoridad.

III. La búsqueda. «Envía por él» (v. 11). Isaí hizo pasar a siete de sus hijos delante de Samuel. Pero no se puede engañar al Señor con apariencias ni con la estatura. Es con el *corazón* que cree el hombre, y es por ello que «Jehová mira al corazón» (v. 7). «Porque cual es su pensamiento en su corazón, tal es él.» Porque David era el *menor* de ellos, fue el *último* en quien pensaron; pero los últimos serán los primeros, porque no se pudo hacer nada hasta llegar David. «Porque no es aprobado el que se alaba a sí mismo, sino aquel a quien Dios alaba» (2 Co. 10:18). El que se anonadó a Sí mismo fue exaltado «por encima de todo». La autodefensa es frecuentemente una confesión de debilidad y de vanidad. En opinión de los hombres las dotes intelectuales y las apariencias externas tienen gran peso; pero en la balanza de Dios la escala se abate en favor de los de corazón humilde y contrito. Eliab y Aminadab pueden hinchar el pecho y estirarse todo lo que quieran, pero no pueden ocupar el puesto del pastorcillo, cuyo *corazón* es recto para con Dios. «No os dejéis engañar, de Dios nadie se mofa.» Ninguna cantidad de falsas pretensiones ni de sobornos podrá jamás lograr aquello que solo puede venir de ser LLAMADOS POR DIOS. Haz seguros tu llamamiento y elección.

IV. La unción. Tan pronto llegó David, el Señor le dijo a Samuel: «Levántate, y úngelo, *porque éste es*». Y así Samuel «lo ungió en medio de sus hermanos» (v. 13). Quizá fue por envidia que sus hermanos no muestren señal alguna de regocijo ante el enaltecimiento de su hermano. Este miserable sentimiento de ahoga la alegría es totalmente indigno de todo hijo de Dios. Pero el escogido viene a ser el ungido. Éste es el orden de Dios; y éste es nuestro privilegio. «Desde aquel día *en adelante* el Espíritu de Jehová vino sobre David.» Fue una experiencia concreta y memorable en la vida de David. ¿No va cada vida verdaderamente consagrada acompañada de la unción del Espíritu de Poder? (Hch. 4:31). No somos mandados a la lucha a nuestras expensas. Para cada tarea especial a la que somos llamados hay una especial distribución del Espíritu de gracia. David era «un varón conforme al corazón de Dios» (*cf.* 1 S. 4:31) antes de ser ungido, pero precisamente porque era tal hombre fue derramado sobre él el sagrado y simbólico aceite del poder. «Te alabo, Padre, Señor del cielo y de la tierra, porque ocultaste estas cosas a los sabios y a los entendidos, y las revelaste a los bebés» (Mt. 11:25). «Él da vigor al cansado, y acrecienta la energía al que no tiene fuerzas» (Is. 40:29).

265. ESCUDRIÑANDO EL CORAZÓN

1 Samuel 16:7

I. Dos aspectos del hombre. «Su aspecto [externo]» y «el corazón». Estos son a menudo contradictorios.

II. El juicio de los hombres. «El hombre mira lo que está delante de sus ojos.»

III. El juicio de Dios. «Jehová mira al corazón.» El hombre dice: «Reforma». Dios dice: «Arrepentíos».

266. LA VICTORIA DE DAVID

1 Samuel 17

«La fe sola es la llave maestra
De la puerta y el camino estrechos;
Las otras solo míseras ganzúas son
Y nunca descerrajar podrás tú las cerraduras de DIOS»

WALTER SMITH

LA FE es una espada «que hiere con más que una herida mortal». David aprendió a emplear esta espada cuando era solo un muchacho cuidando de las ovejas de su padre por las tierras altas de Belén. Los que logran victorias abiertas y públicas para Dios son los que han triunfado en la esfera humilde de la vida y en el reino oculto del corazón. Goliat es un tipo adecuado del dios de este mundo, que desafía abiertamente al pueblo de Dios. La tradición afirma que fue él quien tomó el Arca de Dios. «Escoged de entre vosotros un hombre que venga contra mí», gritaba este príncipe de jactanciosos. Pero *ellos* eran totalmente incapaces de escoger a tal hombre. El vencedor del enemigo de Israel tenía que ser *escogido por Dios*, el varón según su corazón, un verdadero tipo de Aquel que vino a destruir las obras del Diablo y a aplastar la cabeza del Adversario. Consideramos aquí a David bajo esta luz. Observemos:

I. Su misión de gracia. «Se fue con su carga como Isaí le había mandado; ... y cuando llegó, preguntó por sus hermanos, si estaban bien» (vv. 17-22). David, como Cristo, salió de su padre, regocijándose en hacer su voluntad, y llevando el amor y los dones del padre a sus hermanos. La gracia y la verdad vinieron por medio de Jesucristo. Al salir el animoso joven con los diez panes para sus hermanos y los diez quesos para el jefe de los mil, ¿quién iba a pensar que este muchacho iba a ser puesto para la caída y levantamiento de muchos en Israel?

II. Sus motivos juzgados erróneamente. «Eliab su hermano... se encendió en ira contra David y dijo: ¿Para qué has descendido acá? ... Yo conozco tu soberbia» (v. 28). Este hermano mayor, como los parientes de Cristo, revela la más burda ignorancia del verdadero carácter del puro y generoso David. Los motivos de David eran tan *desprendidos* que el orgulloso y egocéntrico Eliab no podía comprenderlo; además, insultaba gratuitamente a su padre, que era quien había enviado a David. No es fácil para nadie juzgar acerca de lo blanco cuando insiste en mirar a través de unas gafas de color. Los sufrimientos de David, aquí, fueron semejantes a los sufrimientos de Cristo, y un ejemplo de cómo nosotros, también, tenemos que sufrir si queremos ser fieles a la palabra y a la voluntad del Padre. La serena réplica de David a esta calumniosa acusación es digna de señalar. «¿Qué he hecho yo ahora? ¿No es esto mero hablar?» Pero él fue más allá de las palabras, a una conducta profunda, de alcance, y glorificadora para Dios.

III. Su solemne decisión. «Y dijo David a Saúl: No desmaye el corazón de ninguno a causa de él; tu siervo irá y peleará contra este filisteo» (v. 32). El *propósito especial* de Dios al traerlo a este campamento en esta oportunidad le ha venido a David como una revelación que se le ha ido haciendo clara muy rápidamente. El Espíritu de Dios lo ha convencido de que su misión es vencer al retador de Israel, y, como su Señor, «puso su rostro como un pedernal» para llevarlo a cabo. Si te sientes movido por el Espíritu a hacer incluso alguna cosa *sin precedentes* para la gloria de Dios, no te dejes detener por la prudencia mundana que dice, como Saúl: «No podrás» (v. 33). David, un mozalbete, se encuentra delante del alto y bien armado rey de Israel, mientras que él lleva una honda y un cayado en su mano, menospreciado y rechazado por sus propios hermanos. Ciertamente su apariencia es de incapacidad para tal conflicto. Pero Dios ha escogido lo *débil* para confundir a lo *poderoso*.

IV. Su confianza inconmovible. «Cuando venía... fuese león, fuese oso, tu siervo lo mataba; y este filisteo incircunciso será como uno de ellos, porque ha desafiado al ejército del Dios viviente» (vv. 34-37). Las experiencias pasadas y *secretas* de David acerca del poder de la fe en el Dios viviente fortalece su alma ahora con valor. ¿No fue así también con el «Mayor que David»? ¿No hay siempre victorias secretas en la vida antes de triunfar abiertamente a la vista de los hombres incrédulos y temerosos? Los que *desafían* al Dios viviente no deben ser temidos por aquellos que en Él *confían*. Las bolsas de aire no valen de mucho ante Aquel que es fuego consumidor. Quizá Saúl consideraba a David como uno cuyo espíritu estaba dispuesto, pero cuya carne era débil cuando puso sobre él *su* armadura (v. 38). Pero la armadura apropiada para un hombre que lucha en la energía de la carne nunca será idónea para uno que guerrea en el poder del Espíritu. Por ello, echó de sí aquellas cosas, «porque nunca lo practicó» (*cf.* v. 39). El ungido de Jehová no debía afrontar al enemigo como un soldado, sino como un pastor (Jn. 10:10, 11). Como armadura en contra del aguijón del dolor le dieron a Jesús vino mezclado con mirra. Pero Él no lo recibió. Se enfrentó con el enemigo con la fortaleza de la fe.

V. Su invisible armadura. David dijo: «Yo vengo a ti *en el nombre* de Jehová de los ejércitos, el Dios... a quien tú has provocado» (v. 45). Goliat sólo podía ver al mozalbete y su cayado; no podía ver al poderoso NOMBRE con el que David estaba revestido como formidable armadura, y por el que estaba protegido como por inexpugnable fortaleza (Pr. 18:10). SU NOMBRE significa todo lo que Él es en nuestro favor, y esto es «toda la armadura de Dios». Revístete de ella (Ef. 6:10, 11). Nuestras armas no son carnales, sino poderosas *por el Espíritu*. Nuestra ayuda es en el Nombre del Señor (Sal. 124:8). «Si me pedís algo en mi nombre, Yo os lo haré» (véase Hch. 3:16).

VI. Su clara victoria. «Así venció David al filisteo con honda y piedra» (vv. 50, 51). Fue con la honda de la fe y la piedra de la verdad que prevaleció el Señor de David sobre el enemigo de las almas en el desierto (Lc. 4:1-13). Así como David dio muerte a Goliat con su propia espada, así Cristo muriendo venció a la muerte y al que tenía el poder de la muerte, esto es, al diablo (He. 2:14, 15). David salió a la lucha, así como Cristo fue a la Cruz, en presencia de aquellos que indudablemente pensaban que ya no lo volverían a ver vivo otra vez. Pero volvió, triunfante sobre su enemigo, y vino a ser señalado entre diez mil. Esta gran batalla fue librada entre los *representantes* de dos reinos diferentes: cada nación vence o cae con su campeón. Así fue con el Ungido Hijo de Dios. «Gracias sean dadas a Dios, que nos da la victoria *por medio de nuestro Señor Jesucristo*» (1 Co. 15:57). *Por medio* de Él somos «más que vencedores».

267. DAVID Y JONATÁN

1 Samuel 18:1-4; 2 Samuel 1:26

«Todo a través de la vida mesones hay junto al camino
Donde el hombre refrigerio puede tener en su alma con amor;
Incluso los más bajos pueden su sed apagar
En arroyos alimentados de fuentes que de arriba descienden»

LONGFELLOW

«Amados, amémonos unos a otros; porque el amor es de Dios» (1 Jn. 4:7). En esta pequeña porción de las Escrituras tenemos «Manzana de oro en bandeja de plata» (Pr. 25:11). El amor de Jonatán hacia David parece un reflejo puro y sin nubes de aquel amor de Dios que ha sido derramado en el corazón por el Espíritu Santo. Fue maravilloso.

I. Su amor fue real. «Lo amó Jonatán como a sí mismo» (v. 1). No se trataba de una mera relación formal por asuntos mutuos. Jonatán había tomado a David y todos sus intereses en los secretos y cuidados de su propia alma. El amor que deja de hacer esto es superficial y egoísta. ¿Cómo podemos decir que amamos a Cristo si sus intereses no nos atraen tan poderosamente como los nuestros? Pablo así lo amaba cuando dijo: «Para mí el vivir es Cristo» (Fil. 1:21).

II. Su amor era grande. Excedía al amor de las mujeres (2 S. 1:26). Decir esto sugiere que era *sobrenatural*. La más elevada forma del amor humano se encuentra en el corazón genuinamente maternal. El amor que sobrepasa a este es aquel «mayor amor» manifestado en el unigénito Hijo de Dios (1 Jn. 4:9), y engendrado en nuestros corazones por el Espíritu Santo (1 Jn. 4:19). El amor del creyente a Cristo es más que el mero amor natural, porque la mente carnal es enemistad contra Dios. El corazón natural es extraño al Santo.

III. Su amor era inseparable. «E hicieron *pacto* Jonatán y David, porque él le amaba» (v. 3). El verdadero amor empujará siempre a un más estrecho vínculo de unión; el afecto mutuo culmina en el vínculo matrimonial. El amor de Cristo nos *constriñe*. ¿Qué vamos a hacer? Pues, como Jonatán, entregar los intereses de nuestras vidas a las manos de Aquel a quien Dios ha exaltado como Príncipe y Salvador (20:14-16). Oigamos las palabras susurradoras del amor hasta la muerte de Cristo en aquellas palabras inolvidables: «Haced esto en memoria de Mí» (1 Co. 11:24).

IV. Su amor era abnegado. «Jonatán se quitó el manto que llevaba, y se lo dio a David» (v. 4). El amor no ocultará; «El amor no hace nada indecoroso, *no busca su propio interés*» (1 Co. 13:5). El amor da hasta que dar es sentido como un sacrificio. Así fue con el amor de Cristo, que por causa de nosotros se despojó a Sí mismo y se humilló, para que por su pobreza nosotros fuéramos enriquecidos (2 Co. 8:9). El amor de Cristo se manifestó en aquella pobre mujer que, cuando se vio envuelta en una tormenta de nieve, se despojó a sí misma para salvar a su pequeño. Al despojarnos a nosotros mismos para la honra y gloria del Cristo de Dios demostramos la realidad de nuestra confianza en Él. Si Él va a triunfar por medio de nosotros, démosle «hasta la espada, el arco y el talabarte». El autoengrandecimiento es siempre incongruente con la gloria de Dios.

V. Su amor era bien merecido. Es indudable que había muchos atractivos personales en David que suscitaban los afectos de Jonatán, porque David «*se portaba prudentemente*» (v. 5), y era para Jonatán el principal y señalado entre diez mil. Pero el secreto de la intensidad de su afecto por él residía en que él *conocía* a David como el ungido del Señor y como el futuro rey de Israel (cap. 20:15). Es bien cierto que los más entrañables afectos de su alma pura iban bien dirigidos cuando eran puestos sin reservas en el amado de Dios. ¡Aquí tenemos a uno mayor que David! Uno que habló como jamás habló ningún otro, y cuya conducta ha sido tal que ni Dios, ni el hombre ni ningún demonio pudieron hallar falta en Él. Y Él pregunta: «¿Me amas?».

VI. Su amor fue correspondido. «El alma de Jonatán quedó *ligada* con la de David» (v. 1). Estas dos almas quedaron ligadas en sus deseos y motivos, como la trama y la tela de un tejido. Esta *ligazón* muestra que los afectos de David respondían plenamente al amor de Jonatán, de manera que los vitales intereses del uno se entretejían con los vitales intereses del otro. Ésto es algo más profundo que la mera creencia en una conformidad externa; es la misma esencia de «la unidad del Espíritu». Jesucristo fue movido por aquel anhelante e insondable AMOR cuando oró que «sean todos uno; como Tú, oh Padre, en Mí, y Yo en Ti, Yo en ellos». Esta profunda unión espiritual solo puede ser hecha allí donde haya la entera rendición de todos en ambos lados para el mutuo beneficio por medio del poder constreñidor del amor. Esto es lo que Cristo ha hecho por nosotros. ¿Qué respuesta le estamos dando? «El que no ama, no ha conocido a Dios, porque Dios es amor» (1 Jn. 4:8). Nuestro Señor está enormemente dispuesto a que su vida quede ligada con la nuestra. ¿Estamos igualmente dispuestos que nuestra vida quede *ligada* con la suya, y llegar así a venir a ser uno en corazón y propósito para la gloria de Dios?

268. SAÚL, EL ENEMIGO

1 Samuel 18-29

> *«¡Qué necio fui! Mi. falta consideraré:*
> *Yo, sin alas, creí que a mí mismo en alto me elevaba*
> *Entre los alados! Y lancé estos cojos pies míos*
> *A la carrera contra veloces corredores»*
>
> INGELOW

Lowell ha dicho que «Las mejores cosas perecen por su propio exceso, y la calidad empujada a un extremo deviene en defecto». ¿Quién hubiera podido pensar que la hermosa y sencilla vida de Saúl quedaría tan pronto transformada y degradada en una carrera puramente egoísta y de deshonra para Dios. Comenzó en el Espíritu y acabó en la carne. Los que son de la carne no pueden agradar a Dios. Como sucede con cada otro caso de recaída, tuvo su fuente en *apartarse* de la voluntad revelada de Dios (15:11-26).

Un paso fuera del camino de la fe es suficiente para ponernos de camino a una vida arruinada por uno mismo. Saúl se transforma ahora en enemigo declarado de David, el ungido de Jehová. Un hombre poseído por un espíritu malo se lanzará de cabeza contra los gruesos tachonamientos de la adarga de Jehová. Saúl, al venir a ser el enemigo de David, vio a ser:

I. Un pecador en contra de su propia familia. Véase su repulsiva conducta para con Mical, su propia hija, que *amaba* a David. Cómo apremia y planea la unión de ellos en matrimonio, con la esperanza de que ella pudiera enviudar pronto (18:20, 21). Pensemos en cuántas veces el gran corazón de Jonatán fue herido, porque él también amaba a David, ante la conducta desalmada y cobarde de su padre. Cuando cualquier padre adopta una actitud de oposición a Jesucristo, que es el ungido del Señor, está siempre enfrentándose a los mejores intereses de su propia casa. La piedad aprovecha para la vida *presente* además de para la venidera. El amor de Cristo tiene el objetivo de dulcificar la vida del hogar al capacitarnos para llevar gozosamente unos las cargas de los otros.

II. Un pecador en contra del testimonio del Espíritu Santo. La escena en Nayot debe haber sido chocante (19:19-24). Saúl oye que David está allí y envía mensajeros para prenderle, pero tan pronto como llegan dentro de la santa atmósfera de la compañía de profetas quedan influenciados por el Espíritu, y comienzan a profetizar. Se envía un segundo grupo de mensajeros, después un tercero, con el mismo resultado. Luego fue el mismo Saúl, «y también vino sobre él el Espíritu de Dios». Si jamás hombre alguno tuvo evidencia de que el Espíritu de Dios se oponía a sus actuales acciones, este hombre era Saúl, y en aquel mismo tiempo. Parece como si el Espíritu Santo se detenía sobre Saúl igual que la gloria de la Shekiná persistió en las cercanías de Jerusalén antes de partir definitivamente (Ez. 11:23). ¡Cuánta desgana siente el Señor de dejarnos! Pero esta última manifestación del Espíritu de profecía no consigue apartarlo del error de su camino. El efecto fue solo como el de una nube matutina. No contristéis al Espíritu Santo.

III. Un pecador contra los siervos de Dios. Saúl ordenó que los sacerdotes del Señor fueran muertos, «porque también la mano de ellos está *con* David (22:17, 18). Saúl, al rehusar dar a David el puesto para el que Dios lo había designado, se ve empujado a convertirse en enemigo de todos los que lo favorecen. Y así sigue siendo. Nuestra relación con Cristo determina nuestras actitudes para con nuestros semejantes. Los intereses de Jesucristo y de su pueblo están tan vitalmente relacionados que no pueden ser divididos. «El que os toca toca a la niña de mi ojo». La casa sacerdotal de Ahimelec es la primera en sufrir el martirio por causa de David. Pero la sangre de los santos nunca se derrama en vano; la causa por la que es derramada de cierto prosperará.

IV. Un pecador en contra delos mejores intereses de la nación. Vale la pena destacar especialmente que mientras Saúl estaba persiguiendo a David, «los filisteos [hicieron] una irrupción en el país» (23:27, 28). Mientras resistía y se oponía al propósito claramente revelado de Dios, el enemigo entró como un diluvio. La voluntad del Señor era bendecir a la nación de Israel por medio de David, a quien Él había escogido. Menospreciarlo y deshonrarlo era enfrentarse al canal divinamente designado de bendición, y robar al pueblo la gracia de Dios. ¿Es acaso diferente en la actualidad? Dios ha enviado a su Hijo para bendecirnos, nacionalmente así como individualmente. La incredulidad y la indiferencia a Cristo y a su causa siempre constituirán una amenaza y un obstáculo para el más alto bien de una nación. Los hombres son lentos en reconocer esto, pero Dios no puede ser burlado. En nuestra soberbia y terquedad podemos menospreciar y echar a un lado al ungido de Jehová, pero Dios no conoce otro canal por medio del cual podamos ser bendecidos (1 Ti. 2:5).

V. Un pecador contra su propia conciencia. Cuando David mostró misericordia de Dios a su enemigo mortal, Saúl lloró, y le dijo: «Más justo eres tú que yo, que me has pagado con bien, habiéndote yo pagado con mal» (24:16, 17). Sin embargo, su amargura en contra de David lo empujó a la insensatez una vez más (26:21). Los hombres siempre se muestran insensatos cuando se enfrentan en contra de la voluntad revelada de Dios, porque se enfrentan asimismo a los más profundos y a los más limpios instintos de su propia naturaleza. El que peca contra la luz peca contra *su propia alma*. Al *sometemos* a Cristo como nuestro Rey justificamos a nuestra propia conciencia, y hay paz.

VI. Un pecador contra la providencia de Dios. Estar fuera de simpatía con Dios y con su Cristo (ungido) es estar fuera de armonía con la providencia llena de gracia de Dios. En el capítulo 26 vemos al poderoso Saúl cayendo otra vez más en manos del pobre y menospreciado David. ¡Ah, la solemne ironía de tales circunstancias! Felipe II de España dijo, tras la destrucción de la Armada «Invencible»: «No mandé a mis naves a luchar contra los elementos». Pero los *elementos* en manos de un Dios que todo lo rige son cosa a tener en cuenta. Los que se enfrentan hostiles al Hijo de David y a su reino encontrarán sin falta que la inerrante providencia del Eterno los ha dispuesto *fuera* de su gracia salvadora (Ro. 8:28).

VII. Un pecador en contra del propósito de Dios. Si la mente no estuviera cegada por el Diablo, y enloquecida por la fuerza de una voluntad rebelde, nadie esperaría jamás alcanzar el éxito al enfrentarse en contra del *determinado* designio de Dios» (Hch. 2:23). «¿Por qué se amotinan las gentes, y los pueblos piensan cosas vanas?» (Sal. 2:1). Era el determinado propósito de Dios exaltar a David al trono de Israel, como es su firme determinación que Jesús venga a ser aún el «Bienaventurado y único Soberano, Rey de reyes, y Señor de los que gobiernan» (1 Ti. 6:15). Los que caigan sobre esta piedra serán quebrantados, y aquellos sobre los que ella caiga quedarán pulverizados. «Besad al Hijo, para que no se enoje, y perezcáis» (Sal. 2:12). Alineaos con el propósito revelado de Dios en Cristo Jesús, y salvaréis vuestra *alma* de la muerte así como vuestra *vida* del fracaso y de la vergüenza eterna.

269. DAVID EN ADULAM

1 Samuel 22:1, 2; 23

> *«Cuando Dios te aflija, medita que Él tallando está*
> *Una basta piedra, que o forma debe recibir,*
> *o desechada ser»*
>
> TRENCH

En los versículos finales del capítulo anterior tenemos registrado lo que fue quizá el pasaje más oscuro de la experiencia de David. ¡Qué triste espectáculo! ¡El ungido del Señor fingiéndose loco por temor a los hombres! Hasta los mismos ungidos se ven compelidos a actuar insensatamente cuando ponen su confianza en brazo de carne en lugar de en el Dios viviente (21:10). Tan pronto como David perdió su fe en Dios *cambió su manera de comportarse*, y «escribía en las portadas de las puertas» como un lunático. Hay una relación muy vital entre nuestro credo y nuestra conducta. Un cambio de fe nos conducirá indefectiblemente a un cambio de conducta. Por miedo del rey Aquís David huyó hasta la cueva de Adulam. La soledad con Dios es mejor que la amistad del mundo. Este acto de separación fue ricamente recompensado, porque «Sus hermanos y toda la casa de su padre... vinieron allí a él» (véase cap. 17:28). También muchos otros acudieron a él.

I. El carácter de los que acudieron a David.

1. LOS OPRIMIDOS. Era una cosa oír acerca de David, y quizá simpatizar con él en su causa; pero otra cosa muy distinta era ser empujado a él por la fuerza de la más desesperada necesidad. No se nos dice quién los oprimía. La causa puede haber sido los padecimientos de David o la condición agitada del país, o alguna aflicción o pérdida personal. En todo caso, es una bendita opresión la que nos constriñe a acudir a buscar la ayuda del Señor y a compartir la suerte del ungido del Señor. Los autosatisfechos no dan oído a las demandas del Rechazado (Ap. 3:20). Fue la angustia lo que llevó al pródigo de vuelta al hogar con su padre (Lc. 15:18).

2. LOS ENDEUDADOS. «Todo el que estaba endeudado.» Al huir a David y abrazar su causa, aquellos que estaban en bancarrota encontraban un camino de huida a todas sus deudas bajo el gobierno de un Saúl rechazado por Dios. Bajo la ley somos deudores insolventes, pero Cristo rescata a tales pecadores, y está dispuesto a asumir sus deudas para siempre (Lc. 7:42).

3. LOS QUE SE HALLABAN EN AMARGURA DE ESPÍRITU. Aquellos cuyas almas estaban amargadas por descontento y circunstancias que los acosaban: vidas sedientas, agitadas e insatisfechas. ¡Ah, cuántos hay azotados por esta plaga! Pero ¡cuán pocos buscan refugio en presencia de Aquel único que puede darles satisfacción! (Sal. 23:5). Alrededor de las cisternas rotas hechas por el mundo hay grandes multitudes de tales personas miserables que se sienten más inclinadas a hablar de sus pesares que a ir al celestial David, la Fuente de Vida (Jer. 2:13). Aquí se aprende contentamiento (Fil. 4:11).

II. Por qué acudieron a David.

1. ACUDIERON PORQUE CREÍAN EN ÉL. Creían que David era el rey señalado por Dios, y que tenía el derecho a reinar sobre ellos. De hecho, se habían convertido a David. La fe viene por el oír. ¿Hemos creído nosotros así en Jesucristo como el Rey divinamente designado y sobremanera exaltado por encima de todas las cosas?

2. ACUDIERON PORQUE SE DECIDIERON POR ÉL. Su creencia los condujo a tomar una acción definida. No solo oyeron los dichos, sino que también los hicieron, según los caminos de los sabios (Mt. 7:24). Una cosa es creer acerca de Cristo, como el Salvador y Rey ungido; otra muy distinta es tomar postura pública con Él y por Él (Jn. 9:27). Al decidirse por David, ellos, como nosotros, tenían que salir a él, fuera del campamento, llevando su vituperio (He. 13:13). Decidirse por Cristo significa separarse del mundo.

3. ACUDIERON PORQUE ESTABAN DISPUESTOS A SOMETERSE A ÉL. Habiéndolo reconocido como su rey, se sometieron a él para gloria de su nombre y adelanto de su reino. ¿Cómo podemos pretender haber reconocido a Cristo como nuestro Rey si no nos hemos dado a Él? ¿No es éste nuestro servicio racional? (Ro. 12:1, RV).

III. Lo que David vino a ser para ellos. «Fue hecho jefe de ellos.» Tan pronto como ellos tomaron su lugar como *seguidores* David asumió su derecho y autoridad para *conducir*. Así, ellos esperaban en él:

1. COMO CONDUCTOR. Su actitud hacia David es ahora: «No se haga mi voluntad, mas la tuya»; ¿Qué quieres que haga? ¿Es esta la actitud de nuestro corazón para con Aquel que nos ha recibido en nuestra más honda necesidad, habiéndonos redimido con su Sangre? Uno es vuestro Maestro, el Cristo. Él nos conduce mediante el ojo inerrante de su Palabra (Sal. 32:8). «Guíame tu».

2. COMO PROTECCIÓN. Habiendo venido a ser los discípulos de David, se exponían a la ira y enemistad de los seguidores de Saúl. Los que obedecen al dios de este mundo estarán siempre en guerra en sus corazones contra los seguidores del ungido del Señor. Pero mayor es el que está con nosotros que el que está con ellos. Dios es por nosotros, por lo que no seremos conmovidos. David dijo: «Quédate conmigo, no temas; quien busque mi vida, buscará también la tuya; pues *conmigo* estarás a salvo» (v. 23). «Él puede guardar mi depósito para aquel día».

3. PARA RECOMPENSA. La causa de David no era una causa perdida. Era la causa de Dios, y por ello era seguro su triunfo final. Los que sufrieron con él en los tiempos de su rechazamiento nacional recibirían honra, indudablemente, en el día de su exaltación. «Si es que padecemos juntamente con Él, para que juntamente con Él seamos glorificados» (Ro. 8:17). Llegará el día en que este Despreciado será coronado DE TODO EL SEÑOR, y los que le han seguido en su rechazamiento serán abundantemente recompensados cuando entren en el «Gozo del Señor» (Mt. 25:21). Él entre los fuertes repartirá los despojos (Is. 53:12).

270. LA SALVAGUARDIA QUE NUNCA FALLA

«Quédate conmigo, no temas; quien busque mi vida, buscará también la tuya; pues conmigo estarás a salvo» (1 S. 22:23). Observemos que:

I. David es un tipo de Cristo. *Escogido* por Dios y *ungido* para su obra, pero justo ahorl *rechazado* y menospreciado como rey.

II. Con Él implica sufrir. «Quien busque mi vida, buscará también la tuya.» Nuestra identificación con el Cristo rechazado significa sufrir con Él; tenemos los mismos enemigos que nos oponen. El que quiera vivir piadosamente debe sufrir.

III. Con Él implica seguridad. «Conmigo estarás a salvo.» A ti huyo para que me ocultes. Dios en Cristo es nuestro refugio. Con Él estamos a salvo de

1. LA IRA VENIDERA (1 Ti. 1:10). Él es la sombra de un gran peñasco. Él llevó nuestros pecados.

2. LA MALDICIÓN DE LA LEY. «Él fue hecho maldición por nosotros» (cp. Gá. 3:13). Ahora no hay condenación.

3. EL PODER DEL PECADO. Con Él, permaneciendo en Él, el pecado no tendrá dominio sobre vosotros. Mediante su Espíritu que mora en el corazón Él quebranta el poder del pecado.

4. EL TEMOR DEL HOMBRE. Con Él, en su *amor*, todo temor es echado fuera. Si Dios por nosotros, ¿quién contra nosotros?

5. LAS ANSIEDADES DE LA VIDA. Morando con Él, su paz guardará (como una guarnición militar) el corazón. «Mi Dios suplirá

todas vuestras necesidades.» «No os afanéis por vuestra vida»: «conmigo estarás a salvo.»
6. EL TEMOR DE LA MUERTE. Con Él podemos gritar: «¿Dónde está, oh muerte, tu victoria? ¿Dónde está, oh muerte, tu aguijón?». Aunque ande en valle de sombra de muerte, *no temeré mal alguno,* porque *Tú estarás conmigo»*. ¿Estás tú con Él? Él te invita: «Venid a Mí, y Yo os haré descansar» (Mt. 11:28).

271. DAVID Y ABIGAIL
1 Samuel 25

«Quitad el amor, y la vida mutilada será,
Una horrenda visión en un desolado erial»
NEWMAN

«Toda escritura es inspirada por Dios; y es útil para *enseñanza»* (2 Ti. 3:16, V.M.). Así que se puede encontrar «enseñanza útil» en este capítulo si consideramos las tres personas destacadas mencionadas como teniendo un carácter tipológico: David, como el ungido de Dios, representando a Cristo y sus demandas sobre los hombres; Nabal, con su soberbia e insensatez, es un tipo apropiado de los hombres de este mundo que rechazan a Cristo; Abigail es un ejemplo hermoso de aquellos que *creen,* en obediencia a los más hondos y veraces instintos de nuestra naturaleza. Observemos:

1. La petición de David. «Te ruego que des de lo que tuvieres a mano» (v. 8).

1. LA RAZÓN DE ELLA. David y sus hombres habían sido como un muro protector para los pastores de Nabal, tanto de noche como de día (v. 16), mientras guardaban sus ovejas por los montes del Carmel. Su presencia los había salvado de las cuadrillas de bandoleros, y por ello la petición de ellos era razonable. En verdad, Aquel que nos ha salvado por el poder de su presencia tiene derechos sobre nosotros.
2. LA MANERA DE LA MISMA. Estos diez hombres, como los embajadores de Cristo, fueron enviados *en nombre* de su señor y amo (v. 5). Menospreciarlos a ellos era menospreciar al que los había enviado (Lc. 10:16). Vinieron con *un mensaje de paz* (v. 6), y esta paz, como la proclamada por los mensajeros del Evangelio, era triple: «Sea paz a ti, y paz *a tu familia,* y paz *a todo cuanto tienes»*. Ello es indicador de paz *con* Dios, de la paz de Dios en el hogar del corazón, y la paz que *sobrepasa a todo entendimiento,* tocando a todo lo que tenemos. En verdad que un mensaje que nos llega, como a Nabal, por medio de los siervos del Rey designado por Dios, nos constreñirá a una confianza *agradecida.*

II. La insensatez de Nabal. Es descrito como «muy rico» (v. 2), pero los ricos no son siempre *sabios.* La sabiduría o la insensatez de un hombre quedarán patentes cuando es traído cara a cara con las demandas de Dios (1 Co. 2:14). El equilibrio del santuario es inerrante. Su insensatez se ve

1. EN SU RECHAZO DE LAS DEMANDAS DE DAVID. «¿Quién es David, y quién es el hijo de Isaí?» (v. 10). Como Faraón, se jacta de su desconocimiento (Éx. 5:2). Como un Pedro recaído, dice: «No conozco al Hombre». Los siervos de Cristo se encuentran frecuentemente con la misma recepción hostil al presentar las demandas de su Señor. Se hacen preguntas evasivas y retóricas con tanto engreimiento que el mensajero se calla de dolor de corazón. La discusión está fuera de lugar, porque no es con el siervo que tienen que ver estas preguntas, sino con Aquel que los envió. Por lo que volvieron y le contaron a David todas estas cosas (v. 12). (Véase Mt. 14:12.)
2. EN QUE VIVÍA PARA AGRADARSE A SÍ MISMO. «He aquí que él tenía banquete en su casa como banquete de rey; y... se hallaba completamente ebrio» (v. 36). La insensatez de Nabal se ve además en que hacía un dios de su vientre, y en que buscaba la honra y la alabanza de parte de los impíos en lugar de buscarla de parte del ungido del Señor. No tenía nada para David, pero tenía abundancia para gastar en aquello que ministraba a la glotonería y a la soberbia de su propio corazón. Hay muchos modernos Nabales que creen que todo lo que se da para Cristo se pierde o malgasta, mientras que se atiborran con glotonería y embriaguez. Nabal era un insensato, y así lo es todo aquel que atesora para sí, y no es rico para con Dios (Lc. 12:20, 21).

III. La sabiduría de Abigail. «Era aquella mujer de *buen entendimiento»* (v. 3). Evidentemente aquí tenemos un caso de yugo desigual con un incrédulo. La sabiduría de Abigail es evidente cuando examinamos la actitud de ella para con David. «Apresuróse pues Abigail, y tomó... y cayó delante de David, sobre su cara, postrándose a tierra» (vv. 18-23, V.M.). Así vemos que

1. SE PUSO A DISPOSICIÓN INMEDIATAMENTE. «Apresuróse» a cumplir todas las demandas hechas por David por medio de sus siervos. Para ella esto fue una obra de *fe,* así como una labor de amor. *Creyó en David,* que el Señor verdaderamente establecería su causa (v. 28), y aunque no vio a los mensajeros enviados por él (v. 25), su «buen entendimiento» la constriñó a una cordial obediencia a su voluntad. Ella sabía que este rey señalado por Dios no podía ser tratado con menosprecio, y que había peligro en el retardo. ¿Hemos creído así y de este modo accedido a las demandas de Jesucristo nuestro Señor? ¿O comenzamos más bien a excusarnos?
2. ROGÓ FERVOROSAMENTE. Rogó por su propio e insensato marido, cuyo camino era *derecho en su opinión* (Pr. 12:15), pero que para ella era una total insensatez (v. 25). Rogó también por sí misma (v. 28), sabiendo que en manos de David había poder de vida y muerte. Conociendo, pues, el terror del Señor, persuadimos a los hombres. Es cuando creemos en Cristo por nosotros mismos y nos damos a Él que vemos verdaderamente la terrible insensatez y peligro de aquellos que lo rechazan, y nos vemos constreñidos por piedad y compasión a caer delante de Él en fervorosa intercesión por ellos.
3. TESTIFICÓ VALEROSAMENTE. «Pero por la mañana, le refirió su mujer estas cosas; y desmayó su corazón en él, y se quedó como una piedra» (v. 37). Ella fue prudente esperando que se le pasara la borrachera; sabía que era inútil discutir con un borracho. La noche anterior se habría atrevido a enfrentarse a cualquier cosa bajo la influencia del vino, que es «escarnecedor». Pero ahora, cuando la dura y seria realidad se le presenta cara a cara, cae sobre su corazón el manto de la muerte. Valiente Abigail, que reconoció a David como rey, y lo confesó, sin temer la indiferencia y a pesar de la postura contraria de su marido. Que ninguna mujer se detenga de confiar en Cristo ni de confesarlo por la insensatez de su marido.

IV. Los resultados que siguieron.

1. NABAL, EL RECHAZADOR, FUE HERIDO. «Jehová hirió a Nabal, y murió» (v. 38). Quizá Jesucristo tenía a Nabal en mente cuando contó la parábola en Lucas 12: «Necio, esta noche vienen a pedirte tu alma». Los planes y propósitos hechos por los impíos para escapar a los derechos de Jesucristo son armas preparadas contra Él que no prosperarán. El que rehuse creer en Cristo está desafiando al Dios eterno.
2. ABIGAIL, LA CREYENTE, ES EXALTADA. «Después envió David a hablar con Abigail... y fue su mujer» (vv. 39-42). Con toda certidumbre esto era una plena recompensa para su fe, y una abundante respuesta al deseo de su corazón (v. 31). Separada del insensato y mundano Nabal, estaba ahora libre para casarse con otro, con el ungido de Jehová. Y está ahora, en el tiempo del rechazamiento de David, tan estrechamente relacionada con él como lo estuvo después cuando se sentó en el trono. Como ella lo fue, así lo somos nosotros ahora, en Cristo Jesús. «Apartaos, dice el Señor, y Yo os recibiré.»

272. DAVID ENTRE LOS FILISTEOS
1 Samuel 27-29

«En el desierto natural de las rocas y arenas, o en el populoso desierto moral del egoísmo y de la bajeza, somos llamados a tales tentaciones»
CARLYLE

De todos los desiertos o ciénagas morales a las que el cristiano puede ser llevado por la fuerza de la tentación, ninguna hay más horrible que la del *egoísmo.* Estas vidas tan egocéntricas son escándalos en la tierra y dolor de corazón en el cielo. Pero que aquel que esté sin pecado arroje la primera piedra.
¿Acaso en los afectos de nuestros propios corazones no hemos obrado en ocasiones como el pródigo emprendiendo un viaje a la provincia apartada? ¿O acaso no hemos buscado nunca, como David, en un ataque de cobardía, el consuelo y la ayuda de los incircuncisos? Que David encontrara reposo entre los filisteos es para nosotros una mayor maravilla que Saúl entre los profetas. Es deprimente ver al ungido del Señor dependiendo de un rey pagano para su protección, o a un hijo de Dios apartándose para su refrigerio a los placeres de este mundo. Observemos:

I. Por qué fue. Fue tentado a tomar este paso en falso porque

1. TEMIÓ A LOS HOMBRES. «Dijo luego David en su corazón: Al fin seré muerto algún día por la mano de Saúl» (27:1). «El te-

mor del hombre pondrá lazo.» David, al decir esto, estaba negando su santa unción (1 Jn. 2:24). Y éste es un terreno peligroso. Fue ahí que estaba Saúl cuando cayó del favor de Dios (1 S. 15:24).

2. SE OLVIDÓ DE DIOS. Si no hubiera sido así, ¿cómo hubiera podido llegar nunca a decir: «Nada, por tanto, me será mejor que fugarme a la tierra de los filisteos». ¿Acaso no hay nada mejor para un hijo de Dios en el día de la angustia que buscar la ayuda de los impíos? ¿Acaso no ha dicho él: «De ningún modo te desampararé, ni te dejaré; de manera que podemos decir confiadamente: El Señor es mi ayudador; no temeré lo que me pueda hacer el hombre» (He. 13:5, 6). ¿No es esto mucho mejor? En el Salmo 104:5 vemos a David en su *mejor* aspecto.

II. Cómo logra sus propósitos:

1. ESCAPÓ A LA PERSECUCIÓN. «Saúl... no lo buscó más» (27:4). Esto no es siempre una bendición sin mezcla (1 P. 4:13). Hay siempre dos formas de escapar a la persecución. La primera es mediante la interposición de Dios en nuestro favor (Hch. 5:19; 12:7), y la otra es si recaemos en los caminos del mundo. El mundo ama lo suyo.

2. SE UNIÓ EN YUGO DESIGUAL CON UNA PERSONA INCRÉDULA. Está muy clara la manera en que esto sucedió, y era también muy natural. Primero de todo, «halló gracia ante los ojos» del rey de Gat (*cf.* 27:5). Luego se reconoció a sí mismo como «tu siervo» y fue así ascendido a «guarda de la persona del rey» (*cf.* 28:2). De esta manera, al negar su verdadero carácter como siervo de Dios, y sometiéndose a otro amo, David vino a quedar bajo un yugo desigual con un incrédulo. Fue cuando el pródigo hubo abandonado a su padre, y buscó alivio en la «provincia apartada» que se vio constreñido a *«allegarse»* a un ciudadano de aquella tierra. Los que recaen de corazón pronto se verán recaídos de conducta. Tenemos una evidencia infalible de que estamos «viviendo según la carne» cuando estamos más dispuestos a considerar lo que sería «mejor para *mí*» (27:1) que lo que será mejor para Cristo y su reino.

3. SE VIO CONSTREÑIDO A ACTUAR DE FORMA ENGAÑOSA. Él y sus hombres habían atacado algunas de las tribus nómadas alrededor de los límites de Egipto; y cuando Aquís le preguntaba: «¿Dónde habéis merodeado hoy?», David le decía: «En el Négueb [sur] de Judá». Y esto era una falsedad deliberada (27:8-12). ¿Y no estaba engañando otra vez cuando pretendió ante el rey de Gat que tenía gran deseo de ir y luchar con los filisteos contra los israelitas? (29:8). ¿Acaso no estuvo, en lo más profundo de su ser, contento de esta vía providencial para escapar al dilema desesperado en el que él mismo se había metido por su temor e infidelidad? Es miserable la vida doble que se ve obligado a llevar el que ha experimentado la gracia salvadora de Dios, y que ha sido hecho partícipe del Espíritu Santo, cuando recae en los caminos del mundo e intenta evitar todo sufrimiento por Cristo. Si quiere *agradar a los hombres* ha de actuar hipócritamente, porque en lo más profundo de su ser ha resplandecido la luz verdadera, aunque esté interiormente consciente de que no está caminando en la luz. Nadie, después de haber recibido la santa unción, como David, puede ser el mismo que era *antes* de la unción, por mucho que pueda caer del goce y poder de la misma. Incluso la sal que ha perdido su sabor es *sal* aunque insípida. «Tomad toda la armadura de Dios, para que podáis resistir en el día malo» (Ef. 6:13).

273. SAÚL, EL SUICIDA

1 Samuel 28-31

«"Ido", mas no despedido;
¡Señor! Esto quisiera en mi corazón guardar.
"Ido", mas no despedido;
¡Señor! dame gracia para mi parte ver.
"Ido", mas no despedido,
Haciendo de sí mismo un réprobo.
¡Oh corazón mío! Una cosa haz:
A toda costa a Cristo fiel mantente»

GROSART

Las líneas anteriores le fueron sugeridas al autor al leer lo que se dice del joven rico: «*Se fue* triste» (Mt. 19:22). Lo mismo que Saúl, no fue *despedido;* su apartamiento de seguir al Señor fue su propia y deliberada elección. Al apartarse de Aquel que es *la Luz,* ¿a qué otro lugar podríamos ir más que a las tinieblas? El camino de los transgresores es duro. Los treinta y siete años que transcurrieron entre el primer fracaso de Saúl por su pecaminosa impaciencia en Gilgal y su trágico fin en el Monte Gilboa fueron muy llenos de acontecimientos, mayormente debido a la extrema tristeza y *agitación* que sufría. Es algo terrible estar fuera de armonía con el Dios santo y misericordioso. Observemos:

I. Su corazón tembloroso. «Cuando vio Saúl el campamento de los filisteos, tuvo miedo, y se turbó su corazón en gran manera» (cap. 28:5). Samuel estaba muerto, el Espíritu de poder y de consolación lo había abandonado; David seguía siendo un fugitivo; y los filisteos iban aumentando en número y en confianza. El pobre, desolado y autoconfiado corazón de Saúl comenzó a ceder. ¿Qué hay en nosotros, aparte de la gracia de Dios, para sustentarnos cuando llega el día de tinieblas y de nubarrones? En mí, esto es, en mi carne, no mora el bien. No hay nada residente en nosotros que vaya jamás a compensar en forma alguna el contristamiento del Espíritu Santo de Dios. Nuestra propia sabiduría, nuestra fortaleza y vigor juvenil son unos pobres sustitutos de la «armadura de Dios». «Sin Mí nada podéis hacer» (Jn. 15:5).

II. Su vana indagación. «Y consultó Saúl a Jehová; pero Jehová no le respondió» (v. 6). ¡Un corazón *atemorizado* y un cielo *silencioso*! ¡Qué situación para un hombre que había sido en el pasado partícipe del Espíritu Santo y compañero de los profetas! Hay ocasiones y circunstancias en que Dios cerrará totalmente sus oídos a nuestros ruegos (Pr. 1:28). Si acariciamos la iniquidad en nuestro corazón, el Señor no oirá. Nada impedirá más eficazmente nuestra comunión con nuestro Señor que el pecado *inconfesado.* Cuidémonos de que no haya en nosotros un corazón malo de incredulidad para *apartarnos* del Dios vivo. No ser obediente a su luz es caminar en medio de la negrura de las tinieblas.

III. Su clamor desesperado. Saúl, al encontrar cerrada la puerta del cielo, se vuelve en su desesperación al terrible pero inútil recurso de la hechicería. «Nadie puede bendecir al que Dios ha maldecido». A la mujer de Endor le dijo: «HAZME VENIR A SAMUEL» (v. 11). Estas palabras son muy enfáticas en el original hebreo, y revelan una enorme ansiedad y determinación. En la amargura de su alma anhela una breve entrevista con aquel que tenía poder para con Dios. ¡Tan solo una palabra más de aquel que derramó sobre mi cabeza el aceite de la unción! ¿Qué valor le estamos dando ahora a nuestros privilegios recibidos de Dios? «Andad entretanto que tenéis luz» (Jn. 12:35). Los que se apartan de la verdad de Dios serán ciertamente engañados creyendo una mentira (2 Ts. 2:11, 12). Ten cuidado de ti mismo.

IV. Sus arruinadas expectativas. La reaparición de Samuel no le dio alivio alguno ni consolación al desolado rey; fue tan solo la rotura de la última cuerda de esperanza. El mensaje de Samuel resultó ser solo la campanada de muertos para Saúl: «Jehová entregará a Israel y *a ti mismo* en manos de los filisteos» (v. 19). El sol de la prosperidad de Saúl vio su ocaso cuando desobedeció a «la Palabra de Jehová» (caps. 13, 14). Desde aquel tiempo estaba viviendo en la penumbra. Ahora cae para él la espesa oscuridad de la medianoche. Éste es el curso del que retrocede. Los frutos de la desobediencia, un acto de rebelión interior contra el «mandamiento del Señor», puede que no aparezca en todas sus terribles consecuencias durante años; y mientras tanto podemos estar viviendo con una relativa comodidad apoyados en una *experiencia del pasado,* pero mientras tanto nuestra vida cristiana solo se mantiene en la energía de la carne, que tanto deshonra a Cristo, y que solo puede dar como fruto corrupción (Gá. 6:8). «Escudríñame, oh Dios» (Sal. 139:23).

V. La advertencia de su trágico fin. «Y arreció la batalla contra Saúl, y le alcanzaron los flecheros, y fue muy herido por ellos. Entonces... tomó Saúl su propia espada, y se echó sobre ella» (31:3, 4). La *«última batalla»* siempre será una derrota para el hombre que ha «rechazado la Palabra de Dios». Los arqueros, visibles e invisibles, lo herirán con seguridad, se verá malherido, y el fin será la derrota y la muerte. Oh Saúl, te has destruido *a ti mismo.* Saúl intentó salvar su vida tomándolo todo en sus propias manos, y la perdió (*cf.* Mt. 16:25). Abandonar la Fuente de agua viva es perecer de sed junto a nuestras cisternas rotas que nosotros hemos hecho. La vida que se vive en unión con Cristo será una vida salvada y *victoriosa,* pero la vida que no es gobernada y conducida por el Espíritu del Señor está ya dentro de *la corriente de este mundo* y a la deriva hacia la condenación de la perdición eterna. Salirse de la línea de los propósitos de Dios, que van hacia adelante, es naufragar en cuanto a nuestra utilidad. Fue como rey que Saúl fue rechazado. Es como *siervos* que podemos llegar a ser réprobos.

274. DAVID LO RECUPERA TODO

1 Samuel 30

«¿Es Dios menos Dios, que tú quedes infeliz?
¡Levántate y adora, a ÉL bendice, tanto si de saco vestido»
E. BROWNING

No nos es tan fácil alabar a Dios cuando nuestras circunstancias nos son como una cubierta de saco y cenizas como si son como la ropa regia del favor ininterrumpido y del éxito. Pero la disciplina de lo primero puede ser tan fructífera como la bendición de lo segundo si somos hallados permaneciendo en la voluntad de Dios. Pero el pródigo voluntarioso desde luego sufrirá pérdida. La alianza de David con los filisteos le trajo duros problemas, como tales impías asociaciones van a hacer con toda certidumbre. Veamos aquí:

I. Un terrible desengaño. «Vino, pues, David con los suyos a la ciudad, y he aquí que estaba quemada» (vv. 3, 5). Mientras estaba tratando de ayudar a los impíos sufre la pérdida de todo lo que tenía. Es la vieja historia en otra forma del hijo pródigo en el país lejano comenzando a *padecer necesidad.* «Alzaron la voz y lloraron», y David «se angustió mucho» (v. 6). David, al tratar de vigilar la viña de otros, dejó de vigilar la suya propia. El fuego del enemigo es frecuentemente necesario para despertarnos a la verdadera realidad de nuestra posición delante de Dios.

II. Una obra de fe. «Mas David se fortaleció en Jehová su Dios» (vv. 6-8). Las mujeres, los hijos, las hijas, el ganado, las casas... todo había desaparecido; y el pueblo «hablaba de apedrearlo». David vuelve ahora en sí mismo, y se vuelve al Señor como a un amigo en tiempo de necesidad, porque ¿quién en estas circunstancias iría a confiarse a un extraño? El espíritu de la fe vuelve a sentarse en el trono del corazón de David, como cuando afrontó a Goliat, y de nuevo se torna en otro hombre. Habiendo recordado a Jehová Dios en su aflicción, se levanta, como un gigante refrigerado con vino nuevo, a la dignidad de su supremo llamamiento. Sí. «En el día en que tengo miedo, yo en Ti confío» (Sal. 56:3, 4). «Consultó a Jehová» (v. 8). No podemos alentarnos nunca demasiado en Él a no ser que estemos dispuestos a someterle nuestros caminos (1 S. 28:6).

III. Una promesa aseguradora. «Síguelos, porque ciertamente los alcanzarás, y de cierto librarás a los cautivos» (v. 8). Esta preciosa palabra del Señor calma todos los temores. Aunque no hay aún cambio alguno en estas calamitosas circunstancias, su corazón encuentra paz. Todo irá bien, porque la palabra del Señor lo ha anunciado. No es cosa vana alentarte en el Señor en el día de la angustia. Ten buen ánimo, y Él fortalecerá tu corazón.

IV. Un lance providencial. «Y hallaron en el campo a un hombre egipcio» (vv. 11, 16). David había recibido la promesa de Dios de que todo sería recuperado. Pero, ¿cómo? ¿Dónde estaban aquellos amalecitas invasores? ¿Quién los conduciría a donde se encontraban? Este desafortunado joven, que por estar enfermo fue abandonado por los amalecitas, por la crueldad de su amo, a morir a la vera del camino, viene a ser el *medio* divinamente designado de la promesa dada por Dios. Los medios están todos en su mano, como también el fin; y las cosas que Dios escoge son «débiles y menospreciadas» a los ojos de los impíos, como este egipcio moribundo, pero poderosas para derribar las fortalezas de Satanás (1 Co. 1:27, 28). Este pequeño episodio, de pasada, tiene en su torno un halo glorioso. Nuestro celestial David no se avergüenza de recoger a gente rechazada enferma y medio muerta, ni de cuidarlos hasta revivirlos y restaurarles la salud, para tomarlos como sus siervos y emplearlos en el adelanto de su causa y de su reino, habiendo matado a la enemistad mediante el poder de su bondad (vv. 11, 12). Así éramos algunos de nosotros.

V. Una victoria total. «Y liberó David todo lo que los amalecitas habían tomado» (vv. 16-20). ¿Y quién más hubiera podido hacerlo? Él se había entregado a Dios para ello, y teniendo su promesa salió en su Nombre, y probo la fidelidad de su Palabra. ¡Qué prefiguración de Aquel que fue el Señor de David, y que se alentó en su Dios, y salió para *recuperar todo* lo que se había perdido debido al pecado del primer Adán! Su viaje fue corto y la lucha fue severa, pero la victoria fue gloriosa, porque Jehová había puesto el poder de socorrer sobre uno que era *poderoso*: poderoso en simpatía y compasión, poderoso en paciencia y sabiduría, poderoso en mansedumbre y poder, poderoso en morir y resucitar, poderoso para perdonar y salvar, poderoso para reventar los portones de la muerte y abrir los portones de la gloria, poderoso para RECUPERAR TODO y para guardar y proteger todo lo que ha recuperado.

VI. Un ofrecimiento lleno de gracia. «He aquí un presente para vosotros» (v. 26). La palabra «presente» se puede traducir asimismo como *bendición.* El que lo «recuperó todo» ofrece ahora una bendición a todos sus amigos. Los que no pudieron ir a la batalla, pero que se quedaron cuidando fielmente del bagaje no perderán en modo alguno su recompensa (v. 24). El que ha redimido (recuperado por precio) la herencia perdida es el único que tiene derecho a distribuir tales dones a otros (Ef. 1:7). Él dividirá los despojos de sus inescrutables riquezas con los fuertes en fe (Is. 53:12). Sí, hay una *bendición para ti* en esta gloriosa victoria si lo reclamas como tu Amigo y Libertador, y tratas de servirle fielmente, aunque sea débilmente (He. 2:14, 16).

275. UN LLAMAMIENTO A LA DECISIÓN

2 Samuel 3:17

1. A **quién** buscaron. Buscaron a David.
2. **Cuándo** le buscaron. «Hace ya tiempo.»
3. **Por qué** le buscaron. Para que «fuese rey sobre» ellos.
4. **«Ahora, pues, hacedlo.»** David está a vuestro alcance, y se os ofrece.

276. DAVID, CORONADO REY SOBRE TODOS

2 Samuel 5:1-5

«¡En plena y grata rendición a Ti nos entregamos,
Para del todo y exclusivamente tuyos ser!
Tú que nos amas, Hijo de Dios, solo tuyos seremos,
Y todo nuestro ser y posesión, todo desde ahora tuyo será»
HAVERGAL

Fue un grato día en Israel cuando todas las tribus se reunieron en Hebrón para proclamar a David rey sobre un pueblo unido. Quizá la prudencia y persuasión de Abner tuvieron mucho que ver con la llegada de este feliz acontecimiento (cap. 3:17-19). El hombre que había sido ungido con el sagrado aceite (el Espíritu), y que vive por la fe en Dios, tendrá una senda que va iluminándose más y más con la luz de su favor. Aquí se nos recuerda el tiempo en que todas las tribus de la tierra confesarán a Jesucristo como Rey, y lo coronarán de todo el Señor. La entrega del reino a David, como la entrega de los reinos del mundo a nuestro Dios y a su Cristo, fue «conforme a la palabra de Jehová» (1 Cr. 12:23). Observaremos aquí:

I. La confesión. Vinieron a David, como nosotros podemos venir a Cristo, haciendo confesión de

1. PARENTESCO. «Henos aquí, hueso tuyo y carne tuya somos» (v. 1). Tener una relación de «carne y hueso» con un rey es desde luego un gran privilegio, y una firme base para poder presentar una petición. Y ésta es la honrosa posición de cada cristiano. «Porque somos miembros de su cuerpo, de su carne y de sus huesos» (Ef. 5:30). Es lo que el primer Adán dijo de Eva: que es tipo de la Iglesia: «Esto es ahora hueso de mis huesos y carne de mi carne» (Gn. 2:23). Esta unión estrecha y viviente con Él nos lleva como miembros a una vital relación unos con otros (Ro. 12:5).
2. FRACASO. «Aun antes de ahora, cuando Saúl reinaba sobre nosotros...» (v. 2). Hay un timbre de triste frustración en estas palabras. En el pasado teníamos a un conductor indigno sobre nosotros, que quebrantó el mandamiento del Señor, y que trató de destruir la influencia de su ungido, buscando llevarnos a enfrentarnos contra los propósitos de Dios. ¡Qué tipo más claro del príncipe de este mundo, y del terrible conductor de todos aquellos cuyas mentes han sido cegadas por él! Baste el *tiempo pasado* para la voluntad de la carne y las obras del diablo.
3. GRACIA. «Eras tú quien sacabas a Israel... y lo volvías a traer» (v. 2). Ésta es una confesión de la sabiduría y bondad de la obra de David en medio de ellos. David, como el Señor Jesucristo, trató con ellos «conforme a la integridad de su corazón, con la pericia de sus manos» (Sal. 78:72). Es maravilloso, al mirar hacia atrás incluso a nuestra vida pasada *en pecado,* ver tanta de la sabiduría y gracia de nuestro Señor ahí. Lo que entonces pensábamos se oponía a nuestros más elevados intereses lo podemos seguir ahora a la destreza de sus *manos.*
4. FE. «Jehová te ha dicho: Tú apacentarás a mi pueblo.» Con estas palabras los ancianos hacen confesión de su fe en David como el designado por Jehová para conducirlos y apacentarlos como pastor. Aquel que ha sido designado por Dios no será fácilmente echado. ¿No ha sido Cristo, el Pastor de nuestras almas, designado por el Padre para apacentar a sus ovejas? ¿Y no reconocere-

mos nosotros, como hicieron estos ancianos con David, como nuestro Rey a Aquel que prepara mesa para nosotros en el desierto, y que es Él mismo el «Pan de Vida»?
5. ENTREGA. «Tú serás príncipe sobre Israel» (v. 2). Este lenguaje es expresivo de la perfecta sumisión a su palabra y voluntad. Tú reinarás sobre nosotros, y nuestras vidas están a tu disposición para cumplir todos los propósitos de tu corazón. ¿Estamos preparados para presentarnos como instrumentos de justicia delante de Aquel que es nuestro Redentor y Rey? ¿Podemos orar de verdad: «Hágase tu voluntad, como *en el cielo,* así también *en nosotros*»? (cp. Lc. 11:2).

II. El Pacto. «El rey David hizo pacto con ellos en Hebrón» (v. 3). Esta oferta fue aceptada, y se formó un vínculo eterno de unión. La alianza de David con ellos era la prenda y promesa de que su sabiduría y poder serían ejercitados para el bienestar personal y nacional de ellos. Así, ungieron a David como rey sobre todo Israel. Sea así con nosotros. Todos los que estemos dispuestos a coronar a Jesús como Rey sobre todas las cosas tendremos la bendición de su pacto de promesa y poder. La coronación de Jesús sobre nuestras vidas significa para nosotros una vida de victoria y de bendición.

«CORONADLE DE TODO EL SEÑOR».

277. DAVID RESTAURA EL ARCA

2 Samuel 6:1-16

«*¡Oh corazón! Débil seguidor del débil,*
Que atravieses tierra y mar
En este lejano lugar para aquel Dios buscar
Que tanto tiempo ha ya vino a ti»
HOUGHTON

El arca era el símbolo de la presencia del Dios invisible entre ellos, y un tipo de Jesucristo, Dios manifestado en carne, pero Israel la había perdido (1 S. 4). El pecado y la iniquidad siempre harán separación entre vosotros y vuestro Dios (Is. 59:2). La misma PRESENCIA que fue gozo y consolación del pueblo del Señor fue un terror para los impíos (1 S. 5:8). Separados de Él se puede escribir «Icabod» sobre todo lo que hagamos (1 S. 4:21; Jn. 15:4, 5). En este capítulo tenemos a hombres adoptando varias posturas acerca del Arca, recordándonos algunas de las diferentes posturas que algunos adoptan con relación a Cristo. Observemos

I. Los formalistas celosos. «Pusieron el arca de Dios sobre un carro nuevo» (v. 3). Los descendientes de estos fabricantes de carros siguen estando en la actualidad entre nosotros. Hay una exhibición de santidad en sus acciones, pero tienen más gusto en poner su religión en carros nuevos: iglesias nuevas: que en llevarla personalmente (1 Cr. 15:15). El Arca tenía varas, pero no ruedas (Éx. 25:14, 15). La religión de Jesucristo no puede ser llevada de una manera *mecánica.* Puede que inventemos nuevas estrategias y organizaciones y que pongamos nuestra fe en todo ello, pero si no está en nuestros corazones la «*carga* de Jehová» la causa de Cristo no hará progreso alguno a través de nosotros.

II. El profesante autoconfiado. «Uzá extendió su mano al arca de Dios, y la sostuvo... y lo hirió Dios allí por aquella temeridad» (vv. 6, 7). La familiaridad con las cosas santas, sin corazón para apreciarlas, lleva a la presunción (Lv. 10:1-3). El Arca de Dios necesita tanto de la mano de los hombres para afirmarla como la Columna de Nube. Es posible perecer en el lugar del privilegio por extender la *mano* en lugar del *corazón* (Ro. 10:3). Los hay muchos como Uzá, que quisieran defender la fe, y que sin embargo demuestran por sus *acciones* que no tienen fe. Quisieran salvar la Biblia de caída, y ellos mismos caen y mueren no salvos.

III. El indagador tímido. «Temiendo David a Jehová aquel día, dijo: ¿Cómo ha de venir a mí el arca de Jehová?» (v. 9). David estaba anhelante de tener el arca, como muchos lo están de poseer la salvación, pero la santidad y el poder asociados con ella, y un sentimiento de su propia indignidad, le hacen temer. ¿Cómo va a venir a mí este Santo y Heridor del pecado? ¿Cómo podré jamás vivir en comunión con esta pureza y este poder? ¡Ah, este «¿cómo?» ha turbado a muchos buscadores en pos de Dios. La respuesta se encuentra en la Cruz de Cristo, porque somos reconciliados con por medio de la muerte de su Hijo, y nuestros corazones vienen a ser morada de Dios por el Espíritu. ¿Quién podrá estar delante de Jehová el Dios santo? (1 S. 6:20). Aquel que tiene entrada por la fe (Ro. 5:1, 2).

IV. El creyente humilde. «La hizo llevar David a casa de Obed-edom geteo... y bendijo Jehová a Obed-edom y a toda su casa» (vv. 10, 11). El nombre de Obed-edom aparece entre los *porteros* (1 Cr. 15:18), pero aunque tuviera una ocupación humilde, es evidente que recibió gozoso el arca, porque aquel día vino la salvación a su casa (*cf.* Lc. 19:5, 6). David tenía temor de tomar el arca él mismo a su casa, pero aparentemente pensó que no causaría daños en la humilde casa del portero. El arca parecía estar diciendo: «Si alguno... abre la puerta, entraré a él, y cenaré con él, y Él conmigo». Hay muchos que tienen temor de dejar entrar a Cristo, el Arca de Dios, en la morada del corazón, por si alguna otra cosa tuviera que ser echada fuera (Mt. 21:12).

V. Testigos denodados. «*Llevaban* el arca de Dios» (v. 13). No inventaron otro «carro nuevo» con elaboradas decoraciones, para ayudarla en su progreso, ni pagaron a otros para que la llevaran por ellos. Asumieron valerosamente «la *carga* de Jehová» y la *llevaron.* La causa de Cristo no debe ser impulsada por los que no conocen más acerca del Salvador personal que lo que conocían los bueyes acerca del arca. Cristo, como el arca, tiene que ser *llevado* por aquellos que han sido separados para Él (1 Cr. 15:14, 15; Hch. 9:15). En ocasiones nos es necesario tener el Arca sobre nuestro hombro, en la calle así como en la casa. A los ojos de algunos, el Arca está siempre fuera de lugar, excepto cuando no se pueda ver.

VI. Confesor gozoso. «David danzaba con toda su fuerza delante de Jehová» (v. 14). Su lamentación se muda ahora en danza, su saco ha sido cambiado por ceñidor de alegría (Sal. 30:11). La bendición a Obed-edom ha traído la bendición de una fe fortalecida a él mismo. El amor perfecto echa fuera el temor. La presencia de Dios triunfa aquí por medio del sacrificio (v. 13). Así, nos gozamos en Dios por medio de nuestro Señor Jesucristo, por quien hemos recibido ahora la reconciliación (Ro. 5:11).

VII. La escarnecedora buscadora de faltas. «Aconteció que Mical hija de Saúl... vio al rey David que saltaba y danzaba *delante de Jehová;* y le menospreció en su corazón» (v. 16). Las cosas del Espíritu de Dios son insensatez para el hombre natural (1 Co. 2; 14). En su ignorancia y fatuidad confunden a los hombres felices con locos (Hch. 2:13). Cualquier necio puede encontrar faltas, pero se precisa de más que lo que pueda dar el mundo para hacer que alguien «dance delante de Jehová». Los ebrios mundanos danzan unos delante de otros, y vienen a ser insensatos delante de Jehová. Los que miran desde sus ventanas con los ojos de una Mical no pueden ver ni belleza ni gloria algunas en el Arca (Cristo) de Dios, ni tener causa de gozo por su venida. Esconden sus rostros de Él. Cuando Cristo venga, ¿te hallará entre los formalistas, los temerosos, los fieles, o los buscadores de faltas?

278. UN PUEBLO MARAVILLOSO

2 Samuel 7:23

1. BUSCADO, «Dios fue».
2. REDIMIDO, «Dios fue a rescatar».
3. RECLAMADO, «Por pueblo suyo».
4. APROPIADO, «Para ponerle nombre».
5. HONRADO, «Para hacer grandezas a su favor» (*cf.* Dt. 33:29).

279. LA ORACIÓN, CUESTIÓN DEL CORAZÓN

«Por esto tu siervo ha hallado en su corazón valor para hacer delante de ti esta súplica» (2 S. 7:27).

Un hallazgo. Obsérvese esta expresión. David había hecho un hallazgo, un gran hallazgo, de gran importancia. Y el hallazgo lo había hecho en su propio corazón. El hallazgo era un deseo de orar: un deseo del corazón, amor por la oración. ¿Tienes tú amor, afecto en tu corazón por la oración?

La forma más elevada. Ésta es la forma más elevada de la oración. La oración comienza primero como cuestión de necesidad. Pero pronto debería llegar a ser una cuestión del corazón.

Madame Guyon ha definido la oración como «nada menos que la aplicación del corazón a Dios». En otras palabras, el corazón dirigiéndose a Dios, y teniendo comunión con Él.

Independiente. «La oración del corazón», escribió Madame Guyon, «no puede ser interrumpida por las ocupaciones de la mente». No hay nada que pueda interrumpir la oración del corazón más que afectos desenfrenados.

Esenciales. A fin de hallar la oración en el corazón, lo que sigue son puntos esenciales:

1. UN CORAZÓN RECTO PARA CON DIOS. Si el corazón no es recto para con Dios, es imposible la comunión con Dios. Un pecador no arrepentido no encuentra tal cosa en su corazón. No tiene ningún deseo inteligente de gozar de la amistad con Dios. Toda la atmósfera de la oración le es cosa ajena.
2. UN CORAZÓN LLENO DE ÉL. Esto es, un corazón en el que Él se siente cómodo, y que Él ha llenado de Sí mismo.
3. UN CORAZÓN BASADO EN LA PALABRA DE DIOS. «Que la Palabra de Cristo more abundantemente en vosotros.» Ésta es una oración hermosa de David. Léela con cuidado y oración. Cuando la examines, verás que David está sólo hablando y repitiendo y dando gracias a Dios por su propia Palabra. Éste es un secreto de la bendición y de los tiempos eficaces de oración.

280. DAVID Y MEFI-BÓSET, O SALVO POR LA GRACIA

2 Samuel 9

«El perdón del hombre puede ser veraz y dulce,
Pero se abaja para darlo. ¡Más completo
Es el amor que pone el perdón a tus pies,
Y te ruega que lo levantes! Solo el cielo
Significa Coronado, no Vencido, cuando dice Perdonado!»

A. PROCTER

Se podría encontrar mucho alimento para la reflexión al comparar este capítulo con Romanos 9-11. Los propósitos de Dios acerca de Israel, que se revelan en estos capítulos, deberían ser más bien conocidos de lo que suelen serlo entre los creyentes en todas partes. Aquí podríamos observar:

I. La condición de Mefi-bóset, o la necesidad del pecador.

1. TEMOR. Por el mismo hecho de que se había hecho una indagación así, podemos ver que Mefibóset estaba ocultándose del rey. Tienen miedo de Dios los que no conocen su amor (v. 1). Ocultándose del mejor amigo. Así sucede con el pecador (Gn. 3:8).
2. POBREZA. «En casa de Maquir (vendido)… en Lodebar» (sin pastos) (v. 4). ¡Cuánta verdad! Los rebeldes habitan en tierra calcinada (Sal. 68:6). Apartado de Dios el pecador está morando en la casa de más abyecta miseria (Is. 44:20; Lc. 15:16).
3. IMPOTENCIA. «Estaba lisiado de ambos pies» (v. 13). En aquel tiempo erais *débiles* (Ro. 5:6). Con respecto a las cosas de Dios, los irregenerados carecen de corazón, de manos, de pies. Cualquier capacidad que tengamos la hemos recibido de Dios (1 P. 4:11).

II. El propósito de Dios, o el amor de Dios. Quería mostrar bondad a la casa de Saúl (su enemigo) por causa de *Jonatán* (el don de Dios). ¡Qué ilustración de 2 Corintios 5:19! Observemos que

1. ESTE AMOR FUE ESPONTÁNEO. Fue el impulso voluntario de un corazón bondadoso y misericordioso. «Dios es amor». Dios toma el primer paso hacia la redención del hombre (Ef. 1:4; 1 P. 1:2). *De tal manera amó* Él al mundo que dio a su Hijo. «Nosotros le amamos a Él *porque Él nos amó primero.*»
2. ESTE AMOR ERA LLENO DE GRACIA. Fue a buscar a los inmerecedores. Ofreció su favor a un enemigo. Mientras éramos aún enemigos, Cristo murió por nosotros. Era, verdaderamente, el «Evangelio de la Gracia» el que el siervo de David llevó a este pobre lisiado. ¡Qué privilegio pertenecer a estos «enviados»! (v. 5). Ésta es una hermosa ilustración de Romanos 10:14, 15. ¿Cuál es el significado de Juan 20:21?
3. ESTE AMOR FUE ABNEGADO. «Todo lo que fue de Saúl y de toda su casa, se lo doy» (v. 9). Éste era un gran don, pero fue dado por causa de Jonatán. En Juan 3:16 vemos un don mayor, y con este don viene la prenda de todas las cosas (Ro. 8:32; 2 P. 1:3).

III. La fe de Mefibóset, o el gozo de la salvación. Él

1. CREYÓ EL MENSAJE. Así demostró él su fe, obedeciendo el llamamiento. «Y vino Mefi-bóset… a David» (v. 6). (Véase 2 Cr. 30:10, 11). El Maestro ha venido, y te llama. Probamos la veracidad del Evangelio cuando lo creemos.
2. SE HUMILLÓ A SI MISMO. «Se postró sobre su rostro.» Bien podemos nosotros hacer lo mismo. Él se confiesa como «un perro muerto» (v. 8). Y Él os dio vida a vosotros, que estabais *muertos en vuestros delitos y pecados:* peor que un perro muerto. La bondad de Dios conduce al arrepentimiento (2 Co. 5:14).
3. FUE ACEPTADO. «Y le dijo David: No tengas temor, porque yo a la verdad haré contigo misericordia» (v. 7). El Dios que nos invita de cierto nos recibirá (Jn. 7:37). Pensemos en su bondad para con nosotros en Cristo Jesús (Ef. 2:7).
4. FUE ADOPTADO. «Y Mefi-bóset comía a la mesa [de David] *como uno de los hijos del rey*» (v. 11). Aunque estaba lisiado de ambos pies, se sentaba siempre a la mesa del rey. Su mesa de misericordia cubre muchas debilidades (1 Jn. 3:1, 2).
5. FUE HECHO HEREDERO. «Y le dijo David: … te devolveré todas las tierras de Saúl tu padre» (v. 7). De la pobreza a la abundancia por medio de la gracia del rey (1 P. 1:3, 4). Por gracia sois salvos por medio de la fe (Ef. 2:8).

281. EL PRÍNCIPE COJO

«Y le dijo David: No tengas temor, porque yo a la verdad haré contigo misericordia por amor de Jonatán tu padre» (2 S. 9:7).

¡Qué bien acogido sería este «No tengas temor» pronunciado por el rey para este tembloroso y atemorizado príncipe Mefi-bóset! ¡Qué cosa más inesperada! ¡Qué sorpresa para él, y qué diferente de lo que realmente esperaba!
El «No temas» del rey debió caer en sus oídos como un son de campanas de plata. Pero ¿quién era este príncipe Mefi-bóset? Era hijo de Jonatán, el último superviviente de la casa real de Saúl. Cuando llegaron las nuevas de la muerte del rey Saúl y de sus hijos sobre el fatal campo de batalla de Gilboa, su ama, tomando en sus brazos al recién nacido de Jonatán, huyó con él a Lodebar. En su precipitación, se le cayó al suelo, y se quedó para siempre lisiado de los pies. Habían pasado dieciséis años cuando David indagó: «Ha quedado alguno de la casa de Saúl, a quien haga yo misericordia por amor de Jonatán?» y, al saber de este príncipe lisiado sobreviviente, mandó que lo llevasen a su regia presencia. Mefi-bóset debió emprender el camino con el corazón lleno de temor; cuando por fin le introdujeron a la presencia del rey, debía esperar la muerte. Pero no vio más que la gracia derramándose sobre él.
Ésta es una atrayente imagen de la salvación. Convicto de pecado y consciente de tu condición perdida y arruinada, ¿sientes que no osas mantener ninguna esperanza de conseguir su gracia y favor? Entonces escucha y aplícate esta historia.

I. Él era enemigo del rey, debido a su relación con Saúl, aunque, a Dios gracias, el rey no era enemigo de este pobre y tembloroso príncipe. Por naturaleza somos enemigos de Dios, si bien Dios no es enemigo nuestro y está siempre rogándonos que nos reconciliemos con Él.

II. Cojeaba debido una caída. Y así nos sucede a nosotros. ¡Cuánta debilidad moral y espiritual, enfermedad y flaqueza son nuestras debido a la Caída!

III. Estaba en un país lejano, apartado del rey. Lejos, muy lejos de Jerusalén, el lugar de bendición, de paz y de adoración, en Lodebar, «lugar sin pan». También nosotros estamos por naturaleza en el país lejano, apartados, lejos de Dios.

IV. Fue buscado por el rey. No, no se trataba de que Mefi-bóset buscase al rey, sino que el rey le buscó a él. ¿En qué piensas que difiere la fe cristiana de todas las otras fes que jamás haya habido o pueda haber? En esto y solo en esto: que todas las otras fes describen al hombre como en primer término buscando a Dios (lo cual no es cierto, porque el hombre, dejado a sí mismo, no quiere a Dios), pero la fe cristiana muestra a Dios buscando al hombre, lo único que se ajusta a la realidad. El hombre es indiferente para con Dios; pero Dios no es indiferente para con el hombre.

V. Fue recibido con su deformidad, tal como era, sin ningún intento de mejorarse a sí mismo. ¡Ah!, esto debemos recordarlo:

«Tal como soy, sin más decir,
Pues que derramaste tu sangre por mí,
Y que me invitas a venir a ti:
Cordero de Dios, yo vengo a ti».

VI. Fue recibido por causa de otro, por amor de Jonatán. Y somos recibidos por causa de otro, por causa del Señor Jesucristo. «Aceptados en el Amado.»

VII. Aprendió a valorarse a sí mismo con cordura, pero solo después de acudir ante David: Cuando Mefi-bóset dijo: «Quién es tu siervo, para que mires a un perro muerto como yo?», puede simplemente haber estado practicando el hábito oriental de menosprecio propio en presencia de un superior. Pero puede haberse tratado de una expresión genuina y sincera de sus más profundos sentimientos. Pero observemos que solo expresó esto *después* de haber acudido a David. Es solo *después* de haber acudido al Señor Jesús que adoptamos opiniones humildes y más justas acerca de nosotros mismos, y llegamos a ver el pecado a la luz del cielo.

VIII. Ganó con David más de lo que había perdido. Lo que había perdido lo recuperó, y además la amistad y comunión de David. Ganamos más en Cristo de lo que perdimos en Adán.

IX. Moró con el Rey en el palacio real, y participó de la mesa regia: «porque comía siempre a la mesa del rey». ¡Ah, que nuevas más maravillosas! Y nosotros también podemos dejar el pozo y el muladar y morar en el lugar santísimo por la Sangre de Jesús.

Pobre pecador, acusado por tu conciencia, que temes un juicio justo y merecido, escucha las palabras de nuestro bendito Señor: «No tengas temor, porque yo a la verdad haré *contigo* misericordia por amor de Jesús». Por tanto, puedes tener total confianza de hallar misericordia y de aferrarte a la Roca de la Eternidad.

282. LA CAÍDA DE DAVID, Y SU PERDÓN

2 Samuel 12:1-14

«La chispa, autoencendida desde dentro,
Que, estallando, te deslumbrará con su luz,
O, ahogada, se abrumará con su pestilente hedor»

COLERIDGE

«Así que, el que piensa estar firme, mire que no caiga» (1 Co. 10:12). La recaída nunca comienza con un *acto* abierto de culpa, sino en el secreto *pensamiento* del corazón. «Tengo contra ti, que has dejado tu primer *amor*. Recuerda, por tanto, de dónde has caído» (Ap. 2:4-6). Los cristianos pueden caer de la comunión con Dios, aunque no caigan de su relación como *hijos*, como tampoco el pródigo en Lucas 15 podía perder su condición de *hijo*. Hubo una enorme diferencia entre la caída de Saúl y la de David, o entre la negación de Pedro y la de Judas.

I. Su naturaleza. David se hizo culpable de adulterio y asesinato (cap. 11). El asesinato de Urías fue una sutil manera de cubrir la vergüenza de su pecado con Betsabé. ¡A qué bajezas puede descender un hijo de Dios en un momento de descuido! Observemos aquí la fidelidad de la Biblia al exponer las faltas y los fracasos de sus héroes. David no es el único hombre santo que se ha visto arrastrado a la ciénaga del pecado por la influencia de una *mirada* (11:2). Eva *vio* antes de tomar el fruto prohibido. La recaída de Lot comenzó cuando «*vio*… y fue poniendo sus tiendas hasta Sodoma», y también una *mirada* fue la ruina de su mujer. El primer paso que llevó a la destrucción del mundo antiguo fue «*viendo* los hijos de Dios que las hijas de los hombres eran hermosas» (Gn. 6). Las palabras de Cristo son muy escudriñadoras con respecto a esto (véase Mt. 5:28). Al encontrarnos bajo la luz de este foco del cielo, ¿quién será el primero en echar una piedra contra David?

II. Su fruto. «Por cuanto con este asunto diste ocasión de blasfemar a los enemigos de Jehová, el hijo que te ha nacido ciertamente morirá» (v. 14). Que se casara con Betsabé antes del nacimiento del niño no podía cubrir la culpa de su pecado delante de Dios (11:27). ¡Cuán triste cuando la conducta de un profeso siervo de Dios llena las bocas de sus enemigos con argumentos en contra de Él y de su causa! Las malas acciones de los cristianos le dan al enemigo ocasión para decir cosas que blasfemen *su Santo Nombre*. ¿No ha dicho Él acaso que «sabrán las naciones que Yo soy Jehová, dice el Señor Jehová, cuando Yo sea santificado en vosotros delante de sus ojos»? (Ez. 36:23; véase también Ro. 2:24).

III. Su convicción. «Tú eres ese hombre» (v. 7). Esta flecha no fue lanzada al azar. Los que están viviendo en pecado no deben ser convencidos con una mera *insinuación*, sino que tienen que ser «compungidos de corazón» (Hch. 2:37). Así como Cristo fue traspasado por nuestro pecado, así debemos nosotros quedar traspasados por la compunción. El pecado *secreto* de David estaba a descubierto delante de Dios. Lo mismo que el pecado de Caín y de Acán, ningún medio humano podía cubrirlo. El mensaje enviado por medio de Natán era singularmente idóneo, como lo son siempre los mensajes de Dios; y como Latimer y Knox, no temió el poder del rey. Cuando un hombre tiene un mensaje de Dios, su forma de hacer será valiente y su manera de hablar inequívoca. ¿No fue así con Jesucristo?

IV. Su confesión. «Dijo David: Pequé contra Jehová» (v. 13). No busca ningún tipo de exculpación, ni menciona ninguna circunstancia atenuante, ni acusa a nadie de haber traicionado el secreto al profeta. Está demasiado herido para ofrecer ninguna resistencia. No dice: Pequé contra Urías, sino, Pequé *contra Jehová*. Cuando un hombre descubre que ha pecado «contra el cielo» (Lc. 15:18), dejará de justificarse a sí mismo (Sal. 51:4). Cuando la mujer de John Brown, el mártir, le pidió al asesino Claverhouse cómo respondería de la obra de este día, contestó escarnecedoramente que «en cuanto a los hombres, les responderé; en cuanto a Dios, lo tomaré a Él en mis propias manos». Una conciencia muerta hace al hombre tan arrogante como el mismo Satanás. Job dijo: «He aquí que soy vil: ¿Qué te responderé?» (cap. 40:4). «Dios, sé propicio a mí, pecador» es el incienso que asciende de los carbones encendidos de una convicción ardiente (Lc. 18:13).

V. Su perdón. «También Jehová perdona tu pecado» (v. 13). Continúa siendo cierto que «Si confesamos nuestros pecados, Él es fiel y justo para perdonarnos nuestros pecados, y limpiarnos de toda maldad» (1 Jn. 1:9).

1. FUE INMEDIATO. Tan pronto como hizo su confesión le fue declarado su perdón. He aquí la *buena disposición* de Dios para bendecir, tan pronto como el corazón del hombre está en el estado correcto para recibir esta bendición.
2. FUE TOTAL. «Jehová ha *remitido* tu pecado» (v. 13, RV). ¿Quién podrá jamás encontrar lo que Dios ha *remitido*? Dios nunca vuelve sobre lo hecho cuando hay una honrada confesión, sino que, mediante el poder de su gracia omnipotente, barre aquel engendro infernal para siempre de delante de SU rostro. «He aquí el Cordero de Dios, que quita el pecado del mundo» (Jn. 1:29).
3. FUE ACOMPAÑADO DE PROMESA. «No morirás.» El perdón de Dios va acompañado de la promesa de la vida (Hch. 13:38, 39; Ef. 1:6, 7; Jn. 5:24). Él perdona, y después da la *certidumbre* al perdonado mediante su Palabra. Aunque nunca oigamos una voz como viniendo del cielo, diciéndonos como le dijo a John Bunyan: «¿Te quedarás con tus pecados e irás al infierno, o los abandonarás e irás al cielo?». Pero no somos justificados hasta que confesamos nuestros pecados y creemos en el Señor Jesucristo.

283. DAVID Y ABSALÓN

2 Samuel 13–18

«Busca ser placentero y atrayente,
La brusquedad y la acritud del pecado parientes son;
Busca dar luz allí a donde vas,
Ten más fe que en un empujón en una palabra de paz.
Busca por nada en ansiedad estar,
Recibiendo sereno lo que a tu parte toque;
Sigue buscando mostrar que Él tus heridas sana,
Que las pruebas gozo traen como la noche estrellas da»

GROSART

La terrible caída de David por el pecado pudo tener mucho que ver en la potenciación de la soberbia y de la confianza de Absalón en sí mismo. Nadie vive para él mismo. El fruto de la iniquidad de los padres puede tener una resurrección y un juicio en la descendencia de ellos. La historia de Absalón es la historia de un pródigo pereciendo en la provincia apartada. Es un faro de advertencia a todos los jóvenes en peligro de dejarse seducir a la ruina por la concupiscencia de los ojos y por la soberbia de la vida. Hagamos un examen de la carrera de este joven, y observemos:

I. Sus ventajas naturales. Eran sumamente grandes y favorables. No solo era hijo de un rey, sino que en su presencia personal «no había en todo Israel ninguno tan alabado por su hermosura como Absalón; desde la planta de su pie hasta su coronilla *no había en él defecto*» (14:25). Pero, ¡qué terrible contraste tenemos con su naturaleza espiritual y moral!: «Desde la planta del pie hasta la cabeza *no hay en él cosa sana*» (Is. 1:6). Las ventajas o desventajas hereditarias no son suficientes en sí mismas ni para hacer ni deshacer la verdadera nobleza de carácter, pero un comienzo favorable puede contar mucho en la carrera de la vida. Absalón tuvo una ancha puerta con gloriosas oportunidades que le eran ofrecidas por cuanto podía atraer los afectos de los israelitas (15:6). Pero la apariencia externa no cuenta para nada delante de Dios (1 S. 16:7).

II. Su espíritu vengativo. El asesinato a sangre fría por parte de Absalón de su hermano Amnón «*pasados dos años*» después de haber tenido lugar la vil y cruel acción de Amnón revela un espíritu resuelto y carente de escrúpulos (15:23-28). El tiempo y las circunstancias no podían enfriar el fuego de su talante implacable. Sus palabras eran como miel y mantequilla, pero dentro de su corazón se agazapaba el engaño (15:4). La belleza externa y la deformidad interior son siempre características de los «sepulcros blanqueados» que son los hipócritas. Véase el proceso de blanqueado que se describe en Romanos 10:3.

III. Su nueva oportunidad. Absalón huyó a Gesur para escapar de la ira de su padre, y fue después de varios años restaurado al favor del rey por medio de la influencia de su primo Joab (14:33). En la providencia de Dios tiene otra oportunidad de hacer un nuevo comienzo honroso en la vida. ¡Qué trascendentes son las consecuencias que brotan de este día renovado de la gracia! ¿Escogerá él el camino estrecho que conduce a la vida, o la anchurosa senda hecha por uno mismo que conduce a la destrucción? ¿No hay acaso muchos jóvenes en nuestros pueblos y ciudades que se toman a la ligera un *privilegio* repetido que está pesadamente cargado de cuestiones eternas? «He aquí ahora el tiempo favorable» (2 Co. 6:2).

IV. Su autoengrandecimiento. «Aconteció después de esto, que Absalón se hizo con carros y caballos, y cincuenta hombres que corriesen delante de él» (15:1-6). La gracia perdonadora del padre, en lugar de ablandar su corazón y llevarlo a una sumisión agradecida, parece que solo le dio mayor licencia a su voluntad rebelde y a su presunción. Un pecador *irregenerado* convertirá la gracia de Dios en disolución tomando todo el favor y la bendición que Dios le dé para hacer que ello ministre a su propia soberbia y gloria. Años después Adonías jugó el mismo juego orgulloso y ruinoso (1 R. 1:5). El que *a sí mismo* se exalta será abatido (2 Co. 10:18).

V. Su rebelión abierta. «Diréis: Absalón reina» (15:10). Echa de sí la máscara de hipocresía, y quedan revelados los propósitos secretos de su corazón. Se declara enemigo del gobierno de su padre David, y aspirante a la posición y autoridad del rey. Es de lo más sugerente que los doscientos hombres a los que llamó, y que fueron en su sencillez, *no sabían nada* (*cf.* 15:11). La rebelión abierta contra la voluntad y los caminos de Dios es el fruto maduro de una vida secreta egocéntrica. Mientras los impíos puedan conseguir algunas ventajas mundanas mediante sus falsas pretensiones se retendrán de manifestar su verdadero disgusto interno con el gobierno de Dios. Pero llega el día en que toda *cosa oculta* será revelada.

VI. Su muerte antes de tiempo. «He aquí que he visto a Absalón colgado de una encina» (18:9-14). Al cabalgar hacia la espesura para escapar de «los veteranos de David» fue directo a las fauces de la muerte, porque aquella cabeza de soberbia y belleza quedó atrapada entre dos ramas de una encina, y el mulo en que confiaba «pasó adelante». Los que luchan contra Dios tienen que enfrentarse con fuerzas que no conocen; su mulo, cualquiera que sea, se irá un día «pasando adelante» y dejándolos impotentes «*entre* el cielo y la tierra», como igualmente inaptos para el uno y la otra. El hombre que edificó su casa sobre la arena descubrió también que la base en que había confiado le era quitada. Es muy diferente con los redimidos del Señor (Sal. 40:2). El tratamiento de Joab del infortunado pretendiente fue cruel y sanguinario. «Mía es la venganza, dice el Señor, Yo daré el pago». Ciertamente, el triunfo de los malvados es pasajero.

VII. Su irónico monumento. «Absalón había tomado y erigido una columna… y llamó aquella columna por su nombre» (18:18). Él había establecido esta *columna* quizá para que señalara su última morada, pero en lugar de ello «le echaron en un gran hoyo en el bosque, y levantaron sobre él un *montón grande* de piedras» (18:17). Su total rechazo de la autoridad paterna y divina le prepararon una sepultura de un perro. Su columna, como el pilar de sal en la llanura de Sodoma, se convirtió en un monumento del juicio de Dios contra la desobediencia. Fue otra torre de Babel a escala reducida. En Lc. 18:11 vemos a otro hombre ocupado en levantar su columna, pero el nombre de ellos es legión (Ro. 10:3).

VIII. Su dolorido padre. ¡Hijo mío Absalón, hijo mío, hijo mío Absalón! ¡Quién me diera que muriera yo en lugar de ti, Absalón, hijo mío, hijo mío!» (18:33). El único que parecía poder derramar lágrimas por Absalón fue el que había sido más gravemente ultrajado por él. ¡Qué revelación tenemos aquí de la hondura de la ternura de aquel amor contra el que se pecó! Indudablemente hubo varios elementos que añadieron aguijón al dolor de David, como su propia caída en pecado, las penosas circunstancias de la muerte, y la desobediencia de Joab a las órdenes del rey (v. 5). Pero ¿qué diremos del amor de Dios que, cuando éramos aún pecadores, rebeldes, envió a su unigénito Hijo *a morir por nosotros*? Aquí hay amor, un amor que no desea la muerte de nadie, un amor que ha derramado llanto sobre los errantes (Lc. 19:41). Un amor que está dispuesto a perdonar. Un amor que ha sufrido ya los agudos dolores de la muerte por nosotros; pero ¡ay¡ un amor que es tan menospreciado por muchos hoy como lo fue el de David por parte de Absalón.

284. EL JOVEN… ¿ESTÁ BIEN?

2 Samuel 18:32

1. **Lo que un joven puede ser, y no estar bien.**
   Apuesto. Como Absalón.
   Sumamente dotado. Como Absalón.
   Muy estimado. Como Absalón.
2. **Cómo todo joven debería estar: Bien.**
   Piensa en sus capacidades.
   Piensa en sus oportunidades.
   Piensa en sus tentaciones y peligros.
3. **Cómo puede estar todo joven: Bien.**
   1. El amor de Dios lo afirma, Juan 3:16
   2. La expiación de Cristo lo asegura, 1 Juan 2:2
   3. La Palabra del Evangelio invita a ello, Romanos 10:13

285. EL CÁNTICO DE LIBERACIÓN DE DAVID

2 Samuel 22:17-20

«Oh fortaléceme Tú, que mientras me afirmo
Sobre la Roca, y fuerte soy en Ti,
Pueda extender una amante mano
Para los que se debaten en el turbulento mar»

F. R. Havergal

Este cántico de liberación es en sí mismo una de las más maravillosas liberaciones que jamás haya sido lograda por parte de los labios mortales. Es el cántico de uno cuyo corazón ha sido puesto en armonía con el cielo. ¡Qué profundidad de rica experiencia personal se revela en estas palabras gozosamente exultantes (v. 1-7). Un sentimiento lleno de la grandeza de Dios es suficiente para hacer cantar a los mudos con una dulzura que incluso el más elocuente mundano no puede alcanzar. Limitando nuestra atención a los pocos versículos indicados en el encabezamiento, observamos acerca de esta liberación que fue

I. Necesaria. David dice acerca de sus enemigos: «Eran *más fuertes que yo*» (v. 18). Demasiado fuertes para *él*, pero no demasiado fuertes para el Dios que estaba con él. El mundo, la carne y el diablo son demasiado fuertes para nosotros, pero mayor es el que está con nosotros que todos los que puedan estar contra nosotros. Los que luchan con sus propias fuerzas descubrirán para su dolor que el enemigo es demasiado fuerte para ellos.

II. Divina. «Envió desde lo alto» (v. 17). La necesidad era tan grande que el auxilio salvador sólo podía venir de *lo alto.* La ayuda vino de lo alto cuando Dios envió a Samuel a David con el llamamiento divino y el aceite sagrado. Él puso el auxilio sobre Uno que es poderoso cuando envió a su Hijo a buscar y a salvar a los perdidos (Jn. 3:16). «El que no nace *de arriba,* no puede ver el reino de Dios» (Jn. 3:3, *margen*).

III. Personal. «*Me* tomó» (v. 17). Éste es un pequeño pero dulce testimonio. Él hubiera podido tomar a otros y dejarme a mí, pero «*me tomó*». La mano del gran poder salvador de Dios se alargó para tomarme y sacarme «del pozo de la desesperación» (Sal. 40:2) y fuera del «lodo cenagoso» (Sal. 69:1, 2). La salvación de Cristo es una cuestión muy *personal,* y, bendito sea su Nombre, todos los que confían en Él serán tomados por Él.

IV. Grande. «Me sacó de las *muchas aguas*» (v. 17). El Señor sacó a David de las aguas del *peligro* cuando lo salvó una y otra vez de la mano asesina de Saúl. Lo sacó de las aguas de la *aflicción* cuando la corona fue puesta sobre su cabeza. Fue sacado de las aguas de la culpa cuando Natán le pronunció la remisión de su pecado (2 S. 12:13). La salvación de Dios es un *sacar* del reino de las tinieblas hacia el reino de su amado Hijo. Las aguas de la aflicción y persecución pueden estar aún corriendo sobre nosotros, pero de todas ellas nos puede sacar Dios. Él *me sacó,* o ciertamente hubiera yo quedado abrumado como los egipcios. «La salvación es de Jehová.»

V. Cordial. «Porque puso en mí su *complacencia*» (v. 20). Su salvación no era solo una cuestión de poder, sino de *amor.* «Tanto *amó* Dios al mundo que dio.» Ésta es una nota dulce en el cántico de los salvos:

«Puso en mí su complacencia». Frecuentemente encontramos esto sólo después de haber visto nuestros pies establecidos en la roca de su verdad eterna. Este *deleite* no surge de nada que esté en nosotros por naturaleza, sino que tiene su fuente en la inconmensurable generosidad de su propio carácter. Él se deleita en la misericordia. En esto consiste el amor.

VI. Satisfactoria. «Me sacó a lugares *espaciosos*» (v. 20). Algunos tienen miedo de ser sacados fuera de las muchas aguas de sus pecados para no ser llevados a un lugar tan *estrecho* que todo el gozo de su vida sea exprimido de ellos. Aquellos que, por la gracia de Dios, han sido introducidos en el reino de Dios, han sido introducidos en un lugar muy espacioso, porque este reino está limitado por la eternidad. Han sido introducidos en la familia de Dios, y son herederos de la vida eterna. Este «lugar espacioso» puede ser ciertamente tomado como referido también a las posibilidades expandidas que se nos abren en Cristo Jesús como «reyes y sacerdotes para Dios».

286. LA OFRENDA DE DAVID

2 Samuel 23:15-17

«Lo que Tú me has dado, Señor, a Ti yo traigo,
Aroma y luz, y la magia del oro;
Pies que a Ti seguirte deben, labios que tu Nombre canten,
Miembros que deben doler por Ti antes que viejos se agoten»
C. Kingsley

Como dijo Herbert, «Mi Dios debe tener lo mejor de mí». Hay algo sublimemente patético acerca de esta sencilla acción de David al derramar un agua como ofrenda al Señor. Era bien natural para el sediento guerrero, mientras estaba oculto en el refugio de Adulam, anhelar alguna agua del cristalino manantial de Belén, donde en años mozos tantas veces había apagado su ardiente sed. Las primeras impresiones no se borran tan fácilmente. Los privilegios de la juventud pueden ser anhelantemente deseados en años posteriores, y poner en ellos un valor más alto cuando apenas si se pueden tener. Véase entonces lo que David ofreció. Era

I. Una cosa común. «Agua» (v. 15). Podemos encontrar sacrificios para Dios en los más pequeños detalles de la vida. Necesitamos no estar siempre buscando hacer alguna gran cosa a fin de mostrar la devoción de nuestros corazones a nuestro Señor y Maestro. Con cada misericordia diaria tenemos la oportunidad de glorificar a Dios. Pequeños momentos pueden ser convertidos en sacrificios aceptables a Dios.

II. Una cosa costosa. Fue agua conseguida «con peligro de su vida» (v. 17). Una cosa común hecha preciosa, porque fue comprada con gran precio. Así éramos todos nosotros, que hemos sido redimidos con la preciosa Sangre de Cristo. David tenía un corazón lo suficientemente grande como para no ofrecer a Dios en sacrificio algo que no le costara nada (cap. 24:24). Los hay que reservan para Dios la reputación rota, la vida *coja*, y los días *enfermos* (cf. Mal. 1:23). Le dan a Dios lo que ya no desean: un cuerpo enfermo y un alma azotada por el pecado. «Honra a Jehová con tus bienes» (Pr. 3:9).

III. Una cosa deseable. «David dijo con vehemencia: ¡Quién me diera a beber del agua del pozo de Belén!» (v. 15). Al hacer esta ofrenda, David no estaba dando algo de lo que no sintiera necesidad, porque anhelaba con toda su alma beber de aquella agua. Nos es fácil ofrecer a Dios aquello para lo que ya no tenemos *capacidad* de disfrutar. Muchos se separan bien dispuestos de sus bienes, dedicándolos a propósitos caritativos, cuando la muerte los mira de cara a cara, mientras que cuando estaban saludables y vigorosos los retenían avaramente con mano de hierro. En esto no hay *sacrificio*. Al derramar el agua, el regio pastor estaba dando al Señor lo que en aquel momento era lo *mejor* que tenía. Preséntate a *ti mismo* a Dios. Quizás ésta sea tu cosa más *deseable*.

IV. Una cosa consagrada. «La derramó *para Jehová*». Rehusó emplearla para satisfacer sus propios anhelos. Incluso el *agua* derramada al suelo de esta manera santa no se pierde; produce el fruto apacible de justicia. Es una profundización en los canales de nuestras propias naturalezas para un llenado más poderoso del «agua de vida» que proviene del mismo trono de Dios. Todo lo que se da al Señor se hace santo. «¿Qué pagaré a Jehová por todos sus beneficios?»

V. Una cosa que no se podía recuperar. Agua derramada, que no podía volver a ser recogida. ¿Quién pensó jamás en recuperar para su propio uso el sacrificio que había sido puesto en el altar? Lo que le era dado a Dios era suyo, y ello para siempre. David estaba perfectamente consciente de que al *derramar* el agua *al Señor* nunca podría volver a ser suya. ¿Nos damos cuenta de lo que esto significa? Si nos hemos entregado al Señor, ya no somos más *«nuestros»*, y resulta un sacrilegio de lo más grosero volver a tomar para nuestra propia satisfacción lo que pertenece solo a Dios. «¿No sabéis... que no sois vuestros? Porque habéis sido comprados por precio; glorificad, pues, a Dios en vuestro cuerpo y en vuestro espíritu, los cuales son de Dios» (1 Co. 6:19, 20; véase también 2 Co. 5:14, 15).

287. LA ELECCIÓN DE DAVID

2 Samuel 24:1-14

«A Dios le gusta trabajar con cera, no mármol. Déjale
Cuando tu corazón quiera moldear, material según su gusto»
Trench

«Manos débiles y temblorosas pueden tocar la gran mano de Dios mientras tantean en la oscuridad». No se trata de una cita exacta de Longfellow, pero sí su sugerente recapitulación. Al efectuar el censo del pueblo, David estaba buscando ciegamente a tientas la mano de la fuerza humana cuando tocó la mano divina del juicio. En este capítulo tenemos delante de nosotros

I. Una sutil tentación. «E incitó a David contra ellos a que dijese: Ve, haz un censo de Israel y de Judá» (v. 1). Esta *moción* tuvo lugar por medio del diablo, porque el autor de Crónicas nos dice que «Satanás se levantó *contra Israel*, e incitó a David a que hiciese censo de Israel» (1 Cr. 21:1). Fue para daño de Israel que se dependiera de su número y fuerza. Es siempre una sutil treta de Satanás llevarnos a confiar en nuestra propia fuerza, porque sabe muy bien que si lo hace, logrará levantarse *contra* nosotros (*cf.* Ef. 6:11). «No con la fuerza (números), ni con el poder (la influencia humana), sino solo con mi Espíritu, dice Jehová de los ejércitos» (Zac. 4:6). Podemos con seguridad «contar nuestras bendiciones», y contar con sus promesas, pero contar con nuestra propia sabiduría y fuerza es apoyarnos en una caña cascada.

II. Una plena confesión. «Después que David hubo censado al pueblo, le pesó en su corazón; y dijo David a Jehová: Yo he pecado gravemente por haber hecho esto» (v. 10). El radiante informe de Joab de que en el reino unido de David había un millón trescientos mil valientes que sacaban espada (v. 9) no le dio ningún alivio al corazón del rey, tan consciente de su pecado. ¿De qué servía todo esto, si Dios no estaba con él? Todas nuestras dotes y capacidades intelectuales naturales, por grandes que sean, o por muy ricas y variadas que sean todas nuestras experiencias, de nada sirven en la obra de Dios si está ausente el poder del Espíritu. Quizá muchos de nuestros fracasos en el pasado se hayan debido a contar nuestras capacidades ignorando al Espíritu Santo. Contamos nuestras organizaciones, nuestras reuniones, nuestra gente y nuestro dinero, pero digamos, ¿cuánto contamos con el PODER DE DIOS? ¿No nos convendría orar con David, «Oh Jehová, te ruego que quites el pecado de tu siervo, porque yo he hecho muy neciamente»?

III. Una terrible oferta. «Así ha dicho Jehová: Tres cosas te ofrezco: Tú escogerás una de ellas» (vv. 12, 13). Las tres cosas eran todas ellas igualmente terribles, aunque su duración era muy diferente. «Siete años de hambre», «tres meses» de huir delante del enemigo, o «tres días» de pestilencia. Ceder ante el tentador ha llevado a David a una dolorosa elección. La paga del pecado es *muerte*, tanto para el creyente como para el impío. Podría parecer que debían caer los tres juicios debido al pecado de David, pero Dios, que «se deleita en misericordia», le dio a escoger *uno*. Los *tres* juicios son de lo más sugestivos de los frutos de la desobediencia y de la deshonra a Dios. *Hambre* del alma, *defecto* del alma, y *enfermedad* del alma. Dios no nos promete darnos una elección de cómo va a castigarnos por nuestra soberbia e incredulidad, pero cuidémonos de que no haya en ninguno de nosotros un corazón malo, porque nuestro pecado de cierto nos alcanzará.

IV. Una elección que honraba a Dios. «David dijo a Gad: ... Caiga ahora en mano de Jehová, porque sus misericordias son muchas, mas no caiga yo en manos de hombres» (v. 14). David había pecado contra Dios al decidir hacer el censo del pueblo, y ahora iba a honrar a Dios al permitirle escoger en lugar de él. La poderosa mano de Dios estaba levantada para golpear, y el arrepentido rey vio cómo iba a descender con una terrible fuerza, pero miró más allá del brazo que blandía la espada, al corazón lleno de gracia de Jehová, y se refugió en su misericordia. Prefería afirmar su corazón en las misericordias de un Dios justo y aborrecedor del pecado antes que caer «en manos de hombres». Él sabía que las misericordias del malvado son crueles. Las heridas de un amigo son mejores que los besos de un traidor. Aunque el *brazo* de Dios sea fuerte para golpear, su *amor* es fuerte para salvar. La elección que ahora Dios ofrece en gracia es entre vida y muerte, entre retribución y salvación, entre cielo e infierno. ¿Por qué debiera ahora nadie decir: «En grande angustia estoy», cuando el único camino abierto para escapar de la venganza de Dios contra el pecado es «Sus misericordias [que] son muchas» en Cristo Jesús, que llevó nuestros pecados en su propio cuerpo en el madero. «En Ti me refugio» (Sal. 143:9).

288. ADONÍAS, O EL REBELDE VENCIDO

1 Reyes 1:5-9, 41-53

«Al borde de una eterna miseria
El hombre dudando está. Mas entretanto con plumas de orgullo,
Ufano, los brazos cruzados en autoadmiración y sereno,
De autoconfianza revestido»

WILLIAMS

Adonías tenía un hermoso nombre, *«Mi Señor es Jehová»*, pero tenía el corazón repleto de una soberbia que mataba toda gracia. La tormentosa vida de David estaba llegando a su fin. El atractivo Absalón había sido repentinamente cortado en medio de su vanagloriosa carrera. Ahora el apuesto Adonías aspira al trono de su padre. Como muchos otros hijos hermosos, evidentemente había sido medio echado a perder por la indulgencia de su padre (v. 6; Pr. 29:15).

I. Veámosle ensalzado. «Adonías... se ensalzó, diciendo: ¡Yo seré rey!» (v. 5). «El que *se ensalza* será humillado» (*cf.* Lc. 18:14). La mentira de Satanás: «Seréis como Dios» (Gn. 3:5), es siempre un cebo tentador para el corazón soberbio. Se preparó carros y jinetes, y preparó el gran banquete de soborno, pero «no convidó... a Salomón su hermano». Pero aquel al que no se le permitió tomar parte en todos sus planes y propósitos fue el escogido por Dios para prevalecer. Es siempre el camino del pecador ensalzarse a sí mismo, con exclusión de Aquel a quien Dios ha enviado para bendecir (Hch. 3:26). «Antes de la caída es la soberbia».

II. Veámosle ignorado. David dijo: «Salomón reinará después de mí» (v. 30). «Y tocaron trompeta, y dijo todo el pueblo: ¡Viva el rey Salomón!» (v. 39). Mientras Adonías se ensalzaba *a sí mismo*, Salomón, el menospreciado y rechazado, estaba siendo ensalzado y ungido por sacerdote y profeta (v. 45). Hay otro Rey, un Jesús, cuyo es el derecho de reinar, y a quien Dios ha exaltado como Señor sobre todas las cosas, bendito para siempre. Todos los que se exalten a sí mismos contra Él descubrirán que sus reivindicaciones y pretensiones serán tan totalmente descontadas por Dios como lo fueron las de Adonías por David. Los que, en la soberbia de su autoconfianza, se exaltan contra el Cristo de Dios, se despertarán de cierto al final para descubrirse rebeldes y mentirosos, engañados y derrotados. Que los que quieran ser *independientes* recuerden que hay Otro que es totalmente independiente de la independencia de ellos.

III. Veámosle despertado. Para Adonías tiene que haber sido un choque terrible cuando Jonatán irrumpió apresuradamente con las nuevas de que «Ciertamente nuestro señor el rey David ha hecho rey a Salomón; ... más aún, Salomón se ha sentado en el trono del reino» (vv. 42-46). Jonatán fue un mensajero fiel: dijo toda la verdad, sin esconder nada. Y si su mensaje hirió al joven pretendiente en lo más hondo de su ser, demostrándole que era un rebelde autoengañado, no tenía la culpa de ello. El Evangelio que fue olor de vida para los seguidores de Salomón fue olor de muerte para Adonías y sus partidarios (v. 49). La moraleja es clara. Jesús está sentado en el Trono de su Padre. Todos los que se exaltan contra Él son rebeldes. El mensaje es: «El que no cree ya ha sido condenado». Saúl, de camino a Damasco, tuvo un despertar tan brusco como el de Adonías (Hch. 9:3-5).

IV. Veámosle salvado. Aquí podemos observar-

1. LA CAUSA CONSTREÑIDORA. Adonías *temió* de la presencia de Salomón (cf. v. 50). ¿Cómo no iba a *temer*? El que ha sido llevado a verse como ajeno a los buenos propósitos de Dios tiene desde luego razones para temer. No hay ningún ser viviente bajo el cielo que no busque la seguridad cuando siente temor. Los que se burlan del pensamiento de ser salvos por medio del *temor* generalmente no tienen objeciones a abrir el paraguas por temor de mojarse cuando comienza a llover. Cuando hay un verdadero sentido de peligro, habrá temor. «Noé, movido de reverente temor, preparó un arca» (He. 11:7).

2. EL LUGAR DE REFUGIO. «Se asió de los cuernos del altar» (v. 50). Ni el altar ni sus cuernos le habrían atraído mucho antes que el temor a la muerte se hubiera apoderado de él. Se precisa de un sentimiento de pecado y de culpa para hacer que el lugar de la expiación sea deseable y precioso. «La predicación de la Cruz es *necedad* para los que perecen, pero para el alma convicta de pecado es el "poder salvador de Dios".» Al asirse de los *cuernos* del altar se ataba a sí mismo, por así decirlo, como sacrificio a Dios (Sal. 118:27).

«Ningún otro refugio tengo,
Mi impotente alma a Ti se aferra.»

3. LA VIDA CAMBIADA. «Y él vino, y se inclinó ante el rey Salomón» (v. 53). En el versículo 5 lo vemos *«ensalzándose»*, pero ahora «se inclinó». El rebelde se transforma repentinamente en un siervo. Salomón, el rey de paz, lo envía con paz. Ha encontrado la paz con el rey por medio del altar del sacrificio. La vida que estaba perdida debido al pecado ha sido ahora salvada por la gracia, para que llegara a ser el siervo de justicia (Lc. 1:74, 75).

289. LA ELECCIÓN DE SALOMÓN, O LA PLENITUD DE LABENDICIÓN

1 Reyes 3:1-16

«La verdadera sabiduría no se gana, mas se recibe;
No se exhuma de la tierra, mas del cielo baja:
Celestial, no terrenal, su resplandor es»

LYTTON

De Salomón se dijo: «Al cual amó Jehová» (2 S. 12:24). ¡Cuán propio es encontrar la declaración de que «Salomón amaba a Jehová» (v. 3). En verdad que el amor de Dios para con nosotros debería despertar en nosotros nuestro amor a Él. Fue excepcional la oportunidad que le vino a Salomón cuando Dios le dijo: «Pide lo que quieras que Yo te dé». Estos especiales privilegios, cargados de posibilidades omnipotentes y eternas, no se ponen generalmente al alcance de ninguno de los siervos de Dios sin algún preparativo inusualmente solemnes. Y desde luego así fue con Salomón.

Él había ido a Gabaón, un viaje de once kilómetros, y dedicó un tiempo largo y solemne a ofrendar grandes sacrificios. «Mil holocaustos» puso él en el altar. Toda su mente y corazón estaban llenos de pensamientos de la santidad de Dios y de lo horrendo del pecado, y de la gran expiación de los holocaustos. Al echarse Salomón aquella noche a dormir, con un profundo sentimiento de su propia debilidad e indignidad, Dios se le apareció en un sueño, con una oferta tal de gracia que cubría todas sus necesidades. Si queremos recibir honra de Dios, debemos entonces honrarle a Él con nuestras almas y posesiones. Consideraremos:

I. La oferta divina. «Pide lo que quieras que Yo te dé» (v. 5). Detengámonos un momento para pensar acerca de quién es el que hace esta oferta. Este *«Yo»* es el Yo que llena la eternidad. Es la oferta de Aquel que es Creador y Dueño de todo, cuyo Nombre es Santo, y cuya naturaleza es Amor. Piensa otra vez en la abundante generosidad de la oferta. «Que Yo *te dé*.» Solo se precisa de una oportunidad así para enriquecer un alma para el tiempo y para la eternidad. Al hacer este ofrecimiento, Dios estaba poniendo, por así decirlo, toda la riqueza de su Carácter Divino y Reino a los pies de Salomón, para que él pudiera ser llenado de toda la plenitud de Dios. Pero ¿nos viene a *nosotros* el Señor con una oferta así? Sí, y más aún, porque en el don de su Hijo tenemos toda la abundancia de «Sus inescrutables riquezas» *continuamente delante de nosotros* para que de ellas nos apropiemos a diario. Incluso sin pedirlas, sí, aun cuando éramos pecadores, Él nos lo da todo al morir por nosotros.

II. La sabia elección. «Da, pues, a tu siervo corazón entendido» (v. 9). No fue suficiente que tuviera la *oportunidad* de escoger; tenía que decidirse y hacer su petición. Cada oidor del Evangelio tiene la oportunidad de tomar una decisión así, pero ¡cuán pocos hacen como Salomón, y buscan un corazón *oidor* (trad. literal). Fue una sabia elección, porque

1. CUBRÍA TODA SU NECESIDAD (vv. 7, 8). Un corazón pronto a oír las palabras conductoras y consoladoras de Dios le fortalecería y sostendría, como un «niño» establecido por la gracia de Dios «en medio de tu pueblo... un pueblo grande». Si alguno carece de sabiduría, pídala a Dios (Stg. 1:5). «Cristo [es] sabiduría de Dios», etc. Al escogerlo a Él escogemos a Aquel que cubre todas nuestras necesidades.

2. COMPLACÍA A DIOS (v. 10). Dios se complació porque lo que había pedido Salomón no era para un disfrute egoísta, sino para su honra y para el bien de su pueblo. Siempre pedimos mal cuando deseamos consumirlo en nuestros propios placeres (Stg. 4:3). ¿Acaso nuestras oraciones no quedan frecuentemente ahogadas por los cuidados y ansiedades del interés propio?

III. La abundante respuesta.

1. RECIBIÓ LO QUE HABÍA PEDIDO. «Te doy corazón sabio y entendido» (v. 12). Solo Dios puede obrar en nosotros un *don* como este. Ésta es la vida eterna, *conocerlo* a El. Las promesas de Dios son para ser reclamadas y cumplidas de manera definida en la experiencia del creyente. Pedid, y recibiréis.
2. RECIBIÓ MAS DE LO QUE HABÍA PEDIDO. «También te concedo las cosas que no pediste, riquezas y gloria» (v. 13). Él buscó *primero* el Reino de Dios, y todas las otras cosas le fueron *añadidas*, y añadidas en tal medida que Salomón sobrepasó a todos los reyes de la tierra en sus *riquezas* (1 R. 10:23). Quien encuentra a Cristo halla la sabiduría, y dichoso es aquel hombre, porque suyas son las riquezas y la honra y la largura de días (Pr. 3:13, 16). «Si permanecéis en Mí, y mis palabras permanecen en vosotros, pedid todo lo que queráis, y os será hecho.» Señor, dame el «corazón oyente», para que tu voluntad sea hecha en *mí*, y que el pueblo pueda recibir bendición *a través* de mí.

290. EL ACEITE MANANDO

1 Reyes 4:1-7

Introducción

TRIVIAL.
1. «Un sencillo incidente, trivial, que no valía la pena incorporar en un Libro Divino», dicen algunos.
2. «Sencillo», admitimos nosotros; «trivial» lo negamos. Está tan lleno de lecciones como un huevo está lleno de alimento.

LA HISTORIA.
1. «Una mujer.» Dicen los rabinos que era la *esposa de Abdías.*
2. Ella había perdido a su marido. ¡Triste, triste pérdida!
3. La había dejado *con enormes deudas.* No es el primero ni el último de estos casos. ¡Cuán cuidadosos deberían ser los maridos!
4. El acreedor tenía, según la ley de Moisés, derecho a tomar los hijos como esclavos, y estaba a punto de hacer esto mismo. (Véase Éx. 21:1-11; Lv. 25.)
5. «Vasija de aceite.» ¿Lo guardaba ella para su propio entierro?

I. Aplicación literal a los que padecen dificultades económicas.

VIUDAS.
1. Éste es uno de los muchos casos en la Biblia del cuidado que Dios tiene de las viudas.
2. Jer. 49:11 ha sido una consolación para muchos: «Deja tus huérfanos, yo los criaré; y en mí confiarán tus viudas». ¡Qué gloriosa promesa!
Literal.
1. Hemos espiritualizado esto hasta tal punto que hemos perdido de vista el hecho de que se trataba de una dificultad económica literal.
2. No sabemos cómo se había incurrido en esta deuda. Los rabinos dicen que Abdías había incurrido en ella al alimentar a los cien profetas.
3. «Era temeroso de Jehová», y por tanto no se había incurrido en la deuda por mal vivir.

UN INSTINTO NATURAL.
1. Los afligidos, por instinto natural, recurren a las personas religiosas para que les ayuden en su tiempo de prueba.
2. Incluso recurren a personas sin dinero, como el caso de Eliseo, o a misioneros.
3. A diferencia de muchos suplicantes, ella era una mujer piadosa.

CÓMO SE SOLUCIONÓ.
1. Mediante «encerrarse».
2. Al «encerrarse» la mujer, no Eliseo.
3. Muchos piden oraciones, pero no oran por sí mismos.

MÁS FÁCIL.
1. Algunos dicen que es más fácil orar acerca del alma que del billetero. LA DEUDA SE HA DE PAGAR PRIMERO.
Observa: En primer lugar paga tus deudas, y luego guarda lo que queda.

II. Aplicación espiritual a la insolvencia espiritual.

1. ¿Qué hay acerca de las vasijas vacías de nuestros vecinos? Corazones vacíos, vidas y mentes vacías.
2. Tú debes llenarlas. ¿Cómo?
3. Primero has de llenar tus vasijas, y luego las de tus vecinos.
4. Cómo se llenan. «Enciérrate.» El valor y la importancia de la oración por otros y por nosotros mismos.

1. SU CONDICIÓN DE NECESITADA. *Insolvencia espiritual.*
(1) Existe la insolvencia espiritual, lo mismo que la financiera. (En la iglesia: falta de grandes hombres. En la vida individual: vida carnal.)
(2) Hay obligaciones espirituales:
a. Para con Dios. Él espera santidad en nosotros.
b. Para con el hombre. Ellos esperan más de nosotros.
(3) Existe lo que es la bancarrota espiritual. Un hombre en bancarrota es el que no puede afrontar sus deudas.
(4) Ella misma no era la causa de su desafortunada situación. Se ebía a otro. Así es contigo y conmigo. Nuestro estado de insolvencia es heredado.
(5) Otros dependían de ella.
a. Nadie vive para sí mismo.
b. Otros sufren a causa de nuestra falta de gracia.
2. SUS HABERES.
a. Tenía buenas conexiones familiares.
(1) Algunos se enorgullecen de un linaje noble. Se jactan de poseer «sangre azul».
(2) «¿Tenéis nobleza en vuestra familia?» le preguntó un muchacho a un compañero suyo en la escuela. «Bueno», dijo el pequeño: «Le he oído decir a mi madre que Jesús, el Rey de reyes, es nuestro Hermano Mayor».
(3) Por naturaleza teníamos una triste ascendencia: Adán en su caída.
(4) Por la gracia tenemos una gloriosa conexión familiar: con y en Cristo.
(5) ¿Puedes dar con certeza tu ascendencia? ¿Tienes la certidumbre de la salvación?
b. Ella estaba totalmente insatisfecha.
c. Tenía un buen amigo con quién consultar. Pero no era suficiente.
d. Ella ya poseía un poco de aceite.
(1) El aceite, emblema del Espíritu Santo.
(2) Solo aplicado después de la sangre.
(3) Si no tenemos el Espíritu, no somos de Él.
(4) Pero, ¿ha llegado el Espíritu Santo a poseernos?
3. LA LIBERACIÓN DE LA MUJER.
a. Fue por la vía de la Cruz. En dos casos. Primero: la Cruz de Cristo. Segundo: su propia cruz.
(1) Tuvo que volverse bien dispuesta a hacerse el hazmerreír de sus vecinas.
(2) Ésta no era la forma en que el mundo solventaba las deudas.
(3) ¡Recuerda que Él sigue estando fuera del campamento!
(4) Ella había llegado al fin de sus recursos.
b. Fue mediante la multiplicación del aceite.
(1) Así fue como desapareció su insolvencia.
(2) Pero, ¿cuándo se multiplicó el aceite?
c. Fue mediante su encierro.
(1) No mediante la lectura y estudio de buenos libros.
(2) Ni por la asistencia a buenas reuniones.
(3) Sino quedando a solas con Dios.
(4) Al extender delante de Él nuestros vasos vacíos de deseo y expectativa. (Y eso podemos hacerlo cada día.)
(5) ¡Y también las vasijas vacías de los vecinos!

LA PUERTA CERRADA. ¿Podemos infravalorar la Puerta Cerrada? Podemos llegar a dar poca atención a algo de una importancia tan vital en la vida y en el servicio.
1. Significó *salvación* para Noé y su familia (Gn. 7:16). El primer cierre de puerta en la Biblia. Y Dios cerró aquella puerta.
2. Significó *santificación* en tipo para la viuda en 2 Reyes 4:4.
3. Significó *satisfacción* para Tomás y el resto de los discípulos (Jn. 20:19 y 20). Ningún otro evangelista cita esa Puerta Cerrada.
4. Significó el *éxito* para Eliseo (2 R. 4:33). Guejazí no cerró su puerta.

291. SALOMÓN Y LA REINA DE SEBÁ, O CRISTO Y SUS SIERVOS

1 Reyes 10:1-10

Uno mayor que Salomón está aquí (Mt. 12:42). Tenemos quizá una imagen aquí de la gloria que ha de caracterizar aún al «Mayor Salomón» y a sus siervos en la edad venidera (Is. 60:1-6). Lo que llevó a la Reina de Sabá a contemplar la sabiduría y la gloria de Salomón ha llevado a muchos más humildes a contemplar la mayor gloria de Jesús, esto es, «el escuchar con fe». Podríamos considerar:

I. Lo que oyó. «Oyendo… la fama que Salomón había alcanzado.»

1. LA FAMA DE SUS RIQUEZAS. «Plata… en tiempos de Salomón no era apreciada» (v. 21). Pero, ¿cuáles son las riquezas de Cristo? (Ef. 3:8; Col. 2:9).
2. LA FAMA DE SU SABIDURÍA. Era una sabiduría que viene de arriba (1 R. 3:12). Muchos buscan en pos de la sabiduría (v. 24) y rechazan en cambio a Cristo la sabiduría de Dios (1 Co. 1:24-30; Stg. 1:5).
3. LA FAMA DE SU PODER. Concerniendo el *nombre del Señor.* Si la intimidad de Salomón con Dios le hizo grande, ¿qué diremos de Aquel que era «Dios manifestado en carne?» (*cf.* Fil. 2:9).

II. Lo que hizo. No se lo tomó a la ligera, como los de Mateo 22:5. Ni dio tiempo al tiempo, como Félix (Hch. 24:25).

1. FUE A ÉL. Esto fue mucho mejor que simplemente *pensar* acerca de él. Cuando el pródigo volvió en sí, se volvió hacia su Padre (Jn. 6:37).
2. SE COMUNICÓ CON ÉL. «Le expuso todo lo que tenía en su corazón» (v. 2), y el rey se lo contestó todo (v. 3). Una plena confesión trae plenitud de bendición (Sal. 32:5-7). ¡Oh, el gozo de decírselo a Jesús! Echa tu carga sobre el Señor (Mt. 14:12).

III. Lo que vio.

1. ELLA VIO SU SABIDURÍA. Habiendo acudido a Cristo, la sabiduría de Dios en el esquema de la redención nos ha dejado en gran manera atónitos (Ef. 1:4-8). 2. ELLA VIO SU CASA. La Iglesia de Cristo como edificio bien ajustado es la siguiente maravilla (Ef. 2:19-22).
3. ELLA VIO SU MESA. La gran y generosa provisión que Dios ha dispuesto en Cristo para los suyos (2 Co. 9:8).
4. ELLA VIO SU ASCENSO. (Probablemente el viaducto sustentado por arcos que conducía desde su casa al Templo.) El ascenso del «Mayor que Salomón» fue mucho más glorioso (Hch. 1:9).
5. ELLA VIO A SUS SIERVOS. *(a) La posición* de los mismos: «asentados» (v. 5, RV; *cf.* Lc. 10:39). *(b) El privilegio* de los mismos: «Que están continuamente delante de ti, *y oyen tu sabiduría*» (v. 8; Jn. 6:45). *(c)* Su *placer*: «Bienaventurados tus hombres, dichosos estos tus siervos» (v. 8; Sal. 100:2; Ro. 5:11).

IV. Lo que siguió. Los resultados fueron manifiestos:

1. ELLA SE HUMILLÓ. «Quedóse enajenada» (v. 5, RV). Ver al Señor implica abatimiento (Hch. 9:4; Ap. 1:17).
2. ELLA CONFESÓ. «Verdad es lo que oí.» Los que acuden a Jesús se verán forzados a reconocer la verdad del Evangelio.
3. ELLA ALABÓ. «Sea bendito Jehová.» Éste es el resultado de un alma satisfecha (Sal. 103:1-5).
4. ELLA DIO. «Ella dio al rey… oro» (v. 10). «*Presentaos* a Dios» (Ro. 12:1, 2).

292. UNA INDAGADORA REGIA

1 Reyes 10:1-13

«No sois culpables por ignorantes, pero sí sois culpables cuando os resignáis a la ignorancia»

MAZZINI

La llegada de la Reina de Sebá a Salomón puede ser una premonición de aquel tiempo en que reinará uno «Mayor que Salomón», y cuando vendrán reyes al *resplandor* de su amanecer (Is. 60:1-3). La sabiduría de Salomón era la sabiduría de Dios, de quien procede todo don bueno y perfecto (3:12). Habría muchos más indagadores anhelantes en todas partes si hubiera más siervos de Dios poseyendo este raro don: «un *corazón oyente*» (cap. 3:9, literal). La Reina de Sebá es mencionada por nuestro Señor y Salvador, como advertencia y ejemplo para aquellos que, después, lleguen a oír la sabiduría de Aquel que es la sabiduría de Dios (Mt. 12:42).

I. Ella oyó. «Oyendo la reina de Sebá la fama que Salomón había alcanzado por el nombre de Jehová…» (v. 1). Debería señalarse de manera especial que esta fama era «por el nombre de Jehová». En el informe que llegó a oídos de la «Reina del Sur» la sabiduría de Salomón estaba vitalmente relacionada con el *Nombre de Jehová.* ¿No es así también con el Evangelio que ha sido traído a nuestros oídos? Hay una identificación entre la sabiduría y poder de Jesucristo, y el NOMBRE o carácter del Dios y Padre Eterno. El secreto de su fama era por el Nombre de su Padre. Dichosos son los oídos que oyen estas cosas (Mt. 13:16).

II. Ella indagó. «Vino a probarle con preguntas difíciles» (v. 1). No se lo tomó a la ligera (Mt. 22:5). Sintió que esta sabiduría de Salomón, venida del cielo, podría dar luz y ánimo a su mente nublada; y aunque apenas creía todo lo que oía, iba a comprobarlo por sí misma mediante una indagación personal. Así que llegó tal como era, «con séquito muy grande», con camellos y siervos, y «le expuso *todo lo que tenía en su corazón*» (v. 2). Era a la vez una indagadora anhelante y honrada. Ve tú y haz lo mismo. Tú has oído la fama salvadora de Jesús. Ve y pruébalo contándole todo lo que está en tu corazón. Tú tienes más aliento que el que tenía esta reina, porque tienes una *invitación* apremiante (Mt. 11:28).

III. Ella recibió. «Y Salomón le contestó todas sus preguntas» (v. 3). Nada estaba oculto al rey de todo lo que ella quería conocer. No podemos creer que sus preguntas tuvieran la naturaleza de adivinanzas. Estas frivolidades estarían enteramente por debajo de la dignidad de la sabiduría de Dios. Creemos que sus preguntas difíciles contenían verdaderas dificultades intelectuales, y que las tinieblas en su mente quedaron despejadas por la luz del cielo. ¡Oh, cuánto se maravillaría ella al ver como sus dificultades iban desapareciendo una tras otra en el amanecer de la verdad de Dios revelada por el ungido de Dios! Así será cuando un alma agitada comunique con Jesús. Él es la Verdad. Él sabe lo que hay en el hombre, y todos los tesoros de la sabiduría están ocultos en Él

IV. Ella quedó llena de humildad. «Cuando hubo visto la reina de Sebá toda la sabiduría de Salomón, no quedó en ella más aliento» (vv. 4, 5, V.M.). Cuando contrastó la sabiduría de Salomón, su casa, su mesa, sus siervos y su camino con todo lo suyo, todo su orgullo y autoestima se marchitaron y secaron dentro de ella. No quedó más lugar para la jactancia: quedaba excluida por la ley de la gracia y sabiduría celestiales. Cuando el pretencioso Saulo de Tarso se encontró en el camino de Damasco con el Señor de la Vida, y se le hizo ver su poder y gloria, no quedó en él más espíritu para pensar acerca de sí mismo más de lo que debiera. Será siempre humillante para nosotros cuando nuestra propia sabiduría y nuestra justicia entren en contraste con la de Él.

V. Ella confesó. «Y dijo *al rey*: Verdad es lo que oí… Pero yo no lo creía, *hasta que he venido*, y mis ojos han visto que no se me dijo ni aún la mitad» (vv. 6, 7). ¿Quién ha dado crédito a nuestro mensaje? El Evangelio del Señor Jesucristo, acerca de su sabiduría, poder y gloria, es cierto, tanto si lo creen los hombres como si no. Como la Reina de Sebá, no podemos comprender ni tener parte personal en esta sabiduría celestial *hasta que acudamos.* Pero si hemos acudido y nos han sido abiertos los ojos, no nos avergoncemos ni tengamos temor de hacer una plena confesión del honor de su glorioso Nombre.

VI. Ella testificó. «Dichosos estos tus siervos, que están continuamente delante de Ti, y oyen tu sabiduría» (v. 8). El alma alumbrada codicia fervorosamente los mejores dones. Los siervos de Salomón tenían un privilegio que ningunos otros tenían sobre la faz de la tierra. Lo mismo sucede con los siervos del Rey Jesús. Ellos ven y oyen cosas que muchos profetas y justos desearon ver, pero no pudieron (Mt. 13:16, 17). ¿Pero no hay muchos a los que se confiere este excelso honor, y que no son *dichosos* en su estrecha relación con el Rey de reyes? Cristianos mundanos que tienen un pobre aprecio de la Palabra escrita, que es la sabiduría de nuestro Dios. E*l siervo dichoso* escucha las palabras de sabiduría de la misma boca del Rey.

VII. Ella dio alabanza. «Sea bendito Jehová tu Dios, que se agradó de ti» (v. 9). Es hermoso que aquellos que han gustado que el Señor es bueno que den alabanza y gracias a su santo Nombre. Sí, bendito sea Jehová nuestro Dios, que se deleitó en Jesucristo como nuestro Sacrificio Expiatorio, y lo puso en el trono, «porque nos amó para siempre». Cada manifestación de su gracia y sabiduría debería despertar cada facultad dentro de nosotros a la alabanza y a la adoración. Gracias a Dios por su don inefable.

VIII. Ella quedó abundantemente satisfecha. «Salomón dio a la reina de Sebá todo lo que ella quiso pedirle» (v. 13). Él suplió todas sus necesidades. Pero la gracia de Aquel «Mayor que Salomón» va mucho más lejos, porque Él puede hacer *mucho más de lo que pedimos*. Ningún alma indagadora se irá jamás hambrienta de su presencia. «Oídme atentamente, y comed de lo bueno, y se deleitará vuestra alma con lo más sustancioso» (Is. 55:2).

293. UNA RELIGIÓN DE FACTURA HUMANA

1 Reyes 12:26-33

«Todo tipo de esperanza: cualquiera secta,
Valóralas, siémbralas, críalas y protégelas,
Si silvestres de naturaleza y no halladas de derecho,
¡oh Getsemaní! en tu amado y sagrado suelo:
Que no puedan soportar de la Escritura el resplandor
Ni el espíritu alentar, ni refrigerio a la mirada dar,
Ni el alma alentar a acciones de Cristo dignas,
(Oh, ¡échalas de ti!) nada más que hierbajos, malos, son»

COWPER

Jeroboam, el hijo de Nabat, aunque perteneciente al linaje de Josué, vino a ser un líder en el pecado. Las semillas del pensamiento germinaron en su corazón y mente totalmente asilvestradas y desenfrenadas, pero en lugar de tratarlas como «hierbajos» las abrigó y protegió, como si pertenecieran al Huerto del Señor. Así las semillas del mal se extienden como cardos por todas partes. Esta religión de Jeroboam es como todas las otras religiones carentes de Cristo.

I. Tuvo su origen en el corazón humano. «Y dijo Jeroboam en su corazón» (v. 26). Virtualmente, solo hay dos religiones en el mundo: una tiene su origen en el «QUIERO» de Dios, y la otra tiene su origen en el «*Me parece*» del hombre. «Mis pensamientos no son vuestros pensamientos» (Is. 55:8), dice el Señor. El corazón del hombre es engañoso y malvado, y de él nunca puede surgir un sistema de culto que cumpla las demandas de Dios ni las necesidades del alma. Se precisa de una revelación: y ha habido una revelación. Todo lo que se opone a ella o intenta tomar su lugar es una burda presunción y rebelión.

II. Fue para sus propios y egoístas fines. Él estableció dos becerros de oro: uno en Betel y el otro en Dan, para que el pueblo no fuera a Jerusalén a adorar y que los corazones del pueblo no se apartaran de él (vv. 27-29). Fue una religión que se centraba en su propia honra y engrandecimiento. El YO es siempre el centro de toda religión impía. La soberbia de la vida subyace a la raíz de todos los esquemas meramente humanos. La religión de los escribas y fariseos era precisamente otra forma del pecado de Jeroboam (Ro. 10:3).

III. Era ostensiblemente para el bien de otros. «Os es por demás subir a Jerusalén» (v. 28, V.M.). Pretendió que era para comodidad y ventaja de ellos que ponía estos becerros de oro. La religión surgida de un corazón carnal sólo puede hacer hipócritas. El gran esquema de los impíos materialistas, sean socialistas o capitalistas, no es ni un poco mejor que los trucos de Jeroboam: levantan becerros de *oro*, diciendo: «He aquí tus dioses, oh Israel». Era una religión de egoísta conveniencia y no de sacrificio. Quedaba cuidadosamente excluido el pensamiento de la *negación de uno mismo*.

IV. Era contrario a la Palabra de Dios. «El rey… dijo al pueblo: … He aquí tus dioses, oh Israel, los cuales te hicieron subir de la tierra de Egipto» (v. 28). «Así cambiaron su gloria por la imagen de un buey» (Sal. 106:20). El mandamiento de Dios era claro: «No te harás imagen ni *ninguna* semejanza» (Éx. 20:4). El deseo de la mente carnal es andar por *vista*, y no por *fe*. Los inventos del corazón irregenerado están de seguro opuestos a la revelación de la mente de Dios. «He aquí *yo decía para mí*», dijo Naamán, pero su pensamiento no estaba en absoluto en armonía con la manera y propósito del varón de Dios. Saulo creía seriamente que debía hacer muchas cosas contra el Nombre de Jesús de Nazaret (Hch. 26:9). La escalera al cielo tiene que descender del cielo (Jn. 14:16).

V. Vino a ser lazo para otros. «Y esto fue causa de pecado» (v. 30). *Aquello que había establecido* vino a ser el *objeto* de la adoración, en lugar de un medio para ayudar a dirigir los pensamientos a Dios. El hombre está siempre inclinado a centrar su atención más en sus propias obras que en las obras de Dios. La pequeña cruz ornamental o el libro de liturgia vienen a ser más preciosos que las cosas invisibles y eternas. Los productos de las imaginaciones de los hombres son exaltados al trono de los afectos, usurpando el lugar de Dios. Aquello, sea lo que sea, que tome el lugar de Dios, «viene a ser pecado».

VI. No tiene consideración por la pureza. «Hizo sacerdotes de entre el pueblo, que no eran de los hijos de Leví» (v. 31). Esto también es característico de toda religión de factura humana; no se da ningún valor a la santidad de vida interior. La conformidad y la exhibición externas son suficientes para afrontar todas sus demandas. Los hijos *consagrados* de Aarón no eran la clase de ministros que quería Jeroboam (Nm. 3:6). Su estricta adhesión a la Palabra de Dios no armonizaría con sus propósitos. Ya sí sigue siendo entre aquellos que quedan satisfechos con la forma de piedad y niegan su poder. Desean que se cumplan *su propia* voluntad y pensamientos, con lo que prefieren los motivos más mezquinos como su principio rector; la pura luz de la Palabra de Dios sólo serviría para reprobarlos y reprenderlos.

VIII. Tiene la apariencia de ser correcto. Había altar, sacerdotes y la fiesta ordenada, *«conforme a la fiesta solemne que se celebraba en Judá»* (vv. 32, 33). Pero todo aquello era una burla y un escarnio, una imagen muerta de lo real. Había toda la *semejanza externa* con lo verdadero, pero no había *fundamento* delante de Dios. Sin *autoridad* del Señor, sin capacidad de bendecir a sus partidarios con perdón, paz o esperanza. Era algo destinado a provocar frustración y la maldición de parte de Dios (13:2). Examinaos a vosotros mismos, si estáis en la fe. «Sin Mí nada podéis hacer» (Jn. 15:5).

294. ¡AY, HERMANO MÍO! O LA MUERTE DEL PROFETA ENGAÑADO

1 Reyes 13

«¡Mortal! En un punto de tiempo te hallas
Y a ambos lados la eternidad;
Un deber sobre todo sublime está ante ti.
Donde estas puesto de pie sereno queda»

HOUGHTON

Tenemos aquí una deprimente historia. Es siempre infinitamente triste ver aquellos que fueron una vez poderosamente empleados por Dios tropezar al fin en la tentación y cayendo presas de aquel que acecha como león rugiente, buscando a quien devorar. Pero aunque el león mató a este profeta de Dios, no le fue permitido *devorarlo* (v. 35). Hay siete cosas acerca de este hombre desafortunado que sería preciso señalar:

I. Era un verdadero creyente. Se le llama «varón de Dios» (v. 1). No era un mero «hombre del mundo» cuya porción está en esta vida, sino uno que tenía tratos personales con Dios, y al que pertenecía de corazón y vida. No un mero profesante o servidor del tiempo, sino un verdadero siervo del Altísimo.

II. Era un hombre con un mensaje. «Por palabra de Jehová vino de Judá a Betel» (v. 1). No era un comentarista, sino un embajador. Tenía un ministerio que el Señor le había encomendado, ministerio de advertencia y condenación. Ningún evangelista fue jamás llamado con más seguridad que éste. «Un varón de Dios» es uno al que Dios ha Levantado y adecuado como vaso para su propio uso, encomendándole su precioso tesoro (2 Co. 4:7).

III. Era un hombre valeroso. «Clamó contra el altar por palabra de Jehová» (v. 2). Testificó en voz alta contra este altar erigido por Jeroboam como rival del de Jehová, estando Jeroboam «junto al altar». La Palabra de Dios ardía en sus huesos, y no podía dejar de hablar las cosas que había oído de parte de Él. Así también fue con Pedro y Juan (Hch. 4:20).

IV. Era un hombre poderoso. Dios dio testimonio del mensaje que Él había dado mediante señales y milagros en el secamiento de la mano del rey cuando éste la extendió para hacerlo prender, y también en el desmoronamiento del altar y el derramamiento de las cenizas. «Señales que seguirán». Éstas son siempre las evidencias de que el hombre no sirve a Dios con sus energías propias. Él tenía poder para el servicio porque hablaba en Nombre de Jehová. Cuando Dios obra por medio de sus siervos es como obrador de *maravillas*. Podemos bien preguntarnos si DIOS está obrando por medio de nosotros si no se están llevando a cabo señales y maravillas (Mr. 16:17).

V. Era un hombre abnegado. Tras orar por la restauración de la mano del rey (porque tenía poder también en oración), el rey le pidió que acudiera a su casa a comer y a recibir un presente, pero él rehusó (vv. 6-9). No era un *asalariado* en la obra del Señor. Él sabía lo que era negarse a sí mismo y tomar su cruz y seguir a Aquel que lo había llamado. ¡Y un hombre tan poderoso como este nunca fracasará! Pero ¡ay!

VI. Cayó por medio de un falso profesante. Este viejo embustero pretendía que un ángel le había hablado, diciendo: «Tráele contigo a tu casa» (vv. 11-18). Al principio rehusó, pero estando fatigado y hambriento (el diablo parece haberse aprovechado de su debilidad física) fue finalmente persuadido a volverse a un lado de la voluntad revelada de Dios y a obedecer la invención del hombre. La tentación era dura, pero su camino estaba perfectamente claro. Había tenido una revelación de Dios, y por ello no debía ser desviado por ninguna interpretación privada de nadie. Al obedecer al falso profeta tiene que haber estado plenamente consciente de que en su *conducta* estaba en contradicción con la más profunda convicción de su alma. Si nuestro corazón *no nos condena* entonces tenemos confianza para con Dios. No deis oído a estos profetas que quisieran «haceros vanos» ministrando a las concupiscencias de la carne: «hablan visión de su propio corazón, no de la boca de Jehová» (Jer. 23:16). Amados, no creáis a todo espíritu, sino probad si los espíritus proceden de Dios; porque muchos falsos profetas han salido al mundo» (1 Jn. 4:1). Hay una marca mediante la que pueden ser detectados, y es la de las «vanas jactancias» (Jer. 23:32). Tienen bien poca reverencia para con la «Palabra de Dios» o la sangre expiatoria del Hijo de Dios; intentan, si es posible, «engañar aun a los elegidos» (Mt. 24:24). Este hombre retrocedió, y le costó la vida, porque un león se encontró con él, y lo mató (v. 24). Fue el final de su testimonio para Dios. La influencia de los *falsos maestros* hace a los hombres menos fieles a Dios y a su Palabra. Por sus frutos los conoceréis.

VII. Fue endechado por el mismo que le engañó. «Y puso el cuerpo en su sepulcro; y lo endecharon, diciendo: *¡Ay, hermano mío!*» (v. 30). Sí, bien puede endecharlo, después de tentarlo a su red de destrucción. Incluso el hecho de sepultarlo en su propio sepulcro no lo absolverá de su pecado de engaño. ¿Cómo se presentará en la resurrección delante de aquel a quien sedujo para apartar de la voluntad de Dios sustituyendo sus propios pensamientos en lugar de los de Dios? ¿Cómo les irá a los falsos maestros (los «altos críticos») de nuestros tiempos cuando se encuentren frente a frente con los frutos destructores de la fe de sus inventados engendros intelectuales? «¡Ay, hermano mío!», ten cuidado de cómo oigas, y mantente firme en la verdad.

295. ORANDO CON DISFRACES

1 Reyes 14:1-17

«Contra su absoluto decreto la oración
No sirve más que frente al huracán un soplido,
Que es devuelto sobre el que con intento lo suelta;
Por ello a su voluntad quedo y sumiso estoy»

MILTON

Cuanto más nos impregnemos del espíritu de oración tanto más sencillos y semejantes a niños nos volveremos. «La sublimidad es siempre sencilla», dijo Longfellow. Las oraciones elocuentes solo pueden ser la arrogancia disfrazada del corazón humano. La mujer de Jeroboam no es la única que ha de disfrazarse para dar a conocer sus peticiones a Dios. La pureza del culto estaba muy baja mientras que el rey Jeroboam hacía sacerdotes al común del pueblo, y consagraba a quien él quería (13:33). «Quiero» no es en absoluto la única cualificación para el servicio de Dios. El Señor había dado una advertencia en contra de este altar impío (13:2). Ahora el celoso Dios de Israel visita la iniquidad con juicio. Este intento de pasarse de listo y engañar al profeta del Señor tiene sus lecciones para nosotros. Había

I. Conocimiento de Dios. Jeroboam no podía ignorar las grandes cosas que Jehová había hecho por su pueblo Israel. Y ¿acaso no le había anunciado el profeta del Señor que él sería «rey sobre Israel»? (11:37). Pero la voluntad *revelada* de Dios había sido echada a un lado. Sus actos de culto eran ahora conforme a sus propios *pensamientos* y conveniencias, por lo que hizo pecar a Israel al sustituir sus propios caminos en vez de los caminos del Señor (12:33). Puede que haya un *conocimiento* de los caminos y de la voluntad de Dios, mientras que la vida diaria constituye una presuntuosa negación de la revelación divina.

II. El sentimiento de necesidad. «Abías hijo de Jeroboam cayó enfermo» (v. 1). Estaban muy ansiosos por saber «qué ha de ser de este niño» (v. 3). Nuestros más cercanos y amados nunca están más allá del toque agostador del dedo de Dios. Cada dolor y frustración puede usarse como una aguijada para conducirnos más cerca de nuestro Dios si nuestros corazones son rectos para con Él. Hay una amargura de corazón que no puede ser transmitida a los oídos de los ordinarios mortales; que precisa del toque del Eterno. El anhelo del alma en tales ocasiones es saber cuál es la voluntad de Dios tocante a nosotros.

III. Un disfraz del carácter. La mujer de Jeroboam cambió su apariencia y fue a inquirir del varón de Dios, *fingiendo ser otra* (vv. 2-5). Quizá el rey supiera que el viejo profeta Ahías estaba viejo debido a su avanzada edad, pero tanto él como su mujer parecían olvidar que Dios no está ciego. Es absolutamente innecesario que nadie se acerque a Dios fingiéndose ser diferente de lo que es; y sin embargo este disfrazar el propio carácter mientras se presentan las peticiones a Dios es un común fraude piadoso. Sobre nuestras rodillas podemos pretender creer todo lo que el Señor ha dicho, y luego entre nuestros semejantes nos ponemos unas lentes de aumento, y nos olvidamos de que el Señor nos ha comprado. Dios mira al corazón, y como el hombre piensa en su corazón, así es él delante de Dios.Y hubo:

IV. Un fracaso total. Tan pronto llegó a la puerta del profeta, oyó estas palabras que destruían su disfraz: «Entra, mujer de Jeroboam. ¿Por qué te finges otra?» (v. 6). El velo de su disfraz quedó desgarrado de arriba abajo, y resplandeció sobre ella la luz de la presencia de Dios. A Saulo se le rompió su disfraz yendo camino de Damasco. El fariseo que subió al templo a orar se fingía un hombre justo, pero se volvió como había venido, con su máscara entera y su alma sin bendición (Lc. 18:14). Jeroboam y su mujer estaban deseosos de conocer la mente del Señor acerca de su hijo, pero tenían miedo de afrontar la voluntad de Dios acerca de *sí mismos* y de sus impías vidas. El *disfraz* era evidentemente un intento de evitar la temida predicción del «varón de Dios» en el capítulo precedente. ¿Hay algo en lo secreto de nuestras vidas que tenemos miedo que Dios cambie, cosas que nos hacen revestirnos de un disfraz cuando nos aventuramos a buscar la luz o la conducción divinas? No mejorará nada el ocultarlas, porque Dios nos tratará según nuestra vida diaria delante de Él. Por ello, venid a la luz para que las malas acciones sean reprendidas, confesadas y purificadas (Jn. 3:19-21), pues si no sabed de cierto que vuestro pecado os alcanzará.

296. DETRÁS DE TUS ESPALDAS

«A mí me echaste tras tus espaldas» (1 R. 14:9)

«Echaste tras tus espaldas todos mis pecados» (Is. 38:17).

¡Qué asombroso contraste! En el primer pasaje Dios está hablando a un rey; en el segundo, un rey está hablando a Dios. En el primero, vemos a un pecador echando a Dios tras sus espaldas, mientras en el segundo vemos a Dios echando no al pecador, sino los pecados del pecador detrás de sus espaldas. Otra vez decimos, ¡Qué asombroso contraste! ¡Qué magnanimidad de parte del Señor, que trate de manera tan misericordiosa con el alma arrepentida! Pero, así es como Él es.
Algunos textos de las Escrituras demandan mucha explicación, pero estos dos son meridianamente claros, y no demandan interpretación. Sin embargo, aunque parezca que se ven claros de lejos, podremos ver más hermosuras en ellos si los inspeccionamos de cerca. Veamos en primer lugar:

I. El pecador echando a Dios tras sus espaldas. Nuestro primer pasaje de las Escrituras formaba parte de un mensaje dirigido a Dios por Jeroboam, primer rey de las diez tribus. Hay razones para creer que antes de ser elevado al trono era un humilde seguidor de Jehová, porque cuando nació su primogénito, lo llamó Abías, que significa «Jehová es mi padre», o «Jehová es mi deseo». Sin embargo, tan pronto llegó a ser rey, cometió el error de su vida: erigió unos becerros dorados para que los adorasen sus súbditos. Lo que dictó este paso fue una mera prudencia política mundana. Tomó consejo consigo mismo, y no con el Señor (véase 1 R. 12:26). Ahora bien, su pecado parece tanto más abominable cuando vemos que él sabía que era por este mismo pecado que el Señor había permitido la revuelta (véase 1 R. 11:33). Le fueron enviadas advertencias, pero sin resultado alguno, y ahora Dios permite que su hijo primogénito caiga enfermo con una dolencia incurable. Ansioso por su amado hijo, el rey recurre al menospreciado y desoído profeta de Dios, pero, no dispuesto a acudir él personalmente, como un cobarde, envió a su mujer, mandándole que se disfrazase y que llevase solo el presente de una persona casi destituida de todo. Pero los esfuerzos de la mujer por disfrazarse resultaron inútiles, y el Señor le dio al profeta este duro mensaje que debía ser enviado al rey por su mujer.
Ahora bien, ¿podría haber habido una acusación más grave y condenatoria? Echar detrás de la espalda es un acto que expresa el desprecio más absoluto. Significa que Dios había sido tratado como carente de todo valor, sin consecuencia, como indigno e inútil.
Pero acerquémonos algo más. ¿Acaso no puede Dios acusarnos a cada uno de nosotros en el mismo sentido? Él puede decirte con verdad a

ti, querido lector: «*Tú* me echaste tras tus espaldas». ¿Acaso lo niegas? Bien, podrías acaso decir: «He puesto al Señor *siempre delante de mí?*». Es decir, ¿has hecho siempre de Él tu modelo e ideal, lo has tenido siempre presente, reconociendo su presencia contigo? Si no puedes –y quién osará decir que lo haya hecho así–, si Él no está *delante* de ti, ha de estar *detrás* de ti. ¿Y qué entonces de la Ley de Dios? En la oración de arrepentimiento ofrecida en Nehemías 9:26, Israel confesó que sus padres habían echado la ley de Dios «tras sus espaldas». ¿Acaso has amado siempre y guardado sus leyes? La realidad *es que nacimos de espaldas a Dios.* Y aunque algunos lo echan tras sus espaldas de manera deliberada y consciente, la inmensa mayoría lo hacen irreflexiva y descuidadamente, pero, de todas maneras, se hace igualmente.

¡Qué alivio volver a nuestro segundo pasaje de las Escrituras!

II. Dios echando tras sus espaldas los pecados del pecador. Esto forma parte de la alabanza en que prorrumpe el buen Rey Ezequías a Dios al recuperarse de una enfermedad muy grave. Recuerda él, y registra, que, aunque en común con sus semejantes, había echado a Dios tras sus espaldas, pero que al confesar sus pecados y buscar misericordia, Dios había echado sus pecados detrás de sus espaldas. Y hoy día hay miles de personas que pueden dar y dan este mismo testimonio gozoso. Esto no es conforme a lo que hemos merecido. Si recibiésemos lo que hemos merecido, Él nos trataría como nosotros le hemos tratado a Él. ¿Y acaso Él actúa así porque se toma el pecado a la ligera? Para hallar la respuesta a esta pregunta, hemos de acudir al Calvario. Jesús, nuestro Señor, padeció en nuestro lugar. *Es gracias a que Dios echó a su amado Hijo tras sus espaldas que Él puede ahora echar tras sus espaldas el pedo del pecador arrepentido.*

«Mi pecado está siempre delante de mí», gemía otro rey con el corazón lleno de dolor. ¡Ah, esto es! Cuando el pecador pone sus pecados delante de su propio rostro y los confiesa al Señor, es entonces que el misericordioso Señor los echa tras sus espaldas. ¡Aleluya!

297. ELÍAS, EL SEPARADO

1 Reyes 17:1

«Si tú, pobre alma, pudieras confiar
En AQUEL que todo lo rige
Paz y reposo hallarías;
Buenos son la sabiduría y el ver, pero mejor es confiar»

A. PROCTOR

Acab, el altanero rey de Israel, había tomado como mujer a Jezabel, la hermosa pero perversa sidonia. Por medio de su influencia son muertos los profetas de Dios, y el culto de Baal queda establecido en la tierra como la religión nacional. Solo siete mil entre los miles de Israel permanecen fieles a Dios en sus corazones, y estos, por miedo al rey, se ocultan a sí mismos y ocultan su testimonio. Toda la nación parece abrumada por esta inundación de idolatría. Pero en el pueblecito de Tisbe, en las tierras altas de Galaad, se encuentra un hombre, quizá un pobre campesino, cuyo corazón se ha enardecido de indignación, y cuyo celo por la honra de Jehová arde con santo fervor. Nos imaginamos oírlo en sus secretos ruegos delante de Dios que por causa de su Nombre reprenda la iniquidad de su pueblo y lleve a Israel sobre sus rodillas enviando sobre la nación un juicio de advertencia (Stg. 5:17). Dios responde al clamor del Tisbita y allí mismo lo escoge como el instrumento de su mano, para volver a la nación de nuevo a la adoración a su Divino Rey. Y para cumplir esta obra es investido de toda la autoridad. «No habrá lluvia ni rocío en estos años sino por mi palabra». Los intereses y el poder de Dios son encomendados a este siervo, porque está totalmente consagrado a Él. Habiendo sido dotado de poder, sale a Samaria para declarar el mensaje de Dios a oídos de Acab. Nadie cumplirá mucho para Dios si no ha tenido en ciertos respectos una similar instrucción. Observemos:

I. Su posición. «Jehová Dios de Israel, *en cuya presencia estoy.*» Y estaba como uno

1. QUE CREÍA EN DIOS. Su fe le daba la victoria sobre todo temor de Acab. Los que tienen a Dios delante de sí no actuarán cobardemente en presencia de ningún monarca terreno. Fue esta consciencia de la presencia de Dios lo que dio fuerza moral a Lutero y a John Knox. Después de Pentecostés, Pedro y Juan fueron llenos del mismo santo valor que Elías (Hch. 4:19, 20).
2. ACEPTADO POR DIOS. Elías se había presentado a Dios para poder ser un canal por medio del que Sus palabras pudieran llegar a los corazones de los impíos, y por medio de quienes pudiera manifestarse el poder de Dios. EL Señor aceptó este ofrecimiento, y lo llenó como vaso de barro con su tesoro divino (2 Co. 4:6, 7). Había logrado la victoria con su Dios en *secreto*, y ahora es recompensado en *público*. Muchos de los notables siervos de Dios han surgido repentinamente de lugares inesperados.
3. EN COMUNIÓN CON DIOS. Toda la fuerza del ser moral y espiritual de Elías estaba del lado del Dios de Israel. Había una unidad de propósito entre los dos. Toda idea de buscar lo propio quedaba seca por el fuego de la presencia de Jehová. Los que quieran servir al Señor tendrán una tarea muy ingrata delante de ellos si tienen cuidado acerca de sus intereses y honra personales. El secreto del valor y del poder en la obra de Cristo reside en conocer su voluntad y en deleitarse en cumplirla.
4. QUE ESTABA ATENTO A DIOS. Como los ojos de la criada se vuelven hacia su señora, esperando la siguiente indicación de su voluntad, así era la vida de Elías delante del Señor Dios de Israel. Que así estén atentas a Él nuestras almas. El lema de los moravos es muy sugerente, con el buey entre un altar y un arado: «dispuesto para ambos». Listo ya para el sacrificio, ya para el servicio, según el Señor lo disponga. Pero la posición de Elías delante del Señor no era de holganza, sino con aquella actitud valerosa de uno cuya vida era una protesta en contra del pecado popular de la nación: la idolatría. «Así alumbre vuestra luz» (Mt. 5:16).
5. QUE TENÍA LA AUTORIDAD DE DIOS. Él habla como si el poder de Dios y los recursos del cielo estuvieran a su disposición. «No habrá lluvia ni rocío en estos años, sino por *mi* palabra». Le habían sido dadas las llaves del cielo, y los tesoros del rocío y de la lluvia serían derramados solo cuando le pluguiera a él abrir la puerta. Esta arma que Dios había puesto en manos de su fiel siervo era de lo más terrible y eficaz. Los que guerrean las guerras del Señor nunca son mandados a la campaña a sus propias expensas. ¿No es el don del Espíritu Santo igualmente eficaz hoy en día para cumplir los propósitos de Dios para reivindicar a hombres para la comunión de su Hijo? Elías, como Jesucristo, hablaba como uno que tenía autoridad, porque tenía la autoridad de Dios para aquello que decía. Elías era un hombre «de sentimientos semejantes a los nuestros». Pero, ¿tenemos nosotros la fe de Elías? (Mr. 9:23).

II. Algunas otras lecciones.

1. Que Dios puede fácilmente encontrar al hombre que precisa.
2. Que el hombre escogido por Dios es frecuentemente preparado en secreto.
3. Que los grandes hombres vienen frecuentemente de lugares insólitos.
4. Que los enviados por Dios tienen siempre una misión definida.
5. Que el secreto del valor santo es «estar en presencia de Dios».
6. Que el juicio alcanzará a aquellos que desafían a Dios.

298. ELÍAS, EL ESCONDIDO

1 Reyes 17:2-6

«¡Mas no en soledad! ¡Si Cristo cerca de mí está,
Levántanse obreros para su gran obra!
¡Oh, no en soledad! Si almas que me oyen
Reciben de mi gozar del gozo la sorpresa»

MYERS

Cuando Elías hubo entregado su mensaje procedente de Dios al idolátrico rey de Israel, parece como si supiera qué hacer a continuación. Quizá fue en respuesta a una oración pidiendo conducción y protección de parte de Dios que Él le dijo: «Apártate de aquí, y vuélvete al oriente, y escóndete en el arroyo de Querit». Aquel que había dado muerte a tantos de los siervos del Señor no era probable que dejara escapar a un hombre como Elías. Los siervos de Cristo siguen descubriendo que hay un tiempo de prueba *después* de haber entregado algún ingrato mensaje de vida o muerte en Nombre de Dios. ¡Cuán dulce es en estos casos encontrar al mismo Señor como refugio y escondedero para el alma turbada! Observamos que el escondite de Elías era un lugar

I. Escogido por Dios. «Vino a él palabra de Jehová, diciendo: … escóndete en el arroyo de Querit». ¿Cómo podía sentirse seguro o satisfecho escondido en un lugar de su propia elección o factura? ¡Qué suspiro de alivio brotaría del corazón del obediente profeta al buscar y *encontrar* el refugio señalado por Dios para su reposo, como el sentimiento de alivio que conoce el pecador, cuando, en obediencia a la Palabra de Dios, huye para hallar refugio al lugar designado que se llama «Calvario»! No importaba a dónde huyera el homicida involuntario para buscar la seguridad: no podría tener certidumbre de ella hasta que entrara en la ciudad de refugio designada por Dios. ¿Estamos nosotros reposando *allí* donde Dios nos invita a reposar, en Jesucristo, su Hijo amado?

II. Perfecto como escondite. Estaba totalmente escondido en el secreto de la presencia de Jehová, alejado de la soberbia de Acab y de la contención de la lengua de Jezabel (Sal. 31:20). El lugar de la salvación de Dios es un lugar de separación y de soledad. Vuestra vida está escondida con Cristo en Dios. ¡Qué honor pertenecer a «tus protegidos»! (Sal. 83:3). Todos estos escondidos moran bajo la sombra del Omnipotente (Sal. 91:1). Están salvados del temor del hombre, de la esclavitud de la moda y de las ansiedades acosadoras de la vida ordinaria del mundo. «**Tú** eres mi refugio» (Sal. 32:7).

III. Promesa tranquilizadora. «Beberás del arroyo; y *Yo he mandado* a los cuervos que te den *allí* de comer» (v. 4). Dios nunca nos manda a la batalla a nuestras propias expensas. Esta promesa no podía separarse de aquel sagrado lugar, «Querit». Todas las promesas de Dios son en Cristo Jesús Sí y Amén. Saber que *su mandamiento* había sido dado bastaba para eliminar toda duda y temor en cuanto a que fueran suplidas todas sus necesidades. Todas las cosas cooperan para bien de los que aman a Dios, de los que son *llamados según su propósito.* Somos salvos por su gracia y recibimos la certidumbre por su Palabra.

IV. Una maravillosa experiencia. «Los cuervos le traían pan y carne por la mañana, y pan y carne por la tarde» (v. 6). El profeta no hubiera podido tener tal manifestación de la bondad de Dios en ningún otro lugar; al encontrarse en el camino de Dios, Él lo halló y le dio bendición. Así es en la Cruz de Cristo. La provisión era:

1. ABUNDANTE. No solo tenía «pan y agua», sino también carne. La vida de la fe será siempre suplida con su «suma abundancia». Los leones jóvenes, en todo el vigor de su fuerza sufren carencias; pero los que *confían* en el Señor no carecerán de ningún bien. En aquel santo lugar designado por Dios, la Cruz, hay suficiente para todos.
2. CONSTANTE. «Mañana y tarde», todo el tiempo que fuera necesaria. Aquel que ha comenzado la buena obra puede proseguirla. Aquel que te dio el primer bocado de gracia podrá hacer que te baste su gracia para todo el camino (Éx. 16:35). En el secreto de su presencia podrás hallar «tu pan de cada día».

299. ELÍAS, EL FIEL

1 Reyes 17:7-16

«La razón las cuerdas del arpa desarmó
Para ver dónde la música su morada tiene;
La fe derrama un aleluya en canción,
Y en éxtasis celestial arrebátase.
Mientras la Razón se esfuerza las gotas en contar
Que lavan nuestro estrecho callejón,
La fe se zambulle en ancho mar
Buscando una tierra mejor»

HAVERGAL

Por fe andamos, no por vista. Elías tuvo un largo descanso al lado del secreto arroyo, quizá durante doce meses. Esto serviría a la vez como prueba de su fe y de su *paciencia*. Tenemos que aprender a esperar en Dios si queremos hacer hazañas por Él. Moisés esperó cuarenta años en el desierto de Madián antes que llegara el llamamiento divino. Pero ¿qué hubiera podido él hacer para salvar a Israel *antes* de esto? El hombre que tuviera que afrontar la prueba del Carmelo tenía que ser un hombre aprobado por Dios. La fe preciosa, como el oro precioso, tiene que pasar a través de los fuegos de refino. El profeta recibe ahora otro llamamiento.

I. El tiempo de este llamamiento. «Se secó el arroyo... Vino luego a él palabra de Jehová» (vv. 7, 8). Podemos estar perfectamente seguros de esto, que cuando en su providencia Dios cierre una puerta frente a sus siervos, les abrirá otra. Será un tiempo de prueba contemplar cómo el canal de nuestra comodidad actual va estrechándose gradualmente y cómo el arroyo va secándose lentamente. Puede que sea el arroyo de la prosperidad material, pero es especialmente cuando se seca el arroyo amado de la confianza en uno mismo que sentimos lo absolutamente impotentes que somos. Pero la extremidad del hombre es la oportunidad de Dios.

II. La orden dada. «Levántate, vete a Sarepta» (v. 9). Cuando el arroyo se calló, luego Dios habló. Cuando los montes de nuestra pretendida fuerza se vayan y las colinas de nuestras esperanzas carnales sean quitadas, no se apartará de nosotros la *bondad* del Señor, ni será quitado de nosotros el pacto de su paz (Is. 54:10). Sarepta significa una casa de fundición, un lugar de ardientes pruebas. Era apropiado que el profeta del fuego pasara por el horno de afinado. Todos los que quieran vivir piadosamente sufrirán persecución. El viaje de Elías de más de ciento cincuenta kilómetros por aquel país acosado por el hambre le daría abundantes oportunidades para el ejercicio dela fe. Lejos del protegido arroyo, esto debe haber sido para él como un bautismo de fuego. ¿Acaso el Elías del Nuevo Testamento no dijo de Cristo que Él nos bautizaría con Espíritu Santo y con fuego?

III. La promesa dada. «He dado orden allí a una mujer viuda que te sustente» (v. 9). Quizá el profeta pensó que seguramente debía ser seguramente una viuda *rica* la que debería suplir su necesidad durante el tiempo restante de hambre. En todo caso, el mandamiento de Dios «a los cuervos» no había fallado, y tampoco fallaría su palabra a la viuda. No sabemos cómo el mensaje le llegó a esta pobre viuda, pero es indudable que esta pobre sidonia estaba preparada de alguna manera; puede que fuera por medio de fervientes oraciones, como Cornelio (Hch. 10). Fiel es el que prometió.

IV. La prueba de las circunstancias. Esta viuda, suponemos que con alguna premonición secreta dada por Dios de que todas sus necesidades serían suplidas, se encuentra ahora cara a cara con la posibilidad de morir de hambre. Hasta allí donde su *razón* alcanzaba solo había «un puñado de harina» entre ella y la muerte. Había salido apesadumbrada de corazón para recoger leña para cocinar su última comida cuando llegó la crisis (vv. 10-12). Sus circunstancias parecían contradecir el «mandamiento de Dios». Abraham fue similarmente probado cuando recibió la orden de ofrecer a su hijo Isaac, el hijo de la promesa. Pero veamos, llega Elías, buscando a la rica viuda en cuya casa tenía que alojarse. Se encuentra con ella reuniendo leña, y cuando pide «un bocado de pan», le dice que todo lo que posee para ella y para su hijo es «un *puñado* de harina... y *un poco* de aceite». Aquí, una vez más, las circunstancias parecen invalidar la Palabra de Dios. Pero, como Abraham, «tampoco vaciló, por incredulidad, ante la promesa de Dios, sino que se fortaleció en fe, dando gloria a Dios, plenamente convencido de que era también poderoso para hacer lo que había prometido» (Ro. 4:20). Él muestra su fe en la promesa divina insistiendo en tener la *primera* porción de la pequeña provisión, y diciéndole a la aturdida mujer: «No tengas temor». ¿No le pidió el Señor de beber a la mujer de Samaria, sabiendo que Él tenía algo mejor que darle a ella, una bendición que, como la harina de la viuda, «no escaseará»?

V. La obediencia de la fe. «Entonces ella fue e hizo como le dijo Elías» (vv. 14, 15). El profeta le dio la promesa de Jehová Dios de Israel de que la harina en aquella tinaja no escasearía, ni el aceite de la vasija disminuiría, hasta que cesara el hambre. Ella creyó la Palabra, y tomó lo que parecía su último puñado de harina, e incluso con su hambre lo preparó para Elías. Prácticamente entregó, por indicación de Dios, todo lo que tenía, y se arrojó enteramente sobre su promesa. No tenía ni precedente ni ejemplo de tal acción ni para tal esperanza, pero tuvo fe en la Palabra y en el Poder de Dios. Bienaventurados son los que no vieron y creyeron.

V. El cumplimiento de la promesa. «Y la harina de la tinaja no escaseó, ni el aceite de la vasija menguó, conforme a la palabra que Jehová había dicho» (v. 16). Así, y durante *muchos días*, comieron un pan, a diario, que les era suplido milagrosamente. La suya fue una vida de fe en la promesa de Dios. Si la harina estaba siempre *en el fondo del barril*, sin embargo nunca faltaba. Los que se confían del todo a El, lo encontrarán siempre fiel. «¿No te he dicho que si crees, verás la gloria de Dios?»

300. ELÍAS, EL AVIVADOR

1 Reyes 17:17-24

«Siempre que una noble obra se cumple,
Siempre que un noble pensamiento es expresado,
Nuestros corazones, con feliz sorpresa,
A más altura ascienden.
La ola de aguaje de almas más hondas
A nuestro íntimo ser llega,
E inopinadamente nos levanta,
Fuera de nuestras mezquinas ansiedades»

LONGEFELLLOW

Había muchas viudas en *Israel* en tiempos de Elías, pero a ninguna de *ellas* fue enviado, sino a esta viuda en una ciudad de Sidón. ¿Por qué se refirió nuestro Señor a esto en el momento en que lo hizo (Lc. 4:25), si no para mostrarles precisamente que la salvación es por medio de la *gracia* de Dios, que se deleita en levantar a los menospreciados entre los hombres, y a los indignos a la vista de Dios? Fue una maravillosa obra que el Dios de Israel había cumplido para esta pobre y solitaria viuda, no solo supliendo sus necesidades diarias, sino también al levantar a su hijo de entre los muertos. Con verdad podría ella cantar «¡De la gracia, oh cuán deudora!» ¿Qué nos ha enseñado a nosotros la gracia de Dios *que se ha manifestado para ofrecer salvación a todos los hombres*? (Tit 2:11, 12). Ahora vemos en este hogar tan favorecido:

I. Una severa prueba. «Cayó enfermo el hijo del ama de la casa; y la enfermedad fue tan grave que no quedó en él aliento» (v. 17). La luz de sus ojos, la alegría de su corazón y la esperanza de su vida futura había quedado repentinamente cortada. Se sienta con el hijo muerto en «Su regazo» (v. 19), pero el calor *natural* incluso del corazón de una madre es totalmente incapaz de devolver a estos ojos muertos la luz de un alma viviente. Tampoco podemos nosotros, con la fuerza del afecto natural, devolver a la vida a nuestros seres queridos que están muertos en sus pecados. «Sin Mí nada podéis hacer».

II. Una amarga queja. «¿Qué tengo yo que ver contigo, oh varón de Dios? ¿Has venido a mí para renovar la memoria de mi pecado?» (v. 18, V.M.). La muerte del niño había despertado dentro de ella algunas tristes memorias del pasado. No podemos saber con certeza cuál fuera este pecado. Puede que estuviera relacionado con el nacimiento del hijo. De todas maneras, su alma estaba profundamente agitada. La presencia del «varón de Dios», la manifestación del poder y de la bondad de Dios en la diaria multiplicación de su puñado de harina, y la memoria de su *propio pecado* llenaba el alma de la mujer de la más profunda angustia. Es algo terrible ver la pecaminosidad propia bajo la luz de la gran bondad de Dios. Cuando Simón Pedro lo vio, clamó: «Apártate de mí, Señor, que soy un hombre pecador» (Lc. 5:8). es infinitamente peor recordar los pecados propios, como en el caso del rico, allí donde no hay «varón de Dios» para ayudar, ni mensaje de esperanza para un alma que se ha atraído la perdición (Lc. 16:25)

III. Una petición llena de gracia. «Él le dijo: Dame acá tu hijo» (v. 19). Aunque las duras palabras de la afligida mujer, acosada por su pecado, deben haber herido profundamente el corazón del «varón de Dios», sin embargo no demuestra impaciencia alguna. No se queja, sino que con la ternura de un padre y con la fe de un gigante surgido del cielo, le dice: «Dame acá tu hijo», y tomó al muchacho muerto «de su regazo». ¡Oh, varón de Dios! ¿qué puedes hacer con los *muertos*? Un VARÓN DE DIOS siempre actuará diferente de un mortal mundano ordinario, afrontando dificultades que parecen insuperables y tareas que son imposibles para los hombres.

IV. Un lugar de bendición. «Y lo llevó al aposento donde él estaba, y lo puso sobre su cama» (v. 19). El aposento debió ser un lugar en apariencia muy humilde, pero para este profeta, sacerdote y príncipe era el «Lugar Santísimo», la cámara de audiencia del Príncipe de la Vida y de Gloria. La ventanilla de este aposento miraba directamente a la sala del trono del Eterno. Bienaventurado el hombre cuyo aposento está lleno del calor del aliento de Dios. «Cuando ores, entra en tu aposento, y a puerta cerrada, ora a Tu padre que está en lo secreto» (Mt. 6:6).

V. Una oración que prevalece. «Y Jehová oyó la voz de Elías, y el alma del niño volvió a él, y revivió» (vv. 21, 22). Al pedir a Dios que hiciera «volver el alma de este niño a él» de cierto pedía una *gran cosa*. Pero los hombres que afirman estar «en presencia de Dios» tienen que esperar grandes cosas de Dios. La vida de la fe no puede quedar limitada a lo natural ni circunscribirse por los precedentes. Dios puede hacer mucho más allá de lo que pedimos o pensamos. Pero no solo *pidió*, sino que «*se tendió* sobre el niño tres veces». Con la fe de su corazón le dio también todo el calor de su cuerpo físico. Su cuerpo, alma y espíritu estaban todos consagrados a esta gran obra de *avivamiento*. Hay muchos que *oran* por el avivamiento y que no extenderían su dedo meñique para levantar un alma del hoyo del pecado. Al «tenderse» se dio *a sí mismo* enteramente a la obra. Cuando Pablo quiso recuperar a Eutico, lo *abrazó* (Hch. 20:10). Hay muchos que se *tienden* sin la oración de fe, pero ello es tan vano como cuando Sansón «se sacudió» sin el poder del Espíritu Santo (Jue. 16:20, V.M.).

VI. Una confesión glorificadora de Dios. Cuando Elías bajó al niño y se lo entregó a su madre, ella le dijo: «Ahora conozco que tú eres varón de Dios, y que la palabra de Jehová es verdad en tu boca» (v. 24). El milagro en la tinaja no la convenció como el milagro en su hijo. La evidencia abrumadora de la veracidad de la «Palabra de Jehová» es que por medio de ella las almas pasan de muerte a vida, renacidas por la semilla incorruptible de la Palabra. La muerte y el avivamiento de su hijo fueron el medio en manos de Dios para llevarla al conocimiento y amor de Dios; así, de nuestras más hondas pruebas pueden venir nuestras más elevadas bendiciones, y cuando vengan, confesémoslas honrada y gozosamente.

301. ELÍAS, EL TESTIGO FIEL

1 Reyes 18:1-39

«Si tan solo aplastar pudiéramos aquel codiciar
Por gozar, que todo gozo mata, y nuestra vida perder:
Nuestra estéril vida del yo: para volver a encontrar
Mil vidas en aquellos por quien muerto hemos,
Así hombres y mujeres fuéramos, y hallaríamos
Nuestro propio puesto en gran universo de Dios»

KINGSLEY

Era ya el tercer año de hambre. Durante todo este tiempo Elías, como portavoz de Dios, no tenía mensaje alguno para la culpable nación. El mismo Jehová estaba hablando por medio de aquellos campos estériles y cielos cerrados, llamando a la confesión y al arrepentimiento. Hay tiempos en que los siervos de Dios tienen que estar callados, cuando Él está hablando con voz poderosa por alguna providencia aplastante. Elías tuvo un largo período de silencio antes de hacer la valerosa y trágica declaración en el Carmel. En este capítulo tenemos una panorámica más completa de la fidelidad de este profeta de fuego en:

I. Su disposición a obedecer. Cuando llegó el llamamiento: «Ve, muéstrate a Acab», «Fue, pues, Elías a mostrarse a Acab» (vv. 1, 2). Primero le había sido ordenado que se *escondiera* (17:3). Ahora debe *mostrarse*. Y estaba igualmente dispuesto para lo uno y lo otro. El hombre que está dispuesto a testificar por Dios, como Elías, y que está dispuesto a *esconderse*, con certeza que será levantado, sacado y establecido ante el pueblo como uno con autoridad. Presentarse ante Acab era presentarse ante uno que estaba buscando ansiosamente darle muerte (v. 12). Pero los *justos* están confiados como un león (Pr. 28; 1).

II. Su valor para reprender. Cuando Acab encontró a Elías, parecía como si hubiera encontrado un «hombre pestilencial». Pero ¿no había el temblor del temor en aquella pregunta tan rebuscada: «¿Eres tú el que perturba a Israel?» ¿Cómo podía *él* perturbar Israel cerrando los cielos cuando el *rey* era absolutamente impotente? La réplica del profeta fue directa y aguzada como una flecha a su corazón salida de la aljaba del Omnipotente. «Yo no he perturbado a Israel, sino tú y la casa de tu padre, dejando los mandamientos de Dios» (v. 18). ¿Qué hace a uno un *perturbador*? Abandonar la Palabra del Señor. Cada rebelde es un perturbador en la Iglesia de Dios. El pecado secreto de Acán trajo turbación a todo el campamento de Israel. ¿Y qué podrá decirse de los «críticos» incrédulos que se mantienen como maestros religiosos y que perturban toda la tierra con sus herejías que acarrean condenación? La necesidad de nuestra época es que surjan Elías.

III. Su llamamiento a la decisión. El profeta ordena al rey, y sus ochocientos cincuenta falsos profetas son convocados, con la nación, a encontrarse con Elías en el Monte Carmel. Era una gran cosa, pero el varón que está «en presencia de Dios» se lanzará a grandes empresas. «¿Hasta cuando claudicaréis vosotros entre dos pensamientos?» es la oportuna pregunta que vibra tan pronto como el pueblo se ha congregado. Este solitario varón de Dios era intensamente práctico. Bien sabía él que «nadie puede servir a dos señores», y que la indecisión acerca del servicio de Dios era ruinosa. Su decisión por Dios o por Baal debía ser evidenciada por el acto de «*seguir*». La vida externa debe declarar los propósitos interiores del corazón.

IV. Su deseo de poner a Dios a prueba. «Dénsenos, pues, dos bueyes, y escojan ellos uno…, y yo prepararé el otro buey, y lo pondré sobre leña…, y el Dios que responda por medio de fuego, ése sea Dios» (vv. 23, 24). Mejor será comprobar nuestras teorías y principios a tiempo que ver como se derrumban en el borde mismo de la eternidad. El hombre de fe nunca teme arriesgar todo en el honor de Dios (He. 11:17). Una «respuesta por medio de *fuego*» era para ellos una prueba razonable, por cuanto adoraban a Baal, el dios del fuego. De cierto que el gran «dios sol» no le fallaría a tal multitud de profetas. Al *mediodía*, cuando el sol batía con toda su intensidad, se pusieron frenéticos, y «saltaban cerca del altar» como si ellos mismos estuvieran listos al sacrificio por su fe, pero «no hubo ninguna voz, ni quien escuchase *ni respondiese*». El dios de ellos era el mito mudo de su propia imaginación. Los «dos pensamientos» entre los que vacilaban eran el DEL HOMBRE, y el DE DIOS. «Mis pensamientos no son vuestros pensamientos, dice Jehová.» Probaos a vosotros mismos.

V. La oración de fe. No se manifiesta ninguna agitación, ninguna inquietud en el varón de Dios, al levantar con calma el altar y remojar el sacrificio y la leña con «cántaros de agua» del mar (Jer. 46:18). No trata de hacer fácil que Dios le responda con fuego, sino asegurar que el fuego es de Dios. Su oración es sencilla, porque es la oración de fe.

«Sea hoy manifiesto que Tú eres Dios en Israel», etc. (vv. 36, 37). El profeta apremia cuatro razones para esta especial manifestación milagrosa de su poder.

1. Para que sea manifiesto que TÚ ERES DIOS.
2. Que YO SOY TU SIERVO.
3. Que POR MANDATO TUYO he hecho todas estas cosas.
4. Que el CORAZÓN de este pueblo VUELVA A TI.

Fue un clamor por la vindicación del propio honor de Dios, un clamor que recibió respuesta inmediata, porque «*Entonces* cayó fuego de Jehová» (v. 38). Éste fue para Israel un día de Pentecostés. Los que son verdaderamente fieles a Dios deben esperar grandes cosas de Él, para que su Nombre sea glorificado en ellos y por medio de ellos. Es por nuestra incredulidad que no se están obrando señales y maravillas entre nosotros. «Envíame».

VI. Llevando a otros a la confesión. «Viéndolo todo el pueblo, se postraron y dijeron: ¡Jehová es el Dios, Jehová es el Dios!» (v. 39). No hay nada como la venida del fuego de Dios, el Espíritu Santo, para desenmascarar a los vividores religiosos auto-engañados. El ministerio personal de Elías fue una poderosa fuerza en el reino de Israel. El hombre que está «en presencia de Dios» siempre tendrá a Dios para escudarse en Él. No hay otra manera de llevar sobre sus rodillas a los pecadores que mediante el poder de Dios en respuesta a la fe osada de sus siervos creyentes.

302. ELÍAS EN EL CARMELO, O LA FE VINDICADA

1 Reyes 18:19-39

Hay únicamente dos religiones: (1) La Religión Humana; (2) La Religión de Dios. La religión humana puede que tenga mucho en sí que sea atractivo y placentero para los hombres, pero carece de *poder y autoridad*. Es un cuerpo sin vida. La religión de Dios es atestiguada como divina por fuego milagroso del cielo en respuesta a la oración de fe (v. 37; Hch. 2:3). Tenemos aquí:

I. La religión de la forma y sus seguidores.

1. SON MUCHOS. «Los cuatrocientos cincuenta profetas de Baal» (v. 22). Una religión depravada siempre será popular para una humanidad depravada (Mt. 27:21). El proverbio «*Vox Populi, vox Dei*» es falso en las cuestiones espirituales (Mt. 7:13).
2. SON FERVIENTES. Clamaban en voz alta y se cortaban con cuchillos», etc. (v. 28). Celo, pero no según ciencia (Ro. 10:3); es como una máquina lanzada por una vía errada. Algo bueno fuera de su ruta.
3. ESTÁN ENGAÑADOS. «No hubo ninguna voz, ni quien escuchase o respondiese» (v. 29). El favor y el poder de Dios no pueden comprarse con esfuerzos propios (Tit. 3:5; Hch. 8:20). El fuego del bautismo celestial no vendrá sobre nosotros porque saltemos sobre el altar y *nos cortemos* (1 Co. 13:3), es por *fe* (Gá. 3:14; Jn. 7:38, 39).

II. La religión de Dios y de sus adoradores. No se puede decir de los cristianos que adoran lo que no saben (1 Jn. 5:20).

1. SON RELATIVAMENTE POCOS. «Solo yo he quedado» (v. 22). Él es sólo uno contra cuatrocientos cincuenta, pero no se trata de Elías, sino de *Dios*, en quien Elías confiaba. La batalla es del Señor (léase 1 Jn. 4:4).
2. SON DELIBERADAMENTE FIELES. «Acercaos a mí.» Obsérvese la calma de Elías. Nada de «saltar y sajarse» por parte de él. No se apresura, porque cree en Dios (Is. 28:16). ¡Ah, por esa fe! (Stg. 5:17).
3. SON FAVORECIDOS POR DIOS. «Entonces cayo fuego de Jehová» (v. 38). Nuestro Dios es fuego consumidor. Cuando Él viene, Él consume el corazón de piedra, y lame el polvo del pecado (Mt. 3:11, 12).

III. El llamamiento del profeta a la decisión. «¿Hasta cuándo claudicaréis vosotros entre dos pensamientos?» (v. 21). Obsérvese:

1. QUE HAY DOS OPINIONES. La de Dios y la del hombre. «Mis pensamientos no son vuestros pensamientos, ni vuestros caminos mis caminos, dice Jehová». Están tan separados como la luz y las tinieblas. ¿Qué es lo que tú sigues? (Véase Sal. 139:17.)
2. QUE HAY MUCHOS QUE VACILAN ENTRE AMBAS. La elección es entre la «sabiduría del hombre» y la «sabiduría de Dios» (1 Co. 1:19-30), entre el pecado para muerte y la obediencia para justicia (Ro. 6:16).
3. QUE SOLO QUEDAN SEGUROS LOS QUE SE DECIDEN POR DIOS. Cuando el *pueblo* lo vio, dijeron: «¡Jehová es el Dios!», pero los *profetas* fueron degollados junto al arroyo (vv. 39, 40). ¿Cuáles son los resultados de ver la «bondad y severidad de Dios» en la Cruz de Cristo?

303. DECISIÓN

«¿Hasta cuándo claudicaréis entre dos pensamientos? Si Jehová es Dios, seguidle; y si Baal, id en pos de él» (1 R. 18:21).

A veces es necesario «vacilar entre dos pensamientos» si no está claro el curso de acción a seguir, pero cuando el bien y el mal se presentan en su desnuda realidad, la indecisión se transforma en pecado. Y en lo espiritual sucede como en las cosas temporales, los vacilantes y los tibios no pueden triunfar. El joven que no puede decidirse en cuanto a qué actividad va a seguir está en peligro de arruinarse. En la religión, lo mismo que en la política, no se puede hacer progreso alguno, ni se puede dar testimonio, hasta que la mente no esté definida, y la voluntad sea enfática. En estas cuestiones, como en otras, la persona vacilante es una persona inútil, peor que inútil, porque es un tropiezo para otros. La escena en el Monte Carmelo es una lección ejemplar acerca de la necesidad de tomar una decisión instantánea por Dios. Elías es tan necesario hoy como lo era entonces.

I. Acerca de qué vacilaba el pueblo. «Entre dos pensamientos.» Para ellos esto simplemente significaba:

1. ENTRE DOS RELIGIONES. Solo había dos: La religión de Baal y la de Jehová. La primera era producto de la imaginación entenebrecida del hombre, la otra era una revelación del cielo. El corazón del hombre y el de Dios son las dos únicas posibles fuentes de pensamiento religioso. Aquí tenemos la base movediza de las multitudes: vacilando entre los pensamientos humanos y los pensamientos de Dios. Vacilar en esto es vacilar:
2. ENTRE DOS AMOS. Entre Baal y Jehová, entre el falso y el verdadero, entre la superstición y la revelación, entre la tiranía de la ignorancia y del temor y la libertad de la luz y de la verdad. El primero representa al príncipe de las tinieblas, el segundo al Príncipe de Paz. El designio del primero es destruir, el propósito del otro es salvar. Sois siervos de aquel a quien os presentéis. No reine el pecado sobre vosotros. No hay comunión entre estos dos amos: no puede haber compañerismo entre la luz y las tinieblas, entre Cristo y Belial. No hay acuerdo posible entre el templo de Dios y la casa de los ídolos. No podéis servir a estos dos amos; tenéis que escoger uno de ellos.

II. Por qué vacilaba el pueblo. Debe haber habido algo que les estorbara de confesar a Jehová como Dios de ellos. Deben haberse visto refrenados, como muchos en nuestros días,

1. POR EL NÚMERO DE LOS ADVERSARIOS. Era legión el nombre de los que habían entrado en el camino ancho del rechazamiento de Dios. Es relativamente fácil ir bien o mal cuando se va con la multitud, pero miserable es el consuelo que intenta tener el que dice: «Si no estoy en lo cierto, somos muchos que no lo estamos». Mal de muchos, consuelo de tontos. Quedar sin decidirse por Cristo porque son muchos los que le rechazan es una triste muestra de debilidad moral. Aunque Baal y sus arboledas tenían 850 profetas, y Jehová sólo uno, sin embargo estar con él era estar en mayoría y del lado de la victoria y de la bendición.
2. DEBIDO AL TEMOR QUE TENÍAN DEL HOMBRE. Algunos indudablemente vacilaban porque tenían temor de la ira del rey. Fue muy diferente con los padres de Moisés (He. 11:23). Acab era enemigo de Dios, y el turbador de Israel. Intentaba barrer el culto de Jehová de la tierra, y debido a él muchos tenían temor de reconocer al Señor. Ellos vacilaban quizá porque aún estando convencidos de que la política de Acab y de Jezabel era mezquina y revolucionaria, no tenían valor de definirse por Jehová. El temor del hombre pone lazo. Cuando le dijeron a Lutero que todo el mundo estaba en contra de él, repuso: «Bien, pues entonces yo estoy contra todo el mundo». «¿Hasta cuándo claudicaréis…? Si Jehová es Dios, seguidle». Mejor es dolerse por los enemigos de Dios y dejarlos, que permanecer como enemigo de Dios.

III. La naturaleza insatisfactoria de esta posición. «¿*Hasta cuándo* claudicaréis?» Cada vez que uno vacila entre la santidad y el pecado, entre Cristo y el mundo, le disminuirá su fuerza de voluntad y reducirá la vida a una inutilidad para Dios y para una eternidad venidera. Permanecer sin decidirse por Cristo y la justicia es, por decir poco,

1. UNA INSENSATEZ. Es como el asno de la fábula, que murió de hambre porque no podía decidirse de qué montón de paja comer primero. Moisés actuó prudentemente cuando escogió «antes ser maltratado con el pueblo de Dios, que gozar de los deleites

temporales del pecado». Rebeca actuó sabiamente cuando dijo: «Iré». La pobre mujer india sabía en quién había creído cuando, después que la robaran de todos sus bienes, dijo: «Antes prefiero morir como cristiana pobre que como pagana rica».
2. PELIGROSO. La indecisión ha sido la ruina de muchos. Recuerda la mujer de Lot. *Decidirse* significa literalmente «cortar aparte» aquello que es innecesario. Así, corta amarras de aquel estado de pecado y de duda, y, como María, escoge la mejor parte. Los indecisos son siempre fácilmente vencidos. Cuando Carlos I, tras haber sido derrotado en la batalla de Naseby, estaba a punto de hacer otra carga contra las tropas de Cromwell, uno de sus cortesanos tomó la rienda de su caballo, y lo apartó del camino del honor. Carlos no tuvo valor para reprenderlo. ¿Quién hubiera osado hacerle esto a Cromwell?

304. ELÍAS, EL INTERCESOR

1 Reyes 18:41-46

«En verdad él de alguna manera
Mejorado ha sido por mi amor. Creer debo
Que su misma mirada así no resplandecería
Si por él todo este tiempo no hubiera estado orando»
BROWNING

El descenso del fuego del Señor desde el cielo, y el acortamiento de los profetas de Baal, habían detenido de manera eficaz la creciente marea de idolatría que amenazaba con trastornar toda la tierra. Ahora que el pueblo estaba sobre sus rostros confesando que «Jehová es el Dios» (v. 39), se avecinan lluvias de bendición. El pronto oído del varón de Dios es el primero en discernir el «rumor de una gran lluvia». Los hay para los que los tiempos de refrigerio de la presencia del Señor no significan nada más que *comida y bebida*: disfrute personal. Para Elías se trataba de algo muy diferente. Para él el sonido de la bendición venidera era un llamamiento urgente a la oración. Él:

I. Oró con fe. «Oyó «el rumor de una gran lluvia» (v. 41). El *rumor* puede haber sido el de la segura *promesa de Dios* retumbando en su alma (v. 1). Así viene la fe con esta manera de oír. El secreto de una fe valiente reside en el oír con fe. Cuando el oír de la fe es duro, los pies del servicio serán lentos y la lengua del testimonio tartamudeará. Para prevalecer en oración, escuchad la Palabra del Señor.

II. Oró humildemente. «Postrándose en tierra, puso su rostro entre las rodillas» (v. 42). El creyente más valeroso delante de los hombres será el más humilde delante de Dios. *Humillarnos* será la mejor forma de prepararnos para el cumplimiento de la promesa de Dios. El mayor de todos en el reino de los cielos puede ser el más pequeño a los ojos de los hombres (Mt. 18:4). El mayor de todos los amos fue el más humilde de todos los siervos. Fue el que no podía levantar su rostro el que recibió la bendición de Dios (Lc. 18:13).

III. Oró con perseverancia. «No hay nada. Y él se lo volvió a decir» (v. 43). Elías había oído el son de una abundancia que se avecinaba, pero su siervo no podía ver *nada*. No es fácil *ver* aquello que por ahora solo puede ser captado por la *fe*. Pero aunque no se pudiera ver nada, no por ello se desalentó el profeta, diciéndole «siete veces» que fuera a mirar. Tenía la palabra segura de la promesa de Dios, y siguió creyendo y rogando aunque todas las *apariencias* estaban en contra de él. Como Jacob, no cejará hasta que llegue la bendición (Gn. 32:26). Elías anduvo por la fe, mientras que su siervo andaba por la vista. Los ruegos importunos de la fe nunca volverán de vacío (Lc. 18).

IV. Oró de un modo concreto. Oró pidiendo lluvia (Stg. 5:17, 18). Este poderoso hombre de Dios nunca parecía tener en su aljaba más que una flecha a la vez. Las oraciones prevalecientes han sido siempre concretas. David dijo: «De mañana presentaré [pondré en orden una flecha en el arco] mi petición delante de Ti, y esperaré», aguardando la respuesta confiadamente (Sal. 5:3, V.M.). La oración *general* es generalmente impotente. ¿Quién acudiría en presencia de un rey terreno con un montón de generalidades, ninguna de las cuales se desea o espera de inmediato? Las reuniones de oración quedan a menudo estranguladas y muertas por las innumerables peticiones que se hacen y cuya respuesta no se espera nunca. Como norma, la oración que prevalece con Dios y que recibe respuesta con oleadas de bendiciones brota de alguna promesa concreta de Dios, recibida por fe, y pedida perseverantemente delante de su trono de gracia (Ez. 36:37).

V. Oró con éxito. «Veo una pequeña nube… y hubo una gran lluvia» (vv. 44, 45). Cuidémonos que cuando aparezca la *nube pequeña* no menospreciemos el día de *los modestos comienzos* (Zac. 4:10). La *nubecilla* de Dios puede ensancharse hasta cubrir todo el cielo y cubrir todas nuestras necesidades. Unos pocos panes y peces son suficientes en sus manos para dar satisfacción a los anhelos de una multitud. Elías pidió, creyendo que recibiría, y recibió (Mr. 11:24), y Dios fue glorificado en darle respuesta. «Y cualquier cosa que pidáis al Padre en mi nombre, la haré, *para que el Padre sea glorificado en el Hijo*» (Jn. 14:13). Siendo que el mayor deseo del Hijo es glorificar al Padre en respuesta a nuestras oraciones, desde luego ésta es una de las más poderosas de todas las razones por las que debiéramos pedir «en oración, creyendo» para recibirlo (Mt. 21:22).

305. ELÍAS, ABATIDO

1 Reyes 19:1-8

«¿Solo estás? ¿Y se queja tu alma
de que en vano vive?
¡No en vano vive quien resistir puede! Oh, seguro estar puedes,
Que el que espera y sufre aquí ganar puede
Beneficio seguro»
PROCTOR

«Los hombres grandes no siempre son sabios». Elías fracasó precisamente en este punto en que habríamos esperado que tomara una actitud inamovible. Pero puede ser bueno que conozcamos que los mayores siervos de Dios fueron hombres «de sentimientos semejantes a los nuestros». Así como ellos participaban de nuestra débil naturaleza y pasiones, así nosotros podemos ser hechos partícipes de sus virtudes y glorias. Todas las cosas son posibles para el que cree. Observamos aquí:

I. Una huida cobarde. «Viendo, pues, el peligro, se levantó y se fue para salvar su vida» (v. 3). Viendo que Jezabel persistía indómita en su soberbia y odio después de todo lo que él había hecho, al demostrar su autoridad en el Carmel haciendo descender fuego del cielo y al llamar mediante la oración las lluvias que dieran de beber a la calcinada tierra, y su lealtad al rey Acab al correr como heraldo delante del carro regio aquellos casi treinta kilómetros en medio de una lluvia intensa. Y mientras esperaba a la puerta del palacio, todo lo que recibe como reconocimiento es un mensaje de que por haber dado muerte a los profetas de Baal, su vida le sería quitada «mañana a estas horas». Por ello, «se fue para salvar su vida». Agotado y frustrado, se olvida de Dios y de la actual necesidad de Israel de un maestro espiritual, y se dedica a proteger su propia vida. Por la fe se había mantenido valiente delante de Acab y de todos los profetas de Baal; por temor huyó delante de las vanas amenazas de una mujer sin ninguna clase de principios. ¡Cómo han caído los fuertes! «El que piensa estar firme, mire que no caiga».

II. Su clamor desesperanzado. «Deseando morirse, dijo: Basta ya» (v. 4). Descubrió que el asunto de buscar meramente *salvar su propia vida* era muy poco provechoso. Una vida centrada en el yo llegará a la desgracia. Cuando uno se aparta de la corriente de la voluntad y de los propósitos de Dios con respecto a nosotros, las ruedas de nuestros carros se atascarán. Jonás hizo la misma oración en un acceso de irritación (cap. 4:3). Pablo estaba animado por un espíritu muy diferente cuando escribió: «Pero quedar en la carne es *más necesario por causa de vosotros*» (Fil. 1:24). En aquel momento el reino de Israel tenía una necesidad inmensa de aquel mismo hombre que contaba su vida como algo sin valor. ¿Y acaso la causa de Cristo no te necesita a ti?

III. Un toque de gracia. «Y he aquí luego un ángel le tocó, y le dijo: Levántate, come» (v. 5). El misericordioso Señor de Elías no le envió un mensajero para golpearlo ni tampoco siquiera para reprenderlo por su temor. Su amante Padre Celestial sabía mucho mejor lo que necesitaba su cansado y desalentado hijo. «Levántate y come». La terrible tensión del Carmel, la fatigosa huida delante de Acab, la larga caminata al desierto, habían indudablemente causado en él una postración física y nerviosa total. El remedio dado por Dios fue «una torta cocida sobre las ascuas, y una vasija de agua». Él conoce la fragilidad de nuestro ser (Jn. 21:9-12). Cuánto durmiera antes que el ángel lo tocara no podemos saberlo, pero quizá estaba en peligro, por su gran debilidad, de dormir el sueño de la muerte, si el ángel no lo hubiera despertado para que *comiera*. ¿No nos recuerda esto aquel otro ángel de su presencia, el Espíritu Santo, cuyo bondadoso toque despierta a muchos de los abatidos hijos de Dios, y cuya tierna voz los invita a levantarse y a comer de Aquel que es el Pan de Vida? Aquel ángel puede que te esté tocando precisamente ahora.

IV. Un maravilloso descubrimiento. «Entonces él miró, y he aquí a su cabecera una torta *cocida sobre las ascuas*, y comió y bebió, y volvió a dormirse» (v. 6). No es en vano que el ángel de Dios toca a alguien. Para cada alma despertada por el Espíritu Santo hay un banquete milagroso que le espera, y del que tiene necesidad. Y no fue desobediente al toque celestial. «Él miró», y al ver la provisión divina, se la apropió. Tiene que haber sido un desayuno delicioso, preparado por un ángel, y todo para él. Pero la provisión de Dios siempre es apropiada para las necesidades del alma. A Elías no le preocupó cómo hubiera sido formada la torta ni cómo se hubieran encendido las ascuas. Para él era suficiente con que fuera el don de Dios para él, que lo necesitara, y que fuera invitado a tomarlo. Así es con la salvación que es en Cristo Jesús.

V. Una segunda bendición. «Y volviendo el ángel de Jehová la segunda vez, lo tocó» (v. 7). Ya había recibido el suficiente don de Dios para salvar su vida, pero no tanto como el que le fortalecería para el camino que tenía delante de él. Así que en gracia fue llamado otra vez: «Levántate y come, porque largo camino te resta». ¿Acaso no hay muchos que han recibido del Señor Jesucristo como el don de Dios, aquello que ha salvado sus almas de la muerte, pero que, como Elías, han vuelto «a dormirse» en egoísta comodidad, y que necesitan de un segundo despertar para que se levanten y participen de Cristo, para que puedan *persistir* en una vida de sufrimiento y de testimonio? Los hay que no creen en una *segunda* bendición, pero Elías sí que creía.

VI. Un poder sobrenatural. «Fortalecido con aquella comida, caminó cuarenta días y cuarenta noches hasta Horeb, el monte de Dios» (v. 8). La primera comida de Elías salvó su vida, pero la segunda le posibilitó dar testimonio de Dios. Aquel viaje de cuarenta días no lo efectuó con sus propias energías, sino con la fuerza del don de Dios. Esta gracia que le fue ministrada fue suficiente para llevarlo al monte de Dios (un viaje de unos trescientos kilómetros). Esto es sumamente sugerente de lo que el don de su gracia puede hacer por todos aquellos que obedecen el llamamiento de «levantarse y comer» (2 Co. 12:9). ¿Quién ha encontrado aún la plenitud de la fuerza de «aquella comida» que está al alcance de cada hijo de Dios en su bendita Palabra? Alma abatida y desalentada, este llamamiento es para ti. «Levántate y come». «Fueron halladas tus palabras, y yo las comí», etc. (Jer. 15:16; *cf.* Sal. 119:111).

306. ELÍAS, REPRENDIDO
1 Reyes 19:9-16

«¿Quién a Dios allegarse con corazón no ardiendo?
En la tierra debemos afanarnos si en la Gloria reposarqueremos.
¿Es difícil a Dios servir, alma timorata?
¿Hallado has umbrosos bosques, oscuras cañadas, cimas en tu camino?
Todo lo difícil fácil sería, y quedaría lo enredadoresuelto
Si tan solo desearas en su voluntad estar»
FABER

Fortalecido con aquella comida, Elías alcanzó «Horeb, el monte de Dios». «Los que esperan en Jehová... caminarán, y no se fatigarán» (Is. 40:31). Horeb era de una forma preeminente el monte de la revelación de Dios, porque fue aquí que la zarza que ardía sin consumirse fue vista encendida con el fuego divino; aquí fue promulgada la ley con sus terribles manifestaciones, y quizá fue en esta misma cueva en la que estuvo Moisés mientras pasaba la gloria de la misericordia de Dios (Éx. 33). Tiene que haber sido con sentimientos encontrados y solemnes que Elías se encontró en medio de esta escena repleta de tales y tan destacadas y santas memorias. ¿Habrá alguna manifestación de la presencia divina para él? ¡Lo cierto es que ha acudido aquí a encontrarse con Dios! Los que le buscan ¿no le encontrarán? Si se acudiera a la «casa de Dios» como Elías fue al «monte de Dios», ¡qué señales y maravillas se obrarían!

I. Una pregunta escudriñadora. «¿Qué haces aquí, Elías?» (v. 9). Con esta pregunta, ¿estaba el Señor demandándole firmemente por qué él estaba *allí*, en lugar de estar exhortando a la nación a mantenerse firmes por el Dios que había respondido con fuego en el Carmel, o era quizá una pregunta llena de gracia y ternura, queriendo hacerle expresar las necesidades y temores de su corazón, que Él pudiera satisfacer y consolar en su misericordia? En todo caso, siempre es el método de Dios ir a la raíz del asunto y tratar con los *motivos* que nos animan. Por todas las Escrituras las preguntas divinas van frecuentemente acompañadas de maravillosas revelaciones (Gn. 32:27; Éx. 4:2).

II. Una respuesta honrada. «He sentido un vivo celo por Jehová Dios de los ejércitos; ... y sólo yo he quedado, y me buscan para quitarme la vida» (v. 10). Todos los que quieran servir fielmente al Señor tendrán que responder a muchas preguntas que van a lo hondo del corazón. Como *defensa*, la contestación de Elías era muy deficiente, pero como *confesión* era sencilla y sincera. Había sentido un ardiente celo por el Señor, y ahora tenía miedo por su propia vida. Todo Israel se había desviado, y sólo él quedaba. Perplejo y desalentado, había llegado allí en parte por temor, y en parte para oír lo que Jehová Dios quisiera hablarle al alma. Todo aquel que verdaderamente ame al Señor, pero que, por inusuales tentaciones y debilidades corporales, haya cedido al temor, puede fácilmente comprender los sentimientos de este varón de Dios en este momento concreto.

III. Una maravillosa manifestación. Ahora vino el llamamiento divino: «Sal fuera, y *ponte en el monte delante de Jehová*» (v. 11). ¿No se le recuerda con esto que por su incredulidad había perdido su posición? (17:1). Tomad toda la armadura de Dios, para que podáis resistir (Ef. 6:13). El profeta es hecho ahora un testigo del maravilloso poder del Señor de una forma cuádruple. Lo ve en el *viento*, en el *terremoto*, en el *fuego*, y en el *silbo apacible y delicado*. Pero en el viento *quebrantador*, en el terremoto *trastornador*, o en el fuego consumidor no había mensaje del Señor para el tembloroso siervo. «Jehová no estaba» en ellos. El Señor nos quiere enseñar que se precisa de algo más para llevar a los hombres a Él que una mera exhibición de capacidades *naturales*. El poderoso *viento* de las palabras, el *terremoto* de los argumentos, y el *fuego* del entusiasmo puede que hagan cosas poderosas y terribles, pero si está ausente el *silbo* apacible y delicado del Señor el Espíritu, no hay mensaje de Dios para las almas de los hombres. «No con la fuerza, ni con el poder, sino solo con mi Espíritu, dice Jehová de los ejércitos» (Zac. 4:6). La más poderosa de todas las fuerzas obrando en este mundo es la del «silbo apacible y delicado» del Espíritu Santo que susurra la Palabra de Dios, de verdad y vida, en el corazón atento. Un *silbo* que es algo más que un sonido o una influencia, sino que es la certidumbre de la presencia de una PERSONALIDAD viviente (Cnt. 2:8). «Mis ovejas oyen mi voz» (Jn. 10:27).

IV. Un poderoso efecto. «Cuando lo oyó Elías, cubrió su rostro con su manto, y salió» (v. 13). Los terribles embates del viento, del terremoto o del fuego le habían hecho retroceder, evidentemente, hacia las profundidades de la cueva (v. 11); pero la dulce voz invitadora lo atrajo de su lúgubre morada, con su rostro oculto en su manto porque ardía de vergüenza. Los hombres son más susceptibles a ser *constreñidos* por la dulce voz del amor *después* que hayan oído los truenos y sentido la quemazón de aquella ley que es santa, justa y buena. La terrible trompeta del Sinaí hizo que los espectadores se mantuvieran alejados, en tanto que la voz del Calvario constriñe a los hombres a acercarse con el rostro lleno de rubor.

Aquí vuelve a aparecer la misma pregunta, aunque con circunstancias muy cambiadas: «¿Qué haces aquí, Elías?» Y, ¡ay!, da la misma respuesta. ¿No ha aprovechado para nada aquellas revelaciones de recursos divinos que no añade ninguna petición de gracia o fortaleza para proseguir venciendo en el Nombre de Aquel que obra maravillas? Parece como si esta pregunta *repetida* fuera su última oportunidad para quedar plenamente restaurado al poder y autoridad del oficio profético, pero no llegó a aprovecharlo. No se le permite caer como *réprobo*, pero parece que desde este momento los propósitos de Dios acerca de él cambian, y otro es elegido para tomar su puesto. ¿Acaso ha quedado como vaso echado a perder en las manos del Gran Alfarero? Tengamos cuidado de nosotros mismos a fin de que no fracasemos. ¿Cómo escaparemos al mismo fracaso si descuidamos todas las grandes oportunidades que Dios, en su infinita misericordia, nos pone al alcance?

V. Una confesión humillante. «Ve, vuélvete por tu camino, y a Eliseo hijo de Safat ungirás para que sea profeta en tu lugar» (vv. 15, 16). Cuando Elías persistió en decir: «Y sólo yo he quedado», ello dio evidencia de que había descendido de su camino de fe, y estaba ahora andando por *vista*. ¿No estaba el Señor reprendiendo su incredulidad cuando le dijo: «siete mil [hay], cuyas rodillas no se doblaron ante Baal»? (v. 18). Dios podría fácilmente haber hecho a Elías suficiente para la tarea de los tres hombres a los que él debía ahora ungir. ¿Quién puede decir todo lo que el Señor puede hacer por medio de una vida que ha sido entera y continuamente entregada a su voluntad? Fue ciertamente una obra humillante para él ir a llamar a un hombre para que tomara su propio lugar tan pronto después de cumplir una obra tan poderosa para Dios como la que se pudo ver en el Monte Carmel. «El que piensa estar firme, mire que no caiga.» «Que ninguno tome *tu* corona» (Ap. 3:11).

307. EL LLAMAMIENTO DE ELISEO

1 Reyes 19:16-21

«Jesús nos llama de la adoración
Del vano tesoro dorado del mundo;
De cada ídolo que apartarnos quisiera,
Diciendo: "Cristiano, ámame más a Mí"»

C. F. Alexander

Hay una evidente vena de ironía en estas palabras de C. Kingsley:

«No era yo suficientemente bueno para los hombres,
Y por ello a Dios fui dado».

¡Cuán susceptibles somos a pensar y actuar como si lo mejor de nuestros días fuera demasiado valioso para que *nos demos* a Dios, y que los días del declinar de la vida son los más apropiados para rendirnos a la voluntad de Dios! ¿Dónde en toda la Biblia hallamos a nadie llamado por Dios para servirle en la debilidad de la ancianidad? ¿No quedaban los levitas *descalificados* para la obra de Dios a la edad de cincuenta años? (Nm. 8:25). ¿No son relativamente pocos los que se convierten más allá de esta edad? Eliseo era indudablemente un hombre joven, y acudió sin una protesta cuando Elías, por orden de Dios, acudió a ungirlo como profeta «en su lugar». Observemos:

I. La significación de su nombre. Eliseo significa *Dios es Salvación*. Era un nombre bien adecuado para el hombre que iba a asumir la dirección en esta época de crisis nacional. En lo más negro de su desaliento, Elías dijo: «Y sólo yo he quedado», pero el Señor reprendió su pesimismo diciendo: «Yo haré que queden en Israel siete mil», y Eliseo era uno de ellos. La vida posterior de Eliseo demuestra que era fuerte allí donde Elías estaba inclinado a ser débil: en ser fiel y cuidadoso hasta los detalles más pequeños de la vida. La fe de Elías fue poderosa en el Monte Carmel, pero le falló bajo el enebro. El hombre que conoce que la presencia de *Dios es Salvación* será ciertamente firme e inconmovible en la obra del Señor.

II. El tiempo de su llamamiento. Fue mientras estaba «arando» (v. 19). Era solo un labrador. Sí, pero ¿quién puede determinar qué profundidades de ejercicio del alma y de agonía del corazón puede haber sufrido por el Israel recaído mientras seguía a los bueyes por el campo? Había Uno que sí los conocía, y que respondió a los anhelos secretos de su corazón llamándolo como testigo para Sí. El Señor sabe donde y cuando poner «Su mano sobre aquel *escondido* que en secreto ha sido preparado para un puesto más honroso en su servicio». El llamamiento divino le vino a Moisés mientras guardaba los rebaños de Jetro (Éx. 3:1); a Gedeón mientras trillaba trigo (Jue. 6:11); a David cuando estaba en el redil (Sal. 78:70); a Amós cuando hacía de boyero (7:14). Todos los discípulos de Cristo fueron llamados de profesiones muy corrientes. Encontró a Bunyan entre ollas y cazuelas. «Si *alguno* oyere mi voz» (Ap. 3:20).

III. La forma de su llamamiento. «Y pasando Elías por delante de él, echó *sobre* él su manto» (v. 19). Vino repentinamente, aunque la preparación de Eliseo debe haber estado en marcha durante varios años. Vino de una manera *inconfundible*. El manto o espíritu del profeta había caído ahora SOBRE ÉL. Y ahora le era una santa *unción* del Señor (v. 16). El manto de Elías era el símbolo del Espíritu de poder. Eliseo no podía hacer obras poderosas para Dios sin este bautismo determinado. Ni tampoco podemos nosotros. «Quedaos... hasta que seáis revestidos de poder desde lo alto» (Lc. 24:49). Su repentino envolvimiento con el manto del profeta fue una experiencia que no le era posible ni olvidar ni ignorar (Hch. 19:1).

IV. Los efectos de este llamamiento. Fue seguido:

1. POR UNA RESPUESTA INSTANTÁNEA. «Entonces, dejando él los bueyes, vino corriendo en pos de Elías» (v. 20). No esperó a una mejor oportunidad, o bien un día hubiera podido verse sobresaltado también él con la pregunta: ¿Qué haces aquí, Eliseo?» su llamamiento, como el nuestro, es *pasajero*. El poder profético no permanecerá con él a no ser que siga y se mantenga, por así decirlo, en contacto con aquel manto que, en gracia, había caído sobre él. Así, si queremos permanecer en el poder de su unción, debemos estar dispuestosy listos para ser conducidos por el Espíritu, y a andar en Él y con Él. Se debería llegar a un reconocimiento inmediato del llamamiento de Dios, mediante la venida sobre nosotros del Espíritu Santo. «Pon tu corazón a todas las cosas que te voy a mostrar» (Ez. 40:4).

2. UNA REVELACIÓN DE TERNURA FILIAL. «Te ruego que me dejes besar a mi padre y a mi madre, y luego te seguiré» (v. 20). Estas palabras, pensamos, no exhiben en absoluto el mismo espíritu de aquel hombre que dijo: «Señor, permíteme que vaya primero y entierre a mi padre» (Mt. 8:21). El llamamiento vino a Eliseo en forma de una *oferta* más que de mandamiento. Una oferta que aceptó en el acto. Quizá su *amor* hacia su padre y su madre era una de las principales evidencias de su justicia para con Dios e idoneidad para el servicio. Los que no consideren un sacrificio abandonar el hogar, ni para el servicio de Dios, probablemente no son enviados por Él (Mt. 19:27-29).

3. UN TESTIMONIO BIEN DISPUESTO Y FINAL. «Tomó un par de bueyes y los mató, y con el arado de los bueyes coció la carne, y la dio *a sus gentes* para que comiesen.» ¿Qué pensaría la gente de tal acto? ¡Matando a los útiles bueyes y quemando útiles para la agricultura! Esto era para ellos una indicación de que abandonaba su negocio, por cuanto había aceptado deliberadamente el ofrecimiento gracioso del oficio profético de parte de Elías. Todo lo que Elías le dijo fue: «Ve, vuelve; ¿qué te he hecho yo?». Como diciendo: Si *en tu corazón* no concuerdas con este llamamiento, échate atrás. Pero sí concordaba, y obedeció sin temor.

4. UNA SEPARACIÓN Y SERVICIO PERSONALES. «Después se levantó y fue tras Elías, y le servía» (v. 21). Como vaso, había sido limpiado, y hecho apto para el uso del Maestro. Lo dejó todo y lo siguió. Comenzó la gran obra de su vida de una manera muy humilde, «dando agua a las manos de Elías» (2 R. 3:11, *margen*). No buscó grandes cosas para sí mismo, sino solo agradar y ayudar a su señor. ¡Que las palabras de nuestro Maestro lleno de gracia puedan ser ciertas en nuestras bocas cuando afrontemos las necesidades de los hombres! «Yo estoy entre vosotros como el que sirve». «Haced lo que Él os diga» (Jn. 2:5).

308. LA CAÍDA Y RESTAURACIÓN DE BEN-ADAD

1 Reyes 20:30-34

«Jesús, que a Tu Padre oraste
Por aquellos que todo Tu amor correspondieron
Con la terrible copia de rechazo,
Enséñame a conquistar, Señor, cual Tú,
Por paciencia y bondad amable,
De mi enemigo la oposición»

Faber

La causa de la derrota de la gran hueste siria fue una *negación de Dios*. Ellos no creían que el Dios de Israel tuviera poder alguno en los *valles* (v. 28). Una idea imperfecta y falsa de Dios ha sido, y sigue siendo, fuente de ruina para muchos. «El pueblo que conoce a su Dios se mantendrá firme» (Dn. 11:32). Para el creyente, Dios es el Dios de cada monte y de cada valle de su vida diaria. No intentamos aquí dar una *exposición* de la Escritura citada, sino que deseamos emplearla solo como ilustración o *representación* histórica de la gran salvación. Observemos, entonces:

I. Una condición miserable. «Se escondía de aposento en aposento» (v. 30), como consciente del peligro, y buscando refugio, pero no encontrando lugar de reposo. ¡Cuánto se parece esto a un pecador *despertado*, corriendo de lugar en lugar, y de placer en placer, buscando reposo y alivio para su alma perturbada, pero no logrando nunca ninguna certidumbre de salvación! «No en virtud de obras de justicia que nosotros hubiéramos hecho.»

II. Una proclamación esperanzada. «Hemos oído de los reyes de la casa de Israel, que son reyes *clementes*» (v. 31). Estos siervos que habían oído estas buenas nuevas no las ocultaron al ansioso Ben-adad, sino que se las comunicaron en el acto. ¿No hemos oído nosotros que el Rey del Cielo es clemente, y que «se deleita en misericordia, y está pronto a perdonar»? ¿Estamos ocultando las buenas nuevas, como los leprosos de Samaria, de aquellas almas timoratas y asustadas que, como Ben-adad, se han visto vencidas y aplastadas en las batallas de la vida, y que corren de un lado a otro buscando *secretamente* un lugar de reposo?

III. Una intercesión comportando propia humillación. «Ciñeron, pues, sus lomos con cilicio, y pusieron cuerdas sobre sus cabezas, y vinieron al rey de Israel y le dijeron: Tu siervo Ben-adad dice: Te ruego que viva mi alma» (v. 32). Al interceder por Ben-adad estaban intercediendo por uno que había perdido el derecho a vivir por su abierta rebelión. Aquellos intercesores se identificaron con el culpable por el que intercedían. El cilicio y las sogas hablaban de arrepentimiento y de disposición a morir por su causa. La manera de orar por otros es ponernos en su sitio y circunstancias. ¿No hizo esto nuestro Señor Jesucristo? ¿Dónde tenemos nuestro cilicio y nuestras sogas cuando intercedemos por transgresores delante de nuestro clemente Rey? ¿Se manifiesta nuestra *simpatía*?

IV. Una revelación alentadora. «Mi hermano es» (v. 32). Cuando el rey de Israel se digno en llamar su *«hermano»* a aquel que había sido su enemigo, fue abrir de par en par la puerta de la gracia y de la misericordia a los peticionarios. Ellos fueron prontos en tomar la palabra y sacar provecho de ella, repitiendo: *«Tu* hermano». ¡Qué aliento tenemos al orar por otros cuando sabemos que Él *ama* a sus enemigos y que está dispuesto a recibirlos y a tratarlos como hermanos!

V. Una reconciliación pacífica. «Y Él le hizo subir en un carro» (v. 33). Poco antes estaba luchando contra el rey de Israel, y ahora ha sido reconciliado con Él, teniendo comunión con Él en su propio carro. Antes éramos enemigos del Hijo de Dios en nuestras malas obras, pero ahora, por la gracia y una poderosa intercesión, hemos sido traídos cerca, y levantados, y hechos sentar con Él en lugares celestiales. Nuestra comunión es ahora con el Hijo en el carro de su salvación.

VI. Restitución voluntaria. «Le dijo Ben-adad: Las ciudades que mi padre tomó al tuyo, yo las restituiré» (v. 34). Ahora que había sido «salvo por la gracia», estaba preparado para restituirle lo que en el pasado le había sido arrebatado. ¿No debería constreñirnos la gracia salvadora del Señor Jesucristo a darle a Él aquella vida que fue antes quitada de su servicio y gastada en oposición a su voluntad? (Ro. 12:1). «¿Qué pagaré a Jehová por todos sus beneficios para conmigo? ... Siervo tuyo soy, hijo de tu sierva; Tú sueltas mis ligaduras» (Sal. 116:12, 16, 17).

VII. Una consumación bienaventurada. «Hizo, pues, pacto con él» (v. 34). Hicieron un acuerdo mutuo para buscar el bien mutuo en tiempo venidero. Sí, toda búsqueda de nuestro propio interés debería cesar cuando hemos sido perdonados y reconciliados con Dios por la muerte de su Hijo. ¿No hay también un entendimiento mutuo entre el pecador salvado y el Hijo de Dios, de que mientras Él se cuida de nuestros intereses en el cielo nosotros debiéramos cuidarnos de sus intereses en la tierra? Al habernos Él otorgado la condición de hijos, ¿no deberíamos nosotros acceder a ser sus siervos fieles? «Resolví no saber entre vosotros cosa alguna sino a Jesucristo, y a éste crucificado» (1 Co. 2:2). Así lo dijo Pablo, cuya alma entera había sido cautivada por la gracia de Dios que lo introdujo al pacto.

309. SOGAS Y SACO, O CÓMO IR AL ENCUENTRO DE DIOS

1 Reyes 20:32

El Rey Eduardo III asedió Calais, en 1327, y cuando la ciudad no pudo resistir más, accedió a perdonar la ciudad con la condición de que seis de sus principales ciudadanos salieran vestidos de saco y con sogas al cuello. Solo les fue perdonada la vida por intercesión de su esposa, la Reina Adelaida. Nos preguntamos si Eduardo III tomó su idea de la Biblia, porque hay una escena similar en 1 Reyes 20.

Durante la vida del profeta Elías, cinco años después de los sucesos del Carmelo, Ben-adad, rey de Siria, ayudado por treinta y dos reyes, subió contra Israel. Acab se atemorizó y accedió a pagar una suma de dinero para salvarse a sí mismo y a su pueblo. Pero Ben-adad se excedió, y Dios lo entregó en manos de Acab, teniendo lugar una gran matanza. Ahora, sin ejército y en tierra extraña, estaba en terrible peligro. Entonces le hablaron sus consejeros.

–Hemos oído que los reyes de Israel son misericordiosos –dijeron ellos, y decidieron entregarse a su misericordia. Vestidos de saco y con sogas alrededor del cuello, acudió una representación ante el rey, y consiguieron que se les concediera la vida y la libertad.

En la solitaria isla de Patmos, que tiene un perímetro de solo veinticuatro kilómetros, vivía un ermitaño. Cuando le preguntaron por qué vivía en tal soledad, contestó:

–Algún día tendré que encontrarme con Dios. Me estoy preparando para aquel día.

Su deseo de estar preparado es encomiable, pero no el modo de prepararse. El mejor preparativo para encontrarse con Dios en la Tierra Mejor es encontrarse con Él aquí abajo. «*Allí* me encontraré contigo», le dijo Dios a Moisés, refiriéndose al Arca con su Propiciatorio rociado con sangre. Dios tiene su punto de reunión, y es la Cruz de nuestro Señor Jesucristo. Observa, al leer esta historia:

I. Su peligro. Eran enemigos, y habían tomado armas contra Israel. Nosotros somos rebeldes contra Dios, tanto por nacimiento como por elección. «El que no está conmigo, contra mí está», dice la Palabra del Señor.

II. Su esperanza. Oyeron de la misericordia de Israel, contra quien habían acudido a luchar. ¿No es misericordioso nuestro Dios? La misericordia es uno de sus atributos morales. Tenemos un Dios misericordioso.

III. La acción de ellos.

1. Se vistieron de saco –emblema de dolor– nuestro dolor a causa de nuestros pecados.
2. Se pusieron sogas alrededor del cuello, su confesión actuada de que eran dignos de muerte.
3. Su confesión de palabra, y su ruego de misericordia.

IV. Su salvación.

1. PERDÓN. «Le hizo subir en un carro.»
2. AMISTAD. Tratados como amigos, no como enemigos.
3. RESTAURACIÓN. Restaurado de vuelta a su casa y amigos y a sus antiguas posesiones. En Cristo ganamos más de lo que perdimos en Adán.
4. PACTO. Véase Hebreos 8:10-13.

310. ELÍAS, EL REPRENSOR

1 Reyes 21:15-29

«Hermosa toda la vida es, y si tan solo eliminar fueraposible
Este estorbo, esclavizador dominador demonio de la codicia,
Este malvado tentador dentro de nosotros, que anhela nuestra ruina,
La vida bienaventuranza sería»

CLOUGH

Si ángeles inmaculados cayeron por el pecado de la ambición, ¿Cómo puede esperar el hombre pecador triunfar mediante ella? La artera Jezabel había llevado al honrado Nabot a una muerte injusta, para que su débil pero ambicioso marido lograra poseer su herencia. La *codicia* ha conducido a otros, además de a Jezabel, a terribles acciones tenebrosas. El amor del mundo es tan cruel como el sepulcro. Es como abrigar en el seno una hermosa serpiente que un día clavará sus venenosos colmillos en el alma. Hubo:

I. Un aparente éxito. «Y oyendo Acab que Nabot había muerto, se levantó para descender a la viña de Nabot de Jizreel, para tomar posesión de ella» (v. 16). No le importaba cómo Nabot hubiera muerto con tal que hubiera sido quitado de en medio para que él pudiera apoderarse de su valioso huerto. *«Consigue, consigue»*, por las buenas o las malas, es el credo del egoísmo con puño de hierro. ¿Y acaso son mejores los traficantes de drogas, que con su astucia y habilidad han seducido a multitudes a la perdición y a la muerte para poder entrar en posesión de su dinero, que era la única viña que poseían?

II. Un factor olvidado. El Señor le dijo a Elías: «He aquí [Acab] está en la viña de Nabot, a la cual ha descendido para tomar posesión de ella» (vv. 17, 18). No se ha construido aún aquella cámara secreta en la que se pueda tramar un plan sin que lo vea la mirada escudriñadora de Dios. El factor olvidado en los planes de los hombres y mujeres del mundo es DIOS. Dios no está en todos sus pensamientos. Los tales puede que se salgan con la suya durante un tiempo, como Acab y los constructores de Babel, pero todas las obras del hombre, para que sean un éxito *definitivo*, tienen que obtener la aprobación de un Dios justo (Gn. 11:5; 1 Co. 3:13).

III. Un duro mandamiento. «Levántate, desciende a encontrarte con Acab... y le hablarás diciendo: Así ha dicho Jehová: ¿No mataste, y también has despojado? ... En el mismo lugar donde lamieron los perros la sangre de Nabot, los perros lamerán también tu sangre, tu *propia sangre*» (vv. 17, 19). Fue terrible el mensaje que Elías recibió del Señor Todopoderoso, que es tan infinito en amor y en compasión. Dios es amor. Sí; pero en tanto que Él «guarda misericordia a millares» (Éx. 34:7) en modo alguno tendrá por inocente al culpable no arrepentido. El profeta hubiera preferido llevar un mensaje más de *gracia* al rey, pero el hecho de aguar las solemnes advertencias de Jehová le habría convertido en un traidor a Dios y en un engañador de las almas (Hch. 20:20-27).

IV. Una pregunta sorprendente. «Y Acab dijo a Elías: ¿Me has hallado, enemigo mío?» (v. 20). El mensajero de Dios halló a Acab, como la escritura en la pared halló al sacrílego Belsasar. El pecador secreto se encontrará de cierto con repentinas sorpresas (Lc. 12:20). «Sabed que vuestro pecado os alcanzará» (Nm. 32:23). Pero, ¿por qué era *enemigo* suyo el profeta de Dios? Pues porque estaba viviendo en enemistad contra Dios. ¿Era Elías su enemigo porque le decía la verdad? (Gá.

4:16). Si el pecador no es confrontado por el siervo de Dios, será un día confrontado por el mismo Dios. ¿Será entonces como enemigo? La luz es siempre la enemiga de las tinieblas.

V. Una respuesta directa. «Te he encontrado, porque te has vendido a hacer lo malo delante de Jehová» (v. 20). Cuando alguien se ha *vendido* a las obras del Diablo es ciertamente hora ya de que sea «encontrado», y grande es la misericordia de ser detenido en un curso tan fatal. Acab, al venderse, había apagado su conciencia, como en el caso de todos los otros pecadores así, y se había convertido deliberadamente en esclavo abyecto de la concupiscencia y de la soberbia. Venderse «a hacer lo malo delante de Jehová» es una de las transacciones más culpables y aborrecibles de las que es capaz un alma humana. Pero son muchos los que lo están haciendo a diario por codicia de ganancias deshonestas y por amor al mundo.

VI. Una terrible expectativa. «Los perros lamerán también tu sangre, mal sobre ti, y barreré tu posteridad... Los perros comerán a Jezabel» (vv. 21-24). ¡Qué terrible expectativa para para ricos pecadores regios! El ay que no se duerme contra los codiciosos ha llegado (Hab. 2:9). «Con la medida con que medís, os será medido» (Mt. 7:2). Estos juicios fueron ordenados por Dios, no por el profeta. Todos los obreros de iniquidad tienen un terrible futuro, que más tarde o más temprano se revelará en una terrible realidad (Ap. 21:8). «Los impíos serán cortados de la tierra» (Pr. 2:22).

VII. Una liberación misericordiosa. «Y sucedió que cuando Acab oyó estas palabras, rasgó sus vestidos y puso cilicio sobre su carne, ayunó, y durmió en cilicio, y anduvo humillado. Entonces vino palabra de Jehová a Elías: ... *Por cuanto se ha humillado delante de Mí,* no traeré el mal en sus días» (vv. 27-29). El arrepentimiento y la humildad delante de Dios es la única manera por la que el culpable puede esperar escapar al santo hervor de su indignación. No hay nada como un descubrimiento de nuestra pecaminosidad delante de Él para hacernos ir humillados. Aquí tenemos otra prueba de la buena disposición de Dios para perdonar al penitente. Él se *deleita* en la misericordia. El juicio es su obra extraña. El gran testimonio, sobresaliente e infalible, de la buena voluntad para salvar es la Cruz de Cristo (Is. 57:7).

311. MIQUEAS, EL FIEL

1 Reyes 22

«Cuando nubes de tormenta se acumulan
Y los días son plomizos, pocos los amigos,
En Él mi apoyo encuentro, que no en vano,
Experimentó todo dolor humano;
Mis carencias ve, mis temores calma,
Y cuenta y atesora de las mías cada lágrima»

GRAN

La unión no siempre hace la fuerza, porque en este capítulo se expone que un yugo desigual con incrédulos es una total *debilidad.* Dios está dispuesto a usar cosas débiles, pero no cosas *impuras.* El impío Acab estaba bien complacido de gozar de la ayuda del piadoso Josafat, pero esta cesión por parte del último sólo podía acabar en vergüenza y derrota. Sin embargo, él anhelaba poder consultar a un verdadero profeta, y al final se llamó a Miqueas. Miqueas es un hombre noble, con algo de la osadía de Elías. Preguntémonos:

I. ¿Quién era?

1. ERA UN HOMBRE SANTO, que conocía la mente del Señor (v. 8). El significado de su nombre es: «*¿Quién es como Jehová?»* En su *carácter* era como Dios, y en su *testimonio* no hay *nadie como Dios.* Era el portavoz y representante de Dios, una luz para resplandecer en un lugar oscuro. Todos los que han sido llamados por Dios en la comunión de su Hijo han sido llamados a una vida y obra semejante.

2. FUE TENTADO. El mensajero que le fue enviado de parte del rey para llamarlo trató de persuadirlo para que dijera cosas que complacieran al rey, como habían hecho los otros profetas (v. 13). La tentación era a complacer a los hombres antes que a Dios. Pablo dijo: «Si agradara a los hombres, no sería siervo de Cristo». Los cuatrocientos falsos profetas del rey habían dicho a una cosas suaves, pero el hombre que representa a Dios tiene que estar preparado para encontrarse solo. Los obreros de iniquidad siempre gustan de oír cosas buenas acerca de ellos, y siempre se encuentran aduladores que hablen cosas lisonjeras.

3. FUE FIEL. «Y Miqueas respondió: Vive Jehová, que lo que Jehová me hable, eso diré» (v. 14). Cuando le dijeron a Lutero que todo el mundo estaba en contra de él, su respuesta fue: «Entonces yo estoy contra todo el mundo». El predicador fiel nunca rehuirá declarar «todo el consejo de Dios» (Hch. 20:27). «El que cuente mi palabra, cuente mi palabra verdadera. «¿Qué tiene que ver la paja con el trigo?» (Jer. 23:28). La palabra de Dios es manejada engañosamente cuando se aparta su acerado filo de los corazones del pueblo (véase v. 17).

II. ¿Cómo se le trataba?

1. ERA ODIADO. «Aún hay un varón, Miqueas... ; mas yo le aborrezco» (v. 8). ¿Por qué lo aborrecía el rey? Por la fidelidad que tenía a Dios. «Nunca *me* profetiza bien». Sus palabras no eran lo suficientemente lisonjeras para el oído regio. Cristo y sus discípulos fueron odiados por la misma causa. La mente carnal *es* enemistad para con Dios. Está bien claro que si Acab hubiera amado a Dios no hubiera aborrecido a su siervo porque le decía la verdad. «Todo aquel que obra el mal, aborrece la luz» (Jn. 3:20).

2. FUE ESCARNECIDO. «Sedequías... golpeó a Miqueas en la mejilla, diciendo: ¿Por dónde se fue de mí el Espíritu de Jehová para hablarte a ti?» (v. 24). ¿Qué saben los falsos profetas o los profesantes aduladores acerca del Espíritu de Dios? No se le da lugar alguno en el ministerio de los tales. Siempre están dispuestos a *golpear* con la lengua por cuanto no se ha derramado gracia en sus labios. Pero golpear al que habla no quebranta los dientes dela verdad. En nuestro testimonio para Cristo nos es necesario no olvidar nunca que nuestra posición está fuera del campamento de la mentalidad mundana, llevando su oprobio.

3. FUE ENCARCELADO. «Echad a éste en la cárcel» (v. 27). Se convirtió en el enemigo de los ególatras porque decía la verdad. Es fácil atar a un siervo de Dios, pero la Palabra de Dios no puede ser atada; su Espíritu, como el viento, sopla donde quiere. Cuando encarcelaron a John Bunyan, salió de la cárcel su obra *El Progreso del Peregrino,* y desde entonces ha estado recorriendo todo el mundo.

III. ¿Que sucedió con su profecía? (v. 17).

1. SE CUMPLIÓ, AUNQUE ALGUNOS NO LO CREYERAN. El rey ordenó que fuera encerrado hasta que él volviera en paz de la batalla. Y muy pacífico estaba cuando volvió, porque fue traído muerto (v. 37), conforme a la palabra de Miqueas (v, 28). La incredulidad de algunos nunca logrará invalidar la Palabra de Dios.

2. SE CUMPLIÓ, AUNQUE EL INCRÉDULO SE DISFRAZARA PARA ESCAPAR DE ELLA (vv. 30, 34). Nadie ha podido jamás disfrazarse de modo que Dios no pudiera distinguirlo. El «arco disparado a la ventura» vino a ser el divino detective para alcanzar a Acab. Las flechas de Dios jamás fallan el blanco. Hay muchas maneras en las que los incrédulos se disfrazan, con la esperanza de escapar al juicio de Dios. Pero sabe de cierto que tu pecado te alcanzará. El manto de la moralidad o de la religión jamás ocultará de delante de Dios el pecado de un corazón incrédulo (1 S. 16:7).

3. SE CUMPLIÓ, PORQUE ERA LA PALABRA DE DIOS (v. 14). Su Palabra no volverá vacía, como una cosa vacía e infructífera. Toda palabra de Dios es pura, incorruptible e inerrante. Nunca *especula.* No hay ni una sombra de duda acerca de los anuncios de Dios. El profeta que hable en nombre del Señor, y cuyas palabras no se cumplen es falso (Dt. 18:21, 22). Es imposible que Dios mienta. «*¿Cómo* escaparemos nosotros, si *descuidamos* una salvación tan grande?» (He. 2:3).

312. ELÍAS, EL VARÓN DE DIOS

2 Reyes 1:1-16

Ocozías, rey de Israel, era hijo de un padre malvado, Acab, cuyos caminos de idolatría siguió, pero su reinado fue breve, de solo dos años. Él fue el rey que se alió con Josafat, rey de Judá, para construir naves en el puerto de Ezyón-géber en el Mar Rojo para que fueran a Tarsis, y de allí a Ofir, en busca de oro (2 Cr. 20:36). Es indudable que el éxito de Salomón en una expedición similar durante la edificación del Templo alentó a los dos reyes a emular a su regio predecesor. Ocozías sufrió graves daños al caer por una celosía de su palacio, y, debido a ello, quiso consultar a Baal-zebub, el dios de Ecrón, en cuanto a las consecuencias de su accidente. El desafortunado acontecimiento hubiera podido redundar en gran bendición para Ocozías, al hacerle consciente de su necesidad de ayuda divina; pero en lugar de clamar al Dios del cielo, decidió inquirir del dios de las moscas, ignorando así al Dios de Israel. Pero Dios no puede ser burlado; Él envía a su siervo Elías a cruzarse con los mensajeros del rey con la sentencia de muerte. El profeta aparece ante nosotros como «varón de Dios». Considerémosle así de esta manera.

I. Recibió una comisión. «El ángel de Jehová habló a Elías tisbita, diciendo: Levántate, y sube a encontrarte con los mensajeros… y diles: ¿No hay Dios en Israel, que vais a consultar a Baal-zebub?» (v. 3). Como hombre de Dios, estaba llamado a hablar en nombre de Dios. ¿No hay hoy día una gran necesidad de un claro testimonio en estos términos, cuando multitudes están dejando a Dios, la Fuente de Aguas Vivas, y cavando para sí cisternas rotas que no pueden contener agua? (*cf.* Jer. 2:11-13). ¿Es acaso porque Cristo haya fallado que los hombres buscan los placeres del pecado? ¿Es acaso porque el Evangelio de Dios haya perdido su poder que los hombres van detrás de otro evangelio? Ah, hombre de Dios, sé fiel a tu llamamiento, y predica a Cristo.

II. Fue creído. El hecho de que los mensajeros se volvieran demostraba que estaban convencidos de que este hombre hablaba con una autoridad mayor que la humana, y, después de describir su apariencia al rey, éste dijo: «Es Elías tisbita» (v. 8). El estilo del «varón de Dios» no puede ser el mismo que el de los mortales ordinarios. Si Elías se hubiera dirigido a ellos de la manera en que muchos predican el Evangelio, se hubieran sonreído, y hubieran proseguido en pos de sus «vanidades mentirosas» para pérdida de su propia misericordia (Jn. 2:8). Aunque no conocían el nombre de aquel hombre, presintieron un timbre sobrenatural en su mensaje. «¡Es Elías!» Es precisamente como aquel hombre que está constantemente haciendo maravillas en el nombre de su Dios, apartando a los pecadores del error de sus caminos.

III. Fue escarnecido. Ocozías no reprendió a sus siervos por haber vuelto, sino a aquel hombre por haber predicho su muerte. Así que un capitán y sus cincuenta hombres recibieron la orden de prenderle. Encontraron a Elías en la cumbre de un monte (quizá el Carmelo), y, en tono de menosprecio e insolencia, le dijeron: «Varón de Dios, el rey ha dicho que desciendas» (v. 9), como si el dicho del rey fuera de mayor peso que el mensaje de Dios. Le pidió que descendiera. El segundo capitán de cincuenta fue aún más insolente al decir: «Desciende pronto». Parecían totalmente impotentes para hacerle descender ellos mismos. Hay una cumbre de la que ningún poder terrenal puede hacer descender a un «varón de Dios», la cumbre de la colina de la pacífica comunión en la presencia divina. Es un deleite para el enemigo hacer bajar de allí al varón de Dios. (Véase Neh. 6:2, 3.)

IV. Fue vindicado. «Elías respondió…: Si yo soy varón de Dios, descienda fuego del cielo», etc. (vv. 10-12). Los hay que se esfuerzan en justificar a Elías aquí, como si fuera Elías el que fabricó el fuego vengador, o hubiera prevalecido sobre Dios para que Él hiciera algo por debajo de su santo carácter. Pero era el Santo Nombre de Dios el que estos capitanes escarnecían al hablar tan vilipendiadamente del varón de Dios. El fuego devorador fue la vindicación divina de su propio Nombre representado por su siervo Elías. Nuestro Dios es un fuego consumidor, y Él no tendrá por inocentes a los que tomen su Nombre en vano. Elías no necesitaba vindicarse a sí mismo, sino que su Dios, que es siempre celoso de su santo nombre, lo hizo de la manera más convincente y abrumadora. Dios es el que justifica. «Mirad que no menospreciéis a uno de estos pequeños» (Mt. 18:10), si, a uno de «estos pequeños que creen en Mí» (v. 6).

V. Fue temido. El tercer capitán, que vino con sus cincuenta, vino con una actitud muy diferente. Había aprendido, con la terrible suerte de sus predecesores, que este aparentemente inofensivo e impotente «varón de Dios» no podía ser escarnecido impunemente. Era un hombre por el que luchaba el Todopoderoso, y que tenía a su lado a todas las fuerzas del cielo. «Subiendo… se puso de rodillas delante de Elías y le rogó» por su vida y por la de sus cincuenta. Había descubierto que no era solo con aquel hombre con quien tenía que ver, sino con el Dios que estaba con aquel hombre.

VI. Fue obediente. «El Angel de Jehová dijo a Elías: Desciende con él… Y él se levantó, y descendió con él al rey» (v. 15). El tercer capitán prevaleció, no ordenando al varón de Dios que «descendiera», sino echándose a los pies del profeta. Dios oyó la oración de este hombre. Era la actitud de un hombre de Dios obedecer de inmediato al Señor cuando voluntad es dada a conocer, tanto si el llamamiento es a subir o a descender. «A todo lugar con Jesús», dice el corazón del cristiano.

VII. Fue fiel. Descendió a Samaria, no como preso, sino como príncipe rodeado de su escolta, y sin temor entregó su mal acogido mensaje al culpable rey (v. 16). De cierto iba a morir, por haber buscado ayuda del muerto dios de Ecrón, despreciando al Dios vivo de Israel. Cada alma que así peque de cierto morirá. ¡Oh hombre, caído en tu pecado, y enfermo de muerte, escucha su voz de misericordia diciéndote: «Miradme a Mí, y sed salvos (…) porque Yo soy Dios, y no hay más» (Is. 45:22). Nadie más que pueda librar. «No hay otro nombre bajo el cielo, dado a los hombres, en que podamos ser salvos» (Hch. 4:12).

313. ELISEO, O EQUIPADO PARA EL SERVICIO

2 Reyes 2:1-15

«Solo aquella obra que para Dios solo es hecha,
De deleite tiene un creciente galardón;
Galardón por la vista no afectado
de Gran triunfo, ni por su pérdida abatido»

HAVERGAL

Mientras araba, Elías «echó sobre él su manto» (1 R. 19:19). El hecho de haber sido cubierto con el manto profético es la segura evidencia de haber sido «llamado por Dios». Eliseo no predicó como un candidato. El «llamamiento» de Dios va siempre acompañado de la necesaria idoneidad (véase Lv. 8:1, 6, 13, 24, 30; Is. 6). Contemplemos a Eliseo como el tipo del fiel siervo de Cristo. Él:

I. Sigue los pasos de su amo. «Vive tu alma, que no te dejaré» (vv. 2-6). Siguió a su amo desde Betel (la Casa de Dios) hasta el Jordán, el lugar de la Muerte y de la Separación. La devoción personal debiera mantenernos caminando cerca del Señor (Rut 1:16). Pedro siguió de lejos, y conocemos las consecuencias.

II. Participa de la victoria de su amo. «Las cuales [aguas] se apartaron a uno y otro lado, y pasaron ambos en seco» (v. 8). Como con Elías, así con Cristo, las oscuras aguas de la muerte (el Jordán) corrían entre Él y su ascensión al Cielo, pero fue a través de ellas. Nosotros, sus seguidores, compartimos ahora su victoria (Ro. 6:4; Gá. 2:20; 1 Co. 15:55-57).

III. Busca el espíritu de su amo. «Que vengan sobre mí dos partes de tu espíritu» (v. 9). Gozaba de estar con su amo, y ahora quiere ser como él. Éste es siempre el resultado de conocer a Jesús, el deseo de ser hechos semejantes a Él (Fil. 3:10). Cada cristiano tiene la común participación del espíritu (Ro. 8:9). ¡Cuán pocos parecen tener la doble medida! (Hch. 19:2; 1 Jn. 2:27). Anhelad los mejores dones.

IV. Es testigo de la gloria de su amo. «He aquí un carro de fuego con caballos de fuego… y Elías subió al cielo en un torbellino. Viéndolo Eliseo…» (vv. 11, 12). Habiendo seguido a Cristo a la muerte y sepultura por la fe, venimos a ser testigos oculares de su gloria en Resurrección (Ro. 6:11; 2 P. 1:16, 17). Eliseo debe seguir a su amo a través del Jordán para verlo tomado arriba. Antes que Cristo viva en nosotros, nosotros morimos con Él (Gá. 2:20). Fue este espectáculo lo que le hizo rasgar sus vestidos (Gn. 37:29).

V. Recibe los dones de su amo. «Alzó luego el manto de Elías que se le había caído» (v. 13). El manto cayendo del amo ascendido parece emblemático de la venida del Espíritu Santo después que Jesús fue glorificado. Este santo manto puede ser aceptado o dejado sin emplear. Para Eliseo era la prenda de la recepción de una doble porción del espíritu de su amo. Sin este don jamás podremos, como debiéramos, rogar a los hombres en nombre de Cristo (2 Co. 5:20).

VII. Manifiesta la semejanza de su amo. «Viéndole los hijos de los profetas… dijeron: El espíritu de Elías reposó sobre Eliseo» (v. 15). Hacía las obras de su amo, y así reflejaba la imagen de su amo. ¿Lleva nuestra vida y testimonio a una confesión así? (Hch. 4:13). Rasguemos nosotros nuestras propias vestiduras (voluntariosidad) y tomemos el manto (el Espíritu) de nuestro Señor y Amo glorificado, para que exhibamos el poder de su resurrección haciendo sus obras (Jn. 14:12-13).

314. ELÍAS Y CRISTO

2 Reyes 2:1-15

«Levántate, porque el día pasando está,
Y tú soñando yaciendo estás;
Los otros su armadura se han ajustado
Y a la lucha animosos han salido.
Un puesto en las filas te espera,
Cada hombre tiene un papel que jugar;
Nada son el pasado y el futuro
Frente a la dura realidad del hoy»

PROCTER

Levántate, todo el curso de la vida cristiana es una gran ascensión fuera de las tinieblas a su luz maravillosa: fuera de la vida del egoísta yo a la vida de Dios; un olvido de las cosas que quedan detrás y un lanzarse adelante y arriba hacia las cosas de arriba. Una vida resucitada implica afectos resucitados. La forma de la partida de Elías nos recuerda poderosamente a nuestro Señor Jesucristo, y nos conduce a pensar en algunos otros puntos de semejanza entre ambos. Él fue semejante a Cristo:

I. En el carácter de su ministerio. Como nuestro Salvador, Elías estuvo muy solo en el cumplimiento de su misión. Ambos tenían un mensaje concreto de parte de Dios, ambos tenían poder para cerrar o abrir el cielo. Elías, como nuestro Señor, fue contado como enemigo por aquellos a los que vino especialmente a ayudar. Ambos fueron menospreciados a la vez que temidos. El ministerio de Elías, como el de Cristo, comenzó presentándose a sí mismo como uno cuyo carácter había sido hasta entonces desconocido (1 R. 17:1), y terminó con un arrebatamiento.

II. En su gloriosa perspectiva. Evidentemente, Elías sabía que iba a ser tomado repentinamente al cielo por un torbellino (vv. 1, 2). Tenía la bienaventurada esperanza de pasar, en forma corporal, al Reino de arriba. Así fue también con Jesucristo después de haber pasado el Jordán de la muerte. Él le dijo a María: «Suéltame, porque aún no he subido a mi Padre» (Jn. 20:17). ¿No es ésta la esperanza que nos ha sido puesta delante de nosotros? «No todos dormiremos (el sueño de la muerte); pero todos seremos transformados, en un instante, en un abrir y cerrar de ojos, a la final trompeta; ... nosotros seremos transformados; porque es menester que... esto mortal sea vestido de inmortalidad» (1 Co. 15:51-53). «Y todo aquel que tiene esta esperanza puesta en Él, se purifica a sí mismo, así como Él es puro» (1 Jn. 3:3).

III. En su victoria sobre el Jordán. Las profundas y oscuras aguas del Jordán corrían entre Él y el lugar de su gloriosa ascensión a la mansión celestial. Fueron divididas aquí y allí cuando fueron golpeadas con su manto. El manto era el símbolo del oficio profético transformado en un arma del poder divino. Jesucristo venció el Jordán de la muerte golpeándolo con el manto de su cuerpo sagrado. «Te vieron las aguas, oh Dios; las aguas te vieron, y temieron» (Sal. 77:16). Por medio de su muerte en la cruz las aguas de la muerte huyeron, y temieron las profundidades del infierno.

IV. En su relación con sus seguidores. «Y pasaron ambos por lo seco». Elías y su sucesor pasaron juntos el Jordán. Eliseo descendió con su amo, y, por el momento, fue sepultado juntamente con él en esta sepultura recién hecha. Si se hubiera detenido antes de esto, se habría perdido la «doble porción». Debemos ser plantados juntamente en la semejanza de la muerte de Cristo si queremos serlo también en la semejanza de su resurrección (Ro. 6:5, 6). El Yo debe descender a la muerte con Cristo si queremos resucitar en novedad de vida, vestidos con su manto de autoridad divina (Gá. 2:20, 21).

V. En su ofrenda llena de gracia. «Elías dijo a Eliseo: Pide lo que quieras que haga por ti, antes que yo sea quitado de ti» (v. 9). Su afectuoso Señor está a punto de desvanecerse de delante de su vista, pero antes de irse abre, por así decirlo, la puerta del cielo, y da a su siervo un atisbo de sus tesoros y la oportunidad de «pedir lo que quiera». Esto lo hizo Cristo cuando prometió el Espíritu Santo a sus discípulos antes que fuera quitado de entre ellos. Así como Elías tenía que partir antes de poder enviar el manto, así Cristo tenía que partir antes que el Espíritu pudiera ser dado (Jn. 16:7). En la promesa del Espíritu Santo, Cristo fue como Elías, poniendo al alcance de sus seguidores está posibilidad: «Pedid todo lo que queráis, y os será hecho» (Jn. 15:7).

VI. En su gloriosa ida al Hogar. «Elías subió al cielo... Y nunca más le vio» (vv. 11, 12). «Se cumplió el tiempo en que había de ser recibido arriba» (Hch. 1:9). Como Enoc, anduvo con Dios, y desapareció, porque se lo llevó Dios. Bienaventurados los que han recibido tan firme certidumbre de la glorificación de su Maestro: «Testigos oculares de su majestad» (2 P. 1:16).

VII. En su especial don. «Alzó luego [Eliseo] el manto de Elías que se le había caído, y volvió, y... golpeó las aguas» (vv. 13-15). Como los discípulos en el aposento alto, se quedó hasta recibir de su amo el don de lo alto, aquel don en cuyo poder se harían maravillas en su nombre. Su amo se había ido, pero ahora «obras mayores» iban a ser cumplidas por medio de este don celestial, que para él sería «una doble porción». ¿Nos hemos apropiado nosotros así de anhelantes de aquel manto que ha caído para nosotros en su don del Espíritu Santo, para que las obras de nuestro Amo ascendido puedan ser reproducidas por nosotros? Elías obró siete milagros, pero Eliseo, con la «doble porción de su espíritu», pudo ejecutar catorce (Jn. 14:12). «¿Recibisteis el Espíritu Santo?» (Hch. 19:2).

315. UNA DOBLE PORCIÓN DEL ESPÍRITU SANTO

2 Reyes 2:9

La Doble Porción era la parte del primogénito, la porción que se daba al heredero. Jacob trató a su hijo José como el primogénito al darle la doble porción. Elcana, como marca de su especial afecto a su mujer Ana, le daba una doble porción de comida sacrificial. Job recibió del Señor una doble porción cuando fue vuelto de su cautividad.

El Señor Jesús es el Primogénito de Dios, con derecho a doble porción, y nosotros somos coherederos juntamente con Él.

En el futuro, cuando el Señor vuelva a tomar a Jacob y a sus descendientes, les dará una doble porción (Is. 61:7; Zac. 9:12; Is. 40:2).

316. LA ASCENSIÓN DE CRISTO Y LA DE ELÍAS

2 Reyes 2:11

1. Elías no ascendió: fue llevado arriba. Jesús sí ascendió, sin ninguna señal exterior para acompañar su lento movimiento ascendente a través del plácido aire.
2. El Señor Jesús ascendió por su propio poder; no fue así con Elías.
3. Elías se dejó su manto; el Señor Jesús dejó una bendición y envió su Espíritu Santo.
4. Cuando Cristo ascendió a las alturas, no cedió nada de su actividad por nosotros; la obra de Elías fue acabada cuando fue llevado a las Alturas.

317. LA SANIDAD DE LAS AGUAS

2 Reyes 2:19-22

«Siempre vence quien de lado de Dios está,
Para él no hay ocasiones perdidas;
La voluntad de Dios es dulce para aquel cuando
A su costa le da el triunfo»

FABER

Jericó había caído bajo la plaga de la maldición divina. Como este mundo arruinado por el pecado, solo podría ser restaurada mediante el sacrificio de un primogénito (Jos. 6:26; Col 1:14, 15). Toda la riqueza y sabiduría de Jericó no podían eliminar la plaga de las «aguas amargas», como tampoco puede la sabiduría de los hombres detener el manar, ni cambiar la naturaleza, de las aguas amargas del pecado. Solo el poder del SEÑOR es suficiente para todo esto (v. 21). La necesidad de esta ciudad representa la necesidad de cada vida polucionada por el pecado: la sanidad divina.

I. Su condición. Se contempla bajo dos aspectos diferentes:

1. SU SITUACIÓN ERA PLACENTERA (v. 19). Hasta allí donde se trataba de los privilegios exteriores, todo era favorable. El suelo era rico en posibilidades, el clima era bueno, y el emplazamiento de la ciudad era deleitosa. ¡Qué imagen de un pecador en medio de circunstancias favorables! ¡Qué posibilidades no se encuentran al alcance del alma del hombre! «La situación es placentera» para todos aquellos que están rodeados con los privilegios del Evangelio. Pero estos, en sí mismos, no son suficientes.
2. SU TIERRA ERA ESTÉRIL. Por mucho que trabajasen, su afán no les reportaba satisfacción alguna. Aquellas aguas salobres nunca llegaban a satisfacer los deseos de sus corazones. Tal es el estado de aquellos cuyos corazones no han sido sanados por la Palabra de Dios. Los higos de la verdadera satisfacción y las uvas del santo gozo no pueden crecer entre los cardos y espinos de la naturaleza irregenerada del hombre. Del corazón salen las corrientes de la vida (*cf.* Stg. 3:11). De un corazón malo siempre brotará aguas amargas a la vista de Dios (Mt. 15:19, 20). ¿Quién hará limpio a lo inmundo?

II. El remedio

1. SU NATURALEZA. «Una vasija nueva, y... en ella sal» (v. 20). Esta «nueva vasija» puede ser un emblema apropiado del Nuevo Testamento, con Cristo como la sal de la salvación en ella. El profeta aquí significa que la sal representa el poder salvador de Jehová (v. 21). Esta sal jamás ha perdido su sabor. «No hay otro nombre bajo el cielo, dado a los hombres, en que podamos ser salvos».
2. SU APLICACIÓN. «Echó dentro la sal [en los manantiales de las aguas]» (v. 21). No trató de sanar las corrientes aparte de la fuente. Fue directamente a la fuente del mal. La sal no podría

obrar ningún milagro de sanidad en la fuente hasta que entrara en contacto con ella. Los que tratan de establecer su propia justicia están tratando de purificar la corriente mientras que la fuente sigue sin ser sanada. No es Cristo en la Biblia el que salva, sino Cristo en el corazón. Nuestro Señor echó la sal en la fuente de la vida cuando le dijo a Nicodemo: «Os es necesario nacer de nuevo» (Jn. 3:7). «Tened sal en vosotros mismos» (Mr. 9:50). «Cristo en vosotros la esperanza de gloria» (Col. 1:27).

III. Los resultados.

1. HUBO SANIDAD. «Y fueron sanas las aguas» (v. 22). Las corrientes quedaron sanadas, porque la cabeza de la fuente quedó regenerada. Haced el árbol bueno, y el fruto será bueno. Si las fuentes del corazón son puras, las corrientes de la acción serán puras y sanas. Las aguas puede que no lleguen a ser más copiosas de lo que eran, pero serán mucho más bienvenidas y beneficiosas. Así será con la manifestación de la vida cuando Cristo entre en la fuente del corazón y renueve las aguas de las acciones. Las aguas sanadas podrán correr en el mismo canal, pero ¡cuán diferentes los resultados! Es pasar de la muerte a la vida.
2. HUBO FERACIDAD. «No habrá más en ellas muerte ni enfermedad» (v. 21), y la tierra dejará de ser estéril. La muerte y la esterilidad se tornan en vida y feracidad cuando el poder del divino transformador entra en el ser. Es fácil dar buenos frutos cuando la enfermedad del pecado y de la impureza hayan sido quitada de la vida. El fruto es el resultado de aquello que somos más que de aquello que hacemos (Jn. 15:4). Un corazón impuro lleva a un corazón estéril. Estas aguas ponzoñosas fueron cambiadas repentinamente, no se hicieron mejores gradualmente. Era el poder expelente de un poder invasor. Si alguien no tiene al Espíritu de Cristo, el tal no es de Él.

318. CORRIENTES DE BENDICIÓN EN ZANJAS RECIÉN HECHAS

2 Reyes 3:6-25

«Las débiles e impotentes manos,
tanteando a ciegas en la tiniebla,
Tocan la diestra de Dios en aquella tiniebla»

LONGFELLOW

Después de la muerte de Acab, el rey de Moab rehusó pagar su tributo de 100. 000 corderos y de 100. 000 carneros, con su lana, a Joram hijo de Acab. Esto llevó a la unión de los tres reyes y a una declaración de guerra contra Moab. Sucedieron varias cosas singulares que pueden estar llenas de significado para nosotros.

I. Una gran necesidad. «Les faltó agua para el ejército» (v. 9). El ejército era muy grande en número, y totalmente equipado con armas de guerra, pero se encontraban imposibilitados porque estaban pereciendo a causa de la sed. Una imagen de una Iglesia, totalmente organizada y equipada con todos los medios para la guerra, pero totalmente impotente debido a que la refrigeradora corriente del poder salvador de Dios no está en medio de ellos (Hch. 1:8).

II. Una indagación urgente. «¿No hay aquí algún profeta de Jehová, para que consultemos a Jehová por medio de él?» (vv. 11-14). ¡Qué escena: tres reyes suplicando el favor de un hombre que hacía poco había dejado el arado! Si hubiera habido abundancia de agua, habrían actuando con total independencia de Dios o de Eliseo. Fue cuando el pródigo «comenzó a pasar necesidad» que comenzó a pensar en la casa de su padre. El fiel varón de Dios no deja de recordar al rey de Israel su hipocresía al servir a otros dioses en el día de su prosperidad, y buscar luego la ayuda de Jehová cuando los pozos estaban secos (v. 13). Es la vieja historia de la soberbia y pobreza del hombre. El Señor y sus siervos son frecuentemente ignorados, hasta que llega el día de la aflicción.

III. Una extraña petición. «Mas ahora traedme un tañedor» (v. 15). El profeta respeta la presencia de Josafat, y se muestra dispuesto a oír lo que Jehová Dios les diga a ellos por medio de él. Su espíritu está quizá algo turbado ante este inesperado giro en la actitud de estos reyes, y sabe que para oír «el silbo suave y apacible» de Dios tiene que haber una perfecta calma de alma en su presencia. El tañedor pudiera ayudarle a aquietarlo para poder conocer la mente del Señor (véase 1 S. 16:23). La música tiene su lugar en el servicio de Dios, pero lo malo en nuestros días es que los oyentes se interesan más en los tañedores que en el mensaje de Dios. De hecho, se ve hoy en día a veces al tañedor suplantando al profeta. Pero la gran necesidad que tiene el pueblo es de la Palabra de Dios.

IV. Un mensaje claro. «Haced en este valle muchas zanjas... este valle será lleno de agua» (vv. 16, 17). Hacer zanjas es un trabajo muy humilde; pero cuanto más ahonden tanto más bendición recibirán. Se debe dar lugar al cumplimiento de la promesa de Dios. Es «cosa ligera para Él» enviar corrientes de bendición de una manera inesperada. La excavación de las zanjas fue una evidencia de su fe en la Palabra de Dios, y que sus expectativas provenían de Él. Creyeron, y por ello prepararon el camino para las prometidas aguas. ¿Estamos haciendo zanjas en los valles de nuestra experiencia cristiana, donde pueda entrar el río de Dios y quedarse como bendición permanente? Preparad el camino. Dad lugar a Dios.

V. Un abundante suministro. «Por la mañana, cuando se ofrece el sacrificio (...) la tierra se llenó de aguas» (v. 20). Esta labor de fe fue abundantemente recompensada, porque la zanja de cada uno se convirtió en un pozo de agua. La bendición de Dios es la que enriquece. No había excusa para que prosiguieran en un estado de sed paralizadora una vez que Dios les hubiera dado este gran don. No iban a ser tan necios como para rehusar aceptar el don hasta que pudieran comprender su origen, curso y carácter. Era para ellos el río de la vida; estaba cerca, en sus mismas zanjas, y era totalmente suficiente para todos. La respuesta de Dios a la oración de fe será siempre en plenitud. Dadle a Él, y os será otra vez dado a vosotros, «una medida buena, apretada, remecida y rebosante» (Lc. 6:38).

VI. Un doble resultado. Los moabitas resultaron engañados, y los israelitas salvados (vv. 21-25). Aquello que fue el medio para dar liberación a uno trajo destrucción al otro. El mismo Evangelio que es aroma de vida para el creyente es aroma de muerte para el escéptico. Estas aguas, que trajeron salvación a la hueste, les pareció a los moabitas la sangre de los muertos. Los hay todavía que no pueden ver nada en la gran provisión de Dios, revelada en la cruz del Calvario, nada sino la sangre de un mártir. Debido a sus pecados, Dios envío a estos moabitas una operación de error, de manera que todos ellos creyeron una mentira, para que fueran condenados (2 Ts. 2:11, 12). Porque si nuestro evangelio está escondido, está escondido a aquellos que se pierden (2 Co. 4:3, 4). Esta corriente de salvación, como la columna de nube, no era lo que parecía ser a los ojos de los impíos. Así es también con la predicación de la Cruz; para los que perecen, es insensatez, pero para los que se salvan es el poder de Dios. «Ahora, pues, ¡Moab, al botín!» fue el clamor de ellos, tan pronto creyeron que el ejército se había vuelto «uno contra otro». Siempre que el pueblo del Señor se dediquen a herirse unos a otros, el enemigo se apresurará al despojo. Pero en este caso caminaban por vista, y fueron engañados y derrotados. Los líderes del ejército creyeron el mensaje de Dios por boca de Eliseo, prepararon las zanjas, y como respuesta al clamor de estas zanjas vacías vino el don de Dios, y fue recibido; luego, en la fuerza de aquel don, vencieron. «Pero gracias sean dadas a Dios, que nos da la victoria por medio de nuestro Señor Jesucristo» (1 Co. 15:57).

319. LA PEQUEÑEZ DE GUEJAZÍ

2 Reyes 4

Guejazí nunca brilla en la historia sagrada. Es una ilustración de lo que un siervo no debería ser. Fracasa a cada paso.

I. Falta de simpatía (v. 26). ¿Por qué fue ella tan brusca con Guejazí? ¿Había acaso una total falta de simpatía? Es difícil que la egoísta indiferencia comunique palabras tiernas sin congelarlas. Una lección para nosotros, los siervos del Señor.

II. Falta de imaginación (v. 27). Era un esclavo de la formalidad. ¡Pobre alma débil, flemática y carente de imaginación! «Jehová me ha encubierto el motivo». Eliseo estaba generalmente en el consejo del Señor.

III. Falta de fe (vv. 29 a 31). ¿Para qué enviar a Guejazí? ¿Para detener la corrupción o para devolver la vida? Aquí se pone en evidencia la vanidad de todo ceremonial externo.

IV. Falta de contacto personal (vv. 34 a 35). Si queremos ser bendición para otros, ha de haber un estrecho contacto personal y compasivo. Esto es simbólico de lo estrecho que es el acercamiento del Señor de la vida a nuestra naturaleza, muerta en pecados, mediante su Encarnación, y su continuo acercamiento a nosotros. Llega el día en el Aposento Alto cuando los que han padecido la separación volverán a encontrarse.

320. EL ACEITE DE LA VIUDA, O LA SUFICIENCIA DE LA GRACIA

2 Reyes 4:1-7

«Difícil puede ser de ganar, y aún
Un corazón humilde y firme mantener,
Mas quien pierde llenar ha
Una parte más difícil y veraz»

PROCTER

Los períodos de aflicción son comunes a todos, pero solo a los hijos de Dios se les obran maravillas en tales experiencias. Es solo en el día nuboso que se ve más fácilmente el arco iris de su promesa. Hay siempre un fructífero «después» para aquellos cuyas almas son ejercitadas en el día de la angustia (He. 12:11). Fue mientras los israelitas estaban en el desierto que vieron la gloria de la bondad de Dios al darles pan del cielo y agua de la roca de pedernal. Esta viuda de uno de los hijos de los profetas ha sido traída a aguas hondas, pero veamos como Dios, en su gracia y poder infinitos, pudo suplir toda su necesidad. Obsérvese el orden:

I. Confesión de pobreza. «Ha venido el acreedor para llevarse dos hijos míos por siervos» (v. 1). Su marido ha muerto, y encontrándose con unas deudas que no pude pagar, sus hijos, su única esperanza para el futuro, están a punto de ser vendidos. ¡Qué triste apuro! Pero confiesa honradamente toda la verdad. Así éramos algunos de nosotros cuando la ley, como inmisericorde acreedor acudió repentinamente sobre nosotros, diciendo: «Págame lo que me debes» (Mt. 18:28), y cuando descubrimos que nada teníamos «con que pagarle» (Lc. 7:42), que estábamos ya «vendidos al pecado». Estando limitados a la fe, ¿qué otra cosa podíamos hacer que clamar a Aquel que es el verdadero Eliseo, «poderoso para salvar».

II. El ofrecimiento de la gracia. «¿Qué te haré yo?» (v. 2). Eliseo, como representante de Dios, abre de par en par, por así decirlo, la puerta del privilegio celestial, para que ella pida lo que quiera. Fue la oferta de la gracia suficiente para toda su necesidad. Tan pobre era que no tenía nada en la casa «sino una vasija de aceite». Pero la pobreza no es obstáculo en la presencia de la gracia y plenitud del Todopoderoso (Lc. 18:41). Son aquellos que creen que no tienen necesidad de nada los que excluyen al Salvador de sus vidas (Ap. 3:20). ¿Qué te haré yo? «Abre tu boca, y Yo la llenaré» (Sal. 81:10).

III. Necesidad de preparación. «Ve y pide para ti vasijas prestadas... vasijas vacías, no pocas» (v. 3). Hasta ahora no tenía lugar para la gran bendición que Dios estaba para darle. Es maravilloso como hasta nuestros vecinos, con sus actos de bondad o de otro tipo, nos pueden suplir con lo que nos enriquecerá de bendiciones celestiales. La demanda de vasijas vacías en préstamo fue un ejercicio de fe. Ella creyó para poder ver. Así fue con los israelitas cuando llenaron el valle de zanjas (2 R. 3:16-20). El valor relativo de cada vasija, para ella, era la capacidad que tenía de recibir. Ésta es también la manera que Dios tiene de tratar con sus vasos de gracia (2 Co. 12:10).

IV. La recompensa de la fe. «Ella echaba del aceite... las vasijas estuvieron llenas» (vv. 5, 6). Fue una gran crisis en la vida de esta mujer cuando «cerró la puerta, encerrándose ella y sus hijos» y se aventuró, como a solas en la presencia de Dios, a reivindicar la promesa por medio de la fe. Cuando uno se ha decidido en su mente a «cerrar la puerta» y a probar a Dios de una manera concreta, habrá ciertamente un maravilloso derramamiento del aceite del Espíritu Santo (Mt. 6:60. Ella no podía hacer el aceite, como tampoco podemos nosotros manufacturar la gracia salvadora de Dios, pero ella podía sostener el vaso y confiar en Dios que él hiciera brotarla.

V. La obstaculización de la bendición. «Él dijo: No hay más vasijas. Entonces cesó el aceite» (v. 6). En tanto que hubiera una vasija vacía, y fe para usar el don de Dios, no habría carencia. Su gracia fue suficiente. Nunca tenemos apreturas en Dios, sino siempre en nosotros, cuando cesa el fluir de su bendición. Siempre que nuestra debilidad consciente da lugar a la autosatisfacción, el aceite de su espíritu queda obstaculizado y detenido (Mi. 2:7). Las bendiciones de su gracia, aunque en Él haya infinita plenitud, son demasiado preciosas para ser derramadas y perdidas donde no haya la vasija vacía de un corazón necesitado. La gracia solo puede ser dada para afrontar una verdadera necesidad (2 Co. 12:9). Los hay que hablan de una forma gozosa de los tiempos pasados, cuando el aceite dado por Dios corría libremente. Pero, ¿por qué se ha detenido ahora? (Jue. 16:20). ¡No más vaciedad!

VI. El logro de la liberación. «Ve y vende el aceite, y paga tus deudas» (v. 7). Habiendo recibido el don de Dios, puede ahora afrontar todas las demandas del acreedor. Ella y sus hijos fueron salvados solo por la gracia. Las demandas de una ley quebrantada pueden ser solo afrontadas plenamente por nosotros por medio de la infinita gracia de Dios que nos ha sido traída por Jesucristo; por aquel amor de Dios que ha sido derramado en nuestros corazones por el Espíritu Santo, y que constituye «el cumplimiento de la ley». Si a estos hijos se les preguntara cómo fueron salvados de la esclavitud, podrían decir con verdad que fue mediante «el don de Dios». Y no es diferente con nosotros (Jn. 3:16).

VII. La provisión dada. «Tú y tus hijos vivid de lo que quede» (v. 7). El aceite, que les salvó de la deuda y de la esclavitud, debía también servirles de sustento de día en día. Los hijos de Israel no solo fueron salvados por la sangre del cordero, sino sustentados alimentándose de él (Éx. 12:8). Cristo vino no solo a redimirnos de la maldición de la ley, sino también a satisfacernos a diario, como el «pan de Dios» que descendió del cielo. Vivid tú y tus hijos por la fe en el Hijo de Dios, que pagó toda tu deuda en la cruz del Calvario. Lo que quede, por su gracia para ti y los tuyos, es suficiente para todas tus necesidades, tanto para el tiempo como para la eternidad.

321. MUERTE EN LA OLLA

2 Reyes 4:3-41

«Demasiado breve la vida es para malgastarla en
el atisbo crítico o en el cínico ladrido,
Pendencia o reprimenda: pronto oscuro será.
¡Arriba! Cuida tu puntería, y Dios te dirija al blanco»

EMERSON

Eliseo volvió a Gilgal, desde donde había comenzado su memorable viaje con Elías (2:1). Los hijos de los profetas «están con él», y aunque había «una gran hambre en la tierra», no parecía haber hambre en sus almas. Después que Eliseo hubo acabado su discurso a los estudiantes, dio órdenes a su siervo: «Pon una olla grande». Siendo como es que «toda Escritura es inspirada por Dios, y útil para enseñar», podemos ciertamente buscar una doctrina provechosa en la milagrosa sanidad del alimento ponzoñoso. No nos atreveremos a decir que la olla es un tipo de «la fe que ha sido transmitida a los santos de una vez por todas», pero podría ser provechoso que lo consideráramos como una ilustración de ello.

I. La gran olla. Como la fe entregada a los santos una vez por todas:

1. ERA DE PROPIEDAD COMÚN. No pertenecía a nadie en particular, sino que era propiedad de toda la escuela de los profetas, y todos estaban obligados a su cuidado. El ministerio del Evangelio no ha sido encomendado a ningún individuo o secta, sino que es propiedad de toda la Iglesia de Dios.
2. ERA EL CENTRO DEL INTERÉS COMÚN. Especialmente a la hora de la comida, todos ellos recibían de aquella misma olla. En este tiempo de hambre no había otra fuente de suministro mediante la que pudieran saciar su hambre. Lo que la gran olla significaba para sus estómagos vacíos debería serlo el Evangelio de Dios para nuestras almas hambrientas. El Evangelio es siempre el centro de interés a los que están experimentando un hambre en su tierra.

II. El turbador descubrimiento. «¡Varón de Dios, hay muerte en esa olla!» El veneno de la muerte había entrado en la olla, aunque:

1. FUE INTRODUCIDA SIN INTENCIÓN. El hombre que salió y llenó su falda de calabazas silvestres y las cortó en la olla del potaje no las conocía. Parecían inofensivas, y por ello su pernicioso carácter no fue descubierto. Pero siendo que eran cosa nueva y de naturaleza desconocida, debieran haber sido probadas antes de ser empleadas como alimento sano. El hecho de que un hombre pretenda ser hijo de la Iglesia no es razón para que se le permita echar las calabazas silvestres de su «crítica destructiva» dentro de la olla del evangelio. Puede que lo haga, como este hijo de un profeta, con un propósito honroso, pero es de todas formas venenoso. El hombre que las puso allí no era más digno de reprensión que los que consintieron en ello. Todos ellos eran igualmente culpables, porque leemos que «no sabían lo que era» (V.M.).
2. ESTROPEÓ TODO LO QUE ESTABA EN LA OLLA. Había, indudablemente, muchas cosas buenas y saludables en la olla, pero cuando se introdujo este nuevo elemento mortífero, vició todo lo que estaba en ella. Las cosas buenas pierden toda su virtud en presencia de esto tan poderosamente mortífero. ¿Nos asom-

bramos de que las verdades del Evangelio estén siendo neutralizadas hoy en día, cuando se están cortando tantas nuevas, indemostrables y venenosas teorías e introduciendo en el ministerio del Evangelio? El efecto general es precisamente el mismo que el de las calabazas silvestres en la olla: todo queda inutilizado, y nadie gana con ello. El Evangelio nunca será ayudado por poner nosotros en él cosas que no conocemos.
3. LES INTERRUMPIÓ LA COMIDA. Tan pronto como descubrieron que el contenido estaba emponzoñado dejaron de comer. No podían aplacar su hambre con alimento envenenado. ¿Quién podría censurarlos por rehusar todo lo que estaba en la olla cuando descubrieron que había «muerte» en ella. ¿Quién podrá jamás dar satisfacción a su conciencia con un Evangelio envenenado? Tan pronto como los hombres crean que la Palabra de Dios es indigna de confianza dejarán de ingerirla. La consecuencia inevitable de permitir que los pensamientos espontáneos y perniciosos de los hombres se mezclen con los pensamientos puros de Dios que dan alimento al alma es llevar el todo a una mezcla con veneno, y hacer del todo una mezcla repulsiva y buena para nada.
4. FUE DENUNCIADA EN EL ACTO. No se dirigieron el uno al otro en voz baja para no hablar de ello, opinando que todo saldría bien al final. En el momento en que gustaron de aquello, gritaron: «¡Varón de Dios, hay muerte en esa olla!» Nunca pensaron en minimizar el daño obrado alabando las buenas cualidades del hombre que había traído las «calabazas silvestres». Llevados por el sentido común, dijeron que cuanto antes fuera denunciada y quitada esta cosa mortífera mejor les iría.

III. El remedio eficaz. La respuesta del profeta fue: «Traed harina». La harina fue echada en la olla, «y no hubo más mal en la olla».

1. EL MEDIO SEÑALADO. «Harina.» Lo que era perfectamente sano y saludable. El emblema de un puro evangelio. Pero la harina tuvo que ser echada «en la olla». No podía salvar el potaje quedándose en el barril. Tenía que entrar en contacto con esos males que debía curar. Además, la harina debía ir acompañada del poder de Dios, porque, por sí misma, nunca podría contrarrestar la influencia destructora de las calabazas mortíferas. Así es con el puro y alimenticio Evangelio de Cristo. No es suficiente echarlo en las ollas mortíferas de las mentes de los hombres; a no ser que vaya acompañado del poder transformador del Espíritu Santo, el poder mortífero del error y del pecado no serán vencidos. A los hijos de los profetas no se les pidió que hicieran la harina; solo tuvieron que traerla.
2. LOS RESULTADOS PRODUCIDOS. «No hubo más mal en la olla». El mal había sido vencido con el bien. La harina, como la incorruptible simiente de la Palabra en el corazón, lo rectifica todo, y da a estas hambrientas almas una fiesta de satisfacción. El Evangelio de Cristo es el poder de Dios para todo el que cree; puesto que «lo más insensato de Dios es más sabio que los hombres» (1 Co. 1:25).

322. LA SUNAMITA, O CARACTERÍSTICAS DE UNA MUJER CRISTIANA

2 Reyes 4:8-37

Sunem se encontraba en el camino que iba de Samaria al Carmel, donde había una escuela de los profetas. ¡Cuán reconfortante sería la pequeña estancia y el cuidado de la sunamita tras un fatigoso camino de 50 kilómetros bajo el calor y sobre el ardiente polvo de un camino oriental! El Señor tiene muchas maneras de cavar pozos para el refrigerio de los peregrinos celestiales. Aquellos que dan siquiera sea un vaso de agua fría en nombre de discípulo, como esta buena sunamita, no perderán su recompensa. Esta mujer era grande a los ojos del Señor. Observemos en qué consistía su grandeza. Ella era:

I. Benevolente. «Le invitaba insistentemente a que comiese» (v. 8). El amor de Dios no está en nuestro corazón si nuestra caridad solo actúa como eco. El amor de Cristo no esperó a ser importunado (Ro. 5:8).

II. Discernidora. «Yo entiendo que éste... es varón santo de Dios» (v. 9). Siendo ella de puro corazón, podía ver a Dios en el profeta (Mt. 5:8). La soberbia y la vanidad ciegan tanto las mentes de algunos que no son capaces de distinguir entre un profeta y un libertino. La devoción es tratada de hipocresía (Jn. 10:20).

III. Contentada. «¿Qué quieres que haga por ti?»; su respuesta fue: «Yo habito en medio de mi pueblo» (v. 13). Una mujer quejumbrosa hace un hogar nublado. La piedad con contentamiento es gran ganancia. La receta divina para la insatisfacción se encuentra en Hebreos 13:5, 6.

IV. Sobria. «No, señor mío, varón de Dios, no hagas burla de tu sierva» (v. 16). La promesa de un hijo le parecía demasiado buena para que se cumpliera en ella. Así que le recordó a Eliseo que él era un hombre de Dios, y que por tanto no debía buscar ningún favor por medio de lisonjas. En su alma aborrecía la irrealidad, y amaba la verdad. Hubiera sido una miserable compañía para las comadres murmuradoras.

V. Sumisa. Ella respondió: «paz» (v. 23). Aunque su amado hijo había muerto, con una impresionante resignación dijo: «paz». El más grande de los Sufrientes, cuando se encontró en una marejada de aflicción, «no abrió su boca», sabiendo que el resultado sería «paz». Habéis oído la paciencia de Job.

VI. Creyente. Cuando le preguntaron «¿Le va bien... a tu hijo?», ella respondió: «Bien». Es fácil decir «Bien» cuando sigue fluyendo la marea de la prosperidad. Es necesaria la fe para decirlo en medio de las sombras de la muerte (Job 13:15). Es indudable que ésta es una de las mujeres de que leemos en Hebreos 11:35. La fe siempre recibe la recompensa.

VII. Perseverante. «No te dejaré» (v. 30). Ella tenía fe en el profeta, y no estaba dispuesta a irse sin una bendición. Pensemos en el efecto de la fe de Jacob (Gn. 32:26). No tenemos un juez injusto ante quien insistir; y si es así, ¿por qué es que prevalecemos tan poco? (Lc. 18).

VIII. Triunfante. «Él le dijo: Toma tu hijo. Y así que ella entró, se echó a sus pies» (v. 37). No quedó tan embargada por las bendiciones como para olvidar al que le bendecía. Madre, guárdate de estar más preocupada por la prosperidad de tu familia que por la honra de tu Señor y Amo (Mt. 6:33).

323. EL EQUIPAMIENTO DEL MISIONERO

2 Reyes 4:10

Esta mujer, de alma grande, y probablemente rica, sugirió a su marido sacrificar la parte más querida del hogar oriental para dar comodidad al profeta Eliseo. Su marido aceptó esta buena proposición, la cual fue llevada a cabo. Es interesante observar qué muebles eran considerados necesarios para la comodidad del profeta. En lo que nos recuerdan tenemos los artículos esenciales para la obra misionera doméstica y extranjera. A no ser que poseamos aquello que estos artículos representan, no podremos ser siervos útiles para el Señor.

I. Cama. Nos habla de reposo. Ésta es la primera necesidad. De hecho, si no gozamos de reposo de la carga de la culpa y de una conciencia agitada, no podemos ser obreros. Solo Cristo puede dar reposo. ¿Acaso no dice Él: «Venid a Mí ..., y yo os haré descansar»?

II. Mesa. Nos habla de comunión. La comunión con Cristo debería seguir a recibir reposo de Él. Pero fíjate, no la mesa primero, y luego descanso. No, esto nunca iría bien. Y sin embargo los hay muchos que enseñan que este es el orden apropiado. Los tales dicen: «Si no participamos del Sacramento, no podemos ser salvos». ¡Ni el Señor Jesús ni ninguno de los apóstoles enseñaron esto! Rehusamos reordenar estos artículos para complacer a nadie. Debemos observar el orden divino. Al mismo tiempo, ¡debemos apremiar a los que tienen reposo que les es necesario acudir a la Mesa del Señor! Es nuestro deber y privilegio acudir a la Mesa del Señor para recordar la muerte del Señor hasta que Él venga.
Luego, también, ahora que estás gozando del reposo, no olvides que Él desea que tengas comunión y bendito compañerismo con Él cada día; es decir, que la mesa sigue a la cama. No te quedes corto de sus propósitos, ni te des por satisfecho con menos que lo mejor de su parte.

III. Silla. Esto viene en tercer lugar, y nos habla de discipulado. ¡Qué importante es que nos sentemos frecuentemente a sus pies para ser enseñados por Él! ¿Qué del estudio devocional diario de las Escrituras? ¿Y qué entonces del más estrecho estudio diario de alguna porción del Libro Santo? ¡Ah, la posición del discipulado es importante! Esto nos equipará para el cuarto artículo.

IV. Candelero. Esto nos habla del testimonio, que está resplandeciendo por Jesús en lugares oscuros y tenebrosos, donde nuestra luz es más necesaria.

324. VIDA POR MEDIO DE LOS VIVIENTES, O CÓMO GANAR ALMAS

2 Reyes 4:18-35

«Joven, dichoso y libre soy.
Consagrarme puedo: toda mi vida te doy»

BROWNING

Un negro día lleno de nubarrones fue aquel para la mujer de Sunem, cuando su único hijo murió de repente sobre sus rodillas, «al mediodía» (v. 20). En su angustia se apresuró a ir a aquel por medio de quien había sido bendecida, y cuya promesa ya había puesto a prueba. «Invócame en el día de la angustia; te libraré, y tú me honrarás». Esta mujer, que tan a lo lejos veía, no confiaba ni en el siervo del profeta ni en el báculo en que se apoyaba; la fe de ella estaba en él mismo (v. 30). Bueno sería para cada persona angustiada aprender la misma lección. El mismo Cristo es quien es la fuente de bendición, y no su siervo, ni siquiera el báculo de su Palabra. Sin el Espíritu de Vida, ni la Palabra en la que Él se apoyó como báculo tendría poder para despertar a los muertos en pecado (2 Co. 3:6). Era indudablemente la voluntad de Dios de que este hijo de promesa fuera levantado y restaurado. Tenemos aquí dos esfuerzos hechos para llevarlo a cabo: el primero un fracaso total, el segundo un total éxito.

I. Guejazí, o el fracaso del formalismo. Este hombre parece ser un tipo de una clase de obreros cristianos que no son infrecuentes en nuestros propios días. Él era:

1. OBEDIENTE. Estaba dispuesto a correr en cualquier momento si su amo se lo ordenaba. Tiene la poderosa convicción de que debe obedecer (v. 26). Nadie es más importante que él cuando se dedica a los asuntos de su amo. Es fiel a la letra de la palabra, «no lo saludes [a quien te salude por el camino]» (v. 29). Magnificará su oficio aún si nunca llega a ser el medio de ayudar a un alma fuera de las tinieblas de la muerte a la luz de la vida.

2. DURO. No tuvo una sola palabra de aliento para esta dolorida mujer, sino que la hubiera «quitado» de allí, si su amo, lleno de gracia, no le hubiera dicho: «Déjala» (v. 27). Él no tenía ojos para ver a un «alma dolorida», pero sí que estuvo pronto a discernir que había algo irregular o desordenado en su forma de actuar. Él estaba dispuesto a aferrarse a las normas y al orden, incluso cuando almas cargadas están angustiadas por tener el Espíritu de Vida. Es el hermano de los que carecen de discernimiento espiritual, y que trabajan para el amo porque para esto se les paga.

3. SIN ESPÍRITU DE ORACIÓN. «Ve... y pondrás mi báculo sobre el rostro del niño» (v. 29). Parece que Eliseo envió a su siervo con su báculo para poner a prueba la fe de la madre, para humillar la soberbia de su siervo, o, simplemente, para librarse de él en aquel momento. En todo caso, Guejazí salió con el báculo, y evidentemente estaba tan lleno de su propia importancia y vanidad que no sintió la necesidad de clamar a Dios para que su gran poder lo acompañara en su esfuerzo de tratar de despertar al muerto. La autoconfianza es inconsistente con la oración de la fe.

4. IMPOTENCIA. «El niño no despierta» (v. 31). Era el báculo del profeta, de esto no había duda alguna, pero no estaba allí el profeta. No es suficiente que prediquéis la verdad, la mera letra de la Palabra no resucitará a los muertos, como tampoco el báculo del profeta. Es el Espíritu el que vivifica. Podemos poner la misma Palabra de Cristo, como un báculo, sobre el rostro de una congregación cincuenta veces al año, pero ninguno «despertará» a no ser que haya la oración de fe y que nosotros mismos nos demos para la salvación de los hombres. Los que creen que están cumpliendo su deber yendo a través de la forma de un servicio religioso no es probable que vean a los muertos levantarse por medio de su actividad.

II. Eliseo, o, la victoria de la fe. La forma de actuar de este hombre de Dios está en acusado contraste con el formalismo de su siervo sin corazón. Había en él:

1. UNA VERDADERA SIMPATÍA. Su corazón estaba profundamente agitado en favor de la dolorida mujer (v. 27). Sintió acusadamente la gran importancia de la ocasión, aunque el Señor le había ocultado la razón de la angustia de ella. No es hasta que el corazón del siervo de Dios se siente movido a compasión por el clamor de la necesidad, que tan a menudo se levanta a nuestros pies debido al pecado y la muerte, que hay esperanza de que aquel siervo logre cualquier gran liberación en el Nombre de Dios.

2. ORACIÓN DE FE. «Entrando él entonces, cerró la puerta tras ambos, y oró a Jehová» (v. 33). La simpatía humana es cosa buena, pero no suficiente para suplir las necesidades de este caso. El amor fraternal es dulce, pero el amor fraternal no resucitará a los muertos. Es el hombre en cuyo corazón está el amor de Dios quien está más profundamente consciente de su propia debilidad, y de la necesidad del derramamiento del poder de Dios. Podemos recitar nuestras oraciones cuando no esperamos nada en especial; pero si queremos ver a las almas libertadas del dominio de la muerte, tiene que haber una comunicación definida con el Dios viviente con respecto a esto en concreto (Mt. 6:6).

3. LA CONSAGRACIÓN PERSONAL. «Subió y se tendió sobre el niño» (v. 34). No fue ni su báculo ni nada más que poseyera, sino a sí mismo que se dio para el cumplimiento de esta gran obra. ¿Acaso no se tendió el Señor Jesucristo sobre la faz de la necesidad de este mundo muerto cuando se sometió a ser extendido sobre la cruz? Cristo se dio a Sí mismo por nosotros; Eliseo se dio a sí mismo por el niño. No hay otra manera de ganar almas más que mediante la oración de fe y la consagración personal a la obra. Los espiritualmente muertos necesitan el abrazo de los vivientes (Hch. 20:10). Abrázalos en los afectos de tu corazón y en tu oración de fe delante de Dios. Date a la obra, y mira a Dios para el poder dador de vida. Hijo del hombre, ¿vivirán estos huesos? Tú lo sabes. Profetiza (Ez. 37:3, 4).

4. BUEN SUCESO. «Y el niño.... abrió sus ojos» (v. 35). Él creyó y trabajó para ver la bondad de Dios en su avivamiento, y lo vio. Salió, por así decirlo, llorando en simpatía, llevando consigo la preciosa simiente de la oración creyente y de un esfuerzo abnegado, y vuelve con regocijo, llevando consigo la gavilla de la victoria. Cree, y verás la gloria de Dios en resucitar a los muertos (Jn. 11:40). Algunas veces los predicadores son llevados a decir, como los desesperanzados corintios, «¿cómo resucitan los muertos?» Aprendamos aquí que no son resucitados por la aplicación de formas y de ordenanzas y de obras muertas, sino por el poder del Dios viviente, por medio de una vida viviente, creyente y consagrada. Toda vida tiene su fuente en los vivientes. La generación espontánea es algo desconocido, tanto en la naturaleza como en la gracia.

325. EL BÁCULO IMPOTENTE

«Guejazí... había puesto el báculo sobre el rostro del niño; pero no tenía voz ni sentido» (2 R. 4:31).

El báculo era el del profeta Eliseo, y era indudablemente un buen báculo, bien idóneo para cumplir la misión de un *báculo*, pero impotente para dar vida a un muerto. Hay muchas cosas que son buenas como ayudas en su sitio, pero que son absolutamente impotentes para salvar el alma del pecado y de la muerte. Tenemos, por ejemplo:

I. El báculo de la crianza religiosa. Éste es un hermoso báculo, y muy profético en cierto modo. Es una gran ventaja ser instruido desde pequeño a honorar y respetar lo religioso. Pero confiar en ello como capacitando para el Reino de Dios es lo mismo que confiar en una caña quebrada. «El niño *no despierta*».

II. El báculo de la oración regular. Éste es otro buen báculo, bueno en sí mismo, y en el que se depositan esperanzas para que dé vida a los muertos. «He orado desde mi juventud.» Muy bien, pero las oraciones muertas no pueden dar más vida que un báculo inerte. No somos salvos debido a que *oramos*, pero empleamos la oración como báculo para presentarnos al Dios de salvación.

III. El báculo de las buenas obras. Las buenas obras son siempre buenas, pero los que se apoyan en ellas para que les abran la puerta del cielo están siempre jactándose *de sí mismos*, porque no se sienten en deuda con nadie por la esperanza que está en ellos. Van cojeando apoyados en estas dos muletas de lo que *han* hecho y de lo que *no* han hecho. Se apoyan en brazo de carne, y rehusan el brazo de Dios.

IV. El báculo de una parentela piadosa. Tener *buenas relaciones* en el sentido religioso es algo por lo que se debe tener gratitud, pero recordemos que *Judas* tenía también buenas conexiones, y que el rico que «en el Hades alzó sus ojos» (Lc. 16:23) era hijo de Abraham. La mujer de Lot gozaba también de buenas conexiones, pero pereció. Si confías en este báculo, te estás confiando a una cuerda quemada.

V. El báculo de la membresía eclesial. Los que se confían a esta muleta para salvarles generalmente se apoyan pesadamente sobre ella. Dan gran diligencia a oír la predicación de la Palabra al menos una vez a la semana, y nunca se pierden la comunión si se encuentran bien. Parecen creer que cada vez que participan de una comunión ganan una marca de favor en el Libro de la Vida. Bueno es emplear los *medios* de gracia, como se emplearía el vaso colgando de una fuente; pero *confiar en ellos* es permanecer en tus pecados.

VI. El báculo del conocimiento de las Escrituras. Este báculo es quizá el más ornamental de todos; al menos, está bien barnizado. Los que se apoyan en él para salvación parecen muy sabios. No les puedes decir nada nuevo; lo han sabido todo desde su juventud. Pero son totalmente ajenos a la nueva vida engendrada por el Espíritu de Dios. Dicen: «Sabemos», y luego preguntan: «¿Cómo puede un hombre nacer, siendo viejo?» (Jn. 3:4). La vida no se encuentra en *escudriñar* las Escrituras, sino en Cristo.

VII. El báculo de la fe histórica. Este báculo parece ser largo y fuerte, por lo que muchos hay que esperan la vida mediante él. Creen en la Biblia, el Credo, y la Confesión de Fe; creen en el Cielo y en el Infierno, en Cristo y en el Diablo, en demonios y en ángeles, y en todo lo que está en la Biblia, así como creen todo lo que está en los libros de Historia, y con el mismo resultado. Son muertos en vida.

326. MUERTE EN LA OLLA

«Él entonces dijo: Traed harina» (2 R. 4:41).

Venced el mal con el bien.

1. Hay muerte en la olla de la **bebida fuerte.** Entonces, traed el «Agua de Vida».
2. Hay muerte en la olla de la **literatura.** Entonces traed la «Palabra de Dios».
3. Hay muerte en la olla de los **placeres mundanos.** Traed entonces los «Tesoros Celestiales».
4. Hay muerte en la olla de la **mente carnal.** Traed entonces la «Mente de Cristo».
5. Hay muerte en la olla de la **falsa profesión.** Traed entonces el «Evangelio de Cristo».

327. NAAMÁN EL LEPROSO

2 Reyes 5:1-15

«Humilde debiera el hombre ser: mas muy orgullosos sois,
Y el Dios destronado para los tales amargas plagas tiene»

BROWNING

Naamán el leproso ocupa un lugar muy semejante en el Antiguo Testamento al del «Hijo Pródigo» en el Nuevo. La historia es bien conocida y manida, y ha sido el medio de llevar la luz de la salvación a muchas almas. Éstas son maravillosas palabras de vida, así que volvámoslas a contar. Veamos aquí:

I. Una vida arruinada. Naamán tenía casi todo lo que un hombre en este mundo pudiera desear en cuanto a honor, fama y éxito, pero había una llaga en su vida que no podía ser sanada con todo el encomio y riquezas del mundo: «Era... leproso» (v. 9). Lo mismo que en el caso el joven rico, había muchas cosas de las que no carecía, pero «una cosa» le faltaba: pureza. Era inmundo. Allí donde el pecado ejerce su dominio, arroja su marchitadora plaga sobre todo el carácter; pero no es hasta que uno se hace consciente de su presencia que desgarra la falsa paz del corazón.

II. Un fiel testimonio. Esta muchacha había evidentemente gozado de una piadosa educación. El Dios del «profeta que está en Samaria» era para ella un Salvador Todopoderoso. Ella tenía convicciones que eran reales y profundas, y no tenía miedo de decirlas. «Si rogase mi señor al profeta que está en Samaria, él lo sanaría de su lepra» (v. 3). Éste fue un testimonio sencillo, de boca de una niña, pero es la clase de testimonio que se necesita en todas partes, y que con certidumbre será bendecido. Fue el testimonio de la fe dado en el momento justo y con la actitud correcta. «Hablamos lo que sabemos». Esta muchacha fue una fiel predicadora.

III. Una falsa interpretación. «Le dijo el rey de Siria: Anda, ve, y yo enviaré cartas al rey de Israel». Y así Naamán partió. Enviado por un rey a otro rey, y llevando consigo un principesco don de una cantidad enorme de dinero, equivalente a 340 kilogramos de plata y a casi 70 kilogramos de oro, aparte de diez mudas de vestidos, artículo entonces de gran valor, parecía ser la forma adecuada para dedicarse a la cuestión de la salvación de la maldición de la lepra (vv. 5, 6). Sí, ésta es aquella «sabiduría del mundo» que deja completamente de lado el Evangelio de la Gracia predicado por aquella muchachita, y que sigue siendo predicado por Jesucristo. «Nos salvó, no en virtud de obras de justicia que nosotros hubiéramos hecho, sino conforme a su misericordia» (Tit. 3:5; *cf.* Lc. 18:13, 14). Los conducidos por una mera sabiduría natural no tienen en cuenta la gracia de Dios. No están dispuestos a comprar «sin dinero» (Is. 55:1).

IV. Un mensaje de misericordia. «Ve y lávate siete veces en el Jordán... y serás limpio» (vv. 8-10). Nada podía haber sino problemas y desengaños por ir al rey en lugar de al profeta. No había otro Nombre dado a los hombres por el que pudiera ser salvo (Hch. 4:12). El medio estaba bien a su alcance. «Lávate en el Jordán». La promesa era cierta. «Serás limpio». El profeta se mantuvo fuera de la vista para que la fe de Naamán fuera en Dios y no en los hombres. El verdadero heraldo del Evangelio no busca el honor de los hombres, sino que dará un mensaje definido de una salvación cierta para cada indagador anhelante. «Cree en el Señor Jesucristo, y serás salvo» (Hch. 16:31).

V. Un espíritu rebelde. «Mas Naamán estalló en ira (...) y se fue, ardiendo en ira» (vv. 11, 12, V.M.). ¿Por qué este mensaje de la salvación de Dios que venía de los labios del profeta entró en su corazón como un lanzazo en lugar de como un bálsamo sanador? Debido a su soberbia y falsos conceptos del Dios de salvación. Dijo: «¡He aquí que YO pensaba que seguramente el hubiera salido a recibirme», etc (V. M.). No, este soberbio *«YO»* y este arrogante y leproso *«ME»* tienen que ser quebrantados antes que pueda uno gozarse en el poder salvador de Dios. El simple mensaje del Evangelio de Cristo arranca las mismas raíces de todas las opiniones preconcebidas y esfuerzos egoístas de los hombres. Naamán, o cualquier otro hombre, puede lavarse tan a menudo como quiera en los «ríos de Damasco», pero no hay en ellos virtud regeneradora, porque no es allí que Dios ha puesto su promesa. Todas nuestras propias obras son impías, y por ello totalmente impotentes para salvarnos.

VI. Una voluntad rendida. «Él entonces descendió, y se zambulló siete veces en el Jordán» (v. 14). ¡Entonces! ¿Cuando? Después que sus criados, llenos de sentido común, le hubieran hecho entrar en razón. Estos sencillos hombres vieron en el acto que su amo, aquel «hombre valeroso en extremo», tropezaba con la sencillez del remedio. Él estaba bien preparado para hacer «alguna cosa muy difícil», pero no esta cosa insensata y humillante. Pero cambió de opinión, y luego «descendió» con el propósito definido de probar la Palabra de Dios que le había sido dada por el profeta. Tan pronto como se decidió a aceptar esta nueva forma de purificación, el resto fue hecho fácil y rápidamente. Su descenso fue una evidencia de que creía ahora el mensaje de gracia que le había sido enviado. La fe que no conduce a una aceptación personal de Cristo es una fe muerta. «Y no queréis venir a Mí, para que tengáis vida» (Jn. 5:40).

VII. Un hombre cambiado. «Su carne se volvió como la carne de un niño, y quedó limpio» (v. 14). Vino a ser una nueva criatura por medio de la obediencia de la fe (Mt. 18:3). Su fe fue asimismo evidenciada por una vida purificada. «La carne de un niño» significa no solo una perfecta purificación de su terrible enfermedad, sino la renovación de su juventud. ¡Qué perfecta ilustración tenemos aquí del poder maravilloso del Evangelio de Cristo! «Si alguno está en Cristo, nueva criatura es; las cosas viejas pasaron; he aquí, todas son hechas nuevas» (2 Co. 5:17). Este gran cambio fue seguido, como siempre ha de ser, por una confesión abierta. «He aquí ahora conozco que no hay otro Dios en toda la tierra, sino en Israel» (v. 15). Y con toda razón pueden decir quienes han sido liberados de sus pecados mediante la sangre de Cristo, a semejanza de aquel rey de la antigüedad: «No hay dios que pueda librar como Éste» (Dn. 3:29). «Me seréis testigos.»

328. GUEJAZÍ, O EL PECADO SE DESCUBRE

2 Reyes 5:20-27

«Egoístas mis mismos pensamientos son, siempre
Mezquinos castillos en las nubes erigiendo;
Mi amor a otros uso como oropel
Para a mí mismo atractivo hacerme.
¡Ay! ninguna velocidad en la vida arrebatarnos puede
Del todo del odioso asimiento del yo»

FABER

Cada intento de erigir un carácter placentero a Dios sobre el fundamento del interés propio es edificar «castillos en el aire». Estos castillos solo parecen sustanciales a los ojos de los edificadores insensatos, y carecen de existencia delante de Dios. Fíjate dónde edificas así en qué edificas (Mt. 7:26, 27). Guejazí intentó esta clase de edificación de castillos, pero se vio sentenciado a un terrible desengaño. Observa:

I. Su especial privilegio. Él era «criado de Eliseo, el varón de Dios» (v. 20). El nombre Guejazí significa «valle de visión», y representa muy apropiadamente su honrosa posición. Logró ver muchas exhibiciones del poder y de la bondad de Dios por medio de las acciones y palabras de su ungido amo. Aunque vivía y se movía en una atmósfera espiritual, parecía sin embargo que lo hacía con toda la soberbia y vanidad de un bedel inconverso. Las influencias y oportunidades espirituales tienen tan poco efecto sobre algunas almas como la luz del sol sobre un sapo. Pueden estar sentados durante años bajo un ministerio evangélico, y a pesar de todo no sacar provecho alguno.

II. Su egoísta propósito. «Vive Jehová, que correré yo tras él y tomaré de él alguna cosa» (v. 20). Es indudable que la tentación era excepcionalmente grande para un hombre codicioso. Aquí había una oportunidad sin precedentes para hacerse rico sin robar a su amo, solo inventando una excusa sencilla y plausible. Pero este propósito suyo constituía un acto de rebelión contra el espíritu y honor de su amo y de su Dios. En unos pocos momentos, y dentro del recinto de su alma, se libró una batalla entre el bien y el mal, que tuvo como resultado la rendición de su voluntad a hacer lo malo. Al tomar esta decisión reveló una desconfianza pecaminosa hacia Dios; un deseo de usurpar su providencia. «Raíz de todos los males es el amor al dinero.»

III. Su engaño. Tan pronto como estuvo decidido a llevar a cabo tan detestable acción, se lanzó a ello con toda su fuerza, y, corriendo tras Naamán, comienza a contar su mentiroso relato de que «Mi señor me envía a decirte», etc. (vv. 21, 22). Después que hubo entrado el veneno en su corazón, su primera palabra fue una mentira contra su amo. Ningún siervo de Cristo puede actuar falsamente sin atraer dolor al corazón de su Amo, incluso si no deshonra en aquel momento el su Nombre a la vista de los hombres. Tan pronto como el amor al dinero hunde sus raíces en el corazón, la codicia y la falsedad tienen que aparecer en la vida como Dios la ve. Satanás es un adepto inmutable al negro arte de la mentira (Hch. 5:3). Resístele.

IV. Un aparente éxito. Su plan para conseguir para sí mismo la plata y los vestidos tuvo un éxito superior a sus esperanzas. En lugar de conseguir un talento de plata, obtuvo dos, y, además, a dos de los siervos de Naamán para que le llevaran el botín a su propia casa. ¡Qué buena fortuna! (v. 23). ¿Cuáles son sus pensamientos mientras camina tras aquellos siervos que llevan las bolsas y los vestidos, todos para su propio uso? ¿Es beneficioso ser un hipócrita? ¿Son aquellas bolsas de plata y vestidos hermosos una compensación suficiente para una mala conciencia? Estar vestido de púrpura y comer espléndidamente cada día no es el Reino de Dios (Lc. 16:19). «El Reino de Dios es justicia, y paz, y gozo en el Espíritu Santo». Asaf dijo: «Tuve envidia de los arrogantes, viendo la prosperidad de los impíos… Hasta que, entrando en el santuario de Dios, comprendí el fin de ellos» (Sal. 73:3-17). ¿Acaso el eterno fin justifica los medios? ¿Acaso el éxito expiará el pecado?

V. Descubierto inesperadamente. «Y él entró, y se puso delante de su señor», como lo había hecho antes frecuentemente, y como si nada hubiera sucedido para dañar su comunión o estorbar su servicio. ¿No hemos sido nunca culpables de lo mismo al tratar de mantener nuestra posición delante de nuestro Amo mientras que hay pecado inconfesado en el corazón? No os engañéis, Dios no puede ser burlado. Sabed que vuestro pecado os alcanzará incapacitándoos para el servicio. Eliseo le dijo: «¿De dónde vienes?»m y Guejazí respondió: «Tu siervo no ha ido a ninguna parte» (v. 25). Aquí hay un intento de autojustificación, el refugio fatal de un recaído. El que encubre sus pecados no prosperará, pero el que confiesa y abandona sus pecados encontrará misericordia. Las palabras de Eliseo tienen que haber sido mortales para su orgullo cuando le dijo: «¿No estaba también allí mi corazón...? ¿Es tiempo de tomar plata?, etc.» (v. 26). Su pecado secreto está desnudo ante los ojos de su amo. ¿No va siempre con nosotros el corazón de nuestro Señor y Amo? ¿No deberemos estar en pie ante Él también para darle cuenta de las acciones hechas en el cuerpo? ¿Nos traeré vergüenza o galardón nuestra final comparecencia? ¿Es tiempo de buscar beneficios y honores egoístas cuando debiéramos estar buscando la gloria de Dios? «No sois vuestros» (1 Co. 6:19).

VI. Su terrible castigo. «Y salió de delante de él leproso, blanco como la nieve.» Su codicia lo llevó a errar de la fe, y a ser traspasado de muchos dolores (1 Ti. 6:10). 1) Hubo el dolor de la humillación y vergüenza personales, «Leproso». 2) El dolor de quedar enajenado de su amo, «Salió de delante de él». 3) El dolor de llevar a su descendencia a la misma condenación, «La lepra de Naamán se te pegará a ti y a tu descendencia para siempre» (v. 27). Nadie vive para sí. Guejazí, amando este mundo presente,y habiendo negado a Dios por la codicia de la ganancia, parece haber sido echado del servicio de Dios. «¿Qué provecho hay en que una persona gane al mundo entero y que pierda su alma?» ¿De qué le aprovecha al hombre al final si acumula tesoros sobre la tierra, y no es rico para con Dios? ¿Y de qué les aprovechará a sus hijos si, cuando hereden sus riquezas terrenales, heredan también su espíritu terrenal?

329. EL HACHA PRESTADA, O EL PODER PERDIDO

2 Reyes 6:1-7

«Así vivir debiéramos que cada hora
Pueda morir como la flor natural muere:
De poder avivador en sí poseída;
Para que cada pensamiento y acción
En sí retenga la semilla
De bien futuro y futura necesidad»

Houghton

El hipócrita Guejazí había salido azotado con la lepra de Naamán; marcado con una vergüenza y deshonra perpetuas (vv. 5-27). Desde luego es significativo que el versículo que sigue de inmediato diga: He aquí, el lugar que moramos contigo nos es estrecho» (v. 1). El pequeño salón de reuniones se hizo de repente demasiado pequeño cuando el falso profesante fue excomulgado. La Iglesia de Dios debiera ser algo siempre en crecimiento, porque es el negocio más importante y mejor fundamentado de la tierra. La entrada de nuevos miembros a la sociedad de «los hijos de los profetas» los mueve a buscar el agrandamiento de su lugar. Los nuevos convertidos traen ciertamente nueva sangre e interés a una congregación. Pero, ¿cómo se debe hacer esto? Se proponen no montar un bazar ni una venta de trabajo, sino dedicarse a trabajar de firme. «Vamos ahora al Jordán, y tomemos de allí cada uno una viga.» Cada miembro de esta Iglesia era un trabajador, pero unos eran más prudentes que otros, porque uno le dijo a Eliseo: «Te rogamos que vengas con tus siervos». Los otros parece que se hubieran sentido satisfechos de ir sin el maestro. ¡Ay, qué pena que esta clase de obrero sea tan numerosa! Interesados en «el fondo de construcción» y en el bien general de la Iglesia, pero indiferentes acerca de la presencia y comunión de Cristo. Éste que rogó la presencia del maestro con ellos fue el que más hizo por la obra. Si el maestro no hubiera estado allí cuando la cabeza de una de sus pocas hachas cayó al Jordán, su especial esfuerzo se habría visto dificultado. Moisés oró, «Si tu presencia no ha de ir conmigo, no nos saques de aquí» (Éx. 33:15). Los que esperan en el Señor tomarán nuevas fuerzas. Si Jehová no edifica la casa, en vano trabajan los que la edifican. Veamos ahora qué lecciones podemos aprender del hombre que perdió su hacha. El punto vital de interés en este incidente encuentra su centro aquí.

I. Perdió su poder para servir. Tan pronto como «se le cayó el hierro del hacha en el agua» se quedó incapaz de todo trabajo eficaz. Antes tenía el poder, y ahora se le ha ido, e ido de manera repentina y totalmente inesperada. Al obrero cristiano le es posible perder su poder para el servicio para Dios. Se trata de algo que cada siervo de Cristo debiera tener, y que se corresponde con «el hierro del hacha», y sin el cual nuestra labor será solo una mera formalidad, y este algo es la presencia del Espíritu de Dios. Cuando el Espíritu es contristado, se pierde el poder para el servicio (Jue. 16:20).

II. Perdió el poder mientras trabajaba. Era mientras «derribaba un árbol» que se le cayó el hierro del hacha. No perdió su poder por pereza u ociosidad. Estaba dispuesto a trabajar, pero no estuvo observando cuidadosamente que el hacha no estuviera desprendiéndose del mango. Es bueno estar dispuestos a trabajar; es necesario estar dispuestos a orar. Es posible ser llevados tan a la distracción por el deseo de hacer como para olvidarnos del espíritu en que aquello se debe llevar a cabo. Cualquier surgimiento de soberbia y de interés propio en el corazón durante el servicio para Dios es un aflojamiento del hierro del hacha del poder espiritual, que puede acabar en una separación total si no se presta a ello una atención diligente.

III. Perdió algo que no era suyo. «¡Ah, señor mío, era prestada!» Este punto es hermosamente aplicable al obrero cristiano, porque todo su poder para el servicio es un poder prestado, y él es responsable ante el Señor acerca de cómo lo emplea. El Señor Jesucristo ha dado a sus siervos aquello con lo que deben negociar en su Nombre hasta que Él venga (Lc. 19:13-22). El don del Espíritu Santo es, por así decirlo, un préstamo hecho a cada siervo de Cristo, pot el que pueden cumplir grandes cosas para la honra de su Nombre. ¿Has pedido prestado y perdido este don obrador de maravillas? En nosotros mismos no tenemos poder que perder. En mí, esto es, en mi carne, no mora el bien. «Todo poder me ha sido dado» (Mt. 28:18), dice el Resucitado. Por ello, id tomando prestado de Mí.

IV. Quedó penosamente consciente de su pérdida. «¡Ah!» Tan pronto hubo desaparecido el hierro del hacha que se dio cuenta que era inútil todo esfuerzo adicional, y, como hombre razonable que era, abandonó la tarea hasta que las cosas se arreglaran. Ninguna cantidad de elocuencia, fervor, o buenas intenciones suplirán la pérdida del cortante filo del poder espiritual. Si aquel hombre hubiera proseguido blandiendo el hacha sin su hierro como si nada hubiera sucedido, habría sido considerado por sus hermanos como enajenado mental. Y sin embargo, no habría sido más insensato que el predicador que prosigue su actividad de servicio religioso carente del poder del Espíritu Santo. Naturalmente, los que se dedican a este trabajo sin tomar prestado este instrumento celestial persistirán en esclavizarse batiendo el aire, totalmente inconscientes del hecho de que están tratando de abatir los árboles con un mango sin hierro. ¿Cuándo aprenderán los siervos de Dios a detenerse y a examinarse a sí mismos y sus métodos cuando ven lo infructíferas que son sus obras? Esperad, hasta que seáis investidos de poder de lo alto.

V. De inmediato apeló a su amo. «¡Ah, señor mío!» ¿A quién otro podía acudir? Si el hombre de Dios no puede serle de ayuda, ¿quién puede? Si descubres que has perdido el poder para avanzar en la obra del Señor, no te sientes ni trates de consolarte con el pensamiento de que no hay remedio. Sí que lo hay. Tráelo al Señor en oración. Dice claramente que has perdido el poder de ganar almas, y que nada puedes hacer hasta que este poder te sea restaurado. ¡Qué deshonra sería para Dios si Eliseo no hubiera sido capaz de restaurar! ¿Y acaso tu Señor dejará de suplir aquello que debieras tener para la gloria de su Nombre si encomiendas tu caso en sus manos?

VI. Le fue milagrosamente restaurado. «El varón de Dios preguntó: ¿Dónde cayó? Y él le mostró el lugar. Entonces cortó él un palo, y lo echó allí; e hizo flotar el hierro; ... Y él extendió la mano, y lo tomó» (vv. 6, 7).

1. LO RECUPERÓ ALLÍ DONDE LO HABÍA PERDIDO. No había ningún otro lugar donde podría encontrarlo. De nada sirve buscar el poder perdido haciendo oraciones más largas o mejores sermones cuando ha sido perdido por medio de seguir al mundo y de una actitud egoísta. Si se ha perdido el poder para Dios a causa de la ansiedad y de la excitación del mucho servir, nunca podrá ser recuperado aumentando la ansiedad y la excitación. Recuperarás tu poder perdido para el servicio en aquel lugar en el que dejaste de contar con el Espíritu Santo, y te lanzaste en tu propia sabiduría y fuerza.
2. LO RECUPERÓ MEDIANTE UN MILAGRO. Eliseo hizo que el hierro flotara. Toda investidura de poder es un milagro de la gracia obrado echando aquel palo llamado la Cruz. Es el don de Dios, y siempre viene de una manera sobrenatural. Si Dios ha hecho que este don de poder flote delante de tus ojos como una gran posibilidad puesta a tu alcance, «extiende entonces la mano, y tómalo».

330. EL HIERRO DE FLOTÓ

2 Reyes 6:1-7

Introducción

EL INCIDENTE.

1. Algunas de las historias más maravillosas están registradas en la vida del profeta Eliseo. Quizá no haya ninguna más maravillosa que esta de la «cabeza de hacha perdida».
Una escuela de profetas florecía bajo los cuidados del profeta, que vivía con/y en la escuela.
2. El colegio profético se volvió demasiado pequeño. Necesitaba un lugar más grande.
3. Se consiguió el permiso del profeta para el agrandamiento, y luego se solicitó su presencia.
4. Decidieron hacer ellos mismos las alteraciones.
5. Al llegar a la ribera del Jordán comenzaron las operaciones.
6. Mientras estaban dedicados a este sano ejercicio, uno de los jóvenes profetas, probablemente usando su hacha con más fuerza que sensatez, hizo volar fuera la cabeza del hacha, que desapareció bajo el agua.

ALGUNOS SONRÍEN.

1. Algunas personas con sabiduría mundana se sonríen incrédulos cuando leen u oyen de este incidente.
2. Es un valioso acontecimiento.

I. Una lección acerca de la solicitud divina.

1. Esta aplicación espiritual la expresa así John Newton:
Para Él preocupación nimia no hay
Si suyos somos; y para mostrar
Esto el que de todo es Señor,
Hizo una vez el hierro flotar.
2. Esto puede parecerle una trivialidad a la gente mundana.
3. Pero Él tiene un interés real, viviente y práctico en todo lo que afecta a nuestras vidas.
4. Ya era cosa mala perder una cabeza de hacha; peor aún que fuese prestada.
5. Él está interesado en tus hachas y cuchillos, y potes y sartenes y cepillos.

II. Una lección en efectividad espiritual.

1. Señala para edificación del creyente cristiano el peligro de perder la eficacia espiritual.
2. Aquel hombre no perdió toda el hacha, sino la *parte efectiva de la misma,* sin la que era inútil para el trabajo.
3. La cabeza del hacha quedó perdida.
a. En un momento de crecimiento y expansión.
b. En medio del servicio.
4. No perdió:
a. El mango del hacha, ni
b. Su conocimiento de cómo debían cortarse los árboles.
5. Cómo se recuperó de su pérdida.
a. Confesó su pérdida.
b. Volvió al lugar donde la había perdido.
A Satanás no le molesta que profundicemos nuestro conocimiento y que mantengamos sana nuestra doctrina, pero quiere privarnos del acerado filo de una espiritualidad eficaz.
6. Uno de los grandes secretos para retener nuestra eficacia espiritual es permanecer en Él, como veremos en nuestro siguiente punto.

III. Una lección acerca de la importancia de la unión.

1. En esta historia se pueden encontrar las verdades expuestas en Juan 15.
2. Tenemos dos reinos aquí. El hierro, que pertenece al mineral; la madera, al vegetal.
3. Cuando están separados son inútiles.
4. No se debe permitir que nada se interponga entre el Señor y nosotros.
5. Si somos dejados a nosotros mismos, nos «hundiremos» y quedaremos inútiles.
6. Siempre sufrimos el tirón hacia abajo del mundo, y siempre hay algo en nuestra vieja naturaleza que responde a este tirón.
7. Cómo mantener nuestra permanencia.
a. Mantenimiento de la unión.
b. Meditación de la Palabra.
c. Purificación mediante la Palabra.

IV. Una lección acerca de la salvación del pecador.

EL PECADOR.

1. La cabeza del hacha puede ser tomada como representando al pecador.
2. Había perdido lo que en realidad no era suyo. Pertenecemos a Dios.
3. Su naturaleza la hacía hundirse más y más. Así, el pecador sólo tiene la capacidad, aparte del poder de Dios, de irse alejando más y más.

EL LUGAR.

1. El lugar donde cayó, el Jordán, es la posición del pecador delante de Dios, esto es, muerto en delitos y pecados.
2. El Jordán denota muerte.

CÓMO SER SALVO.

1. ¿Puede el hacha levantarse por sí misma? No: necesita ayuda fuera de ella misma.
2. Dios ha cortado una rama (Is. 11:1), y la ha echado al pozo de la muerte.
3. Cuando es echada a las aguas, desaparece.
4. Pero solo por un momento, para reaparecer en resurrección.

VUELVE A NOSOTROS.

1. El palo fue a donde estaba la cabeza del hacha.
2. De la misma manera viene el Señor Jesús a donde estamos nosotros.

EL RESULTADO.

1. Recuperada.
2. Levantada.
3. No se trata meramente de que el hierro *flotase*, lo que puede hacer un cadáver.
4. El hierro *nadó* (V.M.), lo contrario a su naturaleza. Esto significaba un *avance*.
5. La unión con el Cristo vivo significa:
   a. Vida.
   b. Energía.
   c. Progreso.
   d. Restauración.
6. Restauración a su dueño apropiado y original: Dios.

CÓMO SER LEVANTADO.

1. Díselo al Señor.
2. Consulta al siervo del Señor.

331. UN SIERVO CIEGO

2 Reyes 6:8-17

«Tú que ojos me has dado para ver,
y amar este espectáculo hermoso;
Dame corazón para a Ti encontrarte,
Y a Ti en todas partes leerte»

GELL

Las armas del «varón de Dios» no son carnales, sino espirituales. Eliseo pudo, mediante su maravillosa perspicacia espiritual, salvar al rey de Israel, «no una vez, ni dos» (v. 10, V.M.), de las emboscadas que le tendía el rey de Siria (vv. 9, 10). Van entonces a espiar al profeta, y vuelven diciendo: He aquí que él está en Dotán». Y por ello un gran ejército es enviado de noche a rodear la ciudad para capturar al vidente. Este hombre de oración es un mayor obstáculo para el rey de Siria que el ejército de Israel. ¡Ah, qué poder se encuentra al alcance de aquel que está en contacto favorable con Dios! Eliseo era un hombre cuyos ojos había abierto Dios para que viera cosas invisibles, pero tenía un siervo espiritualmente ciego. Un «mozo» v. 17) que había entrado recientemente a su servicio después que el engañoso Guejazí hubiera salido leproso. Hay aquí algunas lecciones de vital importancia. Podemos aprender que:

I. Hay realidades invisibles. Eliseo dijo: «Más son los que están con nosotros que los que están con ellos» (v. 16). Este hombre de Dios vivía por la fe y persistía, a semejanza de Moisés, como viendo fuerzas invisibles. No miramos a las cosas que se ven, mas a las que no se ve, y que son eternas. Tener esta visión que discierne las cosas espirituales es ser salvado del temor del hombre y estar siempre confiado en la victoria del Nombre de Dios. «Mayor es el que está en vosotros que el que está en el mundo». «Si Dios por nosotros, ¿quién contra nosotros?» (Ro. 8:31). Estas cosas espirituales no son creadas por la fe, sino que son reveladas por la fe, como la luz lo hace con un objeto terrenal. ¿No estaba acaso nuestro Señor consciente de que había más de doce legiones de ángeles dispuestas y a sus órdenes para defenderle? (Mt. 26:53).

II. Algunos hombres están ciegos a estas realidades. Cuando el siervo de Eliseo vio aquella hueste de sirios rodeando la ciudad, dijo: «¡Ah, Señor mío!, ¿qué haremos?» (v. 15). Como los espías incrédulos, este joven sólo podía ver con aquellos ojos carnales y carentes de unción que nunca pueden ver el camino de liberación de Dios. La hueste celestial estaba también allí, pero el siervo no tenía ojos para verla. Para él, la situación era desesperada. «El hombre natural no capta las cosas que son del Espíritu de Dios» (1 Co. 2:14). La ceguera espiritual, si no conduce al temor y a la desesperación, llevará ciertamente a la soberbia y a la confianza propia. «¿Qué haremos?» ¿Nos rendiremos a estas fuerzas del mal que nos rodean, o haremos un desesperado esfuerzo por escapar? ¿Nos dejaremos cautivar por el poder de este mundo, o lucharemos contra él con nuestras propias fuerzas? Expresa o implícita, ésta es toda la salvación que conocen los que no han sido iluminados.

III. Solo el Señor puede dar esta nueva visión. «Te ruego, oh Jehová, que abras sus ojos.» ¡Cuán confiado puede orar el hombre que vive y se mueve con ojos abiertos, como en la presencia de Dios, y entre las realidades de la eternidad! Es fácil para el hombre de Dios orar la oración de la fe (Stg. 5:17). Bienaventurado el hombre que tiene a tal Amo. ¿No es acaso la voluntad de tu Amo celestial que tus ojos estén abiertos de tal manera que puedas ver con claridad a estas fuerzas poderosas que son por ti, para que puedas ser más que vencedor? Orar que los ojos de un siervo se abran, para que pueda ver aquella nube de testigos que también le rodean a él, es llevarlo a novedad de vida. Si ésta es la «segunda bendición», es ciertamente grande.

V. Los ojos abiertos traen reposo y satisfacción. «Entonces Jehová abrió los ojos del criado, y miró; y he aquí que el monte estaba lleno de gente de a caballo, y de carros de fuego alrededor de Eliseo». Antes, solo había podido ver al enemigo alrededor de la ciudad. La hueste de Dios estaba allí, no para proteger a la ciudad, sino al hombre de fe. Vosotros sois la sal de la tierra. ¡Qué revelación fue ésta para el joven, temblando de miedo, y cómo le curaría de sus dudas y alarmas! Ahora él podía decir en verdad: «Dios es mi salvación; confiaré y no temeré» (Is. 12:2). Esta gran visión salvadora se centra ahora alrededor de la Cruz de Cristo. Es allí en el Monte Calvario que los ojos abiertos pueden ver los carros de la misericordia, gracia y poder de Dios, vencedores sobre el infierno. Ésta es la visión que libera del temor de la muerte y del temor del hombre, que trae paz y reposo al alma, que inspira a la alabanza y al servicio, y con la esperanza de la victoria eterna. «Cree, y verás.»

332. CUANDO ASALTAN LOS PELIGROS

«No tengas miedo, porque más son los que están con nosotros que los que están con ellos» (2 R. 6:16).

Éste es un «No temas» para los que se sienten abrumados ante la magnitud de las fuerzas dispuestas contra ellos. Era desde luego un espectáculo imponente el que vio el siervo de Eliseo. Dotán, su residencia en aquel momento, se encontraba en un montículo aislado rodeado de una gran llanura. Se había levantado temprano por la mañana para llevar a cabo sus tareas usuales antes que se levantase su amo, y vio entonces un gran ejército enemigo que rodeaba la ciudad; ellos estaban totalmente indefensos y aparentemente nadie podía librarlos de manos de sus asediadores. No, no podemos sorprendernos de la alarma y temores de aquel hombre. Se trataba de una escena aterrorizadora.

El rey de Siria estaba en guerra con Israel. Su método de hacer la guerra no había sido la de una invasión regular y continuada, sino la de incursiones repentinas a través de la frontera, contra lugares indefensos. Pero en cada punto se encontró frustrado. Cada vez que decidían atacar un lugar, se encontraban con que sus planes eran conocidos y que sus ataques por sorpresa cuidadosamente planeados quedaban anulados. No es para asombrarse que sospechase que hubiese un traidor en sus filas, y que llamando a sus oficiales les expusiera sus sospechas. Su rápida respuesta implicaba que ellos conocían bien la intervención de Eliseo. Le dijeron que Jehová declaraba los planes cuidadosamente elaborados por ellos a Eliseo, que informaba al rey de Israel. Por ello, el rey de Siria decidió enviar una expedición para capturar a Eliseo, no imaginando siquiera que este siervo del Señor, que conocía todos sus anteriores planes, podría también conocer éste. No, no nos sorprenden nada estos temores del siervo. Y no es sorprendente que nosotros también nos sintamos sobrecogidos al recordar las fuerzas dispuestas contra nosotros. Peores enemigos nos rodean que aquellos cuyas armaduras resplandecían bajo el sol mañanero en Dotán. Un hombre de negocios recientemente retirado me dijo en una carta: «Estos tiempos en que vivimos son terribles, y parece como si se le permitiese a Satanás ejercer unos tremendos poderes en estos últimos y tenebrosos días». ¡Cuán ciertas son estas palabras! Todas las fuerzas satánicas parecen haberse unido en un desesperado ataque contra las fuerzas de la rectitud y de la verdad y contra el mismo pueblo del Señor. Y el pueblo del Señor no ignora la realidad de estos poderosos enemigos ni sus ataques acerbos y fieros.

¿No nos sentimos a veces tan impotentes para hacerles frente como este siervo lo era? Entonces, ¿por qué no vamos a temerlos? Ah, este incidente nos enseña que no estamos solos y abandonados, incluso cuando más parece que lo estemos. Y que, lo mismo que Eliseo, es nuestro deber no tanto orar que el Señor y sus huestes vayan a estar con nosotros como reconocer su presencia. Eliseo no oró que viniesen los guardianes celestiales, porque estaban ya allí. El milagro residió en su manifestación. Los mensajeros de Dios están siempre a nuestro alrededor. Recordemos este, y así, reconociendo siempre la presencia de ellos, y por encima de todo la presencia del Señor Todopoderoso, seremos librados de todo temor. Porque «mayor es el que está en vosotros que el que está en el mundo». «El Ángel de Jehová acampa alrededor de los que le temen, y los libera.»

333. EL DESCUBRIMIENTO DE LOS LEPROSOS

2 Reyes 7:1-16

«En la contemplación de las cosas creadas,
Peldaño a peldaño podemos ascender a Dios»

MILTON

El hambre se había agudizado tanto en Samaria que una cabeza casi sin carne de un asno se vendía por ochenta piezas de plata, y algunas mujeres llegaron al extremo de cocer y comer a sus propios hijos (6:25-29). Toda la ciudad estaba bajo una terrible nube de muerte, cuando de repente se oyó un mensaje de esperanza y salvación de parte de Dios. «Mañana a estas horas valdrá el seah de flor de harina un siclo» (v. 1). Éste era el Evangelio de Dios para un pueblo que estaba desfalleciendo y muriendo de hambre. ¡Cómo iba la noticia a extenderse entre los hambrientos habitantes! Pero, ¿quién iba a creer en este anuncio? ¿Cómo podría ser? Este mensaje no fue revelado a la razón, sino a la fe. Así es con el Evangelio de la salvación. ¡Cree, y verás! Contemplaremos este incidente en relación con estos cuatro leprosos. Vamos a bservarlo:

I. Su mísera condición. «Había a la entrada de la puerta cuatro hombres leprosos» (v. 3). Dice la tradición que estos hombres eran Guejazí y sus tres hijos. Si es cierto, se trata de una terrible secuela del pecado del engaño y de la codicia (vv. 5-20). El estado de ellos, como sucede en el caso de todos los que están fuera de la gracia salvadora del Reino de Dios, es lastimoso en extremo. Eran inmundos; estaban proscritos; eran impotentes y carecían de esperanza; estaban para perecer allí, sentados a la puerta de una ciudad azotada por el hambre. No es una imagen exagerada del hombre que, por su impureza personal, es culpable delante de Dios, y que está sentado y esperando ayuda a la puerta de un mundo que está muriendo de hambre por falta de aquel conocimiento de Dios, que es el «Pan de vida».

II. Su ansiedad intensa. «¿Para qué nos estamos aquí hasta que muramos?» Ahora se despiertan a la consciencia del terrible apuro en que están. Solían contentarse con yacer quedos y aceptar las cosas como venían, pero ahora se dan cuenta de que continuar en este estado de indiferencia significa para ellos la muerte cierta. Están listos ahora para hacer cualquier cosa, en caso de poder salvarse. Aunque eran inmundos, no eran ahora irrazonables, porque estaban dispuestos a preparar la única esperanza de salvación que tenían ante ellos (v. 4). Su única posible vía de escape era pasarse «al campamento de los sirios», y decidieron hacerlo. La salvación del pecado, y de aquella muerte que es el salario del pecado, nunca está lejos de quienes la buscan de manera semejante. «¿Qué debo hacer para ser salvo?» (Hch. 16:30); éste es el lenguaje de uno que estaba preparado a hacer lo que fuera, o a marchar a cualquier lugar, para lograr la salvación.

III. Su gozoso descubrimiento. «Y llegando a la entrada del campamento de los sirios, no había allí nadie» (vv. 5-7). Debe haber sido con gran temor y temblor que se dirigieron a la primera tienda. Pero el Señor había obrado una maravillosa liberación. Allí tenían todo lo que necesitaban, y nada y nadie se interponía. Encontraron una salvación plena y libre. «Jehová había hecho que en el campamento de los sirios se oyese estruendo de carros, ruido de caballos, y estrépito de gran ejército», quizá aquella hueste que Eliseo mostró a su criado en Dotán (vv. 6-17). A Dios le es fácil herir a sus enemigos con el temor de la muerte, y hacerles huir cuando nadie les persigue. Éste es el terrible temor con el que Dios puede herir al pecador definitivamente no arrepentido. Cuando nosotros, como estos leprosos, entramos por la única puerta que nos es abierta, encontraremos, como ellos, que somos salvados por el juicio y la misericordia de Dios. Nuestra salvación ha venido por medio de una victoria obrada por Dios. La callada Cruz de Cristo, como el silencioso campamento de Siria, ¿no nos habla de juicio, de victoria y de misericordia? ¿Has hecho tú este descubrimiento, tan solazante para el alma? Todo el que quiera, tome.

IV. Una conducta egoísta. La conducta de estos leprosos, inmediatamente después de haber descubierto la gran provisión de Dios para las almas hambrientas, fue de lo más censurable. Comieron y bebieron, y comenzaron a ocultar tesoros para sí mismos (v. 8). Por el momento se mostraron absolutamente indiferentes en cuanto a la salvación de los otros. Esta gran y misericordiosa salvación de Dios no había aún ido más allá de sus necesidades personales y engrandecimiento egoísta, como si esta liberación enviada desde el cielo hubiera sido enviada exclusivamente para ellos. Esta conducta era ciertamente digna de Guejazí. ¡Ay, que haya tantos cristianos que nunca parecen ir más allá de esta experiencia de comer, beber y esconder para sí. Todo para el yo, nada para los demás. Tan ocupados buscando su propia comodidad y bien que olvidaron a la multitud que estaba para perecer, y descuidaron anunciar las buenas nuevas de salvación. Come el «Pan de Vida»; bebe del «Agua de Vida», y guarda en tu corazón los tesoros de la Palabra de Dios, pero «incurrirás en culpa» si éste es el fin de tu fe (*cf.* 1 P. 1:9, V.M.; el término «vuestras» en este versículo no pertenece al original; es «salvación de almas»).

V. Su misericordiosa consideración. «Luego se dijeron el uno al otro: No estamos haciendo bien. Hoy es día de buena nueva, y nosotros callamos... Vamos, pues, ahora, entremos y demos la nueva» (v. 9). Estos leprosos tuvieron dos diferentes despertamientos en el espacio de pocas horas. El primer fue sentir su propia necesidad, el segundo fue sentir la necesidad de otros. Para algunos del pueblo del Señor se precisa de mucho tiempo para pasar de una a otra experiencia, aunque, en otros, ambas experiencias son casi simultáneas. La contrapartida de comer y beber es ir y contar. «Callar» en este «día de buena nueva» es hacerse culpable de la sangre de las almas. Como en Samaria, así es a nuestro alrededor: muchas almas están pereciendo por falta de aquel conocimiento que poseemos. Aquí hay suficiente pan y de sobras, pero ellos perecen de hambre. Ve y cuéntalo (Mr. 16:15).

VI. Su testimonio lleno de éxito. «Vinieron, pues (...) y les declararon (v. 10) (...) Entonces el pueblo salió» (v. 16). Simplemente contaron cuán grandes cosas habían recibido, y, aunque el rey dudó primero de esta afirmación, creyendo que era demasiado bueno para ser cierto, sin embargo la multitud se precipitó fuera y todos demandaron su propia porción. El evangelio que esos leprosos predicaron, como el Evangelio de Cristo, está exactamente apropiado a las necesidades y condiciones del pueblo. Fue las nuevas de una amplia provisión, sin dinero y sin precio. ¡Ah, que los hombres estuvieran la mitad de ansiosos por salir por fe y tomar estas bendiciones, traídas a su alcance por medio de la gran liberación que Dios ha obrado por nosotros en la Cruz del Calvario, donde el enemigo de nuestras almas ha quedado derrotado, y donde los despojos de la salvación están esperando a ser saqueados!

334. LA GRANDEZA DE LA SUNAMITA

2 Reyes 4:8-37

Introducción

1. Éste es un incidente de lo más interesante e instructivo.
2. Sunem estaba muy cerca del palacio de Jezreel.
3. A pesar de su vecindad a una corte corrompida, había en este hogar una atmósfera moral totalmente distinta.
4. Aquella mujer era grande en muchos sentidos: especialmente de mente y alma.
5. ¿Por qué al marido no se le menciona más que de pasada? Quizá la propiedad había sido originalmente suya, ¿o sería ella mejor que él? Él era mucho mayor que ella (v. 14).
6. Consideremos la grandeza de la sunamita.

Ella era grande:

I. En hambre espiritual. Tenía gran apetito por las cosas espirituales.

II. En poder de persuasión. «Le invitaba insistentemente» (v. 8). ¿Acaso estuvo al principio no dispuesto a aceptar la invitación a aquella gran casa?

III. En percepción (v. 9). «Yo entiendo.» Juzgó a Eliseo como hombre bueno por su conducta cuando estaba invitado.

IV. En generosidad. «Un pequeño aposento» (v. 10). Propuso sacrificar la posición más querida en una casa oriental. Una escalera desde el exterior le daría total libertad a él.

V. En patriotismo (11 a 13). «Yo habito en medio de mi pueblo.» Ella tenía en gran consideración a sus vecinos.

VI. En humildad (v. 13). Humilde, no se preocupaba por ninguna posición en la corte. Y Dios la recompensó con un hijito.

VII. En dominio propio (vv. 18 a 21). No pronunció una sola palabra mezquina ni rebelde. Evidentemente, no citó la muerte a su marido.

VIII. En fervor (vv. 22 a 24). «Para que yo vaya corriendo.» Mira también el v. 27. Pobre Guejazí, ¡qué falta de imaginación! Era esclavo de las formas.

IX. En fe. «Bien» (v. 26). «Todo va bien», y sin embargo el niño está muerto en casa. Era la fe en Dios lo que estaba hablando. (¿Se mostró seca con Guejazí por la falta de simpatía del siervo?)

X. En persistencia. Tenía poca fe en Guejazí, y rehusó alejarse de Eliseo (v. 30).

XI. En imitación. Había asimilado la gran lección de Elías y de Eliseo de la existencia esencial y supremacía del Señor (v. 30).

XII. En oración (v. 33). Eliseo oró con ella antes de subir a su propia estancia, donde yacía el niño muerto.

XIII. En gratitud. Cayó a sus pies (v. 37). Demasiado embargada de sentimiento para hablar.

335. LECCIONES DE LA MUERTE DE ELISEO

2 Reyes 13:14-24

«¡A vivir enséñame! Mucho más fácil morir es
-Gentil y calladamente partir-
Cerrar en la larga noche de la tierra los cansados ojos
Y despertar en la gloriosa luz del Día eternal.»

Eliseo tenía ahora unos noventa años. Habían transcurrido cuarenta y cinco años desde que había llevado a cabo su último acto público en la unción de Jehú. Hay algunas lecciones prácticas que podemos aprender de esta porción. Que:

I. La vida más útil debe llegar a su fin. «Estaba Eliseo enfermo de la enfermedad de que murió» (v. 14). Está señalado que los hombres mueran una vez; hay una segunda muerte, pero ésta se encuentra dentro de la propia decisión del hombre. El amo de Eliseo había pasado al otro lado sin gustar la muerte, pero él debía ir por el camino de toda la tierra. No importa cuán grande sean nuestros dones y privilegios, el solemne fin nunca está muy lejos de nosotros. Las vidas de los grandes hombres nos recuerdan de las tremendas posibilidades que se encuentran dentro de una sola vida. redime el tiempo.

II. Los logros pasados de los ancianos debieran alentar a los jóvenes. «Joás [el joven] rey de Israel... llorando delante de él, dijo: ¡Padre mío, padre mío, carro de Israel y su gente de a caballo» (v. 14). Éste fue un oportuno recordatorio de un gran suceso en la vida de Eliseo, hacía cincuenta y siete años (2 R. 2:12). El corazón del joven rey se derritió ante este pensamiento, al contemplar el pálido rostro de aquel que había tenido tal poder con Dios que había llegado a ser un terror para los reyes malvados. Hay esperanzas para el joven que respeta la sabiduría y las experiencias de un santo anciano, y que es consciente de que el arma más poderosa sobre la tierra es la fe en Dios (Mr. 9:23).

III. La confesión de la necesidad es el camino a una vida de éxito. El profeta moribundo comprendió plenamente el sentido profundo de la confesión del rey. Deseaba la victoria sobre sus enemigos. «Toma un arco y unas saetas», dijo Eliseo, «Entonces puso Eliseo sus manos sobre las manos del rey, y dijo: Abre la ventana que da al oriente. Y cuando él la abrió, dijo Eliseo: Tira», y el rey tiró (vv. 15-17). Aquella saeta era símbolo de «salvación de Jehová». La mano de Eliseo puede que fuera débil y temblorosa, pero era una mano que no debía ser menospreciada por el joven y por el fuerte que buscaba la victoria en el Nombre de Dios. La mano del vigor juvenil es impotente en la obra de Dios sin la mano de la fe. La mano del varón de Dios es en verdad «una mano de ayuda».

IV. Es deshonroso para Dios satisfacerse con un éxito parcial. «El varón de Dios, enojado contra él, le dijo: Al herir cinco o seis veces, hubieras derrotado a Siria hasta no quedar ninguno» (vv. 18, 19). ¡Qué oportunidad había tenido el rey, cuando se le aseguró que cada vez que hiriera la tierra con una saeta tendría una liberación. Pero «solo tres veces» la hirió. Recibió conforme a su fe (v. 25). Pero, ¿por qué se detuvo sin alcanzar lo que Dios estaba preparado para hacer por él? ¿Fue pena por el enemigo, o una satisfecha confianza de que tres victorias serían suficientes para sus propósitos? ¿Por qué nos detenemos sin alcanzar la plenitud de bendición cuando pudiéramos ser más que vencedores? ¿No hay muchos como Joás, que están perfectamente contentos solo con la gracia y poder de Cristo en sus vidas que les permita ir adelante con algo de honra y crédito para sí mismos? Cada saeta de la oración creyente significa una liberación por el poder de Dios. Los creyentes debieran «orar siempre y no desmayar» (Lc. 18:1).

V. Dios puede hacer de sus siervos una bendición para otros, incluso más allá de la muerte. «Y cuando llegó a tocar el muerto los huesos de Eliseo, revivió, y se levantó sobre sus pies» (v. 21). Este hombre anónimo, sepultado de manera apresurada, nació de nuevo en el sepulcro del profeta. Él, siendo muerto, sin embargo habla vida a los muertos. La influencia póstuma de un hombre santo está en las manos de Dios. Aquel que bendecía los paños o delantales que habían estado en contacto con el cuerpo de Pablo (Hch. 19:12) cuidará de que la memoria de sus santos sea bendita. Apenas si muchos se dan cuenta de la gloria de algunas vidas hasta que han partido. EL hijo pródigo, que, al volver al hogar, encontró a su madre muerta y enterrada, y que fue y se arrojó sobre su tumba recién hecha, confesando su pecado, sabía por experiencia el poder de esta influencia. Lo que no sabemos ahora lo sabremos después. Todos los que entran en contacto con la muerte del Señor Jesucristo son hechos revivir por el milagroso poder de Dios. «Él os dio vida a vosotros, cuando estabais muertos por vuestros delitos y pecados» (Ef. 2:1). Cada verdadero siervo de Cristo, lo mismo que su Amo, verá del fruto del trabajo de su alma, y quedará satisfecho.

336. SEÑALES DE IDOLATRÍA

«Temían a Jehová, y honraban a sus dioses» (2 R. 17:33)

La religión de algunos es como la piel del camaleón que cambia de color conforme a los matices de las circunstancias. Aquellos colonos asirios en Israel querían conocer al «Dios de la tierra» donde moraban ahora, pero se aferraban a sus propios dioses. Nosotros estamos sirviendo a nuestros propios dioses cuando

I. Le damos a Dios sólo un día de siete. Dando atención a las formas externas de la religión *una vez* a la semana. Leyendo la Biblia el domingo, y negando todas sus demandas los otros seis días. El egoísmo en sábado significa egoísmo en domingo.

II. Solamente damos a Dios lo que no nos cuesta nada. La pregunta es ¿Puedo *permitírmelo*?, en lugar de ¿Es necesario para el Señor? El *tiempo* que nos sobra, el *dinero* que no encontraremos en falta. Le damos las sobras de nuestras vidas, pero no a nosotros mismos.

III. Estamos más interesados en nuestros negocios diarios que en la causa de Cristo. «Buscad *primeramente* el reino de Dios» (Mt. 6:33). No debiéramos separarnos de nuestras actividades diarias, pero debieran ser nuestro servicio para el Señor.

IV. Anhelamos más la alabanza de los hombres que la alabanza de Dios. Los fariseos y todos los servidores del ojo semejantes a ellos, ya tienen su recompensa, las vacías pompas del aplauso humano.

V. Tenemos más preocupación por nuestro propio buen nombre que por el honor debido a Dios. Cuando nos indignamos ante un mal (quizá imaginario) que nos han hecho a nosotros o a nuestros amigos, y quedamos totalmente indiferentes ante toda la deshonra y vituperio dirigidos al Hijo de Dios.

VI. Estamos más anhelantes por la felicidad que por ser útiles. ¿Qué pensaría un patrono humano de un siervo cuyo principal objetivo no fuera agradarlo a Él, sino *agradarse a sí mismo* a costa del amo?

VII. Deseamos más una predicación suave que una predicación fiel. Los que predican el Evangelio deben asimismo reprender, amonestar y exhortar. En Dios vemos a la vez «bondad y severidad» (Ro. 11:22). Hay polos opuestos en las *obras* de Dios, así como los hay en su Palabra y carácter. La luz y la oscuridad, el verano y el invierno, el fuego y el agua, las hierbas medicinales y las plantas venenosas, las serpientes entre flores. Y como en la naturaleza, así en la gracia. Un arca para cada diluvio. La columna de nube fue tinieblas para los egipcios, pero luz para los israelitas. Jesucristo es a la vez Cordero y León. «Dios es amor», y también «Dios es un fuego consumidor».

337. EZEQUÍAS, O LA OSADÍA DE HACER LO RECTO

2 Reyes 18:1-8

Mazzini expresó una gran verdad cuando dijo: «Dios no nos creó para que contempláramos, sino para que actuáramos. Nos creó a su propia imagen, y Él es pensamiento y acción, o más bien en Él no hay pensamiento sin acción simultánea». El sabio es el que hace la voluntad de

Dios. Éste era Ezequías. Hay abundancia de teóricos, pero pocos son los hombres de acción. Se da el nombre de su madre (Abí, o Abía, que posee a Jehová, 2 Cr. 29:1) quizá debido a que fue por influencia de ella que él fuera como fue. La reforma en Judá puede ser remontada a la piadosa madre del rey. La causa de Dios ha debido siempre mucho a las madres. En cuanto a Ezequías, él:

I. Escogió el motivo recto. «Lo recto ante los ojos de Jehová» (v. 3). No era tan insensato como para confiar en su propio corazón, ni para ser conducido por la luz de sus propios ojos. Se precisa de algo de osadía para ajustar la vida de uno con lo que es recto delante de Dios. Todos los peces muertos o enfermos pueden seguir la corriente. Josué hizo la misma elección que Ezequías cuando proclamó: «Yo y mi casa serviremos a Jehová» (Jos. 24:15).

II. Puso las cosas en su lugar. «Él quitó los lugares altos, y quebró las imágenes, y cortó los símbolos de Aserá» (v. 4). También hizo sacar «toda la inmundicia que hallaron en el templo de Jehová», e hizo restaurar «todos los utensilios» (2 Cr. 29:16-18). Las cosas que deshonraban a Dios fueron quebradas y echadas, y las cosas que le honraban fueron restablecidas. Se deben quitar los estorbos al servicio de Dios, así como las ayudas recibidas. ¿No hay «lugares» o «imágenes» en nuestros propios corazones u hogares que ocupen una posición más elevada en nuestra estima que las cosas de Dios? Pongamos las cosas en su lugar colocando en primer lugar las cosas que deben tenerlo, como hizo Moisés (He. 11:25, 26). «Buscad primeramente el reino de Dios y su justicia, y todas estas cosas os serán añadidas» (Mt. 6:38).

III. Llamó a las cosas por su nombre. «Hizo pedazos la serpiente de bronce que había hecho Moisés (...) y la llamó Nehustán», esto es, un trozo de bronce (v. 4). Algunos la habían estado llamando una representación de Dios, quemándole incienso. La idolatría es una ciega y estúpida ministro que querría exaltar todas las inútiles reliquias llevándolas a suplantar el lugar de Dios. Una cruz de plata no es nada mejor, como objeto de culto, que una serpiente de bronce. Llamemos al bronce, bronce, y al pecado, pecado. Los adoradores del dinero, de los placeres o de los honores mundanos son tan idólatras como los que adoraban la serpiente de bronce, el becerro de oro, o los que dan culto al símbolo de la cruz. Estos son tus dioses, que controlan los afectos de tu corazón.

IV. Puso su confianza en la Persona merecedora de ella. «En Jehová Dios de Israel puso su esperanza» (v. 5). Todos los grandes reformadores han hallado el manantial de su fuerza en la misma fuente: Savonarola, Lutero, Knox. La reforma de Ezequías fue social además de religiosa, porque la vuelta de los corazones del pueblo a Dios implicó su liberación de la opresión social y de la degradación (v. 11, 12). El que confía en su corazón es necio.

V. Anduvo en el camino recto. «Siguió a Jehová, y no se apartó de Él» (v. 6). No puede haber adhesión a Jehová sin seguirle, pues su presencia significa avance. Si queremos permanecer en Él y con Él, debemos estar prestos a obedecerle. «Si alguno quiere venir en pos de Mí, niéguese a sí mismo, tome su cruz, y sígame» (Mt. 16:24). Es siempre seguro seguir adonde Él conduce. Él conduce junto a las aguas de reposo.

VI. Gozó del éxito según Dios. «Y Jehová estaba con él; y adondequiera que salía, prosperaba» (v. 7). No puede haber fracasos cuando Él está con nosotros. La derrota es el resultado de la confianza en uno mismo (Nm. 14:44, 45). Toda prosperidad aparte de Dios es del tipo de «Madera, heno y hojarasca». Terminará en un humo cegador a los ojos y en una eterna frustración. El éxito que es realmente éxito es el que se alcanza por medio de la fe en Aquel que puede hacer mucho más allá de todo lo que pedimos o pensamos. Si estamos con Él, Él estará con nosotros, «confirmando la palabra por medio de las señales que la acompañaban» (Mr. 16:20). El verdadero éxito está siempre en la línea de la voluntad de Dios. Deleitarse en su voluntad es ver de fruto de la aflicción del alma, y quedar satisfecho.

VII. Evidenció la clase correcta de independencia. «Él se rebeló contra el rey de Asiria, y no le sirvió» (v. 7). El hombre más dependiente de Dios es el hombre más independiente del hombre. Baste al tiempo pasado para el servicio de la carne y de aquel enemigo, el diablo. Podemos fácilmente permitirnos rebelarnos contra todos los principados y potestades opuestos al progreso del Reino del Señor Jesucristo, porque mayor es el que está con nosotros que los que están contra nosotros. «Sois siervos de aquel a quien servís», por ello, «presentaos a Dios», y decid a todo otro amo, como los tres jóvenes hebreos dijeron al rey de Babilonia: «Has de saber, oh rey, que no serviremos a tus dioses» (Dn. 3:18).

338. EZEQUÍAS, O EL SECRETO DEL ÉXITO

2 Reyes 18:5, 6

I. Su confianza en Dios.

1. Confió.
2. Se aferró.
3. Guardó.

II. Lo que Dios hizo por Él.

1. Estuvo con Él.
2. Lo prosperó.

III. Lo que Él hizo por Dios.

1. Dijo las cosas por su nombre (v. 4).
2. Se separó de los impíos (v. 7).
3. Venció a sus enemigos (v. 8).

339. EZEQUÍAS, O LA ORACIÓN QUE PREVALECE

2 Reyes 19

Ezequías comenzó su reinado de una manera noble. Esperaba mucho de parte de Dios, y emprendió mucho para Dios. Por la fe «se rebeló contra el rey de Asiria», y «adondequiera que salía, prosperaba» (18:7). Pero, trece años después, por miedo al monarca de Asiria, se echó atrás cobardemente, y le vemos ahora despojando «la Casa de Jehová» de su plata y oro para pagar su ofensa de declararse independiente (18:14, 15). El que retrocede en la fe se debilita en su testimonio. Ahora, tres años después de su intento de dar satisfacción a su enemigo con plata y oro, éste vuelve con un gran ejército, exigiendo el sometimiento absoluto (18:17-25). Dadle al mundo y a la carne un dedo, y querrá todo el brazo. La contemporización con el mal en un punto es poner en peligro la ciudadela de nuestra fortaleza para Dios. Sin embargo, la blasfema carta del Rabsaces parece haber llevado a Ezequías de vuelta a la consciencia de su necesidad de sabiduría y poder divinos (vv. 9-14). Solo tiene dos caminos delante de sí: o bien someterse a Senaquerib, o someterse a Dios. No puede servir a dos amos; y vosotros tampoco. Él eligió la mejor parte, y expuso su causa delante del Señor. Consideraremos ahora su oración. Fue:

I. Apremiante. Lo que estaba en juego era tremendo: la libertad o la esclavitud de la nación. Ezequías era ahora bien consciente del sentido de la crisis que le había sobrevenido. «Este día es día de angustia, de castigo y de oprobio» (v. 3). ¿Hemos llegado nosotros, como siervos de Cristo, a tener una clara visión de la situación en que nos encontramos hoy? ¿No es éste el día de la angustia de la indiferencia, del castigo del entusiasmo del mundo, y del oprobio de la incredulidad?

II. Sin reservas. Cuando Ezequías recibió las cartas, «subió a la casa de Jehová, y las extendió Ezequías delante de Jehová» (v. 14). Esto era mejor que tratar de escribir una réplica. Algunas cartas son como torpedos, son escritas con el propósito de destruir: de destruir tu paz, tu dicha, tu utilidad o confianza en Dios. Como el rey de Judá, «extiéndelas delante del Señor»; deja que Él vea y lea todo lo que ha sido dicho tanto contra ti como contra Él. Encomienda a Dios tu camino, y Él dirigirá tu senda. Pero los hay que no tienen el valor de escribir, sino que lanzan murmuraciones calumniosas contra ti. Trata con todas estas cosas como Ezequías trató la escarnecedora carta.

III. Honrosa para Dios. Contempla él el lenguaje del Rabsaces como una blasfemia contra «el Dios viviente» (v. 16), y suplica la liberación, «para que sepan todos los reinos de la tierra que solo Tú, Jehová, eres Dios» (v. 19). Cuando nuestros intereses personales están tan relacionados con aquellas cosas que pertenecen a la honra y gloria del Señor Jesucristo, podemos entonces esperar confiados que Dios haga grandes cosas por nosotros. «Si me pedís algo en mi nombre», para Mi gloria, «Yo lo haré» (Jn. 14:14). Ésta es la poderosa e infalible base de toda oración que prevalece. Todos los propósitos meramente egoístas deben ser crucificados si su gloria ha de ser el motivo de la vida y el argumento en la oración.

IV. Oída. Mientras Ezequías estaba orando, el Señor habló a Isaías, que envió este mensaje de consolación al suplicante rey: «Así ha dicho Jehová, Dios de Israel: He oído» (v. 20). No era solamente la oración de Ezequías lo que había subido delante de Dios, sino también el «furor» del enemigo (v. 27). Su «he oído» vendrá ciertamente seguido de su «haré» (v. 28). «Y sabemos que Él nos oye en cualquier cosa que pidamos, sabemos que tenemos las peticiones que le hayamos hecho» (Jn. 15:15).

V. Respondida. «Y aconteció que aquella misma noche salió el Angel de Jehová, y mató en el campamento de los asirios a ciento ochenta y cinco mil; y cuando se levantaron por la mañana, he aquí que todo era cuerpos de muertos» (v. 35). Ante la reprensión de Dios, «los fuertes de corazón fueron despojados, duermen su sueño» (Sal. 76:5). Al decir «paz y seguridad», entonces les sobrevino destrucción repentina. Cuando los israelitas se levantaron por la mañana, su formidable enemigo se había convertido en una hueste de empalidecidos cadáveres. ¿Quién podrá sostenerse cuando Él se manifieste con la espada de fuego de juicio en su mano? Así, la oración del hombre de Dios resultó más poderosa que el ejército de Senaquerib. Fue tal respuesta a la oración que vindicó el Nombre y poder de Dios, en todas las eras venideras, como el Gran Libertador en el día de la angustia y fe de su pueblo. Sean cuales sean los medios empleados, Dios está siempre dispuesto a la obra, de manera que se puede ver con claridad que la obra es de Dios, y que podemos glorificarle. La oración es la más poderosa arma que podemos poner al alcance de persona alguna.

340. UN REPENTINO LLAMAMIENTO

2 Reyes 20:1-11

«Cosas hay
Conocidas solo por Dios y por el alma que parte,
Que ha oído su excitante llamamiento»

HEMANS

I. Un solemne anuncio. «Ordena tu casa, porque morirás, y no vivirás» (v. 1). Esta solemne declaración debe haber venido e una manera inopinada y sorprendente para el joven rey, tras una victoria tan maravillosa como la registrada en el anterior capítulo. Una gran prosperidad no es garantía de una larga vida. Algunas de las vidas más útiles y brillantes han sido breves. Uno de los deberes más urgentes en la vida es poner en orden la casa del corazón, o el hogar, a fin de estar dispuestos para el gran cambio, que puede venirnos de manera tan inesperada a nosotros como a Ezequías. Su casa era la casa del reino. No teniendo hijo para sucederle, había necesidad de esta oportuna advertencia para ponerla en orden. No nos es suficiente que vivamos y muramos. Tenemos responsabilidades en relación con aquellos que nos van a suceder. Nuestras acciones no son sepultadas junto con nuestros huesos.

II. Una oración ferviente. «Entonces el volvió su rostro a la pared, y oró a Jehová... Y lloró Ezequías con gran llanto» (vv. 2, 3). Solo había reinado quince años, y seguía siendo un hombre joven de solo treinta y nueve. Se sentía por entonces aún indispuesto a someterse de buena voluntad a este mandamiento de Dios. Al volver su rostro hacia la pared estaba volviendo la espalda a toda ayuda o esperanza humana, y echándose aturdido e impertinente a los pies de su Señor. Hay un tono egoísta y engreído en su petición, muy en contraste con la última oración registrada de él (19:15), en la que rogaba en nombre de Dios; aquí su súplica es en su propio nombre. «He andado delante de Ti en verdad y con íntegro corazón» (2 R. 20:3), gime él, como si, debido a esto, su vida debiera serle prolongada. Aunque Ezequías luchaba en contra de esta revelación de la voluntad de Dios acerca de él (y lo cual creemos que constituyó su pecado), sin embargo, y al mismo tiempo, su oración exhibe una familiaridad con el Señor que es en sí misma refrescante.

III. Una respuesta abundante. Antes que Isaías llegara fuera del atrio real llegó la respuesta, respuesta abundante mucho más allá de lo que el moribundo rey había pedido. Iba a ser sanado, y se añadirían quince años a su vida; y la ciudad sería defendida «por amor de Mí mismo, y por amor a David mi siervo»; pero, observemos, no por causa de Ezequías (vv. 5, 6). Y esto no era todo. Se lleva a cabo una obra milagrosa con «el reloj [de sol] de Acaz», para dar certidumbre a su corazón sumido en dudas (vv. 8-11). Podemos equivocarnos, pero no podemos resistirnos a pensar que en todo esto hay una medida de ironía, un santo y divino sarcasmo, incluso aunque parezca poco bondadoso e injusto, alcanzando a la misma raíz de todos nuestros futuros planes y perspectivas. Un niño díscolo e insistente puede pedir y pedir azúcar a su madre hasta que la madre se siente empujada a darle el tarro y dejarle comer hasta que llega a sentir hastío. Ezequías, evidentemente, había llegado a quedar centrado en sí mismo (2 Cr. 32:25). Está dispuesto a decir: «La palabra de Jehová... es buena» en tanto que hubiera «paz y seguridad en mis días» (v. 19). Pero, ¡veamos los resultados de tal actitud!

IV. Una consecuencia dolorosa. Si los quince años añadidos a su vida le hubieran sido dados como bendición, indudablemente habría habido mucha bendición en ellos; en cambio, transcurrieron repletos de los más terribles males. Hubiera sido bueno tanto para Ezequías como para la nación que hubiera muerto de aquella enfermedad, que le había sido enviada como mensajero de Dios para apartarlo de males venideros. En el mismo primer año de su período de prolongación de vida les mostró a aquellos astutos espías de Babilonia todo lo que tenía en su casa, lo que los tentó en años posteriores a volver y «llevárselo todo a Babilonia» (v. 17). Unos tres años después de recuperarse le nació un hijo de una mujer que, a juzgar por su nombre (Hepsiba, mi deleite es en ella), era para él de más valor que su Dios. Este hijo (Manasés) se dedicó a deshacer todo el bien que su padre (Ezequías) había hecho. «Volvió a edificar los lugares altos que Ezequías su padre había derribado (...) y adoró a todo el ejército de los cielos, y los sirvió; ... edificó altares en la casa de Jehová... Se dio a practicar los presagios, y fue agorero, e instituyó encantadores y adivinos... ante los ojos de Jehová, para provocarlo a ira... Manasés los indujo a que hiciesen más mal que las naciones que Jehová destruyó delante de los hijos de Israel... Fuera de esto, derramó Manasés mucha sangre inocente en gran manera, hasta llenar a Jerusalén de extremo a extremo» (21:1-16). Si Ezequías se hubiera contentado con morir de aquella enfermedad, Manasés no habría nacido, y estos horrores morales quizá se habrían evitado. Se cuenta la historia de una madre que clamó a Dios que salvara a su hijo (que estaba muriendo) a toda costa. El hijo vivió, pero la madre sufrió tiempo después la indecible angustia de verlo ahorcado como criminal. Si Ezequías hubiera podido ver todo lo que iba a suceder como resultado de su prolongación de vida tal como Dios lo veía, seguramente que habría dicho: «No se haga mi voluntad, sino la tuya» (Lc. 22:42).

341. JOSÍAS Y EL LIBRO

2 Reyes 22

«Ay del hombre que malgasta su riqueza mental,
Y no deja un legado a la humanidad»

COLERIDGE

Manasés había tenido un padre piadoso, y sin embargo, durante unos cincuenta años vivió una vida malvada. Josías tuvo un padre malvado, pero resultó ser uno de los más grandes de los santos del Antiguo Testamento. El verdadero valor de una vida humana depende de su relación con Dios. Toda virtud permanente nos viene por medio de estar en contacto con el Señor Jesucristo. Observemos algunos de aquellos rasgos en este hombre joven que han hecho su nombre grande en Israel (vv. 23-25).

I. Escogió un buen ejemplo. «Anduvo en todo el camino de David su padre» (v. 2). «Siendo aún muchacho, comenzó a buscar al Dios de David» (2 Cr. 34:3). No fue en pos de los dioses de su padre Amón, porque ¿de qué le habían servido? Ni fue en pos de los pasos de Ezequías, porque ni siquiera la piadosa vida de su bisabuelo Ezequías era un modelo perfecto; en la sinceridad de su alma retrocedió a aquel que era «hombre según el corazón de Dios». Deseaba un Dios como el Dios de David, y al Dios de David halló; y las obras que David hacía las hizo también, en el establecimiento del Reino en justicia. En esto, Josías es un ejemplo para nosotros. Volvamos, no a nuestros piadosos antecesores, sino a Cristo, el perfecto Hombre según el corazón de Dios, y si su Dios es nuestro Dios, las obras de Cristo se manifestarán también en nuestras vidas. Él nos ha dejado ejemplo, para que sigamos sus pisadas.

II. Reverenció la Palabra de Dios. «Cuando el rey hubo oído las palabras del libro de la ley, rasgó sus vestidos» (v. 11). Fue un gran descubrimiento el de Hilcías, el sacerdote, mientras se cuidaba de la reparación del templo. Encontró el libro de la ley escrito por Moisés. La Palabra de Dios puede ser quemada o enterrada, pero, de una u otra forma, reaparecerá y, a su debido tiempo, manifestará su autoridad y poder. Mientras que el escriba lo iba leyendo al rey, le era como un mensaje directo procedente del Tribunal del Cielo (Dt. 29:25-27). Como prenda de su fe en aquellas palabras, «rasgó sus vestidos». La Palabra de Dios tiene generalmente este efecto de humillar y desnudar al oyente, antes de llegar a ser el motivo inspirador de la vida. Es de lo más significativo que cuando Josías comenzó a buscar a Dios, le fuera traída la Palabra escrita, y le fuera leída. Esto está en perfecta armonía con las enseñanzas de Jesucristo (Lc. 16:31). Siempre que haya fe en la Palabra de Dios, habrá un desgarramiento del corazón cuando sea leída o predicada en la energía del Espíritu Santo.

III. Quiso saber la voluntad de Dios para sí. Id y preguntad a Jehová por mí, y por el pueblo» (v. 13). Como rey de Judá, estaba ansioso por saber lo que Dios quería que él y su pueblo debían hacer. Había aprendido de este libro una lección de la que esta presente generación tiene una triste necesidad: que «grande es la ira de Jehová que se ha encendido contra nosotros, por cuanto nuestros padres no escucharon las palabras de este libro» (v. 13). Las palabras de la Escritura y el Dios de las Escrituras están identificados (vv. 16-17). Cuando Josías estuvo ante el libro, se sintió tanto en la presencia de Dios como Saulo de Tarso cuando clamó: «¿Qué quieres que yo haga?» (Hch. 22:10). Pero para él no era suficiente con meramente creer el libro, sino que las nuevas del libro le compelieron a buscar al Dios del libro, y a amoldar su propia vida en consonancia con su voluntad. Fue queja de Cristo que los escribas y fariseos de sus tiempos escudriñaban las Escrituras, pero que no querían acudir a Él para tener vida. «Ellas son las que dan testimonio de Mí» (Jn. 5:39), insistió Él. Y el rey no quedó frustrado; tuvo respuesta en forma de una promesa concreta de parte del Señor (v. 20).

IV. Proclamó las nuevas de Dios. «Entonces el rey mandó reunir con él a… todos los varones de Judá (…) y leyó, oyéndolo ellos, todas las palabras del libro del pacto» (23:1, 2). No se avergonzó de su fe en el libro. Creyendo que era un mensaje de Dios para todos, lo leyó a oídos de toda la nación. El libro lo había movido como no podía moverlo otro libro, y pudo así mover también a otros, y ello de tal manera que sus vidas quedaran rendidas a su influencia, siendo toda la nación salvada por ello. La mejor manera de defender la Biblia es leerla y predicarla como el mensaje actual de Dios para los hombres. La mejor manera de defender un león enjaulado de los ladridos de unos perrillos es soltarlo, y se defenderá de una manera espléndida. Dad suelta a la Biblia en toda su majestad nativa y original, y se lograrán maravillas. Si no puedes predicar la Palabra, sí puedes leerla. Los oidores pocas veces se duermen mientras se lee la Palabra. Esdras leyó del libro «desde el alba hasta el mediodía (…) y los oídos de todo el pueblo estaban atentos al libro de la ley» (Neh. 8:1-3). Nuestro Señor se avergonzará de nosotros si nosotros nos avergonzamos de Él y de su Palabra (Mr. 8:38).

V. Se consagró para hacer la voluntad de Dios. «Y poniéndose el rey en pie junto a la columna, hizo pacto delante de Jehová, de que irían en pos de Jehová (…) con todo el corazón y con toda el alma, y que cumplirían las palabras del pacto que estaban escritas en aquel libro» (v. 3). Tomó una actitud decidida, y se lanzó hacia las profundidades de la voluntad revelada de Dios. Una cosa es creer las palabras; otra muy distinta es cumplirlas. La fe que no conduce a la acción es una fe muerta. La consagración de nosotros mismos a la voluntad y obra de Dios es ciertamente el resultado lógico y legítimo de la fe en su Palabra. Así fue manifiestamente en los tiempos de los Apóstoles. ¿Por qué no puede ser ahora? La medida del poder de la Palabra de Dios en nuestros corazones se ve en la medida de nuestra rendición personal al cumplimiento de aquella Palabra. No es el que dice «¡Señor, Señor!», sino el que hace su voluntad el que entra en aquel Reino en el que la vida cristiana viene a ser poder, gloria y bendición. Él no fue desobediente a la visión celestial, sino que denodadamente llevó a cabo la obra de Dios. Limpió el templo del Señor, eliminó los sacerdotes idólatras (vv. 4, 5), y reinstituyó la Pascua de Jehová (v. 21). ¡Vosotros sois el templo de Dios! ¿Estáis limpios de todos vuestros ídolos, y ha recibido el Cordero Pascual su verdadero puesto en toda vuestra obra para Él?

342. JOAQUÍN, O SALVO POR LA GRACIA

2 Reyes 25:27-30

«Sentada, lloraba; con su cabello destrenzado
Enjugaba los pies que tan dichosa se sentía de tocar;
Y Él enjugó de ella su esclavizadora desesperanza»

COLERIDGE

Las divinas amenazas en Levítico 26 encuentran su terrible cumplimiento en el reinado de Joaquín. «No os dejéis engañar; de Dios nadie se mofa.» El pecado atrae la ruina sobre todas las naciones e individuos que ceden a su tenebroso y polucionador dominio. El rey de Babilonia era la espada vengativa de Jehová en el castigo de Judá por su rebelión contra Él. Joaquín fue llevado en cautiverio y echado en una cárcel en Babilonia, donde permaneció por treinta y siete años. Pero el nuevo rey de Babilonia, Evil-merodac, tuvo misericordia de él, y en gracia obró un cambio maravilloso para él, dándonos una ilustración de la gracia maravillosa de Dios.

I. Liberado. «Libertó a Joaquín de la prisión» (v. 27). Ésta era su primera necesidad. No podía libertarse él a sí mismo. La gracia de Dios que trae salvación tiene un gran poder salvador. «Me extrajo del pozo de la desesperación, del lodo cenagoso» (Sal. 40:2); y de las tinieblas y esclavitud de Satanás al Reino del amado Hijo de Dios. Como fue con el rey de Judá, así es con nosotros; no hay liberación sin el ejercicio de la Autoridad Regia.

II. Confortado. «Le habló con benevolencia.» La ley no tiene ninguna palabra benevolente que decir, pero la gracia sí. Por la gracia habéis sido salvados. Todos los redimidos por el poder de Cristo son confortados por el ministerio del Espíritu Santo. La religión humana intenta hablar reconfortablemente a los hombres aún en la prisión del pecado; la religión de Dios primero los salva, luego los conforta. La sangre de su victoria va por delante del agua de su consolación. Él sabe cómo hablar una palabra a los cansados. En todas las eras venideras el pueblo de Dios exhibirá la bondad de Él para con ellos por medio de Cristo Jesús (Ef. 2:7).

III. Exaltado. «Puso su trono más alto que los tronos de los reyes que estaban con él en Babilonia.» Joaquín recibió la preeminencia entre los otros reyes que estaban como él cautivos en Babilonia. Todo este incidente puede ser profético de la futura exaltación y gloria de Judá, como es también sugerente de la exaltación espiritual de que disfrutan aquellos que son levantados y exaltados a lugares celestiales en Cristo Jesús. El pecado y fracaso abundantes son vencidos y dominados por la sobrepujante gracia de Dios. Si grande había sido la caída del hombre por medio del pecado, su exaltamiento por medio de la gracia ha sido mayor. Puede Él levantar al mendigo sin hogar desde el muladar hasta hacerle sentar entre los príncipes del cielo. ¡Cuán deudores somos de la gracia!

IV. Vestido. «Le cambió los vestidos de prisionero.» Los vestidos de prisionero hablan de culpa, derrota, vergüenza y esclavitud; pero ahora se han ido, y en lugar de ellos recibe vestimentas de hermosura. Así es con aquellos que han sido salvos por la gracia. Las cosas viejas que hablaban de fracaso, degradación y encarcelamiento son quitadas, y son dadas aquellas cosas que hablan de gloria, honra, inmortalidad y vida eterna. Pronto se evidenciará un cambio cuando un alma haya sido emancipada de la ley del pecado y dela muerte: los trapos sucios de la justicia propia dan lugar a la justicia de Dios, que es para todos y sobre todos los que creen (cf. Zac. 3:3).

V. Honrado. «Y comió siempre delante de él.» Tuvo el privilegio diario de tener compañerismo con aquel que lo había liberado de la casa de esclavitud. El preso es ahora el constante compañero de su salvador. La gracia de Dios no solo salva y transforma, sino que introduce en comunión permanente con Él. La bondad de Dios efectuó la misma obra llena de gracia en el caso de Mefibóset (2 S. 9:7). La puerta de la casa de banquete de nuestro Rey está siempre abierta para sus especiales invitados. ¡Comed, amigos!

VI. Suplido. «Y diariamente le fue dada su comida de parte del rey, de continuo, todos los días de su vida».

1. Era un *don*. No era una recompensa, ni nada dado como salario. Era algo puesto a disposición de aquel a quien el rey se complacía en honrar. Era la provisión de la gracia. ¿Cuánto ha puesto Dios ha disposición de los que han sido salvados por su gracia? Todas las inescrutables riquezas de Cristo.
2. Era un don *diario*. «Una cantidad diaria para cada día.» No te agites por tu vida. «Bástate mi gracia.» La provisión de mañana vendrá con la necesidad de mañana.
3. La recibió de parte *del rey;* de la abundancia del rey, y todas sus necesidades fueron suplidas por su propia mano llena de gracia. «Mi Dios suplirá todas vuestras necesidades» (Fil. 4:19).
4. Era un don *para toda la vida*. «Todos los días de su vida.» La promesa regia cubría toda su necesidad. Todo es vuestro, porque vosotros sois de Cristo.

343. LA ORACIÓN DE JABÉS

1 Crónicas 4:9, 10

1. Fue una oración a DIOS.
2. Fue la oración de un HOMBRE HONORABLE.
3. Fue una oración FERVIENTE. «¡Oh, si me dieras…!»
4. Fue una oración por una BENDICIÓN CONCRETA. «Si me dieras bendición.»
5. Fue una oración pidiendo POSESIONES AGRANDADAS. «Y ensancharas mi territorio.»
6. Fue una oración pidiendo PODER Y CONDUCCIÓN. «Si tu mano estuviera conmigo.»

7. Fue una oración pidiendo PROTECCIÓN DEL MAL. «Y me libraras de mal, para que no me dañe.»
8. Fue una oración que RECIBIÓ RESPUESTA. «Le otorgó Dios lo que pidió.»

344. JABÉS Y SU ORACIÓN
1 Crónicas 4:9 y 10

Introducción

«Multum in Parvo».

1. Un proverbio latino, *Multum in Parvo,* explica de manera apropiada la maravillosa destreza biográfica que aparece en la biografía bíblica.
2. Todo lo que sabemos de Jabes se contiene en estos dos breves versículos, y en otra referencia incidental, y, sin embargo, se nos dice mucho.

Lo que no se nos dice.

1. No se nos comunica el *nombre* de sus padres, ni el lugar donde vivió, la *época* en que vivió, ni *cuándo* murió ni a qué edad llegó.
2. Y sin embargo, ¡cuánto se nos da en tan pocas palabras!

I. El hombre.

1. Era miembro de la honrada nación de Israel.
2. Era miembro de la tribu regia de aquella nación.
3. Era adorador del único Dios vivo y verdadero, el «Dios de Israel», y no de ningún dios de ninguna nación pagana.
4. Su nacimiento estuvo asociado con un dolor peculiar e inusual. Su nombre le fue dado por su madre, no por su padre. ¿Acaso murió al darle a luz en este mundo?
5. *Fue más ilustre que sus hermanos.* Y esto se debió a su oración y piedad. «Más ilustre»: ¿no significa esto más recto de carácter, en los negocios, en su manera de hablar hacer de otros, más piadoso? Esto surgía de su vida de oración.
6. Era un hombre de oración, y esto significa mucho. Él sabía qué es la súplica, apeló a las promesas de Deuteronomio 12:20; 19:8; 32:13; Éxodo 34:24).
7. Era un hombre ambicioso. Quería más territorio, mayor influencia y responsabilidad. Todo ello correcto y bueno en su lugar.
8. Era un hombre estudioso (1 Cr. 2:55). ¿Fundó Jabés la ciudad de Jabés? Los escribas vivían allí. Era un lugar de erudición. Estos escribas descendían del suegro de Moisés, destacaban por sus principios como abstemios totales (Jer. 35), y se les conoce como recabitas. Era solo un hombre. «Que no *me* dañe», éste es el defecto de su oración. «Que yo no te deshonre *a ti*» habría sido mucho mejor. ¡Cuán longánime es nuestro Dios, cuán paciente!

II. La oración.

1. LA BÚSQUEDA DE LA BENDICIÓN DIVINA.
   a. «Me»: «¡A mí!» ¿No debería haber pensado en otros?
   b. No, no, no buscaremos faltas. Si Él me va a bendecir a mí, entonces yo seré bendición para otros.
   c. «¡Oh, si me dieras bendición!» ¡Cuánto énfasis pone, cuánta genuinidad en su corazón!
2. DESEO DE ENSANCHAMIENTO DIVINO.
   a. «Hay una piadosa ambición que puede ser abrigada con reverencia por tener una mayor influencia sobre los hombres, no por sí misma, sino por causa del Maestro» (Meyer).
   b. «Puedes pensar que has cumplido la medida de tus presentes posibilidades, pero que tienes unas capacidades y talentos no usados. Díselo a Dios, y pídele una mayor extensión de territorio para cultivarlo para Él» (Meyer).
   c. Dios prometió ensanchar a Israel si eran obedientes (Éx. 34:24).
   d. Recuerda, no solo hay el ensanchamiento de territorios, sino que también se da ensanchamiento de:
   1) Los pasos (2 S. 22:37).
   2) El corazón (Sal. 119:32).
   3) El carácter (Sal. 4:1).
3. DESEO DE COOPERACIÓN EN TODA MI OBRA.
   a. Se significa la cooperación divina.
   b. Se implica el fortalecimiento divino.
   c. Se implica la comunión divina. Jesús es la mano de Dios, esto es, el ejecutor de la voluntad de Dios.
4. PROTECCIÓN DIVINA DEL MAL.
   a. En la obra.
   b. En mí.

III. La magnanimidad de Dios. Él concedió lo que se le había pedido en la oración.

345. LA PETICIÓN DEL REY, O CONSAGRADO PARA SALVAR
1 Crónicas 21:22-28

«Todo lo que a Ti dé, de Ti ha venido;
Y si a las llamas mi cuerpo diera,
Mi paciencia, amor y energía divina
De corazón y alma y espíritu, tuyo todo es.
¡Oh vano intento de pagar la inmensa deuda!
¡Cuanto más te pague más aun te vengo a deber!

MADAME GUYON

Satanás intentó oponerse a Israel, y lo hizo así: «Incitó a David a que hiciese censo de Israel» (v. 1). Sigue siendo una de las añagazas de Satanás conducirnos a confiar en los números en lugar de en Dios. Las triunfantes referencias a la fuerza numérica son muy gratificantes para la carne, y pueden conducir a un debilitamiento de la fe en Dios. El acto de incredulidad de David condujo a terribles consecuencias: perecieron 70.000 hombres. Pero la confesión de David fue seguida por este mensaje de esperanza: «Que construyese un altar a Jehová en la era de Ornán» (vv. 17, 18). Esta manera de escapar al juicio de Dios fue una revelación del mismo Dios. ¿Quién más podría hacerlo? «Miradme a Mí, y sed salvos, todos los confines de la tierra, porque Yo soy Dios» (Is. 45:22).

I. La petición. «Entonces dijo David a Ornán: Dame este lugar de la era» (v. 22). Era una gran petición a hacer en un momento en el que «Ornán trillaba el trigo». No era una era ociosa, porque los tesoros del propietario estaban sobre y en ella. ¿No nos hace a veces nuestro Señor y Rey extrañas y repentinas demandas en ocasiones, cuando nos pide el pleno control de nuestro negocio o de aquellas empresas a las que estamos en aquel momento dedicados? Como David, Él no lo tomará a la fuerza: nos dará el privilegio de concedérselo.

II. La razón. «Para que edifique un altar a Jehová… para que cese la mortandad en el pueblo» (v. 22). La regia petición iba acompañada de abundantes razones. Debido al pecado una plaga estaba diezmando al pueblo como espada en manos del mensajero de la venganza divina. Se precisaba de un lugar y de un altar para que pudiera ofrecerse un sacrificio al Señor y proveer salvación para el pueblo. Ornán poseía aquel lugar, y ahora se le pedía que lo entregara como medio en manos del rey para librar al pueblo de la muerte. Esta gran salvación podía ser solo obtenida convirtiendo el centro de los negocios de Ornán en lugar de sacrificio al Señor. La era debía dar lugar al altar. Hay mentes de algunos hombres que son meras eras, nada más. Su principal actividad es trillar problemas y teorías. El Rey del Cielo exige que estas eras tengan un altar, para que se detenga la plaga del pecado, y los pecadores sean salvos. El intelecto puede llegar a ser algo más útil que una mera máquina de trillar.

III. La respuesta. «Ornán respondió a David: Tómala para ti, y haga mi señor el rey lo que bien le parezca; y aun los bueyes daré para el holocausto, y los trillos para la leña, y trigo para la ofrenda; yo lo doy todo» (v. 23). Bien hubiera podido comenzar a dar excusas como: «Ahora no me conviene», o «tendré que pensármelo», etc. Mas no, sino que se dio cuenta en el acto de la situación; toda su alma se dedicó a la causa. No solo ofreció la era, sino todo lo que tenía en ella: los bueyes, los instrumentos, y el trigo. «Yo lo doy todo.» Éste era el lenguaje de uno que evidentemente tenía en su corazón los mejores intereses del pueblo. Es la expresión de un verdadero espíritu misionero. Rinde sus propias demandas personales a las demandas mayores de Dios y de sus semejantes que se están perdiendo. No aparece en la mente de Ornán un espíritu mercenario y regateador al responder al llamamiento del rey. ¿Estamos listos al llamamiento de nuestro Rey a cederle la era de nuestros corazones como un altar; las facultades de nuestras mentes e intelectos como trillos para extender el fuego de su santo sacrificio; y el trigo de nuestras riquezas como oblación al Señor? ¿No va a constreñirnos el amor de Cristo y el amor a almas que van a la perdición? (Ro. 12:1).

IV. El Resultado. El resultado fue un triple éxito.

1. ORNAN RECIBIÓ RECOMPENSA. «Dio David a Ornán por aquel lugar el peso de seiscientos siclos de oro.» El precio mencionado en 2 Samuel 24:24, de cincuenta siclos de plata, fue por la era sola. Estos seiscientos siclos de oro fueron el pago de todo el lugar, y con toda probabilidad fue una segunda transacción. Esto tiene una hermosa correspondencia con la parábola del tesoro en el campo. Se compra todo el campo por el tesoro que contiene (Mt. 13:44). Ornán estaba dispuesto a dárselo todo a David, pero

él a su vez es como el Mayor que David que recompensa abundantemente a todos los que se entregan totalmente a Él. «Dad, y se os dará; una medida buena, apretada, remecida y rebosante» (Lc. 6:38). Ciertamente, éste es un «precio pleno».

2. DIOS QUEDÓ SATISFECHO. «Invocó a Jehová, quien le respondió por fuego desde los cielos en el altar del holocausto» (v. 26). El sacrificio por el pecado fue aceptado, y el fuego que cayó del cielo sobre el altar, consumiendo la ofrenda, fue la prenda de paz de Dios. ¡Qué consuelo para Ornán saber que su don de la era y de todo lo que había en ella había sido un medio para atraer del cielo aquel fuego que les daba seguridad! Nunca sabremos todo lo que pueden significar nuestros dones para la causa de Dios. «Probadme ahora en esto, dice Jehová de los ejércitos, si no os abriré las ventanas de los cielos, y derramaré sobre vosotros bendición hasta que sobreabunde» (Mal 3:10).

3. EL JUICIO FUE EVITADO. Se detuvo la plaga. «Entonces Jehová ordenó al ángel que volviera su espada a la vaina» (v. 27). El pecado de David de censar al pueblo fue un pecado contra Dios, y lo expliquemos de la manera que lo expliquemos, Dios demanda sacrificio por el pecado. No hay otra manera de lograr la liberación de su ira, y de conseguir la prenda cierta de su favor, que en el altar de la sangre expiatoria. La Cruz del Señor Jesucristo es el esfuerzo final de Dios de quitar el pecado por el sacrificio de Sí mismo. Solo cuando el Sacrificio es aceptado por la persona individual, poniendo en Él su confianza, queda envainada la espada del juicio. «Veré la sangre y pasaré de largo en cuanto a vosotros.»

346. TUYOS SOMOS
1 Crónicas 12:16-18

«Oh, Señor, que mi vida pueda yo en otros gastar,
Sin fines míos propios;
Que en mis hermanos me pueda yo derramar,
Y vivir para ellos solo»

FABER

El «amor de Cristo» es el motivo más poderoso que jamás tocó al alma humana para constreñirnos al sacrificio propio para el bien de otros. El verdadero cristiano no es un místico centrado en sí mismo, sino un evangelista centrado en Cristo. No es solo un consumidor de las cosas de Dios, sino que es productor del fruto del Espíritu. A la luz de esta enseñanza, consideremos ahora este pasaje. Involucraba:

I. Un paso decidido. «Algunos de los hijos de Benjamín y de Judá vinieron a David al lugar fuerte». Este lugar puede haber sido la cueva de Adulam, o algún otro lugar secreto, pero para los que acudían a David significaba tomar un paso decidido de ponerse de su parte, y compartir, si era preciso, la vergüenza del rechazo con él. Los pros y los contras acerca de este paso serían seguramente discutidos minuciosamente antes de tomar ninguna acción definida. Los que quieran identificarse con el rechazado Hijo de Dios harán bien en contar el costo, pero harán mal si siguen contándolo y nunca acuden.

II. Un ofrecimiento condicional. «David salió a ellos, y les habló diciendo: Si habéis venido a mi para paz y para ayudarme, mi corazón irá a una con vosotros.» David tiene más deseo de calidad que de cantidad. Bien sabía él que no sería para bien de su causa tener a una multitud sin corazón siguiéndole. Todos los que estén dispuestos a ayudar en la causa del Señor Jesucristo pueden estar seguros de que los afectos de su corazón quedarán unidos a ellos. La obra del Señor, como la de David, tiene que provenir de lo más hondo del corazón. David sólo podía ver dos motivos por los que pudieran acudir a él: o bien para ayudar, o bien para traicionar; debían estar por él o contra él. Su corazón estaba listo a unirse a todos los que acudieran a él en la causa de Dios. ¿No dijo también Cristo que «el que no está conmigo, está contra Mí»? (Mt. 12:30). ¿No está su corazón listo también a recibir a los que vienen a Él en sinceridad y en verdad?

III. Una rendición personal. «Amasai… dijo: tuyos somos, oh David, y contigo estamos» (v. 18, V.M.). Dijo esto después que «el Espíritu vino sobre» él. Fue una confesión dirigida por el Espíritu; fue un acto conducido por el Espíritu. No había incertidumbre en cuanto a ello. Implicaba la entrega de sus vidas a David para el avance de su causa y el cumplimiento de su voluntad. Al darse a él, ya no se pertenecían más a sí mismos; venían a ser instrumentos para llevar a cabo su obra. Estar del lado de David era convertirse en partícipe de sus dolores así como de sus recursos; partícipe en sus tribulaciones así como en sus victorias. Para llegar a ser partícipes en los recursos y triunfos del Señor de David y Señor nuestro debemos también entregarnos plenamente a Él, como dispuestos a padecer por su causa, si ha de ser que su voluntad se ha de cumplir en y por medio de nosotros. Sois esclavos de aquel a quien os sometéis (Ro. 6:16). La consagración del servicio seguirá de cierto cuando, como Amasai, seamos revestidos del Espíritu (v. 18).

IV. Una confesión de fe. «Paz, paz contigo, y paz con tus ayudadores, pues también tu Dios te ayuda.» Quedaron convencidos de que el Dios en quien David confiaba estaba con él, y que Él es mayor que todos los que estaban contra él. Quizá fuera la evidencia de este hecho lo que les llevó en primer lugar a pensar en unirse a su grupo. De una u otra forma habrá hombres atraídos a aquellos a los que Dios ayuda de manera indiscutible. El hombre o la causa que el Todopoderoso patrocina triunfarán a ciencia cierta. Sabios son los que se unen al movimiento que tiene a Dios como director, y que no puede ser derrotado. Este movimiento lo tenemos en la obra del Mayor que David, el Señor Jesucristo. ¿No le ayudó su Dios poderosamente, y no son sus ayudadores ayudados por Dios? Tenemos abundante prueba de que Dios estaba en Cristo, y que la ayuda poderosa fue puesta sobre Él. Ello se hace patente en sus palabras y obras, y especialmente en el hecho de que fue resucitado de entre los muertos. Así como podemos en verdad decir de Él, «Tu Dios te ayuda» (1 Cr. 12:18), añadamos también: «tuyos somos, Señor Jesús, Tú el Hijo de Dios; paz a tus ayudadores». Los que quieran servir al Señor no solo debemos creer en Él, sino poseer tal espíritu que lleve a la paz con todos sus ayudadores.

V. Su buen suceso. «Y David los recibió, y los puso entre los capitanes de la tropa.» Acudieron con un espíritu correcto, y encontraron una puerta abierta al corazón y servicio de su Señor. No hubo una recepción formal. Fueron recibidos como Cristo recibe a todos los que así acuden a Él: a los afectos de su corazón y al sagrado negocio de su vida. Todos los que acuden al Señor Jesucristo son acogidos a su amor y servicio. Pero, así como fue en el caso de David, así lo es ahora; estas dos cosas van juntas. Si estos hijos de Benjamín querían gozar del amor de David debían ponerse a su servicio. Los hizo capitanes, porque aquellos que le honran a Él recibirán honra (Hch. 1:8).

347. NUESTRA OBRA PRINCIPAL

«En aquel día David hizo que la tarea principal fuese dar gracias al Señor» (1 Cr. 16:7, RV).

Este Salmo es una recopilación de otros tres. Los versículos 8 a 22 son los primeros 15 versículos del Salmo 105. Los versículos 23 a 33, citas del Salmo 116; los versículos 34 a 36, del Salmo 106.

David llama la atención:

1. A las **obras de Dios** (vv. 8, etc.).
2. A la **majestad de Dios** (vv. 23, etc.).
3. A la **misericordia de Dios** (v. 34).

Ésta es la nota más dulce de todas. La obra principal no es orar, sino alabar. Dad gracias en todo. Cuando Él tomó la copa, dio gracias.

348. UN CÁNTICO DE ACCIÓN DE GRACIAS, Y LO QUE EL MISMO NOS ENSEÑA
1 Crónicas 16:7-36

«Tú, oh Cristo, nuestro camino has conocido:
Cuando solos estamos, no lo estamos;
Lo he sentido, y cánticos elevaré,
Y de alabanza como vestidura me revestiré»

GROSART

Este capítulo palpita con enseñanzas vitales. El cántico de alabanza y de acción de gracias viene después que el Arca de Dios ha encontrado su puesto justo «en medio de la tienda que David había levantado para ella», y después de haberse ofrecido sacrificios a Dios, y que el pueblo bendijera el Nombre de Jehová (vv. 1-3). La gratitud brota en verdad cuando Dios ha obtenido su puesto debido en la vida. Este cántico nos enseña:

I. Lo que debiéramos buscar. «Buscad a Jehová y su poder; buscad su rostro continuamente» (v. 11). Hay aquí un triple objeto puesto ante el buscador.

1. Buscad al *Señor*; buscadle a Él para salvación. El que me halla, dice Él, halla la vida. Ésta es la vida eterna: conocerle a Él.

2. Buscad su *poder* para el servicio. Los que esperan en el Señor tendrán nuevo vigor. A los que no tienen fuerza, Él les aumenta la fuerza.
3. Buscad su *rostro* continuamente para comunión. Tener la luz de su rostro es tener la luz de su presencia. «Buscad, y hallaréis».

II. Lo que debiéramos cantar. «Cantad a Él, cantadle salmos» (v. 9). Si «toda la tierra» debiera cantar al Señor (v. 23), ¡cuánto más aquellos que han sido redimidos por su Hijo, y fortalecidos por su gracia y Espíritu! Aquellos cuyos corazones están rebosantes de gratitud para con Dios nunca carecen de razones para cantar. Tienen cánticos que solamente pueden ser cantados por labios tocados con ascuas del santo altar. Tienen muchos salmos que cantar al Señor: el salmo de liberación, el salmo de perdón, el salmo de paz, otro de esperanza, otro de gozo, y aquel otro, el más dulce de todos, el salmo de su presencia. No se nos pediría que cantásemos al Señor si el Señor no nos oyera ni se agradara de nuestro cántico. Él oye nuestro cántico así como nuestra oración.

III. Lo que debiéramos dar. «Dad gracias al Señor» (v. 8, BAS). «Dad a Jehová gloria y poder» (v. 28). «Dad a Jehová la honra debida a su nombre» (v. 29). Las mejores gracias que podemos dar al Señor es darle una vida de agradecida confianza en Él de día en día. Le damos «gloria y poder» cuando actuamos como aquellos que creen en su gloria y dependen de su fortaleza. No podemos darle «la honra debida a su nombre» meramente hablando de ello, sino dejando que aquella gloria nos llene de tal manera que su Nombre sea glorificado en nosotros. «De gracia recibisteis, dad de gracia». Dad aquella gracia y amor tan libremente dados en Cristo Jesús.

IV. Lo que debiéramos recordar.

1. «Haced memoria de las maravillas que ha hecho, de sus prodigios» (v. 12). Sus obras. Los israelitas nunca debían olvidar el hoyo del que habían sido extraídos, ni la manera en que habían sido sacados. Fueron salvados por obras y maravillas tan grandes que pueden encontrar su único antitipo en la vida, muerte y resurrección del Señor Jesucristo.
2. «Haced memoria… de los juicios de su boca.» Recordemos sus palabras. Las obras y las palabras de Dios nuestro Salvador están inseparablemente unidas. Las palabras de Cristo son «espíritu y vida», y lo mismo lo son sus obras. Los judíos lloraban cuando, en su aflicción, se acordaban de Sion; nosotros podemos regocijarnos en cada rememoración de Cristo.
3. «Acordaos siempre de su pacto, de la promesa que ordenó para mil generaciones» (v. 15, V.M.). Hagamos memoria de su fidelidad. Él es el mismo ayer, y hoy, y por los siglos. Recordemos su pacto de gracia en Jesucristo, y contemos con su fidelidad a todas sus promesas. El pecado del olvido es sumamente común.

V. Lo que debiéramos hablar. Es bueno recordar las obras de Dios por nosotros, y sus palabras a nosotros, pero debe hacerse confesión con la boca.

1. Debemos hablar unos con otros «de todas sus maravillas» (v. 9). «Los que temían a Jehová hablaron cada uno a su compañero; y Jehová escuchó, y oyó.» Las mismas conversaciones del pueblo de Dios entre sí son de tal cariz que frecuentemente deben doler al corazón del Divino Oyente. Si las obras de nuestro Señor no son realmente maravillosas a nuestros ojos, no estaremos inclinados a hablar demasiado acerca de ellas. Que vuestra conversación sea como conviene al Evangelio, aquel Evangelio que es la mayor maravilla en el cielo, en la tierra o en el infierno.
2. Debemos proclamar «entre las gentes su gloria, y en todos los pueblos sus maravillas» (v. 24). Nosotros, que somos testigos de Él, como nuestro Redentor, nuestro Señor y Salvador, debemos buscar extender alrededor el aroma de su Nombre salvador. La comunión unos con otros debiera conducir a un entusiasmo misionero por la causa de Cristo. Benditos son todos aquellos cuyas vidas consagradas cantan este cántico de acción de gracias.

349. UNA SABIA ELECCIÓN

1 Crónicas 21:13

1. La **dificultad**. «Estoy en gran angustia.»
2. La **alternativa**. «En la mano de Jehová… en la mano del hombre.»
3. La **decisión**. «Que yo caiga en la mano de Jehová.»
4. La **razón**. «Puesto que sus misericordias son muchas en extremo.»

350. UN LLAMAMIENTO AL SERVICIO CONSAGRADO

1 Crónicas 29:1-9

«Con cabezas inclinadas y corazones abiertos nos ofrecemos. No más podemos hacer, y no osaremos hacer menos»

Westcott

Es un gran privilegio poder hacer alguna cosa para Dios. No hay ningún ángel en el Cielo que no se gloríe en todas las oportunidades para servir. ¿Por qué no debieran hacer lo mismo sus ángeles en la tierra? David tenía un ferviente deseo de edificar una casa al Señor, pero esto no le fue permitido porque había sido «hombre de guerra» (cap. 28:2, 3). La guerra y la adoración son dos cosas que no guardan fácil compañía. Aunque no le fue permitido edificar el templo, hizo grandes preparativos. Recogió cien mil talentos de oro (casi 3. 500 toneladas) y un millón de talentos de plata (casi 35. 000 toneladas) (véase cap. 22:14). ¿Por qué debiera disminuir nuestro interés en la obra de Dios por el hecho de que no se nos permita llevar a cabo aquel trabajo que tanto deseamos hacer? Algunos reducen sus esfuerzos por la causa de Cristo en su propio lugar porque no se les ha abierto el camino para salir al campo extranjero. Hay otros que si no se les pide que hagan alguna cosa grande, no harán nada. Ahora obbservemos:

I. La obra. «La obra [es] grande; porque la casa no es para hombre, sino para Jehová Dios» (v. 1). Es una gran obra preparar un palacio para el Rey del Cielo. David estaba ansioso porque Dios tuviera una casa digna de su Nombre, y el Señor mismo también lo deseaba mucho. Pero no olvidemos que Dios era tan grande cuando en la zarza como cuando en el templo. La gloria no consiste en el carácter de la casa tanto como en el carácter del ocupante. «¿No sabéis que vuestro cuerpo es santuario del Espíritu Santo, el cual está en vosotros, el cual tenéis de Dios, y que no sois vuestros?» (1 Co. 6:19). ¿No desea Él que seas una casa digna de su Nombre grande y glorioso? Ésta es «obra grande». Es la obra del Espíritu de Dios, en unión con nuestros espíritus. No sois vuestros. Como este palacio, no sois para hombre, «sino para Jehová Dios».

II. El ejemplo. David no se dirige a otros a llamarlos a que consagren su servicio al Señor antes de haberles dado un ejemplo digno. Dice él: «Con todas mis fuerzas he preparado para la casa de mi Dios» (v. 2). Y otra vez, «por cuanto tengo mi afecto en la casa de Dios… en mi tesoro particular… además de todas las cosas que he preparado para la casa del santuario, he dado para la casa de mi Dios» (v. 3). El don privado de David ascendía a tres mil talentos de oro (algo más de cien toneladas) y siete mil talentos de plata (casi 240 toneladas) (v. 4). Su ejemplo era de amor y generosidad. Busco primeramente el Reino de Dios. ¿Cómo aparece este ejemplo con el del Señor de David? ¿No preparó Él con todas sus fuerzas para la nueva Casa Espiritual de Dios? ¿No puso Él sus afectos en esta gran obra? ¿No dio de sus inescrutables riquezas de su gracia y padecimientos? ¿No nos ha dejado ejemplo, para que sigamos tras sus pasos?

III. El llamamiento. «¿Y quién quiere hacer hoy ofrenda voluntaria a Jehová? (v. 5). Era un llamamiento a dar a manos llenas y con corazones bien dispuestos. Hay multitudes que siempre están listas a llenar sus manos con el servicio para sus propios fines personales, pero ¡cuán pocos los hay dispuestos a venir a Dios con sus manos llenas! Manos llenas que impliquen una total entrega de corazón. ¿Quién, pues, está dispuesto? Es un llamamiento al servicio voluntario y abnegado. Es también un llamamiento urgente. «Hoy.» El servicio del Rey es urgente. Lo que haces, hazlo más rápidamente, porque pronto habrá pasado el día de servicio y de santo privilegio.

IV. La respuesta. «Entonces los jefes de familia, y los príncipes de las tribus…, jefes de millares y de centenas, con los administradores… ofrecieron voluntariamente» (v. 6). «Porque de todo corazón lo habían ofrecido a Jehová» (v. 9). Cuando el corazón está perfectamente entregado a las demandas de la obra de Dios, las manos pronto vendrán llenas con ofrendas voluntarias. Se necesita una acción «de todo corazón» para hacer un servicio acepto al Señor. «Dios ama al dador alegre». Los dones eran diferentes en cuanto a su valor, pero todos eran necesarios y fueron aceptados. «Oro, plata, hierro, piedras preciosas» (*cf.* 1 Co. 3:12). El hierro puede haber sido lo mejor que algunos tuvieran, pero lo dieron. No habría nunca carencias en la casa de Dios si los que están conectados con ella tuvieran este «corazón perfecto» para con el Señor. La característica principal de la gran mayoría de los cristianos profesantes es que «solo piensan en lo terrenal».

V. El resultado. «Y se alegró el pueblo... Asimismo se alegró mucho el rey David» (vv. 8, 9). Se regocijaron porque las ofrendas habían sido dadas «voluntariamente... de todo corazón». El gozo es fruto del Espíritu, y brota del corazón hecho perfecto para con el Señor y su causa en la tierra. Los más felices cristianos son los que voluntariamente llenan sus manos para Dios. El gozo en el Señor es poder, «porque el gozo de Jehová es vuestra fuerza» (Neh. 8:10). «Porque el reino de Dios no es comida ni bebida, sino justicia, paz y gozo en el Espíritu Santo» (Ro. 14:17).

351. LA ORACIÓN DE SALOMÓN

2 Crónicas 6:22-42

«El alcance de un hombre a su mano debiera exceder,
O si no, ¿para qué el cielo es?»

BROWNING

Ésta es la más larga oración del Antiguo Testamento, y puede ser comparada apropiadamente con la más larga en el Nuevo, registrada en Juan 17. Ambas son intercesoras y para provisión. Este templo, preparado para Dios y henchido de su gloria (v. 14), constituye un hermoso tipo de la persona y carácter del Señor Jesucristo. Lo que el Templo era para Israel lo es Cristo para el mundo. Lo que Salomón hizo en el estrado de bronce (v. 13), Cristo lo hizo en el madero maldito: abrir el camino para otros al lugar de bendición. Esta oración de Salomón, como la obra de Cristo, reveló un corazón grande y universal. En ella había provisión para:

I. El perjudicado. «Si alguno peca contra su prójimo, y se le exige juramento (...) escucha Tú (...) y juzga» (vv. 22, 23). Pecar contra nuestro prójimo es pecar contra Dios, de modo que aquellos que han sufrido la ofensa de otro puede apelar confiado a Él y esperar que Él dará la paga al impío, y dará al justo conforme a su justicia (v. 23). Como en la oración de Salomón se hace provisión para el mantenimiento del carácter de los justos, también se hace así en la intercesión de Cristo. Los perjudicados por sus semejantes debieran encomendar con fe su causa al Señor. Él vengará a los suyos.

II. El derrotado. «Si tu pueblo Israel es derrotado delante del enemigo» (v. 24). Aquí tenemos a una clase numerosa. Muchos hay que han caído bajo el poder del enemigo «por haber prevaricado contra» el Señor. El pecado lleva siempre a la derrota (Jos. 7:10, 11). Que el pueblo de Dios sea derrotado ante el enemigo es atraer deshonra sobre el Santo Nombre. Él quiere que nosotros seamos «más que vencedores». Pero en el altar del templo había camino de vuelta para los derrotados, al perdón y a la victoria. Por su regreso y confesión, Dios escucharía y perdonaría, y los restauraría de nuevo a la tierra que les había dado (vv. 24, 25). No importaba cuán lejos hubieran sido llevados por el enemigo; si volvían su rostro hacia la Casa de Dios, confesando sus pecados, se les concedería entonces la liberación. Que así lo hagan aquellos salvos que han sido vencidos por la tentación a pecar, volviendo su mirada de fe a la provisión hecha por Jesucristo en el altar de la Cruz.

III. El sediento. «Si los cielos se cierran y no hay lluvias, por haber pecado contra Ti» (v. 26). Dios tenía maneras diferentes de manifestar su desagrado contra el pecado. En un sentido espiritual, el cielo sigue cerrado, por lo que no descienden lluvias de refrigerio sobre el alma de los desobedientes y de los recaídos. Un cielo callado y sin respuesta es una terrible calamidad para un alma sedienta, pero esta sed es enviada para volvernos de corazón al terreno de la confesión y de la bendición. «Escucha Tú desde los cielos, y perdona... y darás lluvia» (v. 27). El camino para escapar a los horrores de un cielo cerrado es guardar «el buen camino» del Señor. Permaneced en Él. Si ha sobrevenido destitución espiritual, sigue habiendo en Cristo provisión para la restauración y el refrigerio. «Mirad a Mí, y sed salvos».

IV. El oprimido. «Si los sitian sus enemigos en la tierra en donde moren; ... si extiende sus manos hacia esta casa, escucha Tú desde los cielos» (vv. 28-30). El pueblo de Dios no iba a quedar exento de pruebas y sufrimientos, ni en sus propias ciudades, en medio mismo de todos sus gozos y privilegios. Salomón cree que si se le permite al enemigo que los asedie y los oprima, ello sería debido a sus pecados, y en su oración él dice: «Escucha Tú desde los cielos, y *perdona*». Ningún enemigo puede asediar ni cautivar ninguna alma que anda en comunión con Dios. Es siempre la añagaza del Diablo interponerse entre nosotros y Aquel que es el hogar de nuestros corazones. Pero si estás realmente asediado de forma que no tienes *libertad* de salir y entrar en tu servicio para Dios, si te estás fuera de comunicación con el Alto Mando, entonces hay remedio: Extiende las manos de tu fe hacia la morada de Dios, y tuyos serán el perdón y la liberación.

V. El extranjero. También «el extranjero que no sea de tu pueblo» encuentra sitio en el gran corazón de este Rey de Paz. ¡Qué buenas nuevas sería para el extranjero que había venido «de lejanas tierras», llevado por la influencia del «gran nombre» y de la «mano poderosa» de Dios, saber que la puerta de la bendición divina le estaba abierta, y que Dios estaba dispuesto a hacer «conforme a todas las cosas por las cuales haya clamado a Ti» (v. 33). ¿No se acogió a esto el etíope que acudió a Jerusalén para adorar? (Hch. 8:27). Sigue siendo cierto que los nacidos en el país lejano del pecado, y que son extraños a Dios y a su pueblo, pueden tener sus necesidades suplidas si claman al Señor. «Al que a Mí viene, de ningún modo le echaré fuera». «A todos los sedientos: Venid a las aguas». «Vosotros que en otro tiempo estabais lejos, habéis sido hechos cercanos por la sangre de Cristo» (Ef. 2:13).

VI. El guerrero. «Si tu pueblo sale a la guerra contra tus enemigos por el camino que Tú los envíes, y oran a Ti hacia esta ciudad... escucha Tú... y ampara su causa» (vv. 34, 35). Es de la mayor importancia que al salir en guerra santa vayamos *por el camino* por el que Dios nos haya enviado. La vida cristiana es una guerra, pero no con armas carnales. Poneos toda la armadura de Dios, para que podáis resistir. Orando siempre con toda oración, para que «Él escuche desde los cielos vuestra oración y ruego, y ampare nuestra causa» (v. 35). En la oración de Salomón, como en la obra de Cristo, se da provisión para una victoria cierta en las guerras del Señor. Guerreros de Dios: mantened vuestro rostro hacia el santo lugar del sacrificio y de la comunión, y Él mantendrá vuestra causa.

VII. Los cautivos. «Si pecan contra Ti, para que los que los tomen los lleven cautivos a tierra de enemigos, lejos o cerca, y ellos vuelven en sí... y oran a Ti... escucha Tú desde los cielos, y ampara su causa, y perdona» (vv. 36-39). El pueblo del Señor nunca podría ser llevado cautivo mientras fueran obedientes a su voluntad. El pecado lleva a la separación de Dios, y cuando quedan separados de Él, caen como fácil presa del enemigo. La única esperanza para los llevados cautivos por el Diablo, o por los placeres del mundo, es volverse en sí, y volver al Señor, diciendo: «Pecamos, hemos hecho inicuamente». Si confesamos nuestros pecados, Él es fiel y justo para perdonar. El fuego que «descendió de los cielos» (cap. 7:1) cuando Salomón hubo terminado su oración fue prenda de que su oración había sido oída, y que Dios estaba dispuesto a hacer todo lo que se le había pedido. La venida del Espíritu Santo procedente del cielo, después que Cristo hubiera acabado su obra, es la prueba para nosotros de que Dios está dispuesto a cumplir por nosotros todos los anhelos de su corazón. «Si me pedís algo en mi nombre, Yo lo haré».

352. EL DIVINO ALQUIMISTA

«Y en lugar de [los escudos de oro] hizo el rey Roboam escudos de bronce» (2 Cr. 12:9, 10).

«En vez de bronce traeré oro» (Is. 60:17).

Los antiguos alquimistas invertían sus vidas tratando de descubrir una sustancia que cambiase los metales más burdos en los de valor. Pero todos sus esfuerzos se enfrentaron con un total fracaso. ¡Qué hubiesen dado por transformar el bronce en oro! Hay un celestial Alquimista que puede hacerlo. ¡Qué contraste hay entre estas dos Escrituras! En la primera, el oro es sustituido por bronce, y en la segunda, el bronce por oro. El contraste es tan grande porque lo primero es el acto del hombre, y el segundo el acto de Dios. El hombre, si es dejado a sí mismo, siempre pone lo menos en lugar de lo más. Pero al lado de esta degeneración, vemos al Divino Alquimista trabajando en regeneración, transformación y transfiguración.

Habían transcurrido cinco años desde la muerte de Salomón, y habían sido tristes años de decadencia. Durante estos años había tenido lugar el gran cisma nacional: la rebelión de las nueve tribus y media. Luego, y peor que todo esto, Judá «abandonó la ley de Jehová». En este tiempo de pecado y cisma, su viejo enemigo, el Rey de Egipto, tuvo fácil entrada en el país. Aunque el rey y el pueblo se humillaron y buscaron al Señor, Dios permitió a Sisac despojar Jerusalén, y que se apropiase de los tesoros del Templo y de la casa del rey: unas riquezas más allá de los sueños de ningún codicioso. Observemos la ironía de la situación: Israel, cuando fue sacado por Dios de Egipto, despojó a los egipcios. Ahora los egipcios, seiscientos años más tarde, los despojaron, recuperando lo que era suyo con intereses. Entre el botín había 300 escudos de oro sólido, cada uno de los cuales pesaba alrededor de

3,5 kilogramos, y que se empleaban en especiales ocasiones de estado. ¡Ah, qué efímera es la gloria que depende de la fidelidad humana! El Templo edificado por Salomón es saqueado en tiempos de su hijo; y en lugar de los escudos de oro saqueados por Sisac, Roboam hizo escudos de bronce. Pero demos gracias a Dios, el Divino Alquimista está obrando para su pueblo. Él volverá. Y cuando vuelva, volverá la gloria a Israel. Entonces de manera literal así como espiritual, traerá oro en lugar de bronce. «Amén, ven, Señor Jesús.»

Pero en todo esto tenemos un mensaje para el recaído. Cuando Roboam perdió el oro puro, ¿qué hizo? *Intentar mantener las apariencias a toda costa.* Si no podía permitirse escudos de oro, tenía que hacerse con algo que se pareciese a aquel precioso metal: bronce. Y para evitar que el pueblo los mirase demasiado de cerca, los hizo guardar con doble seguridad.

¿Habrá acaso algún cristiano que no haya alguna vez u otra puesto bronce por oro? Por nuestra infidelidad y pecado perdemos el oro puro de la limpieza de corazón y de comunión con el Señor, de hambre y sed espiritual por las cosas de Dios. Y en lugar de todo este oro se pone bronce. Se mantienen todos los actos externos de devoción y de piedad, y parecemos siempre los mismos a los ojos de los hombres. Los historiadores nos hablan de la edad glacial, de la edad de piedra y de la edad de bronce. En la experiencia religiosa tenemos estos diferentes períodos. La etapa glacial es nuestra etapa por naturaleza, y la edad de oro es nuestro estado por la gracia. Pero, ¡ay!, a veces aparece la edad de bronce del mero formalismo, cuando, aunque hemos perdido nuestro primer amor, mantenemos nuestra rutina de actividades cristianas y llevamos a cabo todos los actos externos de piedad. «Si yo hablara lenguas humanas y angélicas, pero no tengo amor, vengo a ser *como bronce que resuena,* o címbalo que retiñe». Bronce en lugar de oro. La apariencia sin la realidad. «Bendigo su nombre, que ni empalidezco ni he perdido el color del oro», escribió Samuel Rutherford, durante un período de duras pruebas. ¿Puedes tú decir esto? Si no, ora poniéndote en manos del Divino Alquimista, que puede tornar el bronce en oro. Entonces podrás testificar con gozo: «Restaura mi alma». ¿Te sientes doblegado por una sensación de indignidad? Entonces vuelve a escuchar a Rutherford: «A menudo transforma la escoria en oro». ¡Espléndido! ¡Qué no hará el Divino Alquimista si nos rendimos a Él!

353. LA FE Y EL FRACASO DE ASÁ

2 Crónicas 14–16

«El ardor de la fe, una vez dentro de nosotros,
Hace que todo lo demás sea insignificante;
Nuestra vida penetramos con tal fulgor
Como el fuego a la madera y al hierro da»

BROWNING

En estos capítulos tenemos una fiel biografía de Asá. Los rasgos de este carácter, buenos y malos, son igualmente destacables. En la Biblia no hay retoques del negativo para dar a la imagen una apariencia más placentera. Como historiador, el Espíritu de Dios nada sabe del arte de la adulación. Como el hombre es en su corazón, así es delante de Dios. La vida de Asá está llena de aliento y de advertencias para nosotros. Observamos:

I. Su buen carácter. «Hizo Asá lo bueno y lo recto ante los ojos de Jehová su Dios» (cap. 14:2). Éste fue un noble comienzo. Rehusó dejarse guiar por la luz de sus propios ojos, o por las opiniones y prejuicios de los demás. Es bueno recordar que los ojos del Señor están siempre en busca de aquellos cuyos corazones son rectos para con Él, para poderse mostrar poderoso en favor de ellos (cap. 16:9). El pensamiento recto conducirá a la recta acción, y la fuerza de Dios está del lado de los justos. Asá no solo «quebró las imágenes», sino que también «mandó a Judá que buscase a Jehová el Dios de sus padres». No es suficiente con quitar lo malo de en medio. Tenemos que buscar lo recto. De nada servirá abandonar los ídolos si no nos volvemos a Dios (*cf.* 1 Ts. 1:9).

II. Su gran fe. La fe de Asá fue puesta a prueba cuando su ejército de 580. 000 se vio ante 1. 000. 000 de etíopes y 300 carros, pero se mantuvo firme. «Y clamó Asá a Jehová su Dios, y dijo: ¡Oh Jehová, para Ti no hay diferencia alguna en dar ayuda al poderoso o al que no tiene fuerzas! Ayúdanos, oh Jehová Dios nuestro, porque en Ti nos apoyamos, y en tu nombre venimos contra esta gran muchedumbre» (vv. 11, 12). Asá mira a los muchos como nada, pero la «ayuda de Dios» es todo. Tener la ayuda de Dios es recibir un empuje todopoderoso. La manera de asegurar su ayuda es «apoyarse en Él», e ir en su Nombre. Ésta es la obra de la fe, y la fe alcanza la victoria, porque «Jehová deshizo a los etíopes delante de Asá». Lo hizo porque Asá se apoyó en Él y confió en su Nombre para ello. «Ésta es la victoria que vence al mundo, nuestra fe». III. La oportuna advertencia que recibió. «Vino el Espíritu de Dios sobre Azarías hijo de Obed, y salió al encuentro de Asá, y le dijo: Oídme, Asá y todo Judá y Benjamín: Jehová estará con vosotros, si vosotros estáis con Él… Pero esforzaos vosotros (…) pues hay recompensa para vuestra obra» (15:1-7). Éste es enfáticamente un mensaje inspirado por el Espíritu. ¿Por qué vino a Asá inmediatamente a continuación de su gran victoria de fe? Porque el Espíritu de Dios sabía que en aquel momento estaba en gran peligro de que Asá se ensoberbeciera y que cayera a un estado de autocomplacencia. ¡Ah, cuán anhelante está el Espíritu Santo en mantener nuestra fe en Dios, para que su Nombre reciba honra haciendo grandes cosas por nosotros! «Si crees, verás la gloria de Dios» (Jn. 11:40). Ten cuidado de cómo oyes.

IV. Su poderosa influencia. «Muchos de Israel se habían pasado a él, viendo que Jehová su Dios estaba con él» (v. 9). Muchos extranjeros del reino de Israel se unieron a las filas del rey de Judá cuando vieron que Dios estaba de su lado. Los que logran victorias por la fe son los más influyentes de todos los líderes. No todos son líderes natos. Hay muchos que están dispuestos a tararear una melodía que no pueden crear. Pero el elemento sobrenatural debe ser evidente en el líder designado por Dios. «Mis ovejas», dice Cristo, «oyen mi voz, y Yo las conozco, y me siguen». ¿No los hay muchos hoy día que se separarían del reino de las tinieblas si pudieran solo ver que el Señor nuestro Dios está con nosotros? No con nosotros en teoría, sino en acciones poderosamente victoriosas. La influencia de Asá era no solo atractiva, sino de lo más eficaz al volver todo el corazón de Judá al Señor (vv. 12-14). Los constriñó a buscar al Señor hasta que «fue hallado de ellos». Empleó su gran influencia para el mejor de los propósitos, para traer a los hombres a Dios.

V. Su repentino fracaso. Cuando «subió Baasá rey de Israel contra Judá… entonces sacó Asá plata y oro de los tesoros de la casa de Jehová y… envió a Ben-adad rey de Siria» (16:1-4). Esto era un soborno enviado al rey de Siria para que le ayudara contra el rey de Israel. ¿Se había olvidado ya de aquel mensaje que el Espíritu le había comunicado por medio de Azarías? (15:1, 2). ¿Dónde está ahora su fe? Comenzó en el espíritu. ¿Va a terminar en la carne? Su actual incredulidad lo lleva a profanar las cosas de Dios (15:18). Cuando en su mayor angustia ante la hueste etíope, clamó al Señor y se apoyó en Él, pero éste no es un asunto tan agobiante, por lo que cree que podrá manejarlo con su propia inteligencia y estratagema. Asa ignora a Dios, y cae de la gracia. Nuestros mayores peligros no residen siempre en nuestras mayores tentaciones, porque cuando somos llevados a la consciencia de nuestra propia impotencia delante de una gran prueba, nos fortalecemos apoyándonos en Dios. Es cuando pensamos que somos lo suficientemente sabios y fuertes para las ocasiones pequeñas que acecha el peligro. «Reconócele en todos tus caminos, y Él enderezará tus veredas» (Pr. 3:6).

VI. Su actitud rebelde. Cuando el vidente Hananí reprendió a Asá «por cuanto te has apoyado en el rey de Siria, y no te apoyaste en Jehová tu Dios», leemos que «se enojó Asá contra el vidente y lo echó en la cárcel, porque se encolerizó grandemente a causa de esto» (16:7-10). Es una señal indefectible de recaída cuando un hombre se encoleriza contra el vidente de Dios porque éste le dice la verdad. El hecho de echar al vidente en la cárcel no hace que la visión sea menos cierta. El hombre de fe siempre será un vidente, mientras que el incrédulo será siempre ciego. Asá no intenta sobornar al vidente, pero intenta amordazarlo. En lugar de arrepentirse de su insensatez por haber puesto su confianza en brazo de carne, trata de justificarse a sí mismo, hasta el mismo punto de condenar la voz de advertencia de Dios. Ir más allá del arrepentimiento es ir más allá de la esperanza de restauración. «Si alguno peca, abogado tenemos para con el Padre, a Jesucristo el justo» (1 Jn. 2:1).

VII. Su fin miserable. «Asá enfermó gravemente de los pies, y en su enfermedad no buscó a Jehová, sino a los médicos» (v. 12). Su pecado no consistió en buscar la ayuda de los médicos, sino en no buscar la del Señor. Si su corazón no hubiera estado más enfermo que sus pies, nunca se le habría acusado de este pecado. Un médico puede ser tan don de Dios como un vidente, pero cuando confiamos en el don en lugar de en el Dador, deshonramos a Dios, y nos exponemos al fracaso y a la muerte. Es un hecho triste que la vida de este hombre por otra parte grande y bueno concluya con estas palabras: «No buscó a Jehová». «Así que, el que piensa estar firme, mire que no caiga» (1 Co. 10:12). Recordemos las palabras del hijo de Obed: «Jehová estará con vosotros, si vosotros estáis con Él» (2 Cr. 15:2).

354. JOSAFAT Y SU RECAÍDA

2 Crónicas 17, 18

«La cruz entera es más llevadera que la cruz a medias. Es aquel que intenta aprovechar al máximo ambos mundos el que no aprovecha nada de ninguno»

DRUMMOND

¿De cuántos del pueblo de Dios no se puede decir como se dijo de los gálatas: «Corríais bien; ¿quién os impidió obedecer a la verdad?» Aunque siempre tenemos a nuestro alrededor abundantes obstáculos, no hay razón alguna por la que los dotados con alas de fe debieran ser estorbados en su vida espiritual. Josafat, lo mismo que Asá, comenzó bien, pero su brillante mañana pronto se cubrió de las nubes de los dolores del fracaso. Su carácter nos ofrece a la vez aliento y advertencia. Lo vemos:

I. Recibiendo gran honra. «Y Jehová estuvo con Josafat» (17:3). La presencia de Dios con nosotros es una garantía absoluta de éxito y de suficiencia. La razón por la que Dios le acompañaba era «porque anduvo en los primeros caminos de David su padre». Los primeros caminos de David, y los de su padre Asá, fueron sus mejores días, cuando sus corazones eran sencillos y perfectos para con el Señor. No hizo de los pecados de ellos excusa alguna para no seguir en pos de la justicia de Dios. Las tachas de otros son frecuentemente hechas tropezadero para sus virtudes. Cristo es el único ejemplo perfecto.

II. Grandemente alentado. «Se animó su corazón en los caminos de Jehová» (v. 6). Cuando Uzías fue fortalecido, su corazón se exaltó para su destrucción (26:16). Cuando la soberbia levanta el corazón, lo sube de los caminos del Señor al camino que conduce a la derrota y a la muerte. Es mientras que estamos en los caminos del Señor que podemos esperar confiados que nos dará su aliento. El Señor no alentará al hombre cuya forma de vivir se oponga a su voluntad. «Pon asimismo tu delicia en Jehová, y Él te concederá las peticiones de tu corazón» (Sal. 37:4).

III. Bajo yugo desigual. «Y emparentó [Josafat] con Acab» (18:1). Ahora bien, cuando Josafat obtuvo «riquezas y gloria en abundancia», Acab era bien conocido como enemigo de Jehová. «Haciendo así Acab más que todos los reyes de Israel que reinaron antes que él, para provocar la ira de Jehová Dios de Israel» (1 R. 16:33). Después de formarse la amistad, vino, naturalmente, la comunión. «Descendió a Samaria para visitar a Acab». Los impíos Acabs están siempre bien dispuestos a que los siervos de Dios desciendan a su nivel. Nehemías no entabló afinidad alguna con Tobías y Sanbalat. La respuesta que les envió fue: «Yo hago una gran obra, y no puedo ir». No os unáis en yugo desigual con los incrédulos. ¿Qué comunión tiene la luz con las tinieblas? Las tinieblas puede que necesiten angustiosamente la luz, pero la luz no puede tener comunión con las tinieblas. Mientras Cristo vivió en la tierra, estuvo constantemente caminando en medio de las densas tinieblas del pecado y de la culpa humanos, pero no tuvo comunión alguna con ellas. Y tampoco podéis vosotros.

IV. Totalmente rendido. No a Dios, sino al artero Acab, del todo carente de escrúpulos. ¡Cómo han caído los poderosos! «¿Quieres venir conmigo...?», le preguntó Acab, y Josafat le respondió: «Yo soy como tú» (18:3). La contemporización ha resultado en un cautiverio voluntario. Pero, en el fondo, esta es una falsa respuesta, porque el hombre que ha conocido el poder de Dios nunca puede ser como el que siempre ha sido un extraño para Dios. Vendemos nuestra libertad en Cristo siempre que nos esclavizamos a cualquiera, o nos rendimos a los prejuicios o a la moda. El temor del hombre pone lazo. En tanto que Josafat estuviera comprometido a ayudar a Acab, era inútil para ayudar en la causa de Dios. Uno es vuestro Maestro, el Cristo. A Él dile: «Soy como tú» (2 Cr. 18:3).

V. Secretamente insatisfecho. Cuando Josafat propuso que se consultara la Palabra de Jehová, Acab, en el acto, «reunió a cuatrocientos profetas» (v. 5). Estos profetas no enviados se mostraban totalmente unánimes en que era el propósito de Jehová (al que de nada conocían) que él «subiera». Al rey de Judá le sonó tan formal y hueco el testimonio de aquellos cuatrocientos profetas que se dio cuenta que no había allí ningún mensaje de Dios. Ni el número ni la unanimidad pueden constituir la autoridad de Dios. Los profetas de Acab recibieron la orden de predicar «cosas suaves», y así lo hicieron. Josafat dijo: «¿Hay aún aquí algún profeta de Jehová, para que por medio de él preguntemos?» (v. 6). Cuatrocientos predicadores mundanos y que buscan agradar pueden ser suficientes para mantener en marcha la máquina eclesiástica, pero no son suficientes para suplir las necesidades de una sola alma ansiosa que desea conocer la mente y la voluntad de Dios. Las palabras no son suficientes para dar una convicción firme al alma. El cristiano que se queda satisfecho con un ministerio formal e impotente se ha alejado más de Dios que Josafat.

VI. Vergonzosamente puesto en evidencia. «Cuando los capitanes de los carros vieron a Josafat... lo rodearon para pelear; mas Josafat clamó, y Jehová lo ayudó» (vv. 30, 31). El rey de Israel se disfrazó, pero una flecha lanzada al azar lo encontró. Josafat confesó, y fue salvo. Ten la seguridad de que tu pecado te alcanzará. ¡Pero qué parte más triste no jugó el rey de Judá en este asunto! ¡Qué imagen de abyecta impotencia ante el enemigo: quedó totalmente desmoralizado. ¿Quién es tan impotente en presencia de la tentación o de la oposición como el que ha recaído? Y sin embargo, cuando reconoce el tal su pecado e insensatez delante de Dios, ¡cuán bien dispuesto está Él a extender su mano y a ayudar! La incredulidad hace cobardes de todos nosotros (v. 32).

355. JOSAFAT Y SU VICTORIA

2 Crónicas 19–20

«La fe no precisa de báculo de carne, sino que con firmeza puede al cielo a la vez ir y conducir»

HERBERT

Aunque Josafat, por su afinidad con Acab, cayó en el lozadal, no lo encontramos revolcándose en él. Tiene que haberse sentido profundamente avergonzado al volver a Jerusalén, cuando Jehú, el hijo del vidente, fue a su presencia con aquella firme reprensión: «¿Al impío das ayuda?» (v. 2). Pero esta buena cosa fue hallada en él, que ya había «dispuesto su corazón para buscar a Dios» (v. 3), y Dios ya había observado su arrepentimiento. Así como en nuestro último estudio hemos observado sus pasos de descenso al fracaso y a la vergüenza, observaremos ahora sus pasos ascendentes de fe a la victoria y al gozo. Su obra de fe se ve en:

I. Su búsqueda de la restauración de otros. «Josafat... salía al pueblo, desde Beerseba hasta el monte de Efraín, y los conducía a Jehová el Dios de sus padres» (19:4). Si se habían apartado de Jehová por causa de su mal ejemplo, ahora que estaba restaurado en su corazón no pierde el tiempo y emplea su influencia para bien de ellos. La mejor obra que podemos hacer para con nuestros semejantes es volverlos a Dios. Al traerlos a Él, los traemos a la fuente de paz, de poder y de abundancia. Podemos devolverlos a la sobriedad, y a la Iglesia, sin volverlos a Dios. Los que tratan de volver los hombres a Dios muestran su fe en Él.

II. Su justificación de los caminos de Dios. «Sea, pues, con vosotros el temor de Jehová; ... porque con Jehová nuestro Dios no hay injusticia, ni acepción de personas, ni admisión de cohecho» (v. 7). Estas palabras fueron dichas a los jueces de la tierra. La base de las acciones de ellos debía ser la justicia de Dios. No hay tratos falsos por su parte, ni acepción de personas, ni cohecho. Josafat descubrió esto de manera dolorosa y para pérdida suya cuando unió sus fuerzas con Acab, y salió a la guerra en su ayuda, aunque Miqueas le había advertido en nombre de Dios acerca de ello. Pero ha aprendido la lección, y ahora da testimonio de que en Dios no hay injusticia. Él no aceptará cohecho para «ayudar a los impíos». «Él es la roca, cuya obra es perfecta, porque todos sus caminos son rectitud; Dios de verdad, y sin ninguna iniquidad en Él; es justo y recto» (Dt. 32:4).

III. Su advertencia de que no recayeran. «Habéis de instruirlos, a fin de que no pequen contra Jehová, para que no venga ira sobre vosotros y sobre vuestros hermanos» (v. 10). «El gato escaldado huye del agua fría». El rey ha aprendido por amarga experiencia que hay una conexión vital entre el pecado del hombre y la ira de Dios. El hombre no puede pecar impunemente. El que traspasa la valla de la voluntad de Dios se encontrará con que de cierto le morderá la serpiente del pecado. Fuera de la voluntad de Dios nos hallamos siempre en terreno prohibido, en un camino que conduce al Castillo de la Duda y a los tormentos del Gigante Desesperación. Referencia a un incidente ocurrido a Cristiano, el protagonista de la célebre obra de John Bunyan *El Progreso del Peregrino*. (N. del T.)

IV. Su búsqueda de la ayuda de Dios en el día de la angustia. «Pasadas estas cosas, aconteció que los hijos de Moab y de Amón... vinieron contra Josafat a la guerra» (20:1). Después de estas cosas, después de haber decidido seguir plenamente al Señor, fue cuando vino el tiempo de prueba. La prueba de vuestra fe es más preciosa que el oro.

Llegó el tiempo en que pudo haber apelado al hijo de Acab pidiendo ayuda, habiendo hecho un tratado con su padre, pero aparta su mirada de los hombres y «humilló su rostro para consultar a Jehová» (v. 3). Su ejemplo es seguido por toda la nación: «se reunieron los de Judá para pedir socorro a Jehová» (v. 4). Las naciones, lo mismo que los individuos, deben creer en el Señor para ser salvos. El hombre de fe no conoce otro refugio que el mismo Dios (Sal. 46:1). Apela a Dios 1) como el *Omnipotente* (v. 6); 2) como el *Fiel* (v. 7); 3) como el *Esperado*. «A Ti volvemos nuestros ojos» (v. 12). Sea cual sea la causa de turbación, busca ayuda de parte de Dios, y espérala».

V. La respuesta recibida a su oración. La fe de Josafat en Dios queda adicionalmente evidenciada por esta repentina respuesta a su oración. El Espíritu de Jehová vino sobre Jahaziel, en medio de la asamblea, con este mensaje: «No temáis ni os amedrentéis delante de esta multitud tan grande, porque no es vuestra guerra, sino de Dios» (vv. 14, 15). Tan pronto hubo puesto Josafat su confianza en Jehová la batalla vino a ser su batalla. Dios asume la responsabilidad de aquellos que echan sobre Él toda su ansiedad. Todo lo que el hombre de fe debía hacer era «estar quieto, y ver la salvación de Jehová» (v. 17). No sabían cómo iba a lograrse aquello; era suficiente saber que Dios lo había prometido (Éx. 14:13, 14). Cristo libró por nosotros la batalla del pecado y de la muerte. «No tendréis que pelear vosotros en este caso».

VI. Su humilde aceptación. En reconocimiento de la maravillosa gracia de Dios, «Josafat se inclinó rostro a tierra… y adoraron a Jehová» (v. 18). La revelación del poder salvador de Dios siempre ha tenido un efecto humillador y santificador sobre aquellos a quien viene en respuesta a la fe y a la oración. La verdadera actitud de los vencedores espirituales es la de adoradores. Cuanto más profundamente bebamos del río de su gracia, tanto más dispuestos estaremos a posternarnos y a adorar. Aquel que se humilló a Sí mismo a la Cruz por nosotros ha dado ya el golpe de muerte a nuestra soberbia y autosuficiencia.

VII. Su fiel testimonio. «Oídme, Judá y moradores de Jerusalén. Creed en Jehová vuestro Dios, y estaréis seguros; creed a sus profetas, y seréis prosperados» (v. 20). Josafat ha probado por sí mismo la verdad de esto; habla por experiencia propia. La fe en Dios tiene que conducir a la fe en sus profetas. El fruto de la fe no es debilidad e inestabilidad, sino fortaleza y prosperidad. La Biblia nos ofrece muchos ejemplos de aquellos que han sido fortalecidos y triunfado por medio de su fe en Dios (véase He. 11). «Que cada uno de vosotros muestre la misma solicitud… a fin de que no os hagáis perezosos, sino imitadores de aquellos que por la fe y la paciencia heredan las promesas» (He. 6:11, 12).

VIII. Su gozosa expectativa. «La fe se ríe de las imposibilidades, y dice: Se hará». Él creyó a Dios, y se regocijó en la esperanza de una victoria gloriosa. Esto se ve en su designación de «algunos que cantasen y alabasen a Jehová, vestidos de ornamentos sagrados, mientras salía la gente armada, y que dijesen: Glorificad a Jehová» (v. 21). Feliz el hombre que puede cantar alabanzas a Dios por su mera palabra de promesa, y proseguir esperando que se hagan milagros. Su esperanza no quedará frustrada. «Cree, y verás.» «Y cuando comenzaron a entonar cantos de alabanza, Jehová puso contra los hijos de Amón, de Moab y del monte de Seír, las emboscadas de ellos mismos que venían contra Judá, y se mataron los unos a los otros» (v. 22). «Volvieron para regresar a Jerusalén gozosos» (v. 27). Si los cantores hubieran sido derrotados, entonces podrían regocijarse los enemigos de la Biblia; pero el Dios del Antiguo Testamento nunca deja de cumplir las expectativas de todos los que en Él confían. Esta es la victoria que vence al mundo, nuestra fe.

356. UZÍAS, O LA CAÍDA A CAUSA DE LA SOBERBIA

2 Crónicas 26

«La caída que tu osas despreciar
–puede que la mano soltada del ángel–
la ha permitido para que ya levantado
una base más firme y segura tome;
o, fiando menos en cosas terrenas,
aprenda por ello a sus alas emplear»

PROCTER

Uzías era solo un muchacho de dieciséis años cuando fue coronado rey de Judá. Su reinado fue largo, con una duración de más de cincuenta y dos años. Le fue cosa buena venir bajo la piadosa influencia del clarividente Zacarías, la carga de cuyo mensaje era: «No os vendrá bien por ello; porque por haber dejado a Jehová, Él también os abandonará» (24:20). ¿Quién puede contar el pleno valor de la vida que ha sido iluminada con un mensaje concreto de Dios? La palabra de Zacarías había penetrado ardientemente en el corazón del joven Uzías, porque en sus días buscó a Dios (v. 5). La historia de su vida nos revela:

I. Un alentador testimonio. El escritor de las Crónicas nos dice que «en estos días en que buscó a Jehová, Él le prosperó» (v. 5). En tanto que Dios obtuvo su propio puesto en la vida y obra de Uzías, no hubo interrupciones en la marcha constante de su ascendiente prosperidad. Toda verdadera y permanente prosperidad es «de Dios», y la condición para ella es tratar de conocer su voluntad y cómo llevarla a cabo. Observemos que fue «en estos días en que buscó a Jehová» y no más que reposó sobre Él y su obra la bendición divina. A nosotros nos toca el confiar; a Él seguir bendiciendo.

II. Una confirmación tranquilizadora. «Fue ayudado maravillosamente, hasta que se hizo fuerte» (v. 15, V.M.). Dios lo ayudó contra los filisteos y contra los árabes (v. 7), a construir torres y a cavar muchos pozos (v. 10). También le dio un poderoso ejército «para ayudar al rey contra los enemigos» (v. 13). La ayuda de Dios es intensamente práctica. Siempre son maravillosamente ayudados los que lo son por Dios. Es desde luego el propósito de Dios fortalecer a los que lo buscan, para que su voluntad se haga en ellos. Dios seguirá dando testimonio, tanto «con señales como con prodigios y diversos milagros y dones distribuidos por el Espíritu Santo según su voluntad» (He. 2:4). «Robusteceos en el Señor, y en el vigor de su fuerza.»

III. Una terrible caída. «Mas cuando ya era fuerte, su corazón se enalteció para su ruina» (v. 16). Es un gran privilegio ser ayudados por Dios y fortalecidos, pero cada privilegio presenta su correspondiente tentación y peligro. Pedro fue fortalecido para andar sobre la mar, pero entonces fue cuando comenzó a hundirse. Elías fue fortalecido para vencer las perversas obras de Acab, pero después huyó de delante de la ira de Jezabel.
Sí, Uzías cayó.

1. LA CAUSA. «Su corazón se enalteció.» Se enalteció en soberbia y confianza en sí mismo. En tanto que buscó la honra del Señor, Dios le exaltó, pero ahora que intenta honrarse a sí mismo usurpando el oficio de sacerdote, cae de la gracia de Dios (v. 18). Su posición como rey no le daba derecho alguno como sacerdote. La posición mundana de un hombre no le da autoridad ni idoneidad para el santo ministerio. Uzías, en su presunción, estaba echando a un lado la voluntad revelada de Dios. Debe haber sabido que los levitas habían sido escogidos por Dios de entre los hijos de Israel para llevar a cabo el servicio del tabernáculo. También se había dado una solemne advertencia: «El extraño que se acerque, morirá» (Nm. 18:6, 7). Pero él decidió ir, en su propio nombre, en su propia fuerza, y así su soberbia lo llevó a su caída. Es de la naturaleza de la pretensión a la propia justicia el menosprecio de la obra y del oficio del Sacerdotal Salvador.
2. EL EFECTO. «Así el rey Uzías fue leproso hasta el día de su muerte» (v. 21). Se irritó y no quiso retroceder cuando el sacerdote Azarías le reprendió, pero cuando el Señor lo hirió de lepra «se dio prisa a salir» (v. 20). Dios, en lugar de aceptar su obra, lo azotó con maldición, y fue expulsado de delante de su presencia con una marca perpetua de pecado sobre él. Como en el caso de muchos otros leprosos, la plaga la tenía en su frente. Habiendo sido plagado con la consciencia de su presunción y pecado, Dios no tuvo que echarlo de su santo lugar, porque él mismo se apresuró a salir. La santa presencia de Dios no es lugar de consuelo y reposo para el pecador no perdonado. El cielo no es el hogar para los que ignoran la obra de Cristo, nuestro Gran Sumo Sacerdote. Él es el Único Mediador entre Dios y los hombres, el Camino, la Verdad y la Vida; nadie puede acudir al Padre más que por Él. Fue el propio pecado de Uzías que lo excluyó «de la casa de Jehová» (v. 21). Es el pecado de poner el orgulloso yo en lugar del Ungido de Jehová que enciende la ira de Dios, y que corta a aquella alma de la comunión con Él. El hombre que echa a un lado el camino señalado por Dios para la vida lo hace para su propia destrucción. «No hay otro nombre bajo el cielo, dado a los hombres, en que podamos ser salvos».

357. EZEQUÍAS, O LAS CARACTERÍSTICAS DE UN AVIVAMIENTO

2 Crónicas 28–29

«¡Enséñame, mi Dios y Rey,
En todas las cosas a Ti verte;
Y que lo que haga en todo,
Todo para Ti lo haga!
Todos de Ti participar pueden,
Nada puede tan bajo ser
Que con esta tinción (por causa de Ti)
Resplandeciente y limpio no se vuelva»

HERBERT

Dice Lamennais: «La fe demanda acción, no lágrimas; demanda de nosotros el poder del sacrificio, el único origen de nuestra salvación; busca a cristianos capaces de decir: "por esto moriremos", y, por encima de todo, a cristianos capaces de decir: "por esto viviremos"». El hombre que pueda verdaderamente decir «Para mí el vivir es Cristo», está revelando el cristianismo en su forma más sublime. El ritual y el dogma pueden tener su lugar, pero si la vida individual no se manifiesta en traer gloria a Dios y una eterna bendición en las vidas de los pecadores, son nubes sin agua. El avivamiento de Ezequías fue el resultado de su propia fe en el Dios vivo, la fe que obra por amor. Trataremos de encontrar aquí algunas lecciones útiles. Observamos algunas:

I. Evidencias de que se precisaba de un avivamiento.

1. COSAS SANTAS QUE HABÍAN SIDO DESTROZADAS. «Recogió Acaz los utensilios de la casa de Dios, y los quebró» (28:24). Estos objetos sagrados que habían sido de tanta utilidad en la Casa y en el servicio de Dios vinieron a ser objeto de la ira y del odio de aquellos que lo despreciaban. Todos aquellos que tratan de arrojar descrédito sobre los libros de la Biblia están, a su propia manera, tratando de «quebrar» los utensilios de la Casa de Dios. Estos sesenta y seis libros que componen la Biblia son otros tantos utensilios necesarios en la Casa de Dios para la obra del ministerio. Cada siervo de Dios es asimismo un utensilio en su Casa, y los impíos siguen tratando, con la acerada lengua del escarnio y de la calumnia, cortar su testimonio en pedazos.

2. SE CIERRA EL CAMINO DE ACCESO. «Y cerró las puertas de la casa de Jehová» (v. 24). Es de cierto una señal de que se precisa de un avivamiento cuando la gente trata de cerrar el camino a otros a adorar a Dios. Acaz negó a Jehová, y luego trató de impedir a otros que lo reconocieran como Dios. Hay puertas en el templo del corazón de cada hombre que pueden ser cerradas para su propia perdición y destrucción. La puerta de la comunión con Dios puede quedar cerrada por nuestro amor a y deleite en las cosas que Él aborrece. Nuestra propia falta de idoneidad es como una puerta cerrada. La puerta del amor y de la luz de Dios puede quedar cerrada por nuestro propio orgullo y prejuicio. La puerta de la fe y de la oración es cerrada por la incredulidad de nuestros propios corazones.

3. LA LUZ DEL TESTIMONIO ES APAGADA. «Apagaron las lámparas» (29:7). Las lámparas de Dios, encendidas con el aceite santo, se hicieron insoportables para los que amaban las tinieblas del error más que la luz de la verdad. El testimonio del cristiano por Dios es como una llama encendida y sostenida por el aceite del Espíritu Santo. Cuando ésta es «apagada», se hace un insulto a Dios y se contrista a aquel Espíritu cuyo carácter y misión es hacer de nosotros una llama de fuego. Fue triste la experiencia que tuvieron las vírgenes insensatas cuando se les apagaron las lámparas. Es la obra del mundo, de la carne y del diablo apagar las lámparas de la verdad, y apagar la luz del testimonio, para que la tiniebla de la muerte y del abandono caiga sobre la Casa (Iglesia) de Dios.

4. SE ABANDONA LA OFRENDA DEL INCIENSO. «No quemaron incienso» (v. 7). Cuando la lámpara del testimonio queda apagada, dejará pronto de darse la ofrenda del incienso de la oración y de la adoración. Estas dos cosas están vitalmente relacionadas: viven o mueren juntas. El testimonio para con Dios será como metal que resuena y címbalo que retiñe cuando está ausente el dulce incienso de la oración creyente.

5. HAY UN APARTAMIENTO GENERAL DEL CULTO A DIOS. «Nuestros padres se han rebelado, y… apartaron sus rostros del tabernáculo de Jehová, y le volvieron las espaldas» (v. 6). Hay una gran necesidad de avivamiento cuando la multitud le da la espalda a la Casa de Dios. Naturalmente, no nos extrañamos de que muchos se aparten de la Casa de Dios cuando se cierran las puertas y se apagan las lámparas. Las piedras pulimentadas, la madera tallada, y todo tipo de refinamientos materiales no pueden ejercer atracción alguna para un alma hambrienta por el Pan de Vida. Pero hay muchos que dan la espalda a la provisión de Dios por preferir las cisternas rotas que ellos mismos se han cavado. Volverle la espalda a Dios es dirigirse de cara a la destrucción.

II. Evidencias de que había venido un avivamiento. Hubo:

1. UNA CONSAGRACIÓN PERSONAL. «[Ezequías] hizo lo recto ante los ojos de Jehová» (29:2). Comenzó andando rectamente delante del Señor. Una cosa es orar por el avivamiento, y otra muy distinta es entregarnos de corazón a Dios, para que su voluntad y obra pueda ser hecha en y por nosotros. Una lluvia venidera de bendición será de cierto anunciada por gotas que caigan sobre algún alma individual. Busca ser esta alma mediante la consagración personal.

2. LA APERTURA DE PUERTAS CERRADAS. «Abrió las puertas de la casa de Jehová» (v. 3). Toda avenida del alma que haya sido cerrada por la indiferencia y la incredulidad será de inmediato abierta de par en par, y la luz de la verdad de Dios tendrá libre acceso al corazón, que debiera ser la Casa de Jehová. «Limpiad las ventanas sucias, y dejad que entre el bendito resplandor del sol.» Todo avivamiento proviene de la PRESENCIA del Señor, que espera afuera de la puerta cerrada, diciendo: He aquí, Yo estoy a la puerta y llamo; si alguno oye mi voz y abre la puerta, entraré a él».

3. EL ECHAMIENTO FUERA DE LO IMPURO. «Santificaos ahora, y santificad la casa de Jehová el Dios de vuestros padres, y sacad del santuario la inmundicia» (v. 16). Es una evidencia inequívoca de que el Espíritu de Dios se está moviendo poderosamente cuando sus siervos emprenden la obra de purificar el interior. Del corazón brota la vida. Si Dios el Espíritu ha de morar en nosotros, el santuario interior de la vida ha de ser purificado de todo lo que es indigno de su presencia. Los levitas comunes no tenían capacidad para tratar con aquellas abominaciones que estaban en las estancias interiores del templo; los sacerdotes eran los que debían entrar y sacarlas al atrio, antes que los levitas pudieran eliminarlas (v. 16). Hay males y obstáculos a la obra y culto de Dios que pueden ser vistos y tratados solo por aquellos que han tenido la unción del Espíritu Santo. Otros, como los levitas, pueden ver la pecaminosidad de ciertas cosas cuando les han sido señaladas, y quitarlas. «Absuélveme de los [errores] que me son ocultos» (Sal. 19:12).

4. LA ASUNCIÓN DE SU VERDADERA POSICIÓN DELANTE DE DIOS. «Jehová os ha escogido a vosotros para que estéis delante de Él y le sirváis, y seáis sus ministros, y le queméis incienso» (v. 11). Habrá una verdadera revolución cuando el pueblo de Dios asuma su verdadera relación con Él como sus escogidos.

1) Son escogidos *por el Señor* –llamados por su gracia.
2) Son escogidos para *estar delante de Él* –para esperar ante Él y recibir su palabra.
3) Escogidos para *servirle* –para hacerlo todo en su Nombre y para su gloria. «No sois vuestros».
4) Escogidos para ser *sus ministros* –para llevar su Palabra y voluntad a otros.
5) Escogidos para *quemar incienso* –para ofrecer a Dios el grato incienso de la oración intercesora. Hermanos, conocéis vuestro llamamiento: ¿estáis andando de una manera digna del mismo?

358. EL MENSAJE REGIO

2 Crónicas 30:1-12

«La materia solo existe espiritualmente,
y para representar alguna idea y encarnarla»

CARLYLE

Toda Escritura es dada por inspiración de Dios, y es provechosa para doctrina. Veamos si acaso podemos encontrar alguna doctrina provechosa en los hechos históricos que aquí se nos narran para nuestro bien espiritual. Observemos:

I. La gran provisión. «Los sacerdotes… hicieron ofrenda de expiación… para reconciliar a todo Israel; porque por todo Israel mandó el rey hacer el holocausto y la expiación» (29:24). Se trataba del gran día de la expiación, en el que se hacía la reconciliación por el pueblo mediante la sangre del sacrificio. La ofrenda de expiación nos habla de que la culpa es quitada, mientras que el sacrificio declara la aceptación delante de Dios. No había mensaje de esperanza y de bendición para el pueblo hasta que se hubiera solucionado la cuestión del pecado. El Evangelio de la Salvación solo podía ser predicado por los apóstoles después que Cristo hubiera sufrido por nosotros como la ofrenda de expiación; y hubiera resucitado, como el holocausto. Es por medio de Él que hemos recibido la reconciliación (Ro. 5:11).

II. El urgente mensaje. Estas cartas, enviadas por el rey, y llevadas por los correos por todo Israel, contenían:

1. UN LLAMAMIENTO AL ARREPENTIMIENTO. «Hijos de Israel, volveos a Jehová el Dios de Abraham» (v. 6). Ninguna vuelta es eficaz si no es a Dios. Los tesalonicenses se volvieron «a Dios abandonando los ídolos». Un hombre puede rasgarse las vestiduras y volverse a ídolos, pero aquellos cuyos corazones hayan sido rasgados se volverán a Dios (Jl. 2:13). El arrepentimiento es necesario, porque todos se han desviado. Dios manda a todos los hombres en todos lugares que se arrepientan y crean el Evangelio.
2. UN LLAMAMIENTO A LA RENDICIÓN. «Someteos a Dios» (v. 8). Esta carta regia demandaba no solo arrepentimiento para con Dios, también una consagración personal de la vida a Él. Nuestro sometimiento a Dios es la evidencia de que hemos vuelto a Él de corazón. «¿No sabéis que vuestros cuerpos son miembros de Cristo?» (1 Co. 6:15). Nos volvemos a Dios a por vida, y luego debemos presentarnos a Él como vivos de entre los muertos, y nuestros miembros como instrumentos de justicia para Dios (Ro. 6:13).
3. UN LLAMAMIENTO AL SERVICIO. «Y servid a Jehová vuestro Dios» (v. 8). Un servicio aceptable será resultado de una vida consagrada. Volveos, someteos, servid: ésta es la orden real. Si habéis sido redimidos por la preciosa Sangre de Cristo, glorificad entonces a Dios en vuestros cuerpos y espíritus, que son de Dios. Si podéis decir, «De quien soy», debierais también añadir, «y a quien sirvo» (Hch. 27:23).
4. UNA PALABRA DE ALIENTO. «Porque si os volvéis a Jehová, vuestros hermanos y vuestros hijos hallarán misericordia... porque Jehová vuestro Dios es clemente y misericordioso, y no apartará de vosotros su rostro» (v. 9). Esta carta, como el Evangelio de Cristo, contenía el único camino a una vida de verdadera dicha y utilidad.

III. Una invitación general. El mensaje del rey debía ser pregonado «por todo Israel, desde Beerseba hasta Dan» (v. 5). Desde el extremo sur hasta el extremo norte de la tierra. Lo mismo que el Evangelio, debía ser predicado a toda criatura (Mr. 16:15). Todos fueron invitados a «guardar la Pascua al Señor». Era para gloria de Dios que debían tener memoria de aquella terrible noche en Egipto, cuando fueron salvados por medio de la sangre del cordero. ¡Cuánto más es para su gloria que deberíamos recordar la «Sangre de su Cruz»! Y el Evangelio de Dios nos invita a tener parte en esta gran liberación.

IV. Un doble resultado.

1. LOS HUBO QUE SE BURLABAN. «Se reían y burlaban de ellos» (v. 10). Los pobres correos tuvieron que soportar sus escarnios, pero fue el Dios de Israel, que inspiró el mensaje, el que recibía las burlas y las risas. Los correos, que iban de ciudad en ciudad como predicadores itinerantes, no eran responsables del mensaje que portaban; estaban llevando a cabo los negocios del rey, y era con él con quien tenían que ver. Los mensajeros de la Cruz y del Rey de Gloria están tan estrechamente relacionados entre sí que menospreciar a uno es menospreciar al otro. «En cuanto lo hicisteis a uno de estos mis hermanos más pequeños, a Mí me lo hicisteis» (Mt. 25:40). Saulo estaba persiguiendo a los santos cuando el Señor le dijo: «¿Por qué *me* persigues?» (Hch. 9:4).
2. ALGUNOS CREYERON. «Con todo, algunos hombres... se humillaron, y vinieron a Jerusalén» (v. 11). Es indudable que este llamamiento era conducente a la humillación. Implicaba la confesión de sus pecados y apartarse de sus obras voluntariosas y malvadas. Les era mucho más fácil a muchos reírse del mensajero que hacer esto. Cualquier insensato puede escarnecer, pero se precisa de sabiduría para arrepentirse. Aunque el Evangelio debe ser predicado a toda criatura, ello no conduce a que toda criatura que oiga el mensaje vaya a ser salvo (Hch. 16:34). Solo los que se arrepienten y creen, aquellos que «se humillan y vienen», pueden participar de los beneficios de esta Gran Pascua. Cristo, nuestra Pascua, sacrificado por nosotros. El que quiera, que venga.

359. LA CONVERSIÓN DE MANASÉS

2 Crónicas 33:1-13

1. Recibió **honra.** Hijo de un hombre piadoso.
2. **Pecó.** «Hizo lo malo ante los ojos de Jehová» (v. 2).
3. Fue **advertido.** «Habló Jehová a Manasés» (v. 10).
4. Fue **humillado.** «Aprisionaron con grillos a Manasés» (v. 11).
5. **Oró** (v. 12).
6. Fue **salvo.** «Dios oyó su oración y lo restauró... a su reino» (v. 13).

360. LA CONVERSIÓN DE MANASÉS

2 Crónicas 33:10-13

«El que halla su cielo tiene que perder sus pecados»

COWPER

Algunas vidas están virtualmente plagadas y arruinadas antes que nazcan, debido a las tendencias hereditarias. Manasés lo tenía todo en su favor, siendo hijo de un padre piadoso, pero, en cuestiones de principio, fue una ruina moral. Es difícil decidir la responsabilidad que su madre o sus consejeros tuvieran en ello, pero demostró ser enemigo de su padre y de su Dios. Observamos:

I. Su rebelión. Para todos los que temían al Señor, su reino fue «el reino del Terror». Evidenció un total rechazo hacia el ejemplo piadoso de su padre. «Reedificó los lugares altos que Ezequías su padre había derribado» (v. 3). Pero no solo esto, sino que quedó poseído por un espíritu tan malo que se dispuso a seguir su propia voluntad y camino, deshonrando y desafiando a Dios, erigiendo su propio ídolo en la Casa de Dios (v. 7). La esencia de la rebelión contra el Señor es: No se haga Tu voluntad, sino la mía. Muchas veces se erige en Dagón del Yo en el templo de Dios. Se dice que Sir John Sloane pegó y enmarco los desalmados dichos de su innatural hijo, y los colgó de la pared, con estas palabras escritas debajo: «Golpes mortales dados a su madre, por George Sloane». ¿Y no es cada pecado un golpe mortal asestado por el pecador a la gracia y a la misericordia de Dios?

II. La advertencia dada a él. «Y Jehová habló a Manasés y a su pueblo, mas ellos no escucharon» (v. 10). De una u otra forma Dios hizo saber al joven rey que estaba viviendo una vida de enemistad contra Él. Si no le fue enviado un mensaje especial por medio del profeta Isaías, a quien probablemente hizo aserrar en dos, había recibido los mandamientos y las ordenanzas de manos de Moisés (v. 8). En su misericordia, Dios advierte antes de golpear con el juicio. La advertencia puede venir por medio de un terremoto providencial, o por medio de la voz suave de la conciencia, o quizá por boca de algún mensajero enviado por el cielo. No «escuchar» implica persistir en una impía guerra contra el Todopoderoso.

III. Su derrota. «Aprisionaron con grillos a Manasés, y atado con cadenas lo llevaron» (v. 11). Por haber negado al Señor, el Señor trajo contra él a la hueste de Asiria. La apostasía nacional atrajo la derrota nacional. Éste es un principio establecido en el gobierno de Dios, como lo enseñan con claridad el libro de los Jueces y la toda la historia pasada. Así como es nacionalmente, también sucede individualmente. El alma que pecare, ésa morirá. La derrota y la servidumbre, como lobos rapaces, alcanzarán, tarde o temprano, al pecador que desafía a Dios. El Señor tiene muchas maneras inesperadas de poner los «grillos» a sus enemigos. Él aherrojó a Saulo de Tarso en su camino a Damasco, con la luz de la verdad. Manasés se vio aherrojado con los hierros de la aflicción y del vituperio (Sal. 107:10, 11). ¿Qué es el hombre que pueda jactarse contra Dios? En cualquier momento Él puede echar su grillo de autoridad, y lanzar al rebelde a una condenación eterna.

IV. Su rendición. «Mas luego que fue puesto en angustia, oró a Jehová su Dios, humillado grandemente en la presencia del Dios de sus padres» (v. 12). Durante su aflicción en confinamiento solitario, su pasado culpable le mira a la cara en todo su horror. Ve que las fuerzas en su contra son abrumadoras, y se rinde como prisionero de Dios. Jamás un enemigo suplicó la paz más fervorosamente que el sometido Manasés. Su arrepentimiento fue real: se humilló y buscó al Señor. Antes había tratado de aniquilar la verdad de Dios resistiéndola: pero la verdad ha vencido. Un marinero embriagado fue una vez llevado a sus rodillas cuando un obrero cristiano le dijo con ternura: «Jack, tú tenías una madre». A veces la memoria, como la paciencia, hace su obra perfecta. No hay un arrepentimiento verdadero que no conduzca a Dios. Un hombre puede temblar, como Félix, o estar profundamente convencido, como Agripa, y sin embargo no arrepentirse. Sentir dolor por el pecado, y resolver hacerlo mejor en el futuro, no es el arrepentimiento que da vida. Si nuestra amargura de alma no nos constriñe a aceptar el perdón de Dios, y a rendirnos a Él, es un arrepentimiento del que debemos arrepentirnos. La evidencia del arrepentimiento del pródigo fue que «marchó hacia su padre» (Lc. 15).

V. Su victoria. «Dios oyó su oración, y lo restauró a Jerusalén, a su reino» (v. 13). Vuelve como hombre nuevo a vivir una nueva vida. Las cosas viejas han pasado; todas son hechas nuevas. La suya fue una gran liberación, como lo son todas las liberaciones de Dios. Fue emancipado de un yo malvado y de un terrible pasado siendo hecho nueva creación por la gracia de Dios. Solo ahora comienza él a vivir. Su vida pasada no ha traído otra cosa que fracaso y vergüenza. Manasés es el Saulo del Antiguo Testamento. Dios puede salvar al peor de los pecadores por vía del arrepentimiento y de la fe. Aunque tenemos aquí un ejemplo de la gracia de Dios, no hay aliento alguno a proseguir en el pecado, para que la gracia abunde. Si un ladrón moribundo fue salvo, no constituye esto prueba de que otros ladrones moribundos lo vayan a ser. Aunque un Blondin cruzó el Niágara sobre una cuerda, esto no es garantía de que todos lo puedan hacer. Dios manda a todos los hombres que se arrepientan y crean el evangelio. «Entonces reconoció Manasés que Jehová era Dios» (2 Cr. 33:13). Lo conocía ahora porque había experimentado su poder salvador y restaurador.

361. UN CASO TRISTE

2 Crónicas 36:16

1. Los **mensajeros** de Dios, objetos de escarnio.
2. La **palabra de Dios** , menospreciada.
3. Los **profetas** de Dios, escarnecidos.
4. La **ira** de Dios, subida.
5. La **presencia** de Dios, quitada. «Y no hubo ya remedio.»

362. EL ESPÍRITU MOVIDO

Esdras 1:1-11

«No a los ricos vino Él, y a los gobernantes
(Hombres de carne llenos, por Él aborrecidos);
Ni a insensatos insolentados en su insensatez
–y más aún cuando los perdidos moribundos a la puerta están–.
¡No!, mas a aquella que, en dulce acción de gracias,
Tomaba con serenidad lo que Dios pudiera traer;
Bendiciéndole y esperando, y, dentro de su vida,
Sintió el despertar de una cosa santa»

MYERS

El reloj de la providencia divina puede parecer en ocasiones ir lento, pero siempre da la campanada en el minuto justo. Durante los setenta años de la cautividad de los judíos, la copa de la iniquidad de Babilonia estaba llenándose, con lo que el tiempo de la liberación de ellos sincronizó con el tiempo de la caída de Babilonia. La aljaba del Omnipotente está llena de flechas. En el primer año de su reinado, Nabucodonosor llevó a muchos al cautiverio. Reinó durante cuarenta y cinco años; su hijo (Evil-merodac) veintitrés, y su nieto (Belsasar) tres años, lo que suman los setenta años predichos de la cautividad de ellos. En el tercer año de Belsasar, Darío, el medo, conquistó la ciudad de Babilonia, y Ciro, el rey de Persia, vino a ser el rey (Dn. 5). La accesión de Ciro al trono fue otro maravilloso cumplimiento de la profecía (Is. 44:28). El mismo nombre del libertador de los judíos había sido mencionado ciento cincuenta años por adelantado. No se trata de una mera coincidencia ni de un azar, sino que es una prueba indiscutible de la inspiración. En esta crisis vieron su cumplimiento tres profecías distintas: 1) El castigo del rey de Babilonia (Jer. 25:12). 2) El fin de la cautividad de setenta años (Jer. 29:10; Dn. 9:2). 3) La venida del libertador nombrado. Podemos emplear estas palabras: «Movió Jehová el espíritu de Ciro», como llave para abrir algunos de los tesoros de este capítulo.

I. El espíritu tiene que ser movido. «Movió Jehová el espíritu de Ciro» (v. 1). Nunca llevaremos a cabo la voluntad de Dios hasta que nuestro espíritu sea movido a ello. El hombre no es una máquina. El servicio frío y mecánico es un insulto al Dios viviente. El egoísmo es muerte a sus ojos. Es posible tener la forma de piedad mientras que el espíritu está durmiendo el sueño de la muerte. El os dio vida a vosotros, cuando estabais muertos por vuestros delitos y pecados.

II. Solo Dios puede mover eficazmente el espíritu. «Movió Jehová el espíritu de Ciro». La fuente de toda vida y poder espiritual está en Él. Todo espíritu vivificado por Dios es un espíritu resucitado de los muertos, para que Él pueda obrar en aquel espíritu tanto el querer como el hacer por su buena voluntad (Fil. 2:13). Hay un propósito divino en cada alma divinamente despertada. Es el Espíritu el que vivifica.

III. Los medios por los que el espíritu fue movido. Hubo (1) la Palabra de Dios. Daniel comprendió por los libros «el número de los años… que habían de cumplirse sobre las ruinas de Jerusalén: setenta años» (Dn. 9:2). Daniel puede haber mostrado a Ciro la referencia del profeta acerca de él, como el pastor divinamente designado a través del cual el templo debía ser edificado, y los cautivos liberados sin precio (Is. 44:28; 45:1-13). (2) La providencia de Dios. El hecho de que Ciro había sido hecho ahora gobernante de Babilonia le ponía en la posición de cumplir la declaración profética. Descubrió que el medio de llevar a cabo estos propósitos de Dios le había sido encomendado a él. ¡Ay de todo aquel que no obedece el llamamiento celestial! Así, Dios mueve los espíritus de los hombres dándoles a conocer y a sentir que su palabra tiene una referencia especial a ellos mismos en lo que se refiere al cumplimiento de su voluntad. Nadie obedecerá de corazón el Evangelio de Dios a no ser que, a semejanza de Ciro, haya sido poderosamente convencido de que es para él mismo, como si no hubiera otro a quien se le pudiera aplicar así, y cuya única alternativa sea obedecer o pecar contra la más clara Luz. Una mujer fue una vez llevada a reclamar la lisa promesa de Dios al recibir una carta dirigida a otra mujer con el mismo nombre. Llegó a la conclusión de que si su nombre hubiera estado escrito en la Biblia nunca habría creído que era ella la señalada. Cuando el Espíritu Santo aplica la palabra de Dios, lo hace siempre de una manera inequívocamente luminosa y personal.

IV. Las evidencias de un espíritu movido.

1. Hay fe en la palabra de Dios. Ciro dijo: «Jehová el Dios de los cielos… me ha mandado que le edifique casa en Jerusalén» (v. 2). El rey de Persia no fue más clara y urgentemente encargado de construir el templo que nosotros de creer en el Señor Jesucristo, y de servirle sin temor, en santidad, todos los días de nuestra vida (Lc. 1:74-75). Este llamamiento es para nosotros tan personal e imperativo como el llamamiento que le vino a Ciro. ¿Lo hemos creído de corazón?
2. Hay una confesión del propósito de Dios. «Hizo pregonar… por todo su reino» (v. 1). Cuando descubrimos cuál es la voluntad de Dios con respecto a nosotros, no deberíamos avergonzarnos de dar a conocer públicamente cuál es nuestra actitud para con esta voluntad revelada. ¿No nos ha advertido acaso Él que «quienquiera que se avergüence de Mí y de mis palabras… el Hijo del Hombre también se avergonzará de él»?
3. Hay cosas generosas designadas para la gloria de Dios. La grandeza de corazón de Ciro se ve en su ofrecimiento a permitir la partida de todos los cautivos que desearan la restauración de Jerusalén (v. 3), en su provisión para los que emprendían la marcha (v. 4), y en su entrega de «los utensilios de la casa de Jehová… a Sesbasar, príncipe de Judá» (vv. 7, 8). El de corazón generoso piensa generosidades (Is. 32:8). El espíritu que ha sido movido por Dios será ciertamente constreñido a hacer obras dignas de Dios. El espíritu de Carey se sintió profundamente movido cuando dijo: «Esperad grandes cosas de Dios, e intentad grandes cosas por Dios». Moody dijo: «Dios jamás emplea a un obrero desalentado». El espíritu movido está siempre alerta en pos de oportunidades de ayudar en la obra y al pueblo de Dios, y dispone medios por el que sus cautivos puedan ser restaurados. Estos espíritus buscan primero el Reino de Dios y su justicia, y Dios obra en ellos tanto el querer como el hacer de su buena voluntad.

363. EL SECRETO DEL ÉXITO EN LA OBRA DEL SEÑOR

Esdras 6:14

«Busca primero a tu Salvador, y mora
Bajo la sombra de su techo,
Hasta que sus rasgos bien hayas captado
Y le conozcas como el Cristo en verdad»

KEBLE

«Edificaban y prosperaban, conforme a la profecía del profeta Hageo y de Zacarías». Estas palabras bien pueden tomarse como la clave de toda la situación, tal como se describe en los capítulos 3 a 6. Incluyendo a siervos y siervas, que habían subido con sus amos y amas, unos cuarenta y nueve mil aceptaron la oferta de Ciro de abandonar su cautiverio y subir desde Babilonia a Jerusalén. Se consideraban bienaventurados, al oír un son tan gozoso (Sal. 89:15). (Véase Lc. 4:18.) Ahora observemos:

I. La obra que debía llevarse a cabo. «Edificar la casa de Jehová, Dios de Israel» (cap. 1:3). Esta casa era para la honra de Dios: debía ser un testimonio para su santo Nombre. Podemos aprender de ello que es el deber primario de aquellos que han sido libertados de la esclavitud buscar que el nombre de Dios sea magnificado entre los paganos. Cada ser redimido debiera construir para sí una casa de testimonio.

II. El comienzo hecho. Lo primero que hicieron fue poner el altar sobre su emplazamiento (3:3). Comenzaron con el altar. Ésta es la base segura de toda obra aceptable para Dios. El sacrificio de la expiación debe tener su verdadero lugar si la gran casa de la Iglesia de Dios ha de ser edificada y establecida. El altar de la Cruz no está sobre su verdadero emplazamiento cuando reposa sobre la sabiduría de los hombres en lugar de sobre la sabiduría de Dios. La verdadera base de la Cruz de Cristo es ponerla en el mismo lugar que Dios la ha puesto, entre el pecado y la salvación. Luego ellos echaron los cimientos (3:10). Después de los holocaustos vino el echar los cimientos. Aquellos que echan los cimientos, y que prosiguen con la edificación antes que el altar de la Cruz sea puesto sobre su base correcta, están trabajando en vano y fuera de los propósitos de Dios en gracia. El cimiento de la casa de Dios se echa sobre la roca del sacrificio expiatorio de Cristo. El orden de Dios es, primero, reconciliación, y luego estabilidad y progreso. Después de esto alabaron al Señor (3:11). No se trató aquí de un formal canto de los salmos, sino del estallido espontáneo de corazones llenos hasta rebosar de gozo y de gratitud. «Entonces el pueblo gritó» (Jos. 6:20). Este resultado nos demuestra de cierto que éstos son el método y espíritu correctos con los que llevar a cabo la obra de Dios.

III. Los adversarios. Cuando el pueblo de Dios comienza a clamar y a alabar, entonces es que el enemigo es movido a la envidia y a la oposición. «Los enemigos de Judá... vinieron... y les dijeron: Edificaremos con vosotros» (4:1, 2). Ellos profesaban buscar también dar honra al Dios de Israel. Puede que estos fueran los «padres» a que hacía referencia posteriormente la mujer de Samaria en Juan 4:20. La obra se había desenvuelto hasta ahora con éxito, y ahora desean asociarse en ella. Pero la respuesta de estos hombres comisionados por Dios fue osada e inequívoca: «No nos conviene edificar con vosotros casa a nuestro Dios, sino que nosotros solos la edificaremos a Jehová» (4:3). Aquellos que habían sido enviados no estaban dispuestos a entrar en yugo desigual con los incrédulos. ¿Qué parte tiene el creyente con el incrédulo? (2 Co. 6:14-16). Cuando vieron que no iban a tener ni parte ni suerte en el asunto, intentaron entonces intimidar y atemorizar al pueblo de Judá, «para que no edificara», y «sobornaron además contra ellos a los consejeros para frustrar sus propósitos» (cap. 4:4, 5). Pero de una cosa se olvidaron, o rehusaron creer, y era que «Sus propósitos» eran el propósito de Dios. La causa de Dios no puede ser impulsada apropiadamente más que por aquellos que saben que han sido llamados por Dios.

IV. La interrupción temporal. «Entonces cesó la obra de la casa de Dios que estaba en Jerusalén» (4:24). Los malvados pueden tener su tiempo de triunfo, pero su tiempo es breve. ¿Cómo fue detenida la obra? Aquellos «consejeros sobornados» escribieron una carta al nuevo rey de Persia, describiendo a Jerusalén como «ciudad rebelde y mala», y que afirmando que aquellos judíos que hacía poco habían regresado de Babilonia estaban reconstruyéndola con el propósito de fortificarse en contra del poder y de la autoridad de Babilonia. Al recibir esta carta, el rey investigó, y descubrió que «aquella ciudad de tiempo antiguo se levanta contra los reyes y se rebela» (4:19), y debido a la pasada gloria y poder de la ciudad dio «orden de que cesen aquellos hombres». Éste debe haber sido un rudo golpe para aquellos hombres entusiastas. ¿Qué podía significar aquello? ¿Acaso la providencia de Dios contradice su Palabra? En el tiempo de perplejidad, espera.

V. El renovado esfuerzo. «Profetizaron Hageo y Zacarías... a los judíos que estaban en Judá y en Jerusalén..., y comenzaron a reedificar la casa de Dios en Jerusalén» (5:1, 2). Este avivamiento vino por la palabra hablada «en el nombre del Dios de Israel». Hay necesidad de un profeta que haga resonar el mensaje de Dios cuando su obra se ha detenido. Aquellos obreros desalentados necesitaban que se les recordase que habían sido salvados de Babilonia para servir al Señor en Jerusalén, y que «los ojos de Dios velaban sobre» ellos (5:5). Los profetas les hicieron ver claramente que se trataba de la obra de Dios, y que habían sido llamados a llevarla a cabo, por lo que en su Nombre se reanudó la obra con mayor decisión que antes, porque «con ellos [estaban] los profetas de Dios que les ayudaban» (5:2). Y tampoco fue en vano, porque el rey Darío descubrió «en la casa de los archivos» el decreto de Ciro acerca de los judíos y de la casa de Dios, y en el acto envió una carta a los «enemigos» diciéndoles: «Dejad que se haga la obra de esa casa de Dios» (6:7). Así, «prosperaban, conforme a la profecía del profeta Hageo y de Zacarías» (6:14). Y la casa fue acabada (v. 15). El remedio para nuestras pobres manos y débiles rodillas es una más clara visión de los propósitos de gracia de Dios en nuestras vidas individuales, y una devoción denodada y de todo corazón al cumplimiento de ellos. Él da poder a los débiles, y a los que no tienen fuerza, se la aumenta.

364. ESDRAS: SU VIDA Y CARÁCTER

Esdras 7:10

> «*Tú no puedes escoger mas que servir;*
> *la parte del hombre servidumbre es,*
> *pero tú esta elección tienes: un mal o un buen señor*»
>
> TRENCH

Esdras, que condujo al segundo grupo de Babilonia a Jerusalén, era sacerdote y escriba: ministro del santuario y exponente de la ley de Moisés. Entre el primer grupo y el segundo hay un intervalo de cincuenta y siete años. Los últimos cuatro capítulos del libro son una descripción de la obra llevada a cabo bajo la conducción personal del autor. Al mirar a este hombre y a su obra veremos mucho que nos estimula a la fe y al servicio. Observemos:

I. Su preparación. «Esdras había preparado su corazón para escudriñar la ley de Jehová y para cumplirla, y para enseñar» (7:10). La preparación del corazón pertenece al hombre (Pr. 16:1). Cuando un hombre está preparado en su corazón a buscar la Palabra de Dios, a cumplirla y a enseñarla, ha comenzado ya una gran obra de avivamiento. El corazón debe ser primero enderezado delante de Dios antes que la vida pueda ser de utilidad para Él. Estos preparativos pertenecen al hombre, pero las revelaciones pertenecen a Dios. El primer mensaje de Cristo fue: Arrepentíos, porque se ha acercado el Reino de los Cielos. Cambiad vuestra forma de ver las cosas; preparad vuestros corazones para el nuevo orden de cosas que, por gracia, ha venido a estar a vuestro alcance.

II. Su cualificación. «La mano de Jehová su Dios estaba sobre él» (v. 6). Debido a esta invisible y poderosa mano sobre él, el rey le concedió «todo lo que pidió». La poderosa mano del poder conductor y sustentador de Dios vino sobre él una vez que hubo preparado su corazón para buscar aquellas cosas mediante las que su Nombre podía ser glorificado. Aquella Mano Suprema es la acompañante del corazón preparado. Pensamos en los discípulos de Cristo preparando sus corazones durante aquellos diez días en los que esperaron el prometido poder del Espíritu Santo. Todos los que están llenos del Espíritu tienen sobre sí la mano del Señor su Dios.

III. Su provisión. «Y por mí, Artajerjes rey, es dada orden a todos los tesoreros que están al otro lado del río, que todo lo que os pida el sacerdote Esdras, escriba de la ley del Dios del cielo, se le conceda prontamente, hasta cien talentos de plata...» (7:21, 22). Aquí tenemos la certidumbre de que todas sus necesidades serían suplidas. Esdras preparó su corazón, y Dios, de una manera singular, preparó que sus necesidades fueran suplidas. Él nunca envía a sus siervos a guerrear a sus propias expensas. La medida de la provisión debía ser «hasta cien talentos de plata» (3.400 kilogramos de este metal), pero la medida de nuestra provisión es «conforme a sus riquezas en gloria en Cristo Jesús». Riquezas inescrutables. «Mirad a Mí, y sed salvos» de vuestra pobreza e impotencia.

IV. Su comisión. «Y tú, Esdras, conforme a la sabiduría que tienes de tu Dios (...) al que no las conoce [las leyes de tu Dios], le enseñarás» (7:25). El que tiene en su corazón la sabiduría de Dios debe convertirse en los «el mensajero de Jehová de los Ejércitos» (Mal. 2:7). El consejo de este rey pagano debiera avergonzar a muchos profesos cristianos y maestros religiosos. Si Dios debe alcanzar victorias morales sobre aquellos que no conocen su voluntad, es evidente que su Palabra debe serles llanamente enseñada por aquellos que han experimentado el poder de la misma en sus propios corazones y vidas. La fe viene por el oír, y el oír por la Palabra de Dios. El oír que mueve a la fe en Dios no es el oír la sabiduría humana, sino el oír aquella palabra que es sabiduría de Dios. Predica la Palabra.

V. Su consistencia. «Tuve vergüenza de pedir al rey tropa y gente de a caballo que nos defendiesen del enemigo en el camino, porque habíamos hablado al rey, diciendo: La mano de nuestro Dios es para bien sobre todos los que le buscan» (8:21, 22). Diciendo bien poco, se trata de la simple honradez de la fe. Si nuestra fe está en Dios, y sabemos que nuestra causa es suya, ¿por qué debiéramos mendigar el patronazgo de los hombres? Nuestra vida tendría que ser congruente con nuestro testimonio. Predicar «la fe en Dios» y ser hallados buscando el favor de los impíos es hacer que la religión de Jesucristo hieda en las narices de los hombres razonables. Si el Señor es Dios, seguidle. ¿Y qué hizo Esdras? Hizo de ello un asunto de oración especial, y Jehová de los Ejércitos le respondió (v. 23). Echa toda tu ansiedad en Él.

VI. Su devoción. «El linaje santo ha sido mezclado con los pueblos de las tierras... Cuando oí esto, rasgué mi vestido y mi manto, y arranqué pelo de mi cabeza y de mi barba, y me senté angustiado en extremo» (9:2, 3). Se había dado una violación del mandamiento divino (Dt. 7:3), y las nuevas de ello causaron en Esdras un dolor que le hirió en lo más hondo. Y lo sintió tanto más agudamente cuanto había en su corazón tal fervor hacia la Palabra y los caminos de Dios. La profundidad de nuestro dolor por los pecados de otros será proporcional a la profundidad y realidad de nuestra simpatía por la causa de Dios. Porque el hecho de que un pueblo separado para Dios (Dt. 7:6) se una en yugo desigual con los incrédulos es suficiente para llevar a cada verdadero siervo de Cristo a sentarse atónito. Se trata de un espectáculo paralizador y que llena el alma de agobio. Si tuviéramos más de la devoción de Esdras, sabríamos más acerca de los sufrimientos de Cristo (Jer. 8:21). ¿Qué otra cosa podía hacer él más que caer de rodillas y poner esto delante de Dios (vv. 5-15)? Porque él se daba cuenta de que en tanto que vivieran en pecado, no podrían ser aceptos delante de Él (v. 15).

VII. Su éxito. «Y respondió toda la asamblea, y dijeron en alta voz: Así se haga conforme a tu palabra» (cap. 10:12). Y los sacerdotes culpables «dieron su mano en promesa de que despedirían sus mujeres» (v. 19). La fervorosa oración y el fiel testimonio de este consagrado escriba prevalecieron, y se logró una gran victoria para Dios en la restauración espiritual del pueblo. Algunas de aquellas «mujeres extranjeras» pueden haberles sido tan queridas a algunos de estos hombres como su ojo o mano derecha, pero tenían que arrancárselas. Cuanto más estrechamente se involucran los afectos con cualquier cosa prohibida, tanto más fatal es el lazo. El secreto del éxito de Esdras es bien patente, y está al alcance de todo siervo de Cristo: una lealtad sincera y de todo corazón a la Palabra y a la obra de Dios. Tened fe en Dios; la oración de fe salvará.

365. SIMPATÍA MOTIVADORA DE ALMAS

Nehemías 1:1-4

«¿Cómo fue Él,
el Bendito, perfeccionado? ¿Cómo? Por dolor
–al voluntariamente compartir el dolor–,
Él leyó el libro lleno del llanto de pobres almas humanas,
Como yo aprender debo a leerlo»
KINGSLEY

Nehemías, al igual que Moisés, fue singularmente preparado de antemano para la tarea que Dios le había encomendado. Perteneciendo, como pertenecía, a los «hijos de la cautividad», estaba en total simpatía con ellos, y sirviendo «de copero al rey», había accedido a una posición de riqueza e influencia que le daba preeminencia entre sus hermanos. Era idóneo, no solo social, sino también moralmente, como verdadero conductor de hombres, siendo como era un hombre de gran valentía, con profundas convicciones y una intensa devoción a la causa de Dios. En nuestro estudio de su vida y de su carácter esperamos que habrá, en su ejemplo, mucho que nos inspirará en nuestro servicio para Cristo, y a seguir a aquellos que «alcanzaron buen testimonio mediante la fe».

I. Su posición. «Estando yo en Susa, capital del reino» (v. 1). Él tenía el privilegio de estar en el palacio del rey porque era «copero del rey» (v. 11). Aunque ocupaba esta exaltada posición en la corte persa, no tenemos razón alguna para creer que fuera sacrificando ningún principio religioso, sino más bien debido a su carácter atractivo y digno de confianza. El «hombre de Dios» debiera ser de todos los hombres el más fiable, aunque, como José, su virtud pueda convertirse en su única falta.

II. Su indagación llena de simpatía. «Les pregunté [a unos que habían regresado de Judá] por los judíos... que habían quedado de la cautividad, y por Jerusalén» (v. 2). Nehemías no quedó tan absorto por su propia exaltación y éxito como para volverse indiferente a los intereses de sus hermanos y de la ciudad de su Dios. En un triste estado están aquellos que, por la prosperidad, han visto secarse sus simpatías para con los pobres del pueblo de Dios y por el honor del Nombre de Dios. Los que desean ayudar en la causa de Dios no dejarán de indagar en la verdadera naturaleza de la cuestión. Si el corazón está vivo para Dios, nos valdremos bien dispuestos de toda oportunidad para prepararnos, hasta para un servicio sacrificial para Él. Allí donde priva el amor hacia el mundo, el amor del Padre no puede estar. «El amor de Cristo nos constriñe» (2 Co. 5:14).

III. La revelación. «El remanente, los que quedaron de la cautividad, allí en la provincia, están en gran mal y afrenta, y el muro de Jerusalén derribado, y sus puertas quemadas al fuego» (v. 3). Éstas eran tristes nuevas, pero es mejor conocer la realidad que vivir bajo un engaño. El pueblo estaba sufriendo debido a la pobreza y a la afrenta, y la muralla de su defensa estaba destruida. Seguían cosechando los frutos de su rebelión e idolatría (2 R. 25). La debilidad y la afrenta serán siempre características del pueblo de Dios cuando se derrumban las murallas de la separación y han ardido las puertas de la alabanza por el fuego del enemigo. Un cristiano impotente y sin alabanza es una afrenta para el nombre de que es portador.

IV. El efecto producido. Entonces él dice: «Cuando oí estas palabras me senté y lloré» (v. 4). Todas aquellas generosas fuerzas de su alma se vieron detenidas al oír acerca de este estado de cosas, tan deshonroso para Dios. En el calor de su simpatía se abandonó a sí mismo por el bien de sus compañeros y para la gloria de su Dios. ¡Ah, con qué indiferencia podemos ver y oír aquellas cosas que hacen hoy de la Iglesia de Dios una afrenta y un refrán para sus enemigos! Pablo sabía acerca de esta santa agonía del alma cuando dijo: «Y aun ahora lo digo llorando, que son enemigos de la cruz de Cristo» (Fil. 3:18). ¿Nos es acaso posible a nosotros ser bautizados en su muerte, y tener sin embargo unos corazones tan encallecidos acerca de su causa entre los hombres, que nunca nos sintamos constreñidos por medio de un interés personal a sentarnos y llorar? Nos es muy fácil y natural sentarnos y dolernos por nuestras propias pérdidas y duelos personales; no podemos dejar de sentirlos, porque nuestras propias almas están tan estrecha y vitalmente asociadas con todo ello. ¿Se tratará entonces de que en nuestros corazones no estamos tan estrecha y vitalmente relacionados con Cristo, su causa y su pueblo que nos es tan difícil vernos movidos al llanto por los destrozos causados por el pecado y por la desolación del pecador? Cristo lloró sobre Jerusalén. Si nosotros tuviéramos sus ojos y su corazón de compasión, también lloraríamos sobre ella. Si el corazón de Nehemías no hubiera sido primero movido y enternecido, nunca hubiera podido llevar a cabo la obra que llevó después. ¿Podemos nosotros acaso estar en una condición apta para el servicio de Cristo si no podemos llorar por aquellas cosas que deshonran su Nombre y que contristan a su Espíritu? Una evidencia adicional de que su corazón era recto para con Dios se ve en el hecho de que su simpatía lo constriñó a negarse a sí mismo y a la oración. «Ayuné y oré delante del Dios del cielo». Aquellos que tienen tan en su corazón los intereses de Dios y de su reino como los tuvo Nehemías estarán prontos a negarse a sí mismos todo aquello que pudiera obstaculizar la ejecución de su voluntad en y por medio de ellos (He. 11:24-26). Él dejó a un lado los lujos de palacio para darse a la oración. ¿A qué otro lugar puede ir un hijo confiado y afectuoso en el día de la perplejidad y de la angustia que a su padre? El «gran mal» en que se encontraban ellos no era demasiado grande para el «Dios del cielo». Con un corazón derretido por el amor de Dios, y los ojos arrasados de lágrimas de amor fraternal, es evidente que la oración que brota de tal fuente y de tal manera será abundantemente contestada. Si no tenemos la suficiente compasión que nos conduzca a orar por otros, es hora de que nos sentemos y lloremos y ayunemos, y oremos por nosotros mismos.

366. LA ORACIÓN INTERCESORA

Nehemías, 1:4-11

«¿Por qué jamás el camino han conocido?
¿Por qué a cientos fuera de tu misericordia están?
No sé: pero te pido, Señor amado, que Tú,
Ahora los quieras conducir»
C. F. TYTLER

«Mis oraciones», dice Trench, «son la única gracia que mi enemigo no me puede rehusar». «Puedo alcanzarlo por medio del Dios del Cielo», dijo una madre amante, refiriéndose a su hijo descarriado y pródigo. Sí, la oración es uno de los más grandes privilegios y una de las más poderosas fuerzas con las que el alma humana tiene que ver. Por medio de la oración Elías detuvo la lluvia del Cielo durante tres años y medio (Stg. 5:17); y Pedro fue liberado de la cárcel en respuesta a la oración (Hch. 12:5). Habiendo sido hechos para nuestro Dios un reino de sacerdotes (Ap. 5:10), es parte de nuestro llamamiento celestial dedicarnos a interceder por otros. En estas palabras de Nehemías tenemos, me parece, todas las características de la oración que prevalece. Hay ahí:

I. Fervor. «Lloré, hice duelo y ayuné» (v. 4). No hubo una oración formal. Fue el derramamiento de un alma agitada en lo más hondo.

Los que se acercan con sus bocas mientras que su corazón está alejado pueden sentirse satisfechos en sí mismos con una oración que delante de Dios no es nada más que una solemne burla. Así como Dios ama al dador alegre, así contempla al peticionario ferviente. La oración ferviente del justo puede mucho.

II. Conocimiento. Era debido a que Nehemías conocía a Dios que podía orar de esta manera: «Te ruego, oh Jehová, Dios de los cielos, fuerte, grande y temible, el que guarda el pacto y la misericordia a los que le aman y guardan sus mandamientos» (v. 5). Creía en la grandeza de Dios, en su terribilidad, su fidelidad y su misericordia. El que a Dios viene debe creer que le hay, y que es galardonador de los que de verdad le buscan (He. 11:6). Conocer a tal Dios y de tal manera es pedir mucho y esperar mucho. Los que conocen a Dios harán hazañas por medio de la oración de fe (Dn. 11:32; véase 1 S. 12:18).

III. Importunidad. «Esté ahora atento tu oído... para oír la oración de tu siervo, que hago ahora delante de Ti día y noche» (v. 6). La importunidad es un elemento vital de la oración que prevalece. Fue a causa de la importunidad de la viuda que le fue dada su petición. Y ésta es la lección que nuestro Señor mismo nos enseña en aquella parábola del hombre pidiendo panes a su amigo a medianoche: «Os digo que... por su importunidad se levantará y le dará todo lo que necesite» (Lc. 11:8). Fue mientras Moisés tenía la mano levantada que Israel prevalecía. Orad sin cesar. No os fatiguéis en bien hacer, porque a su debido tiempo segaréis si no cejáis.

IV. Confesión. «Yo y la casa de mi padre hemos pecado. En extremo nos hemos corrompido contra Ti» (vv. 6, 7). El pecado de tratar falsamente con Dios es muy común, y muy grave. Pretendemos creer su Palabra, y sin embargo vivimos en duda y temor; le pedimos cosas que no esperamos, y hacemos profesión de lealtad a su causa, mientras que, en nuestros corazones, estamos más interesados en nuestros propios intereses personales que en los de Él. ¿Cómo podemos esperar prevalecer con Dios en oración si no hacemos confesión del engaño que ha hecho nuestras vidas tan estériles en el pasado? La esclavitud espiritual y el fracaso en la vida cristiana implican que hay pecado en el campamento, y necesidad de autoexamen y de confesión.

V. Fe. «Acuérdate ahora de la palabra que diste... diciendo (...) si os volvéis a Mí, y guardáis mis mandamientos, y los ponéis por obra... os traeré al lugar que escogí para hacer habitar allí mi nombre» (vv. 8, 9). La fe se aferra a la Palabra hablada de Dios. La oración que se edifica por fe en la promesa de Dios no puede ser trastornada. Al volverse al Señor mismo, Nehemías cumplió la condición de la bendición, y luego asumió la acción de recordarle al Señor sus promesas diciéndole: «Acuérdate ahora de la palabra». Tenemos aquí una hermosa confianza semejante a la de un niño, que honra a Dios, y que es infinitamente grata delante de sus ojos. Dios no se puede negar a Sí mismo cuando encuentra tanto de Sí involucrado en tales ruegos. Pero va un paso más lejos, y le recuerda a Dios su gran obra de redimir a su pueblo con su «gran poder y mano poderosa» (v. 10). La audacia de la fe es asombrosa. Mira directamente al rostro de Dios, diciéndole: Tenemos Tu palabra de la promesa, y ahí, en la redención, tenemos la evidencia de Tu poderoso amor y de la fuerte mano de Tu gracia salvadora. Ahora, por tanto, haz esto por mí. El que a Dios se allega tiene que creer, y, al creer así, debe recibir la recompensa.

VI. Consagración. «Te ruego, oh Jehová, esté ahora atento tu oído a la oración de tu siervo, y a la oración de tus siervos, porque desean reverenciar tu nombre» (v. 11). En nuestras oraciones pediremos frecuentemente mal, si no estamos preparados para presentarnos a Dios, y para vivir para la gloria de su Nombre (Stg. 4:3). Hay tres clases de siervos: el esclavo, que sirve por temor; el asalariado, que sirve por sueldo; y el hijo, que sirve por amor. Es el hijo obediente y devoto el que espera y recibe el favor y la plenitud del padre. Son los que se presentan a Dios como sacrificio vivo los que pueden probar cuál es la voluntad de Dios, buena, aceptable, perfecta (Ro. 12:1, 2). Los que quieren prevalecer delante de Dios para que les dé la porción de los siervos deben, ante todo, adoptar el lugar de siervos.

367. LA ORACIÓN CONTESTADA

Nehemías 2:1-8

«Háblale, tú, porque Él escucha, y el Espíritu
Con el espíritu encontrarse puede.
Más cercano está Él que nuestro aliento y
Que nuestros pies y manos»

TENNYSON

Hay un período de tres meses entre el mes de Quisleu, en el que Nehemías oyó del «gran mal» de sus hermanos en Jerusalén, y el mes de Nisán, cuando sus oraciones comenzaron a ser contestadas. Durante todo este tiempo él había estado rogándole fervorosamente a Dios privadamente, pero en su servicio público había podido ocultar el dolor de su corazón presentando un rostro animoso. Bien sabía él que era un crimen contra el rey comparecer ante él con un rostro dolorido. Pero al tratar así de complacer a los hombres podemos estar alejando de nosotros la misma bendición que tanto deseamos. Dios no nos demanda que actuemos hipócritamente a fin de que hagamos su voluntad. Es siempre mejor ser perfectamente honrados. Esto queda claramente evidenciado por lo que sigue.

I. Una pregunta turbadora. «¿Por qué está triste tu rostro?... No es esto sino quebranto de corazón» (v. 2). La agonía de su alma se había hecho demasiado honda para cubrirla ya más con una sonrisa. La pregunta del rey lo llenó de terror. «Entonces temí en gran manera.» En aquel momento Nehemías había llegado a quedar tan absorto en su interés por el bienestar de otros que se olvidó de sí mismo en presencia del rey. Este olvido de uno mismo no puede dejar de llegar a ser un canal de rica bendición para muchos. Él había orado que Dios le diera gracia delante del rey (1:11), pero nunca podía haber previsto que sería por su tristeza en presencia del rey que vendría el albor de la liberación. «No son... vuestros caminos mis caminos, dice Jehová» (Is. 55:8).

II. Un instante crítico. Después que Nehemías hubo confesado que su rostro estaba triste porque «la ciudad, casa de los sepulcros de mis padres, está desierta», el rey le preguntó «¿Qué es lo que deseas?» (v. 4). Si la primera pregunta le había llenado de terror, esta otra debió colmarle de asombro. ¿Era este el amanecer de esperanza que rasgaba finalmente la larga noche de dolor que había entenebrecido su corazón? ¿Sería ésta la puerta de salvación de Dios que ahora se le abría repentinamente ante sus ojos? ¿Había llegado el tiempo en que todos los deseos de su corazón le serían concedidos? «¿Qué es lo que deseas?» ¡Qué maravillosa oportunidad es ésta cuando la da uno que puede satisfacer el alma con bien! Uno mayor que Artajerjes ha dicho: «¿Qué quieres que te haga?» Pero observemos cómo este hombre de oración afrontó esta nueva situación. «Entonces oré al Dios de los cielos». Si no hubiera estado viviendo en espíritu de oración no habría pensado en ello en aquel instante concreto. En este pequeño y espontáneo acto tenemos una revelación de su verdadero carácter. Incluso cuando se ve sorprendido, el santo hábito de su alma es buscar a Dios para ser guiado. Cuando Dios viene a ser la más grande realidad en nuestras vidas, no hay nada más natural que la oración. Los que dicen que no tienen tiempo para orar, no conocen la naturaleza de la oración. Nehemías halló tiempo para orar mientras que un rey esperaba su respuesta. Con la oración sucede como con la salvación. «Mira y vive.» «Mirad a Mí, y sed salvos» (Is. 45:22).

III. Una gran petición. Ahora había favor ante un gran rey, y por ello hizo grandes peticiones. Pidió de manera concreta dos cosas:

1. Que fuera ENVIADO. «Si le place al rey, que se me den cartas», etc. (vv. 7, 8). Estas cartas a los gobernadores al otro lado del río, y al guarda del bosque del rey (reservas reales) eran para Nehemías palabras de autoridad y de promesa. Tuvo lo que debía tener todo siervo enviado por Dios: una comisión claramente definida, una certidumbre de seguridad (salvoconducto) y la promesa de provisión. Nuestro Señor y Maestro nunca envía a nadie a la guerra a sus expensas. Él hace que abunde toda gracia para que tengamos toda suficiencia. «Pedid, y recibiréis» (Mt. 7:7).

IV. Una respuesta abundante. «Y me lo concedió el rey, según la benéfica mano de Jehová sobre mí» (v. 8). El secreto del éxito en la obra del Señor reside aquí. Cuando la vida de un hombre está en «la benéfica mano de Dios», entonces se harán señales y maravillas. La medida de bendición será conforme al poder de aquella mano que está sobre nosotros. Esta mano poderosa y conquistadora tomó a Nehemías aquel día en que se vio agobiado de tal manera que, en sus palabras, «me senté y lloré, e hice duelo... y ayuné y oré» (1:4). No luchó, como Jacob, en contra de la mano celestial y divina que estaba doblándole en dolor y humillación a los pies de Dios. Se entregó enteramente a la presión de su mano que, aunque gravosa, era «benéfica». Lo mismo que Esdras (7:6 y 9:28), se encontraba totalmente consciente de que la mano de Dios estaba sobre él, como instrumento por el que cumpliría el beneplácito de su voluntad. Todas las cosas ayudan para bien de los que aman a Dios, de aquellos que son llamados conforme a su propósito.

368. PREPARÁNDOSE PARA LA OBRA
Nehemías 2:11-20

«Las vidas de grandes hombres, todas nos recuerdan
Que sublimes nuestras vidas podemos hacer,
Y, partiendo, detrás nuestro dejar
Pisadas sobre las arenas del tiempo.
Pisadas, que quizá otra persona,
Navegando sobre el solemne mar de la vida,
Un hermano desolado y perdido en naufragio,
Viéndolas, pueda tomar aliento su corazón»

LONGFELLOW

Nehemías es uno de estos «grandes hombres» cuyas pisadas han quedado impresas hondas y claras sobre las arenas del pasado, pisadas que han inspirado con renovado aliento a muchos corazones agobiados en el servicio del Señor. Su viaje de Babilonia a Jerusalén ocupó tres meses. Sus oraciones han sido hasta ahora contestadas; él está ahora en el tanto tiempo codiciado campo de labor. Será interesante y provechoso estudiar su método de trabajo. Porque él:

I. Se toma tiempo para reflexionar. «Así que llegué a Jerusalén, y allí estuve tres días» (v. 11). Esdras esperó también tres días (8:32) antes que comenzara la obra. El que cree, no se apresurará. Es una gran lección que debemos aprender, la de esperar en Dios. Imaginamos que estos tres días transcurrían principalmente en meditación y oración. Tres días son significativos de muerte y resurrección. Los siervos de Cristo han visto frecuentemente pasar sus planes y propósitos de la muerte a la vida, mientras que esperaban serenamente en Dios. Cuando sobrevino una gran crisis en la vida de David, él fue y «se sentó delante del Señor» (1 Cr. 17:16). Lutero, Knox y muchos otros, en la cámara secreta, aprendieron cómo alcanzar la victoria.

II. Examina sus dificultades. «Me levanté de noche (...) no declaré a hombre alguno lo que Dios había puesto en mi corazón que hiciese... y observé los muros de Jerusalén que estaban derribados» (vv. 12, 13). Como un sabio médico, comienza haciendo un exhaustivo diagnóstico del caso. Ningún dedicado «barriobajero» salió jamás a una noche para contemplar las desolaciones del pecado con ojos más ávidos que los de Nehemías al investigar aquellos muros arruinados y montones de escombros. Hay muchos obreros cristianos viviendo en una torre de marfil porque rehusan creer que las cosas son tan malas como realmente lo son. Los que solo contemplan la ciudad en domingo pueden saber muy poco acerca de aquellos terribles montones de humanidad destrozada que se ven una noche de sábado. En muchos casos, la fe en la Palabra de Dios, y el hábito de acudir a escucharla, han sido derribados, y los portales de alabanza han sido quemados con el fuego de una impía crítica. Contemplar las dificultades puede ser un mísero negocio y una tarea que quebranta el corazón, a no ser que, como Nehemías, sepamos que Dios ha puesto el remedio dentro de nuestros corazones (v. 12). Los espías incrédulos traerán de cierto un informe calumniando a Dios. La ruina tiene que ser medida sobre el fondo del remedio de Dios. La necesidad del hombre sólo puede ser cubierta con la infinita gracia y el poder del Dios todopoderoso.

III. Hace un llamamiento pidiendo ayudantes. «Vosotros veis el mal en que estamos (...) venid, y edifiquemos el muro de Jerusalén, y no estemos más en oprobio» (v. 17). Una de las mejores formas de comenzar una tarea para Dios es inducir a otros a trabajar. Pero observemos que no dijo: «Id y edificad», sino «Venid y edifiquemos». La gran obra de restaurar Jerusalén (la Iglesia) a su prístina gloria y poder jamás podrá ser cumplida en tanto que los líderes (predicadores) intenten llevar a cabo toda la edificación por sí mismos, y parezcan satisfechos si los demás simplemente acuden, se sientan y escuchan y siguen mirando. «Todos en ello y siempre en ello», debiera ser la condición normal de la iglesia cristiana. Se precisaría de un obrero muy experto para hacer tanta obra en una semana como veinte manos del común de la gente. Además, así como la vida del pueblo de Dios es una, lo mismo sucede con su obra. La unidad de la fe debiera conducir a la unidad de esfuerzo. Así como una Jerusalén arruinada era una deshonra para cada judío, igualmente una Iglesia débil e impotente es una deshonra para cada miembro individual. La manera de eliminar el oprobio es levantarse y edificar. Poner aquellas piedras desplazadas en su lugar apropiado.

IV. Da un testimonio alentador. «Entonces les declaré cómo la mano de mi Dios había sido buena sobre mí, y asimismo las palabras que el rey me había dicho. Y dijeron: Levantémonos, y edifiquemos» (v. 18). El testimonio personal es un factor de lo más poderoso en el servicio del Dios viviente, pero implica, naturalmente, una experiencia real, profunda, personal, de la bondad y de la fidelidad de Dios. Y esto es lo que en cierta medida tiene que tener cada líder en la obra de Dios. El Espíritu Santo obra por medio de nosotros aquello que Él ha obrado en nosotros. El hecho de que Dios había dado respuesta a las oraciones de Nehemías y lo había llamado a llevar a cabo esta tarea, fue una inspiración a los otros a «levantarse y edificar». Tal es la influencia de una vida consagrada. Toman demasiado sobre sí mismos aquellos que intentan poner a todos los siervos de Dios a un mismo nivel, y también aquellos que quisieran monopolizar el servicio sagrado porque se les paga para ello. En tanto que es cierto que algunos son llamados de Dios, como evangelistas, pastores y maestros, también es cierto que «a cada uno su tarea» (Mr. 13:34).

V. Se enfrenta con la oposición. «Pero cuando lo oyeron Sanbalat horonita, Tobías el siervo amonita, y Gésem el árabe, hicieron escarnio de nosotros, y nos despreciaron» (v. 19). Para ellos les fue un gran mal que «viniese alguien a procurar el bien de los hijos de Israel» (v. 10). Cuando más conforme a Cristo se transforma la vida, tanto más acerbos serán los enemigos de Dios y de su pueblo. Le aborrecieron a Él sin causa, y el discípulo no es mayor que su Señor. Sanbalat significa «fuerza y valor», y denota apropiadamente la sabiduría de este mundo. Tobías, «Jehová es bueno», es verdadero representante del profesante formalista, uno que tiene buen nombre pero mal corazón. Se rieron escarneciendo las débiles manos que estaban tratando de reconstruir los muros, pero no vieron «la benéfica mano de Dios» que estaba con ellos. Se burlaron y menospreciaron, porque, conforme adelantaba el trabajo, descubrieron que ellos mismos se iban a encontrar fuera de la ciudad. Todo lo que haga a los impíos sentir su debilidad y aislamiento de la ciudad y del pueblo de Dios, si no conduce a arrepentimiento, provocará indudablemente la oposición (Lc. 23:2).

VI. Declara toda la verdad. Confronta las objeciones de los escarnecedores con una simple, breve y denodada declaración de todo el caso. Declara la verdad acerca de Dios: «El Dios de los cielos, Él nos prosperará» (v. 20). Esta obra está asociada con el viviente, fiel y omnipotente Dios del cielo; Él está por ello, Él está con ello, Él está en ello. Él declara la verdad acerca de sí mismo y de sus colaboradores: «Nosotros sus siervos nos levantaremos y edificaremos». Nosotros somos sus siervos, estamos llevando a cabo sus negocios, y proseguiremos, digáis lo que digáis, y hagáis lo que hagáis. Afirma la verdad acerca de sus enemigos: «Vosotros no tenéis parte, ni derecho, ni recuerdo en Jerusalén». En cuanto a vosotros, sois extraños a Dios; no sois su pueblo. Nada hay que os pertenezca en esta Santa Ciudad; no tenéis derecho a ninguno de sus privilegios, porque las cosas de Jerusalén no despiertan en vosotros memorias sagradas. No tenéis ni parte ni suerte en este asunto (Hch. 8:21). Cuando los muros de la Nueva Jerusalén (la Iglesia de Dios) estén acabados, ¿te encontrarás fuera o dentro? La palabra de la cruz es locura para los que se pierden, pero para nosotros, los salvos, es el poder de Dios (1 Co. 1:18).

369. EN LA OBRA
Nehemías 3

«Conociéndonos a nosotros mismos,
nuestro mundo y tarea grande
Nuestro tiempo tan breve –claro está, si rehusamos–,
Tan limitados medios, tan rudas herramientas,
La ejecución de nuestro propósito, la vida huirá,
Y nos marchitaremos, dejando nuestra obra sin hacer
¡Sabios seremos en el tiempo!

BROWNING

Hay una profunda verdad en el dicho de Emerson, de que «la tarea de cada hombre es su salvavidas». Esta verdad es de especial aplicación al obrero cristiano. Si alguien pierde su vida (sirviendo), la salvará, según enseñaba uno mayor que Emerson. Este capítulo está repleto de los nombres que los que tuvieron parte en la reconstrucción de la muralla. Sus nombres gozan del eterno recuerdo porque, como María, llevaron a cabo una buena obra para honra de su Nombre. Las acciones santas se destacan como huellas en las arenas del tiempo. Aquí se podrían aprender algunas breves pero importantes lecciones.

I. Hay necesidad de trabajo. «El muro de Jerusalén [está] derribado» (1:3). Por la fe, los muros de Jericó fueron derribados, tras haber sido rodeados; pero los muros de Jerusalén no van a ser levantados solo por la fe. Según la práctica teología de Santiago, hay una esfera en la que «la fe sin obras es muerta». Hijo, ve hoy a trabajar en mi viña. ¿No hay acaso muchas piedras (almas) yaciendo alrededor de nuestras puertas que están fuera de su lugar apropiado, y que por ello no alcanzan a cumplir el verdadero propósito para el que existen?

II. Hay trabajo para todos. «A cada uno su tarea» (Mr. 13:34). «Si alguno no quiere trabajar, tampoco coma» (2 Ts. 3:10). Y esto es tan cierto con respecto a las cosas espirituales como con respecto a las temporales. ¿Qué derecho tiene nadie a gozar continuamente de las cosas espirituales si no hay un resultado de servicio activo para el Señor, el Dador de todo? No todos pueden ser capaces de llevar a cabo la misma tarea, pero todos pueden trabajar. Las hijas de Salum (v. 12) quizá no podían hacer el trabajo duro como el emprendido por el hijo de los plateros o por el hijo de un perfumero (v. 8). Los sacerdotes (v. 1) y los comerciantes (v. 32) puede que no sean igualmente expertos en el arte de edificar, pero en el Nombre de Dios ayudaron en el trabajo. Que cada uno haga algo. Si no puedes manejar la paleta, puedes desde luego orar: «Dios, bendice a los edificadores». Trabaja en oración.

III. Esta obra fue voluntaria. «Dijeron: Levantémonos y edifiquemos» (2:18). La necesidad fue puesta delante de ellos; lo pusieron en su corazón, y se decidieron a comenzar en el acto. Aquellos profesos siervos de Cristo que holgazanean por la plaza del mercado eclesiástico ociosos porque «nadie los ha contratado» deben ser sinceramente compadecidos. Aquellos que salen y trabajan en amor por Él recibirán de Él «lo que es justo». «El corazón del sabio está a su mano derecha», listo para manifestarse en acción (Ec. 10:21). Cuando el corazón ha sido entregado a Dios y a su causa, la mano del servicio seguirá con toda certidumbre. El Señor Jesucristo no apremia su yugo sobre nosotros, sino que dice: «Tomad mi yugo sobre vosotros» (Mt. 11:29).

IV. Este trabajo era unido. Se observará que casi cada versículo en este capítulo comienza con palabras como ésta: «Junto a ellos», «Después de él», «Tras él», «Después de ellos». Cada obrero unió su obra con la de su vecino. Por cuanto eran de un solo corazón se unieron bien dispuestos en el esfuerzo. Estaban inspirados no por ninguna consideración egoísta de recompensa personal o de preeminencia, sino por un gran motivo de honra a Dios: la gloria de su Nombre y la salvación del pueblo. La única rivalidad que había entre ellos era la de provocarse entre sí al amor y a las buenas obras. No podemos realmente estar unidos en la gran obra de Dios a no ser que todos los intereses meramente sectarios y personales desaparezcan de la vista en el único e intenso deseo de edificar aquella sola causa que puede dar honra y gloria a Dios nuestro Salvador. El esfuerzo de las iglesias es a menudo más parecido a la confusión de Babel que a la convicción de Pentecostés. «Somos colaboradores de Dios» (1 Co. 3:9).

V. Este trabajo alcanzó el éxito. La palabra «restauró» aparece treinta y cuatro veces. Cada constructor restauró, rehizo y acabó, aquella porción de trabajo que le había sido asignada. Todos tuvieron éxito en su obra, aunque no todos hicieron, quizá, la misma cantidad de trabajo. En el temperamento y estilo de estos obreros habría, indudablemente, una gran diversidad; pero en su objeto y propósito hallamos aquí una gran unanimidad. Baruc parece haber sentido un gran entusiasmo por la obra, por cuanto se le distingue como aquel que «con todo fervor reparó otro tramo» (v. 20). Luego, aquellos que tenían casas «restauraron… cada uno enfrente de su casa» (v. 28); y Mesulam lo hizo «enfrente de su cámara» (v. 30). Bueno es el fervor, ero solo es como fuego desenfrenado en el servicio del Señor, si no estamos preparados para comenzar en casa. La edificación para Dios debe comenzar en la Jerusalén de nuestra propia puerta. Josué dijo: «Yo y mi casa serviremos a Jehová». Decir: «El profeta no tiene honra en su propio país» no es excusa alguna por el fracaso del obrero cristiano en el propio hogar. Nuestra influencia por Jesucristo fuera de nuestro país será muy semejante a la que ejerzamos en casa. El Espíritu Santo nunca ha compensado ninguna hipocresía. Estos obreros alcanzaron el éxito porque se negaban a desalentarse, aunque «Sus grandes no se prestaron a doblar el cuello» para servir en la obra del Señor (v. 5). Hay «hidalgos independientes» en lo espiritual lo mismo que en lo social, aquellos que tienen una dosis tan grande de arrogancia que no pueden doblar sus cuellos para el servicio del Señor. Puede que den dinero en una colecta o sugerencias, pero no descenderán al servicio personal. Lo mismo que sucede con muchos profesantes en la iglesia, están congelados de tanta respetabilidad. Pero aquellos cuyos corazones Dios ha tocado también tienen manos tocadas por Dios, por lo que persisten en la obra, y el Dios del cielo les prospera. «Así que, hermanos míos amados, sed firmes y constantes, abundando en la obra del Señor siempre, sabiendo que vuestro trabajo en el Señor no es en vano».

Puede ser interesante observar que los nombres de los primeros y últimos obreros mencionados son sugerentes del Señor Jesucristo como el Alfa y el Omega de esta gran obra espiritual. Elyasib (Dios el Restaurador) (v. 1) y Malquiyá (Dios es Rey) (v. 31). La obra se hizo entre el suscitamiento del Sumo Sacerdote y la venida del Rey.

370. PERSEVERANCIA EN MEDIO DE LA OPOSICIÓN

Nehemías 4:1-11

Cuanto más poderosamente es doblado el roble joven por el turbión, tanto más profundamente hunde sus raíces en el firme y tenaz suelo abajo. Aunque la persecución no es algo que deba ser anhelado, no por ello debe ser esquivada o poco estimada. «Bienaventurados seréis cuando por mi causa os vituperen y os persigan, y digan toda clase de mal contra vosotros, mintiendo. Gozaos y alegraos, porque vuestro galardón es grande en los cielos» (Mt. 5:11, 12). Todo lo que lleva a las raíces de nuestra vida espiritual a hincarse más hondamente en la voluntad de Dios nos hará más firmes y fructíferos para Él. Observaremos:

I. La naturaleza de la oposición. Hubo:

1. LAS ATORMENTADORAS SAETAS DEL ESCARNIO. La aljaba de ellos parecía llena de ellas. Lanzaban escarnios en contra del carácter de ellos. «¿Qué hacen estos débiles judíos?» (v. 2). Eran débiles en número, y, a los ojos de sus ricos oponentes, eran débiles en recursos; pero no veían la mano auxiliadora de Dios que les respaldaba. Escarnecían sus motivos: «¿Se les permitirá volver a hacer sus sacrificios?». Como si estuvieran diciendo: ¿Cómo pueden establecer un culto que les asegure de la presencia y ayuda de Dios? Pero el Señor conoce a los que son suyos. Ellos lanzaban escarnios acerca de su entusiasmo. «¿Acabarán en un día?» Se dedican al trabajo como si fueran a terminarlo en un día. El cristiano tibio no será el que reciba las burlas del cómodo mundano. Lanzaban escarnios acerca de la tarea emprendida: «¿Resucitarán de los montones del polvo las piedras que fueron quemadas?» sus objetivos son demasiado elevados; intentan demasiado. Lanzaban escarnios acerca de la tarea hecha. «Lo que ellos edifican del muro de piedra, si sube una zorra lo derribará» (v. 3). Así son las críticas con las que se asalta a todos los fieles obreros de Dios. Pero la edificación prosigue, porque esta labor no es en vano en el Señor; porque Él escarnece a los escarnecedores, pero a los humildes da gracia (Pr. 3:34). Luego siguió:

2. UNA MALVADA CONSPIRACIÓN DEL ENEMIGO. «Oyendo… que los muros de Jerusalén eran reparados, porque ya los portillos comenzaban a ser cerrados, se encolerizaron mucho; y conspiraron todos a una para venir a atacar a Jerusalén y hacerle daño» (vv. 7, 8). Pero fue en vano que estos cazadores extendieron su red ante los ojos del Dios del Cielo. Ellos dijeron: «Que no se enteren ni se den cuenta hasta que entremos en medio de ellos y los matemos, y hagamos cesar la obra» (v. 11). Pero Dios lo sabía, y Dios lo vio, y era con Él, y no con esos «débiles judíos», con los que tuvieron que vérselas. Fue como una conspiración de espinos contra el fuego devorador. Aunque mano se ponga sobre mano, los malvados no triunfarán ni escaparan a su castigo. Las fuerzas unidas del infierno no pueden impedir el progreso de los que confían en Dios y cumplen valientemente su voluntad.

3. EL DESALIENTO CAUSADO POR AMIGOS VACILANTES. «Y dijo Judá: Las fuerzas de los acarreadores se ha debilitado, y el escombro es mucho, y no podemos edificar el muro» (v. 10). La oposición es ya cosa mala cuando viene de fuera, pero es una quemazón peor cuando proviene de aquellos que han sido hasta ahora nuestros amigos y ayudadores. Judá se desalentó porque perdió de vista a Dios, y siguió mirando a los adversarios, a la debilidad de los acarreadores, y a los muchos escombros que estaban en medio, y, habiendo perdido la fe, trató de desalentar también a otros en la obra, diciendo: «No podemos edificar el muro». Un hombre desalentado es inútil en la obra del Señor; es peor que inútil: es un estorbo positivo. «Que te esfuerces y seas valiente; no temas ni desmayes, porque Jehová tu Dios estará contigo en dondequiera que vayas» (Jos. 1:9).

II. El carácter firme de los obreros. Tenían ellos:

1. LA DECISIÓN DE TRABAJAR (v. 6). No estaban dispuestos a sentarse ensimismados en sus dificultades, ni a pasar el tiempo hablando o criticando. El amor de Dios los constriñó.

«No obraré para salvar mi alma,
Porque esto lo ha hecho ya el Señor;
Pero obraré como cualquier esclavo,
Por la causa del amado Hijo de Dios».

No solo tenían la decisión de trabajar, sino que tenían también la actitud de unir su trabajo. En lugar de unirse en la obra, algunos tienen la actitud de trabajar solos, mientras que otros parecen creer que toda la obra la deberían llevar ellos a cabo.

2. UN CORAZÓN PARA ORAR. «Entonces oramos a nuestro Dios» (v. 9). Una mente trabajadora debiera ir siempre acompañada de un corazón orante. Los que creen que «Dios es un Refugio» huirán ciertamente a Él en el tiempo de la tempestad. Los que no tienen corazón para orar pronto dejarán de tener mente para trabajar. Somos llamados no solo a revestirnos «de toda la armadura de Dios», sino también a orar «en todo tiempo con toda deprecación y súplica» (Ef. 6:11-18). La obra de Dios debe ser hecha en el Espíritu de Dios. Es por medio de la oración que se imparte fuerza para el servicio.
3. UN OJO PARA VIGILAR. «A causa de ellos pusimos guarda contra ellos de día y de noche» (v. 9). Con frecuencia se unen los términos velar y orar en la Escritura de Verdad (véase Mt. 26:41; Mr. 13:33; Ef. 6:18; 1 P. 4:7). No era necesario que estos vigías ocuparan todo su tiempo siguiendo todos los movimientos de sus adversarios. Era suficiente con que vigilaran los intereses de la obra que Dios les había encomendado. Es triste que tanto de los siervos de Dios estén tan dedicados a estudiar las tácticas de derribo del enemigo que descuidan la edificación. Velad y orad, que no entréis en tentación.

372. TRABAJO Y ARMAMENTO

Nehemías 4:12-23

«El más pobre acto de fe más favor tiene
Cuando se pesan los corazones y las voluntades,
Que los más arrebatados transportes o escogidas oraciones
Que a su hora florecen y se marchitan»

NEWMAN

El hombre no fue hecho para el duelo, sino para el trabajo (Gn. 2:15) y, como dice Houghton, «El hombre debe trabajar para lo bueno, o trabajará para lo malo». El hombre es trabajador, bien por Dios, bien contra Él. El que no está conmigo, dijo nuestro Señor, contra Mí está. Al intentar hacer alguna obra concreta para Dios, es bueno «contar el coste», pero al contarlo, tengamos cuidado que contemos con Aquel que puede suplir el coste. Debemos medir nuestras dificultades y nuestras necesidades con la fuerza y los recursos de Aquel de quien somos y a quien servimos. Aquí encontramos algunos pensamientos sugestivos para los obreros.

I. La posición de los obreros. «Entonces, por las partes bajas del lugar, detrás del muro, y en los sitios abiertos, puse al pueblo por familias, con sus espadas» (v. 13). Puede que no nos gusten los lugares bajos, porque allí estamos más expuestos a la ira del enemigo y los mismos obreros pueden tener que desaparecer de la vista. Preferiríamos mucho más los «lugares más altos» en la obra cristiana, desde donde pudiéramos ver y ser vistos. El trabajo en barrios deprimidos nunca es tan placentero para algunos como predicar desde un púlpito o en una plataforma. Estos obreros tenían gracia suficiente para ir donde fueran enviados, y para hacer su parte bien dispuestos, sabiendo que cada parte del trabajo era un necesario componente del gran todo. El orden era «por familias». ¡Qué hermoso es ver familias enteras unidas en impulsar la obra del Señor!

II. El privilegio de los obreros. «No temáis... acordaos del Señor. grande y temible, y pelead por vuestros hermanos, por vuestros hijos y por vuestras hijas, por vuestras mujeres y por vuestras casas» (v. 14). Los adversarios, conducidos por el diablo, nunca podrán atemorizar a aquel cuya mente reposa en aquel Dios grande y temible. No se les pedía a estos guerreros-obreros que lucharan en defensa de sí mismos, sino por sus hermanos, etc. Pero sabían bien que al buscar el bien de sus familias luchaban por su propia salvación. Este lucha por nuestros hijos e hijas, mujeres y casas, tiene que ser hecha por la fe. La promesa es para vosotros y para vuestros hijos. «Cree en el Señor Jesucristo y serás salvo, tú y tu casa» (Hch. 16:31). Acuérdate del Señor; acuérdate de su poder y de su promesa, y ora por tus hermanos, etc. Cuanto más pensemos en Él, tanto más pensaremos en los demás.

III. El aliento de los obreros. «Dios había desbaratado el consejo de ellos» (v. 15). El enemigo había hecho una conspiración oculta para luchar contra Jerusalén, y para detener la obra (v. 8). Habían planeado caer sobre ellos de improviso, pero Dios «frustra los pensamientos de los astutos, para que sus manejos no prosperen» (Job 5:12). ¿Cómo fue lograda esta victoria? Fue ganada mediante la oración (v. 4). Ellos clamaron a Dios, y Él «volvió el baldón de ellos sobre su cabeza». Los que viven en comunión con Dios no son fácilmente tomados por sorpresa. Las armas tomadas contra los tales no prosperarán. No os afanéis por vuestra vida: vuestro Padre sabe. Desde la cámara de la oración puedes bombardear todas las fuerzas del infierno y sumirlas en confusión. Cuando Samuel clamó al Señor, el Señor tronó sobre los filisteos (1 S. 7:10). ¿Quién se podrá mantener en pie cuando Él se manifieste?

IV. Las armas de los obreros. «Los que edificaban, cada uno tenía su espada ceñida a sus lomos» (v. 18). Y sin embargo, aunque cada obrero tenía su arma propia, había diferentes formas en que eran sostenidas. Algunos tenían sus armas en manos de otros mientras que ellos trabajaban (v. 16). Otros trabajaban con una mano, mientras en la otra tenían el arma (v. 17). Otros trabajaban con la espada al cinto. La obra y la guerra son las características de la vida cristiana. Los que descuidan la espada del Espíritu, que es la Palabra de Dios, están en peligro de trabajar en vano. El otro peligro es el de ocuparse tanto en las armas que quede el trabajo descuidado. Los siervos de Cristo deben ser agresivos así como estar a la defensiva. Bienaventurada la oposición que nos lleva a aferrarnos más firmemente de la espada del Espíritu, porque nuestras armas no son carnales, sino espirituales y poderosas. Si Dios por nosotros, ¿quién contra nosotros (Ro. 8:31)? Revestíos de toda la armadura de Dios, para que podáis resistir. En nuestro tiempo actual se precisa en todas partes de obreros con la espada al cinto. ¿Eres tú uno de ellos?

V. La advertencia a los obreros. «En el lugar donde oigáis el sonido de la trompeta, reuníos allí con nosotros» (v. 20). Mientras que trabajaban y velaban tenían que mantenerse dispuestos para reunirse en cualquier momento al llamamiento de la trompeta. Mientras progresaba la edificación, e iban subiendo partes del muro, los obreros quedaban en algunos lugares separados entre sí, y por ello sintieron la necesidad del toque de la trompeta. Estad también vosotros listos, porque en el momento en que no lo penséis, «el Señor mismo, con voz de arcángel, y con trompeta de Dios, descenderá del cielo... Luego nosotros... seremos arrebatados» (1 Ts. 4:16, 17). Bienaventurados los que trabajan, velan y esperan el llamamiento celestial.

VI. La dedicación de los obreros. Estos hombres estaban tan totalmente dedicados a la obra que practicaban del todo dispuestos la abnegación por causa de ella. No podemos pretender estar consagrados a la obra del Señor a no ser que estemos dispuestos a sacrificar la comodidad personal por causa de Él. Su dedicación se ve en las muchas horas dedicadas al trabajo. «Desde la subida del alba hasta que salían las estrellas» (v. 21). No se trataba de meros asalariados, bostezando y esperando el momento de dejar sus herramientas y volverse a su casa y a sus propias actividades privadas. Los que anhelan dejar la obra de Cristo son indignos de ella. Una cosa es estar fatigado a causa del trabajo, y otra cansarse de él. El celo de ellos se vio en el hecho de permanecer «dentro de Jerusalén» por el bien de la causa. Esto implicaba su separación de todos los que estaban fuera. Aceptaron bien dispuestos su libertad por la atadura del servicio. Los que moran con el Rey para su obra son aquellos que con más probabilidad tendrán éxito en complacerle. Y además se mantenían siempre en alerta constante para la obra. «Y ni yo ni mis hermanos, ni mis jóvenes, ni la gente de guardia... nos quitamos nuestro vestido» (v. 23). La edificación del muro no era cuestión de conveniencia, sino totalmente vital. «Una cosa hago» (Fil. 3:3). Éste era el motivo que les tenía absortos. Sed seguidores de ellos. Sed fervientes en el espíritu, sirviendo al Señor.

372. UNA LUCHA CONTRA EL EGOÍSMO

Nehemías 5:1-13

«No mirando adentro, mas por vivir afuera
De este centro del yo, se hará sabio el hombre.
Dejándonos así de nuestro yo, con valor lancémonos
Y dediquémonos al negocio de la tierra y de los cielos»

LYTTON

Carlyle ha dicho: «Siempre hay un punto negro en nuestro brillar: es nuestra propia sombra». Una sombra de egoísmo, tan negra como la noche cerrada, aparece delante de nosotros aquí, en los primeros cinco versículos de este capítulo. Había sobrevenido gran angustia. El enemigo había logrado interceptar los suministros de alimentos, y, ¡ay!, la parte más rica del pueblo comenzó a aprovecharse de sus hermanos más pobres, enriqueciéndose a costa de ellos. Tierras, viñas, casas e incluso hijos e hijas, fueron hipotecados o cambiados por pan (vv. 1-5). Las cosas se hicieron tan insoportables que «gran clamor» brotó del pueblo. La conducta de Nehemías durante esta dolorosa crisis nos da una revelación adicional de la grandeza y estabilidad de su carácter. características éstas que debieran caracterizar a cada uno llamado por Dios para su servicio. Estas características son:

I. Rectitud. «Y me enojé en gran manera cuando oí su clamor» (v. 6). Es solo el alma verdaderamente recta que puede verdaderamente encolerizarse ante la injusticia. No se trata de aquella «ira sin causa» que está en peligro de juicio (Mt. 5:22), sino la santa ira que está relacionada con «la ira del Cordero». ¡Ay, que haya tantos siervos de Dios cuyas convicciones no parecen ser lo suficientemente puras o profundas para moverlos a indignación ante la inmisericorde codicia de algunos profesantes de la religión. Estos hombres eran «hermanos» (v. 1), pero no mostraron amor fraternal alguno.

II. Valor. Entonces… reprendí a los nobles y a los oficiales» (v. 7). El valor en el Nombre de Dios es absolutamente necesario para los llamados a tomar la conducción de la obra (Jos. 1:6, 7). A los nobles y oficiales, los ricos e influyentes, se les permite con frecuencia escapar a una merecida reprensión simplemente por la circunstancia de haber nacido y crecido en circunstancias más favorables que otros. La tiranía de la clase rica solo es igualada por la envidia de la clase más pobre. El siervo de Cristo no debe esforzarse ni en pos de ventajas personales ni de la alabanza de los hombres, sino que en nombre de su Señor tiene que hablar sin temor alguno la verdad tal como se ha manifestado en su Vida, Palabra y Obra. «Yo soy la Verdad», dijo el Señor.

III. Desprendimiento. «Nosotros, según nuestras posibilidades, rescatamos a nuestros hermanos judíos que habían sido vendidos a las naciones; ¿y vosotros vendéis aun a vuestros hermanos?» (v. 8). Nehemías había tratado, hasta allí donde le permitían sus medios, de redimir a la libertad aquellos que habían sido vendidos a los gentiles, pero estos egoístas nobles y oficiales habían tratado de obtener ganancia vendiendo a sus hermanos. El amor a otros bajo influencias paganas, y la buena disposición a dar en base de la capacidad de cada uno, tanto con respecto a tiempo como a medios, por la salvación de ellos, son las características inequívocas de todos los que sinceramente sirven al Señor Jesucristo. La Cruz de Cristo no ha sido aún claramente vista si el egoísmo no ha recibido aún su golpe mortal (Gá. 2:20). Piensa en la capacidad de la fe y del amor.

IV. Santo celo. «No es bueno lo que hacéis: ¿No queréis caminar en el temor de nuestro Dios, para no ser oprobio de las naciones enemigas nuestras?» (v. 9). Cuando el pueblo de Dios no camina en temor de Él, atraen vituperio sobre su santo Nombre (Ro. 2:24). Es un hecho deprimente que muchos de los siervos de Cristo se sienten más celosos acerca del honor de sus propios nombres que del de Él. Cuando nuestros semejantes nos difaman, ¿nos duele más que cuando los oímos blasfemando del Nombre de nuestro Señor Jesucristo? ¿Están nuestros intereses vitales tan entretejidos con el Nombre y la obra de nuestro Señor y Salvador que cuando Él es tocado nosotros también lo somos, y que aquellos que le honran a Él son honrados por nosotros?

V. Diligencia. Nehemías no era ni tibio ni de doble ánimo. Todo lo que hacía lo hacía de corazón y totalmente, como para el Señor. Como Booz, no está satisfecho hasta «terminar… este asunto». La exhaustividad, para ser perfectamente sana, ha de ir gobernada por los motivos más puros, y actuando a la clara luz de la voluntad divina; si no es así, puede tratarse solo del fuego desenfrenado del entusiasmo carnal. La diligencia en el carácter de Nehemías se hace patente aquí en su demanda de restauración. «Os ruego que les devolváis hoy sus tierras», etc. (v. 11). Y después de haber recibido de ellos la promesa de que así sería hecho, veamos cómo significativamente sacudió su vestido, advirtiéndoles en contra de cualquier infidelidad al compromiso contraído (v. 13). Este esfuerzo tan cordial fue coronado por el éxito, porque «respondió toda la congregación: ¡Amén!, y alabaron a Jehová. Y el pueblo hizo conforme a esto». ¿Cómo creerán los hombres lo que decimos, como embajadores de Cristo, si no declaramos denodadamente todo el consejo de Dios, sin retener nada? Todas las demandas de Dios tienen que ser reiteradas por sus siervos, o el mensaje dado quedará destituido de aquel cortante y acerado filo que lo hace eficaz en los corazones de los que lo escuchan. El evangelio de la restauración tiene dos aspectos: 1) La restauración del alma a Dios; 2) la restauración de ganancias mal adquiridas a otros (Lv. 6:4; Lc. 19:8).

373. SOLICITUD DIVINA

«Acuérdate de mí para bien, Dios mío» (Neh. 5:19).

I. Dios piensa en nosotros.

1. Piensa acerca de nuestro *pasado*, Jeremías 2:2.
2. Piensa acerca de nuestro *presente*, Ezequiel 16:60.
3. Piensa acerca de nuestro *futuro*, Ezequiel 16:62.

II. Dios piensa en nosotros para bien. Es bueno para nosotros que:

1. Sus pensamientos son *grandes*, Isaías 55:9.
2. Sus pensamientos son *muchos*, Salmos 40:5.
3. Sus pensamientos son de *paz*, Jeremías 29:11.
4. Sus pensamientos son *consoladores*, Oseas 2:14.

374. NUEVAS PRUEBAS

Nehemías 6:1-9

«Solo coronados y santificados son aquellos
Que el dolor han conocido»

LONGFELLOW

Cuando le mostraron a Carlyle una «Historia Cómica de Inglaterra», preguntó ingenuamente que cuándo aparecería una Biblia cómica. Para él la historia era algo sagrado. Para el cristiano, la Providencia de Dios debiera ser algo tan sagrado como la Palabra de Dios. Pero el enemigo, de una u otra manera, siempre tratará de devorar a los que sienten entusiasmo por la obra de Dios. Ahora se le presentan dos nuevas tentaciones a Nehemías. Tenemos lo que podría llamarse:

I. La tentación a contemporizar. «Ven y reunámonos en alguna de las aldeas en el campo de Onó» (v. 2). Esta sutil tentación vino cuando oyeron que el muro había sido ya edificado, y que «no quedaba en él portillo» (v. 1). Mientras que estaban edificando, recurrieron al ridículo y a las amenazas, pero ahora que la tarea había sido coronada con el éxito, intentaron atraerlo al nivel de ellos, para que se hiciera algún tipo de compromiso. Satanás sabe cómo jugar el papel de zorro, cuando no le conviene rugir como león. No somos ignorantes de sus añagazas. Cuando el enemigo habla blandamente, puedes estar seguro de que hay siete abominaciones en su corazón (Pr. 26:25). Obsérvese como Nehemías afrontó esta tentación.

1. ÉL CONOCIDA SU PROPIO PENSAMIENTO. «No puedo ir» (v. 3). No pudo siquiera decir: «Me lo pensaré». Como uno que estaba totalmente dedicado a la obra del Señor, su alma entera se rebeló contra tal actitud. Sus sentimientos eran semejantes a los de Pedro y Juan cuando dijeron: «No podemos menos de decir lo que hemos visto y oído» (Hch. 4:20).
2. CONOCÍA SU OBRA. «Yo hago una gran obra». Toda obra para Dios es grande cuando se juzga por sus resultados eternos. Todo es grande cuando Dios está en ello. Él estaba haciendo una gran obra, no estaba soñando acerca de ella. No son fácilmente tentados los que están en ella.
3. CONOCÍA EL PELIGRO SI DESCENDÍA. «Porque cesaría la obra, dejándola yo para ir a vosotros» (hasta aquel tiempo no había puesto las hojas en las puertas, v. 1). Es más honroso trabajar que hablar acerca de ello. Es para perjuicio de nuestra utilidad en el servicio de Dios que descendemos a la llanura de la mera sabiduría terrenal. Esta misma tentación la oyó el Señor mientras colgaba de la cruz. ¿No estaba Él haciendo allí una gran obra, mientras que le clamaban: «Desciende de la cruz, y creeremos»? Aunque Nehemías fue acosado «hasta cuatro veces» de la misma manera, estas cuatro veces le salvó el escudo de la fe. Estad firmes y constantes en la obra del Señor.

II. La tentación de la maledicencia. El quinto intento de poner lazo a este hombre de Dios y de destruir su obra fue llevado a cabo en forma de un informe falso y calumnioso. Declararon que su propósito era rebelarse contra el rey, y proclamarse a sí mismo como rey de Judá, y de establecer profetas que lo proclamaran en Jerusalén (vv. 5-7). En resumen, lo acusaron de soberbia y de buscar su propia grandeza. Y esto no es cosa nueva. Los hombres egoístas nunca podrán comprender a aquellos que solo buscan la gloria de Dios. Cuando los impíos ven que no pueden confundir al obrero cristiano, no tienen escrúpulos acerca de calumniar sus propósitos. Obsérvese cómo Nehemías se enfrentó a este mezquino ataque. Se enfrentó a él con:

1. UNA FIEL REPRENSIÓN. «No hay tal cosa como dices, sino que de tu corazón te lo inventas» (v. 8). No solo niega la acusación, sino que señala también a la fuente de todo el engaño: «tu corazón». El corazón es engañoso sobre todas las cosas. Fue un ataque a fondo, pero él sabía que el asiento de la enfermedad estaba muy adentro. El que quiera ser fiel a Dios no puede siempre hablar cosas suaves. Los ministros de boca dulce nunca harán demasiado para el Reino de Dios. El siervo fiel de Cristo debe reprender y reconvenir, además de exhortar.
2. UNA URGENTE ORACIÓN. «Oh, Dios, fortalece tu mis manos» (v. 9). Nunca tenemos más necesidad de orar que cuando hemos estado lanzando saetas de convicción a los corazones de los enemigos de nuestro Rey. Nuestras apelaciones a los hombres debieran ser inmediatamente seguidas de una apelación a Dios.

1) *La necesidad.* «Fortalece Tú mis manos». Él quería unas manos fuertes para llevar a cabo los propósitos de Dios en su vida. Las manos débiles e inactivas son manos inútiles. La araña agarra con las manos, y así lo hace el hombre de fe.
2) *La urgencia.* «Ahora, al contrario» (V.M.). Ahora, debido a mi presente necesidad; al contrario, debido a la fuerza e ira del enemigo. Mi Dios suplirá toda vuestra necesidad. Él puede perfeccionar su fuerza en vuestra debilidad; por ello, «espera en Jehová» (*cf.* Is. 40:31).

375. ÉXITO

Nehemías 6:10-16

«Fácil desde luego sería alcanzar
Una mansión en los atrios celestiales,
Si pudieran servir las palabras hinchadas
Y la elocuencia, en lugar de la fe y el amor»
COWPER

Uno de los profundos dichos de Mazzini fue: «La acción es la Palabra de Dios; el pensamiento es solo su sombra». Las acciones hablarán siempre más alto que las palabras. El corredor no es coronado si no corre legítimamente. Las pruebas y las tentaciones de Nehemías fueron para él lo que es el fuego del afinador para la plata, o la rueda del lapidario para el diamante. El lustre de su carácter quedó purificado y abrillantado a través de la prueba del sufrimiento. La prueba de vuestra fe es más preciosa que el oro. Pero la guerra de Nehemías no está aún terminada. Aquí tenemos:

I. Otra tentación a pecar. Este último intento para enredar a este hombre de Dios parece haber sido el más sutil de todos. Semaías, que tenía reputación de profeta, tentó a Nehemías a acudir con él a una cámara secreta del templo para ocultarse, diciendo que sus enemigos iban a venir de noche para matarle (v. 10). Cuando el lazo es puesto por los Ahitopeles, es de lo más peligroso. Se trata de la acción de un lobo vestido de cordero. El veneno del error es más difícil de detectar cuando es administrado por un profeso maestro religioso, que está secretamente en liga con los enemigos de Dios. La última añagaza del diablo es presentarse como ángel de luz.

II. Otra firme resistencia. Nehemías dijo: «¿Un hombre como yo ha de huir?... No entraré» (v. 11). Hasta donde podemos saberlo, puede que lo que Semaías dijo fuera todo cierto, pero él sintió en su corazón que sería una acción deshonrosa de Dios buscar su seguridad personal a expensas de la obra que Dios le había encomendado. «¿Un hombre como yo ha de huir?» Yo, que estoy en las manos de Dios, haciendo su voluntad, y que estoy tan a salvo sobre el muro del servicio que dentro de las puertas cerradas de la comodidad y del ocio? «No entraré». El mismo Dios es mi refugio y fortaleza, no su casa terrenal. Si el me falla, su templo no me puede ofrecer seguridad alguna. Es bueno recordar quiénes somos y a quién servimos, en la hora de la tentación y del peligro. ¿Por qué debieran los hijos y siervos de Dios ser llevados aquí y allá por todo viento de doctrina? Frecuentemente se sacrifica la influencia personal por la causa de Jesucristo en el altar del temor cobarde. «Osa ser un Daniel». No se nos ha proveido de ninguna pieza de armadura para la espalda.

III. Otra derrota del enemigo. «Y entendí que Dios no lo había enviado, sino que hablaba aquella profecía contra mí porque Tobías y Sanbalat lo habían sobornado... y... los otros profetas que procuraban infundirme miedo» (v. 14). No se hace recriminación alguna, ni intento alguno de venganza; sabe que su juicio estaba en manos de Dios, por lo que entrega a sus enemigos a Él para que Él considere su causa. «Acuérdate, Dios mío, de [ellos]». Nuestro mismo Señor tuvo sus calumniadores, y el discípulo no es mayor que su Señor. Cuando Pablo se refirió a Alejandro el calderero, que le hizo mucho mal, dijo: «El Señor le retribuirá conforme a sus hechos» (2 Ti. 4:14). En circunstancias como ésta, Cristo nos ha dejado su ejemplo: «Quien cuando le maldecían, no respondía con maldición; cuando padecía, no amenazaba, sino que encomendaba la causa al que juzga justamente» (1 P. 2:23). A los que están afuera, Dios juzgará (1 Co. 5:13).

V. Otro triunfo para la fe. «Fue terminado, pues, el muro (...) y [todos nuestros enemigos] se sintieron humillados, y conocieron que por nuestro Dios había sido hecha esta obra» (vv. 15, 16). A semejanza del Señor Jesucristo, Nehemías podía decir: He llevado a término la obra que me diste a realizar» (Jn. 17:4). Cuando hay una firme fe en Dios, se dará fuerza y victoria para cada tarea dada por Dios, aunque el camino pueda ir «por mucha aflicción y vituperio». Aquello que llena la boca de los hijos de Dios de risa y su boca de cántico (Sal. 126:2, 3), lleva a sus enemigos a sentirse humillados. Es para ellos un desalentador descubrimiento percibir que «por nuestro Dios había sido hecha esta obra», y que en sus celos y ceguera habían estado luchando contra Él. Este turbador descubrimiento lo hará tarde o temprano cada uno de los que rechazan a Cristo. Sí, el ojo de los altivos será «abatido», y sus rostros quedarán intensamente teñidos de rubor avergonzado cuando se den cuenta de lo que Dios ha hecho por sus fieles seguidores. Ésta es la victoria que vence al mundo, nuestra fe.

376. PALABRA Y OBRA

Nehemías 8

«¡Oh Palabra de Dios encarnada! ¡Oh sabiduría de lo alto!
¡Oh Verdad inmutada e inmutable!
¡Oh Luz de nuestro entenebrecido cielo!
Te alabamos por la luz
Que de la santificada página,
Que es para nuestros pasos lámpara,
Resplandece de siglo en siglo»
W. HOW

En este capítulo tenemos un cambio muy refrescante en el programa, en forma de un apremiante llamamiento a la Palabra del Señor tal como se revela en «el libro de la ley de Moisés». Hay en ello como el aire de un avivamiento, en que es el pueblo mismo el que clama por él (v. 1). Hay una hermosa idoneidad en esto, por cuanto la Palabra de Dios debería estar siempre asociada con la obra de Dios. Se precisa a la vez de la espada y de la paleta. La palabra de edificación debe venir a renglón seguido de la obra de la salvación. Toda esta escena es de lo más impresionante y sugerente. Contemplaremos:

I. Al predicador. «Y dijeron a Esdras el escriba que trajese el libro» (v. 1). Esdras era conocido como escriba diligente de la ley de Moisés (Esd. 7:6). Siendo además un sacerdote, estaba bien cualificado como expositor de las Escrituras. Como sacerdote, era receptor de la gracia; como escriba, estaba familiarizado con la verdad. La gracia y la verdad vinieron por medio de Jesucristo, y en una medida tienen que venir por medio de cada predicador del Evangelio que tenga un llamamiento divino.

II. El lugar de reunión. «En la plaza» (v. 3). Les leyó el libro en la plaza abierta que estaba delante de la Puerta de las Aguas. Se situó sobre «un púlpito de madera» (v. 4). Así que el primer púlpito mencionado fue construido en una plaza pública para la obra al aire libre. En la cámara secreta, o en la plaza del mercado, allí donde esté Jesús, allí está el cielo. La barca de Pedro en el lago, con Cristo dentro, era un lugar más santo que el templo de Jerusalén abandonado por Dios.

III. Los oyentes.

1. Eran NUMEROSOS. «Así de hombres como de mujeres y de todos los que podían entender» (v. 2). La congregación estaba literalmente hambrienta de la Palabra de Dios. ¡Qué delicioso privilegio ministrar a tales personas!
2. Estaban ATENTOS. «Desde el alba hasta el mediodía... los oídos de todo el pueblo estaban atentos al libro» (v. 3). Estaban más interesados en el libro que en el predicador. No buscaban al hombre, sino al mensaje.
3. Eran REVERENTES. «Cuando lo abrió [el libro], todo el pueblo se puso en pie» (v. 5). Que Israel se pusiera «en pie» era una declaración virtual de su disposición a oír y a obedecer. Estar de pie delante de Dios no es ningún nuevo método de testificar de nuestra buena disposición a creer en Él.
4. Estaban listos a DAR RESPUESTA. «Y todo el pueblo respondió: ¡Amén! ¡Amén!, alzando sus manos; y se humillaron y adoraron a Jehová» (v. 6). Respondieron a las demandas de la palabra de Dios inclinando sus cabezas y ofreciéndole la adoración de sus corazones. Es cosa solemne oír la Palabra de Jehová y rehusar ceder a sus demandas. Sed hacedores de la Palabra.

IV. Los modos del predicador.

1. COMENZÓ BENDICIENDO AL SEÑOR (v. 6). Estaba profundamente consciente de la grandeza de la ocasión, de la grandeza de Dios, de la grandeza del mensaje, de la gran necesidad del pueblo, y de su propia enorme responsabilidad.
2. SE APEGÓ AL LIBRO. Leyó «en el libro de la ley de Dios» (v. 8). Bien sabía que lo que el pueblo necesitaba era no sus pensamientos, sino los pensamientos de Dios tal como habían sido escritos en aquel libro. No son vuestros pensamientos mis pensamientos, dice el Señor.

3. HABLÓ CLARAMENTE (v. 8). No hubo ningún intento tonto de entonar buscando un efecto musical. Habló con claridad, de manera incisiva. Como decía R. L. Stevenson: «La Biblia debería ser leída de manera directa, como un libro; no ensoñadoramente como la Biblia».
4. EXPLICÓ EL TEXTO. «Leían... claramente, y ponían el sentido». No hubo una lectura formal y sin corazón de la palabra. El alma del lector estaba sumamente ejercitada en el afán de que se pudiera entender el verdadero sentido de las palabras. No habría tantos oyentes en vano si todos los predicadores fueran tan fieles como Esdras a la Palabra de Dios.
5. PRESENTÓ VIGOROSAMENTE LA VERDAD. «De modo que entendiesen». Su negocio era hacerles entender cuál era la mente del Señor. No era suficiente que la oyeran sino que, como seres responsables, debían poder, por la ejercitación de sus propias mentes, comprender inteligentemente los pensamientos de Dios con respecto a ellos mismos. El que tenga mi palabra, cuente mi palabra verdadera. ¿Qué tiene que ver la paja con el trigo?, dice Jehová (Jer. 23:28).

V. El efecto producido.

1. LLORARON. «Todo el pueblo lloraba oyendo las palabras de la ley» (v. 9). ¡Solo por la lectura de la palabra! Sí, pero una lectura que trajo convicción al corazón, y lágrimas de arrepentimiento a los ojos. Cuando la Palabra de Dios, que es la palabra del Espíritu, es creída, demuestra ser «viva y eficaz, más aguda que una espada de dos filos».
2. SE REGOCIJARON. «Y todo el pueblo se fue... a gozar de gran alegría, porque habían entendido las palabras que les habían enseñado» (v. 12). La Palabra puede al principio traspasar el corazón y fundir la voluntad, pero es para que al final nos regocijemos en Él (v. 10, *última cláusula*). El lamento por el pecado debe preceder al gozo de la salvación.
3. MINISTRARON. Se fueron, enviados así: «Id, comed manjares grasos, y bebed vino dulce, y enviad porciones a los que no tienen nada preparado» (v. 10). Y así lo hicieron gozosos (v. 12). Por la gracia de Dios podemos ahora comer la grosura y beber la dulzura, pero desde luego que el amor de Cristo debiera constreñirnos a recordar a aquellos que siguen estando fuera del Reino de Dios, y para los que «no tienen nada preparado». «De regalo recibisteis, dad de regalo» (Mt. 10:8). Dadles aquel amor de Dios que tan libremente os ha sido dado.

377. UN LLAMAMIENTO A LA ALABANZA

Nehemías 9:1-25

«Algunos murmuran cuando su cielo está claro
Y resplandeciente a la vista,
Si una sola nube aparece
En su gran expansión azul.
Y algunos de amor agradecido están llenos,
Si tan solo de luz un rayo,
De la luz de misericordia divina,
Rompe de su noche la negrura»

TRENCH

Este capítulo abre con el gran día de ayuno y humillación. La simiente de Israel había roto su impía alianza con los extranjeros, y ahora había hecho pública confesión de sus pecados. El Libro de la Ley fue leído durante tres horas, y durante otras tres horas confesaron y adoraron. Ahora llega el llamamiento de «Levantaos, bendecid a Jehová vuestro Dios desde la eternidad hasta la eternidad» (v. 5). Habían estado leyendo y escuchando las grandes cosas que Dios había hecho por sus padres, hasta que sus almas se agitaron desde sus calladas profundidades para bendecir a Aquel que era poderoso para salvar y para guardar. En esta revisión del pasado hay algunas razones poderosas por las que debieran ellos «levantarse y bendecir a Jehová». Por cuanto Él es:

I. El Dios de la creación. «Tú hiciste los cielos, y los cielos de los cielos, con todo su ejército», etc. (v. 6). Los cielos declaran la gloria de Dios, la gloria de su grandeza, de su sabiduría y poder. La tierra denuncia la obra de sus manos, en la variedad y perfección exhibidas en la naturaleza. Los cielos y la tierra son las expresiones y pruebas visibles de la Mente Eterna, y debieran atraer la alabanza y la adoración. También debieran adorarle porque Él es:

II. El Dios de gracia. «Tú eres, oh Jehová, el Dios que escogiste a Abram, y lo sacaste de Ur de los caldeos, y le pusiste por nombre Abraham... e hiciste pacto con él» (vv. 7, 8). Por la fe Abraham salió, pero es por gracia que fue escogido. Por la gracia sois salvos. La gracia que vino a Abraham por el llamamiento de Dios nos viene a todos en el Evangelio de Jesucristo. Todos los que aceptan este llamamiento serán, como Abraham, llevados a una nueva esfera, recibirán un nuevo nombre, y entrarán en una nueva vida por la promesa del pacto: la vida de la fe. Desean complacerle a Él por cuanto Él es:

III. El Dios que da respuesta a la oración. «Y miraste la aflicción de nuestros padres en Egipto, y oíste el clamor de ellos» (v. 9). Él ve las aflicciones de su pueblo en el Egipto de este mundo, y da oído a su clamor cuando llegan al Mar Rojo de la dura prueba. Su oído nunca se vuelve pesado por fatiga; Él es el Galardonador de los que diligentemente le buscan. Levántante y bendice por esto al Señor. Él es también:

IV. El Dios de la liberación. «Hiciste señales y prodigios contra Faraón (...) Dividiste el mar delante de ellos, y pasaron por medio de él en seco... Con columna de nube los guiaste de día, y con columna de fuego de noche» (vv. 10-12). Los salvó de su fuerte enemigo, y los condujo por un camino nuevo. Cada movimiento de la columna fue una nueva liberación en favor de ellos. La Cruz de nuestro Señor Jesucristo fue el instrumento por el que todos nuestros enemigos han sido trastornados, y el Espíritu Santo es nuestra Columna Conductora y Libertador diario de la esclavitud de las tinieblas y de la fatiga de la peregrinación por el desierto. Levantaos y bendecid por esto a vuestro Dios. Además, Él es:

V. El Dios de la Revelación. «Y... descendiste, y hablaste con ellos desde el cielo, y les diste juicios rectos, leyes verdaderas, y estatutos y mandamientos excelentes» (v. 13). Todo don bueno y perfecto desciende del Padre de las Luces. Debiéramos estar agradecidos a Dios que Él nos haya dado estatutos rectos, en los que el corazón se puede regocijar, y un mandamiento puro, que alumbra los ojos (Sal. 19:8, 9). Nadie puede, buscando, encontrar a Dios tal como a Él le ha complacido revelarse en su Palabra y por medio de su Hijo. Se precisa de Dios para dar a conocer a Dios. Bendigámosle por haberse dado a conocer a Sí mismo, para que nosotros, por la fe, podamos regocijarnos en Él con ojos alumbrados. Además, Él es:

VI. El Dios que suple a toda nuestra necesidad. «Les diste pan del cielo en su hambre, y en su sed les sacaste aguas de la peña; y les dijiste que entrasen a poseer la tierra... la cual... juraste que se la darías» (v. 15). Una provisión que cubría sus necesidades presentes y futuras. El hambre de aquellos que peregrinan con Dios sólo puede quedar satisfecha con «pan del cielo»; la sed de los tales solamente puede ser apagada con agua de aquella «Peña» que fue golpeada, y sus futuras perspectivas pueden solo ser iluminadas mediante su Palabra segura de «la Promesa». Mi Dios suplirá a todas vuestras necesidades conforme a sus riquezas en gloria en Cristo Jesús. Levantaos y bendecidle por esto, y, finalmente, por esta otra gran realidad, que Él es:

VII. El Dios grande en misericordia. «Tú, con todo, por tus muchas misericordias no los abandonaste en el desierto» (v. 19). Obsérvese cómo tentaron a Dios. Fueron desobedientes, «no quisieron oír». Fueron olvidadizos, «ni se acordaron de tus maravillas». Fueron rebeldes, «pensaron nombrar un jefe para volverse a su servidumbre». Fueron idólatras, «hicieron para sí becerro de fundición» (vv. 16-18). Sin embargo, en sus multiformes misericordias, Él fue «Dios que perdonas, clemente y piadoso, tardo para la ira, y grande en misericordia» (v. 17). En lugar de responder a la ingratitud e incredulidad de ellos con juicio, añadió misericordia sobre misericordia, «y diste tu buen Espíritu para enseñarles», de manera que pudieran testificar, después de cuarenta años, que por lo que respectaba a la gracia y a la bondad de Dios, «de ninguna cosa tuvieron necesidad» (v. 21). Al leer «en el libro de la ley», en aquel día veinticuatro del mes, de la maravillosa bondad de su Dios en el pasado, sus corazones comenzaron a arder dentro de ellos, y no es para asombrarse. ¿Por qué responden tan poco nuestros corazones a todas las manifestaciones de su maravillosa gracia para con nosotros en Jesucristo? ¿No nos levantaremos hoy, para bendecir su Nombre de gracia para siempre?

378. UN LLAMAMIENTO A LA PUREZA DE VIDA

Nehemías 13

«¡Ver la faz de Dios, esto es el gozo del cielo!
Cuanto más puro el ojo, tanto más gozo dado será»

TRENCH

Nehemías había dejado Jerusalén, y se había vuelto a la corte real en Babilonia (v. 6). Quizá en cumplimiento de la promesa hecha al rey antes de que fuera enviado a edificar el muro (véase 2:6). No se puede saber con certeza cuánto tiempo estuvo fuera, pero al volver encontró las cosas en muy mal estado. Se habían dado muchas recaídas, junto con una fuerte tendencia a contemporizar con el mal. Muchos se habían vuelto más amantes del dinero que de Dios. En el acto este sencillo hombre de Dios levantó su voz en contra de ellos y de sus malas acciones, e intentó volverlos a una vida de conformidad a la Palabra y voluntad de Dios. Los obstáculos con que ellos se encontraban para una vida de pureza y de poder eran muy semejantes a los obstáculos con que nos encontramos nosotros. ¿Cuál era la naturaleza de los mismos? Observemos:

I. Su relación con la muchedumbre mezclada. «Cuando oyeron, pues, la ley, separaron de Israel a todos los mezclados con extranjeros» (v. 3). La ley prohibía la mezcla del pueblo de Dios con las naciones que no conocían a Dios, con el fin de que no perdiera su identidad. Cuando esta multitud mezclada salió de Egipto con la hueste de Israel, no dañó en absoluto con ello su carácter de pueblo separado para Dios, pero la cosa fue diferente cuando ellos se fueron con la multitud mezclada. Nuestra relación con el mundo, como cristianos, es la de Cristo: en él, pero no de él. Los hombres del mundo son verdaderamente una «multitud mezclada», y uno de los principales peligros de los seguidores de Jesucristo es el de asociarse con ellos y con sus caminos de manera que se pierda su testimonio para Él (2 Co. 6:17).

II. Relación con los falsos profesantes. «El sacerdote Elyasib... había emparentado con Tobías (...) facilitándole un aposento en los atrios de la casa de Dios» (vv. 4-9). Tobías tenía un nombre de santo (bondad de Jehová), aunque tenía la naturaleza de un pecador impío. Fue un descubrimiento turbador el de Nehemías al volver a Jerusalén, encontrar que su viejo enemigo que le había estado escarneciendo durante la edificación (cap. 4:3) estaba ahora cómodamente instalado en uno de los grandes aposentos que debiera haber sido empleado como almacén para la casa de Dios (cap. 2:20). Pero hay hombres como Tobías que son lo suficientemente malvados para aprovechar toda la comodidad que puedan en la casa de Dios, mientras que en sus corazones niegan a Dios y escarnecen a sus siervos. Desde luego, tenemos aquí una impía alianza entre Eliasib el sacerdote y Tobías el amonita; esta alianza, como suele suceder, lleva a los supervisores de la casa de Dios a componendas con los mundanos que lo único que hacen es deshonrar a Dios. Nehemías no estaba dispuesto a tolerar nada que deshonrar el santo Nombre y que impidiera aquel testimonio para el que existiera la casa. Así que «arrojó todos los muebles de la casa de Tobías fuera de la cámara» y «hizo volver allá los utensilios de la casa de Dios, las ofrendas y el incienso» (v. 8, 9). Las pertenencias de Tobías pueden haber sido muy buenas y hermosas, pero eran como inmundicia dentro del santuario (2 Cr. 29:5), por cuanto seguían siendo de Tobías, y no de Dios.

III. Relación con la casa de Dios. Otra fuente de peligro para la pureza y el poder de la vida cristiana es permitir que el interés propio lleve a echar a un lado las demandas de la casa de Dios. «¿Por qué está la casa de Dios abandonada?», pregunta él. Es un insulto para Dios que su casa quede así abandonada (vv. 10, 11). Los levitas y cantores señalados para la obra de la casa de Dios habían huido, «cada uno a su heredad», porque no les habían sido dadas sus porciones. Retener los diezmos y las ofrendas necesarias para el mantenimiento de un honroso testimonio para su Nombre es equivalente a robar a Dios (Mal 3:8). La casa de Dios no fue dada como ornamento, sino como testimonio. ¡Ay que así suceda con tantos lugares que pretenden ser casa de Dios! Son más un ornamento que de utilidad para traer a los hombres a Dios. Pero el obrero, no el caprichoso ornamentador, es digno de su salario. Aunque en Mal 3:10 hay una estrecha relación entre los diezmos y las bendiciones espirituales, sin embargo la Iglesia de Laodicea tenía aparentemente abundancia de «grano en los almacenes» mientras que seguía en un estado de miseria espiritual. No solo debe haber dones, sino también pureza de motivo en darlos. Todo lo que hagáis, hacedlo de corazón, como para el Señor.

IV. La relación con el día de reposo. Nehemías contendió con los nobles por permitir esta compra y venda y comercio durante el Sábado (vv. 15-22). Se trataba de una infracción de la ley de Dios (Lv. 23:32). Los Sábados eran de Dios. Él los había dado «para que fuesen por señal entre Mí y ellos, para que supiesen que Yo soy Jehová, que los santifico» (Ez. 20:12). La indiferencia ante la santidad del día de reposo de Dios solo podía ser interpretada como indiferencia frente al Dios que lo había dado. El día del Señor ahora (el primer día de la semana), que nos ha sido dado como señal de su resurrección, es contemplado por muchos de muy diversas maneras. Sigue siendo el día de reposo, y es manifiestamente el don de Dios, santificado por Él al resucitar en él a su Hijo de entre los muertos. El descuido de este día de reposo, y el no haberlo honrado como de parte de Dios, ha sido una causa fructífera de mucha caída por parte del pueblo de Dios. El que tiene respeto del día como para el Señor será desde luego bienaventurado por ello.

V. La relación matrimonial. «Vi en aquellos días a judíos que habían tomado mujeres de Asdod... y la mitad de sus hijos hablaban la lengua de Asdod, porque no sabían hablar judaico» (vv. 23-25). El fruto de esta alianza impía fue un testimonio dañado y mestizo. Los hijos no debían ser acusados por este defecto. El árbol es conocido por el fruto. El yugo desigual con los incrédulos ha arruinado las vidas de muchos de los hijos de Dios. Hasta Salomón fue llevado al pecado por esto (v. 26). Los que quieran «casarse en el Señor» deben hacer su noviazgo «en el Señor». El cristiano que pone sus afectos en una «mujer extraña», o la mujer cristiana que deja que sus afectos sean cautivados por un hombre extraño, están demostrando lo extraños que son en sus corazones al Señor Jesucristo. Si alguien quiere vivir piadosamente, tiene que sufrir incluso la persecución de un dolido e impío ser amado. Tampoco deben los padres o madres cristianos dar sus hijas a hombres incrédulos, por elevada que sea su posición social (v. 25). Los argumentos de Pablo contra tales uniones son irrefutables. «¿Qué comunión [tiene] tiene la luz con las tinieblas? ... ¿Y qué concordia entre el santuario de Dios y los ídolos? Porque vosotros sois el santuario del Dios viviente (...) Por lo cual salid... y apartaos» (2 Co. 6:14-18).

«Cuán dulce el yugo mutuo de marido y mujer,
Cuando santos fuegos mantienen la celestial vida de amor».

379. VASTI, LA VOLUNTARIOSA, RECHAZADA

Ester 1

«¡Ah, cumple Tú en mí tu beneplácito
Y tu entera voluntad!
No me dejes pensar en acción de mi iniciativa;
Sino que según tu amor me conduzca,
Llevado siempre por tu querer cual timón»

HERBERT

El libro de Ester pertenece a los tiempos de Esdras y Nehemías, y probablemente fue escrito por Mardoqueo (cap. 9:20). Como se ha observado con frecuencia, el Nombre de Dios no aparece, y nunca se hace referencia a Él allí. Pero aunque su Nombre no aparece, su mano está patente a todo lo largo del relato. Puede muy bien ser llamado «El libro de la Providencia de Dios». En esta breve historia tenemos una notable confirmación y cumplimiento de aquel principio que se enseña en Romanos 8:28: «Todas las cosas cooperan para bien de los que aman a Dios, de los que son llamados conforme a su propósito». Cada uno de los principales protagonistas en este libro exhibe un carácter diferente, bajo la providencia soberana de Dios, de la que se encuentran inconscientes. Los hombres y las mujeres son libres para actuar como quieran, y en tanto que son responsables de sus acciones, se encuentra detrás de todo el gran propósito de Dios de manifestarse a Sí mismo. Los acontecimientos del libro son entusiasmantes: La reina Vasti es depuesta; Ester, la huérfana, es coronada; Mardoqueo, el menospreciado, recibe honra; y Amán, el jactancioso, es colgado. Consideraremos en primer lugar la caída de la reina Vasti.

I. Su nombre. Vasti significa belleza. El rey deseaba mostrar a los príncipes la belleza de ella, «porque era muy hermosa» (v. 11). La belleza física, lo mismo que la moral, es siempre atractiva, pero la mera hermosura exterior ha resultado ser con frecuencia una tentación y un lazo. Se trata de un don peligroso cuando no hay una correspondiente hermosura espiritual. No es cosa poco común encontrar el más hermoso espíritu en un cuerpo rudo y poco atractivo.

II. Su posición. Era la reina de Asuero, el más grande de los reyes de la tierra. Su nombre significa «Rey majestuoso». ¡Qué honor compartir la gloria y las riquezas de un rey así! En ciertos respectos, Asuero puede representar a Aquel que es Rey de reyes y Señor de señores. Especialmente en la grandeza de su influencia y en la generosidad de su carácter al hacer banquete para todos sus príncipes y a todo el pueblo (vv. 3-5). Y al igual que en la gran fiesta del Evangelio, no se obligaba a nadie. Todos debían escoger por sí mismos acerca de cuánto o de cuán poco debía tomar (v. 8). Aquí tenemos a uno mayor que Asuero, y nuestro privilegio es que le pertenecemos. La reina Vasti no era más hermosa a los ojos de su rey que lo somos nosotros delante del Rey de reyes, en quienes ha sido puesta «la hermosura del Señor». Habiendo sido hechos partícipes de la naturaleza divina, venimos a ser hijos y herederos juntamente con Él.

III. La oportunidad que se le dio. «El rey… mandó… que trajesen a la reina Vasti a la presencia del rey con la corona regia, para mostrar a los pueblos y a los príncipes su belleza» (vv. 10, 11). No nos preocupan ahora tanto las costumbres de esta corte pagana ni el decoro o indecoro de esta orden como los principios subyacentes. Vasti gozaba de su posición de reina en virtud de la elección y del favor del rey, así como nosotros, por la gracia de Dios hemos sido llamados y exaltados. Este mandamiento de comparecer delante del pueblo con la corona regia, que era don del rey, para mostrarles su belleza, y complacer de esta manera al rey, le daba una oportunidad de hacer un servicio plenamente aceptable. Obedecer era su deber así como su privilegio. ¿No se nos ofrece a nosotros una oportunidad similar, como la casa regia del Rey del Cielo? ¿No debiera exhibirse la hermosura que el Señor nuestro Dios ha puesto sobre nosotros para honra de su gran Nombre? Así alumbre vuestra luz, la luz de vuestra vida, delante de los hombres. Ésta es una oportunidad que no siempre tendremos.

IV. Su rebeldía. «Mas la reina Vasti no quiso comparecer a la orden del rey» (v. 12). El llamamiento había sido muy apremiante, porque habían sido enviados siete eunucos para transmitirlo, pero ella rehusó deliberadamente obedecer. La razón puede ser probablemente que también ella «hizo banquete para las mujeres, en la casa real del rey» (v. 9), y no quiso interrumpir su presente goce por complacer al rey en una cuestión tan nimia. ¡Cuán a menudo los actos de nuestra desobediencia a Dios hunden sus raíces en nuestros propios planes y decisión de llevarlos a cabo! Nos hemos preparado una fiesta para nosotros mismos, y las cosas van de maravilla cuando nos llega un llamamiento de parte del Rey, pero la consideramos indigna de nuestra atención entonces, y desobedecemos, totalmente inconscientes de los terribles resultados que seguirán a ello. Nuestro rechazo a obedecer puede llevarnos a la pérdida de comunión con el Rey.

V. Su ejemplo. «Este hecho de la reina llegará a oídos de todas las mujeres, y ellas tendrán en poca estima a sus maridos» (v. 17). «Las acciones hablan más fuerte que las palabras». Vasti, siendo reina, estaba rodeada de una gran nube de testigos, por lo que sus acciones tenían resultados de gran trascendencia. Este es un aspecto de la vida cristiana acerca del que nunca se insistirá lo suficiente. Nosotros, lo mismo que ella, andamos en lugares elevados, y un paso en falso puede ser para otros una licencia para pecar. «Ninguno de nosotros vive para sí» (Ro. 14:7). Y esto es cierto especialmente en el caso del siervo de Dios. Así como las mujeres deben estar sujetas a sus propios maridos, igualmente debemos nosotros estar sujetos a Cristo (Ef. 5:22-24).

VI. Su rechazamiento. «Que Vasti no venga más delante del rey Asuero» (vv. 19-21). E hizo a Ester «reina en lugar de Vasti» (cap. 2:17). Su desobediencia la llevó a una total separación de la comunión con el rey. Seguramente que ni se había imaginado que esta simple negativa fuera a resultar en consecuencias tan desastrosas. Un pensamiento, un acto, y pierde la corona. No sabemos cuánto tiempo vivió para lamentar su insensatez, pero es evidente que pasaría sus días en vergüenza y amargura. Por esta misma razón (la desobediencia) muchos caen fuera de comunión con el Señor Jesucristo. Hay pecado en el corazón, y el Señor no a oído. Ha habido pecado por preferir nuestra propia voluntad a la voluntad de nuestro Señor, y no hay libertad de acceso. El fallo será tanto más doloroso si otro ha sido llamado por Él para que tome nuestro puesto y nuestra corona. Retén lo que tienes como siervo, para que nadie tome tu corona (Ap. 3:11). Es posible, por falta de sujeción propia, predicar a otros, y a pesar de todo, como siervo verse uno reprobado (1 Co. 9:27).

380. ESTER, LA HUMILDE, EXALTADA

Ester 2, etc.

«La obediencia más noble es que la libertad. ¿Libre?
Lo es la pobre paja en el viento, la espuma del mar;
El mismo gran océano, en su agitado ondear,
En los límites de una total obediencia permanece»

LYTTON

Ester significa «estrella». Los caracteres elevados como estrellas destacan y son reconocidos. La luz se hace evidente por sí misma. La deposición de Vasti va seguida de la búsqueda de una reina. Fue una búsqueda de unas cualidades demandadas de antemano. No se trataba de «Todo el que quiera puede venir». En este caso se hizo una gran elección. Estamos llenos de gratitud de que los candidatos para el cielo no sean buscados en base de este principio. No es a los hermosos, sino a los pecadores que vino Jesús a llamar. Algunas de las notas en el cántico de María bien pudieran haber sido cantadas por Ester. «Ha puesto sus ojos sobre la pequeñez de su esclava… Ha hecho por mí grandes cosas el Poderoso» (Lc. 1:48, 49). Observemos:

I. Su condición. «Era huérfana», y fue criada por Mardoqueo, su viejo primo (2:7). Nadie parecía estar más alejada que ella, por su nacimiento y circunstancias, de ser una reina. Pero en la misteriosa providencia de Dios acontecen las cosas más impensables. Nadie parecía más impensable como siervo de Jesucristo que Saulo de Tarso. Ni la pobreza, ni la ignorancia, ni la culpa constituyen barreras para la gracia infinita de Dios.

II. Su llamamiento. «Ester también fue llevada a la casa del rey» (v. 8). Ahora está consciente de que ha sido llamada como candidata a la corona. No fueron muchas las que tuvieron esta oportunidad a su alcance, pero seguía siendo una entre otras. En esta carrera solo una podría lograr el premio. Muy diferente es con el llamamiento que nos viene por medio del Evangelio de Cristo. Todos los que reciben este llamamiento pueden también recibir la corona de la vida y de la honra eterna. Todos los que han sido traídos a la «casa del Rey» nuestro se gozarán en su magna presencia llena de gracia.

III. Su carácter. Es evidente que era extremadamente gentil y digna de confianza por el hecho de que agradó al guarda de las mujeres más que todas las demás (v. 9), y que fue fiel a las instrucciones de Mardoqueo de no revelar su nacionalidad. Su implícita obediencia a su tutor es un rasgo a destacar de su espíritu humilde y obediente (v. 20). Esto parece poca cosa, pero es de tal magnitud que Dios, en su providencia, nunca lo pasa por alto. Es lo que somos en el secreto de nuestras propias almas lo que se muestra cuando llega el tiempo de la tensión y de la prueba. «Cual es su pensamiento en su corazón, tal es él». Es en el corazón bueno y honrado que brota la semilla del reino con fruto de gloria para Dios.

IV. Su elección. «Cuando le llegó a Ester… el tiempo de venir al rey, ninguna cosa procuró sino lo que dijo Hegué eunuco del rey, guarda de las mujeres» (v. 15). Había ciertas cosas necesarias que debían ser dadas a cada una de las candidatas a reina, pero no se les podían negar todas aquellas otras cosas que pudieran desear para su adorno o que pudieran ayudarles a impresionar al rey. Las otras, evidentemente, demandaron muchas otras cosas para perfeccionar sus preparativos, pero es de observar que Ester «ninguna cosa procuró». Decidió satisfacerse con aquellas cosas que el rey había dispuesto. Se dejó enteramente en manos de aquel a quien se le había encomendado la obra de prepararla. No tienen lugar aquí ni sus pensamientos ni sus artificios. Sometámonos así también nosotros al Espíritu Santo, cuyo oficio es santificarnos y equiparnos y prepararnos para la presencia del Rey. Mejor nos será que, como Ester, «ninguna cosa procuremos» aparte de lo que Él ha dispuesto, satisfechos con la vestidura de su justicia, solo la suya.

V. Su corona. «Y el rey amó a Ester más que a todas las otras mujeres, y halló ella gracia y benevolencia delante de él (…) y puso la corona real en su cabeza» (v. 17). Su humildad y fe son ahora recompensadas con una manifestación pública del favor del rey: es coronada de gloria y honra, aunque no hizo más que obedecer. El camino al trono estaba abierta para ella siempre que el rey la amara. Qué privilegio ser amados por un rey, por el Rey del Cielo. El amor de Dios nos abre el camino al corazón y al hogar de Dios. La corona es el símbolo de honor y de poder. Pentecostés fue el día de la coronación de los primeros discípulos, cuando la lengua de fuego reposó sobre cada uno de ellos, y todos recibieron la autoridad regia del Cielo, viniendo a ser partícipes del Rey de la Gloria y a compartir su Reino sobre la tierra. Hallar su «favor» es hallar su corona.

VI. Su valor. «Y si perezco, que perezca» (4:16). Había venido ahora un tiempo de prueba, cuando todo el poder y la autoridad que poseía le eran necesarios para la salvación de aquellos que habían sido condenados a morir. Amán había logrado que se promulgara la sentencia de muerte sobre todos los judíos; Mardoqueo apela a Ester como la única esperanza que tenían, pero la ley prohibía a todos llegarse al rey sin invitación, bajo pena de muerte. Sin embargo, Ester consagra su vida a este gran objeto, y se lanza a la brecha. Fue un paso osado. Pero aunque la ley estaba en contra de ella, sabía que el corazón del rey estaba por ella. Este es también nuestro aliento a darnos por la salvación de otros. Si, como Ester, hemos llegado a la honra y al poder por la gracia de nuestro rey, es también «para una ocasión como esta», un tiempo de salvación para otros. Toda la autoridad y poder que hayamos recibido es absolutamente necesaria para esta gran obra. La ley de la carne estará siempre contra nosotros al allegarnos al Rey como salvadores de almas. Démonos, como Ester, enteramente a ello. «Si perezco» en una obra bendita como ésta, entonces es un objeto digno y bendito por el que morir. Pero no pereció. «No perecerá quien en Él confía».

VII. Su victoria. Ella obtuvo favor. Le fue extendido el cetro de oro. Luego el rey le dijo: «¿Qué tienes, reina Ester, y cuál es tu petición?», etc. (cap. 5:1-3). Ella se identifica entonces con los judíos, y ruega por su propia vida y por la vida de ellos (cap. 7:3, 4). Su petición queda abundantemente satisfecha; el enemigo es vencido, y su pueblo es salvado. Ella ve del fruto del trabajo de su alma, y queda satisfecha. Este gran logro nos recuerda a uno mayor que Ester, que, cuando la ley estaba en contra nuestra, se humilló a Sí mismo en la presencia de Dios en aquel terrible lugar llamado Calvario, diciendo, por así decirlo: «Y si perezco, que perezca». Pero Dios le resucitó de entre los muertos, haciéndole Príncipe y Salvador. El camino a tales victorias es la propia negación. Si queremos ser salvadores de otros, solo puede ser mediante el sacrificio de nosotros mismos para este fin. Para ello hemos sido llamados a su reino. «Recibiendo el fin de vuestra fe, la salvación de almas» (1 P. 1:9, *griego*).

381. MARDOQUEO, EL FIEL RECOMPENSADO

Ester 2–10

«¡Sé fuerte, bueno y puro! Solo permanecerán los rectos»
LONGFELLOW

«Todo lo que Dios hace, si rectamente es entendido,
Obrará en último término tu bien definitivo»
KEBLE

Este «hombrecillo», como indica el nombre de Mardoqueo, había sido llevado desde Jerusalén con los cautivos. Poco sabían él o sus captores lo importante del papel que estaba destinado a tener en el reino de Babilonia.

«Dios se mueve en un camino misterioso,
Para ejecutar sus maravillas».

Poco se imaginaba también, cuando acepto adoptar a su prima huérfana, que iba a ser reina en Babilonia. Este libro de la providencia de Dios es fiel a su carácter, lleno de sorpresas. Fijaremos ahora nuestra atención en la carrera de Mardoqueo. Él era:

I. Misericordioso. Fue muy misericordioso por su parte tomar a la muchacha Ester, huérfana, adoptándola como su propia hija (2:7). Puede parecer algo muy normal, pero la secuencia era extraordinaria. Le pareció que era lo recto a hacer, y lo hizo. Ahí es donde está el quid de la cuestión. Le abrió su corazón además de su hogar, y la bendición que se promete a los misericordiosos le fue dada a él (Mt. 5:7).

II. Fiel. Dos de los eunucos del rey habían conspirado para dar muerte al rey. Aquello llegó a oídos de Mardoqueo, y reveló valientemente aquel perverso designio a Ester, que se lo dijo al rey en su nombre (2:22, 23). Si alguien quiere ser fiel a sí mismo y a la justicia, tiene que estar dispuesto, si ello es necesario, a hacer cosas que lleven a otros a la vergüenza y a la condenación. Los hay que si no conspiran contra el Rey del cielo, sí lo hacen contra su pueblo y causa. Bien, si ello te es conocido, no tienes necesidad de luchar contra ellos. Díselo al Rey, que, por su propia causa, de cierto se cuidará de los ofensores. Sé fiel a los intereses de tu Señor y Rey, y te vendrá abiertamente la recompensa de la buena mano de Dios.

III. Consistente. «Mardoqueo ni se arrodillaba ni se humillaba [ante Amán] ... porque ya él les había declarado que era judío» (3:2-4). Rehusó postrarse y darle al soberbio Amán la honra solo debida a Dios. Por este acto de resistencia declaró su fe en y reverencia hacia Dios. Mardoqueo era un hombre para quien una persona vil es de menospreciar, pero que honraba a los que temían al Señor (Sal. 15:4). La fe de una persona de nada sirve si no afecta su vida diaria. ¿Cómo puede alguien decir que cree en Dios si no está dispuesto a obedecer a Dios antes que a los hombres (Hch. 5:29)? Esos cuyas vidas están regidas por el temor de Dios no serán hallados haciendo precisamente lo mismo que los demás, ni siquiera «por causa de la paz». Esto puede parecerles una insignificancia a los que gustan de agradar a los hombres, pero si él hubiera cedido en este punto, pudiera no haber accedido nunca al puesto de honor nacional que después fue el suyo.

IV. Menospreciado. «Y se llenó [Amán] de ira» (3:5), y cuando supo que Mardoqueo era judío, «tuvo en poco poner mano en Mardoqueo solamente», sino que intentó la destrucción de «todos los judíos» (3:6). Pero después de hacer sus planes para la destrucción de los judíos lo persuadió su mujer para que colgara a Mardoqueo de una horca de cincuenta codos de altura (5:14). Toda esta ira y derramamiento de sangre tenían como motivo que un hombre había tenido el suficiente valor y convicción para no violar su conciencia y para no negar a su Dios. ¿Vale la pena arriesgar tanto? No, dirá el hombre que camina por vista, y no por fe. Pero, ¿qué dice el Señor mediante su providencia obradora de maravillas? Si alguien quiere vivir piadosamente tiene que sufrir persecución, porque será guiado y controlado por motivos y principios que no tienen lugar en los asuntos de los egoístas y de los impíos. Ahí es donde duele. El hombre de Dios nunca se sentirá cómodo en la actitud del hombre del mundo, y el mismo hecho de no seguir la corriente de este mundo es una causa de ofensa. «Bienaventurados seréis cuando por mi causa os vituperen y os persigan, y digan toda clase de mal contra vosotros, mintiendo»; grande es vuestra recompensa en los cielos.

V. Puesto a prueba. «Se vistió de saco y... se fue por la ciudad clamando con grande y amargo clamor» (4:1). Se había publicado la sentencia de muerte sobre él y sobre su pueblo entero. Se trataba de una experiencia de lo más terrible. Su saco y su agonía despertaron la compasión y la indagación de la reina (4:4, 5). Se sentía amargamente abatido, pero no destruido, porque su fe en Dios no fallaba. «Si callas absolutamente en este tiempo, vendrá de alguna otra parte respiro y liberación para los judíos» (4:14). La tensión sobre él era tremenda. ¿Quién iba a interceder por sus inermes compatriotas si no lo hacía él? Si se callaba ahora, quizá otro se levantaría, y ello para su gran vergüenza. No dejó piedra sin mover, sino que ejerció su fe en la providencia infalible de Dios. La prueba de vuestra fe puede ser penosa, pero es preciosa cuando es hallada para alabanza y honra de Dios (1 P. 1:7). Para con Dios nada es imposible.

VI. Exaltado. Dios había comenzado a obrar la liberación para Mardoqueo dándole al rey una noche agitada (6:1). Le fueron leídas las crónicas nacionales, y observó de modo especial el informe acerca de Mardoqueo, surgiendo en su corazón el deseo de recompensar su oportuna denuncia (6:3, 4). ¿Quién podría pensar que, en el transcurso de una semana, aquel hombre que había erigido una horca para colgar a este terco judío que rehusaba postrarse ante él, sería conducido por él mismo sentado en «el caballo en que el rey cabalga», vestido con «un traje real que el rey se haya vestido», y coronado con «la corona real», y proclamando: «Así se trata al hombre a quien el rey desea honrar». Aquella misma semana tenía Mardoqueo en su dedo el anillo de sellar de autoridad que había tenido Amán, su enemigo. No precisa de mucho tiempo Dios para obrar una perfecta transformación, y para volver las lágrimas de sus siervos y sus lamentaciones en cánticos y alabanza. No solo fue salvado, sino también exaltado a una posición de gloria y de poder, para que fuera él el medio de salvar a otros (8:7, 8). Cuando alguien es introducido por Dios a una posición de privilegio y de poder, es para que pueda hacer cosas grandes y necesarias. «Te bendeciré... y serás bendición» (Gn. 12:2).

382. AMÁN, EL SOBERBIO DESTRUIDO

Ester 3–7

«El ilegítimo deseo, el ojo implacable,
Son como mancha sobre la brisa
Para atraer malvados espíritus; La actitud arrogante
Invita a acercarse a aquellos contra cuyo ataque
Hasta los santos se previenen con ferviente oración»
KEBLE

Se ha dicho que «el orgullo destruye o extravía más almas que la maldad deliberada». La historia de Amán es una verificación del dicho del sabio: «Delante del quebrantamiento va la soberbia, y delante de la caída, la altivez de espíritu» (Pr. 16:18). Su nombre significa «Magnífico», pero su tortuosa carrera muestra que su naturaleza era ignominiosa. Lo vemos:

I. Engrandecido. «El rey Asuero engrandeció a Amán... y lo honró, y puso su silla sobre todos los príncipes que estaban con él» (3:1). Cuanto mayor sea nuestro privilegio, tanto mayor será nuestra caída si no caminamos humildemente con nuestro Dios. Capernaum fue exaltada hasta el más elevado grado de privilegio, pero por la ceguera de la incredulidad cayó a las mayores profundidades de deshonra y de vergüenza. «El que piensa estar firme, que mire que no caiga». Por la gracia cada cristiano ha sido engrandecido por el Rey del Cielo, y ha puesto su silla sobre todos los príncipes de la tierra. Cuidémonos de caminar como es digno de un llamamiento tan elevado.

II. Fácilmente ofendido. «Y vio Amán que Mardoqueo ni se arrodillaba ni se humillaba delante de él; y se llenó de ira» (3:5). Un hombre de su posición y dignidad hubiera podido fácilmente pasar por alto la aparente falta de respeto de aquel pobre judío. Pero no, su empecinada soberbia quedó herida. Cuanto más autoridad tenía, tanto más opresor y tiránico se volvía. ¿No es así como funciona la soberbia espiritual? ¿Creemos que todos los hombres van a honrarnos porque hayamos sido promovidos por el rey? Sentirnos fácilmente ofendidos por no recibir honra de parte de ciertas personas es una marca de orgullo; es una señal de que estamos buscando nuestra propia gloria, cuando la ira o el enojo encuentran lugar en nuestros corazones en contra de cualquiera que deje de respetarnos como creemos que debiera. El siervo no es mayor que su Señor. A veces se dice: «Es buena persona, pero muy susceptible». La susceptibilidad puede bien ser otro nombre para egoísmo.

III. Jactancioso. «Amán... les habló [a sus amigos] de su gloria, de sus riquezas (...) y de todas las cosas con que el rey le había engrandecido» (5:11). Se gloría en sus riquezas, en sus posesiones y en su posición. Se exalta porque ha sido engrandecido por encima de los demás príncipes y siervos del rey. Los hombres del mundo que tienen su parte en esta vida poco tienen de qué jactarse, porque tales riquezas pueden pronto desarrollar alas y volar. «Los tesoros de maldad no serán de provecho» (Pr. 10:2). Pablo pone juntos a los «jactanciosos» con los «inventores de maldades» (Ro 1:30). Y así era Amán. Toda impía jactancia es fruto de motivos impuros. Nuestro engrandecimiento espiritual es «no a base de obras, para que nadie se gloríe» (Ef. 2:9).

IV. Vengativo. «Y agradó esto a los ojos de Amán, e hizo preparar la horca [para colgar de ella a Mardoqueo]» (5:14). Seguía habiendo una «mosca en el ungüento» de la gloria de Amán: «Pero todo esto de nada me sirve cada vez que veo al judío Mardoqueo sentado a la puerta del rey» (5:13). La grandeza de alma se ve en la buena disposición a pasar por alto insultos e injurias personales, pero la mezquina y egoísta alma de este hombre no podía soportarlo. No hizo intento alguno de ganarse el favor de Mardoqueo con gentileza y paciencia, sino que deseó anhelantes su sangre judía. El anhelo de venganza, e incluso el rencor, están tan opuestos a la experiencia cristiana como la muerte lo está a la vida. No nos toca a nosotros vengarnos a nosotros mismos, sino encomendarlo todo al Señor, que ha dicho: «Mía es la venganza, Yo pagaré» (Ro. 12:19).

V. Autoconfiado. Cuando el rey preguntó: «¿Qué se hará al hombre cuya honra desea el rey?... dijo Amán en su corazón: ¿A quién deseará el rey honrar sino a mí?» (6:6). En la soberbia y autosuficiencia de su corazón no podía ver a nadie más idóneo o merecedor de un honor especial que él mismo. Cuando alguien llega a este extremo, el vaso de su iniquidad está casi lleno, y a mano también su humillación y caída. El principio de «yo primero» se manifiesta de varias formas, y nunca de modo más abominable que cuando aparece en las palabras o actos de un obrero cristiano. La ley para los hijos de Dios es: «En cuanto a honor, dando la preferencia los unos a los otros» (Ro. 12:10).

VI. Desengañado. «Entonces el rey dijo a Amán: Date prisa, toma el vestido y el caballo, como tú has dicho, y hazlo así con el judío Mardoqueo» (6:10). Fue una revelación muy humillante para Amán que aquel aborrecido judío, para quien había preparado la horca, fuera a recibir honra de parte del rey como más merecedor que él mismo. Dios tiene su propia manera de ordenar que a los afligidos de Sion se les dé diadema en lugar de ceniza, óleo de gozo en lugar de luto, manto de alabanza en lugar de espíritu abatido (Is. 61:3). Él sabe cómo volver nuestro luto en danza, y cuando quitarnos nuestro saco y ceñirnos de alabanza (Sal. 30:11). En vano extiende Amán la red delante de Aquel cuya sabiduría y poder gobierna los intereses de su pueblo. Todos los envanecidos de corazón serán ciertamente traídos a vergüenza y confusión: más tarde o más temprano será destruida la esperanza del hipócrita. Demónico debe ser el estado de alma de aquel al que la honra y exaltación de otro le provoca un tan grande dolor y desengaño. La envidia es cruel como el sepulcro.

VII. Condenado. «Así colgaron a Amán en la horca que él había hecho preparar para Mardoqueo» (7:10). Hizo un hoyo, lo cavó, y cayó en el hoyo que había hecho (Sal. 7:15). El malvado queda atrapado por la obra de sus propias manos (Sal. 9:15). La paga del pecado es la muerte. En el foso de los leones, Daniel no recibió ni un rasguño, pero cuando sus enemigos fueron echados al mismo, los leones «se apoderaron de ellos y quebraron todos sus huesos» cuando «aún no habían llegado al fondo del foso». La horca del juicio de la que pendió Amán fue tan alta como el propósito asesino que abrigaba en su corazón. Con la medida que midáis os será medido. El que se humilla, será exaltado, pero el que se enaltece, será abatido. El Dios de la gracia es asimismo el Dios del juicio.

383. EL ADVERSARIO DE JOB

Job 1:6-22; 2:1-10

> «*Cuando la lucha en su interior comienza,*
> *Aquel hombre algo vale*»
> BROWNING

El caso de Job fue típico. Vosotros habéis oído de su paciencia, así como habéis visto la fe de Abraham y la mansedumbre de Moisés. Se permite que la desesperada lucha de Job tenga lugar en público, para que podamos aprender el secreto de la resistencia. Se trata de una batalla entre el mejor de los hombres y el peor de los enemigos. Satanás hace todo lo que está en su mano para aplastar y derribar la integridad de este «varón perfecto» que se ha visto protegido por la especial providencia de Dios, y que solo puede ofrecer una resistencia pasiva. Aunque los ambientes de Dios eran todo lo que pudiera desearse, no estaba a prueba en contra de las poderosas tentaciones del diablo. El ambiente del mismo Cristo no le eximió de asaltos satánicos. Job tenía una buena hacienda, buenos ingresos, pero la hacienda y los ingresos no son todo lo que los hombres necesitan, si quieren mantenerse firmes contra las mortíferas artimañas del diablo. Y acerca de este enemigo de la justicia, no nos olvidemos de:

I. Su personalidad. Según la enseñanza de la Escritura hay un solo Diablo, pero hay muchos demonios. Al referirse a él, los apóstoles y evangelistas siempre hablan en singular, y ello alrededor de treinta veces. «Apártate de mí, Satanás» es algo que no podía ser nunca dicho de una mera influencia impersonal. Él es *mentiroso* desde el principio; una influencia no puede mentir. Solo los hombres y los demonios mienten. Toda mentira es diabólica, y el diabolismo demuestra que hay un Diablo.

II. Su origen. «Y dijo Jehová a Satanás: *¿De dónde vienes*? Respondió Satanás a Jehová, y dijo: De recorrer la tierra y de andar por ella» (v. 7). El mismo misterio que pende sobre el origen del pecado pende sobre el origen de Satanás. Cuando nuestro Señor dice que el diablo era homicida y mentiroso *desde el principio*, es difícil creer que haya sido nunca nada mejor. Según su propia confesión, su esfera de trabajo es «recorrer la tierra, y... andar por ella». Su dominio es el mundo, y su condición es de agitación sin fin. Que Satanás y su hueste de demonios sean los espíritus descarnados de una raza preadánica que se atrajera la condenación de Dios sobre sí por el pecado es una teoría que no carece de un cierto atractivo.

III. Su objeto. Su propósito fijo es poner separación entre Dios y el hombre (v. 11). En su diabólica actividad, dolorosamente, logra con frecuencia su objetivo. Antes de intentar separar a Job de su Dios, había logrado sus fines con Adán y con Caín, y después con Saúl y con Judas, y con una multitud de otras gentes. No hay hombre sobre la tierra que irrite tanto a Satanás como el «varón perfecto». Dirige él todas sus energías contra el hombre de oración y de sacrificio. Mientras Jesucristo estuvo en la tierra, las fuerzas del infierno le fueron saliendo al paso de continuo, en una u otra forma. Los nombres dados a Satanás en las Escrituras son intensamente indicativos de su carácter y propósito. Él es el *Adversario*; el *Acusador* de los hermanos; el *Homicida*; el Príncipe de las *tinieblas*; el Príncipe de este *mundo*; el león rugiente. Él es el dios de este mundo perdido; el gobernante de sus tinieblas. Y él es quien se opone a los hermanos y los acusa; el mentiroso contra la verdad y el asesino de las almas. «*Resistid* al Diablo, y él se apartará de vosotros» (Stg. 4:7).

IV. Su poder. No se puede abrigar duda alguna acerca de que Satanás es capaz de ejercer gran poder además de una gran ira. Pero es totalmente impotente para tocar a un hijo de Dios, o cualquiera de sus posesiones, sin el permiso de Dios. A Satanás se le permitió enviar a sus mensajeros, uno tras otro, a abofetear a Job, como le fue permitido posteriormente que hiciera con el Apóstol Pablo (2 Co. 12:7), y, bendito sea Dios, con un resultado muy parejo. Aunque a veces se le permita al Diablo sacudir el trigo, no se le permite que lo devore: «He aquí, todo lo que tiene está en tu mano; solamente no pongas tu mano sobre él» (v. 12). Hasta ahí, y no más. Luego, cuando este adversario lanzó su segundo reto, el Señor le dijo: «He aquí, *él* está en tu mano;

mas guarda su vida» (cap. 2:6). Fue larga la atadura que recibió este león, y empleó toda su longitud hasta el máximo. Se le había dado acceso a todo menos al espíritu de este hombre que aborrecía el mal, y habiendo recibido licencia para ejercitar su diabólica actividad, descubrimos en el acto dónde reside el secreto de su fuerza. Descubre sus poderosas armas en los sabeos, los caldeos, el rayo, y el viento (vv. 15-19). Que pueda dominar estas fuerzas constituye una revelación de su maravilloso poder y recursos. El diablo tiene dos arsenales, uno en el cielo, y el otro en la tierra: los *elementos*, y los *corazones* de los hombres impíos. Y un enemigo así no es enemigo pequeño.

V. Su manera de obrar. Su primer acto es el de salir de delante de Dios. «Y salió Satanás de delante de Jehová» (v. 12). Satanás, y toda su hueste, visible o invisible, sean hombres o demonios, aman las tinieblas en vez de la luz, porque sus obras son malas. Y él tiene una gran tarea delante suyo: quebrantar la confianza de un hombre perfecto en su Dios; por ello, espera el momento más oportuno para desencadenar su ataque. Aquel día oportuno llegó cuando «Sus hijos e hijas estaban comiendo y bebiendo vino en casa de su hermano el primogénito» (v. 13). Para atacar a Job, el Diablo tenía primero que destruir las vallas exteriores; y esto lo hizo prevaleciendo sobre *hombres* para que le robaran sus bueyes, asnos y camellos, y para que dieran muerte a sus siervos. Bien poco conscientes debían estar aquellos hombres, cuando se apoderaban de las pertenencias de Job, de que eran agentes del Diablo, cumpliendo sus diabólicos fines. El mismo espíritu *ahora obra* en los hijos de desobediencia (Ef. 2:2). Los impíos son instrumentos bien dispuestos para la obra de Satanás. Entró en Judas porque era una persona adecuada para llevar a cabo sus diabólicos planes contra el Hijo de Dios. Envió *fuego desde el cielo*, y quemó a los corderos, para hacer creer a Job que se trataba de un juicio de Dios. Satanás debió pensar que era un golpe maestro cuando el siervo al que había dejado vivo para que llevara las nuevas a Job llegó y dijo: «Cayó del cielo *fuego de Dios*, y abrasó las ovejas y a los pastores» (v. 16). Si Satanás puede llevar al pueblo de Dios a creer, cuando llega el tiempo de aflicción y de prueba, que Dios está en contra de ellos, ha alcanzado con ello una victoria. Tuvo gran cuidado en dejar vivo a uno, que pudiera correr a Job, diciendo, «*solamente* yo he escapado para darte la noticia». Este *yo* aquí está en una forma sumamente enfática. El *método* escogido para dar las nuevas a Job es en sí mismo diabólico. El trigo del diablo es todo salvado. El rey Canuto prometió poner a quien matara a su rival, el Rey Edmundo, en la más alta posición en Inglaterra. Y cumplió su promesa colgándolo en la *más alta* torre en Londres. Nosotros no luchamos contra carne y sangre, sino contra «*espíritus de maldad*», que emplean carne y sangre como sus instrumentos en su intento de derribar nuestra fe en Dios. Y no ignoramos sus añagazas. No deis lugar al Diablo.

384. EL CARÁCTER DE JOB
Job 1:1-10

«*Mi fuerza es como la fuerza de diez*
por cuanto puro es mi corazón»
TENNYSON

Este libro, que se supone que fue redactado primero por Moisés, es considerado por muchos como el más antiguo del mundo. Su objeto es exponer la prueba de un «hombre recto». El mismo Job es totalmente desconocedor de que está siendo empleado por Dios como ejemplo para todas las generaciones. Nada sabe acerca de la conferencia que ha tenido lugar con respecto a él, y que se registra en los vv. 7 a 12. La vida de Job fue probablemente contemporánea a la de Abraham, por cuanto en el libro no se hace mención alguna a Israel, ni al Tabernáculo, ni al Templo ni a la Ley. Este libro es de gran valor como revelación de las fuerzas en acción contra la vida de los justos. Todos los caracteres son representativos: Job, el siervo de Dios; Satanás, el adversario; los tres Amigos, la sabiduría del mundo; Elihu, la sabiduría de Dios; Dios, el Juez de todos. El que Job no es un carácter mítico queda claramente demostrado en Ezequiel 14:14 y 20, donde su nombre es mencionado por el mismo Jehová. Como la enseñanza de este libro se centra en la *persona* de Job, intentaremos comprender sus principios directores a través de este *hombre*, para que ellos puedan, si es posible, llegar a ser más interesantes y poderosos en nuestras propias vidas individuales.

I. Él era perfecto. «Era este hombre perfecto y recto, y temeroso de Dios, y apartado del mal» (v. 1, RV). «No hay otro como él en la tierra» (v. 8). Como hombre, era todo lo que un hombre en aquellos tiempos pudiera ser en santidad de carácter. El hecho de que no hubiera «otro como él en la tierra» no es su propio testimonio, sino la declaración de Aquel que conoce lo que hay en el hombre. «Jehová… conoce a los que en Él confían» (Nah. 1:7). Él era perfecto, no en el sentido de ser sin pecado, sino en el sentido de estar *llanamente* (heb.) dedicado a Dios y a la rectitud. Era transparentemente recto, según su conocimiento y capacidad. Andaba en la luz, aunque aquella luz pueda haber sido aún una penumbra. Como hombre honrado que era, Job andaba rectamente, en lo moral, delante de Dios y de los hombres. Su carácter está en acusado contraste con la multitud de personas que, como la mujer en el Evangelio, están tan «encorvadas» por el amor del mundo y por el temor a los hombres, que no pueden enderezarse en modo alguno. El amor y la concupiscencia son cadenas que atan las almas de los hombres como con grilletes herrados.

II. Era rico. «Su hacienda era siete mil ovejas, tres mil camellos, quinientas yuntas de bueyes», etc., «y era aquel varón el más grande entre todos los orientales» (v. 3). Los hombres buenos no son siempre ricos; pero Dios había ciertamente recompensado la bondad y fidelidad de Dios, permitiéndole llegar a ser el hombre más rico del país. Los *mejores* serán siempre los más ricos, si no en lo material, desde luego en los tesoros más permanentes, los espirituales y divinos. Aunque había un abismo de agonía entre la vida presente y la futura de Job, sin embargo descubrió que ser recto compensaba. El hombre *perfecto* será recto, temerá a Dios y aborrecerá el mal, aunque deba sacrificar todas sus posesiones terrenales a este fin. Si aumentan sus riquezas, incluso sus riquezas espirituales, él no pone su corazón en *ellas*.

III. Era sabio. «Se levantaba de mañana y ofrecía holocaustos conforme al número de todos [sus hijos]. Porque decía Job: Quizá habrán pecado mis hijos y habrán maldecido a Dios en sus corazones. De esta manera hacía *cada vez*» (v. 5). Estas reuniones familiares, para disfrute social, eran en sí mismas un buen testimonio de su padre, recto y sacerdotal. Aquellos siete hijos deben haber recibido una buena crianza, siendo que buscaban la comunión entre sí, y que no dejaban de convidar sobre todo a las tres hermanas a sus fiestas. Job no prohibió estas fiestas, pero conocía demasiado bien la naturaleza humana para suponer que no hubiera ningún riesgo moral involucrado en estas ocasiones. «Quizá habrán pecado mis hijos». Cuando se trata de la búsqueda de los placeres es muy fácil olvidar a Dios, y actuar de una forma que deshonre su santo nombre. Así que Job, el sacerdote de su propia familia, ofrece un sacrificio por cada uno de sus hijos. Como sabio padre, está profundamente interesado en que sus hijos sean rectos para con Dios. No es suficiente para un «varón perfecto» que su familia sea sana y feliz y próspera en este mundo; anhela intensamente, y no ahorra sacrificio alguno, para que llegue *cada uno de ellos* a vivir y caminar en el temor y favor de Dios. El *pecado* contra Dios es aquello que su alma recta ha aprendido a aborrecer.

IV. Estaba protegido. «¿No le has rodeado de una valla de protección *a él y a su casa y a todo lo que tiene?*» (v. 10). Su persona, su familia y sus propiedades estaban valladas por el cuidado especial de Dios. A su alrededor se levantaban tres círculos defensivos. Él y los suyos eran como la vid del Señor (Is. 5:1, 2). Satanás parece haber conocido más acerca de la inexpugnable posición en que estaba Job que el mismo Job. Su temor de Dios lo había puesto más a seguro de lo que él pensaba. El Dios de ayer es el mismo Dios hoy. No podemos ver al «*ángel* de Jehová [que] *acampa alrededor* de los que le temen», pero el diablo sí. Las vallas hechas por el Señor son demasiado fuertes incluso para la astucia de Satanás. El testimonio de Satanás con respecto a la seguridad de los hijos de Dios es de enorme valor. Sin el permiso de Dios su gran poder es totalmente impotente contra el hombre que se refugia en los baluartes de su Dios. «Dios es nuestro amparo y fortaleza, … Por tanto, no temeremos.»

V. Estaba señalado. «Y dijo Jehová a Satanás: ¿No has *considerado* a mi siervo Job…? Respondió Satanás a Jehová: ¿Acaso teme Job a Jehová de balde?» (vv. 8, 9). Job, siendo un varón perfecto y recto, era objeto a considerar por parte del Señor y de Satanás. Era hombre marcado para el favor de Dios, y para la envidia de Satanás. Tanto Dios como el Diablo señalan al hombre perfecto (Sal. 37:37). La consideración divina es toda para nuestra seguridad y utilidad, mientras que la consideración satánica es cómo lograr perturbarnos y destruirnos. ¿No es cierto en un sentido que todo «hombre perfecto en Cristo Jesús» llega a ser objeto especial del asalto del poder de las tinieblas? Cuando Josué, el sumo sacerdote, fue visto «de pie delante del ángel de Jehová», Satanás fue visto «a su mano derecha para *acusarle*» (Zac. 3:1). ¿Por qué estaba Satanás tan deseoso de tener a Simón Pedro para sacudirlo como a trigo? ¿Acaso temía que aquella cálida e impetuosa naturaleza llegara a consagrarse enteramente a la causa de Jesucristo? Aquellos por los que Satanás y sus huestes no se preocupan deben estar haciendo bien poco por la causa de Dios. El cielo y el infierno señalan al hombre piadoso. Revestíos de toda la armadura de Dios, para que podáis estar firmes contra las artimañas del diablo.

385. LAS PRUEBAS DE JOB
Job 1:13-22; 2:1-10

«Satanás nos desea, a grandes y pequeño
Para como trigo sacudirnos, y todos tentados somos
Nadie, sin embargo, rico o grande
Es por su posición o condición exceptuado»

LONGFELLOW

El mismo nombre Job significa perseguido. En sus singulares pruebas es prototipo de Cristo. Todo hombre perfecto tendrá su Edén que gozar, su Isaac que sacrificar, y su desierto de severa y prolongada prueba. Es a través de muchas tribulaciones que entramos en el la mayor plenitud y poder del reino de Dios. Ninguna aflicción parece ser al presente causa de gozo, pero, no obstante, *después* rinde frutos apacibles de justicia a los que por ella han sido ejercitados. ¿Hubo alguna vez alguien más ejercitado acerca de sus angustias que Job? Pero, entretanto, observaremos:

I. El propósito de sus pruebas. En Job se cruzan dos propósitos. Uno era divino, y el otro satánico. Satanás dijo: «¿Acaso teme Job a Dios de balde? ... Pero extiende ahora tu mano y toca todo lo que tiene, y verás si no blasfema contra ti en tu misma presencia» (vv. 9-11). Satanás no creía que aquel hombre permanecería fiel a Dios si quedaba privado de todo goce material y terrenal. Si Job vaciló ante tal prueba, Jesucristo no lo hizo. No tuvo donde posar su cabeza. Él fue *el* «Varón de dolores», pero siempre hizo aquellas cosas que agradaban a su Padre. Job, siendo totalmente inconsciente de que estaba siendo empleado de esta forma como un caso de prueba, debió sentirlo como una severa prueba de su *fe*. Bien lo sabe el diablo, que si los hombres han de vencer el mundo por la *fe*, su poder queda quebrantado, y su reino perdido. Así ha sido desde el principio; los que quieren temer a Dios y apartarse del mal tienen que librar la buena batalla de la fe.

II. La naturaleza de sus pruebas. El carácter de las pruebas de Job fue de la peor clase. No hubo medias tintas. Cada prueba fue en sí una total catástrofe. Hubo:

1. LA PÉRDIDA DE LAS PROPIEDADES. Sus «siete mil corderos, tres mil camellos, quinientas yuntas de bueyes, y quinientas asnas» le fueron repentinamente arrebatados, o quemados con fuego del cielo. El más rico de los orientales quedó en un solo día en la más abyecta miseria. Esto, por sí solo, habría llevado a muchos hombres a una total desesperación.
2. LA PÉRDIDA DE LA FAMILIA. Sus siete hijos y tres hijas murieron de golpe de manera terrible (v. 19). Este juicio debe haber sido «un gran abismo» para el alma recta y sensible de Job (Sal. 36:6). No hay ley natural por la que puedan comprenderse estas obras de la providencia divina. El dominio de la fe, para el espíritu del hombre, está más allá de la naturaleza.
3. LA PÉRDIDA DE LA SALUD. «Salió Satanás... e hirió a Job con unas llagas malignas desde la planta del pie hasta la coronilla de la cabeza» (2:7). Quedó cubierto de una repugnante enfermedad; no había nada sano en su carne. Como Lázaro, estaba cubierto de llagas, «desde la planta del pie hasta la coronilla de la cabeza». Esta aflicción corporal, como las otras, le vino repentinamente. No tuvo premonición alguna de la proximidad de esta terrible enfermedad; ningún tiempo para fortalecerse mediante la oración frente a este asalto. Satanás tenía permiso para tocar su carne, y la tocó del todo. Con la excepción del Señor Jesucristo, porque en todo Él tiene la preeminencia, es dudoso que jamás hubiera un mortal que fuera puesto a tan dura prueba. Si no hubiera un elemento sobrenatural en la fe en Dios, no hubiera podido sobrevivir un choque así.
4. LA PÉRDIDA DE POSICIÓN. «*El más grande* entre todos los orientales» había llegado a ser el objeto más repugnante del Oriente. El que se había sentado entre los príncipes se sienta ahora «sobre las cenizas» (2:8). Se había visto privado de todo, excepto de su vida.
5. LA PÉRDIDA DE LA SIMPATÍA. «Entonces le dijo su mujer: «Aún persistes en tu integridad? Maldice a Dios, y muérete» (v. 9). Su mujer, el único consuelo que le quedaba, resulta ser un cáncer. Ella no puede comprender la fe en Dios en circunstancias así. Los cristianos de bonanza siempre naufragan en una tempestad así. Este escarnio a través de su mujer fue el último esfuerzo del diablo para quebrantar la integridad de Job. Fue el envenenamiento de su última fuente de consolación en la tierra. Job sondeó así la sima de sus sufrimientos, tocando el fondo de este gran abismo. La suya es ahora «una vida sin vida», un monumento acabado de aquel gran maestro del arte del mal. Y éste es el maestro que tantos se complacen en servir. Servir el pecado es ser esclavo del Diablo.

III. El efecto de sus sufrimientos. El resultado inmediato de estas terribles pruebas que desnudaron a Job de todo bienestar material fue una más clara revelación del hombre interior, espiritual. «Entonces Job... se postró en tierra en *humilde adoración*, y dijo: ... Jehová me lo dio, y Jehová me lo quitó; sea bendito el nombre de Jehová» (1:20, 21). Estas palabras, dichas por este preeminente sufridor, han descendido como un legado a los enlutados cada generación desde aquel entonces; en muchas lápidas funerarias se pueden leer como el lenguaje de un profundo dolor y de una sumisión que brota del corazón. «*Jehová*... lo quitó». Job vio al Señor detrás de los sabeos y de los caldeos que cayeron sobre sus rebaños. «En todo esto no pecó Job con sus labios» (cap. 2:10). El hecho de que no escapara ninguna murmuración de aquellos ardientes labios en medio de tal horno de aflicción demuestra cuán completamente se había dado a sí mismo a Dios con todo lo que tenía. «¿Qué? ¿Aceptaremos de Dios el bien, y el mal no aceptaremos?» ¿Acaso el dador de todo bien no tiene derecho a retener aquel bien o su propio beneplácito? ¿Qué tenemos que no hayamos recibido? Puede que Job no fuera profeta, pero él se halla «como ejemplo de aflicción y de paciencia» entre «los profetas que hablaron en nombre del Señor» (Stg. 5:10, 11). Hay una vida que no consiste en las *cosas* que poseemos; es infinitamente superior a las mismas e independiente de ellas. Después de lograr un atisbo detrás de las escenas acerca del propósito de las pruebas de Jacob, tengamos en sumo gozo, por la fe, cuando seamos sometidos a «diversas pruebas, sabiendo que la *prueba* de vuestra fe produce paciencia» (Stg. 1:2, 3).

386. LOS CONSOLADORES DE JOB: ELIFAZ
Job 4–7

«Cómo consolar a los que se duelen
es algo que los santos intentar deben;
sin embargo, quizá, Dios menos hubiera hecho
si un santo allí hubiera estado, y no yo.
«¡Ah, que tan poca gracia tenemos,
con tan poco amor ardemos,
que la más dura de nuestras obras para Dios
consolar a los dolidos sea!

FABER

La hermosura y el significado de algunas imágenes se ve y comprende mejor a distancia. Podemos ver más hondo en el significado de los sufrimientos de Job que el mismo Job y que sus consoladores. Desde nuestra cima montañosa bañada por la luz del sol miramos a estos amigos como todos ellos obrando en las tinieblas, así como, quizá, algunos de los ángeles de Dios pueden mirarnos con pena al vernos debatiéndonos en vano tratando de encontrar la razón de por qué Dios, en su providencia, nos trata como nos trata. La gran lección fundamental del libro de Job es: «Tened fe en Dios». Estos consoladores no pueden ser acusados de dureza de corazón ni de motivación maligna. Unos hombres que «prorrumpieron en llanto con gran clamor» al ver la condición de Job, y que «se sentaron con él en tierra por siete días y siete noches» no carecían, desde luego, de una verdadera simpatía y compasión. La debilidad y el pecado de ellos estuvo en su autoconfianza. Cada uno de ellos estaba seguro de que estaba acertando en su determinación de la causa de la caída de Job, aunque su experiencia era algo *nuevo* en la providencia de Dios. Para nosotros, los elocuentes razonamientos de ellos constituyen una poderosa evidencia de la total incapacidad de la «sabiduría de este mundo» para explicar o comprender los misterios de la experiencia cristiana.
Job comenzó esta gran contienda verbal al abrir la boca, maldiciendo su día: «Perezca el día que yo nací» (3:1-3). Satanás había dicho: «Extiende ahora tu mano, y toca todo lo que tiene, y verás si no blasfema *contra ti* en tu misma presencia». Job se acercó peligrosamente a cumplir la predicción del Diablo, cuando «maldijo su día», pero con todo, no maldijo a su Dios. Muchos se han visto empujados, por el pecado y el dolor, a maldecir el día de su primer nacimiento, pero la historia nunca nos ha mostrado a nadie que tuviera deseo alguno de maldecir el día de su *segundo* nacimiento. El hombre que es nacido en pecado es nacido para la aflicción como las chispas se levantan para volar por el aire, pero el hombre que nace de nuevo nace para el reino de la paz. Durante aquellos largos y fatigosos siete días, el oro del carácter de Jacob pareció oscurecerse, y mudarse el oro más fino, porque habló imprudentemente con sus *labios* (2:10). En el día de las tinieblas y de la prueba, cuidémonos de aquel «mal indomable» de la lengua. Este discurso inaugural del sufriente patriarca traiciona un alma abrumada por el aturdimiento. Tiene muchos interrogantes. Con todo, este estallido de agonía ha enseñado a muchos a callarse bajo la poderosa mano de Dios. No es una mera hipérbole decir que los sufrimientos

de Job, como los de Cristo, fueron para el bien de otros. La Biblia habría carecido de algo si nunca hubieran existido el conflicto y la paciencia de Job. Será imposible en estas breves notas poder abarcar nada semejante al pleno sentido de estos grandes e impetuosos discursos. Solo intentaremos atrapar una palabra aquí y allá que pueda sernos de ayuda para entender el libro, y entrar en una experiencia más profunda de las cosas de Dios.

I. El discurso de Elifaz (caps. 4, 5).

1. «SI INTENTAMOS HABLARTE, TE SERÁ MOLESTO» (4:2). Elifaz comienza muy tiernamente; se da cuenta de que la herida a vendar es muy honda y dolorosa. Se precisa de una lengua adiestrada por la experiencia para decir una palabra en sazón a aquel que está tan fatigado y cargado. Es una obra solemne y llena de gracia tener compañía con los doloridos, pero que estos misioneros se cuiden de que en sus corazones estén a la vez en comunión con Dios, o puede ser que solo agraven la angustia.

2. «AL QUE TROPEZABA LO ENDEREZABAN TUS PALABRAS... MAS AHORA... TE DESALIENTAS» (vv. 3-5). Este amigo conocía la pasada vida de Job, y se aventura a recordarle cómo él había sido un medio de bendición para otros en la hora de su necesidad. Éste era sólo un pequeño rayo de luz para la gran oscuridad de Job, pero al menos había un pequeño resplandor. Decirle a un hombre que había sido rico no le consolará mucho cuando se ve en la bancarrota. Es más fácil hablar palabras de aliento a los tentados que soportar la tentación. Los consoladores de otros necesitan en ocasiones ser consolados. «Los que esperan a Jehová... *no se fatigarán*».

«Recapacita ahora: ¿qué inocente jamás ha perecido?» (v. 7). Este dicho es como una espada de dos filos: corta en ambos sentidos. Puede significar: Si fueras inocente, como pretendes, no estarías agonizando de esta manera; o, por cuanto eres inocente, es imposible que perezcas. El Señor conoce a los que son suyos, y cómo librar a los piadosos de la tentación (2 P. 2:9). El Señor no pudo hacer nada contra los culpables sodomitas hasta que los justos fueron sacados de en medio de ellos (Gn. 19:22). Vale la pena *recordar* Los hechos de la historia

3. «PORQUE LA AFLICCIÓN NO SALE DEL POLVO... CIERTAMENTE YO EN TU LUGAR BUSCARÍA A DIOS» (5:6-8). La aflicción no surge por casualidad; no es la repentina manifestación de una generación espontánea. La ley de los microbios está incluida aquí, y si yo estuviera en tu lugar, «buscaría a Dios, y encomendaría a Él mi causa». ¿Qué podría haber mejor que esto? Pero Elifaz no estaba en el lugar de Job, y así le era relativamente fácil decir qué haría. Empero, sigue siendo lo mejor que se pueda hacer. ¿A quién mejor podemos ir que a Él? Solo el Señor sabía todas las razones por las que había sobrevenido aquel día oscuro y lleno de nubes. Sí, en el día de la adversidad considera a Aquel que por nosotros soportó tal contradicción de pecadores.

4. «HE AQUÍ, BIENAVENTURADO ES EL HOMBRE A QUIEN DIOS CORRIGE» (v. 17). La reprensión recibida de Dios constituye una consoladora prueba de su amor y solicitud. Cada verdadero hijo de Dios desea que sus pensamientos, sentimientos y caminos sean corregidos por su Padre celestial. Debiéramos considerar un gran privilegio ser corregidos ya bien por su palabra, ya por su vara.

5. «EN SEIS TRIBULACIONES TE LIBRARA, Y AUN EN LA SÉPTIMA» (v. 19). «ESCUCHALO Y APLICATELO PARA TU PROVECHO» (v. 27). Salomón dice que «siete veces cae el justo, y vuelve a levantarse» (Pr. 24:16). A Job le habían sobrevenido seis desgracias, y no había sido aún librado de ninguna de ellas. Pero Dios es Dios de liberación. No permitamos que el *número* de nuestras angustias o dificultades limiten al Santo. «Escúchalo». No dejemos que las voces de este mundo, o de un corazón malo, emboten de tal manera el oído que no se pueda oír la voz apacible de la promesa (Sal. 34:19).

II. La réplica de Job (caps. 6, 7). Las maravillosas palabras de Elifaz ejercieron poco efecto. Job comienza diciendo:

1. «¡OH, QUE PESASEN JUSTAMENTE MI QUEJA Y MI TORMENTO!» ¿Qué es más pesado y difícil de pesar que el dolor? Pero, ¿de qué serviría al agobiado sufriente si pudiera llegar a saber la plena medida y peso del mismo? Su dolor, como el dolor de Quien agonizó en Getsemaní, es a la vez terrible y misterioso.

2. «LAS SAETAS DEL TODOPODEROSO ESTÁN CLAVADAS EN MI» (6:4). Una semana antes había dicho: «*Jehová* me lo dio, y *Jehová* me lo quitó», pero ahora su alma está traspasada con las saetas del *Todopoderoso*. Con todo, no dice «con los dardos encendidos del Maligno». Las saetas han sido muchas –y aguzadas–, pero han venido del dedo de Dios (Sal. 38:2). Las saetas del Todopoderoso nunca fallan el blanco (Lm. 3:12), y cuando están *dentro* de nosotros, solamente Aquel que las ha enviado puede quitarlas (2 Co. 5:11).

3. «¿ES DE BRONCE MI CARNE?» (6:12). Dios podía haber fácilmente hecho nuestra carne tan dura, permanente e insensible como el bronce, y nuestra fuerza «la de las piedras», si no nos fuera bueno ser afligidos. La vara de la corrección sería inútil sobre un cuerpo de bronce. Él conoce la fragilidad de nuestra constitución, y no pondrá sobre nosotros más de lo que podamos soportar.

4. «HACEDME ENTENDER EN QUÉ HE ERRADO» (6:24). Si esta calamidad me ha sobrevenido debido a mi pecado, como Elifaz parecía pensar (5:8), entonces mostradme, dice Job, dónde reside mi pecado. El sufrimiento no es siempre un castigo o una corrección, sino que puede ser simplemente una puerta estrecha o un camino duro a una mayor bendición; el Jordán que atravesamos para alcanzar una nueva tierra de promisión. Job no estaba consciente de haber pecado. Lo último que le vemos hacer es ofrecer sacrificios por sus hijos, en caso de que hubieran pecado. Si en nuestra aflicción no tenemos consciencia de pecado, podemos estar seguros de que Dios tiene algo nuevo que mostrarnos. Espera pacientemente en el Señor.

5. «HABLARÉ... ME QUEJARÉ» (7:11). Éste es el lenguaje de un espíritu angustiado, y de un alma en amargura. Más nos habría complacido oírle diciendo: «Esperaré... confiaré». Hay un silencio y un embotamiento que denotan más incredulidad que sumisión, pero, ¿por qué un creyente en Dios debe decidirse a quejarse? Cuando el Hombre Cristo Jesús estaba en agonía, oraba más intensamente. El «hombre perfecto» en el Antiguo Testamento queda muy lejos del perfecto Hombre en el Nuevo. «*Invócame* en el día de la angustia». Es tan fácil invocar como quejarse.

6. «DEJADME» (7:16). A veces puede ser difícil soportar el peso de la pesada mano de Dios, pero es infinitamente estar solo. ¿Qué le sucede a la rama que es abandonada por el árbol? ¿Qué le sucedería al niño abandonado por su madre? Efraín se ha dado a los ídolos; déjalo. Hay una enfermedad indolora que conduce a la muerte segura. Como santos o como pecadores no sabemos lo que hacemos cuando le pedimos a Dios que nos deje solos. Es por la gloria de su gracia en su bondad para con nosotros en Cristo Jesús que no nos deja solos. Hay oraciones que Dios, en su gracia, rehúsa contestar.

387. LOS CONSOLADORES DE JOB: BILDAD

Job 8–10

I. El discurso de Bildad (v. 8). Su forma es brusca desde el comienzo, y parece menos compasivo que Elifaz. Su argumento viene a ser que a no ser que Dios envíe liberación rápidamente, debemos llegara la conclusión de que tanto tú como tu familia sois culpables de pecar contra Dios, y que esta terrible calamidad es la justa recompensa de vuestras obras. Como Elifaz, está en total ignorancia del propósito de las pruebas de Job, pero habla con la confianza de un oráculo. Observemos algunos de sus temas claves:

1. «¿ACASO TORCERÁ DIOS EL DERECHO?» (8:3). ¿Le es posible a Dios ser injusto? ¿Puede acaso Aquel que se sienta en el Gran Trono *Blanco* ser injusto en sus tratos con nadie? No. Pero, ¿qué consuelo puede dar esto a un corazón dolorido y traspasado? El hecho de que la *ley* sea santa, justa y buena no es una gran consolación para un alma azotada con la más profunda angustia. El corazón angustiado anhela amo, gracia y compasión.

2. «SI TE HICIERAS PURO Y RECTO, SEGURAMENTE ÉL DESPERTARÍA AL PUNTO PARA DEFENDERTE» (v. 6, V.M.). Si en verdad eres todo lo que profesas ser, ciertamente que al *punto*, cuando has caído en tal abismo de miseria, Dios se levantaría en tu ayuda. Se puede ver fácilmente el brillo del frío acero en este implacable golpe. ¡Cómo debe haberlo sentido la sensible alma de Job! Es la plata, no la escoria, lo que el afinador pone en el fuego. «*Todo aquel [pámpano]* que lleva fruto, lo limpia, para que lleve más fruto». José fue fructífero en la tierra de la aflicción (Gn. 41:52). Pero hay una verdad en la declaración de Bildad, acerca de que «lo que pidamos, lo recibimos de Él, porque guardamos sus mandamientos, y hacemos las cosas que son agradables delante de Él» (1 Jn. 3:22).

3. «PREGUNTA AHORA A LAS GENERACIONES PASADAS» (v. 8). Hay mucho a aprender del pasado, y de los tratos de Dios con los padres, pero que todas las cosas continúen como eran no es la enseñanza del Espíritu Santo (1 P. 3:4). Job «preguntaría» en vano acerca de la causa de sus dolores a las «generaciones pasadas». El hombre no puede hallar a Dios *buscándole*; es *confiando* en

Él que aprendemos a conocerle. La vida de la fe está en un plano totalmente diferente de la vida de la razón y de la vista. Cree, y verás.

4. «¿CRECE EL PAPIRO FUERA DEL PANTANO?» (v. 11). El suhita dice ahora algunas cosas claras acerca de la hipocresía. Así como el papiro no puede crecer sin un pantano, tampoco puede florecer «la esperanza del impío» sin ser alimentada por aquello que le es apropiado. Si Job seguía teniendo esperanza, se debía al pantano de su impiedad. Si «está verde delante del sol», ello se debe a que tiene dentro de él aguas de engaño (v. 16). Aunque «la esperanza del impío perecerá», esto no demuestra que porque, a causa de una tremenda prueba, haya vacilado la esperanza de alguien, que esté pereciendo sin esperanza. Que Dios se apiade del hombre cuya esperanza es solo «como tela de araña» (v. 14). Confía tú en Dios.

5. «HE AQUÍ, DIOS NO RECHAZA AL HOMBRE ÍNTEGRO» (v. 20). Éste, como muchos de sus otros dichos, admite una doble interpretación. Si tú hubieras sido un «varón perfecto», Dios no te habría rechazado de esta manera; o, si eres en realidad un varón perfecto, Dios no te rechazará, aunque hayas llegado a tan bajo. Es una misericordia saber que cuando otros te estén juzgando erradamente, Dios mira al corazón. Él conoce a los que son suyos. «Porque no abandonará Jehová a su pueblo, ni desamparará a su heredad» (Sal. 94:14). Para crédito de Bildad, digamos que cierra su discurso con una palabra de esperanza (vv. 21, 22). Los que siembran con lágrimas, con gozo segarán.

II. La réplica de Job (caps. 9, 10). Job comienza a responder a Bildad haciendo una pregunta muy penetrante.

1. «¿Y CÓMO SE JUSTIFICARÁ EL HOMBRE ANTE DIOS?» (v. 2). Es fácil decirle a alguien lo que debería ser, pero, ¿cómo se va a hacer esto? El *hombre* debiera ser recto para con *Dios*, pero, ¿de qué manera se va a conseguir esto? ¿Cómo va a ser quitada la iniquidad del hombre, y a ser purificada la culpa de su pecado? ¿Quién hará la llave que vaya bien con la cerradura? ¿Sobre qué base va a quedar el pecador justificado *delante* de Dios? No se saca nada de «discutir con Él» (v. 3). Se trata de cómo vamos a escapar. Pero esta pregunta ha recibido cumplida respuesta por parte del mismo Dios que hace maravillas sinnúmero (v. 10) en el don y los padecimientos de Jesucristo su Hijo.

2. «¿CUANTO MENOS... HABLARÉ CON ÉL PALABRAS ESCOGIDAS?» (v. 14). Él no es hombre como yo. ¿Qué argumentos puede un hombre impío emplear con un Dios santo? Si se trata de la cuestión del pecado y del juicio, no hay lugar en absoluto para los razonamientos humanos. Él no puede justificarse a sí mismo (v. 20). Aunque se lave con agua de nieve, se verá sin embargo echado a una sucia acequia, y sus propias vestiduras le aborrecerán (vv. 30, 31). Pero a los mismos *hijos* recaídos de Dios se les llama: «Venid, ... y estemos a cuenta» (Is. 1:18), y se les da una preciosa promesa. Lo que Dios pide a los que están dolidos por sus pecados es no que vengan a estar a cuenta, sino que confiesen sus pecados y los abandonen.

3. «NO HAY ENTRE NOSOTROS ÁRBITRO» (v. 33). Estas palabras tan bien conocidas expresan con verdad la más profunda necesidad de un espíritu pecaminoso que sufre. ¡Oh por uno capaz de actuar como árbitro entre un Dios poderoso y un alma miserable! Uno que sea divino y humano, capaz de poner la mano sobre ambos y de suplir la necesidad de ambos, dando satisfacción a las justas demandas de Dios y pronunciando paz a un corazón angustiado. Esta gran necesidad ha quedado perfectamente suplida en Jesucristo, porque «si alguno peca, abogado tenemos *para con el Padre*, a Jesucristo el *Justo*, y Él es la *propiciación* por nuestros pecados» (1 Jn. 2:1, 2). «Nadie viene al Padre, sino por medio de Mí» (Jn. 14:6).

4. «DIRÉ A DIOS... ¿TE PARECE BIEN?» (cap. 10:2, 3). Sí, díselo a Dios. Que los pensamientos de tu corazón sean presentados delante de Él. Nada se oculta a sus ojos, y como Padre lleno de gracia Él siempre dará oído a nuestras quejas. Muchas cosas que nos parecen malas a nosotros, a Él «le parecen bien». Si Job hubiera sólo podido conocer todo el sentido de sus sufrimientos, es indudable que habría dicho: «La voluntad de Jehová es buena». Ya antes había hablado así (1:21).

5. «TU SABES QUE NO SOY IMPÍO» (v. 7). Si nuestros corazones no nos condenan, tenemos confianza para con Dios. La pureza negativa no lo es todo, pero es algo. Y no es éste el lenguaje del fariseo: «doy gracias a Dios que no soy como los otros hombres»; es la honrada confesión de uno que no está consciente de haber merecido un juicio tan terrible debido a su pecado. No es una jactancia, sino una protesta contra la idea del *castigo* como explicación al misterio de sus aflicciones. Deberíamos ciertamente inclinarnos con santa reverencia, sometimiento y fe, cuando su mano gravita pesadamente sobre nosotros, si nuestros corazones son limpios. «Los de puro corazón verán a Dios».

6. «ACUÉRDATE QUE COMO A BARRO ME DISTE FORMA» (v. 9). En tal caso no le toca al barro resistir la mano obradora de maravillas del Divino Alfarero. Él no reducirá el barro a polvo. El alfarero no puede convertir el polvo seco en un vaso útil. Cuando hemos sido abatidos por el peso de la aflicción, tan bajos que sentimos como si hubiéramos sido devueltos a aquella condición de alma en la que estábamos al principio, cuando Dios, por su Espíritu, comenzó a operar sobre nosotros, debemos creer que su propósito es transformarnos en «otro vaso» más idóneo para su servicio; o, en otras palabras, cuando los vasos de Dios son vueltos a reducir a *barro*, es para que puedan ser transformados para una obra más alta y honrosa. Los días postreros de Job son una evidencia de esto.

7. «ESTOY LLENO DE CONFUSIÓN, POR ELLO CONSIDERA TÚ MI AFLICCIÓN» (v. 15, vers. inglesa *King James*). Ésta es una confesión honrada: no puede comprender el sentido de esta terrible tragedia. Está cubierto de vergüenza; sin embargo, su conciencia está limpia, y apela a la mirada del Omnisciente. «Considera tú mi aflicción». Mi luz se ha tornado en tinieblas; no puedo ver, pero velo Tú. No hay confusión en la mente de Dios, no importa lo misteriosa e inexplicable que sea para nosotros su providencia. En el reino de las cosas del Espíritu, los *razonamientos* humanos pueden solo acabar en confusión. Saulo estaba embargado de confusión cuando dijo: «Señor, ¿qué quieres que yo haga?» (Hch. 9:6). Y así se sentían muchos en el Día de Pentecostés, cuando clamaron: «Varones hermanos, ¿qué haremos?» Dios, que ordenó que la luz resplandeciera en medio de las tinieblas, puede aún traer orden de en medio de la confusión. Encomienda a Él tu camino.

388. ¿CÓMO SE JUSTIFICARÁ EL HOMBRE ANTE DIOS?

Job 9:2

1. SE TRATA DE UNA PREGUNTA COMÚN. Se pregunta en toda época, y la hace toda criatura.
2. ES UNA PREGUNTA IMPORTANTE. El destino eterno del hombre está relacionado con ella.
3. ES UNA PREGUNTA DIFÍCIL. *Nadie* puede contestar a ella con la mera sabiduría humana. Es difícil 1) debido al carácter de Dios: santo, recto, justo; 2) debido al carácter del hombre: pecaminoso, culpable, sin remedio.
4. ES UNA PREGUNTA QUE LOS HOMBRES INTENTAN RESPONDER. Dicen: 1) Dios es misericordioso. 2) El hombre no es tan malo. 3) Al final, todo acabará bien.
5. ES UNA PREGUNTA A LA QUE ÚNICAMENTE DIOS PUEDE DAR RESPUESTA. (1) No es por obras (Ro. 3:20). (2) Es por gracia (Ro. 3:24). (3) Es por la sangre de Cristo (Ro. 5:9). (4) Es por fe (Ro. 4:5).

389. LOS CONSOLADORES DE JOB: ZOFAR

Job 11–14

El discurso de Zofar. Como los otros, se siente plenamente convencido de que Job está sufriendo debido a sus pecados, y, a semejanza de Bildad, comienza su discurso con unas preguntas hirientes. No puede soportar oír a Job justificandose afirmando que su «doctrina es pura» y que es «limpio delante de tus ojos» (11:4). Así que dice, como en agonía de alma, «*¡Oh, quien diera que Dios hablara!*» Está seguro de que si Dios hablara, él y sus amigos quedarían justificados en todo lo que habían expresado, que serían revelados los pecados secretos de Job, y que todos sus argumentos quedarían confutados y avergonzados. Descubrieron que era al revés cuando Dios finalmente habló (42:7). Puede que sepamos mucho, pero recordemos que no lo sabemos todo. El que se exalta, será humillado. Pero Zofar prosigue diciendo: «¿Descubrirás tú las profundidades de Dios? ¿Alcanzarás el límite de la perfección del Todopoderoso?» Una perfección que es «más alta que los cielos», «más profunda que el Seol», «más extensa que la tierra» y «más ancha que la mar». El alma hace un gran descubrimiento cuando encuentra a Dios, aunque nunca pueda alcanzar las insondables profundidades de sus infinitas perfecciones. Ésta es la vida eterna, conocerle a Él y a Jesucristo, a quien Él ha enviado. La parte final del discurso de Zofar contiene unas maravillosas palabras, y podría titularse:

UNA HOMILÍA SOBRE EL CAMINO DE LA VIDA

I. La obra necesaria. Menciona tres cosas esenciales para la salvación:

1. «SI DIRIGES TU CORAZÓN» (v. 13). El corazón necesita preparación, porque es engañoso por encima de todas las cosas. Lo bueno que fue descubierto en Josafat fue que había «dispuesto su corazón para buscar a Dios» (2 Cr. 19:3). El mejor camino para preparar el corazón es rendirlo al Señor (Pr. 16:1).
2. «Y EXTIENDES TUS MANOS». Que las manos de la oración y de la súplica se dirijan a Dios. Solo Él puede traer la gran liberación que tanto se necesita. Él puede salvar eternamente. Extiende tus manos vacías e impotentes a Él, cuyas poderosas manos están extendidas en misericordia para levantar a los pobres y a los necesitados.
3. ECHA DE TI LA INIQUIDAD (*cf.* v. 14). Que el malvado deje sus caminos de maldad, y sus inicuos pensamientos acerca de Dios, y que se *vuelva*, y el Señor tendrá de él misericordia. «El que encubre sus pecados, no prosperará.» Aquellos que quieren allegarse a Dios, deben confesar sus pecados y abandonarlos. Y luego, ¿qué sigue?

II. El bendito resultado. Esta preparación de corazón, y extendimiento de manos, será verdaderamente respondido en una medida copiosa y dando satisfacción al alma. Zofar menciona ocho privilegios que serán la parte del creyente.

1. «Entonces LEVANTARÁS TU ROSTRO limpio de mancha» (v. 15). Tú tendrás *confianza* delante de Dios, y un rostro limpio. Todas las úlceras del pecado y del sufrimiento serán quitadas (1 Jn. 3:19).
2. «Serás FUERTE». Fuerte como una casa edificada sobre la roca. Quitado del pozo horrible, y con los pies afirmados en los caminos de la verdad y de la justicia.
3. «OLVIDARÁS TU MISERIA» (v. 16). Como José, en el día de su exaltación y gloria, olvidarás todo el afán del pasado (Gn. 41:51). En el goce de la nueva vida en Cristo, queda olvidada toda la miseria de la vieja vida de pecado.
4. «La vida te será más LUMINOSA que el mediodía» (v. 17). No solo quedará iluminada, sino que se convertirá en una luz conductora para otros. Esta nueva luz no es de tu propio encendido, sino que, como el amanecer del día, es el don de Dios: el más resplandeciente y el mejor.
5. «Tendrás CONFIANZA, porque hay esperanza» (v. 18). Tendrás tal esperanza que pondrá a ti y a todos tus intereses perfectamente a salvo, una esperanza que no avergüenza.
6. «DORMIRÁS SEGURO». Tendrás un reposo que no podrá ser perturbado por las turbulencias de la tierra: un reposo dado por Dios (Mt. 11:28).
7. «Te acostarás, y NO HABRÁ QUIEN TE ESPANTE» (v. 19). Tu salvación será tan perfecta que no tendrás temor ni ante los hombres ni ante los demonios. Esta es la bendición con la que el Señor bendecirá a todos los que ponen en Él su confianza.
8. «MUCHOS BUSCARÁN TU FAVOR» (v. 19). El favor de aquel cuyo rostro se había levantado hacia Dios, purificado e iluminado, y que es siempre atractivo.

La réplica de Job. Su respuesta a Zofar ocupa tres capítulos, y hace referencia a la unanimidad de sus tres amigos en condenarle por medio de un falso juicio de su causa. «Ciertamente vosotros sois la gente importante, y con vosotros morirá la sabiduría» (12:2). Quizá si ellos hubieran orado más y discutido menos, todos habrían llegado a una mejor comprensión de toda la cuestión. En tanto que confiaran en su propia sabiduría, y dependieran de la habilidad y fuerza de sus propios razonamientos, eran todos «fraguadores de mentira» (13:4). Sus prescripciones eran indignas, porque su diagnosis era mala. En este mundo de misterios no podemos juzgar principios morales mediante síntomas físicos. El bien conocido dicho de Job en el capítulo 13, versículo 15, expresa la actitud verdadera del alma en medio de una tal tormenta de aturdido sufrimiento. «He aquí, aunque Él me mate, en Él esperaré». Sabiendo como sabemos el propósito divino en las calamidades de Job, a nosotros nos resulta mucho más fácil decir, como el salmista: «Aunque pase por valle de sombra de muerte, no temeré mal alguno» (Sal. 23:4), o, con el apóstol: «Porque estoy persuadido de que ni la muerte, ... *ni ninguna otra cosa creada* nos podrá separar del amor de Dios» (Ro. 8:38, 39). En la última parte de su discurso, el patriarca trata del *hombre* en general (14). Esta porción podría ser adecuadamente titulada:

¿QUÉ ES EL HOMBRE?

Se ha dicho bien que «el hombre fue creado para el duelo». Este capítulo comienza con «El hombre» termina con «se entristecerá su alma». Pero oigamos la voz de este varón de dolores.

1. ¡El hombre! Está «HASTIADO DE SINSABORES» (v. 1). Sus angustias son tan numerosas que está rebosante de ellas. Es «como cosa carcomida» (cap. 13:28). ¿Quién puede limpiar algo así? (v. 4). ¿Quién puede recetar algo para una tal complicación de males en el hombre? ¡Con qué cúmulo de miserias no tiene que tratar Dios al salvar al hombre!
2. ¡El hombre! «HUYE COMO LA SOMBRA» (v. 2). Como las sombras de las nubes se precipitan a lo largo de una ladera como espectros sin aliento, así el hombre huye desde el misterio del nacimiento hacia el misterio de la muerte. Aquí no tiene ciudad permanente. Brota como una flor, para ser visto y sentido por unos pocos, y es cortado.
3. ¡El hombre! SUS DÍAS Y MESES ESTÁN NUMERADOS (v. 5). El límite de su vida le ha sido fijado por Dios. No sabe cuándo será su fin. No tiene ni siquiera autoridad para decir: «*Mañana* haré esto o lo otro».
4. ¡El hombre! «CUANDO EL HOMBRE EXPIRE, ¿ADÓNDE IRÁ ÉL?» (v. 10). Da el espíritu como uno que no lo puede guardar ya más, pero, ¿adónde ha ido? ¿Dónde está él? Debe estar en alguna parte. El *dónde* depende del carácter de aquel espíritu (véase Lc. 16:22, 23).
5. ¡El hombre! «ASÍ... YACE Y NO VUELVE A LEVANTARSE; HASTA QUE NO PASEN LOS CIELOS, NO DESPERTARA» (v. 12). Cuando yace lo hace hasta el amanecer de los nuevos cielos (Is. 65:17). Esto le parecía muy lejano a Job, pero ya no está muy lejos ahora (1 Ts. 4:14-16).
6. ¡El hombre! «SI MUERE, ¿VOLVERÁ A VIVIR?» (v. 14). «Porque si el árbol es cortado, aún queda para él esperanza; retoñará aún» (v. 7), ¿y cuánto más es el hombre que un árbol? Job no carecía de la esperanza de la inmortalidad. Sabía que después que su cuerpo hubiera sido destruido por los gusanos que aún, en otro cuerpo, vería a Dios (19:25, 26). Esta pregunta halla su perfecta respuesta en Apocalipsis 20:12: «Vi a los *muertos*, grandes y pequeños, de pie delante de Dios».

390. MÉDICOS SIN VALOR

Job 13:4

La condición pasada y presente de Job forman desde luego un contraste de lo más sugestivo. Los que saben algo del proceso de *desnudamiento* conocen también el valor de los consoladores sinceros. Aquí tenemos a un hombre al que se le ha privado de todo confort y esperanza terrenos. Pongámonos en su posición, como totalmente empobrecido e impotente, clamando por salvación. Llamemos a los sabios médicos del mundo, y preguntémosles: «¿QUÉ DEBO HACER PARA SER SALVO?» (Hch. 16:30).

I. El doctor ateísmo. «No hay Dios» (Sal. 14:1). «Todas las cosas permanecen como estaban desde el principio» (2 P. 3:4). No hay más allá, no tenéis por qué preocuparos por esto. En nuestra ansiedad le preguntamos: «¿Cómo sabe usted que no hay Dos? ¿Ha rebuscado en todos los rincones del universo para poderlo saber?» ¡Hombre mezquino! ¡Médico nulo!

II. El doctor agnóstico. La receta de este aspirante a sanador es: «Nadie puede saber nada acerca del futuro. Todo es incierto». Si yo no puedo estar seguro, ¿Por qué tengo una *conciencia*?? ¿Por qué anhelo y busco la *certidumbre*? Estoy consciente del pecado, ¿por qué no puedo estar consciente del perdón? Otro médico sin valor.

III. El doctor no infierno. Este viejo caballero, vestido con traje moderno, declara que no debes temer. «*Dios es misericordioso*, y nunca castigará a ninguno de los hijos de Adán». Pero me quedó asombrado. Si no hay juicio en el más allá, ¿por qué prosperan aquí los malvados? ¡Que no hay infierno! Yo me siento tan atormentado por una conciencia despertada que ya me siento en el infierno. Otro médico nulo.

IV. El doctor falsa paz. Este granuja de cara dulce y lengua empalagosa dice «Paz, paz, esto es solo una excitación; el tiempo es un gran sanador». Pero la tormenta interior no le obedece. Mi alma hambrienta necesita pan. Este «sáciate» cuando no hay nada que comer es un miserable consuelo. Es como decirle a un sentenciado a muerte: «Paz, paz, cuando no hay paz».

V. El doctor suficientemente bueno. Este hombre tiene unos modales que parece un ángel. Su receta para un alma convicta de pecado es: «Nunca le has hecho daño a nadie; siempre has pagado tu camino. ¿Qué más puedes hacer?». Pero yo estoy convencido de que he pecado contra DIOS, aunque el hombre no tenga nada contra mí. Su santidad me condena. ¿Cómo puedo yo, un transgresor de la ley, ser justificado con Dios. Tu diagnóstico es totalmente falso.

VI. El doctor actúa mejor. Este pretendido médico es muy locuaz. Es bien cierto, dice, que eres muy malo, pero debes tratar de actuar mejor en el futuro. Pero yo siento que mi misma *justicia* es como trapos de inmundicia delante de Dios; además, ¿cómo mi futura buena actuación podría borrar mi *pasado* culpable? Eres un médico sin valor.

VII. El doctor tiempo suficiente. Sí, debieras preocuparte por tu alma, pero no hay prisa; puedes salvarte en tu lecho de muerte. Pero, ¿cómo puedo saber que tendré lecho de muerte? La vida es incierta. La muerte puede caer repentinamente y sellar en una fracción de tiempo mi terrible condena para la eternidad. Eres un médico nulo.

VIII. El doctor demasiado tarde. Dice éste con un tono solemne: «Nada puedo hacer por ti. Debieras haber enviado antes por mí». Pero en la agonía de mi desesperanza yo clamo: «¿Es imposible para el Dios omnipotente suplir a mi necesidad?». ¡Fuera, miserables consoladores! Vana es la ayuda del hombre. ¡Oh, Cristo, Tú inmolado Hijo de Dios, a ti huyo para que Tú seas mi refugio!

En contraste a todos los anteriores, tenemos...

IX. El gran Sanador, que con una voz suave y apacible dice: «Venid a Mí todos los que estáis fatigados y cargados, y Yo os haré descansar» (Mt. 11:28). Su Palabra es con poder, y se da virtud sanadora. ¿Quién es tu médico? (Sal. 40:1-3).

391. LA OBRA DEL DIABLO

Job 16:7-14

En este libro vemos mucho más que «la paciencia de Job»; nos encontramos frente a frente con las terribles acciones del Diablo; porque en esta misma escena vemos a Job en manos de Satanás, pero con esta limitación divina: «Mas guarda su vida» (2:6). El recto patriarca estaba dispuesto a ver la mano de Dios en todo ello, y esto le lleva a decir algo de Dios que viniendo de otros labios sería una llana blasfemia. Pero Dios en gracia lo pasa todo por alto. Sabe que su siervo está en total ignorancia en cuanto al propósito y a la causa de sus sufrimientos. Por permisión divina, Satanás era la causa de todas sus miserias. Job, en medio de su desesperada miseria, es un acabado espécimen de la obra del Diablo, cuyo propósito es matar y destruir. Es algo terrible caer en manos del Diablo. El «dios de este mundo» es también un «fuego consumidor». Nuestro Dios consume la paja y la escoria, pero este dios querría quemar el trigo y la plata. El Señor se deleita en *dar*, pero Satanás se gloría en *sustraer*. Observemos aquí algunas de sus acciones.

I. Separa de la mejor compañía. «Tú... has asolado toda mi familia» (v. 7). Su familia había sido cortada de él, y hasta su mujer vino a serle una extraña. La comunión en que anteriormente encontrara su deleite había quedado totalmente quebrantada por mano del enemigo, y sus nuevos amigos eran todos miserables consoladores. Esto es lo que le sucede a cualquier hijo de Dios que cae en la condenación del diablo, por ceder al pecado. La comunión cristiana queda asolada, y la compañía que tiene, en su estado de recaída, le resulta una colección de consoladores miserables en su tiempo de necesidad. Satanás es un cismático profesional. Cuídate de él en la iglesia y en la familia.

II. Él desfigura el rostro. «Me has llenado de arrugas» (v. 8). El gozo y la paz que solían resplandecer en el rostro de Job ha dado paso ahora a la melancolía y al descontento. Los que caminan en comunión con el Señor ven sus rostros transfigurados con la luz celestial, pero los que están en poder del diablo tienen frecuentemente su propia imagen grabada sobre sus rostros. El diablo daña y ennegrece el rostro de tal manera que su poseedor se ve avergonzado de levantarlo a Dios. Este cambio satánico ha sido observado en el rostro de los que recaen. Aquel rostro que debiera estar iluminado con la gloria de Dios, viene a ser un índice de la tiniebla de la muerte.

III. Introduce flacura en la vida. «Testigo es mi flacura». No es para asombrarse de que el rostro evidencie arrugas y quede desfigurado, cuando el alma se está muriendo de hambre. Cuando el diablo logra cortar la comunión del hombre con Dios, pronto lo cortará del contacto con su Palabra. El grano del diablo es todo salvado, y su trigo no es nada más que paja. Sus engañados seguidores confunden la cantidad por la calidad; pueden comer mucho, pero sigue siendo *flacura* lo que se «levanta contra» ellos. Ningún siervo del pecado puede conocer nada de la plenitud saciadora de alma del Señor Jesucristo.

IV. Se aprovecha de los que están lejos de la ayuda. «Su furor me despedazó, y me ha aborrecido. Crujió sus dientes contra mí; contra mí aguzó sus ojos mi enemigo» (v. 9). Este lenguaje es muy figurativo, pero terriblemente expresivo. Satanás es implacable, y los débiles son para él los mejores. Job le ha sido entregado, por un tiempo, para ser probado, y se ocupa el diablo en amontonar dolor sobre dolor y agonía tras agonía. Si logra posesión de un muchacho, lo desgarrará y lo echará al fuego y al agua (Mr. 9:22): no tuvo compasión alguna del impotente muchacho. Si llega a apoderarse de una manada de cerdos, los echará al mar. Estar sin Cristo es carecer de poder y de defensa contra las añagazas e ira del diablo. Las lágrimas no le causan efecto alguno (v. 16).

V. Desmenuza y despedaza (v. 12). Job estaba «tranquilo» en su prosperidad, como una nave en el mar con un viento favorable, pero de repente su nave se vio azotada por una terrible tempestad, e impelida furiosamente contra los escollos, destrozada y despedazada por la violencia de las olas. Siempre que Satanás toma el timón de la vida, intenta llevar al naufragio de la fe. Desgarrará el alma, separándola todo lo que pueda de Dios y de las cosas espirituales, y sacudirá hasta despedazar las futuras esperanzas de sus víctimas.

VI. Tiene muchos ayudadores. «Me rodearon sus flecheros» (v. 13). El diablo tiene muchos ángeles, o demonios, que esperan a su invitación para asediar el alma, cerrando toda vía de escape, y listos para disparar sus dardos encendidos a cada intento que se haga para lograr la libertad y la salvación. No es fácil para algunos escapar de las manos de este Gigante Desesperación. Sus flecheros tienen una vista bien clara, y tienen una larga práctica de cuidarse de los fugitivos. Saben cuándo y dónde herir para la mayor eficacia. Los hombres y las mujeres que tienen posibilidad de causar daño a su reino están sometidos a especial vigilancia. Sus siervos más celosos resultan ser en general, cuando libertados, sus más acerbos enemigos. Ninguna guarnición de demonios pueden estorbar a un alma ni por un momento cuando se deposita la confianza en la vencedora sangre de Cristo.

VII. Emplea potentes tácticas. «Me asaltó como un guerrero» (v. 14). No se toma a sus oponentes a la ligera. Cuando ve una posibilidad de vencer a un hombre recto, *se lanza al asalto* como uno apresurándose para atrapar a un delincuente, y se aferra a él en el acto con una mano de gigante. Merodea por las puertas del alma, con tentaciones seductoras y con atracciones fascinantes, hasta que logra que se abra una puerta, y luego irrumpe como un gigante, para capturar la ciudadela. Es fuerte, e intenta lograr poseer los bienes del alma humana, y luego hacer la paz, una paz que significa muerte y destrucción ciertas. Pero uno más fuerte que él ha venido a desposeerle de sus bienes, a establecer un nuevo orden de cosas, haciendo la paz e inaugurando el Reino de los Cielos. «Resistid al diablo, y él huirá de vosotros». Job anhelaba un hombre «que... pudiera abogar ante Dios.» Y Éste es Jesucristo para nosotros (v. 21).

392. LIMPIEZA

Job 17:9

En cierta casa sucedió algo muy destacable hace algo de tiempo. El niño más pequeño, un muchacho de diez años, se volvió repentinamente muy escrupuloso acerca de la limpieza de sus manos. Cada vez que entraba en casa, se dirigía al grifo. La familia se dio cuenta de que no mostraba el mismo cuidado por la limpieza de su cuello y cara sino solo de las manos, porque se le veía la «marca del collar» en el cuello. Su hermano mayor le preguntó qué razones tenía para tal conducta, a lo cual el pequeño contestó: «Quiero ser fuerte». «Pero, ¿qué tiene que ver lavarte las manos para que seas fuerte?», le preguntó. «Bueno, está en la Biblia», dijo el chico, y le citó el versículo del encabezamiento. Le tuvieron que explicar que se precisaba de mucho más que de lavar las manos del cuerpo. Que la Biblia se refiere a:

I. Una limpia conciencia. «Purificará vuestras conciencias» (He. 9:14).

II. Un corazón limpio. «Crea en mí, oh Dios, un corazón limpio» (Sal. 51:10).

III. Una boca limpia. Porque cuando Dios salva a alguien, captura también su lengua, limpiándola de obscenidades y blasfemias, de habla sucia y de bromas impropias. Estudiar las siguientes Escrituras: Efesios 5:4; Santiago 5:12.

Una pregunta acerada: «¿Quién hará limpio a lo inmundo?» (Job 14:4. Nadie; pero el Señor Jesús puede obrar en nosotros una nueva y limpia creación.

393. TERRIBLES PERSPECTIVAS

Job 18:5-18

Bildad comienza su segundo discurso, más exasperado todavía que los otros ante los razonamientos de Job. Su maldad debe haber sido muy grande, cree él, por cuanto persiste en justificarse a sí mismo delante de ellos, y en mantener su integridad delante de Dios. La descripción que hace el suhita de las terribles calamidades que han de sobrevenir a los impíos y a aquel que «no reconoce a Dios» (v. 21), es de lo más gráfico e impresionante en su plenitud y veracidad, pero totalmente fuera de lugar para el inocente patriarca. Sin embargo, nos sentimos agradecidos por estas ardientes palabras de Bildad. Como descripción de la condición y perspectivas futuras de los que viven a espaldas de Dios, es una de las más poderosas que aparecen en la Biblia. La nota clave de este terrible discurso se encuentra en la última sentencia del mismo: «Y éste será el lugar del que no reconoce a Dios» (v. 21). Veamos cuál es esta porción. Implica:

I. Tinieblas. «La luz de los *impíos* será apagada, y no resplandecerá la llama de su hogar» (v. 5). La luz de los impíos es de su propia fabricación; son solo las chispas del fuego que ellos mismos han encendido, y que *no resplandecerá* cuando necesiten una luz perdurable (Is. 50:10, 11). Esta luz está en los mismos ojos de ellos, y cuando sus ojos se oscurezcan, se debiliten y se cieguen, su lámpara se apagará y caerán las tinieblas en el tabernáculo del alma. ¡Cuán diferente es con el hombre de fe! Él puede decir: «Tú encenderás mi lámpara; Jehová mi Dios alumbrará mis tinieblas» (Sal. 18:28).

II. Frustración. «Sus pasos *vigorosos* serán acortados, y sus mismos planes le derribarán» (v. 7). La confianza del que fía en su propia justicia y la de los impíos reside en su propia fuerza y sabiduría, pero ambas cosas fracasarán totalmente en llevarlos a su puerto deseado. Sus *pasos vigorosos* serán repentinamente cortados y obstaculizados, de manera que se verá forzado a abandonar los objetos que estaba persiguiendo, hundiéndose como un fatigado y agotado viajero que ha perdido el camino y que encuentra imposible hallar el camino del hogar. Sus propios planes le costarán bien caros. Su pretendida sabiduría se convertirá en su confusión. El consejo que ha dado a otros cubrirá su propio rostro de vergüenza, cuando vacile y caiga bajo la carga de su propia insensatez y fracaso. «El que confía en su propio corazón es necio» (Pr. 28:26). Dios no puede ser conocido por la sabiduría de este mundo.

III. Peligro. La posición de los impíos está tan fraguada de peligros que el vocabulario del cazador de aves queda agotado describiéndolos. «Sus mismos pies... en la *red*... Un *lazo* le prende el calcañar... Se apodera de él la *trampa*... Escondida le está en el suelo la *cuerda*... Una *trampa* le aguarda en la senda» (vv. 8-10, V.M.). Satanás emplea todos los medios a su disposición para asegurar que «el que no reconoce a Dios» no pueda escapar de sus manos. Pero es con «Sus mismos pies» que el hombre entra en la red del diablo. Es cuando cede a la tentación que el lazo «le prende». Cae en la trampa del diablo porque camina por el territorio del diablo. Si descuida la salvación de Jesucristo, no hay para él escapatoria; pero por la confianza en Él, la trampa será desecha, y su alma escapará cual ave.

IV. Terror. «*De todas partes* le aterrarán temores» (v. 11). Puede que diga paz, paz, pero llegará el momento en que los terrores se desencadenarán sobre él de todos lados. Terrores detrás de él y terrores delante de él; el pasado, el presente y el futuro están llenos todos de terrores. Terrores agolpándose encima de él, y «pisándole los talones», como tantas fieras depredadoras (v. 11). ¡Qué terrible experiencia, ir a la eternidad y al Trono del Juicio de Dios, perseguido por los pecados y las iniquidades de una vida que ha dado la espalda a Dios. Los terrores del Señor deben ir pisándole los «talones» al pecador. Los pies de la persona culpable no son jamás lo suficientemente rápidos para poder huir de la justicia perseguidora de Dios.

V. Desolación. «A sus miembros devorará el primogénito de la MUERTE. Su confianza será arrancada de su tienda, y al rey de los espantos será conducido» (vv. 13, 14). ¡En qué terrible apuro va a encontrarse: con su fuerza consumida, su confianza desarraigada, y frente a frente ante el rey de los espantos. El *primogénito* de la muerte es como aquella enfermedad, o desorden físico, que es el precursor de la muerte, y que consume gradualmente la fuerza y desgarra la esperanza de salud desde la raíz, llevando la vida bajo el imperio de la muerte temporal. Espiritualmente, el *primogénito* de la muerte es la *incredulidad*, aquel precursor de la eterna separación de Dios y del cielo, que devora toda fuerza para el servicio de Cristo, que desarraiga toda verdadera confianza delante de Dios, y que trae al alma a la esclavitud y al temor del rey de los terrores (Mr. 16:16). Después de la muerte, el juicio. El Señor, el Juez justo, sobre el gran Trono Blanco, será el Rey de los Espantos para todo el que ha rechazado su gracia redentora (Ap. 6:15-17).

VI. Desesperación. «Se secarán sus raíces, ... Su recuerdo perecerá, ... De la luz será lanzado a las tinieblas, y echado fuera del mundo» (vv. 16-18). ¿Podrían palabras ningunas presentar una imagen más gráfica que ésta? El «lugar del que no reconoce a Dios» es ciertamente el lugar de la desesperación. Sus *raíces* se secarán, por cuanto no están en Dios, sino en las estériles desolaciones del yo y del mundo (Mal. 4:1). Su *recuerdo* perecerá, por cuanto su nombre no está escrito en el libro de la vida del Cordero. Será *lanzado* desde la luz del Evangelio a las tinieblas de la desesperanza más irremediable. Será *echado* fuera del mundo como indigno de vivir en él, como inapto para el Reino de los Cielos, y como uno tan remiso a dejar este mundo como lo estaba la mujer de Lot de dejar Sodoma.

VII. Destrucción. «A su lado estará preparada la desgracia» (v. 12). Todo lo que significa la destrucción está aquí personificado como un poderoso enemigo. Guardando el paso con el hombre que no conoce a Dios, velando y esperando aquel momento en que la muerte lo haga detener, para poder tener la oportunidad de llevar a cabo su terrible obra. Para los impíos, la muerte implica perdición. Es la destrucción de todas sus codiciadas compañías, de todas las posesiones en que se jacta, de su gozo, de su esperanza para el tiempo y para la eternidad. Es la destrucción de todas las facultades de su alma para ver o gozar de aquellos placeres que están a la diestra de Dios. Su dios era su vientre, su gloria su vergüenza, y su fin es la destrucción.

394. LUZ EN LAS TINIEBLAS

Job 19:25-27

El alma de Job se sentía acerbamente angustiada con las palabras de sus pretendidos consoladores. «Ya me habéis vituperado diez veces», dice él. Cualquiera que tenga la suficiente dureza de corazón puede fácilmente lanzar reproches a otro en el día de su infortunio. «Si vosotros os hacéis el grande contra mí», prosigue él, «sabed ahora que Dios es quien me ha derribado» (vv. 5, 6). El derribo era obra del Diablo, y fue completo, permitido por Dios, como lo fue la crucifixión de Cristo, pero la obra de «manos inicuas». Es muy interesante observar que fue después de Job hubiera experimentado la debilidad y el engaño de *todas las relaciones terrenas*, que vino a su desolado espíritu la visión del Pariente-Redentor. En verdad que tenemos aquí la obra del Espíritu de Dios; es totalmente fiel a la actuación del Espíritu Santo en los tiempos del Nuevo Testamento. Se debe llegar a ver de una manera plena la naturaleza insatisfactoria de todas las amistades terrenales, y la insuficiencia e incapacidad de las mismas, para suplir las necesidades de un alma pecadora y abatida, antes que puedan apreciarse de una manera plena las glorias del Pariente-Redentor. «Yo sé que mi Redentor vive» (v. 25). ¿Quién sino el Señor Jesucristo pudo hacer una lista tan triste de amistades rotas como la que hace Job en este capítulo? Oigamos lo que dice acerca de ellas: «Hizo alejar de mí a mis *hermanos*, y mis *parientes* como extraños se apartaron... Mis *vecinos* se alejaron, y mis *conocidos* se olvidaron de mí. Los *servidores* de mi casa y mis *criadas* me tuvieron por extraño... mi *siervo*... no me responde... mi aliento le repugna a *mi mujer* ... Todos mis *amigos íntimos* me aborrecen» (vv. 13-19). No le quedaba un solo brazo de carne en el que pudiera apoyarse, cuando le resplandeció esta nueva luz, llevándole a decir: «Yo sé que mi *Pariente-Redentor* vive», y que en mi carne he de ver a Dios. Algunos comentaristas nos llaman a la prudencia diciendo que no leamos demasiado en estas palabras; pero estamos obligados a tomarlas como están, y a creer todo lo que dicen. La enseñanza del Espíritu de Dios no se queda limitada a las condiciones y circunstancias de los hombres. El lenguaje de Job aquí está lleno de significado profético, y es rico en consolación espiritual. *Nosotros*, al menos, podemos fácilmente leer en estas palabras:

I. El hecho de la redención. «Mi Redentor vive.» ¡Qué alivio para el alma oprimida y aturdida, volverse de las fracasadas relaciones terrenales al siempre firme Pariente en las alturas, que vive para siempre para interceder por nosotros. Sí, Job, este Pariente-Redentor te librará aún de todas tus angustias. Él redimirá tu vida de la destrucción, y te coronará de bondad y misericordia. Él *vindica* la causa de todos los que en él confían. Aquel que redime y compra el alma mediante su propia sangre vive para la salvación y vindicación de los suyos. El hecho de que Él, el eterno Hijo de Dios, condescendiera a ser nuestro Goel (pariente próximo) es el misterio y la maravilla de la infinita gracia.

II. El gozo de la certidumbre personal. «Yo sé.» Él sabía que todos sus amigos terrenales le habían abandonado, pero sabía también que su Pariente próximo en el cielo, el Viviente, demostraría finalmente ser bueno y fiel. Había algunas cosas que Job no sabía. No conocía la razón por la que había sido tan repentinamente desnudado de toda comodidad terrenal, y aplastado hasta el polvo con una tan grande carga de dolor, pero sabía y creía que «*mi* Redentor vive», y que vive para que todas las cosas obren para bien de los que le aman. Difícilmente podía ahora hablar de *mis* hermanos, *mis* parientes, *mis* vecinos, *mi* siervo, porque todos ellos le habían abandonado, pero sí podía decir «MI REDENTOR». Cuando fallen el corazón y la carne, Dios será la porción del alma creyente. Seguirá siendo dulce decir, «mi Redentor», cuando todos los goces y amistades de este mundo tengan que ser dejados atrás.

III. La esperanza de su aparición. «Yo sé que… al fin se levantará sobre el polvo». Desconocemos todo lo que esto significara para Job, pero desde luego creía en la aparición personal de su gran Pariente-Redentor sobre la tierra. Ahora conocemos que esta profecía ha sido cumplida, y que el Redentor ha venido, y que ha quitado el pecado mediante el sacrificio de Sí mismo: la simiente de la mujer ha aplastado la cabeza de la serpiente, y por el derramamiento de su sangre ha proveído un precio de rescate por las almas de los hombres. La tierra le necesitaba, y se ha identificado a Sí mismo con sus pecados y dolores levantándose sobre ella y muriendo por ella. Para nosotros, estas palabras siguen siendo proféticas, y esperamos la aparición de nuestro gran Dios y Salvador Jesucristo, que aún como Rey de reyes se levantará al fin sobre la tierra.

IV. La esperanza de la visión beatífica. «Y después de deshecha esta mi piel, ya sin carne he de ver a Dios» (RVR77, *margen*). La carne es el velo que oculta la visión de Dios del espíritu del hombre. Incluso la carne del Redentor tuvo que ser desgarrada como velo, antes que pudiera abrirse la entrada para nosotros (He. 10:20). La manera en que Pablo lo expresa es: «*Ausentes* del cuerpo, … *presentes* al Señor» (2 Co. 5:8, RVR). Cuando él se manifieste, nosotros seremos semejantes a él, porque le veremos como él es. «Los de puro corazón verán a Dios». Si no hubiera un Dios a ver, ¿por qué sería que los más puros corazones tienen este anhelo y esperanza dentro de ellos? Desde luego, no se sigue que porque un hombre sea bueno y recto, está en mayor peligro de verse engañado y extraviado en la más importante de todas las cuestiones: la de la esperanza futura.

V. La confianza de la satisfacción final. «A quien yo tengo que ver por mí mismo, y mis ojos le mirarán; y ya no como a un extraño» (v. 27, V.M.). Los actuales tratos de Dios con Job están para él llenos de misterios y de contradicciones. Todas las cosas parecen estar contra él, pero cuando aparte de su carne, él vea a Dios, sabe que encontrará que Dios, a todo lo largo del camino, ha estado a su lado, llevando todas las cosas a obrar para su bien. Él no lo verá como a *un extraño*, sino como su fiel pariente-Redentor. Aquí «ahora vemos mediante espejo, borrosamente; mas entonces veremos cara a cara». Lo que no conocemos ahora lo conoceremos después. Nuestras presentes circunstancias pueden ser tan incomprensibles para la razón humana como lo eran para Job las suyas; pero con la visión de nuestro Divino Pariente delante de nosotros recibimos la certidumbre de que en su amor él todo lo hace bien. «Al despertar, me saciaré» (Sal. 17:15), en la presencia de su semblante.

395. LA RAÍZ DEL ASUNTO
Job 19:25-28 (RVR)

I. ¿Dónde está la Raíz?

1. Fe. «Mi Redentor vive.»
2. Certidumbre. «Yo sé que», etc.

II. ¿Cómo es Cristo como una Raíz?

1. Porque Él es *indispensable* para la *vida.*
2. Porque Él es indispensable para el *fruto.*

III. ¿Dónde debiera estar esta raíz?

1. «En mí», como nuevo principio.
2. «En mí *se halla.*» Testimonio.

396. LA PORCIÓN DEL MALVADO
Job 20:29

Zofar recapitula su discurso, lleno de los horrores que pertenecen a la vida de la impiedad, con estas palabras: «Ésta es la suerte que Dios reserva al hombre impío» (v. 29). Es interesante ver que ésta es la perspectiva de la maldad que tenían éstos, los más sabios entre los hombres, en los remotos tiempos antes de darse la ley. La palabra «impío» aquí es *sin ley*, y se refiere a aquellos que no se refrenan de ninguna manera por el conocimiento o temor de Dios. Esta descripción sigue siendo cierta de aquel que *no obedece* el Evangelio de Jesucristo.

I. Su éxito será breve (vv. 5-7). En cierta manera, tiene éxito; tiene «alegría», tiene «altivez», y su cabeza parece que «toque las nubes». Su éxito es de tal naturaleza que el fracaso y la ruina parecen imposibles. Pero su éxito es breve, su alegría es momentánea, y su altivez perecerá como su propio estiércol. Como los egipcios, estos impíos dicen: «*Perseguiré, apresaré, repartiré despojos, mi alma* se saciará de ellos; … Soplaste [oh Dios] con tu viento; los cubrió el mar; se hundieron como plomo en las impetuosas aguas» (Éx. 15:9, 10). La victoria permanente solo pertenece a aquellos que «han vencido por la sangre del Cordero».

II. Su pecado permanecerá con él. «Sus huesos están llenos de los pecados de su juventud; estos yacerán con él en el polvo» (v. 11, V.M.). David temía esta terrible experiencia cuando oró: «De los pecados de mi juventud… no te acuerdes» (Sal. 25:7). El PECADO es un compañero de cama de lo más incómodo para yacer con él en el sepulcro. Ningún poder humano puede sacudírselo de encima. Trata de aferrarse al alma en la muerte, en la resurrección, en el juicio y en la eternidad. Morir en el pecado es morir sin Cristo, y comparecer ante él en un cuerpo levantado lleno de pecado.

III. Su apetito moral estará viciado. «Si el mal era dulce a su boca, … hiel de áspides será dentro de él» (vv. 12-14). Encuentra dulce a su paladar aquello que sabe que su conciencia encontrará amargo. Por la práctica y la fuerza del hábito se aferra ahora a las cosas que, en lo más íntimo de su naturaleza, condena. Su sensibilidad moral está tan embotada y pervertida que llama a lo amargo dulce, y a lo dulce amargo. La mentira de Satanás le es más placentera que la verdad de Dios. Ama las tinieblas antes que la luz, y prefiere las cisternas rotas a la Fuente de agua viva.

IV. Sus cosas ricas las vomitará. «Devoró riquezas, pero las vomitará» (v. 15). Muchas cosas valiosas ha tragado para la satisfacción de su propia concupiscencia y pasión. Muchos bienes ha atesorado para el futuro, como un *gourmand* llena su estómago en previsión de futuras necesidades, pero las vomitará, como quien llega a sentirse asqueado por ellas, y se encuentra incapaz de retenerlas ni un momento más. Las cosas que antes le deleitaban, y en las que confiaba para su futura fuerza y socorro, resultarán repentinamente abominables al alma, y se tornarán en vómito. Nadie se apartará así de las riquezas de Cristo.

V. Su abundancia no dará satisfacción. «En el colmo de su abundancia padecerá estrechez» (v. 22). No importa cuánto un hombre pueda tener de las riquezas y honores del mundo, *él* se encontrará personalmente en estrechez si carece de aquella «una cosa necesaria», el conocimiento personal de Dios. La suficiencia de las cosas perecederas no puede afrontar todas las necesidades de un espíritu imperecedero. El hombre rico mencionado en Lucas 12 estaba en estrechez cuando se dijo: «¿Qué haré?». Pero en una estrechez mucho mayor se encontró cuando Dios le dijo: «Esta noche vienen a pedirte tu alma; y lo que has provisto, ¿para quién será?».

VI. Sus tesoros resultarán tinieblas. «Todas las tinieblas están reservadas para sus tesoros» (v. 26). ¡Qué herencia es ésta, reservada para los que mueren rebeldes en contra de la gracia de Dios! Tinieblas reservadas para él: *todo* tinieblas y nada más que tinieblas, como recompensa por su vida y actividades terrenales. Un desastre total es lo que le depara el futuro. Sus tesoros no están en el cielo, y fuera de la luz de la presencia de Dios nada hay sino la negrura de las tinieblas. Este hombre amó las tinieblas de una vida de impiedad en lugar de la luz de una vida piadosa. ¡Ahora todo es tinieblas! La semilla sembrada ha dado la cosecha de negrura.

VII. Su iniquidad será revelada. «Los cielos descubrirán su iniquidad» (v. 27). Incluso «la tierra se levantará contra él». Los cielos y la tierra se combinarán para cumplir la palabra inerrante de Dios. «El Señor… sacará a la luz también lo oculto de las tinieblas, y manifestará las intenciones de los corazones» (1 Co. 4:5). «Nada hay *encubierto*, que no haya de descubrirse» (Lc. 12:2). Cada pecado imperdonado y cada cosa torcida serán manifestados por la luz resplandeciente del cielo; entonces ¿quién podrá mantenerse en pie que haya muerto sin Cristo, cuando Él aparezca como Juez de los vivos y de los muertos? Ningún Acán podrá sepultar sus pecados lo suficientemente hondo que el ojo de Dios no los pueda ver. La suerte de los impíos es desde luego una suerte miserable, pero, a Dios gracias, puede ser cambiada por una mejor suerte, si, como María, uno escoge «la mejor parte» (Lc. 10:42).

397. LA ORACIÓN DE LOS MALVADOS

Job 21:14, 15

Job, en su réplica al último discurso de Zofar, le muestra que la prosperidad material no es suficiente evidencia de que un hombre sea moralmente justo, porque «hasta cuando envejecen, aún crecen en riquezas». Pero en estos versículos él expone los pensamientos secretos del alma incrédula e inicua poniendo la oración de ellos en sus bocas. El impío del mundo no se atrevería quizá a usar estas palabras audiblemente, pero constituyen no obstante los sentimientos de su vida diaria. Observemos:

I. El significado de la misma. Revela:

1. TERROR ANTE LA PRESENCIA DE DIOS. «Le dicen a Dios: Apártate de nosotros.» Su mente carnal es enemistad contra Dios. Ellos temen su presencia como el buho teme la salida del sol, o como el ladrón teme la luz del día. Como Salvador lleno de gracia, puede que le digan: «Apártate», y Él podrá dejar sus límites, pero, como Juez, tendrán que oírle a Él decir: «Apartaos de Mí».

2. DISGUSTO ANTE LOS CAMINOS DE DIOS. «No queremos conocer tus caminos.» Están adheridos a sus propios caminos, y no están dispuestos a abandonarlos (Is. 55:7). El conocimiento de los caminos de Dios les haría más miserables en sus propios caminos pecaminosos. Se cubren las cabezas con el manto de la ignorancia, y dicen que las tinieblas son mejores que la luz. Aunque sus caminos son placenteros y sus senderos son paz, las mentes de ellos están tan cegadas por el dios de este mundo, y su apetito espiritual está tan viciado, que no tienen *deseo* de ellos.

3. SU NEGACIÓN DE LAS DEMANDAS DE DIOS. «¿Qué es el Todopoderoso, para que le sirvamos?» (v. 15, BAS *margen*) Ni siquiera dicen, como Faraón, «¿Quién?», sino «¿Qué?», como si Él fuera una creación humana, en lugar del Creador de todas las cosas. En la estimación de ellos, la Omnipotencia está en el «*nosotros*». ¿Qué es Él para que *nosotros* le sirvamos? Esta exaltación del yo por encima de todo lo que se llama Dios es la esencia de la oposición satánica. Los que se ocupan en servirse a sí mismos carecen de aptitud moral para el servicio de Dios. «No podéis servir a dos señores».

4. INCREDULIDAD EN CUANTO AL AMOR DE DIOS. «¿Y de qué nos aprovechará que oremos a Él?» No tienen fe en Dios como Padre amante, dispuesto y deseando responder al clamor de los necesitados. No tienen consciencia de su verdadera necesidad, y no tienen fe en la oración. Lo mismo que los de Laodicea, «de ninguna cosa tengo necesidad», ni siquiera de Aquel que está fuera de la puerta, llamando. También ellos, a su manera, le dijeron: «Apártate de nosotros, porque no queremos conocer tus caminos», al mantener la puerta cerrada a pesar de su llamada. «No tenéis porque no pedís». Los hombres debieran orar siempre, y no desmayar.

II. La causa de la misma. «*Dicen pues a Dios*», etc. (v. 14, RV). La ocasión de la misma se encuentra en los versículos precedentes. En su prosperidad mundana recibieron muchas prendas de la bondad de Dios, y, *sin embargo*, le dicen a Dios, «Apártate de nosotros», etc. (RVR77). Este espíritu impío se manifiesta en la más grosera ingratitud y desagradecimiento. La prosperidad de los impíos es un misterio para los que no saben que «los hombres mundanos» tienen «Su porción en esta vida» (véase Sal. 17:14). Observemos la naturaleza de esta prosperidad tal como se le aparecía al afligido patriarca.

1. LA INFLUENCIA DE ELLOS ES GRANDE. «Hasta cuando envejecen, aún crecen en riquezas» (v. 7). Muchos años después de esto, el salmista dijo la misma cosa: «Vi yo al impío sumamente enaltecido, y que prosperaba como un cedro frondoso» (Sal. 37:35). El hombre piadoso trata de esparcir el conocimiento de Dios, pero el hombre mundano y egoísta se extiende a sí mismo. El mundo ama lo suyo, y admira al hombre que puede extenderse como un cedro frondoso, aunque mate de hambre a todas las plantas menores que buscan una existencia bajo su sombra.

2. SUS AFLICCIONES SON POCAS. «Sus casas están a salvo de temor, y no viene azote de Dios sobre ellos» (v. 9). No parecen verse afligidos como otros hombres. Los cabellos grises no parecen venirles tan rápidamente como a otros hombres. Están del todo desacostumbrados al azote de la disciplina. La vara del castigo divino no les visita, porque no están sujetos a la voluntad de Dios, sino que son como asnos salvajes, haciendo lo que les place. Tienen libertad, pero es la libertad de los impíos, el libre hacer de los rebeldes. No les conduce la vara y el cayado del Gran Pastor, y por ello en su comodidad se precipitan a la destrucción. «El Señor al que ama, disciplina.»

3. SUS POSESIONES SE MULTIPLICAN. «Sus toros engendran, y no fallan; paren sus vacas, y no malogran su cría» (v. 10). «He aquí estos impíos... alcanzaron riquezas» (Sal. 73:12). Añaden casa a casa y finca a finca, y ofrecen sacrificios a su propio genio (Hab. 1:16). El rico *insensato* no tenía donde guardar sus bienes. Los mansos *heredarán* la tierra, pero mientras tanto parece ser mayormente la porción de los impíos.

4. SUS HIJOS SON FELICES. «Sus hijos andan saltando ... y se regocijan al son de la flauta» (vv. 11, 12). Bien, que Dios bendiga a los «pequeñuelos», ¿por qué no deberían ser dichosos? Todavía no se han convertido en positivamente impíos por una transgresión real. Están en ignorancia de la enemistad que anida en el corazón del padre de ellos contra el ser y la gracia de Dios. Pero están en un verdadero peligro de seguir los pasos de sus padres cegados por el mundo, y de poner sus afectos en las cosas de la tierra y de descuidar el tesoro eterno. Esta imagen de los impíos es muy atractiva para muchos. No es para asombrarse que el salmista dijera: «Tuve *envidia* de los arrogantes, viendo la prosperidad de los impíos. Porque no hay congojas para ellos... Los ojos se les saltan de gordura; logran con creces los antojos del corazón... HASTA *que, entrando en el santuario de Dios*, comprendí el fin de ellos» (Sal. 73:3-17). Los que decían, «¿Quién es el Todopoderoso, para que le sirvamos?» beberán «de la ira del Todopoderoso» (v. 20). ¡Qué terrible copa les espera a aquellos que rehusan la copa de salvación! El rico murió, y en el infierno levantó sus ojos. Mejor levantarlos ahora mismo.

398. EL CONOCIMIENTO DE DIOS

Job 22:21-30

Al cerrar su tercer discurso, Elifaz habla como un profeta del Nuevo Testamento. La fraseología es, naturalmente, antigua, pero la enseñanza es actual, y el orden moral en que se presentan las verdades es casi apostólico. Sus palabras sugieren:

I. Una gran necesidad. «Amístate ahora con Él, y tendrás paz» (v. 21, RV). Llegar a un conocimiento personal de Dios es el primer paso hacia la paz. Un conocimiento teórico de Dios no puede dar satisfacción al corazón. El *amistamiento* implica una intimidad personal. Después de que Adán, por su pecado, se hubiera separado de Dios, se tuvo que constituir una nueva amistad. Esta amistad con Dios tuvo que ser establecida sobre una nueva base (Gn. 3:15). El pecado implica separación y enemistad; la amistad implica reconciliación y paz. De nadie se puede decir que esté amistado con Dios si es extraño al Señor Jesucristo, que es el portador de la imagen combinada de Dios y del hombre. Aquel que fue Dios manifestado en carne, ha hecho la paz por la sangre de su cruz. Besa al Hijo, para que no se enoje contra ti, y perezcas por el camino. «Ésta es la vida eterna: que te conozcan a ti, el único dios verdadero, y a Jesucristo, a quien has enviado» (Jn. 17:3).

II. Un camino llano. El camino de vuelta al favor y a la comunión de Dios es muy sencillo y fácil para el corazón bien dispuesto. Se expresa aquí en dos palabras: «¡Recibe!» «¡Vuelve!» «Recibe la instrucción de su boca, ... Si te vuelves al Omnipotente, serás restablecido» (vv. 22, 23). Recibe en tu corazón la palabra que ha salido de su boca, cree lo que Él ha dicho acerca del pecado y de la salvación, y vuelve a Dios rindiendo a Él tu voluntad, y reposando tu alma en su redención consumada. Podemos ahora leer en las palabras de Elifaz un significado mucho más profundo que él pudo comprender en aquel tiempo. Recibe la palabra del Evangelio, y vuélvete, no a un credo o a una iglesia, sino al Dios viviente.

III. Un resultado múltiple. Tener una estrecha amistad con una gran personalidad afectará ciertamente nuestra manera de pensar y de actuar; cuanto más cuando estemos amistados con dios. Habrá:

1. UNA RENOVACIÓN DE LA NATURALEZA. «Serás restablecido» (v. 23). La naturaleza espiritual del hombre ha sido tan quebrantada por el pecado que es una total ruina. Aparte del conocimiento y de la gracia de Dios, nunca puede ser edificado como templo de Dios. Es cuando entramos a la luz de su presencia que somos reedificados, y hechos nuevas criaturas. «Si alguno está en Cristo, nueva criatura es». «Somos hechura suya, creados en Cristo Jesús.» Vuélvete a Él como eres, y Él te edificará.

2. GRANDES RIQUEZAS. «El Todopoderoso será tu tesoro» (v. 25). El oro de Ofir es solo el polvo de la tierra en comparación con las riquezas que están en Él. Las cosas materiales no pueden suplir las necesidades de un espíritu inmaterial. Nuestros espíritus eternos necesitan al Dios eterno. Tu pequeña vida quedará llena de su plenitud infinita. Cuando te hayas verdaderamente amistado con Él, encontrarás que Él es suficiente para ti. Conocer a Dios es ser un millonario espiritual. «Mi Dios proveerá a todas vuestras necesidades» (Fil. 4:19), no solo con sus dones, sino consigo mismo. Tenemos este tesoro en el vaso de tierra cuando somos llenados con el Espíritu Santo.

3. GOZO INFALIBLE. «Entonces te deleitarás en el Omnipotente» (v. 26). Solo los de puro corazón que ven a Dios pueden tener en Él su deleite. Los de naturaleza irregenerada seguirán en pos de las cisternas rotas del mundo, que no pueden contener agua suficiente para apagar la sed del alma. Aquellos que encuentran su deleite en Dios tienen el más puro de todos los placeres, procediendo de una fuente que jamás puede fallar. «Nos gloriamos en Dios por medio de nuestro Señor Jesucristo, por quien hemos recibido ahora la reconciliación».

4. LIBERTAD DE ACCESO. «Y alzarás a Dios tu rostro.» Cuando llegamos a ser los *hijos* de Dios por la fe en Jesucristo, es tan solo natural que levantemos el rostro a nuestro Padre. La consciencia de la presencia de pecados no perdonados impide a muchos levantar sus rostros a Dios (Lc. 18:13). Aquellos que no ven hermosura en Aquel que fue Varón de Dolores ocultan, por así decirlo, sus rostros de Él. El rostro abierto dirigido a Dios es la evidencia de un alma en paz con Él. «Nuestra comunión es con el Padre.»

5. ORACIÓN CONTESTADA. «Orarás a Él, y Él te oirá» (v. 27). ¡Qué privilegio! El oído del Dios Todopoderoso siempre listo a escucharte cuando te diriges a Él. Habla los deseos de tu alma, y espera pacientemente en Él. «Y si sabemos que Él nos oye en cualquier cosa que pidamos, sabemos que tenemos las peticiones que le hayamos hecho» (1 Jn. 5:15).

6. UN TESTIMONIO FRUCTÍFERO. «Todo lo que emprendas te saldrá bien» (v. 28). La palabra de tu testimonio en su Nombre será afirmada. Su palabra no volverá a él vacía. Te serán dados nuevos ojos para ver cosas maravillosas, y tu lengua hablará cosas que Dios hará que sucedan (Jer. 23:28).

7. UN CAMINAR EN LA LUZ. «Sobre tus caminos resplandecerá la luz.» No caminarás en tinieblas, porque la luz conductora de su presencia estará contigo. Su Espíritu Santo te guiará a la verdad, que siempre ilumina el corazón y la mente. Justo ahora Job estaba envuelto en una espesa tiniebla, pero, al rendirse sin reservas a Dios, surgiría la luz, y él caminaría aún con pasos ligeros por los soleados senderos de la paz.

8. CAPACIDAD DE AYUDAR A OTROS. «Cuando sean abatidos los arrogantes, dirás tú: Enaltecimiento habrá» (v. 29). Debemos ser levantados nosotros antes de poder intentar levantar a otros. Hay muchos que están abatidos debido a pecados y faltas, frustraciones y fracasos, muchos que necesitan este mensaje alentador: «enaltecimiento habrá». Cuando unos espíritus aplastados y quebrantados estén diciendo: «¿Quién nos mostrará el bien?», es un privilegio de aquellos cuyos rostros han sido levantados a Dios ser portadores a su vez del elevador Evangelio de Jesucristo, que fue «levantado» para que pudiera atraer a los hombres a Sí mismo. El hombre de Dios es el único que tiene el verdadero mensaje de esperanza para la humanidad caída.

399. LEVANTADO

«Cuando sean abatidos los arrogantes, dirás tú: Enaltecimiento habrá» (Job 22:29).

Sí, gracias a Dios, aunque en ocasiones podamos estar abatidos, y nuestros caracteres casi destrozados por manos inmisericordes, podemos aún esperar en Dos, porque su mano no está acortada que no pueda salvar. Podemos decir, confiados: «Enaltecimiento habrá».

I. La necesidad. En Lucas 13:11 leemos de una pobre mujer que tenía espíritu de enfermedad desde hacía dieciocho años, y andaba encorvada, no pudiendo en absoluto *enderezarse*. Así éramos algunos de nosotros, tan «encorvados» por el amor del mundo que no podíamos en absoluto enderezarnos por encima de él, y, como el publicano, no podíamos ni levantar los ojos al cielo. En aquel tiempo éramos sin fuerzas.

II. El enaltecedor. «Mas tú, Jehová, eres… el que levanta mi cabeza» (Sal. 3:3). Cuando la cabeza es levantada sobre la inundación abrumadora, queda la vida salvada. El hombre, en su impotencia y culpa, necesita un levantamiento que solo Dios puede darle en su infinita misericordia y poder. Cristo no es sólo el Quebrantador del empecinado en su orgullo, sino también el Enaltecedor de la cabeza acosada por los enemigos (Sal. 27:6).

III. La provisión. «Y yo, si soy levantado de la tierra, a todos atraeré a mí mismo» (Jn. 12:32). Nuestro Omnipotente Enaltecedor tuvo que ser él mismo levantado sobre la Cruz, levantado del sepulcro, y levantado a aquel trono «alto y sublime», para poder ser el levantador de su pueblo. Su amor es un poder enaltecedor: «Tú tuviste a bien librar mi vida del hoyo de corrupción» (Is. 38:17).

IV. La condición. Aquellos que él levanta son descritos como *menesterosos*. «él levanta del polvo al pobre, y al menesteroso alza del muladar» (Sal. 113:7). Pertenece al carácter de Dios escoger las cosas débiles, y exaltar a los humildes. Su misericordia busca a los culpables, su sabiduría a los ignorantes, y su amor a los perdidos. También exalta a los *humildes*. «Humillaos delante del Señor, y él os exaltará» (Stg. 4:10). El que se exalta *a sí mismo* será humillado, mas el que se humilla, será exaltado. Siempre que haya una verdadera humillación de nosotros mismos delante de Dios, su poderosa mano elevadora se manifestará a su debido tiempo (1 P. 5:6).

VI. Los resultados de ello. Tenemos:

1. El ROSTRO enaltecido de la reconciliación. «Entonces te deleitarás en el Omnipotente, y alzarás a Dios tu rostro» (Job 22:26). Antes alejados, con el rostro hacia tierra y dirigidos al Infierno, pero ahora hacia Dios.
2. La CABEZA levantada con confianza. «Erguíos, y levantad vuestra cabeza, porque vuestra redención está cerca» (Lc. 21:28). Salvados de todo temor en medio de los tiempos peligrosos de los días postreros, cuando los hombres desmayen por temor cuando los poderes de los cielos sean conmovidos.
3. Las MANOS levantadas en súplica y consagración. «En tu nombre alzaré mis manos» (Sal. 63:4). Las manos que solían pender en debilidad y ociosidad, ahora levantadas en santa intercesión para otros, y ofrecidas como manos vacías a Dios para ser llenadas para su servicio y gloria.
4. La VOZ levantada de alabanza y de testimonio. «Éstos alzarán su voz, cantarán gozosos… aclamarán» (Is. 24:14). Los redimidos del Señor regresarán y vendrán a Sion con cánticos y con gozo eterno sobre sus cabezas. Canta y aclama, tú morador de Sion, porque el Señor ha hecho grandes cosas para ti. Di a aquellos que están abatidos, o que están desesperanzados en el pozo cenagoso del pecado: «ENALTECIMIENTO HABRÁ».

400. UNA TEMIDA BENDICIÓN

«Porque la mañana es para todos ellos como una sombra de muerte» (Job 24:17).

Pervertida debe estar la naturaleza moral de todo ese para quien los resplandecientes rayos del alba le sean como las sombras de muerte. Todo rebelde contra la luz es amante de iniquidad (v. 13). «Los hombres amaron más las tinieblas que la luz, porque sus obras eran malas».

I. El contraste. «La mañana… sombra de muerte.» La diferencia está entre el día y la noche, entre la vida y la muerte, entre el bien y el mal.

1. La «mañana» es sugerente de PLACER. «Suave ciertamente es la luz, y agradable a los ojos ver el sol.» ¡Qué hermoso y refrescante es el amanecer, con todas sus nuevas revelaciones y bendiciones silenciosas! ¡Qué encantador emblema del amanecer de la vida espiritual en el alma!
2. La «mañana» es sugerente de PRIVILEGIO. Con la luz de la mañana vienen todas las oportunidades y posibilidades de un nuevo día. Las tinieblas como dificultad en el camino del trabajo en general quedan eliminadas y el generoso resplandor del sol derrama sus alegres rayos en cada rincón necesario donde su progreso no es obstruido. La voz del alba es: «Despiértate, despiértate, vístete de poder». He aquí ahora el día de salvación. «Viene la noche, cuando nadie puede trabajar.»
3. La «sombra de muerte» es sugerente de una TINIEBLA EN AUMENTO. La resplandeciente y esperanzadora luz se ha desvanecido, y las oscuras nubes de tiniebla van espesándose y extendiendo rápidamente por el cielo. Los que han estado empleando con gratitud la luz del día entran en su reposo, mientras que los que han estado desperdiciando el tiempo han perdido su oportunidad. Espiritualmente, es una condición bien triste en la que hallarse.

4. La «sombra de muerte» es sugerente de una DESESPERANZA FUTURA. Es aquella terrible sombra que proclama como heraldo una separación eterna. La *muerte* no está muy lejos cuando aparece su sombra. ¿Qué expectativas puede tener nadie de restablecer su carácter perdido cuando le sobreviene la sombra de muerte? En tanto que la muerte no es el fin de todo, sí que es el fin de toda oportunidad, por lo que a esta vida respecta.

II. La anomalía. «La mañana es para todos ellos como sombra de muerte.» Éste es un estado de lo más innatural y desgraciado en el que hallarse. Traiciona una condición de un absoluto desorden moral; una incapacidad inherente para el goce del orden de cosas según Dios. ¿Por qué los mejores dones de Dios les han de ser como las tinieblas de la condenación? ¿Por qué la luz del *evangelio* ha de ser para algunos como la sombra de muerte, en lugar del amanecer de la luz de la vida? Cuanto más resplandeciente es esta luz de la verdad, tanto más tenebroso se vuelve el firmamento de las esperanzas que ellos mismos se han generado; así, para ellos la «mañana» de la luz de la salvación de Dios es como la sombra de muerte.

1. Porque despierta en ellos el TEMOR DE SER DESCUBIERTOS. Como al ladrón, el asesino y el adúltero, aman las tinieblas más que la luz, porque les va mejor para sus viles propósitos. La luz de la mañana es como si fuera un golpe de muerte para sus impías expectativas. Aquello que es bueno, muy bueno, es para ellos malo, porque denuncia y condena su propia maldad. Aquellos que se envuelven en el manto de la propia justicia no pueden resistir el resplandor de la verdad incontaminada de Dios, porque saca a la luz el hecho de que su pretendida justicia no es nada más que trapos de inmundicia. Preferirían gozar de los placeres de las tinieblas, de los goces pasajeros del pecado, que del puro deleite de la santidad que nos viene mediante el resplandor de su Palabra. El hombre que le teme a la luz del Cielo es en su corazón un enemigo de Dios. El que ama la luz acude a la luz para que su vida y carácter puedan ser puestos a prueba y purificados. Para los que no aman al Señor Jesucristo, su regreso, como la Resplandeciente Estrella de la Mañana, les será verdaderamente como la sombra de muerte, porque serán consumidos por el resplandor de su venida.

401. JUSTIFICACIÓN

«¿Cómo, pues, se justificará el hombre ante Dios?» (Job 25:4).

Hay muchas opiniones en cuanto a cómo se debe hacer esto. Aquí damos unas cuantas:

1. Creo que algunos necesitan más justificación que otros, Romanos 3:10-19, 22, 23
2. Creo que si un hombre guarda la ley, será justificado, Romanos 3:20
3. Creo que Dios justifica a los buenos, Romanos 4:5; 5:6
4. Creo que cada hombre debe justificarse por sí mismo, Romanos 8:33
5. Creo que si uno confía en Cristo y actúa lo mejor que pueda, será justificado, Hechos 13:39
6. Creo que hay que hacer algo más que solamente creer, Romanos 3:28
7. Creo en Jesucristo, y *sé que estoy justificado*, Romanos 5:1

402. LOS BORDES DE LOS CAMINOS DE DIOS

Job 26:6-14

Los tres consoladores de Job hablaron mucho, e hicieron lo mejor que supieron, pero sus remedios jamás tocaron la enfermedad. Eran como ciegos intentando conducir a un ciego. En el capítulo anterior, Bildad, cuyos grandes argumentos ya han sido gastados totalmente en vano, tiene su última palabra que cierra todo el alegato por su parte y por parte de sus amigos. Ahora, tras haber quedado agotados, Job comienza su gran y final discurso, que ocupa los siguientes seis capítulos. Estas maravillosas palabras dan amplia prueba de que aunque Satanás había precipitado tal ruina y desolación sobre Job, no tuvo poder para tocar su espíritu viviente interior. Su mente permanecía clara, lo que indudablemente hacía que su angustia fuera tanto más aguda. Con un lenguaje breve pero notable tenemos aquí partes de los caminos de Dios expuestos ante nosotros. Si estos son solo los «bordes» de sus caminos, la onda en la costa de las acciones divinas ¿qué será entrar en el centro de las operaciones de Dios? ¿Qué son, entonces, estos actos meramente exteriores del gran Creador de todo? Aquí están:

I. «El Seol está descubierto delante de él» (v. 6). El Seol, o mundo oscuro de los espíritus, está abierto delante de sus ojos. Su mirada atraviesa la sombra de aquel terrible abismo carente de fondo. Si yo hago mi lecho en el Seol, Tú estás allá, allá en justicia y juicio. Ningunas tinieblas, por densas que sean, pueden ocultar a un alma humana del santo ojo de Dios (Sal. 139:8-11). Si el Seol está abierto a sus ojos, y el infierno no tiene cobertura (v. 6, RV), lo mismo sucede con tu corazón y con el mío. Hay muchos corazones humanos que son poco más que un infierno en miniatura, y sin embargo el mismo infierno, con todas las demás cosas, está desnudo y abierto ante los ojos de Aquel ante quien tenemos que dar cuenta (He. 4:13).

II. «Cuelga la tierra sobre la nada» (v. 7). Algunos parecen tener miedo de que leamos en estas palabras más que lo que el afligido patriarca significaba, no sea que acreditemos a Job con saber más astronomía que la que realmente sabía. Pero lo cierto es que significaba lo que decía: «[Dios] cuelga la tierra sobre la *nada*». No podía aquí significar que Él la cuelga sobre algo». Esta declaración es científicamente exacta, aunque hecha cientos de años antes que este hecho fuera descubierto por la ciencia. Pero el punto es que este maravilloso equilibrado de los mundos en el espacio es solo una de las obras menores de este Dios obrador de maravillas. Job podía no saber nada de la ley de la gravitación, pero si es movido por el Espíritu de Dios, habla de manera digna de Dios. El Espíritu de verdad está siempre por delante de los descubrimientos de los hombres.

III. «Ata las aguas en sus nubes» (v. 8). Las aparentemente variables nubes son de Dios. Él las ata juntas con manos invisibles de manera que no pueden ser desgarradas para derramar sus tesoros hasta que Él las desata. ¡Cuán a menudo hemos visto aquellos grandes transportadores de aguas corriendo a lo largo de los cielos, y apelotonados en ocasiones como enormes balas de lana! «Grandes y maravillosas son tus obras, Señor Dios Todopoderoso.»

IV. «El encubre la faz de su trono» (v. 9). Detrás de todas las leyes y fuerzas de la naturaleza, Job ve el trono de Dios. Toda la creación visible es como un velo extendido sobre la faz de su trono eterno, pero la gloria y la majestad de la Personalidad Divina, que rige sobre todo, resplandece a través de esta cubierta nubosa. El mundo material es como la columna de nube en el desierto. Dios está en medio de él. Nubes y tinieblas están en derredor de Él (Sal. 97:2).

V. «Puso límite a la superficie de las aguas» (v. 10). Las aguas del gran abismo están en la palma de su mano, y por su infinita sabiduría Él ha señalado aquella línea que llamamos el horizonte, donde el mar y el cielo parecen encontrarse y besarse. Dios establece sus límites para cada cosa terrenal. Hasta aquí, pero no más allá; pero el alma enseñada por el Espíritu mira más allá hacia las cosas eternas que yacen escondidas en las profundidades de la eternidad.

VI. «Él aquieta el mar con su poder» (v. 12). La misma mano poderosa que abrió las aguas e hizo aparecer la «tierra seca» para que los israelitas pudieran pasar al otro lado, sigue controlando las agitadas olas de la mar (Sal. 74:13).

VII. «A Rahab quebrantó» (v. 12, BAS). Rahab denota orgullo y arrogancia (cf. RVR77). Por su entendimiento queda desbaratada la arrogancia humana. La sabiduría y el poder de Dios, vistos incluso en la creación visible, debieran traspasar la arrogancia humana. ¡Pero cuanto más debiera la sabiduría y el amor de Dios manifestados en la cruz de Cristo detener la enemistad de la mente carnal! Rahab está ya condenado.

VIII. «Por su Espíritu hermoseó los cielos» (v. 13, V.M.). Aquel mismo Espíritu que adornó los cielos adorna ahora el alma en la que mora. «El Espíritu de Dios se *movía* sobre la superficie de las aguas». Su *movimiento* es siempre para la gloria de Dios, sea en el corazón o en los cielos. Bildad había dicho: «Ni las estrellas son limpias delante de sus ojos». Pero Job toma una visión diferente de aquella obra que al principio fue pronunciada «buena». Cuando la belleza del Señor nuestro Dios es puesta sobre nosotros, quedamos limpios y hermosos delante de sus ojos. El Espíritu de Dios es un maravilloso artista. Aquel que hermoseó los cielos puede hermosear tu vida.

IX. «Su mano traspasó la serpiente tortuosa» (v. 13). Sea que esta tortuosa serpiente sea el Diablo o el rayo importa poco, pues ambas cosas están bajo su poder. Ninguna de ambas cosas puede ir tan rápida que Dios no pueda en cualquier momento traspasarlas. El rayo tortuoso es un adecuado emblema de los movimientos y del terrible carácter de Satanás, pero es ya un enemigo vencido.¡Qué Dios tan poderoso es nuestro Dios, cuando ESTAS COSAS son solo los bordes de sus caminos, parte del fleco de la gran vestidura de sus obras! Estas partes de sus caminos, dice Job, solo son *«leve… susurro que hemos oído de Él»* (v. 14). De la creación visible nos viene un inconfundible «susurro de Él», que puede ser captado por cualquier oído atento. La voz puede que sea pequeña, pero es la voz de Dios. En la creación oímos el leve susurro de la bondad de Dios; pero en Cristo, el gran clamor de un corazón de amor agonizante. Este Dios que en tiempos pasados susurró en los embotados oídos de los hombres, por medio de las maravillosas obras de sus manos, ahora habla con gran clamor por medio de la muerte de su Hijo. «Dios… en estos últimos días nos ha hablado en el Hijo» (He. 1:2). «Si oís hoy su voz, no endurezcáis vuestros corazones». Consideremos los dos *clamores* de Cristo: Juan 7:37; Mateo 27:46.

403. UNA SABIDURÍA INAPRECIABLE

Job 28:12-28

En este capítulo, Job prosigue su maravillosa parábola. Ha estado justo mostrando que hay un *lugar* donde se pueden hallar oro y plata y piedras preciosas (vv. 1-6), y cómo los hombres, escudriñando y cavando y removiendo (vv. 9, 10), sacan a la luz estos tesoros escondidos, pero como estos nunca pueden suplir todas las necesidades del corazón humano, prosigue haciendo esta gran pregunta de interés universal: «Mas ¿dónde se hallará la sabiduría?» (v. 12). Un hombre puede estar cargado con los tesoros de la tierra y ser sin embargo un insensato (Lc. 12:19, 20). El alma del hombre no puede hallar su perfecta satisfacción ni siquiera en lo mejor que este mundo pueda ofrecer. La sabiduría es lo principal; por tanto, busca la sabiduría con todo tu esfuerzo.

I. Su naturaleza. La sabiduría no es algo que nos podamos poner como un vestido. La sabiduría es carácter: es la calidad de ser *sabio;* es una condición de corazón, y tiene que ver con nuestra relación para con Dios. *Comienza* con el temor del Señor (v. 28), y crece al crecer el conocimiento de Dios. Si Job no tenía en mente a «Cristo, sabiduría de Dios» al hablar estas hermosas palabras de tan gran alcance, es indudable que el Espíritu Santo que le conducía sí que lo tenía, porque rebosan de sentido novotestamentario para todos los que son sabios en Cristo. Los hombres no tienen dificultad en encontrar la sabiduría de este mundo, que es locura para Dios, pero el hombre no es verdaderamente sabio hasta que llega a ser partícipe de la sabiduría de Dios.

II. Su condición ajena a la tierra. «Mas ¿dónde se hallará la sabiduría? ¿Dónde está el yacimiento de la prudencia?» ¿Dónde se debe alcanzar este conocimiento de Dios? ¿Esta sabiduría de corazón que capacita al hombre para actuar de tal manera para con Dios y los hombres que dé satisfacción a su propia alma, el bien a sus semejantes, y gloria a Dios? ¿Dónde? No se encuentra «en la tierra de los vivientes» (v. 13). Este estéril desierto de seres humanos no puede producirla. «El abismo dice: No está en mí; y el mar responde: Ni conmigo» (v. 14). Ninguna cosa creada, ninguna, puede ofrecer a un alma sedienta este don saciador. De la *tierra,* de los *abismos* y del *mar,* los hombres han sacado multitudes de cosas valiosas, pero la sabiduría que hace sabio para vida eterna jamás ha sido hallada en tales lugares, aunque generación tras generación ha proseguido en diligente búsqueda. Todas estas son cisternas rotas que no pueden contener esta agua celestial. ¿Acaso no hay respuesta para este clamor de Job, «Dónde está el lugar»? Sí, este lugar se llama el Calvario, donde Cristo, sabiduría de Dios, es ofrecido a un mundo que perece por falta de conocimiento.

III. Su gran precio. El lenguaje aquí acerca de la sabiduría es sublimemente gráfico, si lo leemos con nuestra mirada en Aquel que es la sabiduría de Dios.

1. ESTÁ MÁS ALLÁ DE TODA VALORACIÓN. «No conoce su valor el hombre» (v. 13). ¿Qué hombre sobre la tierra osaría intentar poner precio al valor del Señor Jesucristo, «en quien están escondidos todos los tesoros de la sabiduría y del conocimiento»? (Col. 2:3). «Inescrutables riquezas.»
2. NO PUEDE SER COMPRADA. «No se dará por oro» (v. 15). Todas las riquezas del mundo no pueden jamás comprar la sabiduría de Dios. Sería un insulto para Dios, incluso si el hombre pudiera, que se le ofreciera todo un mundo de oro como precio de su Hijo. Incluso el oro de la *justicia* del hombre es como trapos de inmundicia cuando se ofrece como recompensa a Dios.
3. NO PUEDE SER IGUALADA. «El oro no se le igualará, ni el diamante» (v. 17). «La sabiduría es mejor que las piedras preciosas. No se igualará con ella el topacio de Etiopía» (vv. 18, 19). Lo mejor de este mundo no puede ser comparado con este don de Dios. El gozo de hallar rubíes y diamantes no puede igualarse con el gozo de hallar la sabiduría de Dios en Cristo Jesús.
4. NO PUEDE SER CAMBIADA. «Ni se cambiará por alhajas de oro fino» (v. 17). Nada puede tomar su lugar. No hay sustituto ni equivalente para la sabiduría del cielo. Nada jamás podrá tomar el lugar de Cristo.
5. NO SE PUEDE DUDAR DEL PODER DE ELLA. «El Abadón y la muerte dijeron: su fama hemos oído con nuestros oídos» (v. 22). Aquí tenemos el testimonio de los enemigos de la sabiduría. La *fama* de esta sabiduría es que salva de la «destrucción (Abadón) y de la muerte». Han oído de su fama para su daño.

IV. Su descubrimiento. Se hace otra pregunta. «¿De dónde, pues, vendrá la sabiduría?» (v. 20), y la respuesta es: «Solo Dios entiende el *camino* de ella, y conoce su *lugar»* (v. 23). El camino es el camino del amor y de la misericordia, y el lugar es el lugar en que Cristo fue crucificado. Solo Dios podía comprender cómo iba a ser suplida plenamente la profunda y eterna necesidad del hombre. Solo Él podía desvelar el secreto de la gloria eterna. Solo Él conocía dónde hallar este tesoro para dar satisfacción al alma. ¡Líbrale de descender al hoyo; yo he hallado el rescate! Se verá un nuevo sentido en el versículo 27 si se lee «le» y «lo» en lugar de «la». Él *le* vio y *lo* declaro; *lo* preparó y lo descubrió también». Luego «dijo al hombre: He aquí que el temor del Señor es la sabiduría, y el apartarse del mal, la inteligencia» (v. 28). Para ser hechos receptores de esta sabiduría debemos *temer* de tal manera al Señor que nos sometamos por entero a Él, y aborrecer el mal de tal manera que nos apartemos de Él. La insensatez y el mal son dos cosas que van juntas; la sabiduría y la santidad son hermanas gemelas. «¿De donde, pues, vendrá la sabiduría?» Cristo nos es hecho por Dios sabiduría, que está acompañada de justicia, santificación y redención. «Sabiduría ante todo adquiere sabiduría» (Pr. 4:7).

404. EL HOMBRE PORTAVOZ DE DIOS

Job 33

Después de haberse acabado las palabras de Dios, y que los tres hombres hubieran dejado de responderle, Eliú (Dios es Él) prorrumpió en santa ira ante la manera, o espíritu, con que se había llevado la gran controversia. Job se había sentido más inclinado a justificarse a sí mismo que a Dios, y sus tres amigos le habían condenado sin descubrir causa alguna (32:1-3). Eliú había estado evidentemente escuchando en silencio durante todo el debate; pero ahora, aunque joven, iba a descargar su alma delante de todos ellos. Este joven no era uno de los «tres amigos» que vinieron a consolar a Job; es un testigo independiente, un extraño, por así decirlo, especialmente dotado por Dios para echar nueva luz sobre el misterio de toda esta cuestión, o, al menos, para poner un nuevo énfasis en algunas de las frases comúnmente empleadas. Esto es lo que siempre hace el «hombre de Dios». No habla un nuevo lenguaje; no acuña frases que acaricien el oído, sino que habla palabras llanas con un nuevo poder. Eliú, así, aparece delante de nosotros como un típico hombre lleno del Espíritu, y como a tal observaremos:

I. Su carácter. Este apóstol del Antiguo Testamento se compara favorablemente de muchas maneras con el gran apóstol del Nuevo Testamento. Naturalmente, al juzgar a Eliú a la luz de la enseñanza del Nuevo Testamento no debemos jamás perder de vista el hecho de que ponemos en sus palabras un sentido que quizá ni Job ni él mismo pudieron comprender. Pero tenemos una maravillosa evidencia de la consistencia de la obra y de las palabras del Espíritu Santo a lo largo de las edades. Él jamás se contradice. Si el Espíritu de Dios conformó y enseño a Eliú, él debe, en alguna medida, revelar las mismas características de una vida llena del Espíritu hoy en día. La luz es luz, aunque sea de 3000 años de antigüedad. ¿Cuáles son algunas de estas características?

1. ES UN HOMBRE CONFORMADO POR EL ESPÍRITU. «El Espíritu de Dios me hizo» (v. 4). Esto puede ser cierto, en un sentido general, de todos los hombres, pero es cierto, de una manera muy especial y singular, del verdadero «hombre de Dios». Es nacido por el Espíritu, vivificado por el Espíritu a una nueva vida. Él es una nueva creación a imagen de Dios por el Espíritu Santo. Dios necesita *nuevos* odres para el nuevo vino de su Evangelio.
2. ES UN HOMBRE INSPIRADO POR EL ESPÍRITU. «El soplo del Omnipotente me dio vida.» Esto también puede ser verdad, en cierta medida, de cada hombre, pero resulta una maravillosa

descripción de la nueva vida en Dios. Los muertos en pecado necesitan del aliento de Dios para poner nueva vida en ellos (Ez. 37:9). Los vivificados por el Espíritu de Dios están poseídos por Él e inspirados, como por el mismo calor del aliento del Dios viviente morando en ellos. Pueden decir: «Vivo, no ya yo, mas Cristo, que es la vida de Dios, vive en mí; el aliento que ahora respiro es el aliento del Omnipotente; el espíritu que ahora poseo está animado por el Espíritu de Dios». Cristo sopló sobre ellos y les dijo: «Recibid el Espíritu Santo».

II. Su posición. Job anhelaba un «árbitro» (9:33). Eliú tiene la confianza suficiente para decir: «Heme aquí a mí, conforme a tu pedimento, en lugar de Dios» (v. 6, V.M.). Fue una gran declaración que hacer, pero el hombre que está señalado por Dios para presentarse en su lugar debería conocerlo, y no debería de avergonzarse de confesarlo ante los hombres. ¿Acaso el Apóstol de los gentiles no dijo: «Somos embajadores en el nombre de Cristo, como si Dios exhortase por medio de nosotros; os rogamos *en nombre de Cristo*: Reconciliaos con Dios»? El hombre que actúa en lugar de Dios es un «intérprete, uno escogido de entre mil, para hacer presente al hombre lo que es su deber» (v. 23, V.M.). Él mismo es un ejemplo e interpretación del Dios invisible. Su negocio es buscar primero el Reino de Dios y su justicia, y exhortar a otros a buscar esto primero. Nada sabe acerca de adular a los hombres con títulos lisonjeros (cap. 32:22). Las demandas y el carácter de Aquel a quien pertenece y a quien sirve están siempre delante de él. Un intérprete de la mente y voluntad de Dios debe ser ante todo partícipe de aquella mente y voluntad. Debemos beber a fondo de esta agua de vida, si queremos llegar a ser manantiales de agua viviente para otros. Cada hombre poseído por el espíritu es un intérprete de Dios, y tales intérpretes son necesarios, porque «nadie conoce las cosas de Dios, sino el Espíritu de Dios» (1 Co. 2:11). Un hombre puede tener toda la sabiduría de Dios, y sin embargo ser incapaz de interpretar las cosas de Dios. «El hombre natural no capta las cosas que son del Espíritu de Dios» (1 Co. 2:14).

III. Su mensaje. Él es quien puede decir con una total confianza: «Habla Dios» (v. 14). Él sabe en su propia alma que Dios le ha hablado, y que Él puede aún hablar de diversas maneras a los adormecidos espíritus de los hombres, para poder apartar al hombre de su propósito malo y engañoso (vv. 15-17). Ésta es una verdad consoladora para los que buscan la salvación de los otros, que Dios, en respuesta a la oración, puede hablar a los hombres «por sueño, en visión nocturna». Él puede ciertamente abrir el oído, y sellar la instrucción en sus corazones. Así, el hombre de Dios es un hombre de fe y de esperanza. Pero tiene también un mensaje muy concreto que entregar. ¿Cuál es este mensaje? En Él hay:

1. REDENCIÓN. «¡Líbrale de descender al hoyo; yo he hallado el rescate!» (v. 24, V.M.). Dios ha hallado el rescate: el sacrificio expiatorio en el Hombre Cristo Jesús (1 Ti. 2:5, 6), por lo que Él llama a todos los que están aquí en representación de Él para que le digan a aquel hombre que desciende al hoyo de oscuridad y de muerte: hay *liberación*. Él, por así decirlo, ordena a su siervo e intérprete que rescate a aquel que está de camino al hoyo, sobre la base de que Él ha hallado y proveído el Rescate. Aparte del poder y de la virtud de la Cruz de Cristo, no hay mensaje de salvación de aquel hoyo. «El Hijo del Hombre... vino... para dar su vida en rescate por muchos» (Mt. 20:28).
2. REGENERACIÓN. «Su carne se tornará más tierna que la de un niño» (v. 25). Éste puede ser un lenguaje figurado, pero expresa del modo más enérgico el cambio radical obrado por el poder redentor de Dios. A semejanza de lo ocurrido con Naamán, que después de haberse sumergido siete veces en el Jordán fue hecho nueva criatura. Lo que las aguas hicieron por aquel famoso general sirio lo hace ahora la sangre redentora de Cristo por los que creen en Él: *purifican*. La redención que es en Cristo Jesús no solo «*sacia* de bien tu boca», sino que hace también que «te *rejuvenezcas* como el águila» (Sal. 103:5).
3. COMUNIÓN. «Orará a Dios, y éste le otorgará su favor. Verá su faz con júbilo» (v. 26). Después de la redención y la regeneración viene el privilegio de orar y de *regocijarse* en el *favor* de Dios. Sí, los de puro corazón verán la faz de Dios, y se regocijarán; aquella faz de amor y de misericordia que nos ha sido desvelada en Jesús. «Nos gloriamos en Dios por medio de nuestro Señor Jesucristo, por quien hemos recibido ahora la reconciliación.» «Nuestra comunión... es con el Padre y con su Hijo» (1 Jn. 1:3).
4. TESTIMONIO. Los que quieran predicar la redención a los otros debieran ellos mismos ser ejemplos de su poder regenerador. Las palabras están aquí llenas de fervor evangélico y de experiencia personal. «Éste *cantará* entre los hombres y *dirá*: Pequé y me desvié de lo recto, pero Dios no me ha hecho según lo que yo merecía; antes bien, ha librado mi alma de pasar al sepulcro, y mi vida ve ya la luz» (vv. 27, 28). Su vida pasada había sido *sin provecho*, porque era una vida de desvíos; pero ahora, siendo *redimido*, vive a la luz de la verdad. Este hombre, que está «en lugar de Dios», era antes un pecador como los demás, pero ha sido salvo por la gracia. «Y esto erais algunos; mas ya habéis sido lavados». El elemento personal tiene que recibir su lugar en la predicación del evangelio.

405. LA RESPUESTA DEL SEÑOR

Job 38:1; 40:1-5

«La extremidad del hombre es la oportunidad de Dios». Fue cuando se hubieron acabado las palabras de Job y de sus amigos que el Señor respondió a Job desde el torbellino. La respuesta de Dios es siempre definitiva. No hay apelación. El libro de Job, como los libros del Antiguo Testamento, cierra con la Teofanía, la *apariencia* de Dios. Aquí, como cuando envió a su Hijo, el último alegato de Dios fue la manifestación de su propio carácter. Aunque Dios respondió a Job *desde* el torbellino, no tenemos por ello que inferir que la voz fuera como una tempestad rugiente y desarraigadora, sino que los argumentos empleados tuvieron un efecto de torbellino sobre el espíritu de Job, levantándole completamente de su presente condición mental a una mejor forma de pensar.

I. La oración de Job. «Respóndeme tú. ¿Cuántas iniquidades y pecados tengo yo? Demuéstrame mis transgresiones y mis pecados» (13:22, 23). Estaba fijo en mantener su propio camino. Es indudable que había vivido con toda buena conciencia delante de Dios, pero ahora tenía la tendencia a jactarse de su integridad, como si se tratara de algo independiente de la gracia de Dios. Si he pecado, dice él, dame a conocer el número y la naturaleza de mis transgresiones. La respuesta de Dios a Job revela el hecho de que sus iniquidades iban en una dirección diferente de la que él había supuesto. No se le acusa de una transgresión real, sino que se ve abrumado con la consciencia de su ignorancia e impotencia. Es su *autoconfianza* la que es reprendida y se marchita.

II. La respuesta de Dios. «Entonces respondió Jehová a Job» (cap. 38:1). La respuesta de Dios viene en forma de una avalancha de preguntas. Solo en los capítulos 38 y 39 hay cincuenta y siete preguntas. Cada una de ellas parece ser portadora de un destello de luz cegadora para el yo. Cada interrogante es en sí mismo una revelación y una instrucción para el vacilante patriarca. Todos sus «Has tú» y «Puedes tú» son evidencias de lo que ÉL *ha hecho* y *puede hacer*. Estas preguntas son otras tantas revelaciones de la sabiduría y poder de Dios, de su perfecto control de «las leyes de los cielos» (38:33), o de lo que llamamos fenómenos naturales. Aquellos que quieren encontrar fallos en la providencia de Dios deberían estudiar esta declaración divina. La primera pregunta del Señor es suficiente para quitarle el aliento a Job: «¿Donde estabas *tú* cuando eché los cimientos de la tierra?» (v. 40, V.M.). Su palabra es verdaderamente como «martillo y fuego». Pensemos en estas ardientes preguntas: «¿Has mandado *tú* alguna vez en tu vida a la mañana?» «¿Has entrado *tú* hasta las fuentes del mar?» «¿Has andado escudriñando el abismo?» «¿Has entrado *tú* en los depósitos de la nieve?» «¿Podrás *tú* atar los lazos de las Pléyades?» «¿Conoces las leyes de los cielos?» «¿Alzarás *tú*, a las nubes *tu* voz?» «¿Enviarás *tú* los relámpagos, para que ellos vayan? ¿Y te dirán ellos: Henos aquí?». La sabiduría del hombre es insensatez para con Dios, así como la más resplandeciente de las luces de la tierra es solo una mancha negra sobre la faz del sol. Así que el hombre, en el mejor de ellos casos, es solo una vil partícula delante de la gloria de Dios.

III. La confesión de Job. «He aquí que yo soy vil: ¿Qué te responderé? Mi mano pongo sobre mi boca. Una vez hablé, mas no responderé; aun dos veces, mas no volveré a hablar» (40:4, 5). La grandeza de que se jactaba Job, como la torre de Babel, acabó en total confusión cuando apareció Dios. Mientras nos comparemos con hombres como nosotros mismos, puede haber ocasión para la jactancia, pero que hable Dios, y nuestras manos tendrán que ponerse sobre nuestras bocas. «He aquí que yo soy vil», porque esta mi boca ha estado expresando los pensamientos de mi mente que deshonraban a Dios, pero «no volveré a hablar» con esta autoconfianza y afirmación de mí mismo. Pondré mi mano sobre mi boca, y me inclinaré en callada sumisión a la palabra y a la voluntad del Señor mi Dios. El Señor está en la naturaleza como en un santo templo; que toda la tierra calle delante de Él. Dios, habiendo hablado muchas veces y de muchas maneras en otro tiempo a los padres por los profetas, y a Job en el torbellino de un fenómeno natural, en estos últimos días nos ha hablado en el Hijo. La voz es la misma, pero la revelación es vastamente diferente. ¿Qué tenemos que decir en nuestro favor ante la Cruz de Cristo? Aquí debe detenerse toda boca jactanciosa. Aunque en justificación de mi mismo haya hablado una vez, o cincuenta veces, «no volveré a hablar» cuando veo el pecado a la luz de los padecimientos y muerte del unigénito Hijo de Dios. «He aquí que yo soy vil»; mi justicia, ante el resplandor de su luz, ha resultado ser solo «trapos de inmundicia». «Dios, sé propicio a mí, pecador.»

406. EL FINAL GLORIOSO

Job 42

El alma de Job, tan batida por la tormenta, ha podido finalmente echar el ancla en el puerto de la manifiesta bondad de Dios. Como viajero, ha estado atravesando un desierto tenebroso y desolado, oyendo una y otra vez los aullidos de fieras salvajes, pero ahora ha entrado en la luz y el gozo del hogar. Ha entrado con muchas tribulaciones en este nuevo reino de honra y bendición. Todos los grandes logros espirituales son alcanzados a través de padecimientos. Así fue con Moisés, Abraham, José, David, Daniel y Cristo. Y el discípulo no es aquí mayor que su Señor. «Si sufrimos, reinaremos también». Ahora se alcanza el punto culminante de la historia de Job, pero hay ahí más de la quietud de un nacimiento que del choque de una revolución. Ha cesado la tempestad de palabras; se ha posado la calma de su «¡Calla! ¡Sosiégate!» sobre las agitadas aguas. En el acto final de este intenso drama tenemos:

I. Confesión. Job comenzó su breve respuesta al divino llamamiento diciendo: «Yo conozco que todo lo puedes, y que no hay pensamiento que se esconda de ti» (v. 2, RV). Tú *todo* lo puedes, y Tú *todo* lo ves. Tú eres omnipotente y omnisciente. Todo el universo, visible e invisible, está bajo tu control, y desnudo y descubierto a los ojos de Aquel ante quien hemos de rendir cuentas. Así como el hombre debe ser juzgado por sus obras, así sea considerado el Señor por las suyas. Por *Sus obras* le conoceréis. «Los cielos cuentan la gloria de Dios, y el firmamento anuncia la obra de sus manos» (Sal. 19:1). Pero, ¿qué nos declara la Cruz de su Cristo? ¿Qué obra de sus manos nos muestra el firmamento de su infinito amor y misericordia? En la cuestión de la salvación, así como en creación y gobierno, «yo conozco que todo lo puedes».

II. Revelación. «De oídas te conocía; mas ahora mis ojos te ven» (v. 5). Es una cosa oír a otro hablar acerca de Dios; es muy distinto verle mediante la revelación de su propia palabra, dicha personalmente al corazón, como Job le veía ahora. La suma de la respuesta del Señor a Job fue una *manifestación de sí mismo* por medio de su palabra. La voz de Dios trajo la visión de Dios a la fe del patriarca. Vio a Dios por el oír con fe. «Cree, y verás» (Jn. 11:40). «La palabra de Dios es viva y eficaz... y *discierne* los pensamientos y las intenciones del corazón» del hombre, y es asimismo *reveladora* de los pensamientos e intenciones del corazón de Dios. Éste es el misterio de la encarnación. «El *Verbo* [o la Palabra, que era Dios] se hizo carne, y habitó entre nosotros..., lleno de gracia y de verdad». Cristo, el Verbo de Dios, fue la revelación de Dios a un mundo sufriente. Tú has oído muchas veces acerca de Él, pero, ¿lo has visto con tus ojos aún?

III. Humillación. «Me arrepiento en polvo y ceniza» (v. 6). El autoaborrecimiento es la consecuencia natural de acudir cara a cara con Dios. Cuando Isaías vio al Señor sobre un trono sublime y excelso, él también se aborreció a sí mismo, diciendo: «¡Ay de mí! ... porque [soy] hombre inmundo de labios» (Is. 6:5). ¡Ah, estos *labios*! Fueron los labios de Job los que actuaron traidoramente en la causa de Dios. Pero los labios son solo los instrumentos del corazón y de la voluntad. ¿Dónde está la jactancia, cuando viene la verdad de Dios al corazón? Queda excluida. Saulo de Tarso descubrió esto cuando la luz del exaltado Hijo de Dios cayó sobre él en el camino de Damasco. Entonces se aborreció a sí mismo y se *arrepintió.*

IV. Intercesión. «Mi siervo Job orará por vosotros; porque de cierto a él atenderé» (v. 8). Los amigos de Job hicieron todo lo que podía hacer la sabiduría y elocuencia humanas para un hombre abrumado por el poder del diablo: *nada.* Esta clase no sale sino con oración y sacrificio. «*Mi siervo*», unas dulces palabras para el perplejo y dolorido sufriente. Nos es fácil a nosotros azotar a otros con nuestro látigo verbal, cuando es las oraciones de ellos lo que necesitamos para salvarnos de nuestros pecados. ¡Qué privilegio y responsabilidad reposa sobre el siervo del Señor: «A él atenderé»! ¡Qué aliento para aquellos que han hallado favor delante de Dios para interceder por otros! Este ministerio pertenece a cada uno de los que han sido reconciliados a Dios. En esto, Job es un tipo de nuestro Señor Jesucristo, que intercede por nosotros, y a quien Dios siempre escucha, y en quien somos aceptados (He. 10:10-14).

V. Emancipación. «Quitó Jehová la aflicción de Job, cuando él hubo orado por sus amigos» (v. 10). Para los «consoladores importunos» de Job, así como para él mismo, la *oración* fue más eficaz que la discusión. ¿Y no es siempre así? Sus amigos le habían juzgado mal, pero él tenía tanta más necesidad de orar por ellos. Al así hacerlo, el Señor le desligó de la esclavitud y del poder de Satanás, y le hizo una vez más hombre libre. El Diablo lo había encadenado como con grilletes de hierro, pero Dios honró la oración como el medio de liberación. La oración por sus amigos implicaba una buena disposición para perdonarlos, y para devolver bendición por maldición. Una actitud así del alma, y una obra así de la gracia, no puede dejar de traer mayor libertad y bendición a la vida del suplicante. «Deja allí tu ofrenda delante del altar, y anda, reconcíliate primero con tu hermano, y entonces ven, y presenta tu ofrenda» (Mt. 5:24).

VI. Satisfacción. «Y [Jehová] aumentó al doble todos los anteriores bienes de Job... y bendijo Jehová el postrer estado de Job más que el primero» (vv. 10-17). Satanás ha sido derrotado, y la misericordia y la verdad de Dios han triunfado. Santiago dice: «Habéis oído de la paciencia de Job, y habéis visto el fin del Señor, que el Señor es muy misericordioso y compasivo» (Stg. 5:11). Sí, el fin de todos los tratos de Dios con nosotros es *misericordia.* Así como el número de las ovejas, camellos, bueyes y asnas de Job fue doblado, no sucedió así con sus hijos e hijas. Tuvo el mismo número que había tenido antes, quizá implicando que su anterior familia no estaba perdida, sino solo «ida antes», aún suya, aunque en el otro lado del Jordán de la muerte. Si Job tenía *setenta* años cuando lo perdió todo, sus años le fueron asimismo doblados, porque vivió después de esto «ciento cuarenta años» (v. 16). La medida del Señor es siempre «remecida y rebosante». Aquellos a los que Él les muestra su salvación quedarán satisfechos con larga vida, vida eterna (Sal. 91:16). Nadie codiciaría los sufrimientos de Job, pero, ¿quién no diría: «sea mío su fin postrero»? No juzguéis antes de tiempo. Si Dios ha comenzado en vosotros una buena obra, Él la llevará hasta el día de la perfección. Consolaos unos a otros con estas palabras.

407. «¡SELAH!»

Esta palabra se encuentra 74 veces en el Libro de los Salmos, y tres veces en el Libro de Habacuc. Es una palabra hebrea sobre cuyo significado pocos concuerdan. Los traductores de la Biblia se sintieron algo perplejos ante ella, por lo que la transcribieron dejándola como era. ¡Qué lección para los que se encuentran con circunstancias ante las que se sienten perplejos y aturdidos, y que ponen a prueba su fe y paciencia! ¿Qué hemos de hacer con ellas? Pues lo mismo que han hecho estos traductores: no te preocupes por ellas, sino déjalas en manos del Señor; Él lo explicará algún día. Actualmente nos dice: «Lo que yo hago, tú no lo comprendes ahora; mas lo entenderás después». Algún día comprenderemos; mientras tanto, podemos confiar.

I. ¿Se trata de una notación musical denotando una pausa? Ésta es la opinión de muchos. Y esta sugerencia concuerda de manera espléndida con muchos Salmos, como el Salmo 7:5 y otros. Hay necesidad en nuestras vidas para frecuentes pausas de reposo. El tiempo de quietud devocional es así. El bendito Día del Señor es otro. Aunque en un reposo no hay música, en ellos está la producción de la música, y sin ellos no podría haber mucha armonía. ¿Es por esto que parece haber discordia en tantas vidas?

II. ¿Es una nota de exclamación? Ésta es la opinión más reciente. El pastor Archibald G. Brown, que fue sucesor de Thomas Spurgeon en el Tabernáculo Metropolitano, mantenía con energía este punto de vista, y varios expertos en hebreo le aseguraron que tenía razón en su postura. Sostenía el punto de vista de que se podía traducir «¡Piensa en esto!», y predicó un interesante sermón expositivo. Lee, por ejemplo, el Salmo 3, y cuando llegues a *Selah*, en lugar de repetir esta palabra, *di*, «¡Piensa en esto!», y te enamorarás de esta útil interpretación y explicación.

III. ¿Era un signo musical para indicarle al músico que debía pasar a un tono más alto? También tenemos aquí una útil sugerencia, y va bien cuando se adapta a la lectura de los Salmos donde aparece *Selah*. Véase, por ejemplo, el Salmo 4; qué triste comienza el Salmista; y todo parece estar en una clave menor, hasta que llegamos a la señal de *Selah*; ¡cómo cambian entonces las cosas, cuando todo comienza a moverse a un nivel mucho más elevado!

Si éste es el verdadero significado de la palabra *Selah*, ¡qué lema más espléndido nos da! El doctor Maclaren de Manchester dijo, dirigiéndose a un gran grupo de jóvenes: «Jóvenes, que no sea vuestra ambi-

ción seguir *adelante*, sino seguir *hacia arriba*». Si éste es el significado real, entonces *Selah* es en hebreo lo que *Excelsior* es en latín, significando «Más alto». ¡Sube! La vida cristiana es la vida más elevada. Ascender significa mucho. Sobre los acantilados de Boscombe pudimos oír muy claramente la espléndida banda que tocaba en el rompeolas, pero cuando descendimos a la playa ya no la podíamos oír. Sube más alto, y entonces oirás más claramente la voz del Señor dándote instrucciones para tu vida y teniendo comunión contigo.
Pero, ¿cómo podemos ascender?

1. PIDE SER CONDUCIDO «A LA ROCA QUE MÁS ALTA QUE YO», la Roca Jesucristo. ¡Ah, esto cambia las cosas de forma total! Él te levantará y sacará de aquel horrible hoyo, y del lodo cenagoso, y plantará tus pies de modo firme sobre esa Roca más alta. Éste es el comienzo de la vida más elevada, su propio A, B, C.
2. DEJA QUE EL ESPÍRITU SANTO TE LLENE. Los grandes gasómetros que atraen nuestra atención cuando llegamos a plantas de gas, se levantan más y más cuanto más gas se les bombea. Cuanto más llenos, más altos son. Y esto es una parábola de la vida cristiana. ¡Oh, ser llenados con toda la plenitud de Dios!
3. NECESITAMOS SER BAÑADOS A DIARIO EN LOS ROCÍOS DE SU GRACIA. Una de las atracciones de la navegación en los mares tropicales es la presencia de los peces voladores. ¿Cuánto tiempo pueden pasar los peces voladores fuera de su verdadero elemento? Se ha demostrado que estos vertebrados solo pueden volar por el aire mientras sus alas (o mejor dicho aletas) estén húmedas. En el momento en que se secan, caen de nuevo al agua. ¿No tenemos aquí una lección? Aseguremos que cada día caiga sobre nosotros el rocío de su gracia, como sucederá en nuestros tiempos de quietud en oración privada, cuando vivamos la vida con alas.

408. EL HOMBRE BIENAVENTURADO

Salmo 1

Este primer Salmo es una introducción muy apropiada al sagrado Salterio. Constituye un epítome perfecto de todo el libro. Como el Sermón del Monte, comienza con la palabra «Bienaventurado». Esta palabra, en el original, está en plural, y ha sido asimismo traducida como: «Oh las bienaventuranzas del hombre», etc. No solo es bienaventurado, sino bienaventurado con todas las bienaventuranzas espirituales. Este hombre dichoso nos es presentado de una manera doble:

I. Su carácter en negativo. Hay unas ciertas cosas que este hombre no hará. No porque se vea coartado por la ley y por el juicio, sino porque tiene algo mejor de que gozar, y porque en su corazón hay un verdadero aborrecimiento contra los caminos y las cosas que están en enemistad con la mente y la voluntad de Dios.

1. NO ANDA EN EL CONSEJO DE LOS INICUOS (V.M.). Sabe que «el camino de los inicuos perecerá», y se mantiene fuera de él. El *consejo* de los impíos es caminar por la senda ancha que lleva a perdición. Su forma de vida no va dirigida por la sabiduría del mundo, sino por esa sabiduría que desciende de arriba.
2. NI SE DETIENE EN EL CAMINO DE LOS PECADORES (V.M.). Los *inicuos* pueden denotar aquellos que viven en ignorancia de Dios, pero los *pecadores* son los que deliberadamente transgreden en contra de la luz. Permanecer en su forma de hacer las cosas demuestra una actitud más acorde con el camino de los pecadores que el mero andar en el consejo de los inicuos.
3. NI SE SIENTA EN EL BANCO DE LOS ESCARNECEDORES (V.M.). Los que comienzan a andar en el consejo de los inicuos están en peligro de acabar en el banco de los escarnecedores. Este banco es el principal en el reino de Satanás. No hay promoción mayor que ésta. En pocas horas, el apóstol Pedro pasó por toda esta experiencia, desde andar en el consejo de los inicuos hasta el banco de los escarnecedores. Se sentó junto al fuego y negó al Señor con juramentos y maldiciones, mas cuando fue convertido, confirmó a sus hermanos. Los que escarnecen las cosas de Dios y de su Cristo caminan conforme a sus *concupiscencias* (2 P. 3:3).

II. Su carácter positivo. Este hombre es:

1. GOZOSO. Tiene muchas bendiciones, pero «en la ley de Jehová está su delicia» (v. 2). La vida cristiana no es meramente abandonar esto o aquello, sino que es entrar en una nueva y feliz heredad en la Palabra de Dios. Cierto, el Pródigo tuvo que abandonar algunas cosas antes de poder poseer el mejor vestido y entrar en los goces de un hogar feliz. Pero, ¿cuáles eran estas cosas? Los comederos de los cerdos y sus harapos. La Palabra de Dios es una tierra que mana leche y miel. En ella hay eternas corrientes de aguas, y flores que jamás se marchitan. Es ciertamente una tierra deleitosa. Todos los que aman al Señor hallarán deleite en su Palabra.
2. REFLEXIVO. «En su ley medita de día y de noche.» En el día de la prosperidad y en la noche de la adversidad, él hace de la Palabra de Dios el hombre de su consejo. La *meditación* en la palabra de verdad es tan necesaria para nuestra salud y fuerza espirituales como la masticación lo es para la física. Como el siervo de Elías, puede que debamos ir una y otra vez antes de ver la nube como la mano de un hombre. «¿Qué *pensáis* vosotros del Cristo?» El Señor espera que pensemos profundamente en estas cosas que Él ha hecho que sean escritas para nuestra enseñanza. No hay ningún libro en todo el mundo que dé una cosecha de bendición para el estudiante humilde como la Biblia. El testimonio de Thomas à Kempis fue: «No tengo reposo alguno más que en un rincón, con el *Libro*».
3. ESPERANZADO. «Será como árbol plantado junto a corrientes de aguas» (v. 3). Está lleno de expectativas, porque sus circunstancias son tan favorabilísimas. Es «como el árbol… que junto a la corriente echa sus raíces». Mientras que otros árboles se ven agostados y entorpecidos por la sequía, sus raíces están siendo plenamente satisfechas; hundidas en las corrientes de la verdad de Dios, de su misericordia y gracia. Todos aquellos cuyo deleite está en la ley del Señor son como árboles plantados junto a corrientes de aguas vivas. Las raíces de la fe y del amor se alimentan en estas corrientes dadoras de vida.
4. FRUCTÍFERO. «Que da su fruto a su tiempo.» El fruto es conforme al carácter del árbol, y siempre en sazón. No se recogen uvas de los espinos. Al hundirse sus raíces en los ríos de Dios, tiene abundancia de vida, por lo que dar fruto es el resultado sencillo y natural. Estando *llenos* del Espíritu, se manifiesta el fruto del Espíritu (Gá. 5:22, 23). El hombre que está dispuesto a dar testimonio de Cristo cuando se presenta la oportunidad dará su fruto en su *sazón.* Estando lleno del río de vida, será llenado con los frutos de justicia (Fil. 1:11).
5. HERMOSO. «Y su hoja no cae.» Hay una relación vital entre la raíz y la hoja. Las raíces secas pronto traen la sequedad a la hoja. Los hombres no pueden ver las raíces del carácter cristiano, pero pueden ver la hoja, y la condición escondida de las raíces se puede juzgar por la apariencia externa de la hoja. La vida externa será lozana y verde cuando la vida interior sea limpia y plena. Las hojas secas son señales de una vida seca. Cuando nuestro testimonio por Cristo y Su verdad pierde su lozanía y poder, podemos estar seguros de que hay algo malo con las *raíces*, porque las corrientes nunca van secas. Es el propósito del Espíritu es poner sobre nosotros la hermosura del Señor nuestro Dios.
6. TRIUNFANTE. «Todo lo que hace, prosperará»; , o, todo lo que el árbol produzca, alcanzará la madurez. El vástago y la flor producidos por el Espíritu de vida, alcanzarán su pleno desarrollo. «Mucho ruido y pocas nueces» no pertenece al carácter de los que le pertenecen a Él. Los propósitos de Dios engendrados en el corazón de José maduraron a la perfección, porque el Señor estaba con él, y le hizo prosperar (Gn. 39:23). Nuestro Señor pudo decir: «Yo… he llevado a término la obra que me diste a realizar». Y Él nos ha dejado ejemplo, para que sigamos sus pisadas. Si es Dios quien obra en nosotros tanto el querer como el hacer, entonces aquello que hagamos prosperará, porque Aquel que ha comenzado la buena obra la llevará hasta su consumación, hasta el día en que sea perfeccionada.

III. El contraste. «No así los malos» (v. 4). No, bien lejos están de ellos. Los malos son los *inicuos*, que no sienten deleite alguno ni reverencia por la ley del Señor. Son ley para sí mismos, y cosecharán los frutos de su propio carácter y acciones. No son asemejados a un árbol plantado, sino a tamo arrebatado. No tienen ni raíz ni vida en sí mismos. El tamo había tenido una vez una estrecha relación con el trigo, y puede parecerse a él en su aspecto exterior, pero es algo muerto y sin valor, y que será quemado con fuego que nunca se apagará (Mt. 3:12). «El camino de los inicuos perecerá» (v. 6, V.M.). El tamo no tiene poder para resistir ni al viento ni al fuego. Los inicuos, como tamo, son arrastrados por todo viento de doctrina, de opinión popular, o de éxito mundano. No tienen conexión con ni capacidad de recibir aquellas corrientes de vida, que fluyen tan copiosamente en el escondido Reino de Dios. No se verán aceptados en el juicio ni serán contados con la congregación de los justos (v. 5). Solo «el que hace la voluntad de Dios permanece para siempre» (1 Jn. 2:17). ¡Cuán impotente es el vacío tamo frente al empuje del viento! No hay refugio contra él. «Por la maldad será derribado el impío, mas el justo aun en su muerte tiene esperanza.» «Toda planta que no ha plantado mi Padre celestial será desarraigada» (Mt. 15:13). El camino de los inicuos tiene que perecer, porque es el camino de la soberbia, del placer, de la incredulidad y del rechazamiento de Cristo. Es el camino que parece recto al hombre, pero su final es muerte. «El que rehúsa creer en el Hijo, no verá la vida, sino que la ira de Dios permanece sobre él.»

409. PARADO EN EL CAMINO DE LOS PECADORES

Salmo 1:1

Vemos con claridad la razón de por qué no debemos andar en el consejo de los impíos mediante el estudio del contexto. Pero debemos ir más allá. Aquí se nos manda que no nos estemos parados en el camino de los pecadores.

I. Pararse en el camino con pecadores. Algunos hacen esto para llevarlos a Cristo, y está bien. Pero la idea aquí es la de hacerse amigos e íntimos con los impíos. Salir con ellos. Esto no debemos hacerlo. Más bien, nuestros amigos e íntimos deben ser de los hijos de Dios.

II. Pararse en el camino de los pecadores y no en el camino de Dios. Éste es un pensamiento adicional. No deberíamos andar en el camino de los impíos. «Hay camino que parece recto al hombre, mas...» No es este el camino que debemos andar.

III. Interponerse en el camino de los pecadores que acuden a Cristo. Estorbar a los pecadores que acuden a Cristo. ¡Qué tragedia! ¿Cómo podemos llegar a ser estorbos? Podemos hacerlo siendo malas muestras. Las malas muestras no recomiendan la mercadería. Ningún representante comercial se haría culpable de tal conducta. No des las gracias por nueva luz sin andar en ella. ¡Qué obstáculo es una vida inconsecuente!

410. SENTADO EN EL ASIENTO DE LOS ESCARNECEDORES

Salmo 1:1

Ésta es la última etapa en la maldad.

El pecado es progresivo. Comienzo andando en el consejo de los impíos. Luego soy hallado en el camino de los pecadores. Al final estoy sentado en el asiento de los escarnecedores.

Los tres grados de pecaminosidad.

1. Simplemente impío –no piadoso– pecado por omisión.
2. Luego pecadores –los que transgreden– pecado por acción.
3. Luego escarnecedores –la contemplación– pecado por ridiculización.

El último estado es el peor. El que trata a las cosas sagradas ridiculizándolas ha llegado tan bajo como se pueda llegar. George M'Donald dijo: «El desdén es el asesinato cometido mediante el intelecto, así como el odio es el asesinato cometido con el corazón».

La silla del ridiculizador de cosas santas es tan mala como la silla de los escarnecedores. Jamás uses la Palabra de Dios con irreverencia.

Considera el contraste del escarnecedor con el deleite en la Palabra de Dios. Observa Jeremías 15:17, RV, RVR. ¿Quién era que no se sentaba en compañía de burladores? Uno que encontraba la Palabra de Dios como el gozo y alegría de su corazón.

Preguntas.

1. ¿Te deleitas en la Palabra de Dios?
2. ¿Meditas en ella día y noche?
3. ¿Es gozo y alegría de tu corazón?

411. EL TESTIMONIO TRINITARIO

Salmo 2

En el libro de los Hechos, Pedro y Pablo citan ambos este Salmo como refiriéndose a David, y también al Señor Jesucristo como el exaltado Hijo de Dios. Pablo hace referencia a él como el Salmo *segundo* (Hch. 4:25; 13:33). Es indudable que aquí tenemos a uno mayor que David. Este salmo está dividido en tres secciones, y estas tres secciones contienen el testimonio del Padre, del Hijo y del Espíritu Santo; la declaración de Dios el Gobernante, Dios el Mediador y Dios el Consolador. Oigámoslo:

I. La voz de Dios el Soberano. En los versículos 1 a 6 es Dios quien habla. Sus palabras revelan la actitud de las naciones para con Él, y su actitud para con ellas como rebeldes contra su ley y su Hijo. Estas palabras del Señor contienen una exhibición de:

1. LA ENEMISTAD E INSENSATEZ HUMANAS. ¿Por qué se amotinan las naciones, y por qué sus representantes, reyes y príncipes, conspiran juntos contra el Señor y contra su Ungido? No puede negarse esto, porque la acusación está hecha por el mismo Jehová, que juzga no por la apariencia externa, sino que mira al corazón. El hombre, con toda su locura e insensatez, nunca imaginó cosa más «vana» que cuando ha creído que rompiendo las *ligaduras* de su ley y echando de sí las cuerdas de su amor, podría gozar de libertad y de prosperidad. Echar de encima su fácil yugo y su ligera carga es ponerse encima los grilletes herrados del gobierno diabólico y de la desesperanza eterna. Dios ungió a Jesús de Nazaret con el Espíritu Santo y con poder, para que Él nos librara de todos nuestros enemigos. ¿Por qué amotinarse contra el Señor y contra su *Ungido*? Porque la mente carnal es enemistad contra Dios. Ellos no quieren que este Ungido reine sobre ellos. Estas palabras revelan también:

2. IRRISIÓN Y DESAFIO DIVINO. «El que mora en los cielos se reirá; el Señor se burlará de ellos.» Jehová, como Gobernante del mundo, tiene su reposo en el más alto cielo. La furia de un pueblo tumultuoso no puede estorbarle en el cumplimiento de sus propósitos más que el aullido de los perros puede detener a la luna en su órbita. «*Yo mismo* he ungido a mi Rey.» A pesar de la ira y rebelión de ellos, Él ha establecido a su Rey sobre su santo monte de Sion. Con manos inicuas ellos crucificaron al Ungido del Señor, pero Dios le resucitó de entre los muertos y lo entronizó a su diestra en los cielos. La resurrección de Cristo es la burlona respuesta de Dios ante la ira y el odio de los hombres contra su Hijo. Así como las olas del mar desafiaron la necia orden del Rey Canuto, así batirán los irresistibles propósitos de Dios sobre los soberbios propósitos de los hombres, y «los turbará con su ira» (v. 5). Es cosa terrible caer en manos del Dios vivo, como la hueste de Faraón cayó en el mar Rojo. En su burla se *reirá* de ellos; en su irá, les *hablará*; en su ira, los *turbará*. ¿Y quién consolará a aquellos a los que Dios ha turbado a propósito? La política del señor Blatchford era «luchar contra las iglesias y derrotarlas», pero Aquel que mora en los cielos se reirá y burlará de los tales; porque hasta que se le pueda derrotar a Él, las puertas del Hades no prevalecerán contra su Iglesia.

II. La voz de Dios el Hijo (vv. 7-9). Oigamos ahora el lenguaje del Ungido, que reinará hasta que todos sus enemigos sean puestos por estrado de sus pies. En David no se cumplieron estas palabras en su sentido literal y pleno, pero lo serán en el Señor de David. Esta declaración de boca de Aquel que es el Mediador entre Dios y los hombres está llena de profundo significado. Este significado puede recapitularse bajo estas cuatro palabras.

1. REVELACIÓN. «Yo publicaré el decreto.» El *decreto* aquí puede significar el pacto, o el propósito de Dios en su Hijo, con relación a las naciones impías. En Cristo se hizo carne el Verbo de Dios y moró entre nosotros; el Unigénito del Padre ha declarado su mente y voluntad, porque la ley de Dios estaba escrita en su corazón.

2. FILIACIÓN. «Jehová me ha dicho: Mi Hijo eres tú». Se enseña enfáticamente la filiación, en un sentido muy singular, pero no se hace intento alguno de explicar el misterio. Jehová nunca dijo a ninguno de sus ángeles: «Mi Hijo eres tú; yo te he engendrado *hoy*» (He. 1:5). Lo que se significa por «*hoy*» es difícil de comprender. Pero desde luego denota que se entró en esta relación de Paternidad y Filiación con el propósito definido de la redención. Estas palabras son citadas por Pablo como cumplidas cuando Dios resucitó a Jesús de los muertos (Hch. 13:33). Siendo como son pronunciadas en este Salmo por el Hijo, puede que sean proféticas de aquel día notable en que Él sería engendrado de entre los muertos, siendo declarado Hijo de Dios con poder (Ro. 1:3, 4).

3. TRIUNFO. «Te daré por herencia las naciones, y como posesión tuya los confines de la tierra». El Hijo de Dios no vino a este mundo con un propósito incierto. Él tenía la promesa de Dios el Padre de que le sería dado un pueblo, y que finalmente, como Rey de las naciones, tendría el dominio de mar a mar, y «desde el río hasta los confines de la tierra» (Sal. 72:8). El profeta Daniel vio al ANCIANO de Días dándole al Hijo del Hombre el dominio, y la gloria, y un reino, para que todos los pueblos, naciones y lenguas le sirvieran. «Lo que plazca a Jehová se cumplirá *por su mano*.» Y desde luego nuestros intereses están totalmente a salvo en sus manos.

4. JUICIO. «Los quebrantarás [a los pueblos inicuos] con cetro de hierro; como vasija de alfarero los desmenuzarás» (v. 9). Cuando venga Aquel que tiene *derecho* a reinar, Él abatirá todo gobierno y

autoridad de impiedad. Con juicios establecerá Él la justicia en la tierra. Los reyes y príncipes de la tierra conspiran juntos contra el Señor y contra *Su Ungido*. Pero el Señor se burlará de ellos, porque «los reinos de este mundo» vendrán a ser «de nuestro Señor y de su Cristo» (Ap. 11:15). Cristo es el Niño Varón nacido para regir a todas las naciones con *vara de hierro* (no en gracia, sino en justicia inflexible), y ha sido ahora arrebatado a Dios y a su trono (Ap. 12:5). Y este mismo Jesús volverá.

III. La voz de Dios el Espíritu. En los vv. 10 a 12 tenemos un tono diferente. Es más como la voz del amor herido y del ruego. Es la obra del Espíritu Santo convencer de pecado y conducir a toda verdad. «Si oís hoy su voz, no endurezcáis vuestros corazones». Y Él dice así:

1. SED SENSATOS. «Ahora, pues, oh reyes, sed sensatos» (v. 10). Siendo que el Hijo de Dios os llevará a juicio, sed sensatos *ahora*, mientras permanece el día de vuestra prueba. «He aquí ahora el tiempo favorable.» El sometimiento a Dios y a su Hijo es la más sublime sabiduría. Sabios son los que edifican sobre esta roca.
2. ADMITID AMONESTACIÓN. «Admitid amonestación, jueces de la tierra». La sabiduría de este mundo es insensatez para Dios. No os hinchéis de soberbia hasta el punto de rechazar a Aquel que habla desde el cielo. Estad dispuestos como un niño a sentaros a los pies del hijo de Dios y a aprender de Él. Recibid la palabra de sus labios. «Escudriñad las Escrituras.» Gregorio el Grande dijo: «La Biblia es el corazón de Dios en las palabras de Dios».
3. RECONCILIAOS. «Besad al Hijo, no sea que se enoje» (v. 12, V. M.). *Besar* al Hijo es *aferrarse* a Él en un acto de amor y devoción. Aquel que besa al Hijo besa también al Padre (Jn. 5:23). El Espíritu Santo no habla de Sí mismo, sino que contiende con hombres ignorantes e insensatos para que se reconcilien con Dios, no sea que «perezcan en el camino». Reconciliaos con Dios, porque Dios le hizo a Él (Cristo) pecado por nosotros, para que nosotros fuéramos hechos justicia de Dios en Él.
4. SED HUMILDES. «Servid a Jehová con temor, y alegraos con temblor» (v. 11). Habiendo dado al Hijo el beso de la confesión, y habiendo recibido de Él el beso del perdón, deberíamos servir al Señor con santo temor todos los días de nuestra vida (He. 12:28). Regocijémonos en su gracia perdonadora, pero temblemos ante el pensamiento de recaer en la iniquidad de la vida centrada en el yo. Sirvamos al Señor con aquella santa reverencia que teme ofenderle en modo alguno. Seamos obedientes a su palabra, dispuestos a hacer todo lo que el Señor pueda ordenar. «No contristéis al Espíritu Santo» (Ef. 4:30).

412. UN TÓNICO PARA LOS ATEMORIZADOS

Salmo 2:4

I. Rectamente considerados, estos versículos constituyen un tónico para los atemorizados.

II. ¡Cuánto nos preocupa cuando la Verdad Divina es atacada!

1. Veamos cuál es entonces la actitud del Señor, también Salmos 37:13 y 59:8.
2. Él se ríe de estos esfuerzos, como un padre se ríe de los esfuerzos de su niñito de sacarle algo de su mano cerrada.
3. La interpretación inspirada de este pasaje se encuentra en Hechos 4:25 a 28, que declara su cumplimiento en la crucifixión.
4. Esto será cierto asimismo de los esfuerzos humanos contra Dios en los oscuros días que se darán antes de la introducción del Milenio.

III. ¡Cuánto tememos cuando oímos de guerras o de rumores de guerras! Pero demos oído a Lucas 21:28. No te abatas, sino haz lo que el Señor te indica.

413. ALEGRAOS CON TEMBLOR

Salmo 2:11

Introducción

1. ¡Qué extraña combinación de aparentes contrarios, alegría y temblor!
2. Hay muchos casos así en la Palabra de Dios.
3. Observemos las dos aparentes contradicciones en la primera parte del versículo: «Servir al Señor con temor».
4. Esto significa sencillamente que en mi servicio tiene que haber reverencia, lo que nos enseña dos cosas: Uno sirve a Dios cuando lo reverencia, y el servicio le debe ser dado con reverencia.
5. Así con nuestro texto.

I. Un mandamiento

1. Él te invita a esto cuando tus pecados son perdonados. «Regocijaos de que vuestros nombres están escritos en los cielos» (Lc. 10:20).
2. Es una prueba de amor a Él: «Si me amarais os alegraríais», etc. (Jn. 14:28).
3. Te invita a regocijarte con Él cuando los pecadores son salvos (Lc. 15:6).
4. Y uno de los textos más breves de la Biblia nos exhorta así: «Estad siempre gozosos».

II. Con temblor

1. Esto es, sed templados y sobrios en todos vuestros regocijos. Reteneos. No os abandonéis.
2. Una marca de la infancia es regocijarse sin temblar.

414. BESANDO

«Besad al Hijo» (Sal. 2:12).

Introducción

Besar tiene en los países orientales mucho más significado que en Occidente. A causa de esto, la referencia en la Biblia a este acto merece un examen más estrecho que el que generalmente se le da.

EL PODER DE UN BESO. Una mujer presa estaba siendo conducida de una cárcel a otra, cargada de cadenas, porque era tan rebelde que parecía que no se podía hacer nada con ella. La matrona de la cárcel a la que había sido enviada rehusó recibir a su nueva presa a no ser que le quitasen las cadenas. Se hizo esto, tras lo cual la matrona besó a la presa, que se quebró del todo ante esta inesperada e inmerecida bienvenida, y la llevó a su total transformación, hasta el punto que más adelante llegó a ser una cumplida obrera cristiana. La bondad divina tiene la intención de llevarnos al arrepentimiento.

EL COSTE DE UN BESO. Cuando murió la princesa Alice, le tocó a Gladstone hacer una moción en la Cámara de los Comunes por un voto de simpatía. Para ello, relató como había llegado a su fin. Su niña pequeña estaba enferma de difteria. El médico le había dicho que bajo ningún concepto debía besar a la niña. En un paroxismo de dolor, ella tomó a la pequeña en sus brazos. La pequeña recobró el conocimiento, y le dijo: «¡Mamá, dame un beso!». ¿Qué podía hacer una madre delante de tal petición de una hija sufriendo? Sabía qué consecuencias podría acarrearle, pero no podía hacer otra cosa, y le dio un beso lleno de amor.

¿No nos recuerda esto el gran acto de amor de Cristo? Él no contó el coste. Sabía que salvarnos de un mundo contaminado por el pecado le acarrearía la muerte. Y murió, y muriendo por nosotros quitó nuestro pecado. Pero aquel gran acto de su amor no fue en vano para nosotros, en contraste con la amante acción de la Princesa Alicia. Para millones, sí, para los creyentes de hoy también, ha significado salud y salvación.

I. El beso del sometimiento (Sal. 2:12). Es uno de los muchos salmos mesiánicos, y está lleno de Cristo. Aquí tenemos un *buen consejo inspirado*: «Besad al Hijo». Es el beso de sometimiento el que se significa aquí, la clase de beso que da un súbdito a un príncipe, o un cautivo a su captor, y el que un pecador debería dar al Salvador. Significa la rendición de la voluntad, una condición vital de la salvación, y desde luego de toda bendición espiritual. ¿Hemos dicho un buen *consejo* inspirado? Más bien, un *mandato* inspirado. Es imperativo. ¿Y por qué? «Para que no se enoje.» Sí, esto es cierto, porque no solo hay el amor del Cordero y la Sangre del Cordero, sino también la ira del Cordero. Nuestro Dios y Salvador sabe lo que es la ira, porque Él es Amor. ¡Besad al Hijo, para que no perezcáis!

II. El beso de perdón (Lc. 15:20). Éste sigue al beso de sometimiento, y es ciertamente el comienzo de todo bien. Podría traducirse: «Y lo besaba una y otra vez». ¡Qué don más sorprendente! Observemos:

1. Siguió al regreso del Pródigo, que era la señal y prueba de un arrepentimiento verdadero y genuino.
2. Fue dado antes que el Pródigo pudiese decir una sola palabra. Aunque había preparado un discurso, no pudo pronunciar una sílaba hasta que el Padre besase al pródigo regresado. ¡Qué gracia más maravillosa!
3. Fue otorgado al Pródigo mientras se encontraba todavía en sus harapos y suciedad. Por ello, sin merecimiento alguno. No se le pidió primero que se hiciese presentable antes que se le pudiese dar el beso.

4. Fue seguido del otorgamiento de otros dones, y nunca queda solo. Ésta, la primera bendición, va siempre seguida de otras misericordias y bendiciones.

III. El beso de afecto y de comunión. (Cnt. 1:2). Solo se puede esperar amor de los que han regresado, de los que han sido perdonados y restaurados a la amistad. Y solo ellos pueden ser admitidos a la amistad y a la comunión con Dios y con su Cristo.

415. UN CÁNTICO DE SALVACIÓN

Salmo 3

Los antecedentes históricos de este Salmo se encuentran en el capítulo quince del Libro Segundo de Samuel. El amado hijo de David, Absalom, roba los corazones de los israelitas, y luego se rebela contra su padre. Es una experiencia de lo más humillante y angustiosa descubrir que la propia carne de uno, a la que uno ha cuidado y abrigado, se convierte en el peor enemigo. o que Absalom vino a ser para David, el yo, o la mente carnal, vendrá a serlo para nosotros más tarde o más temprano, si, como él, caemos en tentación y pecado. La carne guerrea contra el Espíritu. Este Salmo puede ser leído provechosamente con el capítulo siete de Romanos. El salmista sufre aquí las agonías y los goces de un alma que pasa de la muerte a la vida; o del poder del enemigo a la libertad y alegría de la salvación de Dios. Se deben observar varias cosas:

I. Su enemigo. Era numeroso. «¡*Cuánto se han multiplicado* mis enemigos!» (v. 1). Y ellos se gloriaban contra él. Decían: «No hay para él salvación en Dios» (v. 2). En triste apuro se encuentra ciertamente aquella alma excluida de la «ayuda de Dios». Pero los hombres cegados por el pecado son incapaces de formarse un juicio adecuado de un caso como este. Este mismo escarnio lo arrojaron contra nuestro Señor cuando Él colgaba de la Cruz. «Ha puesto su confianza en Dios; líbrele ahora si le quiere». Lo que parece fracaso y derrota a los ojos de los enemigos, puede ser solo el método de Dios para llevarnos a una mayor experiencia de las riquezas de su gracia.

II. Su fe. «Mas tú, Jehová, eres escudo alrededor de mí; mi gloria, y el que levanta mi cabeza» (v. 3). Mientras los incrédulos están diciendo: «No hay para él salvación en Dios», el creyente se está gozando en la consciencia de que Dios está *a su alrededor* como escudo protector, y de que él está ahora *en* Dios. Estando en Dios, Dios viene a ser su gloria y aquel que *levanta* su cabeza. Mi Escudo, mi Gloria, mi Levantador. Se mantiene firme, como Moisés, como viendo al Invisible. El corazón que en Él confía será *socorrido* (Sal. 28:7).

III. Su testimonio. «Clamé a Jehová, y Él me respondió desde su monte santo. Yo me acosté y dormí, y desperté, porque Jehová me sostenía» (vv. 4, 5). *Selah.* Ésta es una palabra confortadora. Él oró, y el Señor le oyó, y lo liberó de todos sus temores y ansiedades, y pudo echarse y dormir apaciblemente, porque el Señor le sostuvo. La oración de fe salvará a los atemorizados lo mismo que a los enfermos. El apóstol Santiago dice: «¿Está alguno entre vosotros afligido? Haga oración» (5:13). Será guardado en completa paz aquel cuyo pensamiento persevera en el Señor (Is. 26:3). Este «*Selah*» al final del versículo 4 es muy significativo, cuando se contrasta con el que aparece al final del versículo 2. Se supone que esta palabra es un signo musical, una *pausa,* y que se empleaba para atraer la atención. Esta palabra aparece en los Salmos 73 veces. El lenguaje del versículo 4 contradice y da el mentís a la declaración del versículo 2. Así que estos «*Selahs*» debieran ser solemnemente enfatizados. La experiencia cristiana le da el mentís a la incredulidad.

IV. Su valor. «No temeré a diez millares de gente, que pongan sitio contra mí» (v. 6). ¿Por qué debía temer a las fuerzas del mal que le rodeaban, sabiendo que Jehová estaba alrededor de él como *escudo*? El hombre de visión santa es un hombre valeroso. El siervo de Elías estaba lleno de temor cuando vio a la hueste siria acampada alrededor de ellos, y clamó: «¡Ah, señor mío!, ¿qué haremos?». Pero quedó lleno de confianza y de valor cuando le fueron abiertos los ojos (2 R. 6). Josué no tuvo temor cuando el «Príncipe del ejército de Jehová» se le reveló. Como ha dicho un antiguo escritor: «No importa lo que puedan ser nuestros enemigos, aunque por número sean legiones; por su poder, principados; por su sutileza, serpientes; por su crueldad, dragones; por la ventaja de su posición, un príncipe del aire; por su malicia, maldades espirituales. En Cristo Jesús nuestro Señor seremos más que vencedores». «Si Dios por nosotros, ¿quién contra nosotros?» (Ro. 8:31).

V. Su victoria. «Tú heriste a todos mis enemigos en la mejilla; los dientes de los perversos quebrantaste» (v. 7). El Señor nunca golpea a nadie por la espalda. La mejilla que ardía de soberbia y de arrogancia, arderá de vergüenza y de deshonra. Los dientes de los impíos son muchas veces acerados e implacables, tratando de desgarrar el carácter del piadoso y hacerlo trizas; pero el Señor puede romper los dientes de ellos, de manera que queden totalmente inermes. La salvación del pueblo de Dios pertenece al Señor (v. 8). Somos prontos a olvidar esto, y a dejar de poner en práctica en nuestra vida diaria lo que Dios el Espíritu ha obrado en nosotros. A nosotros nos toca confiar, y a Él golpear. La venganza le pertenece a Él. El enemigo puede considerarnos, como consideró a Cristo, como ovejas para el degolladero; y aunque por su causa seamos muertos todo el día, somos sin embargo «más que vencedores por medio de aquel que nos amó» (Ro. 8:37). Gracias sean dadas a Dios, que nos da la victoria por medio de nuestro Señor Jesucristo.

416. MAS TÚ

Salmo 3:3

«Mas tú»

1. Ah, esto marca una enorme diferencia.
2. Le recuerda a uno un día tenebroso: un cielo plomizo, nada sino un tedioso afán.
3. De repente hay una abertura entre las plomizas y pesadas nubes, y se ve un jirón de cielo azul, y se divisa el resplandor del sol.
4. ¡Qué cielo más gris se extendía sobre la cabeza del salmista! Todo era tiniebla.
5. «Mas tú.» Ah, ahí estribaba toda la diferencia. De hecho, era lo que alteró toda la situación.
6. Nunca, nunca olvidemos que, perdamos lo que perdamos, y nos abandone quien nos abandone, seguimos teniendo a Dios.
7. No nos asombra que este salmo lo emplearan los protestantes franceses durante tiempos de persecución como señal para estacionar a los centinelas, para vigilar contra ataques repentinos.
8. No solo servía de señal, sino que también era un sano recordatorio de su Protector Divino, y de la protección que gozaban de su parte.

Resultados de recordar al Señor.

1. Una oración ferviente y con éxito (v. 4).
2. Descanso (v. 5).
3. Esperanza (v. 6) y valor.
4. Importunidad.

417. PALABRAS DE SALUD

Salmo 4

Este salmo está dedicado al conductor de aquellos que emplean instrumentos de cuerda. Es en verdad un salmo de vida. Hay en él notas que hablan de tristeza, de alegría, y de locura. Las varias condiciones o estaciones de la vida se encuentran aquí representadas en cierto modo. Intentaremos reunir la verdad que se enseña como haciendo referencia a tres clases de individuos.

I. Palabras de aliento al creyente. Este testimonio del salmista debería ser para inspiración de cada hijo de Dios. Lo que Dios hizo por él sigue pudiéndolo hacer por cada uno de los que en Él confían. ¿Y qué era?

1. LO LIBERÓ. «Cuando estaba en angustia, tú me hiciste ensanchar» (v. 1). Debido a su temor y angustia, había sido como uno encarcelado, pero el Señor le liberó. Es cuando los hombres han llegado al final de sus recursos que se les da a conocer la salvación de Dios. Quedamos encerrados en fe para que podamos ser traídos a un lugar de *anchura.* Ser ensanchado por la gracia salvadora de Dios es una gran liberación.
2. LO ALEGRÓ. «Tú diste alegría a mi corazón» (v. 7). La alegría del tiempo de la cosecha no tiene punto de comparación con la alegría de una gran liberación espiritual. «El trigo y el vino», las más ricas de las bendiciones de la tierra, se quedan muy cortas del «gozo del Señor». Dios dio alegría al corazón mediante la manifestación de su gracia y poder en nuestro favor. Aunque no le vemos, nos gozamos creyendo, con gozo inefable y glorificado.
3. LE DIO SEGURIDAD. «Porque solo tú, Jehová, me haces vivir confiado» (v. 8). Él podía echarse a dormir tranquilo; porque el Señor le había dado aquella dulce certidumbre de su cuidado protector, con lo que todos los temores se habían desvanecido. «El amado de Jehová habitará confiado cerca de Él» (Dt. 33:12). Libre,

Alegre y Seguro, ésta es la condición de todos aquellos que por la fe han recibido el Evangelio del Señor Jesucristo. Son puestos aparte por el Señor como su personal y peculiar tesoro (v. 3).

II. Palabras de reprensión para los incrédulos. Hay tres cosas de las que eran culpables aquellos «hijos de los hombres», y por lo que los reprende el salmista. Tres pecados de los que son culpables muchos de los incrédulos «hijos de los hombres» de nuestros días.

1. LA PRÁCTICA DE LA BURLA. «¿Hasta cuándo volveréis mi honra en infamia?» (v. 2). La gloria de David era que confiaba en el Señor y esperaba en Él (Sal. 3:3). Cualquier necio puede burlarse de la fe, como puede hacerlo del pecado. Tiene que estar moralmente loco aquel que intenta presentar la confianza en Dios como algo deshonroso. Y sin embargo, algunos lo intentan.
2. EL AMOR A LA VANIDAD. «¿Hasta cuándo… amaréis la vanidad?» Aman la vanidad los que aman aquello que es sin valor alguno para dar satisfacción, aquello que es incierto, aquello que tiene la apariencia de ser lo que no es; el mundo. La experiencia de Salomón se levanta como una advertencia a todos los que ponen sus corazones en lo terrenal. Cualquier y toda cosa que tome el puesto que Cristo debiera tener es vanidad (1 Jn. 2:15).
3. LA BÚSQUEDA DE LA MENTIRA. «¿Hasta cuándo… buscaréis la mentira?» (v. 2). No se tiene que ir muy lejos en pos de la mentira. Se encuentra dentro del propio corazón. La búsqueda de la falsedad por ella misma en lugar de la verdad constituye una prueba positiva de una mente en enemistad con Dios. El corazón falso y engañoso busca un alimento conveniente para él. Cristo es la verdad; los corazones veraces y honrados lo buscarán a Él. «Los perros estarán fuera, … y cualquiera que ama y hace mentira» (Ap. 22:15).

III. Palabras de invitación a los ansiosos. Oigamos ahora como un toque de trompeta, un llamamiento a:

1. TEMER. «Temblad, y no pequéis» (v. 4). Deteneos, antes de proseguir en incredulidad pecaminosa, y considerad dónde estáis y qué sois. Deteneos con temor ante el pensamiento de desobedecer la Palabra de Dios (Sal. 119:161). Deteneos atónitos ante el pensamiento de cuál es la paga del pecado (Ro. 6:23). Embargaos de temor ante el pensamiento de las oportunidades perdidas, de la incertidumbre de la vida y de la certidumbre del juicio. Deteneos atónitos al pensar en el infinito amor y misericordia de Dios para con los pecadores, en los sufrimientos y la muerte de su Hijo. Deteneos atónitos, no sea que resistáis los movimientos llenos de gracia de su Espíritu Santo y muráis en vuestros pecados.
2. MEDITAR. «Meditad en vuestro corazón estando en vuestra cama, y callad.» Tened un tiempo de quietud con vuestro corazón. Examínate *a ti mismo*. «Si, pues, nos examinásemos a nosotros mismos, no seríamos juzgados» (1 Co. 11:31). El corazón es engañoso. Medita, encuentra sus motivos, escudriña sus deseos, e indaga acerca de sus propósitos. En la soledad de la alcoba y en el silencio de la noche hay una oportunidad favorable para encontrar el verdadero carácter de nuestros corazones. «Examinaos a vosotros mismos» (2 Co. 13:5). La cama y el corazón son campos en los que se han hecho numerosos descubrimientos asombrosos, donde se han librado grandes batallas, y donde se han perdido y ganado muchas victorias; victorias incruentas, cuyos resultados alcanzan las profundidades de la eternidad.
3. SACRIFICAR. «Ofreced sacrificios de justicia» (v. 5). Como resultado de nuestro temor reverente y de nuestra meditación, seguirán revelaciones. Cosas que deben ser abandonadas, u ofrecidas al Señor como sacrificios. Entonces que el sacrificio sea *de justicia*. Que haya una rendición voluntaria y de todo corazón a la voluntad de Dios. Hay sacrificios, como el de Absalom, que no son justos, sino solo una ejecutoria hipócrita, para cegar los ojos de los piadosos y lograr alguna ventaja personal (2 S. 15:12). Vuestro culto racional es presentaros *a vosotros mismos* a Dios, porque «no sois vuestros; habéis sido comprados por precio». No nos olvidemos de Aquel que ofreció a Dios el sacrificio de justicia, cuando se ofreció a Sí mismo sin mancha a Dios. Él nos ha dejado «ejemplo, para que sigáis sus pisadas».
4. CONFIAR. «Confiad en Jehová.» Confía y obedece. No hay otra vía para el creyente. El temor reverente y la meditación del corazón debiera conducir a la *fe*, o acabará en fracaso. *Confía* es una palabra muy sencilla y dulce, asociada como lo está con el mayor de todos los nombres, JEHOVÁ, y es el más precioso de todos los privilegios y bendiciones. Cualquier niño puede comprenderlo, pero, ¿llega a comprender ningún hombre, o ángel en el cielo, la plenitud de las posibilidades que residen en ella, como el vínculo que liga al alma con el Dios eterno?

418. ENSANCHAMIENTOS EN Y A TRAVÉS DEL DOLOR

Salmo 4:1

I. Libertad. Bendita libertad cuando estamos en dolor.

1. «Cuando estaba en angustia, tú me hiciste ensanchar.»
2. Él está con nosotros en nuestros dolores, y nos da hermosas compensaciones.
3. Nos da un sentido de glorioso ensanchamiento en alma y en espíritu.
4. La habitación del enfermo no tiene como horizonte el techo y las paredes. El alma asciende arriba, más arriba.

II. Ensanchamiento a través de la angustia.

1. Un corazón ensanchado. Lugar para otros.
2. Una simpatía ensanchada. Pensando en otros.
3. Oraciones ensanchadas. Oraciones por otros.
4. Ensanchamiento de la gratitud. Nuestros cánticos de alabanza por las liberaciones personales van aumentando en volumen y en dulzura.

419. EL VALOR DE LA MARAVILLA

Salmo 4:4

Cosa extraña

1. ¡Qué extraña exhortación es esta a venir de inmediato después de la exultante declaración de pertenecer al Señor!
2. «Atemorizaos» (V.M.). No se trata de una mera reverencia ni de miedo irracional, sino más bien de *maravilla*, en el sentido de un santo temor, de un temor reverente.
3. Pero hay una relación muy fructífera entre ambas cosas.

El mundo y el sentimiento de maravilla

1. Versículo 2, la mentira y la falsedad son dos frutos de una ausencia del sentimiento de maravilla.
2. Lo que más choca actualmente al contemplar a la masa de hombres y mujeres de la actualidad es la total ausencia de maravilla.
a. No hay sentimiento de maravilla acerca de la vida. La vida no es tratada con solemnidad y reverencia. Hay liviandad y frivolidad.
b. No hay sentimiento de maravilla ante la muerte. Jesús vino a quitar el temor pero no la maravilla ante la muerte; p. e., con cuánta frivolidad la gente se quita la vida.
c. No hay sentimiento de maravilla ante Dios. Si Juan 3:16 quita el gran temor, debería hacer que todos los moradores de la tierra estuviesen maravillados ante Él. No deberíamos tener miedo de Dios; deberíamos sentir maravilla delante de Él.

La iglesia y el sentimiento de maravilla

1. Pero no debemos ni soñar que del sentimiento de maravilla se pierda solo en el pensamiento y la vida de los mundanos.
2. Hay ausencia del sentimiento de maravilla incluso entre los cristianos.
3. El hecho es que apenas se menciona en nuestros púlpitos, por no decir que nunca.
4. Y qué pérdida significa ello.

Se ha dicho que el mundo que ha echado fuera la maravilla ha echado de sí también la sana risa. Las edades que han conocido más el sentimiento religioso de la maravilla son las edades de las que han surgido las notas más líricas del gozo cristiano. Las antiguas edades vivían y respiraban y se regocijaban en Dios en medio de oscuras teologías. Bernardo tenía unas magnas y duras ideas de la Deidad, y sin embargo fue él quien cantó: «Jesús, solamente al pensar de Ti». Samuel Rutherford estaba aferrado a todos los rigores de un calvinismo que afecta a las mismas fuentes del sentimiento de maravilla en el pecho humano, y sin embargo de él brotaron las cartas de amor del cristianismo.

Observemos la relación de los versículos 3 y 4

1. Aunque yo soy posesión de Él, no debo tomarme libertades con Él; debo ser respetuoso y lleno de reverencia.
2. Y esto significa también que el hecho de que Dios aparte a los pecadores para Sí es inspirador de maravilla.

¿Por qué esta extraña unión entre el sentimiento de maravilla y el pecado?

1. El sentimiento de pecado no lo es todo.
2. Los hindúes tratan cruelmente al ganado que adoran.
3. Y hay solamente Uno que puede guardarnos de pecado.

420. EL VALOR DEL SOLILOQUIO
Salmo 4:4

Sumamente insólito

1. Ésta es una exhortación de lo más insólito.
2. Su consejo es practicar el arte del soliloquio.
3. Generalmente la Biblia nos apremia a tener comunicación con el Señor.
4. Una razón por la que no hablamos mucho con nosotros es porque no vivimos vidas solitarias.

Al mundano

1. Quizá se dirigía al mundano.
2. El pecador ha de tener comunicación con su propio corazón antes de tener esperanza de comunión con el Señor.

Al cristiano

1. Es una exhortación similar a la dada en 2 Corintios 13:5.
2. Aquí, los que profesamos ser cristianos somos exhortados a examinarnos y juzgarnos a nosotros mismos, no a los demás.

A los obreros

Cecil, en su obra *Consejo a los ministros*, le dijo a un joven ministro: «Un hombre que habla consigo mismo encontrará lo que es apropiado para el corazón del hombre».

A los que tienen algún rencor

1. En el margen de la *Versión Revisada* inglesa aparece una extraña traducción alternativa: «Airaos, y no pequéis».
2. Así se traduce en la *LXX*, y así se cita en Efesios 4:26.
3. Hay una ira sin pecado, porque es una ira contra nada más que el pecado.
4. Es una ira creada por el Espíritu Santo.
5. Una ira que no se precipita.
6. Una ira que no es mera emoción, sino una convicción.
7. Una ira que puede resistir que se duerma con ella.
8. En realidad, es una exhortación contra la irreflexión.

421. SOLO BIEN, LA LUZ DE SU ROSTRO
Salmo 4:6

El clamor de muchos es en pos del bien supremo. Aquí tenemos a los muchos haciendo una importante pregunta. Es la voz del mundano. Se han dado muchas contestaciones y han sido puestas a prueba, pero sin resultado alguno. ¿Qué acerca de los hijos queridos del Señor? También ellos a veces hacen la misma pregunta, solo que acto seguido reconocen la verdadera fuente de todo bien: «Levanta Tú sobre nosotros una bandera como la luz de tu rostro» (Edersheim). ¿Qué significa esto? Que el salmista no estaba buscando tanto el bien como Aquel que es bueno; no el bien en sentido abstracto como bien en la Persona; y esto es solo otra forma de decir, como dice en otro lugar: «No hay para mí bien fuera de ti» (Sal. 16:2). Es decir, nuestro cielo es la conciencia de su sonrisa.
«La luz de su rostro», significando la sonrisa y bendición del Señor. El Señor enseñó a Israel que era lo mejor que Aarón y los sacerdotes podrían pedir para Israel (Nm. 6:26). Esto significa:

I. Vida. Porque «En la luz del rostro del rey está la vida» (Pr. 16:15, V.M.).

II. Gozo. Porque «llenarásle de alegría con tu rostro» (Sal. 21:6). Citado «lleno de gozo» en Hechos 2:28.

III. Bien. Todo bien. ¡Qué palabra es *Bien*! Todo lo que esta palabra significa, y más, es lo que tenemos en Cristo.

422. ALEGRÍA

«Tú diste alegría a mi corazón mayor que la de ellos cuando abundan en grano y en mosto» (Sal. 4:7).

Introducción

1. ¡Alegría! Esta palabra tiene para nosotros un gran *encanto*.
2. ¡Alegría! Éste es el anhelo de la humanidad.
3. ¡Alegría! Esta es su gran *búsqueda*.
4. Y era posesión del salmista.
5. Y resultaba un espléndido «gorro de dormir». Le hacía dormir bien (v. 8).
6. Y el salmista era un hombre piadoso, temeroso de Dios.
7. El mundo no suele asociar la alegría con la piedad.
8. Por ello, vale la pena analizar la alegría de David.

I. No dependía de una prosperidad mundana.

1. Es probable que David estuviese en grandes apuros.
2. ¿Fue esto escrito durante la huida de David de delante de Saúl o de delante de Absalón?
3. Su grano y vino no estaban entonces aumentando, pero tenía más gozo que el que tenían los que estaban en una posición más próspera.

II. Era una alegría de corazón, y no meramente de la mente. «Alegría en mi corazón.»

1. No se trataba de una mera alegría superficial.
2. Era una alegría como las profundidades de los océanos, que no puede ser agitada por una brisa pasajera.

III. Era una alegría cuyo autor y fuente era Dios. «Tu diste.» Véase también Salmo 30:11.

IV. Cómo Dios pone alegría en nuestros corazones.

1. Fruto del perdón. «Hazme oír gozo y alegría» (Sal. 51:8).
2. Fruto de vida santa: «La luz está implantada dentro del justo, y la alegría en los rectos de corazón» (Sal. 97:11).
   a. «Implantada» en ellos. Segamos más de lo que es sembrado.
   b. Seguros de un crecimiento rápido y prolífico.
   c. Una alegría que surge constantemente en formas renovadas.
3. Dada como respuesta a la oración. Incluso los perdonados y santificados necesitan alegría en ocasiones. ¡Qué triste estaba mi corazón una mañana! Pero cuando esto vino a mi mente estando delante del Señor, y pidiéndole, fue dada la alegría.

423. TRES PASOS EN LA VIDA DE ORACIÓN
Salmo 5:1-7

I. La petición de la oración (v. 1).

1. Él oye todas las palabras que hablamos incluso en la conversación diaria ordinaria.
2. ¡Cuán a menudo le entristecemos!
3. Y también ¡Él oye nuestros *pensamientos*! ¡Ah, cómo esto nos sacude y humilla!
4. Pero lo que el Salmista tiene de manera particular en su mente es la oración.
5. Él oye nuestras oraciones tanto si las ofrecemos audible como inaudiblemente.

II. La determinación de la oración como propia preservación (vv. 2 y 3).

1. Pase lo que pase, «a ti oraré».
2. Y una cosa que le hace de lo más decidido a orar es el hecho de la santidad de Dios (v. 4).
3. Mediante la oración recibo fuerzas para evitar el mal y conseguir la victoria sobre el mismo y sobre la tentación.
4. Y así vivir y morar en su Presencia.
5. Él decidió orar de manera especial por la mañana porque «bien comenzado es ya medio hecho». Y después de la oración, proseguir todo el día «mirando arriba».

III. La actitud de la oración (v. 7).

1. Él no iba a allegarse a Dios sobre la base de su propia bondad, sino a confiarse en su misericordia (obsérvese, «la abundancia de tu misericordia»).
2. E iba a allegarse a Dios con reverencia, «lleno de tu temor».

424. PROPÓSITOS Y ORACIÓN
Salmo 5:1-8

Los que creen en formas estereotipadas de oración no pueden encontrar justificación para tal práctica en el Libro de los Salmos. Hay a través de todo el libro un bendito descuido de todo tipo de convencionalidad mecánica y fosilizadora, porque las oraciones de los salmistas son las expresiones de corazones ardientes y agonizantes. Se adopta cada variedad de forma, según las variadas necesidades del alma. Observaremos:

I. Sus demandas. Hay cuatro peticiones determinadas. Él ora:

1. Por que se dé oído a sus PALABRAS. «Escucha, oh Jehová, mis palabras.» No siempre deseamos que el Señor observe nuestras

palabras. Hay momentos en que son pobres vehículos de los deseos de nuestras almas. Pero el salmista *significaba* cada palabra que pronunciaba en el oído divino. Cuídate de las palabras vanas. No somos oídos por nuestra mucha palabrería.

2. Por que su MEDITACIÓN sea considerada. «Considera mi meditación» (v. 1, V.M.). Puede darse abundancia de palabras elocuentes sin ejercicio del alma, sin un verdadero espíritu de oración. El Señor había dicho: «Venid, y estemos a cuenta». Y ciertamente que estar a cuenta acerca de algo implica pensar de una manera seria y deliberada. Las palabras de nuestras oraciones deberían ser el resultado de una solemne meditación acerca de toda la condición interior y circunstancias del alma. Dios no solo escucha las palabras, sino que mira al corazón. Se ha dicho que «orar sin fervor es como cazar con un perro muerto».

3. Porque su CLAMOR pueda ser oído. «Está atento a la voz de mi clamor, Rey mío y Dios mío» (v. 2). Éstos son tres expresivos usos del adjetivo posesivo, «mi clamor», «Rey mío» y «Dios mío». La meditación es la *fuente*, las palabras son el *canal*, pero el clamor es la *fuerza* con el que la corriente de palabras se precipita. Es posible tener palabras correctas y pensamiento profundo, y sin embargo no tener una verdadera intensidad de corazón, ninguna agonía de alma. Fue cuando Dios oyó el «clamor» de los israelitas que obró la libertad de ellos (Éx. 3:7). El clamor es a Jehová, como su Rey y Dios, como Gobernante y Creador. Como Aquel que ha dado forma a su ser y gobierna su vida. Esta consciencia de la sujeción y pertenencia da intensidad y esperanza al clamor de la necesidad. Fue con unos sentimientos similares, pero más profundos, que Cristo clamó en la Cruz: «Dios mío, Dios mío».

4. Por ser *conducido* en JUSTICIA. «Guíame, Jehová, en tu justicia, a causa de mis enemigos» (v. 8). Newberry da esta lectura: «debido a mis *observadores*». Necesitamos ser guiados en la justicia de Dios debido a quienes están observando nuestras palabras y caminos, para que ellos, viendo nuestras buenas obras, glorifiquen a nuestro Padre que está en los cielos. Y esto Él está dispuesto a hacerlo por causa de su Nombre (Sal. 23:3). «Reconócele en todos tus caminos, y Él enderezará tus veredas» (Pr. 3:6).

II. Sus resoluciones. La oración ferviente conducirá a una actuación ferviente. Nuestro Señor dijo: «Todo aquel, pues, que me oye estas palabras, y *las pone por obra*, le compararé a un hombre prudente» (Mt. 7:24).

El salmista resuelve que:

1. ORARÍA POR LA MAÑANA. «Oh, Jehová, de mañana oirás mi voz» (v. 3). Que cada día que se abre sea recibido con un corazón abierto. Dios oye por la mañana los trinos de los pájaros. ¿Y por qué no tu voz? Haz que cada mañana las llaves de tu vida queden en manos de tu Señor y Amo. La voz de la mañana le debe ser especialmente dulce a Aquel que, «de madrugada, cuando estaba aún muy oscuro, se levantó, salió y se fue a un lugar solitario, y allí se puso a orar».

2. ESPERARÍA CON EXPECTACIÓN. «De mañana me presentaré delante de ti, y esperaré» (v. 3). Como Daniel, abriría su ventana hacia la Santa Ciudad. Dispondría su oración, al modo en que Elías dispuso su sacrificio sobre el altar del Carmelo, y esperó la venida del fuego; o como cuando oraba por lluvia, y le dijo a su siervo que fuera otra vez y esperara la llegada de una nube como «la mano de un hombre». Nosotros dirigimos nuestras cartas a nuestros amigos alejados, y «esperamos» la llegada del correo. No os fatiguéis en bien hacer del orar y velar, «porque a su debido tiempo segaremos, si no desmayamos».

3. ACUDIRÍA EN GRACIA. «Mas yo por la abundancia de tu misericordia entraré en tu casa» (v. 7). El espíritu de oración anhela una comunión más estrecha con Dios. Cree que, gracias a la gran misericordia de Dios, tendrá aún el gozo de la comunión y del servicio en su casa. No contempla este privilegio como resultado de ningún mérito propio, sino todo conforme a la bondad de Dios. En la casa de Dios no hecha con manos solo puede entrarse por la misericordia y gracia de Aquel que es el Camino, la Verdad y la Vida (Jn. 14:1-6).

4. EN TEMOR ADORARÍA. «En tu santo templo me postraré, lleno de temor.» El templo terrenal no había sido aún construido, pero David adoraría ante el trono de su santidad. La *adoración* es la forma de servicio más elevada posible. La oración, el servicio, el culto. Primero oramos en el atrio exterior, ante el altar del sacrificio. Servimos en el santuario, pero en el Lugar Santísimo es donde adoramos. La voz del testimonio debiera dar lugar frecuentemente al silencio de la adoración. En su poder es que servimos, en su temor es que adoramos. Lo que Satanás le pidió a Cristo, Cristo lo espera de nosotros. Adórale postrado, y el Reino será tuyo.

425. CONDUCIDO POR EL SEÑOR

Salmo 5:8

Aquí tenemos la oración del salmista pidiendo conducción. Ésta es una expresión usual en los Salmos. Como hombre dedicado a la vida pública, estaba bien consciente de que no le toca al hombre dirigir con éxito sus pasos. Ponderando esta petición de ser guiado, se sugieren cuatro preguntas:

I. ¿Por qué?

1. A CAUSA DEL ENEMIGO. Lo mismo que el salmista, nosotros estamos rodeados de enemigos del Rey de reyes. De entre estos hay:

a. «Los que me observan» (A.V., *margen*), una clase ciertamente muy grande. Luego hay

b. «Los que me acechan», como se sugiere en la RV, *margen*.

2. A CAUSA DE MI IGNORANCIA E IMPOTENCIA. Somos tan débiles e impotentes como niños; y tan torpes como ovejas.

3. A CAUSA DE SU GLORIA. «Por tu nombre me encaminarás y me guiarás» (Sal. 31:3).

II. ¿Cómo?

1. Él nos conduce por Sí mismo, y no nos deja meramente al cuidado de los ángeles.

2. Lo hace mediante su Palabra y su Espíritu: «Envía tu luz y tu verdad; éstas me guiarán» (Sal. 43:3).

III. ¿A dónde?

1. «LLÉVAME A LA ROCA inaccesible para mí» (Sal. 61:2). Debemos ser primero llevados a Él mismo, que es la Roca a que aquí se hace referencia.

2. «JUNTO A AGUAS DE REPOSO ME PASTOREARÁ», esto es, a aguas de quietud (Sal. 23). Él da quietud y reposo.

3. «LES HIZO IR POR EL ABISMO» (Sal. 106:9, RV).

4. «Al que pastoreó a su pueblo por el desierto» deben elevarse acciones de gracias (Sal. 136:16).

5. POR SENDAS DE JUSTICIA (Sal. 23).

IV. ¿Cuándo?

1. De día y de noche. «Les guió de día con nube, y toda la noche con resplandor de fuego» (Sal. 78:14).

2. Donde sea que voy, por mar o tierra. «Si tomara las alas del alba y emigrara hasta el confín del mar, aun allí me alcanzaría tu mano, y me agarraría tu diestra» (Sal. 139:9, 10).

426. CUATRO RAZONES PARA EL REGOCIJO

> «Así se alegrarán todos los que en ti esperan: para siempre cantarán de gozo, porque tú los defiendes; y se gloriarán en ti los que aman tu nombre» (Sal. 5:11, V.M.).

«Así se alegrarán» (V.M.), no «Alégrense». El Señor no pondrá nunca dificultades al regocijo de su pueblo. Él está muy dispuesto y deseoso de su felicidad. Observemos cuatro razones para el júbilo.

I. Por su victoria segura sobre el mal. La convicción de los pecadores conduce al gozo (véase *margen* para «Destruirás», «Los harás culpables», esto es, dar un vívido sentimiento de pecado y de culpa). Aquí en este Salmo tenemos claramente predicha la frustración de los malvados consejos de los malos, y la victoria final del Señor.

II. Por cuanto hemos sido llevados a confiar en Él.

III. Por cuanto somos cubiertos por Él. Porque «Tú los defiendes», margen de la Versión Autorizada, «los cubres». Él nos defiende cubriéndonos con Él mismo.

IV. Por cuanto estamos en posesión de Él. Podemos incluso regocijarnos cuando el enemigo parece triunfar, porque lo tenemos a Él como nuestra posesión.

427. RUEGOS PODEROSOS

Salmo 6

La principal razón por la que los Salmos están tan repletos de alabanza es porque están tan llenos de oración. En este Salmo tenemos un alma angustiada empleando ruegos poderosos para con Dios, dándonos un ejemplo de una importunidad que prevalece. El salmista menciona:

I. La ira del Señor. «Jehová, no me reprendas en tu enojo.» Su alma sensible se siente profundamente alarmada ante el pensamiento de la terribilidad de la ira de Dios, y ante el ardor de su enojo (v. 1). Se siente aterrorizado ante la posibilidad de merecer su castigo airado. Servid al Señor con temor.

II. Su propia debilidad. «Ten misericordia de mí, oh Jehová, porque desfallezco» (v. 2). Una verdadera consciencia de nuestra propia impotencia dará urgencia y realidad a nuestros ruegos.

III. Su propia tristeza. «Mi alma también está muy turbada; y tu, Jehová, ¿hasta cuándo?» (v. 3). Su oración no era meramente exterior; las más grandes profundidades de su alma estaban siendo agitadas; había agonía en su clamor.

IV. Las misericordias de Dios. «Sálvame por tu misericordia» (v. 4). Éste es un poderoso ruego a los ojos de Aquel cuyo Nombre es el Señor Dios «Misericordioso». Aquel que «se deleita en la misericordia» no será sordo a este clamor.

V. La vanidad de la muerte. «Porque en la muerte no queda recuerdo de ti», etc. (v. 6). Esto es cierto de los espiritualmente muertos. Rogad por vivificación para que seáis salvos de un estado de alma que se olvida de Dios.

VI. La significación de las lágrimas. Todas las noches inundo de llanto mi lecho» (v. 6). Jesús también lloró, y Dios nunca puede olvidar el valor de tal manifestación pura de dolor y de estos silenciosos testigos de amor.

VII. Su propio aborrecimiento de la iniquidad. «Apartaos de mí, todos los hacedores de iniquidad» (v. 8). Además alega su separación espiritual de los caminos y métodos de los impíos.

VIII. Su propia fe en Dios. «Jehová ha oído... Ha acogido Jehová mi oración» (vv. 8-10). La respuesta ha llegado a su corazón; ha creído el mensaje, y reposa en la fidelidad de Dios. «Ve tú, y haz lo mismo.»

428. ENFRENTE DEL ENEMIGO

Salmo 7

Aprendamos de este Salmo de qué forma comportarnos cuando nos enfrentemos a hombres malvados, y a los principios y fuerzas de la iniquidad.

I. Confía. «Jehová Dios mío, en ti he confiado» (v. 1). Mantén el escudo de la fe siempre brillante por el uso constante. «Bienaventurado aquel cuyo ayudador es el Dios de Jacob [el errante]» (Sal. 146:5).

II. Ora. «Sálvame de todos los que me persiguen» (v. 1). Clama a Dios que se levante, y que se alce en tu defensa (v. 6). Es su prerrogativa ejecutar justicia y juicio en favor de los oprimidos (Sal. 103:6).

III. Escudriña. Escudríñate a ti mismo y tus caminos, no sea que esta prueba te haya sobrevenido a causa de la iniquidad (vv. 3, 4). Deja que Dios también escudriñe tu corazón y tus manos, no sea que haya algún estorbo oculto para su ayuda (Sal. 66:18).

IV. Testifica. «Jehová juzgará a las naciones» (v. 8). No tengas temor de hablar y de proclamar su justicia, incluso cuando su providencia parezca estar del todo en contra tuya, porque el Señor nos recompensa conforme a la limpieza de nuestras manos (Sal. 18:20).

V. Confiesa. «Mi escudo está en Dios, que salva a los rectos de corazón» (v. 10). Aunque el enemigo pueda decir: «No hay para él salvación en Dios», haz una plena confesión de Él como tu Salvador presente y todosuficiente.

VI. Advierte. «Dios está airado contra el impío todos los días. Si no se arrepiente, Él afilará su espada» (vv. 11, 12). No te sientas intimidado por sus amenazas o escarnios. Adviérteles de que el hacha está puesta a la raíz de todos los árboles que no llevan fruto (Mt. 3:10). La espada de Jehová nunca se afila en vano.

VII. Alabanza. «Alabaré a Jehová conforme a su justicia, y cantaré al nombre de Jehová el altísimo» (v. 17). «Bienaventurados todos los que en Él confían.»

429. LA CONVERSIÓN

«Si no se arrepiente» (Sal. 7:13)

I. Por qué debes arrepentirte.

1. Porque vas por el mal camino, Isaías 53:6.
2. Porque Dios te llama al arrepentimiento, Ezequiel 33:11
3. Porque sufrirás si no lo haces, Salmos 7:13.

II. Cómo debieras arrepentirte.

1. Personalmente, Ezequiel 18:30.
2. Inmediatamente, Mateo 3:10.
3. Completamente, 1 Tesalonicenses 1:10.

430. EL NOMBRE EXCELENTE

Salmo 8

«¡Cuán glorioso es tu nombre en toda la tierra!» Éstas son las primeras y últimas palabras de este Salmo, y pueden ser tomadas como su nota clave. Su NOMBRE significa todas aquellas riquezas y gloria de su carácter. La gloria del mismo está «sobre los cielos», aunque los cielos sean un reflejo de la misma (Sal. 19:1). Esta maravillosa gloria, la gloria de la gracia infinita, puede también manifestarse en cosas tan débiles como «los niños y... los que maman» (v. 2; Mt. 11:25). Dios se ha complacido en escoger las cosas débiles para confusión del mundano (1 Co. 1:27). Pero la gloria de este Nombre, que se ve en la «luna y las estrellas», obra de sus dedos (v. 3), halla su principal manifestación en el «hombre», por insignificante que sea en comparación con la grandeza de los cielos materiales. «¿Qué es el hombre, para que de él te acuerdes?» (v. 4). Veamos cómo se revela la excelencia de su Nombre en sus tratos para con el hombre. Se ve:

I. En el carácter del hombre. «Le has hecho un poco menor que Dios» (V.M. *margen*). Hecho a imagen de Él, pero «un poco menor». ¡Cuánto se ha acercado Dios al hombre al poner en él la impronta de su semejanza! ¡Qué devastación ha causado el diablo que este templo santo se haya convertido en el taller del Diablo! La gracia restaura a la condición de hijos.

II. En su solicitud por él. «¿Qué es el hombre, para que de él te acuerdes?» El hecho de que Dios se acuerde es otra manifestación de la excelencia del carácter de Dios. Él se acuerda del hombre en todas las disposiciones de su creación y providencia material. Este recuerdo lleno de gracia comenzó antes de la fundación del mundo, cuando en su propósito fue inmolado el Cordero. ¿Qué es el hombre, para que sus más altos intereses estén siempre en la mente de Dios?

III. En el honor que se le da. «Lo coronaste de gloria y honra; le hiciste señorear sobre las obras de tus manos» (vv. 5, 6). Todas las cosas fueron puestas bajo sus pies, hasta que entró el pecado, y entonces la corona cayó de su cabeza, y tuvo que ser dada a otro, a Jesús, que por un poco de tiempo fue hecho algo menor que los ángeles; que, tras los padecimientos de una muerte vicaria, fue coronado de gloria y honra (He. 2:8, 9). ¡Cuán excelente es el Nombre de Aquel que quiso poner tal gloria sobre la cabeza del hombre!

«Cuán pobre, cuán rico, cuán abyecto, cuán augusto,
Cuan complicado, cuán maravilloso el hombre es».

IV. En su sacrificio por el hombre. «¿Qué es el hombre... para que lo visites?» (RVR77 *margen*). En un sentido muy profundo y real, Dios ha visitado al hombre en la Persona de su amado Hijo unigénito. El hombre en su pecado y vergüenza, no podía visitar a Dios en paz; pero en la excelencia de su Nombre, y a un enorme costo, Él ha visitado al hombre. Le ha visitado en su desesperanzada angustia, trayendo consigo y ofreciéndole un remedio perfecto para todos sus pecados y dolores. «¿Qué es el hombre para que lo engrandezcas, y *para que pongas tu corazón en él*?» (Job 7:17, BAS *margen*).

«¿QUÉ ES EL HOMBRE...» (vv. 4, 5).

1. «... para que de él *te acuerdes*?» Una CONSIDERACIÓN llena de misericordia.
2. «... para que lo *visites*?» ENCARNACIÓN.
3. «... para que lo hayas *hecho* un poco menor que Dios?» REGENERACIÓN.
4. «... para que le hayas *coronado de gloria y de honra*?» GLORIFICACIÓN.

431. YO HARÉ, PORQUE TÚ HAS HECHO

Salmo 9:1-10

Es bueno cuando *nuestras* intenciones hallan sus motivos en las acciones cumplidas de Dios. En este Salmo tenemos:

I. Un propósito gozoso. Este propósito era el de:

1. ALABAR A DIOS. «Te alabaré, oh Jehová» (v. 1). La alabanza es ciertamente la expresión de un corazón lleno y satisfecho. La salvación cumplida para nosotros por parte de Jesucristo es tal que demanda una alabanza continua (He. 13:15).
2. TESTIFICAR ACERCA DE DIOS. «Contaré todas tus maravillas». Sus maravillosas obras de gracia son bien dignas de ser expuestas por los labios y las vidas de todos los que han experimentado el poder y las riquezas de las mismas.
3. REGOCIJARSE EN DIOS. «Me alegraré y me regocijaré en ti» (v. 2). Esta alegría es algo más profundo que la producida por el mero aumento del trigo y del vino (Sal. 4:7). Es el gozo del Señor, porque es gozo en Dios (Fil. 4:4).

II. Una razón poderosa. Esta razón, como el propósito, es triple.

1. Debido a su FIDELIDAD. «Has mantenido mi derecho y mi causa» (v. 4). A Él le pertenece mantener la causa de los afligidos y de los pobres en espíritu (Sal. 140:12). Cuando nuestra causa es la causa de Dios, Él la mantendrá con toda firmeza.
2. Debido a su PODER. «Reprendiste a las naciones» (v. 5). Toda la soberbia y las posesiones de los impíos «serán esparcidos en el día de su furor» (Job 20:28). Los pensamientos y prácticas paganos son reprendidos en presencia del Señor.
3. Debido a su MISERICORDIA. «Tú, oh Jehová, no desamparas a los que te buscan» (v. 10). Dios, en todas las riquezas de su gracia y poder, está siempre al alcance del buscador que de todo corazón le busca (Jer. 29:13). El gran Libertador del pasado es el mismo Libertador del presente y del futuro.

III. Una esperanza inspiradora. Es

1. La Esperanza de la PERMANENCIA. «Jehová permanecerá para siempre» (v. 7). Las bendiciones de la gracia de Dios son tan permanentes como el mismo Dios. En tanto que Él permanezca, sus redimidos serán enriquecidos con la vida y plenitud divinas. «Vosotros sois de Cristo, y Cristo, de Dios».
2. La esperanza de la JUSTICIA. «Él juzgará al mundo con justicia» (v. 8). La injusticia, el fruto del misterio de pecado, está siempre con nosotros, pero Él «ha establecido un día en el cual va a juzgar al *mundo* con justicia, por aquel varón a quien designó» con este propósito (Hch. 17:31). «El Juez de toda la tierra, ¿no ha de hacer lo que es justo?»
3. La esperanza de la SALVACIÓN. «Jehová será ciudadela para el oprimido» (v. 9). Para los oprimidos con el pecado interior o con las angustias exteriores. «Dios es nuestro amparo y fortaleza, nuestro pronto auxilio en las tribulaciones». A salvo están aquellos cuya vida está escondida con Cristo en Dios.

432. EL NOMBRE SALVADOR

Salmo 9:10

I. Un conocimiento necesario. «Los que conocen tu nombre». Todo el significado del carácter de Dios está en su Nombre (Éx. 33:19). Cristo es la revelación de este Nombre en su plenitud eterna.

II. Un resultado bendito. «En Ti confiarán». Conocer su Nombre es conocerle a Él, y conocerle a Él es tener la vida eterna. Conocerle a Él es amarle, confiarse a Él y obedecerle.

III. Un aliento universal. «Tú, oh Jehová, no desamparas a los que te buscan». Buscad, y hallaréis. Su Nombre es la garantía de esto.

433. UNA TERRIBLE TRASLACIÓN

Salmo 9:17 (RV)

1. **¿QUIÉNES?** «Los malos».
2. **¿QUÉ?** «Serán trasladados al infierno».
3. **¿POR QUÉ?** Porque «se olvidan de Dios».

434. CARACTERÍSTICAS DE LOS MALVADOS

Salmo 10

Cuando Dios, como la luz de su pueblo, se esconde (v. 1), los impíos búhos de las tinieblas se manifestarán con toda certeza. Los tales son:

I. JACTANCIOSOS. «El malo se jacta de los antojos de su alma» (v. 3); aunque aquel deseo sea hacia cosas prohibidas por Dios y destructoras de su propia alma. Incluso el hombre que se jactaba de sus legítimas riquezas fue calificado de necio por Dios (Lc. 12:20). «El deseo de los impíos perecerá» (Sal. 112:10).

II. Perversos. «Bendice al codicioso y desprecia al Señor» (BAS *margen*). Honran a los hombres según la cantidad de sus posesiones, en lugar de según la pureza de sus vidas. Llaman a la luz tinieblas, y a las tinieblas llaman luz. A semejanza de Balaam, aman el salario de iniquidad.

III. Orgullosos. «El malo, por la altivez de su rostro, no busca a Dios» (v. 4). En su orgullo y autoconfianza no tiene consciencia de su necesidad de Dios. El hombre natural no recibe las cosas del Espíritu de Dios

IV. Impío. «No hay Dios en ninguno de sus pensamientos». Cada día actúa de manera insensata, diciendo en la práctica: «No hay Dios». No importa lo mucho que esté haciendo Dios por él en su providencia; en su propia alma y carácter es absolutamente impío, culpable y sin esperanza.

V. Ciego. «Sus caminos son torcidos en todo tiempo» (v. 5). Es tan miope que no puede ver las maravillosas obras de Dios en la naturaleza ni en la gracia. Tiene la corona de gloria fuera de su vista, porque está cegado por el amor de este mundo.

VI. Autoconfiado. «Dice en su corazón: No seré inquietado jamás» (v. 6). Por cuanto la sentencia contra la incredulidad y los malos obreros no es ejecutada velozmente, se imaginan seguros. Pero en tanto que dicen, Paz y seguridad, viene sobre ellos destrucción repentina. En su ira, Dios los turbará; los arrojará de sus mismos sepulcros, y a una eternidad sin esperanza (Ap. 20:12, 13).

VII. Engañosos. «Llena está su boca de... engaños... Acecha en oculto, como el león desde su cueva... para arrebatar al pobre; ... se encoge, se agacha, y caen en sus fuertes garras muchos infelices» (vv. 7-10). No mora en él el principio de la rectitud. Sus palabras suaves tienen debajo de él el veneno de la concupiscencia pecaminosa. Si se agacha es para devorar como león; su *corazón* es engañoso, y su vida no puede ser otra cosa.

VIII. Engañado. «Dice en su corazón: Dios se ha olvidado; tiene tapado su rostro; nunca lo verá» (v. 11). Pero Dios «lo ha visto; porque [tú, oh Dios] miras los trabajos y la vejación, para dar la recompensa con tu mano» (v. 14). Al engañar a otros, a sí mismo se engaña. «No os engañéis; Dios no se deja burlar: porque todo cuanto el hombre sembrare, eso también segará» (Gá. 6:7).

435. UNA CONDICIÓN BIENAVENTURADA Y DOLORIDA

Salmo 11

El estado de los justos y de los malvados nos es expuesto aquí en un contraste notable.

I. La condición de los justos. Son:

1. CONFIADOS. «En Jehová he confiado» (v. 1). Su confianza no está en ellos, sino en el Señor, y, aunque Él les mate, con todo confiarán en Él. Ellos conocían el NOMBRE del Señor como una torre fuerte; corrieron a ella, y fueron salvos (Pr. 18:10).
2. MENOSPRECIADOS. Los impíos los ridiculizan, diciendo: «Que escape al monte cual ave» (v. 1; Sal. 9:9). Sí, gracias a Dios tienen un monte al que huir; pero, ¿a dónde huirán *ellos* cuando se revele la ira de Dios desde el cielo contra toda impiedad? Ahora pueden entesar sus arcos y «asaetear desde la sombra a los rectos de corazón» (v. 2), pero, ¿adónde huirán ellos cuando el Señor afile su espada y tense su arco? (Sal. 7:12).
3. PROBADOS. «Jehová prueba al justo» (v. 5). Es por cuanto Él es justo que prueba los corazones de los hombres (Sal. 7:9). Él probó a Abraham, y vino sobre él la bienaventuranza del hombre que

soporta la tentación (Stg. 1:13). La madera, la paja y la hojarasca nunca son puestos en el horno ardiente de la prueba (Dn. 6:23).

4. ACEPTADOS. «Jehová... Los rectos contemplarán su rostro» (v. 7). Los ojos compasivos del Señor están siempre sobre los justos, y sus oídos abiertos a sus oraciones (1 P. 3:12). Amados con amor eterno, un amor más fuerte que la muerte. Las muchas aguas de los pecados y las tristezas de este mundo no pueden apagar este amor.

II. La condición de los malvados.

1. ELLOS SE OPONEN SECRETAMENTE A LOS JUSTOS. «Disponen sus saetas sobre la cuerda, para asaetear *desde la sombra* a los rectos de corazón» (v. 2). «Lanzan cual saetas sus palabras amargas, para asaetear a escondidas al inocente» (Sal. 64:3, 4). Sus mentes carnales están enemistadas contra Dios, y contra todo lo que es de Dios en su pueblo. Pero toda cosa oculta será revelada.

2. SUS ACCIONES SON VISTAS POR EL SEÑOR. «Sus ojos ven, sus párpados escudriñan a los hijos de los hombres» (v. 4). Sus propósitos secretos están a descubierto delante de Aquel ante quien tienen que *rendir* cuentas. Y ya ahora sufren por sus malas acciones, porque «el rostro de Jehová es contra los que obran mal» (Sal. 34:16, V.M.). Todo aquello por lo que se mantiene el rostro de Dios está en contra de la corriente de vida que ellos mantienen.

3. SU FORMA DE VIVIR ES ABORRECIDA POR DIOS. «El malo y al que ama la violencia, su alma aborrece» (v. 5). Dios amó al mundo de los pecadores, pero la Cruz de Cristo es la expresión de su infinito aborrecimiento del pecado. Amar la maldad y odiar la justicia es estar coligado con el diablo, y es una causa total de la ira de Dios. Dios está airado con el malvado cada día.

4. SU SUERTE FINAL ES TERRIBLE. «Sobre los malos hará llover calamidades; fuego, azufre y viento abrasador será la porción del cáliz de ellos» (v. 6). Cuando más ancha la copa de iniquidad, tanto mayor será la porción de la maldición. Esta lluvia de *lazos* atrapará a cada pie culpable, y este fuego tempestuoso escudriñará toda cosa oculta (Sal. 75:8).

436. SALVA, OH JEHOVÁ

Salmo 12

En este Salmo tenemos un fuerte clamor al Señor pidiendo ayuda en tiempos de recaída. ¿A quién podemos ir, cuando las lenguas de la soberbia y de la vanidad están clamando tan vociferantemente que el testimonio del pueblo de Dios apenas si puede ser oído? Nuestra ayuda viene de Jehová; Él da fuerzas al cansado. El salmista nos da muchas razones para invocar así la ayuda del Señor. «Salva, oh Jehová...»

I. «Porque se acaban los piadosos» (v. 1, V.M.). La piedad nunca ha sido popular entre los hombres. En proporción con la insignificancia de sus números y con la debilidad de su carácter, prosperan los malvados y los poderes de las tinieblas. «Vosotros sois la sal de la tierra; pero si la sal se vuelve insípida, ¿con qué será salada?»

II. «Porque han desaparecido los leales». En tales tiempos de prueba y de recaída general, los fieles están en gran peligro de soltar su asidero de Dios y de ir a la deriva en la contaminada corriente de este mundo. En tales circunstancias adversas, es siempre fuerte la tentación de fallar en nuestra fidelidad a Dios y a los hombres. Entonces es el momento de clamar: «Salva, Jehová».

III. Porque prevalecen la vanidad, la lisonja y el engaño (v. 2). Ésta es una cuerda de tres dobleces que solo puede ser rota con la ayuda de Dios. Cuando no hay piedad, el resultado natural del corazón irregenerado son la vanidad, la lisonja y el engaño (Ro. 5:9).

IV. Porque la confianza de los hombres reside en sí mismos. Dicen: «Por nuestra lengua prevaleceremos; nuestros labios por nosotros; ¿quién va a ser amo nuestro?» (v. 4). La *confianza* nunca tuvo un uso más ruin que éste. La lengua es un arma poderosa, pero cuando los impíos esperan *prevalecer* mediante ella, viene a ser «un mal que no puede ser refrenado, llena de veneno mortífero». «El que confía en su corazón es un necio.» Tal autoconfianza llevará de cierto a la negación del Señorío de Cristo.

V. Porque tú la has prometido. «Por el gemido de los menesterosos, ahora me levantaré, dice Jehová» (v. 5). Las promesas de Dios son siempre una poderosa rogativa de ayuda. Los impíos son «extraños a los pactos de la promesa», pero guardémonos nosotros de no actuar como si fuéramos extraños a ellos. Sus promesas nos han sido dadas para que las reivindiquemos como propias.

VI. Porque tus palabras son puras (v. 6). No hay en ellas posibilidad de corrupción o engaño. Sus palabras son «como plata refinada en horno de *tierra*, purificada siete veces». «El precepto de Jehová es puro, que *alumbra* los ojos» (Sal. 19:8). El poder dador de la vista de la Palabra de Dios se demuestra constantemente. Cada oración respondida, cada promesa recibida, tiene un efecto iluminador. «Fiel es el que prometió».

VII. Porque sin tu ayuda prevalecerá la maldad. «Por todos lados andan los malos, cuando los viles son ensalzados entre los hijos de los hombres» (v. 8). El mundo ama lo suyo. El poder de la presencia de Dios, en su pueblo, y con ellos, es una reprensión permanente a toda vileza. Todos nuestros esfuerzos, aparte de esto, serán absolutamente inútiles. «No con la fuerza ni con el poder, sino solo con mi Espíritu, dice Jehová de los ejércitos». «¡Salva, oh Jehová!».

437. ¿HASTA CUÁNDO, JEHOVÁ?

Salmo 13

El salmo anterior es un clamor pidiendo auxilio; y al salmista le parece que tarda en llegar. Uno tiene que aprender a esperar lo mismo que a orar. Estas variadas experiencias son necesarias para la disciplina del alma. El lenguaje de este salmo es:

I. El lenguaje de la ansiedad. Él está preocupado por:

1. EL OLVIDO DIVINO. ¿Hasta cuándo Jehová? ¿Me olvidarás para siempre?» (v. 1). Dios se acuerda de su pueblo, pero en ocasiones, en sus tratos para con nosotros, puede parecer como si se hubiera olvidado. Las oraciones tardan en recibir respuesta, y lo sobrenatural parece haber desaparecido por un tiempo de nuestras vidas.

2. LA NECESIDAD SENTIDA DE SU PRESENCIA. «¿Hasta cuando esconderás tu rostro de mí?» Aquellos que *nunca* sienten la ausencia de Dios son los que más deben ser compadecidos. Puede que sean nuestras propias iniquidades y pecados que le ocultan de nosotros (Is. 59:2); pero, si no, aunque Él oculte su rostro por un momento, seguimos teniendo la seguridad de su eterna bondad (Is. 54:87, 8).

3. SU PROPIA IMPOTENCIA. «¿Hasta cuando tendré congojas en mi alma?» (v. 2). Echado sobre sus propios recursos, los descubre totalmente inadecuados. Incluso los mejores y más sabios de los hombres, cuando se quedan limitados a sus propios recursos, son verdaderamente pobres. Anhela salir de sí mismo y hacia la sabiduría y fuerza de Dios. Para dar fruto, tenemos que morar en Él.

4. EL PODER DE SU ENEMIGO. «¿Hasta cuándo será enaltecido mi enemigo sobre mí?» La ausencia del poder de Dios implica la presencia del poder del enemigo. ¿Durante cuánto tiempo triunfará mi enemigo? Durante todo aquel tiempo que no sea visto el rostro de Dios. Tu faz buscaré, oh Señor; aquella faz revelada a nosotros en la faz de Jesucristo.

II. El lenguaje de la intercesión. Ahora suplica:

1. LA CONSIDERACIÓN DE SU CAUSA. «Mira, respóndeme, o Jehová Dios mío» (v. 3). Hay una santa familiaridad en esta petición. Aquel que dijo, «Venid, y estemos a cuenta», condesciende a tratar con nosotros como hombre. La causa que le es expuesta *plenamente* será por Él considerada cuidadosamente.

2. OJOS ALUMBRADOS. «Alumbra mis ojos, para que no duerma de muerte» (v. 3). La influencia de la luz divina es para despertar de la muerte (Ef. 5:14). La ausencia de luz espiritual, como de la natural, significa esterilidad y muerte. Los ojos de nuestro entendimiento necesitan ser iluminados antes que podamos saber cuál es la *esperanza* de su llamamiento, las *riquezas* de su herencia, o la supereminente grandeza de su poder (Ef. 1:18, 19).

III. El lenguaje de la confesión. Él hace confesión de:

1. SU FE. «Mas yo en tu misericordia he confiado» (v. 5). ¿En qué otra cosa puede confiar cualquier alma necesitada? Habiendo confiado en su misericordia en el pasado, seguiremos confiando en ella. Es una misericordia que *Su* misericordia esté a nuestra disposición.

2. ESPERANZA. «Mi corazón se alegrará en tu salvación». «Por la noche nos visita el llanto, pero a la mañana viene la alegría». Se regocija en fe, recordando sus misericordias pasadas, diciendo: «Cantaré a Jehová, por el bien que me *ha hecho*» (v. 6). El Dios que ha liberado volverá a liberar, así que la fe puede cantar, aunque parezca, en la providencia de Dios, como si Él hubiera olvidado. Pero, ¿hasta cuándo, oh Señor?

438. CONFIANZA Y TESTIMONIO

Salmo 13:5, 6

I. Aceptación de la misericordia. «Yo en tu misericordia he confiado.»

1. Dios es *misericordioso.*
2. Dios demanda *confianza.*

II. Goce de la salvación. Esta salvación es:

1. Grande: Tu salvación.
2. Gozosa: «Se alegrará».
3. Satisfaciente: «Mi corazón».

III. Expresión de alabanza. «Cantaré.»

1. Solo Él es digno.
2. La alabanza conviene a los salvos.

IV. Testimonio. «Por el bien que me ha hecho.» Este testimonio es:

1. Necesario.
2. Feliz.
3. Útil.

439. CORRUPCIÓN GENERAL

Salmo 14

Aunque este Salmo no sea desde luego el más popular, tiene el singular honor de aparecer dos veces en este libro (comparar Sal. 53). Se tiene que hacer un énfasis en el total fracaso del hombre a los ojos de Dios. Véase aquí:

I. La necedad humana. «Dice el necio en su corazón: No hay Dios.» La humanidad como un todo es este necio; es prácticamente atea. La palabra «necio», se dice, viene de un término que denota el acto de *marchitarse.* El corazón de incredulidad, engañoso y marchito por el pecado, se aleja del Dios vivo, y quisiera justificarse a sí mismo diciendo: «No hay Dios».

II. El escrutinio divino. «Jehová miró desde los cielos sobre los hijos de los hombres.» ¿Para qué? ¿Para ver si alguno estaba tratando de hacer avanzar las ciencias, las artes, la filosofía? No, sino para ver si había alguno sensato, que comprendiera su propia condición, y que *buscara a Dios* (v. 2). La principal preocupación de Dios acerca del hombre es que el hombre no le busca. «Buscad al Señor mientras puede ser hallado».

III. Fracaso universal. «Todos se desviaron, a una se han corrompido; no hay quien haga lo bueno, no hay ni siquiera uno» (v. 3). Amargos y sucios; como la sal insípida, buenos para nada. Es una terrible acusación general, pero es de parte de Dios. Dios habla aquí de lo que Él ve; nosotros podemos pretender ver algo diferente, pero su juicio se mantendrá (Ro. 3:10-12).

IV. Impiedad práctica. «¿No comprenderán todos los que hacen iniquidad, que devoran a mi pueblo como si comiesen pan, y a Jehová no invocan?» (v. 4). Incluso en medio de esta corrupción moral general, Dios no se ha quedado jamás sin testigos. Las características de los obreros de iniquidad son los mismos en la actualidad que en el pasado: ignorancia de Dios; aborrecimiento de su pueblo; incredulidad: «A Jehová no invocan». Rechazar el conocimiento de Dios lleva a ser rechazados por Él (Os. 4:6).

V. La necesidad de salvación. «¡Oh, quien nos diese que de Sion saliera la salvación de Israel», etc. (v. 7). El Israel recaído, como los pecadores de hoy, necesitaba ser «*redimido* de todas sus angustias» (cf. Sal. 25:22). El Libertador, que puede apartar la impiedad, tiene que salir de Sion (Ro. 11:26), de la presencia de Dios y también del lugar en el que mora su eterno honor. «De tal manera amó Dios al mundo, que ha dado a su Hijo unigénito.» «La gracia y la verdad *vinieron* por medio de Jesucristo.»

440. EL CIUDADANO CELESTIAL

Salmo 15

Este Salmo podría ser llamado «El cántico del peregrino». Se hace una pregunta: «Jehová, ¿quién peregrinará en tu tabernáculo? ¿Quién morará en tu santo monte?» (BAS *margen*). En la respuesta que se da tenemos mencionadas las características que deben pertenecer al peregrino espiritual, que quiera permanecer en la comunión de Dios (Ap. 7:14, 15). Debe ser:

I. Recto en su andar. «El que anda en integridad.» «El que dice que permanece en Él, debe andar como Él anduvo» (1 Jn. 2:6). Han de andar por fe los que quieran andar rectamente en medio de una generación malvada y perversa. Dios no puede tener comunión con la injusticia.

II. Veraz en su corazón. «El que... habla verdad en su corazón» (v. 2). Deben ser puros los corazones de aquellos que quieran morar en el tabernáculo de Aquel que «escudriña los corazones». «Los de puro corazón verán a Dios.» Cuando la verdad no mora en el corazón, los labios tienden al engaño.

III. Caritativo para sus semejantes. «No calumnia con su lengua... ni hace agravio alguno a su vecino» (v. 3). Un corazón que ame la verdad nunca utilizará una lengua maledicente. No puede evitar *oír* maledicencias contra su prójimo, pero se refrena de «anidarlas». Si el pueblo de Dios se dejara de maledicencias, pronto esta práctica desaparecería.

IV. Cuidadoso acerca de su compañía. «Aquel a cuyos ojos el vil es menospreciado, pero honra a los que temen a Jehová» (v. 4). A semejanza de Mardoqueo, no puede dar honra al vil y arrogante Amán. Es compañero de todos aquellos que temen a Jehová. El que camina con Dios, como lo hacían Noé y Enoc, será separado de pecadores.

V. Fiel a su promesa. Si jura o da su solemne promesa para hacer algo, lo hará, incluso para su propio daño, sin cambiar lo dicho (Jue. 11:35). Esta fidelidad es solo una tenue imitación de la fidelidad de Aquel «el cual, por el gozo puesto delante de Él *soportó la cruz*» (He. 12:2). «Habiendo amado a los suyos, los amó hasta el fin».

VI. Misericordioso en sus acciones. «Quien... ni contra el inocente admitió cohecho» (v. 5). No buscará ventajas en contra de los ignorantes ni contra los pobres; no se hará culpable, como sucede con algunos abogados, de tomar recompensa contra el inocente. Para él, el soborno es un robo. No vivirá del ministerio cristiano negándole a Cristo su honrado servicio (Nm. 22:18).

VII. De carácter firme. «El que hace *estas* cosas, no resbalará jamás.» Las tormentas y diluvios de la tierra no pueden moverlo de lugar, porque su vida está arraigada en la voluntad de Dios. Es como un árbol plantado junto a las corrientes de aguas; no lo notará cuando llegue la sequía. Así es el hombre que mora en el tabernáculo del servicio de Dios, y que mora en el monte santo de su presencia.

441. UNA HERENCIA ESCOGIDA

Salmo 16:5-11

«Jehová es la porción de mi herencia y de mi copa... es hermosa la heredad que me ha tocado».

I. La naturaleza de esta heredad. Es:

1. GRANDE. «JEHOVÁ es la porción de mi herencia.» La infinita riqueza del carácter de Dios mismo es la porción de la copa del creyente. No es para maravillarse que diga: «Mi copa está rebosando». «Mi porción es Jehová, dice mi alma» (Lm. 3:24). «Yo sé a quién he creído», dijo el apóstol (2 Ti. 1:12).
2. PLACENTERA. «Las cuerdas me cayeron en lugares deleitosos» (v. 6). Experiencias que hubieran en otro caso sido desolaciones estériles, han llegado a ser, por la presencia y bondad de Dios, «lugares deleitosos». Y somos hechos partícipes de esta porción, de la herencia de los santos en luz. Estos son los caminos deleitosos y las sendas de la paz.
3. ETERNA. «Jehová es la porción de mi copa» (v. 5). Se precisará de toda la eternidad para recoger este río de deleites con la pequeña copa de nuestra vida. La porción dada está divinamente adecuada a las necesidades del espíritu eterno del hombre. El don de Dios de la vida eterna es el don de Sí mismo.

II. El efecto de esta heredad. La posesión consciente de una heredad tan deleitosa tiene que influenciar poderosamente la vida. Habrá

1. ALABANZA. «Bendeciré a Jehová que me aconseja» (v. 7). Todos los que han sido aconsejados por su Espíritu Santo, y constreñidos a creer en Dios y a entregarse a Él, tienen muchas razones por las que bendecirle. «No me elegisteis vosotros a mí, sino que yo os elegí a vosotros» (Jn. 15:16).
2. COMUNIÓN. «A Jehová he puesto siempre delante de mí... está a mi diestra.» «Siempre delante de mí». ¡Qué inspiración y qué consuelo en medio de todas las pruebas y turbulencias de la vida! ¡Qué fuente de reposo espiritual, con respecto a todo lo

que estaba delante de él! Si el avaro, o el hombre próspero del mundo, desea poner sus posesiones delante de sí, lo mismo sucede con el hombre de Dios. ¡Pero cuán diferentes su naturaleza y resultados!

3. ESTABILIDAD. «Porque está a mi diestra, no seré zarandeado.» Aquel hombre que siempre pone al Señor delante de él es poco propenso a ser apartado de la esperanza del evangelio. Todos los vientos populares de la doctrina adversa no pueden moverle. Su corazón está asentado, confiando en el Señor.

4. ALEGRÍA. «Se alegró por tanto mi corazón, se gozó mi alma» (v. 9). Su *corazón* se alegra porque está sanado y satisfecho. No se trata de un intento de regocijarse, como en el caso de muchas de las excitaciones mundanas; se trata de la consecuencia natural o inevitable de una cierta condición o actitud del alma. «Nos gloriamos en Dios por medio de nuestro Señor Jesucristo» (Ro. 5:11).

5. CONDUCCIÓN. «Me mostrarás la senda de la vida» (v. 11). Aunque este santo camino de la vida pueda ser estrecho, el alma que confía tiene la esperanza de que Él lo irá revelando cada momento, a cada paso. El camino de la sublime vida cristiana es el de la fe continuada y la obediencia continuada. Cada día se nos debe mostrar el camino que Él quiere que nosotros sigamos.

6. ESPERANZA. «En tu presencia hay plenitud de gozo; delicias a tu diestra para siempre» (v. 11). Aunque somos ahora hijos de Dios, «aún no se ha manifestado lo que hemos de ser; pero sabemos que cuando Él se manifieste, seremos *semejantes a Él*». Aunque su presencia está ahora *con nosotros*, no hemos pasado aún a la plenitud de la bendición de su presencia en la tierra gloriosa. Él tiene en su diestra, reservadas para nosotros, «delicias para siempre». «¡Esperanza bienaventurada!» (Tit. 2:13).

442. ORACIÓN Y TESTIMONIO

Salmo 17:1-8, 15

Debe existir siempre una relación vital entre la oración y el testimonio. Aquellos que son más poderosos en oración son los más aptos para dar el más poderoso testimonio. Los cánticos de David se igualan a sus oraciones. La influencia para Dios brota de la influencia con Dios. Observemos aquí:

I. Lo que se le pide a Dios. David ora pidiendo:

1. LA ATENCIÓN DE DIOS. «Oye, oh Jehová, una causa justa; está atento a mi clamor» (v. 1). Es por la gloria de su Nombre que Él da atención al clamor *justo* de sus hijos. Dios tiene un oído pronto para atender a «una causa justa». Ninguna madre ni ningún médico pueden prestar una atención tan estrecha a nuestra necesidad como nuestro Padre celestial.

2. SUSTENTO DIVINO. «Sustenta mis pasos en tus caminos» (v. 5). Él sabe que no es del hombre dirigir sus pasos (Jer. 10:23). Por medio de la ayuda de su mano llena de gracia somos preservados de tropezar. Nuestros pasos resbalarán cuando dejemos de apoyarnos en su fortaleza. Él puede guardar los pies de sus santos (1 S. 2:9).

3. MANIFESTACIÓN DIVINA. «Muestra tus maravillosas misericordias» (v. 7). Él ruega por una más plena revelación del carácter de Dios en su bondad, en su misericordia, en sus maravillosas misericordias. Es tan excelente que constriñe a los hombres a poner su esperanza bajo la sombra de sus alas (Sal. 36:7). Esta maravillosa misericordia encuentra su perfecta manifestación en y por medio de Jesucristo.

4. PROTECCIÓN DIVINA. «Guárdame como a la niña de tus ojos; escóndeme bajo la sombra de tus alas» (v. 8). Serán verdaderamente guardados aquellos que están escondidos bajo la sombra de sus alas y guardados como la niña de sus ojos. Sus alas son largas y potentes, y uno está más celoso de sus ojos que de cualquier otra parte del cuerpo. La fuerza y la *solicitud* de Dios son más que suficientes para salvarnos de «nuestros enemigos que buscan nuestra vida».

II. El testimonio dado para Dios. El salmista nos asegura de que Dios:

1. LO HABÍA PROBADO. «Tu has probado mi corazón» (v. 3). El *corazón*, tan propenso al engaño, tiene que ser tratado en primer lugar. La buena semilla solo es fructífera en un «corazón bueno y *recto*» (Lc. 8:15).

2. LE HABÍA VISITADO. «Me has visitado de noche» (v. 3, V.M.). El corazón es probado para que sea visitado en misericordia y gracia. Él visita durante la noche del apacible reposo, en la noche de tinieblas y dolor. Él sabe cuándo visitar y qué traer. «He aquí, yo estoy a la puerta» (Ap. 3:20).

3. LE HABÍA PROBADO. «Me has puesto a prueba, y nada inicuo hallaste.» La prueba de vuestra fe es preciosa; cuando sea perfectamente sincera, será para su alabanza y gloria (1 P. 1:7). Cuando nuestros corazones o propósitos secretos no nos condenen, entonces tendremos confianza para con Dios.

4. LE HABÍA SOSTENIDO. «Por la palabra de tus labios, yo me he guardado de las sendas de los violentos» (v. 4). Al prestar atención a su Palabra, cualquier joven puede limpiar su camino (Sal. 119:9). Somos guardados por el poder de Dios mediante la *fe*: la fe en su palabra. El hombre no vivirá sólo de pan, sino de toda palabra de Dios. La oración de nuestro Gran Sumo Sacerdote fue: «Santifícalos en tu verdad; tu palabra es verdad» (Jn. 17:17).

5. LE RESPONDIÓ. «Yo te he invocado, por cuanto tú me oyes, oh Dios» (v. 6). Él testifica que la razón por la que ora es porque Dios le responde. «Sean presentadas vuestras peticiones delante de Dios» (Fil. 4:6).

6. LO SATISFIZO. «Veré tu rostro en justicia… me saciaré de tu semblante» (v. 15). Una perspectiva tan gloriosa es suficiente para llevar al corazón a cantar de gozo, incluso ahora, cuando vemos a través de un espejo, oscuramente. La *semejanza* de Dios es su don mejor y más grande. Cuanto más nos lleguemos a asemejar a Él ahora, tanto más profunda será la satisfacción de nuestra alma.

443. EL DIOS DE SALVACIÓN

Salmo 18:1-3

Por el encabezamiento de este Salmo aprendemos que fue escrito como un cántico de LIBERACIÓN. Los primeros tres versículos contienen una multiforme revelación y una multiforme obligación.

I. La revelación. Es una revelación del carácter de Jehová como Salvador. En el versículo 2 se emplean ocho términos sugestivos de otros tantos aspectos de su gracia salvadora.

1. Para REFUGIO, Él es *mi roca*. La inmutable Roca de la Eternidad.

2. Para PROTECCIÓN, Él es *mi fortaleza*. «Torreón fuerte es el nombre de Jehová; a Él se acogerá el justo, y estará a salvo.» «El ángel de Jehová acampa *alrededor* de los que le temen» (Sal. 34:7).

3. De la OPRESIÓN, Él es *mi libertador*. «Líbranos del mal; porque tuyo es el reino, el poder y la gloria» (Mt. 6:13).

4. Para la ADORACIÓN, Él es *mi Dios*. Escrito está: «A Él sólo adorarás».

5. Para la DEBILIDAD, Él es *mi fortaleza*. Los que esperan en Jehová renovarán sus fuerzas. «Mi poder se perfecciona en la debilidad».

6. Para DEFENSA, Él es *mi escudo*. Revestíos de toda la armadura de Dios, y encima de todo ello cubríos con el escudo de la fe.

7. Para PODER, Él es *mi cuerno*. «Toda autoridad me ha sido dada… Por tanto, id.»

8. Para visión, Él es *mi alto refugio*. Los sentados en lugares celestiales tienen una perspectiva deliciosa. Desde su alto refugio pueden ver la tierra «más bella que el día».

II. Las obligaciones. Unos privilegios tan maravillosos de la gracia comportan asimismo unas responsabilidades de gracia. ¿Y cuáles son?

1. AMARLE. «Te amo, oh Jehová» (v. 1). El primer y mayor mandamiento era: «Amarás a Jehová tu Dios». Ciertamente que una manifestación así de su amor debería constreñirnos. Que sea también una expresión de la *voluntad* (1 Co. 13:13).

2. CONFIAR EN ÉL. «En Él confiaré» (v. 2). Dios lo ha hecho todo por nosotros, y está dispuesto a hacerlo todo, pero cuando no hay confianza del corazón, la puerta del alma se cierra contra Él.

3. ALABARLE. «Jehová… es digno de ser alabado» (v. 3). Aquellos que «invocan a Jehová» son los que más le alabarán. Él es digno. Piensa en todo lo que Él ha hecho, y en su longánime misericordia. «Digno es el Cordero de recibir gloria y honra.»

444. LA GRAN LIBERACIÓN

Salmo 18:4-20

Este majestuoso salmo fue cantado por David no como rey, sino como «siervo de Jehová». La nota clave es tocada intensamente al principio: «Te amo, Jehová… Dios mío, … en Él confiaré… Invocaré a Jehová… Y seré salvo». Amor, confianza, oración, certidumbre. Si hay aquí excelsas alturas, también hay terribles honduras. Levantar desde lo más profundo hasta lo más exaltado es la gloria de la gracia de este Libertador. En tanto que este Salmo registra las experiencias de un alma que pasa de la muerte a la vida, es también profético de los sufrimientos, la muerte y la resurrección del Señor Jesucristo.

I. La necesidad. Su necesidad era grande, porque estaba rodeado de:

1. «LAS OLAS DE LA MUERTE» (v. 4). Para un alma sin esperanza, estos dolores son de lo más atormentador. Son los dolores de

perder toda bendición terrenal, y entrar en las tinieblas de la desesperación. El carcelero de Filipos sintió su embate (Hch. 16:30).
2. DOLORES DE HOMBRES. «Torrentes de perversidad me atemorizaron.» En tiempos de convicción del alma, el enemigo vendrá de cierto como un torrente. La mente y los caminos del mundo están contra el propósito de su corazón.
3. «LIGADURAS DEL SEOL» (v. 5). «Ligaduras del Seol me rodearon». Terribles ligaduras que querrían arrastrar el alma a la muerte eterna. Los gozos del cielo son mejor conocidos por aquellos que han sentido las «ligaduras del Seol».

II. La confesión. «En mi angustia invoqué a Jehová, y clamé a mi Dios» (v. 6). Estaba en verdadera angustia. y así su oración era sin hipocresía, y su confesión de todo corazón. Cuando un hombre siente su angustia tan agudamente como aquí, no tiene esperanza de salvarse a sí mismo por ninguna obra que pueda hacer, o por nada que pueda dar. Los dolores del Seol llevan al alma convencida de pecado que solo el poder y la gracia de Dios pueden suplir su necesidad.

III. La liberación. En respuesta a este clamor de angustia, dice que:

1. «DESCENDIÓ» (v. 9). Para hacerlo, Él tuvo que inclinar los cielos. Este lenguaje aquí es profético de la venida y de los padecimientos de Cristo. Siempre hay señales y maravillas cuando Él desciende en respuesta al clamor agonizante de la necesidad humana (vv. 7, 8).
2. «ME AGARRÓ, me sacó de las profundas aguas» (v. 16). Si hemos de ser *sacados* de las muchas aguas de nuestros pecados y dolores, Él tiene que asirnos, y nosotros debemos someternos totalmente a su poder liberador. No resistáis la gracia de Dios. Cuando Él ase de nosotros, es para salvación perfecta.
3. «LE LIBRÓ de mi poderoso enemigo» (v. 17). Vuestro adversario el Diablo, es un poderoso enemigo, pero uno más fuerte que él ha venido a buscarnos y a salvarnos (He. 2:14, 15).
4. «ME SACÓ a lugar espacioso» (v. 19). Aquellos libertados por el Señor son verdaderamente libres. Fuera del poder de Satanás, e introducidos en el Reino de nuestro Señor Jesucristo. Éste es verdaderamente un «lugar espacioso», porque se extiende por todas las edades de la eternidad. Se precisa de un gran lugar para suplir todas las aspiraciones de un espíritu inmortal. Sobre la base de la resurrección.
5. «ME AMABA» (v. 19). Él libera porque se deleita en salvar a los objetos de su amor. «Él me amó y se entregó a sí mismo por mí». Su salvación no es mecánica ni rutinaria. Él «*se deleita* en misericordia». Nuestra confianza en Él deleita su alma.
6. «ÉL ME RETRIBUYE» (v. 20). Él es «galardonador de los que le buscan». Él nunca ha dicho a nadie: «En vano buscaréis mi rostro». El Señor recompensará un corazón limpio y unas manos limpias (v. 24). «Gustad, y ved cuán bueno es Jehová» (Sal. 34:8).

445. UNA GRAN LIBERACIÓN

Salmo 18:16-20

I. El Libertador. Véase versículo 2.

II. La Liberación.

1. Fue **DIVINA**. «Desde *el cielo.*»
2. Fue **PERSONAL**. «Me agarró.»
3. Fue **COMPLETA**. «Me *sacó.*»
4. Fue **NECESARIA**. «Los que me aborrecían... eran más fuertes que yo.»
5. Fue llena de **GRACIA**. «Porque me amaba.»
6. Fue **BENDITA**. «Me sacó a lugar espacioso» (v. 19).

446. EL DIOS DE LAS LIBERACIONES

Salmo 18:25-39

I. Su forma de obrar. Él revela su:

1. MISERICORDIA PARA CON LOS MISERICORDIOSOS (v. 25). «Con el misericordioso te mostrarás misericordioso». La misericordia del hombre nunca puede alcanzar a la misericordia de Dios. La misericordia humana debe ser medida por la divina.
2. PERFECCIÓN PARA CON LOS PERFECTOS. «Recto para con el hombre íntegro». La integridad humana debe ser vista a la luz de la rectitud divina. El hombre de corazón recto desea esto: «Muéstrame tu gloria».
3. PUREZA PARA CON LOS PUROS. «Puro te mostrarás con el puro» (v. 26). Los de puro corazón verán un Dios infinitamente más puro. Así, con esta promesa se alienta el deseo de santidad.
4. CON EL LADINO, SAGAZ. «Mas con el perverso te mostrarás desabrido». La *perversión* (lit.) del hombre, al apartarse de Dios, será confrontada con la tortuosidad de Dios. Si el hombre escoge ser tortuoso para con Dios, entonces tendrá que vérselas con la tortuosidad de Dios.
5. SU PROPÓSITO AL TRATAR ASÍ CON LOS HOMBRES. «Porque tú salvas a la gente humilde, y humillas los ojos altivos» (v. 27). Si hay en nosotros una misericordia, perfección o pureza irreales, entonces la manifestación de su carácter es reprender el orgullo y conducir al arrepentimiento. Su propósito es salvar a los indagadores honrados, y abatir a los orgullosos jactanciosos.

II. Sus multiformes misericordias. Todos los dones procedentes de Dios son liberaciones.

1. Él da LUZ. «Tú encenderás mi lámpara; Jehová mi Dios alumbrará mis tinieblas» (v. 28). En Él estaba la vida, y la vida era la luz de los hombres.
2. Él da VALOR. «Contigo desbarataré ejércitos, y con mi Dios asaltaré muros» (v. 29). Los ejércitos de problemas y las murallas de dificultades no tienen por qué obstaculizar al hombre de fe.
3. Él da FUERZA. «Dios es el que me ciñe de poder» (v. 32). Los lomos ceñidos con la Palabra de Dios quedarán fortalecidos para efectuar grandes hazañas.
4. Él da ESTABILIDAD. «Hace mis pies como de ciervas» (v. 33). La cierva tiene un pie seguro, y puede caminar y saltar sobre seguro en lugares resbaladizos.
5. Él da SABIDURÍA. Él «adiestra mis manos a la batalla» (v. 34). No guerreamos contra carne y sangre, sino contra principados... y espíritus de maldad. Esta batalla requiere de sabiduría divina.
6. Él da PROTECCIÓN. «Me diste asimismo el *escudo* de tu salvación» (v. 35). La salvación de Dios es un escudo tan largo como nuestra vida y tan amplio como nuestra necesidad.
7. Él da HONRA. «Tu benignidad me ha engrandecido». La benignidad de la gracia omnipotente da un maravilloso engrandecimiento a toda la naturaleza del hombre espiritual.
8. Él da VICTORIA. «Me ceñiste de fuerzas para la pelea; has humillado a mis enemigos debajo de mí» (v. 39). «Gracias sean dadas a Dios, que nos da la victoria por medio de nuestro Señor Jesucristo». «Grandes triunfos da» (v. 50).

447. LA PALABRA DE DIOS

Samo 19

Mientras que los cielos cuentan la gloria de Dios, la Biblia declara su voluntad. La palabra de los cielos es silenciosa; «Ni es oída su voz». Pero incluso su poder eterno y deidad pueden ser entendidos por las cosas que han sido hechas (Ro. 1:19, 20). Tenemos que llegar a la Palabra escrita y Encarnada para la *doctrina* de Dios. En los versículos 7-9 se emplean seis términos diferentes para expresar la plenitud y gran valor de *Su Palabra.*

I. Convierte el alma, porque es *perfecta* (v. 7, RV, V.M.). Se precisa de un instrumento perfecto para cumplir una obra tan delicada y poderosa como ésta. El alma necesita conversión: la espada del Espíritu puede lograrla (Stg. 1:18).

II. Hace sabio al sencillo, porque es *fiel* (v. 7). Es fiel porque ha sido dada por inspiración de Dios (2 Ti. 3:15). Hace sabios para salvación a todos los que son lo suficientemente sencillos para creerla.

III. Alegra el corazón, porque es *recta* (v. 8). Es la cosa precisa para todas las necesidades del corazón, por lo que el corazón se alegra en su recepción. El alma pobre y famélica halla en ella gran provisión (Sal. 119:16). «Tus palabras fueron para mi un gozo y la alegría de mi corazón» (Jer. 15:16).

V. Alumbra los ojos, porque es *pura* (v. 8). Así como al fatigado Jonatán se le alumbraron los ojos al tomar de la miel, así nos posee una nueva luz y vigor cuando gustamos de la pura miel de su Palabra. Los ojos nos son abiertos para ver maravillas. «Toda palabra de Dios es pura». «Lámpara es a mis pies tu palabra» (Sal. 119:105).

V. Permanece para siempre, porque es *limpia* (v. 9). Es precisamente lo que el joven necesita para limpiar su camino (Sal. 119:9). Es incorruptible, y por ello permanece para siempre. Ofrece y puede ofrecer vida eterna, porque la palabra misma es eterna.

VI. Es toda justa, porque es *verdad*. Es totalmente recta, recta en sus mismas advertencias y demandas, consejos y promesas. No es solo verdad, sino LA verdad, y por ello no puede errar en ningún punto.

VII. Es toda deseable, porque es mejor que el *oro,* y más dulce que la *miel* (v. 10). Es mejor que lo mejor, y más dulce que la más dulce de todas las cosas terrenales.

VIII. Es muy necesaria, porque a la vez *advierte* y *recompensa* (v. 11). Advierte tanto a los siervos como a los pecadores del peligro y de la condenación de la incredulidad. Asegura a los obedientes una gloriosa recompensa. Es a la vez una ley y un Evangelio, un martillo y un fuego, una luz como la de un faro, y pan del cielo.

448. PECADOS OCULTOS

Salmo 19:12

Guardate de vivir dos vidas: la secreta y la pública, la oculta y la manifiesta.

1. La **carga** de esta oración. Las faltas secretas. Los actos, pensamientos y sentimientos secretos.
2. El **propósito** de esta oración. «Líbrame» (RV). Sin santidad, nadie verá al Señor.
3. A **quién** se dirige esta oración. «Oh Jehová» (v. 14). Él mira al corazón.
4. Lo **personal** de esta oración. «Líbrame». Tú, a mí, con la Sangre purificadora en medio (1 Jn. 1:7).

449. INTERCESIÓN Y CONFIANZA

Salmo 20

En tanto que es bueno orar por nosotros mismos, es una gracia orar por otros. Un incentivo poderoso para la oración intercesora lo tenemos en un corazón satisfecho y agradecido.

I. Un ejemplo de intercesión. Aquí tenemos siete peticiones que el Salmista quisiera poner en labios de oración. Una séptuplo bendición que Dios puede otorgar.

1. «Jehová te OIGA» (v. 1). Es un privilegio poderoso tener al Dios del cielo prestando atención como una madre cariñosa a los susurros confidenciales de un niño.
2. «El Nombre del Dios de Jacob te DEFIENDA» (v. 1). Ser defendido por «el NOMBRE del Dios de Jacob» es tener poder con Dios, y prevalecer (Gn. 32:28).
3. Jehová te AYUDE. «Te envíe ayuda desde el santuario» (v. 2). Ayuda desde el lugar de su santidad es una ayuda que santifica. Para esto se había dispuesto provisión (1 R. 8:44, 45).
4. Jehová te SOSTENGA. «Desde Sion te sostenga», por medio de las súplicas del pueblo de Dios. Quizá la *unidad* del cuerpo de Cristo esté sugerida aquí.
5. Jehová HAGA MEMORIA de ti (v. 3). «Haga memoria de todas tus ofrendas», de todos tus dones, y sacrificios por Él. Que te tenga en eterna memoria. «Yo conozco tus obras y trabajo de amor».
6. Jehová te SUPLA. «Te dé conforme al deseo de tu corazón» (v. 4). Para alcanzar esto, debe haber deleite en el Señor (sal 37:4). «El deseo de los justos es solamente el bien» (Pr. 11:23).
7. Jehová te LLENE (v. 5). Quedan verdaderamente llenos aquellos cuyas peticiones son todas cumplidas. «Él llena de bien a los hambrientos».

II. Un ejemplo de confianza. Confianza:

1. En la SALVACIÓN de Dios. «Nos alegraremos en tu salvación» (v. 5, V.M.). Es una salvación en la que vale la pena regocijarse, debido a su grandeza, coste y plenitud.
2. En la CAUSA de Dios. «Alzaremos pendón en el nombre de nuestro Dios.» La bandera de la verdad (Sal. 60:4), de la victoria, y del avance. Su Reino no puede ser derrotado.
3. En la FIDELIDAD de Dios. «Ahora reconozco que Jehová da la victoria a su ungido» (v. 6). Benditos aquellos que conocen este gozoso son. Éste es el conocimiento experimental de la fidelidad divina.
4. En el NOMBRE de Dios. «Unos confían en carros, y otros en caballos; mas nosotros del nombre de Jehová nuestro Dios nos acordaremos» (v. 7). Recordar su Nombre es recordar su carácter revelado, y esto es totalmente suficiente para la fe (2 Cr. 32:8).
5. En el PODER de Dios. «Ellos flaquean y caen, mas nosotros nos levantamos y nos mantenemos en pie» (v. 8). Él abate a los soberbios, pero a los de humilde corazón los exalta. Aferraos a la confianza que teníais al principio. Orad y confiad.

450. EL GOZO DE LA SALVACIÓN

Salmo 21

Las oraciones del Salmo precedente parecen hallar su cumplimiento en los primeros nueve versículos de este Salmo. El uno parece ser el perfecto complemento del otro, cuando se comparan versículo por versículo. «En tu salvación», dice él, «¡como se goza!» (v. 1). Observemos entonces:

I. Los goces de los salvos. En este estado de bienaventuranza hay el gozo de:

1. LA SATISFACCIÓN DEL CORAZÓN. «Le has concedido el deseo de su *corazón»* (v. 2). La gran salvación de Dios es para el corazón. Solo Él conoce plenamente su naturaleza y necesidad.
2. LA RESPUESTA A LA ORACIÓN. «No le negaste la petición de sus labios.» ¡Qué privilegio, pedir y recibir de Aquel que es el Creador del universo, y el Padre de nuestros Espíritus!
3. LA BONDAD PROVIDENCIAL. «Porque le has salido al encuentro con bendiciones venturosas» (v. 3). El Dios de bondad le va al encuentro con su bendición, y la bondad y la misericordia le siguen (Sal. 23).
4. LA CORONA DE HONRA. «Corona de oro fino has puesto sobre su cabeza.» Toda la gloria de este mundo no se puede comparar con el oro puro del favor divino (Mt. 4:8).
5. LA VIDA ETERNA. «Vida te demandó, y se la diste. Largo curso de días eternamente y para siempre» (v. 4). «El don de Dios es vida eterna». Su *don,* como Él mismo, pertenece a las edades eternas.
6. LA COMUNIÓN DIVINA. «Lo llenaste de alegría con tu presencia» (v. 6). Ésta es la presencia que trae plenitud de gozo (Sal. 16:11). La presencia del Dios de paz es la visión más feliz que el hombre pueda jamás tener. Nuestra comunión es con el Padre, etc.
7. UNA PERFECTA CERTIDUMBRE. «Con la gracia del Altísimo, no ha de vacilar» (v. 7). Él sabe a quién ha creído, y está persuadido de que Él guardará.
8. CÁNTICOS DE ALABANZA. «Cantaremos y alabaremos tu poder» (v. 13). Su poder salvador y satisfaciente es digno de nuestro cántico más ferviente, porque será nuestro cántico más largo; como Dios de nuestra salvación, le alabaremos para siempre.

II. Cómo se recibe esta salvación.

1. PIDIÉNDOLA. «Vida te demandó, y se la diste» (v. 4). «Si conocieras el don de Dios, ... tú le pedirías» (Jn. 4:10). «Pedid, y recibiréis».
2. CONFIANDO. «El rey confía en Jehová» (v. 7). Sin *fe* es imposible agradar a Dios (*cf.* Jn. 3:36).

III. Las miserias de los perdidos. Ellos:

1. SERÁN ATRAPADOS. «Alcanzará tu mano a todos tus enemigos» (v. 8). Aquellos que rechazan su *Palabra* de misericordia serán atrapados por la *mano* de la justicia.
2. SERÁN DURAMENTE TRATADOS. «Los pondrás como horno de fuego en el día de tu ira» (v. 9). El amor despreciado y rechazado desembocará en furia e indignación. La «ira del Cordero» es lo que espera a los que pisotean la «sangre del Cordero».
3. QUEDARÁN MISERABLEMENTE FRUSTRADOS. «Si intentan el mal contra ti, y fraguan maquinaciones, no prevalecerán» (v. 11). En diferentes maneras, los hombres siguen tratando de asegurar el sepulcro de Cristo, pero todas estas maquinaciones tienen como resultado un miserable fracaso. No importa cuán a menudo los hombres, por sus caminos y obras de maldad, crucifiquen y sepulten a Cristo, Dios le resucitará de entre los muertos. Ninguna sabiduría ni consejo alguno contra el Señor podrá jamás prevalecer (Pr. 21:30). «La paga del pecado es muerte» (Ro. 6:23).

451. SUS SUFRIMIENTOS Y GLORIA

Salmo 22

Ésta es una declaración profética de «Los sufrimientos de Cristo, y las glorias que vendrían tras ellos». No es solo «El Salmo de la Cruz», sino también el de la Corona y del Reino. Estos padecimientos no pueden ser de David. ¿Quiénes fueron los que «horadaron sus manos y sus pies»? ¿Quiénes fueron los que «repartieron entre sí sus vestidos, y sobre su túnica echaron suertes»? (v. 18). Estas palabras proceden de la entrañable inspiración del Espíritu Santo, por medio de este santo de antaño. Aquí el Espíritu testifica de antemano acerca de los padecimientos de Cristo.

I. La naturaleza de sus sufrimientos. Él fue:

1. ABANDONADO. «Dios mío, Dios mío, ¿POR QUÉ me has desamparado?» (vv. 1, 2). Éste es un misterioso y terrible *por qué*. La cuestión del pecado y del juicio está en ella. Él fue abandonado por Dios porque «por nosotros fue hecho *maldición*».
2. VITUPERADO. «Oprobio de los hombres, y despreciado del pueblo» (v. 6). Aunque Dios ocultó de Él su rostro, no hubo reproche alguno por su parte. El vituperio y el escarnio provino de aquellos hombres malvados por los que Él sufrió.
3. RIDICULIZADO. «Se encomendó a Jehová; líbrele Él; sálvele, puesto que en Él se complacía» (v. 8). Se burlaron de su fe en Dios como de algo vano. Se reían de su debilidad como evidencia de fracaso y de presunción.
4. ANONADADO. «Estoy derramado como agua» (v. 14). Él se anonadó a Sí mismo, y se humilló. Él derramó su alma hasta la muerte. Él dio todo lo que tenía.
5. HUMILLADO. «Me has puesto en el polvo de la muerte» (v. 15). Fue llevado al polvo, por medio de su propia y voluntaria humildad. «Humillóse a sí mismo, haciéndose *obediente* hasta la muerte.»
6. TRASPASADO. «Horadaron mis manos y mis pies» (v. 16). Lo clavaron en una cruz. Crucificaron al Señor de la gloria.
7. AVERGONZADO. «Contar puedo todos mis huesos... Repartieron entre sí mis vestidos.» La muerte de la Cruz era la más penosa y vergonzosa de todas las muertes (Jn. 19:23, 24). Lo expusieron al vituperio público. «Cristo padeció... el justo por los injustos, para llevarnos a Dios» (1 P. 3:18).

II. Las glorias que han de seguir.

1. LA DECLARACIÓN DE SU NOMBRE. «Anunciaré tu nombre» (v. 22; ver He. 2:12). «Por lo cual», debido a sus sufrimientos y muerte, «Dios también le exaltó hasta lo sumo, y le otorgó el nombre que es sobre todo nombre». La predicación de Su *Nombre* es la predicación de su carácter maravilloso y salvador.
2. LA CERTIDUMBRE DE SU GRACIA. «Porque no menospreció ni desdeñó la aflicción del afligido» (v. 24). «Comerán los humildes, y serán saciados» (v. 26). La gracia y la verdad vinieron por medio de Jesucristo. «Bástate mi gracia». «Oídme atentamente, y comed de lo bueno, y se deleitará vuestra alma en lo más sustancioso» (Is. 55:1, 2).
3. EL TRIUNFO DE SU CAUSA. «Se acordarán, y se volverán a Jehová todos los confines de la tierra, ... porque de Jehová es el reino, y Él regirá las naciones» (vv. 27, 28). El rechazado Rey ha de regir aún sobre la tierra (Zac. 14:9). Llegará el momento en que los reinos del mundo vendrán a ser de nuestro Señor y de su Cristo (Ap. 11:15). Él murió por nosotros, para ser Señor tanto de los vivos como de los muertos. «Tuyo es el reino, el poder y la gloria, por todos los siglos» (Mt. 6:13).

452. «PERO TÚ ERES SANTO»

Salmo 22:3

Éste es el Salmo de los salmos, en el que sin duda alguna el Señor Jesús nos es presentado como crucificado entre nosotros. Cuando había de exponer este Salmo, Lutero se encerró tres días y tres noches para estar a solas con sus magnas realidades. David, sin duda, está escribiendo acerca de una de sus muchas tristes experiencias, pero todo en el Salmo está muy lejos y más allá de la experiencia de ningún mero hombre.

Este Salmo, desde que fue escrito, ha sido a menudo el lenguaje del pueblo de Dios a lo largo de los siglos, al encontrarse sin muestras de la presencia del Señor, o del favor divino, al verse apremiados o abrumados de dolor.

En medio de este aturdimiento, y del desconcertante silencio de Dios, un hecho les daba un consuelo indecible: *el hecho de la santidad de Dios*, precisamente lo último que podría haberse imaginado como medio de consolación. Pero está ahí. ¿Quién habría pensado en esto? Naturalmente, era solo otra manera de decir que Él es demasiado sabio para errar, demasiado bueno para no ser gentil. En medio de todas las providencias que te aturden y que te desconciertan, recuerda que Él es un Dios Santo. Y recuerda que su Santidad gusta de morar en medio de las alabanzas de su pueblo. Tampoco te olvides de liberaciones pasadas (vv. 4, 5).

Su Santidad es una Santidad en la que se debe confiar en todo tiempo, en días tenebrosos así como resplandecientes; cuando todo ha ido mal como cuando todo va bien.

453. EL PASTOR OMNIPOTENTE

Salmo 23

Entre todos los Salmos, el vigésimo tercero es el favorito de muchos. Beecher lo llamó el «Salmo alondra, pequeño y de plumaje poco vistoso, cantando tímidamente en la oscuridad; pero ¡ah! cómo llena el aire de todo el mundo de melodioso gozo». Después del Salmo de la Cruz viene el Salmo de la Vida y de plenitud de bendición. El camino de este peregrino es como la luz del albor, que va creciendo más y más hasta llegar al día perfecto. Sigámosle paso a paso. Hubo:

I. Una decisión. «Jehová es mi Pastor.» Hizo su elección personal acerca de quién iba a seguir. No iba a seguir su propio corazón ni los ciegos razonamientos de los hombres. Iba a reivindicar a Jehová como su Salvador y Conductor, y no se avergonzaría de decirlo así.

II. Certidumbre. «Nada me faltará». Los impíos, aunque fuertes como leones jóvenes, padecen necesidad y hambre, pero los que buscan al Señor no carecerán de ningún bien. «Mi Dios suplirá todas vuestras necesidades». Tiene la promesa de su Pastor, y la cree.

III. Reposo. «En lugares de delicados pastos me hará descansar; junto a aguas de reposo me pastoreará» (v. 2). El reposo de la fe en el Señor es un reposo plácido y refrescante. Él no dice «reposo» sin conducir al mejor lugar en que pueda ser hallado: en su amor, los pastos delicados.

IV. Conducción. «Me guiará por sendas de justicia.» Los caminos que son *rectos* pueden no siempre ser los caminos que parezcan más fáciles. Los peregrinos de Bunyan encontraron «más fácil» saltar la valla y tomar la senda que llevaba al castillo del Gigante Desesperación. La conducción que el Señor da es «por amor de su *Nombre*».

VI. Valor. «Aunque pase por valle de sombra de muerte, no temeré mal alguno.» La sombra de la muerte es terrible para el hombre cuya porción es en esta vida. Pero no hay mal alguno que temer cuando el Pastor está cerca (Is. 43:2).

VII. Comunión. «Tú estarás conmigo.» El peregrino celestial está siempre en buena compañía. El Señor permanece al lado cuando todos los hombres abandonan (2 Ti. 4:16, 17). Su presencia es siempre suficiente en todo tiempo.

VIII. Consolación. «Tu vara y tu cayado me infundirán aliento.» El garrote y el báculo del pastor eran los instrumentos de defensa y de liberación. Lo que ellos eran para el pastor, la Palabra del Señor lo es para nosotros. Es un garrote para apalear a nuestros enemigos, y un báculo para conducir o levantar a aquellos que hayan caído a un hoyo o acequia. La espada del Espíritu me infundirá aliento.

IX. Provisión. «Aderezarás mesa delante de mí en presencia de mis adversarios.» Él sabe cuándo y cómo alimentar a su rebaño. Tenemos una comida que comer que los otros no conocen.

X. Investidura. «Ungiste mi cabeza.» Esta unción del Santo denota autoridad y poder. Los reyes y sacerdotes eran ungidos. Sois un reino de sacerdotes para Dios (Hch. 1:8).

XI. Satisfacción. «Mi copa está rebosando.» El Dios de gracia da buena medida, apretada, remecida, colmada, rebosando. La santa unción debe venir antes del rebosamiento (véase Jn. 7:37, 38).

XII. Perspectiva. «Ciertamente la bondad y la misericordia me seguirán todos los días de mi vida, y en la casa de Jehová moraré por largos días.» Bondad ara suplir y misericordia para perdonar, todos los días de esta vida; y una morada preparada más allá de esta vida, donde estaremos para siempre con el Señor (Jn. 14:1-3).

454. SALMO 23 (Bosquejo)

1. **Debajo de mí,** «delicados pastos».
2. **A mi lado,** «aguas de reposo».
3. **Conmigo,** «mi Pastor».
4. **Delante de mi,** «una mesa».
5. **A mi alrededor,** «mis adversarios».
6. **Sobre mí,** «unción».
7. **Siguiéndome,** «bondad y misericordia».
8. **Más allá de mí,** «la casa de Jehová». *Seleccionado.*

455. EL PASTOR Y LAS OVEJAS

Bosquejos sobre el Salmo 23

I. «*JEHOVÁ ES MI PASTOR*» (v. 1).

I. ¿Quién es este pastor? «Jehová», el que era, y es y *ha de venir*. Este título aparece 7. 600 veces. *Jehovah Rohi.* «Jehová mi Pastor.»

II. Cómo ha venido, Él a ser pastor. «Todos se descarriaron» (Is. 53:6). Él vino a buscar y a salvar a los *perdidos*.

III. ¿Qué ha hecho Él por las ovejas?

Ha entrado por la puerta del redil Juan 10:2
Ha dado su *vida* por las ovejas Juan 10:11
Ha dado *vida eterna* a sus ovejas Juan 10:28
Les ha dado la prueba de la seguridad eterna Juan 10:29

IV. ¿Quiénes son sus ovejas? Es característico de ellas que:

Oyen su voz, v. 27
Le *conocen*, v. 14
Le *siguen*, v. 27

II. «*NADA ME FALTARÁ*» (v. 1).

I. ¿A quién nadie le faltará? El que pueda verdaderamente decir: «Jehová es *mi* Pastor».

II. Porque de nada carecerá. Porque el Señor *es* su Pastor, y ÉL es rico en posesiones, sabio en administración, fuerte para defender, y lleno de gracia para dar.

III. ¿Qué es carecer?

Es ser como Belsazar al ser pesado en la balanza, Daniel 5:27
Es ser como el pródigo en el país lejano, Lucas 15:14
Es ser como las vírgenes insensatas sin aceite, Mateo 25:8
Es ser como el rico en el infierno, Lucas 16:24

III. «*ME HARÁ YACER*» (v. 2).

Estas palabras implican;

I. Un plácido apacentamiento. «Delicados pastos.» Los pastos de la Palabra de Dios son siempre tiernos, lozanos y saciadores.

II. Reposo en paz. Me hará *yacer*. El reposo implica no solo satisfacción sino también la consciencia de una total seguridad.

III. Una gentil compulsión. «*Me hará yacer.*» ¡Qué compulsión más llena de gracia es la suya!

IV. Un andar placentero. «Junto a aguas de reposo.» Las Escrituras de verdad, el día del Señor, la grata hora de la oración, etc.

V. Una fiel conducción. «Me guiará.» Él guía a la plenitud de bendición. «Está mi alma apegada a ti» (Sal. 63:8).

IV. «*HARÁ VOLVER MI ALMA*» (v. 3, V.M.)

I. ¿Cuándo se necesita la restauración?

Cuando me encuentro en una condición débil y desfallecida.
Cuando me encuentro en un estado de pecado y alejamiento.

II. ¿Cuáles son las señales del alejamiento?

Seguir de lejos, por temor o por vergüenza.
Descontento y agitación acerca de la conducción de Dios.
Creciente descuido por la comunión de los santos.

Descuido secreto de sus «delicados pastos» y preferencia por los pensamientos de los hombres.

III. ¿Cómo se lleva a cabo la restauración? «Hará volver.»

Mediante la mirada del Pastor, Lucas 22:61
Mediante el cayado del Pastor, Salmos 119:67

V. «*ME GUIARÁ... POR AMOR DE SU NOMBRE*» (v. 3).

I. El guiador. «Me *guiará*»...

Por la Palabra de su boca.
Por el ejemplo de su vida.
Por los impulsos de su Espíritu.

II. Los guiados. «*Me* guiará»...

Porque mi mirada está en Él.
Porque creo en Él.
Porque me doy a Él.

III. Los caminos. «Sendas de justicia (de rectitud).»

En el camino de Paz.
En el camino de Oración.
En el camino de Poder.

IV. El propósito de su conducción. «Por amor de su nombre.»

Por amor a su palabra.
Por amor a su obra.
Por amor a su voluntad.

VI. «*NO TEMERÉ MAL ALGUNO*» (v. 4).

I. Experiencia de prueba. El «valle de sombra de muerte.»

El valle de la *adversidad* temporal.
El valle de la severa *aflicción* física o familiar.
El valle de la amarga *persecución*.

II. Certidumbre bienaventurada. «No temeré mal alguno.»

No temeré ningún mal lugar: El mundo
No temeré cosa mala: La carne
No temeré a nadie malo: El diablo

II. Un testimonio gozoso. «Tú estarás conmigo.»

Tú conmigo como el Camino.
Tú conmigo como la Verdad.
Tú conmigo como la Vida.

VII. «*ME INFUNDIRÁN ALIENTO*» (v. 4).

La «vara y el cayado» me infundirán aliento porque son *suyos*, y son *siempre* suyos.

I. El aliento de Su vara (garrote).

Era su *arma de defensa* contra el enemigo.
Era lo que les servía *para abrirles* camino entre los espinos y los zarzales.

II. El aliento de Su cayado.

Con él eran *rescatadas* del peligro.
Al pasar debajo de él eran *contadas* para seguridad.
La vara y el cayado son los emblemas del Poder del Espíritu y del carácter asegurador de su Palabra.

VIII. «*ADEREZARÁS MESA DELANTE DE MÍ*» (v. 5)

I. ¿Qué? «Aderezarás *mesa*.» Una mesa nos habla de previsión y de comunión.

II. ¿Quién? «*Tú.*» Esta preparación es perfectamente congruente con su carácter.

III. ¿Dónde? «En presencia de mis enemigos.» Los pastores *cortan* ramas, a veces, para alimentar a la grey.

IV. ¿Para quien? «Delante de mí.» Experiencia personal de su cuidado especial.

IX. «*UNGISTE MI CABEZA CON ACEITE, MI COPA ESTÁ REBOSANDO*» (v. 5).

Hay una relación vital entre la cabeza ungida y la copa rebosante.

I. La cabeza ungida. (El aceite como símbolo del Espíritu Santo):

Es señal de la separación del hombre para Dios.
Es el sello de la consagración del hombre por parte de Dios, para su servicio.

II. La copa rebosante. La copa rebosante es el resultado del aceite rebosando.

Significa una vida de satisfacción abundante, «rebosando».
Significa una vida de bendición para otros. El rebosamiento no se desperdicia, sino que se aplica para la salvación de otros.
Significa una vida de gozoso testimonio. «Mi copa está rebosando.» No es para maravillarse cuando «Jehová es la porción de mi copa».

X. «*CIERTAMENTE LA BONDAD Y LA MISERICORDIA ME SEGUIRÁN*» (v. 6).

Cuando podemos decir: «Me guiará», podemos añadir confiadamente: «La bondad y la misericordia me *seguirán*».

I. Los asistentes del peregrino.

«Bondad» para recoger los *preciosos* resultados de nuestras vidas.
«Misericordia» para purificar y perdonar tanto las faltas como sus fracasos.

II. La consolación del peregrino. «Todos los días de mi vida».

Todos los oscuros y tenebrosos días.

Todos los luminosos y fructíferos días.

III. El hogar del peregrino. «La casa de Jehová.»

La casa que ha sido preparada por el Señor.
La casa en la que el mismo Señor mora.
El tiempo es tan solo el vestuario de la Eternidad.

IV. La confianza del peregrino. «En la casa de Jehová *moraré* por largos días».

Él sabe en Quién ha creído.
Él cree y espera lo que Él ha prometido.

456. EL PASTOR OMNIPOTENTE

«Jehová es mi pastor; nada me faltará» (Sal. 23:1).

Ésta es la fuente de Agua Viva, una estrella fiel en la noche del dolor y del sufrimiento. Contémplalo como el lenguaje de:

I. La verdadera confesión. El Señor es mi Pastor, porque he tomado mi puesto a sus pies como un cordero:

1. Reconociendo mi ignorancia: «Mente entenebrecida».
2. Reconociendo mi extravío: «Extraviado».
3. Reconociendo mi impotencia: «Imposibilitado».
4. Reconociendo mi dependencia: «Confiaré».

II. La certidumbre de paz. «El Señor es mi Pastor.» Él es mío:

1. Porque me ha adquirido con su sangre.
2. Porque me ha conducido por su Espíritu.
3. Porque me ha alimentado con su Palabra.
4. Porque me ha guardado por su poder.

III. La confianza sin vacilación. «Nada me faltará.» Nada me faltará de todo aquello que Él considere que será para mi mayor bien y su gloria:

1. Debido a que sus riquezas son inescrutables.
2. Debido a que su poder es infinito.
3. Debido a que su fidelidad es infalible.
4. Debido a que su amor es inmutable.

457. «ME GUIARÁ»
Salmo 23:3

Introducción

PASÁNDOSE SIN. Estas dos palabras de nuestro texto me las hizo recordar una escena que vi.
Una niñita estaba tratando de andar, y la madre la estaba vigilando con ternura y le ofreció la mano, pero la niña quería caminar sola, y la rechazó. Dijo la madre: «Piensa que puede pasarse sin mí».
La independencia es buena en algunas cosas. Era bueno y apropiado que la niñita tratase de caminar sola.
Pero la independencia en las cosas del espíritu es desastrosa. Él mismo nos dice: «Porque separados de mí, nada podéis hacer». ¡Qué desastres les suceden a menudo a los alpinistas que intentan escalar las cimas sin un guía y sin una compañía segura! Dios tiene una gran familia, pero nadie puede caminar a solas.
El valor de un guía. Tener un guía significa no solo asegurarse de la vida, sino aprovechar la vida al máximo. Vemos más de Londres en una semana que muchos en un mes, si tenemos a un amigo totalmente familiarizado con la ciudad.

«*ÉL... A MÍ*».

1. ¡Qué comunión más bienaventurada!
2. Él, el Buen Pastor, no solo dio su vida *por* las ovejas, sino que Él da su vida *a* las ovejas, y vive su vida *para* sus ovejas.
3. «Me guía.» ¿Has descubierto tu necesidad de un Guía así como de un Salvador?

PERO ¿A DÓNDE? ¿A dónde guía Él?

I. Él guía al arrepentimiento. «Su benignidad te guía al arrepentimiento» (Ro. 2:4).

II. Te guía a la vida. «Estrecha es la puerta, y angosto el camino que lleva a la vida» (Mt. 7:14).

III. Guía a la Transfiguración (Mr. 9:2).

1. «Seis días después, toma Jesús consigo a Pedro, a Jacobo y a Juan, y se los lleva a ellos solos aparte a un monte alto. Y se transfiguró delante de ellos.»
2. Jesús fue transfigurado.
3. Y ellos ya nunca volvieron a ser los mismos.
4. Si Él nos es hecho real y contemplamos su hermosura, quedamos perdidos para el mundo.

IV. Guía a verdades escondidas y a placenteras sorpresas (Is. 42:16). Aquí tenemos tres pensamientos.

1. Él conducirá a través de caminos difíciles.
2. Conducirá a nuevos descubrimientos en la verdad.
3. Conducirá a placenteras sorpresas.

458. EL ASCENSO DEL HOMBRE
Salmo 24:3-6

En el Salmo vigésimo segundo tenemos el doloroso descenso del Señor al hombre. Aquí tenemos el camino del ascenso del hombre al Señor.

I. La meta. «El monte de Jehová... Su lugar santo.» El monte de Jehová es el lugar santo de su presencia. El monte Sion denota el tabernáculo o morada de Dios (Sal. 55:1). La mayor ambición del alma debería ser la comunión con Dios, la comunión con Aquel a quien le pertenece la tierra y su plenitud (v. 1).

II. El camino. «¿Quién *subirá*?» El camino del pecado y de la impureza es hacia abajo, pero el camino de la santidad es siempre *arriba*. La subida de este monte es la subida de todas las facultades en el hombre. Nadie puede escalar este monte sin ver fortalecido su ser moral, espiritual e intelectual.

III. El peregrino. Las características distintivas de este escalador se dan aquí:

1. SUS MANOS deben ser *limpias*. «El limpio de manos». No manos lavadas con agua, como las de Pilato, sino en inocencia, como las de David (26:6). No podemos ascender a Él con la mentira de un motivo engañoso en nuestra diestra. Que el malvado deje sus caminos, y que regrese al Señor. La fuente estaba fuera de la puerta del santuario, y a ella debía ir el sacerdote que se allegaba, para lavarse las manos.
2. SU CORAZÓN debe ser *puro* (v. 4). La santidad es algo que tiene que ver con el corazón, y sin santidad nadie verá al Señor. «Los de puro corazón verán a Dios.» Es con el corazón que el hombre cree *para justicia*. Es cuando la semilla del Reino cae en un «corazón honrado» que da fruto.
3. SU ALMA debe ser *humilde*. «El que no ha llevado su alma a *cosas vanas*.» Cuando la vanidad, o el orgullo espiritual, entran en el alma, el crecimiento en la gracia se detiene. Si queremos subir al monte santo de la semejanza con Dios, no debe haber ningún vanidoso engrandecimiento de nosotros mismos.

IV. El logro. «Él recibirá bendición de Jehová, y justicia del Dios de salvación.» La bendición de la perfecta justicia con Dios es una corona de vida al alcance de cada peregrino espiritual. La *bendición* del Señor incorpora cada cosa necesaria y deseable.

V. La aplicación. «Tal es la generación de los que le buscan» (v. 6). Éste es el carácter y la actitud de la verdadera simiente de Abraham, el padre de los creyentes. Ésta es la generación que pertenece a la *regeneración*. Éstas son las marcas de los hijos de Dios, que escalan el monte de la santidad para entrar en la casa del Padre.

459. ELEMENTOS DE UNA ORACIÓN EFICAZ
Salmo 25:1-11

Los Salmos han sido llamados por el doctor A. Murray «El libro de oración de los santos de Dios». En este libro, el espíritu de oración y el espíritu de alabanza están estrechamente unidos; son indivisibles. Éste salmo busca enseñarnos cómo orar.

I. Elementos de la oración.

1. FERVOR DEL ALMA. «A ti, oh Jehová, *levantaré mi alma*» (v. 1). ¿De qué sirve levantar nuestra voz o nuestros ojos a Dios, si el *alma* no está en ello? El oído de Dios no es atraído por esta música tan carente de alma. Lo encontramos cuando lo buscamos de todo corazón.
2. FE. «Dios mío, en ti confío.» No podemos *gustar* la bondad del Señor meramente hablando de ella; la lengua del alma debe tocarle. La fe es la mano que se ase de su promesa.
3. DESEO POR SUS CAMINOS. «Muéstrame, oh Jehová, tus caminos; enséñame tus sendas» (v. 4). Esto implica abandonar nuestros propios caminos (Is. 58:6), y una buena disposición a seguir sus pisadas. «Presentaos a Dios».
4. DESEO POR SU VERDAD. «Encamíname en tu verdad, y enséñame» (v. 5). Éste debe ser el anhelo de aquel corazón en el que está el Espíritu Santo, porque «cuando venga el Espíritu de verdad, Él os guiará a toda la verdad» (Jn. 16:13). Un fuerte anhelo por la mente y la voluntad de Dios es un factor poderoso en la oración que prevalece.
5. DESEO POR SU HONOR. «Oír tu bondad, oh Jehová» (v. 7). «Por amor de tu nombre, oh Jehová» (v. 11). Apelar a su Nombre es apelar a su naturaleza. Su bondad constituye su carácter (véase Éx. 33:18, 19; 34:5, 6). Cuando Él santifica su gran nombre entre las naciones (ver Ez. 36:23), Él se da a conocer a Sí mismo como Jehová Dios, misericordioso y lleno de gracia. «Si me pedís algo en mi nombre, yo lo haré.»
6. PACIENCIA. «En ti he esperado todo el día» (v. 5). Preséntense vuestras peticiones delante de Dios, pero tenga también la paciencia su obra perfecta. No hay virtud en esperar, a no ser que sea esperar *en* Él. «Los que esperan a Jehová tendrán nuevo vigor».
7. CONFESIÓN. «De los pecados de mi juventud, y de mis transgresiones, no te acuerdes» (v. 7). No debe haber ocultamiento del pecado; ni pasar por alto las transgresiones de los días tempranos. Los que quieran tratar con un Dios santo y justo deben ser perfectamente honrados en los propósitos de su corazón. «Dios no puede ser burlado.»

II. Alientos a la oración. «Sean presentadas vuestras peticiones delante de Dios.»

1. Por cuanto Él es BUENO Y RECTO (v. 8). Dios es amor, y Dios es luz. La bondad de un Padre es aquí asociada con la rectitud de un soberano lleno de gracia.
2. Por cuanto Él ENSEÑA A LOS PECADORES (v. 8). ¡Qué condescendencia!: El Dios Omnipotente dispuesto a ser el maestro del pecador. Su deseo es conducirnos en su camino. Él enseña *para salvación* y para eterno provecho.
3. Por cuanto Él ENCAMINA AL HUMILDE (v. 9). Él no conduce a alguien porque sea rico, o erudito, porque no todos pueden alcanzar esto, pero cualquiera puede ser *humilde* y aprender la sabiduría celestial.
4. Por cuanto «TODAS LAS SENDAS DE JEHOVÁ SON MISERICORDIA Y VERDAD, para los que guardan su pacto y sus testimonios» (v. 10). Misericordia y verdad constituyen la necesidad diaria del peregrino celestial. La misericordia, para perdonar y purificar; la verdad, para conducir, fortalecer y satisfacer. Salir de los caminos del Señor es salir del canal de suministro.

460. CÓMO SER ENSEÑADOS POR DIOS
Salmo 25:12

I. El hombre de que se habla. «El hombre que teme a Jehová.»

1. No es el temor de la ALARMA.
2. Es el temor del AMOR.

II. La promesa dada. «Él le enseñará el camino.»

1. El Maestro (Sal. 32:8-11).
2. La enseñanza (1 Jn. 2:27).

III. La condición mencionada. «El camino que ha de escoger.»

1. El camino de SU ELECCIÓN (Is. 30:21).
2. Él enseña a los que están EN ESTE CAMINO (Jn. 7:17).

461. CARACTERÍSTICAS DE UN CRISTIANO CONSAGRADO
Salmo 26

I. Desea ser probado por Dios. «Júzgame, oh Jehová… Escudríñame, oh Jehová» (vv. 1, 2). Es cosa pequeña para aquel que busca el juicio de Dios, ser juzgado por los hombres. Aquel que puede orar: «Escudríñame, oh Dios, y conoce mi corazón; pruébame y conoce mis pensamientos», vive por encima del temor del hombre (*cf.* Hch. 23:1).

II. Tiene fe en Dios. «¡En Jehová yo he confiado! no resbalaré» (v. 1, V.M.). Dios ha llegado a ser la mayor realidad en el mundo para su alma, y en Él ha puesto su confianza. Su corazón no le condena, porque tiene confianza para con Dios (1 Jn. 3:21).

III. Se adhiere a la Palabra de Dios. «Ando en tu verdad» (v. 3). Andar en su verdad es andar en su camino, y así andar en la luz. Él escoge la voluntad de Dios como revelada en su Palabra, en lugar de las imaginaciones de su propio corazón.

IV. Se separa de los enemigos de Dios. «No me he sentado con hombres hipócritas, ni entré con los que andan simuladamente» (v. 4). Las malas comunicaciones de los mundanos corrompen las buenas maneras del hijo de Dios. «Por lo cual, salid de en medio de ellos, y apartaos, dice el Señor.»

V. Ofrece sacrificios a Dios. «Lavaré en inocencia mis manos, y así andaré alrededor de tu altar, oh Jehová» (v. 6). Los hijos de Aarón se lavaban sus manos en la fuente antes de acercarse al altar del incienso (Éx. 30). El hombre que tenía que dejar su don ante el altar y reconciliarse con su hermano era enseñado a que primero lavara sus manos (Mt. 5:2). «Sacrificio para Dios es un espíritu quebrantado.»

VI. Él testifica para Dios. «Para hacer resonancia con voz de alabanza, y para contar todas tus maravillas» (v. 7). Se siente profundamente lleno de gratitud y bien dispuesto a publicar aquella tan maravillosa obra de Dios en su propio corazón y experiencia. «Grandes y maravillosas son tus obras, oh Jehová»: Tus obras de misericordia y gracia en las almas de los pecadores; tu obra de redención por la Cruz de tu amado Hijo.

VII. Ama la casa de Dios. «Jehová, la habitación de tu casa he amado» (v. 8). Amaba la casa debido a Aquel que en ella mora. Cuando su alma está sedienta por los «atrios de Jehová», ello se debe a que estaba sediento por el «Dios vivo» (Sal. 84:1, 2). Idólatras son los que aman la *habitación* de Dios antes que EL MISMO DIOS.

VIII. Alaba a Dios. «En las congregaciones bendeciré a Jehová» (v. 12). No se avergüenza de alabar a Jehová *de todo corazón* (Sal. 3:1). Frecuentemente ha pedido al Señor que le bendiga, pero no se olvida de «bendecir a Jehová». «El que ofrece sacrificios de alabanza me glorifica» (Sal. 50:23).

462. CUERDAS DE TRES DOBLECES
Salmo 27

Los pensamientos en este Salmo tan precioso parecen ir en tríadas:

I. Una triple necesidad (v. 1).

1. LUZ. «Jehová es mi luz.» El mundo necesita luz. Cristo es la luz del mundo. Satanás ha cegado las mentes de los hombres.
2. SALVACIÓN. «Jehová es… mi salvación.» Él me ha sacado de un terrible hoyo.
3. FORTALEZA. «Jehová es el baluarte de mi vida.» Él ha establecido mis caminos. Esta triple necesidad es suplida solo *en el Señor* (Fil. 4:19).

II. Un triple deseo (v. 4).

1. «REPOSE yo en la casa de Jehová.» Reposar en su casa es «permanecer en Él». Es una expresión de santo afecto por el mismo Señor.
2. «CONTEMPLAR la hermosura de Jehová.» Ésta era la buena parte que María escogió, cuando se sentó a los pies de Jesús. Aprender de Él es contemplar su gloria.
3. «INQUIRIR en su templo.» Si alguien tiene falta de sabiduría, pídasela a Dios. La puerta del templo de las Sagradas Escrituras está siempre abierta a los indagadores. No entres en consejo con los impíos (Sal. 1:1).

III. Un triple privilegio (v. 5).

1. ESCONDIDOS EN SU TABERNÁCULO. En el tiempo de angustia, refugiados en el gran tabernáculo de su especial providencia (Ro. 8:28).
2. RESERVADOS EN SU MORADA. En el secreto de Su *presencia,* así como de su poder, nos oculta de la soberbia de los hombres. La vida escondida en Dios nunca será atrapada por sus enemigos.
3. PUESTOS SOBRE UNA ROCA. Sus pies, o caminos, están establecidos sobre un cimiento seguro. Su vida no está erigida sobre las arenas movedizas de las teorías humanas.

IV. Una triple seguridad (vv. 8-10).

1. DE SU ROSTRO. «Cuando tú dices: Buscad mi rostro, mi corazón responde: Tu rostro buscaré, oh Jehová.» Los de puro corazón verán el rostro de Dios en su Hijo, en su Palabra, y en su Providencia.
2. DE SU COMUNIÓN. «Mi ayuda has sido. No me dejes ni me desampares.» Y Él ha dicho: «De ningún modo te desampararé, ni te dejaré, de manera que podemos decir confiadamente: El Señor es mi ayudador» (He. 13:5, 6).
3. DE SU FAVOR. «Aunque mi padre y mi madre me abandonasen, con todo, Jehová me recogerá.» El Buen Pastor lleva a los corderos fatigados o abandonados en sus propios brazos. Aquellos que abandonen su lealtad al Diablo encontrarán favor con el Señor (He. 13:5, 6).

V. Una triple oración (vv. 11, 12).

1. PIDIENDO ENSEÑANZA. «Enséñame, oh Jehová, tu camino.» Sus caminos son caminos deleitosos. Él enseña *para salvación.*
2. PIDIENDO GUÍA. «Guíame por senda de rectitud a causa de mis enemigos.» Podemos emplear mejor el «lenguaje llano» cuando nuestros pies están caminando por un camino llano. Por fe andamos, y no por vista.
3. PIDIENDO LIBERACIÓN. De «la voluntad de mis enemigos». Así como David tuvo su Doeg, y Cristo a su Judas, y Pablo a su Alejandro el calderero, así cada verdadero siervo de Dios puede encontrarse con aquellos de quien necesita ser librado.

VI. Un triple aliento (vv. 13, 14).

1. A CREER. «Hubiera yo desmayado, si no creyese.» Atribulados e todo, mas no acorralados (2 Co. 4:8-10), porque nuestra fe es en Dios. Pedro desfalleció en medio del agua, por dudar.
2. A ESPERAR. «Espera en Jehová.» Espera en Él, porque toda la expectativa de la fe es de Él (Sal. 62:1-5). Todos los que verdaderamente esperan en Él podrán aún decir: «He aquí, éste es nuestro Dios» (Is. 25:9).
3. A OBRAR. «Ten valor y afianza tu corazón.» «Todo lo que está al alcance de tu mano, esmérate en hacerlo según tus fuerzas» (Ec. 9:10), porque su fuerza se perfecciona en la debilidad.

463. BUSCANDO UNA COSA

Salmo 27:4

Todos los hombres son buscadores. ¿Qué es lo que buscas tú?

I. Lo que era esta cosa. No un objeto terrenal. Era la *comunión* con Dios. Buscaba esto:

1. Porque estaba reconciliado con Dios.
2. Porque anhelaba la compañía de Dios.
3. Porque tenía una semejanza con Dios.

II. Por qué buscaba esto. Por dos razones.

1. PARA VER SU HERMOSURA. «Todo Él es un encanto» (Cnt. 5:16). Hay gran hermosura en su *Persona* –divina y humana; en su *carácter* –santo, compasivo, poderoso; en su *obra,* como Profeta, Sacerdote y Rey. Ésta es una hermosura que nunca se desvanece. Las formas, placeres y posesiones humanas se marchitarán, pero Tú permaneces, oh Señor. Buscad su hermosura; Él puede dártela a ti.
2. PARA INQUIRIR EN SU TEMPLO. Era Él un buscador fervoroso que indagaba la verdad de Dios de la misma boca de Dios. Cristo es el gran Maestro venido de Dios. Él dice: «Aprended de Mí» (Mt. 11:29). Todos serán enseñados por Dios. Su enseñanza da reposo –reposo que trasciende a los problemas de la vida– y satisfacción para el alma.

III. Cómo buscó esta cosa.

1. LA BUSCÓ CON EMPEÑO. Todo su deseo se centraba en *esta una cosa.* Tenía el ojo simple.
2. LA BUSCÓ CON DECISIÓN. «Y la vengo buscando.» No cejará hasta que la halle.
3. LA BUSCÓ CON ÉXITO. De esto podemos estar seguros, porque la busco del *Señor.* «Buscad, y hallaréis» (Mt. 7:7).

464. DESEANDO Y BUSCANDO

Salmo 27:4

Introducción

I. Lutero observó que la Biblia tiene manos con las que asir, ojos para ver, y pies para correr.

2. No es tan imaginativo como algunos suponen.
3. La Biblia no solo fue, sino que es, inspirada.
4. Muchos textos se proyectan sobre nosotros y se asen de nosotros.

I. Anhelo. La grandeza de nuestros deseos es una demostración de nuestra grandeza.

1. Los animales son criaturas de pocos deseos.
2. Los deseos a los que se refiere el salmista eran acerca del Señor.

II. Búsqueda. No es suficiente desear, si no se busca. «Y la vengo *buscando.*»

III. Espera. Demasiadas veces buscamos cosas y no las esperamos. «Una sola cosa he *pedido* a Jehová.»

IV. Recuerdo. Una razón por la que no buscamos respuestas es debido a que pedimos tantas cosas que olvidamos lo que hemos pedido. Él podía decir: «*Una sola cosa* he pedido a Jehová».

V. Un deseo recto. Y, ¿qué cosa deseaba? Reposar en la casa de Jehová todos los días. ¿Amamos de esta manera nosotros su santuario?

VI. La razón. Por qué deseaba morar constantemente en la Casa de Dios.

1. Para contemplar la hermosura de Jehová.
2. Para tener comunión con Jehová.
3. Para inquirir delante de Jehová.

«Inquirir»: preguntar las cosas difíciles en su Palabra y su Providencia.

Conclusión

1. Podemos morar en su Presencia, sin morar constantemente en ninguna casa o edificio terrenales.
2. Podemos contemplar la hermosura del Señor. «Para vosotros, pues, los que creéis, [el Señor] es de gran valor» (1 P. 2:7).
3. Podemos tener comunión con el Señor, e inquirir de Él.

465. TRES ETAPAS EN LA EXPERIENCIA CRISTIANA

Salmo 27:5

Introducción

TIEMPO DE TRIBULACIÓN. Este mensaje es para un tiempo de tribulación. Desde luego, nunca ha habido tal tiempo de tribulaciones como en nuestros días.

COSTUMBRE ORIENTAL.

1. Este versículo ha sido siempre un favorito, pero tanto más desde que se ha comprendido la costumbre oriental subyacente al mismo.
2. El jeque de la tribu tiene una posición eminente.
3. Al decidir dónde acampar, el primer cuidado de la tribu es conseguir un lugar apropiado para levantar la tienda del jeque. Desean un pequeño montículo o lugar elevado; si no, lo hacen con sillas de caballos o camellos.
4. Su tienda quedaba levantada sobre el montículo en la peña, y fuera se erigía un pabellón que conducía a la tienda.
5. Cualquiera que tuviese algún problema acudía a la tienda del jeque:
   a. Levantaba la cortina y entraba en el pabellón.
   b. Si recibía favor y era invitado, pasaba a la tienda, es decir, al tabernáculo.
   c. Si el jeque deseaba dar un honor especial, invitaba a que se tomase asiento en la roca, el asiento de honor, su propio sitial.

I. Dios primero. El deseo de Dios.

1. Veis como su primer interés se dirigía a su jeque.
2. Pero, ¡ah!, cuántas veces Dios viene en segundo lugar, o último, en los pensamientos de muchos.
3. DIGNO DE NOTA. Al volver de Babilonia, el primer acto de los judíos fue erigir el altar antes de dedicarse a levantar sus propias moradas.

II. La magnanimidad de Dios.

1. Algunos solo buscan al Señor cuando vienen tribulaciones.
2. La tribulación los empuja a pensar en Él y a buscarlo.
3. Parece mezquino emplear al Señor como un paraguas: muchos solo piensan en Él en los días lluviosos.
4. Pero veamos con cuánta gracia Él los trata cuando acuden a Él.
5. No solo recibe, sino que está preparado para honrarles, como observa el salmista.

III. Tres etapas en la experiencia cristiana.

1. CRISTIANOS DE DE PABELLÓN.
a. A salvo de perseguidores y de peligros.
b. Lugar de fiesta (1 R. 20:12 y 16).
c. Pero «prosigue». No hagas que el punto de entrada sea el punto final.
d. Puedes proseguir hacia el Lugar Santo desde el Patio.
2. CRISTIANOS DE TABERNÁCULO.
a. Un paso más adelante.
b. Una intimidad más entrañable.
c. Tratados como miembros de la familia.
3. CRISTIANOS DE ROCA.
a. Promesa para los vencedores.
b. Hará de ti un vencedor ahora.
c. No es solo el asiento de honra, sino de victoria.

IV. El propósito del dolor.

1. Cada dolor nuevo debería llevarnos a un renovado descubrimiento de Dios.
2. Y al progreso espiritual.

V. Por qué el salmista no era solo un seguidor del Señor, sino que buscaba una más rica experiencia. «Tú.»

Véase versículo anterior.

466. UN CONTRASTE DESTACABLE

Salmo 28

Este Salmo comienza con una extraña petición: «¡No guardes silencio conmigo; *no sea que…*» (vv. 1, 2). No todos temen las miserias de un Dios *callado*. Deben haber sido profundas las experiencias de Dios en aquellos que tanto se alarman ante su silencio. ¡Ay de los que interpretan su silencio como significando paz! Obsérvese aquí el contraste:

I. El carácter de los malvados. Son:

1. DE NATURALEZA MALVADA. «Hablan paz con sus prójimos, pero la maldad está en su corazón» (v. 3). Puede que tengan buenos labios, pero hay debajo de sus lenguas veneno de avispas. Sus corazones son engañosos. «Llenos de heridas... y de putrefactas llagas.»
2. INSENSATOS EN SUS ACCIONES. «Por cuanto no consideran las acciones de Jehová, ni la obra de sus manos» (v. 5). Son indiferentes a sus mejores y más elevados intereses. No escuchan la voz de Dios en creación y en gracia. Desdeñan sistemáticamente la operación de su mano en providencia y en sus propias vidas individuales. «El hombre necio no los entiende [tus designios]» (Sal. 92:5, 6).

II. El carácter de los piadosos. Ellos son:

1. DADOS A LA ORACIÓN. «Jehová… oyó la voz de mis ruegos» (v. 6). Dios no está siempre silencioso ante el clamor de su pueblo. Aunque a veces Él pueda no responder con palabra alguna, sin embargo el santo orante sabe que Él escucha cada palabra. «Orad sin cesar.»
2. JACTANCIOSOS. «Jehová es mi fortaleza y mi escudo… y *fui* socorrido» (v. 7). Está lleno de jactancia, pero no en sí mismo, sino que se gloría en Dios. Se gloriará en el Señor, porque él ha hecho grandes cosas para Él.
3. CONFIADOS. «En Él confió mi corazón.» El corazón del hombre halla su verdadero refugio y fuente de suministro en el corazón de Dios. Cuando nuestros corazones responden al corazón de nuestro Padre Celestial, se alcanza la suma de toda bienaventuranza. Con el corazón el hombre cree para justicia.
4. GOZOSOS. «Exulta de gozo mi corazón.» El corazón confiado será de cierto un corazón gozoso. La fe en Dios produce regocijo en Dios. Un corazón gozoso tiene convite continuo.
5. LLENO DE ALABANZA. «Con mi cántico le alabaré.» El héroe del cristiano es Cristo. Su cántico será siempre acerca de Jesús. Éste es el «nuevo cántico» puesto en el corazón y en los labios de los redimidos por la gracia.
6. HUMILDES. Jehová es «el refugio salvador de su ungido» (v. 8). ÉL es. ¿Qué tenemos nosotros que no hayamos recibido? Es debido a lo que *Él es*, no debido a lo que *nosotros seamos*, que nos gloriamos en el Señor. Todo es vuestro, y vosotros de Cristo, y Cristo, de Dios.
7. ESPERANZADOS. «Salva a tu pueblo, y bendice a tu heredad; pastoréalos y llévalos para siempre» (v. 9, BAS). Ellos esperan confiadamente que todo el pueblo de Dios será salvado, bendecido, alimentado y llevado por y con Él. ¡Qué aliento es para que otros confíen en Él! Habrá un gran arrebatamiento cuando aparezca el Redentor y Esposo para llevarnos consigo (1 Ts. 4:17).

467. LA PODEROSA VOZ

Salmo 29

En el anterior Salmo, David habla de la «obra de sus *manos*» (v. 5); aquí, en medio de los terrores de una tempestad, él canta de la voz del Señor. El Salmista no confunde la naturaleza con la personalidad de Dios. Él le da «a Jehová la gloria debida a su nombre» (v. 2). La voz de Jehová no es un mero ruido, es un mensaje. Esta voz la oímos en toda la riqueza de su majestad y gloria en la persona de su Hijo. «Dios, … en estos últimos días nos ha hablado en el Hijo». Esta voz del Señor, en su «quebranto», «lanzar llamas», «desgajar», «hacer temblar» y «desnudar», puede prefigurar la influencia y efectos de la voz o Palabra de Jesucristo. Es:

I. Un poder universal. «Voz de Jehová sobre las aguas» (v. 3). Metafóricamente, estas aguas pueden representar a las naciones de la tierra. La voz de la palabra de Dios es para cada pueblo, tribu, y lengua. «Id por todo el mundo, y predicad el Evangelio a toda criatura».

II. Un poder majestuoso. «Voz de Jehová con gloria» (v. 4). Hay una dignidad divina en la Biblia que no se halla presente en ningún otro libro; está llena de majestad. El Evangelio de Cristo es el *poder de Dios* para todo el que cree. La palabra de Dios afirma su propio y majestuoso carácter siendo «viva y eficaz». Tiene toda la nobleza del «Espíritu y vida».

III. Poder quebrantador. «Voz de Jehová que quebranta los cedros» (v. 5). Lo más fuerte de la producción de la *naturaleza* se dobla y quebranta bajo su embate. «¿No es mi palabra como martillo?» Saulo era como un cedro en Jerusalén, pero en el camino de Damasco fue quebrantado.

IV. Poder separador. «Los hace [a los cedros del Líbano] saltar como becerros» (v. 6). Su Palabra no solo puede quebrantar, sino también romper en trozos; separando rama de rama, desgajándolas de sus raíces. Una tempestad de la verdad divina trastorna las viejas asociaciones y los hábitos y maneras de ser conservadores.

V. Poder divididor. «La voz de Jehová taja con llamas de fuego» (v. 7, V.M.). Cada palabra de Dios es una llama de fuego, y puede dividir con ellas; puede hacer que su lengua de fuego repose sobre cada cabeza santa (Hch. 2:3). La Palabra de Dios establece grandes distinciones. Divide entre el alma y el espíritu, y entre pecadores y santos. La voz de Jehová es un terror para algunos, y es música celestial para otros.

VI. Poder trastornador. «Voz de Jehová que hace temblar el desierto» (v. 8). Sí, el *desierto*, en toda su desolación, esterilidad y desesperanza; tanto si aquel desierto es tu corazón como tu casa o tu ciudad, el poder de la Palabra de Dios puede trastornarlo y hacer que tiemble llevándolo a una gran transformación (Is. 35:1-7).

VII. Un poder vivificador. «La voz de Jehová hace estar de parto a las ciervas» (v. 9). Debido a lo terrible del tronar de Dios, las ciervas, aterradas, fueron hechas parir. Es cuando la Palabra de Dios truena y lanza sus rayos que los dolores de Sion por el nacimiento de almas se hacen más intensos. Es por su poderosa Palabra de verdad que las almas están aún siendo «renacidas».

VIII. Poder desnudador. «Voz de Jehová... que desnuda los montes» (v. 9). Las profundidades ocultas del corazón del bosque son desnudadas por su voz desnudadora. La Palabra de Dios *discierne* los pensamientos e intenciones del corazón. Las hojas de higuera de la cubierta propia del hombre no pueden resistir a la tormenta.

IX. El poder glorificador de Dios. «En su templo todo proclama su gloria» (v. 9). Cada tilde en el gran templo de la naturaleza dice «gloria». Y lo mismo sucede con cada cosa en el templo de su Palabra revelada, Jesucristo. Y así debiera ser en todo en el templo de estos cuerpos, que son de Él. «El verbo fue hecho carne, y habitó entre nosotros (y vimos su gloria)». Nada de lo que Él ha hablado fallará; todo dirá: «Gloria».

468. DOBLARSE O ROMPERSE, ¿CUÁL?

«Voz de Jehová que quebranta los cedros» (Sal. 29:5)

«No quebrará la caña cascada» (Is. 42:3)

«¡Dóblanos, oh Señor!» Ésta era la oración de Evan Roberts, frecuentemente pronunciada durante el gran Avivamiento de Gales, cuando se presentaba a congregaciones reunidas en las capillas e iglesias de Gales. En su gracia, Dios dio respuesta a esta oración cientos de veces, porque sabemos que su poderosa Presencia se manifestó, y multitudes se inclinaban delante de la brisa divina. Bien nos iría ofrecer nosotros más frecuentemente esta oración, porque sin esta santa y terrible Presencia, las reuniones son impotentes y sin fruto. Es su presencia la que produce convicción de pecado. Quiera Dios concedernos más y más, en nuestras reuniones, un sentimiento abrumador de su presencia.

Pero incluso en aquel santuario donde soplan los vientos celestiales, hay algunos que rehusan doblarse. ¿Y qué entonces? Los que rehusen doblarse en gracia tendrán que ser rotos en juicio. Frecuentemente hemos oído esta frase: «Si no se dobla, entonces tendrá que romperse», con lo que se quiere decir que si con métodos suaves no se consigue el propósito deseado, se deberán adoptar medidas más duras. Ésta es la enseñanza de nuestros dos textos. Los que se inclinan como la caña cascada no serán quebrados. Mejor, infinitamente mejor, ser una caña, sacudida, doblada por el viento de Dios, que el orgulloso cedro, erguido y desafiante, para ser precipitado abajo, sin posibilidad de recuperación, por la ardiente indignación de Dios.

I. Él no quiebra la caña cascada. ¡Qué consolación ha sido esto para incontables miles de personas! El margen de la RV dice «pábilo que arde tenuemente». Esta es la condición de muchos. En lugar de arder resplandecientemente, están solo crepitando y humeando, y son por ello más un estorbo que una ayuda. Los tales merecen ser apagados. Pero nuestro Bendito Señor no posee un extintor. Si así nos soporta, ¿no deberíamos soportarnos unos a otros?

Ésta no es solo una palabra para el cristiano enfermizo, sino que en la figura de la caña cascada tenemos una palabra consoladora para el pecador convicto. Porque en el servicio del pecado hay heridas y hematomas. ¡Qué magulladuras recibió aquel caminante de Jerusalén a Jericó, cuando cayó entre ladrones! Recuerda, los que quebrantan la ley de Dios se quiebran ellos mismos con su acción. Pero el hecho es que todos somos tan débiles como cañas cascadas. ¡Cuán frágil es la caña cascada! ¡Ay, los inconversos a menudo se consideran tan fuertes como cedros cuando en realidad son tan débiles como cañas cascadas! «Cristo, cuando aún éramos débiles, a su tiempo murió por los impíos.» Y, ¿por qué no romper la caña? Porque la caña cascada se inclina sumisamente a Él en humilde penitencia. Él fue quebrado en su lugar.

Aunque Él no quiebra la caña cascada:

II. Él rompe los cedros. En el Salmo 29 tenemos una vívida descripción de una tempestad. El fragor de la artillería celestial ha desencadenado a menudo la imaginación poética. El poeta inspirado ve aquí en el trueno a un emblema de la voz de Dios.

Los cedros del Líbano han sido siempre famosos. La madera del Templo fue conseguida de los mismos. Uno que ha visitado el bosque del Líbano escribe: «Al vernos bajo los gigantescos brazos de estos viejos patriarcas de cien generaciones, el alma se queda acallada como por ensalmo. La circunferencia del más grande es de más de 12 metros, y la altura del más alto puede ser de 35 metros. Se cree que algunos de ellos tienen cumplidos 3. 500 años. Así, con esta tasa de crecimiento, deben haber estado creciendo desde el diluvio. Pero no todos están derechos. Algunos han sido abatidos por el rayo, quebrados por enormes cargas de nieve o fragmentados por la tempestad».

Ni siquiera cedros tan poderosos como los del Líbano escapan. ¿Por qué no? Porque no se doblan. Ahí se levantan, firmemente aferrados a la tierra, levantando sus orgullosas cabezas hacia los cielos, como desafiando al Dios viviente. Los cedros no son responsables de ello. Pero los hombres y las mujeres sí. ¿Creéis que es cosa ligera vivir una vida de desafío frente a Dios? Escuchad esta parábola. El junco advirtió al cedro que se inclinase ante la tempestad que se avecinaba, pero el cedro rechazó arrogantemente el aviso; así, el poderoso viento lo arrebató en su furia, lo quebró, arrancó y desarraigó y lo echó a un lado, mientras que pasaba sobre el doblado junco sin hacerle daño. Recuerda, hay todo un mundo de diferencia entre ser humilde y ser humillado. Los que se humillan a sí mismos serán exaltados; pero los que rehusan humillarse serán desde luego humillados. «El hombre que reprendido endurece la cerviz, de repente será quebrantado, y no hará para él medicina» (Pr. 29:1).

469. UN CÁNTICO DE SALVACIÓN

Salmo 30

«Tu me has alzado» (v. 1, V.M.). Esta puede ser considerada la nota clave de este Salmo, cantado a la dedicación de la casa de David. Queda la salvación de Dios apropiadamente expresada por un alzamiento? Él fue alzado:

I. Del poder de sus enemigos. «Tú me has alzado, y no has permitido que mis enemigos se regocijen sobre mí» (v. 1, V.M.). La gracia de Dios, que trae salvación a todos, levanta el alma creyente sacándola del reino de la tiniebla y de la tiranía, introduciéndola al Reino de la luz y de la libertad. Más que conquistadores, sobre el yo y el pecado, por medio de Aquel que nos amó.

II. De todas sus dolencias. «Tú me sanaste» (v. 2). Solo Aquel que perdona todas nuestras iniquidades puede sanar nuestras dolencias (Sal. 103:3). Una naturaleza moralmente quebrantada solo puede ser sanada mediante influencias morales y regeneradoras. «La Sangre de Cristo nos purifica de todo pecado».

III. Del Seol. «Oh Jehová, hiciste subir mi alma del Seol» (v. 3). El Seol era la morada de los muertos. Hablando en sentido figurado, había sido librado por la gracia de Dios de un estado de muerte espiritual. Hay muchas almas que están tan muertas a las cosas de Dios como si estuvieran en sus sepulcros. Es el Espíritu el que vivifica.

IV. De descender al hoyo. «Me hiciste revivir de entre los que descienden a la sepultura» (v. 3). O, «Tú me has separado de entre los que descienden al hoyo» (véase RV inglesa, *margen*). Fue salvo de la compañía e influencia de aquellos que estaban pereciendo en sus pecados. Líbrale de descender al hoyo, porque he hallado rescate.

V. De debilidad y fracaso. «Tú, oh Jehová, con tu favor me afianzaste como monte fuerte» (v. 7). Por la gracia de Dios, el monte de su fe había sido establecido fuerte. Su fuerza había sido perfeccionada en debilidad. La incredulidad dice: «En mi nido moriré» (Job 29:18), pero la fe dice: «Mi monte es fuerte».

VI. Del dolor y de la tristeza. «Has cambiado mi lamento en una danza. Desataste mi sayal, y me ceñiste de alegría» (v. 11). Nuestro Dios transforma la vida interior de los dolidos de Sion, dándoles diadema en lugar de ceniza, óleo de gozo en lugar de luto, y manto de alabanza en lugar de espíritu abatido (Is. 63:1).

VII. Del silencio sin alabanza. «A fin de que mi alma te cante y no esté callada» (v. 12). Los hay que profesan conocer a Dios, pero ni le glorifican como Dios ni le dan gracias (Ro. 1:21). Él nos ha salvado con una gran salvación, para que nuestras alabanzas abunden a Él, y no estemos callados (Ef. 5:19, 20).

470. LA VIDA BENDITA

Salmo 31

Hay aquí brillantes rayos de luz, y negras y tenebrosas sombras. Pero la vida bendita se puede vivir en medio de «redes», «vanidades ilusorias» y «labios mentirosos». Es en circunstancias así que podemos mejor gustar la gracia salvadora de Dios. Tratemos de captar algunas de las características de la vida de la fe revelada en este cántico. En ella hay:

I. Confianza. «En ti, oh Jehová, he confiado» (v. 1). La vida bendita debe tener su fuente en Dios, que es bendito por la eternidad. No comenzamos a vivir hasta que confiamos en Él (Jn. 3:36). Recibir por la fe al Dador de la vida es recibir la potestad de ser hechos hijos de Dios (Jn. 1:12).

II. Consagración. «En tus manos encomiendo mi espíritu; tú me has redimido, oh Jehová, Dios de verdad» (v. 5). El espíritu *redimido* debe estar totalmente entregado al Redentor. «No sois vuestros, habéis sido comprados por precio». La vida de la fe es una vida de rendición continua y sin reservas a la voluntad de Dios. La abnegación dentro de la voluntad de Dios es algo muy diferente de la abnegación fuera de esta voluntad.

III. Confesión. «Ten misericordia de mí, oh Jehová, porque estoy en angustia; ... se agotan mis fuerzas a causa de mi aflicción... He sido olvidado... como un muerto; he venido a ser como un vaso echado a perder» (vv. 9-12). No es cosa nueva para nadie el sentir nada más que debilidad e indignidad, después de haberse entregado solemne y cordialmente a Dios. ¡Puede ser muy penoso descubrir que, en lugar de fuerza y plenitud, ha sobrevenido la consciencia de que solo somos como *muertos*, y como vasos *echados a perder*! Pero éstas son las primeras evidencias de que la consagración ha sido real y eficaz. Crucificados con Cristo, teniendo un corazón quebrantado y contrito.

IV. Petición. «En tu mano están mis tiempos; líbrame... Haz resplandecer tu rostro sobre tu siervo» (vv. 15, 16). Habiendo encomendado su espíritu y sus «tiempos» en manos de Dios, ahora ruega el resplandor de su rostro. Dios exige una perfecta rectitud de corazón, en confesión y en oración. El resplandor de SU ROSTRO es el perfecto remedio para aquellos que están olvidados como muertos (v. 12). El anhelo de cada corazón santo es por la «luz de su rostro» (cf. Sal. 4:6).

V. Adoración. «¡Cuán grande es tu bondad!» (v. 19). Aquellos que están totalmente consagrados a Dios encontraran la satisfacción de su alma en la bondad de Dios. El fruto más maduro de la fe es la adoración. La bondad de Dios en su Hijo Jesucristo es tan grande que debemos admirar y adorar.

VI. Alabanza. «Bendito sea Jehová, porque ha hecho admirable su misericordia para conmigo» (v. 21). Aunque la lengua nunca puede expresar el sentido abrumador de la bondad de Dios que a veces embargan el alma, tampoco puede permanecer callada. Bendice a Jehová, oh alma mía, alábale, alábale por sus maravillosas obras de amor y de misericordia. Unete ahora al nuevo y eterno cántico: «Digno es el Cordero que fue inmolado».

VII. Exhortación. «Amad a Jehová, todos vosotros sus santos... Esforzaos todos vosotros» (v. 21). El corazón lleno de la bondad de Dios anhelará intensamente que otros le *amen, confíen* en Él, le *sirvan*, y que *esperen* en Él. Oh, vosotros los separados, amad al Señor, y que el amor lleve al valor en su servicio, y él fortalecerá vuestros corazones. La vida bendita es una vida de fe en Dios para nosotros mismos, y de fe en su Evangelio para otros.

471. SALVADOS Y GUARDADOS

Salmo 32

Este bien conocido Salmo pudiera ser estudiado a la luz del capítulo noveno de Hechos. Describe las experiencias de un alma pasando de los dolores de la convicción a los gozos de la salvación. Hay:

I. La necesidad de la salvación.

1. IMPLICACIÓN DEL PECADO. «Transgresión... pecado... iniquidad» (vv. 1, 2). Tres palabras que describen tres fases diferentes de la culpa. Los que quieran contar con Dios tienen que afrontar la cuestión del *pecado*. Todos han pecado. Todos se han extraviado (Is. 53:6).
2. DESCUBRIMIENTO DEL PECADO. «De día y de noche pesaba sobre mí tu mano; se volvió mi verdor en sequedades de estío» (v. 4). Trató de guardar silencio, pero la pesada mano de Dios le hizo «gemir... todo el día». Es cosa dura dar coces en contra de las aguijadas de la verdad conductora de Dios. El verdor del hombre natural pronto se seca cuando viene el aliento del Espíritu de Dios conducente a la convicción.
3. CONFESIÓN DEL PECADO. «Mi pecado te declaré» (v. 50. Ahora él ha entrado en la bienaventuranza de «aquel a quien es perdonada su transgresión, y *cubierto* su pecado». La gracia perdonadora de Dios va al fondo, sacando toda doblez del espíritu (v. 2). No solo perdonado, sino también *renovado* en el hombre interior.

II. Las bienaventuranzas del salvo. Ellos son:

1. REFUGIADOS. «Tú eres mi refugio» (v. 7). Dios mismo se torna en refugio y escondedero de ellos. Escondidos de las pendencias de las necias y envenenadas lenguas de los hombres, y del día de su ira, en contra de toda impiedad, vuestra vida está escondida con Cristo en Dios.
2. ENSEÑADOS. «Te haré entender, y te enseñaré el camino en que debes andar» (v. 8). Los perdonados serán todos enseñados por Dios, que enseña *salvación* de los caminos del error, y para *provecho,* tanto para esta vida como para la venidera. Tenéis la unción del Santo, y no tenéis necesidad de que nadie os enseñe (1 Jn. 2:27).
3. CONDUCIDOS. «te aconsejaré con mis ojos puestos en ti» (v. 8, BAS). Dulce promesa, ya que implica que sus ojos han de estar siempre sobre nosotros para bien, para que veamos su rostro y gocemos de su comunión. No debemos ser conducidos como el caballo ignorante, o como la terca mula, con cabestro y con freno, sino como hijos obedientes, que pueden leer la mente de Dios en el ojo de su Palabra.
4. GUARDADOS. «Al que espera en Jehová, le *rodea* la misericordia» (v. 10). «Con cánticos de liberación me rodearás» (v. 7). Rodeados con *misericordia* y con *cánticos* de liberación; ¡Qué bendito ambiente! El corazón guardado con misericordia perdonadora y con cánticos de triunfo. ¡Qué contraste con la «tribulación y angustia! que rodea al alma del malhechor! (Ro. 2:9).
5. ALEGRADOS. «Alegraos en Jehová y gozaos, ... y cantad con júbilo» (v. 11). No a nosotros, sino a TU Nombre, sea toda la gloria. Él comienza tomándonos fuera del terrible hoyo del pecado, y posteriormente pone un nuevo cántico en nuestra boca. ¡Alabanza a nuestro Dios! Regocijaos siempre en el Señor, puesto que Él no cambia.

472. GOZAOS EN EL SEÑOR

Salmo 33:1-12

Existen abudantes razones por las que el pueblo de Dios debiera «Gritar de gozo en el Señor» (v. 1, Newberry). Es una bendita decisión dejar a los que dudan y unirse a los que así claman. La fuente del gozo del creyente no está en el mundo, ni en sí mismos, sino en el Señor. Ellos cantan a él «un nuevo cántico» (v. 3), porque han sido hechos nuevas criaturas, que gozan de nuevos deleites. Se alegran en Jehová por:

I. Su Palabra. «Recta es la palabra de Jehová» (v. 4). Es lo preciso y adecuado para las almas y las vidas de los hombres, debido a su poder convertidor y alumbrador (Sal. 19:7, 8). La Palabra de Dios es poderosa, porque por ella fueron hechos los cielos (v. 6). Es la *simiente* incorruptible que permanece para siempre.

II. Sus obras. «Toda su obra es hecha con fidelidad» (v. 4). Toda piedra por Él edificada es perfectamente vertical. Todas sus obras son perfectas. Todas sus obras en gracia, así como en creación, son hechas en verdad. Él es un Dios *justo* y Salvador. Si Cristo es el camino y la vida, es asimismo la verdad. Ser salvos por la gracia no es ser salvos a expensas de la verdad, porque «la gracia y la verdad vinieron por Jesucristo» (Jn. 1).

III. Su misericordia. «De la misericordia de Jehová está llena la tierra» (v. 5). En todas partes, para todo el que tenga ojos para ver, se pueden apreciar las prendas de su misericordia. Pero es en Cristo Jesús que esta maravillosa misericordia encuentra su más plena manifestación. Pero en la tierra, el atrio exterior de su templo, Él «hace salir su sol sobre malos y buenos, y... hace llover sobre justos e injustos» (Mt. 5:45). «De tal manera amó Dios al mundo» (Jn. 3:16).

IV. Su poder. «Tema a Jehová toda la tierra... Porque Él dijo, y fue hecho; Él mandó, y así fue» (vv. 8, 9). El hombre puede invalidar la palabra de Dios, pero Él nunca habla en vano. Lo que Él ha prometido, también puede llevarlo a cabo. El poder pertenece a Dios, y Él da poder a los cansados; por ello, alegraos en el Señor.

V. Su conocimiento. «Jehová frustra el plan de las naciones, y anula las maquinaciones de los pueblos» (v. 10). Supone un gozo para los hijos de Dios que Él sepa todo acerca de los deseos secretos de los impíos, y que Él atrape a los sabios en las astucias de ellos (1 Co. 3:19). «Vosotros pensasteis mal contra mí, mas Dios lo encaminó a bien» (Gn. 50:20). Él puede santificar cosas adversas para el progreso del Evangelio (Fil. 1:12, 13).

VI. Su fidelidad. «El consejo de Jehová permanecerá para siempre; los designios de su corazón por todas las generaciones» (v. 11). *Los pensamientos de Su corazón*, revelados en su Palabra, permanecerán para siempre. El hombre es famoso por sus «pensamientos vanos», pero tus pensamientos, oh Señor, son preciosos, porque son infinitamente grandes, buenos, verdaderos y fieles.

VII. Su gracia. «Bienaventurada la nación... el pueblo que *Él escogió* como heredad para sí» (v. 12). La gracia no es para Dios un pensamiento sobrevenido, sino que pertenece a su carácter eterno, constituyendo un atributo esencial de su naturaleza, porque nosotros hemos sido escogidos en Él antes de la fundación del mundo, y hemos sido ahora bendecidos con toda bendición espiritual en Cristo (Ef. 1:3, 4). La gracia que nos ha escogido nos será suficiente, por ello alegraos en el Señor; y otra vez digo, regocijaos.

473. LO QUE HACE EL SEÑOR POR NOSOTROS

Salmo 34

I. Redime, Versículo 22

II. Salva, 18

III. Oye, 4

IV. Libra, 4

V. Preserva, 7

VI. Se interesa profundamente por nosotros, 15

VII. Está cerca, 18

474. JÚBILO

Salmo 34:1-10

En el original, los versículos de este Salmo comienzan cada uno con una letra del alfabeto hebreo en orden alfabético, lo que quizá indica que se puso un especial cuidado en su composición. La ocasión del mismo, cuando David se hizo pasar por demente ante Abimelec, no fue desde luego para crédito del rey. Sin embargo, él estaba dispuesto a alabar al Señor por su gran liberación. Estas palabras parecen ser la expresión de un alma en éxtasis de deleite. Cuanto más acusadamente sintamos nuestra propia insensatez y culpa, tanto más clamorosamente alabaremos a Dios por nuestra salvación. Acerca de este gozo exuberante, observemos:

I. La naturaleza del mismo. Es:

1. ESPIRITUAL. «Bendeciré a Jehová» (v. 1). Dios es espíritu, y el espíritu que halla su más elevado y profundo deleite en «bendecir a Jehová» tiene algo infinitamente mejor que las riquezas naturales.
2. CONTINUO. «Bendeciré a Jehová en *todo tiempo*, su alabanza estará *de continuo* en mi boca». En todo tiempo y en toda circunstancia Él es siempre el mismo, de manera que nuestras alabanzas no deberían cesar nunca. Incluso la *tierra* dará su fruto a un pueblo que da alabanza al Señor (Sal. 67:5-7).
3. DESPRENDIDO. «Engrandeced a Jehová *conmigo*, y exaltemos a *una* su nombre» (v. 3). El corazón lleno de alabanza anhela que otros se unan a él, y que compartan en este gozoso servicio.

II. Las causas del mismo. Había experimentado una

1. INTERPOSICIÓN DIVINA. «Busqué a Jehová, y Él me escuchó» (v. 4). Otro testimonio del poder de la oración. El Dios de la ley es asimismo el Dios de la gracia.
2. SALVACIÓN DIVINA. «Me libró de todos mis temores... lo libró de todas sus angustias» (vv. 4-6). Hemos de ser salvados de todos nuestros pecados para ser salvados de todos nuestros temores. La salvación de Dios es hasta lo más hondo de la necesidad humana, y se levanta hasta lo más sublime de la gracia divina.
3. PROTECCIÓN DIVINA. «El ángel de Jehová acampa alrededor de los que le temen» (v. 7). Así como el monte estaba lleno de caballos y de carros para los ojos abiertos de Eliseo, así el poder de Dios rodea a su pueblo como con un tabernáculo (Sal. 27:5).

III. La influencia del mismo. Este santo gozo constriñe:

1. A INVITAR. «Gustad, y ved cuán bueno es Jehová» (v. 8). La dulzura del Evangelio de Dios, como sucede con la dulzura de la miel, tiene su mejor explicación gustando de ella. Todos aquellos que han gustado su maravilla anhelan que otros compartan de su bienaventuranza.
2. A AFIRMAR. «Dichoso el hombre que confía en Él... Los que buscan a Jehová no tendrán falta de ningún bien» (vv. 8-10). Ellos testifican confiadamente de la bondad y fidelidad de Dios, debido a su propia experiencia.
3. A EXHORTAR. «Temed a Jehová, vosotros sus santos... Venid, hijos, oídme» (vv. 9-11). Se debe tocar la nota de advertencia, así como las notas de invitación y de testimonio personal. Es tan necesario para los *santos* temer al Señor como para los *hijos* oír la voz de aquellos que le conocen y que pueden enseñar el camino de la vida (v. 12).

475. GUSTANDO

Salmo 34:8

1. Esto significa que el cristianismo es algo que debe probarse, además de algo que creer.
2. La conversión es presentada en 1 Pedro 2:3 como la acción de haber «gustado».
3. Cosa extraña, pero cierta, es que los que nada saben experimentalmente de la religión son los que más tienen que decir acerca de ella y contra ella.
4. ¿Por qué anhelaba el Salmista que otros «gustasen»?
Porque su Dios era un Dios que:
   a. Respondía a la oración (v. 4).
   b. Libraba de temores (v. 4).
   c. Aligeraba los corazones de los que esperaban en Él (v. 5).
   d. Salvaba a las personas de sus angustias (v. 6).
5. ¿Qué era necesario para «gustar»?
   a. Invocarle.
   b. Acudir a Él.
   c. Tomar de Él los dones ofrecidos.

476. UN MAESTRO EXPERIMENTADO

Salmo 34:11-22

«Venid, hijos, oídme; en el temor de Jehová *os instruiré*» (v. 11). Enseñar el temor de Jehová es enseñar cómo conocer al Señor, y vivir en el goce de su favor y presencia. Como *hijos*, entonces, sentémonos a los pies de este gran maestro y aprendamos lo que tiene que decir acerca del camino de la vida y de la bienaventuranza.
Como hombre experimentado, expone la verdad con orden. Habla de diversos temas:

I. Acerca del deseo. «¿Quién es el hombre que desea VIDA?» (v. 12). La ansiedad del alma debe ser por aquello que para empezar es un objeto correcto y apropiado. El corazón que anhela «ver el bien» ha llegado a la puerta del camino estrecho.

II. Acerca del mal. «Guarda tu lengua del mal... apártate del mal» (vv. 13, 14). Los que quieran hallar la vida tienen que estar dispuestos a alejarse de todos sus pecados. Para correr esta carrera uno tiene que desprenderse de todo peso y pecado (He. 12:1). Que el malvado abandone su camino, etc.

III. Acerca de la paz. «Busca la paz» (v. 14). No nos enseña que debemos *hacer* la paz, sino *buscarla*. Cristo hizo la paz mediante la Sangre de su Cruz. Busca la paz de Dios, y sigue la paz con todos los hombres (He. 12:14).

IV. Acerca de la oración. «Los ojos de Jehová están sobre los justos, y atentos sus oídos al clamor de ellos, ... claman los justos, y Jehová oye» (vv. 15-17). Aparte del Señor Jesús, nadie puede instruir mejor en el arte de la oración que David. Dios y la oración eran para él grandes realidades. «Pedid, y recibiréis.»

V. Acerca del allegamiento a Dios. «Cercano está Jehová a los quebrantados de corazón» (v. 18). Prestemos especial atención a esta enseñanza. El quebrantamiento de corazón es una condición de la verdadera comunión con Dios. Al orgulloso lo mantiene alejado. «Sacrificio es para Dios un espíritu quebrantado» (Sal. 51:17). El Santo que mora en la eternidad mora con aquel que es de corazón contrito y humilde (Is. 57:15).

VI. Acerca de la aflicción. «Muchas son las aflicciones del justo, pero de todas ellas le librará Jehová» (v. 19). El pueblo del Señor no es librado de las aflicciones, sino librado a través de ellas, como Daniel lo fue en el foso de los leones, y los hebreos en el horno de fuego. «En el mundo tendréis aflicción; pero tened ánimo, yo he vencido al mundo.» «Atribulados en todo, mas no estrechados» (2 Co. 4:8).

VII. Acerca de la perseverancia. «No serán condenados cuantos en Él confían» (v. 22). Nadie los arrebatará de Mi mano. Él es poderoso para guardar de tropiezo a los que en Él confían. Por la fe somos salvos de la culpa y del pecado, y por la fe somos guardados cada día de las influencias condenadoras que están siempre a nuestro alrededor y dentro de nosotros. «Yo soy el Camino, y la Verdad, y la Vida» (Jn. 14:6).

477. FALSOS TESTIGOS

Salmo 35

Si alguien quiere vivir piadosamente, padecerá persecución.

I. Sus cobardes enemigos. «Se levantan testigos malvados; de lo que no sé me preguntan; me devuelven mal por bien» (vv. 11, 12). «Se alegraron en mi adversidad» (v. 15). En esto viene a ser partícipe de los sufrimientos de su Señor (Mt. 26:59-61). Incluso en pago de nuestro *amor*, algunos se harán adversarios nuestros (Sal. 109:4). Los que están fuera de armonía con Jesucristo estarán fuera de armonía con sus seguidores fieles.

II. Su actitud para con ellos. «Pero yo, cuando *ellos enfermaron*, me vestí de sayal. Andaba repitiendo en mi pecho mi oración» (v. 13). Todas las llamadas imprecaciones en este Salmo deben ser leídas a la luz de esta declaración. Aquel que ayunaba y oraba por sus enemigos, cuando se encontraban con problemas, no era probable que lanzara maldiciones sobre ellos. Como lo observa Newberry, estos «textos» deberían ser leídos en tiempo futuro. «Serán.» Bien sabía David cuál sería el futuro de aquellos que levantaban falsas acusaciones contra el pueblo de Dios, regocijándose de sus adversidades (v. 15). El mandamiento de nuestro Señor es: «Amad a vuestros enemigos, bendecid a los que os maldicen, ... y orad por los que os ultrajan y os persiguen», «repitiendo en nuestro pecho nuestra oración».

III. Sus peticiones a Dios. «Pleitea, oh Jehová, con los que contra mí contienden... y levántate en mi ayuda» (vv. 1, 2). Él ruega por:

1. LA DEFENSA DIVINA. «Pleitea, oh Jehová.» El siervo de Cristo no debe ser contencioso, siendo que tiene un abogado para con el Padre, a Jesucristo el *justo*. La venganza pertenece al Señor; encomienda a Él tus caminos. DIOS es nuestro refugio.
2. LIBERACIÓN DIVINA. «Señor, ¿hasta cuándo verás esto? Rescata mi alma de sus destrucciones» (v. 17). El que es nuestro Redentor y Señor no dejará de rescatar las almas de los que en Él confían de los planes y propósitos destructores de *sus* y *nuestros* enemigos. Su Nombre fue llamado Jesús, porque Él salvará.
3. JUSTICIA DIVINA. «Júzgame conforme a tu justicia, Jehová Dios mío» (v. 24). Los que han hallado refugio en su misericordia hallarán fuerza en su justicia. «Porque es justo delante de Dios pagar con tribulación a los que os atribulan» (2 Ts. 1:6).

IV. Su gozosa resolución. «Entonces mi alma se alegrará en Jehová; ... Todos mis huesos dirán: Jehová, ¿quién como tú?» (vv. 9, 10). «Mi lengua hablará de tu justicia y de tu alabanza todo el día» (v. 28). Cuando hacemos nuestro llamamiento a Dios, debemos confiados dejar aquel asunto en sus manos, *regocijándonos* de que Él es poderoso, y *alabándole* porque Él lo hará. Los que se regocijan en el Señor son los que mejor pueden hablar de su justicia.

478. BAJO SUS ALAS

Salmo 36:5-9

El salmista comienza aquí exponiendo los pensamientos secretos y las intenciones del malvado corazón del hombre. «No hay temor de Dios delante de sus ojos; lisonjéase, por tanto, en sus propios ojos» (vv. 1, 2, RV). ¿Acaso la negación de *Dios* no brota siempre del deseo de la *auto*lisonja? ¡Cuán diferente es en el caso de aquellos que están gozosamente reposando bajo la sombra de sus alas! Obsérvese:

I. La actitud mencionada. «Bajo la sombra de tus alas (v. 7). Allí se encuentran porque han «puesto su confianza» en Jehová su Dios. No hay ninguna otra forma de ponerse bajo el poder salvador y protector de Dios sino por la fe. Fue porque Rut *creyó* que halló refugio bajo las alas de Jehová Dios de Israel (Rt. 2:12). Las plumas de las alas de Dios son las palabras de su Evangelio. «Su verdad será tu escudo» (Sal. 91:4; Mt. 23:37).

II. Las razones que se dan. «Por eso» (v. 7). Esta palabra sugiere el por qué:

1. «Hasta los cielos llega tu MISERICORDIA» (v. 5). Alcanzando tan alto, es suficiente para rebosar sobre todas las alturas de la culpa humana. «Porque como la altura de los cielos sobre la tierra, engrandeció su misericordia sobre los que le temen» (Sal. 103:11).
2. «Tu FIDELIDAD [alcanza] hasta el firmamento» (v. 5, BAS). Las nubes pueden ir o venir, pero el firmamento permanece eternamente el mismo en toda su pureza; así es con la fidelidad de Dios. Fiel es el que ha prometido, y esta fidelidad no fallará hasta que los objetos de la misma lleguen más allá del firmamento (1 Co. 1:9).
3. «Tu JUSTICIA es como los montes de Dios» (v. 6). ¡La justicia de Dios! ¿Quién puede alcanzar a ella? Es como la gran cima montañosa que traspasa las nubes, donde jamás pie humano ha pisado. ¿Quién puede escudriñando hallar a Dios? Pero Él ha hecho a Cristo nuestra Justicia, la justicia de Dios, que es para todos y sobre todos los que creen.
4. «Tus JUICIOS [son] como el gran abismo» (v. 6). Si su justicia es tan alta como el Cielo, sus juicios son tan hondos como el Infierno. «¡Oh profundidad de las riquezas de la sabiduría y del conocimiento de Dios!» No hay escapatoria de su justicia sino bajo las alas de su misericordia.
5. «¡Cuán preciosa... es tu MISERICORDIA!» (v. 7). Preciosa es ciertamente la misericordia de Dios, que en la persona de su Hijo ha extendido las alas de su gracia prometida sobre un mundo agonizante. «En esto consiste el amor.»

III. Las bendiciones disfrutadas. Todos los que están bajo sus alas están en el lugar de:

1. ABUNDANTE SATISFACCIÓN. «Serán completamente saciados» (v. 8). La palabra hebrea es «regados». *Cf.* RV, que traduce «Embriagarse han». Se hallará que la provisión de su gracia es abundantemente suficiente para los que se ocultan en Él. Él los hará beber de los *torrentes* de sus delicias (v. 8). «Delicias [hay] a tu diestra para siempre.» Jesús clamó: «Si alguno tiene sed, venga a mí, y beba». Acudir a Él es acudir a la «*fuente* de la vida» (v. 9; Jn. 4:14).
2. CLARIDAD DE VISIÓN. «En tu luz veremos la luz» (v. 9). En la luz de su presencia veremos claramente la luz de su verdad. Confiar en Él es salir de las tinieblas para pasar a su luz maravillosa. En su maravillosa luz vemos luz, acerca del pecado, del yo, de la muerte, de la inmortalidad, y de la vida eterna (Jn. 8:12).

479. EL DELEITE DEL SEÑOR

«Tú los abrevarás del torrente de tus delicias» (Sal. 36:8).

Introducción

1. Entonces, ¡el Señor tiene sus placeres y deleites, como nosotros!
2. El ha hecho todo lo necesario para que el mantenimiento de la vida sea un placer, como por ejemplo la comida, el ejercicio, el sueño, etc.
3. Hay más en la Biblia acerca de sus deleites de lo que muchos piensan. (En este estudio hay material para varias presentaciones.)

¿CUÁLES SON LAS DELICIAS DEL SEÑOR?

1. Tiene placer en las hermosuras de la creación. Apocalipsis 4:11 nos enseña que todas las cosas fueron creadas para su placer.
2. No se agrada en la muerte de los malvados (Ez. 18:32).
3. No tiene placer en la maldad. «Porque tú no eres un Dios que se complace en la maldad» (Sal. 5:4).
4. Tiene placer en la rectitud: «La rectitud te agrada» (1 Cr. 29:17).
5. El Señor no se complace en aquellos que quebrantan sus votos (Ec. 5:4).
6. Él se agrada en su pueblo (Sal. 47:11; 149:4).

SUS DELICIAS SON ASEMEJADAS A UN RÍO.

1. No un torrente que pueda secarse pronto.
2. Sus delicias son para siempre (Salmo 16).

¿QUIÉNES SON «ELLOS»? Son los que confían en Él, y que por ello mismo quedan abundantemente satisfechos.

I. El deleite de Dios en su pueblo. «Porque Jehová se complace en su pueblo» (Sal. 149:4).

EL SEÑOR TIENE SUS DELEITES.

1. Todos tenemos nuestras preferencias y desagrados.
2. Lo mismo el Señor.

3. Aquello que le deleita lo indica en su Palabra.
4. Veamos qué declara nuestro texto.

EL CENTRO DEL SALMO.

1. Aquí tenemos el centro de este Salmo.
2. Los primeros tres versículos llevan a esto.
3. Ésta es *la* razón para la alabanza.
4. Observemos el sentido de «Porque».

SOLUCIÓN.

1. Esto explica por qué Él está siempre *pensando* y *planeando* para nuestro bienestar.
2. Y por qué ha hecho unos *sacrificios* tan enormes por nosotros.

PATERNIDAD.

1. Es una expresión de su Paternidad.
2. Como un padre se agrada de sus hijos, así el Señor se agrada de su pueblo.

¿EN QUIÉNES?

1. En aquellos que son suyos por rendición, así como por creación y redención.
2. Los que viven vidas obedientes (Mal. 1:10).
3. Él no puede agradarse en sus enemigos, ni en los que están fuera de Cristo, en en sus hijos cuando son desobedientes.

TIEMPO PRESENTE. Obsérvese «se complace», en tiempo presente.

II. Dios se deleita en los que le temen. «Se complace Jehová en los que le temen» (Sal. 147:11).

NADA.

1. «No le tengo temor a nada», exclaman algunos con jactancia.
2. Esta es una frase muy arrogante.
3. Pero solo suena fuerte porque está vacía.

UN PSICÓLOGO.

1. Un gran psicólogo ha dicho: «El temor es esencial a todas las almas, y es universal».
2. Todos tememos algo o a alguien.

DOS CLASES DE TEMOR. Hay dos clases de temor: un temor abyecto, y un temor reverente.

JESÚS MANDÓ:

1. A hombres y a mujeres que sintieran pavor delante de Dios.
2. El problema es que «no hay temor de Dios delante de sus ojos».
3. Dios no se agrada de aquellos que sienten pavor acerca de Él.
4. Sin embargo, es el primer paso para la salvación.
5. Y es una prueba de la obra del Espíritu en el interior.

DE GRAN PRECIO.

1. Pero hay liberación de este temor abyecto.
2. Sin embargo, si el amor echa fuera el temor, ahonda entonces la reverencia.
3. Y esta disposición del corazón es de gran precio delante de Dios.
4. Cultivemos en oración este humilde temor que alegra el corazón del Rey del Universo.

CÓMO CULTIVAR ESTA SANTA REVERENCIA.

1. *Pensemos en lo que Él es en cuanto a carácter* (v. 5). La santidad, la pureza, la hermosura de disposición. Nos sentimos como invadidos por la maravilla, y clamando: «Apártate de mí».
2. *Piensa en lo que Él ha hecho.*
   a. Un fabricante que se había retirado se sintió sacudido al descubrir que sus hijos habían arruinado su negocio. Entonces volvió a él, después de haber gastado toda su fortuna pagando las deudas de ellos.
   b. La escena, cuando apareció por primera vez en la Cámara de Comercio, fue asombrosa. Todos le respetaban.
   c. Piensa en todo lo que ha hecho Dios para liquidar nuestras deudas.
3. *Piensa en lo que está haciendo en la naturaleza* (vv. 4, 8).
   a. Cuando los astrónomos calculan la distancia a que están las estrellas y recuerdan que Dios las sostiene a todas, se sienten abrumados de maravilla.
   b. Se sienten como los santos que están de pie sobre el mar de cristal y que cantan arrebatados y llenos de reverencia: «¿Quién no te temerá, oh Señor, y glorificará tu nombre?, pues solo tú eres santo?» (Ap. 15:4).
4. *Piensa en lo que Él está haciendo en gracia* (vv. 2, 3).

III. Dios se deleita en la manifestación de esperanza. «Se complace Jehová con los que ... esperan en su misericordia» (Sal. 147:11).

1. En nuestro anterior estudio vimos que el Señor se deleita con los reverentes.
2. En este estudio vemos que Él se complace en los que se sienten esperanzados.

COMPRENSIBLE.

1. Podemos comprender esto, pues también nos pasa a nosotros.
2. Nos gusta la compañía de los esperanzados.
3. Rehuimos la compañía de los pesimistas.

CULTIVO. Deberíamos cultivar el espíritu esperanzado.

NEGATIVO.

1. Esto no significa que Él se agrade de aquellos que tienen una vaga esperanza de que al final todo saldrá bien.
2. Ni en aquellos que dicen: «Dios es bueno; él no me condenará al castigo eterno». Esto es presunción.

POSITIVO.

1. Sino que Él se complace en aquellos que tienen una certidumbre recibida de parte de Dios acerca de la gloria futura.
2. En esos que cuando la Providencia parece ceñuda contra ellos, «esperan expectantes y confiados la revelación de su misericordia».
3. En esos que se atreven a creer que detrás de una ceñuda Providencia Él oculta un rostro sonriente.
4. Y que confían a través de tiempos oscuros y de tribulación.

DE NATURAL.

1. Los hay que de natural tienen una disposición esperanzada.
2. Pero un mero talante esperanzado no resistirá la prueba del tiempo.
3. Necesitamos cultivar la esperanza espiritual.

CULTIVO.

1. No podemos cultivar lo que no tenemos.
2. «Sin Dios y sin esperanza» es la condición de los perdidos.
3. Con Dios, con esperanza, es la condición de los salvos.

CÓMO OBTENERLA.

1. La forma de conseguir esperanza es llegar a la fe.
2. Estas tres gracias siempre se encuentran juntas.
3. Y lo que posees lo puedes cultivar.

IV. Dios se deleita en la rectitud. «La rectitud te agrada» (1 Cr. 29:17). «Los de camino intachable le son agradables» (Pr. 11:20).

1. OCASIÓN. David era anciano. Había dado generosamente para la edificación del Templo. Su ejemplo había prendido en sus súbditos. Y ahora ofrece esta oración de dedicación.
2. SU SANTA JACTANCIA. Declaró en qué se deleitaba el Señor. E hizo esta santa afirmación.
3. SALOMÓN debió oírla, porque la atesoraba y la repitió.
4. UNA GRAN NECESIDAD.
   a. ¿No hay necesidad para los rectos?
   b. ¿Para los que serán rectos de corazón, mente y conducta?
   c. Es bueno ser recto en cuerpo y conducta, pero mejor en alma y conducta.
   d. No solo recto delante del hombre, sino recto para con Dios. ¡Ah, ésta es la carencia, la prueba!
5. SU DELICIA. Dios se deleita en los tales. Y se puede entender bien.
6. HECHOS.
   a. «Dios hizo al hombre recto» (Ec. 7:29, RV).
   b. Y aún desea que el hombre lo sea (Gn. 17:1).
   c. No podemos engañar a Dios, como David engañó a Aquís, rey de Gat: «Tú has sido recto» (2 S. 29:6).
7. CÓMO SERLO.
   a. Salvación plena. Levítico 26:13. No solo liberación de la muerte mediante la Sangre, sino también la rotura de las cadenas: saliendo a la libertad.
   b. La protección del Señor. Salmo 19:13. Guárdame de pecar. No dejes que los pecados tengan dominio sobre mí.

V. Dios se deleita en nuestras oraciones. «La oración de los rectos es su delicia» (Pr. 15:8).

APROPIADA. Tenemos una palabra sumamente apropiada en el presente versículo. Una palabra sumamente idónea para nuestra meditación.

NO SOLO ACEPTABLES. Fijaos, nuestras oraciones no solo son aceptables delante del Señor, ¡sino *su delicia*!

¡QUÉ CONTRASTE! Los grandes sacrificios de los malvados son abominación para el Señor. Porque los motivos son malos. Pero el clamor más débil de los suyos es su delicia.

RECTOS. Naturalmente, «rectos» es el nombre que Salomón da para el pueblo de Dios. El nombre declara lo que Dios espera que seamos.

PADRE. Es justo lo que podrías esperar de un Padre.

FUENTE DE FORTALEZA. Este versículo ha sido una fuente de fortaleza para muchos. ¡Qué deficientes son a menudo nuestras oraciones! «El Señor de señores escucha compasivo nuestro débil clamor, y se deleita en él.»

RECUERDA. Tus débiles oraciones le dan deleite. Y son gozo para tu alma.

CÓMO SER RECTO.

1. Libertad. Levítico 26:13.
2. Guardado. Salmo 19:13.

VI. Dios se deleita en la integridad. «La pesa cabal le agrada» (Pr. 11:1).

NO LO PASEMOS POR ALTO.

1. En nuestro estudio de la Delicia del Señor hay un dicho en Proverbios que no debemos pasar por alto.
2. Aunque pueda parecer ser de aplicación a las llamadas cuestiones seculares.
3. Es un eco de Deuteronomio 25:13 a 16.

SOLEMNE.

1. Es un pensamiento solemne que nada escapa a los ojos de Dios.
2. Él señala todos los tratos comunes de la vida.
3. Él observa nuestro comprar y vender.

INVERSIÓN.

1. Esto invierte el juicio de los hombres.
2. El mundo encomia a la gente inteligente y astuta que pueden engañar sin ser descubiertos (Lc. 16:1 a 8).
3. Pero Dios no solo lo prohibe sino que lo abomina.
4. Y fijémonos en que Él observa con deleite a los que el mundo echa a un lado, a los honrados y justos.

NECESIDAD.

1. Esta exhortación es muy necesaria en la actualidad para los santos y los pecadores.
2. Era necesaria en la Iglesia de Corinto (1 Co. 6:8).

PESO FALSO.

1. Aquí se prohibe la manipulación en los pesos. Tanto si es una injusticia contra el comprador
2. Como si es una injusticia contra el vendedor.

NO DEMOS PESO FALSO A DIOS.

1. Deberíamos rendir a Dios la medida plena de devoción y de servicio al Señor.
2. Hemos de recibir su pleno peso de bendiciones antes que podamos dar el peso pleno de devoción.

¿Y QUÉ ACERCA DE DIOS?

1. ¿Le estás dando a DIOS un peso justo?
2. Muchos se sienten ansiosos acerca de tratar con rectitud a sus semejantes, pero nunca han pensado en Dios.
3. ¿Estás tú dando a Dios una medida plena de amor y devoción?
4. «Un amor tan asombroso, tan divino, mi vida demanda, mi alma, mi *todo*».
5. Nunca debes temer que le vayas a dar en exceso.

¿Cómo? Debemos recibir un peso pleno de bendiciones de Él antes de poder dar un peso pleno de servicio y devoción.

VII. El deleite del Señor en nuestra prosperidad. «Se complace en la prosperidad de su siervo» (Sal. 35:27, V.M.).

CARICATURAS.

1. ¡Qué conceptos más caricaturescos se difunden acerca de Dios!
2. ¿Se deleita Dios en afligir a sus siervos? ¡Desechemos este pensamiento!
3. ¿Acaso se deleita Dios en enviar calamidades? ¡Qué horrible pensamiento!
4. No: Él se deleita en la prosperidad de sus siervos.

EXTRAÑO SALMO.

1. Éste es uno de aquellos extraños salmos que dejan perplejos a muchos.
2. Es un salmo de juicio: ¡un salmo de terror!
3. David tenía enemigos que planeaban y deseaban su ruina.
4. Llama al Señor para que le libre (v. 1).
5. Y luego ora para que los que le favorecieron puedan recibir un gozo abrumador.
6. Y bendigan a Dios, que desea la prosperidad de sus siervos.

¿QUÉ CLASE DE PROSPERIDAD?

1. ¿En qué clase de prosperidad se deleita Él?
2. Prosperidad en cosas terrenales cuando va conjugada con la prosperidad en las cosas celestiales.
3. El ideal de Dios se encuentra en 3 Juan 2.

PATERNIDAD.

1. ¡Esto es precisamente lo que podrías esperar!
2. ¡Él es Padre! Y con un corazón de Padre.

CONDICIONES PARA LA PROSPERIDAD.

1. Los impíos pueden prosperar sin cumplir estas condiciones.
2. Pero no se trata de la doble prosperidad.
   a. Confesión de pecados a Dios. «El que encubre sus pecados no prosperará» (Pr. 28:13).
   b. La presencia del Señor. «Jehová estaba con José, y fue varón próspero» (Gn. 39:2).
   c. Poner la Palabra de Dios en el lugar que le corresponde (Jos. 1:8; Sal. 1:3).
   d. Buscar al Señor (2 Cr. 26:5).

VIII. El deleite de Dios en los veraces. «Abominación a Jehová son los labios mentirosos; pero los que obran con honradez son su deleite» (Pr. 12:22).

NIÑOS.

1. Tenemos aquí un deleite del Señor que generalmente pensamos es solo adecuado para niños.
2. Es cierto que los niños necesitan esta exhortación, pero *también los adultos*.

HOY.

1. No hay pecado tan común hoy día como el pecado de mentir.
2. Está presente un espíritu de mentira.
3. Pablo observó esto como una característica de nuestra era.
4. El pecado culminante de esta era es creer la mentira.

FÁCIL.

1. Nada es tan fácil como esto.
2. Nos viene de natural. Muchas madres se han preguntado quién enseña a sus hijos a mentir. El Salmo 58:3 nos lo muestra: «Torcidos están los impíos desde la matriz; extraviados y mentirosos *desde que nacieron*».
3. Incluso los cristianos necesitan esta exhortación: «No mintáis los unos a los otros» es una exhortación dada en Colosenses 3:9 después de una maravillosa enseñanza.

POR QUÉ ÉL ABOMINA LA MENTIRA. Tiene una especial abominación contra este pecado.

1. *Porque el padre de las mentiras es su gran enemigo.*
   a. Satanás se distingue por su título de mentiroso (Jn. 8:44).
   b. Jesús le llamó «padre de mentiras» que no permaneció en la verdad.
   c. El mentiroso voluntarioso demuestra con ello su filiación.
2. *Es precisamente lo contrario a su naturaleza* (Nm. 23:19; Tit. 1:2). Él es el Dios de verdad.
3. *La sociedad depende de la Verdad.* La sociedad no se puede mantener sin verdad y sin la confianza mutua entre los hombres.
4. *No habrá mentirosos en el cielo* (Ap. 21:8 y 27; 22:15).

SU DESEO. Dios quiere poder decir como en Isaías 63:8, «Ciertamente son mi pueblo, hijos que no obrarán con falsedad».

SU DELEITE.

1. Se deleita en «los que obran con verdad».
2. Que obran con verdad en sus palabras.

ALGO MÁS.

1. Con el Nuevo Testamento en mente, se precisa de algo más.
2. Dice Wesley que el 31 de mayo «agravió al Espíritu de Dios no solo por no velar en oración, sino también por hablar con dureza en lugar con amor y gentileza acerca de uno que no era sano en la fe. Inmediatamente, Dios ocultó su rostro, y estuve angustiado y atribulado hasta la mañana siguiente».

CURA.

1. Toma a Cristo como Salvador, Señor y Gobernante.
2. Deja que la presencia de Aquel que es verdad te guarde de toda falsedad.
3. Ora a diario: «Pon guardia a mis labios».

480. CONSEJOS PARA LOS CRISTIANOS

Salmo 37:1-9

En la «Biblia Inglesa» de Newberry hay siete palabras en estos versículos impresas en negrita, indicando que en hebreo son enfáticas. Estas palabras destacan como peldaños que ascienden a la bendita vida de fe y plenitud. Aquí están:

I. No te impacientes. «No te impacientes a causa de los malvados» (v. 1). No envidies los insensatos, cuando veas la prosperidad de los malvados (Sal. 73:3). Conténtate con lo que tienes. Sabiendo que «todas las cosas cooperan para bien de los que aman a Dios». Todas las cosas son vuestras, y vosotros sois de Cristo.

II. Confía. «Confía en Jehová, y haz el bien» (v. 3). Estar contentado sin confiar en Jehová no constituye ninguna virtud; es imbecilidad o locura. El *amén* de Dios es dado a nuestra fe: «*En verdad* serás alimentado» (v. 3, RV). La fe es una gracia activa; por tanto, no seas perezoso, sino seguidor de aquellos que por la fe y la paciencia heredan las promesas (He. 6:12).

III. Deléitate. «Pon asimismo tu delicia en Jehová, y Él te concederá los deseos de tu corazón» (v. 4). Bien podemos poner en cuestión nuestra *confianza,* si no conduce a «poner nuestra delicia en Jehová». No podemos deleitarnos en Él, a no ser que creamos que Él es el principal y perfecto bien par el alma.

IV. Encomiéndate. «Encomienda a Jehová tu camino, y confía en Él, y Él actuará» (v. 5). Allí donde hay una perfecta confianza y deleite en el Señor, habrá ciertamente una perfecta encomendación de nosotros mismos y de todos nuestros caminos y propósitos a Él. La vida totalmente encomendada estará libre de todo pensamiento de ansiedad (Mt. 6:25). Somos alentados a echar *todas* nuestras ansiedades sobre Él, porque Él cuida de nosotros (1 P. 5:8).

V. Reposa. «Confía calladamente en Jehová» (v. 7). Es un reposo que resulta de encomendarse al Señor de todo corazón. En esta quietud y confianza hallaréis vuestra fuerza (Is. 13:15). Descansa en el Señor, porque la batalla no es tuya, sino de Él.

VI. Deja. «Deja la ira, y depón el enojo» (v. 8). Si esperas en Jehová, déjate del yo y del hombre. La ira y las pendencias son obras de la carne (Ga. 3:19, 20). «Como ciudad derribada y sin muro es el hombre cuyo espíritu no tiene rienda» (Pr. 25:28).

VII. Espera. «Espérale con paciencia» (v. 7). «Los que esperan en Jehová, heredarán la tierra». Esta exhortación es de gran importancia. Tras habernos encomendado totalmente a Él, y habernos dejado de nuestra propia voluntad y camino, tenemos el peligro de cansarnos de bien hacer. Espera. «Tenéis necesidad de paciencia, para que habiendo hecho la voluntad de Dios, obtengáis la promesa» (He. 10:36). Los que esperan en Jehová tendrán unas manifestaciones de Él que les darán nuevas fuerzas.

481. SILENCIO DELANTE DE DIOS

Salmo 37:3

Cecil. Nos sentimos muy impresionados por una observación de Cecil registrada en sus *Memorias*: «La quietud delante de Dios es una de las más difíciles gracias cristianas». Ésta es una observación de parte de uno que era sabio y entendido en las cosas de Dios y en los caminos de los hombres.

Reconocido. David parece reconocer esto mismo. Veamos cómo es la quinta gracia mencionada aquí:

1. «No te impacientes» (v. 1).
2. «Confía» (v. 3).
3. «Pon... tu delicia» (v. 4).
4. «Encomienda» (v. 5).
5. «Guarda silencio» (v. 7).

Un grado más elevado. Mme. Guyon denomina a este estado de silencio delante del Señor como uno de los grados más elevados de la oración.

Una ayuda para esto. Dice Madame Guyon: «También es necesario que uno acuda a Dios no tanto para obtener algo de Dios como para agradarle y hacer su voluntad; porque un siervo que solo sirve a su amo en proporción a la recompensa que recibe no es digno de ninguna remuneración».

482. EL VALOR DEL SILENCIO

«Está callado ante Dios, y deja que Él te moldee» (Traducción de Lutero, Sal. 37:7).

Una aparente injusticia.

1. Parece que el Salmista se daba cuenta frecuentemente de la aparente injusticia en los tratos de Dios con los hombres tal como se veía en la frecuente prosperidad de los malvados y en la frecuente adversidad de los justos. ¿Qué, entonces?
2. Bien, no te inquietes, no tengas envidia, sino:
   a. Confía en el Señor.
   b. Pon tu deleite en el Señor.
   c. Encomienda al Señor tu camino.
   d. Reposa en el Señor.

La traducción de Lutero. Lutero dio una sugestiva traducción a este versículo. Y la *Reina-Valera* traduce: «Guarda silencio ante Jehová».

El valor del silencio. Somos lentos para aprender el valor del silencio. Parece una de las cosas más difíciles de aprender en el fragor de este siglo 20. Y ésta es la razón por la que tantos enferman físicamente, y también de que haya tan poca adoración.

En la naturaleza. Tenemos un ejemplo del valor del silencio en el mundo natural. Las estaciones silenciosas de la vida no son inoperantes. El invierno es la madre de la primavera. La noche es la fuente de las fuerzas físicas del día.

Lo mismo en la gracia. Las cosas más grandes en nuestras vidas espirituales vienen de nuestras horas de espera, cuando queda suspendida toda la actividad, y el alma aprende a «estar callada delante de Dios» mientras Él nos conforma y moldea para futuras actividades y años fructíferos.

Silencio... ¿acerca de qué? Silencio a veces tocante a nuestras propias clamorosas necesidades y peticiones. Silencio tocante a nuestras dudas y dificultades intelectuales. Silencio tocante a nuestros propios planes e intenciones.

¿Por qué? ¿Para qué? Para oír su voz. Para aprender su voluntad. Para que nos sean impartidos su mente y sus pensamientos. Para que nuestro carácter quede amoldado a su voluntad.

483. EL HOMBRE JUSTO

Salmo 37:10-34

En comparación con «la justicia de Dios», por naturaleza «no hay justo, ni aún uno». El hombre verdaderamente justo es aquel cuyas *iniquidades* han sido perdonadas, cuya naturaleza moral ha sido «enderezada», y que ahora vive la vida recta. La bienaventuranza de tal hombre está aquí hermosamente retratada.

I. Su poco es bendecido. «Más vale lo poco del justo, que las muchas riquezas del impío» (v. 16). Aunque haya poca harina en su barril, ésta nunca se acaba. Con su poco, tiene siempre la bendición de Jehová, que enriquece sin añadir tristeza (Pr. 10:22).

II. Es sostenido por el Señor. «El que sostiene a los justos es Jehová» (v. 17). Su fuerza no está en sí mismo, sino en la fiel y fuerte mano de su Dios (Is. 41:10). Es sostenido sobre las olas de la tormenta, como Pedro, allí donde nunca pueden ir los pies de los carentes de fe. «Yo he rogado por ti, que tu fe no falle» (Lc. 22:32). Él hace mis pies como de ciervas, para afirmarme en las más resbaladizas alturas.

III. Su herencia es eterna. «Conoce Jehová los días de los íntegros; y su herencia será para siempre» (v. 18). Si tiene poco sobre la tierra, tiene «una herencia incorruptible, incontaminada e inmarcesible, reservada en los cielos» (1 P. 1:4). Siendo heredero de Dios, es heredero de los goces y glorias eternos que le pertenecen a él; deleites a la diestra de Dios para siempre.

IV. Es misericordioso y lleno de gracia. «El justo tiene misericordia, y da» (v. 21). Ha aprendido por el ejemplo y el Espíritu de su Señor que «es más bienaventurada cosa dar que recibir». Le ha sido mostrada gracia y misericordia, y como él ha recibido de *gracia*, da de esa gracia recibida.

V. Nunca es abandonado. «Ya he envejecido, y no he visto al justo desamparado, ni a su descendencia mendigando el pan» (v. 25). El testimonio de este *viejo* es de lo más precioso y alentador: nunca ha visto aún al justo desamparado ni a sus descendientes en la miseria. «Cree en el Señor Jesucristo, y serás salvo, tú y tu casa» (Hch. 16:31).

VI. Está dotado de sabiduría celestial. «La boca del justo derrama sabiduría... La ley de Dios está en su corazón» (vv. 30-32). Cuando la *Palabra de Jehová* está guardada en el corazón, entonces, del *buen tesoro* del corazón puede sacar muy buenas cosas (Mt. 12:35). «No sois vosotros los que habláis, sino el Espíritu de vuestro Padre el que habla en vosotros.»

VII. Su fin es paz. «Considera al íntegro, y mira al justo; que la postrimería de cada uno de ellos es paz» (v. 37, RV). No tiene que orar la oración de Balaam, «Muera yo la muerte de los rectos», porque ya tiene la paz, la paz de Dios, y la bienaventuranza de los pacificadores es ya suya: es un hijo de Dios (Mt. 5:9). «Mi paz os doy» (Jn. 14:27).

VIII. Su salvación es enteramente de Dios. «La salvación de los justos viene de Jehová, ... por cuanto en Él esperaron» (vv. 39, 40). Es salvo por la gracia, por medio de la fe. No hay nada en sí mismo de que pueda jactarse; toda su salvación es resultado de haberse confiado a la misericordia y al poder de su Dios y Salvador. Así como Daniel fue «sacado del foso, y ninguna lesión se halló en él, *porque había confiado en su Dios*» (Dn. 6:23), así nos salvará Él de este presente mundo malvado, porque en Él confiamos.

484. SIETE CARACTERES, Y LA PORCIÓN DE ELLOS

Salmo 37:10-37

Es lo que los hombres *son*, no tanto lo que piensan, dicen o hacen, lo que decide el carácter, la relación y la porción de ellos delante de Dios.

I. El malhechor. Éste será destruido (v. 9). «Los hombres sanguinarios y engañadores no llegarán a la mitad de sus días» (Sal. 55:23). Como el tamo, el viento los arrastrará.

II. El manso. Éste heredará la tierra, y se recreará con abundancia de paz (v. 11). El más manso Hombre que el mundo jamás vio «no tenía donde recostar su cabeza», pero Él y los suyos han de juzgar aún el mundo.

III. El impío. El Señor se reirá de él (vv. 12, 13). Los que rehusan obedecer el llamamiento de la gracia de Dios, y echan de sí las coyundas de sus mandamientos, serán recompensados con la risa de su burla (Sal. 2).

IV. El justo. Jehová le sostendrá (v. 17). Los que llevan la imagen del Padre Celestial serán sostenidos con sus brazos eternos.

V. El hombre bueno. «Por Jehová son ordenados los pasos del hombre *piadoso*» (v. 23, V.M.). El camino así ordenado por el Señor será para deleite de su corazón. El «hombre bueno» busca alcanzar el más alto de los bienes, y hacer el mejor de ellos.

VI. El santo. No será olvidado, sino que será para siempre guardado (v. 28). Dios nunca puede desamparar a sus santos, por cuanto el Santo de los santos fue desamparado por causa de ellos. Ellos serán preservados para siempre, porque son herederos de la vida eterna (1 P. 1:5).

VII. El perfecto (v. 37, V.M.). Su fin es paz (v. 37). Su fin será perfecta paz, porque la paz de Dios rige ya en su corazón. La paz de Dios que sobrepasa a todo entendimiento nunca puede desvanecerse. En estas palabras que llevan el hilo del Salmo podemos fácilmente seguir una gradación en la experiencia de la vida piadosa. La *mansedumbre* de la contrición; la *justicia* de la fe; la *bondad* de la gracia; la *santidad* de la vida piadosa; y la *perfección* de la gloria.

485. LAS MISERIAS DEL PECADO, Y EL CAMINO DE SALIDA

Salmo 38

Este salmo «para recordar» nos recuerda un potaje con una mezcla de muchos y desagradables ingredientes, y está en marcado contraste con el salmo precedente. Podemos en parte entender mal a David, si nos olvidamos de que actuaba no solo como rey de Israel, sino como el cantor nacional de Israel. Éste es el lenguaje de uno que recuerda los horrores del hoyo del que ha sido sacado. Describe de manera adecuada:

I. Las miserias del pecado. El pecado, cuando ha sido consumado, produce la muerte. Véase como opera en el pecador que ha sido despertado: Hay,

1. CONVICCIÓN. «Tus saetas se han clavado en mí» (v. 2). No es tanto al pecador que Dios dispara como a sus pecados. Sus saetas son aguzadas y traspasan hasta lo más oculto del mal. La Palabra de Dios discierne el corazón.
2. DESORDEN. «Nada hay sano en mi carne» (v. 3). Toda su naturaleza moral quedó a descubierto como enferma y desordenada. Es una revelación de lo más perturbadora y humillante. Se ha descubierto que el corazón es un traidor engañoso, y que todas sus acciones son contaminadoras y desordenadas.
3. AGITACIÓN. «Ni hay reposo en mis huesos, a causa de mi pecado» (v. 3). Los rasgos más fuertes en su carácter estaban perturbados y sacudidos ante el pensamiento del *pecado*. Todo el tejido de su naturaleza moral quedó revuelto. La verdadera convicción de pecado es un seísmo en el alma, un sacudimiento universal.
4. OPRESIÓN. «Mis iniquidades han sobrepasado mi cabeza; como carga pesada gravitan sobre mí» (v. 4). gravitan sobre *mí*... Pero Él puede quitarlas, porque Él llevó nuestros pecados sobre su cuerpo en el madero. ¿Qué puede hacer aquel que tenga una carga demasiado pesada para él, y que no la puede echar de sí? ¡Oh miserable hombre de mí! ¿Quién me librará?
5. CORRUPCIÓN. «Hieden y supuran mis llagas, a causa de mi locura» (v. 5). Ésta no es una exagerada figura de lenguaje, sino la sobria declaración de uno que ha visto y sentido el pecado en su verdadero carácter y efectos. No hay bálsamo en Galaad ni médico sobre la tierra que pueda sanar estas profundas y hediondas llagas.
6. IMPOTENCIA. «Estoy debilitado y molido en gran manera» (v. 8). Toda su naturaleza estaba totalmente *embotada*, e impotente para arrojar de sí aquella maligna dolencia. «Débiles» es la condición de todos bajo la entorpecedora plaga del pecado.
7. TINIEBLAS. «Aún la luz de mis ojos me falta ya» (v. 10). Toda la luz de la esperanza que tenía antes se ha desvanecido. Las tinieblas cubren la faz de su abismo.

II. El camino de salida.

1. LA CONFESIÓN. «Confieso mi maldad» (v. 18). Se precisa de una plena declaración. El que encubre sus pecados, no prosperará, pero «si confesamos nuestros pecados, Él es fiel y justo para perdonar».
2. LA CONTRICIÓN. «Me contrista mi pecado» (18). Éste es un dolor piadoso que obra arrepentimiento para salvación. La confesión que no surge de la contrición del corazón es una burla. Es el que confiesa y *abandona* sus pecados el que halla misericordia.
3. LA FE. «En ti, oh Jehová Dios mío, he esperado; tú responderás, oh Dios mío» (v. 15). «Cree en el Señor Jesucristo, y serás salvo» (*cf.* Ro. 10:9, 10).

486. PRESTA ATENCIÓN

Salmo 39

Esta resolución del salmista de «velar sobre sus pasos» es una nota de recordatorio para nosotros. El que se piensa que está firme, que mire que no caiga. Observemos aquellas cosas a las que, a semejanza de David, debiéramos prestar especial atención. Velaré sobre:

I. Mis pasos (v. 1). Indagaré mis motivos, mis hábitos y maneras. No los consideraré correctos porque sean *mis* caminos. Indagaré acerca de si están en armonía con la palabra y los caminos de Dios.

II. Mi boca. «Pondré a mi boca un freno, en tanto que el impío esté delante de mí» (v. 1). Dios es frecuentemente juzgado por los caminos y bocas de su pueblo; por ello, hay a veces necesidad de un freno. El que no ofende de palabra es un hombre perfecto (Stg. 3:2). Camina sabiamente para con los de fuera (Sal. 141:3).

III. Mi corazón. «Ardía mi corazón dentro de mí» (v. 3). Bienaventurados los de corazón ardiente, en los que arde el fuego mientras meditan en las cosas de Dios, porque sus lenguas proclamarán su alabanza. Prestemos atención no sea que haya en ninguno de vosotros un corazón malo de incredulidad, o un tibio corazón de indiferencia.

IV. Mi fin. «Hazme saber, Jehová, mi fin» (v. 4). ¿Cuál será mi fin? Ésta es una pregunta de la mayor importancia. Balaam deseaba que su fin fuera el de los rectos, pero no prestó atención a ello, y cayó contado entre los enemigos de Dios.

V. Mis días. «He aquí, diste a mis días la largura de un palmo» (v. 5). Como nuestra vida es contada con la breve longitud de un palmo, tenemos que prestar atención a cada uno de ellos: a «de tal modo contar nuestros días, que entre la sabiduría en nuestro corazón» (Sal. 90:12).

VI. Mi esperanza. «Mi esperanza está en ti» (v. 7). Presta atención a que tu esperanza esté en Dios, y no en ti mismo o en tus circunstancias. En esperanza somos salvos, pero la esperanza que se ve no es esperanza (Ro. 8:24). Aquellos cuya esperanza está en Dios serán llenados de todo gozo y paz en el creer, porque Él es el Dios de esperanza (Ro. 15:13).

VII. Mis transgresiones. «Líbrame de todas mis transgresiones» (v. 8). Transgredir es recaer; dejar de *prestar atención* es caer de la gracia, y dejar que el pecado asuma dominio sobre nosotros (Ro. 6:14). Aunque podamos caer, podemos volver a levantarnos, porque el Señor es el Libertador de su pueblo.

VIII. Mi oración. «Oye mi oración, oh Jehová, y escucha mi clamor; no te hagas sordo a mis lágrimas» (v. 12). Presta atención a tus oraciones, cuídate que sean la *sincera* expresión de lo más íntimo de tu corazón, y que no sean ofrecidas de una manera fría e informal. Son mucho mejores remojadas con lágrimas.

487. UNA FELIZ LIBERACIÓN
Salmo 40:1-3

1. La condición del pecador: En «el pozo de la desesperación».
2. El poder del Salvador: «Me extrajo».
3. La seguridad de los salvos: «Mis pies sobre una roca».
4. El camino de los salvos: «Consolidó mis pasos».
5. En cántico de los salvos: «En mi boca cántico nuevo».
6. El testimonio de los salvos: «Verán esto muchos».
7. La influencia de los salvos: «Verán esto muchos, y temerán, y confiarán en Jehová».

488. CÓMO RECIBIR BENDICIÓN
Salmo 40:1-4

Éste es el testimonio de un hombre que conocía por experiencia la bendición o dicha de que aquí se habla. Hay dos condiciones a las que se hace referencia: en el *pozo,* y *sobre* la roca; la posición del perdido y la posición del salvo. Observemos:

I. La posición de los perdidos. En el «pozo de la desesperación».

1. Su PROFUNDIDAD es horrible, porque los que están en él se encuentran «alejados» de Dios y más allá del alcance de la ayuda humana.
2. Su OSCURIDAD es horrible. La tiniebla es tan densa que los que están en este pozo no se pueden ver a sí mismos, ni lo lamentable de su estado. A menudo están totalmente ciegos a la luz de la gracia de Dios o a la hermosura de su Hijo.
3. Su CLAMOR es horrible. Hay muchos clamores, pero ninguna música que dé paz al alma. El clamor de la pendencia y el clamor de muchas lenguas, la lengua de los negocios, la del placer, la de la codicia, la de la rebelión, y la de la blasfemia, clamores tan intensos que a menudo queda sin oír el silbo apacible del Espíritu de gracia.

II. La posición de los salvos. «Sobre una roca». El lugar de seguridad. Y en lugar del horrible clamor hay nuevo cántico en su boca.

1. Sobre la roca de SU OBRA INFALIBLE. La obra acabada en la Cruz del Calvario es un fundamento seguro para los pies de la fe.
«En Cristo la Roca firme asiento mis pies,
Toda otra base movediza arena es».
2. Sobre la roca de SU PALABRA INFALIBLE. Él ha prometido, y no puede mentir. Su anuncio de que el que cree «tiene» es tan firme como su trono (Jn. 3:36). «Para siempre, oh Jehová, permanece tu palabra en los cielos». Todos los esfuerzos y argumentos de los impíos jamás la harán *vacilar*.
3. Sobre una roca, CANTANDO UN NUEVO CÁNTICO. Este cantar lleva implícito alegría y perfecta *satisfacción*. El clamor del pozo ha dejado su lugar a la música del cielo. La agonía brotando del interés propio ha sido intercambiado por «alabanza al DiosSALMOS nuestro».

III. El poder del Salvador. «Me extrajo.» Solo Él pudo ir suficientemente abajo para levantarnos de tal lodo cenagoso. Ningún brazo humano era lo suficientemente largo o poderoso para una tan grande liberación. Todos los que salgan de este pozo de pecado tendrán que alabarle a ÉL por ello. Pon tu confianza en el Señor, y esta bienaventuranza será tuya (v. 4). «Mirad a Mí, y sed salvos.»

489. SALVO Y SATISFECHO
Salmo 40:1-5

Los primeros versículos de este Salmo tan conocido nos dan las experiencias de un alma pasando de las tinieblas a la luz; de las miserias de una condición de perdición a los gozos de una plena salvación. Él estaba:

I. Angustiado. En «un pozo horrible» y «lodo cenagoso» (v. 2, V.M.). Nuestros pecados son las cuerdas mediante las que fuimos bajados a la terrible tiniebla para hundirnos en la ciénaga. Es terrible el despertar cuando uno descubre que ésta es su condición. Los dolores del infierno se apoderan del tal.

II. Oído. «Se inclinó hacia mí, y escuchó mi clamor» (v. 1). ¡Qué misericordia que este hoyo no sea sin fondo, y que el oído lleno de gracia de Dios sigue estando atento. Jonás clamó desde el vientre del Seol, y fue oído.

III. Salvado. «Me extrajo» (v. 2). Su brazo no se ha acortado que no pueda salvar; es lo suficientemente largo y fuerte para levantar al pecador arrepentido, «extrayéndolo» del pozo de los horrores y de la ciénaga traicionera. Otros pueden divertir y distraer al alma encarcelada, pero solo Dios puede *sacarla de allí.*

IV. Consolidado. «Afianzó mis pies sobre una roca, y consolidó mis pasos» (v. 2). Es una poderosa liberación, desde el inconsistente lodo cenagoso de nuestros propios pensamientos a la roca de la eterna verdad de Dios, y llegar a tener nuestros caminos de tal manera consolidados que seamos *guardados* de recaer a nuestra anterior condición. Jehová es tu guardador.

V. Alegrado. «Puso luego en mi boca cántico nuevo, un himno de alabanza a nuestro Dios» (v. 3). Este nuevo cántico pertenece a la nueva vida de la fe. Es un cántico de alabanza al Cordero que es digno, porque Él fue inmolado y nos ha *redimido* para Dios con su sangre (Ap. 5:9). Él pone este cántico solo en las bocas de aquellos cuyos pies Él ha establecido sobre la roca.

VI. Usado. «Verán esto muchos, y temerán, y confiarán en Jehová» (v. 3). El cambio es tan grande que muchos no pueden dejar de *verlo;* es tan manifiestamente de Dios, que serán conducidos a *temer* y a *confiar* en el Señor. El testimonio de una vida sana, feliz y consistente debe ser fructífera.

VII. Satisfecho. «Bienaventurado el hombre que puso en Jehová su confianza... tus maravillas... tus designios para con nosotros... Yo querría anunciarlos y hablar de ellos, pero no pueden ser enumerados» (vv. 4, 5). Se siente satisfecho que el hombre que confía en Jehová ha entrado en la vida *bienaventurada.* Halla que las obras, los pensamientos de Dios, en favor suyo, son tan maravillosos y numerosos, que son inenarrables. Cuando los ojos de nuestro entendimiento han sido iluminados, entonces podemos conocer cuál es la esperanza de su llamamiento, y la supereminente grandeza de su poder para nosotros que creemos (Ef. 1:18-20).

490. EL NUEVO CÁNTICO

«Puso luego en mi boca cántico nuevo» (Sal. 40:3).

No hubo cántico hasta que el Salmista quedó *liberado, establecido* y *asegurado*. E incluso entonces el Nuevo Cántico fue inspirado divinamente. «*Puso* luego en mi boca cántico nuevo».
Un Enigma. Desde luego, es un enigma como la depresión y la tristeza han quedado asociados con la religión. Porque la Biblia es un Libro de cántico, de canciones. Salomón compuso mil cinco cánticos (1 Reyes 4:32). Incluso en el más solemne de los libros de la Biblia, Apocalipsis, hay gran alegría y gozo, porque allí encontramos más cánticos que ayes. Nueve veces se menciona el término «ay», pero hay diez cánticos cantados por ocho coros distintos (Ap. 4:8-11; 5:8-14; 7:9-12). En el culto del Templo muchos levitas fueron designados exclusivamente para cantar los cánticos del Señor. Cantar es la ocupación de unos corazones felices y agradecidos.
UN HECHO DESTACABLE. Aquí tenemos un hecho destacable: que en la Biblia el acto de cantar va siempre en relación con la redención. Ni de los ángeles se dice que canten. El conocido pasaje de la Natividad dice de los ángeles que: «Una multitud del ejército celestial que alababa a Dios y *decía*», no cantaba. «Y (los hombres y mujeres redimidos) cantan un cántico nuevo, ... y nadie podía aprender el cántico sino aquellos... *que fueron rescatados* de entre los de la tierra» (Ap. 5:9; 14:3). La lección es evidente: no puede haber verdadera dicha aparte de Dios y de su maravillosa salvación.

I. El Nuevo Cántico comienza sobre la Roca (Sal. 40:1-3). Palestina tenía muchas cisternas secas. Muchas de ellas eran «horribles» por el sucio sedimento que quedaba en el fondo. Ésta es una imagen de la condición del pecador: está en uno de esos horribles lugares. ¿Cómo podrá salir? No por sus propios esfuerzos, porque cuanto más se debata, tanto más se hundirá en el cieno. La salvación ha de venir de fuera.
Una niña había leído el Salmo cuarenta como su porción vespertina, y luego se retiró a dormir. De repente, se encontró en un horrible pozo, con los pies hundiéndose en el cieno. ¿Qué podría hacer? Se debatió desesperadamente, pero esto sólo empeoraba las cosas. Al final, agotada, se echó de espaldas y miró arriba, y allí, en la parte superior del pozo, vio un trozo de cielo azul y una estrella que brillaba, y mientras la contemplaba se sintió levantada, arriba y arriba, hasta que sus pies estuvieron sobre la verde hierba. ¿Dirás que «solo fue un sueño»? Ah, ¡más que un sueño! Porque, ¿no se llama el Señor a Sí mismo la Estrella Resplandeciente de la Mañana? ¿Y no somos invitados a mirarle a Él y ser salvos? Sí, la salvación ha de venir del Señor.

II. El nuevo cántico prosigue en la Roca. «Canten los habitantes de Petra» (Is. 42:11, V. M.). En los tiempos de peligro, los orientales dejaban sus casas en las llanuras y valles, y habitaban en lugares peñascosos. Allí, con la fortaleza de la seguridad, podían cantar. No solo estamos *sobre* la Roca, sino *en* la Roca, morando en la «Roca de la Eternidad, hendida para mí».

III. El nuevo cántico queda enriquecido en la consagración (2 Cr. 29:27). «Cuando comenzó el holocausto, comenzó también el cántico de Jehová.» El Holocausto era un emblema de consagración, tanto de la del mismo Salvador como de otros. Cuando te ofrezcas como holocausto de manera entera, el gozo del Señor inundará tu ser más íntimo (cf. Ro. 12:1-2).
¿Nunca te ha sobrevenido este pensamiento, de que *solo cantan las aves pequeñas*? Nunca oímos una nota de música del pavo, del águila ni del avestruz; solo de los pequeños pájaros como el petirrojo, el canario, la alondra, etc. ¿Me considero muy grande? Entonces nunca sabré qué es el verdadero gozo. Los consagrados son los que se vuelven más y más pequeños en su propia estima, pero que crecen en la estima del Señor.

IV. El Nuevo Cántico aumenta de volumen según crecemos en el conocimiento del Señor. En Isaías 24:14 hay esta frase destacable: «Cantarán gozosos; desde el mar aclamarán *la majestad de Jehová*». Al aumentar nuestro conocimiento del Señor y descubrimos más y más de su majestad y grandeza, nuestro gozo aumentará.

V. El Nuevo Cántico recibe una poderosa ayuda de la oración (Hch. 16:25). «Dios... que da cánticos en la noche.»

491. CARACTERÍSTICAS MESIÁNICAS

Salmo 40:6-10

Hay mucho en este Salmo que pudiera haber sido expresado de manera particular por el Señor Jesucristo. Algunas de estas declaraciones difícilmente le son aplicables a David (vv. 6-8). Es bien cierto que el Espíritu Santo, el Revelador de Cristo, reposó sobre el salmista cuando pronunció estas palabras. Hay aquí algunas

I. Características de su carácter. En Él se daba

1. UNA OREJA HORADADA. «Horadaste mis orejas» (v. 6). Cuando al esclavo le horadaban el oído, ello era una prenda de su entera *sumisión* a la voluntad de su amo (Éx. 21:6). Jehová Dios horadó la oreja de su Hijo, y Él no fue rebelde, ni se volvió atrás (Is. 50:4, 5). Esta figura es empleada para denotar la total devoción del Hijo a la voluntad del Padre.
2. UNA VIDA RENDIDA. «No deseabas holocausto ni expiación. Entonces dije: Aquí estoy» (vv. 6, 7). Cuando no se demandaban más sacrificios de manos del sacerdocio judaico, entonces vino Cristo. Él vino no para ofrecer sacrificios por el pecado, sino para *darse a sí mismo* en ofrenda a Dios. Su vida fue entregada a Dios para el propósito de la redención. Él es «el fin de la ley, para justicia» (Ro. 10:4).
3. UNA PALABRA CUMPLIDA. «En el rollo del libro está escrito de mí» (v. 7). No solo obedecía la ley, sino que la ley de su Dios estaba tan profundamente grabada en su corazón que constituía su misma naturaleza. Su comida era hacer la voluntad de Aquel que le había enviado (Jn. 4:34). Esto es lo que el Espíritu Santo trata de hacer en nosotros, haciéndonos partícipes de la naturaleza divina.
4. UN GOZOSO SIERVO. «El hacer tu voluntad, Dios mío, me ha agradado» (v. 8). Es un deleite hacer su voluntad, cuando su Palabra está escondida en el corazón rendido (Ro. 7:22). Éste es el secreto de la «vida santa», cuando la propia voluntad está escondida en el deleite de la voluntad de Dios.
5. UN PREDICADOR FIEL. «He proclamado tu justicia... no refrené mis labios... No encubrí tu justicia... He publicado... No oculté» (vv. 9, 10). Como testigo fiel, no retuvo nada de lo que fuera provechoso. Teniendo el Espíritu del Señor sobre Él, predicó el Evangelio a los pobres (Lc. 4:18, 19). Fue manifiestamente declarado como epístola de Dios.

II. Algunos aspectos de su ministerio. La vida y enseñanza de Cristo fueron una revelación de:

1. LA JUSTICIA DE DIOS. «He proclamado tu justicia» (v. 9). La ley y los profetas *testificaron* de la justicia de Dios, pero Jesucristo solamente puede impartirla a todos los que creen (Ro. 3:21, 22).
2. LA FIDELIDAD DE DIOS. «He publicado tu fidelidad» (v. 10). Cada milagro que Cristo efectuó; cada oración que pronunció, fueron una declaración de la fidelidad de su Padre a su Hijo, y a su Palabra. Anduvo por la fe, recibiendo de Dios todo lo que necesitaba, probando así su fidelidad.
3. LA SALVACIÓN DE DIOS. «He publicado... tu salvación» (v. 10). La salvación por medio de la gracia de Dios; éste fue el tema *central* del ministerio de nuestro Señor. Esta salvación que *comenzó* a ser mencionada por el Señor: ¿cómo escaparemos si la menospreciamos? (He. 2:3).
4. LA MISERICORDIA DE DIOS. «No oculté tu misericordia» (v. 10). Dios es amor, y su amor y bondad para con nosotros han tenido un nuevo *desvelamiento* en el don de su Hijo. Jesucristo nunca ocultó el hecho de que *Él mismo* era la expresión de la misericordia del Padre a un mundo agonizante. «Finalmente les envió su hijo.» En esto consiste el amor.
5. LA VERDAD DE DIOS. «No oculté... tu verdad» (v. 10). La verdad como está en el carácter del Padre nos ha sido manifestada en el carácter del Hijo. Él es *la verdad*; ni más ni menos se puede decir de Él que lo que se dice de Dios: «Yo y mi Padre uno somos». Demos las gracias a Dios que Aquel que es *la Verdad* es asimismo el *Camino* y la *Vida*.

492. EL SEÑOR PIENSA EN NOSOTROS

«Aunque yo estoy afligido y necesitado, Jehová pensará en mí» (Sal. 40:17).

I. Una confesión. Es una confesión de pobreza. Y puede ser cierta en un sentido literal: pobres por lo que respecta a los bienes de este mundo. Pero desde luego es cierta en un sentido espiritual. Es una confesión que muchos no están dispuestos a hacer. Es natural para nosotros ocultar el hecho de nuestra pobreza, tanto si es temporal como si es espiritual. Algunos no la hacen porque no saben nada de ello. Nos referimos en especial a la pobreza espiritual (Ap. 3:17).

No temas. Él lo sabe. No tengas miedo de contárselo. Tanto si se lo dices como si no, Él lo sabe todo.

II. Un aliento.

1. CONSOLACIÓN. ¡Qué consolación es para un pobre saber que algún pariente rico está pensando en él! La pena es que a menudo solo piensan, y nada más!
2. CERTIDUMBRE. Una cosa es cierta: si Dios piensa en nosotros, todo está bien. «¿Qué haces aquí, dormilón? Levántate, y clama a tu Dios; quizás él *se acordará de nosotros, y no pereceremos*».
3. ¿CÓMO SABEMOS, ENTONCES, QUE ÉL PIENSA EN NOSOTROS? Por lo que Él dice en su Palabra. «Porque yo sé los pensamientos que tengo acerca de vosotros, dice Jehová, pensamientos de paz, y no de desgracia» (Jer. 29:11). Por lo que Él está haciendo constantemente.

III. La naturaleza y el carácter del pensamiento de Dios. No acerca de nosotros, sino sobre nosotros. Sentimos una sensación de alejamiento, de distancia, en su pensar acerca de nosotros.
Cuando los niños están en la escuela, la madre piensa en ellos; pero cuando están sentados a la mesa, piensa sobre ellos. Se podría traducir: «está atento sobre mí». Hay una sensación de cercanía y afecto en esta expresión «sobre». Dios piensa en nosotros inclinándose hacia nosotros en amor.
«Jesús se inclina ahora sobre ti,
Jesús, gentil, manso y bondadoso.»

493. LA BIENAVENTURANZA DE ACORDARSE DE LOS POBRES

Salmo 41:1-3 (véase el siguiente Salmo)

La palabra «bienaventurado» está aquí en el plural, «Oh, las bienaventuranzas» del tal.

I. Será **Liberado** en el tiempo del mal (v. 1).

II. Será **Preservado** y guardado en vida (v. 2).

III. Será **Bendecido** sobre la tierra (v. 2).

IV. Será **Salvo** de sus enemigos (v. 2).

V. Será **Fortalecido** en tiempo de enfermedad (v. 3).

494. UN DIVINO MULLIDOR DE CAMA

Salmo 41:3

Una pobre muchacha cristiana, que era inválida debido al alcoholismo de su padre, madre y hermano, vivía muy carente de cuidados. A veces no le hacían la cama durante seis semanas. Un día su hermano llegó a casa casi sobrio, y entonces ella le convenció que le arreglase la cama. Pero su hermano la arregló con tan poca destreza que ella quedó sumamente incómoda. Entristecida, tomó el libro *Luz diaria*, y se sintió muy consolada al leer: «Mullirás toda su cama en su enfermedad» (RV). Así, recibió la certidumbre de que el Señor lo sabía todo acerca de ella, y quedó aliviada.
La maravilla y la hermosura de la Biblia es que nos comunica, en un lenguaje sencillo pero apropiado, su enseñanza maravillosamente profunda. Esta figura de lenguaje nos comunica varias lecciones sugerentes.

I. ¡Qué misericordia tener una cama para mullir! No olvidemos que esta es una de las misericordias por las que dar gracias a Dios. ¡Él no tuvo lugar donde recostar su cabeza!

II. Él está con nosotros; si no, ¿cómo podría mullir nuestra cama? Satanás es un maestro de la estrategia, y sabe cuando y como atacarnos. Cuando estamos débiles y enfermos, entonces se lanza sobre nosotros, y uno de sus golpes maestros es tratar de persuadirnos de que el Señor nos ha olvidado y abandonado. Pero, ¿cómo puede Él hacer tal cosa? Él ha prometido no dejarnos nunca. Y Él siempre guarda su Palabra. ¿Cómo podría Él mullir nuestra cama, si no está con nosotros?

III. Está con nosotros con un propósito. No simplemente para pasar el tiempo, sino para hacer con nosotros algo muy específico. Sus visitas a esta tierra tuvieron siempre una razón y un propósito muy específico. Vino no meramente a simpatizar, sino a aliviarnos.

IV. Está con nosotros para hacer por nosotros lo que no podemos hacer por nosotros mismos. ¡Cuán débiles e impotentes somos cuando enfermamos, y cuán incapaces de mullir nuestra propia cama! ¡Cuán débiles e impotentes somos por naturaleza, y cuán totalmente incapaces de salvarnos a nosotros mismos! Pero Él es nuestro Salvador, y cumplirá por nosotros lo que *nosotros* no podemos hacer; y con ternura, gracia y destreza Él mullirá nuestra cama.

V. Él hará por nosotros lo que no nos merecemos. A veces nos hacen favores para devolver algún favor que hemos hecho a un buen amigo. Pero, ¿qué hemos hecho por Él? Nosotros somos, por naturaleza, enemigos suyos en malas obras.

VI. Él nos hará cómodos y felices, porque este es de cierto el pensamiento comunicado por esta declaración tocante a que Él mullirá nuestra cama. Él nos dará reposo de una conciencia acusadora por medio de la Sangre Preciosa, y nos quitará toda la ansiedad que nos corroe. El doctor Payson, cuando se sentía atormentado por el dolor, exclamaba: «Sufro mucho, pero me embarga una gran paz». Hay siete bendiciones en este Salmo para los que confían en el Señor: 1ª, Liberación en la angustia (v. 5); 2ª, Preservación; 3ª, Largura de días; 4ª, Liberación para el cuerpo; 5ª, Prosperidad; 6ª, Fortaleza cuando más necesaria es; 7ª, Una cama, consolación en tiempo de enfermedad.

495. LOS SUFRIMIENTOS Y LAS CONSOLACIONES DEL SANTO

Salmo 41:4-13

Según las divisiones hebreas, este Salmo concluye el Libro Primero de los Salmos.

I. Sus sufrimientos. Él sufre debido a:

1. MALEDICENCIA. «Mis enemigos hablan mal contra mí» (v. 5).
2. MALOS PENSAMIENTOS. «¿Cuándo se morirá?»
3. MURMURACIONES. «Reunidos murmuran contra mí» (v. 7).
4. MALVADOS COMPLOTS. «Contra mí piensan mal».
5. MALVADAS OBRAS. «Alzó contra mí su pie» (v. 9).

II. Sus consolaciones. Él es consolado con:

1. EL CONOCIMIENTO DE DIOS. «Mas tú, oh Jehová» (v. 10).
2. EL FAVOR DE DIOS. «He conocido que te complaces en mí» (v. 11, V.M.).
3. LA FIDELIDAD DE DIOS. «Mi enemigo no triunfa sobre mí» (v. 11, V. M.).
4. EL PODER DE DIOS. «Me sustentas» (v. 12).
5. LA PRESENCIA DE DIOS. «Me has hecho estar delante de tu rostro para siempre» (v. 12).

496. UN ABISMO LLAMA AL OTRO

Salmo 42:1-7

Las palabras clave de este patético Salmo son: «Mi alma» y «Mi Dios». Aquí tenemos dos grandes abismos, y el uno llama al otro. El fenómeno natural al que se hace referencia en el versículo 7, «Un abismo llama a otro a la voz de tus cascadas», puede haber suscitado esta línea de pensamiento y de expresión. La profunda y oscura nube llamando a la profunda mar, por la voz de un torbellino, creando un sorbedor, que puede haberse derramado en los montes, inundando el río, y de nuevo dirigiéndose a la profunda mar. Dos abismos: uno arriba, el otro abajo; el Dios del cielo, y el alma del hombre. «Como el ciervo busca jadeante las corrientes de las aguas, así te anhela a ti, oh Dios, el alma mía.» Un abismo llama a otro.

I. El alma humana es un gran abismo. Como ser espiritual e inmortal, hay en él unas profundidades casi insondables.

1. Hay un gran abismo de NECESIDAD: «Mi alma tiene sed». Este abismo dice: la satisfacción no está en mí. No. Aparte de Dios, «las tinieblas están sobre la superficie del abismo». El alma sin Dios es tan solo un vacío y sediento abismo. Este pozo es más hondo que el de Jacob.
2. Hay un gran abismo de POSIBILIDAD. En otro pasaje, el Salmista dice: «El corazón del hombre [es] un abismo» (Sal. 64:6).

Hay un gran abismo de capacidad para dolor o deleite, para bien o mal. La profundidad de su capacidad es la profundidad de sus posibilidades. ¿Quién puede calcular las plenas capacidades de un alma humana?
3. El alma humana es también un gran abismo de RESPONSABILIDAD. Al ser un espíritu inmortal, en sus pensamientos y acciones están involucradas consecuencias eternas.

II. Dios es un gran abismo. El Dios Vivo, Omnipotente, le Dios Autoexistente y Eterno. ¿Quién de nosotros puede sondear la hondura del Omnipotente?

1. SUS PENSAMIENTOS SON PROFUNDOS (Sal. 92:5). Sus pensamientos son perfectamente congruentes con su carácter. Proceden de las grandes profundidades de su Infinita mente.
2. SU SABIDURÍA y CONOCIMIENTO son profundos. «¡Oh profundidad de las riquezas de la sabiduría y del conocimiento de Dios! ¡Cuán inescrutables son sus juicios!» (Ro. 11:33-34). Dios es el «pensador profundo», y en la gran profundidad de su sabiduría y conocimiento hay para nosotros una profundidad inescrutable de *riquezas*.
3. SU AMOR es profundo (Ef. 3:18-19). Tenemos que estar arraigados y cimentados en él, para poder comprender, con todos los santos, cuál sea su anchura, y longitud, y *profundidad*, y altura. Su amor es tan profundo como su insondable amor. El amor que Dios a Jesús para morir.
4. SUS RECURSOS son profundos. Él hendió la peña y les dio agua para beber sacándola de los grandes abismos (Sal. 78:9-16). En Cristo, nuestra Roca Espiritual, mora toda la plenitud de Dios. Él puede hacer mucho más abundantemente.

III. Un abismo llama al otro. El abismo de la necesidad humana llama al abismo de la plenitud de Dios; y el abismo de la plenitud de Dios llama al abismo de la necesidad humana. Entre nuestra vaciedad y su plena suficiencia hay una gran sima, pero, gracias a Dios, todavía no está afirmada. La profunda misericordia de Dios busca nuestra vaciedad, para derramarse dentro de ella. El hombre necesita a Dios, Dios busca al hombre. Nada puede suplir la profundidad de nuestra necesidad sino la profundidad de la plenitud del Omnipotente. Desde sus profundidades Él me ha llamado a mí: De mis profundidades le he llamado a Él (Sal. 130:1). Ésta es la mente y la obra del Espíritu, porque el Espíritu escudriña lo profundo de Dios. Así, alma mía, «lánzate a las profundidades» y «mora en lo profundo».

497. TUS ONDAS Y TUS OLAS

«Todas tus ondas y tus olas han pasado sobre mí» (Sal. 42:7).

Introducción

1. Un padre tenía un hijo pequeño, y se sentía entrañablemente unido a él. Un día le dijeron que aquel niño habría de sufrir una operación de alto riesgo. Con sus propias manos depositó al pequeño sobre la mesa de operaciones. Los cirujanos administraron la anestesia, y el padre sostenía la mano del pequeño, mientras el corazón se le encogía. El valiente pequeño le dijo susurrando, mientras comenzaba a sentir los efectos de la anestesia: «Todo va bien, papá».
2. A menudo somos llamados a sufrir dolores y tristezas. Que en tales ocasiones miremos a Dios y digamos, con un corazón lleno de paz: «¡Todo está bien, Padre!», «Sí, Padre, porque así te agradó».
3. Éste es un salmo de consuelo. Fue escrito bien durante el exilio de David de Jerusalén, o bien durante el cautiverio de Israel en Babilonia.
4. Nuestro texto fue la exclamación de uno que quedó sumergido en el dolor.

I. No, no «todas».

1. «Un abismo llama a otro.» Las ondas del dolor fueron pasando sobre mí; una onda sigue a otra, como si la primera llamase a la segunda.
2. No solo ondas, sino olas. Aquellas enormes olas levantadas por el intenso temporal, que amenazan con trastornarlo todo.
3. ¡Pero ciertamente el salmista estaba exagerando! No será «TODAS tus ondas y tus olas».
4. ¡A!h, sí que parece como si todo el dolor se juntase con el fin de abrumarnos.
5. Solo hubo Uno que pudiese jamás decir esto con verdad. Fue Aquel sobre quien cayeron nuestros pecados.
6. No exageremos jamás: porque otros también están siendo sumergidos.

II. Tus ondas y tus olas.

1. Incluso si *todas* están pasando sobre tu cabeza, regocíjate en que son del Señor: «*Tus* ondas», etc.
2. Los dolores turbulentos de la vida son ministros suyos para obrar su beneplácito.
3. Incluso los vientos y las olas obedecen su voluntad.

III. Pero, ¿por qué?

a) Ah, esta pregunta la tenemos frecuentemente en nuestra boca.
b) No siempre nos es dado ver el propósito del sufrimiento.
c) Pero podemos dar un pensamiento útil y consolador. ¿Por qué pone el fotógrafo su fotografía en el líquido revelador? El papel con la imagen es puesto en la cubeta, y se hace oscilar el líquido a través del mismo, a uno y a otro lado.
d) El papel del fotógrafo podría exclamar: «Todas tus ondas y tus olas han pasado sobre mí». ¿Por qué?

1. PARA EXPONER LAS GRACIAS ESCONDIDAS.
   a. Cada cristiano que verdaderamente ha nacido de nuevo tiene ocultas en Él unas gracias divinas.
   b. Tiene el Espíritu Santo con todo su fruto y sus gracias.
   c. Las ondas del dolor tienen el propósito de madurar dichas gracias.
   d. Los santos más maduros son los que generalmente sufren las mayores tristezas.
   e. «Obrad vuestra propia salvación.» Dios obra en el interior, y para obrarla Él envía las ondas y las olas.
2. PARA REVELAR LA IMAGEN Y HACERLA EVIDENTE.
   a. Un cristiano lleva la imagen de su Maestro en su rostro y también en su carácter.
   b. Para manifestar y perfeccionar esta imagen y semejanza, Él hace que pase sobre ti onda tras onda de dolor.
3. PARA FIJAR LA SEMEJANZA.
   a. Si el fotógrafo expusiese el papel fotográfico sin «fijar» la imagen mediante las ondas del líquido, se desvanecería.
   b. El Señor desea que manifestemos su semejanza en todo tiempo.
   c. Él no quiere que se desvanezca ni que sea arrastrada. De ahí el ministerio de las ondas y de las olas.

498. COSAS TOCANTES AL REY

Salmo 45

El Rey al que se hace referencia aquí, que es llamado «Dios» (v. 6, RV, RVR, V.M., BAS), y cuyo trono es «eterno y para siempre» no puede ser otro que el Mesías. El corazón del escritor está tan lleno de las riquezas de una visión tan alentadora para el alma que se *derrama* como una olla hirviendo (v. 1, V.M., BAS).

Un corazón lleno lleva a una lengua lista o elocuente. Una visión clara y arrobadora del alma de las glorias de Cristo, y de su Novia, la Iglesia, es la mejor preparación para un testimonio poderoso (Hch. 4:20). Obsérvese lo que estas «cosas» son:

I. Su hermosura. «Eres el más hermoso de los hijos de los hombres; la gracia se derramó en tus labios» (v. 2). Él es señalado entre diez mil, en la tierra y en el cielo. Su boca es de lo más dulce, por la gracia que ha sido derramada en sus labios. Jamás hombre alguno habló como este Hombre. Él es el más hermoso de los hijos de los hombres, por cuanto Él es la expresa e incontaminada imagen del Padre celestial, lleno de gracia y de verdad.

II. Su espada. «Ciñe tu espada sobre tu costado, caballero victorioso» (v. 3). La hermosura y el poder están maravillosamente hermanados en la Persona de Cristo. En sus labios, la gracia; sobre su *muslo*, una espada. La Palabra de Dios es oh gracia que salva, o espada que divide. Esta espada es de doble filo, que divide y discierne (He. 4:12). Durante estos días de gracia y salvación, la espada está sobre el muslo de Aquel que es poderoso; pero vendrá el día en que estará en su *mano* (2 Ts. 1:8-9).

III. Su casa. «Por la causa de la verdad, de la humildad y de la justicia» (v. 4). Cristo, al vindicar la verdad, la mansedumbre y la justicia, vindica su propio carácter y nuestra necesidad. Él es la verdad. Él es manso y humilde de corazón. Él es Jehová nuestra Justicia. Los mentirosos (infieles a Dios y a los hombres), los soberbios y los que pretenden justicia propia, están opuestos a la causa del Señor Jesucristo. Amar la verdad, poseer un espíritu manso y actuar con rectitud es estar en armonía con su voluntad, alineados con su propósito, y en semejanza con su carácter.

IV. Sus saetas. «Agudas son tus saetas... haciendo desmayar el corazón de los enemigos del rey» (v. 5). El Rey conoce a sus enemigos. Sus saetas son aguzadas, y van directas al *corazón,* donde anidan la enemistad y el engaño. Cortan tan profundamente que ningún remedio terrenal puede sanar la herida (Hch. 2:37). Estas saetas son tan veloces como la luz, tan rectas como la verdad, y tan infalibles como la sabiduría de Dios. Más tarde o más temprano alcanzarán cada corazón enemistado con el Rey.

V. Su trono y su cetro. «Tu trono, oh Dios, es eterno y para siempre: cetro de equidad es el cetro de tu reino» (v. 6, BAS; cf. RV, V.M.). El asiento y método de su gobierno son eternamente los mismos. Su trono es símbolo de dignidad eterna, y su cetro, de justicia eterna. Cada atributo de su carácter regio es en favor de la justicia, y opuesto a la maldad (v. 7). Éste es Aquel que por nosotros fue hecho *pecado,* para que nosotros fuéramos hechos *justicia de Dios* en Él. Por ello Dios le ungió con el óleo de alegría más que a sus compañeros. Él verá del fruto del trabajo de su alma, y quedará satisfecho. Su divinidad es innegable.

VI. Sus vestidos. «Mirra, áloe y casia exhalan todos tus vestidos; desde palacios de marfil» (v. 8). Todos sus vestidos tienen una inequívoca fragancia celestial, porque son SUYOS. Él está *en* ellos. Su presencia da una novedosa fragancia a cada medio ambiente. Todas las doctrinas de su Palabra son como sus vestidos de grato olor, que hablan de la plenitud y de la gratuidad de las riquezas de su gracia. Aunque nuestros ojos no le vean, estamos sin embargo conscientes de lo cercano de su presencia por la fragancia de sus vestidos.

VII. Su reina. «Está la reina a tu diestra, con oro de Ofir» (v. 9). La reina del Regio Hijo de Dios es la Iglesia, que es la Esposa del Cordero: el puesto que le es destinado es su «diestra», y su ornato es con la más pura y áurea gloria. Por su gracia Él se presentará a Sí mismo una Iglesia gloriosa, sin mancha ni arruga ni cosa semejante. Siendo que las bodas del Cordero se avecinan, le conviene a la Novia perpararse para ello (Ap. 19:7-8).

VIII. Su hija. «Toda gloriosa entra la hija del rey en su morada» (v. 13). Esta Novia ocupa la singular relación de ser a la vez reina e hija. Él la llama «Hermana, esposa mía». Ella es hija por cuanto ha *nacido* de Dios; es reina, porque está con Él (Cristo) sentada en lugares celestiales, coronada de honra y de gloria. En el palacio interior del Rey ella es ahora *toda gloriosa,* siendo que una vez, como Él y para Él, fue menospreciada y rechazada por los hombres (IS 61:10). Ella puede ahora verdaderamente decir: «El rey me ha introducido en sus mansiones; nos gozaremos y alegraremos en ti» (Cnt. 1:4). ¿Has aceptado tú su amante invitación, y te a revestido del vestido de bodas que Él ofrece? (Mt. 22:11).

499. POSESIONES SIN PRECIO

Salmo 46

Éste es el cántico del guerrero cristiano. Todos los que se han revestido de toda la armadura de Dios, para resistir a los principados y potestades del mal lo cantarán frecuentemente, como Lutero. Cada nota de este Salmo es una inspiración. En él tenemos:

I. Un refugio infalible. «Dios es nuestro amparo y fortaleza.» La vida que está «escondida en Dios» será tan segura como Dios puede hacerlo. El espíritu eterno del hombre necesita al «eterno Dios [como su] refugio» (Dt. 33:27). Esconderse en Dios es esconderse en su amor, en su Misericordia y en su Poder. Esto significa no solo una perfecta seguridad, sino también un perfecto auto-abandono a Dios, a su voluntad y a su obra.

II. Una confianza inamovible. «Por tanto, no temeremos, aunque la tierra sea removida», etc. (vv. 3-4). ¿Qué tiene que ver el removimiento de la *tierra* para un alma que mora en DIOS? Su casa está edificada sobre la eterna Peña, y por ello ni la lluvia, ni las inundaciones ni los vendavales pueden hacerla estremecer (Mt. 7:25). El Señor, en quien nosotros confiamos, es «más poderoso que el estruendo de las muchas aguas». No dejemos que el fragor del tumulto del mundo ahogue esta dulce nota de reposo.

III. Una provisión infinita. «Hay un río cuyas corrientes alegran la ciudad de Dios» (v. 4). Fluyen nuevos ríos deleitosos para el alma que ha encontrado su refugio en Dios; ellos beben ahora «del torrente de *tus delicias*» (Sal. 36:8). Son conducidos por las aguas de reposo de los grandes pensamientos de Dios, y reciben su refrigerio y fortaleza mediante las corrientes vivientes de la verdad eterna. Las provisiones para el nuevo hombre se encuentran en su nuevo escondedero (Is. 32:2).

IV. Un consuelo infalible. «Dios está en medio... Dios la ayudará... Lanza él su voz... Jehová de los ejércitos está con nosotros» (vv. 5-11. Su presencia constante es nuestra protección continua, y la garantía del reposo en el servicio (Éx. 33:14-15). Cuando Dios, por su Espíritu, está en medio de ti, y cuando Él lanza su voz, entonces se derriten la tierra, y las cosas que en ella están

V. Una expectativa serenadora. «Estad quietos, y conoced que yo soy Dios.» Solo aquellos que tienen fe en Dios pueden quedar quietos cuando las circunstancias son aparentemente adversas. Pero es en la quietud del alma que aprendemos a conocer a Dios. «En quietud y en confianza será vuestra fortaleza» (Is. 30:7-15). Estaos quedos, y ved la salvación de Dios. Callad, dejad que Dios lance su voz.

VII. Un resultado triunfal. «Seré exaltado entre las naciones; enaltecido seré» (v. 10). El Señor arriba será exaltado aquel día, cuando Él venga a ser el Refugio y la Fortaleza de su pueblo. Y así es ahora en nuestra experiencia individual; así será entonces, en su reino venidero, cuando Él será todo y en todo para los suyos.

500. CONOCIENDO A DIOS

«Estad quietos, y conoced que Yo soy Dios» (Sal. 46:10).

I. Una declaración. «Yo soy Dios.» Es una revelación de Él mismo:

1. Como Refugio –versículo 1.
2. Como Auxilio –versículo 1.
3. Como Vencedor –versículo 9.

II. Una exhortación. «Conoced que Yo soy Dios.»

1. Creyendo en Él.
2. Cediendo a Él.
3. Sirviéndole a Él.

III. Una consolación. «Estad quietos.»

1. Quietos con respecto al PASADO. La culpa ha sido quitada y perdonados los pecados.
2. Quietos con respecto al PRESENTE. Su gracia es suficiente. Él puede suplir toda necesidad, y de guardarnos de caída.
3. Quietos con respecto al FUTURO. «Todo lo hace bien.» «Todas las cosas cooperan para bien de los que aman a Dios» (Ro. 8:28). Estáte quedo, y conócelo.

501. ALIENTO A LA ORACIÓN

Salmo 50:15

1. El tiempo ...... «El día de la angustia».
2. El consejo ...... «Invócame».
3. La promesa ...... «Te libraré».
4. El resultado ...... «Tú me honrarás».

502. EL GRAN CAMBIO

Salmo 51

David había cometido un grave pecado, y Natán, por orden de Dios, hizo con él lo que el Espíritu Santo hace con nosotros. Convencer de pecado. El lenguaje penitencial de este Salmo es siempre apropiado en labios de un alma que pasa de la agonía de una culpa consciente al goce de la gracia perdonadora.

I. Confesiones. Aquí es una experiencia profunda y real: «*Reconozco* mis delitos». No había ya ningún intento adicional de taparlos. «Contra ti, contra ti sólo he pecado». Está consciente de que su pecado secreto constituía un insulto abierto al nombre y carácter de Dios, como sucede con todo pecado. «Tú amas la verdad en lo *íntimo*» (v. 6). Él siente ahora más acusadamente que nunca que Dios mira al corazón. La hipocresía, como la fe y la veracidad, es una cosa del corazón (Lc. 11:39). Es a tales confesores que el Fiel y el Justo perdona y purifica (1 Jn. 1:9).

II. Peticiones. Allí donde hay tales confesiones habrá también peticiones. El vaso del corazón tiene no solo que ser vaciado del mal, sino también llenado de bien. Su primera petición es por:

1. LA MISERICORDIA DE DIOS. «Ten piedad de mí, oh Dios» (v. 1). Nada sino la *misericordia* puede afrontar su necesidad, y esta misericordia tiene que ser la misericordia de Dios. Ningún pecador convicto osaría pedir justicia o rectitud; solamente los farisaicos son lo suficientemente presuntuosos para pensar así. Luego, pide:
2. LA PURIFICACIÓN DE SU PECADO. «Lávame a *fondo* de mi maldad, y límpiame de mi pecado» (v. 2). El remedio ha de ser tan completo como la enfermedad. Donde el pecado abundó, sobreabundó la gracia. La cura infalible de Dios para la culpa y la contaminación del pecado es «la sangre de Jesucristo, su Hijo» (1 Jn. 1:7).
3. LA EXPIACIÓN DE LA CULPA. «Purifícame con hisopo, y seré limpio» (v. 7). Otra traducción de esto es: «Expíame mediante una ofrenda por el pecado». El hisopo tenía que ver con la sangre del cordero (Éx. 12:22). El perdón de Dios se da siempre sobre la base de la expiación. Si la conciencia ha de ser purificada de obras muertas y pecaminosas, tiene que ser mediante «la sangre de Cristo, el cual mediante el Espíritu eterno se ofreció a sí mismo sin mancha a Dios» (He. 9:14).
4. LA REGENERACIÓN DEL CORAZÓN. «Crea en mí, oh Dios, un corazón limpio» (v. 10). El remedio no sería perfecto si solo tratara con pecados pasados y culpas presentes; el *corazón* que es «engañoso y malvado» tiene que ser cambiado. El corazón limpio es una nueva creación. Es un corazón destituido del amor del pecado, y lleno del amor de Dios. Es una condición descrita en el Nuevo Testamento como siendo «nacido de nuevo» (Jn. 3:3).
5. LA RENOVACIÓN DEL ESPÍRITU. «Renueva un espíritu recto dentro de mí.» Con el nuevo corazón viene el nuevo espíritu dentro de nosotros y sobre nosotros (Ez. 36:25-27). No puede haber un espíritu recto donde no hay un corazón recto. Los corazones purificados por la fe fueron llenos del Espíritu Santo (Hch. 15:8-9). La ausencia del espíritu recto es la evidencia de la morada del pecado.
6. LA RESTAURACIÓN DEL GOZO. «Devuélveme el gozo de tu salvación» (v. 12). Como recaído, este gozo se había desvanecido de su vida, pero con el nuevo corazón y con el espíritu recto, iba a volver con toda certeza. Al menos, quedaba abierto el camino para el regreso de esta luminosa ave del Paraíso a su vida. El dolor puede durar toda la noche de la confesión, pero el gozo viene por la mañana del perdón y de la renovación. Hay gozo en su salvación, un gozo que jamás debería perderse.
7. LA PRESERVACIÓN POR SU PODER. «El Espíritu de gracia me sustente» (v. 12, V.M. ; cf. RV, BAS). Ahora que ha sido liberado de la ley del pecado y de la muerte, anhela ser *preservado* en esta condición de libertad espiritual. «Susténtame Tú». Como uno que ha sido quemado con el fuego del pecado, ahora lo teme. Aunque se nos haya aplicado el poder purificador de su sangre, necesitamos con todo el poder sustentador de su Espíritu. Él puede preservarnos de caída.

III. Resultados. Allí donde ha habido una verdadera obra de gracia, seguirán las señales. Él manifiesta:

1. UN DESEO DE GANAR ALMAS. «Entonces enseñaré a los transgresores tus caminos, y los pecadores se convertirán a ti» (v. 13). Cuando, por experiencia, hemos aprendido «Tus caminos», tenemos algo que vale la pena enseñar; algo que los transgresores precisan de conocer. Es una gran obra convertir a un pecador (Stg. 5:19-20). Si Dios nos ha bendecido, es para que pudiéramos ser convertidos en bendición. Él que gana almas es sabio.
2. UN DESEO DE ALABAR A DIOS. «Oh Dios, Dios de mi salvación; … cantará mi lengua tu justicia», y, «Señor, abre mis labios, y publicará mi boca tu alabanza» (v. 15). Los salvos por el Señor tienen una doble deuda que pagar. Son deudores a los perdidos, para enseñarles *su* camino; son deudores a Dios, para alabarle. «El que ofrece sacrificios de alabanza me glorifica» (Sal. 50:23).

503. UNA TRIPLE BENDICIÓN

Salmo 51:1, 2

«Borra» - «Lava» - «Limpia»

Introducción

OPINIONES.

1. «El Salmo 51 es teología hecha luminosa» (Prof. Elmslie).
2. «El Salmo 51 es la más noble expresión de arrepentimiento».

LO QUE SIGUE.

1. Es bueno recordar que este Salmo siguió a la declaración de Natán de perdón divino para David.
2. Esto nos enseña que:
a. La revelación de que el amor y la maravillosa gracia de Dios preceden a y son la causa del más cierto y verdadero arrepentimiento.
b. La certidumbre del perdón, bien lejos de hacer que nadie piense a la ligera acerca de su pecado, es lo que le lleva a la convicción en su conciencia y le enseña lo que realmente es.
c. Aquí tenemos la verdadera razón del versículo 4. Perdonado, piensas menos en la consecuencia del pecado, y más en el acto (véase Ez. 16:60-63).

MISERICORDIA.

1. Apela en el acto a la misericordia de Dios antes de mencionar su propio pecado.
2. La misericordia es un atributo principal de Dios. El Señor pasó a lado de Moisés proclamando: «¡Jehová¡ ¡Jehová! fuerte, misericordioso» (Éx. 34:6).
3. La palabra «misericordioso» es muy expresiva en castellano. Proviene de *miseria* y de *cor*, corazón, esto es, un corazón tocado y dolido ante la miseria de otro.

«CONFORME A», ESTO ES, EN PROPORCIÓN A.

1. Observemos cómo amontona estas frases.
2. «Amor en bondad»; «multitud de tus *piedades*».
3. Toda su esperanza descansa en el carácter de Dios revelado en su Palabra y en la continuación sin fin de sus actos de amor.

Triple bendición. Al igual que se refiere de manera triple al pecado, pide una triple bendición.

Cuestionario.

1. ¿Tenemos aquí el clamor de David pidiendo perdón?
2. ¿Tenemos aquí cómo piensa David acerca del perdón?
3. ¡Él ya estaba perdonado!
4. Sabemos que él sabía muy bien que ya estaba perdonado (Sal. 32:5), y que desde luego no iba a pedir lo que ya poseía.
5. Veremos en nuestro estudio que lo que pedía era tres bendiciones adicionales:
a. El olvido de su crimen por parte de Dios.
b. Que Dios santificase su alma.
c. Comunión con Dios y su pueblo.

I. «Borra». Olvido del pecado (vv. 1, 9).

1. Young da el significado del original como «Quitar frotando o fregando».
2. Él merecía ser borrado del Libro de Dios (Éx. 32:32), y en lugar de ello pide que sea su pecado lo que sea borrado.
3. Me pregunto si el Salmista tendría Nm. 5:23 en su pensamiento: el borrado de la maldición de un rollo de pergamino.
4. Aquí David pide al Señor que trate con su pecado como un borrado de un escrito o acusación, como el borrado de un registro de rebelión.
5. ¿Es tal cosa posible? Sabemos que sí lo es, en base de Isaías 43:25 y de 44:22.
6. ¡Alabado sea Dios! Él no solo perdona, sino que olvida.
7. Y esto es hecho a causa de la Cruz (Col. 2:14).

II. «Lávame». El deseo de pureza (v. 2).

1. Un examen de la Concordancia de Young muestra que la palabra hebrea «*Kabas*» (que aparece 37 veces) se emplea siempre en relación con la purificación de un vestido. Se emplea otra palabra para denotar el lavamiento de manos y pies y cuerpo.
2. Él reconoce que el pecado, aunque perdonado, ha contaminado su alma, y ahora, ya perdonado, precisa de purificación.
3. Las vestiduras del alma demandan pureza.
4. Observemos «Lávame a fondo», literalmente, «una y otra vez».
5. Es una oración pidiendo pureza.

III. «Límpiame». Admisión a la comunión (v. 2).

1. Se trata de una purificación ceremonial.
2. Se trata de la palabra técnica para denotar el acto sacerdotal de declarar la purificación ceremonial de la mancha de la lepra (Lv. 13:6-34).
3. Observemos esto: el leproso ya estaba limpio de su lepra, pero tenía que ser pronunciado ceremonialmente limpio antes de que se le permitiera la comunión con Dios e Israel en el culto del Tabernáculo o del Templo.
4. David reconoció que el pecado le había cortado de la comunión con Dios; anhela una restauración de la comunión.

504. UNA TRIPLE VISIÓN DEL PECADO

Salmo 51:1-5

Introducción

1. El Salmo 51 es uno de los grandes Salmos Penitenciales.
2. Ha sido llamado «la guía del pecador».
3. ¿No lo has leído nunca de rodillas? Durante años el autor de estas líneas ha leído este Salmo de rodillas cada domingo por la mañana.
4. Recuerda que fue la oración de un «varón conforme al corazón de Dios» que se había extraviado.
5. Así, es la oración de un santo que ha pecado.
6. Un año entero había transcurrido entre el crimen de David y el arrepentimiento de David (mucho tiempo, demasiado).
7. Había sido un año miserable, como lo muestra el Salmo 32. (El Salmo 32 es el testimonio que da David de su experiencia durante aquel año.)
8. En la misericordia de Dios, el profeta Natán acudió a él.
9. La fría escarcha que había cubierto su alma se derritió, y David confesó su pecado.
10. Aunque perdonado *inmediatamente*, entra sin embargo en el santuario y solloza este himno de dolor y contrición.
11. Este salmo merece un detenido estudio.
12. Primero, estudiemos qué concepto del pecado tenía David.
13. Aquí vemos cómo David considera su pecado después (no antes) de su restauración. Nadie puede tener un concepto adecuado del pecado hasta que sea perdonado.
14. Hay una triple repetición muy impresionante. «No se trata de un mero ejemplo de paralelismo hebreo. Es más que la demanda de una forma poética. Es la intensidad de un alma que no puede contentarse con pedir la bendición una sola vez, sino que insiste en ello con súplicas repetidas».

Lo que pensaba el hombre del pecado que había cometido.

1. Las cosas durísimas que se dicen en este Salmo acerca del pecado son dichas por este hombre acerca de sí mismo.
2. Recordad esto, que no tenemos meramente lo que pensaba un hombre acerca del pecado, sino lo que pensaba un hombre que había pecado.
3. Tenemos algo más que un tratado teológico.

Entremos con cuidado

1. Y debido a esto debemos entrar con cuidado.
2. Debemos examinar las palabras con la reverente tristeza con la que entramos en la casa de los enlutados.

¿Por qué hemos perdido tan mayormente el sentido del pecado?

1. Un joven ministro hizo dicha pregunta a un eminente juez cristiano, y éste le contestó: «Porque el mundo está perdiendo la conciencia de la presencia de Dios, y cuando los hombres pierden la conciencia de la existencia de Dios pierden el temor al pecado».
2. El temor supone un sano preventivo en nuestra vida cívica y nacional.
3. Los hombres temen quebrantar las leyes del país debido al castigo que conlleva tal quebrantamiento.
4. Cuando poseo la conciencia de Dios, no solo temo pecar, sino que temo a causa del pecado.

I. Consideró su crimen como una transgresión (vv. 1 y 3).

1. El hecho chocante que se descubre en base de un estudio de la palabra «pecado» es que significa mucho más que rebasar un límite, que es la interpretación generalmente dada.
2. Porque es la traducción del término hebreo «pesha»: rebelión.
3. Mediante la Concordancia de Young vemos que la palabra «transgress» en la Biblia inglesa [transgredir] es traducción de varias palabras hebreas y griegas distintas.
   a. Engañar, actuar pérfidamente: «*Bagad*».
   b. Translimitarse: «*Maal*».
   c. Pasar de lado: «*Abar*».
   d. Rebelarse: «*Pasha*».
4. En el Nuevo Testamento, las palabras tienen estos sentidos: «Todo el que comete pecado comete rebelión contra la ley».
5. Ésta es la idea en la raíz de la palabra transgresión.
6. Generalmente denota rebelión, un desligarse de, y un levantarse en contra de la legítima autoridad.
7. La transgresión es rebelión contra un soberano legítimo.
8. En esta palabra tenemos el aspecto externo del pecado.
9. Y se trata de la primera perspectiva del pecado que se da en este Salmo.

II. Contempló su crimen como iniquidad (vv. 2, 5).

1. Observemos que al principio usa el plural, y ahora el singular.
2. Éste es el aspecto interior del pecado.
3. Young da «perversidad» como significado de «*avon*», la palabra hebrea empleada aquí.
4. Esto indica que iniquidad significa aquello que es retorcido, doblado, estrujado o desviado de la línea recta del derecho.
5. Nuestras vidas deberían correr paralelas a esta línea, dibujada por la ley de Dios, sin desviarse ni a la derecha ni a la izquierda.
6. «En maldad he sido formado.» Esto no significa que la maternidad sea pecado, y que el celibato sea cosa más santa y bendita, sino que el retorcimiento en nuestra naturaleza lo heredamos de nuestros padres.
7. El pecado consiste no solo en hacer lo malo, sino en ser malos.
8. También consiste no solo en males cometidos externamente, sino en la intención, la voluntad, la mala actitud del alma. Un anciano y rico médico en Prusia fue hallado muerto en su cama, con marcas de dedos alrededor de su cuello y una herida de cuchillo en el pecho. La casa había sido saqueada. Poco después fue arrestado un tapicero en una ciudad vecina, con algunas de las pertenencias robadas en su poder. Confesó de lleno, contando como había matado al médico en su sueño. Pero el médico que hizo la autopsia declaró que aquel hombre había muerto de un ataque de apoplejía, y que ya estaba muerto antes que el ladrón entrara en la casa. El preso fue sólo castigado por robo, a pesar de su intención asesina. Bajo la ley humana era un ladrón. Bajo la ley divina era un asesino.

III. Contempla su crimen como pecado (vv. 3, 4, 5).

1. Young expone que el término hebreo es «*chata*», esto es, errar el blanco.
2. Pecar es no alcanzar el objetivo divino.
3. Parece mostrar que cada pecado es un yerro, además de ser un crimen.
4. «Contra ti solo.» ¿Qué significa esto? ¿No ha cometido David una falta? ¿No ha hecho mal al hombre, así como a Dios? Damos la respuesta:
   a. Aquí tenemos el lenguaje de un hombre totalmente arrepentido. El hombre medio arrepentido contempla la humillación y la vergüenza, la opinión que puedan tener sus semejantes, la deshonra en que incurrirá. Pero aquel que ha llegado al fondo de la cuestión deja a un lado a los hombres y su reputación misma, olvidando a todos menos a Dios.
   b. Hablando estrictamente, el pecado solamente puede serlo contra Dios.
   c. El pródigo de Lucas 15, al regresar, pone el Cielo en primer lugar, luego a su padre. «He pecado contra el cielo y ante ti.» Prueba cierta y convincente de su arrepentimiento genuino.

Y en el próximo estudio veremos cómo fue contestada esta oración.

505. LA JUSTIFICACIÓN DE DIOS

Salmo 51:4

Introducción

Cosa poco común.

1. Éste es ciertamente un tema poco frecuente.
2. La justificación del pecador es un tema bien conocido.
3. Pero no la justificación de Dios.

Importante.

1. Pero es fácil ver su importancia.
2. ¿Puede quedar Dios justificado en todos sus tratos con la humanidad?
3. Como se puede ver, lo que está en juego es su mismo carácter.

El verdadero sentido de esto.

1. No creo que nadie pueda dudar que aquí David se siente ansioso por que Dios quede justificado.
2. La paráfrasis del Obispo Patrick lo clarifica: «Si Tú pronunciases sobre mí la sentencia más pesada por mis crímenes, y la ejecutases con la mayor severidad, no podría acusarte de ser demasiado riguroso, sino que debería con todo justificarte en Tu actuación y justificarte frente a una imputación tan injusta».

Singular.

1. Ésta es una singular ilustración, y demuestra un gran deseo de que Dios sea glorificado.

2. Más que un deseo, es una pasión consumidora.
3. Contrastar esto con otras ilustraciones:
a. Adán y Eva, callados ante el juicio de Dios.
b. Caín (Gn. 4:13). Aquí tenemos algo que causa perplejidad. ¿Se estaba quejando él de la severidad de su castigo? ¿O estaba admitiendo que su caso no tenía remedio?
c. Elí (1 S. 3:18). Resignación, pero solo resignación.
d. Ezequías (2 R. 20:19).

I. El hombre justifica a Dios cuando se arrepiente y vuelve a Cristo (Lc. 7:29).

1. Éstas son las palabras del mismo Señor Jesús.
2. Es una manera muy insólita de presentar la verdad.
3. ¿De qué manera justificaron estas personas a Dios?
a. Creyeron y aceptaron el mensaje que Dios les había enviado mediante Juan.
b. El mensaje contenía mucho de severidad. Predecía juicio sobre los que no se arrepintiesen.
c. Ellos admitieron la justicia de la condenación pronunciada por Dios y aceptaron su oferta de misericordia.
4. A la proclamación de la sentencia de los no arrepentidos, muchos acusan a Dios de injusticia.
5. Pero nosotros justificamos a Dios.

II. La justificación de Dios por parte del hombre en la justificación del pecador (Ro. 3:26).

1. ¿Cuál es el mensaje de la Epístola a los Romanos? ¿La justificación de los pecadores arrepentidos?
2. No; no se trata tanto de la justificación del pecador, sino de la justificación de Dios en cuanto a justificar al pecador.
3. Recordemos: es más importante que Dios sea justificado en su acto de misericordia que el que sean justificados los pecadores.
4. Si en la justificación del pecador Dios fuese injusto, entonces caería por tierra todo el plan de salvación.
5. Pero el plan divino de Redención es tan maravilloso que Dios queda justificado al justificar al pecador.

III. La justificación de Dios por parte del hombre en sus tratos con la nación de Israel (Ro. 3:4).

1. Esto forma parte del gran argumento.
2. Aquí Pablo afronta objeciones ante la nivelación del judío al mismo plano que el gentil.
3. Al hacer tal cosa, ¿no resulta Dios infiel a sus promesas al pueblo del Pacto?
4. No; y luego Pablo cita la traducción de la LXX del Salmo 51:4.

IV. El hombre justifica a Dios en los severos juicios y castigos que ha de soportar (Sal. 51:4).

1. Y David da esta justificación reconociendo francamente su pecado, y confesando el merecimiento de la severidad de Dios.
2. Aquí tenemos un gran ejemplo que imitar:
a. Para el pecador salvo, sufriendo físicamente como resultado de una vida de vicio y pecado en los días antes de su regeneración.
b. Para el santo padeciendo por haber quebrantado algunas de las leyes de la naturaleza.

506. UN GOZO TRIPLE

Salmo 51:8, 14, 15

Introducción

En este Salmo Penitencial no solo tenemos una triple visión del pecado, una triple bendición y una triple referencia al Espíritu, sino también una triple visión de gozo y alegría.

Aves sin canto.

1. El salmista había estado un año sin cantar.
2. No había ni compuesto ni cantado ningún Salmo, y no se podía hallar cántico alguno en su corazón.
3. «Mientras *callé*»: una sugestiva frase. Había estado en silencio. «Se consumieron mis huesos en mi gemir de todo el día»: extraña paradoja. Callado en cuanto a alabanzas, pero su consciencia gimiendo. Esto es lo que dice en el Sal. 32:3.

Anhelando el gozo del pasado.

1. Aquí anhela el gozo de tiempos pasados.
2. Aquí anhela y pide un doble gozo: gozo y alegría.
3. Léase el versículo 12: «Devuélveme el gozo de tu salvación».
4. Observemos:
a. Quería y anhelaba el gozo de Dios.
b. El gozo asociado con su salvación.
c. Un gozo que se ahonda conforme nuestra salvación se va haciendo más amplia.

Tres órganos.

1. David se refiere a tres importantes órganos: el oído, la lengua y los labios.
2. Cada uno de ellos tiene que ver con gozo y alegría.
3. Tomémoslos en el orden en que se encuentran.

I. Acerca del oído (v. 8).

Introducción.

1. Es destacable que comience con el oído.
2. La sordera y la mudez son cosas asociadas.

El pecado tiene un triste efecto sobre nuestro oído espiritual.

1. El hombre no perdonado no tiene oído para el gozo y la alegría. Se siente fuera de armonía con la melodía celestial, debido a la gran discordia que ha entrado en su alma. No puede soportar ni tolerar el gozo en otros cuando está en este triste talante.
2. Cómo podría esperarse que disfrutase de la música cuando era un miserable con todos sus huesos quebrados.
a. Porque se asemeja a uno que tiene los huesos aplastados.
b. Y aplastados no de una manera ordinaria.
c. Gemía bajo unas heridas no meramente de la carne. Lo mismo que algún pobre sufriente, está ensimismado y ausente.
3. Luego el pecado le había hecho duro de oído. El pecado siempre actúa así. Ora para recobrar el oído.
4. Antes del gozo y de la alegría deben venir:
a. El perdón y la purificación. La sensación de perdón es como un alegre amanecer para las aves cantoras.
b. La recuperación del oído.
c. El talante para gozar de la música.
5. Otra traducción: «Si me oyes, me gozo y estoy alegre» (F. F.). El gozo y la alegría son el resultado de que Dios oye y responde a la oración. ¡Qué gozo trae esto!

II. Acerca de la lengua (v. 14).

Literal.

1. Está claro que David tiene presente su culpa acerca de la muerte de Urías.
2. La sangre de Urías le pesaba sobre su alma.
3 ¿Hay alguna condición de alma más terrible que ésta, que la sangre de alguien pese sobre nosotros?
4. ¡Bien podríamos estar sin cántico!

Espiritual.

1. Pero hay también culpa de sangre en sentido espiritual.
2. Léase Hechos 20:26.
3. Sin duda, Pablo tenía en mente la profecía de Ezequiel. Léase Ezequiel 3:17 a 21; 33:1 a 9.
4. ¡Qué perspectiva más solemne de la responsabilidad pastoral!
5. Los vigías eran la policía de Oriente, o más bien una combinación de policía, soldados y centinelas.
6. Observemos:
a. El comisionador del vigía: Dios (Ez. 3:17). Generalmente, la gente designaba al vigía, pero Dios designó a este.
b. El privilegio del vigía. La amistad con Dios. Oír la voz del Señor «de mi boca».
c. La abnegación del vigía; despierto mientras otros duermen. Abnegación, a veces para morir por otros.
d. El principal deber del vigía: «Advertirles».

Cómo quedar libre de la culpa de la sangre.

1. Una labor infatigable. En normas redactadas por John Wesley para la conducción de sus jóvenes predicadores tenemos lo siguiente: «Solo por medio de una labor infatigable y perseverancia podremos realmente quedar "libres de la sangre de todos los hombres". Id a cada casa y enseñad a todos los que estén en ellas, jóvenes y viejos. «Se refería a las casas de todos los miembros de la Sociedad Wesleyana.)
2. Declarando todo el consejo de Dios.
3. Advirtiendo.

III. Tocante a los labios (v. 15).

1. La alabanza no es cosa fácil. Es considerada como un sacrificio.
2. Únicamente Dios puede hacer posibles las alabanzas.

3. ¿Cómo abre Dios los labios? Por la vía del corazón. Porque la alabanza es la actividad de corazones felices y agradecidos.
4. Fue el pecado lo que cerró sus labios; Dios los abriría tratando con aquel pecado de manera adecuada.

Conclusión

1. A veces sucede que cuanto más viejos nos hacemos, menos dispuestos estamos al cántico.
2. ¿Debería ser esto así?

507. EL ESPÍRITU SANTO

Salmo 51:10-12

Introducción

1. Tres peticiones. Relacionadas con la palabra Espíritu, tenemos tres peticiones separadas en este gran Salmo Penitencial.
2. Aunque tenemos la misma palabra tres veces, no tenemos el mismo pensamiento.
3. La primera vez desde luego denota la disposición o el carácter; la segunda vez denota la Tercera Persona de la bendita Trinidad; la última creen algunos que denota lo mismo que la primera, designando una disposición o carácter, pero lo cierto es que denota lo mismo que en el segundo caso, el Espíritu Santo, solo que da otra perspectiva de su carácter.
4. Examinémoslas en el orden en que aparecen.

I. «Renueva un espíritu recto dentro de mí» (v. 10).

Introducción.

1. Deseaba una obra en su interior.
2. «Renueva». Antes había estado ahí.
3. ¿Qué es un espíritu recto? La mejor respuesta a esta pregunta es otras traducciones.

Traducciones.

1. «Firme», Versión Revisada inglesa.
2. «Constante», margen de la Versión Autorizada inglesa.
3. F. F., «Pon una nueva mente en mi pecho».

Significación de la traducción «Firme».

1. He cedido demasiado fácilmente a la tentación.
2. Renueva dentro de mí una mente firme, una mente estable en el seguimiento del camino del deber, un espíritu que no ceda.
3. John Bunyan tiene, en su inmortal alegoría *El Progreso del Peregrino,* al Sr. Firmeza, un carácter de lo más atractivo.

Significado de la traducción «constante».

1. Pensemos en la brújula o reloj de un marinero.
2. Una brújula o un reloj, siempre justos y fiables, deben ser apreciados y valorados.
3. ¡Que importante tener siempre una mente arraigada en Dios!

Un espíritu recto. Podría suceder que un espíritu torcido se apodera de nosotros.

Renueva.

1. Antes estaba ahí.
2. Señor, ¡restáuralo de nuevo!

«Dentro»

Aquí él deseaba una obra interior de gracia.

¿Cuán a menudo deberíamos ofrecer esta oración?

1. Más veces de lo que nos imaginamos.
2. Porque nuestra disposición son veleidosas, más cambiantes que el tiempo.
3. El ideal es: «El mismo ayer, y hoy, y por los siglos».
4. El mismo, sin monotonía.
5. Solo Dios puede cumplir esta obra.
6. Presentemos esta oración a diario.

II. «No retires de mí tu santo Espíritu» (v. 11).

Era poseedor.

1. David se contempla como todavía poseedor del Espíritu.
2. Sabemos cuando le poseyó el Espíritu por primera vez (1 S. 16:13).
3. ¡Que longanimidad la del Espíritu, de permanecer a pesar de una vida impura!

Saúl.

1. ¿Tendría David en mente el caso de Saúl cuando oró así? (1 S. 16:4).

Dispensación.

1. ¿Es esta oración para esta dispensación?
2. La valiosa nota de Scofield: «Ningún creyente en esta dispensación que esté consciente de la promesa de su permanencia (Jn. 14:16) debería orar "No retires de mí tu santo Espíritu" (Ef. 4:30); pero, aunque la *posición* cristiana no está reflejada aquí, la *experiencia* cristiana, en esencia, sí».
3. Observemos el sentido de Jn. 14:16.

¿Qué puede sernos retirado?

1. LA CONSCIENCIA DE AQUELLA SANTA PRESENCIA .
   a. Presencia que es nuestro cielo aquí abajo.
   b. Podemos vivir en el goce constante de esta presencia.
   c. La manifestación del Espíritu es el fruto de una amante obediencia y vigilancia.
2. EL PODER DE AQUELLA PRESENCIA OMNIPOTENTE, aunque no la presencia.
   a. Cuando perdemos aquel poder llegamos a ser «débiles como otros hombres», como en la experiencia de Sansón.
   b. Es el poder del Espíritu Santo el que causa toda la diferencia entre predicadores y obreros.

III. El Espíritu de Gracia me sustente (v. 12).

Introducción

1. Hay dos hechos atractivos en esta oración: el deseo de ser sustentado, y los adjetivos que describen el carácter del Espíritu.
2. Ésta es la oración de una debilidad consciente de sí misma.

Traducciones.

1. «Bien dispuesto», margen de la Versión Revisada inglesa. «Tu Espíritu bien dispuesto.»
2. «Noble», lit., «Tu Espíritu noble».
3. «Libre.» El Espíritu tiene una maravillosa libertad. «Tu Espíritu libre.»

Una maravillosa descripción del Santo Espíritu de Dios.

1. El Espíritu de Dios es de carácter noble y regio, y nos comunica una dignidad santa, regia y noble.
2. El Espíritu de Dios es un «Espíritu bien dispuesto», dispuesto a obrar por y en nosotros, y nos comunicará una buena disposición y capacidad para hacer la voluntad de Dios.
3. El Espíritu de Dios es un Espíritu «libre», que imparte una libertad maravillosa.

Susténte. ¡Oh, susténtame! ¡Manténme en pie!

APLICACIÓN

Thos. Waugh descubrió que «aunque tenía el Espíritu, no estaba lleno del Espíritu; aunque había dado la bienvenida al Espíritu como Huésped, no le había dado la bienvenida como Amo». Que el Huésped se transforme en Amo, esto es, Señor. En lugar de «Donde está el Espíritu del Señor, allí hay libertad», Rotherham tiene, «Donde el Espíritu es Señor, hay libertad».

508. GANANDO ALMAS

Salmo 51:13

Introducción

FINAL.

1. Este estudio, el octavo, concluirá por ahora nuestro estudio del Salmo 51.
2. Y desde la perspectiva de los obreros cristianos, es una conclusión hermosa.

«ENTONCES».

1. ¡Qué importantes que son algunas palabras, aunque pequeñas!
2. La primera palabra de este versículo tiene un valor supremo.

GANADORES DE ALMAS.

1. Todos los creyentes deberían ser profesionales de la conquista de almas, ganando almas sobre líneas no mercenarias.
2. Éstos son varios puntos importantes:

I. Su cualificación.

1. En su Discurso Presidencial en la Conferencia Wesleyana, el doctor Ritson hizo esta declaración: «El ministerio cristiano es la única profesión del mundo en la que el mensaje y el mensajero son inseparables».
2. El éxito de nuestro mensaje depende muy principalmente del éxito del mensaje con y en nosotros.
3. A fin de que haya la cualidad adecuada apoyando el trabajo, debe haber una correspondencia del alma con Dios.
4. «ENTONCES.» ¿Cuándo?
a. Se convertirán (Lc. 22:31 y 32). El Señor podría en ocasiones usar personas inconversas, pero no es su forma usual de hacer.
b. Se convertirán para ser restaurados a Dios.
c. Para goce de perdón, certeza, comunión, pureza y alegría.
d. En la posesión de la plenitud de Pentecostés.
e. En la práctica de la oración.

II. Su motivo.

1. «Entonces.» ¿Cuándo? Cuando sea aún más deudor a Dios por su gracia maravillosa.
2. Como una expresión de gratitud por abundantes misericordias recibidas personalmente.
3. Como un gran anhelo de que otros compartan en la misma bienaventurada experiencia.

III. Su punto de partida usual.

Enseñar los caminos de Dios. ¡Y qué maravilloso maestro iba a ser David! Desde su amarga experiencia podía discurrir acerca de:

1. La maligna naturaleza y amargura del pecado mismo.
2. La naturaleza del verdadero arrepentimiento.
3. Lo que se precisaba para que el pecado fuese perdonado, esto es, la Cruz.
4. Cómo podían ser alentados a volverse a Dios, relatando su propia experiencia.

Cómo podemos enseñar los caminos de Dios.

1. Por medio de la Palabra, observando los caminos de Dios con otros.
2. Por medio del testimonio de nuestras propias experiencias personales.

IV. Su objetivo último. *«Y los pecadores se convertirán a ti.»*

1. No a una iglesia, denominación o asamblea, o sistema de creencia, por bueno o esencial que sea todo lo anterior.
2. «A Ti.»

509. EL PROBLEMA EN EL SALMO PENITENCIAL

Salmo 51:16-19

Introducción

Problema.

1. Estos versículos presentan varios problemas para su resolución.
2. ¿Qué afinidad tienen los versículos 18 y 19 con el resto del Salmo? ¿Nunca han incidido sobre tus sentidos espirituales? ¿No has sentido nunca un golpe sobre tu sensibilidad espiritual cuando llegaste a ellos? Estás confesando el pecado y la indignidad y rogándole al Padre Celestial para la aptitud de alma y equipamiento espiritual, cuando te encuentras de bruces con Sion y con ladrillos y mortero. ¿Qué tiene que ver el borrado del pecado y la santificación del alma con las Murallas de Jerusalén? ¿Por qué? Esta sentencia parece algo ajeno, una extraña, en medio de este torrente de confesión.
3. Una vez más, ¿no están los versículos 16 y 17 en directa contradicción con la enseñanza evangélica acerca de la Expiación? ¿No queda repudiada la salvación mediante la sangre? ¿No trata David de imponer a Dios estos puntos de vista heterodoxos?

Un intento. Con esta sensación de que estos versículos son ajenos, se han sugerido varias soluciones, algunas de las cuales son muy drásticas, más con la naturaleza del bisturí del cirujano.

1. F. F. los considera como otro Salmo.
2. El profesor Blaikie dice que son «una adición posterior».
3. El doctor B. dice: «fueron posiblemente añadidos por Ezequías».
4. El doctor Adam Clarke: «Un salmo para sí mismos, una especie de oración jaculatoria para la redención de los cautivos de Babilonia, la reconstrucción de Jerusalén y la restauración del culto en el Templo».

Rechazo. No temo decir que rechazo estos puntos de vista. Rectamente considerado, veremos que constituyen una parte esencial de y complemento al resto del Salmo. En lugar de ser algo ajeno, veremos que son de la misma sangre y linaje.

I. El pecado de David era tan odioso que en la dispensación mosaica no había provisión para el mismo (vv. 16, 17).

1. «El asesinato y el adulterio eran castigados por la ley con la pena de muerte; por ello, no había sacrificios designados para los culpables de los mismos.»
2. Ahora, léanse los versículos 16 y 17 con este hecho a la vista.
3. Un asesino sólo podía apelar a la misericordia de Dios, como en el versículo 1 de este Salmo.
4. Aquí tenemos un interesante hecho dispensacional: arrebatar la vida es una prerrogativa divina que Él se había reservado para Sí en la dispensación Adánica (Gn. 4:15), pero que había sido encomendada en manos de magistrados en la postdiluviana (Gn. 9).
5. Recordemos que este último decreto nunca ha sido abrogado, por lo que la agitación en favor de la abolición de la pena capital es errónea y antiescrituraria.
6. Si me pidiesen que visitase a un asesino en su celda, dirigiría su atención a Lucas 23:34-43 y a la historia de David con el Salmo 51.

II. El gran valor del verdadero arrepentimiento, más el Sacrificio de la Cruz (vv. 17 y 19).

1. ¡Cuán importante es la pequeña palabra «Entonces» en el v. 19!
2. En el v. 17 tenemos una excelente descripción del verdadero arrepentimiento.
3. El arrepentimiento, *por sí solo*, no tiene ningún elemento de salvación en sí.
4. Sin embargo, solo el verdadero arrepentido puede entrar en los beneficios de la muerte de Cristo.
5. Dios no se deleita en sacrificios y holocaustos por sí mismos, sino meramente como sombras de la verdadera expiación y como expresión de un corazón arrepentido y creyente.
6. Un espíritu no arrepentido cierra y atranca la puerta contra la misericordia y gracia de Dios, y quita todo valor a la muerte de Cristo.
7. ¿De qué sirve orar mecánicamente una confesión general, sin un verdadero arrepentimiento?

III. La gran fortaleza de una nación consiste primariamente en una aptitud y calificación espiritual (v. 18).

1. ¿Cuál crees tú que es la gran fortaleza de una nación? No guerreros y una flota potente, sino hombres y mujeres que viven la piedad. «La justicia engrandece las naciones; mas el pecado es la vergüenza de los pueblos.»
2. El pecado de David había expuesto al desastre a toda la nación.
3. David temía que su culpa le convirtiese en un Acán en la congregación de Israel, y por ello concluye su oración penitencial con un ruego a Dios para proteger y prosperar Sion.
4. Su pecado, por así decirlo, había abierto brechas en las murallas de Jerusalén. Solo la gracia podría reconstruirlas.
5. Dudo que muchos cuenten nuestras Misiones Urbanas como una riqueza nacional; más bien muchos considerarán que su personal es una clase no productiva, y que por ello son parásitos. Pero la realidad es que están reconstruyendo y fortaleciendo la muralla nacional de defensa contra nuestros enemigos.
6. Los obreros son albañiles subordinados, trabajando bajo el Artífice supremo y Arquitecto del Universo. Construyamos bien, porque estamos construyendo para la eternidad.

510. UN ERROR QUE COMETIÓ DAVID

«Y dije: Quién me diese alas como de paloma! Volaría yo, y descansaría» (Sal. 55:6).

Introducción

1. Y nosotros también hemos dicho a menudo lo mismo.
2. David era meramente humano, y cometía errores a menudo. Los errores no fueron inspirados por Dios, aunque los registró por inspiración de Dios.
3. A menudo hemos considerado que los errores de los personajes bíblicos constituirían una fructífera serie de estudios.
4. Porque nosotros cometemos a menudo los mismos errores.
5. El error del pensamiento que subyace a esta expresión es que

I. El reposo se vaya a encontrar en un lugar, mientras que en realidad se encuentra en un estado, o, mejor aún, en una Persona. El reposo no se encuentra en un cambio de localidad, sino en un cambio de estado. Sí, con mayor precisión, el reposo se encuentra en una persona: en el Señor Jesús (Jn. 16:32 a 33), que cambia nuestro corazón, vida y mente.

II. El reposo se encuentra en medio del dolor, y no en quedar exento de él. El mundo sólo puede pensar en el reposo mediante la eliminación del dolor; Cristo promete un verdadero reposo *en medio* del dolor.
El mayor dolor en la vida para seres como nosotros sería no tener dolor.
Alguien ha dicho: «David debiera haber orado pidiendo la fuerza de un buey para soportar sus tribulaciones, y no las alas de una paloma para volar huyendo de ellos».

III. El reposo no se encuentra con dos alas, sino con seis. Nosotros no pertenecemos al orden de seres con dos alas. ¿A cuál pertenecemos? Al de seis alas. «Con dos cubrían sus rostros, con dos cubrían sus pies, y con dos volaban» (Is. 6:2). El servicio debería tomar solo una tercera parte de nuestra energía. Seis alas: dos para maravilla adoradora, dos para humildad, y dos para el servicio.

511. TEMOR Y CONFIANZA

«En el día en que tengo miedo, yo en ti confío» (Sal. 56:3).

Es un bendito temor el que nos hace huir hacia Dios. El temor y la confianza son dos sentimientos muy comunes del alma.

I. El objeto de la confianza. «En ti.» Esto implica:

1. CONOCIMIENTO. «En *ti* confío.» En ti, el Dios vivo, que ha efectuado poderosas liberaciones en tiempos pasados. En ti, el Dios eterno que nos has sido revelado en Cristo Jesús.
2. CONFIANZA. «*Confío*», o encomiendo mi causa a ti. Ésta es la confianza que tenemos en Él.
3. DETERMINACIÓN. «*Yo* en ti *confío*.» No hay aquí ni duda ni incertidumbre. Sé a quien he creído.

II. El tiempo de la confianza. «El día en que tengo miedo.» Bienaventurados los que conocen a Dios como refugio para los temerosos. Adán se ocultó de Dios, David quería ocultarse *en* Él. Confía en Él cuando tengas miedo de

1. LA CULPA Y LA IRA. No hay condenación para los que están en Cristo Jesús. Él ha hecho la paz mediante la sangre de su Cruz.
2. EL PECADO DENTRO. No hay esperanza de liberarse mediante nuestro propio poder o sabiduría.
3. LA DEBILIDAD Y DEL FRACASO. No somos nada más que debilidad, y nada podemos hacer nosotros mismos más que fallar. Cuando estemos conscientes de esto, *entonces* es el momento de confiar. Cuando soy débil, entonces soy fuerte.
4. LAS PRUEBAS Y TENTACIONES. Estas nos miran frecuentemente con una terrible expresión, e instintivamente tememos el contacto con ellas. *Aquel varón* será como escondedero contra el viento y el turbión. Cree solamente.
5. LA ENFERMEDAD Y LA MUERTE. La muerte tiene sombras tenebrosas y que hacen desmayar, pero la *fe* gana la victoria. Ellos vencieron por la Sangre del Cordero. «Su corazón está firme, confiado en Jehová» (Sal. 112:7).

512. UNA BENDITA EXPERIENCIA

Salmo 57:1-2

En estos dos versículos es puesto delante de nosotros el camino de salvación de una manera muy expresiva. Observemos que hay:

I. Peligro. «Hasta que pasen los quebrantos.» Saúl estaba amenazando la vida de David, pero su peligro no era nada en comparación con los peligros que corren los que están bajo la amenaza de los juicios de Dios. Su ira contra el pecado es un terrible quebranto para el pecador (Jn. 3:36).

II. Oración. «Ten misericordia de mí, oh Dios, ten misericordia de mí.» Éste es el lenguaje de uno que está muy sensible a su peligro y a su necesidad. *Misericordia* es la clamorosa necesidad de los que han despertado a sentir cual es su verdadera condición. «Dios, sé propicio a mí, pecador.»

III. Provisión. «La sombra de tus alas.» ¡Cuán lleno de gracia es nuestro Dios, que Él esté de pie, como con alas extendidas, esperando y dispuesto para recibir y proteger a todos los que se refugien en debajo de ellas. «¡Jerusalén, Jerusalén, ...! ¡Cuántas veces quise juntar a tus hijos, como la gallina junta sus polluelos debajo de las alas...!» (Mt. 23:37). La sombra de sus alas significa la sombra de Dios.

IV. Fe. «En ti ha confiado mi alma, y en la sombra de tus alas me ampararé.» Las alas extendidas de la gracia divina solamente pueden salvar a los que esperan y aceptan. «Y no quisisteis» fue el único obstáculo para la salvación de los pecadores de Jerusalén. Si los israelitas no pudieron entrar en el goce de la Tierra Prometida, fue «por causa de su incredulidad» (He. 3:19).

V. Liberación. «Clamaré al Dios Altísimo, al Dios que me favorece.» La salvación de Dios es perfecta. *Él* hace todas las cosas necesarias. Es su camino que cuando Él comienza en ti una buena obra, la lleva a cabo hasta el día de Jesucristo (Fil. 1:6). La salvación es del Señor.

513. RAZONES PARA BENDECIR AL SEÑOR

Salmo 103:1-5

Llama a tu alma a que bendiga a Jehová, a que bendiga su santo Nombre, porque:

I. Él provee todos sus beneficios. «¡Todos sus beneficios!» ¿Qué significa todo esto? Nada de lo que pudiera ser para el beneficio del hombre ha sido retenido. En el don de su Hijo Él se ha comprometido a suplir toda nuestra necesidad (1 Ti. 6:17).

II. Él perdona todas las iniquidades. Por su infinita compasión, Él mantiene la misericordia para miles, perdonando la iniquidad. Él debe o bien castigar la iniquidad, o bien perdonarla: No puede cambiar su carácter. La luz no puede tener comunión con las tinieblas.

III. Él sana todas las dolencias. El término *iniquidades* se refiere a acciones, pero la *dolencia* denota la contaminada fuente de la que provienen las acciones. Cada parte de la naturaleza moral del hombre está enferma. «En mí, esto es, en mi carne, no mora el bien». Pero su poder sanador, la sangre de Cristo, purifica de todo pecado. Véase Salmos 107:17-22.

IV. Él redime de la destrucción (de la fosa). No solo perdona y sana, sino que libera de la esfera de las tinieblas y de la enfermedad; sacados a una atmósfera más pura, al Reino de su amado Hijo, y salvos por ello de influencias inmundas y destructoras.

V. Él corona de favores y misericordias. Los misericordiosos favores de Dios resultan una hermosa y cómoda corona para la cabeza. Los que han sido *sanados* de todas las enfermedades serán coronados de honra en su vida y testimonio (Sal. 5:12).

VI. Él sacia de bien. «Todos sus beneficios» están extendidos y a disposición del alma lavada con sangre. A ellos se les dará a beber «del torrente de *sus delicias*» (Sal. 36:8). Los de puro corazón verán a Dios. Solo Dios puede saciar de bien, y solo los salvos y sanados por el Señor pueden ser satisfechos con aquello que es puro y bueno. La mente carnal no puede amar las cosas de Dios. La redención implica capacidad para lo bueno.

VII. Él rejuvenece como el águila. El águila renueva su juventud por una regeneración exterior. El alma que ha sido salva y saciada es regenerada tanto por dentro como por fuera. Los nacidos de lo alto tienen su juventud renovada, porque son nueva creación en Cristo Jesús.

514. ESPERANDO EN DIOS

Salmo 62:1-8

Dos veces en este Salmo habla Dios de que su alma «reposa» o «confía callada» (V.M.) en Dios. Este silencio es profundamente significativo. Es casi tan ominoso para nosotros como lo fue en el cielo «como por media hora». Para nosotros es en ocasiones muy difícil estar perfectamente callados delante de Dios, como instrumentos cuyas calladas cuerdas esperan el tañido divino. Pensemos:

I. En Él, en quien debiéramos esperar. «En Dios descansa mi alma.» Mi alma, deténte y piensa en Aquel ante cuya puerta esperas. Quien se allega a Dios tiene que creer que Él es, y que Él es el galardonador de los que diligentemente le buscan. Espera en Él como los israelitas esperaban el movimiento de la Columna de Nube. Moverse sin Él es moverse sin la promesa ni la presencia. Al esperar la conducción de

Dios y la *venida* de poder y de progresión, hacemos como el marino, que espera la subida de la marea, y el ahondamiento del canal fluvial, para poder salir con seguridad con su precioso cargamento.

II. Por qué debemos esperar en Dios. Por lo que Él es. «Solamente él es mi roca y mi salvación; es mi refugio» (v. 2). Puede parecer una extraña figura de lenguaje, esperar en «una Roca», pero el significado es de tremenda importancia. Es esperar en la venida de una fuerza y estabilidad irresistibles. Solo Él debe ser nuestra Fuerza, nuestro Salvador y Refugio. Necesito de Él como «mi Roca» (Fuerza), para mantenerme firme en medio de todas las malvadas fuerzas del *mundo*. Necesito de Él como «mi Salvación», para librarme de las sutiles tentaciones y concupiscencias de la *carne*. Necesito de Él como «mi Defensa», para salvarme de las añagazas y de los dardos encendidos del *diablo*. «Alma mía, reposa solamente en Dios» (v. 5)

III. Cómo deberíamos esperar. Deberíamos esperar como aquellos que esperan el cumplimiento de su Palabra, y la manifestación de su carácter. «Porque de él procede mi esperanza… no resbalaré» (vv. 5-6). Es el corazón creyente y expectante el que espera las ventanas abiertas del cielo, y la bendición derramada (Mal. 3:10). «Abre tu boca, y yo la llenaré» (Sal. 81:10). Es solo cuando se cierran todas las otras puertas, y quedan silenciados todos los vanos deseos del yo, que quedamos en posición de probarlo y de decir en verdad: «De él procede mi esperanza». Cuando quedamos así limitados a la fe en Él, podemos también decir: «No resbalaré». Los que esperan en el Señor tendrán nuevo vigor.

IV. El resultado de esperar en Dios. Habrá un claro y alentador *testimonio* de su fidelidad. «Esperad en él en todo tiempo, … derramad delante de él vuestro corazón; Dios es nuestro refugio» (v. 8). Por experiencia, él puede decir al pueblo: Confiad en Él en todo tiempo, por todo *derramad* vuestro corazón a Él; porque Él es un refugio, y y una presente ayuda a aquellos que esperan en Él. Los que esperan en Él son benditos, y son hechos bendición para otros.

515. CÓMO ASEGURAR LA ESTABILIDAD ESPIRITUAL

«No resbalaré mucho».

«No resbalaré» (Salmo 62:2, 6).

Refiriéndose a los sufrimientos físicos de uno de sus hermanos misioneros, Dan Crawford dice sugerentemente que la carga «puede haber parecido a los de fuera como una lápida colgada alrededor de su cuello, mientras que en realidad era solo un peso necesario para mantener en las profundidades al buzo mientras recogía perlas». Este es un símil muy útil. En verdad, las aflicciones *son* pesos. Pero no nos son enviados para aplastarnos, sino solo para capacitarnos para recoger las preciosas perlas de la verdad divina, y para añadir a nuestras ricas reservas de experiencia cristiana.

Esto es cierto de manera destacada en el caso del salmista David. Él fue un hombre de aflicción. A menudo pasaron sobre él las ondas y las olas. Pero, ¡qué preciosas lecciones aprendió él, y nos transmitió en sus escritos! Esto se ve en el Salmo del que hemos tomado nuestras dos Escrituras. Cuando David lo escribió, estaba evidentemente en graves dificultades. Estaba rodeado de enemigos, conspiradores y falsos amigos. El Salmo tiene cuatro divisiones. Primero se dirige a sus enemigos (vv. 1 a 4), luego a sí mismo (vv. 5 a 7), luego a sus amigos (vv. 8 a 11), y finalmente al Señor (v. 12). Al contemplar a sus enemigos, no se sentía muy seguro acerca de sí mismo, y por esto exclamó: «No resbalaré *mucho*». Tenía miedo de ser perturbado y vencido un poco. Pero finalmente se desvanecieron tales negros pensamientos. Se volvió radiantemente optimista y gloriosamente dogmático, y exultando, exclamó: «No resbalaré».

Estos dos versículos son idénticos, excepto por una palabra. Pero esta una palabra causa una enorme diferencia. ¿Por qué este cambio? ¿Qué lo produjo? ¿Se debe a que en el primer caso se estaba dirigiendo a sus enemigos y que por ello había de tener cuidado con sus declaraciones, mientras que en el segundo estaba dirigiéndose a sí mismo y estaba tratando de alentarse? No, no es exactamente así. Este excelente cambio fue el resultado de *expresar sus temores de manera expresa*. No hay nada como esto. El microbio de la incredulidad no puede soportar la clara luz del día. Los temores prosperan en las tinieblas. Sácalos a la luz de su presencia. Díselo todo a Él acerca de ellos. Cuéntaselo también a un alma cristiana en quien confíes, y verás como se desvanecen. Luego, después de exclamar con duelo, «no resbalaré mucho», esto es, «seguro que seré sacudido un tanto», *comenzó a pensar en el Señor, y en su segura base para la confianza*. ¡Ah, en Él consiste toda la diferencia! ¿Tienes tú algún temor? ¡Qué peste son! Pero no los escondas ya más en tu seno. Cuéntaselo todo. Piensa un poco más en Él, y entonces estos temores desaparecerán. Y luego, como David, exclamarás con confianza: «No resbalaré». Punto.

Pero ¿resbalar a causa de qué? ¿A causa de quién? Queda sin definir a propósito. Tú puedes poner ahí tu propia angustia, tu propia dificultad. Ahora bien, observemos cuatro poderes que tratan de hacernos resbalar.

I. Satanás intenta hacernos resbalar (1 Cr. 21:1). Aquí vemos a Satanás en acción para causar tropiezo. David fue instigado por Satanás para hacer este censo. Y, ¡ay!, la táctica del enemigo tuvo demasiado éxito. David resbaló *mucho*, y el resultado fue terrible. El diablo está intentando constantemente llevarnos a hacer lo malo, intentando conducirnos bien muy por delante de nuestro Señor, o seguirle demasiado de lejos o incluso a abandonarlo, y está continuamente tramando nuestra caída. Y ¡cuán diestro es! ¿Qué posibilidad tenemos nosotros contra este viejo enemigo? Aquí tenemos nuestra seguridad: «Por cuanto el rey confía en Jehová, y con la gracia del Altísimo, *no ha de vacilar*».

II. El pecado intenta hacernos resbalar. En Hechos 7:9 se nos dice que la razón por la que los patriarcas vendieron a su hermano José es que fueron «*movidos* de envidia» (V.M.). El pecado, en todas sus varias formas, busca movernos a hacer lo malo. Y observemos que no se trata de una tentación desde fuera, sino más peligroso aún, una tentación desde dentro. El pecado es un poderoso enemigo atrincherado en nuestro interior. Pero gracias a Dios, si el cristiano tiene un enemigo que mora en su interior, tiene un Amigo que también mora en él. «Dios está en medio de ella; no será conmovida.» El secreto de la victoria y de la inmovilidad espiritual es la presencia de Aquel que mora en nosotros.

III. Las aflicciones intentan hacernos resbalar. La razón de por qué Pablo envió a Timoteo a visitar a los tesalonicenses fue para que ninguno de ellos «se inquiete por estas tribulaciones» (1 Ts. 3:3). Evidentemente, estaban pasando tiempos muy duros, y había un gran peligro de que tropezasen ante estos dolores abrumadores. Pero el antídoto es éste: «Echa sobre Jehová tu carga, y él te sustentará; *no dejará para siempre caído al justo*». Los que echan sus cargas sobre el Señor y confían perpetuamente en Él, descubrirán que no pueden caer.

IV. Los amigos intentan en ocasiones hacernos resbalar. Pablo, creyendo que estaba en la voluntad de Dios, estaba de camino dirigiéndose a Jerusalén, pero sus amigos trataban de disuadirle, y sin embargo él dijo: «Pero ninguna de estas cosas me mueve» (Hch. 20:24). La única seguridad frente a amigos incluso bien intencionados es esta: «A Jehová he puesto siempre delante de mí; porque está a mi diestra, no seré zarandeado». Fue esto lo que sirvió de ayuda a Atanasio. Estaba solo como campeón de la verdadera y justa Deidad de nuestro Señor. Alguien le dijo en aquel tiempo: «¿Sabes que todo el mundo está contra ti?» «Pues en este caso», dijo aquel valiente defensor, «yo estoy contra todo el mundo».

516. TRES EXPERIENCIAS DEL ALMA

Salmo 63:1, 5, 8

Introducción

TRES CLÁUSULAS. Estas tres cláusulas constituyen los tres puntos pivotales alrededor de los que gira el Salmo; o «los tres meandros de la corriente de su pensamiento y emoción».

TRES DECLARACIONES ACERCA DE SU ALMA.

I. Un alma sedienta (v. 1).

UN HOMBRE SEDIENTO. El salmista dibuja una descripción de sí mismo como hombre sediento en tierra reseca. Es una vívida imagen.

CONSCIENTE. No solo estaba consciente de su sed de alma, sino que sabía lo que quería, y esto es muy diferente de lo que sucede con muchos.

La diferencia entre los apetitos animales y espirituales es que conocemos qué es lo que anhela el apetito corporal, pero no somos tan rápidos en discernir de qué tienen sed nuestras almas.

DECISIÓN. Estaba decidido a buscar al Señor, y a buscarlo «de madrugada», esto es, fervientemente.

II. Un alma satisfecha (v. 5).

FUTURO. Obsérvese cuando el salmista dijo que quedaría satisfecho: «será».
RECUERDO. Es «Cuando me acuerdo de ti» y «medito en ti». Nuestra alma queda satisfecha por vía de nuestro cerebro, esto es, pensando y poniendo este pensamiento en acción.

III. Un alma anhelante (v. 8).

SORPRESA. No esperarías encontrar esto.
NUNCA HASTIADO. Aquel que siga cualquier otro bien aparte de Dios, tiene al final que decir: «Estoy hastiado y cansado de eso, y ha perdido todo poder de atracción sobre mí». Pero cuanto más tienes de Dios más deseas y anhelas.
NO AUSENTE. Pero observarás que no es el anhelo de conocer mejor a un Ausente. «Tu diestra me sostiene.» Él está presente.

517. SED DE DIOS

Salmo 63:1-8

Éste es el lenguaje del salmista mientras que va errando por el desierto de Judá. Es una experiencia típica de los que han descubierto su verdadera necesidad en el desierto de los insatisfactorias placeres y ganancias de este mundo.

I. La naturaleza de esta sed. «Mi *alma* tiene sed de ti, mi *carne* te anhela» (v. 1). Es la sed de un espíritu doliente y de una *vida* empobrecida. El hombre es un alma; es un espíritu. Hay una sima abierta dentro de su ser, que no puede ser llenada por toda la bendición material del mundo. Esta sed del *alma* es una evidencia de su relación con Dios.

II. El objeto de esta sed. «Mi alma tiene sed de *ti*... *te* anhela». Solamente quienes conocen a Dios tendrán sed de él. El ciervo brama por las corrientes de agua, porque conoce la eficacia refrescante del torrente. Hay almas que están heridas de una intensa sed, pero no saben lo que realmente necesitan, por lo que se precipitan a cisternas rotas, que no pueden guardar agua. No quieren reconocer que es a Dios a quien necesitan. Oh alma viva y agitada, es al Dios viviente y reposado a quien tú necesitas (Sal. 42:2).

III. La causa de esta sed. «En tierra de sequedad y transida sin aguas» (v. 1, RV). La tierra en que moramos es en sí un lugar seco y agostado: no hay en ella agua alguna; absolutamente nada perteneciente a ella que pueda suplir esta profunda necesidad del alma humana. Nuestros mejores medios ambientes, aparte del goce de la presencia de Dios, son solo un desolado desierto que necesita ser despertado. Una clamorosa desolación, que solo se burla de la verdadera hambre del alma. Este mundo le da al sediento todo, menos aquello que necesita.

IV. El motivo de esta sed. «Ver tu poder y tu gloria» (v. 2). Ésta es una demanda grande y atrevida. ¡Qué visión más satisfactoria: ver el poder y la gloria de Dios; ver el poder de su gracia salvadora y la gloria de su carácter intachable. Es en el santuario de su Santa Palabra donde se hace esta refrescante revelación. En la Persona de su Hijo, podemos ver su poder y gloria. Si alguno tiene sed, venga a Mí y beba (Jn. 7:37).

V. La confianza en medio de ella. «Como de meollo y de enjundia será saciada mi alma» (v. 5). Allí donde ha aparecido esta sed, es la precursora de una rica y duradera bendición. Dios mismo viene a ser la porción de todo el que le busca. Él los hace beber del torrente de sus delicias (Sal. 36:8). El alma no queda satisfecha con huesos teológicos, sino con meollo y enjundia, «*lo más fino* de la harina».

VI. La dirección de esta sed. «Está mi alma apegada a ti» (v. 8). Cuando las sedientas raíces de un árbol hallan el río, van en pos de él. Los que han encontrado la satisfacción del alma en Dios permanecen junto a la «Fuente de las aguas vivas.» Si hemos hallado en Él una plena salvación, sigamos constantes en pos de Él en servicio consagrado. Bienaventurados los que tienen hambre y sed de justicia, porque ellos serán saciados.

518. CORONANDO EL AÑO

«Tú coronas el año con tus bienes» (Sal. 65:11).

Introducción

UN PENSAMIENTO MARAVILLOSO.

1. Una coronación es un gran acontecimiento nacional.
2. Toda la nación hace fiesta y se regocija.
3. De la cosecha se declara que es la coronación de la tierra.
4. Es decir: es *el* gran acontecimiento que marca el año.

UNA EXTRAÑA MEZCLA.

a. Alabanza. Silenciosa; como siervos, esperando (v. 1).
b. Voto. «A ti se cumplirán los votos.»
c. Acceso. Versículo 4.
d. Pecado. Versículo 3.
e. Bienaventurado. Versículo 4.
f. Una extraña mezcla de bondad y de severidad. Versículo 5. En la salvación hay una mezcla de lo terrible y de lo lleno de gracia. Vemos a un Dios tan terrible, tan airado contra el pecado, que para salvar a los hombres a quienes ama no sacará la espada de la justicia. No hasta que fue hundida en el Cuerpo de nuestro sustituto. La luz se regocija, esto es, para cantar (v. 8). El hebreo significa «dar un son trémulo como la voz vibrando para cantar».
g. Benditos resultados de la visita de Dios a la tierra. Versículos 9 a 13.

UN CONTRASTE.

1. Dios corona la *tierra* con bienes.
2. Pero Él corona al hombre con:
   a. Gloria y honra (Sal. 8:5), y
   b. Misericordias (Sal. 103:4).

LA BONDAD DE DIOS.

1. ¡Qué tema!
2. Hay bondad de Dios:
   a. En Providencia. «Detrás de una ceñuda providencia».
   b. En Gracia. La Cruz.

AGRADECIMIENTO. Al acercarnos al fin de la cosecha, nos encontramos en un talante de humilde gratitud por todas las misericordias y bondades del Señor.

I. Una bondad abarcadora.

1. «Tú rodeas», como con una diadema (A. Clarke).
2. Es una expresión de la mayor elegancia, para mostrar el progreso del sol en los cielos que produce las estaciones del año.
3. No se podría haber escogido una imagen más hermosa.
4. No hay errores astronómicos en la Biblia.

II. Una bondad anual.

1. Una cosecha abundante y plena es la corona del año.
2. Ésta es la diadema de la tierra. Unos años más pesada que otros.
3. La acción de gracias por la cosecha, el regocijo de la coronación.
4. La coronación. En tiempos antiguos, el fruto del afán y el resultado de la victoria.

III. Una bondad abrumadora.

1. «Coronas el año con tus bondades» es como traduce la V.M.
2. El año que está por otra parte marcado por tus bondades. Dios ha hecho un año todavía más próspero un año que de natural ya lo era, concediendo una cosecha inusualmente abundante.
3. Para rodear la tierra por todos lados tal como la cabeza queda rodeada por una corona.

IV. Aplicación. La contemplación de su bondad 1) En la Cruz; 2) En los creyentes; 3) En la naturaleza, debería llevarnos:

1. Al ARREPENTIMIENTO.
   a. Su bondad en contraste con nuestra mezquina ingratitud.
   b. Su bondad en contraste con nuestra vileza.
2. A la ALABANZA.

519. GOZOSO EN DIOS

Salmo 66

El alma que ha tenido sed *de* Dios, y que ha hallado satisfacción en Él, hará de cierto un feliz son *a* Él. Podemos mostrar nuestro gozo en Dios:

I. Alabando Su nombre. «Cantad la gloria de su nombre» (v. 2). Su *nombre* es todo lo que Él mismo es (Is. 9:6). Cantemos su gracia gloriosa; su amor eterno y poder omnipotente. Se precisará de toda la eternidad para mostrar todos los honores de aquel nombre maravilloso.

II. Gloriándonos en Sus obras. «Venid, y ved las glorias de Dios» (v. 5). El Señor ha hecho grandes cosas por su pueblo Israel (vv. 6-7). ¿No ha hecho Él grandes cosas por nosotros? Su obra de salvación es de «esplendor y majestad» (Sal. 111:3). Pensemos en el hoyo del que hemos sido sacados, y que abunde nuestro gozo en Dios.

III. Confesando Su fidelidad. «Bendecid, pueblos, a nuestro Dios... Él es quien preservó la vida a nuestra alma, y no permitió que nuestros pies resbalasen... Nos sacaste a abundancia» (vv. 8-12). Ha habido tentaciones; ha habido el horno de la prueba, que nos ha probado como plata. Ha habido la «red», el «fuego... y el agua», pero, alabado sea su nombre, el fin ha sido un lugar de «abundancia». Fiel es el que prometió.

IV. Creciendo a Sus demandas. «Entraré... Cumpliré... Ofreceré» (vv. 13-15). «Entrad» en su Casa de *adoración;* «cumplid» los votos de *consagración;* «ofreced» el sacrificio del *servicio.* El gozo de la adoración debería ir acompañado del gozo del sacrificio y del servicio. Levántate y ve a Betel, el lugar de la visión y de la consagración.

V. Por testimonio personal. «Venid, oíd..., y contaré todo lo que ha hecho a mi alma» (v. 16). Los que no tienen testimonio alguno para Dios nada conocen del gozo de Dios. Son aquellos que han «*recibido* la Reconciliación» los que se gozan en Dios por medio del Señor Jesucristo (Ro. 5:11). El testimonio del Salmista es triple. Primero: con respecto al hecho de su propio gozo. «[El Señor] fue ensalzado con mi lengua» (v. 17). Segundo: con respecto al hecho de que Dios sí da respuesta a la oración. «Ciertamente me escuchó Dios» (v. 19). Tercero: con respecto al hecho de que un corazón impuro es una barrera a la oración. «Si en mi corazón hubiese acariciado yo la iniquidad, el Señor no me habría escuchado» (v. 18). «Cantad alegres a Dios.»

520. PAGO DE VOTOS

Salmo 66:13, 14

Introducción

EL EMIGRANTE QUE REGRESABA.

Un barco que volvía de una travesía se encontró atrapado en una terrible tempestad, y se temía que fuese a zozobrar.

Uno de los pasajeros, que volvía a su tierra nativa con una fortuna, estaba lleno de terror, y arrodillándose delante de una imagen de San Cristóbal, se puso a invocar a voces al santo, prometiéndole que si intervenía y le llevaba sano y salvo a tierra, que le llevaría una vela del tamaño de su estatua en París.

–Cuidado con estas promesas –le dijo uno que estaba cerca–; aunque venda todas sus posesiones, no podrá pagarla.

–Calle y no sea tonto –le dijo el primero; luego, bajando la voz, para que el santo no le oyese, le dijo: ¿Cree usted que voy a hacerlo? En cuanto llegue a tierra no le voy a dar una candela de sebo.

Así, este voto era insincero y mentiroso, pronunciado sin ninguna intención de observarlo.

¿Y TÚ? Estamos muy listos a condenar de manera severa esta mezquindad e hipocresía. No podemos encontrar palabras suficientes para expresar nuestro aborrecimiento contra tal conducta; pero, ¿y tú? ¿No tienes votos sin cumplir?

NO ENGAÑO, SINO OLVIDO. Apenas si podemos pensar que todos podríamos decir que no. No creo que ninguno de nosotros nos hayamos hecho culpables de tal engaño. Cuando hicimos nuestros votos, pensábamos guardarlos. Pero, ¡ay!, qué olvidadizos somos. Recuerdas qué votos hiciste al Señor en aquel tiempo de dura prueba y enfermedad. ¿Es cierto que la deuda no está pagada, aunque han pasado los años? Si es así, da gracias a Dios que sigues estando aquí en el cuerpo, y confiamos que dirás con David: «Ahora cumpliré mis votos a Jehová delante de todo su pueblo» (Sal. 116:14).

Salmo milenial

1. Éste es uno de los salmos mileniales, y vale la pena considerarlo. Es profético además de conmemorativo.
2. Llama a todos a alabar a Dios.
3. Luego predice que así lo harán.
4. Y habiendo movido a todo el pueblo, y en particular a todo el pueblo de Dios, se activa a sí mismo.

Una clave

1. El versículo 3 nos da una clave a una gran dificultad.
2. ¿Cómo es que después del glorioso reinado milenial de Cristo se puedan encontrar hombres tan malvados que se combinen en una última y terrible revuelta?
3. Aquí tenemos la clave: se trata, como se ve en la traducción de la V.M., de una obediencia fingida la que muchos le darán en el Milenio: «se te humillarán fingidamente tus enemigos».
4. «La grandeza de tu poder», por sí sola, no cambia al enemigo, sino que solo le hace rendir una obediencia fingida.
5. Es solo la grandeza de su amor lo que puede cambiar transformar a enemigos en amigos y llevar a una obediencia no fingida.

Conmemorativo

1. Desde los versículos 1 a 6 se invita a TODO el pueblo a alabarle.
2. Pero desde el versículo 7 hay una diferencia –porque aquí es al pueblo de Dios que se extiende la invitación– «Bendecid... a NUESTRO Dios» (v. 7).
3. El salmista recuerda alguna liberación nacional y personal.
4. Era la propia experiencia de David; y no dejó de guardar su promesa.
5. Que tú y yo le emulemos en esta virtud.
6. Al tratar acerca de esta cuestión, observa primero:

I. Cuándo fue hecho este voto.

1. El voto fue hecho «cuando estaba angustiado».
2. No se trataba de una angustia ordinaria.
3. Había habido una grave turbación: algo que le había atribulado grandemente.
4. Con independencia de lo que podamos tener que decir acerca de la sabiduría de hacer votos, nos es cosa natural hacerlos cuando estamos angustiados.
5. Hacer votos era un hábito general en el Antiguo Testamento.
6. Y también en el Nuevo, porque Pablo fue a Jerusalén bajo voto.

¿Por qué?

1. Me temo que los motivos que conducen a hacer votos no sean siempre dignos de encomio.
2. Demasiadas veces se hace un voto como un soborno para comprar su interferencia y ayuda.
3. En lugar de como ofrenda de acción de gracias.
4. ¡Ah, amigos míos, cuidado con nuestros motivos!

II. ¿Por qué deberíamos guardar nuestros votos?

1. POR RESPETO A NOSOTROS MISMOS.
   a. Mi primera razón para guardar nuestros votos es por respeto a nosotros mismos.
   b. Es cierto que éste es el terreno más bajo que se puede tomar, pero es bueno comenzar desde lo inferior.
   c. Como personas con honor, deberíamos menospreciar hacer una solemne promesa cuando estamos en una gran necesidad, y luego olvidarnos de ella cuando ha pasado el peligro.
   d. Aprendamos una lección de Cartago: el gran general cartaginés, Amílcar Barca, tenía un hijo pequeño llamado Aníbal. Cuando éste tenía 9 años, insistió a su padre pidiéndole que lo dejase ir a la batalla con él. Amílcar consintió, pero antes de partir, hizo a Aníbal poner su mano sobre el altar de su ídolo, y jurar que haría siempre la guerra contra Roma. Aníbal guardó su palabra. Pasó 36 años luchando contra Roma, y al final de su vida de 70 años no había olvidado su voto.
2. POR RESPETO A DIOS.
   a. Esta debería ser nuestra segunda razón.
   b. No pensaríamos tan a la ligera en nuestros votos si realmente comprendiésemos cómo los considera Dios.
   c. ¿Sabes que Dios pensaba tan seriamente acerca de los votos que dedicó todo un capítulo a esta cuestión, el último del libro de Levítico?
   d. Jacob hizo un voto, a la siguiente mañana después de la primera noche que pasó como fugitivo de su hogar. Veintiún años más tarde Dios se le apareció y le dijo: «Yo soy el Dios de Betel, donde tú ungiste la piedra, y donde me hiciste un voto» (Gn. 31:13).
   e. Durante 21 años Dios había atesorado aquel voto.
   f. Y esto había impresionado de tal manera a los judíos que consideraban que un voto era una cosa muy sagrada.
3. POR TEMOR DE DIOS.
   a. Ésta es nuestra tercera razón.
   b. Contempla cómo el salmista considera a Dios (vv. 3-7 del Salmo 66).
   c. No consideraba a Dios como alguien con quien jugar.
   d. Ni soñaba con poder tomarse a Dios a la ligera.
   e. No es sorprendente que el hijo de alguien que tenía un concepto tan majestuoso de Dios escribiese: «Mejor es que no prometas, y no que prometas y no cumplas» (Ec. 5:4, 5).

II. Cómo podemos guardar nuestros votos.

Lo que es fácil. Dar dones, por ejemplo dinero, etc., es cosa bastante fácil. Pero generalmente nuestros votos tienen que ver con la mejora de la vida. Y esto es cosa difícil.

El Doctor Johnson escribió, en su obra *Oraciones y Meditaciones*: «He pasado ahora 55 años tomando resoluciones, habiendo hecho, desde que puedo recordar, planes y planes para mejorar mi vida. No he hecho nada. La necesidad de hacer es por ello apremiante, porque el tiempo para hacer es corto. Oh Dios, concédeme que me resuelva rectamente, y que mantenga mis resoluciones, por causa de Jesucristo. Amén».

Conclusión: una advertencia.

EL HIELO MÁS DURO.
Como conclusión, recuerda un hecho de las ciencias naturales que nos da una lección muy solemne. El hielo más duro es el que se congela después de un reblandecimiento.

EL REBLANDECIMIENTO.

1. Tú sabes algo de un reblandecimiento en tu experiencia.
2. Tu indiferencia acerca de Dios y de las cosas divinas se fundió cuando te encontraste en angustia, cuando te viste cara a cara con la muerte, con un desastre o con alguna terrible catástrofe.
3. Y entonces decidiste darte a Él y a su servicio.
4. ¡Cuidado con congelarte!

LAS MÁS DIFÍCILES.
Las personas más difíciles con las que tratar son aquellas que una vez se encontraron bajo unas profundas preocupaciones espirituales, pero que han apagado todos los sentimientos tiernos y anhelantes hacia Dios.

Lo que se espera.

1. Recuerda el dicho de Murray McCheyne de que «Las higueras perdonadas deberían llevar mucho fruto».
2. Que tu oración sea:

> «*Salvador, tú me diste tu amor en muerte,*
> *Nada retenerte debería, mi Señor;*
> *En amor mi alma inclinarse debiera, y*
> *Mi corazón su voto cumplir;*
> *Alguna ofrenda traerte a ti ahora,*
> *Algo para ti*».

3. Y recuerda el orden divino, tal como lo observa el apóstol Pablo en 2 Corintios 8:5.
4. Los cristianos macedonios dieron con generosidad, pero dice el Apóstol que «se dieron a sí mismos primeramente al Señor».
5. Esto lo hizo el salmista, y así deberíamos hacerlo nosotros.

521. POR QUÉ SE DESEA LA BENDICIÓN

«*Para* que sea conocido en la tierra tu camino, en todas las naciones tu bendición» (Sal. 67:2).

Misionero.

1. Es un Salmo breve, pero de gran valor misionero.
2. El versículo 2 es el eje central del Salmo.

Una triple bendición.

1. Comienza invocando la triple bendición.
2. Observemos la importante progresión de la bendición divina.
   a. Tenga misericordia. Somos pecadores, y necesitamos miseri cordia.
   b. Bendiga. No solo perdone, sino que nos bendiga con toda bendición espiritual.
   c. Haga resplandecer. Nos dé la conciencia de su favor, un disfrute tangible de su amor.

Pero, ¿por qué?

1. No para nuestro mero goce personal.
2. No para que gocemos a solas de la bendición divina.
3. Es para que habiendo recibido así la bendición y el resplandor, podamos hacer «que sea conocido en la tierra tu camino» (v. 2).

Resultado.

1. Alabanza. Lleno del espíritu que alaba a Dios.
2. Desde toda la tierra.

Resultado de la alabanza.

1. Cuando los hombres no traten ya más de destruirse a sí mismos, ni las propiedades de los demás, y alaben a Dios con sus labios y su vida.
2. Entonces la tierra dará su fruto.

522. OLLAS Y CORAZONES

Salmo 68:13, RV

I. Una olla **peligrosa**, 2 Reyes 4:40

II. Una olla **hirviendo**, Jeremías 1:13

III. Una olla **impura**, Ezequiel 24:6

IV. Un crisol **de afinado**, Proverbios 17:3

V. Una vasija **inagotable**, 2 Reyes 4:2

VI. Un incensario **de oro**, Hebreos 9:4

VII. Ollas **consagradas**, Zacarías 14:20, 21

523. UN CLAMOR DE ANGUSTIA

Salmo 69:1-5

Este salmo debería ser leído de rodillas, como procedente de los labios del sufriente Hijo de Dios. En los versículos iniciales podemos oír el clamor de un alma en total desesperación por la salvación de Dios. Las razones de ello son muy claras. Había una sensación de:

I. Peligro. «Sálvame, oh Dios, porque las aguas se me han entrado hasta el alma» (v. 1, V.M.). Su alma es como una nave con una vía de agua en un mar tempestuoso. Las aguas del dolor y del temor le han venido encima. Ha estado debatiéndose por mantenerlas fuera, pero ha fallado. Las aguas han prevalecido, y grande es el peligro. Un barco en la mar es cosa natural, pero la mar en un barco es algo terrible.

II. Impotencia. «Estoy hundido en cieno profundo, donde no puedo hacer pie» (v. 2). En el profundo y cenagoso mar del pecado un hombre no puede hacer otra cosa sino *hundirse*, porque allí no hay en absoluto «fondo» de ningún tipo. El hombre tiene que salir de este horrible hoyo antes de poder poner los pies sobre la roca. La ley del pecado y de la muerte, como la ley de la gravedad, no pueden hacer nada por nosotros mientras estamos en el profundo cieno. No hay «donde asentar el pie» (v. 2, V.M.).

III. Desesperanza. «He venido al fondo de las aguas, y *me arrastra la corriente*» (v. 2). Las aguas entran en su alma; ahora ha llegado «al fondo de las aguas». Y como uno que se hunde debajo de la línea de la marea, las olas comienzan a batir sobre él. La figura aquí empleada es de lo más expresiva para describir la incapacidad del pecador para liberarse de la culpa de su propio pecado. Igual podría tratar de volver la marea atrás como la ira de Dios contra el pecado.

IV. Fatiga. «Cansado estoy de llamar.» Habla ahora como un niño que se ha agotado y quedado exhausto por sus esfuerzos. No se nos oye meramente a causa de nuestro mucho clamar. Tenemos que poner fin a nuestro yo en la oración, así como a nuestro yo en las obras.

V. Sed. «Reseca está mi garganta» (v. 3, BAS). Esta figura es la de un hombre a punto de perecer en un ardiente desierto arenoso. Su clamor le ha traído solo una sensación más profunda de necesidad. Torrentes le están cubriendo, y sin embargo muere de sed. Éstas son las agonías de un alma que se debate en busca de la liberación del mundo y del pecado (Is. 55:1-2).

VI. Cerera. «Han desfallecido mis ojos esperando a mi Dios.» Él es ahora como uno en una atalaya, cuyos ojos están fatigados y cegados de tanto forzarlos esperando algo que no le ha llegado. No puede hacer ningún descubrimiento esperanzador. En mí, esto es, en mi carne, no mora el bien.

VII. Enemigos. «Se han hecho poderosos mis enemigos» (v. 4). Son también numerosos, más que «los cabellos de mi cabeza». Los enemigos del alma humana que busca en pos de Dios y de la salvación, enemigos tan poderosos como «Principados, y Potestades, y Espíritus de Maldad». Y más numerosos que los cabellos de la cabeza. Es grande la huida desde el reino de las tinieblas al reino de Dios. Toda esta condición, así, es una de intensa impotencia y de desesperanza, aparte de la gracia y del poder de Dios.

VIII. Confesión. «Dios, tú conoces mi insensatez, y mis pecados no te son ocultos» (v. 5). Es necesaria la confesión. Nuestros *pecados* están ahí, en nuestros propios corazones, como aguas sofocantes. También tenemos que confesar nuestra *insensatez*: la de entrar en la ciénaga y tratar de salvarnos mediante desesperados esfuerzos. Dios lo *sabe*, por tanto, no intentes ocultarlo. Haz ante Él un reconocimiento pleno y franco.

IX. Petición. «Sálvame, oh Dios» (v. 1). «Pero yo a ti oraba, oh Jehová, al tiempo de tu buena voluntad» (v. 13) ... Sácame del lodo... y de lo profundo de las aguas (v. 14)... Acércate a mi alma, rescátala (v. 18).

1. Fue ofrecida a Aquel a quien se debía: «A ti... oh Jehová».
2. Fue con un propósito recto. Salvación y liberación de la ciénaga.
3. Fue ofrecida en el tiempo adecuado: «En tiempo favorable» (2 Co. 6:2).

524. UN TESTIMONIO GOZOSO

Salmo 71:15-24

En él tenemos:

I. Salvación. «Mi boca publicará tu justicia y tus hechos de salvación todo el día» (v. 15). ¿Cómo podría él mostrar su salvación si no la hubiera experimentado?

II. Resolución. «Vendré... Haré memoria» (v. 16). Los salvos debieran ir, e ir en «Su poder», haciendo mención de su carácter (Ro. 1:16).

III. Confesión. «Oh Dios, me enseñaste» (v. 17). Éste es un agradecido reconocimiento de su gracia y sabiduría. Es privilegio de los salvos ser «enseñados por Dios» (Jn. 14:26).

IV. Petición. «Aun en la vejez... oh Dios, no me desampares, hasta que anuncie tu poder a la posteridad» (v. 18). Ésta es una maravillosa «pensión de jubilación», poder, cuando se llegue a «las canas», mostrar el poder y la fuerza de Dios. ¿Por qué deberían los ancianos perder su lozanía espiritual? La Vid sigue siendo la misma, y si el pámpano permanece en ella, será fructífera.

V. Adoración. «Oh, Dios, ¿quién como tú?» (v. 19). Los que han sido testigos de las grandes cosas de Dios, y las han experimentado, no pueden dejar de estar llenos de gratitud en adoración.

VI. Expectativas. «Tú, ... volverás a darme vida... aumentarás mi grandeza, y volverás a consolarme» (vv. 20-21). Él había visto «muchas angustias y males», y espera así recibir grandes y preciosas bendiciones. Éste es el lenguaje de uno que conoce por experiencia los métodos escudriñadores y llenos de gracia de Dios para con los suyos.

VII. Exultación. «Yo te alabaré... cantaré a ti con el arpa... mis labios se alegrarán cuando cante a ti... mi lengua hablará también de tu justicia todo el día» (vv. 22-24). ¡Ah, cuán grande es y cuánta satisfacción da la bondad de nuestro Dios! Venid y gustad. Él es la fuente de la vida. Bendice, alma mía, a Jehová (Sal. 103:2-4).

525. EL REINADO MILENIAL

Salmo 72

Este maravilloso Salmo es llamado «Para Salomón», pero uno mayor que Salomón está aquí. El reinado de Salomón, el hijo del rey, fue indudablemente de relativa paz y rectitud, pero no se postraron delante de él todos los reyes de la tierra (v. 11) ni le sirvieron todas las naciones (v. 11), así como tampoco es de su gloria que será llena toda la tierra (v. 19). Pero todo esto se cumplirá literalmente cuando el Hijo de Dios aparezca con poder y gran gloria. ¿Cuáles son las características de esta bendita edad, como se revela en este Salmo? Habrá:

I. Rectitud universal. «Él juzgará a tu pueblo con justicia» (v. 2). Esta justicia es la justicia de Dios (v. 1). La justicia de los hombres resulta en trapos de inmundicia en comparación con ésta. «He aquí que reinará un rey con rectitud» (Is. 32:1). La ley saldrá de su boca, y nunca será torcida por los egoístas y torcidos propósitos de los hombres. «Aplastará al opresor» (v. 4). La codicia del avaro y la arrogante soberbia del tirano serán aplastadas por el poder de su juicio. Los pobres de espíritu serán los bienaventurados en su reino (Mt. 5:3). Cuando Él reine serán abatidos todo gobierno presuntuoso y autoridad arrogante.

II. Avivamiento universal. «Descenderá como la lluvia sobre la hierba cortada; como el rocío que destila sobre la tierra» (v. 6). Él, como la lluvia, *descenderá* del cielo. Él vendrá en un tiempo de gran necesidad sobre la *hierba cortada*. La hierba que ha sido cortada está en gran peligro de ser quemada hasta las raíces. Él vendrá como rocío que destila sobre la tierra. El *rocío* es una gran bendición. El efecto de la tan anhelada lluvia es la renovación de toda la faz de la Naturaleza: el resultado de su venida sobre una humanidad segada será un poderoso avivamiento y refrigerio desde la presencia del Señor. Todo lo que sea regado por este río vivirá (Ez. 47:9).

III. Prosperidad universal. «Florecerá en sus días la justicia, y muchedumbre de paz» (v. 7). La carga de los armamentos nacionales se desvanecerá entonces (Is. 2:4). La justicia, y no la fuerza, será el principio de gobierno popular «en sus días». La maldad y el engaño, en todas sus formas, como los inmundos murciélagos, no podrán presentarse abiertamente en los resplandecientes días de su gloria. Venga a nos Tu reino; hágase tu voluntad, en la tierra como en el cielo.

IV. Dominio universal. «Dominará de mar a mar, y... hasta los confines de la tierra» (v. 8). Todos los otros reinos serán quebrantados en pedazos (Dn. 2:24). Entonces los gentiles (o paganos) le serán dados en herencia, y los confines de la tierra como posesión de Él (Sal. 2:8). Él vino para que «el *mundo* sea salvo por medio de él» (Jn. 3:17). Toda rodilla se doblará aún ante Él, y toda lengua confesará que Él es Señor.

V. Sometimiento universal. «Los reyes... traerán presentes... dones. Todos los reyes *se postrarán* delante de él; todas las naciones le *servirán*» (vv. 9-11). Las lenguas de muchos burladores son elocuentes ahora, pero morderán el polvo cuando Él venga (Mi. 7:17). El mundo necesita un Gobernante. Como la Reina de Sabá acudió a Salomón para probarle, al oír su fama, así los reyes de toda la tierra se verán constreñidos a venir a Aquel que es Rey de reyes, y Señor de señores. Los reinos de este mundo vendrán a ser el reino de *nuestro* Señor y de *su* Cristo (Ap. 11:15). Él reinará para siempre jamás.

VI. Bienaventuranza universal. «Será echado un puñado de grano... Su fruto hará ruido como el Líbano... los de la *ciudad* florecerán cono la hierba de la tierra. Será su nombre para siempre... *benditas serán en él* todas las naciones; lo llamarán bienaventurado» (vv. 16-17). Cuando la ciudad florezca como la hierba, no habrá lugar para los bajos fondos. Ahora hay bendición *en Él* por medio de la fe, y habrá después bendición en Él, *entonces*, por vista; y tanta bendición habrá que todas las naciones le llamarán Bendito a Él, por cuanto Él es el Bendecidor universal (Ef. 1:3). Entonces se cumplirá el anuncio angélico de Lucas 2:14.

VII. Gloria universal. «Bendito su nombre glorioso para siempre, y toda la tierra sea llena de su gloria» (v. 19). La gloria de este nombre que ahora transfigura el alma transfigurará entonces en mundo. Porque la tierra será llena del conocimiento de la gloria del Señor, como las aguas cubren la mar (Hab. 2:14). Ésta es la obra de Aquel que es «magnífico en santidad, terrible en maravillosas hazañas, hacedor de prodigios».

526. SOLUCIÓN A UN GRAN PROBLEMA

Salmo 73

Al juzgar las cosas por su apariencia externa, el salmista dice: «Casi se deslizaron mis pies; por poco resbalaron mis pasos» (v. 2). Estos son «tiempos peligrosos» para el alma confiada, cuando la Providencia de Dios parece contradecir a la Palabra de Dios. Lo mismo que en la visión de Ezequiel, también en los tratos de Dios con los hombres aparecen «ruedas dentro de ruedas».

I. El problema. Era enorme y complejo. Aquí tenemos algunas de las cosas que abrumaron sus sentidos:

1. Vio la prosperidad de los impíos (v. 3).
2. Vio que «no se acongojan por su muerte» (v. 4).
3. Vio que «no pasan trabajos... ni son azotados como los otros hombres» (v. 5).
4. Vio que «la soberbia les ciñe el cuello como cadena de oro» (v. 6, V.M.).
5. Vio que «logran con creces los antojos del corazón» (v. 7).
6. Vio que «hablan con altanería. Ponen su boca contra el cielo» (vv. 8-9).

7. Vio que ignoraban voluntariosamente a Dios, diciendo: «¿Cómo sabe Dios?» (v. 11).

Luego añade, con un deje como de ironía en su tono: «He aquí estos impíos, sin ser turbados del mundo, alcanzaron riquezas» (v. 12). ¿Es en vano, pregunta él, que «he limpiado mi corazón, y *lavado mis manos en inocencia*»? (v. 13). ¿No importa para nada lo que el hombre *sea*? ¿No hay ningún principio de justicia que domine sobre los asuntos de los hombres? ¿Acaso lo mejor es ser malvado y desafiar a Dios? «Pues he sido azotado todo el día» (v. 14). El problema de los sufrimientos de los justos, y de la prosperidad de los impíos, lo tenemos siempre delante de nosotros. A juzgar desde un punto de vista meramente mundano, el misterio es insoluble. El hombre del mundo, cuyos ojos se le salen de gordura, puede decir, con escarnio, «¿Cómo lo sabe Dios?».

II. La solución. «Cuando medité para entender esto, fue un duro trabajo para mí, *hasta* que entrando *en el santuario de Dios, comprendí el fin* de ellos» (vv. 16-17). Toda la situación es desde luego penosa, aparte de la revelación del «santuario de Dios». Pero cuando se considera a la luz de aquella revelación de Dios que tiene que ver directamente sobre «el *fin* de ellos», las cosas se ven en su verdadera perspectiva. En su luz vemos con claridad la luz. Las cosas adoptan otro carácter cuando se ven a la luz de la Eternidad. La prosperidad temporal puede ser solo un síntoma temprano y engañoso de una enfermedad fatal. En esta visión santa y ensanchada Él vio:

1. Que estaban puestos «en deslizaderos» (v. 18).
2. Que serían precipitados «en una completa ruina».
3. Que serían «asolados de repente» (v. 19).
4. Que «se consumirían de terrores».

5. Que Dios «los menospreciará como a fantasmas» (v. 20). Esta nueva perspectiva seca las raíces de la envidia. ¿Quién codiciaría la posición de un hombre que fuera a ser famoso por una hora, y un necio por un año? Los malvados tienen su porción en esta vida, pero quedan en una mísera bancarrota al final (Lc. 16:25).

III. El alma en reposo. Viendo ahora el perturbador problema, por así decirlo, con nuevos ojos, hace una llana confesión de su «insensatez» e «ignorancia», y se declara a sí mismo como una *bestia* delante de Dios. Los ojos de una bestia solo miran lo terreno y lo externo (v. 22). Los impíos viven una vida de «hombre necio... insensato» (Sal. 92:6); pero, ¿por qué el hombre piadoso contempla estas cosas desde el punto de vista del *necio*? Habiendo descubierto su error, y reconocido su insensatez, pasa a contar las bendiciones que le pertenecen como hombre de Dios, en contraste con la porción del hombre del mundo. ¿Cuales son?

1. Tiene la amistad de Dios. «Con todo, yo siempre estoy *contigo*; me tomaste de la mano derecha» (v. 23).
2. Él le dice: «Me has *guiado* según tu consejo» (v. 24).
3. Está seguro de que después Dios le recibirá «en gloria» (v. 24). Éste es un *fin* muy diferente del mencionado en el v. 18.
4. Él siente que *aparte* de Dios, «nada me deleita ya en la *tierra*» (v. 25). El hombre insensato no sabe nada de esta bendición *terrenal*.
5. Está confiado en que a pesar de que su «carne y su corazón desfallecen... la roca de su corazón y su porción *es Dios para siempre*» (v. 26).
6. Sabe por experiencia que acercarse a Dios es el bien (v. 28). Es bueno para nosotros que allegarnos *a Él*.
7. Él testifica: «He puesto en Jehová el Señor mi esperanza, para contar todas tus obras» (v. 28). Los problemas sociales vistos a la luz del santuario de Dios deben conducir a una renovada y más plena declaración de las poderosas *obras* de Dios.

527. UNA CONFESIÓN HUMILDE

«Porque tuve envidia ... viendo la prosperidad de los impíos» (Sal. 73:3).

Hay una antigua máxima pagana que viene a decir lo siguiente: «La prosperidad de los malvados es un reproche hacia los dioses». Esto muestra con claridad la tendencia del pensamiento en aquellos tiempos. No es para asombrarse que el salmista expresase lo anterior. ¿Por qué permite el Señor que prosperen los impíos? ¿Por qué se ha de llamar a sus siervos que sufran grandes dolores, calamidades o desastres, mientras que los impíos quedan más bien exentos? Éste es el gran problema de los siglos. Notemos, el salmista observó que los impíos tenían

a) muertes fáciles (v. 4).
b) Eran fuertes y tenían éxito, y la nota marginal parece sugerir que la prosperidad de los mismos era a menudo a costa del pueblo de Dios.
c) No eran angustiados como otros (v. 5); estaban llenos de orgullo, etc., etc. (vv. 6 a 10). Entonces, ¿de qué sirve servir a Dios? (vv. 10 a 16).

¡Ah, no, no tan deprisa! Ven, contempla las cosas desde la perspectiva de Dios, como lo hizo el salmista (v. 17), cuando contempló el fin de ellos, y varias otras cosas. Entonces se lamentó de su propia insensatez (vv. 21 y 22). Luego observó sus propias bendiciones y privilegios personales.

«Yo siempre estoy contigo» (v. 23).
«Me tomaste de la mano derecha» (v. 23).

Era conducido por el propio consejo del Señor (v. 24).
El Señor era todo para él (v. 25).
Y había gloria reservada para él.
Por ello, es bueno para nosotros allegarnos al Señor, como lo hacía el salmista.

528. BEBE DE LAS GRANDES PROFUNDIDADES

«Hendió las peñas en el desierto, y dioles a beber como de grandes abismos» (Sal. 78:15, RV).

Este salmo debe ser considerado como una parábola histórica (v. 2), y como tal está lleno de profundo sentido espiritual, para que pongamos en Dios nuestra confianza, y no nos olvidemos de sus obras (véase v. 7).

I. El lugar de necesidad. «En el desierto.» El desierto, como este mundo presente, es lugar de prueba y testimonio. Muchos fallan aquí, diciendo, «¿Podrá [Dios] *poner mesa* en el desierto?». (v. 19). En el *desierto* los israelitas dependían de Dios para todo, así que mientras estamos en este mundo tenemos que vivir por la fe en el Hijo de Dios.

II. La bendición mencionada. «Beber.» El agua es aquí un tipo de las bendiciones del Evangelio (Is. 55; Jn. 7:37; Ap. 22:17). Es algo *real* para suplir una verdadera necesidad: la sed. Es algo que debe ser apropiado, con el acto de «beber», y un algo que *no puede dejar* de conseguir este gran fin de refrigerar y satisfacer al receptor. Así es el Evangelio de Cristo para todos los que creen.

III. Los medios empleados. «Hendió las peñas.» Moisés *golpeó* la roca, pero fue el Señor quien la *hendió*, de modo que saltara el agua de ella (v. 19). Este precioso tesoro salvador estaba oculto en el seno de la roca hasta que fue golpeada y *abierta* por la gracia de Dios. «Él fue herido por nuestras transgresiones, molido por nuestros pecados»; Jehová quiso *quebrantarlo*; «por su llaga fuimos nosotros curados» (Is. 53:5, 10).

IV. Lo incondicional de la bendición. «*Les dio* a beber.» Era gratis y abundante, porque «*brotaron* aguas, y torrentes *inundaron* la tierra» (v. 20). Éste era el don de Dios a cada alma sedienta. «A todos los sedientos: Venid a las aguas» (Is. 55:1). «Por gracia sois salvos» (Ef. 2:8).

V. La fuente de la bendición. «De grandes abismos.» En verdad, el pozo es hondo. Ésta no es agua *superficial*; estaba totalmente más allá del alcance del hombre hasta que Él hendió la roca. El agua de vida que nos ha venido a través de la Roca de la Eternidad proviene de las grandes profundidades.

1. De las grandes profundidades de la MISTERIOSA DEIDAD. El Triuno Dios es el Dios de nuestra salvación (2 Co. 13:14).
2. De las grandes profundidades de una ETERNIDAD PASADA. La salvación no fue una idea sobrevenida a Dios, porque Cristo fue «*el Cordero que fue inmolado* desde la fundación del mundo» (Ap. 13:8, V.M.).
3. De las grandes profundidades de las INESCRUTABLES RIQUEZAS. No hay mérito alguno en el hombre, pero aquí tenemos inescrutables riquezas en Cristo. La gracia que trae salvación tiene su fuente en el infinito corazón de Dios.
4. De las grandes profundidades del INSONDABLE AMOR. De tal manera *amó* Dios al mundo, que dio a su Hijo Unigénito. Este torrente brotando del corazón de Dios es tan ancho como el mundo, y tan profundo como la necesidad humana para el tiempo y la eternidad. «Si conocieras el don de Dios, tú le habrías pedido a Él, y Él te hubiera dado AGUA VIVA» (Jn. 4:10).

529. GRANDES NECESIDADES

Salmo 80:18, 19

1. Vida... «Vida nos dará».
2. Fe... «Invocaremos tu nombre».
3. Consagración... «¡Oh Jehová... Restáuranos!».
4. Comunión.... «Haz resplandecer tu rostro».
5. Salvación plena... «Seremos salvos».

530. LAS OBRAS DE LA GRACIA

Salmo 81:6-16

I. La infinita gracia de Dios. Se ve en:

1. LA ELIMINACIÓN DE LAS CARGAS, v. 6
2. LA LIBERACIÓN DE LAS MANOS, v. 6
3. LA RESPUESTA A LA ORACIÓN, v. 7
4. LA PRUEBA DE LA FE, v. 7
5. EL ALIENTO DE LA ESPERANZA, vv. 8-9
6. LA PROMESA DE LA SUFICIENCIA, v. 10

II. La mezquina ingratitud del hombre.

1. MANIFESTACIÓN DE SOBERBIA, v. 11
2. AFIRMACIÓN DE LA PROPIA VOLUNTAD, v. 12
3. TENSA AL AMOR, v. 13
4. PÉRDIDA DEL PRIVILEGIO, vv. 14-16

531. CONDICIONES DE BENDICIÓN Y DE FRACASO

Salmo 81:8-16

Estas palabras en esta parte del Salmo son de tremendo significado, por cuanto contienen el propio testimonio de dios a su pueblo acerca de lo que Él esperaba de ellos; en cuanto a lo que ellos debieran haber esperado de Él; y en cuanto a por qué ellos no llegaron a recibir sus más grandes bendiciones.

I. Una invitación llena de misericordia. Él les ruega (1) «*Oye, ... ¡oh... si quisieras escucharme!*». Se debe tener un oído atento si se han de impartir la sabiduría y el poder divinos. (2) «No habrá en medio de ti *dios ajeno*». Les exhorta a que no admitan que nada tome el lugar de Él en los afectos del corazón, o como objeto de la confianza. Es ciertamente fácil cederlo todo a cambio de Él, cuando Él se ofrece a serlo todo para nosotros. (3) «Abre tu boca, y yo la llenaré» (v. 10). Una boca abierta de par en par significa una gran expectativa. La prueba de que Él es capaz de, y que está bien dispuesto a, afrontar las mayores demandas que nuestra fe pueda hacer, está en esto: «Yo soy Jehová tu Dios, que te hice subir de la tierra de Egipto». Aquel que puede salvar completamente puede satisfacer hasta lo más profundo. Escucha, cree, espera.

II. Un propósito lleno de gracia. El amor que liberó nuestras almas del hoyo del pecado anhela enriquecernos con los dones de su gracia. Él dice: «¡Oh, si me hubiera escuchado mi pueblo, si en mis caminos hubiera andado» (v. 13). Entonces Él hubiera hecho tres cosas por ellos:

1. Él hubiera *derribado a sus enemigos* (v. 14). La victoria habría sido de ellos si le hubieran seguido. A él le es deshonroso que su pueblo esté encadenado a los poderes de las tinieblas.
2. Él hubiera hecho que *los aborrecedores del Señor se sometieran a Él* (v. 15). Ellos habrían sido empleados para traer sus almas a Dios. La incredulidad de su pueblo le estorbaba de someter y vencer a sus enemigos. Ello es una solemne lección para nosotros.
3. Él los habría *alimentado* también con lo *mejor* del trigo, y los habría *saciado* con miel de la peña (v. 16). Su propósito es vencer a los enemigos, salvar a los pecadores, salvar a los santos.

III. Una queja dolorida. «Pero mi pueblo no oyó mi voz, el Israel no me quiso obedecer» (v. 11). Ellos rechazaron su *palabra* al no dar oído a su voz, y al rechazar su palabra, lo rechazaron *a Él*, «no quiso escucharme». ¡Cuán lleno de gracia es Dios, que se lamenta ante la falta de oportunidad por bendecir a su pueblo! Su palabra y Él mismo están tan vitalmente conectados que rehusarla es rehusarle a Él.

IV. Una condición miserable. «Los entregué, por tanto, a la dureza de *su* corazón; caminaron según *sus propios* consejos» (v. 12). Ser «entregado» por Él debido a terquedad e incredulidad significa una total derrota en presencia del enemigo: los enemigos no quedan derrotados. Los pecadores no son convertidos a Dios, y no hay alimento en «lo mejor del trigo», ni feliz satisfacción, con «miel de la roca». Una Iglesia impotente y sin fruto es la penosa evidencia de que la voz de Dios no es oída ni obedecida, y que estamos «caminando en *nuestros propios* consejos», conducidos por la sabiduría de los hombres, descuidando la sabiduría de Dios. Los que están más ansiosos de las palabras de los hombres que de la Palabra de Dios prefieren la paja al trigo. Los hombres que se alimentan de paja resultan pobres soldados. El deseo de Dios es hacer de su pueblo «más que vencedores». «Oídme atentamente, y comed de lo bueno» (Is. 55:2).

532. COSAS ESCONDIDAS PARA LOS ESCONDIDOS

Fue un acto de gracia y misericordia cuando Abdías escondió a un centenar de varones de los profetas de Jehová, de cincuenta en cincuenta en cuevas, y los mantuvo «con pan y agua» (1 R. 18:13). Pero ¿cuánto mejor no es ser de los escondidos del Señor? En este punto preguntamos:

I. ¿Quiénes son ellos? «Sobre *tu* pueblo han consultado astuta y secretamente, y han entrado en consejo contra *tus* escondidos» (Sal. 83:3, RV). Así, estos escondidos son

1. LOS SUYOS. Buscados por su amor, convencidos por su Espíritu, redimidos por su sangre. «Vuestro cuerpo y vuestro espíritu, los cuales son de Dios» (1 Co. 6:20).
2. ÉL LOS ESCONDE. «*Tus* escondidos.» «Vuestra vida está escondida con Cristo en Dios» (Col. 3:3), y escondida por el mismo Dios. ¡Qué lugar de seguridad! Él nos toma bajo las plumas de sus alas. «En TI me refugio» (Sal. 143:9).

II. Dónde Él nos esconde. En el más seguro lugar del universo.

1. EN EL TABERNÁCULO DE SU GRACIA. «Él me esconderá en su tabernáculo» (Sal. 27:5). No estamos bajo la nube de la ley, sino bajo la cubierta de su gracia redentora. La palabra *expiación* significa cubierta.
2. EN LO RESERVADO DE SU PABELLÓN (Sal. 27:5). Lo *reservado* de su pabellón era donde Dios mismo moraba en el tabernáculo, en el Lugar Santísimo. Es al secreto de *su propia presencia* que Él nos ha traído. «Vuestra vida está escondida con Cristo en Dios» (Col. 3:3). «Permaneced *en Mí*.» ¡Que maravilloso escondedero es el nuestro! «DIOS es nuestro amparo y fortaleza... Por tanto, no temeremos... Nuestro refugio es el Dios de Jacob» (Sal. 46:1).

III. De qué son escondidos. De:

1. LAS ARROGANCIAS DE LOS HOMBRES (Sal. 31:20, RV). Ser salvado de la soberbia del propio corazón es una gran liberación. La soberbia del hombre es la fuente de muchos males. Nuestra seguridad está en el seno de Aquel que es manso y humilde de corazón.
2. CONTENCIÓN DE LENGUAS (Sal. 31:20, RV). La lengua es un fuego, un mundo de iniquidad. Los escondidos de Dios son amantes de la paz, y conocen la paz de Dios. La confusión de las lenguas pertenece al mundo, pero Tú eres mi escondedero (Sal. 32:7). Tu Palabra es pura, Tu voz, clara e inconfundible.

IV. El privilegio de que disfrutan los escondidos. Moran ellos en morada *de paz*, en habitaciones *seguras*, y en lugares *de reposo* (Is. 32; 18). Y ellos

1. APRENDEN SABIDURÍA OCULTA (1 Co. 2:7). Hemos recibido el Espíritu de Dios para que podamos conocer las cosas que nos son dadas libremente por Dios. Sabios en Cristo. Las cosas secretas pertenecen a Dios (Sal. 31:19; Mt. 13:11).
2. RECIBEN RIQUEZAS ESCONDIDAS. «Te daré los tesoros escondidos, y los secretos muy guardados» (Is. 45:3). Al estar *en* Cristo, estamos en lugares secretos donde están las riquezas inescrutables (Ef. 3:8). «En quien están escondidos todos los tesoros de la sabiduría y del conocimiento» (Col. 2:3).
3. COMEN MANÁ ESCONDIDO. «Al que venza, le daré a comer del maná escondido» (Ap. 2:17). Los escondidos de Dios tienen un alimento que comer que otros no conocen (Jn. 4:32); se les da la más fina flor de harina. «Fueron halladas tus palabras, y yo las comí; y tus palabras fueron para mí un gozo y la alegría de mi corazón; *porque tu nombre se invocó sobre mí*, oh Jehová Dios de los ejércitos» (Jer. 15:16).

«Oh, bendita Roca de la Eternidad,
en ti mi escondedero encuentro».

533. UN EXTRAÑO LUGAR PARA ANIDAR

«Aun el gorrión ha hallado casa, y la golondrina nido para sí... junto a tus altares, oh Jehová de los Ejércitos» (Sal. 84:3).

Introducción

UN LUGAR EXTRAÑO DONDE ANIDAR
Un par de tordos de Birmingham escogieron un extraño lugar donde anidar bajo un vagón de tren que hace el viaje cuatro veces al día entre Sutton y Birmingham. Pero aquí hay uno más extraño: junto al altar del Templo.

CONTEXTO
El Salmista no está indicando aquí que los altares del Señor hubiesen quedado tan descuidados que los pájaros hubiesen anidado en ellos. No pudiendo asistir a los servicios del santuario, su corazón anhelaba este privilegio (v. 2), y envidiaba a los pájaros que anidaban allí.

EL ALTAR.
Las lecciones son sencillas e importantes. El altar habla de derramamiento de sangre, de sacrificio y habla elocuentemente de la cruz.

LA CRUZ EL MEJOR ALTAR DE DIOS

I. Los más débiles pueden hallar santuario en el altar, un lugar de refugio. Los débiles gorrión y golondrina encontraban refugio en la casa de Dios. Pero el lugar de derramamiento de sangre era el lugar de refugio. La Cruz es tu único santuario, tu única Ciudad de Refugio.

II. Los más débiles encuentran que el lugar de muerte es el lugar de vida. El lugar del derramamiento de sangre no era solo el lugar de refugio, sino también el lugar de la vida. Cuando me aferro a la cruz encuentro:

1. El perdón.
2. La vida por una mirada.

III. Los más tímidos encuentran en el lugar del sacrificio un lugar de quietud. En este mundo perturbador es posible tener tranquilidad y llevar a cabo nuestra obra.

«Paz, paz perfecta, en este tenebroso mundo de pecado,
En el que la sangre de Jesús paz a nuestro corazón ha dado».

IV. El lugar del sacrificio es el punto de partida para todo verdadero servicio. Aquí, el altar era un lugar para un activo servicio.

534. EL VALLE DE LÁGRIMAS

«Atravesando el valle de Baca (de lágrimas) lo cambiarán en lugar de fuentes» (Sal. 84:6).

¿Dónde?

Nadie sabe dónde estaba este Valle de Baca.
Baca significa lloro, y por tanto denota este mundo.
¡Cuántas lágrimas hay en este mundo!
No todo es lágrimas, claro, porque hay mucho gozo.
Pero en ocasiones nos quedamos sobrecogidos ante los enormes dolores del mundo.

Solo «atravesando».

1. Gracias a Dios, no nos quedamos aquí.
2. «*Atravesando.*»
3. Aliéntate, tú que sufres; el dolor y la tristeza no durarán para siempre.

El efecto de la presencia de ellos mientras atraviesan esta escena.

1. De pasar por un valle de lágrimas, *no lo dejan como lo hallaron.*
2. Lo transforman en manantiales.
3. El agua es un bien muy escaso en Oriente, y el que provee un manantial es un benefactor público.

Lo que esto significa.

1. Un manantial significa refrigerio.
2. Un manantial conduce al regocijo.
3. Un manantial significa un lugar habitado: la gente se establecerá allí.

Pero, ¿quién obra tales maravillas?

1. Los que aman la casa de Dios v. 4).
2. Los que reciben fortaleza de Dios (v. 5).
3. Los que tienen sus corazones rectos (v. 5).

535. SOL Y ESCUDO

Salmo 84:11-12

I. Provisión. «Sol y escudo es Jehová Dios.»

II. Promesa. «Gracia y gloria dará.»

III. Expectativa. «No quitará el bien.»

IV. Privilegio. «Dichoso el hombre que en ti confía.»

536. AVIVAMIENTO

«¿No volverás a darnos vida?» (Sal. 85:6)

I. La necesidad de avivamiento. La necesidad es evidente siempre que haya Frialdad, Languidez y Ausencia de fruto.

II. La fuente del avivamiento. Dios. Es a Él a quien se dirige la oración. Y es Dios el Espíritu el que da vida. Ningún tipo de instrumentos artificiales traerá avivamiento a la Naturaleza.

III. El medio de un avivamiento. «¿No *volverás*?» La oración eficaz del justo puede mucho. Santiago 5:17; Salmos 65:9; Isaías 40:28.

IV. Los sujetos del avivamiento. «Nos.» Es una necesidad personal.

V. El efecto del avivamiento. «Para que tu pueblo se regocije en ti.»

537. LA RAZÓN POR QUÉ

Salmo 86:1-7

Aquí tenemos siete razones apremiadas por el solicitante de por qué Dios debiera responderle. Pueden haber muchas razones objetivas surgiendo el mismo carácter y promesas de Dios, pero aquí todas son subjetivas. Tenemos:

I. Mi necesidad. «Oh Jehová... escúchame, porque estoy afligido y menesteroso». Nuestra pobreza e impotencia es un poderoso ruego a la puerta de la misericordia y gracia infinitas.

II. Mi piedad. «Guarda mi alma, porque soy piadoso» (v. 2). Y no es ésta una jactancia vacía; ser piadoso es buscar la gloria de Dios. Esta piedad es provechosa como un acuerdo en oración. Muchos piden sin recibir porque piden mal al faltarles esta concordancia con Dios.

III. Mi fe. Salva a tu siervo *que en ti confía.* La fe puede hacer un llamamiento honesto a la fidelidad de Dios. Su *siervo* confiado triunfará indudablemente en su poder salvador (Is. 26:3).

IV. Mi oportunidad. «Porque a ti clamo todo el día» (v. 3). Éste es otro poderoso elemento en oración. ¿No ha declarado nuestro Señor que «por su importunidad se levantará y le dará todo lo que necesite».

V. Mi fijación total. «Alegra el alma de tu siervo, porque a ti, oh Señor, levanto *mi alma*» (v. 4). El alma de la oración verdadera es el levantamiento del alma (1 S. 1:15). Un corazón absorto en su objeto es un corazón vencedor.

VI. Mi experiencia. «Porque tú, Señor, eres... grande en amor para con todos los que te invocan» (v. 5). Su experiencia del pasado y su conocimiento del carácter de Dios es otra razón para experimentar una ayuda presente.

VII. Mi certidumbre. «... te invoco, porque tú me respondes» (v. 7). Ésta es una confianza que nunca es avergonzada. Cree, y verás.

538. LA ORACIÓN DEL SIERVO

«Da fuerza a tu siervo» (Sal. 86:16). Dámela:

1. Porque soy tu *siervo.*
2. Porque tu siervo es *muy débil.*
3. Porque tu siervo es *muy pobre.*
4. Porque necesito *tu fortaleza.*
5. Porque tu fortaleza *es suficiente.*
6. Para que tu siervo sea *digno de tal Amo.*

539. TODAS MIS FUENTES ESTÁN EN TI
Salmo 87:7

1. La fuente de la vida espiritual (Ef. 2:1).
2. La fuente del poder espiritual (Hch. 1:8).
3. La fuente del alimento espiritual (Lc. 4:4).
4. La fuente del goce espiritual (Ro. 5:11).
5. La fuente de la expectación espiritual (1 Jn. 3:2).

540. EL PUEBLO BIENAVENTURADO
Salmo 89:15-18

I. Lo que ellos **saben**. «Aclamarte» a a ti, oh Señor.

II. Dónde **caminan**. «A la luz de Tu rostro.»

III. En qué se **regocijan**. «En tu nombre… todo el día».

IV. Cómo son **enaltecidos**. «En tu justicia.»

V. El secreto de su **potencia**. «Tú eres.»

VI. La esfera de su **vida**. «Por tu buena voluntad.»

VII. Su **seguridad**. «Jehová es nuestro escudo.»

541. LA VIDA COMO UNA HISTORIA
Salmo 90:9

Éste es el salmo más antiguo de la Biblia, y fue compuesto por Moisés durante la peregrinación de cuarenta años por el desierto. Hay mucho en lo que podríamos detenernos con provecho, pero por ahora daremos nuestra atención al versículo 9 tal como lo traduce la *Versión Autorizada* inglesa. La vida es asemejada a una historia que se cuenta, no que se lee. Aquellos eran tiempos en los que los materiales de lectura no eran tan comunes ni abundantes como en la actualidad. Por lo tanto, había bastantes hombres que se dedicaban a contar historias como profesión. Siempre se les daba la bienvenida en los campamentos militares y en las ciudades y en los pueblos. Esta metáfora es sencilla, pero sugestiva.

I. Hay historias largas y cortas, y así hay vidas largas y las hay también muy cortas. Naturalmente, no siempre medimos la vida por años de la misma manera que podemos medir una historia por páginas o centímetros de grosor. Lo que cuenta es lo que ponemos en la vida. Hemos de contemplar la vida como una medida que llenar y no una copa que vaciar. Es lo que ponemos en nuestros días y en nuestros años lo que decidirá el valor de la vida vivida.

II. Hay historias aburridas y también otras muy interesantes, e igualmente hay vidas muy tediosas, aburridas y poco atrayentes; y por otra parte hay vidas llenas de cambios y muy excitantes. Naturalmente, los gustos varían, y lo que a unos pueda parecerles incoloro y sin interés, otros opinan que es todo lo contrario.

III. Hay malas historias y buenas historias, y del mismo modo hay vidas que son realmente malas, y que ejercen una influencia perjudicial, mientras que hay vidas que son para beneficio y bendición de los demás. Solo una vida que vivir, y, ¡cómo querríamos la mayoría de nosotros ser tan útiles y auxiliadores como fuese posible!

IV. Hay historias que tienen una misión gloriosa, mientras que otras no producen más que mal; y así hay vidas semejantes a esto. Podemos pensar en libros que han producido resultados grandes y beneficiosos, como *La Cabaña del Tío Tom*, que contribuyó mucho a abrir los ojos del mundo a lo terrible de la esclavitud, etc.

V. ¿Cómo puede mi vida ser una historia buena y beneficiosa? Hay tres condiciones.

1. HA DE TENER EL AUTOR CORRECTO. Se precisa de un genio para producir un relato realmente bueno, y que perviva durante generaciones y generaciones. Solo el Señor Jesucristo puede producir una vida que sea como una historia buena, útil y que dé ayuda. Debemos ser hechura suya. No podemos hacer esto por nosotros mismos. Hemos de confiarnos a su maravillosa destreza creadora, llena de gracia.
2. HA DE TENER EL PROTAGONISTA ADECUADO. La calidad del libro puede ser decidida, y desde luego depende de ello, por la calidad de su protagonista. Si Cristo es el fulcro y centro de nuestras vidas, entonces todo irá bien.
3. HA DE TENER UN OBJETO ADECUADO. Un libro sin objeto será seguramente una obra débil y sin consistencia, muy llana y aburrida. ¿Cuál es el objeto de tu vida? ¿Estás haciéndolo todo para la gloria de Dios? Recuerda el famoso dicho de un gran Catecismo: «*El objeto principal del hombre es glorificar a Dios y gozar de Él para siempre*». ¡Qué objeto más grande! ¿Qué clase de historia está contando tu vida?

542. LA ORACIÓN DE UN OBRERO
Salmo 90:12-17

Este Salmo, que comienza la cuarta sección de este libro, se titula «Oración de Moisés, varón de Dios». Las peticiones que se hacen en estos versículos finales son sugerentes de las necesidades del obrero cristiano. Él ora por:

I. Instrucción. «Enséñanos de tal modo a contar nuestros días, que entre la sabiduría en nuestro corazón» (v. 12). La *sabiduría* es lo principal (Pr. 4:7); aquellos a los que se les enseña a contar sus días de servicio en la tierra lo buscarán, y los que son sabios redimen el tiempo. Necesitamos enseñanza divina en este punto que nos salve de la insensatez y de la frivolidad.

II. Restauración. «Vuélvete, oh Jehová, ¿hasta cuándo?» Se ha perdido la comunión con Él, y la pérdida se siente vivamente, lo que es una señal esperanzadora. El Señor está listo para volver en auxilio de sus siervos «cuando vea que su fuerza se agotó» (Dt. 32:36)., y que no hay nadie que ayude. La restauración de su presencia es la restauración del alma.

III. Satisfacción. «De mañana sácianos de tu misericordia». Su *misericordia* nos puede satisfacer, y vendrá pronto cuando haya un verdadero arrepentimiento delante de Dios. Sus misericordias no se han agotado. Su propósito es satisfacer (Sal. 36:7-8).

IV. Compensación. «Alégranos a la medida de los días que nos afligiste». Ésta es una atrevida petición. Pero la cima de nuestro gozo será conforme a la hondura de nuestra lamentación (Sal. 126:5, 6). La profundidad del valle se mide por la altitud de los montes. El brazo fuerte para golpear es igualmente fuerte para salvar. La larga noche de la prueba resultará de cierto en un largo día de triunfo.

V. Manifestación. «Manifiéstese a tus siervos tu obra… y tu gloria» (v. 16). Es un pobre siervo de Dios el que no anhela de manera intensa la *aparición* inequívoca de su obra y gloria. Ésta es la clamorosa necesidad de la Iglesia en estos días de apostasía. Sus siervos deberían ver su obra, y tener su gloria *sobre* ellos.

VI. Santificación. «Sea la hermosura de Jehová nuestro Dios sobre nosotros» (v. 17). Tu pueblo se te ofrecerá voluntariamente el día en que guíes tus tropas vestidas de santos arreos (Sal. 110:3). La recapitulación del carácter de Dios es «la Santidad». El Santo de Israel. Así como la flor recibe la belleza del sol, así deben todos ser adornados con la gloria de su presencia. Ésta es la voluntad de Dios, vuestra santificación.

VII. Confirmación. «Ordena en nosotros la obra de nuestras manos». Nuestra obra tiene que ser establecida por Dios, así como nuestros pies (Sal. 40:2). ¿Cuál es el valor de nuestra obra, si el Señor no está obrando con nosotros, y *confirmando* la obra? (Mr. 16:20). «Ni mi palabra ni mi predicación» dice el apóstol, «fue con palabras persuasivas de humana sabiduría, *sino con demostración del Espíritu y de poder*». Ésta fue la confirmación divina de que «Su fe no debía estar fundada en la sabiduría de los hombres, sino en el poder de Dios». ¿Cómo conoceremos que nuestra obra es de Dios, si *Él no da testimonio*, como en la antigüedad, con señales y maravillas y milagros diversos, y dones del Espíritu Santo, según su voluntad? (He. 2:3, 4).

543. LA ORACIÓN DE UN HOMBRE DE DIOS
Salmo 90:12-17

I. Para **enseñanza** (v. 12). Job 28:28; Efesios 5:15-17.

II. Para **comunión** (v. 13). Mateo 5:4.

II. Para **satisfacción** (v. 14). Salmo 85:6.

IV. Para **regocijo** (v. 15). Salmo 126:5, 6;

V. Para avivamiento (v. 16). Habacuc 3:2.

VI. Para **adorno** (v. 17). Isaías 52:1.

VII. Para **éxito** (v. 17). Salmos 16:3; Filipenses 2:12, 13; 1 Corintios 3:7.

544. LOS FRUTOS DEL AMOR

Salmo 91:14-16

«Por cuanto en mí ha puesto su amor, yo también...»

I. Lo libraré. La primicia de un corazón rendido es la salvación. Libertad de la culpa y del poder del pecado. La ley queda cumplida en una palabra: «*Amarás*». David puso su corazón en Dios: ¡observemos como Dios le liberó! (1 S. 17:50). Así también con José, Daniel y Pablo.

II. Le exaltaré. «Le pondré en alto» (v. 14). Después de la salvación viene la exaltación: o más bien, ser salvado es ser exaltado. Sacado del hoyo horrible. Si he sido crucificado con Cristo hemos sido también resucitados juntamente con Él.

III. Le responderé. (v. 15). ¡Qué promesa más inspiradora! Sean presentadas vuestras peticiones delante de Dios. Aquí tenemos su propia certidumbre de que si has puesto tu amor en Él, Él te responderá. Si el amor a Él es nuestro motivo, entonces no pediremos mal (Stg. 4:3).

IV. Con Él estaré. Ésta es la promesa de su comunión en el día de la angustia. Si Él está con nosotros, entonces no podemos temer mal alguno (Sal. 23). Dios sabe que su presencia permanente es una necesidad continua para la conducción, poder y victoria.

V. Le glorificaré. Nosotros le honramos a Él poniendo nuestro amor en Él. Y con ello, «Yo honraré a los que me honran» (1 S. 2:30). Buscad la honra que *solamente* de Dios viene; y su favor especial se manifestará en tu vida (Jn. 12:26).

VI. Lo saciaré. Él quedará satisfecho «de larga vida», lo que para nosotros implica el privilegio de un gozo y servicio eternos. Nuestros días sobre la tierra, si son vividos en su amor, serán tan largos como sea necesario para la honra de su nombre. Él da a los suyos vida eterna, y quedarán satisfechos cuando despierten a su semejanza.

545. CANTEMOS A JEHOVÁ

Salmo 95:1-8

Hay muchos gemidos en este Salmo, pero también se dan estallidos espontáneos de alabanza cordial a Dios, que solo podría brotar de corazones rebosantes de amor y agradecimiento. «Venid, aclamemos alegremente a Jehová».

I. ¿Como aclamaremos a Jehová?

1. ALEGREMENTE. «Cantemos con júbilo a la roca de nuestra salvación» (v. 1). Aquella Roca era Cristo (1 Co. 10:4). Él es digno de toda alabanza. Sed gozosos, no quejumbrosos, ante el Señor.
2. AGRADECIDOS. «Entremos en su presencia con acciones de gracias» (v. 2). ¿No tenemos mucho por lo que estar agradecidos? Pensad en lo que Él ha hecho *por* vosotros, *en* vosotros, *con* vosotros, y os ha prometido a vosotros. Gracias a Dios por su don inefable.

II. ¿Por qué deberíamos cantar al Señor? Porque:

1. Él es NUESTRA SALVACIÓN (v. 1). Él mismo es nuestra salvación, y esta salvación es firme como una «Roca». Él es *nuestro* porque hemos confiado en Él, y estamos a salvo.
2. Él es GRANDE. «Jehová es Dios grande, y Rey grande» (v. 3). Él es nuestro Dios amante y Rey eterno (Jer. 10:10): El Dios de nuestra salvación, y Rey de nuestras vidas redimidas. «Uno es vuestro Maestro, el Cristo».
3. Él es FUERTE. «En su mano están las profundidades de la tierra, y las alturas de los montes son suyas» (vv. 4-5). Suya es la potencia de los montes, y Él, en cuyas manos están las profundidades de la tierra, es tuyo. Toda potestad me ha sido dada. «Por tanto, id» (Mt. 28:18-19).
4. Él es SANTO. «Venid, adorémonos y postrémonos; arrodillémonos delante de Jehová nuestro Hacedor» (v. 6). El nuestro es un santo privilegio de arrodillarnos delante de ÉL y adorar. No solo somos obreros, sino también adoradores. El espíritu de adoración es nuestra mejor idoneidad para el servicio. Es sobre las rodillas que se alcanza la victoria (Esd. 9:5; Dn. 6:10; Ef. 3:14).
5. Él es LLENO DE GRACIA. «Nosotros [somos] el pueblo de *su* prado, y el rebaño de *su* mano» (v. 7). ¡Cuán lleno de gracia es nuestro Dios de llamarnos *a nosotros* el pueblo de *su* prado, y el rebaño de su mano! ¡Cuán verdes y refrescantes son sus pastos; cuán seguras y dichosas son las ovejas conducidas, alimentadas y protegidas por su mano! Veamos como Dios apacentó a su pueblo incluso «en el desierto» y lo condujo a los verdes campos de Canaán. «Yo soy el Buen Pastor, y conozco a Mis ovejas, y *las mías me conocen.*»

546. NOTAS SOBRE EL NUEVO CÁNTICO

Salmo 98

En el último versículo del Salmo 96 leemos: «Ya llega, ya viene a juzgar la tierra». En el primer versículo del Salmo 97: «Jehová reina, regocíjese la tierra». Ahora este Salmo comienza con «Cantad a Jehová cántico nuevo ... Su misma diestra le ha ganado la victoria y su santo brazo» (V.M.). (1) La VENIDA; (2) El REINADO; (3) El REGOCIJO. En este nuevo cántico tenemos:

I. La nota de **maravilla.** «Ha hecho maravillas» (v. 1). «¿Quién como tú, oh Jehová, entre los dioses? ¿Quién como tú, magnifico en santidad, terrible en maravillosas hazañas, hacedor de prodigios?» (Éx. 15:11; Ap. 15:3). La Encarnación, la Crucifixión y la Resurrección son maravillas del más alto orden. Maravillas de la gracia.

II. La nota de **victoria.** «Su misma diestra le ha ganado la victoria, y su *santo* brazo.» Su santo brazo puede representar a su Hijo (Is. 53:1). Su mano derecha: el Espíritu Santo. Por su brazo y mano se cumple la *salvación*. Es Cristo quien redime; es el Espíritu quien vivifica.

III. La nota de **misericordia.** «Jehová ha hecho notoria su salvación» (v. 2). él no solo ha provisto la salvación por la gracia, sino que también la ha publicado en misericordia. Cada invitación de su Evangelio, cada copia de la Biblia, cada mensajero movido por el Espíritu, constituye una prueba del deseo de Dios de que los hombres conozcan el gozoso son de su salvación (Is. 45:21-22; Mr. 16:15).

IV. La nota de **fidelidad.** «Se ha acordado de su misericordia y de su verdad» (v. 3). Aquel que fue fiel al Israel de Dios será fiel a la Iglesia de Dios. Fiel es el que os ha *llamado*. Lo que su misericordia ha prometido, lo ejecutará su fidelidad. ¿Creéis que puedo hacer esto?

V. La nota de la **gracia.** «Todos los confines de la tierra han visto la salvación de nuestro Dios» (v. 3). Esto, naturalmente, es profético, y será llevado a cabo cuando «Jehová reine». Veamos la abundante gracia de nuestro Dios al buscar la salvación de «todos los confines de la tierra». Toda carne verá la salvación de Dios (Lc. 3:6). Mientras tanto, todo aquel que invocare el nombre del Señor, será salvo.

VI. La nota de **alabanza.** «Cantad alegres a Jehová, toda la tierra; levantad la voz y vitoread» (v. 4). Esta nota de adoración es la clave del «Nuevo Cántico» (Ap. 5:9-12). Por cuanto la salvación de Dios ha sido grande y maravillosa, que la alabanza sea dada en voz fuerte y prolongada.

VII. La nota de **esperanza.** «Porque viene a juzgar la tierra. Juzgará al mundo con justicia, y a los pueblos con rectitud» (v. 9). Nosotros, conforme a su promesa, esperamos los nuevos cielos y la nueva tierra, en la que mora la justicia (2 P. 3:13-14). Toda la creación quedará liberada de la esclavitud de la corrupción, cuando los hijos de Dios entren en su libertad gloriosa (Ro. 8:21). Ésta es una esperanza que lleva al creyente a purificarse (1 Jn. 3:3). ¡Oh, cantad este nuevo cántico al Señor!

547. LA VIDA GLORIOSA

Salmo 100

La versión métrica de este salmo ha sido reconocida casi por consentimiento universal como el Himno Nacional de las Iglesias. Es un salmo de gloriosas experiencias. Hay;

I. Un conocimiento lleno de gloria. «Reconoced que Jehová es Dios». Es algo maravilloso *conocer* con certeza que el Jehová de la Biblia, en quien confiamos, es el Dios de toda la tierra y de todo el universo.

II. Una gloriosa relación. «Él nos hizo, y no nosotros a nosotros mismos.» «Pueblo suyo somos, y ovejas de su prado.» Con respecto a nuestro carácter, somos hechura suya, creados en Cristo Jesús (Ef. 2:10). Con respecto a nuestra seguridad y provisión, somos *ovejas de su prado* (Jn. 10:27-28).

III. Un servicio glorioso. «Servid a Jehová con alegría; venid ante su presencia con regocijo» (v. 2). Uno podría pensar, por la apariencia y tono de algunas reuniones religiosas, que deberíamos servir al Señor con tristeza y acudir ante su presencia de manera quejumbrosa. Su servicio es gozoso cuando sus siervos son santos y están expectantes.

IV. Una comunión gloriosa. «Entrad por sus puertas con acción de gracias, por sus atrios con alabanza» (v. 4). Entrar por sus puertas y dentro de sus atrios era acudir al lugar de la comunión personal. Desde que nuestro Gran Sumo Sacerdote entró en el Lugar Santísimo a través del *velo rasgado*, este privilegio de la comunión es ahora nuestro continuamente.

V. Un objeto glorioso. «Su Nombre» (v. 4). Así como hay insondables profundidades de riquezas en la Naturaleza, así también hay insondables profundidades de riqueza espiritual en *su nombre*. Su nombre es Admirable. Su Nombre es Torre Fuerte. Conocer su nombre es confiar en Él.

VI. Un testimonio glorioso. «Jehová es bueno; para siempre es su misericordia, y su verdad por todas las generaciones» (v. 5). Jehová es bueno: Él es *amor*. ¿Hay algo que sea más deseable? Su misericordia es para siempre: no es ni veleidosa ni incierta. Su verdad permanece inmutada e inmutable. Él es el Camino, la Verdad y la Vida. «Díganlo los redimidos de Jehová.»

548. LAS MISERICORDIAS DEL SEÑOR

Salmo 103

I. Con qué vienen sus misericordias. Con sus favores (v. 4).

II. La cantidad de estas misericordias. Son abundantes (v. 8).

III. La magnitud de sus misericordias (v. 11).

IV. La duración de sus misericordias (v. 17).

V. Los receptores de estas misericordias (v. 11), esto es, «sobre los que me temen».

VI. La gratuidad de sus misericordias. Deben ser recibidas; no pueden ser ganadas (2 Co. 4:1).

VII. El lugar donde recibir sus misericordias es en el Trono de la Gracia (He. 4:16).

549. UNA BENDICIÓN DESPRENDIDA

Salmo 103:2

No es bendíceme *a mí*, sino, Alma mía, bendice a *Jehová*.

1. La razón de ella: «Todos sus beneficios».
2. La manera de hacerlo: «Bendice a Jehová».
3. El peligro de olvidarse: «No te olvides».

550. UNA PROVISIÓN TRIPLE

Salmo 104:15

I. *Pan* para fortalecer... Cristo.

II. *Aceite* para iluminar... El Espíritu.

III. *Vino* para alegrar... La Palabra.

551. LOS PRIVILEGIOS DE LOS CREYENTES

Salmo 105:1-4

En estos pocos versículos se indica un séptuple privilegio:

I. Darle gracias a Él. «Dad gracias al SEÑOR» (v. 1, BAS). Dar gracias implica la consciencia de haber recibido un gran favor. «Gracias a Dios por su don inefable.»

II. Invocable. «Invocad su nombre.» Libertad de acceder a Él y de invocar su propio Nombre: éste es un privilegio mayor, mucho mayor, de lo que podemos llegar a pensar. Juan 14:14.

III. Obrar para Él. «Dad a conocer sus obras en los pueblos.» Sus poderosas obras de gracia, en Cristo Jesús, son bien dignas de ser dadas a conocer. El pueblo perece por falta de conocimiento. Predica la Palabra.

IV. Cantar a Él. «Cantadle, cantadle salmos.» Sí, levantad la voz, y vitoread al Señor, que ha hecho tan grandes cosas por nosotros. En el cielo, con voz de trueno, los arpistas tañen sus arpas (Ap. 14:21). Digno es el Cordero de recibir alabanzas de nuestros corazones y labios.

V. Meditando acerca de Él. «Acordaos de las maravillas que Él ha hecho.» Hay tiempo para hablar, y tiempo para cantar, pero debe haber también tiempo para *pensar*. «En esto pensad». Una de las últimas palabras del Señor a sus discípulos fue: «Acordaos de Mí». Véase Malaquías 3:16.

VI. Gloriándonos en Él. «Gloriaros en su santo nombre.» Gloriarse en su Nombre es gloriarse en Él mismo. Bien podemos gloriarnos en Él, que es todo glorioso en Sí mismo, y cuyo amor y gracia han sido derramados en nuestras desoladas vidas, para que pudiéramos ser salvos y saciados.

VII. Testificando de Él. «Buscad a Jehová y su poder; buscad siempre su rostro.» Aquellos que han visto su bendito rostro en Jesucristo no pueden más que llevar a otros a buscarlo. Su rostro es su favor, y vale la pena buscarlo, porque es para «siempre». El Señor con su poder salvador es la necesidad clamorosa del alma humana. «Buscad a Jehová mientras puede ser hallado.»

552. UNA GRAN SALVACIÓN

Salmo 106:6-12

I. La necesidad de la misma.

1. Había IGNORANCIA de las maravillas de Dios. (v. 7).
2. Había OLVIDO de las misericordias de Dios (v. 7).
3. Había REBELIÓN contra la voluntad de Dios (v. 7).

II. La naturaleza de la misma. Había en ella:

1. GRACIA: «Por amor de su Nombre».
2. PROPÓSITO: «Para hacer notorio su poder».
3. PODER: «Increpó al Mar Rojo».
4. CONDUCCIÓN: «Les hizo caminar».
5. PROTECCIÓN: «Los salvó de mano del enemigo».
6. FE: «Creyeron a sus palabras».
7. ALABANZA: «Cantaron su alabanza».

553. EL DIOS DE LAS LIBERACIONES

Salmo 107

En este salmo tenemos una cuádruple imagen de «los redimidos del Señor» (v. 2).

I. De la fatiga al reposo (vv. 4-8). Aquí tenemos tres palabras que expresan adecuadamente la sustancia de cada sección: Miseria, Petición, Salvación; o, Necesidad, Oración, y Liberación.

1. LA MISERIA DE ELLOS. Ellos iban «errantes por el desierto», como habiendo perdido su camino, «por la soledad sin camino», por territorios sin sendas, perplejos y fatigados. «Hambrientos y sedientos», sus almas clamaban pidiendo lo que no podían lograr. «Su alma desfallecía en ellos», hundida en la desesperación. Un total fracaso de las obras.
2. SU PETICIÓN. «Entonces clamaron a Jehová en su angustia» como último recurso. Encerrados a la fe. El oído del cielo, como la puerta del cielo, está siempre abierto al clamor de la necesidad.
3. LA SALVACIÓN DE ELLOS. «Los libró». Solo Él podía hacerlo. ¿Cómo? Conduciéndolos por «*camino derecho*». Conducidos a la verdad, fuera del error y del engaño, para que «viniesen a ciudad habitada», al lugar de la comunión y de la abundancia. ¡Oh, alabadle por sus bondades!

II. De las tinieblas a la luz (vv. 10-15).

1. LA CONDICIÓN DE ELLOS. «Yacían en tinieblas», no sabiendo dónde estaban. Estaban en «la sombra de la muerte», un lugar de inminente peligro. «En aflicción y en hierros», una condición de penosa esclavitud. Y fue debido a que «fueron *rebeldes* a las

palabras de Jehová» que fueron derrotados. «*Quebrantó* con trabajos duros sus corazones.» Eran impotentes. «No hubo quien les socorriese.»
2. SU PETICIÓN. «Luego que clamaron a Jehová…» Ya era tiempo. ¡Qué misericordia que tuvieran alguien a quien clamar que es poderoso para salvar!
3. SU SALVACIÓN. «Los libró… los sacó de las tinieblas… y rompió sus ataduras.» En su liberación hay luz y libertad. Efesios 5:8; Lucas 4:10. ¡Oh, alabad al Señor por sus bondades!

III. De la enfermedad a la salud (vv. 18-21).

1. LA CONDICIÓN EN QUE SE HALLABAN. «Su alma abandonó todo alimento.» Estaban tan hartos de su vida anterior y de sus placeres, que nada de lo que le pertenecía era disfrutado. «Llegaron hasta las puertas de la muerte.» Muriendo de hambre. Resultados de una profunda convicción.
2. LA PETICIÓN DE ELLOS. «Pero clamaron a Jehová en su angustia.» Ésta es la sanidad de los enfermos del mundo y de sus burlones placeres. Is. 55:2.
3. LA SALVACIÓN DE ELLOS. «Los libró.» No menospreció a ninguno. Y ¿cómo lo hizo? «Envió su palabra, y los sanó.» Su Palabra *creída* es siempre eficaz en el alma (Mt. 8:8). Él «los libró de su ruina». Sus poderes *sanadores* rescatan la vida de la muerte y de la destrucción.

IV. Del peligro a la seguridad (vv. 23-31).

1. SU PELIGRO. «Tiemblan y titubean como ebrios.» Llevados de acá para allá, azotados por la tempestad. Aturdimiento mental. «Toda su pericia es inútil.» Están a punto de abandonarse a la desesperación. Desechos. «Sus almas se desleían.» Toda esperanza y todo valor se han desvanecido. ¡Ay de mí! ¿Quién me librará?
2. SU CLAMOR. «Entonces claman a Jehová». Se precisa de una gran sacudida para hacer ir a los hombres hacia Dios.
3. SU LIBERACIÓN. «Los libra de sus aflicciones», como sacó a Israel de Egipto cuando estaban en su mayor extremidad. «Cambia la tempestad en sosiego» cuando sube a bordo del alma atormentada (Mt. 8:26). «Los guía al puerto que deseaban.» Aquel a quien saca fuera anhela llevar adentro. Liberados del reino de Satanás, e introducidos al reino del amado Hijo de Dios. ¡Alaben la misericordia de Jehová y sus maravillas para con los hijos de los hombres!

554. CONDUCCIÓN DIVINA

Salmo 107:7

I. Él conduce como **Salvador**, fuera del desierto del pecado (Dt. 32:10).

II. Él conduce como **maestro**, en el conocimiento del yo y de Dios (Jn. 16:13).

III. Él conduce como **águila**, por encima de las cosas de la tierra (Dt. 32:11, 12).

IV. Él conduce como **pastor** a pastos verdes y sendas rectas (Sal. 23:2, 3).

V. Él conduce como **guía** fiel hasta el fin (Is. 58:11).

VI. Él conduce como **padre** que trata con hijos fatigados (Dt. 1:31).

VII. Él conduce como **cordero** a las fuentes vivas de deleites eternos (Ap. 7:17).

555. UN CORAZÓN FIJO

Salmo 108:1-6 (V.M.)

I. El corazón necesita asentarse.

II. Solamente Dios puede asentarlo de manera apropiada.

III. Las características de un corazón fijado. Es:

1. UN CORAZÓN CONFIADO. «Mi corazón está fijo: oh Dios.»
2. UN CORAZÓN DICHOSO. «Cantaré, y tañeré salmos.»
3. CORAZONES DESPIERTOS. «Despertaré al alba.»
4. UN CORAZÓN SIN TEMOR. «Te alabaré *en medio de los pueblos.*»
5. UN CORAZÓN AGRADECIDO. «Grande sobre los cielos es tu misericordia.»
6. UN CORAZÓN QUE HONRA A DIOS. «Ensalzado seas sobre los cielos.»
7. UN CORAZÓN LLENO DE COMPASIÓN. «Salva con tu diestra.»

556. LAS OBRAS DEL SEÑOR

Salmo 111

Tal es el obrero, tal es la obra. Las obras del Señor son:

I. Grandes (v. 2). Son tan inescrutables como Él. Todas sus obras le alaban, porque muestran la grandeza del Obrador. Esto se hace patente en su obra de Creación, Redención y Providencia (Sal. 104:24). Su obra es grande en todos los respectos en cuanto a calidad, variedad, utilidad y Eternidad.

II. Deseable. «Dignas de meditarse por cuantos en ellas se complacen» (v. 2). Sus *obras* son expresión de sus *pensamientos*, y tales pensamientos son muy profundos y de gran precio (Sal. 92:5). ¡Qué profundidad de pensamiento aparece en la Redención por Jesucristo! ¡Con cuánto interés debe ser buscada esta obra por todos aquellos que se complacen en ella! Ésta es una investigación provechosa.

III. Honorable. «Esplendor y majestad es su obra» (v. 3). Hay una dignidad grande en la obra de la Creación y de la Redención que hace dar gran honra a Aquel que las efectuó. La salvación de Jesucristo por la Cruz da gloria eterna a su Nombre. «Bondadoso [es Jehová] en todas sus obras», y de manera destacada en la obra de la Cruz.

IV. Memorable. «Ha hecho memorables sus maravillas» (v. 4). Sus obras de gracia y de misericordia en favor de su pueblo deben ser tenidas en memoria eterna. ¿Quién puede olvidar el día de su conversión a Dios, el día de su liberación de la culpa y del pecado, y el amanecer de su luz y paz en el alma?

V. Poderoso. «El poder de sus obras manifestó a su pueblo» (v. 6). Israel vio el gran poder de su obra en su salvación de Egipto, en su paso del Mar Rojo, y a través del abierto Jordán, y en el derrumbamiento de las murallas de Jericó. Pero, ¿Qué ha obrado Dios *por nosotros*, y en nosotros? No nos ha mostrado el poder de su obra mediante la Cruz por nosotros, y mediante el Espíritu Santo en nosotros?

VI. Veraz. «Las obras de sus manos son verdad y justicia» (v. 7). Están perfectamente ajustadas a las necesidades del caso. Su obra de gracia y de salvación es exactamente lo que necesitamos, y todo lo que necesitamos. Justos y verdaderos son los caminos del Rey de los santos (Ap. 15:3). Él es el Camino, y la Verdad, y la Vida.

VII. Eterno. «Afirmados eternamente y para siempre» (v. 8). Las obras del hombre, como él mismo, se marchitarán como la hierba, pero la Palabra y la obra del Señor permanecerán para siempre. Nuestra justicia es podredumbre como trapos de inmundicia, pero la obra de su regenerador Espíritu, la renovación del Espíritu Santo, se mantiene firme para siempre. Yo les doy [a mis ovejas] vida eterna; y no perecerán jamás. Es Dios quien obra en vosotros tanto el querer como el hacer de su buena voluntad. «Perfecta es su obra.»

557. EL HOMBRE BIENAVENTURADO

Salmo 112

I. La causa de su bienaventuranza.

1. Él TEME AL SEÑOR (v. 1).
2. Tiene una CONFIANZA firme en el Señor (v. 7).
3. Su CARÁCTER es a imagen del de su Señor (v. 4).

II. La naturaleza de su bienaventuranza.

1. Se DELEITA en la Palabra de Dios (v. 1).
2. Sus HIJOS son honorables (v. 2).
3. Su CASA está bien equipada (v. 3).
4. Su JUSTICIA permanece para siempre (v. 3).
5. Tiene LUZ en medio de las tinieblas.
6. Es SALVADO de todo temor (vv. 7, 8).
7. Será EXALTADO (v. 9).
8. Sus ENEMIGOS serán humillados (v. 10).

558. ¿QUE PAGARÉ A JEHOVÁ?

Salmo 116

«¿Qué pagaré a Jehová por todos sus beneficios para conmigo?» (v. 120. Ésta es una consideración profundamente *personal* y razonable.

I. ¿Cuáles son sus beneficios para conmigo? Tenemos:

1. UN OÍDO INCLINADO. «Él ha inclinado a mí su oído» (v. 2). Él no apartado su oído de mi voz, sino que, como un padre anhe-

lante, ha inclinado la cabeza para escuchar el clamor de su hijo. ¡Qué maravilloso privilegio, tener el oído atento y compasivo de Dios!
2. LIBERACIÓN DE LA MUERTE (v. 3). «Tú has librado mi alma de la muerte, mis ojos de las lágrimas, y mis pies de resbalar» (v. 8). Tenemos esta victoria por medio de nuestro Señor Jesucristo (1 Co. 15; 55-57; Ro. 6:23).
3. UN TRATAMIENTO GENEROSO. «Jehová te ha procurado bienes» (v. 7). De su propia plenitud y en gracia infinita ha suplido a todas tus necesidades. Lucas 15:22-23.
4. LIBERTAD DE LA ESCLAVITUD. «Tu sueltas mis ligaduras» (v. 16). Las ligaduras del pecado, y la duda, del temor, han quedado desechas. Libertad para servir al gran Libertador con gratitud.

II. ¿Qué pagaré a Jehová?

1. LE AMARÉ (v. 1). «Le amamos, porque Él nos amó primero.» Le daré los afectos de mi corazón por cuanto Él amó mi alma y la liberó de la fosa de la corrupción.
2. LE INVOCARÉ. Sí, «mientras viva» (v. 2). Ésta es una manera muy expresiva de mostrar nuestra gratitud a DIOS. Este método de nada serviría con el hombre
3. REPOSARÉ EN ÉL. «Recobra, oh alma mía, tu calma» (v. 7). Mostraré mi confianza reposando mi alma enteramente en Él. Esto Él lo desea. Mt. 11:28-29.
4. ANDARÉ CON ÉL (v. 9). Ordenaré mi vida diaria en todos sus detalles como delante de sus ojos. A esta vida fue llamado Abraham (Gn. 17:1). Lo escogeré como mi compañero constante (2 Co. 5:7).
5. HABLARÉ POR ÉL (v. 10. RV, V. M.). Daré testimonio de lo que Él ha hecho por mi alma. Mis labios hablarán su alabanza, y mi lengua no callará.
6. TOMARÉ DE ÉL (v. 13). «Tomaré la copa de la salud» (RV). Le honramos tomando más de Él. No es así con los hombres. Le mostraré cuánto aprecio su gracia bebiendo más hondamente de la «Copa de la Salvación».
7. LE OFRECERÉ. «Te ofreceré sacrificio de alabanza… cumpliré ahora mis votos» (vv. 17-18). El sacrificio de alabanza puede que no parezca muy costoso, pero a Dios le agrada (He. 13; 15-16). Rendidle los terneros de vuestros *labios* (Os. 14:2). Y que los votos de devoción y servicio que le habéis hecho sean debidamente cumplidos *delante de todo su pueblo.*

559. ÉL ME AYUDÓ

Salmo 116:3-9

Un testimonio personal:

1. Su CONDICIÓN. «Ligaduras de muerte… angustias del Seol… angustia y dolor» (v. 3)
2. Su CONFESIÓN. «Estaba yo postrado» (v. 6).
3. Su PETICIÓN. «Entonces invoqué el Nombre de Jehová» (v. 4).
4. Su SALVACIÓN. «Jehová… me salvó… Tú has librado mi alma… mis ojos…, y mis pies» (vv. 6-8).
5. Su RESOLUCIÓN. «Andaré delante de Jehová» (v. 9).
6. Su CONSOLACIÓN. «Recobra, oh alma mía, tu calma, porque Jehová te ha procurado bienes» (v. 7).

560. UN SACRIFICIO ATADO

Salmo 118:27

1. Observemos que no era suficiente con que los sacrificios fuesen traídos al sacerdote y presentados, sino que se debían atar a los cuernos del altar mediante cuerdas.
2. Y observemos que esta exhortación sigue a una recitación de la maravillosa intervención de Dios en favor de Israel y de la ofrenda de acción de gracias.
3. ¿Podemos contar todo lo que Dios ha hecho por nosotros? ¿No es nuestro deber dedicarnos a Él? No meramente a su servicio, sino a Él mismo. Es posible estar dedicado a su servicio y no a Él. Pero estar dedicado a Él incluye servicio.
4. Pero cuando lo hagas, no olvides las cuerdas.
5. ¿Por qué las personas tienen que volverse a dedicar al Señor? Es porque se olvidan de las cuerdas.
6. ¿Y qué son las cuerdas?
a. Las cuerdas de amor.
b. Las cuerdas del deber.
c. Las cuerdas del recuerdo.
7. La idea es que incluso un sacrificio bien dispuesto precisa fuerza para mantenerlo en aquella posición –la fuerza de la voluntad.

561. EJEMPLOS «YO SOY» EN EL SALMO 119

Se ha dicho que este Salmo «contiene la anatomía de la religión experimental, la delineación interior de la familia de Dios». Sus veintidós secciones son otras tantas hileras de perlas, unidas por las letras del Alefato hebreo, y representado todas las fases de la experiencia cristiana. Es un cántico de gozo y de regocijo en la *Palabra de Dios*, a la que se hace referencia bajo muchos nombres diferentes. Lutero le dio un gran valor a este Salmo, declarando que él «no aceptaría todo el mundo a cambio de una sola hoja del mismo». Observemos algunos de los «YO SOY».

I. «Forastero yo soy en la tierra» (v. 19). Nada hay en toda la tierra que pueda suplir plenamente las necesidades de un «hombre de Dios». Él no tiene donde reposar su *corazón,* así como Cristo no tuvo donde recostar su cabeza. Los antiguos hombres de Dios «conforme a la fe murieron… confesando que eran extranjeros y peregrinos sobre la tierra. Porque los que esto dicen, claramente dan a entender que *buscan* una patria» (He. 11:13-14). El hombre del mundo no es extraño en la tierra; es su hogar; pero la ciudadanía cristiana está en los cielos.

II. «Compañero soy de todos los que te temen» (v. 63, V.M.) Los extraños en una tierra extraña y que provienen del mismo país se atraen entre sí de manera natural (Mal. 3:16). Estos, en comunión con Dios, deberían ser hallados en comunión unos con otros. De cierto que aquellos que deben ser nuestros compañeros en la eternidad deberían ser nuestros predilectos compañeros ahora. Este testimonio es sumamente necesario.

III. «Estoy como en odre ahumado» (v. 83). Debido a circunstancias adversas soy como un arrugado odre (cp. Jos. 9:4). Un odre *en el humo* está en el lugar de la prueba; mientras que está en este mundo malo, el cristiano tiene que entrar en contacto con su pestilente influencia, y tiene que soportarlo pacientemente como viendo a Aquel que es invisible, como los hebreos en el horno de fuego ardiendo, y como Job.

IV. «Tuyo soy yo, sálvame» (v. 94). Aunque en el humo de la perplejidad y de la impotencia, es sumamente consolador poder decir «tuyo soy». Tu propiedad (Hch. 20:28), tu obra (Ef. 2:10); él puede salvarnos a nosotros con la misma facilidad en el humo, como en el caso de los jóvenes en el horno de fuego, que *de* él, si el olor del humo en las vestiduras.

V. «Afligido estoy en gran manera; hazme vivir» (v. 107). «En cuanto él mismo fue probado mediante el sufrimiento, es poderoso para venir en auxilio de los que son tentados» (He. 2:18). El *avivamiento* divino es el remedio para un alma dolorida y que se está hundiendo. La aflicción puede ser pesada, pero con su «vida abundante» habrá una fácil victoria. Él vivifica el lánguido corazón por su palabra de promesa y espíritu de poder.

VI. Soy temeroso de tus juicios. «De tus juicios tengo miedo.» Cada alma verdaderamente vivificada temblará ante su Palabra, y es a estos que Él mirará (Is. 66:5). Es una característica del hijo tiernamente obediente. Todo el cielo debe mirar atónito ante aquellos que no temen al Señor (Ap. 15:4). Este no es el temor que comporta castigo.

VII. «Tu siervo soy yo» (v. 125). Tu esclavo bien dispuesto, por cuanto Tú me has redimido de la esclavitud del pecado (Ro. 6:16-20), como Tu siervo, «dame entendimiento», enséñame lo que quieras que yo haga: no se haga mi voluntad, mas la tuya.

VIII. «Pequeño soy yo, y despreciable» (v. 141). Ésta es su propia estimación, y la que el mundo tiene del siervo de Dios. Pequeño, en comparación con la plena estatura de Jesucristo, y menospreciado como Él lo fue; pero no temas tú, *gusano* Jacob; YO TE AYUDARÉ, dice el Señor. Él puede emplear las cosas pequeñas.

562. EXPRESIÓN DE FIRMES PROPÓSITOS EN EL SALMO 119

I. «Te alabaré» (v. 7). («Te daré gracias», BAS). Es para este gran fin que es constituido el pueblo de Dios (Is. 43:21). Y su cualificación para ello es «rectitud de corazón». El medio para este fin es la gracia salvadora de Dios.

II. «Tus estatutos guardare» (v. 8). Un corazón recto para con Dios estará atento a sus palabras. El observador de los tiempos debe ser un observador de su verdad… para ser sabio.

III. «En tus mandamientos meditaré» (v. 15). Los impíos no son así; ellos querrían echar de sí estas ataduras, pero sus Palabras son profundas y dulces al corazón obediente. «Tus palabras fueron halladas, y yo las oí.» El resultado fue gozo y regocijo (Jer. 15, 16); véase Juan 1:14.

IV. «Me regocijaré en tus estatutos» (v. 16). El corazón que medita pronto se deleitará. Ainsworth lo lee así: «Me solazaré y recrearé». Sus palabras consuelan y renuevan a la vez, en medio de las ansiedades y de los dolores de la vida.

V. «Por el camino de tus mandamientos correré» (v. 32). Aquellos que «observan, meditan y se deleitan» en su Palabra pronto se encontrarán corriendo por el camino, con el corazón sumamente ensanchado. La condición de muchos es «Siguiéndole de lejos», o «cansados, mas todavía persiguiendo». Los que *corren* esta carrera siguen mirando a Jesús, que es el Camino, la Verdad y la Vida (*cf.* Esd. 7:9).

VI. «Andaré en libertad» (v. 45). Agustín dijo: «Di mi voluntad a mi enemigo, que hizo de ella una cadena, y me encadenó con ella». Los que dan su voluntad a Cristo son verdaderamente libres (Jn. 8:31). El pecado es esclavitud: la obediencia a su Palabra es Libertad (Jn. 8:34).

VII. «Hablaré de tus testimonios… y no me avergonzaré» (v. 46). Los que caminan en libertad por medio de él, verdaderamente hablarán libremente en su nombre (Dn. 3:16-81). Así fue con Pablo (Ro. 1:16). Predica la palabra, y no te avergüences, recuerda (Mr. 8:38; Ap. 21:8).

VIII. «A media noche me levantaré para darte gracias» (v. 62). Bienaventurados aquellos que puedan levantarse en la medianoche de su dolor y negrura para dar gracias al Señor. Véase Hechos 16:24, 25. La oscuridad y la luz le son a Él lo mismo.

IX. «Nunca jamas me olvidaré de tus mandamientos» (v. 93). ¡No, jamás! porque Tus palabras me han dado luz y vida, y sustento a mi alma. Ellas me conducirán a la eternidad y permanecerán allí conmigo. «Son espíritu y son vida» (Jn. 6:63). Yo nunca *las* olvidaré, porque jamás *Te olvidaré.*

563. CONFESIONES EN EL SALMO 119

I. «Yo anduve errante como oveja extraviada» (v. 176). Una oveja extraviada no puede hacer otra cosa que ir errante (Is. 53:6). Piensa en qué es aquello de lo que nos extraviamos al ir errantes; de Dios y de su Palabra; piensa en a dónde vamos errantes. El propósito del Pastor es buscar y salvar a los perdidos.

II. «Con todo mi corazón te he buscado» (v. 10). Éste es el objeto correcto, buscado de la manera correcta (Sal. 27:4). Para las ovejas descarriadas solo hay la «hiel y el ajenjo» (Lm. 3:19) de la fatiga, del peligro y de la frustración. En Él está la vida. Buscad al Señor.

III. «Me complazco en el camino» (v. 14). En el camino de sus testimonios hay una gozosa liberación; sus caminos son caminos de justicia. La fe conduce a la tierra prometida de las «inescrutables riquezas de Cristo». Paraos,, y preguntad por las sendas antiguas, cuál sea el buen camino (Jer. 6:16).

IV. «Te he manifestado mis caminos» (v. 26). «Mis caminos», sin importar lo torcidos, insensatos e infructíferos que hayan sido, es bueno declararlos todos en sus oídos. Tenemos que declarar *sus* caminos a otros, pero nuestros propios extravíos a Él.

V. «Escogí el camino de la verdad» (v. 30). Ésta es una elección valiente y necesaria. Él escogió sernos fieles a nosotros; ¿por qué no debiéramos nosotros *escoger* serles fieles a Él? La elección tiene que ser tomada entre la fe y la infidelidad; entre Barrabás y Cristo. Él se mantuvo en su elección (v. 31).

VI. «Me acuerdo… de tu nombre» (v. 55). El Nombre del Señor es un maravilloso solaz «en la noche de la angustia y de la perplejidad», porque lo que Dios es, éste es su nombre (Éx. 34:5-7). Como ungüento ha sido derramado en la persona y obra de su Hijo.

VII. «He creído a tus mandamientos» (v. 66). Ésta es una noble confesión. ¡Cuántos males y fracasos están siendo constantemente producidos en la vida cristiana por falta de fe en las Palabras de Dios! El Señor ha prometido, y «yo he creído». ¿Podemos nosotros hablar así?

VIII. «De todo mal camino retraigo mis pies» (v. 101). Hay muchos malos caminos que pueden parecer placenteros y provechosos, pero que no están de acuerdo con su Palabra. Por fe andamos, no por vista. El camino *fácil* puede ser un camino malo, como el caso de los peregrinos en el prado del Atajo. Era un camino «cómodo», pero conducía al Castillo de la Duda. Para «guardar su Palabra» tenemos que detener nuestros pensamientos y acciones de los caminos de los impíos.

IX. «Anhelo tu salvación, oh Jehová» (v. 174). La Salvación diaria del Señor es una experiencia que debe ser sumamente anhelada. Deberíamos anhelarla en toda su plenitud. Los que están hambrientos y sedientos por tal justicia serán llenos. También anhelamos la salvación del Señor, cuando anhelamos la salvación del pecador. De cierto que los salvos anhelarán esto. Aquellos que anhelan su venida otra vez anhelan su final salvación.

564. LAS EXPERIENCIAS DE UN ALMA

Salmo 119

1. Consumida (v. 20).
2. Abatida (v. 25).
3. Deshecha (v. 28).
4. Desfallecida (v. 81).
5. Esperando (v. 114).
6. Confiando (v. 167).
7. Anhelando (v. 175).

565. CAMINAD COMO ES DIGNO DEL SEÑOR

«Enséñame, oh Jehová, el camino de tus estatutos, y lo guardaré hasta el fin. Dame entendimiento, y guardaré tu ley, y la cumpliré de todo corazón. Guíame por la senda de tus mandamientos, porque en ella tengo tu complacencia. Inclina mi corazón a tus testimonios, y no a la avaricia. Aparta mis ojos de ver vanidades; avívame en tu camino» (Sal. 119:33-37).

«Porque Dios es el que en vosotros opera tanto el *querer* como el hacer, por su buena voluntad» (Fil. 2:13).

I. La vida cristiana como andadura. Implica:

1. PEREGRINACIÓN. Aquí no tenemos ciudad permanente; somos peregrinos y extranjeros en la tierra; forasteros para con el Señor (Lv. 25:23). Nuestra ciudadanía está en los cielos.
2. ABNEGACIÓN. «Si alguno quiere venir en pos de mí», dijo Jesús, «niéguese a sí mismo» (Mt. 16:24). Tenemos que estar dispuesto para abandonar las riquezas, los placeres y los honores del mundo, para encontrar nuestro todo en él.
3. SEPARACIÓN (Col. 3:1, 2). Si hemos resucitado con Cristo, nuestros afectos han resucitado fuera del mundo con él. Fuera del real, no del mundo. «Transformaos por medio de la renovación de vuestra mente» (Ro. 12:2).
4. SUFRIMIENTO (1 P. 2:20, 21). Si alguien quiere vivir piadosamente, deberá sufrir. El mundo que odió a Cristo no amará a sus amigos (Jn. 15:15-19). *Aquí* tenemos la comunión con sus padecimientos: la gloria vendrá mañana.
5. PROGRESO. No podemos quedarnos quietos mientras andamos. «La senda de los justos es como la luz de la aurora, que va en aumento hasta llegar a pleno día» (Pr. 4:18). La esfera de esta andadura es en los lugares celestiales. Nosotros *levantamos* el vuelo como las águilas; *luego*, cuando estamos arriba, corremos y no nos cansamos, caminamos, y no nos fatigamos. No creas en la teoría de que debes acomodarte al mundo.

II. El compañero del cristiano en su andadura. Se dice: «Una multitud no es compañía, un buen compañero hace buena compañía.» Tenemos:

1. UN COMPAÑERO DIVINO (2 Co. 6:16). Mientras que los escépticos están clamando: «¿Dónde está Dios?», el cristiano está caminando con él cada día.
2. UN COMPAÑERO TODOPODEROSO (Gn. 17:1). Ciertamente que estas palabras debieran acallar toda duda, silenciar toda queja, y calmar todo temor.
3. UN COMPAÑERO PLACENTERO (Am. 3:3). Los placeres del compañerismo dependen mayormente de nuestra *unidad* de pro-

pósito y de sentimiento. ¡Qué bendición concordar con Dios: uno en corazón y en propósito!

4. UN COMPAÑERO SIEMPRE PRESENTE (Sal. 116:9). «He aquí que yo estoy con vosotros todos los días» (Mt. 28:20). «De ningún modo te desampararé, ni te dejaré» (He. 13:5). Él es «nuestro *pronto* auxilio en las tribulaciones» (Sal. 46:1).

5. UN COMPAÑERO CERCANO (2 Co. 6:16). Ningún amigo terreno puede estar tan cercano como él. No solo camina él con nosotros, sino que mora en *nosotros*.

6. UN COMPAÑERO FIEL (He. 11:5). Él toma sus compañeros con él. «Allí donde yo esté, allí también estará mi servidor.» Él es un Amigo que siempre ama.

7. UN COMPAÑERO CONSOLADOR (Sal. 23:4). Él sabe como hablar palabra al cansado. Su vara y su cayado –extraña consolación a los ojos del mundo– nos infunden aliento.

8. UN COMPAÑERO EJEMPLAR (1 Jn. 2:6). Debemos andar como él anduvo. ¿Y cómo anduvo él? Anduvo por fe, y siempre hizo aquellas cosas que complacían al Padre.

III. La manera del andar cristiano.

1. DEBE SER POR LA FE (2 Co. 5:7). Hemos recibido a Cristo Jesús por la fe, y debemos caminar en él como le hemos recibido. No es por vista ni por sentimiento, sino por fe, como él anduvo.

2. EN NOVEDAD DE VIDA (Ro. 6:8). Como resucitados con Cristo, debemos mostrar esta novedad de vida buscando aquellas cosas que están arriba, y no volviendo a los pecados de la vida antigua (2 P. 1:9).

3. CON HUMILDAD (Mi. 6:8). Si nos damos cuenta continuamente de con quién andamos, ello nos constreñirá ciertamente a andar «en el temor del Señor».

4. EN EL ESPÍRITU (Ga. 5:16). La mejor manera de mantener la cizaña fuera de la medida es llenarla de trigo. Permanece en la ley del Espíritu, y no satisfarás los deseos de la carne.

5. EN SU VERDAD (Sal. 86:11). Según la verdad de Dios. Jesucristo mismo es la Verdad; que su Palabra more ricamente en ti.

6. EN AMOR (Ef. 5:2). Si caminamos con él que nos amó y se dio a Sí mismo por nosotros, mucho nos conviene andar en amor.

7. EN SABIDURÍA (Col. 4:5). Esto es necesario, cuando recordamos a aquellos que están fuera, y cómo ellos observan nuestros pasos y leen el libro de nuestras vidas.

8. DIGNAMENTE DE DIOS (1 Ts. 2:12). Esto es, dignamente de Dios que nos llama y camina con nosotros. Un paso en falso podría traer deshonra a su Nombre. «Sustenta mis pasos en tus caminos» (Sal. 17:5).

IV. Los privilegios del caminante cristiano. Él es:

1. RECONCILIADO (Am. 3:3). No puede haber comunión sin acuerdo. Justificado, y en paz con Dios. Las viejas cosas pasaron.

2. PURIFICADO (Is. 35:8, 9). Solo los limpios pueden caminar por la vía de la santidad. El camino de los redimidos es el camino de la justicia. Permaneciendo en él, su sangre nos purifica (1 Jn. 1:9).

3. MORADA DE DIOS (2 Co. 6:16). Poseídos por Aquel con quien andamos. Bendito misterio: un secreto que los no generados no pueden conocer.

4. ILUMINADOS (Sal. 84:11). No solo caminando a la luz de su favor, sino también poseyendo la luz del conocimiento de Dios resplandeciendo en el corazón. Hijos de luz.

5. LIBERADOS de los temores, de la iniquidad (Sal. 119:3-45). En su buena compañía somos salvados de mucha mala compañía.

6. CONSOLADOS (Hch. 9:31). El Espíritu consolador camina con aquellos que caminan con Dios, tomando las cosas de Cristo, y mostrándoselas.

7. FELICES (Sal. 128:1). Feliz es todo aquel que anda en sus caminos. Sus caminos son caminos deleitosos. Infelices, dice el espíritu del Mal. Bienaventurados, dice el Espíritu Santo.

8. HONORABLES (Ap. 3:4). Los que caminan en la luz andarán vestidos de blanco. Se dirigen a una tierra donde no hay noche. ¿Llorarán otra vez? No, jamás, sino que reinarán con él para siempre (Ap. 20:5).

566. PERMANECE

Salmo 119:89

I. ¿Qué es lo que permanece? «Para siempre, oh Jehová, tu palabra.»

II. ¿Dónde permanece? «Permanece… en los cielos.»

III. ¿Cuál es el resultado de esta permanencia?

1. Es una ROCA DE REFUGIO para los cansados (Mt. 11:28).
2. Es un CAYADO DE FORTALEZA para el cristiano (Jn. 10:35).
3. Es un DARDO DE DESAFÍO para el diablo (Ef. 6:17).
4. Es una LASTIMERA ENDECHA para los no arrepentidos (Sal. 9:17); Jn. 3:36).

567. TU PALABRA ES UNA LÁMPARA

Salmo 119:105

Una luz es, sin lugar a dudas, de ningún género, adaptada y apropiada para cada edad. Ninguna luz moderna puede igualarla. Es, como dice Pollock, «Aquella lámpara que ha sido enviada del Trono Eterno». Es:

I. Una lámpara **para la lectura.** Una lámpara para leer la mente y los pensamientos de Dios, y también para leer nuestros propios corazones.

II. Una lámpara **para calentar.** Un resplandor incandescente que arde como un fuego en los huesos (Jer. 20:9).

III. Una lámpara **para l viajero.** Una lámpara para mis pies, y una luz para mi camino. Es igualmente útil para cada país y clima.

IV. Una lámpara **de minero**, apropiada para el más profundo hoyo de pecado, y para los más tenebrosos lugares de trabajo y servicio. A prueba de la negra niebla del corazón malvado.

V. Una lámpara **de seguridad.** El descubrimiento de Sir Humphrey Davy no ha disminuido en absoluto su importancia. Puede emplearse en los lugares más peligrosos. El metano del mundo no tiene sobre ella ningún efecto dañino. No es solamente una lámpara de seguridad, sino, además, *salvadora.*

VI. Una lámpara **de faro.** Se mantiene en lo alto, y sus haces resplandecen sobre las negras aguas de un mundo necesitado. Descuidar sus advertencias es sufrir naufragio. Es un *foco reflector* divino que resplandece en las tinieblas de esta tierra oscurecida por el pecado.

VII. Una lámpara **nocturna.** Lo suficientemente gentil como para resplandecer con su suave luz en la habitación del enfermo, trayendo la luz del cielo al corazón fatigado, e iluminando el empalidecido rostro con la eterna esperanza que es en Cristo Jesús Señor nuestro (Sal. 23).

568. EL GUARDADOR DIVINO

Salmo 121

Las palabras «guardar», «el que guarda» y «guardián» aparecen en este Salmo seis veces.

I. Su capacidad para guardar.

1. TODOPODEROSO. «Hizo los cielos y la tierra».
2. SIEMPRE CONSCIENTE. «No se dormirá».

II. La manera en que Él guarda.

1. Él guarda el ALMA (v. 7).
2. Él guarda de OPRESIÓN. «Jehová es tu *sombra*» (vv. 5, 6).
3. Él te guarda del MAL (v. 7).
4. Él te guarda mientras estás en tu rutina de tu ACTIVIDAD DIARIA. «Tu salida y tu entrada» (v. 8).
5. Él te guarda hasta el FIN. «Y para siempre».

569. EL LAZO ROTO

«Nuestra alma escapó cual ave del lazo de los cazadores; se rompió el lazo, y escapamos nosotros» (Sal. 124:7).

Esto se cumplió literalmente en la experiencia de los hijos de Israel cuando escaparon de Egipto, del lazo de faraón. El lazo se rompió cuando las huestes de faraón se vieron abrumadas en el Mar Rojo, y también cuando escaparon del cautiverio en Babilonia. El antitipo de esto se encuentra en los que han escapado como aves del lazo de aquel viejo cazador, el diablo, y de la esclavitud de un lazo para el alma.

I. Los cazadores. «Del lazo de los cazadores.» El diablo tiene muchos lazos, y se cuida de mantenerlos tanto como pueda fuera de la vista. El cazador no tiene intención alguna de *alimentar* al ave cuando pone el tentador cebo en el lazo. Su propósito es atrapar. El diablo y todos sus enviados, tanto humanos como demónicos, están siempre activos en su astuto y esclavizador arte, intentando atrapar almas. Estos cazadores son lo suficientemente sabios como para considerar los *hábitos* y los *deseos* de todos aquellos a los que quieren atrapar.

II. El lazo. Lo que puede ser el lazo que atrapa y retiene a uno no sea el que atrapa a otro; pero cada pecador inconverso está *atrapado* por el *poder del pecado* en una u otra de sus formas. El *amor* al mundo es un lazo en el que caen muchos. El «*temor* del hombre» estorba también a multitudes de gozar de la libertad de los libres. La «*concupiscencia* de la carne» y la «*soberbia* de la vida» son lazos que retienen tan firmemente como cadenas de hierro.

III. El cautivo. «Nuestra alma.» No solo nuestra *vida*, sino que nuestro mismo *espíritu* ha quedado atrapado en la espiral de la iniquidad. El ave atrapada ha perdido el poder de vuelo, y lo mismo sucede con el alma atrapada con el pecado: No puede volver a la pura atmósfera del amor y de la comunión del cielo. Un *alma*, creada a imagen de Dios, para gozar de su compañía y gozarse de todos los privilegios de la filiación, «libre para recorrer los cielos arriba», ATRAPADA, enlazada, y llevada cautiva por el diablo a voluntad de él. Y ¡ay! cautiva voluntaria.

IV. La rotura del lazo. «Se rompió el lazo.» Sí, gracias a Dios, *cada* lazo puede quedar roto. Cristo vino a *destruir* las obras del diablo, y a dar libertad a los cautivos. Una mirada de fe al Crucificado romperá en el acto el encantamiento del pecado. Cuando el pecado ha perdido su poder de atracción *el lazo se rompe*, y el alma puede escapar. «He aquí, he puesto delante de ti una puerta abierta». Escapa por tu vida.

V. El escape. «Nuestra alma *escapó* cual ave.» ¡Cuán en el acto el ave liberada vuelve la espalda a los cazadores y a sus lazos cuando se le ofrece un camino de salida! Cantará un nuevo cántico mientras se levanta (Éx. 15:1). Decía un hombre que había perdido una alondra: «Cuando la recupere le recortaré la punta de las alas», pero no la recuperó. Cada uno de los que *regresen* de cierto se verá con las alas recortadas. Nuestra alma ha escapado de la condenación del diablo por medio del poder rompedor de lazos de la sangre del Cordero. ¡Aleluya!

570. EL CAUTIVERIO TORNADO EN CANCIÓN

Salmo 126

Hubo:

I. Esclavitud. «La cautividad de Sion» (v. 1).

II. Oración. «¡Haz tornar, oh Jehová, nuestros cautivos!» (v. 4, V.M.).

III. Respuesta. «Jehová hizo volver» (v. 1).

IV. Asombro. «Estábamos como los que sueñan» (v. 1).

V. Regocijo. «Nuestra boca se llenó de risa, y nuestra lengua de alabanza» (v. 2).

VI. Feracidad. «Entonces se decía», etc.

VII. Aliento. «Los que sembraron con lágrimas, con regocijo segarán» (vv. 5, 6).

571. LLORANDO, PERO SEMBRANDO

> «Los que sembraron con lágrimas, con regocijo segarán. Irá andando y llorando el que lleva la preciosa semilla; mas volverá con regocijo, trayendo las gavillas» (Sal. 126:5 y 6).

¡Qué versículo más espléndido! Ha sido una inspiración para el obrero creyente desde que fue escrito por el buen rey Ezequías hace dos milenios y medio. Puede ser llamado un proverbio inspirado. Ha encontrado entrada en la literatura general, y es citado frecuentemente con diversos propósitos. Es en realidad una profecía, cumplida muchos tiempos en la historia de Israel, y espera un pleno y más grande cumplimiento en el futuro.

Pero de entrada presenta un problema. Porque ¿quién ha oído de un sembrador lloroso, de un granjero u hortelano llorando mientras sembraba? Generalmente, esta tarea se lleva a cabo con un espíritu de alegría y de abundante esperanza. Lo cierto es que nunca se «siembre con lágrimas» aunque puedan «segar con regocijo». Esto nos presenta un problema.

Pero la clave de la respuesta es muy sencilla. Estudiando el Salmo entero, el problema quedará contestado fácilmente. Es un Salmo de cautividad, o más bien un Salmo del regreso de la cautividad. «Cuando Jehová hizo volver la cautividad de Sion, estábamos como los que sueñan.»

Las nuevas de la inminente emancipación parecían demasiado buenas para ser verdaderas. Pero la profecía se cumplió. «Entonces nuestra boca se llenó de risa, y nuestra lengua de alabanza.» Incluso los paganos exclamaron: «Grandes cosas ha hecho Jehová con éstos», tan patente era obra del Señor la liberación de ellos. Cuando los felices libertados oyeron esto, exclamaron todos a una: «Grandes cosas ha hecho Jehová con nosotros; estamos alegres».

Alegres, gozosos, triunfantes, volvieron a su tierra amada. Pero el espectáculo de las ciudades, villas y aldeas asoladas y de los viñedos devastados abrió la fuente de las lágrimas, y el duelo ahogó el nuevo gozo. Pero ahí está el fondo de la cuestión: ¿Se abandonaron a sus dolores? ¿Abrigaron sus penas en sus brazos? No, nada de esto. Aunque con llanto, comenzaron sus trabajos para remediar aquel triste estado de cosas. Araron y cavaron, y sembraron, aunque con lágrimas. Aunque se fueron llorando, sin embargo llevaron consigo sus cestos de semillas, llevando la preciosa semilla. Y así, al cabo de un tiempo, volvieron «con regocijo, trayendo sus gavillas».

No es difícil ver la aplicación. Muchos hombres de negocios hoy día hacen frente a la ruina. Un buen negocio, resultado de años de trabajo, ha dejado de existir. ¿Qué, entonces? ¿Debe el desafortunado abandonarse a la desesperación? No, sino que, aunque con lágrimas, se deben reemprender las viejas tareas. El día después del calamitoso incendio de Chicago se encontró este cartel sobre las ruinas ennegrecidas de una tienda antes próspera: «Todo se ha perdido, ¡menos la esposa, los hijos y la *esperanza*! Mañana se reanudan las actividades como de costumbre». ¡Maravilloso!

A veces, los conductores de actividades cristianas se encuentran, sin culpa suya, con que el trabajo de años queda deshecho. ¿Qué entonces? No se debe abandonar la esperanza, sino que se debe tomar el cesto de las semillas, y reanudar las tareas familiares, con la certidumbre de una cosecha abundante.

¿No tenemos aquí un mensaje? Sí, un mensaje para creyentes derrotados y desalentados, dolidos por su estado recaído, y por la desolación y ruina en sus vidas y experiencias. Si se hace confesión de pecado, no solo habrá perdón, sino que en Jesucristo hay una plena y total liberación, y la restauración de los años que se comió la langosta. Los tales *pueden*, más aún, *deben*, retomar las antiguas y benditas tareas familiares en el servicio del Señor, sabiendo que «los que sembraron con lágrimas, con regocijo segarán».

Hay siete hechos tocantes al obrero cristiano que deben ser notados al ponderar esta Escritura.

I. Su actividad. «Irá *andando*.» Dios tiene una obra para que todos la llevemos a cabo. Felices seremos si las tareas que ocupan nuestro tiempo y pensamiento están designadas por Dios.

II. Su desprendimiento. «*Irá* andando.» Bien dispuesto a dejar los cómodos sillones y el caliente fuego de la chimenea ante la llamada del deber, recordando que no puede haber logros sin dolor.

III. Su sinceridad. «Irá andando y *llorando*.» Es decir, emprendiendo las tareas asignadas no de una manera formal y seca. Haremos nuestra tarea no de una manera seca y formal, sino de corazón y de buena gana. El sufrimiento es el precio de todo verdadero progreso.

IV. Sus recursos. «El que lleva *la preciosa semilla*.» La semilla es la Palabra de Dios. Su preciosa verdad ha de ser sembrada en fidelidad y confianza. ¡Qué glorioso cesto de semillas tenemos en la Palabra de Dios.

V. Su certidumbre. «De *seguro*» (V.M.). Dale vueltas a esta palabra: sin duda alguna, con toda certidumbre. Podemos salir andando con la total certidumbre de una cosecha gloriosa.

VI. Su alegría. «Volverá a venir *con regocijo*.» El gozo de la cosecha es ciertamente un verdadero gozo.

VII. Su recompensa. «Trayendo sus gavillas.» Acudiendo ante el gran Trono de Recompensas no en solitario, no con las manos vacías. ¡Qué recompensa por un servicio sacrificado!

572. EL MÉTODO DEL DIVINO ARADOR

«Sobre mis espaldas araron los aradores» (Sal. 129:3).

«El que ara para sembrar, arará todo el día? ¿Romperá y quebrará los terrones de la tierra?» (Is. 28:24).

I. El arado.

1. ¡Cuántas veces podemos repetir las palabras del Salmo!
2. Y son particularmente aplicables a nuestro Señor.
3. Y también Israel como nación puede tomar estas palabras.
4. Sí, también nosotros sabemos algo de la obra del Divino Arador. El arado de la providencia de Dios ha actuado a menudo a fondo, quebrando nuestros planes, propósitos e incluso rompiendo el tenor de nuestra vida.
5. Y transformando la llanura que había estado despejada en un mar de tormentosos acantilados.

II. ¿Por qué el arado?

1. El gozo de la cosecha es el resultado de la penosa operación de arar.
2. Nunca nos conoceríamos a nosotros mismos si el arado no hubiese dado la vuelta, revelando las profundidades ocultas de nuestro ser.

III. ¿Hasta cuándo?

1. No de forma continuada.
2. Si Dios ara, ara para sembrar.
3. No emplea el arado como diversión.
4. No ejerce su omnipotencia para aplastar la debilidad.

IV. Gran consolación.

1. PARA ISRAEL. El arado ha estado en marcha casi dos milenios, pero parará y vendrá la bendición.
2. PARA LOS PECADORES.
   a. El arado del Espíritu de Dios está obrando, pero esto irá se guido de
   b. Conversión y regeneración.
   c. El arado está obrando; deja que ello te lleve al Salvador.
3. PARA EL SANTO.
   a. El arado de la providencia de Dios obra en nuestras vidas.
   b. La calma seguirá a la tormenta; el día sigue a la noche; la cosecha sigue a la Primavera.
   c. Habrá el gozo de una gran cosecha el día de mañana.

573. MI ALMA, UN NIÑO DESTETADO

1. Mi alma está como un *niño* –inerme. Pero confiada en el amor de una madre, habiendo tenido ya experiencias de su cuidado especial.
2. Mi alma está como un *niño destetado* –sufriendo. El misterio de un rechazamiento inesperado; un nuevo método de tratamiento.
3. Mi alma es *como* un niño destetado sumisa. El don lo tiene negado, pero abraza a su Madre. El reposo de la fe y del amor.

574. RAZONES PARA LA ALABANZA

Salmo 138

«Te alabaré con todo mi corazón» (v. 1).

1. Porque Tú *me respondiste* (v. 3).
2. Porque Tú *me fortaleciste*(v.3)
3. Porque Tú *me vivificas* (v. 7).
4. Porque Tú *me salvas* (v. 7).
5. Porque Tú *completarás tus designios sobre mí* (v. 8).

575. DEPRESIÓN

«Tú conoces mi sentarme y mi levantarme» (Sal. 139:2).

Tenemos aquí un maravilloso salmo, que describe, hasta allí donde llega el lenguaje humano, la maravillosa omnisciencia de Dios. Nada se le oculta: todo está abierto a su vista. Incluso cuando me siento y cuando me levanto, Él lo sabe. No puedo ni tomar un asiento ni dejarlo sin que esta acción sea conocida y observada por Él.
Ciertamente, esto constituye un remedio para la enfermedad conocida como «Depresión».

La depresión es una dolencia general, y es muy contagiosa. Otros pueden quedar influenciados por nuestro mal estado, y este es uno de sus peligros. Realmente, deberíamos adoptar una actitud sonriente, incluso cuando nuestros corazones estén pesados como plomo, aunque solo sea por amor a los demás. Observemos cómo la depresión de los espías llevó al pecado de rebelión de Israel ante los mandamientos expresos del Señor.
Que este pensamiento se apodere de nosotros: *¡Que por cada sentarnos puede haber un levantarnos!* Que la marea cambia no solo cuando está en pleamar, sino también en bajamar. ¿Te encuentras ahora en bajamar en tus asuntos? Bueno, pues ya volverá la marea, por la bendición de Dios, a subir en tu favor.

576. LOS PENSAMIENTOS DE DIOS

Salmo 139:17

Los pensamientos de Dios son grandes pensamientos. ¿Cuál es la suma de ellos, revelada en su Palabra? Hay el pensamiento de:

1. CREACIÓN. Hizo los cielos y la tierra.
2. REPRESENTACIÓN. Hizo al hombre a su propia semejanza.
3. REDENCIÓN. Prometida en la simiente de la mujer.
4. JUICIO. Visto en el diluvio.
5. ELECCIÓN. En el llamamiento de Abraham.
6. COMUNIÓN. En su morada con su pueblo en el Tabernáculo.
7. ENCARNACIÓN. En el nacimiento de su Hijo.
8. SALVACIÓN. Por la gracia a través del Evangelio.
9. SEGUNDA VENIDA de Cristo como Rey.
10. RESTAURACIÓN de la nación judía.
11. GLORIA MILENIAL durante su reinado sobre la tierra.
12. GLORIA ETERNA en el Reino del Padre.

577. CONFESIÓN A DIOS

Salmo 139:23-24

1. *Escudríñame*, porque busco Tu Salvación.
2. *Conóceme*, porque busco Tu Comunión.
3. *Pruébame*, porque busco Tu Servicio.
4. *Veme*, porque busco Tu Consolación.
5. *Guíame*, porque Tu Conducción busco.

578. ORACIÓN Y ARGUMENTO

Salmo 143:8-11

1. Hazme *sentir*, porque en ti he confiado (v. 8)
2. Hazme *saber*, porque hacia ti elevo mi alma(v.8).
3. *Líbrame*, porque en ti me refugio para que Tú me ocultes (v. 9).
4. *Enséñame*, porque tú eres mi Dios… (v. 10).
5. *Me vivificarás*… por Tu Nombre (v. 11).

579. UN TESTIMONIO

Salmo 144:1-2

Bendito sea Jehová, porque Él es:

1. Mi Roca en mi impotencia.
2. Misericordia mía en mi destitución.
3. Alcázar mío: mi refugio seguro.
4. Baluarte mío en mis días tenebrosos.
5. Libertador mío cuando mi enemigo se opone.
6. Escudo mío: cuando se lanzan dardos encendidos.
7. Confianza mía: «En quien he confiado».

580. EL PODER DEL TOQUE DIVINO

I. El poder de su toque en la naturaleza (Sal. 144:5).

II. El ministerio de su toque en gracia:

1. DESPERTANDO, 1 Reyes 19:5
2. SANANDO, Mateo 8:3
3. LIMPIANDO, Isaías 6:7
4. AGOSTANDO LA VIDA DEL YO, Génesis 32:25
5. OTORGANDO SANTIDAD, Éxodo 29:37
6. DANDO VOLUNTAD AL SERVICIO, 1 Samuel 10:26
7. OTORGANDO PODER PARA HABLAR, Jeremías 1:9
8. SUFRIENDO, Job 19:21

581. ÉL PUEDE

Salmo 145:14-21

I. Sostener al caído (v. 14).

II. Enderezar al que se encorva (v. 14).

III. Dar comida a su tiempo (v. 15).

IV. Colmar de bendición a los vivientes (v. 16).

V. Cumplir el deseo de los que le temen (v. 19).

VI. Salvar a los que a Él claman (v. 19).

VII. Guardar a los que le aman (v. 20).

582. ALABAD AL SEÑOR

Salmo 146:8-10

Aquí hay varias razones por las que Él debiera ser alabado:

1. *Jehová liberta a los cautivos*. La cárcel habla de culpa y de esclavitud. Cristo vino a predicar liberación a los Cautivos (Lc. 4:18). Aquellos a los que el Hijo hace libres son verdaderamente libres. Véase Hch. 12:7.
2. *Jehová abre los ojos de los ciegos*. Esto implica una tiniebla moral y espiritual. La «recuperación de vista a los ciegos» fue otra característica de la misión de Cristo (Lc. 4:18). Cree, y verás.
3. *Él endereza a los encorvados*. Aquellos como la mujer en el Evangelio que «en ninguna manera se la podía enderezar» (Lc. 13:11), agobiados por la carga del dolor o de la culpa, la deformidad del pecado, Él los endereza, mediante su Palabra de aliento y Brazo Poderoso (2 Co. 7:6).
5. *Él protege a los extranjeros*. Él trata con el extranjero como con el huérfano y la viuda (Dt. 27:19; Jer. 7:6-7). De una manera semejante inermes y carentes de todo. «Ya no sois extranjeros» (Ef. 2:19).
6. *Al huérfano y a la viuda sostiene*. Su amante corazón resplandece a través de sus misericordiosos ojos. Nuestra impotencia no es obstáculo alguno a su poder.
7. *Él trastorna el Camino de los malvados*. Él frustra los pensamientos de los *astutos* (Job 5:12). El *camino* de los impíos, con todos sus placeres y todas sus expectativas, perecerá (Sal. 1:6). Este trastorno es un camino muy positivo y completo.

583. ALABAD AL SEÑOR

Salmo 147:1-6

Alabadle por sus maravillosas obras de gracia.

1. Él **recoge** a los desterrados.
2. El **sana** a los quebrantados de corazón.
3. Él **venda** sus heridas.
4. Él **cuenta** el número de las estrellas.
5. Él las **llama** a todas por sus nombres.
6. Él **levanta** a los humildes.
7. Él **humilla** a los impíos.

584. CRISTO, EL SANADOR DE LOS QUEBRANTADOS DE CORAZÓN

Salmo 147:3 y 4; Isaías 61:1; Lucas 4:18

Introducción

UNA DOLENCIA COMÚN.

1. Un corazón quebrantado es cosa muy común en nuestro tiempo presente.
2. Quizá es más común en la actualidad que jamás lo haya sido en la historia del mundo.
3. El quebrantamiento de corazón no es un episodio infrecuente ni trágico en la experiencia humana.
4. Obsérvese, hay una diferencia entre estar quebrantado y tener el corazón quebrantado.

QUEBRANTADOS, NO QUEBRANTADOS DE CORAZÓN.

1. Las personas «quebrantadas» no siempre están quebrantadas de corazón.
2. Hemos conocido a algunos que estaban quebrantados de salud, quebrantados económicamente, incluso quebrantados por asuntos amorosos, pero no quebrantados de corazón.
3. No, cuando hablamos de personas con el corazón quebrantado nos referimos a mucho más que a personas quebrantadas.

EL CORAZÓN ROTO.

1. Hemos oído de personas que han muerto de un corazón quebrantado.
2. Por ensimismarse en su dolor.

TENGO EL CORAZÓN PARTIDO.

1. Significando un gran y abrumador dolor.
2. Algo más que un pinchazo.

SIN ESPERANZA.

1. Por lo que a este mundo concierne, los tales carecen de esperanza.
2. La ciencia ha conquistado en gran manera el dolor físico.
3. Pero la ciencia no ha hecho nada por disminuir el dolor mental.
4. La Ciencia Cristiana –que ni es ciencia ni es cristiana– intenta sanar llevando a la gente a ignorar el dolor. Extraña curación, ¿no?

VARIAS CAUSAS PARA EL QUEBRANTAMIENTO DE CORAZÓN.

1. *Quebrantado por dolor*.
   a. Esto se sugiere en el Salmo 147:3 (para «heridas» el margen da «dolores»).
   b. Dolor por pérdida de un ser querido.
   c. Dolor por pérdidas y tristezas.
2. *Quebrantados de corazón por el fracaso*.
3. *Quebrantados por el pecado*. «Sacrificio es para Dios un espíritu quebrantado». «Él no quiere el corazón entero de nadie, sin embargo no despreciará un corazón quebrantado».
   a. *Por su propio pecado*.
      (1) De esto, triste es decirlo, hay muy poco en la actualidad.
      (2) ¿Y por qué no debería haber? Hemos pecado tanto como nuestros padres.
   b. *Por los pecados de otros*.

I. La comisión del Señor (Is. 61:1). Él es el Gran Especialista del Corazón de la Corte del Cielo.

1. Gracias a Dios, se ha provisto para esta grande y clamorosa necesidad. «*Enviado*».
2. A veces se envía un hábil médico o cirujano a una sufriente Testa Coronada, como respuesta a una apremiante necesidad.
3. Él fue enviado:
   a. No porque le pidiésemos que viniera.
   b. No porque deseásemos que viniera.
   c. No solo a los grandes, sino a todos.
4. Él es el Especialista del Corazón proveniente de la Corte Celestial, enviado por el Padre mismo. «Me ha enviado».

Cinco Símbolos (Lc. 4:18) de la obra del pecado.

1. Pobres –el pecado empobrece.
2. Cautivos –el pecado encarcela y cautiva.
3. Ciegos –el pecado ciega.
4. Oprimidos –el pecado oprime.
5. Quebrantados de corazón –el resultado del descubrimiento de todo lo anterior.

II. Las cualidades del Señor. *Su grandeza*.

1. El Señor conoce el misterio de las Estrellas (Sal. 147:3 y 4).
   a. ¡Qué extraña combinación!
   b. El salmista habla de contar las estrellas y de la sanidad del corazón en un mismo párrafo.
   c. ¡Qué magno e incomparable es este pensamiento de Dios!
      (1) «Él cuenta el número de las estrellas».
      (2) Él conoce el misterio de las estrellas.
   d. ¿Por qué hablar así de Dios?
      (1) Solo el infinito puede sanar el alma.
      (2) Dios no podría ministrar a corazones quebrantados si las estrellas fuesen demasiado para Él.
      (3) «El misterio de las estrellas y el misterio del dolor humano forman parte de un gran misterio que no es misterio para Dios».
      (4) Dios, el único que puede sanar, es el Dios que cuenta las estrellas.
      (5) Ningún pensamiento de Dios más estrecho e inferior que éste puede jamás consolarnos de verdad.
2. ÉL HA RECIBIDO LA DOTACIÓN CELESTIAL. Ha recibido el Espíritu con plenitud.
3. ÉL HA SUFRIDO LA MISMA DOLENCIA.
   a. Jesús murió de quebrantamiento de corazón, y no a causa de los tormentos físicos de la cruz.

b. No podemos insistir en que los médicos deberían sufir de ciertas enfermedades antes de tratar de curarlas. Pero Jesús si padeció quebrantamiento de corazón.
c. Un hombre con quebrantamiento de corazón necesita un Sal vador que haya tenido quebrantamiento de corazón.
4. ÉL HIZO EL CORAZÓN.
a. Quien hizo el corazón es el único que puede sanarlo.
b. Él es el único verdadero doctor del corazón.

III. El éxito del Señor.

PRIMERO VENDA.
a. Dando un alivio inmediato.
b. Dando reposo inmediato.

Y VENDA DE MANERA QUE «SANA».
a. No se trata de una curación parcial ni temporal.
b. Va a lo más profundo de la cuestión.

¿CÓMO SANA?
a. Ah, esto has de dejarlo en sus manos.
b. Ven a Él.

APLICACIÓN
1. Para encontrar sanidad para tal dolor como éste, los hombres han de encontrar a Dios.
2. Cuando nuestro Señor leyó Isaías 61:1 y 2 en la Sinagoga de Nazaret, añadió: «Hoy se ha cumplido esta Escritura que acabáis de oír».
3. ¿Ha sido cumplida en tu experiencia? Quizá.

585. EL CLAMOR DE LA SABIDURÍA
Proverbios 1:20-26

En este clamor oímos la voz de Aquel que es la «Sabiduría de Dios».

I. Un clamor **abierto**. «Clama en los lugares más concurridos.»

II. Un clamor **lastimero**. «¿Hasta cuándo, o simples?»

III. Un clamor **reprobador**. «¿Hasta cuándo... los insensatos aborrecerán el conocimiento?

IV. Un clamor **de invitación**. «Volveos.»

V. Un clamor **de misericordia**. «He aquí yo derramaré mi espíritu sobre vosotros», etc.

VI. Un clamor **rechazado**. «Por cuanto llamé, y no quisisteis oír.»

VII. Un clamor de **escarnio**. «También yo me reiré de vuestra desgracia.»

586. EL LLAMAMIENTO DE LA SABIDURÍA
Proverbios 1:20-29

Del libro de Proverbios se dice que representa «la misma ciencia de la filosofía práctica». Está dividido en dos secciones: Capítulos 1 al 9, LOS CAMINOS DE LA SABIDURÍA, y los caminos 10 al 31, LAS PALABRAS DE LA SABIDURÍA. Estas palabras: «El principio de la sabiduría es el temor de Jehová» (v. 7) pueden ser tomadas como la nota clave del libro. Aparecen trece veces. Estos Proverbios son literalmente «Comparaciones» en «parábolas» prácticas. La SABIDURÍA aquí personificada (8, 12) denota la mayor sagacidad intelectual, y el más puro carácter moral, y encuentra su perfecto cumplimiento en la Persona y el Carácter del Señor Jesucristo, que es «la Sabiduría de Dios», y que «nos ha sido hecho de parte de Dios sabiduría, justificación, santificación y redención». En este clamor de la Sabiduría, oigamos el clamor de Cristo. Podemos oírlo en la voz de:

I. La compasión. «La sabiduría clama en las calles, alza su voz en las plazas... en las entradas de las puertas de la ciudad pronuncia sus discursos» (v. 20, 21). El mensaje es para el «hombre de la calle», así como para el gobernante a las puertas de la ciudad. Es el clamor compasivo de la infinita misericordia y plenitud (Jn. 7:37). Esta voz trata de resonar en cada calle, ciudad y provincia. Es el clamor de la Buena Nueva de Dios a un mundo que perece. Se dirige a tres clases: a los «simples», a los «insolentes» y a los «insensatos». Los débiles, los extraviados y los indignos: Él vino no a llamar a justos, sino a pecadores al arrepentimiento.

II. La reprensión. «Clama... ¿Hasta cuando, oh simples...? (vv. 22-23). Estas tres categorías son típicas. (1) Los SIMPLES son reprendidos por dejarse influenciar fácilmente; se abandonan irreflexivamente a las influencias de otros, y no se toman el tiempo de «pararse, y preguntar por las buenas sendas antiguas». Son las bien dispuestas víctimas del engaño, en sus mentes y corazones, de los hombres sin principios o impíos. (2) El INSOLENTE es reprendido por deleitarse en el escarnio. Complacerse en la impiedad es el colmo de la culpa humana. Estos se glorían en su vergüenza, en busca de un pestilente aplauso que reciben de una humanidad corrompida. (3) El INSENSATO es acusado de ¡aborrecer el conocimiento! Enemigo de la sabiduría. *Ama* las tinieblas más que la luz, lo cual es prueba abundante de su locura. Aborrece la Sabiduría, porque se opone a su suprema insensatez. Éstas son las actitudes de muchos para con Cristo.

III. Ruego. «Volveos a mi reprensión» (v. 23). La sabiduría, como Cristo, clama y ruega, pero no obligará. «*Volveos*». La responsabilidad recae en el que oye. Él apela a la voluntad: a la razón. «Venid ahora, y razonemos, dice el SEÑOR» (Is. 1:18, BAS). La regeneración es la obra del Espíritu, pero la *conversión*, el volverse, es la acción del hombre. «Arrepentíos y convertíos»: este es su mandamiento. «¡Volveos, volveos...! ¿Por qué moriréis?» «Y no queréis volver a Mí, para que tengáis vida». Vuestro rostro se ha apartado de Aquel que es el Camino, y la Verdad, y la Vida; volveos a Mi reprensión.

IV. Promesa. «He aquí, yo derramaré mi espíritu sobre vosotros, y os daré a conocer mis palabras» (v. 23). Él proveerá a las verdaderas necesidades del Simple, del Insolente o Escarnecedor, y del Insensato o Necio, impartiéndoles su Espíritu regenerador, y llevándolos a recibir y a comprender sus palabras preciosas y dadoras de satisfacción al alma. Él promete no cambiar sus circunstancias, sino transformar su carácter. La ley de Dios es perfecta, y también lo es su remedio para las tontas, escarnecedoras y pecaminosas almas de los hombres. La salvación es de Jehová.

V. Lamentación. «Por cuanto llamé... y no aceptasteis mi reprensión» (vv. 24-25). Éste es el lenguaje del amor herido, como el que aparece en Mt. 23:37. Su «llamamiento» fue rehusado, su «mano extendida» fue menospreciada, su «consejo» fue tenido por nada. Su «reprensión» no la quisieron aceptar. Su «llamamiento», su «consejo», su «invitación» y su «reprensión» habían sido por un igual estériles, debido a la insensatez y dureza de sus corazones. Él no quiere la muerte de nadie, pero ¡cuán triste que muchos prefieran la muerte a la vida!

VI. Juicio. «Por cuanto... no aceptasteis... también yo me reiré de vuestra desgracia». «Me burlaré cuando os sobrevenga lo que teméis», etc. (vv. 26-29). No hay nada más cierto que esto: que a los malvados *les sobreviene* más tarde o más temprano *aquello que temen*. Aquellos que han rechazado voluntariosamente su llamamiento de Misericordia se encontrarán que su llamamiento de Temor queda rechazado. Cristo padeció su Calamidad en la Cruz, y el menospreciador de Cristo tendrá la suya cuando le vea a Él sobre su Trono. La profundidad de los horrores de la perdición puede en parte explicar las profundidades de los horrores de la Crucifixión. Aquí un abismo llama a otro. El crimen cimero del hombre es este: que aborrece el conocimiento de Dios, y que no escoge su temor (v. 29). He aquí ahora el día de Salvación; ahora es el tiempo de sementera para la vida eterna. En vano llamaremos a Él en el invierno del Juicio, si menospreciamos el verano de su gracia y misericordia.

587. DESCANSO Y REPOSO
Proverbios 1:33

1. Una gran bendición, ...	«Habita confiadamente».
2. Una sencilla condición, ...	«El que me escuche».
3. Un feliz resultado, ...	«Sin temor».
4. Una amplia oferta, ...	«El que».

588. LA CONFIANZA IMPLÍCITA CONLLEVA UNA CONDUCCIÓN INFALIBLE
Proverbios 3:5, 6

1. EL OBJETO,	«Jehová».
2. EL MÉTODO,	«Fíate de Jehová».
3. LA MEDIDA,	«Con todo tu corazón».
4. LA ADVERTENCIA,	«No te apoyes en tu propia prudencia».
5. LA OCASIÓN,	«En todos tus caminos».
6. LA PROMESA,	«Él enderezará tus veredas».

589. EL GRAN PRECIO DE LA SABIDURÍA

Proverbios 3:13-20

Cristo es la sabiduría de Dios, y para los que creen Él es precioso. Aquellos que se han revestido de Cristo tienen un adorno tal que todas las glorias materiales de la tierra no se pueden comparar con él. «Más preciosa es que las piedras preciosas». En base de estos versículos podemos aprender algo de su

I. Grandeza. «Jehová fundó la tierra con *sabiduría*» (v. 19). «En el principio era el Verbo, y el Verbo era con Dios... Todas las cosas por medio de Él fueron hechas, y sin él nada de lo que ha sido hecho, fue hecho» (Jn. 1:1-4). «¡Cuán innumerables son tus obras, oh Jehová! Hiciste todas ellas con sabiduría». Dios creó por medio de Jesucristo (Ef. 3:9). Dios redimió por medio de Jesucristo.

II. Riquezas. «Largura de días hay en su mano derecha; en su izquierda, riquezas y honra» (v. 16). Los tesoros de la verdadera Sabiduría son los tesoros que pertenecen a Jesucristo. «Largura de días», «Riquezas», «Honra». La vida eterna, las riquezas inescrutables, y la Diestra de Dios. En Él está la vida, y los tesoros de la Sabiduría y del conocimiento, y toda la plenitud de Dios; está *coronado* de gloria y honra. Con larga vida satisface Él a aquellos a los que Él les ha mostrado su Salvación (Sal. 91:16).

III. Influencia. La Sabiduría tiene una poderosa influencia.

1. Sobre el CORAZÓN. «Dichoso el hombre que halla la sabiduría» (v. 13). El yugo de la Sabiduría es cómodo, y su carga es ligera. Hallar la Sabiduría de Dios es hallar reposo para el alma, luz para los ojos y gozo para el corazón. Hallar la sabiduría es hallar la voluntad santa, gloriosa, y totalmente vencedora y la misericordia de Dios. Un hombre no puede hacer tal hallazgo sin ser renovados en la totalidad del hombre interior.
2. Sobre la VIDA. «Su ganancia es mejor que la ganancia de la plata» (v. 14). Aquellos que hallan la Sabiduría hallan un nuevo objeto en la vida, y una nueva esfera de acción. Es más provechoso comerciar con Cristo y trabajar por Él que las mejores inversiones que se puedan hacer sobre la tierra. «Sus rentas [son] mayores que las del oro fino.»

III. Deseabilidad. «Todo lo que puedes desear, no se puede comparar a ella» (v. 15). No te es posible desear nada mejor que esto. Pablo sabía esto cuando dijo: «Cuantas cosas eran para mí ganancia, las he estimado como pérdida por amor de Cristo». Uno puede desear grandes y múltiples cosas, pero el afecto del corazón nunca puede ser puesto en un objeto más digno y necesario que la Sabiduría de Dios revelada en su Hijo Amado. Los caminos de la Sabiduría «son caminos deleitosos, y todas sus veredas paz» (v. 17). Por la fe Moisés deseó la mejor parte, cuando estimó el vituperio de Cristo mayores riquezas que los tesoros de Egipto. Cristo es el don de Dios: codiciad este mejor de todos los dones. Los que le tienen a Él, aunque pobres, pueden hacer ricos a muchos, como no teniendo nada, mas poseyéndolo todo. «Lo principal es la sabiduría: adquiere sabiduría, y con todo lo que obtengas adquiere inteligencia. Estímala, y ella te ensalzará» (4:7-8, BAS).

IV. Accesibilidad. «Ella es árbol de vida para los que de ella echan mano» (v. 18). ¿Cómo puedo yo, tan débil e insensato, llegar a alcanzar la Sabiduría? No es para eruditos, sino para pecadores. *Echa mano* de la vida eterna. No es solamente vida para los que echan mano de ella, sino *árbol de vida,* una *fuente* de agua subiendo; no solo una corriente de bendición, sino una fuente dentro: ¡Accesible! Sí. Todo el que quiera, puede venir. Al que a mí viene, de ningún modo echo fuera. Inclina tu *oído* a la sabiduría, y *aplica tu corazón;* porque con el corazón el hombre cree para justicia (ver 2:1-6). Ahora, pues, «retén el consejo, no lo dejes; guárdalo, porque eso es tu vida» (4:13). «Oh hombres, a vosotros clamo; dirijo mi voz a los hijos de los hombres» (8:4).

590. LOS DOS CAMINOS

«La senda de los justos es como la luz de la aurora, que va en aumento hasta llegar a pleno día. El camino de los impíos es como la oscuridad; no saben en qué tropiezan» (Pr. 4:18, 19).

I. El camino de los justos.

1. ¿QUIÉNES SON LOS JUSTOS? La ley dice: «No hay justo, ni aun uno» (Ro. 3:10). La justicia es imputada donde hay *fe* (Ro. 4:23, 24). «De todo... es justificado todo aquel que cree» (Hch. 13:39).
2. ¿DÓNDE CAMINAN? Su camino es estrecho: es una senda. Esta senda es:
   a. Una *senda* de *luz.* Es el despertar de un nuevo día.
   b. Una senda de *luz en aumento.* «Va en aumento.» Va de fuerza en fuerza; un crecimiento en la gracia y en el conocimiento de Dios.
   c. Un camino que conduce *a pleno día.* Al día perfecto de gloriosa resurrección, y de su eterna presencia sin nubes.

II. El camino de los impíos. Es:

1. CAMINO DE REBELIÓN. Pensando sus propios pensamientos, escogen su propio camino, rechazando la Palabra y la voluntad de Dios.
2. CAMINO DE TINIEBLAS. No tienen luz, sino *chispas* de su propia ignición, inciertas, traicioneras.
3. CAMINO DE IGNORANCIA. «No saben.» Un hombre ciego guiado por un perro ciego. No saben a dónde van, y el futuro es incierto (Job 24:13).
4. CAMINO DE FRUSTRACIÓN. «Tropiezan.» Tropiezan y caen hasta en la luz de mediodía del Evangelio (Is. 59:10). Aman las tinieblas más que la luz, y siguen tropezando a través de la vida hasta que tropiezan cayendo a la muerte y al infierno.

591. EL CARÁCTER DE LA SABIDURÍA

Proverbios 8:12-36

Una vez más aquí, como en 2:20-23, tenemos en los versículos iniciales de este capítulo una revelación de la angustiada actitud de la Sabiduría para con los hombres. La voz de la Sabiduría, como la luz del sol, es para todos los hombres. Esta voz, como la voz del sol, puede ser silenciosa, pero es sin embargo la voz de Dios, porque es la voz del Carácter. El mundo puede cerrar sus oídos al clamor de Cristo, pero no puede ahogar aquella voz plañidera. «Oh, hombres, a vosotros clamo; dirijo mi voz a los hijos de los hombres.» ¡Cuán cristianas son las características de la Sabiduría! Observemos:

1. *La personalidad de la sabiduría.* «Yo, la sabiduría, habito con la cordura» (v. 12). Aquí la personalidad es divina; se afirman cualidades que pertenecen propiamente al Hijo Eterno. Dios es Amor, Dios es Luz, y Dios es Sabiduría.
2. *Los poderes de la sabiduría.* «Mío es el poder. Por mí reinan los reyes, y los príncipes decretan lo que es justo» (vv. 14-16). Su nombre será llamado Admirable, Dios fuerte. El Dios eterno, el creador de los confines de la tierra, nunca se fatiga; y Él da poder al fatigado, y aumenta la fuerza de los impotentes (Is. 40:28-29). No hay poder sino de Dios. Toda potestad, dice Cristo, me ha sido dada.
3. *El ofrecimiento de la Sabiduría.* «Me hallan los que madrugan para buscarme» (v. 17). Si alguien me ama, será amado por mi Padre, y yo le amaré y me manifestaré a él. La sabiduría celestial es impartida al corazón abierto y diligente. Cristo se revela a Sí mismo como una recompensa al buscador diligente. Le hallaréis cuando le busquéis a ÉL de todo corazón (Jer. 29:13). Buscad primero el Reino de Dios. He aquí ahora el tiempo aceptable.
4. *La riqueza de la sabiduría.* «Las riquezas y la honra están *conmigo;* riquezas duraderas y justicia. Mejor es mi fruto que el oro» (vv. 18-19). Sus *riquezas* solo pueden ser dadas con *honor;* sus riquezas duraderas con *justicia.* Las riquezas inescrutables y eternas de Cristo son conectadas con su justicia santa y eterna. Para ser eternamente ricos tenemos que ser eternamente rectos. En Él mora toda la plenitud. «¿Por qué gastáis el dinero en lo que no es pan, y vuestro jornal en *lo que no sacia*? Oídme atentamente», etc. «Te aconsejo que de mí compres oro refinado por fuego, para que seas rico» (Ap. 3:18).
5. *La gracia de la sabiduría.* «Por vereda de justicia guiaré... para hacer heredar a mis amigos el ser, y que yo hincha sus tesoros» (vv. 20-21). No solo están sus manos llenas de riquezas, sino que su corazón está lleno de amor y de misericordia, buscando conducir a otros en las gozosas posesiones de sus tesoros. No es difícil para el ojo ungido ver aquí a Jesús. Él conduce a Justicia, para que pueda llevar a una herencia incorruptible. ¡Oh las riquezas de la gracia que «nos lleva a amarle» para que podamos ser hechos partícipes de sus infinitas riquezas, y así ver llena la tesorería de nuestro corazón de toda su plenitud (Ro. 5:17)!
6. *El testimonio de la sabiduría.* El maravilloso lenguaje empleado en este pasaje (vv. 22-31) podría solo provenir *verazmente* de labios de uno que fuera y sea igual a Dios.
Era *posesión* de Jehová en el principio (v. 22).
Eternamente tuvo el principado, antes del comienzo de la tierra (v. 23).

Antes de los abismos fue engendrada, antes que existiesen las fuentes de las muchas aguas, antes que los montes o los collados (vv. 24-25).
Estaba presente cuando Dios *formaba* los cielos, etc. (vv. 26-29).
Estaba *con* Dios, *ordenándolo todo*, y era su delicia diariamente, regocijándose siempre delante de Él (v. 30).
Sus deleites eran con los *hijos de los hombres* (v. 31).
Ésta era la Palabra que fue hecha carne, y moró entre nosotros. Este es Aquel que estando en forma de Dios, tomó sobre sí forma de siervo, y se hizo obediente hasta la muerte, y muerte de Cruz.
7. *El consejo de la sabiduría.* «Ahora, pues, hijos, oídme; dichosos son los que guardan mis caminos» (v. 32). «Éste es mi Hijo amado, a Él oíd.» ¡Qué privilegio escuchar sus palabras y recibir su invitación! ¡Y qué locura hacerle oídos sordos! La bendición que enriquece se puede encontrar en Él: sus veredas son veredas deleitosas, así como seguras.
8. *La promesa de la sabiduría.* «Porque el que me halle, hallará la vida, y alcanzará el favor de Jehová» (v. 35). La *vida* y el *favor* divinos solo pueden hallarse en Aquel que es la Sabiduría de Dios y el Poder de Dios. «Yo soy el Camino, y la verdad y la Vida, nadie viene al Padre sino por mí». Y he venido para que tengan vida. «El que tiene al Hijo tiene la vida».
9. *La advertencia de la sabiduría.* «El que peca contra mí, a sí mismo se daña; todos los que me odian, aman la muerte» (v. 36). Pecar contra Dios es abocarse a la autodestrucción. Cocear contra sus aguijadas es herir nuestros propios pies y preferir la muerte a la vida. Pecamos contra Él cuando rehusamos creer su Palabra y someternos a Él. Al pecar así contra Él, contra su amor y sus misericordiosos ruegos, dañamos nuestra propia alma al obligarla a morar en una condición de tiniebla espiritual, de culpa y de condenación. Vuestro pecado de incredulidad y de rebelión puede que no perjudique a Dios, pero es un terrible perjuicio para *vuestra propia alma.*

592. HALLADME –HALLAD LA VIDA

Proverbios 8:34-36

1. Una **proclamación**. «El que me halle»:
   a. Hallará la VIDA, y
   b. Alcanzará el FAVOR de Jehová. Satisfacción.
2. Una **condición**. «Escucha, velando, aguardando».
3. Una **advertencia**. «El que peca contra mí, defrauda *su alma*» (v. 36, RV).

593. LA PROVISIÓN E INVITACIÓN DE LA SABIDURÍA

Proverbios 9:1-6

En este capítulo tenemos no solo el llamamiento apremiante de la Sabiduría sino también la clamorosa invitación de la Insensatez (v. 13). La mujer insensata trata de imitar a aquella que es la expresión de la Sabiduría de Dios. Las obras maravillosas de Dios tendrán siempre sus falsificaciones en las obras del diablo. Y las primeras conducen a las alturas de los cielos, las segundas, a las «profundidades del infierno» (v. 18).

La provisión de la sabiduría. La provisión aquí indicada es séptuple. Tenemos:

1. LA CASA. «La sabiduría edificó su casa» (v. 1). Es una casa de Refugio, y un lugar de comunión santa y celestial. Es grande, y en todos los aspectos idónea para su gran propósito, y perfectamente concordante con el carácter de quien la construyó. Véase Efesios 2:20-22; 1 Pedro 2:5.
2. LAS COLUMNAS. «La sabiduría labró sus siete columnas». Las columnas indican fuerza y estabilidad. *Siete* es el número perfecto. Este edificio está sustentado por aquello que es de carácter perfecto. Aquí tenemos siete columnas que pertenecen a este Templo espiritual: El Señor Dios: (1) «Misericordioso»; (2) «Piadoso»; (3) «Tardo para la ira»; (4) «Grande en misericordia y verdad»; (5) «Que guarda misericordia a millares»; (6) «Que perdona la iniquidad, la rebelión y el pecado»; (7) Que de ningún modo tendrá por inocente al malvado» (Justicia). Éxodo 34:6. Las doctrinas de Jesucristo son columnas de verdad, y tan estables como los atributos de Dios.
3. LOS SACRIFICIOS. «Mató sus víctimas». La sabiduría ha hecho sus sacrificios. Solo se podía lograr una amplia provisión mediante el derramamiento de sangre, la entrega de una vida inocente. Dios amó de tal manera al mundo, que dio a su Hijo. El Señor quiso quebrantarlo. Sujetarlo a padecimientos. En este sacrificio tenemos el derramamiento del amor y de la vida de Dios. La SABIDURÍA lo ha hecho, aunque en su ignorancia y soberbia intelectual el hombre proteste contra ello.
4. EL VINO. «La sabiduría mezcló *su* vino.» El vino mezclado por la sabiduría del mundo solo puede traer «ay, dolor, rencillas, quejas, heridas, ojos turbios» (23:29-30). Éste no es vino mundano ni una mixtura mundana. Es el vino de la misma Sabiduría, y la mixtura de la misma Sabiduría. El vino es puro, puras son las especias, la mixtura es la más rica que almas sedientes y fatigadas puedan jamás beber. El vino de gozo de Cristo es mezclado para que sea apropiado a cada caso individual. Es siempre una mixtura sana. El Señor tiene una mixtura distinta para una clase diferente de personas (Sal. 75:8).
5. LA MESA. «La sabiduría puso su mesa» (v. 2). La sabiduría de Dios ha puesto sobre la mesa de su gracia todas las bendiciones necesarias. Su mesa está bien provista. Mi Dios suplirá todas vuestras necesidades. Muchos no se dan cuenta de su múltiple necesidad, y por ello no pueden apreciar el valor de la provisión de la sabiduría.
6. LOS SIERVOS. «La sabiduría envió sus criadas» (v. 3). Estando la fiesta ya dispuesta, los heraldos de su gracia son enviados con invitaciones gratuitas. La sabiduría tiene sus *propios* siervos, así como su propia casa, y una mesa. La salvación es de Jehová.
7. EL LLAMAMIENTO. «La sabiduría clama desde lo más alto de la ciudad.» Puede que sea la voz del siervo, pero el llamamiento es el de la «Sabiduría». Nosotros somos embajadores de Cristo. Es Dios el que ruega por medio de nosotros (2 Co. 5:20). El llamamiento es urgente, es *desde lo más alto de la ciudad* para que todos oigan. Es un Llamamiento. 1, A *volverse*. «Vuélvase hacia acá» (v. 4, V.M.). implica conversión desde las cisternas quebrantadas del mundo hacia la bien servida mesa del Señor. 2. A *venir*. «Venid, comed de mi pan, y bebed del vino que yo he mezclado» (v. 5). Venid y comed de aquello que la sabiduría de Dios ha proveído tan abundantemente, el pan de la fortaleza y el vino de la alegría y de la inspiración. 3, A *abandonar*. «Dejad las simplezas, y viviréis» (v. 6). La Insensatez dice: «Las aguas hurtadas son suaves» (v. 17). La sabiduría de este mundo es necedad para con Dios. Salid de en medio de ellos, y apartaos, dice el Señor». 4, A *andar*. «Andad por el camino de la inteligencia» (v. 6). Habiéndose vuelto al Señor, y recibido de sus dones, vamos ahora por su camino, aprendiendo de Él. Él os conducirá con toda verdad cuando le sigáis, apoyándoos no en vuestro propio entendimiento (3:4-7). Venid y tomad, luego id y trabajad.

594. RIQUEZA ESPIRITUAL

Proverbios 10:22

1. Es necesaria .... «La Bendición».
2. Es divina .... «La bendición de Jehová».
3. Es abundante .... «Es la que Enriquece».
4. Es permanente .... «Y no añade Tristeza con ella».

595. LA CERTIDUMBRE

Proverbios 11:15

«Con ansiedad será afligido el que sale por fiador de un extraño».

1. El **Fiador**, Cristo.
2. El **Extraño**, El Pecador.
3. La **Ansiedad**, La Cruz.

596. UN REFUGIO INFALIBLE

Proverbios 18:10

1. Su **naturaleza**. «El *Nombre* de Jehová.» Su Nombre es su carácter.
2. Su **fuerza**. «Torreón fuerte.»
3. Su aceptación. «A él se acogerá el justo, y estará a salvo.» Los justos son los de recta mente.

597. UN RETO UNIVERSAL

«¿Quién podrá decir: Yo he limpiado mi corazón?» (Pr. 20:9).

Esto implica claramente que

I. El corazón necesita purificación. «Si decimos que no tenemos pecado, nos engañamos a nosotros mismos» (1 Jn. 1:8). El corazón es engañoso más que todas las cosas. No hay quien haga lo bueno, ni siquiera *uno.* «Los que viven según la carne no pueden agradar a Dios» (Ro. 8:8). La mente carnal es enemistad contra Dios.

II. Nadie puede purificar su propio corazón. «¿Quién hará limpio lo inmundo? Nadie» (Job 14:4). La reforma exterior es solo la purificación del sepulcro, la ornamentación de un osario, el aseo de un muerto. «No te asombres de que te dije: Os. es necesario nacer de nuevo». Lo que es engendrado de la carne es carne.

III. Solamente el Señor puede purificar el corazón. «Ninguna cosa será imposible para Dios». «*Crea* en mí, oh Dios, un corazón limpio, y renueva un espíritu recto dentro de mí» (Sal. 51:10). «Si *confesamos nuestros pecados,* Él es fiel y justo para perdonarnos nuestros pecados y *limpiarnos* de toda iniquidad» (1 Jn. 1:8, 9). El corazón puede quedar purificado como una fuente, como el manantial en Jericó, aplicando la sal de la Palabra de Dios por medio de la vasija nueva del Espíritu (2 R. 2:20, 21).

598. NOTICIAS REFRESCANTES

«Como el agua fresca para el alma sedienta, así son las buenas nuevas de lejanas tierras» (Pr. 25:25).

I. La comparación hecha. «Buenas nuevas, como el agua fresca.» ¿Qué hay más terrible que una *sed ardiente*? ¿Y qué hay más atemorizador que la turbulencia de una conciencia convicta de pecado? El agua *fría* está divinamente adaptada para un alma sedienta, y lo mismo sucede con las buenas nuevas del Evangelio de Cristo. El agua es el don de Dios traído al alcance del hombre en el manantial que brota desde lo hondo. Las *buenas nuevas* han sido proclamadas, y traen refrigerio a todo corazón creyente (Lc. 2:10, 11).

II. La fuente de las nuevas. «De lejanas tierras.» Del reino de los cielos, al que ha regresado nuestro Pariente Próximo-Redentor(Lc. 19:12). Tener buenas nuevas de lejanas tierras implica que tenemos un profundo interés en aquel país porque allí tenemos a seres queridos. «Le amamos, porque Él nos amó primero». El Evangelio de Dios no es buenas nuevas para los que aman el mundo, para aquellos cuyos afectos están puestos en cosas de la tierra.

III. La naturaleza de las nuevas. Son «buenas».

1. Porque nos hablan de un DIOS que ES AMOR. «Dios amor». y «el amor es de Dios». Este amor se manifieste en el don de su Hijo (1 Jn. 4:9), cuando éramos aún pecadores (Ro. 5:8). Un amor que las muchas aguas no pudieron apagar.
2. Porque nos habla de una REDENCIÓN CONSUMADA. «Consumado es.» Vino para dar su vida en rescate por muchos, y podía decir: «He acabado la obra que me diste que hiciera» (Jn. 17:4; Col. 2:14, 15).
3. Porque nos habla de un HOGAR DISPUESTO (Jn. 14:2). «Una [patria] mejor, esto es, celestial» (He. 11:16). La casa de Jehová para siempre (Sal. 23:6). «Dentro del velo» con Jesús (He. 6:19, 20).
4. Porque nos habla de un REY QUE VIENE, que dará la paz a esta tierra llena de conflictos y guerras (Zac. 14; Ap. 11:15). «Todos los confines de la tierra verán la salvación de nuestro Dios» (Is. 52:10). ¿Has oído las buenas nuevas, y han sido como aguas frías para tu alma sedienta?

599. UNA ADVERTENCIA A LOS QUE SE JACTAN

«No te jactes del día de mañana, porque no sabes que dará de sí el día» (Pr. 27:1).

El jactancioso es:

1. Un **insensato.** No sabe qué puede dar el día de sí.
2. Un **presuntuoso**. El mañana no es suyo.
3. Un **ciego**. (Lc. 17:29).
4. Un **desagradecido** (Mt. 24:48-51).
5. Una víctima de su **autoengaño** (Lc. 12:19-21).

600. DOS CUBIERTAS PARA EL PECADO

«El que encubre sus pecados, no prosperará» (Pr. 28:13).

«El amor cubrirá multitud de pecados» (1 P. 4:8).

En una entrevista con un famoso predicador del evangelio, el reportero contaba: «Sus primeras palabras fueron: «Las cosas son muy diferentes ahora de lo que eran hace 25 o 30 años. Era fácil entonces trabajar para Dios, en comparación con ahora. Entonces había un sentido de pecado, pero donde no hay sentido de pecado, no tienes donde apoyarte para hacer fuerza». Sí, estas palabras son bien ciertas de nuestro tiempo.

Pero si se ha perdido el sentido de pecado, permanece la realidad del pecado. En los dos versículos que tenemos delante de nosotros, se nos dan dos cubiertas para el pecado. En el primero, se denuncia cubrir los pecados; en el segundo, se encomia. Observamos este contraste al traer juntos los textos. Hay una cubierta permisible para el pecado, si el pecado es de otra persona, no el nuestro. Pero nosotros invertimos el orden, ocultando nuestros propios pecados y poniendo al descubierto los pecados de los demás.

I. El encomio a cubrir los pecados. Hay un cubrimiento de pecados que no solo es permisible, sino que es encomiado, el pecado que no es mío, sino de otro. La naturaleza humana persiste en invertir el orden. Sí, ¡cuán penoso ver a tantos traficando con los pecados de los demás! Esto no significa que contemplemos el pecado de manera diferente en otros que en nosotros mismos. El pecado es siempre el mismo repugnante monstruo, esté donde esté. Nunca debo excusar el pecado ni en mí mismo ni en otros. Esto simplemente significa que nunca debo hacer mercadeo con los pecados, faltas o fracasos de un semejante. Significa que descubriré los pecados de otros solo al Señor cuando esté a solas con Él. De una persona difunta se dijo que «nunca se supo de ella que hablase mal de ningún amigo ausente». ¿Se podría decir esto de ti, de mí?

¿Por qué debo cubrir los pecados de los demás? 1º: Sobre la base común de la Regla de Oro, haciendo los otros como querríamos que hiciesen con nosotros. Los pecados tienen su manera de dar la vuelta. 2º: Pero el cristiano tiene una razón más elevada y noble para cubrir los pecados de los demás –cubrir el pecado es actuar en conformidad a Dios. Lo que ha hecho Él por mí por causa de Cristo, yo debo hacerlo por su causa. Observemos, no hay límites para esta operación. «Multitud de pecados.»

II. La denuncia contra cubrir los pecados. Si el amor me conduce a cubrir el pecado de mi prójimo, la soberbia me impulsa a cubrir los míos. Porque el pecador desea naturalmente ser considerado como mejor de lo que realmente es.

Descubrir mis pecados no significa (1) *que tenga que exponerlos a los ojos de todos.* No quiere Dios que nos encarnicemos en nuestro pasado o que lo expongamos abiertamente. Tampoco significa (2) que *yo tenga que descubrir mis pecados ante los hombres* si el pecado ha sido justo entre Dios y mi alma. La declaración del salmista es: «Dije: Confesaré mis transgresiones a *Jehová*».

LA CUBIERTA DIVINA. Si descubro mi pecado ante el Señor, Él lo borrará, mediante su Sangre preciosa, y esto es mejor que cubrirlo. En el Antiguo Testamento, los pecados solo podían ser cubiertos. En el Nuevo Testamento, los pecados son quitados, borrados.

601. ETERNIDAD EN EL CORAZÓN: UNA CLAVE PARA ECLESIASTÉS

Eclesiastes 3:11

La traducción que hace Newberry de este texto (seguida por la BAS, margen) nos posibilita ver el sentido de este libro bajo una luz más clara. «Él ha puesto *eternidad* en sus corazones, sin la cual nadie puede hallar la obra que Dios hace desde el principio hasta el fin». La palabra traducida «mundo» aquí en la Reina Valera solo aparece en otro lugar, donde el sentido es edades o eternidad. Este libro trata de las «cosas bajo el sol»: las cosas mundanas de la tierra, vistas a la luz del revelador de la Naturaleza. El «Predicador» comienza con «Vanidad de Vanidades», y luego pasa a demostrar la veracidad de sus convicciones. Él dedicó «Su corazón a *conocer*» (Ec. 1:17) y «a *inquirir*... sobre todo lo que se hace debajo del cielo», y a «*probar*» con su *corazón* todo bien terrenal. Hizo «grandes obras», y no privó a su *corazón* de gozo alguno. Y sin embargo lo pronunció «todo vanidad y correr tras el viento» (1:14, 17, BAS). tan profundamente bebió de todas las aguas de los placeres del mundo, que dijo: «¿Qué podrá hacer el hombre que suceda al rey?» (2:12). ¿Qué hombre hay que pueda tener posibilidad alguna de satisfacer su corazón con las cosas materiales de la tierra cuando él, el más sabios de los hombres de la tierra, había fracasado? ¿Por qué fracasó él tan estrepitosamente después de un experimento tan intenso, favorable y exhaustivo? Aquí está la respuesta: «Ha puesto *eternidad* en sus corazones». Lo que pertenece a la eternidad no puede hallar su correlativo en aquellas cosas que solo son temporales. Aunque hay «*un tiempo*» para cada propósito *debajo* del cielo, no hay nada circunscrito por el tiempo que no sea «vanidad y perseguir el viento» para aquello que es eterno. Por cuanto Dios ha puesto eternidad en el corazón, Él tiene la intención de poner allí cosas eternas. Observemos:

I. La realidad de ello. «Eternidad en sus corazones.» En su misma constitución, como la obra de Dios. El corazón, ahí, puede denotar el carácter esencial del hombre, como distinto de la creación animal inferior. Cuando Duncan Matheson oró: «Señor, pon la eternidad sobre mis ojos», estaba pronunciando palabras que revelaban la más profunda característica del alma humana. Dios ha puesto eternidad en el corazón poniendo ahí el *concepto* de ella, el *deseo* en pos de ella, el *parentesco* con ella y la *capacidad* para ella.

II. La evidencia de ella. La evidencia de esta verdad se hace patente en la creencia universal en la inmortalidad que se encuentra entre los antiguos egipcios, babilonios, persas, hebreos, hindús, chinos, aborígenes de las islas de los mares del Sur, druidas y celtas. Pero quizá una de las pruebas más convincentes de ella se vea en la universal *agitación del corazón humano.* Hacia las cosas de este mundo, como el mar, está siempre clamando: «¡Dame, dame!», sin quedar jamás del todo satisfecho. Uno de los más ricos hombres de nuestros tiempos le dijo a un amigo: «Que nadie me envidie: ¿En qué me puede ayudar mi riqueza? Te daría millones a ti si tu me pudieras dar tu juventud y salud». La juventud y la salud en sí mismas solo podrían capacitarle para repetir su propio fallido experimento, el mismo que el de Salomón. «La vida del hombre no consiste en la abundancia que tenga a causa de sus *posesiones*», sino en aquellas cosas que Dios posee. Ciertamente que la *capacidad* del corazón humano para el amor y la comunión del Dios eterno constituye un argumento de no poca fuerza. El deseo del corazón, en sus más verdaderos y mejores momentos, es por las «cosas que son eternas». Incluso los filósofos paganos han reconocido este extremo. «El presagio de una vida futura», afirma Cicerón, «es bien discernible en las más grandes y más sublimes de las almas». Cuando el brillo de las circunstancias favorables se desvanece en alguna calamidad o aflicción doméstica, entonces adquieren dominio los más profundos y más duraderos instintos del alma.

III. El propósito de ella. «Sin lo cual el hombre no descubra la obra que Dios ha hecho desde el principio hasta el fin.» Se precisa del atributo de la eternidad en el corazón para contemplar en carácter de Dios y su obra. La Eternidad en el corazón es:

1. Un TESTIMONIO de la Eternidad de Dios. Ha sido puesto allí como testimonio del hecho de su Personalidad eterna, y de la vinculación del hombre con Él.
2. Una PROPUESTA en contra de la mentalidad mundana. Así como el hombre no saca provecho alguno de ganar el mundo, perdiendo su vida, así la eternidad en el corazón solo puede ser engañada amando y reposando sobre las cosas del tiempo: el que hace para sí tesoro, y no es rico para con Dios (Lc. 12:19-21). Aquellos que «*piensan* lo terreno» son enemigos de aquella Cruz que señala a las cosas celestiales y eternas.
3. Un INCENTIVO para buscar cosas eternas. El hecho de que Dios ha puesto eternidad en el corazón tiene ciertamente el propósito de constituir un poderoso incentivo para buscar aquellas cosas que están arriba. «Semejante atrae a semejante.»
4. Una EVIDENCIA del amor de Dios. Que el abismo del corazón llame a la profundidad que está en Dios. Dios ha puesto el abismo aquí a fin de poderlo llenar de la profundidad de su infinita plenitud.
5. Una ADVERTENCIA en contra de descuidar la Salvación. Descuidar la salvación eterna es escoger la muerte eterna. La eternidad está en tu corazón, tanto si ésta es hallada o perdida. «Hijo, hija, dame tu corazón.» Aquel que ha puesto eternidad en él es más capaz que nadie de afrontar y satisfacer cada una de sus necesidades.

602. NUESTRA INHERENTE GRANDEZA

«Todo lo hizo hermoso en su sazón; y ha puesto el mundo (la eternidad) en el corazón de ellos, sin que alcance el hombre a descubrir la obra que ha hecho Dios desde el principio hasta el fin» (Ec. 3:11).

Introducción

PERPLEJIDAD

1. ¡Qué oración más extraña y sorprendente!, «Ha puesto el mundo en el corazón de ellos».
2. Ha causado perplejidad a muchos cristianos reflexivos.
3. ¿Cómo es posible creer que Dios sea quien ponga el amor del mundo en nuestros corazones?
4. La realidad es que el término traducido «mundo» no se refiere a este mundo material, sino a duración; no a un lugar, sino al tiempo.
5. En la V.M. se aclara la dificultad («ha puesto en el corazón de ellos *el anhelo* por la eternidad») mostrando que
   a. No se refiere al espacio,
   b. Sino a duración de tiempo.

DIFICULTAD

1. No es solo una frase difícil, sino que es además difícil de comprender qué sentido preciso se debe dar a estas palabras, en relación con el contexto.
2. Eclesiastés es la autobiografía de un recaído, y por ello no hay por qué asombrarse de su imprecisión. Apártate de Dios, y pronto verás las cosas de manera borrosa, te encontrarás en una neblina, en una niebla espiritual de tu propia creación, e irás vacilante.

NO TRANSITORIO

1. Se ha estado refiriendo al cambio y deterioro que veía a todo su alrededor.
2. Estaba meditando con pesimismo acerca del carácter transitorio de todas las cosas terrenales.
3. Pero es en este mismo contexto que declara que el hombre no es una criatura transitoria, porque tiene eternidad en su corazón, o sea, que es eterno, y está consciente de esta realidad.
4. Es un ser inmortal, o mejor aún, un ser sin fin.

GRANDEZA INHERENTE

1. Recordé estos versículos al leer a Carlyle sobre «Grandeza»: «La infelicidad del hombre, por lo que veo, procede de su grandeza; se debe a que en él hay un Infinito que no puede, ni con toda su destreza, sepultar bajo lo Finito» (*Sartor Resartus*).
2. Es decir, el hombre es naturalmente grande, hay eternidad dentro de él.
3. En un anterior estudio nos referimos a qué era la grandeza delante de sus ojos (Lc. 1:15).
4. Esa era una grandeza hecha posible mediante la redención.
5. Ahora estamos pensando en nuestra grandeza inherente.
6. Esta cuestión ha sido frecuentemente descuidada.
7. Generalmente dejamos que esta cuestión la traten los materialistas y a los racionalistas.
8. Pero hemos de rescatarla de unos contextos tan sórdidos y situarla en su correcto ambiente evangélico.

UN MUNDO HERMOSO. El sentido de belleza es una de las cosas que nos alía con Dios. Dios ha de ser gozoso cuando ha hecho un mundo tan hermoso.

TRES PENSAMIENTOS SUGERIDOS POR EL TEXTO

1. El mundo en el corazón: una triste y trágica realidad.
2. La Eternidad en el corazón: una realidad gloriosa y bendita.
3. El Eterno en el corazón: una posibilidad maravillosa para todos.

OTRA MANERA DE EXPRESARLO. Pero, para exponer el hecho de la grandeza del hombre, permitid que lo diga con otras palabras:

I. La grandeza del hombre queda demostrada sin duda por el hecho de que aunque tenga el Mundo en su corazón, no está satisfecho.

UN TRISTE HECHO

1. El mundo lo tenemos por naturaleza en nuestros corazones, por nuestro nacimiento natural. No solo estamos en el mundo, sino que el mundo está en nosotros.
2. De esto estamos sumamente conscientes. Incluso los cristianos descubrimos a veces que así es.
3. Estamos tan ocupados con el mundo que muchos no tienen tiempo para las cosas de Dios.
4. Estamos tan ensimismados con los pensamientos y ansiedades de las cosas del mundo, y tan preocupados por estas cosas, que muchos prestan poca atención a las cosas eternas.

BLACKWOOD

1. Sir Arthur Blackwood descubrió esto.
2. Durante la Guerra de Crimea meditó seriamente, y se decidió por Dios.
3. Pero al volver al hogar encontró muy difícil mantenerse en el buen camino en medio del torbellino de la vida social.

4. Con fecha de abril y mayo de 1856, escribe: «Tiempos de tribulación –indeciso– *el mundo en mi corazón, Dios en mi conciencia*».
5. Toma estas cuatro aceradas oraciones, cortadas con tanta precisión... ¡qué retrato de tantas personas!
a. Tiempos de tribulación. Primera experiencia de uno que hace frente a la corriente.
b. Indeciso. Vacilando entre dos opiniones.
c. El mundo en mi corazón. ¡Ah, ésta es una trágica realidad; el imán está ahí!
d. Dios en mi conciencia. Una conciencia atribulada.

¿QUIÉN LO PUSO AHÍ?

1. No Dios.
2. «Un enemigo ha hecho esto».

RESULTADO

1. ¿Da satisfacción al corazón que el mundo esté ahí? ¡No!
2. «La infelicidad del hombre proviene de su grandeza».
3. Aunque el mundo sea grande, el hombre es demasiado grande para que le dé satisfacción.
4. Tiene hambre de cosas eternas.
5. Solo las cosas eternas pueden darle satisfacción.
6. El mundano intenta satisfacer el anhelo de su ser por las cosas eternas mediante las materiales, pero es como el pródigo queriendo hartarse de las algarrobas de los cerdos.

SALOMÓN.

1. Salomón es una ilustración.
2. Apartándose de Dios, buscó satisfacción en la sabiduría, en la erudición, en el arte, la ciencia, la salud, etc.
3. Pero su veredicto fue: «Vanidad de vanidades, todo es vanidad».

II. La grandeza del hombre queda demostrada más allá de toda duda en que aunque esté en el mundo, tiene profundamente arraigado en él mismo el pensamiento y el hecho de la eternidad.

VERSIÓN MODERNA.

1. Ésta es la enseñanza de la traducción de la V.M., y de la revisión Reina-Valera 1960.
2. Se sugieren cuatro pensamientos: (1) Conciencia; (2) Realidad; (3) Anhelo; y (4) Temor acerca de la Eternidad.

EL PROBLEMA ETERNO

1. «Si el hombre muere, ¿volverá a vivir?» es la pregunta que se plantea en Job.
2. Éste es el problema eterno.
3. «Piensa que no fue hecho para morir.» ¡Ah, cuán cierto!

SOLUCIÓN

1. La Revelación y la razón dan pruebas irrefutables de inmortalidad.
2. Pero hay otra fuente: la intuición.
3. Dios no solo ha hecho inmortal al hombre, sino que ha puesto en nuestros pechos la conciencia de la inmortalidad.
4. Nos ha hecho eternos, y ha puesto dentro de nosotros la conciencia de este hecho.

LOS ÚNICOS SERES

1. «Somos los únicos seres sobre la tierra que pueden hablar la Palabra o pensar el Pensamiento de Eternidad». Medita esta frase.
2. Dios ha puesto en nuestros corazones la conciencia de la eternidad.
3. Y ahora el Evangelio ha eliminado todas las neblinas. El Señor «sacó a luz la vida y la inmortalidad por medio del evangelio».

BURNS

1. James Drummond Burns sufrió una mala salud durante veinte años.
2. Sus últimas palabras fueron: «He estado muriendo durante veinte años; ahora voy a vivir».

UNA CONCHA DE LA PLAYA

1. El hombre, tan pequeño, tan diminuto, que desde una colina parece solo un punto en el valle, lleva sin embargo dentro de él el bramido de la eternidad, que está siempre sonando.
2. Así como un hombre puede recoger una concha de la playa y llevarla a 5. 000 kilómetros tierra adentro, y escuchando oye en ella la música de las olas donde creció.
3. ¡Oh, hombre, no importa cuán lejos te hayas apartado de Dios! En tu corazón está la pasión de la Deidad, el son de las olas de la eternidad!
4. El fragor y estruendo del día puede que haga acallar esta música, pero en el silencio de la noche vuelve el llamamiento del infinito. Es un llamamiento que lo atraviesa de parte a parte.

III. La grandeza del hombre, demostrada por el hecho de que aunque está en el mundo, tiene un corazón que el Eterno reclama y puede llenar.

¿TIENE EL HOMBRE LA CAPACIDAD?

1. ¿Tiene la capacidad de llegar a ser el Santuario del Señor?
2. Los que saben algo de la Biblia saben que así es la enseñanza.
3. Y los que saben algo del corazón humano saben que es así.

CÓMO LIBARSE DEL MUNDO. La única manera de librarse del mundo en el corazón es permitiendo la entrada a Aquel que tiene el derecho.

CÓMO CONSEGUIR PAZ

1. Si Dios está en tu conciencia: atribulándote. La preciosa Sangre de Cristo y
2. Dios en el corazón te traerán la paz.

DEMASIADO GRANDES PARA EL MUNDO. Somos demasiado grandes para el mundo. El mundo no puede llenar nuestros corazones y nuestras vidas.

603. UN TRISTE FUNERAL

«También he visto a los impíos ser sepultados, los que entraban y salían del lugar santo» (Ec. 8:9, BAS).

La muerte es una trabajadora infatigable, y los funerales no son cosa desacostumbrada. Pero algunos funerales son infinitamente más penosos que otros debido al carácter de la vida vivida. «Bienaventurados los muertos que mueren en el Señor», pero malditos son los muertos que mueren sin Él.

I. Un solemne espectáculo. Ver a alguien siendo «sepultado». Hay algo siempre lastimoso en los entierros, tanto si el cuerpo es el de un príncipe o el de un mendigo, y desde luego los moradores del cielo y del infierno están interesados en la partida de cada alma.

II. Una solemne reflexión. «He visto a *los impíos* ser sepultados.» Los hay que nunca parecen ver a los *impíos* sepultados; siempre parecen transformarlos en santos, bien inmediatamente antes o después de la muerte. «¿Dónde están enterrados todos los malos?». preguntaba una niñita a su madre mientras caminaban por el cementerio. Vemos el funeral de uno de ellos en el capítulo dieciséis de Lucas.

III. Una solemne advertencia. «He visto a los impíos ser sepultados, los que *entraban y salían del lugar santo.*» Los había visto entrando y saliendo del Templo, la casa de oración, igual que los fieles y santos. Entraban y salían, y salían como habían entrado, y eran sepultados como impíos. He visto a los impíos sepultados, que habían entrado y salido de la mesa de la comunión. ¡Ay, esto no es cosa insólita! Muchos «entran y salen», y salen como entraron, de la casa de Dios, pensando que *ir* y *venir* es todo lo necesario. Pero puede ser que nuestras iglesias son mayormente responsables de muchos que son sepultados como *impíos*, porque han «entrado y salido» y no han llegado a oír el Evangelio salvador de Dios. Muchos vienen y van como cuestión de hábito, habiendo sido instruidos desde la infancia. Otros, porque les ayuda en su respetabilidad delante de los hombres. Otros, para exhibirse. Otros porque aman y temen a Dios. A no ser que nuestro *entrar* nos lleve a Cristo, y que nuestro *salir* nos lleve a su servicio, ¿de qué servirá?

604. BIENAVENTURADA COMUNIÓN

Cantar de los Cantares 1:12-17

Después de la petición de la novia y de la respuesta y aliento del novio, viene una sazón de gozosa comunión.

I. ¿Donde? «A la mesa del Rey» (v. 12, BAS). El rey tiene una mesa, en la que exhibe sus maravillosas provisiones: la Palabra. El Rey «está en su diván», listo para recibir a cada uno de sus invitados. Sería una mesa poco satisfactoria si el mismo Rey no estuviera en ella. Así es la

«Mesa del Señor» (Lc. 12:37). Las Escrituras, como la mesa del Señor, testifican de Él. ¡Oh Dios, que magnífica provisión!

II. Sus experiencias. Ella declara, mientras el Rey estaba a su mesa:

1. Que SU NARDO exhalaba su fragancia. Así como este dulce planta, en una atmósfera idónea, exhalaba su fragancia, de este modo también en el calor de su presencia sus afectos brotaban copiosamente. Cuando su Espíritu es recibido en plenitud, entonces el amor de Dios y el amor a Dios será derramado en nuestros corazones.
2. Que SU AMADO era para ella como un manojito de mirra. Cuanto más amor tengamos para Cristo, tanto más fragante y precioso vendrá a ser Él para nosotros. No solo mirra, pero como *un manojo* de la misma. Se nos dice que las damas orientales llevaban mirra en su seno para dar fragancia a la persona. Cristo en el corazón produce una vida fragante. Para algunos Él es solo «raíz en tierra seca». Para los que creen, es precioso.
3. Que su lugar estaba EN EL CORAZÓN DE ELLA. «Un manojito de mirra que reposa entre mis pechos» (v. 13). Entre los pechos se encuentra el lugar del corazón, el lugar donde Cristo se deleita en reposar. Él mora en el corazón por la fe (Ef. 3:17).

III. Sus palabras de consolación para ella. Ahora el Novio responde al luminoso testimonio de la Novia. Ella le ha honrado. Él la honra a ella. Dice:

1. «CUÁN HERMOSA ERES» (v. 15). Ella se ha hecho muy deleitosa a sus ojos. Aquellos para los que Cristo es precioso, son preciosos para Cristo. Cuanta más belleza puedan ver en Jesús, tanto más de su belleza se verá en nosotros. Ser hermosos a su mirada es mejor que ser aceptables para el mundo.
2. «TUS OJOS SON COMO PALOMAS.» Los ojos son expresivos del carácter. En esos ojos Él ve simplicidad y también pureza. La naturaleza de la paloma se puede ver en los ojos de la paloma. Cuán distintos son los ojos del halcón y de la zorra: los ojos de los impuros y engañosos. Toda su naturaleza ha sido sometida a la más pura y tierna devoción. Ésta es la hermosura que el Rey tanto desea (Sal. 45:11).

IV. Sus palabras de respuesta a Él. Ella dice:

1. «QUÉ HERMOSO ERES, AMADO MÍO! y ¡QUÉ DELICIOSO!» (v. 16). Hermoso y delicioso; éstas son las características del Novio. Hermoso a los ojos, y deleitoso para el corazón. Él satisface la mirada y suple todas las necesidades del alma.
2. «NUESTRO LECHO ES DE FLORES.» El lugar de reposo de estos amantes es tan placentero y refrescante como el Amor de Dios. Reposan en su Amor. Los dos yacen en verdes prados.
3. «LAS VIGAS DE NUESTRA CASA SON DE CEDRO.» La casa de la Iglesia, en la que tanto la Novia como el Novio se deleitan, está edificada sobre la Peña: y sus vigas son fuertes y duraderas. La madera de cedro es de lo más duradero. La superestructura está edificada para *mantenerse firme*.
4. «DE CIPRÉS LOS ARTESONADOS.» El significado del término traducido «artesonados» puede ser escalones o ascenso, o también una serie de terrazas a modo de miradores. Los fragantes cipreses y la maravillosa perspectiva, que ensancha los horizontes, al ir ascendiendo, terraza tras terraza. Así es la experiencia progresiva, y el creciente deleite de aquellos que moran en comunión con Él. Tres veces ella emplea el plural «nuestro», no «mi». ¿Qué tenemos que no hayamos recibido de Él? Y lo que es nuestro, es también de Él. Es un goce mutuo.

605. EL PRECIOSO NOMBRE

«Tu nombre es como un ungüento que se vierte; por eso las doncellas te aman» (Cnt. 1:3).

1. Su carácter. «Es como un ungüento». Esto nos enseña que es

1. DE GRAN PRECIO. Su *Nombre*, como un ungüento precioso, es un compuesto de gran valor. Hay cinco maravillosos ingredientes en Él. Su Nombre será llamado: (1) Admirable; (2) Consejero; (3) Dios fuerte; (4) Padre eterno; (5) Príncipe de paz (Is. 9:6). ¡Qué Nombre!
2. FRAGANTE. Todos los que entran por la gracia en relación con Jesucristo quedarán perfumados de tal manera con su Espíritu que otros se darán cuenta de que ellos han estado con Jesús (Hch. 4:13).

II. Su misión. «Como un ungüento *que se vierte*.» Esto es muy expresivo. Su *Nombre*, que es su carácter y vida, derramados. Entonces es

1. REVELADO. No ha habido retención, el precioso tesoro de la Sangre de su vida ha sido derramada como sacrificio por nosotros (Ef. 5:2). Él derramó su alma hasta la muerte. En esto se *manifestó* el amor de Dios.
2. OFRECIDO. El *derramamiento* es la ofrenda de todo lo que significan el Nombre y la vida a cada uno de los que sienten su necesidad del aroma divino en lugar del suyo propio. Los que reciben a Jesús como el Hijo de Dios pueden tener toda la casa de su corazón y vida llenos de la fragancia de este ungüento.

III. Su influencia. «Por eso las doncellas te aman.» Lo que hace:

1. SALVA. «Llamarás su nombre Jesús, porque Él salvará» (Mt. 1:21). Es un ungüento terapéutico para los ojos (Ap. 3:18) y purificador del pecado. «Si pedís algo en mi Nombre, Yo lo haré». No hay otro Nombre debajo del cielo, ningún otro ungüento para la llaga del pecado (Hch. 4:12).
2. CONSTRIÑE. «Por ello *te aman*.» Las personas purificadas por el derramamiento de su Nombre no pueden dejar de amarlo. El amor de Cristo los constriñe. Le aman hasta el punto de que se dan a Él y es su deleite seguirlo a Él (Ro. 12:1, 2). ¿Me amas?

606. LO DESEABLE QUE ES CRISTO

Cantar de los Cantares 1:4

Este «Cantar de los cantares, el cual es de Salomón» es pocas veces cantado por almas que se centran en sí mismas. Para muchos cristianos carnales es o bien demasiado místico o bien demasiado espiritual para tener ningún interés práctico. Es una parábola lírica de amor, o de amistad espiritual, y así debe ser interpretado. El lenguaje es uniformemente metafórico, quizá para que sea fácil y crecientemente aplicable a relaciones espirituales. Las dos personalidades principales asumen el carácter de novio y de novia, sugerentes en el acto de Cristo y de la iglesia. Esto queda confirmado por la *intensidad* del lenguaje empleado a todo lo largo del libro por las dos partes, revelándose profundos y tiernos sentimientos. La Novia es la primera en hablar. Este repentino estallido de ardiente deseo revela:

I. La estimación que tiene ella de su carácter. Ella declara que:

1. Su AMOR es mejor que el vino. Ella lo sabía porque había tenido alguna experiencia del mismo. El vino aquí denota los entusiasmantes y lujuriosos placeres del mundo. Pero su amor es más poderoso, proveniente de una mejor fuente, y produciendo mejores y más permanentes resultados. El vino es un producto hecho por el hombre: el amor es de Dios (Ro. 8:38-39).
2. Su NOMBRE es un ungüento derramado. Su nombre es su carácter, un ungüento precioso que contiene todos los ingredientes necesarios para sanar las heridas de la humanidad (Hch. 3:16). Este ungüento ha sido *derramado* en Palabra y en sangre, y su eficacia puede ser probada y gozada (2 Co. 8:9). Este derramamiento de virtud salvadora implica la generosidad de Dios y la oportunidad y responsabilidad del hombre. «**Por eso** las doncellas (corazones puros) Le aman», mientras que las rameras le dejan de lado. Es para gloria de Cristo que Él es amado por las más puras mentes. El sabor de su nombre es eternamente dador de satisfacción (Hch. 4:12). «Para vosotros, pues, los que creéis, Él es de gran valor.»

II. Su deseo para su aprobación. Ella anhela:

1. SU FAVOR PERSONAL. «Oh, si él me besara», etc. Él… a mí. El dolido corazón de ella, vacío y en soledad, anhela una prenda de *su amor*. Ninguna otra cosa puede satisfacerle. No es suficiente oír de su amor, ni ver a otros regocijándose en él: «¡Oh, si *él me* besara!» Es necesario el contacto personal. Su beso es una prenda de afecto, de favor y de amistad. Esta gracia solo puede provenir de Él. Dios sopló en Adán –le besó– y él vino a ser un alma viviente. *Cf.* Mateo 4:4.
2. SU INFLUENCIA PERSONAL. «Llévame en pos de ti, corramos» (v. 4). Habiendo sido reconciliada, anhela ir en pos. Cristo es el imán de dios para atraer almas a Sí mismo (Jn. 6:44). Su influencia sobre la vida debiera ser una constante *atracción*. Él atrae mediante su Palabra y su Cruz, donde sea que Él sea «levantado». Esta oración de la Novia es una prueba del amor que siente por Él, y de su devoción hacia Él. La negación que ella hace de sí misma afectará a otros: «Corramos». Cuanto más poderosamente sean nuestras vidas influenciadas por Cristo, tanto más velozmente correremos en pos de Él, y tanto más probable será mover a otros. Es mejor atraer que impulsar. Si su influencia no nos atrae a ir en pos de Él, hay otras influencias que desde luego nos apartarán de Él. Su pueblo se le ofrecerá voluntariamente en el día de su poder.

III. La experiencia de ella de su comunión con Él. Su oración ha recibido respuesta. Él la ha llevado en pos de sí y ella ha corrido en pos de él, y los resultados han sido abundantemente satisfactorios. Ahora la encontramos a ella:

1. EN COMPAÑÍA DE ÉL. «El rey me ha introducido en sus mansiones» (v. 4). Estas mansiones representan sus propias posesiones personales. Todas sus riquezas inescrutables están a su disposición. Su paz, su reposo, su gozo, sus riquezas... ¡qué porción! Estas posesiones presentes representan la plena salvación que Cristo anhela dar a aquellos que le siguen amantes. *Él* la ha introducido; ella jamás pudiera haber entrado en sus mansiones sin su libertad y guía. El camino al Lugar Santísimo está ahora abierto a toda alma lavada con sangre y conducida por el Espíritu (Fil. 3:12-14).
2. REGOCIJÁNDOSE EN ÉL. «Nos gozaremos y alegraremos en ti.» Es con una bondad amante que ha sido atraída, y es con una infinita abundancia que ha recibido satisfacción. El novio lo ha hecho todo por ella, por lo que ella se gozará en Él. Es siempre con alegría y regocijo que entra uno en el palacio de este Rey (Sal. 45:15). No hay noche allí; es una casa de banquete, con un toldo de amor. Todas mis fuentes, tanto la de arriba como la de abajo, para el alma y el cuerpo, están en Ti.
3. TESTIFICANDO ACERCA DE ÉL. «Mencionaremos con alabanza tu amor» (v. 4, BAS *margen*). Su amor, como Él mismo, no puede ser escondido. Su amor, como el de Jonatán, le llevó a desvestirse para que nosotros fuéramos vestidos (2 Co. 8:9). ¿No nos constreñirá también a proclamar su alabanza? Ante las corrientes babilónicas de este mundo, el cantor celestial sólo puede sentarse a llorar si no tiene otra fuente abierta. Haced mención de su amor, porque mejor es que el vino del mundo. No es una planta que crezca entre las malas hierbas del huerto de la Naturaleza, sino que es exótica, procedente de arriba (Ro. 5:5). «Los rectos te aman» (v. 4, RV), aunque los eruditos y los que siguen la corriente de este mundo puedan rechazarle (1 Co. 6:29).

«Oh corazón frío e ingrato, que puedes de Jesús apartarte,
Cuando arden fuegos vivientes de amor dentro de su corazón.»

607. HALLADO O EMPUJADO, ¿CUÁL?

«*Llévame* en pos de ti; corramos» (Cnt. 1:4).

«*Echó*, pues, fuera al hombre» (Gn. 3:24).

Uno siempre se interesa en los dichos de los hombres llenos del Espíritu y muy usados por Dios. En los primeros tiempos del Avivamiento de Gales, Evan Roberts dijo: «No hay empuje en nada de lo que pertenece a Dios. Es Satanás quien empuja; Dios persuade, atrae». Y Luego, levantando la voz, clamaba: «Atráenos, Señor; atráenos por tu Santo Espíritu».
Meditando mucho acerca de esta declaración y escudriñando las Escrituras, descubrimos que Dios hace ambas cosas, como los dos pasajes de la Escritura nos enseñan. Pero con esta diferencia: las referencias a su atracción están generalmente relacionadas con salvación, mientras que su empuje están generalmente relacionadas con juicio. Así que, aquí delante de nosotros tenemos esta disyuntiva: Si estaremos entre los atraídos o los empujados. A Dios le encanta atraer, pero aborrece empujar. Benditos los atraídos. Ay de los empujados.

I. El pecador atraído.

1. UN RUEGO PERSONAL.
 a. Es un ruego personal: «*Llévame*».
 b. Es el lenguaje de un alma despertada, consciente de estar alejada de Dios.
2. UNA CONFESIÓN DE DEBILIDAD. Es el lenguaje de una debilidad consciente. Alejado de Dios e incapaz de correr en el camino de sus mandamientos. Si tan solo nos atrae, entonces «correremos».
3. UN LENGUAJE DE IMPOTENCIA. Es el lenguaje de uno que anhela seguir al Señor Jesús, pero que está consciente de la seductora y terrible fascinación del pecado.
4. UNA CONFESIÓN SUSCITADA POR UN SENTIMIENTO DE INDIGNIDAD. El lenguaje de alguien que piensa que merece ser empujado y no atraído.
5. UNA PETICIÓN CONCEDIDA. «El Rey me ha introducido.» A Dios le gusta atraer. Esto se ve en la naturaleza. Las mareas son causadas por el poder de atracción de la luna. La evaporación, y por lo mismo las lluvias fertilizadoras, son resultado del poder de atracción del sol. El crecimiento y la posición de las plantas, de los árboles y de las flores, dependen del poder seductor y atrayente del sol. Pero, ¿qué pasa con el mundo de los hombres y de las mujeres? Nadie ofrece en vano esta oración.
6. CÓMO ATRAE ÉL.
 a. Los antiguos decían que el dios Júpiter tenía una cadena de oro que podía en cualquier momento dejar caer desde el cielo, y con ella atraer a la tierra y a todos sus moradores a sí mismo. Solo una fábula, y sin embargo es sugerente. Es cierto que nuestro Dios, el único verdadero Dios, tiene una cadena de oro, que en la «plenitud del tiempo» bajó desde el cielo a la tierra para atraer a Sí a sus criaturas errantes, y esta cadena de oro es el Señor Jesucristo, porque está escrito: «Y a él se congregarán los pueblos». ¿No dijo Él de Sí mismo: «Y yo, si soy levantado de la tierra, a todos atraeré a mí mismo» (Jn. 12:32)? Dios atrae mediante la Muerte Expiatoria de su Amado Hijo.
 b. Él atrae asimismo por su simpatía y amor. Al leer los registros sagrados descubrimos su amante simpatía para con todos.
7. EL RESULTADO. En nuestro texto hay tres bienaventurados resultados de su capacidad de atracción.
 a. Correr tras el Señor. Solo los atraídos pueden seguir en pos del Señor en el camino de la obediencia amante. Observemos: *correr*, no debatirse. Y observemos el poder de la influencia. En segunda persona del plural: «*Corramos*». No meramente el suplicante. Otros quedan influenciados.
 Se dice que hay una colina en Ayrshire a la que los ciclistas pueden subir sin pedalear, pero para bajar de la cual tienen que esforzarse al pedal. Hay una vena de material magnético en el monte que establece un campo magnético que atrae monte arriba. Sabemos que el cristiano asciende el Monte de la Dificultad porque el Señor lo atrae.
 b. Comunión. «El rey me ha introducido en sus mansiones».
 c. Gozo y deleite. «Nos gozaremos y alegraremos en ti».

II. El pecador echado.

1. DESPUÉS DE LA TRISTE CAÍDA, el hombre pecador fue echado del huerto (Gn. 3:24), pero no fue echado al juicio hasta dársele la promesa de un Salvador, y dársele una provisión para su cubierta.
2. DESPUÉS DE SU ATROZ ACCIÓN, «dijo Caín a Jehová: Grande es mi iniquidad para ser soportada. He aquí *me echas* hoy de la tierra, y de tu presencia me esconderé» (Gn. 4:13, 14).
Éstas son unas terribles palabras.

Advertencia. Si no somos atraídos a Dios mediante el Señor Jesucristo y su Muerte Expiatoria, llegaremos, un día, a ser empujados ante el Gran Trono Blanco.

608. CONFESIÓN Y APELACIÓN

Cantar de los Cantares 1:5-7

I. Su confesión. «Soy negra... pero preciosa.» Para muchos parece una contradicción, por no decir que un perfecto absurdo, pero es una expresión muy apropiada de la doble naturaleza del carácter de la Novia, aunque ella ha sido introducida en sus mansiones de riqueza y hermosura. Ella se describe a sí misma como:

1. «NEGRA... como las tiendas de Cedar.» Estas tiendas de Cedar, o del Beduino, que vivía como nómada en Arabia, estaban ennegrecidas por el sol, y eran poco atractivas. Como nuestra propia mente carnal es negra, y no puede ser otra cosa.
2. «HERMOSA... como las tiendas de Salomón.» Las primorosas y costosas cortinas de Salomón sólo podían verse desde dentro. La hija del rey es toda gloriosa dentro, incluso si la apariencia exterior parece negra a los ojos de otros. En la vida de la carne no hay nada bueno, pero en la vida del Espíritu hay la hermosura del Señor. Mientras que estamos en nuestros pecados, nosotros, como el etíope en su tierra nativa, estábamos inconscientes de nuestra negritud. Pero, oh gracia maravillosa, su negrura no la descalificó de recibir su Hermosura. Véase Ezequiel 16:14 para el secreto de la perfecta belleza.

II. Su explicación. Ella sufrió por diversas causas. «Soy negra», dice ella, porque

1. «EL SOL me ha quemado» (v. 6, BAS). No me miréis con desdén. Soy negra porque he estado durante mucho tiempo severamente *expuesta*. Si hubiéramos nacido y sido criados en Africa, el sol también nos habría tostado a nosotros. ¡Cuántos nacen en condiciones en los que quedan moralmente ennegrecidos antes de saber lo que significa! Cristo no nos desprecia aunque la complexión de nuestro carácter pueda haber cambiado debido a nuestra exposición y pecado.

2. «LOS HIJOS DE MI MADRE se airaron contra mí.» «Los hijos de su madre» pueden representar a aquellos miembros no espirituales de la iglesia que son sus profesos hermanos y hermanas. No les gusta su tostada apariencia; se sienten dolidos y encolerizados que *ella* reciba tales muestras de favor de parte del rey. Los orgullosos y los celosos no tienen aprecio alguno para con la *gracia* del Señor Jesucristo. Perseguidos por vuestra propia familia.

III. Su ocupación. «Me pusieron a guardar las viñas.» Esto parecía como una tarea muy humilde para la novia de un rey. Ella no ofrece ninguna objeción; se entrega bien dispuesta al servicio de los ingratos por causa de Él. Aunque la tarea era humilde y ardua, acepta humilde la situación. Los que aman al Señor y son amados por Él tendrán su orgullo y paciencia puestos a prueba en su servicio para Él. «Y no guardé mi propia viña.» ¿Tenía ella la culpa de esto? No creemos. La palabra «pero» que suplen aquí algunas versiones (en castellano la V. M.), y que no está en hebreo, tiene mucho que ver con la mala comprensión de esta declaración. Una traducción libre podría ser «¡Me hicieron guardiana de lo que pertenecía a otros, y tan dedicada estaba yo a los intereses de ellos que sacrifiqué los propios. Se despojó a sí misma, negándose a sí misma por el bien de otros. Ésta es la verdadera actitud y negocio de la Iglesia. En esto Cristo mismo nos ha dado ejemplo. «A otros salvó, a Sí mismo no se puede salvar.» El amor que se olvida a sí mismo es la principal marca de la Novia de Cristo y el verdadero motivo de toda empresa misionera. Naturalmente, los hay tan absortos en la viña del cuerpo que descuidan la viña del alma.

IV. Su llamamiento. «Hazme saber, oh tú a quien ama mi alma» (v. 7). Lo primero fue «Bésame»; después «Atráeme», y ahora es «Hazme saber». Esto indica una experiencia progresiva. La apelación es a Aquel que es el objeto del amor de su alma. Para ella «no hay otro nombre». Aquellos que aman al Señor deben amarle de *todo* corazón. Ella hace tres demandas.

1. Dime dónde TÚ APACIENTAS tu rebaño. Esto implica que Él tiene un rebaño, y que lo apacienta. Su rebaño le fue dado por el Padre, redimido por su sangre, y alimentado por su Palabra. Él los alimenta entre los pastos verdes de su verdad revelada. Él alimenta a su rebaño allí donde Él mismo está, como el Pan de Vida (Jn. 14:21).

2. Dime donde TÚ LO HACES DESCANSAR (BAS) al mediodía. Su pueblo necesita reposo además de alimento. Ella siente su necesidad de ambas cosas, y las busca. Reposo al *mediodía* del gravoso calor de un afanoso trabajo y de circunstancias opresivas. ¿Dónde los hace reposar Él? Bajo la sombra de su amor y de su fidelidad.

3. Dime… ¿por qué he de ser yo como UNA QUE SE CUBRE CON VELO junto a los rebaños de tus compañeros? (v. 7, BAS). Estar velada es ser desconocida para los demás. El Señor tiene muchos compañeros, compañeros *domingueros,* que no conocen a esta amante Novia. Ella pregunta: ¿Por qué debiera ser yo como desconocida para ellos, que te hacen compañía? Su corazón anhela la comunión con todos los que profesan amar al Amado de ella. Pero ¡ay!, la verdadera Novia de Cristo sigue estando tan velada para aquellos que solo tienen la forma de piedad, negando su poder. Y el hecho de que ello sea tan frecuente es motivo de asombro para el sincero seguidor de Cristo.

609. SU RESPUESTA Y ALIENTO

Cantar de los Cantares 1:8-11

En el versículo 8, el Novio da su respuesta llena de gracia a la apremiante petición de la Novia: «Hazme saber».

I. Sus palabras de aprecio. «Oh la más bella de las mujeres.» Él sabe como hablar una palabra en sazón a los fatigados. Lo que constituye hermosura a su vista puede ser nada atractivo para la multitud cegada. Para ella, *Él* es el «señalado»; para Él *ella* es «la más hermosa». El factor decisivo es el amor y la consagración personal. Así es con Cristo y su Iglesia.

II. Sus palabras de consejo. En respuesta a su pregunta, Él ahora le dice a ella:

1. A DÓNDE DEBE IR. «Ve, sigue las huellas del rebaño.» Las *huellas* de su rebaño han sido en todas las edades las huellas de la fe tal como se enseña en el undécimo capítulo de Hebreos. *Seguir* en esta dirección implica un acto determinado de la voluntad, y una buena disposición a separarse de todo lo que pudiera estorbarle a Él a lo largo de este camino donde apacienta a su rebaño. «Buscad las sendas antiguas, cual sea el buen camino», y cuidaos del «Nuevo» (*cf.* Jn. 14:6). Las nuevas revelaciones y las nuevas teologías que no están de acuerdo con *las huellas del rebaño* deben ser rechazadas y evitadas.

2. LO QUE DEBE HACER. «Apacienta tus cabritas junto a las cabañas de los pastores.» Las cabritas son los más pequeños del rebaño, en los que ella se ha interesado de una manera especial. La devoción personal a Cristo conduce a un intenso deseo por el bien de otros. Los «me amas» de nuestro Señor fueron acompañados de «Apacienta mis corderos», y siempre ha sido así. Las cabritas debían ser asociadas con el rebaño, y así deben ser alimentadas «junto a las cabañas de los pastores». Sus tiendas eran levantadas para la conveniencia del rebaño. El lugar en el que el pastor apacienta a sus ovejas es el lugar donde apacentar a los corderos, y lo que es «verdes pastos» para los unos serán «verdes pastos» para los otros. Hay un Señor, una fe.

III. Sus palabras de comparación. «A yegua de los carros de Faraón te comparo, amiga mía» (v. 9). Ésta es su comparación, y debe estar llena de significado. Sugiere

1. INTEGRIDAD. El Rey no tendría ninguna yegua con tacha en su carro. Los ciegos y los cojos no tienen lugar ahí. En el servicio de Dios, se precisa de una integridad moral, espiritual e intelectual. La salvación de la deformidad del pecado precisaba de

2. DIGNIDAD. La yegua regia debe mostrar dignidad en cada acción. Un paso sin brío ni elegancia no conviene a las tales. El siervo de Jesucristo debe andar de manera digna del Señor. «Levantad vuestras cabezas.» Vuestra ciudadanía está en los cielos.

3. FORTALEZA. La yegua del carro del Faraón no es débil; está rebosante de poder, y puede oler la batalla desde lejos (Job 39:25). El alma de Pablo estaba cabriolando como una yegua cuando dijo: «Todo lo puedo en Cristo, que me fortalece».

4. ACTIVIDAD. Siempre lista para toda acción. Ésta es otra de las características de una yegua de pura raza. Una disposición vivaz le pertenece al hombre perfecto en Cristo Jesús. «Preparado para toda obra» (Tit. 3:1). Siempre abundando en la obra del Señor.

5. SOMETIMIENTO. La yegua en el carro regio, con toda su pompa y poder, es muy sensible y obediente a la mano conductora. Y así es la Novia bajo el amor constreñidor de Cristo y de su Santo Espíritu: Bien dispuesta y obediente.

6. HONORES. La yegua del carro de Faraón estaba llamada a un servicio regio. Estaba asociada con el Rey para su trabajo y placer. Llevándole donde él quisiera. También nosotros somos colaboradores juntamente con Él, que es Rey de reyes. Llamados a llevar su nombre entre los paganos (Hch. 9:15). Tomad mi yugo entre vosotros.

610. TIEMPOS DE REFRIGERIO

Cantar de los Cantares 2:1-7

En sus cámaras. y en su Presencia, ella tiene el goce de un rico refrigerio. «En Tu Presencia hay plenitud de gozo». La conversación es de lo más dulce y cariñosa. Observemos:

I. La confesión de ella. «Yo soy la rosa del Sarón, y el lirio de los valles.» Estas palabras son frecuentemente citadas como dichas por el Novio, pero son palabras de la Novia, y expresan su humilde opinión acerca de sí misma. La rosa de la llanura y el lirio del valle eran solo flores comunes y modestas. Ella siente en en sí misma no es mejor que otras. Pero Dios ha escogido a los pobres de este mundo ricos en fe y herederos del reino (Stg. 5:2; 2 Co. 8:9).

II. La apreciación de Él. «Como lirio *entre los espinos,* así es mi amiga entre las doncellas.» Un lirio es símbolo de hermosura, de pureza y de humildad. Para Él, ella es como un lirio vestido de una belleza más gloriosa que la de Salomón, pero su posición en la tierra es como un lirio «entre espinos». Los espinos representan lo no caritativo, lo feo, lo no provechoso, y lo dañino. La tendencia de estas cosas es a ahogar la Palabra de Dios, y el fin de las mismas es ser quemadas. El lirio está *entre* los espinos, no siendo de ellos, como el trigo crece entre la cizaña. Había santos en la casa del César. La posición de ellos es de sufrimiento y de testimonio.

III. El testimonio glorioso de ella. Observemos que todo trata de Él. Ella se refiere:

1. A SU CARÁCTER. «Como el naranjo entre los árboles de la selva, así es mi amado entre los jóvenes» (v. 3, V.M. *margen*). Ella es un lirio entre espinos: Él es como un naranjo entre los árboles estériles de la selva: los hijos de los hombres. Él es «el Árbol de

Vida». Nadie jamás encontró «solo hojas» aquí. Este árbol, con su espeso follaje de un verde lujuriante, y su fruto siempre maduro y delicioso, es el lugar codiciado como refugio y refrigerio para el fatigado y sediento peregrino (Is. 32:2). Este singular árbol da su fruto cada mes. El que tenga sed, venga.

2. SU SOMBRA. «A su sombra deseada me he sentado.» Hay otras sombras, como la de la calabacera de Jonás, bajo las que podemos sentarnos con temor. Solo bajo *su* sombra podemos sentarnos con «gran deleite». Aquí solo tenemos seguridad, amor, poder y satisfacción. El fruto de sus labores y sufrimientos es dulce: Perdón, paz, y esperanza. Es dulce al paladar de un corazón fatigado, hambriento y lleno de gratitud. Muchos tienen sus paladares tan depravados por gustar de las engañosas manzanas de Sodoma, que no desean el fruto del Árbol de Vida.

3. LA SALA DEL BANQUETE (v. 4, BAS), o, «la cámara del vino» (RV). Esto es sugerente de una compañía gozosa y de abundante provisión. La Casa de Oración es una casa de banquete, donde el alma recibe refrigerio y es fortalecida con su gracia y verdad, siendo llenada del Espíritu. «¡Me llevó!» Nadie más podría: Él me conduce al lugar de la plenitud de bendición.

4. SU BANDERA. «Su bandera sobre mí fue amor.» La bandera es el símbolo de su amor conquistador; bajo ella la novia tiene una entrada triunfal. Nuestra libertad de acceso nos viene por su amor prevaleciente. «Él me amó, y se dio a Sí mismo por mí.» Este Rey pone su bandera sobre todas sus posesiones. Es la bandera del amor, porque todas las fuerzas del amor en su Reino están representadas por ella.

5. SUS MANOS. «Su izquierda está debajo de mi cabeza, y su derecha me abraza.» Aquella que tiene un lugar tan cálido en el corazón de su amor no dejará de tener un puesto seguro en las manos de su poder. Su mano izquierda para apoyo, y su mano diestra para protección. «Debajo están los *brazos eternos*.» Él no se fatiga. El amado del Señor morará en seguridad por medio de Él (Dt. 33:12). Nadie puede arrebatar a sus amados de su mano (Jn. 10:28-30).

611. PRUEBAS DE SU AMOR

Cantar de los Cantares 2:8-13

«¡La voz de mi amado!» (v. 8).

Ella oye su voz, es la voz de amor, una voz que se deleita en manifestarse en palabras y acciones inequívocas.

I. Él viene. «He aquí que Él viene.» La enorme distancia que les separaba solo podía ser cubierta por Él, por su infinito amor. Él viene *poderosamente*, «saltando sobre los montes». Y viene *gozosamente*, «brincando sobre los collados». Viene a buscar y a salvar.

II. Él se detiene. «Se para tras nuestra cerca.» No hay cerca que le pueda mantener fuera sino «*nuestra* cerca», la cerca de la indiferencia y de la incredulidad. Pero Él condesciende a pararse tras ella. Derriba esta cerca, y verás al Rey.

III. Él mira. «Mirando por las ventanas» (v. 9). Se aprovecha de todas las aberturas para entrar en contacto con nuestra necesitada alma. Ningún amante puede ser más solícito por su amada que Él con los suyos. Cada deseo por Él es una ventana mediante la que Él puede mirar dentro del alma.

IV. Él revela. «Mostrándose por las rejas» (RV). El más profundo anhelo de su corazón lleno de gracia es mostrarse a Sí mismo, en toda la riqueza de su carácter, al corazón amante y solitario. «El que me ama, ... yo me manifestaré a él» (Jn. 14:21).

V. Él habla. «Mi amado habló» (v. 10). No abriga ella duda alguna acerca de que es *su* voz la que oye. ¿Qué otra voz podría ser tan dulce, tan insuperablemente encantadora? No hay posibilidad de errar.

VI. Él invita. «Levántate, oh amiga mía, hermosa mía, y ven.» Él ha acudido para poderla tomar a Sí mismo, y a la bella tierra veraniega de su Gracia. «Ven», lejos de todo lo que daña o estorba, a sus caminos y obras, donde hay paz y poder. Como pecadores nosotros vamos a Él; como discípulos vamos *en pos* de Él, y como amigos nos vamos *con* Él.

VII. Él alienta. Las características de la primavera que aquí se mencionan (vv. 11-13) son metafóricas de la *nueva* vida. Es primavera en el alma, cuando el Sol de Justicia arroja sus cálidos y vivificadores rayos sobre ella. Todas las bendiciones de esta nueva vida tienen su fuente en Él. En estas palabras de ánimo, pronunciadas por el Novio a la Novia, tenemos «El Evangelio de Cristo», que nos asegura que:

1. «HA PASADO EL INVIERNO (de la muerte)» (v. 11). Y Él os dio vida a vosotros, que estabais muertos. Todos en Cristo son nueva creación... Todas las cosas han sido hechas nuevas (2 Co. 5:17). Han pasado de muerte a vida, del invierno al verano.
2. «LA LLUVIA (del juicio) cesó y se fue.» Como Noé, después del diluvio, salió a un mundo nuevo, así Cristo, por su muerte en la Cruz, nos saca de condenación a la gloriosa libertad de la «novedad de vida» (Ro. 8:1).
3. «HAN BROTADO LAS FLORES (de la promesa) EN LA TIERRA.» Tras la muerte y la resurrección de Cristo, las promesas de Dios brotan lozanas de belleza y poder, tan abundantes como las flores del campo. «A vosotros es la promesa»: recoged estos preciosos dones, y haced hermosa y fragante vuestra vida.
4. «EL TIEMPO DE LA CANCIÓN (de alabanza) HA LLEGADO.» Bien conviene a las mañanas de la primavera prorrumpir en cánticos. El amanecer de la nueva mañana de la vida espiritual es un tiempo en que cada ave dentro de la jaula de nuestro ser estalla en cánticos. «Alabad a Jehová», cantad y haced melodía en vuestros corazones, porque el Señor ha hecho grandes cosas por vosotros.
5. «EN NUESTRO PAÍS SE HA OÍDO LA VOZ DE LA TÓRTOLA (el Espíritu Santo).» Mientras que las flores de la promesa aparecen *en la tierra*, ofrecidas a todos, la voz tranquilizadora del Espíritu sólo se oye en nuestro país. Para recibir al prometido Espíritu como Consolador y Guía, debemos conocer el Poder de su Cruz (Gá. 3:13-14).
6. Ya está a mano la estación de la feracidad. «La higuera ha echado sus higos, y las vides en flor difunden perfume» (v. 13). Hay ahora la perspectiva de una preciosa recolección. Ésta es la etapa a que se hace referencia en Juan 15:16. La bendición para otros debe ser uno de los resultados de nuestra Unión para con Él (Os. 14:8).
7. El llamamiento se repite. «Levántate, oh amiga mía, hermosa mía, y ven.» Levántate, no te quedes sentada en el lugar de tinieblas y de dudas. Tú eres «mi amor, el gozo de mi corazón», acude al pleno goce de todo lo que esta Primavera enviada de lo alto pone a tu alcance. En su Presencia hay plenitud de gozo. ¿Irás con este Varón?

612. DELEITE MUTUO

Cantar de los Cantares 2:14-17

Para ella, él es «señalado entre diez mil», para Él, ella es «la más bella entre las mujeres». Dulce debe ser la comunión de los tales. Observemos aquí:

I. Su seguridad. Como su propia *paloma*, el emblema de pureza y de afecto, ella está:

1. «En los AGUJEROS de la Peña», para SEGURIDAD (v. 14). Ella mora en las alturas (Is. 33:16), mucho más allá del alcance del cruel cazador, en la abertura de la Roca de la Eternidad, guardada por el poder de Dios. La fuerza de los Montes, que es de Él, es también de ella.
2. «En los lugares secretos del ascenso» (Newberry), para PROGRESO. Su posición es segura, y su privilegio es progresar. La Peña de defensa es frecuentemente asociada con el lugar secreto de privilegio (Sal. 27:15; Is. 33:16). El poder del Espíritu está asociado con la sangre de la Cruz. Como hijos, estamos en los agujeros de la peña; como siervos estamos «en los lugares secretos de las escalinatas».

II. El anhelo de ÉL por comunión. Él desea dos cosas de ella: Dice:

1. «Muéstrame TU ROSTRO..., porque... HERMOSO [es] tu semblante.» Hermoso con la hermosura que Él ha puesto sobre él, al satisfacer su corazón con su amor y bondad. Levanta tu rostro a Dios: su corazón anhela ver su propia luz en tus ojos, y tener comunión contigo. Luego:
2. «Hazme oír TU VOZ, porque DULCE es tu voz.» Le es dulce a Él oír *tu* voz en oración a Él, en alabanza de Él, y en testimonio de Él. La voz puede ser débil y temblorosa, pero para Él es dulce. Deja que la oiga frecuentemente, porque hay muchas otras voces que deben serle duras y penosas para su oído lleno de gracia.

III. La solicitud de Él acerca de las posesiones de ellos. «Cazad*nos* las raposas, las pequeñas raposas, que echan a perder las viñas, porque *nuestras* viñas están en flor» (v. 15). Las viñas pueden representar esferas de servicio. Al cercado sagrado han entrado raposas, o falsos maestros (Ez. 13:4). Hay también «las pequeñas raposas», juguetonas, cosas inocentes en cierto sentido, pero que estropean las vides. La Novia y el Novio son socios en este negocio; lo que toca a la viña afecta a ambos. Si estamos vitalmente unidos a Cristo, estaremos vitalmente interesados en su causa. ¿Y qué debe hacerse con las raposas? «Cazadlas». Tratad con ellas como lo que son, raposas.

IV. La gozosa confesión de ella. «Mi amado es mío, y yo suya» (v. 16).

1. SUYA, POR GRACIA Y ELECCIÓN. Suya, porque Él ha puesto su amor sobre mí, y me ha escogido como suya. Él me amó, y se entregó a Sí mismo por mí.
2. SUYA, POR FE Y ENTREGA PROPIA. «¡Y yo suya!» Él se dio a Sí mismo por mí, y yo me he dado a mí misma a Él. No sois vuestros, habéis sido comprados por precio. Ésta es una unión indisoluble en la muerte y en la eternidad.
3. SUYA, HASTA QUE DESPUNTE EL DÍA. Justo ahora, la esfera de acción de ella, en comunión con ella, es en las sombras; pero cuando aquel gran «Día» amanezca, las sombras «huirán». Ella es de Él, tan realmente en el lugar de sufrimiento como en el día de la gloria. Sí, aunque ande por el valle de sombra... no temeré mal alguno, porque Tú estarás conmigo» (Sal. 23:4).
4. SUYA, HASTA QUE ÉL VUELVA. «Vuélvete, amado mío; sé semejante al corzo, o como el cervatillo sobre el monte de la partición» (*margen*). El joven ciervo puede vencer fácilmente los montes y los valles, que separan. Cuando Cristo vuelva, Él vendrá «pronto», y los montes que actualmente ocultan su presencia visible y que *dividen* a su pueblo que espera, se fundirán al aparecer Él. El clamor de la Novia es: «Ven, Señor Jesús, ven pronto».

613. UNA NOCHE TRISTE

Cantar de los Cantares 3:1-4

Estos versículos nos hablan de una comunión perdida, y de una búsqueda a medianoche.

1. LA BÚSQUEDA. «Busqué.» ¿Por qué? ¿Qué había sucedido? Algo había separado a estos amantes. Cuando el Espíritu Santo es contristado, la comunión con el Señor queda interrumpida. Ella le buscó porque quedó profundamente afectada por su pérdida. Cuanto más precioso nos sea el Señor, tanto más doloridos quedaremos si perdemos su presencia.
2. LA HORA. «De noche» (V.M.). Es siempre noche para el corazón amante cuando Él no está allí. La distancia de Cristo implica tinieblas. Porque Él es la Luz de la Vida.
3. LA MANERA. (1) Ella le buscó en su *lecho*. El lecho es el lugar de holganza e inactividad. Pero Él no es hallado allí; porque la búsqueda sigue aún de una manera perezosa. (2) Ella le buscó en las *calles*; está ahora fuera de su cama, y en la Sociedad. Pero incluso en la ciudad, ella está buscando entre los muertos al que vive. La comunión perdida con Cristo no queda restaurada de esta manera. (3) Ella le buscó entre los *guardas* (v. 3). «¿Habéis visto al que ama mi alma?» ¡Ay, ni siquiera los Guardas de Sion están siempre en contacto personal con Él! Ella también tiene que dejarlos de lado.
4. EL DESCUBRIMIENTO. «Hallé luego al que ama mi alma» (v. 4). Cuando sus propios planes y métodos y esfuerzos se han agotado, Él se revela a ella. Ella ha hecho este gozoso descubrimiento cuando estaba *sola*. María hizo un descubrimiento semejante tras una búsqueda algo similar (Jn. 20:11-16): «*Hallé luego al que ama mi alma*». No había posibilidad de que se equivocara con otro. Solo Él podía dar satisfacción a su corazón amante y confiado.
5. EL RESULTADO. Habiéndole encontrado, dice ella: (1): «Asíme yo de él» (V.M.). Ella se asió de Él, con el aferramiento cordial de la fe, como una aferrándose por su misma vida. Ella se asió de Él, consciente de su necesidad y de lo indeciblemente precioso que Él es. (2) «Lo introduje en casa de mi madre». Si Él hubiera sido llevado antes a la casa de la madre de ella, se habría podido ahorrar este tiempo de fatigosa búsqueda. La comunión con Jesucristo es dulce, pero es tanto más dulce cuando Él es llevado al círculo familiar. Si no puedes llevar a tu madre y a tus hermanos a Jesús, llévales a Jesús a ellos.

614. LA LITERA, CARROZA Y CORONA DEL NOVIO

Cantar de los Cantares 3:7-11

Estas palabras «Litera, Carroza y Corona» son todas enfatizadas en hebreo.

I. Su litera. «Mirad; es la litera de Salomón.» Su litera representa el lugar del reposo divino.

1. ESTABA BIEN DEFENDIDA. «Sesenta valientes la rodean.» El lugar de su reposo está fuertemente defendido. «No se cansará ni desmayará.» Ni el poder, ni el número ni siquiera las añagazas del enemigo pueden perturbar el reposo del Señor. Entrar en su reposo es estar verdaderamente salvados. «Venid a mí, ... y Yo os haré reposar.» Sus defensores son todos «diestros en la guerra» (v. 8).
2. LA RAZÓN POR QUÉ. «Por las alarmas de la noche.» No luchamos contra carne y sangre... sino contra los gobernantes de las *tinieblas* de este mundo (Ef. 6:12). Los enemigos que tratan de perturbar su reposo, y el nuestro, son poderosos, pero los que están con nosotros son más que los que están con ellos. Las armas de nuestra milicia no son carnales.

II. Su carroza. Ésta es su «Carroza de Ceremonia». Como la Salvación del Señor:

1. FUE DISEÑADA POR EL MISMO REY. «El rey Salomón se hizo una carroza» (v. 9). El plan, el propósito y los materiales eran todos de su diseño. Así fue con el Carro del Evangelio. Todo el plan de la Redención es conforme a la elección y a la mente de Dios. Los pensamientos del hombre no tienen lugar aquí.
2. ERA COSTOSA. «Hizo sus columnas de plata, su respaldo de oro.» Salomón no era solo el más sabio, sino también el más rico hombre de la época, y solo él podía proveer los materiales para una Carroza de Ceremonia tan costosa. La plata y el oro denotan aquí gran precio y perfección. El medio de nuestra salvación fue ciertamente una provisión costosa. Ni plata ni oro, sino la preciosa sangre de Cristo.
3. ERA CÓMODA. Su interior estaba «tapizado de amor». La cubierta era de grana regia, pero el forro era *amor*. Esta frase misma da amplia justificación para buscar un sentido espiritual en este Cántico. En esta maravillosa carroza tenemos Amor todo en derredor. ¡Qué bendita experiencia! Se tiene que entrar ahí para conocer cuál sea la longitud, la anchura, la profundidad y la altura de este amor, que sobrepasa a todo entendimiento.
4. FUE POR OTROS. «Por las doncellas de Jerusalén» (v. 10). ¡Ah, hijas de Sion, ésta es la provisión regia para vosotros para llevaros al palacio del Rey. Escrito a todo alrededor de la Carroza de nuestra Salvación aparecen estas palabras: «El que quiera, venga». Si alguno entra, será salvo y hallará satisfacción.

III. Su corona. «Salid... y ved al rey Salomón con la corona» (v. 11). ¡Sí! el carro forrado de amor conduce a la visión del Rey coronado.

1. ¿CUÁNDO LA RECIBIÓ? Fue «en el día de sus desposorios, en el día del gozo de su corazón». Cuando Cristo fue resucitado y entronizado, fue en el día de sus desposorios con su Novia redimida, y día de alegría para su corazón.
2. ¿QUIÉN LE DIO LA CORONA? «La corona con que le coronó su madre.» La *madre* es la expresión del amor y de la gracia. Dios es Amor. El amor envió a Jesucristo, el Hijo, y el amor le coronó. «En su cabeza hay muchas diademas.» He aquí a vuestro Novio que viene, coronado de gloria y de honra. Salid a recibirle, y a estar para siempre con Él.

615. LA BELLEZA PERSONAL DE LA NOVIA

Cantar de los Cantares 4:1-6

«Cuán hermosa eres, amiga mía! ¡Qué hermosa eres!» Ésta no es la estimación que la Novia hace de sí misma, sino la de Él. Se emplean aquí los rasgos del cuerpo físico como similitud de la belleza moral de la Iglesia. La apariencia externa es tomada como analogía del carácter interior.

I. Sus ojos como de paloma. Mansos y afectuosos. El amor de su corazón resplandece en sus ojos. «La lámpara del cuerpo es el ojo». Como Él, ella es mansa y humilde de corazón.

II. Su cabello es como manada de cabras. Su cabello como un velo cubre y oculta con gracia su persona, como una manada de cabras en las laderas de Galaad. La Novia es modesta, no busca protagonismo, e incluso su modestia es majestuosa como la solemne marcha de un rebaño de cabras.

III. Sus dientes son como una manada de ovejas recién trasquiladas. Numerosos como un rebaño, y limpios como un cordero acabado de trasquilar. Los dientes de la Novia no tienen la dentera, por las uvas agrias del mundo. No están estropeados por comer aquello que no es bueno (Is. 55:2). No son como los del león, para devorarse unos a otros.

IV. Sus labios son como hilo de grana. Tienen un color sano, y están bien definidos, porque hablan el lenguaje del Crucificado. Los labios de aquellos que predican «la sangre de su Cruz» deben llegar a ser como un hilo de grana.

V. Su hablar es encantador. Porque está sazonado con la sal de su Espíritu, y porque es el lenguaje de un corazón fiel y amante. El habla de aquellos que hablan de Él, que es todo Él un encanto, debe ser encantador. Ninguna comunicación corrompida puede salir de la boca de ella.

VI. Sus sienes (v. 3, RV, BAS *margen*) **son como mitades de granada.** Están bien desarrollados, e indican la más sublime sabiduría. Su Novio le es hecho a ella Sabiduría y Justicia. Los que son de Cristo son sabios en Él.

VII. Su cuello es como la torre de David (v. 4). Fuerte, recta y dignificada. Ella no es dura de cerviz. El porte de la Iglesia de Cristo debiera concordar con su glorioso destino como la esposa del Cordero. ¿Por qué debería el santo caminar con la cabeza gacha, como si fuera el enemigo vencido por el mundo?

VIII. Sus pechos son como crías gemelas de gacela que se apacientan entre lirios (v. 5). El pecho es símbolo del afecto. Son como «crías de gacela», porque poseen todo el vigor de la juventud y todo el calor del primer amor. Estos afectuosos deseos tienen pastos placenteros: «apacientan entre lirios». Él da satisfacción con bien al alma anhelante.

IX. Su propósito. «Hasta que apunte el día y huyan las sombras, me iré al monte de la mirra...» (v. 6). El «monte de la mirra» y «el collado del incienso» representan adecuadamente «los lugares celestiales en Cristo Jesús». Ésta es la morada permanente de su pueblo ahora, hasta que rompa el día de su manifestación y huyan las sombras de esta vida terrenal de dolor y sufrimiento delante de la gloria de su presencia.

616. EL CARÁCTER E INFLUENCIA DE ELLA

Cantar de los Cantares 4:7-15

Los muchos títulos dados aquí por el Novio a la Novia son una revelación de su sublime aprecio del carácter de ella y del gran valor que tiene para Él. Su invitación es de lo más expresiva: «Ven conmigo» (v. 8). Su corazón anhela una comunión ininterrumpida.

1. Ven y *camina* conmigo (Col. 1:10). Acuerdo.
2. Ven y *háblame* (Lc. 24:17). Oración.
3. Ven y trabaja *conmigo* (1 Co. 3:9). Servicio.
4. Ven y sufre *conmigo* (Lc. 14:26-29). Comunión.
5. Ven y regocíjate *conmigo* (Mt. 25:21). Recompensa.
6. Ven y mora *conmigo* (Jn. 14:2-3). Gloria.

Observemos ahora los varios títulos usados para indicar el carácter de ella a sus ojos.

I. Su carácter. Él habla de ella:

1. Como una AMIGA sin tacha. «Toda tú eres hermosa, amiga mía, y en ti no hay defecto» (v. 7, Newberry). La Iglesia es la amiga de Cristo en este presente siglo malo, y debiera ser santa y sin mácula delante de Él en amor (Ef. 5:27).
2. Como la COMPAÑERA por Él elegida. «Ven conmigo... desde las guaridas de los leones, desde los montes de los leopardos» (v. 8). Cristo no solo nos ha escogido, sino que siguiéndole somos librados del poder de estos leones y leopardos espirituales cuyas guaridas siguen estando en lugares altos (Ef. 6:12).
3. Como HERMANA y NOVIA. Él la llama «Hermana, esposa mía» (v. 9). «Esposa» debiera siempre leerse «Novia». Esta doble relación viene por *nacimiento* y por *desposorio*. Como Eva, la Iglesia es «hueso de sus huesos y carne de su carne», Hermana, y también el don de Dios a Él como ayuda idónea, Novia. Su Encarnación y Resurrección explican estos dos hechos.
4. Como HUERTO cerrado (v. 12). Un huerto cerrado es un lugar de placer y provecho privados. La Iglesia es la propiedad privada y deleitosa de Cristo. Está bien vallada, protegida por los muros de su poder omnipotente y de su amor eterno. Separada para Él.
5. Como FUENTE sellada. Hay tesoros y posibilidades conectadas con la Iglesia que no han sido reveladas. Nuestra vida está escondida con Cristo en Dios. Cuando Él se manifieste, nosotros también seremos manifestados con Él.
6. Como POZO abierto. «Es pozo de aguas vivas, y corrientes que fluyen del Líbano» (v. 15, BAS). Mientras que en cuanto a ella hay mucho que está todavía sellado, u oculto a los ojos de los otros, hay también mucho que no puede ser ocultado. La Iglesia de Dios es un canal a través del que fluyen corrientes de aguas vivas. En cada alma redimida y satisfecha hay un pozo de agua saltando para vida eterna (Jn. 4:14).

II. La influencia de ella para con Él. ¡Qué confesión hace el Novio cuando le dice a ella: «Has cautivado mi corazón» (v. 9, BAS). Éste es el único lugar en que se emplea esta palabra en la Biblia. Él había rendido todo su corazón a ella, y ella lo había *cautivado*. ¿Cómo logró ella cautivar y guardar de esta manera su corazón?

1. Con su MIRADA. «Has apresado mi corazón con una sola de tus miradas». Al tener el ojo sencillo, todo el cuerpo de ella estaba lleno de luz celestial. Mirar a Jesús con el claro y confiado ojo de la fe es deleitoso para Él.
2. Con su AMOR. «¡Cuán dulces son tus caricias... cuánto mejores que el vino tus amores!» (v. 10). Nuestro ojo nunca arrebatará su corazón a no ser que Él vea nuestro corazón en él. No nos engañemos, Él no puede ser burlado. Aquel que amó a la Iglesia, y se dio a Sí mismo por ella, desea ver del trabajo de su alma, y quedar satisfecho en él.
3. Con sus LABIOS. «Como panal de miel destilan tus labios, oh esposa» (v. 11). Las palabras de su testimonio le son dulces. El Novio fue santificado en el corazón de ella, de manera que ella estaba siempre lista para dar razón de la esperanza que estaba en ella (1 P. 3:15). *Díganlo* los redimidos de Jehová, porque ningunos otros labios tienen una historia tan dulce que contar como ellos. Honra al Señor con tus labios.

617. LA ORACIÓN DE ELLA Y LA RESPUESTA DE ÉL

Cantar de los Cantares 4:16; 5:1

1. La oración. El Novio acaba de compararla con «Huerto cerrado... renuevos... con frutos suaves... con todos los árboles de incienso... con todas las principales especias aromáticas» (4:12-15). Ahora el intenso deseo de ella, como huerto, es ser digna de Él, y serle sumamente deleitosa. Y así ella ora:

1. POR LA VENIDA DEL VIENTO. «Levántate, Aquilón, y ven, Austro» (4:16). El *despertamiento* y la influencia *maduradora* del Espíritu Santo son urgentemente necesarios si nuestras vidas han de rendir fruto para Dios. Como el «Aquilón», o viento del Norte, Él redarguye. Como Austro, o viento del Sur, consuela y conduce a toda verdad, para que crezcamos en gracia y conocimiento.
2. POR EL DERRAMAMIENTO DEL AROMA DE LAS ESPECIAS. «Despréndanse sus aromas.» Los aromas, o las nuevas gracias del carácter, no se desprenderían si no estuvieran allí. Se precisa del viento, o aliento del Espíritu, para hacer que se desprendan por encima de las murallas, *en testimonio* de las riquezas de su gracia (Zac. 4:6).
3. POR LA SATISFACCIÓN DE SU AMADO. «Venga mi amado a su huerto, y coma de su dulce fruta.» Ella reconoce que como huerto ella es de Él; y que todo lo que ella tiene y es es para Él. ¿Qué tenemos que no hayamos recibido? Es su deseo y debiera ser nuestro deleite que Él venga a nuestras vidas y haga uso personal de todos los productos del Espíritu Santo en nosotros. No sois vuestros. Los frutos de la vida no regenerada son para Él sólo uvas agrias.

II. La respuesta. A su ansiosa petición Él le da una rápida respuesta:

1. ÉL ACUDE. «Yo vine a mi huerto» (v. 1). Él *entra* en su huerto: al sagrado cercado del corazón, y allí se manifiesta, reclamándolo como propio. «*Mi* huerto.» Cuando nos damos a Dios, nuestros miembros se transformarán en armas de justicia para Él.
2. ÉL ACEPTA. «He recogido mi mirra... he comido mi panal... he bebido mi vino», etc. Él ha aceptado bien dispuesto y gozoso, para su propio uso, todo lo que le había sido ofrecido tan liberalmente. Lo que es consagrado a Él será ciertamente aceptado por Él, y empleado para la honra y la gloria de su nombre.
3. ÉL INVITA. «Comed, amigos; bebed en abundancia, oh amados.» Veamos ahora su anhelante deseo de que otros compartan su provisión preciosa. Que todos los *amistosos* para con Cristo muestren su amistad aceptando las bendiciones que Él ofrece. Come. Los dones de Cristo no pueden ser recibidos en exceso, no existe aquí peligro de abuso. «Bebed en abundancia» (*cf.* Ap. 22:17).

618. LA NEGLIGENCIA DE ELLA Y SUS RESULTADOS

Cantar de los Cantares 5:2-8

Después de una estación de «abundante» festejo y comunión, hay el peligro de entregarse a una egoísta comodidad (v. 1). Que su abundante gracia no nos conduzca a la confianza propia y a la apatía. La experiencia aquí es la de una persona recaída. ¿Y por qué deben darse recaídas a continuación de tiempos de refrigerio?

I. Su sueño. «Yo dormía, pero mi corazón velaba.» Esto describe una condición de inactividad espiritual, mientras que la *conciencia* permanece despierta. No se trata del sueño de la muerte (Ef. 2:1), sino del de la indiferencia y del descuido. Mirad que no pequéis voluntariamente después de haber creído.

II. Su despertar. «Es la voz de mi Amado que llama: Ábreme.» Ella sabe que es su voz la que la llama, pero solamente la oye como en sueños. Cuán tierno su llamamiento: «Ábreme, hermana mía, amiga mía, paloma mía, perfecta mía». Pero la puerta de la autosuficiencia se levanta ahora entre ella y Él. Véase Apocalipsis 3:17-20.

III. Su excusa. «Me he desnudado de mi ropa; ¿cómo me he de vestir?» etc. (v. 3). Una cosa muy pequeña es buena excusa para un recaído. Ella se había quitado su vestido, y se había lavado los pies, con la intención de dedicarse a la holganza. ¿Por qué se la debía molestar ahora, y ver estorbados *sus* propósitos? Había perdido su primer amor.

IV. Su arrepentimiento. «Yo me levanté para abrir a mi amado» (v. 5). Su *corazón se conmovió* cuando vio la mano de Él puesta en el agujero de la puerta (v. 4). Cuando el corazón de ella se conmovió, ella misma se movió. La recaída siempre comienza con el corazón. Si hay tan solo un agujero en la puerta, su misericordiosa mano lo encontrará y buscará una abertura más amplia.

V. Su descubrimiento. «Abrí a mi Amado, pero mi Amado… se había ido» (v. 6). Mientras que ella abría la puerta, sus manos y dedos «gotearon mirra» (v. 5). Su acto de gracia al poner la mano en el cierre hizo que ella se complaciera en abrirle la puerta a su Amado, pero cuando su comunión es poco estimada es retirada. No os engañéis: Dios no puede ser burlado (He. 12:17).

VI. Su autorreprensión. «Tras su hablar salió mi alma» (v. 6). Él se había dirigido a ella (v. 2), pero en lugar de una obediencia instantánea, comenzó a dar excusas (v. 3). Ahora, como hiciera Pedro, recuerda apesadumbrada su culpa y su fracaso. Sabe exactamente donde había estado su pecado. Había preferido la egoísta holganza a obedecerle a Él.

VII. Su mísera condición.

1. LA ROTURA DE LA COMUNIÓN. «Lo busqué, y no lo hallé; lo llamé, y no me respondió.» El pecado conduce a la separación. Puede que no estemos conscientes de esto en aquel momento, pero cuando el Espíritu es contristado, queda interrumpida nuestra comunión con Cristo.
2. LA ORACIÓN SIN RESPUESTA «Lo llamé, y no me respondió.» Si queremos pedir y recibir, tenemos que *permanecer* en Él (Jn. 15:7). Ella ha dejado de estar a bien con Él, por lo que las oraciones que le haga de nada sirven (Stg. 5:16).
3. LA PÉRDIDA DEL TESTIMONIO «Me encontraron los guardas… me golpearon, me hirieron; me quitaron mi manto de encima» (v. 7). Tan cambiada estaba que los guardas ni siquiera la reconocieron. Privada de su manto, se vio reducida a dolor y a la vergüenza. Los recaídos siempre sufrirán en una medida a manos de los guardas fieles; tienen que ser reprendidos y advertidos, y llevados a avergonzarse de sí mismos, para que sientan tanto más profundamente su culpa al desobedecer a su Señor y Redentor.

VIII. Su apelación «Os conjuro… que le hagáis saber que estoy enferma de amor» (v. 8). Fue abatida, pero no destruida. Ella ruega a aquellas que están en contacto con Él que le hablen en su nombre: que oren por ella. El Señor volvió la cautividad de Job cuando él oró por sus amigos. Es un ministerio digno de un cristiano interceder por los transgresores. Es sabio buscar la ayuda de otros, para que podamos ser elevados a una experiencia más sublime, cristiana. «Hermanos, orad por nosotros». Pero es preciso estar «enfermo de amor» para hacer una petición así.

619. DESCRIPCIÓN QUE ELLA HACE DE LA PERSONA DEL NOVIO

Cantar de los Cantares 5:9-16

Estas «doncellas de Jerusalén», como profesantes nominales, no ayudan a la Novia en su búsqueda en pos de su Amado (v. 8). Ellas reconocen el carácter de la Novia como «las más hermosa de todas las mujeres», pero para ellas el Amado de ella no es más que cualquier otro amado. Les es solo una cuestión de elección y devoción personal. Pero la pregunta de ellas, «¿Qué es tu amado?», etc., agitó las más profundas emociones de la Novia para llegar a dar este pleno y brillante testimonio de su belleza incomparable y de su carácter sin parangón. Ella le *conoce* a Él, en quién ella ha creído.

I. Mi amado es blanco y sonrosado (v. 10). Como nazareo era «más blanco que la leche, y más sonrosado que el coral» (*cf.* Lm. 4:7). Blanco y puro como el Hijo de Dios, sonrosado y sano como el Hijo del Hombre. Divinamente puro y hermosamente humano.

II. Él descuella entre diez mil. En el edificio Él es la Principal Piedra del Ángulo. Entre los hermanos Él es el Primogénito. Entre los resucitados, el Primogénito de entre los muertos. Él es el Alfa y la Omega, el Primogénito de toda criatura.

III. Su cabeza es de oro, del más puro. Aquí tenemos una perfecta pureza de pensamiento y la perfección de la sabiduría. Sus pensamientos no solo son puros, sino muy preciosos.

IV. Sus rizos son racimos de palmera, negros como el cuervo. La suya es la belleza de la juventud y de la fuerza divinas. El mismo ayer, y hoy, y por los siglos.

V. Sus ojos, como palomas (v. 12). Están llenos de ternura y de compasión. También están «a la perfección colocados». Ven las cosas bajo su verdadera luz (2 Cr. 16:9).

VI. Sus mejillas, como parterres de balsameras (v. 13). Encantador, fragante, atrayente. Había en nuestro Señor aquello que atraía y fascinaba. Hasta los niños quedaban influenciados por este magnetismo. Es el más hermoso de los hijos de los hombres.

VII. Sus labios, como lirios. Puros, y llenos de gracia; porque la gracia se derramó en sus labios (Sal. 45:2). Gotean dulzor.

VIII. Sus manos, como anillos de oro (v. 14). Preciosos y sin fin en su obra. ¡Cuán innumerables son tus obras! (Sal. 104:24). He aquí que en las palmas de la mano te tengo tatuada (Is. 49:16). En Tus manos encomiendo mi espíritu (Sal. 31:5; 2 Ti. 1:12).

IX. Su cuerpo, como pulido marfil. El marfil, «cubierto de zafiros», es ciertamente simbólico de pureza y de incorruptibilidad. Dios no permitiría que su Santo viera corrupción. En el Monte de la Transfiguración sería visto cubierto de zafiros que resplandecían como el sol.

X. Sus piernas, como columnas de mármol (v. 15). Son firmes e infatigables. Él es la Peña, su obra y sus caminos son perfectos (Dt. 32:4). Él no se fatiga.

XI. Su aspecto como el Líbano. Hay una dignidad singular en su apariencia en general que le hace preeminente entre los hijos de los hombres, como el Líbano entre los collados.

XII. Su paladar, dulcísimo (v. 16). Jamás hombre alguno habló como este hombre (Jn. 7:46). Nunca el hombre tuvo tal mensaje como este Hombre. Su paladar es dulcísimo, porque en Él mora toda la plenitud de la Deidad. Lleno de gracia y de verdad.

XIII. Todo Él es un encanto. Todo el *encanto* de Dios se revela en Él. ¿Qué hay más encantador que el amor? Dios es Amor. El que permanece en amor permanece en Dios.

Ahora, dice la Novia, «*Tal* es mi amado, y *tal* es mi amigo». ¿Quién no anhelaría tal relación?

620. INDAGADORES ANSIOSOS

Cantar de los Cantares 6:1-3

No hay por qué asombrarse de que tras el magnífico testimonio de la Novia acerca del carácter «todo encantador» de su Amado (vv. 10-

16), nos encontremos en el acto con almas que indagan. Si Cristo fuera más frecuentemente predicado en toda su gloriosa plenitud, no escasearían los resultados.

I. Los indagadores. Son las hijas o doncellas de Jerusalén. Son profesantes nominales, miembros de la iglesia visible, que son aún extraños a Jesucristo. Sus vidas están limpias en lo moral, mas no tienen experiencia personal de su poder y comunión.

1. A QUIÉN BUSCAN. Buscan al *amado de ella*. «¿Adónde se ha ido tu amado, ... y lo buscaremos contigo?» Buscan a Aquel de quien acaban de oír. A Aquel que está tan lleno de gracia y de verdad, el Poderoso para salvar, y para satisfacer. El oír debería conducir a la búsqueda. ¿A quién buscas? (Jn. 20:15).
2. ADÓNDE BUSCAR. «¿Adónde se ha ido tu amado, oh la más hermosa de las mujeres?» Ellas la buscan por medio de aquella que ha sido hecha hermosa por la belleza de Él puesta en ella. Su *hermosura* era la semejanza con Él, lo que hacía tanto más eficaz su testimonio. Aquellos cuyo carácter no ha sido hermoseado por la gracia de Cristo no tendrán el privilegio de ganar almas.

II. Las instrucciones dadas. Ella puede decirles dónde Él puede ser hallado. Él está:

1. EN SU HUERTO. «Mi amado descendió a su huerto» (v. 2). Él se deleita en estar presente en el huerto de su Palabra, la «Escritura de Verdad». Allí os encontraréis con Él. Cada libro de la Biblia es un «parterre de balsameras».
2. APACENTANDO SU REBAÑO. «Mi amado descendió... para apacentar [su rebaño] en los huertos.» Allí Él da refrigerio y renueva las fuerzas de su pueblo que, como Él, se deleitan en este huerto. «Fueron halladas tus palabras, y yo las comí.» No solo de pan vivirá el hombre, sino de *toda palabra* que sale de la boca de Dios. La fe viene por el oír, y el oír por la Palabra de Dios.
3. RECOGIENDO LIRIOS. «Descendió a su huerto... para recoger los lirios.» Sus amados son como lirios (2:2); aquí los recoge, recibiéndolos para Sí, y haciendo de ellos el deleite de su alma. Aquel que recoge a los corderos en sus brazos dice: «Al que a Mí viene, de ningún modo lo echo fuera».

III. El testimonio personal de ella. «Yo soy de mi Amado, y mi Amado es mío» (v. 3). Yo soy de Él, porque me he dado a mí misma a Él. Él mío es, porque Él se ha dado a Sí mismo por mí. Él mío es porque lo he aceptado; suya soy porque Él me ha aceptado a mí. Deberíamos ser capaces y estar dispuestos a dar razón de la esperanza que está en nosotros a todos los que indagan. Este testimonio personal es siempre alentador para los indagadores ansiosos.

621. SÍMBOLOS DEL SINGULAR CARÁCTER DE ELLA

Cantar de los Cantares 6:4-10

Parece que cada vez que ella exalta las virtudes de Él, hablando de la bondad y del encanto de su carácter (vv. 2,3), Él a su vez exalta las virtudes de la Novia. Los que honran al Señor serán honrados por Él. Para ella, Él es «todo él un encanto» (v. 16). Para Él, ella es «mi perfecta» (v. 9).

I. Hermosa eres tú... como Tirsá (v. 4). Tirsá era una residencia regia, un lugar famoso por su *belleza* (1 R. 14:19). La Iglesia, fiel y limpia, es una residencia hermosa y deleitosa para su Señor. «Yo en vosotros». La hermosura del Señor nuestro Dios sobre nosotros.

II. Encantadora como Jerusalén. «Sion», como la Iglesia, es «dechado de hermosura» (Sal. 50:2). Hermosa por su *situación*, ninguna hay tan favorecida y honrada como ella. Como Jerusalén, está bien protegida; los montes de Dios están a su alrededor. La hermosura de su Dios está sobre ella (Ez. 16:14).

III. Expectante como la mañana. «Se asoma como el alba» (v. 10). Sus perspectivas son luminosas. Su causa es como la luz del amanecer, que va aumentando hasta que llega el día perfecto. Tiene una esperanza bienaventurada (Mt. 13:43).

IV. Hermosa como la luna. La luna es la principal luz del mundo en ausencia del sol. Vosotros sois la luz del mundo. «Negociad hasta que venga». La belleza de la luna es solo el reflejo del sol fuera de la vista. Así es con la Iglesia.

V. Esclarecida como el sol. Aunque la luna no es tan resplandeciente como el sol, es igual de fiel en cumplir la misión que le ha sido asignada. La Iglesia debería ser igual de clara como Cristo en cuanto a su doctrina, motivos y vida. Una cosa hago.

VI. Imponente como ejércitos en orden (v. 10). Esta palabra «imponente» aquí y en el versículo 4 sólo vuelve a aparecer en otro pasaje de la Biblia (Hab. 1:7). Significa *inspirador de maravilla* como huestes abanderadas. Hay tremendas posibilidades en unas «huestes abanderadas». Las banderas aquí son los símbolos de unidad, convicción, valor y confianza. La Iglesia, en sus salidas en su misión divinamente inspirada, con sus recursos inagotables, su armadura procedente de Dios y su Capitán invencible, debería constituir un espectáculo imponente. ¿Es esto lo que es la Iglesia hoy?

622. LA VISITA DEL NOVIO

Cantar de los Cantares 6:11-13

I. El lugar. «Al huerto de las nueces descendí» (v. 11, V.M.). La Iglesia es comparada como un todo a un huerto, y su pueblo a nueces, cuyas vidas son dulces para Él, y bien protegidas. Nuestra vida está escondida con Cristo en Dios. Él «descendió». Todos sus tratos con nosotros implican un descender por parte de Él. Él se humilló a Sí mismo.

II. El propósito. «A ver los frutos» (v. 11). Y para ver si brotaban las vides, si florecían los granados. Fue buscando fruto, y a ver cómo prosperaban sus verdes plantas. El árbol plantado junto a las corrientes de aguas debería dar su fruto en sazón (Sal. 1:3). Cada árbol plantado por nuestro Señor tiene acceso privilegiado al río, y por ello no tiene excusa. En Mí se halla tu fruto. Véase Jn. 15:1-5.

III. El efecto. «Antes que lo supiera, mi alma me puso entre los carros de guerra de mi pueblo voluntario» (v. 12, V.M.). De repente, su principal deseo era identificarse con los marciales movimientos de su amado y bien dispuesto pueblo. Aquellos que quieren dar fruto para Él, mediante sus vidas y testimonio, tendrán la presencia inspiradora de gozo de su Señor y Salvador. «He aquí, yo estoy con vosotros.» Pentecostés es la expresión de su repentino deseo de salir con su pueblo voluntario en el servicio de ellos para Él.

IV. El llamamiento. «Vuélvete, vuélvete, oh sulamita; vuélvete, vuélvete, y te miraremos» (v. 13). «Sulamita» es la forma femenina de Salomón, y podría traducirse, vuélvete, oh Salomonita. Ella recibe el nombre propio del Rey, así como los discípulos de Jesucristo fueron llamados «cristianos» por vez primera en Antioquía. Quizá este llamamiento sea en respuesta a sus anhelantes preguntas en el cap. 5:8. Si el alma de Él debe morar con su pueblo voluntario, ellos deben primero volverse a Él con toda el alma. El fruto está condicionado a que Él permanezca en nosotros, y nosotros en Él.

V. La pregunta. Ella ahora se aventura a preguntar: «¿Qué veréis en la sulamita?» (v. 13). ¿Qué veréis en ella? Nada tiene ella que valga la pena de ver que no haya recibido. Es del todo por la gracia de Dios que somos lo que somos. Aunque «en mí, esto es, en mi carne, no mora el bien», sin embargo Él anhela ver su propia hermosura y obra en nosotros.

VI. La respuesta. La respuesta que Él da es maravillosa. Él ve, por así decirlo, «como la reunión de dos campamentos». Están delante de sus ojos dos grandes y dichosas compañías, que constituyen toda la familia redimida de Dios. Una gozosa compañía en el cielo, y otra dichosa compañía en los cielos, ambas cantando el cántico de la sangre vencedora del Cordero. Regocijaos en el Señor.

623. COLABORADORES JUNTAMENTE

Cantar de los Cantares 7:10-13

En la primera parte de este capítulo Él da otra descripción de las virtudes personales de su Novia. Comienza refiriéndose a sus «hermosos pies», y acaba comparando su boca a vino que «hace hablar los labios de los adormecidos» (v. 9). El testimonio de la Iglesia debería conducir al despertamiento de aquellos que duermen para que proclamen la alabanza de su glorioso Nombre. Aquí tenemos:

I. Confesión. «Yo soy de mi amado, y conmigo tiene su contentamiento» (v. 10). Es imposible un servicio gozoso y fructífero hasta que no quede ajustada nuestra relación personal con Cristo. Su Él ha de tener su complacencia en mí, y su amor ha de llenar mi corazón, Él debe ser el amado de mi alma. Debo ser totalmente de Él.

II. Consagración. «Ven, oh amado mío, salgamos al campo», etc. (v. 11). El corazón de ella se ha agrandado ahora, por lo que anhela ir al campo del servicio misionero. Sabe que sin Él ella nada puede hacer. Ella le dice: «*Salgamos*». Los «campos», las «aldeas» y las «viñas» pueden representar tres aspectos del servicio. El evangelista, el pastor y el maestro. Sea que nuestra obra esté en campo abierto, reuniendo a los aldeanos o ministrando en las viñas, necesitamos igualmente la presencia y el poder de nuestro amante Señor con nosotros.

III. Resolución. «*Allí* te daré mis amores» (v. 12). Si no le damos a Él nuestro amor *entonces*, en el lugar del servicio, con todas sus pruebas y dificultades, no le estamos dando nada. El amor de Cristo debe constreñirnos. Los hay que están más dispuestos a dar sus afanes más que su amor. Aquí en este mundo de pecado y de dolor, Él nos dio su amor, aquí, en medio del afán y de las luchas, dale tú también tu amor.

IV. Satisfacción. «A nuestras puertas hay toda suerte de dulces frutas, nuevas y añejas, que para ti, oh amado mío, he guardado» (v. 13). En unión con Él, los frutos serán preciosos y abundantes. Las almas de los obreros serán abundantemente refrescadas, y «guardarán» frutos para su Señor y Maestro, para que Él vea del fruto del trabajo de su alma, y quede satisfecho. ¡Precisamente ahora, somos colaboradores *juntamente* con Él!

624. LECCIONES DEL CAMPO DE LA COSECHA

Cantar de los Cantares 7:11

«Salgamos al campo», y aprendamos:

I. Que **vendrá el día de la cosecha.** La semilla sembrada no siempre quedará *oculta.*

II. Que **mucho viene de poco.** En algunos casos al ciento por uno. Los que siembran el viento, cosechan tempestades.

III. Que **una vida fructífera viene a través de la muerte.** «Si el grano de trigo no muere, él solo queda.»

IV. Que **semejante viene de semejante.** «Lo que el hombre sembrare, esto también segará.»

V. Que **cuando dejamos de crecer comenzamos a morir.**

VI. Que **el grano tiene su mayor valor cuando es maduro.**

VII. Que **la paja y el trigo crecen juntos.**

VIII. Que **la siega no altera su carácter.**

IX. Que **la siega va seguida de la trilla y separación del grano de la paja.**

625. EL ANHELO DEL AMOR

Cantar de los Cantares 8:1-5

Allí donde haya un intenso amor, habrá una prueba inequívoca del mismo.

I. Su deseo apasionado se ve en su anhelo.

1. En tener la libertad de una HERMANA. «¡Oh, si tú fueras como un hermano mío… te besaría, y no me menospreciarían» (v. 1). Ella está deseosa de hacer profesión pública de su amor y entrega a Él. Es totalmente correcto mostrar amor por un hermano sin provocar el escarnio o las sospechas de otros. ¿Por qué debieran las expresiones públicas de nuestro amor a Cristo llevar al ridículo más que por un hermano o hermana? El mundo comprende las relaciones naturales, pero no las espirituales.
2. Por introducirlo en la CASA DE SU MADRE. La «casa de la madre» o familiar, puede representar la Asamblea de su pueblo. La Iglesia de Laodicea tenía gran necesidad de una así que introdujera dentro al rechazado Cristo. La familia de la fe debería tomar provecho de la especial experiencia individual de cada uno.
3. Por DARLE A BEBER VINO ADOBADO. Hay un anhelo ardiente de refrigerar y alegrar su alma con lo mejor. ¿Qué pagaré al SEÑOR por todos sus beneficios para conmigo? El vino de nuestro natural amor, adobado con el amor divino derramado en nuestros corazones, es siempre grato a Él.
4. Por ver toda la persona de ella SUSTENTADA Y PROTEGIDA POR SU PODER. «Su izquierda esté debajo de mi cabeza, y su derecha me abrace» (v. 3). Cuanto más conozcamos el amor de Cristo, tanto más trataremos de confiar en Él. Aquellos que han tomado refugio en el Dios Eterno tendrán debajo de ellos los brazos eternos (Dt. 33:27). La **cabeza** que reposa sobre su mano no padecerá pensamientos de ansiedad (Mt. 6:25).

II. Su nota de advertencia. «Os conjuro… que no despertéis ni hagáis velar al amor, hasta que quiera» (v. 4). Ella advierte a las doncellas de Jerusalén en contra de decir o hacer nada que pudiera conducir a producir influencias perturbadoras. El verdadero amor a Cristo es celoso de su voluntad y obra. Debemos aprender a esperar en Él, «hasta que el quiera».

III. Su manera de andar. «¿Quién es ésta que sube del desierto, recostada sobre su amado?» (v. 5). Las doncellas hacen esta pregunta, unas a las otras, al contemplar el andar de la Novia con el Novio. Observemos:

1. DÓNDE ELLA ESTÁ: En el «desierto». Es una imagen de «la Iglesia en el desierto» (Hch. 7:38). En el mundo, pero no de él. Peregrinos y extranjeros en la tierra.
2. A DÓNDE SE DIRIGE: «Sube del desierto». Éste no es nuestro reposo. Buscamos una ciudad, cuyo arquitecto y constructor es Dios. Ascendiendo desde la esfera del servicio y del sufrimiento hacia el lugar de reposo y de recompensa.
3. CÓMO IBA: «Recostada sobre su amado». Caminando con Él, y reposando en Él; éste es el gozo y el privilegio del peregrino cristiano.

626. LA PEREGRINA RECOSTADA

«¿Quién es ésta que sube del desierto, recostada sobre su amado?» (Cnt. 8:5).

«Ven acá; Yo te mostraré la novia, la esposa del Cordero» (Ap. 21:9). La Iglesia del Dios viviente sigue subiendo del desierto de este mundo presente apoyada en su Amado, mientras que los hombres del mundo siguen preguntando: «¿Quién es ésta?».

I. La desconocida. «*¿Quién es ésta?*» Los que no conocen al Amado no pueden conocer a los que son de Él. El mundo que no conoció a Cristo no puede conocer a los que no son de Cristo. El hecho es que los cristianos han quedado tan transformados por el Espíritu de Dios que el mundo no los conoce.

II. La compañía que ella mantiene. «*Su amado.*» Menospreciado y rechazado por los demás, pero el Amado de su alma. Para ella Él es señalado entre diez mil, y todo Él encantador. Éste es lenguaje del afecto tierno, y habla de la más estrecha relación. Para el Amado ella es a la vez hermana y esposa (cap. 5:1). Relacionada con Él a la vez por *nacimiento y matrimonio.*

III. El lugar de su comunión. «*El desierto*». Nada había en *los alrededores* que pudiera dar satisfacción al corazón de ella, pero la presencia de su Amado llenaba el alma de ella de alegría. Y puede aún atraernos a los lugares desiertos donde pueda seducirnos hablándonos al corazón (Os. 2:14). Aquí no tenemos ciudad permanente; somos peregrinos y extranjeros con Aquel que ha dicho: «He aquí Yo estoy con vosotros todos los días».

IV. La posición que ella ocupa. «*Recostada sobre* su amado». Esta actitud es muy sugerente, y nos habla muy claramente de

1. UNA DEBILIDAD CONSCIENTE. Es cuando somos débiles que somos hechos fuertes al apoyarnos en el Fuerte. Los que están sanos no tienen necesidad de médico.
2. UNA NECESIDAD SENTIDA DE CONDUCCIÓN. En el *desierto* sin caminos necesita de uno que la conduzca en el camino recto, como Israel era conducido por la columna de nube (Sal. 107:4-7). «Junto a aguas de reposo me pastoreará» (Sal. 23:2).
3. UNA GRAN CONFIANZA PERSONAL. Ella no abriga duda alguna acerca de su sabiduría y de su amor, por lo que se apoya de todo corazón y vida *sobre Él.* Ella prueba su fe apoyándose con todo su peso.
4. UNA FAMILIARIDAD DICHOSA. «Recostada sobre su amado.» Cuanto más nos apoyamos por la fe sobre Aquel que es nuestro amado, tanto más amados seremos para Él.

V. Dónde ella va. «Sube del desierto.» El camino de ella es un camino *ascendente* que lleva a la ciudad cuyo artífice y constructor es Dios.

Desde el desierto hasta las muchas mansiones preparadas en la casa del Padre. Un viaje como el de Rebeca, lejos a un hogar dispuesto, y a una unión dichosa y eterna con el Amado (Gn. 24).

627. LAS PALABRAS CONSOLADORAS DEL NOVIO

Cantar de los Cantares 8:5-7

Ésta es una de las más impresionantes páginas de todo este Libro. Contiene su definición de su propio amor. Dice Él:

I. Lo que Él había hecho por ella. «Debajo de un manzano te desperté» (v. 5). El primer impulso de la nueva vida procede de Él. «Él nos amó primero.» Él nos halló dormidos, insensibles a su proximidad, a su gracia, a su bondad. Y a vosotros os dio vida, cuando estabais muertos.

II. Lo que Él desea ser para ella. Él le pide a ella que lo ponga:

1. «COMO UN SELLO SOBRE SU CORAZÓN.» Cuando Cristo mismo es fijado en el corazón, entonces las acciones de la vida vienen a ser como su sello, revelando la impronta de su carácter (Hag. 2:23). Cuando este sello está sobre el corazón, entonces cada pensamiento y sentimiento está sellado con su imagen.
2. «COMO UNA MARCA SOBRE SU BRAZO.» Cuando el brazo es desnudado para el servicio, debe quedar evidente la Marca de su autoridad y de su poder. El Sello de Cristo y de su Espíritu Santo deben estar primero en el corazón para vida y amor antes que pueda estar en el brazo para poder y servicio.

III. Lo que tiene para ella. Un amor infinito.

1. UN AMOR QUE NO PUEDE MORIR «Fuerte como la muerte». La muerte es fuerte, pero no más fuerte que su amor. La fuerza de este amor es la fuerza del amante.
2. UN AMOR QUE NO PUEDE SER APAGADO (v. 7). Aunque el enemigo venga como una inundación, no podrá apagar este amor, que es ciertamente «llamas de JAH» (v. 6). Un fuego que jamás se apagará. «Con amor eterno te he amado». Las muchas aguas del dolor y del sufrimiento no pueden apagarla. En esto consiste el amor (1 Jn. 4:9-10).
3. UN AMOR QUE NO PUEDE SER AHOGADO. «Ni lo ahogarán los ríos.» No puede ser extinguido, ni puede ser abrumado ni sepultado en lo más profundo. Tendrá éxito en su manifestación.
4. UN AMORQUE NO PUEDE SER COMPRADO. «Si diese el hombre todos los bienes de su casa por este amor, de cierto lo menospreciarían» (v. 7). Un hombre no puede comprar el amor de Dios como tampoco puede comprar al Hijo de Dios. Todos los *bienes* del hombre, morales o materiales, son absolutamente carentes de valor como precio de su amor. Dios no vende su amor, sino que lo encarece para con nosotros, mientras somos aún pecadores (Ro. 5:7, 8).

628. UN RUEGO POR OTROS

Cantar de los Cantares 8:8-10

Ella ha recibido otra y más plena revelación de su amor inextinguible, y el resultado es éste: ansiedad por otros. Cuando el amor de Dios es derramado en nuestros corazones, amaremos a los no atractivos.

I. La pregunta de novia. Era acerca de «una pequeña hermana» (v. 8). Aunque los inconversos tienen una *posición* a la de los hijos de Dios, sigue habiendo una relación con ellos: hermanas.

1. EL DEFECTO DE LA HERMANA. «Que no tiene pechos.» El pecho es emblema del *afecto*. Ella no tenía amor en su corazón. Ésta es una condición de la más lamentable en la que estar, pero éste es precisamente el estado de cada alma no regenerada. Sin amor para Jesucristo.
2. LA DIFICULTAD. «¿Qué haremos a nuestra hermana cuando de ella se hable?» Sí, aunque sea mencionada por Aquel cuyo nombre es Amor, y que murió por nosotros cuando nosotros éramos aún pecadores. ¿Qué haremos por ella, que es tan amada por Ti, y que no muestra amor en correspondencia al tuyo? Éste es un problema que persiste entre nosotros. Él ama a los no atractivos: «Yo llamé… vosotros rehusasteis».

II. La contestación del novio. Hay dos posibles resultados.

1. ELLA PUEDE SER EDIFICADA. «Si ella es un muro, edificaremos sobre él un palacio de plata» (v. 9, RV). Si hay en ella alguna *estabilidad*, y si está dispuesta a recibir todo lo que podamos darle a ella, entonces los pechos de sus afectos se agrandarán como «un palacio de plata». El amor engendra amor: nosotros le amamos a Él porque Él nos amo primero.
2. ELLA PUEDE SER ENCLAVADA. «Si es una puerta, la guarneceremos con planchas de cedro». Si resulta tan inestable y tan fácilmente movida a uno y otro lado por todo viento, como una puerta sin fijar, a través de la que pueda ir todo o cualquier cosa, entonces la enclavaremos, y le haremos sentir su servidumbre e impotencia. Si las almas no son ganadas por el amor, serán entonces condenadas por la ley. La Novia y el Novio cooperan en la obra de ganar almas.

III. Su testimonio personal. Ella narra ahora algo de su experiencia personal:

1. «YO SOY UN MURO» (v. 10). Soy firme y estoy confiada. No seré movida. Sé en quién he creído. Ésta no es una vana jactancia.
2. «MIS PECHOS [SON] COMO TORRES.» Mis afectos, dice ella, surgen hacia Él como torres en los cielos. Ella le ama con todo su corazón.
3. «FUI A SUS OJOS COMO QUIEN HA ENCONTRADO LA PAZ.» Allí donde hay estabilidad de propósito y un corazón de amor, habrá el goce de su favor y paz (Col. 2:7). Por la gracia de Dios soy lo que soy.

629. ÚLTIMAS PALABRAS

Cantar de los Cantares 8:11-14

En las palabras finales de este incomparable Cántico se hace referencia a:

I. La posesión del rey. «Salomón tenía una viña en Baal-hamón», que significa «el lugar de una multitud» (v. 11). La Iglesia, o viña del Señor, está en el lugar donde está la multitud, debido a que la intención es que sea bendición a la multitud.

1. LO QUE ÉL HIZO CON ELLA. «La encomendó a los guardas.» La viña tenía que ser guardada, y todos los llamados por Dios y energizados con el Espíritu Santo reciben la comisión de encargarse de los asuntos del Señor y Rey de ellos. Ellos se dedican a negociar en su Nombre.
2. POR QUÉ LA ENCOMENDÓ. «Por su fruto.» La compra de la viña le costó mucho (Hch. 20:28). Aquellos que cosechan su provecho son responsables ante el Rey. (Mr. 13:34.)

II. La resolución de la novia. «Mi viña, la que es mía, está delante de mí; las mil monedas serán tuyas»: la cantidad íntegra. Cada obrero en la viña tendrá recompensa, doscientas, pero *Tú* debes tener mil. Se debe dar honra a quien la merece; pero el Señor debe ser exaltado por encima de todo.

III. El requerimiento del novio.

1. ¿A QUIÉN SE DIRIGE? A aquella «que habita en los huertos» (v. 13). Aquella que moraba «en los agujeros de la peña» (2:14) mora ahora en los huertos de separación y de deleites. La peña para seguridad, la viña para el servicio, el huerto para placer.
2. ¿CON QUÉ PROPÓSITO? Él le dice a ella: «Los compañeros prestan oído a tu voz: *Házmela* oír». Bueno es que otros oigan nuestra voz en testimonio, pero mejor aún que Él la oiga en alabanza y oración. Tu Redentor se deleita en oír tu voz. Haz que la oiga frecuentemente.

IV. La invitación final. Este libro de «desvelamientos», como el libro del «Apocalipsis», concluye con un intenso clamor por la venida del Novio en su poder y gloria. «Apresúrate, amado mío» (v. 14). Ven pronto, «semejante al corzo, o al cervatillo, por las lomas de las balsameras». Ésta es la actitud de una Novia fiel, amante y anhelante. Ésta es nuestra esperanza. «Mas nuestra ciudadanía está en los cielos, de donde también esperamos al Salvador, al Señor Jesucristo, el cual transfigurará el cuerpo de nuestro estado de humillación, conformándolo al cuerpo de la gloria suya, en virtud del poder que tiene también para someter a sí mismo todas las cosas» (Fil. 3:20-21). «Amén, ven, Señor Jesús.»

630. EL BRAZO DE JEHOVÁ como se revela en Isaías

El *brazo* del Señor es simbólico de Cristo, como su mano lo es del Espíritu Santo.

1. Su carácter, como representante de Jehová, Isaías 40:10.
2. La salvación por medio de Él, Isaías 40:11.

3. La condición de la salvación «confiar», Isaías 51:5.
4. El llamamiento, Isaías 51:9-10.
5. El desvelamiento, Isaías 52:10.
6. El llamamiento, Isaías 53:1.
7. El testimonio, Isaías 59:16.
8. La final victoria, Isaías 63:12.

Maldito el varón... que pone *carne* por su brazo (Jer. 17:5).

631. LA GRAN INVITACIÓN

Isaías 1:1-20

Israel había caído en un estado de degeneración; y así como Moisés «nació» en un tiempo de tinieblas y desesperación nacional (Hch. 7:19, 20), en un tiempo análogo le vino la «Visión» a Isaías, el hijo de Amoz (v. 1). Dios tenía su propio tiempo y manera de desvelar la culpabilidad humana y la misericordia divina. Estas dos imágenes nos son exhibidas aquí en este capítulo.

I. Su condición culpable. Son acusados de rebelión. «Crié hijos, y los engrandecí, y ellos se rebelaron contra mí.» Él los alimentó y los sacó de Egipto, y los llevó a través del desierto a una tierra de privilegio y de abundancia. Pero ellos se rebelaron contra Él. ¿Y no hemos sido nosotros, como pueblo, alimentados y criados en una tierra de luz y privilegio del Evangelio? ¿Estamos todavía en rebelión contra Él? Esta mísera condición era el resultado de un cierto proceso moral. Había:

1. DESCONSIDERACIÓN. «Mi pueblo no tiene discernimiento.» Se volvieron más desconsiderados y desagradecidos para con su Amo y Proveedor que el buey o el asno. Cuando dejamos de *discernir* la obra del Señor, y de *discernir* las obras de sus manos en favor nuestro, hemos entrado ya en el camino del recaído.
2. PRESUNCIÓN. «Dejaron a Jehová. despreciaron al Santo de Israel» (v. 4). Su desconsideración la resultado en un apartamiento voluntarioso y deliberado del Dios viviente. Cuando el recaído ha decidido llevar a cabo su propia voluntad y andar en sus propios caminos, habrá una rotura de las ligaduras del Señor, y el desecamiento de su yugo (Sal. 2:3).
3. PERVERSIDAD. «¿Por qué querréis ser castigados aún? ¿Todavía os rebelaréis?» (v. 5). Dios no podía tratar con ellos como con hijos a los que se disciplina. Estaban tan alejados que no «soportarían» la disciplina, sino que endurecerían aún más su cerviz en amarga revuelta (He. 12:5-8). Es extremadamente doloroso cuando Dios tiene que decir: «En vano he azotado a vuestros hijos; no han recibido corrección» (Jer. 2:30).
4. CORRUPCIÓN. «Toda cabeza está enferma, y todo corazón doliente... no hay en él cosa sana... podrida llaga», etc. (vv. 5-6). Esta enfermedad, esta dolencia, esta ruina y llagas, nunca pueden ser sanadas, vendadas y suavizadas aparte de Aquel a quien hemos menospreciado y rechazado. *La corrupción* es el resultado de estar separados de la Fuente de la Vida: el Viviente. Abandonar al Señor es preferir la corrupción y la muerte a la salud y a la vida (Mt. 5:13).

II. Su misericordiosa oferta. «Venid luego, dice Jehová, y estemos a cuenta», etc. (vv. 18-20). Estas palabras contienen:

1. UNA REVELACIÓN. Revelan la infinita misericordia del Dios a quien habían rechazado y ofendido. ¿Por qué debía *Él* tomar la iniciativa de dirigirse a sus rebeldes criaturas? ¡Ah, «Fue el amor, su inmenso amor»! Mientras éramos aún pecadores, Cristo murió por nosotros.
2. UNA INVITACIÓN. «Venid luego. y estemos a cuenta.» Dios reconoce y declara la relación del hombre con Él. «Venid luego. y *estemos a cuenta*». Él no «razona» con la creación bruta. ¡Cuán llena de misericordia es esta creación! Dios hubiera podido echar a toda la nación de delante de Él igual que echó al hombre del huerto. «Venid luego», porque donde abundó el pecado, sobreabundó la gracia (Ro. 5:20). «Venid luego», y estemos a cuenta, porque el pecado ha sido expiado en la Cruz del Calvario.
3. UNA PROMESA. «Aunque vuestros pecados sean como la grana, como la nieve serán emblanquecidos.» Se ha dicho que «cualquier persona puede teñir su alma con pecado, pero solo Dios puede blanquearla». El poder de Dios está en y detrás de su promesa, para transformar los ropajes teñidos de escarlata de un alma ramera en ropajes blancos de un santo purificado en sangre. «Venid luego», porque ni el número ni la profundidad de tus pecados tiene por qué constituir obstáculo alguno: la salvación es de Jehová. «La sangre de Jesucristo su Hijo nos limpia de todo pecado» (1 Jn. 1:7).
4. ADVERTENCIA. «Si rehusáis y sois rebeldes, seréis consumidos a espada» (v. 20). Éste es el ultimátum divino. Si los hombres rehusan, y se rebelan contra su gratuita oferta de misericordia y de perdón, si no quieren ceder a la buena disposición divina de estar a cuenta, entonces su fin será destrucción. Dios es misericordioso, pero Dios no puede mentir (Tit. 1:2). Si sus promesas son menospreciadas, sus juicios no se dormirán. Venid ahora, porque he aquí ahora el día de salvación.

632. UNA QUEJA DIVINA

«Oíd, cielos (...) mi pueblo no tiene discernimiento» (Is. 1:2, 3).

NO disciernen,

1. El coste de su adquisición;
2. La todosuficiencia de su Salvador;
3. Las demandas de su Redentor;
4. El propósito de su redención;
5. La responsabilidad de su posición;
6. La gloria de su destino.

633. LA NECESIDAD DE PENSAR

Isaías 1:3

Reflexión

1. ¡Cuán ciertas son las palabras del poeta Hood! «Pero el mal es obrado por carencia de pensamiento, así como por carencia de corazón.»
2. Los padres saben cuán cierto es esto. Mucho del dolor y de las tristezas que sufren por las acciones de sus hijos no se deben a la falta de corazón, sino a la falta de pensamiento.
3. «Fulano de tal es muy desconsiderado», decimos a menudo. Es la simple ausencia de atención lo que causa muchos de los dolores y tristezas de la vida.
4. Observemos el lastimero lamento de Dios en Isaías 1:3. Incluso el buey y el asno eran más considerados que Israel. Dios había alimentado a Israel y se había cuidado de la nación, pero ellos ni le amaban ni se cuidaban de Él, y todo esto era resultado de no pensar. Hasta los mismos animales sienten más gratitud hacia nosotros por lo que les damos que nosotros a Dios por lo que Él nos da.
5. Sí, a veces decimos: «¡Si tan solo la gente *pensase*!» Observemos el llamamiento de Dios a pensar, en relación con el perdón de los pecados en el versículo 18.
6. Ésta no es una época en que la gente piense.
7. Pero, ¿qué debo considerar yo? Cinco cosas.

I. «Cuando veo tus cielos» (Sal. 8:3).

1. El estudio de los cielos era la ocupación favorita de los pastores orientales.
2. Fue en Oriente que tuvo su origen la ciencia de la Astronomía.
3. ¿Consideras alguna vez los cielos? Miremos allá con mayor frecuencia.
4. David, el escritor de este Salmo, había sido pastor, y a menudo, mientras guardaba las ovejas de su padre, consideraba los cielos. ¿Cuál fue el resultado de su meditación?
a. Su grandeza hace que el hombre parezca muy pequeño y mezquino. Sin embargo, en lugar se dice que Dios ame a las estrellas, sino al hombre. El hombre vale más que muchas estrellas o soles.
b. La serenidad de sus revoluciones avergüenzan las exigencias y las pasiones de los hombres. Es Longfellow quien habla de una estrella como:
«*Tan callada y santa,*
Sin impaciencia o inquietud, ni ira o enojo».
c. Su orden avergüenza nuestro desorden. Ellas obedecen los mandamientos de Dios. Aquí no hay más que luchas, discordias, y desobediencia. Así, del estudio de las estrellas cobro muy pocos ánimos.

II. «Considerad los lirios del campo» (Mt. 6:28).

1. Un anciano llamó a las flores «sonrisas de Dios». ¡Cuán a menudo sonríe Él, entonces! Las estrellas son las flores de los cielos, y las flores son las estrellas de la tierra.
2. Al considerar los lirios, observo su pureza y belleza, pero esto sólo condena mi impureza y fealdad.

III. «Considerad los cuervos.» Dios los alimenta (Lc. 12:24).

1. RECUERDA QUE SON IMPUROS. ¡Seguramente que Dios no hará nada por ellos! Ah, ¡maravilla de maravillas!, ¡Él sí se cuida de los cuervos!

2. SE ENCONTRÓ LUGAR PARA LOS CUERVOS INCLUSO EN EL ARCA, y Dios los empleó como sus siervos para alimentar a Elías. Yo soy como un ciervo –impuro– pero Dios tiene un pensamiento para mí, y ha hecho provisión para suplir a mis complejas necesidades.

IV. «Considerad, pues, a Aquel» (He. 12:3).

1. ¡Qué tema para el estudio! Nunca podrás agotar este tema.
2. Su grandeza, calma, obediencia, pureza, belleza, me arrebatan. La belleza y el orden y la grandeza de las estrellas y de los montes se difuminan y quedan reducidos a una insignificancia.
3. Pero al considerar su muerte, descubro que es vida para mí.

V. Considerémonos unos a otros para estimularnos (He. 10:24).

1. ¡Oh, sí, vale la pena que se nos considere! Hay algo que debemos admirar.
2. ¿Pero por qué? Para estimularnos unos a otros, para animarnos mutuamente al amor y a las buenas obras.

634. UNA QUEJA DIVINA

«Mi pueblo no tiene discernimiento» (Is. 1:3).

La reflexividad acerca de las cosas del mundo y la irreflexividad acerca de las cosas de la eternidad constituye un pecado muy común en el pueblo de Dios. La superficialidad en el pensar conduce a una vida superficial. El buey conoce a su dueño, y el asno el pesebre de su señor, pero cuán a menudo el pueblo de Jehová deja de reconocer a su Amo, o las bendiciones que él les provee. La irreflexividad es un gran obstáculo al crecimiento en la vida espiritual y para la utilidad, porque deshonra a Dios. La mera palabrería y una acción mecánica nunca constituirá un sustituto para la solemne reflexión de corazón. Si quisiéramos tomarnos tiempo para meditar hasta que el arda en nosotros el fuego, nuestro testimonio no sería tan impotente y carente de fruto. «Mi pueblo no tiene discernimiento.» Éste es el lenguaje del amor herido. Pensemos en algunas de aquellas cosas en que *nosotros* dejamos de considerar como debiéramos, y de las que Dios podría quejarse con justicia. «Mi pueblo no tiene discernimiento» acerca de:

I. El hoyo del que han sido sacados, o serían más humildes. ¡Cuán dispuestos estamos, como Israel, a olvidar nuestra servidumbre en Egipto, y a dejar de recordar, cuando miramos otras vidas mundanas y manchadas por el pecado, que así éramos algunos de nosotros!

II. El precio con que han sido redimidos, o serían más agradecidos. No con plata y con oro, sino con aquella sangre que habla del sacrificio del amor y de la vida divinos. ¿He considerado de manera suficiente que la paz que ahora gozo fue comprada por medio de la sangre de la Cruz de Cristo, y que es mía no por ningún bien que haya en mí, sino debido a su infinita misericordia y gracia?

III. Su relación con Aquel que salva, o estarían más reposados. «No sois vuestros.» Pertenecéis a Cristo. ¿Hemos pensado suficientemente a fondo en esta bendita verdad? Como miembros de su cuerpo, ¿no tendrá él cuidado de nosotros? ¿Por qué entrar en ansiedad acerca de vuestra vida física? ¿Acaso vuestro Padre no sabe que tenéis necesidad de estas cosas? «No se turbe vuestro corazón; creéis en Dios, creed también en *mí*.»

IV. Sus privilegios como hijos, o estarían más gozosos. Por cuanto sois hijos, Dios ha enviado su Espíritu en vuestros corazones, para que claméis «Abba, Padre», y para que él en respuesta a este clamor «provea a toda vuestra necesidad».

V. Su responsabilidad como siervos, o estarían más vigilantes. *Ahora* es el tiempo aceptable para un servicio abnegado, así como el día de salvación. Hoy, si oís su voz, no endurezcáis vuestros corazones. Todos los que habéis recibido el Evangelio habéis venido a ser custodios del mismo, y responsable por ello ante el Maestro. Velad, pues.

VI. El don del Espíritu Santo, o serían más fructíferos. «¿O no sabéis que vuestro cuerpo es santuario del Espíritu Santo, el cual está en vosotros, el cual tenéis de Dios, y que no sois vuestros?» ¿Cuentas con él como Maestro y Consolador, y como el Dotador de poder? Lo consideras como Todosuficiente para ti en la obra de Dios?

VII. La gloria venidera, o serían más dados a la alabanza. La gloria que tiene que ser revelada en y por medio de los redimidos de Dios es la gloria que le pertenece al Hijo Eterno de Dios. Ellos *verán* su faz, y serán *semejantes* a Él, y estarán *con* Él donde Él está. Considerad vuestros caminos, y consideradle a él, porque se está escribiendo un libro de recuerdo delante de él para los que *piensan* en su nombre.

635. BLANCO, Y LUEGO MÁS BLANCO QUE LA NIEVE

«Aunque vuestros pecados sean como la grana, *como la nieve serán emblanquecidos*» (Is. 1:18).

«Lávame, y quedaré *más blanco que la nieve*» (Sal. 51:7).

«Blanco como la nieve», «Más blanco que la nieve». No son términos equivalentes. Difieren en varios respectos. Lo primero fue la Palabra del Señor, mientras que lo segundo era el clamor de un rey. Trescientos años separan ambas frases. Ambas Escrituras señalan a unas claras y evidentes verdades. La primera es la promesa del Señor, la segunda el ruego de un penitente; la primera describe la obra de Dios cuando perdona el pecado, la segunda es una profunda obra interior de la gracia que se hace después; la primera es una justicia imputada, la segunda es una justicia impartida. Y, observa esto, siempre se mantiene este orden: tengo que ser hecho blanco como la nieve; y después más blanco que la nieve.

«Venid luego, *dice Jehová*, y estemos a cuenta.» Es un mandamiento que nadie puede permitirse tomárselo a la ligera, porque es una palabra de autoridad, siendo un «*dice Jehová*». Lo que está detrás de un mandamiento tiene una enorme importancia. Si yo digo a unos revoltosos en la calle: «Dispersaos», pueden permitirse tomárselo a la ligera. Si un policía dice lo mismo, tendrán que dispersarse, o ser arrestados. La ley apoya al policía. Y este mandamiento tiene a todo el cielo apoyándolo. Luego observemos, es un llamamiento a la razón: «Venid, pues, y arguyamos juntos» (V.M.) Dios apela a la mente así como al corazón; a la razón así como a los afectos. Y fíjate, es importante, es una palabra, una palabra importuna e imperativa, para el presente inmediato. «Venid, *pues*», en consecuencia, sin retardaros. Es una palabra para el pecador doblemente teñido. Los que comprenden bien la lengua original dicen que la palabra traducida «grana» significa realmente doblemente teñido. En la antigüedad, el color grana era resultado de dos tinciones. ¡Qué palabra de esperanza tenemos aquí para el más vil pecador! Nadie tiene por qué desesperarse, porque Cristo ha muerto. Pero también se incluyen aquí los pecadores respetables, porque, después de todo, ¿no somos todos pecadores doblemente teñidos, habiéndonos teñido en el vil estanque de la corrupción original, y en el baño de la transgresión personal? Verdaderamente, somos pecadores dos veces, por decisión además de por nacimiento.

«Grana.» Esta palabra enseña la permanencia del pecado, porque es un color sólido. Se ha dicho que no hay sustancia química que pueda eliminar el color de la grana sin destruir la base textil. Pero lo que es imposible para la química es posible para la gracia. La roja sangre del Hijo de Dios borra nuestros pecados de grana, y el blanco ropaje de la justicia impecable de Dios es echada sobre el penitente. Alabemos a Dios por esta palabra de esperanza: «Aunque vuestros pecados sean como la grana, como la nieve serán emblanquecidos». Que así sea, querido lector, en tu experiencia.

Se afirma que en el lejano Norte, en la cresta de un monte cubierto de nieve, iluminado por la luz de la estrella polar, yace sepultado un miembro de una de las expediciones árticas. Una gran piedra cubre al muerto, y sobre una tableta de cobre sobre la tumba está inscrito nuestro texto: «Lávame, y quedaré más blanco que la nieve». Ahí, en medio de las nieves eternas, encuentra una voz el apasionado anhelo del hombre por la pureza. Pero, ¡más blanco que la nieve! De cierto aquí David debía equivocarse. ¿Puede algo llegar a ser más blanco que la nieve? ¡Ah, pero es que ni el cristal de nieve es puro! Parece que nada puede tocar esta tierra maldecida por el pecado sin contaminarse. Hay elementos terrenales imbricados en el seno de cada cristal de nieve que cae a la tierra. Se ha calculado que una ligera nevada lleva a la superficie del condado de Londres 343 toneladas de sólidos. Incluso en las elevadas cimas de los Alpes, la nieve no es pura. El Profesor Tyndale tomó una muestra de nieve de la cima de una elevada montaña, y encontró restos de limaduras de acero y polvo de carbón. Por ello es que vemos este clamor del salmista por una más profunda pureza, por una experiencia más profunda y rica. Es la petición de uno que ha conocido el gozo de ser hecho blanco como la nueve. Este anhelo es prueba de que lo primero ha tenido lugar. De hecho, éste es precisamente el propósito que tiene Dios a la vista al cubrirnos con un ropaje blanco. Él nos cuenta como blancos a fin de hacernos lo que nos considera. Y así es en la naturaleza. La nieve cubre primero toda la vileza y la negrura, y luego ejerce su efecto limpiador. ¡Qué blanco queda el adoquinado de la ciudad después que la nieve ha reposado un tiempo sobre él! ¿No alcanzarás acaso aquello por lo que tú fuiste alcanzado? Haz tuya la oración de David. Gracias a Dios, Él puede responder a ella.

636. BLANCO, LUEGO MÁS BLANCO QUE LA NIEVE

Isaías 1:18; Salmo 51:7

No son sinónimos.

1. No son declaraciones que signifiquen lo mismo.
2. Se ven claramente LOS PUNTOS DE DIFERENCIA:
   a. Lo uno es la Palabra del Señor a Israel, lo otro una oración de un rey al Señor.
   b. Lo primero es la promesa del Señor, lo segundo el ruego de un pecador arrepentido.
   c. Al menos 300 años separan estas declaraciones.
   d. Lo primero describe la obra de Dios cuando perdona y justifica al pecador; lo segundo describe una obra más profunda e interior de la gracia que desea el pecador restaurado.
   e. Este orden se observa siempre: Blanco como la nieve, y luego más blanco.
   f. Lo primero es la imputación de la justicia, lo segundo es la impartición de la rectitud.
3. Esto no significa que la primera obra fuese imperfecta. En absoluto. La obra de justificación es perfecta.

I. Blanco como la nieve. ¡Cúan familiar es esta declaración en Isaías 1:18! Se trata de:

1. UNA PALABRA DE AUTORIDAD: *«Venid luego».*
   a. Es, pues, una palabra que no puede ser tratada con ligereza.
   b. Lo que hay tras la misma es un importante mandamiento.
   c. Si a unos alborotadores en la calle yo les digo: «Dispersaos», pueden permitirse tomárselo a la ligera; si un policía dice lo mismo, tendrán que dispersarse o ser arrestados.
2. UN LLAMAMIENTO A LA RAZÓN. Dios apela a la razón así como a los afectos, a nuestra cabeza como a nuestro corazón.
3. UNA PALABRA IMPORTUNA. «Luego.» En consecuencia. Ahora. No permite indecisión.
4. UNA PALABRA PARA TODOS . Y es así porque tiene que ver con el pecado.
5. UNA PALABRA PARA EL PECADOR DOBLEMENTE TEÑIDO.
   a. Los académicos conocedores de la lengua original dicen que la palabra traducida aquí como «grana» significa realmente lo doblemente teñido.
   b. Porque en la antigüedad el color grana era el resultado de dos tinciones.
   c. Pero, ¿alegas que no eres «un pecador doblemente teñido»? Sí, lo eres.
   d. Todos somos pecadores de doble tintura: primero en el vil baño de la corrupción original, luego en el baño de las transgresiones personales.
   e. En otras palabras, somos pecadores por partida doble: de nacimiento y por elección.
6. UNA PALABRA QUE NOS ENSEÑA LA PERMANENCIA DEL PECADO.
   a. La grana es un color fijo, permanente.
   b. En la Biblia es el color para designar el pecado, no el negro.
   c. La química no puede eliminar el color de grana sin destruir el tejido.
   d. Pero lo que es imposible mediante la química es posible para la gracia.

II. Más blanco que la nieve. Una tumba en el ártico. Lejos en el remoto Norte, en la cumbre de una colina cubierta de nieve iluminada por la luz de la Estrella Polar, yace un miembro de una expedición ártica. Una gran piedra cubre el cadáver, y en una tableta de cobre sobre la tumba, está inscrito este texto: «Lávame, y seré más blanco que la nieve.» Allí, en medio de las nieves eternas, el apasionado anhelo de un hombre por la pureza encuentra una voz.

EL ERROR DE DAVID.

1. Pero, ¿no se equivocó David cuando oró de esta manera?
2. Desde luego, nada puede ser más blanco que la nieve, ¿no es verdad?
3. En realidad, un cristal de nieve no es puro.
4. Parece que todo lo que toca a esta tierra maldecida por el pecado queda contaminado.
5. Hay elementos de impureza de la tierra que se encuentran en el seno de cada cristal de nieve que cae sobre la tierra.
6. Se ha calculado que una ligera nevada lleva sobre la superficie sola del condado de Londres 343 toneladas de sólidos en las siguientes proporciones: 75 toneladas de sólidos disueltos, 142 toneladas de materia en suspensión, 100 toneladas de carbón, 25 toneladas de sal y una tonelada de amoníaco.
7. Así que éste es un anhelo apasionado por una pureza más profunda. ¡Ah, por una pureza como Dios la considera! Aquel que imparte el anhelo e inspira la oración concederá el deseo.

637. INVITADOS A CONFERENCIAR

Isaías 1:18

1. Los **invitados**. Los rebeldes (v. 2), irreflexivos (v. 3), cargados y corruptores (v. 4), enfermos (v. 5), dolientes (v. 5).

2. La **invitación**. A «venir», a «estar a cuenta». Esto revela la división, la condescendencia y la ansiedad.

3. La **promesa**. «Aunque vuestros pecados sean como la grana, como la nieve serán emblanquecidos».

638. SIETE MARAVILLAS DE LA MISERICORDIA

> «¡Venid pues, y arguyamos juntos, dice Jehová! ¡Aunque vuestros pecados fuesen como la grana, como la nieve serán emblanquecidos!», etc. (Is. 1:18, V.M.).

Esta invitación de la gracia resplandece en este capítulo como una estrella de la mañana entre las nubes desgarradas de la tiniebla universal. Hay, se dice, siete maravillas del mundo, pero las maravillas de la gracia de Dios son setenta veces siete, y más que han de seguir. Qué maravilla…

I. Que Dios **perdone** en absoluto. Hubiera podido tratar con nosotros solo en base de la ley y de la justicia. El hombre pecó al principio sin causa. ¿Por qué sería de esperar que un Dios tan gratuitamente insultado perdonara?

II. Que Dios esté deseoso de perdonar **a todos**. A todos los que aceptan esta invitación se les ofrece el perdón. Él no desea que nadie perezca, sino que todos vuelvan a Él y vivan.

III. Que Dios condescienda a **razonar** con los pecadores. El hecho de que Dios se ofrezca a razonar con nosotros muestra cuán *irrazonables* nos hemos vuelto al apartarnos de su camino y voluntad. ¡Qué revelación tenemos aquí de la repugnancia del hombre de tratar con Dios, y del anhelo de Dios por el amor del hombre! Éste es el abrirse de aquella fuente del gran abismo que puede cubrir la montaña de los pecados de las multitudes.

IV. Que Dios ofrezca razonar con nosotros **después de todo** lo que Él ha hecho por nosotros. Pensemos en lo que Él había hecho por Israel en el pasado, al sacar a la nación fuera de Egipto e introducirla en la tierra prometida. Piensa en aquello que Él ha hecho por nosotros en el don de SU Hijo y en la agonía de la Cruz. «Venid», aunque habéis dado muerte al Príncipe de la Vida. «He aquí *ahora* el tiempo favorable». «Mas donde el pecado abundó, sobreabundó la gracia» (Ro. 5:20).

V. Que Dios no solo perdone, sino que **transforme al pecador**. «¡Aunque vuestros pecados fuesen como la grana, como la nieve *serán emblanquecidos*!» La sangre purificadora de Jesucristo no lava los *pecados* de grana a blancos como la nieve, sino a *pecadores* como la grana (1 Jn. 1:7). Pablo el santo había sido Saulo el pecador.

VI. Que Dios perdone y transforme sobre **condiciones tan asequibles**. Los sencillos términos usados son: «¡Venid pues, y arguyamos juntos, dice Jehová!» Los que «estén a cuenta» con Él tendrán sus pecados borrados *por causa de su Nombre* (Is. 43:25, 26). «Llamad, y se os abrirá».

VII. Que Dios siga **soportando pacientemente los rechazos**. La mayor de todas las maravillas es la *longánime* misericordia de Dios. «¡Cuántas veces quise juntar a tus hijos… y no quisiste!» «¿Os es poco ser molestos a los hombres, para que también lo seáis a mi Dios?». Así como la gracia y la verdad han venido mediante Jesucristo, así sucederá con el juicio (Hch. 17:31).

639. BIEN O ¡AY!
Isaías 3:10, 11

1. Dos **clases**. «Justo... impío».
2. Dos **condiciones**. «Bien. ¡Ay!».
3. Dos **retribuciones**. «Comerá de los frutos de sus acciones.» «Según las obras de sus manos le será pagado.»

640. FRACASO EN MEDIO DEL PRIVILEGIO
Isaías 5:1-7

Este cántico del profeta es una parábola en honor de Jehová, recordando su maravillosa bondad hacia su pueblo, y el fracaso e ingratitud de ellos para con Él.

I. La obra llevada a cabo (vv. 1, 2). Estos dos versículos contienen un breve pero perfecto bosquejo de la historia de Israel. La «ladera fértil» es Canaán. «Vallada» con promesas. «Plantada de vides escogidas» - su pueblo escogido. «La había despedregado» - quitado los ídolos, etc. «Había edificado en medio de ella una torre» - el templo. «Excavado también en ella un lagar» - el altar del sacrificio. «Esperaba que diese uvas, y *dio agrazones*». Un total fracaso. Todo esto es tipo de lo que Dios ha hecho en su misericordia individualmente y como nación. También nosotros hemos sido sacados de la servidumbre del paganismo y de las tinieblas espirituales, y hemos sido plantados «en la ladera fértil» del Monte Calvario.

II. El resultado. «Esperaba que diese uvas, y *dio agrazones*.» Había la apariencia del fruto deseado, pero se trataba de *agrazones*, absolutamente inconsistentes con su profesión, y totalmente inadecuados para su uso. No había nada que diera satisfacción al alma del gran Plantador y Protector. Las obras carnales de los profesos cristianos son solo agrazones. Los que están en la carne no pueden agradar a Dios. Nuestro Dios es rápido en discernir el verdadero carácter del fruto de su plantío. El *agrazón* es el resultado de la vieja naturaleza carnal, silvestre, que no ha sido totalmente sometida por la nueva vida. No os engañéis, Dios no puede ser burlado.

III. El reto. «Ahora, pues, juzgad ahora entre mí y mi viña. ¿Qué más se podía haber hecho a mi viña, que yo no haya hecho en ella?» (vv. 3, 4). Él había derramado sus favores sobre su viña, pero ellos la habían manchado con la sangre de su Hijo. ¿Podía Él haber mostrado más amor, más consideración, más longánime misericordia para su pueblo de la que mostró? Pensemos en sus tratos con ellos desde Egipto hasta Canaán. Pensemos igualmente en sus tratos con nosotros, en el don y en los sufrimientos de su Hijo, y en su misericordiosa providencia, para que tuviera en nosotros un pueblo para la honra de su Nombre. Ahora, juzgad. ¿Qué más podría hacer Él? (Mt. 23:37).

IV. La sentencia pronunciada. «Os mostraré, pues, ahora lo que voy a hacer yo a mi viña: Le quitaré su vallado, desportillaré su cerca, aun a las nubes mandaré que no derramen lluvia sobre ella» (vv. 5, 6). Cae sobre ellos la desolación debido a que les es quitada su protección, y porque se queda privada de sus *dones*. La tiniebla de la condenación reside en la ausencia de la luz de la Gracia. Cuando Cristo se vio forzado a dar la espalda al templo, les tuvo que decir: «He aquí que vuestra casa os es *dejada desierta*». Ser dejados a nosotros mismos es quedar desolados. Mi Espíritu no contenderá siempre con el hombre. Arrepentíos. Volveos. Creed. Someteos.

641. LA VISIÓN DE ISAÍAS
Isaías 6

1. **Contemplación**, «Vi», versículo 1.

2. **Convicción**, «¡Ay de mí», versículo 5.

3. **Confesión**, «Que soy hombre», etc., versículo 5.

4. **Purificación**, versículos 6 y 7.

5. **Consagración**, versículo 8.

6. **Comisión**, versículo 9.

642. LA VISIÓN
Isaías 6

I. La visión del Señor.

1. Isaías estaba adorando en el Templo cuando vio al Señor.
2. No sabemos si lo vio exterior o interiormente.
3. Los grandes líderes se van; pero Dios permanece. El Trono de Judá había quedado vacío, pero Él vio el Trono que siempre está ocupado.

II. La visión del perfecto servicio. La única referencia a los serafines en la Biblia. Vio a dos de los siervos del Señor.

1. POSICIÓN. Cerca del Trono. ¡Oh, estar cerca de este lugar! Por encima de él.
2. POSTURA.
   a. Los rostros cubiertos: reverencia.
   b. Los pies cubiertos: ocultamiento del yo.
      (1) Olvidando los servicios pasados.
      (2) No enorgullecidos por los servicios pasados.
      (3) Un servicio escondido.
   c. Volando.
      (1) Presteza. Dando una obediencia veloz, sin reparos.
      (2) Pero no antes de la adoración.
   d. Comunión unos con los otros. «El uno al otro daba voces».
      (1) No estaban callados el uno hacia el otro.
      (2) Hablaban el uno al otro acerca del Señor.
      (3) Hablaban de la santidad del Señor.

La confesión del profeta.

1. Descubrió su propia impureza al contemplar la pureza misma.
2. La revelación que le fue dada fue de impureza y de incapacidad en palabra y obra.
3. Había estado ocupado pronunciando seis ayes sobre otros, pero se reservó el séptimo para sí mismo.
4. Lo que él confesa no es lo que había hecho, sino lo que *era*. Primero: «*Siendo*». Nos preocupamos acerca de lo que hemos hecho cuando nos convertimos; Segundo, de lo que somos, en la santificación.

La purificación del profeta.

1. Dios hace uso de tres principales agentes para purificar a los hombres de sus contaminaciones: sangre, fuego y agua, esto es, el Calvario, Pentecostés y la acción diaria de la Palabra de Dios sobre la conciencia.
2. El profeta fue purificado por el fuego y la sangre: «un carbón encendido» (un ascua de madera ardiendo) del altar del sacrificio.

Obsérvense los siete puntos:

1. *Contemplación*. «Vi.»
2. *Convicción*. «Soy inmundo.»
3. *Confesión*. «¡Ay de mí!», etc.
4. *Purificación*. «Es... limpiado tu pecado.»
5. *Llamamiento*. «¿A quién enviaré?»
6. *Consagración*. «Heme aquí.»
7. *Comisión*. «Y dijo: Anda.»

643. IDONEIDAD PARA EL SERVICIO
Isaías 6:1-8

«En el año en que murió el rey Uzías, vi.» Uzías había reinado cincuenta y dos años en Jerusalén. Durante todo aquel tiempo «fue ayudado maravillosamente, hasta hacerse fuerte». Pero cuando se fortaleció a sus propios ojos, su corazón se enalteció para su propia destrucción. Murió leproso, porque el Señor le hirió (2 Cr. 26). En un tiempo tan doloroso fue que le vino a Isaías la Visión del Dios tres veces Santo. ¡Qué cambio de la visión de un rey derrotado y leproso a la del sublime Trono del Eterno! Nuestro día de vergüenza y dolor puede llegar a ser el día de una nueva revelación de esperanza.

I. Una visión gloriosa. «Vi yo al Señor sentado sobre un trono alto y sublime», etc. Él había presenciado la caída de Uzías, pero vio en contraste la gloria del Dios infalible. Esta visión es la realidad de lo que era visto en tipo por el Sumo Sacerdote cuando atravesaba el Velo y entraba en el Lugar Santísimo. El Señor entronizado, y su gloria que llenaba la casa. La escena estaba allí siempre, con sus riquezas y hermosura, aunque no la vimos hasta que fue quitado el velo que nos cegaba los ojos. Los limpios de corazón verán a Dios. Nosotros, como el profeta, debemos ser partícipes de esta visión, si queremos hacernos aptos para el servicio de Dios. Tenemos que ver a Jesús, nuestro

Señor, que se humilló por nosotros a la muerte. «Alto y sublime», exaltado y entronizado, y la gloria de su persona y de su obra llenando el templo. Dando satisfacción plena a toda demanda celestial y divina (He. 2:9).

II. Una confesión humilde. «Entonces dije: ¡Ay de mí!, que estoy muerto; porque siendo hombre inmundo de labios…», etc. Una visión de la sublimidad y santidad de Dios es una visión que lleva a uno a una visión humilde de sí mismo. Los «labios inmundos» son solo las armas de un corazón inmundo. Fue cuando Job vio al Señor que se aborreció a sí mismo (Job 42:5, 6). Es en su luz que vemos claramente la luz. Éste es el método de Dios. Primero, revelación; luego descubrimiento de uno mismo, aborrecimiento del yo, y abandono de uno mismo. La visión de Belén, Calvario y Olivete hiere primero con convicción, y luego alienta con esperanza. Habiendo «visto… al Rey, Jehová de los ejércitos», ha visto su *propia* necesidad, y la necesidad *del pueblo*, pues también ellos tienen «labios inmundos» (v. 5). Habrá esperanza para el pueblo cuando los siervos de Dios hayan tenido una clara visión de Dios, y de su propia condición y necesidad.

III. Una gran salvación. «Entonces voló a mí uno de los serafines, teniendo en su mano un carbón encendido» (v. 6). Los serafim representan de manera idónea la obra personal del Espíritu Santo de tomar las cosas del «Altar» (la obra expiatoria de Cristo) y aplicarlas al alma turbada e impura. Los labios fueron tocados con fuego porque el pecado fue purificado, y la iniquidad quitada. Esta salvación es triple:

1. PERDÓN. «Está cubierto tu pecado» (V.M., *margen*). Cubierto con la sangre expiatoria del Cordero de Dios. Una cubierta que solo Dios puede echar sobre la culpa y la repulsiva maldad del pecado (He. 1:3).
2. PUREZA. «Ha sido quitada tu iniquidad» (V.M.). No solo queda cubierto el pecado, sino que se trata su misma causa y raíz. La iniquidad, o falta de equidad en la naturaleza, para con Dios y el hombre, es quitada. *Renovados* en vuestra mente, moralmente rectificados.
3. PODER. «He aquí que esto tocó tus labios.» El toque del carbón encendido fue el sellamiento del Espíritu Santo (Ef. 1:13). Fue poder de lo alto poniendo sus *labios* en contacto y acuerdo perfecto con el santo *Altar*. Solo los labios tocados por el fuego pueden enunciar la verdadera significación de la Cruz de Cristo. Pentecostés fue necesario para destacar el Calvario.

IV. Una comisión definida. El llamamiento de Dios fue oído claramente. «Oí la voz del Señor, que decía, ¿a quién enviaré?» (v. 8). No fue una voz que le mandase ir, sino una voz que le revelaba, de una manera nueva, el anhelo de Dios de declarar su mente y voluntad para el pueblo por medio de sus bien dispuestos siervos. ¿Quién irá por nosotros? El hombre con los labios tocados por fuego está ahora dispuesto a decir: «Heme aquí, envíame a mí». El que ha sido purificado y reclamado por el fuego del altar se presenta en el acto a Dios como instrumento de justicia. Ahora que su impureza y mala disposición han sido eliminadas, el Señor le dice: «Ve» (v. 9).

644. ALAS DE SERAFÍN

Isaías 6:2

Introducción

1. Ésta es la única mención que aparece en la Escritura de los serafines.
2. ¿Son idénticos a los querubines? Obsérvese: Los querubines son siempre mencionados como estando delante del Trono, mientras que los serafines están arriba.
3. Son seres celestiales, nombrados pero no explicados.
4. La palabra «serafines» significa «ardientes».
5. Ardientes:
   a. Los más cercanos al Trono.
   b. Relucientes con esplendor.
   c. Llenos de rápida energía, como llama de fuego.
   d. Resplandecientes con amor fervoroso.
6. No hay hielo delante de su presencia.
7. Cuanto más nos aproximemos a Él, tanto más resplandeceremos y ardientes seremos.
8. Una religión fría es una contradicción lógica, aunque sea una realidad en los profesantes.

I. Las alas de la reverencia. «Con dos cubrían sus rostros.» Como un hombre llevado de repente a la luz del sol desde una estancia oscura instintivamente se cubre los ojos con las manos.

1. La incapacidad de la más sublime criatura, con la más pura visión, de contemplar sin deslumbrarse la refulgente luz de Dios.
2. Aunque con una vista mucho más débil y más pecaminosa, podemos contemplar su gloria velada en Cristo.
3. La necesidad absoluta de la reverencia más humilde en nuestro culto a Dios.
4. En muchas congregaciones se hace evidente para todos que hay descuido y superficialidad, y una falta de conciencia de la majestad del Padre. Y no debería ser así.
5. Si un serafín se cubre el rostro, naturalmente nos conviene hacer lo mismo, clamando «¡Santo!»

II. Las alas de la humildad. «Con dos cubrían sus pies.»

1. Un instintivo sentimiento de indignidad le hacía cubrirse los pies con las alas.
2. Cuanto más nos acercamos a Dios, tanto más seremos conscientes de nuestra limitación e indignidad.
3. Si consigues esta visión, se desvanece la soberbia y toda pretendida superioridad sobre los demás.

III. Las alas para el servicio. «Y con dos volaban.»

1. Éste es el emblema de un movimiento gozoso, flotante, sin obstáculos. ¡Ay, qué lentos somos nosotros con nuestros pies!
2. Todo el que contemplando a Dios ha encontrado necesario cubrir su rostro delante de tal luz y velar sus pies de delante del Ojo que todo lo ve, sentirá también impulsos para salir en su servicio.
3. El acto de servicio aquí fue la purificación de un pecador de su impureza.
4. Los querubines tienen que ver con el altar de bronce; los serafines con la pila de lavamiento.
5. Los mejores obreros son los reverentes y humildes, que ven al Rey de la Gloria.

645. EL TODOPODEROSO SANTUARIO

Isaías 8:11-14

Este mensaje del Señor al profeta en tiempos de angustia y perplejidad contiene un mensaje de conducción y consuelo a todos los que están en circunstancias similares.

I. El peligro. Judá estaba en angustia, porque Siria e Israel habían hecho alianza contra ella. También muchos en Judá estaban desafectos a la casa de David, y estaban en secreta simpatía con los enemigos de su país. «Desechó este pueblo las aguas de Siloé, que corren mansamente» y se regocijaron en la gloria de un rey pagano (v. 6). ¿Con qué partido debía aliarse el profeta, el hombre de Dios? Este problema es el que confronta hoy a la Iglesia. Hay una alianza en contra de ella: partidos organizados de ateos prácticos. Dentro de la misma Iglesia están también aquellos que desechan «las aguas de Siloé (el Evangelio), que corren mansamente». Demasiado mansamente para los que son enemigos secretos del Reino de Dios, y de su Cristo, y que prefieren las caudalosas y turbulentas aguas de los placeres y política del mundo.

II. El remedio. Consistía en:

1. UNA REVELACIÓN. «Jehová me enseñó que no caminase por el camino de este pueblo» (v. 11). Judá había perdido de vista a Dios, y su relación con Él y, como resultado, estaban tratando de asociarse con un próspero reino pagano. Pero la Palabra de Dios al profeta fue «que *no caminase por el camino de este pueblo*». La Iglesia tiene que escoger entre separarse para Dios o entrar en alianza con las agresivas fuerzas de la incredulidad.
2. UNA REPRENSIÓN. «No llaméis conspiración. ni temáis lo que ellos temen, ni tengáis miedo» (v. 12). La Palabra de Dios nos advierte en contra de emplear irreflexivamente el lenguaje de los impíos. «No digáis.» No caigáis en su lazo, no en su espíritu ni obras. No os atemoricéis ante su número y organización. Ni temáis sus propuestas o propaganda. Ellos «tropezarán, y caerán, y serán quebrantados» (vv. 9, 10). Los de Judá que estaban clamando por una alianza con Asiria como protección contra las fuerzas unidas de Siria y Efraín estaban solo mostrando su fatal debilidad, como los que moraban en la tierra de «Emanuel» (v. 8). Tal contemporización por parte del pueblo de Dios tiene que ser duramente reprendida. Todo lo que tienda a debilitar la fe en Dios le es deshonroso.
3. UN CONSEJO. «A Jehová de los ejércitos, a él santificad; sea él vuestro temor, y él sea vuestro miedo» (v. 13). «Santificar a Jehová de los ejércitos» *es ponerle a Él aparte* de todo lo demás como el único objeto de nuestra confianza. Cuando nuestro Señor dijo: «Y

por ellos yo me santifico a mí mismo» (Jn. 17:19), muestra la posición que Él mismo ha escogido para el bien de su pueblo. Los peligros pueden parecer enormes, las fuerzas unidades en oposición a nosotros pueden ser formidables y aterradoras, pero así como lo mayor siempre echa su sombra sobre lo menor, así, cuando Jehová de los ejércitos sea santificado por nosotros y venga a ser nuestro «temor y miedo», no temeremos lo que el hombre pueda hacernos a nosotros. Temedle a Él. El temido misterio de la santidad y del poder está con Él.

4. UNA CERTIDUMBRE. «Entonces él os será por santuario», etc. (v. 14). Él vendrá a ser un santuario de refugio y de reposo para vuestras almas. Ocúltate en Dios, y todas las conspiraciones de los hombres nunca prevalecerán contra ti. «Dios es nuestro amparo y fortaleza... *por tanto* no temeremos.» Este escondedero es verdaderamente «terrible» (*cf.* Gn. 28:17). Pero cuanto más terrible es el lugar, tanto más seguro es para los que se ocultan en él. Él vendrá a ser «piedra para tropezar, y... peña de escándalo» para los que se oponen a su obra y a su voluntad. «Tropezarán y caerán, y serán quebrantados; y serán atrapados y apresados» todos aquellos que conspiran contra el Señor y contra sus ungidos. «No llaméis conspiración», sino confiad y decid: Dios es mi Santuario.

646. UNA GRAN LUZ

Isaías 9:2

I. Una doble necesidad.

1. «ANDANDO en tinieblas».
2. «MORANDO en tierra de sombra de muerte».

II. Un doble privilegio.

1. «Ha *visto* una GRAN LUZ»
2. «LES ha comenzado a brillar la luz».

647. ¡MARAVILLOSO!

Isaías 9:6 (V.M.)

1. Un **don** maravilloso: «Un niño... un Hijo.» Juan 3:16.
2. Una maravillosa **posesión**. «*Nos* es nacido... *Nos es dado.*»
3. Un **nombre** maravilloso. Llamado:

Maravilloso Consejero	Sabiduría.
Dios Fuerte	Poder.
Padre de Eternidad	Eterno.
Príncipe de Paz	Gracia.

4. Una maravillosa **promesa**.
   «El principado [será] sobre su hombro» .... Rey.

648. UN TRIPLE REPOSO

Isaías 14:3

I. La Necesidad. «La dura servidumbre en que te hicieron servir.» Esclavitud.

II. La Bendición. «Reposo.»

1. Reposo de tu «trabajo».
2. Reposo de tu «desazón».
3. Reposo de tu «dura servidumbre».

III. El Bendecidor. Jehová dará.

«Venid a mí» (Mt. 11:28).

649. ¿QUÉ DE LA NOCHE?

Isaías 21:11, 12

1. **A quién** vino el llamamiento. Al «guarda».

2. **La pregunta hecha**. «¿Qué de la noche?» Noche de pecado y vida de impiedad. Noche de dolor, de sufrimiento y noche de testimonio.

3. **La respuesta dada.** A dos clases.
   La *mañana viene.* La mañana del día eterno.
   Y *después la noche.* La noche de la condenación eterna.

4. El **consejo** dado. «Preguntad; volveos, venid.»

650. GLORIFICANDO A DIOS EN LOS FUEGOS

«Por esto, glorificad al Señor en los fuegos» (Is. 24:15, Versión Autorizada inglesa).

Introducción

Éste es un singular modo de expresar una lección elemental acerca de la experiencia religiosa. Isaías abunda en expresiones originales [esta expresión, traducida así en la Versión Autorizada inglesa, ha recibido muchas diferentes explicaciones. Véase la traducción francesa de J. N. Darby, *loc. cit.*, y la nota que él da al pie de página, *N. del T.*].

CONTEXTO

1. El contexto está repleto de gemas literarias y poéticas.
2. Un tiempo de juicio:
   a. Descripciones gráficas (v. 1).
   b. El poder de Jehová (v. 1).
   c. La universalidad del juicio (v. 2).
   d. La razón (v. 4 a 6).
   e. Silencio (v. 7 a 12).
3. Resultado.
   a. Un gran temblor (vv. 12 y 13).
   b. Alabanza (v. 14).
   c. Nuestra exhortación.

APLICACIÓN

1. Israel en la tribulación en que entonces se encontraba.
2. Israel en la tribulación que se avecinaba.
3. El Israel espiritual de Dios aquí y ahora, esto es, tú y yo.

I. Los fuegos.

1. Por lo que respecta a Israel y a nosotros.
2. Todos nosotros tenemos que ir al fuego (véase 1 P. 4:12).
   a. De un juicio merecido.
   b. De pruebas ardientes.
   c. De persecuciones ardientes.

II. El peligro. Hay un peligro de no glorificarle a Él en los fuegos, manifestando un mal espíritu mientras en ellos:

1. Egoísmo. Ensimismándonos en nuestro propio sufrimiento.
2. Rebelión. Enfrentándonos con Aquel que nos azota, en su divina providencia.
3. Indolencia. Dejando que el sufrimiento nos vuelva perezosos.
4. Negligentes. Permitiendo que el sufrimiento nos vuelva indiferentes, descuidados y fatalistas.

III. Cómo glorificarle. Puntos a considerar.

1. Levantando nuestras voces en oración (v. 14).
2. Cantando en los fuegos (v. 14).
3. Caminando con Él en los fuegos, como los tres varones hebreos en Daniel.
4. Saliendo sin el olor del fuego, sin tener en ni sobre nosotros ningún mal efecto a causa de la prueba.

IV. ¿Por qué así?

1. Porque otros también pasan por estas pruebas.
2. A causa de su Majestad.

651. LA GRAN FIESTA

Isaías 25:6-9

Ésta es otra visión dada al profeta. Él ve el monte Sion como una mesa preparada con ricos y abundantes provisiones para «todos los pueblos». Es la época Milenial de plenitud y victoria para su antiguo pueblo, cuando Jerusalén se tornará en «alabanza en la tierra», y cuando todas las naciones la llamarán «Bienaventurado» a Aquel que es su Dios y Rey. Mientras que no debe descuidarse su aspecto dispensacional, deberíamos leer estos versículos, para nuestro provecho personal, más a la luz del Evangelio de la Gracia de Dios.

I. El lugar. «En este monte.» No solo Dios dispone el acontecimiento, sino también el lugar en el que se cumplirá. Él ha designado Sion como el lugar de su gloria revelada. Él también designó el lugar llamado «Calvario» para la revelación de su gracia. Aquí el Señor de los Ejércitos ha dispuesto banquete para todos los pueblos.

II. La provisión. Implica una amplia suficiencia para toda la necesidad del hombre. Tenemos:

1. PERFECTA SATISFACCIÓN. «Manjares suculentos, banquete de vinos refinados, de gruesos tuétanos y de vinos purificados.» Bendiciones que fortalecen, alientan e inspiran. No hay flaqueza de alma para aquellos que se alimentan de la obra y plenitud de Jesucristo. Cada promesa suya está llena de tuétano y y grosura. El vino de su Palabra siempre está lleno de verdades eternas. Es viejo y bueno. «¿Por qué gastáis el dinero... en lo que no sacia? Oídme atentamente, y comed de lo bueno, y se deleitará vuestra alma con lo más sustancioso» (Is. 55:1, 2).
2. SALVACIÓN PLENA. (1) La «*Cubierta» de tinieblas* ha quedado destruida. Él «destruirá... la cubierta con que están cubiertos todos los pueblos» (v. 7). El entendimiento entenebrecido ha sido iluminado (Ef. 4:18). Ahora resplandece la luz verdadera. (2) El «*Velo» de la incredulidad* ha sido quitado. Este velo que «cubre a todas las naciones» es quitado a la *vuelta* del Señor (2 Co. 3:15-18).
3. EL PODER DE LA MUERTE ha sido destruido. «¡Tragado ha a la muerte para siempre...!» (v. 8, V.M.). Cristo, muriendo, destruyó la muerte, y a aquel que tenía el poder de la muerte (He. 2:14). El poder de la muerte, por sí mismo, es un tremendo poder; es verdaderamente los «terrores de la muerte».
4. SE HA DADO LA CERTIDUMBRE DE LA CONSOLACIÓN. «Enjugará Jehová el Señor las lágrimas de todos los rostros.» Las pruebas del dolor y del sufrimiento son visibles en muchos rostros. El día de su salvación es el día de la paz y del reposo para el alma. Un escritor francés pregunta: «¿Dónde están ahora las caras serenas y llenas de paz que se veían tiempo ha?» Cristo es nuestra paz: «Mi paz os doy».
5. LA «AFRENTA» DEL FRACASO es quitada (v. 8). La salvación de Dios incluye la liberación de una vida de tropiezos y fracasos. ¡Ah, qué afrenta recae sobre los siervos de Dios, hoy, porque no se hacen conscientes de esta plena Salvación! Dios quiere todo esto para su pueblo. «Porque Jehová lo ha *hablado*.»

III. El testimonio. «Y se dirá en aquel día: He. aquí, éste es nuestro Dios» (v. 9). Cuando la salvación de Dios es experimentada, no hay duda alguna en cuanto a que viene de Dios. Ésta es la expresión de un alma salvada y satisfecha. La palabra Dios está aquí en plural, y tiene referencia a la Trinidad. Conocerle a Él, a Jesucristo, a quien Él ha enviado, es la Vida Eterna. Los que pueden decir: «*Éste* es nuestro Dios», pueden añadir también de manera confiada: «Y Él nos salvará», porque «le hemos esperado para que nos salvase... nos gozaremos en su salvación» (v. 9). Hablamos de lo que sabemos. En un sentido más pleno, éste será el testimonio del pueblo de Dios, cuando el Señor mismo descienda del cielo con clamor (1 Ts. 4:16, 17). Mientras tanto, su salvación es ofrecida «para todo el pueblo» (Lc. 2:10). «Miradme a mí, y sed salvos, todos los confines de la tierra, porque yo soy Dios» (Is. 45:22).

652. ÉSTE ES NUESTRO DIOS
Isaías 25:9

CONÉCTESE el presente versículo con «He aquí el Cordero de Dios» (Jn. 1:29).
En Él se encuentra el lenguaje de

1. RECONOCIMIENTO. Éste es nuestro Dios; mi Dios.
2. ASOMBRO MARAVILLADO. «He aquí, éste es nuestro Dios.» «¡He aquí el hombre!» (Jn. 19:5).
3. EXPECTACIÓN. «Le hemos esperado.» «He aquí que viene con las nubes» (Ap. 1:7).
4. CONFIANZA. «Para que nos salvase.» Él es poderoso para salvar.
5. APROPIACIÓN. «Nos alegraremos en su salvación.»
6. EXULTACIÓN. «Nos gozaremos.»

653. PROTECCIÓN DIVINA
Isaías 26:3

1. El **Guardador**,	«Tú le guardarás».
2. La **protección**,	«en perfecta paz».
3. Los **guardados**,	«cuyo pensamiento en Ti persevera».

654. REFUGIOS DE MENTIRAS
Isaías 28:17

1. **Universalismo**	Marcos 16:16.
2. **Libre pensamiento**	Isaías 55:7, 8.
3. **La general misericordia de Dios**	2 Tesalonicenses 1:7-9.
4. **Moralidad general**	Hebreos 11:6.
5. **Hacer lo mejor**	Romanos 3:19, 20.
6. **Una creencia general**	Juan 3:36.
7. **Un buen corazón**	Juan 3:5.

655. EL REPOSO Y COBERTURA DE UN HOMBRE FARISAICO

«La cama será corta para poder estirarse, y la manta estrecha para poder envolverse» (Is. 28:20).

Introducción

1. Para apreciar de una manera plena el sentido de esta declaración, se tiene que leer una noche helada.
2. Luego, el pensamiento de que alguna pobre persona deba pasar la noche en una cama demasiado corta para él y con una cubierta demasiado estrecha, es sencillamente estremecedor.
3. ¡Qué noche agitada y desapacible que sufrirá! Más aún, peligrosa, porque a causa de no estar bien cubierto podría seguir una enfermedad grave e incluso probablemente fatal.
4. Esta es solo una pálida imagen de la condición de los farisaicos. Su lugar de reposo es demasiado corto para sus necesidades; su cubierta es terriblemente estrecha y totalmente inadecuada. De hecho, todo le va corto, porque está escrito: «Por cuanto todos pecaron, y están *destituidos*». Y una persona así está en terrible peligro.
5. Así era con estos hombres de Jerusalén (v. 14), a los que el profeta Jeremías les dijo estas palabras. Estaban en peligro, bajo el ataque de otras naciones. Aunque seguían apartado de Dios, habían hecho sus planes, y se jactaban de su reposo y seguridad.
6. Pero el Señor les dijo: «Vuestro refugio es un refugio de mentiras; habéis encontrado un lugar de reposo y una cubierta que pensáis que os cubrirá, pero ambas cosas son totalmente inadecuadas para vuestra necesidad».
7. El turbión del azote vendrá, y seréis aplastados bajo él.
8. Sois sabios para oler el peligro, pero habéis errado en cuanto al refugio al que os habéis acogido.
9. ¿No puede éste ser un mensaje de advertencia a algunos de nosotros?
10. Lo mismo que ellos, vosotros veis el peligro. «El avisado ve el mal y se esconde; mas los simples pasan adelante y reciben el daño» (Pr. 22:3).
11. Pero la cuestión ahora es: «¿Sobre qué estás haciendo descansar tus esperanzas? ¿En qué estás reposando para quedar cubierto? ¿Podría aplicarse a ti este texto que hemos leído?
12. Pero inquiramos, antes de seguir adelante:

I. ¿Sientes tu necesidad de reposo?

1. Porque, a fin de cuentas, ¿de qué sirve hablar de un lugar de reposo, excepto si se ha llegado a ver la necesidad del mismo?
2. Son solo los fatigados los que desean un lugar de reposo.
3. La dulce invitación de nuestro Señor: «Venid... y yo os daré reposo», suena solo como música a los oídos de los cansados.
4. No todos están conscientes de la fatiga del alma.
5. Y la razón es sencillamente que nunca han pensado en la salvación del alma.
6. Una vez, junto a la cama de dolor de un hombre joven, le hice esta pregunta, y me tuvo que confesar que nunca se había parado a pensar en ello.
7. Le dije que me recordaba algunas parejas jóvenes que para poder amueblar bien la casa se privaban incluso de las cosas más necesarias para la vida, con lo que debilitaban sus cuerpos y caían fácilmente víctimas de una enfermedad contagiosa.
8. Solo pensaban en la casa, y se olvidaban de sus habitantes.
9. Frank Bullen, en su obra *Apóstoles del Sureste*, habla de algunos «que viven la vida de un animal inteligente, sin los sabios instintos que previenen a un animal de dañar su propio cuerpo».
10. Observemos qué es lo que conduce a la fatiga.
a. La desilusión conduce a la fatiga. La vida está llena de frustraciones. Las amistades de esta vida causan a menudo amargas desilusiones.
b. El Portador de cargas pronto se cansa. Aquel a quien el Señor invita en la dulce invitación es el «cargado», porque son los cargados los que sienten la necesidad de reposo. ¿No tienes carga que llevar? ¿Y qué de tu culpa, de tu carga de iniquidad?
c. El trabajo lleva a la fatiga. Es a los que «trabajan» que habla el Señor. Es decir, a aquellos que están desesperadamente afanados, tratando de ganar la salvación. El que busca la justifica-

ción por las obras pronto se fatigará, porque es una dura tarea, y sin fin ni esperanza.
d. La enfermedad lleva a la fatiga. Uno de los primeros síntomas de una condición patológica es la fatiga. Mala señal cuando despiertas cansado para comenzar el día. ¿Qué de tu condición espiritualmente enferma?

II. ¿En qué te estás apoyando para tu reposo y cubierta?

1. Este mensaje es en realidad para los que se dan cuenta de su necesidad de reposo.
2. Podríamos preguntar qué es lo que se necesita de una manera absoluta para un reposo pleno y completo: Un lugar de reposo y una cubierta suficientemente grande para suplir toda lnecesidades.
3. Observa, sin embargo, que esto no es esencial para el sueño.
4. Algunos se jactan de que pueden dormir sobre un cordel de tender la ropa. Sé de algunos que pueden dormir sobre una dura tabla.
5. Pero hay una enorme diferencia entre el sueño y el descanso. El sueño puede ser muy agitado.
6. También duermen los que buscan reposo en una cama corta y con una estrecha cubierta.
7. Ahí está el problema: los inconversos están dormidos.
8. Pero aunque hay sueño, no hay consolación ni descanso.
9. Tu cama, o persona satisfecha con tu pretensión de justicia propia, te adormece.
10. Tu lugar de reposo puede que te satisfaga, pero ¡no satisface a Dios! Y, ¿será suficiente para tus necesidades?

III. La perfección de su reposo.

1. Solíamos cantar: «Al otro lado del Jordán hay reposo para los fatigados», etc.
2. No necesitas esperar a llegar «al otro lado». Puedes tener reposo a este lado del Jordán.
3. Oímos mucho acerca de «una cura de reposo». Lo cierto es que su reposo es la cura para todos los males del alma.
4. En Él hay suficiente lugar para un reposo completo. Puedes tenderte del todo.
5. En Él tendrás una amplia cubierta.

APLICACIÓN

1. Tú me invitas a acudir, ¡pero yo no me siento fatigado! ¿Debo esperar hasta que me encuentre fatigado? No, sino ven tal como estás.
2. Estás más fatigado de lo que te imaginas.
3. A menudo solo descubres lo fatigado que estás cuando te echas a descansar.

656. HIJOS REBELDES

Isaías 30

¡Oh, cuán doloroso es cuando el «mal» de los rebeldes tiene que ser pronunciado por el Señor sobre sus propios hijos.

I. La naturaleza de esta rebelión. Se ve en sus *consejeros*. «Que toman consejo, pero no de MI» (v. 1, V.M.). Se prefiere la sabiduría terrenal a la celestial. Se ve en *sus manejos*: «Hacen alianza, pero no según *mi Espíritu*» (BAS). Se revisten de soberbia, y de energía carnal, en lugar de con el poder del Espíritu Santo. Se ve en su *andar*: «Que se apartan para descender a Egipto». Sus rostros se dirigen hacia el mundo, y su deseo es andar en sus caminos. Se ve en sus *motivos*. «Para fortalecerse con la fuerza de Faraón, y refugiarse a la sombra de Egipto». Buscan poder mundano y protección mundana, para hacer prosperar su causa. El corazón que está en rebelión contra Dios y contra su Cristo buscará de cierto la ayuda de los impíos.

II. Su resultado. El resultado de ello es *«vergüenza»*. «Pero la fuerza de Faraón se os cambiará en vergüenza». La fuerza de Faraón puede ir bien para un Faraón, pero será *vuestra* vergüenza como profesos hijos de Dios. La fuerza de Faraón residía en el brazo de carne, y hay maldición sobre el hombre «que confía en el hombre, y pone carne por su brazo, *y su corazón se aparta de Jehová*» (Jer. 17:5). La confianza en la sombra de Egipto será tu *confusión* (v. 3). Nada sino vergüenza y confusión caerá sobre la Iglesia de Dios si, por amor a la popularidad y al prestigio, se alía con las fuerzas impías de la actualidad.

657. QUIETUD Y CONFIANZA

«En *volviéndoos* a mí y en *descanso* seréis salvos; en *quietud* y en *confianza* será vuestra fortaleza» (Is. 30:15, V.M.).

LA DIFICULTAD. Israel estaba en peligro de parte de Asiria. Siempre había encontrado difícil descansar totalmente en Dios en las cuestiones nacionales, y estaba incluso meditando acerca de alianzas con Asiria contra Egipto, o con Egipto contra Asiria. El efecto de ello fue que ganase quien ganase, Israel sufriría; era el campo de batalla para ambas potencias; y era el botín de cada potencia a su vez. Las advertencias del profeta constituían una verdadera sabiduría política del orden más elevado, así como sabiduría religiosa.

EL LLAMANIENTO. Aquí se exhorta a Judá a abandonar la dependencia enmarañadora de Egipto, y a que se confíe enteramente en Dios. Ellos se habían apartado de Él en sus temores. Habían de volver por la fe. Para ellos, la gran lección era confiar en Dios. Y a nosotros, con esto, se nos enseña la misma lección. Es un consejo que ellos no atendieron. Es un consejo que haremos bien en atender y en tomar profundamente en nuestro corazón.

I. Nuestra necesidad de este consejo.

1. PELIGROS DE FUERA.
   a. Circunstancias adversas.
   b. Acerbas tentaciones.
   c. Feroces ataques del enemigo.
2. PELIGROS DE DENTRO.
   a. Debidos a nuestra debilidad.
   b. Debidos a nuestra poca fe.
3. NO ES FÁCIL.

II. La naturaleza del consejo.

1. VOLVIÉNDOOS.
   a. Algunos se apartan de Dios por el pecado.
   b. Algunos se apartan de Dios por pensamientos especulativos.
   c. Algunos se apartan de Dios por ansiosas preocupaciones.
   d. La falta de confianza es un apartamiento de Dios. Nos apartamos de Él no solo por pecados abiertos, sino también cuando somos olvidadizos, y por falta de fe.
2. DESCANSO.
   a. «Sumisión» se traduce en F. F.
   b. La sumisión es realmente el preludio del reposo.
   c. El reposo es apoyarse en Él.
   d. Éste es el fruto de volverse a Él. La proximidad a Dios trae un quieto reposo. La confianza en Dios calma y aquieta el alma. El mismo ejercicio de la comunión con Él trae reposo.
   e. Reposo a pesar de la presencia de causas de perturbación.
3. QUIETUD.
   a. Es el resultado del reposo.
   b. Reposar en Él trae quietud.
4. CONFIANZA.

III. Las bendiciones que siguen.

1. Salvos. En todos los sentidos.
2. Fortalecidos. La confianza es fortaleza. Libertados del temor, somos fuertes. Él nos fortalece.

658. NUESTRO REFUGIO Y REMEDIO

Isaías 32:1-5

El carácter del hombre precisa de una «doble curación». Un lugar de refugio del peligro y un remedio de la enfermedad del pecado. Cuando «reinará un rey con rectitud» en el corazón, entonces los príncipes de este reino «gobernarán con justicia». Observemos:

I. La necesidad sugerida. Somos expuestos al «viento» y al «turbión». Estos son las pruebas y peligros ordinarios y extraordinarios que tenemos que afrontar todos. El «viento», la corriente común del error popular; el «turbión», la influencia aplastante de la tentación y de la concupiscencia. Luego tenemos «tierra de sequedad». La experiencia de los desengaños y de la impotencia, hallando las cisternas de este mundo vacías en el tiempo de la más profunda necesidad. Un desfallecimiento del corazón ante el descubrimiento de que el mundo no da lugar de descanso para los fatigados pies de un peregrino ansioso.

II. Un refugio señalado. «Será AQUEL VARÓN como un escondedero». ¿Quién es este Varón? Dice Jehová que es «el hombre compañero mío» (Zac. 13:7). El Único Mediador entre Dios y los hombres, el *Hombre* Cristo Jesús (1 Ti. 2:5). Él es:

1. UN ESCONDEDERO. Éste es el rasgo de su carácter como Redentor y Señor. El viento que arrastra el tamo no puede perturbar a los que se esconden en Él. «En ti me refugio.»
2. UN REFUGIO contra el turbión. Un lugar secreto donde ni los más grandes poderes exteriores pueden encontrar al oculto.

3. SOMBRA de gran peñasco en tierra calurosa. La fuerza de esta protección queda indicada aquí, y especialmente el hecho bendito de que esta sombra puede ser disfrutada por aquellos que están actualmente «en tierra calurosa». «He aquí el Hombre.»

III. Goce de bendiciones. Todos los que se sientan a su sombra tienen gran deleite. Aquí tenemos varias cosas que caracterizan a los salvos del Señor, y que permanecen bajo la sombra de sus alas disfrutando de su comunión.

1. Sus OJOS están aclarados. «No se cerrarán entonces los ojos de los que ven» (v. 3). Ellos han visto su necesidad, han visto su oportunidad, y ahora ven a Dios.
2. Sus OÍDOS son abiertos. «Los oídos de los que escuchan estarán atentos.» Ellos han oído su invitación, han obedecido su llamamiento, y ahora escuchan anhelantes su Palabra.
3. Su CORAZÓN es enseñado. «El corazón de los atolondrados comprenderá para saber» (v. 4). Sí, los que reposan en Él como su «escondedero» serán enseñados por Jehová (Is. 54:13). El corazón atolondrado será entonces hecho recto.
4. Su LENGUA queda desatada. «La lengua de los tartamudos estará *lista* para hablar claramente.» Nada hay como el poder de la verdad del Evangelio para eliminar el tartamudeo de la lengua del hombre, y para hacerla «*lista* para hablar claramente». El Salvador espera una forma llana de hablar por parte de los salvos.
5. Su VIDA queda purificada. «El ruin nunca más será llamado generoso, ni el tramposo será llamado espléndido» (v. 5). Una vida purificada significa una moralidad limpia. La justicia para con Dios significa justicia práctica para con nuestros semejantes. El hombre cuyos ojos están abiertos, y cuya lengua ha sido desligada para «hablar claramente», no alabará al inmoral ni al astuto debido a sus grandes suscripciones o a su elevada posición social. No hace acepción de personas, y debe llamar a todas las cosas por su nombre.

659. EL HOMBRE QUE SALVA

«Sera aquel varón como un escondedero contra el viento, y como un refugio contra el turbión; como arroyos de aguas en tierra de sequedad, como sombra de gran peñasco en tierra calurosa» (Is. 32:2).

Hay muchos falsos refugios a los que se recurre en caso de peligro (31:1). Refugios de mentira. El brazo de la carne te fallará. Observemos:

I. Quien es este Hombre. «Será aquel varón como un escondedero.» Éste *es el varón* compañero de Dios (Zac. 13:7). El único Mediador entre Dios y los hombres, Jesucristo *hombre* (1 Ti. 2:5).

II. Lo que hace este hombre. «Llamarás su nombre Jesús, porque Él *salvará* a su pueblo de sus pecados». Él

1. SALVA. Él es «*escondedero* contra el viento, y… contra el turbión». Esta roca era fuerte para soportar la tempestad de sufrimiento y juicio que le sobrevino por nosotros. «Ahora, pues, no hay condenación» (Ro. 8:1).
2. REFUGIA. Él es «*refugio*». Él es el arca de refugio para el turbión que se avecina. Él es el propiciatorio que cubre una ley quebrantada, y por medio de lo que podemos presentarnos aceptados delante de Dios. Él mismo es el tabernáculo de cubierta para el alma (Is. 4:6; Sal. 32:7).
3. SATISFACE. Él es «como arroyos de *aguas en tierra de sequedad*». No solo refugia, sino que suple también las necesidades de todos los que se esconden en Él. «Si alguno tiene sed, venga a Mí y beba.»
4. SOCORRE. Él es «*sombra de gran peñasco* en tierra calurosa». En la tierra calurosa de nuestro peregrinaje su sombra socorredora caerá sobre nosotros mientras que llevamos la carga y el calor del día. El día de servicio activo para Él. «Bebían de la roca espiritual que los seguía, y la roca era Cristo» (1 Co. 10:4).

660. EL REFUGIO VERDADERO Y EL FALSO

«Será aquel varón como un escondedero» (Is. 32:2).

«El refugio de la mentira» (Is. 28:17).

Aquí se nos presentan dos refugios. El primero es el refugio de la verdad, el otro es un refugio de mentiras. El uno es un *Hombre,* el otro es imaginario. El primero es una revelación de Dios, el segundo es una invención del hombre. Todos los hombres sienten su necesidad de un refugio de uno u otro tipo, pero no todos los hombres están igualmente a salvo en su lugar de refugio. Es de inmensa importancia que distingamos entre lo verdadero y lo falso. Pronto será demasiado tarde para los que se engañan a sí mismo para encontrar esta distinción, cuando su refugio de mentiras les sea arrebatado. Aquí tenemos algunas de las características del verdadero refugio, dispuesto por Dios. El verdadero refugio es el lugar de:

I. La seguridad consciente. «Será aquel varón como un escondedero contra el viento, y *como un refugio contra el turbión.*» Los que han acudido al Hombre Cristo Jesús, como refugio para el alma, están siendo ahora protegidos del viento y del turbión del pecado y del juicio. El viento alrededor de ellos puede ser tan furioso y terrible como siempre, pero ellos *son salvados de su poder,* y lo saben. Su refugio los salva. ¿Está tu refugio poniéndote a salvo de ser desviado por los repentinos embates del pecado, y de las apremiantes tormentas de la iniquidad? Si tu escondedero, aquello en lo que tu confías, no te protege de día en día, entonces tu refugio es un refugio de mentiras.

II. Amistad y comunión. «Será *aquel varón* como un escondedero». Éste es aquel hombre que es compañero de Dios (Zac. 13:7). Todos los que han acudido para refugiarse al verdadero escondedero están en la comunión y amistad del Señor Jesucristo. Son reconciliados con Dios, y se gozan en él. Saben con certidumbre que *Dios* es su refugio y fortaleza. ¿Te trae tu escondedero al contacto y comunión con Dios? ¿Hace esto en lo que tu confías para tu salvación que Cristo sea inenarrablemente precioso para tu alma? Si tu refugio no es *en Él,* es un refugio de mentiras que el juicio del turbión y granizo arrebatará, y arrastrarán las aguas de la desolación. El único refugio divino para las almas humanas heridas por el pecado es aquel VARÓN que fue azotado por nuestro pecado. «Ningún otro refugio tengo yo.» «En *ti* me refugio» (Sal. 143:9).

III. Reposo y refrigerio. «Será aquel varón como… arroyos de agua en tierra de sequedad.» Aquellos que han encontrado el verdadero refugio del alma saben de él y gozan de él, porque ahora beben las aguas vivas de la satisfacción. En su lugar de refugio encuentran la fuente de la bendición que permanece. Su Roca de refugio viene a ser un manantial de deleites. Aquí son permanentes los manantiales eternos, y las flores inmarcesibles. Oyeron el llamamiento divino: «Si alguno tiene sed, venga *a mí* y beba»; ellos obedecieron, y descubrieron en él la salvación del viento y de la tempestad del pecado y de la ira, y aguas de purificación y de refrigerio. ¿Purifica tu alma tu escondedero, y te da corrientes que den refrigerio a tu corazón sediento? Si no eres más feliz y más santo por medio de aquello en lo que confías para tu salvación, tu escondedero es, a los ojos de Dios, solo un «refugio de mentiras». Si esta pretendida *fe* tuya no te salva de tus pecados, ni te da refrigerio y dicha en tu vida, es entonces un engaño; no es fe en Jesucristo, porque todos los que creen en él son justificados de todas las cosas. Un incrédulo moribundo fue exhortado por un compañero suyo a «mantenerse firme». «Estoy bien dispuesto a mantenerme firme», dijo el moribundo, «si tan solo supiera con qué mantenerme firme». No tenía a Cristo, y por ello no tenía esperanza, porque todos los refugios de mentiras serán barridos.

«Jesús, Tú de mi alma amante,
En tu seno me refugio.»

661. UN REFUGIO VIVIENTE

«Será *aquel varón* como un escondedero contra el viento, y como un refugio contra el turbión; como arroyos de aguas en tierra de sequedad, como sombra de gran peñasco en tierra calurosa» (Is. 32:2).

«He aquí el Hombre.» Humano, pero divino; sin pecado, pero hecho maldición; el Amado de Dios, pero expuesto al *viento* y al *turbión* de la ira del hombre y del diablo.

I. Éste hombre salva. Él es «como un escondedero». Él es poderoso para salvar, porque es *compañero* de Dios (Zac. 13:7). «No consideró el ser *igual* a Dios como cosa a que aferrarse.» El escondedero de nuestras almas es un Hombre, un Hombre vivo, con un corazón viviente, ardiente, palpitando con la gracia de Dios. No se trata de una doctrina, ni de un credo, ni de un deber. La salvación significa *comunión* con el Hijo de Dios. Él *esconde* del viento de la tentación y del turbión de la ira merecida por causa de la culpa del pecado. Vuestra vida está *escondida* con Cristo en Dios.

II. Éste hombre da satisfacción. Él es «como arroyos de aguas en tierra de sequedad». El mundo será siempre *tierra de sequedad* para aquellos cuyos corazones están ocupados en cosas celestiales. Los que no conocen este *escondedero* con *arroyos de agua* se dedican a cavar pozos en tierra. Pozos con aguas contaminadas. El «agua de vida» no puede ser hallada en estos pozos de factura humana. Estos «ríos de agua» hablan de la abundante plenitud que se encuentra en Cristo para todos los que se esconden en Él. Riquezas inescrutables. «Todas mis fuentes están en Ti» (Sal. 87:7).

«Cuando secas todas las corrientes creadas estén,
Su plenitud sin cambio será;
Con esto tendré yo toda mi satisfacción,
Y en su Nombre mi gloria será.»

III. Este hombre ofrece refugio. «Como sombra de gran peñasco en tierra calurosa.» Esta sombra no es como la de la calabacera de Jonás. Es una sombra que sigue al peregrino a través de la *tierra calurosa* entera. «La roca que los seguía» (1 Co. 10:4). EL camino puede a veces ser fatigoso: 1) Debido a que es *escabroso*. Pueden sobrevenir pruebas repetidas y duras, y el calor de la opresión puede ser intenso, pero Él es una sombra. 2) Porque es *largo*. La vejez o grandes padecimientos pueden hacer parecer que el camino parezca largo, pero permanece en la Sombra. 3) Debido a que es *solitario*. Los seres amados se han ido, y se han roto lazos tiernos y santos, y el corazón anhela a *alguien*. He aquí el *Hombre*, que es la sombra de protección en esta tierra fatigosa y calurosa, y reposa en comunión bajo sus alas (Rt. 2:12).

662. LA EXCELENCIA DE NUESTRO DIOS

Isaías 35:1-6

A la luz de la enseñanza del Nuevo Testamento, esta porción es sumamente inspiradora. Hay:

I. Una visión de esperanza. «Verán la gloria de Jehová, la majestad de nuestro Dios». ¿Cómo se va a ver esta gloria, o excelencia? Aquí, como en los Evangelios, se ve en el poder transformador de su gracia. El «desierto», el «sequedal» y el «yermo» son alegrados y florecen hermosos gracias a este poder. La excelencia de nuestro Dios se ve en la doncaión de la majestad del Líbano, de la belleza del Carmelo y de la fertilidad de Sarón al yermo estéril (v. 2). Israel, como nación, es este «desierto y sequedal» que aún «florecerá profusamente, y se alegrará hasta lanzar gritos de júbilo» cuando tenga lugar la manifestación del Señor; pero *ahora* podemos ver la excelencia de nuestro Dios en la faz de Jesucristo (2 Co. 4:6). ¡Qué transformaciones ha obrado Él en «el desierto y el sequedal» de las almas de los hombres y de la vida social!

II. Una condición de necesidad. Al pueblo de Dios se le recuerdan aquí las tres causas de debilidad que están obstaculizando su vida y obra. Tienen *«manos débiles»*. Manos caídas (He. 12;12). Las manos representan los instrumentos par el trabajo. ¿Cómo podría siquiera Hércules hacer nada con un martillo de jabón? ¿Cómo puede trabajar un obrero, o luchar un soldado, con manos débiles? Son impotentes para el servicio. Luego tenemos *«las rodillas vacilantes»*. No pueden andar rectos y estables. Son fácilmente trastornados. Un poco de oposición, o un viento de alguna doctrina novedosa, les es suficiente para impedir su progreso o para echarlos a un lado. Sus rodillas son débiles, debido a la falta de práctica de oración. Otra debilidad es la que se ve en el *«corazón apocado»*. Ésta es la peor de todas, y la causa de todas las demás. Cuando el corazón es puro y fuerte, las manos y las rodillas serán pronto fuertes y firmes. El temor es el resultado de la falta de fe.

III. Un mensaje de aliento. El siervo de Dios es comisionado a *fortalecer* las manos débiles, a *afianzar* las rodillas vacilantes, y a *esforzar* a los apocados de corazón (v. 4). Pero, ¿cómo debe hacerse esto? Nunca hubo tantos del pueblo de Dios con tanta necesidad de esto como hoy en día. Con la obra, viene el mensaje de poder: «He aquí que *vuestro Dios* viene». La excelencia de Dios consiste en esto: que Él se deleita en hacer florecer el yermo como la rosa, y en hacer que los débiles, los vacilantes y los apocados triunfen en su poder. Vuestro Dios, que vendrá con venganza contra vuestros enemigos y con una recompensa para los suyos, Él os salvará. No se turbe vuestro corazón debido a las señales de los tiempos. Creéis en Dios. He aquí que Él viene con las nubes (Tit. 2:13; Ap. 1:7). decid que sois débiles y vacilantes. Fortaleceos: He. aquí vuestro Dios.

IV. Una obra de gracia. La excelencia de nuestro Dios se ve en hacer:

1. Que los OJOS de los ciegos vean (v. 5). Los ojos son las ventanas del alma. En la ceguera espiritual, es el *espíritu* el ciego; para los tales, la vista es una nueva facultad (Hch. 26:18; Ef. 1:18).
2. Que los OÍDOS de los sordos oigan. Como con la vista, igual sucede con el oído; éste es tan solo el instrumento, es el espíritu adentro el que ha sido hecho para oír a Dios.
3. Que los PIES de los cojos salten (v. 6). A los moralmente impotentes y mutilados, por el pecado y por la iniquidad, se les hace saltar como si fueran ciervos. La salvación significa renovación (Hch. 3:2-10).
4. Que la LENGUA de los mudos cante. Las lenguas que estaban calladas para Dios prorrumpirán en alabanza cuando sean tocadas por Él (Sal. 15:5). Porque en el desierto de la vida irregenerada y asolada brotarán las aguas de la gracia como corrientes en el desierto. Veréis la gloria y la excelencia de nuestro Dios.

663. AYUDA PROMETIDA

«Esforzaos, no temáis; he aquí que vuestro Dios viene con venganza; con recompensa de Dios vendrá, y os salvará» (Is. 35:4).

Desde luego, éste es uno de los más extraños «No temas» de la Biblia. Es necesario fortalecer las manos débiles, afirmar las rodillas que tiemblan y establecer a los cansados con la declaración de su segura e inminente venida para lanzar su venganza. Y este pensamiento no está en absoluto limitado a las Escrituras del Antiguo Testamento, porque se encuentra asimismo en el Nuevo Testamento: «Y a vosotros que sois atribulados, daros reposo con nosotros, cuando sea revelado el Señor Jesús desde el cielo con los ángeles de su poder, en llama de fuego, para dar retribución a los que no conocieron a Dios, ni obedecen al evangelio de nuestro Señor Jesucristo».

I. Para los oprimidos. Es un mensaje para los pisoteados y oprimidos, para los que se debaten bajo crueles injusticias, dolidos por la opresión, indignados por alguna burda maldad. Ensimismados en los males que sufren, los hombres se sienten tentados a tomarse la justicia por sus propias manos, y, movidos por impulsos precipitados e injustos, cometen errores que luego lamentarán largamente. El mandamiento divino es «No os venguéis vosotros mismos». «Mía es la venganza, yo daré el pago, dice el Señor.» Un día se aplicará la justicia a estos opresores, y la aplicará el Dios de toda Justicia; por ello, se debe ser paciente y no agitarse a causa de los malhechores. Que los males que has sufrido no te amarguen. Viene a la mente un caso trágico e ilustración de esto mismo. Una joven que debería haberse beneficiado enormemente por el testamento de su padre fue cruelmente defraudada de la mayor parte de su dinero por un procurador que se había encargado de sus posesiones, y desde una posición de riqueza cayó a un estado de extrema pobreza. Se ensimismó hasta tal punto en el mal que le habían hecho, que su vida misma quedó arruinada por ello. Abrigaba duros pensamientos acerca de Dios, poniendo en duda su justicia, cultivó un espíritu de sospecha contra toda la humanidad, y se dejó abrumar hasta tal medida por la amargura que llegó a ser una molestia para todos los que estaban a su alrededor; este rasgo se fue haciendo tanto más pronunciado al ir avanzando en edad que todos la evitaban. Recuerda, tú, perseguido, defraudado, u oprimido, que los ojos de Dios están sobre ti; Él lo sabe todo. Él vendará ahora tu corazón quebrantado, suavizará tu espíritu aplastado y angustiado, concediendo amplias compensaciones, incluso en esta vida, y con toda certeza, más tarde o más temprano, lanzará su justicia sobre los opresores; ojo por ojo, diente por diente.

II. Para los compasivos. Éste es también un mensaje para los que, aunque no dolidos bajo injusticias contra ellos mismos, se sienten sin embargo abrumados ante la cruel opresión y los males que sufren otros. Hay muchas almas tiernas y compasivas que sufren más por los males infligidos a otros que si ellos mismos fueran los perjudicados. Observando cómo parecen prosperar los opresores y cuán lentamente muelen las ruedas de Dios, son susceptibles de volverse «apresurados de corazón», y llegar a conclusiones precipitadas, hasta el extremo de llegar a negar la existencia o el poder de Dios. Un naturalista compasivo quedó tan abrumado por la actual condición del mundo –la obra de la naturaleza, con las fauces y garras enrojecidas, y con el mundo de los hombres en lucha y enemistad unos con otros– que se sintió movido a indignación hasta llegar a exclamar que si él hubiese sido el Creador del mundo, estos claros hechos le harían partir el corazón. Y habló con más verdad que la que sabía, porque el Creador del mundo murió con el corazón partido por causa del pecado del mundo. No, no, no debemos perder nuestra paciencia. Dios sigue observando, y desde luego rectificará las injusticias y más tarde o más temprano aplicará el castigo a los opresores. Por ello, «Esforzaos, no temáis; he aquí que vuestro Dios viene con venganza».

III. Para el judío. Éste es un mensaje particularmente dirigido al judío. Muchos miembros de esta nación errante han estado tan ensimismados por los males que Israel ha sufrido ahora durante dos milenios, que han echado su fe por la borda, y se han vuelto ateos abiertos. Cierto es que ninguna nación ha sufrido tan cruel opresión ni tantas injusticias. Pero si leemos la profecía rectamente, Israel tiene todavía una prueba más terrible por la que pasar, «el tiempo de la angustia de Jacob». Pero el Señor ni es olvidadizo ni ignora a su pueblo. Está calladamente tomando nota de todo. Incluso ahora, benditos son los que bendicen a Israel, y malditos los que lo maldicen. Pero «he aquí que vuestro Dios viene». Y su venida significará salvación para Israel, venganza sobre los enemigos de Israel, y recompensa para los amigos de Israel.

664. EL PODER DE LA ORACIÓN

Isaías 37:14-20

Se debería examinar de cerca el marco histórico. Una gran angustia le había sobrevenido al rey Ezequías debido a la invasión asiria y a la actitud soberbia del Rabsacés. Se ha dicho que «angustia» es «una dieta divina para el nuevo hombre». Con frecuencia es más provechosa que sabrosa.

I. La causa de su angustia. Se trataba de «cartas». Solo unas cartas, pero verdaderos «mensajeros de Satanás» para azotarle. Para algunos la bolsa del cartero puede contener torpedos morales y sociales. ¿Quién sabe lo que pueda traer el siguiente correo? Éste era un intento de *destruir su fe* en Dios (v. 10), de *desposeerle* de su herencia de de llevarlo a *esclavitud*. Los enemigos de nuestras almas son siempre activos y trabajan con el mismo fin. Sus cartas pueden estar hermosamente escritas, pero son terriblemente amargas.

II. Lo que hizo con ellas. «Las extendió delante de Jehová» (v. 14). Este solemne acto revela su *fe en Dios*. No las extendió delante de la «faz del cielo», sino ante la faz de una Persona Omnipotente. «Es necesario que el que se acerca a Dios crea que le hay» (He. 11:6). Esto muestra también su *solicitud*. Las *extendió*. Expuso toda la cuestión, de comienzo a final, delante de Él. Se claro en tus tratos con Dios. Sé tan honesto y confidencial como Él quiere que seas. No escondas nada. Sea cual sea tu angustia, es de interés para tu Dios y Padre.

III. Cómo logró el éxito. «El Angel de Jehová» fue su defensa (v. 36). Su argumento fue simple, pero irresistible. «Ahora, pues, Jehová Dios nuestro, líbranos de su mano para que todos los reinos de la tierra conozcan que solo tú eres Jehová» (v. 20). Cuando el ángel de la muerte extiende sus alas y da el golpe, ¡ay de aquellos que luchan contra el reino de Dios! «Perecen bajo el soplo de Dios» (Job 4:9). ¿Hay algún dolor demasiado grande, o cualquier circunstancia demasiado problemática, que no pueda la oración de fe traer consolación y liberación? «Si tenéis fe como un grano de mostaza… nada os será imposible» (Mt. 17:20).

665. AMOR LIBERADOR

Isaías 38:17

1. Una condición de impotencia. «El hoyo de corrupción.»
2. Una experiencia lastimosa. «Amargura grande me sobrevino para mi bien».
3. Una gran liberación. «Tú tuviste a bien librar mi vida del hoyo».
4. Un motivo misericordioso. «En amor hacia mi alma» (V.M.).
5. Una certidumbre consoladora. «Echaste tras tus espaldas todos mis pecados».

666. AMADOS Y LEVANTADOS

Isaías 38:17

I. Una mísera condición. «En el hoyo de corrupción». El hoyo, un lugar de tinieblas. Servidumbre.

II. Una experiencia dolorosa. «He aquí, amargura grande me sobrevino en la paz» (v. 17 RV). La amargura del desengaño; la amargura de una conciencia culpable.

III. Una maravillosa liberación.

1. Su NATURALEZA. «Del hoyo de corrupción.»
2. Su CONSOLACIÓN. «Echaste tras tus espaldas todos mis pecados.»
3. Su CAUSA. «*Tú tuviste a bien* librar mi vida.»

667. LA OBRA CONSUMADA

LA GLORIOSA REALIDAD DE LA QUE LA OBRA CUMPLIDA POR CRISTO EN/Y POR MEDIO DE SU MUERTE ES TOTALMENTE EFICAZ; Y QUÉ SE SIGNIFICA POR «RECIBIR EL DOBLE».

Nadie puede negar la presencia en la Sagrada Escritura de afirmaciones difíciles, causantes de perplejidad. Las encontramos una y otra vez en nuestra lectura del Libro. ¡Cómo nos plantean desafíos y nos hacen detener! Y cuando nos paramos y luchamos con ellas, nos vemos ejercitados en una actividad que nos pone en forma. Aunque las Sagradas Escrituras son tan simples que un niño puede comprenderlas, hay porciones tan profundas que el más agudo intelecto se queda azorado. Los hay que llegan a la errónea conclusión de que la presencia de estos difíciles problemas intelectuales en la Biblia constituyen otras tantas pruebas de que el Libro no es de lo alto. Pero si se comprende bien la cuestión, la realidad es totalmente lo contrario. ¿No es acaso totalmente natural esperar en los escritos de la Mente Maestra que aparezcan declaraciones más allá de nuestra capacidad de comprensión, y que una vez tras otra desafían a nuestra inteligencia? Y así es.

Pero algunas de estas dificultades surgen de nuestro desconocimiento de viejas costumbres orientales. Con el transcurso de los años, una costumbre bien conocida a la que se hace alusión en algún pasaje de las Escrituras ha ido perdiendo su familiaridad y, cayendo en desuso, está ahora olvidada. A causa de esto, algunos de los pasajes que nos son preservados en la Divina Biblioteca llegan a sernos una especie de enigma. Isaías 40:2 es un ejemplo de esto: «Hablad al corazón de Jerusalén; decidle a voces que su tiempo de servicio duro es ya cumplido, que su pecado es perdonado; *que ha recibido de la mano de Jehová el doble por todos sus pecados». «El doble» «¿El doble de qué?»* ¡Qué perplejidad causa este pasaje! ¡Recibir el doble! En castellano popular, esto significa «dos veces más». En la Ley Judía de la Herencia, significaba una porción adicional. Pero estos significados no nos ayudan aquí.

Cuando pasamos a los Comentarios, este misterio se complica, porque con la multitud de palabras se oscurece el consejo. La explicación más popular es desde luego errónea, y se enfrenta con el resto de la revelación divina. En una de las exposiciones autorizadas y reconocidas de Isaías, un erudito rector de universidad afirma: «Declara que Israel ha sufrido un castigo más del doble que el necesario para expiar sus pecados», y, reconociendo que esto se enfrentaba a la perspectiva general de la doctrina cristiana, defiende su punto de vista afirmando que no debemos ajustar la enseñanza de la Biblia a *nuestras* posturas acerca de la verdad divina, sino sujetarnos a la autoridad de la Palabra. Esto está muy bien. Pero una interpretación de una Escritura que viola otras claras declaraciones de la Sagrada Escritura no puede ser correcta. Si una cosa es cierta es que el pecado siempre engendra sufrimiento; pero el pecador nunca puede dar satisfacción por su pecado mediante su propio sufrimiento.

Lo que sucede aquí es sencillamente que tenemos una antigua costumbre judía acerca de las quiebras. En aquellos tiempos, la insolvencia era considerada como una cuestión sumamente grave. Cuando era cosa evidente para los clamorosos acreedores que un deudor era realmente insolvente, se entregaba una notificación a un cierto funcionario judío, que, después de inscribir en un pergamino el nombre, la familia y la tribu del insolvente, junto con la cantidad de la deuda, se dirigía en triste procesión a la puerta de la ciudad o población, y clavaba el documento. Allí se hacía una dura denuncia pública del desafortunado deudor. Una excomunión eclesiástica seguía a la fijación del documento; la excomunión era considerada un castigo terrible. Si posteriormente la deuda era pagada por el deudor, o alguien la pagaba por él, el funcionario se dirigía de nuevo a la puerta, tomaba el documento de denuncia, y sacando el clavo, lo doblaba para ocultar bien su contenido, y luego fijaba el documento doblado clavándolo con todas sus fuerzas en el poste. Entonces todo el pueblo se reunía excitado alrededor para inspeccionarlo, exclamando satisfechos: «Fulano de Tal ha recibido doble por todas sus deudas». Doblar el documento significaba la cancelación y ocultación del triste registro, y la retirada de la excomunión. Aquella persona boicoteada y ostracizada era ahora admitida a la comunión religiosa.

¿No es esto gloriosamente sugestivo de la bendición y realidad del perdón divino?

Cuando Él perdona, olvida, dobla, y todos los arrepentidos que aceptan al Salvador entran en esta bendita experiencia.

Lo maravilloso es que el doblado ha tenido ya lugar. ¿No es acaso ésta la enseñanza de Colosenses 2:14? «Cancelando el documento de deuda en contra nuestra, que consistía en ordenanzas, y que nos era adverso, quitándolo de en medio y clavándolo en la cruz». Cuando piensas en la Cruz, ¿qué ves allá? Pablo vio el registro en contra de él *doblado*. Cada clavo que traspasó el cuerpo de Cristo fue un clavo que doblaba el registro que era contra nosotros.

¿Has oído hablar alguna vez de la historia de la buena esposa de un célebre oficial del ejército francés, que había ofendido a Napoleón Bonaparte, y tan gravemente que parecía probable que lo hiciese ejecutar? Su amante esposa se aventuró a presentarse delante del gran militar, y comenzó a rogar por su marido. Pensaba que había sido acusado injustamente, y comenzó a explicar el asunto y a excusar a su marido. Entonces Napoleón hizo tocar la campana, envió a un mensajero para que trajera las pruebas de la culpabilidad del hombre, y entregó el acusador documento a la mujer. Ella lo leyó a través de sus lágrimas, y ya no pudo rogar más que fuese absuelto como cuestión de justicia; reconoció su culpa, pero rogó ahora por misericordia. Entonces Napoleón, en un momento de compasión, le dijo: «Señora, ya que tiene en sus manos la prueba de la culpa de su marido, destrúyala, y desarme así la severidad de nuestra ley marcial».
¿Qué pensáis que hizo? Pues se dirigió en el acto al fuego que ardía en el hogar, y echó los documentos a las llamas. Y actuó sabiamente. No hubiese podido ser mejor, excepto si el mismo Napoleón hubiese quemado las pruebas. Esto es lo que ha hecho Cristo. Ha tomado nuestro pecado, la evidencia de nuestra culpa, y lo clavó en la cruz, lo echó al fuego del perdón. Nunca volverá a ser hallado; el pecado ha sido quitado, borrado, perdonado.
La aplicación literal de Isaías 40:2 es naturalmente para el Israel literal. Esto será cumplido en los venideros días gloriosos cuando Judá e Israel no solamente serán restaurados a su propia tierra, sino también al favor divino. La aplicación espiritual es para nuestro goce aquí y ahora.
Y ahora debemos observar las bendiciones que siguen a la aceptación de esta magna y gloriosa realidad. Con esto a la vista, veamos algunas ocasiones en que aparece la palabra «doble»:

I. Liberación de la vergüenza de la culpa. Observemos Isaías 61:7: «En lugar de vuestra vergüenza, tendréis doble» (V.M.). El pecado es un infortunio para cualquier nación o persona. Hay la vergüenza de la culpa. El alma despertada se sonroja ante la revelación de la depravación interior real. Pero cuando aquella alma se vuelve arrepentida al Trono de la Gracia, apelando a los méritos de la preciosa Sangre de Cristo, se concede el perdón, y desde luego mucho más de la clemencia y gracia divinas, y aquel que, como el publicano, se avergonzaba de acercarse o de levantar la mirada (Lc. 18:13). vuelve a su casa libertado de la vergüenza de la culpa, y justificado.

II. Liberación de la vergüenza de la esclavitud. «Volveos a la fortaleza, oh prisioneros de esperanza; hoy también os anuncio que os restauraré el doble» (Zac. 9:12). Éste era un texto favorito de los predicadores de hace una década o dos, pero se usa poco estos días. Esto tiene aplicación literal para Jerusalén en el tiempo de la angustia de Jacob. Pero tiene una aplicación espiritual en el aquí y ahora. «Prisioneros», no solo estamos por naturaleza llevando una carga de culpa, sino que estamos actualmente en esclavitud bajo el pecado. La Ley es a la vez cárcel y carcelero (Gá. 3:23).

III. Liberación de la vergüenza de la insolvencia. Esto subyace a Isaías 40:2. Nuestra deuda es mucho peor que la de Mateo 18:24 (una cantidad equivalente a 340.000 kilogramos de plata u oro). Somos desesperadamente insolventes. Pero somos perdonados total y libremente por causa de Aquel que todo lo pagó. Entonces quedan a nuestra disposición todos los recursos de Dios en Cristo. Así, estando ahora por la gracia en el goce de las riquezas celestiales, podemos vivir la vida que deberíamos vivir. Obsérvese el juego con la palabra «doble» en Isaías 61:7. En Cristo recibimos más que lo que jamás perdió Adán.

IV. Liberación del desconsuelo. «Consolad» (Is. 40:1). No es extraño que haya un gran cambio de tono entre Isaías 1-39 y 40-66. Porque una vez está el pecado perdonado, borrado, y tenemos a nuestra disposición todas las riquezas de Cristo, se desvanece la tristeza, y llega la consolación. La deuda excluía al judío de tomar parte en las festividades religiosas. Quedaba cortado. Pero la gracia nos admite en la familia y comunión de Dios.

668. LA ELECCIÓN DE LOS EMPOBRECIDOS

«Aquel que es demasiado pobre para tal ofrenda, escoge un árbol que no se apolille» (Is. 40:20, V.M.).

Incluso el idólatra pagano, que es tan pobre que no puede hacerse para sí mismo una imagen de oro o plata, al tratar de hacerse un dios, lo hará de madera *incorruptible;* incluso en su ignorancia y ceguera desean un objeto de confianza que *permanezca.* Esta madera *incorruptible* puede representar adecuadamente la Cruz de Cristo, y todo lo que en ella se significa.

I. La Cruz de Cristo recibe el nombre de madero (1 P. 2:24). Como madero, o árbol,

1. Habla de MALDICIÓN. «Maldito todo el que es colgado en un madero» Gá. 3:13). «Maldito por Dios es el colgado» (Dt. 21:23).
2. Habla de SUSTITUCIÓN. «[Cristo] llevó Él mismo nuestros pecados en su cuerpo sobre el madero» (1 P. 2:24). «Hecho pecado por nosotros» (2 Co. 5:21).

II. La cruz de Cristo es un árbol que no se apolillará. «Jamás acontezca que yo me gloríe, sino en la cruz de nuestro Señor Jesucristo.»

1. El CRISTO QUE MURIÓ no verá corrupción. «Él vive por los siglos de los siglos.» Él no pudo ver corrupción. Él es «el Pan de Vida».
2. La SANGRE QUE FUE DERRAMADA no verá corrupción. «Habiendo obtenido por nosotros *eterna* redención.» «No fuisteis redimidos con *cosas corruptibles...* sino con la sangre *preciosa* de Cristo.»
3. Las BENDICIONES ADQUIRIDAS no se corromperán. Vida *eterna.* Una paz que sobrepasa todo entendimiento, y *gozo* inefable, y una herencia *incorruptible* e incontaminada.

III. La cruz de Cristo es un árbol digno de ser escogido. «*Escoge* un árbol que no se apolille.» Moisés hizo esta elección, y también Rut. Razones por las que se debe tomar esta elección:

1. Porque LOS PLACERES DEL PECADO se corromperán. Son deleites «temporales» (He. 11:25).
2. Debido a que LOS HONORES DEL MUNDO se corromperán. Los que quieran hacerse *un nombre* para sí mismos serán avergonzados y confundidos (Gn. 11:4-8).
3. Porque TODO OTRO FUNDAMENTO se corromperá. Nadie puede poner otro fundamento que el que está puesto. No hay otro Nombre dado a los hombres por el que podamos ser salvos.

IV. La Cruz de Cristo es un Árbol escogido por los pobres. Los que se las dan de justos, que intentan establecer sus propias imágenes de oro y plata, menosprecian este árbol (Ro. 10:1-3). El *pobre* publicano hizo esta elección (Lc. 18:14). Dijo Él: «No he venido a llamar a los justos, sino a los pecadores a arrepentimiento». «Bienaventurados los pobres de espíritu, porque de ellos es el reino de los cielos.»

669. PODER PARA LOS DESMAYADOS

Isaías 40:28-31

«¿No has sabido?» Tanto hay de la bondad de Dios que se nos revela en su Palabra que hasta ahora no hemos, ¡ay!, llegado a comprender o a aprovechar, que necesitamos mucho una pregunta como ésta para centrar de nuevo nuestra atención a nuestra verdadera necesidad y a su plenitud Omnipotente. Aquí se nos recuerda:

I. La necesidad de poder. «Él da vigor al cansado.» él habla de *vigor,* porque sabe que lo necesitamos. Es por falta de *vigor* que nos «cansamos» y que «no tenemos fuerzas» y «flaqueamos», y que los jóvenes «se fatigan» (v. 30). Hay mucha fatiga hoy y ausencia de fuerzas debido a la consciente incapacidad de vencer el poder de los actuales males. Una atmósfera moral insana hace que sea difícil la respiración para un hombre espiritual. Incluso «jóvenes» carentes de este poder son un total fracaso.

II. La fuente de poder. «No has oído que el Dios eterno... no desfallece, ni se fatiga con cansancio?» (v. 28). «¿No me has conocido?» (Jn. 14:9). Todo poder le ha sido dado a Él. Todo poder creador y sustentador suyo es. Toda la plenitud en Él mora. Si somos obreros juntamente con Aquel que no se fatiga, ¿por qué deberíamos fatigarnos nosotros? ¿Por qué este cansancio en nosotros si Aquel que nunca se cansa está obrando en nosotros el querer y el hacer según su buena voluntad?

III. La naturaleza del poder. El poder no es algo de que nos revistamos, es algo que se reviste de nosotros. Algo que entra en nuestro ser, dándonos una capacidad y responsabilidad aumentada. El poder, como el amor, mora en la vida de Dios. Tener más de su vida significa más de su poder. El espíritu de vida es el espíritu de poder (Hch. 1:8). Este poder no es el de una nueva resolución, o de un vigor juvenil, ni de entusiasmo natural; es «el poder de Dios», porque Dios ha entrado en mayor poder en la vida. La abundancia de vida significa abundancia de paz.

IV. La condición del poder. «Los que esperan a Jehová» (v. 31). Este *esperar* en el Señor debe ser interpretado como una honrada confesión de que ha habido desfallecimiento y fracaso en el pasado, debido a que la promesa es «al cansado, y… al que no tiene fuerzas» (v. 29). *Su* poder sólo puede ser perfeccionado en debilidad (2 Co. 12:9; He. 11:34). Espera en el Señor y cambia tu debilidad en su poder (v. 31).

V. La evidencia del poder. «Levantarán el vuelo… correrán, y no se cansarán; caminarán, y no se fatigarán.» Ellos ascienden, como águilas, a una atmósfera más alta y pura de vida donde correr y no cansarse, andar y no fatigarse. La dotación de poder implica una elevación de la vida a un plano más alto y misterioso de vida, muy por encima de todos las principados y potestades de la tierra y del infierno que querrían desalentarnos y destruirnos. Él *da* poder a los cansados.

670. NO TEMAS

Isaías 41:9-16

¿Qué se dice aquí de Israel? La simiente de Abraham son también esos que son su simiente espiritual, los hijos de Dios por la fe. Estas promesas son dadas a «Mi siervo… a quien yo he escogido» (vv. 8, 9). Si eres un siervo escogido por Dios, entonces estas promesas son virtualmente para ti. Cada promesa es una razón por la que debes hacer caso a su exhortación: «No temas». Él dice: «No temas, porque…

I. Yo estoy **contigo.** «Yo soy tu escudo, y tu galardón sobremanera grande» (Gn. 15:1, RV).

II. Yo soy **tu Dios.** Tu Dios es bueno, y tu Dios es omnipotente.

III. Yo te **doy vigor.** Si Él es el vigor de tu vida, ¿de qué debes *tú* tener temor? (Sal. 27:1).

IV. Yo te **ayudaré** (v. 10). Esto implica cooperación. No hay ayuda como su ayuda.

V. Siempre te **sostendré.** La diestra de su justicia te sostendrá.

VI. Yo te **defenderé.** «Serán como nada, y como cosa que no existe, aquellos que te hacen la guerra» (v. 12).

VII. Yo te **usaré.** «he aquí que yo *te* he puesto por trillo, trillo nuevo, de dientes afiladas» (v. 15). Cada alma redimida y consagrada será un *nuevo* instrumento en su mano.

VIII. Seré **glorificado** en ti. «Tú te regocijarás en Jehová, te gloriarás en el Santo de Israel» (v. 16; véase Jer. 9:24).

671. EN TIEMPOS DE TINIEBLAS

«Jehová quiere habitar en una densa nube» (2 Cr. 6:1).

«El temor de una gran oscuridad cayó sobre [Abram] (Gn. 15:12 y 15).

«No temas, porque yo estoy contigo» (Is. 41:10).

Andando un día por el invernadero de un amigo, me llamó la atención una planta totalmente cubierta por un tiesto. «¿Sabes por qué he puesto esta planta en oscuridad?» –preguntó. «Porque quiero que arraige más a fondo.» Evidentemente, la oscuridad era necesaria, aunque no fuese agradable, para conseguir arraigar más hondo.

Los cristianos se encuentran a veces llenos de perplejidad a causa de experiencias que nunca habían anticipado. Cuando buscaron al Señor por primera vez y recibieron de parte de Él el perdón, la justificación y la vida, ¡qué gozo el suyo! Cantaban llenos de alegría: «¡Oh día feliz, cuando Jesús mis pecados lavó!» su sol resplandecía intensamente, y el Señor estaba cerca. Pero a veces el gozo se desvanece, se oculta el rostro del Señor y su parte es la tiniebla. ¿Por qué la oscuridad? A veces la causa es el pecado, y una rápida confesión restaurará el gozo; otras, la causa de estas angustias del alma es un cuerpo débil y enfermo, y el reposo, alimentos apropiados o la asistencia del médico hará que el resplandor del sol vuelva a verse; a menudo, muy a menudo, ninguna de estas razones sirve de explicación, sino ésta: que el Labrador Divino ha considerado necesaria la oscuridad para que el joven convertido ahonde sus raíces y se aferre más fuerte a Dios. Pero, fuere la causa cual fuere, te rogamos que te aferres al hecho de que «Jehová quiere habitar en una densa nube». Y Él está contigo en la oscuridad, y dice: «No temas, porque yo estoy contigo».

Una señora estaba intentando ayudar a una joven cristiana a través de una experiencia similar, hace muchos años, cuando se encontraron con Sir Arthur Blackwood, que dio un mensaje que era la misma palabra del Señor. «Recuerdo haberle conocido (a Sir Arthur Blackwood) un día, cuando C. T., que estaba conmigo, y que era entonces una joven cristiana, estaba con el espíritu deprimido, y yo no conseguía ayudarla. Mientras pasábamos junto a la iglesia nos encontramos de repente cara a cara con él, y viendo nuestros rostros deprimidos, nos dijo: "¿Quién hay entre vosotros que teme a Jehová, que obedece a la voz de su siervo? Aunque ande en tinieblas y carezca de luz, confíe en el nombre de Jehová, y apóyese en su Dios?" (Is. 50:10)». Fue precisamente la palabra que necesitaban.

¡Qué aturdidos se quedan almas acabadas de consagrar debido a experiencias que nunca previeron! Después de haberse rendido totalmente a su amado Señor y Maestro, y haberse presentado sobre el altar del sacrificio, esperaban, y desde luego recibieron por la venida del Espíritu Santo, un nuevo corazón, y una consiguiente liberación de todo el poder del enemigo, alcanzaron una profunda paz interior, y un sentimiento muy vivo de la presencia del Padre. Había plenitud de gozo, la comunión se profundizaba sin interrupción, y se experimentaba un nuevo deleite en la oración y en el estudio de las Sagradas Escrituras. Hasta aquí, todo había sucedido como habían sido llevados a esperar. Pero al cabo de poco tiempo tuvo lugar un cambio: cesaron todas las profundas experiencias emocionales, y, aunque todavía conscientes de una serenidad interior, el alma parecía envuelta en tinieblas.

Alguna de la oscuridad de un pasado árido puede comprenderse. Entonces se trataba o bien del resultado de repetidos fracasos en el andar y la conversación de cada día, y los consiguientes reproches de un corazón que se condenaba a sí mismo, o puede haber sido causada por un cuerpo fatigado y abrumado. Pero no es este el caso aquí. Ahora, no sabedor de nada hecho para entristecer a su Señor, poseyendo una conciencia sin ofensa delante de Dios y de los hombres, y con un cuerpo en buena salud, se levanta el clamor en tonos agónicos: «¿Por qué esta oscuridad?»

¿No podría hallarse la solución a este difícil problema en la historia registrada más arriba? No podría ser su propósito en la oscuridad conseguir un arraigo más profundo, un asirse más fuerte de Él, y un conocimiento más profundo y magno de lo que pertenece a Dios? Ciertamente. La oscuridad es a veces solo el amante método del Padre de desligar a su hijo de todo lo demás, de encontrar en Él su todo. Él ve la sutil tentación de que nos veamos involucrados en meras experiencias emocionales, y no con el Señor mismo; de que nos apoyemos en las bendiciones de la vida más profunda, y no solamente en Aquel que da la bendición. Y, como nunca se queda satisfecho hasta que ha conseguido toda nuestra atención sin distracciones, tiene que encerrarnos en Sí mismo mediante la oscuridad, hasta que podemos decir:

Antes era la bendición, ahora es el Señor;
Antes eran los sentimientos; su Palabra ahora es
Antes sus dones yo quería, ahora al mismo Dador;
Antes sanidad buscaba; ahora solo a Él.

Pero, ¿qué debemos hacer cuando pasamos por tales tenebrosas experiencias? ¿Qué podemos hacer, más que refugiarnos en los brazos del Amor Infinito? Recuerda entonces: Él no te ha desamparado, porque «Jehová quiere habitar en una densa nube». Oh, cuando estés en las tinieblas, ¡nunca, nunca, abrigues duda alguna de la presencia divina! Ésta fue la fuente más fructífera de las murmuraciones de Israel, porque está escrito: «Tentaron a Jehová, diciendo: ¿Está, pues, Jehová entre nosotros, o no?» (Éx. 17:7).

El Labrador nunca está tan cerca de la vid como cuando está podándola.

Hace poco, durante un viaje en tren, había en el mismo compartimento otros dos pasajeros, una madre y su niñita. La pequeña estaba muy ensimismada con algunos juguetes sobre el asiento. Al cabo de poco entramos en un túnel muy largo, y me asombré de que en aquella negra oscuridad no brotase un grito de temor de la niña. Al volver a la luz del día quedó resuelto el misterio: la niña había dejado sus juguetes y estaba asida de su madre, con sus bracitos alrededor del cuello de la madre. ¿No puedes tú hacer lo mismo? Regocíjate en que te haya contado digno de morar con Él en la oscuridad, dale gracias de que aunque haya caído sobre ti el «temor de una gran oscuridad», te habla con una palabra consoladora, y que al hacerlo así, podrás cantar «cánticos en la noche».

672. CUANDO ESTÉS TENTADO A SENTIRTE SOLITARIO

«No temas, porque yo estoy contigo» (Is. 41:10).

Los niños habían estado ya un tiempo en cama. Todo estaba callado en la casa, y la madre estaba sola en la cocina, cosiendo. De repente se oyó una vocecita arriba en el rellano: «¿Estás ahí, mamá?» Uno de los pequeños no podía dormir, y preocupado por el silencio abajo, tenía miedo que estuviesen solos. Al saber que la madre estaba desde luego allí, el atemorizado pequeñuelo volvió a irse a la cama, y pronto estuvo profundamente dormido.

Tú dudas de la existencia de Dios. ¿Y cómo no, si no te has tomado nunca el trabajo de ir al rellano y preguntar: «Estás ahí»? Has leído, meditado y considerado con otros esta cuestión, y has aireado tus herrumbrosas opiniones, pero nunca has indagado seriamente acerca de Él. ¡Qué vergüenza! Si tan solo le buscas, Él desde luego se manifestará a ti. O puede que seas un verdadero cristiano. Durante mucho tiempo Él ha sido una bienaventurada realidad. Pero últimamente no ha habido mucha actividad entre el cielo y tu alma, y parece haber retirado su presencia, y hay un extraño silencio lleno de presagios. «¿Estás ahí, Señor?» ¿Es ésta tu pregunta, dicha con un corazón roto? Aquí está la respuesta: «No temas, porque yo estoy contigo; no desmayes, porque yo soy tu Dios; yo te doy vigor; sí, yo te ayudaré, y siempre te sostendré con la diestra de mi justicia». ¡Oh, la bienaventuranza de esta presencia llena de gracia!

Éste es uno de los textos más conocidos; y es una de las verdades más conocidas. Pero, ¿vivimos conforme a ella? ¡Ah, esto es ya otra cosa! Si verdaderamente he nacido de su Espíritu, y soy miembro de la familia de la fe; si mis pecados han sido perdonados y he sido justificado por la fe; si soy partícipe de la naturaleza divina; entonces Él está conmigo. Esta es una realidad, tanto si tengo el goce de esta presencia como si no. Debemos depender menos de los sentimientos y más de las realidades. Los sentimientos son mudables, pero la realidad permanece. Y el goce de esta realidad depende mayormente de su reconocimiento claro y persistente. Tú crees que el Señor te ha abandonado y estás muy angustiado. Pero, ¿qué dice el Señor? Escucha: «De ningún modo te desampararé, ni te dejaré». «No temas, porque yo estoy contigo». Es maravilloso pensar que Él está cerca para oírnos. Es glorioso pensar que puedo acudir al rellano, y, como respuesta a mi pregunta, ¿estás ahí, Señor?, oír su voz diciendo, «No temas». Pero este mensaje para la persona solitaria significa infinitamente más que el hecho de que esté cerca para oír; su pleno significado es que está a mi lado. Y Él está conmigo para «dar vigor», para impartirme fortaleza, para «ayudar», para un servicio práctico, para «sostener», para acompañarnos y ayudarnos día a día en la celestial peregrinación.

Éste fue el mensaje más repetido del Señor a su pueblo. Porque no solo era lo que más necesitaban, sino también aquello que más se les debía recordar.

Era un mensaje a un pueblo apartado de Dios. Israel había sido llevado en cautiverio. El Señor se había visto obligado a disciplinarlos. Pero si había visto necesario enviarlos al cautiverio, Él había ido con ellos a la tierra extraña, y estaba compartiendo sus dificultades y dolores. Y todo aquel tiempo ellos no eran conocedores de aquella presencia llena de gracia. Habiéndole abandonado, pensaban que Él les había abandonado a ellos. Pero estaban equivocados. Él estaba compartiendo los golpes que Él se había visto obligado a propinarles con tanta severidad. Los había acompañado al cautiverio, y estaba suficientemente cerca no solo para oír, sino también para ayudar.

Éste fue su mensaje a un Israel desalentado y atemorizado en Cades-barnea (Nm. 14:9). El reconocimiento de esto era el secreto de su propia e inmutable confianza. Y el mensaje les fue transmitido, pero no fue oído, y por ello hubo los 40 años de peregrinación por el desierto.

Éste fue su mensaje a un obrero de Dios a punto de asumir graves responsabilidades (Dt. 31:8). ¡Qué enorme tarea se presentaba ante Josué! No solo se trataba de una enorme tarea por tener que conducir a tres millones de personas, sino porque tenía que suceder a alguien tan grande como Moisés. Pero la presencia del Señor era su suficiencia.

Éste fue su mensaje a un pacificador, que sentía su soledad en medio de enemigos (Gn. 26:24). ¡Qué excelente pacificador era Isaac, sí, pero qué necesidad tuvo justo entonces de una palabra de aliento de su Señor!

Sí, su presencia con nosotros es una realidad. ¿Vivimos conforme a este hecho? Si así viviésemos, un resultado sería que no padeceríamos ansiedad. Muy a menudo citamos Filipenses 4:5, 7: «Por nada os inquietéis», o, como en la RV, «Por nada estéis afanosos». Estar así libres de inquietudes demoledoras parece imposible. Pero leamos lo que dice justo antes: «El Señor está cerca». Esto es una referencia no solo a la inminencia de su venida, sino a que está actualmente cercano. Un capitán de barco que acababa de llegar de una travesía, dijo: «Tuvimos una terrible tempestad subiendo por el Canal. Tuve que estar todo el tiempo en el puente, pero cuando el piloto subió a bordo me fui derecho a la cama, y en dos minutos me quedé dormido como un tronco». Así. La presencia del piloto marcó una total diferencia. Pero si somos creyentes, nuestro Piloto Celestial ya está a bordo. ¿No reconoceremos esta presencia llena de gracia y hallaremos así alivio de las inquietudes que nos abruman?

673. UNA PROMESA PARA EL FUTURO

«Porque yo Jehová tu Dios, soy quien te sostiene de tu mano derecha, y te dice: No temas, yo te ayudaré» (Is. 41:13).

Un cirujano muy sensible estaba paseando por el gran pabellón de un enorme hospital cuando vio a una pequeña que tenía los ojos vendados, dolorida y agitando la mano. Se llegó a ella y tomó en la suya aquella mano extendida. En el acto hubo un cambio: la pequeña se sintió consolada y se quedó tranquila y satisfecha. Y podríamos decir que aquella niña es una imagen de algún lector de este capítulo: en una tiniebla espiritual que se puede palpar, con una sensación de soledad y de abandono y de anhelo del contacto con una mano desaparecida, con el corazón lleno de temor y terror acerca del futuro. Solo extiende tu mano al querido Señor, y Él la acogerá y la tomará, diciéndote: «No temas, yo te ayudaré».

En un pueblecito cerca de Manchester, donde estaba yo predicando en unos servicios evangelísticos, estaba agonizando un obrero de las canteras. Era un ateo. Un granjero, presidente del cuerpo local de Librepensadores, al saber de la grave enfermedad de su amigo, y temiendo que al avecinarse la muerte pidiese llamar a un ministro y que se volviese religioso, se había apresurado a acudir a su lado y le exhortó a que muriese valiente. Pero el moribundo le dijo: «Es cosa grande que me pidas que me mantenga firme, pero, ¡es que no tengo nada sobre lo que mantenerme!». Una vez más, el ateísmo fue pesado en las balanzas de la necesidad y experiencia humana, y hallado falto. Cuando se llega al valle de la muerte, ¿no tendrás nada sobre lo que mantenerte? ¿No querrías más bien encontrarte entre los redimidos que, con las ropas lavadas y blanqueadas en la Sangre del Cordero, tienen algo sólido y permanente sobre lo que mantenerse? Sí, y mejor todavía, tener a Alguien sosteniéndolos a ellos, porque está escrito: «Porque yo Jehová tu Dios, soy quien te sostiene de tu mano derecha, y te dice: No temas, yo te ayudaré».

Un ingeniero ferroviario de la antigua línea L. B. & S. C. R. estaba en cama en el Hospital Mildmay en Bethnal Green, Londres, esperando ser operado de apendicitis. Aunque era cristiano, al pensar acerca de lo que le esperaba, se encontraba comprensiblemente atemorizado y con el alma atenazada de angustia. Lo prepararon para la operación, y cuando iban a introducirlo en el quirófano, la enfermera, que se dio cuenta de lo atemorizado que estaba, le dijo: «Cuando lo pongan sobre la mesa de operaciones, mire a la pared y encontrará allí un mensaje de Dios para usted». Así lo hizo, y en la pared vio escrito: «Porque yo Jehová tu Dios, soy quien te sostiene de tu mano derecha, y te dice: No temas, yo te ayudaré». ¡Alabado sea Dios –me dijo después–, ésto era precisamente lo que yo necesitaba, y quedé descansado y renovado».

Los «No temas» de la Biblia son muchos y variados, y constituyen un maravilloso estudio.

Observa esto: antes de hablar, Él toma de la mano. Primero toma aquella mano extendida, y luego habla tranquilizando. No solo se sienta sobre su trono en el cielo dictando y enviando mensajes de consuelo para nuestras almas, sino que acude al llamamiento de la más apremiante necesidad que padecemos y nos concede un contacto directo y personal. «Ningún distante Dios tenemos que quiera alejado estar. Hecho carne por mí, no podrá reposar hasta que Él repose en mí.»

Y ¿qué significa su acción de sostener nuestra mano? Siete misericordias y bendiciones.

I. Salvación. «Desde el cielo alargó su mano y me agarró, me sacó de las profundas aguas» (Sal. 18:16). ¡Qué imagen más descriptiva tenemos aquí de la total impotencia del hombre! Hundiéndose en medio de los torbellinos, azotado hasta quedar violáceo por el oleaje desatado, sin ningún terreno firme sobre el que situarse, ¿no hay ayuda? Sí, si llega aquel clamor petrino: «¡Señor, sálvame!» La ayuda viene desde fuera y desde arriba. Él envió desde *arriba,* me tomó, y me sacó. «Al momento Jesús, tendiéndole la mano, lo agarró», y fue salvado de la muerte.

II. Seguridad. «No perecerán jamás, ni nadie las arrebatará de mi mano» (Jn. 10:28). Es gloriosa la seguridad que tenemos cuando Él nos ase de su mano.

III. Amistad. Como prenda de amor, la mano es tomada fuertemente. «Yo Jehová tu Dios, soy quien te sostiene de tu mano derecha.» Al ser Él mi Salvador, estoy en una posición de aprender de Él y conocerle como Amigo.

IV. Confianza. Tu pequeño está lleno de temor y agitación, y tú le dices: «Dame la mano». Esto significa el adiós al temor. Así es entre el Señor y el alma. Nos posee una confianza permanente como resultado de que Él nos sostiene de la mano.

V. Ayuda. La mano nos es ofrecida para ayudarnos: «Yo te ayudaré».

VI. Fortaleza. «Y los brazos de sus manos se fortalecieron por las manos del Fuerte de Jacob» (Gn. 49:24). Firmemente asidos de su mano, nos viene la impartición de la fortaleza divina.

VII. Sumisión. Esto significa estar dispuestos a ser llevados a cualquier lugar, y a ser empleados de cualquier manera. No es tan difícil como suena. ¡Qué significa adónde vayamos o lo que tengamos que hacer, si solo nos guía su mano!

674. ESPERANZA PARA LOS NECESITADOS

Isaías 41:17-20

Los «menesterosos», ¿quiénes son? En cada ciudad y país su nombre es legión. Pero los «menesterosos» son aquí los más desesperanzados de todos los mortales. Contemplemos esta imagen de:

I. Lamentable fracaso. «Los pobres y menesterosos buscan las aguas, y no las hay.» Están acusadamente conscientes de su necesidad; son «pobres», y buscan una misericordia común, «agua». La buscan donde no puede ser hallada: «ninguna hay». Y ellos han estado buscando hasta que «seca está de sed su lengua». ¡Qué imagen que desengaño y de desolación! Mientras que «la común salvación» es tan abundante y barata como el agua, sin embargo, ¡cuántas almas pobres y necesitadas la buscan donde «ninguna hay», en sus propios corazones, oraciones y obras!

II. Promesas inspiradoras. A Israel no se le ordenó que cavara pozos en el desierto. Debían beber de la peña que había sido golpeada. La salvación es del Señor. A los «pobres y menesterosos» se les da tres preciosas promesas.

1. Los OIRÉ. No hay respuesta para esta sed más que en el mismo Dios. Dios es la única respuesta a los clamores de la humanidad. Él tanto amó al mundo que le dio su Hijo. Miradme a mí, y sed salvos. La respuesta de Dios está cerca cuando reconocemos y confesamos nuestro total fracaso.
2. «ABRIRÉ RIOS en los cerros pelados» (v. 18). La plenitud de la bendición de Dios viene con frecuencia de fuentes inesperadas: «Cerros pelados». «*No son*... vuestros caminos mis caminos, dice Jehová». Una lengua seca de sed es un cerro pelado del que Él puede sacar ríos de aguas (Jn. 7:37-39).
3. «Daré en el desierto cedros. pondré en la soledad cipreses, pinos y bojes» (v. 19). Ésta es parte de la respuesta de Dios al pobre y menesteroso desierto del alma del hombre. No solo necesita los ríos frescos y purificadores, sino también la doncaión de nuevos principios para el hermoseamiento de los vitales árboles en el desierto.

III. Resultados honrosos para Dios. «Para que *vean*, y conozcan, y *adviertan, y entiendan* todos, que la mano de Jehová ha hecho esto» (v. 20). Todas sus obras le alaban. Nuestras vidas transfiguradas se convierten un testimonio a otros de la buena mano de nuestro Dios sobre nosotros. Cuando, en lugar de las zarzas y de las ortigas crezcan los cipreses y los mirtos, ello será a Jehová por memorial, por señal eterna (Is. 53:13). Es un mísero testimonio para Dios cuando la lengua se seca a causa de la sed. Pero Él se deleita en responder a nuestra necesidad, por causa de su Nombre. Es cuando el nuevo cántico es puesto en nuestra boca que «verán esto muchos, y temerán, y confiarán en Jehová» (Sal. 40:3).

675. «LLAMADO, SOSTENIDO, GUARDADO, PUESTO»

Isaías 42:6, 7

Frances Ridley Havergal, la dulce poetisa cuya lírica ha alegrado a tantos peregrinos fatigados de camino a la Ciudad Celestial, encontró gran consolación en estas palabras en sus últimos momentos.
El último día de su vida pidió a una amiga que leyese Isaías 42. Cuando la amiga leyó estos versículos, Miss Havergal la detuvo, diciendo: «Llamada, sostenida, guardada, puesta». Luego susurró: «Bueno, me iré al Hogar con esto». Y con esto fue al Hogar, haciendo de aquella promesa su triunfal carroza en la que entró a través de las puertas de perla a la ciudad de oro.
¡Qué penetración espiritual tuvo acerca del significado de estos versículos! ¡Con qué destreza extrajo las ideas engastadas en ellos! Si estos pensamientos fueron una fuente de consolación para ella cuando moría, deberían ser un manantial de aliento para los que vivimos. Naturalmente, y literalmente, estas palabras fueron pronunciadas con referencia al Divino Siervo; el Señor Jesús. Pero tienen una aplicación a los siervos del Señor aquí y ahora. También nosotros somos los «llamados», como se destaca tantas veces en el Nuevo Testamento.

I. Llamados: Salvación.

1. Todos son llamados, mas no todos han dado respuesta al llamamiento. Una vez, en un tribunal, un hombre muy bajo estaba abriéndose paso en medio de una multitud. «¿Por qué está usted empujando?», le preguntaron algunos. «Es que me han llamado», contestó él. En el acto le abrieron paso.
2. El llamamiento a la salvación es un llamamiento a una vida santa, como lo muestra el texto.
3. Tiene un perfecto derecho a llamarnos, le pertenecemos. Tiene de su parte el derecho, así como el amor.

II. Sostenidos: Compañerismo.

1. ¡Qué condescendencia de su parte!
2. Cuando respondamos a su llamamiento, Él vendrá a ser nuestro Amigo. Entonces seremos admitidos a su comunión.

III. Guardados: Preservación.

1. Guardados, pero no siempre *de* la tentación y de las pruebas; no siempre *del* dolor y *de* la aflicción, no de cruces y de pérdidas, pero sí guardados *en* y *en medio de*, y a veces *mediante*, todos estos procesos de disciplina.
2. En una lápida hay simplemente un nombre y una palabra, «Guardado». ¡Qué glorioso epítome de una vida de fe y confianza en el Salvador!

IV. Puesto: Para Servicio.

1. Se dice que en la antigua Atenas había una ley que dictaba que si alguien había encendido una vela y rehusaba a alguien que encendiese la suya con ella, debía ser castigado con la muerte.
2. Si Dios ha encendido nuestra vela, encendamos las de otros. Dejemos que nuestra luz encienda la lámpara de otros.

676. DOS CLASES DE CEGUERA

Isaías 42:7-19

I. Ceguera culpable. «Para dar vista a los ciegos» (v. 7).

1. Ciegos a SU PROPIA NECESIDAD.
2. Ciegos a la LUZ DEL EVANGELIO (2 Co. 4:4).
3. Ciegos de IGNORANCIA VOLUNTARIA (Ro. 10:3).

II. Ceguera que honra a Dios. «¿Quién es ciego como el siervo de Jehová?» (v. 19).

1. Ciego a las ATRACCIONES DEL MUNDO (1 Jn. 2:16)
2. Ciego a las TENTACIONES DEL DIABLO (Mt. 4:8).
3. Ciego a la PROPIA INDULGENCIA y al PROPIO PLACER.

677. CERTIDUMBRE DIVINA

«No temas, ... te he llamado por tu nombre» (Is. 43:1)

En una gran cárcel tuvo lugar una escena asombrosa. Por intervención e intercesión de un hombre influyente se concedió un perdón total a un criminal destacado que había pasado largo tiempo en aquella penitenciaría. El Gobernador de la cárcel indicó a los presos reunidos que tenía en sus manos un perdón total para uno de ellos, y tras algunas observaciones pronunció el nombre del afortunado individuo. Pero aquel hombre no se movió. No podía creer que el perdón era para él, sino para alguna otra persona que tuviese el mismo nombre; fue muy difícil convencerle de que realmente aquel perdón era para él. Los que fueron testigos de aquel acontecimiento dijeron que fue una escena inolvidable y asombrosa.
Es verdad que el Señor es Redentor. Pero, ¿es para mí? ¿Puedo tener parte en esta redención? Puede que sea para otros, pero, ¿tiene algo que ver conmigo? Desde luego, este mensaje solventa la cuestión: «No temas, porque yo te he rescatado; *te he puesto nombre*; mío eres tú». ¡Él me ha llamado! Y Él vino para darme la certidumbre de que es un llamamiento para mí y a mí. Me llama por mi nombre.
Cuanto más se pondera este «No temas», tanto más repleto parece de significado:

I. Él vive. «Te he llamado.» Ciertamente declara que *Él vive*. Él murió. Aquella muerte fue el precio que se pagó por la redención. Pero la muerte no acalló aquella voz de manera permanente. Sigue hablando; por ello, Él vive.

II. Él está cerca de mí. «Si *hoy* oyeres su voz, no endurezcáis vuestros corazones.» Ciertamente declara que *Él está cerca.* Él llama, no chilla ni grita. «No disputará, ni gritará» (Mt. 12:19). Él está bien cerca, y por ello llama de manera gentil y amante.

III. Él me recuerda. Esto declara ciertamente que *no soy olvidado*: «Te he llamado». «¡Hasta cuando te olvidarás de mí, oh Señor!», clamó el salmista. Ah, Él nunca se olvida. Y tampoco se trata de que yo esté perdido entre la multitud. Él conoce mi nombre.

IV. Él me desea. Ciertamente declara que *Él pide mi amistad.* Llamarme por mi nombre ... esto habla elocuentemente. Nunca llamamos a extraños ni a conocidos por encima por sus nombres; ésta es la prerrogativa singular de la amistad. Siendo mi Salvador, Él desea llegar a ser mi amigo y consejero. Relaciona el v. 1 con el v. 7: «Te he llamado por tu nombre», «Todos los llamados de mi nombre». Él me llama por mi nombre para poner su nombre sobre mí.

Una mujer de media edad fue tan afectada por el Espíritu de Dios en una reunión en la que prediqué en una ocasión en una casa de campo de Lancashire, que interrumpió el servicio arrodillándose y clamando por misericordia. Buscó al Señor con fervor y perseverancia. Pero, ¿era la redención para ella? Esto fue un problema para ella. Parecía demasiado bello para ser cierto. Y por ello pasó varios días en una neblina de incredulidad. Pasando un día, preguntó si había en la Biblia un texto que dijese: «No temas, porque yo te he rescatado», porque estas palabras habían cruzado por su mente como un destello aquella mañana, mientras se sentía angustiada por el tema de la salvación de su alma, y no podía recordar haberlo visto antes. Gozoso, le señalé Isaías 43:1, asegurándole que sin duda se trataba del mensaje del mismo Señor para hacer frente a su actual necesidad. Esto lo reconoció, e inmediatamente comenzó a bendecir y a alabar al Señor, y vivió con plena certidumbre de fe el resto de sus días.

678. ALIENTO PARA LOS ATEMORIZADOS

«Pero ahora, así dice Jehová, el Creador tuyo ... No temas, porque yo te he rescatado» (Is. 43:1).

Unos extraños temores se apoderan de las almas de muchos. Incluso algunos de los grandes de la tierra no se han librado de ellos. El doctor Johnson, con toda su filosofía, se cuidaba muy mucho de entrar en una estancia con el pie izquierdo. Si por azar lo hacía, se volvía atrás de inmediato y entraba otra vez con el pie derecho. También sentía un terrible temor a la muerte, y no consentía que en modo alguno fuese mencionada en su presencia. Julio César, para quien los gritos de miles de enemigos eran solo una dulce música, se sentía mortalmente atemorizado cuando retumbaban los truenos, y siempre quería refugiarse bajo tierra para escapar a su terrible ruido. El Mariscal Saxe, a quien le encantaba contemplar las formaciones enemigas entrando en batalla, huía aterrorizado y chillando al ver un gato. Era difícil inducir a Pedro el Grande a que cruzara un puente, y siempre que ponía el pie en uno gritaba asustado. El número trece es considerado por algunos como un número de mal agüero, y la rotura de cerámica, y en particular del vidrio, es un heraldo de infortunio. Algunos pescadores que se dirigen a sus barcas dan media vuelta y no embarcan aquel día si se encuentran con una mujer o con un gato. Éstos son temores supersticiosos, sin base factual alguna, y las personas razonables, pero de manera especial los cristianos, deberían desprenderse de ellos. El Señor les dice a los tales: «Pero ahora, así dice Jehová, el Creador tuyo ... No temas». No permitas más que tales temores te abrumen.

En ocasiones, otros temores poseen la mente. Extraños temores de inminentes calamidades o de un dolor que se avecina, de una amenaza de desastre. Temores que quedan a veces sin expresar, pero que gravitan como una carga de plomo sobre el espíritu. Estos temores surgen a veces de un sistema nervioso demasiado cargado, de una constitución física al borde de sus recursos, de un cuerpo enfermo o debilitado. Un evangelista, bien conocido de este autor, sufría ataques periódicos de depresión y de desesperación, en los que unos extraños temores se apoderaban de él, y en los que pensaba que el Señor estaba encolerizado y airado y había apartado su rostro de él. Pero sus amigos sabían bien que estaba entonces sufriendo problemas con su hígado, y cuando salía de un ataque biliar volvía a ver la sonrisa del Señor y su presencia. En realidad, el Señor había estado con él todo el tiempo; solo era que su sistema físico desarreglado había evocado los fantasmas del temor y de la desesperación. El Señor gusta de decirles a los tales: «No temas». Y Él acudirá y aquietará y suavizará los nervios y dará reposo y tranquilidad. Un amigo que sufre ocasionalmente de un espíritu agitado y atemorizado ganó una gran consolación y ayuda de estas palabras: «En lugares de delicados pastos me hará descansar», y confió en el Señor para que Él ejerciese las dulces atracciones de su gracia, lo que le dio reposo y tranquilidad. *«Me hará descansar.»*

Pero hay otro temor que es común posesión del hombre, un temor que brota de la superstición o de un temor hacia Dios y al futuro. Vamos a decir que este temor es natural en el hombre, pero precisando deberíamos decir que es innatural: este temor nació cuando el pecado entró en el mundo, y la muerte por el pecado. «Tuve miedo ... y me escondí», confesó el primer hombre Adán delante de un Dios santo, después de haber pecado contra Él. Ah, este temor no carece de base, sino sobre una realidad. Porque como pecadores tenemos buenas razones para temer. Pero ser redimido significa tres cosas en los Registros Sagrados. En Éxodo 13:13 significa

I. Liberación de la muerte. Éste es desde luego un pensamiento solemne. Pero Dios exclama: «No temas, oh pecador, porque he pagado el precio de tu redención de una muerte cierta y terrible». Él gustó la muerte para que pudiésemos beber la copa de salvación. En Éxodo 6:6 se habla de la redención en relación con

II. Liberación de la esclavitud, la terrible esclavitud egipcia. Israel iba a ser salvado no solo de la muerte por el ángel destructor gracias al rociamiento de la sangre sobre los dinteles y postes de las puertas, sino que iba a ser quitado de en medio de aquella amarga esclavitud. Triste es decir que hay muchos que conocen algo del valor de la Sangre rociada, pero que siguen esclavizados bajo el mundo. Pero Él asegura a cada uno: «No temas, oh creyente encadenado por el pecado; yo romperé tus cadenas y te conduciré a la gloriosa libertad de los hijos de Dios». En el Libro de Rut se habla de la redención como

III. Liberación de la penuria. Rut, por su matrimonio, tenía parentesco con Booz, y éste tuvo que cumplir la parte del pariente-redentor, y esto significaba rescatar la herencia y casarse con la viuda. La redención significó para Rut y Noemí el fin de la pobreza. Y nuestro Pariente-Redentor Celestial dice: «No temas, oh alma en bancarrota; yo te he redimido; me uniré a ti, y tú compartirás mis riquezas».

679. EL ISRAEL ESPIRITUAL, O TESTIMONIO PARA DIOS

Isaías 43:1-10

No es justo tomar el pan de los hijos, y echarlo a los perros; tampoco es justo tomar el pan judío, y echarlo todo a los gentiles. Las grandes y preciosas promesas dadas en este capítulo son para Israel, y es mucha e importante la verdad que se pierde aplicándolas exclusivamente a la Iglesia. Israel, como la Iglesia de Dios, tiene delante de sí un futuro glorioso y triunfante. Sin embargo, todo lo que se dice aquí del judío es perfectamente cierto de la Iglesia, y puede ser enérgicamente aplicado a todos los cristianos que son la simiente espiritual de Abraham.

I. Son rescatados. «No temas, porque yo te he rescatado; te he llamado por tu nombre; mío eres tú». Así como Israel fue redimido de la servidumbre y de las tinieblas de Egipto, llamado a una vida separada, y reclamado por Dios como posesión suya, así nosotros hemos sido redimidos de la esclavitud del pecado y de Satanás, llamados a una vida separada, y reclamados por Dios como de Él como su propia posesión adquirida. No sois vuestros, porque habéis sido *comprados* con precio, redimidos por la preciosa sangre de Cristo.

II. Son preservados. «Cuando pases por las aguas, yo estaré contigo... Cuando pases por el fuego, no te quemarás» (v. 2). Ninguna nación ha pasado jamás por unas aguas tan profundas y turbulentas como el judío. Ningún otro pueblo ha tenido que caminar por tal fuego de sufrimiento y persecución como ellos. Pero Jacob no ha sido anegado, ni la llama lo ha quemado. La razón es ésta: «Yo estaré contigo». Así como con Israel, así es con la Iglesia. Solo que los padecimientos de Israel se deben a sus pecados, mientras que los sufrimientos de la Iglesia han sido por causa de Cristo. Cada redimido debe pasar a través del fuego y de las aguas de la prueba. Pero «No temáis» es la palabra alentadora del Salvador, porque «Yo estaré contigo» (Sal. 66:12; véase Sal. 23:4).

III. Son preciosos. «En mis ojos eres de gran estima... yo te amo» (v. 4). Uno de los misterios de la gracia de Dios es cómo un pueblo extraviado y recaído puede llegar a ser de gran estima para Él. Este hecho demuestra que aquél a quien dios ama, lo ama intensamente (Dn. 7:6). Dios no puede hacer nada superficialmente. Si Él salva, salva hasta lo sumo. Cuando Él da vida, es vida en abundancia. La gran estima de ellos a los ojos de Dios es una garantía de su protección y seguridad. Somos preciosos delante de Él, no solo por lo que Él ha dado por nosotros, sino debido a lo que somos ahora, como miembros del cuerpo de Cristo, su Hijo.

IV. Son privilegiados. «Los que para gloria mía he creado» (v. 7). La *creación* de Israel como nación es para la gloria de Dios, y Él será aún glorificado en su pueblo en este mundo presente (Os. 1:10). Nosotros, como ellos, somos hechura suya, creados para buenas obras, las cuales Dios preparó de antemano, para que en ellas anduviéramos. Es para la alabanza de la gloria de su gracia que Él nos hizo aceptos en el Amado (Ef. 1:5, 6). La Iglesia de Dios es una nueva creación en Cristo Jesús para su propia gloria, y esta gloria será aún manifestada en las edades venideras (Ef. 2:7).

V. Son poderosos. «Vosotros sois mis testigos, dice Jehová» (v. 10). Un testigo es uno que tiene suficiente conocimiento para constituir *prueba.* El conocimiento, como el vapor, es un poder que no puede ser ignorado. El judío es un testigo del Cristo crucificado; el cristiano es un testigo del Cristo resucitado. A los judíos fueron encomendados los oráculos de Dios (Ro. 3:1, 2), que les dieron poder para Dios. La Iglesia ha recibido el Espíritu Santo de Dios, para que tuviera poder de testimonio para Dios (Hch. 1:8). Cada judío es un testigo, y lo mismo sucede con cada miembro del cuerpo de Cristo. Nuestro testimonio depende de lo que somos, no de lo que decimos. Si somos monumentos de su gracia, seremos testigos para Él. Lo que se dijo de Cristo es también cierto de cada uno que esté en Él: «He aquí que yo lo di por testigo a los pueblos».

680. NO TEMAS

Isaías 43:1-10

No temas, porque :

I. Yo **te he redimido** (v. 1). Compra.

II. Yo **te he llamado** (v. 1). Gracia.

III. Yo **estaré contigo** (v. 2). Comunión.

IV. Yo **te he amado** (v. 4). Favor.

V. Yo **te recogeré** (v. 5). Esperanza.

VI. Yo **te he creado** para mi gloria. Privilegio.

VII. Vosotros sois **mis testigos** (v. 10). Responsabilidad.

681. EL DIOS PERDONADOR

Isaías 43:25

I. **La bendición mencionada.** El perdón.

II. **Las personas perdonadas.** «Los pecadores».

III. **El Gran Perdonador.** «Yo, yo soy».

IV. **La base del perdón.** «Por amor de mí mismo».

682. EL LLAMAMIENTO DE DIOS A LOS RECAÍDOS

Isaías 44:21, 22

La bondad y misericordia longánime de nuestro Dios no resplandece en ningún otro lugar de manera más impresionante que en su lastimero llamamiento a su alejado pueblo: «Oh Jacob» puede recordarles su pasado orgullo y fracaso. «Oh Israel», lo que la gracia había hecho de ellos. Jacob, el luchador, fue transformado en Israel el príncipe.

I. Un apremiante llamamiento. «Oh Jacob… Oh Israel… vuélvete a mí.» Esto implica claramente que ellos se habían apartado de Él, y que Él, por causa de su Nombre, y por ellos mismos, anhelaba que regresaran. Toda recaída es un apartamiento de los afectos de Dios a alguna otra persona o cosa.

II. Un poderoso argumento. Da abundantes razones de por qué deben regresar.

1. Yo te FORMÉ. Israel, como nación, no habría tenido existencia aparte de la gracia electiva de Dios. Ellos fueron escogidos, no porque fueran mejor que otros, sino porque a Él le plugo llamarles. Recaídos, ¡pensad en esto! Dios demanda lo pasado.
2. Yo te HE PERDONADO. «Yo deshice como una densa nube tus rebeliones, y como niebla tus pecados.» ¿Has olvidado el momento en que Él hizo flotar en tu alma la dulce sensación de su amor perdonador? (Sal. 32:1, 2).
3. NO TE HE OLVIDADO. «No me olvidaré de ti.» En tu voluntarioso extravío te has olvidado, como el pródigo, de Él, pero Él no se ha olvidado de ti. «Vuélvete a mí.»
4. Te he REDIMIDO. El hecho de que te haya comprado con su propia sangre para que fueras su peculiar tesoro constituye otra poderosa razón por la que tú debieras volver a Él (1 Co. 6:20).
5. Te he RECLAMADO. Vuélvete, porque «siervo mío eres tú». No solo tiene derecho a tu persona, sino también a tu *servicio.* Piensa en su infinita bondad al reconocerte aún, incluso en tu condición presente, pecaminoso e inútil, como su siervo. «Me levantaré, e iré a mi padre.»

683. LAS DOS MIRADAS IMPORTANTES

«Miradme a mí, y sed salvos» (Is. 45:22).

«Mirad por vosotros mismos, para que no perdáis» (2 Jn. 8)

Una periodista americana fue a consultar a un oculista por un problema de la vista. Después de examinarla cuidadosamente, el especialista le dijo:»Tiene los ojos cansados, y debería descansarlos.

–«¿Tiene alguna vista abierta desde su casa?»
–«Sí –contestó ella–, claro. Desde el porche de delante puedo ver los grandiosos picos de la Serranía Azul, y desde las ventanas traseras puedo ver los majestuosos contrafuertes de los Montes Allegheny.»
–«Muy bien –repuso él–, esto es precisamente lo que necesita usted. Cuando sienta los ojos cansados, mire fijamente sus montes durante unos diez minutos, o mejor veinte minutos; la mirada a lo lejos los reposará.»

Sí, así es. Y aquí tenemos una profunda lección espiritual. Porque éste es un mundo con ojos fatigados, cansados. ¡Ah, que cansado está el mundo! Pero hay un remedio. Hay una gloriosa mirada a lo lejos para reposar y renovar, una mirada no meramente a los montes, sino a la lejanía, más allá, al Dios de los montes. «Alzo mis ojos a los montes. ¿De dónde vendrá mi socorro?» Mi socorro viene de Jehová, que hizo los cielos y la tierra» (Sal. 121:12). Ésta es la mirada que da reposo y renovación a la mente y al corazón cuando están cargados de trabajos o llenos de cuitas. Y esta mirada a lo lejos trae consolación a almas tristes y doloridas. Pero la pena es que tan pocos hayan llegado a conocer su valor y gustado de sus goces. Amigo, ¡prueba la mirada lejana!
«Miradme a mí y sed salvos.» Es un mensaje directo de parte del mismo Señor. Y sus consecuencias son importantes. La salvación depende de ello. La mirada que salva es una *mirada atrás,* una mirada a la cruz. Esta mirada da reposo al alma cansada y a la conciencia atribulada. Con esta mirada se recibe la vida. La mirada que salva es también la mirada *a lo alto.* Observemos la determinación del salmista en el Salmo 5:3. Mira y vive fue el primer mensaje que necesitábamos. Vivir mirando es el segundo. «Puestos los ojos en Jesús». La mirada que salva es *una mirada adentro.* Los académicos nos dicen *que el término griego generalmente traducido hacia* no significa solo hacia *fuera* sino *adentro.* De ahí la traducción «en Jesús». No solo mirando a sus obras, a sus milagros, a su hermosa vida, sino también mirando directamente *en* Él y leyendo su corazón. La mirada que salva es también *una mirada adelante.* «aparecerá por segunda vez, sin relación con el pecado, a los que le esperan ansiosamente para salvación». Así, se ve cuán importante es mirar al Señor. Según un famoso predicador, en Isaías 45:22 tenemos la mayor bendición posible –la salvación– ofrecida al mayor posible número de personas –los confines de la tierra– en base de la condición más sencilla posible –Miradme a mí– y con la mayor posible seguridad –porque yo soy Dios.
Pero los hay que objetan a la sencillez de estas condiciones. «¡Qué pobre y mezquino hacer que mi salvación dependa de una mirada!», dicen. Pero en realidad mirar no es algo vano e inútil, a pesar de las apariencias. Tal como se ha dicho con razón: «Casi todo el conocimiento nos viene de la observación. Miramos el mundo físico, se nos enseña lo que la naturaleza tiene para enseñarnos. Miramos libros y aprendemos lo que se nos puede enseñar mediante el arte de la impresión. Miramos a los hombres –sus rostros, sus acciones, sus caracteres– y descubrimos qué tiene la humanidad para enseñarnos. No

mirar es cerrarnos de casi todas las fuentes de información. Nuestros ojos son más que órganos de discernimiento; son canales de recepción. Nuestras contemplaciones devienen nuestras posesiones.

¡Qué maravillosamente sencillo resulta todo! Porque mirar es la cosa más sencilla del mundo, algo que incluso los débiles inválidos y los más pequeños e impotentes bebés pueden hacer. ¡Qué bueno de parte de nuestro Dios hacer que la salvación dependa de algo que todos podemos hacer! Pero quizá haya alguien que diga: «En realidad yo no puedo hacer ni esto, porque mis iniquidades se han asido de mí, de modo que no puedo ni mirar» (Sal. 40:12). El publicano estaba en esta situación, pero clamó al Señor pidiendo perdón, y descendió a su casa justificado.

«Miradme a mí», «Mirad por vosotros mismos». ¿Cuál es el sentido de estas dos Escrituras aparentemente tan contradictorias? Sencillamente esto: en tanto que lo primero es necesario para nuestra salvación, lo segundo es esencial para la recepción de una plena recompensa, y es solamente otra manera de decir: «Cuidado con los rateros». Es un hecho solemne que muchos de los queridos hijos de Dios no recibirán una recompensa. Almas salvadas, pero vidas perdidas. Ésta es la enseñanza de 1 Corintios 3:14, 15.

¡Cuidado! Mira por ti mismo. No permitas que el enemigo te arrebate los frutos de tu andar y servicio. Un examen cuidadoso de 2 Juan 8 muestra que lo que Juan tenía en mente era que hubiese pérdida debido a la recepción de falsas enseñanzas. ¡Cuán aplicable es esto para nuestros tiempos!; porque debemos hacer frente al error por todas partes. ¡Manténte vigilante! Pero no olvides que por cada mirada a ti mismo debería haber diez miradas a tu Señor. *«Diez por una»* debería ser tu lema.

684. MIRAD Y VIVID

Isaías 45:22

1. UNA GRAN NECESIDAD: «Salvación».
2. UNA MANERA FÁCIL: «Mirad».
3. UN LLAMAMIENTO PERSONAL: «Miradme a Mí».
4. UNA AMPLIA INVITACIÓN: «Todos los confines de la tierra».

685. DOS MANDATOS

1. «Desciende y siéntate», Isaías 47:1
   La posición del pecador.
2. «Levántate, resplandece», Isaías 60:1
   Siguiendo a la salvación del pecador.

686. LA RELACIÓN DE DIOS CON SU PUEBLO

Isaías 48:16-18

«Acercaos a mí, oíd esto.» Aquí hay algo a lo que Dios está especialmente deseoso de que prestemos atención. Alleguémonos a Él, y volvámoslo a oír de su boca. «Oídlo otra vez.» Que Cristo es el eterno Hijo de Dios que estaba con Él «desde el principio» y fue enviado por «Jehová el Señor, y su Espíritu», y que ha declarado a Aquel que es:

I. Tu Redentor. «Tu Redentor, el Santo de Israel.» El que se dio a Sí mismo por nuestros pecados para redimirnos de toda iniquidad. Jehová es nuestro Redentor en la persona del Hijo.

II. Tu Maestro. «Yo soy Jehová tu Dios, que te enseña para provecho.» Su enseñanza no es solo instrucción para la mente, sino la doncación de vida y luz, de capacidad para recibir y actuar. Él obra en nosotros tanto el querer como el hacer (Sal. 25:8-10).

III. Tu Conductor. «Yo soy Jehová tu Dios..., que te encamina por el camino que debes seguir.» Así como Él condujo a Israel y le instruyó (Dt. 32), igualmente, por su Espíritu, sigue conduciendo a su pueblo redimido. La Iglesia jamás tuvo tanta necesidad de ser «Conducida por el Señor» como hoy.

IV. Tu Guardador. «¡Oh, si hubieras atendido...! Sería entonces tu paz como un río.» Es guardado en paz perfecta aquel cuyo pensamiento *persevera* en Él. Grande paz tienen aquellos que aman Tu ley (Sal. 119:165). Da atención a la voz de Aquel cuya sangre proclama la paz, y cuya vida es la prenda de que tu paz puede ser tan llena y constante como «un río».

687. LOS PRIVILEGIOS Y PODER DEL SIERVO

Isaías 49:1-3

I. El privilegio.

1. LLAMADO: «Jehová me llamó».
2. IMPOSICIÓN DE NOMBRE: «Tuvo mi nombre en memoria».
3. RECLAMADO: «Mi siervo eres».
4. AMPARADO: «Me escondió en la sombra de su mano».
5. HONRA: «*En ti* me gloriaré».

II. La preparación.

1. PULIMENTO: «Me puso por saeta bruñida».
2. AGUZAMIENTO: «Puso mi boca como espada aguda».
3. A PUNTO: «Me guardó en su aljaba».

III. El propósito.

1. SERVIR: «Mi *siervo*».
2. GLORIFICARLE: «Me gloriaré».

688. PREGUNTAS DIVINAS A LOS RECAÍDOS

Isaías 50:1-3

Los judíos estaban cautivos en Babilonia. El pecado de idolatría, que, a los ojos de Dios, era el pecado de adulterio espiritual, había quebrantado su pacto matrimonial con el Señor, y había causado separación entre ellos y Él. Parece que mientras estaban en Babilonia murmuraron y se quejaron contra Dios, y contra la severidad de las condiciones en que se encontraban. Los recaídos son lentos en admitir su culpabilidad por su actual esclavitud y miseria. Pero el Señor exige que afronten la causa de su separación de Él haciéndoles cinco cruciales preguntas, que apelan a cada recaído.

I. «¿Qué es de la carta de repudio de vuestra madre?» Bajo la ley, y debido a la dureza del corazón de ellos (Mt. 19:8), Moisés permitió que el hombre se divorciara –se desligara– de su mujer si ésta era hallada infiel, dándole «carta de repudio». Esta carta era la *evidencia* de que había sido despedida por su marido (Dt. 24:1). El Señor pide a estos murmuradores hijos, nacidos en Babilonia a padres recaídos, que presentaran la carta de su repudio sobre la base de la evidencia de que *Él* se hubiera desligado de ellos. ¿Dónde está la prueba de que Dios tenga culpa del fracaso y de la miseria del alejado? Tus iniquidades han hecho separación entre ti y tu Dios (Is. 59:2).

II. «¿O quiénes son mis acreedores, a quienes yo os he vendido?» Otra cosa que la ley permitía era que un padre tenía derecho, si se veía apremiado por una deuda, a vender sus hijos (Éx. 21:7; He. 5:5). El argumento divino es: ¿Os vendí a causa de *Mi* pobreza? ¿He tenido que abandonaros por no ser lo suficientemente rico para conservaros? Si os he vendido, dad entonces el nombre del acreedor al que os he vendido. Recaído, ¿qué puedes decir a esto? ¿Te has separado de Dios porque Él no tuviera suficiente para suplir toda tu necesidad? La verdad tiene que resplandecer, y ahí está: «He aquí que por vuestras maldades fuisteis vendidos» (v. 1).

III. «¿Por qué..., cuando llamé, nadie respondió?» Otra acusación traída contra ellos es que ellos habían rehusado responder al llamamiento de sus siervos los profetas. Ellos no le respondieron a Él, sino que permanecieron sordos a sus llamamientos. ¿Cómo es quemientras que estáis tan insatisfechos con vuestra posición y condición, seguís rehusando obedecer su llamamiento al arrepentimiento como vía de salida a la libertad y a la restauración? Él os sigue llamando por medio de su Hijo, y por su Espíritu, a los recaídos que causan su propia opresión. ¿A qué se debe que tan pocos le respondan?

IV. «¿Acaso se ha acortado mi mano para no redimir?» Puede que hayáis alejado, pero ¿habéis llevado más allá de su capacidad de redimir? ¿Habéis llegado más allá del alcance de su brazo? Recaídos, responded a esta pregunta. ¿Es su mano demasiado corta para que os rescate? ¿Es su sangre demasiado débil para vuestra redención? Vosotros pensáis en vuestra distancia de Dios, ¿pensaréis también en la longitud de su brazo de misericordia? Él puede salvar hasta lo sumo. Si confesamos nuestros pecados, Él es fiel y justo para perdonarnos.

V. «¿No hay en mí poder para librar?» Vuestro mísero cautiverio babilónico parece indicar que vuestro Dios no tiene poder para libraros. En tanto que permanezcáis en vuestro estado recaído estáis arrastrando a la deshonra pública el Nombre y Carácter de Dios (52:5). Como prueba de su poder salvador Él les recuerda lo que Él había hecho.

Ante su reprensión hizo secar el Mar Rojo, y el río Jordán fue convertido en páramo delante de ellos. Él tenía poder asimismo para «vestir de oscuridad los cielos, y hacer el cielo como cilicio» (v. 3). Esto lo hizo cuando los libró de Egipto (Éx. 10:21). Esto lo hizo cuando dio a su Hijo para que en la Cruz muriera por nosotros (Lc. 23:44). ¿No tiene Él poder para salvarte? Entonces, ¿por qué no eres salvo?

689. PRESENTÉMONOS JUNTOS

Isaías 50:4-9

Estas palabras son poderosas y de solemne significado, viniendo como vienen –proféticamente– de boca del sufriente Hijo de Dios. Aunque dichas 700 años antes del nacimiento de Cristo, solo son apropiadas en sus labios.

I. Su sabiduría. «Jehová el Señor me dio lengua de sabios, para saber cómo animar con palabras al cansado» (v. 4). Él tenía lengua de sabios incluso a los doce años (Lc. 2:46, 47). Jamás hombre alguno habló cono ese Hombre. Él era enseñado de Dios (Jn. 8:28, 38). Él es la «Sabiduría de Dios». Sus palabras han sustentado a los cansados en todas las generaciones. Que moren ricamente en vosotros (Col. 3:16).

II. Su obediencia. «Jehová el Señor me abrió el oído, y yo no me resistí, ni me volví atrás» (v. 5). habiendo oído la Palabra de Dios, y conociendo todo lo que ella significaba para Él, no se volvió atrás, sino que dijo: «Aquí estoy. El hacer tu voluntad, Dios mío, me ha agradado, y tu ley está en medio de mi corazón» (Sal. 40:6-8). ¡Cuán a menudo, por nuestra parte, el oído abierto ha ido seguido de una voluntad rebelde! Vemos, pero no obedecemos con deleite la visión con una consagración de todo corazón, sino que a menudo «nos echamos atrás».

III. Sus padecimientos. «Di mis espaldas a los que me golpeaban…, no escondí mi rostro de injurias y esputos» (v. 6). Él «*dio*», y «*no escondió*». Con esto nos asegura que sus padecimientos fueron absolutamente voluntarios. En otro caso no hubieran tenido valor alguno. Los *golpes y esputos* sugieren el doble carácter de la humillación y agonía de nuestro Señor. El sufrimiento y la ridiculización físicos y morales. El esparcimiento de la grey de Israel por toda la tierra constituye evidencia de que el Pastor ha sido golpeado (Mt. 26:31).

IV. Su confianza. «Porque Jehová el Señor me ayudará, por tanto no me avergoncé…; sé que no seré avergonzado» (v. 7). Fue ayudado, y no confundido, en la hora de su extremado dolor, porque un ángel del cielo le fortaleció (Lc. 22:43). Nadie jamás necesitó tanta ayuda como Él, y nadie estuvo jamás más confiado que Él de recibirla. Él sabía que estaba haciendo la voluntad del Señor Jehová, y por ello no vaciló. Puso su rostro «como pedernal», porque no había vacilación en su corazón.

V. Su testimonio. «Cerca está de mí el que me justifica» (v. 8). Dios estaba cerca de Él, y Él sabía que Dios estaba justificándole en todo lo que dijo y sufrió. Justificado en el Espíritu, Él podía verdaderamente decir: «Mas no estoy solo». Los padecimientos de Cristo fueron también los padecimientos del Padre. Dios estaba en Cristo reconciliando al mundo a Sí.

VI. Su invitación. «Presentémonos juntos.» ¿No podríamos tomar esto como la apelación de nuestro Señor a los suyos? Él se ha identificado con nosotros, y ahora nosotros debemos identificarnos con Él. Es cosa absolutamente cierta que con Cristo nos mantenemos o caemos *juntos*. Óyele decir: «Presentémonos juntos»:

1. EN EL LUGAR DE CONDENACIÓN. Él llevó *nuestros* pecados en su cuerpo. Él sufrió *por nosotros*, el Justo por los injustos. Estemos de pie con Él en aquella Cruz, llevando juntos su terrible vergüenza. Estamos ya condenados. Reconozcámoslo.
2. En la LIBERTAD DE LA JUSTIFICACIÓN. Si somos juzgados en Cristo, también seremos justificados en Él (v. 8.) Él fue justificado en su resurrección de entre los muertos; ahí reside nuestra justificación (Ro. 4:25). Estemos juntos de pie en terreno de resurrección (2 Co. 5:12).
3. En la VIDA DE CONSAGRACIÓN. Somos colaboradores juntamente con Él. La vida de servicio es una vida de santa comunión y actividad en el Señor. Vuestro enemigo es poderoso, y vuestra fuerza es solo debilidad; por tanto, dice Él, «presentémonos juntos». Al presentarnos juntos con Él nos encontraremos también presentes juntos unos con otros. Luego, finalmente, nos encontraremos «presentes juntos» en la presencia de su gloria, siendo «glorificados juntos».

690. EN LAS TINIEBLAS

«¿Quién hay entre vosotros que teme a Jehová, que obedece a la voz de su siervo? Aunque ande en tinieblas y carezca de luz, confíe en el nombre de Jehová, y apóyese en su Dios» (Is. 50:10).

En la biografía de Sir Arthur Blackwood en *Recuerdos de un amigo* vemos esto: «Recuerdo que nos encontramos un día; iba conmigo C. T., que era un cristiano de hacía poco, y que estaba abatido, y yo me sentía impotente para animarle. Mientras pasábamos junto a la verja de la iglesia parroquial, nos vimos de repente frente a él, y viendo nuestras caras largas, nos dijo: "¿Quién hay entre vosotros que teme a Jehová, que obedece a la voz de su siervo? Aunque ande en tinieblas y carezca de luz, confíe en el nombre de Jehová, y apóyese en su Dios"». Muchos nunca se han dado cuenta de este texto, y únicamente lo encuentran tras una dificultosa búsqueda.

INESPERADO. ¡Imagínate! A pesar de (1) una reverencia hacia el Señor, (2) y obediencia, a pesar de todo (3) andando en tinieblas. Esto está totalmente en contra de nuestras ideas. De manera especial, constituye una sorpresa para los jóvenes convertidos.
Qué hacer en las tinieblas.

1. Confiar en el Nombre (reputación y carácter) del Señor. Él tiene una reputación que guardar.
2. «*Apóyese* en su Dios.»
3. Aférrate a una mano fuerte en las tinieblas. Se dice del pastor Hsi que las circunstancias que le rodeaban eran a menudo tan negras como la noche. Pero se aferró de una mano poderosa en las tinieblas, y aprendió a confiar en la voz que decía: «No mires a tu alrededor, porque yo soy tu Dios».
4. Corre al Señor. Sir A. Blackwood, escribiendo a uno que estaba en tinieblas, le dijo: «Creo que en medio de tales circunstancias, el único remedio, por lo que a nosotros compete, es contentarnos con una mirada creyente hacia Jesús: sencillamente refugiándonos tal como estamos en su obra, Palabra y amor, tal como leí el otro día: "Si un perro le ladra a un niño muy pequeño, no intenta luchar con él, sino que en el acto corre hacia su madre". Y ésta es la forma más segura, recurrir a Él en el acto, a pesar de la incredulidad y de la frialdad y de sentimientos morbosos, o de cualquier otra cosa, diciendo, "A Jehová alzaré mis ojos"».

Los pequeños ven frecuentemente cosas que quedan ocultas a los ojos de los mayores.
Una noche de luna llena, después que todas las luces de la casa hubiesen sido apagadas, una niñita de cuatro años, que tenía miedo a la oscuridad, le preguntó a su madre viuda: «Mamá, ¿es la luna la lámpara de Dios?». «Sí, Ethel» –respondió su madre–, «la luna y las estrellas son todas lámparas de Dios».
Entonces la niña hizo la siguiente pregunta: «¿Apagará Dios su lámpara y se irá también a dormir?». «No, hijita» –contestó la madre–: «sus luces están siempre encendidas». Entonces la pequeña expresó un sentimiento que alegró el corazón de la madre y que la llevó a una más plena confianza en su Dios: «Bueno, mamá, mientras Dios esté despierto, no tengo miedo».
Este hermoso pensamiento que le vino a esta pequeña nos es familiar, pero necesitamos que nos sea recordado una y otra vez. «He aquí, no dormirá ni se adormecerá el que guarda a Israel» (Sal. 121:4).

Aquí tenemos un hermoso poema acerca de este tema:

«Dios nunca te enviaría las tinieblas
Si supiese que la luz podrías soportar;
Pero a su mano conductora no te aferrarías
Si tu camino estuviese siempre de luz lleno;
Y no te cuidarías de por la fe andar
Si por la vista siempre pudieses caminar.

Cierto que Él tiene muchas angustias
Que tu dolido corazón debe llevar,
Y en tu cabeza muchas coronas de espinas
Que habrás de llevar lleno de fatigas;
Él sabe cuán pocos de cierto al cielo llegarían
Si el dolor no dirigiese allá su andar.

Así Él la cegadora tiniebla te envía,
Y el horno siete veces más fiero;
Y cree, la única manera esta es
De mantenerte cerca de sus pies;
Porque es siempre muy fácil ir errante
Cuando nuestras vidas fáciles y dulces son.

Pon así tu mano en la del Padre,
Y canta, si puedes, mientras sigues;
Tu cántico a alguien detrás alentará
Si su valor hundiéndose ya está;
Y, bien, si los labios te están temblando,
Dios te amará tanto más».

691. FUEGO FALSO
Isaías 50:10, 11

Aprendamos aquí que:

I. La **diferencia** entre el fuego falso y el verdadero es real. El falso es hecho por uno mismo. «Vosotros que encendéis fuego.» El verdadero es de lo alto.

II. El **encendido** de un fuego revela una necesidad sentida. Implica oscuridad, peligro.

III. El fuego encendido por el hombre es **de lo más incierto.** Chisporrotea, da llamaradas, no es fiable.

IV. Los que **andan a la luz** de su propio fuego acaban miserablemente. «En dolor yaceréis.»

V. La **salida** de las tinieblas es muy sencilla.

1. «CONFÍE en el nombre de Jehová.»
2. «APÓYESE en su Dios.»

692. ¡DESPIERTA! ¡DESPIERTA!
Isaías 52:1, 2

I. Se sugiere una triste condición.

1. Un estado de INSENSIBILIDAD. «Despierta, despierta.»
2. Un estado de IMPUREZA. «Sacúdete el polvo.»
3. Un estado de CAUTIVERIO. «*Suelta las ataduras* de tu cuello, *cautiva* hija.»

II. Un llamamiento a levantarse.

1. A DESPERTAR. A una verdadera consciencia.
2. A UNA ACCIÓN DECIDIDA. «Sacúdete.»
3. Para RECIBIR UN DON. «*Vístete* tus ropas de gala.»

693. UN LLAMAMIENTO DIVINO A DESPERTAR
Isaías 52:1-3

Es una gran misericordia que Dios llame; porque el judío, el gentil y la iglesia de Dios son todos por un igual propensos a volverse insensibles a sus privilegios espirituales. El que tenga oídos para oír, que oiga. Observemos:

I. Lo que implica este llamamiento. «Despierta, despierta.» Evidentemente, esto denota:

1. UN ESTADO DE SUEÑO. Estaban totalmente inconscientes de la *cercanía* de Dios, y de su buena disposición de ayudarlos en el acto. Dios está a mano, pero los ojos cerrados en el sueño de una holganza egoísta no le ven ni le oyen a Él hasta que tiene lugar el despertar.
2. UN ESTADO DE DEGRADACIÓN. Sion debía «sacudirse el polvo». El polvo de la mundanalidad y del pecado se recoge fácilmente en los vestidos de los que quedan espiritualmente adormecidos. El carácter que recoge suciedad en la obra de Bunyan es una ilustración de este espíritu mezquino ciego a las mejores riquezas.
3. UN ESTADO DE CAUTIVERIO. «Suelta las ataduras de tu cuello». Sion es aquí representada como estando *autoencadenada.* «Suéltate». Las ataduras que impiden a muchos son de factura propia. ¿Qué son algunas de ellas? El amor de la comodidad y del placer, el temor del hombre y de las mujeres, la soberbia del corazón y el deseo de alabanza. ¡Despierta! ¡Y suéltate! Da el paso a la libertad de los hijos de Dios.

II. A qué era este llamamiento. Era un llamamiento a *despertar*, a *soltarse*, y luego a *vestirse*, para que no apareciera la vergüenza de su desnudez.

1. VÍSTETE DE PODER. Tu poder no está en ti mismo, sino en Aquel que es tu Dios. Vístete así, porque eres un débil niño sin Él. Pablo se había revestido de fortaleza al decir: «Todo lo puedo en Cristo, que me fortalece». Vestíos, pues, del Señor Jesucristo, y su fuerza quedará perfectamente apropiada a vuestra debilidad.
2. VÍSTETE TUS ROPAS DE GALA. ¡Despierta! ¡Despierta! y quítate tu vestimenta nocturna, y vístete de aquellos ropajes de gloria y hermosura que en Él se te ofrecen. Ponte tus hermosos vestidos de santidad y de alabanza, porque el Esposo está cerca, y se avecina el día de la boda. Vístete, que el mundo pueda ver que le perteneces a Él, y que esperas su venida. Póntelas, no sea que vayas a ser hallado entre los que enmudecerás cuando llegue el Rey (Mt. 22:12).

694. EL SIERVO Y SU SERVICIO
Isaías 52:13

I. «He aquí.» En el acto se nos llama la atención, para fijarla. Los «He aquí» de las Escrituras son todos impresionantes e importantes, y sin excepción retan a y merecen nuestra más cuidadosa atención. Este «He aquí» sobrepasa a todos los demás, porque es el heraldo que llama la atención al Unigénito del Padre.

Dios Padre no se avergüenza de centrar la atención en su Hijo. Mucho antes había dicho: «¿No has considerado a mi siervo Job?» Dios, satisfecho, atrajo la atención de Satanás al patriarca: «No hay nadie como él»; y con toda nobleza soportó Job sus aplastantes dolores. No dejó a Dios de lado. Pero había pecado y mucha imperfección en este honrado y afligido siervo. El fuego de la prueba hizo emerger el pecado de pretensión de propia justicia que Job nunca soñó que estaría en él. No debemos temer tal cosa en nuestro examen del Señor Jesús. Nadie detectó nunca ninguna tacha ni imperfección en su carácter sin mancha. El fuego de la prueba solo mostró con tanta mayor claridad sus perfecciones, lo mismo que el fuego del altar del Lugar Santo en el Tabernáculo y en el Templo sólo revelaban tanto más la maravillosa fragancia del sagrado incienso.

Hay cuatro «He aquí» especialmente atractivos relacionados con el Señor Jesús, y armonizan de manera maravillosa con el mensaje predominante de los cuatro Evangelios.

1. «HE AQUÍ…TU REY» (Zac. 9:9), lo que concuerda con el Evangelio de Mateo, en el que se nos dibuja el retrato del Señor Jesús como el Rey.
2. «HE AQUÍ… MI SIERVO» (Is. 52:13), lo que concuerda con el retrato dibujado de nuestro Señor en el Evangelio de Marcos.
3. «HE AQUÍ… EL VARÓN» (Zac. 6:12), concordando con el retrato que aparece en Lucas del Salvador, donde se enfatiza la humanidad del Señor una y otra vez.
4. «VED AQUÍ A VUESTRO DIOS» (Is. 40:9), donde se llama la atención a la Deidad del Siervo, como en el Evangelio de Juan.

II. El Siervo. Es cosa buena observar que Dios Padre no se avergüenza de dirigir la atención del Universo a su Hijo unigénito como «el Siervo». No hay nada despreciativo en esto. En partes distantes de la tierra, en las moradas del paganismo, de la idolatría y de la crueldad, un caballero es aquel que nunca trabaja, y que para demostrarlo deja que las uñas le crezcan desmesuradamente, y se viste de ropajes largos y costosos. Pero la misma gloria de Cristo es que vino no para ser servido, sino para servir. En la víspera de su Pasión, totalmente consciente de su Deidad y gloria, se ciñó de una toalla como un esclavo oriental común y corriente, y lavó los pies de sus discípulos. Pudo incluso decir: «Yo estoy entre vosotros como el que sirve». Hay mucha miserable arrogancia incluso en estos pretendidos tiempos democráticos. Porque, ¿por qué se debería considerar a una criada como merecedora de menos respeto y honra que una muchacha con un oficio o trabajo profesional? Incluso el Rey y la Reina en el trono son solo los siervos de sus súbditos. El Señor Jesús, al venir a ser siervo, ha santificado y dignificado para siempre esta humilde palabra.
Aquí en este Pasional de oro el gran servicio llevado a cabo por el divino Siervo es el de obrar la expiación por el pecado del mundo. La palabra hebrea para siervo significa una persona a disposición de otra, para llevar a cabo la voluntad de aquella persona, para hacer la obra de aquella persona, para representar sus intereses y llevar a cabo su misión. Ésta es también la definición que se da de siervo en el Nuevo Testamento. En aquellos tiempos, siervo y esclavo eran una y la misma cosa. El Señor Jesús se puso enteramente a disposición del Padre. En las Escrituras se hace referencia a varios individuos como siervos de Dios.

1. LOS ADORADORES (Sal. 134:1) son llamados siervos de Dios. ¡Cuán importante es desde luego la adoración, y cuán importante es este servicio!

2. LOS QUE EN ÉL CONFÍAN (Sal. 34:22) reciben la honra de esta designación. Poner la fe en Dios y ejercitarla es un servicio deleitoso e importante.
3. LA NACIÓN JUDÍA (Is. 41:8) es designada así. Habría sido buena cosa si hubiesen recordado esto de manera más constante, y vivido de manera consecuente con esta gran honra.
4. CIERTAS PERSONAS INDIVIDUALES son designadas así, como, por ejemplo: David (Is. 37:35); El profeta Isaías (Is. 20:3); y Nabucodonosor (Jer. 25:9). Pero el más grande y glorioso de todos los siervos del Altísimo fue el SEÑOR. JESÚS (Is. 42:1 a 7).

III. La calidad de su servicio.

1. SERVICIO FILIAL, AL SERVICIO DE UN HIJO. Hay una inmensa diferencia entre un mero siervo y un hijo siervo. Esto es, entre un mero asalariado y aquel que, debido a una relación reconocida y apreciada, da el servicio de verdadero corazón y con devoción. Es cosa buena observar que fue primero Hijo, y luego siervo, o, como podríamos expresarlo, siervo de Dios porque era Hijo amado de Dios. Antes que podamos llegar a ser siervos de Dios, activos en su viña, debemos llegar a ser sus hijos por medio de la fe en Cristo Jesús.
2. SERVICIO OBLIGATORIO,POR LA OBLIGACIÓN DEL AMOR. «El amor de Dios nos constriñe», testimonió Pablo; y éste fue el secreto de sus incesantes y abundantes labores en el Evangelio. El amor fue la gran fuerza impulsora de la vida de Cristo. Fue porque amaba al Padre que estaba dispuesto a ponerse a disposición de Él. Fue porque amaba a la humanidad que vino tan bien dispuesto a hacer el servicio de la Cruz. El amor debería ser la gran fuerza dominante en nuestras vidas.
3. SERVICIO DE CORAZÓN, NO SERVICIO AL OJO. Muy significativa es la frase que emplea el apóstol Pablo acerca del servicio. «No sirviendo al ojo, como los que solo quieren agradar a los hombres». El servicio de nuestro bendito Señor fue un servicio de verdadero corazón, y así debería serlo el nuestro.
4. UN SERVICIO ESCOGIDO, UN SERVICIO POR MARAVILLOSA GRACIA. «Mi Siervo que yo escogí» (Is. 43:10). Es indudable que aquí se hace referencia a nuestro Maestro lleno de gracia. Él fue el escogido del Padre. Pero, ¡qué significativo cuando podemos tomar nuestro puesto al lado de esto, en aquel asombroso versículo de Juan 15: «No me elegisteis vosotros a mí, sino que yo os elegí a vosotros». También nosotros somos sus escogidos. Él tiene una tarea especial que solo nosotros podemos llevar a cabo, para la cual ha recaído su elección sobre nosotros.
5. UN SERVICIO COMISIONADO, NO UNA COMUNIÓN NO RENOVADA. «Como me envió el Padre, así también yo os envío». Él vino con una tarea determinada y específica, y tiene para nosotros una obra determinada y concreta para que la hagamos. La mayor sabiduría para todos los cristianos jóvenes es ponerse totalmente y sin reservas en manos del Redentor.
6. UN SERVICIO PODEROSO, CON LA ENERGÍA DEL ESPÍRITU SANTO. «Porque hablaba con autoridad, y no como los escribas.» En todos sus discursos había una maravillosa unción. Ninguna de sus palabras caía en nada. Dios nos libre a los predicadores, oradores y maestros de Escuela Dominical de llegar a ser mero bronce que resuena y címbalo que retiñe, un mero son. Que se reconozca siempre un verdadero poder detrás de todo lo que digamos.
7. Un servicio sustentado, mantenido por la maravillosa gracia. Isaías 42:1 muestra esto con claridad. Es muy significativa la frase que se encuentra en Apocalipsis 2:1: «El que tiene las siete estrellas en su diestra», indicando que los siete líderes de las siete iglesias de Asia, que tanta responsabilidad tenían, habían recibido una gracia sustentadora especial. Él nos sostendrá. Nosotros seremos también sustentados siempre por una gracia maravillosa.

695. LA PRUDENCIA DEL SIERVO

Isaías 52:13

«He aquí que mi Siervo se portará prudentemente» (A.V.)

En esta estrofa introductoria del Pasional de Oro tenemos el *Ecce Homo* de Dios. No olvidemos nunca que esta es una profecía que fue pronunciada muchos años antes de Belén y del Calvario. ¿No has pensado nunca acerca de la bondad del Padre al profetizar no solo de los padecimientos de Cristo, sino también de la gloria que iba a seguir? «Será engrandecido y exaltado, y será puesto muy en alto». Éstas son expresiones que Isaías dedica exclusivamente a la Deidad (consultar Is. 6:1; 57:15). Por ello, aquí no solo tenemos la predicción de prosperidad, sino mucho más: de cierto que esto significa nada menos que la exaltación y entronización de la Deidad. A diferencia de los meros mortales y de los hombres finitos, el Varón de Dolores sabía exactamente lo que le esperaba: la traición, el abandono de sus seguidores, los crueles azotes y la terrible muerte. ¡Pero cuán a menudo, mientras reflexionaba acerca de estos tristes acompañamientos de su muerte, su corazón debe haber sido reconfortado por este brillante y atractivo anuncio!
Que la prosperidad fuese a seguir a la prudencia es algo que se debe esperar: «He aquí que mi Siervo se portará prudentemente; será elevado, y puesto en alto, y muy ensalzado» (A.V.). A veces la prudencia falla en los hombres, pero nunca en el Hombre Jesucristo.

I. La naturaleza de su prudencia. ¿Qué es la prudencia? La prudencia y la sabiduría no son cosa idéntica. «Ocultaste estas cosas a los sabios y a los prudentes»: aquí se presentan como cosas separadas y distintas, aunque estrechamente relacionadas. La prudencia es sabiduría en acción. Los prudentes son no solo poseedores de sabiduría. Son los que emplean la sabiduría con destreza. Es posible ser sabio y no ser prudente. En otras palabras, que la sabiduría more sola. Pero la prudencia siempre mora con la sabiduría, como se señala en Proverbios 8:12: «Yo, la sabiduría, habito con la prudencia» (BAS). La prudencia y la sabiduría son hermanas gemelas.

II. El hecho de su prudencia. Nuestro bendito Señor Jesús fue mayor en sabiduría y prudencia que Salomón. En verdad, fue y es la fuente de toda sabiduría y toda prudencia. El más grande y magno ejemplo se encuentra en Él. Esta declaración en el Pasional de Oro es, naturalmente, una profecía. Su propia vida es el cumplimiento de la misma.

III. El ejercicio de su prudencia. Un predicador del Evangelio muy consagrado y eminente de nuestra propia época ha señalado cómo nuestro Señor ejercitó la prudencia de una manera tan maravillosa en su vida, y la manifestó también en su muerte.

1. AL NO REDIMIR SU VIDA PREMATURAMENTE. Una y otra vez sus enemigos intentaron darle muerte, pero nuestro Señor y Salvador adoptó todas las precauciones. No iba a permitir que se malgastase su vida mientras no supiese que su obra había terminado.
2. SU CONOCIMIENTO DEL CARÁCTER DE LOS HOMBRES. Todos los que entraban en contacto con Él se hacían conscientes del hecho de que los conocía profundamente, mejor que ellos a sí mismos. Se hacían conscientes, una y otra vez, de que Él podía leer sus pensamientos; y actuaba para con ellos con una certera sabiduría
3. EN LO APROPIADO DE SUS RESPUESTAS Los obreros cristianos no pueden hacer nada mejor, como preparación para la obra misionera, tanto en su propio país como en el extranjero, que estudiar los métodos de nuestro Señor con las personas. Él puso en evidencia una asombrosa destreza, tanto como predicador como maestro: mantenía la calma, nunca se precipitaba, daba siempre una respuesta idónea, siempre poniendo el dedo en la llaga. Una y otra vez simplemente nos asombramos de sus respuestas.
4. EN SUS CONCESIONES A LAS LIMITACIONES DE SUS OYENTES.. Es un hecho que Él era el Todo-Sabio y Omnisciente, poseyendo y ejerciendo en su vida humana todos los atributos de la Deidad, pero nunca habló ni predicó más allá de la capacidad de sus oyentes. Como ejemplo de ello, descendió a la enseñanza parabólica, comunicando los pensamientos más complejos en lenguaje sencillo. Por esto, «el común del pueblo le oía con agrado», lo mismo que los eruditos académicos de su época. Muchos maestros públicos son destruidos por falta de prudencia.
5. EN SU ALIENTO A LS PERSONAS DE VIDA RECTA Y BIENINTENCIONADAS. Una y otra vez, al tratar con las personas, las reconoció y elogió en todo lo que podía. Por ejemplo: «No estás lejos del reino». Cuán alentador debió ser esto. «Escudriñáis las Escrituras». Aquí admitió su diligencia en tratar de determinar la mente y la voluntad de Dios en la Palabra escrita.
6. EN SU OBRA DE SU SALVACIÓN. Él siempre reconoció que la mayor necesidad del hombre no es la de información, sino de una buena disposición. No meramente de un código de moralidad, sino de un corazón limpio. Nicodemo inició en el acto la entrevista reconociendo a nuestro Señor Jesús como un maestro sin parangón, dando por supuesto que todo lo que era necesario para la regeneración de la humanidad era una mejor enseñanza, pero esto lo contradijo en el acto el Señor con una firme declaración de que la mayor necesidad del hombre era una nueva vida. «No te asombres de que te dije: Os. es necesario nacer de nuevo».

7. EN SU MARAVILLOSO PLAN DE SALVACIÓN. Estúdiese Efesios 1:8. Es en la gran obra redentora del Señor que tenemos el mayor ejemplo de su prudencia. Tan maravilloso es este plan que Satanás, con toda su destreza, no ha podido aún hallar ningún fallo en él, y podemos añadir que nunca podrá. Cada atributo divino opera en acción perfecta y armoniosa en este maravilloso plan de salvación. Allí en la Cruz, la misericordia y la verdad se encontraron, la justicia y la paz se besaron (véase Sal. 85:10).

IV. La recompensa de su prudencia.

1. Exaltado a la más alta cima del honor. Estúdiese Efesios 1:21.
2. Ensalzado. Estúdiese Filipenses 2:9-11.
3. Glorificado.

V. El ejemplo de su prudencia. Estos registros de su maravillosa prudencia nos son dados no meramente para que los admiremos, sino para que los imitemos. La sabiduría celestial es eminentemente práctica, como se señala el Santiago 3:17. La prudencia debe ser anhelada y deseada en nuestra vida y servicio diario, y «para estas cosas, ¿quién es suficiente?». Cristo. La maravilla de nuestra redención es que no solo sufrió nuestro Señor Jesús en la Cruz en nuestro lugar, sino que después de haber aceptado este magno hecho y de haberle recibido, Él viene a morar en nosotros y a vivir en nosotros su maravillosa vida. El Prudente será para nuestra prudencia. ¡Oh, que Él quiera llenarnos con su propia presencia llena de gracia!

696. CRISTO, EL SORPRENDENTE

Isaías 52:15

«Así sorprenderá él a muchas naciones»

Durante los últimos años, las naciones del mundo se han visto sorprendidas como nunca antes. La mayor de las guerras de todos los tiempos (Se refiere a la Primera Guerra Mundial –*N. del T.*) las ha hecho reflexionar y las ha alarmado, y los acontecimientos de la postguerra siguen agitando y perturbando. Pero si esta breve proclamación inspirada significa algo, proclama otra sorpresa, mucho mayor, y ésta la causará el Señor Jesucristo.

Muchos académicos objetan a la lectura «rociará» que aparece en algunas versiones en 52:12, en lugar de «asombrará». Es un hecho que el original ha resultado ser una dura prueba para los traductores, porque no se trata del término usual para «rociar», y por ello no se trata de una purificación ceremonial. Un erudito afirma: «Es una traición al hebreo traducirlo como "rociará"». Por otra parte, el difunto David Baron defiende esta traducción de manera erudita. El Obispo Chandler dice: «Rociar se emplea de sorprender, dejar atónito, como le sucede a la gente cuando le echan agua encima». De modo que podemos combinar ambas posturas, y lo que aquí se significa es que las naciones quedarían sorprendidas como se sorprende alguien cuando le echan agua fría la cara de manera totalmente inesperada.

I. El que sorprende. Cuando se estudia con detenimiento esta gran estrofa del Pasional de Oro para dar respuesta a la pregunta «¿Quién es el que sorprenderá a muchas naciones?», solo hay una respuesta posible: el Siervo de Jehová, el Salvador mismo.

II. El tiempo de la sorpresa. En cierta medida, esto ya sucedió en el pasado. Se ha dicho con verdad que «había algo asombroso, portentoso, sensacional, acerca de Él. Hizo agitar toda Palestina. «Turbó» a Herodes y a toda Jerusalén al nacer. Y siguió sorprendiendo a la gente hasta su muerte en la Cruz. Había algo eléctrico, explosivo, volcánico, en el mismo aire mientras Jesús vivió entre los hombres». Y sin embargo, nunca hizo intento alguno para ser sensacional. Sorprendió al mundo

1. CON SU NACIMIENTO. Nació de una Virgen. Es decir: no tuvo padre humano. Esto era algo totalmente nuevo. Las pretendidas encarnaciones en las fes paganas no resisten comparación alguna con el nacimiento de Jesucristo el Señor. Fue sorprendente encontrar la Deidad en la humanidad, y que la frágil zarza no fuese consumida.
2. POR SU HUMILDAD. Nació en un establo, fue criado en un hogar pobre de un trabajador y no en el Palacio Real. Vino como siervo. Considerando sus sublimes afirmaciones, su humilde condición era sorprendente.
3. POR SU ENSEÑANZA. Su enseñanza y predicación contrastaron totalmente de la de su tiempo. «La gente quedaba atónita de su doctrina; porque les enseñaba como quien tiene autoridad, y no como los escribas». Su enseñanza fue acompañada de milagros, y estos, llevados a cabo sin tensión ni esfuerzo, eran sorprendentes.
4. POR SU MUERTE. Hay una gran diferencia y un rápido y muy sorprendente cambio entre los versículos 13 y 14. En el primero tenemos su exaltación, y en el segundo su anonadamiento. Saliendo del retrato de su entronización, lo encontramos enfrentado a un anillo de espectadores turbados y horrorizados (léase Lc. 23:48). El versículo 14 ha de ser considerado a la luz de un paréntesis. Y es muy apropiado. En la lectura de una narración, generalmente bajamos la voz al leer un texto entre paréntesis, y este versículo debería ser leído con una voz baja y con tono reverente. El doctor C. I. Scofield declara que la traducción literal es terrible: «Tan desfigurado fue su aspecto de la forma de los hombres que su apariencia no era la de un hijo de hombre», esto es, no era humana, como efecto del brutal trato descrito en Mateo 26:67, 68; 27:27-30. Mientras los espectadores le contemplaban en la Cruz, muchos pensamientos entrarían en las mentes de ellos con efectos turbadores.

a. El hecho de que Alguien tan bueno y útil debiese sufrir. Naturalmente, éste era un antiguo y conocido problema. A lo largo de la historia del mundo el sufriente ha sido cosa sorprendente, una piedra de tropiezo. Los sufrimientos de Cristo ¿no demostraban su culpa? ¡Y sin embargo, el gobernador había declarado que no encontraba delito alguno en Él!

b. El hecho de que el poderoso Jesús fuese ahora tan débil. Pocos días antes había actuado y hablado con poder y autoridad. Pero ahora parecía débil e impotente, sufriendo un eclipse total.

c. La desfiguración de su semblante y forma. Esto ha recibido el nombre de «la Maravillosa Desfiguración». Observemos «Su aspecto» (esto es, su rostro) y «Su forma» (esto es, su cuerpo). «Más que el de cualquier hombre» (V.M.). Esto no debe ser considerado un lenguaje exagerado, sino que debe tomarse literalmente. ¿Qué es lo que desfigura? El sufrimiento desfigura el rostro, a veces casi más allá de la posibilidad de reconocerlo. Si el rostro y el cuerpo del Hijo de Dios fueron desfigurados más que ningún hombre, ello fue desde luego porque sufrió más que hombre alguno. Y debemos recordar que sus más agudos sufrimientos no fueron físicos. Está perfectamente claro que los sufrimientos causados por la crucifixión eran inexpresables e inimaginables. Pero la agonía espiritual y mental de ser abandonado por Dios, y la repugnancia de un alma pura ante el contacto con el pecado de todo un mundo, fueron ingredientes de su copa de padecimiento que no podemos abarcar ni valorar. Naturalmente, hay una posibilidad de exagerar los incidentes y circunstancias de su muerte. Después de todo, la muerte fue el hecho de mayor importancia. Pero, ¿no estamos los protestantes en peligro de ignorar o de minimizar los incidentes que rodearon su muerte? Es al reflexionar acerca de estos incidentes que viajamos por el camino de entendimiento y que comprendemos el terrible precio de nuestra redención.

III. La causa de la sorpresa. Pero la mayor sorpresa está aún en el futuro. Observemos el valor de considerar el v. 14 como parentético, y la fuerza y el poder de la pequeña palabra «Así». Ciertamente, sus padecimientos sorprendieron, pero Él será la causa de una mayor sorpresa en el futuro. En el v. 13 tenemos una imagen verbal de la Deidad entronizada: «Engrandecido y exaltado, y... puesto muy en alto». Éstas son expresiones que Isaías limita a la Deidad (estúdiese Is. 6:1; 57:15), de modo que tenemos algo más aquí que una mera profecía de prosperidad. Lo que sobrecogerá a su misma nación, y a «muchas naciones», será que Aquel que fue tan anonadado sea tan exaltado. ¿Qué dirán sus enemigos cuando contemplen, sentado sobre el Trono del Universo, a Aquel que clavaron en el Madero? ¿Acaso nuestra exaltación no sorprenderá también a los que nos menosprecian a nosotros? Él ha prometido que nos sentaremos con Él en su Trono.

IV. El resultado de la sorpresa. «Los reyes cerrarán ante Él la boca». Las lenguas se detendrán asombradas. Si el silencio del asombro va a ser el primer resultado de la sorpresa, de seguro que el segundo resultado será la purificación. «Así rociará a muchas naciones» es otra traducción. La nación judía nacerá de nuevo en un solo día como consecuencia de su sobrecogimiento, e indudablemente muchos gentiles compartirán en su bendición como en el Éxodo en tiempos pasados. El tercer resultado será refrigerio. «Así Él hará saltar de gozo», como otro traduce esta oración. Después del despertar y de la purificación, vendrá un gran gozo.

697. INTRODUCCIÓN

Isaías 53

No hay ningún tema de mayor importancia que la muerte sustitutoria de Cristo. Cargado con este pensamiento, el autor preparó para la revista *Threshed Wheat* una serie de estudios en defensa de la antigua interpretación de Isaías 53, y como una exposición de este Pasional de

Oro. Consciente de la oportunidad de estos estudios, son reproducidos aquí, por cortesía del editor de la mencionada revista.

La marca permanente de nuestro Salvador. El doctor J. R. Miller cuenta la historia de una madre escocesa que una vez hirió accidentalmente la muñeca de su niño con un cuchillo. Para consolarle en su dolor, le dijo: «No te preocupes, mi rubito; tu mamá te conocerá por esto cuando seas un hombre». Cuando creció, estuvieron separados durante muchísimos años; cuando un día un apuesto caballero visitó a la anciana y le dijo que era su hijo, ella se mostró escéptica hasta que él se arremangó la manga y le dijo: «Mamá, ¿te acuerdas de esto?». En un momento, la anciana estaba abrazada a su hijo. Le conoció por la cicatriz.

Las cicatrices son la marca permanente de Cristo. Así que, aunque nunca le hemos visto como nos vemos entre nosotros, algún día le veremos, y entonces

«Le conoceremos
Por la marca de los clavos en sus manos».

En mucha de la moderna predicación no acabamos de llegar a ver al verdadero Salvador de los pecadores. Los hombres presentan muchas veces imágenes muy dulces y atrayentes de Cristo. Exponen lo poético de sus acciones, la blancura sin tacha de sus pensamientos, lo intachable de su conducta, la gentileza de sus palabras; pero en todas sus exposiciones no hay ni rastro de sus sagradas heridas, ni ninguna visión de su muerte expiatoria. No puede haber un Salvador sin la Cruz. En la proclamación de muchos modernos predicadores no llegamos a reconocer al Salvador de los perdidos.

Panegírico.

1. Desde que fue escrito este maravilloso capítulo que conocemos como el 53 de Isaías, ha sido considerado como peculiarmente sagrado y repleto de significado.
2. *«Parece como si hubiese sido escrito bajo la Cruz del Gólgota»*, escribe un gran erudito alemán.
3. Lo encontramos muy preciado ya en tiempos apostólicos. Policarpo, el discípulo de Juan, lo llama *«el Pasional de Oro del Antiguo Testamento»*.
4. Lutero dijo *que cada Cristiano debería poderlo repetir de memoria.* ¿Puede hacerlo el lector? Si no es así, ¿está dispuesto a memorizarlo?
5. Agustín consideraba todo el libro de Isaías, y naturalmente de manera muy particular el capítulo 53, como «no profecía, sino un Evangelio».
6. El doctor Culross ha escrito de manera sugestiva: «Es un preludio a mucho que es de lo más distintivo en la doctrina del Nuevo Testamento, y es la raíz de la que ha crecido no poco del pensamiento de los siglos cristianos. Su fraseología ha entrado profundamente en las formas de hablar del cristianismo, y ha dado más textos al predicador del Antiguo Testamento que ninguna otra sección del Antiguo Testamento. Hay frases individuales en este capítulo que parecen cumbres, desde los que podemos divisar en lontananza vastos reinos de verdad que no podemos aún explorar, pero que resplandecen con una mística luz divina».

Corazón de consolación.

1. Los rabinos llaman a esta sección de Isaías «El maravilloso libro de la consolación», y
2. Isaías 53 constituye el núcleo mismo de esta segunda sección, y, naturalmente,
3. Es el mismo corazón de toda verdadera consolación.

Historia. Es tan realista que, como dice mi valorado amigo, el difunto David Baron: «En lugar de una profecía pronunciada siglos antes, parece una recapitulación histórica de la narración del Evangelio de los padecimientos de Cristo y de la gloria que había de seguir a ellos».

I. Sus críticos judíos.

Tortura. Este pasaje ha sido llamado *«La cámara de tortura de los rabinos»*, y *«la mala conciencia de la sinagoga»*, y no se le permite a ningún judío, bajo pena de severa disciplina, estudiarlo hasta que sea mayor de edad.

Conversión. El hecho es que ninguna porción de la Escritura ha sido más empleado que éste en la conversión de los judíos.

Perplejidad. Desde luego, era un capítulo que causaba perplejidad a los judíos antes de Cristo, y la causa después de Él. El retrato que da de un Mesías sufriente contrastaba de lleno con los conceptos populares.

Una realidad. Pero hasta casi el siglo once, la interpretación mesiánica de este capítulo estaba casi universalmente aceptada y adoptada por los judíos.

Una muestra. Aquí tenemos una muestra de interpretación judía como evidencia de ello. Jonatán ben Uzziel (siglo primero) comienza su Targum (esto es, paráfrasis o comentario) con, *«He aquí mi Siervo el Mesías prosperará»* (Is. 52:13).

Una fecha importante. El rabí Salomón Yirchaki (o Rashi), 1040-1105, fue el primero en aplicarlo a la nación judía. Hasta este tiempo los judíos aceptaban universalmente que tenía que ver con el Mesías.

La sinagoga. En la sinagoga Judía tienen, en la liturgia para el Día de la Expiación, la siguiente oración: «Estamos encogidos en nuestra miseria, hasta el día de hoy, nuestra Roca no se nos ha acercado; el Mesías nuestra Justicia se ha apartado de nosotros. El horror ha caído sobre nosotros, y nadie tenemos para justificarnos. Él ha llevado el yugo de nuestras iniquidades y nuestras transgresiones, y está herido a causa de nuestra transgresión. Él lleva nuestros pecados sobre sus hombros, para que hallemos perdón por nuestras iniquidades. Seremos sanados de nuestras heridas en la época en que el Eterno le cree [al Mesías] como una nueva criatura».

Otras interpretaciones judías. Se han dado varias otras interpretaciones e identificaciones al Siervo, como Jeremías; otros dicen que era Isaías mismo a quien se hace referencia; otros han sugerido a Ezequías, Josué o Job.

II. Sus críticos gentiles.

El pasado. Si durante *mil setecientos años* los judíos vieron al Mesías en el retrato que da Isaías, también la Iglesia Cristiana ha identificado este retrato con Cristo *a lo largo de dieciocho siglos.*

El presente. Para asombro y disgusto de leales estudiantes de la Biblia, ha surgido una escuela de modernos pensadores gentiles que niegan que Isaías 53 tenga nada que ver con Cristo. Y, para dolor nuestro, multitudes de ministros religiosos adoptan este punto de vista. ¡Esto es alarmante!

GRAVEDAD.

1. Vemos en este moderno ataque sobre Isaías 53 un intento de negar la Expiación.
2. Naturalmente, la verdad de la Expiación no depende exclusivamente de Isaías 53.

III. Por qué sostenemos el punto de vista ortodoxo.

1. NUESTRO MISMO SEÑOR reconoció y enseñó que Isaías 53 era una profecía acerca de Él mismo (véase Lc. 22:37). Obsérvese «En mí», «A mí»).
2. PABLO reconoció el mensaje del Siervo enviado a ignorantes naciones como las buenas nuevas tocantes a Cristo (véase como Pablo se refiere a Isaías 52:15 en Romanos 15:21).
3. JUAN descubre en el rechazo de Jesús el cumplimiento directo del clamor del profeta, con el corazón partido debido a la incredulidad a su alrededor (Juan cita Is. 53:1 en Jn. 12:38).
4. MATEO reconoció en los milagros de sanidad de Cristo al Siervo que llevó nuestras dolencias y que se entregó a nuestra curación (cita Is. 53:4, en Mt. 8:17).
5. MARCOS reconoce en los dos bandidos a los transgresores con los que el Siervo de Isaías iba a ser contado (Is. 53:12 en Mr. 15:28).
6. FELIPE, cuando es llenado por el Espíritu Santo, y hablando bajo su dirección, responde a la pregunta del eunuco acerca de la identidad del Siervo presentándole Jesús (Hch. 8:32).
7. ISRAEL es a veces llamado el Siervo de Jehová, pero nunca se le da el título que aparece aquí en 53:11, *«Mi siervo justo»* (41:8; 43:10; 44:1).
8. Obsérvese: «Por la transgresión de mi pueblo fue herido», UNA PERSONA PADECIENDO POR UN PUEBLO
9. Este capítulo 53 presenta a UN SIERVO INOCENTE SUFRIENDO POR OTROS (v. 9). «Nunca hizo maldad, ni hubo engaño en su boca». ¿Es esto cierto de la Nación? ¿Eran ellos inocentes? ¿Qué tiene el primer capítulo de Isaías que decir acerca de ellos?
10. El Siervo sufriente que se presenta aquí en Isaías 53 es UN SUFRIENTE VOLUNTARIO. Léase el versículo 12: «Derramó su vida hasta la muerte». ¿Acaso los judíos fueron voluntariamente al exilio? ¿No fueron arrastrados por la fuerza?
11. El Siervo sufriente presentado en Isaías 53 es UN SUFRIENTE QUE NO SE RESISTE. «No abrió su boca.» «Como cordero es llevado». «Tampoco él abrió su boca» (53:7). ¿Acaso la Nación Judía adoptó una actitud de no resistencia? Una mirada rápida a su historia es más que suficiente para saber que no.
12. LOS SUFRIMIENTOS DEL SIERVO TERMINARON CON LA MUERTE. «Fue cortado» (v. 8; véase punto 9). ¿Acaso los sufrimientos de la nación judía han visto su fin con la muerte de esta nación? Al contrario, la nación, a pesar de siglos de persecución, sigue estando bien viva.

13. «¡Oh!», dicen los críticos: «No hay ningún lugar en las Escrituras donde tengamos sufrimiento asociado con el Mesías, por ello este capítulo está fuera de armonía con todos los anteriores conceptos del Mesías, y no se puede aceptar como aplicable a Cristo. Un individuo con estos rasgos no tiene analogía en la profecía hebrea». Pero esto no es cierto. ¿Qué hay de Génesis y de los Salmos?
14. Algunos dicen: «¿No es acaso imposible o al menos improbable, inconsecuente, que el mismo profeta primero haya identificado al siervo con la Nación, y que luego nos lo presente como un individuo?» Nuestra réplica es: «No, en absoluto».
15. EL ARGUMENTO ESPIRITUAL. Sabemos que la postura ortodoxa es la correcta porque Él nos ha traído salvación. Allí hemos hallado al Salvador y Redentor, y nos ha traído la salvación. Ahora podemos decir: «Ciertamente Él llevó mis enfermedades, y soportó mis dolores… Él fue herido por mis transgresiones, molido por mis pecados… Por sus llagas fui yo curado. ¡Aleluya!»

IV. Su estilo. Las joyas son mejor apreciadas cuando están en un engaste apropiado. El Pasional Dorado del Antiguo Testamento es más valorado cuando se observan su marco, estilo y rasgos.

DIFIERE.
1. Difiere en cuanto a su estilo de todo el resto de Isaías.
2. Es *«quebrado, sollozante y recurrente»*, mientras que el resto de Isaías discurre suavemente, con «oraciones formadas y fluidas».
3. Esta peculiaridad es tan pronunciada que «además, el hecho de que si se omite, las profecías de ambos extremos fluyen bien, ha llevado a algunos críticos a suponer que se trata de una inserción, tomada de algún anterior escritor».
4. Pero esto no es un argumento. El director G. A. Smith, que es partidario de la Alta Crítica, dice con cordura: «Lo cierto es que tanto el estilo como las palabras tienen una plena explicación en la naturaleza novedosa y trágica del tema».

PRONOMBRES. Es importante observar los pronombres personales. Mucho del significado del poema depende del empleo de los pronombres «nosotros» y «él».

MISTERIOSO. Un estudioso ha llamado la atención al elemento de misterio en este Pasional: «Lo más maravilloso y misterioso de todo es la manera espectral en la que la profecía presenta a su Héroe. Es nombrado sólo en la primera línea: todo lo demás es dicho acerca de Él. Nunca le oímos a Él ni le vemos a Él. Pero está ahí de manera tanto más solemne».

V. Su marco. Es necesario observar la estructura de este libro a fin de poder ver con claridad su marco.

ISAÍAS.
1. A primera vista, el libro de Isaías se distribuye en dos grandes divisiones: 1ª, capítulos 1 a 39; 2ª, capítulos 40 a 66. Con un examen más cuidadoso, puede dividirse claramente en tres:
   a. Denuncia: 1 a 35. Profético.
   b. Liberación: 36 a 39. Histórico.
   c. Consolación: 40 a 66. Mesiánico.
2. Esta tercera sección se distribuye a su vez en tres partes:
   a. Consolación: 40 a 48.
   b. El Siervo: 49 a 57.
   c. La gloria futura: 58-66.
3. En este poema del corazón quebrantado hay 15 versículos.
4. Es el capítulo central de la sección central del tercer libro.
5. Se ha señalado cuán notable es la estructura del libro de Isaías cuando se compara con la Biblia:
   a. Así como la Biblia tiene 66 libros, Isaías tiene 66 capítulos.
   b. Así como la Biblia tiene dos grandes divisiones (Antiguo y Nuevo Testamento), lo mismo sucede con Isaías.
   c. Hay 39 libros en la primera división de la Biblia –el Antiguo Testamento– y hay 39 capítulos en la primera división de Isaías. Hay 27 libros en el Nuevo Testamento: 27 capítulos forman la segunda sección de Isaías.
   d. La nota prevalente en el Antiguo Testamento es la Ley; y la nota prevalente en la 1ª sección de Isaías es el Juicio; la nota prevalente del Nuevo Testamento es la Gracia, y la de la 2ª sección de Isaías, la Consolación.

VI. Su bosquejo.

ESTROFAS.
1. Hay 15 versículos en este Poema. El Poema comienza en 52:13.
2. Estos versículos se distribuyen en cinco secciones o estrofas de tres versículos cada una.
3. En hebreo, las estrofas no aparecen con una longitud igual, sino de longitud en aumento.

1ª) 9 líneas	4ª) 13 líneas
2ª) 10 líneas	5ª) 14 líneas
3ª) 11 líneas	

4. Cada estrofa comienza con una o dos palabras, que sumarizan el significado de toda la estrofa, y que constituyen un título para la misma:
   a. He aquí: el Siervo.
   b. ¿Quién ha creído? Fe.
   c. Ciertamente él llevó: nuestro Sustituto.
   d. Fue oprimido: su opresión.
   e. Jehová quiso: la voluntad de Jehová.

Análisis de Isaías 52:13-15 y capítulo 53

ESTROFA	SECCIÓN	ORADOR	LEMA	TEMA
Primera	52:13-15	«MI siervo» (v. 13) DIOS. 1º a nosotros (v. 13) 2º a Jesús (v. 14) 3º a nosotros	Su prosperidad	La proclamación, explicación y vindicación que hace Dios del Sufriente.
Segunda	53:1-3	El pueblo arrepentido de Dios en el presente. (1) Pregunta (v. 1) (2) Declaración (v. 2) (3) Confesión (2 y 3) «nuestro», «nosotros»	Incredulidad	Razón de haber sido rechazado.
Tercera	53:4-6	El pueblo arrepentido de Dios en el futuro. (1) Aceptación (v. 4) (2) Confesión (v. 4) (3) Declaración (vv. 4-6)	Sustitución	Resultados de recibirle.
Cuarta	53:7-9	Dios	Su Inocencia	La humildad y la inocencia del Sufriente.
Quinta	53:10-12	El pueblo, hablando de parte de Dios. (1) A nosotros (v. 10) (2) A Dios (v. 10) (3) A nosotros (v. 11) (4) De parte de Dios (v. 12)	La Santa Voluntad de Dios	La rendición del Sufriente a la Voluntad de Dios y su triunfante éxito.

El bosquejo mismo.

1. Estúdiese la tabla en la parte baja de la página anterior.
2. Obsérvese su primera estrofa:
a. Tenemos el *Ecce Homo* de Dios.
b. El Siervo alcanzaría el triunfo por medio de su prudencia.
c. Esta primera estrofa es en realidad una recapitulación de todo el poema, y contiene de manera resumida toda la historia de los padecimientos del Mesías y la gloria que habría de seguir.

VII. El misterio de la contradicción.

¿Has visto la cantidad de aparentes contradicciones en este Pasional Dorado? Calmet observa: «EL ANTIGUO TESTAMENTO predecía de manera clara que el Mesías sería Dios y hombre; exaltado y humillado; señor y siervo; sacerdote y víctima; príncipe y súbdito; muerto y victorioso sobre la muerte; rico y pobre, rey, conquistador glorioso, varón de dolores; expuesto a la debilidad, desconocido y en estado de bajeza y de humillación». Pero, ¡qué conducente a la confusión parece todo esto!

Miremos en Isaías 53.

1. Raíz de tierra seca (v. 2): Pero fructífero (v. 10).
2. Sin apariencia ni hermosura (v. 2): Pero Siervo de Dios (v. 11).
3. Despreciado y desechado (v. 3): Pero el Mesías designado.
4. Sufriendo hasta la muerte (v. 8): Pero viviendo para siempre jamás.
5. Sin generación (v. 8): Pero con numerosa descendencia (v. 10).
6. Rechazado y azotado (v. 4): Pero prosperado (v. 10).
7. Cortado (v. 8): Pero prolongando sus días (v. 10).
8. Creciendo (v. 2): Pero el Hijo Eterno.
9. Una rama exótica (v. 2): Pero soportando y resistiendo una terrible tempestad.
10. Sin hermosura que nos lleve a desearlo (v. 2): pero el Deseado de todas las naciones.
11. Herido hasta morir: Pero estas heridas que le llevaron a la muerte son para nuestra vida.
12. Jehová puso sobre Él (v. 6): pero Él era el mismo Jehová.
13. Impotente en manos de sus perseguidores. Pero omnipotente y liberando a otros de sus opresores (v. 7).
14. En muerte: Pero repartiendo los despojos (v. 12).

Armonización.

1. No es para asombrarse que los judíos se sintieran apurados cuando abandonaron la antigua postura mesiánica.
2. En el Señor Jesús, armonizan.

698. EL BRAZO DE JEHOVÁ

Isaías 53:1

El «brazo» es aquí empleado como una figura del verdadero Cristo como Cabeza de la Iglesia. Él es también el «Brazo de Jehová». Esta metáfora es profundamente sugestiva. Observemos:

I. Su significación. «El brazo de Jehová.» Es el símbolo del poder omnipotente. Cristo es poder de Dios. Este poder es un poder *viviente*, un brazo que está vitalmente conectado con el Dios Eterno y Personal. No es una fuerza muerta como la presión del agua, sino un poder que obra por amor. Su brazo es también el símbolo de la misericordia. Aunque su brazo sea fuerte para golpear, también lo es para salvar. Su brazo ha traído salvación (Is. 59:16).

II. Su desnudamiento. «Jehová desnudó su santo brazo» (52:10). Al desnudar su brazo (Cristo) el Señor ha revelado su gran poder tanto para golpear como para salvar. ¡Que poderoso músculo espiritual se desvela en la vida y muerte de Jesucristo! Es la obra del Espíritu santo, y de cada predicador del Evangelio, poner de manifiesto el desnudo y salvador brazo de Dios.

699. RAZONES PARA RECHAZARLO

Isaías 53:1-3

¡Cuán rápidos son los cambios en este Pasional! En anteriores estudios hemos visto a un grupo de horrorizados espectadores, luego a otro gran grupo de naciones y de reyes, sin habla debido a la maravilla y a la sorpresa. Ahora nuestra atención es dirigida a otro grupo: el remanente piadoso confesando su asombro ante la incredulidad del pueblo escogido. En esta segunda estrofa tenemos las razones de su rechazamiento:

1. Incredulidad (v. 1).
2. Un humilde origen y un crecimiento misterioso (v. 2).
3. Falta de hermosura (v. 2).
4. Menospreciado.
5. Tratado como un leproso.

¿Se te ha ocurrido alguna vez cuán abruptamente comienza este maravilloso capítulo? Es como si el pensamiento del mensaje de rechazo abrumase al profeta: «¿Quién ha dado crédito a nuestro mensaje?» Esta pregunta retadora es citada dos veces en las Escrituras del Nuevo Testamento: Juan 12:38, como explicación de por qué *no creyeron* en los días de su carne antes del Calvario; en Romanos 10:16, como explicación de por qué la nación judía como un todo no había aceptado el Evangelio predicado por los Apóstoles y discípulos. Ante todo, ¿a quién se le hace esta pregunta? Aquí no se menciona la persona, pero por las dos citas vemos que es al Señor. Es bueno llevar a Él todos los fracasos. Es bueno si los siervos del Señor de hoy se aplican la pregunta a sí mismos. El gran objeto de nuestro ministerio, bien de palabra, bien de pluma, es conseguir un veredicto para Cristo. Tenemos un informe que dar. ¿Hay algunas razones *en nosotros* por las que no es creído? ¿Es sencillamente lo que hemos oído? «¿Quién ha dado crédito a lo que hemos oído?» (Versión Revisada inglesa, margen). Naturalmente, es justo y propio que transmitamos lo que hemos oído o leído, *pero solo cuando haya llegado a ser parte de nuestro propio ser.* Hemos de creerlo primero nosotros firmemente. Y además, debemos ejemplificarlo e ilustrarlo nosotros mismos.

I. El brazo del Señor. Ésta es una de las expresiones favoritas de Isaías. ¿Qué se significa con este término? Dios es Espíritu puro, y por ello «sin cuerpo, miembros ni pasiones». Tenemos una imagen verbal. El brazo es aquello mediante lo que ejecutamos un propósito. Se emplea en la Escritura como emblema de poder. Es un símbolo natural de la energía activa de Jehová. La referencia al brazo desnudo es una figura oriental, porque un guerrero echaba atrás sus ropajes flotantes cuando iba a dar un golpe, o un obrero se recogía o ataba sus anchas mangas para poder trabajar. Cuando ponderamos cuidadosamente las referencias al brazo de Jehová, nos parece observar aquí y allá sugerencias acerca de la personificación del brazo. Hay Dos Personas de la bendita Trinidad que constituyen el Ejecutivo: el Señor Jesús es, por así decirlo, el Brazo extendido de Jehová, y desde luego también lo es el Espíritu Santo.

1. DÓNDE SE VE. El Brazo de Jehová se ve en:
a. La Creación (Jer. 27:5; 32:17).
b. La Redención (Éx. 6:6; Sal. 77:15). La Creación es mencionada como la obra de sus dedos (Sal. 8:3), pero la redención demandaba su brazo; esto es: es más difícil redimir que crear.
c. La Salvación (Is. 59:16).
d. La Providencia (Is. 51:5).
e. La Preservación Eterna (Is. 40:11).
2. SU CARÁCTER. El Brazo de Jehová es:
a. Omnipotente en fortaleza y poder.
b. Conducido por una sabiduría que nunca yerra.
c. Controlado por un amor que nunca falla.
d. Paralizado por la incredulidad (Is. 51:9, con Mt. 13:58).

II. Cristo no fue el producto de su época. Éste es uno de los hechos más sorprendentes relacionados con su nacimiento y crecimiento, y el versículo 2 llama nuestra atención a este hecho. Esto está en el mismo umbral de la declaración claramente expuesta.

1. EL HECHO DE SU CRECIMIENTO. «Creció.» Léase Lucas 2:52. Hubo ciertamente crecimiento físico, porque su diminuto cuerpo de recién nacido creció a la de un niño, un joven y un hombre adulto. Hubo también crecimiento en sabiduría y conocimiento. Pero Él era, y es, el Omnisciente y Todo Sabio. ¿Has ponderado alguna vez el Salmo 22:9? Si este versículo significa alguna cosa, declara desde luego que desde que era un bebé al pecho de su madre, poseía consciencia de Sí mismo, actividad mental, anhelo espiritual y esperanza, esto es, una convicción dada por Dios acerca de cosas del futuro. Solo un bebé tuvo jamás esta experiencia, y éste fue el Bebé de Belén. ¡Qué maravilloso misterio tenemos en la Encarnación!
2. EL DELEITE EN SU CRECIMIENTO. «Delante de Él.» El Padre se tomó un agrado especial en su crecimiento. ¿No nos comunica esto también que Él creció siempre consciente de la presencia del Padre?
3. LA PROTECCIÓN DE AQUEL CRECIMIENTO. «Como una planta tierna» (V.M.). Tierna: muy delicada. Pero guardada y preservada por el amor del Padre.
4. LA REALEZA DE AQUEL CRECIMIENTO. «Como renuevo de una raíz» (V.M.) El árbol es en la profecía un emblema de rea-

leza (véase Is. 11:1). Aquí se hace referencia al linaje real, pero a una casa regia caída en la desgracia.

5. EL MISTERIO DE AQUEL CRECIMIENTO. «Raíz de tierra seca.» Nacido en un establo, creció en un pequeño pueblo entre los montes de Galilea, y mientras crecía abrió la maravillosa flor de una humanidad perfecta, como la que nunca había surgido aún de ninguna raíz, ni crecido de la planta más cuidadosamente cultivada. Criado en un pequeño pueblo, ¿cómo quedó exento de todo provincialismo? Crecido en la casa de un aldeano, ¿cómo es que era apto para estar ante un monarca terrenal, y que tenía unas maneras cultivadas y una presencia regia? La única educación que tuvo fue en una humilde escuela de aldea, pero manifestó una sabiduría y un conocimiento maravillosos, eclipsando a las mayores autoridades de aquella época y de todas las demás. ¿Y cuál es la explicación? Solo ésta es suficiente, que el Señor Jesús no representa tanto el progreso del hombre como el descenso de Dios; no tanto la ascensión de lo humano a lo divino como la condescendencia de lo divino a lo humano; que su nacimiento no fue un mero nacimiento, sino una encarnación.

6. LA HERMOSURA DE AQUEL CRECIMIENTO. «No hay apariencia en él, ni hermosura.» ¿Qué significa esto? ¡Desde luego no significará que era feo!

Oyeron una vez a Charles Kingsley, durante su última enfermedad, murmurando quedamente para sí: «¡Cuán hermoso es Dios!». Agustín clamó: «¡Oh hermosura, tan antigua, y sin embargo tan nueva!; te he amado demasiado tarde!» ¡Solo una mente hermosa pudo haber producido un mundo tan hermoso! Nunca olvidemos que Dios es el Autor y Dador de todo el color, fragancia, gloria y cántico. Solo una mente hermosa podría haber creado cosas tan hermosas. Y el Hijo de Dios era hermoso. Él tenía:

1. HERMOSURA FÍSICA, un cuerpo perfectamente formado y hermosamente conformado.
2. HERMOSURA MENTAL, porque solo una mente hermosa pudo haber concebido el Sermón del Monte.
3. HERMOSURA MORAL que ciertamente era posesión suya, lo mismo que
4. HERMOSURA DE DISPOSICIÓN y
5. HERMOSURA DE ACCIÓN Y sin embargo, por cuanto no había una gloria marcial, los líderes de su nación quedaron cegados por los prejuicios e incredulidad a sus glorias morales. No había nada en su apariencia que pudiese atraer a los carnales o a los mundanos; tan diferente era Él a las expectativas populares.

III. Una épica de males. No le valoraron en nada. «No le estimamos.» «Fue despreciado.» No todos los rechazados son despreciados: Él fue ambas cosas. El rechazo siguió al desprecio. Otra traducción dice: «Fue despreciado como uno que oculta su presencia de nosotros», tal como un leproso ocultaba su rostro y presencia. De manera que le trataron como a un leproso. Pero es necesario tener en cuenta los tiempos verbales. «Fue despreciado.» Esto es historia ya pasada. Pero observa: «Es despreciado». ¿Está siendo despreciado y rechazado? Sí, por parte de muchos. ¡Quiera Dios que no lo sea por tu parte, querido lector!

700. VARÓN DE DOLORES

Isaías 53:3-6

El mundo ha tenido en cada siglo a muchos hombres doloridos, pero solo ha habido un «Varón de Dolores». Los dolores del Hijo del Hombre fueron totalmente singulares y sin paralelo. El suyo fue el dolor de una singular:

I. Humillación. Muchos hombres ha habido que criados en la falda de la opulencia, se han visto, por accidente o fracaso, reducidos a la pobreza y a la vergüenza, pero nadie tuvo jamás que dejar tanto como Cristo cuando «se despojó a sí mismo, tomando forma de siervo... al hacerse obediente hasta la muerte, y muerte de cruz» (Fil. 2:7, 8). Aquel que era rico –¡y cuán rico!– se hizo por nosotros pobre, y ¡oh, cuán pobre!

II. Oposición. La contradicción que Él sufrió en manos de pecadores contra Sí mismo fue también singular. Aunque «Varón de Dolores», Él fue menospreciado y desechado por los hombres. Handel fue descubierto llorando mientras ponía música a estas palabras. La común simpatía destinada a los simples mortales que padecen le fue negada. La oposición de Satanás a la «Muerte de la Cruz» fue otro amargo elemento en los dolores del Salvador. Obsérvese la tentación en el desierto. La *reprensión* al viento; la misma palabra que se emplea con el trato a los «espíritus inmundos». La reprensión de Pedro, y el «Quítate de delante de Mí, Satanás», cuando él le dijo: «Señor... en ninguna manera te suceda esto» (refiriéndose a su dolorosa muerte). Incluso estando Él en la Cruz, le escarnecían: «¡Desciende, y creeremos!».

III. Anticipación. Muchas veces nos hemos visto constreñidos a decir: «Es bueno que no sabemos lo que nos espera», cuando nos ha sobrevenido alguna repentina y terrible calamidad. Estas cosas nos son misericordiosamente ocultadas de nosotros. Pero Cristo previó todo lo que estaba delante de Él. Él vino, no a ser servido, sino a servir, y a dar su vida en rescate por muchos. «Y yo, si soy levantado de la tierra..., y decía esto dando a entender de qué muerte iba a morir» (Jn. 12:32, 33). El suyo fue también un dolor de una singular-

IV. Separación. Él pisó el lagar solo. Estaba perfectamente en su ambiente en el cielo, pero estuvo terriblemente solo en la tierra. Su misma naturaleza, como Santo y Divino, le hizo «separado de los pecadores», aunque Él fuera hecho «en semejanza de carne de pecado». Las circunstancias, la disposición y la elección traen frecuentemente sobre los hombres el dolor de una vida separada. Nadie podía sentir esto de una manera tan intensa como el Hijo del Hombre, que era también el Hijo de Dios.

V. Relación. El suyo era enfáticamente el dolor de una relación singular. «Ciertamente él llevó *nuestras* enfermedades, y sufrió *nuestros* dolores» (v. 4). Solo Él pudo hacer esto de la manera que una madre amante lleva las enfermedades y los dolores de un amado hijo que sufre. Tan intensos eran su amor y simpatía por nosotros como hombres pecadores, que no pudo refrenarse de llevar nuestras enfermedades y nuestros dolores. Fue sobre este hombre totalmente Consagrado que Jehová cargó «la iniquidad de todos nosotros» (v. 6). Fue por nosotros que derramó su santa y dolorida alma hasta la muerte (v. 12). Mirad y ved, si hay dolor como Mi dolor que me ha venido. ¿No os importa a cuántos pasáis por el camino? (Lm. 1:12).

701. EL SIERVO CARGADO

Isaías 53:4-6

¿Es posible expresar nuestra fe en una breve oración? Esta pregunta ha sido hecha recientemente. Podríamos señalar a aquel hermoso compendio de la fe tal como se expresa en el Credo de los Apóstoles, pero en realidad ocupa más espacio que una oración. Cuando Robert Taylor le preguntó a Spurgeon, en su última enfermedad, si podría expresar su fe en una oración, sin dudarlo un momento la dio en cuatro palabras: «Jesús murió por mí». El doctor Fullerton contaba de una hermana de una iglesia que estaba visitando un hospital, y a la que le pidieron que hablase con un chico moribundo, que era tan pagano en el centro de Londres como si hubiese nacido en el centro de África. Evidentemente guiada por el Espíritu Santo, le dijo: «Hijito, Dios te hizo; Dios te ama; Dios vino del cielo y murió por ti; y ahora vendrá a llevarte al hogar para que estés para siempre con Él». «Dígalo otra vez, señora» –le rogó–, por lo que repitió dos veces más: «Hijito, Dios te hizo; Dios te ama; Dios vino del cielo y murió por ti; y ahora vendrá a llevarte al hogar para que estés para siempre con Él». Incorporándose, asido de la cuerda que colgaba por encima de la cama, el chico, que parecía haber cobrado una nueva vitalidad, le dijo: «Por favor, déle las gracias de mi parte», pero antes de que pudiese ella responderle, él cayó hacia atrás sin vida, y lo probó por sí mismo, y dio sus propias gracias cara a cara con el Eterno. Toda predicación o enseñanza que no se centra *en*/e irradie *desde* la muerte sustitutoria de Cristo, está condenada al fracaso, y no tiene en sí el Evangelio. ¿Es posible en una breve oración presentar nuestra fe? Ciertamente. Aquí está la inspirada palabra: «*El Evangelio: Cristo murió por nuestros pecados*» (1 Co. 15:1 a 3).

En la tercera estrofa del Pasional de Oro que tenemos ante nosotros en este mismo momento se nos presenta al Siervo Cargado. Los oradores son el arrepentido pueblo de Dios en el futuro. Como bosquejo, tenemos:

1. UNA ACEPTACIÓN. «Ciertamente él llevó nuestras enfermedades, y soportó nuestros dolores» (v. 4).
2. UNA CONFESIÓN. «Y nosotros le tuvimos por azotado», etc. (v. 4).
3. UNA DECLARACIÓN. «Mas él fue herido», etc. (vv. 5 y 6). Nos encontramos contrastando su carga con la nuestra, como se ve en el Salmo 68:19.
4. DIOS COMPARTE LAS CARGAS DE SU PUEBLO. «Bendito sea el Señor, que a diario lleva nuestra carga» (Versión Revisada inglesa). Pero en el Pasional de Oro Él tuvo que llevar a solas su aplastante carga.

Examinando con detalle esta tercera estrofa, podemos encontrar dos cargas.

I. La carga de la condolencia.

La condolencia ensangrentada del Siervo. Ya de entrada vemos en estos versículos una declaración de la verdadera simpatía de Cristo. «Y Jesús, movido a *compasión*...». Esta última palabra es muy intensa. «Pasión» es un término que describe el sufrimiento más acerbo. «*Com*»: juntamente, sufrir con otro, una participación en el dolor por haber la más íntima y estrecha afinidad. Si tenemos dos arpas perfectamente sintonizadas, aunque estén en distintos extremos de una estancia, al tocar una de ellas, la otra responderá. No tenemos un Sumo Sacerdote que no pueda compadecerse de nuestras debilidades. Su humanidad fue y está tan perfectamente sintonizada con la nuestra que cuando sufrimos, Él sufre con nosotros. Un visitante verdaderamente compasivo, cuando visite a un enfermo en su habitación y vea jadear al paciente, sentirá involuntariamente la misma sensación, y por un momento se sentirá como si él o ella estuviesen jadeando. La condolencia de nuestro Señor es su condolencia de corazón. No solo da una palabra consoladora, sino que carga en sus hombros nuestras cargas, poniéndose debajo de nuestros dolores. La verdadera simpatía significa siempre esto. Que todos los obreros cristianos oren por gracia para mantener su toque tierno y compasivo, y para ser preservados de aquellos efectos de embotamiento y endurecimiento de la rutina diaria y del constante contacto con el sufrimiento.
Pero aquí se sugiere mucho más que la identificación compasiva con los dolores de otros; tenemos:

II. La carga del pecado.

El sufrimiento vicario del Siervo. Es decir, se declara aquí un portar activo de las consecuencias de los pecados que Él no había cometido. Es aquí que nos apartamos de mucha, de muchísima de la predicación y enseñanza de nuestros días. El llamado «Modernismo» sólo ve en la muerte de Jesús la compasión ensangrentada de Jesús con nosotros. También nosotros la vemos, pero vamos mucho más allá. Si las palabras significan algo en absoluto, los vv. 5 y 6 declaran de manera prístina y enfática la muerte del Señor como sustitutoria.
Hay una estrecha relación entre los versículos 3 y 4. Ellos habían supuesto que Él sufría debido a algún gran pecado que había cometido. Pero se habían equivocado. Era a causa del pecado que sufría: pero no por ninguna transgresión suya. Fueron nuestros pecados imputados a Él, y en este sentido, y solo en este, los hizo suyos. Esta tercera estrofa es un reconocimiento de que habían errado.
Naturalmente, esto es una profecía que todavía espera su cumplimiento por lo que respecta a la nación judía. Incluso hasta el presente persisten ellos en su cruel error. Hoy, el judío ortodoxo considera que nuestro Señor padeció por sus propios pecados, y le llaman Poshe el Transgresor. «En el Talmud, Jesús de Nazaret es puesto en el infierno junto con Tito y Balaam, y está sufriendo no solo el castigo más severo, sino también el más degradante.» Pero alterarán su punto de vista. ¡Que llegue pronto este día!
Una autoridad judía muy eminente, que se había convertido, que yo conocía y quería en mis tiempos de estudiante, pero que está ahora en la gloria, declaró, acerca de los versículos 4 a 6, que no se podían emplear palabras más llanas ni fuertes para expresar el concepto de sufrimiento vicario que las empleadas en el original de este versículo. El verbo «llevó» es empleado continuamente en Levítico para referirse a la expiación llevada a cabo mediante los sacrificios designados, como, por ejemplo, Levítico 16:22. Ambos verbos empleados en Isaías 53:4, «llevó» y «soportó», deben ser entendidos en el sentido de un llevar expiatorio, no meramente de quitar. «El significado no es meramente que el Siervo de Dios entró en la comunión de nuestros sufrimientos, sino que tomó sobre Sí mismo los padecimientos que nosotros debíamos y merecíamos soportar, y los llevó en su propia persona, para poder librarnos de ellos.»

702. EL GRAN MENSAJE

Isaías 53:1

El profeta, inspirado por el Espíritu Santo, pasa en visión a lo largo de 700 años al momento mismo de los días de la humillación y sufrimiento de Cristo, y habla como testigo. La incredulidad no tiene ninguna explicación razonable para este registro tan conforme a los hechos. «¿Quién ha dado crédito a nuestro mensaje?» Observemos:

I. La naturaleza del mensaje. Véase el capítulo 52:7-15. Contiene las «alegres nuevas» de bendición. Era la proclamación de la «paz» y de la «salvación» (v. 7). Se refiere a la prudencia y al carácter sublime de Cristo el Siervo (v. 13). Revela el hecho *asombroso* de que sus padecimientos serían únicos entre los hijos de los hombres (v. 14). También tañe la nota de la final victoria (v. 15). Es un verdadero mensaje.

II. El carácter de los proclamadores. «¿Quién ha dado crédito a *nuestro* mensaje?» De él dan testimonio todos los profetas (Hch. 10:43). Los profetas, inspirados por el Espíritu Santo, fueron los testigos de Dios. Ellos fueron colaboradores juntamente con Él. Era su mensaje por medio de ellos. No hay en ello ni exageración ni falsos colores. Estos mensajeros están en verdadera sintonía con Dios y su obra. Así que le preguntan: «¿Quién ha dado crédito a *nuestro* mensaje?». Pablo rogaba a los hombres en nombre de Cristo (2 Co. 5:20).

III. La responsabilidad de los oyentes. «¿Quién ha *dado crédito*?» Éste es el más maravilloso y oportuno mensaje que jamás haya llegado a oídos humanos. Los mensajeros son los más dignos de confianza que jamás hayan hablado. La demanda es la más razonable que jamás se haya hecho: fe. ¿Quién *ha dado crédito* a nuestro mensaje? Aquí, así, tenemos la Palabra de Dios de gracia y salvación. ¿Dónde está tu fe? No es suficiente creer en el Maestro, como Nicodemo. Tenemos que mostrar nuestra fe como Rebeca, que oyó, creyó y siguió (Gn. 24). Sin fe es imposible agradar a Dios.

703. UNA GRAN OPORTUNIDAD

Isaías 53:6

1. ¿A quién? «Buscad al Señor.»
2. ¿Por qué? «Porque está cercano.»
3. ¿Cuándo? «Mientras puede ser hallado.»
4. ¿Cómo? «Buscad... llamad.» ¿Quién? «Vosotros.»

704. DECLARANDO SU GENERACIÓN

Isaías 53:7-9

En nuestro estudio de este Pasional de Oro, llegamos a la sección más difícil. Ningunas palabras de la Biblia hebrea han sido traducidas de manera tan variada como las que aparecen en el original en el v. 8. Los traductores se han quedado perplejos acerca de cómo traducirlas.

I. El silencio del Señor Jesús (v. 7). De todos los animales, solo uno queda callado cuando es maltratado por el hombre, y éste es la oveja. Raramente se oye un balido en el cobertizo del trasquilador o en el matadero. El profeta apunta a esta insólita característica del animal como figura y profecía de la actitud del Señor Jesús, el Cordero de Dios, para con/y bajo su sufrimiento. ¡Qué imagen tenemos en el v. 7 de cómo soportó el Siervo sin resistir! ¡De cierto que tenemos aquí la más perfecta, patética y majestuosa imagen de mansa paciencia!
Existe el peligro de olvidar la necesidad y el valor del silencio en esta era de precipitación y ruido. Hay momentos en los que el silencio prolongado e ininterrumpido es oro, y más expresivo e idóneo que las palabras. Hannah Moore observa, en uno de sus ensayos: «El mismo Cicerón admite que el silencio es una de las grandes artes de la conversación; dice él que no solo hay arte en el silencio, sino también elocuencia». Pero el silencio nunca actúa para tanto beneficio cuando se presenta como réplica a la calumnia y a la difamación. La profecía del versículo 7 quedó literalmente cumplida en el silencio de nuestro Señor bajo una burda injusticia. «No abrió su boca.» Los labios de Jesús se abrieron en testimonio, pero nunca en queja o injuria. ¡Qué silencio más majestuoso!
Consideremos ahora el versículo 8.

II. Las diferentes traducciones de los versículos 7-9.

1. «De la cárcel y del juicio fue quitado» (RV), esto es, su muerte fue un asesinato judicial.
2. «Por medio de la opresión y del juicio fue quitado» (V.M.), esto es, la violencia que le fue aplicada y lo repentino de su muerte.
3. «Por tiranía y ley fue tomado» (Smith), esto es, por una forma legal que era tiranía.
4. «Sin freno y sin sentencia fue llevado» (un Rabí), esto es, la celeridad, la actuación repentina y el apresuramiento indecoroso de sus asesinos.
5. «Y su generación, ¿quién la contará?» (RV).
6. «Y en cuanto a su generación, ¿quién entre ellos pensaba que fue cortado de la tierra de los vivientes...?» (V.M.), esto es, la indiferencia de la opinión pública.
7. «Y de su vida, ¿quién hablará?, porque fue cortado» (Versión Revisada inglesa, margen).
8. «Y de su época, ¿quién reflexionó?» (Smith).
9. «¿Y quién entre sus contemporáneos se interesó?» (Von Orelli).

10. «¿Quién declarará su vida?», esto es, el misterio de su ser.
11. «¿Quién puede declarar el número de su generación?» (Hengstenberg), esto es, de los inspirados por su Espíritu, o llenos de su vida.
12. «¿Quién puede declarar la duración de su vida desde ahora?» (Lutero, Calvino, Vitringa).
13. «¿Quién puede declarar su posteridad?» (Kimchi).

III. Cárcel y juicio. «De la cárcel… fue quitado» (RV). No estuvo encarcelado mucho tiempo. Como mucho solo una hora o así. Fue arrestado a la 1 de la madrugada y fue crucificado a las 9 de la mañana, y en este intervalo sucedieron muchas cosas. Se ha sugerido la siguiente secuencia de acontecimientos:

1. Arrestado y llevado ante Anás (Jn. 18:13), 1.05 a 1.46 a.m.
2. Interrogatorio ante Caifás (Jn. 18:19), 1.46 a 2 a.m.
3. Llevado ante el Sanedrín (Mt. 26:59), alrededor de las 2 a.m.
4. Juicio ante el Sanedrín (Lc. 22:66-71), 5.06 a.m a 5.50 a.m.
5. Llevado ante Pilato (Lc. 23:1), 5.51 a.m.
6. Llevado ante Herodes (Lc. 23:7), 6 a.m.
7. Condenado y azotado (Mt. 27:26), después de las 6 a.m.
8. Crucificado, 9 a.m.

IV. Declaración de su generación. ¡Qué problema ha sido esto para generaciones de lectores y estudiosos de la Biblia! Esta expresión deja de ser un enigma cuando se recuerda una antigua costumbre. En aquellos tiempos, bajo la ley judía, vino a ser costumbre que cada hombre condenado recibía cuarenta días de gracia antes de su ejecución, durante el cual un funcionario, parecido a un pregonero, iba por la población, ciudad o vecindario, y «proclamaba» el delito y la sentencia del hombre, junto con su tribu, familia y rama familiar, anunciando que cualquiera de su generación (esto es, familia o tribu) que pudiese presentar evidencia de su inocencia podía apelar antes del fin de los cuarenta días para que se celebrase un nuevo juicio.
Pero a Jesús no le dieron cuarenta días de gracia, y nadie declaró su generación. De esta manera no se dio oportunidad para un nuevo juicio. ¡Qué apresuramiento más indigno!

V. La sepultura. La traducción de la A. V. inglesa, «dispuso su sepultura», etc., sugiere que Él tenía el poder de seleccionar su tumba, y, naturalmente, lo tenía; pero no es lo que se dice aquí. Las versiones castellanas clarifican este punto: «Se dispuso…» (RV, RVR77, BAS), u «Ordenaron…» (V.M.).
Los que conocen bien el hebreo se sorprenden al encontrar que dice *muertes*, no muerte. Suponiendo que un hombre sólo puede sufrir una muerte, los críticos han tomado el plural aquí bien como apoyando la aplicación de este Pasional de Oro a la *nación* judía, y no a un individuo, o a la gran violencia de la muerte, el mismo dolor de la cual la hizo como morir una y otra vez. Pero, de una manera sorprendente, el plural aquí concuerda con los hechos reales del caso. Porque hubo dos muertes en la cruz, primero la espiritual, luego la física. En la Cruz, Jesús murió antes de morir. ¿Qué es la muerte del alma sino la separación de Dios? Y el Redentor «*gustó* la muerte» durante las tres horas de tinieblas (Mt. 27:45 y 46), cuando declaró su desamparo. ¡Qué terrible «paladeo» fue aquel! Fue entonces que gustó la muerte espiritual. Pero pronto pasó. Luego experimentó la muerte física.
Acerca de la muerte de los criminales, Josefo expone de esta manera la ley judía: «El que blasfemaba a Dios, debía ser apedreado y colgado todo el día de un árbol, y *sepultado de una manera ignominiosa y desapercibida*», generalmente en un lugar impuro. Así, incluso tras la muerte, la vergüenza seguía al criminal.
Los líderes judíos, no contentos con la humillación y los padecimientos que le habían infligido, ni con la cruel y oprobiosa muerte que había sufrido, le siguieron en su odio hasta el sepulcro, porque «se dispuso con los impíos su sepultura», con la intención de que sus restos mortales fuesen enterrados en un lugar impuro. Pero fue una decisión que nunca se cumplió. Murió a las 3 de la tarde. José de Arimatea, miembro del Concilio judío, se presentó abiertamente y pidió el cuerpo de Jesús a Pilato, que le fue concedido, y lo bajó de la Cruz con la ayuda de Nicodemo y de otros; lo envolvió con cien libras de especias para impedir la corrupción, y lo puso en su propia tumba tallada en la roca; su sepultura tuvo lugar entre las 4 y las 6 de la tarde. Y así, «aquel cuerpo, reverentemente bañado en lágrimas, envuelto en lino fino, limpio y blanco, fue suavemente depositado allí por manos amantes, vigilado por un amor más fuerte que la muerte, yaciendo en adecuada respuesta como el cadáver de un rey, hasta que salió como vencedor». Fue sepultado en el sepulcro de un rico.
¿Y cuál es el sentido de esto? El hecho de que las autoridades permitiesen a sus amigos que tuviesen el cuerpo de *Jesús era la prueba de que no le consideraban culpable; ¡que aunque había muerto como un criminal, no era un criminal!* ¡Qué vindicación de su inocencia y de su honor!

705. LA MUERTE DE CRISTO

Isaías 53:10, 11

Lo que el sol es para los cielos y la tierra, lo es la muerte de Cristo para la Biblia y el cristianismo. Observemos:

I. Su naturaleza. «Jehová quiso quebrantarlo, sujetándolo a padecimiento». El racionalista sólo puede ver en la muerte de Cristo la de un mártir de la malicia judía y del menosprecio de Roma; pero Jehová quiso quebrantarlo. «No eximió ni a su propio Hijo, sino que lo entregó por todos nosotros». Él fue molido entre las muelas superior e inferior de la justicia de Dios y de la culpa del hombre. Podía decir: «Nadie me quita mi vida, sino que yo la pongo de mí mismo». Fue un sacrificio voluntario, ordenado por Dios.

II. Su propósito. Poner «Su vida en expiación por el pecado». ¡Qué diferencia tan profundamente infinita entre «Su vida» y «*el pecado*»! Solo Dios puede juzgar de una manera plena el valor de la una y los deméritos de lo otro. La grandeza del precio revela lo terrible de la condición a tratar. Él derramó los tesoros de su alma para que el pecado de mi alma pudiera ser quitado. El precio fue totalmente suficiente a los ojos de Dios, y así la redención es eterna.

III. Su resultado. «Quedará satisfecho». Una mujer olvida sus dolores de parto, por el gozo de que ha nacido un hombre en el mundo. Él verá del fruto del trabajo de su alma, pero ¿lo olvidará jamás? él se regocijará de que una novia ha nacido en el mundo, y quedará satisfecho cuando ella sea llevada a salvo al hogar para la fiesta de bodas y para su eterna gloria. Nosotros también quedaremos satisfechos cuando despertemos a su semejanza. Mientras tanto, con nuestras vidas y nuestros labios debemos exhibir el poder salvador, santificador y satisfaciente de su muerte, hasta que él venga.

706. EL SUFRIENTE Y SU LINAJE

Isaías 53:10-12

1. El **pecado**. «Una Expiación *por el pecado*.»
2. El **Sustituto**. «Él.»
3. La **expiación**. «Su alma.»
4. Los **salvos**. «Su linaje.»
5. El **éxito**. «Se cumplirá por su mano.»
6. La **satisfacción**. «Verá el fruto de la aflicción de su alma.»
7. Los **despojos**. Repartidos (v. 12).

707. UN RACIMO DE PARADOJAS ESPIRITUALES

Isaías 53:10-13

Una paradoja es una declaración aparentemente absurda, pero cierta. Hay bastantes en este Pasional de Oro, y hay un racimo de las mismas en esta última estrofa. Observemos que el orador es el profeta que habla de parte de Dios, y que el principal tema es la gloria que debería suceder al padecimiento.

I. El placer de Dios. La oración inicial de esta última estrofa que se encuentra en el versículo 10 es a primera vista sobrecogedora. Parece como poseedora de una cualidad repelente. En el original dice: «A Jehová le plació quebrantarlo…». Aquel que no se complace en la muerte de los malvados se complació en quebrantar a su Justo Siervo. Y lo cierto es que el Dios de la Biblia no se asemeja a los muchos dioses de los paganos en que le encante la sangre y la agonía.
La explicación de este problema se encuentra en otras dos declaraciones tocantes al agrado del Señor, en el Salmo 149:4, «Jehová se complace en su pueblo»; y Salmo 35:27, «[Jehová] se complace en la paz de su siervo». El agrado que tiene en su mismo pueblo, y en la paz de los suyos, le apremió a complacerse en los sufrimientos de su amado Hijo, porque sin aquella muerte expiatoria nunca podrían ellos haber llegado a ser su pueblo, y nunca habrían podido llegar a tener paz.

II. Los padecimientos de Cristo, infligidos por Dios. Se declara expresamente que fue Jehová quien lo quebrantó. A esto se podrían presentar objeciones. ¿No se debió su muerte al odio y a las tramas de hombres malvados? Estúdiese Hch. 2:23, donde se ve que en tanto que los asesinos de Cristo estaban actuando en cumplimiento de un decreto divino, las acciones de ellos fueron real y totalmente enemigas de ellos mismos. Fue que en el consejo divino, Dios empleó a los enemigos de Cristo como sus instrumentos. Ahora bien, es en el reconocimiento de este gran hecho que reside el secreto de la compostura. El secreto de una vida feliz es el reconocimiento de que nada puede sucedernos sin el consentimiento de Dios. Éste es el pensamiento y el hecho que hace tolerable el dolor, y que alumbra el profundo misterio del sufrimiento. Siempre podemos encontrar un buen refugio detrás de su voluntad real, o detrás de su voluntad permisiva.

III. El alma, una ofrenda (v. 10). Esta oración es impresionante. Fue su alma [traducida «vida»] y no meramente su cuerpo, o, como podríamos decir aún mejor, fue su alma más su cuerpo, o por medio de su cuerpo, lo que fue la ofrenda por el pecado. «El profeta no enfatiza de manera particular los padecimientos corporales de Cristo, porque, aunque visibles, no fueron la mayor parte de sus sufrimientos expiatorios. El dolor mental es más difícil de soportar que el físico. El alma, con sus mayores capacidades, delicada sensibilidad y puesto principal como gobernante del cuerpo, es más sensible.»

IV. Vivirá por largos días (v. 10). Observemos el segundo acaecimiento de esta oración: «Lo que plazca a Jehová». ¡Qué notable que el profeta no diga nada de la actividad del Salvador sobre la tierra hasta después de la muerte! ¡Cuando ha muerto, comienza a obrar! Habiendo muerto, vive por largos días, ve descendencia, y lleva a cabo los propósitos divinos. ¡Qué racimo de paradojas!

V. El trabajo del siervo (v. 11, RV). El término trabajo se emplea para describir la actividad angustiosa del parto, y también se emplea en la Escritura para denotar un trabajo afanoso y agotador por Cristo. Hay puesto para esta clase de trabajo en el servicio cristiano. Trabajar sin Dios es descrito en Eclesiastés 1:13 y 3:10 como afán. Pero Pablo emplea también este término en 1 Tesalonicenses 2:9; 2 Tesalonicenses 3:8 para describir la naturaleza agotadora de sus labores sirviendo a su bendito Maestro. ¿Conocemos algo del afán del alma en nuestra tarea misionera, o nos lo tomamos «con comodidad»? ¿Qué hay de tu vida de oración? ¿Hay un trabajo solícito y afanoso en la misma?

VI. La satisfacción del siervo. Muchos no quedan satisfechos con el fruto de su trabajo: pero no así con el Salvador. Así como la creación terminó con el reposo y la satisfacción del Creador, del mismo modo la obra redentora de nuestro Salvador termina y terminará con la satisfacción del Redentor. Porque Él quedará satisfecho con:

1. EL NÚMERO de los redimidos (Ap. 7:9): «Una gran multitud, la cual nadie podía contar».
2. LA VARIEDAD de los redimidos: «De todas naciones, tribus, pueblos y lenguas».
3. EL CARÁCTER y logros de los redimidos: «Estaré satisfecho cuando despierte a tu semejanza» (Sal. 17:15, RVR). Y Él no puede quedar satisfecho con nada menos.
4. LAS EXPECTATIVAS de los redimidos (Jn. 17:24).
5. LAS ALABANZAS de los redimidos (léase Ap. 5:9, 11 a 14; 7:10; 14:1 a 3; 19:1 a 7).
6. EL SERVICIO de los redimidos.

VII. El conocimiento del Siervo y nuestra justificación. El versículo 11 causa perplejidad. ¿Qué tiene que ver el conocimiento con nuestra justificación? ¿No somos justificados por la fe? Entonces, ¿qué conocimiento? ¿El del divino Siervo, o el nuestro? Podemos ofrecer tres explicaciones.

1. EXPLICACIÓN DE PUNTUACIÓN. Un erudito bíblico traduce y puntúa del siguiente modo: «Satisfecho por su conocimiento, mi Siervo justo justificará a muchos». Es decir, su conocimiento del inmenso número de los justificados por sus padecimientos le trajo satisfacción.
2. LA EXPLICACIÓN DE LA INSTRUCCIÓN. Otro traduce de esta manera la oración: «Por sus instrucciones, mi Siervo hará a muchos justos». Él es Uno bajo autoridad, y ha actuado bajo instrucciones.
3. LA EXPLICACIÓN OBJETIVA. David Baron declara que la frase en el original no puede ser comprendida de una manera subjetiva u objetiva de una manera definida, porque gramaticalmente podría entenderse de las dos maneras. Pero él observa que todos los comentaristas que comprenden que por el Siervo se hace referencia a nuestro Señor Jesucristo prefieren la segunda, esto es, por el conocimiento de Él por parte de otros. También observa que el hebreo «*Yada*» denota en la Biblia un conocimiento experimental: un conocimiento experimental práctico. Es decir, no es su conocimiento de mí, sino mi conocimiento de Él lo que conduce a mi justificación. E incluso este conocimiento, el conocimiento de su muerte y resurrección, de su expiación, de la condición para la justificación, lo hemos conseguido por su gracia.

VIII. El Salvador sufriente, un gran vencedor. Hay un singular contraste en el versículo 12 con el resto de la profecía. En lo anterior tenemos la humillación y el sufrimiento: la clave menor. Aquí, el Siervo que ha sufrido es descrito como Vencedor, conduciendo de su conquista una larga columna de cautivos, un rico botín. «Repartirá despojos.» Esta frase proviene de la costumbre de distribuir el botín de la victoria tras una batalla. En tiempos antiguos, una prueba convincente de una victoria era tomar cautivos y botín. Observemos:

1. EL TIEMPO DE LA VICTORIA Aquí tenemos un hecho a subrayar, otra paradoja, que la campaña victoriosa y la gloriosa conquista es lograda después que el Siervo ha muerto. Nunca sucede así en el caso de un mero hombre.
2. LOS ALIADOS EN LA VICTORIA. Observemos la singular combinación del poder de Dios y de la propia actividad del Siervo: «Por tanto yo le daré»: «[Él] repartirá».
3. LA CONDICIÓN DE LA VICTORIA. Obsérvese el «Por cuanto». Ésta es una importante palabra. La Cruz fue la condición de la victoria del Siervo.
4. EVIDENCIAS DE VICTORIA. Muchos despojos.
5. LA RECOMPENSA QUE ACOMPAÑA A LA VICTORIA. Contemplando los despojos, se sentirá ampliamente recompensado por todos los afanes y peligros de la batalla.

«CONTANDO CON LOS TRANSGRESORES». Él, que era sin pecado, fue contado como pecado para que los pecadores pudiésemos ser contados como justos (2 Co. 5:21). Él fue contado con los transgresores, para que nosotros pudiésemos ser contados con los redimidos. Su nombre fue puesto en el rollo de los transgresores para que mi nombre pudiese ser escrito en el Libro de la vida.

IX. El Intercesor. El Pasional de Oro cierra con una oración que sumariza el todo. En la *Reina Valera* tenemos el tiempo pasado: «habiendo... intercedido»; la BAS lo traduce con un gerundio, «intercediendo». Se precisa de ambos tiempos, el pasado y el presente, para describir su obra. Él hizo intercesión con su muerte. Observemos la estrecha relación entre su muerte e intercesión en el versículo. Pero Él intercede ahora por nosotros en la presencia del Padre en gloria.
«¿Por qué no mendiga?», exclamó un viandante a un hombre vestido de harapos. «¿Mendigar?», respondió él. «¡Cada uno de los harapos de mi cuerpo está mendigando a gritos!» En la gloria, el Señor Jesucristo lleva las marcas de la crucifixión en su cuerpo glorificado. Cada una de estas marcas ora e intercede por nosotros con un clamor que prevalece. Así, su propia presencia es un alegato poderoso y abrumador en nuestro favor (véase He. 7:25). ¡Gloria a su Nombre!

708. EL FUTURO GOZO DE JESÚS

«Verá el fruto de la aflicción de su alma, y quedará satisfecho» (Is. 53:11).

I. El camino a Él. A través de «la aflicción de su alma». Fue

1. AFLICCIÓN DEL ALMA. Está mi alma muy triste, hasta la muerte. El dolor de su alma fue el alma de su dolor. Estando en agonía, sudaba grandes gotas de sangre.
2. AFLICCIÓN DEL ALMA POR CAUSA DE OTROS. «Al que no conoció pecado, *por nosotros* lo hizo pecado» (2 Co. 5:21). «Por la obediencia de uno, los muchos serán constituidos justos» (Ro. 5:19). Él sufrió por nosotros, el Justo por los injustos.

II. La promesa del gozo. El «verá.» Él, por el gozo que fue puesto ante Él, soportó la Cruz. La adquisición de su dolor será un pueblo salvo para su Nombre. Él los verá:

1. CONVICTOS Y CONVERTIDOS. Despertados por el Espíritu, y vueltos por aquella palabra que convierte al alma (Sal. 19:7). Él verá linaje.
2. PRESERVADOS Y REUNIDOS. Guardados por el poder de Dios, e introducidos al hogar de Dios. Después que creísteis fuisteis *sellados* con el Espíritu Santo de la promesa (Ef. 1:13, 14). «Y ellos me serán un tesoro especial» (Mal. 3:17).

III. La plenitud del gozo. «Quedará satisfecho.» Satisfecho con su

1. NÚMERO. Una gran multitud que nadie puede contar. Todo lo que el Padre me ha dado vendrá a Mí. *Toda rodilla* se doblará ante de Él y *toda lengua* confesará que Él es Señor. Los reinos de este mundo vendrán a ser el reino de nuestro Señor y de su Cristo.
2. CARÁCTER. Un *real sacerdocio* que anunciará sus alabanzas (véase 1 P. 2:9). Él puede presentaros *sin mancha* delante de su gloria con gran alegría (Jud. 24). Debería ser de gran satisfacción ahora para los siervos del Señor saber con certidumbre que en aquel día ÉL QUEDARÁ SATISFECHO, aunque sean muchos los que van «por la puerta ancha».

709. «NO TEMAS», O LA HERENCIA DE LOS SIERVOS DEL SEÑOR
Isaías 54

«No temas» (v. 4). Luego siguen diversas razones poderosas por las que el pueblo de Dios no debiera temer. Y concluye con las siguientes palabras: «Ésta es la herencia de los siervos de Jehová» (v. 17). «No temas...»:

I. «Pues no serás confundida» (v. 4). Habiendo creído en Él que es la principal piedra del ángulo, escogida, preciosa, no serás confundido (1 P. 2:6).

II. «Te olvidarás de la afrenta de tu juventud» (v. 4). En el amor perdonador de Dios hallaréis el olvido de los pecados de vuestra juvenil ignorancia e insensatez.

III. «Porque tu marido es tu Hacedor... y tu Redentor» (v. 5). Una triple relación. tuyo por creación. tuyo por redención. tuyo por elección mutua: «Marido» (Ef. 5:25).

IV. «Porque como a mujer abandonada y triste de espíritu te llamó Jehová» (v. 6). Si el Señor nos llamó cuando estábamos desolados y doloridos por nuestros pecados y fracasos, ¡cuánto más podemos confiar en Él que nos dará bendición ahora!

V. «Te recogeré con gran compasión» (v. 7). Por su misericordia Él nos salvó, y por su misericordia nos recogerá, como a Israel, como su tesoro.

VI. «Con misericordia eterna tendré compasión de ti» (vv. 8-10). Aquel que nos amó con «amor eterno» ha obtenido «redención eterna» para nosotros (He. 9:12).

VII. «Así he jurado que no me enojaré contra ti» (v. 9). El arco iris de la promesa está ahora alrededor del trono (Ap. 4:3; véase He. 6:18).

VIII. Porque Yo te haré de piedras preciosas (vv. 11, 12): «Te cimentaré sobre... tus baluartes haré... y toda tu muralla de piedras preciosas». Tu carácter como edificio será fuerte, hermoso y de gran precio.

IX. «Y todos tus hijos serán enseñados por Jehová» (v. 13). La promesa es para vosotros y para vuestros hijos (Hch. 2:39). Palabras por las que seréis salvos tú, y tu casa (Hch. 11:14).

X. Porque «Ningún arma forjada contra ti prosperará» (v. 17). Las puertas (poderes) del Hades no prevalecerán contra los propósitos de Dios. Véanse las armas mencionadas en Romanos 8:35-39. Ésta es la herencia de los siervos de Jehová. ¡No temas!

710. SALVACIÓN GRATUITA
Isaías 55:1

I. Los artículos en venta. «Vino y leche.»

1. LECHE, emblemática de aquello que contiene *todos los elementos esenciales de la vida.* El Evangelio de Cristo afronta todas las necesidades del hombre.
2. VINO, emblemático de aquello que alienta e inspira. El Evangelio no solo salva, sino que satisface e inspira el alma con motivos nuevos y sublimes.

II. El precio a pagar. «Comprad sin dinero y sin precio.» «Nada en mi mano traigo.» Cualquier precio, sea en forma de obras, oraciones, emociones o doctrinas, ofrecido a Dios a cambio de la salvación eterna, constituye un insulto a SU GRACIA. La condición es sin dinero, sin absolutamente nada más que tus necesidades y carencias, para que sea conocida su misericordia.

III. Los clientes invitados. Son:

1. EL SEDIENTO. «A todos los sedientos.» Si esta invitación fuera encontrada en algún establecimiento público, seguramente que encontraría a muchos que la aceptarían. La sed del alma es lo que te hace indicado para el «agua de vida». «Si alguno tiene sed, venga a Mí y beba» (Jn. 7:37).
2. EL ARRUINADO. «A los que no tienen dinero.» «Vendidos al pecado.» Deudores, carentes de cualquier cosa mediante la que poder dar satisfacción a un inmisericorde acreedor. Fue cuando comenzó a padecer *necesidad* que dijo: «Me levantaré e iré a mi padre.» «Todo está a punto; venid.» «Porque por gracia habéis sido salvados por medio de la fe; y esto *no proviene de vosotros,* pues es *don de Dios.*»

711. EL MERCADO DEL POBRE
Isaías 55:1, 2

1. UNA COMÚN NECESIDAD. «Pan.» Hay muchas cosas sin las que podríamos pasarnos, pero no podemos *vivir* sin pan. Cristo es el Pan de Vida. Si no comemos de este pan moriremos (Jn. 6:50).
2. UNA VIDA INSENSATA. «Gastáis el dinero en lo que no es pan» (v. 2). Estás gastando innecesariamente cuando intentas *salvarte a ti mismo;* cuando cavas cisternas que no pueden retener el agua; cuando intentas vivir sin fuerza.
3. UNA PREGUNTA OPORTUNA. «¿Por qué gastáis?«¿Darás respuesta a esta pregunta, *diciéndole* a Dios *por qué* persistes en obrar y *dar* para *conseguir* satisfacción, pero sin nunca alcanzarla?
4. UN BUEN CONSEJO. «Oídme atentamente». Oídle a Él. Tomad *su camino,* y hallaréis lo que necesitáis. «Si alguno tiene sed, venga a *Mí,* y beba» (Jn. 7:37). La salvación es del Señor. Solo Él puede revelar e impartir la vida eterna. Presta atención a lo que Dios el Señor hablará.
5. UNA INVITACIÓN LLENA DE GRACIA. «A todos los sedientos, venid.» Se ha abierto una fuente. Cristo ha acabado la obra. Los que le escuchen ciertamente recibirán una invitación. Todo el que quiera, que tome del agua de la vida gratuitamente.
6. UNA CONDICIÓN SIMPLE. «Sin dinero». Vuestra miseria y necesidad es vuestra mejor y única base. Yo te aconsejo que *compres* oro. Tus míseras monedas de cobre de nada sirven para ello. «Por la gracia sois salvos, por medio de la *fe*» (Ef. 2:8).
7. UNA PERSPECTIVA FELIZ. «Se deleitará vuestra alma con lo más sustancioso». Esta deliciosa satisfacción viene cuando se bebe *del torrente de sus delicias* (cf. Sal. 36:8). El mundo no puede darla. «Inclinad vuestro oído, y venid a Mí; oíd, y vivirá vuestra alma» (v. 3).

712. EL EVANGELIO DE DIOS
Isaías 55:1-3

Las grandes verdades y los profundos misterios que se encuentran en la naturaleza no nos obstaculizan en absoluto de apropiarnos sencillamente de las cosas necesarias para nuestra vida física. ¿Por qué deberían los misterios de la Biblia obstaculizar a nadie de satisfacer su necesidad espiritual y eterna? Nadie tiene que ser un filósofo para saber cómo comer cuando tiene hambre. Hay gracia infinita en estos versículos primeros.

I. La provisión. «Aguas..., vino y leche» (v. 1). Éste es, naturalmente, lenguaje figurado, pero hondamente significativo al venir de labios del Dios Eterno. «Aguas» sugiere la abundancia de la gracia y misericordia ofrecidas en su Palabra. El vino indica su influencia vivificadora en el alma. «Leche» se refiere a su naturaleza fortalecedora y saciadora como alimento. Es cosa bien sabida que la leche contiene todos los nutrientes esenciales para la vida. Estos son emblemas de las promesas de Dios, sin las que nadie puede verdaderamente vivir (Lc. 4:4).

II. La reprensión.

1. ACERCA DE GASTAR INSENSATAMENTE. «¿Por qué gastáis el dinero en lo que no es pan?» El dinero del tiempo, del talento, de la oportunidad, todo esto se está gastando en cosas que no dan pan para la verdadera hambre del alma. Un dinero que pudiera emplearse mucho mejor. Si la gente pasara solo la mitad de tiempo y reflexión acerca de sus almas como el que dedican a los placeres del mundo, encontrarían algo de «*pan*» para su hombre interior más real, pero famélico. Gastar dinero en lo que no suple a la verdadera necesidad del hombre es una inversión mísera e insensata.
2. EL TRABAJO INFRUCTÍFERO es reprendido. «Por qué gastáis. vuestro jornal en lo que no sacia?» Una pobre mujer que estaba un día a nuestra puerta, cuando le preguntamos qué esperanzas tenía para el cielo, dijo: «Espero hacer penitencia». Trabajar *para lograr* la salvación es un trabajo que no da resultados. Lo que no te ha dado satisfacción en el pasado no te dará satisfacción en el futuro. Este «jornal» puede tener muchas diferentes formas, pero no da satisfacción como precio de compra.

III. La invitación. Se utilizan tres palabras para expresar la entrega de la voluntad y la apropiación de los dones de Dios. «Venid... Comprad... Comed». El apremio de este llamamiento aparece en este triple «Venid». «A todos los sedientos: Venid... Venid... Venid.»

1. Venid A LAS AGUAS, las Escrituras de verdad, puras y claras, del trono de Dios.
2. Venid y COMPRAD. Comprad el vino y la leche sin dinero, sin precio.
3. Venid y TOMAD su bendición ofrecida de vida eterna tan gratuitamente como si la hubieras comprado. Reivindícala con tanta confianza como reclamarías un artículo por el que hubieras pagado.
4. Venid y COMED (v. 2). Esta bendición no es para ser embolsillada, sino asimilada. No es algo que podamos meramente poseer, sino algo cuya influencia nos posee y transforma. El que come de este pan vivirá para siempre. «El pan de Dios… da vida al mundo» (Jn. 6:33-35, 53).

IV. La promesa. Dios asegura ciertos resultados a aquellos que Oyen, Acuden, Compran y Comen.

1. Hay VIDA. «Vivirá vuestra alma» (v. 3). ¡Qué vida es ésta! Una vida a bien con Dios y para Dios.
2. Hay DELEITE. «Se deleitará vuestra alma con lo más sustancioso» (en plenitud). No se trata de un deleite imaginario, sino real. Nunca hay hambre en el Reino de Dios. Toda la plenitud de la Deidad, en Cristo, es la fuente de nuestro suministro.
3. Hay CONTINUIDAD. Os preguntáis: ¿Durará? Oíd lo que Él dice: «Haré con vosotros un pacto eterno, las misericordiosas y firmes promesas hechas a David» (v. 3). No es a aquellos que critican, sino a los obedientes que se da la promesa.

V. El llamamiento. «A *todos* los sedientos: Venid». «Si alguno tiene sed, venga a *Mí* y beba» (Jn. 7:37). El que hizo el ojo, ¿no verá? El que hizo el oído, ¿no oirá? El que hizo el espíritu del hombre, ¿no comprenderá las más profundas necesidades de aquel espíritu? Lo que la luz es para el ojo y la música para el oído, lo es para el alma la preciosa Palabra de Dios. Venid a las aguas.

713. ABUNDANCIA PARA LOS CARENTES DE TODO

Isaías 55:1-3

1. **Una exhibición de insensatez.** «*Gastáis el dinero* en lo que no es pan… *vuestro jornal* en lo que no sacia.»

2. **Un consejo ofrecido.** «Oídme atentamente.» «Comed de lo bueno», etc.

3. **Una provisión dada.** Aguas para purificar. Vino para refrescar. Leche para alimentar.

4. **Una invitación hecha.** A los *sedientos*. A los carentes de todo. «A los que no tienen dinero.»

714. BUSCAD AL SEÑOR

Isaías 55:6, 7

1. El **objeto** a buscar. «El Señor».

2. Cómo el Señor debe ser **hallado**. «Buscad».

3. Algunos **alientos** para buscar. Él *puede* ser hallado. Él *está* cerca.

4. El **tiempo** en que buscar. «Mientras tanto».

5. La **manera**. «Abandonando los propios pensamientos, los propios caminos».

6. Las **bendiciones** halladas en el Señor. «Misericordia, perdón».

715. BUSCAD AL SEÑOR

Isaías 55:6, 7

1. La **necesidad del alma.** «Jehová.»

2. **Cómo** debe ser hallado el Señor. «Buscad.»

3. **Alientos** para buscar.
(1) «Puede ser hallado.»
(2) «Está cercano.»

4. **El tiempo.** «En tanto que.»

5. La **manera** «*Deje* el impío *su camino*, y… Sus pensamientos».

6. Las **prometidas bendiciones.** «Tendrá *compasión*… será amplio en *perdonar.*»

716. SEMILLA Y PAN

«Porque como desciende de los cielos la lluvia... y da semilla al que siembra, y pan al que come, así será mi palabra que sale de mi boca» (Is. 55:10, 11).

La semilla es la palabra, y la Palabra de Dios es la semilla incorruptible. Como la lluvia desciende del cielo para regar la tierra, así esta Palabra viene desde la boca de Dios para avivar los corazones de los hombres.
¡Ah, vosotros peregrinos testigos, que pasáis por los anchos campos de este mundo como sembradores para el Hijo del Hombre, cuidad para que el cesto de vuestro corazón esté lleno de la buena semilla del Reino!
La Palabra de Dios es la semilla propia de Dios para el sembrador. No necesitáis otra. Todo lo demás es tamo en comparación con esto. Pero recordad que no son solo meras palabras Escriturales lo que tenéis que sembrar: es la *Palabra de Dios*, o el propio mensaje de Dios para los hombres; y encontraréis que esta semilla crecerá mejor cuando se planta en su cáscara nativa de sencillo lenguaje Escritural. Esta semilla debe ser también el «pan del que come». Si la Palabra de Dios no es el alimento y la fortaleza del alma del mismo predicador, será de manera muy parca que sembrará. Todos los que *viven* deben comer. Si vivimos por la fe en el Hijo de Dios, su Palabra será dulce a nuestro paladar.

717. ATALAYAS INFIELES

Isaías 56:10-12

Un atalaya es uno cuyo deber es literalmente «mirar alrededor» (1 S. 14:16). Los atalayas del Señor deben estar vigilando para detectar movimientos agresivos del enemigo, y señales de recaída entre su pueblo. ¿Qué sucederá con la gente cuando el Señor tiene que acusar a sus atalayas de:

I. Ceguera? «Sus atalayas son todos ciegos» (v. 10). No ven el peligro de parte de los malvados, y por ello no advierten al que peligra para que salve su vida, y su sangre es demandada de manos de los atalayas (Ez. 3:18). La vieja nota de advertencia parece casi haberse desvanecido en el ministerio presente.

II. Ignorancia? «Son ignorantes.» Literalmente «desconocen» la mente de Dios. Los modernos atalayas están en peligro de quedar tan absortos por las opiniones críticas de los hombres que se queden a oscuras con respecto al verdadero propósito de Dios para sus vidas. Ignorar la voluntad revelada de Dios es fracasar (Mt. 15:14) y devenir una piedra de tropiezo.

III. Cobardía? «Son perros mudos, no pueden ladrar». ¿Por qué son mudos? Porque equivocan los enemigos por amigos. Por temor al hombre, y por su amor al mundo. Estando ciegos al peligro de los hombres, e ignorantes de la voluntad de Dios, no tienen ninguna profunda convicción, y por ello siguen pecando el pecado de un silencio culpable. «Cuidaos de los perros»: los mudos son más peligrosos que los ruidosos.

IV. Pereza? «Deliran, se acuestan, amigos de dormir.» Son demasiado perezosos para determinar cuál es la mente del Señor, y deliran como hablando en sueños; y lo peor de todo es que esto les encanta. Tienen visiones, mas no son visiones de Dios, sino las suyas propias, imaginaciones ciegas. No tienen mensaje de Dios para el pueblo, pero siguen soñando sueños.

V. Egoísmo? «Perros comilones… insaciables… todos ellos siguen sus propios caminos» (v. 11). Buscan su propio provecho, y andan por sus propios caminos. Mientras que ésta es una característica de la naturaleza humana irregenerada, será una característica enfática de los tiempos peligrosos de los postreros días cuando «habrá hombres amadores de sí mismos, avaros» (2 Ti. 3:1, 2). El avaro no tiene herencia en el Reino de Cristo y de Dios (Ef. 5:5). En una vida egocéntrica no cabe el testimonio de Dios y de su Evangelio.

VI. Disolución? «Venid, dicen, tomemos vino, embriaguémonos de licor; y será el día de mañana como éste, o mucho más excelente» (v. 12). Estos traidores tienen una cierta inspiración. Si no tienen el Espíritu de Dios, tendrán entonces el espíritu del mundo. Estando fuera de sintonía con los propósitos revelados de Dios, se alinean con las pasiones inferiores y los engaños de la masa, diciendo: «será el día de mañana… mucho más abundante» (2 P. 3:3, 4). Mientras, el Espíritu

Santo dice «Hoy». Todo esto está siendo cumplido ya delante de nuestros ojos. La carencia de espiritualidad conduce a la dejadez moral. Debido a la infidelidad de los atalayas, muchos hay en la actualidad llenándose con el «licor» de una engañosa y destructora teología. Cada cristiano debería ser un atalaya. «Lo que a vosotros digo, a todos lo digo: Velad.»

718. «VOSOTROS SOIS EL SANTUARIO DEL DIOS VIVIENTE»

«Así dice el Alto y Sublime, el que habita la eternidad, y cuyo Nombre es el Santo: Yo habito en la altura y la santidad, y *con el* de espíritu contrito y humilde» (Is. 57:15).

«Y harán un santuario para Mí, y habitaré en medio de ellos» (Éx. 25:8). Los deleites de Dios fueron siempre con los hijos delos hombres. Él moró con Adán en el huerto, con Israel en el desierto, y en el templo entre sus adoradores, y en la Persona de su Hijo. Ahora Él mora en su pueblo creyente. El templo es un tipo del cuerpo de Jesús (Jn. 2:21), de la Iglesia de Cristo (Ef. 2:21) y del creyente individual (1 Co. 3:16). En el Tabernáculo, Dios *caminaba* con su pueblo. En el templo, su pueblo *moraba* con Él. Ello sugiere las dispensaciones presente y pasada. Como tipo del creyente, podríamos considerar:

I. La edificación del Templo.

1. LA IDEA TIENE SU ORIGEN EN DIOS (Éx. 25:8). Dios siempre da el primer paso. «Escogidos en Él antes de la fundación del mundo.»
2. SU FUNDAMENTO FUE ECHADO POR DIOS (1 Co. 3:11). Tanto el lugar como la piedra fueron de su elección. El hombre se sentía incapaz, y no tiene ningún fundamento aparte de la «Redención».
3. EL MATERIAL NO ERA IDÓNEO PARA EMPEZAR. (1 Cr. 22:2, 3). Y así erais (1 Co. 6:9, 11), pero habéis sido lavados.
4. ALGUNOS DE LOS MATERIALES FUERON TOMADOS EN BATALLA (1 Cr. 26:27). Todo pensamiento debe ser llevado en cautividad a la obediencia de Cristo.
5. HABÍA UNA GRAN VARIEDAD DE MATERIALES. Oro, plata, bronce, hierro, madera, piedra. De todas clases. Muchos miembros, pero un solo cuerpo; muchos dones, pero solo un Señor.
6. LAS PIEDRAS FUERON PREPARADAS. DE ANTEMANO (1 R. 6:7). A vosotros *os dio vida*, estando muertos, y ahora sois edificados como piedras *vivas* (1 P. 2:5).
7. FUERON AJUSTADAS JUNTAS (Ef. 2:21). Así somos edificados juntamente como morada de Dios (Ef. 2:22). Todos uno en Cristo Jesús.
8. EL TEMPLO FUE EDIFICADO SEGÚN UNA PAUTA DIVINA (1 Cr. 28). Cristo es la imagen del Dios invisible, y los creyentes son creados de nuevo según la imagen de Cristo. «Como Él es, así nosotros somos.»

II. El propósito del templo. Era

1. MORADA DE DIOS (Éx. 25:8). Los creyentes han sido salvos, no meramente para ser salvos, sino para ser casa espiritual, donde mora el Espíritu de Dios.
2. EL LUGAR DONDE DIOS ANDABA (2 Co. 6:16). Así como Dios andaba en el antiguo tabernáculo, así en su gracia desea andar en su pueblo. «Sois el santuario de Dios.» «Habitaré y andaré entre ellos.»
3. EL LUGAR DE SANTIDAD (Sal. 93:5). Si la santidad conviene a su casa, desde luego la santidad conviene a sus santos en los que Él mora. «Sed santos, porque Yo soy santo.»
4. EL LUGAR DE LA PAZ. «Daré paz en este lugar» (Hag. 2:9). Los inhabitados por el Espíritu de Dios tienen sus corazones llenos de la paz de Dios.
5. EL LUGAR DE FUERZA Y HERMOSURA (Sal. 96:6). La fuerza de carácter y belleza de vida caracterizan a todos los que están llenos del Espíritu Santo. Son fortalecidos con poder por su Espíritu en el hombre interior (Ef. 3:16).
6. EL LUGAR EN EL QUE SU GLORIA FUE REVELADA. «Llenaré de gloria esta casa» (Hag. 2:7), y «para gloria estaré en medio de ella» (Zac. 2:5). Que more Cristo por la fe en nuestros corazones de tal manera que podamos ser llenos de toda la plenitud de Dios (véase Ef. 3:16, 20).
7. EL LUGAR EN EL TODO DECÍA «GLORIA» (Sal. 29:9). Uno querría extenderse más acerca de esto, por lo lleno de significado que está. ¿Dice «gloria» todo en ti y en mí? Si todo ha sido dado a Él, así será.

III. La posesión del templo. El templo fue acabado; el hombre había hecho todo lo que había podido, pero no podía llenarlo de gloria. La gloria de su presencia

1. ERA NECESARIA ALLÍ (2 Cr. 7). Siguió siendo una casa vacía hasta que la poseyó. Oh, ¡quiera Dios llenarnos!; estamos verdaderamente vacíos, con todo nuestro mobiliario, hasta que Él nos llene.
2. LO LLENO (2 Cr. 7:1). Tan pronto como estuvo acabado, fue llenado. Somos poseídos tan pronto como nos damos totalmente.
3. LO TRANSFORMO. Vino a ser una casa *espiritual* cuando fue poseída por Dios el Espíritu (1 P. 2:5). No sois carnales, sino espirituales, si Dios mora en vosotros.
4. LO RECLAMO (Sal. 132:14). Si vuestro cuerpo es el templo del Espíritu Santo, no sois vuestros (1 Co. 6:19). «Vuestro cuerpo, y vuestro espíritu, que son de Dios.»
5. LO SANTIFICO (Sal. 93:5). «Jehová ha escogido al piadoso para Sí» (Sal. 4:3). «¿No sabéis que sois santuario de Dios?» (1 Co. 3:16).

719. LA ETERNIDAD

Isaías 57:15

1. El alma (espíritu) ha sido **hecha para la eternidad** (Gn. 2:7).
2. La vida es la **sementera** de la eternidad (Gá. 6:7, 8).
3. El **tiempo** es dado para **prepararse** para la eternidad (2 Co. 6:2).
4. La **muerte** es la **puerta** de la eternidad (Lc. 16:22).
5. **No hay redención** en la eternidad (Lc. 16:26).
6. Puedes ser **salvo por la eternidad** (He. 9:12).
7. ¿Dónde pasarás **tú** la eternidad?

720. CRISTIANISMO PRÁCTICO U OBSTÁCULOS A LA ORACIÓN

Isaías 58:1-9

Los profetas no eran solo predictores, sino que eran «instrumentos de justicia para Dios». No eran solo «videntes», sino que eran hacedores de la Palabra. Los siervos de Dios deben ser *fieles*. «Clama a voz en cuello, no te detengas». Su actitud debe estar *bien definida*: «Alza tu voz como trompeta.» El mensaje de ellos debe ser *práctico*. «Anuncia a mi pueblo su transgresión» (v. 1).

I. Su pecaminosa condición. Habían derivado a una observancia formal de la religión, pero en su corazón era una impiedad práctica. Se complacían en conocer sus caminos, y aparentaban no dejar su ley (v. 2), pero practicaban el engaño de sí mismos y la mentira. Parecen creer que por establecer un ayuno periódico y afligiendo sus almas quedarán expiadas su glotonería e insinceridad (vv. 3, 4). Pero de Dios nadie se burla (v. 5). «Que incline su cabeza como un junco, y haga cama de cilicio y de ceniza» no toca el *pecado* del alma. Véase Mateo 15:8; Santiago 1:22.

II. El remedio divino. «... el ayuno que yo escogí» (vv. 6, 7). Aquí tenemos la interpretación de Dios de qué es un «ayuno». Sus ayunos son ayunos salvadores. Su remedio está exactamente ajustado a la enfermedad. Él dice que el ayuno que *tú* necesitas es:

1. «DESATAR LAS CADENAS DE MALDAD.» La maldad, o iniquidad, es esclavitud espiritual. Cada pensamiento inicuo es un eslabón para el alma.
2. «SOLTAR LAS COYUNDAS DEL YUGO.» Muchos están llevando pesadas cargas que no pueden soportar, cargas que podrías ayudar a descargar con tu simpatía y cooperación. Santiago dice: «Yo te mostraré mi fe por mis obras».
3. «QUE ROMPÁIS TODO YUGO.» «Que los oprimidos queden libres». El yugo de todo opresor debe ser quebrantado. Quebrantad el yugo de los malos hábitos, del temor del hombre, del amor al mundo, de la soberbia de la vida, de la voluntariosidad, de la codicia, etc.
4. CUIDAR DE LOS POBRES (v. 7). «Que partas tu pan al hambriento», des refugio al pobre errante, vistas al desnudo. El hombre que cierra las entrañas de su compasión al pobre no puede conocer el amor de Dios en él (1 Jn. 3:17).

III. El resultado cierto. «*Entonces.*» Esta palabra está enfatizada en el original hebreo.

1. «Entonces brotará tu LUZ como el alba» (v. 8). La obediencia a la voluntad de Dios es limpiar la ventana a través de la que resplandecerá la luz de su favor como la mañana.

2. «Entonces... tu CURACIÓN se echará de ver rápidamente.» Al justo le amanecerá la luz en medio de las tinieblas. Esta luz tiene curación en sus rayos. Las dolencias morales dentro no pueden resistir el amanecer de la luz de su verdad.
3. «Entonces... irá tu JUSTICIA delante de ti.» Tu rectitud con Dios y con los hombres irá delante de ti como las oraciones de Cornelio, como memorial delante de Dios (Hch. 10:4).
4. «Entonces... la GLORIA de Jehová será tu retaguardia.» La justicia delante de ti, y la gloria del Señor detrás. ¡Qué testimonio es éste! Dejando atrás el suave aroma de su presencia y gloria. El cuidado del Pastor delante de ti, y su bondad y misericordia siguiéndote todos los días de tu vida. ¡Qué retaguardia!
5. «Entonces invocarás, y TE OIRÁ Jehová» (v. 9). Entonces será dulce tu comunión con Él, y tus oraciones recibirán respuesta. Cuando la iniquidad quede eliminada del corazón, entonces quedará despejado el camino para que el Señor muestre su favor (Sal. 66:18). Si queremos recibir de su parte, «todo lo que pidamos», será «porque guardamos sus mandamientos, y hacemos las cosas que son agradables delante de él» (1 Jn. 3:22).

721. LA ESPERANZA DEL PECADOR

Isaías 59:1, 2

I. Su condición.

1. SEPARADO de Dios. «Vuestras iniquidades han hecho separación entre vosotros y vuestro Dios.»
2. NO APTO para Dios. «Vuestros pecados han hecho ocultar de vosotros su rostro.»

II. Su esperanza. Reside en el hecho de que:

1. No se ha endurecido el OÍDO de Dios. Siempre atento al clamor de la necesidad.
2. La MANO de Dios no se ha acortado. Se precisa de un brazo largo para alcanzar a los pecadores, y una fuerte mano para salvarlos.

722. SE NECESITAN INTERCESORES

Isaías 59:1-16

«He aquí que no se ha acortado la mano de Jehová para salvar, ni se ha endurecido su oído para oír» (v. 1). Por ello, «*se maravilló* de que no hubiera quien intercediese» (v. 16). El lenguaje es humano, pero el sentimiento expresado es misteriosamente divino. Hablando a la manera de los hombres, se asombró de que no hubiera intercesor.

I. Porque había una gran necesidad de los tales. Las iniquidades del pueblo lo había separado de Dios (v. 2). Estaban esperando luz, y he aquí tinieblas (v. 9). Iban a tientas como los ciegos, y tropezaban a plena luz del mediodía (v. 10). Sus pecados testificaban contra ellos (v. 12), y la verdad estaba caída en la plaza (v. 14). Pero nadie sentía de manera suficiente el dolor y pecado de toda la situación como para darse a sí mismos a una oración intercesora a Dios. Fue muy diferente con Moisés (Éx. 32:32) y con Pablo (Ro. 10:1). ¿Acaso la presente condición de la Iglesia, en su obra y en su vida, no demanda intercesión? Que no tenga el Señor que asombrarse también:

II. Debido al aliento dado a los intercesores. «He aquí que no se ha acortado la mano de Jehová para salvar, ni se ha endurecido su oído para oír» (v. 1). Aquel que nos ha librado, ¿no librará aún? (2 Co. 1:10). ¿No ha puesto Él acaso una puerta abierta delante de cada intercesor? Cada intercesor tiene el aliento del Hijo de Dios que «vive siempre para interceder por [nosotros]» (He. 7:25), y también del Espíritu de Dios, que «intercede por nosotros con gemidos indecibles» (Ro. 8:26). Ahora, «los que hacéis que Jehová recuerde, no reposéis» (Is. 62:6). Él es Galardonador de los que diligentemente le buscan (He. 11:6).

III. Debido a las posibilidades al alcance de un intercesor. Si el Señor pudiera haber hallado un intercesor, ¡qué victoria habría sido la suya! Aarón se convirtió en un intercesor apasionado cuando corrió y «se puso entre los muertos y los vivos; y cesó la mortandad» (Nm. 16:48). Se hizo oración sin cesar por Pedro, y fue libertado de la cárcel (Hch. 12:5). Recordarás de qué forma la viuda logró su victoria sobre la injusticia de un juez, «¿y acaso Dios no hará justicia a sus escogidos, que claman a él día y noche? ... Os digo que pronto *les hará justicia*» (Lc. 18:1-8). Nosotros, que somos un reino y sacerdotes para Dios (Ap. 5:10), ofrezcamos este sacrificio continuo delante de Él, para la honra de su Nombre, la salvación del pecador, y para la santificación del santo.

723. EL ESPÍRITU COMO PORTAESTANDARTE

«Vendrá el enemigo como río, mas el Espíritu de Jehová levantará bandera contra él» (Is. 59:19, V.M.).

Introducción

PORTAESTANDARTE.

1. En tiempos antiguos, el Portaestandarte era un oficial importante.
2. No solo portaba la insignia militar bajo la que luchaba el ejército, sino que entraba siempre en batalla dando el primer golpe; por ejemplo, cuando los romanos invadieron Gran Bretaña.
3. Por tanto, estaba al frente de la batalla, y soportaba el peso de la lucha.
4. En el duro conflicto, en la larga campaña a la que está dedicado el cristiano, tiene un portaestandarte, el Espíritu Santo.
5. Así, el Espíritu es el Portaestandarte por / y en favor del pueblo del Señor.
6. Levantar la bandera:
a. Significa la declaración de guerra.
b. También organizarse para la guerra: reunión de los enemigos.
c. El conflicto presente.

RAZONES PARA NO HACERSE CRISTIANO. NO REFRENARSE DE HACER.

1. El consejo que da nuestro Señor en Lucas 14 ha sido mal comprendido por muchos.
2. No quería decir que antes de comenzar a edificar o a ir a la guerra, se debía uno sentar primero, y contar el costo, y no hacerlo si uno piensa que no puede tener éxito.
3. Significaba que al sentarse y pensarlo cuidadosamente, podría así hacer una plena y total preparación para llevar a cabo la tarea de manera eficaz.

POR QUÉ ALGUNOS SE DETIENEN DE HACERLO.

1. Los hay muchos que, después de una serena reflexión, temen decidirse, porque, dicen ellos, temo traspasar la línea porque entonces vendrán Satanás y la tentación como un río salido de madre, arrebatándome y trayéndome turbación, descalabro y deshonra.
2. Amigo mío, haces bien en no desestimar el poder del enemigo, porque a veces sí viene como el diluvio, pero Otro le hará frente por ti.
3. ¡Oh, alma tímida, mira más arriba! Recuerda que hay siempre dos que vienen.

EJEMPLOS.

1. ¿Crees tú que Dios permitirá que el enemigo triunfe? Nunca.
2. La venida del enemigo siempre tiene su par en la venida del Espíritu de Dios.
3. Y de esto tenemos pruebas abundantes tanto en la Biblia como en la historia.
En el Principio.
1. Así fue en el principio.
2. Al principio Dios creó los cielos y la tierra.
3. Pero, según Isaías 45:18, Él no la creó informe y vacía, como la tenemos en Génesis 1:2.
4. Fue la llegada del enemigo, como inundación, que introdujo el caos.
5. ¿Iba el enemigo a conseguir sus fines?
6. El Espíritu de Dios levantó bandera contra él: «El Espíritu de Dios se movía sobre la faz de las aguas».

EN LOS DÍAS DE SU CARNE.

1. ¿No fue así en los días de su carne? Antes de la tentación del Señor hubo su bautismo.
2. ¿No fue aquella terrible tragedia de la Cruz una evidencia de que el enemigo había venido como diluvio?
3. Pero, ¿qué del Espíritu del Señor?
4. Pentecostés siguió al Calvario.

EN LA HISTORIA.

1. Así ha sucedido frecuentemente en la historia.
2. Una y otra vez llegaba el enemigo como una inundación, y todo parecía estar a su merced. Pero el Espíritu actuó y todo cambió.
3. Tomemos como ejemplo el tiempo de la Revolución Francesa.
4. El cristianismo fue destronado y el Ateísmo reinaba supremo, y las calles de París estaban bañadas de sangre.

5. Pero las cosas estaban maduras en Gran Bretaña para llevar a la misma situación: sin embargo, el Espíritu de Dios introdujo el avivamiento bajo Wesley, deteniendo aquel horrible torrente.
6. ¿No estamos maduros para un derramamiento similar de gracia? (Observemos la terrible entrada del mal en nuestro propio tiempo y generación.)

En este Capítulo.

1. Lo mismo en este capítulo.
2. Comienza con una abrumadora descripción de la condición moral de Israel. (Léanse los versículos 3, 4, 7 y 8.)
3. Luego, en los vv. 9 a 15 tenemos una confesión conmovedora.
4. Y entonces, como no había quien intercediese (v. 16), Dios mismo se interpuso, y el Espíritu del Señor actúa con poder.
5. Esto es una profecía, y se cumplirá en la historia de Israel.

Un versículo difícil.

1. Este versículo ha sido evidentemente de difícil traducción.
2. Una traducción alternativa la da la RVR77: «Porque vendrá como torrente impetuoso, empujado por el soplo de Jehová».
3. Ello muestra no solo su agilidad, sino también su poder, el poder de su venida.
4. Haz huir al enemigo: mostrando el éxito de la venida del Señor.
a. Es necesario masticar, quebrantar los alimentos, para poder hacer la digestión.
b. Es muy bueno tomar un texto y masticarlo.

I. El enemigo es una persona, no una influencia, y su identidad está clara.

1. Obsérvese: «Jehová levantará bandera contra él».
2. Esta declaración necesita énfasis en nuestros días.
3. El golpe maestro del enemigo consiste en persuadir a los hombres de que no existe.
4. Nadie que acepte la inspiración de la Biblia puede mantener la inexistencia del enemigo.
5. Es una persona que ha de ser tenida en cuenta.
   a. Fue él quien inspiró a Aníbal, Alejandro, Napoleón, a lanzar sus campañas.
   b. Él se encuentra en el fondo de todo pecado e intriga.

II. Su venida implica una anterior expulsión.

ÉL HA DE QUEDAR FUERA.

1. Su llegada implica que ha de haber estado fuera.
2. ¿Ha sido así contigo?
3. Ésta es una palabra de consolación dirigida a aquellos de los que ha sido echado.

El hogar del enemigo.

1. ¡Qué descripción más significativa da nuestro Señor en Mateo 12:43, del lugar de reposo del espíritu inmundo! «Cuando el espíritu inmundo sale del hombre, anda por lugares áridos buscando reposo, y no lo halla.»
2. No hay ningún verdadero reposo para el enemigo fuera de nuestro corazón corrompido.

¿Cómo ha de ser echado el enemigo?

1. Solo el Espíritu del Señor puede, como aparece en el margen, «lanzarlo a la huida».
2. Y para asegurar la venida del Espíritu Santo, ha de haber una aplicación de la Preciosa Sangre.

III. El arrojamiento del enemigo va seguido de una doble paz.

1. ¿Te has fijado en la doble paz en Juan 20:19-22.
2. Dos veces dijo nuestro Señor: «Paz a vosotros».
3. La primera es la paz que descansa sobre la sangre; la segunda es la paz que depende del Espíritu.
4. «Les mostró las manos y el costado», como diciendo: «Es una paz que reposa sobre un sacrificio acepto».
5. Pero cuando recibo esta paz sigo estando consciente de una guerra en mi interior. Una perturbación interna.
6. Esta guerra solo terminará con la venida del Espíritu.

IV. La condición de su venida: acude a la Sangre.

1. Así es en este capítulo.
2. Antes de leer del Espíritu, oímos del Intercesor y del Redentor.
3. Hemos de conocer la eficacia de la Sangre antes de conocer el poder de su unción.
4. Ha de haber arrepentimiento y un volvernos a la Sangre. «Las lágrimas de arrepentimiento son las aguas sobre las que se mueve el Espíritu de Dios.»

V. Una vez echado, el Espíritu Santo le mantendrá fuera.

EL ECHAMIENTO DEL ENEMIGO.

1. Una cosa es echar el enemigo fuera, y otra mantenerle fuera.
2. El caso al que se refirió el Señor en Mateo 12 es triste. «Entonces dice: Volveré a mi casa de donde salí; y cuando llega, la halla desocupada, barrida y adornada.»
3. No estaba el Espíritu para resistirle.
4. El alma guardada por el Espíritu de Dios es inexpugnable.

VI. Cuando el enemigo bate sobre nosotros, no sucumbiremos: porque el Espíritu Santo lo hará huir.

Cómo mantener el enemigo fuera.

1. Algunas tentaciones nos vienen como un pequeño riachuelo.
2. Hay otras que van adquiriendo fuerza y llegan como una inundación abrumadora.

«¡Tentado y probado! Oh, la terrible marejada
Puede rugir y batir intensamente, airada y muy extensa.
Mas en vano es su furia, porque Jehová reprimirá,
Y para siempre jamás Jehová es quien reinará.
«¡Tentado y probado! Uno a tu lado está,
Y nunca en vano en Él sus hijos confiarán;
Él libra y defiende, pues ama hasta el final:
Maestro adorable, su amistad no fallará».

724. EL EVANGELIO DE CRISTO
Isaías 61:1-3

En estos versículos tenemos un breve bosquejo de tres dispensaciones: Gracia, juicio y justicia. El año de libertad, el día de venganza y el tiempo de la restauración de Judá. Éste es un gran tema para un gran predicador.

I. El Predicador. «El Espíritu del Señor Jehová está sobre *Mí*, porque *Me* ha ungido Jehová para llevar buenas nuevas.» Al escribir este mensaje, el profeta *tiene* que haber sido movido por el Espíritu Santo, porque nuestro Señor se las aplica personalmente en Lucas 4:16. El Espíritu vino sobre Él (Lc. 3:22; Hch. 10:38), como la unción de Jehová para la obra de este ministerio. Cuán grande ha de ser la obra cuando se precisó de tal persona, y de tal dotación, para llevarla a cabo.

II. El Mensaje. «Buenas nuevas a los pobres.» ¿Cómo podía haber «Buenas Nuevas» si no hubiera nada malo o que faltara por algún sitio? ¿Y por qué necesitaba el Santo Hijo de Dios la unción del Espíritu, por parte del Padre, para declarar tales nuevas? Ciertamente que las nuevas deben ser «buenas» y de eterna relevancia para todos los que las oyen cuando Padre, Hijo y Espíritu Santo están tan profundamente interesados en su proclamación, y cuando se precisa del poder del Dios Trino y Uno para aplicarlas eficazmente. ¿Cuáles son las nuevas?

1. CURACIÓN PARA LOS QUEBRANTADOS DE CORAZÓN. «Me ha ungido Jehová..., para vendar a los quebrantados de corazón.» Los que están sanos no necesitan un médico. ¿Cómo es que se parten los corazones con tanta facilidad? ¿Por qué tantos se desalientan? Deben haber muchas y poderosas influencias adversas obrando. Sí, el mundo, la carne y el Diablo. El resultado es derrota y fracaso. Pero Él dice: En *Mí* está tu ayuda. Él es quien me ha enviado. Todo lo que yo soy, y poseo y hago es por el bien de tu corazón. Su Palabra y su obra pueden sanar a los quebrantados de corazón, y vendar sus heridas (Sal. 147:3).
2. LIBERTAD PARA LOS CAUTIVOS. «Me ha ungido Jehová..., para proclamar libertad a los cautivos». Solo Él tiene derecho y poder para hacer tal proclamación. ¿Quiénes son los cautivos? Los que están atados por influencias engañadoras y destructoras. Almas encadenadas por el pecado y por Satanás. Cristo puede proclamar la libertad por cuanto Él ha sido ungido por Jehová para romper las puertas de la cárcel. Por su muerte y resurrección Él ha quebrantado toda barrera y vencido a cada enemigo.
3. VISIÓN PARA LOS CIEGOS. «A los presos apertura de los ojos» (*margen*). No solo se ofrece sanidad y libertad, sino también una nueva visión de las cosas espirituales. La encadenadora tiniebla espiritual es la porción de muchos. Cristo ha sido enviado para dar luz. Él es la luz de la vida, y del mundo.

4. GRACIA PARA TODOS. «Para proclamar el año de la buena voluntad de Jehová». El jubileo de la libertad y la restauración a un mundo afligido. Solamente Cristo pudo, mediante la unción del Espíritu Santo, hacer una proclamación así. ¿Quién otro podría osar a fijar el tiempo y las condiciones de la aceptación del hombre por parte de Dios? Éste es ahora el día de la salvación por la gracia, el tiempo en que el Señor mantiene su aceptación llena de gracia (2 Co. 6:2).

Cuando el Ungido leyó estas palabras en Nazaret (Lc. 4:18-20), en contra de toda la costumbre «cerró el libro» sin terminar la frase, porque todavía *no* ha llegado «el día de venganza de nuestro Dios»; pero de cierto que vendrá al final del año del jubileo de la gracia, cuando toda la Iglesia será «arrebatada» (2 Ts. 1:7-9).

725. TRES RASGADURAS

«¡Oh, si rasgases los cielos» (Is. 64:1).

Introducción

ANHELO. Este intenso anhelo toma posesión de hombres y mujeres. Los no salvos están muy conscientes de un cielo cerrado. Comienzan a anhelar relaciones con el cielo. Es también el lenguaje del pueblo de Dios. ¿Acaso no se han encontrado todos haciendo esta petición?

ÉL SOLO. Observemos que el profeta reconoce que solo Dios puede hacer esto. Y lo hará. Pero todo en su debido orden.

I. El corazón rasgado (Jl. 2:13). Es un llamamiento al arrepentimiento. Es fácil rasgarse los vestidos y no el corazón.

II. El velo rasgado (Mt. 27:51). Esto siguió al corazón rasgado de nuestro Salvador. Cuando tu corazón sea rasgado, tendrás acceso en virtud del corazón rasgado del Salvador.

III. El cielo rasgado (Mr. 1:10). Él había subido de las Aguas de Arrepentimiento. Un cielo rasgado en bendición pentecostal.

726. ANHELO POR DIOS, O AVIVAMIENTO

Isaías 64:1-3

El anterior capítulo cierra con estas ominosas palabras: «Hemos venido a ser como aquellos sobre los cuales nunca gobernaste». Cuando el pueblo de Dios se convierte como aquellos sobre los que Él nunca ha ejercido control, ello constituye una terrible prueba de ingratitud y de iniquidad, y un poderoso argumento para el avivamiento.

I. La necesidad sentida. «Oh, si rasgases los cielos, y descendieras.» Éste es, naturalmente, un lenguaje figurado, expresando una verdadera experiencia espiritual. Hay necesidad de un «rasgamiento» de los cielos cuando el pecado de la recaída los ha cerrado, por lo que ha quedado cortada la comunión con Dios. Hasta las mismas cosas celestiales pueden esconder al Celestial. El velo del Templo tuvo que ser rasgado antes de poderse gozar de la libertad de acceso. «¡Oh, si... descendieras!» El remedio de a toda necesidad está en Él. Una nueva manifestación de su poder y gloria avergonzaría los pecados de su pueblo, y la falsa confianza de los impíos. La eterna necesidad del alma es Dios, y la agonizante necesidad del mundo es Dios.

II. La obra que debe ser hecha. Se precisa de hacer cosas poderosas. Hay necesidad de:

1. UNA OBRA DERRETIDORA. «A tu presencia se derritiesen los montes.» Montes de dificultades, creados por el pecado del hombre y por sus vanas imaginaciones. Montañas de egoísmo, que deshonran a Dios y que le estorban su obra. Montañas de indiferencia, que cierran el canal de la bendición.
2. UNA OBRA ARDIENTE. «Como prende el fuego en la enramada.» La enramada de vanos pensamientos, de la autoconfianza y de la energía carnal, necesita ser quemada, para dar lugar a un cultivo más sano. La enramada es un pobre sustituto del dorado cereal. «Nuestro Dios es fuego consumidor».
3. UNA OBRA DADORA DE CALOR. «¡Oh, si... descendieras... como fuego que hace hervir las aguas...!» Cuando el corazón hierve como una olla, debido al poder de su santa presencia, entonces los *afectos* serán ardientes. La tibieza no puede existir donde está este fuego. Entonces las *oraciones* serán fervientes. De un corazón ardiente vendrán deseos ardientes, revestidos de palabras ardientes. Entonces será ferviente el *testimonio*. Cuando nuestro corazón arda dentro de nosotros, mientras que Él nos habla, la lengua se volverá una llama de santo fuego para proclamar las glorias de su nombre. «Él hace... a sus ministros llama de fuego.»

III. El resultado buscado. «Que hicieras notorio tu nombre a tus enemigos, y las naciones temblasen a tu presencia.» Podemos anhelar la manifestación del poder de Dios para nuestra liberación personal, pero el más poderoso argumento es: «Para que hicieras notorio *tu nombre*». Él busca ser santificado en su pueblo, para que los paganos puedan conocer que Él es Dios. Su Nombre es su glorioso carácter. Los que conocen su nombre pondrán en Él su esperanza. Cuando Dios el Espíritu acude en poder, es para glorificar el Nombre del Hijo Eterno (Jn. 16:13, 14). Sé lleno del Espíritu, y entonces se te abrirán los cielos, se derretirán tus montes, tus matojos serán quemados, y las aguas de tus afectos y del deseo de tu corazón hervirán. Así será conocido su Nombre, y otros temblarán ante su presencia.

727. ALTARES DE LADRILLO

«Un pueblo que en mi rostro me provoca de continuo a ira... quemando incienso sobre altares de ladrillo» (Is. 65:3).

Como el altar santificaba el don, tenía que ser por ello santo. Dios había dicho de manera expresa que al hacer un altar de piedra: «si alzas herramienta sobre él, lo profanarás» (Éx. 20:25). En el altar se tenían que disponer los dones de los adoradores y, por ello, el altar mismo no debía representar en absoluto la obra del ofrendante. ¿No hay acaso motivos para temer que muchos siguen provocando al Señor en su rostro ofreciendo incienso en altares de ladrillo? El altar de la cruz es ignorado, y se pone en su lugar el altar de barro cocido de la sabiduría y justicia humanas; el ofrecimiento de cualquier cosa a Dios sobre la base de nuestra propia valía es sencillamente provocarle en su rostro (Ro. 10:1-4).

728. LA NUEVA CREACIÓN

Isaías 65:17-25

Los versículos que cierran este capítulo están mayormente dedicados a las venideras glorias del antiguo pueblo de Dios, y a la bendición mundial que manará por medio de ellos en la manifestación de su reino y gloria. Observemos aquí algunas característica de esta nueva era.

I. Habrá una renovación de los ambientes naturales. «He aquí que yo crearé unos nuevos cielos y una nueva tierra» (v. 17). La gloria de esta nueva creación será tal que «de lo primero no habrá memoria, ni vendrá más al pensamiento». El «príncipe de la potestad del aire» no tendrá lugar en estos cielos. Ni tampoco aparecerá el fruto de la maldición del pecado en la nueva tierra. La rectitud morará allí (2 P. 3:13). La creación cesará entonces en su gemir (Ro. 8:22).

II. Habrá un pueblo regenerado. «Porque he aquí que yo voy a crear en Jerusalén alegría; y en su pueblo, gozo. Y me alegraré... en mi pueblo; y nunca más se oirán en ella voz de llanto, ni voz de lamento» (vv. 18, 19). El pueblo que había sido un refrán entre las naciones se convertirá entonces en un gozo y una alabanza sobre la tierra. El bien conocido «muro de las lamentaciones» en Jerusalén se tornará en lugar de gozo. En este día renacerá esta nación a una nueva vida de comunión con su Rey crucificado. Entonces huirán sus tristezas y gemidos (Is. 35:10).

III. Habrá prolongación de vida. «No habrá más allí niño que muera de pocos días, ni viejo que sus días no cumpla; porque el más joven morirá de cien años.» Con la nueva creación vendrá también la bendición de una gran longevidad. No solo una larga vida, sino también la certidumbre de que los días quedarán *llenos* de un servicio fructífero y gozoso. Éste es el don de Dios para ellos, como la vida *eterna* es el don de Dios a nosotros por medio de Jesucristo nuestro Señor. Si uno muere a los cien años, será contado como niño. Las bendiciones de la gracia de Dios significan el agrandamiento de todo lo que es más profundo y mejor en el alma humana.

IV. Habrá nuevas condiciones sociales. «Edificarán casas, y morarán en ellas; plantarán viñas, y comerán del fruto de ellas... Mis escogidos disfrutarán de la obra de sus manos» (vv. 21, 22). No construirán para que otro habite. Se les asegura la vida y el éxito en sus trabajos. Se desconocerán las quiebras bancarias, las huelgas industriales y las cosechas víctimas de las plagas. La enfermedad y la pobreza se habrán desvanecido, no precisándose más de su influencia disciplinaria cuando el mismo Rey aparezca.

V. Habrá un nuevo disfrute de Dios. «Y antes que me llamen, responderé yo; mientras aún estén hablando, yo habré oído» (v. 24). ¡Qué cambio será éste en comparación con la actual condición de la nación judía, y qué feliz expectativa para un mundo desolado! El oído de Dios nunca está tan engrosado que no pueda oír, pero la concupiscencia en pos de la gloria propia estorba la operación de su gracia. Cuando Dios pueda «gozarse en su pueblo» (v. 19), entonces responderá velozmente al llamamiento de ellos.

VI. Habrá el fin de todas las luchas. «El lobo y el cordero serán apacentados juntos», etc. Con certidumbre «será el hombre hermano para el hombre». Los lobos y los corderos de la vida social y política han estado durante largo tiempo enfrentados mortalmente; pero entonces «serán apacentados juntos» en las abundantes misericordias de su Dios y Salvador. Solo la serpiente no recibe ventaja alguna en el nuevo Reino. «El polvo será el alimento de la serpiente.» No se engordará mucho con tal comida. Entonces se cumplirá la proclamación angélica: «Gloria a Dios en lo más alto; y sobre la tierra paz; buena voluntad para con los hombres». Porque «no harán más daño ni destruirán en todo mi santo monte, dice Jehová» (v. 25).

729. SIETE PUNTOS TOCANTES A DIOS Y JEREMÍAS

Jeremías 1

I. Le conoció. «Te conocí», versículo 5

II. Le santificó. «Te santifiqué», versículo 5

III. Lo constituyó. «Te constituí» (V.M.), versículo 5

IV. Lo envió. «A todo lo que te envíe», versículo 7

V. Le mandó. «Lo que te mande», versículo 7

VI. Lo animó. «No tengas miedo», versículo 8

VII. Habló por medio de él. «He puesto», versículo 9

730. LLAMADO Y EQUIPADO

Jeremías 1:1-10

Los profetas de la antigüedad nada sabían acerca de una ordenación humana, y en lugar de precipitarse atolondradamente a la obra del Señor, frecuentemente se mostraban remisos ante ella. Moisés dijo: «Soy tardo en el habla». Isaías dijo: soy «hombre inmundo de labios». Jonás huyo atemorizado. Jeremías exclamó: «¡Ah!, ¡ah! ¡Señor Jehová! He. aquí, no sé hablar, porque soy niño» (v. 6, RV). No se espera de un niño que sea un elocuente orador, sino que sea obediente y confiado. El «Reino de Dios» debe ser recibido con la actitud de un niño pequeño. Nuestra suficiencia no es en nosotros mismos, sino que es de Dios (2 Co. 3:5). No es a los sabios y a los prudentes que se revelan las grandes cosas del Reino, sino «a los niños» (Lc. 10:21).

I. La comisión. «No digas: soy niño; porque a todo lo que te enviaré irás tú, y dirás todo lo que te mandaré» (v. 7, RV). El profeta tiene solo un Maestro y un propósito en la vida, ir adonde es enviado, hablando su Palabra según Él se lo mande. Uno es vuestro Maestro, el Cristo. Puede que el Señor pregunte: «¿Quién irá?», pero Él nunca le pregunta a su siervo: «¿*A dónde* quieres ir?» Se espera que los llamados de Dios proclamen fielmente su mensaje.

II. El aliento. «No tengas miedo de ellos, porque estoy contigo para librarte» (v. 8). Al proclamar la voluntad de Dios habrá muchos que rugirán airados, pero no tengas miedo de *ellos* cuando tengas sobre ti el rostro sonriente de Dios. Obedecer a Dios es oponerse al curso de este mundo. Las tinieblas no te pueden vencer mientras que la verdadera luz de su presencia more contigo (He. 13:6).

III. El equipamiento. «Y extendió Jehová su mano y *tocó* mi boca, y me dijo Jehová: He aquí he puesto mis *palabras* en tu boca» (v. 9). Este toque divino se corresponde con el toque de la lengua de fuego en el aposento alto. Su «toque» y sus «palabras» están hermosa y vitalmente asociadas. Con el mandamiento divino va la capacitación divina (Is. 6:6, 7). El toque es la evidencia de un contacto personal. La mano del Espíritu Santo hace que la Palabra arda como un fuego.

IV. La obra. «Mira que te he puesto... para arrancar y para destruir..., para edificar y para plantar» (v. 10). Se debe llevar a cabo una obra de destrucción antes de poder comenzar la obra constructiva. El huerto tiene que quedar limpio de hierbajos antes de poder plantar la buena semilla. Aquella pared inclinada tiene que ser derruida antes de poder edificar una muralla adecuada. El pecado tiene que ser quitado de en medio y el alma tiene que ser reconciliada con Dios antes de que se pueda edificar un carácter poderoso. Es el «corazón bueno y recto» el que da mucho fruto. No sembréis entre espinos. El instrumento que se debe emplear, en esta obra de regeneración, es la *Palabra de Dios*, que es viva y poderosa para derribar pensamientos y todo lo que se exalta contra el conocimiento de Dios (2 Co. 10:4, 5).

731. ¿POR QUÉ HA VENIDO A SER PRESA?

Jeremías 2:1-24

¿Es Israel siervo? ¿Es hijo de una esclava? ¿Por qué ha venido a ser presa? (v. 14). El pecado hace presa en todo aquello que toca. ¡Cuán triste pensar en vidas llenas de gloriosas posibilidades, pero arrebatadas a Dios al quedar presas de un poder ajeno. Una sola mosca muerta puede echar a perder el buen ungüento. Veamos:

I. Lo que era. Su pasada condición queda caracterizada como una de gran privilegio y oportunidad.

1. Había COMUNIÓN. «Me he acordado de ti, del cariño de tu juventud, del amor de tus desposorios» (v. 2). Un caminar deleitoso con Dios porque había acuerdo, la santa gloria de un nuevo y primer amor.
2. Había SEPARACIÓN. «Santo era Israel a Jehová» (v. 3). Separados de Egipto para Dios, y testigos de Él. ¡Qué posición tan sublime y santa! ¡Cómo han caído los poderosos! Así eráis algunos de vosotros, pero, ¿dónde estáis ahora?

II. Lo que hizo. Israel se ha apartado. «Dos males ha hecho mi pueblo» (v. 13).

1. «Me DEJARON A MÍ, fuente de agua viva.» Al abandonar a Dios volvieron la espalda a la fuente de todo bien. Dejar a alguien es tratar a aquel alguien como si no le conocieras. Comenzó a actuar como si el Señor no tuviera derecho a él, y como si él no tuviera necesidad del Señor.
2. «CAVARON para sí cisternas, cisternas rotas que no retienen agua.» Al apartarse de la «fuente de aguas vivas, Israel descubre la necesidad de tratar de inventar para sí mismos algún sustituto, y su mejor imitación de la fuente de Dios es una «cisterna rota» que no puede retener el *agua*. Las «aguas vivas» representan la gracia y verdad que dan satisfacción al alma. Dejar éstas por las cisternas de fabricación humana, del honor, riqueza, placer y filosofía de este mundo, es abandonar la sustancia para ir vanamente en pos de las sombras. No pueden contener ninguna agua que dé refrigerio al espíritu (Is. 55:1, 2).

III. Lo que vino a ser. «Presa» (v. 14). ¿Por qué? Porque dejó a Aquel que es la Fuente, y que intentó hallar satisfacción en sus propias obras sin Dios. Éste es el engaño de un alma cegada por el pecado. Cualquier cosa queda estropeada cuando queda incapaz para el propósito para el que había sido designada. Israel había quedado arruinado para Dios porque había «venido a ser presa» de otros. Otros señores adquirieron el control sobre él. La voluntariosidad y el amor del mundo le han poseído hasta el punto de que ha llegado a ser su presa.

1. Se ha perdido como una PLANTA DEGENERADA (v. 21). «Y eso que yo te planté de vid escogida, simiente verdadera toda ella; ¿cómo, pues, te me has vuelto sarmiento de vid extraña?» El daño no está sólo en la apariencia, sino que bien dentro del corazón ha cambiado el *carácter*. Virtualmente, hay retrogresión al tipo.
2. Se ha perdido como un VESTIDO MANCHADO. «Aunque te laves con lejía, y amontones jabón sobre ti, la mancha de tu pecado permanecerá aún delante de mí» (v. 22). La lejía (mineral) y el jabón (vegetal), de invención humana, como las «cisternas rotas», nada pueden hacer para expiar por el mal de apartarse de Dios.
3. Está perdido como un ASNO MONTÉS (v. 24). Un asno es un animal muy útil, pero un asno *montés* representa solo energía malgastada, esfuerzos descontrolados y sin fruto. Así son los recaídos de corazón a ojos de Dios. Aunque tú hayas sido presa de los enemigos de Dios, puedes aún ser para alabanza si vuelves a Dios.

732. LA RECAÍDA: SU CAUSA, SU CURSO Y SU CURACIÓN

Jeremías 2:1-37

El pródigo no se encontró entre los cerdos el primer día después de dejar a su padre. El curso de la recaída es gradual. Una pequeña circunstancia en la misma fuente puede alterar el curso de un río. Un pequeño pecado «en» el corazón puede cambiar la corriente de una vida. Aquí tenemos:

I. Una condición feliz. «Cuando andabas en pos de mí en el desierto… santo era Israel a Jehová» (v. 3). Estas palabras sugieren dos importantes verdades.

1. Que para complacer a Dios tenemos que ir en pos de Él.
2. Que al *ir en pos de Él* somos *santidad* al Señor. La santidad es el fruto de la obediencia y de la comunión. Éste es el pensamiento en la base de la consagración, y es intensamente práctico. Mientras Pedro se regocijaba en el Señor, podía decir: «¿A quién iremos?», pero cuando surgieron en su corazón la duda y el temor, le abandonó y huyó. Los obedientes seguidores de Cristo nunca serán hallados lamentándose al lado de las cisternas rotas.

II. Un paso insensato. «Me dejaron a mí…, y cavaron para sí cisternas, cisternas rotas que no retienen agua», etc. (v. 13). Dios es la Fuente de las aguas de vida; cuando Él es olvidado, los hombres tienen que cavar para sí mismos. Y, ¿qué es lo que logran por todas sus labores? «Cisternas rotas que no retienen agua.» Frustración (Ro. 10:4). La *labor* en pos de aguas vivas constituye una evidencia de un Dios desconocido o de un Dios abandonado. Es el don de Dios (Jn. 4:10). ¡Qué vanidad buscar las corrientes sin la fuente; cuán insensato buscar la bendición sin el Bendecidor! «Todas mis fuentes están en ti.» Todas mis bendiciones en Cristo son sencillamente anticipaciones de su inagotable plenitud. El *abandono* va siempre seguido de la *excavación*. Cuando alguien ha perdido su deleite en la reunión de oración, lo probable es que lo busque en el bar; cuando no se encuentra el atractivo de la Biblia, se buscará la novela. «Cisternas rotas.»

III. Un contraste doloroso. «Yo te planté de vid escogida…, ¿cómo, pues, te me has vuelto sarmiento de vid extraña?» (v. 21). ¡Oh, piensa en esto! Abandonar a Dios significa degenerar en vida y en carácter. Si has comenzado a orar menos, has comenzado a degenerar. Si sientes un creciente disgusto por la compañía de los piadosos, el proceso está acelerándose. Si no llevas los ricos frutos de años pasados, es porque eres una planta *degenerada*. La vid no puede prosperar en una tierra estéril. Y vosotros tampoco. Si queremos continuar siendo fructíferos, *permanezcamos* allí donde el Señor nos ha plantado (Ro. 6:3; Jn. 15:4).

IV. Un intento infructífero. «Aunque… amontones jabón sobre ti, la mancha de tu pecado permanecerá aún delante de mí, dice Jehová el Señor» (v. 22). Es cosa muy común para el recaído de corazón el mantener la *forma* de piedad cuando el poder se ha desvanecido, pero aunque tomen la lejía del fervor y el mucho jabón de la profesión, sin embargo su pecado permanece delante de Dios. ¡Palabras solemnes! No os engañéis, Dios no puede ser burlado. Un recaído no puede lavarse más a sí mismo que un pecador incrédulo. El que *cubre* sus pecados no prosperará. Ninguna cantidad de pretensión exterior expiará el pecado secreto delante de Dios.

V. Un solemne cambio. «Aún a las malvadas enseñaste tus caminos. Aun en tus faldas se halló la sangre de las almas» (vv. 33, 34). ¡Cuán culpables son y cuánta responsabilidad tienen aquellos cristianos que han olvidado al Señor y se han vuelto al mundo! Deshonran a Cristo con sus vidas, que enseñan a los malvados una religión *sin* Dios una religión que el mundo ama. Al abandonar la sangre que purifica de todo pecado, la sangre de las almas es hallada en sus faldas. Si la luz que hay en ti es tinieblas, ¡cuán grandes son aquellas tinieblas!

VI. Un alegato presuntuoso. «Sin embargo, en todas estas cosas dices: Soy inocente…, no he pecado» (vv. 34, 35). Un recaído ha llegado a la última etapa de degeneración cuando comienza a justificarse. Ha alcanzado el estado indoloro de muerte espiritual.

VII. Una perspectiva terrible. «Jehová desechó a aquellos en quienes tu confiabas, y no prosperarás por ellos» (v. 37). La confianza que no es puesta en el Señor mismo es una absoluta presunción. Puede que se celebren reuniones especiales, que se inventen nuevos métodos, que se despierte alguna excitación, pero si tu *corazón* no está a bien con Dios, no prosperarás. «El hombre mira a lo que está delante de sus ojos, pero Jehová mira el corazón» (1 S. 16:7). Es posible que un recaído, al reformar su manera de vivir, vuelva a ganarse la confianza de sus hermanos cristianos, pero a no ser que haya purificación y restauración de corazón a Dios, no prosperará. Puede que sea un pámpano entre los otros pámpanos, pero si no está en comunión con la Vid dadora de vida, es únicamente una rama seca, y no prosperará.

VIII. Un remedio lleno de gracia. «Vuélvete, oh apóstata Israel, dice Jehová… porque misericordioso soy yo, dice Jehová» (3:12). ¡Ah, cuán sencilla es la condición: «tan solo, reconoce tu maldad» (v. 13)! ¡Cuán alentadora la oferta, «soy *misericordioso*»! ¡Cuán llena de gracia la promesa: «Sanaré» (v. 22). Si confesamos nuestros pecados, Él es fiel y justo para perdonar. David reconoció su transgresión y recibió perdón (Sal. 32:5). El hijo pródigo confesó, y fue restaurado (Lc. 15). Vuelve, confiesa, regocíjate.

733. JABÓN Y SOSA

Jeremías 2:22, BAS

¡Qué curioso que aparezcan en la Biblia el jabón y la sosa! Pero, ¿por qué no? Se trata de unos materiales de uso diario y necesario para la salud y la comodidad. Pero, ¿qué del alma? ¿Hemos cumplido de manera perfecta todos nuestros deberes para con Dios y la sociedad haciendo presentables nuestros cuerpos? Claro que no. Hay unas necesidades espirituales apremiantes.
Este versículo en Jeremías señala la insuficiencia de la mera reforma de la vida y de las formas. ¿Qué del registro que hay contra nosotros en las Alturas? «La mancha de tu pecado *permanecerá aún delante de mí*», dice el Señor. Solo la preciosa Sangre de Cristo puede suplir a esta terrible necesidad.

734. LA ESPALDA O EL ROSTRO, ¿CUÁL?

> «Me volvieron la espalda, y no el rostro; y en el tiempo de su calamidad dicen: Levántate, y líbranos» (Jer. 2:27).

El hombre tiene espalda y rostro. Tiene poder para fruncir el ceño con menosprecio o para favorecer, de aceptar o rechazar. Israel había abandonado a Dios, la fuente de agua viva (v. 13). Pero en su angustia clamaban a Él que los salvara. Una conducta bien común.

I. ¿Cuál es la actitud de Dios para con los hombres? Es su rostro, y no su espalda lo que les vuelve

1. EN PIEDAD Y COMPASIÓN (Jn. 3:16).
2. EN GRACIA Y LLAMAMIENTO ENTRAÑABLE. «Dios estaba en Cristo reconciliando consigo al mundo» (2 Co. 5:19). «Extendí mis manos todo el día a un pueblo rebelde» (Is. 65:2).

II. ¿Cuál es la actitud del hombre para con Dios? Bien nuestro rostro o bien nuestra espalda están vueltas hacia Él. Algunos tienen sus rostros vueltos a Dios, y están

1. BUSCÁNDOLE. «Tu rostro buscaré, oh Jehová» (Sal. 27:8). «Señor, quisiéramos ver a Jesús» (Jn. 12:21).
2. CONFIANDO EN ÉL. «Creo, Señor.»
3. SIRVIÉNDOLE. Mirando a Jesús, y persistiendo en conocer al Señor.

Algunos le tienen vuelta la espalda. Volver la espalda a un amigo es la actitud

1. DE INDIFERENCIA. Dejando de escuchar el amante mensaje.
2. DE PREFERENCIA AL MUNDO. Rebelión. «Volveos, volveos de vuestros malos caminos; ¿por qué queréis morir?» (Ez. 8:16).

III. El clamor de los cobardes. Le vuelven la espalda a Dios en la prosperidad y salud, y claman «Levántate y sálvanos» en los días de aflicción. Sirven al mundo, a la carne y al diablo, y luego buscan ayuda de Dios (véase Jue. 10:13, 14).

735. PREGUNTAD POR LAS SENDAS ANTIGUAS

Jeremías 6:16

1. ¿Para qué preguntar por las sendas **antiguas**? Porque las *nuevas* son engañosas y frustrantes (Gá. 1:8).
2. ¿Cuáles son las **sendas antiguas**? Las reveladas en la Palabra de Dios, en las que anduvieron «los santos de la antigüedad».
3. ¿Por qué deberíamos **andar** en las Sendas Antiguas? Porque allí los peregrinos experimentan:

La Sangre de Cristo para justificación.
El Amor de Dios para satisfacción.
El Espíritu de Poder para santificación

736. «PREGUNTAD POR LAS SENDAS ANTIGUAS»

Jeremías 6:16

En nuestros tiempos el peregrino espiritual llega a muchas encrucijadas, por lo que hay necesidad de *pararse y preguntar* por las sendas antiguas si hay duda alguna en nuestra mente en cuanto a su verdadero paradero.

I. ¿Por qué preguntar por las sendas antiguas? Porque las *nuevas* son engañosas y destructoras. Los nuevas sendas son los míseros sustitutivos humanos para la gran y antigua «vía» de Dios, que solamente conducen a los incautos al Castillo de la Duda, la morada del Gigante Desesperación. Aunque un ángel del cielo predique un nuevo Evangelio, sea anatema. Pregunta por las sendas antiguas, y sé firme en ellas.

II. ¿Cuáles son las sendas antiguas? Las sendas antiguas son aquellas en que caminaron Abel, Abraham, Moisés, David, Elías, y todos los profetas y apóstoles, que creían en Dios y aceptaban su Palabra como lámpara para sus pies, y el testimonio de su Hijo como el fundamento firme de su esperanza. La *voluntad revelada* de Dios es la antigua e infalible senda que conduce a la paz y al paraíso. Ésta es la vieja luz que es tan fiable como el sol; las nuevas luces son meros fuegos fatuos danzando en los pantanos. Las viejas sendas están rociadas con la sangre de la expiación; las nuevas, con el agua de rosas del intento de agradar a los hombres.

III. Por qué deberíamos andar por las viejas sendas. Porque en ellas hallamos:

1. LA SANGRE DE CRISTO PARA JUSTIFICAR. Todos los peregrinos en las «sendas antiguas» están perdonados, y justificados por la sangre de la Cruz de Cristo; los vagabundos de las nuevas sendas no conocen nada de esto.
2. LA PALABRA DE DIOS PARA DAR SATISFACCIÓN. No siguen fábulas ingeniosamente inventadas, sino la verdadera luz que resplandece en el lugar oscuro. El testimonio de Jesús es el espíritu de la profecía. Las plausibles teorías y filosofías de los hombres pueden seducir por un tiempo, pero no pueden traer una satisfacción permanente ni al corazón ni a la conciencia.
3. EL PODER DEL ESPÍRITU PARA SANTIFICAR. Los hacedores de los nuevos caminos no tienen lugar para el poder vivificador, santificador y energizador del Espíritu Santo. Junto con su nueva y tardía senda no tienen entusiasmo misionero, ni necesidad sentida de ser llenos del Espíritu, ni gozo en el Espíritu Santo, ni gloria en la Cruz de Cristo, ni conversión del pecado y del yo a Dios. Las viejas sendas son las sendas de la paz, del placer y del poder, porque son las sendas en que el Hijo de Dios sigue andando en compañía de sus seguidores. «Preguntad por las sendas antiguas, cuál sea el buen camino, y andad en él, y hallaréis descanso para vuestras almas.»

737. LA RECAÍDA

Jeremías 8:5; Apocalipsis 2:4-5

I. Algunas de sus causas.

1. El temor del hombre. Avergonzado de confesar.
2. Asociaciones mundanas en negocios o amistades.
3. En yugo desigual con incrédulos en matrimonio.
4. La cesión al deseo de lo que es *nuevo* en lugar de provechoso.
5. El mantenimiento de un espíritu implacable contra otra persona (Mr. 11:25-26).
6. El abrigamiento de pensamientos y sentimientos impuros.
7. Rehusar confesar a Dios cuando se está consciente de haber pecado.

II. Algunas de sus evidencias.

1. El descuido de la Palabra de Dios como el pan de vida.
2. Poco deseo por la oración secreta y comunión con Dios.
3. Un creciente cariño por los placeres mundanos.
4. Satisfacción con los presentes logros en cosas espirituales.
5. Excusas banales para descuidar la comunión cristiana.
6. Tendencia al descontento y a la crítica de los demás.
7. Una decreciente ansiedad por la salvación de otros.

III. El remedio.

Volver. Arrepentirse. Confesar. Renunciar. Ejecutar (Jer. 8:5; Ap. 2:4, 5).

738. LA RECAÍDA, O PELIGROS MODERNOS

Jeremías 8:5-9

La recaída no es una crisis: es un proceso: una gradual retrocesión desde el monte de «Santidad a Jehová» al hondo valle de la vieja vida del yo. El apagamiento comienza generalmente con falta de cuidado, y con el descuido de la comunión secreta y de la confianza en Dios. «¿Por qué continúa este pueblo de Jerusalén apostatando con apostasía perpetua?» (v. 5). La referencia aquí es a Judá y a Jerusalén, pero hay para nosotros algunas saludables lecciones en esta edad presente. Las causas de su recaída y de los males en que cayeron encuentran su contrapartida en los tiempos modernos. Había:

I. Una creencia pervertida. «Se aferran al engaño» (v. 5). Un corazón pervertido pronto conduce a una fe pervertida. Cuando se abandona la fuente de la verdad, es fácil creer cualquier mentira que pueda parecer favorecedora a tal condición (2 Ts. 2:11, 12). Él se alimenta de cenizas debido a que un corazón engañoso le ha hecho descarriarse (Is. 44:20).

II. Un testimonio engañoso. «No hablan rectamente» (v. 6). ¿Cómo podían *hablar* rectamente, cuando no podían pensar rectamente? El Señor «escuchó y oyó», pero en este caso no «fue escrito libro de recuerdo delante de Él», porque no temieron al Señor, ni pensaron en su Nombre (Mal. 3:16). Sus palabras le deshonraban a Él, y dañaban a otros.

III. Autocomplacencia. «No hay hombre que se arrepienta de su mal, diciendo: ¿Qué he hecho?» (v. 6). Su condición era de «maldad» delante de Dios, pero estaban tan engañados que ni pensaban que precisaban de arrepentimiento. Cuando un recaído, que ha caído en su conducta, está consciente de su culpa, hay alguna esperanza de confesión inmediata; pero ciertamente difícil y lastimoso es el caso de aquellos que recaen por una mente pervertida, y que se han asentado en una autosatisfacción, habiendo caído bajo el encantamiento de algún engaño moral (véase 2 Co. 4:4).

IV. Entusiasmo carnal. «Cada cual se apartó en su propia carrera, como caballo que irrumpe con ímpetu en la batalla» (v. 6). No hay falta de confianza propia; se enorgullecen de lo que pueden hacer. Son más enérgicos acerca de ir en sus propios caminos que lo es frecuentemente el siervo de Dios en ir en el de Él.

V. Ignorancia de las señales de los tiempos. «Aun la cigüeña en el cielo conoce sus tiempos, y la tórtola y la grulla y la golondrina observan los tiempos de sus migraciones; pero mi pueblo no conoce la ordenanza de Jehová» (v. 7). Estas aves, fieles a sus instintos naturales, observan sus tiempos señalados, y obedecen al llamamiento; pero Israel, con su «fatal don de la libertad», rehusa obedecer. Esto es solemne y tristemente cierto de muchos de los pertenecientes al pueblo de Dios en estos tiempos actuales, que son ominosos en sus indicaciones de eventos venideros. Pero los hay también que, fieles a la enseñanza del Espíritu, disciernen las señales de los tiempos, y que esperan el nuevo cielo y la nueva tierra prometidos. Cuando el pueblo de Dios no conoce «los tiempos» se ve en gran peligro de verse engañado por el dios de este mundo.

VI. Vana confianza. Dicen ellos: «Somos sabios, y la ley de Jehová está con nosotros… lo cierto es que la ha cambiado en mentira la pluma mentirosa de los escribas» (v. 8). Cuando falsos maestros pervierten la Palabra de Dios, y la tornan en mentira, entonces almas cegadas creen la mentira, y dicen: «Somos sabios». Tragan el veneno, y se jactan de que la ley de Jehová está con ellos. «He aquí que han *rechazado* la palabra de Jehová; ¿y qué sabiduría tienen?» (v. 9). La sabiduría que es en ellos cuando rechazan la Palabra de Dios es aquella sabiduría que es «insensatez para con Dios» (1 Co. 3:19).

739. ¿QUÉ HE HECHO?

Jeremías 8:6

La queja divina es que nadie parece tan sensible a su pecado y culpa delante de Él como para decir: ¿Qué he hecho? Están tan llenos de confianza en sí mismos que no necesitan ningún arrepentimiento. ¿No hay una necesidad urgente de apremiar esta pregunta hoy día?

I. ¿Qué he hecho con Dios? ¿No es Él el Autor y Preservador de mi vida? ¿He estado consciente de su bondad y agradecido por sus misericordias? ¿Qué lugar le he dado a Él en mis pensamientos?

II. ¿Qué he hecho con Cristo? Él me ha sido ofrecido como el don de Dios. ¿Qué he hecho con Él? ¿Lo he aceptado o lo he rechazado? ¿He hecho oídos sordos a sus invitaciones solícitas, y he endurecido mi corazón contra las enternecedoras influencias de su presencia? ¿Lo he recibido con toda su plenitud, o sigo presentando resistencia al Espíritu de gracia?

III. ¿Qué he hecho con las advertencias de la Providencia? ¿He sido llevado a la *reflexión* en el día de la adversidad? ¿Han sido santificadas, mis aflicciones? La pérdida de seres amados en la tierra ¿ha llevado más y más mis afectos hacia las cosas de arriba?

IV. ¿Qué he hecho con mi Biblia? ¿La he estado leyendo como el mensaje escrito de Dios a mi alma? ¿La he estado empleando como lámpara del cielo para alumbrar hasta allí mis pasos? ¿He hecho de ella mi fuente de consejo, y guardado su mensaje en mi corazón? ¿He confesado abiertamente su verdad, o me siento avergonzado de ella?

V. ¿Qué he hecho con mis talentos? Mi cerebro, mi dinero, mi tiempo, y mi lengua, ¿han sido usados para la gloria del yo, o para la gloria de Dios? ¿Han sido enterrados en el pañuelo de la autopreservación, en lugar de ser empleados en el reino del Señor Jesucristo?

VI. ¿Qué he hecho con mis oportunidades? ¿He aprovechado los muchos privilegios que me ha otorgado Dios, para oír su Palabra, para hablar en su Nombre, para reprender, amonestar, para exhortar? ¿Me he sentido más ansioso por matar el tiempo que por redimirlo?

VII. ¿Qué he hecho con mi prójimo? ¿He intentado aprovecharme de él en lugar de serle para bendición? ¿Los he amado como a mí mismo, o los he tratado como a criaturas inferiores? ¿He recibido de la gracia salvadora de Dios, y he tratado a los que están a mi lado como si nada les debiera?

VIII. ¿Qué hecho con el clamor interno de mi propia necesidad? ¿He estado consciente de la necesidad del perdón de Dios y de la liberación que Él da del poder del pecado, y he tratado sin embargo de apagar esta voz? ¿Qué he hecho con mi sentimiento de debilidad e impotencia al vivir la vida cristiana? ¿He buscado consuelo en lugar de confesión, la lástima de mis hermanos en la fe en lugar del poder del Espíritu Santo? ¿Estás tú entre aquellos de quienes se queja el Señor, de que no se arrepienten diciendo: «¿Qué he hecho?».

740. TRES PREGUNTAS EN JEREMÍAS

1. «¿Qué he hecho?» Jeremías 8:6
2. «¿Cómo harás?» Jeremías 12:5
3. «¿Qué dirás?» Jeremías 13:21

741. UN SOLEMNE DIÁLOGO

Jeremías 8:19-22

La manera en que el profeta trata de estos futuros acontecimientos es algo dramática. Hay diferencias de opinión acerca de cómo se pueden interpretar. Observaremos:

I. La pregunta divina. «¿Por qué me hicieron airar con sus imágenes de talla, con vanidades ajenas?» (v. 19). «¿No está *Jehová* en Sion?» ¿Por qué, pues, buscar ayuda en la obra de vuestras propias manos, y las «vanidades ajenas» de vuestras propias imaginaciones? Una imagen de culpa y depravación de la enemistad natural del hombre contra Dios, y de insensatez espiritual. Un hombre no se comporta tan neciamente en ninguna otra área como en su profesa vida religiosa.

II. La llorosa contestación. «Pasó la siega, terminó el verano, y nosotros no hemos sido salvos» (v. 20). En respuesta a la pregunta de Dios, ésta es una confesión de frustración y un clamor de desesperanza. Sus cisternas de esperanza habían resultado estar rotas y sin poder retener el agua. Son como aquellos que dependían de una abundante cosecha para salvar sus vidas, pero nada sino el hambre les mira a la cara. Como las vírgenes insensatas, han encontrado la «puerta cerrada». El corazón malo de incredulidad conduce a una mazmorra de tinieblas.

III. El mensaje de simpatía. «Soy presa de angustia por el quebrantamiento de la hija de mi pueblo» (v. 21). Esto puede ser tomado como la voz del Señor por medio del profeta. Es cierto de ambos. Dios siente el terrible daño que ha sobrevenido a su pueblo. Él fue herido por nuestras transgresiones. Las lágrimas de Jesucristo, derramadas sobre el gran daño de Jerusalén, eran una prueba suficiente de cuán profundamente sentía el daño en su propia alma. Si su pueblo le eran queridos «como la niña de sus ojos», ello muestra cuán tierno era el corazón de Dios para con ellos. En toda angustia de ellos él fue también angustiado.

IV. La franca confesión. «Estoy negro, el espanto me ha sobrecogido» (v. 21). Sí, ésta es la palabra, «negro». Negro de vergüenza y culpa debido a la incredulidad y a la soberbia. «¡Espanto!» Sí, ésta es la otra palabra. Espanto ante tu propia pecaminosidad e insensatez al provocar al Señor, y asombro atónito ante su gran piedad y compasión incluso en tu bien merecida desgracia. ¿Qué es más asombroso que la gracia de Dios vista en la faz de Jesucristo? Si confesamos nuestros pecados, Él es fiel y justo para perdonarnos.

V. El evangelio de la esperanza. «¿No hay bálsamo en Galaad? ¿No hay allí médico?» (v. 22). El bálsamo y el Médico allí se encuentran. ¿Por qué no hay entonces sanidad? En Cristo ha sido dada una abundante, gratuita y eficaz provisión para vuestra salvación. ¿Por qué entonces no sois salvos? ¿No hay sabiduría para dirigir ni poder para vencer, en el Espíritu Santo? ¿Por qué, pues, no se recupera la *salud* de su pueblo en estos días? ¿Ha perdido el Calvario su poder? ¿Se ha ido el Gran Médico de su lugar de misericordia? Prueba entonces la total suficiencia de su gracia viviendo una vida sana, honrosa para Dios.

742. NO SALVOS

«Pasó la siega, terminó el verano, y nosotros no hemos sido salvos» (Jer. 8:20).

Un granjero de Devonshire, comunicando a quien escribe esto la condición de las cosechas en su parte del país, decía: «Por mi zona, los pastos se han salvado, y la avena y el trigo se han salvado». Pensé que este tipo de expresión era sugerente.

Desde luego, no hay nadie en Devonshire que pueda preguntarse qué significa ser salvo. Que las cosechas se salven significa que han sido segadas de la tierra y llevadas a un lugar seguro para su futuro uso. No ser salvo significa quedar arraigado en la tierra, abandonado a la suerte de los vientos y del tiempo, para morir y pudrirse.

Ser salvados por el Señor significa que habéis sido separados del mundo, habiendo cesado de recibir alimento de este origen, y que estáis guardados en el precioso granero de Dios –Cristo– para seguridad y servicio. «Pasó la siega, acabó el verano» y celebramos nuestros servicios de acción de gracias por todo el país, porque «las cosechas han sido guardadas en los graneros y están a salvo», y hacemos bien en reconocer la bondad del Señor en este tiempo de necesidad de la nación; pero, ¿es posible que ningún lector, que esté dando gracias a Dios por la salvación de la cosecha, tenga que confesar: «y no he sido salvo»? ¡Más preocupado acerca de la salvación de las cosechas que de la salvación de un alma inmortal! ¡Ay, ay, esto es demasiado cierto en muchas ocasiones! ¿Cuando pondremos lo primero en primer lugar?

Jerusalén estaba asediada. Los habitantes, apremiados más allá de toda medida, habían esperado ser liberados, pero en vano. Esperaban que los egipcios acudiesen en su auxilio, y ello en la seca estación del verano, cuando era fácil viajar; pero había pasado el tiempo oportuno y hacían frente cara a cara a una destrucción inminente. «Pasó la siega, terminó el verano, y nosotros no hemos sido salvos». Éste era el lamento de estos desengañados habitantes de Jerusalén. Y se merecían este desengaño, porque no tenían derecho a buscar la ayuda de Egipto; y la habían buscado a pesar de las advertencias del profeta Jeremías. Pero ésta será asimismo la experiencia de todos los que no busquen la salvación en el lugar adecuado, porque nadie más que el Señor Jesús puede hacer el bien a los impotentes pecadores.

¿Dónde estás buscando la salvación? Es triste ver la mirada en los rostros de algunas personas cuando les haces esta pregunta tan personal e importante: «¿Está usted salvado?» A veces no hay una mirada de preocupación, sino de menosprecio, que a veces va acompañada de escarnio y de una risotada burlona. Puede que a veces haya una mirada de lástima; pero de lástima que uno se rebaje tanto como para preocuparse por tales cuestiones. Había dos evangelistas que habían llevado a cabo con buen suceso una misión en una población pequeña, y muchos habían recibido a Jesucristo y se estaban regocijando en su reposo y paz que acababan de recibir. Dos hombres que habían salido a pasear se encontraron con algunos convertidos, y uno de ellos manifestó con sorna: «Esta gente dicen que están salvados». «¡Ah!, ¿sí? –dijo el otro– ¿será que recibieron una revelación especial?»

En medio de las burlas se dicen más verdades que las que algunos se imaginan. Sí, habían recibido una revelación especial acerca de sí mismos y de la cruz, y tenían también el testimonio triple de la Palabra, el Espíritu y sus vidas cambiadas. Ah, esta palabra «salvado», que antes era objeto de burla, es ahora, para muchos de nosotros, dulce y preciosa.
Es triste pensar que tantas ocasiones de cosecha han venido, con doradas oportunidades, pero que en muchos casos la confesión sigue siendo: «No salvado». Se han celebrado misiones evangelísticas especiales, dando doradas oportunidades para la libertad, han venido los tiempos de la recolección, y han pasado, y te encuentras ahora como estabas. Hace menos de veinte años, un granjero pastoreaba un puñado de ovejas en el dorado suelo del distrito de Colorado, en la soledad de un desierto montañoso. Todo el distrito habría sido suyo si lo hubiese pedido. pero allí se quedó él, soñando y desperdiciando el tiempo, descuidando las riquezas sobre las que pisaba. Otros llegaron para descubrir que allí había uno de los más ricos yacimientos de oro que el hombre conoce, porque el oro parece inagotable. Se cuenta que aquel granjero vive todavía. Perdió su oportunidad. Dirás tú: «¡Qué hombre más insensato!». Pues los hay que lo son más. A tu alcance tienes a Cristo y sus riquezas inescrutables, y sin embargo, sigues en tu condición espiritualmente empobrecida y destituida.
Pero ha llegado otra dorada oportunidad. Si aceptas ahora a Cristo, podremos decir: «¡Pasó la siega, terminó el verano, la cosecha se ha salvado, y yo también, gracias a Dios, he sido salvado!».

743. ALGO EN QUÉ GLORIARSE

Jeremías 9:23, 24

Gloriarse en algo es hacer de ello su principal delicia.

I. Algunas cosas en las que se glorían los hombres.

1. LA SABIDURÍA. «No se alabe el sabio en su sabiduría.»
2. EL PODER. «Ni en su valentía se alabe el valiente.»
3. LA RIQUEZA. «Ni el rico se alabe en sus riquezas.»

II. Algunas de las cosas para gloriarse.

1. EL CONOCIMIENTO DE DIOS. «Alábese en esto el que se hubiere de alabar: en *entenderme y conocerme.*»
2. EL CARÁCTER DE DIOS. «Que hago misericordia, juicio y justicia.»
3. LA PALABRA DE DIOS. «En estas cosas me complazco, *dice Jehová.*»

744. ALGO DE LO QUE VALE LA PENA GLORIARSE

Jeremías 9:23, 24

Tres veces en este capítulo es enfatizado el divino «ME» en el hebreo (vv. 3, 6 y 24). El mismo Dios es la fuente y el centro de todo bien, y debiera ser el indiviso Objeto de toda la glorificación del hombre.

I. En qué se glorían algunos. Hay tres fases de gloria mundana: Sabiduría, poder y riquezas. Cada una de ella tiene sus seguidores.

1. Los SABIOS son tentados a gloriarse en su sabiduría. La sabiduría mundana es la cosa que busca principalmente el hombre mundano, y puede que se glorie en ella de la misma manera en que otro puede gloriarse en su vergüenza, como algo que le pertenece a él, como fruto de su esfuerzo (Is. 5:21).
2. Los PODEROSOS son tentados a gloriarse en su poder. Tanto da si se trata de poder físico, intelectual o social. Todo lo que distinga a uno de otro es susceptible de ser tornado en causa de egoísta jactancia.
3. Los RICOS son tentados a gloriarse en sus riquezas. Para ellos hay una especie de divinidad en su riqueza, y se glorian en su dorado oro. Así dice el Señor: «No se alabe el sabio en su sabiduría, ni en su valentía se alabe el valiente, ni el rico se alabe en sus riquezas». Toda esta jactancia es vana, porque la sabiduría de los sabios la hará desvanecer... porque Dios ha escogido *lo necio del mundo* para confundir a lo sabio... para que nadie se jacte en su presencia (1 Co. 1:27-29). Las cosas que son insensatez para el mundo son «las cosas que Dios nos da gratuitamente» por medio de Cristo Jesús.

II. En qué debiéramos gloriarnos. «Alábese en esto el que se hubiere de alabar: en entender*me* y conocer*me.*» Un moderno filósofo habló de Él como el «Gran Incognoscible». Pero naturalmente es posible, en un sentido limitado, entenderle y conocerle. Y este conocimiento es lo único en que vale la pena de gloriarse. «El que se gloría, gloríese en el Señor» (1 Co. 1:31). Toda otra jactancia será finalmente avergonzada. La vida eterna es *conocerle* a Él y a Jesucristo, a quien Él ha enviado (Jn. 17:3). ¿Cómo es Dios conocido? Por medio de la revelación de su Palabra, y más plenamente por su Hijo (Jn. 1:14-18). Aquí se nos dan tres razones de por qué deberíamos gloriarnos en Él:

1. Debido a su MISERICORDIA. «Yo soy Jehová, que hago misericordia» (v. 24). Debido a la grandeza de su misericordia, los hijos de los hombres confían en Él (Sal. 36:7). Esta gran misericordia es vista en su más alto nivel en el don de su Hijo (Jn. 3:16; véase 2 Co. 4:6). El que no ama no conoce a Dios, porque Dios es amor.
2. Debido a su JUICIO. «Justicia y juicio son el cimiento de su trono» (Sal. 97:2). Los juicios de Dios en el pasado han sido todos contra la maldad y en favor de la rectitud. Pensemos en el Diluvio, Sodoma, los tratos de Dios con las naciones, especialmente con su antiguo pueblo Israel. Nosotros nos gloriamos en el juicio de Dios sobre el pecado, y también del pecador, en la Cruz de su Hijo Crucificado.
3. Debido a su JUSTICIA. La justicia, coronada de misericordia, es el carácter de nuestro Dios. Nuestro Señor, su Hijo, se glorió en ella al orar: «Padre *justo*» (Jn. 17:25). Nuestro Abogado ahora es «Jesucristo el Justo». «El Señor, el juez justo» dará la corona de justicia a todos los que aman su venida (2 Ti. 4:8). Mostremos pues en qué nos gloriamos buscando primero el reino de Dios y su justicia. «Porque en estas cosas me complazco, dice Jehová» (v. 24). «Alábese en esto el que se hubiere de alabar».

745. ¿ESTÁS LISTO?

«¿Cómo harás en la hinchazón del Jordán?» (Jer. 12:5, RV).

El Jordán puede ser aquí considerado como símbolo de la muerte. El acto de pasar desde este mundo al próximo, desde el tiempo hasta la eternidad, debe ser siempre de gran solemnidad. ¿Cómo te irá a ti? ¿Estás listo para el río? Esta pregunta es:

I. De cariz práctico. «¿Cómo harás?» Cómo lo *harás*. Algo se tiene que hacer. ¿Podemos estar preparados para hacer nada cuando estamos muriendo que no hemos preparado mientras vivíamos? No es lo que sentimos, o pensamos o digamos tanto como aquello que *somos* lo que decide cómo nos irá en aquella hora de prueba. Los que confían en Jesucristo ahora no tendrán dificultad alguna para confiar en Él entonces.

II. De carácter personal. «¿Cómo harás?» Esto es: *Tú*. Nadie puede morir por ti. Son tus propios pies los que han de pisar el río, tu alma la que debe comparecer delante de Dios. Aunque, como la reina Elisabet I, puedas ofrecer «un millón de dineros por un momento de tiempo», de nada te servirá. No se trata de cómo le irá a tu compañero o a tu vecino, sino de cómo te irá a *ti*. La respuesta, la idoneidad o inaptitud, ha de ser hallada en ti mismo.

III. Una pregunta difícil. «La hinchazón del Jordán.» Un río desbordado sugiere peligro y dificultad. ¿Será suficiente tu propia fuerza para llevarte a través de la crecida? ¿O tienes la promesa del Vencedor de la muerte para sustentarte? «El río es profundo o no según tu fe», dice Bunyan en su obra *El Progreso del Peregrino.*

IV. Una pregunta apremiante. «¿Cómo harás?» El tiempo es breve, la vida es incierta, y puede que estés más próximo a su fin de lo que te piensas. Hace algo de tiempo un ministro de Glasgow fue a ver a una mujer moribunda, pero ésta le dijo: «Es demasiado tarde». Sus pies estaban ya en la crecida del Jordán. ¿Cómo será contigo? ¿Cuál es tu respuesta? ¿Confiarás entonces en tu membresía en la Iglesia, o en tus buenas obras de caridad? Esto de nada servirá ante la crecida del Jordán. Las chispas que tú generes nunca podrán existir en medio de este torrente. ¿Confiarás en la barca de tus propias opiniones? Esta rápida y turbulenta corriente la llevará a zozobrar. Todas las cosas frágiles, como los refugios de mentiras, serán barridas. Lo único prudente y seguro es darte ahora a Jesucristo, y entonces, «cuando pases por las aguas, Yo estaré contigo; y si por los ríos, no te anegarán» (Is. 43:2). «No temeré mal alguno, porque Tú estarás conmigo.»

746. ACERCA DE LA SEQUÍA

Jeremías 14:1-9

Los tiempos de escasez son tiempos de prueba. Desde luego, Dios tiene un perfecto derecho a retener sus dones cuando y como quiera. Una escasez de agua, o una escasez de poder espiritual y de fruto, pueden tener el designio de ejercer una saludable influencia sobre los que la padecen. «No son. vuestros caminos mis caminos», dice el Señor. Observemos:

I. La evidencia de la sequía.

1. Había una ENTRISTECIDA PERPLEJIDAD. «Se enlutó Judá, y sus puertas languidecen» (v. 2). La nación está angustiada en su alma, de manera que las puertas –el mercado– están desiertas.
2. Había VASOS VACÍOS. «Sus criados... volvieron con sus vasijas vacías». Todo esto es solemnemente sugerente del tiempo de sequía espiritual cuando el refrescante y avivador Espíritu de Dios es retenido, y cuando languidece la obra de Dios en las puertas (las iglesias), y cuando los siervos presentan solo «vasijas vacías» a una sedienta familia. No hay para asombrarse de que:
3. «SE AVERGONZARON, SE CONFUNDIERON, y cubrieron sus cabezas» (v. 3). Cuando el manantial de la Palabra de Dios se seca y se agrieta la experiencia personal, entonces abundan los vasos vacíos y las almas sedientas. La escasez de conversiones significa carencia de poder.

II. La causa de la escasez. «Nuestras iniquidades testifican contra nosotros... porque nuestras apostasías se han multiplicado, contra ti hemos pecado» (v. 7). Si el cielo que está sobre nosotros es como de bronce, y la tierra debajo como de hierro, es debido a nuestras iniquidades y apostasías. La iniquidad que separa de Dios separa de la Fuente de Aguas de Vida. El rocío de su refrescante Espíritu no cae sobre el estéril desierto. La vergüenza y las vasijas vacías son la consecuencia de los corazones recaídos.

III. Remedio. ¿Hay, empero, algún remedio para la sequía? Sí, cuando la condición moral del hombre ha venido a ser la causa de la rebelión del cielo. El remedio reside en nuestra *actitud* para con el mismo Señor como un poderoso Salvador. «Oh tú, esperanza de Israel, Salvador suyo en el tiempo de la aflicción... ¿Por qué eres como... valiente que no puede librar?» (vv. 9, 10). Es una confesión y una apelación. «Actúa por amor de tu nombre» (v. 7). Tenemos que despertar al hecho de la omnipotencia de nuestro Dios para liberar, y de la infinita profundidad de su compasión para con su pueblo. «¿Por qué te has hecho... como caminante que se retira para pasar la noche?» (v. 8). ¿Por qué esta conducta suya para con nosotros, como nuestro Redentor y Amigo, debiera ser más como la de un caminante que pasa de largo que la de nuestro permanente Compañero y ayudador? La razón es que hemos llegado, por nuestra actitud mundana e incredulidad, a no ser aptos para su comunión. Con todo, sus deseos son por los suyos, para bendecirlos con «abundancia de vida» (Lc. 24:29). De nada nos sirve decir: «Sin embargo, tú estás entre nosotros, oh Jehová, y sobre nosotros es invocado tu nombre» (v. 0), si no detenemos nuestros pies de los caminos del error y de la incredulidad (v. 10). El remedio para la sequía espiritual es la confesión, la restauración y la resignación (v. 22; Jn. 15).

747. UNA CONFESIÓN Y UN RUEGO
Jeremías 14:17-22

I. La necesidad. La condición que se describe en los versículos del 17 al 19 es de desolación y de desesperanza: «Gran quebrantamiento» (v. 17). «Hambre» (v. 18). Un sentimiento de rechazamiento y de desesperanza. «Esperábamos paz, pero no hubo bien; tiempo de curación, y he aquí terror» (v. 19). ¡Qué imagen de la condición del alma sin Dios!

II. La confesión. «Reconocemos, oh Jehová, nuestra impiedad», etc. (v. 20). No hay ninguna otra forma honrada de tratar con nuestro pecado. Así como Dios ama un dador alegre, así también desea un honrado confesor (véase Sal. 32:5; 1 Jn. 1:7).

III. El ruego. Se basa sobre el *honor* de su nombre. «Por amor de tu nombre, no nos deseches» (v. 21). También apela a la *dignidad* su trono. «Ni deshonres el trono de tu gloria.» El trono de su gloria era el «Propiciatorio» en el Templo. Era el «Trono de la Gracia». Este trono jamás será deshonrado echando fuera a los humildes y menesterosos. También hacía referencia a la *veracidad* de su Palabra. «Acuérdate, no invalides tu pacto con nosotros». Fiel es el que prometió. Las sobreabundantes riquezas de su gracia tienen siempre un canal abierto para nosotros por medio de Cristo Jesús (Ef. 2:7).

IV. La resolución. «¿No eres tú, oh Jehová nuestro Dios [quien hace llover], y en ti esperaremos?» (v. 22). El Dios que respondió a Elías con fuego y lluvia es bien digno de que esperemos en Él. Para todas las dolencias espirituales y aflicciones que deben seguir a una escasez espiritual no hay más remedio que en el derramamiento del Santo Espíritu de Dios. Su promesa es: «Porque yo derramaré aguas sobre el sequedal, y ríos sobre la tierra árida». Espera en Jehová.
El lenguaje empleado aquí es verdaderamente aquel que es adecuado para labios arrepentidos, pero puede ser empleado, como hizo Judá, con un espíritu no arrepentido (15:1).

748. FUERON HALLADAS TUS PALABRAS
Jeremías 15:16, RV

Observemos que en este versículo (*cf.* RV y RVR) tenemos ambas cosas: «palabras» y «Palabra». En «palabras» tenemos desde luego una referencia a la Palabra escrita, que ahora conocemos como la Biblia; y ciertamente que en «Palabra» tenemos la Palabra Viviente, el Señor Jesús. La Palabra Viviente, el Señor Jesús, se encuentra en la Palabra Escrita, la Biblia. Observemos lo que encontramos en este versículo:

I. Inspiración: «Tus palabras».

II. Búsqueda: «Fueron halladas».

III. Satisfacción: «Las comí».

IV. Regocijo: «Gozo».

V. Privilegio: «Tu nombre se invocó sobre mí».

VI. Separación: «No me senté» (v. 17).

VII. Testimonio: «Me senté solo» (v. 17).

749. LAS EXPERIENCIAS DE UN TESTIGO
Jeremías 15:16-20

Como testigos para Dios, podemos aprender mucho de las experiencias de los «santos de la antigüedad». Sus peligros y tentaciones, así como sus privilegios y responsabilidades, eran muy similares a los nuestros. Observemos su:

I. Gozo en la Palabra de Dios. «Fueron halladas tus palabras, y yo las comí; y tus palabras fueron para mí un gozo y la alegría de mi corazón» (v. 16). Esto puede referirse al primer mensaje de Dios a él, como vemos en 1:7. Este *gozo* en la palabra de Dios implica dos cosas

1. Que estamos perfectamente seguros de que se trata de la Palabra de Dios, y,
2. Que verdaderamente la hemos recibido en el corazón: que la hemos *comido*, de manera que se ha convertido en la esperanza e inspiración de nuestras vidas. La Palabra de Dios es dulce para el paladar del creyente, pero tiene que producir frecuentemente amargos efectos en el corazón cuando comienza sus operaciones de limpieza (Ap. 10:9).

II. Identificación con el nombre de Dios. «Porque tu nombre se invocó sobre mí, oh Jehová Dios de los ejércitos.» Cuando la Palabra de Dios entra en el corazón, en *nombre* o carácter de Dios debe quedar estampado en la vida. La semejanza a Dios es el más poderoso testimonio para Dios. Recibir a Cristo Jesús como «la Palabra de Dios» es quedar amoldado a la imagen de Dios.

III. Separación de los enemigos de Dios. «No me senté en compañía de burladores» (RV), o de los que se alegraban (RVR77) en sus pecados y se divertían a costa de las cosas sagradas. «Me senté solo por causa de tu mano.» Aquellos que se deleitan en la Palabra del Señor no serán hallados en el consejo de los impíos, ni de pie en el camino de los pecadores (Sal. 1:1, 2). ¿Cómo podríamos testificar contra «toda impiedad» si nos identificáramos con ella? (véase 2 Co. 6:17, 18).

IV. Perplejidad ante los tratos de Dios. «¿Por qué es perpetuo mi dolor, y mi herida desahuciada...? ¿Serás para mí como arroyo ilusorio, como aguas que no son estables?» (v. 18). Las aguas no estables son como el arroyo que falla y se seca precisamente cuando más se necesitan sus aguas refrescantes. ¿Le fallará Dios a su siervo en tiempo de necesidad? Un sentimiento de frustración embarga su espíritu, porque el propósito de Dios no parece ir paralelo a sus expectaciones. El profeta tenía algo más que aprender. En el tiempo de perplejidad y de aparente derrota, espera.

V. Certidumbre de parte de Dios. Dios habla. La fuente de aguas vivas vuelve a manar. No ha resultado inestable el torrente de la fidelidad divina (vv. 19-21). Miremos:

1. LAS PROMESAS. «Serás como mi boca... Te pondré... por muro fortificado de bronce (estabilidad)... No prevalecerán contra ti... Yo estoy contigo... para librarte... y te redimiré de la mano de los terribles.» Los que esperan en Jehová renovarán sus fuerzas recibiendo renovadas certidumbres de su Palabra, de su gracia y bondad, de su presencia y poder.
2. LAS CONDICIONES. «Si te vuelves». Vuélvete a tu primer amor, a una real comunión sin nubes con Dios, y a una obediencia sin dudas. «Delante de mí estarás.» Permanece con Él, y actúa delante de su faz. «Si entresacas lo precioso de lo vil.» Llama a las cosas por su nombre, y da a César las cosas que son de César, y a Dios las cosas que *son* de Dios. Entonces el Dios de paz aplastará a Satanás bajo vuestros pies, y hará de vosotros más que vencedores por medio de «Aquel con quien tenemos que ver».

750. LOS MALDITOS Y LOS BENDITOS

Jeremías 17:5-8

Aquí se contrastan dos clases en términos muy sencillos pero enfáticos, con el epígrafe de «Así dice Jehová». Hay ciertas leyes espirituales e inalterables que deben entrar en acción según nuestra actitud moral para con Dios y su Palabra. Su condenación caerá sobre los impíos con tanta seguridad como su bendición viene sobre los piadosos. La maldición es la retención de la bendición.

I. ¿Quiénes son los malditos? «Maldito el varón que *confía en el hombre*, y pone carne por su brazo, y *su corazón* se aparta de Jehová». Confiar en el hombre, y hacer de la carne el brazo de nuestra confianza, es apartarse de corazón del Señor. Ni la salvación de Judá, ni la nuestra, puede venir por medio de la sabiduría del hombre, ni por el poder de ninguno de los príncipes de la tierra (Sal. 118:8, 9). La salvación es de Jehová. Es el malvado corazón de incredulidad el que se aparta del Dios vivo (He. 3:12). Hay una fe en la humanidad que es simplemente una negación de Dios.

II. ¿Cuál es la maldición? «Será como la retama en el desierto» (v. 6). La retama en el desierto carece de las refrescantes lluvias del cielo. «No verá cuando viene el bien». Será como un ciego incapaz de ver, o de aprovecharse de aquellas misericordias que están dentro de su alcance. «Morará en los sequedales en el desierto». Vivirá en un estado y condición de privación de las promesas de Dios. Los impíos parecen muchas veces prosperar enormemente con respecto a las posesiones terrenales, pero a la vista de Dios están destituidos y y son desdichados (Ap. 3:17). Su alma verdaderamente mora «en los sequedales» (véase Job 8:11-13).

III. ¿Quiénes son los bendecidos? «Bendito el varón que confía en Jehová, y cuya confianza es Jehová» (v. 7). Dejarse del hombre cuyo hálito está en su nariz, y dar al Señor la confianza indivisa del corazón, es el secreto de la plena y eterna bienaventuranza. Bienaventurados son todos los que en Él confían (Sal. 2:12). Obsérvese la palabra «confiar». El que confía tiene una expectativa segura en base de su confianza. Cuando verdaderamente confiamos en el Señor, de cierto esperaremos mucho de Él. «Tu guardas en completa paz a aquel cuyo pensamiento en *ti persevera*; porque en ti confía» (Is. 26:3, 4).

IV. ¿Cuál es esta bienaventuranza? La bienaventuranza es muy grande. Este hombre bienaventurado tiene:

1. UNA BUENA POSICIÓN. «Será como el árbol plantado junto a las aguas» (v. 8). Plantado con un propósito, no como la retama del desierto que crece silvestre, sin gracia. El creyente está plantado en Cristo, una posición de seguridad y de infinito favor.
2. UNA PROVISIÓN ABUNDANTE Y SUFICIENTE. «Y que junto a la corriente echa sus raíces.» Todos los recursos del continuado fluir del río de la gracia de Dios están a disposición de este hombre bienaventurado cuya esperanza es el Señor. «Echa todas las raíces» de tus afectos y deseos junto a la corriente de su Palabra y voluntad, porque «Mi Dios suplirá todas vuestras necesidades según las riquezas de su gracia».
3. UNA FELIZ IGNORANCIA. «Y no verá cuando viniere el calor» (RV). La sequía no tiene efecto sobre un árbol plantado junto a las aguas de un río constante. Lo que son «alarmas apremiantes» para otros no perturban su alma.
4. UNA EXPERIENCIA SIEMPRE LOZANA. «Su hoja estará verde» (RV). Una lozanía permanente es la parte de todos los que permanecen en Cristo y en la corriente de sus propósitos llenos de gracia. La hoja de su testimonio será siempre verde.
5. UNA BENDITA LIBERTAD. «En el año de sequía no se inquietará.» Libertad de ansiedad cuando las *apariencias* estén todas en contra de él. Vivir en base de las promesas de Dios le salva de todo temor en el día de la prueba.
6. UNA FERACIDAD CONTINUADA. «Ni dejará de dar fruto.» El río de la vida, siempre constante, produce en aquellos que reciben de su plenitud una feracidad para Dios que nunca cesa (Ap. 22:2; Jn. 15:5, 6; 16). Esta bienaventuranza viene por la fe.

751. UNA CERTEZA BIENAVENTURADA

«Mi refugio eres Tú en el día malo» (Jer. 17:17).

1. ¿QUIÉN? «Tú eres» .... Salmos 4:6
2. ¿QUÉ? «Mi refugio» .... Salmos 30:5; Romanos 5:5
3. ¿CUANDO? «En el día malo» ... Salmos 59:16
   En el día de los malos pensamientos.
   En el día de las tentaciones al mal.
   En el día de los malos compañeros.

752. EL VASO ESTROPEADO

Jeremías 18:1-6

El profeta del Señor es enviado a la casa de un alfarero para poder aprender una lección gráfica acerca de la obra y de la voluntad de Dios. Dios puede dar un nuevo significado a los asuntos comunes de la vida. Hasta las hormigas y los lirios pueden enseñar al perezoso y a los que padecen ansiedad. El profeta es humilde y obedece el llamamiento, y está bien dispuesto a aprender la mente del Señor, aunque sea por medio de las acciones de un alfarero analfabeto.

I. El barro. El barro representa a «la casa de Israel» (v. 6). Excavado de Egipto, y traído a Canaán, la casa del gran Alfarero, donde Él deseaba trabajar en su pueblo. Como Israel, hemos sido sacados del hoyo oscuro de barro y de esclavitud, y llevados al Reino de su amado Hijo, para que Él nos conforme según su imagen. El barro es la materia prima.

II. Las ruedas. «Y he aquí que él trabajaba sobre las dos ruedas.» Las ruedas de las promesas, propósitos y providencias de Dios estaban trabajando juntas para el bien de ellos (Ro. 8:28). Estando en el Reino de Dios estamos en la especial esfera de su favor y gracia. Todas nuestras circunstancias son solo las ruedas en las que se está conformando nuestro carácter espiritual. Las vidas de todos los santos de la Biblia dan testimonio. No deberíamos retraernos de nuestras aflicciones, sabiendo que «la tribulación obra paciencia, y la paciencia *experiencia*».

III. El Alfarero. «He aquí que como el barro en la mano del alfarero, así sois vosotros en mi mano, oh casa de Israel.» El Señor mismo es el Alfarero. «¡Oh, qué posibilidades hay para nosotros, como para Israel, estando *en* «Su mano». Piensa en tu posición, y en sus propósitos para contigo al poner su poderosa mano sobre ti. Ve lo que Nehemías pudo cumplir debido a que la mano de Dios estaba sobre él (Neh. 2:8). El propósito del Alfarero es hacer el mejor uso posible del material que tiene en su mano. «Mas el Dios de toda gracia, que nos llamó a su gloria eterna en Jesucristo..., él mismo os perfeccione» (1 P. 5:10). La maravillosa mano de Dios es el Espíritu Santo que obra en nosotros tanto el querer como el hacer por su buena voluntad.

IV. La vasija. «Siempre que la vasija que él hacía se echaba a perder en su mano, volvía a hacer otra vasija.» Aún en la mano del Divino Alfarero la vasija (Israel) quedó echada a perder. Por su desobediencia llegaron a ser otra vasija de deshonra. Debido a su incredulidad han sido desgajados, y siguen siendo, como nación, una vasija echada a perder. Mirad que no haya entre vosotros un corazón malo de incredulidad. Si el Espíritu Santo, como la mano de Dios, tiene que amoldarnos como vasija apropiada para el uso del Amo, no debe haber en nuestra naturaleza ninguna parte rígida. La rigidez de una voluntad perversa, o la arena del egoísmo, estorbará y echará a perder la obra del Celestial Alfarero, cuyas gentiles manos son tan sensibles a la mínima resistencia. Cada recaído es una vasija echada a perder. Muchos como Saúl quedan echados a perder por desobedecer la Palabra del Señor. ¿Qué no hubiéramos llegado a ser si el Divino Alfarero hubiera logrado su voluntad con nosotros en cada ocasión?

V. La aplicación. «¿No podré yo hacer de vosotros como este alfarero?», dice Jehová. Gracias a Dios que aunque la vasija haya quedado echada a perder, El puede volver «a hacer otra vasija». El Espíritu regenerador puede restaurar la vasija echada a perder y conformarla según la imagen de Aquel que obra poderosamente en vosotros. La vasija puede haber quedado deshonrada por su resistencia, pero no ha sido descartada. ¿Puede Dios hacer contigo como este alfarero? ¿Puede? ¿Eres tú como el barro, plástico, blando, y refinado en sus manos? Si es así, el propósito del Alfarero puede aún cumplirse en ti. Él sigue necesitando vasijas que lleven su nombre (carácter) entre las naciones de la tierra (Hch. 9:15). Cada vasija preparada para su uso será una vasija empleada en su servicio.

753. HIRIENDO CON LA LENGUA

Jeremías 18:18-20

El hombre de Dios nunca será comprendido por el hombre del mundo. Vemos:

I. El propósito de los perseguidores. «Venid y maquinemos contra Jeremías.» Las maquinaciones tramadas por los impíos en contra de los siervos de Dios son muchas. No tienen nada en contra de él, pero, en su enemistad, deben inventar algo. Sin embargo, confiesan que «la ley no faltará al sacerdote…, ni la palabra al profeta». Están convencidos de que la «ley» no puede ser quebrantada, y que el testimonio del hombre de Dios no fallará. Pero ellos dicen: «Venid, e hirámoslo con la lengua, y *no* atendamos a ninguna de sus palabras». Ellos saben que Él habla la verdad en Nombre de Dios, pero le golpean con la lengua del escarnio y de la calumnia, y se deciden a no dar crédito a su mensaje. Ésta es ciertamente una humillante evidencia de la enemistad de la mente carnal contra Dios.

II. Apelación del profeta. Apela él:

1. AL MISMO SEÑOR. «Oh Jehová, mira por mí, y presta atención», etc. La lengua del calumniador es una flecha venenosa, pero hay refugio en Dios contra las lenguas malévolas. Cuando otros no prestan atención a nuestro mensaje, es bueno estar conscientes de que Dios presta atención a nuestro clamor.
2. A LA JUSTICIA DIVINA. «¿Es que se paga mal por bien?» No, Dios no es injusto para recompensar la fidelidad con la vergüenza y la derrota. Los trucos de los malvados nunca bloquearán el canal de la misericordia y del poder divinos para con su propio pueblo. Si pedimos un pescado, ¿nos dará acaso una piedra? Apela él también:
3. A SU PROPIA FIDELIDAD. «Acuérdate que me puse delante de ti para hablar el bien por ellos, para apartar de ellos tu ira.» Mientras que ellos estaban tramando maquinaciones contra él, él estaba intercediendo ante Dios por ellos. Mientras que ellos estaban hablando mal de él, él estaba hablando «el bien por ellos». Como el Mayor de todos los profetas, oró por sus enemigos, y a semejanza de El también, le aborrecieron sin causa (Jn. 15:25). El siervo de Dios está limpio de la sangre de los inicuos y de los incrédulos cuando puede decir, al mirar en la faz del Padre Eterno: «Acuérdate que me puse delante de ti… por ellos», como también lo hizo Abraham (Gn. 18:22). Orad por los que os maltratan; recordad que sois sal de la tierra.

Las terribles imprecaciones que siguen en los versículos 21-23 nos muestran los terribles juicios de los que esperaba salvarlos. Ahora, por así decirlo, se echa a un lado de sus ruegos, y permite que la merecida ira de Dios caiga sobre ellos. Esto el hijo de la gracia no osará hacerlo.

754. PASUR

Jeremías 20:1-6

Esta breve biografía está repleta de advertencias para los que tienen la honra de la autoridad, pero que, por su soberbia de posición social, menosprecian y rechazan el testimonio de la Palabra de Dios de boca de su siervo.

I. Su posición. «Hijo de [un sacerdote]… e inspector jefe en la casa de Jehová». En base de esta conexión y posición oficial, uno esperaría que estuviera en verdadera armonía con el profeta del Señor. ¡Pues no! Aunque era superintendente de la casa del Señor, era hostil a los propósitos del Señor. Una posición religiosa no siempre significa una condición religiosa.

II. Su enemistad con la Palabra de Dios. «Oyó a Jeremías que profetizaba estas palabras. E hizo Pasur dar una paliza al profeta Jeremías, y lo puso en el cepo» (vv. 1, 2). El mensaje de Dios estaba opuesto a sus pensamientos y deseos (19:14, 15), por lo que insultó y encarceló al mensajero. Así como una brizna de hierba puede mostrar hacia donde sopla el viento, así una palabra o una mirada pueden revelar la enemistad del corazón contra la verdad de Dios.

III. Su repentina denuncia. «Jehová no ha llamado tu nombre Pasur («nobilísimo», o «gozo alrededor»), sino Magor-misabib»: *temor* alrededor (v. 3). Los hombres pueden llamarse como quieran, pero Dios los llamará según lo que sean. Los hombres pueden llamarse a sí mismos creyentes cuando Dios los llama incrédulos. Un hombre es lo que Dios ve en él. De Dios nadie se burla.

IV. Su vida engañosa. «Has profetizado falsamente» (v. 6). Sus mentiras estaban fabricadas para desacreditar la Palabra de Dios por boca de Jeremías el profeta. A semejanza del mago Elimas, intentó *pervertir* el recto camino del Señor. Pero los pervertidos y los pervertidores serán todos avergonzados.

V. Su condenación. «He aquí, haré que seas un terror a ti mismo» (v. 4). ¿Que podría ser más terrible que esto, un hombre aterrorizado de sí mismo? Un pecador llevando su propio azufre en su seno como producto de sus propias acciones. ¿Quién me liberará de este cuerpo de muerte?

755. UNA EXPERIENCIA DE CLAROSCUROS

Jeremías 20:7-11

El profeta nos da aquí un poco de testimonio personal. Dentro de estos pocos versículos tenemos una tal variedad de experiencias que hacen que uno se haga consciente de que él fue hombre de sentimientos semejantes a los nuestros.

I. Fue seducido por el Señor. «Me sedujiste, oh Jehová, y fui seducido» (v. 7). Otra lectura es: «Me has vencido», o «Te asiste de mí, y fui vencido». Fue vencido por la seductora influencia de la Palabra de Dios; fue «más fuerte que yo, y has prevalecido» (v. 7). Ésta es la experiencia inicial de un verdadero profeta, de un predicador, o de un cristiano. Él mismo tiene que ser «asido» y «vencido» por el poder de la verdad de Dios si quiere hablarla con poder.

II. Fue escarnecido por hombres. «Cada día he sido escarnecido, cada cual se burla de mí.» El hombre que ha sido «vencido» por Dios es escarnecido por los hombres. El hombre piadoso sigue siendo hecho «espectáculo al mundo» (1 Co. 4:9). No os asombréis si el mundo os aborrece.

III. Se indignó ante este tratamiento. «Porque cuantas veces hablo, doy voces» (v. 8). Se quejaba en contra de la violencia hecha contra la verdad. Era difícil soportar el reproche hecho a la Palabra del Señor. Moisés se comportó de manera diferente (He. 11:26).

IV. Se sentía desalentado ante los resultados. «Y dije: No me acordaré más de él, ni hablaré en su nombre» (v. 9, RV). El testimonio fiel no le había reportado más que afrenta. ¿Para qué tenía que perseverar? ¡Ah, qué humano es esto! Seríamos más fieles a Dios si recibiéramos por ello más provecho personal y placer. ¡Qué vergüenza!

V. Fue inspirado por la Palabra. «Empero fue en mi corazón como un fuego ardiente metido en mis huesos, trabajé por sufrirlo, y uno pude» (v. 9). Así es como Dios «vence» mediante su Palabra en las vidas de su pueblo. No podemos sino hablar cuando la verdad se torna en fuego líquido en el corazón (Hch. 4:20). ¿Es posible haber oído y creído el Evangelio de Dios sin sentir el ay de no predicarlo? (1 Co. 9:16).

VI. Fue mal comprendido por sus amigos. «Incluso de todos mis mayores amigos, los que acechan un traspiés mío.» Hasta sus mejores amigos estaban listos a atrapar algún aparente desliz de su lengua, para informar a sus enemigos. La desfavorable murmuración de pretendidos amigos es una de las amargas pruebas del siervo de Cristo. Hay amigos personales que no comprenden tu carácter y misión espiritual.

VII. Fue alentado por el Señor. «Mas Jehová está conmigo como poderoso guerrero» (v. 11). El Salvador del profeta es más poderoso y terrible que sus opresores. Si Dios es por nosotros, ¿quién prevalecerá contra nosotros? (Ro. 8:31). Cuando su Palabra arde como fuego en los huesos, el Grande y Terrible está a mano. No desmayes, porque yo soy tu Dios.

756. DIOS DE CERCA

«¿Soy yo un Dios de cerca –declara el SEÑOR– y no un Dios de lejos?» (Jer. 23:23).

¡Qué consolación para el creyente que Dios, nuestro Dios, se ha complacido en revelarse a Sí mismo como Dios *cercano*! Siempre al alcance, siempre a mano para responder al clamor de la necesidad, y para bendecir el toque de la fe. ¡Oh, la plenitud del amor y del poder que mora en Él, y todo esto a mano para cada momento de necesidad! ¿Por qué deberíamos agitarnos y estar descontentos con un amigo así continuamente a mano? Pero ¡ay, cuántos hay que tratan con Él como si Él fuera a estar para siempre alejado y más allá del alcance de su débil fe! «He aquí, yo estoy con vosotros todos los días». ¡Un Dios a mano! ¡Qué fortaleza debería darnos esto! ¡Qué santo valor nos debería inspirar esta proximidad divina!

757. LO FALSO Y LO VERDADERO

Jeremías 23:24-32

Hay dos clases de profetas o predicadores a los que se hace referencia aquí, y cuyos sucesores siguen con nosotros: los que sueñan sueños, y los proclaman como la Palabra del Señor, y los que han recibido el mensaje de Dios en sus propios corazones, para que lo prediquen.

I. Los soñadores. Dicen: «Soñé, soñé» (v. 25). *Ellos* han soñado, por lo que todo el mundo debiera oírles. Los sueños pueden a veces ser muy interesantes, pero carecen de autoridad. Quien sueña debe contar su sueño *como un sueño*, pero son «profetas de la impostura de su propio corazón» aquellos que osan presentar las imaginaciones de sus adormilados cerebros como «la palabra de Jehová». Estos soñadores, como sus modernos seguidores, profetizan «mentiras», y «piensan hacer que mi pueblo se olvide de mi nombre con sus sueños» (v. 27). Estos maestros que inventan sus propios mensajes, declarándolos en nombre de Dios, jamás fueron enviados por Él. «He aquí, dice Jehová, yo estoy contra los que profetizan sueños mentirosos... yo no los envié ni les mandé; y ningún provecho pueden hacer a este pueblo, dice Jehová» (v. 32). El pueblo de Dios tendría mucho mayor provecho hoy si sus siervos soñaran menos y confiaran más en su voluntad revelada, y la proclamaran sin temor. Estos sucios soñadores están siempre expuestos a «espíritus seductores y a doctrinas de demonios», y los que no soportan la sana doctrina, como en estos últimos días, se amontonarán tales maestros que buscan agradar a los hombres (2 Ti. 4:3).

II. Los receptores. «El que tenga mi palabra» (v. 28). El que tiene la Palabra, por cuanto la ha recibido del Señor. Hay una inmensa diferencia entre conocer la verdad y teorizar o soñar acerca de ella. Los apóstoles podían decir: «Hablamos lo que sabemos». «¿Qué tiene que ver la paja con el trigo?, dice Jehová» (v. 28). ¿Qué es un sueño frente a la revelación de Dios? Las imaginaciones de la mente irregenerada son solo como paja en la cuenta del Omnisciente. La Palabra de Dios no es una fantasía, ni un fantasma, sino que es «como fuego... y como martillo» (v. 29). Algo que se hace sentir cuando funciona. La Palabra de Dios es trigo que alimenta, fuego que arde y martillo que quebranta. «El que tenga mi palabra, cuente mi palabra verdadera.» La sabiduría mundana, tal como se exhibe en los sueños del soñador, es tan solo olor de muerte para muerte. La sabiduría de Dios, como se revela en su Palabra, es sabor de vida para vida.

758. FIDELIDAD E INSENSATEZ

Jeremías 26:1-16

Dryden ha dicho: «Tomar la mitad en fe, y la mitad a prueba, no merece el nombre de fe sino de estúpido fanatismo». No había «estúpido fanatismo» en la mente de Jeremías; su actitud para con Dios y para con el pueblo era de valerosa integridad.

I. La comisión. «Ponte en el atrio de la casa de Jehová, y habla... todas las palabras que yo te mando hablarles; no retengas palabra» (v. 2). En la casa del Señor no debe hacerse retención de la Palabra del Señor. Los que tratan de modificar el sentido de la Palabra del Señor para que no se ofendan los príncipes del pueblo están en peligro de caer en la maldición pronunciada en Apocalipsis 22:19. Lo que necesitan los «adoradores» en nuestras ciudades, así como en las «ciudades de Judá», es una fiel declaración de toda la verdad según es en Jesucristo, para que puedan volverse «cada uno de su mal camino» (v. 3).

II. El mensaje. «Les dirás, pues: así ha dicho Jehová: Si no me oís para andar en mi ley, la cual puse ante vosotros..., yo pondré esta casa... y esta ciudad la pondré por maldición» (vv. 4-6). Cuando llegue la maldición de Dios sobre su *casa* debido a la incredulidad y la desobediencia, entonces sobrevendrá la maldición sobre la *ciudad*, y *«a todas las naciones* de la tierra». Una Iglesia apóstata es una maldición social y nacional. ¿Cómo puede la casa del Señor mantener su dignidad y poder como testigo para Él si la luz de la verdad divina se ha oscurecido?

III. La oposición (vv. 8-11). «Los sacerdotes, y los profetas y todo el pueblo le echaron mano [a Jeremías], diciendo: De cierto morirás. ¿Por qué has profetizado en nombre de Jehová, diciendo: Esta casa... y esta ciudad será asolada?», etc. La misma acusación fue hecha contra el Señor Jesucristo (Mt. 21:23). La palabra de Dios, por boca del profeta, cortaba de raíz la soberbia de ellos, la «*casa*» y la «*ciudad*», ambas deshonradas y degradadas por sus pecados. ¿Qué es la casa del Señor o la ciudad del Señor para Él, cuando su pueblo se ha apartado de corazón de Él? Matar el profeta de Dios no servirá para matar el propósito de Dios. Cada predicador de justicia vendrá a ser de cierto un «hombre pestilencial» para los profesantes hipócritas.

IV. El llamamiento al arrepentimiento. «Y habló Jeremías a todos los príncipes y a todo el pueblo, diciendo: Jehová me envió a profetizar contra esta casa y contra esta ciudad... Enmendad, pues, ahora vuestros caminos y vuestras obras, y atended a la voz de Jehová vuestro Dios» (vv. 12, 13). El mensajero no puede retener nada; la responsabilidad de salvar la «casa y la ciudad» reside en *su* arrepentimiento y obediencia (Os. 14:2-4). Si las iglesias y ciudades han de ser liberadas de la desolación y opresión, que se dé atención «a la voz de Jehová».

V. El testimonio personal. «En lo que a mí toca, he aquí, estoy en vuestras manos... Mas sabed de cierto que... en verdad Jehová me ha enviado a vosotros para que dijese todas estas palabras» (vv. 14, 15). Este mismo lenguaje se encuentra en Jos. 9:25; 2 S. 15:26. Cada verdadero siervo del Señor está más interesado en entregar fielmente su mensaje que en librarse de las manos de los enemigos de Dios. Cuando un hombre sabe que tiene en él y con él la inerrante Palabra de Dios, su alma queda anclada.

VI. La voz de la razón. «Y dijeron los príncipes... No ha incurrido este hombre en pena de muerte, porque en nombre de Jehová *nuestro* Dios nos ha hablado» (v. 16). Los príncipes y el pueblo eran más sensibles a la razón que los sacerdotes y los profetas. La soberbia religiosa y el fanatismo son frecuentemente los más acerbos enemigos de la verdad de Dios. El común del pueblo oía complacido a Cristo. El burdo paganismo no es un obstáculo tan grande en el camino del Evangelio como un paganismo cristianizado. «Mis ovejas oyen mi voz, y me siguen.»

759. REIVINDICANDO LAS PROMESAS

Jeremías 29:10-14

Estas palabras forman parte de la carta que Jeremías envió a los que estaban cautivos en Babilonia (v. 1). Esta carta, como el Evangelio de Dios, es una revelación de su mente y voluntad a aquellos que, debido a sus pecados e iniquidades, han venido a ser los esclavos de un poder ajeno.

I. Los pensamientos de Dios. «Porque yo sé los pensamientos que tengo» (v. 11). Si los grandes hombres tienen grandes pensamientos, ¡qué diremos de los pensamientos de Dios! ¡Qué no habría de dar este mundo para conocer cuáles son los pensamientos de Dios!

1. Son pensamientos PERSONALES. «Pensamientos que tengo *acerca de vosotros*.» Ni la ciencia ni la filosofía pueden decirnos lo que Dios piensa de *nosotros*. Los cielos pueden declarar su gloria, pero sus propios labios tienen que declararme lo que Él piensa de mí. Esto lo hace en Cristo, que me amó y se entregó a Sí mismo por mí.
2. Son pensamientos PACÍFICOS. «Pensamientos de paz, y no de desgracia.» El hombre culpable se imagina naturalmente que los pensamientos de Dios para con él son pensamientos de guerra y de destrucción. Pero «Dios estaba en Cristo reconciliando consigo al mundo, no tomándoles en cuenta a los hombres sus transgresiones». «Mis pensamientos no son vuestros pensamientos..., dice Jehová» (Is. 55:8). La Cruz de Cristo es el pensamiento de paz de Dios para con un mundo hostil. Él ha hecho la paz mediante la sangre de su Cruz.
3. Son pensamientos PREVISORES. «Para daros un porvenir y una esperanza.» O, para asegurar para vosotros un futuro bienaventurado. Los propósitos de Dios para con Judá no están cum-

plidos todavía (Zac. 12:9, 10; 14:20, 21). Hay también un glorioso futuro para la Iglesia de Dios (Ef. 2:7). Los pensamientos de Dios, revelados a nosotros, y creídos por nosotros, nos inspiran con una nueva y bienaventurada esperanza, no solo para esta vida, sino también para la vida venidera (véase Sal. 139:17).

II. La expectativa de Dios. Cuando Dios revela sus pensamientos a su pueblo, espera que ellos los reciban y actúen en consecuencia. Dice:

1. «Me INVOCARÉIS» (v. 12). ¿Cómo invocaremos a Aquel de quien no hemos oído? Pero ahora que hemos oído, se espera que ejercitemos la fe y la oración. Dios espera que sus promesas sean reivindicadas.
2. «Me BUSCARÉIS y me hallaréis, cuando me buscaréis de todo vuestro corazón». No es suficiente clamar pidiendo liberación, sino que tenemos que buscar al Libertador mismo. Cuando sus pensamientos son tan buenos y llenos de gracia para con nosotros, ¿por qué no deberíamos buscar el abrazo de su Persona? Los que le buscan con todo su corazón hacen un descubrimiento de todo corazón, porque es cuando hay pureza de corazón que hay la visión de Dios (Mt. 5:8). «Buscad, y hallaréis» (Lc. 11:9, 10).

III. Las promesas de Dios (v. 14). Estas promesas son las pruebas de sus grandísimos y preciosísimos pensamientos para con nosotros que creemos. Él promete:

1. ESCUCHAR. «Oraréis a mi, y yo os escucharé» (v. 12). Su oído no se ha engrosado que no pueda oír, ni está muy lejos, ni demasiado ocupado con otros para escucharte *a ti*.
2. RESPONDER. «Y seré hallado por vosotros» (v. 14). Dios promete revelarse y darse al alma que le busca, y ¡oh, qué hallazgo! Infinita bondad y plenitud para la necesidad eterna del alma.
3. LIBERAR. «Y haré volver vuestra cautividad». La esclavitud del pecado la destruye mediante la revelación de su poder; la esclavitud de las tinieblas la destruye mediante el amanecer de su luz; la esclavitud del mundo, de la carne y del diablo, mediante la revelación de su Cruz, su Palabra y su Espíritu.
4. RESTAURAR. «Y os reuniré… y os haré volver al lugar». El pecado de ellos los había expulsado, pero la gracia de Dios volvería a traerlos. Cristo sufrió, el justo por los injustos, *para llevarnos a Dios*. Así como todos los judíos han de ser «reunidos de todas las naciones», así todos los hijos de Dios serán reunidos como miembros del Cuerpo de Cristo (Hch. 15:14).

760. RUINA Y REMEDIO

Jeremías 30:11-22

Israel es un impotente cautivo en Babilonia. Todas las otras naciones los han abandonado en el momento de su aflicción. Una imagen de la ruina del alma, y de la indiferencia del mundo ante su condición.

I. La ruina. Son descritos como:

1. CULPABLES. «Por la grandeza de tu iniquidad y por tus muchos pecados te he hecho esto» (v. 15). El pecado lleva a la esclavitud, al sufrimiento y a la decepción.
2. QUEBRANTADOS. «Incurable es tu quebrantamiento.» El pecado ha aplastado el alma del hombre hasta hacerle perder su forma original. El hombre no tiene en absoluto cura para esto.
3. HERIDOS. «Grave es tu herida.» La rebelión del corazón contra Dios es una terrible herida en el ser moral del hombre o de la nación. Es muy grave en sus resultados, por cuanto alcanzan a la Eternidad.
4. SIN AMIGOS. «No hay quien juzgue tu causa» (v. 13). Mientras estaba en la «provincia apartada», el pródigo no halló a nadie que intercediera por él. Nadie puede redimir a su hermano. Pero *nosotros* damos gracias a Dios por 1 Juan 2:1.
5. IMPOTENTES. «No hay para ti medicamentos eficaces» (v. 13). La sabiduría y el ingenio humanos ha inventado muchas medicinas, pero no hay *curación* en ellas.
6. ARRUINADOS. «Todos tus amantes te olvidaron» (v. 14). Las cisternas cavadas han resultado ser rotas e indignas de confianza. Sus amantes han resultado burladores.
7. DESGRACIADOS. «¿Por qué gritas a causa de tu quebrantamiento?» (v. 15). Es el clamor de la desesperación irremediable. «Desde lo profundo he clamado». El descubrimiento de nuestra pobreza y necesidad infinitas hacen irresistible este clamor.

II. El remedio. La curación para los ayes de un pecador se encuentra solamente en Dios, en su Presencia y en su Promesa. «Yo estoy contigo para salvarte, dice Jehová» (v. 11). Emanuel, nuestra Esperanza (Mt. 1:21-23). En su séptuple promesa hay una perfecta salvación. Él promete:

1. SALUD. «Pues yo haré venir sanidad para ti» (v. 17). La restauración a Él mismo significa salud. «Salvación mía» (Sal. 42:11; *cf.* Sal. 23:3).
2. CURACIÓN. «Sanaré tus heridas.» Salvado, no solo de la enfermedad, sino también de la mala salud. Las heridas pueden ser profundas, pero nunca demasiado profundas para su poder sanador.
3. LIBERTAD. «He aquí que yo hago volver los cautivos» (v. 18). Hay no solo sanidad, también emancipación del poder del enemigo.
4. FERACIDAD. «Y los multiplicaré, y no serán disminuidos» (v. 19). Un aumento en número como consecuencia de un mejor testimonio para Dios.
5. HONRA. «Los honraré, y no serán despreciados» (V.M.). Puede que sean despreciados y desechados de los hombres, pero serán aceptados y honrados por Dios. Los que sufren por Cristo reinarán también con Él. Al otro lado del mar cantaron el Cántico de Moisés.
6. PROTECCIÓN. «Castigaré a todos sus opresores» (v. 20). El sepultamiento de los egipcios en el Mar Rojo es una advertencia a todos los que siguen al pueblo de Dios con la intención de dañarles. Sus redimidos son su peculiar tesoro.
7. TODOSUFICIENCIA. «Yo seré vuestro Dios» (v. 22). Dios no podía dar ninguna mayor promesa. No podía ofrecer una más plena bendición que ésta: «He aquí, yo estoy con vosotros todos los días». Véase Hebreos 13:5, 6. Observemos la certidumbre divina en la provisión que Dios ofrece.

761. LA RESTAURACIÓN

Jeremías 32:37-41

Aquí otra vez, como en el capítulo 30, la promesa de Dios de liberar consiste de siete puntos:

I. Yo los reuniré –**Separación** (Ef. 2:3-5).

II. Los haré habitar –**Seguridad** (Jn. 10:27).

III. Yo seré a ellos por Dios –**Certidumbre** (1 Jn. 3:1).

IV. Les daré un solo corazón –**Unidad** (Jn. 17:20, 21).

V. Haré con ellos pacto eterno –**Satisfacción** (2 Co. 6:17, 18).

VI. Pondré mi temor en el corazón de ellos –**Adoración** (Hch. 9:31).

VII. Me alegraré con ellos –**Alabanza** (Fil. 3:1).

762. COSAS GRANDES, ETERNAS

Jeremías 33:1-9

La referencia es a Jerusalén asolada por la guerra. Una imagen de una vida arruinada por el pecado y la incredulidad.

I. La condición de bendición. «Clama a mí» (v. 3).

II. Las grandes promesas. «Cosas grandes y ocultas.»

1. RENOVACIÓN de la salud (v. 6).
2. REVELACIÓN de abundancia de paz y de verdad (v. 6).
3. LIBERACIÓN de la esclavitud (v. 7).
4. RESTAURACIÓN de cosas arruinadas (v. 7).
5. PURIFICACIÓN de toda iniquidad (v. 8).
6. TESTIMONIO honroso para Dios (v. 9).

763. LOS RECABITAS

Jeremías 35

Jonadab, hijo de Recab, era un hombre fuerte y sabio. Su vida y testimonio era una protesta, al modo de Elías, contra los pecados de su época, contra el culto a Baal, y contra la disolución moral. Los recabitas eran una familia separada que vivían al modo patriarcal, morando en tiendas (v. 6), y observando el voto del nazareato (Nm. 6:2-4). Como fueron empleados como reprensión a Judá, podemos aprender mucho de ellos

I. Eran hijos de un buen padre. Jonadab era un hombre celoso de la causa de Dios (2 R. 10:15, 16). Un ejemplo de rectitud, valentía y consistencia –por parte de un padre– llega muy lejos en la formación del carácter de un hijo. El bien y el mal que los hombres hacen vive luego en sus hijos.

II. Fueron severamente sometidos a prueba. «Introdúcelos en la casa de Jehová… y dales a beber vino» (v. 2). Habían entrado en la ciudad en busca de protección cuando el Rey de Babilonia y sus fuerzas entraron en la tierra (v. 11). Ahora son tentados por el profeta, en la misma casa de Dios, a que quebranten su voto de abstinencia. En verdad, hubieran podido ser excusados en estas circunstancias. Las tentaciones de la ciudad son fuertes para los jóvenes en cada edad, especialmente ahora. Y muchos siguen siendo tentados a tomar en vino embriagador en la casa de Dios, por parte de los mismos siervos de Dios en «Tiempos de Comunión», en los que la casa de oración huele como un bar.

III. Fueron fieles a sus convicciones. «Mas ellos dijeron: No beberemos vino; porque nuestro padre… nos ordenó» (v. 6). Aunque su padre hacía tiempo que había muerto, y aunque nadie les habría podido reprochar que lo tomaran en tal ocasión, sin embargo permanecieron fieles a la voluntad de su padre y a sus propias conciencias. Naturalmente, Jeremías sabía bien que no lo tocarían, si ellos iban a cumplir su propósito, y el mensaje de Dios habría quedado invalidado. El proverbio «Cuando estés en Roma, haz lo que los romanos» es a menudo cobarde e inmoral. Este principio disoluto y contemporizador ha sido la ruina de multitudes.

IV. Vinieron a ser un ejemplo para otros. Su fe en su padre, su obediencia y devoción a su palabra y voluntad, fueron empleadas por Dios para reprender la incredulidad y desobediencia de su pueblo. «[Ellos] obedecen el mandamiento de su padre; pero a vosotros os he hablado yo… y no me habéis obedecido» (v. 14). Ellos fueron obedientes a las palabras de su padre dichas hacía trescientos años, pero los profesos hijos de Dios habían descuidado y olvidado sus palabras. ¡Cuán cierto es todavía que en nuestra relación humana y temporal mostramos mucha más fidelidad que en las espirituales y eternas! Los recabitas habían recibido solo un mandamiento, y obedecieron. Al pueblo de Dios se le mandaron siervos y profetas una y otra vez (v. 15), repitiéndoles sus Palabras a ellos, pero no escucharon. ¡Cuán lentos son los hombres para creer en Dios!

V. Recibieron recompensa. «Por cuanto obedecisteis al mandamiento de Jonadab vuestro padre, y guardasteis todos sus mandamientos, e hicisteis conforme a todas las cosas que os mandó; por tanto, así dice Jehová de los ejércitos, Dios de Israel: No faltará de Jonadab, hijo de Recab, varón que esté en mi presencia todos los días» (vv. 18, 19). Su obediencia a su padre fue agradable delante del Señor (Col. 3:20). Como familia, *vivieron largo tiempo* sobre la tierra. Ésta es la especial bendición que acompaña al mandamiento de «honrar a tu padre y a tu madre» (Ef. 6:1-3; Éx. 20:12). La obediencia a la Palabra de Dios recibe el galardón de la vida *eterna* (Jn. 3:34-36). Todos los que honran su Palabra estarán para siempre delante de Él.

764. QUEMANDO EL LIBRO
Jeremías 36

El Libro de Dios, como el pueblo de Dios, ha sufrido persecución en todas las edades. Ha sido torturado y desgarrado, traspasado y ridiculizado, quemado y sepultado, pero ha apagado el fragor del fuego, a escapado al filo de la espada, ha cerrado las bocas de los leones, y ha puesto en fuga ejércitos extranjeros. Aquí vemos a Joacim quemándolo, pero Dios le dio resurrección de manera más poderosa aún.

I. El mensaje dado. (1) Era del Señor: «Toma un rollo de libro, y escribe en él todas las palabras que te he hablado» (v. 2). Como el Evangelio de Cristo, era una revelación procedente del cielo. (2) Era un mensaje de solemne advertencia. «Contra Israel y contra Judá, y contra todas las naciones» (v. 2). Lo mismo que el evangelio, era de alcance universal. (3) Fue enviado en misericordia: «Quizás oiga la casa de Judá… y se arrepienta cada uno de su mal camino, y yo perdonaré su maldad» (v. 3). Como el Evangelio, era una manifestación del amor de Dios para con ellos, y de su deseo por su salvación.

II. El mensaje oído. «Y envió el rey a Jehudí a que tomase el rollo… y leyó en él Jehudí a oídos del rey» (vv. 20, 21). ¡Qué privilegio oír tales palabras de fiel advertencia mezcladas con paciencia y misericordia divinas. Aquí se evidencia poderosamente la importancia y responsabilidad de oír su Palabra y de prestarle atención. Fue el momento más crítico de la vida del rey. Oye, y vivirá tu alma.

III. El mensaje rechazado. «Lo rasgó el rey con un cortaplumas de escriba, y lo echó en el fuego» (v. 23). Cualquier necio podría hacer esto. Hay lenguas de algunos que son como cortaplumas, desgarran a trozos el Evangelio de Dios. Hay un cortaplumas de escriba llamado «Alta Crítica» que ha hecho su parte en esta obra destructora, pero el arma más común y persistente empleada por los impíos contra la Palabra de Dios es «un corazón malo de incredulidad». No fue con el «rollo de libro» que se enfrentó el rey, sino con el Dios del libro. El papel, o el predicador, pueden ser fácilmente despedazados, pero no el mensaje: la palabra de Dios permanece para siempre. Muchos hay que no quemarían el libro, pero que no *temen*, ni se rasgan las vestiduras cuando son leídas sus palabras (v. 24).

IV. El mensaje renovado. Fue tomado otro rollo, y fueron escritas en él «todas las palabras del libro que había quemado en el fuego Joacim, rey de Judá; y aún fueron añadidas sobre ellas *muchas otras palabras semejantes*» (v. 32). La fuerza del mensaje aumentó debido a la resistencia. Dios nunca disminuirá sus demandas debido a la oposición y al odio de los hombres (Hch. 5:40-42). Nadie ha terminado con la Palabra de Dios cuando la ha rechazado y destruido. Esta misma Palabra le juzgará. Igual se podría esperar mejorar el tiempo rompiendo el barómetro que aliviar el alma rechazando el mensaje de Dios. La incredulidad de algunos nunca invalidará la Palabra de Dios. Recuerda que Aquel que es «El Verbo (o, la Palabra) de Dios» fue resucitado de entre los muertos.

765. LA VOZ DEL SEÑOR
Jeremías 38

«Escucha, te ruego, la voz de Jehová… y te irá bien» (v. 20). La «voz» denota aquí la Palabra del Señor. Es:

I. Una voz de **advertencia** (vv. 3, 4).

II. Una voz **humilladora** (v. 2).

III. Una voz **aborrecida** (vv. 4-6).

IV. Una voz que **lleva a la convicción** (preocupación secreta, v. 14). V. Una voz portadora de certidumbre (v. 20).

VI. Una voz **infalible** (cap. 39:2-7).

766. BUSCADORES SINCEROS

«Preguntarán acerca de Sion, vueltos sus rostros hacia acá, diciendo: Venid, y juntémonos a Jehová con pacto eterno que jamás se ponga en olvido» (Jer. 50:5).

Preguntan:

I. El camino a Sion. Son lo suficientemente honrados como para confesar que no saben el camino. No se avergüenzan de tomar su lugar como *indagadores anhelantes*, reconociendo que han estado en el camino errado. Declaran claramente que buscan una ciudad (He. 11:14).

II. Vueltos los rostros hacia acá. Ésta es otra evidencia de un indagador *de buena fe*. No inquieren con sus rostros vueltos hacia Sodoma, como la mujer de Lot. Preguntan no teóricamente, ni por curiosidad, ni hipócritamente, sino honradamente, y con un propósito eminentemente práctico. «No recibís porque pedís mal» (Stg. 4:3).

III. Para juntarse a Jehová. Tienen anhelo no solo de unirse a la Iglesia, sino de unirse al Señor. Es a Él mismo a quien buscan. Saben que no hay salvación en ningún otro Nombre. Lo mismo que los griegos, dicen: «Señor, quisiéramos ver a Jesús». Cuando uno ha abandonado el servicio de Satanás, estará deseoso de entrar la Sion de la salvación.

IV. Para hacer un pacto eterno. Están dispuestos a ligarse al Señor y a su servicio todos los días de su vida (Lc. 1:74, 75). Ser salvados por el Señor significa estar *casados* con Él. «No sois vuestros. Habéis sido comprados por precio; Glorificad, pues, a Dios en vuestro cuerpo y en vuestro Espíritu, los cuales son *de Dios*» (véase 1 Co. 6:20; 7:30).

767. LA LIBERACIÓN DE JEREMÍAS
Jeremías 52:31-34

«Sentada y llorando, con destrenzado cabello
Secaba los pies que tan dichosa estaba de tocar;
Y Él su poso de desesperación de ella enjugó».

COLERIDGE

Las advertencias divinas en Levítico 26 hallan su terrible cumplimiento en el reinado de Joaquín. «No os engañéis, Dios no puede ser burlado.» El pecado trae la ruina a todas las naciones e individuos que se entregan a su tenebroso y contaminador dominio. El rey de Babilonia fue la espada de la venganza de Jehová por la rebelión de ellos contra Él. Joaquín fue tomado cautivo y echado en la cárcel de Babilonia, donde permaneció por el largo período de 37 años. Pero el nuevo rey de Babilonia, Evil-merodac, tuvo compasión de él, y en gracia cambió maravillosamente sus condiciones, dándonos una ilustración de la gracia de Dios obradora de maravillas.

I. Liberado. «Alzó la cabeza de Joaquín, rey de Juda, y lo sacó de la cárcel» (v. 27). Ésta era la primera necesidad. Él no podía en manera alguna alzar su propia cabeza. La gracia de Dios que trae salvación posee un gran poder enaltecedor. «Me extrajo del pozo de la desesperación, del lodo cenagoso» (Sal. 40:2); y de las tinieblas y servidumbre de Satanás al Reino del amado Hijo de Dios. Como fue con el rey de Judá, así es con nosotros; no hay una elevación a la libertad sin el ejercicio de la Autoridad Regia.

II. Consolado. «Habló con él amigablemente.» La ley no tiene palabras amigables que decir, pero sí la gracia. Por gracia sois salvos. Todos los redimidos por el poder de Cristo tienen consolación por el ministerio del Espíritu Santo. La religión del hombre intenta hablar consoladoramente a los hombres aún en la cárcel de pecado; la religión de Dios salva primero, y luego consuela. La sangre de su victoria va antes del agua de su consolación. Él sabe cómo hablar una palabra a los cansados. En todas las edades venideras el pueblo de Dios proclamará la misericordia que Él ha tenido para con ellos por medio de Cristo Jesús (Ef. 2:7).

III. Exaltado. «Hizo poner su trono sobre los tronos de los reyes que estaban con él en Babilonia.» Joaquín recibió la preeminencia entre los otros reyes que estaban cautivos en Babilonia. Todo este incidente puede ser profético de la futura exaltación y gloria de Judá, como es sugestivo de la exaltación espiritual de que gozan los que son resucitados y exaltados en lugares celestiales en Cristo Jesús. El abundante pecado y fracaso son vencidos por la sobreabundante gracia de Dios. Si la caída del hombre por el pecado ha sido grande, su exaltación por la gracia ha sido más grande aún. Él puede hacer que el destituido mendigo del muladar se siente entre los príncipes del cielo. «¡Oh, que gran deudor de la gracia!»

IV. Vestido. «Le hizo mudar también los vestidos de prisionero.» Los vestidos de prisionero hablan de culpa, de derrota, de vergüenza y de servidumbre; pero ahora son quitados, y en su lugar se ponen vestidos de hermosura. Así es con quienes han sido salvos por gracia. Las cosas viejas que hablaban de fracaso, de degradación y de encarcelamiento son quitadas, y puestas aquellas que hablan de gloria, honra, inmortalidad y vida eterna. Pronto se hará evidente el cambio una vez que el alma ha sido emancipada de la ley del pecado y de la muerte: los trapos sucios de la pretendida justicia propia dan lugar a la justicia de Dios que es para todos y sobre todos los que creen (cf. Zac. 3:3).

V. Honrado. «Y comía pan a la mesa del rey siempre.» Tenía el privilegio diario de tener comunión con aquel que le había libertado de la casa de esclavitud. El preso es ahora el constante compañero de su Salvador. La gracia de Dios no solo salva y transforma, sino que introduce a una comunión permanente con Él. La bondad de David llevó a cabo la misma obra de gracia para con Mefiboset (2 S. 9:7). La puerta de la sala del banquete de nuestro Rey está siempre abierta para sus invitados especiales. «¡Comed, amigos!»

VI. Suministrado. «Y continuamente se le daba su sustento de parte del rey de Babilonia, cada día una porción durante todos los días de su vida.»

1. Era una ASIGNACIÓN. No era una recompensa, ni nada que se le diera como una paga. Era algo que se ponía a disposición de aquel a quien el rey quería honrar. Era la provisión de la gracia. ¿Cuánto no ha puesto Dios a disposición de aquellos que han sido salvos por su gracia? Todas las inescrutables riquezas de Cristo.
2. Era una asignación DIARIA. «Cada día una porción.» No os inquietéis por vuestra vida. «Bástate mi gracia.» La porción de mañana vendrá con la necesidad de mañana.
3. Le era dada DE PARTE DEL REY: de la plenitud del rey, y de su mano llena de gracia fueron suplidas todas sus necesidades. «Mi Dios suplirá todas vuestras necesidades» (Fil. 4:19).
4. Era una asignación DE POR VIDA. «Todos los días de su vida.» La promesa regia cubría toda su necesidad. Todo es vuestro, porque vosotros sois de Cristo.

768. ¿NO OS CONMUEVE?

Lamentaciones 1:11, 12

Pensemos en estas palabras como procedentes del rechazado Hijo de Dios.

1. **Una terrible confesión.** «Ve mi abatimiento» (cp. v. 11, RV). Piensa en *quién* Él es, y *por qué* fue abatido.

2. **Un llamamiento apremiante a Dios.** «Mira, oh Jehová, y ve.» Ve quién yo soy; «Tu Hijo». Considera *por quiénes* he quedado yo abatido (Gá. 3:13).

3. **Un llamamiento patético a los hombres.** «Cuantos pasáis por el camino: Mirad y ved si hay un dolor como el dolor que me aflige.» Ningún dolor tan profundo, tan inmerecido, tan eficaz.

4. **Un dolorido llamamiento:** «¿No os conmueve?».

769. CONSEJOS PARA LOS RECAÍDOS

«Escudriñemos nuestros caminos, y examinémoslos, y volvámonos a Jehová» (Lm. 3:40).

1. Es una obra **necesaria**. «Volvámonos». Implicándose con ello que nos hemos *apartado* del Señor (Ro. 3:12).

2. Es una obra **personal**. Obsérvese la *primera persona*, «volvámonos». Se precisa de un auto-examen (1 Co. 11:28).

3. Tiene que ser una obra **cuidadosa**. «Escudriñemos». Escudriñemos los motivos y la *condición* de corazón que los ha alejado (Sal. 51:6).

4. Es una obra **humilladora**. «Y examinémoslos [*nuestros* caminos] (*cf.* Sal. 26:2; 1 Jn. 1:9).

5. Será una obra *provechosa*. «Volvámonos *a Jehová*» (He. 10:19, 20).

770. EL LLAMAMIENTO Y LA COMISIÓN DE EZEQUIEL

Hay cuatro posiciones distintas en las que encontramos a Ezequiel que parecen caracterizar el estado y el privilegio del cristiano de una forma muy notable.

I. Lo vemos como exiliado. «Estando yo entre los deportados» (cap. 1:1). Tenía su lugar entre los que estaban irremediablemente excluidos. Esta posición es humillante, pero hemos de tomar nuestro puesto entre los pecadores y rebeldes si queremos ver la salvación de Dios. Nada bueno puede resultar de la negación de que somos cautivos. De nada sirve jactarse de la libertad cuando sabemos que nuestras vidas están esclavizadas por la concupiscencia y el pecado, por los placeres y modas de este mundo. Mientras estaba entre los cautivos, dijo: «Los cielos se abrieron, y vi visiones de Dios» (cap. 1:1). Los cielos siempre se abrirán y las visiones de Dios serán concedidas a los que reconozcan su verdadero estado ante Dios y miren a Él. La suma de la semejanza era «semejanza de hombre» (v. 5). Toda visión satisfactoria se halla en la revelación de Aquel que es el Hombre Cristo Jesús. En Él recibimos la visión de Dios. Él es la imagen del Dios invisible. «El que me ha visto a Mí, ha visto al Padre» (Jn. 14:9). ¡Qué visión! Es la apertura ante nuestros ojos del amor, misericordia, poder y gloria que moran en el corazón grande y lleno de gracia de Dios. «Bienaventurados los de corazón limpio, porque ellos verán a Dios» (Mt. 5:8).

II. Lo vemos como Embajador. Habiendo visto a Dios, está ahora preparado para ser mensajero de Dios. Testificamos de aquello que *hemos* visto.

1. ES LLAMADO. «Ponte sobre tus pies, y hablaré contigo» (2:1). Está ahora ante Dios, cara a cara, y tiene que hacer con su *Palabra*. Dios *nos* habla antes que seamos enviados a hablar *en representación* de Él.
2. ES AYUDADO. «Y luego que me habló, *entró el espíritu* en mí» (v. 2). El Espíritu siempre entra cuando Dios habla. Su Palabra es con poder. El resultado de ambas cosas es un *asentamiento*. Nunca nos asentamos de una manera adecuada hasta que hemos oído la Palabra de Dios en el poder del Espíritu Santo. Después de esto estamos en la actitud correcta para prestar atención (v. 2).
3. ES COMISIONADO. «Y me dijo: Hijo de hombre, Yo te envío» (vv. 3, 4). La comisión viene después de ser enseñado de Dios por la entrada del Espíritu Santo. El Espíritu Santo –el gran Maestro proveniente de Dios– reposó sobre los primeros discípulos antes

que llegaran a ser testigos DE ÉL. El secreto de la autoridad y del poder para el servicio residen en estas palabras: «Yo te envío».
4. ES LLENADO CON SU MENSAJE. «Hijo de hombre, alimenta tu vientre, y llena tus entrañas de este rollo que te doy» (3:1-3). Incluso la Palabra de Dios no tendrá mucho poder si primero no la hemos ingerido nosotros en nuestro interior. La verdad que es en Jesús tiene que estar en nosotros como la fuerza y satisfacción de nuestros propios corazones si ha de influenciar a otros.
5. ES ALENTADO. «Hijo de hombre, no les temas, ni tengas miedo de sus palabras» (cap. 2:6). Es así de necesario que el siervo de Dios halle todo su socorro en Él, porque las palabras y rostros de aquellos a los que Él es enviado son frecuentemente muy duros. Él debe hablarles, así, «mis palabras, escuchen, o dejen de escuchar» (v. 7).
6. ES CONDUCIDO Y ENERGIZADO. «Entonces me elevó el espíritu, y... fui en amargura, en la indignación de mi espíritu, mientras la mano de Jehová era fuerte sobre mí» (3:12-14). Cuán semejante a la de Cristo es esta experiencia que tenemos aquí ante nosotros. Ezequiel fue obediente al Espíritu que los conducía, y la mano del poder omnipotente estuvo sobre Él. El siervo *bien dispuesto* tendrá su recompensa (1 Co. 9:16).

III. Lo vemos como atalaya. En el capítulo 3:17 oímos a Dios diciéndole: «Hijo de hombre, Yo te he puesto por *atalaya*». Para ser atalayas de Dios debemos tener una visión de Dios que nos haya abierto los ojos y transformado el alma (Hch. 9:1-15). Tenemos que ser levantados *en alto* por el Espíritu Santo, muy por encima de todos los principados y potestades. Los que se hallan en el valle no pueden ver muy a lo lejos. Nos es preciso ser levantados y sentados con Cristo en los lugares celestiales antes que podamos ver a los hombres y las cosas tal como realmente son a la vista de Dios.
La obra del atalaya es:

1. UNA OBRA DE ADVERTENCIA. «Amonestar al malvado acerca de su mal camino» (v. 18), y advertir también al justo que se aparta de su justicia (v. 20). Los pecadores deben ser advertidos para que huyan de la ira venidera, y los cristianos deben serlo también para que no se conviertan en *piedra de tropiezo* por una vida no conforme a Cristo. Es también:
2. UNA OBRA DE GRAN RESPONSABILIDAD. «Demandaré su sangre de tu mano» (v. 20). «¿Están limpias nuestras manos y vestiduras?»

IV. Lo vemos como señal. «Por señal te he puesto» (12:1-7). En estos versículos aparecen siete veces las palabras «delante de sus ojos». Ezequiel debía vivir *delante* del pueblo como señal para Dios. Sois epístolas de Cristo, conocidas y leídas de todos los hombres. Cada cristiano debe ser una señal al mundo de la gracia y del poder de Dios. La *vida* es la luz. Una *señal* es un testimonio silencioso. Puede que se trate de la mirada de amor, o del suspiro de simpatía. Con frecuencia una lágrima ha fundido un corazón endurecido. Dios mandó al profeta, diciendo: «Gime, pues, tú, hijo de hombre; ... has de gemir delante de los ojos de ellos» (cap. 21:6). Es más fácil ser atalaya que una señal; más fácil decirles a los hombres lo que debieran ser que suspirar por sus pecados y maldades. Pablo era una verdadera señal cuando escribió: «Ahora lo digo llorando» (Fil. 3:18). Los hombres que gimen y lloran son hombres marcados» (9:4). «Bienaventurados los afligidos, porque ellos recibirán consolación» (Mt. 5:4). ¡Quiera Dios por su Espíritu Santo levantarnos a la compasión y ternura de Aquel que lloró sobre Jerusalén!

771. LOS SERES VIVIENTES
Ezequiel 1

Fue cuando el profeta estaba «entre los deportados» que «los cielos se abrieron, y vi visiones de Dios» (v. 1). Juan estaba en la Isla de Patmos cuando le vino la revelación. Estas «visiones de Dios» que le vinieron al sacerdote Ezequiel, fuera cual fuera su mensaje para Israel, son notablemente simbólicas de la Iglesia de Dios tal como se ve en Apocalipsis 4. Estos seres vivientes se parecen a la Iglesia en:

I. Su origen. Emergían «del centro... [de] un viento tempestuoso... una gran nube, con un fuego fulgurante» (vv. 4, 5). Un fuego que tenía «alrededor de él un resplandor». El fuego, la nube y el viento tempestuoso, o torbellino, son sugestivos del Dios de Misterio y de Juicio, todo lo cual aparece en los padecimientos y muerte de Jesucristo. La Iglesia nace de Dios en el misterio de la piedad, y es liberada del juicio del pecado (Hch. 2:2).

II. Su carácter. Son «Seres vivientes». No mortales. No de la tierra, terrenales, sino del cielo. Son seres vivientes cuya vida está relacionada con la de Dios, partícipes de la naturaleza divina. Herederos de la vida eterna.

III. Su apariencia. «Había en ellos semejanza de HOMBRE» (v. 5). Creados conforme a la imagen de Aquel que es el Hijo de Dios, en justicia y verdadera santidad. La Iglesia participa de la semejanza del Hombre Cristo Jesús; teniendo:

1. Cara de HOMBRE para sabiduría, y reverencia en adoración (v. 10).
2. La cara de LEÓN para valor y fuerza en batalla.
3. La cara de BUEY para paciencia y perseverancia en el servicio.
4. La cara de ÁGUILA para visión clara y poder divino en testimonio.

Cada uno de ellos tenía cuatro alas: poder para obedecer la comisión divina y para mantenerse fuera de la vista. Con dos «cubrían sus cuerpos» (v. 11).

IV. Sus movimientos. «Y cada uno caminaba derecho hacia adelante» (v. 12). Este manera de actuar muestra que eran de una sola mente, y dominados por un gran propósito. ¿Cómo podía ser de otra manera cuando se afirma que «hacia donde el espíritu les movía a que anduviesen, andaban»? Que la Iglesia de Dios anduviera en línea recta en un Espíritu, haciendo su voluntad, fue en parte la carga de la gran oración de Cristo en Juan 17 (Ro. 8:14; Jn. 17:22).

V. Su influencia. «Su aspecto era como de carbones de fuego encendidos, como visión de hachones encendidos... y el fuego resplandecía, y del fuego salían relámpagos» (v. 13). Él hace de sus ministros llama de fuego (Sal. 104:4). La Iglesia fue al principio dotada con «Lenguas como de fuego» (Hch. 2:3). «Carbones de fuego encendidos», «hachones encendidos» y «relámpagos» son cosas que se manifiestan, que no pueden ser ocultadas. Sed llenos del Espíritu, y los carbones de pensamiento arderán; así arderá la lámpara de la vida, y los relámpagos de la convicción y de la revelación centellearán (v. 14).

VI. Sus acompañamientos. «Y cuando los seres vivientes andaban, las ruedas andaban junto a ellos» (vv. 15-21). Sus aros eran tan altos que causaban espanto... llenos de ojos alrededor... y el espíritu de los seres vivientes estaba en las ruedas. Simbólico de la Providencia de Dios en relación con su pueblo redimido. «Todas las cosas cooperan para bien de los que aman a Dios... llamados conforme a su propósito» (Ro. 8:28). Véase 2 Crónicas 16:9). Eran misteriosos («causaban espanto»), inerrantes («llenos de ojos»), y en perfecto acuerdo con los seres vivientes: había en ellos el mismo espíritu. ¡Qué consolación para la Iglesia de Dios!

VII. Su traslación. «Los seres vivientes se levantaban de la tierra...» (v. 19. Véase cap. 10:19). Cuando se levantaban, las ruedas eran también levantadas. Este es un solemne pensamiento para los impíos y para un mundo que rechaza a Cristo. La Iglesia será levantada de la tierra (1 Ts. 4:17). Pero cuando las ruedas de la gracia Omnipotente dejen de moverse en el mundo, arderá el fuego fulgurante de la retribución (2 Ts. 1:7-10). La vida *proveniente* de Dios es la garantía de la vida *con* Dios.

772. EQUIPAMIENTO PARA EL SERVICIO
Ezequiel 2, 3

El primer punto esencial para servir es una «visión de Dios» (1:1). Una visión de su grandeza, de su santidad, de su misericordia infalible. Saulo, que devino Pablo, no fue «desobediente a la visión celestial». La visión viene por medio de la revelación de su Hijo en la Escritura de verdad (Jn. 1:18). Aquí tenemos algunas características que, sin falta, pertenecen a un verdadero siervo de Dios:

I. Están poseídos por el Espíritu. «Entró en mí el Espíritu» (2:2). La revelación de Dios prepara para la entrada de su Espíritu Santo en el corazón. Sed llenos del Espíritu. Él está siempre listo para entrar en posesión de toda vida consagrada.

II. Son enviados por Dios. «Me dijo: ... yo te envío» (2:3). Los que están enseñados por el Espíritu serán enviados por el Espíritu. «Como tú me enviaste al mundo», dijo el Señor, «*así* yo los he enviado al mundo» (Jn. 17:18). La visión del Calvario precedió a la dotación pentecostal y a la proclamación del testimonio.

III. Son receptores bien dispuestos de su Palabra. «Y me dijo: Hijo de hombre… come este rollo… Así que abrí mi boca» (3:1-3). Sus palabras son espíritu y vida (Jn. 6:61-63), por lo que el alma enseñada por el Espíritu las recibe bien dispuesta. Él recibe el rollo del libro tal como un niño recibe su comida. Abrió la boca, y el Señor la llenó, «y fue en mi boca dulce como miel». Si la Palabra de Dios fuera recibida de manera más sencilla y plena, habría más deleite en ella, y más poder por medio de ella.

IV. Son valerosos. «He aquí que yo he hecho tu rostro fuerte», etc. (3:8). Un «rostro fuerte» es evidencia de una gran fuerza de carácter. Los líderes de los hombres tienen generalmente una fuerte expresión facial. Dios puede hacer que tu carácter sea fuerte y poderoso. El temor del hombre es ajeno al hombre de Dios.

V. Son obedientes. «El Espíritu pues me alzó… y yo iba con amargura, en el encono de mi espíritu» (v. 14). La Palabra del Señor fue dulce en su boca, pero algo amarga en su operación práctica. Pero aunque había amargura en su alma al seguir la conducción del Espíritu, obedeció. Pablo se gloriaba *también* en las tribulaciones.

VI. Son humildes. «Así llegué a los cautivos… y me senté donde ellos estaban sentados» (v. 15). Así es cómo él alcanzó a la masa de recaídos. Obedeció al Espíritu de Dios, y fue y se sentó entre ellos. Los que obran por Cristo tienen que actuar como Él, humillándose a sí mismos por causa de los demás.

VII. Son fieles. «Yo te he puesto por atalaya» (3:16-21). El atalaya tiene que amonestar «para retraer al malvado de su mal camino a fin de que viva». Los malvados necesitan advertencia, y solo el hombre que ha visto «visiones de Dios» puede dar esta advertencia de manera adecuada. Pablo era un fiel atalaya, y podía decir: «limpio estoy de la sangre de todos» (Hch. 20:26-31). Procura con diligencia presentarte a Dios aprobado, como *atalaya* que no tiene de qué avergonzarse (*cf.* 2 Ti. 2:15).

773. TIEMPO DE AMAR

Ezequiel 16:1-20

Toda la Escritura es dada por inspiración de Dios, y es útil para doctrina. En este capítulo tenemos una revelación del maravilloso amor y gracia de Dios. Judá es aquí descrito como una criatura inerme, abandonada, pereciendo en el campo abierto. El tiempo del amor divino vino cuando Él, pasando por el lado, se apiadó, y la salvó con gran salvación. La necesidad de una Jerusalén en ruinas es la necesidad de toda alma en ruinas.

I. Una imagen de miseria. ¿Podría haber alguna figura de lenguaje más expresiva que ésta?

1. IMPOTENCIA. «Te vi agitándote en tu sangre» (v. 6). Jerusalén no se vio a sí misma en este triste apuro. El juicio de Dios sobre el pecado es algo muy diferente del de el hombre (Ro. 3:19; 5:6).
2. DESESPERANZA. «No hubo ojo que se compadeciese de ti… teniendo compasión de ti» (v. 5). Nadie puede compadecer al *pecador* que no conoce la santidad de Dios. Los hombres pueden comprender la tristeza de la pobreza, la vergüenza y el crimen cometido contra él mismo o sus compañeros, pero no el *pecado* como contra Dios. En este sentido «ninguno… podrá en manera alguna redimir al hermano». En la humanidad no hay en absoluto esperanza alguna para el hombre como culpable delante de Dios.

II. Una imagen de salvación. «He aquí que tu tiempo era tiempo de amores» (v. 8). El tiempo de amores era cuando «pasé otra vez junto a ti, y te miré». Nuestro tiempo de amor es ahora, mientras que Dios, en misericordia y gracia, está pasando junto a nosotros en el Evangelio de su Hijo, contemplando con piedad y compasión nuestro pecado y miseria. La prueba y el poder de aquel amor se ven en lo que Él hizo.

1. ÉL PERDONO. «Te dije: … ¡vive!» (v. 6). Solo pudo pronunciar la Palabra de Vida a esta ensangrentada abandonada. Aquel que «no perdonó» a su propio Hijo perdonó a esta alma pecadora. La salvación de Dios es perdonar el alma de culpa y muerte en inmerecida misericordia. Salvos solo por la gracia.
2. ÉL LIMPIO. «Te lavé con agua.» La sangre, la imagen de contaminación y pecado, fue lavada. Cada uno que es perdonado es lavado (Gá. 1:4). La vida que Él da es una vida limpia.
3. ÉL CUBRIÓ. «Extendí mi manto sobre ti, y cubrí tu desnudez» (v. 8). Él actúa como pariente próximo (Rut 3:9). El manto de su justicia es para todos y sobre todos los que creen.
4. ÉL RECLAMO. «Y fuiste mía» (v. 8). ¡Oh, qué cambio! Desde el «campo abierto» del pecado y de la vergüenza, al seno de la familia de Dios. Desde la autodegradación y desesperanza al Reino de la gracia y de la gloria.
5. ÉL UNGIÓ. «Te ungí con aceite» (v. 9). Es la voluntad de Dios que todos aquellos que Él reclama, lava y cubre sean ungidos con el Espíritu Santo (Hch. 1:8; 19:2).
6. ÉL CORONO. «Puse… una hermosa diadema en tu cabeza» (v. 12). Aquel que comenzó la buena obra de la gracia salvadora la llevó a su consumación, para que nosotros llegáramos a ser perfectos «por su hermosura» (*cf.* v. 14). La diadema es emblema de dignidad y poder. El día de la coronación llegará, y es ahora.
7. ÉL USO. «Adquiriste fama entre las naciones a causa de tu hermosura» (v. 14). «Era perfecta, a causa del esplendor que yo puse en ti.» «La gloria que tú me diste les he dado» (Jn. 17:22). Así resplandezca vuestra luz delante de los hombres.

III. Una imagen de desacración (vv. 15-20). En cada era Dios ha tenido motivo para hacer la misma dolorida queja contra su ingrato pueblo. Bendecidos con toda bendición espiritual en Cristo Jesús, pero recayendo en sus corazones, y empleando su prestigio recibido de Dios para fines egoístas y mundanos. Esta imagen es muy triste, y tanto más cuanto que el pecado que se ve en ello es tan común. Es la desacración de su:

1. BELLEZA. «Te envaneciste de tu hermosura, y te prostituiste a causa de tu renombre» (v. 15). Esto es lo que a veces denominamos como «orgullo religioso», empleando la influencia que Dios nos ha dado en gracia para fines mezquinos y egoístas.
2. VESTIDURA. «Y tomaste de tus vestidos, y te hiciste lugares altos» (v. 16). Los vestidos que le habían sido dados para gloria y hermosura (vv. 10, 11), desacrados para adornar una religión falsa y que deshonra a Dios. La enseñanza de Cristo está siendo empleada ahora por parte de algunos predicadores para la erección de un nuevo sistema no escritural.
3. TESOROS. «Tomaste asimismo tus hermosas alhajas de oro y de plata que yo te había dado, y te hiciste imágenes de hombres» (v. 17). Dedicando los dones de Dios a la honra y alabanza de los hombres. El oro y la plata de la verdad divina rebajados, como si se tratara solo del mensaje de hombres.
4. HIJOS E HIJAS. «Además de esto, tomaste tus hijos y tus hijas que habías dado a luz para mí, y los sacrificaste para que fuesen consumidos. ¿Eran cosa de poca monta tus fornicaciones, para que degollases también a mis hijos y los ofrecieras a aquellas imágenes?» ¡Qué terrible acusación! Una Iglesia recaída es asesina de sus hijos. Los que nacen del Evangelio de Dios, en el día de su poder y gracia, son frecuentemente sacrificados y «devorados» por las falsas enseñanzas. Todo esto ha sobrevenido por tener un «inconstante corazón» para con el Señor Dios (v. 30). Guardémonos de que haya en nosotros corazón malo de incredulidad para apartarnos del Dios vivo.

774. MARAVILLOSO AMOR

Ezequiel 16:4-14

I. La condición del pecador.

1. SIN LAVAR. «Ni fuiste lavada» (v. 4).
2. INCOMPADECIDO. «Ni hubo ojo que se compadeciese de ti» (v. 5).
3. EXPUESTO. «Fuiste arrojada al campo» (v. 5).
4. OPRIMIDO. «Revolcándote en tus sangres» (v. 6, V.M.).

II. El amor del Salvador. Se ve en que:

1. SE ACERCA. «Yo pasé junto a ti» (v. 6).
2. MUESTRA UNA INFINITA COMPASIÓN. «Te miré, y he aquí que tu tiempo era tiempo de amores» (v. 8).
3. PALABRA DE PODER. «Te dije:... ¡Vive!» (v. 6).

III. Los privilegios de los salvos.

1. REFUGIADOS. «Extendí mi manto sobre ti» (v. 8).
2. LAVADOS. «Te lavé» (v. 9).
3. REVESTIDOS. «Te vestí» (v. 10).
4. UNGIDOS. «Te ungí» (v. 9).
5. CEÑIDOS. «Te ceñí» (servicio) (v. 10).
6. ADORNADOS. «Te atavié con adornos» (v. 11).
«Tu hermosura... era perfecta, a causa del esplendor *que yo había puesto en ti*» (v. 14).
7. CORONADOS. «Puse… una hermosa diadema en tu cabeza» (v. 12). Salvos por la sola gracia.

776. PECADO Y MUERTE

Ezequiel 18:1-23

Dios acusa al pueblo de dar una representación falsa de los hechos. Dice: «¿Qué queréis decir vosotros, los que usáis este refrán... que dice: Los padres comieron las uvas agrias, y los dientes de los hijos tienen la dentera?» (v. 2). La influencia hereditaria puede ser grande, pero ello no nos absuelve de responsabilidad personal. «He aquí que todas las almas son mías... el alma que peque, ésa morirá» (v. 4). No hay escapatoria a esto. En este capítulo se enseñan algunas lecciones escudriñadoras y alentadoras. Observemos que:

I. Todas las almas pertenecen a Dios (v. 4). Él es el Autor y Dador de la vida. Él es el Padre de los espíritus. Las almas son, en el sentido más profundo, espíritus, y deberían glorificar a Dios como el fin principal de su existencia.

II. Cada alma es individualmente responsable ante Dios. «El alma que peque, ésa morirá» (vv. 4, 20). Nadie aquí va a morir por el pecado de su padre. El hijo pecador del hombre justo morirá en sus pecados (vv. 5-13), y el hijo justo de un padre pecador no morirá por sus pecados, sino que vivirá (vv. 14-17). Cada uno dará a Dios cuenta de sí. Nadie es condenado por el pecado de Adán, sino por cuanto «todos pecaron».

III. La condición de la vida es la justicia. «El hombre que sea justo... de seguro vivirá» (vv. 5-9). Un hombre justo es literalmente un hombre *legítimo*, un hombre que sigue la justicia. Un hombre cuya vida está en armonía con, y conducido por, la santa ley, o Palabra de Dios. Por medio de Cristo, la justicia de Dios es ahora para todos y sobre todos los que creen. Todos los que creen son justificados de todas las cosas (Hch. 13:38, 39). Aparte de la gracia «No hay justo, ni aun uno».

IV. La maldad es la condición de la muerte (v. 20). La maldad es aquí literalmente *alegalidad*, lo opuesto a los justos, que son *legítimos*. Un alma alegal es un alma que vive en la esfera de la muerte. La enemistad contra la Palabra y la voluntad de Dios es la evidencia de maldad. Los que son ley para sí mismos son los asesinos de sus propias almas. Arrepentíos y creed.

V. El pecado y la muerte son inseparables. «El alma que peque, ésa morirá» (v. 20). La paga del pecado es muerte (Ro. 6:23). La «paga» es algo que uno se ha ganado merecidamente, y que tiene que ser pagado en justicia. El alma que peque morirá, porque, al pecar, el alma escoge la muerte antes que la vida. La presencia del pecado significa muerte, lo mismo que la ausencia de la luz significa tinieblas.

VI. Dios no se complace en la muerte de los malvados. «¿Acaso me complazco yo en la muerte del impío?, dice el Señor Jehová» (v. 23). El carácter de Dios, su Palabra, y su obra en la Persona de su Hijo, todo ello declara de manera enfática su desagrado ante la muerte del alma que peca. ¿Podría alguna protesta ser más clamorosa que el clamor del Cristo de Dios sobre aquel terrible madero? «Padre, perdónalos, porque no saben lo que hacen». Su voluntad es que todos los hombres se salven y vengan al conocimiento de la verdad (1 Ti. 2:4).

VII. La conversión es el camino hacia la vida. «Que se aparte de sus caminos y viva» (v. 23). El Señor no hace acepción de personas; su «camino es recto» (v. 25). «Al que a mí viene, de ningún modo le echaré fuera». Si no os convertís, si no volvéis al Señor, no podéis entrar en el Reino de la vida. Yo he venido para que tengáis vida. Venid a Mí. Volveos, volveos de vuestros malos caminos, ¿por qué moriréis?

776. PROFESANTES HIPÓCRITAS

Ezequiel 33:30-33

La hipocresía es literalmente la actuación de un papel en un escenario, asumiendo un carácter falso. Un «santo de puertas afuera, y un demonio en casa»; así es como lo expresa Bunyan. Los que «roban las libreas de la corte del Cielo» para servirse a sí mismos sobre la tierra son unos hipócritas de lo más ardoroso. Observemos la conducta de los mismos tal como es aquí descrita. Veámoslos:

I. En relación con el siervo de Dios. «Hablan de ti junto a las paredes y a las puertas de la casa.» Estas murmuraciones, junto a las paredes y en la casa, es de lo más reprensible. La maledicencia secreta y ofensiva a Dios en contra de sus siervos no la pasa Él por alto. Toda obra secreta, sea buena, sea mala, está abierta a sus ojos.

II. Relación con el Pueblo de Dios. Dicen: «Venid, os ruego, y oíd qué palabra viene de Jehová... y se sientan delante de ti como pueblo mío, y oyen tus palabras». Adoptan la forma de la piedad en tanto que les sirva de ayuda en sus intereses personales. Adoptan los hábitos del pueblo de Dios, mientras que en realidad escarnecen la verdadera obra de Dios. La única ocasión en que se encuentran entre el pueblo de Dios es cuando están oyendo su Palabra.

III. En relación con el mensaje de Dios.

1. SE COMPLACEN EN OÍRLO. «Oyen tus palabras... y he aquí que tú eres a ellos como cantor de amores, de alguien que... toca bien un instrumento.» Ezequiel debe haber sido un predicador atractivo, con «una voz agradable», y usándola bien, como un instrumento; y su mensaje era, incluso para estos hipócritas, una «canción de *amores*». Esto es exactamente lo que es el mensaje de Dios para los pecadores: «canción de amores». Pero ¡ay de aquellos que solo lo oyen como cántico para el oído, en lugar de como mensaje para el corazón! ¡Cuánta predicación hay hoy día que «hace cosquillas al paladar, pero que no hace sentir a los hombres la amargura del pecado»! Una predicación buena y amena es para los oyentes impíos como una música bien tocada en un instrumento, o como un cántico vivaz cantado con una voz agradable. Pero en este caso, como en otros muchos, el predicador no tenía la culpa.
2. EN SU CORAZÓN LO RECHAZAN. «Y oyen tus palabras, pero no las ponen por obra; antes hacen halagos con sus bocas, pero el corazón de ellos anda en pos de su avaricia». Les encanta en cierta medida oír el mensaje de Dios, pero no lo quieren recibir. «Porque este pueblo se acerca a mí con su boca, y con sus labios me honra, pero su corazón está lejos de mí» (Is. 29:13). Una conducta tan mezquina y engañosa trae sobre los tales el «ay» pronunciado sobre todos los hipócritas religiosos, que son asemejados a «sepulcros blanqueados» (Mt. 23:27, 28). Es terriblemente posible lisonjearlo con la boca, mientras se le miente en el corazón; pero como el hombre piensa en su corazón, así lo es delante de Dios. Con el corazón el hombre cree para justicia, y con el corazón el hombre engaña para condenación eterna.

777. ADVIÉRTELES DE MI PARTE

Ezequiel 33:7-11

Aquí se le recuerda al profeta que ha sido separado como «atalaya a la casa de Israel» (v. 7; véase cap. 3:17-21). Si no hubiera *peligro* no habría necesidad de atalaya. El enemigo está siempre tratando de buscar a quien devorar. Lo que Él dijo a Ezequiel lo dice ahora a todos: «Velad» (Mr. 13:37). Observemos:

I. Las responsabilidades del Atalaya. Son dos:

1. OÍR «la palabra de mi boca» (v. 7). El atalaya tiene que tener no solo ojos para ver y boca para hablar, sino también oídos para escuchar la Palabra de Dios como de su propia boca. La primera necesidad es oírle a Él, y entrar inteligente y armónicamente en su mente y propósitos.
2. ADVERTIRLES «de mi parte». Amonestarlos, porque hay un peligro inminente; y amonestarlos de parte de Él, como uno que está totalmente dedicado a su voluntad. La responsabilidad del atalaya reside en hacer que los hombres sientan su responsabilidad delante de Dios.

II. La responsabilidad de los amonestados. Los «malvados» aquí son literalmente los *alegales*. Observemos:

1. SU CONDICIÓN. «Oh malvado, de cierto morirás» (v. 8). El pecado es ilegitimidad, y la ilegitimidad es muerte. La muerte es el resultado de enajenarse de Dios.
2. SU OPORTUNIDAD. «Los amonestarás de mi parte». Por medio del profeta, recibían una clara amonestación «de parte de Dios». Es triste ser extraviado y engañado, pero es ciertamente una misericordia ser fielmente advertidos de nuestro peligro. «Si no os arrepentís, pereceréis igualmente»: éstas no fueron palabras dichas en ira, sino en amor. La advertencia viene *de parte* de Dios de una manera tan directa como la invitación de su misericordia (Jn. 3:36).
3. SU RESPONSABILIDAD. «Si él *no se aparta de su camino*, él morirá por su pecado» (v. 9). La advertencia es a «apartarse». Si no se aparta, morirá por su pecado, y su sangre será sobre su misma alma. La regeneración es la obra del Espíritu de Dios, pero la conversión –*apartarse y volverse*– por su invitación es un acto de nuestra propia voluntad. Puede que se desprecie la advertencia clamorosa de la ley, y que se considere al proclamador como pa-

sado de moda, pero volverse del pecado y poner la fe en el Señor Jesucristo es el único camino al Reino de Dios, que es justicia, paz y gozo en el Espíritu Santo.

III. Testimonio y llamamiento del ofendido. «Vivo yo, dice el Señor Jehová, que no me complazco en la muerte del malvado, sino en que se vuelva el malvado de su camino, y viva. Volveos, volveos de vuestros malos caminos; ¿por qué queréis morir?» (v. 11). Ésta es la agonía del amor de Dios que halló su más plena expresión en el clamor agónico del su Hijo amado en el madero de la expiación: «Padre, perdónalos, porque no saben lo que hacen». «El Señor es… paciente para con nosotros, no queriendo que nadie perezca» (2 P. 3:9). «Si se hubiese apercibido, habría librado su vida» (v. 5).

778. ¿POR QUÉ QUERÉIS MORIR?

Ezequiel 33:11

«Está establecido a los hombres que mueran una vez» (He. 9:27, RV), sea que quieran o no. Pero, ¿por qué moriréis en «vuestros pecados» cuando Dios en su gracia ha abierto una Fuente para limpiarlos?

I. Un hecho solemne. Muchos están muriendo en sus maldades.

1. EL CARÁCTER DE ELLOS. «*Malvados*.» «No me complazco en la muerte del *malvado*» (Ez. 33:11). Los que tienen las visibles *manchas* de la impiedad interior: lepra.
2. LA CONDICIÓN DE ELLOS. «*Muriendo*.» El proceso de muerte está ya en marcha. ¿Por qué *queréis* morir? ¿Por qué persistiréis escogiendo y viviendo aquellas cosas que obran la muerte en vosotros? «Los *deseos* de la carne, la codicia de los ojos, y la *soberbia* de la vida» (1 Jn. 2:16).

II. Una bendita certeza. «Vivo Yo, dice el Señor Jehová, que no me complazco en la muerte del malvado.» Estas palabras llenas de gracia nos dan la:

1. CERTIDUMBRE DE SU AMOR. «En esto consiste el amor: no en que nosotros hayamos amado a Dios, sino en que Él nos amó a nosotros» (1 Jn. 4:10). Él no se complace en la muerte de ellos, pero, debido al pecado, no puede agradarse en su compañía. Su amor es más fuerte que la muerte.
2. CERTIDUMBRE DE SU DISPOSICIÓN A SALVAR. Al recibir la certidumbre de su amor, quedamos confiados en su poder para ayudar. «No queriendo que nadie perezca, sino que todos vengan al arrepentimiento» (2 P. 3:9).

III. Solo una manera. *Volveos* de vuestros malos caminos.

1. VOLVEOS, PORQUE VUESTROS CAMINOS SON MALOS. El mal camino es el camino de *muerte* que conduce a la muerte segunda. Éste es *tu* camino. Apártate de Él.
2. VOLVEOS, PORQUE LA VIDA ESTA EN DIOS. En aquel Dios del que os estáis alejando. «He venido para que tengan vida.» «Y *no queréis* venir a Mí para que tengáis vida» (Jn. 5:40). «Cristo es nuestra vida» (1 Jn. 5:11, 12).

IV. Una llamada urgente. «Volveos, volveos». Éste es:

1. EL GRITO DE ADVERTENCIA. Él sabe el terrible futuro al que se dirigen los impíos a diario. «¿Cómo escaparemos nosotros, si descuidamos una salvación tan grande?» (He. 2:3). Dios mismo es la necesidad del alma y el refugio de los pecadores (véase v. 10).
2. LA VOZ DE LA MISERICORDIA. La voz de Aquel que lloró sobre Jerusalén, que murió por los pecados del mundo, y que «quiere que todos los hombres sean salvos, y vengan al conocimiento de la verdad» (1 Ti. 2:4).

«Volveos, volveos, ¿por qué moriréis,
Cuando Dios en gracia infinita os llama a Sí?».

779. ¿POR QUÉ QUERÉIS MORIR?

Ezequiel 33:11

1. Su **desagrado** ante ello. «No me complazco en la muerte del malvado.»

2. En qué está su **agrado**. «En que se vuelva el malvado de su camino, y viva.»

3. Su **afirmación** acerca de ello. «Vivo yo, dice el Señor.»

4. Su **exhortación**. «Volveos, volveos de vuestros malos caminos.»

5. Su **pregunta** acerca de ello. «¿Por qué queréis morir?»

780. PASTORES INFIELES

Ezequiel 34:1-10

Tenemos aquí seis condiciones de necesidad mencionadas como expresivas de pecado y de destitución del alma, poniendo en claro la gran necesidad de pastores fieles.

I. La obra de ellos.

1. Alimentar a los HAMBRIENTOS (v. 3).
2. Fortalecer a los DÉBILES (v. 4). Débiles por enfermedad.
3. Sanar a los ENFERMOS (v. 4).
4. Vendar a los QUEBRANTADOS (v. 4).
5. Buscar a los DESCARRIADOS (v. 4). Recaídos.
6. Buscar a los PERDIDOS (v. 4).

II. Su infidelidad.

1. Eran EGOÍSTAS. Se alimentaban a sí mismos y dejaban al rebaño famélico (v. 3).
2. Eran ORGULLOSOS. Regían con fuerza, voluntariosidad y no con amor (v. 4).
3. Eran DESTRUCTIVOS. El rebaño quedó disperso (v. 5). Llegaron a ser presa de las bestias del campo (de las falsas doctrinas y de los malos ejemplos). «Anduvieron perdidas mis ovejas por todos los montes (falsas filosofías) y en todo collado alto» (orgullo intelectual) (v. 6). Las ovejas se volvieron como almas descarriadas, buscando luz y ayuda en otras impías religiones.
4. Fueron RECHAZADOS por Dios (v. 10). Tened cuidado de vosotros mismos. «Pastoread la grey de Dios que está entre vosotros, cuidando de ella, no forzados, sino voluntariamente; no por ganancia deshonesta, sino con ánimo pronto; ni como teniendo señorío sobre los que están a vuestro cuidado, sino siendo ejemplos de la grey» (1 P. 5:2, 3).

781. LO QUE HARÁ DIOS POR SUS OVEJAS

Ezequiel 34:11-30

Como la incredulidad de algunos no puede anular la fe de Dios (Ro. 3:3), del mismo modo puede la infidelidad de los pastores de Dios hacer que fracase la fidelidad de Dios. Con respecto a sus ovejas:

I. Él las **buscará** y recogerá (v. 11). Ellas oirán su voz (Jn. 10:27).

II. Él la **librará** (v. 12). El poder del enemigo no las retendrá.

III. Él las **sacará** (v. 13). Las separará para Sí mismo.

IV. Él las **apacentará** (v. 14). Las traerá a buenos pastos (Sal. 23).

V. El les **dará reposo** (v. 15). Las hará yacer.

VI. Él **vendará** las perniquebradas (v. 16). Miembros quebrantados e inútiles.

VII. Él **fortalecerá** a las débiles (v. 16). Débiles por enfermedad y por fatiga.

VIII. Él **juzgará la causa de ellas** (vv. 17-22). Cuando sean tentadas, turbadas y perseguidas.

IX. Él las **vigilará** (vv. 23-25; He. 13:20).

X. Él las **bendecirá** y hará de ellas una bendición (v. 26).

XI. Él las satisfará abundantemente de bien (vv. 29-31).

782. EL GRAN CAMBIO

Ezequiel 36:25-32

Estas maravillosas palabras se refieren primariamente a la restauración de Israel. Bajo la ley el corazón de su pueblo se había endurecido como una piedra, pero por medio de su infinita gracia les sería dado un nuevo corazón, de modo que por medio del constreñimiento del amor andarían en sus caminos. El método de Dios de tratar con un corazón pecaminoso es revolucionario; se trata de una regeneración.

I. La enfermedad. «El corazón de piedra» (v. 26). Un corazón así es:

1. FRÍO. Se ha tornado insensible, más allá de todo sentimiento. Todo calor afectivo para con Dios y su Palabra se ha desvanecido.

2. DURO. No es fácilmente impresionado. Insensible como una roca. Indiferente a todas las influencias llenas de gracia de la luz y del poder de la fuerza espiritual. Encallecido.
3. MUERTO. Incapaz de movimiento espiritual. Sin vitalidad para con Dios. Sordo a su llamamiento y mudo para su Nombre.

II. El remedio. «Os daré también un corazón nuevo... un corazón de carne.» La única curación para un corazón de piedra es un corazón *nuevo*. La pulimentación de una piedra a una forma alterada y mejorada no lo transformará en una «piedra viva». Un corazón de carne es:

1. UN NUEVO CORAZÓN. Es el don de Dios, y toma el puesto del corazón de piedra, y renueva así a todo el hombre. No es solo *nuevo* para el hombre que lo recibe, sino que sus manifestaciones son nuevas para todos los que las ven.
2. UN CORAZÓN BLANDO. Sensible y como de niño, fácilmente impresionado por las cosas de Dios. La naturaleza pétrea ha desaparecido.
3. UN CORAZÓN CALIDO. El amor de Dios ha encontrado en él un hogar, y es derramado por todo él. Resplandece de compasión por los que perecen, y arde de indignación contra el pecado y la iniquidad.
4. UN CORAZÓN VIVO. Estaba muerto, pero ahora vive para Dios. Un corazón adecuado para tener comunión con el Dios viviente. Cuando le dijeron a Sir W. Raleigh que ajustara la cabeza sobre el tajo, dijo: «Poco importa cómo yazca la cabeza si *el corazón está bien*». ¿Es recto tu corazón para con Dios?

III. Los resultados. El nuevo corazón abre el camino para la plenitud de la nueva vida. El nuevo carácter se revela:

1. POR LA POSESIÓN DE SU ESPÍRITU. «Pondré dentro de vosotros mi Espíritu» (v. 27). Su Espíritu es el nuevo poder motivador en la vida. Esta nueva maquinaria moral demanda una nueva energía (Ro. 8:9).
2. ANDANDO EN SUS ESTATUTOS. «Haré que andéis en mis estatutos.» La vida diaria es hecha grata al Señor. Andar en su camino es andar con Dios.
3. MORANDO EN SU TIERRA. «Habitaréis en la tierra que di a vuestros padres», etc. (v. 28). La buena tierra de su providencia es la herencia de todos los que han sido hechos «nueva creación en Cristo Jesús».
4. REPOSANDO EN SUS PROMESAS (vv. 29-32). Son sobremanera grandes y preciosas, para que nos deleitemos en el Señor, porque por causa de su Nombre ha hecho Él todo esto por nosotros (v. 32).

783. UNA VIDA CON ALAS

«Os daré también un corazón nuevo» (Ez. 36:26).

Introducción

1. Existe el curioso hecho que la mayoría de las personas se sorprenden al saber, que los corazones de las aves son proporcionalmente más pesados que los de los hombres o de otros animales.
2. Esto se explica por el hecho de que cuanto más funciona el corazón, tanto más demandas sobre el corazón, sobre el que recae el deber de impulsar la sangre a través del cuerpo, y por esto el corazón se desarrolla y se vuelve más pesado.
3. Las aves se encuentran entre la criaturas vivientes más esforzadas.
4. Si esto es cierto en el reino de lo físico, ¿no es también cierto del reino espiritual?
5. Si mi vida ha de ser una vida con alas:
   a. Es decir, una vida flotante, que se levante por encima de lo meramente terrenal y sensual:
   b. Una vida elevada, vivida en la presencia y comunión de Dios:
   c. Una vida con una perspectiva más grande, porque la elevación capacita para tomar una perspectiva más elevada sobre las cosas.
6. Esto sólo puede ser posible por la posesión de un corazón más grande que el que tenemos por naturaleza.
7. Si mi vida debe ser una vida con alas, y debo ascender en alma a diario hasta Dios y vivir en la limpia atmósfera de la presencia de Dios, debo tener un corazón más grande.

I. Se precisa de un corazón más grande para vivir la vida cristiana. ¿Cómo se puede ascender con un corazón de piedra? Y así es como tenemos el corazón por **naturaleza.**

II. Se precisa de un corazón más grande para correr, lo mismo que para ascender a las alturas (Sal. 119:32). «Por el camino de tus mandamientos correré, cuando ensanches mi corazón.» A no ser que mi corazón sea ensanchado, seré incapaz de obedecer a Dios de manera perfecta, incapaz de correr en el camino: el camino estrecho.

III. Los más activos para con Dios son los que tienen los corazones más grandes.

IV. El corazón más grande es resultado de la reflexión. En el Salmo 90:12 vemos que la necesidad de otro corazón, para conseguir el máximo de la breve vida del hombre, es o debería ser el resultado de una reflexión acerca de las transiciones de la vida.

TEMAS PRELIMINARES. La purificación primero (v. 25); luego un nuevo corazón.

784. LA PROMESA DE DIOS A LOS PETICIONARIOS

«Así dice el Señor Jehová: Aún seré solicitado por la casa de Israel, para hacerles esto» (Ez. 36:37).

Las promesas de Dios no tienen el objeto de acallar la *súplica*. Aprendamos de esto:

I. Que Dios anhela que se le pida. «No tenéis lo que deseáis, porque no pedís» (Stg. 4:2). El pródigo recibió mucho pidiendo.

II. Que cualquier persona puede acudir a pedir. En Lucas 18:1 el Señor hace referencia a «la necesidad de orar siempre y no desmayar». Esta puerta está abierta de par en par, y todos pueden acudir en cualquier momento.

III. Que se puede rogar acerca de toda cosa. «En todas las circunstancias, por medio de la oración», etc. (Fil. 4:6).

IV. Que los peticionarios deben acudir de la manera correcta. «Pediréis en *mi nombre*» (Jn. 16:26). Israel debe allegarse a Dios por medio del Sumo Sacerdote. Hay solo un Mediador.

V. Que los peticionarios deben ser honrados en sus peticiones. Las preguntas debidas a la mera curiosidad quedan sin respuesta. Saulo era un indagador serio (Hch. 9:6).

VI. Que los peticionarios honrados tendrán plena satisfacción. «Pedid, y recibiréis; ... llamad, y se os abrirá» (Mt. 7:7, 8). Así como Salomón dio satisfacción a la Reina de Sabá, así el Señor te concederá la petición de tu corazón (Sal. 81:10).

785. LOS HUESOS Y EL ALIENTO

Ezequiel 37:1-10

Estos huesos se refieren a «toda la casa de Israel» (v. 11). Como nación, están desparramados sobre el valle abierto de todo el mundo, separados hueso de su hueso, y *muy secos*. Pero llegará el momento en que el aliento del Espíritu de Dios soplará sobre ellos, y ellos «se levantaron. sobre sus pies, un ejército sumamente grande» de testigos para Dios y su Cristo (v. 10, V.M.). Pero ciertamente hay una aplicación de toda la Escritura, divinamente inspirada, para nuestro tiempo presente. Observemos:

I. Cómo vino esta visión. «La mano de Jehová vino sobre mí, y me llevó Jehová en espíritu» (v. 1). Tenemos que estar «en Espíritu» (V. M.) para ver las cosas como realmente son, tal como las ve Dios. Ahí es donde comienza el avivamiento.

II. Lo que era la visión. «Un valle lleno de huesos.» Una imagen de total desolación. Un pueblo asolado y arruinado. «Muchísimos» y «secos en gran manera». Por su recaída e indiferencia a la Palabra de Dios se habían vuelto como huesos blanqueados; no había evidencia alguna de savia espiritual ni de vida en ellos; secos debido a la soberbia, al espíritu mundano y a la autosuficiencia. Los mismos principios producen hoy día los mismos resultados, pero pocos son los que lo ven.

III. Una pregunta escudriñadora. «Hijo de hombre, ¿pueden vivir estos huesos?» (v. 3). Esta pregunta puede solo impactar a esos cuyos ojos se han abierto para ver la tremenda necesidad de vida espiritual. El ciego respondería: «¿Qué huesos? No veo huesos. Las cosas están tranquilas y en paz, y el valle es encantador y atractivo». ¡Pensemos en la responsabilidad de descansa sobre un hombre enseñado por el Espíritu! El ojo abierto es una nueva apertura para la obra. Si Dios nos ha dado el ver la necesidad de otros, ¿no tiene Él la intención de usarnos para la liberación de ellos?

IV. Una respuesta reflexiva. «Y respondí: Señor Jehová, tú lo sabes.» Solo Él podía saberlo, porque solo Él podía hacerlos vivir. La ciencia, el arte y todas las filosofías de los hombres carecen de remedio para el alma muerta en pecado y secada por la iniquidad. «TÚ lo sabes». La salvación es de Jehová. Es bueno en una crisis como esta apoyarnos en la sabiduría y el poder de Dios.

V. El remedio. El remedio divino se revela cuando se ha visto la necesidad y ha sido penosamente sentida. Es doble. Se le manda que hable a los huesos en nombre de Dios (v. 4), y que hable a Dios en favor de ellos (v. 9). Predica la Palabra del Señor (v. 4), y ora pidiendo el poder del Espíritu Santo. La predicación tiene que ser en la fe de sus promesas. «He aquí que yo haré entrar espíritu en vosotros, y viviréis» (v. 5). Es el Espíritu el que da vida. Los resultados fueron según Él había dicho (v. 10). Se puso en pie un ejército de hombres resucitados de entre los muertos, dispuestos para dedicar a Dios la vida que de Él habían recibido. «Así también vosotros consideraos muertos al pecado, pero vivos para Dios en Cristo Jesús, Señor nuestro» (Ro. 6:11).

786. AGUAS DONDE NADAR

Ezequiel 47:1-12

Este río místico está lleno de significación profética. En el tiempo de la bendición milenial manarán ríos de agua de vida desde el santuario de la Santa Ciudad hacia el yermo y las desolaciones de la tierra (Zac. 14:8), y harán que «viva todo lo que se halle en el lugar adonde llegue este río» (v. 9). Pero este río puede ser también considerado como un hermoso emblema de la plenitud de la bendición del Evangelio de Cristo, o del derramamiento pentecostal del Espíritu Santo.

I. El río. Mana libre y espontáneamente.

1. SU FUENTE. «De debajo del umbral de la casa» (el Templo) (v. 1). De este santo lugar, el lugar del «Propiciatorio», el trono de Dios. Como el Espíritu Santo, procede del Padre (Jn. 15:26).
2. SU CURSO. «Las aguas descendían de debajo... al sur del altar» (v. 1). Sí, el único lugar desde el que estas aguas dadoras de vida pueden alcanzar a un mundo perdido es por el altar, la Cruz de Cristo. El Espíritu Santo no fue dado hasta después que Cristo hubiera sufrido y fuera glorificado (véase Ap. 22:1).
3. SU POTENCIA. Crecía en poder y en plenitud, aunque carecía de tributarios. Las corrientes de la tierra no pueden añadir nada al río de Dios. Venía a ser un río que no podía ser pasado vadeando, sino solo a nado. Tenía poder para sanar (v. 8), para avivar (v. 9), y para producir fruto y permanente lozanía (v. 12). Así es el poder del Espíritu Santo obrando en aquellos que creen en Él como ha dicho la Escritura (Jn. 7:38, 39). Es un símbolo de las inescrutables riquezas de Cristo y del infinito amor de Dios.

II. Una creciente experiencia de la profundidad y poder del río. Siendo obediente al líder divino, fue llevado en visión a una experiencia progresiva de esta plenitud de bendición. Tres veces seguidas se nos dice que «me hizo *pasar*», indicando con ello que éstas no eran condiciones finales, sino el camino a algo más profundo y mejor, una experiencia pasajera. Observemos el orden:

1. HASTA LOS TOBILLOS. «Me hizo pasar por las aguas... que llegaban hasta los tobillos» (v. 3). Era aún un conocimiento somero del río de la vida, pero con todo estaba en él. Esta etapa representa el «Espíritu de *Fe*», el acto concreto de entrar en la corriente de la voluntad divina, aunque esta voluntad sea todavía poco conocida.
2. HASTA LAS RODILLAS. «Me hizo pasar por las aguas que llegaban hasta las rodillas.» La única forma en que las aguas pueden subir sobre nosotros es que nosotros nos hundamos más en ellas. Hasta las rodillas representa el «Espíritu de *Oración*». Cuando las rodillas son capturadas para Dios habrá deleite en su comunión. Es posible ser creyente y sin embargo no tener libertad en oración. Aunque ésta es solo la segunda etapa de la vida cristiana, muchos no alcanzan a ella, porque rehusan ser *conducidos* (v. 2).
3. HASTA LOS LOMOS. «Me hizo pasar por las aguas que llegaban hasta los lomos» (v. 4). Los lomos denotan el secreto de la fortaleza del hombre. El río se ha apoderado de su fortaleza. Esto representa el «Espíritu de *Poder*». El cristiano que ora pronto pasará a ser un cristiano testificante. Sus lomos están ahora ceñidos con el poder de Dios. Cuando un hombre está hundido hasta los lomos se ve menos del hombre, y se evidencia más la profundidad del río. Los que solo están hundidos hasta los tobillos muestran demasiado de sí mismos, y no dan una impresión correcta de la plenitud de las aguas.
4. NADANDO. «Era ya un río que yo no podía pasar... el río no se podía pasar sino a nado» (v. 5). El nadador cristiano llegado más allá de su fondo, y es ahora llevado por el río de Dios. Esta última etapa representa la «*Plenitud* del Espíritu». En lugar de vadear, está ahora reposando en las aguas. Esta experiencia ya no se puede sobrepasar. Nada hay mejor que esto ni en la tierra ni en el cielo. La perfección no está en nosotros, sino en la abundante plenitud de su provisión para nosotros. «Aguas para nadar». «Boga mar adentro».

787. EL HOMBRE DE PROPÓSITO FIRME

Daniel 1

El libro de Daniel ha sido arrojado al foso de los críticos, pero, lo mismo que Daniel, escapará de la boca de los leones. Los racionalistas lo rechazan por sus milagros y proclamaciones proféticas. El Señor Jesucristo puso sin embargo su sello sobre Él, y formaba parte de las Escrituras canónicas de su tiempo. Sir Isaac Newton dijo que «se puede decir que el cristianismo mismo se ha fundado sobre las profecías de Daniel». Después del sitio de Jerusalén (v. 1), Daniel fue llevado cautivo a Babilonia, a una distancia de unos 1. 300 kilómetros. Probablemente tenía unos catorce años entonces.

I. Su carácter. Nada sabemos de sus padres, pero, a juzgar por su carácter, debe haberse criado en un hogar donde reinaba el amor de Dios, porque los principios más sanos de su vida habían sido formados en una etapa muy temprana. Alguien ha dicho: «No hay nada más infrecuente que la *personalidad*, porque hay tantas causas que estorban tanto dentro como fuera, tantas fuerzas hostiles abrumadoras, tantas ilusiones extraviadoras». Bienaventurado el joven que puede decir: «Yo sé en quien he creído», etc. Un conocimiento personal de Dios es la más poderosa de las salvaguardas de una vida en la ciudad.

II. Sus tentaciones (vv. 5, 6). Vendrán tiempos de prueba. Estos son necesarios para nuestro desarrollo moral y espiritual. El mandamiento del rey era que se seleccionaran jóvenes sin tacha, habilidosos e inteligentes, para ocupar el honroso puesto de estudiantes en el Colegio Real, para «estar en el palacio del rey». Era una carrera de tres años de estudio, para aprender la lengua de los caldeos. Los caldeos eran los políticos, filósofos, teólogos y maestros de la nación. ¡Qué oportunidad para un joven inteligente y lleno de expectativas! Pero, ¿Cómo iba *él* a comer y a beber un vino que había sido consagrado a los ídolos, contaminando con ello su conciencia? El hombre del mundo no ve dificultad alguna ahí, sino una gran oportunidad de alcanzar honra y gloria terrenales; pero es cosa muy distinta para aquel que permanece en la comunión de Dios.

III. Su propósito. «Propuso en su corazón no contaminarse» (v. 8). En nuestros días, esto recibiría el nombre de «estrechez de mente y mojigatería puritana». Con relación a esto, véase el consejo de Pablo (Ro. 14:21). Poco valor tiene para Dios aquel que no es capaz de resistir a la opinión popular. El Talmud dice: «Un mirto permanece siendo un mirto incluso en el desierto». Un *hombre de Dios* debiera actuar como tal en cualquier circunstancia. Dios no es influenciado por las condiciones establecidas por el hombre. Un muchacho de quince años estaba siguiendo el arado cerca de Carse de Gowrie, y los caballos se detuvieron en medio del surco. En aquel momento le vino esta pregunta a la mente: «¿No podría hacer más con mi vida que lo que estoy haciendo?». Y enderezándose, dijo: «Con la ayuda de Dios, seré misionero». Aquel muchacho iba a ser el doctor James Stewart, de Lovedale. Mantén una conciencia limpia de culpa.

IV. Su recompensa. «Dios hizo que Daniel hallase gracia y favor» (v. 9). Ésta fue una gran crisis en la vida de Daniel. Fue hallado fiel, y Dios le ascendió. Desde entonces queda marcado como líder del pueblo. La fe en Dios, y una comida simple (v. 15), lograron la victoria tanto para el cuerpo como para el alma. «Pareció el rostro de ellos mejor y más nutrido de carne, que los otros muchachos que comían de la ración de la comida del rey». La piedad es provechosa. ¿Por qué? Porque es el más elevado tipo de carácter y la mejor posible relación con Dios y los hombres. La sabiduría que halló Daniel no se encontraba en las escuelas de los eruditos, sino en la comunión en su aposento con el Dios del Cielo. *Decídete* a no conocer nada entre los hombres más que a Jesucristo, y a Él crucificado, y tendrás en ti la sabiduría de Dios.

788. EL HOMBRE DE FE

Daniel 2:16-28

Los placeres de los impíos se estropean fácilmente. Debido a un sueño, el espíritu del rey se turba sobremanera. La visión se había desvanecido de su mente, y exigió a sus sabios que se la dieran a conocer (v. 5). Una cosa que para ellos era imposible (v. 10), pero una nueva oportunidad para que el Dios de Daniel manifestara su sabiduría y poder.

I. La fe, ejercitada. Parece como si los verdugos estaban ya listos para cumplir el loco decreto del rey (v. 5) cuando Daniel «entró y pidió al rey que le diese un plazo para declarar la interpretación al rey» (v. 16). ¿Cómo sabía que iba a triunfar en ello? Él creía que su Dios lo sabía todo, y que entrando en estrecho contacto con Él, le sería dada la sabiduría de Dios. Al que cree, todas las cosas son posibles. Pablo podía decir: «Tened buen ánimo, porque yo confío en Dios» (Hch. 27:25).

II. Respuesta a la oración. «*Entonces* le fue revelado a Daniel el misterio en visión de noche» (v. 19). Daniel invitó a sus amigos a una noche de oración. Ellos pusieron la cuestión delante del Dios del Cielo, y *entonces* les fue revelada la cuestión. La oración no trae a Dios abajo a nuestros pensamientos y acciones, sino que trae nuestros pensamientos y acciones arriba a Él. El contacto con Dios significa ser hecho a semejanza de Dios.

III. Acción de Gracias. Daniel dijo: «Bendito sea el nombre de Dios de siglos en siglos. Él hace alternar los tiempos... da la sabiduría... revela lo profundo y lo oculto» (vv. 20-23). Si oráramos más, alabaríamos más. Los secretos del Señor están con aquellos que le temen. Allégate a Él, y Él se allegará a ti.

IV. Un testimonio dado. «Hay un Dios en los cielos, el cual revela los misterios. y a mí me ha sido revelado este misterio, no porque en mí haya más sabiduría que en todos los vivientes...» (vv. 28-30). ¡Qué consolación! La puerta a este favor queda abierta para todos. El Espíritu Santo ha sido dado para conducir en la verdad. Él lo escudriña todo, hasta las cosas profundas de Dios.

789. LA PIEDRA OMNIPOTENTE

Daniel 2:31-45

Daniel, al vivir en la comunión de Dios, vino a ser hombre de visiones e intérprete de la mente divina. La visión de la «gran estatua» le vino al rey en un sueño, quizá para que Daniel tuviera oportunidad de revelar los propósitos de Dios en las edades venideras. Las diferentes secciones de la imagen representan reinos sucesivos (vv. 38-40). La Piedra es símbolo de Cristo, que ha de quebrantar a los reinos como vaso de alfarero, sin que de ellos «quede rastro alguno» (vv. 34, 35, 44). Siete veces en la Escritura se da a nuestro Señor Jesucristo el nombre de Piedra, símbolo de fuerza y durabilidad. Observaremos cuatro casos que hacen referencia a: Israel, la Iglesia, las Naciones y al Mundo.

I. Como piedra, Israel tropezó sobre Cristo. Él fue para ellos «Piedra de tropiezo» porque vino en forma de Siervo. Como Piedra fue rechazado por los constructores judíos (Mt. 21:42), aunque por Jehová había sido puesto en Sion como Fundamento (Is. 28:16). Cristo les advirtió de que «el que caiga sobre esta piedra, será quebrantado» (Mt. 21:44). Ellos cayeron sobre ella, y como nación quedaron quebrantados, y siguen esparcidos, rotos en pedazos como un vaso quebrantado.

II. Como Piedra, la Iglesia fue construida sobre Cristo. Cuando Pedro le confesó como «El Cristo, el Hijo del Dios viviente», Jesús le dijo: «Sobre esta roca edificaré mi iglesia» (Mt. 16:16-18). Después de Pentecostés, cuando Pedro declaró que el cojo había sido sanado por medio de la fe en el Nombre de Jesús, añadió también: «Este Jesús es la piedra desechada por vosotros los constructores, la cual ha venido a ser *piedra angular*» (Hch. 4:10, 11). Seguimos acudiendo a Él como a una «Piedra *viva*» (1 P. 2:4). Él es el Autor de la vida eterna. Nadie puede poner otro fundamento. No hay otro Nombre.

III. Como una piedra, el poder gentil será quebrantado por Cristo. «Una piedra, sin intervención de ninguna mano... hirió a la estatua» (v. 34). En nuestros días, las «manos» cuentan para muchas cosas, pero esta revolución tendrá lugar «sin intervención de ninguna mano». La imagen representa la autoridad gentil, «los reinos de este mundo». El fin de ellos vendrá de repente, como la caída de una piedra del Cielo, y sobre quienes caiga, los desmenuzará (Mt. 21:44). Toda la imagen quedó «quebrantada». Su venida será como ladrón en la noche, inesperada por parte de aquellos que duermen; será como el «relámpago», inconfundible. Será innecesario decir: «Aquí, allá», cuando llegue el relámpago se hará evidente a todos. Entonces la torre de Babel de los principios impíos que rigen este mundo será una gran ruina, porque como ella tienen ladrillo en lugar de *piedra*. Esta aparición de Cristo no puede referirse a su *primera* venida. Entonces el imperio romano no estaba dividido como los diez dedos. El poder gentil no quedó destruido en su primera manifestación. Entonces el vino como un Niño, no con la quebrantadora fuerza de una piedra que cae, tomando venganza sobre los que no conocen a Dios.

IV. Como Piedra, el mundo ha de ser lleno de la gloria de Cristo. Su venida no es el fin del mundo, sino la introducción de un nuevo mundo. La Piedra se torna en gran Monte, y *llena toda la tierra* (v. 35). Un monte es el símbolo de la fuerza y estabilidad del Reinado. Cuando Él venga en gran poder y gloria, Aquel que es fuerte para golpear será asimismo fuerte para *salvar*. Para comprender este capítulo, léase el Salmo 72. Él suprimirá todo principado, toda autoridad y potencia, «porque es preciso que él reine hasta que haya puesto a todos sus enemigos debajo de sus pies» (1 Co. 15:24, 25). Entonces los reinos de este mundo vendrán a ser el Reino de nuestro Dios, y de su Cristo (*cf.* Ap. 11:15). Su Nombre es, y para siempre será, por encima de todo otro nombre. Todas las naciones le bendecirán.

790. LOS DISIDENTES

Daniel 3

Estas dos imágenes en los capítulos 2 y 3 representan el reino del hombre y el culto al hombre. Esta «estatua de oro» erigida en la llanura de Dura era la expresión visible de la «nueva teología» de Nabucodonosor. Tenía que ser un gran acontecimiento. Pero la vida verdaderamente piadosa es muy sencilla. Se necesita una *Revelación*. Esta nueva religión popular trae una nueva prueba sobre los siervos de Dios. Hubo:

I. Su tentación. Se había levantado un nuevo ídolo nacional (vv. 3-5). El entenebrecido ingenio humano siempre está erigiendo cosas nuevas como objeto de culto. Es tanto más engañoso con sus grandes atracciones musicales (v. 7). De parte del rey se trataba de otra exhibición de despotismo y de intolerancia religiosa, otra forma de «la inhumanidad del hombre para con el hombre». La tentación para Daniel y sus tres hermanos en la fe era:

1. SALVAR SU POSICIÓN. Ellos habían sido designados «sobre los negocios de la provincia de Babilonia» (2:49). Como funcionarios del gobierno, gozaban de una elevada posición, y quizá recibían un elevado salario. Demas abandonó a Pablo cuando pudo con ello lograr una ventaja mundana (2 Ti. 4:10). Era también una tentación a
2. SACRIFICAR SUS CONCIENCIAS. Ello afectaba a su relación con Dios. Naturalmente, todo lo que el rey exigía era *conformidad*, aquello con lo que se satisfacen todas las falsas religiones. A James Renwick, el último mártir escocés, le ofrecieron la libertad si «solo dejaba caer una gota de tinta en el papel». Pero no lo admitió, siendo que ello hubiera sido una señal de su negación de Cristo.

II. Su testimonio. «Nuestro Dios a *quien servimos* puede librarnos... no serviremos a tus dioses» (vv. 17, 18). Esto mostró su:

1. FE EN EL PODER DE DIOS. «Nuestro Dios puede». Aquellos que sirven a Dios diariamente no se verán de repente abatidos. El servicio de verdadero corazón da estabilidad de carácter en el tiempo de necesidad.
2. SUMISIÓN A LA VOLUNTAD DE DIOS. «Y si no... no» (v. 18). Preferían arder que apostatar. Como Job, podían decir: «Aunque me mate, en Él confiaré» (*cf.* Hch. 4:19, 20). Estaban en Babilonia, pero no eran de ella.

III. El triunfo de ellos. Fueron echados al horno debido a su inconformismo, pero «el fuego no tuvo poder alguno» (vv. 26, 27). La ira del hombre es una miseria impotente en presencia del poder de Dios. Sus sufrimientos les trajeron:

1. UN NUEVO SENTIMIENTO DE LIBERTAD. «Pues bien, yo veo cuatro varones sueltos, que se pasean por en medio del fuego» (v. 25). La libertad de andar dentro de un horno les era una experiencia novedosa. Podían en verdad «gloriarse en sus aflicciones». No fueron salvados *del* horno ardiendo, pero fueron salvados *en* él, lo que fue una liberación mucho mayor. La paz de Dios en el corazón es un principio indestructible, más allá del alcance de cualquier ardiente prueba. El mundo no la puede quitar.
2. UNA NUEVA FUENTE DE COMUNIÓN. Había una *cuarta persona* en el fuego, y su aspecto «semejante al de un hijo de los dio-

ses». Al ser echado de en medio de los hombres, gozaron de una más entrañable comunión con el Hijo de Dios. Así fue con Pablo y Silas (Hch. 16), y con Bunyan, Rutherford, Mad. Guyon, y multitudes de otros que sufrieron por Cristo.

3. UNA NUEVA OPORTUNIDAD PARA EL SERVICIO. «El rey [los] engrandeció» (v. 30). Su esfera de utilidad fue ensanchada después de su más profunda experiencia del poder de Dios. ¡Qué testimonio tuvieron para dar, como hombres que habían pasado de muerte a vida; que habían, por así decirlo, pasado por la muerte, pero que ahora vivían en el poder de una resurrección! Cada severa prueba soportada por causa de Cristo traerá una nueva revelación de posibilidades divinas, para que podamos vivir de nuevo con una nueva fuerza en nuestro ser. El Capitán de nuestra salvación fue perfeccionado por medio de padecimientos, y el siervo no es más grande que su Señor. Al rehusar postrarse ante la imagen de oro que había erigido el hombre, la imagen de Dios quedó más firmemente establecida en sus corazones.

791. NABUCODONOSOR: RUINA Y REMEDIO

Daniel 4:29-37

«Toda la Escritura es... útil para doctrina, reprensión, corrección, e instrucción en justicia» (2 Ti. 3:16, gr.). En las experiencias registradas en este capítulo hay algo que podría reprender nuestro egoísmo, corregir nuestras acciones, e instruir en la justicia de Dios. Este testimonio personal de Nabucodonosor fue dado como Edicto Regio (v. 1). Uno puede saber mucho acerca de los caminos de Dios, y ser sin embargo un total extraño a su gracia salvadora. Piensa:

I. En sus privilegios. Él había sido favorecido con unas oportunidades especiales. En el capítulo 2 vemos a Dios revelándole a él, en aquella «Gran Estatua», el carácter y la historia de los imperios gentiles. Él había oído a Daniel, el hombre de Dios, interpretar aquella visión. Él había visto el inmenso poder y la gracia de Dios al salvar a los tres hebreos del horno ardiente. Él había también confesado públicamente que no había otro dios como el Dios de los hebreos (3:29). Más aún, había sido solemnemente advertido por Dios mediante esta visión de un gran árbol *talado* (v. 14), y de que su corazón sería mudado en «corazón de bestia» (v. 16). Además, recibió este consejo: «Rompe con tus pecados practicando la justicia, y con tus iniquidades haciendo misericordia» (v. 27). ¡Cuántos hay en este día de gracia que igualmente han recibido un misericordioso trato mediante visiones, advertencias y alientos! Su necesidad, como la de este rey, es *arrepentimiento* para con Dios.

II. Su orgullo. «Al cabo de doce meses, mientras se paseaba por el palacio real de Babilonia, se puso a hablar el rey y dijo; ¿No es ésta la gran Babilonia que yo edifiqué con la fuerza de mi poder...?», etc. (vv. 29, 30). Estos *doce* meses fueron días de gracia, pero como «todas las cosas» parecían «continuar como eran», la advertencia de Dios fue descuidada y olvidada. Desde el Palacio Real, a una altura de unos ciento veinte metros, tenía una vista panorámica de toda la «Gran Babilonia» que yacía a sus pies, cuadrada, con un perímetro de unos cien kilómetros. Había veinticinco calles que se cruzaban en ángulo recto, con una anchura de cuarenta y cinco metros y una longitud de alrededor de veinticuatro kilómetros. La ciudad tenía cien portones de bronce, y estaba amurallada con una masiva estructura de noventa metros de altura y veinticuatro metros de anchura, de manera que pudieran cruzarse holgadamente en la parte superior dos carros de cuatro caballos cada uno. Esta muralla estaba adornada con doscientas cincuenta torres. El río Éufrates fluía lentamente por en medio de la ciudad. El gran puente construido por el rey, y los palacios reales a cada lado, con el magnífico templo y los espléndidos «jardines colgantes», debían estar todos delante de sus ojos cuando exclamó: «¿No es ésta la gran Babilonia que yo edifiqué con la fuerza de mi poder y para gloria de mi majestad?» (v. 30). Cuando el fariseo dijo: «Te doy gracias, oh Dios, que no soy como otros hombres», estaba gloriándose también en su gran Babilonia de justicia propia. El Cardenal Wolsey se gloriaba en su Babilonia de «honra mundana». Todo gloriarse que no sea en el Señor vendrá a ser nada.

III. Su caída. «Aún estaban estas palabras en la boca del rey, cuando vino una voz del cielo: ... El reino ha sido quitado de ti», etc. (vv. 31, 32). «Antes de la caída [es] la altivez de espíritu» (Pr. 16:18). El que se gloriaba de la grandeza de sus propias obras es ahora expulsado de la presencia de los hombres como un maníaco delirante. La causa de raíz fue su rebelión contra la *Palabra de Dios*. El pecado, como la locura, separa e inutiliza para la comunión de Dios.

IV. Su recuperación. «Mas al cabo del tiempo señalado... alcé mis ojos al cielo, y recobré la razón» (v. 34). ¡Qué despertar! ¡Descubrir que vivía la vida de una bestia! La vida de la bestia es la de comer y beber, sin conocimiento de Dios. Hay multitudes que necesitan de tal despertar. Lo que él necesitaba era entendimiento. No era que le cortaran el cabello, que le recortaran las uñas ni que echasen encima de él un manto real la restauración que necesitaba. La reforma exterior nunca puede tomar el lugar de una comprensión interior. Los ojos del entendimiento tienen que ser alumbrados. No se trata de una nueva facultad, sino de una nueva visión de la culpa y de Dios. El hijo pródigo hizo este descubrimiento «volviendo en sí». La evidencia de su verdadera conversión fue: «Ahora, pues, ... *alabo, engrandezco y glorifico* al Rey del cielo... Él puede humillar a los que andan con soberbia» (v. 37).

792. LA CONDENACIÓN DE BELSASAR, O PECANDO CONTRA LUZ

Daniel 5:22-31

Un gnio pagano fabricó una vez una hermosa copa con una serpiente enroscada en el fondo, con un par de ojos centelleantes, una boca abierta y los colmillos listos para morder, de manera que cuando el bebedo vaciara la copa, apareciera de repente aquel terrible animal. Así son los placeres del pecado. Al final muerden como una serpiente. Esta fue la experiencia de Belsasar al final de su gran fiesta impía (v. 1). Inflamado por el vino, pidió que le trajeran los santos vasos del Señor (v. 2), pero en aquella misma hora aparece la mano del juicio (v. 5), y el terror traspasa su soberbio corazón. Belsasar es una solemne advertencia contra los que *están pecando contra la luz*. Observemos:

I. Su oportunidad. «Y tú, ... Belsasar, no has humillado tu corazón, *a pesar de saber todo esto*» (v. 22). ¿Todo qué? Véase capítulo 4:27-34. Él lo sabía todo acerca de la *soberbia* de su padre (o abuelo) y de su caída, cómo fue humillado por Dios, y cómo cuando miró hacia el cielo le volvió su entendimiento. Él lo sabía todo esto, pero persistió en su vida de pecado y de impiedad. Muchos pecan en ignorancia, pero muchos hoy están pecando contra el «conocimiento de la verdad», como los Escribas y Fariseos de la antigüedad; viviendo en las tinieblas de los placeres del pecado, antes que en la luz de la salvación de Dios.

II. Su culpa. «Te has ensoberbecido contra el Señor del cielo» (v. 23). Es fácil ver cómo sucedió. Sencillamente, ignoró la luz y las advertencias de Dios, y puso las cosas materiales y pecaminosas en lugar de «el Señor del cielo». Los dioses de plata, oro, bronce y hierro tenían más influencia sobre él que «el Dios del cielo». La forma actual de esto mismo es seguir ciertas opiniones populares, ignorando la revelación de la voluntad de Dios según está declarada en su Palabra. «*Ensoberbeciéndose*» en sus propios pensamientos y obras, y negando al Señor que lo compró.

III. Su fracaso. «Has sido pesado en balanza, y fuiste hallado falto de peso» (v. 27). El proceso de pesar puede haber ocupado varios años. El Señor es lento para la ira. El carácter se forma a lo largo de un curso de acciones. Él es quien pesa las acciones. Job hizo una vez esta petición: «¡Péseme Dios en balanzas de justicia!». Las balanzas de Dios son siempre justas. Mientras que el pecador está lanzado irreflexivamente en su curso de maldad, Dios está pesándole silenciosamente en su balanza infalible. Y fue hallado *falto*. Falto de fe, de amor y de sometimiento a su voluntad. Belsasar quedó sin influenciar por todos los tratos providenciales de Dios para con él. Sin ninguna reacción de su corazón, «pasó, y recibió el daño». Judas, y todos los que son como él, hallarán finalmente «Su propio lugar», un lugar que ellos mismos se han preparado.

IV. Su condenación. «Esa misma noche fue muerto Belsasar» (v. 30). En la noche de su mayor gloria, la noche de su gran engaño. Mientras él festejaba, los medos y los persas entraron inopinadamente en la ciudad, y llegó el fin de modo inesperadop. La concupiscencia, la incredulidad y la indiferencia no son protección alguna contra el poder abrumador de la verdad rechazada. Los que sean pesados y hallados faltos por parte de Dios quedan privados de toda capacidad de resistir. Puede que la nube tronadora del juicio de Dios se *acumule* lentamente, pero cuando se descargue el rayo, será repentino, irresistible y fatal. ¿Cómo escaparemos, si descuidamos una salvación tan grande?

793. DANIEL, FIRME EN FE

Daniel 6

Daniel ha vivido ya unos sesenta y ocho años en la ciudad de Babilonia. Ha vivido bajo el reinado de tres reyes, y tiene unos ochenta y cinco años de edad. Ha pasado por muchas severas pruebas y tentaciones, pero ha permanecido fiel a su Dios, a su conciencia y a sus semejantes. Observemos:

I. Su integridad. «No hallaremos contra este Daniel ninguna ocasión para acusarle, si no la hallamos contra él en relación con la ley de su Dios» (v. 5). Sus mismos enemigos dan testimonio de la pureza de su vida. Su carácter era invulnerable. Como hombre de oración y de fe era intachable, incluso en los detalles de su ardorosa vida de negocios. La corriente subyacente de su vida era tan pura como la superficial. Éste era el secreto de su fuerza moral. La vida *diaria* es quizá la prueba más severa del carácter cristiano, pero los de puro corazón verán a Dios, y viéndole resistirán.

II. Su firmeza. «Cuando supo Daniel que el edicto había sido firmado, entró en su casa, y abiertas las ventanas de su cámara que daban hacia Jerusalén. oraba y daba gracias delante de su Dios, *como lo solía hacer antes*» (v. 10). Su plan era provocar una colisión entre la ley de los medos (inalterable) con la de Daniel y su Dios. Aunque él sabía que habían logrado fabricar y tender un lazo a sus pies, confiaba en Dios, y siguió haciendo lo que siempre había hecho. Las circunstancias, por adversas que fueran, no ejercieron efecto alguno para cambiar su santo propósito de ser fiel a Dios y a su propia conciencia. El General Gordon, durante la campaña del Sudán, solía poner su pañuelo a la puerta de su tienda cada mañana mientras oraba, y nadie osaba entrar hasta que esta señal era quitada. Valor, hermano, no tropieces en tu vida de oración. Sé firme en tu fe y en tu práctica.

III. Sus padecimientos. Fue indudablemente perseguido por envidia (v. 3). La cobarde trama de sus enemigos pareció tener éxito. Daniel es condenado a los leones. Ésta era la forma persa de castigo capital, como lo era el horno de fuego para los babilonios. Ésta es una poderosa prueba de la autenticidad del libro. Y ésta fue una gran crisis en la experiencia del profeta. ¿Tiene que ser todo sacrificado para aplacar la ira de estos aborrecedores de la piedad? Cada sacrificio que hagamos por Dios nos da un más pleno goce de la salvación de Dios.

IV. Su liberación. «Mi Dios... cerró la boca de los leones», etc. (vv. 20-22). Ésta era una nueva experiencia del poder de Dios. Mientras sus enemigos se regocijan por su supuesta destrucción, Daniel se regocija en una nueva salvación. Dios vindicará la fe de su siervo fiel. Él es poderoso para hacer mucho más de lo que pensamos.

V. Su fe. «Porque había confiado en su Dios» (v. 23). Dios no se negará a Sí mismo. Confiar en Él es honrarle. El secreto de la victoria en la vida cristiana se encuentra en nuestra identificación de vida y propósito con Él.

VI. La condenación de los enemigos. «Fueron echados en el foso de los leones, ... los leones se apoderaron de ellos y quebraron todos sus huesos» (v. 24). El triunfo de los malvados es para poco tiempo. Cavaron un hoyo para el siervo de Dios, y ellos mismos cayeron en él, como sucedió con Amán, que fue colgado de su propia horca. Así como estos enemigos de Daniel tuvieron que ver con el Dios de Daniel, así los enemigos del Evangelio tendrán que vérselas ante el Dios del Evangelio. Rechazar la Palabra de Dios es rechazar al Dios de la Palabra. La ira de Dios tendrá que permanecer sobre el incrédulo (Jn. 3:360. Bienaventurados todos los que en Él confían.

794. EL FINAL DE LA PALABRA

Daniel 7

«Aquí tuvieron fin sus palabras» (v. 28, V.M.). A lo que aquí se ha hecho referencia es profético de las condiciones finales de este mundo. Este libro está dividido en dos partes. Los capítulos 1-7 dan sin interrupción la porción narrativa, y los capítulos 7-12 dan las referencias proféticas sin interrupción. No se sigue el orden cronológico. Daniel, como hombre de visión, era hombre de acción. Las visiones de Dios y de su verdad deberían tener resultados prácticos.

I. La visión. Esta revelación y la interpretación son una repetición de la visión de la imagen en el capítulo 2. Las cuatro secciones de la imagen se corresponden a la perfección con las cuatro «bestias» que aparecen aquí. Así como la Piedra rompió en pedazos la imagen de los reinos gentiles, de la misma manera aquí el «Hijo del Hombre» les quita el dominio a las bestias (vv. 12-14). Los reinos de este mundo son todos como «bestias» surgiendo del gran mar de la humanidad. Las «bestias» a las que se hace referencia, observemos esto, son todas de rapiña: fieras, opresivas, feroces. No como el buey o la oveja. Estos poderes, representados como fuerzas potentes, irrazonables y brutas, contienen un triste reflejo de nuestra orgullosa civilización. Les ha permitido Dios que suban al poder y a la autoridad por algún propósito sabio. Incluso las naciones pueden necesitar operaciones quirúrgicas, no solo los individuos. Parte de la visión se ha cumplido ya con la caída de los reinos de Babilonia, Persia, Grecia y Roma. El resto ciertamente seguirá.

II. El bienaventurado fin (v. 28). Viene una nueva monarquía. La historia de los reinados «bestiales» ha quedado escrita en lágrimas y sangre. El nuevo Reino será el Reino de Dios y de su Cristo. ¡Qué acontecimientos más maravillosos!

1. LA VENIDA DEL HIJO DEL HOMBRE. «He aquí, con las nubes del cielo venía uno como un hijo de hombre» (v. 13). Él es la nueva Cabeza de la humanidad. Las «bestias» son de la tierra. Él es el Señor del cielo. Estudia la parábola del «hombre noble» en Lucas 19. Ver Mateo 24:27 en cuanto a lo repentino de su aparición.
2. LA DESTRUCCIÓN DEL PODER DE LAS BESTIAS. «Habían quitado a las otras bestias su dominio» (v. 12). Éstas habían dominado por largo tiempo, pero el mundo no había aprendido a conocer a Dios, y nunca lo hará por medio de un gobierno *bestial*. Es el Hombre Cristo Jesús, ahora coronado de todos Señor, cuyo es el derecho a reinar. Él reinará, y los términos más remotos de la tierra vendrán a ser su posesión.
3. EL ESTABLECIMIENTO DE UN NUEVO REINO. «Y le fue dado dominio, gloria y reino, para que todos los pueblos, naciones y lenguas le sirvieran» (v. 14). Este reino será *universal*: «Todos los pueblos, naciones y lenguas». Será *eterno*: «un reino que no será destruido jamás». Toda lengua confesará que Él es el Señor, para gloria de Dios Padre.
4. LA VICTORIA DE LOS SANTOS. «Y llegó el tiempo en que los santos recibieron en posesión el reino» (v. 22). Así se cumplirá la promesa: «Después recibirán el reino los santos del Altísimo» (v. 18). ¡Qué bendito «fin [de] sus palabras» (v. 28, V.M.). Son los *santos* los que reinarán, no las *sectas*. ¿No sabéis que los santos juzgarán el mundo? (1 Co. 6:2). No temáis, manada pequeña, que al Padre le ha plácido daros el Reino. Sí, viene un buen tiempo para los fiados, trabajados y sufrientes siervos de Dios. «Si *hijos*, también herederos». Tenemos que poseer primero la *naturaleza* divina antes de entrar en la herencia divina. Un criminal no tiene ni sitio ni nada que decir en el estado; siempre es tratado como una persona ajena. Tampoco puede un alma que ame el pecado tener lugar alguno en el Reino de Dios, que es justicia y paz, y gozo en el Espíritu Santo. «Mi esperanza», dijo un santo moribundo, «está en la justicia de Dios: la justicia de Dios para Jesucristo». Vosotros estáis completos en Él.

795. ALIENTO PARA LOS INTERCESORES

> «Daniel, no temas; porque desde el primer día en que aplicaste tu corazón a entender y a humillarte en la presencia de tu Dios, fueron oídas tus palabras; y a causa de tus palabras yo he venido» (Dn. 10:12).

Hay mucho de extraño y misterioso en este incidente de la vida de Daniel, aquel gran estadista, santo y profeta. Tenía ahora ochenta y nueve años. Habían transcurrido setenta y tres desde su deportación de su amada tierra de Judá. Dos años habían pasado desde que el emperador, Ciro, había permitido al fiel remanente de Israel volver a Jerusalén. Por una u otra razón, Daniel comenzó unas oraciones especiales. Cuál fuese la petición que hizo, no la sabemos. Quizá estaba orando por el remanente al recibir algún informe sobre las dificultades que encontraban para reconstruir Jerusalén y para restaurar la vida nacional, y quizá deseaba saber qué sucedería a su pueblo en el futuro (ver v. 14). Había estado dedicado a una ferviente y perseverante oración durante tres semanas antes que llegase una respuesta. Aunque es indudable que se sentía perplejo y aturdido ante aquella larga tardanza, el anciano profeta prosiguió con sus súplicas. Entonces le fue dada una visión. Apareció «un varón». Comparando la descripción que hace Daniel de esta augusta Persona con la que da Juan en Apocalipsis 1, llegamos a la conclusión de que era el Señor. Los siervos de Daniel que estaban con él «no la vieron [la visión] ... sino que se apoderó de ellos un gran temor, y huyeron a esconderse», dejando solo a su amo. El efecto de la visión sobre el anciano siervo de

Dios fue abrumador. «Y sólo yo, Daniel, vi aquella visión, ... y no quedó fuerza en mí; se demudó el color de mi rostro hasta quedar desfigurado, y perdí todo mi vigor». Pero en medio de su temor y angustia, el Señor le dio palabra de consuelo y aliento: «No temas», palabra siempre inspiradora para todos los siervos orantes del Señor.

I. La oración es oída en el acto en el cielo, aunque su respuesta tangible pueda parecer retardada. Naturalmente, esto se refiere a la oración ofrecida por un corazón humilde y que confía en Dios. Muy significativa es la frase: «Aplicaste tu corazón», no solo a «entender», sino también a «humillarte en la presencia de tu Dios». Nuestro clamor de auxilio es siempre oído, y se mantiene un registro del mismo delante del Señor. Nunca permitas que el enemigo te persuada de que tu clamor ha sido desoído. No, mil veces no. «Desde el primer día ... fueron oídas tus palabras».

II. Los retardos en la respuesta a la oración no siempre se deben a Dios. Algunos retardos se deben bien a la falta de preparación o de idoneidad por parte del suplicante o de la petición. Pero no es así con todos los retardos. Los retardos no siempre significan negaciones. En la visión, el Señor explicó al anciano intercesor cómo había sucedido que no hubiese recibido una respuesta tangible a una oración que había sido ofrecida y oída hacía tres semanas. Y la explicación era que había existido un conflicto entre los poderes de la luz y los poderes de las tinieblas, entre los poderes invisibles que rigen e influencian a las naciones y a los pueblos. Esta cuestión es singularmente fascinante, pero, ¡cuán poco conocemos o podemos conocer acerca de esto! El velo que oculta lo invisible es aquí un poco levantado, revelando una titánica oposición al cumplimiento de los mandamientos del Señor. Acerca del éxito final de los poderes de la luz no puede caber dudas de ningún tipo, porque los poderes satánicos no son omnipotentes; sin embargo, los retardos debidos a la oposición son tiempos de prueba para las almas anhelantes y ansiosas. En la experiencia de Daniel, se le dio una explicación apropiada acerca del retardo, pero el Señor no lo explica todo a sus siervos. ¿Y qué entonces? Bien, lo que podemos hacer es confiar aunque podamos no comprender. Y podemos perseverar en nuestros ruegos hasta que nuestras oraciones reciban oración. Daniel perseveró en oración durante tres semanas; perseveremos nosotros por tres, treinta o trescientas semanas. Ora de verdad. No cejes, por mucho que te ponga a prueba el silencio del cielo. El conflicto de la oración es una experiencia que no puede ser confiada a todo el pueblo del Señor, sino solo al santo maduro. La decidida respuesta de Jacob al Señor, «No te dejaré, si no me bendices», es digna de encomio. Muchas batallas perdidas se habrían ganado si los combatientes hubiesen practicado algo más la perseverancia.

796. ALGUNOS ANUNCIOS EN OSEAS 2

1. Voy a **seducir**. La obra del Espíritu, versículo 14
2. Le **daré**. El don del Hijo, versículo 15
3. **Desposaré**. La *Palabra* de la promesa, versículo 19
4. **Tendré misericordia.** Suficiencia para siempre, versículo 23.

797. RELIGIÓN TEMPORAL
Oseas 2:1

Ellos tenían:

1. **Consciencia** de su necesidad. «Él ha desgarrado».
2. Un **deseo** de ser salvos. «Venid, volvamos».
3. Una **perspectiva** de una nueva vida. «Nos dará vida».
4. Un **conocimiento** del camino (v. 3).
5. **Creencia** en su misericordia (v. 3).

Pero todo ello fue como una nube de la mañana.

798. EL PROPÓSITO ETERNO Y LLENO DE GRACIA DE DIOS
Oseas 2:14-18

Oseas es contado como el primero de los profetas menores, un contemporáneo de Isaías, en los días memorables de Uzías y Ezequías, reyes de Judá. «Palabra de Jehová que vino a Oseas», y por medio de su vital relación con una esposa moralmente depravada e infiel, reveló simbólicamente la traidora relación de Dios con su longánime Dios. Tratemos aquí de ver algo de la abundante gracia de este Dios con quien tenemos que ver.

I. Su método lleno de gracia. «Yo la voy a *seducir* y la llevaré al desierto» (v. 14). No dice: «La *empujaré*», sino «la voy a seducir» a una condición en la que sus antiguas malas asociaciones y malos hábitos no tendrán la misma hechizadora influencia sobre ella. Así, el primer acto de la gracia se ve en una misericordiosa seducción. ¿Por qué somos tan lentos a reconocer y creer en esta bendita obra del Espíritu Santo, y a imaginar que cuando los placeres de las cosas materiales comienzan a secarse y a morir en nuestra experiencia, que la vida ha perdido su valor? A los que sienten lo mundano les parece siempre que llegan a un desierto estéril cuando son puestos en una posición en la que nada más les queda sino Dios.

II. Su propósito lleno de misericordia. «Hablaré a su corazón.» Dios sabe cuáles son nuestras profundas necesidades, y cómo mejor afrontarlas, porque «como consuela una madre, así lo hará el Señor» (cf. Is. 66:13). ¡Ah, la gloria que amanece en nuestras almas cuando en nuestro aturdimiento resplandece la paz de Dios en nuestros turbados corazones. Sus palabras y caminos de consolación nos sacan de las tinieblas de la duda y del temor a su maravillosa luz y reposo. ¿Por qué es que necesitamos tanta seducción para ser llevados a la condición en que Dios puede darnos sus más preciosos dones? Ciertamente que es por la ceguera y terquedad de nuestras mentes naturales. Con todo, «Él nos *da la victoria*».

III. Los maravillosos resultados.

1. «Y LE DARÉ sus *viñas desde allí*» (v. 15). ¡Qué! ¿viñas desde el desierto, donde no podíamos ver nada sino esterilidad y desolación? Sí, de nuestras experiencias, de nuestra fatiga y aparente fracaso Dios puede hacer esto mismo, fuentes refrigerantes y fortalecedoras. Por esto recibimos la certidumbre de que la conducción divina nunca es contraria a nuestro mayor bien. La *mano* de nuestro Padre nunca está fuera de armonía con el *corazón* del mismo. Su sabiduría nunca contradice a su amor. Por ello, confiemos esperanzados y gozosos, aunque nos hayamos visto frustrados y abatidos. «*A donde* Él guíe, le seguiré». El Espíritu Santo sigue atrayéndonos a nuevas y más profundas experiencias.
2. «LE DARÉ... EL VALLE DE ACOR (turbación o temblor) *por puerta de esperanza.*» En el tenebroso y terrible valle de turbación Él puede abrir y abrirá una nueva puerta a una renovada esperanza y a una mayor libertad (Jos. 7:26) para todo humilde creyente. Tememos la experiencia de la «turbación», puede que porque nos lleva a un sentimiento tan profundo de nuestra debilidad e impotencia. No nos imaginemos que solo estamos creciendo espiritualmente cuando estamos escalando. Nuestro Dios obrador de maravillas puede hacer de nuestro valle de turbación un lugar en el que yacer (Is. 65:10).
3. «ALLÍ CANTARÁ COMO EN TIEMPOS DE SU JUVENTUD» (v. 15, RV). Cantará como, cuando nación, fue librada de Egipto. Le será restaurada la lozanía de sus días felices y juveniles. El Dios de Israel es el Dios de nuestra salvación, aún listo para renovar y restaurar. Cada oración contestada da ocasión para un nuevo cántico. Cada renovada manifestación de su sabiduría y poder da victoria adicional a nuestro ser espiritual. En este sentido, aquello que es verdaderamente cristiano nunca envejece. «Los jóvenes se fatigan y se cansan, los valientes flaquean y caen, pero los que esperan a Jehová tendrán nuevo vigor». Cuando Dios da satisfacción al anhelo de nuestra naturaleza espiritual con «cosas buenas», la juventud es renovada «como las águilas» (Sal. 103:5).
4. UNA NUEVA RELACIÓN. «En aquel tiempo... me llamarás Marido mío» (v. 16, RV). Bienaventurado día para Israel cuando «Vendrá de Sion el Libertador, que apartará de Jacob la impiedad, y cuando «todo Israel será salvo» (Ro. 11:26). «Marido mío.» Es algo más profundo y dulce que la mera designación formal «señor mío». «Esposa» significa mucho más para mí que «sierva». ¡Qué maravillosa gracia la que aquí se revela! Dios se compromete a actuar por su pueblo como «Marido». Pensemos en todo lo que se involucra en tal promesa. Asume la responsabilidad de suplir todas nuestras necesidades, y de traernos y guardarnos en la más estrecha comunión con Él mismo. «Llámame *Marido*, y confía en Mí que seré amante y fiel en tanto que vivas.» ¡Cuán dulce es esta certidumbre para el fatigado y tembloroso corazón! «No se turbe vuestro corazón, creéis en Dios» (Jn. 14:1).

799. EL DESPOSORIO DIVINO
Oseas 2:19-23

Dios no amó a Israel a causa de su atractivo. Ella se había hecho culpable de adulterio espiritual; incluso su madre se prostituyó (v. 5). «En esto consiste el amor: no en que nosotros hayamos amado a Dios, sino en que él nos amó a nosotros». Y esto hasta el punto de que «siendo aún pecadores, Cristo murió por nosotros». Observemos:

I. La manera de este desposorio. El desposorio es siempre una cuestión delicada, y debería ser llevado a cabo en base de principios justos y sagrados; y así es con nuestro Dios.

1. EN RECTITUD. De una manera consistente con su carácter y con nuestra verdadera necesidad. Él tiene que ser *recto* para ser un Salvador en quien podamos confiar (Is. 45:21). Este desposorio está en perfecto acuerdo con toda la santidad del cielo, y será sin falta a través de las edades eternas. Pero debe ser también
2. EN JUICIO (RV). La desposada es actualmente culpable, impura y profundamente endeudada. ¿Cómo puede ser limpiada del pecado, y quedar cancelada su gran deuda? Éste es el gran problema de la gracia divina. La paga de su pecado es muerte. El pecado y la culpa deben ser juzgadas. Gloria y honra a su Santo Hombre. Jesucristo, el Hijo Eterno de Dios, al buscar desposar consigo a la humanidad, tomó nuestra naturaleza, cargó la culpa de nuestros pecados, derramando su Sangre para purificarnos, y vino a ser propiciación por todo el mundo (1 Jn. 2:2).
3. EN MISERICORDIA (RV). Sí, en aquel *amor* que se deleita en manifestarse a sí mismo en *bondad* para con nosotros. Esta expresiva palabra, «amante bondad», es empleada por el Salmista más de veinte veces. ¿No es maravilloso hallarla aquí en relación con una nación adúltera? He aquí el triunfo del amor redentor. En *rectitud* y en *juicio*: Estas son las riberas del canal por las que corre el río de su *misericordia*, «para mostrar en los siglos venideros las sobreabundantes riquezas de su gracia en su benignidad para con nosotros en Cristo Jesús. Porque por gracia habéis sido salvados» (Ef. 2:7, 8).
4. EN MISERACIONES (RV). Sus miseraciones, ¡Cuántas son! Son los dones de su amor a la desposada. El apóstol las llama «las sobreabundantes riquezas de su gracia» libremente otorgadas. Cuando Rebeca decidió «ir con este hombre», es indudable que recibió muchas atenciones por el camino. Cuando el pródigo llevó al hogar, muchas fueron las riquezas que el Padre le otorgó. La *misericordia* de Dios constituye un poderoso incentivo para presentarnos a Él. Pablo se dio cuenta plena de esto, porque al escribir a los Romanos, les dice: «Os exhorto por las misericordias de Dios, a que presentéis vuestros cuerpos como sacrificio vivo, santo, agradable a Dios, que es vuestro servicio de adoración espiritual» (Ro. 12:1).
5. EN FIDELIDAD. La unión que se propone es toda en fidelidad por parte de Él. «Mi pacto no quebrantaré.» Fiel es el que prometió. «Yo soy el dios de *Jacob*, aquel hombre veleidoso e inestable, mas Yo no cambio.» Él permanece fiel. ¡Qué consoladora promesa, cuando la debilidad, el fracaso y la derrota nos alcanzan en nuestra obra para Él.

II. El propósito de este desposorio. Es con vistas al matrimonio: una unión eterna.

1. Para que le CONOZCAMOS. «Y conocerás a Jehová» (v. 20). Conocerle como para amarle, servirle, adorarle y alabarle. Esto significa un conocimiento de *corazón*, y su promesa sigue siendo: «Y les daré un corazón para que me conozcan» (Jer. 24:7). Este nuevo corazón dado por Dios es lo que los hombres necesitan para conocer a Dios. «Ésta es la vida eterna, que te conozcan a ti, el único Dios verdadero, y a Jesucristo, a quien has enviado» (Jn. 17:3).
2. Para que le PERTENEZCAMOS a Él. «Ni tampoco te casarás; y lo mismo haré yo para contigo» (3:3). Ésta es una verdad escudriñadora. Él es por nosotros de todo corazón; nosotros debemos ser para Él de todo corazón, o cometer adulterio con nuestros afectos. Cristo no nos compró con su Sangre para que perteneciéramos a *ningún otro*. «UNO es vuestro Maestro, el Cristo». No sois vuestros. ¿Deseamos tan sincera y plenamente ser de Él como Él desea ser totalmente nuestro?
3. Para que le CONFESEMOS. «Él dirá: Dios mío» (v. 23). ¿Qué armonía podría haber en un hogar en el que la esposa se avergonzara de decir: «Tú eres mi marido»? Hay muchos que beben abundantemente del río de las misericordias de Dios y que nunca miran arriba y dicen: «Tú eres mi Dios». Hay un honor presente y eterno para todos los que confiesan a Jesucristo *delante de los hombres* (Lc. 12:8), porque a los tales Cristo los confesará *delante de los ángeles de Dios*. Abre tu boca de par en par para Él, y Él la llenará.
4. Para que seamos COLABORADORES juntamente con Él. La esposa debe ser la *ayuda idónea* del marido. Los miembros del cuerpo son colaboradores junto con la cabeza. Nosotros, que hemos sido admitidos a la familia de Dios, por su gracia misericordiosa y persistente, debemos ciertamente sentir nuestra responsabilidad de buscar el adelanto de su reino. La causa de Dios es un asunto de *familia*. ¿Perteneces tú a su familia? Entonces, ¿estás tú en sus intereses? «Señor, ¿qué quieres que haga?»

800. EL PELIGRO DE LA IGNORANCIA ESPIRITUAL

Oseas 4:6-11

Este capítulo trata adicionalmente con este pueblo pecaminoso, y con la exposición de su carácter y juicio en contra de ellos por parte de Dios, porque «Jehová tiene pleito con los moradores de la tierra» (v. 1). Aquí se les acusa de falta de conocimiento.

I. La ignorancia de Dios es cosa común. Israel tuvo muchas manifestaciones de la sabiduría y poder de Dios en su historia pasada. Muchos mensajes de labios y vidas de sus profetas; pero en la vida práctica no le conocían. Lo mismo sucede hoy día con multitudes en esta pretendida «era cristiana». Hay muchos hoy que tratan de excusar tal ignorancia diciendo: «Dios es incognoscible», lo cual es una negación del «testimonio de Jesús», que es «la *imagen* del Dios invisible». «El que me ha visto a MÍ», dijo Él, «ha visto al Padre». ¿Cómo dices tú, entonces, «Dios es incognoscible»? (véase Jn. 14:7-10).

II. La ignorancia de Dios es frecuentemente voluntariosa. «*Desechaste* el conocimiento» (v. 6). Pablo, escribiendo a la misma nación, dice: «Ignorando la justicia de Dios, ... *no se han sometido*» (Ro. 10:3). Los que «se obstinaron en alejarse de Jehová» (v. 10) son verdaderamente culpables de ceguera voluntariosa, porque aman las tinieblas más que la luz. Las tinieblas son más apropiadas para llevar a cabo sus acciones egoístas y malvadas. Rechazamos la más elevada sabiduría y el más gran conocimiento cuando rechazamos a Cristo, que es la sabiduría de Dios. Ahora bien, ignorar voluntariamente a Dios en presencia de su glorioso Evangelio es ser un criminal voluntario. «¿Cómo escaparemos nosotros si descuidamos una salvación tan grande?»

III. La Ignorancia voluntaria de Dios es fatal. «Mi pueblo fue destruido porque le faltó conocimiento» (v. 6). Es fatal para la vida y feracidad espiritual como un pámpano cortado de la vid. Dios no puede ser burlado. Esta ignorancia conduce a:

1. EL RECHAZAMIENTO DIVINO. «Por cuanto desechaste el conocimiento, yo te echaré» (v. 6). No puede haber una verdadera comunión con Dios cuando la luz de su Palabra es menospreciada o ignorada. La tiniebla del corazón incrédulo corta la visión de la faz de Dios en Jesucristo. Piensa en esto. Rechazar los ruegos de su amor sacrificial es quedar finalmente rechazado.
2. LA GLORIA VUELTA EN VERGÜENZA. «También yo cambiaré su honra en afrenta» (v. 7). ¿Se estaban ellos gloriando en sus falsos dioses, en su crecimiento, en su prosperidad material, en su libertad de los frenos divinos? No se estaban gloriando en el Dios de ellos, por lo que Él lo tornaría todo en ardiente vergüenza. Nuestro Dios es «un Dios celoso». Su amor es tan grande y tierno que no sufrirá a ningún rival en nuestros afectos y devoción. Guardaos, porque todo lo que tome su puesto en los afectos del corazón será ciertamente mudado en vergüenza y confusión.
3. ESFUERZO ESTÉRIL. «Comerán, pero no se saciarán» (v. 10). No importa cuántas cosas materiales intenten acumular en sus codiciosas vidas, nunca tendrán suficiente. Ésta es la experiencia de muchos hombres y mujeres mundanos. Un esfuerzo frenético y sin fruto para alcanzar la satisfacción del alma, pero nunca tienen suficiente. No conocen la profundidad del hambre en sus propias almas. Cristo dijo: «Yo soy el Pan de Vida». Comed, amados, hay suficiente aquí y de sobra. Él satisface el alma hambrienta con bien. «Yo soy el pan vivo que descendió del cielo; si alguien come de este pan *vivirá para siempre*». Ciertamente, esto es suficiente. «Toda la plenitud mora en Él». Aquí tenemos el océano de Dios, para llenar aquella pequeña copa tuya, llamada el *corazón*.

801. EL SECRETO DE UN GRAN CAMBIO

«Efraín está ligado a los ídolos; déjalo» (Os. 4:17).

«Efraín dirá: ¿Qué más tendré ya que ver con los ídolos? Yo le atenderé, y miraré por él» (Os. 14:8).

¡Qué cambio más destacable tenemos aquí! El primero habla de una nación abrazada a sus ídolos a pesar de las advertencias proféticas tocantes a las duras consecuencias de tal conducta, mientras que la segunda Escritura describe a una nación –el mismo terco y voluntarioso pueblo de Israel– echando a un lado a estos mismos ídolos. Naturalmente, nos interesamos por saber la razón de las decisiones tomadas de manera rápida y repentina, especialmente si se trata de las que se ven en personas tozudas, difíciles de tratar, y no nos quedamos ignorantes del secreto. Podríamos observar que el descubrimiento del secreto de tal cambio no es simplemente algo interesante, sino de una vital importancia, y algo que afecta a nuestra condición moral y espiritual, porque aquí se exhibe el camino de Dios de desconectarnos del mundo, y también del vicio y del pecado y del yo.

Primero, se nos introduce a una nación casada con sus ídolos. Aquellos fueron unos días tristísimos de la historia del pueblo escogido de Dios. Él había enviado a profeta tras profeta con mensajes de amor a un pueblo recaído, pero sin conseguir nada, porque persistían en sus malos caminos. Y ahora viene el veredicto divino: «Efraín está ligado a los ídolos; déjalo». Y ser dejados solos eran lo que deseaban, pero no les podría haber sucedido nada más terrible. A veces, cuando cristianos fervientes apremian a hombres y a mujeres del mundo para que se interesen acerca de sus almas, exclaman: «¿Por qué me inquietas? ¡Déjame!» Se nos dice que los viajeros en las regiones árticas se ven a veces tan vencidos por el frío que se dejan caer sobre la nieve, y les ruegan a sus compañeros que les hagan el especialísimo favor de dejarlos descansar y dormir un rato. Pero esta petición nunca es concedida. ¡Qué falso y cruel sería que estos compañeros de expedición no sacudieran al adormilado, obligándole a mantenerse en movimiento! Ser dejado solo significa la muerte. «Déjanos» (Lc. 4:34): éste fue el ignorante clamor de los pecadores al Salvador. Peor aún, fue un clamor inspirado por un siglo malo. ¡Que el Señor nunca conceda tal petición a ningún lector de esta página!

«Abrazar ídolos, no es que yo pretenda mucha piedad, pero eso no lo hago.» ¿Esto es lo que dices tú? Te ruego que recuerdes esto, que aquello a lo que el hombre le da el mayor valor: dinero, posición social, el placer, los apetitos, el aplauso, esto es su dios. Responde ahora con franqueza a esta pregunta: *¿Qué es lo que es primero en tu vida?* ¿Acerca de quién o de qué es tu primer pensamiento cuando te despiertas? ¿Cuál es tu último pensamiento por la noche? ¿Puedes decir esto?:

«Pienso en mi bendito Redentor,
En Él toda la jornada medito».

Ningún alma inconversa puede responder en sentido afirmativo. Y recuerda, por favor, que todo lo que tenga el primer lugar en tu vida es tu dios. Aferrarse a pecados y placeres: ¿Es éste tu caso? Quizá, ¡ay! algunos confesarían con tristeza que no es tanto que estén abrazando sus pecados como sus pecados asiéndose de ellos en un mortal abrazo. ¡Ah, Él te ama demasiado para dejarte solo todavía. Si en Oseas 4:17 Él dice «¡Déjalo!», en 11:8 exclama: «¿Cómo podré abandonarte, oh Efraín!».

La secuela se ve en nuestra segunda Escritura, donde tenemos una nación echando sus ídolos fuera. Pero ¿cómo sucedió? O, más bien, ¿cómo será esto? Este maravilloso cambio es el resultado del poder excluyente de un nuevo afecto, introducido por un contacto personal con el Señor, oyéndole y observándole a Él. Ésta es una profecía que será cumplida el día de mañana en la historia de los judíos. Pero puede quedar cumplida en cada experiencia en el aquí y ahora. Casado con los ídolos, y los ídolos casados contigo, pero hay liberación por medio de Él. Conocerle a Él es vida eterna, con toda la bendición que conlleva tal cosa. «Le he oído». Pues bien, la fe viene por el oír, y el oír por la Palabra de Dios. «Le he observado» así es como se suscitan los afectos.

Se dice que un gran escultor pasó ocho años produciendo el rostro del Señor Jesús, y que al final consiguió uno en el que las emociones del amor y del dolor estaban combinadas de manera tan perfecta que los que lo veían lloraban al contemplarlo. Posteriormente recibió un pedido para que emplease su gran talento para hacer una estatua de Venus, y contestó: «Después de haber estado mirando tanto tiempo el rostro de Cristo, ¿pensáis que voy a fijar mi atención en una diosa pagana?» Y menospreció el ofrecimiento. Aquí tenemos el secreto de la desvinculación con los ídolos:

«La voz de Jesús oí,
No quiero saber nada más;
El rostro de Jesús vi;
Satisfecha mi alma está».

802. LA RETIRADA DEL ROSTRO DE DIOS

Oseas 5

Esto significa sencillamente la retirada de su favor. Aquí tenemos;

I. Una triste y solemne posibilidad. «Se apartó de ellos» (v. 6). La *faz* de Dios denota la presencia y aprobación divinas: guía, consolación y ayuda. ¡Cuán miserable y desesperanzada debe ser la nación o el alma cuando se aparta esta faz de ellos! «El rostro de Jehová es contra los que obran mal» (Sal. 34:16, V.M.). ¿Cómo podemos orar: «Haz resplandecer tu rostro sobre tu siervo» (Sal. 31:16) si en nuestro servicio estamos secretamente buscando la propia gloria o la alabanza de los hombres? Él no dará su rostro a aquello que desagrada a su corazón. pero, bendito sea Dios, podemos ahora contemplar su gloria en la faz de Jesucristo (2 Co. 4:6). Aquella faz que está siempre vuelta a aquellos que le aman y que fielmente prosiguen a conocer. «Mi presencia (lit., faz) irá contigo» (Éx. 33:14). Cuidado. No contristes al Espíritu Santo, no sea que su rostro se retire. Tú has dicho: «Buscad Mi Rostro». Mi corazón quisiera responder: «Tu rostro buscaré, oh Jehová».

II. Las razones de su retirada. Tiene que haber una causa para esto; una causa dolorosa para un corazón amante.

1. HABÍAN VENIDO A SER UN LAZO (v. 1). En lugar de ser luz y ejemplo, alentando a otros a confiar y servir al Señor, habían llegado a ser lazo y red, atrapando a pies no avisados a sus caminos de impiedad. ¿Te preguntas por qué Dios aparta su rostro y favor de esos cuya vida y ejemplo alientan a otros a deshonrar su Nombre y su mensaje? «El que no es por Mí es contra Mí.»
2. «NO LES PERMITEN SUS OBRAS *volverse a su Dios*» (v. 4). ¿No sucede así con muchos en nuestro propio día? Sus *acciones* diarias son tales que no les dan tiempo para orar, ni siquiera para pensar en el Dios misericordioso que tan persistentemente ignoran. Obreros cristianos, tomaos tiempo para mirar arriba. No dejéis que la multitud de vuestros compromisos obstaculicen el acto de adoración, no sea que Él esconda de vosotros su rostro.
3. «HAN TRAICIONADO A JEHOVÁ» (v. 7). La traición es una violación de la adhesión, un quebrantamiento de una palabra dada. Somos traidores al Capitán de nuestra Salvación cuando nos identificamos con las filas del enemigo. Ser infieles a nuestro Señor es perdernos el resplandor de su rostro. «No os engañéis: Dios no puede ser burlado.» Ahora observemos algunos de:

III. Los resultados de la retirada de su rostro. Por parte de ellos hubo:

1. VANOS SACRIFICIOS. «Con sus ovejas y con sus vacas andarán buscando a Jehová, y no le hallarán» (v. 6). Ninguna cantidad de sacrificios podrá expiar por la ocultación del rostro de Dios en tanto que el corazón no sea recto para con Él. Ninguna cantidad de obras, ni ninguna cantidad de energía carnal invertida en su servicio podrá suplir la ausencia del Santo Espíritu de poder. Fuera de comunión con Dios significa para nosotros que nuestro testimonio es vano y sin fruto. Estaban:
2. VEJADOS Y QUEBRANTADOS (v. 11). Por cuanto habían perdido la visión de la faz de Dios, buscaron ayuda de los dioses hechos de manos. Desobedeciendo la Palabra del Señor, obedecieron el mandamiento de un hombre de sabiduría mundana (véase 1 R. 12:28). Angustiados por los poderes de este mundo, y quebrantados como un vaso de alfarero. Éste es el destino del alma que ha contristado deliberadamente la presencia salvadora de su Dios. Luego ellos:
3. BUSCAN OTRO REMEDIO (v. 13). Pero no hallaron sanidad para su dolencia, ni bálsamo para su herida. Señor: ¿a quién podemos ir cuando se ha secado la verdadera fuente de nuestra vida? Todas las otras fuentes son solo «cisternas rotas» que no pueden retener nada de lo que necesita un alma pecaminosa. Cuando ha fallado la fe en Dios, la vida se convierte en un debatirse desesperado y sin perspectivas. «Sin Mí nada podéis hacer.»
4. DIOS ESPERA HASTA QUE BUSCAN SU FAZ. «Voy a volverme de ellos a mi lugar, hasta que reconozcan su pecado y busquen mi rostro» (v. 15). Aunque su rostro pueda estar oculto debido al pecado de ellos, sin embargo en amor Él anhela la comunión con la nación pródiga. Se necesita *confesión*, y la búsqueda del recaído debería ser no solo en pos de sanidad, sino por el resplandor del rostro del Sanador. «Me hallaréis cuando me busquéis de *todo corazón*». Él «confortará mi alma». Cuando el pródigo arrepentido vio la faz de su padre, de inmediato recibió de las riquezas de su gracia. Los que rehusan ahora el favor de Dios, tal como está revelado en la faz de Jesús, pueden tener que decir: «Escondednos del rostro del que está sentado sobre el trono, y de la ira del Cordero» (Ap. 6:16).

803. LA CONFESIÓN

Oseas 6:1

1. Una confesión de necesidad: «A Jehová».

2. Una confesión de pecado: «Volvamos».

3. Una confesión de sufrimiento: «Desgarrado».

4. Una confesión de fe: «Él nos curará».

804. LLAMAMIENTO AL ARREPENTIMIENTO

Oseas 6:1-3

Es evidente que este llamamiento vino por medio de los labios del profeta. Y por todo lo que sigue, evidentemente no se arrepintieron, pero llegará el tiempo en que como nación estas palabras les serán cumplidas de manera literal (Jer. 30:17). Pensemos en estas maravillosas palabras a la luz de la enseñanza del Nuevo Testamento.

I. La necesidad de arrepentimiento. Estaban *desgarrados y heridos* (v. 1). Desgarrados y torturados por su propia miseria, y heridos con derrota y fracaso, y todo ello como resultado de la Divina Providencia, a causa de su incredulidad. Hay necesidad para arrepentimiento por nuestra parte cuando estamos atormentados con ansiedades y heridos con vergonzosas derrotas en nuestra obra para el Señor. Él sabe cuánto hay en nosotros que tiene que ser *desgarrado y herido*. Cosas como egoísmo y soberbia.

II. La manera de este arrepentimiento. «Volvamos a Jehová». Volver implica una condición de recaída. El arrepentimiento que no nos lleva justo de vuelta al Señor es un arrepentimiento del que debemos arrepentirnos. La prueba del arrepentimiento del pródigo fue el hecho de que se levantó y *fue a su padre*. El arrepentimiento es «una gracia salvadora» solo cuando nos trae a Dios en humildad de corazón, y, puede ser, con una confianza llena de temblor. Los brazos divinos están siempre abiertos en bienvenida amante para el alma verdaderamente arrepentida. Es *con Él* con quien tenemos que ver en tal momento, y no con ningún sacerdote terrenal.

III. Los resultados de tal arrepentimiento.

1. ÉL «CURARÁ Y VENDARÁ». «Él nos curará; ... él nos vendará» (v. 1). Nuestros corazones enfermos y nuestros desgarrados horizontes serán sanados y vendados. «Él sana todas nuestras dolencias» y «venda a los quebrantados de corazón». Profundamente se han arrepentido los que viven en el gozo de esta salud e integridad espiritual.
2. Habrá AVIVAMIENTO. «Nos dará vida» (v. 2). Después de «curar» y «vendar» vienen los poderes energizadores de una nueva vida. Cuando el pecador ha sido perdonado y reconciliado con Dios habrá, o debería haber, una revitalización del alma por el Espíritu Santo. «Es el Espíritu el que da vida». Él puede hacer todas las cosas nuevas en nuestras vidas diarias.
3. Habrá el «VIVIR DELANTE DE SU PRESENCIA» (v. 2, V.M.). El hombre del mundo puede que esté vivo a la luz de sus compañeros, pero es algo muy diferente estar realmente vivo a la luz de la presencia de Dios. No meramente viviendo bajo su mirada, como todos, sino tener la vida que es verdaderamente vida para Dios. «Yo he venido», dijo Jesucristo, «para que tengan vida». «El que tiene al Hijo tiene la vida», y le es dada en abundancia. Ésta es la verdadera vida tal como Dios la ve. La estimación del mundo es muy diferente; pero, ¿qué importa en tanto que estemos viviendo en presencia de Dios aquella vida que es eterna?
4. Habrá una EXPERIENCIA CRECIENTE. «Y conoceremos y proseguiremos en conocer a Jehová» (v. 3). Está en la naturaleza de toda cosa viviente el *crecer*. La nueva vida espiritual no debe ser como un estanque de aguas muertas, sino como una corriente que se va ensanchando y ahondando. Tenemos que «crecer en la *gracia* y en el *conocimiento*» de Aquel que es la fuente y fuerza de la nueva vida. Esto lo haremos si persistimos con fidelidad. «Hijo mío, si recibes mis palabras, y guardas mis mandamientos dentro de ti, ... entonces entenderás justicia, juicio y equidad, y todo buen camino» (Pr. 2:1, 9).
5. Habrá TIEMPOS DE REFRIGERIO. «Como el alba está fijada su salida, ... como la lluvia de primavera» (v. 3). ¡Qué brillante y alegre experiencia, tener su presencia alentando sobre nosotros como el amanecer del día, y tener nuestros corazones abatidos y desfallecidos refrescados como la lluvia sobre la hierba segada. La *Presencia de Dios*, por su Espíritu, siempre trae tiempos de refrigerio. Se nos enseña a que oremos: «Danos hoy nuestro pan de cada día». ¿Acaso no podemos orar: «Danos este día un lozano amanecer de Tu gloriosa presencia sobre todo el paisaje de nuestras vidas?».

805. HUYENDO DEL REDENTOR

«¡Ay de ellos!, porque se apartaron de Mí... Yo los redimí, y ellos hablaron mentiras contra Mí» (Os. 7:13).

De Efraín se dice aquí que es como una paloma incauta (v. 11). ¿Qué insensatez más grande hay que huir de Aquel que nos *ha redimido*? Huir de Él es huir hacia la destrucción (v. 13). ¡Cuán doloroso es que esta insensatez sea cosa tan común!

I. Veamos lo que el Señor ha hecho por ellos. «Yo los redimí». Pensemos en su mísera condición en Egipto, y cómo los redimió de la casa de servidumbre (Mi. 6:4). Pensemos en su condescendencia al venir a morar en una zarza, para manifestar su propósito de gracia a Moisés (Éx. 3:8). Pensemos en lo que ha hecho por nosotros al venir a morar en el Hombre Cristo Jesús, para mostrar las riquezas de su gracia al redimirnos por medio de su propia sangre. ¡Qué sacrificio de los tesoros del amor divino vemos aquí! «Él es la propiciación por nuestros pecados».

II. Veamos lo que hicieron con el Señor. «Huyeron de Él». Es imposible huir de aquella presencia que se encuentra en todas partes, o del examen de sus ojos que todo lo escudriñan; pero podemos huir de Él en cuanto al *amor* y la *confianza* de nuestros corazones al escoger nuestra propia voluntad y nuestros caminos. Es una señal segura de que hay algo que va mal en nuestro interior cuando nos apartamos de aquellos que nos aman. El hijo culpable se avergüenza de mirar a su padre a la cara. Sus ojos huyen de él. Algunos huyen del Señor, como Jonás, rehusando obedecer su Palabra; pero hay muchos que huyen de Él, como Adán, pues saben que han pecado contra Él. No fue así con David. *«En Ti me refugio»*. Es una total insensatez para un alma sedienta huir de la fuente de aguas vivas para buscar cisternas rotas y vacías.

III. Veamos lo que se dice acerca de Él. «Ellos hablaron mentiras contra Mí» (v. 13). Los que huyen de la misericordia de Dios serán susceptibles a pensar y decir mentiras acerca de Él. Querrían arrastrar al Santo al propio nivel de ellos. Hablan mentiras acerca de Él cuando dicen: 1) Que Dios no los ama. 2) Que tienen que mejorar antes de volver a Él. 3) Que la muerte de Cristo no fue para ellos. 4) Que la sencilla fe en Él no justifica. 5) Que sus pecados son demasiados para ser perdonados. 6) Que no responde a la oración. 7) Que no puede guardar de caída. Los que dicen tales mentiras contra Él demuestran que han caído bajo el poder del diablo, que es mentiroso desde el principio.

IV. Veamos a dónde van los que huyen del Redentor. «¡Ay de ellos!» (v. 13). Se precipitan al dolor y a la miseria y a la destrucción de toda paz y comunión con Dios. Apartarse de nuestro *Redentor* es recaer a la servidumbre y esclavitud de nuestra propia y agitada voluntad. Estar sin Cristo es estar «sin esperanza» (Ef. 2:12).

806. UNA SÉPTUPLE QUEJA

Oseas 7:13-15

Vale la pena observar que los «Mis» aquí son todos enfáticos en el texto hebreo. Ellos:

1. *Se apartaron de Mí.*
2. *Se rebelaron contra Mí.*
3. *Hablaron mentiras* contra *Mí.*
4. *No claman a Mí.*
5. *Se rebelan* contra *Mí.*
6. *Maquinaron el mal* contra *Mí.*
7. *Se vuelven*, pero no hacia *Mí.*

807. UNA SOLEMNE PREGUNTA

«¿Qué haréis en el día de la solemnidad?» (Os. 9:5).

I. El tiempo. «El día de la solemnidad».

1. En el día solemne de la *aflicción.*
2. En el día solemne de la *muerte.*
3. En el día solemne del *juicio.*

II. La pregunta. «¿Qué haréis?».

1. *¿Negaréis?*
2. *¿Huiréis?*
3. *¿Resistiréis?*

808. LA REVISIÓN DIVINA

Oseas 11:1-11

Aquí Jehová recuerda tiernamente a su pueblo recaído lo que Él había hecho por ellos. ¡Ah, cuán propensos somos a olvidar las pasadas misericordias de Dios! «Hijo, recuerda.» El pecado del desaliento puede ser muchas veces el pecado del olvido. «Bendice, alma mía, a Jehová, y no olvides ninguno de sus beneficios» (Sal. 103:1-5). Él les recuerda:

I. Lo que hizo por ellos.

1. EL AMÓ. «Cuando Israel era un niño, yo lo amé» (v. 1). Cuando Israel era niño no tenía sabiduría ni fuerza de qué gloriarse. Pero la ignorancia y debilidad no fueron obstáculo para el amor de Dios. Nunca olvidemos que Dios nos amó «cuando éramos aún pecadores».
2. ÉL LIBERTÓ. «Y de Egipto llamé a mi hijo» (v. 1). Fuera de la tierra de tinieblas, de dolor y de esclavitud. Él nos ha libertado de la potestad de las tinieblas y de la esclavitud de la ignorancia, e introducido a la luz gloriosa y a la libertad de los hijos de Dios. Libertados para que seamos un pueblo separado para su Nombre.
3. ÉL ENSEÑÓ. «Yo... enseñaba a andar al mismo Efraín, tomándole en brazos» (v. 3). ¡Qué imagen de la paciencia y del cuidado divinos! Como un padre que toma a su hijo por los brazos y le enseña a andar. Dios quiere que nosotros «andemos», y aunque nos sintamos vacilantes sobre nuestros pies, Él «perfeccionará su poder en nuestra debilidad».
4. ÉL ATRAE. «Con cuerdas humanas los atraje, con cuerdas de amor» (v. 4). No con cuerdas de una *bestia*, siguiendo en ignorancia de la voluntad de su amo. No con las cadenas de hierro de la compulsión, arrastrados contra voluntad; sino con el más tierno y eficaz de todos los vínculos: el AMOR. «El amor de Cristo nos constriñe». «Oh, Amor que no me dejarás ir, a ti cedo mi corazón de voluntad.»
5. ÉL ALENTÓ. «¿Cómo podré abandonarte?» (v. 8). ¡Qué consuelo podemos sacar de un lenguaje así, como si Él dijera: «¡Grandes cosas he hecho por ti; larga paciencia he tenido para contigo! ¿Cómo podré abandonarte?» Oigamos estas palabras como procedentes de boca de nuestro Redentor: «Te he redimido con Mi propia Sangre, te he dado Mi propia vida, te he llamado por Mi propio Nombre, te he dado Mi propio Espíritu, y te he prometido la Vida Eterna y un lugar en Mi propio Hogar. ¿Cómo podré abandonarte?»
6. EL ASEGURÓ. «Dios soy, y no hombre, el Santo en medio de ti» (v. 9). La certidumbre de su Presencia es la premonición de la victoria (Éx. 33:15). «Mayor es el que está con nosotros y en nosotros, que todo lo que puede estar contra nosotros». «*Él dijo:* De ningún modo te desampararé, ni te dejaré; de manera que podemos decir *confiadamente*: El Señor es mi ayudador; no temeré» (He. 13:5, 6). Bien podemos tener *confianza* en su servicio con una promesa tan todo suficiente e inquebrantable. Porque «en su presencia hay plenitud de gozo» (Sal. 16:11). Él también les recuerda:

II. Cómo le habían pagado por su bondad.

1. Habían DADO OÍDO A OTRAS VOCES. «Cuánto más los llamaba yo, tanto más se alejaban de mí» (v. 2). Cuán inestables son los afectos humanos. A pesar del llamamiento de Dios, ellos fueron a sacrificar a los baales. Antes de emitir juicio sobre su vergonzosa infidelidad, preguntémonos: «¿No hay voces del mundo, de la carne, de nuestras relaciones sociales o conocidos escépticos a los que hemos dado oído, apartándonos de nuestro ferviente servicio a Dios? Satanás es muy diestro en este arte de seducir. «Sé fiel hasta la muerte».
2. Ellos no RECONOCIERON SU BUENA MANO como hubieran debido. «No conoció que yo lo cuidaba» (v. 3). ¿Qué? ¿receptores de sus grandes misericordias, y ciegos al Dador? ¿Hay algún pecado más común que éste? El mundo está lleno de tales pecadores, y la llamada Iglesia no está en absoluto escasa de tales voluntariosos ingratos. Reciben con el corazón abierto y con brazos extendidos todas las misericordias que Dios pueda derramar en su parte terrena, pero nunca reconocen al Dador con una sola mirada hacia arriba. Dios ha dado a su Hijo a la muerte de la Cruz para salvarlos, pero ellos nunca han dicho: «Gracias a Dios por su don inefable».
3. Tenían UNA TENDENCIA A RECAER. «Entretanto mi pueblo está obstinado en apartarse de mí» (v. 7). ¡Ay! Esta *predisposición* es demasiado común entre el pueblo profesante del Señor. ¡Cuánto tenemos que orar: «Sostén Tú mis pasos, para que yo no me deslice». Las tentaciones del mundo a que nos apartemos siempre apremian pesadamente al peregrino cristiano. Pero en medio de todas estas tendencias a salir de su camino, recibimos la certidumbre de que fiel es Aquel que prometió. «Límpiame de los pecados *encubiertos*» (Sal. 19:12, V.M.).

809. PROMESAS CONSOLADORAS EN OSEAS

1. Yo seré tu Rey, ...	Oseas 13:10
2. Yo redimiré, ...	Oseas 13:14
3. Yo libraré, ...	Oseas 13:14
4. Yo sanaré, ...	Oseas 14:4
5. Yo amaré, ...	Oseas 14:4
6. Yo seré como rocío......	Oseas 14:5

810. EL LLAMAMIENTO FINAL

Oseas 14

Otra vez oímos la patética voz de aquel amor inextinguible que «es sufrido y es benigno». Ellos habían caído por su iniquidad, pero aquí hay esperanza.

I. El apremiante llamamiento. Podemos considerar este llamamiento como cuádruple.

1. A VOLVER. «Vuelve, oh Israel, a Jehová tu Dios» (v. 1). Él sigue siendo *tu* Dios, incluso aunque hayas codiciado en pos de otros dioses y hayas hecho que Él oculte su rostro de ti. No hay remedio para el pecado de Israel, ni para el nuestro, más que volver al Señor, y en humildad y fe reconocerle como «Señor mío y Dios mío», como lo hizo Tomás (Jn. 20:28).
2. A LA ORACIÓN. «Tomad con vosotros palabras, y... decidle: Quita toda nuestra iniquidad, y acéptanos bondadosamente» (v. 2, V.M.). Las causas separadoras se encuentran en su «iniquidad»; los elementos de unión están todos en la gracia bondadosa de nuestro Dios. Esta clase de oración es una acción muy concreta. Hay muchos que esperan que sus pecados les sean perdonados, pero que nunca *han dicho palabra* a Dios acerca de ellos. Aquí hay una sencilla fórmula, pero que Dios les da a ellos: «Toma contigo palabras, y di: Quita mi iniquidad, y recíbeme en tu gracia, por causa de Jesús».
3. A LA ALABANZA. «Te ofreceremos en vez de terneros la ofrenda de nuestros labios» (v. 2). Las ofrendas de nuestros labios son más preciosas para Dios que los becerros de la cuadra. La verdadera ofrenda sacerdotal en esta era es: «siempre... sacrificio de alabanza». Éste es el más rico y maduro fruto de labios, «dando gracias a su Nombre» (He. 13:15). «¡Alaben la misericordia de Jehová, y sus maravillas para con los hijos de los hombres!» (Sal. 107:8, 15, 21, 31).
4. A LA CONFESIÓN ABIERTA. El versículo 3 es muy enfático, y simplemente significa: Ninguna *nación* poderosa nos salvará. No nos podrá liberar ningún instrumento guerrero material (caballos o carros). Ningunas obras de nuestras propias manos pueden inspirarnos. Pero esperaremos en el amor eterno de nuestro Dios y Padre, ante quien tales huérfanos hallan misericordia. «Cree en tu corazón, y confiesa con tu boca al Señor Jesús», y prueba en tu experiencia diaria su poder para salvar. Observa ahora:

II. Las promesas divinas.

1. «Yo SANARÉ su apostasía» (v. 4). Sanar una herida es mejor que meramente *vendarla*. Para Israel, la apostasía era una llaga pútrida. Pero en respuesta a su llamamiento Él los sanará. No hay enfermedad arraigada tan profundamente en nuestra naturaleza moral que no pueda sanarla nuestro Gran Sanador. Él puede «sanar todas nuestras dolencias». Esta dolencia de la recaída, una voluntariosa deserción de la Palabra y Voluntad de Dios, es quizá una de las más inveteradas.
2. «Los AMARÉ DE BUEN GRADO» (v. 4). Éste es el amor que no se detiene a causa de nuestra indignidad. Su amor se derrama sobre el alma perdonada y restaurada de una manera tan plena y libre como si jamás hubiera pecado. ¡Qué aliento es esto para los ministros del Evangelio de nuestro Señor Jesucristo! Al que acude, Él dice: «De ningún modo le echaré fuera».
3. «Yo seré a Israel COMO ROCÍO» (v. 5). El rocío cae gentil y silenciosamente, y de manera eficaz, *durante la noche*. El Señor será aún para la nación de Israel como refrescante rocío en la larga noche de su sequía y aflicción. Mientras tanto, todos los que se vuelven a Él en la noche de su dolor y necesidad encontrarán su Presencia como el rocío, un algo real aunque invisible cayendo gentilmente sobre sus sedientas almas. Si tuviéramos ojos para ver la naturaleza como la ve Dios, indudablemente contemplaríamos muchos símbolos de sus obras maravillosas para con los hijos de los hombres.

4. «DE MÍ SERÁ HALLADO TU FRUTO» (vv. 6-8). El fruto es siempre resultado de condiciones favorables, y una manifestación del *carácter* del árbol. Jehová les recuerda que las muchas ricas misericordias que deben ser disfrutadas no serían como recompensa de mérito ni un producto de la mera casualidad, sino como un resultado de la actividad divina en ellos y por medio de ellos. Aquí nos acordamos de la parábola de la vid (Jn. 15). «Como el pámpano no puede llevar fruto por sí mismo, si no permanece en la vid, así tampoco vosotros». La vid podría decir al pámpano: «De mí será hallado tu fruto, porque sin mí nada puedes hacer para llevarlo». Si permanecemos en Él como pámpanos, y Él permanece en nosotros como Fuente de nuestro suministro, entonces *de Él* será hallado *mucho fruto* (*cf.* Gá. 5:22-24).

811. LA SEVERIDAD Y LA BONDAD DE DIOS

Joel 2 y 3

Se ha dicho que Joel es el profeta del Espíritu Santo, como Isaías lo es del Mesías. Pero él nos da una de las más tenebrosas imágenes jamás pintadas por una pluma profética, y también una de las más resplandecientes (2:28). Aquí observamos SU TOTAL BANCARROTA. Su fracaso y desolación era:

I. Completo. «Lo que quedó de la oruga se lo comió la langosta, y lo que quedó de la langosta se lo comió el pulgón; y el saltón se comió lo que del pulgón había quedado… Un pueblo fuerte e innumerable subió a mi tierra; sus dientes son dientes de león, y tiene muelas de leona. Asoló mi viña, y descortezó mi higuera… Llora tú como joven vestida de cilicio por el marido de su juventud… Desapareció de la casa de Jehová la ofrenda… los sacerdotes ministros de Jehová están de duelo. El campo está asolado, se enlutó la tierra, … se perdió la cosecha del campo, … todos los árboles del campo se secaron, por lo cual se extinguió el gozo de los hijos de los hombres» (vv. 4-12). Pero sabemos que «no humilla ni aflige por gusto a los hijos de los hombres», sino «para nuestro provecho». Como sucedió con esta nación, así es con nuestras almas. Nos es necesario quedar desposeídos de todo y que se sequen nuestros placeres terrenales antes de sentir nuestra necesidad de Dios.

II. Esta bancarrota era humanamente incurable. ¿Qué podía hacer esta nación para detener todas aquellas fuerzas adversas que estaban guerreando contra ellos? En sí mismos no tenían poder para resistir a una hueste tan poderosa. Señor, ayúdanos a conocer nuestra impotencia, mientras guerreamos «no… contra sangre y carne, sino contra principados, contra potestades, contra los dominadores de este mundo de tinieblas, contra huestes espirituales de maldad en las regiones celestes» (Ef. 6:12). Dios ha declarado la bancarrota de nuestra naturaleza pecaminosa con respecto al poder espiritual. Es también humanamente incurable. «En mi carne no mora el bien».

III. Esta desolación revela los muchos instrumentos que tiene Dios a su disposición. La «oruga», la «langosta», el «pulgón», el «saltón»; la plaga, la sequía y los impíos. Todo esto Él puede tornar en irresistibles armas de juicio. Ciertamente tenemos necesidad de considerar «la bondad y la *severidad de* Dios» (Ro. 11:22). Él puede emplear para nuestra ayuda o estorbo las cosas más insignificantes en la tierra. Grande es nuestro Dios, que puede hacer «*que todas las cosas* cooperen para bien de los que aman a Dios, de los que son *llamados conforme a su propósito*» (Ro. 8:28).

IV. El propósito divino. La razón de la severidad de Dios para con ellos fue la de despertar en ellos un profundo sentimiento de su necesidad de *depender* de ellos. «*Ahora*… convertíos a MÍ con todo vuestro corazón… Rasgad vuestro corazón, y no vuestros vestidos» (vv. 11, 12, 13). Los llamados de Dios son llamados *para* Dios. Les era a ellos más fácil rasgar sus vestidos en señal de dolor a la vista de los hombres que rasgar sus corazones como muestra de humildad delante de Dios. «Al corazón contrito y humillado no lo desprecias tú, oh Dios». Puede ser más fácil para algunos de nosotros ofrecer un don para la causa de Dios que ofrecernos a Él para su servicio. Su propósito para nosotros es que deberíamos presentar nuestros cuerpos en sacrificio viviente, y éste es sencillamente «vuestro *racional* culto» y la evidencia de «*la renovación de vuestro entendimiento*» (Ro. 12:1, 2, RV).

V. El aliento divino. «No temas, alégrate y gózate, porque Jehová hizo grandes cosas… Os restituiré los años que comió la langosta, … y alabaréis el nombre de Jehová vuestro Dios, … y nunca jamás será mi pueblo avergonzado» (2:21-27). ¡Qué mensaje más inspirador para corazones temblorosos! Aunque su mano sea fuerte para golear, también es fuerte para salvar. ¿Por qué deberíamos sentir dudas en el día nuboso y oscuro, cuando tenemos la certeza de que Dios es luz y de que Dios es amor? «Porque yo Jehová no cambio» (Mal. 3:6). Nuestras pruebas y turbaciones no son prueba de que el *carácter* de nuestro Dios haya cambiado en absoluto. Dios, en Cristo, es «el mismo ayer, y hoy, y por los siglos». Acerquémonos con gozo al «Trono de la Gracia», porque Él está esperando *allí* a mostrar «la bondad de Dios» a cada alma arrepentida que acuda, y a restaurarles el gozo de su salvación.

812. LA TROMPETA DEL EVANGELIO

Joel 2:15

Es ciertamente de lo más adecuado, en la actual condición religiosa, que al comienzo de este año oigamos este urgente llamamiento de los trompeteros del Señor a «Tocar trompeta en Sion» en señal de alarma. El sueño espiritual y la apatía ante la obra de la salvación de las almas parecen haberse instalado en la moderna Sion. «Pensar en lo terreno», una actitud acerca de la que lloró el apóstol (Fil. 3:19), parece ser una tendencia especial de la Iglesia hoy. Si los atalayas que *ven esta espada* se callan, ¿quién hará sonar la alarma?

I. Los trompeteros. En Números 10:8 son los «*Hijos* de Aarón» los que han entrado en este sagrado privilegio por razón de su *nacimiento*. Las trompetas eran de plata para que pudieran dar un son claro, dulce y distintivo. El Evangelio de Dios no da una nota dura e incierta cuando es soplado con un corazón y labios amantes y consagrados. En Ezequiel 33:6, el trompetero es un atalaya. El siervo de Dios no es solo un sacerdote para adorar, sino también un atalaya para advertir. Su ojo debe ser rápido en discernir las señales de los tiempos, y sus labios listos a dar la nota necesaria.

II. Los usos de la trompeta: pueden indicar la obra del predicador y el carácter del Evangelio.

1. Se tocaba sobre LOS HOLOCAUSTOS y sacrificios (Nm. 10:10). Éste era el son gozoso de la expiación. Bienaventurados los que conocen este son de trompeta (Sal. 89:15, *margen*): la redención y la paz por la sangre de su Cruz.
2. Se tocaba EN LA UNCIÓN DE UN REY (2 R. 9:13). Haz resonar las nuevas de que el Crucificado está ahora coronado de gloria y de honra. Esto es lo que hizo Pedro (ver Hch. 10:38-40).
3. Se tocaba DELANTE DEL ARCA DE DIOS (1 Cr. 15:24). La llegada de este símbolo de su presencia fue proclamada por el vigilante y gozoso trompetero. «¡He aquí, Él viene!» Haz que resuene esta gozosa nota, vosotros atalayas del Señor.
4. Se tocaba PARA ADVERTIR (Ez. 33:4). El día de la batalla está siempre con nosotros. El poder del pecado y las huestes del infierno no nos dan tregua. Si no se da advertencia, ¿quién se preparará para la batalla?
5. Se tocaba PARA HACER SONAR LA ALARMA (Jl. 2:1). Este profeta ve la reunión de las naciones. «Día de tinieblas y de oscuridad, día de nublado y densa niebla», porque «viene el día de Jehová». Suena la alarma, porque se acerca el terrible día en que «se ponen pálidos todos los semblantes» (v. 6). Esta nota de «alarma» no es deseada en nuestros días, pero nunca fue más necesaria. ¡Despertad! ¡Despertad!

III. La responsabilidad de los trompeteros. Algunos de los trompeteros pueden ser tan ciegos que no *ven* el peligro; pero si uno lo ve… y no toca la trompeta… demandaré su sangre [del que muera] de mano del atalaya (Ez. 33:6). Los atalayas del Señor deberían ser los primeros en ver, y los primeros en hacer sonar la nota de alarma. Un testigo fiel libra almas. Deberíamos ser apremiantes mientras tenemos oportunidad, porque llegará el tiempo en que «sonido de… trompeteros no se oirá ya más en ti» (Ap. 18:22).

813. LA PERSPECTIVA PROFÉTICA

Joel 2:28-32

«Y después de todo esto.» Este «Después de todo esto» es interpretado por Pedro en el día de Pentecostés como «en los últimos días» (Hch. 2:17). Este «después de todo esto» parece abarcar esta entera dispensación y aquella que ha de seguir. No debemos pasar por alto el hecho de que estas palabras fueron pronunciadas por el mismo Jehová, como lo demuestra lo terminante de los anuncios de su actividad futura. Así, lo que aquí tenemos es:

I. Una maravillosa promesa. «*Derramaré* mi Espíritu» (v. 28). El Espíritu Santo es la misteriosa energía personal de Dios. En la edad pasada Él vino una y otra vez, y llenó o revistió a sus siervos escogidos para la obra a la que Dios les había destinado. Pero en Pentecostés Él fue «derramado». Como Jesucristo se derramó a Si mismo por nuestra redención, así Dios ha derramado su Espíritu para nuestra conducción y dotación para el servicio.

1. LA EXTENSIÓN DE ESTE DON. «Sobre toda carne». Todos los tipos de la humanidad: blancos, negros, marrones, cobrizos y amarillos. Para con Dios no hay acepción de personas; sino que en todas partes todos los que creen en Cristo, y desean honrar su Santo Nombre, pueden, si quieren, recibir su parte de esta santa unción. «Porque para vosotros es la promesa, y para vuestros hijos, y para todos los que están lejos; para cuantos el Señor nuestro Dios llame» (Hch. 2:39). A vuestros «hijos y vuestras hijas; ... los siervos y... las siervas». «¿Recibisteis el Espíritu Santo cuando creísteis?» (Hch. 19:2); o, *¿ recibisteis* creyendo?
2. LOS RESULTADOS PREDICHOS. Estos resultados deben ser tales que no pueden ser alcanzados sin la operación del Espíritu Santo de la Promesa.

a. «Profetizarán vuestros hijos y vuestras hijas». Puede que esto no indique una predicción de acontecimientos, pero sí que significa pronunciar palabras y pensamiento por *inspiración divina,* tanto si están en el púlpito como en una mina de carbón; sea que estén en el «ministerio» o en la fábrica, en el hogar o en la calle. La verdadera vida cristiana es una proclamación de la presencia del Santo Espíritu.

b. «Vuestros ancianos soñarán sueños». En ocasiones hablamos de que alguien es un soñador, dado a la contemplación, a pensamientos profundos y serios. Pero el Espíritu de Dios, que enseñó a José y a Jacob mediante sueños, puede mientras dormimos hablar a nuestro corazón. Los *ancianos* puede que no puedan tomar su parte como antiguamente en frente de la guerra espiritual pública, pero Dios tiene otras maneras de las que nada sabe el mundo para dar refrigerio a sus corazones cansados. En este ministerio del Espíritu Santo, el «anciano» no es echado a un lado a causa de su edad. Bendito sea su Nombre.

c. «Vuestros jóvenes verán visiones». La juventud es el tiempo de nuevas visiones, pero para muchos de estos las visiones son cosas tan ilusorias como los espejismos. «*Vuestros* jóvenes», o digamos que jóvenes que han abrazado la fe cristiana, se han entregado al llamamiento de Cristo, y recibido el Espíritu Santo. ¡Qué maravillosas visiones de posibilidades se ven en este anchuroso campo de la obra, y en la potencialidad de vuestro propio carácter redimido!

d. «Y también sobre los siervos y sobre las siervas derramaré mi Espíritu». Los esclavos y las criadas de la cocina no quedarán exentos de esta dotación espiritual, que significa una eficiencia aumentada en cada esfera de la vida. El Espíritu Santo viene a dar un nuevo y más alto valor en todas nuestras actividades.

II. Una solemne advertencia. «Y obraré prodigios en el cielo y en la tierra,... antes que venga el día grande de Jehová». El «Día del Señor» será muy diferente de este actual día de la gracia. Entonces será revelado el Hombre de Iniquidad, a quien el Señor destruirá con «*el resplandor de su Venida*» (2 Ts. 2:8). Porque llegará el día en que será «revelado el Señor Jesús desde el cielo con los ángeles de su poder, *en llama de fuego*, para dar retribución a los que no conocieron a Dios, *ni obedecen al evangelio de nuestro Señor Jesucristo*». Ahora estamos en el Día de la Gracia del Señor. Entonces vendrá «El Día Grande y Espantoso de Jehová» (v. 31). «¿Cómo escaparemos nosotros, si descuidamos una salvación tan grande?» Haz sonar intensamente la trompeta de su llamamiento del Evangelio.

III. Una preciosa oportunidad. «Y todo aquel que invoque el nombre de Jehová se pondrá a salvo» (v. 32). En medio de aquellos terribles juicios, Dios no ha olvidado mostrar gracia, porque todavía «en el monte de Sion y en Jerusalén habrá liberación». Mientras tanto, la puerta de la oportunidad está abierta de par en par para «todo el que quiera» (Jn. 3:16). Cristo, mediante el sacrificio de Sí mismo, ha «quitado los pecados» como barrera para nuestro allegamiento. Grande es ahora la responsabilidad del pecador, porque queda así sin excusa. A nosotros nos toca «*invocar el Nombre*». A Él le toca *liberar*. «La salvación es de Jehová». «La gracia de Dios *se ha manifestado* para ofrecer salvación a todos los hombres» (Tit. 2:11-14).

814. SALIENDO AL CAMINO CON ÉL

«¿Andarán dos juntos, si antes no se han puesto de acuerdo?» (Am. 3:3).

Introducción

¿Has observado alguna vez la significación de esta declaración? Es costumbre decir, cuando se anuncia el cortejo de una pareja, que «Juan y Pepita *salen juntos*». Ésta es precisamente la frase que se emplea aquí, y que describe una maravillosa posibilidad para el hombre. Es una sublime concepción de la vida cristiana. Ser cristiano significa más que aceptar un Credo, o incluso que aceptar un Cristo viviente; significa andar con Dios cada día de todos nuestros días. ¡Salir con Él! ¡Ah, ésta es una sublime figura de lenguaje!
Pero hay unos puntos esenciales. Antes de salir con Él debemos estar de acuerdo acerca de ciertas cosas. Ha de haber cuatro concordancias previas.

I. Acuerdo en cuanto a lugar. Es el punto de reunión. Él ha hecho una cita para los pecadores, y es que deben encontrarle en gracia en la Cruz de nuestro Señor Jesús. Éste *es el* punto de reunión. ¿Guardarás la cita? Si no, hay otra cita: ante el Gran Trono Blanco, en el Juicio.

II. Acuerdo en cuanto al objeto. Concordando que el objetivo y el motivo de la vida sea la gloria de Dios; y en el mañana, el cielo.

III. Acuerdo en cuanto al andar. Guardando el paso con el Maestro, ni retrasándose ni pasando adelante. Andando al mismo ritmo. Pídele que te tome de la mano, y entonces andaréis juntos.

IV. Acuerdo en cuanto al coste. Andar con Dios es costoso. Significa muchas persecuciones, muchos dolores, muchas lágrimas, pero mucho gozo y su sonrisa.
¿Es posible una vida así? Enoc vivió esta vida, sin las maravillosas ayudas que son nuestras en Cristo Jesús, y durante trescientos años además, hasta que Dios lo llevó.
«¿Se ponen en pie los convertidos?», preguntó alguien a Gipsy Smith. Y en el acto replicó: «No, no se ponen *en pie, caminan*; ¡siguen en marcha!» Porque salen con Él.

815. UN TERRIBLE DESAFÍO

Amós 4:6-13

Es una acción terrible cuando el Dios Todopoderoso desafía a una nación a un combate definitivo. «PREPÁRATE PARA VENIR AL ENCUENTRO CON TU DIOS, Oh Israel.» Esto es una declaración de guerra. Han fracasado todas las negociaciones, y ha sobrevenido la ruptura.
Ahora, según la manera de los hombres, Dios les reta a la lucha. Es cosa bien evidente que en su pasado ésta iba a ser una lucha desesperanzada. Y para este fin es indudable que fue hecha.

I. ¿Por qué fue lanzado este desafío? Porque Jehová había tratado de someterlos mediante maneras más misericordiosas; y habiendo fallado la última de éstas, he aquí que sobrevino un desafío. Dios da sus razones antes de pronunciar este ultimátum.

1. «Os hice estar a diente limpio (hambre) en todas vuestras ciudades... MAS NO OS VOLVISTEIS A MI» (v. 6).
2. «Hice llover sobre una ciudad, y sobre otra ciudad no». Así, el ESTABLECIMIENTO DE DISTINCIONES debiera haber despertado la ansiedad, «Con todo, no os volvisteis a Mí» (v. 10).
3. «ENVIÉ CONTRA VOSOTROS MORTANDAD... maté a espada a vuestros jóvenes... mas no os volvisteis a Mí» (v. 10).
4. «Os trastorné como cuando Dios trastornó a Sodoma y a Gomorra, y fuisteis como tizón escapado del fuego; mas no os volvisteis a Mí» (v. 11). El propósito de toda esta disciplina era volverlos a Sí, mas ellos no quisieron. «He llamado, y vosotros habéis rehusado.» Ahora, pues, «¡Prepárate para venir al encuentro de tu Dios!» ¿Estamos ahora oyendo su voz y viendo su mano de advertencia en sus tratos providenciales con nosotros? Cosa mísera es persistir, puede que en silencio, en una controversia diaria con el Dios cuyo propósito en misericordia es que *volvamos* a Él. «Me levantaré, e iré a mi Padre.»

II. Este reto tiene que ser aceptado. Tenemos que ir «al encuentro de Dios». ¿Pero cómo? ¿Tiene que ser en batalla o en paz? ¿Cómo enemigos o como amigos? Si se trata de una cuestión de nuestra fuerza contra el poder de nuestro Dios, ¿quién podrá estar en pie? Aunque un hombre pudiera estar *preparado* estando dotado de los mejores recursos inherentes en la raza humana, no podía osar con ninguna esperanza de éxito enfrentarse y desafiar la «ira de Dios». Toda preparación para ir a encontrarnos con Dios en nuestra propia fuerza y virtud moral es absolutamente vana y presuntuosa. Pero debemos ir a su encuentro, y podemos ir a Él, pero nunca con esperanza si es como Antagonista. Entonces, ¿cómo podemos encontrarnos con Él en paz siendo que nos hemos rebelado deliberadamente contra su ley e insultado su paciencia? ¡Ah, ahí está el misterio y la majestad de la gracia por medio de Jesucristo, su Amado Hijo, que en favor nuestro y de parte de Dios dio su vida en rescate por nuestros pecados, para que por medio de la fe en su Nombre vencedor quedamos *reconciliados* con Dios, y podemos venir con libertad delante de su trono, y hallar gracia para ayudar en nuestro tiempo de necesidad (He. 4:16). Cristo ha afrontado, por nosotros, todas las justas demandas de la santa ley de Dios, y todas las exigencias de su santidad. Por ello, nuestra preparación para encontrarnos con Dios en gozo y paz está en nuestra aceptación y confianza en la obra acabada y en el victorioso Nombre de Jesús. ¡Gracias sean dadas a Dios por su Don Inefable!

816. UN FIEL TESTIMONIO

Amós 7:7-17

El Señor jamás se ha quedado sin testimonio (He. 11). Los mismos «Cielos declaran su gloria». El testimonio personal de Amós, aquí registrado, nos lleva a meditar en algunas de las características del verdadero testimonio.

I. Tenía un mensaje de Dios. «Me enseñó luego… el Señor… tenía en su mano una plomada de albañil», que le preguntó: «¿Qué ves, Amós? Yo respondí: Una plomada de albañil» (vv. 7-9). Una «plomada de albañil» es un instrumento de *prueba.* Al estar en las manos del Señor, era el símbolo de su justicia y juicio. Él había venido, por medio de su profeta, para medir los «lugares altos» y los «santuarios de Israel», y para exponer su delito. Pero el punto a considerar es éste: Amós *tenía* un mensaje; algo definido que decir, en el Nombre del Señor; algo que no estaba fabricado para complacer al pueblo, ni para exhibir sus propios dones, sino algo que ardía en su mismo corazón como lengua de fuego (Jer. 20:9). Los primeros apóstoles, después de la Resurrección, recibieron tal visión del poder de Cristo y del bendito Evangelio, asociado con él, que sus corazones quedaron inflamados con una pasión divina de proclamar las «Buenas Nuevas». Como testificaron Pedro y Juan: «No podemos menos de decir lo que hemos visto y oído» (Hch. 4:20). En verdad, *tenían un mensaje.* Mensaje que les sobrevino con una autoridad tan perentoria que todo su «espíritu, alma y cuerpo» quedaron sometidos a él. ¿Hemos perdido la visión? ¿Son nuestros oídos duros o se han endurecido nuestros corazones por la familiaridad de las palabras que hemos perdido el entusiasmo espiritual de esta santa compulsión? Tenemos el mismo mensaje, la misma promesa de poder, pero ¡ay!, ¿dónde está nuestra fe?

II. Él sufrió oposición. «El *sacerdote Amasías* de Betel» presentó una falsa visión de Amós y su mensaje al rey, y luego le dijo hipócritamente: Vete, huye a la tierra de Judá» (vv. 10-13). Incluso los modernos sacerdotes de los Beteles frecuentemente entienden mal y calumnian al hombre de Dios que denodadamente «declara todo el consejo de Dios». La oposición puede ser de esperar en el ministerio de la Palabra de Dios, cuando recordamos la enemistad del corazón humano frente a las cosas espirituales. «Si alguno quisiere vivir piadosamente, sufrirá persecución». «Amados, no os sorprendáis de la hoguera que ha prendido en medio de vosotros *para probaros,* como si os aconteciese alguna cosa extraña, sino gozaos por cuanto sois participantes de los padecimientos de Cristo, para que también en la revelación de su gloria os gocéis con gran alegría. Si sois vituperados por el nombre de Cristo, sois dichosos, porque el Espíritu de gloria y de Dios *reposa sobre vosotros*» (1 P. 4:12-14). «Me gloriaré en mi aflicción para que repose sobre mí el favor de Cristo». Si estamos hablando la Palabra de Dios, en el Nombre de Dios, dejemos entonces en manos de Dios el cuidado de los suyos.

III. Dio su experiencia personal. «Entonces respondió Amós, y dijo: … No soy profeta, ni soy hijo de profeta, sino que soy boyero, y cultivador de sicómoros. Y Jehová me tomó de detrás del ganado, y me dijo: Ve y profetiza a mi pueblo Israel» (vv. 14, 15). No se da referencia a su inexperiencia ni a su «falta de educación». No se tiene que depender de la ayuda de las «escuelas» para recibir el llamamiento de Dios. No somos escogidos porque seamos sabios y fuertes, sino porque somos instrumentos idóneos para la exhibición de su sabiduría y poder. «Sino que escogió Dios lo necio del mundo, para avergonzar a los sabios; y escogió Dios lo débil del mundo, para avergonzar a lo fuerte; y lo vil del mundo y lo menospreciado escogió Dios, y lo que no es, para anular lo que es, a fin de que nadie se jacte en su Presencia» (1 Co. 1:25-28). La presencia corporal de Pablo era «débil, y la palabra, menospreciable», pero «las cartas son duras y fuertes» (2 Co. 10:10). Es de vital importancia para el triunfo de nuestro ministerio que podamos dar un testimonio personal de lo que Dios ha hecho por nosotros. Del corazón mana la vida. Aparte de esto puede haber «mucho sonido y furia», pero la significación de todo ello delante de Él es «nada». Tenemos que hablar lo que sabemos, y testificar de lo que hemos visto. Es poco honroso para Él que profeticemos más allá de la medida de nuestra propia fe. Isaías vio al Señor sentado en un Trono, antes de oírle decir: «Ve» (Is. 6:1-9). Los apóstoles fueron «testigos oculares de su Majestad» antes de ser enviados a predicar.

817. JONÁS, EL FUGITIVO

Jonás 1:1-3

Éste es uno de los más románticos de todos los libros de la Biblia. Para los que pueden leer entre líneas, es más fascinante que la novela más popular.

I. ¿Quién era Jonás? Por 2 Reyes 14:25 vemos que era el siervo y profeta del Señor, lo que no es un título insignificante. Su nombre significa «Paloma». Si era la expresión de su naturaleza, quizá ésta sea una razón por la que huyó de la grande y malvada Nínive. Era hijo de Amitay, pero el nombre de su padre está envuelto en la oscuridad. No todos los grandes hombres nacen de grandes padres. Aunque el mundo nunca haya echado en falta a tu padre, no hay razón por la que no tenga que echarte en falta a ti cuando te hayas ido. Un hojalatero puede morir sin que nadie se dé mucha cuenta, pero el nombre de Bunyan será recordado eternamente. No malgastes los días de tu juventud. Jonás fue el autor de este libro que lleva su nombre. ¡Ah, qué revelación nos da él mismo de sus faltas e insensateces! No le condenes con demasiada severidad por haber sido un profeta desertor, porque nunca lo hubiéramos sabido si él mismo no nos lo hubiera contado. Escribe tus propias faltas como lo hizo Jonás, y contempla si tu registro no es infinitamente más negro que el suyo. ¿Te atreverías a hacerlo? En todo caso, el ángel actuario lo está haciendo por ti. Está claro que al escribir este libro, Jonás no busca su propia gloria. Nadie puede ser profeta y hacer tal cosa. La búsqueda de lo propio es el espíritu del Anticristo, y junto con él tiene que ser echada en el gran abismo.

II. Su comisión. El Señor dijo a Jonás: «Levántate y ve a Nínive, aquella gran ciudad, y pregona contra ella». Éste fue un llamamiento repentino y sobrecogedor, pero todos los llamamientos de Dios son repentinos. Consideremos la ciudad a la que fue enviado. Había sido fundada por Nimrod poco después de la confusión de lenguas en Babel, y tenía por ello unos mil años de antigüedad. Era la mayor ciudad en la más poderosa monarquía en el mundo. Tenía un perímetro de 100 kilómetros, y contenía calles y avenidas de 32 kilómetros de longitud; sus murallas tenían una altura de 30 metros, y eran tan anchas que se podían conducir carros de guerra de tres en fondo encima. Su población debe haber sido de más de 600.000 habitantes. Pero además era grande en maldad, y aquella *maldad* había subido hasta el mismo trono de Dios. Poco pensaban aquellos ricos y voluptuosos ninivitas que sus pecados *secretos* eran cometidos en presencia de Jehová. Pero así era entonces, y así es ahora. Los pecados secretos de nuestras ciudades modernas suenan más ruidosamente en los oídos de Dios que el rugir y trepidar del tráfico en las calles. Si tuviéramos los oídos de Dios, nada nos chocaría tanto como, me parece, la longánime paciencia de nuestro Dios. Amigo, piensa en esto: cada pecado no perdonado es una voz clamando al cielo por venganza. Nada puede silenciar este clamor más que la preciosa sangre de Jesús. Ahora contempla el propósito para el que Jonás fue enviado a Nínive. Él tenía que «pregonar contra ella». ¡Qué tarea! Un pequeño guijarro en el lecho de un río caudaloso y rugiente, clamando contra él. Pero el profeta no tenía que preocuparse del éxito, sino que tenía simplemente que obedecer el llamamiento, y dejar las consecuencias en manos de Aquel que le había llamado. Vosotros sois mis testigos, dice el Señor. Cada testigo para Dios tiene que «pregonar contra» la maldad de su día y generación. La actual generación tiene la maldición de perros mudos que no pueden ladrar. Pensemos en el asesino tráfico de licores, licenciado y protegido por la ley, para hacer y enterrar 100.000 alcohólicos cada año, y que hombres que profesan ser testigos de Dios rehusan clamar contra ello. Pensemos en la fiebre del juego que está seduciendo a tantos de nuestros jóvenes, y lanzándolos de cabeza a la ruina eterna. Piensa en la incredulidad e indiferencia que se está asentando sobre la gente, como una mortífera malaria. ¡Ah, si todos los profetas de Dios «pregonaran contra ella»! Pero, dices tú, ellos solo se burlan. Bien, mejor que se burlen de tu fidelidad que por tu cobardía.

III. Su desobediencia. En lugar de ir a Nínive, Jonás huyó a Tarsis, o al menos lo intentó. Se levantó como una paloma soltada en un lugar extraño, dibujó un círculo de indecisión, y luego se lanzó en la dirección errada. Quizá tú hayas tratado el llamamiento del Señor de la misma manera. Tú has oído su Palabra, y sabías que tenías que creerla y ser salvo, pero te apartaste de ella, y huíste del Señor. Jonás sintió desagrado y, por así decirlo, mandó su dimisión como profeta. Es mucho más fácil dimitir que afrontar una dura dificultad. Cualquier insensato de corazón encallecido puede rehusar obedecer. Sí, es fácil huir de la voluntad de Dios, cuando el corazón no simpatiza con Él ni con su obra. Es fácil rehusar oír la Palabra de Dios en domingo, cuando el corazón y la mente están ocupados solo con cosas mundanas. Jonás estaba en el descenso de la vergüenza y de la confusión cuando *descendió a Jope*, y luego *a la nave.* Si tratamos de sacudirnos de encima el llamamiento de Dios al arrepentimiento y a la fe, de cierto que descenderemos a la desolación espiritual. Piensa del pecado que hay en huir «lejos de la presencia de Jehová». ¿Por qué? Porque la presencia del Señor es intolerable para una voluntad rebelde. Es debido a esto que los hombres clamarán un día a las peñas que caigan sobre ellos para que les oculten de su presencia. Ahora mismo Dios está llamando a los hombres a que se levanten y huyan a Cristo, pero en lugar de ello están huyendo a Nínive, tratando de ahogar la convicción en los placeres del mundo. Habiendo huido Jonás, lo siguiente que tenía que hacer era «pagar el pasaje». Por ello, «pagando su pasaje, entró en [la nave]». Ah, pero Jonás tuvo que pagar más de lo que se pensaba. El pasaje no se paga todo por adelantado. Joven, ¿has pensado alguna vez cuál es el precio del pasaje desde la presencia del Señor a la tierra de la impiedad? Mira aquel cuerpo abatido, aquella cara hinchada, aquel carácter corrompido, aquel hombre hundido en el alcoholismo, y verás que ahora está pagando el pasaje. Mira a aquel desgraciado avaro con la codicia estampada en el rostro, y con el corazón tan frío y encallecido como el oro que amontona; huyó al dinero, y tuvo que pagar el pasaje de convertirse en su esclavo. Esa muchacha que pensó una vez ser cristiana, pero que se detuvo ante el temor al que dirán, y que huyó de la presencia de Cristo, está ahora pagando el pasaje, con una conciencia cauterizada y una vida desesperanzada. Verdaderamente, el camino de los transgresores es duro. El hijo pródigo en el país lejano, en harapos y miseria, mirando con ojos anhelantes la comida de los cerdos, estaba pagando el pasaje de haberse alejado de su padre. ¿Cuál es el significado de aquel llanto y lamento en la eternidad? Es éste: Las almas que han huido de la presencia del Señor Jesucristo están pagando el pasaje. ¡Qué precio! ¿Estás preparado para pagar tu propio pasaje, o confiarás en el precio que Jesús ha pagado por ti? (1 P. 1:18, 19).

818. JONÁS, DESCUBIERTO

Jonás 1:4-7

El desobediente profeta huyó velozmente a Jope. Los pies desobedientes corren con rapidez. Es siempre más fácil correr cuesta abajo. Pero los mensajeros de Dios son más veloces que los pies de cualquier fugitivo. Él envió la tormenta como su detective para atrapar a su culpable siervo. Los marineros se sienten terriblemente alarmados y se dedican a aligerar la nave; arrojan las mercancías al mar. Es la vieja historia: «Todo lo que un hombre tiene lo dará por su vida». Muchos que han vivido vidas impías se lanzan a aligerar la nave cuando la muerte les está mirando cara a cara. Pero las mercancías no pueden apaciguar la tempestad de Dios contra el pecado. Contemplemos:

I. El profeta dormilón. Tenía un camino de unos tres días, pero con su apresuramiento por huir de la presencia de Dios puede que lo hiciera en menos de dos. Cansado de su huida, y habiendo pagado su pasaje, pronto quedó profundamente dormido en la nave. ¡Qué triste! *Fatigado* huyendo de Dios. En verdad, el camino del transgresor es duro. Si el camino al infierno está pavimentado con buenas intenciones, está también rociado de muchas lágrimas. Está lleno de suspiros y de dolor de corazón. El sueño es lo que buscan las *almas que huyen.* Anhelan una total insensibilidad a sus pecados. ¡Cuántas convicciones han sido apagadas en bebida, y ahogadas en antros de placeres pecaminosos! Recuerda, la insensibilidad no es seguridad. Un hombre puede estar en su mayor peligro cuando está soñando que está a sus anchas. Jonás dormía mientras que sus compañeros a bordo estaban desesperados por sus vidas. Me temo que una buena cantidad de cristianos profesantes están jugando a Jonás aquí, disfrutando de una egoísta tranquilidad, en lugar de tratar de ayudar a las almas perdidas. Un cristiano durmiente no es solo impotente e inútil, sino que es un verdadero estorbo para los demás. ¿Cuál era la causa de esta gran tempestad que tanto oprimía a la nave que parecía que iba a partirse? Era la desobediencia del siervo de Dios. Pensemos en la solemne responsabilidad que reposa sobre nosotros como siervos de Cristo. Es posible hacer peligrar las almas de otros por nuestra conducta poco caritativa delante de Dios. Los santos endurecidos al Evangelio causan pecadores endurecidos al Evangelio.

II. El llamamiento despertador. «¿Qué haces aquí, dormilón? Levántate, y clama a tu Dios». Éste es el lenguaje del patrón; aunque pagano, creía en la oración. Nuestro país está lleno de este tipo de paganos. Hombres que creen en la oración cuando las olas de la muerte están lanzadas desenfrenadamente contra ellos. Los que creen que la oración debe reservarse para el mal tiempo. Un incrédulo que se burlaba de un ministro de Cristo a bordo de la nave cuando el viento era favorable, oró «Oh, Dios, si hay un Dios, ten misericordia de mí» cuando se desató la tempestad. Estos marineros de tiempo de calma son numerosos. El adormilado profeta se despertó para descubrir que el Dios de quien trataba de huir le seguía los pasos, y le cerraba el camino. Los marineros creen que la tempestad ha caído sobre ellos porque alguno de ellos es culpable, echan suertes, para hallar al tal, y «*la suerte cayó sobre Jonás*».

III. Descubierto. El fugitivo es descubierto. ¡Qué gran despertar debe haber éste sido para él! Ten por cierto que tus pecados te alcanzarán. Vemos aquí la prueba de una *Providencia rectora.* La suerte cayó sobre Jonás. Dios siempre señala al culpable. Cuando Dios venga a ordenar la suerte que ha sido echada en el regazo del tiempo, cada uno recibirá lo que se le debe. «Me arriesgaré a mi suerte», dijo un temerario pecador, cuando le apremiaron a que aceptara a Cristo y a que fuera salvo. ¿Qué suerte? ¿La suerte de escapar a la escudriñadora mirada de Dios en el juicio? Recuerda, la suerte «*cayó sobre Jonás*». Recordemos que un transgresor puede ser una enorme piedra de tropiezo para otros. Un cristiano cuya vida no esté en armonía con la voluntad de Dios puede estorbar la causa de Cristo. El pecado de Acán fue un tropiezo para todo el ejército de Israel (Jos. 7:8-18). Aprende también la insensatez de tratar de huir de Dios. Como pecador, puede que se te permita huir al desierto de la ruina eterna, pero como siervo, Dios ciertamente tirará de ti, por así decirlo, «con cabestro y con freno». Judas vendió a nuestro Señor, cometió suicidio, y se fue a su lugar. Pedro negó a nuestro Señor, pero por la oración de su Maestro, lloró y fue restaurado. Al ocultarnos de Dios le tentamos a que nos saque de su presencia, presencia que es vida eterna.

IV. La desobediencia conduce a la confusión. ¡Qué pusilánime se mostró Jonás en presencia de estos marineros paganos! En lugar de ser un faro y una torre de fortaleza para ayudarles, resultó una fuente de dolor y de perplejidad. Es triste ver al profeta de Dios confundido y perplejo en presencia de los impíos. Un cristiano *impotente* es un objeto muy lastimoso. La sal sin sabor es algo indigno. Sansón en el poder del Espíritu de Dios es más poderoso que una hueste de filisteos, pero como fugitivo de su Dios se convierte en un mísero objeto de escarnio. El cristiano debería ser un hombre de intrépido valor y de poder irresistible. Lo sería si no fuera como Jonás, cobarde y desobediente. En la falda de Dalila, Sansón fue privado de su fuerza. En la falda de los placeres y seducciones de este mundo la Iglesia está siendo esquilada de su poder. La inconsecuencia del cristiano no podrá ser más ocultada que la de Jonás. Es imposible estar fuera de comunión con Dios y tener con todo la influencia y autoridad de un *siervo obediente.* Nuestra fuerza reside en nuestra cercanía a Dios. Cuanto más cerca nos mantengamos del fuego, tanto más nos poseerá su calor. Moisés sabía bien esto cuando oró: «Si tu presencia no ha de ir conmigo, no nos saques de aquí». Si tenemos su presencia, nada nos será imposible; si no tenemos su presencia, no tenemos nada que valga la pena tener. Jonás huyó de Dios. David huyó a Dios. ¿Adónde huyes tú?

819. JONÁS ECHADO POR LA BORDA

Jonás 1:8-15

Ahora que el patrón ha despertado del todo a Jonás, éste se ve asediado por las preguntas de los marineros. Es muy triste cuando a un profeta del Señor le preguntan: «¿Qué oficio tienes?». Como en el caso de un soldado, la prueba de su llamamiento debería siempre estar manifiesta. Nadie le tuvo que preguntar nunca a Elías «¿Qué oficio tienes?», ni a Pedro ni a Pablo. Su relación con Dios estaba estampada en cada una de sus acciones. Si los demás tienen que preguntarnos a nosotros si somos cristianos, después de haber estado en nuestra compañía durante un tiempo, ello es prueba suficiente de que somos unos recaídos.

I. Jonás confiesa. «Soy hebreo, y temo a Jehová, Dios de los cielos.» Si teme a Jehová, ¿por qué no clama a Él? Otros han estado llamando a sus dioses: ¿por qué se calla él? Quizá la razón es que Jonás había pecado, y no había confesado todavía su pecado a Dios. El pecado no confesado cierra la boca de la oración. Ésta es la causa por la que tantas personas dejan de orar. El pecado está en su conciencia; no lo quieren confesar, y por ello no pueden orar. «El que encubre sus pecados no prosperará». Las oraciones, una vez pronunciadas junto a la madre de uno, quedan ahora ahogadas por una conciencia llena de culpa. Y le hacen otra pregunta inquisidora a Jonás: «¿Por qué has hecho esto?».

Ante esto se quedó sin respuesta. Siempre podemos dar buenas razones para huir hacia Dios, pero ¿quién puede dar una respuesta razonable para huir de Dios? ¿Eres un recaído? ¿Te has apartado de seguir a Cristo? ¿Por qué has hecho tal cosa? ¿Qué respuesta puedes dar a esta pregunta? ¡Ay, que las vidas de tantos lleven la marca de Caín, la marca de aquellos que han salido de la presencia del Señor, aquellos que hicieron profesión de ser cristianos, pero que ahora le niegan con malas obras! ¿Qué dirás cuando el mismo Dios te haga esta pregunta: «Por qué lo has hecho?». Otra pregunta le hacen a Jonás que debe haber sido como una puñalada en su alma: «¿Qué haremos contigo para que el mar se nos aquiete?». Estos hombres creían en la doctrina de la sustitución. ¿Por qué la practican los paganos? ¿De dónde la aprendieron? Fue la primera lección que Dios enseñó al hombre caído al vestirle con túnicas de pieles. Pero ahora, en estos días, esta verdad divina es menospreciada, por la soberbia intelectual que corre. Ahora no debemos hablar de «la caída del hombre», sino de «la exaltación del hombre». No debemos enseñar que Dios hizo al hombre a su imagen, sino que surgió de una gota de agua sucia, llamada protoplasma. Entre nosotros está la apostasía de los últimos días. La respuesta de Jonás implica:

II. Una noble rendición. «Tomadme, y echadme al mar, y el mar se os aquietará.» Siente su culpa, y ve en la tempestad la mano de la venganza divina. Cada hijo de Dios puede leer la Providencia como nadie más puede. Él está dispuesto a ofrecerse en sacrificio al Dios de la tempestad para que sus compañeros de aflicción sean salvos. Parece que el sacrificio propio es el camino al verdadero servicio. ¿Estamos dispuestos a ser arrojados fuera por Dios para que podamos ser una bendición para otros? Jonás confesó que era por su culpa que la tempestad estaba sobre ellos. Si somos culpables de causar problemas a otros por nuestra falta de fidelidad a Dios, no añadas pecado al pecado negándolo. Pero los marineros estaban, de momento, indispuestos a echar por la borda al culpable. La tripulación estaba compuesta de hombres de noble corazón, y exhibieron una renuencia magnánima a hacer tal cosa.

«Con todo, aquellos hombres remaron con ahínco para hacer volver la nave a tierra». Sí, pero su duro remar no será suficiente allí donde se precisa de sacrificio. Todos los esfuerzos humanos no impedirán la tempestad de Dios contra el pecado: tiene que haber sacrificio. Antes le daríamos a Dios la obra de nuestras manos que el sacrificio de un corazón quebrantado. «Remaron con ahínco para hacer volver la nave a tierra; *mas no pudieron*.» Es una total imposibilidad que tengamos éxito frente al propósito de Dios. Vosotros, que estáis tratando denodadamente llevar vuestra alma al cielo, tendréis que cejar en el empeño desesperados. Si queréis obrar vuestra propia salvación tendréis que daros cuenta que es Dios quien obra en vosotros. Descubriendo que sus esfuerzos eran inútiles, claman al Señor para que la vida de este hombre no sea puesta a cuenta de ellos.

III. Divinamente frustrado. «Así que tomaron a Jonás, y lo echaron al mar, y el mar se aquietó de su furor.» Tiene que haber sido con pesar de corazón que lo echaron por la borda. Como pasajero, había pagado su pasaje de Jope a Tarsis, y ahora es echado fuera de la nave. Contemplemos como Dios puede torcer nuestros planes egoístas. Es triste sepultar los muertos en el mar, pero mucho más triste es sepultar a los vivos. La terrible zambullida difícilmente podría ser oída entre el rugir y bramar de la tormenta. El sacrificio fue cumplido. Dios aceptó la ofrenda, e inmediatamente «el mar se aquietó de su furor». La clave de todo esto se encuentra en las propias palabras de Cristo: «[Los judíos] demandan señal; pero no le será dada señal, sino la señal del profeta Jonás». Así, Jonás es una señal. ¿Una señal de qué? De muerte y resurrección. ¡Qué imagen tenemos aquí de uno mayor que Jonás, que voluntariamente se ofreció a Sí mismo en sacrificio para que otros por Él pudieran ser salvos! En la tormenta y en la tempestad vemos el juicio de Dios por el pecado. El pecado fue el de desobediencia: por la desobediencia de uno, los muchos fueron constituidos pecadores. El remedio era el sacrificio de un profeta. ¡Qué notable ilustración de Cristo, el gran Profeta, que tomó el puesto de los desobedientes y se dejó lanzar para que la tempestad del juicio pueda quedar aplacada, y muchas preciosas almas sean salvadas!

«Y temieron aquellos hombres a Jehová con gran temor, y ofrecieron sacrificio a Jehová, e hicieron votos.» Hicieron votos después que la tempestad se hubo apaciguado. Muchos hacen votos a Dios en el tiempo de aflicción, pero le niegan cuando llega la liberación. Los votos de los inconversos son generalmente votos que deben ser convertidos. Si has sido salvado por Cristo hundiéndose en el mar de la ira de Dios en tu favor, haz entonces tus votos de pacto con Dios, y guárdalos.

820. JONÁS, ORANDO EN SU SEPULCRO

Jonás 2:1-10

Dios tiene muchas formas de obrar. Aquel profeta rebelde fue atrapado por una tormenta, tragado por un pez, y echado sano y salvo en la playa. ¡Qué aliento para los que puedan estar orando por hijos e hijas desobedientes! Puede que no hayas tenido carta durante mucho tiempo, pero confía en el Dios de Jonás. Con la vara de la aflicción, puede extraerlos de su desobediencia y pecado, y alegrar aún tu corazón con una inesperada nueva de gozo. Pero, ¿tragó una ballena a Jonás? Los científicos dicen que el gollete de una ballena es demasiado pequeño para dejar pasar un hombre, y la estentórea incredulidad ha sido rápida en agrandar esta dificultad. Jonás no dice que fuera una ballena, sino que afirma: «Jehová tenía preparado un gran pez». Cuando se usa la palabra en Mateo 12:40, significa simplemente «monstruo». En el año 1758, un hombre se dedicaba a exhibir un tiburón que le había tragado. La historia es que salió de la nave para darse un baño, y que fue tragado por el tiburón. El capitán, que lo había presenciado, le acertó con un disparo, y el hombre fue vomitado y rescatado con poco daño. El tiburón fue cazado y entregado al hombre que había sido tragado por él. Si un tiburón podía tragar y vomitar un marinero, ¿qué es lo que puede impedir que haga lo mismo con un profeta? Jonás es:

I. Una señal de Cristo. Los judíos demandan señal. Jesús dijo: «Pero no le será dada señal, sino la señal del profeta Jonás». Habían ya tenido muchas señales. Solo quedaba una por dar: la señal de su resurrección. Jonás es señal de Cristo:

1. EN SU SEPULTURA. Fue echado fuera; así fue Cristo echado fuera por sus hermanos. Le llevaron fuera de la puerta y luego le dieron muerte. Jonás fue sepultado en el corazón del mar; Cristo, en el corazón de la tierra. Observemos el propósito con que ambos fueron echados fue el mismo: para hacer paz. «Tomadme y echadme al mar, y el mar se os aquietará.» Cristo hizo la paz mediante la Sangre de su Cruz. El pecado estaba en Jonás; el pecado fue cargado *sobre* Jesús. Jonás fue también un tipo de Jesús:
2. EN SU ACTIVIDAD CONSCIENTE en el lugar de los muertos. Los marineros sepultaron a Jonás en el mar, e indudablemente se dolieron por él como por uno muerto, pero él estaba:

II. Vivo después de haber sido sepultado. Una alma viviente, consciente y activa en lo profundo. No debemos suponer, como se cree comúnmente, que el gran pez devoró al hombre en el momento en que fue echado por la borda. Él mismo nos dice que «Las aguas me rodearon hasta el alma, rodeóme el abismo; las algas se enredaron a mi cabeza. Descendí a los cimientos de los montes». Cuando Cristo fue sepultado, sus amigos se dolieron por Él como muerto; pero mientras que preparaban las especias para su cuerpo, Él estaba presente en el Paraíso. Cuando Samuel fue traído del otro mundo, se sintió agitado, porque estaba en un lugar de felicidad. Si el rico, mencionado en Lucas 16, hubiera sido resucitado, no hubiera hablado acerca de que el cambio le molestara, sino que se hubiera sentido más que agradecido. Si pudiéramos ver ahora los goces o los dolores de nuestros muertos, ello nos impediría vivir esta vida presente. Jonás era también un tipo de Jesús:

1. EN SU RESURRECCIÓN. «Y dio orden Jehová al pez, y vomitó a Jonás en tierra». Salió de las profundidades con la misma individualidad con que había sido echado dentro. Igualmente, el mismo Jesús que había sido sepultado en la tumba fue el que resucitó de los muertos. Ninguno de los dos vio corrupción. El arrojamiento de Jonás sobre la tierra seca es tan solo la prenda de aquel tiempo en que tanto la tierra como el mar echarán de sí a los muertos que están en ellos; unos para el resplandor de la vida eterna; otros para las tinieblas de la vergüenza y menosprecio eternos. Aquí podemos ver también:

III. La historia de un alma. La experiencia interior de Jonás ha sido hasta cierto punto la experiencia de todos los que hemos pasado de muerte a vida, de todos los que hemos sido traídos de la esclavitud del pecado a la libertad de los hijos de Dios. Podrás darte cuenta de siete pasos en la experiencia de Jonás.

1. DESOBEDIENCIA. Rehusó deliberadamente obedecer lo que sabía era la voluntad de Dios. ¿Quién entre nosotros no ha dado este paso?

2. CONVICCIÓN. Su alma está ahora rodeada de los horrores del infierno. Las algas le envuelven el corazón lo mismo que la cabeza. La desobediencia a Dios es el camino recto a los abismos de la desesperación.
3. CONFESIÓN. Reconoce la mano de Dios al detenerle. «Tú me has arrojado a lo profundo.» Nadie está en estado de ser salvo hasta que esté dispuesto a reconocer la justicia de Dios al castigar a transgresores. Tenemos que confesar nuestros pecados si queremos esperar su misericordia para perdonar.
4. CONTRICIÓN. «Cuando su alma desfallecía en él, se acordó de Jehová.» Al recordar sus bondades, el corazón se derrite. La verdad alojada en la mente en los primeros años resulta eficaz en la vida posterior. Si los hombres solo recordaran al Señor Jesucristo, ¡cuán pronto serían liberados de la amargura de sus vidas!
5. ORACIÓN. «Oró Jonás a Jehová.» Allí donde hay verdadero dolor por el pecado, tiene que derramarse en oración a Dios. Un alma que no ora es como una vasija sellada. Se precisó de una gran fe para clamar a Dios desde el vientre de un monstruo marino. No hay nada como las quijadas de la muerte para abrir la boca de la oración. Muchos tientan a Dios por su rebelión a que los eche en el vientre del infierno, para que aprendan a orar. Mejor orar en la luz del sol que esperar hasta ser hundido en las profundidades de la desesperación, y a que venga la muerte como el pez de Jonás, para tragarte.
6. LIBERACIÓN. Jonás fue vomitado en tierra firme. Fue para él, como para cada uno que ha sido salvado por el Señor, una resurrección de entre los muertos. «Pasar de muerte a vida.» ¿No lo sabía Jonás? Él clamó: «La salvación es de Jehová». Sí, Jonás tuvo que pagar el pasaje para apartarse de la presencia del Señor, pero recibió *un pasaje gratuito para volver.* El Señor se cuidaba de todos los gastos de su regreso al hogar. Siempre es así: si te apartas de Dios has de pagar tu propio pasaje; si vienes a Dios *nada hay que pagar*. «Al que a mí viene, de ningún modo le echaré fuera».
7. ACCIÓN DE GRACIAS. Dijo él cuando salió del vientre de la muerte a la luz del cielo: «Te ofreceré sacrificios con voz de alabanza», y bien podía hacerlo. La acción de gracias se transforma en realidad cuando se goza de la salvación. Si hubiera más almas salvas en nuestras iglesias, habría menos necesidad de instrumentos musicales. Hay tres estados que pueden incluirnos a todos.
a) Los que son *indiferentes* acerca de la salvación.
b) Los que están *orando* para ser salvos.
c) Los que dan gracias a Dios porque son salvos. ¿Cuál es el tuyo? «Gracias a Dios por su don inefable» (Sal. 40:1-5).

821. JONÁS, OBEDIENTE

Jonás 3:1-10

Hay muchas preguntas que uno querría hacer aquí, pero, ¿quién puede responder a ellas? ¿Qué hicieron los marineros tras la tempestad, cuando habían echado por la borda sus mercancías? ¿Volvieron a Jope para volver a cargar? Si es así, la historia de la tormenta calmada echando a un profeta al mar habría circulado indudablemente muy deprisa, y quizá llegó a Nínive antes que el mismo Jonás.

I. La repetición del llamamiento. «Vino palabra de Jehová *por segunda vez* a Jonás». ¡Cuán lleno de gracia es Dios, por dar a este hombre una *segunda oportunidad* de servirle! Habría podido abandonarle en su desobediencia para que pereciera. ¡Qué esperanza tenemos en el Segundo Hombre, el Señor del Cielo! ¿Hay aquí alguno de nosotros que no haya tenido un segundo llamamiento? Sí, un sexto, un séptimo, 70 veces, y quizá no ha habido aún respuesta. Muchas veces se le niega a Dios el derecho de vengarse, pero, ¿quién se atreverá a negar su paciencia y longanimidad?
La *Ley* fue dada, la cual falló por nuestra desobediencia: ahora la *segunda* oportunidad de la humanidad es en su llamamiento de *gracia*. Observemos el cambio de comisión: «Ve a Nínive… y proclama en ella el mensaje que yo te diré». Al principio se le dice a Jonás que pregone «contra ella». Ahora simplemente debe proclamar lo que se le mande. Se repite el llamamiento, pero la comisión es alterada. ¿Te das cuenta de que le vino palabra de Jehová a Jonás antes que se le pidiera que la predicara? Los predicadores tienen que tener una revelación de Dios. Si no han tenido visión, entonces no tienen mensaje. Pablo podía decir: «Yo recibí de parte del Señor lo que también os he enseñado». Nosotros testificamos de lo que hemos visto, o no somos testigos. En estos días se está haciendo un atrevido intento de desacreditar todo lo que tenga naturaleza de milagroso. Si no hay milagro, no puede haber misericordia.

II. La obediencia bien dispuesta. «Se levantó Jonás y fue». ¡Qué tarea tenía delante de sí: un viaje de unos 1.300 kilómetros, y luego predicar en las calles de la más poderosa, alegre y culpable de todas las ciudades! Pero su viaje de cuarenta días es mucho más fácil que su huida de tres días a Jope, porque su corazón está ahora a bien con Dios. Es más fácil hacer grandes cosas por Dios que pequeñas cosas para el diablo. Fue más fácil para Daniel ir al foso de los leones que negar a Dios. Fue más fácil para nuestros fieles mártires de Escocia y de España ir a las llamas que negar la fe. Pero, ¿dónde aprendió Jonás esta obediencia? La aprendió donde la mayor parte de nosotros la hemos tenido que aprender: en las profundidades, cuando las ondas y las olas pasaron sobre él, y las algas se enredaron a su cabeza. No siempre deberíamos apiadarnos de los afligidos si comprendiéramos el propósito de Dios. Quiera Dios echar a muchos a las honduras infernales si con ello los conduce al arrepentimiento. Cuando Dios, por la mano de la muerte, arrebató a tu alegre hijo de tu hogar, ¿comprendiste que Él estaba buscando llevarte a la fe que salva?

III. La sobrecogedora proclamación. «De aquí a cuarenta días, Nínive será destruida.» Un extraño mensaje de parte de un hombre extraño. Jonás, con los pies doloridos y fatigado, entra en la grande y poderosa ciudad, probablemente vestido de una túnica de cabello de camello, ceñido con un cinto de cuero. Puede parecer muy pequeño e insignificante en presencia de aquella arrogante aristocracia, vestidos en sus ropajes multicolores, y con aquellos carros de guerra corriendo por encima de las murallas, pero él tiene una dignidad superior a la del Rey de Asiria. Él tiene *un mensaje* de Dios que llevará a los culpables y arrogantes ninivitas a sus rodillas. Los hombres más poderosos del mundo son aquellos que conocen la voluntad de dios, y que son valientes como leones al declararlo. A veces los sermones se caracterizan como tan exentos de gracia como el de Jonás. «De aquí a cuarenta días, Nínive será destruida». El mensaje de Jonás era de misericordia y de juicio. De aquí a cuarenta días: cuarenta días de gracia que serían seguidos por el juicio si estos días eran descuidados. La gracia ha estado reinando ahora durante estos 1928 años [en los días en que se escribió este libro], y de cierto que seguirá el juicio en el caso de los que menosprecien la misericordia ofrecida.

IV. La señal confirmatoria. De parte del Señor Jesús mismo sabemos que Jonás fue una señal para los ninivitas (Lc. 11:30). ¿Cómo podía él ser una señal para ellos si ellos mismos no conocían su carácter ni su historia? Esto es verdaderamente significativo. Los ninivitas no solo oyeron el mensaje de Dios de su boca, sino que vieron en él una prueba del poder salvador de Dios. Jonás no hizo ningún milagro, pero él mismo era un milagro. Él era como uno resucitado de los muertos. Hay tres cosas que la sutil incredulidad de hoy día trata de negar: la Encarnación, la Regeneración, y la Inspiración. Pero cada alma regenerada es en sí misma una señal y una evidencia de lo divino y de lo sobrenatural. Lo que somos hablará más poderosamente que lo que decimos. Se precisa de señales. Hombres y mujeres que han sido ellos mismos salvados y enseñados por Dios. ¿No hay tal señal a tu lado o en tu propio hogar? Ver un verdadero cristiano es ver una señal del cielo.

V. El magno resultado. «Nínive se arrepintió a la predicación de Jonás.» Si hubiera sintonizado con el evangelio de la «Alta Crítica», y se hubiera entremezclado con la aristocracia, pudiera haber llegado a ser el capellán del rey, pero Nínive nunca se habría arrepentido. «Por sus frutos les conoceréis». La predicación que no trae a los pecadores cara a cara con sus pecados y con Dios jamás producirá arrepentimiento. No había gente que se durmiera ante la predicación de Jonás. Los hay a docenas que acuden a nuestras iglesias sin otro propósito que el de ver y ser vistos, y para echar una siesta. Es interesante observar el proceso de su arrepentimiento.

1. CREYERON A DIOS. No se dice que creyeran a Jonás, sino que creyeron a Dios. Éste debería ser el principal objetivo y fin de toda predicación, levantar los corazones del pueblo justo hasta el mismo Señor. ¿De qué te valdrá, aunque creas en la iglesia y en el ministro, si no tienes fe en Dios? Preferiría morir como un hotentote pagano que como miembro inconverso de la Iglesia. Se humillaron a sí mismos, «y se vistieron de saco». Éste es siempre el resultado de creer a Dios: la fe va acompañada del saco de la confesión. El saco nunca está de moda; la preferencia va para la piel de foca. Nada hay como una profunda convicción de pecado para desnudar a uno de los adornados vestidos de orgullo. ¡Ah, hombre, si te vieras a la luz del juicio de Dios, serías tan rápido como los ninivitas en ponerte el saco de un espíritu quebrantado! Un pecador orgulloso es un vástago del infierno. Nunca digas que crees en Dios si nunca has estado postrado humillado delante de Él. Luego:
2. CLAMARON A DIOS. Todos debían clamar «a Dios fuertemente». De nada sirve decirle a un alma despertada que Dios se ha atado a Sí mismo con leyes fijas, por lo que no puede responder a

la oración. A ellas les es tan natural clamar como al bebé recién nacido. Solo los encerrados en su propia vanidad pueden hablar tan a la ligera acerca de la oración. Ningún libro de oración será suficiente cuando el alma esté viva a su verdadera necesidad. Tal cosa es como lienzos sepulcrales. Pero ellos hicieron algo más que orar: «Conviértase cada uno de su mal camino». Ninguna oración es sincera mientras que se permite el pecado. Si no estamos dispuestos a abandonar nuestros pecados, entonces todas nuestras oraciones son una burla (Sal. 66:18). Un hombre me dijo que siempre decía sus oraciones excepto cuando estaba borracho. El pobre hombre estaba afligido por dos demonios; Uno bebedor, y otro farisaico. Ambos son inmundos. La oración de los ninivitas fue sincera. El resultado fue:

3. QUE HALLARON MISERICORDIA. «Vio Dios lo que hicieron, que se convirtieron de su mal camino; y se arrepintió». ¡Qué! ¿Dios se arrepiente? Sí, y me siento agradecido de que sea así. En su Carácter como santo, justo y bueno Él es inmutable y sin fase de variación; pero en misericordia, Él vuelve su rostro a cada pecador arrepentido que le busca. «Acercaos a Dios, y él se acercará a vosotros». «Buscad, y hallaréis».

822. JONÁS, ENOJADO

Jonás 4:1-6

Hay una gran diferencia entre la mera obediencia y la armonía. Cada padre se da cuenta cuando un niño tiene que ser impulsado a obedecer, y cuando otro se deleita en ello, porque está en total armonía con los planes y propósitos de sus padres. El hijo mayor de la parábola (Lc. 15) había sido obediente, pero no coincidía con el padre en hacer tanta fiesta por el pródigo que había regresado. Hay muchos cristianos como éste; obedecen por pura necesidad, pero no se gozan en la voluntad y en los propósitos de Dios. Así parece haber sido el carácter de Jonás. Obedeció en base de un poderoso sentimiento de deber, pero no había entrado gozosamente en toda la mente del Señor.

I. Su queja. «Pero a Jonás le disgustó eso en extremo, y se enojó», o, como se podría traducir, se enardeció, muy perplejo y excitado. Vio ahora lo que quizá no esperaba ver: Nínive en vestidos de saco y en oración. Siendo que los asirios eran enemigos de Israel, probablemente estaba regocijándose en secreto ante la perspectiva de su caída. Es cosa muy fácil mezclar nuestros propios motivos egoístas con los propósitos de Dios, y traer confusión a nuestras propias almas. Es aquí donde miles están naufragando, estableciendo sus propias opiniones y pensando que Dios está obligado a conformarse a sus planes. Quizá Jonás pensaba en su propio honor como profeta cuando se enardeció de tal manera. Él había estado clamando: «De aquí a cuarenta días, Nínive será destruida». Ahora que Dios iba a perdonar la ciudad, ¿qué pensarían de él como profeta? No servimos de mucho en el servicio del Señor hasta que estemos dispuestos a hacernos necios por Cristo. A nosotros nos toca obedecer y confiar. Las opiniones formadas aparte de la Palabra de Dios traerán, más tarde o más temprano, el rubor de la confusión a tu rostro.

II. Su oración. «Y oró a Jehová.» Si el corazón de Jonás hubiera estado lleno de enojo contra el Señor, como podría orar? Nadie puede orar con ira en su corazón. Éste es el remedio para toda pasión no santa: ponte de rodillas. Es maravilloso cómo nuestros credos quedan corregidos en nuestras oraciones. Obre tu corazón a Dios, y tus cosas torcidas quedarán enderezadas. En la oración de Jonás hay una revelación. Aquí tenemos la razón por la que huyó de Dios al principio. Dice él: «Por eso me apresuré a huir a Tarsis; porque yo sabía que tú eres un Dios clemente y compasivo». Ésta es precisamente la misma razón por la que algunos de nosotros hemos huido a Él. ¿Qué significa aquí? Quizá esto: «Sabía que eres un Dios tan misericordioso que aunque yo profetizara su destrucción, Tú les perdonarías, por lo que mi predicación sería vana, y yo recibiría burlas por mis trabajos». Había mucho de bueno y de malo en Jonás, pero algo más se podría aprender de este:

III. Su testimonio. Su descripción del carácter de Dios es sencillamente magnífica. «Clemente y compasivo, tardo en enojarte, y de gran misericordia, y que te arrepientes del mal.» ¿Cómo podía él enojarse con un Dios así? Él es clemente al considerar la necesidad del pecador, y misericordioso para perdonar sus iniquidades. Amigo mío, ¿puedes tú decir, como Jonás, «le conozco»? Él es lento para la ira. ¡Qué misericordia! Ésta es una era de apresuramiento y de excitación y de ir arriba y abajo. El diablo sabe que su tiempo es breve, y él está impulsando este mundo –«que yace en el maligno»– a una velocidad expresa. El diablo está siempre con prisas. «Las ruedas de Dios muelen lento, pero muelen desmenuzando a muy pequeño.» Dios es lento para la ira, pero es *pronto* en perdonar. «Hay vida por una mirada.» Es por esta razón que algunos de vosotros, que habéis malgastado toda una vida en egoísmo y pecado, habéis sido preservados hasta el día de hoy. «Dios es lento para la ira.» ¿Por qué menospreciáis una bondad tan grande, y gastáis la paciencia de Dios? ¡Ah! recordad que aunque Dios es lento para la ira, cuando Él golpee será el golpe del Omnipotente.

IV. Su insensata petición. «Oh Jehová, te ruego que me quites la vida; porque mejor me es la muerte que la vida.» ¿De veras? ¿Cómo lo sabes? Aquí tenemos otra vez una manifestación del yo. «Mejor me es.» Ah, sí, es la vieja historia: «Déja*me que primero*». Ésta es la mosca en el ungüento de mucho de nuestro servicio cristiano: «buscar lo propio». Pero hay algo de fe mezclada con sus faltas. Si él sabía que sería mejor para él morir, es que tenía una buena esperanza para el mundo venidero. ¿Sería mejor para ti? Pablo dijo: «Partir y estar con Cristo es mucho mejor». Se precisa de fe para morir satisfecho, solo en medio de paganos.

V. Su vigilancia. «Y salió Jonás de la ciudad, y se sentó en el lado oriental de la ciudad, y se hizo allí una enramada». Hubiera podido aceptar la hospitalidad del rey, pero prefirió una enramada fuera de la ciudad. «Moisés… escogió antes ser maltratado con el pueblo de Dios, que gozar de los deleites temporales del pecado» (*cf.* He. 11:25). Los que testifican contra el mundo no debieran vivir como el mundo. «Salid de entre ellos, para que no perezcáis juntamente con ellos». El mandamiento a Lot fue: «No mires tras ti, ni pares en toda esta llanura; escapa al monte». Jonás se sentó en su enramada para ver qué sucedería con la ciudad. ¿Sabes tú algo acerca de esperar calmadamente *para ver qué es lo que Dios hará*? Es un tiempo solemne. El médico ha desahuciado a aquel niño, la madre lo ha encomendado a Dios, y espera en silencio para ver lo que Dios hará. Hay momentos en la obra cristiana en los que no sabemos qué hacer. Tenemos que sentarnos como Jonás hasta que podamos ver lo que el Señor hará. Vale la pena esperar a Dios. Amados amigos, tened paciencia esperando a Dios. «Los que esperan a Jehová tendrán nuevo vigor» (Is. 40:31).

VI. Su gran gozo. «Preparó Dios una calabacera, y la hizo crecer sobre Jonás para que hiciese sombra sobre su cabeza, … y Jonás se alegró grandemente por la calabacera.» ¡Cuán rápidamente Dios puede volver nuestro dolor en alegría! Se cree que esta calabacera es el ricino o palmacristi, una planta trepadora, con anchas hojas del tamaño de una mano. Cada hoja podría recordarle la mano del Omnipotente. ¡Qué refugio, quedar cubierto con las manos de Jehová! No es de asombrarse que se sintiera feliz. Esta calabacera protectora era el don de Dios: *una obra* a propósito para un peregrino fatigado y abatido. ¡Cuán a menudo Dios ha suscitado una calabacera para nosotros en el día de la aflicción! Fue dada con un doble propósito. (1) Para ser sombra sobre su cabeza. (2) Para liberarle de su dolor. ¿No es esto lo que tú necesitas, refugio del peligro, y liberación del dolor interno? Esta calabacera suscitada por el Señor parece como una sombra pasajera de la Cruz. Aquí los pecadores hallan refugio de los rayos agostadores de la venganza divina y liberación de sus pecados y dolores. Esta doble salvación la necesitamos todos. Cristiano, en tu día de aflicción siéntate bajo su sombra, y espera lo que Dios va a hacer. Inconverso, aquí tienes un lugar de reposo para ti, aquí tienes liberación de tu dolor. No importa cuán profunda sea tu necesidad, siéntate aquí y ce lo que Dios hará por ti. «Venid a mí todos los que estáis fatigados y cargados, y yo os haré descansar.» Él es «poderoso para salvar».

823. JONÁS, SILENCIADO

Jonás 4:7-11

Cada cosa visible tiene el sello de la incertidumbre. Todos nuestros consoladores terrenales se marchitarán y morirán más tarde o más temprano. La misma faz de la naturaleza, aunque gobernada por una ley fija, está cambiando de continuo. Cambian los reinos y las naciones. ¡Cuántos cambios han tenido lugar en nuestros hogares y entre nuestros amigos! ¡Cuántas viejas caras se han ido, y cuántas de nuevas han venido!

«Cambio veo a todo mi alrededor:
Oh, Tú que nunca cambias,
Quédate a morar conmigo».

Cuando todas las cosas terrenales envejezcan y se desvanezcan como una vestidura, el inmutable Salvador permanece. «Bienaventurados todos los que en Él confían». Tenemos aquí:

I. Un placer efímero. «Al venir el alba del día siguiente, Dios preparó un gusano, el cual hirió la calabacera, y se secó». Dios puede preparar el *gusano* lo mismo que la *calabacera*. Mientras estamos disfrutando de nuestra calabacera de placeres, somos propensos a olvidar que puede haber un gusano en la raíz. ¡Cuántas pequeñas cosas no vistas pueden estar trabajando por la noche! Recibe tus misericordias con un corazón humilde y lleno de agradecimiento. ¿No hay muchos cuya calabacera se ha secado de repente? Aquel niño que era el deleite de tus ojos... Dios preparó el gusano de la enfermedad, y se ha secado. Aquel marido que solía poner sobre ti sus manos protectoras se ha secado de repente. Aquella madre que solía ser tu calabacera, liberándote de dolores, ha sido cortada por el gusano de la muerte. ¡Ah, este mundo está repleto de calabaceras secas! Cada ruina nos dice: «No pongáis vuestro corazón en las cosas que se ven, porque son temporales». Cada cosa terrenal tiene su gusano. El gusano del tiempo está ya atacando la raíz de vuestros actuales placeres terrenales. Esa calabacera de la falsa profesión se convertirá en una masa sin vida en el día de la fiera ira de Dios. Dios ha preparado un gusano que traerá a la ruina a cada refugio de mentiras. ¡Qué terrible descubrimiento, despertar la mañana de la resurrección y hallar nuestras esperanzas, como el cuerpo de Herodes, comido por los gusanos! El Cristo incorruptible ha pagado un precio incorruptible por tu alma inmortal.

«Aquí permanecen manantiales eternos,
Y flores que nunca se marchitan».

El corazón que se ha aferrado a Cristo ha recibido una porción que nunca puede marchitarse.

II. Una prueba abrumadora. «Y aconteció que al salir el sol, preparó Dios un recio viento solano, y el sol hirió a Jonás en la cabeza, y se desmayaba». ¡Ay de ti, si tus gozos están atados en tus circunstancias, en lugar de en tu Dios! Es muy fácil y natural tener más ansiedad por el don que por el Dador. Parece extraño, a primera vista, cómo Dios trató con Jonás. Le preparó una calabacera para cubrirle, y luego un gusano para molestarle, y luego un viento tórrido para golpearlo. Podemos hallar falta, pero no podemos arreglarlo. El Divino Maestro no tiene obligación de explicarse a Sí mismo a sus torpes alumnos. Aquí tenemos un gran propósito de misericordia. Este agostador viento del este batiendo sobre la indefensa cabeza de Jonás fue una terrible prueba. Se ha dicho que «Cuando el viento del este viene, no es bueno ni para hombre ni ningún ser viviente», pero lo cierto es que los vientos están todos en su mano, y son lanzados no al azar, sino con un propósito definido. Fue con un intenso viento que el Señor dividió el Mar Rojo. Los cortantes, mordientes vientos de la aflicción son todos para el mismo propósito lleno de gracia. Una vez le hice la observación a un granjero que estos fríos vientos dificultarían el crecimiento. «Sí», dijo él, «dificultan el crecimiento hacia arriba, pero ayudan al crecimiento hacia abajo; hacen que las raíces se arraiguen más fuertemente». Entonces, bendita la aflicción que ahonde la raíz de nuestro ser más profundamente en las cosas del mundo invisible, y que nos haga más adecuados para mantenernos en el tiempo de la tempestad. Jonás se desmayaba. Pobre hombre. Era como la semilla que no tenía profundidad de tierra, y se secó cuando el sol agostador cayó encima. David dijo: «habría desmayado, si no hubiera creído». Si no tenemos fe en Dios nada tenemos que nos salve de desmayar en el tiempo de la prueba. A los que estáis desmayando porque pensáis que no hay salvación para vosotros, «cree solamente». Obreros agotados: Recordad que «Él acrecienta la energía al que no tiene fuerzas» (Is. 40:29).

III. Una pregunta inquisitiva. Dios le dijo a Jonás: «¿Haces bien en enojarte?» (V.M.) La respuesta de Jonás fue la de un hombre perfectamente honrado, pero cuyo corazón era propenso a engañarle. «Mucho me enojo, hasta la muerte.» La gran lección que, según parece, Dios quería enseñar a Jonás era que «el pecado obra la muerte», tanto en la nación como en el individuo. Israel se había apartado de Dios. La idolatría, como el gusano en la calabacera de Jonás, estaba consumiendo la vida de la nación. La justicia exalta una nación. Ahora que Nínive buscaba, de rodillas, misericordia y justicia, Dios la iba a exaltar. Este mismo principio reina hoy en día: la palabra de Dios es: «Yo honraré a los que me honran». Dios mira al corazón. Jonás estaba más preocupado por la calabacera de su propia comodidad que por la salvación de la ciudad pagana. Estas son señales ciertas de una fe vacilante. La fe en Dios es el golpe de muerte a todo este mísero interés propio.

IV. Un argumento silenciador. «Tu has tenido lástima de la calabacera, ... ¿y no tendré yo piedad de Nínive, aquella gran ciudad donde hay más de ciento veinte mil personas que no saben distinguir entre su mano derecha y su mano izquierda?» ¡Qué maravilla que Dios condescienda a razonar con un hombre! Hay mucho en los tratos de Dios con nosotros que nunca podemos comprender, y tiene que ser recibido por fe. Dios emplea dos poderosos argumentos para silenciar las dudas y los temores de su siervo.

1. EL ARGUMENTO DE LA SOBERANÍA. Dios tiene derecho a hacer como quiera con los suyos. El hombre soberbio está dispuesto a poner en tela de juicio este derecho y a mostrar desagrado ante los tratos de Dios, porque no puede comprender su sentido. Es una terrible presunción pensar que los propósitos de Dios puedan quedar subordinados a los razonamientos de los hombres. El argumento de Pablo es concluyente. En todo caso, oh hombre, ¿quién eres tú, para que alterques con Dios? ¿Acaso dirá el vaso de barro al que lo formó: Por qué me has hecho así?» Luego tenemos:

2. EL ARGUMENTO DE LA PIEDAD. El Señor le recuerda a Jonás que hay ciento veinte mil personas en Nínive que no pueden discernir entre su mano derecha y su mano izquierda: 120.000 bebés. ¡Qué lugar tienen los niños en el corazón de Dios; qué lugar que su total indefensión hace sobre la misericordia divina! Nínive fue perdonada, en parte por la muda intercesión de 120.000 intercesores bebés. No puedes decir cuánto puede haber sido bendecido tu hogar por causa de estos impotentes niños. Madres, haced lugar a los niños. Cada bebé es una bendición, un ser que intercede por ti. Estos argumentos parecen haber silenciado a Jonás, porque ya no le oímos más. Se calla, dejando a Dios la última palabra. ¿Ha solucionado Dios todas tus dificultades y silenciado todos tus argumentos? No mantengas una controversia con el Omnipotente. Cede a Él tu voluntad, y lo que no puedas comprender con el intelecto, créelo con el corazón. Hay un relato de la historia antigua acerca de un monarca que, cuando algunos de sus súbditos se rebeló contra él, los sometió, y luego los cargó de preciosos dones. Uno de sus nobles le preguntó por qué se mostraba tan bondadoso para sus enemigos. Él dijo: «Los sometí con mi poder, y ahora debo ganarlos con mi amor». De este modo también es como Jesucristo, el mayor que Jonás, querría ganarnos para Sí. Por el poder de su Espíritu de convicción quiere mostrarnos la negrura de nuestros malvados corazones, a fin de poder llevarnos al arrepentimiento y a la confesión. Entonces Él os da abundantemente los grandes dones de su gracia, amor, paz, gozo, reposo y vida eterna. Él bendice todo lo que conquista. ¿Te ha conquistado a ti?

824. ORDEN DE SALIDA

«Levantaos y andad, porque no es éste un lugar de reposo, pues está contaminado y causa de destrucción irreparable» (Mi. 2:10).

La buena tierra que les había sido dada por el Señor había dejado de ser un lugar de reposo para ellos debido a su pecado. No hay paz, dijo mi Dios, para los impíos.

I. La naturaleza del llamamiento. Es doble. Es un llamamiento

1. A LEVANTARSE. «Levantaos». 1). Levantaos de entre los muertos (Ef. 5:14). De entre los muertos en delitos y pecados. 2). Levántate y ve a tu *padre* (Lc. 15:18). Reconcíliate con Dios. 3). Levántate y *adora* (Jer. 31:6). 4. Levántate y *resplandece* (Is. 60:1).

2. A PARTIR. A partir de toda iniquidad. «Salid de en medio de ella; purificaos» (Is. 52:11). «No podéis servir a Dios y a Mamón».

II. Las razones dadas.

1. Porque NO ES ÉSTE UN LUGAR DE REPOSO. Hay un gran peligro en buscar reposo en una condición del corazón que no es grata a Dios. Refugio de mentiras. Habría sido la perdición del pródigo si hubiera encontrado *reposo* en el país lejano. Hay muchas pruebas de que el estado del inconverso no es de reposo. El hambre del corazón nunca ha quedado satisfecha.

2. Porque ESTÁ CONTAMINADO. El pecado ha envenenado las fuentes de cada placer mundano. Toda la tierra y el reino de los impíos está apestado con el contaminador aliento del pecado. La vida externa, como la ciudad de Jericó, puede ser placentera, pero las aguas de la ciudad interior son salobres.

3. Debido a que CAUSA DESTRUCCIÓN. «Causa destrucción irreparable.» Quedarse fuera de Cristo es quedarse en la Sodoma de destrucción. Huye por tu vida, no te quedes en el llano. Como el Peregrino de Bunyan, cierra tus oídos a las malvadas insistencias de hombres y demonios, y lánzate hacia la puerta estrecha. Levántate y apártate, o esta condición de vida te destruirá. «A Ti huyo para que Tú me ocultes». «Venid a Mí, y hallaréis reposo» (Mt. 11:28).

825. EL REINO VENIDERO

Miqueas 4:1-8

Hay un «reino» que viene, como lo predijeron los profetas y lo anunciaron nuestro Señor y sus apóstoles: un reino como este mundo jamás lo ha conocido. Este reino vendrá cuando aparezca el MISMO REY. Aquel que murió por el mundo afirmará su «derecho a reinar» sobre él. Cuando venga a regir las naciones, entonces se cumplirá abundantemente la oración que nos enseñó en los días de su carne: «Venga tu reino. Hágase tu voluntad, *como en el cielo, así también en la tierra*». «Su reino *no es de* este mundo». Nunca puede surgir de las actuales condiciones de este mundo. Vendrá de Dios, y con «Dios nuestro Salvador», que aparecerá en «poder y gran gloria» (1 Ts. 4:14-17).

I. Jesús como Rey volverá. Apareció como *Profeta;* como *Sacerdote* se presenta *ahora* en presencia de Dios por nosotros; como REY ha de *volver a aparecer* y llevará a su conclusión su gran obra llevando al mundo al sometimiento a su voluntad; entonces su pueblo redimido compartirá su honra y gloria (1 Co. 6:2; Ap. 5:10). Esto es algo de *la gracia* que nos ha de ser traída en la *Revelación de Jesucristo* (1 P. 1:13). Él viene; sí, viene en Persona como Glorioso Vencedor, del mismo modo en que se le vio ir (Hch. 1:11).

II. ¿Cuando viene este Reino? Dice Miqueas: «Acontecerá en los *postreros tiempos*» (v. 1). Los «postreros tiempos», no de la historia del mundo, sino de esta edad presente. El día o la hora de su aparición nadie puede saberlo; pero las *señales* de los «postreros tiempos» nos han sido dadas para que *sepamos* que el día de su manifestación se acerca. Se nos asegura que *en los días postreros* vendrían TIEMPOS PELIGROSOS (2 Ti. 3; 1). Estos últimos días serán peligrosos, arriesgados, involucrando riesgos terribles: «Sobre la tierra angustia de las gentes, perplejas a causa del bramido del mar y de las olas, desmayándose los hombres por el temor y la expectación de las cosas que sobrevendrán en la tierra». *Entonces,* mientras todas estas condiciones prevalezcan, «verán al Hijo del Hombre, que vendrá en una nube con poder y gran gloria» (Lc. 21:25-28). ¿Están o no con nosotros estas «señales»? Muchos de estos dolores han estado siempre con la humanidad, pero en estos «*últimos* días» se transforman en «señales», por cuanto el mundo no tiene remedio para sus propias dolencias. Estas señales son señales de peligro.

III. Las características de su reinado, como son reveladas por esta profecía.

1. Estará CENTRADO EN JERUSALÉN. «*El monte de la casa de Jehová* será establecido por cabecera de montes, y más alto que los collados, y correrán a él los pueblos» (v. 1). ¿En qué otra parte podría encontrar este reino celestial su capital más que en su propia Ciudad. Sí, *allí* donde Él mismo fue crucificado por el pecado del mundo. Bendito pensamiento, donde fue levantada su Cruz de sufrimiento y de vergüenza, allí estará *su Trono* de dominio, el símbolo de poder y de victoria sobre todos *sus enemigos*. «La Casa del Señor» será entonces digna de su Santo Nombre, cuando *todos los pueblos* acudirán allí, y toda lengua confesará que Él es el Señor. Jerusalén volverá a ser una alabanza en la tierra.
2. SERÁ UNIVERSAL. «Vendrán muchas naciones, ... El Dios de Jacob... nos enseñará en sus caminos, y andaremos por sus veredas; porque... de Jerusalén [saldrá] la palabra de Jehová» (v. 2). Los paganos le serán dados como su heredad, y las más remotas partes de la tierra como su posesión (Sal. 2:8). Aquel que colgó de una Cruz tendrá a todo un mundo inclinándose delante de Él. Digno es el Cordero que fue inmolado de recibir esta honra y gloria y *dominio* (Is. 9:7).
3. SERÁ PACÍFICO. «*Él* juzgará... y reprenderá... y *ellas* [las naciones] forjarán sus espadas en rejas de arados... no levantarán espada... ni aprenderán más la guerra» (v. 3, V. M.). ¡Qué liberación para un mundo que ahora yace en el maligno! Su Nombre será PRÍNCIPE DE PAZ, y el gobierno será *sobre su hombro* (Is. 9:6). En aquel día el «príncipe de este mundo», que ahora obra en los hijos de desobediencia, será totalmente anulado. Mientras tanto, oigamos y reposemos en sus palabras consoladoras: «No se turbe vuestro corazón... creed en Mí... *vendré otra vez*» (Jn. 14:1-3).
4. SERÁ ABUNDANTEMENTE PRÓSPERO. «Se sentará cada uno debajo de su vid y debajo de su higuera, y no habrá quien los *amedrente*» (v. 4). Sin temor de bandidaje, ni de pestilencia ni de sequía, porque el desierto y el páramo florecerán como la rosa. Florecerá abundantemente. La tierra seca se volverá en estanque, y el sequedal en manantiales de agua. Habrá gozo y alegría, «y huirán la tristeza y el gemido» (Is. 35). No habrá más miradas ansiosas al cielo, suspirando por la refrescante lluvia; todos los elementos en la tierra, en el aire y en la mar estarán bajo su control, y serán puestos al servicio del bien de su pueblo (Is. 12).
5. SERÁ UN TIEMPO DE GRAN GOZO. Para su pueblo antiguo será una resurrección nacional, porque «los redimidos de Jehová volverán, y vendrán a Sion con alegría; habrá *gozo perpetuo* sobre sus cabezas» (Is. 35:10). Miqueas nos dice: «en aquel día, dice Jehová, reuniré *la que cojea,* y recogeré la *descarriada,* y a *la que afligí;* y pondré a la coja como remanente, y a la descarriada como *nación robusta;* y Jehová *reinará sobre ellos* en el monte de Sion desde ahora y para siempre» (vv. 6, 7). ¡Qué reunión para este pueblo cojeante, esparcido y afligido! Verdaderamente, su restauración será como «vida de entre los muertos». ¡Una nación salva y dichosa! ¡Qué poderosa influencia tendrán sobre los pueblos de la tierra! Pero... ¿qué de la Iglesia? ¿Los que pertenecen a Cristo ahora? Ah, «Cristo las *primicias*». Luego, «*los que son de Cristo en su Venida*... Porque es preciso que él reine hasta que haya puesto *a todos sus enemigos* debajo de sus pies» (1 Co. 15:23-25).

826. LA CONTROVERSIA DEL SEÑOR

Miqueas 6:1-8

«Oíd montes... el pleito *de Jehová*» (v. 2). Después de todo lo que había hecho por su pueblo, ¿por qué debía haber aún un «pleito» entre ellos? Hasta los *escogidos* de Dios son a menudo tercos. Dios ha mantenido un pleito con la humanidad desde la caída de Adán. La gran misión del Señor Jesucristo fue la de la reconciliación. Oigamos:

I. Sus doloridas preguntas. ¡Qué patetismo vemos en ellas, revelando la agonía de su corazón!

1. «Pueblo mío, ¿QUÉ TE HE HECHO?» (v. 3). ¡Piensa en lo que he hecho por ti! Piensa en cómo tú has pagado mi longánime paciencia y bondad para conmigo. ¡Oh pueblo mío, redimido por la preciosa Sangre de Cristo! ¿Qué te he hecho, que tu corazón sea tan frío para conmigo, y tu servicio tan formal e infructífero?
2. «¿... EN QUÉ TE HE CANSADO? *Testifica contra Mí*» (v. 3). ¿Es posible cansarse de Dios? Puede que nos fatiguemos en su servicio. Pero desde luego nunca *de* él. Si las *cosas espirituales* están volviéndose fatigosas para tu alma, ¿osarás «testificar contra Él», que sus tratos contigo no están en armonía con su voluntad revelada? ¿Os es poco el ser molestos a los hombres, para que también lo seáis a mi Dios? (Is. 7:13).

II. El recuerdo de sus misericordias. «Pueblo mío, *acuérdate*» (v. 5). ¡Cuán doloroso debe ser para nuestro Padre Celestial cuando nos fatigamos de Él por el *olvido* de sus beneficios! Recuerda que Él dice:

1. Que «TE HICE SUBIR DE LA TIERRA DE EGIPTO» (v. 4). Recuerda que quebranté el poder de tus opresores, y que te conduje a una gozosa libertad. Hermanos, no olvidemos nunca que fue la amante *gracia de Dios* que nos libertó del poder del pecado, de la esclavitud del mundo y de los engaños del diablo, a la bendita libertad de los «hijos de Dios».
2. Que «TE REDIMÍ». El precio que Jehová pagó para redimir a Israel de Egipto fue sus terribles juicios sobre sus enemigos. Pero el precio que pagó para redimirnos de la culpa y del pecado fue la vida y Sangre de su Amado Hijo. «Él se dio a Sí mismo en rescate por nosotros». Recuerda: «*no sois vuestros*... habéis sido comprados por precio; glorificad, pues, a Dios en vuestro cuerpo y en vuestro espíritu, *los cuales son de Dios*».
3. Que «ENVIÉ DELANTE DE TI A MOISÉS, A AARÓN Y A MARIA» (vv. 4, 5). Estos tres líderes son típicos de una triple bendición: Moisés, el legislador; Aarón, el intercesor; Miriam, la directora del canto (Éx. 15:20, 21). La palabra, el culto, la alabanza. ¿No nos ha dado Él también *su Palabra,* como Moisés; *libertad de acceso,* como Aarón; y el *cántico de victoria,* como Miriam? Gracias sean dadas a Dios que nos da la victoria.
4. Que VOLVÍ LO QUE BALAAM QUERÍA QUE FUERA UNA MALDICIÓN EN BENDICIÓN (v. 5; véase Nm. 23:11, 12). ¡Qué maravillosa prueba es ésta del poder soberano de Dios en favor de su pueblo! No tengáis ansiedad por vuestra vida. Él tiene cuidado de vosotros.

III. Perplejidades personales. En los versículos 6 y 7 tenemos un lenguaje que pudiera bien convenir a una ansiosa alma azotada por el pecado, y buscando el favor de Dios. «*¿Con qué me presentaré ante Jehová?*» (v. 6). ¿Con *qué* vendré, para ser acepto delante de Él? Esta vieja pregunta siempre se abre camino en las mentes y corazones despertados por el Espíritu. Hay una profunda convicción de que es necesario *algo.* Pero este *algo* permanece como un misterio para los que no conocen a Jesucristo como su Redentor. «¿Me presentaré ante él con holocaustos...? ¿Se agradará Jehová de millares de carneros, o de diez mil ríos de aceite? ¿Daré... el fruto de mis entrañas por el pecado de mi alma?» (vv. 6, 7). Abraham estaba dispuesto a entregar a su hijo único, Isaac, pero Dios se proveyó de ofrenda. «He aquí el *Cordero de Dios*, que quita el pecado del mundo.» *No es posible* que la sangre de toros y de machos cabríos quitase los pecados (He. 10:4). No hay nada en absoluto que el hombre pueda ofrecer a Dios que en manera alguna pueda tomar el puesto que Él ha dado a Cristo, quien llevó *Él mismo* nuestros pecados en la cruz. Todo lo que podamos ofrecer, aparte de Él, es solamente un insulto a su Cruz. En esa Cruz está aquello *con que* podemos presentarnos con libertad delante del Señor.

IV. El camino revelado. «Oh hombre, te ha sido declarado lo que es bueno, y qué pide Jehová de ti: solamente hacer justicia, y amar misericordia, y caminar humildemente *ante tu Dios*» (v. 8). Muchas personas orgullosas y mundanas citan estas palabras para justificarse a sí mismas delante de Dios y de los hombres. Dicen: «Hago justicia; amo la misericordia y camino humildemente». Sí, pero no hay experiencia de verdaderamente *caminar ante Dios!* Nos es fácil hablar de justicia, misericordia y humildad, sin conocer nada experimentalmente de la *Sangre reconciliadora* de su Cruz. «¿Andarán dos juntos, si antes no se han puesto de acuerdo?» ¿Cómo podemos estar de acuerdo con Dios si estamos una y otra vez ignorando la obra redentora de Jesucristo en nuestro favor? Podemos hacer justicia y amar misericordia, pero *caminar humildemente ante tu Dios* es imposible sin un nuevo nacimiento, un nuevo espíritu y una total *rendición de nosotros mismos* a Él en la vida diaria.

827. REGOCIJAOS EN EL SEÑOR

Miqueas 7:7-20

«El gozo del Señor es vuestra fuerza». Las palabras finales de este profeta nos dan causa abundante para este gozo, porque su *Dios es nuestro* Dios. Veamos aquí:

I. Su gozosa confianza. Las siguientes proclamaciones, en vista a condiciones muy deprimentes, parecen ser las expresiones espontáneas de un corazón satisfecho y gozoso.

1. «Yo PONGO MIS OJOS EN JEHOVÁ» (v. 7). La mirada *arriba* es siempre clara al alma creyente, aunque la mirada hacia afuera y hacia dentro sean oscuras, nubladas y atemorizantes. «Miradme a Mí, y sed salvos.»
2. «ESPERO AL DIOS DE MI SALVACIÓN» (v. 7). La *mirada* puede ser como un destello, pero tenemos también que *esperar quietamente* por Él. El tiempo de espera puede ser el tiempo de prueba. Pero si esperamos la salvación de Dios, vendrá de cierto.
3. «AUNQUE CAIGA, ME LEVANTARÉ» (v. 8, V.M.). De modo que el gozo del enemigo por la caída quedará pronto frustrado. Las «caídas» *no* son algo a esperar, porque «*Él puede guardaros* de caída». En caso de que caigas, tanto abierta como secretamente, levántate antes de que el enemigo tenga tiempo de regocijarse.
4. «AUNQUE MORE EN TINIEBLAS, JEHOVÁ SERÁ MI LUZ» (v. 8). Bendita tiniebla cuando toda la luz que tenemos es su Santa *Presencia.* «Aunque pase por valle de sombra de muerte, no temeré mal alguno, porque tú estarás conmigo» (Sal. 23).
5. «HABRÉ DE SOPORTAR LA IRA... HASTA QUE JUZGUE MI CAUSA» (v. 9). Cuándo seas golpeado por la mano disciplinadora de Dios, es bueno *soportar* el golpe *hasta* que Él juzgue mi causa; así lo hizo Job, y Dios juzgó su causa y recompensó su paciencia.
6. «ÉL ME SACARÁ A LUZ, VERÉ SU JUSTICIA» (v. 9). A los pacientes y confiados los llevará a la luz, y hará que los tales contemplen su *justicia* en todos sus tratos con ellos, porque Él todo lo ha hecho bien. Y finalmente, cuando Él nos traiga a la gloriosa luz de la faz de nuestro Redentor y contemplemos su justicia en todos sus tratos con nosotros mientras éramos peregrinos y extranjeros en la tierra, ¡qué revelación, qué gozo, que causa de alabanza!

II. Razones gozosas para tal confianza. En estos versículos (18-20) tenemos lo que ha sido reconocido como una expresión sin paralelo del carácter *lleno de gracia* de nuestro Dios. «¿Qué Dios como tú?» Aquí hay algunas cosas que Él hace por su pueblo:

1. PERDONA LA MALDAD. ¡Qué consolación saber que su perdón puede extenderse a nuestra falta de rectitud o de principio moral en nuestros tratos con nuestros semejantes! Estos pecados pueden no siempre ser evidentes ante los demás, pero están desnudos a sus ojos.
2. OLVIDA EL PECADO. Está dispuesto a pasar por alto nuestras transgresiones contra su santa ley y nuestra presuntuosa intrusión en el santo dominio de su presencia, como cuando acudimos delante de Él en nuestra soberbia y engreimiento.
3. NO RETIENE PARA SIEMPRE SU ENOJO. Su enojo es tan justo y tan santo como su amor. Pero en gracia *no* retiene su enojo, porque el amor ha triunfado. Bien podemos regocijarnos por cuanto vemos la prueba de esto en el don de su Hijo (Jn. 3:16).
4. SE DELEITA EN LA MISERICORDIA. No leemos que se deleite en juzgar. «Vivo yo, dice el Señor Jehová, que *no me complazco* en la muerte del malvado, sino en que se vuelva el malvado de su camino», porque «Él se deleita en la misericordia». Aquí tenemos la esperanza de los hombres pecadores.
5. ÉL VOLVERÁ A TENER COMPASIÓN DE NOSOTROS; PONDRÁ BAJO SUS PIES NUESTRAS INIQUIDADES. Conquistar y someter es algo más profundo que meramente perdonar. Esto lo hace por la venida de su Espíritu poderoso a la ciudadela del alma.
6. ECHARÁ EN LO PROFUNDO DEL MAR TODOS NUESTROS PECADOS. Esto, naturalmente, es un lenguaje figurado. Son sepultados donde no pueden resucitar, en las profundidades de su eterno olvido. «Tras sus espaldas», donde sus santos ojos no los podrán ver más (Is. 38:17).
7. ÉL CUMPLIRÁ SUS PROMESAS a sus hijos creyentes. «*Fiel* es el que prometió». Todos estos rasgos de gracia constituyen una verdadera semejanza del Padre, tal como nos es revelada en la faz de Jesucristo, que apareció como la *imagen* del Dios invisible, y que dijo: «Al que a mí viene, de *ningún modo* le echaré fuera». Regocijaos en el Señor.

828. GRANDE ES NUESTRO DIOS

Nahúm 1:1-8

El profeta está aquí *cargado* con una terrible sentencia. Pero mientras que los juicios registrados lo son contra la antigua Nínive, son una revelación muy solemne para nosotros del gran y terrible Dios con quien tendrán que vérselas los pecadores no arrepentidos.

I. Dios es celoso (v. 2). Los celos pueden definirse como un estado agitado de mente, bajo el temor de que *otro* haya seducido los afectos de la persona que tú amas. Dios es celoso de cualquier rival por nuestros afectos y confianza, precisamente porque *su amor* es tan bueno y verdadero. «No améis el mundo, ni las cosas que están en el mundo», para que no lo provoquéis a celos. El mundo y el yo son sus rivales.

II. La venganza del Señor es furiosa (v. 2). Cuando Dios es por nosotros su poder es Omnipotente; cuando es en contra de nosotros, es igualmente Omnipotente. Cuando Él se vengue de *sus adversarios*, será con una furia abrumadora. ¡Oh, hombre orgulloso, piensa en el Dios con quien tenemos que ver!

III. El Señor es tardo para la ira (v. 3). Él no es lo que decimos de algunas personas, «de temperamento apacible». Toda la historia pasada es prueba de esto. En los días antes del Diluvio, Dios les dio 120 años de plazo (Gn. 6:3). Esta longánime paciencia de Dios es con frecuencia mal comprendida como una absoluta indiferencia. Mientras su *ira* viene lentamente, su amor viene rápidamente.

IV. El Señor es grande en poder, y «*de ningún modo tendrá por inocente al culpable*» (v. 3, V.M.). ¿Cómo escaparemos si descuidamos una salvación tan grande? Aquí tenemos la respuesta: «*De ningún modo*». ¡Qué verdad más solemne y urgente es ésta para los que niegan su amor e ignoran su ofrecida misericordia en el Evangelio de su gracia! «El que no cree ya ha sido condenado» (Jn. 3:18). Pero la final ejecución de esta sentencia espera al día de su gran poder (v. 6).

V. El Señor domina en *la tempestad*, en el *torbellino*, en las *nubes*, los *ríos*, la *mar* y el *fuego* (v. 6). No podemos imaginar a ninguna de las fuerzas naturales que Él ha creado *rebelándose* contra su voluntad. Todas ellas son armas en su panoplia. Él tiene *sus caminos en todos ellos.* Tenemos la seguridad de que cada átomo en el universo está bajo ley. Los vientos están en su puño, las nubes son el polvo de sus pies. Son el hombre y los ángeles caídos los rebeldes. Pero, «¿Quién se sostendrá delante de su ira?» (v. 6).

VI. «Jehová es bueno, fortaleza en el día de angustia» (v. 7). El Señor es *grande* en *poder*, pero también en *bondad*. Su bondad es una *fortaleza* para nosotros en el día de nuestra angustia debido al pecado, a la debilidad o al fracaso. «Dios es nuestro amparo y fortaleza, nuestro *pronto* auxilio en las tribulaciones» (Sal. 46:1). «Por gracia sois salvos» (Ef. 2:8).

VII. El Señor conoce a los que en Él confían (v. 7). Somos conocidos de Dios, no por nuestra sabiduría, ni por nuestras muchas obras, ni por nuestra popularidad a los ojos de los hombres, sino por *haber con-*

fiado en Él. El Señor conoce a los tales, aunque el mundo nada sepa de ellos. Tened fe en Dios, y tened la certidumbre de que Él *conoce* a los que en Él *confían,* y de cierto que los satisfará con su bondad. Bienaventurados todos los que ponen en Él su confianza.

829. UNA BUENA FORTALEZA

Nahúm 1:7

1. Lo que el Señor es en **Sí mismo**. «Bueno».
2. Lo que Él es **para su pueblo**. «Una fortaleza».
3. Cuándo es Él una **fortaleza.** «En el día de la angustia».
4. Par quién es Él una **fortaleza**. «Para los que en él confían».
5. Consolación para los que **en él confían**. «Jehová... conoce a los que en él confían».

830. EN LA ATALAYA

Habacuc 2

No nos es necesario imaginar al profeta trepando a la cumbre de alguna colina para lograr esta visión, sino que en su propio corazón adoptaría la actitud de estar atalayando y esperando el mensaje de Dios. El mensaje dado puede ser fácilmente aplicado a los tiempos presentes, por cuanto toda la Escritura es dada por inspiración de Dios, y es útil para enseñanza, para *reprensión* (2 Ti. 3:16). Este mensaje es dado principalmente para reprensión e instrucción en *justicia.* Aquí tenemos:

I. Palabras de advertencia. Expresadas en cinco solemnes *«ayes»*:

1. AY DEL DESHONESTO. «¡Ay del que acaparó lo que no era suyo!» (v. 6). Esto se aplica al amo sin escrúpulos, al siervo deshonesto, al avaro carente de compasión, y a todos los hipócritas religiosos, que pretenden aquello que no es de ellos.
2. AY DEL CODICIOSO. «Ay del que codicia... *para poner en alto su nido*» (v. 9). Ésta es la codicia para exhibirse y engrandecerse socialmente. Aunque los tales puede que nunca logren lo que su vanidad anhela, su pecado reside en su codicioso espíritu. Algunos pueden incluso codiciar los dones y poder de un hermano cristiano; no para poder dar más honra a Dios, sino para poder ellos alcanzar más honra de parte de los hombres. Cuidado con este mal. «Antes de la caída es la soberbia». Es legítimo y sabio «anhelar los mejores dones» (1 Co. 12:31), de la manera en que un obrero sabio pudiera anhelar los mejores instrumentos, para poder hacer tanto mejor su obra para su amo.
3. AY DEL OPRESOR. «¡Ay del que edifica la ciudad con sangre, y del que funda una ciudad con iniquidad!» (v. 12). Gracias a Dios, la vieja esclavitud ha quedado abolida cuando, de todas maneras, hombres crueles edificaron fortunas sobre la sangre de otros, y establecieron su fortaleza con iniquidad. Cada nación, cada causa edificada sobre esta política, será ciertamente azotada con el ¡Ay! del Altísimo, como lo atestigua toda historia pasada. Los pasos de cada industria y de cada *vida individual* edificada mediante iniquidad irán seguidos por el inerrante y abrumador Ay de Dios. «*Sabed* que vuestro pecado os hallará» (Nm. 32:23, margen).
4. AY DEL ENGAÑADOR. «¡Ay del que hace beber a su prójimo, ... *para mirar su desnudez*» (v. 15). Este intento de drogar a un semejante, para poderse aprovechar uno de él, es una especie de engaño que tiene muchos practicantes en nuestro propio día. No solo al dar de beber a los hombres para que puedan reírse de su insensatez, sino al dar tal enseñanza que entorpece y trae tal torpidez e insensibilidad sobre la mente que las cosas preciosas del Evangelio de Dios dejan de tener un valor vital. Y todo ello para que puedan ser clasificados como seguidores con nosotros.
5. AY DEL IDÓLATRA. «¡Ay del que dice al leño: Despiértate; y a la piedra muda: Levántate!» (v. 19). Nos dan pena los pobres paganos, que se inclinan a la obra de sus propias manos y que adoran las invenciones de sus propios corazones. ¿Acaso son mejores los que adoran la moda, la ficción, el deporte o sus intereses puramente egoístas? Todo lo que tome el lugar de Dios en nuestros pensamientos y vidas es nuestro ídolo *mudo* en el día de nuestra verdadera necesidad.

II. Palabras de aliento. Aquí tenemos una resplandeciente estrella que brilla en un cielo oscurecido. Es la Estrella Matutina de la promesa que anuncia el nuevo día de bendición universal. «Pero la tierra será *llena* del *conocimiento de la gloria* de Jehová, como las aguas que cubren el mar» (v. 14; ver también Is. 11:9). Cuando nuestro Señor venga otra vez en poder y gran gloria, cuando *todo ojo* le verá, y *todos le conocerán,* desde el menor al mayor, entonces se cumplirá la promesa dada en su nacimiento: «Éste será grande y será llamado Hijo del Altísimo. El Señor Dios le dará el trono de su padre David, y reinará sobre la casa de Jacob para siempre; y su reino no tendrá fin» (Lc. 1:30-33). Alégrate. Tan cierto como el Redentor del mundo *ha* venido, así aparecerá el Regio Libertador del mundo, cuando *todo poder* le será dado *en la tierra,* y cuando los reinos de este mundo vendrán a ser *el Reino* de nuestro Dios y de su Ungido.
El versículo final de esta parte de la profecía nos da otra declaración aseguradora de paz. «Jehová está en su santo templo; *calle* delante de él toda la tierra». ¡Qué solemne y santa llamada al silencio, cuando *toda la tierra* calla *delante de Él.* El fragor de la batalla, la guerra del tráfico, la pendencia de las lenguas, el clamor del escepticismo: toda nota discordante para sus oídos será silenciada. Paz en la tierra, buena voluntad entre los hombres, y gloria a Dios.

831. EL SECRETO DEL GOZO QUE PERMANECE

Habacuc 3:17, 18

Este viejo profeta con este extraño nombre tenía el secreto de una vida feliz. Y aquí está para ti: «Aunque la higuera no florezca, ni en las vides haya frutos», etc., «Con todo, yo me alegraré en Jehová». El significado es éste: Aunque los caldeos invadan la tierra y quemen las viñas y los olivos, estorben la siega, roben los rebaños y me priven de toda posesión terrenal; sin embargo me alegraré en el Señor. ¿Dirás tú esto, lo diré yo, en el día de la calamidad?

I. El cristiano tiene gozo. «Me regocijaré.» El cristianismo no es un sistema de melancolía. Puede que muchos cristianos presenten caras largas, pero cada verdadero creyente en Dios tiene un corazón alegre. El gozo del cristiano no es la especie superficial de alegría que encuentra expresión en «carcajadas». Es más como la serenidad del agua quieta en las profundidades del mar, imperturbada por aquellos elementos que constantemente baten en la superficie. «La paz de Dios que sobrepasa a todo entendimiento.»

II. Este gozo es en el Señor. «Me regocijaré en el Señor.» Este gozo implica conocimiento. No puedes regocijarte en el Señor a no ser que le conozcas. Si le conocieras le amarías. Si le amaras te regocijarías en Él. No podemos regocijarnos en Dios como debiéramos hasta que hayamos hallado en Él aquello que satisface a cada deseo del corazón y que llena cada anhelo de la vida nuevamente nacida. Fíjate en el perrillo que se dirige hacia la parte soleada de la alfombra. Cómo le gusta estar al sol. La razón por la que tantos cristianos no están llenos de gozo es porque no permanecen en el cálido resplandor del Espíritu Santo. Amigos, la cruz de Cristo es el único punto resplandeciente de la tierra en el que hombres culpables pueden compartir el gozo y la felicidad del cielo.

III. Este gozo es el gozo de la salvación. Habacuc dice aquí: «Me regocijaré en el Dios de mi salvación». «¿Cómo es que estás siempre tan feliz, Anita?», le preguntó un visitante que se había dado cuenta de la dicha de la niñita. «¡Oh!», dijo: «me siento feliz porque estoy perdonada». Después de que los israelitas pasaron el mar Rojo, cantaron el Cántico de la Salvación (Éx. 15:1). ¿Cómo pueden dejar de cantar los que han sido salvados? Jonás se encontró con un terrible apuro cuando fue tragado por el gran pez, cuando las algas de las profundidades se enredaron en su cabeza: la imagen de un hombre perdido. Pero clamó a Dios desde el vientre de este infierno. El Señor le oyó y le salvó. ¡Cuán felizmente cantó entonces «La salvación es de Jehová»! La salvación tiene dos partes: la del hombre y la de Dios. Tu parte es *arrepentirte y creer.* La parte de Dios es regenerar y restaurar (Jn. 3:7-16). No puedes regenerar tu propia alma, pero Dios lo hará si tú crees. A ti se te manda que te arrepientas y creas el Evangelio. Esto tu puedes hacerlo si quieres, y perecerás si no lo haces. Permíteme decir además que:

IV. Éste es el gozo de la anticipación. En el versículo 19 leeemos: «[Jehová el Señor] hace mis pies como los de las ciervas, y en mis alturas me hace andar». La vida del cristiano no es solo una vida de felicidad, sino también de progreso. Una escalada desde un lugar alto de la gracia a otro. No es aferrarse a vacías pompas que se desvanecen con el toque, sino el aferrarse a certidumbres espirituales. Para esto se precisa de pies como los de ciervas. Entiendo que la peculiaridad de los pies de las ciervas es no solo que reposan en las rocas, sino que se aferran a ellas, por lo que pueden fácilmente mantenerse en lugares altos. Los tales representan los pies de la fe que reposa sobre y se aferra a las grandes y preciosas promesas de Dios. Las expectativas del cristiano son altas montañas. La esperanza de los malvados perecerá.

V. Este gozo es independiente de las posesiones terrenales. «Aunque la higuera no florezca», etc., «con todo, yo me alegraré en Jehová». Aunque me quede totalmente privado de toda cosa terrenal, me gozaré en el Dios de mi salvación. Ya veis, amados hermanos, que los gozos del creyente no están en las cosas de este mundo, sino que son independientes de ellos. El anciano Job podía decir: «Aunque Él me matare, en Él esperaré».

JOHN BRADFORD, mientras estaba en la cárcel de Newgate, la noche antes de ser quemado en Smithfield, se dio una vuelta alrededor del poste de su cama con gran regocijo, diciéndole a su compañero de martirio: «Buena luz daremos mañana cuando enciendan el fuego». ¿Estaba loco? No. Estaba regocijándose en el Señor.
¿Conoces a un Señor así? ¿Has encontrado en Él tu todo? Un pobre esclavo negro al que se le preguntó si nunca se sentía infeliz, dijo: «Cuando todo el mundo dice: "Ésta es mi casa", "Aquel es mi campo de algodón", solamente miro arriba y digo: "Allí está mi hogar", y "Allí está mi Salvador", y siendo que tengo al Salvador pienso que lo tengo todo». Se regocijaba en el Dios de su salvación. Si eres un cristiano infeliz es porque conoces muy poco de tu Señor. Los goces de los mundanos son como el estallido de un cohete que alumbra por un momento y se desvanece. El gozo del verdadero creyente es como una estrella en el cielo: permanece para siempre. «El gozo del Señor es vuestra fortaleza».

832. EL GOZO DEL CREYENTE EN EL SEÑOR

Habacuc 3:17-19

I. El creyente **tiene gozo.** «Me regocijaré» (v. 18).

II. Es el gozo **en el Señor.** «Me regocijaré en... Dios».

III. Es el **gozo de la salvación.** «Me regocijaré en el Dios de mi salvación.

IV. Es el **gozo de la satisfacción.** «Es mi fortaleza».

V. Es el **gozo de la anticipación.** «En mis alturas me hace andar».

VI. Es un gozo que **la adversidad no puede destruir.** «Aunque... con todo» (vv. 17, 18).

833. LAS BENDICIONES DEL SEÑOR

Sofonías 3:10-20

Las bendiciones que aquí se prometen son, naturalmente, para Israel, y se cumplirán totalmente cuando el Señor traiga una completa liberación para su pueblo esperándole en su Segunda Venida. Pero su sentido espiritual es para el pueblo de Dios en todas las edades. Contemplemos:

I. Lo que Él ha hecho. A la luz de nuestra propia experiencia como cristianos.

1. ÉL HA QUITADO TUS JUICIOS (v. 150. El juicio que colgaba sobre nosotros como espesa nube, debido al pecado, ha sido quitado gracias a la Cruz. «*Ahora,* pues, ninguna condenación hay para los que están en Cristo Jesús» (Ro. 8:1). El juicio ha pasado, y la verdadera luz resplandece ahora sobre el alma perdonada
2. ÉL HA ECHADO FUERA A TUS ENEMIGOS (v. 15). Ha expulsado de ti aquel espíritu malvado que sigue obrando en los hijos de desobediencia. La esfera de operación de Satanás está ahora fuera de la ciudadela del alma *justificada.* Por ello, mantén cerradas las puertas contra él, y no cedas a la tentación.
3. ÉL ESTÁ EN MEDIO DE TI (v. 15). El Más Poderoso Espíritu ha venido a tomar posesión. Él estará contigo y en ti (Jn. 14:17). Mayor es el que está *en vosotros* que el que está *en el mundo.* Por medio de Él sois más que vencedores. «Dios está en medio de ella; no será conmovida». «He aquí que yo estoy con vosotros todos los días, hasta el fin del mundo».

II. Lo que Él hará. Dios está en medio de ti.

1. ÉL QUE ES PODEROSO TE SALVARÁ (v. 17, V.M.). La salvación de Dios es una liberación pasada, presente y futura. Un gran todo en su propósito eterno. ¿No necesitamos acaso una salvación diaria del pecado y de la insensatez, de la duda y del temor, de la apatía espiritual y de la ignorancia, de la afirmación del yo y del testimonio infructuoso? Él salvará. No hay otro Nombre bajo el cielo dado a los hombres en quien podamos ser salvos.
2. ÉL SE GOZARÁ SOBRE TI CON ALEGRÍA (v. 17). Sí, aquellos que están siendo plenamente salvos a diario traen alegría al corazón del Salvador. El Señor no se regocijará sobre una cosa dañada o sobre un vaso *estropeado,* o sobre una vida profesadamente cristiana que no llega a cumplir su elevado y santo propósito. Si tu vida es un sacrificio de gozo al Señor, puedes tener la certidumbre de que Él «se gozará sobre ti». «Nos gloriamos en Dios por medio de nuestro Señor Jesucristo» (Ro. 5:11).
3. ÉL DESCANSARÁ EN SU AMOR (v. 17). ¡Oh, la dulzura de este pensamiento, que nuestro Dios puede hallar *reposo* en la grandeza de *su amor* por nosotros: aquel amor que nunca falla, y que es más fuerte que la muerte. Él quiere reposar y reposa en aquel amor que dio a su Hijo unigénito a la muerte por todos nosotros. Reposa en su amor visto en el *voluntario* sacrificio ofrecido por su Hijo. Reposa en el triunfo de aquel amor que trae salvación a todos los hombres. ¡Qué lugar de reposo es éste para nuestros propios corazones, ahora y siempre! Reposemos en SU AMOR, no en el nuestro.

III. Lo que deberíamos hacer.

1. ALABEMOS SU BENDITO NOMBRE. «Canta, oh hija de Sion; da voces de júbilo, oh Israel; gózate y *regocíjate de todo corazón»* (v. 14). «Alaben la misericordia de Jehová, y sus maravillas para con los hijos de los hombres» (Sal. 107:15). En aquel día Israel será puesto «para renombre y para alabanza entre todos los pueblos de la tierra» (v. 20). Durante muchas generaciones ellos han sido «burla y refrán» entre las naciones, pero llegará el «día de su coronación», cuando su Rey y Redentor de la Iglesia tomará a Sí *su derecho,* y reinará sobre toda la tierra. ¡Oh, cristiano, alégrate y regocíjate con todo *tu corazón,* porque Él ha hecho grandes cosas por ti. Porque Él te *ha liberado* en el pasado, te *libera* en el presente, y *también* te liberará (2 Co. 1:10). Gracias sean dadas a Dios.
2. NO TEMAMOS. «No temas» (v. 16). No hay lugar para el temor ni para la incertidumbre en la Economía de la Gracia Divina. Aquel que planeó los Cielos y todo el esquema de la salvación del hombre, y los movimientos de un átomo, no fallará a sus hijos que en Él confían. «*Él dijo*: De ningún modo te desampararé, ni te dejaré; de manera que *podemos decir confiadamente*: El Señor es mi ayudador; no temeré» (He. 13:5-6).
3. SEAMOS DILIGENTES EN EL SERVICIO. «No se debiliten tus manos» (v. 16). Las manos débiles son una evidencia de corazones débiles. La debilidad en la obra del Señor es una debilidad prevalente entre su pueblo. La política de «ir poco a poco» es lo que se practica en las filas de los obreros cristianos. Lo que tu mano halle para hacer, *hazlo de corazón* como para el Señor. Busquemos servir a nuestro Maestro lleno de gracia como si Él estuviera a nuestro lado mirándonos, y esperando a recibir el artículo acabado.

834. CONSIDERAD VUESTROS CAMINOS

Hageo 1:3-10

Así dice el Señor de los ejércitos: «Meditad bien sobre vuestros caminos» (v. 5). Este llamamiento viene a su irreflexivo, dilatorio y perezoso pueblo. Oigamos estas palabras como viniendo a nosotros mismos. ¿No tenemos la tendencia a ser lentos y remisos a afrontar la realidad? Meditad sobre vuestros caminos:

I. En relación con la causa de Dios.

1. Ellos habían dicho: «NO HA LLEGADO AUN EL TIEMPO de que la casa de Jehová sea reedificada» (v. 2). ¡Cuán propensos somos a veces a posponer las cosas que deberíamos hacer por causa de Cristo! Sentimos que deberíamos consagrarnos a Dios, pero «no ha llegado aún el tiempo», o que deberíamos dar una ofrenda para alguna empresa misionera, pero «no ha llegado aún el tiempo». El tiempo de ayudar en la obra de Dios es una oportunidad siempre presente. «Meditad bien sobre vuestros caminos».
2. «¿Es para vosotros tiempo de habitar EN VUESTRAS CASAS ARTESONADAS mientras ESTA CASA ESTA EN RUINAS?» (v. 4). Estaban contentos de que sus propios intereses personales gozaban de prosperidad, mientras que la casa del Señor estaba en ruinas. Así como hay muchos profesos cristianos en la actualidad satisfechos con cosas materiales, mientras que la causa de Cristo languidece por falta de fe y de esfuerzo personal. «¿No os conmueve a cuantos pasáis por el camino?» «Buscad PRIMERAMENTE el Reino de Dios.» «Meditad bien sobre vuestros caminos»,

II. En vista de los resultados de vuestras actividades.

1. «Sembráis MUCHO, y recogéis POCO» (v. 6). Los que somos ministros de su Palabra tenemos mucha necesidad de poner en

nuestros corazones esta advertencia. Hay algo dolorosamente malo allí donde hay mucha siembra y poca siega. ¿Es el sembrador o la semilla quien tiene la culpa? ¿O es el fracaso el aliento esterilizador de la desaprobación de Dios? Porque es «Dios el que da el crecimiento». Los que siembran mucho de la semilla de la Palabra de Dios, y reciben poco, tienen necesidad de «meditar bien sobre sus caminos», porque tales resultados no están en armonía con el propósito de Dios.
2. «COMÉIS, Y NO OS SACIÁIS» (v. 6). Ésta es la condición *espiritual* de multitudes. Tienen un enorme apetito por las cosas de esta vida: riquezas, posición, honra y la alabanza de los hombres. Están constantemente comiendo, pero nunca quedan satisfechos. No pueden decir, igual que Esaú, «tengo suficiente». Almas hambrientas, pero no dispuestas a tomar el verdadero «Pan de Vida», para que tengan *la vida* que es para siempre (Jn. 6:51).
3. «OS VESTÍS, Y NO OS CALENTÁIS» (v. 6). Se envuelven en los ligeros ropajes de su propia justicia, y se quejan del frío. No hay nada como «la justicia de Dios, que es para todos y *sobre todos los que creen*», para mantener el corazón caliente en la estación fría de las circunstancias adversas. Vestíos del Señor Jesucristo, y su justicia, y el resplandor de su presencia os mantendrá abrigados.
4. RECIBÍS VUESTRO «JORNAL EN SACO ROTO» (v. 6). El jornal que habéis ganado mediante los esfuerzos de vuestro orgullo y de búsqueda de lo vuestro no es de ningún valor práctico para vuestras almas. «La paga del pecado es la muerte». La muerte es un saco tremendamente roto. Todo lo impío caerá a través de ella. «Meditad sobre vuestros caminos…».

III. Con vistas a la obra a llevar a cabo.

1. LA OBRA. «Reedificad la casa; y me complaceré en ella, y seré glorificado, ha dicho Jehová» (v. 8). La casa del Señor era el *Templo* en Jerusalén, que denotaba adoración y testimonio. La Iglesia de Dios, que es el «Cuerpo de Cristo», denota adoración y testimonio. Es un templo espiritual, edificado con piedras espirituales. Esta construcción está ahora en marcha, y somos llamados a ser colaboradores *juntamente con Él* (2 Co. 6:1, *margen*). Nuestra obra, así, es edificar esta santo templo del Señor en el que Él *se complazca* y *sea glorificado*. Si hemos sido en alguna manera indiferentes a este propósito divino, «meditemos sobre nuestros caminos».
2. EL MATERIAL. «Subid al monte, y traed madera» (v. 8). El templo de Jerusalén no podía ser edificado con pensamientos elevados y nobles ni con oradores elocuentes: tenían que hacerse con madera. «Subid…, y traed madera». El gran templo espiritual del que Cristo es el Fundamento no puede ser edificado con meras oraciones formales, ni con impotentes sermones, ni con actividades sociales. Un edificio espiritual necesita piedras espirituales, almas vivificadas por el Santo Espíritu de Dios, «sobreedificados sobre el fundamento de los apóstoles y profetas, … creciendo para ser un santuario sagrado en el Señor» (Ef. 2:19-22). Pero, ¿de dónde vienen estas piedras vivas? *«Subid al monte»* y traedlas. Tenían que subir, probablemente al monte del Líbano, en busca de la madera. Tenemos que subir al monte del Calvario si queremos conseguir lo necesario para la edificación de este santo templo del Señor. Para ganar almas para Cristo necesitamos una purificación personal, consagración espiritual, y una dotación personal del espíritu abnegado de Jesús. «El que gana almas es sabio». Al meditar sobre vuestros caminos, tomaos tiempo para meditar acerca de los caminos de Dios.

835. MEDITAD BIEN SOBRE VUESTROS CAMINOS

Hageo 1:5, 6

¿No hay frustración en ellos? Veamos qué poco satisfactorios han sido:

1. «**Sembráis mucho,** y *recogéis poco*».
2. «**Coméis**, y *no os saciáis*».
3. «**Bebéis**, y *no os quedáis satisfechos*».
4. «**Os vestís,** y *no os calentáis*».
5. «El que trabaja a jornal, **recibe su jornal a saco roto**». No hay beneficio.

«MEDITAD BIEN SOBRE VUESTROS CAMINOS.»

836. PODER PARA SERVIR

Hageo 2:4

1. La promesa tranquilizadora. «Yo estoy con vosotros» (*cf.* Fil. 4:13; Jn. 15:5).
2. El mandato inspirador. «Cobrad ánimo» (*cf.* Ef. 6:10).
3. El noble propósito. «Cobrad ánimo… y *trabajad*» (Jue. 6:14).

837. LA PRESENCIA PROMETIDA

«Mi Espíritu estará en medio de vosotros, no temáis» (Hag. 2:5).

Los dos mayores enemigos del servicio cristiano son la depresión y el desaliento. Estos dos enemigos siempre han hecho grandes destrozos, pero nunca más que en el día de hoy. Estamos entrando en el tiempo de la cosecha espiritual del año cristiano. Mientras que el obrero cristiano tiene que sembrar junto a todas las aguas, laborando y segando en sazón y fuera de sazón, la sazón de la mayor oportunidad la tenemos ahora encima. Y nunca ha habido mayor necesidad de testimonio cristiano que en el tiempo presente. Pero cuando el guerrero cristiano debería estar poniéndose su armadura para la lucha, y cuando el sembrador y el segador deberían estar ciñéndose sus lomos preparándose para laborar en el gran campo del Señor, la depresión y el desaliento están paralizando a los siervos del Señor, o haciendo que nuestras manos queden inactivas, y las rodillas temblando.
Naturalmente, hay causas de sobras en la actualidad para la depresión y el desaliento. Al ver a nuestro alrededor la mundanalidad y el vicio golpeando de lleno, y la muerte y ausencia de fruto en mucho ministerio cristiano, con la apatía y la indiferencia por parte de muchos del pueblo del Señor acerca de la multitud que está muriendo en pecado, y la constante disminución de la membresía de la iglesia y de la asistencia a la Escuela Dominical, sentimos decaer nuestros corazones y espíritus, y nos sentimos tentados a colgar nuestras arpas de los sauces, y volver la espada a la vaina. Así era en los tiempos de Hageo.
Por intervención de Dios y por la clemencia de Ciro, Rey de Persia, un remanente de Israel había vuelto del cautiverio babilónico, y llenos de celo habían comenzado la obra de la restauración nacional. Pero las intrigas políticas habían detenido la reconstrucción del Templo, y el entusiasmo del primer regreso había muerto frente a las continuadas dificultades. Los dos valientes líderes, Zorobabel y Josué, vivían todavía, y mantenían vivo su propio celo, pero la masa del pueblo, desalentada ante los pasados acontecimientos, estaba ahora más preocupada por sus propias comodidades que por la restauración de la Casa de Jehová. La depresión y el desaliento habían paralizado todos los esfuerzos piadosos, y había cesado la obra del Señor.
El pueblo del Señor tenía una gran necesidad de aliento, y el Señor envió a su profeta Hageo para que lo administrase, lo que hizo con la mayor eficacia. *«No temáis»*, fue uno de sus mensajes. Cuando esta palabra cayó en oídos de ellos, pudieran haber exclamado: «¡Que no temamos! Mira nuestra debilidad, nuestra impotencia, a nuestros adversarios y a nuestra triste condición; no podemos más que temer si abrimos los ojos!» Pero hay dos antídotos en (1) *la promesa del Señor,* y (2) *la presencia del Señor.* Su promesa llena de gracia –«según el pacto que hice con vosotros»– es desde luego un gran aliento, y su presencia –«Mi Espíritu estará en medio de vosotros»– es desde luego la gran fuente de aliento y de fortaleza.
Observemos el *deber de la fortaleza;* «sed fuertes», lo que se repite dos veces. ¿Pero cómo pueden los débiles ser fuertes? Observemos *la fuente de fortaleza,* la presencia y el Espíritu del Señor. El *propósito* de la fortaleza está ciertamente obrando: «Cobrad ánimo, … y trabajad».
Obrero cristiano, desesperando a causa de la actual grave decadencia en medio de las Asambleas y de la disminución del servicio cristiano, recuerda la propia Palabra del Señor: «Mi Espíritu estará en medio de vosotros, no temáis». Él está contigo como tu aliado, socio y dote. Recuerda que a continuación de la sombría profecía de Pablo acerca de los «tiempos peligrosos» y de los días oscuros en 2 Timoteo 3, tenemos su apremiante llamamiento a redoblar el servicio cristiano: «Que prediques la palabra; que instes a tiempo y fuera de tiempo; redarguye, reprende, exhorta con toda paciencia y enseñanza… haz la obra de evangelista» (2 Ti. 4:2 y 5).
Parece meridianamente claro, por Hechos 18:5, y por un estudio de 2 Corintios 1:8; 2:1, 4, 13; 4:8, 9; 6:10; 7:5, 6, que Pablo estaba sufriendo una depresión en aquel momento.
«El dolor asediaba el espíritu de Pablo». Así lo traduce la versión arábiga de Hechos 18:5. Se pueden ver fácilmente las razones para el desaliento y la depresión. Estaba solo en una ciudad extraña, y la soledad era una dura prueba para una naturaleza tan sensible como la suya. No tenía dinero, y tuvo que dedicarse a la fabricación de tiendas; no se encontraba bien, estaba abrumado de trabajo, y le perseguían, y el fracaso parecía seguir a sus pasos. Pero no dejó que sus emociones ahogaran su voz en testimonio cristiano o que paralizaran el esfuerzo cristiano, porque «testificaba» denodadamente acerca de su Maestro.
Compañero de peregrinaje, ¿estás lamentando algún pecado que te acosa, y estás dolido bajo una sensación de fracaso y de impotencia, y piensas que de nada sirve ya tratar de vivir la vida cristiana? Escucha

entonces la misma Palabra de Dios para ti: «Mi Espíritu estará en medio de vosotros, no temáis». Y en este Espíritu que mora en ti tienes todo lo que precisas para la victoria sobre el pecado y para una vida de santidad. Deja que Él haga su voluntad en ti, y todo irá bien. Entonces Él aplastará a los enemigos interiores y te conducirá hasta la victoria.
Tú que no eres salvo, si su Espíritu no sigue luchando contigo, tienes todas las razones para temer. Pero Él está junto a ti. La misma existencia de un buen deseo en ti y la lamentación por un pasado no satisfactorio es prueba de que el Espíritu de Dios sigue luchando contigo. Deja que el Espíritu Santo te conduzca a Cristo y a su preciosa Sangre, y entonces Él llegará a ser dentro de ti la fuente de pureza y poder.

838. EL DESEADO DE TODAS LAS NACIONES

Hageo 2:6-9

Todos concuerdan en que la referencia es aquí a la Venida del Mesías. Pero el *nacimiento* de Cristo no fue anunciado mediante una «*conmoción*» universal, sino que se nos dice que en la primera Navidad había una paz universal. Así que la referencia tiene que ser a su *Segundo* Advenimiento. Observemos, así:

I. La condición de las naciones en su Segunda Venida. «Haré temblar los cielos y la tierra, el mar y la tierra seca. *Y haré temblar a todas las naciones*» (vv. 6, 7). Convulsiones de la naturaleza, y convulsiones en las naciones por las luchas internas. Nuestros diarios nos dan abundantes evidencias de que este proceso convulsivo está en marcha. «A ruina, a ruina, a ruina lo reduciré, y esto no será más, hasta que venga *Aquel cuyo es el derecho*» (Ez. 21:27). No estamos justificados en esperar un mundo convertido antes que Él venga, sino para estas *señales* (véase Lc. 21:25-28). Y cuando estas cosas *comiencen* a pasar, levantemos las cabezas, porque nuestra redención se acerca. «Angustia de las gentes», y «desmayándose los hombres por el *temor*». Éstas son las señales premonitorias de su cercano advenimiento.

II. Vendrá el Deseado de todas las naciones. ¿Pero acaso desean todas las naciones, como naciones, la venida del Señor? No hay evidencia de esto. Esta palabra «deseo» es de peculiar significado. Según el doctor Young, la palabra en Hebreo solo aparece en otro lugar en la Biblia (1 S. 9:20), donde el sentido para ser: «ellos deseaban las cosas que traería un gobernante sabio y poderoso». «Vendrán entonces los tesoros de todas las cosas deseables de todas las naciones, y yo llenaré de gloria esta casa» (v. 7, BAS). Las naciones, como tales, no desean la venida del Señor Jesucristo, pero anhelan en el fondo aquellas cosas que solamente Cristo puede traer.

1. COMO MEDIADOR. Uno que esté entre los males de los hombres y las demandas de Dios. Su Presencia hará más por la paz que una «Organización de Naciones Unidas». Será el Arbitro designado por Dios de última instancia en todas las controversias de la tierra.
2. COMO LIBERTADOR. «Vendrá de Sion el LIBERTADOR» (Ro. 11:26). Todos los enemigos nacionales tienen sus fortalezas en los *corazones* de los hombres. Todo lo que está en el mundo en enemistad contra Dios se encuentra en el corazón humano. Se precisa de un Libertador. Pensemos en la ceguera secular de la nación judía, en el problema de los odios raciales, en el paganismo en acelerado crecimiento, en el creciente ejército de «espíritus seductores», y en la relativa impotencia de la Iglesia para ganar al mundo para Cristo. Pero cuando Él *venga*, «todas las naciones se postrarán ante Él».
3. COMO MÉDICO. Solo Él puede sanar *todas nuestras dolencias*; todas las llagas purulentas en nuestra vida social, industrial, comercial y nacional. Su Presencia será un bálsamo para cada herida. Nadie dirá: «estoy enfermo».
4. COMO REY. Cuando vino como Redentor, fue en humildad y debilidad; pero cuando venga como REY será de manera regia: con «gran poder y gloria». Entonces juzgará a los pobres y salvará a los menesterosos. Entonces será su Presencia como lluvia sobre la hierba cortada, y como aguaceros que riegan la tierra. Entonces, en *sus días* habrá abundancia de paz. Entonces se inclinarán ante Él los paganos que moran en el desierto. Entonces morderán el polvo sus enemigos. Entonces se postrarán todos los reyes delante de Él, y todas las naciones le servirán. Entonces Él redimirá de engaño y de violencia. Entonces le será dado a Él el oro de Sabá, y recibirá alabanzas a diario. Entonces se mantendrá su Nombre, y todas las naciones le llamarán bienaventurado. Entonces será toda la tierra llena de su gloria. Amén y Amén (Sal. 72). «Amén, ven, Señor Jesús».

839. LA NIÑA DE SU OJO

Zacarías 2:8

A primera vista no es fácil decir si «Su Ojo» se refiere al ojo de Dios, o al ojo de aquel que trata de dañar al siervo de Dios. Esto último es desde luego verdad. El que os toca a vosotros toca la niña de su propio ojo, esto es, se causará un daño irreparable o se perjudicará en una parte de lo más sensible. Los enemigos del pueblo de Dios se encuentran más tarde o más temprano con esta realidad por amarga experiencia.
Pero podemos aceptar aquí que Dios está llamando a su pueblo la niña de su ojo, y esta figura de lenguaje es de lo más sugestiva, y nos enseña varias cosas.

I. El deleite que somos para Él. Somos la Niña de su Ojo.

II. La bendita unidad entre el Señor y los suyos. Él nos llama la Niña de su Ojo. Ésta es la parte más destacada de nuestra apariencia. ¡Qué unidad más bienaventurada y estrecha sugiere esto! No podemos ir más cerca, porque, ¡cuán cerca de la persona está su ojo!

III. El amante cuidado que Él ejercita sobre los suyos (Dt. 32:10; Sal. 17:8). «Lo guardó [a Israel] como a la niña de su ojo». Así habló Moisés tocante al cuidado de Dios sobre su pueblo. Tú pensabas que estabas sin amigos y sin ayuda, pero tienes un maravilloso Defensor, y Él ejerce un maravilloso cuidado sobre ti. Sea tuya la oración de David: «Guárdame como a la niña de tus ojos» (Sal. 17:8).

IV. Aprende la especial misión que Él tiene para los suyos. En hebreo, la pupila del ojo recibe el nombre de la puerta del ojo, debido a que es a través de ella que entra la luz. ¡Qué apropiado! Su pueblo es la pupila, la puerta por la que entra la luz para alumbrar a los que están en tinieblas.

840. LOS INEPTOS, PREPARADOS

Zacarías 3:1-5

Josué, el sumo sacerdote, puede ser considerado como un carácter simbólico, representando al sacerdocio degradado de aquel tiempo como un todo. Podemos considerarlo como una parábola de como cristianos contaminados pueden ser restaurados, y preparados para el servicio del Señor.

I. La causa de su inaptitud.

1. Tenía VESTIDURAS SUCIAS (v. 3). Las *vestiduras* representan la expresión externa y visible de su carácter. Cuando la vida externa –nuestras acciones y obras– condenan nuestra profesión, entonces nuestras vestiduras están sucias, y nos volvemos inaptos para su santo servicio. La religión sin mácula y pura delante de Dios es *mantenernos sin mancha* del mundo (Stg. 1:27).
2. Era como «TIZÓN ARREBATADO DEL INCENDIO» (v. 2). El fuego, como el pecado, tiene generalmente comienzos muy pequeños. «Por un hombre entró el pecado en el mundo». Un *tizón* es algo muy adecuado para el fuego. Un hombre cuyo carácter ha quedado ensuciado bajo la luz de Dios viene a ser un sujeto bien adecuado para el ennegrecedor y consumidor poder del pecado. Como un tizón, es impotente en el fuego.
3. Tenía un ADVERSARIO PARA ACUSARLE (v. 1). Satanás, nuestro adversario, está siempre «al lado», dispuesto a resistir todo esfuerzo que pueda hacerse para que seamos liberados de la impureza, y para ser salvos de nuestra inutilidad para la obra de nuestro Señor. «Vuestro adversario el Diablo» se complace con vuestras vestiduras manchadas, y es un enemigo permanente de la gracia transformadora de Dios.

II. La forma de su liberación. «El ángel de Jehová estaba en pie» (v. 5). Quizá el «Angel del Pacto», el Hijo de Dios, para asegurar que Satanás fuera resistido, y que este mísero, ensuciado e inutilizado siervo pudiera, gracias a la todosuficiente gracia de Dios, ser purificado y restaurado. Porque aquí reina la gracia.

1. Fue PERDONADO. «Hago pasar de ti tu pecado» (v. 4). El perdón es nuestra *primera* necesidad como pecadores y nuestra primera necesidad como *recaídos*. Ello debido a que todo pecado es contra Dios. El pecado es la transgresión de su ley y contra su amor. Si perdemos nuestra *comunión* con Dios, perdemos nuestro *poder* para Él. Pero tenemos un Dios *perdonador* (Sal. 86:5).
2. Fue LIMPIADO. «Quitadle estas vestiduras sucias» (v. 4). ¡Cuán incongruente sería que nadie pretendiera haber recibido el perdón de Dios y sin embargo continuara llevando vestiduras sucias

a los ojos de sus semejantes! Despojaos «del viejo hombre con sus *prácticas*» (Col. 3:9). Las vestiduras sucias no deben ser tapadas, sino quitadas.
3. Fue VESTIDO CON ROPAS DE GALA (v. 4). ¡Qué *cambio*, cuando nos libramos de nuestras vestiduras sucias y desgarradas, y recibimos el ropaje de justicia que solo Cristo puede darnos. Aquella justicia que nos presenta justos ante Dios e idóneos para nuestro servicio sacerdotal para interceder por otros en su Nombre. Revestíos de humildad.
4. Le fue puesta UNA MITRA LIMPIA SOBRE SU CABEZA (v. 5). La mitra era la corona de su sacerdocio, el símbolo de la autoridad divina. Todos los purificados y revestidos por Dios son coronados con honra. El santo aceite de la unción era derramado sobre la cabeza mitrada. «Sobre *carne de hombre no será derramado*» (Éx. 30:32). Deberíamos recordar siempre que la unción del Espíritu Santo viene sobre lo que el mismo Dios ha dado.

III. La promesa renovada. Después de la purificación y de la coronación viene el nuevo propósito. Ahora tiene que haber:

1. UN NUEVO ANDAR. «Si andas por mis caminos...» (v. 7). Hasta aquí el Señor podía decir: «No son mis caminos vuestros caminos, ni vuestros caminos los míos». Debido a que no estaban *de acuerdo*, no podían *andar juntos*. Pero ahora, purificado de corazón y renovado de mente, el único camino a escoger era «el camino nuevo y vivo», revelado en su Palabra: el camino de la fe y de la bien dispuesta obediencia a la verdad. Jesucristo dijo: «Yo soy el Camino. Seguidme. El que me sigue, no andará en tinieblas» (Jn. 14:6; 8:12).
2. NUEVOS MOTIVOS. «Si... eres fiel a mi ministerio» (v. 7). «Tú me serás fiel a la obra a la que has sido llamado». El nuevo hombre en Cristo Jesús tiene unos manantiales de nuevos motivos en su alma. Su principal deseo es honrar a su Señor, y mantenerse fiel a su comisión tal como le ha sido revelada en su Palabra, para que Dios pueda obrar en él tanto el querer como el hacer de *su buena voluntad* (Ef. 2:13). El singular motivo de Pablo era: «Para mí el vivir es Cristo» (Ef. 1:21). Todos los que están coronados con la mitra de la santidad podrán decir con gozo: «No ya yo, mas Cristo».

841. LA GRACIA TRANSFORMADORA

Zacarías 3:1-5

1. Una triste **condición**. «Vestido de vestiduras sucias.»

2. Una fuerte **oposición**. «Satanás estaba... para acusarle.»

3. Una buena **posición**. «Estaba de pie delante del ángel de Jehová»: Cristo.

4. Una gran **transformación**. «Quitadle esas vestiduras sucias... Te voy a vestir de ropas de gala.»

5. Una perfecta **salvación**. «¿No es éste un tizón arrebatado del incendio?» (v. 2).

842. RESCATADOS DEL FUEGO

«¿No es éste un tizón arrebatado del incendio?» (Zac. 3:2). Josué puede aquí representar un sacerdocio caído y degradado. El que ha tomado su lugar delante del mensajero del Señor es visto como limpiado, perdonado, revestido y coronado, y se declara de él que es un «tizón arrebatado del incendio».

I. El fuego como emblema del pecado.

1. El fuego como el pecado es muy SUTIL. No se trata fácilmente con él. No se puede *tocar* sin sufrir daño. ¿Quién puede pesarlo o medirlo?
2. El fuego, como el pecado, es muy DESTRUCTIVO. Su tendencia es la de cambiar y destruir todo aquello que queda bajo su influencia. Puede ejercer fascinaciones, como la llama la tiene para la polilla, pero su fin es la muerte.

II. El tizón como emblema del pecador.

1. Un tizón es totalmente APROPIADO PARA EL FUEGO. La naturaleza del uno está totalmente ajustada a la naturaleza del otro. Los pecadores aman el pecado, y lo mantienen debajo de su lengua como dulce bocado. El ascua y el fuego nunca se pelean, pero el agua es su declarado enemigo, y lo mismo sucede con la *sangre*.
2. Un tizón en el fuego está en UN ESTADO DE MUERTE. El proceso puede que sea lento, pero su fin es destrucción cierta. Estar viviendo en pecado es estar viviendo en una condición *de perdición* (Jn. 3:18). El tizón es totalmente incapaz de ayudarse a sí mismo; está totalmente a merced de la llama consumidora. «No en virtud de obras de justicia *que nosotros* hubiéramos hecho».

III. El arrebatamiento del tizón de en medio del fuego, emblemático de la salvación. «¿No es éste un tizón *arrebatado*?». Hay dos modos de salvar un tizón del fuego: quitándolo de allí, o apagando el fuego. Cristo, nuestro gran libertador, ha llevado a cabo ambas cosas: ha quitado nuestros pecados, y nos ha arrebatado del reino de Satanás.

1. Fue REPENTINO. «Arrebatado». Sacado de en medio del devorador elemento en un instante. En un momento en el lugar de muerte, y al siguiente, *salvado*. El Hijo del Hombre salva repentinamente. «Hoy ha venido la salvación a esta casa» (Lc. 19:9). Hay vida por una *mirada* (Nm. 21:9).
2. Fue COMPLETO. «Arrebatado». No fue sacado fuera solo a medias. Hay algunos parecen satisfechos con meramente ser girados dentro del fuego, en lugar de verse fuera de él. Si el pecado no debe tener dominio sobre nosotros, tenemos que ser *separados* de él.

843. LA SUPREMACÍA DE LOS ESPIRITUALES

Zacarías 4:1-7

Esta visión del Candelero nos enseña que en el propósito de Dios hay una relación real y vital entre las cosas espirituales y las visibles. Podríamos considerar esta visión en relación con:

I. El Templo de Dios como Testimonio. El templo no estaba aún edificado, pero Dios lo veía ya como una cosa perfecta, como el profeta vio el Candelero de Oro: *completo* con sus tazones, lámparas y cañas; con su aceite, y con los dos olivos junto a él como una fuente de suministro viva e inagotable para las lámparas. Esto era lo que el templo de Dios debía ser para su pueblo: un testimonio de Él. Pero el *candelero* no era todo lo necesario. Tiene que haber lámparas y un abundante *suministro de aceite* si ha de resplandecer la luz. Sin aceite (emblema del Espíritu Santo), hasta un candelero de *oro* podría venir a ser un tropezadero. Así que el mensaje de esta visión es: «No con la fuerza, ni con el poder, sino solo con mi Espíritu, dice Jehová de los ejércitos» (v. 6). Cuán aplicable es esta verdad a:

II. La iglesia de Dios como testimonio. El secreto del poder de la Iglesia reside en el constante fluir del Espíritu Santo. Este Espíritu, como el aceite, viene de Fuentes vivas y permanentes, el Padre y el Hijo (Jn. 14:16-18). Demos oído a la advertencia de Jehová de que este edificio no puede ser erigido mediante una mera fuerza o poder humanos, sino por su Espíritu. En estos días hay muchos sucedáneos para el poder del omnipotente Espíritu de Dios para llevar a cabo la obra cristiana. Algunos confían en el poder del *dinero*, otros en la *educación*, otros en la *organización*, otros en la *legislación*, y algunos en el poder de los *números*. No se debe despreciar nada de esto, pero nada de todo ello, ni siquiera todo ello junto, puede llevar a cabo la obra ni tomar el puesto del Espíritu Santo. Ninguna de estas cosas puede redargüir al mundo de pecado, ni de justicia, ni de juicio. Ninguna de éstas puede *vivificar* un alma muerta a la novedad de vida ni revelarle las cosas de Cristo. Ninguna de estas puede *revestir* el mensaje del Evangelio con *poder* para ganar almas para Cristo. Ninguna de estas puede ser un «Consolador» para el espíritu turbado ni interceder por nosotros con gemidos indecibles. Ninguna de estas puede soplar aliento de vida sobre un valle de huesos secos (Ez. 37:9). En esta gran obra que honra a Dios es el ESPÍRITU el que vivifica: la carne de nada aprovecha. El secreto del poder de la Iglesia es la *operación del Espíritu Santo*. Lo que es verdad de la Iglesia como un todo es verdad de la vida *individual*. «No con la fuerza, ni con el poder, sino solo con mi Espíritu, dice Jehová de los ejércitos». «Recibiréis poder, *cuando haya venido* sobre vosotros *el Espíritu Santo, y me seréis testigos*» (Hch. 1:8). «¿Recibisteis el Espíritu Santo cuando creísteis?» (Hch. 19:2).

844. HE AQUÍ LA RAMA

Zacarías 6:9-15

Creemos que aquí tenemos:

I. Una representación simbólica. Josué es aquí traído otra vez ante nosotros de una manera simbólica. En el capítulo 3 le hemos visto con vestiduras sucias, y luego perdonado, purificado y adornado con una hermosa mitra, y por ello *equipado* para el santo oficio como sumo sacerdote. Ahora tiene coronas de oro, o una corona *compuesta*, puestas encima de su cabeza, otorgándole *honores regios*; con ello deviene un verdadero tipo del Cristo venidero, que sería a la vez Sacerdote y Rey, según el orden de Melquisedec (He. 5:6).

II. Un anuncio profético. «He aquí el varón cuyo nombre es EL RETOÑO». «El RETOÑO es uno de los más significativos Títulos del Mesías. Un retoño lleva el fruto, y *revela* el carácter del árbol. Cristo como Retoño de Jehová reveló mediante sus palabras y acciones el verdadero carácter de su Padre. Jesús dijo: «Yo soy la vid, vosotros los pámpanos», la parte fructífera de la vid. Es como si Dios dijera: «Yo soy la verdadera Vid, y Jesucristo es *el Pámpano*, en quien se halla mi fruto». Todas las bendiciones que dependen de este Retoño para nuestra vida presente y futura son el resultado del amor del Padre Eterno. Como Hijo, Cristo es un verdadera y fiel Retoño de la Deidad. ¡Oh, cuántas multitudes se han sentado llenas de deleite bajo la sombra de este Retoño! Observemos lo que se dice del Retoño como Persona:

1. «RETOÑARÁ DE SU LUGAR» (v. 12). Su lugar fue humilde: de abatimiento, dolor, oprobio, rechazamiento y crucifixión, y sepultura en una tumba prestada. Pero **retoñó**. «Él de la tumba *ascendió*». Y *subió y subió* hasta que se desvaneció de la vista y alcanzó el Trono de los Cielos (Lc. 24:51). Su causa también retoñará.
2. «ÉL EDIFICARÁ EL TEMPLO DE JEHOVÁ» (v. 13). Él edificará y verá la finalización de aquel gran templo espiritual, «la Iglesia de Dios», que será testigo por los siglos venideros del poder redentor de su preciosa Sangre (Is. 53:11).
3. «ÉL LLEVARÁ GLORIA» (RV). La gloria del nuevo templo será toda *sobre Él mismo*. Aquel que llevó la carga de nuestros pecados, y de la Cruz, llevará la gloria que ha de seguir (He. 2:9). El gobierno y la gloria serán sobre su hombro (Is. 9:6).
4. ÉL «SE SENTARÁ Y DOMINARÁ EN SU TRONO» (v. 13). Él sufrió su Cruz, y Él tendrá *su Trono*. Él fue echado fuera por los gobernantes de la tierra, pero regirá las naciones de la tierra. Su Reino será los reinos del mundo (Ap. 11:15).
5. «SERÁ SACERDOTE EN SU SOLIO» (v. 13, RV). ¡Qué feliz combinación, *Rey y Sacerdote*, un *Sacerdote Entronizado*, un Rey para regir su pueblo y someter a sus enemigos; un Sacerdote coronado para llevar las necesidades de su pueblo delante del Trono de su Padre Omnipotente! El Rey rige, el Sacerdote intercede.
6. «CONSEJO DE PAZ HABRÁ ENTRE AMBOS». ¿Qué es lo que hay *entre* el Rey y el Sacerdote? Literalmente, puede ser difícil de definir, pero, el relación con el carácter de nuestro Gran Sumo Sacerdote, el significado no es en absoluto oscuro para los espiritualmente iluminados. Cristo, nuestro *Sumo Sacerdote*, se ofreció a Sí mismo en Sacrificio por nuestros pecados en la Cruz. Cristo, nuestro Rey Venidero, hará aún que sus redimidos sean reyes y sacerdotes para reinar sobre la tierra (Ap. 5:9, 10). El consejo y el mensaje de paz y poder viene de *entre*, o perteneciendo a la vez a la Cruz y al Trono.

845. CULTO FORMAL Y ORACIONES IMPOTENTES

Zacarías 7:4-14

El templo en Jerusalén estaba en proceso de edificación cuando unos hicieron la siguiente pregunta: «¿Lloraremos en el mes quinto? ¿Haremos abstinencia como hemos hecho ya algunos años?» (v. 3). Aquí tenemos la respuesta del Señor, que constituye una acusación contra ellos de una mera

I. Adoración formal. La formalidad en la adoración, o la confianza en *la forma*, es, ay, cosa muy prevalente.

1. AYUNO HIPÓCRITA. El Señor les pregunta: «¿Cuando ayunabais y llorabais…, *¿es por mí por quien habéis ayunado?*» (v. 5). Cuando ayunaron no era para poder estar en más estrecha comunión con Dios, sino que, como los hipócritas de los tiempos de nuestro Señor, para hacer ver a los hombres que ayunaban (Mt. 6:16-18). Es posible en muchas cosas negarnos a nosotros mismos para glorificarnos a *nosotros mismos* delante de los demás.
2. EGOÍSMO EN COMER Y BEBER. «Cuando coméis y bebéis, ¿no coméis y bebéis *para vosotros mismos*?» (v. 5). Cuán pocas veces pensamos que en nuestro «comer y beber» normales, a diario, deberíamos hacerlo todo *a la gloria de Dios* (1 Co. 10:31); dándole gracias a Él por aquellas misericordias que nos ayudan a fortalecernos para su *obra*. Hasta en la mesa del Señor podemos comer y beber juicio para nuestra propia alma al *no discernir* el cuerpo del Señor (1 Co. 11:29). Nuestra *dignidad* para esto no está en nuestra bondad moral, sino en nuestro *discernimiento espiritual*.
3. DESCUIDO DE LA PALABRA DEL SEÑOR. «¿No son éstas las palabras que proclamó Jehová?» (v. 7). El formalista no le da un valor especial a la *Palabra* del Señor, pero es muy puntilloso en cuanto a actos y ceremonias externos. Él o ella pueden llevar una Biblia o Breviario a la iglesia, pero pocas veces o nunca la leen seriamente, ni ofrecen sus propios *deseos* a Dios (1 Juan 5:15). Estos necesitan orar la plegaria de Duncan Mathieson: «Señor, imprime la eternidad en mis ojos».

II. Oraciones impotentes. Hay oraciones *impotentes* porque Dios no está dispuesto a escucharlas (v. 13), y porque provienen de corazones deshonestos y endurecidos (v. 12). Observemos algunos casos de fracaso, como se registra aquí:

1. HABÍA AUSENCIA DE MISERICORDIA Y DE COMPASIÓN. «Practicad la misericordia y la compasión *cada cual con su hermano*» (v. 9). Nuestra actitud para con nuestros semejantes tiene mucho que ver con la ayuda o el estorbo a nuestras oraciones. «Reconcíliate primero con tu hermano, y *entonces* ven y presenta tu ofrenda» (Mt. 5:24). Incurrimos en el desagrado de Dios si *de corazón* no perdonamos cada uno a nuestros hermanos (Mt. 18:35). El que ama a Dios ame también a su hermano (1 Jn. 4:21).
2. OPRIMÍAN A LOS INDEFENSOS. «No oprimáis a la viuda, al huérfano, al extranjero ni al pobre» (v. 10). Aprovecharse de ellos debido a su indefensión es insultar abiertamente al Dios que «se complace en la misericordia». En verdad que la religión del que tal hace es vana (Stg. 1:27).
3. HABÍA MALOS PENSAMIENTOS. Imaginar el mal en contra de otra persona en *tu corazón* (v. 10). Los pensamientos son cosas abiertas para Dios. Los malos pensamientos contra tu hermano envenenarán tus oraciones. Como el hombre piensa *en su corazón*, así es él delante de Dios. «Los de puro corazón verán a Dios».
4. REHUSARON ESCUCHAR LAS PALABRAS que el Señor había enviado (vv. 12, 13). Rehusar oír la voz de su Palabra escrita es cerrar la puerta del corazón a las bendiciones del cielo. «Así como Él clamó, y no escucharon, también ellos clamarán, y yo no escucharé, dice Jehová de los ejércitos» (v. 13).
5. EL RESULTADO FINAL DE LAS ORACIONES SIN RESPUESTA. Un Dios contristado, esperanzas deshechas, cautiverio y desolación (v. 14). «Pedís y no recibís, porque pedís mal, para gastar *en vuestros deleites*» (Stg. 4:3). El remedio para todo esto se nos da en Santiago 4:8-10.

846. ¡OH JERUSALÉN, JERUSALÉN!

Zacarías 8:20-23

Jesús contempló la ciudad y lloró sobre ella, diciendo: «¡Jerusalén, Jerusalén, que matas a los profetas, y apedreas a los que te son enviados! ¡Cuántas veces quise *juntar a tus hijos*, … y no quisiste! He aquí que vuestra casa os es dejada desierta. Porque os digo que desde ahora no me veréis más, *hasta que digáis*: Bendito *el que viene* en el nombre del Señor» (Mt. 23:37-39). En esta profecía Zacarías nos da la visión de la Jerusalén *restaurada*, de la *Presencia* del Señor, y de la reunión de sus hijos.

I. El centro de atracción. La Santa Ciudad (v. 22). Cosas gloriosas se dicen de ti, oh Jerusalén, la ciudad del Gran Rey. Pero la atracción no era la de la ciudad como tal, sino el hecho de que el Señor mismo había venido «súbitamente a morar entre ellos» (Mal. 3:1). ¿Cuál es la principal atracción en nuestras modernas asambleas religiosas? ¿Los magníficos edificios, la buena música, o la elocuencia del predicador? El verdadero objetivo debería ser: «Señores, querríamos ver a Jesús».

II. La reunión del pueblo. «Y vendrán muchos pueblos y fuertes naciones a buscar a Jehová de los ejércitos en Jerusalén» (v. 22). ¡Qué sacudidas habrá entre los «huesos secos». El Siló en Poder Regio ha venido, y a Él se congregarán los pueblos (Gn. 49:10). ¡Qué reunión será ésta para honra de Cristo! No habrá allí lugar para el sectarismo. Pablo dice: «Os rogamos, hermanos, por la *Presencia del Señor nuestro Jesucristo* y la *reunión de nosotros a él*, a no ser vosotros tan pronto apartados de la razón» (2 Ts. 2:1, Besson).

III. El propósito de esta reunión. «Vamos a *implorar el favor de Jehová*» (v. 21). «Vendrán… a *buscar* el favor de Jehová y a *implorar*» (v. 22). En aquellos días de avivamiento, diez hombres (gentiles) se asirán de un judío, diciendo: «Dejadnos id con vosotros, porque hemos oído que Dios *está con vosotros*», Oyeron, *creyeron y obedecieron*. Nadie podrá decir de manera escarnecedora, aquel día, que este Evangelio es un fracaso. Las grandes ciudades, las gentes y las naciones acudirán a Él, como palomas a sus ventanas. En nuestros propios días tenemos un mensaje glorioso para *cada criatura* de labios de *este mismo Señor*: «Venid a Mí». Pero ¡con qué indiferencia se oyen las nuevas! ¡Ah, cuánto necesitamos el poder del Espíritu derramado, para que muchos puedan *buscar* al Señor e *implorarle*!

IV. Las bendiciones que han de seguir. «Dictará paz a las naciones, y su señorío será de mar a mar, y desde el río hasta los confines de la tierra» (9:10). *Hablará paz* a las naciones, tal como habló paz a los vientos tempestuosos y a las olas en el Mar de Galilea; y su palabra proclamadora de paz resonará hasta los últimos rincones de la tierra. Ahora oramos: «Venga a nos tu reino». Entonces su reino habrá llegado, y su voluntad será hecha en la tierra. Entonces ellos dirán: «Cuánta es su *bondad*», y «Cuánta es su *hermosura*» (9:17). Ellos mirarán a Aquel a quien menospreciaron y *traspasaron*, y se lamentarán; pero también se sentirán constreñidos a decir: «¡Cuánta es su hermosura!» El Cristo en quien confiamos es la encarnación de la plenitud divina. Que confiemos de tal manera en Él que la «hermosura del Señor» sea sobre nosotros. Caminad de manera digna de vuestra sublime vocación, sabiendo que llegará el feliz día cuando «tus ojos verán al Rey en su hermosura» (Is. 33:17).

847. CUATRO TÍTULOS DE CRISTO

Zacarías 10:4

1. La «**Piedra Angular**». Cristo nuestro Fundamento.
2. La «**Clavija**». Cristo quien lleva nuestras cargas.
3. El «**Arco de Guerra**». Cristo nuestro Defensor.
4. El «**Cabeza de Jefes**». Cristo nuestro Señor.

848. UN DESCUBRIMIENTO QUE DESGARRA EL CORAZÓN

Zacarías 12:10-14; 13:1

Aquí tenemos cuatro grandes realidades en relación con la Segunda Venida del Señor.

I. Una preciosa oportunidad. «Derramaré sobre la casa de David... espíritu de gracia y de oración» (v. 10). Este Espíritu de *Gracia* solamente puede venir del «Dios de toda gracia», y cuando este Espíritu viene, Él convence de pecado y de la necesidad de suplicar a Dios, en vista de la gran revelación que ha de seguir. Cada avivamiento es una evidencia de ello. Estamos ahora viviendo en los días del Espíritu derramado (Hch. 2:16). Días de gracia y de responsabilidad personal. «He aquí ahora el día aceptable.» Días de preparación para la manifestación del Señor.

II. Una gran revelación. «Mirarán a mí, a quien traspasaron» (v. 10). Éste será un espectáculo desgarrador para la casa de David, cuyos gobernantes, hace más de 1900 años, menospreciaron y rechazaron, diciendo: «No queremos que éste *reine sobre nosotros*», clamando por su crucifixión. Y a lo largo de estas largas eras ellos, como nación, han sido acerbos enemigos de Jesús. En aquel día, *«este mismo Jesús»* (Hch. 1:11) aparecerá llevando en sus manos las marcas de su Cruz. Y uno le dirá: «¿Qué heridas son éstas en tus manos?» (cap. 13:6, RV). ¡Ah, estas *heridas* son su señal de identidad, que Él es aquel Hombre que fue crucificado, de quien los padres de ellos clamaron: «¡Sea crucificado!» ¿Será aquel el día en que «una nación nacerá en un día»? Algo así sucede cuando un alma golpeada por el pecado echa su primera mirada a Jesús como el que obró la expiación por el pecado. Él murió por mí. Mis pecados estuvieron entonces allí, en la crucifixión de Cristo. Las heridas de sus manos, incluso en su *cuerpo glorificado* (Jn. 20:20) permanecerán por toda la Eternidad, como testimonio de los triunfos de su muerte.

III. Un verdadero arrepentimiento. «Llorarán..., afligiéndose por él como quien se aflige por el primogénito... Y la tierra lamentará, *cada linaje* aparte» (vv. 11-13). Su *ceguera* e incredulidad han sido grandes; ahora descubren su terrible culpa al asesinar a su propio anhelado MESÍAS. ¡Qué tiempo sagrado será éste en Jerusalén, cuando en cada hogar habrá la voz de confesión, y lágrimas de arrepentimiento! Mientras que al mismo tiempo habrá un profundo manantial de un santo gozo acabado de descubrir que brotará en sus corazones. Su largamente anhelado *Mesías* ha venido, y ha traído liberación (Ro. 11:26). Como los hermanos de José, le vendieron, y luego le ven revestido de poder y de gloria, y luego son salvados por Él (Hch. 5:31). El verdadero arrepentimiento del que no se debe nadie arrepentir.

IV. Una gran salvación. «En aquel tiempo habrá un manantial abierto para la casa de David... para la purificación del pecado y de la inmundicia» (cap. 13:1). En aquel día, cuando «sangre y agua» salieron del costado traspasado del Cristo crucificado, brotó un manantial para toda humanidad para la purificación del pecado y de la inmundicia. El malhechor moribundo se regocijó en *su día* de ver aquel manantial, y muchos malhechores en sus vidas se han regocijado ante la misma visión. Cuando el Señor venga y se siente sobre el trono de su padre David, y cuando su Palabra salga desde Jerusalén (Is. 2:3), entonces habrá una fuente abierta para limpiar la nación de pecado e impureza. Mientras tanto, nos regocijamos en la verdad de que la gracia de Dios, que trae salvación a todos los hombres, *se ha manifestado*, enseñandonos a rechazar la impiedad, y a esperar aquella *bienaventurada esperanza*, la *manifestación gloriosa* del gran Dios, nuestro Salvador Jesucristo (Tit. 2:11-13).

849. LA FUENTE PURIFICADORA

Zacarías 13:1

I. ¿Qué está abierto? «Un manantial». Una fuente. *Profunda* como la Eternidad. *Llena* como el Corazón de Dios. *Libre* como el aire que respiras.

II. Cuando fue abierta. «En aquel tiempo». Aquel momento en que Cristo fue «traspasado» (12:10). El día en que el hombre cometió su mayor pecado al «matar al Príncipe de la Vida».

III. Por qué fue abierta. «Para el *pecado* y la *inmundicia*». Culpa y mancha. «El que tenga sed, venga».

850. LA SEGUNDA VENIDA Y ALGUNAS DE SUS CIRCUNSTANCIAS

Zacarías 14

En este capítulo el profeta ve lo que pudiera ser considerado como la certidumbre final de aquella oración que nuestro Señor enseñó: «Venga a nosotros tu Reino, *hágase tu voluntad en la tierra*» (Mt. 6:10).

I. La manera de su venida.

1. SERÁ PERSONAL. «Se posarán sus pies en aquel día sobre el monte de los Olivos, que está enfrente de Jerusalén al oriente» (v. 4). Algunos nos dicen que la mención de sus *pies* no debe ser tomada literalmente. ¿No podrían también decir que Él mismo, sobre el monte de los Olivos, no debe ser tomado literalmente? Es *«el Señor mismo»* el que debe descender del cielo. Es *«este mismo Jesús»* que fue visto subir arriba quien debe *«de la misma manera»* regresar (1 Ts. 4:16; Hch. 1:11). Se debería recordar que era mientras descendía del *monte de los Olivos*, montado en un asno, que la multitud de sus discípulos comenzó a alabar a Dios, diciendo: «¡Bendito el rey que viene en el nombre del Señor; paz en el cielo, y gloria en las alturas!» (Lc. 19:37-38). ¡Qué premonición es esto de aquel día en que «se posarán sus pies sobre el monte de los Olivos» como Rey de las naciones!

2. SERÁ COMO REY DE LA TIERRA. «Jehová será rey sobre toda la tierra» (v. 9). En aquel día habrá *Un Señor*, y será su Nombre Uno. No habrá lugar para otro cuando Él venga: porque en *su tiempo* Él mostrará quién es el bienaventurado y único Soberano, Rey de reyes, y Señor de los que gobiernan... al cual sea la honra y el dominio sempiterno. Amén (1 Ti. 6:15-16). En aquel día los reinos de este mundo se verán obligados a no reconocer a otro gobernante más que a Jesús solamente. Su Nombre será *por sobre todo otro nombre*, y a su Nombre se doblará toda rodilla (Is. 45:23). Las naciones nunca han tenido una mayor necesidad de liderazgo que la que tienen ahora. Pero cuando venga Él, que es «*Sabiduría* y *Poder* de Dios», esta necesidad quedará del todo satisfecha.

3. SERÁ CON TODOS LOS SANTOS. «Y vendrá Jehová mi Dios, y con él todos los santos» (v. 5). Mientras Jesús estaba enseñando en el Monte de los Olivos, se refirió seguramente a esta profecía cuando dijo: «Cuando el Hijo del Hombre venga en su gloria, y todos los santos ángeles *con Él*, entonces se sentará en su trono de gloria» (Mt. 25:31). Judas dice también: «He aquí, vino el Señor con sus santas decenas de millares» (v. 14). No es costumbre de reyes y príncipes en la tierra viajar en solitario cuando ejercen una función pública. Tienen un cortejo, un grupo de auxiliares; aquellos que están en perfecto acuerdo con ellos y su misión. Así, será revelado «el Señor Jesús desde el cielo *con los ángeles de su poder*» (2 Ts. 1:7-10), cuando será glorificado *en sus santos, y admirado en todos aquellos* que creen. Por gloriosos que sean sus miríadas de santos y poderosos auxiliares, sin embargo ÉL seguirá siendo «señalado entre diez mil, el totalmente atrayente».

II. Los resultados que seguirán a su venida. Habrá:

1. UNA BENDICIÓN PERENNE. «Acontecerá también en aquel día, que saldrán de Jerusalén aguas vivas» (v. 8). Estas aguas vi-

vas son un símbolo de algo que da satisfacción abundante; algo siempre fresco y permanente. Representan la energía divina en constante actividad en favor de su pueblo. «Toda alma viviente que nade por dondequiera que entren estos dos ríos, vivirá» (Ez. 47:9). Aquí tenemos algo para lo que la civilización no puede ofrecer nada semejante. Aquí tenemos un río que no puede ser aumentado por ningún afluente terrenal. Como el *Evangelio* de Dios, la sabiduría y el genio humano no pueden añadir nada a su valor. La Palabra del Señor, *viviente* y *autoritativa*, «saldrá de Jerusalén», como corrientes de bendición desde el trono de su gloria.
2. ADORACIÓN UNIVERSAL. «Y todos los que sobrevivan de las naciones… subirán de año en año para adorar al Rey, a Jehová de los ejércitos» (v. 16). «¿Quién no te temerá, oh Señor, y glorificará tu nombre? … por lo cual todas las naciones vendrán y te adorarán, porque tus juicios *se han manifestado*» (Ap. 15:4). Satanás tentó al Señor ofreciéndole los reinos de este mundo si se postraba delante de él y le adoraba (Mt. 4:9). Pero ahora vemos a los reinos de este mundo adorándole a Él, que se sometió a la muerte, desafiando al diablo, a quien ha de consignar al abismo (Ap. 20:10). Es nuestro privilegio ahora adorar al Señor en la hermosura de la santidad (1 Cr. 16:29). Dios es Espíritu, y los que le adoran es necesario que le adoren en *espíritu y en verdad*. Dios no puede ser burlado.
3. CONSAGRACIÓN DE COSAS COMUNES. «En aquel día estará grabado sobre las campanillas de los caballos: SANTIDAD A JEHOVÁ; y las ollas de la casa de Jehová serán *como los tazones del altar*». Día feliz, cuando la «santidad a Jehová» estará grabada en las campanillas de los caballos, y en las ollas y cazuelas de la cocina, y sobre nuestros automóviles, tranvías, trenes y barcos. Cuando este lema sea leído en nuestras cámaras legislativas y puestos de trabajo, y en la puerta principal de cada Oficina de Cambios; cuando cada transacción entre persona y persona tenga este santo sello encima. Verdaderamente estos serán los «días del cielo sobre la tierra», cuando los hombres, porque aman al Señor, se amarán unos a otros, y lo harán todo para honra de su Santo Nombre. Cuando las casas de pobres, los asilos, las cortes de justicia y las cárceles serán cosas del triste pasado. Si esto ha de ser escrito sobre *campanillas y ollas*, ¡cuánto más debería ser inscrito sobre nuestras vidas, los que hemos sido redimidos por su Sangre! SANTIDAD A JEHOVÁ.

851. LA ORACIÓN, UNA CUESTIÓN DEL INTELECTO

«Habéis dicho además: ¡Oh, qué fastidio es esto!» (Mal. 1:13)

Una triste marca de degeneración espiritual. Los sagrados oficios del santuario habían llegado a ser una carga. ¡Qué triste, qué triste, cuando la oración se vuelve un fastidio! Pero, ¿hay algún cristiano que no haya sentido esta sensación a veces?

Indolencia. Sugiere que puede haber fastidio e indolencia en la oración. Coleridge pensaba que el acto de orar era, en su forma más perfecta, la mayor energía.

Oraciones muertas. Ofrecemos muchas oraciones muertas debido a la indolencia mental. No nos sacudimos a pensar y a actuar.

Cuestión del intelecto. Observamos en nuestro último estudio que la verdadera oración es asunto del corazón. Es también asunto del intelecto. Podemos orar con el intelecto sin orar con el corazón. Pero pongo en duda que podamos orar con el corazón sin orar con el intelecto. Hemos de servir a Dios así como amarle, con la mente así como con el corazón.

Que vuestras oraciones sean:

Afectuosas: con un verdadero corazón en ellas.
Inteligentes: con un verdadero corazón en ellas.
Enérgicas: con una verdadera energía en ellas.

1. El viejo doctor Chalmers se refería a las oraciones del doctor Doddridge como «poseedoras de un espíritu intensamente práctico».
2. Un viejo predicador americano decía, al denunciar las oraciones indolentes: «¿Podemos esperar que nuestros pecados sean lavados con una oración perezosa?» Piensa acerca de esto.
3. Naturalmente, es la Sangre del Hijo de Dios que purifica de todo pecado; sin embargo, la oración pidiendo esta misericordia precede generalmente a la bendición.
4. ¡Que el Señor nos salve de oraciones perezosas!

852. UN MENSAJE A MENSAJEROS

Malaquías 2:1-9

«Ahora, pues, oh sacerdotes, *para vosotros* es este mandamiento» (v. 1). Un sacerdote era uno que ministraba delante de Dios en favor del pueblo. También es llamado «el mensajero de Jehová» (v. 7). Observemos, nosotros los sacerdotes para Dios y embajadores de Cristo:

I. El privilegio del mensajero, como mensajero de Dios.

1. Él debía GUARDAR EN SU CORAZÓN lo que *escuchara, y dar gloria al Nombre* del Señor (v. 2). Nuestra primera ocupación como ministros de su Palabra es tomar la verdad revelada en *nuestros propios corazones*, con el propósito de dar gloria a *su Nombre*. Debemos hablar lo que *sabemos* por nuestra propia experiencia para la honra de su Santo Nombre.
2. Era REPRESENTANTE DE LA VERDAD DIVINA. «De su boca el pueblo buscará la ley» (v. 7). Si debemos ser dignos de la confianza de ansiosos indagadores, nosotros mismos debemos ser enseñados por Dios, y vestirnos de los regios vestidos del sacerdocio: humildad y temor piadoso.

II. El secreto de su Poder. Un ministerio impotente es una falsa representación de este orden santo.

1. TIENE LA CERTEZA DE SU MENSAJE. «Y *sabréis* que yo os envié *este mandamiento*» (v. 4). Él puede decir: «Hablamos lo que *sabemos*, y testificamos de lo que *hemos* visto». No había un son incierto en su testimonio. El que duda no recibe nada del Señor (Stg. 1:6, 7).
2. GOZA DEL DON DE VIDA Y PAZ. «Vida y paz, las cuales cosas yo le di» (v. 5). Es una posesión gozosa. La vida en Cristo y la paz por la Sangre de su Cruz. El gozo del Señor es vuestra fuerza.
3. Tiene «LA LEY DE LA VERDAD… EN SU BOCA» (V. 6). Cuando el amor de Dios está en el corazón, y la ley de gracia en su boca, está divinamente equipado como heraldo del Evangelio de Dios. *Vida, paz y verdad* son una santa trinidad en la experiencia del cristiano.
4. TIENE LA PRESENCIA DE DIOS. «Anduvo conmigo en paz y en justicia» (v. 6). Aquí está el secreto de todo poder espiritual: «He aquí, yo estoy con vosotros». «Sin mí, nada podéis hacer». Para *fruto*, la presencia de Dios en la vida es tan necesaria como para los campos lo es la presencia del resplandor del sol.
5. TUVO ÉXITO. «Hizo que muchos se apartasen de la iniquidad» (v. 6). Por sus *frutos* los conoceréis. El que gana almas es *sabio*. Ésta no es la sabiduría que da el mundo, sino la que viene por la presencia del Santo Espíritu de Dios.

II. La causa de su fracaso. Hubo fracaso, incluso tras tales elevadas, santas y felices experiencias. Dios no ha hecho provisión para nuestro fracaso; pero, ay, viene, y siempre por la propia necedad y el extravío de los hombres. «¡Cómo han caído los fuertes!»

1. APARTAMIENTO DE LA VERDAD. «Os habéis apartado del camino» (v. 8). Apartarse de *su camino* y voluntad es alejarse de la esfera de su propósito y de su bendición. Es fácil apartarse de su camino cuando nuestros pensamientos comienzan a vagar en pos de intereses egoístas.
2. CORRUPCIÓN DEL PACTO (v. 8). Invalidó la Palabra mediante falsas interpretaciones. Corrompemos el Evangelio cuando lo condicionamos al mérito humano, o se insinúa que la *gracia de Dios* admite en absoluto que se continúe en pecado (Ro. 6:1).

III. El triste resultado del fracaso. Ésta es la caída de un recaído que ha sido usado por Dios.

1. SUS BENDICIONES HAN SIDO PLAGADAS. «Maldeciré vuestras bendiciones» (v. 2). Los dones y las gracias divinamente otorgadas quedaron plagadas con la desaprobación de Dios, hasta el punto de que la semilla (Palabra) que siembra se convierte en un daño (v. 3). Su vida se convierte en estéril e infructífera, como la rama separada de la vid.
2. HACE QUE OTROS TROPIECEN. «Habéis hecho tropezar a muchos en la ley» (v. 8). ¡Cuántos hay que tropiezan en el Evangelio debido al fracaso de profesantes cristianos, especialmente si se trata de predicadores! La *iniquidad* en la vida cristiana es siempre una piedra de tropiezo (Ez. 7:10). El único remedio para una piedra de tropiezo es quitarla de en medio.
3. ES MENOSPRECIADO POR EL PUEBLO. «*Por tanto* yo también os he hecho despreciables y viles ante todo el pueblo» (v. 9). Él había predicado a otros, y ahora es reprobado. Demos más estrecha atención a las cosas *que hemos oído*, no sea que *nos deslicemos de ellas* (He. 2:1).

853. PLENITUD DE BENDICIÓN

Malaquías 3:7-17

Malaquías fue el último de los profetas. Los tiempos en que vivió, alrededor de 400 años antes de Cristo, fueron típicos de cualquier comunidad actual (véase vv. 13, 14).

I. La condición de la bendición. Tenemos:

1. El RETO DIVINO. «Probadme ahora en esto, dice Jehová de los ejércitos, si no abriré las ventanas de los cielos, y derramaré sobre vosotros bendición hasta que sobreabunde» (v. 10). ¡Qué promesa es ésta, y qué reto para nuestra fe! *«Probadme».* «Ponedme a prueba, y ved si no haré esto por vosotros». No permitas que la *grandeza* de la bendición haga vacilar tu fe. Recuerda que Aquel que ha prometido es el Todopoderoso e Inmutable Señor (v. 6). Lo que Él ha prometido puede bien cumplirlo.
2. LAS CONDICIONES ESPECIFICADAS. «Traed todos los diezmos al alfolí para que haya alimento en mi casa» (v. 10). El diezmo era sobre las ganancias, y se daba a los sacerdotes que servían en la casa del Señor. Se consideraba como perteneciente a Dios. Tenían que dar «a Dios lo que es de Dios». Pero a nosotros los cristianos no se nos promete plenitud de bendición por darle a Él una décima de nuestras ganancias, aunque incluso esto dará bendición al alma. Somos llamados a darle a Dios aquello que *le pertenece a Él.* «No sois vuestros... porque habéis sido comprados por precio» (1 Co. 6:20). Dios no se queda satisfecho con que le demos solo parte de lo que *es suyo* (Hch. 5:2). Si queremos tener las «ventanas abiertas del cielo» y la «bendición derramada», tenemos que presentarnos *a nosotros mismos a Dios.* Éste es *nuestro* servicio racional (Ro. 12:1). «Presentaos *vosotros mismos* a Dios como vivos de entre los muertos, y vuestros miembros a Dios *como instrumentos de justicia»* (Ro. 6:13). Solo podemos *probarlo* cuando hayamos *cumplido* sus condiciones.

II. Las evidencias de ser bendecido.

1. «LOS QUE TEMEN A JEHOVÁ, Y... PIENSAN EN SU NOMBRE» (v. 16). El temor reverencial es un estado bendito de mente, porque conduce a una meditación más profunda acerca de la maravilla de su Santo Nombre, aquel Nombre que está por encima de todo otro nombre. ¡Oh santos suyos, temed al Señor!
2. «HABLARON CADA UNO A SU COMPAÑERO». No se nos dice lo que dijeron, pero si estaban pensando en el maravilloso *Nombre* del Señor, ciertamente que estuvieron hablando acerca de Él. Aquí reside el secreto y el gozo de la comunión cristiana. Tenían una causa común.
3. GOZABAN DE LA PRESENCIA DEL SEÑOR. «Jehová escuchó y oyó» (v. 16). Su promesa se cumplió: «Porque donde están dos o tres congregados en mi nombre, allí estoy en medio de ellos» (Mt. 18:20). Para el mero espectador, nada sucedía, pero el Señor estaba «escuchando». *Nosotros* abrimos los oídos cuando oímos hablar a otros acerca de nosotros, y mencionando nuestro nombre. Así el Señor nos escucha cuando hablamos de Él. Pero el Señor no es un oidor ocioso. Fue escrito un «libro de recuerdo», una memoria de aquello. Porque una cosa tan preciosa para Él no será nunca olvidada. Puede que esto sea anotado en aquel *otro libro* mencionado en Apocalipsis 20:12. Todos los valores espirituales se asocian con su Nombre.
4. TENÍAN LA CERTIDUMBRE CONSOLADORA DE DIOS. «Serán *Míos*... mi propiedad personal» (v. 17). «Ellos pensaron en mí cuando estaban en medio de una gente perversa que decían: ¿de qué vale servir al Señor?» (*cf.* v. 14). «Pensaré en ellos aquel día en que recoja todo lo que valga la pena salvar de un mundo naufragado y hundido». ¡Qué aliento hay aquí para la reunión de oración y comunión, para tiempos callados de meditación! El Señor conoce todos los pensamientos y las intenciones del corazón. Su tesoro especial es la Iglesia, redimida con su propia Sangre. «Serán *Míos*».

854. UN BENDITO TEMOR

«Entonces los que temían a Jehová hablaron cada uno a su compañero; y Jehová escuchó y oyó» (Mal. 3:16, 17).

I. Tres cosas acerca del pueblo del Señor. Su

1. REVERENCIA. «Temen al Señor». No es el temor abyecto de un esclavo, sino la reverencia de un hijo obediente. El temor de los santos adoradores.
2. ATENCIÓN. «Pensaron en su Nombre». Su nombre denota su carácter, y es por ello precioso, algo acerca de lo que bien vale la pena reflexionar. «Donde hay dos o tres reunidos en mi nombre, allí estoy Yo». Los que *piensan* en su nombre serán hallados hablando de Él con amor (Lc. 24:15).
3. TESTIMONIO. «Hablaron cada uno a su compañero». Los que aman al Señor, se aman unos a otros, y sienten su parentesco en Él. «Venid, oíd todos los que teméis a Dios, y contaré lo que ha hecho a mi alma» (Sal. 66:16).

II. Tres cosas acerca del Señor. Su

1. INTERÉS. «Jehová escuchó y oyó». El que formó el oído, ¿no oirá? Él *escucha* como inclinándose para captar cada murmullo de lo que se dice de Él. Él está interesado por causa nuestra. «Si el Señor no estuviera conmigo», dijo un predicador, «hablaré bien de Él a sus espaldas».
2. SOLICITUD. «Fue escrito un libro de recuerdo delante de él». Los nombres de todos los colaboradores están escritos en el Libro de la Vida (Fil. 4:3). Cada palabra queda anotada, porque por nuestras *palabras* seremos justificados o condenados (Mt. 12:36, 37). Que la *palabra* de Cristo more ricamente en vosotros; entonces hablaréis y cantaréis con gracia en vuestros corazones al Señor (Col. 3:16).
3. FIDELIDAD. «Serán míos, ... mi propiedad personal». «Esta es la voluntad del Padre: Que de todo lo que me ha dado, no pierda Yo nada» (Jn. 6:39). Esta seguridad vuelve a darse en su gran oración en Jn. 17: «Padre, aquellos que me has dado, quiero que donde Yo estoy, también ellos estén conmigo». El Señor conoce a los que son suyos. Ellos, dice Él, serán míos; míos para salvarlos, guardarlos, alimentarlos, enseñarles, conducirlos, y glorificarlos.

855. DOS GRANDES DÍAS

Malaquías 4:1-3

En estos versículos creemos ver un breve relato profético de dos aspectos de la Segunda Venida del Señor. Ambos aspectos se ven en 2 Tesalonicenses 1:7-10.

I. El terrible día de prueba. «Está para llegar aquel día, ardiente como un horno» (v. 1). Éste será el día del poder escudriñador de su presencia consumidora, cuando Él distinguirá «entre el que sirve a Dios y el que no le sirve» (3:18). Un día en el que «todos los soberbios y todos los que hacen maldad serán como el rastrojo». Es imposible que el rastrojo en un horno deje de arder. En aquel día no será la obra del hombre sólo lo que sea probado por fuego (1 Co. 3:13), sino el *mismo hombre.* «Todos los *soberbios».* «¿Quién podrá soportar el día de su venida?... Porque él es como *fuego purificador»* (3:2). Es *Él mismo* el «horno», en la ardiente santidad de su justicia. «Cuando sea revelado el Señor Jesús desde el cielo con los ángeles de su poder, *en llama de fuego,* para dar retribución a los que no conocieron a Dios, ni obedecen el evangelio de nuestro Señor Jesucristo; los cuales sufrirán pena de eterna perdición *excluidos de la presencia del Señor»* (2 Ts. 1:8, 9). ¿Cómo debería esta terrible y solemne realidad afectarnos en nuestro servicio para Él y ellos? La verdad es que si nos diéramos plena cuenta de ello, toda frialdad e indiferencia se derretiría en piedad.

II. El gozoso día de la liberación. (Relación del Señor con su propio pueblo.) «Mas *a vosotros* los que teméis mi nombre, os nacerá el Sol de justicia» (v. 2). El *sol* es también un «horno», pero, ¡ah, cuán diferente es su influencia! «Mas *a vosotros»* Él se levantará «y en sus alas traerá salvación». El *sol* es el resplandeciente símbolo de Cristo en su misterio, majestad y glorioso poder: un adecuado emblema de los inagotables recursos del Hijo de Dios, que es el «Sol de Justicia». Entonces, verdaderamente, el Hijo *señoreará* el día, cuando, a semejanza del sol,

1. CRISTO SERÁ EL CENTRO DE UN GRAN SISTEMA. El sol es el centro del sistema solar, que está ligado por la ley de la gravedad. Cuando Cristo, como «Sol de justicia», se levante sobre la tierra, «con el *resplandor* de su venida» (2 Ts. 2:8), Él será el centro del más grande y glorioso sistema que este mundo haya jamás conocido, ligado juntamente por la ley del amor. Aquel que es el centro de toda creación someterá todas las cosas a Sí mismo (1 Fil. 3:21; 1 Co. 15:28). A semejanza del sol:
2. CRISTO SERÁ LA LUZ DEL MUNDO. Jesús dijo: «Yo soy la Luz del Mundo», pero *ahora* los hombres «aman las tinieblas más que la luz, porque sus obras son malas»; sin embargo, *entonces,* cuando Él rija en justicia, como Rey, todas las naciones acudirán a su luz (Is. 9:2; 60:19). Todas las bendiciones que el sol nos trae son emblemas de los dones que Cristo traerá al mundo en *su día:* luz y

vida, salud y sanidad, calor y fruto, belleza y alegría. ¡Qué mundo, perpetuamente calentado bajo el resplandor del favor divino! El mundo para Cristo.

856. EL SOL DE JUSTICIA

Malaquías 4:2

Como el Sol de Justicia, Cristo es:

1. El **centro** de la Nueva Creación. La ley de atracción aquí es la ley del amor.
2. La **gloria** del Mundo Espiritual. Su presencia lo llena.
3. La **fuente** de toda bendición espiritual. Luz, vida, calor, hermosura, fruto.
4. Sus **movimientos** son totalmente dignos de confianza. Nunca falla en su curso de acción.
5. Su **progreso** es irresistible. No puede ser obstaculizado ni estorbado.
6. Su **resplandor** es para el bien de todos. No hay ocaso para los que le siguen. Y sin Él, solamente hay tinieblas eternas.

SERMONES
Y
BOSQUEJOS
SOBRE EL

NUEVO TESTAMENTO

857. CLAMORES A CRISTO EN MATEO

1. El clamor de la **desesperación**	8:29
2. El clamor de la **necesidad**	9:27
3. El clamor del **temor**	14:26
4. El clamor del **peligro**	14:30
5. El clamor de la **intercesión**	15:22
6. El clamor de la **importunidad**	20:31
7. El clamor del **gozo**	21:9
8. El clamor del **ridículo**	27:23

858. JESÚS SALVA
Mateo 1:21

1. Él vino a salvar (Mt. 18:11);
2. Él vino a salvar a los pecadores (1 Ti. 1:15);
3. Él vino a salvarlos por medio de su propia sangre (Col. 1:14);
4. Él vino a salvarlos de toda iniquidad (Tit. 2:14);
5. Él vino a salvar porque nadie más puede hacerlo (Hch. 4:12).

859. EL SALVADOR
Mateo 1:21

1. **Quién es Él.** «Llamarás su nombre Jesús», no Moisés.
2. **Lo que Él hace.** «Salvará». No intenta salvar, sino que lo hace.
3. **A quién salva.** «A su pueblo». Todos los que le reciben (Jn. 1:12).
4. **Cómo salva.** «De sus pecados». El pecado es la causa de la muerte (Ro. 6:23).

860. LOS NOMBRES DE NUESTRO SEÑOR JESÚS
Mateo 1:21, 23

1. EMANUEL: Lo que Él era, **su Persona.**
2. JESÚS: Lo que Él iba a hacer, **su Obra.**
3. CRISTO: Qué puesto iba a ocupar, **su Oficio.**
4. SEÑOR: Qué puesto iba a vindicar, **su Señorío.**
5. REY: Qué rango iba a tener, **su Reino.**
6. HIJO DE DIOS: En relación con Dios, **su Misión.**
7. HIJO DEL HOMBRE: En relación con el Hombre, **su Misión.**

861. UN PODEROSO SALVADOR

«Llamarás su nombre Jesús, porque Él salvará a su pueblo»:

1. de sus pecados.
2. Del temor del hombre.
3. De la esclavitud del «yo».
4. De la carga del descontento.
5. De la tiranía del mal temperamento.
6. Del servicio penoso.
7. De buscar el aplauso de los cristianos.
8. De dudar de la providencia de Dios.

¿Es tuya esta gran salvación?

862. EMANUEL

«Y llamarán su nombre Emanuel, que traducido es: *Dios con nosotros*» (Mt. 1:32).

1. Dios con nosotros en carne (1 Ti. 3:16; Jn. 1:14).
2. Dios con nosotros como Redentor (Hch. 20:28; 1 P. 1:18, 19).
3. Dios con nosotros para reconciliar (2 Co. 5:19).
4. Dios con nosotros en toda plenitud (Col. 2:9; Jn. 1:16, 17).
5. Dios con nosotros como ejemplo (Fil. 2:5, 6).
6. Dios con nosotros como compañero (2 Co. 6:16).
7. Dios con nosotros siempre (Mt. 28:20; He. 13:5, 6).

863. EL FUEGO, UN EMBLEMA DEL ESPÍRITU

«Él os bautizará con Espíritu Santo y fuego» (Mt. 3:11)

Introducción

SANTO FUEGO.

1. O «con Santo Fuego», como dice el Dr. B. que se puede traducir.
2. No, como algunos han pensado, Espíritu Santo y Tribulación.
3. Se trata de la ardiente influencia y poder del Espíritu Santo.

SE NECESITA.

1. Preguntaron a un convertido chino qué necesitaba China. «Lo que China necesita es hombres con corazones ardientes, para proclamar el amor de Jesús».
2. Ésta es la gran necesidad del mundo.
3. El Domingo de Pentecostés nos muestra cómo se pueden suplir esta necesidad y carencia.
4. Es quedar inmerso en este Santo Fuego; es conociendo de manera experimental el ardiente y resplandeciente carácter de las operaciones del Espíritu.
5. Lo que China necesita, y la Gran Bretaña y todos los países llamados cristianos.

CONTRASTAR.

1. En este versículo vemos el elevado concepto que tenía Juan de la obra de Jesús.
Agua y fuego: nuestros dos magnos ministros de purificación. ¿Cuál es el más penetrante?
2. Tal como es la diferencia entre los dos elementos, así era la diferencia entre su ministerio y el del Señor.
3. «El primero llevaba a cabo una purificación externa, y el segundo, interior», un poder penetrante y purificador, «escudriñando lo más íntimo de los hombres».
4. El primero frío y negativo, el segundo resplandeciente y positivo.
5. Juan reconoció que el elemento religioso bajo su ministerio no era suficiente para la necesidad humana. No iba a la par de la profunda corrupción dentro de los hombres. Era una mera purificación con agua, mientras que lo que se necesitaba era una purificación con fuego.

EMBLEMA DE LA DEIDAD.

1. El fuego, en todas partes, ha sido considerado como emblema de la Deidad. En algunos casos, ha sido adorado.
2. Y en la Biblia es un símbolo muy empleado.
   a. La antorcha de fuego pasando entre los sacrificios descuartizados y Abraham. (Aquí el fuego representó a Dios.)
   b. El fuego que envolvía la zarza que vio Moisés y la columna de fuego por la noche, y el fuego en el monte Sinaí.
   c. El N.T. dice así: «Nuestro Dios es fuego consumidor».
3. ¡Y cuán diversas son sus operaciones en la Biblia! A veces el fuego del Espíritu de Dios es una energía llena de ira, obrando dolor y muerte sobre el transgresor. En otras ocasiones es una omnipotencia misericordiosa, que trae luz y calor, gozo y paz.

Trinidad, Paloma. «Por primera vez la Trinidad, prefigurada de muchas maneras en el Antiguo Testamento, queda plenamente manifestada». «El Espíritu desciende. La Voz del Padre», y la presencia de Jesús.

1. ¡Cuán opuesto a los otros emblemas!
2. El Espíritu descendió sobre el Señor como Paloma; sobre los discípulos como fuego.
3. En Cristo no había nada que consumir; en los discípulos había mucho que destruir.
4. Antes de poder conocer al Espíritu Santo en su gentil oficio a la manera de Paloma, debemos conocerlo como Fiero Destructor, como Fuego Consumidor.

LOS PODEROSOS Y ESCUDRIÑADORES MINISTERIOS DEL FUEGO.

1. Lo que este emblema del Espíritu Santo puede enseñarnos es sencillo y fácil de descubrir y de comprender.

2. Tenemos ocho de sus ministerios en mente: otros puede que se te sugieran por sí mismos.

I. El fuego despierta.

EL FUEGO DE LONDRES. Un extraño descubrimiento después del Gran Incendio de Londres.

1. Se dice que el fuego del Gran Incendio de Londres en 1666 penetró y calentó el suelo hasta tal manera que flores desconocidas brotaron de semillas largamente enterradas y olvidadas.
2. Ahí estaban las semillas, dormidas y olvidadas en sus tumbas.
3. Pero el fuego las despertó: las llamó afuera.

La semilla de la Palabra.

1. ¿No está sucediendo esto en el mundo espiritual a cada momento?
2. Las semillas del Reino han quedado alojadas desde la infancia en la cabeza y en el corazón, sepultadas y olvidadas.
3. Pero la ardiente energía del Espíritu Santo las llama fuera: y brotan y dan fruto.
4. ¡Oh, que Dios lo hiciera ahora!

El rabino Duncan.

«Un día, mientras estaba sentado en mi estudio, habiendo tomado mi pluma en mi mano, de repente me volví el receptor pasivo de todas las verdades que había oído y que me habían sido enseñadas en mi infancia. Me quedé allí sentado durante oras, y venían y se me predicaban a sí mismas a mí». Así testificó el Rabino Duncan.

II. El fuego revela. 1 Corintios 3:13.

1. Ésta es la declaración en el pasaje: «Por el fuego será revelada».
2. El fuego resplandece así como escudriña: revela así como pone a prueba.

Pone a prueba y revela mi impía moralidad.

1. Cuando el fuego de Dios comienza a resplandecer en nosotros, descubrimos la verdadera naturaleza de nuestra impía moralidad.
2. Y éste es uno de los más difíciles asuntos.
3. Solo cuando nos vemos a su luz llegamos a tener un verdadero concepto del pecado y de la indignidad.

Recuerda.

1. Hay un fuego de ira así como de amor; el fuego del rayo que quema y consume, así como el fuego resplandeciente del sol y del corazón alegre.
2. ¿Serás bautizado en el fuego, o consumido por él?

Juan.

1. ¿Qué debo hacer para ser bautizado con el Espíritu Santo?
2. Primero y ante todo he de venir a la Sangre.
3. Observa el orden en Juan 1: 1°, Cristo como Cordero de Dios, quitando el pecado. 2°, como bautizador con el Espíritu Santo. 3°, he aquí el Cordero, solo el Señor como ejemplo.
4. Ocúpate primero con la obra de Cristo *por* ti, y luego en la obra de Cristo *en* ti.

864. CUATRO COSAS QUE JESÚS HARÁ

Mateo 3:11, 12

ÉL

1. «Os bautizará».
3. «Recogerá su trigo».
2. «Limpiará con esmero su era».
4. «Quemará la paja».

865. CON JESÚS EN EL RÍO JORDÁN

«Así conviene que cumplamos» (Mt. 3:15).

LA SIGNIFICACIÓN DEL BAUTISMO DE CRISTO

Introducción

«CONVIENE». Esta palabra la tenemos frecuentemente en nuestros labios y en nuestros pensamientos. Es una de las pruebas de la vida. Decide las cuestiones tocantes a la conducta y al vestido. La respuesta a «¿Es conveniente para mí?» decide la elección del material y del estilo del vestido, y «Es una total inconveniencia» decide la cuestión de nuestro lenguaje y conducta.

El Señor Jesús hace de ésta la razón de por qué Juan debía bautizarlo. Y también nosotros quedamos incluidos, porque Él dijo: «Así conviene que *cumplamos*»; no solo a Él, sino a nosotros.

EL SILENCIO DE 400 AÑOS. Durante cuatrocientos años la voz profética había estado callada. Al final el silencio fue roto, y se oyó una voz en la tierra hablando como los de la antigüedad. Era la voz de uno vestido con un ropaje de pelo de camello y con el cinto de cuero de los viejos profetas.

Un tosco discurso. «Así como su vestimenta era tosca, también lo era su discurso», dice el viejo Obispo Hall; «y si su alimento era miel silvestre, su discurso era punzantes langostas».

«QUIÉN» (Mt. 3:7). Esta frase atrajo la atención del autor hace poco tiempo. Como no había evidencia de ninguna señal de arrepentimiento verdadero, Juan les preguntó a ellos de quién era la predicación que los había llevado a pedir arrepentimiento.

El carácter de su predicación.

1. *Habló claramente acerca del pecado.*
a. Enseñó la total necesidad del arrepentimiento.
b. El arrepentimiento ha de ser demostrado por las obras.
c. Advirtió a los hombres a que no descansen sobre privilegios externos.
2. *Habló con claridad acerca del Señor Jesús.*
a. Dijo que era mayor que él mismo.
b. Él era solo un esclavo. Jesús era el Rey.
c. Él bautizaba solamente con agua, mientras que el Señor bautizaría con el Espíritu.
3. *Habló con claridad del Espíritu Santo.*
a. Del bautismo del Espíritu.
b. De la especial oferta del Señor Jesús de bautizar en el Espíritu.
4. *Habló con claridad acerca del terrible peligro de no arrepentirse.*
a. Les anunció que había una ira venidera.
b. Predicó acerca del fuego inextinguible.
5. *Habló con claridad acerca de la seguridad de los creyentes.* Enseñó que había un «granero» para todos los que fueran trigo de Cristo.

La desgana de Juan.

1. ¿Había jamás Juan visto al Señor? No lo sabemos.
2. Se sintió empequeñecido en su presencia. Notó en su rostro una majestad, pureza y paz que le hicieron sentir su propia indignidad.

¿Por qué quiso bautizarse el Señor Jesús?

1. Es una pregunta difícil.
2. El bautismo de Juan era para arrepentimiento: ¡pero Él era sin mancha de pecado!
3. Una explicación es que a esta edad los levitas eran bañados y ungidos y admitidos al servicio.
4. Daremos cuatro razones por las cuales convenía que nuestro Salvador fuese bautizado.

I. Un serio interés. Exponía un serio interés en este movimiento religioso nacional, y desde luego esto era conveniente. «Entonces Jesús vino *de Galilea*».

EN EL TALLER DE CARPINTERÍA. Mientras el Señor trabajaba en el taller de Nazaret, llegaron noticias a su pueblo de la aparición de Juan, y multitudes de todas partes acudían a oírle. Era el comienzo de un movimiento religioso nacional. Mostró un interés lo suficientemente intenso como para viajar cuarenta kilómetros para oír a Juan.

Indiferencia.

1. No se puede dudar que habría miles que no mostrarían el menor interés en este movimiento.
2. Así sucede en la actualidad. Y esto es un hecho que nos deja perplejos.
3. De cierto que un movimiento que ha existido durante tanto tiempo y ha obrado unos cambios tan maravillosos merece un interés serio.

Inconveniencia. A los miles que no muestran el más mínimo interés en la religión cristiana les diríamos que como mínimo su actitud es una Inconveniencia.

Volverse serios. No era cosa poco común hace años referirse a la conversión como «volverse serio». Y a juzgar por las caras de algunos de los que profesaban conversión, parecía ser desde luego cosa bien seria. Debería ser «volverse gozosos». Sí, pero uno debe volverse serio antes de volverse gozoso. En un cierto sentido, todos los inconversos son a menudo personas muy tristes.

II. La humildad. Su venida para ser bautizado por Juan fue prueba y fruto de la humildad, y desde luego la humildad es conveniente. «Presentándose a Juan para ser bautizado *por él*».

LO USUAL. Cuando un Rey ha de ser bautizado, llaman a un ministro. Pero Él no se aferró a su dignidad enviando a buscar a Juan. Él vino. Por lo general, cuando un Rey ha de ser bautizado, han de oficiar un prelado o un pontífice: en todo caso, algún alto dignatario. Pero Él vino a ser bautizado por este humilde profeta y predicador.

HUMILDAD. La humildad de corazón y mente se hará evidente. Y la humildad es algo de lo más conveniente para nosotros.

III. Identificación. Fue un acto de identificación con su pueblo, y esto realmente era cosa que le convenía.

¿Por qué? Es una ordenanza para los pecadores: ¡pero Él no era pecador!

1. Por este acto se identificó con el Remanente de Israel en el arrepentimiento de ellos.
2. Solo pecadores arrepentidos acuden a las aguas del bautismo.
3. Observa:
a. Con su bautismo fue contado con los transgresores.
b. Fue un acto mediante el que tomó su puesto en medio del Remanente arrepentido de Israel.
c. Fue un acto de identificación con el Remanente.
d. Fue una figura de lo que Él iba a hacer pronto por ellos: morir.

IV. Sumisión. Fue su sumisión y obediencia a una ordenanza divinamente designada por Dios, y desde luego este acto fue de lo más conveniente. Su primer acto público fue de obediencia a la Voz de Dios en el rito del bautismo.

1. NO VAYAMOS DEMASIADO LEJOS. Hay el peligro de minimizar demasiado porque otros den un énfasis fuera de lugar a las ordenanzas.
2. SOLO DOS SACRAMENTOS. El bautismo y la Cena del Señor.
1. NUESTRO DEBER. Es nuestro deber observarlos.

V. Un resultado glorioso.

1. UN CIELO ABIERTO. Esto sugiere, o más bien demuestra, la perfección de los treinta años que había vivido en Nazaret.
2. EL ESPÍRITU SANTO. La primera vez que la Trinidad es dada a conocer con claridad.
3. UNA VOZ. El Padre proclama su amor a su Hijo.

866. LA TENTACIÓN
Mateo 4:1-11

La palabra «tentar» tiene dos diferentes significados, que vienen de dos diferentes fuentes: 1) *Probar*, como cuando Dios tentó a Abraham; 2) *seducir*, como cuando Satanás tentó a Cristo. Las pruebas de Dios son todas para bien, las de Satanás siempre para mal. Concerniente a la tentación, obsérvese:

I. La oportunidad. Fue después de haberse abierto los cielos y de haber venido el Espíritu Santo (Mt. 3:16, 17). Fue después que Pablo hubo sido arrebatado al tercer cielo que el mensajero de Satanás fue mandado para abofetearlo y probarlo. Nótese el orden:1). *Reconocido* por el Padre: «Éste es mi Hijo». 2). *Ungido* por el Espíritu. 3). *Tentado* por el diablo. Algunos saben poco de la tentación porque saben poco de la unción.

II. El lugar. El desierto. Adán fue tentado en el huerto, rodeado de toda comodidad externa. Cristo en el desierto solitario, entre las fieras. Todas las batallas de Cristo tuvieron que ser peleadas estando solo: solo en el desierto con el diablo; solo en el jardín con la copa de muerte; solo en la cruz. «Dios mío, Dios mío, ¿por qué me has desamparado?» (Mt. 27:46). Las batallas del alma son todas solemnes.

III. El Tentado. Jesús, el Hijo de Dios. Esto demuestra cuán verdaderamente humano era Jesús. Dios no puede ser tentado. El fue tentado en «todo según nuestra semejanza» (He. 4:15). Pero de la misma manera que los oídos musicales oyen más agudamente las discordancias dolorosas, tanto más Él, el puro y sin contaminación, debe de haber sentido la fuerza de esta prueba. Cuanto más intensa es nuestra devoción a Dios, tanto más intensamente sentiremos el acercamiento del pecado.

IV. La naturaleza. Solo podía venir de *afuera*, porque Satanás no podía hallar nada *en* Él. Era triple:

1. A LA PROPIA SATISFACCIÓN. «Di que estas piedras se conviertan en pan.» La respuesta del Cristo *hambriento* demuestra que hay algo más precioso que el pan: la palabra de Dios. En ella hay vida eterna.
2. A LA PROPIA DESTRUCCIÓN. «Échate abajo». Las elevaciones del diablo son todas con miras a la propia destrucción. Antes de la caída es la altivez. Satanás busca destruir en cada cristiano su sentido del divino *estado de hijo*.
3. A LA PROPIA GLORIFICACIÓN. «Si me adorares». Te daré todo. Sugiere un modo fácil de poseer el reino de este mundo sin morir para ello. Cristo no estaba dispuesto a tomar un mundo no redimido. ¡Cuidado con los caminos *fáciles* del diablo!

V. El tentador. El diablo. Es una persona, una persona de gran poder. ¿Era suyo todo el mundo *para darlo*? ¿Por qué le llamó Cristo «el *príncipe* de este mundo»? (Jn. 12:31). ¿No es el *dios* de este mundo? ¿No yace todo el mundo en la falda del maligno? El mundo será de Cristo cuando Él venga otra vez.

VI. La batalla de la fe. El medio empleado en la lucha de Cristo, la palabra de Dios. «Escrito está.» El confiaba en Dios. Como hombre tentado se apoyó en la promesa divina. ¿A qué otro lugar podemos ir? ¿Qué más necesitamos? Peleemos la buena batalla de la *fe*.

VII. La victoria. «El diablo le dejó; y vinieron ángeles y le servían.» su fe es recompensada con fortaleza del cielo. La posición del cristiano, como la de Cristo, está entre el amor de Dios y el odio del diablo. Mayor es aquel que está por nosotros.

867. TINIEBLAS Y AMANECER

«El pueblo asentado en tinieblas vio una gran luz; y a los que moraban en región y sombra de muerte, les ha amanecido una luz» (Mt. 4:16).

«TINIEBLAS»: en esta palabra tenemos un emblema del estado del no salvo, y así se usa muy frecuentemente en la inerrante Palabra de Dios. La salvación es representada como siendo «llamados *de* las tinieblas *a* su luz admirable». Los que han experimentado este cambio no pueden dejar de estar totalmente conscientes del mismo. En este versículo tenemos una descripción de:

I. La condición del hombre sin Cristo. «El pueblo asentado en tinieblas.»

1. Las tinieblas implican un estado de IGNORANCIA. Cristo es la Luz del Mundo; estar ignorante de Cristo es estar en tinieblas acerca del Padre, porque «ninguno conoce perfectamente al Padre, sino el Hijo, y aquel a quien el Hijo resuelva revelarlo».
2. Las tinieblas implican SUPERSTICIÓN. Allí donde no hay luz habrá con toda certeza una visión falsa y exagerada de las cosas. La luz de la verdad de Dios revela siempre la insensatez de la sabiduría humana. Su mente entenebrecida no puede pensar los pensamientos de Dios, y así erige castillos que no tienen fundamentos sino el aire de su propia imaginación.
3. Las tinieblas implican PELIGRO. La posición es descrita en el texto como estando «*en* región y sombra de muerte». Estar en la región malarial del pecado no perdonado es estar en la sombra de la muerte segunda. Aquellos que están en tinieblas no pueden ver la sombra; esto hace que su condición sea tanto más peligrosa. Estar en ignorancia de Cristo el Salvador es estar ya en la región de muerte, no teniendo idoneidad para las regiones más allá, de vida y gloria eternas.
4. Tinieblas implica una condición de IMPOTENCIA. «*Asentado* en tinieblas». Cuando la luz les amaneció, estaban *asentados* en tinieblas, como si no supieran a dónde ir o qué hacer. Ésta es la actitud de los que, por fracaso o desengaño, han llegado al fin de sus recursos. Todas las chispas que ellos mismos generan solo han hecho más densas sus tinieblas. Fue cuando descubrieron su propia impotencia que «les ha amanecido una luz» (Mt. 4:16). La hora más oscura es la hora antes del alba.

II. El eficaz remedio de Dios. «El pueblo asentado en tinieblas vio *una* gran luz.» La luz que ha venido por medio de la manifestación

de Jesucristo es ciertamente «una gran luz». Los que no se sienten satisfechos con la luz del sol nunca estarán satisfechos con ninguna otra, porque ninguna hay mayor que ésta. Los que no encuentran suficiente la luz de Cristo para las tinieblas de sus corazones y vidas, quedarán para siempre en tinieblas, porque no hay mayor luz que ésta. Nada hay como la luz para vencer las tinieblas. Cristo es aquella luz, y esta verdadera luz resplandece ahora.
Así como las tinieblas son emblemáticas de la ignorancia, de la superstición y de la impotencia, así la luz es emblemática del conocimiento, de la verdad, de la seguridad y del poder. Esta luz ha venido como mensaje divino de esperanza «a los asentados en región y sombra de muerte» (Mt. 4:16). ¡Ay, que tantos se condenen a sí mismos prefiriendo las tinieblas a la luz, porque aman sus obras malas! (Jn. 3:19). Muchos hay que han *visto* esta «gran luz», pero pocos hay que la sigan. Mientras tengáis luz, creed en ella, y no andaréis en tinieblas, sino que tendréis la luz de la vida.

868. LA BIENAVENTURANZA DE LOS POBRES DE ESPÍRITU

Mateo 5:3

I. La pobreza a que se hace referencia. «Pobreza de espíritu». No es algo que se pone por encima, sino algo que trata del carácter interior (espíritu). No se trata de una pobreza terrena, ni significa ser espiritualmente pobre. Es la pobreza:

1. DEL QUEBRANTAMIENTO DE CORAZÓN (Sal. 51:7). Un profundo sentimiento de indignidad personal.
2. DESCONFIANZA PROPIA. «No teniendo confianza en la carne» (Fil. 3:3). «En mi carne, no mora el bien» (Ro. 7:18).
3. TOTAL DEPENDENCIA. Viviendo por la *fe*. «Separados de Mí, nada podéis hacer» (Jn. 15:5).

II. La naturaleza de esta bienaventuranza. Este es el reino. Vienen bajo el reinado de la gracia. Una posesión presente.

1. ESCOGIDOS POR DIOS (1 Co. 1:28, 29). Los pobres de espíritu son los escogidos del cielo.
2. LLENOS POR DIOS (Is. 57:15). El corazón humilde es la morada de Dios.
3. RICOS EN FE (Stg. 2:5). La fe obtendrá cualquier cosa de Dios. Es la moneda de curso legal del reino.
4. DIVINAMENTE CUIDADOS (Is. 66:2). «Miraré a aquel que es pobre y humilde de espíritu» (Is. 66:2). Ésta es la mirada de *favor continuo* que es la bienaventuranza de los pobres de espíritu.

869. LOS DE LIMPIO CORAZÓN

«Bienaventurados los de corazón limpio, porque ellos verán a Dios» (Mt. 5:8).

I. ¿Qué es el corazón? Abarca la *voluntad*, el asiento de los afectos y de los deseos. Es el Lugar Santísimo en el hombre, la cámara secreta del Espíritu.

II. ¿Qué es la limpieza? La limpieza implica la ausencia de todo aquello que pueda ensuciar las aguas o quebrantar la armonía de nuestro más elevado ser. Aire, agua u oro puros significan la no presencia de elementos contaminantes o rebajadores.

III. ¿Qué se significa por un corazón limpio? Un corazón devuelto a su verdadera y original condición, traído a la *perfecta armonía* con la voluntad de Dios. El lenguaje de los de limpio corazón es: «El hacer tu voluntad, Dios mío, me ha agradado» (Sal. 40:8).

IV. ¿Cómo puede el corazón ser limpiado? El corazón, aunque engañoso más que todas las cosas, y perverso, puede ser limpiado:

1. Por la fe en la sangre expiatoria de Cristo (Hch. 15:9; He. 9:14).
2. Por una continua permanencia en la verdad (Jn. 17:17; Ef. 5:26).

V. ¿Cuál es la bienaventuranza de los de limpio corazón? «Verán a Dios». Ven a Dios

1. En Cristo Jesús.
2. En las Escrituras.
3. En la providencia.
4. En sus propios corazones.

Persisten «como viendo al Invisible» (He. 11:27).

VI. ¿Cómo es que solo los de limpio corazón pueden gozar de esta bienaventuranza? Porque la impureza ciega los ojos a ver aquello que es puro y santo, así como los ojos con ictericia decoloran los objetos o como los vapores terrenos ocultan los cielos. «Cual es *su pensamiento en su corazón*, tal es Él» (Pr. 23:7).

VII. ¿Es limpio, mi corazón? «Escudríñame, oh Dios» (Sal. 139:23).

870. INFLUENCIA CRISTIANA

Mateo 5:13-16

Sal y luz representan lo que debiera ser todo cristiano: una influencia *penetrante* e *iluminadora*, algo para ser visto y sentido, un poder para atraer y transformar. Obsérvese:

I. Esfera doble.

1. LA TIERRA. «Vosotros sois la sal de la tierra.» La tierra es el lugar de la maldición, y puede representar el corazón del hombre como *asiento* de sus afectos y *fuente* de sus deseos. «Hágase tu voluntad... *en la tierra*» (Mt. 6:10): en el corazón del hombre como en el cielo. Purifiquemos el manantial (2 R. 2:21).
2. EL MUNDO. «Vosotros sois la luz del mundo». El mundo aquí puede significar la esfera de la mente y pensamiento del hombre. Aparte de la luz de la revelación, éste es un mundo de oscuridad espiritual. «No había en ellos luz».

II. Acción doble.

1. PENETRA COMO SAL. Invisible, pero eficaz en su obra. Tiene que tomar *contacto* con las corrupciones de la impiedad antes que pueda sanar. Representa influencia inconsciente.
2. ILUMINA COMO LUZ. Esto es algo que se ve. La luz no es una cosa que se *pone*. Es resultado de una llama encendida. La *vida* del cristiano es la luz. La vida es la *luz* de los hombres. Si hay abundancia de vida habrá un resplandor de luz. Un Cristo viviente dentro hará una constante luz por fuera.

III. Naturaleza doble.

1. La sal debe tener *sabor*. La sal es buena, pero la sal *sin sabor* no sirve para nada. El mero nombre y forma sin esto carece de todo poder. El *sabor* es emblema del Espíritu Santo. Podemos llevar el nombre de cristiano y tener la forma de la piedad, pero sin el Espíritu Santo somos sal desvanecida, que «no sirve para nada». «Tened sal en vosotros mismos» (Mr. 9:50). Salados con el fuego del Espíritu Santo. El *sabor* es lo precioso y poderoso. «Sed llenos del Espíritu» (Ef. 5:18).
2. La vela debe tener luz. Aquí nuevamente el mero nombre y forma son inútiles sin la llama viviente. Una vela necesita ser prendida; no puede encenderse a si misma. *Dios resplandeció* en nuestros corazones, dándonos la luz. «Tú encenderás mi lámpara, oh Jehová.»

IV. Propósito doble.

1. SALAR LA TIERRA. Si los cristianos pierden su sabor, ¿con qué será ésta salada? Si el mundo no ve a Cristo en el cristiano, ¿dónde le verá? Si los impíos no sienten el poder de la presencia de Cristo en las acciones de su pueblo, ¿cómo lo sentirán?
2. GLORIFICAR AL PADRE (Mt. 5:16). La luz debe brillar, no para que los hombres alaben la luz, sino para que sean *guiados* a confiar en el Padre y glorificarle. Brille vuestra luz.

V. Impedimento doble.

1. EN PERDER EL SABOR. «Si la sal se desvaneciere, no sirve más para nada», hollada por los hombres. ¡Triste cuadro de un cristiano sin poder! Un pámpano seco. Sansón era sal sin sabor cuando el Espíritu se había apartado de Él (Jue. 16:20). No apaguéis el Espíritu.
2. EN ESCONDER LA LUZ Si Dios ha resplandecido *en* nuestros corazones, es para *dar la luz* (2 Co. 4:6). Que resplandezca en un testimonio denodado y constante para Cristo. El temor del hombre es muchas veces el almud que oculta la luz, o el lecho de la comodidad egoísta. Recuerda: una luz tapada puede *apagarse*.

871. TOCANTE A TU JUSTICIA

«Porque os digo que si vuestra justicia no supera a la de los escribas y fariseos, de ningún modo entraréis en el reino de los cielos» (Mt. 5:20).

En otras palabras, excepto que seáis mejores hombres y mujeres que aquellos que vosotros consideráis como la crema y la nata de vuestra sociedad, no entraréis en el Reino. Entonces, ¿qué clase de personas son esas a las que se refiere el Señor? La idea general era que se trataba de hipócritas, pero esto es un error. Sin duda, había quienes merecían este epíteto, pero no todos. «Fariseo» significaba «separado», y describía a los que se habían separado de todas las cosas erróneas y dudosas. Eran los grandes maestros y líderes religiosos de aquel tiempo, y por ello deben ser tomados como tipo de la mayor conformidad a la Ley que nos da el Antiguo Testamento. En Lucas 18:11 y 12 tenemos una buena descripción de ellos. Mediante estos textos sabemos que eran puntuales en su asistencia al culto divino, creían en y practicaban la oración pública y privada, eran templados en la comida y en la bebida, eran generosos y benevolentes, apoyaban las casas de oración, y leían y estudiaban la Sagrada Escritura. ¿Qué más podría demandarse de ellos? Y sin embargo, ¡nuestro Bendito Señor afirma que no hay esperanza a no ser que seamos mejores que ellos!

«No, no puedo decir que yo sea cristiano; pero estoy haciendo lo mejor que puedo». ¿De veras? ¿Oras tres veces al día, lees y estudias la Palabra de Dios, y acudes tantas veces como puedes al lugar de reunión, y apoyas económicamente sus honrosas instituciones? «¡No!» Entonces deja de decir que haces «lo mejor que puedes». Pero digamos que sí lo haces. Aquí tenemos una gran clase de personas que pensaban que hacían lo más que podían, y sin embargo nuestro Señor dijo que esto no era suficiente. Si reflexionas un poco acerca de esto, te verás compelido a exclamar: «Esto es demasiado para mí». Y lo cierto es que esta palabra del Señor debería traer desesperanza a los corazones de todos los que están honradamente haciendo lo más que pueden. ¡Bien, Él dice en otro lugar (Is. 64:6) que delante de sus puros ojos, incluso lo mejor de nuestra parte es como trapos de inmundicia! Si ésta es su valoración de lo mejor de parte del hombre, ¿cómo será su valoración de lo peor?

Ciertamente, estas palabras de nuestro Señor serían terribles si estuviesen aisladas, pero, gracias a Dios, no están solas. Justo antes de decir estas asombrosas palabras, dijo que no había venido a destruir la ley, sino a cumplirla. Es decir: Él ha cumplido de manera perfecta todas las santas demandas de Dios. ¡Gracias a Dios por ello! Si lo mejor de mi parte no es suficiente, lo mejor de Dios sí es más que suficiente; si mi justicia no se ajusta a las demandas de Dios, hay otra justicia que me salvará. Hay una excelente justicia –la justicia que el mismo Señor provee– y que viene a ser nuestra por la fe.

Sigamos el gran contraste que existe entre la justicia del hombre y la de Dios.

I. La primera es prospectiva, mientras que la segunda es posesiva. «El hombre justo bajo la ley llega a ser justo haciendo justicia; bajo la gracia hace justicia porque ha sido hecho justo». ¡Qué asombrosa diferencia! El primero espera conseguir el favor de Dios volviéndose justo por medio de luchas desesperadas, mientras que el otro comienza a obrar tras haber ganado el favor de Dios en Cristo. Un pájaro en mano vale más que ciento volando.

II. La primera es solo externa, mientras que la segunda es externa por cuanto es interna. Esto nos es descrito en Mateo 23:28. La justicia del hombre se limita enteramente a la vida vista por el hombre, pero la justicia de Dios trata tanto de la exterior como de la interior, porque es a la vez imputada e impartida.

III. Mientras que la primera es ceremonial, la segunda es espiritual. Los escribas y los fariseos habían hecho de la observancia de las ceremonias el todo, y el fin, de la religión. Ahora bien, las ceremonias están muy bien en su lugar, pero la piedad vital no es una serie de ceremonias, sino una profunda realidad espiritual interna.

IV. La primera es unilateral, mientras que la segunda es global. La justicia no es meramente un estado de ser recto para con el hombre, el cumplimiento de todas las relaciones que tenemos con los demás, sino también un estado de estar en recta relación con Dios, el cumplimiento de todas las relaciones que mantenemos con Dios: no solo un carácter que el hombre pueda aprobar, sino un carácter que Dios apruebe. Esto lo perdieron de vista los fariseos, porque habían estrechado su concepto de justicia al hombre, y habían dejado de tener en cuenta a Dios; y esto fue fatal.

V. La primera era y es un «Aquello», mientras que la segunda es «Él». Ah, ahí está la clave de todo el asunto: «Jehová es nuestra justicia» (Jer. 23:6). Es lo que el Señor es para mí, y dentro de mí. Se trata de una Justicia Viva. Y lo que el Señor es en Sí mismo, Él quiere hacernos a nosotros, si solo confiamos y reposamos en Él. Cuando el venga a ser mi justicia (que excede con mucho, y de lejos, a la justicia de los escribas y fariseos), esto se conformará a la pauta de Dios. ¡Bendito sea su Nombre para siempre jamás!

872. GUARDAOS

Mateo 6:7

I. Una **gran responsabilidad**, «Todo lo que el hombre siembre».
II. Una **ley inmutable**, «Esto también segará».
III. Una **realidad inalterable**, «De Dios nadie se mofa».
IV. Una **solemne advertencia**, «No os dejéis engañar».

873. SIETE CLASES EN LA ORACIÓN DE LOS DISCÍPULOS

Mateo 6:9-15

I. **Como hijos**, cuando decimos: «Padre Nuestro».
II. **Como adoradores**, cuando decimos: «Santificado sea tu nombre».
III. **Como súbditos**, cuando decimos: «Venga tu reino».
IV. **Como siervos**, cuando decimos: «Hágase tu voluntad».
V. **Como suplicantes**, cuando decimos: «Dánoslo hoy».
VI. **Como confesantes**, cuando decimos: «Perdónanos», etc.
VII. **Como dependientes**, cuando decimos: «Líbranos», etc.

O, como alguien lo ha expresado:

I. **Nuestra posición**, hijos por adopción: «Padre Nuestro».
II. **Nuestra aptitud**, adoradores santificados: «Santificado».
III. **Nuestra adhesión**, ciudadanos: «Tu reino».
IV. **Nuestra utilidad**, siervos empleados: «Hágase tu voluntad».
V. **Nuestra provisión**, mendigos alimentados: «Dánoslo hoy».
VI. **Nuestro perdón**, pecadores absueltos, «Perdónanos nuestras deudas».
VII. **Nuestra seguridad**, peregrinos conducidos: «No nos metas en tentación».
VIII. **Nuestra victoria**, soldados socorridos: «Líbranos del mal».

874. TRABAJA PARA CRISTO

Mateo 6:27-28

1. El crecimiento implica *vida*. La vida es un misterio Jn. 3:3
2. El crecimiento implica *condiciones favorables*.
3. El crecimiento es *natural* cuando hay vida
4. El crecimiento es *gradual*. «Primero el tallo».
5. El crecimiento no es resultado del esfuerzo. «Considerad los lirios» (v. 27).
6. El crecimiento indica una sana *actividad en las raíces*. Recibiendo mucho.
7. El crecimiento es necesario para *la perfección de carácter*.

875. PIDIENDO, BUSCANDO, LLAMANDO

Mateo 7:7, 8

I. Una triple condición.

1. Llamar a la puerta.
2. Buscar al Amo.
3. Pedir lo que queráis.

II. Una triple promesa.

1. Al que llame se le abrirá la puerta.
2. El que busque hallará.
3. El que pida recibirá.

876. BUSCAD, Y HALLARÉIS

Mateo 7:7-11

I. Una actitud triple.

1. *Llamad* a la puerta.
2. *Buscad* al Señor.
3. *Pedid* lo que queráis.

II. Una promesa triple.

1. Os será abierto. Esto significa *aceptación*.
2. Hallaréis. Esto implica *comunión*.
3. Recibiréis. Esto es *satisfacción*.

III. Un aliento triple.

1. ¿Acaso un padre le daría a su hijo una piedra en lugar de pan?
2. ¿Le daría una serpiente en lugar de un pescado? Nunca.
3. ¿Rehusaría vuestro Padre celestial a sus hijos aquello sin lo cual no pueden pasarse –Pan–Espíritu Santo?

877. LOS DOS CAMINOS

Mateo 7:13, 14

No hay más que dos religiones en el mundo: la emanada del corazón del hombre, y la que ha salido del corazón de Dios. La una es solo una imaginación, la otra es una revelación. En estos versículos vemos dos puertas, dos caminos, dos compañías y dos fines. Observemos especialmente dos caminos:

I. El camino a la vida. ¿Qué quiere decir esta *vida*? «La puerta» sugiere la idea de una ciudad, un lugar de *seguridad, comunión y abundancia.* La vida que es en Cristo es una de: (1) Seguridad contra el pecado y la ira; (3) comunión con Dios; (3) satisfacción en la plenitud de Dios. Debe haber un *pasar* de muerte a vida.

1. ES UN CAMINO ABIERTO. Podrá ser angosto, Pero, gracias a Dios, no está cerrado. «He aquí, he puesto delante de ti una puerta abierta» (Ap. 3:8).
Este camino quedó cerrado por el pecado, y cercado por la ley. Cristo lo abrió al llevar nuestros pecados y ser hecho obediente hasta la muerte. Es un camino nuevo y *vivo* abierto para nosotros. No hay puertas traseras al reino de Dios (Jn. 14:6).
2. ES UN CAMINO ANGOSTO. «Estrecha es la puerta, y angosto es el camino». Quizá haya referencia a la puerta sobre la acera, donde aun los camellos se arrastraban después de quitarles todo lo que llevaban encima. Los hombres necesitan ser despojados para poder entrar aquí. No se admite la justicia propia. Esta puerta es tan estrecha como el nuevo nacimiento. La estrechez no está con Dios, sino en la completa falta de aptitud del hombre. El camino es angosto, pero conduce a un lugar grande.
3. ES EL CAMINO DE LOS POCOS. «Pocos son los que lo hallan», porque pocos hay que lo buscan. «Buscad, y hallaréis». Hay pocos en Él, porque muchos lo evitan, prefiriendo las tinieblas a la luz, porque sus obras son malas. Algunos postergan, otros esperan encontrarlo y entrar por casualidad. Éste no es un trabajo hecho al azar. «Esforzaos a entrar.» «Me buscaréis y me hallaréis, porque me buscaréis de *todo vuestro corazón*» (Jer. 29:13; Mt. 6:33).

II. El camino de la destrucción. La palabra «perdición» es terriblemente significativa. Es la pérdida de lo único que puede salvar y satisfacer. Como un reloj que pierde su muelle real, como una planta que pierde la tierra de sus raíces, un hombre que pierde todos sus privilegios y esperanzas. El camino es:

1. UN CAMINO ESPACIOSO. Se adapta a la mente carnal. Hay abundante lugar en Él para todos los gustos y placeres del pecador. El mundo, la carne y el diablo tienen rienda suelta aquí. Es suficientemente ancho para el borracho que tambalea, para los deshonestos e impuros, para el burlador y el orgulloso y soberbio formalista religioso.
2. UN CAMINO APIÑADO. «Muchos son los que entran por Él». Es fácil ir barranco abajo. Generalmente, la primera elección del hombre es el camino ancho. El corazón del hombre es engañoso y perverso, y, naturalmente, prefiere los placeres de pecado a la comunión de Dios. Algunos son empujados en su avance con la multitud sin ningún pensamiento serio. Todos están sin Dios y sin esperanza.
3. UN CAMINO FATAL. Para este camino puede haber un solo fin, «la perdición». Como es seguro que una piedra se hundirá en el mar, así perecerá el hombre que ama y sigue el pecado. «La paga del pecado es muerte» (Ro. 6:23). «Volveos, volveos; ¿por qué moriréis?» (Ez. 33:11). «He aquí pongo delante de vosotros camino de vida y camino de muerte» (Jer. 21:8). Escoge la vida.

878. LOS DOS EDIFICADORES

Mateo 7:24-27

El sermón del monte comienza con la bienaventuranza de los pobres en espíritu, y termina con la ruina del orgulloso profesante confiado en sí mismo. El fin de este sermón es el fin de toda enseñanza cristiana. Vida y muerte, justicia a aquellos que creen y obedecen, ruina a los que no obedecen.

I. Una comparación sugestiva. El que *oye* y *hace* es *asemejado* a un hombre *sabio.* La conexión entre oír y hacer es muy vital. Los que poseen el *oído* rociado de sangre deben también tener el *pie* rociado de sangre (Lv. 8:24). Estos *dichos* de Cristo son para los *hechos* de su pueblo. El que es solo un oidor es un necio. Es como un hombre que se refugia en los *planos* de un edificio en vez de hacerlo en una casa. El mero oidor es como torta no vuelta; como uno que rema con un solo remo. Si el oír no afecta los dedos y los pies, de nada sirve.

II. Una necesidad común. Una casa, que es una de las necesidades comunes del hombre. «Un hombre prudente edificó su casa». Hay una responsabilidad sobre todo hombre con respecto a su propia casa. Una casa es:

1. UN LUGAR DE ABRIGO. El hombre necesita un escondedero de la tempestad de la ira de Jehová contra el pecado. La ira de Dios está sobre todo incrédulo (Jn. 3:36).
2. UN LUGAR DE DESCANSO. Un lugar de reposo hace falta para apartarse de los cuidados y aflicciones que vienen del bullicio y las molestias de esta vida presente. Lo mismo podría un hombre esperar encontrar calor en un témpano que hallar descanso en desobediencia a las palabras del Hijo de Dios.
3. UN LUGAR DE COMUNIÓN. Las necesidades del hombre nunca estarán del todo satisfechas mientras no esté puesto en comunión con el Padre y el Hijo.

III. Un requisito indispensable. Una roca. Antes que pueda obtenerse una casa de seguridad, hay que encontrar la *roca.* «La roca era Cristo» (1 Co. 10:4). La Roca está al alcance de todos si los hombres tan solo quisieran *cavar* a suficiente *profundidad* (Lc. 6:48). Esta Roca es suficientemente fuerte para soportar todo. Ninguno que edifica sobre Cristo duda de su fundamento. Mientras no se le halle a Él, todo edificar es vano y ruinoso.

IV. Una prueba triple. Lluvia, ríos y vientos hicieron ímpetu en la casa. La lluvia prueba el techo, la inundación, los cimientos, y los vientos prueban toda la estructura. Cada piedra edificada sobre esta Roca, es decir, toda acción hecha por amor de Cristo, todo acto de confianza en Él, será probado por el triple enemigo del alma: el mundo, la carne y el diablo. El fundamento se mantiene firme.

V. Un esfuerzo presuntuoso. Edificar sobre la arena. Este hombre es suficientemente sabio para saber que necesita un lugar de protección, pero suficientemente insensato para creer que puede tenerlo sin ponerse en *contacto* con la grande y eterna Roca. No tiene fe en lo que está *fuera de vista.* Toda su obra es cuestión de *apariencia.* ¡Qué cuadro triste de todos aquellos que confían en sus obras sin asirse del Cristo invisible! (He. 11:27). La vida puede estar bien y ser hermosa a los ojos de otros, pero no tener ninguna conexión con Cristo la Roca.

VI. Un error irreparable. Cayó, y fue grande su ruina (ver Lc. 6:49). Se vino abajo en el tiempo de la mayor necesidad del hombre. Esperaba que lo salvara, pero esperar sin Cristo es cosa inútil y desastrosa. Cuanto más bellas sean la vida y las obras, sin Cristo el fundamento, tanto más peligrosas y fatales son. Cuanto mayor la casa, tanto mayor la ruina. Mirad *dónde* edificáis (1 Co. 3:11).

879. SIETE ORACIONES EN MATEO 8

1. El clamor de la desgracia: «Si quieres, puedes limpiarme», v. 2
2. El clamor de la compasión: «Señor, mi criado está postrado en casa», etc. vv. 5-6
3. El clamor de la fe: «Solamente dilo de palabra», v. 8
4. El clamor del retardamiento. «Permíteme que vaya primero», v. 21
5. El clamor del temor. «¡Señor, sálvanos, que perecemos!», v. 25
6. El clamor de la oposición… «¿Qué tenemos nosotros que ver contigo?», v. 29
7. El clamor del rechazo. «Le rogaron que se retirara», v. 34

880. UNA CURA PARA LOS INMUNDOS

Mateo 8:1-4

I. Quién era Él. «Un leproso».

1. Enfermo, no sano;
2. Inmundo, contaminador;
3. Separado, excluido de comunión y privilegio;
4. Incurable, fuera de toda capacidad y esperanza humana.

II. Qué hizo.

1. Acudió a Jesús, la fuente de aguas vivas.
2. Acudió en presencia de la multitud, sin avergonzarse.
3. Acudió adorándole, con profunda reverencia sin fingimientos.
4. Acudió confesando su necesidad: «Si quieres, puedes limpiarme«; reconoció su verdadera condición.
5. Acudió creyendo: «Si *quieres*, *puedes* limpiarme».

III. Lo que recibió.

1. El toque de Jesús, identificación.
2. La palabra de Jesús, iluminación.
3. El poder de Jesús, salvación.

881. GRAN FE

Mateo 8:5-10

No todos los hombres tienen fe; algunos no tienen ninguna fe (Mr. 4:40); algunos tienen poca fe (Mt. 6:30). Este centurión era uno que tenía gran fe. Los que tienen fe son ricos. La fe adquiere cualquier cosa de Dios. La fe de este hombre era:

I. Grande cuando se piensa de quién era. Era *centurión romano*: no un judío, familiarizado con las Escrituras. ¿Cómo pudo haber crecido tanto su fe si no hubiese creído todo lo que oyó de la verdad en cuanto a Jesús? Una gran fe suele ser nutrida en medio de las mayores dificultades. Las circunstancias pobres no son especialmente favorables para una fe pobre. Si tu fe ha de crecer en gran manera, tendrá que ser ejercitada abundantemente.

II. Grande cuando se piensa de su ocasión. Su *esclavo* estaba enfermo. Creyó que la compasión de Cristo era suficientemente profunda y amplia para llegar a los pobres e ignorantes. No como el fariseo (Mt. 9:11). Una gran fe siempre trae a Jesús las cosas pequeñas y las cosas disputadas. La poca fe nunca lleva las pequeñas dificultades a Dios. Se requiere gran fe para traer los detalles menudos de la vida a Él en oración. Guardémonos de las zorras *pequeñas*.

III. Grande cuando se piensa de la necesidad mencionada. Su «criado estaba *postrado, paralítico, gravemente atormentado*». Afligido tanto en cuerpo como en alma, un incurable impotente, hasta donde alcanzaban la habilidad y poder humanos. Pero su fe en Jesús superaba todo. Nada es demasiado difícil para el Señor. Una gran fe echa mano a la grandeza de Cristo. El poder de Cristo es suficiente para todas las emergencias de un creyente.

IV. Grande cuando se piensa del pedido hecho. «Solo di la palabra.» No pidió una visita; no confió en medios. Todo su deseo será llenado con su *palabra solamente*. Siempre es así. Una gran fe no pide señales, sino que se satisface con solo la *promesa*, sabiendo que el Señor es fiel.

V. Grande cuando se piensa del argumento empleado. «*No soy digno*; soy hombre *bajo autoridad*.» Una gran fe es siempre humilde, pues ve tanta gracia y bondad en Jesús que el orgulloso y jactancioso propio yo es avergonzado. «Solamente di la palabra, y el demonio y el mal se irán tan rápidamente como la obediencia de mi siervo cuando yo le mando hacer algo». Una gran fe es la más infantil de todas. «Señor, auméntanos la fe».

VI. Grande cuando se piensa de los resultados que siguieron. «*Como* creíste, te *sea hecho*» (Mt. 8:13). Su fe sencilla pero de corazón grande fue contestada en seguida, y contestada plenamente. No quedó *nada* que desear. Tan maravillosamente bondadoso es nuestro amante Señor que nunca envía vacíos a los hambrientos.

VII. Grande cuando se piensa del encomio dado. «No he hallado *tanta fe*.» Jesús conoce exactamente la medida de nuestra fe. ¡Cuán preciosa cosa es a sus ojos! De veras le agrada grandemente que se confíe en Él. Tanto es su contentamiento con ello que salva a todos los que creen (Hch. 13:39). «Sin fe es imposible agradarle» (He. 11:6). Dale este placer.

882. EL MAL: SU NATURALEZA Y REMEDIO

Mateo 8:28-33

Este incidente ha sido con mofa llamado «el asunto de los puercos». Pero en estos dos hombres de quienes los demonios se hablan posesionado tenemos algunas de las revelaciones más terribles y humillantes del corazón halladas en toda la Biblia. Mirad el mal tal como está personificado en estos seres totalmente poseídos.

I. El mal puede estar íntimamente relacionado con el hombre. Estos hombres eran «endemoniados» (Mt. 8:28). El mal toma posesión del pecador, gobierna sus acciones y pensamientos, y domina completamente toda su vida. El pecado es un tirano terrible, un perfecto déspota; demanda y afecta todo poder y facultad del ser.

II. El mal está aliado con la muerte. «Salían de los sepulcros» (Mt. 8:28). Preferían la compañía de los muertos a la de los vivos. Amaban las tinieblas más que a la luz. Tal es el efecto de un corazón malo. Las cosas de que hombres santos tienen miedo son amadas. Se elige la compañía de aquellos que están muertos en pecado más bien que la de los que están vivos a Dios. Aman la muerte; separación de Dios.

III. El mal es enemigo de la libertad. «Nadie podía pasar por aquel camino» (Mt. 8:28). El pecado siempre impide la verdadera libertad. Todavía hay muchos que temen pasar por la sepultura debido al mal. Mientras haya pecado no perdonado en el corazón habrá temor. El perfecto amor echa fuera el temor.

IV. El mal rehuye la presencia de Cristo. «¿Qué tienes con nosotros?» (Mt. 8:29). Todos los que viven en pecado, y están satisfechos con Él, aborrecen la santidad de Dios. No quieren nada que ver con Cristo, pero sin embargo tienen miedo de ser atormentados por Él. No pueden ver ninguna esperanza en el Santo de Dios.

V. Su influencia es solo hacia la destrucción. Cuando los demonios entraron en los cerdos hicieron con ellos lo que estaban tratando de hacer con estas personas: arrearlas rápidamente a la destrucción. El mal siempre elige el camino más corto y empinado a la ruina. Es fácil correr cuesta abajo.

VI. Su poder es demasiado fuerte para el hombre. Esos endemoniados no tenían absolutamente ningún poder de resistencia; no podían hacer nada para salvarse. Nada más podéis vosotros. El pecado, como un veneno, se hace parte integrante del ser; no se puede sacudirlo como una víbora.

VII. Su única cura es ser echado. No puede ser domado o reformado. Cristo dijo a los demonios: «Id». Solo la poderosa, infalible y limpiadora palabra del Hijo de Dios puede cambiar el corazón y *separar* el pecado del alma, así como los demonios fueron separados de los hombres. Él habla, y es hecho.

VIII. Su conquistador es muchas veces mal recibido. «Le rogaron que se fuera de sus contornos» (Mt. 8:34). Aquellos que no quieren la victoria sobre sus pecados no quieren al Señor Jesús. Si quieres que el pecado sea quitado, recibe al Señor Jesús. Si quieres morir en tus pecados, deja que Él se vaya, y se irá. Dale la bienvenida al Salvador que desune del pecado.

883. EL LLAMAMIENTO DEL PUBLICANO

Mateo 9:9-13

Grandes multitudes seguían a Jesús (Mt. 8:1), pero Él sabía la inutilidad de la mera popularidad. Este río de favor público pronto se iba a secar. El «no vino para ser servido, sino para servir, y para *dar su vida* en rescate por muchos» (Mt. 20:28). Veamos aquí:

I. El llamamiento de la gracia. «Jesús le dijo: Sígueme» (Mt. 9:9). Si Cristo hubiese estado buscando popularidad entre los hombres, no hubiera llamado como amigo personal a un odiado recaudador de impuestos. No puede ser otra cosa que fiel a sí mismo. La gracia vino por Jesucristo. Como el agua busca el nivel más bajo, así la gracia busca la alma más necesitada. El salva, no porque somos ricos o justos, sino porque somos pecadores. Todos los hombres tienen libertad para seguirle, pero Él *llama a pecadores* al arrepentimiento.

II. La obediencia de la fe. «Se levantó y le siguió» (Mt. 9:9). Mateo puede haber sabido y oído mucho acerca de Jesús antes de esto. Ahora el llamamiento llega para una *inmediata* decisión por Cristo. Es posible creer mucho en cuanto a Él, y sin embargo en el corazón no ser uno con Él. «Dejándolo todo, se levantó y le siguió.» *Seguir* es evidencia de fe. El discipulado puede muchas veces significar «dejarlo todo». Así fue con Abraham. Él creyó a Dios y salió.

III. Una prueba de amor. «Le hizo gran banquete» (Lc. 5:29). «Estaba Jesús sentado a la mesa en la casa.» Festejar y seguir a Cristo tienen un maravilloso efecto que abre el corazón. Es una bendita experiencia: Jesús descansando con nosotros en el hogar del corazón. «Si *alguno* abre la puerta, entraré». Jonatán amaba a David y se despojó a sí mismo (1 S. 18:4). Echemos todo a sus pies; esto da refrigerio a su alma.

IV. Un lugar de esperanza. «Muchos que habían venido se sentaron *juntamente con Jesús*» (Mt. 9:10). El lugar de esperanza para pecadores es a los pies de Jesús. Hay lugar y bienvenida para todos aquí. Hay misericordia con Él. Siéntate con Él en su rechazamiento, y te sentarás con Él en la gloria de su resurrección.

V. La manifestación del orgullo. «Los fariseos dijeron: ¿Por qué come *vuestro* Maestro con los publicanos y pecadores?» (Mt. 9:11). ¿Por qué no preguntaron al Maestro mismo? Los que son justos en su propia opinión nunca quieren defender su propia causa delante de Dios. El orgullo ciega los ojos para no ver las grandes profundidades de la gracia divina. Jesús vino a buscar y a salvar a los perdidos. ¿Eres un buscador o un criticón?

VI. La condición de la necesidad. «Los sanos no tienen necesidad de médico, sino los *enfermos*» (Mr. 2:17). Los fariseos, como millares todavía, no se sentían enfermos de pecado, sino que estaban satisfechos de sí mismos. Los tales no tienen lugar para Jesús. Como los laodicenses, «de ninguna cosa tienen necesidad»; o, si es que quieren a Cristo, lo es como un maestro, no como un SALVADOR. La obra de Cristo es un gran *remedio* que solo puede tener efecto donde hay *enfermedad*.

VII. El propósito de Cristo. «Misericordia quiero, y no sacrificio» (Mt. 9:13). Quiere tener misericordia de pecadores enfermos. No quiere el sacrificio de los «justos» que se bastan a sí mismos. Toma el lugar del culpable, entonces tomarás parte en su misericordia. Vosotros que pretendéis salvaros por vuestras obras, «id y aprended lo que significa esto».

884. PODEROSO PARA SALVAR

Mateo 9:35

JESUCRISTO es:

1. Un Sabio Salvador,	«Enseñando».
2. Un Salvador lleno de gracia,	«Predicando el evangelio».
3. Un poderoso Salvador,	«Sanando toda enfermedad».
4. Un Salvador bien dispuesto,	«Recorría todas las ciudades».

885. NUESTROS CABELLOS NUMERADOS

«En cuanto a vosotros, hasta los cabellos de vuestra cabeza están todos contados» (Mt. 1 0:30).

Observa: «*numerados*» en el original; no simplemente contados. El doctor Pierson ha observado que «cada cabello tiene su propio número, y que si uno hubiese desaparecido, aquel número queda borrado de la lista. ¡Qué pensamiento más maravilloso!» Obsérvese la declaración justo anterior a ésta: «¿No se venden dos pajarillos por un cuarto? y ni uno de ellos caerá a tierra *sin vuestro Padre*» (V. M.) Esto significa más que el hecho de que Dios lo sepa; significa que Él está con el pájaro caído. Esto da un maravilloso consuelo, especialmente cuando recordamos que somos de más valor para Él que muchos pajarillos.

886. POSESIÓN POR LA FUERZA

«Desde los días de Juan el Bautista hasta ahora, el reino de los cielos sufre violencia, y los violentos lo arrebatan» (Mt. 11:12).

Introducción

A primera vista, este versículo parece algo difícil de comprender. Weymouth traduce: «Pero desde el tiempo de Juan el Bautista hasta ahora, el Reino de los Cielos ha estado sufriendo un asalto violento, y los violentos lo han estado asiendo por la fuerza». Si este versículo significa algo, significa posesión por la fuerza. ¿Pero es correcto? «Pensaba que el alma confiada lograba el reino por la fe.» Cierto, pero, ¿qué es la fe?

«La fe es un poder viviente del Cielo
que se ase de la promesa que Dios ha dado».

Este texto es en realidad un elogio del intenso fervor. Es bien cierto que el fervor sin fe no puede asegurar el Reino. Pero también es verdadero que la fe y la violencia están inseparablemente relacionadas. En realidad, la fe es una fuerza con la que se tiene que contar.

I. Los oyentes de Juan se volvieron violentos, o intensamente fervientes. Es muy evidente que nuestro Señor, mediante estas palabras, describe el intenso fervor de los oyentes de Juan el Bautista. Levantados por el llamamiento vibrante al arrepentimiento, unas inmensas multitudes recibieron anhelantes la enseñanza de Juan, y se agolparon para gozar de sus beneficios. Esta declaración es realmente el encomio que hace nuestro Señor del éxito de la predicación de Juan. Ninguna predicación es de un verdadero valor práctico a no ser que conduzca a los oyentes a agolparse adelante y a tomar el reino por la fuerza.

II. Una edad cómoda. Ésta es una sociedad cómoda. La norma actual son «métodos breves y fáciles». Esta locura moderna ha invadido el reino de lo religioso.Samuel Rutherford tiene una observación que es aplicable para nuestros días: «Muchos son cegados a regocijarse en una buena y barata conversión que nunca les ha costado una noche de insomnio». A lo que objetaba era el deseo de muchos para una salvación sin un suspiro o una lágrima, sin una noche de ansiedad. Cierto, «llorar no me salvará», pero demuestra que estás arrepentido y que eres una persona que anhela la salvación. Ah, si nos viésemos como Dios nos ve, se nos partiría el corazón. No debemos abandonar los viejos métodos de llevar a los pecadores a Cristo. Recuerda, lo que se consigue fácilmente, fácilmente se deja ir.

III. Galardonador de los que le buscan (He. 11:6). Pero deberíamos ver primero que nuestro texto comunica un mensaje oportuno para los creyentes cristianos. Es un texto que uno desearía tener siempre delante de sí. ¿Somos jamás fervorosos en nuestras oraciones, clamando con Jacob: «No te dejaré, si no me bendices»?

1. ALGUNOS DE NOSOTROS DESEAMOS LA PLENITUD DEL ESPÍRITU. ¿Has pedido a Dios su plenitud y no la has recibido? ¿Por qué no? Porque no lo pediste con mucho fervor.
2. ALGUNOS DE NOSOTROS LAMENTAMOS NUESTRA CORRUPCIÓN, y anhelamos más santidad. ¿Cuánto tiempo pasas de rodillas pidiendo pureza de corazón? ¿Será cierto en tu caso la declaración de William Law? «¿Qué hizo de los cristianos primitivos unos ejemplos tan eminentes de piedad? Si te detienes aquí y te preguntas por qué no eres tan piadoso como los cristianos primitivos, tu propio corazón te lo dirá, que no es por ignorancia ni por incapacidad, sino pura y simplemente porque nunca de veras te lo propusiste».
3. ALGUNOS DIRÁN: «Bien, mis parientes, mi marido, mi mujer, mis hijos, no están convertidos. No lo comprendo, porque se lo pido a Dios con frecuencia». ¿Has pasado nunca una hora entera con Dios acerca de esta cuestión?
4. ESTAS MISERICORDIAS NO NOS DARÁ DIOS SOLAMENTE SOBRE LA BASE DE NUESTRO FERVOR. Pero el fervor demuestra que sentimos nuestra carencia de estas misericordias codiciadas, y que las valoraremos de manera adecuada cuando sean dadas.
5. Si nuestro texto le comunica un mensaje oportuno al cristiano, desde luego habla elocuentemente al no cristiano.

887. TRES SUGESTIVAS ACTITUDES DE JESÚS

Mateo 11:20-28

I. Hacia los impenitentes porfiados. «¡Ay de ti!» (Mt. 11:21).

1. PENSAD EN SUS PRIVILEGIOS. ¡Qué obras poderosas fueron hechas entre ellos! ¡Cuántos milagros hablan presenciado! Y Cristo mismo habla vivido entre ellos. ¿Cuáles son nuestros privilegios? ¿No habéis visto sus poderosas obras en otros? Solo Cristo conoce las terribles consecuencias del rechazamiento.
2. PENSAD EN SU JUICIO. «¡Ay de ti!» Nuestra responsabilidad será de acuerdo con nuestros privilegios.

II. Hacia el propósito de Dios. «Te alabo, Padre» (Mt. 11:25). Da gracias al Padre por dos cosas:

1. POR ESCONDER ESTAS COSAS DE LOS SABIOS. Mucha sabiduría divina es ésta. ¿Qué hablan los hombres no renovados con estas cosas santas? Perlas delante de los cerdos.
2. POR REVELARLAS A LOS NIÑOS. A aquellos que están dispuestos a recibir, confiar y agradecer (Mt. 18:3).

III. Hacia los pecadores cargados. «Venid a Mí» (Mt. 11:28). La soberanía de Dios no es excusa para la demora del pecador.

1. LOS INVITADOS. (1) *Trabajadores*, los que tratan de ganar el descanso por sus obras, una estéril ocupación. (2) *Cargados*, los que tambalean, impotentes y sin esperanza, bajo el peso del pecado y la culpa.
2. LA PROMESA. «Os haré descansar». Da descanso al trabajador haciendo el trabajo en su lugar. «Consumado es» (Jn. 19:30). Da descanso a los cargados porque llevó su carga. Llevó nuestros pecados en su propio cuerpo.

888. EL YUGO DE CRISTO

Mateo 11:28, 29

I. Lo que significa. Comunión *con Él mismo*, caminar con Él. Aferrados y unidos al mismo propósito divino.

II. ¿Quiénes deben tomarlo? Todos los que quieran seguirle, compartiendo sus sufrimientos y gloria.

III. ¿Qué se encuentra en él? «Reposo para el alma». Reposo en su voluntad, en su camino, en su obra.

889. REPOSO DADO Y HALLADO

«Venid ... y yo os haré descansar.» «Llevad ... y hallaréis descanso» (Mt. 11:28 a 30).

Se puede decir categóricamente que éste es el más conocido y querido de todos los dichos de nuestro Señor Jesús. Ningún ser humano puede llegar a valorar las multitudes que han sido introducidas en el Reino de su gracia por medio de estas preciosas palabras. Pero, aunque tan bien conocidas, pocos han visto que aquí se hace referencia a dos diferentes Descansos. El primero se denota con un verbo, el segundo con un nombre. El primero denota un reposo temporal, con vistas a proseguir el viaje. El segundo denota un descanso más duradero y permanente. El primero es descanso para la conciencia; el segundo, descanso para el alma. El primero es un don, el segundo, un descubrimiento.
Esto se reconoce en el Libro de la Oración común, donde aparece, en el Servicio de Comunión, «Venid a Mí, todos los que estáis trabajados y cargados, *y yo os daré refrigerio*» ... esto es, con vistas a proseguir a una bendición más permanente. ¡Ah, qué pena que tantos parezcan contentarse solo con lo primero, en lugar de persistir para poseer lo segundo. En otras palabras, se confunde el punto de partida con la meta.

I. El reposo dado. «Venid a mí todos los que estáis fatigados y cargados, y *yo os haré descansar*» (Mt. 11:28).
¡Ven! Es una de las más dulces palabras que encontramos en la Biblia. El primer «ven» en la Biblia (Gn. 7:1) es para salvación, lo mismo que el último (Ap. 22:17). La bendición que se consigue al acudir es de gran precio, y que es universalmente necesaria. No todos van en pos de placeres ni anhelan delicadezas intelectuales, pero todos necesitan descanso.
Él da reposo a la conciencia culpable mediante su preciosa Sangre.

II. El reposo hallado. «Llevad mi yugo sobre vosotros ... y hallaréis descanso para vuestras almas» (Mt. 11:30).
Lo que esto pueda significar, se dirige a los que han recibido el primer reposo temporal con vistas a llegar al reposo permanente. Este segundo término denota un profundo y permanente descanso imperturbado por las circunstancias de la vida. Israel había tenido descansos temporales desde que salió de Egipto, pero no recibió un reposo permanente hasta que llegaron a la Tierra Prometida.
Este reposo se halla solo llevando el yugo de Cristo. El yugo, en el Antiguo Testamento, era un símbolo de esclavitud. Leemos acerca de el «yugo del rey de Babilonia». Pasar bajo el yugo era despedirse de la libertad personal. Cristo demanda una sumisión absoluta, una rendición plena y total. Y el primer acto de esta sumisión la llamamos consagración.

890. VENID, LLEVAD, APRENDED

Mateo 11:28-30

Esta invitación de Cristo implica su profunda y consciente capacidad para bendecir a los hombres en todas las edades. Él sabe toda necesidad del hombre y conoce como ningún otro las grandes y santas demandas de Dios. Juntad estos dos dichos: «Todas las cosas me fueron entregadas por mi Padre (...) Venid a Mí» (Mt. 11:27, 28).

I. Se nos invita a descansar. ¡Qué oportunidad para un corazón cargado de pecado! Jesús da descanso de la culpa, del temor de la muerte y del terror del juicio. Lo da; no lo vende. No lo da como una receta, sino como una posesión verdadera y consciente. Este descanso es para los que tienen una carga pesada, sean santos o pecadores. Obrero cansado, con las esperanzas defraudadas y abatido por falta de fruto, óyele decirte: «Ven a Mí». Todo lo que sea una *carga* para nosotros debiera traernos a Cristo para descanso y alivio. ¿Sientes que tu tarea *pesa* sobre tu corazón y tus fuerzas? Aprovéchate de esta amante oferta.

II. Se nos invita a servir. «Llevad *mi* yugo sobre vosotros.» Hay diferentes yugos, que nosotros ponemos sobre nosotros mismos, y el yugo de Satanás. ¿Qué es el yugo de Cristo? Es el yugo que Él mismo voluntariamente tomó, el de la voluntad de su Padre.
«El hacer tu voluntad, Dios mío, me ha agradado» (Sal. 40:8). Llevar este yugo quiere decir una vida de completa sumisión a la obra y voluntad de Dios. Pablo llevaba este yugo cuando rogaba a los hombres, *en nombre de Cristo*, que se reconciliaran con Dios. El yugo de Cristo significa uncidos con Cristo, cooperando juntamente con Él. Lo ponemos sobre nosotros cuando venimos en *ayuda del Señor* contra los fuertes. Cada alma que ha recibido descanso de Él puede hallar una vida de reposada actividad en su yugo. Su yugo es fácil a la mente *voluntaria*; su carga es ligera al corazón *amante*. El yugo de servicio no nos es impuesto por fuerza; se nos invita a *tomarlo*. Será para nuestra eterna pérdida si no lo hacemos.

III. Se nos invita a aprender. «Aprended de Mí.» Para aprender de Cristo tenemos que ponernos muy cerca de Él. Para acercarnos bien a Él tenemos que estar atados al yugo con Él. El yugo del servicio viene antes que la sabiduría espiritual. Aprendemos mejor mientras estamos uncidos. Pablo tuvo que clamar: «Señor, ¿qué quieres que yo haga?» (Hch. 9:6) antes de recibir su divina comisión. En la escuela del sufrimiento y testimonio para Cristo se aprenden las cosas más profundas de Dios. La razón por la que muchos cristianos no progresan en la gracia y en inclinaciones celestiales es que se avergüenzan del yugo de Cristo; y no guardando compañía con Él, no pueden ser enseñados por Él. Entramos en la escuela de Cristo cuando entramos en su yugo. Hay muchas ramas de aprendizaje aquí. Con Él aprendemos a ser pacientes en el padecimiento, a andar humildemente, a confiar implícitamente, a amar intensamente y a regocijarnos grandemente (Ef. 4:20-23).

891. UN SERVICIO BIENAVENTURADO

Mateo 11:29

1. El **yugo**,	«Mi yugo sobre vosotros».
2. El **ejemplo**,	«Aprended de Mí».
3. La **razón**,	«Que soy manso».
4. La **promesa**,	«Hallaréis descanso».

892. EL CARÁCTER DE CRISTO

Mateo 12:18-21

En estos versículos tenemos un hermoso y correcto retrato de nuestro divino Señor. Enseñados por el Espíritu de Dios, ojos claros le vieron distintamente, aunque de lejos. Amigos, si queréis ver a Jesús, vedle ante vosotros aquí como:

I. El escogido. «Mi siervo, a quien he escogido». Este escogimiento fue hecho antes de la fundación del mundo (Ef. 1:4). Era una elección constreñida por infinita gracia: elegido como Cordero para ser inmolado. Aunque los hombres le desaprobaron, Él es todavía el escogido de Dios, y precioso. Convengamos con la elección de Dios.

II. El obediente. «He aquí mi siervo». Este es el siervo que no podía cansarse ni desmayar (Is. 42:4). Se deleitó en hacer la voluntad del Padre. Dijo al comienzo de su servicio: «En los negocios de mi Padre me es necesario estar» (Lc. 2:49); y a su terminación: «He acabado la obra que me diste que hiciese» (Jn. 17:4). Fue «obediente hasta la muerte» (Fil. 2:8), porque su amor era más fuerte que la muerte.

III. El Amado. «Mi Amado, en quien se agrada mi alma». Hay para nosotros aquí una fuerte consolación, en que Cristo fue, como el Siervo de Dios y en la *semejanza a los hombres*, agradable en todo al corazón de Jehová.

Abre del todo la puerta por la cual podemos ser aceptos en el Amado.

IV. El ungido. «Pondré mi Espíritu sobre Él.» En el Jordán esta Escritura fue cumplida cuando el Espíritu como paloma descendió sobre Él. Allí y entonces fue sellado por Dios el Padre (Jn. 6:27), reconocido y preparado para la gran obra que tenía que hacer. Esto lo necesita todo cristiano.

V. El revelador. «Anunciará juicio.» La verdad es dada a conocer por medio de Él, porque Él es la Verdad. Entrar en contacto con Cristo es entrar en el juicio (la verdad) de Dios, tocante a nosotros y a Él. Cristo como sabiduría de Dios habla las palabras de Dios (Jn. 3:34).

VI. El humilde. «No contenderá, ni voceará.» ¿Cómo podía hacerlo, cuando se había encomendado a Aquel que era poderoso para guardar? Nunca buscó el favor de los hombres por su propia causa. «Soy manso y humilde de corazón» (Mt. 11:29). Cuando un cristiano *contiende* y vocea, es evidencia de debilidad y falta de fe. «El siervo del Señor no debe ser contencioso» (2 Ti. 2:24).

VII. El simpatizante. «La caña cascada no quebrará, y el pábilo que humea no apagará.» No quebrará la calla cascada de una vida cristiana débil y sin música. Con ternura y paciencia la ligará. No apagará el pábilo de un testimonio cristiano vacilante y sin poder, mas derramará en Él un nuevo suministro del Espíritu de gracia. La falta de aceite (el Espíritu) resulta en un testimonio humeante.

VIII. El conquistador. «Sacará a victoria el juicio.» Su verdad triunfará. «Verá el fruto de la aflicción de su alma, y quedará satisfecho» (Is. 53:11).

IX. El confiable. «En su nombre esperarán los gentiles.» Su nombre es como clavo hincado; soporta todo lo que cuelga de Él. Y no como los colgaderos podridos que los hombres hacen y fijan para sí (Hch. 4:12).

893. LIBERACIÓN

«¿Cómo puede alguno entrar en la casa del forzudo, y saquear sus bienes, si primero no ata al forzudo? ¿ Y entonces podrá saquear sus bienes» (Mt. 12:29).

Como decía mi tía Matilda Jane cuando el médico le dijo que tenía un catarro nasal: *«Es un resfriado común de la cabeza, y no le enviado a que me lo bautice sino a que me lo cure»*. En el reino de lo moral y de lo espiritual hay demasiado de bautismo y poco de curación. Claro que asignar un nombre es cosa justa y buena en su sitio. Un diagnóstico satisfactorio es en realidad el primer paso para la curación. Un médico no puede recetar a su paciente hasta que ha asignado el nombre correcto a la enfermedad. Pero una cosa es bautizar y otra cosa es curar, como miles saben con tristeza. Al tratar con los pecados y males de la humanidad, nuestro adorable Señor hace al mismo tiempo un diagnóstico perfecto, y propone hacer una curación perfecta. En este «si no» tenemos una clara ilustración de esto. El problema con los no regenerados es que el poderoso Maligno está fuertemente atrincherado en la ciudadela del corazón natural, y la única esperanza es que venga otro más poderoso que él para hacerle huir. Este Poderoso ha venido, y está listo para librar a todos los que acuden a Él en arrepentimiento y fe.

Este «si no» es en realidad una sencilla y pequeña parábola. Aquí tenemos un palacio ocupado por un hombre fuerte y armado. Antes de poder lograr su conquista, el hombre fuerte ha de ser primero vencido y expulsado. Un pobre hombre, ciego y mudo, fue traído delante del Señor Jesús. Estaba en este deplorable estado debido a una posesión demoníaca. El Señor echó fuera el espíritu malo, y el mudo habló. Los enemigos de nuestro Señor tuvieron que admitir que ciertamente había tenido lugar un milagro, pero intentaron luego explicarlo mediante una declaración burda y absurda. Como réplica, nuestro Señor señaló la insensatez de la división (v. 25), lo absurdo que Satanás fuese a cometer tal error (v. 26), y que en lugar de cooperar con los pecadores, estaba enfrentado a ellos (v. 29). El corazón de nuestro Señor rebosa de piedad por estos insensatos calumniadores que habían hecho una acusación tan emponzoñada, y les advierte que están aproximándose al borde de un precipicio: que su ceguera los está lanzando hacia un pecado que no tiene jamás perdón (v. 31).

Con esta declaración, nuestro Señor echa un poco de luz sobre el tenebroso mundo del mal sobrenatural, y al levantar así un poco la cortina vemos los tenebrosos seres obrando. El hombre forzudo es Satanás; el más poderoso que el forzudo es el mismo Señor; la casa son tanto este mundo como el corazón del hombre irregenerado.

I. El mundo es la casa del hombre forzudo. Generalmente decimos que Satanás reside en el infierno; por Efesios 6:11 y 12 sabemos que la tierra y el aire constituyen su actual morada. Satanás consiguió la posesión de este mundo cuando la Caída de Adán. Al caer Adán, Satanás consiguió la corona que Dios había puesto sobre la frente de Adán. Y nuestro Señor no negó al usurpador el derecho de tener todos los reinos del mundo (véase Lc. 4:5-8). ¿Cómo puede ser echado? Nuestro «si no» es la respuesta a esto. Satanás sufrió una terrible derrota en la Cruz (Jn. 12:31). La sentencia sobre el enemigo ha sido ya pronunciada y publicada, y en breve, cuando vuelva el Señor Jesús, será ejecutada. La victoria final es cosa cierta. El Más Fuerte viene otra vez, y atará y expulsará al forzudo (véase Ap. 20). ¡Que este día se apresure!

II. El corazón humano es la casa del hombre forzudo. En nuestro «si no» tenemos una solemne visión de la condición del hombre irregenerado. El alma pecaminosa es un palacio, aunque en ruinas (Lc. 11:21). Por el pecado, la humanidad ha venido a ser el mismo hogar y morada de Satanás. Bien, la presencia de «Sus posesiones» proclama el hecho de su presencia. ¿Has ponderado jamás el texto de 1 Juan 5:19: «El mundo entero yace en poder del Maligno»? Literalmente, es «yace en el Maligno». La palabra «en» es la misma palabra que se emplea en otros pasajes acerca de que los cristianos están «En Cristo». Así como el cristiano está unido a Cristo, así el hombre natural está unido a y es poseído por Satanás. Luego observemos la palabra «yace». Podría traducirse como «yace dormido». Es una condición de inconsciencia. Los salvos están en los brazos eternos del Señor, mientras que la gran masa de la humanidad no salva está en los brazos de Satanás, adormecidos bajo una falsa sensación de seguridad. Es muy impresionante lo que se dice en Efesios 2:1 y 2: «el espíritu que ahora actúa en los hijos de desobediencia». «Así Satanás imparte su sabiduría y poder a los incrédulos de la misma manera que el poder de Dios es impartido en el creyente por el Espíritu Santo. Esta impartición de poder energizador de Satanás no es dado a unos pocos limitados de los que se pudiese decir, por algunas conductas extrañas, que están poseídos por un demonio, sino que es la condición común de todos los que aún son no salvos».

894. EL SEMBRADOR

Mateo 13:1-8; 18:23

El Sembrador es el Hijo del Hombre; la semilla es la Palabra; la tierra es el corazón humano. ¡El SEMBRADOR! ¡Qué hermoso nombre para el Predicador! Salió a *sembrar*, no para criticar u ostentar. Todos los que están *cargados* de preciosa semilla están deseosos de desparramaría. Los profetas de antiguo sabían qué quería decir la carga del Señor. ¡Ojalá su mensaje pese sobre nosotros de tal modo que saldremos llorando! Las cuatro diferentes clases de tierra representan cuatro distintas maneras en que la palabra de vida es tratada por aquellos que la oyen.

I. Junto al camino, o el oidor indiferente. «Junto al camino» es:

1. UN LUGAR DURO. El oidor indiferente podrá oír con regularidad, pero su corazón es como una senda para gente de a pie, abierta a todo transeúnte, batida y endurecida por los pies de pensamientos egoístas. El corazón abierto a los placeres de pecado será duro para la palabra de Dios.
2. UN LUGAR PELIGROSO. Expuesto a las «aves del cielo» y los pies de *todo* viandante. No importa cuán preciosa sea la simiente, solo puede caer *sobre* Él; no puede caer *en* Él. La simiente está siempre en peligro de perderse mientras no se la *esconda* (Sal. 119:11). Las aves tienen ojos finos. El malo descubre la preciosa palabra que yace sobre el corazón irreflexivo, y la «arrebata». La pérdida nunca se siente, porque nunca se ha disfrutado su valor.
3. UN LUGAR SIN ESPERANZA. Aquí la semilla viva no puede encontrar *abrigo*. Aunque podrá permanecer por un tiempo, no ha tenido *entrada*, y así no puede mostrar vida. Los oidores indiferentes nada pueden aprovechar.

II. Los pedregales, o el oidor impresionable. Aquí la palabra es:

1. GOZOSAMENTE RECIBIDA (Mt. 18:20). Al no haber *profundidad* de tierra, es fácilmente movida. El oidor de corazón superficial es muchas veces muy emocional. La débil capa de sentimiento es fácil de cambiar. Se derraman lágrimas rápidamente, y con igual rapidez se secan. Oyen la Palabra de buena gana, pero, ¡ay!, su corazón parece estar en sus ojos.

2. RÁPIDAMENTE MUERTA. No hay «raíz». Brotó pronto, pero su vida era toda *exterior*. No había crecimiento hacia abajo, porque no había hondura de tierra. Debajo de la delgada cubierta de sentimiento emocional se halla la dura y reacia roca de una voluntad obstinada. No hay lugar para lo *fundamental*.
3. COMPLETAMENTE QUEMADA. «Se quemó y se secó» (Mt. 13:6). No habiendo nutrición *interior*, pronto es vencida por circunstancias *exteriores*. A menos que el corazón esté llenado de amor a Dios, la Palabra no se arraigará ni crecerá, para permanecer «arraigada en amor». La persecución pronto marchita las pretensiones. Pero lo que aja lo que no tiene raíz fortalece lo que está arraigado.

III. El espinar, o el oidor de doblado ánimo. Aquí tenemos:

1. TIERRA ABUNDANTE. Donde hay abundancia de tierra para los espinos, hay profundidad suficiente para la semilla. En el corazón de la persona de doblado ánimo habrá estado el arado del Espíritu convincente, porque hay prontitud para recibir la palabra del reino, pero solo para darle lugar con el espino de cosas mundanales.
2. TIERRA YA OCUPADA. Los espinos estaban allí antes. Lo que es primero es natural. Los espinos y abrojos generalmente tienen el primer lugar en el corazón del hombre. Pero lo que es primero tiene que ser quitado si lo postrero y espiritual ha de poseer y prosperar. «No podéis servir a Dios y a las riquezas» (Mt. 6:24).
3. TIERRA INFRUCTÍFERA. La simiente no ahogará los espinos, pero éstos ahogarán aquélla. Los pecados que uno deja morar en el corazón, con seguridad se manifestarán, aunque por un tiempo puedan estar fuera de vista, como las espinas cubiertas por el arado que pasa. «El afán», que sofoca la Palabra prometedora, es un enemigo mortal, aunque muchas veces excusado. Echa fuera estos cuidados, estos asesinos, si quieres ser fructífero en toda buena obra.

IV. La tierra buena, o el oidor sincero. Esto representa:

1. UN CORAZÓN PREPARADO. «Buena tierra.» Tierra que ha sido objeto de cuidado especial. Un corazón que ha sido arado y roto por el Espíritu de Dios. Aquí la maleza y los espinos han sido *cortados* y *arrancados* desde la raíz y puestos en montones afuera. El corazón verdaderamente ansioso de cosas espirituales no tiene lugar para el «afán» y las «riquezas» que impiden la una cosa necesaria.
2. UN CORAZÓN ENTENDEDOR (Mt. 18:23). Si la simiente de la Palabra ha de ser fructuosa, tiene que tener *libertad completa* en la tierra del corazón. Necesita tierra análoga a su naturaleza. Sin meditación la Palabra quedará como planta confinada en maceta (Sal. 1:2). El entendimiento de la Palabra es la germinación de la semilla.
3. UN CORAZÓN FRUCTÍFERO. «A ciento, a sesenta, y a treinta por uno.» Hay grados de fecundidad aun en tierra buena. Las semillas individuales de verdad especial encuentran mejores condiciones en algunos corazones que en otros. La misma verdad en la vida de un hombre podrá producir ciento por uno, mientras que en la de otro tan solo treinta. La medida de entendimiento tiene mucho que ver con la fertilidad. El carácter del fruto revela la naturaleza de la tierra. El gran objeto del Sembrador es *fruto*. Todo lo que no es fructífero es pérdida y fracaso. *Permanezcamos* en Cristo, y nuestras vidas no serán estériles (Jn. 15:7, 8).

895. LA CIZAÑA

Mateo 13:24-30; 37-43

En la parábola de la cizaña tenemos una revelación del reino de los cielos en el campo del mundo. La propia interpretación de Cristo de ella es bellamente clara y sencilla. El reino representa la dispensación de la gracia de Dios. Vino con Cristo Jesús, y continúa hasta el fin de la edad.

I. El Sembrador, o plantador del reino, es el Hijo del Hombre (Mt. 13:37). Todos los asuntos de este reino están en las manos de Jesucristo. Como preciosa semilla fue traído como una carga en su seno. No es de este mundo, sino del cielo. Es justicia y paz y gozo en el Espíritu Santo. Es el ministerio que excede en gloria (2 Co. 3:9).

II. El campo, o lugar del reino, es el mundo (Mt. 13:38). El mundo es llamado «Su campo» (Mt. 13:24). El campo es grande, pero Él tiene suficiente simiente para cada rincón suyo. Su grande y compasivo corazón y ojo abarcan el todo (Jn. 3:16). Gran parte del campo está todavía desierto. ¡Ojalá el mundo de nuestro ser interior esté poseído por Él!

III. La semilla, o súbditos, son los hijos del reino (Mt. 13:38). La semilla de que siembra el campo le ha costado mucho: redimida con su preciosa sangre. Cada semilla es viva, y tan íntimamente relacionada con el Sembrador como lo son los hijos con su padre. Cada semilla es puesta en la tierra del mundo para crecer y manifestar su propia escondida vida y hermosura. A este fin debe morir. «Si el grano de trigo no cae en la tierra y muere, queda solo» (Jn. 12:24). Tenemos que morir al pecado antes de poder vivir a Dios.

IV. La cizaña, o estorbadores, son los hijos del malo (Mt. 13:38). ¿De dónde vino la cizaña? «Un enemigo ha hecho esto» (Mt. 13:28). Hay eterna enemistad entre la cizaña y la buena simiente (Gn. 3:15). El título «hijos» revela su muy íntima relación con el diablo (Ef. 2:2). Mientras crecen juntas en el campo puede haber una aparente semejanza, pero su *origen* y carácter son completamente diferentes. La regeneración es el único remedio para la cizaña (Jn. 3:5).

V. El enemigo, o usurpador, es el diablo (Mt. 13:39). Era mientras los hombres *dormían* que sembró la cizaña. Amaba las tinieblas más que a la luz, porque sus obras eran malas. Es cuando los cristianos dejan de velar que el diablo viene, y hace silenciosa y rápidamente su terrible obra. Cuando aparece la cizaña muchos dicen: «Ahí están sus cristianos». ¡No! Un enemigo ha hecho *esto*. Toda semilla sembrada por el Hijo del Hombre es buena.

VI. La siega, o separación, es el fin del mundo o edad (Mt. 13:39). «Dejad crecer *juntamente* lo uno y lo otro hasta la siega» (Mt. 13:30). Así la gracia del Maestro se abstiene de destruir la cizaña por un tiempo; pero la gracia que se abstiene no es gracia que salva. Mientras permanecen entre el trigo sus *privilegios* son los mismos, pero la *naturaleza* de la cizaña la hace inadaptable para el granero celestial. El fin vendrá con igual seguridad que el tiempo de sembrar, cuando todos los que sirven de tropiezo serán recogidos y arrojados.

VII. Los segadores, o siervos, son los ángeles (Mt. 13:39). Dijeron: «¿Quieres que vayamos (*nosotros*) y la arranquemos?». Él dijo: «¡No! Los segadores son los ángeles». Estos siervos imparciales no serán en ninguna manera impedidos en su misión. Su primer trabajo es quitar todos los escándalos y a todos los que hacen iniquidad.

1. SON RECOGIDOS. Los ofensivos e inútiles son juntados. No hay consuelo, ni esperanza, por ser muchos.
2. SON ATADOS EN MANOJOS. Como la paja ata la paja, así es con el mal y el malhechor. No hay más libertad o comunión con el trigo.
3. SON QUEMADOS. Echados, ¡un salto horrendo; eterna separación; juicio espantoso! La cizaña no está hecha para el fuego, sino el fuego para la cizaña. El Señor conoce a los que son suyos.

896. EL GRANO DE MOSTAZA

Mateo 13:31, 32

Donde hay vida hay crecimiento. El reino de los cielos, tal como representado en la persona del Señor Jesús, es una cosa viviente. Notemos su:

I. Apariencia externa. «La *más pequeña* de todas las semillas.» El reino de los cielos es como un *grano* de mostaza. El Señor Jesucristo mismo era el grano viviente. Su reino era el menor de todos los reinos. Principió con un puñado de ignorantes. Él fue despreciado y desechado por los hombres. No habla hermosura en Él para el ojo camal.

II. Vitalidad interna. Es una semilla, no una piedra. Dentro de ella hay un principio vital capaz de maravillosas manifestaciones. Una semilla necesita ser plantada bajo condiciones favorables antes que su poder y fecundidad escondidos puedan verse. La semilla viviente de la verdad en Jesucristo debe caer en la tierra de un corazón roto y creyente antes que su poder de dar vida pueda ser comprendido. En la vida de Jesús vemos la *hierba*; en su resurrección la *espiga*; y en el día de Pentecostés el *grano lleno* en la espiga. La atmósfera de mundanalidad no es propicia para el desarrollo de esta tierra planta. El poder de esta semilla está en la presencia del Espíritu vivificante.

III. Progreso manifiesto. «Se hace árbol.» Su *vitalidad* es *clara* a todos ahora. El grano de trigo ha caldo en la tierra y ha muerto. Ha aparecido mucho fruto. Toda alma vivificada de los muertos es una rama. Las aves del cielo se alojan en las ramas. Pero las aves *no son* parte del árbol; son solo *moradores*. El árbol es perfecto sin ellas. El árbol del reino tiene muchos moradores, aquellos que se identifican con Él solamente por su *propia* conveniencia. ¿Eres una RAMA o un *morador*?

897. LA LEVADURA
Mateo 13:13

Se han aplicado dos diferentes métodos de interpretación a esta parábola. Mucho depende de cómo vemos estas siete parábolas, en forma separada o desde el punto de vista de las dispensaciones.

I. La interpretación general. Considerada separadamente, se dice:

1. Que LA HARINA ES EL MUNDO, algo malo, y todo igualmente malo, necesitando que se le introduzca un principio nuevo y transformador.
2. LA LEVADURA ES EL EVANGELIO, y hay que esconderlo dentro antes que pueda efectuar un cambio.
3. LA MUJER ES EL PREDICADOR, el que esconde el evangelio en los corazones de los hombres.
4. EL RESULTADO: «todo fue leudado». El Espíritu de Cristo penetra y traspasa todo el mundo. Como *exhibición* de verdad evangélica todo esto es hermoso, y puede ser de bendición. Pero como *exposición* de la parábola puede ser muy defectuoso.

II. Las dificultades que se oponen a aceptar este parecer.

1. Modifica el USO ESCRITURAL de la harina y la levadura. Hace que la harina sea mala y la levadura buena. En toda otra parte la harina es buena y la levadura es mala.
2. La harina es MUY FAVORABLE a la levadura, mientras que el *mundo* está siempre *opuesto* al Espíritu del evangelio de Cristo.
3. EL HECHO DE ESCONDERLA sugiere secreto y astucia, un pensamiento nunca asociado con la *predicación* de la Palabra, pero íntimamente relacionado con la obra de Satanás, el que sembró la cizaña «mientras dormían los hombres».
4. La MANERA en que actúa la levadura es más sugestiva de pecado que de gracia. Se *mezcla con* la harina, y paulatinamente obra por la ley del *contagio*. No vemos a pecadores convertirse de este modo. La gracia no corre en la sangre. No vemos calles, pueblos y ciudades enteros ser *leudados* por el Espíritu de Jesús.
5. EL PROPÓSITO DE LEUDAR también sugiere la idea de hacer que la harina, o el pan, sea más *apetitosa al hombre*. El gran fin del evangelio es hacer que los hombres sean más favorables a Dios.

III. La otra interpretación contempla *el reino* en esta parábola como en un estado de mayor desarrollo durante la marcha del tiempo, y puede representar las cosas bastante según la forma en que las encontramos en nuestro propio día. Aquellos que la consideran de este modo ven:

1. La LEVADURA, como una *cosa buena* que se ha *contaminado;* como la verdad de Dios, pervertida por la sabiduría carnal de los hombres.
2. La HARINA, como una cosa buena que ha sido *corrompida* por la levadura de falsa enseñanza. Como la harina es muy susceptible a la levadura, puede representar la cristiandad profesante en el hecho de ser corrompida por doctrinas que no son de Dios. Este proceso corruptivo de veras obra como la levadura.
3. La MUJER que *escondió* la levadura en la harina, como figura de aquellos que son *reconocidos* como enseñadores religiosos. La tarea de la mujer fue esconder la levadura en la harina. La ocupación de los tales es *esconder,* promulgar cosas contrarias a Cristo a la vez que actúan como siervos de Cristo.
4. El RESULTADO. «Todo fue leudado.» Ven aquí la corrupción universal de la cristiandad como tal: una iglesia que se ha vuelto infiel, y así inepta para uso del Señor; una iglesia que dice que de ninguna cosa tiene necesidad, mientras Jesucristo está afuera (Ap. 3:17-20).

898. EL TESORO
Mateo 13:44

Algunos parecen ver en esta parábola:

(1) EL CAMPO, como las Escrituras, que es menester escudriñar,
(2) el TESORO, como la salvación, que es menester hallar,
(3) la VENTA DE TODO, como la condición para poder poseer la salvación.

Muchos preferimos tomarla así:

I. El campo es el mundo. Así se llama expresamente en el versículo 38. Es un campo grande, amado por Dios (Jn. 3:16), y reivindicado por Jesucristo (Jn. 1:10). Él es la propiciación por los pecados de todo el mundo. Él compró el campo. Satanás se lo ofreció barato, pero Él no lo quiso en tales condiciones (Mt. 4:8, 9).

II. El tesoro es la iglesia. El pueblo de Dios es llamado su propio «especial tesoro» (Éx. 19:4-6). El tesoro del Señor es su pueblo. Este tesoro estaba escondido en el campo del mundo, pero prometido a Cristo antes de existir el mundo. «Todo lo que el Padre me da, vendrá a Mí.» «Los hombres que *del (fuera del) mundo* me diste» (Jn. 17:6).

III. El precio es Él mismo. «Vende *todo lo que tiene,* y compra aquel campo.» La salvación no puede ser *comprada* por ninguna cosa que el pecador pudiera vender. «La dádiva de Dios es vida eterna» (Ro. 6:23). Jesús sí vendió «todo lo que tenía» para comprar el tesoro de su pueblo creyente. «Por amor a vosotros *se hizo pobre, siendo rico,* para que vosotros con su pobreza fueseis enriquecidos» (2 Co. 8:9), «Cristo amó a la iglesia, y *se entregó a Sí mismo* POR ELLA» (Ef. 5:25). La compró con su propia sangre (Hch. 20:28). El acto de *esconder* el tesoro puede sugerir el carácter místico de su cuerpo: la iglesia conocida a Él, pero aún no manifestada al mundo.

899. LA PERLA
Mateo 13:45, 46

Esta parábola abarca prácticamente lo cubierto en la anterior, pero hay esta marcada y hermosa diferencia, que si bien el «tesoro» es posesión de Cristo, la «perla» es para *adorno personal.* La iglesia aquí no es solamente una «posesión adquirida», sino una perla de gran precio y *hermosura* para adornar su persona y reflejar la *gloria de su carácter.* Si CRISTO es la perla, entonces el pecador, como el mercader, tiene que comprar a Cristo, vendiendo todo lo que tiene. Está bien claro que ésta no es la enseñanza de la Escritura. El precio es pagado por Jesucristo como el Redentor, no por el hombre, que ya es un pecador en bancarrota (1 P. 1:18, 19).

I. El mercader es Cristo. Él es un mercader, un hombre que conoce a fondo la conducción del comercio celestial. El tiene una gran empresa. «¿No sabíais que en los negocios de mi Padre me es necesario estar?» (Lc. 2:49): buscando buenas perlas.

II. La perla es la iglesia. La iglesia es la esposa del Cordero, y ha sido adquirida a gran precio. Como Booz hallé a Rut y la redimió para sí, así la esposa de Cristo es para Él una perla de inapreciable valor. Será para Él como una diadema de gloria a través de todas las edades venideras. «Ven acá, yo te mostraré la desposada, la esposa del Cordero» (Ap. 21:9-27). Una «posesión adquirida» (Ef. 1:14).

III. El precio fue su propia vida. «Vendió todo lo que tenía» (2 Co. 8:9). Murió por nosotros. «Habéis sido comprados por precio; glorificad, pues, a Dios en vuestro cuerpo y en vuestro espíritu, los cuales *son de Dios*» (1 Co. 6:20). «Por precio fuisteis comprados; *no os hagáis esclavos de los hombres*» (1 Co. 7:23). Cristo puede verdaderamente decir de su iglesia:

«Hallado he la perla de mayor precio,
de gozo lleno canta mi corazón».

900. LA RED
Mateo 13:47-50

La clave de esta parábola puede encontrarse en su mismo texto (Mt. 13:49). Es la última de una serie de siete parábolas, que nos hacen llegar al fin del período del reino; al cierre de la edad, cuando todo el sistema será probado y juzgado.

I. La red. La red es una cosa preparada y adecuada para un propósito especial: sacar peces. Es emblemática del evangelio de la gracia de Dios. La red en sí no hace distinción entre los peces, pues *recibe a todos* los que vienen. La invitación del evangelio es universal; es a toda criatura. El que quiera puede venir. Como la luz del sol y la lluvia, viene a buenos y malos.

II. El mar. La red fue echada en el mar. El mar representa la esfera en la cual los hombres viven y se mueven, y corresponde a la «tierra» y el «campo» en las otras parábolas. Indica un estado de mutabilidad, inquietud y peligro. En este mar la red del evangelio, aparejada por la gracia de Dios, ha sido echada. El propósito es extraer un pueblo para su nombre.

III. El recogimiento. «Recoge de toda clase» (Mt. 13:47). ¿Fue ésta la intención del gran Pescador? ¿Fue hecha la red para «lo bueno y lo malo»? ¿No parece que la red está mal empleada cuando, como aquí, se la usa como *red barredera*? Cuando el Señor dijo a sus discípulos que echaran su red a la derecha de la barca, no sacaron un solo pez malo. Se hace uso incorrecto del evangelio cuando da igual lugar tanto a buenos como a malos. En estos días los tendedores de redes buscan *cantidad*, no *calidad*. Pero viene el tiempo de separar los peces.

IV. El tiempo de retirar la red. «Una vez llena, la sacan» (Mt. 13:48). La red de la salvadora gracia de Dios no siempre estará en el mar de este mundo. Hay un tiempo –puede estar cerca– cuando ya esté llena. Ese tiempo será el *fin de esta edad*, cuando haya entrado la plenitud de los gentiles (Ro. 11:25). Una vez sacada la red del evangelio, el actual privilegio y oportunidad de salvación se habrán ido.

V. El lugar de separar. «La sacan a *la orilla*» (Mt. 13:48). Lo bueno y lo malo podían divertirse *juntos* mientras estaban en el mar, pero será otra cosa en la orilla. Al trigo y a la cizaña les fue permitido estar juntos hasta que llegó el fin. A medida que se acercaban a la orilla, más se *amontonaban* los malos y los buenos. Existe un gran clamor por *unión* en el tiempo actual. Pero velemos contra el apiñamiento que se produce al ser sacada la red.

VI. La separación. «Recogen lo bueno, y lo malo echan fuera» (Mt. 13:48). Así será al fin de la edad. Apartarán a los malos de entre los buenos (Mt. 13:49). Su *carácter* determina su destino: *bueno o malo*. El Señor conoce a los que son suyos. Los malos podrán jactarse, mientras están en el mar, de que son tan buenos como sus vecinos, pero no escaparán.

VII. El destino final.

1. LOS BUENOS son recogidos en cestas. Estos vasos fueron preparados para ellos antes que la red fuese sacada. «En la casa de mi Padre muchas moradas hay. Voy a preparar lugar para vosotros» (Jn. 14:2).
2. LOS MALOS fueron arrojados al fuego (Mt. 13:50). «Lo malo echan fuera». ¡Oh, pensad en ello! ¿Fuera de qué? ¿Adónde? «Os es necesario nacer de nuevo» (Jn. 3:7).

901. LA APARICIÓN INESPERADA

Mateo 14:22-27

La multitud hambrienta acababa de ser alimentada y despedida. Ahora la propia alma del Señor tiene hambre de comunión secreta con su Padre. «No solo de pan vivirá el hombre» (Mt. 4:4). Constriñó a sus discípulos a ir delante de Él al otro lado, y cuando llegó la noche lo vemos *solo* en el monte. Aquí hay un cuadro de la posición presente de Cristo y de su venida otra vez. Jesús está ahora en el monte de intercesión ante el Padre. Sus discípulos todavía son azotados con tempestad en el mar de este mundo turbulento. Pero un día aparecerá otra vez y librará a su iglesia de todas sus dificultades. Así como Pedro salió a su encuentro sobre las aguas, también nosotros nos encontraremos con Él en el aire (1 Ts. 4:17). Cuando Jesús volvió a la barca, trajo a Pedro con Él. Cuando se manifieste, entonces nosotros también seremos manifestados *con Él* en gloria. Entonces aquellos que le verán también confesarán: «Verdaderamente eres *Hijo de Dios*» (Mt. 14:33). Éste es un tema muy fructífero. Juntemos algunas lecciones prácticas:

I. Los obedientes serán probados. «Jesús hizo a sus discípulos ir delante de Él a la otra ribera» (Mt. 14:22). Quizá fueron con poca gana, pero obedecieron, y mientras hacían la voluntad del Señor fueron severamente probados. La prueba de vuestra fe es preciosa, más que el oro probado. Observad la naturaleza de sus pruebas:

1. AQUELLO EN QUE CONFIABAN PODÍA FALLARLES. «La barca era azotada por las olas» (Mt. 14:24). Todo objeto de la confianza del creyente será sometido a una sacudida. Jesús mismo la tuvo. Las barquetas de nuestra propia fabricación son demasiado débiles para soportar la violencia de la fuerte tentación. Al seguir a Jesús, cuidémonos de confiar en cualquier cosa aparte de Él mismo. El brazo de carne, nuestro propio entendimiento o experiencia pasada, si se confía en ellos, solo pueden llevar el alma a pavor y peligro.
2. AQUELLO QUE PODRÍA HABER AYUDADO ERA REALMENTE UN OBSTÁCULO. «El viento era contrario» (Mt. 14:24). Nosotros, también, mientras buscamos hacer la voluntad de nuestro Señor, podemos esperar un encuentro con muchas tormentas de oposición. El viento que los hizo flotar a través del lago ahora impide su progreso. El apoyo de los hombres, que puede habernos ayudado en algún momento, puede oprimirnos en otro. Es veleidoso como el viento. Pero hay gran necesidad de todo viento contrario en la experiencia del pueblo de Dios. Solamente impidió a estos discípulos ir más allá de la esfera de ese poder en que el Señor efectúa sus maravillas. Hizo que *se detuvieran hasta que Él viniera*. ¡Bendita detención!
3. SUS MÁS INTENSOS ESFUERZOS ERAN DE POCA UTILIDAD. «Viéndoles *remar con gran fatiga*» (Mr. 6:48). No sabiendo el propósito del Maestro de bendecirlos en la oleada, se fatigaron y lucharon como hombres sinceros y honestos para salvarse. Pero gastaron sus fuerzas en vano, como lo hará cualquiera que busque librarse por sus propias obras (Ro. 3:20).

II. Los obedientes serán ayudados. «*Viéndoles* remar con gran fatiga», se apresuró a socorrerlos. ¡Pensamiento confortante! El ve cada golpe de remo. Oye todo gemido del corazón, todo suspiro medio sofocado, y es testigo ocular de toda amarga lágrima. Nuestros esfuerzos infructíferos pueden resultar en bendición por traer a Jesucristo a más intimo contacto con nosotros. Vino:

1. EN UN TIEMPO INESPERADO. «A la cuarta vigilia.» Como en la naturaleza, así puede ser en nuestra experiencia espiritual: la hora más oscura es la hora que precede al alba. Vino en la hora de su mayor necesidad: cuando la fuerza de ellos estaba exhausta, cuando se habla ido toda esperanza. En la perplejidad echa el anda de la fe, y espera el día.
2. DE UNA MANERA INESPERADA. «Andando sobre el mar». Las olas grandes y embravecidas, fuente del temor y terror de los discípulos, estaban ahora *debajo de los pies* del Señor. Viene como el VENCEDOR a su ayuda. Hallaron su salvación donde tú y yo siempre la hallaremos, no *fatigándonos*, sino en *confianza*. «Mis caminos no son los vuestros».
3. CON UNA BENDICIÓN INESPERADA. «¡Tened ánimo; Yo soy, no temáis». No quitó inmediatamente la *causa* de su aflicción (viento y olas), pero les dio descanso *en medio* de la tempestad. Podrá no sacar el aguijón, pero hace suficiente su gracia (2 Co. 12:1-21). No salvó del horno encendido, pero caminó con ellos *en Él*. Esta es la mayor bendición.

902. UN ANDAR SOBRENATURAL

Mateo 14:28-34

Jesús se apareció a sus discípulos, agitados por la tormenta, caminando sobre el mar. A este fin de sus discípulos el viento era contrario, pero el viento contrario fue un tiempo oportuno para el Señor. Vieron sus maravillas en el gran abismo de su angustia.

I. Una osada petición. «Pedro dijo: Señor, si eres Tú, manda que Yo vaya a ti *sobre las aguas*» (Mt. 14:28). Ésta era una gran petición, pero no demasiado grande. «Si eres TÚ». Él puede hacer abundantemente más de lo que pedimos. ¿No debiera nuestro amor a Cristo constreñirnos a andar como Él anduvo? ¿Qué si otros discípulos no se atreven a elevar semejante oración? Busquemos nosotros el privilegio de andar con Él, aun donde la sabiduría humana y los sentimientos camales no pueden hallar pie.

II. Una invitación bondadosa. «Él dijo: Ven» (Mt. 14:29). La puerta ahora está abierta para la fe de Pedro. Se le invita a caminar donde solo los pies de la fe osan ir. El andar del cristiano es sobrenatural. Anda por fe. Esto, a ojos de los sabios de este mundo, es como andar sobre el mar. No pueden entenderlo. A todo creyente Cristo le invita a andar con Él sobre las profundidades como Él anduvo.

III. Una ventura feliz. «*Descendiendo* Pedro de la barca, andaba sobre las aguas» (Mt. 14:29). Lo aparentemente imposible puede hacerse por simple fe en la palabra de Cristo. Pedro salió de la barca. Es menester *salir* para proceder *sobre*. La vida de fe implica el abandono completo de toda otra fuente de confianza: fuera de la embarcación del «yo» a la palabra de Cristo. No hay completa confianza en Jesús hasta que ambas manos se retiren de todo apoyo terrenal.

IV. Un fracaso momentáneo. «Al ver el fuerte viento, tuvo miedo» (Mt. 14:30). Quizá esperaba que la tormenta cesara cuando salía para dar sus pasos a la invitación del Señor Jesús. Nuestras dificultades no cesan todas en el momento que confiamos en Cristo. Nuestra fe será probada. Pedro tenía miedo y comenzó a hundirse porque estaba más atento a sí mismo que a la palabra de su Maestro. Aun andar en los *caminos* de Cristo se hará terrorífico y trabajoso cuando nuestros ojos dejan de estar sobre Cristo mismo.

V. Una oración ferviente. «¡Señor, sálvame!» (Mt. 14:30). «El que piensa estar firme, mire que no caiga». El que esté cayendo, no vacile en clamar por salvación. Afuera en las profundidades de la vida de fe, donde jamás un incrédulo puso los pies, Jesús nos hará comprender que, aparte de su continua ayuda, no podemos hacer más que temblar y hundimos. Pedro fue sabio cuando clamó tan pronto como empezó a hundirse. Muchos esperan hasta que el agua les ha llegado al cuello.

VI. Una liberación rápida. «Al momento Jesús asió de Él» (Mt. 14:31). La confesión instantánea trajo salvación instantánea. El Señor salta al socorro de sus necesitados (Cnt. 2:8). Pedro no fue enviado de vuelta a la barca. No hay ayuda en la vieja vida para el creyente afligido y tentado. Jesús *asió* de Pedro, de modo que halló refugio en los brazos de Cristo. Estos brazos fuertes y prontos todavía están extendidos (Sal. 138:7).

VII. Un reproche gentil. «¡Hombre de poca fe! ¿Por qué dudaste?» (Mt. 14:31). La ternura de Jesús es muy manifiesta. No quebrará la caña cascada. Podríamos pensar que la fe de Pedro era cualquier cosa menos que *poca* cuando audazmente desembarcó en las túrgidas olas. ¡Oh, qué preciosa cosa es la fe! Si hemos confiado en Cristo, confiemos en Él del todo. No perece nadie que confíe en Él. Abraham no se debilitó en la fe, sino que se fortaleció en ella.

VIII. Un resultado bendito. «Cuando *subieron* en la barca, se calmó el viento» (Mt. 14:32). Pedro ahora camina *con Jesús*: salvado del temor, donde antes había temido y se hundió. Su caminar *a* Jesús fue un tiempo de prueba, pero su caminar *con* Él es en calma y paz. El viento todavía es turbulento como siempre, pero no teme ningún mal, porque el Señor está con Él. La cercana presencia de Cristo es el secreto de una vida cristiana de descanso y triunfo. Cuando Jesús entró en la barca, el viento cesó. Déjale entrar en el corazón; Él toma en sosiego la tempestad.

903. SALVACIÓN ANTES DE AYUDA

«¡Señor, sálvame!» (Mt. 14:30).

«¡Señor, socórreme!» (Mt. 15:25).

Dos oraciones importantes, fervientes e impresionantes. Pero obsérvese su orden en la narración sagrada. El grito de Pedro, «Señor, sálvame», viene antes del grito de la mujer sirofenicia, «Señor, socórreme». Antes de la petición de su ayuda viene la petición de su salvación. Esto es muy significativo, y comunica una lección muy necesaria y vitalmente importante.

«Pero yo ya le pido a Dios que me ayude», es lo que contestan con frecuencia las personas cuando se les habla acerca de sus almas. Apenas habrá un obrero cristiano que no haya oído esta afirmación en muchas ocasiones. Y nadie puede dejar de darse cuenta de que lo que provoca esta respuesta es la pretensión de propia justicia. Es indudable que es cierto, porque de manera instintiva los más descuidados y depravados claman pidiendo la ayuda del Omnipotente en tiempos de angustia y de desastre. Pero no es conforme al orden divino. He de clamar: «¡Señor, sálvame!» antes de clamar «¡Señor, *socórreme*!» Antes de tener derecho alguno a pedir su ayuda, debo pedir su salvación. De hecho, no tengo derecho alguno a su buena disposición a ayudar excepto si he recibido su gracia y misericordia. Este orden se reconoce en otras partes del Libro Santo. Por ejemplo, en un tiempo de gran y desesperada necesidad, los gabaonitas enviaron un mensaje urgente a Josué, diciendo: «Sálvanos y ayúdanos» (Jos. 10:6). Y el santo exclama, en el Salmo 46, «Dios es nuestro amparo y fortaleza, nuestro pronto auxilio en las tribulaciones». Obsérvese el orden –primero salvación y luego ayuda, primero «amparo», y luego «pronto auxilio»– sí, un auxilio siempre presente.

Está muy bien decir: «Ya le pido a Dios que me ayude», pero, ¿recibe respuesta esta oración? Ah, esto ya es otra cosa. El ruego desgarrador de la mujer cananea en Mateo 15 fue desoído por el Salvador; aunque los discípulos le rogaban que se lo concediera para librarse de ella (porque indudablemente éste es el pleno significado de su conducta, como se indica en el v. 23). Y todo ello se debía a que no había reconocido y observado el orden divino. De hecho, había asumido una posición totalmente falsa, apelando a Jesús como «Hijo de David», título al que como mujer pagana no tenía derecho a apelar. Solo fue cuando hubo aceptado el puesto que le pertenecía a sus pies que le fue concedida su petición de socorro. ¡Cuán bienaventurado es postrarse humildes a sus pies, en arrepentimiento y confesión! Luego, habiendo llegado a ser mi refugio divino del pecado, Él viene a ser mi ayudador y fortalecedor diario. Habiendo clamado «¡Señor, sálvame!», tengo un humilde derecho a clamar a diario, «Señor, ¡ayúdame!».

I. «¡Señor, sálvame!»: Fue la oración de Pedro por sí mismo cuando se hundía, después de intentar hacer como el Señor le había indicado. El impetuoso Pedro pidió al Señor que le llamase, y el Hijo de Dios no podía hacer otra cosa más que invitarle. Y por uno o dos momentos todo pareció ir bien. También Pedro comenzó a hacer lo imposible, como lo consiguen todos los que confían en el Salvador. Pero, quitando sus ojos del Maestro, comenzó a hundirse, y clamó: «¡Señor, sálvame!». Ésta fue una oración perfecta. Breve, directa, concreta, ferviente, y recibió respuesta inmediata. El Señor no precisa de mucho tiempo para salvarnos. Que brote el clamor del arrepentimiento de un corazón quebrantado y contrito, y Él salva inmediatamente. ¡Oh, alma que te estás hundiendo! ¿Por qué no clamas a Él?

II. «¡Señor, socórreme!» Era el clamor de una persona por otra, el grito clamoroso de una madre por su hija, la expresión de una necesidad desesperada no dispuesta a aceptar un «No» como respuesta, la petición de una mujer dispuesta a tomar cualquier posición humilde siempre y cuando pudiese recibir el beneficio buscado. Y esta oración fue también finalmente contestada. ¿Qué otra cosa podía hacer el Señor? El Reino de Dios sufre violencia, y los fuertes lo arrebatan. ¡Qué reprensión constituye el ruego desesperado de esta madre para muchas de nuestras oraciones por otros! Si nos encendemos de fervor y nos aferramos a Dios, entonces Él no nos negará la ayuda que anhelamos.

904. LA DUDA IRRAZONABLE

«Hombre de poca fe, ¿por qué dudaste?» (Mt. 14:31).

Este «por qué» de Cristo tiene la capacidad de hacer cerrar la boca. Muchos modernos Pedros dudan, encontrándose en medio mismo de la luz y del privilegio y, sin embargo, sin poder dar razón alguna por la que dudan. Y era irrazonable porque tenía la certidumbre:

I. De la bondad de Cristo. Acababa de ser testigo de la alimentación de la multitud por Él con cinco panes. Tiene que haber conocido la gran compasión de Cristo, pero dudó. Puede que tú también vayas hasta tan lejos, creer en su amor, sus padecimientos y muerte, y carecer sin embargo de la certidumbre de la salvación.

II. El poder de Cristo. Él está ahora mismo viéndole caminar sobre la mar. Él sabe cuál es el poder de su omnipotencia, pero duda. ¿No estás perfectamente convencido de que Él es divino, y que le ha sido dado todo poder? ¿Por qué dudas?

III. La presencia de Cristo. Él estaba totalmente confiado en que el victorioso Señor estaba allí mismo, pudiéndole oír y ver; sí, pudiendo tocarle y salvarle, pero dudó. Él está cerca de todos los que claman a Él. Tú lo sabes: como Dios, Él está cerca, y está a la puerta y llamas. Pero dudas.

IV. La buena disposición de Cristo. Pedro había oído de los mismos labios del Señor su entrañable palabra: «Ven». Él sabía que la invitación le había sido dada a Él, y que le había sido dada por Aquel que solo podía dar aquella invitación. Pero dudaba. Jesús sigue diciendo: «Venid a Mí» (Mt. 11:28). Sabéis que este llamamiento es para los que son como vosotros. Dejad de dudar. «¿POR QUÉ DUDASTE?»

905. LA MUJER CANANEA

Mateo 15:22-28

Jesús había dicho: «Al que a Mí *viene*, no le echo fuera» (Jn. 6:37); pero muchas veces en el venir hay que hacer frente a dificultades y vencerlas.

I. Su carácter. Con respecto a su nacionalidad, era:

1. UNA MUJER DE CANAÁN. Representante de una clase que estaba sin esperanza, no teniendo promesa, y sin Dios en el mundo (Ef. 2:12). Eso éramos algunos de nosotros.
2. UNA MUJER EN PROFUNDA ANSIEDAD. «Su hija era atormentada por un demonio» (Mt. 15:22). Su propia alma estaba por ello gravemente atormentada. Su gran necesidad y consciente impotencia la impelieron a Jesús. Bendita sed que nos atrae a tal fuente. Nuestra pobreza, como la del pródigo, es muchas veces el medio que nos incita a ir a la casa de la abundancia.

II. Su petición. Semejante agonía de alma tiene que clamar. Era:

1. UN CLAMOR POR MISERICORDIA. «Ten misericordia de mí» (Mt. 15:22). La oración siempre será corta cuando se siente que la *misericordia* es la primera necesidad. Asegúrate de su

misericordia, y has levantado la compuerta para que corra bendición infinita. Si la misericordia es tu primera súplica, no será tu última.

2. UN CLAMOR AL SEÑOR. «¡Señor, ten misericordia de mí!» (Mt. 15:22). «Señor, ¿a quién iremos sino a ti? Tú tienes palabras de vida eterna». La madre Naturaleza es sorda al clamor de los necesitados.

III. Sus dificultades. La primera prueba con que tropezó fue:

1. EL SILENCIO DE JESÚS. «No le respondió palabra» (Mt. 15:23). ¿No parece alarmantemente extraño que Jesús no dijera nada en semejante oportunidad? Hay una razón necesaria. No tenemos que tratar con Jesús como lo haría uno que hace un experimento. El silencio del Salvador puede conducir a un escudriñamiento más profundo del corazón. Aunque no da una *palabra,* todavía podemos tener esperanza en su *carácter*. Otras dificultades eran:

2. LA CONDUCTA DE LOS DISCÍPULOS. Dijeron: «Despáchala» (Mt. 15:23). Entre el silencio de Jesús y el mal humor de sus seguidores, su fe fue severamente probada. El *comportamiento* de muchos discípulos de Cristo se presta más a alejar que a atraer al Maestro; sus palabras y acciones son tristes representaciones del bondadoso carácter del Señor. ¿Estamos nosotros presentándole favorablemente al demostrar *amor* a los que perecen?

3. SU PROPIA INDIGNIDAD. Jesús dijo: «No soy enviado sino a las ovejas perdidas de la casa de Israel» (Mt. 15:24). Ella no pertenecía a la casa de Israel; por tanto, como gentil pagana no podía *demandar* nada de Él como *Hijo de David*. Estaba llamando a una puerta cerrada. Si *como pecadores* quisiéramos comprar de Él, tenemos que comprar sin dinero. «Nada en mi mano traigo.»

4. LA JUSTICIA DE DIOS. «No está bien tomar el pan de los hijos, y echarlo a los perrillos» (Mt. 15:26). Aquí tenemos una aradura profunda, pero las cuchillas están en las manos de Infinito Amor. Las promesas dadas únicamente a santos no serán echadas a pecadores. Dios no puede ser injusto, aun en la salvación de un alma. Ella no era una *hija* judía; luego por *nacimiento* no tenía esperanza. En Cristo nos encontramos con un Dios justo y un Salvador.

IV. Su argumento. «Sí, Señor; pero aun los perrillos comen de las migajas que caen» (Mt. 15:27). Como diciendo: «Ésa es la verdad, pero como SEÑOR Tú puedes darme a *mí* también lo que necesito». Éste era un razonamiento poderoso, porque era:

1. EL ARGUMENTO DE LA FE. «Oh mujer, grande es tu fe» (Mt. 15:28). Asió fuertemente del carácter del Señor, no como Hijo de David, sino como Hijo de Dios, como Dios sobre todas las cosas, bendito por los siglos. Era también:

2. EL ARGUMENTO DE UN ESPÍRITU QUEBRANTADO. Tomó humildemente su lugar entre los perros sin méritos, pero la *gracia* del Señor podría llegar aún a ella. La gracia se deleita en fluir para *abajo* y llenar a los necesitados. El Señor no despreciará a un espíritu quebrantado y contrito.

V. Su éxito. El suyo fue el triunfo de la fe.

1. OBTUVO LA BENDICIÓN QUE NECESITABA. «Hágase contigo como quieres» (Mt. 15:28). Su «Señor, socórreme» recibe como respuesta su oferta de plenitud omnipotente. La fe podrá ser probada, pero no será defraudada. Aunque Él tarde, espera. Ella conocía su nombre, y confió en Él, y Él no la desamparó (Sal. 9:10).

2. ABRAZÓ UNA OPORTUNIDAD QUE PASABA. Mientras Jesús pasaba ella «habla salido y clamaba» (Mt. 15:22). Ésta era su única oportunidad, y sacó de ella todo el provecho posible. Ten cuidado, no sea que se te escape la tuya. «He aquí ahora el tiempo aceptable; he aquí ahora el día de salvación» (2 Co. 6:2).

906. EL GRAN SANADOR

Mateo 15:29-31

El ministerio público de Cristo comenzó con el bautismo del Espíritu Santo. ¿Y no comienza así todo verdadero ministerio? El primer pronunciamiento que se registra de Él es: «El *Espíritu* del Señor está sobre Mí, por lo cual me ungió para... sanar; ... a proclamar... recuperación de la vista a los ciegos; a poner en libertad a los oprimidos» (Lc. 4:18). Éste es su diploma.

I. La posición del Sanador. «*Subiendo* al monte, *se sentó* allí» (v. 29). Las acciones, lo mismo que las palabras de Cristo, eran proféticas. Mientras estaba sentado en el monte, grandes multitudes acudieron a Él, y Él los sanó a todos. ¡Qué imagen de la posición y del poder de Cristo! Él ha *subido* al monte del cielo, y se ha *sentado* a la diestra de Dios para dar dones a los hombres. El que quiera puede acudir. Nadie es echado fuera. Él sana a todos. Ahora se sienta, como lo hizo en aquel monte junto al Mar de Galilea, *esperando para poder mostrar su gracia.* No se hacen preguntas, no se demanda ninguna paga, no se dan recetas, sino que se imparte ayuda y sanidad instantáneas. Jesús está sentado ante Dios como la única esperanza y salud para un mundo moribundo. «Miradme a Mí, y sed salvos, todos los confines de la tierra, porque Yo soy Dios» (Is. 45:22).

II. El carácter de los sanados.

1. LOS COJOS. Aquellos con piernas desiguales, y cuyo andar es inestable, que tienen muchos altibajos. Hay muchos cristianos cojos intentando en vano andar como aquellos cuyas piernas son iguales. De nada sirve tratar de esconder la cojera. Si hay fallos y debilidades, traedlas a Jesús. Él hace andar a los cojos.

2. LOS CIEGOS. Los que caminan en tinieblas. La vida exterior de ellos puede que no evidencia de vacilación en el andar, pero sus mentes están entenebrecidas. No tienen certidumbre; no saben a donde se dirigen. Dependen de manos humanas para conducirlos; no tienen el ungüento del Espíritu Santo. Él puede hacer que los ciegos vean por sí mismos.

3. LOS MUDOS. Éste es un tipo de aquellos que pueden tanto ver como *caminar*, pero cuyos *labios* están sellados. Conocen la verdad, y sus acciones pueden ser intachables, pero sus *lenguas* están mudas para Dios. Bellezas morales, pero mudos espirituales. Este gran Sanador puede también hacer hablar a los mudos.

4. LOS MANCOS. Literalmente, «mutilados». Ésta es una clase muy abundante, y penosa. Una vez tuvieron manos y pies y lenguas para Dios, pero el pecado ha mutilado y echado a perder sus miembros, de modo que ahora son inútiles en el servicio de Cristo. Una vez tuvieron poder, pero el Espíritu Santo está contristado, y el testimonio de ellos ha quedado mutilado (véase Jue. 16:20). «(Yo) *sanaré* vuestras apostasías» (Jer. 3:22).

5. LA GRAN COMPAÑÍA INDEFINIBLE. «Y otros muchos.» Entre los de esta clase se encontrarían «toda suerte», los enfermos, los tristes, los enfebrecidos, y los quebrantados de corazón. Cristo puede sanar toda enfermedad. Todo lo que dificulta nuestro gozo en Dios y nuestro testimonio para Él puede ser confesado como enfermedad. ¿Se trata de cuitas, ansiedad, tendencia a la ira, temor, desesperanza? *Él sana todas tus dolencias.*

III. El lugar de la sanidad. «Los pusieron a los pies de Jesús» (v. 30). El lugar de bendición está a los pies de Aquel que puede andar sobre las tormentosas olas de los dolores de la humanidad (Mt. 14:25). Aquellos pies sangrantes en la cruz del Calvario proclaman la victoria por medio de su sangre sobre cada pecado a todos los que creen. El camino a este lugar de perfecta sanidad es *descender, descender* a los pies de Jesús.

IV. Los resultados que siguieron.

1. LOS SANADOS DIERON TESTIMONIO. Vieron a los mudos *hablar*, a los cojos *andar*, a los ciegos *ver*, y a los mutilados *sanados*. Cada uno de ellos empleó el don recibido para gloria del Gran Sanador. ¡Qué cambio! El poder de Cristo no podía quedar oculto en las vidas de los sanados.

2. LA MULTITUD GLORIFICO A DIOS (v. 31). ¿Por qué la multitud ha dejado de maravillarse y de glorificar a Dios en la actualidad? ¿No tenemos acaso al mismo Salvador todo suficiente hoy esperando para darnos completa sanidad, para que nuestras vidas puedan ser dignas de su todopoderosa gracia y poder sanador? «Así alumbre vuestra luz delante de los hombres, de tal modo que vean vuestras buenas obras, y *glorifiquen* a vuestro Padre que está en los cielos» (Mt. 5:16).

907. LA VERDADERA ABNEGACIÓN

«Y Pedro, tomándole aparte, comenzó a reprenderle, diciendo: Ten piedad de ti, Señor».

«Entonces Jesús dijo a sus discípulos: Si alguno quiere venir en pos de mí, niéguese a sí mismo, y tome su cruz, y sígame» (Mt. 16:22, 24, V.M.).

Introducción. Ten piedad de ti, Niégate a ti mismo.

DIFERENCIA.

1. ¡Qué inmensa diferencia entre estas dos declaraciones!

2. Sin embargo, o se hace lo uno, o se hace lo otro. O bien uno tiene piedad de sí mismo y se pone a un lado, o bien uno se niega a sí mismo, ignorando el Yo.

MARAVILLA.

1. La gente a menudo se asombra de que relativamente hablando haya tan pocos discípulos de Cristo.
2. En realidad, deberíamos asombrarnos de que haya tantos.
3. Mirad las condiciones del discipulado: no son fáciles.
4. Porque ningún maestro ni conductor había jamás propuesto estas condiciones.
5. En la historia profana leemos de muchos nobles actos de abnegación, pero no de vidas de habitual abnegación.
6. Sin embargo, es esto lo que el Señor demanda de sus seguidores: se tiene que llevar a cabo cada día. San Lucas añade esto en su relato en Lucas 9:23.
7. No se trata de algo ocasional, sino de nuestro hábito y práctica normales.

POR PRIMERA VEZ.

1. Ésta es la primera vez que nuestro Señor hace referencia a la negación del Yo como condición de discipulado.
2. Llevar la cruz y la negación del Yo no habían sido hasta ahora la marca del discipulado.

RESULTADO.

1. Hasta que nuestro Señor hizo esta declaración, tuvo muchos discípulos.
2. Hasta este tiempo nuestro Señor había proclamado el Evangelio del Reino.
3. Pero había sido rechazado.
4. Ahora indica un nuevo orden de cosas: un llamamiento afuera.
5. Por primera vez habla de la Iglesia.
6. Ahora no se trata del Reino, sino de la Iglesia.
7. Y a partir de aquí, sus seguidores disminuyeron en número.

EVIDENCIA DE HUMANIDAD.

1. ¿No detectas una evidencia de su humanidad en la pregunta que les hace a los discípulos? (vv. 13 y 15).
2. Deseaba oír de boca de sus discípulos (naturalmente, Él ya lo conocía) cuál era la valoración que el mundo hacía de Él.
3. ¡De qué maneras más diversas le veían a Él!: como Juan, el ascético; Elías, ardoroso, entusiasta e inflexible; Jeremías, el profeta de tierno corazón y llanto. Veían a los tres en Él.
4. Luego les preguntó: «Y vosotros, ¿quién decís que soy yo?» Quería que le dijesen cuáles eran sus pensamientos acerca de Él.

OPINIONES.

1. Pero en estas preguntas hay algo más que una evidencia de humanidad.
2. ¿No se manifiesta aquí su profundo interés por las opiniones de sus discípulos?
3. Los hay que dicen: «No importa qué opinión tengamos. Es la conducta lo que cuenta».
4. Esto es absolutamente falso: el credo influye en la conducta.
5. Los inquisidores tenían corazones de carne, pero credos de hierro.

¿Qué hubiese sucedido si hubiese tenido compasión de Sí mismo?

1. «Desde entonces» comenzó a hablar de la cruz y de la negación del Yo.
2. Esto fue demasiado para el amante e impulsivo Pedro.
3. Si Él se hubiese compadecido de Sí mismo, nosotros nos hubiésemos encontrado sin remedio.
¿Y SI TÚ TE COMPADECES DE TI MISMO? Si nos compadecemos a nosotros mismos y nos echamos a un lado, nos encontraremos al final en una lastimosa condición a pesar de la muerte expiatoria de Cristo.

¿Quién lo sugiere?

1. Observemos: la sugerencia de compadecerse de uno mismo es de Satanás.
2. Negarse a uno mismo proviene de Dios.

I. La naturaleza de la negación de uno mismo.

Concepto General.

1. El concepto que se tiene generalmente es el que se evidencia en semanas de negación de uno mismo en el sentido de abstenerse de ciertas cosas, de alimentos o de placeres: de cosas placenteras para el hombre natural.
2. Sería bueno ver más de esto.
3. Pero la verdadera negación de uno mismo es mucho más que esto.
4. Es posible que el Yo, el Ego, llegue a ser muy prominente en la negación de uno mismo.
5. Y mucha pretendida negación de uno mismo es en realidad una glorificación del Ego.

«A Sí mismo».

1. Obsérvese que estas palabras fueron dirigidas a hombres que ya habían hecho grandes sacrificios para seguir a Jesús.
2. Pero Él les pedía un sacrificio aún mayor: El de ellos mismos.
3. Obsérvese: negarse no solo cosas, sino a sí mismos.
4. Negarnos cosas es solo un aspecto de la abnegación.

II. La necesidad de la negación de uno mismo. Puede que preguntes: «¿Por qué he de negarme a mí mismo?».

1. NO HAY SALVACIÓN SIN NEGACIÓN DE UNO MISMO.
a. No creas que es cosa poco importante, o que se trate meramente de un gran logro de algunos pocos de los santos.
b. Es algo que todos deben tener para la salvación.
c. Como dijo Baxter, el Puritano: «Es una llana contradicción ser salvo sin negarse uno a sí mismo. Porque es del Yo que hemos de ser salvos, y por eso apegarse al Yo es estar perdido y desgraciado, y por ello no ser salvo.
d. El Yo es la raíz, el árbol y las ramas de todos los males de nuestra naturaleza caída.
e. Cada hijo e hija de Adán están al servicio del Ego, y, ¡qué servicio más terrible y desastroso es!
f. ¿Qué hizo que Eva se apresurase hacia el fruto prohibido, sino su Ego? ¿Qué llevó a Caín a matar a su hermano Abel, sino un Ego desbocado? ¿Qué llevó al mundo antiguo a corromper sus caminos? ¿Quién sino ellos mismos, sus pecaminosos Egos?
g. Oíd a Rutherford: «Cada hombre le echa al diablo la culpa de sus pecados, pero el gran diablo, el diablo doméstico de cada hombre, el diablo doméstico que come y anida en el seno de cada hombre, es aquel ídolo que lo mata todo, él mismo. ¡Oh! ¡Benditos son los que pueden negarse a sí mismos, y que ponen a Cristo en lugar de ellos mismos!
h. Recuerda esto: «Hasta que el hombre llega a negarse a sí mismo, está negando a Dios» (B.)
i. «Niégate a ti mismo, o negarás a Cristo» (B.) porque el Yo es a la vez ateo e idólatra, el Ego es un Anticristo, y se gloría en su propia exaltación.
j. El acto inicial de negación de uno mismo que nos lleva a la salvación ha de llegar a ser el hábito de nuestras vidas.
2. NO PUEDE HABER UN SERVICIO EFICAZ PARA DIOS SIN ABNEGACIÓN.
a. Un hombre y un chico fueron a pescar. El chico atrapó muchos peces, pero el hombre no consiguió que le picase ni un pez.
b. El hombre le preguntó por qué, y el chico le dijo: «¡Te ven demasiado grande, hombre; te habrás de agachar!».
c. Era un hombre alto, y erguido, y con el sol a sus espaldas arrojaba su sombra sobre el agua, asustando a los peces.
d. Es la sombra del Ego lo que estropea nuestro trabajo.

III. El ejemplo que dio nuestro Señor de abnegación.

1. CONTEMPLA LA VIDA DE NUESTRO SEÑOR; PONDERA ESTOS DICHOS.
a. «No puedo yo hacer nada por mí mismo» (Jn. 5:30).
b. «No busco mi voluntad, sino la voluntad del que me envió» (Jn. 5:30).
c. «Nada hago por mí mismo, sino que según me enseñó el Padre, así hablo» (Jn. 8:28).
d. «Las palabras que yo os hablo, no las hablo por mi propia cuenta, sino que el Padre que mora en mí, él hace las obras» (Jn. 14:10).
e. Por ellos yo me santifico a mí mismo» (Jn. 17:19).
2. APRENDAMOS.
a. Él vino a esta tierra por la voluntad del Padre.
b. No habló una sola palabra por su propio poder.
c. No hizo ningún acto por Sí mismo.
d. Fue movido y controlado por Dios.
3. SI JESÚS PENSABA QUE ERA NECESARIO NEGAR UN EGO SANTO, ¿QUÉ DIREMOS DE NUESTRO EGO PECAMINOSO?

IV. El camino a una vida de abnegación. Pero, ¿cómo es posible vivir una vida así? Andando cerca de Él.

1. Un niño pequeño estaba andando junto a un misionero, de camino a una reunión. Mientras andaban, el pequeño se divertía con las sombras que echaban contra la pared. Después de inten-

tar en vano impedir que su sombra quedase fuera de la de su amigo, abandonó el intento, y le dijo: «Por favor, déme la mano». Al cabo de un momento, gritó: «Oh, mire, ahora no me puede encontrar. No puede encontrar nada de mi sombra. Estoy perdido en usted».

2. Exactamente.
3. Si intentas negar tu Yo por ti mismo, fracasarás.
4. Es solo la comunión con Él que lo hace posible.
5. Es solo al andar con nuestra mano en la suya.
6. ¡Cuán significativa es esta oración!: «Y Pedro seguía de lejos». Si seguir de lejos llevó a Pedro a negar a su Maestro, seguirle muy de cerca llevará a una diaria negación del Yo.

Conclusión

1. Compadecerse a uno mismo es destruirse a uno mismo.
2. No puedes «seguir *en pos*» si no acudes primero a Él.

908. SALVADOS AL PERDER

«Porque todo el que quiera salvar su vida, la perderá; y todo el que pierda su vida por causa de mí, la hallará» (Mt. 16:25).

En otras palabras, si vamos a salvar el alma o la vida, debemos perderla. ¡Qué, salvar mi vida perdiéndola! ¡Esto suena extraño! ¿Quién podría haber pensado en esto? Todos los evangelistas registran esta declaración, y esto es a la vez una prueba de su importancia y del efecto que tuvo sobre ellos. Ciertamente, el camino divino de la salvación es totalmente diferente al del hombre. Aquí se enuncia un gran principio: Lo que guardo, lo pierdo; lo que pierdo, lo retengo. –Pero, ¿cómo puede ser? –exclamarás tú. Nos gustaría asociar Jn. 12:24 con este pasaje de la Escritura: «De cierto, de cierto os digo, que si el grano de trigo no cae en la tierra y muere, queda solo; pero si muere, lleva mucho fruto». Aquí tenemos un labrador que tiene una buena reserva de precioso grano. Desea salvarlo, pero a fin de salvarlo ha de perderlo. Lo que el granjero siembra, lo preserva; lo que guarda en el granero se deteriora en almacén, o se lo comen las plagas. Si un grano de trigo no es echado a la tierra, quedará solo por un tiempo, y finalmente dejará de existir. La única manera de salvar el grano de trigo es perdiéndolo. Lo mismo que en el mundo de las plantas, así es el mundo moral y espiritual. En Lucas 17:33, nuestro Señor aplica este principio al tema de nuestra salvación, y en Mateo 10:39 a la cuestión del servicio cristiano.

I. Para salvar mi alma, debo perderla. ¿Qué es el alma? Es la parte inmortal y eterna de mi ser; es «mi pensamiento»; es yo mismo. En los tiempos antiguos de los piratas, cuando eran perseguidos por estas plagas del mar, el capitán y los pasajeros de la nave perseguida echaban al agua el oro, la plata y los objetos valiosos, donde podrían recuperarlos más tarde. Los perdían a fin de poderlos salvar. En tiempos de peligro se depositan los preciados tesoros en bancos, y los diamantes en tránsito se guardan en la caja fuerte del capitán del barco, para quedar a salvo. Perdidos, para ser salvados. Amigo, ¿has descubierto ya que tienes una Joya de inmenso valor? Esta joya es tu alma. Muchos tratan a sus almas como la gente del Transvaal trataban al principio a los diamantes, cuando, sin saber el valor que tenían, las daban a sus niños para que jugasen con ellos, e incluso las usaban en las paredes de barro de sus granjas. El alma es de veras una preciosa joya, y para que quede a salvo ha de quedar perdida en Dios. Así como el granjero, para salvar su trigo, lo encomienda al cuidado de Dios echándolo en la tierra, así nosotros, para salvar nuestras almas, debemos, empleando las palabras de Pedro, encomendar nuestras almas al fiel Creador, haciendo el bien (*cf.* 1 P. 4:19). Naturalmente que no encomendamos nuestras almas a Dios para perdernos en Él en el sentido que creen los budistas y panteístas, esto es, para quedar totalmente absorbidos en la Deidad, porque retenemos para siempre nuestra personalidad e identidad.
Muchas cosas que se pierden nunca se vuelven a hallar; no es así con nuestras almas. Pero éstas no se encuentran tal como se perdieron. La semilla perdida se encuentra en una gloriosa cosecha. Esto es también así respecto a nuestras vidas. Si el Señor no ha venido aún, puede que tengamos que perderlos en el sepulcro, pero en la mañana de la Resurrección tendremos un gran encuentro (véase 1 Co. 15:42-44). Sin embargo, ahora tiene lugar un cambio casi igual de grande en el alma escondida en Dios. Las perlas, cuando han perdido su lustre, lo recuperan poniéndolas en el mar. Cuando somos escondidos en Dios, se recupera, por su gracia, el lustre de la blancura y de la pureza.

II. Para salvar mi vida, debo perderla. Existe la terrible posibilidad de que aunque salvemos el alma, perdamos la vida. Esto es lo que sucedió con el ladrón de la cruz: salvó su alma, pero su vida se había perdido en el servicio del pecado, y por ello quedó irremediablemente perdida. ¡Qué maravilloso que es que las vidas jóvenes se rindan al Señor Jesús, y que sean vividas para su glorioso servicio y para su gloria! Pero muchos de los que se vuelven al Señor en su juventud pierden sin embargo sus vidas porque aunque han salvado sus almas, sus vidas no han sido plenamente entregadas a Dios. ¿Sabes la diferencia entre un trozo de carbón y un valioso diamante? Este último recibe la luz y luego la devuelve, mientras el primero absorbe toda la luz y no da ninguna. Nuestro Señor dijo de Juan que era «antorcha que ardía y resplandecía». No podemos brillar sin quemar, esto es, sin perder. La mujer de Sansón lo traicionó, para salvarse ella misma y a su familia de ser quemados, pero cayó víctima del mismo mal que intentaba evitar. Y así, en la aplicación que hace de este principio al servicio, el Señor viene a decir: «Si te parece que seguirme a Mí es, como ciertamente es, cosa muy peligrosa, y decides que quieres salvar tu vida no negándote a ti mismo y no tomando tu cruz, el mismo mal que quieres evitar te alcanzará al final».

909. LA TRANSFIGURACIÓN Y SUS LECCIONES

Mateo 17:1-9

Jesús acababa de comenzar a mostrar a sus discípulos cómo Él debería sufrir muchas cosas, y ser muerto (Mt. 16:21); pero antes de que la terrible tiniebla se extienda sobre la Cruz, Él les da aquí un pasajero atisbo de su gran gloria. Necesitamos estas manifestaciones para sustentarnos en el tiempo de dolor y de pruebas. Cuando llegamos a este monte somos tan susceptibles a quedar cegados por la «gloria de la luz «que podemos llegar a ser incapaces de ver las útiles lecciones que pudiéramos aprender. Podríamos aprender que:

I. Estar a solas con el Señor es un glorioso privilegio. «Jesús *tomó* a Pedro, a Jacobo y a Juan su hermano (...) y se transfiguró *ante ellos*» (vv. 1, 2). «Subió al monte a orar» (Lc. 9:28); allí, a solas con Él, contemplaron ellos su gloria, y fueron testigos oculares de su majestad. Fue un derramamiento prematuro de la gloria *oculta* del Hombre cuyo rostro fue más desfigurado que el de cualquier otro hombre. Si queremos conocer a Jesús en toda su gloriosa plenitud, estemos mucho tiempo con Él a solas en el tranquilo monte de la oración. Esperamos estar a solas con Él en la eternidad; ¿Por qué no buscar mucho de su presencia en el aquí y ahora?

II. El Señor es infinitamente más glorioso de lo que los hombres lo ven ahora. Y entretanto que oraba, «Su rostro resplandeció como el sol, y sus vestiduras se volvieron blancas como la luz» (v. 2). Había una doble gloria: aquella que resplandeció del cielo procedente del Padre, y aquella que surgía de Él mismo como imagen del Padre. El ojo carnal no veía hermosura en Él, pero Él era igualmente hermoso por dentro. La gloria oculta de Cristo y la gloria oculta del cristiano se manifestarán en un día aún futuro. El mismo «Señor el Espíritu«que ha transfigurado nuestras almas también transfigurará un día nuestros cuerpos (2 Co. 3:18; 1 Jn. 3:1, 2).

III. La muerte de Cristo es el tema más importante bajo el cielo. «Moisés y Elías [estaban] hablando con Él» (v. 3); y Lucas dice: «Hablaban de su partida, que iba Jesús a cumplir en Jerusalén». La muerte de Cristo tenía un maravilloso significado: para el cielo, para la tierra, y para el infierno. Pensemos en el contraste entre el *tema* de la conversación de ellos y la *apariencia* de Aquel designado para morir en la cruz. ¿Qué pensarían Moisés y Elías de nuestros actuales charlatanes religiosos que niegan la muerte expiatoria de Cristo?

IV. la gloria del Señor puede ser apreciada solo mínimamente en nuestro actual estado. «La voz que acompañó a la gloria debe haberlos aterrorizado. Cayeron sobre sus rostros y se llenaron de temor». Moisés tuvo que ser ocultado en una hendidura de la peña para poder contemplar las espaldas de la gloria divina; Pablo, arrebatado al Paraíso, oyó y vio lo que era *inenarrable*. El Sumo Sacerdote nunca intentó explicar la «gloria de la Shekinah». Suficiente tenemos con que Dios nos dé en gracia lo que podemos sobrellevar.

V. Solo el Señor es suficiente para consolar al corazón turbado. «Entonces Jesús… los *tocó*, y *dijo* (…) no temáis. Y cuando alzaron sus ojos, no vieron a nadie, sino a Jesús solamente» (v. 8). Cuando la Palabra viva de Dios toca el alma entristecida o conturbada, es suficiente. Aunque todo lo demás falle, y huya de nosotros todo sentimiento de bienestar, «Si tengo a Jesús, solo a Jesús, entonces mi cielo una joya tendrá». El *toque* y la *palabra* de Jesús son suficientes para aliviar cualquier herida.

VI. La resurrección del Señor es el fundamento del Evangelio. «No digáis a nadie la visión, hasta que el Hijo del Hombre resucite de los muertos» (v. 9). El Evangelio de la gloria tiene que venir *después* que el Evangelio de la Cruz. «Si Cristo no resucitó, vana es entonces nuestra predicación» (1 Co. 15:14). Pero Cristo *sí ha resucitado;* por ello, proclamad la visión de su gloria. Él ha sido exaltado para ser Príncipe y Salvador.

VII. Oír la Palabra del Señor es un mandamiento de Dios. «Éste es mi Hijo amado, en quien tengo complacencia; *a Él oíd*» (v. 5). Y deberíamos darle oído, por cuanto el Padre «tiene complacencia«en todo lo que Él dice. Oigamos:

1. LA VOZ DE SU PALABRA. Él es un gran Maestro que ha venido de Dios, con el mensaje de Dios a los pecadores.
2. LA VOZ DE SUS OBRAS. «Las mismas obras que Yo hago, dan testimonio de Mí» (Jn. 5:36). Obras milagrosas y misericordiosas. «Creedme por las mismas obras» (Jn. 14:11).
3. LA VOZ DE SU SANGRE. La sangre que *habla* mejores cosas que la de Abel. La sangre de Jesús habla de *satisfacción* con respecto a Dios, y de paz con respecto al hombre.
4. LA VOZ DE SU ESPÍRITU. Aquel Espíritu que hace intercesión por nosotros con *gemidos* indecibles, y que busca transformarnos a imagen de Cristo. Oídle, y sed hechos semejantes a Él.

910. LA CONVERSIÓN

«De cierto os digo, que si no os volvéis y os hacéis como los niños, de ningún modo entraréis en el reino de los cielos» (Mt. 18:3).

Después de una larga y penosa travesía, una nave, en mal estado, medio desarbolada tras haber sufrido muchas tempestades, estaba arribando a puerto. De repente el capitán se dio cuenta por la carta de navegación que el timonel estaba dirigiendo la embarcación contra unos arrecifes ocultos. ¿Qué pensáis que hizo? ¿Poner los hombres a las bombas, fregar la cubierta, izar velas o pintar el casco? Naturalmente que no. Claro que se trata de cosas buenas y bien necesarias en su lugar, pero si se ha de salvar la nave, se debe cambiar de rumbo; se ha de dar un golpe de timón.

Todos estamos en el océano de la vida, navegando con uno u otro rumbo. Si no convertidos, entonces la frágil barca de la vida se dirige a la destrucción. Y esta realidad se puede descubrir examinando la carta: el Libro de los libros, la Biblia. Si el rumbo está errado, ¿qué debemos hacer? ¿Intentar el automejoramiento? ¿Librarnos de malos hábitos y cultivar los buenos? Todo esto está bien y es apropiado en su lugar, pero si el alma ha de ser salvada del naufragio, se ha de alterar el curso: ¡tienes que dar media vuelta! Esto es precisamente lo que declara el texto en el encabezamiento. Recuerda esto, que si no te vuelves, nunca alcanzarás el puerto deseado. *La conversión es por tanto una necesidad absoluta.*

«Pero he intentado volver, y aunque consiguiéndolo por un tiempo, descubro que estoy al cabo de poco tiempo en las viejas singladuras». Puede que sí, pero esto demuestra que no has aprendido aún el importantísimo secreto. Si el timón quiere volver a su posición original, entonces se necesitan dos hombres al timón. Esto es necesario en medio de las tormentas en el mar. Uno solo al timón no puede mantener la nave en el rumbo correcto. ¡Ah, ésta es la razón por la que tantos fallan en la travesía espiritual de la vida, nunca han sentido la necesidad de la Mano horadada! ¡Nunca han invitado al Piloto a que suba a bordo!

De hecho, no es suficiente con un mero cambio de rumbo. Existe lo que se llama «Hacer borrón y cuenta nueva», pero esto no es la conversión. La palabra «convertirse» proviene del latín «*vert*», volverse, «*con*», juntamente; es decir, un volverse pero no solo y sin ayuda, sino acompañado de alguien. Hechos 3:26 nos ilustra este punto de manera hermosa. «Dios ha resucitado a su Siervo, ... y lo ha enviado para bendecirnos, haciendo que cada uno se convierta de sus maldades». Ahí está la verdad de la conversión: Él hará la vuelta con tu consentimiento; Él pondrá su mano en el timón de tu vida, y no solo te volverá al rumbo correcto, sino que te mantendrá en él, y ésta es la bendición necesaria. Lo mismo que el pródigo, te encuentras en un país apartado; a diferencia de él, no tendrás que encontrar a solas el camino de vuelta al Padre, porque el Señor Jesús está ahí, anhelante por acompañarte de regreso. «¿Irás con este hombre?» Ésta es la cuestión primordial. Considera de nuevo el texto en el encabezamiento: «Si no os volvéis». Esto significa la obra de otro. Y este Otro no es nadie más que el Señor. Henry Martyn declaró que la conversión de un hindú es un milagro mayor que la resurrección de los muertos. Pero es que cada conversión es un milagro, y un milagro que solo Dios puede llevar a cabo. *Así se ve claramente la verdadera naturaleza de la conversión.*

Si ha habido conversión, este cambio se hará evidente de muchas maneras. A un granjero chino, que hablaba de su fe en Cristo, le pidieron que diese alguna prueba concreta de aquella conversión. Después de pensarlo un momento, dijo: «Creo que tengo una pequeña prueba. Cuando limpiaba mi campo de piedras, me era más cómodo echarlas a los campos de mis vecinos. Ahora ya no hago esto. Las llevo y las echo a un barranco, o a un lugar parecido, donde no vayan a molestar a nadie». Ésta era desde luego una prueba de conversión bien convincente, y sería bueno si más pudiesen dar un testimonio similar. Sea como sea, *siempre habrá alguna prueba convincente de la realidad de la conversión en todos los verdaderos creyentes.*

Pero observad que se precisa de algo más que de la conversión: «y os hacéis como los niños». Nuestro Señor no habla solo de la necesidad de la conversión, sino también de la sencillez infantil. ¿No deberíamos tomar este espíritu sencillo como un fruto de la conversión? Ésta fue la réplica de nuestro Señor acerca de la grandeza en el Reino. No había nada malo en la mera formulación de esta pregunta o en el deseo de crecer. El error residía en el espíritu que subyacía a la pregunta. La respuesta de nuestro Señor debió parecerles a los indagadores como un jarro de agua fría. Antes de interesaros acerca de la grandeza en el Reino, cercioraos de que habéis entrado en aquel Reino.

¡Qué extraña parece la respuesta de nuestro Señor! Para llegar a ser grande has de llegar a ser pequeño: de hecho, llegas a ser grande volviéndote pequeño. Esto debe haber sobresaltado a los discípulos. Y desde luego es la primera vez que maestro alguno se atrevió a proponer este ideal. Pero es cierto. El lema del reino de este mundo se encuentra en Génesis 3:5; el lema del Reino de los Cielos es el texto que hemos dado en el encabezamiento. Para ver ambos lemas bajo su verdadera luz, pongámoslos juntos: «Seréis como Dios». «Haceos como los niños». Satanás declaró que el camino a la dicha y a la bienaventuranza era haciéndose grande. El Señor dijo que el camino no solo a la bienaventuranza, sino a la dicha, es haciéndose pequeños. ¿Cuál es la verdad? Solo tienes que considerar a los exponentes de estos dos puntos de vista para encontrar en sus vidas y destino la veracidad o falsedad de sus declaraciones. El Señor fue y es el mayor Predicador y modelo de la humildad, y Satanás fue y es el mayor predicador y modelo de soberbia. «La gran ambición de Satanás era llegar a ser dios, y se hizo diablo; uno de los supremos actos del Hijo de Dios fue hacerse un niño, 'por lo cual Dios también le exaltó hasta lo sumo, y le otorgó el nombre que es sobre todo nombre'. Así es en nuestro caso. Tratando de llegar a ser dioses, los hombres se transformaron en demonios; tratando de volverse como niños, se vuelven divinos, participantes de la naturaleza divina».

En casos de enfermedades serias, ¡qué felices nos sentimos cuando el doctor puede decir: «Ha hecho el giro para mejor». Y al considerar el Gran Médico tu caso, querido lector, ¿puede Él decir que has cambiado tú para mejor? ¿Has sido convertido, ya? Si no, ponte en sus manos, y Él te conducirá.

911. LA CONVERSIÓN

«De cierto os digo, que si no os volvéis y os hacéis como los niños, de ningún modo entraréis en el reino de los cielos» (Mt. 18:3).

I. El privilegio ofrecido. «El reino de los cielos.» Este reino de los cielos no es de este mundo. Este higo no puede crecer de un abrojo. Es lo que el mundo no puede dar:

1. JUSTICIA. «El reino de Dios es justicia» (Ro. 14:17). Poner el *derecho* de una manera recta, y rigiendo rectamente.
2. PAZ. El reino de Dios es «paz» (Ro. 14:17). En perfecta armonía con Dios.
3. GOZO DEL ESPÍRITU SANTO (Ro. 14:17). La justicia de Dios, la paz de Jesucristo, y el «gozo del Espíritu Santo».

II. El cambio necesario. La conversión: «Volverse». Este es el sentido del término griego, *girarse.* El agua de la naturaleza tiene que ser vuelta en el vino de la gracia. La única forma en que un mineral puede entrar en el reino vegetal, o que un vegetal puede pasar al reino animal, o el animal humano al reino espiritual, es sufriendo un cambio radical. «Nacido de nuevo», hecho una nueva creación en Cristo Jesús.

III. La evidencia de la conversión. «Como ese niño.» No un muchacho que se considera un hombre. Es un gran paso atrás (o hacia arriba) hacia la honrada simplicidad de un niño confiado. Miremos también algunas de las características de un niño *pequeño:*

1. INCONSCIENTE HUMILDAD. Humilde, pero sin estar consciente de ello. Sin duplicidad. Escogiendo instintivamente el puesto inferior.
2. DEPENDENCIA TOTAL. Simple, sin ansiedad acerca del futuro. Como las aves, sin tener inquietud acerca de su vida. Manteniéndose cerca de su padre, estimando que papá es el mayor y mejor hombre del mundo.
3. RECEPTIVIDAD SIN DUDAS. Listo para aprender y obedecer. Una madre decía no hace mucho: «Cuando mis hijos eran pequeños *me creían*, pero ahora...» La evidencia de la conversión se ve en el *carácter*, no en la profesión. No es poner una cabeza vieja sobre hombros jóvenes, ni una cabeza joven sobre hombros viejos, sino volverse *niños* pequeños. «¿Cómo puede ser eso?» (Jn. 3:3).

912. CONVERSIÓN

«De cierto, de cierto os digo, que si no os volvéis y os hacéis como niños, de ningún modo entraréis en el reino de los cielos» (MT. 18:3).

Ésta fue la respuesta de Cristo a algunos de sus propios *discípulos*, que le habían estado preguntando, de una manera como medio curiosa y medio autoconfiada: «¿Quién es, entonces, mayor en el reino de los cielos?» No todos los que pretenden ser seguidores de Jesucristo están apropiadamente convertidos. Aquí se deberían observar tres cosas:

I. La necesidad de la conversión. «Si no os volvéis y os hacéis como los niños, *de ningún modo entraréis en el reino de los cielos.*» Puede que en cierto sentido seamos discípulos, y con todo no idóneos para el Reino de Dios. Aquellos que no tienen que ser convertidos son aquellos que ya lo han sido en uno u otro momento, porque «Todos nosotros nos descarriamos como ovejas, cada cual se apartó por su camino». Puede que haya una conformidad exterior donde hay una deformidad interior. El árbol tiene que ser hecho bueno antes que el fruto sea bueno; tiene que ser limpiada la fuente del corazón si las corrientes de los pensamientos y de los sentimientos han de ser puras. No podrán entrar en el Reino de los Cielos aquellos que egoístamente buscan su propio bien, y no la gloria de Dios. La insumisión a la voluntad y al propósito de Dios es rebelión contra este Reino, que es «el gobierno de los Cielos».

II. La naturaleza de la conversión. «Si no os *volvéis.*» Es un giro, un giro desde la autoconfianza y el gobierno de uno mismo al gobierno de Dios. Saulo estaba totalmente convertido en el momento de decir: «Señor, ¿qué quieres que yo haga?» Se había vuelto de sus propios planes y propósitos a los planes y propósitos de su Señor y Salvador. En un sentido, tenemos que convertirnos muy a menudo, porque cada vez que nos volvemos a un lado, como los peregrinos de Bunyan, desviándonos a cualquier camino lateral que nos aparta de la comunión con el Señor, precisamos de otra conversión, de otro volver, si queremos entrar de nuevo en el pacífico Reino de los Cielos. Cristo «padeció una sola vez por los pecados, el justo por los injustos, para llevarnos a Dios». Si no hemos sido *vueltos a Dios* estamos aún sin convertir; y si hemos sido así convertidos, y no estamos ahora caminando en la luz y en el gozo de su presencia, está bien claro que precisamos de otro giro hacia él. «Volveos, volveos, ... ¿por qué queréis morir?»

III. La evidencia de la conversión. «Y os hacéis como los niños.» El niñito que Jesús «puso en medio de ellos» era para ellos una gráfica lección de humildad y de confianza. Aquellos que están totalmente vueltos a Dios tienen una mente tan abierta y tanta sumisión como los niñitos. Están muy conscientes de sus propias debilidades, y libres de toda impía ambición y de intrigas secretas. Son inocentes, afectuosos y sinceros, sin doblez e hipocresía. Hacerse como *niños* es tener el pasado borrado y perdonado, y comenzar una nueva vida en base de otra y manera, celestial. Es solo cuando uno se convierte y se hace como un niñito que se le pueden abrir todas las expectativas y oportunidades de toda una vida por delante. No ha comenzado a vivir de una manera real y verdadera, si no se ha *vuelto a Dios.* «Dios se aíra con el inicuo todos los días. Si no se vuelve, él afilará su espada» (Sal. 7:11, 12, V.M.).

913. LA CONVERSIÓN
Mateo 18:3

He aquí tres razones por las que es necesaria.

1. Pues por **naturaleza** no somos ahora como «niños pequeños».
2. Actualmente somos **inaptos** para «el Reino de los Cielos».
3. Porque **Cristo** dice: «Si no os volvéis... de ningún modo entraréis». Y Él lo sabe bien.

914. EL SIERVO IMPLACABLE
Mateo 18:23-35

Pedro acababa de preguntar: «¿Cuantas veces perdonaré?», insinuando incluso que estaba dispuesto a hacerlo siete veces. Pero las setenta veces siete de Cristo nos enseña a ejercer el amor en conformidad a su propio corazón: el «amor que nunca deja de ser». En esta parábola se exponen dos grandes verdades: «La necesidad de ser perdonado; (2) la necesidad de perdonar a otros.

I. Lo lamentable de su condición. Su verdadero estado solo quedó de manifiesto cuando comenzó a pasar cuentas con su Señor. Llegará el día de pasar cuentas en el que todo lo oculto será revelado. Veámosle

1. COMO UN GRAN DEUDOR. «Debía diez mil talentos» (v. 24). [Esta suma equivalía a 600. 000 denarios, lo que equivalía a los ingresos de un jornalero durante casi ¡2.000 años! (*N. del T.*)] Nuestras deudas de unos a otros pueden ser medidas en términos de cien denarios, pero nuestra deuda con Dios es infinita. ¿Cuánto debes tu a mi Señor? Amarás al Señor tu Dios con todo tu corazón, con toda tu alma, con toda tu mente y con todas tus fuerzas. ¿Cuántos de sus bienes hemos dilapidado?
2. COMO INSOLVENTE IRREMEDIABLE. «No teniendo Él con qué pagar...» (v. 25). A los ojos de sus semejantes es rico y honorable; en la presencia de su señor es un miserable insolvente. Ha pecado, y se ha quedado corto, muy corto. Es una miserable e imposible tarea intentar cumplir todas las demandas de un santo Dios y Señor mediante nuestros propios egoístas esfuerzos. «Por las obras de la ley ningún ser humano será justificado delante de Él» (Ro 3:20). Impotentes.
3. COMO BAJO CONDENACIÓN. «Su Señor mandó que fuera vendido» (v. 25). Todo su pasado servicio solo le mereció su condena. Ésta es una cortante reprensión a los que pretenden justificarse a sí mismos. Ésta es la revelación que nos viene cuando por medio del Espíritu Santo el alma es traída cara a cara frente a las justas demandas de Dios. «Por medio de la ley es el conocimiento del pecado» (Ro. 3:10).
4. COMO FERVOROSO SUPLICANTE. «Entonces aquel siervo se postró ante Él, diciendo: Señor, ten paciencia conmigo, y te lo pagaré todo» (v. 26). Lo dice con fervor y seriedad, pero es una oración presuntuosa y farisaica. No puede pagar, pero solo suplica paciencia. Confiesa su fallo, y promete actuar mejor en el futuro. Es el viejo truco del corazón carnal e incrédulo, que rehusa pedir perdón. Sigue con la esperanza de ser justificado por sus obras. Pero, ¿cuándo podrá un preso pagar sus deudas? No es por obras.

II. Su misericordioso Señor.

1. TUVO COMPASIÓN DE ÉL. «El señor de aquel siervo [fue] movido a compasión» (v. 27). Fue buena cosa para Él que se encontró con su señor en un día de gracia. El pobre deudor, en sus cuentas no había dejado lugar para el amor de su señor. «He aquí ahora el tiempo favorable» (2 Co 6:2). Bendigamos a Dios que hemos visto y sentido su infinita compasión por medio de la gracia de su Hijo.
2. LO PERDONO. «Le perdonó la deuda» (v. 27). Esto era mucho más de lo que Él se esperaba. Era el único remedio, y era un remedio lleno de gracia. Ni una palabra de reprensión, ni una palabra acerca de paciencia continuada. ¡Ah! ¡Qué bien sabe Él lo que necesitamos, como pobres mendigos, sin ninguna posesión, ante Él. «Él es quien perdona todas tus iniquidades» (Sal. 103:3). «Y nunca más me acordaré de sus pecados e iniquidades» (He. 10:17). «¿Qué Dios como Tú, que perdona la maldad y olvida el pecado?» (Mi. 7:18). Está ahora salvado por la gracia.
3. LE DIO LA LIBERTAD. «Lo soltó» (v. 27). No solo le canceló la deuda, sino que fue, naturalmente, liberado de la sentencia de condenación que había sido pronunciada contra Él. Al ser perdonado, está ahora libre de la ley. ¡Bendito cambio! No bajo la ley, sino bajo la gracia. La salvación es doble: (1) Él perdona todas sus iniquidades; (2) Él redime tu vida.

III. Su conducta egoísta. «Se encontró con uno de sus consiervos (...) y agarrándolo, le ahogaba, diciendo: Págame lo que me debes». A Él se le había hecho misericordia, pero Él no la hacía. El espíritu de su señor no le había poseído, y al no estar lleno de su espíritu pronto tiene que perder la comunión y el favor de su amo. Como aquellos que hemos recibido misericordia, tengamos cuidado en no frustrar la gracia de Dios, y que como siervos seamos descalificados. Podemos aprender aquí

1. LA MANERA DEL PERDÓN FRATERNAL. «No debías tú también haberte compadecido de tu consiervo; .... perdonáis de vuestro corazón.» Si el amor de Dios es derramado en nuestros corazones, tendremos compasión de los que yerran, y estaremos dispuestos a perdonarlos de corazón. De gracia recibisteis, dad de gracia.
2. EJEMPLO DE PERDÓN FRATERNAL. «Como Yo tuve compasión de ti.» Que la compasión del Señor Jesucristo para con nosotros llene la medida de nuestra compasión para otros. «Así como el Padre me ha amado, también Yo os he amado» (Jn. 15:9); «como Yo os he amado, que también os améis unos a otros. En esto conocerán todos que sois mis discípulos, si tenéis amor los unos por los otros» (Jn. 13:34, 35).
3. LA MISERIA DE LOS IMPLACABLES. «Entonces su señor, enojado, le entregó a los verdugos.» El siervo implacable no puede permanecer en la comunión de su Señor. Un pensamiento duro y carente de benignidad contra un compañero en el servicio cristiano es suficiente para llevar el alma a manos de los verdugos, y para robarnos la sonrisa del rostro del Maestro. El pecado siempre nos entrega en manos de los atormentadores. Los tormentos de una mala conciencia y de un corazón orgulloso y codicioso nunca son pocos ni pequeños. «Sed benignos unos con otros, misericordiosos, perdonándoos unos a otros, como también Dios os perdonó a vosotros en Cristo» (Ef. 4:32).

915. LA SALVACIÓN ES IMPOSIBLE PARA LOS HOMBRES

Mateo 19:25, 26

I. La salvación es necesaria. «¿Quién, entonces, podrá ser salvo?» Todos han pecado, y están destituidos de la gloria de Dios, como se ve en su santa ley, por lo que todos precisan de ser salvos por un igual.

II. La salvación es imposible para los hombres. Es imposible para los hombres porque

1. NO PUEDE BORRAR SUS PROPIOS PECADOS. Están escritos en la memoria de Dios.
2. NO PUEDE EXPIAR SU PROPIA CULPA. El precio es demasiado alto para uno que es pobre, necesitado y sin fuerzas.
3. NO PUEDE CAMBIAR SU PROPIO CORAZÓN. Es engañoso y desesperadamente malvado. No puede alterarlo como tampoco el etíope cambiar su piel.
4. NO PUEDE ADQUIRIR LA SALVACIÓN POR SUS PROPIAS OBRAS. Por las obras de la ley nadie se justificará delante de Él.

III. La salvación es posible para Dios.

1. PORQUE LA OFENSA ES CONTRA ÉL. «Contra ti, contra ti solo he pecado» (Sal. 51:4). «Padre, he pecado contra el cielo y ante ti» (Lc. 15:18).
2. PORQUE AMA AL PECADOR. «En esto consiste el amor: no en que nosotros hayamos amado a Dios, sino en que Él nos amó a nosotros» (1 Jn. 4:10).
3. PORQUE ÉL CARGO NUESTROS PECADOS SOBRE JESÚS. «Jehová quiso quebrantarlo» (Is. 53:10). «He ahí el Cordero de Dios, que quita el pecado del mundo» (Jn. 1:29).
4. PORQUE ES PODEROSO PARA SALVAR. Lo que es imposible para los hombres es posible para con Dios. «Miradme a Mí, y sed salvos (...) porque Yo soy Dios» (Is. 45:22).

916. LOS OBREROS, O LECCIONES PARA LOS OBREROS CRISTIANOS

Mateo 20:1-16

Quienes lo dejan todo *por* Jesús encontrarán su todo en Jesús. En 19:27 Pedro había preguntado: «¿Qué, pues, tendremos? Siendo que hemos dejado tanto, ¿Cuánto de más conseguiremos?» Esto suena demasiado al lenguaje del mero asalariado. Trabajar solo por la recompensa es un mezquino motivo para servir a Cristo. Es para corregir este espíritu de servidumbre y para alumbrar las tinieblas que lo favorecen, que parece haber sido dada esta parábola. Observemos:

I. Algunas cosas acerca de los obreros.

1. EL LUGAR DEL TRABAJO. «Su viña» (v. 1). Éste es un lugar donde se necesita urgentemente de mucha y paciente labor, o se perderá mucho fruto. Los que trabajan entre las vides que extienden sus ramas deben tener cuidado acerca de *como andan*. Las uvas tiernas tienen que ser manejadas con gentileza. Para recoger fruto para Cristo se precisa de la gentileza de Jesús. Obsérvese, además, que cada obrero en la viña debe tener el llamamiento del Amo.
2. LA CONTRATACIÓN DE LOS OBREROS. Esto se hizo en cinco diferentes ocasiones. Mirémoslo dispensacionalmente: «De madrugada» (v. 1) puede representar el tiempo de Adán a Noé, la tercera hora de Noé a Moisés, la sexta desde Moisés a David, la novena de David a Cristo, y la undécima el presente, hasta que Él regrese. O puede sugerir las varias etapas de la vida, desde la juventud hasta la vejez. ¡Qué pocos que son hallados en su hora undécima! Pero incluso entonces se da la plena recompensa de la vida eterna a todos los que creen y obedecen.
3. LA RECOMPENSA DE LOS OBREROS. «Llama a los obreros y págales el jornal». Cada uno de los *llamados* a la labor serán llamados a recibir su recompensa, «comenzando desde los últimos». Los más desesperanzados en la hora undécima vienen a ser los más esperanzados al caer la tarde. Es el reino de la gracia. Sigamos trabajando. Los ociosos en la plaza son menos responsables que los ociosos en la viña.
4. LA INSATISFACCIÓN DE LOS OBREROS. «Los primeros, pensaron que recibirían más.» Estos se corresponden con «el hijo mayor«mencionado en Lucas 15; los contratados en la hora undécima con el hijo pródigo. No podemos esperar frustraciones en el cielo; pero ¿acaso no los hay muchos en la tierra que murmuran de que el mayor de los pecadores tenga una igual parte en la gracia de Dios con ellos?

II. Algunas cosas acerca del Dueño. Observemos aquí su

1. JUSTICIA. «Amigo, no te hago injusticia» (v. 13). El siervo egoísta no puede comprender la gracia de Cristo. Los que laboran solo por salario no pueden gozar del favor de Dios. Si lo conociéramos mejor, murmuraríamos menos ante sus acciones. «Yo no tengo los dones que tiene aquel otro». «Amigo, no te hago injusticia».
2. FIDELIDAD. «¿No te concertaste conmigo en un denario? Toma lo que es tuyo» (v. 14). Dio todo lo que había prometido. El denario parece haber sido los términos que ellos mismos habían propuesto; los otros aceptaron la condición que Él les propuso: «os daré lo que sea justo», y no sintieron deseos de murmurar. Fíate en su gracia, y tendrás buenos motivos para alabarle y regocijarte.
3. SOBERANÍA. «¿No me es lícito hacer con lo mío lo que quiera?» (v. 15). ¡Qué sentimientos tan poco santos que surgen en nuestros corazones cuando vemos a un hermano o a una hermana, con apenas alguna experiencia –solamente una hora en la viña– recibir más honor por parte del Maestro que nosotros, que hemos sobrellevado la carga y el calor del sol agostador! Así te plugo, oh Dios.
4. JUICIO. «¿O tienes tú envidia, porque yo soy bueno?» (v. 15). Literalmente: «¿O es malo tu ojo, porque yo soy bueno?» (RV). El ojo malo puede ver poco bien en la gracia de Cristo. «Si tu ojo es maligno, todo tu cuerpo estará en tinieblas» (Mt. 6:23). Se contrapone mal a la inmerecida bondad del Señor. Nuestros pensamientos, en su mejor expresión, quedan muy lejos de las supereminentes riquezas de su gracia. Señor, danos un ojo sencillo para tu gloria.

917. LA MISIÓN DE CRISTO

«El Hijo del Hombre no vino para ser servido, sino para servir, y para dar su vida en rescate por muchos» (Mt. 20:28).

Cada ramita en esta rama dorada está cargada del fruto del cielo. Es un gran racimo de maduras uvas, lleno del nuevo vino del reino. Arranquémoslas cuidadosamente una a una.

1. VINO. Así, Él tuvo que haber existido antes de venir. Así, no fue *empujado* fuera del cielo, sino que lo dejó de su buena voluntad. Aquí se revelan su preexistencia e infinito amor.
2. VINO COMO EL HIJO DEL HOMBRE. Él era el Hijo de Dios, divino y eterno, pero apareció como el Hijo de la Humanidad. Estaba en estrecha relación con Dios. Vino a una más estrecha relación con el hombre que la que tuviera antes al tomar sobre sí la semejanza de carne de pecado.
3. NO VINO A SER SERVIDO. Hubiera podido tener abundancia de servidores, si los hubiera deseado. Todos los ángeles del cielo y todas las leyes y recursos de la Naturaleza estaban a su disposición, pero no vino para ser servido como rey.

4. VINO A SERVIR. El hombre no tenía nada que darle. Él poseía todas las riquezas de la Deidad. Vino a ministrar a las necesidades de la destituida y pecadora humanidad. ¿Quién más que Él podía emprender una tarea tan portentosa? Fue con este fin que se ciñó con la toalla de humilde servicio.
5. VINO A DAR SU VIDA. Obsérvense las palabras: SU VIDA. El hombre no tenía una *vida* que valiera la pena dar; de hecho, no tenía vida que dar. Como pecador ante Dios, ya la había perdido. Ya estaba condenado. ¡Y que vida fue la de Él: pura, plena y poderosa! Y todo lo entregó.
6. VINO A DAR SU VIDA EN RESCATE. Así, se precisaba de un rescate. La muerte de Cristo fue sustitutoria. Él llevó *nuestros* pecados en su propio cuerpo sobre el madero. ¿A quién le fue pagado el rescate? No a Satanás, ni al hombre, ni a la muerte, ni a los ángeles, sino en respuesta a la inexorable santidad y justicia de Dios. «Jehová quiso quebrantarlo, sujetándolo a padecimiento» (Is. 53:10). «Mira, pues, la benignidad y la severidad de Dios» (Ro. 11:22).
7. VINO A DAR SU VIDA EN RESCATE POR MUCHOS. Su muerte fue *«por muchos»*. Este rescate es suficiente para todo el mundo (1 Jn. 2:2). Es una puerta tan alta como el trono de Dios, y llega tan abajo como la más profunda necesidad del hombre, y tan amplia como «Todo aquel que quiera». ¿Has entrado tú?

918. LOS DOS CIEGOS
Mateo 20:30-34

«Y he aquí dos ciegos» (RV). Hay muchas lecciones importantes para nosotros en esta corta narración. Aquí vemos:

I. Una triste imagen. «Dos ciegos.» Eran:

1. POBRES. Estaban sentados junto al camino, evidentemente mendigando. Eran hombres sin promesa que los animara a vivir, sin una esperanza que los alentara. Así éramos todos nosotros, no teniendo en aquel tiempo ni promesa ni esperanza. Todos los que están sin Cristo son bien pobres.
2. CIEGOS. No tenían ojos ni aún para mirar al Salvador que pasaba. Una imagen de aquellos que están destituidos de visión espiritual, andando en tinieblas, y careciendo de luz.
3. IMPOTENTES. Aunque eran dos, el primero no podía ayudar al segundo. Todos son igualmente culpables e incapaces ante el Señor. La ayuda debe venir de arriba.

II. Una oportunidad pasajera. «Jesús pasaba.» La única posibilidad del hombre para conseguir ser liberado del poder de las tinieblas reside en que Jesús se acerque. Estos hombres se aferraron a su oportunidad interponiéndose «en el camino». Jesús se ha acercado mediante la luz de su Palabra. No huyas de Él prefiriendo las tinieblas (Os. 7:13).

III. Una fervorosa oración. «Gritaron, diciendo, Señor, Hijo de David, ten compasión de nosotros». Observa su:

1. ATREVIMIENTO. «Gritaron.» No les importaba quién oyera sus voces. Eran pobres, clamando desde lo más profundo de su honda y conocida necesidad.
2. FE. «Gritaron, diciendo, Señor.» Lo reconocieron como Mesías y Señor. ¿Crees tú en el Hijo de Dios? ¿Lo has confesado?
3. PETICIÓN. «Ten compasión de nosotros.» Confiesan su impotencia y necesidad solicitando compasión. La oración del fariseo es: «No soy como los demás hombres» (Lc. 18:11), o «ten paciencia conmigo, y te lo pagaré todo» (Mt. 18:26). En contraste: «Dios, sé propicio a Mí, pecador» (Lc. 18:13).
4. SABIDURÍA. «Cuando oyeron... gritaron.» No esperaron a una oportunidad más conveniente. «La fe viene del oír» (Ro. 10:17). «Oíd, y vivirá vuestra alma» (Is. 55:3).

IV. Una multitud reprensora. «Y la gente les reprendió.» Los pecadores ansiosos y indagadores son a menudo reprendidos por una multitud de falsos temores y sentimientos, pero quizá un gran obstáculo lo constituye la multitud de discípulos inconsecuentes, aquellos que externamente siguen a Cristo, pero que no tienen simpatía hacia su gran obra de salvar a pecadores. Haz con los obstáculos que surgen de los fallos de algunos profesos cristianos lo que hicieron estos ciegos con la multitud que los reprendía: «Gritaban más aún».

V. Un Salvador bien dispuesto. «Él no desea la muerte de nadie.» Él

1. SE DETUVO. El clamor de la necesidad tiene un inmenso poder para detener al Salvador en su camino, y para hacer brotar las aguas de la compasión divina. Se detuvo. ¡Qué privilegio! «He aquí, Yo estoy a la puerta y llamo» (Ap. 3:20).
2. LLAMO. Se les da ahora libertad de acceso. Se les invita a allegarse, buscando la comunión de aquellos a los que bendice. Aquel que está a la puerta y llama sigue llamando: «Si alguno oye mi voz y abre la puerta» (Ap. 3:20). Él ha hecho lugar para ti; haz tú lugar para Él.

VI. Una oferta llena de gracia. «¿Qué queréis que os haga?» (v. 32). Los invitó. Ahora abre ante ellos de par en par la puerta de la plenitud infinita, para poder suplir de manera plena todas las necesidades de ellos. ¡Oh, que maravilloso Salvador es Jesús! La multitud reprensora no puede refrenarle de derramar los tesoros de su amor y gracia sobre todos aquellos que a Él acuden. «Venid a Mí, y Yo os daré... ¿Qué queréis?».

VII. Una curación perfecta. El remedio de Dios para el hombre necesitado es un maravilloso compuesto de infinito amor y de sangre preciosa. El orden es aquí muy hermoso:

1. FUE MOVIDO A COMPASIÓN. La necesidad de los ciegos tocó lo más hondo de su corazón, y toda su alma se movió en una poderosa misericordia que podía fundir toda miseria.
2. LES TOCO LOS OJOS. La presencia de Jesús es siempre una presencia consciente. Para recibir bendición debemos siempre quedar al alcance de su toque. Con Él los muertos viven y el pecado es borrado. Su mano gentil pero todopoderosa toca la causa y fuente de su miseria. Él mismo abrió el corazón de Lidia.
3. RECOBRARON LA VISTA. ¡Qué cambio! Las cosas viejas han pasado, todas son hechas nuevas. La salvación es una bendición muy grande y consciente que conocemos.
4. LE SIGUIERON. Él los había tocado. Ahora ellos se mantienen en contacto con Él. ¡Bendita vida! «¡Sígueme! ¿Irás tú con este varón?» (Gn. 24:58).

919. LOS DOS HIJOS
Mateo 21:28-32

Esta parábola comienza con las palabras de Cristo «¿Qué os parece?» y tiene el evidente propósito de hacer *reflexionar*. Algunos perecen por no reflexionar, y muchos más por reflexionar erróneamente. Los sacerdotes y ancianos le habían estado preguntando: «¿Con qué autoridad haces estas cosas?» Cristo responde a la pregunta de ellos presentando esta parábola como un espejo ante sus ojos, para que puedan quedar convencidos de sus pecados. La manera de comprender la autoridad de Cristo es descubrir nuestro verdadero estado delante de Él. Los que se precian de su propia supuesta bondad siempre estarán en ignorancia de la autoridad de Cristo y de su poder para salvación.

I. Lo que el padre ordenó. «Hijo, ve hoy a trabajar a mi viña» (v. 28). La viña del Padre necesita obreros; ¿quién debería sentirse más interesado que un hijo? Obsérvese

1. LA BASE DE LA ORDEN DEL PADRE. «Hijo», (v. 28). Se pueden conseguir muchos jornaleros por dinero, pero el amor debería impulsar al hijo. «El amor de Cristo nos constriñe» (2 Co. 5:14). Si somos los hijos de Dios, desde luego nuestro Padre tiene prioridad en cuanto a nuestro tiempo y fuerzas y bienes. Nuestro Padre puede *contratar* a extraños para que le sirvan (Is. 7:20), pero a los hijos se les manda.
2. EL DESEO DEL CORAZÓN DEL PADRE. «Ve a trabajar» (v. 28). ¡Qué dolor debe sentir nuestro Dios al ver tanta labor por hacer y a tantos de sus hijos ociosos! La labor es placentera para el Padre, buena para la viña, y provechosa para el hijo. «El alma negligente padecerá hambre» (Pr. 19:15). Nuestro Padre tiene una multitud de hijos parlanchines, pero pocos son los trabajadores.
3. LA URGENCIA DEL MANDAMIENTO DEL PADRE. «Hoy». El momento de servir al Señor es siempre AHORA. Algunos de los hijos más jóvenes dicen: «Espera hasta que tenga más experiencia». Algunos de los hijos mayores dicen: «Ya no vale la pena que comience ahora», o están pensando en retirarse de la viña. Ve, trabaja hoy, en este día de la salvación, porque «viene la noche, cuando nadie puede trabajar» (Jn. 9:4). «Como dice el Espíritu Santo: Si oís hoy su voz» (He. 3:7).

II. Lo que dijeron los hijos. En el caso del primero tenemos:

1. UNA DECIDIDA NEGATIVA. «No quiero» (v. 29). Este lenguaje revela el espíritu de egoísta indiferencia a los deseos del Padre. En palabras llanas es esto: «Tengo mis propias cosas de que cuidarme, y no tengo tiempo de trabajar en tu viña». ¿Qué

le importan al cristiano egoísta los millones que se pierden, o el entristecimiento del corazón del Padre, si puede dedicarse a sus propios mezquinos planes y propósitos? Este lenguaje revela también un corazón en abierta rebelión. «No quiero». Una vida opuesta a la voluntad del Padre, y fuera de sintonía con el propósito del Padre. El otro hijo respondió con:

2. UN PRONTO CONSENTIMIENTO. «Voy» (v. 30). Habla con señalado respeto: «Sí, señor, voy». A juzgar por sus palabras, tenía una marcada reverencia por su padre y un gran celo por su obra. Sus palabras son más suaves que la mantequilla. Los descendientes de este profesante de aceitados labios no han cesado nunca de estar entre nosotros. Sin embargo, su decisión instantánea y rápida contestación al urgente apremio de su padre deberían ser imitadas por cada hijo. «Si me amáis, guardad mis mandamientos» (Jn. 14:15).

III. Lo que los hijos hicieron. Hay frecuentemente una inmensa diferencia entre lo que un hombre profesa y sus acciones. «¿Cuál de los dos hizo la voluntad de su padre? «No se trata de quién de los dos habló mejor o hizo la profesión más estridente. Es por sus hechos que son justificados o condenados. Su Palabra es cumplida al obedecerla, no al hablar acerca de ella.

1. EL PRIMERO SE ARREPINTIÓ, Y OBEDECIÓ. El arrepentimiento precede siempre al cumplimiento de la voluntad de Dios. El rebelde abierto y voluntarioso es el primero en ceder y obedecer. No desesperes acerca de la restauración del caído desobediente y rebelde, ni de la conversión del escéptico desafiante. «Después, arrepentido, fue.» Los que van bien dispuestos a la viña del servicio de Dios encontrarán gracia suficiente y un santo gozo en complacerle a Él.

2. EL OTRO PROMETIÓ Y NO CUMPLIÓ. «Dijo: Sí, señor, voy. Y no fue.» Todos los que no van al campo de servicio cuando Dios los llama son hijos desobedientes y rebeldes, por muy bien que puedan hablar acerca de «la obra del Señor». Hablar acerca de ministros, iglesias y religión no es trabajar para Dios, como tampoco calentar tus manos ante el fuego es recoger uvas. No todo el que dice, «Señor, Señor», entrará en el reino, sino el que hace la voluntad de Mi Padre. «Haced lo que Él os diga» (Jn. 2:5).

920. LOS LABRADORES MALVADOS

Mateo 21:33-41

En esta parábola Cristo reprende la profesión estéril de los gobernantes de su pueblo. Ellos habían rechazado a la piedra del ángulo, como edificadores, y la obra de ellos era vana. Por ello fue que el velo del templo se rasgó de arriba abajo, y que el reino de Dios les fue quitado y dado a otra nación (los gentiles, v. 43). El conocimiento religioso, el entusiasmo, y las escrupulosas observancias son todas cosas vacías y sin vida cuando Jesucristo es rechazado o se le niega su propio lugar: el resultado es una lámpara sin luz, un cuerpo sin espíritu. Observamos aquí

I. Trabajo invertido. El mismo amo se tomó todo el trabajo de «plantar», «vallar», «cavar«y «edificar» (v. 33). Pensemos en lo que Dios había hecho por Israel como nación. Los había excavado de Egipto, los había plantado en una buena tierra, y los había vallado con promesas y privilegios, pero resultaron ser una vid estéril. Dios, como Padre de familia, invirtió todo este trabajo. Nadie le ayudó en todo ello. Pensemos en la labor llevada a cabo por nuestro Señor Jesucristo, para que nosotros podamos llevar fruto para alabanza de su Nombre. En qué oraciones, sufrimientos, gemidos, sudor y muerte se entregó a Sí mismo.

II. Disfrute de privilegios. «La arrendó a unos labradores» (v. 33). Estos labradores no habían comprado la viña; por la gracia de Dios les fue arrendada. Israel tuvo honor, al ser el arrendatario de la sabiduría y del conocimiento de Dios, pero debido a su infidelidad han sido expulsados. Este privilegio pertenece ahora a los que están en Cristo Jesús. Mientras que el Maestro está en el país lejano, estas bendiciones sin precio nos son dejadas por la gracia de Dios. No las hemos comprado; no las merecemos; son don de Dios: prendas de su infinito amor.

III. Se espera fruto. «Envió a sus siervos a los labradores, para que recibiesen sus frutos» (v. 34). Aunque el Señor está en el país lejano (el cielo), Él sigue estando atento a su viña. Al pedir los frutos solo pide lo que le pertenece. La viña era de Él. «No sois vuestros... porque habéis sido comprados por precio; glorificad, pues, a Dios en vuestro cuerpo y en vuestro espíritu, los cuales son de Dios» (1 Co. 6:19, 20). La gran labor de Cristo por nosotros debiera producir mucho fruto por medio de nosotros.

IV. El egoísmo patentizado. «Mas los labradores, tomando a los siervos, a uno golpearon, a otro mataron, y a otro apedrearon» (v. 35). No hay aquí muestra alguna de gratitud por los grandes privilegios otorgados; ninguna preocupación en los intereses del Señor. La gracia de Dios había sido en vano para ellos. Es doloroso encontrar este mismo espíritu egoísta entre aquellos que profesan ser siervos del Señor Jesucristo. Están dispuestos a sacar provecho de toda bendición y ventaja terrenas que Dios pueda darles, pero no le quieren ceder nada. Incluso profesarán el nombre de Cristo por sus propios y personales intereses.

V. Manifestación de paciencia. «Envió de nuevo otros siervos (...) Finalmente les envió su hijo» (vv. 36, 37). ¡Qué longanimidad, qué paciencia ante las afrentas, qué buena disposición a perdonar, que desgana a castigar! ¡Cuál abrumador contraste entre la codicia egocéntrica del hombre y la benignidad misericordiosa de Dios! «Tendrán respeto a mi hijo». La aparición de su Hijo puso en evidencia la terrible enemistad del corazón del hombre contra Dios. Así es la GRACIA, dando su mejor don a los que menos lo merecían.

VI. Rebelión abierta. «Cuando vieron al hijo, dijeron entre sí: Éste es el heredero; venid, matémosle, y apoderémonos de su heredad» (v. 38). «No queremos que éste reine sobre nosotros» (Lc. 19:14). «No tenemos más rey que César» (Jn. 19:15). Así Jesús, como el Hijo de la Gracia Soberana, es echado fuera, y el Padre, como Padre de familia, es retado. «Reinaremos como dioses sin Él«sigue siendo el lenguaje de muchos pecadores sumamente privilegiados pero aborrecedores de Dios. Y sin embargo, ¡oh profundidad de este misterio!, ¡que sea por medio de la muerte del Hijo que podamos verdaderamente posesionarnos de su herencia! Herederos de Dios.

VII. Destrucción asegurada. «A estos malvados les dará un fin miserable» (v. 41). El privilegio puede exaltar hasta la misma puerta del cielo, pero si se descuida y abusa caerá a peso hasta las profundidades del infierno. Estos 1880 años de peregrinación de los judíos por toda la tierra, sin rey ni país, constituyen un solemne testimonio y advertencia de parte de Dios de que Él juzgará el pecado. Cuando el Señor mismo aparezca para pasar cuentas con los labradores será un momento de terrible despertar para aquellos que han estado en la viña solo para sus propios fines egoístas. Obsérvese cuidadosamente que el Padre de familia pidió los frutos antes de acudir. Su llegada fue el tiempo del juicio sobre sus siervos. «Porque todos nosotros debemos comparecer ante el tribunal de Cristo, para que cada uno recoja según lo que haya hecho mientras estaba en el cuerpo, sea bueno o sea malo» (2 Co. 5:10).

921. EL BANQUETE DE BODAS

Mateo 22:1-14

El campo de esta parábola es muy amplio; parece abarcar la totalidad de nuestra presente dispensación. El «rey» es Dios el Padre; el «hijo» es Jesucristo; las «bodas», la nueva relación en la que el Hijo está para entrar; los «siervos», los apóstoles de Cristo; «los convidados», los judíos, que, como nación, hacía mucho tiempo que ya habían recibido aviso; los «otros siervos«quizá aquellos que proclamaron el evangelio después de Pentecostés; el «banquete», la provisión dispuesta por Dios por la muerte de su Hijo para las almas hambrientas y moribundas; «sin hacer caso», el rechazamiento de Cristo por parte de los judíos, sus llamados; la «ciudad quemada», la destrucción de Jerusalén por los romanos treinta años después; «los caminos», la invitación universal del Evangelio; «el salón de bodas lleno», el llamamiento y finalización de la Iglesia; «la entrada del Rey», la segunda Venida de Cristo; «atadle... y echadle a las tinieblas de afuera», la separación del grano de la paja; Él limpiará cuidadosamente su era. El Evangelio de la gracia de Dios queda aquí hermosamente expuesto. Obsérvese

I. La provisión. «Mirad, ya he preparado mi banquete (...) y todo está a punto; venid» (v. 4). «Mis toros y mis animales engordados han sido matados». No perdonó a su propio Hijo, sino que lo entregó a muerte por todos nosotros. «He aquí el Cordero de Dios». La provisión era inmensa; lo incluía «todo». Todas las cosas son vuestras si sois de Cristo. Los que acudieron a este banquete encontraron lo que encuentran los pecadores que acuden a Cristo:

1. REPOSO sobre un principesco diván.
2. REFUGIO bajo un principesco techo.

3. SATISFACCIÓN ante una principesca mesa.
4. COMUNIÓN con principescos amigos.

II. La invitación. «Venid a las bodas» (v. 4). Esta invitación es para todos nosotros. Quien quiera puede venir; tanto los malos como los buenos fueron llamados. La invitación del Evangelio no se fija en nuestro carácter; el más vil y el más virtuoso deben aceptar la invitación sobre un mismo terreno. Nadie la merece. Es la bondad de Dios libremente ofrecida a todos. El pomposo príncipe y el empobrecido mendigo son idénticamente deudores a la misericordia y gracia de Dios por la salvación. Debido a esto muchos «no hacen caso». No hacer caso de la invitación es lo mismo que no hacer caso del Dios que la da. Y no es algo carente de importancia.

III. La inspección. «Y al entrar el rey para ver a los convidados» (v. 11). Todos los que aceptan la invitación esperan ver al Rey; esperan gozosos su Venida. Los que están viviendo en rebelión contra su voluntad, menospreciando su gracia, bien pueden temer su aparición. Él viene a ver y a dar la bienvenida a todos aquellos que han creído en su Palabra por medio de sus siervos. Jesucristo se manifiesta a aquellos que oyen su llamamiento y aceptan la misericordia que Él ofrece. Cree, y verás la gloria de Dios.

IV. La detección. «Vio allí a un hombre que no estaba vestido con traje de boda» (v. 11). Solo uno, pero la escrutadora mirada del Rey pronto lo descubrió. Aquel hombre destacaba, no por lo que tenía, sino por lo que no tenía. «Un traje de boda». El traje era parte de la provisión del Rey, pero Él lo había rehusado. No es suficiente que creamos meramente en la invitación del Evangelio; debemos asirnos de la justicia de Dios, que nos es ofrecida en Cristo Jesús, y sobre todos los que creen. Recuerda que mezclarse entre el pueblo de Dios no califica a nadie para encontrarse con el Rey. Puede que escapes a la detección por parte de los siervos, pero el Escudriñador de los corazones te descubrirá.

V. El interrogatorio. «Amigo, ¿cómo entraste aquí, sin estar vestido con traje de boda?» (v. 12). No lo toma por el cuello. Emplea el lenguaje de la más entrañable compasión, pero es fiel y justo. No era culpa del Rey, sino que quizá estaba enorgulleciéndose de su propia espléndida vestimenta, preparada para aquella ocasión, y pagada de su peculio. Pertenecía a la familia de aquellos que procuran «establecer su propia justicia» (cf. Ro. 10:3). «Prepárate para venir al encuentro de tu Dios» (Am. 4:12).

VI. Convicción. «Mas Él enmudeció» (v. 12). Estaba totalmente condenado ante un tribunal frente al cual no había apelación posible. Puede que hubiera estado haciendo muy floridos discursos antes que el Rey entrara, pero ahora su boca se cierra. No hay nadie para defender su causa; todos sus amigos no tienen nada que decir en su favor. Oh, amigo, no te jactes ahora de nada de lo que no te puedas regocijar cuando llegue el Rey. Este hombre ni siquiera pide misericordia; así de desesperado es ahora su caso. Es un momento solemne en el que todos los refugios de mentiras son barridos por el poder de su presencia. «¿Qué dirás cuando Él te visitará?» (Jer. 13:21, RV).

VII. Expulsión. Entonces el rey dijo a los sirvientes: Atadle de pies y manos, y echadle a las tinieblas de afuera» (v. 13). El hombre que menosprecie la vestimenta del Rey nunca gustará de su fiesta. Piensa en lo que te ha arrebatado. Fuera de todas sus oportunidades y compañeros, a las tinieblas de afuera, las tinieblas de desesperanza sin fin, esto es, fuera del reino del amado Hijo de Dios. ¡Qué cambio! ¡Qué frustración! Fuera de la presencia de una fiesta a un lugar de llanto. Habrá grandes y repentinos cambios cuando Él aparezca. Vístete del Señor Jesucristo.

922. ¿QUÉ PENSÁIS DEL CRISTO?

Mateo 22:42

1. Como **Maestro**
2. Como **Obrero**
3. Como **Sufriente**
4. Como **Salvador**
5. Como **Señor**
6. Como **Amigo**
7. Como **Juez**

923. VUESTRO MAESTRO

«Uno solo es vuestro Maestro, el Cristo» (Mt. 23:8).

«¿Qué clase de amo tiene usted?», le preguntó un vagabundo irlandés a un mozo en una granja, que estaba ocupado en el campo. «Es un buen amo cuando se hace todo lo que él quiere». «Ah, bueno, lo mismo es el diablo», contestó él. Pero aunque le des al diablo todo lo que él quiera, nunca puede ser un *buen* amo; haz en cambio la voluntad del Señor Jesucristo, y hallarás en él al Buen Amo, y su servicio el mejor y más dulce de todos. Su voluntad es el único bien verdadero y duradero; estar en él es estar en el mejor de todos los ambientes, y la manera más segura y cierta para una paz permanente y un éxito eterno. «Buena es la voluntad del Señor.» «Me llamáis Maestro... y lo soy». ¿Y qué de los siervos?

I. La relación del siervo. «Y no sois dueños de vosotros mismos; porque fuisteis comprados a gran precio» (1 Co. 6:20, V.M.). Sus siervos han sido comprados por precio, a un coste que está para siempre jamás más allá de la capacidad de comprensión de la mente finita del hombre. No conviene a aquellos comprados con *su sangre* ser siervos de los hombres (1 Co. 7:23). Redimidos por él, y para él, «glorificad, pues, a Dios en vuestro cuerpo, y en vuestro espíritu, los cuales son de Dios».

II. El motivo del siervo. «Yo amo a mi señor,... no saldré libre» (Éx. 21:5). La experiencia de este hebreo es la de todos los que se han entregado de corazón al servicio de Jesucristo: se enamoran de su Maestro, y consideran su servicio la más grande libertad y el más dulce deleite. El *amor* de Cristo nos constriñe. Le amamos porque él nos amó primero. El amor es el cumplimiento de la ley, no el deber.

III. La obra del siervo. «[El Hijo del Hombre] dio atribuciones a sus siervos, a cada uno su tarea» (Mr. 13:34). «A cada uno su tarea especial» (Weymouth). El Hijo del Hombre no encomienda a cada siervo la misma tarea; el don de trabajar va según el carácter del vaso, o la capacidad del obrero. Un vaso dispuesto para el uso del Maestro será puesto por él en el uso más elevado posible. No digamos «¿Qué puedo hacer?», sino: «¿Que quieres *Tú* que haga?» «Cristo [está]... sobre su casa, cuya casa somos nosotros» (He. 3:6). Por ello, la ordenación de los vasos y del servicio está en sus manos. «¿Qué tienes en tu mano?»

IV. La provisión del siervo. «Y llamando a diez siervos suyos, les dio diez minas, y les dijo: Negociad hasta que venga» (Lc. 19:13). Cuando él ordena una tarea, da también poder para llevarla a cabo. Cada siervo recibió su mina, y cada mina significaba un Pentecostés; era un revestimiento de poder de lo alto, para que ocupara cada uno su puesto hasta que él volviera. «Pero a cada uno le es dada la manifestación del Espíritu para provecho común». Prestemos atención a que nos ocupemos (sirviendo) con su don (el Espíritu Santo), y que no dependamos de nuestras propias adquisiciones, para descuido de su mina y la ruina de nuestro propio testimonio.

V. El aliento del siervo. «He aquí que yo estoy con vosotros todos los días, hasta el fin del mundo» (Mt. 28:20). Ésta no es solo la promesa de su presencia, sino también la certidumbre de su cooperación. «Jehová está contigo... ve con esta tu fuerza» (Jue. 6:12-14). Como siervos, somos propiedad de él, para hacer su obra, empleando sus medios y gozando de su presencia y ayuda. En este santo servicio no tenemos nada que no hayamos recibido, pero en esto reside el secreto de nuestra confianza. Tomamos su yugo sobre nosotros, y así aprendemos de él que camina enyugado con nosotros (Fil. 4:13).

VI. La recompensa del siervo. «Bien, siervo bueno y fiel... entra en el gozo de *tu* Señor» (Mt. 25:21). Así como habéis compartido el servicio de vuestro Maestro y sus sufrimientos, también compartiréis su gozo. A su diestra hay delicias para siempre (Sal. 16:11). Nadie nos arrebatará de esta diestra. Pero el siervo de Jesucristo tiene *ahora* una gran recompensa, además de la que le está esperando, porque el Espíritu de Dios mora en él, y el honor del Padre está sobre él, así como que el gozo del Señor está delante de él. La vida eterna es un don, pero serán los vencedores los que se sentarán con él en su trono (Ap. 3:21). Esta recompensa no es por ser salvo, sino por ser siervos fieles y sufridores por causa de él. «Si sufrimos, también reinaremos con él».

924. BAJO SUS ALAS
Mateo 23:37

Estas palabras son sugestivas, e implican:

1. **Peligro.** Sus alas son necesarias.

2. **Oportunidad.** Sus alas están extendidas.

3. **Poder.** Sus alas son Omnipotentes.

4. **Compasión.** Sus alas ofrecidas.

5. **Salvación.** Sus alas salvan.

6. **Responsabilidad.** Rehusar las alas de su refugio es perecer.

925. LOS DÍAS POSTREROS
Mateo 24:37-39

«Mas como en los días de Noé, así será la venida del Hijo del Hombre». Así, según la enseñanza de Jesucristo, Noé fue una persona real, el diluvio fue un acontecimiento real, y la segunda Venida de Cristo como Hijo del Hombre es de una certidumbre absoluta. Aquí se revela con claridad cuáles serán el estado y las condiciones del mundo cuando Él venga. «Como en los días de Noé, así será la venida del Hijo del Hombre.» Nada podría estar más claro que esto.

I. Así como había una gran maldad en aumento creciente en los tiempos de Noé, así será en la Venida del Hijo del Hombre. El mundo no fue mejorando más y más hasta los tiempos de Noé. No, sino que fue de mal en peor, hasta que Dios vio que la maldad del hombre era grande sobre la tierra, y que todo designio de los pensamientos del corazón de ellos era de continuo solamente el mal (Gn. 6:5). Así será cuando el Hijo del Hombre venga. Como «el día que Lot salió de Sodoma» (Lc. 17:29, 30). En los últimos días vendrán «tiempos difíciles» (2 Ti. 3:1); «cuando no sufrirán la sana doctrina» (2 Ti. 4:3); «herejías destructoras» (2 P. 2:1); «espíritu engañoso» (2 Ts. 2:11); «burladores sarcásticos, andando según sus propias concupiscencias» (2 P. 3:3); «algunos apostatarán de la fe» (1 Ti. 4:1).

II. Así como hubo una fiel advertencia en los tiempos de Noé, así será también la Venida del Hijo del Hombre. Noé fue pregonero de justicia (2 P. 2:5). Durante ciento veinte años, mientras que el arca estaba siendo preparada, «condenó al mundo» (He. 11:7). Cada plancha de madera que añadía al arca era un anuncio del juicio que se avecinaba. Así será también la Venida del Hijo del Hombre. Nunca hubo un tiempo en la historia de la Iglesia en la que la «Venida de Cristo«fuera tan generalmente creída y tan claramente predicada como en la actualidad. El clamor de «¡Aquí viene el esposo!» (Mt. 25:6) está siendo oído por las vírgenes que esperan.

III. Tal como ellos fueron atrapados por una sorpresa repentina y universal en los días de Noé, así será la Venida del Hijo del Hombre. «Y no se dieron cuenta hasta que vino el diluvio y se los llevó a todos» (v. 39). Estaban casándose y dándose en casamiento hasta que entró Noé en el arca y el Señor hubo cerrado la puerta. No creyeron el testimonio de Noé. Los hábitos y pecados de la sociedad permanecieron sin cambios ni arrepentimiento. Y así será en la venida del Hijo del Hombre. Cuando Él venga, ¿hallará fe en la tierra? Vendrá repentinamente. «Porque como el relámpago sale del oriente y brilla hasta el occidente, así será también la venida del Hijo del Hombre» (Mt. 24:27). ¿Quién podrá mantenerse de pie cuando Él aparezca?

IV. Así como todos los que entraron en el arca en los días de Noé fueron salvos, así será la Venida del Hijo del Hombre. El Señor dijo: «Entra tú y toda tu casa en el arca» (Gn. 7:1). Noé y su familia obedecieron el llamamiento; luego, «Jehová le cerró la puerta» (v. 16). «Guardados por el poder de Dios» (1 P. 1:5). Así será en la venida del Hijo del Hombre. «Arrebatados... para salir al encuentro del Señor en el aire, y así estaremos siempre con el Señor» (1 Ts. 4:17). Todos los que están ahora en el reino del amado Hijo de Dios serán quitados antes que el juicio de Dios sobrevenga sobre los desobedientes y los incrédulos. «Los que son de Cristo, en su venida» (1 Co. 15:23). Así como Lot fue sacado de Sodoma antes que sobreviniera el diluvio de fuego. Y el que tiene esta esperanza, se purifica a sí mismo (*cf.* 1 Jn. 3:3).

V. Así como todos los que estaban fuera del arca fueron visitados por el juicio en los días de Noé, así también será en la Venida del Hijo del Hombre. «Vino el diluvio y se los llevó a todos» (v. 39). El arca, como medio de salvación, quedó fuera del alcance de ellos cuando la puerta fue cerrada. Su oportunidad había pasado. Así será en la Venida del Hijo del Hombre. *Selá*... deténte y reflexiona. «Tribulación y angustia» (Ro. 2:9); «llorar y gemir y crujir de dientes«será la suerte de todo aquel que haya rechazado a Cristo cuando Él venga. Los que no tengan el vestido de bodas cuando llegue el Rey serán arrojados a las tinieblas de afuera. «No os engañéis; Dios no puede ser burlado». «Como en los días de Noé, así será la venida del Hijo del Hombre».

926. LAS VÍRGENES INSENSATAS
Mateo 25:1-12

En base de los versículos finales del capítulo precedente vemos que el propósito de esta parábola es enseñar a los siervos de Dios la necesidad de estar siempre preparados para la aparición de su Señor, y que esta preparación consiste no en echar la mirada ociosamente al cielo, sino en dedicarse activamente a aquellas cosas que le son agradables a Él. Siempre están preparados aquellos que están haciendo su voluntad: «Dichoso aquel siervo, al cual, cuando su señor venga, le halle obrando así» (Mt. 24:46). La buena esposa puede estar esperando la llegada de su marido, porque anhela verlo, pero si Él, cuando llegue, encuentra la casa sucia y la cena sin hacer, ¿estará satisfecho de la espera de ella? Estas vírgenes insensatas representan a aquellas personas que aparentan estar listas, pero que resultarán no preparadas. Obsérvese:

I. Su carácter irreprochable. Eran «vírgenes», sus caracteres eran irreprochables, irreprensibles ante los hombres; tipifican a una gran clase de profesos cristianos cuya vida y conducta externas están sin mancha de iniquidad. Se encuentran en todas las esferas de la obra cristiana; los motivos de ellas no se ponen en duda un solo instante. Les encanta la compañía de las prudentes, e incluso a las prudentes les encanta gozar de su ayuda y compañía; son sumamente corteses, congenian bien, y tienen una disposición generosa.

II. Su noble intención. «Salieron a recibir al esposo» (v. 1). Las otras van, así que ellas también lo hacen. Quieren ver al Esposo, y compartir de la fiesta de bodas. Hacen algún pequeño sacrificio por la esperanza que tienen; nunca dudan de su aptitud. Su antitipo se encuentra aún entre nosotros: personas religiosas cuyas vidas morales son hermosas, que han sido buenos toda la vida, que nunca cuestionan su condición ante Dios, ni se imaginan que deban «nacer de nuevo». Sus intenciones son buenas, pero están ciegos con respecto a su verdadera necesidad.

III. Su irreflexiva negligencia. «No tomaron consigo aceite» (v. 3). Toda la esperanza de ellas se cifraba en las lámparas de su profesión. Esto solo podía durar muy poco tiempo. Ellas no podían ir sin sus lámparas: las lámparas se podían ver, pero se necesitaba el invisible aceite. Esto es un tipo de aquellos que quedan satisfechos con una semejanza externa con lo real mientras que son extraños al Espíritu Santo de la promesa. El aceite en la vasija es sugerente del Espíritu de Dios en el corazón, que es el verdadero testigo de que somos hijos de Dios. Esto se mantendrá cuando todas las evidencias externas empalidezcan y fallen.

IV. Su irremediable indiferencia. «Cabecearon todas, y se durmieron» (v. 5). El Esposo se tardaba, y ellas se cansaron y se hundieron en un estado de insensibilidad. El tiempo de espera es un tiempo de prueba para todos. El tiempo del Esposo fue un tiempo de gracia y oportunidad para las vírgenes insensatas; ahora era su tiempo de ir y comprar el aceite que necesitaban, pero se durmieron. Incluso un poco de legítima indulgencia con la propia satisfacción puede resultar ruinosa. Nuestro Señor ha tardado ahora más de 1.900 años; ¡que dilatada oportunidad para preparar las lámparas! Al dormirse las prudentes, no es de asombrarse que las insensatas quedaran inconscientes de su peligro. «¿Qué haces aquí, dormilón?» (Jon. 1:6).

V. Su ansiosa petición. «Dadnos de vuestro aceite; porque nuestras lámparas se apagan» (v. 8). El clamor de medianoche es un clamor que las despierta. Se harán muchos alarmantes descubrimientos cuando Jesús venga. El clamor de advertencia de medianoche es seguido por este grito de alarma: «Dadnos de vuestro aceite». No tienen aceite, y el Esposo está al llegar. No están preparadas para entrar, y la puerta de la misericordia está para cerrarse. Este aceite no puede ser tomado de prestado; tiene que ser adquirido de Aquel que tiene en exclusiva el derecho de venderlo (Lc. 11:13). Ningún mortal puede darle a otro aquello que lo hará apto para la venida del Señor. «Te aconsejo de que de Mí compres» (Ap. 3:18), dijo Él. «Una cosa te falta» (Mr. 10:21).

VI. Su diligente empeño. «Ellas iban a comprar» (v. 10). Lo que sienten es una urgencia mortal, al correr hacia el pueblo más cercano, limpiándose el sudor que les cae por la frente, pero su diligencia no las salva, porque «mientras ellas iban a comprar, vino el esposo». Estaban ocupadas buscando cuando hubieran debido estarse gozando. Se puede estar haciendo uso de los medios correctos en el momento inoportuno. Aquellas que estaban preparadas, entraron; las que estaban preparándose, fueron excluidas. Tener la esperanza de estar preparado no es estar dispuesto para su venida. «He aquí ahora el tiempo favorable» (2 Co. 6:2). «También vosotros estad preparados» (Mt. 24:44).

VII. Su terrible frustración. «Después vinieron también las otras vírgenes» (v. 11), cuando la puerta estaba ya cerrada. La única respuesta a su apremiante llamamiento de «¡Señor, señor, ábrenos!» fue ésta: «no os conozco». Obsérvese, una necesidad primordial para la futura comunión con Jesucristo por el poder del Espíritu Santo es un conocimiento personal con Él. Las vírgenes insensatas esperaban poder entrar, pero se vieron excluidas. Fuera, entre los burladores y los impuros, que nunca esperaban entrar, sus nombres vírgenes no pudieron salvarlas. Únicamente aquellas que conocían al Esposo entraron con Él. «Amístate ahora con Él, y tendrás paz» (Job. 22:21, RV). «Si alguno no tiene el Espíritu de Cristo, el tal no es de Él» (Ro. 8:9).

927. ¿ESTÁS LISTO?
Mateo 25:1-12

I. El carácter de Cristo. «Aquí viene el *Esposo.*» Uno prometido a los suyos.

II. La esperanza de la Iglesia. «Aquí *viene* el Esposo.»

III. La condición revelada. «Pocos sabios y pocos insensatos.» Lo genuino y lo falso.

IV. El clamor. «Se oyó un grito.»

1. Vino en una hora INTEMPESTIVA. «A medianoche.»
2. Fue un CLAMOR DE DESPERTAR. «Cabecearon todas y se durmieron.»
3. Fue un CLAMOR SEPARADOR. «Salid.»
4. Fue un CLAMOR CONDUCENTE AL PROPIO EXAMEN. «Se levantaron, y arreglaron sus lámparas.»

V. La Crisis Sobrevenida. Entonces vino:

1. LA SEGURIDAD de las preparadas. «Las que estaban *preparadas* entraron.»
2. LA CONDENACIÓN de las no preparadas. Las no preparadas se vieron echadas fuera (v. 10).

928. HE AQUÍ QUE ÉL VIENE
Mateo 25:13

I. El hecho. «El Hijo del Hombre ha de venir.»

II. Una incertidumbre. «No sabéis el día ni la hora.»

III. Una exhortación. «Velad, pues» (Ap. 22:6, 7).

929. LOS TALENTOS
Mateo 25:14-30

En la parábola de las «vírgenes«se nos enseña la gran necesidad de la preparación individual cuando Cristo venga. Esta parábola nos enseña la necesidad de negociar con sus dones hasta que Él venga. En ambas se nos exhibe la doble actitud de esperar y obrar. El hombre que escondió su talento bajo tierra estaba también esperando, y puede que deseara el regreso de su Señor, pero, como las vírgenes insensatas, se encontró no preparado. Al examinar la verdad que aquí se nos enseña, obsérvese:

I. El llamamiento de los siervos. «Llamó a sus siervos y les encomendó sus bienes» (v. 14). Los que fueron llamados a este servicio tan honroso eran sus propios siervos, aquellos que previamente se habían dado a Él. Eran los discípulos de Jesucristo, a los que llamó y encomendó sus bienes antes de emprender su viaje hacia el país lejano, la presencia del Padre. Sus siervos no son mandados a la guerra por cuenta propia de ellos. En Juan 17 vemos cuáles eran estos bienes, las «palabras», el «gozo«y la «gloria». Con éstos ellos debían ocupar su puesto en la tierra hasta que Él viniera. «Como me envió el Padre, así también Yo os envío» (Jn. 20:21). El poder de negociar con sus bienes fue dado en Pentecostés.

II. La medida de los dones. «A cada uno conforme a su capacidad.» No todos tienen la misma capacidad, porque no todos tienen la misma fe. Una gran fe es una gran capacidad. Si el hombre que recibió un solo talento hubiera conseguido los diez, sin duda los habría mal empleado todos. Es el mismo Señor quien distribuye a cada uno. Él sabe cuánto puede recibir nuestra fe para emplearlo para su gloria. «Al que tiene le será dado». Incluso un talento es un gran don. Cada don de Dios es precioso. «Conforme a vuestra fe os sea hecho» (Mt. 9:29).

III. El uso de los talentos. Todos los que reciben el don de Dios están constreñidos a hacer algo con Él: bien negociar con Él, bien enterrarlo. El que había recibido los cinco y el que había recibido los dos los usaron, y con el uso se doblaron. Pensemos en los dos grandes talentos que Dios nos ha dado: su Hijo y su Espíritu. ¡Cuánto poder espiritual y poder no hallamos aquí! Cuanto más los usemos en nuestra vida y testimonio, tanto más se multiplicarán su gran valor y bendición en nuestra experiencia personal. Pero uno de ellos «escondió el dinero de su señor». ¿Fue el orgullo o la vergüenza lo que le hizo enterrarlo? ¿No hay muchos aún que entierran el don del Espíritu en la tierra de una vida mundana, aquellos que ocultan deliberadamente su don espiritual a los ojos de los hombres, que negocian con sus propios talentos naturales, enterrando así el dinero de su Señor?

IV. La venida del Señor. «Después de mucho tiempo, volvió el Señor de aquellos siervos, y ajustó cuentas con ellos.» El Señor volverá. Mil novecientos años pueden parecer mucho tiempo, pero es un tiempo de gracia y de oportunidad. El dinero del Señor es suficiente para que sus siervos negocien con Él hasta que Él venga. Cuando Él venga es primero para pasar cuentas con sus siervos, no para juzgar a los impíos (2 Co. 5:10). Aquellos que están siempre negociando con los dones del Señor están siempre preparados para su aparición. Si queremos tener éxito en los negocios del Señor debemos tener cuidado en negociar con el dinero del Señor. Su gracia es suficiente.

V. La recompensa de los diligentes. «Bien, siervo bueno y fiel.» La vida eterna es el don de Dios para todos los que creen, pero las recompensas son solo para los siervos que han sido «buenos y fieles». La promesa no es para los que logran éxito, sino que el siervo bueno y fiel será siempre con éxito para con Dios. Esta recompensa será triple:

1. ALABANZA. «Bien hecho.» Una abundante entrada.
2. EXALTACIÓN. «Sobre mucho te pondré.» Un puesto de distinción y de honra.
3. COMUNIÓN. «Entra en el gozo de tu Señor.» Una condición de plenitud de bendición. Feliz comunión.

VI. La condena inútil. «Al siervo inútil echadlo en las tinieblas de afuera.» Él era un siervo, pero uno cuya vida y obra fueron un total fracaso, porque no empleó el don que le había concedido su Señor en plena gracia. Éste es el secreto de toda inutilidad de los siervos para con Dios: el descuido del don del Espíritu. Hay siete pasos en la carrera de la decadencia de este hombre. Observemos el privilegio de que gozaba. Numerado entre sus siervos, y poseyendo un especial don de su Señor. Estos pasos son:

1. VOLUNTARIOSA NEGLIGENCIA. Ocultó el dinero de su Señor.
2. PENSAMIENTOS DUROS ACERCA DE SU SEÑOR. «Te conocía que eres hombre duro.»
3. UN TEMOR SERVIL. «Tuve miedo.»
4. PEREZA.
5. MALDAD.
6. SU TALENTO LE FUE QUITADO.
7. EXCLUIDO. Fue echado como pámpano inútil. Como las vírgenes insensatas, no entró en el gozo de su Señor.

Así nosotros, como obreros juntamente con Él, os rogamos también que no recibáis en vano la gracia de Dios.

930. GETSEMANÍ

Mateo 26:36-46

La cena había concluido, y habiendo sido pronunciadas las preciosas palabras registradas en Juan, capítulos 14, 15, 16 y 17, Cristo y sus discípulos cruzan el torrente y se dirigen al tranquilo aislamiento del huerto. Fue en un huerto que cayó el primer hombre al ceder al Maligno, y en un huerto fue que el Segundo Hombre venció al ceder al Santo. Que la calma de Getsemaní inunde nuestros espíritus, al seguir con el pensamiento allá en los pasos de nuestro Señor. Este lugar llamado Getsemaní fue para Él:

I. Un lugar de gran angustia. «Comenzó a entristecerse y a sentir *gran angustia*» (v. 37). Marcos añade, «a sentir pavor». La angustia y el pavor abrumaron su alma. ¿Quién puede contar el peso de esta carga para Él? «Jehová cargó sobre Él la iniquidad de todos nosotros» (Is. 53:6). ¡Qué inmensa carga! Para nosotros el sentido de pecado es casi tan natural como la ropa que llevamos. Para el pecador, el pecado es una nadería; para el Santo Hijo de Dios fue un pesadísimo fardo. «Se postró rostro en tierra con dolor».

II. Un lugar de intenso sufrimiento. «*Comenzó* a entristecerse» (v. 37). Luego dijo: «Mi alma está *abrumada de una tristeza mortal*». Ahora que el bendito Señor esta *entrando* en la relación de *sustituto* del pecador *comienza* a entristecerse. El pecado y el sufrimiento han sido unidos por la justicia de Dios. Los sufrimientos de Cristo fueron los sufrimientos de la *tristeza*, sufrimientos del corazón. Esta tristeza no fue resultado del *temor* a la muerte, ni la tristeza del *remordimiento* ni del *fracaso*, sino de su puro amor y simpatía. Se sentía en plena sintonía con la santidad de Dios y la impotencia del hombre. ¡Que nuestros ojos sean abiertos, y nuestros corazones tocados, para ver y apreciar la «hermosa tristeza» del Hijo de Dios! (Is. 53:3, 4).

III. Un lugar de solemne soledad. «Quedaos aquí, y velad conmigo… ¿Así que no habéis podido velar conmigo una hora?» (v. 38). El tierno corazón del Varón de Dolores anhelaba la comunión en sus sufrimientos, pero ellos «no podían». Ellos dormían incluso mientras que Él estaba en su agonía, sudando como grandes gotas de sangre. Él buscó pero no había quien ayudara. No: el hombre no puede ayudar al Cordero de Dios a quitar el pecado del mundo. «Esperé quien se compadeciese de mí, y no lo hubo; y consoladores, y ninguno hallé» (Sal. 69:20).

IV. Un lugar de oración intensa. «Se postró rostro en tierra, orando y diciendo: Padre mío, si es posible pase de Mí esta copa» (v. 39). «Oró por tercera vez, diciendo las mismas palabras» (v. 44). «… habiendo ofrecido ruegos y súplicas con gran clamor y lágrimas al que le podía librar de la muerte, fue oído a causa de su piedad» (He. 5:7). ¡Qué contraste entre esta oración y la de Juan 17! Esta terrible copa contenía *abandono* y muerte, una porción de lo más repulsiva para el amante, santo, obediente Hijo de Dios. Alrededor de esta oración aparece un halo de misterio, profundo y glorioso, a través del que no pueden pasar los pensamientos carnales. Nos inclinamos en adoración, exclamando: «Mirad qué amor» (1 Jn. 3:1).

V. Un lugar de resignación total. «Sin embargo, no se haga como Yo quiero, sino como Tú» (v. 39). *Hágase mi voluntad*, no la tuya, abrió las compuertas del pecado, e hizo salir al hombre del Paraíso de Dios. En el desierto, mientras fue tentado por el diablo, la voluntad de Cristo se mantuvo tan firme e inconmovible como las montañas. Seremos fuertes en resistir el mal en proporción a la disposición que tengamos en aceptar la voluntad de Dios. En cada crisis en nuestra experiencia espiritual recordemos estas palabras de nuestro Señor. ¿Quién puede saber qué inmensas consecuencias pueden depender de que digamos «No mi voluntad, sino la tuya»?

VI. Un lugar de socorro especial. «Y se le apareció un ángel del cielo para *fortalecerle*» (Lc. 22:43). Bendito sea Dios por esto. El lugar de total rendición a la voluntad de Dios será siempre el lugar de especial socorro de parte del Señor. «Me gloriaré más bien en mis debilidades, para que habite en mí el poder de Cristo» (2 Co. 12:9). El ángel de la suficiencia ministrará perfecta fortaleza en nuestra debilidad. No te preocupes mucho por el ángel. Deja que su promesa sea suficiente.

VII. Un lugar de perfidia sin corazón. «Levantaos, vamos; ved, se acerca el que me entrega» (v. 46). ¿Podría nada ser más doloroso para el Hijo de Dios que esto? Besado con labios traidores mientras tenía aún el sudor de su agonía en su frente. Cristo acababa de aceptar la terrible copa en lugar y favor del hombre, y toda la recompensa que recibe de manos de los hombres es una salutación hipócrita, la condena y la muerte. Es posible actuar como Judas mientras se está sentado a la mesa del Señor. Salúdale con un beso santo. Que todas nuestras almas derramen amor a través de nuestros labios mientras lo confesamos como nuestro Señor ante los hombres.

931. BARRABÁS O JESÚS

Mateo 27:17

Fue un día solemne aquel en el que Jesús estaba callado en pie ante Pilato y el pueblo, un día con una pesada carga de consecuencias de gran alcance. Siempre es un día así cuando un alma es llevada a tomar su decisión definitiva por Dios o por el mundo. Observemos:

I. Quiénes son. Barrabás y Jesús.

1. BARRABÁS. Uno que también lleva el nombre de Jesús. Un quebrantador de la ley, un bandido y asesino. Enemigo de Dios y de todos los mejores intereses de la sociedad.
2. JESÚS. El Hijo de Dios y Amigo del hombre. Uno que fue haciendo continuamente el bien. Uno que sufrió por la salvación de otros.

II. Lo que son. Son *representantes* de dos diferentes reinos: de dos diferentes gobernantes que están opuestos entre sí.

1. EL REINO DE BARRABÁS. El reino de este mundo malo, el reino de las tinieblas gobernado por el príncipe de las tinieblas. La gran actividad de ellos es privarles a los hombres de su tiempo, de sus afectos, de sus voluntades y de sus almas. Intentan robar tanto a Dios como al hombre.
2. EL REINO DE JESÚS. Jesús representa al *Reino de Dios*. Él toma el lugar del sacrificio por el pecado, y la vida eterna que es el don de Dios. Él es la luz y la vida de los hombres, el Redentor Sustituto.

III. Dónde están. Se encuentran *ambos* delante del pueblo (v. 21), esperando la decisión individual de ellos. De una forma u otra se han encontrado juntos delante de cada generación desde aquel día. Todos aquellos a los que Cristo es predicado deben tomar su decisión.

1. NO PUEDES TENER A AMBOS. Barrabás y Cristo son opuestos, tan diamétricamente como las tinieblas y la luz. «*No podéis* servir a Dios y a Mamón [las riquezas].» No podéis amar a la vez al mundo y a Dios. El que se haga amigo del mundo se constituye en enemigo de Dios. No hay escapatoria posible: debes escoger o el uno o el otro.
2. TU DESTINO ETERNO DEPENDE DE TU ELECCIÓN. Ellos dijeron: «¡Barrabás!», y ¿qué siguió? Su sangre sigue sobre ellos hasta el día de hoy. ¿Y qué dices tú? En Cristo hay *vida;* en el Barrabás de este mundo hay *muerte*. Tanto la vida como la muerte *han sido puestas delante de ti*. «Escoged la vida» (Dt. 30:15).

«Mi corazón decidido está, oh Dios eterno, por Ti;
Y mi inmortal elección hecha es, Cristo para mí».

932. EL EVANGELIO DE UN ÁNGEL

Mateo 28:1-8

¿Quién puede medir toda la omnipotencia de la gracia envuelta en estas palabras, «el poder de su resurrección». La tragedia de la cruz ha terminado, y las mujeres llenas de afecto siguen contemplando la forma sin vida de su Amado. Temen y velan para que su cuerpo sagrado no sea echado al Tofet, la sepultura común de los proscritos y de los inmundos. Lo ven puesto en un sepulcro nuevo. Temprano por la mañana del primer día de la semana acuden con preciosas especias para embalsamar su cuerpo y *preservar* al Cristo muerto. ¡Oh, cuán insensatos nos volvemos al olvidar sus palabras! (Jn. 2:19). A no ser que sus palabras permanezcan en nosotros, nuestra devoción puede transformarse en celo sin conocimiento. Los terremotos y los ángeles perturban los planes de los hombres; la piedra *sellada* es quitada delante de sus ojos. De este ángel recibieron las mujeres

I. Una palabra de aliento. «Dejad de temer vosotras; porque yo sé que buscáis a Jesús, el que fue crucificado» (v. 5). «DEJAD DE TEMER»:

1. PORQUE BUSCÁIS A JESÚS. Los que tratan de encontrar a Jesús no se quedarán satisfechos con encontrar ángeles. Este gran y santo ángel que tanto atemorizó a los *guardias* no alarmó ni satisfizo a las *buscadoras*. «Señor, quisiéramos ver a Jesús.» Es Jesús el *Salvador* a quien necesita mi alma cansada y azotada por el pecado. «*Dejad de temer.*»
2. PORQUE BUSCÁIS A JESÚS, EL QUE FUE CRUCIFICADO. Los que buscan a Jesús aparte de la crucifixión tienen buenas razones para temer. *Solo* los que conocen al Crucificado encuen-

tran al Resucitado. Fue solamente a sus discípulos que Él se apareció tras su resurrección. Si no morimos con Él tampoco resucitaremos con Él. «Con Cristo estoy juntamente *crucificado*, y ya no vivo yo, sino que Cristo *vive* en mí» (Gá. 2:20).

II. Una sorprendente afirmación. «No está aquí, pues ha resucitado» (v. 6).

1. NO ESTÁ AQUÍ. María dijo: «Si tú lo has llevado, dime dónde lo has puesto, y yo lo llevaré» (Jn. 20:15). «¿Por qué buscáis entre los muertos al que vive?» (Lc. 24:5). Y cuántos hay hoy en día lanzados a esta vana búsqueda. Buscando lo correcto donde no está. Buscando vida entre formas muertas, obras muertas y sentimientos muertos. Estas son cisternas sin agua. Sepulcros.
2. HA RESUCITADO. ¡Aleluya! Pero los lentos de corazón para creer son cegados con la gloria de la luz. María está de pie llorando porque piensa que alguien se ha llevado a su Señor. Nuestros propios pensamientos y opiniones naturales nos estorban de recibir en el acto las grandes cosas de Dios. ¡Que tengamos la cara abierta y el corazón honrado para creer sin dudar todo lo que el Señor ha hablado. «Ha resucitado» (Mt. 28:6), y nosotros hemos resucitado con Él.

III. Una tierna invitación. «Venid, ved el lugar donde yacía *nuestro* Señor» (siríaco) (Mt. 28:6). Él es Señor también de los ángeles. Tomemos nuestro puesto en el lugar de la muerte y meditemos solemnemente en

1. SU GRAN HUMILDAD. El que moraba en el seno del Padre fue *puesto* en este sepulcro prestado: el Hijo de Dios, sepultado.
2. SU CARÁCTER SIN TACHA. Santo, inocente, sin mancha. No había pecado *en* Él. Sin embargo, la iniquidad de todos nosotros fue puesta *sobre* Él. Sin mancha ni contaminación, pero hecho maldición por nosotros. Crucificado y muerto.
3. SUS MÚLTIPLES SUFRIMIENTOS. «Mirad, y ved si hay un dolor como el dolor que me aflige» (Lm. 1:12). «Varón de dolores y experimentado en quebranto» (Is. 53:3). «Se dispuso con los impíos su sepultura».
4. SU GRAN PODER. *«Ha resucitado»* es lo que se afirma de Él. No «Ha *sido* resucitado». «Yo pongo mi vida... Tengo potestad para ponerla, y tengo *potestad para volverla a tomar»* (Jn. 10:18). Su muerte fue voluntaria. Murió y resucitó.
5. SU GLORIOSA VICTORIA. Se entregó a la muerte «para, por medio de la muerte, destruir el poder al que tenía el imperio de la muerte, esto es, al diablo» (He. 2:14). «¿Donde está, oh muerte, tu victoria? ¿Dónde está, oh sepulcro, tu aguijón?» (1 Co. 15:55). Al echar a un lado sus ropajes funerarios echó a un lado todo lo que pertenecía al pecado, a la muerte y al sepulcro. Resucitó un Salvador *glorificado*.
6. NUESTROS PROPIOS PRIVILEGIOS Y LAS PERSPECTIVAS QUE TENEMOS. Cristo «fue entregado por nuestras transgresiones, y resucitado para nuestra justificación» (Ro. 4:25). Por medio de su preciosa sangre se ha abierto para todos una puerta ancha y eficaz. Esta escalera de salvación alcanza de la tierra al cielo.
7. LA TUMBA DE LA QUE NO HAY SALIDA. «Los malos serán trasladados al infierno» (Sal. 9:17, RVR 77 *margen*). Aquí es donde está fijada una gran sima, de manera que los que quisieran pasar de allí a vosotros *«no puedan»* (Lc. 16:26).

IV. Un encargo claro. «Id pronto y decid» (v. 7). Este ángel del cielo no predicó otro Evangelio que el que predicó después el gran apóstol. Aquí lo tenemos: 1) DEJAD DE TEMER; 2) VENID Y VED; 3) ID PRONTO Y DECID. Cristo ha resucitado, éste es el glorioso Evangelio. Venid y ved, y conoced el poder de ello y luego salid y contadlo, e id pronto, porque grande es la necesidad. Hay muchos tristes y desconsolados y con el corazón quebrantado, y el tiempo es corto.

Él ha resucitado para *salvar*, y se te ruega que oigas.
Ha resucitado para *interceder*: toma consolación de ello.
Ha resucitado para *juzgar*: acepta la advertencia.

933. UNA PRECIOSA PROMESA
Mateo 28:18-20

1. **¿Quién es el que hace la promesa?** Jesús, a quien le ha sido dada toda potestad en los cielos y en la tierra.

2. **¿Cuál es la promesa?** Es la promesa de su presencia. «He aquí que Yo estoy con vosotros todos los días.»

3. **¿Por qué es preciosa?** Es preciosa 1) Porque es verdadera. «Fiel es el que prometió». 2) Porque implica toda suficiencia, tanto para la tierra como para el cielo. Él tiene todo poder.

934. SIETE PASOS EN LA VIDA CONSAGRADA
Marcos 1:9-15

Juan fue un hombre enviado por Dios. Todos los hombres enviados por Dios dan honra a Cristo, y sienten muy agudamente su propia indignidad en su presencia. «Es necesario que Él crezca, y que yo mengüe». Esta pequeña porción es uno de aquellos jardincillos tan frecuentes en el Evangelio de Marcos, fragante con muchas preciosas flores. Sigamos los pasos del Señor. Él fue:

I. Decidido. «Aconteció en aquellos días, que Jesús vino de Nazaret de Galilea, y fue bautizado por Juan en el Jordán» (v. 9). ¿Qué involucró este paso para Él? ¿Estaba Él acaso siguiendo como uno de la muchedumbre que iba en pos del predicador del desierto? Fue el paso más decisivo e importante en la vida de nuestro Señor. Implicó el abandono de todos los vínculos terrenos de las relaciones humanas, la perfecta rendición de Sí mismo a la voluntad de su Padre como su Hijo, la pública declaración de su carácter como maestro enviado por Dios, y como el Cordero que quita el pecado del mundo. Solemne fue para Jesús el viaje desde Nazaret hasta el Jordán. ¿Hemos tomado este paso? ¿Nos hemos rendido a Dios para que su voluntad sea hecha en nosotros? ¿Es el ardiente deseo de tu corazón que tu vida glorifique al Padre?

II. Aceptados. «E inmediatamente... vio que se rasgaban los cielos» (v. 10). Se ofreció a Sí mismo, y fue en el acto aceptado por el Padre, a través de los cielos abiertos. Como pecadores, nos damos para ser salvos; como hijos, nos damos a Él para el servicio. Cada hijo que no se rinde a Él le está robando a Dios el fruto de su vida. No digas que no vale la pena ofrecer tu vida cuando ha sido redimida con la preciosa sangre del Hijo de Dios. Si quieres que los cielos se abran sobre ti, preséntate a Dios.

III. Ungido. «Y [vio] al Espíritu como paloma que descendía sobre Él» (v. 10). La santa unción para el servicio vendrá con certidumbre cuando la vida haya sido totalmente dedicada a Dios. Todas las palabras y obras de Cristo fueron pronunciadas y obradas en el poder del Espíritu. Este *mismo* bautismo lo necesita y puede tenerlo cada hijo de Dios (Hch. 1:8; 19:2).

IV. Asegurado. «Y vino entonces una voz de los cielos que decía: Tú eres mi Hijo amado; en ti tengo complacencia» (v. 11). Como Enoc, andaba con Dios, y tuvo también este testimonio de que *complacía a Dios*. Ésta es otra bendición que pertenece al camino de los consagrados. La unción del Espíritu Santo siempre conlleva la voz consoladora de Dios, la más dulce certidumbre en el alma es que la vida es aceptada y santificada, y es agradable para Él. Sin la fe esto es imposible.

V. Impulsado. «Y luego el Espíritu le impulsó al desierto» (v. 12). Este verbo *«impulsar»* es muy enérgico: es el mismo que el empleado en Juan 2:15: *«echó* fuera del templo a todos». La *conducción* del Espíritu en la vida consagrada es un impulso controlador inescrutable pero poderoso. No es una fantasía, sino la autoridad soberana y gubernamental de Dios en el alma. Así como el viento empuja a una nave de vela, de la misma manera el Espíritu Santo impulsa a la vida que ha sido botada en el océano de la voluntad de Dios. Impulsado por el Espíritu. ¡Maravilloso conductor! ¿Quién sostiene las riendas de tu vida? El Santo Espíritu de Dios, o el espíritu que obra en los corazones de los hijos de desobediencia?

VI. Probado. «Y estuvo en el desierto... siendo tentado por Satanás» (v. 13). No fue sino hasta que Cristo fue ungido con el Espíritu Santo que acudió el Tentador. Esto es muy sugestivo para nosotros. El reino de Satanás no siente mucho peligro de nuestra parte hasta que somos bautizados con el Espíritu de Poder. La verdadera lucha contra «los principados y potestades» solamente puede comenzar cuando somos elevados a los lugares celestiales, en los que las fuerzas del mal tienen sus fortalezas (Ef. 6:12). «Mayor es el que está en nosotros, que el que está en el mundo» (1 Jn. 4:4).

VII. Él testificó. «Jesús vino a Galilea predicando el evangelio del reino de Dios» (v. 14). Lucas nos dice que *«Regresó* Jesús a Galilea en el poder del Espíritu». Salió vencedor de aquel conflicto mediante la unción del Espíritu Santo y comenzó a predicar el Evangelio del Reino. Aquí podemos también seguir sus pasos. Si el poder del Espíritu Santo ha venido sobre nosotros, es para que seamos sus *testigos*. Los primeros discípulos llenaron Jerusalén con su doctrina. Id y predicad el Evangelio.

935. CON JESÚS EN EL DESIERTO

La Tentación (Mr. 1:12, 13)

Introducción

Samuel Rutherford, que conocía el corazón del hombre como pocos, escribió en una de sus cartas: «Si nos conocemos bien, carecer de tentación es quizá la mayor de las tentaciones».

Generalidades.

1. La tentación es probablemente la experiencia más conocida del cristiano.
2. Si designamos la vida cristiana como una vida de gozo y paz, muchos dirán que no la conocen así.
3. Pero si hablamos de ella como una vida de tentación, cada alma regenerada admitirá que así es.

CONSOLACIÓN. Siendo que la experiencia de tentación es universal, es una bendición aprender que:

1. Él fue tentado en todo según nuestra semejanza, exceptuando el pecado (He. 4:15, *literal*). Esto es: en todo excepto la concupiscencia que nos tienta exteriormente. Él era sin pecado, y no sufrió esta clase de tentación. Tampoco había en Él nada que concordara con la tentación externa. Era absolutamente santo. Pero sufrió todo tipo de tentación *extrínseca*.
2. Él «padeció siendo tentado» (He. 2:18, RVR): y que ser tentado fue un sufrimiento para Él, como para nosotros.
3. Que siendo que «padeció siendo tentado», es poderoso para socorrer a los que son tentados.

No es Pecado.

1. Es bueno considerar la distinción entre pecado y tentación.
2. No es pecado ser tentado.
3. El pecado reside en juguetear y entretenerse con la tentación (como un gato juega con un ratón).

Contadlo como Gozo.

1. Santiago dice: «Tened por sumo gozo cuando os halléis en diversas pruebas».
2. No es nada por lo que debamos estar abatidos.

Con Jesús.

1. Debemos acompañar al Señor Jesús en el desierto.
2. Debemos ser llevados con frecuencia al desierto para ser tentados por el diablo, pero con Jesús estamos a salvo.
3. Y su presencia hace que el desierto y la soledad se alegren y que el páramo florezca como la rosa.

Profundo y Misterioso.

1. Es bueno observar la profunda significación del conflicto.
2. Jesús estuvo en el desierto como nuestro Representante.
3. Milton termina su «Paraíso Recobrado» en este punto.
4. El Primer Adán estuvo como cabeza de la raza y al caer arrastró consigo a la raza entera. El postrer Adán estuvo allí como Cabeza de la nueva raza, y, logrando la victoria, levantó consigo aquella raza, o hizo posible su levantamiento.

Puntos de Diferencia.

1. El diablo retó al primer Adán; el postrer Adán retó al diablo.
2. El diablo arruinó al primer Adán; el postrer Adán despojó al diablo.
3. El primer conflicto tuvo lugar en un Paraíso; el segundo, en un Desierto.

Después del Bautismo.

1. Los tres Evangelistas declaran unánimes que el conflicto tuvo lugar inmediatamente después de la sazón de bendición después del bautismo.
2. Aprendamos:
   a. Ningunos privilegios espirituales nos ahorran ninguna difícil prueba.
   b. La hora de la bendición es frecuentemente la hora del peligro.

I. El peligro del materialismo. La primera tentación: piedras en pan.

1. Su aplicación a Jesús.
   a. Fue un golpe a su filiación: «Si». A Satanás le encanta arrojar el «si» dubitativo en nuestra mente acerca de nuestra filiación.
   b. Fue un golpe a su vida de dependencia.
   (1) Fue una tentación a la autosuficiencia.
   (2) Una tentación a abandonar la vida de dependencia que el Padre le demandaba.
   c. Fue un golpe a su vida de servicio dependiente. Fue una tentación a emplear el poder de obrar milagros para un propósito inferior. Jesús siempre rehusó obrar milagros para dar satisfacción a la vulgar curiosidad de la gente.
   d. Fue una tentación a pensar en los cuerpos de las personas antes de o incluso en lugar de las almas. El peligro de los modernos movimientos sociales es precisamente éste: como pueden verlo todos los agudos observadores. Esta edad piensa más en botas o sandalias para pies descalzos, en comidas para estómagos vacíos, en semanas en la playa, que en la salvación del alma. Pongamos esto primero, y el resto puede seguir.
   e. Fue una tentación al materialismo.
3. SU APLICACIÓN A NOSOTROS. Esta tentación nos viene de diversas maneras.
   a. La tentación a poner el cuerpo y sus necesidades en primer lugar (el orden del diablo es «Pan, confianza, adoración». El de Dios: «Confianza, adoración, pan».), y luego el alma.
   b. La satisfacción de un apetito legítimo del cuerpo de una forma ilegítima.
   c. Lo que tiene que preocuparme, dice esta tentación, es el pan para el cuerpo, no debo preocuparme de mi alma.

Aquí es donde cayeron Adán y Eva.

1. Pero Jesús venció.
2. Y Él venció mediante la Palabra.

El relato de Marcos.

1. ¡Cuánto comprime Marcos en un pequeño espacio!
2. Es un maestro en el arte de la concentración y condensación.
3. Aprendamos:
   a. El poder impulsor, así como seductor, del Espíritu.
   b. Los cuarenta días fueron todos días de tentación.
   c. Probablemente el enemigo fue invisible durante los cuarenta días, y las tentaciones eran lanzadas a la mente.
   d. Fue al final de los cuarenta días Satanás se presentó abiertamente de forma visible, y presentó la tentación de manera objetiva.
   e. Allí había fieras y estaban con Él. Aquellos animales reconocieron su autoridad y perdieron su ferocidad, una imagen del Día Milenial, cuando el león y el cordero yacerán juntos.
   f. Los ángeles le servían. Aquel que no quería tentar a Dios obrando milagros por indicación del diablo para conseguir pan, ni echándose para ver si los ángeles acudirían para guardarle del mal, ve ahora como vienen los ángeles y le traen pan en el desierto.

II. El peligro del sensacionalismo. La Segunda Tentación: Saltar desde el pináculo del Templo.

Sutileza.

1. ¿Tú confías en Dios? Muy bien, pues demuestra tu confianza en Dios echándote desde el pináculo del Templo.
2. Tú citas las Escrituras. Yo también te daré una para mostrarte que Dios te guardará.

Análisis.

1. Desde luego, parece que tal acción habría sido un acto de fe.
2. Pero al mirarlo más detenidamente, creemos que se verá que habría sido una clara prueba de falta de confianza.
3. Habría sido un experimento.
«Cuando dudamos de alguien, hacemos experimentos para descubrir hasta dónde podemos confiar en él».

Aplicación a Jesús.

1. Era una creencia popular que el Mesías aparecería de repente, y de alguna manera maravillosa, como, por ejemplo, un salto desde el tejado del Templo para ponerse en medio de la multitud en el patio.
2. Era una tentación a dar satisfacción al deseo vulgar de ver maravillas.
3. Era una tentación a dejar asombrado al pueblo.
4. Apelar a los sentidos, como se hace en nuestros días con enormes edificios, ritual, música, etc.

Aplicación a nosotros.

1. Esta tentación nos viene cuando intenta mostrarnos que debemos mostrar nuestra confianza haciendo algo fuera de lo común.

2. No, hemos de mostrar nuestra confianza haciendo las cosas ordinarias de la vida de una manera extraordinaria.

III. El culto a Satanás. La Tercera Tentación: adorar a Satanás. No debe haber contemporización alguna con el mal.

Un Rápido Panorama.

1. Lucas 4:5 nos dice que Cristo vio la visión en un instante.
2. Satanás dio al Señor una rápida visión panorámica de los reinos del mundo.

Observemos.

1. Satanás pretende un cierto derecho a los reinos del mundo, y nuestro Señor reconoció su pretensión llamándole más adelante el Príncipe de este Mundo.
2. En el Salmo 2:8 y 9, Dios espera de Jesús que le pida el mundo. Pero la tentación aquí era que lo pidiese al diablo. A la vista del Salmo 2:8, ¡cuán impresionante es la tentación de Satanás!

Aplicación a Jesús. Fue una tentación:

1. A lograr el Reino sin la Cruz.
2. A tomar un camino corto y fácil para la posesión.
3. A aceptar la ayuda del diablo.

Aplicación para nosotros.

Esta tentación nos sobreviene cuando somos tentados a vivir sin la Cruz.

El Secreto de la Victoria.

1. Sé renacido del Espíritu. Un buen comienzo es una obra ya medio hecha.
2. Sé lleno del Espíritu. Éste es nuestro privilegio.
3. Asegúrate de tu filiación. Nunca dudes de tu posición en Cristo.
4. Sé buen conocedor de la Palabra.

936. ARREPENTÍOS Y CREED

«El reino de Dios se ha acercado; arrepentíos, y creed en el evangelio» (Mr. 1:15).

I. ¿Qué es el Evangelio? Es la buena nueva de:

1. EL AMOR DE DIOS (Jn. 3:16). Al dar a su Hijo.
2. LA MUERTE Y RESURRECCIÓN DE CRISTO. Su expiación por el pecado, y su aceptación por parte de Dios.
3. EL DON DEL ESPÍRITU SANTO. El testigo y el morador.
4. EL REINADO VENIDERO DE GLORIA. Él reinará.

II. ¿Qué es el arrepentimiento? Implica un cambio de mente

1. HACIA DIOS. Amor en lugar de un miedo servir.
2. HACIA CRISTO. FE en lugar de duda.
3. HACIA EL PECADO. Aborrecimiento, en lugar de deleite.
4. HACIA EL YO. Humillación, en lugar de soberbia.

III. ¿Por qué debemos arrepentirnos?

1. Porque es grandemente necesario (Lc. 13:3).
2. Porque Cristo lo ordena.
3. Porque el reino de Dios se ha acercado.
4. Porque Él ha sido exaltado para darlo (Hch. 5:31).

937. EL ESPÍRITU INMUNDO

Marcos 1:21-27

Jesús había entrado en Capernaum. En el tranquilo día de sábado se dirige a la sinagoga, para poder declarar la voluntad de su Padre en el Cielo. Toda oportunidad de llevarla a cabo es *inmediatamente* aceptada por nuestro Señor. Instando en tiempo oportuno. ¡Que su Espíritu Santo obre esta buena obra en nuestros corazones! Conducidos por el Espíritu Santo, Jesús es puesto en contacto con un espíritu inmundo. Es un *día de gracia* para el pobre hombre poseído por el demonio. Nótese:

I. Su carácter. «Un hombre con espíritu *inmundo*», o, como se puede leer, «Un hombre *en*, o siendo controlado por, un espíritu inmundo». Un hombre en un espíritu inmundo es naturalmente un hombre inmundo. Así, es verdaderamente posible que una persona sea totalmente poseída por un espíritu malo. Hay un espíritu que *ahora* obra en los corazones de los hijos de desobediencia. El dios de este mundo sigue cegando las mentes de los incrédulos. Si el espíritu es inmundo, todo el hombre es corrompido.

II. Su posición. «En la sinagoga de ellos» en día de sábado. Un hombre inmundo guardando el Sábado y reverenciando el santuario. Un demonio religioso. Los actos externos de un hombre no siempre determinan su carácter moral. Es posible tener la *forma* de piedad negando su eficacia. Espíritus inmundos pueden acudir regularmente a la casa de Dios.

III. Su pregunta. «¿Qué tenemos que ver contigo, Jesús nazareno?» Simplemente esto. Estos inmundos adoradores no tienen nada que ver con Jesús. Este malvado espíritu clama: «¿Qué tenemos que ver contigo?» El hombre y el espíritu inmundo son como uno. Somos uno con el espíritu que nos posee, sea éste el Espíritu de Dios o un espíritu malo. «Sois esclavos de aquel a quien obedecéis, ya sea del pecado para muerte, ya sea de la obediencia para justicia» (Ro. 6:16).

IV. Su confesión. «Sé quién eres, el Santo de Dios». ¿Por qué no dice *sabemos* quién eres? Este demonio habla por sí mismo, y traiciona un conocimiento muy superior al del pobre endemoniado. Obsérvese cuidadosamente su lenguaje: «¿Has venido a *destruirnos*? Sé quién eres». Jesús había venido no a destruir, sino a salvar. Esta confesión es como la de muchos modernos espíritus inmundos: una confesión sin fe. Recordemos a Judas (Hch. 3; 14).

V. Su petición. «Déjanos solos». Aunque estas palabras no aparecen en las versiones basadas en textos críticos, expresan sin lugar a dudas el profundo deseo de cada espíritu inmundo. Cada pecador amante del pecado anhela que el Santo de Dios lo *deje solo*. Aman las tinieblas más que la luz, porque sus obras son malas. Bien, ¿qué sucedería si Jesús dejara *solos* a los inmundos? Esto mismo: quedarían para siempre bajo el poder maldito del pecado y de Satanás, echados fuera con el diablo y sus ángeles. Señor, quédate Tú con nosotros.

VI. Su poder. «El espíritu inmundo, haciéndole pedazos, y clamando a gran voz...» (RV). Guárdate del pecado. Primero clama: «Déjanos solos», y luego desgarra. Tiene poder para *contaminar* y destruir. El Yo es uno de los más peligrosos de los espíritus de seducción. En la obra de Dios es frecuentemente la mosca que hace heder el perfume. El espíritu inmundo ha *desgarrado* las mentes, los corazones, las vidas y las esperanzas de muchos, y querría arrebatar la misma Palabra de Dios de nuestras manos.

VII. Quien le venció. Jesús le conminó diciendo: «¡Cállate, y sal de Él». Lo amordazó y lo echó fuera. Los impuros deben ser reprendidos, incluso cuando hablan religiosamente, diciendo: «Tú eres el Santo de Dios». Es fácil para un espíritu inmundo vencer a un hombre impío, pero la presencia y el poder del Santo es suficiente para silenciar y separar. Si el pecado debe ser amordazado y vencido dentro, el Espíritu Santo debe ser admitido y se debe confiar en Él para que ejerza su poderosa autoridad en el alma, autoridad con la que manda a los espíritus inmundos, y le obedecen.

938. LA SUEGRA DE PEDRO

Marcos 1:29-31

En los versículos 21-34 tenemos un breve registro de lo que debe haber sido un día muy ocupado en la vida del Señor, y un día de gran bendición para los que estaban con Él. Por la *mañana* de aquel sábado entró en la sinagoga y enseñó, y echó un espíritu inmundo; por la *tarde* fue a la casa de Pedro con Jacobo y Juan, y sanó a la suegra de Pedro de su fiebre; y al caer la *sobretarde* sanó a muchos que padecían diversas enfermedades, y echó muchos demonios. Pero no parece que al día siguiente se sintiera fatigado, como muchos predicadores afirman estarlo los lunes, porque el versículo 35 dice: «De madrugada, cuando estaba aún muy oscuro, se levantó, salió y se fue a un lugar solitario, y allí se puso a orar». Debemos estar trabajando con la energía de la carne si nuestro trabajo nos deja ineptos para la oración secreta. Observemos ahora en el caso de la suegra de Pedro:

I. Su relación. «La suegra de Simón» (v. 30). Así Simón Pedro debe haber tenido una mujer. Si fue el primer Papa, como pretenden los papistas, ¿de dónde sacan su autoridad para el dogma del celibato?

II. Su triste condición. «Acostada con fiebre» (v. 30). La fiebre y la enfermedad siempre llevan a la impotencia. «*Acostada*». Totalmente incapaz de hacer nada. La fiebre de la excitación mundana lleva a muchos la enfermedad de la incapacidad espiritual. Nuestras iglesias son más como hospitales que campamentos de hombres armados y capaces. ¿Por qué el señor o la señora Tal no están tan activos como solían en el servicio de Cristo? Oh, Él está ofendido, o ella se está enfriando. Sí, «acostados con fiebre» y «para nada útiles», como la sal que ha perdido su sabor.

III. Los intercesores importunos. «Y en seguida le hablaron de ella» (v. 30). Ésta es una obra bendita, haciendo *continua*… intercesión por los débiles y los necesitados. El Señor no se ofende por nuestras continuas peticiones. La condición de nuestros amigos y de los enfermos y enfebrecidos profesantes puede hacernos acudir muchas veces a Cristo. «En seguida» es el secreto de la oración que prevalece. *Díselo*. Díselo una y otra vez. No que Él sea duro de oído, ni lento para comprender nuestra necesidad, sino que quiere ver en nosotros una fe *persistente*. «No nos cansemos, pues, de hacer el bien; porque a su tiempo cosecharemos, si no desfallecemos» (Gá. 6:9).

IV. Su gran liberación. «Tomándola de la mano, la levantó. Luego la dejó la fiebre» (v. 31). Es fácil para Él hacer algo grande. Hubo: 1). *Un contacto personal*. «Tomándola de la mano». ¡Cuán tiernamente cuida de los enfermos. 2) *Un poder levantador*. «La levantó». Cada contacto con Cristo en oración o comunión implica un levantamiento. El poder de levantar es de Él. «Todo lo puedo en Cristo que me fortalece» (Fil. 4:13). 3) *Una cura inmediata*. «Luego la dejó la fiebre». ¿Cómo podía ser de otra manera? El Cristo personal es el remedio para todo.

V. Su voluntario servicio. «Ella comenzó a servirles» (v. 31). ¿Qué cosa más natural que un salvo sirva? No solo es justo que los redimidos lo *digan*, sino que lo *hagan*. Al servir estaba solo empleando para Él la energía que Él mismo le había concedido. «¿Robará el hombre a Dios?» (Mal. 3:8). Sí, y lo hace siempre que retiene del servicio de Cristo aquello que Cristo demanda como suyo. El ministerio de la suegra de Pedro, como todo verdadero servicio, era voluntario, espontaneo y de corazón. «Servidle con alegría, proclamad su alabanza». «Digno es el Cordero» (Ap. 5:12).

939. TODOS TE BUSCAN
Marcos 1:37

1. Todos hombres cansados de sectarismo.
2. Todos hombres cansados de meras teorías.
3. Todos hombres que han descubierto su incapacidad.
4. Todos hombres que querían ser salvos del pecado.
5. Todos hombres que anhelan tener paz con Dios.
6. Todos hombres que anhelan ser guardados por la gracia Omnipotente.
7. Todos hombres que buscan un reino de gloria.

¿A quién más podrían volverse?

940. CONFESIÓN, COMPASIÓN, PURIFICACIÓN
Marcos 1:40-45

Jesús había estado predicando por toda Galilea, y sanando «*toda enfermedad y toda dolencia* en el pueblo» (Mt. 4:23). Este pobre leproso indudablemente había oído de las grandes y variadas curaciones obradas por el Señor. Buenas nuevas de gran gozo para Él, agua fresca para un alma sedienta. ¿No anhelaría Él en lo más íntimo de su corazón tener una oportunidad de llegarse a tal gran Médico? ¿Cómo podría detenerse de aceptar la posibilidad si se le ofrecía? ¡Oh, si tu hubieras conocido en *este tu día!* Consideremos:

I. La necesidad. «Viene hacia Él un *leproso*» (v. 40). ¡Ah, el significado de la terrible palabra «leproso», y su sinónimo «pecador», a la luz de la presencia del Santo! Cada uno de estos leprosos era *excluido* del lugar de los santos, *separado* de la compañía de los puros, y *obligado* por su propio carácter a tener la compañía de los viles y de los proscritos. La suya era:

1. UNA NECESIDAD PROFUNDAMENTE SENTIDA. Sabía que era leproso. No hizo intento alguno de justificarse ni de ocultar su verdadero estado. Éste no es un sentimiento grato. Cuando un pecador está *convencido* de su pecado, siente como un golpe rudo que lo despierta, le es una revelación que lo lleva a odiarse a sí mismo.
2. UNA NECESIDAD QUE NINGUNA AYUDA HUMANA PODÍA RESOLVER. Su clamor era «inmundo», y sus perspectivas eran tenebrosas y desesperadas; su enfermedad era incurable. El pecado como plaga del corazón no puede ser tocado con el yeso de la reforma externa. «Vana es la ayuda del hombre» (Sal. 60:11).
3. UNA NECESIDAD QUE LO LLEVO A JESÚS. «Vino *hacia* Él un leproso.» El hambre frecuentemente lleva a un niño a volver a casa. Cuando el hijo pródigo comenzó a padecer *necesidad* fue que dijo: «Me levantaré e iré a mi padre» (Lc. 15:18). Bienaventurada tristeza que nos lleva, aunque sea como una cuerda alrededor de nuestros cuellos, a los vencedores pies de Jesús. «Bienaventurados los afligidos, porque ellos recibirán consolación» (Mt. 5:4).

II. La manera en que acudió. Acudió:

1. ANHELANTE. «Suplicándole» (v. 40). Tiene un espíritu dentro clamando por la emancipación. Este clamor llega ahora a sus labios y llegan a oídos del Todopoderoso Libertador. Es fácil anhelar encarecidamente cuando se siente la necesidad.
2. HUMILDE. «Arrodillándose» (v. 40). Una plena consciencia de nuestra culpa, impureza e impotencia basta para doblar las más rígidas rodillas y para hacer del «arrodillarse» un privilegio feliz y de agradecer. Este pobre leproso no tiene necesidad de pedir al Señor que «derrame menosprecio sobre todo su orgullo».
3. CREYENTE. «Si quieres, *puedes limpiarme*» (v. 40). Él tenía plena confianza en que si el Señor estaba *dispuesto* era abundantemente *poderoso* para salvar. «¿Hay para Dios alguna cosa difícil?» (Gn. 18:14). Él no quiere que nadie muera.

III. La recepción. Solamente la infinita santidad y el infinito poder pueden confrontar la apremiante y terrible necesidad del hombre culpable, y ambas cosas fluyen desde y a través del canal de la compasión.

1. SU CORAZÓN FUE MOVIDO. «*Movido* a compasión.» El fervoroso, humilde y creyente clamor de la necesidad movió las profundas aguas de simpatía en el alma del Salvador. Su amor lo hizo descender del Cielo a la tierra, y del pesebre al madero de maldición. «No tenemos un sumo sacerdote que no pueda compadecerse de nuestras debilidades» (He. 4:15). «Jesús lloró» (Jn. 11:35).
2. SU MANO FUE MOVIDA. «Jesús extendió la mano, y le tocó» (v. 41). Cuando el corazón es movido hay seguridad de que la mano será extendida para ayudar. Éste fue el primer toque afectuoso que aquel solitario proscrito había sentido desde que se le había declarado la lepra. Nadie puede tocar el dolido corazón o aplacar el alma entristecida como Él. Él ha tocado la humanidad mediante su encarnación, para que pudiéramos por la fe ser hechos partícipes de su naturaleza divina. Su *corazón* es tierno. Venid a Él. Su *mano* es poderosa, confiad en Él. Sus *brazos* no se han acortado para salvar.

IV. El resultado. «Quiero, ¡queda limpio!» (v. 41). Fue:

1. LIBERADO. «*Le dejó* la lepra.» La enfermedad, que estaba en su sangre misma, no podía sacudírsela Él de encima. Ningún bisturí de ningún cirujano terrenal puede separarte de tus pecados, pero la *palabra* del Médico Celestial es suficiente. «El que cree en Él [el Hijo], no es condenado» (Jn. 3:18). «En Él es justificado todo aquel que cree» (Hch. 13:39).
2. LIMPIADO. «Fue limpiado» (v. 42). Ser liberado del *dominio* del pecado es ser salvo de su poder contaminante. La palabra de Cristo, oída y creída, fue el medio de la plena y perfecta salvación del leproso. «Habló, y fue hecho.» «Vosotros estáis ya limpios *por la palabra* que os he hablado.» «Habiendo purificado vuestras almas *en la obediencia a la verdad*» (1 P. 1:22).
3. LIMPIADO INMEDIATAMENTE. «*Al instante*» (v. 42). Somos justificados *en el momento* en que creemos. No hay intervalo entre el momento en que se enciende la luz y ésta comienza a brillar. El crecimiento tiene que ser gradual y progresivo, pero la *vida* como principio vivificador viene instantáneamente en respuesta a la mirada de fe del alma (Jn. 3:14, 15). ¡Mira y vive!

941. EL PARALÍTICO
Marcos 2:1-12

Cuando Jesús llegó a la casa, este hecho pronto llegó a ser difundido. La casa era quizá la de Pedro, donde había estado antes (1:29). En la casa o en el corazón, no puede ser escondido. Allí donde su poder salvador y sanador se manifiestan «se reunirán muchos». No es siempre una señal de que Jesús está en la casa cuando «muchos no encuentran entrada». «*Cientos sin poder entrar*» es en la actualidad una gran jactancia. Él no envía de vacío a los hambrientos. Aquí tenemos una imagen de

I. Impotencia humana. «Un paralítico» (v. 3). Estaba:

1. ENFERMO. La *enfermedad* imposibilita el goce de aquellas cosas que son hasta indispensables para la vida y la salud. El pecado enferma el alma ante las bondades de nuestro Dios; el *amor* al mundo vicia el apetito por el pan del cielo. «Los sanos no tienen necesidad de médico, sino los enfermos» (Mt. 9:12).
2. ENFERMO DE PARÁLISIS. Esto es, su enfermedad lo dejaba *impotente*, privado de toda capacidad de *acción*, con sus energías desaparecidas, incapaz de *hacer* nada por sí mismo. Su enfermedad lo privaba de todos los *deseos* buenos, y su parálisis lo privaba de toda capacidad para *actuar*. Ésta es la verdadera condición de todos los que están sin Cristo. «Engañoso es el *corazón*» (Jer. 17:9). Sus *obras*, sus *caminos* y sus *pensamientos* son repulsivos para Dios (Pr. 15:8, 9, 26). Cuando esto llega a la consciencia del paralítico, esto es suficiente para privarle de toda soberbia y autoconfianza. «Porque Cristo, cuando aún *éramos débiles*, a su tiempo murió por los impíos» (Ro. 5:6).

II. Afecto fraternal. «Llevado por cuatro» (v. 3). Estos cuatro hombres que llevaban al impotente paralítico a Jesús nos muestran lo que puede llevar a cabo un esfuerzo *unido*. *Uno* pudiera haber dicho: «No puedo hacer nada por Él», pero los cuatro dijeron: «Podemos llevarlo». ¡Cuántas almas que perecen son cruelmente descuidadas por la carencia de un esfuerzo unido de parte del pueblo del Señor. Vale la pena considerar a estos cuatro anónimos amigos del paralítico.

1. CONSIDÉRESE LA FE DE ELLOS. Jesús vio «la fe de ellos» (v. 5). Fue para Él un delicioso espectáculo, aquellos cuatro corazones nobles y confiados. Creían que Jesús tenía lo que aquel pobre hermano imposibilitado y medio muerto necesitaba, y además creían que estaba bien dispuesto para darlo. Lo llevan como cántaro vacío a la fuente. Llevan al amoratado y congelado al calor del Sol de Justicia. Ellos hicieron su parte con fe, y la fe de ellos fue recompensada. Según vuestra fe os sea hecho. Se precisa de cuatro para llevar a un alma de las tinieblas del pecado a la luz de la salvación. (1) El *amor* del Padre. (2) La *sangre* del Hijo. (3) El *poder* del Espíritu. (4) La *fe* del cristiano. Los primeros *tres* son poderosos, pero, ¿y el cuarto? A, yo, «Poca fe».
2. VÉASE SU VALOR. «Y como no podían acercarse a Él a causa de la multitud, abrieron un boquete en el techo» (v. 4). No abandonaron la partida porque hubiera una multitud de dificultades por el camino. ¿Esperar a una ocasión más oportuna? ¡Ni hablar! Cuando hay la voluntad de ir a Jesús se abre el camino, aunque sea a través de un tejado. El *método* que ellos siguieron para llevar a un hombre a Cristo causó una buena cantidad de polvo y confusión, y es indudable que originó una buena cantidad de críticas adversas, pero el Señor nunca encuentra fallos en la manera en que acudimos, si acudimos creyendo.

III. El poder divino. Cuando llegamos a Jesús quedamos en el acto convencidos de que hemos llegado a la presencia del Omnipotente. «El Verbo era Dios». En el versículo 8 vemos su poder de discernir los pensamientos e intenciones del corazón. Todas las cosas están desnudas delante de Él. Pero véanse:

1. SU PODER PARA PERDONAR. «Hijo, tus pecados te son perdonados» (v. 5). Esto fue dicho «al ver Jesús la fe de ellos». Éste es el Evangelio de Cristo que es el poder de Dios para todos los que creen. ¿Es el Evangelio para ti un «espero que sí», o un «lo sé»? No esperes perdón en el momento del juicio cuando está escrito que «el Hijo del Hombre tiene autoridad *en la tierra* para perdonar pecados» (v. 10).
2. SU PODER PARA SANAR. «Levántate, toma tu camilla, y *vete* a tu casa» (v. 9). El perdona todos tus pecados y sana todas tus dolencias. «Bendice, alma mía, a Jehová» (Sal. 103:1, 2). Él no nos purifica de la contaminación sin liberarnos del poder del *pecado*. La sal de su gracia salvadora es echada en la fuente: el manantial de la vida. En Cristo no solo tenemos el perdón del pasado sino asimismo la *renovación* del Espíritu Santo. Hechos nuevas criaturas en Cristo Jesús.

IV. Evidencia concluyente. Cuando alguien ha sido salvado por el Señor ello se tiene que ver en la nueva vida. El paralítico:

1. SE LEVANTÓ. «Levántate… Entonces Él se levantó… enseguida» (v. 12). La camilla que antes lo había llevado a Él la lleva Él ahora. Jesús puede fácilmente transformar las angustias que nos llevan tristes a Él para que las tomemos y las llevemos agradecidos por Él. Hay un verdadero *levantarse* de nuestra verdadera hombría cuando acudimos en nuestra debilidad a los pies de Jesús. Tan pronto como somos vivificados somos resucitados (Ef. 2:5, 6).
2. SALIÓ. Cuando salió delante de todos ellos quedaron asombrados, y glorificaban a Dios diciendo: «Nunca hemos visto nada como esto» (v. 12). ¡No, ésta era una nueva forma de hacer que no provenía del príncipe de la tierra, sino del Rey de la Gloria! «Toda autoridad me ha sido dada en el cielo y sobre la tierra» (Mt. 28:18). Salid como aquellos que han sido perdonados y sanados de esta manera celestial, dando testimonio de Él y orando que otros puedan también serlo del mismo modo.

942. JESÚS EN LA CASA
Marcos 2:1-12

Jesús no siempre entra en la casa. Hay algunas en las que se le cierra la puerta a cal y canto (Ap. 3:20). A veces entra sin ser invitado (Lc. 24:36), pero siempre acepta la invitación a entrar (Lc. 24:29). «Si alguno… abre la puerta, entraré a Él» (Ap. 3:20). Así como el aire se precipita para llenar un espacio vacío, así la gracia de Dios apremia en cada abertura de nuestros corazones. «Abre tu boca de par en par, y Yo la llenaré». Observamos aquí nuevas lecciones, como que

I. Jesús condesciende a entrar en la casa (v. 1). «He aquí, Yo estoy a la puerta y llamo». El que habita en la altura y la santidad habita también con el de espíritu contrito y humilde (Is. 57:15). El poderoso Dios busca una entrada en nuestros corazones para que podamos *«cenar con Él»*. El que yació en un pesebre no pasará por alto a los pobres y a los necesitados.

II. Jesús llena la casa cuando Él entra. «Ya no quedaba sitio» (v. 2). No hay necesidad de entretenimientos mundanos para *atraer* cuando Jesús entra. Cuando Él viene trae consigo una gran compañía de nuevos amigos. Cuando la gloria entró en el templo, *llenó la casa*. Aquél que es la plenitud de la deidad puede ciertamente llenar todo deseo y anhelo del corazón. Llenados con la plenitud de Dios.

III. Cuando Jesús está en la casa su presencia no puede ser ocultada (v. 1). No podemos separar la *influencia* de la presencia de Cristo, como no podemos tener la rosa sin su fragancia, el oro sin color, ni el sol sin la luz. Si Cristo mora en nuestros corazones, el *amor* de Cristo se derramará. Cuando Jesús entra Él deja la puerta abierta para que otros sigan, y para que sus palabras puedan ser oídas fuera.

IV. Los que acuden a Jesús pueden encontrarse con dificultades (v. 4). Había una multitud de oyentes alrededor de la puerta. Los *oyentes* a menudo constituyen un estorbo para los *buscadores*. Algunos son tan rígidos y egoístas que no se moverán ni un poco de sus viejas rutinas para permitir que un pecador llegue a Cristo. Nunca se encuentran fuera de su banco el domingo, pero no levantarán un dedo para salvar un alma. No entrarán ellos mismos, ni dejar a aquellos que quieren entrar.

V. Los que traen a otros a Jesús no deben tener miedo de nuevos métodos (v. 4). Si no puedes hacerlos entrar por la vía que otros lo han hecho, hazlos entrar por el tejado. Si no pueden salir por la puerta, hazlos bajar desde la muralla en una espuerta. Si no comprenden la palabra *«cree»*, prueba con la palabra «VEN». Si ellos no quieren venir, ve tú a ellos. ¿Pero qué dirán? Bien, que digan lo que quieran. Aunque te llamen un fanático rompetechos, ¿qué importa si se salvan almas azotadas por el pecado? Ésta es la nueva forma de hacer las cosas.

VI. Algunos nunca acudirán a Cristo, a no ser que sean traídos (v. 3). Si este hombre enfermo no hubiera sido llevado a Jesús, seguramente no habría sido curado por Él. Se precisa de *cuatro* para llevar a un pecador a Jesús: (1) La *Ley* de Dios. (2) El *Espíritu* de Dios. (3) La *Palabra* de Dios. (4) El *Siervo* de Dios.

VII. Cuando un hombre está realmente deseando ser salvo no se avergonzará de recibir ayuda. Cuán a menudo hemos visto a gente ruborizarse y agitarse cuando se le ha mencionado ante otros su necesidad de salvación. Es como ofrecerse a ir corriendo a llamar a un médico a un hombre que se cree en buena salud. El etíope se sintió feliz de recibir instrucción, porque su alma estaba profundamente ansiosa (Hch. 8:31), lo mismo que el carcelero (Hch. 16:30).

VIII. Cuando uno esté sanado su vida lo mostrará (v. 12). Nadie puede quedarse igual después de haber entrado en contacto con Jesucristo. El sol o bien ablanda o bien endurece, aviva o marchita. La camilla a sus hombros era evidencia suficiente del gran cambio que se había obrado. Todos aquellos cuyos pecados son perdonados son llamados a glorificar a Dios en su cuerpo.

IX. Cristo es suficiente para todos los que acuden a Él. Él fue todosuficiente para el paralítico, todosuficiente para la fe de aquellos que lo habían traído, todosuficiente para leer los corazones de los mirones que suscitaban dificultades. «Y poderoso es Dios para hacer que abunde en vosotros toda gracia, a fin de que, teniendo siempre en todas las cosas todo lo suficiente, abundéis para toda buena obra» (2 Co. 9:8). «Todo lo que el Padre me da, vendrá a Mí; y al que a mi viene, de ningún modo lo echaré fuera» (Jn. 6:37). ¿Está Jesús en tu casa?

943. EL LLAMAMIENTO DE LEVÍ

Marcos 2:14-17

Leví es también llamado Mateo en el primer Evangelio. Mateo significa *don de Dios,* un hermoso nombre para un publicano contratado por los romanos para actuar como recaudador de impuestos. Quizá hubiera codiciado esta despreciada profesión por su codicia de beneficios. Es posible que debido a una tal traición todos sus amigos le hubieran dado la espalda. La manera en que consideraban este negocio es como nosotros miraríamos a un defensor de la temperancia inaugurando una tienda de licores, o a un cristiano que pusiera una tienda de libros anticristianos. La conciencia del pobre recaudador de impuestos debe haberse sentido frecuentemente aguijoneada. Su alma debe haberse sentido frecuentemente asqueada de todo aquel asunto, pero, ¿qué podía hacer? Su oportunidad le llega...

I. Dónde recibió el llamamiento. «Sentado a la mesa de impuestos» (v. 14). Mientras estaba ocupado en su trabajo. Fue un llamamiento repentino. Jesús sabe dónde encontrar a aquellos que en sus corazones están anhelando liberarse de la esclavitud del pecado. El llamamiento puede venir en medio de todas las actividades de un negocio dudoso, o bien la voz suave y apacible de un Salvador que pasa puede llegar mientras se trabaja en el campo, en el taller, en la oficina o en el molino.

II. Cuando llegó el llamamiento. «Al pasar» (v. 14). Hay algo patético en esto. Jesús llegó. Habló. Y pasó. ¡Qué oportunidad! ¡Qué privilegio! ¡Cuán inesperadamente llegó, cuán rápidamente pasa! ¡Qué poco tiempo para decidirse, y cuán inmensas las consecuencias! Fue una oferta de salvación la que *pasaba,* y era para Él el *ahora* del tiempo de aceptación. Pasa Jesús de Nazaret. Puede que esté pasando y llamándote precisamente ahora... ¿o te ha llamado y has rehusado? ¿Están estas cosas escondidas a tus ojos? O, si tú lo hubieras conocido en *este tu día* (cf. Lc. 19:42).

III. La naturaleza del llamamiento. «Sígueme» (v. 14). Él necesitaba a Cristo, y Cristo lo necesitaba a Él. ¿Acaso no vio el anhelo inexpresado de su alma? ¿No era un llamamiento de amor infinito de acudir y participar de su plenitud infinita? Jesús sabía lo que Mateo necesitaba, y que Él podía suplir aquella necesidad. Era un llamamiento a *seguir,* a una vida de constante obediencia. Todos sus llamamientos son a mayores experiencias de gracia y utilidad. «Ven y ve».

IV. La respuesta dada. «Y Él se levantó, y le siguió» (v. 14). Éste era un llamamiento efectivo. Efectivo no solo porque era el llamamiento del Señor, sino también porque su corazón había estado preparado y dispuesto para Él. La semilla había caído en *buena* tierra. Así, «todas las invitaciones de Dios son sus capacitaciones». El llamamiento de Dios significa siempre separación de todo aquello que la conciencia condena. Él no podía tomar su mesa de impuestos consigo. Es digno de observar que la voz de Dios en la *Palabra* está siempre en armonía con la obra del *Espíritu* dentro. El llamamiento exterior de Cristo viene en respuesta a la voz interna del Espíritu Santo. El Espíritu convence; el Salvador invita.

V. El cambio evidenciado. «Estando [Jesús] sentado a la mesa en casa de Él» (v. 15). Dice Lucas que «Leví le hizo un gran banquete en su casa» (v. 15). Él le había abierto la puerta; ahora el Señor entra y cena con Él. Sí, la comunión y la amistad siempre siguen a una obediencia de corazón. Algunos de los publicanos, sus viejos compañeros, son invitados a conocer a Jesús. Este *gran banquete* declara que ya ha sido sanado de su codicia, y que está ahora ansioso de ver a otros gozar de la bendición. Éstas son las señales que siguen al seguidor de Jesús.

VI. La gran cuestión. «¿Qué es esto, que Él come y bebe con los cobradores de impuestos y pecadores?» (v. 16). Nos sentimos muy agradecidos con ellos por haber suscitado esta cuestión. Es de gran alcance; toca a la infinitud de la gracia de Dios. ¿Cómo es? Solo el mismo Señor Jesús puede responder a esto. Los que preguntan, naturalmente, no sienten simpatía alguna para con los pecadores, por lo que lo juzgan a Él por el mísero rasero de ellos mismos. ¡Cuán tenebrosos son y endurecidos están los corazones que ven solo esta falta! Él ama al pecador. «¡Mirad qué amor!»

VII. La respuesta directa. «No he venido a llamar a justos, sino a pecadores» (v. 17). ¿No tenemos aquí una prueba de Leví se *sentía* un pecador necesitado? Era debido a que estaba *enfermo* que necesitaba de un médico. Los justos, con su justicia se excluyen de su poder sanador y salvador. Una hermosa ventana en una de las catedrales inglesas fue hecha por un impopular artesano con trozos rechazados de vidrio. Nuestro menospreciado y *rechazado* Señor está edificando para Sí una gloriosa Iglesia con materiales tan de rechazar como publicanos y pecadores, los mismos desperdicios del diablo. «Al que a Mí viene, de ningún modo le echaré fuera» (Jn. 6:37).

944. EL ESPOSO

Marcos 2:18-22

Otra pregunta es: «¿Por qué... tus discípulos no ayunan?». Siempre los hay que tienen los ojos fijos en las diferencias y en las dificultades. El Espíritu de verdad y de poder no está determinado por las formas externas. Es siempre fácil señalar a lo que los discípulos del Señor Jesús *no* hacen, mientras que las muchas cosas buenas que *sí están haciendo* pasan desapercibidas como si no existieran. Pero esto demanda del Señor una nueva revelación de Sí mismo en el carácter del Novio.

I. El carácter de Cristo. «Está con ellos el novio» (v. 19). El significado literal de *novio* es el que toma consigo a su novia. La *novia* es la Iglesia, y Cristo es su Novio. «Los compañeros del novio» (V.M.) son los que tienen entrada a la presencia del Novio, que están al tanto de su voluntad y propósitos, que comparten sus secretos, y que son uno con Él en sus simpatías y deseos. La conexión entre el Señor y su pueblo es expresada por dos de las más estrechas relaciones humanas, *hijos* y *novia,* o esposa. El mismo pensamiento que tenemos en el Cantar de los Cantares: «Me has robado el corazón, *hermana, esposa* mía» (cap. 4:9). La primera relación tiene lugar por *nacimiento,* y la segunda por *elección y acuerdo* mutuos. «Os es necesario nacer de nuevo» (Jn. 3:3). «*Escogeos* hoy a quién sirváis» (Jos. 24:15).

II. La influencia de su presencia. «¿Acaso los compañeros del novio pueden ayunar mientras el esposo está *con ellos*?» (v. 19, V.M.). ¿Puede acaso el amante estar triste en presencia de su amada? No se necesitan lámparas a la luz del día. Esos que, como los discípulos de Juan y los fariseos, están bajo la ley tratando de justificarse por sus obras, tienen necesidad de ayunar. Los discípulos de Jesús no están bajo la ley, sino bajo la gracia, y el Dios de toda gracia está con ellos, haciendo que su gracia sea suficiente para ellos. «He aquí que Yo estoy con vosotros». «Comed, amigos; bebed en abundancia, oh amados» (Cnt. 5:1). En tanto que tengan al Novio con ellos no pueden ayunar.

III. El efecto de su ausencia. «Vendrán días cuando el novio les será quitado, y entonces ayunarán en aquel día» (v. 20). Esto lo hicieron durante tres días después que Cristo fuera crucificado, y otra vez mientras esperaban en el aposento alto para la venida del Espíritu Santo. Sí, es el momento de ayunar cuando la presencia de Cristo es quitada de nuestros corazones. Entonces podemos estar seguros de que algún pecado se ha interpuesto y roto nuestra comunión. Aquí tenemos un solemne pensamiento para los perdidos. El Novio será quitado con la Novia, el día de gracia habrá llegado a su fin; entonces ayunarán ellos por cuanto estas cosas serán para siempre tapadas de su vista. El rico levantó sus ojos en el infierno, estando atormentado (Lc. 16:23). Había comenzado su definitivo y eterno ayuno.

IV. La naturaleza de su obra. La obra de Cristo, o la gracia de Dios que nos ha llegado por medio de Él, es representada aquí por dos cosas *nuevas.*

1. ES COMO PAÑO NUEVO. El paño nuevo o crudo no es en absoluto apropiado para remendar un vestido viejo. «Se produce un *desgarrón* peor». Había un *desgarrón.* El viejo vestido de la justicia humana está hecho jirones. «Todas nuestras justicias [son] como trapos de inmundicia» (Is. 64:6). El nuevo paño de la gracia no ha sido dado para apedazar el viejo vestido de las obras. Cuando el Hijo Pródigo llegó de vuelta al hogar no le apedazaron su roto vestido con paño nuevo. «Sacad de prisa el mejor vestido, y vestidle» (Lc. 15:22). La obra de Cristo nunca puede ser empleada como un pedazo, nuestras propias obras y las de Él nunca ajustan para hacernos una vestidura de justicia.

La justicia de Dios que es sobre todos los que creen es una cosa *nueva* y perfecta. «Por gracia habéis sido salvados… y esto no proviene de vosotros, pues es don de Dios» (Ef. 2:8).
2. ES COMO VINO NUEVO. El vino nuevo no puede ser guardado en los viejos odres para vino que ya hayan sido dilatados hasta toda su capacidad por el proceso de la fermentación. La ley de la gracia es que el «vino nuevo» debe ser puesto en «odres nuevos», o ambas cosas se perderán. El vino nuevo del reino necesita como vaso el *nuevo corazón*. «El hombre natural *no recibe* las cosas del Espíritu de Dios» (1 Co. 2:14; Jn. 14:17). El viejo cuero, la naturaleza humana caída, nunca puede adaptarse a la recepción y preservación de las cosas de Dios. El nuevo vino solamente puede ser la *destrucción* de los odres viejos. Crucificad la carne con sus concupiscencias, recibid el Espíritu Santo. Si queremos ser llenos del Espíritu (vino nuevo), debemos ser hechos *nuevas* criaturas en Cristo Jesús. «Echan el vino nuevo en odres nuevos, y así ambos se conservan juntamente» (Mt. 9:17). Preservados para su venida y reino.

945. LA MANO SECA

Marcos 3:1-7

Obsérvese aquí:

I. Dónde estaba el Salvador. Estaba en la sinagoga, el lugar público de culto. ¿Qué es el lugar de oración si Jesús no está allí? Un mero local de recitaciones. Cuando Jesús está presente habrá interés real. Él gusta de frecuentar la casa de oración. Y lo mismo sucede con los que son como Él. ¿Te *agrada* la reunión de oración? ¿O es para ti una ceremonia seca y carente de significado? Si es esto último, debes ser un extraño para el amante Jesús. Los que no tienen deseo de hablar con Él no pueden ser adecuados para morar con Él. Ahora observa:

II. A quién encontró el Salvador allí.

1. A UN HOMBRE CON LA MANO SECA. Lucas dice que era la mano *derecha*, la mano que extendemos para recibir. Esto puede ser tomado como representando la *fe* con la que el alma se ase a las promesas de Dios. ¿Cuántas manos secas se encuentran aún en las reuniones de oración, y cuán poco asirse de Dios? Amigo, ¿está tu mano seca? Quizá te hayas enfriado, y puedas recordar el tiempo en que tu mano de fe era sana y fuerte. Pero ahora solo tienes únicamente la forma seca e impotente.
2. HOMBRES CON CORAZONES SECOS. Aquellos que «le acechaban… a fin de poder acusarle» (v. 20. Esta clase no ha desaparecido aún de la casa de Dios. Además de una adormilada indiferencia existe también con frecuencia el despejado acusador. ¿Está tu corazón tan seco que no sientes amor por Jesús ni simpatía por su obra? El encontrar falta en el todo sabio Hijo de Dios y en su infalible Palabra y obra es desde luego el colmo de la arrogancia humana. Recuerda: los ojos del Todopoderoso te están vigilando. Escucha ahora:

III. Lo que dijo el Salvador.

1. AL HOMBRE CON LA MANO SECA. «Levántate y ponte en medio.» Ésta no sería una acción muy agradable para uno que deseaba *ocultar* su necesidad. El que cubre sus pecados no prosperará. No puedes estar en un estado idóneo para ser salvo en tanto que te avergüences de confesar tu necesidad. El Señor podría haber sanado a este hombre con tanta facilidad sentado como de pie, y en su casa con tanta presteza como en la sinagoga; pero lo más probable es que si hubiera permanecido en su propio hogar nunca habría sido sanado. Si tu infidelidad e incredulidad han de ser sanadas, tienes que confesarlas; y si confiesas, Él es «fiel y justo para perdonar» (1 Jn. 1:9).
2. A LOS QUE TENÍAN CORAZONES SECOS, a los buscadores de motivos de acusación, les dijo: «¿Es lícito en sábado hacer bien, o hacer mal; salvar una vida, o matar?» (v. 4). No hacer el bien cuando se puede es una cosa mala; no salvar cuando se puede es lo mismo que matar. «Ellos callaban». ¡Ah, sí! Una palabra de sus labios, y los acusadores se quedan sin saber qué decir. ¿Estás tú entre aquellos que preferirían aferrarse a una cierta *forma* religiosa que mata antes que abandonarla por la realidad que da vida? La *letra* seca, ata, mata. El Espíritu reanima, libera, da vida. Así, ¿es la tuya la religión de la libertad gozosa, o padeces una servidumbre formal y miserable?

IV. Lo que el Salvador sintió. Él:

1. SE AIRÓ. «Después de echarles una mirada alrededor con ira.» En el Antiguo Testamento se habla mucho acerca de «la *ira* del Señor». Y en el Nuevo Testamento se habla mucho acerca de «el amor del Señor». Pero recordemos, se trata de un Señor. «La *ira* del Cordero» es siempre tan santa como «la *sangre* del Cordero». ¡Ah, pobre pecador con pretensiones de justicia y que buscas juzgarlo todo, ten cuidado! Si no confiesas tus pecados y buscas su misericordia, recibiendo ahora su perdón, tuyos serán la terrible *mirada* que hace enmudecer, y la terrible *ira* que lanza a la desgracia eterna. Menosprecia su amor, y tú serás menospreciado. Pero más aún,
2. SE ENTRISTECIÓ. «Entristecido por la dureza de sus corazones». En tanto que estaba justamente airado ante la presunción humana, se siente asimismo entristecido ante la ignorancia humana. No se entristeció debido a que le acecharan y malinterpretaran y calumniaran. Él dice: «No lloréis por Mí, sino llorad por vosotras mismas y por vuestros hijos» (Lc. 23:28), porque bien sabe el Señor cuál será tu fin si lo rechazas. Si nunca te has dolido por tu propia ignorancia y dureza de corazón, tan solo piensa en el dolor que el misericordioso Salvador siente por ti.

V. Lo que el Salvador hizo.

1. RESTAURÓ LA MANO SECA. Nada es imposible para Él. Cuando este hombre se levantó obedeciendo la orden de Jesús, indudablemente esperaba que Jesús lo sanaría. Del mismo modo, si haces una plena y honrada confesión de pecado, podrás de un modo confiado esperar el perdón. Adán extendió la mano, y tomó el fruto prohibido, y de inmediato quedó seca su mano espiritual. Todos sus hijos nacen con una mano seca. Nada pueden recibir a no ser que les sea dado por Dios. Pero cuando les es restaurada la mano, pueden asirse de la vida eterna. ¿Está tu mano seca? Solo Jesús puede restaurarla.
2. SE RETIRÓ (v. 7). Hay tres clases de personas de las que Jesús se aleja: de *los que buscan ocasión en contra*, como aquí; de los *curiosos* (Jn. 12:21-36); y de los *mal dispuestos* (Lc. 8:37). ¡Cuán triste es cuando Aquel que es la Luz del mundo les da la espalda a los cegados! Ten cuidado acerca de cómo tratas al manso Cordero de Dios. Dile a Él «Ven», y vendrá; pero si le dices «Vete», al final se irá.

AQUÍ ESTÁ TU SOLEMNE ELECCIÓN: **Restauración o retirada**. ¿Serás sanado, o tendrá Él que retirarse?

946. TRES POSICIONES IMPORTANTES

Marcos 3:3; 1 Reyes 17:1; Filipenses 4:1

«¿Puede correr rápido tu caballo?» –le preguntó un caballero a un chico, mientras éste retenía el caballo por las riendas en una ajetreada calle de Londres. Él contestó: «No, señor, no puede correr rápido; pero en cambio se mantiene muy firme». Y ésta es una cualidad muy de admirar y alabar en un caballo. Sí, y también en los hombres y en las mujeres. Porque éstos son unos días difíciles, y hay muchas tentaciones para apartarnos de los caminos justos y buenos.
Cómo podamos mantenernos firmes en tiempos de prueba y de tentación es una cuestión de la máxima importancia. Para nuestra consolación, observemos que ésta no es la primera posición que deberíamos adoptar. Hay otras dos anteriores, como siguen:

I. «Ponte en medio» (Mr. 3:3). Ésta es *la posición del pecador.* El hombre en nuestra historia estaba solamente consciente de faltas, pero no de su lepra moral, y sin embargo necesitaba el toque del Salvador tanto como el leproso. Esta es una lección que todos los pecadores respetables deberían meditar profundamente. Sin embargo, sea que estemos o no conscientes de nuestra lepra moral, todos necesitamos al Salvador. Para recibir sus benditos ministerios de sanidad, debemos tomar el paso definitivo a Él, poniéndonos en medio, esto es, con una confesión pública de nuestra condición de pecadores.

II. «Estar de pie delante» (1 R. 17:1, V.M.). Ésta es *la posición del creyente.* Elías era conocido como el hombre que estaba en pie delante de Dios. Esta posición sugiere comunión así como servicio. Somos salvados para que *podamos estar*, o más que poder, *estemos*, incluso mejor *debamos estar* en pie delante de Dios. Es decir, para que podamos entrar en una bendita amistad con Él, y que tal amistad dé el fruto de un feliz y próspero servicio.

III. «Estad firmes» (Fil. 4:1). Ésta es *la posición del amigo leal*, leal a todos los intereses del Señor. Esto sigue de manera natural a los otros dos; de hecho, las posiciones anteriores nos preparan para esta. ¡Ah, que le seamos fieles en todo tiempo, bajo todas las circunstancias, y a toda costa!

947. LA SEMILLA SECRETA

Marcos 4:26-29

La historia del reino queda brevemente presentada en estas pocas y breves palabras. La Iglesia, como principio celestial, es plantada, crece, y aparte del hecho de que es divina en su naturaleza, ¿quién puede explicar su crecimiento? La tierra tiene poder para hacer que la semilla brote, poder invisible, pero grande. El Espíritu Santo es esta energía misteriosa, dadora de vida, invisible, en el mundo. Cristo ha ido a su reposo, pero la semilla sigue creciendo. El mundo se interroga, pero los creyentes se regocijan. La mortal escarcha de la incredulidad, las demoledoras tormentas de la persecución, no han hecho daño al tallo, ni perjudicarán a la espiga, ni disminuirán su fruto. Un poder secreto le dio vida, y una misteriosa influencia lo alimentó. Ahora llega el tiempo de la siega, y la separadora hoz pasa por el campo, y la cosecha es llevada (tomada arriba) a la más inmediata presencia del propietario, antes que el invierno del juicio y de la desolación caigan sobre la tierra. Pero tenemos aquí también unas lecciones prácticas para los sembradores de la Palabra. Señalemos, así:

I. El sembrado de la semilla. «Echa semilla en tierra» (v. 26). Éste es el primer paso hacia una cosecha. La recogida de la semilla puede ser agradable, pero su *esparcimiento* es provechoso. Los hay que se dedican tanto a escudriñar la Palabra que descuidan predicarla. Buena cosa es aprender, pero se debe aprender para *hacer*. Hay otros que siembra, siembran, siembran, o al menos lo aparentan, sea que tengan semilla o no. Pero la forma sin «la Palabra» nunca puede dar una cosecha. La semilla es bien para comerla, bien para sembrarla. No siembres lo que debieras comer. Que tu alma se alimente primero, pero no guardes para ti aquello que debieras esparcir.

II. La actitud de la fe. «Y ya duerma, ya se levante, de noche y de día» (v. 27). Habiendo sembrado la semilla, *descansa*. No se preocupa ni angustia por los resultados. Pero no se trata del sueño de la ociosidad. Se levanta de noche y de día y prosigue su necesario trabajo, pero la semilla queda donde debiera estar y *como* debiera estar. ¡Cuántos sueños y ansiedades hay en las mentes de algunos obreros cristianos acerca de la semilla sembrada, y cuán poco descansan en fe! El que sembró la cizaña *se fue*, confiado, sin lugar a dudas, en que brotaría. Tenía fe en su semilla. Si nosotros sembramos la buena semilla, podemos estar confiados en que crecerá. Es incorruptible. Pero no crecerá mejor por nuestro insomnio y penosa contemplación del campo. Echa la semilla, ten fe en Dios, y sigue regocijándote en la esperanza de una **cosecha.**

III. El misterio de la vida. Brota y crece «de un modo que Él mismo no sabe» (v. 27). El sembrador cree que la semilla crecerá, no debido a que Él comprenda el misterio oculto de la vida, sino porque cree en la maravillosa disposición que Dios ha preparado en la naturaleza. Toda la vida en la tierra es un misterio, pero ¡cuánto más la vida de Dios en el alma humana! Pero ningún sembrador tiene por qué desalentarse debido a que no pueda explicar con exactitud el misterio del segundo nacimiento; la buena semilla sembrada crecerá igual. En la maravillosa disposición del Dios Trino y Uno, así es. Es el Espíritu el que vivifica. «Renacidos por la Palabra incorruptible de Dios» (1 P. 1:23-25). Ésta es la misteriosa vida del reino de la gracia, e incluso sus súbditos «no saben cómo». Pero aunque la vida, como tal, sea un misterio tan grande, es sin embargo un gran hecho innegable. Se demuestra a sí misma. Cada primavera es un reavivamiento. Así también la nueva vida en el alma *manifestará* su propia existencia como lo hizo la vara de Aarón (Nm. 17).

IV. La revelación de la tierra. «La tierra da el fruto por sí misma» (v. 28). Es la naturaleza de la tierra manifestar aquello que recibe de una manera más fructífera. Todo lo oculto será revelado, lo que fue sepultado secretamente será manifestado (v. 22). Es la *luz* del cielo la que lleva las cosas ocultas a la luz. Hay aquí un solemne principio de examen del propio corazón. Nada quedará oculto de la escudriñadora mirada de Dios. La *luz* del gran trono blanco sacará a descubierto las más ocultas y secretas simientes de la siembra humana. Lo bueno y lo malo debe todo aparecer, y ello en su forma más fructífera. Los que «sembraron viento… segarán torbellino» (Os. 8:7). La tierra puede ocultar por un tiempo, pero al final tiene que dar su cosecha. Incluso los muertos depositados en su oscuro y frío seno tienen que salir ante el *resplandor* de su venia. ¡Ah! ¿cuál será la cosecha? Lo que la siembra ha sido. Lo que el hombre echa dentro la tierra lo devuelve, a treinta, a sesenta, y a ciento por uno.

V. Los grados de crecimiento. «Primero el tallo, luego la espiga, después *grano abundante* en la espiga» (v. 28). El tallo es la primera *manifestación* de vida. Había vida antes que ésta se hiciera visible, pero era totalmente terrena, y hasta ahora se consideraba como muerta. Cierto, la obra estaba en acción, como la Palabra actúa en el corazón. Podríamos considerar

1. EL TALLO como la lengua de la profesión *externa*. Hace una pública profesión, y declara su intención de dar fruto. Pero no cada tallo da el fruto del grano en la espiga. Hay el gusano, el ave y el clima, el mundo, la carne y el diablo, por causa de lo cual muchos prometedores tallos se pierden.
2. LA ESPIGA puede representar aquella *preparación* y disposición a recibir sin las que no puede haber fruto. Antes que el alma llegue a este prometedor estado se tienen que soportar muchas frías noches y muchos días duros, pero cuando por medio del sufrimiento el alma queda dispuesta para Él, entonces se encontrará el fruto. La *espiga*, abierta a las influencias del Cielo, pronto quedará abundantemente colmada.
3. GRANO ABUNDANTE. Aquí vemos el alma llena con toda la plenitud de Dios. Ahora tenemos aquí la *espiga* llena *doblándose* bajo el peso de su precioso tesoro, el alma satisfecha y doblándose en humildad *bajo* la brisa del Cielo, en la atmósfera del Espíritu Santo. *Esperando* en el Señor y *publicando* su alabanza hasta que Él venga.

VI. La hoz de la muerte. «Mete la hoz» (v. 29). La hoz no destruye el grano en absoluto, sino que solamente lo *separa* de la *tierra*, y la separación es la única vía a la seguridad. La acción de la hoz es tan solo el golpe de partida. Qué hermoso que mientras que una mano sujeta la hoz hay otra mano que sostiene el grano así cortado. Es la mano de Aquel que salva. ¿Por qué deberíamos temer la muerte cuando corta nuestra relación con la tierra, en donde estábamos atados y expuestos a las noches de frío y a días agostadores, y que nos libera de todo lo terreno y nos prepara para la casa del Padre, nuestro refugio y lugar de descanso? El grano maduro no teme la hoz, sino que puede decir: «¿Dónde está, oh muerte, tu aguijón?» (1 Co. 15:55). ¿Por qué debo temer a Aquel que viene a romper mis cadenas y a enviarme al Hogar, a la casa de mi Padre? Pero, solemne pensamiento para la cizaña, la hoz significa el fuego, su separación de todo el presente, sin idoneidad para el granero, y solamente idónea para quemar.

948. PASEMOS AL OTRO LADO

Marcos 4:35-41

Las circunstancias son bien conocidas. Pero ¿no podríamos emplear este incidente como una parábola de toda la vida cristiana? Cuando Cristo entra en nuestros corazones, tal como cuando entró en los corazones de los discípulos, ¿no nos dice Él en un sentido espiritual precisamente lo que les dijo a ellos poniendo su mirada al otro lado del mar: «Pasemos al otro lado»? Así, con Él volvemos nuestros ojos hacia el Cielo, y nos dirigimos hacia la ribera. Entonces contemplaremos la vida cristiana como

I. Una travesía. «Pasemos al otro lado» (v. 35). La muerte es en ocasiones designada como «pasar al lado de la gran mayoría». Cada día estamos pasando sobre las aguas de la vida hacia el otro lado. El mar es un idóneo emblema de la vida, o más bien de las variadas circunstancias que se acumulan para constituir una vida humana. Ahí van los barcos, «no barcos pintados sobre un océano pintado», sino almas inmortales subiendo y bajando por las ondas del tiempo, y desapareciendo una a una, al pasar más allá del horizonte de la mortalidad, donde se encuentran el cielo y la tierra.

II. Una travesía llena de dificultades. «Se levantó una violenta tempestad de viento, y las olas irrumpían en la barca» (v. 37). Las pruebas y dificultades de los creyentes surgen de dos fuentes. El viento de las circunstancias *externas*, y las olas de la duda y del temor *internos*. En tanto que las olas sean mantenidas *fuera* de la embarcación, la tempestad hará poco daño. Con frecuencia entramos en la tempestad del dolor y de la aflicción; y la presencia de Cristo con nosotros no nos salva de estas, pero su presencia nos asegura de la seguridad en medio de ellas. Seguir a Cristo siempre implica llevar la cruz (Hch. 9:16).

III. Una travesía acompañados por Cristo. «Pasemos al otro lado… Y *Él* estaba en la popa» (v. 38). He aquí que Yo estoy con vosotros». «De ningún modo te desampararé ni te dejaré» (He. 13:5). Jesús estaba callado, pero *su presencia* debiera haber alentado sus corazones. Podemos estar dulcemente conscientes de que tenemos a un amigo en la estancia con nosotros, aunque haya silencio por cuanto ambos están dedicados a cosas distintas. Cristo mora en nuestros corazones *por la fe.* Ninguna tempestad, por sí sola, puede perturbar el tranquilo reposo del alma de Cristo. Su fe echa fuera todo temor.

IV. Una travesía marcada por milagrosas liberaciones. «Él se levantó, *increpó* al viento, y dijo al mar: ¡calla, enmudece! Entonces... sobrevino una gran calma» (v. 39). Así su terrible angustia fue ocasión para la manifestación de su gran poder. ¿Quién escogería escapar a la tormenta cuando se da una gracia tan maravillosa? En el horno de fuego se siente y conoce la realidad de su poder protector. «Ninguna disciplina parece al presente ser causa de gozo, sino de tristeza; pero después da fruto apacible de justicia» (He. 12:11). Dios tiene poder. Dios con nosotros.

V. Una travesía que debiera ser hecha sin temor. Jesús les dijo: «¿Por qué sois tan miedosos? ¿Cómo es que no tenéis fe?» (v. 40). Tenían temor debido a que la fe que tenían en Él era defectuosa. El temor, como un prolífico hierbajo, surge del terreno de la fe débil. ¿Por qué teméis?

1. CRISTO ESTÁ EN LA BARCA DEL CORAZÓN. «Cristo en vosotros, la esperanza de gloria» (Col. 1:27). «Mayor es el que está en vosotros, que el que está en el mundo» (1 Jn. 4:4). ¿Puede hundirse la barca si el Hijo de Dios está en ella? Que los remeros (los pensamientos, sentimientos y afectos) se alienten. Nadie que confía en Él perecerá. «¿Por qué sois tan miedosos?»
2. CRISTO ESTÁ EN LA BARCA DE LA IGLESIA. «Dios está en medio de ella; no será conmovida» (Sal. 46:5). Dios la ayudará. El anda «en medio de los siete candeleros de oro» (Ap. 2:1). «Jehová tu Dios anda en medio de *tu campamento*» (Dt. 23:14). Ella será traída sana y salva al otro lado, sin que falte un solo pasajero. Aunque esté ahora muy batida por la tempestad, y que las olas del mundo están irrumpiendo dentro de la barca, Él vendrá en su gran gloria y la liberará de todos sus temores. «¿Por qué sois tan miedosos?»
3. CRISTO ESTÁ EN LA BARCA DE LAS ESCRITURAS. Su Palabra está establecida en el cielo, y no puede ser nunca quebrantada. Todos los vientos y las olas de la crítica nunca inundarán esta santa embarcación. «Ellas dan testimonio de Mí» (Jn. 5:39). Con una sola palabra puede Él acallar la violenta tempestad y calmar la furia de las olas amenazantes. Él habla, y es hecho. «¿Por qué sois tan miedosos?»
4. EN LA BARCA DE LA PROVIDENCIA. No confiamos en la providencia, sino en el Dios que gobierna sobre todo y en todo. «*Todas las cosas* cooperan para bien de los que aman a Dios» (Ro. 8:28). Él sustenta todas las cosas. Y el Cristo que está con nosotros lo tiene todo en su propia mano. «Toda autoridad en los cielos *y en la tierra*» (Mt. 28:18). Por tanto, no temáis, manada pequeña. Echad toda vuestra ansiedad sobre Él, porque Él tiene cuidado de vosotros. «¿Por qué sois tan miedosos?» «No temas, cree solamente» (Mr. 5:36).

949. EL CLAMOR DE LOS QUE ESTÁN A PUNTO DE PERECER

Marcos 4:36-41

A pesar de que Cristo esté en la barca, ello no significa que la navegación sea siempre *tranquila,* aunque es siempre *segura.* Los que lo tienen a Él en su compañía están tan seguros como Él. Podemos fácilmente ver en este incidente una imagen de la Gran Salvación. Los *actos* de Cristo son parábolas, lo mismo que sus palabras.

I. A punto de perecer. «Las olas irrumpían en la barca, de tal manera que *ya se estaba llenando*» (v. 37). La barca estaba llena de agua, y a punto de hundirse. Había dos causas para ello. Había:

1. LA TEMPESTAD AFUERA. Las circunstancias habían cambiado, y todas las cosas parecían estar contra ellos. El viento de la adversidad proviene de diferentes lugares. Los negocios pueden fallar, puede que un miembro de la familia se haya extraviado, que la enfermedad haya rodeado como una víbora a algún ser amado, que la muerte haya visitado el hogar, y Jesús parece dormido, y no parece haber ninguna ayuda cercana. O quizá se trate de
2. LAS AGUAS ADENTRO que llenan de temor y alarma. Una nave en la mar puede capear la tormenta, pero cuando el mar irrumpe en ella la situación se hace desesperada. Cuando los elementos del pecado y de iniquidad inundan el alma, entonces se pierde toda perspectiva de seguridad. Todos los remos y bombas del esfuerzo humano son impotentes. Deja de luchar y clama al Señor.

II. La gran pregunta. «Maestro, ¿no te importa que estemos pereciendo?» (v. 38). Solo cuando la nave comenzó a llenarse comenzaron ellos a clamar. Es desde luego un momento oportuno para clamar a Dios cuando encontramos que cuanto más intentamos mantenernos a flote tanto más nos hundimos en el mar de iniquidad y fracaso. Hay algo sorprendentemente duro acerca de este clamor: «¿No te importa...?» *¿No le importaba?* ¿Era su sueño el de la indiferencia? Su compostura serena hubiera debido reprenderlos acerca de sus temores e incredulidad. Si Él podía permitirse esta tranquilidad, lo mismo ellos. «¿No te importa que estemos pereciendo?» Que su humillación, sufrimiento y muerte en la Cruz sean la respuesta. «Él tiene cuidado de vosotros» (1 P. 5:7; 2 P. 3:9). «Invócame en el día de la angustia, y Yo te libraré.»

III. La respuesta divina. «Él se levantó, increpó al viento, y dijo al mar: ¡Calla, enmudece!» (v. 39). Cuando Él se *levanta* para ayudar a los necesitados su ayuda es una ayuda omnipotente. Todos los recursos de los Cielos y de la tierra, de Dios y de la eternidad, se centran en Él (Col. 1:17). Él *se levantó* de entre los muertos para nuestra justificación.

Jesucristo responde plenamente al clamor de los que están para perecer mediante:

1. SU PALABRA DE REPRENSIÓN. «Increpó al viento» (v. 39). No es –gloria a su Nombre– el clamor de los necesitados lo que recibe su reprensión, sino la *causa* de la angustia que padecen. Él reprende el poder tempestuoso del pecado que azota sus olas de tristeza y temor en el alma que se hunde. Mediante su resurrección de entre los muertos ha quedado reprendida para cada creyente la tempestad de la justa ira de Dios. Por ello, no hay condenación para los que están en Cristo Jesús. Él nos ha liberado de la ira que ha de venir.
2. SU PALABRA PACIFICADORA. «Y dijo al mar: ¡Calla, enmudece!» (v. 39). Él no solo elimina la causa, sino que también sana el efecto. No solo salva de la ira, sino también del poder del pecado. No solo salva del temor, sino que llena el alma de la paz de Dios. Estos discípulos no podían conseguir esta paz aparte de su Palabra, como tampoco puedes conseguirla tú. La paz que Él les dio fue su paz. Él ha hecho la paz «mediante la sangre de su cruz» (Col. 1:20). «Mi paz os doy» (Jn. 14:27). Cree en Él, y entra en su reposo.

IV. El asombroso efecto. Hubo:

1. UNA OBEDIENCIA INSTANTÁNEA. «El viento cesó» (v. 39). Ellos llamaron, Él habló, y fue hecho. Su Palabra era con poder. ¡Oh, que la divinidad puede estar durmiendo a nuestro lado como las grandes fuerzas de la naturaleza que han sido en estos tiempos despertadas para ayudar al hombre! ¿Sabemos de verdad lo que significa «Dios con nosotros»? El viento y las olas obedecen su voluntad. Él hará caer su venganza sobre «los que *no obedecen*» (2 Ts. 1:8).
2. UNA GRAN CALMA. La calma de Cristo es siempre tan grande como la tempestad del pecado. Él «cambia la tempestad en sosiego, y se *apaciguan* sus olas» (Sal. 107:29). El sacrificio de Cristo tiene un efecto poderosamente apaciguador sobre los juicios de Dios y sobre las agitadas olas de la duda en el alma humana. «Mucha paz tienen los que aman tu ley» (Sal. 119:165). Hay una serenidad que ni las tempestades de la vida ni las olas de la muerte pueden perturbar. Nuestro celestial Jonás fue echado a un mar de pecado y padecimientos, y para nosotros «el mar se aquietó de su furor» (Jon. 1:15). Que su apaciguamiento del mar nos sea paz para nosotros.
3. UN TEMBLOROSO ASOMBRO LLENO DE MARAVILLA. «Ellos se aterraron mucho, y se decían unos a otros: ¿Pues quién es éste?» El temor y la incredulidad de ellos queda reprendido por la manifestación llena de gracia de su cuidado y poder vencedor. «¿Pues quién es éste?» «¿Llegaremos a conocer todo lo que Jesucristo puede ser y hacer por nosotros? Cuando le veamos como Él es en la gloria de su Padre, entonces podremos decir con un sentido aún más profundo: «¿Quién es éste?» (Ap. 1:13-18).

950. EL TERRIBLE ENDEMONIADO

Marcos 5:1-20

Cristo acababa de calmar el mar y había hecho que las furiosas olas quedasen apaciguadas a sus pies. En el otro lado Él se encuentra otra vez cada a cara con un alma perdida atrapada en un huracán de malos espíritus. Esta alma, como la barca de los discípulos, estaba ahora llena, pero Aquel que se cuida de los que están para perecer ha venido a buscar y a salvar. El carácter de un *espíritu* inmundo sale en las acciones de este hombre, el cual:

I. Moraba entre los sepulcros (v. 3). ¿Qué era lo que lo había llevado allí? Semejante lleva a semejante. Un espíritu inmundo siempre escogerá un lugar inmundo. Nada hay en el hombre que contradiga o resista a esta sucia pasión. El malvado espíritu dentro de Él es su dueño. Él es el impotente instrumento en manos del diablo. «Por sus frutos los conoceréis» (Mt. 7:20). Nunca salen higos de los espinos.

II. Iba errante por los montes (v. 5). El camino de su andar diario era *accidentado*. El camino de los transgresores es duro. Los conducidos por el espíritu de inmundicia sufrirán muchos tropezones por los tenebrosos montes del remordimiento y de la desesperanza. En estos caminos acechan las fieras, las bestias carroñeras, y traicioneros hoyos. Oscuridad dentro y fuera, y ninguna mano amistosa ni estrella que dé guía. ¡Oh, alma sin Cristo, éste eres tú! (Ef. 2:12).

III. No podía ser refrenado. «Le habían atado muchas veces», pero Él había roto y destrozado» las cadenas y los grilletes (v. 4). Ahora tenían que confesar que «nadie tenía fuerza para *dominarle*». ¡Qué ilustración de un hombre poseído por el demonio de la bebida o de la concupiscencia de impureza! Ninguna promesa de temperancia ni ningún freno humano podrán jamás *dominar* a un impío hasta el punto de que pueda vivir la vida de un cristiano. Los malvados, egoístas e incrédulos espíritus de las tinieblas deben ser echados fuera. La persuasión moral no tiene mucho efecto sobre un endemoniado. El único remedio es la regeneración (Jn. 3:3). Las cadenas del decoro social son cordeles quemados para los crédulos seguidores del diablo, carentes de todo principio.

IV. Dando gritos y cortándose con piedras (v. 5). *Gritando y cortándose* a sí mismos es una descripción de los sentimientos y de las acciones de muchos que son siervos del pecado. Cortándose por la noche con las afiladas piedras de la concupiscencia y de la borrachera, y clamando por la mañana por el dolor o remordimiento o postración física. Lo que caracteriza a los endemoniados es que se arrojan sufrimientos sobre sí mismos. Sirven a un duro amo, uno que los empuja cruelmente, con su propio consentimiento, a obrar su propia destrucción.

V. Tenía miedo de Jesús. Gritó «con gran voz»: «¿Qué tengo yo que ver contigo, Jesús, Hijo del Dios Altísimo?» (v. 7). Los poseídos por un demonio inmundo contemplan al santo Hijo de Dios como un enemigo para sus vidas. La *luz* es resentida porque revela la corrupción adentro. «¿Qué tengo yo que ver contigo?» Precisamente lo que la culpa tiene que ver con la misericordia, o la pobreza abyecta con la infinita suficiencia. Cada uno tiene que ver con Él. El pecado se aferra de tal forma en el espíritu del hombre que le hace temer aun más a Aquel que vino a salvar.

VI. Oró por los demonios. «Y le suplicaba con insistencia que no los enviara fuera de la región» (v. 10). La *unidad* de intereses entre el hombre y los espíritus inmundos es terriblemente real. Cuando los impíos se justifican a sí mismos están en realidad abogando por la causa de Satanás. Si no hay separación de intereses ahora no habrá separación de castigos en el más allá (Mt. 25:41). Un hombre está justificando al diablo cuando intenta buscar la seguridad en su pecado en lugar de *aparte* de Él, cuando busca paz sin perdón.

VII. Sentado a los pies de Jesús (v. 15). ¡Qué cambio ahora! ¡Qué misericordia que Jesús sepa cuán absolutamente impotente es un alma poseída por un demonio, y que Él puede librar y está dispuesto a hacerlo, incluso cuando no hay nada más que temor y alarma ante su Nombre. El hombre estaba

1. SENTADO. El pobre endemoniado que iba errante «de noche y de día... por los montes» ha hallado ahora un *lugar de reposo* a los pies de Jesús. Nadie podía atarlo ni dominarlo, pero la gracia de Dios fue suficiente para Él. Respira libremente ahora, habiendo sido liberado «del reino de Satanás y trasladado al reino del amado Hijo de Dios» (*cf.* Col. 1:13).
2. VESTIDO. Lucas dice que «no iba vestido de ropa alguna». Los siervos de Satanás son todos unos locos desnudos a los ojos de Dios. El Pródigo retornado recibe un nuevo vestido, la justicia de Dios que es para todos y sobre todos los que creen.
3. EN SU SANO JUICIO. Es una evidencia de locura cuando alguien prefiere los sepulcros de los muertos a la comunión de los vivos. Nadie está en su *sano juicio* si no tiene la mente de Cristo.

VIII. Dio testimonio de Jesús. «Comenzó a proclamar... cuanto había hecho Jesús por Él» (v. 20). Estaba ahora movido por un nuevo espíritu, la evidencia de ser una nueva criatura. El testimonio es el resultado natural del gozo de la salvación (Sal. 51:12, 13; Is. 38:9-19; Jn. 1:40-42).

951. LA MUJER DESAMPARADA

Marcos 5:2-34

Lo mismo que la naturaleza, Jesús obra sin aspavientos ni dificultades. Derrama con profusión sus actos de misericordia sin pensar en la alabanza de los hombres. De camino para resucitar a la hija muerta de Jairo, salió virtud de Él y revivió a este dolido espíritu lleno de fe en ÉL. ¡Qué inspiración sería este episodio para Jairo! Verdaderamente un manojo de espigas echado a propósito. Obsérvese

I. Su enfermedad. «Padecía de continuas hemorragias desde hacía doce años» (v. 25). Su vida estaba lentamente desvaneciéndose: la vida en la sangre está. En esta condición estaba: 1) DÉBIL; 2) IMPURA; 3) MISERABLE. Estos son los efectos del pecado. El *amor* al pecado es un cáncer en el alma. Ninguna mera aplicación externa puede tocarlo, y la sabiduría del hombre jamás ha encontrado remedio para ello. había estado doce años en el proceso de morir. Debemos morir para vivir.

II. Su esfuerzo. «Había gastado todos sus bienes» (v. 26). Ella *sabía* que estaba enferma, y estaba dispuesta a dar, y había dado, todo lo que poseía para conseguir librarse de su miseria. Hay esperanza para el alma cuando se llega a este punto. Ni disimulos ni planes. Ninguna pretensión de estar suficientemente bien. Ninguna autojustificación. Tenía una verdadera seriedad de propósito, pero había acudido a donde no debía. Su cura no debía ser *comprada;* estaba gastando su dinero «en lo que no es pan» (Is. 55:1 2).

III. Su fracaso. «Sin provecho alguno, sino que, por el contrario, había empeorado» (v. 26). peor que nunca, y todos sus medios desvanecidos. Ella se encuentra ahora «sin esperanza» por lo que a sus propios recursos respecta. Sus médicos de nada le sirven. Ni el doctor Falsa Paz, ni el doctor Suficiente Bien, ni el doctor Hazlo Mejor pueden remediar la llaga del pecado. El Pródigo no se *ganó* el mejor vestido. La sed solo puede empeorar cuando se busca el agua en cisternas rotas (Ro. 4:5).

IV. Su fe. Ella decía: «Si toco aunque solo sea su manto, seré curada» (v. 28). Es evidente que había oído hablar de Jesús, y que había creído lo que había oído. La *fe* viene por el oír. Su fe era sencilla, pero ¡tan grande! Es pobre. Nada tiene que dar, y no espera medicina alguna de Él, pero cree que si toca el borde de su manto recibirá salvación inmediata. Jesús era para ella la fuente y centro de la plenitud de la omnipotencia. Una débil fe puede tocar a un gran Salvador. «Cree en el Señor Jesucristo, y serás salvo» (Hch. 16:31).

V. Su victoria. «Inmediatamente... sintió en su cuerpo que había quedado curada» (v. 29). Según vuestra fe os sea hecho. Ella no dijo: «Si toco seré sanada», quedándose quieta y esperando tener alguna otra posibilidad en una ocasión futura. Su fe la llevó a un contacto personal con el Señor. La fe que no hace esto no es fe.

1. Su curación fue REPENTINA. *«Al instante.»* Cristo responde en el acto al clamor del corazón confiado y llena la mano de la fe.
2. Su curación fue COMPLETA. *«Se secó la fuente de su sangre»* (trad. literal). La misma fuente de sus problemas quedó seca. Su curación fue radical. «Convaleciente» no está en el diccionario del Gran Médico. *Perfectamente* sana.
3. Su curación LA DISFRUTO CONSCIENTEMENTE. *«Sintió.»* No pudo sentirse mejor hasta que estuvo mejor. No podemos sentirnos salvos hasta que lo somos.

VI. Su Confesión. «Vino hacia Él, y... le dijo toda la verdad» (v. 33). La pregunta que hizo Jesús, «¿Quién me ha tocado?», tenía la intención de hacerla reconocer públicamente la bendición que había recibido. No quería Él que ella se fuera con el sentimiento incómodo de que había robado la curación, o con la inconsciencia de que era *don de Dios*. Esta virtud sanadora salió en respuesta a la fe de ella, y en conformidad a su voluntad. Ella había *creído* con el corazón, y ahora debía *confesar* con su boca (Ro. 10:10). Podemos ser sanados con el toque de la confianza, pero somos fortalecidos en esta confianza con la confesión de la boca. «Quienquiera que se avergüence de Mí y de mis palabras... el Hijo del Hombre también se avergonzará de Él» (Mr. 8:38).

VII. Certidumbre. «Hija, tu fe te ha sanado; vete en paz» (v. 34). Ella no hubiera oído esta consoladora palabra si no hubiera hecho una abierta confesión. Fue salvada por la *fe* y recibió la certidumbre por su *palabra.* Si se hubiera ido sin esta promesa, hubiera podido estar en constante temor de que le volviera la terrible enfermedad. Pero ahora no solo se sentía bien, sino que tenía su palabra de que había sido *sanada* de la enfermedad que la afligía. Muchos hay que carecen del gozo de la salvación porque no confiesan a Cristo en sus vidas ante los hombres (1 Jn. 4:15).

952. LA NECESIDAD DEL TESTIMONIO

«Vete a tu casa, adonde los tuyos, y cuéntales todo cuanto el Señor ha hecho por ti, y cómo tuvo compasión de ti» (Mr. 5:19). Nótese acerca de este testimonio:

I. ¿Dónde debe comenzar? «Vete a tu casa, adonde los tuyos.» Los primeros discípulos recibieron la orden de comenzar en Jerusalén (Jn. 1:40-42).

II. ¿Quién debe darlo? «Aquellos para quienes el Señor ha hecho grandes cosas.» La experiencia personal tiene que venir antes de dar testimonio. Éste era el orden de David (Sal. 51:12, 13; 66:16).

III. ¿Cuál es su naturaleza? Las *grandes* cosas que el Señor había hecho por él implicaban muchas cosas. Hubo una liberación de

1. EL YO. «*Nadie* tenía fuerza para dominarle» (v. 4). Pero lo hizo Jesús. Él puede someter la voluntad más terca.
2. EL DIABLO (v. 15). «Y esto erais algunos; mas ya habéis sido lavados, ya habéis sido santificados, ya habéis sido justificados en el nombre del Señor Jesús» (1 Co. 6:11).
3. LA ENAJENACIÓN MENTAL. «Vestido, y en *su sano juicio*» (v. 15). El hijo pródigo volvió en sí mismo antes de acudir a su padre (Lc. 15:17). Una vida sin Cristo es una vida de enajenación mental. «No saben lo que hacen».
4. LA MUERTE. «Tenía su morada entre los sepulcros» (v. 3). Los espiritualmente muertos prefieren la compañía de los muertos, y caminan conforme a la corriente de este mundo.
5. EL SUFRIMIENTO. «Andaba entre los sepulcros... *cortándose* con piedras». La vida de incredulidad es una vida de autodestrucción. Oh Israel, tú te has destruido a ti mismo. Cada pecado que se comete es un corte infligido al alma.
6. EL TEMOR. Le dijo al Señor, cuando vio que se acercaba a él: «¿Qué tengo que ver contigo, Jesús, Hijo del Dios Altísimo?» (v. 7). En cambio, después de su salvación «le rogaba que le dejara quedarse con Él» (v. 18). El resultado de su testimonio fue que «todos se admiraban» (v. 20). Grandes y maravillosas son tus obras, oh Señor. «*Díganlo* los redimidos de Jehová» (Sal. 107:2).

953. LA HIJA DE JAIRO
Marcos 5:22-24, 35-43

«En esto llega uno de los dirigentes de la sinagoga, llamado Jairo.» Jairo significa un *difusor de luz.* Tal como era su nombre, así era su naturaleza. Que la luz de su vida, tal como se nos aparece aquí, se difunda en nuestros corazones. En este incidente tenemos mucho alimento para el pensamiento. Véase:

I. El bendito resultado de la aflicción. «Llega... y al verle, cae ante sus pies» (v. 22). Lo peligroso de la enfermedad de su hija lo hizo acudir a Jesús. Si tenemos alguna *luz* en nosotros, huiremos hacia Él en el día de la angustia. En un hogar impío había uno que estaba yaciendo a punto de morir. Un vecino le dijo a la madre del moribundo: «Debería usted llamar al ministro». «¡Pobre de mí!», fue la respuesta, «¿tan mal está?» ¿Por qué se debe recurrir a Dios como *último* recurso?

II. La buena disposición a Cristo para ayudar. «Y [Jesús] se fue con Él» (v. 24). Puede que hubiera tenido un corazón pesado al acudir a Jesús, pero ahora su peso se aligera, pues Jesús está *con Él.* Es siempre mucho más fácil afrontar las dificultades cuando Él está con nosotros. Que nadie se atreva a dudar ni a desesperar en su presencia. «Si tu presencia no ha de ir conmigo, no nos saques de aquí» (Éx. 33:15). Es una de las benditas maravillas de la gracia que cada creyente angustiado puede tener a Jesús totalmente para sí. Cristo *en mí.* «Nunca te dejaré.» «Jehová es *mi* Pastor.»

III. La prueba de la fe. «Tu hija ha muerto; ¿por qué molestas más al Maestro?» (v. 35). Esto hubiera sido un golpe fatal para una fe vacilante. Pero aquí había una nueva dificultad. Antes era *enfermedad,* ahora es la *muerte* lo que Jesús tiene que afrontar. ¿Es Jesús poderoso para satisfacer todos los deseos del corazón? Los que quieren caminar con Él verán duramente probada su fe. Pero la prueba de vuestra fe es preciosa. «¿Por qué molestas aún al Maestro?» Estas palabras revelan los límites de la fe y esperanza de aquellos. Es posible honrarle con la vida –llamándole Maestro– mientras que la confianza del corazón está muy alejada. ¿Hasta dónde estamos preparados, por medio de la fe, a dejar que el Maestro vaya con nosotros hacia todas las imposibilidades humanas que están siempre ante nosotros? ¿O hemos dejado de molestarlo acerca de los muertos que nos rodean?

IV. El aliento del Maestro. «Jesús... le dice al dirigente de la sinagoga: No temas, cree solamente» (v. 36). Esta palabra la dio Jesús «oyendo lo que se hablaba». Él sabe cómo dar una palabra en sazón al que está cansado. Es su intención encontrar y satisfacer la confianza que se ha puesto en Él. *Nada* es imposible para con Él. «Si crees, verás la gloria de Dios» (Jn. 11:40). El profesante formal con su reverencia externa y su desconfianza interna no abriga confianzas acerca de lo milagroso; pero al corazón sencillo y lleno de confianza Jesús le susurra: «No temas, cree solamente» (v. 36). «Mirad a Mí, porque YO SOY DIOS».

V. El poder reprensor de su presencia. «¿Por qué alborotáis?» (vv. 38, 39). Es totalmente indecoroso alborotar cuando está con nosotros la presencia de Aquel que es la resurrección y la vida. Pero estos plañideros hipócritas (profesionales) no tenían fe en Jesús, y así siguieron con sus aullidos hasta que su palabra poderosa cayó en los oídos de ellos, transformando su llanto en burla. Cristo, como la Verdad y el Sol de Justicia, siempre derrama su marchitadora influencia sobre los hipócritas y los falsos (Mt. 23:23; Mr. 11:13, 14).

VI. El lugar de los incrédulos. «Y se reían de Él. Pero Él, después de *echar fuera a todos...*» (v. 40). Incluso Él, que vino a dar su vida en rescate por nosotros, encuentra necesario echar a algunos afuera antes de manifestar la gloria de su poder. «Los malvados serán trasladados al infierno». La buena semilla será solo fructífera en un corazón bueno y *honrado.* El hombre, por su incredulidad persistente, se hace inapto incluso para ver la gloria de su gracia salvadora. «Todos los mentirosos», y los «incrédulos», «tendrán su lugar en el lago de fuego». Cuando estos escarnecedores hipócritas fueron echados de allí, es indudable que estarían justificándose a sí mismos, pero no gustaron de la cena. El Señor podía estar perfectamente sin ellos. Las vírgenes insensatas fueron excluidas.

VII. El llamamiento que despierta. «Tomando la mano de la niña, le dice: ... Muchacha, a ti te digo, levántate. Y en seguida se levantó la muchacha, y se puso a caminar» (vv. 41, 42). Fue para Él cosa tan fácil levantar a la muchacha de su estado de muerte como echar a los burlones de la casa. Cristo hace sus más poderosas obras con tanta facilidad como se apartaba los rizos de su cabello de la frente con los dedos. ¿No es éste el llamamiento que sigue viniendo por medio de su Palabra a los santos dormidos y a los pecadores muertos: «Es ya hora de levantarse del sueño... la noche está avanzada, se acerca el día»? (Ro. 13:11, 12).

954. «NO TEMAS, CREE SOLAMENTE»
Marcos 5:36

I. No temas:

1. Que tus pecados sean demasiados.
2. Que su amor sea parcial.
3. Que su misericordia sea superficial.
4. Que tu día de gracia haya pasado ya.
5. Que la Palabra de Dios vaya a fallar.

II. Cree solamente:

1. Cree que Él puede salvarte.
2. Cree que Él quiere salvarte.
3. Cree que Él te salvará.
4. Cree que Él salva.
5. Cree que Él te ha salvado.

955. ARREPENTIMIENTO
Marcos 6:12

No hay virtud en nuestro arrepentimiento si no nos trae a Dios. El mero dolor por el pecado no disminuye la culpa. Puede que haya desazón pero no arrepentimiento. El arrepentimiento bíblico es una gran necesidad (Hch. 17:30). Aquí se relaciona:

1. Con apartarse de toda iniquidad (Ez 18:30, 31).
2. Con volverse a Dios (Hch. 26:20).
3. Con la fe en Jesucristo (Hch. 20:21).
4. Con el perdón de los pecados (Hch. 3:19).
5. Con la salvación (2 Co. 7:10).
6. Con la recepción del Espíritu Santo (Hch. 2:38).
7. Con gozo en el cielo (Lc. 15:10). Éste es el arrepentimiento del que no hay que arrepentirse.

956. HERODES, O EL ENGAÑO DEL PECADO

Marcos 6:14-28

La lucha entre las tinieblas y la luz nunca fue más evidente que en el caso de Herodes y Juan el Bautista. Aquí la pureza del cielo choca de frente con la pestilencia del infierno. El heraldo de Cristo y el embajador de Satanás frente a frente. Un encuentro de esta clase debe provocar ciertamente una crisis en las vidas de ambos. Pero es acerca de Herodes de quien queremos tratar ahora de una forma específica. Intentemos establecer por orden su terrible experiencia de descenso moral. Veámosle:

I. Advertido de su pecado. «Le decía Juan a Herodes: No te es lícito tener la mujer de tu hermano» (v. 18). El celestial haz de luz resplandece así en las partes tenebrosas y ocultas de su vida. Su pecado es señalado, su vida ilícita denunciada (Lv. 20:21). Este era el día de la visitación de la misericordia, si solo lo hubiera conocido. La luz de la profunda convicción es a menudo como el resplandor de un reflector. Ciega a todo lo demás. Saúl echaba coces contra los aguijones, pero la aguijada estaba en manos de su Redentor.

II. Reformándose por el temor. «Herodes temía a Juan... y oyéndole, hacía muchas cosas» (v. 20, RV). Parece ahora en el buen camino de lograr su propia salvación por las obras. Éste es el curso usual con los que están solo animados por la «soberbia de la vida». El sentido de pecado es frecuentemente seguido por intentos de reforma. Pero con Herodes, como en el caso de muchos, el poder del pecado que abrigaba permanecía inquebrantado y sin control. Una cosa era necesaria: «*Deje* el impío su camino» (Is. 55:7).

III. Esclavizado por las opiniones de los demás. «Había enviado a prender a Juan y le había encadenado en la prisión *por causa de Herodías*» (v. 17). La voz de la concupiscencia consigue la victoria por encima de la voz de la conciencia y de Dios. Por una acción precipitada apaga la luz del mensaje enviado desde el cielo. Al complacer a Herodías se aparta de la advertencia divina y la tiene en nada. Puede que el temor a los otros te esté ahora impidiendo caminar conforme a la medida de luz que te ha sido dada. ¿Qué acerca de compañías, de tus propias opiniones, o de los placeres y asociaciones del mundo? ¿Son ellos siervos o amos? ¿Por *causa de quién* conformas tu vida?

IV. Complacido con una exhibición pasajera. «Y entró la hija de la misma Herodías y bailó, y *agradó* a Herodes» (v. 22). El paso moral desde escuchar *con gusto* a Juan hasta *agradarse* con la danza de una ramera es muy corto. Cuando la copa de liberación ha sido deliberadamente rechazada, ¡con qué nerviosa codicia se aferran los hombres a la venenosa copa del placer pecaminoso. Cuando Judas «tomó el bocado, salió en seguida; y era de noche» (Jn. 13:30).

V. Echando su dignidad a perder. «Cualquier cosa que pidas, te la daré, hasta la mitad de mi reino» (v. 23). El pecado primero interesa, luego excita, y finalmente *cautiva*. ¿Dónde se encuentran hoy miles de jóvenes, hombres y mujeres? Han dejado que el dios de los placeres dance mucho tiempo delante de sus ojos, y sus pasiones se han inflamado hasta tal punto que todo lo que dignifica sus naturalezas ha sido precipitadamente sacrificado a este dios. «El dios de este mundo ha cegado sus mentes.» La cesión a la tentación conduce a ser «conducido cautivos por el diablo a voluntad de Él».

VI. Llevado por su impulso. «El rey se puso muy triste, pero a causa de los juramentos, y en atención a los comensales, no quiso rehusárselo» (v. 26). Herodes se vio sobresaltado cuando ella le pidió «la cabeza de Juan el Bautista». Él se había vendido, y era ahora el esclavo de otra persona. Los placeres del pecado maduran a terribles *exigencias*. El placentero copeo lleva con demasiada frecuencia al *alcoholismo*. «Cuando el pecado es consumado, produce la muerte» (Stg. 1:15).

VII. Recordando el pasado. «Al enterarse Herodes, decía: Juan, al que yo decapité, ése ha sido resucitado» (v. 16). Las palabras y obras de Cristo reavivan su culpable conciencia. Si Juan no había resucitado de los muertos, sí lo había hecho su sentido de culpa y crimen. No hay sepulcro humano lo suficientemente profundo para sepultar el pecado. Oh, hombre perdido: ¿te verás obligado a decir en aquel día, cuando Cristo regrese: «Es Jesús a quién yo crucifiqué, y por ello obras poderosas se manifiestan en Él»? ¿Qué harás en aquel solemne día? (Jn. 13:30).

957. LA IMPORTANCIA, PARA LOS OBREROS O LOS QUE ESTÁN ANGUSTIADOS, DE ESTAR A SOLAS CON EL SEÑOR

Marcos 6:31

Introducción

1. ¡Cuán familiares nos son las palabras de nuestro texto!
2. Las recordamos en tiempos de enfermedad, cuando observamos con agradecimiento que es «Venid», y no «Id», sugiriendo que Él está ahí para acompañarnos.
3. Pero hay dos clases sugeridas por los acontecimientos del contexto.
4. Y en particular recordamos nuestro texto en relación con esperar en Dios.

I. Hay dolor, debido a la pérdida de un ser querido o de otras pérdidas.

1. En Mateo 14 aprendemos que estas palabras fueron dichas inmediatamente después que nuestro Señor oyó del martirio de Juan el Bautista.
2. Quería apartarse de la ruidosa muchedumbre.
3. No hay nada como la soledad con Dios para la curación de las angustias de nuestra alma.
4. Cosa extraña, en tales ocasiones a menudo sentimos muy poca inclinación hacia Él.

II. Después de un servicio público, los obreros cristianos necesitan soledad.

1. Los apóstoles habían vuelto tras una campaña misionera y evangelística de éxito.
2. Estaban llenos de júbilo.
3. Él los serenó llevándolos aparte.
4. Pronto caeremos derrumbados si no tomamos un tiempo de soledad.
5. Y pronto pensaremos a pensar de manera indebida acerca de nosotros si no buscamos la soledad.

III. Incluso como meramente cristianos necesitamos tal soledad para recuperar el brillo perdido.

1. Una archiduquesa poseía unas de las más magníficas perlas existentes.
2. Al no haber sido llevadas durante largo tiempo, las piedras perdieron su color, y, en el lenguaje de los gemólogos, enfermaron.
3. Los expertos declararon que la única manera en que recuperarían su brillo original era sumergirlas un largo período de tiempo en las profundidades del mar.
4. Fueron puestas durante años al pie de un acantilado, bajo las ventanas de un castillo, a una profundidad de unos 25 metros bajo la superficie de las claras aguas del Adriático.
5. Nosotros perdemos el color y enfermamos por la fatiga, el desgaste y la falta de soledad con Él.

958. LA FIESTA MISTERIOSA

Marcos 6:35-44

Al seguir a Jesús podemos a veces ser conducidos a lo que muchos llamarían «un lugar desierto», pero estos lugares florecen cuando su presencia está con nosotros. Nuestros lugares solitarios nos limitan a la fe en Él, y le ofrecen a Él una oportunidad de mostrar la gloria de su poder. El foso de los leones fue un lugar solitario para Daniel, pero resultó ser, por la gracia de Dios, un lugar de maravillosa bendición y triunfo. En las tediosas y solitarias horas de la prueba y del duelo, el cristiano tiene un alimento que comer que el mundo no conoce. Veamos aquí:

I. La manera de razonar humana. Los discípulos dijeron: Déjalos marchar, para que... *se compren algo de comer»* (v. 36). Id y servíos vosotros mismos. Hacedlo como podáis. Ésto es todo el Evangelio que cualquiera puede predicar si es extraño a toda la infinita gracia del Señor Jesucristo. «Déjalos marchar.» Él nunca envía a los hambrientos de vacío. ¡Déjalos marchar! ¿Marchar a dónde? ¿Marcharse de la Fuente para buscar agua; marcharse del Pan Vivo para comprar por su cuenta? Las razones que dan son:

1. PORQUE NO TENÍAN QUE COMER (v. 36). No tenían nada propio con lo que pudieran tener satisfacción (¿Y quién lo tiene?). Por lo que tenían que ir y buscarlo por otros lugares, pero no en Cristo. Éste es el evangelio de la sabiduría carnal, una sabiduría que es locura para Dios.
2. PORQUE EL LUGAR ES SOLITARIO (v. 35). Sí, este mundo es un lugar desierto, y aparte de Cristo no hay satisfacción en Él. La perplejidad con seguridad alcanzará a los que confíen más en las circunstancias que en el Señor. Si mientras seguimos al Señor hemos sido conducidos a «un lugar desierto», podemos estar seguros que incluso allí su gracia nos bastará.
3. PORQUE LA HORA ES YA MUY AVANZADA (v. 35). Según sus razonamientos, cuanto más continuaran *con* Jesús tanto más empeoraba la situación para ellos. «Déjalos marchar». Aunque la presente dispensación está ya muy avanzada, aunque tu propia vida esté ya muy avanzada, y la noche de la ancianidad esté cayendo sobre ti, no tienes por qué marchar. «Mi Dios proveerá a todas vuestras necesidades» (Fil. 4:19).

II. El lenguaje de la divina compasión. Jesús «tuvo compasión» (v. 34). La necesidad humana clama al corazón de Cristo, y no en vano, porque Él queda *conmovido.* «No tenemos un Sumo Sacerdote que no pueda compadecerse» (He. 4:15). Al ser movido a compasión, su poder omnipotente está listo para actuar. Pero mientras tanto dice:

1. «DADLES VOSOTROS DE COMER.» Con estas palabras revela Él su deseo hacia los hambrientos, para que puedan ser alimentados, y los saca de su total impotencia para que puedan tener fe en Él. Él dice: «apacienta mis ovejas», para que podamos decir: «Señor, danos siempre de este pan».
2. «¿CUÁNTOS PANES TENÉIS?» No nos pide más que lo que *tenemos.* Si su poder obrador de maravillas debe ser visto por medio de nosotros como sus siervos, debemos darle lo que tenemos. «Traédmelos». Los dones pueden ser pequeños, y pocos los talentos, pero en sus manos serán hechos suficientes para cumplir los propósitos de su gracia para con nosotros. Incluso los doscientos denarios de la sabiduría y del esfuerzo humanos serán insuficientes sin Él.
3. «HACEDLOS SENTAR A TODOS.» Los discípulos habían querido hacer marchar a los cansados y hambrientos, pero Jesús dice a los tales: «sentaos». Tu fuerza, oh cansado, está en sentarte quieto, no en desesperación, sino reposando en fe, *mirando* a Jesús.

III. Tres actitudes de la gracia omnipotente. Sus acciones son tan enérgicas como sus palabras. Él...

1. LEVANTÓ LOS OJOS AL CIELO. Los que tienen almas hambrientas que alimentar tendrán que mirar frecuentemente al cielo. Este pan tiene que bajar del cielo (Mt. 4:4).
2. BENDIJO. Tendremos buenas causas para la acción de gracias si hemos ejercido la *mirada arriba* de la fe. Los discípulos no podían ver nada que valiera una acción especial de gracias, pero Él creyó que habiendo pedido había recibido (ver Mr. 11:24).
3. IBA DANDO. El que, en este sentido, *mira* y *bendice*, tendrá ciertamente algo que *dar*. El dio, no *vendió*. El Señor de la vida no mide sus bendiciones en denarios. Los discípulos fueron aquí enseñados que en dar les sería dado. Él da a todos generosamente (*cf.* Ro. 6:23).

IV. La provisión del amor infinito (Fil. 4:19). Era:

1. APROPIADA. «Comieron *todos.*» Era apropiada para la pobreza de ellos, porque era *gratis.* Se ajustaba así mismo al apuro en que estaban, les fue dada justo donde estaban. Hay una hermosa y exacta *idoneidad* en la salvación de Dios. «¡Comed, amigos!»
2. SATISFACTORIA. «Comieron todos y *quedaron satisfechos.*» Él «sacia de bien el alma menesterosa, y llena de bien el alma hambrienta» (Sal. 107:9). El mundo solamente puede dar piedras por pan a los que buscan glorificar a Dios. ¡Alma hambrienta, toma el pan de Dios!
3. SUFICIENTE. «Y recogieron doce canastas llenas de *trozos.*» Si alguien se fue sin haber quedado saciado, estos trozos que quedaban daban testimonio de que no era por culpa de Cristo. En la expiación de Jesús, el Hijo de Dios, hay amplia provisión para cada criatura bajo el Cielo. Si no estás salvo no es porque no haya suficiente para todos. Las doce canastas con el *sobrante* serán presto testimonio contra el incrédulo. ¿Por qué moriréis?

959. NO PUDO SER ESCONDIDO

Marcos 7:24

I. ¿Quién?

1. Cristo como *Dios* misteriosamente encarnado.
2. Como su *Don* a un mundo hambriento.
3. Como la *Luz* de los hombres.

II. ¿Por qué? «No pudo quedar oculto.»

1. Debido a la *profecía* del Antiguo Testamento.
2. Debido a su *carácter*. No era posible ocultar el amor, la luz y la vida.
3. Por cuanto tenía *dones para los hombres.*

III. ¿Cuándo? «No pudo quedar oculto.»

1. Cuando en el *seno de su Padre.* El Hijo amado tiene que ser entregado.
2. Cuando tenía *treinta años de edad.* Entonces se presentó a Juan en el Jordán como el Cordero de Dios.
3. Cuando *en la casa.* Fue difundido. Ninguna casa fue lo suficientemente grande para Él.
4. Cuando *en la tumba.* La muerte y el sepulcro no pudieron ocultarlo.

IV. ¿A quién? «Él no puede quedar oculto.»

1. *Para aquellos que lo buscan.* «Y me buscaréis y *me hallaréis,* cuando me buscaréis de todo corazón» (Jer. 29:13). Buscad, y hallaréis.
2. *En aquellos que lo encuentran.* Cuando Cristo mora en el corazón, la fragancia de su dulce Nombre y la luz de su presencia no pueden quedar ocultas. «No pudo quedar *oculto»,* pero Él puede ocultarse (Jn. 12:36):
3. *Al mundo incrédulo.* Porque aún vendrá el tiempo cuando «*todo ojo* le verá». Este mismo Jesús vendrá así, «tal como le habéis visto ir al cielo» (Hch. 1:11).
4. *A los muertos, pequeños y grandes.* Él será «el Juez de todos» (Ap. 20:11-15).

960. LA ELIMINACIÓN DE LOS IMPEDIMENTOS

Marcos 7:31-37

En Cristo había una *suficiencia total* para todos los tiempos. La santa unción estaba sobre Él, de modo que Él podía predicar el Evangelio mediante sus poderosas *acciones* salvadoras además de mediante sus palabras consoladoras. Nuestras palabras son abundantes, pero ¿cuánto del Evangelio se ha encontrado en nuestras acciones?

I. El triste impedido.

1. ERA SORDO. Las más gratas *nuevas* no hallaban eco en su alma, porque esta vía de acceso estaba cerrada. Pero aunque no podía *oír* las palabras de amor, podía *ver* una acción de gracia. Como muchos que son sordos a la Palabra predicada, pero no ciegos a la Palabra puesta en acción.
2. TENÍA DIFICULTAD EN EL HABLA. Los sordos a la palabra de Dios nunca serán capaces de hablar libremente por Él. Un oído duro lleva a una lengua tartamuda. Su promesa es: «Cuando Yo te hable, abriré tu boca» (Ez. 3:27).
3. FUE TRAÍDO A JESÚS. Esto era mejor que tratar de discutir con Él. Si nuestros amigos son sordos al llamamiento de Dios, llevémoslos al Señor en oración. Su virtud se puede adaptar a la necesidad de todos (Lc. 8:46).

II. Las acciones salvadoras de Jesús.

1. LO TOMÓ A SOLAS. El primer paso hacia la libertad y el gozo de su salvación es quedarse *a solas* con Jesús. Volvámonos, como Moisés, a ver «esta gran visión» (Éx. 3:3). Entra en tu aposento secreto, y en el santuario de tu alma escúchale a Él.
2. PUSO SUS DEDOS EN LOS OÍDOS DE ÉL. Con frecuencia es el fragor del mundo lo que ensordece para no oír la voz de Dios. Sí, cuando estamos con Él sus dedos seguramente hallarán la causa de todo impedimento. ¿No ha sido así en nuestra experiencia? ¿No nos hemos visto constreñidos a decir una y otra vez: «Dedo de Dios es esto» (Éx. 8:19)?
3. ESCUPIÓ. Este acto común puede parecer indigno del Hijo de Dios. Pero no hay nada insignificante en las acciones de Cristo. De su boca viene el bálsamo sanador (Mr. 8:23). «Envió *su palabra,* y los sanó» (Sal. 107:20).

4. LE TOCÓ LA LENGUA. Cuando el oído queda abierto la lengua se desata. Los que realmente han *oído* lo que el Señor Dios ha hablado «no pueden dejar de *decir* lo que han visto y oído» (*cf.* Hch. 4:20). Una lengua muda indica un oído sordo.
5. ALZÓ LOS OJOS AL CIELO. La fuente de toda gracia y bendición está en el corazón del Padre. Cada buen don «es de *lo alto*». Todos los que quieran seguir sus pasos haciendo las obras de Dios deben estar conscientes de la necesidad que tienen de «mirar arriba».
6. LANZÓ UN HONDO SUSPIRO. ¡Qué espontánea expresión de la profundidad y realidad de su dolor y simpatía! Bendito suspiro que descubre la secreta, sagrada y sufriente alma del Salvador. Él se compadece de nuestras debilidades. «Ponles una señal en la frente a los hombres que gimen» (Ez. 9:4).
7. DIJO: «ÁBRETE». Él habló, y fue hecho. Su Palabra no volverá a Él vacía. Su Palabra fue con poder (Lc. 4:32). Cree en el Señor Jesucristo, y *serás salvo*. Con la misma autoridad Él, por el Espíritu Santo, ha dicho: «*Sed llenos* del Espíritu». Ábrete, sé salvo, sé lleno.

III. El repentino cambio. Fue en el acto que se le abrieron los oídos. La Palabra de Dios es dada para que, y siempre lo hace, tenga efecto inmediato cuando es hablada en el poder del Espíritu Santo.

1. SUS OÍDOS FUERON ABIERTOS. La necesidad era grande, la voluntad estaba dispuesta, la obra fue llevada a cabo. Y fue todo obra de Él. Los oídos abiertos y los corazones rectos para oír y recibir la Palabra de Dios forman el canal a través del que fluyen la plenitud y el poder de Dios.
2. SU LENGUA FUE SOLTADA DE SU ATADURA. ¿Cómo podía Él hablar de Aquel de quien Él no había *oído*? Un sorbo de vino nuevo del cielo tuvo el maravilloso efecto de desatar la lengua (Hch. 2:1-13). La lengua no la puede domar *nadie* sino Dios. El Espíritu Santo puede domarla, afinarla y hacer de ella una poderosa arma para Dios.
3. HABLÓ CON LLANEZA. Por lo general se habla con claridad cuando se conoce de manera exhaustiva cuando se sabe de lo que se está hablando, y se siente el poder de lo mismo en la propia alma. Abraham *hablaba con claridad*, porque estaba persuadido de las promesas, y las había *abrazado* (He. 11:13-14). Nosotros creemos, y por ello hablamos. Si Pentecostés significa alguna cosa, significa hablar con llaneza, porque implica una convicción definida y poderosa.

961. EL PODER SATISFACIENTE DE JESÚS

Marcos 8:1-9

¿De dónde tiene el humilde Jesús esta fascinante influencia que constriñe a una hambrienta multitud a seguirle al desierto, y, a pesar de la debilidad física en que se encuentran, a estar pendientes de las palabras de su boca? En Él están las fuentes de vida y de bienaventuranza eterna. Bienaventurados los que han hecho este arrebatador descubrimiento. Como Abraham, saldrán, aunque no sepan a dónde van. Cuando, como en el caso de Eliseo, es echado sobre nosotros el mano de su influencia profética, no podemos hacer más que seguirle. Así fue con Moisés y David, con Mateo y Saulo, con todos los que han entrado en la esfera del poder constreñidor del Espíritu, los llamados de Dios, como lo fue Aarón.

I. Una imagen de necesidad. «Habiendo de nuevo mucha gente y no teniendo qué comer» (v. 2). Estaban en el desierto, un lugar inhóspito, en circunstancias que no podían proveer satisfacción. *No teniendo qué comer*. Cuán expresivo del alma despertada, aún extraña a los pactos de la promesa, sin esperanza. En su misericordia Él conduce a los tales a lugares inhóspitos donde puedan ver su poder Salvador.

II. Una revelación de amor. «Se me enternecen las entrañas de compasión sobre la multitud» (v. 2). Habían estado tres días con Él. El Señor no solo contó los días, sino que también midió la hondura de la necesidad en que se encontraban. La pobreza e impotencia de ellos mueve su corazón, y conmueve su alma a una tierna compasión y a una simpatía práctica. «*Se me enternecen las entrañas de compasión*». Alma hambrienta, levanta los ojos, hay una puerta de entrada a la plenitud de Dios. Se dice del pródigo que «nadie le daba» (Lc. 15), pero el padre fue movido a *compasión*. Esto fue suficiente.

III. Una consideración de la gracia. «Si los despido en ayunas a sus casas, desfallecerán en el camino» (v. 3). Sí, si ÉL nos despide, nada tenemos ante nosotros sino debilidad y muerte. Si Él no puede satisfacer el alma hambrienta con el bien, ¿quién podrá hacerlo? Si Él despide a los hambrientos, ¿a dónde podrán dirigirse? Pero, «no tenemos un sumo sacerdote que no pueda compadecerse de nuestras debilidades» (He. 4:15, 16).

IV. Una pregunta impotente. ¿De dónde podrá alguien, en este despoblado, sacar suficiente pan para *satisfacer* a estos? (v. 4). Los discípulos que estaban verdaderamente anhelantes de satisfacer a la multitud con pan estaban profundamente conscientes de su propia incapacidad. Vana es la ayuda del hombre. En lugar de tratar de satisfacerlos *con pan*, ¡cuántos hay en la actualidad que tratan meramente de entretenerlos y divertirlos, intentando hacerles olvidar su hambre! ¡Míseros consoladores! No puede el hombre dar satisfacción a *éstos*. Pero hay uno cerca que sí puede proveer a todas sus necesidades: el Hombre Cristo Jesús.

V. Una actitud de confianza. «Entonces manda a la multitud recostarse en el suelo» (v. 6). Jesús les había preguntado: «¿Cuántos panes tenéis?» Ellos le habían respondido: «Siete». Así que hizo recostar a la multitud. Al recostarse, es indudable que se les suscitaría un sentimiento de expectación. La fe de ellos no podía apoyarse en los siete panes, sino en el mismo compasivo y omnipotente Salvador. Se precisa de una medida de fe para «*recostarse*» en circunstancias así. ¿Quieres ver la salvación de Dios? Siéntate y alza los ojos. Reposa en su invitación, y déjalo todo en sus manos.

VI. Una manifestación de poder. «Tomando los siete panes, dio gracias, los partió, y comenzó a darlos a sus discípulos para que los pusiesen delante de la gente; ... también unos pocos pececillos; y después de haberlos bendecido, dijo que fueran servidos también» (vv. 6, 7). Le dieron lo que tenían, y Él, por medio de su poquedad, obró la obra de plena satisfacción. Puede que tu fe sea pequeña, pero si es en *Él*, Él probará que es suficiente para ti. Nadie puede saber cómo los pocos panes dieron lugar al pan milagroso. Para ellos era suficiente que recibieron lo que necesitaban. No podemos saber cómo nuestra simple *confianza* en Él trae la vida divina y milagrosa a nuestras almas, pero alabamos a Dios que Él nos da satisfacción con su propia vida, y que sabemos que somos nacidos de Dios.

VII. Una superabundancia de provisión. «Recogieron de las sobras de los pedazos siete canastas» (v. 8). El alimento había sido proveído en tal cantidad que condenaría a cualquiera que se fuera hambriento. En la salvación de Cristo hay suficiente para cada alma desfallecida. Cuando haya pasado el día de la salvación, quedará virtud suficiente en la expiación del Señor Jesucristo para condenar a aquellos que se hayan condenado a sí mismos por no creer en la suficiencia de la obra expiatoria de Cristo en favor de ellos. Él ha hecho provisión para todos. Es algo terrible pasar a una eternidad con hambre corroyendo el corazón, una hambre que nunca podrá quedar satisfecha. Los que han comido y están *saciados* bendicen al Señor su Dios (Dt. 8:10).

962. JESÚS, CONDUCIENDO Y SANANDO

Marcos 8:22-26

¿Por qué buscáis entre los muertos al que vive? Dice un antiguo autor: «No debiéramos buscar en la ley lo que solo puede ser hallado en el Evangelio; ni buscar en nosotros aquello que solo puede ser hallado en Cristo; ni buscar en la criatura lo que solamente puede ser hallado en el Creador; ni buscar aquí en la tierra lo que solo puede hallarse en el Cielo». «Miradme a Mí, y sed salvos» (Is. 45:22). Aquí observamos:

I. Una obra misericordiosa. «*Le traen* un ciego» (v. 22). Sus nombres no aparecen, pero la obra de ellos nunca será olvidada:

1. QUIÉN LE TRAJERON. «Un ciego». Un hombre totalmente incapaz de encontrar su propio camino. Un hombre privado de la misma capacidad de discernir a Aquel único que podía librarle. Así son los espiritualmente ciegos. «Tienen ojos, mas no ven» (Sal. 115:5). Hombres cegados por Satanás. Incluso cuando son despertados por un sentimiento del peligro en que se hallan y de la necesidad que tienen, solo pueden ir a tientas en pos de la puerta de salvación, como los ciegos de Sodoma.
2. A DÓNDE LE TRAJERON. «Le traen» a Jesús. Su Nombre es Emanuel, *Dios con nosotros*. ¡Qué privilegio! ¿Hay algo que sea demasiado difícil para Él? Hemos probado su gracia y poder trayendo a Él a nuestros necesitados amigos. ¡Y cuánta ayuda necesitan los ciegos!
3. POR QUÉ LO TRAJERON A JESÚS. Porque creían en Él. Y apoyaron su acto de bondad con una oración ferviente. «Suplicándole que lo toque». ¡Qué lección para los obreros cristianos! Mostremos nuestra simpatía por los que están para perecer llevándolos individualmente a Él, y rogándole en favor de ellos.

II. Un maravilloso sanador. Es de lo más interesante observar cómo el Señor trató a este pobre ciego. Debemos recordar que sus *acciones* son tan elocuentes en sentido divino como sus palabras. Cuando lo trajeron a Jesús, observemos que *lo dejaron* enteramente en sus manos. Y Él no trata a todos de la misma manera. Su multiforme sabiduría y gracia se ven en su multiforme tratamiento de las almas individuales. Observemos el procedimiento:

1. «TOMANDO DE LA MANO AL CIEGO.» Aquí hubo un contacto personal. Que Cristo lo tomara de la mano debe haber inundado de esperanza al alma del ciego. Nuestro primer contacto con Jesús es una experiencia memorable. Cuando sentimos cómo su verdad se aferraba a nuestras almas, y supimos que habíamos entrado en contacto personal con el Hijo de Dios.
2. LO SACÓ FUERA DE LA ALDEA. Lo apartó de todo lo que pudiera dificultarle el sentimiento de que estaba *a solas* con su Salvador. Su mano operante demanda la concentración del corazón. La *ciudad,* con toda su excitación y atracciones, sigue estorbando a multitudes el quedar a solas con el Señor y Redentor. ¿Estás dispuesto a que tus afectos sean sacados fuera de la ciudad, y a que se centren en Jesús mismo?
3. ESCUPIÓ EN SUS OJOS. Éste fue un tratamiento más bien humillante, pero es siempre así cuando se presenta la perspectiva de la salvación. La saliva de Jesús sobre los globos oculares carentes de visión indican la virtud de Cristo personalmente aplicada por Él a los corazones encegados de los hombres. Su saliva, dada con un propósito, es de más valor que la sangre de otras personas. «Para vosotros, pues, los que creéis, es de gran valor» (1 P. 2:7).
4. PUSO LAS MANOS SOBRE ÉL. Si su saliva era humillante, sus *manos* serían un consuelo. Aquellas benditas manos, tan llenas de poder y de bendición, cuán afianzadoras son para el alma, al sentir que están sobre nosotros. El Señor, en su misericordia, se ajusta a la necesidad de cada uno. Si este ansioso ciego no podía verle, le asegura de la cercanía de su presencia.
5. LE PREGUNTÓ. «Le preguntaba: ¿Ves algo?» (v. 23). Es bueno hacer confesión, y ser honrado en ella, sin pretender ver más de lo que verdaderamente vemos. Él dijo: «Veo a los hombres, … como árboles, pero que están andando». Los ojos de la persona no están muy claros cuando solo ve a los hombres como irresponsables árboles. No hay aún la plena luz de su revelación, pero está amaneciendo el día, y el que comenzó la buena obra la llevará a su plenitud.
6. AMPLIÓ LA BENDICIÓN. «Entonces le puso otra vez las manos sobre sus ojos, y le hizo que mirase» (v. 25, RV). Una curación perfecta debido a que la llevó a cabo el Perfecto. No es un honor para Él que nuestros ojos queden iluminados solo en medida suficiente para capacitarnos para formarnos falsas opiniones. Cuando *le hizo que mirase* «fue *restablecido,* y *vio* de lejos y claramente a todos» (RV). Es una gran revelación ver *«claramente a todos».* Ver quiénes son, lo que son, y a dónde van; ver el carácter y destino de cada hombre claramente como a la vista de Dios. Una restauración perfecta significa una clara visión de la necesidad humana. Es una solemne responsabilidad tener abiertos nuestros ojos y «ver claramente a todos».
7. LE DIO UNA ORDEN. «Le envió a su casa» (v. 26). Es indudable que había en su casa algunos que necesitaban oír su testimonio del poder salvador de Jesucristo. La vida de aquel hombre sería desde entones un testimonio constante en favor del Señor. ¿Se han abierto tus ojos de modo que haya cambiado toda tu forma de vivir?

963. EL HIJO ENDEMONIADO
Marcos 9:17-29

En el escenario de esta narración vemos las características del Cielo, de la tierra y del infierno. 1) Compasión y poder; 2) Duda y debilidad; 3) Odio y miseria. Pero el poder del compasivo Cristo puede vencer la debilidad de sus discípulos y la obra del diablo. Tenemos aquí:

I. La influencia satánica. El Señor Jesús creía en la existencia de los espíritus malvados personales. Nosotros nos lo tomamos a la ligera, pero Él tuvo que afrontarlos y vencerlos. Esta influencia maligna tuvo

1. UN TEMPRANO COMIENZO. «Desde la niñez» (v. 21). Habiendo nacido en pecado, el terreno natural del corazón es en el acto favorable para las semillas del mal. El salmista dice: «Extraviados y mentirosos desde que nacieron» (Sal. 58:3), y seguimos extraviándonos como ovejas perdidas hasta que somos renacidos.
2. UN DOMINIO IRRESISTIBLE. «Lo desgarra, … y muchas veces le arroja, tanto al fuego como a las aguas» (vv. 18, 22). Era simplemente llevado cautivo por este diablo, carente en absoluto de poder para resistirse. Y su propósito era matar y destruir. Así es el poder del pecado. ¿Tiene el pecado el dominio sobre ti? ¿Estás dominado por principios que sabes contrarios a tu conciencia y a tu Dios? ¿Estás bajo la ley o bajo la gracia? (Ro. 6:14).
3. UN TERRIBLE EFECTO. La pluma de Marcos es aquí muy gráfica. ¡Qué terrible catálogo de males! «Lo desgarra, echa espumarajos, cruje los dientes, se pone rígido, se revolcaba, le arroja al fuego, a las aguas, agitándole con muchas convulsiones» (vv. 18, 20, 22, 26). Solo faltaba una cosa, el terrible *«eternamente»,* para completar este infierno. Los que están bajo el poder del diablo, si escapan al desgarramiento, al crujir de dientes, al revolcarse y al fuego en esta vida, no escaparán en la próxima (Mt. 13:40-42; Ap. 20:15).

II. El fracaso de los discípulos. «Les dije a tus discípulos que lo expulsaran, pero no fueron capaces» (v. 18). Se esperan grandes cosas de los que pertenecen a Cristo, y con razón (Fil. 4; 13). Pedro y Juan dieron al tullido: «Míranos» (Hch. 3:4). Sabían qué posibilidades tenían a su alcance por medio de la fe en el Salvador resucitado. No pudieron debido a:

1. DEFICIENCIA EN FE. El Señor los reprendió con estas palabras: «¡Oh generación incrédula! … todo es posible para el que cree» (vv. 19, 23). Su falta de fe deshonró el Nombre del Señor de ellos. «Abraham... se fortaleció en fe, dando gloria a Dios» (Ro. 4:20). Sí, la fe fuerte glorifica a Dios. Nuestra incredulidad es piedra de tropiezo en el camino de otros. «Tened fe en Dios» (Mr. 11:22).
2. DEFICIENCIA EN LA ORACIÓN. «Esta clase no puede salir con nada sino con oración» (v. 29). La oración significa comunión con Dios; la comunión significa poder para el servicio. Los que tienen solo tiempos fijos de oración pueden ser frecuentemente atrapados en debilidad e incapacidad. El *espíritu* de oración es mejor que tiempos de oración.
3. DEFICIENCIA EN EL AYUNO (v. 29). La oración y el ayuno forman la espada de dos filos que consiguen la victoria. Es dudoso que oramos como debiéramos, si no estimamos la oración mejor que nuestro alimento diario. Si la predicación y los festejos echaran fuera demonios, habría un éxodo general. Este poder victorioso no nos pertenece meramente como *discípulos.* Hay muchos discípulos impotentes. Esta autoridad honrosa para Cristo puede solo permanecer con aquellos que permanecen en comunión con Él mediante la oración continua y una cordial abnegación por causa de Él. Ésta es una de las cosas escondidas a los sabios según el mundo, pero revelada a los niñitos humildes y fiados en Él.

III. La victoria de Cristo. Habiéndole fallado los discípulos, el padre del muchacho le hizo la petición personalmente al mismo Jesús, diciéndole: «Si tú puedes hacer algo, muévete a compasión sobre nosotros y ayúdanos». Si los seguidores de Cristo te han desengañado, prueba al Señor mismo. No te desalientes por la impotencia de su pueblo profesante. El que lloró sobre Jerusalén será compasivo en tu caso. Observa el orden de la liberación:

1. LA INVITACIÓN. «Traédmelo». «Venid a Mí todos los que estáis fatigados y *cargados,* y Yo os haré descansar» (Mt. 11:28). Que haya una total entrega de nuestra parte en toda nuestra impotencia y miseria a sus manos. Como médico Él jamás fracasó. ¿Hay algo desgarrando tu corazón y haciendo que tu vida se marchite? Traéselo a Él. ¿Cualquier hijo errante poseído con un espíritu sordo y mudo con respecto a Dios y a las cosas de la eternidad? «Traédmelo», dice el Redentor de los hombres.
2. LA PALABRA DE PODER. Jesús dijo: «Espíritu mudo y sordo, Yo te ordeno, sal de Él y no entres más en Él» (v. 25). Él habla, y se cumple. Él envió *su Palabra* y los sanó. La liberación fue completa; el espíritu malo no debe *entrar más en Él.* Al *obedecer* su invitación encontraremos que su Palabra es con poder. Él puede hacer separación entre ti y tus pecados. Él puede darnos la victoria sobre todos nuestros enemigos.
3. LA MANO LEVANTADORA. «Jesús le tomó de la mano y *le levantó* (v. 27). Cuando el velo es echado fuera somos levantados a novedad de vida. Hechos nueva creación por Cristo Jesús. La Palabra y la mano de Cristo obran juntamente para la salvación de aquellos que huyen a Él en pos de refugio. La *Palabra* de gracia, la *mano* del poder, ambas cosas movidas por un *corazón* de amor.

964. LOS NIÑOS PARA CRISTO
Marcos 10:13-16

No se nos dice quién trajo los niños a Jesús, pero lo más probable es que fueran las madres. Benditas aquellas *madres* que han creído en Jesús de tal manera que traen a sus hijos a Él. En Bélgica se enseña a los niños a acudir a los sacerdotes a pedirles que les hagan encima la señal de la Cruz. ¿Estamos anhelantes de que la señal de la Cruz sea imprimida sobre la vida de nuestros descendientes? Si es así, traigámoslos a Jesús. La influencia de la madre es la de mayor peso sobre la vida de los hijos.

Fue la paciente y gentil influencia de MÓNICA la que transformó a su dotado hijo Agustín de libertino a santo. George Washington confesó que debía su carácter a la influencia de su madre. Un INCRÉDULO MORIBUNDO oró: «Dios de mi madre, ten misericordia de mí». Se puede sentir lástima de los niños cuyas madres no oran. Jesús ama a los niños, y oirá bien dispuesto el clamor de una madre en favor de ellos.

I. Los niños precisan del toque de Jesús. «Le traían niños para que los tocase» (v. 13). Nadie es tan inocente que no necesite el toque de su poder expiatorio. Solo su sangre redentora es la base de aceptación ante Dios. No hay «otro nombre».

II. Los niños son bienvenidos a los brazos de Jesús. «Dejad que los niños vengan a Mí» (v. 14). El Maravilloso, el Consejero, el Poderoso Dios, es el Salvador de los niños. La debilidad se encuentra en los brazos de la Omnipotencia. Padres, dejad que vuestros niños acudan a Jesús mediante vuestros preceptos y *ejemplo*. ¡Qué terrible ser piedra de tropiezo!

III. Los niños debieran ser traídos a Jesús. «Le traían niños» (v. 13). Esto podemos hacerlo por la oración y la dedicación. Reivindicando la promesa, «para vosotros es la promesa, y para vuestros hijos» (Hch. 2:39). Los padres cristianos no deberían reposar en la creencia general de que todos los niños son salvos por medio de la gracia de Dios en Cristo, sino que deben traerlos de manera definida a Cristo, y tener la certeza, por la fe, de que Él los bendice.

IV. Los niños no debieran ser obstaculizados por los discípulos. «Pero los discípulos los reprendían» (v. 13). El Señor sigue teniendo muchos discípulos solterones que obstaculizan a los pequeños con su cruel indiferencia a las necesidades espirituales de ellos. Los que cierran el paso a los niños no conocen el amor de Jesús, y en sus corazones están fuera de sintonía con El en su gran gracia salvadora. Los niños son frecuentemente estorbados por caras largas y agrias y por frases bombásticas acerca del Evangelio de Cristo. No los reprendas con tu vida infiel a Cristo. ¡Que el amor de Cristo los pueda constreñir a través de nosotros!

V. Los niños son súbditos apropiados del Reino de Dios. «De los que son como éstos es el reino de Dios» (v. 14). Es sugerente señalar que cuando Jesús entró en casa de Zaqueo, dijo: «Porque el Hijo del Hombre vino a buscar y a salvar lo que se había perdido» (Lc. 19:10); pero cuando habla acerca de *los pequeños*, dice: «Porque el Hijo del Hombre ha venido para *salvar* lo que se había perdido» (Mt. 18:11). Deja a un lado el verbo *buscar*, como si los pequeños no estuvieran contados aún entre aquellos que deliberadamente se han *extraviado* (Mt. 21:16).

VI. Los niños son ejemplos para otros. «Quienquiera que no reciba el reino de Dios como un niño, de ninguna manera entrará en Él» (v. 15). Los niños pequeños reciben el reino de Dios sin una duda o pregunta, con un corazón sencillo y honrado. «De la boca de los pequeños y de los niños de pecho te preparaste perfecta alabanza» (Mt. 21:16).

VII. Los niños son aceptados y bendecidos por Jesús. «Los tomó en sus brazos y los bendecía poniendo las manos sobre ellos» (v. 16). Estas palabras indican una triple bendición:

1. SEGURIDAD. «Los tomó en sus brazos.»
2. COMUNIÓN. «Poniendo las manos sobre ellos.»
3. SUFICIENCIA. «Los bendecía.» Su bendición no es una forma vacía, sino la transmisión de gracia suficiente para su necesidad. «La bendición de Jehová es la que enriquece» (Pr. 10:22). ¿Quién no quisiera ser un niño para ser admitido a tal herencia? «Sed niños en la malicia» (1 Co. 14:20).

965. AMADO, PERO CON UNA CARENCIA
Marcos 10:17-22

¿Puede el oro calmar la pasión, o hacer la razón brillar?
¿Podemos de la mina paz o sabiduría extraer?
Antes que del oro de la sabiduría ve en pos, pues menos es
Lograr una fortuna que la felicidad alcanzar;
Aquella felicidad que los grandes tantas veces vez
Con ira y mezquino asombro,
Ellos mismos carentes de ella»

EDWARD YOUNG

Éste fue un momento crítico en la vida de este joven. Es siempre así cuando nos encontramos cara a cara con Jesucristo. Por una corriente de intensa emoción se encontró a los mismos pies de Cristo. Pero este tiempo primaveral de privilegio pasó sin recibir la semilla de la Palabra, que habría germinado para vida eterna y fruto, y así pasó al desolado invierno de un futuro desesperanzado. Jóvenes: «He aquí ahora el día de salvación».

I. El amor de Jesús. «Jesús le miró y sintió afecto por Él» (v. 21). Hay algo que derrite el corazón acerca de esta serena, atenta y compasiva *mirada* de Jesús. No se trata de una superficial mirada a sus actitudes, sino de un compasivo sopesamiento de los motivos internos de su corazón. Allí vio:

1. SU FERVOR: «Vino corriendo».
2. SU HUMILDAD: «Cayó de rodillas ante Él».
3. SU IMPORTANTE PREGUNTA: «¿Que haré?»
4. SU BONDAD MORAL: «Todas estas cosas las he guardado desde mi juventud».

Él contempló todo con ojos humedecidos, con un infinito amor. Hay mucho atractivo en todo esto, pero observemos que no fue su fervor, su humildad ni su bondad moral lo que Él amó, sino a *él*. El amor de Jesús va mucho más hondo que los meros adornos de una vida humana. Va adentro al espíritu individual. «Jesús le *miró*, y sintió afecto por Él». «Jehová mira el corazón» (1 S. 16:7). «El cual [el Señor Jesús] *me* amó y se dio a *sí mismo* por *mí*» (Gá. 2:20). ¡Qué maravilloso amor!

II. La chocante declaración. «Una cosa te falta» (v. 21). Había muchas cosas que no le faltaban. No carecía de deseo, de fervor, ni de sabiduría para ir a la fuente adecuada. No había carencias en su credo. Era ortodoxo y estaba bien enseñado. Pero el Señor vio que había una mosca que echaba a perder el perfume de su vida. Una estatua puede ser perfecta en cada una de sus partes, pero es solo una estatua porque carece de una cosa: de la *vida*. Su vida era como un reloj de sol sin el gnomon. No aparecía el dedo índice de la decisión apuntando hacia el cielo. Una brújula puede ser perfecto en casi todo, pero si carece de la aguja no tiene valor alguno. El gran Sanador puso el dedo en la llaga. Una cosa le faltaba: el amor de Dios que conduce al sacrificio de uno mismo. Se dice que Whitefield estuvo una vez en una casa donde le eran tan amables que no les gustó hablar con ellos acerca de sus almas, pero escribió en uno de los vidrios de la ventana de su habitación: «Una cosa te falta», lo que resultó ser el mensaje de Dios para la familia. ¡Que quede esto escrito en la ventana de tu alma si no lo has rendido aún todo a Cristo!

III. El llamamiento probatorio. «Anda, vende todo cuanto tienes» (v. 21). Este llamamiento fue

1. SEVERO. «La Palabra de Dios es viva y eficaz, y más cortante que toda espada de dos filos» (He. 4:12). Poneos en su lugar, y pensad cómo resistiríais la prueba. Una enfermedad severa necesita un remedio severo.
2. NECESARIO. Necesitaba quedar convencido de lo erróneo de su condición de autosatisfacción. Somos tan insensibles a la soberbia de nuestros propios corazones que nada sino un profundo corte tocará la enfermedad. El Señor es demasiado fiel para dar remedios ligeros a la enfermedad. Pero si la herida es profunda, también lo es el alivio ofrecido: «Y tendrás un tesoro en el cielo».

IV. La pesarosa partida. «Se puso triste al oír estas palabras, y se marchó apesadumbrado» (v. 21). ¿A dónde fue? ¿Dónde encontraría un sepulcro para su dolor? ¿Le serían sus posesiones tan preciosas ahora como antes? ¡Qué elección: el tesoro en la tierra, pero no rico para con Dios! Convencido pero no convertido. No lejos del reino, pero dio un paso atrás hacia las tinieblas de una vida egoísta, prefiriendo lo que se ve y lo temporal a lo que no se ve y eterno. ¡Qué diferente el caso de Moisés (He. 11:24-26). Si te apartas de las demandas de Cristo te vuelves a los caminos del pecado y de la muerte, y ello a pesar de que ÉL TE AMA.

966. LA COPA Y EL BAUTISMO

Marcos 10:35-40

«Cuando nada tiene la tierra que ofrecer,
y cada flor muerta está abajo,
solamente a ti mis ojos levanto.»

Así lo decía James G. Percival, y ha sido expresado por multitudes en cada época. Cuando las cosas de la tierra y del tiempo no han alcanzado a dar satisfacción a los más profundos anhelos en lo más íntimo del corazón, la lánguida mirada se ha levantado hacia el Señor de la vida, y se han suplicado las cosas celestiales y eternas. Quizá alguno de estos sentimientos estaban en el corazón de Jacobo y Juan cuando hicieron la oración aquí registrada.

I. La atrevida petición. «Concédenos que en tu gloria nos sentemos el uno a tu derecha y el otro a tu izquierda». Aquí tenemos mucho, quizá, tanto para reprochar como para alabar. En vía de reproche, esta oración revela

1. UN GRAN EGOÍSMO. Un intenso deseo de preeminencia en la gloria venidera. Desde luego que anhelaban fervientemente los mejores dones. Pero quizá sus motivos eran los de conseguir los principales asientos, y ser exaltados por encima de sus hermanos, pero también revela
2. UNA SUBLIME FE. Creían que Él era Rey, y que volverá en gran poder y gloria, por lo que se aventuraron a presentar esta petición. No los condenemos a *ellos*, sino condenémonos a nosotros mismos, que pedimos y esperamos tan poco.

II. La gentil reprensión. Jesús les dijo: «No sabéis lo que estáis pidiendo» o «¿Sabéis lo que estáis pidiendo?». No los reprendió por su orgullo y egoísmo, sino que les preguntó si sabían lo que significaba el *camino* a estos puestos de honor, como si les dijera: «Para alcanzar mi lugar de honra y de gloria, debéis ir por mi camino». Las condiciones siguen siendo las mismas. «Si sufrimos, también reinaremos con Él» (2 Ti. 2:12). Ahora consideremos:

III. La inquisitiva pregunta. Jesús les dijo: «¿Podéis beber la copa que Yo bebo, o ser bautizados con el bautismo con que Yo soy bautizado?» (v. 38). Debemos pisar aquí con paso suave, porque la verdad que se insinúa es a la vez profunda y solemne. Que toda crítica sea echada a un lado, y también quitémonos el calzado de nuestros pies. ¿No indican la COPA y el BAUTISMO dos experiencias concretas que debemos pasar si queremos llegar a un lugar prominente en el reino de gloria? La *copa* es algo que se acepta deliberadamente, y el *bautismo* algo que se imparte en gracia.

1. LA SIGNIFICACIÓN DE LA COPA. La copa que Cristo bebió fue la copa de la voluntad de su Padre (Sal. 40:8; Jn. 4:34); la copa de paciente sufrimiento en manos de los hombres (1 P. 2:21-25; He. 12:3). La copa de obediencia hasta la muerte (Fil. 2:8). «¿Podéis beber la copa que Yo bebo?» (*cf.* Mt. 26:42).
2. LA SIGNIFICACIÓN DEL BAUTISMO. El bautismo de Cristo implicaba: (1) *Humillación.* «Permítelo ahora», dijo Él (Mt. 3:15), al someterse al bautismo de Juan. Nosotros debemos también humillarnos bajo la poderosa mano de su propósito. (2) *Consagración.* En su bautismo Él hizo una total entrega de Sí mismo a hacer la voluntad de Dios en presencia del pueblo. ¿Puedes tú ser bautizado con este bautismo? (3) *Unción.* En su *bautismo* el Espíritu Santo vino sobre Él, de manera que fue divinamente equipado como hombre para toda la obra que el Padre le había encomendado. El bautismo de la unción viene después de la *copa* de la obediencia y de la sumisión.

IV. La bien dispuesta réplica. «Le dijeron: Podemos» (v. 39). Véase

1. SU FE EN LA POSIBILIDAD DE ELLO. Sí, podemos seguir tus pasos. Por tu gracia podemos. Podemos beber de tu copa y recibir tu bautismo. La *copa y el bautismo* son los solemnes símbolos de una vida cristiana, las escarapelas de un candidato a estar cerca de Él en la gloria.
2. SU DISPOSICIÓN A POSEERLO. Le dijeron en el acto, «Podemos», como si estuvieran dispuestos a sufrir cualquier cosa antes que perder la distinción en la eternidad. ¿Acaso no depende nuestra *capacidad* misma de nuestra disposición? ¿Podemos decir «*podemos*»?

V. La aseguradora respuesta. Cuando dijeron «Podemos», Jesús les respondió inmediatamente: «*Así será*», y así fue. Recibieron de su bautismo en Pentecostés, y en sus sufrimientos y martirios bebieron en verdad de la copa de que Él había bebido. 1) Jacobo fue el primer mártir entre los apóstoles. 2) *Juan* fue el último, sufriendo un martirio en vida en la isla de Patmos. Ambos glorificaron a Dios, e indudablemente ocuparan un puesto de honor en el reino de su gloria. ¿Qué son para ti esta copa y este bautismo? ¿Los temes o los codicias? Nuestra relación con ambas cosas determina nuestro presente carácter como cristianos, que estemos glorificando o no a Dios en nuestros cuerpos y espíritus, que son de El, y puede también determinar nuestra posición en el mundo venidero. «¿PODÉIS?»

967. EL MENDIGO CIEGO

Marcos 10:46-52

Este pobre hombre parece que moraba en Jericó, la ciudad que se encontraba bajo maldición (Jn. 6:26). ¿Dónde moras tú? ¿Bajo la maldición de una ley quebrantada, o en los lugares secretos del Altísimo? La hermosa pero miserable Jericó fue visitada por el Hijo de Dios. La visita fue breve. «Llegó a Jericó y salió de Jericó». Pero era un día de gracia para una pobre alma entenebrecida. Aquí podemos observar:

I. La necesidad de misericordia. El hombre cegado por el pecado tiene muchas necesidades, pero su principal necesidad es de misericordia. Así como toda luz proviene del sol, así la misericordia que necesita es la misericordia de Dios, la misericordia que actúa en ayuda y sanidad. Este hombre era

1. CIEGO. Los ciegos son dignos de compasión, porque ni se pueden ver a sí mismos ni a otros. No pueden disfrutar de la luz, y son desconocedores de lo que la luz revela. Aquellos cuyas mentes están cegadas por el dios de este mundo no pueden ver su propia deformidad y suciedad, ni la belleza y maravilla del Salvador.
2. POBRE. «Estaba sentado junto al camino mendigando» (v. 46, RV). Uno debe estar consciente de su pobreza antes de comenzar a mendigar. Los que creen que no tienen necesidad de nada probablemente no frecuentarán la reunión de oración. ¡Ay de los pobres ricos! (Ap. 3:17).
3. SIN ESPERANZA. No podía esperar recibir la vista excepto por un milagro obrado por una mano divina. Es probable que esperara morir en su ceguera. Nadie sino Cristo podía liberarlo, y, alabado sea Dios, el salvador Cristo había llegado al alcance de su mano, y estaba realmente pasando a su lado. «He aquí ahora el tiempo favorable.» «Llamadlo en tanto que está cerca.»

II. La petición de misericordia. «Al oír que era Jesús el Nazareno, comenzó a gritar», y cuando los otros comenzaron a reprenderle, «el gritaba mucho más». No es fácil silenciar a un hambriento cuando se puede conseguir pan solamente pidiéndolo. Tenemos aquí una profunda necesidad clamando a las profundidades de la misericordia divina, y no en vano. Clamaba Él…

1. POR LO JUSTO. «Ten *compasión* de mí». Si halla COMPASIÓN, sabe que encontrará todo lo demás que necesita. Muchos, cuando se hacen conscientes de su necesidad, claman por paz, por gozo o por consolación. La primera necesidad es la misericordia. «Dios, ten misericordia de mí».
2. AL ADECUADO. «Jesús, Hijo de David». ¡Ah, cuán dulce el Nombre de Jesús suena en el oído de este creyente ciego! Todas sus esperanzas se centran en Él. «Porque no hay otro Nombre bajo al cielo, dado a los hombres, en que podamos ser salvos» (Hch. 4:12). Si Él le falla, no hay nada más que la desesperación y la negrura de las tinieblas. «¿A quién podemos ir?» «Sean presentadas vuestras peticiones delante de Dios» (Fil. 4:6).
3. EN EL MOMENTO ADECUADO. Jesús estaba pasando (Lc. 18:37). No esperó a un momento más adecuado. Sabía cuál era el peligro de retrasarse. Ten cuidado de que no estés dejando que tu última oportunidad pase sin lanzar un clamor de auxilio.

«Hay una línea, para nosotros invisible,
que cruza cada camino;
el oculto límite que hace separación
entre la paciencia de Dios y su indignación.»

III. El ofrecimiento de misericordia. Quien oye el clamor de los cuervos no hará oídos sordos al clamor de un alma necesitada y con fe.

1. SE DETUVO. «Jesús se detuvo.» El objetivo de la oración es conseguir la atención de Dios. Este pobre hombre clamó, y el Señor le oyó. Se *detuvo* para poder darse en ayuda de este creyente pero impotente mendigo. Es a todas estas almas así que Jesús se da.
2. LO LLAMO. «¡Ánimo, levántate, que te llama.» Éste fue ciertamente el evangelio de Cristo al ciego peticionario. Véase lo

rápido que responde. Echando de sí su manto en su apresuramiento. Será en vano tu clamor si rehusas obedecer su llamamiento. «Levántate, que te llama» (v. 49).

3. LE OFRECIÓ. «¿Qué deseas que haga por ti?» Al decir esto Jesús, estaba poniendo todas las riquezas de su gracia a los pies de este ansioso mendigo. ¡Oh, misericordia insondable, deja que me lance en tu seno, y que tus profundas y tiernas olas me lleven a la luz y al gozo de tu presencia salvadora! Todo de gracia.

IV. El goce de la misericordia. Jesús nunca despedirá al alma hambrienta.

1. CREYÓ. «Vete, *tu fe* te ha salvado.» «Sin fe es imposible agradar a Dios» (He. 11:6). «Por gracia habéis sido salvados por medio de la fe» (Ef. 2:8). Es la oración de fe lo que salva.

2. RECIBIÓ. «En seguida recobró la vista.» Le fue ofrecida la vista, y aceptó el don por fe. Los que creen en Él no tienen que andar en tinieblas. El poder y la gracia de Cristo son totalmente suficientes para todos los que confían.

3. SIGUIÓ. «Y le seguía [a Jesús] por el camino.» El Señor, por su gracia, deshizo su negocio de mendicidad. No tiene ahora deseos ni capacidad para ello ahora que ha encontrado al Señor y que su vida ha quedado renovada. Su amor a Cristo lo constriñe ahora a seguirle por el camino. Le ha vuelto la espalda a la Jericó de maldición, y su rostro está vuelto hacia la Jerusalén de bendición. Seguir a Jesús es la evidencia de estar bendito por Él. Los *ciegos* no pueden seguir. ¿Eres tú un seguidor del Cordero?

968. CON JESÚS EN JERICÓ (II)

«Él arrojó de sí su manto, dio un salto y se fue hacia Jesús» (Mr. 10:46-52).

Introducción

Así es como el ciego Bartimeo acudió a Jesús hace largo tiempo, y esto es lo que desearíamos que hiciesen todos los pecadores. Acudir a Él siempre significa echar algo a un lado. Algunos echan cosas a un lado antes de acudir a Él, mientras que otros acuden, y luego echan cosas a un lado. Lo supremamente importante es *acudir*.

Éste es uno de los incidentes bíblicos más conocidos. Siempre admiramos a este hombre no dispuesto a que le hiciesen callar. Pero, por muy conocido que sea, hay unos puntos ahí que no todos han observado.

Nuestro Señor estaba dirigiéndose en su último viaje a Jerusalén antes de su muerte. Aquel viaje tenía más una naturaleza de paseo triunfal que todos los que antes hubiese hecho. Le acompañaban multitudes. Parecía sumamente popular. Las multitudes que le vitorean le acompañan afuera de la ciudad. Acaban de pasar el portal y comienzan a volverse en dirección del paso montañoso, cuando, entre aplausos de la multitud se oye un clamor de necesidad.

¿Y qué, entonces? ¿Podría oírse *un* grito de necesidad en medio de todo el clamor de júbilo? Desde luego no se trataba de un débil grito, porque se podría traducir literalmente: «Chilló». Pero incluso entonces, ¿qué era el grito de uno en medio de toda aquella clamorosa multitud oriental? ¡Ah, el clamor de la miseria significaba más para Él que todos los vacíos aleluyas! Lo oyó, y le hizo detener en su camino.

¿Nunca te has sentido perplejo acerca de la oración, y te has preguntado si un clamor tuyo sería oído, y te has sentido tentado a ceder ante la duda y la desesperación? ¡Aliéntate con esta verdadera historia! Solamente piensa acerca de las multitudes que ahora cantan sus alabanzas en la gloria. ¿Qué es un grito? Para Él, todo. Grita, y serás atendido.

Fue maravilloso que Josué, en la antigüedad, pudiera mandar al sol, y que éste se detuviese en su órbita. Pero aquí tenemos algo aún más maravilloso: un pobre y ciego mendigo deteniendo en su camino a Aquel que hizo que el sol fuese, y que lo mantiene en su órbita. Él acudió al Señor Jesús, y así puede hacerlo todo pecador si toma solamente cinco pasos que tomó este hombre. Son cinco palabras que podemos tomar como claves, y son: «Oyó», «Gritó», «Vino», «Recibió», «Siguió».

I. Había oído de bendiciones que otros habían recibido (Mt. 20:30; Lc. 18:35). El Nombre de nuestro Señor había llegado a ser conocido por todos en Palestina. Había estado trabajando allí durante tres años o más. No hay duda de que este ciego le había oído. Sin duda alguna había oído hablar de la bendición recibida por el ciego al otro lado de Jericó, un poco antes. Los hay que han supuesto una discrepancia en los tres Evangelios. Mateo dice que dos hombres gritaron «al salir ellos de Jericó». Lucas dice que un hombre gritó «al acercarse Jesús a Jericó». Marcos nos habla de un hombre «cuando salía de Jericó». Los que creen que aquí hay una discrepancia lo hacen suponiendo que todos hablan del mismo acontecimiento. Pero las Escrituras no dicen esto. Lo cierto es que hubo tres hombres sanados en momentos diferentes.

Aquí tenemos un hecho muy solemne y sin embargo alentador. El desconocido del que nos habla Lucas nos cuenta y que influenció a Bartimeo, y Bartimeo, que influenció a su desconocido compañero de miseria, nos dan un espectáculo impresionante. ¿No es cierto que la salvación de alguna otra persona depende de que tú des un paso adelante, como en el caso que aquí tenemos?

II. Reconoció al Señor Jesús como Divino. Tiene que haber reflexionado muchas veces acerca de la persona y de la obra de Cristo, y se dio cuenta de que era más que meramente humano. Al preguntar la razón de todo el apiñamiento de la gente, y le informaron que «pasaba Jesús de Nazaret», no se puso a gritar meramente «Jesús de Nazaret», sino que exlamó: «*Jesús, Hijo de David*». Reconoció que era el Mesías.

III. Aprovechó la oportunidad al máximo. Observemos que el Señor Jesús nunca entró otra vez en persona en Jericó, por lo que aquella fue la última oportunidad del ciego, y gracias a Dios, hizo buen uso de ella. Naturalmente, ahora el Señor Jesús está siempre presente en todo lugar, pero hay ocasiones en que parece visitar de una manera especial lugares y personas en gracia salvadora.

IV. No le importó ponerse en evidencia. Ponerse en evidencia provoca apuro para personas tímidas, pero, ¿por qué no deberíamos ser abiertos acerca de confesar nuestra necesidad de un Salvador? Este ciego gritó para atraer la atención de nuestro Señor, no preocupándose por llamar de esta manera la atención sobre sí mismo.

V. Rehusó ser silenciado. ¡Cuán veleidosa es la gente, mandándonos primero que nos callemos, y luego apremiándonos a que actuemos con tanto mayor esfuerzo al cabo de un momento. Pero cuanto más querían hacerle callar, tanto más gritaba él.

VI. Echó a un lado todo lo que le estorbaba. Se trataba del largo manto oriental que dificultaba un movimiento libre. Observemos: se trataba de algo útil y legítimo, pero le estorbaba los movimientos. Siempre que pensamos en acudir a Él, surgen los obstáculos. Pero debemos echarlos a un lado, por su gracia, tanto si son legítimos como si no lo son.

VII. Recibió la bendición. Observemos que fue llamado siendo aún ciego. Recibió la vista *después* de acudir a Jesús, no antes. Reconoció que la vista era un don a recibir, no una recompensa que merecer o ganar. Recibió la vista *inmediatamente*. Y así será con nosotros.

VIII. Siguió a Jesús, glorificando a Dios.

969. UNA COMISIÓN ESPECIAL

Marcos 11:1-10

«Nuestras vidas bien valen la pena
cuando perdemos nuestros pequeños yos en el todo,
y sentimos el intenso brotar del ser
palpitando a nuestro través, un corazón y un alma.
La eternidad apoya cada empresa honrada,
la vida perdida por Él es vida salvada, por siempre jamás»

LUCY LANCOM

La oscura sombra de la Cruz caía ya intensamente a través del camino del Señor Jesús. Solo faltaban cuatro días, y luego la Crucifixión. ¡Pero cuánta serenidad exhibe el Señor, cuán cuidadoso acerca de cada detalle con respecto a su entrada en la santa pero engañosa ciudad! Sí, para que la Escritura se cumpliese (Zac. 9:9). ¡Cuántas lecciones tenemos aquí!:

I. La comisión del Señor. «Envía a dos de sus discípulos, y les dice: Id a la aldea de enfrente de vosotros» (v. 2). Esta sencilla comisión, como la gran comisión mencionada en Mateo 28:18, 19, es una revelación de su carácter. Cuán plenas de sentido son sus palabras. Estas palabras nos revelan

1. SU FE. «Encontraréis un pollino atado, sobre el cual todavía no se sentó ningún hombre.» ¿Cómo podría saberlo sino *por* la fe? Él contaba con el cumplimiento de la Palabra profética (Jn. 12; 14, 15). ¿No fue la confesión de sus enemigos que «Confió en Dios» (Mt. 27:43)? Cierto, Él era Dios, pero debemos recordar

que se humilló a Sí mismo, «tomando forma de siervo» (Fil. 2:7). ¡Oh, que ejerzamos una fe así de honrada, sencilla y expectante!
2. SU OBEDIENCIA. «Decid: El Señor lo necesita.» Le era necesario entrar en Jerusalén montado en el pollino de un asna, porque sabía que era la voluntad de su Padre. Puede que le sea humillante, pero era honroso para Dios y su Palabra, y quizá su debilidad física intensificara esta *necesidad*. Bendita debilidad que nos hace más idóneos para cumplir la voluntad del Padre.
3. SU CONFIANZA SEGURA. «Y luego lo enviará acá» (v. 3, RV). Alentó a los discípulos a que actuaran en base de su Palabra, así como Él estaba actuando sobre la Palabra del Padre. Cree, y verás.

II. La aceptación de la comisión por parte de los discípulos. Observemos...

1. LA OBEDIENCIA DE ELLOS. «Se fueron.» Salieron para aquel extraño recado *por fe* en su Palabra. Todo lo que tenían era su promesa; y era todo lo que necesitaban. Pedro anduvo en el agua al ser llamado por Jesús. No comenzaron a razonar entre ellos, sino que obedecieron de corazón. ¡Qué preciosa lección de la vida de fe!
2. SU EXPERIENCIA. «Fueron... y hallaron tal como les había dicho» (Lc. 19:32). ¿Y no es siempre así? Cuando nos aventuramos sobre su Palabra, ¿no encontramos que es como Él decía? ¿No es así con la salvación (Jn. 3:36)? Él promete salvación a todos los que creen en Él. Confía en Él, y tú mismo descubrirás que es como Él había dicho. ¿No es así con la vida más profunda de la consagración? Reposa en su Palabra, y será cumplida en tu experiencia.
3. SU TESTIMONIO. Cuando les preguntaron «¿Qué hacéis, desatando el pollino? Ellos les dijeron tal *como Jesús les había dicho»*. Su comisión era del Señor, por lo que ellos debían emplear su Nombre y *declarar su voluntad*. Como embajadores de Cristo, no buscamos pollinos (almas) para nosotros mismos, sino para Jesús. Tenemos, como estos dos discípulos, que dar a conocer su voluntad, dependiendo de su poder para darnos mentes bien dispuestas. No buscando nuestro propio honor, sino el de Él, que nos envió.

III. El resultado que siguió. Su palabra fue cumplida, su voluntad fue llevada a cabo, y...

1. SU VENIDA RECIBIÓ HONRA. «Y muchos extendieron sus mantos en el camino.» Esto es poca cosa cuando consideramos cómo el Señor se despojó a Sí mismo por nosotros. Él que era rico se hizo pobre por nosotros. Jonatán se despojó a sí mismo por David. Pongamos en el polvo las vestimentas de nuestra gloria y coronémoslo Señor de todo.
2. SU NOMBRE FUE ALABADO. «Iban gritando: ¡Hosaná! ¡Bendito el que viene en nombre del Señor!» Hosaná significa *«Salva, te lo ruego»*. Esta oración y alabanza van bien juntas. Sea Él alabado, porque vino no para ser servido, sino «para dar su vida en rescate por muchos» (Mr. 10:45). Es en el Nombre del SEÑOR que Él ha venido, y consumará la obra que el Padre le ha dado para hacer. «He aquí el Cordero de Dios» (Jn. 1:29).
3. SU REINO FUE RECONOCIDO. «Bendito el reino venidero de nuestro padre David.» «Bendito el REY que viene» (Lc. 19:38). El reino de Dios es justicia, y paz, y gozo en el Espíritu Santo. El fundamento fue echado en el Calvario. Las características del mismo nos son impartidas por medio de la fe en su Nombre. Como Rey de Israel fue muerto, por lo que por ahora su reino no es de este mundo. «El reino de Dios está en medio de vosotros» (Lc. 17:21). ¿Ha tenido este Salvador humilde y regio una entrada en tu corazón como la que tuvo en Jerusalén, o estás entre los que una vez clamaron «¡Hosaná!» pero que se han dejado llevar por la corriente de este mundo, y estás ahora con tu fría indiferencia clamando, aunque inaudiblemente, «Fuera, no queremos que éste reine sobre nosotros»?

970. LA HIGUERA ESTÉRIL

Marcos 11:12-14, 20-22

«Recuerdo, recuerdo bien,
los abetos, levantándose oscuros y enhiestos;
solía creer que sus esbeltas copas
el cielo llegaban a tocar.
Ignorancia infantil mía era esto.
Pero es poca alegría conocer
que más lejos del cielo estoy
que cuando estaba en la niñez»

T. HOOD

Es un triste descubrimiento llegar a ver que nuestros años de privilegio y oportunidad, debido al pecado y a la indiferencia, solo nos están apartando más y más de Dios. Así sucedió con la nación judía, representada aquí por la higuera estéril, de la que Cristo tuvo que decir, «tuve hambre, y no me disteis de comer». ¿Está el Señor lamentándose así sobre tu vida? ¿O estás ofreciéndole vinagre para beber en respuesta a su «tengo sed»?

I. La búsqueda. «Fue por si quizás encontraba algo en ella» (v. 13).

1. ¿QUIÉN ES EL QUE BUSCA? El hambriento salvador Hijo de Dios (v. 12). Piensa en cuánto Él había hecho por el árbol. Su misma existencia dependía de su bondad. Piensa en todo lo que había hecho por Israel como nación, y cuán poco había recibido de manos de ellos, cuando «finalmente les envió su hijo, diciendo: Tendrán respeto a mi hijo» (Mt. 21:37). ¿Qué está recibiendo Él de tu vida? Este mismo Jesús está buscando de ti aquello que dará satisfacción a su alma.
2. DÓNDE BUSCA. De «una higuera». ÉL no va a buscar higos en espinos; no busca aquello que satisfaría su hambre en los espinos y cardos de la incredulidad. Este árbol tenía *nombre* de feracidad, pero era un engaño. Si llevamos el Nombre de Cristo, Él busca los frutos de la vida cristiana. En la higuera, el fruto aparece antes que las hojas, por lo que cuando aparecen las hojas de la profesión debería existir el fruto saciador. «El fruto del Espíritu es amor, gozo, paz» (Gá. 5:22).

II. El descubrimiento. «No encontró nada sino hojas» (v. 13). Allí había...

1. ABUNDANCIA DE PROFESIÓN. Tenía la *apariencia* de abundancia de vida. Había una gran exhibición de actividad y de atractivo de vida. «Una cosa te falta». Así con nuestras vidas. Podemos estar llenos de vigor, y nuestro carácter moralmente hermoso y atractivo, pero si no reconocemos las demandas de Cristo somos solo Jezabeles pintadas, nubes sin agua, higueras estériles, sepulcros blanqueados. Con nombre de vivir, pero muertos (Ap. 3:1).
2. CARENCIA ABSOLUTA. «*Nada* sino hojas.» Mucho para sí, pero *nada* para Cristo. Una imagen de aquellos que dedican todas sus fuerzas y tiempo meramente en su propio y egoísta engrandecimiento. Los deseos de Cristo quedan sin ser escuchados (Ap. 3:17). Pero notemos que la apariencia y la profesión no le engañarán. Él mira, y se toma tiempo para mirar cuidadosamente, *por debajo* de las hojas. Dios juzga el corazón. Una exhibición de hojas, lozanas y verdes, pueden ocultar tu desnudez del ojo de los hombres, pero no del escudriñador ojo del *escudriñador* Hijo de Dios. «Escudríñame, oh Dios, y... pruébame» (Sal. 139:23). Adán probó a cubrirse con hojas, pero Dios no las reconoció, considerándole aún como desnudo. «Nada sino hojas... el Espíritu contristado». «Por sus frutos los conoceréis».

III. El juicio. «La higuera que *maldijiste* se ha secado» (v. 21). «¡Serpientes, engendros de víboras! ¿Cómo escaparéis de la condenación del infierno?» (Mt. 23:33). Fue maldecida porque era *inútil*. ¿Cuál es el valor de un credo, una conexión eclesial, una esperanza, de una vida, si nada hay allí para dar satisfacción a la viviente y anhelante alma de Jesús? Su día de gracia ya ha pasado, fue maldecida en la venida del Señor Jesucristo (1 Co. 16:22). Cuando Él venga no será para hacernos fructíferos, sino para buscar fruto. Vemos aquí que

1. LA MALDICIÓN AFECTÓ A LAS RAÍCES. «Se había secadoi» (v. 20). Con su palabra agostadora salió el poder que impidió que la savia de la tierra subiera por las raíces del árbol. Al que no tiene [fruto], aún lo que tiene [la savia] le será quitado. Cuando Él elimina *los medios de gracia* de inmediato comienza el agostador proceso de muerte y destrucción. Así fue en los días de Noé y en los días de Lot, y así será cuando la Iglesia sea arrebatada (2 Ts. 1:7-10). Si el talento del privilegio no es empleado, será quitado. Si no se le permite a la savia de la Palabra de Dios en tu corazón que dé fruto en tu vida, será secada, y tu vida estéril vendrá a ser como la higuera maldecida, solo buena para el fuego.
2. LA MALDICIÓN AFECTÓ A LAS HOJAS. «Se había *secado*.» El pecado de la higuera era pecado de omisión. ¡Ay! ¿Qué ha sucedido con la hermosa apariencia, con las abundantes hojas de la profesión religiosa? ¿Qué pueden hacer ahora? Todo se ha secado. Escribas y fariseos, ¡cuidado! ¡Profesantes morales y religiosos, aceptad la advertencia! Esta vuestra vida hermosa, honrada, recta y grata a los hombres, pero entristecedora para Cristo, se secará un día, cuando vengáis a estar delante de Jesús, y nada podrá impedirlo, ni en la tierra, ni en el cielo, ni en el infierno (véase Jn. 15:1-8).

971. NADA SINO HOJAS
Marcos 11:13

Extraño.

1. Pero, ¿por qué maldecir la higuera que no tenía higos, siendo que no era tiempo para el fruto? ¡Qué extraño!
2. Es el único acto destructivo del Señor.

Circunstancia.

1. Jesús había pasado su último Sábado en la tierra con Marta, María y Lázaro en Betania.
2. Aunque acababa de salir de aquel hogar hospitalario, le vino hambre, evidencia de la realidad de su condición humana.
3. Aunque pasarían al lado de muchas higueras bordeando el camino, solo una le atrajo la atención «desde lejos». Llegó esperando encontrar higos, y solamente encontró hojas. ¿Por qué esperar higos aunque no era tiempo de higos?

Clave.

1. La higuera produce *fruto primero y hoja después*, y en algunos casos las hojas acompañan, pero no preceden, al fruto.
2. Éste árbol era falso e hipócrita; hacía una chillona profesión mediante sus hojas, pero no había posesión.

DOS LECCIONES. «Respondiendo, dijo...» (v. 14, RV). Había oído lo que decía la higuera.

1. Jesús saca una lección acerca del maravilloso poder de la oración de fe.
2. De manera indirecta, se le da aquí al profesante cristiano una solemne advertencia acerca del peligro de la mera profesión sin posesión.

De manera directa.

1. La aplicación directa de la parábola es a la nación judía.
2. Las naciones gentiles de aquella época ya eran bien estériles, pero no eran profesantes como Israel.
3. Ha descendido una maldición sobre Israel durante diecinueve siglos enteros.
4. Pero esta higuera volverá a ser restaurada para que dé fruto y bendición.

Escaladores alpinos.

1. Se ha dicho que los avezados escaladores alpinos pueden determinar en qué altitud se encuentran por medio de la clase de vegetación que ven creciendo a su alrededor.
2. Los diestros guías espirituales pueden determinar el plano espiritual de una persona por las gracias que se observan en aquella vida.
3. Los hábitos y apariencia mundanos proclaman una vida vivida a la baja altitud del mundo.

Por qué se considera grave la existencia solo de hojas.

1. Dan una falsa representación de nuestra fe cristiana. Porque la verdadera religión no consiste en una mera asistencia a la iglesia o a la reunión.
2. Tal actitud hace tropezar a los que de verdad buscan.
   a. El hombre bienaventurado en el Salmo 1 es el que no está en el camino de los pecadores.
   b. Los meros profesantes han sido siempre motivo de tropiezo.

¿Por qué no hay fruto?

1. En algunos casos porque no hay vida, aunque no en éste, como lo demuestran las hojas.
2. Por falta de alimento: pobreza del suelo.
3. Falta de concentración. Gastando fuerzas en la producción de madera y no en el fruto. Un desperdicio de energía.
4. Ausencia de abrigo. Expuesto a los cortantes vientos polares. ¿Te has refugiado en Él?
5. Carencia de un cuidadoso escrutinio. Tómate tiempo para ser santo.
6. Un ambiente poco propicio. En algunas ciudades no crecen los ciruelos, ni algunas clases de manzanos, porque son muy sensibles a una atmósfera cargada de hollín. (Asistentes al cine y al teatro.)

APLICACIÓN

1. Jesús anhela que seamos fructíferos, para bondad y utilidad. ¿No trataremos de satisfacerle?
2. Recuerda, Él vendrá por última vez, y caerá la maldición. La fecha de este milagro tiene una importante relevancia sobre su sentido y propósito. Tuvo lugar por la mañana del primer día de la última semana del ministerio de Cristo.

La oración de un padre. Un niño pequeño se arrodilló junto a las rodillas de su padre para decir sus oraciones antes de irse a la cama. Después de haber repetido sus oraciones usuales, el padre le sugirió que dijese otra. Después de una cierta vacilación, el pequeño dijo: «Querido Jesús, cuando crezca, hazme grande y fuerte como papá». Las palabras entraron profundamente en el corazón del padre, porque se había enfriado respecto al Señor. Horas después aquella misma noche, ya muy tarde, él oró: «Padre mío, ahora que he crecido, hazme puro y dulce como mi niño». Y su oración fue contestada.

972. LA FE
Marcos 11:22

Lo que debiera caracterizar a cada siervo de Dios es la consagración a Dios y la fe en Él. ¿Y quién puede hallar los límites a las posibilidades de los tales? Hay muchos creyentes en Jesús, pero pocos consagrados a Él. Y menos aún que realmente prueben su fidelidad en cumplir todas sus promesas.

I. La naturaleza de la fe. La fe es la firme seguridad de las realidades que se esperan, etc. (He. 11:1). La fe reconoce las cosas no vistas, y actúa como si fueran visibles. Así Noé construyó el arca (v. 7). Así Moisés dejó Egipto (v. 27). «Como viendo al Invisible.» «Bienaventurados los que no vieron, y creyeron» (*cf.* Is. 20:29). Por la fe, Jacob codició la primogenitura (Gn. 25:31). Y porque Esaú no podía ver su valor, la menospreció y la vendió. «¡Ah, ya lo *veo*» no es equivalente a «¡Ah, ya lo *creo*!». Porque con el *corazón* el hombre cree (Ro. 10:10). Dios juzga el corazón. Una cabeza clara no es evidencia de un corazón creyente.

II. El objeto de la fe. «Tened fe en Dios» (Mr. 11:22). Se tienen que emplear medios, pero no deben ser los medios el objeto de la fe. Solo son las trincheras que cavamos. Es Dios quien debe llenarlas (2 r 3:16). Podemos confiar que Dios cumplirá todas las promesas que ha hecho, porque «fiel es Dios» (1 Co. 10:13). Él dice: «No... desmentiré mi verdad» (Sal. 89:33). Y, otra vez: «No olvidaré mi pacto, ni mudaré lo que ha salido de mis labios» (Sal. 89:34). ¿Cómo, pues, podemos dudar de *su poder*? *Nada es imposible* para con Dios. «¿Habrá algo que sea demasiado difícil para mí?» (Jer. 32:27). El objeto de nuestra fe es «Aquel que no puede mentir», Aquel que es inmutable, Aquel que no puede fallar.

III. La base de la fe. La PALABRA DE DIOS, que vive y permanece para siempre (1 P. 1:23). «El que cree en mí, como *dice la Escritura*» (Jn. 7:38). Toda palabra de Dios es pura (Pr. 30:5). No hay escoria, nada que echar a un lado. Debe ser recibida tal como ha sido dada. Debemos desear «la leche espiritual *no adulterada.* Muchos tratan de diluirla antes de recibirla. Intentan refinar lo que Dios ya ha purificado. La Palabra no es solo pura, sino también «segura». «Más segura la palabra profética». La Palabra del Señor permanecerá para siempre (Is. 40:8). Debido a que ya está establecida «*para siempre... en los cielos*» (Sal. 119:80). Así que la base de nuestra fe es tan fiel y segura como su Objeto.

IV. El ejercicio de la fe. Abraham creyó a Dios (Ro. 4:5) y salió, no sabiendo a dónde iba (He. 11:8). Solo tenía «Su Palabra», lo mismo que nosotros. Caleb creyó a Dios cuando dijo: «Subamos luego, y tomemos posesión de ella» (Nm. 13:30). Dios había prometido darles la tierra, y él creyó, aunque las dificultades eran enormes e incontables. Pedro creyó cuando dijo: «Mas *en tu palabra,* echaré la red» (Lc. 5:5, RV). Su *palabra* era todo lo que tenía, pero era suficiente. E incluso se aventuró a caminar sobre el agua al oír un «Ven» de Jesús. Pablo ejercitó la fe cuando dijo: «Confío en Dios que acontecerá *exactamente* como se *me ha dicho*» (Hch. 27:25). ¿Y tú?

V. El aliento de la fe. Cree y verás (Jn. 11:40). ¿No creyó Abraham, y vio cuando fue enriquecido? ¿Y Caleb? Pedro creyó, y vio una enorme pesca. ¿Cuál fue el testimonio de Josué? «No faltó palabra de todas las buenas promesas que Jehová había hecho a la casa de Israel; todo se cumplió» (Jos. 21:45). ¿Cuál fue el testimonio de Salomón 400 años más tarde? «*Ninguna palabra* de todas sus promesas que expresó por Moisés su siervo, *ha faltado*» (1 R. 8:56). Otra vez, en Marcos 14:16, leemos que los discípulos *salieron,* y *encontaron tal como les había dicho.* Si no hubieran salido, no hubieran podido probar la veracidad de su palabra. ¿Hay un solo caso en el que la fe haya quedado frustrada en toda la revelación de Dios? Y si no, ¿habrá jamás alguno?

VI. La necesidad de la fe. *Tened fe* en Dios. Él no puede hacer muchas obras poderosas a través de nosotros, debido a nuestra incredulidad. «Si tenéis fe como un grano de mostaza, … nada os será imposible» (Mt. 17:20). *Todo lo que pidáis* en oración, creyendo, lo recibiréis (Mt. 21:22). «Todas las cosas son vuestras, y vosotros de Cristo». Esto o es verdad o no. Si no es verdad, no podemos tener confianza en Dios. Si es verdad, ¿por qué entonces no se cumple en nuestra experiencia? No podría bien decirnos Jesús a nosotros: «O insensatos y tardos de corazón para creer *todo* lo que yo os he dicho». «¿Creéis que puedo hacer esto?» (Mt. 9:28). Si Él te puede decir: «Grande es *tu* fe», tú también puedes esperar que te sea hecho «como *quieres*» (Mt. 15:28).

VII. El resultado de la fe. En Hebreos 11 se registran muchos resultados maravillosos. Sería imposible mencionar todas las posibilidades de la fe, por cuanto está escrito: «conforme a *vuestra* fe os sea hecho». No se imponen límites. Quedamos limitados por nosotros mismos. «Si puedes creer, todo es posible para el que cree» (Mr. 9:23). Elías oró, y no llovió durante tres años y medio. Volvió a orar, y el cielo dio lluvia (Stg. 5:17-18). Ezequías esperó en Jehová Dios, y no hubo nadie como él (2 R. 18:5). Y no hay nadie hoy en día como los que confían en Dios.

973. TENED FE EN DIOS
Marcos 11:22

Ésta es una palabra de aliento para:

I. El pecador que busca (Hch. 16:31).

II. El creyente que tiembla (Sal. 73:23).

III. El seguidor tentado (Gn. 15:1).

IV. El sufriente enlutado (Gn. 45:26).

V. El recaído arrepentido (Is. 55:7).

VI. El obrero desalentado (Is. 59:19).

VII. El cristiano moribundo (Sal. 23:4).

974. LA FE
Marcos 11:22

1. La **naturaleza** de la fe	Hebreos 11:1
2. El **objeto** de la fe	«Dios».
3. La **base** de la fe. Lo que «dice la Escritura»	Juan 7:38
4. La **necesidad** de la fe	Hebreos 11:6
5. El **ejemplo** de la fe	Marcos 14:16
6. Los **resultados** de la fe	Hebreos 11

975. «DEJÁNDOLE, SE MARCHARON»
Marcos 12:12

«Quien se dé por aludido, que se aplique el cuento», decimos. Sí, y así es generalmente, pero, ¿cómo nos lo aplicamos? Los escribas y fariseos se dieron cuenta de que el mensaje de nuestro Señor era para ellos; se aplicaron el cuento, e buscaban maneras de matar a nuestro Señor. Pero no podían hacerse con Él, y luego leemos que «dejándole, se marcharon». Fijémonos que se fueron por su propio camino, no por el del Señor. Hay mucho en la Palabra de Dios acerca de los caminos por los que el hombre va. Y solo hay dos: el camino de vida y el camino de muerte; y estamos en uno o en el otro.

I. El camino propio (Is. 53:6).

1. ES UN CAMINO ANCHO (Mt. 7:13). En las ciudades, el camino ancho es generalmente el mejor. No es así en las cosas del alma. Parece ser el mejor, pero conduce a la ruina.
2. ES UN CAMINO DIFÍCIL (Pr. 13:15). «El camino de los transgresores es difícil de recorrer». Sin duda, es fácil por un tiempo, pero se hace «difícil» más adelante.
3. ES UN CAMINO FRUSTRANTE (Pr. 16:25). Pablo dice, en Romanos 3:16: «Quebranto y desventura hay en sus caminos». Sí, en los de ellos, pero no en el camino de Dios.

II. El camino de Dios. «Le expusieron más exactamente el camino de Dios» (Hch. 18:26). Por lo que a Apolos respectaba, esta fue la misión de Priscila y de Aquila.

1. ES EL CAMINO DE LA SALVACIÓN (Hch. 16:17).
2. ES EL CAMINO DE LA JUSTICIA (Mt. 21:32). «Me guiará por caminos de justicia» (Sal. 23).
3. ES EL CAMINO DE PAZ (Lc. 1:79). «Mis pies han seguido sus pisadas» (Job 23:11).

APLICACIÓN

¿Puedes decir tú con Job, «Guardé su camino, y no me torcí» (Job 23:11)? Si no, ¿dirás tú las palabras de Isaías 2:3: «Venid, … y [Dios] nos enseñará sus caminos»? Para andar en «Sus caminos» hemos primero de «Venir a Él». La razón que ellos «se marcharon» en pos de sus propios caminos era que no querían andar en los del Señor. Aférrate a Él a toda costa.

976. ¿POR QUÉ ME TENTÁIS?
Marcos 12:13-17

Tentado Tú fuiste, Señor, y sabes
Cuán difícil es en el camino proseguir;
Cómo los enemigos, afuera y adentro
Siguen manteniéndonos en pecado cautivos;
Cómo, aun con toda tu gracia otorgada,
También la tierra tu puro Cielo vela.
Oh Señor, la cadena rompe y danos libertad,
Tú que tentado fuiste, guárdanos de nuestra tentación.

El Señor acababa de pronunciar una parábola que les hirió a a algunos en lo más vivo (v. 12). Por ello, enviaron a algunos fariseos escogidos para «atraparle en sus palabras», pero fueron ellos los que se vieron atrapados. La Palabra de Dios es viva y poderosa, incluso para los que van a atrapar palabras. Discierne los pensamientos y las intenciones del corazón. Observemos incluso aquí que incluso con escarnio se puede decir la verdad.

I. Una confesión veraz. Estos espías dijeron inconscientemente la verdad acerca de:

1. SU CARÁCTER. «Sabemos que eres veraz» (v. 14). Sus palabras eran veraces. Su corazón era veraz. Sus motivos eran tan puros como la luz. Él es la verdad. Cuando Pilato preguntó, «¿Qué cosa es la verdad?» se le hubiera podido responder: La vida y el testimonio de Cristo. Pero ellos amaron más las tinieblas (Jn. 3:19).
2. SU VALOR. «No te fijas en el aspecto exterior de las personas» (v. 14). A Él le tenían sin cuidado el poder y las amenazas de los hombres, pero amaba sus almas, y se cuidaba de los pobres, de los humildes y de los menesterosos. Las muchas aguas del odio y de la oposición no podían apagar su celo para hacer la voluntad de su Padre en el Cielo. Que esta santa osadía sea también nuestra.
3. SU MISIÓN. «Enseñas el camino de Dios con verdad» (v. 14). Nicodemo confesó que era un Maestro que había venido de Dios (Jn. 3:2). Vino de Dios para enseñarnos el camino a Dios. Nunca hombre alguno habló como este Hombre. Su camino es el camino de Dios, y no hay otro. «Yo soy el Camino, nadie *viene al Padre* sino por Mí.» Intentar acceder por cualquier otro camino es llegar a la vergüenza y a la confusión y a la frustración, pero no al Padre.

II. Una pregunta crítica. «¿Es lícito dar tributo a César, o no?» (v. 14). Ésta fue quizá la pregunta más enmarañada que podía imaginar la sabiduría y el odio de ellos. Si contestaba que sí, entonces ellos lo acusarían de traidor a la nación. Si decía que no, entonces lo denunciarían en el acto al tribuno romano como promotor de sedición. ¡Cómo les gustaría a algunos poner al Señor en un dilema!, pero el espíritu de sabiduría en Cristo Jesús puede apagar todos los sutiles dardos del Maligno. No sois vosotros los que habláis, sino el Espíritu de vuestro Padre que está en vosotros. Mayor es el que está en vosotros que el que está en el mundo.

III. Una mente discernidora. «Pero Él, *sabedor* de su hipocresía, les dijo: ¿Por qué me estáis poniendo a prueba?» (v. 15). Los ojos de Cristo son como reflectores del cielo, delante de los que nada se puede ocultar. Al dirigirse a Cristo como se dirigían ellos, con palabras aduladoras de sus bocas, solo demostraban la ignorancia que tenían acerca de Aquel a quien profesaban conocer. Si hubieran sabido que estaban delante del escudriñador de los corazones desde luego hubieran preferido las tinieblas a una luz tan penetrante. No os engañéis, Dios no puede ser burlado. Que vuestras oraciones sean honradas delante de Él, o resultarán totalmente perniciosas. «El Señor mira el corazón» (1 S. 16:7).

IV. Una petición sugestiva. «Dadme un denario para verlo.» Si aquel, que era rico, pero que se hizo pobre por nosotros, hubiera tenido un denario en su poder, no es probable que hubiera pedido que le mostraran uno. Un Salvador pobre, pero enriqueciendo a muchos. Esto no es según la manera del mundo, pero hay un mundo de consolación en este pensamiento. Podemos ser ricos en fe, dando gloria a Dios, incluso cuando no podamos mostrar una moneda.

V. Una respuesta concluyente. «¿De quién es esta imagen y la inscripción? Le dijeron: De César. Y Jesús les dijo: Lo de César, devolvédselo a César; y lo de Dios, a Dios» (vv. 16, 17). La *imagen* de César sobre la moneda era suficiente evidencia de que estaba conectada con César. La *semejanza* demuestra relación. Los que tienen la imagen del mundo y del diablo estampadas sobre sus vidas declaran con ello que pertenecen al mundo y al diablo, y se dan a los mismos. ¿Ha sido la imagen de Cristo inscrita sobre tu alma? Pues dale a Dios lo que es de Dios. Éste es tu culto racional (Ro. 12:1).

977. EL PRIMER MANDAMIENTO

Marcos 12:28-34

«Tu amor, Señor, es sereno,
Sin turbulencia en su fluir;
Apacible como aquel mar se vio
Cuando tu Palabra la calma le dio.
Oh, que mi amor a Ti,
Exhibiera tu apacibilidad».

El amor de Dios es más fuerte que la muerte, y tan calmado y constante como los montes que están alrededor de Jerusalén. Los fariseos habían acudido a atraparle en sus palabras (v. 13), y luego vinieron los saduceos para atraparlo en su enseñanza de la resurrección (v. 18). Finalmente vino este escriba con la discutida cuestión de cuál era el principal mandamiento. Desde luego, les estamos muy agradecidos por estas preguntas, porque cada una de ellas le da una ocasión a Cristo para destacar algunas cosas que a todos nos es preciso conocer. En esta respuesta se nos recuerda claramente que el amor es el cumplimiento de la ley.

I. La pregunta hecha: «¿Cuál mandamiento es el más importante de todos?». Esta pregunta revela:

1. ALGO DE CURIOSIDAD. Parece que era una cuestión en disputa entre los escribas cuál era el principal entre los mandamientos. Aunque parecía cómo preguntar cuál de los diez eslabones de una cadena era el más importante, o qué miembro del cuerpo es de mayor necesidad, sin embargo el Señor también responde a ello.
2. ALGO DE ANSIEDAD. Bajo aquellas cavilaciones el Maestro parece ver en el escriba un verdadero deseo de conocer la *verdad,* que lo traía a la misma puerta del reino (v. 34). Trata tiernamente con los indagadores. El Espíritu Santo puede estar obrando.

II. La respuesta dada. Todas las respuestas del Señor a las preguntas son flechas aguzadas provenientes de la aljaba del Omnipotente. En esta contestación hay un llamamiento a

1. LA ATENCIÓN. «Escucha Israel» (v. 29). La respuesta no es solo para este escriba, sino para todos los profesos buscadores de la verdad. Bueno es *dar oído* cuando Él habla, Aquel que puede suplir y dar respuesta a los más profundos anhelos del alma humana. «Oídme atentamente, y comed de lo bueno» (Is. 55:2).
2. LA FE EN LA UNIDAD DE DIOS. «El Señor, nuestro Dios, es un solo Señor» (v. 29). El gran misterio de la Trinidad es claramente revelado, pero nunca explicado (2 Co. 13:14). Como la unión mística de la Iglesia, y del creyente individual con Él mismo, se recibe por fe. Todos somos *uno* en Cristo.
3. UNA PERFECTA SUMISIÓN. «Amarás al Señor tu Dios con todo tu corazón, con toda tu alma, con toda tu mente, y con toda tu fuerza» (v. 3). Ésta es una demanda hecha sobre: 1) La totalidad de nuestros *afectos:* «todo tu corazón». 2) La totalidad de la *vida,* «toda tu alma». 3) Todo el reino del *pensamiento,* «toda tu mente». 4) Toda la *energía* de nuestro Ser, «toda tu fuerza». Un holocausto, totalmente ofrecido a Dios. Este, el primer mandamiento, se cumple en una sola palabra: AMOR. Este amor de Dios en nuestros corazones que nos *constriñe* a darnos completamente a Él (1 Jn. 5:3).
4. BONDAD FRATERNAL. «Y el segundo es semejante a él: Amarás a tu prójimo como a ti mismo» (v. 31, RV). Es muy significativo que nuestro Señor enlace el primer y segundo mandamiento juntos, haciendo de ambos un mandamiento de la misma importancia. El amor de Dios, y el amor a Dios, *deben* manifestarse en amor a otros (1 Jn. 4:11, 12). Si uno no ama a su hermano a quien ha visto, ¿cómo puede amar a Dios, a quien no ha visto? (1 Jn. 4:20; Ef. 4:32).

III. El efecto producido. Hubo:

1. AQUIESCENCIA. «El escriba le dijo: Bien, Maestro; con verdad has dicho» (v. 32). Es bien posible admirar la sabiduría y el carácter de Cristo, y con todo no entrar en el poder y la bienaventuranza de su vida. Un mero asentimiento mental a la verdad enseñada por el Salvador no es salvación.
2. ALABANZA. «Y Jesús, viendo que le había contestado con sensatez, le dijo: No estás lejos del reino de Dios» (v. 34). Evidentemente había comprendido intelectualmente el sentido de las palabras del Señor. Su enseñanza fue entendida hasta el punto de que en pensamiento llegó hasta el mismo umbral del reino de Dios; teóricamente cerca, pero experimentalmente fuera. Su razón y conciencia estaban del lado de la verdad.
3. UN ACERCAMIENTO NO TOTAL. «No lejos del reino». Estas son unas palabras alentadoras, pero... ¡cuán llenas de dolor! *«No lejos»,* pero no suficientemente cerca para estar dentro. La mente iluminada, pero el corazón sin ceder; la conciencia convicta, la razón convencida, pero la *voluntad* terca aún y sin someter. No queréis venir a Mí para que tengáis vida. Él tendrá a su pueblo bien dispuesto en el día de su poder. No lejos de las ciudades de refugio no era garantía alguna de seguridad.

978. NO LEJOS DEL REINO

Marcos 12:34

1. **¿Qué es el Reino de Dios?** No es comida y bebida: cosas materiales. Es «Justicia, paz, gozo en el Espíritu Santo».
2. **¿Qué es no estar lejos del Reino?** Muchos no están lejos del reino:
   1) Por lo que respecta a su CONOCIMIENTO. El joven rico.
   2) Por lo que respecta a su MORAL. Fariseos.
   3) Por lo que se refiere a sus INTENCIONES. Vírgenes insensatas.
3. **La posición de los que no están lejos de él.** Siguen *fuera. Enfermos.* Ciudades de Refugio. Fuera de la justicia de Dios, de la Paz de Dios, y del Gozo de Dios.

979. CRISTO Y EL COMÚN DEL PUEBLO

Marcos 12:37

Tres veces en este capítulo los enemigos de Cristo tratan de «prenderle en sus palabras» (vv. 14, 23, 28). El resultado es, en cada caso, y como siempre ha sido, una total derrota. «Y los que eran del común del pueblo le oían de buena gana» (RV). Éste es el comentario de Marcos, justo entre los «Dichos de Jesús» (vv. 37-38), y tenemos una enorme revelación ahí.

I. El común del pueblo. ¿Quiénes son? Eran, en tiempos de Cristo, tal como lo son ahora mayormente: «Ovejas sin pastor». La sociedad está compuesta de tres clases: Los intelectuales, los ricos, y los trabajadores pobres: esto es, Ingenio, Riqueza y Trabajo. El núcleo de la humanidad está cerca del centro del «común de la gente», que toman las cosas por su apariencia.

II. Le oían con gusto. ¿Por qué? No se da ninguna razón específica, pero se implica mucho. Es a los pobres que se predica el Evangelio. El Evangelio de Cristo, como el Sábado, fue hecho para el hombre, y es especialmente apropiado para las masas. Fueron los eruditos los que trataron de prenderle en sus palabras (v. 13). Algunos de nuestros modernos eruditos están dedicados muy activamente a este misma vana actividad. Ellos le oían con gusto:

1. PORQUE LES TRATABA RECTAMENTE. No mostraba acepción de personas. No se refería a ellos como la «hez» o la «escoria» de la sociedad. ni como los pertenecientes «al vulgo», ni como miembros de «la bestia de muchas cabezas». Trataba con ellos como «hombres» porque a sus ojos «Todas las almas son de gran precio».

2. PORQUE LES HABLABA CON LLANEZA. Les hablaba como uno de ellos mismos. Los filósofos de Grecia y Roma mantenían al común de la gente en una embrutecida ignorancia. Jesucristo tenía «lengua de sabios», no para poder hablar grandes palabras hinchadas de sabiduría humana, muy lejos del alcance de la ignorante multitud, sino para poder «saber hablar palabra en sazón al *cansado*» (Is. 50:4). Era más sabio que los sabios, pero su lenguaje era infantil en su sencillez.
3. DEBIDO A SU SIMPATÍA. No podía contemplar la hambrienta multitud sin tener «compasión de ellos» (8:2). Su corazón estaba en todo lo que decía. El amor es todavía más poderoso que la lógica.
4. DEBIDO A SU ENSEÑANZA. Él sabía lo que había en el hombre, y sus palabras eran abundantemente idóneas para suplir la necesidad humana. Él sabía que había pecado en el hombre, y también mucha fatigada agitación, y una sed inexpresable. Así que Él dijo: «Si alguno tiene sed, venga a mí y beba» (Jn. 7:37). Los cargados y cansados fueron amantemente invitados a su reposo (Mt. 11:28). El gran poeta Burns dijo una vez a un amigo que «el don de gracia en Cristo era demasiado buena noticia para ser verdad». Pero este Evangelio de Cristo es absolutamente cierto.
5. DEBIDO A QUE HABLABA CON AUTORIDAD. No había nota de incertidumbre en su enseñanza. No especulaba. Decía la verdad. Tenía un mensaje de Dios para los hombres, y lo sabía, y lo proclamó sin temor alguno. Así es como deben hablar sus siervos si quieren honrarle y ganar almas para Dios. «Sabemos en quién hemos creído».

Pero observemos que «le *oían* con gusto» no es suficiente. Es posible oírle con gusto, y finalmente tratarle locamente. «La gloria de una impresión cálida es una cosa, la firmeza de un principio duradero es otra». El «común del pueblo» puede clamar «Hosaná» hoy, y «crucifícale» mañana. Los oidores de la tierra pedregosa oyen la Palabra con alegría, pero no dan fruto (Mr. 4:16-17). No es el que oye con gusto el que será salvo, sino el que «oye y cree» (Jn. 5:24).

980. LE OÍAN DE BUENA GANA
Marcos 12:37

Razones por las que el común del pueblo, o la multitud, le escuchaba con gusto.

1. Porque siempre **los trataba con respeto.**
2. Porque **hablaba llana** y sencillamente.
3. Porque **hablaba con simpatía,** con amor (8:2).
4. Porque **no mostraba favoritismos.**
5. Porque **apelaba a sus más profundas necesidades.**
6. Porque **«hablaba como quien tiene autoridad».**
7. Porque **su vida estaba en perfecta consonancia** con su enseñanza.

981. EVENTOS DEL PORVENIR
Marcos 13

«Oh Espíritu Santo bendito,
Rogando osamos a ti acercarnos;
¿No has hablado Tú desde días antiguos
De su Segunda venida triunfal?
¿No has dado por palabra en tantas ocasiones
a la Iglesia la bendita esperanza?
¿Hasta cuándo Tú, el Crucificado,
no tomarás el mundo por el que fuiste sacrificado?»

Al salir Jesús del Templo, uno de los discípulos, al pasar, no pudo dejar de comentar acerca de la grandeza de las piedras y de las *construcciones*. El Maestro respondió: ¿Ves estas grandes construcciones? No quedará ni una piedra sobre otra que no sea totalmente derruida. E inmediatamente pareció que los pensamientos del Maestro iban a otras grandes piedras y a otros edificios en relación con los grandes propósitos de Dios en las edades vendieras. Piedras más costosas y un edificio más maravilloso, del que nunca ninguna piedra será derribada. Sois edificio de Dios, ajustado juntamente, creciendo como templo santo en el Señor. Mientras que los discípulos estaban allí sentados en Él en el monte manteniendo una conversación privada, le hicieron estas dos preguntas: ¿Cuándo serán estas cosas? y ¿Cuál será la señal cuando todas estas cosas estén para cumplirse? En tanto que las observaciones acerca del templo *originaron* estas preguntas, las respuestas de Cristo se extendieron mucho más allá de Jerusalén hasta la venida del Hijo del Hombre con gran poder y gloria (v. 26). Es imposible pensar que todas las señales dadas aquí se cumplieron antes del saqueo de la ciudad por parte de los romanos (vv. 10:24-27). La enseñanza de Cristo en este capítulo puede tomarse como contestación a estas dos preguntas: *¿Cuándo* serán estas cosas? y ¿Cuál será la *señal* cuando todas estas cosas estén para cumplirse? (v. 4).

I. ¿Cuáles son las señales? Cristo habla de *ellas* como de una señal continuada y sin interrupción, extendiéndose desde el tiempo en que habló hasta el tiempo de su aparición la segunda vez. Habrá:

1. FALSOS PROFETAS (vv. 5, 6). Hombres que intentarán engañar con vanas palabras (Ef. 5:6). Mensajeros de Satanás.
2. GUERRAS Y RUMORES DE GUERRAS (v. 7). Estos los tendremos desde luego siempre con nosotros. Son un testimonio de que el Rey de reyes y Príncipe de la Paz no está aún sentado en el trono de David.
3. ABORRECIMIENTO POR CAUSA DE ÉL (vv. 9-13). Este aborrecimiento contra el pueblo del Señor, que conduce al encarcelamiento y a terribles pruebas, es atribuido a la obra del diablo (Ap. 2:10). El Milenio aún no ha llegado.
4. PERVERSIÓN DE LOS AFECTOS NATURALES. Los enemigos del hombre serán los de su propia casa (Mi. 7:6). Por cuanto abundará la iniquidad, el amor de muchos se enfriará (Mt. 24:10, 11).
5. AFLICCIÓN SIN PARALELO (v. 19). Este mismo tiempo de terrible prueba se predice en Daniel 12:1, se repite en Joel 2:2, y se explica a mayor abundamiento en Lucas 21:24-28.
6. ENGAÑADORES OBREROS DE MARAVILLAS (v. 22). Hombres poseídos por demonios, demandando el homenaje debido a Cristo, hombres cuya venida es según la actividad de Satanás, con todo poder, señales y milagros mentirosos, cautivando a los que perecen (1 Ts. 2:9, 10). La presencia de los anticristos declaran la *ausencia* de Cristo.
7. CAMBIOS EN LOS CIELOS FÍSICOS (v. 24). Habrá tinieblas y oscuridad, nubes y espesa negrura, angustia y desolación (Sof. 1; 14, 15). Éstas son las señales inconfundibles que nos da Aquel que es la Verdad.

II. ¿Cuándo serán estas cosas? Deberíamos señalar que

1. EL DÍA EXACTO NO PUEDE SER CONOCIDO (v. 32). Así como fue en los días de Noé, así será la venida del Hijo del Hombre. El *hecho* de que venía un diluvio fue revelado, pero el momento en que la puerta fue *cerrada* nadie pudo decirlo.
2. NO SE PUEDE NEGAR LA CERTIDUMBRE DE SU VENIDA (vv. 30, 31). Él *volverá*, y la generación del pueblo judío no se desvanecerá como nacionalidad distintiva hasta que todo sea cumplido. «Vosotros sois mis testigos».
3. EL EVANGELIO HA DE SER PREDICADO PRIMERO A TODAS LAS NACIONES (v. 10). Debe ser predicado a todas las *naciones* como testimonio (Mt. 24:14). Parece que esto fue cumplido incluso en tiempos de los apóstoles (Ro. 10:18; Col. 1:6-23).
4. SERÁ ESTABLECIDA LA ABOMINACIÓN DE LA DESOLACIÓN (v. 14). Esta predicción se encuentra en Daniel 9:25-27, y tiene que cumplirse antes de su aparición.
5. LA HIGUERA TIENE QUE FLORECER PRIMERO (v. 28, 29). La higuera denota sin lugar a dudas la nación judía, que está mostrando una destacada actividad en el movimiento sionista.
6. LA GRAN CRISIS ES SU APARICIÓN PERSONAL. «Entonces veréis al Hijo del Hombre» (vv. 26, 27). Este *mismo* Jesús, que ha sido tomado de vosotros al cielo, vendrá así, tal como le habéis visto ir al cielo (Hch. 1:11; 1 Ts. 4:16; Ap. 1:7).

III. ¿Cuál debe ser nuestra actitud actual? Aquí el lenguaje del Maestro es muy urgente, condenando con ello la apatía, indiferencia e incredulidad de muchos acerca del hecho de que Él ha de volver por segunda vez. Debemos estar

1. CONFIADOS. «Vosotros, pues, estad sobre aviso; os lo he dicho todo *por anticipado*» (v. 23). ¿Es posible que un cristiano prosiga creciendo en la gracia, y en el conocimiento de nuestro Señor y Salvador, si ignora voluntariosamente esta solemne y oportuna advertencia?
2. VIGILANTES. A esto se nos apremia tres veces en los versículos 33-37. ¡Cuántos están dormidos por lo que a su venida respecta! La vigilancia nos mantiene despiertos en tiempos de sueño.
3. EN ORACIÓN. «Estad atentos, velad y orad» (v. 33). El que *vela* verdaderamente llegará a ser un intercesor. La fe en su venida tendrá un saludable efecto sobre la vida.

982. SUFRIMIENTO

«Y si el Señor no hubiese acortado aquellos días, no se salvaría ninguna vida, pero en atención a los escogidos que él eligió, acortó los días» (Mr. 13:20).

Es decir, por tenebrosos que sean los días, y por muy pesada que sea la carga de dolor apretándonos y amarga la copa de sufrimiento que estemos bebiendo, las cosas no solo podrían ser, sino que serían peores, si no fuese por la mano controladora de un Padre Celestial omnipotente y amante. El pueblo de Dios es siempre el objeto especial de su cuidado. «En atención a los escogidos», «pero por causa del propio pueblo de Dios estos días serán acortados» (Versión de Weymouth). Ah, sí, siempre hay un «si no» en el sufrimiento. Hay una Mano en los asuntos de este mundo que controla los acontecimientos de la vida, obrando, planeando y dirigiendo en favor de su pueblo. Los pertenecientes al Señor nunca quedarán dejados a discreción del enemigo de las almas ni de las circunstancias. Los días de las tinieblas y del dolor han sido acortados por causa nuestra. Esta será la experiencia real de todos los que serán llamados a pasar por los terribles días de la Tribulación; es la experiencia actual de todos los que pertenecen al Señor, porque es a través de muchas tribulaciones que entramos en el reino. Ilustremos esto en base de la vida real.

Doblándose sobre un hombre de Dios que estaba sufriendo, justo en medio del paroxismo del dolor, el médico, aunque acostumbrado a ver sufrir, se sintió extrañamente conmovido, y exclamó: «¡Ni el infierno puede ser peor que lo que usted está sufriendo!» *«En esto no hay ira»*, fue la serena respuesta del sufriente. ¡Espléndido! No solo reconoció el enfermo que por medio de Cristo había sido salvado de la ira venidera, sino que tenía la certidumbre de que el Señor había permitido aquella aflicción por algún propósito sabio. Besaba la mano que le estaba azotando. No atormentaba su alma con preguntas como «¿Qué he hecho para sufrir así?» ni otras semejantes. Reposaba en el hecho de que en su copa de sufrimiento no había ira, sino amor. Aquí estaba el «si no».

* * * * * * *

Un obrero acababa de perder su única hija, una muchacha dulce y atractiva de diecisiete años, la misma luz de sus ojos. Hacía solo poco tiempo que también la madre de ella había pasado al Hogar más allá. Deseando hablar unas palabras de consuelo, un colaborador mío le dijo al dolido padre: «Hermano, usted ha sido desde luego llamado a pasar bajo una espesa nube y a beber de la amarga copa del sufrimiento». «Gracias por su simpatía, –fue la respuesta–: hay sufrimiento, esto es cierto, pero *gracias a Dios que no hay nube*». ¡Alabado sea Dios! Esto es lo que hace la gracia. Había un «si no» en aquel dolor: sufrimiento, pero sin nube. Había una bienaventurada conciencia de la presencia del Maestro en el valle del sufrimiento, hasta el punto que podía decir:

«Días de tinieblas me siguen alcanzando;
Caminos de dolor a menudo transito;
Pero el Salvador conmigo sigue estando,
Por su mano soy seguro conducido».

* * * * * * *

La calle en la que se levantaba la casa quedó temporalmente en silencio, y la habitación del enfermo estaba medio oscurecida. Inclinándose sobre el paciente, el visitante le preguntó: «¿Qué hace cuando le sobreviene el paroxismo de dolor?». La contestación fue: *«Me abandono al dolor y … a Cristo»*. Era un misterio por qué se permitiese aquel dolor. Pero había un «si no» en ello, porque está escrito: «En toda angustia de ellos él fue también angustiado, y el ángel de su presencia los salvó» (Is. 63:9), y otra vez, «Yo soy Jehová tu Dios, soy quien te sostiene de tu mano derecha, y te dice: No temas, yo te ayudo».

* * * * * * *

Era desde luego un caso que nos dejaba perplejos. Tras toda una vida de un servicio santo y devoto a Dios y a las personas, ¡ser cortada por el cáncer! Y los corazones de muchos se llenaban de extraños interrogantes. Pero no era así con la enferma: irradiaba serenidad y tranquilidad en su alma y entusiasmo en su espíritu, y visitarla era un verdadero medio de gracia. Alguien le había enviado un folleto, y me lo dio, asegurándome que era verdaderamente su propia experiencia. Se llamaba *«Almohadones de consolación»*, y decía lo siguiente: «Un anciano sufría muriendo de cáncer, y le habían facilitado una cierta comodidad poniendo tres almohadones bajo su cabeza. Un amigo que lo visitó le preguntó: "¿Y cómo se encuentra hoy?" y él contestó: "pues de verdad que muy cómodo. ¡Vea! Estoy echado sobre tres almohadones. Me recuerdan los tres almohadones sobre los que reposa mi alma". Poniendo su mano sobre el inferior, dijo: "Éste es el almohadón de la Sabiduría Infinita de Dios; el segundo es el almohadón del Poder Infinito de Dios; y el tercero y superior es el almohadón del Amor Infinito de Dios"». Éste era un glorioso «si no» en el valle de la tristeza y del dolor.

* * * * * * *

Era un cristiano decidido, y un obrero entusiasta, que se deleitaba en acciones de amor y de misericordia, pero había caído enfermo de tuberculosis. Ahí estaba en cama, debilitado de cuerpo, y aunque generalmente alegre y animado, hoy mostraba un espíritu deprimido y desconsolado. «Ve, es esto», dijo él, «aquí estoy, aunque bastante joven, por lo que respecta al servicio para Dios soy tan inútil como un tronco inútil. Parece duro que se me tenga que negar el privilegio de servir a Dios y de hacer algo por Aquel que ha hecho y está haciendo tanto por mí». Y esto lo dijo en tono lastimero. «Pero, amigo mío, usted y los que así se lamentan están cometiendo un gran error», le contesté. «Cierto que su enfermedad le ha encerrado, pero gracias a Dios no está fuera de servicio. El hecho es que debemos reconsiderar y rehacer nuestros conceptos de qué es el verdadero servicio. ¿No ha oído las famosas líneas de Milton acerca del servicio: 'También sirven los que de pie están y esperan'? ¡Qué palabras más ciertas! Una criada sirve a su señora tanto cuando está callada de pie en presencia de ella esperando sus órdenes como cuando está ocupada en la casa. También sirve aunque esté solo de pie y esperando. Hubo un tiempo en que usted podía ir de aquí a allá en un feliz servicio para su Rey, pero ahora le ha llamado a un servicio más callado. ¿No ha oído nunca del talento del silencio? Hubo tiempo en que usted podía ejercitar otros talentos; ahora le ha llamado a ejercitar éste. Ahora tiene el privilegio indecible de esperar en su Dios con un feliz y atento silencio. Luego se le abrirá otro ramo de servicio. En Lucas 2:37 leemos de uno que, aunque era muy anciana, y por ello era incapaz de ir aquí y allá en servicio activo, sin embargo servía a Dios "de día y de noche con ayunos y oraciones". Quizá nunca haya pensado que orar por otros fuese un servicio real y valioso, y sin embargo es cierto». ¡Ah! Este entristecido hombre descubrió que había un «si no» en su copa de su sufrimiento, y aunque tuviese que pasar sus días tendido de espalda, descubrió que él también podía ejercer un importante servicio.

983. EL AMO Y SUS SIERVOS

Marcos 13:33-37

«Muchos hombres a sí mismos se buscan al buscar a Dios,
Y le sirven para poderse servir de Él»

VENNING

La sutileza del yo es casi insondable. Nuestro Señor, al concluir este bosquejo de eventos del porvenir, lo recapitula en una pequeña parábola acerca de Sí mismo, que revela la relación actual que existe entre Él y sus siervos en vista de su regreso.

Obsérvese:

I. Lo que Él ha hecho.

1. HA PARTIDO PARA UN LARGO VIAJE (v. 34). Este viaje es su ida al cielo. Y si me voy, … volveré otra vez». Era un viaje *largo* en que fue de debilidad y vergüenza a poder y gloria, de humillación y muerte a glorificación y vida de resurrección, de una tierra hostil a Dios a un cielo amante de Dios.
2. HA ABANDONADO SU CASA. El templo era la casa reconocida de Dios, pero el pueblo no supo el día de su visitación. Lo echaron fuera; ahora Él podía decir: «He aquí que vuestra casa os es dejada desierta» (Mt. 23:38).
3. HA DADO AUTORIDAD A SUS SIERVOS. Esto lo hizo el Señor cuando envió al Espíritu Santo desde la presencia del Padre a sus siervos que esperaban en el aposento alto el día de Pentecostés. Este poder lo tiene que tener cada siervo si quiere esperar con *autoridad*, y no como los autodesignados escribas.
4. HA DADO A CADA UNO SU TAREA QUE HACER. Cada hijo de Dios debería ser un siervo, y cada siervo debe tener su tarea recibida del Señor. *A cada uno su tarea*. ¿Está cada uno cumpliendo la tarea que Cristo le ha señalado? Si tú no llevas a cabo la tarea que Dios te ha encomendado, quedará sin hacer por toda la eternidad, y puede que sea para ti un eterno reproche. «¿Qué quieres que yo haga?» (Hch. 9:6).

5. HA ORDENADO AL PORTERO QUE VELE. El portero es el Espíritu Santo, que abre la puerta a Jesús como el Pastor de las ovejas, al reposar sobre Él cuando fue bautizado en el Jordán (Jn. 10:2, 3). Él esta *velando* por los intereses de Jesucristo en la tierra, y esperando y anhelando su venida. «El Espíritu y la Esposa dicen: Ven» (Ap. 22:16, 17).

II. Lo que hará.

1. VENDRÁ OTRA VEZ (v. 35). Ha dejado la casa, pero solo por un período de tiempo indefinido. «Si me voy, ... volveré otra vez». Como siervos, estamos ocupados hasta que Él regrese. En la Cena del Señor mostramos su muerte *hasta* que Él venga.
2. VENDRÁ COMO DUEÑO QUE ES (v. 35). No en la humillación de su primera venida, sino como Rey de reyes y Señor de señores, para recompensar a sus fieles siervos, y a dar retribución a los que no obedecen el Evangelio.
3. VENDRÁ DE REPENTE. «No sabéis cuando viene el dueño de la casa» (v. 35). La misma incertidumbre acerca del tiempo de su venida está desde luego dispuesta para mantener nuestros ojos despiertos y nuestro rostro dirigido al cielo (He. 12:3).

III. Lo que se espera que hagan sus siervos.

1. VELAR. «Por tanto, velad». El significado es: «Estad despiertos. Estad vivos y bien vivos, estad *despiertos*, y bien despiertos, por el bien de su causa y por el honor de su nombre. Velad por las almas, y esperad la venida de «Su Hijo del cielo» (1 Ts. 1:10).
2. ORAD. «Estad atentos, velad y orad» (v. 33). La forma de actuar de nuestro Señor mientras estuvo en este mundo es un inspirador ejemplo de propósito, poder y privilegio de oración. La esperanza de su venida avivará el espíritu de súplica en nosotros. La consideración de las personas y cosas a nuestro alrededor a la luz de su venida nos humillará a sus pies, y nos mantendrá cerca del trono de gracia que fue rociado con sangre.
3. TRABAJAR. «Dio... a cada uno su tarea» (v. 34). Velar y orar nos hará más aptos para la obra que nos ha sido encomendada. Trabajad mientras que es de día. En relación con nuestra tarea individual mantengamos en mente que ésta es la obra de Dios, que *creáis* en Él. Que sea la obra de *fe*, y luego la labor del amor, y que cuando venga podamos oír sus palabras de encomio: «Bien hecho, siervo bueno y fiel».

984. LA CAÍDA DE PEDRO

Marcos 14

Pasos hacia abajo:

I. Autoconfianza, versículo 29

II. Orgullosa jactancia, versículo 31

III. Falta de vigilancia, versículo 37

IV. Cobardía, versículos 50-54

V. Compañías impías, versículo 54

VI. Negación del Señor, versículo 71

VII. Llanto, versículo 72

985. ELLA HA HECHO LO QUE HA PODIDO

Marcos 14:1-9

«*El hierro está caliente para batirlo:*
Haz, hombre de Dios, tu parte;
No ponderes tus gustos o disgustos,
Habla desde un corazón ardiente.
Trabaja, porque los campos ya están blancos,
Entra, hombre de Dios, y ve a la siega,
Porque el que almas oscurecidas alumbra
Las ovejas perdidas de Cristo recupera».

Mientras que los principales sacerdotes y escribas estaban tratando de tomar a Jesús con astucia para darle muerte, había una amante mujer buscando una oportunidad de honrarlo derramando nardo sobre su cabeza. En la casa de Simón el leproso encontró esta oportunidad, e hizo lo que pudo, y lo hizo en un tiempo y forma que muestran su profunda comprensión del carácter y de los propósitos de su Señor. Quizá esta gran obra sea resultado de haber estado sentada a sus pies aprendiendo de Él (Lc. 10:39). Todo testimonio poderoso por Dios tiene su origen en la comunión *secreta*.

I. La buena obra. «Ha realizado en Mí una buena obra.» Fue:

1. UNA OBRA DE AMOR. El vaciado del perfume líquido sobre la cabeza de Jesús fue una expresión del afecto de su corazón libremente derramado sobre Él. ¿Cuál es el valor de nuestro servicio si nuestros corazones no están en él? El primer mandamiento es: *Amarás* al Señor.
2. UNA OBRA SACRIFICIAL. «De mucho precio.» El coste del ungüento era el equivalente a un sueldo de unos diez meses. Ella no le dio a Cristo lo que no le costó nada. Nunca hemos hecho realmente para Él lo que podemos si nuestro servicio no nos ha costado nada. Los momentos libes y las moneditas sobrantes son la expresión de un alma mísera y desagradecida.
3. UNA OBRA DE FE. «Se ha anticipado a ungir mi cuerpo para el sepelio.» ¿Cómo sabía ella que Él estaba tan cerca de su muerte y sepultura? Es indudable que había aceptado que el Hijo del Hombre no había venido para ser servido, sino para servir, y para *dar su vida* en rescate por muchos. Quiera el Señor el Espíritu obrar en nosotros esta fe que tanto refrigerio da a Cristo. «Te mostraré mi fe por mis obras.»
4. UNA OBRA EN SAZÓN. Jesús dijo: «A Mí no siempre me tendréis». Ella abrazó la actual oportunidad que pasaba por su lado. Y estará eternamente contenta de haberlo hecho así. Tú puedes honrar a Cristo *ahora* sirviéndole, pero este breve día de privilegio pronto habrá pasado. ¡Qué triste encontrarse con el Señor sin haber nunca hecho un solo sacrificio para la gloria de su Nombre! ¿Será así contigo? ¿O conmigo?

II. Las diferentes reacciones. Hubo:

1. INDIGNACIÓN POR PARTE DE ALGUNOS. Algunos se sintieron indignados, diciendo: «¿Para qué se ha hecho este derroche?» Este es el lenguaje de la ciega codicia y el interés egoísta. A los ojos de los tales, todo lo que se da a Cristo y a su causa es *derrochado*, mientras que solamente lo que se les da a ellos es empleado de una manera apropiada. Las almas mezquinas y llenas de duda piensan que es solo una pérdida de tiempo esperar en Dios, aunque a veces se las pueda oír cantando:
«Si todo el reino de la naturaleza mío fuera,
Con todo, presente muy pequeño para Él sería».
2. LA APROBACIÓN DE CRISTO. «Ella ha hecho lo que ha podido.»
1) Él *aceptó* la ofrenda. Dijo: Ha realizado en Mí una buena obra» (v. 6). Lo que es hecho para Él le es aceptable a Él.
2) *Justifica* a la ofrendante: «Dejadla». Dios es el que justifica, ¿Quién es el que condena? El Señor es nuestra defensa en el tiempo de la angustia. Él cuidará de ti.
3) *Da recompensa* por la buena obra. «Dondequiera que se proclame el evangelio, en el mundo entero, se dirá también en memoria de ella lo que ha hecho» (v. 9). La fragancia de aquel abnegado sacrificio se ha sentido a lo largo de todas las eras. Todo lo hecho por Cristo en este espíritu tendrá una influencia permanente. Palestina recibe el nombre de «la gloria de todas las tierras», precisamente debido a su relación con Aquel que glorifica todo lo que está asociado con Él. En unión con Él hay salvación para el pecador, santificación para el salvo, y recompensa eterna para el siervo abnegado.

986. EL PAN Y LA COPA

Marcos 14:22-25

«*En la noche de tu terrible prueba,*
Cuando se avecinaba Getsemaní,
Del traidor el beso, del amigo la negación,
La cruz de vergüenza y la lanza que te traspasó.
Tu diste estos símbolos santos
De tu sacrificio y amor;
Pusiste la mesa para la más humilde
Anticipación de la gloria celestial».

Los *actos* de Jesús son tan significativos como sus palabras, especialmente aquellos actos en el aposento alto, mientras entregaba los símbolos de su propio cuerpo y Sangre el día antes de su crucifixión. Como uno que va a morir, convoca ahora a sus amigos mientras expresa su última voluntad y testamento.

I. El pan como símbolo de su cuerpo. «Jesús tomó un pan, habiendo bendecido, lo partió, se lo dio, y dijo: Tomad; esto es mi cuerpo.» El símbolo es hermoso, haciendo referencia a los sufrimientos de Cristo en su cuerpo por la vida y salvación del hombre. «El pan que Yo daré es mi carne, la cual Yo daré por la vida del mundo. Si no coméis la sangre del Hijo del Hombre, y bebéis su sangre, no tenéis vida en vosotros» (Jn. 6:53).

1. LO TOMÓ. Fue su propio acto voluntario. Tomó sobre Sí la semejanza de la carne de pecado. Él era Dios manifestado en carne. Al asumir un cuerpo visible estaba tomando sobre Sí aquello que iba a ser «vida para el mundo». Esto lo hizo en su encarnación, un acto de humillación pero de glorificación para Dios.
2. LO BENDIJO. Esto es, al tomarlo, lo consagró y santificó. Su cuerpo vino a ser santo, idóneo para ser ofrecido en sacrificio a Dios. Fue bendecido por el Santo Espíritu que moraba en Él en una vida de intachable servicio a Dios. Bendito con infinita bendición.
3. LO PARTIÓ. Al dar el pan partido a sus discípulos creyentes les indicó así que el otorgamiento de la virtud salvadora de su cuerpo partido está en sus propias manos. «Yo les doy vida eterna [a mis ovejas]». No hay ningún otro Nombre debajo del cielo. Éste es mi cuerpo que es dado *por vosotros*. Aquí se enseña claramente la sustitución.

II. La copa como símbolo de su sangre. La vida está en la Sangre. Al derramar su Sangre Él derramó su alma hasta la muerte.

1. ÉL TOMO LA COPA. La copa de dolor y sufrimiento puesta en su mano por su amante y justo Padre. No podemos decir todo el significado de sus palabras cuando dijo: «Padre mío, si es posible pase de Mí esta copa; sin embargo, no se haga como Yo quiero, sino como Tú»; no podemos alcanzar honduras tan insondables. Esta copa significó para Cristo infinitamente más de lo que puede significar para nosotros; Él gustó la muerte por todos.
2. DIO GRACIAS POR ELLA. *¡Selá!* Pausemos y meditemos. Él dio *gracias* por la copa que era el mismo símbolo por Él dado de su agonía y terrible muerte. ¡Oh, las profundidades de su gracia! Gracias al Padre por el privilegio de sufrir y morir en lugar del pecador. ¡Qué amor! En esto consiste el amor. Bendice, alma mía, a Jehová, y no olvides ninguno de sus beneficios.
3. Y LES DIO. Pablo nos dice que fue *después de haber cenado* que les dijo: «Haced esto» (1 Co. 11:25). Después de su muerte expiatoria viene el don de la vida. El dar la copa sugiere también su deseo de que entremos en «la *participación* de sus padecimientos, llegando a ser semejante a Él en su muerte» (Fil. 3:10). «¿Podéis beber la copa que Yo bebo?»
4. Y BEBIERON DE ELLA TODOS. «La copa que Yo bebo, beberéis» (Mr. 10:39). Y lo hicieron, al venir a ser mártires por su causa. Si alguno me sigue, que tome su cruz. El que pierda su vida por mi causa, y por la del evangelio, la salvará. Beber de esta copa es llevar en el cuerpo la muerte del Señor Jesús, para que también se manifieste en el cuerpo la vida de Jesús (2 Co. 4:10). Estoy crucificado con Cristo, pero vivo. Los participantes de los padecimientos de Cristo serán dichosos cuando sea revelada su gloria (1 P. 4:13).

Al observar la Cena del Señor no somos llamados a recordarlo como *Maestro*, ni como *Ejemplo*, sino como nuestro SACRIFICIO, para anunciar su muerte hasta que Él venga. Éste es mi cuerpo *dado* POR VOSOTROS, tomad, comed. Vosotros, los culpables hijos de los hombres, aceptad esta gran obra de la expiación, y repartidla entre vosotros (Lc. 22:17).

987. ENTRE LA COPA DE BENDICIÓN Y EL BESO DEL TRAIDOR

Marcos 14:26-42

«Totalmente oculto y totalmente manifiesto,
Tú, ¡oh Cristo! el misterio revistes
De tu humanidad.
Dulzura y ternura sin precio,
Con esta gracia seamos bendecidos
Tan oculta y tan manifiesta.»

Las experiencias de nuestro Señor y Salvador entre dar la copa (v. 23) y recibir el beso (v. 45) fueron numerosas, variadas, y bien definidas. Un estrecho examen de las mismas revela la terrible intensidad de su vida en sus horas finales. Seleccionamos la porción anterior de la Escritura solo como ejemplo de cómo podrían estudiarse los últimos días de Cristo. Dentro de estos pocos versículos vemos al Señor Jesús:

I. Cantando. «Después de cantar un himno...» (v. 26). Jesús cantó, aunque la espina de la cruz estaba en su costado. ¿Qué si hubiera sido el Salmo 23: «Aunque ande en valle de sombra de muerte, no temeré mal alguno»?

II. Prediciendo. «Todos seréis escandalizados en Mí esta noche» (v. 27, RV). ¡Qué cambio más repentino! En pocas horas el claro cielo de la comunión estará ennegrecido con las oscuras y amenazantes nubes de la deserción. Mientras estaba cantando, sabía que el Pastor estaba a punto de ser herido y las ovejas esparcidas. La espada estaba a punto de *despertar* en contra del Hombre que era compañero de Dios (Zac. 13:7). Esta espada duerme ahora con respecto a nosotros.

III. Padeciendo. «Comenzó a sentir pavor y angustia» (v. 33). Todas nuestras iniquidades comenzaban a pesar sobre Él (Is. 53:6). ¿Se sintió *despavorido* ante la cantidad de ellas, al sentir *abrumada* su alma con el peso de las mismas? «Permanezcamos aquí», como estos discípulos, y contemplemos la salvación de Dios.

IV. Doliéndose. «Mi alma está muy triste, hasta la muerte» (v. 34). El acto del Santo Hijo de Dios de llevar nuestros pecados no fue un proceso mecánico sin corazón. No pudo entrar en contacto con el pecado y su culpa sin que su alma impecable quedara *«abrumada de una tristeza mortal»*. Al llevar nuestros pecados experimentó asimismo la indescriptible agonía en que incurrió por la culpa de ellas en su propia alma. «Jehová quiso quebrantarlo, sujetándole a padecimiento». Acállate, alma mía.

V. Orando. «Y Él se fue un poco más adelante, cayó en tierra y comenzó a orar» (v. 35). ¡Y qué oración! Nosotros jamás hemos estado lo suficientemente dentro de los fuegos de *un agónico aborrecimiento contra el pecado* para saber el significado de todo ello. No era posible que esta hora y esta copa pasaran de ÉL si los hombres culpables debían ser salvos por la gracia de Dios. Sin embargo sus oraciones con fuerte clamor y lágrimas fueron oídas (He. 5:8, 8).

VI. Cediéndose. «Pero no se haga lo que Yo quiero, sino lo que Tú quieras» (v. 36). Yo descendí del cielo no para hacer mi propia voluntad, sino la voluntad del que me envió (Jn. 5:30). ¿Por qué retrocedía ante la copa? ¿Hubiera sido Él genuino como *Hijo* si hubiera aceptado sin expresión de repugnancia aquello que iba a quebrantar su comunión con su Padre, y a convertir al «Amado» de su Padre en una maldición? No obstante, Él se cedió a ser hecho maldición por nosotros, y se hizo obediente hasta la muerte.

VII. Exhortando. «Velad y orad» (vv. 27, 28). Dado en tal tiempo y con tal agonía de espíritu, podemos en verdad aprender nuestra necesidad de esto. ¡Cuán tiernamente su alma dolorida trata con sus adormilados discípulos! «El espíritu es animoso, pero la carne es débil». Él conoce la fragilidad de nuestra naturaleza, y puede compadecerse de nuestras debilidades.

VIII. Confesando. «Mirad, el Hijo del Hombre es entregado *en manos de los pecadores*» (v. 41). ¡Qué confesión a hacer por parte del Todopoderoso, que podía llamar a legiones de ángeles desde el cielo! Traicionado por un profeso discípulo. Sabía lo que había en el hombre. Si no hubiera estado ya totalmente abandonado al sufrimiento de muerte, nunca hubiera podido ser *traicionado*. Él *dio* su vida en rescate por todos.

IX. Ordenando. «Levantaos, vámonos» (v. 42). Pero, ¿hasta qué distancia le siguieron? «Vámonos.» ¿Estamos dispuestos a ir a la muerte con Él? ¿No es la crucifixión tan necesaria para *nosotros* como lo fue por Él si queremos conocer la participación de sus sufrimientos? «Con Cristo estoy crucificado.» Él tiene que ser crucificado para que el cuerpo de pecado pueda ser quitado *por* nosotros. Nuestro hombre viejo tiene que ser crucificado para que el cuerpo de pecado pueda quedar abolido *en* nosotros (Ro. 6:6). ¡Oh, si la soñolienta y mundana iglesia quisiera oír este llamamiento!: ¡LEVANTAOS! ¡VAMOS!

988. LOS PASOS EN LA CAÍDA DE PEDRO

Marcos 14:29-72

«Habla gentil a uno que va errante,
Aunque vergonzoso sea lo que haya sido hecho;
El acto vemos y en el acto acusamos,
Pero no lo duro que es domar
Un corazón de pecado que vivo sigue,
Una voluntad rebelde y sin santificar.»

El apartamiento de Dios es un proceso. Eva primero vio, luego deseó, luego tomó, luego comió antes de dar a Adán. La caída fuera de la compañía y del compañerismo con Cristo es el resultado de una dolencia interior que hace presa de los órganos vitales de nuestro ser espiritual. Esta dolencia es la voluntariosidad. Sigamos a Pedro en su marcha hacia atrás paso a paso. Hubo:

I. Autoconfianza. Pedro había dicho: «Aunque todos sufran tropiezo, yo no» (v. 29). El «yo» aquí es muy autoafirmativo: comparándose a sí mismo con los otros se cree más fiable que cualquier otro. Pero está escrito que «El que confía en su propio corazón es necio» (Pr. 28:26). «El que piensa estar firme, mire que no caiga» (1 Co. 10:12).

II. Orgullosa jactancia. «Aunque tenga que morir contigo, de ninguna manera te negaré» (v. 31). Así lo dijeron todos ellos, pero Pedro habló con vehemencia. Pedro seguía incrédulo, ignorando sus propias debilidades. Acaso el Señor no le había dicho: «Adonde Yo voy, no me puedes seguir *ahora*» (Jn. 13:36). Toda jactancia propia es una contradicción de su Palabra.

III. Falta de vigilancia. El Señor le dijo a Pedro: «Simón, ¿estás durmiendo?» (v. 37). La soberbia y la confianza propia llevarán con seguridad a la falta de vigilancia. Son los conscientemente débiles los que se apoyan firmemente. Las almas adormiladas son fácilmente tentadas (v. 38). Por su adormecimiento se volvió insensible a los padecimientos de Cristo. El siguiente paso en el descenso es

IV. La vergüenza. «Pedro le siguió de lejos» (v. 54). Jesús no es tan popular ahora entre la multitud. Pedro le sigue, pero a la suficiente distancia como para que no le identifiquen con Él. Un cristiano profesante está desde luego bien lejos cuando se avergüenza de Él y de su Palabra. En esta etapa se descuida la Palabra de Dios, se deja a un lado la oración, y se abandona la compañía de los que testifican por Cristo.

V. Mundanalidad. «Pedro... estaba sentado con los guardias, calentándose junto a la lumbre» (v. 54). Al haberse separado de la compañía de Cristo, encuentra ahora compañía entre los que no le conocen, y se calienta al fuego del enemigo. Mientras el pródigo estaba malgastando toda su hacienda en el país lejano, estaba tratando de calentarse con los carbones del fuego del enemigo. Esto es lo que hace el que se aparta, al tratar de encontrar placer y confort en los caminos y cosas de los impíos. Un cristiano debe ser desde luego *frío* cuando se aparta a los espinos crepitantes de los deleites del mundo para hallar calor para su corazón.

VI. Negación. Mientras estaba calentándose fue acusado de haber estado con Jesús. Pero lo negó, diciendo «Ni sé» (vv. 67, 68). Cuando uno se ha ido hasta el extremo de encontrar *calor* entre los enemigos del Señor, estamos preparados para el siguiente triste paso: negación. Esto sucede con frecuencia, si no por palabras, sí por *malas obras*. El Señor da a los tales una solemne advertencia en Mateo 10:38.

VII. Temeridad. «Comenzó a maldecir y a jurar, diciendo: No conozco a este hombre» (v. 71). Había dicho antes: «Aunque todos sufran tropiezo, yo no», pero tropieza más fácilmente que nadie, y ahora se tambalea y cae al hoyo de la profanidad abierta. Si uno que se ha apartado no es restaurado antes que llegue a la desvergonzada negación abierta, lo más probable es que pronto se le encuentre en las filas de los desvergonzados, de los ebrios, o en algún otro pecado *manifiesto*.

VIII. Arrepentimiento. Pedro recordó la frase que Jesús le había dicho, ... y al darse cuenta, comenzó a llorar (v. 72). El Señor no había orado por Judas, que su fe no faltase, y fue, y se ahorcó. Fue cuando el hijo pródigo *pensó* en la casa de su padre que dijo: «Me levantaré e iré a mi padre». Suele ser por alguna palabra de Cristo que el que se ha apartado es llevado a pensar en sus caminos, y a llorar amargas lágrimas de arrepentimiento.

989. EL MISTERIOSO JOVEN
Marcos 14:51

¿Quién era? Cuanto más ponderamos este incidente, tanto más somos llevados a pensar que se trataba del mismo Marcos, el escritor de este Evangelio, y ello por estas razones:

1. Esta manera de referirse a sí mismo armoniza mucho con la manera normal de las referencias personales en los Evangelios. Así es como Juan habla de sí mismo en su Evangelio.
2. La misma trivialidad del incidente parece señalar a Marcos como el joven de quien se trata. Este incidente tiene poco o ningún papel en la historia. Pero para Marcos no fue nada trivial.
3. El detalle con que se menciona este incidente sugiere de manera inevitable que el Evangelista está dando algo de su propia historia.
4. «Cubierto solamente con una sábana», con un *sindon*, un tejido fino y muy costoso, «*Síndone*, tela para las batas de los romanos» (RVR77 *margen*), y que recibía este nombre porque era tejido en Scinde, la India. Era un tejido de lino muy apreciado pero sumamente caro, y solo los muy ricos podían procurárselo. Ahora bien, sabemos que Marcos y su madre eran ricos.
5. Muy probablemente este joven había sido un observador callado y escondido de la agonía y oración del Señor en Getsemaní, y esta es una razón por la que aunque los tres discípulos seleccionados se habían dormido, tenemos un relato tan pleno de lo que realmente sucedió.

990. PENSAMIENTOS DE PESADUMBRE

«Y al pensar en ello, *lloró*» (Mr. 14:72).

De esto podemos aprender:

1. Que había sido un gran privilegio **oír las palabras de Jesús.** Pedro había oído algo que valía la pena de recordar.
2. Que hay **circunstancias que pueden hacer recordar** las palabras de Jesús. El canto del gallo. El pecado recordado. «Al pensar en ello...» En su *pecado*, en su *promesa* rota (v. 29), en la *Persona* negada.
3. Que la **reflexión seria** tendrá de cierto resultados concretos: Salió (Mt. 26:75). Separación.
Lloró. La conciencia activada. El corazón derretido.
Contrición.
4. Que los que así se lamentan recibirán de cierto consolación. «Ha resucitado. Decid... a Pedro». Restauración.

991. PILATO Y JESÚS
Marcos 15:1-15

«Pueden bramar las olas del mar mundanal,
Mas calmo está el azul del cielo eternal».

La vida y el carácter de Jesús son como el calmado azul del cielo en comparación con este mundo agitado de turbados espíritus humanos. La calma de Jesús en presencia del excitado y aturdido Pilato está llena de profundo significado. Un testimonio de la majestad de la verdad. Los hombres pequeños son inquietos. «Las aguas calmadas van hondo». El trato que hace Pilato de Jesús constituye un ejemplo de cómo las multitudes de hoy tratan el Evangelio de Cristo. Obsérvese que:

I. Le entregaron a Jesús a él. «Lo entregaron a Pilato» (v. 1). Ahora tenía Pilato la oportunidad de Pilato de justificarse justificando a Jesús. Cuando se predica el Evangelio en el poder del Espíritu es como si se hiciera una entrega de Jesús para la aceptación o rechazo de parte del oyente. ¿Cuántas veces te ha sido presentado a ti? ¡Qué solemne privilegio!

II. Determina su carácter. «Y Pilato le interrogó: ¿Eres Tú el rey de los judíos? Él le respondió, diciendo: Así es, como tú dices» (v. 2). «Yo para esto he nacido» (Jn. 18:37). Él tiene el mismo testimonio de Cristo en cuanto a su carácter regio, aunque carecía de reputación. Tú que oyes el evangelio, tú conoces las demandas de Jesús; estás familiarizado también con su pobreza y su dignidad; sí, más aún, con su muerte y resurrección, con su poder para salvar y guardar.

III. Se asombra de Él. Cuando Jesús no respondió nada a las muchas cosas de que era acusado, Pilato se asombró (v. 5). Aquel cuyo nombre es «Maravilloso» tiene que ser, a su manera, maravilloso para muchos. La silenciosa sumisión de Jesús a tales falsas acusaciones (porque él sabía que por envidia ellos lo habían entregado) fue una revelación. Tú que oyes el evangelio, ¿nunca has sido llevado a maravillarte de la singularidad de su carácter, de la profundidad de su enseñanza, o de las riquezas de su gracia?

IV. Se sintió inclinado a favorecerlo (vv. 9, 10). No encontró falta alguna en Él, y se sintió dispuesto a liberarlo. Oyente del Evangelio, tú tienes que confesar que no encuentras ningún fallo en Jesús. ¿No te dicen tus más íntimas convicciones que Él es la Verdad? ¿No te has sentido en ocasiones inclinado a creer en Él, y a liberarlo confesándolo ante los hombres? ¿No te ha sucedido a ti también como a la mujer de Pilato, que has «padecido mucho por causa de Él»?

V. Somete su voluntad a la del pueblo acerca de Él. «Pilato... les decía: ¿Qué haré, pues, con el que llamáis Rey de los judíos? (v. 12). Su espíritu vacilante se inclinaba a tratar con Jesús según la variable y perversa voluntad de la multitud. Tú que oyes el Evangelio, ¿estás tratando a Cristo según tus mejores convicciones, o solo de la manera que complazca a un mundo que aborrece a Cristo? ¿Debe la voluntad de los impíos ser tu guía en cuanto a qué harás con Jesús? Si juzgas a Cristo mediante las opiniones de sus enemigos, te harás verdaderamente culpable de la Sangre del Hijo de Dios.

VI. Pone en cuestión la justicia del juicio de ellos acerca de Jesús. «Ellos volvieron a gritar: ¡Crucifícale! Pero Pilato les decía: Pues, ¿qué mal ha hecho?» (vv. 13, 14). Los sacerdotes con *pretensión de justicia* y un pueblo *voluntariosamente ignorante* y lleno de prejuicios no tienen necesidad de Cristo, y nada para Él más que la cruz. Tú que oyes el Evangelio, ¿no has pensado que fue una injusticia y una gran maldad echar y crucificar al gentil y humilde Jesús? Sin embargo, rehusando recibirle lo estás echando deliberadamente de tu vida, y virtualmente diciendo, con tu incredulidad, «Fuera, fuera, no quiero que este hombre reine sobre mí».

VII. Le azotó (v. 15). Las crueles correas, terminadas en fragmentos de hueso y plomo, en manos de un pagano, araron su espalda e hicieron profundos surcos, poniendo al descubierto sus mismos huesos. Pero no encontró falta alguna en aquel Hombre. Tú que oyes el Evangelio, ¿estás tú azotando su *alma*, que tú sabes intachable, por tu amor al mundo, tu indiferencia a su Sangre derramada, y tu mala disposición a someterte a Él?

VIII. Lo entregó para que fuera crucificado. «Pilato, resolviendo dar satisfacción a la multitud, ... entregó a Jesús» (v. 15). Lo entregó como uno que no quería tener nada más que ver con Él. Pero Pilato se encontrará con Él ante otro tribunal. Tú que oyes el Evangelio, Jesús ha sido entregado por Dios *por* ti, y en su Palabra a ti. ¿Estás tú, como Pilato, ansioso de librarte de Él, o como María, ansioso de tenerlo? Pilato, con todos sus grandes privilegios al tener a Jesús ante él, no aprovechó nada, sino que aumentó su propia culpa. ¿De qué te han aprovechado las muchas similares que has tenido? ¿Qué haréis de Cristo?

992. LA ACTITUD DE LA INCREDULIDAD
Marcos 15:26-32

«Una cruz sin Cristo; los cielos silenciosos;
¡Oh!, ¿quién puede este misterio sondear?
¿O quién ante tal Dios puede ya más acudir?»

«Entronizado sobre el terrible árbol» es como lo expresa John Ellerton. La crucifixión fue la coronación del Hijo de Dios como nuestro Sustituto. Su inconmensurable poder exaltador del alma recae en las profundidades insondables de su humillación. Es insensatez a los ojos de los hombres, pero es la sabiduría de Dios. «Que baje ahora de la cruz, para que veamos y creamos» (v. 32). Como los modernos racionalistas, preferirían a un Cristo sin cruz. No fueron los clavos los que le sujetaron al árbol al Señor, sino su amor por los perdidos, y su decisión de consumar la obra que le había sido encomendada. Veamos los

I. Títulos que le fueron dados. «Cristo el Rey de Israel» (v. 32). Esto lo dijeron en son de burla, porque sabían que Él pretendía ser:

1. EL CRISTO. El Mesías, el Ungido del Señor. Sin embargo, dijeron la verdad. Cuando Jesús preguntó: «Y vosotros ¿Quién decís que soy Yo?». Pedro dijo: «Tú eres el Cristo, el Hijo del Dios viviente» (Mt. 16:16).
2. EL REY DE ISRAEL. Fue difícil para la *razón* humana creer que este hombre despreciado y rechazado era el Gobernante designado por Dios para su antiguo pueblo. Hombres sabios, inspirados por el mensaje de Dios, llegan preguntando: «¿Dónde está el que ha *nacido* REY DE LOS JUDÍOS?» Sí, éste es su verdadero título.

II. El lugar que le señalaron fue un lugar de:

1. VERGÜENZA Y PADECIMIENTOS. «Y con Él crucifican a dos salteadores.» El escogido y ungido, el preferido por Dios por encima de todos los demás, debido a su santa devoción, llega a ser clasificado por hombres religiosos con los más viles de los viles. ¿Qué lugar tiene Él ahora, incluso entre todos los llamados cristianos?
2. RIDICULIZACIÓN Y MUERTE. «Los que pasaban por allí le injuriaban» (vv. 29-32; Sal. 22:7, 8). Pero éste es aquel que había clamado con fuerte voz: «Lázaro, sal fuera», saliendo fuera el que había estado muerto. Aquel que en los días antiguos «habló y fue hecho».

III. La propuesta que se le hizo. «Que baje ahora de la cruz, para que veamos y creamos» (v. 32). Lo mismo podrían pedir que Dios cambiara su carácter y propósitos para que pudieran ver y creer. Este presuntuoso *nosotros* destronador de Dios. «Que *veamos*». Bien, Él no podía descender de la Cruz debido a que

1. NO PODÍA DESOBEDECER A SU PADRE. Él ya había dicho: «No se haga lo que Yo quiero, sino lo que Tú». Morir era la voluntad de Aquel que lo había enviado.
2. LAS ESCRITURAS NO PODÍAN SER QUEBRANTADAS. El profeta Daniel había dicho: «Se quitará la vida al Mesías, y no por Él mismo» (9:26). Isaías, también por el mismo Espíritu, había declarado que «se dispuso con los impíos su sepultura, ... y fue contado con los pecadores» (53). Si hubiera descendido de la Cruz, las Escrituras, como columna de verdad, habrían sido quebrantadas.
3. ÉL NO PODÍA CONSENTIR QUE EL HOMBRE PERECIERA. Sin el derramamiento de su Sangre no había para nosotros remisión de pecados y de la culpa nuestra. Su amor lo constriñó a dar su vida en rescate por muchos.
4. NO PODÍA SER INFIEL A SÍ MISMO. La Cruz es la evidencia de su veracidad, para su propia consciencia interna, como Redentor de los hombres, el Salvador del mundo. ¡Qué revelación del hombre escondido del corazón! Él permanece fiel.

IV. Razones por las que algunos prefieren a un Cristo sin cruz. Porque:

1. LA CRUZ LES REVELA SU CULPA. Es la manifestación del odio interno del hombre contra la santidad y la imagen de Dios. El no tener tratos personales con el Hijo de Dios más que el que se tenga con los muertos en sus sepulcros es otra forma de disponer para Cristo el lugar de la muerte.
2. ES EL ÚNICO CAMINO DE DIOS PARA LA VIDA. La cruz revela la necesidad de un *sustituto*, la necesidad de una expiación mediante la Sangre de su Cruz, y la única posible vía de acceso al Padre (Jn. 14:6; He. 10:19, 20). Que solo podamos ser salvos como *pecadores* por medio de la Sangre de su Cruz es más bien humillante para la soberbia del corazón autoconfiado y engañoso del hombre. Un Cristo sin cruz solamente puede transformar la vida en una cruz sin Cristo.

993. ENSEÑANZA ANTE EL SEPULCRO
Marcos 16:1-8

«Cuando soles más brillantes y cielos más suaves
Proclaman el entrante año,
¡Qué sones de gozo se levantan,
Y qué brillantes perspectivas aparecen!
Así como la mañana serena y clara
Que vio al Señor resucitar;
La primavera del año eterno celestial
Sobre la tierra y los cielos alboreará.»

Muy de madrugada las dos Marías llegaron al sepulcro, *cuando había salido el sol*, pero el Hijo de Dios ya había resucitado. Aquel que era antes que todas las cosas resucitó de entre los muertos antes de la salida del sol.

I. A quién buscaban. «Buscáis a Jesús», les dijo el mensajero del cielo. Lo buscaban para ungirlo (vv. 1-6). Pero nunca se puede encontrar al Cristo viviente entre los muertos. Los pecadores ansiosos le buscan con frecvuencia donde no puede ser hallado, entre sus propias obras muertas o en sus propios corazones irregenerados. No está aquí.

II. Cuándo llegaron. «*Muy* de madrugada, el primer día de la semana» (v. 2). Aunque no lo encontraron allí, como esperaban, sí lo encontraron (Jn. 20:18). «Los que *madrugando* me buscan, me hallarán». Búscalo temprano, en la mañana de cada día, especialmente el primer día de la semana. Este *primer* día de la semana fue el primer nuevo *Sabbath* de la nueva creación.

III. A dónde fueron. «Y entrando en el sepulcro» (v. 5). Parece que *se inclinaron* y entraron directamente en el sepulcro (Jn. 20:11). Fue en este lugar de muerte que tuvieron esta gran revelación de su poder en resurrección. ¿Dónde más podemos aprenderlo por experiencia que descendiendo a su sepulcro? Es «conformándonos a su muerte» que se nos da a conocer el «poder de su resurrección» (Fil. 3:10). Hemos de inclinarnos para ser crucificados con Cristo si el Resucitado ha de vivir en nosotros (Col. 3:1-3). Nos minoramos para conquistar.

IV. Lo que recibieron. Hallaron un precioso tesoro en el sepulcro de Jesús. No es muerte entrar allí, sino vida para siempre jamás. Aquí pasan de la vida natural de los sentidos a la vida espiritual de la fe. Entra por fe en el sepulcro de Cristo como aquel que fue crucificado por ti, y serás vivificado por la vida de resurrección. Recibieron:

1. UNA VISIÓN DEL VARÓN CELESTIAL. «Vieron a un joven sentado en el lado derecho, vestido con una túnica blanca» (v. 5). Aquí en esta tumba nueva, donde el Señor Jesús fue el único que jamás reposara, entran en comunión con un *enviado* del cielo. Como el Espíritu Santo no había sido aún dado, porque Jesucristo no había sido aún glorificado, ¿no podemos suponer que este *joven* vino como sustituto temporal y oportuno para tomar las cosas de Cristo y mostrarlas a aquellas primeras buscadoras? Sigue siendo verdad que cuando ponemos en muerte el yo y la sabiduría propia, seremos enseñados por Dios.
2. UNA PALABRA CONSOLADORA. «El les dice: Dejad de asustaros» (v. 6). No hay nada que temer en el sepulcro de tu Redentor. Allí hay un *Viviente*, el siempre joven Espíritu de Dios, esperando para consolar al entristecido buscador.
3. UNA PRUEBA DE SIMPATÍA CELESTIAL. «Estáis buscando a Jesús Nazareno.» Tiene que haber sido un alivio para ellas que este mensajero enviado por Dios conociera los profundos anhelos de sus almas, y sintonizara con el interés que ellas sentían. El Espíritu Santo es todo esto y mucho más para nosotros. «También el Espíritu nos ayuda en nuestra debilidad; ... porque conforme a la voluntad de Dios intercede por los santos» (Ro. 8:26, 27).
4. LA CERTIDUMBRE DE LA VICTORIA. «Él les dice: ... ha resucitado.» Esto fue algo sobreabundando sobremanera por encima de todo lo que ellas habían pedido o pensado. No ha sido robado: ha *resucitado*. Él murió por nuestros pecados, y *resucitó* para nuestra justificación. Este joven, sentado en el lugar en que Jesús yacía, actúa como precursor del Espíritu Santo al llevar la *certidumbre* de vida a los corazones de estas mujeres amantes del Salvador. Pedro nos dice cuál es el efecto de esta *renovada* esperanza (1 P. 1:3).
5. UNA EVIDENCIA DE RESURRECCIÓN. «No está aquí; mirad el lugar donde le pusieron.» El lugar donde le habían puesto estaba vacío. Los lienzos estaban allí, y quizá yaciendo como envoltorio (no doblados), tal como habían estado cuando Él estaba dentro de ellos. Es evidente que la *posición* de los lienzos de lino y del sudario dejaron asombrados a los discípulos (Jn. 20:6-8). ¿Quién puede dudar de la resurrección si ha pasado Él mismo de la muerte a la vida y «lo conoce a Él y el poder de su resurrección»? (véase Fil. 3:10).
6. UNA GRAN COMISIÓN. «Id, decid.» El testimonio acerca de Cristo es lo que debe seguir a la avivadora influencia de su vida de resurrección. Y ellas recibieron su comisión de parte de un ángel del cielo. El Espíritu Santo dijo: «Apartadme a Bernabé y a Saulo para la obra a que los he llamado» (Hch. 13:2). «Me seréis testigos… hasta lo último de la tierra» (Hch. 1:8).
7. UNA PRECIOSA PROMESA. «Va delante de vosotros a Galilea; *allí le veréis.*» Bendita perspectiva, siempre segura para aquellos que VAN en su Nombre. Le veréis, y seréis hechos semejantes a Él (1 Jn. 3:2). Habiendo sido enviadas «salieron». No fueron desobedientes a la visión celestial. Ve tú y haz lo mismo, y al hacer su voluntad, *allí* le veréis.

994. REVELACIONES DE LA RESURRECCIÓN
Marcos 16:9-14

«Verdaderamente resucitó el Señor;
Como credo lo anunciamos:
Mas danos el sentir de ello el poder,
Hora a hora, a diario.»

Ese primer día de la semana estuvo lleno de *novedades* para los discípulos. Se estaba estableciendo un nuevo orden de cosas. Cuando un alma pasa de la vieja vida natural a la nueva vida de resurrección en Cristo, es una nueva criatura entrando en un nuevo reino, donde todas las cosas son hechas nuevas. Para los tales es el primer día del primer mes del año de su vida eterna. Hay aquí lo que podría llamarse algunas revelaciones incidentales relacionadas con su resurrección, que valdrá la pena señalar. Tenemos una

I. Revelación de su poder. Jesús «*resucitó*» (v. 9). Él había dicho: «Tengo poder para poner mi vida, y tengo poder para *volverla a tomar*». Ahora había vuelto a tomar aquello que Él había dado libremente por todos nosotros. El *volver a tomar* demuestra cuán completamente había sido entregada su vida. Teniendo poder para volverla a tomar, ahora la otorga en su plenitud a los que creen.

II. Revelación de gracia. Se apareció *primero* a María Magdalena, de la que había echado a siete demonios. Ella que había sido la más grande pecadora de entre sus seguidores recibe el primero de sus favores en resurrección. Donde abundó el pecado, sobreabundó la gracia. El poderoso y misericordioso Salvador favorece al seguidor humilde, agradecido y confiado.

III. Revelación de profundo dolor. «Los que habían estado con Él… estaban de duelo y llorando» (v. 10). Se levanta el telón, y se nos da un atisbo de cómo aquellos que *habían estado con Él* estaban afectados acerca de la crucifixión: *estaban de duelo y llorando.* Eran como una joven familia llorando la muerte de la madre, repentinamente lamentando la muerte de su sabio y amante padre, su único verdadero amigo sobre la tierra. Sus lágrimas, aunque en parte causadas por la incredulidad, mostraban al menos el puesto que tenía Él en los afectos de ellos. ¿Acaso no le hacían llorar a Pablo los enemigos de la Cruz? (Fil. 3:18).

IV. Revelación de incredulidad. «Ellos, al oír que está vivo y que ella lo ha visto, no lo creyeron» (v. 11). No nos extrañamos tanto de ellos por no creer a María como por el fallo de ellos de recordar o creer las palabras que les había dicho el Señor (véase Jn. 16:20-22). La incredulidad siempre conlleva el desaliento y el dolor. Las lágrimas mezcladas con la desconfianza pueden ser simplemente las lágrimas del orgullo herido.

V. Revelación de la adaptabilidad divina. «Después de esto, fue manifestado *bajo diferente forma*» (v. 12). El mismo Salvador en una forma diferente. ¡Oh las profundidades de su sabiduría y riquezas! Se apareció a Esteban como el Glorificado, pero a Saulo como el Perseguido (Hch. 7:55; 9:5). No importa cuáles puedan ser nuestras circunstancias o nuestra condición: cuando Él aparece lo hace siempre como Aquel que necesitamos. Su gracia siempre es hecha *apropiada* y suficiente.

VI. Revelación de su fidelidad. «Les echó en cara su incredulidad y dureza de corazón» (v. 14). Mientras se lamentaban y lloraban no *parecían* como aquellos que eran incrédulos y duros de corazón. Pero el Señor mira más al fondo que los gemidos y las lágrimas, y como un sabio y verdadero Médico pone el dedo sobre la llaga, y les dice con claridad lo que está mal. Ésta es la razón de que muchos profesos cristianos tienen miedo de acercarse demasiado a Jesús, no sea que estas cosas ocultas sean manifestadas, no sea que el verdadero hombre del corazón sea desvelado. Si nos acercamos a Él, Él actuará fielmente con nosotros.

VII. Revelación de la responsabilidad que recae sobre sus testigos. «Les echó en cara su incredulidad y dureza de corazón, por no haber creído *a los que le habían visto*» (v. 14). El Señor esperaba que se creyera el testimonio de aquellos a los que *Él se había revelado a Sí mismo.* Solo pueden ser testigos de Él aquellos a los que Él ha manifestado su gracia salvadora y poder de resurrección, y aquellos que oyen este testimonio y que sin embargo no creen son acusados de *incredulidad* y *dureza de corazón.* En la oración sumo sacerdotal de nuestro Señor, registrada en Juan 17, Él oró por aquellos que han de creer *por la palabra de ellos.* Si el Señor cree y espera que los hombres creerán en Él por medio de nuestra palabra, ¿cómo es que no esperamos resultados *inmediatos* cuando se habla la Palabra? Señor, auméntanos la fe.

995. LA GRAN COMISIÓN
Marcos 16:15-20

«Ante Él el globo del mundo estaba,
Y para este mundo esta orden sola:
"Id, y con vosotros cada día estoy",
Proclamad por cada tierra,
Norte y Sur, Este y Oeste también,
Que a su cruz reposo y redención hay.
¡Magna Carta ésta! ¡Gran Comisión!
Hasta que Cristo obtenga su posesión.»

Una autoridad sobre misiones muy bien conocida ha dicho: «El cristianismo es la única religión misionera». Este llamamiento, como haz de luz, ha resplandecido a través de las edades, invitando a almas fatigadas al puerto del reposo.

I. La necesidad. Queda recapitulada en una palabra: «*Mundo*». «Id por todo el mundo.» El mundo de:

1. EL YO PECAMINOSO *adentro*. Aquí tenemos al criadero del diablo, donde germina todo mal en el mundo, y después es transplantado mediante actos reales. En este mundo tiene que entrar el poder de Cristo.
2. LAS MODAS Y PLACERES *alrededor*. Aquello que ministra a la concupiscencia del ojo, a la concupiscencia de la carne y a la soberbia de la vida. El mundo de costumbres, hábitos y vida impía.
3. LAS TINIEBLAS PAGANAS *más allá*. Un mundo de almas perdidas, pero inmortales. Un mundo amado por Dios, y por el que Cristo murió (Jn. 3:16). Todo el mundo yace en maldad. La necesidad es grande.

II. La provisión. «El evangelio.» «Predicad el Evangelio a toda criatura.» Así como hay diferentes elementos en el aire y en el agua, también los hay en el Evangelio. Contiene buenas nuevas de gran gozo. En Él tenemos:

1. LA ENCARNACIÓN DEL HIJO DE DIOS. Dios manifestado en la carne. Su Nombre será llamado Emanuel. «Dios con nosotros.» Dios con nosotros buscando salvar a los perdidos, en forma de siervo. ¡Qué nuevas!
2. PROPICIACIÓN POR MEDIO DE LA SANGRE DEL SEÑOR. «La iglesia del Señor, la cual Él adquirió para Sí por medio de su propia sangre» (Hch. 20:28). «Él es la propiciación por nuestros pecados» (1 Jn. 2:2). La Sangre de su Hijo es la gran *cubierta* de Dios para el pecado. Ha sido proveída, y ha sido ofrecida.
3. REGENERACIÓN MEDIANTE EL ESPÍRITU DE DIOS. Una recreación del espíritu humano según la semejanza divina. Hechos nuevas criaturas (2 Co. 5:17).
4. JUSTIFICACIÓN MEDIANTE LA FE DE DIOS (Mr. 11:22, margen). «Tened la fe de Dios» es el sentido literal de la expresión. Parece una expresión fuerte. Pero todo aquel que ejerce la fe en Jesucristo tiene la fe que procede de Dios. Como David mostró a Mefiboset la *misericordia* de Dios.
5. SANTIFICACIÓN POR LA PALABRA DE DIOS. Fueron halladas tus palabras, y yo las comí. Ahora sois limpios por la Palabra que yo os he hablado. Él nos dio grandísimas y preciosísimas promesas para que por medio de ellas viniésemos a ser participantes de la naturaleza divina. Todas las promesas de Dios son en Cristo para sostén de la fe y fortalecimiento y crecimiento de la nueva vida.
6. RESURRECCIÓN POR EL PODER DE DIOS. Él vendrá en gran poder y gloria. Los muertos en Cristo resucitarán primero. Lo mortal se revestirá de *inmortalidad* (1 Co. 15:38).
7. GLORIFICACIÓN POR LA PRESENCIA DE DIOS. El «Gran Dios, nuestro Salvador, aparecerá», y nosotros seremos semejantes a Él, porque le veremos como Él es. Estos siete elementos pertenecen al glorioso Evangelio del bienaventurado Dios, siendo su único remedio para la multiforme necesidad de un mundo perdido.

III. La comisión. «Id por todo el mundo.» Clara, definida, sencilla.

1. ¿QUIÉNES? «*Vosotros.*» *Vosotros*, los que habéis creído y habéis llegado a conocer el poder vivificador de su resurrección (1 P. 1:3).
2. ¿QUÉ? «Id». «Como me envió el Padre, así también Yo os envío» (Jn. 20:21; cp. 17:18). Ve. No te quedes sentado a teorizar sobre ello. Ve, y haz de ello el principal asunto de tu vida.
3. ¿A DóNDE? «Por todo el mundo». El mundo amado por Dios (Jn. 3:16). El mundo por el que el Hijo vino a ser la propiciación» (1 Jn. 2:2). Si no puedes ir aquí o allí personalmente, ve en tu amor, oraciones y simpatía práctica (Sal. 126:5, 6).

IV. La promesa. «He aquí que Yo estoy con vosotros todos los días.» «En mi nombre expulsarán demonios» (vv. 17, 18).
Su presencia con nosotros es la prenda de:

1. COMUNIÓN CONTINUA. Si su presencia santificadora y apaciguadora del alma no es apreciada y disfrutada de una manera consciente, no es porque su promesa haya fallado, sino que el yo o el pecado han agraviado al Espíritu Santo, que hace que su presencia sea una realidad y un poder.
2. VICTORIA CONTINUA. Moisés dijo: «Si tu presencia no ha de ir conmigo, no nos saques de aquí». No puede haber victoria sobre los enemigos de Dios si su presencia no está con nosotros (véase Nm. 14:42-45). Si se ha de echar demonios fuera, se debe hacer mediante el poder de *su nombre* (v. 17). Su Nombre implica todo lo que Él es.

VII. El cumplimiento. «Y ellos salieron y predicaron en todas partes, *colaborando el Señor con ellos*» (v. 20).

1. FUERON OBEDIENTES. «Salieron». Salieron como Abraham, apoyándose en su Palabra. No esperando hasta que tuvieran que salir por una conflagración, como Lot en Sodoma. A la luz de esta comisión urgente, ¿no parece incredulidad seguir preguntando todavía: «¿Qué quieres que yo haga?»
2. TUVIERON ÉXITO. «*Colaborando* el Señor *con ellos*, y confirmando la palabra por medio de las señales que la acompañaban». Si el Señor no está trabajando con nosotros, nuestra labor es vana. Si la Palabra predicada no es confirmada con señales, no hay evidencia de la presencia del Señor. El Señor obrará con nosotros si nosotros, como ellos, estamos totalmente entregados a hacer su voluntad, predicando el Evangelio a toda criatura.

996. UN PRÓLOGO CONFIRMADOR DE LA FE

Lucas 1:1-4

«Entre la Babel del hablar clamoroso del hombre,
Señor Jesús, cuán gentil y apacible tu voz suena,
Y con todo ¿dónde hay palabras que tan profundas vayan
Como las tuyas, divinas y humanas, en humanos corazones?
¿Cómo tus palabras, Señor, avivaron el pensamiento humano?
¿Cómo penetran las humanas vidas?
¿Cómo han movido las más intrépidas empresas?
¿Cómo en sus más hondas líneas todo progreso empujan?»

La voz de Jesús es, en su Evangelio, una «voz suave y apacible», en comparación con el clamoroso discurso de los partidos políticos y las pendencias de las modernas impías lenguas; como un manantial que silenciosamente mana por las rocas, llega a la superficie y da refrigerio a muchas almas sedientas. Lo que Lucas dice acerca de las cosas del Evangelio en esta breve introducción es digno de la más estrecha atención. Con ello sabemos que estas cosas:

I. Eran el tema principal en los tiempos de Lucas. Esto lo vemos en el hecho de que «*Muchos* han tomado a su cargo el compilar un relato ordenado» (v. 1). Las palabras y los dichos de Jesús estaban en boca de todos. Estas cosas no fueron dichas en un rincón; muchos estaban ansiosos por tenerlos de una manera *organizada*, y muchos habían intentado llevarlo a cabo. Pero cualquier hombre *espiritual*, como Lucas, podía detectar representaciones distorsionadas de la vida y del carácter de Jesucristo.

II. Fueron transmitidas por testigos oculares. «Nos las transmitieron los que desde el principio fueron testigos oculares» (v. 2). Juan podía decir: «Lo que era desde el principio, lo que hemos oído, lo que hemos *visto con nuestros ojos*», etc. (1 Jn. 1:1, 2). «Se apareció a más de quinientos hermanos a la vez». Los hombres de antiguo hablaron movidos por el Espíritu Santo, y así los hombres de la nueva dispensación hablaban movidos por el Cristo viviente y personal entre ellos. La gran salvación que comenzó a ser anunciada por el Señor nos fue confirmada por los que le oyeron (He. 2:3).

III. Eran creídas ciertísimamente en tiempos de Lucas (v. 1). Si fueron aceptadas sin lugar a dudas por multitudes en tiempos de Cristo y en los inmediatamente posteriores, ¿qué razones tenemos para ponerlas ahora en tela de juicio? No siguieron ellos fábulas ingeniosamente inventadas para dar a conocer el Evangelio de Cristo (2 P. 1:16). Estas cosas fueron puestas a prueba en el horno ardiente calentado siete veces de los tiempos en que fueron dichas y obradas. El poder y la verdad de las mismas siguen estando comprobadas en la experiencia de los que creen y hacen la voluntad de Dios (Jn. 7:17).

IV. Han sido registradas por uno que tenía un perfecto conocimiento de las mismas (v. 3). Aunque el nombre de Lucas no aparece entre los doce apóstoles, estaba no obstante familiarizado con todo lo que había tenido lugar, teniendo una estrecha relación con los doce escogidos y siendo un íntimo colaborador y acompañante de Pablo, el gran apóstol de los gentiles. El Evangelio según Lucas es reconocido como el más pleno registro de todo lo que Jesús comenzó a *hacer*.

V. Están aquí escritas en orden (v. 3). Lucas afirma darnos el *orden* en que tuvieron lugar los acontecimientos de la vida de Cristo. Esto, para el sencillo estudioso de la Biblia, es una gran bendición, por cuanto la misma *conexión* entre los actos registrados de nuestro Señor está llena de profundo significado. Si no en su relación mutua, si como contrastes.

VI. Fueron escritas para que pudiéramos tener certidumbre (v. 4). Lucas escribió evidentemente para que el excelentísimo Teófilo fuera confirmado en su fe. «Éstas se han escrito para que creáis que Jesús es el Cristo, el Hijo de Dios» (Jn. 20:31). En el Evangelio escrito tenemos una *Palabra segura*, a la cual hacemos bien en estar atentos como a una lámpara que alumbra en un lugar oscuro. El Evangelio ofrece tanto la Salvación como la certidumbre de la misma. Pero, ¡cuántos oyentes hay del Evangelio que nunca han conocido la certidumbre de aquellas cosas en que han sido instruidos! Haced vuestro llamamiento y elección firmes.

997. ZACARÍAS ES ENMUDECIDO POR SU INCREDULIDAD

Lucas 1:5-22

«¡Oh Padre Dios, a Ti yo vengo!
Antes en gracia tenme mudo
Que no, al a Ti allegarme,
Piense en los mortales que me oyen.
Oh, que te reverencie más y más,
Y en cada acción te adore a ti.»

Nada impide más que la mano de Dios obre que la incredulidad. Nada contrista más al Espíritu. Pero aunque Zacarías se vio enmudecido, no huyó de la presencia del santo Enmudecedor. No dejó la obra del Señor aunque cayó sobre él esta triste aflicción. Zacarías nos enseña a no concentrarnos tanto en las pruebas, por repentinas y severas que sean, como para descuidar nuestra obra para Cristo. Después de reflexionar acerca de este incidente deseamos señalar lo siguiente:

I. Pueden venirnos visiones mientras llevamos a cabo nuestra obra ordinaria. «Mientras estaba él ejerciendo su ministerio sacerdotal... se le apareció un ángel del Señor» (vv. 8, 11). Moisés estaba guardando el rebaño de Jetro cuando le llegó el llamamiento desde la zarza que ardía (Éx. 3:1). Gedeón estaba batiendo trigo (Jue. 6:11). Eliseo estaba arando cuando cayó sobre él el manto profético (1 R. 19:19). David estaba en los apriscos (Sal. 78:70). Mateo en el banco de los tributos públicos. Tu Dios es suficiente para ti: espera en Él y mira arriba.

II. Nuestras oraciones pueden ser contestadas de la manera más inesperada (v. 13). Cuando el ángel le dijo: «No temas... porque tu petición ha sido escuchada», ello fue para él una noticia abrumadora, aunque habían estado orando muchos años que les fuera concedido un hijo. Eran ambos ya «de edad avanzada» (v. 7), lo que sugiere que él había continuado con esta oración mucho después que las expectativas se hubieran cerrado. Si el Señor pone en el corazón seguir orando por alguna cosa concreta, ¿no es esto mismo una evidencia de que así quiere Él bendecirnos? Cree, y verás la gloria de Dios. «Cosecharemos, si no desfallecemos» (Gá. 6:9).

III. El Señor puede hacer mucho más de lo que pedimos. Él no solo iba a tener un hijo, sino que aquel hijo sería «grande a los ojos del Señor, ... lleno del Espíritu Santo» (vv. 14, 15). Un hijo digno del Dios que lo dio. El buen anciano y su humilde e irreprochable esposa quedaban ahora abundantemente recompensados por sus muchos años de orar y esperar. Dios no es infiel. Espera en el Señor. Aunque la visión se tarde, espérala. Tú que anhelas un avivamiento, no dejes que falle tu fe (Sal. 126:6).

IV. Las promesas de Dios son prueba para nuestra fe. «Zacarías le dijo al ángel: ¿Cómo podré estar seguro de esto?» (v. 18). Fue una gran porción la que recibió aquel día de parte del Señor (léanse cuidadosamente los vv. 14-17). Era como si las fuentes del gran abismo de la gracia infinita de Dios se hubieran roto y derramado sus inenarrables riquezas a sus pies. ¿No es la misma grandeza de su gracia lo que hace vacilar nuestra débil fe? Si quieres encontrar la medida de tu fe, prueba solamente alguna de sus grandes y preciosas promesas. «En mi nombre echarán fuera demonios» (Mr. 16:17). Prueba con ésta.

V. La incredulidad aherroja la lengua del testimonio. «Ahora vas a permanecer en silencio y sin poder hablar... por cuanto no has dado crédito a mis palabras» (v. 20). ¡Cuán deshonrosa es la incredulidad delante de Dios! ¿Cuántas lenguas entre los hijos de Dios se encuentran bajo la condenación de la mudez debido a su incredulidad? Cuántos de nosotros estamos mundos con respecto a la venida del Señor, a la plenitud del Espíritu, a la consagración de la vida, a la oración contestada, y a las más profundas experiencias de las cosas de Dios, todo ello debido a la incredulidad? «Por cuanto no has dado crédito *a mis palabras*». La incredulidad lo enmudeció.

VI. El verdadero contacto con el Señor hace que los hombres se maravillen. «Se maravillaban de que él se detuviera en el templo» (v. 21, RV). En cuanto a Zacarías, él no encontró *largo el tiempo»* (v. 21). ¿Y a quién le sucede así cuando está en verdadera comunión con Dios? Cualquiera se saldrá de la vieja rutina y hará cosas sin precedentes cuando su ministerio se convierta en una viviente y solemne realidad delante de Dios. Zacarías, durante las horas de servicio público, se olvidó del todo aquel día del reloj. Tardó mucho en salir, pero el pueblo, al verlo, quedó *convencido* de que él había visto una visión (v. 22). Los servicios breves no son siempre los mejores. Cuando el alma de un predicador está llena de la visión de Dios, tanto el tiempo como los hombres parecen quedar en la sombra. Hay más bendición por medio de un día con Dios que con veinte años sin Él. Tened fe en Dios.

998. JUAN EL BAUTISTA Y EL ESPÍRITU SANTO

Lucas 1:12-17

«Señor, ¿qué es lo que Tú has enviado?
Mi corazón, cual turbulenta ola del mar,
Se duele con rara y dulce agonía;
¡Oh nacido no de la tierra mas viniendo del cielo!
De pecado Tú buscas dejarme convicto,
Y bajo tu toque de prueba me sobresalto.»

Hay una singular semejanza entre la obra de Juan y la obra del Espíritu Santo. Ambos vinieron a convencer a los hombres de pecado, a traerlos a arrepentimiento, y a señalarles a Cristo como el Cordero de Dios que quita el pecado. Los puntos de semejanza no son pocos:

I. La venida de ambos fue predicha (v. 13; Juan 14, 16). El nacimiento de Juan fue predicho por el ángel; y Cristo prometió enviar otro Consolador. Cada acontecimiento *predicho* por Dios es un eslabón conectando la tierra con el cielo, una evidencia de la realidad de las cosas invisibles y eternas.

II. A la venida de ambos muchos se alegraron. Se dijo de Juan que «muchos se regocijarán por su nacimiento» (v. 14). La venida del Espíritu Santo el día de Pentecostés llenó a muchos de júbilo. Tres mil almas recibieron jubilosas la Palabra, y comían juntos con alegría y sencillez de corazón, alabando a Dios (Hch. 2:41-47). El fruto del Espíritu es gozo.

III. Ambos iban a ser grandes a los ojos del Señor. «Será grande a los ojos del Señor» (v. 15). El testimonio de Juan era glorificar al Señor, aunque a los ojos de los hombres y en su propia estima fuera simplemente una *voz* clamando en el desierto. Jesús dijo del Espíritu santo: «Él me glorificará» (Jn. 16:14). El bendito Espíritu es ciertamente grande a los ojos del Señor, aun cuando los hombres le ignoren y cierren sus oídos al clamor de su voz. ¿Has oído esta voz clamando en el desierto de tu corazón desolado y vida *sin fruto*?

IV. Ambos debían preparar el camino para el Señor. «Él mismo irá delante, en su presencia, con el espíritu y el poder de Elías» (v. 17). El Espíritu Santo prepara también el camino para que la salvación de Cristo nos venga, «convenciendo de pecado» (Jn. 16:8). Juan preparó el camino del Señor convenciendo a la gente de la necesidad de arrepentimiento; el Espíritu Santo prepara el camino del Señor a nuestros corazones revelándonos la necesidad que tenemos de salvación.

V. Ambos iban a volver a muchos hacia el Señor. «A muchos de los hijos de Israel les hará volver al Señor su Dios» (v. 16). Ésta es asimismo la misión del Espíritu Santo. «Él dará testimonio de Mí», dijo Jesús. Cuando el Espíritu de gracia y súplica sea derramado, entonces «*mirarán a Mí*» (Zac. 12:10). Volver a los hombres al Señor es su obra vencedora. Es el Espíritu el que vivifica. No puede haber salvación ni gozo en el Señor sin esta vuelta, porque todos, como ovejas, nos hemos descarriado. Volveos, volveos, ¿por qué moriréis?

VI. Ambos vinieron para dar el conocimiento de la salvación. «Y tú... irás ante la faz del Señor, para preparar sus caminos, para dar al pueblo conocimiento de salvación» (vv. 76, 77). Juan dio el conocimiento de la salvación al declarar que el Salvador estaba a la mano. El Espíritu Santo da el conocimiento al revelar a Cristo en el corazón. El que cree tiene el testimonio en sí mismo (1 Jn. 5:10).

VII. Ambos vinieron para preparar un pueblo dispuesto para el Señor. Ésta fue la característica sobresaliente de la misión de Juan (v. 17); ésta es preeminentemente la gran misión del Espíritu Santo, llamar fuera a un pueblo para su Nombre, y prepararlo para la venida del Señor (Hch. 15:14). La Iglesia es la Esposa del Cordero, llamada y confortada y conducida por el Espíritu, así como Eliezer preparó a Rebeca dándole los dones de Isaac y la condujo directamente a la presencia de aquel a quien sin haber aún visto, sin embargo amaba (Gn. 24).

VIII. Ambos acudieron a honrar al Señor y no a sí mismos. Juan, por así decirlo, se mantuvo a sí mismo fuera de la vista de los demás al decir: Soy una voz, para ser oído, pero no visto. Asimismo el Espíritu, se nos dice, no *hablará de Sí mismo.* La misión del Espíritu, como la de Juan, es señalar a Jesús como el Cordero de Dios. Él tomará de lo mío y os lo hará saber (Jn. 16:13, 14). Los llenos con el Espíritu se volverán a este respecto como el Espíritu, buscando solamente glorificar a Jesús. Su lenguaje es: «Es menester que Él crezca, y que yo mengüe» (Jn. 3:30).

999. LA VERDADERA GRANDEZA

«Será grande a los ojos del Señor» (Lc. 1:15).

Introducción.

EL ESTÁNDAR DEL CIELO.

1. A los ojos del Señor», no a los ojos de los hombres.
2. Hay una estimación de grandeza para el mundo, y otra estimación de grandeza para Dios.
3. Y la primera difiere enormemente de la segunda.
4. La primera es falsa y fantasiosa, la segunda es cierta y eterna.
5. La grandeza de Juan era conforme a la norma del cielo. A los ojos del Señor era un gran hombre.

ÚTIL NO ES GRANDE.

1. Algunos nacen grandes, y otros reciben la grandeza.
2. La mayoría de nosotros, si no todos, no tenemos aspiraciones de grandeza terrenal.
3. No tenemos la menor expectativa de llegar a ser grandes en un sentido mundano.
4. Pero no es por esta razón que no lo deseamos.
5. Sentimos mucha afinidad hacia el poeta que escribió:
«No des sólo tus alabanzas a las cosas elevadas;
Tan eternas como las montañas son las llanuras».
6. Las llanuras son tan necesarias como los montes.
7. ¿Qué haríamos si todo el globo fuese una colección de colinas y montes?
8. No tenemos ambición de grandeza terrenal.
9. Otra razón es que la grandeza llena la almohada de espinos.
10. Más querríamos ser útiles que grandes.

ÚTIL PORQUE SE ES GRANDE.

1. Y podemos ser útiles sin grandeza terrenal.
2. Pero no así tocante a la grandeza espiritual. Obsérvese la pequeña palabra, «y», v. 17.
3. La bondad y la más elevada utilidad quedan condicionadas a ser «grande a los ojos del Señor».
4. Juan fue bueno y útil porque era grande a los ojos del Señor.

Cuatro resultados de la grandeza: 1) Los padres se regocijan; 2) Los semejantes se benefician; 3) Plenitud de bendición; 4) Utilidad en el servicio.

Un anhelo.

1. ¿No anhelas que tus padres puedan dar gracias a Dios que les fuiste dado?
2. ¿Y que otros de tus semejantes den gracias a Dios que tú naciste?
3. ¡Ciertamente todos anhelamos tal privilegio!
4. Bien, todo esto es el resultado de llegar a ser grandes a sus ojos.
5. Observemos la palabra «pues» y el versículo anterior.

Cómo conseguir poder del Espíritu.

1. Además, ¡cómo anhelamos ser llenos con el Espíritu!
2. ¡Cómo anhelamos tener poder en servicio!
3. ¡Cómo anhelamos ser instrumentos en la conversión de muchos!
4. Aquí vemos que todo esto es fruto de ser grande delante de sus ojos.
5. ¿No crees que hay alguna relación entre
a. Ser grande a los ojos del Señor,
b. Ser llenados del Espíritu Santo,
c. Y volver a muchos a la justicia?

UNA PROFECÍA QUE SE CUMPLIÓ.

1. Ésta fue la profecía del ángel que anunció su nacimiento.
2. ¿Se cumplió esta profecía de manera plena?
3. ¿Cuántas vidas prometedoras no llegan a ser trágicos fracasos?
4. Sí, escucha a las palabras de Jesús. Mirando retrospectivamente a la carrera de este hombre, el Señor Jesús corroboró la profecía, declarando que ya se había hecho realidad. «Os digo que entre los nacidos de mujeres, no hay mayor profeta que Juan el Bautista.»

ELEMENTOS DE LA VERDADERA GRANDEZA.

1. Si queremos conocer los elementos de la verdadera grandeza, la grandeza que Dios reconoce, haremos bien en volver a la vida de este hombre.
2. Las vidas de grandes hombres como Juan nos recuerdan que podemos (o mejor dicho, que Dios puede) hacer que nuestras vidas sean sublimes.
3. ¿Qué había en Juan que mereciese un comentario tan noble?
4. Tenemos siete hechos que presentar.
5. Y podemos decir sin temor a contradicción que todos los principios de la vida, carácter y servicio de Juan podrían llegar a ser nuestros.

I. Era un hombre de noble cuna (Lc. 1:5).

DESCENDIENTE DE AARÓN.

1. Era descendiente de Aarón, y pertenecía a la familia sacerdotal.
2. ¡Qué gran honor era éste!
3. Era un hombre noble de nacimiento noble.
4. Un buen comienzo vale por una cosa ya medio hecha.

DESALIENTO.

1. Ah, pero con estas palabras me desalientas.
2. Mi linaje es humilde y oscuro.
3. Soy del común de la gente.
4. Para qué seguir más adelante. ¡Pero detente!

UN ALMA GRANDE.

1. Se dijo de alguien que era «de baja posición» pero que tenía «un alma grande».
2. Y así puedes tener un alma grande.

UN NACIMIENTO MÁS NOBLE.

1. Pero tú puedes tener un nacimiento mucho más noble que Juan.
2. Puedes tener la misma vida del Creador en tu alma.
3. La vida del Rey de reyes en ti.
4. «Partícipes de la naturaleza divina». ¿Puedes tener nada más grande que esto?

MÁS GRANDE QUE JUAN.

1. Si crees que estamos permitiéndonos vuelos de imaginación, escucha al Salvador (Lc. 7:28).
2. La grandeza a la que se hace referencia aquí no es la de carácter, sino la de posición.
3. El contraste que se establece es entre estar dentro y fuera del reino.
4. Juan el Bautista estuvo sólo sobre el umbral, pero nosotros pasamos adentro.
5. «El que es menor en el reino de Dios es mayor que él.»

TÚ PUDES LLEGAR A SER PARIENTE.

1. Juan era pariente de Jesús.
2. También tú puedes llegar a ser pariente suyo.

II. Él era un hombre desapegado de este mundo (Lc. 1:80). «¿Un hombre vestido con ropas finas?» No. Esto se ve en distintas formas:

1. Su amor por la soledad.
2. Su vestimenta sencilla.
3. Su comida simple.

UN TIPO DIFERENTE.

1. Naturalmente, sabemos que nuestro tipo de santidad es diferente del de Juan.
2. Tocante a los oscuros tiempos de la Edad Media, un historiador escribe: «En aquellos tiempos, la vida de Juan el Bautista parece haber sido el ideal de la santidad en mucho mayor grado que la del Hijo del Hombre; renunciar a la comida común y a los goces comunes de la vida era considerado como mucho más noble que dirigir el pan diario de la tierra para usos divinos».
3. Sin embargo, hacía bien conforme a la luz que él tenía.
4. Era un hombre que vivía por encima del mundo.

III. Era un hombre que tenía control sobre sus apetitos.

IV. Era un hombre lleno del Espíritu Santo.

V. Era un hombre con una misión.

NACIDO CON UN PROPÓSITO.

1. Nació para llevar a cabo una obra específica.
2. No fue sin rumbo por la vida.
3. Y así es con nosotros.
4. La vida de cada uno es un plan de Dios.

RESPUESTA. Respondió al propósito de su existencia

1. Introduciendo a Jesús, y actuando como
2. Precursor de Jesús.

Así nosotros:

1. ¿No podemos hacer fácil para algunos que acudan a Jesús?
2. ¿No podemos presentar Jesús a otros?

VI. Fue un hombre obediente a su llamamiento.

NO LO SABÍA.

1. Sus padres le explicarían las circunstancias que rodearon su nacimiento.
2. Y él obedeció el llamamiento

ABRAHAM.

1. El llamamiento le llegó a Abraham, y el Señor le dijo que si abandonaba su hogar y obedecía el llamamiento, «te bendeciré, y engrandeceré tu nombre».
2. Obediencia, luego bendición, y luego grandeza.

«Cualquiera que los cumpla y los enseñe, éste será llamado grande en el reino de los cielos» (Mt. 5:19).

Observa esto: *cumpla* y *enseñe;* la obediencia va antes de la enseñanza.

VII. Era un hombre de una firmeza y de un valor sin vacilación. No era «una caña sacudida por el viento».

VALOR.

1. Al rechazar el pecado, incluso del Rey Herodes.
2. Dio su vida.

Elizabeth Fry.

1. Elizabeth Fry, cuando era niña (nació en 1780) «era una persona agradable, gentil en su apariencia y formas, amante, obediente, y poseía una voz exquisita».
2. Pero era tímida y terca.
3. Sin embargo, se dice que «Su timidez natural, años después, bajo la gracia divina, se transformó en un valor sometido, y su terquedad infantil se transformó en un carácter decidido finamente equilibrado». Todo ello fue el resultado de la presencia del Espíritu Santo en su vida.

VIII. Juan era un hombre que ardía para Dios.

1.000. UN GRAN CARÁCTER: EL BAUTISTA

Lucas 1:15, 16

«Entre los nacidos de mujeres, no hay mayor… que Juan el Bautista.» Él fue un nazareno a Dios, sin beber ni vino ni bebidas fuertes. ¿En qué consistió su grandeza? Él fue grande

I. Delante del Señor. Él «será grande a los ojos del Señor». Esto asegura que tiene que haber estado en una condición de:

1. RECTITUD PARA CON DIOS. Nadie puede ser grande en el favor de Dios que no está a bien con Él. Se precisa de la reconciliación para la aceptación.
2. SEMEJANZA A DIOS. Es posible estar justificado ante Él y sin embargo no estar amoldado plenamente a Él. Él hizo al *primer* hombre a su semejanza. El segundo Hombre es el Señor, del cielo, según cuya semejanza hemos de ser ahora creados por el mismo Espíritu.
3. PREPRARACIÓN PARA DIOS. Un hombre totalmente separado para Él, sin intereses interponiéndose entre él y su servicio para Dios. No estaba *enredado* en manera alguna; era un hombre libre para hacer su voluntad. Esto es *grandeza.*

II. En sí mismo. Fue «lleno del Espíritu Santo». No de la grandeza de su propia voluntad, o propósito o bondad, sino que era la grandeza de Dios la que moraba en él. Esto implica:

1. ABNEGACIÓN. Murió a sí mismo para que Dios viviera y se moviera en él. No yo, más vive Cristo en mí. La grandeza original del hombre se hundió en el polvo por el pecado, quedando eternamente arruinada. El camino a la grandeza a los ojos de Dios no se encuentra en la reformación del yo, sino en la muerte del yo. Un salir de la naturaleza arruinada para entrar en la vida de Dios. Con Cristo estoy juntamente crucificado, mas vivo.
2. POSESIÓN DIVINA. Lleno del Espíritu Santo. Entregado a la voluntad de Dios como enseñado por su Espíritu morando dentro. No os embriaguéis con vino, antes bien, sed llenos del Espíritu. Toda verdadera grandeza viene de Aquel que solo es grande. Grande en sabiduría, santidad y poder. «Tu benignidad me ha engrandecido» (2 S. 22:36).
3. SABIDURÍA CELESTIAL. Ser llenos con el Espíritu es ser llenados con el *conocimiento de su voluntad,* de modo que cada pensamiento y acto puedan estar en perfecta armonía con la mente de Dios. Él obra en nosotros tanto el querer como el hacer por su buena voluntad. Vosotros sois sabios en Cristo.

III. Entre sus semejantes. «A muchos de los hijos de Israel les hará volver al Señor su Dios». Esta grandeza reside entonces en santidad y *utilidad.* No es algo dado para nosotros para nuestro propio honor, facilidad o engrandecimiento, sino aquello por medio de lo que el poder de Dios pueda entrar en contacto con otros. Si quieres tener esta grandeza, no debes buscarla para ti. Él no dará su gloria a otro. Aquí vemos:

1. GRAN FIDELIDAD. Su ministerio da abundante evidencia de su denuedo y devoción en la obra de Dios. Como el apóstol de los Gentiles, él también podía decir: «Una cosa hago» (Fil. 3:13).
2. GRAN PODER. Como el Más Grande que tenía que venir tras él, hablaba con poder. Su palabra era acerada, penetrante y poderosa, porque era una palabra que ardía en lo más íntimo de su ser. Estaba en simpatía vital con su mensaje. La suya no era una tarea encomendada a la memoria, sino la verdad viviente, ardiendo en un alma viviente, y brotando de su lengua rebosante, candente como ascuas encendidas.
3. GRAN ÉXITO. «A *muchos*... les hará volver al Señor.» Un ministerio por el Espíritu Santo es siempre un éxito. No sois vosotros los que habláis, sino el Espíritu de vuestro Padre que está en vosotros. El Espíritu de vuestro Padre nunca hablará sin un efecto detectable. El secreto de su éxito residía en que él exaltaba al Señor y no a sí mismo. Es menester que Él crezca, y que yo mengüe. «Ve Tú, y haz lo mismo» (Lc. 10:37).

1.001. JESÚS COMO SALVADOR Y REY

Lucas 1:30-33

«Gran desastre fue del mundo,
Cuando Adán de su trono echado fue;
Cuando pareció que el Tentador vencía
Por medio de insondable pecado.
Pero ¡ah! solo fue una apariencia;
¡He aquí, Cristo obró la redención!»

Jesús el Niño Humilde, y sin embargo el «Dios Omnipotente», despojado de su gloria, y aún glorioso en su debilidad. Grande es el misterio de la piedad.

I. Su Nombre salvador. «Llamarás su nombre JESÚS.» Jesús significa Salvador. Dios, al medir la hondura de la necesidad del hombre, solamente pudo suplir aquella necesidad mediante el don de su Hijo único. Como Salvador, Él salva

1. DEL PECADO (Mt. 1:21). De su poder contaminador y condenador, del amor del mismo, y de la ira venidera debido a él (1 Ts. 1; 10). Él salva del pecado poniéndose entre el pecador y su culpa (Is. 53).
2. DEL YO (Gá. 2:20). El yo debe ser crucificado con Cristo para que el cuerpo de pecado pueda ser destruido (Ro. 6:6). La pretensión de sabiduría propia, de esfuerzo propio, y de justicia propia son todo ello enemigos de los que tenemos que ser librados, y de los que somos salvos cuando Jesús reina dentro de nosotros.
3. DE ESTE PRESENTE MUNDO MALO (Gá. 1:4). Al ser crucificados con Cristo somos crucificados al mundo, y el mundo a nosotros (Gá. 6:14). La Cruz de Cristo se interpone entre nosotros y nuestros pecados, entre nosotros y la carne, y entre nosotros y el mundo. ¿No oró nuestro Señor para que fuéramos guardados del mal? (Jn. 17:15). Él es poderoso para salvar.

II. Su poderoso carácter. «Él será grande» (v. 32).

1. GRANDE EN CUANTO A SU ORIGEN. «Llamado Hijo del Altísimo». Como Niño, *nació,* como Hijo, fue *dado* (Is. 9:6). Siendo el Hijo del ALTÍSIMO, es más sublime que los ángeles, o que cualquier ser creado. Pero Aquel que pertenecía al más Alto descendió a lo más profundo por nosotros, haciéndose obediente hasta la *muerte.*
2. GRANDE EN SU AMOR. Él nos amó hasta tal puno que se dio a Sí mismo por nosotros. Siendo el Hijo del Altísimo, su amor era del orden más elevado posible. ¡Mirad qué amor! En esto *consiste* el amor (1 Jn. 4:10). Su amor era consistente con la grandeza de su carácter, y era más fuerte que la muerte.
3. GRANDE EN SU PODER. El poder de Cristo era el poder de la fe. Él creyó, y por ello habló, y fue hecho. Nada hay imposible para Él (v. 37). Todo poder, dice Él, me ha sido dado. Él puede salvar hasta lo último. Todos los que le *tocaron* quedaron perfectamente sanos.

III. Su gloriosa expectativa. «El cual, por el gozo *puesto delante* de Él soportó la cruz, menospreciando el oprobio.»

1. ÉL TENDRÁ UN TRONO. «El Señor Dios le dará el trono de su padre David» (v. 32). Él lo hará. No ha recibido todavía este trono, porque la casa de Jacob (v. 33) sigue menospreciándolo y rechazándolo como Rey y Mesías de ellos. Jesucristo es el heredero designado por Dios para el trono de David (Jer. 23:5; cp. Sal. 132:11 con Ap. 22:16; véase también Is. 9:6, 7).
2. ÉL REINARA SOBRE LA CASA DE JACOB (v. 33). ¿Estaba recordando esto María mientras estaba viendo como lo crucificaban? ¿Había quedado en nada su promesa? Como Rey, Él ha sido rechazado, y su reino sobre ellos como pueblo ha quedado pospuesto, pero la Palabra de Dios no puede ser quebrantada. Los dones y el llamamiento de Dios son sin arrepentimiento. Lo predicho por Daniel debe ser cumplido (cap. 7:13, 14). Él *nació* Rey de los Judíos. Dios le ha dado el trono de David, y Él reinará sobre la casa de Jacob. *Espiritualizar* esto pasando por alto su sentido literal es torcer las Escrituras. Dad a Dios lo que es de Dios.
3. SU REINO NO TENDRÁ FIN (v. 33). El Reino de Dios que está *dentro* de nosotros ciertamente no tendrá fin. Nunca dejaremos de estar bajo el gobierno de Aquel que es nuestro exaltado Redentor. Pero el reino de este mundo no ha venido aún a ser el reino de nuestro Señor y de su Cristo (Ap. 11:15). No ha llegado aún el momento en que el bendito y *único* Soberano, el Rey de reyes y Señor de señores, reinará sobre todos, bendito para siempre. Y no pueden llegar estos tiempos «hasta la aparición de nuestro Señor Jesucristo» (1 Ti. 6:14-16).

1.002. LA ORACIÓN DE MARÍA

Lucas 1:30-38

«Tú te detuviste sobre tu azotado hijo, oh Señor,
Y en medio de la tiniebla pronunciaste la palabra sanadora;
Tú todo lo conoces, y con gentil poder,
Me concediste el beso de una madre en mi aflicción.»

Cuando el poder del Altísimo se detuvo para cubrir a la humilde María, ello fue para ella en verdad una manifestación de *gentil poder.* Ella podía verdaderamente decir: «Tu gentileza me ha hecho grande» (2 S. 22:36).

I. La promesa. «Deja de temer, María, porque has hallado gracia ante Dios. Mira, concebirás en tu seno y darás a luz un hijo, y llamarás su nombre Jesús» (vv. 30, 31). Ella *hallo gracia,* no como una que la mereciera o la comprara. La *gracia* de Dios, que es favor, nunca es encontrada por aquellos que la buscan como algo debido. El don de Dios es vida eterna.

II. La pregunta. «¿Cómo será esto, puesto que no conozco varón?» (v. 34). Tener a Cristo formado *dentro de nosotros* es tener la bendición sobre todas las bendiciones. Pero, ¿cómo será esto? Escuchad, cielos, y responde, tierra. ¿Cómo será esto? No está en el hombre poderlo razonar, y en toda experiencia meramente humana es cosa imposible. ¿Quién puede sacar algo limpio de lo inmundo? Tenéis que nacer de nuevo. ¿Cómo puede ser esto?

III. La respuesta. «El Espíritu Santo vendrá sobre ti, y el poder del Altísimo te cubrirá con su sombra» (v. 35). A la pregunta de María, ¿cómo será esto? la respuesta de Dios es «El Espíritu Santo». ¿Cómo debe ser *su Hijo revelado en mí*? (Gá. 1:16). El Espíritu Santo vendrá sobre ti. No es de hombre, ni de la carne, ni de obras, ni por fuerza ni poder, sino por *mi Espíritu,* dice el Señor. Aquel que *cubría* la creación en la antigüedad debe *cubrirte* a ti. Es el Espíritu el que vivifica. Apliquemos este gran pensamiento a:

1. EL CAMINO DE DIOS PARA LA SALVACIÓN. ¿Cómo será esto? Bien, tiene que venirte a ti como vino este honor a María. Como *gracia* de Dios. No puedes comprarlo, y jamás lo merecerás. La respuesta de Dios a tu pregunta acerca de cómo debe venir a tu corazón y vida es: «El Espíritu Santo» (Jn. 3:5). Como lo hizo María, cree en la Palabra de Dios, y reposa.
2. EL CAMINO DE DIOS PARA LA SANTIFICACIÓN. Esto, como la salvación y la formación de una nueva naturaleza dentro de nosotros, es todo de Gracia. Es la *gracia* de Dios. Es Dios quien obra *en nosotros* tanto el querer como el hacer de su buena voluntad. ¿Cómo será esto? La respuesta divina vuelve a ser la misma: «El Espíritu Santo vendrá sobre ti». Las tormentas y las pruebas de la vida pueden *arrancar* a su paso muchas hojas secas de un carácter exterior, pero no hay nada como el *surgimiento de la nueva vida* para *despojarse* de la vieja. Sed llenos del Espíritu.
3. EL CAMINO DE SERVICIO DE DIOS. A todas nuestras preguntas en cuanto a cómo seremos hechos fructíferos en la obra del Señor, Él tiene solamente una respuesta: «El Espíritu Santo». En *Mí,* dice el Señor, se encuentra tu *fruto.* ¿Cómo glorificaré a Dios en mi cuerpo y espíritu? El poder del Altísimo te cubrirá. Como *vasos,* debemos ser *llenados* con el Espíritu y con el conocimiento de su voluntad. Como *instrumentos,* debemos ser limpiados y totalmente entregados a su voluntad. Como *agentes,* actuamos en su Nombre y para su causa. «Por tanto, id, y haced discípulos en todas las naciones, bautizándolos en nombre del Padre, y del Hijo, y del Espíritu Santo» (Mt. 28:19, 20). «Así que, somos embajadores en nombre de Cristo» (2 Co. 5:20).

IV. La oración. María exclamó: «Hágase conmigo conforme a tu palabra» (v. 38). Esto es muy hermoso. María no podía *comprender* cómo el Hijo de Dios iba a formarse en ella, pero creyó que era su voluntad llena de gracia que así fuera. Y de inmediato se entregó, en espíritu, alma y *cuerpo,* para que la voluntad de Dios se hiciera en ella y por *medio* de ella. ***«Hágase conmigo conforme a tu palabra.»*** Esta breve, profunda, abnegada oración tan glorificadora de Dios respira el secreto de la salvación, de la santificación y del servicio eficaz. No se haga lo que Yo quiero, sino lo que Tú. Tomemos esto como ejemplo de cómo estas palabras llenas de gracia pueden ser recibidas y cumplidas en nosotros. Sed santos, porque Yo soy santo. ¿Cómo será esto? El Espíritu Santo vendrá sobre ti. Hágase conmigo conforme a tu palabra.

1.003. VISITADOS Y REDIMIDOS

Lucas 1:46

I. El visitador. El Señor Dios.

1 La necesidad de un visitador: La condición perdida y sin remedio del hombre.
2 La declaración: «En verdad os he visitado» (Éx. 3:16).
3 La maravilla: «¿Qué es el hombre, para que... lo visites?» (Sal. 8:7, margen).

4 La manera: «Dios estaba en Cristo reconciliando consigo al mundo» (2 Co. 5:19).

II. Los visitados. Su Pueblo.

1 Ellos *no le recibieron* (Jn. 1:11).
2 No conocieron *el tiempo de su visitación* (Lc. 19:44).
3 Lo rechazaron (Jn. 19:14).

III. El propósito. Redimir.

1 ¿A quién? Tu Hacedor es tu Redentor (Is. 54:5).
2 ¿Cómo? Dándose a Sí mismo en rescate (Mt. 20:28).
3 ¿De qué? (Tit. 2:14).
4 ¿A qué? A Dios, a la santidad, y al servicio (Lc. 1:74, 75).

1.004. GOZO SANTO

Lucas 1:46-55

«Belén y el Calvario:
Un niño humano para que Dios pueda morir;
Este el misterio maravilloso.
Belén y el Calvario:
Dulce imagen de humildad,
Y del infierno y la tierra la hostilidad».

Belén y el Calvario son los dos polos de la gracia divina y de la culpa humana. En lo primero vemos la evidencia del amor de Dios al hombre, y en lo segundo la prueba del odio del hombre contra Dios. En este capítulo tenemos tres santos cánticos:

1. El cántico de Elisabet (vv. 41, 42).
2. El cántico de María (v. 46).
3. El cántico de Zacarías (v. 67).

Es con el cántico de María que vamos a ocuparnos ahora de manera especial. Es placentero pensar en María cantando. ¿Acaso alguna voz mortal cantó un cántico más dulce que éste? Su gozo era santo, profundo, divinal. Era

I. Gozo espiritual. «Mi *espíritu* ha saltado de gozo» (v. 47). Las nuevas de la gracia de Dios, eI el don de su Hijo, llenaron su alma de gozo, e hicieron cantar a su espíritu. El Evangelio de Dios está dispuesto para alcanzar al mismo *espíritu* del hombre, para tocar y reavivar el más íntimo manantial de su ser. Los cánticos externos del hipócrita y los cánticos sentimentales del mundo nunca penetran al espíritu necesitado del hombre.

II. Gozo en Dios. «Mi espíritu ha saltado de gozo *en* Dios» (v. 47). Dios se reveló a Sí mismo, y fue conocido por María en el don de su Hijo, y de tal manera conocido y creído que su espíritu saltaba de gozo en dios. No se puede decir de nosotros que conocemos a Dios si en nuestro espíritu no nos regocijamos en Él. Nos regocijamos en Dios *por medio de nuestro Señor Jesucristo* (Ro. 5:11). El gozo que es en Dios es puro e intachable, y puede ser inmutable y eterno.

III. Gozo de salvación. «Mi espíritu se regocijó en *Dios mi Salvador»* (v. 47). ¡Cuán cerca se aproxima a su Dios el corazón de la madre virgen con estas palabras: «MI SALVADOR». María necesitaba un Salvador, y lo encontró en el Hijo del Altísimo, engendrado en ella por el poder del Espíritu Santo. ¿Dónde y de qué otra manera podemos encontrarlo? Mi Señor y mi Dios. Cristo mora en nuestros corazones por la fe.

IV. Gozo de alabanza. «Engrandece mi alma al Señor» (v. 46). Incluso el gozo de la salvación puede ser un gozo egoísta, pero el gozo de la *adoración* glorifica a Dios. Ana también conoció este doble gozo. Gozo en la salvación del Señor, y gozo en el Señor mismo (1 S. 2:1). «Engrandeced a Jehová conmigo, y exaltemos a una *su nombre»* (Sal. 34:3).

V. Gozo lleno de gratitud. «Porque ha puesto sus ojos sobre la *pequeñez* de su esclava» (v. 48). Ella está profundamente consciente de que nunca podría *merecer* el excepcional honor que le había sido conferido. Tampoco vosotros. Cada uno de los que conocen a Dios y vive en la luz de su presencia no puede dejar de estar consciente de su total indignidad de tal amor y favor. Es cuando, como María, estamos en pequeñez que el Señor nos levantará. Humíllate a ti mismo, y Él te honrará (Sal. 138:6).

VI. Gozo esperanzado. «Pues he aquí que desde ahora me tendrán por dichosa todas las generaciones» (v. 48). Ella fue verdaderamente bendecida, y bendecida a través de todas las generaciones, todo ello debido a su estrecha relación con el Señor de ella y nuestro. ¿No podemos aprender de esto que es nuestra *cercanía* a Cristo lo que va a afectar a nuestros hijos y a las generaciones aún venideras? La memoria de los malvados se desvanecerá, se corromperá como un árbol sin raíz y sin vida, pero los plantados junto al río jamás se marchitarán (Sal. 1:3).

VII. Gozo razonable. «Porque ha hecho *por mí grandes cosas* el Poderoso» (v. 49). Cuando estamos verdaderamente conscientes de que el Señor ha hecho grandes cosas por nosotros y *en* nosotros, por la *poderosa* operación de su Espíritu Santo, el gozo se hace, por así decirlo, natural. El fruto del Espíritu es gozo. El Señor ha hecho grandes cosas por nosotros, por lo cual *estamos* alegres (Sal. 126:3). Piensa en estas cosas. Aquel que es poderoso sigue siendo capaz de hacer grandes cosas por nosotros (Ef. 3:20).

VIII. Gozo que constreñía a testificar. En los siguientes versículos (50-55) María testifica de

1. EL PODER DE DIOS. «Desbarató a los arrogantes en el *pensamiento* del corazón de ellos. *Abatió* de sus solios a *los potentados,* … y a los *ricos* despidió con las manos vacías.» El brazo poderoso para salvar es también poderoso para abatir a todo lo que se exalta contra Dios. Los que conocen el gozo del Señor conocen también esto.
2. LA GRACIA DE DIOS. «Su misericordia alcanza… a los que *le temen.»* «Exaltó a los de *humilde condición.»* «Colmó de bienes a los *hambrientos.»* «Por gracia habéis sido salvados por medio de la fe, y esto no proviene de vosotros, pues es don de Dios» (Lc. 18:14). Son los hambrientos y sedientos que son llenados (Mt. 5:6). Nuestro testimonio será bendecido si es dado como María dio el suyo.

1.005. LIBERADO PARA SERVIR

Lucas 1:74, 75

«Señor, guarda vivo mi sentimiento de maravilla,
Centrado en el Cristo viviente,
Poniéndome con frecuencia a sus pies en su trono,
Para celebrar con Él una cita llena de gracia;
La "antigua, vieja historia" siempre nueva,
Y siempre demostrando su verdad.»

Es una gran y cruel falacia hacia Dios y los hombres creer que somos salvos *meramente* para ser *satisfechos.* Un pensamiento tan mezquino no es digno de la gracia de Dios. El hombre que *come* solamente para satisfacerse es un glotón egoísta, y un adorador de su estómago. Comemos para vivir, amar y trabajar. La provisión que Dios nos ha dado en Cristo es para capacitarnos para *vivir* delante de Dios, para amar a nuestros semejantes, y para *trabajar* para Cristo y su causa.

I. La gran liberación. «Que, liberados de nuestros enemigos.» Aquí se nos recuerda que esta liberación es:

1. TODA DE GRACIA. «*Concedernos.»* Se trata en realidad de una concesión divina. Es por su misericordia que no somos consumidos. Cuando cualquier junta o sociedad otorga a alguien una *concesión,* está generalmente la idea de mérito, pero con las concesiones de Dios no puede haber pretensión alguna de mérito, o la gracia no es gracia.
2. DEL ENEMIGO, EL PECADO. El pecado es uno de los *enemigos* de cuyo poder necesitamos ser liberados. Al darnos a su Hijo, Dios nos ha dado también una concesión de liberación del pecado (Ro. 6:18). «El pecado no se enseñoreará de vosotros; pues no estáis bajo la ley, sino bajo la gracia» (Ro. 6:14). Reclama esta concesión.
3. DEL ENEMIGO, EL YO. Si no se va a permitir al pecado que se enseñoree de nosotros, el *yo* egoísta debe ser puesto en el lugar de la muerte. En tanto que el *yo* carnal viva, será *siervo* del pecado. La victoria se consigue mediante la Sangre expiatoria.
4. DEL ENEMIGO, SATANÁS. El gran ACUSADOR está siempre dispuesto a presentar alguna acusación calumniosa contra el señor, contra su Evangelio, o contra nosotros mismos. No estamos ignorantes de sus añagazas. «Vestíos de toda la armadura de Dios, para que podáis estar firmes» (Ef. 6:11).

II. Su propósito. «Liberados… le sirvamos sin temor.» Nos ha liberado para que le *sirvamos.* Somos salvos para servir. Hemos sido desligados del pecado para poder venir a ser *siervos de Dios* (Ro. 6:18). Es bueno poder decir: «Gracias, Dios, he sido salvado», pero es mejor poder decir: «Gracias, Dios, soy el *esclavo* de Jesucristo». Para que podamos

1. SERVIRLE. Uno es vuestro Maestro, el Cristo. Señor, ¿qué quieres que haga? Habla, Señor, porque tu siervo escucha. *Sírvele*: a Dios primero; no a la Iglesia, no a una causa, no a un buen principio, sino al Cristo viviente, a nuestro Señor siempre presente y lleno de gracia, *a quien pertenecemos*.
2. SERVIRLE SIN TEMOR. Si *amamos* al Señor con todo nuestro corazón, éste será el carácter de nuestro servicio, porque en el amor no hay temor; el amor perfecto echa fuera el temor. Habiendo recibido el Espíritu de adopción somos salvos de un temor esclavizador en el amor de un hijo (Ro. 8:15).
3. SÍRVELE EN SANTIDAD. Como salvos sois llamados «con llamamiento santo» (2 Ti. 1:9). Llamados al sacerdocio santo, habiendo sido lavados y revestidos con santas vestiduras, para ministrar en las cosas santas al comer de los santos alimentos. Deben ser limpios los que llevan los vasos del Señor. El que os ha llamado es santo; sed pues vosotros santos (1 P. 1:15).
4. SERVIRLE EN JUSTICIA. Nuestro *nuevo hombre* es creado *según* Dios en justicia y santidad en verdad (Ef. 4:24). Así, se espera del nuevo hombre que sirva a Dios en justicia así como en santidad. «En santidad» puede hacer referencia a la naturaleza de Dios dentro de nosotros; «en justicia», a la Palabra de Dios delante de nosotros. Su naturaleza santa impartida a nosotros nos hace *idóneos* para el servicio. Su Santa Palabra nos da principios justos para la *conducción* en el servicio.
5. SERVIR DELANTE DE ÉL. Dulce es el servicio que se da en la consciencia de su presencia y que se hace como de pie ante Él. Elías podía hablar de «Jehová Dios de Israel, en cuya presencia estoy» (1 R. 17:1). Abraham anduvo delante de Dios. Servir *delante de Él* es el remedio para el temor del hombre, y el secreto de la liberación de deshonrar a Dios presentando elocuentes oraciones delante de grandes audiencias.
6. SERVIRLE TODOS LOS DÍAS DE NUESTRA VIDA. No hay licencias en esta guerra santa. El levita podía retirarse tras un número limitado de años de servicio, pero los liberados del pecado y de la ira por la agonía y la sangre del amado Hijo de Dios deben servirle todos los días de su vida. Todos los días de aquella vida que es divina y eterna. En los días de debilidad corporal, cuando no podamos hacer otra cosa que mirar, que sea esta *mirada* la de la bendita sumisión y santa confianza. Sí, Señor, todos los días de mi vida y de tu vida.

1.006. CON JESÚS EN BELÉN

EL HALLAZGO DEL SEÑOR JESÚS

La historia del nacimiento de Jesús en Belén es vieja y conocida. Pero nunca podremos decir la última palabra acerca de esta historia. El nacimiento de nuestro Señor Jesús en el mundo fue singular en la historia de la raza. Comenzamos nuestra existencia al nacer; en cambio, el vivía ya desde toda la Eternidad, Él ya era antes que el mundo existiese. Él era el Dios-Hombre. No Dios morando en un hombre; no un hombre deificado, sino Dios y hombre, combinando estas dos naturalezas en una sola Persona. Él tuvo madre humana, pero no padre humano. Fue concebido del Espíritu Santo y nació de la Virgen María.
Estudia las tablas genealógicas en los Evangelios. Un mahometano del sur de la India fue llevado a la fe leyendo la genealogía de Mateo. Tal procesión de nombres, pensó él, debía llevar a un nombre augusto; y leyó con reverencia la historia de la Navidad. ¿Qué es la genealogía de Mateo, sino la prueba de la relación del Mesías con Abraham y David, mostrando que se trata del verdadero y definitivo sucesor al Trono del Reino Davídico? El finado David Barón observó que «se trata de un hecho indiscutible, que el Señor Jesucristo de Nazaret es el último en la historia judía cuyo linaje regio puede ser ahora establecido mediante una prueba auténtica suficiente». Al destruirse el Segundo Templo, desaparecieron todos los registros genealógicos nacionales, y aparte de unas cuantas tradiciones carentes de valor, no hay nada a lo que ningún judío de todo el mundo pueda apelar para demostrar siquiera de qué tribu desciende, por no decir de qué familia. No existe en la actualidad una tribu de Judá ni una familia davídica separada, y sin embargo el Rey de Israel ha de demostrar que es hijo de David. Los únicos registros genealógicos preservados son los que demuestran el linaje davídico del Señor y Salvador, y están preservados en el N.T.
Parece evidente que el Señor Jesús nació en su hogar ancestral. Aquel mesón era conocido en tiempos de Jeremías como la caravanera de Camaam (véase Jer. 41:17, V.M., *margen*: «Gerut-Chimham = posada de caravanas, de Camaam). Camaam era hijo de Barzillai, a quien David honró por causa de su padre (véase 2 S. 19:37 a 40), y, como lo ha sugerido el doctor Schofield de Londres, le dio su hogar paterno cerca de Belén (la casa de Booz y de Rut). Éste, al morir el rey, la transformó en una caravanera. Dar un Khan o caravanera a una ciudad entonces era equivalente a dar un parque o un hospital hoy en día.

I. Los trabajadores que buscaron a Jesús (Lc. 2). Los pastores son representantes de la clase obrera: los trabajadores. Véase cómo nuestro Señor honra a los humildes y sencillos. Una sencilla muchacha fue la escogida para ser la madre de Jesús. La humilde ciudad de Belén fue escogida para ser el lugar de su nacimiento; y se dio honra a los trabajadores al dárseles a ellos en primer lugar las alegres noticias de gran gozo.

1. ESTABAN EN LA OSCURIDAD, y así es con nosotros, si no hemos aún dado el paso todo importante a Cristo. Y no se trata de oscuridad física, como en el caso de ellos, sino espiritual, la oscuridad del pecado y de la incredulidad.
2. LLEGARON A LA LUZ, una luz de lo alto que cayó sobre ellos, y también nosotros podemos llegar, y desde luego llegaremos, si acudimos primero a Aquel que se ha proclamado como la Luz del Mundo. Fue una luz gloriosa que resplandeció alrededor de ellos.
3. SE LLENARON DE TEMOR, porque la luz del cielo siempre produce temor en el corazón de los inconversos. El temor en el corazón es prueba de que ha venido luz del cielo, y se debe a la culpa del pecado.
4. OYERON EL EVANGELIO, y el Evangelio fue predicado por ángeles; esto constituyó un raro privilegio para ellos. El ángel les proclamó Gratas Nuevas, porque «os ha nacido hoy… un Salvador» No «*nos* ha nacido», porque no hay Salvador para los ángeles caídos.
5. OBEDECIERON EL EVANGELIO, porque decidieron ver por sí mismos, y el Evangelio debe ser obedecido así como creído.
6. HALLARON AL SALVADOR, como les sucede a todos los buscadores anhelantes y genuinos.
7. SE REGOCIJARON EN GRAN MANERA, como sucede con todos aquellos que hallan al Salvador, y luego glorificaron a Dios.

II. Los pensadores que buscaron a Jesús (Mateo 2:2). El hecho de que no solo unos trabajadores representativos buscasen a Jesús, sino también pensadores representativos, es cosa impresionante. Los más grandes pensadores que el mundo jamás ha visto han sido humildes seguidores del Señor Jesucristo.
La Biblia es un Libro de Sabiduría, y señala a la verdadera fuente de toda sabiduría. Pondera esta declaración: «El testimonio de Jehová es fiel, *que hace sabio al sencillo*». Allí descubrimos cómo podemos hacernos sabios.
Observemos unos cuantos hechos acerca de esos sabios, que muestran su sabiduría.

1. ESTABAN EN UN PAÍS ALEJADO, y así es con nosotros si todavía no hemos acudido a Él. Deben haber estado en un país lejano, porque procedían del Oriente.
2. VIERON EL MENSAJERO DE DIOS, y además desde donde estaban, lo que era una señal de verdadera sabiduría. Hay personas que no ven nada, pasando por la vida o con los ojos cerrados o sin observar. «Hemos visto su estrella en el oriente». Algunos, como el famoso hombre del rastrillo de la obra de Bunyan, no ven porque no levantan los ojos. Ellos recordaron la profecía de Balaam (Nm. 24:17), prestaron atención con cuidado, y reconocieron en aquella estrella el mensajero de Dios.
3. EMPRENDIERON CAMINO PARA ENCONTRAR A JESÚS Y ADORARLE. Los hay que ven, pero que nunca acuden. El propósito de la estrella no era entretener, sino conducir. Tenían que emprender un largo camino, pero nosotros no tenemos que ir lejos para ver y encontrar al Salvador. No encontramos a un débil bebé, sino a un Fuerte y poderoso para salvar.
4. PARECE QUE COMETIERON UN ERROR, apartando la mirada de la estrella y apoyándose excesivamente en sus propios pensamientos. De cierto, pensaron, aquel Grande habría nacido en la capital; por lo que quitaron sus ojos de la estrella, y siguieron los razonamientos humanos, dirigiéndose a Jerusalén. Véanse los desastres que siguieron a esto: la matanza de los inocentes en Belén. Mucho mejor mantener la mirada fija en el mensajero celestial, y ser conducidos por el Señor.
5. ¡AH, PRONTO ENCONTRARON A JESÚS, como sucede con todos los verdaderos buscadores! ¡Y qué satisfacción que este encuentro trajo a sus corazones y vidas!
6. LUEGO ADORARON, presentando sus costosos dones, como todos deberíamos hacer cuando somos hallados por el Señor. Sin

embargo, ¡ay!, tantos toman todo lo que el Señor Jesús tiene para darles, pero olvidan darle como ofrenda de acción de gracias primero a sí mismos, y luego todo aquello que tienen, consagrado a Aquel que tanto ha hecho por ellos.

1.007. LA NOCHE DE LA ENCARNACIÓN

Lucas 2:1-20

«¡Oh prodigiosa maravilla
A ser proclamada por el trueno!
Nuestro Dios en la tierra, un Niño.
Pero como luz, no como rayo,
Atrayendo y atemorizando,
Tierra y cielo reconciliados.»

Eeto es en verdad lo que uno ha llamado «El nacimiento supremo "en medio de cosas entreabiertas"». La Luz del Mundo nació en la noche. A su venida, el mundo estaba, natural y espiritualmente, envuelto en tétricas e impotentes tinieblas. Las frías y estremecedoras neblinas de la forma y de la ceremonia van ahora a fundirse delante del calor y del resplandor de su alborada. Gracias a Dios que Él vino «como luz, no como rayo». Observemos:

I. Los preparativos. José y María, por cuanto pertenecían a la casa de David, acudieron a Belén para el censo (vv. 1-5). Dios había predicho, por boca de su profeta Miqueas, que Cristo, el Rey de Israel, nacería en Belén (Mi. 5:2). El decreto del Emperador de Roma coadyuvó en el cumplimiento de la Palabra de Dios. Igual que nuestra alma, nuestras *circunstancias* están también en manos de Dios.

II. La llegada. «Lo acostó en un pesebre, porque no había lugar para ellos en el mesón» (v. 7). Sin lugar en el mesón. Extrañamente profético de la acogida que iba a tener como Salvador de los hombres. Otras personas y cosas en primer lugar. ¿Y no sigue siendo así? Se nos dice que hay lugar para todo. ¿Qué lugar tiene Jesucristo en la política, en los negocios, en la sociedad (así llamada), en el hogar, o en el corazón? Como sucede con el mesón en Belén, ya está todo *lleno*. No hay lugar para Jesús con respecto a los asuntos de la vida diaria. ¿No sigue siendo cierto que «el Hijo del Hombre no tiene donde recostar *su cabeza*»? (Mt. 8:20).

III. Su proclamación (vv. 8-12). Era divinamente apropiado que «Cristo el Señor» fuera proclamado por el «ángel del Señor» y acompañado con la «gloria del Señor». Aquí está el evangelio de la encarnación, declarando «buenas noticias de gran gozo». Buenas nuevas de la gracia de nuestro Señor Jesucristo, despojándose y descendiendo a la pobreza para poder enriquecer a muchos (2 Co. 8:9).

IV. Su acompañamiento. «De repente, apareció junto al ángel una multitud del ejército celestial que alababa a Dios» (v. 13, 14). Si hubo indiferencia entre los hombres de la tierra a la llegada del Hijo de Dios, no la hubo en el cielo. Hay gozo en el cielo todavía por un pecador que se arrepiente y cree en Él (Lc. 15:7).

V. La indagación. «Vayamos ahora mismo hasta Belén, y veamos... lo que el Señor nos ha dado a conocer» (vv. 15, 16). Los pastores *creyeron* la Palabra, y actuando en base de ella lo encontraron a Él, tal como les había sido anunciado. Ojalá que los hombres tuvieran la sabiduría de estos pastores, y que en lugar de perderse en razonamientos y cavilaciones, simplemente dijeran: «Vayamos, y veamos». Probad la Palabra de Dios. Cree, y verás. Buscad, y hallaréis.

VI. Su testimonio. «Y después de verlo, dieron a conocer lo que se les había dicho» (v. 17). Creyeron, y por ello hablaron. Los que han probado el poder de la verdad revelada de Dios en su propia experiencia son los que mejor pueden comunicarla a otros. No pueden dejar de anunciarla, por cuanto son tales buenas nuevas de gran gozo. Dan a conocer lo *dicho* porque es una palabra fiel, y digna de ser aceptada por todos (1 Ti. 1:15).

VII. Regocijo. «Regresaron glorificando y alabando a Dios» (v. 20). Bien podemos cuestionarnos si hemos encontrado al Señor si no hallamos gozo en hablar de Él, y si no somos constreñidos de un pleno corazón a glorificare y alabarle. Si el Evangelio no son nuevas de gran gozo para nosotros, está claro que nunca lo hemos creído todavía. Los pastores: 1) Oyeron; 2) Creyeron; 3) Obedecieron; 4) Recibieron; 5) Testificaron; 6) Se regocijaron; 7) Alabaron. «*Regresaron* glorificando a Dios.» Volvieron a su tarea diaria, pero con una nueva visión en sus corazones, y un nuevo poder en sus vidas. Encontrar a Jesús el Salvador es un descubrimiento muy práctico.

1.008. BUENAS NUEVAS DE GRAN GOZO

Lucas 2:8-14

«También yo quisiera a los ángeles seguir;
Señor de los ángeles, ¿me santificarás?
Quisiera yo su santo celo imitar,
Quisiera yo su feliz obediencia sentir,
Y mi frente, como la suya, tu santidad sellar.»

En aquellos anchurosos y ondulantes campos cerca de Belén, donde Rut comenzó su trabajo de espigar, y donde David cuidaba de los rebaños de su padre Isaí, los pastores seguían guardando de noche a sus rebaños. Pero aquella era una noche que jamás se olvidaría. Aquella noche apareció una estrella que estaba destinada a dejar en segundo plano el resplandor del sol, y a llenar toda la tierra con la gloria del Dios invisible. Buenas nuevas. Observemos

I. El predicador. «Un ángel del Señor». El primer heraldo de la nueva dispensación. Fue una gran ocasión, pero no fue lo que la sabiduría de los hombres llamaría un sermón elocuente. Era brillante en su sencillez, aunque en su sentido tan insondable como la eternidad. «Dejad de temer, porque os traigo buenas noticias de gran gozo» (v. 8). Era lo que deberían ser todos los sermones: llano, al grano, práctico, y poderoso.

II. Los oyentes. «Unos pastores que vivían en el campo.» Eran a la vez inteligentes y atentos. Aún más. Tenían hambre y sed por las nuevas que ahora resonaban tan de repente en sus sorprendidos oídos. Eran almas ansiosas, esperando y anhelando su venida. Así como el monte más alto recibe los primeros gloriosos rayos del sol al amanecer, del mismo modo estos pastores, de pie sobre las alturas de la expectación de fe, son los primeros en ser bañados en la gloria que venía a bendecir a un mundo adormecido. Yo honraré a los que me honran.

III. El Evangelio. «Porque os traigo *buenas noticias.*» Examinemos las características de estas maravillosas buenas nuevas procedentes de Dios que iba en las épocas venideras a atraer a tantos sacándolos de todas las fascinaciones del mundo y de los placeres del pecado. Era

1. MISTERIOSO. «Os ha *nacido* hoy... Cristo el *Señor.*» ¿Quién puede hallar esto indagando? El Señor de la gloria *nacido* y yaciendo en un pesebre, despojado de su inefable majestad, y envuelto en pañales. Ésta es la señal (v. 12). La señal de gracia y compasión infinitas. Grande es el misterio de la piedad. Dios manifestado en carne.
2. BUENO. «Buenas noticias.» La voz en el monte a la promulgación de la ley solo trajo temor y temblor. La ley promulgada era santa, justa y buena, pero no era buenas noticias para los pecadores. El Evangelio da buenas noticias, porque declara que un SALVADOR ha nacido. Sin el nacimiento del Hijo de Dios, ningún hijo podría nacer a Dios. Aquel que iba a llevar muchos hijos a la gloria tuvo que ser perfeccionado «por medio de padecimientos» (véase He. 2:10; Is. 52:7).
3. GOZOSO. «Buenas noticias de gran gozo.» Su primera nota es «Dejad de temer». Dejad de temer la profundidad de vuestra pecaminosidad, el número de vuestros pecados, vuestras propias debilidades, o los enemigos externos del alma, porque os ha nacido un Salvador. Dios ha otorgado la ayuda en Uno que es poderoso, Cristo el Señor. Nos gozamos en Dios por medio de nuestro Señor Jesucristo (Ro. 5:11).
4. PERSONAL. «Os traigo buenas noticias.» «Que os ha nacido hoy». La voz de esta sabiduría celestial sigue clamando: «Oh hombres, a vosotros clamo» (Pr. 8:4). Los pastores no podían dejar de ver que este bendito mensaje de Dios era para todos los que lo *oyeran*. Oye, y tu alma vivirá. Este evangelio es a *vosotros* primero (Hch. 3:26).
5. UNIVERSAL. «Que lo será para todo el pueblo» (v. 10). Cuando nuestro Señor yacía en sus pañales, o cuando estuvo de pie ante Pilato, era para los hombres un objeto muy insignificante en comparación con Pilato y con el Emperador pagano de Roma, pero ¿dónde están estos ahora? El mundo por el cual Cristo murió será todavía bendecido por medio de su Nombre. «Todas las naciones le servirán» (Sal. 72:11). ¿Le estás sirviendo tú ahora?
6. CONFIRMADO. «De repente, apareció junto al ángel una multitud del ejército celestial que alababa a Dios y decía: Gloria a Dios en lo más alto» (vv. 13, 14). Esto no se hizo en un rincón. Los que creen el Evangelio tendrán razones sobradas para afe-

rrarse a Él, tanto milagrosas como de otro tipo; la Palabra siempre irá confirmada por señales que la acompañarán. El Espíritu da testimonio con nuestro espíritu de que somos los hijos de Dios (Ro. 8:16; 1 Co. 1:22).

1.009. EL PROPÓSITO Y EL RESULTADO DE LA VENIDA DE CRISTO

«Gloria a Dios en lo más alto; y sobre la tierra paz» (Lc. 2:14).

«No he venido para traer paz, sino espada» (Mt. 10:34).

¡Qué contradicción más acusada parece darse entre estas dos declaraciones! La primera concuerda con todas nuestras ideas acerca del propósito de su venida, y armoniza de manera admirable con muchas otras Escrituras, mientras que la segunda es exactamente lo opuesto. Algunos podrían sentirse inclinados a pensar: «¿Cuál es la correcta? ¿Cuán debo aceptar?»
¿Que cuál tenemos que aceptar? Pues las dos, porque las dos son ciertas, aunque parezcan tan totalmente diferentes. Esta postura puede parecer ilógica, pero la vida demuestra ciertas muchas proposiciones que la lógica demostraría rápidamente como falsas.
La primera nos habla de su propósito al venir; la segunda, del resultado real de su venida. Esta fraseología es peculiar de la Biblia, en la que en ocasiones se afirma de alguien que hace algo que en realidad solo permite.
Esto no significa que los propósitos de nuestro Señor hayan quedado finalmente torcidos, que Él viniese a dar paz pero que por desgracia sus propósitos no vayan a ser llevados a cabo. Lo que Él ha emprendido lo cumplirá sin duda alguna más tarde o más temprano.
Ahora bien, ¿no hay otra perspectiva acerca de esta cuestión, que a fin de establecer la paz, o en el establecimiento de la paz, se precise de la espada del Espíritu? Hay dos imágenes de nuestro Señor Jesús en la Biblia. La más conocida es aquella en la que el Señor lleva la Rama de Olivo. Vino a hacer la paz mediante la Sangre de su Cruz, y a predicar la paz.
Pero hay otra imagen, y no tan bien conocida, la del Señor con una espada desnuda en su mano. Josué vio al Señor «delante de él, el cual tenía una espada desenvainada en su mano» (Jos. 5:13). Cristo como Varón de Guerra.
En Apocalipsis 1:16, Juan vio al Señor cuando «de su boca salía una espada aguda de dos filos», enseñando el inmenso poder de su Palabra. El Salvador con quien tenemos que ver es tierno y compasivo. Pero puede matar mediante una palabra.

I. Antes que Cristo pueda establecer su Paz en mi corazón, tiene que desenvainar su Espada: en otras palabras, antes que pueda conocerle como Príncipe de Paz, debo conocerle como Rompedor de la Paz. El alma inconversa está, por naturaleza, envuelta en una profunda paz, la paz del sueño y de la muerte espiritual. Una paz que es heraldo de la terrible tempestad del Juicio. Un sueño del que no hay despertar, si somos dejados a nosotros mismos. Él viene a perturbar esta falsa y terrible paz.
Los exploradores del Ártico hablan de los silencios de la región ártica, que acallan el alma. Reina suprema una extraña paz. No hay vida, nada más que una gélida desolación. Todo está envuelto en el frío abrazo del invierno. Antes que la hermosa y refrescante paz de la Primavera pueda visitar esta región, ha de haber una gran perturbación. El sol resplandece con sus cálidos y alegres rayos, se derrite el gran campo de hielo, y el resultado es terribles desgarros y crujidos, rompimientos y estallidos como de dinamita. Igual sucede cuando el Sol de Justicia resplandece sobre las almas envueltas en el frío abrazo de la muerte espiritual: hay perturbación, un rompimiento del silencio de la muerte espiritual. Para cambiar la metáfora, la Espada del Espíritu que es la Palabra de Dios comienza a dar cortes y mandobles. Pero después de la convicción viene la conversión, tras el arrepentimiento viene la paz por medio de la Sangre de su Cruz.

II. El establecimiento de su Paz en el alma individual significa a menudo el desnudamiento de la espada de la persecución en el hogar, en el taller, o en otros lugares. Cada cristiano puede garantizar la realidad de esto. Ahí tenemos un hogar mundano, envuelto en paz carnal. Un miembro de la familia se convierte. En el acto se hunde la paz familiar, y comienza la persecución. El hecho de la presencia de Cristo en aquella vida viene a ser una perturbación, haciendo incómodos a todos. A veces nos preguntamos por qué se ha corrido un velo sobre la vida de nuestro Señor en Nazaret. Quizá es una misericordia que fuese así. ¿Estaba nuestro Señor hablando aquí por experiencia personal? ¿Hubo allí luchas y contiendas por causa de la presencia de aquel HOMBRE PURO? Hay varios hechos significativos en el Nuevo Testamento.
Sus parientes lo consideraban loco (Mr. 3:21). Hasta su madre y hermanos compartieron este punto de vista. Y en Juan 7:5 se nos informa que sus hermanos no creían en Él.
Pero, gracias a Dios, Él da paz a los perseguidos.

III. También es cierto que cada alma salvada es enviada con una espada para hacer la guerra a las huestes del pecado.
Cristo no solo pone paz en mi corazón, sino también una espada en mi mano. La nota guerrera resuena en todas las Epístolas del N.T. Hay huestes del pecado y de maldad que deben ser atacadas, y la Palabra de Dios es el arma que pone en nuestras manos. Hay un llamamiento a voluntarios, ¿Quién se pondrá del lado del Señor?

IV. Paz de Dios, una paz interior. Esta paz desafía a toda descripción. Sobrepasa a todo pensamiento. Es aquella serena calma que reposa solo en Dios, y que está dispuesto a comunicarnos. Hay tres pasos para su goce.

1. Viene a ser mía cuando me hago consciente de mi posición en Cristo, cuando descubro que tengo paz con Dios sobre la base de la sangre derramada de Cristo.
2. Profundiza y aumenta según yo crezco en la gracia. Es el fruto del Espíritu (Gá. 5:22), nos viene por la ayuda del Espíritu Santo (Ro. 14:17) y es el resultado de un conocimiento más profundo de Dios (2 P. 1:2) y de una mayor espiritualidad (Ro. 8:6).
3. Sigue al cultivo del hábito de la oración, como se ve claramente en Filipenses 4:7.

1.010. A FAVOR O EN CONTRA

Lucas 2:23

En este capítulo podéis observar que 1) Un espíritu mudo hace *mudo* a un hombre (v. 14). 2) Un espíritu *inmundo* hace inmundo a un hombre (v. 24). 3) El *Espíritu Santo* hace un *hombre santo* (v. 13).

I. Lo que se significa por estar por Cristo. Implica: 1) Decisión por Él. 2) Reconciliación con Él. 3) Comunión con Él. 4) Acción por Él.

II. Lo que se significa por estar contra Cristo. Estamos en contra de Él cuando 1) Rechazamos sus demandas. 2) Descuidamos su gracia. 3) Rehusamos su compañía. 4) Despreciamos su causa. 5) Perseguimos a su pueblo.

No existe la neutralidad. A FAVOR o EN CONTRA.

1.011. SIMEÓN: UNO ESCONDIDO

Lucas 2:25-32

«El sepulcro de mi madre fue mi Sinaí,
Pero no fue el rayo, mas la luz, la causa
Que me sacó de mi incredulidad,
Y detuvo el dolor de un padre entrado en años;
Suavemente volvió de mi infancia la oración,
Y ardió en mí mi vieja fe de antaño.»

Simeón parece haber sido uno de los escondidos del Señor, que, bajo la conducción de Dios, con calma y quietud lo servía *esperando*. Pero el escondido es aquí desvelado. Él ha orado en secreto, y es ahora recompensado en público.

I. Observemos su santo carácter.

1. ÉL ERA JUSTO Y DEVOTO (v. 25). Justo en sus tratos con los hombres, y devoto en sus tratos con Dios. Justo y santo. Hay dos facetas de la vida cristiana, y deben ser igualmente honrados y fieles.
2. ESPERABA LA CONSOLACIÓN DE ISRAEL. Esperó y oró porque creía. Este amado hombre de Dios no tenía otra fe ni otro medio o esfuerzo para consolar a Israel que la venida del Rey. Ésta sigue siendo la esperanza de Israel, porque «consolará Jehová a Sion» (Is. 51:3). Y su espera fue recompensada; su esperanza se cumplió. «No se avergonzarán los que esperan en Mí» (Is. 49:23). Espera en el Señor.
3. ESTABA CONDUCIDO POR EL ESPÍRITU. «El Espíritu Santo estaba sobre Él.» Hay siempre una conexión muy vital entre *esperar* en el Señor, y *recibir* poder (Hch. 2:1-4). El efecto de tener

sobre sí al Espíritu Santo fue doble: 1). Fue enseñado. Le fue *revelado* por el Espíritu Santo que no vería la muerte antes que hubiera visto al Cristo del Señor. 2). Fue *conducido*. «Y movido por el Espíritu, vino al Templo» (v. 27). A cada uno que está poseído por el Espíritu le son reveladas las cosas de Cristo, y será conducido por el Espíritu. Puede simplificarse la cuestión invertir el orden aquí: 1) Sé lleno del Espíritu, y entonces estarás 2) dispuesto a esperar por y para el Señor; y entonces 3) podrás vivir una vida justa y devota delante de Dios y de los hombres, siendo enseñado por Dios y conducido por el Espíritu.

II. Oye su gozoso testimonio. La suya es verdaderamente una actitud llamativa, de pie, con el Salvador recién nacido en aquellos brazos durante tanto tiempo levantados en oración y en paciente espera. ¿Quién puede refrenarse de dar un ferviente testimonio cuando los brazos de su fe han sido llenados con el Salvador personal? Él bendice a Dios como uno cuya vida ha quedado ahora plenamente satisfecha con su don. Coronado con su honor, y dispuesto a partir en paz. Éste es siempre el poder satisfaciente de Jesucristo cuando es recibido en fe. Él da testimonio de

1. CRISTO Y LA SALVACIÓN DE DIOS. «Han visto mis ojos tu salvación» (v. 30). Hermoso es el título así dado a Jesús. «*Tu Salvación.*» El gran amor de Dios, su misericordia y poder, unidos para redimirnos y bendecirnos en la persona de su Hijo. Esto fue el *desnudamiento* del brazo de Jehová para salvación (Is. 52:10). Este desnudo brazo revela, si lo podemos expresar de esta manera, el poderoso y fuerte músculo salvador de Jehová. «¡Despiértate, despiértate, vístete de poder, oh brazo de Jehová!» (Is. 51:9). ¿Qué otra cosa más que el Cristo viviente en nuestros corazones podrá jamás prepararnos para partir en paz?
2. CRISTO COMO LUZ DE LOS GENTILES (v. 32). «Como revelación a las naciones» (Newberry). Cristo es la Luz revelada de Dios a las naciones de la tierra. Con respecto al carácter de Dios y al camino de la salvación no hay otra luz. Todo lo demás es la luz de la razón cegada por el pecado, y que se limita a la suposición y a la superstición. «Yo soy la Luz del Mundo.» La salvación es salir de las tinieblas a su luz admirable. Las chispas de nuestra propia factura jamás podrán transformar la noche en día (Is. 9:2). Y tampoco podrán salvarnos nuestras obras. La presencia de Cristo con nosotros y en nosotros es como el potente haz de luz del cielo dirigido hacia el Padre para que *nosotros* le veamos, y dirigido hacia nosotros, sobre el pecado, la muerte y la eternidad, para poder asimismo ver estas cosas con, por así decirlo, sus ojos «Andad en la luz» (véase 1 Jn. 1:7).
3. CRISTO COMO LA GLORIA DE ISRAEL (v. 32). Éste es el orden revelado por el Espíritu Santo a Simeón. Cristo debía ser primero una luz para los gentiles, y después de esto la gloria de su pueblo Israel. ¿Había algún otro en Israel que creyera que el Cristo bendeciría *primero* a las naciones gentiles antes de ser glorificado entre su propio pueblo antiguo? El Espíritu Santo no podía cometer errores. El Mesías sería cortado, contado con los transgresores. Pero volverá, no como ofrenda por el pecado, sino como Rey de Israel, con gran poder y gloria. Harán duelo por causa de Él (siendo que le crucificaron), pero la *gloria* del Señor les amanecerá entonces. Donde esté el Glorificado habrá gloria, porque siempre mora la gloria en la tierra de *Emanuel*, sea en la tierra o en el cielo, en el Tiempo o en la Eternidad. Cristo es nuestra Salvación; Cristo es nuestra Luz; Cristo es nuestra Gloria. A Él sea la alabanza.

1.012. CRISTO COMO SEÑAL DE CONTRADICCIÓN

Lucas 2:34, 35

«Sin voz, solo y hambriento,
¡Mira! donde el chivo expiatorio está /bajo el sol abatido;
O ahora entre las agostadas plantas yaciendo
Ardiente, y al borde de la muerte.
Tú, oh mi Salvador, por nuestra causa,
El antitipo Tú mismo te hiciste.
Pero en ti recayó más abrumadora carga,
Tú el Hijo de Dios, de Dios desamparado.»

Tan pronto como Simón tomó al Señor en sus brazos, se tornó en profeta, enseñado por el Espíritu Santo (v. 25), y hablando con toda libertad. Cada dicho está lleno de un significado profundo y de gran alcance. La recepción de Cristo es siempre un medio de abrir los ojos para contemplar las cosas que no se ven. Observemos lo que dice acerca de

I. La misión de Cristo. «Éste [niño] está puesto para caída y levantamiento de muchos en Israel» (v. 34). Esto

1. FUE CIERTO LOCALMENTE. En el día de su padecimiento y humillación sus discípulos lo abandonaron y huyeron; *cayeron* de su lado, pero volvieron a *levantarse* a la fe y al favor tras su resurrección.
2. ES CIERTO UNIVERSALMENTE. Todos los que acuden a Él tienen que *caer* ante Él antes de poder ser levantados otra vez en novedad de vida. Saulo cayó en tierra cuando Él se le apareció en el camino de Damasco, pero fue levantado de nuevo, vaso escogido para llevar su Nombre. Zaqueo tuvo que descender al ser llamado, antes que la salvación llegara a su casa (Lc. 19:1-9). Nosotros tenemos que ser plantados en la semejanza de su muerte antes de que podamos ser levantados en la semejanza de su resurrección (Ro. 6:5).
3. SERÁ CIERTO DISPENSACIONALMENTE. Israel, como nación, ya ha caído (Ro. 9:12), y los gentiles están siendo actualmente enriquecidos por ello, pero tendrá lugar todavía un *levantamiento*, porque todo Israel será salvo cuando venga el Libertador de Sion, y quite la impiedad (Ro. 9:26).

II. El carácter de Cristo. «Está puesto... para SEÑAL que es objeto de disputa.» Una *señal* puede ser ofensiva de dos maneras, bien por su aturdidora incertidumbre o por su alarmante claridad. Era la inconfundible claridad de la vida y enseñanza de Cristo lo que hacía de Él piedra de tropiezo y roca de escándalo para muchos. En Él como señal vemos, por así decirlo, la

1. LUZ ROJA DE PELIGRO. Izada ante la vista de los dudosos y de los no arrepentidos. Si el árbol verde que se levantó en nuestro lugar en los fuegos del juicio de Dios tuvo que sufrir así, ¿qué sucederá con el seco?
2. LUZ ÁMBAR DE PRECAUCIÓN. A los que quisieran pasar de largo de la cruz en su apresuramiento por salvarse, tratando de establecer su propia justicia. ¡Oh que los hombres quisieran considerar! Ten cuidado de ti mismo.
3. LUZ VERDE DE SEGURIDAD. Para los creyentes y obedientes. Cristo la Señal les declara que la vía está abierta para el que en Él confía. Prosigue a la meta. Si se *habló en contra* de tu Señor, no te ofendas si muchos hablan en contra de ti (Hch. 28:32).

III. La influencia de Cristo. «Para señal a la que será contradicho... *para que sean manifestados los pensamientos de muchos corazones*» (vv. 34, 35, RV). Éstas son palabras solemnes. Oh, alma mía, pisa aquí suavemente. Entrar en contacto con Cristo es ver *revelados los pensamientos del corazón*. Él es la Palabra Viva, Aquel que discierne los pensamientos e intenciones del corazón. Los pensamientos de nuestros corazones, con respecto a Él, están siendo revelados a diario mediante nuestras palabras y acciones. ¿Están por Él o contra Él? Así como es el hombre a los ojos de Cristo, así es Él. Nuestra actitud delante de Él determina si estaremos de pie o si caeremos en el juicio, y determina *ahora* si nuestra vida es agradable a sus ojos. El Señor mira al corazón. ¿Ha traspasado nuestras almas la espada de sufrimiento que traspasó la de María, al ser testigo de la agonía y muerte de su Hijo y Salvador, por una profunda y verdadera sintonía con Él? ¿Y se están revelando los pensamientos de muchos corazones por medio del sufriente y rechazado Salvador *en* nosotros? Que la espada de su Palabra traspase nuestras almas, y que los pensamientos de *su corazón* nos sean revelados.

1.013. UNA DOLORIDA BÚSQUEDA

Lucas 2:41-51

«El laberinto de error hemos recorrido,
Errantes mucho tiempo por los retorcidos setos;
Y ahora se descubre la antorcha iluminadora,
Solo mostrando dónde fue que hubo el extravío»

GEORGE CRABBE

Es muy deprimente al final de una vida llena de ansiedad y de ocupación encontrar solo la luz suficiente para mostrar que ha sido una vida de error, fracaso y transgresión contra Dios. Es posible que la luz salvadora del Evangelio venga a ser al final, por un descuido voluntarioso de la misma, solo una tétrica luz que revela un horrendo futuro. Andad en la luz mientras tenéis luz. Buscad al Señor mientras puede ser hallado.
Fue el primer día significativo en la vida de Jesús cuando fue a su primera Pascua en Jerusalén a la edad de doce años. Incluso así, como

el Gran Maestro venido de Dios, no pudo ser ocultado. Reflexionemos acerca de la búsqueda y encuentro de Él por parte de sus supuestos padres.

I. El descubrimiento. «Hicieron un día de camino, ... y al no hallarle, regresaron a Jerusalén en busca suya.» Es siempre un triste descubrimiento por parte de los que conocen y aman a Jesús descubrir que Él no está con ellos. Como Sansón, puede que se agiten, pero de nada sirve (Jue. 16:20). ¿Cómo había sucedido esto? Leemos que ellos

1. SUPONÍAN QUE ESTABA EN LA COMPAÑÍA. *Suponer* que está con nosotros no es evidencia de que sea así. Muchos son los que suponen que Cristo está con ellos siendo que viven vidas sin Cristo, suponiendo que todo va bien cuando todo va mal. Luego, también
2. ES INDUDABLE QUE ESTABAN OCUPADOS CON OTRA COMPAÑÍA. No que tuvieran la *intención* de ir sin Él, pero entre sus suposiciones y las presiones de sus parientes y conocidos, Él se quedó atrás. ¿No es ésta la vieja historia: «Mientras estaba ocupado aquí y allá, se fue»? Es incluso posible estar ocupado en la obra del Señor cuando el mismo Señor no está con nosotros. Un misionero que salía a su tarea una mañana con mucha tristeza se encontró a la puerta con su mujer, que mirándolo a la cara le dijo: «¡Oh, Willie, mucho trabajo y poca oración hacen la tarea muy dura». No hubo visitación aquella mañana, pero se hizo una obra en el alma de Willie que resultó para bendición durante toda su vida.

II. La búsqueda. Un día de camino sin Jesús llevó a tres días de dolorida búsqueda. Pero observemos que ellos

1. LO BUSCARON EN EL ACTO. No intentaron dar un paso más sin Él. Su amor les impidió tal cosa. Siempre haremos más rápido progreso volviéndonos al lugar donde nos separamos de Cristo que prosiguiendo sin su presencia consciente con nosotros. Si su presencia no ilumina tu vida, busca su rostro. Espera en el Señor. Vuelve.
2. LO BUSCARON ANGUSTIADOS. Al principio lo buscaron donde no podían encontrarlo, entre sus parientes y conocidos. ¿No es normal en nosotros correr entre nuestros amigos cristianos, buscando la luz y la ayuda que solo podemos recibir de Cristo mismo? Buscar al Señor es siempre una búsqueda *angustiada*. Si sentimos la necesidad de su presencia para dar satisfacción a nuestras almas tanto como la sintieron sus padres, el terrible sentido de la *pérdida* nos constreñirá a buscarlo llenos de lágrimas.

III. El encuentro. El que busca, hallará (Jer. 29:13). Lo encontraron

1. ¿DÓNDE? «En el templo.» El templo era la «casa de oración». Este hecho puede ser de ayuda para imbuirnos el pensamiento de que en el lugar secreto de oración podemos tener la seguridad de encontrar a Aquel a quien aman nuestras almas, y cuya presencia con nosotros tanto necesitamos para nuestro camino hacia el hogar. Esta bienaventurada compañía acorta el camino.
2. ¿CUÁNDO? «Al cabo de tres días.» No podemos resistir a la convicción de que aquí tenemos una profunda verdad para cada *buscador en pos de Jesús*. Los *tres días* parecen recordarnos la resurrección. «Destruid este templo», dijo Él, «y en tres días lo reedificaré». No es a un Cristo muerto a quien buscamos, sino al Resucitado y Viviente, que *se sienta en medio*, en el gran templo en las alturas.
3. ¿CÓMO? Sentado en medio de doctores, dedicado a los asuntos de su Padre. Todos los que han buscado y encontrado a Cristo lo han encontrado dedicado a los asuntos de su Padre. Es la voluntad de Dios salvar y santificar. Al recibir a Jesucristo por medio de la fe, y al permanecer en Él, se va cumpliendo el gran negocio del Padre con respecto a nuestras vidas individuales. Sea hecha tu voluntad, en la tierra como en el cielo.

IV. El seguimiento. Nótese asimismo que Él

1. LUEGO BAJO CON ELLOS. Él les acababa de decir: «¿No sabíais que Yo debo estar en los asuntos de mi Padre?». Sin embargo, *bajo con ellos*. Abajo hacia el hogar, abajo hacia todos los gozos y dolores y detalles de su vida diaria, y esto era también para Él los asuntos del Padre. ¿Es acaso diferente ahora? ¿No sigue yendo abajo con aquellos que lo han buscado angustiados en la esfera de sus afanes diarios, en todas sus circunstancias, para que todo pueda ser iluminado y alegrado con su presencia?
2. ESTABA SUMISO A ELLOS. Se *adaptó* a todas las necesidades y demandas de ellos. Se puso a Sí mismo, por así decirlo, a disposición de ellos, y virtualmente vino a decir: «¿Qué queréis que os haga?». Hablando con reverencia, ¿no sigue siendo así? ¿No se ha ofrecido Él *a Sí mismo* a todos los que le han buscado? ¿No se adapta Él ahora como nuestro Salvador a todas nuestras condiciones y necesidades? ¿No sigue estando Él, sobre la base de su propia promesa, a disposición de todos los que en Él creen? Él no puede negarse a Sí mismo.

1.014. EL LLAMAMIENTO DE JUAN

Lucas 3:1-6

«Solo placeres buscando
aunque otros solitarios estén;
Buscando el vestido, bebiendo, comiendo,
Y el alma locamente engañando;
Escarneciendo el amor sin precio,
Para que no se nos eche en falta.»

Es bien pobre la vida que se vive si no se echa en falta cuando uno se va. Los que están más ansiosos en destacarse *a sí mismos* delante de sus compañeros no parecen dejar ningún vacío cuando mueren. Juan el Bautista no buscó ningún lugar destacado para sí mismo, pero Dios lo elevó como trompeta, poniéndolo, por así decirlo, en su boca, y, llenándolo con su aliento divino, hizo de él la voz de Dios. Lucas, como historiador, es muy preciso en darnos aquí, en breves palabras, el marco histórico externo de la vida de Juan, pero no nos detendremos a mirar el marco, por maravilloso que sea. Buscamos ver:

I. Cuándo le vino el llamamiento. Le vino a Juan mientras estaba *«en el desierto»* (v. 2). Es a aquel desierto, o parte poco poblada del valle del Jordán, que Juan se había evidentemente retirado, para allí, a solas, aprender más plenamente lo que era la mente del Señor con respecto a él. Para *mejorar* nuestro tiempo tenemos frecuentemente que *dejar* de trabajar y quedarnos a solas con Dios, especialmente cuando nos hacemos conscientes de que algún propósito determinado de Dios acerca de nosotros está irrumpiendo en nuestras mentes y corazones. Tómate tiempo para la santidad. Entra en tu cámara y cierra la puerta.

II. Cómo le llegó el llamamiento. «Vino palabra de Dios sobre Juan» (v. 2). No se nos dice cómo le vino la Palabra de Dios. Habiendo estado lleno del Espíritu Santo desde su nacimiento, y con sus primeros anhelos y convicciones madurados hasta un propósito asentado, se le hizo la revelación de que ésta era la obra de Dios dentro de él, y la Palabra de Dios que debía ser pronunciada por él. ¡Cuán a menudo nos ha venido a nosotros de esta manera la Palabra de Dios! Cuando viejas y familiares verdades nos han resplandecido repentinamente con una nueva gloria y urgencia, trayendo un renovado mensaje del Señor al alma.

III. El efecto producido. «Y recorrió toda la comarca... proclamando un bautismo de arrepentimiento para perdón de pecados» (v. 3). No fue desobediente a la visión celestial. Cuando la Palabra de Dios arde dentro de lo más profundo de uno, se pueden adoptar los métodos más *impopulares*, pero habrá un gran éxito. Su misión no era salvar, sino predicar el bautismo como la señal externa de un corazón arrepentido, preparando el camino del Señor para la remisión de sus pecados. Aquellos que se habían sometido a su bautismo fueron posteriormente dirigidos a «el Cordero de Dios, que quita el pecado del mundo» (Jn. 1:29).

IV. El carácter de su testimonio. Hubo:

1. UN CUMPLIMIENTO DE LA PROFECÍA: «Como está escrito en el libro de las palabras del profeta Isaías» (v. 4). Es bien evidente que Juan reconoció y confesó que esta escritura estaba cumplida en Él delante de la propia mirada de ellos (Jn. 1:23), así como lo hizo su Maestro con respecto a Isaías 61 (Lc. 4:21). Cada vida verdaderamente consagrada es un cumplimiento, una plenitud de la Palabra de Dios. No volverá vacía cuando nuestros corazones y almas estén en ello.
2. UN ABANDONO DEL YO. «Voz de uno que clama en el desierto» (v. 4). Juan dijo: «*Yo soy* la *voz* de uno que clama», etc. (Jn. 1:23). Juan era la Palabra hecha *voz*. Cristo fue la Palabra hecha carne. El mensaje que había venido por medio de Isaías hacía más de 700 años era ahora *voceado* por mediación de Juan por el poder del Espíritu Santo. El que quiera ser heraldo de Cristo tiene que contentarse con ser una voz, y una voz no propia. El aliento contaminador de la autoafirmación no debe hallarse dentro si sus tonos deben ser puros y celestiales. «No ya yo, mas Cristo en mí.» Juan no era una voz cantando, sino una voz *clamando* en el desierto, como en agonía por la voluntad

de Dios. A los que suspiran y claman se les impondrá la marca divina (Ez. 9:4).

3. UNA GLORIFICACIÓN DE CRISTO. «Preparad el camino del Señor», etc. (v. 4). Juan no está interesado en su propio camino, sino que está intensamente interesado en «el camino del Señor». Juan da honra a Cristo: 1) Como el *Preeminente*. La gloria de Cristo llena el amplio horizonte d su visión, y ocupa los dos hemisferios de su alma. Su *camino* y sus *sendas*. 2) Como el *Llenador*. «Todo valle será rellenado» (v. 5). Él llena los valles *exaltándolos* (Is. 40:4). Él alimenta a los hambrientos levantándolos a su propia plenitud. No importa lo profundo y ancho que sea el abismo de nuestra necesidad, Él puede llenarnos de sus inescrutables riquezas». 3) Como el *Humillador*. «Todo monte y collado será rebajado» (v. 5). La soberbia y el orgullo de Saulo fueron llevados a un brusco fin en el camino de Damasco (Hch. 9). Él humilla para poder ensalzar, 4) Como el *Justo*. «Lo tortuoso se hará recto.» Cada hijo de Dios había formado parte de una nación perversa y torcida (Fil. 2:15). Se necesita de uno recto para poder enderezar lo torcido en otros, y para los torcidos éste puede ser, y a menudo es, un proceso penoso y vergonzoso. Él sufrió, el justo por los injustos, para llevarnos a Dios. 5) como el Consolador. «Lo áspero se convertirá en camino suave» (v. 2). Las *asperezas del camino* han llevado a muchos a desmayar y al desaliento. Los caminos ásperos son cosa común, e incluso muchos de los hijos de Dios caminan tristes y fatigados. ¿Conocemos a Cristo como el *Suavizador* de nuestros caminos? «Lo miraron y hacia Él fueron alumbrados.» Él es el «allanador» de nuestro camino, y puede suavizar sus asperezas para nuestros pies. Los israelitas tuvieron luz en sus moradas, mientras que los egipcios estaban sentados en medio de las tinieblas. Y establece diferencia. 6) Como el *Universal*. «Y verá toda carne la salvación de Dios» (v. 6). La buena nueva del Evangelio era para todo el pueblo (Lc. 2:10). Dios no es hombre para que mienta, y Él había dicho: «Pero ciertamente vivo yo, que toda la tierra será llena de la gloria del SEÑOR» (Nm. 14:21, BAS). Esta tierra bajo maldición está gimiendo, esperando el día de la emancipación, cuando el mismo Rey aparecerá como «el bienaventurado y ÚNICO soberano», y cuando todos lo conocerán, del más pequeño al más grande.

1.015. LA PREDICACIÓN DE JUAN

Lucas 3:7-18

«Que un ángel mi lápiz guíe mientras dibujo
Lo que solo un ángel más bien puede dibujar:
Un hombre en la tierra al cielo dedicado;
Como naves en los mares, mientras que en mundo, de él fuera,
Con gentil talante y miras elevadas.
Hedlo aquí, sobre un monte, sereno, sentado,
Por encima de la niebla de los sentidos y de tormentas
de pasiones;
Él con otros ojos ve que los demás. Donde ellos
El sol contemplan, Él la obra de Dios ve.
Ellos ¡a cosas terrenas como a divinas rinden culto!
Mas sus esperanzas, inmortales, como polvo las aventa»

YOUNG

No hay nada como el resplandor del cielo para cegar nuestros ojos a las cosas engañosas de la tierra. Los ojos de Juan estaban puestos en el Sol de Justicia, y su lengua se había tornado en lengua de fuego. Los de puro corazón verán a Dios, y los que vean a Dios no temerán el rostro del hombre. El carácter de la predicación de Juan tiene muchas lecciones.

I. Una cuestión candente. «Decía, pues...: Engendros de víboras, ¿*Quién* os advirtió que huyeseis de la ira inminente?» (v. 7). Hay una ira que se avecina, pero, ¿quién os ha advertido a *vosotros* que no hayáis huido de ella por medio del arrepentimiento? ¿Cómo podéis huir de la ira venidera si no huís de vuestros pecados? El camino del *arrepentimiento* es el camino al seno del Padre (Lc. 15:20). ¿De *quién* ha provenido la advertencia que vosotros habéis oído?

II. Una demanda urgente. «Producid, pues, frutos que correspondan a un sincero arrepentimiento, y no comencéis a *decir entre vosotros mismos»*, etc. (v. 8). Es más fácil decir dentro de nosotros mismos que *mostrar* los frutos de arrepentimiento para con Dios en nuestras vidas. Cualquier árbol puede agitarse con el viento, pero se les conoce por sus *frutos*. La evidencia de haber huido de la ira venidera está en llevar fruto para Dios. Hay mucha necesidad de enfatizar hoy día esta apremiante demanda del predicador del desierto. La fe, la humildad, el amor fraternal y el celo por el reino de Dios son frutos dignos de arrepentimiento.

III. Una prueba crítica. «Y ya también el hacha está puesta junto a la raíz de los árboles», etc. (v. 9). El mensaje de este precursor de Cristo era como un hacha puesta junto a la raíz de cada árbol, y por medio de la cual cada árbol sin fruto sería, a su debido tiempo, talado. Las *palabras* de Juan los juzgarían en el día del juicio. Cada vez que oímos el Evangelio de Cristo en el poder de Dios tenemos, por así decirlo, un hacha puesta junto a la raíz de nuestra vida, y que será empleada por la mano del Juez para talar al infructífero impenitente. ¿No ha dicho Jesús que «la *palabra* que he hablado, *ella* le juzgará en el último día»? (Jn. 12:48). «Mirad, pues, como escucháis» (Lc. 8:18).

IV. Una doctrina práctica. «Y *las multitudes*, también *cobradores de impuestos*, también unos *soldados* le preguntaban, diciendo: Y nosotros, ¿qué haremos?» (vv. 10-14). La persona con la mirada puesta en Cristo es la persona más práctica de la tierra. Aquí tenemos tres clases de indagadores ansiosos. Al primer grupo les enseñó el *amor fraternal* (v. 11), al segundo la *honradez en los negocios* (v. 13), al tercero *paciencia y contentamiento* (v. 14). La predicación de justicia de Juan llevaba al arrepentimiento, pero culminó, como tal predicación siempre debiera hacerlo, señalando al «Cordero de Dios, que quita el pecado del mundo» (Jn. 1:29). El arrepentimiento que no conduce a la Cruz es un arrepentimiento de que debe uno arrepentirse.

V. Una confesión humilde. «Juan respondió y les dijo a todos: ... está viniendo el que es más fuerte que yo, al que yo no soy apto para desatarle la correa de las sandalias» (v. 16). Juan era poderoso en justicia, pero Jesús fue más poderoso en gracia. El poder de un siervo de Cristo reside en el poder de su Señor. «*Está viniendo* el que es más fuerte que yo». El conocimiento de la proximidad de *Aquel que venía* con gran poder llenaba el corazón de Juan de valor y aliento. El Gran Bautizador con Espíritu y fuego estaba a mano, y el heraldo está ya ensimismado en el resplandor de su venida. Los actuales predicadores que claman como voz en el desierto de este mundo que rechaza a Cristo y que ama los placeres tienen mucha necesidad, como Juan, de conocer el poder sustentador de esta verdad afirmadora del corazón. «El Señor está cerca.» Pronto aparecerá el Rey Todopoderoso. He aquí, Él viene.

VI. Una proclamación que inspira el alma. «Él os bautizará con Espíritu Santo y fuego» (v. 16). La lectura marginal de la Versión Revisada inglesa es «*en*» en lugar de «*con*». Juan bautizaba con agua como evidencia externa de arrepentimiento. Jesucristo bautiza con el Espíritu Santo como certidumbre *interna* del perdón y de la aceptación (Ro. 8:16). Ser bautizado con o en el Espíritu Santo significa la entrada del alma en una atmósfera santa, celestial, iluminadora, donde se ven con claridad las cosas de Dios y de la eternidad. Es el paso de las tinieblas a su *luz maravillosa*. Vivir en el Espíritu es vivir en el fuego resplandeciente de la presencia divina. Ahí las cosas espirituales se hacen más reales que las cosas visibles de la tierra; ahí todos los creyentes beben de un mismo Espíritu (1 Co. 12:13). Este bautismo no puede venir por medio de las obras de la carne; es el don del Poderoso Señor Ascendido. «*Él* os bautizará.» Y *tú*, ¿has sido bautizado así?

VII. Una advertencia solemne y oportuna. «Ya tiene en la mano el aventador, y limpiará con esmero su era, y recogerá el trigo en el granero; pero la paja la quemará con fuego inextinguible» (v. 17). El que bautiza con Espíritu Santo y con fuego lleva el *aventador* en la mano. Aquel que *une* y enriquece con bendiciones espirituales también *separa* y juzga. Entrar en contacto con Cristo es venir bajo el poder de su aventador. Él lo lleva en su mano, y en un sentido muy real el proceso de purificación está en marcha ahora en las vidas de los que han recibido el bautismo del Espíritu Santo. Pero llegará el tiempo en que Él purificará totalmente la Iglesia como *«Su era»*, la esfera en la que en su gracia Él ha estado obrando por medio del Espíritu Santo, y donde mientras tanto el precioso trigo y la paja se encuentran mezclados en un montón entremezclado. El aventador está *en su mano*, por lo que Él mismo tiene que acudir antes de que pueda haber el último batido. Él separará lo precioso de lo vil (Mal. 3:3). Se deja ahora que el trigo y la cizaña crezcan *juntos* hasta la cosecha (Mt. 13:30). Su trigo es recogido en «Su granero», pero la vacía paja Él no la admitirá, sino que la consigna al «fuego inextinguible» (Mt. 25:46).

1.016. LA VIDA CRISTIANA

Lucas 4:1-13

«Lloramos, Señor, que nuestra vacilante voluntad
Tantas veces invita la astucia del tentador;
Debemos confesar que hallamos aún
Algunos carnales deseos contra el alma guerreando;
Oh quebranta Tú la Cadena, Señor y suéltanos;
Tú que tentado fuiste, tentados venos aquí.»

Jesucristo fue tentado en todo según nuestra semejanza, exceptuado el pecado (*cf.* He. 4:15, Lacueva, *Nuevo Testamento Interlineal).* La manera en que afrontó al tentador en el desierto nos revela algunos de aquellos principios que se hallan en la raíz de toda vida cristiana, y que también nos enseñan algo de lo que se significa por la «armadura de Dios» (Ef. 6:11). Observaremos estos *dichos* de nuestro Señor como sumario de las características de la vida cristiana. Se trata de:

I. Una vida no de este mundo. «No solo de pan vivirá el hombre, sino de toda palabra de Dios» (v. 4). *«Sólo pan»* podría emplearse para designar todo aquello que va a satisfacer los anhelos naturales del hombre. Es posible poseer todo lo que este mundo puede proveer, y estar sin embargo carente de *vida* en este sentido profundo y divino. El que es «nacido de arriba» tiene también que recibir su provisión de arriba. Tenemos que distinguir siempre entre alma y espíritu. Las cosas materiales darán satisfacción a la vida anímica, pero no a la espiritual. Él os dio vida a vosotros, que estabais muertos.

II. Una vida de fe. «No solo de pan vivirá el hombre, sino *de toda palabra de Dios.»* Las palabras de Dios son espíritu y son vida, y así vienen a ser alimento del hombre interior (Jn. 6:63). «Tu dicho me ha vivificado» (Sal. 119:50). «Fueron halladas tus palabras, y yo las comí; y tus palabras fueron para mi un gozo y la alegría de mi corazón» (Jer. 15:16). La palabra de Dios es siempre dulce para el paladar de la fe. Mientras nos alimentamos de la palabra de Dios la misma fe se alimenta, porque la fe es por el oír, y el oír por la Palabra de Dios (Ro. 10:17).

III. Una vida de adoración. «Al Señor tu Dios *adorarás»* (v. 7). Ésta fue la respuesta de nuestro Señor al diablo cuando éste le ofreció a Él «todos los reinos de la tierra habitada» con la condición de que le adorara. La *gloria* de este mundo que rechaza a Cristo es solo un espejismo del diablo. Todo quien le adore puede fácilmente obtener su promesa. La gloria de este mundo *se desvanece.* Todo aquel o aquello que obtenga la adoración de nuestros corazones es por ello mismo coronado como Señor de todo lo que somos. «No tendrás dioses ajenos delante de Mí.»

IV. Una vida de servicio. «Solo a Él servirás» (v. 8). «Uno solo es vuestro Maestro, el Cristo» (Mt. 23:8). La voluntad de Dios debería reinar suprema en la vida de cada cristiano. «Me llamáis Maestro y Señor, y hacéis bien, porque *lo soy.»* Él no puede tomar otro puesto que el de ser «Cabeza sobre todas las cosas». En nuestro caminar y llamamiento diario, ¿estamos conscientes de que le servimos a Él solamente? Hacer todo como para Él elevará la tarea más monótona a una obra tan santa que los ángeles podrían codiciarla. Ésta es la cura para un espíritu murmurador, y un remedio infalible para el tan extendido pecado del descontento.

V. Una vida de humilde obediencia. «No tentarás al Señor tu Dios» (v. 12). El Señor acusó a su pueblo en el desierto de haberle tentado «diez veces» porque *«no han oído mi voz»* (Nm. 14:22). Nuestra incredulidad y desobediencia tientan duramente la amante bondad de nuestro Dios. ¿Qué podría poner a más dura prueba al corazón de una madre que la duda acerca de su amor? ¿Cómo se sentiría un fiel esposo si su mujer lo tratara como un extraño indigno de confianza? Dejemos de tentar al Señor nuestro Dios dando oído a otras voces y caminando a la luz de nuestros propios ojos. ¿Acaso no ha afirmado Él: «Éste es mi hijo amado, en quien tengo contentamiento»? *«A Él oíd».* No tentarás al Señor tu Dios con tu descontento, con tus dudas, ni con tu incredulidad.

VI. Una vida de victoria. «El diablo... se alejó de Él» (v. 13). La victoria fue ganada con la espada del Espíritu, que es la Palabra de Dios: «Escrito está». La palabra de Dios es la espada del Espíritu, no solo porque la emplea Él, sino porque Él es su Autor. «Los santos hombres de Dios hablaron siendo inspirados por el Espíritu Santo» (2 P. 1:21). Jesús empleó denodadamente la Palabra *escrita* contra el archi enemigo de las almas. Podemos con la misma confianza emplearla contra sus modernos mensajeros. «En todas estas cosas somos más que vencedores por medio de Aquel que nos amó» (Ro. 8:37). «Gracias sean dadas a Dios, que nos da la victoria por medio de nuestro Señor Jesucristo» (1 Co. 15:57).

1.017. UN PODEROSO SERMÓN

Lucas 4:14-30

«¡Nazaret, oh Nazaret!
Aunque tenida en mala fama,
En ti creció "el incontaminado"
Como una serpiente a una paloma envolviendo,
Aquí creció "el niño santo".
¡Nazaret! La cruz... como vemos
Tu manchado nombre de toda mancha limpiado.»

Se decía proverbialmente: «¿De Nazaret puede venir algo bueno? Pero desde que estas palabras fueron pronunciadas este nombre ha venido a ser sagrado gracias a su asociación con Jesucristo. De hecho, tenemos aquí un principio proveniente del cielo, esto es, que *todo aquello* con lo que Jesucristo se identifica deviene santo, no importa cuán pequeño o carente de reputación que pueda ser en opinión de los hombres. Palestina recibe el nombre de Tierra Santa precisamente porque los pies del Santo la pisaron. Un pecador de quien nada bueno podría venir se transforma en santo de la misma manera, entrando en contacto con Jesús. Si Nazaret perdió su mancha de pecado por medio del Nombre de Jesús, también podemos nosotros.

«De Jesús el nombre toma,
Tú oh hijo de dolor;
Regocijo a ti será,
Tómalo doquiera vas.»

En todas partes, n todo lugar, su Nombre es un Nombre *salvador.* Que sea como la «vasija nueva» de sal que dulcifique cada fuente de amargura de nuestras vidas (2 R. 2:20, 21). La imagen que tenemos delante de nosotros es hermosa e impresionante.

I. El predicador. «Jesús *regresó* a Galilea en el poder del Espíritu» (v. 14). Jesús se había marchado de Galilea, como otros lo habían hecho, para el bautismo de Juan, pero la venida del Espíritu Santo sobre Él y el asalto del diablo en el desierto habían llevado a un maravilloso cambio en su carácter público. «Las noticias sobre Él se difundieron por toda la comarca circunvecina.» Él había sido desconocido hasta ser bautizado con el Espíritu Santo. Lo mismo tenemos con Pedro y el resto de los apóstoles. EL hombre o la mujer que *vuelvan* a sus actividades en el *poder del Espíritu* no dejarán de mostrar pruebas manifiestas de la bendición de Dios.

II. El lugar. «Vino a Nazaret, donde se había criado» (v. 16). Comenzó en casa. «Vete a tu casa, adonde los tuyos, y cuéntales todo cuanto el Señor ha hecho por ti» (Mr. 5:19). El primer ejemplo de piedad se tiene que mostrar en casa (1 Ti. 5:4). El campo *patrio* es frecuentemente el más infructífero. «Ni aun sus hermanos creían en Él.» No obstante, su fiel testimonio llevó a muchos a decir: «¿De dónde a éste esta *sabiduría* y estos *prodigios*?» (Mt. 13:54). La sabiduría y los prodigios caracterizarán a todos los que estén llenos del Espíritu.

III. El texto. «Él desenrolló el volumen y encontró el lugar», el pasaje de la lección para aquel día (v. 17). El pasaje era el de Isaías 61:1. El texto que encontró era una contrapartida profética de *su propia experiencia.* Como predicadores, podemos tener la certeza de esto: que no es la voluntad de Dios que prediquemos de textos que no hayan tenido *cumplimiento* en nuestra experiencia. «Hablamos lo que sabemos» fue el testimonio de Jesús (Jn. 3:11). Él acababa de recibir la unción del Espíritu, y lo declara a ellos.

IV. El Sermón. Comenzó Él con la aplicación, diciendo: «Hoy se ha cumplido esta escritura que acabáis de oír» (v. 21). La Escritura a la que aquí se hace referencia es una fuente de aguas vivas (v. 18).

V. El resultado. Un autor ha dicho: «Hay una certidumbre moral de que habrá resultados determinados de alguna clase cuando el predicador está ungido por el Espíritu Santo». Sus oyentes:

1. SE ASOMBRARON. «Maravillados de las palabras de gracia que salían de su boca» (v. 22). Y la gente sigue estando más inclinada a asombrarse de las palabras *de gracia* que de las meras palabras filosóficas. La lengua de los divinamente instruidos sabe como hablar una palabra en sazón a los *cansados* (Is. 50:4). La sabiduría que viene de arriba es siempre práctica. Los que están llenos del Espíritu Santo tienen gracia derramada en sus labios (Sal. 45:2). Las palabras de gracia pocas veces son inoportunas.

2. SE LLENARON DE IRA (v. 28). Su asombro se tornó en ira cuando la luz de la verdad arrojó sus rayos sobre sus propios corazones. Estos miembros de la sinagoga, como muchos modernos oyentes del Evangelio, estaban felices de oír hermosas palabras de gracia en tanto que se les permitiera seguir con sus pecados ocultos y sin tratar. Cristo es la Verdad así como el Camino.
3. LO ECHARON FUERA (v. 29). Los que tienen malos ojos se sienten inclinados a echarle la culpa al sol. No hay mucha distancia a veces entre la admiración de los hombres y su rechazo. Los que sacrifican la verdad de Dios por causa de sus propios y egoístas fines muestran que están animados por la forma más burda de tiranía. ¡Ah, cuán grandes son las riquezas de su gracia! Aquel a quien ellos echaron fuera ha dicho: «Al que a Mí viene, de ningún modo le echaré fuera».
4. NO PUDIERON ESTORBARLE. «Pero Él pasó por medio de ellos, y se *marchó por su camino*» (v. 30). ¡Ah, la sin par dignidad de Cristo, la verdad! Él se marchó por *su camino*, no estorbado por la ira del hombre como tampoco las nubes del cielo podrían impedir el moverse del sol por el cielo. El hombre en su ceguera puede echar al Cristo de Dios de su vida, pero su propósito eterno seguirá en su camino. No os engañéis, Dios no puede ser burlado.

1.018. CON JESÚS EN EL SERVICIO DIVINO

«Vino a Nazaret, donde se había criado, y en el día de sábado entró en la sinagoga, según su costumbre» (Lc. 4:16).

JESÚS EN LA SINAGOGA

Introducción

Una difícil iglesia a la que unirse.

1. Un hombre negro había solicitado diversas ocasiones la membresía en la Iglesia Episcopaliana de San Pablo en Burlington, Estados Unidos.
2. El Obispo Hall no estaba satisfecho en el sentido de que el estado de alma de aquel hombre justificase su admisión, y siguió dando largas al asunto.
3. Al final aconsejó al solicitante que orase para que mejorase su condición espiritual.
4. Después de ello, volvió a presentar su solicitud. El Obispo le dijo: «Bien, Erasto, ¿has orado como te dije?» «Sí, *señor; hi* orado y *hi* dicho al *Siñor qui quiro unirmi* a *l'Iglisia* de San Pablo, y *il Siñor mi* dijo: "*Buina suirti*, Rasto; *hi istado* tratando *di unirmi* a *ista iglisia* yo mismo *disdi haci vinti* años"». Me parece que en esta anécdota hay algo más que mero humor. Vale la pena que reflexionemos sobre su mensaje.

Fuera de muchas iglesias.

1. Esta contestación nos recuerda la posibilidad de que el Señor Jesús esté fuera de las iglesias.
2. Ésta es la enseñanza de Apocalipsis 3:20: «He aquí, yo estoy a la puerta», etc.
3. Y consiguientemente, hay muerte y esterilidad.
4. Hay algunos lugares de culto donde todo lo que hay de la presencia de Dios es la que lleves tú.

Problemas que surgen debido a ello.

1. Y este hecho suscita muchos problemas.
2. ¿Qué debo hacer cuando voy de vacaciones o me mudo de casa, y no puedo encontrar una congregación o un ministerio que sea conforme a las Escrituras?
3. El tema que nos ocupa nos ayudará a resolver este problema.

A veces podemos acudir a la Sinagoga para encontrarle a Él.

1. Éste no era el caso de la multitud en Juan 6.
2. Después del milagro de alimentar a los cinco mil, etc., Jesús y los discípulos cruzaron el lago.
3. La gente fue en su búsqueda, y al final lo hallaron.
4. Por el versículo 25 parece que lo encontraron en la orilla del lago.
5. Pero en el versículo 59 vemos que lo encontraron y que oyeron su discurso acerca del Pan de Vida en la Sinagoga.
6. ¿No perdemos nosotros a veces al Señor Jesús, o la conciencia de su presencia, lo mismo que José y María, en medio de la multitud? (Lc. 2:46).
7. Gracias a Dios, lo mismo que ellos podemos encontrarlo en el santuario (Lc. 2:46).

¡QUÉ BIENAVENTURANZA LLEVARLO CON NOSOTROS! ¡En tal caso, hay la certeza de bendición! Éste es el ideal.

La Sinagoga es un tema interesante.

1. Es mucho lo que podría decirse acerca de ella.
2. Su origen se pierde en la oscuridad de los tiempos.
3. Llegó a ser de empleo común en el tiempo del cautiverio babilónico.
4. La lectura de las Escrituras forma una parte muy importante de su culto.
5. Aquí tenemos la significación de este estudio: «Fue de la Sinagoga, y no del Templo, que tomó su constitución el cristianismo primitivo, y en lo principal sus formas de culto. El Avivamiento Anglo-Católico intenta basarse en el Templo».

I. Nuestro Señor tenía un hábito regular de acudir a la Sinagoga en Sábado.

Según su costumbre.

1. Esto no hace referencia a un hábito cultivado desde que Él inició su ministerio público.
2. Era su costumbre invariable desde su infancia.

Buenas costumbres.

1. Es importante formar buenos hábitos.
2. Juegan una importante parte en nuestras vida.

Cómo la veía.

1. Quizá vio la Sinagoga por primera vez desde la galería, detrás del enrejado divisorio, con su madre.
2. Luego, más adelante con José en la sección de los hombres.

II. Ésta era su costumbre cuando estaba lejos de su casa, lo mismo que cuando estaba en casa.

1. Es bueno enfatizar este punto.
2. Antes de la declaración en el versículo 16, se tiene el versículo 15.
3. Muchos, naturalmente, asisten a la Sinagoga en su lugar natal.
4. Pero qué diferentes se muestran cuando se van lejos, donde no se les conoce.

III. No asistía simplemente porque le hubiesen pedido que hiciese algo.

1. Asistía sencillamente como un habitante normal de Nazaret.
2. Parece bien claro que nunca antes había enseñado. Por eso se asombraban tanto ante la sabiduría que se exhibía en su discurso: «Se quedaban asombrados, y decían: ¿De dónde tiene éste esa sabiduría y esos prodigios?» (Mt. 13:54).
3. Quizá había sido Lector en ocasiones, pero nunca expositor.

IV. Asistía con regularidad aunque conocía mucho más que lo que jamás nadie pudiese enseñarle.

1. Este pensamiento vale la pena ponderarlo.
2. Nos imaginamos que no deberíamos asistir a un lugar de culto excepto si estamos seguros de que aprenderemos algo y que oiremos algo nuevo.
3. No era así con Jesús.
4. En Él estaban ocultos todos los tesoros de sabiduría y de conocimiento.

V. Asistía con regularidad, aunque sabía que también asistían hipócritas y gente que buscaban sus propias cosas.

1. Es indudable que se había encontrado con los tales en su Sinagoga.
2. Léase Mateo 6:1, 2 y 5; y Mateo 23:6.
3. ¡Cómo aborrecía Él toda esta hipocresía! ¡Cómo debía dolerle!
4. Sin embargo, Él asistía con regularidad.

VI. Siempre que Él asistía, algo sucedía (Lc. 4:16).

1. LE ACOMPAÑAMOS A LA SINAGOGA DE NAZARET, Y VEMOS CÓMO ESTALLÓ LA IRA.
a. Si el primer efecto de su predicación en Nazaret fue el asombro, el segundo fue la ira.
b. Ira debido a que:
1) Habían quedado a descubierto los pensamientos de sus corazones.
2) Se había proclamado la verdad.
3) Habían sido reprendidos.
c. No es nada insólito que cosas así sucedan en la actualidad.

d. ¿Cuántos no han abandonado una Asamblea, Iglesia o Local llenos de ira porque se han sentido descubiertos por la Palabra de Dios aplicada por el Espíritu de Dios?

2. CON ÉL EN UNA SINAGOGA EN CAPERNAÚM PARA VER LA EXPULSIÓN DE UN ESPÍRITU INMUNDO (Lc. 4:33).

a. Un hecho asombroso: ¡Un hombre así en una casa de oración!
b. La presencia de la pureza hizo que la impureza se agitase.
c. Y que protestase a voz en cuello.
d. Él estaba enseñando, y la gente, atónita, le escuchaba.
e. Cuando la quietud del lugar queda perturbada por los terribles gritos del poseído por un demonio.
f. Observemos la calma, tranquilidad y perfecta serenidad de nuestro Señor.
g. Y los espíritus inmundos siguen obedeciéndole.

3. CON ÉL EN UNA SINAGOGA EN GALILEA PARA CONTEMPLAR LA CURACIÓN DE LA MANO (Lc. 6:6-11).

a. Era la mano derecha: y solamente Lucas nos da este detalle.
b. Observemos:
1) Le mandó que se pusiera en medio de todos.
2) Extiende la mano con fe.
3) Tipo de buenas personas no convertidas: solo conscientes de que algo está ausente, que no llegan a cumplir, no debido a vileza ni a lepra moral.

4. CON JESÚS EN UNA SINAGOGA DESCONOCIDA, PROBABLEMENTE EN GALILEA, PARA COMPEMPLAR LA CURACIÓN DE LA MUJER ENCORVADA (Lc. 13:10).

a. Era un problema que venía de muy atrás (hacía 18 años).
b. Era un problema degradante (no podía mirar arriba).
c. Jesús.
1) La vio. (2) Le puso las manos encima. (3) La sanó.
d. Si ella no hubiese ido allá aquel día, pudiera nunca haberlo visto más.

Conclusión

1. Podemos tener representaciones de todos estos casos en cualquier iglesia o asamblea.
2. Algunos pueden tener conciencia de ser viles.
3. Otros solo estar conscientes de faltas o de torcimiento.
4. Pero están donde el Señor puede encontrarse con ellos.
5. Que Él sane.

1.019. UNA ESCENA EN LA SINAGOGA

Lucas 4:33-37

«¡Oh pobre hombre e ignorante! ¿Qué llevas tú
Encerrado en lo más hondo de tu pecho?
¿Qué joyas y riquezas allí encierras?
¿Qué tesoro celestial en tan débil pecho?
Piensa en su valor y piensa que Dios quiso
Que esta digna mente dignas cosas abrazara;
No borres sus bellezas con tus pensamientos inmundos,
Ni a deshonra la lleves con pasiones bajas»

SIR JOHN DAVIES

No eran todos santos los que acudían a la sinagoga; los demonios inmundos son oyentes regulares. Pero cuando Jesucristo habla con poder (v. 32) los espíritus inmundos de cierto «clamarán». Nunca hay mucha obra real para Dios sin el rugir del adversario. El león ruge cuando se le roban los cachorros. Al examinar esta interesante escena observaremos:

I. Los enemigos de Jesús. Había, en primer lugar, «el espíritu de un demonio inmundo»; en segundo lugar, el *hombre* que estaba poseído por este espíritu (v. 33). Este «espíritu inmundo» usa la voluntad y la boca del hombre para sus demónicos propósitos, y habla del hombre como a una con él. «¿Qué *tenemos* que ver contigo?» Los que están enfrentados con la obra y los propósitos de Jesucristo están en alianza con el diablo, y a no ser que haya un divorcio de voluntad e interés será también suya la condenación del diablo. Ellos:

1. RECONOCEN EL VERDADERO CARÁCTER DEL SEÑOR. «Sé quién eres Tú: el Santo de Dios» (v. 34). La confesión de este espíritu caído e impuro debería avergonzar a todos los incrédulos Unitarios que niegan la deidad de Cristo. Este demonio del abismo, al reconocerlo como «Jesús de Nazaret» y el «Santo de Dios», confesó tanto su *humanidad* como su *deidad*. Cristo, como Hijo de Dios, fue *dado* (Jn. 3:16), pero como el Hijo del Hombre *nació* (Is. 9:6).

2. CUESTIONAN SU MISIÓN. «¿Has venido a destruirnos?» (v. 34). ¿Piensa este demonio inmundo que Jesucristo es como él, «viniendo solamente para robar y matar»? ¡Cuán lejos y por encima están los propósitos de la gracia de Dios de los pensamientos de los impuros y de los pecadores! Y aunque Él hubiera venido a destruirnos a *nosotros*, inmundos por contacto con demonios, ¿quién podría acusarlo de injusticia? Pero, gracias a Dios, Él vino «a buscar y a salvar» (Lc. 19:10). Pondera la pregunta de este endemoniado a la luz de Isaías 53 y la «gloria de su Cruz». «El pecado es del diablo.»

3. EVITAN SU PRESENCIA. «¿Qué tenemos que ver contigo? (v. 34). Desde luego nada hay en común entre el «Santo de Dios» y un «demonio inmundo». «¿Qué comunión tiene la luz con las tinieblas?». (2 Co. 6:15). Satanás y todos sus siervos aborrecerán siempre la luz porque la luz denuncia sus obras (Jn. 3:21). Esta pregunta, «¿qué tenemos que ver contigo?». podría cambiarse provechosamente a «¿qué tientes que ver Tú con nosotros?». Bien, ¡que «Nos *amó*, y se entregó a Sí mismo por nosotros!» Mejor tener que ver con Él ahora en misericordia que retrasarnos hasta que tengamos que ver con Él en juicio.

4. BUSCABAN REPOSO EN SUS PECADOS. «Déjanos» (v. 34, RV). Éste continúa siendo el clamor de los unidos al diablo y sumidos en la inmundicia. Todo el cielo que los tales desean es que se les deje vivir en paz en las camas de sus placeres carnales, y cuando llega el Evangelio de la salvación llamando a sus puertas, claman: «No me molestes, porque estoy en cama». Si Jesús hubiera venido para darles a los hombres paz en sus pecados, el mundo impío le habría dado una grata acogida.

II. La Palabra de Jesús. La Palabra de Dios es viva y eficaz. Es:

1. UNA PALABRA QUE REDARGUYE. «Jesús entonces le increpó, diciendo: Cállate». La primera obra de Jesucristo es *silenciar* al pecador. Estas bocas sucias tienen que ser acalladas (Ro. 3:19). En presencia de este escudriñador de corazones tiene que callarse cada demonio clamoroso. La Palabra de Cristo torna la propia justificación en autocondenación. Para ver la pecaminosidad a la luz de su santidad es suficiente con limitarnos al clamor del leproso: «¡Inmundo! ¡Inmundo!»

2. UNA PALABRA TRANSFORMADORA. Jesús le dijo al espíritu inmundo: «Sal de él». Así es el Evangelio de Cristo, que es poder de Dios para Salvación. No hay ningún *espíritu* demasiado malo para el poder vencedor de Jesús, ni alma demasiado *impura* para su sangre purificadora (1 Jn. 1:7). Ningún pensamiento, por orgulloso o impuro que sea, que Él no pueda echar fuera. Este Libertador Todopoderoso puede hacer prisionero a cualquier enemigo que luche en contra del más elevado interés del alma (2 Co. 10:5).

III. La obra del diablo. «El demonio, arrojándole en medio…» (v. 35). Este impotente endemoniado sufrió su *última sacudida* del diablo en la misma presencia del Salvador. El príncipe de las tinieblas nunca soltará a sus súbditos sin un esfuerzo desesperado para inutilizarlos, arrojándolos. La *hora* y el *poder* de Satanás se manifestará de cierto cuando el Gran Libertador está a la mano; incluso a los mismos *pies de Jesús* se podrá atrever el diablo a echar un hombre, pero ésta resulta su última sacudida. Este toro de Basán solamente echó al hombre a los pies del Salvador.

IV. La victoria de Jesús. Jesús dijo: «Sal de él», y él salió de él, sin dañarlo (v. 35). Si los espíritus impuros no son exorcizados por la palabra de Jesucristo, entonces el Paraíso está perdido para el hombre. ¿Quién si no Él puede hacer limpio lo inmundo? El espíritu inmundo *salió*, con lo que el *alma del hombre* fue rescatada como presa del poder destructor del fuerte. Ya sois *limpios* por la *palabra* que os he hablado. Cuando un demonio inmundo oye la palabra de Cristo, tiene que obedecer porque está bajo una *ley*. ¿Seremos nosotros menos obedientes porque estamos bajo la gracia? ¡Dios no lo quiera!

V. Los observadores atónitos. «Todos quedaron sobrecogidos de estupor, y se decían unos a otros: ¿Qué manera de hablar es ésta?» (v. 36). Es posible estar atónito ante la «autoridad y poder» de Cristo, y sin embargo no arrepentirse. Muchos son los que están confundidos ante el manifiesto poder del Evangelio de Dios y que sin embargo no están convertidos. Mejor es ser un alma echada por el diablo a los *pies de Jesús* que un mero asombrado espectador que se las da de justo. Quedarse boquiabierto ante el poder vencedor de la gracia de Dios en otros que eran peores que nosotros no es ninguna prueba de la gracia. Hay muchos que hablan devotamente de iglesias, ministros y asuntos religiosos y que en su corazón están bien lejos del Reino de Dios. «No te asombres de que te dije: Os es necesario nacer de nuevo».

1.020. BOGA MAR ADENTRO

Lucas 5:1-10

«Sin límites tu amor es, oh Cristo,
Más que el cielo en inmensidad;
Hasta honduras insondables llega,
Por cuanto por mi moriste Tú.
Tu amor es «sobreabundante gracia»,
Con plenitud cual vasto mar;
Y aún, aún en derredor proclama
Gratas nuevas para mí.»

«Para que… seáis plenamente capaces de comprender… cuál sea *la anchura, la longitud,* la profundidad y la altura, y conocer el amor de Cristo (Ef. 3:18).

«Boga mar adentro.»

¡Qué bendita luz, ver a gente *agolpándose* para oír la Palabra de Dios! ¡Ah, si hoy pudiéramos ser testigos de esta sed del alma por el mensaje de la vida! Bendita ansiedad que apremia a las personas, llevándolas a Jesús. Él sabe como hablar palabra a los cansados. La gracia y la verdad salen de sus labios. Observemos aquí:

I. Una posesión dedicada. «Subió a una de las barcas, que era de Simón, y, sentándose, enseñaba desde la barca a las multitudes» (v. 3). Su barca estaba *dispuesta* para uso del Maestro. ¡Qué honor, ser el medio de ayudar a Jesús a alcanzar a la multitud reunida! Y lo hizo por medio de la barca de Pedro. ¿Cómo va a alcanzar y enseñar este mismo Jesús a los millones de paganos? De una manera muy similar, por medio de tus posesiones. Pero, ¡cuán pocos están dispuestos a dejar *su todo* al Señor! El préstamo de Simón fue abundantemente recompensado, incluso en esta vida, con la maravillosa pesca milagrosa. No hablemos con jactancia ni pensemos presuntuosamente acerca de *nuestras* posesiones; si las estamos reteniendo de la causa de Cristo, estamos robando a Dios y a nuestra propia alma, Y ¿Qué aprovechará…? etc.

II. Una comisión en gracia. «Boga mar adentro, y echad vuestras redes» (v. 4). Si te has estado sentado y rumiando acerca de tus propias *debilidades,* «boga mar adentro» hacia la fortaleza divina. Si estás desesperado acerca de tu propia *indignidad,* «boga mar adentro» hacia las profundidades del amor infinito de Dios (Ef. 3:18, 19)., y suelta la red de la confianza reposada. Si estás echado sobre los escollos de tus propios *sentimientos,* boga *mar adentro* a las profundidades de la fidelidad de Dios. Los grandes peces están en las profundidades, y allí se ven sus maravillas (Sal. 107:24). ¿Eres tú un predicador? Entonces, como ya hiciera Pablo, harás bien si estás «un día y una noche en alta mar» antes de ir a la gente. Llega con un corazón lleno de los *tesoros de lo profundo,* las profundidades de Dios (1 Co. 2:10).

III. Una confesión humilde. «Después de bregar a lo largo de toda la noche, no hemos pescado nada» (v. 5). Es siempre una gran contrariedad haber estado toda una noche trabajando fervorosa y duramente para pescar hombres, y ver al final que no se ha conseguido nada. Pero no todo esto es *pérdida,* porque incluso *entonces* estamos en mejor condición para dar la gloria a Dios cuando *Él* da la bendición. ¿Te avergüenza confesar tus fracasos en el pasado? ¿Preferirías ocultar el hecho de que tu labor ha sido estéril? ¡Desde luego que no! Como Simón, confiésalo a Jesús, porque esto es necesario antes de echar la red de la fe. Dile todo lo que tienes en tu corazón. No ocultes nada. Él tiene remedio para tu debilidad y fracaso. Y Él puede tornar tu lamentación en danza (Sal. 30:11).

IV. Una resolución que honra a Dios. «Pero, sobre tu palabra, echaré la red» (v. 5, *margen*). El camino a la victoria es el camino de la fe. Los *sentimientos* de Simón decían: «De nada valdrá; he estado trabajando toda la *noche,* la ocasión más favorable, y no he sacado nada»; pero la fe de Simón dice: «Pero». Esta cuestión no era para ser *razonada* sino *creída.* Obrero cristiano que te afanas, no dejes que el pasado estorbe el presente. Como Simón, comienza de nuevo sobre la base de la *autoridad de Jesús.* Pedro sabe ahora *dónde* ir «mar adentro». Sabe ahora cómo encontrar *«sobre tu palabra».* Los que salen sobre *su palabra* tendrán buenos motivos para alabarle. Incrédulo, tu caso es triste, afanándote y debatiéndote en las tinieblas de la noche, pensando ganar la bendición de Dios mediante tus propios esfuerzos y no logrando nada. Aquí tienes el camino más excelente: *«Sobre tu Palabra echaré».*

V. Una satisfacción asombrosa. «Encerraron una gran cantidad de peces» (v. 6). Esta vez tuvieron más éxito *«a destiempo»* que *«a tiempo».* La fe en la palabra de Cristo hizo toda la diferencia. Ellos tenían el *hábito* de pescar de noche; pero a veces se ha de romper con las *viejas formas* antes que podamos ver manifestado el poder de Jesús. Si Simón hubiera querido defender la forma se habría perdido la pesca. ¡Ah, sí, el poder saciador del alma por medio del poder de Cristo solo puede ser disfrutado por medio de hacer su voluntad en su presencia. No dejemos que los hábitos, las formas, o las costumbres, por bueno que todo ello sea, se interpongan en el camino de hacer lo que parece ser ahora claramente la voluntad del Señor. Sigámosle, y Él dará satisfacción al alma anhelante (Sal. 107:9).

VI. Una cooperación fraternal. «Hicieron entonces señas a los compañeros que estaban en la otra barca para que vinieran a ayudarles. Vinieron y *llenaron* ambas barcas» (v. 7). Si no hubieran llamado a sus hermanos a que cooperaran, ¿cuánto no se habría perdido? ¡Y cuánto bien se está hoy día perdiendo en la obra cristiana por falta de unidad! ¿Y qué es lo que la dificulta? El orgullo y el egoísmo. La bendición vino a la barca de Simón, por medio de la fe en Cristo, pero Él no tenía la intención de que toda se quedara allí. Otros la necesitaban tanto como Pedro, por lo que éste invitó a sus hermanos a que acudieran y ayudaran. Fijaos que son *los que ayudan* los que participan de los resultados. Si no acuden los pastores a ayudar en tiempos de bendición, no tienen que asombrarse si no recogen mucho del fruto. ¿Cuándo se *juntarán* las iglesias creyentes, como estas barcas, para recoger los frutos de la promesa de Cristo?

VII. Una humillación no fingida. «Señor, soy un hombre pecador» (v. 8). Éste es siempre el efecto allí donde uno se hace consciente de su grandeza y bondad. Dios no quiera que el éxito nos lleve jamás al orgullo y a la auto-suficiencia. Y sin embargo así sucede en ocasiones en el caso de obreros cristianos. ¿Te ha llevado alguna vez la bondad de Dios, manifestada en la cruz, a clamar «soy pecador»? Si es así, no será necesario que digas, como Simón, «¡Apártate de Mí!» cuando Él diga «Ven a Mí». Si eres pecador, Jesús es el Salvador de los pecadores. Al invitarle a *Él* a que se aparte de vosotros no sabéis lo que hacéis.

VIII. Una consagración completa. «Lo dejaron *todo,* y le siguieron» (v. 11). Uno habría podido pensar que ahora tenían para estar satisfechos durante un buen tiempo, pero no, *«lo dejaron todo».* No debemos *vivir* en base de nuestra experiencia, por maravillosamente llena de gracia que sea. Debemos olvidar lo que queda atrás, y proseguir en seguir y conocer. No podemos alimentarnos acerca de las almas que ganemos para Jesús, por preciosas o numerosas que sean. Tenemos que aprender a seguir a Jesús para nuestro gozo y fortaleza; nuestra vida está solamente en Él. Amigo, ¿dónde estás? ¿Continúas sentado junto a tu barca gloriándote en tus buenas obras y logros del pasado, amando estas cosas más que a Cristo; o estás sentado reparando las redes de las resoluciones rotas después de muchos esfuerzos vanos? En todo caso, da oído al llamamiento del Maestro, y levántate y sigue a Jesús (Fil. 3:7, 8).

1.021. CON JESÚS EN LA ORILLA DEL MAR

«¡Apártate de mí, Señor, que soy un hombre pecador!» (Lc. 5:8).

DESPUÉS DE UNA EXPERIENCIA DE PESCA

Introducción

EN SAZÓN.

1. Tenemos aquí un tema bien de vacaciones.
2. Hemos de acompañar a nuestro Señor a la playa.
3. A un cuerpo de agua de 22 kilómetros de longitud, y 9 de anchura, conocido por tres nombres: Lago de Genesaret, Mar de Tiberias, Mar de Galilea.

AGOLPAMIENTO.

1. Una mañana, nuestro Señor estaba andando por la playa.
2. La gente le vio, y se apiñaron para oírle.
3. «Se agolpaba sobre él para oír la palabra de Dios», no una palabra de hombre.
4. ¡Qué inspirador espectáculo, ver a los hombres anhelantes de escuchar la Palabra de Vida!
5. Y lo que es más, no quedaron frustrados, porque la Versión Revisada inglesa dice: «Y la gente se agolpaba sobre él y oía».

LOS PESCADORES ESTABAN LAVANDO SUS REDES.

1. Demasiado ocupados en su trabajo para darse cuenta del Señor, o
2. Demasiado ocupados para dar tiempo a escuchar al Señor.

Eran hombres frustrados, y a veces las frustraciones endurecen el corazón.
3. ¡Cuántos tratan así las cosas divinas!
4. Nos preguntamos si nuestro Señor no tendría un doble propósito al entrar en la barca de Simón: no solo para emplearla como púlpito, sino también para lograr la atención de Simón.
5. Simón accedió a la petición de nuestro Señor, y se apartó uno poco de tierra.
6. Y ahora se vio obligado a escuchar.

POR QUÉ NOS APARTA DE NUESTRAS REDES.

1. Es por esta razón que a veces nos ha de apartar de nuestras redes.
2. Somos susceptibles a dejar que incluso cosas legítimas monopolicen demasiado nuestra atención.
3. Os rogamos, dejad que el Señor tenga la preeminencia en todas las cosas.

RECOMPENSA.

1. El Señor estaba decidido a que Simón no perdiese nada por haberle prestado la barca y haberse apartado de su trabajo.
2. El Señor no quedará en deuda con nadie.
3. El desea recompensar a Simón por el préstamo de la barca.

OBSERVEMOS EL ORDEN.

1. Él entró primero, se alejó un poco de tierra, y luego bogó mar adentro.
2. Tenemos en mente a muchos que están mal dispuestos a dejar el mundo y sus placeres.
3. Amigo mío, no te preocupes por tu mala disposición a hacerlo, sino invítalo a tu barca: que esto sea tu primera preocupación.
4. El «apartarse de tierra» *siguió*, no *precedió*, a su entrada. Deja que Él entre primero a bordo.
5. No olvides que el bogar mar adentro siguió al alejarse un poco de tierra.
   a. No te contentes con aguas someras.
   b. No tengas una experiencia somera, sino profunda, en las cosas divinas.
6. Observa que el gran éxito en el servicio siguió al bogar mar adentro (o profundización en la vida espiritual).

OBEDIENCIA IMPERFECTA.

1. Las palabras de Pedro parecen correctas.
2. Pero al mirarlo más de cerca, observamos que la obediencia fue imperfecta.
3. El Señor había dicho *redes*, no red; plural, no singular.

UN ÉXITO ASOMBROSO.

1. Esto fue un milagro.
2. Una gran «captura de peces» de vez en cuando no es milagro.
3. Pero que fue un milagro se ve en las palabras de Pedro.
4. Efectos:
   a. Todos quedaron atónitos.
   b. Pero hubo además una crisis espiritual en el alma de Pedro. Se dio cuenta entonces de quién era Jesús, el Señor Dios.

I. Era el lenguaje de, ¿Quién? ¿Qué?
¿Dónde estaba Él?

1. A primera vista, es difícil decir si era ya salvo o no.
2. No era la primera vez que había entrado en contacto con Jesús.
3. Fue su hermano Andrés que lo llevó a Jesús.
4. Había estado siguiendo a Jesús por un tiempo.
5. Pero aquí está de nuevo, en sus viejos caminos.
6. Hay miles de los que no estamos seguros.

Una Terrible Posibilidad.

1. Es un pensamiento terrible, que es posible ver y oír al Señor, que nos sea señalado como el Cordero de Dios, observar sus obras milagrosas, y ser sin embargo inconversos.
2. Muchos le admiran, pero no se entregan a Él por sí mismo.
3. Amigo, no es admiración lo que te le pide, sino obediencia.

Pensamos que debemos ponerlo entre los discípulos del Señor.

1. Dice de manera concreta que creyeron en Él como resultado del milagro de Caná.
2. Pero, ¡qué pena que haya el menor resquicio para la duda!
3. «Este hombre puso su mano en el arado, y nunca miró atrás». Esto dice el epitafio en una lápida en la Catedral de Exeter.

II. Era el lenguaje de un hombre abrumado por la conciencia de pecado y de indignidad.

Discípulo antes de recibir la conciencia de pecado.

1. Lo esencial no es la conciencia del pecado.
2. Sino el reconocimiento del hecho del pecado.
3. Leemos que Sir A. Blackwood no tuvo sentimiento de pecado hasta mucho tiempo después de su conversión.

Cómo recibió esta Revelación.

1. Había estado aprendiendo gradualmente más de Jesús en las semanas o meses anteriores.
2. Ahora, de repente se da cuenta de quién es Aquel que está sentado a su lado en su propia barca.
3. Esta sensación de indignidad y de propio aborrecimiento es siempre el efecto del poder y presencia de Dios.

LO MÁS FÁCIL. Lo más fácil es ver el pecado en otros antes que en nosotros mismos.

III. Era el lenguaje de alguien que confundía el propósito de la revelación.
No Dispuesto a Morir.

1. Entre los judíos se aceptaba generalmente que el que tuviese una especial manifestación de Dios moriría.
2. Esto se basaba en «Nadie puede ver mi rostro y vivir».
3. Simón no quería morir aún.

IV. Era el Lenguaje de la ignorancia.
Humildad.

1. Era el lenguaje de la humildad, pero también de la ignorancia.
2. «Un pecador como yo no es compañía adecuada para ti».
3. Pedro se estremecía al pensar en tanta indignidad, junto a tal pureza y grandeza.

Un falso concepto. ¡Qué error el de Pedro! Él había venido a buscar la compañía de los pecadores. Véase lo que habría significado.

1. Separación de quien vino a quitar el pecado: del Cordero de Dios.
2. Separación de la emancipación: «Si el Hijo os libertare».
3. Separación del Bautizador con Espíritu Santo.
4. Separación del Modelo: del Ejemplo.

Todos estos aspectos los conocía Pedro por medio de Juan el Bautista.

V. Fue una petición que por misericordia no fue oída.
Concedida una vez. Otros hicieron la misma petición, solo que por una razón distinta, y aquella petición les fue concedida (Lc. 8:37).

VI. Fue una petición que trae un «No temas».
La traducción de Rotherham es: «No temas; de aquí en adelante pescarás hombres para que puedan vivir».

PROSPERIDAD. Lo dejaron todo para seguirle, cuando su llamamiento prosperó así.
Algunos encargados. Marcos dice: «Dejando a su padre Zebedeo en la barca con los jornaleros, se fueron en pos de él».

VII. Advertencia: Aquellos que digan «Apártate de mí» tendrán que oír el «Apartaos de Mí» (Mt. 7:23; 25:41).

1. Ningún juez terrenal hace que la suerte del criminal dependa de una relación personal con él. Cristo sí.
2. «Apartaos de *Mí*.» En la última palabra se encuentra el grave significado de esta sentencia.
3. ¿Quién es Aquel de quien son echados fuera?
   a. El Cordero. Mi pecado ha de ser quitado por Él si he de librarme del pecado. Apartarme de Él significa perder toda esperanza. Expulsado de la presencia de Aquel que es el único que puede eliminarlo.
   b. El Salvador. Apartarme de Él significa perder toda esperanza.

1.022. LA PURIFICACIÓN DEL LEPROSO

Lucas 5:12-15

«¿Qué si mi arpa y copa están
Ambas colgando del sauce llorón?
¿Qué si mi cama es mi sepulcro ahora,
Y como casa tengo tinieblas?
¿Y qué si mis días de salud han huido,
Y yazco con los muertos numerados?
Sin embargo por tu gran poder esperanza tengo
De brotar: aunque ahora esté cual flor marchita.»

HERRICK

«Yo soy la Resurrección y la Vida; el que cree en Mí, aunque esté muerto, vivirá». Ésta es la nota jubilar de esperanza proveniente del cielo para los encarcelados en este gran mundo tan lleno de necesidad. Las secas esperanzas del hombre son resucitadas con su contacto, y el aliento leproso de los inmundos es dulcificado con su gracia. Él puede tornar el doloroso clamor de «Inmundo» en gozosos cánticos de alabanza. Él es misericordioso y poderoso tanto en el mar solitario (v. 8) como en la poblada ciudad (v. 12). Allí donde esté la presencia de Jesucristo, allí se halla *«el poder de Dios»*. Observemos:

I. Su mísera condición. «Un hombre lleno de lepra» (v. 12). Su terrible enfermedad había llegado a su punto final; estaba ahora *lleno* de lepra. Lo mismo que el pecado, esta abominable enfermedad estaba ahora minando lentamente, pero su curso es irresistible y mortal. Envenena la sangre, y con ello todo el ser físico del hombre se contamina. El pecado afecta al corazón, de donde salen los manantiales de la vida. En tiempos antiguos, la Iglesia de Roma consideraba a los leprosos como muertos, y pronunciaba «los ritos» sobre ellos. Había una ley en Francia, en época de la Primera Guerra Mundial, que los desheredaba. Un hombre viviendo en pecado es un hombre muerto para Dios, y queda desheredado del amor y de la paz del cielo.

II. Su revelación inspiradora. «Cuando vio a Jesús» (v. 12). *Ver a Jesús* nunca dejará de suscitar la esperanza en el corazón entenebrecido y aplastado por el pecado. Es indudable que había oído de las «poderosas obras» de Cristo sin nunca elevar una oración. Pero ahora estos ojos aletargados y desesperados se iluminan repentinamente con una nueva luz al contemplar a la Persona viviente del misericordioso Obrador de prodigios. Él creyó el informe, y la fe se ha tornado en *vista*. ¡Qué contraste tenemos aquí entre el Hombre «lleno de compasión» y el hombre «lleno de lepra»; entre un Salvador que busca, y un pecador que busca!

III. Su posición humilde. «Cayó rostro en tierra» (v. 12). Ver el rostro de Dios siempre nos hace esconder el nuestro. Es la expresión interior de una profunda convicción interna. Así fue con Isaías (cap. 6), con Job (42:5, 6), con Pedro (Lc. 5:8) y con Juan (Ap. 1:17). Son solo los fariseos que profesan con los labios los que *se mantienen* al margen. Nunca nos hemos visto como delante de Él si no nos hemos quedado abrumados de vergüenza hasta el polvo.

IV. Su petición ferviente. «Señor, si quieres, puedes limpiarme» (v. 12). La oración de este pobre proscrito iba más directa que la de Pedro el discípulo (véase v. 8). Esta oración revela:

1. UN CONOCIMIENTO DEL CARÁCTER DE CRISTO. De este conocimiento surge una fe inteligente en su poder: «Si quieres, *puedes*». «¿Hay para Dios alguna cosa difícil?» (Gn. 18:14). Dudar de su divinidad y omnipotencia es llamar a una puerta cerrada. El que se allega a Dios tiene que creer que es galardonador de los que diligentemente le buscan (He. 11:6). Esta petición expone asimismo
2. UN DESEO ARDIENTE DEL LEPROSO. «*Limpiarme.*» Él confiesa con franqueza su necesidad, y suplica una purificación personal. En la antigüedad era la obra del Sumo Sacerdote hacer la expiación, para que el pueblo quedara limpio de de *todos sus pecados* delante del Señor (Lv. 16:30). Y si nosotros confesamos nuestros pecados, Él es fiel y justo para perdonarnos.

V. Su salvación instantánea y perfecta. «Él extendió su mano y le tocó, diciendo: Quiero; sé limpio. Y al instante se marchó de él la lepra» (v. 13). Cada milagro va atado al «Quiero» de Jesucristo. Antes que los críticos puedan eliminar lo milagroso de la Biblia, tienen que volverse a los «*Quiero*» del Hijo de Dios. Estas pocas palabras de nuestro Señor están repletas de precioso significado. Ahí hubo:

1. EL TOQUE EXPIATORIO. «Le tocó.» La santidad de Dios entra en contacto con el hombre en toda su impureza. Pero el Santo, como la luz que resplandece en las tinieblas, no queda en absoluto contaminado por el contacto. El que llevó nuestros pecados no era pecador. Así como jamás hombre alguno habló como este Hombre, así nunca nadie *tocó* como este hombre. Todos los recursos de la Deidad se encuentran en el toque de Cristo.
2. LA PALABRA CERTIFICADORA. «Quiero; sé limpio.» Con su toque sanador viene la palabra que da seguridad. Somos salvos por su sangre y recibimos la seguridad por su palabra. Su toque de amor va acompañado de su palabra de poder. Él habla, y es hecho.
3. LIBERACIÓN TOTAL. «Al instante se *marchó* de él la lepra.» Lo que menos le preocuparía sería *a dónde* fuera la lepra. El gozo de la salvación le poseía ahora. Se dice de nuestros pecados que los ha echado Dios tras su espalda y que los ha sepultado en lo más hondo de la mar. Dónde esté la espalda de Dios, o cuánta profundidad tenga el mar, son cosas que no tienen que preocuparnos, por cuanto están bien lejos de nosotros, por la gracia omnipotente de Dios.

VI. Una comisión especial. «Anda... y muéstrate al sacerdote, y haz la ofrenda» (v. 14). Al *mostrarse* al sacerdote y *ofrecer* según había ordenado Moisés, les llevaba «testimonio» a ellos de que Jesucristo no había venido a abrogar la ley, sino a cumplirla. La obra de Cristo resiste las más estrechas inspecciones, no solo de la ley y de los profetas sino también del mundo y del diablo. Ve, muéstrate, si es que *por ti mismo* has experimentado su perfecta purificación del poder del pecado. Cada alma salva debiera dar testimonio de Él.

1.023. COSAS EXTRAÑAS

Lucas 5:17-26

«De nada el Señor carece; mas hace:
Hace de la debilidad poder;
De modo que esta caída raza nuestra se solaza:
Se solaza en su dulzor.»

«Hoy hemos visto cosas increíbles», fue lo dicho por algunos de los que fueron testigos oculares de la curación y perdón de este pobre pecador paralítico. El cristianismo será siempre una «cosa increíble» para un mundo asombrado e impío. El poder salvador y sanador de Cristo nunca dejará de suscitar el asombro en las mentes de los hombres. EL mismo Cristo es para muchos el problema más conducente a la perplejidad de todos. El misterio de la obra divina en el alma del hombre es el misterio de la encarnación. Es tan fácil para Cristo crear un mundo como perdonar un pecador. Cada una de estas cosas es igualmente *extraña*. Pero ¿cuáles eran algunas de las «cosas increíbles», o, según se traduce en otras versiones, «maravillas», que habían visto? Habían visto

I. A un hombre sin letras enseñando. Los que le oyeron en la sinagoga dijeron: «¿De dónde a éste esa sabiduría?». (Mt. 13:54). Mientras enseñaba en el Templo, los judíos se asombraban diciendo: «¿Cómo sabe éste letras, sin haber estudiado?» (Jn. 7:15). Aquí lo tenemos enseñando en presencia de los «doctores de la ley». Cristo, que es la sabiduría de Dios, dijo de Sí mismo: «Yo soy de *arriba*, vosotros sois de *abajo*». Una persona puede ser «letrada» y «erudita», y estar sin embargo ciega a la sabiduría que viene de arriba mediante el colirio del Espíritu Santo (Ap. 3:18). Ser *enseñados de Dios* es la heredad de cada alma que ha nacido de arriba.

II. A un hombre enfermo descolgado a través de un tejado (v. 19). Los que realmente creen en Jesús pondrán de uno u otro modo sus cargas a sus pies, como los cuatro hombres trajeron al incapaz paralítico. Todo lo que nos significa una *carga* debería llevar a la rotura y derribo de todo lo que se interponga entre nosotros y Jesús. Lo cierto es que este destrozo del tejado parecerá innecesario a los que no estén directamente interesados en ello, sin carga de dolor, ni peticiones apremiantes en favor de una vida perdida. Si no tenemos cargas propias, que la necesidad de otros nos lleve a su presencia.

III. A un hombre perdonando pecados. «Dijo: Hombre, tus pecados te quedan perdonados» (v. 20). ¿Qué? ¡Un *hombre* perdonando PECADOS! «¿Quién puede perdonar pecados, sino solo Dios?» Ésta es una cosa maravillosa. Sí, lo es. ¿Acaso no había dicho JEHOVÁ: «Yo, Yo soy el que borro tus rebeliones por amor de Mí mismo, y no me acordaré de tus pecados»? (Is. 43:25). ¿Quién es éste que también perdona los pecados? Que respondan los que niegan su divinidad. El Hombre Cristo Jesús *perdonando* pecados es la coronación de la gracia incomparable de Dios, y será una de aquellas «maravillas» de la que nos asombraremos por toda la eternidad.

IV. A un hombre recibiendo el perdón por medio de la fe. «Al ver *la fe de ellos,* dijo» (v. 20). La fe de los cuatro hombres que lo llevaban, así como la fe del hombre ansioso yaciendo paralítico en la camilla. Para los pretenciosos escribas y fariseos era desde luego algo asombroso que un hombre recibiera el perdón de todos sus pecados por *creer* en Jesús. Por las *obras* de la ley nadie se justificará delante de Dios (Ro. 3:28). Es de fe para que pueda ser de gracia. Él *vio* la fe de ellos. La mirada de Jesús es siempre rápida en discernir la confianza del corazón, y su mano es igual de rápida para ayudar.

V. A un hombre que podía leer los pensamientos de ellos. «Al percatarse Jesús de lo que ellos estaban pensando» (v. 22). Mientras ellos razonaban en sus corazones el Señor les estaba leyendo los pensamientos. «Todas las cosas están desnudas y descubiertas a los ojos de aquel a quien tenemos que dar cuenta» (He. 4:13). Así dice el Señor: «Sé muy bien lo que pensáis» (Ez. 11:5). En el taller de la mente humana hay muchas armas forjadas en secreto en contra del pueblo y de los propósitos de Dios, pero no prosperarán, porque nuestro Señor y Dueño *percibe* sus pensamientos. «No os engañéis, Dios no puede ser burlado.»

VI. A un hombre perfectamente sanado en el acto. «E inmediatamente se levantó a la vista de ellos, tomó la camilla en que estaba acostado, y se fue a su casa, glorificando a Dios» (v. 25). Ésta fue otra de las «maravillas» que se habían visto aquel día, Esto no es a la manera de los hombres, sino muy a la manera de Dios. Su obra es perfecta. Nadie podría jamás añadir un toque final a la obra salvadora de Cristo. La obra de sanar y de perdonar fue efectuada de manera repentina y plena. Fue una obra tan bendita la efectuada en él que pudo *levantarse* e *irse* a su propia casa glorificando a Dios. Bien salvo es el hombre que puede glorificar a Dios en su propia casa. El principal fin del hombre es glorificar a Dios, pero mientras no esté sanado y perdonado por la gracia de nuestro Señor Jesucristo este *fin principal* está perdido.

VII. A los escribas y fariseos llenos de temor. «El estupor se apoderó de todos, y llenos de temor decían: Hoy hemos visto cosas increíbles» (v. 26). Cuando los sabios según el mundo y los que están rellenos de soberbia religiosa confiesan su estupor y temor ante los dichos y actos de Jesucristo, ello es en sí mismo algo «maravilloso». ¿Por qué debería llenar de *temor* a las personas religiosas la exhibición de la *misericordia* soberana? ¿Qué tiene que objetar a ella el sabio del mundo? Las almas autosatisfechas nunca pueden recibir la *gracia* salvadora de Dios. Los que están sanos no necesitan de médico. «No he venido a llamar a los justos, sino a los pecadores a arrepentimiento.» Es posible ver estas «maravillas» obradas en otros, y quedar por un tiempo a la vez asombrado y atemorizado, pero nunca aprovechar personalmente el poder sanador del Redentor (Sal. 103:1-5). «El que no cree no verá la vida.»

1.024. BENDICIONES Y AYES

Lucas 6:20-26

«Paréceme que hacemos cual impertinentes niños,
Apoyando sus rostros en el vidrio del amplio ventanal,
Para empañar el vidrio con la mancha de su aliento,
Y ocultar de su mirada el paisaje y allende el cielo;
Y así, ¡ay! desde que el Dios Hacedor estableció
Mística separación entre estos dos,
La vida más allá, y nuestras almas en dolor»

BROWNING

Estas palabras de nuestro Señor, aunque en su sustancia son las mismas que las pronunciadas por Él en el monte, no fueron dichas en el monte, sino «en un lugar llano» (v. 17). Fueron pronunciadas con «los ojos hacia los discípulos» (v. 20), como si la enseñanza estuviera dirigida en primer lugar a ellos, y por medio de ellos a través de sus vidas y enseñanzas a las generaciones que deberían seguir. Hay la misma cantidad de *bienaventuranzas* que de *ayes* (cuatro), como si cada bienaventuranza tuviera su correspondiente mal. Cada privilegio descuidado conlleva su ay de remordimiento. No hay vía media entre la bienaventuranza y el ay. Todos los que no están en esta maravillosa luz están en tinieblas.

I. Aquí tenemos cuatro condiciones de bienaventuranza.

1. POBREZA. «Bienaventurados vosotros los pobres, porque vuestro es el reino de Dios» (v. 20). Naturalmente, se tiene que significar la pobreza *en el espíritu* (Mt. 5:3), porque con respecto a las cosas materiales un hombre puede ser tan pobre como Lázaro, y ser sin embargo tan orgulloso como el diablo. Cuando uno esté verdaderamente sensibilizado en cuanto a su miseria personal delante de Dios, entra en un estado bienaventurado, «pero miraré a aquel que es pobre y humilde de espíritu, y que tiembla a mi palabra» (Is. 66:2). A tales pobres en este mundo ha escogido Dios *ricos en fe* y herederos del reino (Is. 2:5).

2. HAMBRE. «Bienaventurados los que ahora pasáis hambre, porque seréis satisfechos» (v. 21). Esta es el hambre que no puede ser apaciguada con las cosas de la tierra y del tiempo. No son los bienes sino la *bondad* lo único que puede llenar el alma hambrienta (Sal. 107:9). «Colmó de bienes a los hambrientos» (Lc. 1:53). El hambre espiritual es el clamor de la verdadera necesidad, el lenguaje silencioso de un alma angustiada; un sentimiento jamás sentido por los que están *muertos* en delitos y pecados.

3. TRISTEZA. Bienaventurados los que ahora lloráis, porque reiréis» (v. 21). La *bienaventuranza* de poder llorar en presencia de Cristo es absolutamente desconocida en el mundo de la frivolidad y de la moda. Este dolor no proviene de ninguna frustración por la rotura de esperanzas egoístas o por la perturbación de los intereses personales que uno tenga. Es la tristeza de Cristo engendrada en el corazón por simpatía y amor. «Que a los afligidos de Sion se les dé diadema en lugar de ceniza, óleo de gozo en lugar de luto» (Is. 61:3). El dolor de la crucifixión será tornado en el gozo de la resurrección (Jn. 16:20). Así como los padecimientos de Cristo abundan en nosotros, así nuestra consolación abunda en Cristo (2 Co. 1:4-7; Ap. 21:4).

4. PERSECUCIÓN. «Bienaventurados sois cuando os odien los hombres, cuando os aparten de sí, os injurien y desechen vuestro nombre como malo, por causa del Hijo del Hombre. Regocijaos en aquel día, y saltad de gozo, porque he aquí que vuestra recompensa es grande en el cielo» (vv. 22, 23). La persecución forma parte de la herencia prometida al cristiano (Mr. 10:29, 30). Es una bienaventuranza, porque eleva al sufriente a una comunión más estrecha con el Salvador (Jn. 17:14). Los primeros discípulos se regocijaron de ser contados dignos de sufrir afrenta por su Nombre (Hch. 5:41).

II. Aquí tenemos cuatro condiciones de la malaventuranza.

1. UN AY PARA LOS RICOS. «¡Ay de vosotros los ricos!, porque habéis recibido vuestro consuelo» (v. 24). No hay pecado en tener abundancia de riquezas, como tampoco en tener abundancia de salud, pero si no se emplea para la gloria de Dios, en verdad que ya tenéis vuestra recompensa. El mal de acumular tesoros para *nosotros mismos* es pobreza para con Dios (Lc. 12:21). En la precipitación de la vida, el objetivo preeminente de muchos es ser ricos delante de los hombres, mientras que se muestran del todo indiferentes e insensibles a su abyecta pobreza delante de Dios. Como los moradores de Basán, «te he hablado en tu prosperidad, mas dijiste: No oiré» (Jer. 22:21). Aquí tenemos un epitafio procedente del Cielo para las lápidas de ellos: «Recibiste tus bienes en tu vida, y... *ahora*... tú [eres] atormentado» (Lc. 16:25).

2. UN AY PARA LOS SACIADOS. «¡Ay de vosotros, los que *ahora* estáis saciados!, porque habéis de pasar hambre» (v. 25). Una vida *repleta* de de placeres y posesiones del mundo, pero no *satisfecha*. Son como borrachos anhelando más bebida. La iniquidad de Sodoma fue la soberbia y la *saciedad* (Ez. 16:49). Un corazón *lleno* del amor y del goce de las cosas terrenas ha hecho todo lo que estaba de su parte para excluir a Dios, al llenarse cada uno de los rincones de su ser con intereses carentes de Cristo. «¿Tienes lugar alguno para Cristo?» La malaventuranza de la plenitud sin gracia es la mordida del hambre eterna.

3. UN AY PARA LOS QUE RÍEN. «¡Ay de vosotros, los que reís *ahora*!, porque os lamentaréis y lloraréis» (v. 25). Este *ahora* implica el tiempo de nuestro rechazo de Cristo. El Señor llena de risa las bocas de su pueblo cuando Él vuelve la cautividad de ellos. Cuando el hijo pródigo volvió al hogar ellos «comenzaron a regocijarse». En cambio, la risa del necio es vanidad (Ec. 7:6). La alegría de los impíos se desvanecerá en lamentación eterna. Las mentes mundanas frívolas van en pos del último chiste, y cuando lo encuentran van de inmediato en pos del siguiente. Su alegría es como el crepitar de las zarzas debajo de la olla, que hacen más ruido que calor. La malaventuranza de la alegría sin Cristo es las lágrimas de la vergüenza eterna.

4. UN AY PARA LOS QUE GOZAN DEL APLAUSO. «¡Ay cuando *todos los hombres* hablen bien de vosotros» (v. 26). La máxima *Vox populi, vox Dei* es aquí otra falacia. La enseñanza de la Escritura es aquí tremendamente enfática, enfrentándose totalmente a la sabiduría de este mundo. «La amistad del mundo es enemistad contra Dios.» «Cualquiera, pues, que quiera ser amigo del mundo, se constituye enemigo de Dios» (Stg. 4:4). El mundo ama lo suyo; si te ama a ti, entonces eres del mundo. Si habéis sido *escogidos* de entre el mundo, el mundo os aborrecerá (Jn. 15:19). Nuestra mayor sabiduría será escoger, como María, aquella buena parte que no nos será quitada. La malaventuranza del mundano aplaudido es el menosprecio eterno.

1.025. SED MISERICORDIOSOS COMO VUESTRO PADRE

Lucas 6:27-38

«La constante Fe y la santa Esperanza morirán,
Una perdida en la certidumbre y en el gozo la segunda,
Mientras que tú, más feliz poder, bella Caridad,
La triunfante hermana, de las tres la mayor.

Tu oficio y naturaleza igual seguirán,
Duradera tu lámpara y sin apagar tu llama
Delante de la hueste celestial en pie te mostrarás
Para siempre bendiciendo y bendecida para siempre»

MATT. PRIOR.

La verdadera caridad es el amor de Dios derramado en el corazón por el Espíritu Santo. El amor es de Dios. Dios es amor. El que no ama no conoce a Dios. Estas palabras de nuestro Señor, «Amad a vuestros enemigos», «Bendecid a los que os maldicen», vienen con tanta más fuerza como que lo hacen tras las «bendiciones» y los «ayes» que vienen delante. Este Gran Maestro venido de Dios traza rectamente la Palabra de Verdad. Observemos:

I. Los preceptos. Estas leyes celestiales que nos son dadas aquí por Jesucristo son espejos que reflejan el *misericordioso* carácter de nuestro Padre Celestial, y su propósito es ayudarnos a llegar a su semejanza. «Sed, pues, misericordiosos, como también vuestro Padre es misericordioso». Estos preceptos nos atañen de una forma cuádruple.

1. CON RESPECTO AL AMAR. «Amad a vuestros enemigos» (v. 27). Naturalmente, esto no implica que no debemos amar a nuestros *amigos*, sino más bien que nuestro amor debe ser según Dios, que, mientras éramos aún pecadores, dio a su Hijo para salvarnos (Jn. 3:16). Si tu enemigo tiene hambre, dale pan, porque esto lo hizo tu Padre por ti en los tiempos de tu enemistad, y así amontonó tales ascuas de fuego sobre tu cabeza que fundieron tu corazón (Pr. 25:21, 22).

2. CON RESPECTO AL BENDECIR. «Bendecid a los que os maldicen» (v. 28). Bendeciréis al que os injuria no injuriando a vuestra vez. Esto es según el ejemplo divino (1 P. 2:23). El apóstol Pablo obedeció este mandamiento al pie de la letra (1 Co. 4:12). «No devolviendo mal por mal, sino por el contrario bendiciendo» (1 P. 3:9); esto dará evidencia de que estamos gobernados por el Espíritu del Padre.

3. ACERCA DE LA ORACIÓN. «Orad por los que os maltratan.» Poder orar por nuestros enemigos en el Espíritu de Cristo es un triunfo destacado de la gracia de Dios. Cristo logró tal victoria cuando oró: «Padre, perdónalos, porque no saben lo que hacen» (Lc. 23:34). Esta gracia abundó también en Esteban (Hch. 7:60). Este amor brota de la misericordia del Padre.

4. ACERCA DE DAR. «A todo el que te pida, dale» (v. 30). Esto no nos enseña que debamos dar *todo* lo que cada uno pueda pedirnos, sino que debemos *dar* a cada peticionario. Esto es según la misericordia del Padre. Un borracho puede pedirte dinero, pero en lugar de ello le *das* una palabra de advertencia. Si bien dar a los pobres no es en sí una evidencia del *amor de Dios* morando en nosotros, retener sí que es una prueba cierta de que no mora (1 Jn. 3:17).

II. Los ejemplos. La misericordia de nuestro Padre Celestial es aquí contrastada con la bondad natural de los hombres impíos. El mundo ama lo suyo. Esto se nos presenta en un aspecto *negativo* triple. Nuestra misericordia no debe ser como la del pecador, sino como la del Padre. La primera es como un estanque cenagoso, y la segunda como un río claro como el cristal.

1. *Que vuestro* AMOR *no sea como el amor de los pecadores.* «Si amáis a los que os aman, ¿qué clase de favor es el vuestro? Porque también los pecadores aman a los que les aman» (v. 32). El amor del corazón irregenerado solo va a aquellos que a su vez le aman. El amor de Dios alcanza incluso a aquellos que le aborrecen sin causa. «Sed, pues, misericordiosos, como también vuestro Padre es misericordioso.»

2. *Que vuestras* OBRAS *no sean como las obras de los pecadores.* «Si hacéis bien a los que os hacen bien, ¿qué clase de favor es el vuestro? Porque también los pecadores hacen lo mismo» (v. 33). Los motivos del obrero cristiano deben ser infinitamente más elevados que los que son meros servidores del tiempo. Los impíos mostrarán bondad a los que les son *amables*. Pero nuestro Padre es bondadoso aun con los desagradecidos. «Sed, pues, misericordiosos, como también vuestro Padre es misericordioso».

3. *Que vuestra* GRACIA *no sea como la gracia de los pecadores.* «Y si prestáis a aquellos de quienes esperáis recibir, ¿qué clase de favor es el vuestro? Porque también los pecadores prestan a los pecadores para recibir otro tanto» (v. 34). Los incrédulos mostrarán gracia y prestarán a sus hermanos escépticos con la esperanza de recibir otro tanto. Pero nuestro Padre en el Cielo da a los malos y a los injustos, «sin esperar nada a cambio» (Mt. 5:45). «Sed, pues, misericordiosos, como también vuestro Padre es misericordioso.» Vuestra justicia debe superar a la de los escribas y fariseos, porque no sois vosotros los que actuáis, sino el Espíritu del Padre que está en vosotros (Mt. 10:20).

III. Las promesas. Si el amor de Dios está derramado en nuestros corazones, de modo que podamos amar a nuestros enemigos y hacerles el bien, no esperando nada de parte de ellos, entonces el Padre, que ve en lo secreto, nos recompensará en público.

1. SERÁ GRANDE VUESTRA RECOMPENSA (v. 35). Será grande en esta vida en el hecho de que la naturaleza *divina* gobernará de manera manifiesta en nuestro ser. Será grande en la vida venidera, porque en medio de una generación malvada y perversa habéis glorificado a vuestro Padre Celestial dejando brillar vuestra luz delante de los hombres.

2. SERÉIS HIJOS DEL ALTÍSIMO (v. 35). El Dios que rige sobre todos os reclamará como a sus propios hijos, y como hijos del ALTÍSIMO vuestra vida será *elevada* en Aquel que está *«por encima* de todo principado, autoridad, poder y señorío, y de todo nombre que se nombra, no solo en este siglo, sino también en el venidero» (Ef. 1:21-23). «Sed, pues, misericordiosos, como también vuestro Padre es misericordioso.»

1.026. EL ÁRBOL Y SU FRUTO

Lucas 6:41-45

«Oh Señor de gracia lleno, cuando diste Tú
Por tu divina autoridad,
Exhortación de que para ti fruto los hombres llevaran,
Te bendigo que por medio de un árbol fuera»

GROSART

Este gran maestro venido de Dios emplea las ilustraciones más sencillas y comunes para apremiar en los corazones de los hombres las más profundas verdades de la revelación. En estos versículos Él habla de la «paja» y de la «viga», del «árbol bueno» y del «árbol malo», de «espinos» y de «zarzas», de «higos» y «uvas». Toda la naturaleza, como la zarza ardiendo, está encendida con pensamientos ardientes de lo divino. Pero, como Moisés, tenemos que *desviarnos* (Éx. 3:3, V.M.) para ver esta gran visión, y es para esto que tiene que sernos primero quitada la viga del ojo. Cristo trata aquí del estado del *ojo* (la falta de amor) y de la condición del *corazón* (ausencia de fruto). El corazón corrompido tiene mucho que ver con el ojo dañado. Los de limpio corazón tienen siempre un ojo misericordioso, porque los de puro corazón verán a Dios. Cuando tenemos en el ojo la viga del prejuicio o de la envidia, entonces se ven fácilmente las pajas de la debilidad y del fracaso en los ojos de los otros. Veamos que no haya ninguna *viga* dañando nuestra propia visión espiritual mientras hablamos de las *pajas* que dificultan la visión de otros. El único remedio para una viga o una paja en el ojo es *sacárselas.* Es una gran misericordia y un ministerio de gran bendición poder quitar una paja del ojo de un hermano, pero se debe hacer con mucha gentileza, porque el ojo es un miembro de lo más tierno y sensible. Se precisa de la ternura de Cristo para tratar con los problemas de pajas en la doctrina y vida de un hermano. No es una obra para hipócritas.

En esta parábola del árbol de buena calidad y el de mala calidad se nos exponen:

I. Dos clases de carácter.

1. EL ÁRBOL BUENO O EL HOMBRE BUENO. Un árbol bueno es aquel que sirve al propósito para el que fue hecho. Es un reflejo de la bondad de Dios, e impele a la gratitud y a la alabanza. Así es con un hombre bueno: es la imagen de Dios, cuyo nombre es BUENO. La bondad de un árbol es el don de Dios por medio de la naturaleza; la bondad de un hombre es el don de Dios por medio de la gracia. El principal fin para el que fue hecho es totalmente alcanzado por medio de su gracia abundante.

2. EL ÁRBOL CORROMPIDO O EL HOMBRE MALO. Un árbol podrido o amargo es la semejanza con la que el Santo compara al *hombre malo.* El mal no reside tanto en la apariencia como en el carácter. Un árbol cuya raíz sea amarga o cuyo corazón esté corrompido y pervertido puede seguir teniendo todavía un exterior hermoso y atractivo. Esta corrupción de corazón es el resultado de una enfermedad oculta. El Señor mira al corazón. El hombre *malo* a la vista de Dios es aquel cuyo corazón sigue estando en hiel de amargura. Un corazón no recto para con Él que es tanto Creador como Redentor. Se trata de aquella persona en cuyo corazón el poder del pecado tiene una influencia desatada, como putrefacción en los huesos. Puede que se trate de una persona entendida, cortés, a la moda, e incluso religiosa, pero si el *corazón* no es recto, se trata de un hombre *malo.* Jesucristo no dice nada acerca de la gran clase de personas que no son ni buenos ni malos, sino solo *«mediocres».* En estos últimos días somos llamados a poner a prueba no solo las profesiones, sino los *espíritus,* si son de Dios (1 Jn. 4:1).

II. Dos clases de fruto.

1. EL BUEN FRUTO O BUEN TESORO DEL CORAZÓN. El fruto es el resultado visible del *carácter* interior. Se trata de una ley universal e inalterable. «*No hay* árbol de buena calidad que produzca fruto desabrido; ni árbol de mala calidad que produzca fruto excelente.» Los *actos* de un hombre bueno salen *de su corazón*, y participan por ello de su verdadero carácter; se les llama «buen tesoro», porque son preciosos y pasan a enriquecer a otros. «Pobres, pero enriqueciendo a muchos». Si el corazón no es bueno y no está lleno de la bondad de Dios, nunca podrá salir de él ningún buen tesoro. El fruto del Espíritu en nosotros: como la buena savia en el árbol bueno: es amor, gozo, paz, etc. (Gá. 5:22). La sabiduría que es de arriba es primero pura, llena de misericordia, y de buenos frutos (Stg. 3:17). El hombre bueno saca del buen tesoro de su corazón con tanta naturalidad como el árbol da fruto. No hay un pensamiento consciente, ni idea de exhibición de sí mismo, sino aquel dulce impulso del amor que hace del dar una deleitosa necesidad. Tenemos este tesoro en este vaso de barro porque Dios ha resplandecido en nuestros corazones y nos ha dado el conocimiento de la gloria de Dios en la faz de Jesucristo (2 Co. 4:6, 7).
2. EL FRUTO CORROMPIDO O EL MAL TESORO DEL CORAZÓN. El hombre malo saca del mal tesoro de su corazón de igual forma en que un árbol corrompido y polucionado saca mal fruto. La fuente envenenada de la mente carnal nunca manará aguas refrigerantes de pensamiento espiritual. Parece extrañamente paradójico hablar del mal *tesoro* de un hombre malo. Se amontona ira para el día de la ira en tanto que se imagina que es heredero de cosas preciosas. El carácter del fruto revela la condición del *corazón* de un árbol. «Del corazón mana la vida». Y el mal no está solamente en los ojos o en los labios, sino que va bien adentro, a lo más íntimo del ser. «Cual es el pensamiento en su corazón, tal es él». «Dame, hijo mío, tu corazón».

1.027. AHONDANDO

Lucas 6:46-49

«Estar aquí creo que es bueno,
Si nos dejas construir: mas ¿para quién?
Ni Elías ni Moisés aparecen,
Mas las sombras vespertinas que envuelven la tiniebla,
La morada de los muertos y el lugar del sepulcro.
¿Para la ambición trabajaremos? ¡No, jamás, no!»

KMOWLES

Hay tres palabras aquí que caracterizan a un hombre sabio a los ojos de Jesucristo. «Todo aquel que *viene* a Mí, o *oye* mis palabras, y las *pone en práctica*» (v. 47). Acudir a Él como Salvador, oírle como Maestro y obedecerle como Señor es evidencia de que hemos sido y somos enseñados de Dios y hechos sabios en Cristo. Estos dos edificadores son representantes de dos grandes clases o condiciones de hombres: los que viven por la fe en el hijo de Dios, y los que andan a la luz de las chispas que ellos mismos despiden.

I. La sabiduría de los obedientes. Nuestro Señor dice: «Es semejante a un hombre [sabio] que, al construir una casa, excavó, ahondó, y echó los cimientos sobre la roca» (v. 48). Es semejante a aquel hombre:

1. PORQUE CREYÓ EN LA ROCA. No tenía fe en la tierra arenosa como fundamento, y por cuanto creía en la roca no quería hacer ninguna construcción hasta que la encontrara. Jesucristo es la Roca. «Separados de Mí», dice Él, «nada podéis hacer». ¿Crees tú en el hijo de Dios?
2. PORQUE NO SE AHORRÓ NINGÚN TIPO DE AFANES PARA LLEGAR A LA ROCA. «Ahondó.» Éstas son palabras de lo más sugerentes. Una vida que agrade a Dios resistiendo a la tentación y finalmente triunfando frente a los ataques del mundo, de la carne y del diablo no debe comenzar de una manera *superficial*. Su fundamento será echado *hondo*. Mucho hay que puede interponerse entre el buscador y el Salvador. Mucha soberbia, muchos prejuicios y mucha falsa enseñanza. No es una pérdida de tiempo que un hombre se examine a sí mismo y ahonde profundamente a través de todo hasta que el fuerte y poderoso Cristo aparezca revelado delante de él. Cada edificador sabe que incluso el polvo puede dificultar que las piedras queden firmemente unidas entre sí. Que no haya nada que se interponga.
3. PORQUE EDIFICÓ SU CASA SOBRE LA ROCA DESPUÉS DE HALLARLA. No se quedó satisfecho solo con encontrar un buen fundamento; había buscado la roca a fin de *edificar* sobre ella. ¡Cuántos hay que parecen perfectamente satisfechos con haber encontrado a Cristo como la Roca de la Salvación, como su Expiación por el pecado, pero que se muestran totalmente indiferentes a lo que edifican encima! *Reposan* sobre el fundamento, pero no *edifican sobre él*. Son salvos, pero sus vidas no revelan la estructura de la fe (1 Co. 3:12). Pedro nos dice cómo se debe construir. A la fe añadid virtud, etc. (2 P. 1:5-7). Somos colaboradores juntamente con Dios. Sois edificio de Dios.
4. PORQUE NO QUEDÓ FRUSTRADO CON EL RESULTADO. «Vino una inundación, el torrente embistió contra aquella casa, pero *no* tuvo fuerza suficiente para sacudirla, porque estaba fundada sobre la roca.» El cristianismo no ha fracasado. La vida edificada sobre Jesucristo resultará tan estable como el Trono Eterno. «Él es poderoso para *guardar mi depósito* para aquel día.» Él puede también *guardarnos* de caída. Con respecto a la Iglesia o alma que esté edificada sobre esta Roca, «las puertas del Hades no prevalecerán contra ella» (Mt. 16:18). «El fundamento de Dios está firme» (2 Ti. 2:19).

II. La insensatez de los desobedientes. «El que ha oído, y no pone en práctica, es semejante a un hombre que edificó una casa encima de la tierra, sin cimientos» (v. 49). La insensatez de este hombre se ve en que:

1. MENOSPRECIÓ LA ROCA. Es indudable que creía acerca de la roca, pero se imaginaba que podría pasárselo sin ella. Es un tipo de los que han sido engañados con las falsas filosofías y vanos engaños (Col. 2:6-8). «¡Ay de los sabios en sus propios ojos!» (Is. 5:21). Los escribas y fariseos siguieron edificando, aunque habían rechazado a «la principal Piedra del Ángulo». Si queremos alcanzar a Cristo tenemos que *comenzar* con Él.
2. COMENZÓ A EDIFICAR DEMASIADO PRONTO. Comenzó a poner las piedras de la esperanza antes de encontrar la roca de la seguridad. Preferiría salvarse por sus obras antes de hallar *reposo* sobre la Roca de la Eternidad. ¡Qué imagen de muchos modernos edificadores religiosos! Emprenden la edificación de una vida fuerte y hermosa antes de llegar a entrar en contacto con el poder salvador de Cristo la Roca. Comienzan a *edificar* cuando debieran estar *ahondando*, tan anhelantes están de ser algo agradable a los ojos de los hombres.
3. EDIFICÓ SIN CIMIENTOS. «Edificó una casa encima de la tierra.» La tierra arenosa junto al río era un terreno peligroso. Aquel hombre había sentido la necesidad de una casa para refugio de su alma, pero no se dio cuenta de su total necesidad de una roca inquebrantable para su casa. Necesitamos salvación, pero necesitamos a un Cristo Omnipotente que nos salve. «Porque nadie puede poner otro fundamento que el que está puesto, el cual es Jesucristo» (1 Co. 3:11; Is. 28:16).
4. SUS ESPERANZAS SE VIERON REPENTINAMENTE DESTRUIDAS. «Contra la cual embistió el torrente, y al instante se derrumbó, y fue grande la ruina de aquella casa.» «El que creyere no se apresure.» Pero este hombre se precipitó, puesto que no confió en la roca, y su apresuramiento únicamente sirvió para acelerar su ruina. El fervor en la vida religiosa no vale de nada allí donde está ausente el fundamento de la sangre expiatoria. No pereció porque fuera perezoso o indiferente a su necesidad de refugio. Hizo lo mejor que pudo, pero lo mejor sin la «una cosa necesaria». Tus obras pueden ser muchas y hermosas, pero si Jesucristo no es el *fundamento* de todo, «una cosa te falta», y la falta de esta «una cosa» hace inútil y sin fruto todo lo demás. Es demasiado para construir otra casa cuando ha llegado la inundación (Mal. 4:1; 2 Ts. 1:8).

«Mi esperanza sobre nada menos se levanta
Que en la sangre y justicia de Jesús;
No osaría confiar en el más dulce sostén,
Sino del todo apoyarme en el Nombre de Jesús;
Sobre Cristo la Roca Eterna me mantengo:
Toda otra base cual movediza arena es.»

1.028. LA FE DE UN SOLDADO

Lucas 7:1-10

«Tenue cual los rayos de la luna y las estrellas,
Iluminando a fatigados, solitarios y errabundos peregrinos,
Es para el alma la razón.
Y al ir desapareciendo estas nocturnas lámparas
Cuando el resplandeciente orbe por nuestro hemisferio sube,
Así empalidece la razón a la religión al ver,
Y muere, en luz sobrenatural disuelta.»

«La fe es un rápido y seguro correo que nos llevará a los ausentes.» Todas las cosas son posibles para el que cree. En este centurión romano vemos un hombre totalmente práctico en la guerra ética y espiritual. Su manera cabal de tratar con el Señor Jesucristo es como una refrescante brisa de los montes del Líbano. ¿Su siervo está enfermo? No habla acerca de la *pena* que siente por él; envía en el acto a buscar al médico (v. 3). ¿Ama a la nación judía? Entonces no lo hace de *palabra*, sino que les construye «una sinagoga» (v. 5). No habla de su fe, sino que la *muestra* de una manera que hace que el mismo Señor se maraville de su sencillez y grandeza (vv. 8, 9). ¡Cuán hermosamente sencilla es su santa lógica! «Dilo de palabra, y mi siervo será sano. Pues yo también soy un hombre puesto bajo autoridad, y tengo soldados bajo mis órdenes; y le digo a éste: ¡Ve!, y va; y a otro: ¡Ven, y viene.» Como buen soldado, cree que el gran Capitán sólo tiene que dar la orden para que se ejecute. Este logro de un oficial militar gentil no podía pasar sin especial mención. El Señor dijo: «Ni aun en Israel he hallado una fe tan grande». Señor, auméntanos la fe. Este incidente está lleno del Evangelio para nosotros. Observemos:

I. La necesidad del siervo. Estaba en una condición de:

1. TOTAL IMPOTENCIA. «Estaba enfermo» (v. 2). Aunque esclavo, puede haber estado rodeado de misericordias y favores. Pero no podía ayudarse a sí mismo. Una imagen de cada uno de los que están bajo el insano poder del pecado. Los desesperadamente enfermos no tienen pensamiento alguno de lograr nada por medio de sus *obras*. Su esperanza se había desvanecido.
2. GRAN MISERIA. Estaba «terriblemente atormentado» (Mt. 8:6). Se puede estar impotente y con todo inconsciente de ello, pero este siervo se encontraba en terribles sufrimientos. Cuando uno está profundamente convencido de su culpa y total incapacidad de ayudarse a sí mismo, se encontrará terriblemente atormentado. Pero este oportuno *tormento* es infinitamente mejor que la fatal insensibilidad que resultará inevitablemente en el eterno azote del remordimiento. Los necios se ríen del pecado.
3. PELIGRO INMEDIATO. «A punto de morir» (v. 2). Estaba moribundo. Su enfermedad lo había llevado al mismo borde de la eternidad, y toda la sabiduría y el poder del hombre eran en vano e impotentes para librarlo. El peligro de perecer en cualquier momento debería aumentar los tormentos de cada persona no salva.

II. La petición del centurión. Intercedió por su fiel siervo «habiendo oído hablar de Jesús», con lo que claramente se implica que creyó lo que oyó. La fe viene por el oír. La *manera* en que aquellos ancianos fueron a Jesús con su petición muestra el carácter de la oración del centurión. Era:

1. FERVOROSA. «Envió a donde Él [Jesús] estaba... para *rogarle*» (v. 3). La verdadera ansiedad y la simpatía sincera son los padres del fervor. Cuando la suegra de Pedro estaba enferma, ellos persistieron en hablar de ella a Jesús (Mr. 1:30). El centurión *apreciaba mucho* a su siervo, y el *afecto* dio calor a su oración. Toda la frialdad y formalidad en la oración significa carencia de corazón por parte del peticionario. Donde hay amor por los que están «para morir», habrá un ruego serio en favor de ellos.
2. HUMILDE. «No soy digno», dijo él, mientras el Señor se aproximaba a su casa (v. 6, RV). Los ancianos habían dicho: «Es digno... porque él ama a nuestro pueblo, y él mismo nos ha edificado la sinagoga». Pero este buen hombre no consideraba que sus *buenas obras* le hicieran merecedor de una dignidad como la de tener al Hijo de Dios bajo su techo. Nada de lo que hagamos nos hará dignos de que Cristo more en nosotros. Esta humildad de espíritu, como el candor inconsciente de un niño pequeño, es el mismo aliento del cielo, y es un refrigerio para el alma de Jesús. A la vista de Dios el sentimiento de indignidad es una exhibición de dignidad. Cuando Saúl era pequeño a sus propios ojos el Señor lo exaltó (1 S. 15:17).
3. CREYENTE. «Dilo de *palabra*, y mi siervo será sano» (v. 7). La fe tiene siempre que ver con la *Palabra* de Dios, y se satisface con ella, sabiendo que es fiel Aquel que ha prometido. Su Palabra no puede fallar. ¡Cuántos están sirviendo al Señor en dolorosa esclavitud, buscando señales y sentimientos en lugar de actuar confiados en su Palabra! El Señor ya ha pronunciado muchas palabras que son precisamente adecuadas para nuestro caso, y que son tan válidas para nosotros ahora como lo fueron en la antigüedad. «Las palabras que Yo os he hablado son espíritu y son vida» (Jn. 6:63). Ven creyendo.

III. La respuesta del Salvador. Fue:

1. RÁPIDA. «Iba Jesús con ellos» (v. 6). La gracia y la verdad que vienen con Jesucristo nunca llegan demasiado tarde. La oración hecha apremiante por un intenso amor hallará rápida respuesta en el amor de Dios. «*A su* tiempo Cristo murió por los impíos»; ¿cómo no va a responder Él a *su* tiempo el clamor de la fe?
2. ALENTADORA. «Ni aun en Israel he hallado una fe tan grande» (v. 9). Estas palabras que honraron aquella fe fueron dirigidas al pueblo que le seguía. Se maravilla de la fe del centurión, pero no lo reprende por esperar demasiado. Se complace maravillosamente con la fe grande. Y sin fe es imposible agradarle. «O vosotros de poca fe, ¿por qué dudasteis?». ¿Por qué no tenemos fe de Dios en su propio Hijo? (Mr. 11:22).
3. EFICAZ. «Y fue sanado su criado aquella misma hora» (Mt. 8:13). Él envió su palabra, y lo sanó (Sal. 107:20). «Hágase contigo como creíste». Este «*así se haga contigo*» es el Amén de Cristo a la oración de fe. Cristo mismo es el AMEN de Dios ante un clamor agonizante y confiado de la humanidad (Ap. 3:14). La fe pequeña minimiza al Cristo de Dios y estrecha el canal de la bendición. Los corazones que dudan pueden llamarle grande, pero poco se fían de Él; son más bien como los soldados que clamaban, «¡salve, Rey!», y luego le ponían un ropaje de burla.

1.029. CON JESÚS EN CAPERNAÚM

«A quien éste apreciaba mucho» (Lc. 7:2).

EL OFICIAL ROMANO Y SU SIERVO

Introducción

Éste es un atrayente incidente en la vida de nuestro Señor. Y comunica una importante lección, especialmente al estudiarla de forma contrastada.
Éste fue una conducta totalmente insólita de parte de un amo. No es frecuente que en nuestros tiempos un patrono se someta a inconvenientes por un criado enfermo, y en aquellos días alejados era de lo más insólito. En aquellos tiempos explotaban a los siervos todo lo que podían, y cuando no les servían de más, los desechaban como un desperdicio. Recordemos además que el amo era un orgulloso oficial romano.
Observemos el trabajo que se tomó por este pobre esclavo. Envió primero una representación de Ancianos de los Judíos (v. 3), y luego a unos amigos suyos (v. 6); finalmente, estaba tan preocupado que fue él mismo (estudiar Mt. 8:5-13). Este último paso fue desde luego sumamente prudente. Es bueno hacer que otros vayan a Dios por nosotros, pero no es suficiente si en último término no vamos por nosotros mismos.

¿Por qué lo hizo?

1. *No por un mero sentimiento de deber.* Porque en aquellos tiempos nadie consideraba que esto fuese su deber. No había conciencia pública en cuestiones de esta clase.
2. *No fue por temor de una investigación forense*, porque en aquellos tiempos no se hacía nada de este tipo. La vida humana era cosa de poco valor, especialmente la de un esclavo.
3. *Fue el amor lo que le movió.*

NO HAY DUDA ALGUNA ACERCA DE SU AFECTO. ¿Por qué no hay dudas de que este oficial romano sentía cariño por su siervo?

1. La manera en que actuó lo demostraba de manera enfática.
2. Pero el modo en que se refirió a su siervo hablaba elocuentemente acerca de su amor. La hermosura del original queda oculta en la traducción de Reina-Valera. Los ancianos le pidieron al Señor que sanase al esclavo del centurión; pero los amigos del oficial romano llevaron un mensaje directo que más adelante él mismo repitió, llamando al esclavo enfermo «mi niño». No emplea la palabra directa que denota un esclavo, sino un término de cariño. Esto queda patente en varias traducciones; por ejemplo, la BAS y la V.M. dan en el margen: «[mi] muchacho»; otras versiones, inglesas, traducen «mi niño». Esto es hermoso. El amor aparece no solamente en la conducta, sino también en las palabras, y también en el mismo tono.

UN HECHO AÚN MÁS DESTACABLE. Pero hay un hecho aún más destacable, y es que Dios acude a nosotros. Él no envió a una representación, sino que Él mismo vino. Y Él vino a ser hombre y a morir. No hay duda alguna sobre su amor: sus obras y sus palabras proclaman esto. Y el tratamiento que Dios nos da de una manera tan llena de gracia es tanto más destacable. Y ello por las siguientes razones:

I. Este siervo merecía la atención que se le prestaba. En cambio, nosotros no. Es indudable que el centurión sentía afecto por él porque él era digno de tal afecto. Sí, se había merecido aquel afecto. Generalmente se piensa que había salvado la vida de su amo a riesgo de su propia vida. No es de extrañar que fuese querido, cuando su amo le debía la vida a su esclavo.

Pero, ¿qué sucede en nuestro caso? ¿Acaso hemos hecho algo notable por Dios? No, bien al contrario. Nosotros somos, por naturaleza, «enemigos de Dios en malas obras», como declara la Biblia. Sin embargo, aunque totalmente inmerecedores de ello, nos ama.

II. Era el esclavo de su propio amo, mientras que nosotros estamos en poder de otro. Que el centurión se cuidase de su siervo no era cosa tan maravillosa cuando se considera desde nuestro punto de vista. A fin de cuentas, ¿no estaba cuidándose del bienestar de su propiedad? Las cosas son distintas en nuestro caso, porque nosotros estamos en poder de otro, el enemigo de Dios. Pero, aunque siendo esclavos de otro, Dios nos ama.

III. Él estaba muriendo, mientras que nosotros estamos ya muertos. Esto establece una enorme diferencia. Mientras hay vida, decimos nosotros, hay esperanza; en nuestro caso, por lo que toca a la vida espiritual, estamos sin vida.

IV. Él no podía hacer nada de su parte, lo mismo que nosotros. Y, lo mismo que en su caso, hay Otro que se interesa por nosotros. Ved lo que Él ya ha hecho por nosotros: envió a su Hijo para que muriese por nosotros; dio también al Espíritu Santo para que nos convenciese, atrajese y ganase; y nos ha dado un maravilloso Libro para conducirnos y enseñarnos.

¿LE AMAS TÚ A ÉL? ¡Él te ama a ti! Fue la enfermedad del siervo lo que llevó a su amo en contacto con el Señor en su favor. ¿Acaso vas tú a esperar a que la enfermedad te impulse a Él?

1.030. EL HIJO DE LA VIUDA

Lucas 7:11-16

«El valle de secos huesos,
Insensatos cual las piedras,
Bajo tu vivificador aliento
Una hueste viviente se levantó.
Oh, en medio de nuestro pecado y muerte
Ven, Santo Espíritu, y actúa Tú»

GROSART

Es un pensamiento alentador saber que el Espíritu Santo, este «otro Consolador», que es el don del Salvador resucitado, posee el poder *resucitador* de Jesucristo. Es el Espíritu el que da vida. La resurrección de un cuerpo muerto demuestra su poder para resucitar un alma muerta en pecado a una nueva vida.

¿Quién no ha visto un funeral? ¿Quién no ha enterrado a un amigo? Podemos fácilmente descubrirnos cuando pasa el cortejo funeral. Pero solo Jesucristo puede sacar la carga de dolor del corazón apenado de los enlutados. Como solía decir D. L. Moody, «Jesús echaba a perder cada funeral al que asistía». La noche más negra de dolor la puede transformar Él en resplandor de mediodía.

Aquí tenemos:

I. Una mujer afligida. Sus circunstancias revelan

1. UN PASADO DOLOROSO. «Ella era viuda» (v. 12). La escena del lecho de muerte de su marido, la partida desgarradora, el funeral lleno de llanto, y la atemorizadora soledad que sobrevino; estos eran dolores pasados, pero quizá el paso apaciguador del tiempo había amortiguado su agudeza. Puede que en el pasado hayamos tenido profundas convicciones de pesado, cuando los placeres del mundo perdieron en parte su atractivo, y que poco a poco esta herida del corazón sanó.

2. UN PRESENTE AMARGO. «He aquí que sacaban a enterrar un difunto, [su] hijo único». Ha venido otra sazón de prueba; otra vez ha cubierto el cielo de ella la negra oscuridad del dolor. Una vez más se encuentra cara a cara con la muerte. Aprende que si el Espíritu te despierta por segunda vez, el *pasado* agravará en gran manera la miseria del presente.

3. UN FUTURO SIN ESPERANZA. Éste era el funeral de un «*hijo único* de su madre» (v. 12). La única fuente de su consuelo y *ayuda* le había sido cortada. Se encuentra ahora sin esperanza, sin promesa, absolutamente desolada, pero a los tales es a los que Jesús se acerca. Es solo cuando estamos «sin fuerza» que el poder de Dios se manifiesta en favor nuestro. Los que están sanos no necesitan médico, sino los enfermos. Todas las futuras perspectivas que ella abrigaba estaban, como el siervo del centurión, «a punto de morir». Pero la Resurrección y la Vida están a mano.

II. Un Amigo Todopoderoso. «Un amigo en la necesidad es un amigo de verdad.» Cuanto más se acerca ella a la tumba, tanto más cerca se acerca al Salvador dador de vida. La hora más oscura es la hora antes del alba. El dolor que dura una noche se volverá en gozo por la mañana cuando Jesús regrese. Jesús se encuentra con el funeral, la vida y la muerte entran en contacto, y la debilidad, el dolor y la frustración terrenales en esta mujer son suplidos por la fortaleza, la consolación y la esperanza celestiales en Jesucristo. La ruina del pecado y el remedio de Dios se han encontrado. ¿Cuáles son los resultados?

1. UNA EXPRESIÓN DE SIMPATÍA. «Cuando el Señor la vio, fue movido a compasión sobre ella» (v. 12). Tan pronto como el Señor la vio, el amor de su corazón se derramó hacia ella. Aunque ella era aún una extraña a su simpatía, Él no es un extraño al dolor de ella. En verdad, el aguijón en el sufrimiento humano es la *inconsciencia* que hay de la divina compasión.

2. UNA INUSUAL PALABRA DE CONSUELO. «Le dijo: No llores» (v. 12). ¿No llores? ¿Pensará ella que estas palabras han sido dichas en son de burla? ¿Acaso no sabe Él que se trata de un «hijo único de su madre… viuda»? Pero Él sabía lo que iba a hacer. Podemos secarnos las lágrimas cuando Él nos lo indica, por amargas que estas sean. Pero quizá no se trata tanto de tus lágrimas como de tus *ansiedades* que Él quiere que quites de ti, diciendo, «no os afanéis por vuestra vida», etc. (Mt. 6:25), por cuanto Él mismo sabe qué hará.

3. UNA DETENCIÓN OPORTUNA. «Él se acercó, y tocó la camilla mortuoria, y los que la llevaban se detuvieron» (v. 14). Éste fue el toque de detención de la misericordia que salva. Un poco después, y el joven habría sido enterrado fuera de la vista de todos. ¿Quién detendrá el alma que el tiempo, como un carruaje funerario, está llevando al sepulcro de la eterna condenación si no se encuentra a Jesucristo por el camino?

4. UNA ORDEN EXTRAÑA. «Joven, a ti te digo, ¡levántate!» (v. 14). ¿Quién es éste que ordena a los muertos que resuciten? Es el que habla como un *teniendo autoridad*. Así como la venida de la luz ordena a las tinieblas que se desvanezcan, así la venida de su Palabra implica el poder de vencer. La ignorancia puede cavilar allí donde la fe es bendita. Él es poderoso para salvar, Aquel que habla, y es hecho.

5. UN CAMBIO MARAVILLOSO. «El muerto se incorporó y comenzó a hablar» (v. 15). Un ejemplo de uno *renacido* por la Palabra de Dios. ¡Qué cambios introduce su Palabra dadora de vida! Aquel que hacía un minuto yacía yerto, frío, silencioso y corrompiéndose está ahora resplandeciendo con el calor de una nueva vida, y puede dar testimonio mediante sus *palabras* de su poder de resurrección. Es ahora nueva creación, las cosas viejas han pasado, todas han sido hechas nuevas.

6. UNA FELIZ REUNIÓN. «Él se lo dio a su madre» (v. 15). Oh, ¡alabadle por su ternura! ¡No solo salvó al hijo de la muerte, sino que además lo entregó (lo dio de vuelta como *suyo propio*), para consuelo de la desgarrada viuda! Ella podría decir con verdad: «Este mi hijo muerto era, y ha revivido». De ella fue un saboreo anticipado de la comunión y gozo en la reunión en el cielo. La Muerte ha sido vencida, y los seres amados se reencuentran en presencia del viviente Hijo de Dios.

7. UN RESULTADO GLORIFICADOR DE DIOS. «El temor se apoderó de todos, y glorificaban a Dios» (v. 16). Los que sigan a Jesús tendrán siempre abundancia de motivos para glorificar a Dios, porque verán cosas grandes y poderosas hechas por Él. Sí, Jesús será glorificado en *cada palabra* que Él pronuncie. Todas sus palabras y obras le alabarán. Será para siempre para alabanza de su gracia que «A otros salvó», y que debido mismo al poder de su amor por nosotros, «A Sí mismo no se pudo salvar» (*cf.* Mt. 27:42).

1.031. LA PREGUNTA DE JUAN

Lucas 7:17-35

«Aunque pensamientos acosadores parezcan insistentes,
Que tu alma no se abrume;
Pronto Él sus heridas ha de mostrarte y dirá:
"Por mucho tiempo tu nombre he conocido,
conoce tú mi rostro siempre"»

KEBLE

La resurrección del hijo de la viuda produjo seguramente una profunda impresión; la fama de ello «se divulgó por toda la Judea y por toda la región circunvecina», y llegó también a oídos de Juan mientras yacía en su lúgubre prisión. Cada alma resucitada es un poderoso testimonio del poder salvador de Jesucristo (Ef. 2:1). Por causa de ello muchos han creído en Él (Jn. 12:10, 11).

I. La pregunta. «¿Eres Tú el que había de venir, o continuaremos aguardando a otro?» (v. 19). Parece extraño que una pregunta así saliera de Juan Bautista. De aquel que vio al Espíritu descendiendo cual paloma sobre el Señor, y que dio testimonio de que *éste es el Hijo de Dios*, y que dijo: «He aquí el Cordero de Dios» (Jn. 1:32-36). ¡Sí! Pero ¿por qué este Libertador todopoderoso permitía que SU precursor se marchitara en una tenebrosa y malsana mazmorra? Puede ser tan fácil para nosotros como para Juan decir: «Es necesario que Él crezca, y que yo mengüe», pero cuando el *menguar* sigue y sigue hasta que casi ponemos en tela de juicio nuestra relación con Cristo, es una prueba de la fe. Pero la prueba de vuestra fe es preciosa.

II. La respuesta. La respuesta de Cristo no muestra ningún desagrado por la pregunta de Juan. Nuestro Señor está lleno de gracia, y conoce la fragilidad de nuestra constitución. «Id e informad a Juan de *lo que habéis visto y oído*» (vv. 21-23). Los que quieren hablar en Nombre de Jesús y consolar a los tentados tienen que hablar de lo que han visto y *oído*. Cristo nunca envía a nadie a que cuente lo que *opina*. «Hablamos lo que sabemos» (1 Jn. 1:1-3). Y ¡qué historia tenían que contar: «Los ciegos ven, los cojos andan», etc. Un Evangelio así es suficiente para eliminar todas las dudas y todos los temores.

III. El testimonio. Tan pronto como los mensajeros se han ido, Jesús da testimonio del verdadero carácter y de la misión divina de Juan (vv. 24-30). No era una mera caña agitada por cada viento de doctrina que pudiera soplar; no era ningún *esnob* urbano elegantemente vestido para exhibirse ante los demás; era más que un profeta, en que *preparó* el camino del Señor Cristo. Incluso el martirio de Juan preparó el camino para la Crucifixión. Si la fe de Juan no hubiera sido puesta a prueba, no habríamos tenido este hermoso testimonio acerca de su noble naturaleza. «Todas las cosas obran para bien», etc. (Ro. 8:28). Rechazar el testimonio de su siervo es rechazar el testimonio de Dios (v. 30).

IV. La aplicación. «¿A qué, pues, compararé a los hombres de esta generación?», etc. (vv. 31-35). Los niños que estaban en la plaza del mercado jugaban frecuentemente a funerales y a matrimonios; en los primeros, se lamentaban, y en los segundos tocaban la flauta y bailaban. «Esta generación» había sido llamada por la vida austera de Juan a la lamentación y al arrepentimiento, y por la vida llena de gracia y atrayente de Jesús al gozo y a la alegría. Pero acusaron a Juan de estar poseído por un demonio, y a Jesús de ser «hombre glotón y bebedor de vino, amigo de cobradores de impuestos y pecadores». El testimonio de los dos fue rechazado. Si las advertencias de la ley y los llamamientos del Evangelio no logran llevarnos a Dios, ¿cómo escaparemos? Pero la sabiduría de Dios es siempre justificada en los hijos de tal sabiduría (*cf.* Pr. 8:35).

1.032. SALVO POR LA FE

Lucas 7:36-50

«*¡Fe triunfante!*
La suya es una vía vencedora hacia el cielo,
Con pies de fuego calzados, porque su mano asida está
Inamovible en la de Dios; su mirada reposa
inmutable en la de Él»

MISS TATHAM

Este fariseo quería que Jesús comiera con él, pero no quería que aquella mujer, etiquetada con el nombre de «pecadora», entrara en su casa. La fe de la mujer en la piedad y compasión de Cristo tiene que haber sido muy fuerte para llevarla a seguirlo a Él a una casa como aquella en una ocasión así. Estos entristecidos pecadores nunca son descubiertos llorando a los pies de un fariseo. Hay un magnetismo atrayente y santo en el amor de Dios, manifestado en la Persona de Jesucristo. Los más viles pueden acudir y descubrir la bendición de la «redención eterna».

I. El carácter de esta mujer. «Una mujer pecadora». (v. 37). Evidentemente una gran pecadora, porque el Señor habla de «Sus pecados, que son *muchos*» (v. 47). El fariseo la designó enfáticamente como *pecadora* (v. 39). Una pecadora como aquella no debía ser tocada; pero Cristo tuvo que designar a los mismos fariseos como hipócritas (cap. 11:44). Ella era pecadora, y también Simón, pero ella tenía esta ventaja, que ella lo *sabía*, mientras que él estaba orgullosamente inconsciente de ello. La primera debía quinientos denarios, y él cincuenta, pero en su relación con Dios los dos eran semejantes, «no teniendo ellos con qué pagar». «Todos han pecado, y están destituidos de la gloria de Dios. No hay justo, ni siquiera uno.»

II. Las obras de la fe de la mujer. «Incluso en una chispa hay fuego.» La poca fe puede asirse de un Salvador omnipotente. La fe es la energía operacional del alma que no reposará hasta que el objeto deseado haya sido asido y gozado. Observemos cómo obró en esta mujer. La constriñó a:

1. ACUDIR A JESÚS (v. 37). Quizá el escarnio de los pretenciosos fariseos despertó esperanza en el corazón de ella: «He aquí un hombre glotón y bebedor de vino, *amigo de cobradores de impuestos y pecadores*». Su fe la constriñó a acudir a Él sin ninguna invitación personal. ¿No es este gesto para avergonzar a los muchos que siguen rehusando el llamamiento de Dios? (Jn. 5:40).
2. ARREPENTIRSE DE SUS PECADOS. «Colocándose detrás, junto a sus pies, se echó a llorar» (v. 38). Cuando uno se queda a sus pies y contrasta su propia vida con la suya, de seguro brotarán amargas lágrimas de la contrición. Vernos a su luz es siempre una humillante revelación. Estas lágrimas son preciosas joyas delante de Dios; cuentan de montañas de culpa fundiéndose ante su presencia (Is. 64:1). ¿Qué efecto tiene tu fe en esta dirección?
3. MOSTRAR LAS PRENDAS DE SU AMOR. «Besaba afectuosamente sus pies, y los ungía con el perfume» (v. 38). La suya era la fe que *obraba por el amor*. El *beso* hablaba del *afecto* de su corazón, mientras que el precioso ungüento derramado hablaba de una buena disposición a consagrar su todo a Él. La fe que no obra de esta manera es una fe muerta (Stg. 2:26). Los labios del amor deben entrar en contacto con Cristo así como las manos de la fe. Con el *corazón* el hombre cree para salvación.

III. Los benditos resultados. Ella:

1. FUE APROBADA. ¿Ves esta mujer?» (vv. 44-46). Estas palabras pronunciadas a Simón caerían como música celestial en los oídos de aquella pobre mujer azotada por el pecado. El mismo Jesús conocía el gozo de ser «varón aprobado de Dios» (Hch. 2:22, RV). «Procura con diligencia mostrarte ante Dios aprobado» (2 Ti. 2:15). Su manera de allegarse recibió esta excelente acogida, aunque ella no tenía promesa alguna a la que aferrarse. Pero ¡qué solaz para su corazón que Él la encomiara!
2. FUE PERDONADA. «Quedan perdonados tus pecados» (v. 48). A ella mucho se le perdonó, por cuanto *amó* mucho. Había una enorme diferencia entre la creencia fría y calculadora de Simón y la sencilla, amante y cordial fe de la mujer. Ella acudió, y con sus lágrimas y besos razonó junto con su Señor, y sus pecados, que eran como la grana, fueron emblanquecidos como la nieve (Is. 1:18). ¡Qué aliento que se encuentra en su abundante perdón para que los malvados abandonen sus caminos! (Is. 55:7).
3. RECIBIÓ LA CERTIDUMBRE. «Tu fe te *ha* salvado» (v. 50). La fe en Cristo no solo la salvó de la culpa del pecado, sino también de la tiranía de su poder. Ella estaba ahora liberada del *amor* mismo al pecado. Su *gracia* la había salvado, su *Palabra* le había dado certidumbre. No fueron las lágrimas de sus ojos ni los besos de sus labios lo que la salvaron, sino la fe de su corazón. Por gracia sois salvos por medio de la *fe*, y por el *testimonio* que se da de ello recibimos la certidumbre (1 Jn. 5:11-13).
4. FUE COMISIONADA. «Vete en paz» (v. 50). Vete en la paz con Dios, por cuanto has sido justificada por la fe (Ro. 5:1). Vete en la paz de Dios, por cuanto eres ahora hija de Dios, y heredera del reino. Vete y publica el Evangelio de la paz, como embajador para Él, que es el Príncipe de la Paz, y que ha hecho la paz mediante la sangre de su Cruz. Ve en paz de vuelta a tu hogar, y a tus compañeros de pecado como mensajero de misericordia, contándoles qué grandes cosas Él ha hecho por tu alma. Tu fe te ha salvado, ¡ve!

1.033. A SUS PIES

Lucas 7:37, 38

1. Ella **acudió** a sus pies	Fe.
2. Ella **estuvo** a sus pies	Expectación.
3. Ella **lloró** a sus pies	Contrición.
4. Ella **lavó** sus pies	Simpatía.
5. Ella **enjugó** sus pies	Sumisión.
6. Ella **besó** sus pies	Afecto.
7. Ella **ungió** sus pies	Consagración.

1.034. LOS DOS DEUDORES

Lucas 7:41-43

Esta parábola, corta y precisa, fue pronunciada en casa de Simón el fariseo, que pidió a Jesús que comiera con él; Jesús no rehusó. *Nunca lo hace.* Luego Simón se permitió juzgarlo por permitir que esta mujer lo tocara (v. 39). El frío corazón de Simón era ajeno al amor de Cristo. Como muchos modernos fariseos, su religión era una forma externa. Pero Jesús tenía una comida que comer de la que nada sabía Simón. El *amor* de la mujer le era más precioso para Él que el banquete de Simón. Es el corazón lo que Él desea. Dar solamente le entristece cuando es un dar sin corazón. Hay muchos Simones que muestran un respeto externo por la religión, pero que no tienen ninguna simpatía de verdad con Jesucristo en su misión salvadora.

I. Un cierto acreedor (v. 41). El gran Acreedor, indudablemente, representa al mismo Dios. Hay algo hermoso en gracia acerca de este pensamiento, porque:

1. Un acreedor es alguien de quien se supone una BUENA REPUTACIÓN. ¿PUEDE DIOS ENGAÑAR? ¿No es su carácter digno de confianza? Él no puede mentir.
2. Un acreedor es uno que desea ALGÚN BENEFICIO POR SU INVERSIÓN. Da sólo como préstamo. Dios da lo mejor de Sí, y espera lo mejor de nosotros; pero ¡ay! le hemos devuelto mal por bien. El mal es un mísero pago por el bien; el odio es un mísero pago por el amor. ¿Podrías tú contar los bienes que te ha dado? ¿Cuanto le debes a mi Señor?

II. Los diferentes deudores. «Dos» (v. 41). Los 500 y los 50. Representando a dos clases de transgresores *verdaderos*, los grandes y los pequeños, e implicando todos los grados que hay en medio. El deudor de cincuenta denarios es el moralista religioso al que «una cosa» le falta. El deudor de quinientos denarios es el pecador abierto al que le falta *todo*. Pero hay el deudor de cien denarios, que ha sido *algo indiferente* a la bondad de Dios. El deudor de doscientos denarios, que ha sido totalmente indiferente a los dones de Dios, y el deudor de trescientos denarios, que pone en tela de juicio su amor y se burla de su pueblo, y el deudor de cuatrocientos denarios, que niega a Dios y menosprecia su misericordia, pero cuyo carácter externo es considerado respetable. Pero *todos* aquellos con los que el Gran Acreedor ha estado tratando con gracia son sus deudores. «*Todos* han pecado», «todos están destituidos». El que ofende en un punto es culpado de *todos*.

III. Los impotentes en quiebra. «No teniendo ellos con qué pagarle» (v. 42). El gran deudor y el pequeño eran ambos semejantes en la misma condición de insolvencia. «No hay diferencia.» Así es con cada pecador a la vista de Dios. Nuestras responsabilidades para con Dios pueden ser diferentes, pero en lo desesperado de nuestra *condición* delante de Él no hay diferencia. Por naturaleza todos somos semejantes, «débiles». Allí donde no había sangre rociada, Jehová no podía establecer diferencia alguna (Éx. 12:13). Todos los que estaban fuera del arca fueron tratados igual bajo su juicio. No tenían NADA. ¿Quién sino solo Dios puede crear de la nada? Nosotros no podemos hacer nada de la nada. En tal caso, el *pago* es imposible. No hay ningún otro acreedor de quien podamos tomar prestado. Así que solo pueden seguir dos cosas de esto: o un perdón, o la cárcel.

IV. La feliz liberación. «Les perdonó a ambos» (v. 42). Estas pocas palabras revelan el corazón de Dios como grande en gracia supereminente. Observemos:

1. LO QUE ÉL HIZO. «Perdonó.» No hizo componendas. ¡Cuán apropiada su manera de hacer a las circunstancias en que ellos se hallaban! El *perdón* es el remedio lleno de gracia de Dios para la deuda del pecador. «Creo en el *perdón*, no en el *pago* de los pecados» (Lutero). ¡Ah, si los hombres creyeran la buena disposición y deseo de Dios de perdonar!
2. A QUIÉNES PERDONÓ. «A ambos.» Los dos necesitaban este perdón. Tanto el deudor moralista que se las da de justo como el deudor respetable que va regularmente a la iglesia, estos dos deudores de cincuenta denarios necesitan el *perdón*, tanto como el deudor totalmente arruinado de quinientos denarios. Uno no puede tener más pretensiones que el otro: ambos son deudores.
3. CÓMO PERDONÓ. «Generosamente» (BAS), de una manera liberal, abundante, afectuosa, no a regañadientes, sino como el padre perdonó al hijo pródigo, con brazos abiertos y un corazón gozoso. «Se deleita en misericordia.» Él guarda misericordia a miles. Cuando Dios perdona a un pecador lo hace como José perdonó a sus hermanos, con un corazón dispuesto para estallar con una compasión profunda e inenarrable.
4. CUÁNDO PERDONÓ. Cuando no tenían con qué pagarle. «*No teniendo ellos con qué pagarle*». Fue cuando el pródigo hubo malgastado todo lo que tenía que regresó y fue aceptado. Cuando los hermanos de José no tenían qué comer, *entonces* fueron enriquecidos por aquel a quien habían menospreciado. El joven rico llegó con un gran precio en su mano, y se fue entristecido. La Iglesia de Laocidea «no tenía necesidad de nada» mientras Cristo se encontraba fuera. «Bienaventurados los pobres de espíritu». Jesús lo pagó todo. Acepta su liquidación de la deuda. Compra *sin dinero*. «Nada hay que pagar».

V. La evidencia de la gratitud. «El amor.» «¿Cuál de ellos le *amará* más?» «Aquel a quien perdonó más», respondió Simón. Y Jesús le dice: «*Rectamente* has juzgado». Así, es un recto juicio esperar que los *perdonados* exhiban de alguna u otra manera el amor que sienten por Él que generosamente les perdona todo. A aquella pobre mujer le había sido perdonado *mucho*, y amaba *mucho*, y lo demostraba.

1. El mucho amor LLORA (v. 44). No solo lágrimas de lamentación por el pasado, sino de profunda gratitud para con Dios y dela más tierna simpatía hacia los que perecen. El mundo necesita estas lágrimas. Cristo las derramó, y lo mismo hizo Pablo (Fil. 3:18).
2. El mucho amor LAVA. «Ésta ha regado mis pies» (v. 44). Muchos pies y vidas polvorientas ha lavado el *amor*. «Él me amó y me lavó.» El amor cubre una multitud de pecados. Cristo, como nuestra cabeza, está en el cielo; nosotros, como sus pies, estamos en la tierra.
3. El mucho amor SE POSTRA. «Comenzó… a enjugar [los pies de Él] con los cabellos» (v. 45). Ella pone su gloria a los pies del Señor. Si Él debe crecer, yo debo menguar. El corazón debe inclinarse si Jesús debe ser servido.
4. El mucho amor BESA. Los labios del afecto de ella besan sus pies (v. 45). Los pies del cuerpo de Cristo, los miembros polvorientos y desnudos, son a menudo descuidados. El amor busca el contacto con ellos.
5. El mucho amor UNGE. El Padre unge su cabeza, pero el perdonado debe ungir sus pies (v. 46). «Haced como Yo he hecho con vosotros.»
6. El mucho amor SIGUE. Ella lo siguió a la casa de Simón. No se fijó en los denuestos de los demás. El amor la constriñó (1 Jn. 4:19).
7. El mucho amor DA. «Trajo un alabastro con perfume» (v. 37). Éste era todo su tesoro, y lo puso a sus pies, y no solo el ungüento, sino *ella misma*.

¿Me amas? ¿Cuánto? Que tu vida testifique de ello.

Contrasta los tres caracteres: 1) El fariseo de *ensoberbecido corazón*. 2) El pecador de *quebrantado corazón*. 3) El Salvador de *amante corazón*.

1.035. LA RIQUEZA DEL CIELO

«A cualquiera que tenga, se le dará; pero a cualquiera que no tenga, hasta lo que le parece tener, le será quitado» (Lc. 8:18).

Introducción

UNA TAREA GRATA. La tarea que se nos presenta es grata: informaros acerca de cómo conseguir riquezas, riquezas celestiales, que son las más ciertas y mejores.

UNA DECLARACIÓN SORPRENDENTE. ¡Qué declaración más sorprendente tenemos aquí! ¿Acaso no deberíamos haber leído: «A cualquiera que no tenga…» ¡Qué extraño! ¿Acaso nos está diciendo la Biblia que para *conseguir* uno tiene que *poseer antes*? Más de uno no esperaría encontrar una declaración así en la Biblia. Algún reformador social podría comentar: «Esto es precisamente lo que me disgusta, y lo que he emprendido remediar, en favor de los que no poseen».

UN VIEJO PROVERBIO ORIENTAL. Este versículo contiene un proverbio oriental bien conocido en tiempos de nuestro Señor. En Oriente, los ricos llegaban a ser gobernantes y jueces. Y para conseguir su favor se precisa de presentes. Así, «a cualquiera que tenga, se le dará». En contraste, los pobres tienen poca influencia. Raramente llegan a posiciones importantes. Y, naturalmente, *a ellos no se les daba presentes*. Al contrario, a menudo se les defraudaba de lo poco que poseían. Este proverbio parece haber sido uno de los favoritos de nuestro Señor. Lo emplea aquí, y en Mateo 13:12; 25:29, y otros Evangelios.

¿ES QUE DEBO TRAER ALGO EN MI MANO? ¿Acaso el Señor quiere decir que cuando yo acuda delante del Juez de toda la tierra, debo traer un presente para conseguir su misericordia y atención favorable? Creía más bien que era que:

«Nada en mi mano traigo,
Sólo a Tu Cruz me aferro».

¿Es que tengo que traer algo? No, y sí. No tienes que traer *algo*, pero sí *a Alguien*.

INTRODÚCELO. Has de traer a Alguien, no algo. Pon el Nombre del Señor en el texto, y la dificultad se desvanece. «Porque a cualquiera que le tenga a *Él*, le será dado.» Aquí está el secreto de poseer la riqueza del cielo. José dijo a sus hermanos: «No veréis mi rostro si no traéis a vuestro hermano con vosotros» (Gn. 43:3).
«El que no eximió ni a su propio Hijo, sino que lo entregó por todos nosotros, ¿cómo no nos dará también *con él* todas las cosas?» (Ro. 8:32). Si le has recibido, ya posees:

1. EL DERECHO A LA RIQUEZA. Un mendigo halló un día en el suelo un papel cuidadosamente impreso, y aunque no podía leerlo, pensó que valdría la pena guardarlo en su hatillo. Siguieron días y semanas de hambre; le sobrevino una enfermedad, y murió por falta de alimento y de cuidados. Las autoridades estaban a punto de echar su hatillo a las llamas cuando cayó la hoja impresa, ¡y era un billete de cincuenta libras esterlinas! Había tenido en su mano medios para conseguir comida, cuidados y comodidad, pero no lo había sabido. ¡Cuántos pocos cristianos, desconocedores de su valor, llevan el gran título divino, el Nombre de Jesucristo, y aquel maravilloso talonario de cheques, la Palabra de Dios! Enfermos, deprimidos y empobrecidos, cuando en el banco de los recursos divinos tienen un crédito ilimitado. ¿Lo creemos? ¿Y por qué no? Aquí tenemos un Libro lleno de promesas al portador; ahí está el tesoro; y la Voz del Banquero nos viene: «Si pedís algo en mi Nombre, yo os lo haré». «Pedid, y recibiréis, para que vuestro gozo sea cumplido.»
2. LA RIQUEZA MISMA. Había un pobre granjero de Transvaal que estaba mal ganándose la vida cuidando de unas cuantas ovejas. Murió pobre. Después de su muerte, unos buscadores encontraron diamantes allí, y le dieron una fortuna a la viuda por el terreno. La riqueza había estado siempre allí, pero ellos no lo sabían.

Encontramos esta cita del Obispo Moule procedente de uno de sus artículos: «Cristo por nosotros es toda nuestra paz delante de un Dios Santo; y Cristo en nosotros es toda nuestra fuerza en un mundo impío». ¿Qué tenemos nosotros en Él?

I. Verdad Divina. Por naturaleza estoy en tinieblas mentales y morales. Con Él recibimos un conocimiento de la Verdad Divina (Mt. 13:11, 12).

1. Veamos la estrecha relación entre los versículos 11 y 12.
2. A vosotros os es dado conocer los misterios del Reino. ¿Por qué? ¡Porque tenéis vida!
3. ¡Qué insensatez retardar la decisión hasta que conozcas más!
4. Cree esto, que con la recepción de Él viene conocimiento. Cuídate de tener abundancia: un conocimiento creciente.
5. ¿Acaso no está escrito en 1 Corintios 1:30: «Mas por obra suya estáis vosotros en Cristo Jesús, el cual nos ha sido hecho de parte de Dios sabiduría».

II. Justicia divina. Soy injusto. Incluso lo que considero justicia es como trapos de inmundicia. Con Él tengo justicia. «Cristo Jesús, el cual nos ha sido hecho de parte de Dios … justificación.»

III. Regeneración divina. Estoy muerto, sin vida. Con Él hay regeneración (Jn. 1:11, 12).

1. Esto me informa que el nuevo nacimiento depende de y sigue a poseerle a Él.
2. Sin Él no hay regeneración.
3. «El que tiene al Hijo tiene la vida» (1 Jn. 5:12).

IV. Paz divina. Soy extraño a la paz. Con Él tengo paz (Ef. 2:14).

1. Él es nuestra paz.
2. Tres cosas acerca de la paz.
   a. Paz «hecha» (Ef. 2:15).
   b. Seguridad de la paz (Ef. 2:14).
   c. Proclamación de la paz (Ef. 2:17).
3. Paz mediante la Sangre (Col. 1:20) y el gobierno (Is. 9:7).
4. Las condiciones de paz de Dios para el mundo: Aceptad a Cristo.
5. Sin Él no hay paz.

V. Redención. Estoy bajo esclavitud. Con Él hay redención (Col. 1:14).

1. «En *quien* tenemos redención por su sangre, el perdón de pecados».
2. La Biblia presenta al hombre como:
   a. En servidumbre actual bajo el pecado, y
   b. Bajo sentencia de muerte.
3. Con Él hay redención. Él ha pagado el precio de nuestra libertad, y provee no solo para nuestra liberación de la muerte, sino también de la esclavitud.
4. Porque Yo le tengo:
   a. Tengo redención. Él nos ha sido hecho redención, y
   b. *Con Él* hay libertad (Gá. 2:4).

VI. Santificación. Yo soy impío. Con Él hay santificación.

1. «Cristo Jesús, el cual nos ha sido hecho de parte de Dios … santificación».
2. «Cristo es en el *pasado* (el día en que creímos) nuestra justicia. En el *presente* Él es nuestra santificación; en el *futuro*, nuestra redención» (Evan Hopkins).
PROVISIÓN. «Entre los muchos errores que prevalecen en cuanto a la naturaleza de la santidad práctica, no hay ninguna fuente más fecunda de errores que la idea de que en tanto que la justificación se encuentra toda en Cristo, nuestra santificación depende de nosotros. Este concepto surge del hábito de pensar que siempre que se emplea la palabra santificación, se emplea del proceso obrado en nosotros, en lugar de acerca de la provisión que Dios ha hecho para nosotros» (Evan Hopkins).
3. UNA SOLEMNE ADVERTENCIA.
   a. La última parte del texto es la más difícil.
   b. La clave es «lo que parece tener», o, como la RV, «aquello que piensa que tiene».
   c. Es una advertencia en contra de una piedad y de una bondad que no tiene sus raíces plantadas en Cristo.

1.036. CON JESÚS EN LA TEMPESTAD

«Maestro, ¿no te importa que estemos pereciendo?» (Mr. 4:38; Mt. 8:23; Lc. 8:22-25).

Introducción

Se cuenta la historia de un oficial cristiano del ejército que estaba con su familia en el mar en medio de una tempestad. Los pasajeros estaban aterrorizados, pero él aparecía calmado. Su mujer, llena de consternación, le lanzaba reproches, diciendo que debería preocuparse por ella y por sus hijos, si no por sí mismo, en medio de tal peligro. Él no contestó, pero pronto se acercó a ella con su espada desenvainada, y con un rostro severo, la apuntó hacia el pecho su mujer. Ella no se sintió en absoluto alarmada, sino que le miró al rostro sonriendo. «¡Qué!», le dijo él; «¿No te alarma ver una espada desenvainada hacia tu pecho?». «No», contestó ella, «no cuando sé que está en manos de uno que me ama». Y él le repuso: «¿Y querrás que yo me atemorice por esta tempestad, cuando sé que está en manos de mi Padre Celestial, que me ama?».

DOS LECCIONES.

1. Una de las lecciones que debemos aprender de esta experiencia bíblica es que incluso en los más desenfrenados tumultos de la naturaleza, deberíamos sentirnos en paz, porque nuestro Salvador es el Señor de la naturaleza.
2. Y la segunda es que incluso en las fieras tempestades de la vida deberíamos tener una serena confianza en Él.

UN DÍA DE TRABAJO. Este incidente tuvo lugar tras un día de enorme trabajo. De nuevo había predicado desde el bote como púlpito. Había pronunciado las parábolas del Sembrador, etc.

SIN PREPARATIVOS. Estaba cansado y fatigado, y, al acercarse la noche, sugirió pasar el lago. Probablemente anhelaba reposo y quietud, y no habría podido escapar de la multitud de otra manera. Sin salir de la barca, y sin más preparativos, emprendieron camino. (Éste es el significado de «Se lo llevaron consigo en la barca, tal como estaba»).

PROPENSO A TURBONADAS. El Mar de Galilea se encuentra a 600 pies por debajo del nivel del mar, y lo mismo que sucede con todos los mares o lagos interiores, está sujeto a intensos vientos huracanados, que a veces soplan desde los montes con enorme fuerza y velocidad.

INUSUAL. Debió ser una tempestad de una intensidad insólita. Porque los discípulos, que eran marineros experimentados, perdieron su serenidad.

DORMIDO. Pero mientras el viento soplaba y las olas batían contra el bote y entraban en él, Jesús dormía profundamente. Dormía porque «Su naturaleza humana estaba exhausta por sus acciones divinas», y porque su vida humana era real, no meramente un juego ni una actuación. Pero, ¿por qué dormía? Porque tenía una total confianza en su Padre Celestial.

ESTADO DE PÁNICO.

1. La fe de estos valientes pescadores había quedado paralizada por el temor.
2. Estuvieron bregando tanto como pudieron, y luego despertaron al Señor con gritos de reproche.
3. ¿Por qué hay registros discrepantes?
Mateo: «¡Señor, sálvanos, que perecemos!»
Marcos: «Maestro, ¿no te importa que estemos pereciendo?»
Lucas: «¡Maestro, Maestro, que perecemos!»
4. Lo cierto es que todos tres son correctos.
5. El hecho es que todos gritaron a la vez. Todos registran lo que oyeron, vieron o dijeron.
6. Estaban en un estado de pánico.

LO QUE LE DESPERTÓ. Observemos, lo que el rugir de la tempestad no había logrado, lo consiguió el débil clamor de la vulnerable alma humana en angustia.

Dos «SE LEVANTÓ» Y cuál fue el resultado. «Se levantó una violenta tempestad de viento.» «Él se levantó.» Nunca dejemos de relacionar ambas cosas. Si jamás se levanta una tempestad, recuerda que Él también se levantará.

PRIMERO SE DIRIGIÓ A ELLOS. Aquí tenemos otra vez una aparente discrepancia. Mate afirma que les habló a ellos *antes* de mandar a la tempestad que se aquietase. Marcos y Lucas, *después*. Ambas declaraciones son correctas. Primero aquietó sus almas, y luego la naturaleza.

AMENAZA.

1. Las expresiones originales, según se nos informa, son singularmente enérgicas, y son traducidas muy felizmente en la traducción francesa, que dice: «Amenazó al viento y a las olas».
2. Lo mismo que un amo que al levantarse encuentra a sus siervos en una pendencia y en confusión, y se dirige a ellos en tono amenazador, Jesús, al ver la conmoción de los elementos, increpó a los vientos: «¡Callaos!», y a las olas, «¡Quietas!»; a toda la naturaleza: «¡Cálmate!».

LO IMPOSIBLE. «Es un dicho proverbial expresar un intento imposible con las palabras: Será lo mismo que si le hablas al viento.» Pues *Él* lo hizo. El viento no suele amainar en un momento, y cuando se amaina, el mar no se calma en el acto. Pero tal era el poder de Cristo, y tal la obediencia de toda la naturaleza a su Voz, que fue obedecido.

FRUCTÍFERO EN LECCIONES. Este incidente es fructífero en lecciones. Todas ellas del máximo valor.

I. Se habían embarcado con Cristo.

1. PRIVILEGIADOS. ¡Qué bendición y privilegio había en su presencia!
2. ¿LA TIENES TÚ? Estamos todos navegando por el océano de la vida, hacia las vastas playas de la Eternidad. ¿Está Él a bordo de tu frágil barca?
3. TODOS PUEDEN TENERLE AHORA. No era así entonces. «Había otras barcas con él»: solo cerca de Él; no le tenían a bordo. ¿Qué sucedió con ellas en la tempestad? No lo sabemos.
Recíbele durante la calma, como estos discípulos. La gente se ríe a veces de la religión cuando el sol brilla. Pero cuando sobreviene la tempestad se alegran si pueden tenerle. Búscale mientras el sol brilla. Si la tempestad está bramando y no tienes al Señor a bordo, podemos asegurarte de que está a una distancia desde la que te puede oír si le llamas.

II. Su presencia a bordo no es garantía de una calma perpetua.

1. Uno podría pensar que así es, pero no.
2. Lo cierto es que su presencia en nuestro corazón incita al diablo contra nosotros.
3. La razón de que esta tempestad fuese tan feroz fue, sospechamos, que el diablo estaba tratando de librarse del Señor Jesús.
4. Pero si su presencia significa una tormenta de vez en cuando, recuerda, «Él transforma la tempestad en calma».
5. Uno disfruta la calma tanto más debido a la anterior tempestad.

III. La llegada de una tempestad no significa que Él nos haya dejado.

1. No deberíamos llegar a la conclusión de que Cristo nos haya dejado porque los elementos rujan o porque el abismo amenace con tragársenos.
2. Por tanto, confiemos en Él en medio de las tinieblas.

IV. No pierdas la fe y la paciencia si Él parece tranquilamente indiferente.

EL PROBLEMA DE LOS SIGLOS. Éste es el problema de los siglos: la aparente indiferencia del Señor a nuestro dolor y sufrimiento. A veces, Cristo parece indiferente ante la tribulación de su pueblo, e indiferente a sus oraciones. En el Salmo 44:23 tenemos esta exclamación: «Despierta; ¿por qué duermes, Señor? Despierta, no nos deseches para siempre».
Peor que los discípulos. Ellos podían verlo, y se aferraron a Él. A nosotros a veces nos parece que estamos olvidados, y que no podemos atraer su atención, y parece muy alejado.
Pero Él se cuida de nosotros. Uno de estos que había gritado: «Maestro, ¿no te importa que estemos pereciendo?» escribió, años más tarde: «Él tiene cuidado de vosotros» (1 Pedro 5:7). Muchos de sus silencios los podemos explicar ahora, y los que están aún sin resolver serán comprendidos un día.

V. Recuerda, su suerte está unida a la nuestra. Si tu barca se hundiese, Él se hundiría con ella.

1.037. EL HOMBRE CUYO NOMBRE ERA «LEGIÓN»

Lucas 8:26-39

«El amor fue lo que primero la luz creó,
Se movió por las aguas, y la noche acabó
del caos burdo, y nueva gracia otorgó
A cosas que en su propio lugar colocó»

EDMUND WALLER

El amor es la más poderosa fuerza moral en el cielo, en la tierra o en el hades. Fue el *amor* lo que constriñó a Dios a dar a su Hijo (Jn. 3:16). Fue el *amor* lo que constriñó al su Hijo a hablar tales palabras de gracia, a efectuar tales milagros de misericordia, y a dar su vida en rescate por muchos. «Dios es amor.» Mirad que amor tan sublime nos ha dado el Padre, que por medio de su Hijo nos ha librado del poder del diablo y de este presente mundo malo. En la salvación de este endemoniado tenemos una magna exhibición de aquel poder divino que obra mediante el amor.

I. Su terrible condición.

1. CARECÍA DE VERGÜENZA. «No iba vestido de ropa alguna» (v. 27). Desnudo, y sin saberlo. Estaba tan totalmente *poseído* y ocupado por malos espíritus que estaba totalmente inconsciente de su propia desnudez. Cuando Adán y Eva pecaron, *supieron* que estaban desnudos, e intentaron cubrirse. Ser *insensibles* a nuestra desnudez delante de Dios es una evidencia de posesión y engaño satánicos.
2. CARECÍA DE AMIGOS. «Ni vivía en una casa, sino entre las tumbas.» Estando como estaba aliado con el diablo, estaba cortado de todos sus parientes y amigos; no podía tener comunión con los moradores de los sepulcros, aunque las moradas de los muertos son siempre más a gusto de estos que las casas de los vivientes. *Nadie* podía ayudarle. Mientras somos esclavos del pecado, es vana la ayuda del hombre.
3. ERA IMPOTENTE. «Era *impelido* por el demonio» (v. 29). No podía ayudarse de ninguna manera. Era impelido como un animal por los poderosos impulsos suscitados en él por los malvados espíritus. Conducido cautivo por el diablo a la voluntad de él, por cuanto su mente estaba cegada por el dios de este mundo. Cristo era impelido por el Espíritu Santo (Mr. 1:12). ¿Cuál es tu amo?

II. Su actitud para con Cristo. Fue de:

1. TEMOR. «Lanzó un grito, cayó ante Él» (v. 28). Cuando un alma llega cara a cara ante el Hijo de Dios, se revelan de seguro los pensamientos mas íntimos y los pensamientos del corazón. Los que viven bajo el dominio del pecado, aunque sepan que no pueden escapar a la presencia de Cristo, le temen sin embargo, aunque Él es el más misericordioso de todos. Temen separarse de sus pecados.

2. OPOSICIÓN. «Dijo a grandes voces: ¿Qué tengo yo que ver contigo, Jesús, Hijo del Dios Altísimo?» (v. 28). Es cosa bien cierta que los endemoniados no tienen nada en común con el Santo Hijo del Altísimo, como tampoco la negrura del abismo infernal tiene nada que ver con la gloria del cielo. ¿Dónde se encuentra el vínculo entre el pecador impulsado por el pecado y el Salvador aborrecedor del pecado? Se encuentra solamente en el amor de Dios en Cristo. No hay en absoluto nada en nosotros sino lo que está opuesto a su santa voluntad. «¿Qué tengo yo que ver contigo?» Estoy animado por un espíritu enemistado contigo. Tú eres de arriba, yo soy de abajo.

3. RUEGO. «Te ruego que no me atormentes» (v. 28). En esta oración tenemos la confesión de una convicción interior de que el juicio final está en manos de Jesús el Hijo de Dios, y que el fin último de una vida gobernada por el pecado es el *tormento* (Jud. 6). El camino a la salvación del tormento eterno del pecado es ser lavado en la sangre del Cordero. «Al que nos amó, y nos liberó de nuestros pecados con su sangre» (Ap. 1:5).

III. Su liberación perfecta. Observemos el proceso. Hubo:

1. CONFESIÓN. Jesús le preguntó, diciendo: ¿Cuál es tu nombre? El dijo: Legión» (v. 30). Algunos creen que una legión era una división de 6. 666. Se trataba, en todo caso, de una confesión de que *muchos* demonios tenían influencia sobre él. Al hacer esta declaración estaba simplemente declarando la verdad. Nada bueno puede venir de tratar de ocultar nuestro verdadero estado del salvador Hijo del Altísimo. Si nuestros pecados e iniquidades nos han llevado lejos como una legión de demonios, digámoslo a oídos de Aquel ante quien tenemos que dar cuenta.

2. EMANCIPACIÓN. «Hallaron al hombre del que habían salido los demonios, ya vestido, y en su sano juicio» (v. 35). Los demonios se *apartaron de él.* La salvación que da Jesucristo implica la liberación del hombre de la esclavitud y de la tiranía del mal. Es una *liberación* del dominio del pecado, una traslación del alma del reino de las tinieblas al reino del amado Hijo de Dios. Es un alma errante y sin hogar hallando refugio en el amante corazón de Jesús, y reposo a sus pies de vencedor. El *impulso* de los demonios ha dado lugar ahora a la *conducción* de Jesús.

3. TESTIMONIO. «Y él fue, proclamando por toda la ciudad cuán grandes cosas había hecho Jesús con él» (v. 39). El Señor verdaderamente había hecho grandes cosas con él. Lo había sacado de *un hoyo espantoso*, y había puesto un nuevo cántico en su boca. Es horrendo ser esclavo del pecado y del diablo. Que los redimidos declaren lo que el Señor ha hecho por sus almas (Sal. 66:16). La lengua del testimonio será de cierto desligada cuando las ataduras de iniquidad queden quebrantadas. «Lázaro, sal fuera. Desatadle, y dejadle ir.» Liberación, y luego libertad.

1.038. LA VIRTUD DE CRISTO

Lucas 8:43-48

«Al tenerlo todo mas no a Ti, ¿qué tengo yo?
No teniéndote a Ti, ¿qué me ha dado mi afán?
Que goce yo de Ti, ¿qué más quiero yo?
Y a Ti sólo poseyendo, ¿de qué carezco yo?»

QUARLES

Las riquezas de la gloria de Cristo son como las riquezas de la gloria del sol. Así como cada flor halla su belleza y variedad de colores a la luz del sol, así cada alma halla en Cristo aquella bendición y adorno que le es apropiada. ÉL suplió la necesidad del que acudió a Él para que sanara a otro (v. 41), así como la de la mujer que lo tocó por sí misma. En el resplandor de su gracia hay una total suficiencia para todos. No importa demasiado *como* entremos en el refrescante aire de su presencia sanadora si nos encontramos allí. La salud de su rostro revivirá y fortalecerá al que a Él acuda. Aprendamos aquí que:

I. Hay virtud sanadora en Cristo. El poder sanador del alma no puede ser hallado en ningún otro lugar. ¿Por qué? Toda la virtud del Dios Eterno está en Cristo para el propósito de sanar los dolores y males del mundo. Esta virtud es triple. Hay: 1) La virtud de una *vida* santa, impecable y grata a Dios. 2) La virtud de una *muerte* plenamente expiatoria. 3) La virtud de una *resurrección* plenamente vencedora. No hay otro Nombre bajo el cielo que tenga tal virtud. Por medio del pecado el hombre ha perdido la virtud de la santidad. Si esta virtud debe serle restaurada, debe ser totalmente por medio de otro que él mismo. Esta virtud o salud salvadora está en Cristo como la fragancia está en la flor, como la luz está en el sol, o como la electricidad está en la nuble. Y Él puede desprenderla con la misma facilidad.

II. Esta virtud es suficiente para el caso más desesperado. La enfermedad de esta mujer había durado «doce años», y ella «había gastado en médicos todo cuanto tenía, y no había podido ser curada por nadie» (v. 43). El pecado, con todas sus consecuencias de impureza y miseria, entró por venir en contacto con lo prohibido por la *incredulidad. «Tomó* de su fruto, y comió» (Gn. 3:6). *Tocar* un muerto hacía a alguien ceremonialmente inmundo (Lv. 5:2). La orla de azul en el borde del manto hablaba de *obediencia* (Nm. 15:38-40). Al tocar la *orla* del manto de Cristo, ¿estaría ella pensando en su obediencia hasta la muerte por causa de ella? Este pensamiento debe ser el principal si nuestro toque debe traer la vida sanadora de Cristo en nuestras almas enfermas y agotadas. Sus necesidades fueron plenamente suplidas por el influjo de su fuerza y poder, por lo que la vida que ahora vivía era la vida de Cristo en ella (Gá. 2:20).

III. Esta virtud es dada conscientemente, y conscientemente recibida. Cristo dijo: «Yo *he notado* que ha salido de Mí un poder» (v. 46). En cuanto a la mujer, «sintió en su cuerpo que había quedado curada de su aflicción» (Mr. 5:29). Su sedienta alma había recibido una copa de agua fría de la plenitud oceánica de su gracia salvadora. Ella no robó la curación. La virtud fue *dada* deliberadamente por Jesucristo en respuesta a la fe práctica de ella. Ella creyó, y por ello tocó, y el toque de ella fue recompensado con la certidumbre de una perfecta liberación. ¿No es siempre así? (Mt. 15:28). La virtud de Cristo, impartida al toque de la fe, vacuna el alma contra la plaga del pecado y la contaminación de este presente mundo malo. La ley de «la supervivencia de los más aptos» no se cumple aquí, porque la virtud de Cristo hace que sobrevivan los más impotentes y desesperanzados. Esta batalla no es para los fuertes. La vida de Cristo es siempre una vida vencedora (Hch. 14:8-10).

IV. La multitud que se agolpaba no era necesariamente un obstáculo para su toque sanador. «Maestro, las multitudes te están apretando y estrujando, y dices, ¿Quién es el que me ha tocado?». (v. 45). Las *multitudes* y el *estrujamiento* de los cuidados y deberes terrenales son frecuentemente presentados como excusa para no buscar un contacto personal con el Salvador de los hombres. Se espera a «tener *oportunidad»*, pero esta oportunidad raras veces llega. «El reino de los cielos sufre violencia, y *los violentos lo arrebatan.»* Si esta pobre mujer que estaba muriendo lentamente de hemorragia hubiera esperado hasta que se hubieran terminado las multitudes y el estrujamiento, habría esperado hasta que Jesús el Salvador pasara más allá de su alcance. ¡He aquí, *ahora*!

V. Esta virtud, cuando es recibida, debería ser reconocida públicamente. «¿Quién es el que me ha tocado?» La mujer acudió, y declaró *delante de todos* por qué lo había tocado, y cómo había sido inmediatamente sanada (v. 47). Delante de todos ellos testificó dos cosas: 1) *Por qué* lo había tocado. Ella lo había tocado porque todos los otros médicos habían fallado, y porque quería ser *sana de una vez.* 2) Cómo había sido *sanada de inmediato.* Bendito testimonio de la infinita gracia de Dios. Sanada perfectamente, y en un solo instante. Su abierto testimonio le trajo a ella su palabra adicional de *certidumbre.* «Hija, tu fe te *ha* sanado» (v. 48). La tradición dice que ella declaró la inocencia de Cristo delante de Pilato, y que secó su rostro mientras Él iba hacia el Gólgota. En todo caso, este fiel testimonio y amante servicio es ciertamente apropiado en aquellos que han recibido tan gran salvación. Hechos partícipes de la naturaleza divina.

1.039. LA PRESENCIA QUE PONE A PRUEBA

Lucas 9:18-27

«Vosotros burlones en vuestra desenfrenada agitación,
¡Ojalá quisierais a Él volver,
Muy más allá de los serafim,
Y a su gracia ruego hacer;
(Cristo está)
Muy oculto, mas sumamente manifiesto también.»

Al acumular las características más sobresalientes de esta sección, observamos que todas ellas se centran en el mismo Señor. Tenemos aquí:

I. Cristo y la oración privada. «Jesús oraba aparte» (v. 18). Muchos hay a los que no les gusta estar a solas, porque no se deleitan en la oración. Jesús muchas veces buscó la soledad para poder estar a solas con su Padre, a quien tanto amaba. Si el santo e impecable Jesús encontraba necesario y una bendición orar en secreto, ¿cuánto más no lo necesitaremos nosotros? Los que oran en secreto tendrán su recompensa en *público* (Mt. 6:6).

II. Cristo y la opinión pública. «¿Quién dice la gente que soy Yo?»., etc. (vv. 18, 19). No se debe siempre confiar en las opiniones corrientes. «La voz del pueblo» no es siempre «la voz de Dios». En este caso se trataba de la voz de la voluntariosa ignorancia e incredulidad, porque, ¿no había sido Él declarado en público como «EL CORDERO DE DIOS, que quita el pecado del mundo» (Jn. 1:29)? Y, ¿no le habían declarado su Palabra y sus obras como siendo el Hijo de Dios con poder? Siempre es más fácil para nosotros decir lo que otros piensan de Cristo que decir nosotros honradamente lo que pensamos de Él.

III. Cristo y la convicción personal. «Y vosotros, ¿quién decís que soy?». (v. 20). Al Salvador no le servirá de satisfacción alguna que le digamos lo que nuestros padres, madres y maestros nos han dicho acerca de Él. Esta pregunta la tiene que contestar cada uno individualmente, por sí mismo. «¿Qué pensáis del Cristo?». La respuesta de Pedro, «Tú eres el Cristo [el Ungido], el Hijo del Dios viviente», revela más que una sabiduría natural (Mt. 16:16, 17). «Si *confiesas* con tu boca que Jesús es el Señor, y *crees en tu corazón* que Dios le levantó de los muertos, serás salvo» (Ro. 10:9).

IV. Cristo y la Sustitución. «*Es necesario* que el Hijo del Hombre padezca muchas cosas», etc. (v. 22). Como Capitán de nuestra Salvación, Cristo fue perfeccionado por medio de sufrimientos. Él fue «*rechazado* por los ancianos y principales escribas», mostrando que la intención de la carne, aunque religiosa, es enemistad en contra de Dios. Con manos inicuas le dieron muerte, pero fue por la autoridad del Padre que Él *puso* su vida, y la volvió a tomar (Jn. 10:18). Fue según las Escrituras que Él murió *por nuestros pecados*, y resucitó *para nuestra* justificación.

V. Cristo y el discipulado. «Si alguno quiere venir en pos de Mí, niéguese a sí mismo, tome su cruz cada día» (v. 23). Nuestro yo pecaminoso siempre actúa como los ancianos y los principales sacerdotes, *rechazando* a Cristo. El yo debe ser negado si queremos seguir los pasos de Aquel que «no se agradó a Sí mismo». La cruz de Cristo será siempre algo vergonzoso a la vista del mundo, pero no permita Dios que nos gloriemos más que en la Cruz de nuestro Señor Jesucristo, por la que somos crucificados al mundo. Esta cruz del discipulado no nos es echada encima, sino que debemos *tomarla* diariamente. Es absolutamente necesaria para una vida de comunión con Él (2 Ti. 2:11, 12).

VI. Cristo y el servicio. «Todo el que pierda su vida por causa de Mí, éste la salvará» (v. 24). Esta pérdida de nuestra vida salvándola, y salvación de nuestra vida perdiéndola, es muy paradójica para todos los que son extraños al poder de la Cruz de Cristo. La vida que se pasa en el servicio de Cristo es una vida salvada. La vida que se malgasta en el yo es una vida perdida. Puede que tengamos nuestra alma salva al haber confiado en la Cruz de Cristo y sin embargo perder nuestra vida al no vivirla para Cristo (1 Co. 3:15). Todas las riquezas de este mundo no nos darán nada que valga la pena de llamar *una ventaja* a no ser que nosotros mismos seamos salvos (v. 25).

VII. Cristo y su gloria venidera. «El que se avergüence de *Mí* y de *mis* palabras», etc. (vv. 26, 27). Cristo y su Palabra se mantienen o caen juntos. No podemos frivolizar con sus Palabras sin frivolizar con Él. Aquel que se anonadó a Sí mismo para hacerse obediente hasta la muerte por nosotros ha de venir todavía en *su propia gloria* para recompensar a todos los que le han sido fieles en los días de su rechazamiento (2 Co. 5:10). ¿Somos capaces de decir igual que dijo Pablo, el siervo de Cristo: «No me avergüenzo del Evangelio de Cristo»?

1.040. LLEVANDO LA CRUZ

«Si alguno quiere venir en pos de mí, niéguese a sí mismo, tome su cruz cada día, y sígame» (Lc. 9:23).

Introducción

SORPRENDENTE.

1. Para nosotros es difícil imaginar lo que significó esta declaración para los discípulos, y lo mucho que debió sorprenderles.
2. Para ellos, la cruz era algo odioso, maldito.
3. Nuestro Señor mencionó por primera vez la necesidad de llevar la cruz cuando los comisionó (Mt. 10:38). Ahora habla con el mayor énfasis.

LA CRUZ, DEIFICADA.

1. Una de las razones por la que encontramos tan difícil imaginar sus sentimientos cuando oyeron de la cruz es que ahora la consideramos de manera diferente.
2. La cruz es para nosotros un símbolo de todo lo que es santo y de gran precio.
3. Pero, ay, muchos la deifican y adoran.
4. Ésta nunca fue la intención de Dios.

CUANDO TUVO LUGAR EL CAMBIO.

1. No fue hasta el principio del siglo cuarto que tuvo lugar este cambio: fue cuando Roma, la dueña del mundo, adoptó la cruz para suplementar el águila como enseña militar.
2. Constantino quiso honrar la cruz, a la que adscribía el éxito de sus armas y la consecución de su ambición, poniendo una lanza con esta forma en la mano de la estatua que le fue erigida en Roma.
3. Un símbolo de lo más ominoso.
4. La lanza y la cruz se habían encontrado hasta aquel entonces bajo circunstancias totalmente diferentes.
5. Pero ahora una política mundana había anulado la Cruz de Cristo al tomarla bajo su patrocinio de la manera más pública.

LOS CRISTIANOS PRIMITIVOS.

1. Es cosa significativa que la Cruz nunca fue empleada por los cristianos primitivos del siglo primero. Desde luego, no la comenzaron a emplear hasta el siglo cuarto.
2. Para ellos era simplemente un símbolo de tortura y de vergüenza.

¿QUIÉN LA INVENTÓ?

1. Nadie puede decirnos quién inventó la Cruz.
2. Se cree que los romanos la introdujeron desde la India para castigo de criminales y esclavos, y de otros a los que el verdugo había de dejar en la ignominia además de matarlos.

LO QUÉ SIGNIFICABA LLEVAR LA CRUZ.

1. Llevar la cruz significaba llevar el oprobio.
2. Llevar la cruz significaba llevar el instrumento de sufrimiento y de muerte.

LAS PALABRAS DE NUESTRO SEÑOR.

1. Nuestro Señor declaró que nadie podía seguirle excepto si:
a. Se negaba a sí mismo.
b. Tomaba la cruz.
c. Cada día.
2. Desde luego, en Mateo 10:38 declara que si no lo hacemos, no somos dignos de Él.
3. Y en Lucas 14:27 declara que si no es así, no podemos ser sus discípulos.

NO COMO CASTIGO POR EL PECADO.

1. Se debe entender que debemos llevar la Cruz no como castigo por nuestros pecados ni para quitar el pecado.
2. Su cruz hizo esto.
3. Acudimos a Él y recibimos liberación de una carga, pero para recibir otra.

DOS CRUCES.

1. Nadie puede seguir a nuestro Señor sin llevar dos cruces.
2. Una cruz nos es puesta sobre nosotros; la otra es la que tomamos.
3. La primera es una cruz interior, la segunda es exterior.

I. La Cruz Interior, el Espíritu Santo y la Naturaleza Divina.

OBLIGADOS.

1. Recordemos otra vez la palabra del Señor: «No puede».
2. Hubo uno que fue obligado a llevar la cruz de Cristo: Simón (Mt. 27:32).
3. No se le dejó escoger respecto a esto.
4. La diferencia reside en que la Cruz le fue cargada por la autoridad romana; la nuestra nos la hace cargar el mismo Dios.

¿QUÉ ES LO QUE CONSTITUYE A UNO EN CRISTIANO?

1. La unción. La palabra Cristo significa el ungido, y uno no es cristiano hasta que recibe la unción.
2. ¿Y qué es la unción, sino la entrada de la naturaleza divina?

UNA CRUZ REAL.

1. Los cruzados solían llevar una cruz pintada sobre sus hombros.
2. Nuestra cruz interior no está pintada.
3. Y la llevamos no sobre nuestro hombro, sino en el corazón.

¿CÓMO SE SALVÓ EL COLISEO?

1. Se dice que cuando el Coliseo de Roma comenzó a caer en ruina, la gente solía tomar las piedras con que estaba construido para edificar sus propias casas. Esta práctica llegó a tal extremo que muchos temían que aquella grandiosa reliquia de la Ciudad Imperial llegaría a desaparecer.
2. Con el fin de impedir tan gran pérdida, los anticuarios comenzaron a reunirse para tratar el tema, y hablaron, hablaron y hablaron, pero sin conseguir nada.
3. Por fin, el Papa inventó este plan: Hizo levantar una enorme cruz en el centro, declarando entonces el edificio consagrado.
4. Y se convirtió en sacrilegio quitar las piedras.

CÓMO DIOS SALVÓ A LA HUMANIDAD.

El mundo estaba en una terrible condición, como se hace evidente en Romanos, capítulo 1.
Pero el levantamiento de la Cruz de Cristo introdujo una nueva vida: trajo la regeneración y la renovación.

¿CÓMO SOMOS SALVADOS MORALMENTE?

1. Las almas de los hombres, como el Coliseo, están derribadas, en ruinas.
2. ¿Cómo se podrá detener la obra del destructor despojador?
3. El levantamiento de la cruz, la infusión de una nueva vida y de una nueva naturaleza.

¿CÓMO PODEMOS MORTIFICAR?

1. La cruz es el emblema de lo penoso y que aplica la muerte a la carne.
2. Somos exhortados a mortificarnos a nosotros mismos, ¿pero cómo?
3. La única manera es mediante la verdadera cruz interior.

II. La Cruz Exterior. El sufrimiento y el oprobio.

1. La mayoría de las referencias a la cruz en los evangelios implican sufrir por causa de Cristo.
2. «Si alguno quiere venir en pos de mí», dijo el Señor Jesús, tiene que estar preparado a sufrir dolor, oprobio y persecución por mi causa».

FÁCIL DE VER.

1. Verás en el acto que así ha de ser cuando recuerdes de quién es el territorio por el que estás pasando.
2. Cantamos: «Por tierra de Emanuel estamos pasando». ¿Es verdad?
3. De hecho, estamos pasando a través de territorio enemigo.

NO SOPORTAR CON DESAGRADO.

1. Fijaos en aquella palabra: «Tome».
2. Si somos seguidores de Cristo no podemos evitar estas cruces externas.
3. Pero, ¿cómo vamos a actuar?
a. Podemos resignarnos a lo inevitable.
b. Podemos soportarlo con desagrado.
4. Pero no hay gozo en una actitud así.
5. Nuestro Señor quiere que consintamos, que la llevemos bien dispuestos, que la tomemos como un acto sumiso de corazón.
6. Llevar la cruz con valor es la manera más noble de actuar.
7. Y es el camino de la bendición.

Lo que halló Rutherford en la Cruz. En uno de nuestros autores favoritos, Samuel Rutherford, tenemos una ilustración de esto. Él tuvo que sufrir enormemente por causa de la conciencia. Pero cargó heroicamente su cruz, y veamos:

1. *La encontró ligera.* «Se vea como se vea, el estruendo, el fragor y la tiniebla de la Cruz de Cristo son más pesadas que ella misma.»
2. *La encontró gozosa.*
a. «Siete cruces; siete gozos.»
b. «Si se tratase de intercambiar cruces, no cambiaría la mía con nadie.»
c. «Algunos me han escrito que posiblemente estoy demasiado gozoso con la cruz, pero mi gozo va más allá de la cruz, está ligado con Cristo, y es ahí su destino. No puedo decir nada más que cosas buenas de Él y de la cruz, para que otros no se desalienten.»
3. *La encontró ligera y de ayuda.*
a. «La cruz de Cristo es la carga más dulce que jamás haya llevado. Es una carga como lo puedan ser las alas para un ave, o las velas para una nave, para llevarme rumbo a mi puerto de destino.»
b. No un obstáculo, sino una ayuda: levantándole hacia Dios como las alas de una ave, y ayudándole a proseguir, como las velas de una nave.
4. *Encontró inseparables a Cristo y su Cruz.*
a. «Cristo y su Cruz son dulce compañía, y una bendita pareja. Él y su Cruz son dos buenos huéspedes, y que valen la pena alojar.»
b. Decimos, y con razón, «si no hay cruz, no hay corona».
5. *Aplicación.*
a. ¿No dirás tú, como Rutherford: «Bienvenida, bienvenida, dulce, dulce y gloriosa cruz de Cristo; bienvenido, gentil Jesús con tu cruz ligera»?

1.041. CARACTERÍSTICAS DEL REINO DE DIOS

Lucas 9:27-36

«¡Valor! aunque los cielos estén nublados,
Las más negras nubes se desvanecerán;
¡Valor! Aunque el futuro ignoto sea,
Él lo conoce como el día de ayer;
Y "Su propósito" permanecerá,
Siembre fiel, inmutable será»

GROSART

¿A qué se refería Jesucristo al decir: «Hay algunos de los que están aquí, que no gustarán la muerte hasta que *vean* el reino de Dios»? (v. 27). Esta pregunta no tiene fácil respuesta. Hay quien piensa que el reino de Dios llegó, en juicio, cuando la destrucción de Jerusalén, aunque no vemos el *reino* entonces ni allí. Otros afirman que esta predicción se cumplió en Pentecostés por la venida del Espíritu Santo, cuando aquel reino, que no es de este mundo, fue establecido *en los corazones* de aquellos que creyeron en Jesús. Quizá sí; pero ¿por qué se refirió Jesús a que algunos lo *verían* en lugar de conocerlo de una manera experimental? Mirando cuidadosamente lo que sucedió ocho días después en el Monte, cuando *algunos* de ellos que estaban allí estuvieron también con Él, ¿no *vemos* características visibles de aquel reino invisible de Dios que está ahora dentro de nosotros? Hubo:

I. Un rostro cambiado. «Y entretanto que oraba, la apariencia de su rostro se hizo otra» (v. 29). Si tomamos el *rostro* como la expresión exterior de la condición interior del alma, entonces no podemos estar en el reino de Dios sin tener un rostro alterado. Los que están en el reino de Dios han pasado de las tinieblas a su luz admirable. El efecto exterior de este cambio interior tiene que ser «como la luz brillante». «Si no os volvéis y os hacéis como los niños, de ningún modo entraréis en el reino de los cielos» (Mt. 18:3).

II. Un vestido resplandeciente. «Su vestido [se hizo] blanco y resplandeciente» (v. 29). El vestido blanco es emblemático de la *justicia* de los santos (Ap. 19:8). Es una blancura que ningún lavador de la tierra puede producir (Mr. 9:3). Todas nuestras justicias son como trapos de inmundicia. A los ojos de Dios el Padre, el vestido de la justicia de Cristo era siempre blanco y resplandeciente (Mt. 3:17), pero ahora la gloria de su vida escondida es *manifestada*, y ellos fueron «testigos oculares de su majestad» (2 P. 1:16). El reino de Dios no es comida ni bebida, sino *justicia*, y paz, y gozo en el Espíritu Santo. Así será la apariencia de Cristo cuando aparezca por segunda vez sin relación con el pecado, para salvación (He. 9:28).

III. Comunión celestial. «Y he aquí dos varones que *hablaban* con Él, los cuales eran Moisés y Elías» (v. 30). La comunión con el Invisible (el Padre y el Hijo) es una característica señalada del reino de Dios. Los que pertenecen al reino están en perfecta armonía con la ley y los profetas, representados por Moisés y Elías, y serán copartícipes de la *resurrección* y *traslación* que ambos representan. Espiritualmente ya hemos sido resucitados de entre los muertos (Col. 2:13), y trasladados al reino del amado Hijo de Dios (Col. 1:13), y hemos sido sentados en lugares celestes (Ef. 2:6). A la venida de Cristo en aquella gloria que fue revelada en el Monte habrá con Él aquellos que, como Moisés, habrán sido resucitados de entre los muertos (1 Ts. 4:14), y también aquellos que, al modo de Elías, habrán sido *arrebatados* para reunirse con el Señor en el aire (1 Ts. 4:15-17). El reino de Dios es el reino de su gloria salvadora.

IV. Un interés particular en la muerte de Cristo. «Hablaban de su partida» (v. 31). Otra característica especial del reino de Dios es que la MUERTE DE CRISTO es el centro de un interés incesante y profundo. Todos los pertenecientes al reino deberían siempre ser conscientes de que están allí en virtud de su Cruz y de su Sangre. Aprendamos de la *conversación* de los glorificados en este Monte que la muerte expiatoria del Cordero de Dios debería ser lo más prominente en nuestros corazones y mentes en medio de nuestros más grandes privilegios y bendiciones. La Cruz es la clave de la gloria; es el fundamento del reinado de la gracia.

V. Una nube de gloria. «Vino una nube que los cubrió» (v. 34). Esta nube, llamada «la excelente gloria» (2 P. 1:7), era el símbolo *visible* de la envolvente presencia de Dios, en la que viven, se mueven y tienen su ser los hijos del reino. *Permanecer en Él* es otro rasgo característico de aquellos que están en el reino de Dios (1 Jn. 2:28). Al *entrar ellos* en la nube, al cubrirlos la nube, así podemos nosotros por la fe entrar en «Su luz maravillosa» por el cubrimiento del Espíritu Santo. La gloria envolvente de su presencia puede ser nuestra ahora por medio de aquel otro abogado que mora en nosotros, y de quien Jesús dijo: «Él me glorificará» (Ro. 8:28).

VI. Una voz dando honra a Cristo. «Vino una voz desde la nube, que decía: «Éste es mi Hijo amado; a Él oíd» (v. 35). Aquella voz suave y apacible que reconoce a Jesús como el eterno Hijo de Dios es otra característica bien definida del reino. Esta voz del cielo continúa hablando en la tierra a todos los que por la gracia han llegado a estar bajo el bendito gobierno del Señor como Rey. Fue oída por primera vez cuando Jesús tomó el lugar de los pecadores, y se *entregó* a Sí mismo para el perfecto cumplimiento de la voluntad de Dios (Mt. 3:17). Jesús buscaba la honra que solamente de Dios viene, y la alcanzó. ¿Estamos nosotros buscando la honra *los unos de los otros*? (Jn. 5:44).

VII. Una experiencia gozosa. «Pedro dijo a Jesús: Maestro, bueno es que nos estemos aquí» (v. 33). Cuando Pedro dijo «Hagamos tres tiendas» estaba hablando insensatamente y en ignorancia, porque el glorificado no puede morar en templos hechos con manos; pero cuando dijo «Maestro, bueno es que nos estemos aquí» estaba expresando los profundos y dichosos sentimientos de su alma. Es bueno para nosotros estar en una compañía como ésta, oír esta voz, y estar rodeados de esta gloria. Bienaventurados los tales, porque de ellos es el reino de los cielos. «El que no nace de nuevo, no puede ver el reino de Dios.»

1.042. CRISTO TRANSFIGURADO

Lucas 9:28-36

Tenemos ante nosotros aquí la más arrebatadora imagen que los ojos de los mortales jamás vieran: una imagen conmovedora, una escena de transformación. Un Hombre despreciado y rechazado, radiante y luminoso con la gloria inefable de Dios. Observemos:

I. El tiempo señalado. «Como ocho días después» (v. 28). Estamos siempre inclinados a asociar el *octavo* día con la gloria de la resurrección. Fue ocho días después de haberles dicho que algunos de los que estaban allí no gustarían la muerte hasta que hubieran visto el *Reino de Dios* (v. 27). La transfiguración fue al menos una manifestación de la gloria del Rey designado por Dios.

II. La compañía favorecida. «Tomó a Pedro, a Juan y a Jacobo» (v. 28). Los hubiera podido dejar detrás, pero en su amor y compasión los tomó *consigo*. Poco sabían lo que tenían delante de sí mientras lo seguían monte arriba. ¿Estamos conscientes ahora, al seguir a nuestro Señor por el monte de la vida, de la visión que nos espera? Sigue siendo su deseo que estemos *con* Él donde Él está, y que *veamos su gloria* (Jn. 17:24).

III. El propósito especial. «Subió al monte a orar.» Él hubiera podido orar al pie del monte lo mismo que en su cumbre, pero quería enseñarnos la necesidad de ir a solas a propósito para encontrarse con Dios y hablar con Él. Muchos oran antes, o después, de ir a la cama, pero cuán pocos van a una estancia tranquila o a un monte solitario a propósito para orar. Debiéramos ir tan *a propósito* a nuestra estancia para la oración como vamos a la cocina o al comedor para nuestras comidas.

IV. La gloriosa transformación. Fue mientras oraba que «la apariencia de su rostro se hizo otra», y la gloria oculta de su naturaleza se desveló, como el sol a través de un desgarrón en las nubes (Mt. 17:2). Nadie ha probado aún la plenitud de las posibilidades de la oración secreta. Fue mientras Moisés estuvo en comunión con Dios que resplandeció la piel de su rostro. La perfecta comunión con el cielo significa una conformidad perfecta a *su semejanza* (Ap. 1:16; 1 Jn. 3:2). La oración es un poderoso antídoto para un mal temperamento y para toda otra característica poco amante de nuestro carácter. En lugar de ira, surgirá gloria.

V. Los visitantes celestiales. «He aquí dos varones que hablaban con Él, los cuales eran Moisés y Elías» (v. 30). Moisés y Elías habían experimentado, ambos, lo que era «partir y estar con Cristo, lo cual es muchísimo mejor». La *compañía* de Jesucristo es tal privilegio y bendición que incluso los glorificados se deleitan en venir a la tierra para compartir en ello. ¡Cuánto más debiéramos apreciar nosotros esto! En su presencia hay plenitud de gozo.

VI. Un tema maravilloso. «Hablaban de su partida» (v. 31). ¡Qué tema para tal ocasión! ¡Qué terrible perspectiva para Uno tan glorioso! ¡Qué valor no deberíamos ver en aquella muerte! Fue probablemente el mayor acontecimiento que jamás haya sido conocido en el cielo. ¿Qué lugar tiene en nuestra conversación? ¿Qué poder tiene sobre nuestros corazones y vidas? Él murió por nuestros pecados.

VII. Una insensata proposición. Pedro, que acababa de despertar de su sueño, y vio su gloria, le pidió licencia para hacer «*tres* tiendas» (vv. 32, 33). ¿Qué iban a hacer con estas tiendas, cuando Moisés y Elías se volvieran al cielo, y Jesús se dirigiera a su cruz? Los que *duermen* cuando debieran estar despiertos de cierto hablan insensatamente. ¿Pensaba él que *esta gloria* podía ser encerrada en templos hechos con manos? (1 Co. 2:13, 14).

VIII. Una voz aseguradora. «Y vino una voz desde la nube, que decía: Éste es mi Hijo amado; a Él oíd» (vv. 35, 36). Pedro declaró después que esta voz la oyeron cuando estaban con Él en el monte (2 P. 1:17, 18). La divinidad de Cristo es aquí atestiguada por el invisible Padre. Demos atento oído, no sea que dejemos que se escurra de nosotros esta Palabra aseguradora del poder de Cristo para redimirnos mediante su muerte. Oídle. «Oíd, y vivirá vuestra alma» (Is. 55:3).

1.043. LA GRACIA Y EL DESPECHO

Lucas 9:51-56

«No quisiera airado estar, mas dolorido
Cuando descubro que engañado he sido;
Quisiera amable ser con la ignorancia,
Recordando tu longánima paciencia;
A tu gentileza quisiera yo alcanzar,
Para a tu Nombre nunca deshonra dar.»

Una paja puede indicar la dirección en que sopla el viento o hacia donde va la corriente del río; un acontecimiento sin aparente importancia puede ser enormemente significativo. Había uno que estaba echando demonios en Nombre de Jesús, y algunos de sus discípulos se lo prohibieron (vv. 49, 50) «porque no sigue con *nosotros*». Observemos la gracia del Señor al permitir que un extraño empleara su Nombre, y el despecho de los discípulos al prohibírselo. El acusado contraste entre el espíritu del Señor y el de sus seguidores se hace más patente cuando pasamos además a considerar:

I. La devoción del Salvador. «Él afirmó su rostro para ir a Jerusalén» (v. 51). Ahora que ha venido a ser el *propósito* fijo de su corazón, no lo podrán detener ningún poder de la tierra ni del infierno. «Cuando se cumplió el tiempo en que había de ser recibido» (v. 51).

II. Fanatismo samaritano. «Mas no le recibieron, porque su aspecto era como de ir a Jerusalén» (v. 53). Los samaritanos tenían su templo en el monte Gerizim, pero debido a que Él se estaba dirigiendo a la ciudad de la Casa de su Padre ellos no querían honrarlo. Este fanatismo que rechaza a Cristo se manifiesta de muchas maneras. Sigue habiendo los que no están dispuestos a recibir a Cristo.

1. PORQUE ÉL NO HONRA LAS OBRAS DE ELLOS. A semejanza de estos samaritanos, ellos se han erigido su propio templo, amoldado a sus propios pensamientos y opiniones, y a no ser que el Señor Jesucristo los halague de una u otra manera por sus buenas obras no lo van a recibir (Ro. 10:2, 3; Lc. 18:9).
2. PORQUE NO ESTÁ DISPUESTO A IR CON ELLOS EN SUS CAMINOS. Ellos habían decidido ofrecer su adoración en Gerizim, y a no ser que Jesucristo condescendiera a encontrarse con ellos *allí* no querían nada que ver con Él. Los que se las dan de justos se trazan sus propios planes, deciden sus propios caminos, y si Cristo no los reconoce, entonces simplemente no le reciben, y prosiguen con su obra y culto sin Cristo.
3. PORQUE PARECE FAVORECER A AQUELLOS A LOS QUE ELLOS MENOSPRECIAN. «Su aspecto era como de ir a Jerusalén». Los judíos no tienen tratos con los samaritanos. Eran como algunos de la Iglesia Alta que no tienen nada que ver con el Cristo que bendice a los No Conformistas. Al afirmar su rostro hacia Jerusalén, estaba afirmando su rostro hacia la Cruz, que sigue siendo una ofensa para muchos.

III. La intolerancia de los discípulos. «Viendo esto sus discípulos, dijeron: Señor, ¿quieres que mandemos que descienda fuego del cielo, como hizo también Elías, y los consuma?» Quizá Jacobo y Juan recordaban que era en aquellos alrededores que Elías había llevado a cabo aquel milagro de juicio (2 R. 1:10). Aquel estallido de un espíritu tan acerbo y odioso revela al menos tres cosas:

1. LA FE DE ELLOS. Creían que el Cielo respondería a la orden de ellos, y que descendería fuego a sus órdenes. Esta fe no debe ser tomada a la ligera. Por la fe, hombres de *sentimientos semejantes* a los nuestros han llevado a cabo tales obras poderosas (Stg. 5:17).
2. SU CELO. Su indignación fue suscitada por la actitud insultante de estos samaritanos contra su Maestro. No podían quedar tranquilos e inactivos, como quizás algunos de nosotros sí puedan, viendo al Señor menospreciado y rechazado sin ningún *movimiento* del alma, de piedad divina o de humana cólera.
3. SU IGNORANCIA. No sabían de qué espíritu eran, ni sabían de qué espíritu era el Maestro de ellos, ni el grande y profundo propósito de su misión. «No he venido a juzgar el mundo, sino a *salvar* el mundo» (Jn. 12:47). La devoción hija de la ignorancia es a la vez ciega e inmisericorde.

IV. La reprensión del Maestro. «Volviéndose Él, los reprendió, diciendo: Vosotros no sabéis de qué espíritu sois» (v. 55). El celo sin conocimiento es fanatismo. Fue este *tipo* de espíritu el que encendió los fuegos de la Inquisición e hizo correr la sangre a raudales. Es este tipo de espíritu que continúa revelándose en oraciones como la siguiente: «Señor, bendíceme, y a mi mujer, a mi hijo Juan y a su mujer; bendícenos a los cuatro y a nadie más. Amén». Es este mismo tipo de espíritu que ni se regocija ni puede regocijarse ni alabar a Dios por la buena obra hecha *por otros*. En relación con esto, estúdiese Santiago 3:16, 17.

V. Una explicación llena de gracia. «El Hijo del hombre no ha venido para destruir las almas de los hombres, sino para salvarlas» (v. 56). Durante los días de su humillación se anonadó a Sí mismo, y cuando era maldecido no respondía con maldición. Se mantuvo fiel a su carácter y misión divinos, para AMAR, PADECER y MORIR (Jn. 3:17). He aquí ahora no el tiempo del juicio, sino el tiempo *aceptable*; de ahí la paciencia longánima de Dios. Si alguien no tiene el espíritu de Cristo, no es de Él. «Como Él es, así somos nosotros en este mundo». Así, nuestra misión, como la de Él, es no la de destruir las almas de los hombres, sino *salvarlas*.

1.044. ENVIADOS

Lucas 10:1-20

«El hombre su diario trabajo de cuerpo o mente tiene
Designado, que su dignidad declara,
Y la atención del cielo en todos sus caminos,
Mientras que otros animales inactivos yacen,
Y de sus actos Dios no toma cuenta»

MILTON

Estos setenta fueron *designados* por el Señor, y *enviados*, de dos en dos, y en verdad que sería para ellos un gran ánimo saber que iban *«delante de Él»* y a los mismos lugares *«adonde Él había de ir»* (v. 1). ¿Acaso cada uno de los que ahora han sido *enviados* no puede reposar en la misma certidumbre de que sea donde sea que vayan, en su voluntad y en su Nombre, *allí* Él manifestará su presencia? Pero no debe haber ninguna monopolización egoísta de esta obra por parte de los enviados, porque fue a ellos que les dijo el Señor: «Rogad al Señor de la mies que envíe obreros a la mies» (v. 2). En este espíritu de oración, surgido de un verdadero amor hacia el Señor y por su obra, venimos a ser «colaboradores juntamente con Él». Hay preciosas lecciones aquí para todos los que quieran hacer la voluntad de Dios.

I. Una gran comisión. «Id; he aquí que Yo os envío» (v. 3). Fueron como

1. CORDEROS. «He aquí que Yo os envío como corderos en medio de lobos» (v. 3). No fueron enviados como *carneros* para luchar con el poder de sus *cabezas*, sino como corderos, totalmente bajo la protección de su siempre atento Pastor, y como tales representaban más la vida del *corazón* que la de la cabeza. La influencia del amor es siempre más poderosa que la de la razón. Los lobos representan a los que viven una vida burdamente egoísta: los hombres del mundo.
2. PRECURSORES. «A toda ciudad y lugar adonde Él había de ir» (v. 1). Como tales, no debían saludar «a nadie... por el camino». Su llegada a cualquier ciudad o lugar era un testimonio de que el mismo Rey iba a llegar. ¿Nos ha animado a nosotros, como enviados (cap. 20:17, 18) una fe semejante en la promesa y en el poder de Cristo? ¿Esperamos que Él siga nuestra palabra y obra en su Nombre con su propia y convincente presencia?
3. HERALDOS. «Decidles: Se ha acercado a vosotros el reino de Dios» (v. 9). Desde aquel tiempo Jesús comenzó a predicar y a decir: «Arrepentíos, porque el reino de los cielos se ha acercado» (Mt. 4:17). El reino mismo se acercó por la misma presencia de sus heraldos. Si el reino de Dios está *dentro de vosotros* (Lc. 17:21; Ro. 14:17), entonces cuando entréis en contacto con aquellos que no conocen a Dios ni a su Cristo, ¿no se acerca el reino a ellos en vosotros?
4. EMBAJADORES. Jesús dijo de ellos: «El que a vosotros oye, a Mí me oye; y el que a vosotros desecha, a Mí me desecha» (v. 16). «Así que somos embajadores en Nombre de Cristo, como si *Dios exhortase por medio de nosotros*; os rogamos *en nombre de Cristo*: Reconciliaos con Dios» (2 Co. 5:20).

II. Un testimonio gozoso. «Volvieron los setenta con gozo, diciendo: Señor, aun los demonios se nos someten en tu nombre» (v. 17). Los que van mandados por Él y en su Nombre siempre tendrán un testimonio *gozoso* que dar. Serán más que vencedores. «No tenemos lucha contra sangre y carne, sino contra principados, contra potestades, contra los *dominadores* de este mundo de tinieblas, contra huestes *espirituales de maldad* en las regiones celestiales» (Ef. 6:12). Nuestro enemigo no tiene la forma de *«carne y sangre»* (humano), sino que tiene el carácter de malvados espíritus que rigen el reino de las tinieblas: demonios invisibles: que poseen los corazones de los hombres, y que solo pueden ser echados por medio del poder del Nombre de Jesús (Ef. 2:2). Las obras del diablo siguen siendo destruidas en aquellos a los que se está manifestando el Hijo de Dios (1 Jn. 3:8). Así, el levantamiento del Hijo de Dios sigue siendo el poder para sujetar a los demonios de la duda y de la impureza (Jn. 12:13).

III. Un comentario sugestivo. Jesús les dijo: «Yo veía a Satanás caer del cielo como un rayo» (v. 18). ¡Qué extraña y sobrecogedora afirmación, viniendo como contestación al exultante relato de ellos de que los *demonios* se les *sometían*». Parece que Satanás se lanzó desde los lugares celestiales con la velocidad de un rayo cuando vio que sus demonios estaban siendo vencidos y echados a la desbandada por aquellos setenta mensajeros del Hijo de Dios. Cuanto más triunfemos en el *nombre de Jesús* tanto más intensamente seremos probados y opuestos por los poderes de las tinieblas. La lucha mencionada en Efesios 6:12 implica una lucha real y sin cuartel muy cuerpo a cuerpo. Los luchadores se agarran entre sí.

IV. Una promesa aseguradora. «He aquí os doy potestad de hollar... sobre todo el poder del enemigo» (v. 19). Aunque Satanás haya descendido como un rayo en todo su poder para oponerse a la misión de Cristo a través de vosotros, Yo *os doy potestad* para pisotear todo su poder bajo vuestros pies. La esfera de la obra de Satanás es ahora la tierra. Tratemos todas las «críticas» y «enseñanzas» que se oponen a la mente y a los propósitos de Jesucristo como «doctrinas de demonios» (1 Ti. 4:1). Aliéntate en su promesa: «Os doy potestad» (*cf.* Hch. 1:8). Ha llegado el tiempo en que el Dios de paz puede aplastar a Satanás bajo vuestros pies (Ro. 16:20). Una de las señales de la fe en su Nombre es echar fuera demonios (Mr. 16:17).

V. Una fuente de gozo. «Pero no os regocijéis de que los espíritus se os someten, sino regocijaos de que *vuestros* nombres están escritos en los cielos» (v. 20). El hecho de tener nuestros nombres escritos allí es una garantía de liberación (Dn. 12:1). Vencer a demonios es, para Cristo, asunto de relativa poca importancia, pero tener nuestros nombres escritos en el Libro de la Vida del Cordero (Ap. 21:127), y pertenecer a la Asamblea General y Congregación de los Primogénitos, que están escritos en el cielo, es algo acerca de lo que vale la pena *regocijarse*, por cuanto es un privilegio que será fructífero en cuanto a gozo y honor a través de toda la eternidad, porque un hombre puede echar fuera demonios, y ser él mismo, sin embargo, un réprobo (Mt. 7:22, 23).

1.045. UNA VERDADERA BUENA VECINDAD

Lucas 10:25-37

«Yo querría dedicar la nación a la política del Buen Samaritano», dijo el Presidente Roosevelt, de los EE.UU., en su discurso inaugural; tanto le había impresionado la parábola del Buen Samaritano –en Lucas 10:25 a 37. Un biógrafo de un buen hombre de Dios dice lo siguiente acerca de sus actos de filantropía: «Nunca dejaba de preguntarse, ¿Quién es mi prójimo?» Precisamente; el verdadero amor a Dios y al hombre nunca deja de preguntarse esto. Un servicio sin medida para todos, resultado del verdadero amor, es el orden del día para un verdadero hombre o mujer de Dios en el seguimiento del ejemplo de el Buen Samaritano, nuestro Señor Jesucristo.

De paso, observemos cuán maravillosamente, mediante esta brillante parábola, el Señor ha rescatado de la ignominia la palabra Samaritano. Era el nombre dado por menosprecio a la población mestiza que había colonizado Samaria tras la deportación de las nueve y media tribus a Babilonia, y nunca era pronunciado por un judío sin escarnio y aborrecimiento. Ser llamado samaritano era considerado como un grave insulto. Pero nuestro Salvador, mediante esta encantadora parábola, ha rescatado esta palabra del muladar.

Y mediante esta famosa historia nuestro Señor cumplió otro buen servicio. La buena gente de aquel tiempo había divorciado el culto del servicio práctico. Mediante esta parábola, nuestro bendito Maestro volvió a unir otra vez en santo matrimonio estas dos ramas de la conducta cristiana, de modo que ahora nunca pensamos de ellas como cosas aparte, sino unidas la una a la otra.

¿Quién es mi prójimo? Los rabinos de aquel tiempo enseñaban que los judíos debían «amar a tu prójimo, en la Ley», tres palabras que marcaban una enorme diferencia. Mediante esta parábola incomparable, el Señor Jesús enseñó que toda persona a la que pueda ayudar es mi prójimo; esta responsabilidad hacia mis semejantes es independiente de raza, de iglesia, de credo y de la posición social; esta vecindad no es asunto de geografía, porque podemos vivir en estrecha proximidad con otras personas sin ser buenos vecinos. Ciertamente, el dolor, la necesidad, la compasión y la ayuda no conocen nacionalidad. Esta parábola prohibe toda limitación a la misericordia.

I. El caso.

1. «UN HOMBRE DESCENDÍA.» Esto es geográficamente correcto, porque Jericó está a 180 metros por debajo del nivel del Mar Mediterráneo.
2. FUE DESPOJADO ANTES DE SER HERIDO. Esto nunca sucedería en nuestro país. La persona atacada sería abatida y después robada. Pero aquí no hay error alguno. Los bandidos no querían dañar los vestidos, porque formaban una parte importante del botín. Muy fiel a la vida oriental. Este camino era tan peligroso que llegó a ser llamado «La Vía Roja».
3. LA CALLADA ELOCUENCIA DEL CUERPO MAGULLADO Y ENSANGRENTADO.
4. EL SACERDOTE estaría de vuelta de ejercitar su oficio sacerdotal en el Templo en Jerusalén. Doce mil sacerdotes residían en Jericó. ¿Por qué éste pasó de largo? ¿Tenía tantos deseos de llegar a su casa después de su ausencia? ¿Estaba mal dispuesto a contaminarse ceremonialmente, como hubiese podido suceder? ¿O buscaba ponerse a salvo, temiendo que los bandidos que habían maltratado tanto a este pobre hombre podrían estar acechando tras algunas de las rocas, listos a lanzarse sobre cualquiera que descabalgase para dar un primer auxilio?
5. EL LEVITA. Ésta es la única mención de los levitas en los Evangelios. Se dirigió al pobre hombre, lo miró, y luego se fue por el otro lado, haciéndose así culpable de una mayor crueldad.
6. «POR CASUALIDAD». La única vez en los Evangelios que emplea nuestro Señor esta palabra, y desde luego el único lugar en que aparece en el Nuevo Testamento. Nuestro Señor parece emplearla con un toque de ironía. En realidad, era la amante providencia de Dios. No existe la casualidad en el vocabulario cristiano.
7. EL SAMARITANO. El genio del verdadero amor trasluce en sus acciones. No hizo caso de la posibilidad de que acechasen los bandidos; se mostró rápido, sereno y diestro en sus acciones; estaba dispuesto a entregarse y a darse; sacrificó bien dispuesto el uso de su animal; el cuidado del paciente al final del viaje es conmovedor, y todos admiramos su prudencia al no dejar una gran cantidad de dinero en manos del mesonero y su sabia indicación de que regresaría para tener noticia de lo sucedido. ¡Qué combinación de compasión unida a sagacidad!

II. La aplicación. Ah, no hay problema alguno con la historia. Hasta un niño puede comprenderla. El pobre hombre es, bien, somos tú y yo; y el Buen Samaritano no es otro que el Señor Jesús. El hombre ha descendido, ha dejado la Santa Ciudad dirigiéndose a la Ciudad del Anatema, la vuelto la espalda al Templo y a Dios, y ha quedado desnudado de santidad y de bondad y dejado como muerto. La Ley, simbolizada por el sacerdote, no puede dar ayuda; y las ceremonias, en la persona del levita, de nada sirven. Pero nuestro Buen Samaritano ha venido a rescatarnos. «¿Qué inteligencia más osada podría haber sugerido que el Señor Jesús iba a encontrar "Su prójimo" en un mundo caído? ¿Quién habría jamás pensado que Dios iba a escogernos a nosotros como su "prójimo"? Que Él viniese a donde nosotros estamos, que Él se doblase sobre nosotros con un corazón embargado de amor, y que fuese a derramar en nuestras heridas el dulce solaz de su aceite de unción, o a soplar en nuestro ser inerte la energía sobrenatural de su propia vida eterna. Y en realidad nada menos que esto es lo que ha hecho el amor divino.»

1.046. EL BUEN SAMARITANO

Lucas 10:30-37

«A mí está ligado,
Porque el amor humano de extraños parientes hace»
INGELOW

Este intérprete de la ley, «queriendo justificarse a sí mismo, dijo a Jesús: ¿Y quién es mi prójimo?». El mundo nunca ha visto a nadie mejor capacitado para dar respuesta a esta pregunta que a Jesús. «Él sabía lo que había en el hombre.» Hay bien pocos que no estén *dispuestos* a justificarse a sí mismos por su descuido de la *misericordia* (v. 37), que es lo que constituye una verdadera cualidad de prójimo. Ésta es una parábola querida por causa del Samaritano. Un hermoso reflejo de la misericordia de Dios en Cristo Jesús, entrando inesperadamente en contacto con un corazón destituido y alienado. Observemos aquí:

I. Una triple miseria. Se vio:

1. DESNUDADO de sus vestidos (v. 30). Este hombre, bajando de Jerusalén a Jericó, una distancia de unos veintinueve kilómetros, cayó entre ladrones, y fue desnudado. Desde la caída de Adán, este mundo ha sido una guarida de ladrones. El negocio de cada hombre, más o menos, consiste en conseguir de los otros todo lo que le sea posible. Solo los enseñados por Dios pueden cuidarse no de lo suyo, sino del bien de los demás. Todos los que caen en las garras del pecado y de la iniquidad de cierto quedarán desnudos de su vestido de justicia y de su «vestidura de alabanza». El diablo sigue buscando a quien devorar.
2. HERIDO (v. 30). Con toda probabilidad, recibió sus heridas en su desesperado intento de resistir a los ladrones. Nuestra propia fuerza e ingenio son una pobre defensa en contra de los repentinos embates del mal. Los moralmente heridos e incapacitados en las batallas de la vida se encuentran yaciendo por todas partes por los caminos del concurso humano. Es legión el nombre de los que se han hundido en los barrios bajos de las ciudades al serles arrebatada su reputación y al haber visto sus esperanzas y perspectivas heridas de muerte (Is. 1:6).
3. MEDIO MUERTO (v. 30). En esta miserable condición no podía hacer otra cosa más que *esperar* y orar. Esperar la compasión de algún corazón amante y el bondadoso toque de alguna mano compasiva. Ser tibio acerca de cualquier cosa es estar medio muerto para aquello. Con respecto a las cosas eternas, ¡cuántos están medio muertos y bien inconscientes de ellos! Rebeldes de corazón (*cf.* Ap. 3:16). Pero no condenemos con nuestra soberbia a este pobre paria, porque si nosotros hubiéramos ido por el

mismo camino podríamos habernos visto en el mismo apuro. Si hubiéramos ido por el camino de los que nacen y son criados en el barrio bajo de la ciudad, o en el negro paganismo, ¿acaso estaríamos nosotros en mejor estado que ellos?

II. Una actitud triple. En el Sacerdote, el Levita y el Samaritano vemos tres actitudes diferentes hacia los inermes e infortunados:

1. PERFECTA INDIFERENCIA. «Un sacerdote… pasó por el lado opuesto del camino» (v. 31). Este sacerdote iba indudablemente de regreso a casa después del servicio en el Templo. Es muy puntilloso en el cumplimiento de su servicio ceremonial, y no pasaría nada por alto, pero un hermano necesitado y moribundo al lado del camino es indigno de su atención. «Pesado en la balanza y hallado falto de peso.» No se puede poner ninguna esperanza en la Ley.
2. CURIOSIDAD INTERESADA. «Asimismo un levita, llegando cerca de aquel lugar, y *viéndole*, pasó por el otro lado» (v. 32). Este hombre es un tipo de los que son inquisitivos, pero en absoluto compasivos. Quieren *conocer*, pero no quieren *ayudar*. Este levita podría dar un informe acerca de este pobre hombre al llegar a casa, y justificar su conducta carente de compasión diciendo que aquel lugar era demasiado peligroso para quedarse allí para levantar al caído. También por este mismo acto queda «pesado en la balanza y hallado falto de peso» (1 Jn. 3:17).
3. SIMPATÍA PRÁCTICA. «Un samaritano que iba de camino, vino cerca de él, y viéndole, fue movido a compasión», etc (vv. 33-35). Aunque los judíos no tenían tratos con los samaritanos, este samaritano, en su misericordia, sí que estaba dispuesto a tratar con el judío medio muerto. Este es el *meollo* de la parábola. Un hombre menospreciado muestra compasión, y en su misericordia salva a uno que vivía en enemistad contra él, manifestando así el amor de Dios en Cristo Jesús, que desciende a mostrar misericordia con un sacrificio de Sí mismo que mata la enemistad (Ef. 2:16).

El buen samaritano tiene las características del menospreciado Nazareno, que viene a buscar y a salvar lo que se había perdido.

1. «*Vino cerca de él.*» Cristo viene justo donde estamos. En nuestra condición de desnudez y malheridos como estamos no podíamos hacer nada por nosotros mismos (Ro. 5:6).
2. «*Fue movido a compasión*» (v. 33). Su *corazón* se movió hacia él. La Salvación de Cristo fue una obra de corazón. «Nos amó, y se entregó a Sí mismo por nosotros.»
3. «*Vendó sus heridas, echándoles aceite y vino.*» Aunque estemos llenos de heridas y llagas (Is. 1), Cristo puede vendar y sanar (Lc. 4:18). Esto lo hace mediante el aceite de su Espíritu y el vino de su Palabra.
4. «*Poniéndole sobre su propia cabalgadura…*» Aquellos a los que el Señor levanta son también establecidos en su propio lugar. «Ahora somos hijos de Dios».
5. «*Lo llevó a un mesón.*» Los salvos del Señor encuentran asimismo refugio y nuevas amistades.
6. «*Y cuidó de él.*» En la Salvación de Cristo hay no solo una gran liberación, sino también una especial providenia (Ro. 8:28). Él tiene cuidado de vosotros.
7. Dejó una promesa en cuanto a Él (v. 35). Nuestro Gran Pastor ha dejado también suficiente para nuestras necesidades durante su ausencia en «preciosas y grandísimas promesas». «En cuanto lo hicisteis a uno de estos… a Mí me lo hicisteis.» «Yo te lo pagaré cuando regrese.»

La gran lección

Cristo padeció por nosotros, dejándonos ejemplos para que sigamos sus pisadas. «Ve, y haz tú lo mismo» (v. 37).

1.047. «MARTA, MARTA»
Lucas 10:38-42

«Ni puede el vano afán cesar,
Hasta que en el umbroso laberinto de la vida hallemos
A Uno que pueda conducir nuestros pies errantes, doloridos,
Para ver en Él mismo nuestro Camino, nuestra Vida y Paz;
En Él la larga agitación es suavizada y acallada;
Llenos nuestros corazones quedan»

F. R. HAVERGAL

El corazón –sólo a medias conquistado por la paz de Cristo– será fácilmente echado de uno a otro lado cuando sea asaltado por los «afanes de este mundo». Marta viene ante nosotros aquí como una que está atosigada y angustiada por su trabajo. Una sierva fatigada, cargada, a punto de hundirse. Lo que para ella era un *deber* a venido a ser un fastidio. Aquí tenemos un sano alimento para cada siervo de Cristo. Marta:

I. Recibió a Jesús. «Marta le recibió en su casa.» Siendo quizá la mayor en la casa, sería suyo el deber de recibir a huéspedes en la casa. El hecho de que lo *recibiera* es la prueba de la *fe* de ella en Él. Es vano y presuntuoso que hablemos de nuestra *fe* en Cristo si en realidad no lo hemos *recibido* en la casa del corazón (*cf.* Jn. 1:12).

II. Se sentaba a sus pies. «Tenía una hermana que se llamaba María, que TAMBIÉN sentada a los pies del Señor, escuchaba su palabra» (Lc. 10:39, BAS *margen*). Esta palabra, *también*, demuestra de cierto que Marta se había sentado y escuchado sus palabras, como María. La fe que recibe a Cristo querrá ciertamente conocer su voluntad. Éste es el segundo paso en la vida cristiana: aprender. «*Venid* a mí, y yo os haré descansar. *Aprended* de mí, y hallaréis descanso» (Mt. 11:28, 29).

III. Era una obrera activa. Se afanaba con «*muchos* quehaceres». No era uno de estos cristianos esponjas que sólo hacen que absorber. Hay muchos cuya única concepción de la vida cristiana es *escuchar*. Marta no era solo una oyente, sino también ejecutante. Había dado oído a sus palabras, y quería servirle. El servicio de ella, además, no era un servicio ordinario. Había planeado hacer mucho. El propósito honrado y fervoroso de su corazón generoso era hacer *mucho* para la honra de Jesús.

IV. Se acongojó por su trabajo. «Marta *se preocupaba* con muchos quehaceres». Tersteegen ha dicho: «No debemos estar siempre buscando, debemos en ocasiones haberle encontrado a Él. El buscador trabaja activamente; el que halla goza quietamente». Siempre que la obra del Señor atrae sobre nosotros la ansiedad de la «preocupación y congoja», podemos tener la seguridad de que de una u otra forma nos hemos salido del yugo de Cristo, porque Él dice: «Mi yugo es cómodo, y mi carga ligera». «Llevad mi yugo sobre vosotros… y hallaréis descanso para vuestras almas».

V. Comenzó a quejarse. «Señor, ¿no te importa que mi hermana me deje servir sola? Dile, pues, que me ayude». El obrero afanado y acongojado pronto se verá en las filas de los quejumbrosos. La gran tarea de Marta de «muchos quehaceres» era voluntaria, y ella, como sucede con todos en circunstancias similares, pronto se sintió cargada y fatigada. La obra dada por Dios nunca será agotadora cuando se hace en su fuerza. Pero observemos para crédito de Marta que se quejó no a su hermana, sino a su Señor. Los acongojados y quejumbrosos obreros que están de continuo derramando sus quejas en oídos de sus compañeros de servicio deberían sentirse avergonzados y corregidos de su cobardía por el directo heroísmo de Marta. ¿Te atreverás a ser honrado y a decir como ella: «Señor, ¿no te importa...?». Soluciona la cuestión dela ansiedad con tu Señor. Encuentra en su presencia si tu acosadora ansiedad acerca de su servicio le es agradable a Él, o si no hay alguien que Él podría invitar a acudir a ayudarte, o si quizá no estás «preocupado y acongojado» por cosas en que el Señor no está interesado.

VI. Fue reprendida por el Señor. «Respondiendo Jesús, le dijo: Marta, Marta, estás preocupada y acongojada con muchas cosas. Pero sólo una es necesaria.» No es un honor para el Príncipe de Paz que el corazón de sus siervos estén llenos de agitación acerca de sus negocios. «Mi paz os dejo, mi paz os doy. No se turbe vuestro corazón, ni tenga miedo» (Jn. 14:27). «Deseo, pues, que estéis sin congoja» (1 Co. 7:32). «No os afanéis [ansiosamente] por vuestra vida.» Vuestro Padre celestial sabe (Mt. 6:25; véase también v. 8). Si el Señor hubiera ordenado a María que fuera a ayudar a Marta, la habría justificado en parte en su queja, pero, no, sino que en sustancia vino a decir: «Te estás sobrecargando. La cosa que necesitas no es una *ayuda*, sino un *corazón reposado*».

María había escogido la buena parte, y Él no se la va a quitar. Hay muchos hoy en día Mateos, así como Martas, cuyos rostros tienen los rasgos de un corazón preocupado y angustiado, aunque estén tratando de servir a Jesús. «Preocupados con muchos quehaceres». Echa toda tu ansiedad sobre Él, porque Él tiene cuidado de ti. Reposa en el Señor.

1.048. LA ORACIÓN: SU PRIVILEGIO Y PODER

Lucas 11:1-13

«SEÑOR, ENSÉÑANOS A ORAR»

«Las oraciones que haga serán entonces bien dulces,
Si Tú el Espíritu me das a orar;
Mi corazón no asistido estéril barro es,
Nada pudiéndose alimentar de su nativo yo»

M. ANGELO

Parece que mientras el Señor estaba orando en «un lugar», sus discípulos lo oyeron, y se sintieron profundamente conmovidos, por cuanto jamás hombre alguno oró como este Hombre. ¡Qué calma espiritual, qué certidumbre de fe, qué santa familiaridad con el invisible Padre de los espíritus, qué sobrecogedora realidad y poder había en estas sencillas expresiones de su Maestro! No es de asombrarse que cuando Él cesó, acudieron ellos con los ojos húmedos, diciendo: «Señor, enséñanos a orar». El poder de la oración reside más en lo que *somos* que en lo que decimos. Bien oran los que tienen escrito a través de sus vidas *«santidad al Señor»*. La oración, escribió una niña sordomuda, es *«el anhelo* del corazón». Si el corazón es recto para con Dios, entonces serán concedidos los deseos del corazón (1 Jn. 5:14, 15). Los deseos son abundantes en los corazones humanos, pero ¡cuán pocos son confiadamente susurrados al oído de Dios! Observa aquí:

I. La necesidad de la oración. «Señor, enséñanos a orar» (v. 1). Todos los hombres oran en el sentido de *desear* o de *anhelar* fervorosamente, pero no ante el Dios viviente. «Antes de convertirme», decía cierta persona, «a nadie decía mis oraciones; ahora oro a Dios». Nunca hemos aprendido a orar si no hemos aprendido a hablar personalmente a un Dios personal, y a conocer que Él nos oye. La relación con Dios es una clamorosa necesidad del alma del hombre. Necesitamos más que simpatía *humana.* Necesitamos una ayuda mayor que la humana. El poder y la compasión DIVINOS son la contrapartida de la debilidad y necesidad humanas. «Señor, enséñanos a orar».

II. El Maestro de la oración. *«Señor,* enséñanos.» Desde luego que este «Maestro venido de Dios» es bien capaz para instruirnos en el camino de Dios. Toda su vida la vivió en la atmósfera de la oración. Constantemente respiraba el aliento del cielo. En cada una de sus acciones oímos la voz de su ruego en nuestro favor. Su encarnación, su vida santa, su agonía en el huerto, su muerte expiatoria, y su resurrección de entre los muertos fueron todas ellas voces poderosas de súplica a Dios. Él, que pasó noches enteras en oración, tenía muchas cosas que hacer para apresurarse, o para descuidar la sagrada comunión con su Padre. «Señor, enséñanos.» Él nos enseña a orar dándonos un amplio atisbo a la pobreza de nuestras propias naturalezas, para que podamos *tener hambre* de justicia (Ro. 8:26). Él nos enseña a orar revelándonos, por su Espíritu, sus propias e inescrutables riquezas, para que podamos anhelar profundamente los mejores dones (He. 4:16).

III. El Espíritu de Oración. En respuesta a sus oraciones, el gran Maestro de la Oración les dijo: «Cuando oréis, decid: Padre nuestro que estás en los cielos», etc. Al poner esta oración en sus bocas, el Señor no solo les estaba enseñando el orden en que nuestras oraciones deberían ser presentadas, sino también, creemos, el mismo espíritu y *condición de corazón* necesarios para la verdadera oración. Considerada en su aspecto subjetivo, esta oración implica una condición de

1. FILIACIÓN. «Padre nuestro.» Antes que podamos decir «Padre nuestro» en ningún sentido real, tenemos que haber recibido el Espíritu de adopción (Ro. 8:15). Tenemos que ser hechos hijos mediante la recepción de su Hijo antes que podamos honradamente dirigirnos a Él como Padre (Jn. 1:12).
2. SANTIFICACIÓN. «Santificado sea tu nombre.» Su *nombre* significa todo lo que Él es en su santidad, rectitud, amor y omnipotencia. ¿Cómo puede un alma no santificada *santificar,* poner aparte como santo, el gran Nombre de Dios en la vida diaria? ¿Qué comunión tiene la luz con las tinieblas? Si su Nombre debe ser santificado en nosotros, nosotros mismos debemos ser santificados a su Nombre.
3. SUJECIÓN. «Venga tu reino.» ¿Cómo podemos hacer esta petición si no estamos dispuestos a que nuestros propios corazones y pensamientos se sometan a su gobierno? Así, para poder orar, tiene que haber un sometimiento entero a la voluntad de Dios (Ro. 14:17).
4. CONSAGRACIÓN. «Hágase tu voluntad.» Para orar *«Hágase* tu voluntad» debe haber una buena disposición a *hacer* su voluntad.
5. AMOR FRATERNAL. «Y perdónanos nuestros pecados, porque también *nosotros perdonamos a los que nos deben»,* etc. Nuestras oraciones pueden quedar muchas veces estorbadas por la carencia de la ternura de corazón hacia los que puedan tener alguna deuda con nosotros (Ef. 4:32). ¿Revela esto el espíritu con que oramos?

IV. Manera de orar. «Por su *importunidad*... le dará todo lo que necesite» (vv. 5-8). La palabra importunidad aquí denota *«desvergüenza»,* y solamente se emplea aquí en el Nuevo Testamento, empleada por nuestro Señor en relación con la oración. Es un término sumamente expresivo. Significa que al ofrecer nuestras peticiones a Dios por las cosas *necesarias* no deberíamos aceptar una negativa; no echarnos a un lado por ningún aparente rechazo providencial, y ser absolutamente desvergonzados en nuestra espera persistente y confiada (Éx. 17:11).

V. La simplicidad en la oración. «Pedid, y se os dará», etc. (vv. 9-12). El niño comienza, a su propia manera, a pedir tan pronto ha nacido, y la madre no tiene dificultad alguna para interpretar su llanto. En tanto que mantengamos el espíritu infantil, la oración será un ejercicio simple, deleitoso y fortalecedor del alma. Cuanto más vayamos amoldándonos a la imagen de Cristo, tanto más cerca llegaremos a la misma presencia de Dios. Y cuanto más nos allegemos a Él en nuestra verdadera semejanza de alma a Él, tanto más simples y como de niño serán nuestras oraciones. «Pedid, y recibiréis.»

VI. La eficacia de la oración. «Si vosotros..., ¿cuánto más vuestro Padre celestial dará el Espíritu Santo a los que se lo pidan?» (v. 13). El Padre dará el Espíritu Santo a los que se lo pidan, y al *dar* el Espíritu, Él pone dentro del alcance de cada hijo suyo CADA BENDICIÓN ESPIRITUAL (Ef. 3:14-19). Muchos de nosotros tienen todavía que aprender lo que nuestro Padre lleno de gracia está dispuesto a hacer por nosotros, y por medio de nosotros, por su don del Espíritu Santo. Como colaboradores juntamente con Él os rogamos que no recibáis *esta* gracia de Dios en vano. «Si me pedís algo en mi Nombre, Yo lo haré» (Jn. 14:12-14).

1.049. EL FUERTE Y EL MÁS FUERTE

Lucas 11:16-22

«Si débiles no fuéramos,
Seríamos menos en acción que en deseo»

SHELLEY

¡Qué extraño que buscaran «señal del cielo» (v. 16) cuando veían echar fuera *demonios*! Pero los hombres intentarán ignorar el carácter divino de Cristo aún frente a las pruebas infalibles del mismo delante de sus ojos en el cambio de las vidas y de los *corazones* de los hombres. Son como búhos posados en un rincón oscuro, y gritando, «¿Dónde está el sol?». Cada *mal* vencido es una prueba de la existencia de un poder más santo. El mal no puede expulsar al mal. Este principio conduce a Dios. «No hay nadie *bueno* sino Dios.» Si el *pecado* ha sido vencido y aborrecido, y el corazón cambiado y llenado del amor a Dios, entonces esto no es del hombre. Dedo de Dios es esto. En estos versículos tenemos a dos grandes príncipes representando a dos grandes reinos. Todos pertenecen o al uno o al otro, y sólo pueden disfrutar de paz y seguridad los súbditos del *más grande* reino, por cuanto ambos son acerbamente enemigos. Aquí tenemos a los guerreros descritos, la batalla librada, la victoria conseguida, y los despojos divididos. Consideremos entonces:

I. El gran enemigo. «Satanás», el príncipe de los demonios (v. 15), siendo su principal objetivo engañar y destruir. Su mortífera campaña comenzó en el Edén, y sigue aún (Gn. 3:1). Obsérvese:

1. SU CARÁCTER. «El hombre fuerte» (v. 21). La fuerza del diablo está en su astucia y engaño. En el huerto tenemos una revelación de la *sabiduría* de esta serpiente. Es fuerte porque conoce justo dónde reside la debilidad humana. Penetra en la ciudadela del alma humana con pretensión de amistad, como ángel de luz; ¡cuán pocos lo disciernen en su verdadera forma maligna! Es fuerte para vencer los rectos escrúpulos de los jóvenes, y también para engañar los anhelos de los viejos hacia Dios. Demasiado tarde, demasiado tarde, musita él, o, eres un pecador demasiado grande. Pero aunque es fuerte, es tan solo un *hombre* fuerte; su fuerza está limitada; no es omnipotente. Sin embargo, sus «artimañas» son innumerables, y encendidos sus dardos.

2. SU CONDICIÓN. «Armado» (v. 21). La suya es la armadura de tinieblas; ama las tinieblas más que la luz. «Mientras dormían los hombres, [el enemigo] sembró cizaña entre el trigo, y se fue» (Mt. 13:25). Él es el príncipe de las tinieblas, y los que están en tinieblas están en su poder (Ef. 2:2). Su armadura es precisamente la opuesta a la de Dios. 1) su *cinto* es cinto de falsedad: es mentiroso desde el principio, y por ello sus hijos hablan mentiras desde el vientre. 2) su *coraza* es de injusticia, porque la maldad está en su corazón. 3) sus pies están calzados con la preparación del *evangelio de la enemistad.* 4) su *escudo* es el escudo de la duda. 5) Sobre su cabeza está el *yelmo* de la condenación. 6) su *espada* son las imaginaciones de un corazón malvado, y con éste da muerte a la palabra de verdad para que reinen las tinieblas y la muerte (comparar Ef. 6:11-18).

3. SU OCUPACIÓN. «Guarda su palacio» (v. 21). Su palacio es la mazmorra del corazón irregenerado, donde cada ventana está cubierta con un vidrio distorsionador, a fin de que las cosas no sean vistas como son en realidad. Aquí el ocupante es un prisionero de la oscuridad y de la ignorancia. Puede jactarse de lo que conoce del mundo de la luz, de la verdad y de la libertad afuera, pero nada sabe como debiera saber. Si tan solo conociera la verdad no podría permanecer más tiempo en esclavitud. Y esto lo sabe muy bien este vigilante centinela, por lo que guarda su palacio para que lo que posee esté en paz. Ésta es la «paz, paz, cuando no hay paz». Cuanto más ansiosa está el alma por escapar, tanto más estrechamente se le guarda. Si las buenas promesas no son suficiente, se aplican las cadenas herradas de la desesperación. Observemos algunas formas en que guarda su palacio. «Puedo leer mi Biblia en casa.» «No me puedes contar nada nuevo.» «Voy regularmente a la Iglesia.» «Lo hago tan bien como puedo.» «Exageráis», etc.

4. SU POSESIÓN. «Los *bienes* suyos» (V. M., Lacueva, *Nuevo Testamento Interlineal,* loc. cit.). El que ocupa el palacio del corazón posee también los poderes y facultades de todo el ser. Estos poderes y facultades son «bienes» *valiosos.* Su valor intrínseco, ¿quién puede calcularlo? La preciosa sangre de Cristo habla abundantemente en cuanto al valor de estos «bienes». Estos «bienes», hablando generalmente, pueden representar a *todos* los que están bajo el poder de Satanás.

Consideremos el carácter de un artículo individual, las cualidades de una sola alma. Hay:

(1) La *razón,* el Gobernador.
(2) El *entendimiento,* el Receptor.
(3) La *memoria,* el Registrador.
(4) La *conciencia,* el Discernidor.
(5) La *voluntad,* el Decidor.
(6) El *afecto,* el Distribuidor.

Todos éstos son prisioneros de Satanás bajo su poder, empleados para sus oscuros y diabólicos propósitos. «*Sus bienes*», ¡ni siquiera tu propia libre voluntad! ¡Ah, «extraña libertad»!

II. El gran libertador. «CRISTO.»

1. SU CARÁCTER. «Más fuerte que él» (v. 22). No se trata meramente de un *hombre* más fuerte, sino de uno con una fuerza omnipotente. «Si hablamos de su potencia, por cierto es fuerte». Suya es la fortaleza de los montes. Os enviaré un Libertador y Fuerte. «He puesto el poder de socorrer sobre uno que es poderoso.» Cuán poderoso es el sol para vencer a las tinieblas, cuan poderosos son los montes para soportar la abrumadora tempestad. Así el libertador del hombre tiene que ser fuerte tanto para soportar como para *vencer.* Su brazo es poderoso; sostiene el universo y conduce el timón de la providencia. Su *Palabra* es fuerte, nadie puede contradecirla, y nadie puede estorbarla de actuar. Su *obra* es poderosa, su fundamento permanece firme. Ni el tiempo ni la eternidad, ni los poderes de la misma, pueden jamás desplazar ni una sola piedra de su edificio. ¡Aleluya! Uno que ha venido para buscar y salvar, y para con quien *nada es imposible.* Ningún enemigo es demasiado fuerte para su poder, ni ninguna dificultad demasiado monstruosa para su fuerza. «Jehová peleará por vosotros, y vosotros estaréis tranquilos» (Éx. 14).

2. SU ENCUENTRO. «Cuando viene» (v. 22). El Príncipe de la Vida y el príncipe de las tinieblas deben entablar un combate cuerpo a cuerpo, según Génesis 3:15. David debe salir contra Goliat, acudir a él, desnudarlo, y vencer en favor de Israel, pues él no luchó por él mismo, sino por ellos, y el amor le constriñó, aunque, como Cristo, sus hermanos le menospreciaban y lo rechazaron. Pero obtuvo el favor del Rey, y al vencer al enemigo consiguió esposa para sí (1 S. 17:25). Una hermosa imagen de nuestro Libertador que vino del Padre, como David, para vencer al gran enemigo y adquirir a la Iglesia como su esposa. Se encontró con «las estratagemas del diablo» en el desierto, sobre su *enemistad* y odio en los fariseos, sobre sus obras en los poseídos por los demonios, y sobre *Él mismo* sobre la cruz. Entonces fue la *hora y el poder* de las tinieblas. ¡Terrible conflicto!

3. SU VICTORIA. «Le vence, le quita todas sus armas en que había confiado» (v. 22). Goliat es muerto con su propia espada. «Por medio de la *muerte* destruyó el poder del que tenía el imperio de la muerte.» Su yelmo fue quebrantado, y su cabeza aplastada; toda su armadura de tinieblas en la que confiaba ha quedado destruida, y «resplandece la luz verdadera». Nadie tiene por qué quedarse bajo su poder, por cuanto Él vino a dar libertad a los cautivos. Pero, ¡ay!, los hombres aman las tinieblas más que la luz, y la esclavitud de Satanás más que la libertad de Cristo, diciendo: «Yo amo a mi señor, no saldré libre». Y así quedan esclavos para siempre. Jesucristo es el dueño de derecho del alma. «Subiste a lo alto, condujiste cautivos, tomaste dones para los hombres» (Sal. 68:18).

«Y su número era de miríadas de miríadas, y millares de millares, que decían a gran voz: El Cordero que ha sido inmolado es digno» (Ap. 5:11, 12).

4. SU GRACIA. Él dividió sus despojos como el botín de su victoria. Él posee el perdón, la paz, el poder y el paraíso. Estas cosas las reparte de manera bien dispuesta con los muchos *fuertes* (Is. 53). *Todos* los que creen compartirán su victoria. *Todo* es vuestro, porque vosotros sois de Cristo (1 Co. 3:22). Esta gran batalla fue sustitutiva. El hombre ha sido despojado de sus bienes por el diablo, pero Cristo vence y reconquista la posesión, como Abraham venció a los reyes y recobró *todos* los bienes y también a su hermano Lot (Gn. 14:16). Tú guardas en completa paz a aquel cuyo pensamiento *en ti* persevera. Nadie puede arrebatarlos de su mano. ¿Compartirás tú la victoria de Cristo o la condenación del diablo? Si el Hijo os libertare, seréis verdaderamente libres (Jn. 8:36). Los despojos de la cruz del Calvario han enriquecido a muchos.

1.050. EL OJO SENCILLO Y LA PLENITUD DE LUZ

Lucas 11:33-36

«*La tierra repleta está de cielo,*
Y cada zarza común encendida con Dios;
Pero sólo quien ve el calzado se desliga,
Y los demás a recoger negras moras se dedican,
Y sus rostros naturales inconscientes van manchando
¡Cubriendo más y más su primera semejanza!»

BROWNING

«Suave ciertamente es la luz, y agradable a los ojos ver el sol». Así es también con la luz de la verdad que despide el Sol de Justicia. Es a su luz que vemos la luz con claridad. Bienaventurados son los ojos que ven. Nuestro Señor Jesucristo, que está aquí enseñándonos la bienaventuranza del ojo sencillo, tenía en Sí mismo, en un grado preeminente, el ojo sencillo, y así todo su cuerpo estaba lleno de luz. Su luz no fue puesta en un «rincón» ni «debajo de un almud» (v. 33), sino que fue puesta encima del candelero de la Cruz, para que toda la casa de este mundo pudiera verla. «El Verbo era la luz verdadera, que alumbra a todo hombre que viene a este mundo» (Jn. 1:9). Vosotros sois la luz del mundo; así brille vuestra luz. Al examinar esta porción, quisiéramos señalar:

I. El instrumento. «La lámpara del cuerpo es *el ojo*» (v. 34). El ojo es:

1. PASIVO. Ni crea ni puede crear la luz, ni puede formar ni transformar objeto alguno. Se trata simplemente de un *receptor* y de un *reflector* de objetos externos a la consciencia interior del hombre, un canal por medio del que las cosas visibles son reveladas al espíritu invisible.

2. MUY SENSIBLE. Una cosa muy pequeña ya dificulta la visión del ojo. Es fácilmente irritado. Lo mismo sucede con una conciencia tierna. Son verdaderamente bienaventurados los que son tan cuidadosos con su conciencia como lo son con la niña de su ojo (Hch. 24:16). ¡Ah, si nuestros espíritus fueran igual de sensibles a las cosas del Espíritu de Dios!

II. El medio. «LA LUZ.» La luz fue hecha para el ojo, y el ojo para la luz. Las sucesivas ondas de luz que baten con infinita ternura sobre el ojo demuestran la divina adaptación del uno al otro. Pero la luz no es más apropiada para el ojo que Cristo para el alma del hombre.

Hay un profundo significado en las palabras de Goethe: «Si tu ojo no estuviera soleado, ¿cómo podría llegar a ver el sol?». Igualmente cuando el alma no es según Dios, ¿cómo puede gozar de Dios? Nadie sería lo suficientemente necio como para decir: «Tengo un ojo propio, no necesito para nada de la *luz*». El ojo es totalmente inútil e impotente para discernir las cosas de Dios aparte de la *revelación* del Espíritu de Dios (1 Co. 2:14). *Ahora* brilla la luz verdadera. ¡Ah, si se abrieran los ojos de nuestro entendimiento! (Lc. 24:31, 32).

III. El modo. Cristo es la Luz del Mundo, pero hay dos maneras de contemplar esta luz o de tratar con ella. Y son representadas como «el ojo sencillo» y «el ojo maligno», el puro y el impuro, el honrado y el engañoso, el nuevo y el viejo corazón.

1. EL OJO SENCILLO y sus efectos. El ojo sencillo es aquel que ha sido ungido con el colirio celestial (Ap. 3:18). El espíritu lavado en sangre que mira a través de este ojo ha sido *reconciliado* con Dios, y trata de conocer la verdad que es en Jesús. No hay ahora motivos mezclados en la vida, ni adulteración del reino de Dios con el interés propio. Todas las fuerzas del alma están ahora concentradas en «una cosa hago: olvidando lo que queda atrás, y extendiéndome a lo que está delante, prosigo hacia la meta». Un ojo así llena todo el cuerpo de luz, porque el Espíritu de Dios toma las cosas que son de Cristo, y las revela a quienes tienen el ojo puro para la gloria de su Nombre. Si nuestros motivos son simples, a una con Cristo, entonces no caminaremos en tinieblas, sino que tendremos la luz de su vida dentro de nosotros. Ser llenos con el Espíritu Santo de Verdad es ser lleno de luz. El espíritu de sabiduría y de revelación en el conocimiento de Él: «Alumbrando los ojos de vuestro entendimiento» (Ef. 1:17, 18).

2. EL OJO MALIGNO y sus efectos. El ojo malo es el vidrio coloreado de un corazón impuro. El ojo del prejuicio solamente puede ver objetos de un modo distorsionado. El corazón irregenerado del hombre no puede apreciar más la luz de la revelación que el buho de la noche puede apreciar la luz del sol. El «ojo maligno» es como el ojo del halcón, siempre mirando *hacia abajo* cuando vuela hacia arriba. Acordaos de la mujer de Lot. «Cuando tu ojo es maligno, también tu cuerpo está en tinieblas». Las tinieblas adentro son una evidencia de un corazón malo e incrédulo. Miramos a Cristo con un ojo malo si lo miramos solo para que el yo sea honrado y gratificado. Como lo expresó Keble:

«Lejos vemos en la tierra santa
Si bien purificada nuestra visión mental está».

IV. El mensaje. «Mira, pues, no suceda que la luz que en ti hay, sea tinieblas» (v. 35). Si la luz que está en nosotros no es una revelación de Dios, es tan solo la vacilante «chispa de nuestra propia hechura», una luz que de cierto nos engañará. La luz que estaba en la Iglesia de Laodicea era tinieblas, porque aunque decían que no tenían necesidad de nada, sin embargo Cristo, la Luz, estaba fuera (Ap. 3:17-20). No hay tinieblas tan grandes como las tinieblas que se toman por luz (Mt. 6:23; Pr. 16:25). ¡Ay de los que ponen tinieblas por luz! (Is. 5:20). «Cuando el piloto está ahogado, apagada la luz, y el capitán llevado preso, ¿qué esperanza le queda a la tripulación?». Mientras tenéis luz, creed en la Luz (Jn. 1:9).

1.051. EL OJO SENCILLO Y LA PLENITUD DE LUZ

La lámpara del cuerpo es el ojo; cuando tu ojo es sencillo (margen), también todo tu cuerpo está lleno de luz» (Lc. 11:34).

I. La luz es necesaria. No hubo luz en la creación hasta que Dios dijo: «Sea la luz». «Yo soy la luz del mundo.» Si Él todos son hijos de tinieblas. Todos los que son sabios según su propio pensar ponen tinieblas en lugar de luz (Is. 5:20, 21).

II. La luz ha venido. «El que me sigue, de ningún modo andará en tinieblas, sino que tendrá la luz de la vida» (Jn. 8:12). «En Él estaba la vida, y la *vida* era la *luz* de los hombres» (Jn. 1:4). Esta luz resplandece en las tinieblas, pero las tinieblas no la comprendieron.

III. El ojo necesita ser abierto. «El hombre natural no capta las cosas que son del Espíritu de Dios, ... porque se han de *discernir espiritualmente*» (1 Co. 2:14). «Abre mis ojos, y miraré» (Sal. 119:18). ¿Como te fueron abiertos los ojos? Lo hizo un Hombre llamado Jesús (*cf.* Jn. 9:25).

IV. Todo el cuerpo es iluminado por medio del ojo. Puede que sea un canal muy estrecho, pero no es el ojo, sino la luz que llena de resplandor. La *fe* puede ser débil y estrecha, pero no es la fe lo que salva, sino la gran obra de Cristo sobre la que reposa. Las fibras de la raíz de una planta pueden ser muy pequeñas y débiles, pero la plenitud de la tierra da lo suficiente para la vida de la planta.

V. El ojo sencillo introduce plenitud de luz. El ojo puro y sano siempre aceptará toda la luz que el cuerpo necesite. Una fe sencilla y honrada esperará del Señor la gracia suficiente para cada tiempo de necesidad. Dios, que mandó que la luz resplandeciera de entre las tinieblas, hará siempre que resplandezca en los corazones sencillos y puros, y ellos tendrán la luz del conocimiento de la gloria de Dios en la faz de Jesucristo.

VI. La luz debe entrar en contacto con el ojo. La luz es para el ojo. Cristo es para el corazón. Es agradable para el ojo contemplar el Sol de justicia. Hay ojos enfermos que no pueden soportar la luz de la verdad revelada. Aman las tinieblas más que la luz, porque sus obras son malas. Levanta los ojos y mira. «He aquí el Cordero de Dios».

VII. El ojo malo llena de tinieblas. «Cuando tu ojo es maligno, también tu cuerpo está en tinieblas» (v. 34). Una fe que no recibe la luz es incredulidad. La luz que está en los tales es tinieblas. El corazón que busca sus propios fines egoístas no puede entrar en la luz; es un corazón malo, que cierra el paso a la luz, y que se llena de tinieblas (Mt. 6:23).

1.052. EL HIPÓCRITA
Lucas 11:37-44

«Una mentira a medias verdad, ¡la más negra mentira es!
Una mentira total afrontada y combatida puede ser,
Mas contra una mentira con parte de verdad,
muy difícil es luchar»
TENNYSON

La mestiza mentira que tiene parte de verdad halla su encarnación en el hipócrita. La primera es tan difícil de tratar como el segundo. Los nombres *escriba* y *fariseo* son aquí empleados por nuestro Señor como sinónimos de hipócrita. Sus características detalladas delante de nosotros en estos versículos son los rasgos típicos del hipócrita.

I. Está más interesado en las tradiciones de los hombres que en la verdad de Dios. «El fariseo, cuando lo vio, se extrañó de que no se hubiese lavado antes de comer» (v. 38). El fariseo de los tiempos de Cristo no solo mantenía las tradiciones de los ancianos acerca de lavarse las manos, sino que en su celo supersticioso se bañaba entero antes de comer (Mr. 7:4). Jesucristo, en la celestial y verdadera dignidad de su carácter simplemente ignora tal práctica, por lo que el hipócrita se asombra de su libertad. Los hijos de Dios no deben estar en esclavitud a las opiniones de los hombres. Aquellos a los que el Hijo de Dios *libera* son verdaderamente libres. Aunque era el mismo Cristo, la encarnación de la verdad y de la santidad, el que estaba ante aquel fariseo, éste sin embargo le menospreciaba porque no se amoldaba a su mezquina teoría de lavamiento de manos. La tradición popular acerca del camino de la salvación es: «Haz lo mejor que puedas», negando la gracia salvadora de Dios. Hay otras tradiciones acerca de la venida del Señor y del culto eclesial que son igualmente subversivas de la verdad como es en Jesús.

II. Tiene más cuidado de la pureza externa que de la interna. «Limpiáis lo de fuera del vaso y del plato, pero vuestro interior está lleno de rapacidad y de maldad» (v. 39). El único lado bueno del hipócrita es el exterior, porque «*limpian* lo exterior». Viven como a los ojos de sus semejantes, no buscando la honra que solamente de Dios viene. Viven para agradar a los *hombres*. Se limpiarán las manos aunque sus corazones estén llenos de maldad. Se cuidan de las cosas que se *ven*. *Profesan* conocer a Dios, pero con sus obras lo niegan (Tit. 1:16). Niegan en la práctica que «del *corazón* salen los malos *pensamientos*», etc., y que éstas son las cosas que contaminan al hombre (Mt. 15:19, 20). Se muestra absolutamente indiferente a la justicia de Dios si sólo puede llegar a establecer la suya propia (Ro. 10:3), y cuando ora es consigo mismo (Lc. 18:11). Adula a los hombres con sus formas externas, mientras que su actitud interna de corazón es una abominación para Dios (Stg. 4:8).

III. Se preocupa por menudencias, y descuida las cosas indispensables. «Pagáis el diezmo de la menta, de la ruda, y de toda hortaliza, y pasáis por alto la justicia y el *amor* de Dios» (v. 42). Dios exigía que el *fruto* de la tierra fuera diezmado (Lv. 27:30), pero ellos diezmaban incluso las plantas aromáticas, y *pasaban por alto* la justicia y el amor de Dios como si fueran indignos de ser tenidos en cuenta. Los tales no le robarían una aguja a un niño, pero le robaban a Dios sus vidas enteras. «Ciertamente el obedecer es mejor que los sacrificios» (1 S. 15:22). Por sus frutos los conoceréis; se mantienen firmes con respecto a *órdenes* y *formas* de culto, mientras que pasan por alto las promesas de Dios y el poder del Espíritu Santo. Argumentarán con vehemencia en favor de la autoridad de la Iglesia, y pasarán por alto la ley del espíritu de vida que es en Cristo Jesús. Son muy meticulosos en cuanto a qué melodías adaptan a qué salmos, pero no les importa nada si están ellos mismos reconciliados con Dios y adaptados al reino de los cielos. No podrían pasar delante del cepillo de las ofrendas a la puerta dela Iglesia sin poner algo en él, pero pueden pasar a través de todo el servicio sin dar a Dios un sentimiento de gratitud por el don de su Hijo. *Pasan por alto* el AMOR DE DIOS.

IV. Busca su propia gloria a través de la profesión de la religión. «¡Ay de vosotros, fariseos!, que amáis el primer asiento en las sinagogas y los saludos respetuosos en las plazas». (v. 43). El hipócrita es religioso, pero sólo hasta allí donde le sirva para honra de sí mismo y para ministrar a su vanidad. No tiene ningún deseo de *adornar la doctrina* de Dios nuestro Salvador, sino que busca ser adornado por la doctrina. Si mantiene un cargo en la Iglesia, es para que ello añada a *su* dignidad. Querría apropiarse todos los privilegios adquiridos por la agonía y muerte del Hijo de Dios para la exaltación de su propio y engañoso yo. Pocas veces se encuentra a disgusto en la casa de oración, pero su dios es él mismo. No es la sinagoga o la iglesia lo que tanto ama como aquel «*primer* asiento» que le sirva de ayuda para *exaltarse*. Será muy celoso en la religión si por medio de ello consigue la adulación de los demás. Es uno que se sienta en el lugar de Dios y que le roba de su honra y gloria. Un hipócrita, como ha sido bien dicho, es «como una luciérnaga, parece tener luz y calor, pero cuando se le toca no tiene nada».

V. Su verdadero carácter es odioso, aunque no se haga patente a la vista de los hombres. «¡Ay de vosotros!, que sois como sepulcros que no se ven, y los hombres que andan encima *no lo saben*» (v. 44). Los que caminaban por encima o pasaban junto a aquellos sepulcros *blanqueados* poco pensaban en la corrupción y negror que había dentro. «Por dentro están llenos de huesos de muertos y de toda inmundicia» (Mt. 23:27). Una puerca lavada es tan solo una *puerca* lavada. Un hipócrita puede conseguir, mediante su emblanquecimiento, no ofender a su prójimo, pero Dios mira al corazón (1 S. 16:7). No os engañéis, Dios no puede ser burlado; el hombre oculto del corazón está desnudo y descubierto delante de los ojos del Señor, y éste será *el hombre* que tendrá que dar cuenta de sí delante de Dios (Sal. 7:9). El hipócrita vive para lo que es «muy estimable» para los hombres, pero esto «delante de Dios es abominación» (Lc. 16:15). Tu mal, hipócrita, se está avecinando, porque ¿no dijo el Señor Jesucristo: «Yo soy el que ESCUDRIÑA LA CONCIENCIA Y EL CORAZÓN»? (Ap. 2:23). ¿Qué harás tú en aquel solemne día?

1.053. UN GRAN FRACASO

Lucas 12:13-21

«Danos Tu gracia para por encima subir
Del resplandor de los fuegos consumidores de este mundo;
Que de Dios el gran amor los amores quite
De oro y ganancia, y deseos ruines.
Aún dulce suena del Evangelio el son
De tesoros que enmohecerse no pueden;
El amor de CRISTO más que ganancia es,
Y las coronas celestiales que el amarillo polvo»

ALEXANDER

Esta parábola del rico y próspero insensato fue dicha para reprender la codicia del hombre que le dijo al Señor: «Di a mi hermano que reparta conmigo la herencia». Pero el Señor podía ver que bajo la máscara de justicia resplandecía una mirada de codicia. ¿Quién me ha constituido sobre vosotros como juez o repartidor? Mirad y guardaos de la avaricia; porque la vida del hombre no consiste en la abundancia que tenga a causa de sus posesiones. Este hermano socialista, que quería *dividir la herencia*, comprendió mal la misión de Cristo, que vino a salvarnos de nuestros *pecados*. Pero llegará el tiempo en que Él será Juez y Repartidor sobre toda la tierra, porque Él juzgará a su pueblo y distribuirá a cada uno conforme a sus obras. Al dirigir nuestra atención a un cierto hombre al que se hace referencia en la parábola, observaremos:

I. Su condición próspera. «La heredad de un hombre rico había producido mucho» (v. 16). Estaba en el camino del honor y aplauso mundanos. «Tú serás alabado cuando *te tratas bien*» (Sal. 49:18). Evidentemente se trataba de un terrateniente, y la *heredad* aparentemente era de su propiedad. Podía derribar sus graneros como quisiera, sin consultar con nadie. El día de la prosperidad es quizá una prueba más grande para el carácter de un hombre que el día de la adversidad. El Rev. Sr. Jay recibió un día esta petición: «Se solicitan las oraciones de esta congregación por un hombre que está prosperando en su negocio». Las necesitaba.

II. Su dilema presente. «Y pensaba dentro de sí, diciendo: ¿Qué haré...?» (v. 17). ¡Ah, este pensamiento *dentro de él* no se esconde de Aquel que escudriña los corazones de los hombres. Es probable que se acabara de retirar para su descanso nocturno, después de haber visitado aquellos campos tan cargados de una cosecha abundante. La visión de gran abundancia está delante de sus ojos; la marea de la buena fortuna está viniéndole como inundación. «¿Qué haré?» No está consciente de la inmensa importancia de esta crisis. Lo que haga *ahora* fijará y determinará su carácter eterno. Tengamos también nosotros cuidado de nosotros mismos.

III. Su propósito decidido. «Y dijo: Esto haré: derribaré mis graneros, y edificaré otros más grandes» (v. 18). La suerte está echada. Ha sido pesado en la balanza, y ha sido hallado falto. No hay reconocimiento de Dios en todos sus planes, ni reconocimiento de su bondad. Dios no está en sus pensamientos. Ha hecho el más fatal error de cálculo que pueda hacer mortal alguno al no dar lugar alguno al DADOR DE TODO en su cuenta. Podemos de manera deliberada echar a Dios de nuestras vidas mediante nuestro «Esto haré», pero cada uno de los «haré» del yo tiene que ver con el «Lo que debes hacer» de Dios (Hch. 9:6).

IV. Autofelicitación. «Y diré a mi alma: Alma, tienes muchos bienes en reserva para muchos años; descansa», etc. (v. 19). La vida de este pobre rico estaba totalmente dedicada a su propia holganza y gratificación. Una vida egoísta es para siempre jamás una vida perdida. «*Muchos bienes*». Oh, alma, ¿estos son tus dioses? Desde luego quedarán sordos y mudos ante tu clamor en una eternidad llena de hambre (Lc. 16:19-25). El que escribe estas líneas recibió una vez un billete de banco con unas palabras escritas en su dorso: «Éste es el mejor amigo que jamás he tenido». Así que aquella pobre alma anónima tuvo que separarse de su *mejor amigo*. No es así para los que tienen al vivo e inmutable Cristo como Amigo de ellos.

V. Un terrible despertar. «Pero Dios le dijo: Necio, esta noche vienen a pedirte tu alma» (v. 20). Esta repentina escritura de Dios sobre la pared de su alma auto-satisfecha fue una terrible interrupción de sus impíos planes. Esta noche «vienen a pedirte tu alma». ¡Vienen! ¿Quiénes? Aquellos que habían gobernado su espíritu (Ef. 2:2), y a los que se había dedicado como siervo bien dispuesto (Ro. 6:16). Dios no precisa de unas almas tan impregnadas del mundo en el reino de los cielos. «He aquí al hombre que no puso a Dios por su fortaleza, sino que confió en la multitud de sus riquezas» (Sal. 52:7). La codicia es una especie de locura que hace a los hombres insensatos delante de Dios. Bienaventurados son los necios por Cristo. Luego observemos, por último lugar:

VI. La aplicación de parte del Señor. «Así es el que atesora para sí mismo, y no es rico para Dios» (v. 21). Dedicar nuestra vida a vivir solamente para nuestros propios intereses es una absoluta locura. No ser rico para con Dios cuando Él ha puesto a nuestro alcance las «inescrutables riquezas de Cristo» (Ef. 3:8), las riquezas de su gracia y gloria, es ser insensato. No vendas la primogenitura de tu alma para los tesoros celestiales y eternos a cambio de los «muchos bienes» de este mundo, lo que, si pones *tu corazón* en ellos, serán solo para ti como fue el cocido para Esaú. Hay una pobreza que enriquece (2 Co. 6:10). «Desead, pues, celosamente, los dones mejores» (1 Co. 12:31).

1.054. UN MATERIALISTA CONFESO

Lucas 12:13-21

Uno de los más grandes pensadores de una generación pasada ha observado que «Un solo pensamiento de agradecimiento al cielo es la oración más perfecta». Aunque pocos de nosotros llegaríamos a tan lejos, sí que hay una gran verdad en esta declaración. La ingratitud es desde luego un crimen. La legislación del Antiguo Testamento es prueba de la gran consideración que nuestro Señor tenía a la acción de gracias. En la parábola del Granjero Rico en Lucas 12:13-21 tenemos una ilustración de este hecho. En vuestro estudio de esta narración, ¿qué es lo que más encontráis a faltar? ¡Una sola expresión de gratitud al Altísimo!

«Creo –dijo un viejo caballero hacia el final de su activa y próspera carrera–, que hay tres preguntas que nos harán en el Día del Juicio: "¿Hiciste todo lo que podías? ¿Cómo lo hiciste? ¿Qué uso hiciste de ello?"» El rico de esta parábola podía responder fácilmente a las dos primeras preguntas. Había triunfado, en gran manera, y desde luego había hecho todo lo que había podido. Y desde luego había ganado todo su dinero honradamente. No hay una sola insinuación en sentido contrario. No era un hombre malo, vicioso; no había en él ningún vicio abierto ni ningún mal. Pero la tercera pregunta le desenmascara. Aquí había fallado. Porque había vivido totalmente para sí, y las riquezas que Dios le había dado se proponía continuar prodigándolas sobre su propia y miserable persona.

De paso, ¿has observado aquí una interrupción chocante? Toma la Escritura. Nuestro Señor había estado hablando de verdades solemnes y profundas. Un repaso de Lucas 12 será suficiente para mostrar su profundidad. Y en medio de todo ello había este hombre tan absorto en sus mezquinos intereses que no había prestado la más mínima atención, y al haber una pausa en la conversación, le manifestó sus deseos. Naturalmente que hacía bien en presentar al Señor esta injusticia –imaginaria o real–, pero hacía mal en permitir que el pensamiento de la injusticia le hiciera sordo a la instrucción en las cosas de Dios.

Es casi increíble, pero es un hecho, que un hombre estuvo sentado durante años bajo la elocuente predicación de aquel gran evangelista, Charles Haddon Spurgeon, oyendo aquellos poderosos discursos evangelísticos, y sin embargo descubrió en su lecho de muerte que nunca había aceptado aquel mensaje personalmente. Es muy apremiante que todo nuestro oír vaya mezclado con fe, como se nos urge en Hebreos.

Volviendo al granjero materialista, ¿qué era lo que estaba mal con él? ¿Y por qué nos unimos todos en condenarle a pesar de su honradez, actividad y prosperidad?

I. Estaba inmerso en los dones, pero se olvidó del Dador. Contemplemos otra vez y cuidadosamente el registro de la Escritura, y te chocará la ausencia de toda referencia a Dios. Había un egoísta y arrogante sentimiento de posesión por derecho, y no por gracia. Esto es particularmente inexcusable en la agricultura, porque no hay ocupación que dependa tanto de la fidelidad del Creador, y sin embargo no hizo ni una sola referencia agradecida a Dios, ni hay indicación alguna de consulta al Altísimo acerca de qué debería hacer. Pero, ¿qué del escritor de estas líneas, y de los que las leen? ¡Qué cantidad más asombrosa de dones hemos recibido de Dios! Salud, un amante cónyuge que camina con nosotros en la vida, hijos, hogar, prosperidad: ¿nos quedamos absorbidos con ellos excluyendo a nuestro gran Benefactor Celestial? ¡Ay, ay, en muchos casos así es!

II. No llegó a distinguir entre el alma y el cuerpo. Como prueba de esto, observemos que se dirigió al destinatario incorrecto, porque dijo: «*Alma*, tienes muchos bienes en reserva para muchos años», alma y bienes. Pues no se puede beneficiar ni dar satisfacción al alma con bienes materiales. «Alma». No, él se refería más bien a su cuerpo. El alma es mi mismo yo, y mi cuerpo es sólo la parte material de mi naturaleza. ¡Qué error! Y sin embargo, un error tan común. ¡Ay, que así haya de ser!

III. Al pensar acerca de su vida y planear para ella, olvidó la vida más allá. «Bienes en reserva para muchos años», y vino el veredicto: «esta *noche*.» Al pensar en el tiempo, olvidó la Eternidad. Al pensar en el futuro, olvidó recordar su mortalidad.

IV. Al pensar en sí mismo, se olvidó del prójimo. Observa el adjetivo posesivo: «*Mis*», «*mis*», «*mis*». pero ni una vez «mi prójimo». Si sus graneros estaban rebosando, había muchos otros graneros vacíos. Sí, había otros graneros esperando, sin tener que derribar los suyos, los regazos de los necesitados, las casas de las viudas, las bocas de los huérfanos y de los niñitos. Había bolsas vacías de otros mortales menos afortunados.

Es muy destacable ver que fue condenado no por lo que había hecho, sino por lo que pensaba hacer. Observemos: «pensaba dentro de sí». Así, «somos aquí admitidos a la más recóndita cámara del consejo de un hombre mundano». ¿Qué debería haber dicho? Si hubiese sido un hombre sabio, habría exclamado: «Alma, ¡has sido descuidada durante mucho tiempo! Ha llegado el momento en que tú y yo debemos dedicarnos a las necesidades de tu paz». Pero no. En lugar de esto, y como alguien ha dicho, procedió a aprender en la Eternidad lo que no había aprendido en el tiempo, que era un mendigo que se había hecho a sí mismo. Pero, gracias a Dios, todavía tenemos tiempo. Podemos aprender en el tiempo para beneficiarnos durante toda la Eternidad.

1.055. EL RICO INSENSATO

Lucas 12:16-21

«La vida del hombre no consiste en la abundancia que tenga a causa de sus posesiones» (v. 15). Una abundancia de paja no suplirá la necesidad de trigo: tampoco la abundancia de harapos servirá para adornar a nadie. La vida no consiste en *abundancia*, sino en tener aquello que es verdaderamente apropiado. Los codiciosos ojos del hombre buscan cantidad, aunque se pudra como el «maná» guardado para el día siguiente. «Considerad los cuervos» (v. 24). «Considerad los lirios» (v. 27). «Vuestro Padre sabe que tenéis *necesidad de estas cosas*» (v. 30). La vida del hombre no consiste en absoluto en cosas, sino en Dios; así como no hay vida en la paja, tampoco la hay en las cosas del mundo. Los laodicenses tenían abundancia, pero era una porción mísera (Ap. 3:18-20). La vida significa paz, fe, esperanza. Las cosas del mundo no pueden dar esto.

I. Una porción abundante. «La heredad... había producido mucho» (v. 16). Sus esfuerzos se habían visto compensados con un éxito sin precedentes. El sol y las lluvias le habían favorecido, y se había derramado sobre su falda el cuerno de la abundancia, y con esta abundante cosecha viene también una oportunidad abundante de hacer el bien llevando a los corazones de los pobres a cantar de gozo. En el Señor Jesucristo, Dios nos ha dado una abundante porción. Infinitamente ricos son los que lo poseen a Él. Y como consecuencia, sumamente responsables.

II. Un interrogante. «¿Qué haré?» (v. 17). Da gracias al Dador de cada buen don, naturalmente. Pero no, ni una palabra acerca de Dios: *mis* frutos, *mis* bienes» (v. 18). ¡Ay, así es la influencia de la abundancia de las cosas de esta vida, para aumentar la perplejidad del poseedor. Cuanto más grano, tanta más ansiedad. Cuanto más dinero, tanto menos placer si *Dios es olvidado*. El joven rico se fue entristecido, porque era muy rico. Un niño se sentirá dichoso con *una* manzana en la mano, y desgraciado con tres, porque tiene más que lo que puede manejar. ¡Qué diferencia con las bendiciones espirituales! Cristo, «la bendición de Jehová es la que enriquece, y no añade tristeza con ella» (Pr. 10:22). Aquí hay riquezas que satisfacen, y que sanan de toda perplejidad. Pilato dijo: «¿Qué, pues, haré de Jesús, llamado el Cristo?» Este precioso don de Dios es digno de un nuevo y más grande corazón.

III. Una conclusión razonable. «Esto haré: derribaré mis graneros, y edificaré otros más grandes» (v. 18). No hay nada insensato en esto. Es sabio hacer una mayor provisión para el mayor don de Dios. Sería bueno que algunos cristianos derribaran sus viejos graneros y edificaran graneros mayores, para hacer más lugar para Cristo, el Don de Dios, en sus corazones; las «inescrutables riquezas de Cristo» se encuentran a menudo fuera de nuestros corazones porque son demasiado mezquinos. La *plenitud de bendición* no puede ser contenida en los viejos graneros; debe haber *un derribo* y un agrandamiento, o bien nos encontraremos con que sufriremos pérdida. Las ventanas del cielo *están* abiertas, pero no podemos decir que no tenemos sitio suficiente, porque nuestra fe es pequeña.

IV. Una consideración egoísta. «Y diré a mi alma: Alma, tienes muchos bienes en reserva para muchos años; *descansa, come, bebe, diviértete*» (v. 19). Ha sido recibido el gran don de la providencia de Dios, pero: ¿cómo va a ser empleado? Todo para la *holganza* y la satisfacción del yo. «Mi alma... descansa, come, bebe, diviértete». Sólo presta atención al yo, y aquí está su insensatez. Es una *insensatez* ser entonces *egoísta* y buscar una dicha permanente donde nunca puede hallarse, en las cosas materiales. Habiendo logrado abundancia, quería ahora descansar en ocio y holganza. ¿No hay muchos que, habiendo recibido una abundante salvación para sí, se gozan en lujos espirituales, y olvidan a los pobres y necesitados fuera del reino de Dios? Es insensato, egoísta y pecaminoso *descansar, comer y beber*, etc., mientras que otros están pereciendo.

V. Un solemne mensaje. «Esta noche vienen a pedirte tu alma» (v. 20). Es una palabra desveladora para aquellos que buscan su dicha sólo en aquellas cosas que no satisfacen. La muerte, para el rico mundano, es su declaración de quiebra; mientras sueñan con la paz y la abundancia les sobreviene destrucción repentina y miseria espiritual. Con respecto a *sus goces*, la muerte «todo lo acaba». En todos los planes de ellos no entra «Si el Señor quiere». Los que se han preocupado sólo de *su propio bienestar* nunca pueden recibir el «bien hecho» del Señor. «En cuanto no lo hicisteis a uno de éstos más pequeños, tampoco a Mí me lo hicisteis.» Es cosa bienaventurada recibir, pero aún más bienaventurada es dar.

VI. Una pregunta llena de remordimiento. «¿Para quién será?» (v. 20). ¡Qué sacudida para el corazón, por medio de la espada del Espíritu! ¿Para quién será? Desde luego, no para él. Su expectativa de «muchos años» queda repentinamente cortada, y la insensatez de su conducta se ve con toda claridad. ¡Ah, que los hombres fueran sabios, especialmente los ricos, para considerar su postrimería! Pero aquí tenemos todavía un pensamiento para el cristiano egoísta: «¿De quién serán estos *privilegios*?» Con cada bendición hay privilegio, y con el privilegio una responsabilidad correspondiente. Pon diligencia a que otros reciban del legado de tu propia experiencia; si no, «¿de quién será?».

VII. Una aplicación oportuna. «Así es el que atesora para *sí mismo*, y no es rico para con Dios» (v. 21). Sea que se trate de un mundano o de un cristiano, actúa insensatamente, si acumula para sí, y no para Dios. Los hombres acumulan para sí mismos *recogiendo*, y para Dios *dando*. El yo clama, Da, da, como el mar codicioso. La gracia dice, Da, da, como el sol generoso. «Allegaos tesoros en el cielo». El yo es una bolsa que envejecerá (v. 33). La mujer que echó su poco dinero en el cepillo de las ofrendas estaba guardando tesoro en el cielo. El samaritano que dio los dos denarios para el herido hizo lo mismo. Lo mismo con la mujer que derramó su ungüento sobre la cabeza del Señor. El mundo no puede ver las verdaderas riquezas de los cristianos; están en el banco de Dios. ¿Es tu corazón recto para con Dios? ¿Dónde se encuentra? Allí donde esté tu tesoro (v. 34).

1.056. LECCIONES DE UN QUEBRADO

Lucas 12:22-34

«Sepultado de corazón en la basura del mundo,
El mundo, aquel abismo de almas, almas inmortales»

YOUNG

Nuestro Señor nunca perdió una oportunidad de dejar que la luz de la verdad resplandeciera en tenebrosas almas sumidas en pecado. Acababa de relatar la parábola de «un hombre rico» para exponer el pecado y la insensatez de la codicia. Luego, en estos versículos arriba referenciados, Él apremia a los corazones de «Sus discípulos» lo innecesario de la *ansiedad* acerca de lo mundano y material. El «rico» que murió repentinamente espiritualmente arruinado debería servirnos de lección para atesorar riquezas en el cielo. El gran Maestro venido de Dios basa su aplicación en un séptuple argumento:

I. El valor de la vida. No deberíamos agitarnos por ansiosos pensamientos acerca de nuestra vida, porque *«la vida* ES MAS *que la comida»* (vv. 22, 23). No vivimos para comer, pero comemos para vivir, y la vida es el don de Dios. Este pensamiento es especialmente precioso para los hijos de Dios por la fe. Han sido hechos partícipes de la naturaleza divina, una nueva creación, por medio de la entrada de esta vida nueva y eterna. Esta vida es desde luego más que la comida que la sostiene con renovada energía. *Vuestra* vida, como seguidores y siervos de Cristo, es de más valor para Él que el alimento y el vestido necesarios para sostener esta vida. Por ello, no os inquietéis por vuestra vida. Aquel que da lo más no fallará en dar lo menos. «Echando toda vuestra ansiedad sobre Él» (1 P. 5:7).

II. El estilo de los cuervos. «Considerad los cuervos, que ni siembran ni siegan; ... y Dios los alimenta. ¡Cuánto más valéis vosotros que las aves» (v. 24). La segunda razón que nos da Cristo por la que debiéramos reposar en Dios, con respecto a las cosas de esta vida presente, es *que Dios alimenta a los cuervos, y vosotros sois mejores que ellos»*. Ellos no han sido redimidos por la Sangre de su Hijo, ni han sido llamados con llamamiento santo. Los cuervos, que ni tienen despensa ni granero, estaban felizmente inconscientes de su pobreza; el rico que iba a derribar sus graneros, y construir otros más grandes, estaba igualmente inconsciente de su quiebra espiritual. La ignorancia de los cuervos es su gloria; la ignorancia del rico fue su maldición. El siguiente argumento de Cristo es sacado de

III. El crecimiento de los lirios. «Considerad los lirios, como crecen; ... Y si así viste Dios la hierba que hoy está en el campo, y mañana es echada al horno, ¿cuánto más a VOSOTROS?» (vv. 27, 28). Si Dios viste y adorna la hierba que puede ir al día siguiente al horno con los lirios, ¡cuánto más cuidadosamente os vestirá a vosotros que habéis de ir a la casa del Padre arriba! La gloria liliácea de la hierba era mayor que la de Salomón; la justicia que es para todos y *sobre todos* los que creen es la justicia de Dios. Por ello, con respeto a *provisión* y *adorno*, los discípulos de Cristo deben reposar en el Señor. Este reposo no significa ociosidad (1 Ti. 5:8). Tampoco puede significar fracaso (Fil. 4:19).

IV. El conocimiento del Padre. «Vuestro Padre sabe que tenéis necesidad de estas cosas» (v. 30). «¡Ah, la dulzura de estas palabras para el corazón cargado de ansiedades! *«Vuestro Padre sabe»*. Viniendo como vienen de labios de Aquel que es el Hijo Eterno, son inenarrablemente preciosas, pues Él conoce el profundo, verdadero amor y fidelidad del corazón del Padre para con esos que son sus hijos comprados por sangre. Vuestro Padre sabe que tenéis necesidad de estas cosas. ¿Por qué pues acosáis vuestros corazones con pensamientos ansiosos acerca de ellos, como si vuestro Padre no conociera ni cuidara vuestras necesidades? Si tú puedes decir: «JEHOVÁ es mi Pastor», puedes decir asimismo confiadamente: «Nada me faltará». Está contento, porque Él ha dicho: «Nunca de dejaré» (He. 13:5).

V. La promesa de Cristo. «Buscad el Reino de Dios, *y todas estas cosas os serán añadidas»* (v. 31). Los que buscan primero el Reino de Dios como objeto de la vida del alma tendrán todas estas cosas que «buscan con afán las naciones del mundo» añadidas como asunto normal y de necesidad. Es poca cosa dar los vestidos cuando nos hemos desprendido del niño. Aquellas cosas que el inquieto mundano busca anhelosamente han de ser *añadidas* a los siervos de Dios como cosas que son tan necesarias para la vida como el resplandor del cielo o el aire que respiramos. Salomón pidió poder tener *entendimiento*, por causa del reino de Dios, y le fueron añadidos *riquezas y gloria* (1 R. 3:11-13). La piedad tiene la promesa de la vida *presente* y de la venidera (1 Ti. 4:8).

VI. La pequeñez de la manada. «No temáis, manada pequeña, porque a vuestro Padre le ha placido *daros* el reino» (v. 32). Cuanto más débil e impotente sea el niño, tanto más amor y cuidado derramará la madre sobre él. Nuestra debilidad sentida y confesada es el secreto de nuestra fortaleza espiritual (2 Co. 12:10). No es a los sabios en su propio parecer, sino «a los *niños*» a los que revela el Padre sus grandes y preciosos secretos, y por esto se sentía agradecido Jesús (Mt. 11:25, 26). Son los pobres de este mundo los que son más frecuentemente ricos en fe (Stg. 2:5). La manada puede que sea muy pequeña, como lo significa la palabra, pero el beneplácito del Padre-Pastor hacia ellos es grande. Por ello, no os afanéis por vuestra vida.

VII. El carácter del corazón. «Donde está vuestro tesoro, allí estará también vuestro corazón» (v. 34). Lo que determina su naturaleza no es tanto *qué* sea el tesoro como *dónde* esté. El corazón humano siempre tiene algo profundamente codiciado que es su tesoro. Así, los afectos del corazón y aquel tesoro, real o imaginario, irán siempre juntos. Así, siendo que las cosas necesarias para esta vida nos han sido abundantemente prometidas, quedamos con ello liberados de cualquier *ansioso pensamiento* acerca de ellas, para que podamos dedicarnos enteramente a poner todos los afectos de nuestra alma en las cosas de arriba (Jn. 8:36). «Haced lo que Él os diga» (Jn. 2:5).

1.057. ÉL VIENE

Lucas 12:35-48

«¡Tú vienes, oh mi Salvador!
¡Tú vienes, oh mi Rey!
En Tu hermosura refulgente,
En Tu gloria trascendente,
Bien podemos con regocijo cantar.
Viniendo en el oriente que se abre,
El resplandor que es tu heraldo lentamente se agranda;
¡Vienes! Oh mi Sacerdote glorioso,
Oímos ya de Tus doradas campanas el repicar»

HAVERGAL

En esta porción hay varias lecciones de inmensa importancia para estos últimos días en que vivimos. Aprendemos que

I. El Señor viene. «Cuando *regrese* de las bodas» (v. 36). No se trata de la venida a la muerte: en la muerte somos nosotros quienes vamos a Él: sino de la venida del «SEÑOR MISMO», que dijo: «Volveré otra vez» (Jn. 14:3). ¿Acaso no les dijo a los discípulos el mensajero celestial que «*Este mismo Jesús*, que ha sido tomado de vosotros al cielo, vendrá así, tal como le habéis visto ir al cielo»? (Hch. 1:11).

II. Vendrá como ladrón (v. 39). Vendrá repentinamente, como un rayo (Mt. 24:27), y como ladrón, *inesperado* para los más. Un ladrón nunca pensaría en decir el día y la hora en que vendrá a entrar para robar. El día del Señor viene como ladrón *en la noche*. Esta terrible noche que deshonra a Cristo está rápidamente cayendo sobre nosotros. «Mas vosotros, hermanos, no estáis en tinieblas, para que aquel día os sorprenda como un ladrón» (1 Ts. 5:2-6).

III. Deberíamos estar esperándole. «Dichosos aquellos siervos a los cuales su señor, cuando venga, halle *velando*» (v. 37). No debemos esperar la muerte, sino «la esperanza bienaventurada y la manifestación gloriosa de nuestro gran Dios y Salvador Jesucristo, quien se dio a Sí mismo por nosotros» (Tit 2:13). Se dice para crédito de los convertidos de Tesalónica que abandonaron «los ídolos, para servir al Dios vivo y verdadero, y *esperar de los cielos a su Hijo*». ¿No esperamos siempre y velamos aguardando el regreso de los seres amados cuando se van de nosotros por un tiempo? Si Cristo nos es precioso no podemos dejar de esperar y anhelar su regreso personal.

IV. Debiéramos estar dispuestos para encontrarnos con Él. «Vosotros, pues, también, estad preparados» (v. 40). Esta disposición consiste en tener nuestros lomos ceñidos, y nuestras lámparas encendidas (v. 35). El «ceñimiento» y el «tener encendidas» habla de *enseñanza y testimonio*, la doble necesidad de estos días últimos, en los que muchos se están apartando de la fe y dando oído a fábulas y a las tradiciones de los hombres, que *invalidan la Palabra de Dios* (Mr. 7:13). Los lomos de nuestro entendimiento deben estar «ceñidos con la VERDAD», y las especulaciones de los «críticos» nunca llegarán a ella. La lámpara de la *vida* debe ser limpiada y arder resplandecientemente por medio del aceite del Espíritu Santo.

V. Los fieles serán recompensados cuando Él venga (vv. 41-44). Todos los siervos de Cristo son «*administradores* de los misterios de Dios» (1 Co. 4:1), y como tales se espera que den a la casa de la fe «a su tiempo... la ración conveniente». Nosotros, como siervos, «debemos comparecer ante el tribunal de Cristo, para que cada uno recoja según lo que haya hecho» (2 Co. 5:10). Su «Bien hecho» nunca será dicho a los que hayan vivido sólo para sí. Una vida egoísta es una existencia deshonradora de Dios y cobarde. Los tales de cierto tienen su recompensa.

VI. Los infieles sufrirán pérdida a su venida. Él los cortará, separándolos de los fieles, y poniendo su parte con los infieles (v. 46). La parte de los infieles es una *vergonzosa* frustración (1 Jn. 2:28). Esperar la venida del Señor Jesús tiene un poderoso efecto sobre la vida diaria. Fue el que dijo: «Mi señor tarda en venir», el que comenzó a golpear a los criados (v. 45). Los niños en la escuela se comportarán bien si saben que el maestro está a la puerta, entrando. Es posible ser salvo y sin embargo sufrir pérdida de toda recompensa al ver todas nuestras *obras* quemadas en el fuego de sus juicios (1 Co. 3:12-15). Pero habrá grados de castigo, por cuanto hay grados de privilegio. A quien mucho le es dado, mucho le será demandado (vv. 47, 48). Sea que los azotes sean muchos o pocos, el Juez de toda la tierra hará lo justo. Alabemos su Nombre, que «por sus llagas fuimos nosotros curados» (Is. 53:5).

1.058. LA NECESIDAD DEL ARREPENTIMIENTO

> «Si no os arrepentís, todos pereceréis igualmente» (Lc. 13:3 y 5).

En Escocia hay una torre en ruinas conocida como la Torre del Arrepentimiento. Un día pasó por allí un escéptico, y viendo que un muchacho pastor estaba leyendo su Biblia, le preguntó burlonamente: «¿Me podrías decir cuál es el camino al cielo?» En el acto, el muchacho le respondió: «Mire, ¡por aquella Torre!» Y era la respuesta correcta. El muchacho había ciertamente leído con provecho el Libro de los libros. El arrepentimiento fue el primer mensaje de nuestro Señor al comenzar su breve ministerio terrenal, y es su primera palabra a todos los pecadores. Lo que nos pide primero no es nuestro aprecio, sino nuestro arrepentimiento.

–¿Querrás decir que no hay posibilidad de llegar al cielo si no lloro y me lamento? Es ridículo.
–Muy de acuerdo con esto.
–¿Y cómo puedes decir tal cosa? Acabas de decirme que es esencial que me arrepienta, ¿y acaso el arrepentimiento no es dolerse, lamentarse y llorar?
–En absoluto. Nuestras definiciones son a menudo terriblemente erradas. Se dice a menudo que arrepentirse es dolerse por los pecados. Nada de eso. Es una cosa totalmente distinta: «Fuisteis contristados para arrepentimiento» (2 Co. 7:9). Aquí se menciona el dolor como algo totalmente *aparte del arrepentimiento*, aunque llevando a ello. El mero dolor no es arrepentimiento. Si así fuera, ¿qué de Esaú? «No halló oportunidad para el arrepentimiento, aunque la procuró (la bendición) con lágrimas». Judas, el entregador de nuestro Señor, se llenó de dolor y remordimiento al llevar a cabo su odiosa obra, pero salió, fue y se ahorcó. No olvides la lección de Hechos 2. Bajo la poderosa predicación de Pedro en Pentecostés, los oyentes se compungieron de corazón, y clamaron: «Varones hermanos, ¿qué haremos?» Éste era un dolor de lo más real y genuino, y sin embargo el predicador contestó: «Arrepentíos». Puede haber dolor sin arrepentimiento, pero no un verdadero arrepentimiento sin un dolor genuino y sincero.

Los acontecimientos que provocaron esta observación de nuestro Señor no están registrados. No se sabe de cierto quiénes fuesen estos galileos. Eran gente fiera y turbulenta, a menudo rebelde. Quizá muchos de ellos habían acudido a observar una de las fiestas en Jerusalén, y Pilato, que habría querido arrestar a alguno de ellos durante mucho tiempo, los habría sorprendido mientras ofrecían sacrificios, y les dio muerte. El incidente de la torre de Siloam es desconocido. Es evidente que la gente se dedicaba de manera insensata a juzgar a aquellos desafortunados que habían perdido sus vidas de repente, pensando que deben haber sido malvados para merecer una suerte tan terrible, y que se imaginaban pretenciosamente que ellos debían ser mucho mejores porque no les había acaecido nada semejante.

Esta declaración de nuestro Señor demostró ser una profecía, y fue cumplida literalmente treinta y cinco años después en el sitio de Jerusalén, cuando perecieron más de un millón de personas. Multitudes de los sacerdotes, que proseguían con los sacrificios, fueron muertos, y la sangre de ellos se mezcló con la de sus víctimas; y multitudes fueron sepultadas bajo las ruinas de paredes, de casas y del templo.

Pero esta palabra, querido lector, es para todos: «Si no os arrepentís, todos pereceréis igualmente». Terrible palabra, atemorizadora en todo su significado. Es insondable. Por dos veces repitió nuestro Señor este «Si no», y su repetición es impresionante, destacando su importancia.

El arrepentimiento significa sencillamente «un cambio de mente». Esta fue la gran verdad que descubrió Lutero, y de la que vino la Reforma. Significa un cambio de mente conduciendo a un cambio de corazón y de propósito. Primero, *un cambio de mente acerca de mí mismo*, acerca de mi estado espiritual, y del objeto verdadero de la vida. Descubro que en lugar de estar totalmente en lo cierto estoy del todo errado. Esto llevará con toda certeza a un gran dolor; y si mis ojos no lloran, mi corazón sí lo hará. Segundo, habrá *un cambio radical de la mente acerca del pecado*. El pecado, que antes parecía una cosa tan liviana, es considerado como algo aborrecible, algo que debe ser detestado y odiado. Luego habrá un cambio de mente acerca de Dios. Veré a Dios como a un Ser ultrajado: un Ser Divino de amor y compasión infinitas.

Se trata, naturalmente, de *un cambio de mente que conduce a un cambio de conducta*. Hace algunos años quedamos muy impresionados por la declaración de un culto judío, que dijo que «la principal diferencia entre los libros judíos de ética y los escritos devocionales cristianos es que en los primeros el arrepentimiento no significa llorar, sino volver». Naturalmente, estaba escribiendo bajo la errónea definición que tantos dan de arrepentimiento. Volver a Dios; éste es el fruto del arrepentimiento. A menudo hay una vuelta, pero no a Dios: «Tornáronse, mas no al Altísimo» (Os. 7:16). Puede que haya una vuelta a algunos deberes o a ejercicios espirituales; pero esto, en lugar de volver a Dios, de nada servirá.

¿Y cuál es la causa productora del arrepentimiento? La bondad de Dios manifestada en la Cruz (Ro. 2:4). Esto queda bien ilustrado en el relato de la conversión del doctor Pentecost. Impresionado por unos servicios de avivamiento, intentó en vano producir lo que imaginaba ser el arrepentimiento. Desesperanzado, volvió a la iglesia, pero al terminar estaba tan vacío de sentimientos que ni se acordaba del tema tratado. Pero al dirigirse al pasillo, el amor de Jesús hasta al muerte se le hizo muy real. En un momento se dio cuenta de que Jesús había muerto por él. La justificación por la fe, que nunca había oído todavía explicada, le quedó tan clara como siempre después. Había desaparecido la oscuridad, y toda la mortandad de corazón. No estaba pensando en sí mismo, sino en la obra de la redención obrada por el Redentor. Sabía que era salvo, no por sus esfuerzos ni resolución, ni siquiera a causa de su fe, sino porque Jesús había quitado el pecado por el sacrificio de Sí mismo. Se dijo a sí mismo: «Si Dios está satisfecho con lo que Cristo ha hecho por mí, yo debería estarlo, y lo estoy». Con un corazón gozoso y lleno de paz, salió adelante; y así podemos nosotros.

1.059. LA HIGUERA ESTÉRIL

Lucas 13:6

«Te alabo Señor, por la gracia dada,
Si bellas gracias en mí se han mostrado;
Alabanza por crecer como hoja o bella flor
Por el poder de tu Espíritu vivificador;

Pero fruto, «mucho fruto», Señor, quisiera dar
Mientras a tu calor me vengo a gozar;
Enriquéceme como te pido yo,
Con nada menos que con fruto abundante para Ti.»

Los judíos fueron, como nación, más favorecidos que nadie. Sacados del estéril Egipto y plantados por la mano de Dios en la fértil Canaán, con todo el cuidado y la protección que la sabiduría y el poder divina podían darles, era natural que se esperara mucho fruto de ellos. Pero el corazón de Aquel que plantó se vio herido y frustrado. Durante tres años DIOS EN CRISTO buscó fruto, y nada halló. Pero el compasivo Salvador intercedió, clamando: «Padre, perdónalos» (Lc. 23:34). Y aunque se le dio un tiempo para «cavar» con su enseñanza y con las pruebas de su resurrección, sin embargo permanecieron en incredulidad, y fueron cortados (Ro. 11:20). Lo que inutiliza la tierra no será siempre permitido en su viña. Esta parábola contiene lecciones solemnes y escudriñadoras para cada cristiano.

I. El árbol mencionado. Observemos:

1. SU ESPERANZADOR CARÁCTER. «Una higuera» (v. 6). Es un árbol adecuado para un huerto. Era un árbol frutal. Pertenecía, indudablemente, a una *clase* de árboles. Nadie podía discutir sus buenas relaciones. Esta higuera representa a uno que ha nacido de arriba, que ha recibido una nueva naturaleza, que es nueva creación, que pertenece a la *familia de Dios*. Está perfectamente cierto de su honrosa conexión. Antes tenía otro nombre y un carácter menos recomendable, pero ahora es considerado como cristiano.

2. SU GRAN PRIVILEGIO. «Plantada en su viña» (v. 6). La higuera no fue plantada junto al camino. Fue más favorecida. Fue *escogida* por el Señor de la viña y fue cuidadosamente *plantada* en el lugar más favorable, debajo del *ojo* y de la *mano* del esmerado viñador, y dentro de la protección de unas paredes separadoras. En resumen, había sido escogida, plantada, alimentada y protegida. Éste es el privilegio de cada uno de los elegidos. «Yo os elegí a vosotros, y os he puesto para que vayáis y llevéis fruto» (Jn. 15:16). Vosotros sois una plantación de Dios, y en el lugar de bendición Él os ha puesto «junto a corrientes de aguas» (Sal. 1:3).

3. CONDICIÓN DE ESTERILIDAD. «Vengo a buscar fruto... y no lo hallo» (v. 7). Fruto buscado, y no hallado. ¿Es posible? ¿Un árbol frutal en una viña, y sin fruto? Sí, es bien posible, y ¡ay! demasiado frecuente. Entonces, ¿quién tiene la culpa? Ni el amo de la viña ni el terreno, sino el árbol, que se niega o descuida cumplir su gran privilegio. Fue plantado allí no para adornar, ni tampoco sólo para ser alimentado, sino para *dar fruto*, y si hay fracaso en esto, todo es fracaso. Puede jactarse de su vida, de sus hojas, de sus oportunidades, pero nada hay que dé satisfacción al Señor. Muchos son cristianos estériles por la misma razón. Al no *demostrar su naturaleza* por sus frutos dejan de levantarse hasta su sublime llamamiento. El Señor busca fruto, y tiene derecho a esperarlo en cada frutal en su viña. Vuestra presencia en la viña demuestra su reivindicación.

II. La queja del Amo. «Mira, hace tres años que vengo a buscar fruto en *esta* higuera» (v. 7). En base de su mismo lenguaje hemos sugerido tres pensamientos:

1. SU GRACIA LONGÁNIMA. «Hace tres años» (v. 7). «Es paciente para con nosotros no queriendo que nadie perezca» (2 P. 3:9). Los tres años sugieren algo así como un triple fracaso. Pero hasta ahora no se ha pasado juicio alguno. Se mantiene en pie sólo por la gracia. ¡Cómo debe haberse dolido su corazón al ver una gracia tan grande otorgada en vano, o peor aún, empleada sólo para el *propio engrandecimiento*! ¿Cómo va esto con vosotros? ¿Qué hay de todos vuestros privilegios? ¿Ha encontrado el Maestro fruto en vuestra vida? Él, indudablemente, ha estado buscando fruto. ¿Cuánto tiempo ha transcurrido desde que fuiste convertido, o plantado en la viña? ¿Has sido sólo un receptor, bebiendo la savia y el sol de sus dones mientras que Él, el Señor, no recibe nada? ¡Ah, corazón ingrato!

2. SU PACIENCIA ACABADA. «Córtala» (v. 9). «La esperanza que se prolonga es tormento del corazón» (Pr. 13:12). Los árboles en la viña son juzgados por sus *obras*, y los que están fuera, por su *naturaleza*. Por nuestras obras somos justificados o condenados. Llevar fruto constituye el único título que tenemos a proseguir en la viña (*cf.* Is. 5:2). «No contenderá mi espíritu con el hombre para siempre». Los privilegios abusados serán privilegios perdidos. El que *escondió* el dinero de su señor lo perdió, y encima sufrió castigo. ¿Pecaremos para que la gracia abunde? ¡No lo permita Dios! Porque la gracia de Dios nos enseña a vivir sobria y justamente en este mundo presente. La mera profesión de labios no nos salvará de ser réprobos en cuanto a siervos (1 Co. 9:27).

3. SU SOLEMNE PREGUNTA. «¿Para qué inutiliza también la tierra?» Cada árbol *estéril* es un inutilizador. ¿Para qué ha de estar allí como un estorbo? ¿Quién puede contradecir esto? ¿Quién puede defender a los *infructíferos*? Cada profesante estéril es una carga y un estorbo. Sus raíces, o motivos, se entrelazan con los de los que llevan fruto, y beben de aquello que debiera haber sido para dar fruto. ¡Y cuántas veces extendemos nuestras ramas estériles sobre otros, estorbándoles la llegada de la luz del sol, dificultándoles así que ellos den fruto! Las incongruencias de los cristianos profesantes han llevado a la inutilización de mucho fruto; actúan como una helada sobre el tierno brote.

III. La intercesión del viñador. Él:

1. RUEGA POR MAS GRACIA. «Todavía este año» (v. 8). ¡Cuán interesante que aquel que había estado dedicado a todo el trabajo y solicitud, sin recibir crédito ni honor alguno por ello, abogara aún por la causa de la higuera, y rogara en su nombre! Aquí se ve a Jesús y se oye su voz. Él hace continuamente intercesión por nosotros. «No te ruego que *los quites del mundo*» (Jn. 17:15). El hecho de que algunos cristianos sigan estando en el *lugar* de llevar fruto, pero en una condición estéril, viviendo sólo para el yo, ¿hasta cuánto se debe a la obra sacerdotal de Jesús? «Todavía este año». Puede que *éste* sea vuestro último año.

2. PROMETE MAS TRABAJO. «Hasta que Yo cave alrededor de ella, y la abone» (v. 8). Esto habla de una gracia más abundante. Si se encuentra fruto en absoluto, será solo por la gracia. Otros árboles no deben ser empobrecidos por causa de este, y de ahí el esfuerzo adicional en cavar, etc. El cristiano infructífero se ha visto frecuentemente perplejo y asombrado ante la zapa insólita alrededor de las raíces de su ser, que se parecía en ocasiones mucho a una remoción. Estos tiempos de aflicción y de pruebas son solemnes advertencias. Parecen musitar: «más fruto», o menos privilegio. El sacudimiento de las raíces indica la presencia del Viñador. Después de cavar se da el suministro adicional.

3. ACCEDE A QUE LOS RESULTADOS SEAN DECISIVOS. «Después» (v. 9). ¡Cuán solemne es este *después*! Y es conocido sólo para ellos, el amo y el viñador. El último esfuerzo que la gracia puede ejercer a fin de lograr la aparición de fruto puede ser un tiempo de aflicción, un sermón escudriñador, o algún incidente providencial, En el caso de muchos, esto puede que ya haya sucedido. Y el presente puede que sea el breve tiempo de su espera. Esperando en Dios, y Dios esperando por nosotros, son cosas muy diferentes. El fruto de una higuera es higos, y el fruto de un cristiano es Cristo.

1.060. CÓRTALA; DÉJALA

Lucas 13:7, 8

Estas dos palabras pueden ser consideradas como el lenguaje de la justicia y de la misericordia, de la ley y de la gracia. Observemos:

1. Algunas razones por las que debía ser cortada:

1) Era la manera MAS FÁCIL de librarse de ella.
2) Ya había tenido SUFICIENTE TIEMPO para su prueba.
3) No mostraba SEÑAL ALGUNA de mejorar.
4) Nunca había dado NADA BUENO.
5) Estaba llenando un puesto que pudiera ser OCUPADO MEJOR por otro.
6) Tenía MALA INFLUENCIA sobre otros. Era «inutilizadora».

2. Algunas razones por las que debiera ser dejada. ¿Cuáles son? Bien, ¿CUALES SON?

1.061. ENDEREZADA

Lucas 13:10-16

«Llevar el frío y duro bocado no quisiera
como tú, de lo que el mundo apropiado piensa,
Mas la libertad de Dios aceptar, y usar»

E. B. Browning

Coleridge definió la liberta como: «El empleo sin ataduras de todas las capacidades que Dios nos ha dado para emplear». Antes que todas las capacidades que Dios nos ha concedido puedan ser usadas para Él, tienen que ser rotas las ataduras del pecado y del poder de Satanás. La mujer delante de nosotros, a la que «Satanás tuvo atada» y a la que Cristo desligó, es un ejemplo perfecto de cómo un alma ligada por el pecado puede entrar en la libertad de Dios.

I. Estaba encorvada. «Andaba encorvada» (v. 11). Había estado atada por Satanás durante dieciocho años (v. 16). Completamente *deformada* por el poder del Diablo. Siempre es asunto de Satanás, en el momento en que pueda, abatir las almas de los hombres a tierra. El pecado nunca deja de encorvar la voluntad y los pensamientos de los que se encuentran bajo su dominio. Es legión el nombre de los que están atados por el amor del mundo hasta el punto de que no pueden levantar sus rostros al cielo. Encorvados por el constante doblegarse a la inmundicia de lo terreno.

II. Era impotente. «En ninguna manera se podía enderezar» (v. 11). Le era imposible romper las ataduras que fijaban su rostro hacia el suelo. Había estado durante tanto tiempo abatida que su deformidad había quedado fijada, como un árbol torcido durante dieciocho años. Estaba perfectamente consciente de su desfiguración exterior, y frecuentemente había intentado enderezarse, pero no podía «en ninguna manera». ¡Cómo se parece a aquellos que moralmente están «encorvados» a través de la bebida, de la concupiscencia o de un temperamento descontrolado, y que una y otra vez han intentado *enderezarse* y no han podido, quedando con su deformidad *natural*.

III. Estaba ansiosa. Estaba en la sinagoga en el sábado, cuando Jesús estaba (vv. 10-11). Quizá es porque Él estaba allí que ella había acudido; en todo caso, acudía a donde podía recibir bendición. No importa a dónde llevemos nuestras almas retorcidas por el pecado, no hay liberación para ellas mientras que evitemos la presencia del Hijo de Dios y rehusemos oír su Palabra. Si Bartimeo se hubiera ocultado cuando oyó que pasaba Jesús, en lugar de clamar, hubiera desde luego permanecido ciego.

IV. Fue invitada. «Jesús… la llamó hacia Sí» (v. 12). El *vio* a muchos en la sinagoga, pero la *llamó* a ella, porque Él no había venido a llamar a justos, sino a pecadores al arrepentimiento. El Espíritu del Señor estaba sobre Él para proclamar *libertad* a los cautivos, y apertura de cárcel a los *presos* (Is. 61:1). Fiel a su misión, Él va en pos de esta mujer inerme a la que «Satanás tuvo atada durante dieciocho años». Sólo Jesucristo tiene las llaves de todas las mazmorras de Satanás (Ap. 1:18). Lo que Él abre, nadie puede cerrar.

V. Fue tocada. «Y puso las manos sobre ella» (v. 13). Jesucristo entra en contacto *personal* con cada alma a la que salva. Él no puede delegar esta gran obra a otro. Está listo para poner su mano sanadora y liberadora sobre todos los que aceptan su invitación, como lo hizo esta pobre mujer. La mujer mencionada en Lc. 8:44 acudió sin ninguna invitación específica, y tocó su manto, y fue inmediatamente sanada. Los resultados son los mismos, tanto si Él condesciende a tocarnos a nosotros como si nos permite que lo toquemos: todo es gracia de su parte. Sus manos son las manos de amor y poder infinitos, y nunca las emplea en vano.

VI. Fue liberada. Observemos los términos empleados: «Libre de tu enfermedad, se enderezó al instante... desatada de esta ligadura» (v. 12). Para ella fue una salvación *plena*. Consistía en una liberación de su propia debilidad, de una libertad del poder de Satanás que la tenía atada, y en quedar enderezada para la futura vida y obra. Así es su salvación. Un *desencadenamiento* del alma de la esclavitud de Satanás y de la debilidad moral, *rectificando* el corazón para una vida recta y un servicio amante. Por ello, el cántico de los salvos es: «Al que nos amó, y nos *liberó* de nuestros pecados con su sangre» (Ap. 1:5).

VII. Expresó su gratitud. «Y [al instante] glorificaba a Dios» (v. 13). Le fue dado un nuevo cántico en su boca tan pronto como sus pies fueron sacados del horrible hoyo de sus dieciocho años de atadura de Satanás (Sal. 40:2, 3). El lazo fue roto por el poder de Aquel que vino a sanar «a todos los *oprimidos* por el diablo» (Hch. 10:38), y ahora su alma había escapado cual ave, y estaba cantando su cántico de alabanza en lo más alto de su vuelo por el ancho y puro cielo del amor redentor de Dios.

1.062. ESFORZAOS
Lucas 13:24

Introducción

La primera vez que habló de la Puerta Estrecha fue en el Sermón del Monte. Tres años después, cuando muchos le habían abandonado y pocos estaban agolpándose para entrar en el Reino, volvió a hablar de la Puerta Estrecha (Mt. 7:13), pero añadió una pequeña palabra: «Esforzaos». No se podría encontrar una palabra más fuerte en la Biblia; podría comprenderse mejor con la palabra «agonizad». Esforzaos agónicamente, ejerced todos los poderes de cuerpo y alma; tensad todos los nervios; que la salvación de vuestra alma para el ahora sea el principal negocio de vuestra vida. Y podemos decir que si los pecadores se viesen como Dios les ve, se darían verdadera cuenta de su necesidad, y se esforzarían.

I. La vuestra sería la violencia de los hambrientos.

1. Es tiempo de vacaciones, los hijos han acudido al parque, lo han olvidado todo acerca de la hora de regresar a casa, y no llegan para la comida hasta mediada la tarde.
2. Hambrientos, sin poder esperar más, echan mano de las cortezas de pan y de los restos de la comida.
3. El hambre del alma lleva a la violencia: a un fervor totalmente atento a su objetivo.

II. La vuestra será la violencia de los sedientos.

1. Mungo Park, el descubridor del Níger, estaba casi muriendo de sed. Entonces se abatió la lluvia durante una hora, y consiguió apagar su sed empapando sus ropas y sorbiéndolas. Oyó luego un ruidoso croar de ranas: «Un son celestial», dijo él, y descubrió un somero estanque fangoso.
2. La sed del alma te llevará a hacer cosas desesperadas.
3. «Bienaventurados los que tienen *hambre y sed* de justicia».

III. Conocerías algo de la violencia de los que se ahogan.

1. Frank Bullen habla de uno que cayó sobre la borda, y que se aferró de tal manera a la cuerda que le lanzaron que se le clavó en la carne.
2. ¿Te estás hundiendo en las aguas de la convicción? Si es así, no será preciso que te exhorten al fervor.

1.063. EL LAMENTO DEL SALVADOR
Lucas 13:34

Este lamento fue sobre una ciudad culpable, y revela:

I. Un propósito lleno de gracia. No juicio, sino salvación: «Como una gallina junta a sus polluelos».

II. Una misericordia infinita. Reunidos bajo sus alas. Perseguidores, asesinos, etc.

III. Un poder infinito. «¡Cuántas veces quise!».

IV. Una longánime compasión. «¡Cuántas veces!».

V. Una angustia desgarradora. «¡Jerusalén, Jerusalén!»

VI. Una resistencia voluntariosa. «¡Y no quisiste!»

VII. Amor herido. «Vuestra casa os es dejada desierta.»

1.064. LA GRAN CENA
Lucas 14:16-24

«Mi necesidad, toda ella, suplirás Tú;
Tu palabra como tal acepto, y el por qué no preguntaré»
GROSART

El tiempo de la cena es la presente dispensación. La *cena* se refiere a las bendiciones y privilegios concedidos para los hombres en el sacrificio del Hijo de Dios. Los *muchos* que fueron invitados (v. 16) son los judíos, que recibieron la *primera* invitación, y que habían sido avisados con mucha anticipación. Las *excusas* son las insensatas objeciones presentadas por ellos contra Jesús y sus demandas. Los *pobres* y *mancos* son los publicanos y pecadores entre los judíos y gentiles que aceptaron la invitación. Los *obligados* a entrar desde los caminos y vallados son los que estaban lejanos y que carecían de esperanza. Los que *nunca gustarán* de esta cena son los componentes de la nación judía incrédula, que han sido «cortados» (Hch. 13:46; Ro. 11:20). Esta puede ser la enseñanza dispensacional de la parábola, pero consideremos algunos pensamientos prácticos:

I. Una triple razón para acudir.

1. «VENID, QUE YA TODO ESTÁ PREPARADO.» «Todo.» Cada bendición espiritual y temporal para el tiempo y la oportunidad está ahora *preparada* en Cristo Jesús. Frecuentemente vemos el anuncio acerca de algún nuevo libro en imprenta o *ya preparado*. Aquí tenemos un anuncio de que todo lo que toca a la salvación

del pecador está YA PREPARADO. ¿Necesitas un sustituto? Contempla entonces al Cordero de Dios. ¿Necesitas *perdón*? Está ya dispuesto (Hch. 13:38). ¿Necesitas *paz*? Pues la paz está hecha, etc. ¿Necesitas *poder*? Pues se ofrece poder (Hch. 1:8).

2. «VENID, PORQUE SE INVITA A TODAS LAS CLASES.» Lo cierto es que estas cuatro clases las incluyen a todas: Primero, *los pobres:* Los que se alimentan de mendrugos de pan seco, y que nunca han sabido lo que es un banquete que los pueda colmar. Los que van de puerta en puerta de los centros de placer del mundo, rogando por algo que pueda satisfacerlos, y no consiguiendo nada. Segundo, *los mancos*, los que se han visto privados de algunos de sus miembros, y que han quedado irremediablemente mutilados. Moralmente, esta clase representa a aquellos cuya conciencia ha quedado cauterizada, y aquellos cuya capacidad de voluntad ha quedado anulada. ¡Qué sujeto más impotente! ¡Sí, venid, porque todo está preparado! En tercer lugar, *los cojos*: los que tienen todos sus miembros, pero en una condición deforme, cuya manera de andar no es ni recta ni constante. Estos hacen lo mejor que pueden para dar una apariencia de normalidad, pero no les es posible ocultar su deformidad. En cuatro lugar, *los ciegos*: los que pueden andar rectamente, pero que están en la negrura de la oscuridad constantemente. Su vida externa puede ser perfecta a los ojos de los hombres, pero no saben a donde van, y están inconscientes del peligro en que se encuentran. Puedes explicarles la verdad, pero la respuesta que dan es: «No lo veo así».

3. «AUN HAY LUGAR.» La casa se está llenando rápidamente, pero aún hay lugar. Nadie puede saber cuánto lugar queda todavía. No sabemos la hora en que el Señor puede levantarse y cerrar la puerta. *Pero* aún hay lugar: lugar en el amor del Padre, en la muerte expiatoria del Salvador, en el ministerio del Espíritu, y en el ofrecimiento del Evangelio.

II. Una triple excusa para no acudir. Para expresarlas de manera sucinta, pueden darse de esta manera:

1. «TENGO OTRA COSA QUE VER.» «He comprado un campo, y necesito *ir a verlo*» (v. 18). ¿Por qué será que los hombres necesitan ir a ver sus posesiones terrenas, y no tienen tiempo para *considerar* la provisión que Dios ha preparado para su seguridad y herencia eternas? Desde luego, hay muchas cosas interesantes en el mundo de lo *visible*, pero ¿qué puede compararse con la gloria salvadora de la Cruz de Cristo?

2. «TENGO OTRAS COSAS QUE HACER.» «Voy a probarlos» (v. 19). Estaba más deseoso de probar los bueyes que probar las riquezas de la oferta regia. Algunos parecen pensar que el tiempo para obedecer el llamamiento de Dios será cuando no tengan *nada más que hacer*. Los hay que persisten en ir probando sus propios intereses mundanos hasta que finalmente descubren que han sido unos necios. Mientras están «ocupados en una y en otra cosa» se les desvanece su oportunidad de vida eterna.

3. «TENGO OTRAS COSAS DE QUÉ GOZAR.» «Acabo de casarme, y por tanto no puedo ir» (v. 20). Todas las *nuevas* relaciones, tanto si son de negocios como matrimoniales, tendrán ciertamente una poderosa influencia en uno u otro sentido. Puede que no haya pecado alguno en casarse con una mujer, en comprar una casa, en constituir una nueva asociación, o en esperar un acontecimiento venidero; pero si los afectos del corazón están centrados de tal manera en estos que el Evangelio de la gracia de Dios tiene que tomar un lugar secundario, entonces la vida se convierte en un insulto positivo al Hijo de Dios. De Dios nadie se burla. Él ha declarado de manera enfática que ninguno de los que traten a la ligera su invitación llena de gracia «gustará mi cena». Los que prefieren hacerse sus propias cenas en el tiempo sentirán al fin la opresión de aquella pobreza que es eterna. Nadie ha podido todavía dar una excusa que satisfaga a Dios por no aceptar a su Hijo como Salvador. Es a ti que invita Dios, no a *tus excusas*; éstas nunca podrán tomar tu lugar.

1.065. CUENTA EL COSTO

Lucas 14:28

El hombre no es una mera criatura de las circunstancias, como una planta. Cristo espera de nosotros que actuemos como personas razonables, que nos sentemos y contemos el costo antes de emprender ninguna seria empresa. Esta «torre» a que se hace referencia denota belleza, seguridad y una buena vista, y es de aplicación a todos los «edificadores de caracteres» (v. 27). No podemos contar el costo hasta que no tengamos la visión de alguna gran posibilidad delante de nosotros. Ninguna persona sabia desea que su vida acabe como la torre de Babel, en vergüenza y confusión. Vivir la vida cristiana es en verdad una gran y solemne empresa. Muchos comienzan esta torre, y parecen incapaces de acabarlas, cayendo en ridículo, y la torre se transforma en un motivo de irrisión. Cuenta el coste.

I. El coste de ser cristiano. Es costoso. A unos les cuesta más que a otros. El temperamento natural, la temprana instrucción y el medio en que uno se haya criado pueden influenciar enormemente. Sea cual sea el precio, debe ser pagado. Tenemos que contar con:

1. ABANDONAR TODO PECADO. Cristo se dio a Sí mismo por nosotros para «redimirnos de toda iniquidad» (Tit. 2:14). El pecado es la peor de las inversiones. Cada plan en el que tenga un sitio queda corrompido. Los malvados deben abandonar sus caminos.

2. LA RENDICIÓN DE LA VOLUNTAD. «¿Qué *quieres* que haga?»: ésta tiene que ser la actitud del alma. Tenemos que contar lo que costará a la vida del yo poner a Cristo *primero* en todo, y buscar primeramente su Reino.

3. LA SEPARACIÓN DEL MUNDO. Debemos ir tras Él llevando su cruz (v. 27). Por su cruz, el mundo debe ser crucificado a nosotros, y nosotros al mundo (Gá. 6:14). Cuando encontramos nuestro todo en Cristo, es fácil darlo todo por Él. Si alguno ama el mundo, el amor del Padre no está en él.

4. OPOSICIÓN POR PARTE DEL MUNDO. El mundo que le aborreció a Él también te aborrecerá a ti. Noé, por su obra de fe, condenó al mundo (He. 11:7), e indudablemente el mundo le condenó a él. Abel tuvo que sufrir porque sus obras eran justas. En el mundo tendréis tribulación, pero tened buen ánimo, yo he vencido al mundo.

5. TENTACIÓN POR PARTE DEL DIABLO. Los impíos no son tentados como lo son los cristianos. Por medio de la concupiscencia de los ojos y de la soberbia de la vida sigue ofreciendo sus sutiles ilusiones. Pero Cristo puede liberar y socorrer a los tentados.

6. ABNEGACIÓN. «Si alguno quiere venir en pos de mí, niéguese a sí mismo.» La vida del cristiano es una vida de fe en el Hijo de Dios, y por ello tiene que ser una vida de *abnegación*. «No yo, mas Cristo». Cristo contó el costo cuando vino a vivir la vida del Padre entre hombres pecadores. «Como me envió el Padre, así también yo os envío». Pero consideremos también:

II. El costo de *no* ser un cristiano. Si la abundancia de capacidad y de poder del alma se invierten en las cosas de este mundo, lo que seguirá será una total y eterna bancarrota. ¿Puedes permitirte esto? El negocio de una vida sin Cristo es terriblemente caro. Sufrirá pérdida, ¡y qué pérdida! La pérdida de:

1. El amor perdonador de Dios el Padre.
2. El poder salvador de Cristo el Hijo.
3. La presencia consoladora del Espíritu Santo.
4. Las promesas ciertas de su Palabra santa.
5. El gozo de servir en su Nombre victorioso.
6. La bienaventurada esperanza de verle y de ser semejante a Él.
7. Las glorias y las recompensas de su eterno Reino y presencia.

CUENTA EL COSTO. ¿Qué perdió el Pródigo por volver? Sus harapos y su miseria.

1.066. LA PERLA DE TODAS LAS PARÁBOLAS (I)

Lucas 15

En esta serie de repasos a las parábolas de nuestro Señor, debemos dar el primer puesto a lo que ha sido llamado «La Perla de todas las Parábolas», en Lucas 15.

Al principio, hemos dudado acerca de emplear este título, porque todas las parábolas son igualmente inspiradas por Dios, y cada parábola separada es una perla. Hay un peligro de intentar exaltar una sección de la Sagrada Escritura por encima de otra. Incluso las secciones de la Sagrada Escritura que no nos han atraído de manera personal son tan preciosas como las que nos han hablado en lo más hondo de nosotros. Toda la Biblioteca Divina es una gran perla sin precio. Pero le parecido bien a Dios emplear Lucas 15 en el ministerio del Evangelio más que otras porciones de la Escritura, exceptuando quizá Juan 3:16. ¿Dónde se encuentra un evangelista que no haya encontrado esta historia terrenal con un significado celestial enormemente poderoso para ganar a los perdidos? El más tartamudo principiante en el servicio cristiano descubre que es el más sencillo de todos los temas que manejar. El bien experimentado guerrero del Evangelio descubre que es la más profunda de todas las narraciones; porque en este relato hay una sencillez de aplicación que atrae al bebé en Cristo, y, sin embargo, al mismo tiempo hay todo un mundo de verdad que provee pensamientos para el filósofo.

Son necesarias unas cuantas observaciones generales antes de aplicarle nuestro microscopio.

Obsérvese, por favor, que en Lucas 15 tenemos solo una parábola con tres secciones: «Entonces les refirió esta parábola» (v. 3). Obsérvese, por favor, que nuestro Señor la llamó una parábola; no parábolas. Esto es importante. Incluso si no hubiese ningún significado doctrinal, sería prudente seguir de manera precisa las palabras exactas de la Escritura. Pero hay una verdad importante en juego. Es una parábola en tres secciones, y cada una de ellas exhibe la obra de una de las Tres Personas de la Bendita Trinidad. En la historia de la Oveja Perdida tenemos una imagen de la obra de Dios Hijo; en la historia de la Moneda Perdida tenemos una imagen de la obra de Dios Espíritu Santo; y en la historia del Hijo Perdido tenemos una imagen de la obra de Dios Padre.

«Muy bien –dirás tú–, pero ¿no debería venir primero Dios Padre? ¿No deberíamos reordenar las secciones, poniendo en primer lugar el hijo perdido, en segundo a la oveja perdida, y la moneda perdida en tercero?»

La forma en que se presenta esta pregunta es atractiva, porque Dios Padre debería siempre venir en primer lugar, como sucede en el gran Credo Apostólico. Pero no debemos manipular el orden en que nuestro divino Señor Jesús relató aquí los incidentes, incluso si no apreciamos todo el significado de este orden. Porque de hecho la primera ocupación del pecador debería ser acerca de la obra del Hijo, nuestro Divino Salvador; luego la Persona y los gloriosos oficios y ministerios del Espíritu Santo; y, finalmente, la revelación del Padre. A fin de cuentas, nuestro mismo Salvador nos declaró que Él era y es el camino al Padre, y que «nadie viene al Padre, sino por mí».

Esta triple parábola ha sido muy mal comprendida. El objeto de nuestro Señor al darla no era mostrar quién es o quien no es un hijo de Dios, sino cuán bien dispuesto está Dios para recibir a todos los que acuden a Él; no para mostrar la base del verdadero perdón, sino la buena disposición de Dios a perdonar y a recibir a los más indignos si están verdaderamente arrepentidos. Decir que esta parábola declara que cada ser humano es un hijo de Dios, y que está dispuesto a perdonar sin expiación alguna, es poner en este capítulo lo que el Señor nunca dijo, y hacerse culpable del pecado de añadir a, y de quitar de, la Palabra del Señor. Leer en esta parábola lo que nuestro Señor nunca quiso decir es sencillamente algo chocante, y que pone en peligro las almas de los hombres.

El objeto inmediato de esta parábola era justificar la conducta de Cristo al asociarse con los proscritos. «Se acercaban a Jesús todos los cobradores de impuestos y pecadores para oírle» (v. 1). Estos parias del judaísmo reconocían en el nuevo Maestro a un nuevo Amigo. Detectaban en sus discursos una nota de simpatía y de interés. Había lozanía y poder en sus pronunciamientos. Se sentían atraídos de una manera instintiva. «Y los fariseos y escribas murmuraban, diciendo: Éste recibe a los pecadores, *y come con ellos*» (v. 2). ¡Maravillosa declaración! No solo los recibía, sino que comía con ellos. Es decir: no solo desea salvarme de mis pecados, sino salvarme a su amistad. Que me reciba y me hable las palabras de perdón es una gracia asombrosa; pero ello es sólo el comienzo de la entrega de las riquezas de su gracia; porque Él desea mi amistad y comunión. Comer pan con alguien significa muchísimo en las tierras orientales. Es una prenda de amistad; una señal de pacto llena de significado.

Ahora bien, en estas tres secciones nuestro Señor observa a los que objetaban contra Él cómo deberían haber actuado ellos, tal como el pastor buscaba a la extraviada y errante, como la mujer buscó y se regocijó en la recuperación de la moneda perdida, y como el padre acogió y dio una calurosa bienvenida al hijo perdido. Así deberían ellos haberse regocijado por el regreso de los publicanos y de los pecadores. Pero, en lugar de esto, actuaban como el hermano mayor; nuestro Señor, con esto, les ponía delante un espejo en el que pudiesen mirarse.

De pasada, aquí tenemos el tema que más destacar en esta triple parábola. El interés en la parábola se ha centrado principalmente en la oveja perdida y en el hijo perdido, mientras que está claro que nuestro Señor quería que fijásemos la atención en el hermano mayor. Pero este punto ha de quedar para un estudio futuro.

Un niño pequeño tenía padres que nunca iban a los cultos públicos, pero él insistía en ir, y además llevaba a casa el texto del predicador. Una mañana volvió corriendo a casa exclamando: «Mamá, mamá, ¡mi nombre está en la Biblia!». «Imposible», le contradijeron sus padres. «¡Pues sí! El predicador lo anunció: "Éste recibe a los pecadores, y *Cosme* con ellos"». ¿Solo un error de pronunciación? Ah, más que esto. ¿Puedes tú poner tu nombre ahí? «Éste recibe a los pecadores, y... con ellos.»

1.067. LA PERLA DE TODAS LAS PARÁBOLAS (II)

Lucas 15

Solo uno perdido

«¿Qué hombre de vosotros, teniendo cien ovejas, si pierde una de ellas, no deja las noventa y nueve en el desierto, y va tras la que se perdió, hasta encontrarla?» (Lc. 15:4). Así comienza nuestro Señor su incomparable historia de la oveja perdida, la primera sección de la Perla de todas las Parábolas.

Pero, ¿por qué tanta inquietud por *una*, siendo que le quedaban noventa y nueve? Si sólo poseyese dos ovejas y hubiese perdido una, podríamos comprender su interés e inquietud por la perdida. Pero perder una de entre cien parece una pérdida insignificante. Sí, así es como razonamos a veces, pero es un razonamiento falso.

La ocasión inmediata de esta Parábola era vindicar la conducta de nuestro Señor al asociarse con proscritos. Los escribas y fariseos eran los críticos hostiles, y la parábola les fue referida *a ellos* (v. 3). Les recordó cómo actuaban los pastores de forma invariable, y esto es precisamente –dice Él– lo que yo estoy haciendo al recibir, perdonar y restaurar a los extraviados.

Al asemejar a los extraviados a ovejas, nuestro Señor emplea una sugestiva y tierna figura. Porque ninguna oveja se extravía a propósito. Sencillamente se aparta irreflexivamente más y más lejos. En la historia del Hijo Pródigo sí aparece el aspecto voluntarioso. Y a pesar de que los hay que se extravían voluntariamente, la mayor parte de la gente va errante. Una de las causas es el ensimismamiento en la búsqueda de alimento. Con la cabeza gacha, y pocas miradas a lo alto, la criatura va errando más y más, bien lejos de la seguridad del redil. Absortos en la búsqueda en pos de los placeres o del oro, la mayoría de la humanidad van errantes por la vida, perdidos sin esperanza.

Hemos de volver a esta cuestión: «¿Para qué preocuparse tanto por sólo una oveja? ¡Quedan noventa y nueve!». Detrás de esta pregunta subyace un concepto terrible. Oímos hablar de ciertos padres que han perdido un hijito, en el seno de una familia numerosa, y decimos: «Ah, bueno, les quedan muchos niños, y la pérdida no puede ser tan grande como si hubiese sido hijo único». En otras palabras, cuanto mayor sea la familia, tanto menor el valor del individuo. ¿Es realmente así? Si así fuera, entonces este pensamiento entristece y perturba, porque habré de comenzar a pensar que ya que la humanidad es tan grande, que uno puede fácilmente desaparecer sin que a nadie le importe; que soy simplemente una aguja en un pajar.

Pero ésta es una falsa filosofía. El tamaño de la familia de Dios no afecta al gran valor del individuo. Así sucede en la vida diaria. Por grande que sea la familia, el padre y la madre aman a cada uno y se cuidan de él como si fuese lo único que tuviesen. ¡Qué pensamiento tan consolador! Aunque Dios tiene a millones de seres humanos bajo su cuidado providencial, Él se cuida de cada individuo como si aquel individuo fuese la única persona en el mundo. El amor de Dios no solo es general, sino particular, y no solo ama Él al mundo y se cuida de él, sino que es posible para cada uno poder decir: «el Hijo de Dios que *me* amó, y se entregó a Sí mismo por *mí*». Ah, el pastor encontró a faltar esta oveja, y salió a buscarla.

Y esto lleva a otro pensamiento: ¿cuál es la peculiaridad distintiva de nuestra fe cristiana? *No la Encarnación,* porque otras religiones han enseñado que sus dioses se manifestaron en la carne, aunque en realidad hay una diferencia abismal entre lo que ellos entienden por encarnación y lo que expone el Evangelio. *Tampoco el sacrificio*, porque otras religiones tienen sus sacrificios. Tampoco el *culto ni la Literatura Sagrada*, porque la adoración es cosa común a todas las religiones, y otras confesiones tienen sus libros sagrados.

Aquí tenemos alguna de las peculiaridades destacables de nuestra fe cristiana: es la única religión entre los hombres que presenta a Dios buscando al hombre. Otras fes describen a los hombres como buscando a Dios, lo que no es cierto. Es trágico, pero verdadero, que «No hay quien entienda, no hay quien busque a Dios» (Ro. 3:11). Aparte de la gracia, el hombre no desea a Dios, de modo que siermpre que encontramos en nuestro corazón un anhelo por Dios, es una demostración de que el Espíritu de Dios está obrando. En la parábola, no se trata que la oveja buscase al pastor, sino que el pastor va en pos de la oveja.

¡Qué impotente que es una oveja perdida! Porque la oveja difiere de todos los animales en este rasgo: que cuando se ha apartado del rebaño, no puede encontrar el camino de regreso. Y nuestro Señor asemeja al hombre a la oveja. ¡Qué símil más sugestivo! El hombre, aparte de la ayuda divina, nunca puede descubrir el camino de vuelta a Dios. Ah, pero el Buen Pastor salió en pos de la perdida y solitaria «*hasta encontrarla*». ¡Ah, qué paciencia y perseverancia! «Y cuando la encuentra, la pone sobre sus hombros gozoso»: qué verdad más hermosa tenemos aquí. El hombro es la parte más fuerte del hombre, lo que nos enseña que toda la fuerza del Omnipotente actúa en favor de cada uno que es hallado, y esto hasta «llegar a casa», hasta llevarnos a salvo a la otra orilla, a la Tierra de fuentes y gozo que nunca se agotan.

1.068. LA PERLA DE TODAS LAS PARÁBOLAS (III)

Lucas 15

Perdido en la casa

La moneda de plata se había perdido dentro de la casa. «Pues bueno –dirás–, no hay nada de particular en ello, porque no es extraño que algo se pierda dentro de casa.» Es cierto; sin embargo, cuando te das cuenta de lo que significa la casa, te sorprenderás: en la iglesia, en la asamblea, ¡y sin embargo perdido! Ésta es una parte chocante de la segunda porción de la Perla de las Parábolas (Lc. 15:8-10).

Esta encantadora parábola triple fue la defensa de nuestro Señor por amar y recibir a los pecadores y a los errantes. Demuestra Él tres veces que el deber y gozo de buscar y encontrar es universal. Ahora bien, era cosa insólita que nuestro Señor multiplicara las referencias en una ocasión. Y esto lo hizo no solo para comunicar el pensamiento de que tal gozo era universal, sino con otro propósito que debemos especificar.

Uno de los rasgos más notables de la enseñanza de nuestro Señor y de su obra en la tierra fue su vindicación delante de los hombres de la valía del hombre. En aquellos tiempos, el valor del hombre como hombre había caído muy bajo. La vida humana valía tan poco que se consideraba adecuado que los hombres muriesen a docenas en el Coliseo de Roma y en otras partes solamente para divertir a la gente que buscaba festejos. Aquellos eran los tiempos en los que florecía la esclavitud en sus peores formas. ¿Qué precio tenía la vida humana? *Esta parábola declara tres veces el valor de una sola alma,* y allí donde la Biblia es querida y enseñada, y allí donde se confía en el Dios de la Biblia y se le ama, la vida humana comienza a cobrar más valor.

Ahora bien, no eran solo los paganos los que devaluaban la vida humana. Los escribas y fariseos de Israel consideraban a un publicano y a otros de las clases menospreciadas como de menor valor que una oveja. Por esto, la primera porción de esta parábola no tendría peso para ellos. Claro –dirían ellos– que un pastor quedaría justificado acudiendo en pos de un miembro errante de su rebaño, pero esto no justifica nuestra asociación con publicanos y pecadores, porque estimamos en más a una oveja que a un publicano o a un pecador. Muy bien, les viene en decir nuestro Señor, pero desde luego admitiréis que una monedita de plata puede ser empleada para denotar el valor de un publicano. «¿Qué mujer que tiene diez dracmas, si pierde una dracma, no enciende una lámpara, y barre la casa, y busca con diligencia hasta encontrarla? Y cuando la encuentra, reúne a sus amigas y vecinas, diciendo: Gozaos conmigo, porque he encontrado la dracma que había perdido.»

Pero, ¡qué ruido por una monedita de plata perdida! Imagínate, preocuparse tanto por su pérdida que emprendió una limpieza radical para poderla recuperar, y que cuando por fin la encontró, llamase a sus amigas y vecinas para celebrar su hallazgo! ¿Hay hoy día alguna mujer que se lanzase a tan frenética actividad por una moneda perdida?

Sí, si aquella moneda de plata le fuese para ella como para la mujer de la parábola. En aquellos tiempos, al casarse, el novio le daba a la novia un collar con diez monedas, en lugar del anillo que se usa hoy en día. Perder siquiera una de aquellas monedas se consideraba como equivalente a la infidelidad, o la sugería. No es sorprendente que la pobre mujer de la parábola se angustiase cuando descubrió su pérdida, y no es sorprendente que hiciera tantos esfuerzos por descubrir la moneda perdida.

Ahora bien, la moneda perdida representa al pecador perdido.

I. Perdido por separación. De uno u otro modo, quedó desvinculado y perdido. La unión existente entre Dios y el hombre cesó cuando el pecado entró en el mundo. El pecado cortó al hombre de Dios.

II. Perdido, aunque todavía llevando la imagen del rey. La imagen del rey y su inscripción da el valor a la moneda. El hombre tiene un gran precio porque lleva la imagen de su Hacedor. Es portador y poseedor de los atributos espirituales del pensamiento, de la voluntad y de la conciencia moral, por lo cual se asemeja a Dios. La imagen está desgastada, dañada y casi borrada por la Caída, pero sigue estando ahí. Aunque perdido, el hombre sigue siendo portador de la imagen de Dios.

III. Perdido, aunque en el hogar. La oveja se perdió al extraviarse alejándose del redil. La moneda estaba perdida en el mismo redil. Éste es un rasgo chocante de esta segunda porción de la Perla de todas las Parábolas. Apunta a la terrible posibilidad de que uno sea miembro de una iglesia cristiana, o asista a un lugar de reunión, y que, sin embargo, esté perdido. ¡Perdido, aunque en la Casa!

IV. Perdido, pero de verdadero valor para su anterior dueño. El gran corazón maternal de Dios anhela y desea a sus perdidos. Y el Espíritu Santo está ocupado buscando a los perdidos, mediante la lámpara de la Palabra de Dios, y el ministerio de providencias perturbadoras y trastornadoras.

V. Perdido, pero puede ser hallado en la casa. Todos los santos ministerios de la casa de oración coadyuvan a este propósito.

1.069. LA PERLA DE TODAS LAS PARÁBOLAS (IV)

Lucas 15

El Hijo Perdido

Tenemos que recordar siempre, cuando leamos el Sagrado Libro, que tiene un trasfondo oriental. Por ejemplo, si en nuestro país un hijo menor acudiese a su padre con la petición de que quería recibir por anticipado «la parte de los bienes que me corresponde» bajo los términos de su testamento, se oirían palabras fuertes, y las medidas que se tomarían no serían menos fuertes. En nuestros tiempos, la distribución de las posesiones paternas solo tiene lugar después de la muerte del testador. Pero en el Oriente la petición del hijo menor sería considerada como algo bien apropiado. «Un hombre tenía dos hijos; y el menor de ellos dijo a su padre: Padre, dame la parte de los bienes que me corresponde; y les repartió los bienes. No muchos días después, juntándolo todo el hijo menor, se fue lejos a una provincia apartada» (Lc. 15:11-13).

¡No hay nada malo en irse de casa! Pocas veces se va un joven de su casa simplemente porque se ha cansado de ella; y aún más raramente porque quiera vivir una vida de mero capricho. Más frecuentemente, se hace con propósitos honorables. Algunos se van de casa para ir a la escuela o a la universidad; otros para trabajar en otra ciudad, o para casarse. Pero este joven se fue de casa con un mal motivo; quería apartarse de todos los sanos frenos y santos ejemplos. Su acto de abandonar su hogar fue:

I. Consecuencia de su deseo de ser su propio dueño. Quería ser: «Señor de sí mismo, aquella herencia de males».

II. Provocada por una errónea concepción de la vida. Se imaginaba que la buena vida consistía en la búsqueda del placer, en el desperdicio de la vida.

III. Provocada por una precipitación e inexperiencia juveniles. La experiencia es un duro maestro, y sus honorarios son muy caros.

IV. Conducente a la «provincia apartada» y a la mendicidad.

«Pero –dirás tú– yo no me he hecho culpable de prodigalidad ni de mala vida. No estoy gobernado por los vicios. No estoy en la bancarrota ni económica ni moral. No soy un "desperdiciador". ¡Esto no se me puede aplicar a mí!» No vayas tan deprisa, querido amigo. ¿Has sopesado alguna vez la definición que da Agustín de la Provincia Apartada? «La provincia apartada es olvidarse de Dios.» ¡Esto es sobrecogedor! Podemos ser decentes, y sin embargo hay un olvido que es la prueba cierta de un apartamiento espiritual. El olvido de Dios es una dolencia común, y una prueba de que estamos lejos de Dios. «Me acordaba de Dios, y me conmovía», fue la confesión del salmista.

Pero, «volvió en sí». ¡Qué extraño viaje! Significa, desde luego, que había estado alejado de sí mismo; en otras palabras, fuera de sí, loco. «Al final recobró la cordura» (*20th Century*). En sus años de libertinaje no era él mismo. No era el pródigo quien era el verdadero hombre. El verdadero hombre era el arrepentido. Volver en sí fue seguido del regreso a su padre.

«Y cuando aún estaba lejos, lo vio su padre, y fue movido a compasión, y corrió, y se echó sobre su cuello, y le besó efusivamente» (v. 20). Emprendió de inmediato el regreso a su casa, y no se detuvo hasta acercarse al viejo hogar; allí, estando todavía lejos, el padre le vio que se acercaba, «y corrió…» ¡Que maravilla, el corazón de este padre para con su hijo, su deseado hijo. Recordemos, que si hemos pecado al apartarnos de Dios, pecamos tanto más manteniéndonos alejados de Él. El gran pecado es el alejamiento del Dios viviente, amante, misericordioso, y esto nunca cesa hasta que volvemos.

¿Cuáles fueron los dones del padre al pródigo que había regresado? Recuerda, Él no se queda satisfecho con dar un mero perdón. El dar de Dios comienza y siempre sigue tras su perdón. El primer don fue el beso de reconciliación; literalmente, «le besó una y otra vez». Besar, en Oriente, es una prenda de reconciliación y de paz. El padre dio el beso antes que el hijo pudiese decir una palabra. Naturalmente, el mismo regreso ya constituía una confesión. El padre dio el beso al pródigo tal como estaba, con sus harapos y suciedad. No pospuso el beso hasta que se hubiese hecho más presentable, no; fue acogido tal como estaba. Pero éste no fue el fin, sino el comienzo del don. El segundo don fue la ropa mejor. Esa gloriosa expresión del Nuevo Testamento, «la gracia reinando por la justicia», queda ejemplificada aquí. Perdonarle en sus harapos fue gracia. Pero el padre no podía con justicia tener al pródigo a la mesa en sus harapos. Tenía que estar vestido y adornado de una manera apropiada en aquella bienaventurada posición.

El pródigo estaba totalmente preparado a ser meramente un «jornalero», debido a lo indigno que se sentía. Pero los dos siguientes presentes, el anillo y los zapatos, demostraban de manera concluyente que debía ser tratado como un hijo. Ningún siervo llevaba anillo, ni entraba en presencia del señor o de la señora llevando zapatos. El esclavo iba descalzo y sin anillo. A los cautivos se les quitaba los zapatos (Is. 20:2). Cuando se devolvía la libertad a los cautivos, se les devolvía sus zapatos (2 Cr. 28:15).

Hay más significados en estos dos últimos anillos. El anillo nos habla desde luego de certidumbre y de autoridad delegada (Gn. 41:42; 1 R. 21:8; Est. 8:10, Dn. 6:17; Stg. 2:2), y los zapatos sugieren el equipo para andar el camino de la vida. Ciertamente, los perdonados han de andar como se corresponde con hijos de Dios.

Obsérvese, estos dones fueron todos otorgados al mismo tiempo, y cuando el pródigo regresa ahora a Dios recibe tanto el primer día como después. Este «después» será dedicado a descubrir más y más la riqueza ya otorgada, y viviendo de acuerdo con esta riqueza.

1.070. LA PERLA DE TODAS LAS PARÁBOLAS (V)

Lucas 15

El Hermano Mayor

¿Quién es el Hermano Mayor? Ésta fue una pregunta que se planteó en una reunión de ministros. Lo mismo que tantas otras preguntas, no tiene fácil solución. Observemos esto, la pregunta no es «¿Quién *era*?», sino «¿Quién *es*?» No hay duda alguna acerca de quién tenía en mente el Señor. Lucas 15:2 y 3 es bien suficiente: «Y los escribas y los fariseos murmuraban ... Entonces él *les* refirió esta parábola. Nuestro Señor tenía en mente a los fariseos y a los escribas cuando relató esta perla de todas las parábolas. No, la cuestión no es «a quien *se dirigía*» sino «a quien *se dirige*». Hemos llegado a la conclusión de que en esta historia los creyentes tenemos una señal de advertencia. Hay una terrible posibilidad de que los creyentes lleguen a ser como el Hermano Mayor. Representa al cristiano carnal.

Generalmente se centra el interés de esta parábola en el Pródigo. Cuando se piensa en Lucas 15, ¿qué es lo primero que te viene a la mente? Supongo que la mayoría dirían: «La historia del Hijo Pródigo». Estamos seguros, en cambio, que nuestro Señor quería que el énfasis recayese en el hijo mayor. En las dos primeras porciones de la parábola, nuestro Señor muestra a los escribas y fariseos cómo deberían haber actuado ellos; con el hermano mayor les pone delante un espejo para que se vean a sí mismos, porque él había actuado como ellos. Hoy, el hermano mayor se levanta delante de nosotros como un representante de los creyentes carnales.

¿Quién es el Hermano Mayor? ¿El pecador farisaico? No. Era un hijo: «Hijo, tú siempre estás conmigo». «Le conozco; ayer me encontré con él», declaró un anciano ministro en la reunión de ministros, y, al rogarle sus hermanos de ministerio que le revelasen su identidad, exclamó: «Yo mismo», y luego les explicó que el día anterior, al oír que una persona de muy mala voluntad había recibido una visitación de la bondad de Dios, había sentido no poca envidia e irritación. Querido hermano en la fe, ¿cómo te sientes cuando oyes de otros hermanos, no tan instruidos como tú, pero que su ministerio parece más aceptable y fructífero que el tuyo? ¿Cómo te sientes, querida hermana en la fe, cuando sabes que el marido de otra hermana, triunfa más en la vida que el tuyo? ¿Cómo te sientes, hermano en Cristo, cuando oyes de algún notorio Hijo Pródigo acudiendo a Dios? Respondamos a estas preguntas como bajo la luz escudriñadora de la presencia de Dios.

El espíritu del hermano mayor es muy manifiesto. «¿Quién es el hermano mayor?» El creyente carnal, que no vive conforme a sus privilegios, y que ha perdido su primer amor y su pasión por las almas. Observa, el hermano mayor en la historia era un miembro de la familia y siervo de su padre; sin embargo, lo que entristece es su total ausencia de alegría, y parece escandalizado ante el gozo que los otros manifiestan acerca del pródigo recuperado. Y observemos el precio que tuvo que pagar. Tales personas son evitadas. Observemos cuánto tiempo hacía que había llegado el hermano menor antes que el hermano mayor llegase del campo. ¿Cuánto tiempo se necesita para matar, preparar y cocinar un becerro? Debían haber pasado algunas horas, y sin embargo ni un solo siervo pensó que valiese la pena ir a buscar al hermano mayor para informarle del regreso del hermano perdido.

I. ¿Cuáles son los síntomas de la enfermedad de la carnalidad?

1. LA PÉRDIDA DEL SENTIDO DE LO DEBIDO. «No habiéndote desobedecido jamás.» ¿Es posible que un chico crezca hasta llegar a ser un hombre sin hacerse nunca culpable de un solo acto de desobediencia a su padre? No. Él había olvidado que era un rebelde perdonado. Había perdido toda conciencia de transgresión. Era sereno y prudente, muy correcto y sesudo, pero muy egocéntrico y satisfecho de sí mismo. Había perdido el goce del perdón divino y se había vuelto un extraño a su entusiasmante goce. ¡Qué condición más triste la suya! Y ésta es justo la condición de algunos creyentes en nuestros propios días.

2. UNA FALSA COMPLACENCIA. El hermano mayor vivía aparentemente una vida recta, pero centrada en sí mismo. Había en él una tonta falsa satisfacción, que nadie más compartía. Este es un rasgo demasiado común en nuestro tiempo.

3. EL INSENSATO OLVIDO QUE LO POSEÍA. «Nunca me has dado ni un cabrito para pasarlo bien con mis amigos.» ¿Acaso tenía él algún *amigo*? Este tipo de personas tan negativas son evitadas. «Nunca me has dado ni un cabrito». Bien, ¡tenía las dos terceras partes de toda la propiedad de su padre. Recordemos que cuando el hermano menor pidió su porción de los bienes, leemos que «les repartió los bienes», lo cual significa que mientras que el hermano menor recibió una tercera parte de las posesiones de su padre, el mayor recibió dos terceras partes. ¡Con qué facilidad los creyentes carnales olvidan los recursos infinitos de la gracia de Dios, y viven por ello vidas sumidas en la pobreza espiritual!

4. La PÉRDIDA DE COMPASIÓN POR LOS CAÍDOS. Perdiendo el sentido del perdón recibido, no tenía paciencia con los caídos, y por ello no tenía compasión. Observemos cuán insensible se había vuelto. En el registro divino del extravío del hermano menor leemos: «Gastó todos sus bienes viviendo perdidamente»; pero el hermano mayor había de hablar con dureza e insensibilidad, y declaró a su padre: «Éste tu hijo, que ha consumido tus bienes con rameras». ¡Ah, qué rudeza e insensibilidad! ¿Por qué hay tantos creyentes carentes de simpatía hacia las misiones evangelísticas especiales y que se encuentran fuera de lugar en la cálida atmósfera de un avivamiento? Son carnales.

5. LA CARENCIA Y PÉRDIDA DEL AMOR FILIAL. En este hermano mayor de la parábola, el rasgo terrible de su carácter es la evidente carencia de afecto de su parte hacia su anciano padre. Por ello no llega a comprender a su padre. Era una criatura sin amor. Auto-excomulgado; auto-castigado.

6. EXTRAÑO AL GOZO DE UN SERVICIO AMANTE. ¿Te has fijado alguna vez en la palabra que utiliza para el servicio? Le dijo a su padre: «He aquí que por tantos años *te hago de esclavo*», como podría bien traducirse. Había servido con toda diligencia, pero con el espíritu de un esclavo. Su obediencia y servicio todo este tiempo habían sido serviles, movido por temor y temblor. No se trataba ni de amor filial ni de servicio filial; era todo un deber fatigoso, afanoso. ¡Qué imagen de masas de creyentes carnales!

II. ¿Cuál es la cura? ¿Cómo trató el padre de la parábola de abrumar y recuperar a su duro, rígido hijo mayor?

1. LE RECUERDA SU AFILIACIÓN. «Hijo.» ¡Ah, qué mundo de significado puso el padre en esta palabra! Muchos creyentes nunca pierden el sentido de maravilla por su filiación en Cristo, y nunca se olvidan que son miembros de la familia de la fe. No te olvides del muy alto honor que Él te ha conferido. ¡Oh, creyentes carnales, llenos de la suciedad del polvo de este mundo, oíd el recordatorio de parte del Padre Celestial: «Hijo»!

2. LE RECUERDA SU AMOR PERSONAL HACIA ÉL. «Hijo, tú.» Él ama a todos; Él ama al mundo; pero de manera particular te ama a *ti*. Su amor es de carácter individual.

3. LE RECUERDA SU PRESENCIA PERMANENTE. «Hijo, *tú siempre estás conmigo.*»

4.LE RECUERDA EL BENDITO ENRIQUECIMIENTO. «Y todas mis cosas son tuyas.»
5. LE RECUERDA LA RELACIÓN EXISTENTE, porque en respuesta a las palabras del hermano mayor, «Éste tu hijo» le contesta, «Éste tu hermano».

III. ¿Y cuál será *mi* respuesta? ¿No debería ser, «Padre, Tú estás siempre conmigo y todo lo que tengo es tuyo, para siempre jamás»?

1.071. TRES ASPECTOS DE LA SALVACIÓN

Lucas 15

En este capítulo tenemos tres parábolas, representando tres condiciones de los perdidos, y mostrando a tres personas buscando a los perdidos. Estas parábolas fueron dichas a los fariseos y escribas, que murmuraban, diciendo: «Este hombre a los pecadores *recibe*». Muestran la clase de pecadores que él recibe, y cómo los recibe. Observamos;

I. Un triple aspecto de los perdidos.

1. LA OVEJA PERDIDA –que representa a los que están perdidos a la *seguridad*. Fuera del redil significa fuera de la cuenta. Había noventa y nueve; la perdida no fue contada. La oveja perdida estaba en peligro, expuesta e inerme, tipificando a aquellos que están *irreflexivamente* perdidos, inconscientes de su condición.
2. LA MONEDA PERDIDA –representando a los perdidos a la *utilidad*. En tanto que esta moneda de plata estuviera perdida, no podía ser usada; para nada era buena. No se había perdido en el desierto, sino en la casa. Es posible estar en la casa de Dios, y sin embargo estar perdido a toda utilidad, como los Escribas y los Fariseos, a los que se dirigían estas palabras. Es posible tener el alma salvada y perder la vida. Estar fuera de la mano de Aquel a quien pertenecemos como redimidos es estar en una condición de inutilidad. Cuando se pierde una moneda no es sólo el vil metal lo que se pierde, sino todo el bien que pudiera hacerse con aquel dinero.
3. EL HIJO PERDIDO –representando la *comunión perdida*. Fuera de comunión con el Padre: una condición de degradación y de deshonra provocada por una elección deliberada y una voluntariosa separación de su presencia. Así se pierde el recaído a la comunión con Dios por su amor al mundo.

II. Una triple salvación. En estas tres parábolas podemos ver los deseos y anhelos del Padre, Hijo y Espíritu Santo para con los perdidos.

1. EL PASTOR BUSCA LA OVEJA PERDIDA PARA SALVARLA. Aquí tenemos revelada la obra del Hijo. Él va en pos de los perdidos, dejando detrás de él todo lo suyo, a fin de poder encontrarla. Busca salvar a costa de un gran *sacrificio*.
2. LA MUJER BUSCA LA MONEDA PERDIDA PARA USARLA. Esto sugiere la misión del Espíritu Santo. El dinero se pierde en la casa. Ella enciende una lámpara y barre la casa. El polvo y las tinieblas son generalmente la causa de que el Espíritu Santo no pueda tomar nuestras vidas para emplearlas. La luz de la verdad tiene que ser traída desde fuera, y el polvo de la corrupción interior barrido desde dentro, para llegar a la confesión y a la rendición. El inconverso tiene que estar solamente fuera del redil para ser un alma perdida; el salvo únicamente tiene que estar fuera del control y toque del Espíritu Santo para ser una vida perdida. Él, como esta mujer, trata de salvar a estos perdidos para una vida de servicio para Dios.
3. EL PADRE BUSCA QUE SU HIJO PERDIDO TENGA COMUNIÓN CON ÉL. El Padre no sale a buscar; *espera* y anhela el regreso del pródigo. La pérdida de amor es una gran pérdida. Él llama a los recaídos a que *vuelvan*, y a los tales les promete curación. Es triste encontrar a cristianos en este terrible estado: fuera de comunión con Dios. Los tales necesitan dos cosas: (1) Volver en sí. (2) Volver a su Padre.

III. Un regocijo triple. Hay gozo en el cielo por la salvación de:

1. UN ALMA PERDIDA. El valor es incalculable, el gozo es sin fin.
2. UN SIERVO PERDIDO. No contristéis al Espíritu Santo. Presentaos a Dios. Por precio habéis sido comprados.
3. UN HIJO PERDIDO. El amor restaurado, y goce de la paz y de la comunión. En esta triple salvación –el corazón de Dios el Padre, Dios el Hijo y Dios el Espíritu Santo– un corazón es hecho dichoso.

1.072. LA OVEJA PERDIDA

Lucas 15:1-7

«No reproches a tu pensamiento, que alcanzar no puede,
Aquello que el Infinito enseñar debe;
A tu Dios bendice, que la Palabra cerca vino,
Para conducirte al hogar de tu patria celestial»

MACDONALD

La murmuración de los pretenciosos escribas y fariseos, con sus aires de justicia propia, llevaron al Señor a relatar tres parábolas favoritas que han dado sanidad bajo sus alas a muchas almas cargadas por el pecado. Decían ellos, escarnecedoramente: «Éste a los *pecadores* recibe», y con pies inmisericordes trataban de pisotear la *gracia* de Cristo. Pero tanto más emitió esta «planta de renombre» su fragancia celestial. El sentido evidente de este parábola es revelar el interés personal de Cristo en la *salvación de los pecadores*. Pone delante de nosotros:

I. Un penoso descubrimiento. «Se pierde una de ellas» (v. 4). Sea que esto represente un mundo, una nación o un individuo, el pensamiento subyacente es que ha quedado perturbado el reposo del corazón del Pastor por el descubrimiento de que ha perdido *una*. La *perdida* suscita de inmediato las simpatías y anhelos de su alma. Es difícil decir cuándo fue hecho este descubrimiento por parte de Cristo (Ef. 1:4), pero así sucedió.

II. Un propósito alterado. «Deja las noventa y nueve en el desierto, y va tras la que se perdió» (v. 4). Contó noventa y nueve, pero no contó la perdida. No estar dentro de su cuenta es estar perdido. Los noventa y nueve *dejados* en el desierto pueden representar la nación judía, que sigue estando en el *desierto*, sin Pastor y sin hogar, un pueblo separado, sin rey ni país, y orgullosos de su justicia. Pero el Pastor de Israel va en humillación, agonía y muerte para buscar y salvar lo que se había *perdido*. No busca a los perdidos simplemente por *su valor*, sino por *su amor*. Los ángeles caídos puede que hayan sido de más *valor* que el hombre caído, pero de tal manera *amó* Dios al mundo…

III. Una paciente búsqueda. «Va tras la que se perdió *hasta* encontrarla» (v. 4). No hay regreso para Él hasta lograr plenamente su propósito. «Verá el fruto de la aflicción de su alma, y quedará satisfecho». La determinación de Cristo es encontrar a los perdidos, y a cada uno de los perdidos los encontrará, si no en su misericordia salvadora, sí desde luego en su justo juicio. ¿No ha dicho Él: «Y Yo, si soy *levantado* de la tierra, a todos atraeré a Mí mismo»? (Jn. 12:32). Si los pecadores no son atraídos a Él por la gracia de su Cruz, serán atraídos por el poder de su trono. Cada alma humana será encontrada por el propiciador Hijo de Dios, bien como Salvador, bien como Juez. ¿No oyes los gentiles pasos de su bendita presencia en su Palabra incluso ahora?

IV. Un gozoso hallazgo. «Y cuando la encuentra, la pone sobre sus hombros gozoso» (v. 5). *Hallar* a los perdidos mientras que es todavía un Salvador buscando, da alegría a su corazón lleno de gracia. ¡Oh, la infinita ternura de este abnegado Pastor! No hay palabra de reproche ni de reprensión. ¡Qué maravilloso momento es cuando el pecador cansado y molido por su pecado se encuentra *solo* con el gentil Pastor, y siente sus gentiles aunque poderosas manos levantándole al gran regazo de su amor! En esta bendita crisis la oveja es todo para el Pastor, y el Pastor todo para la oveja. Cada uno gozándose en el otro, y nada más importando. ¡Qué imagen de la gran salvación! Hasta que los perdidos se encuentran con el Salvador, están viviendo vidas solitarias, egoístas y carentes de esperanza.

V. Un viaje reposado. «La pone sobre sus hombros» (v. 5). La oveja errante y perdida ha encontrado ahora un lugar de reposo en los hombros de Aquel que vino para buscar y salvar. El Señor ni empuja ni arrastra a aquellos a los que salva, sino que emprende llevarlos todo el camino hasta el hogar más allá. El camino de salvación para esta oveja perdida era bien sencillo: «Permanecer». La oveja no tenía que hacer absolutamente nada más que reposar en Aquel que es capaz y con voluntad de salvar. Sus hombros son el lugar de fortaleza y seguridad; el gobierno del universo reposa sobre ellos, y desde luego son suficientemente fuertes y anchos para el alma cansada.

VI. Un hogar feliz. «Al llegar a casa, reune a sus amigos y vecinos, diciéndoles: Gozaos conmigo» (v. 6). Tan cierto como que el Pastor llega al hogar, igualmente llevará consigo a su confiada oveja consigo. «Para que donde Yo estoy, vosotros también estéis» (v. 14:3).

Mientras en el desierto, tratando de salvar a los perdidos, el Hijo del Hombre estaba lejos del hogar. Pero vuelve con regocijo, trayendo consigo sus gavillas. Los «amigos y vecinos» pueden representar a los redimidos, y a los ángeles en gloria, que deben estar eternamente interesados en todo lo que glorifica al Señor Jesucristo como el Salvador de los hombres. ¿Compartimos en el gozo del cielo ahora *regocijándonos con Él* por pecadores que se arrepienten?

1.073. ESTE HOMBRE RECIBE A LOS PECADORES

Lucas 15:2

I. ¿Quién? El Hombre Cristo Jesús.

II. ¿A quiénes? «A los pecadores.» A los culpables, a los impotentes.

III. ¿Cuándo? «Ahora.» «He aquí ahora el tiempo favorable.»

IV. ¿Por qué? Porque los *ama* y por ellos *murió*.

1.074. LA DRACMA PERDIDA

Lucas 15:8-10

«Quisiera en falta ser echado cuando haya partido;
No quisiera –mi vida acabada–
Que no hubiera ojos por mi llorosos,
Ni corazones tiernamente conmovidos,
Ni bien de mi confesado;
Muerto, y sin embargo en falta no echado.»

No hay exageración ni falsos colores en la imagen verbal de este artista celestial. Cada pincelada da la imagen de lo que es absolutamente verdadero. Las pinturas hechas por los mortales ordinarios mejoran en la sombra, pero las de Cristo siempre aumentan en encanto cuanta más luz se les arroja. Esta pequeña perla entre las parábolas ha sido poco estimada, porque su sentido y valor no ha sido generalmente comprendido. En la *primera* parábola tenemos el amor del *Hijo* al buscar al perdido; en la *tercera* el amor del *Padre* al buscar al perdido; en esta *segunda* parábola tenemos ciertamente el amor del *Espíritu* al buscar al perdido. La mujer es un idóneo emblema del Espíritu Santo en busca de una cosa perdida pero preciosa que pueda ser puesta a un uso honroso. La dracma a que se hace referencia aquí era una moneda de plata que equivalía aproximadamente al salario de un día. Como representativa de un alma humana, querríamos observar que:

I. Era preciosa. Para una mujer pobre, cuya fortuna entera consistía de diez dracmas, era una gran pérdida privarse de una. Era una pérdida que sintió agudamente. Además, llevaba la *imagen* del rey, y por ello era una buena moneda *de curso legal*. Así son para el Espíritu Santo las almas redimidas por Cristo. Le son de gran precio, e idóneas para su circulación en los intereses del Reino de Dios.

II. Estaba perdida. Se había perdido *de su mano*, por lo que ahora no tenía el control sobre ella. Es algo triste, tristísimo, que alguien que había estado en la mano del Espíritu pierda el contacto con Él por soberbia o incredulidad. Estar fuera de su mano es estar *perdido* para Él. La *caída* puede haber tomado un instante, pero el *dolor* ocasionado fue intenso. «No contristéis al Espíritu Santo de Dios, con el cual fuisteis sellados para el día de la redención» (Ef. 4:30).

III. Perdida en la casa. No es un caso como el de la oveja, perdida lejos del hogar. Era en la casa, pero tan inservible como si hubiera estado en lo más profundo de la mar. Es posible encontrarse en la casa de la salvación de Dios, en el lugar de seguridad y privilegio, y estar sin embargo perdido para la *dirección* del Espíritu Santo. Una cosa es estar justificado por la fe delante de Dios; otra muy distinta es estar listo para el servicio en manos de Dios. Puede que estemos en el hogar del Espíritu para salvación, y no estar en manos del Espíritu para servir.

IV. Perdido para la utilidad. En tanto que esta moneda de plata no estuviera en manos de la mujer y a su disposición, estaba perdida con respecto a todo el bien para que pudiera ser empleada. Si se arroja una moneda de oro al mar, no sería tanto el oro lo que se habría perdido como todo el bien que el oro hubiera podido obtener. Así es con nuestras *vidas* cuando hemos sido introducidos en la familia de Dios. Si no estamos en las manos del Espíritu Santo, para que Él nos emplee usándonos para la gloria de Dios, entonces nuestras vidas están *perdidas*. Cristo busca salvar, pero el Espíritu Santo trata de hallar para poder *usar*. Nadie puede conseguir tanto de nuestras vidas como Él. Ten la seguridad de que Él te empleará con el mayor provecho, tanto en el hogar como fuera de él.

V. Perdida en medio del polvo y de la oscuridad. En su búsqueda, la mujer tuvo que *encender una lámpara* y *barrer la casa*. Son precisos la lámpara dela Palabra de Dios y la escoba de la providencia antes de poder recuperar su tesoro perdido. El polvo del pecado y la oscuridad de la incredulidad siempre estorban al Espíritu de Dios de gozarse sobre nosotros como medios en sus manos para dar gloria al Señor Jesucristo. Aunque el proceso de *barrido* pueda ir acompañado de mucho que es penoso y desagradable, al ser agitado el polvo de nuestro pecado inconfesado y desaparece la cubierta de nuestra culpable oscuridad, tiene que haber una perturbación en la casa si el Señor el Espíritu debe recobrar la posesión de su tesoro perdido.

VI. La causa de gran gozo al ser hallada. «Gozaos conmigo, porque he encontrado la dracma que había perdido» (v. 9). Como Jesús, el Pastor, se goza de la salvación del pecador, igualmente el Espíritu Santo, como esta mujer, se goza por la recuperación de una preciosa alma que se había perdido a la comunión y al servicio. Vale la pena observar que la mujer no dice: «*Mi* dracma que había perdido». La misma omisión de mi (véase vv. 6, 24) es una poderosa evidencia de que se indica aquí la obra del Espíritu Santo. Los creyentes son *propiedad* de Cristo, pero deben ser empleados por el Espíritu Santo (Hch. 1:8).

1.075. EL HIJO PERDIDO

Lucas 15:11-24

«¡Ay, cómo he servido yo al Diablo,
aún anhelando cosas llenas de maldad!
Porque, oh Dios mío, la luz vi,
Mas en la más negra noche me hundí.»

Al estudiar las tres parábolas (así denominadas) en este capítulo, no deberíamos pasar por alto el hecho de que fueron pronunciadas por nuestro Señor como *una* parábola (v. 3) para mostrar cómo Dios, como Padre, Hijo y Espíritu Santo «recibe pecadores» y se goza en compañía de ellos. El Hijo, como el pastor, busca a los perdidos para *salvarlos;* el Espíritu, como la mujer, busca a los perdidos para poder *usarlos;* Dios, como el padre, busca a los perdidos para poder tener *comunión* con ellos. Éste es el triple aspecto de esta gran y perfecta salvación. Esta parábola del pródigo ha sido llamada «la parábola reina». Ha sido la puerta de esperanza para muchos fatigados vagabundos espirituales. Consideremos:

I. Su egoísta petición. «Dame la parte de los bienes» (v. 12). Como muchos en nuestros propios tiempos, quería tener todos los bienes y bendiciones que el padre pudiera darle, para gastarlos en sus propios placeres, totalmente indiferente a la sabiduría o a los sentimientos del padre. Es deshonroso para Dios que intentemos gobernar nuestras propias vidas con sus dones.

II. Su descarriamiento. «A una provincia apartada» (v. 13). La «provincia apartada» representa aquella condición o esfera de vida en la que Dios el Padre no es conocido. Un *hijo* tiene que haber caído en un estado terriblemente triste y pecaminoso de alma cuando piensa que debe dejar a un *padre* rico y lleno de bondad en busca de placeres. El voluntarioso es un rebelde contra Dios.

III. Su vida perdida. «Y allí malgastó sus bienes» (v. 13). La dulce comunión del padre fue cambiada por una vida perdida con los impíos, y el resultado fue, como siempre ha sido con los que se han apartado de Dios, un *malgasto* de sus preciosos dones. No podemos retener la sustancia del perdón de Dios: la paz y el gozo: cuando le dejamos voluntariosamente por los placeres del pecado. Todo será malgastado: el goce de todo ello se desvanecerá.

IV. Su mísero apuro. «Cuando todo lo había gastado, vino una gran hambre» (v. 14). Una «gran hambre» alcanzará de cierto a todos los que se habían apartado de Dios. El hambre del alma alcanzará de cierto a los que gastan sus dones en lo que no es pan. Encontró por amarga experiencia que «los *rebeldes* habitan en tierra calcinada».

V. Su esfuerzo desalentador. «Y fue y se allegó a uno de los ciudadanos de aquella tierra» (v. 15). Había malgastado voluntariosamente todos sus bienes, y ahora se veía obligado a darse a *sí* mismo. Si malgastamos nuestros bienes y privilegios llegamos nosotros mismos finalmente a quedar esclavizados. Lot tomó el mismo paso insensato y estéril cuando llegó a ser juez en Sodoma.

VI. Su carencia de amigos. «Nadie le daba» (v. 16). Se había vendido por nada. Miserable y arruinado por su propia insensatez, anhela la satisfacción que se le da a los animales, envidiando a los cerdos. «Nadie le daba.» *Nadie* dará jamás a un pecador acosado por el pecado aquello que necesita. Uno más bien pudiera esperar recibir calor de un témpano de hielo.

VII. Su noble resolución. «Me levantaré e iré a mi padre» (v. 18). Éste es el lenguaje de uno cuyo orgullo lo había llevado a actos de locura, pero que *ahora ha vuelto en sí.* Entonces *recuerda* la «casa de su padre» y la provisión que hay allí, y el fuego de la esperanza surge de los rescoldos de su vida disipada.

«Mientras la lámpara sigue ardiendo
El más gran pecador tiene el retorno abierto.»

No solo dijo: «Me levantaré», sino que además lo hizo. Aquí estaba la evidencia de su recuperada cordura.

VIII. Recepción llena de gracia. «Se echó sobre su cuello, y le besó efusivamente» (v. 20). El amor del padre echó fuera en el acto los temores del pródigo. Comenzó a confesar, pero su *vuelta* al hogar fue para el padre la mejor confesión. ¿Qué valor hay en la confesión si no hay un apartarse del pecado» (Is. 55:7). Nadie le *daba* en la provincia apartada, pero ahora todo lo que está en manos del Padre está a su disposición. Al tomar *su parte* había perdido todo *derecho* a una bendición posterior, pero es salvo por la GRACIA, y el padre está feliz. «Por gracia habéis sido salvados por medio de la fe» (Ef. 2:8). Su gracia es suficiente para todos los que acuden.

1.076. EL PRÓDIGO
Lucas 15:11-24

1. Fue malo (V. 12)
2. Actuó **sin juicio** (v. 13).
3. Estuvo **triste** (v. 16).
4. Se **regocijó** (v. 24).

1.077. EN ESTO CONSISTE EL AMOR
Lucas 15:20

1. Un amor que es **paterno.** «Lo vio su padre.»
2. Un amor **de gran alcance.** «Y cuando aún estaba lejos, lo vio su padre.»
3. Un amor **lleno de ternura.** «Fue movido a compasión.»
4. Un amor **anhelante de ayudar.** «Corrió.»
5. Un amor que **se da enteramente.** «Se echó sobre su cuello.» Al darse a Sí mismo daba todo lo suyo.
6. Un amor que **se deleita en perdonar.** «Le besó efusivamente.»

1.078. SIMPATÍA PERDIDA
Lucas 15:25-32

«Un amor reflexivo te pido,
Sabio por un constante velar,
Para a los felices con feliz sonrisa saludar,
Y los ojos llorosos secar;
Y un corazón en libertad consigo mismo,
Para suavizar y simpatizar»
A. L. Waring

En su perspectiva más amplia pensamos que esta sección de la parábola (el hermano *mayor*) es introducido para ilustrar la actitud de la nación judía frente a la manifiesta GRACIA de Dios que ha traído salvación a todos los hombres. El pródigo gentil está siendo salvado por la gracia, mientras que el judío, pretendiendo justicia propia, monta en cólera, y no está dispuesto a entrar. Pero con todo, tanto si le gusta como si no, este mayor religioso es el hermano del *pródigo*: y los dos necesitan igualmente del perdón del Padre. Hay algunas cosas acerca de este *hermano mayor*, tan frecuentemente descuidadas, que son dignas de una atención especial. Aparece aquí como uno que:

I. Estaba dispuesto a obrar. «Y su hijo mayor estaba *en el campo»* (v. 25). Sea lo que fuere, no era perezoso, sino que estaba dispuesto a *trabajar.* Mientras que otros estaban festejando y danzando, él estaba ocupado cuidando de los rebaños o de los cultivos. Es el tipo de aquellos a los que les gusta estar activos, y cuyas manos están constantemente llenas de alguna clase de obras buenas y útiles. Son tan activos que prefieren con mucho estar en el *campo* del servicio que en *la cámara secreta* de la oración.

II. Era fiel en el desempeño del deber. Podía decir: «No habiéndote desobedecido jamás» (v. 29), y estaba bien dispuesto a decirlo. Se dedica a sus tareas diarias con la regularidad de un reloj. Su lema es: «Debo cumplir con mi *deber».* Este tipo de cristiano es tan recto como una flecha, tan regular como el movimiento de los astros, y totalmente formal. Habla y actúa en base de su sentimiento del deber, y se enorgullece de hacer lo que es recto, aunque pueda hacerlo con el corazón tan frío como un carámbano. El otro hermano era el *pecador,* pero este es el fariseo (Lc. 18:11). No es el deber, sino el amor lo que constriñe al verdadero siervo de Cristo.

III. Jamás había recibido un don del Padre para que se alegrara con sus amigos. «Nunca me has dado ni un cabrito para pasarlo bien con mis amigos» (v. 29). La razón de que nunca hubiera recibido ni un cabrito es indudablemente que nunca lo había pedido ni había sentido su necesidad. Estaba trabajando en el campo sin siquiera buscar una prenda de la gracia y amor del padre, sirviendo sin recibir su DON *regocijante.* ¿Y qué acerca de los que van semana tras semana cumpliendo sus deberes religiosos, pero que jamás han recibido el don de Dios para alegrar el alma (Jn. 1:12)? No era por culpa del padre que el servicio de su hijo había estado tan carente de regocijo. «Pedid y recibiréis» (Jn. 16:24). Es una cosa honrosa para el Señor Jesucristo cuando otros se ven compelidos a decir, como la Reina de Sebá: «¡Dichosos estos tus siervos!» (1 R. 10:8).

IV. Se sintió hondamente ofendido. «Entonces se enojó, y no quería entrar» (v. 26). Su soberbia se sintió herida, al pensar que uno cuya vida había sido un escándalo público recibiera ahora más honra que él, que nunca había hecho nada muy malo. *No quería entrar* en esta manera de hacer las cosas, por lo que queda totalmente fuera de sintonía

1. CON SU PADRE. El corazón del padre estaba rebosando de gozo al haber encontrado al *perdido,* pero ello no causó ni una chispa de alegría en el egoísta alma del hermano mayor. La conversión de los pecadores no da alegría alguna al corazón de los que están fuera de comunión con Dios.
2. CON SU HERMANO. Si hubiera tenido algún afecto para su descarriado hermano, se habría regocijado de su regreso al hogar. Perder la sintonía con Dios implica perder la compasión por los pecadores. ¿Cómo puede alguien decir que ama a Dios si no ama también a su hermano?
3. CON LOS SIERVOS. Los siervos estaban evidentemente compartiendo el regocijo de la fiesta, porque éste al que le preguntó tuvo que ser *llamado* (v. 26). El verdadero siervo de Dios ha de regocijarse, se regocijará, en todo aquello que lleva gozo al corazón de Dios y gloria a su Nombre. Estar fuera de sintonía con los felices siervos del Señor, y rehusar entrar y compartir sus gozos en la obra salvadora de Dios constituye una señal de arrogancia de corazón de un grave extravío.

V. Recibió un ruego lleno de gracia. «salió, por tanto, su padre, y le rogaba que entrase» (v. 28). El *amor* y la longánimo paciencia del padre en su buena disposición para recibir al *pródigo* han sido siempre reconocidos y confesados, pero por lo general no se ha reconocido su amor en su razonamiento con ruegos tiernos a este pródigo de *corazón.* Con frecuencia es más fácil compadecerse del pecador descarriado que del fariseo de corazón. El ruego del padre con el hijo ofendido era que pudiera entrar en una verdadera y cordial *simpatía con él* en su anhelo por y regocijo en la salvación de los perdidos. ¿Estamos nosotros, como sus siervos, en plena simpatía con el Señor en su deseo de buscar y salvar?

VI. Fue grandemente alentado. ¿Podía el padre haberle dado inducciones más grandes para que echara a un lado toda frialdad e indiferencia a sus intereses más elevados que éste: «Hijo, tú siempre estás conmigo, y todas mis cosas son tuyas» (v. 31)?

El regreso de los pródigos a Dios no va a disminuir tu herencia en Él como tampoco que a un ciego le abran los ojos puede estorbarte a ti tu goce de la luz del sol. Obreros cristianos, ¿os sentís ofendidos porque la gracia de Dios otorga tales bendiciones a los verdaderamente *indignos*? ¿Estáis fuera de sintonía con la obra de salvación de las almas? Aceptad el ruego, entrad. Toda la plenitud de Dios os espera.

1.079. PRUDENCIA
Lucas 16:1-9

La problemática parábola que se encuentra en Lucas 16:1-9 es la más difícil de todas las parábolas del Señor. Pocos pueden llegar a un acuerdo acerca de su interpretación. Parece alabar una conducta no honrada como una pauta a imitar por parte de los cristianos. Se han dado cientos de explicaciones, y pocas de ellas dan una plena satisfacción. Muchos se han rendido, abandonando toda esperanza de resolver el problema, declarando imposible cualquier solución. ¿Hay acaso algún cristiano reflexivo que no haya tratado de hallar alguna solución a este problema? ¿Qué dice la parábola? Un rico no nombrado tenía un administrador. Los administradores orientales poseían un poder casi ilimitado, porque se les delegaba una autoridad plena. Este amo recibió pruebas tan concluyentes de la infidelidad de su administrador que decidió despedirlo, sin la formalidad de un juicio, y se lo comunicó. Con su silencio, el administrador admitió su culpa. Este despido agitó en gran manera al administrador, y dijo para sí: «¿Qué haré?». Aparentemente, sus fraudes no le habían beneficiado en nada; no se había preparado un futuro, ni había guardado un rincón para sí, sino que probablemente lo había disipado viviendo desordenadamente. «Para cavar, no tengo fuerzas», reflexionó con tristeza, bien porque había desarrollado su mente a costa de sus músculos, o porque su intemperancia había debilitado su cuerpo. «Mendigar, me da vergüenza.» No le había hecho vergüenza cometer un fraude. La falsa vergüenza lleva a preferir el fraude a la pobreza. Ahora, por fin, decidió que iba a hacer. Llamó a los deudores de su amo, y, para conseguir el favor de ellos, les invitó a que redujesen sus deudas, en un caso por la mitad, en otro por una quinta parte, y así. «Y alabó el amo al mayordomo injusto por haber obrado sagazmente; porque los hijos de este siglo son más sagaces en el trato con sus semejantes que los hijos de luz.»
Ahora bien, es en este encomio que se suscita el problema. Ciertamente, nuestro bendito Señor no quiere que actuemos de una manera injusta y deshonesta para con los de dentro o para con los de fuera. ¡Nunca!
¿QUIÉN ENCOMIÓ AL ADMINISTRADOR INJUSTO? Esta pregunta no carece de importancia. Fue el amo del mayordomo, no el mismo Señor Jesús. Observaréis en el versículo 8 se traduce «el amo», refiriéndose al señor del mayordomo. Cuando el hombre rico oyó de la astucia y sagacidad de su siervo, le divirtió enormemente, y admiró la prudencia e inteligencia de aquel sinvergüenza. Admitimos que el Señor contó esta parábola de tal manera que muestra que hay algo en la historia que Él nos da para imitar. Pero debemos apremiar el hecho de que quien encomia es el amo terrenal, no el celestial.

I. ¿Estaba deduciendo cantidades suplementarias, cuando invitó a los deudores de su amo a que redujesen las sumas debidas? Así es como lo consideran muchos orientales. Es prudente recordar que se trata de una historia oriental. En este hecho puede que haya una fácil solución. Las cincuenta medidas de aceite y las ochenta medidas de trigo a las que el mayordomo redujo las cantidades constituían las verdaderas deudas, y el resto serían simplemente cantidades adicionales que el mismo mayordomo había sobrecargado de manera cruel y fraudulenta. En este caso, el expediente al que recurrió en esta emergencia no era un acto de fraude y deshonestidad, sino las primeras señales de un verdadero arrepentimiento, y un acto de justicia.

II. ¿Estaba deduciendo su comisión para ganarse su favor? Sabemos que en Oriente estaban a la orden del día grandes sumas para favorecer las ventas. Los administradores, cocineros o siervos en posiciones de responsabilidad recibían sobornos de parte de mercaderes para que les fuesen dados a ellos los pedidos de su amo o ama. Esta es una explicación que vale la pena sopesar.

III. ¿No tenemos aquí una parábola de prudencia? Después de lo dicho, examinemos la parábola buscando otra explicación. Lo que se encomia no es la falta de honradez, sino darse cuenta de la realidad y la toma de una acción inmediata. El mundo puede enseñar muchas lecciones a los creyentes. Nuestro Señor Jesús señala la sabiduría de este granuja como ejemplo a seguir, sólo que deberíamos aplicarla a un propósito más elevado. Observemos en este administrador ciertas características que son dignas de emulación. Desde luego, era:

1. UN HOMBRE DE RECURSOS. Si no tenía fuerza física, tenía cerebro, y lo empleaba. Se encontraba en un dilema, pero pronto razonó cómo solucionarlo. Hay lugar para poner en acción nuestros recursos en el servicio del Señor. Observa también que era:
2. UN HOMBRE DILIGENTE. No solo decidió qué hacer con prontitud, sino que actuó con prontitud. Hay muchos que proponen alterar su métodos, o adoptar alguna nueva estratagema en el servicio del Señor, pero van postergando su acción hasta que la dorada oportunidad se ha ido para siempre. También era:
3. UN HOMBRE AUDAZ. Había algo como un genio en la fría osadía de este mayordomo. En el acto llamó delante de sí a los deudores de su amo, y en presencia de todos redujo abiertamente sus deudas. No lo hizo en una estancia privada, y en solitario con cada uno, sino abiertamente. ¿No hay lugar para algo más de osadía y audacia en el servicio del Señor? ¡Somos demasiado tímidos, educados y reservados! ¡Ah, si tuviésemos más santa audacia en su bendito servicio!

Queda la aplicación que encontramos en los versículos 9 a 13. El versículo 9 ha dejado perplejos a muchos. La versión de Weymouth ha servido de ayuda para muchos. «Pero yo os digo que empleéis aquella riqueza que está siempre tentando a la deshonestidad para ganaros amigos, los que, cuando os falle, os darán la bienvenida a las tiendas que nunca perecen.» Es decir, se manda a los que tienen riquezas que las empleen rectamente para que no susciten envidias, ni amarguen a los menos favorecidos, y que si esta riqueza toma alas y se desvanece, como tan frecuentemente ha sucedido en los últimos años, no se queden sin amigos. ¡Cuán a menudo los que han hecho ostentación de sus riquezas se han encontrado sin amigos cuando han llegado los días malos!
Bengel ha llamado la atención al hecho de que Lucas 16 sigue a Lucas 15. Y este evidente hecho no ha sido destacado tanto como se debiera. Lucas 15 habla del pródigo que regresa, a quien se acoge y por quien se hace fiesta. Pero la vida no puede transcurrir en música y festejos. Nosotros (los perdonados y justificados) somos mayordomos a los que nuestro Maestro ha confiado los talentos del tiempo, dinero, dones y un glorioso mensaje del Evangelio. ¿Estamos siendo fieles al depósito que Él nos ha encomendado? Más tarde o más temprano habremos de dar cuenta de nuestra mayordomía. Quiera Dios que podamos merecer su «Bien hecho, siervo bueno y fiel».

1.080. LECCIONES DE UN ALMA PERDIDA
Lucas 16:19-31

«No hasta que sea dejado será el pecado como pecado visto;
Uno tiene que despertar primero,
antes de poder ver queera un sueño»
TRENCH

Este «rico» tuvo que despertar en la eternidad antes de poder contar su sueño de una vida disipada.
«Nadie puede servir a dos señores» (Mt. 6:24), especialmente cuando los señores difieren tanto en carácter como «Dios y Mamón». Mamón significa «amor a las riquezas» y a los «placeres del pecado». Tanto Dios como Mamón demandan la *autoridad* sobre nuestro ser. Si no nos domina el amor de Dios, lo hará el amor del mundo. Si nos aferramos al primero, necesariamente tendremos que menospreciar al segundo. Los *codiciosos*, en la soberbia de sus corazones, están siempre dispuestos a «justificarse delante de los hombres» olvidando que lo que ellos valoran en gran manera puede ser una abominación delante de Dios (vv. 14, 15). Las palabras que siguen acerca de «un hombre rico» y «un mendigo» llevan una pesada carga de un solemne significado. El Señor no da a esta historia el nombre de parábola. Su sentido es claro e inconfundible. Entonces, ¿cuáles son las lecciones que podemos aprender de esta sección?

I. Que se puede tener una hermosa apariencia delante de los hombres, y sin embargo estar totalmente corrompido delante de Dios (v. 19). La «púrpura» y el «lino fino» de la justicia del hombre nunca hermoseará delante de Dios. Los hay que piensan que de ninguna cosa tienen necesidad, y no saben que son desventurados, miserables, pobres, ciegos y desnudos (Ap. 3:17).

II. Que se puede ser pobre y detestable a los ojos del prójimo, y sin embargo ser rico y hermoso delante de Dios (vv. 20, 21). El desventurado mendigo puede haber sido causa de disgusto para muchos, pero el Señor no mira a la apariencia *externa*. No es infrecuente para el carácter de un pobre y afligido hijo de Dios el ser repelente para los hombres codiciosos y ricos del mundo. Pero el alma de Lázaro era una preciosa joya de Dios, aunque el estuche estuviera *roto*.

III. Que uno puede tener el entierro de un perro, pero ser asistido por los ángeles de Dios (v. 22). Ninguno recogido en un asilo de pobres tuvo nunca un funeral más poco ceremonioso que Lázaro.

«Sus huesos sobre las piedras arrastran:
«Es solo un mendigo a quien nadie reconoce!»

Sí, Dios lo reconoce, y ángeles con vestiduras blancas llevan su liberado espíritu al regazo del Padre.

IV. Que uno puede tener un funeral con gran pompa, y al mismo tiempo un alma desventurada (vv. 22, 23). Habría más *verdaderos dolidos* en algunos funerales si sólo pudieran ver a través del velo. Los hombres hacen eulogios del *pasado* de los grandes que en el mundo han sido, pero ¿qué acerca de su *presente*? El lamento de la «Marcha Funeraria en Saúl» es una burla en comparación con el lamento de un alma perdida en la eternidad.

V. Que uno puede tener abundancia de los bienes de este mundo, y en cambio, en el mundo venidero, estar destituido de la misericordia más elemental (v. 24). Este adorador de Mamón sobre la tierra ha descubierto en la eternidad que una «sonriente providencia» no es evidencia alguna de que el alma está a bien con Dios. Esta *sed* eterna por una gota de agua es una terrible experiencia para alguien que jamás supo qué era la necesidad, y que sólo vivió para satisfacer sus propios deseos.

VI. Que si alguien descuida sus oportunidades en esta vida, en la vida venidera tendrá buenas razones para recordar su insensatez (v. 25). «Hijo, acuérdate». El recuerdo de una *vida* disipada, en medio de muchos «bienes», será, en el mundo venidero, el gusano del remordimiento que no muere.

VII. Que aunque los santos y los pecadores puedan encontrarse ahora juntos, llegará el tiempo en que deberán quedar eternamente separados (v. 26). Las relaciones terrenas de nada nos servirán cuando quede fijada la «gran sima». Todo depende de nuestra relación con Dios y su Cristo. Todas las oraciones y la penitencia del Papado o del purgatorio jamás salvarán esta sima, porque está puesta fija (cf. Mt. 13:30).

VIII. Que las oraciones de los perdidos para nada sirven, ni para sí mismos ni para otros (vv. 24, 27, 28). A los que no han dado valor a la oración en esta vida no se les dará valor alguno a sus oraciones en la vida venidera. De nada vale ser fervoroso cuando ha pasado el día de la gracia. «He aquí ahora el tiempo favorable».

IX. Que aquellos que no quieren oír y creer la Palabra de Dios perecerán sin remedio (vv. 29-31). Las señales y las maravillas de nada nos aprovecharán si no *damos oído a Aquel* a quien Dios ha enviado para bendecirnos (Lc. 9:35). Los israelitas vieron sus maravillas, y murmuraron contra Él. Muchos vieron los milagros de Cristo, pero lo aborrecieron. Incluso Lázaro fue levantado de entre los muertos, y a cambio ellos buscaron matarle (Jn. 12:10, 11). «Cree en el Señor Jesucristo, y serás salvo» (Hch. 16:31).

1.081. ¿QUÉ DEL FUTURO?

Las cuestiones tocantes al futuro son de interés permanente. Es una táctica favorita de los diarios en la estación del verano, durante la que, debido a la inactividad a todas las esferas, parece disminuir la circulación de los diarios. Cuando se suscita una correspondencia acerca de un tema como el mencionado en el encabezamiento de este estudio, en el acto comienza a haber una entrada masiva de cartas y aumenta la circulación. No hay cuestión más popular y llamativa incluso para «el hombre de la calle».

Algunos creen que la Biblia tiene poco o nada que decir acerca del futuro. ¡Qué error más trágico! ¿Para qué dirigirse al llamado Espiritismo para conocer estas cuestiones? Pasemos a la parábola del rico y Lázaro, que encontramos en Lucas 16:19-31.

Pero, ¿es una parábola? Nuestro Señor comienza así: «Había un hombre rico». ¿No está acaso relatando algo sucedido? Parece que sí. Pero aunque se trate de una historia verdadera, tiene sin embargo una lección para nosotros hoy. Observemos que nuestro Señor no reprende la posesión de la riqueza, sino su empleo implacable y egoísta. Doré, el gran artista, cometió un verdadero error cuando, al querer presentar esta escena, puso un látigo en las manos del rico. No, no se insinúa crueldad alguna en la historia del rico hacia Lázaro, sino de una indiferencia encallecida. No trató de manera inhumana al pobre, sencillamente lo ignoró. De hecho, los perros mostraron más compasión que él.

La historia queda pronto contada. «Había un hombre rico.» No hay dudas acerca de su riqueza, porque podía vestirse con los ropajes más lujosos. «Celebraba todos los días fiestas espléndidas.» «Había también un mendigo llamado Lázaro.» El nombre es significativo. Es una contracción de «Eliezer», que significa la ayuda o el auxilio de Dios, y declara que este pobre tenía fe en Dios. No era solo pobre, sino que además estaba enfermo. «Aconteció que murió el mendigo.» Murió primero. No podemos sorprendernos, si recordamos sus privaciones y enfermedad. Después murió el rico. No hay relato de que el pobre fuese sepultado, porque probablemente fue echado al montón de basuras de la ciudad, pero el rico «fue sepultado». Es indudable que hubo un elegante funeral. ¿Y aquí se acaba todo? No, sino que se trata sólo del comienzo.

Es destacable que aunque nuestro Señor Jesús lo conocía todo acerca del mundo invisible y mucho más allá que nadie, estuvo sin embargo callado acerca del mismo excepto por dos o tres referencias. En esta parábola habla de una manera totalmente clara. Aproximémonos a la parábola con preguntas y busquemos respuestas en la narración.

I. ¿Hay otra vida? ¿Sobrevivimos tras la muerte? El hombre se rebela contra la idea de morir y que todo se acabe para él. Es consciente de que hay otra vida; el conocimiento de esta realidad forma parte de su misma constitución. ¿Y qué contribución da esta historia hacia esta pregunta? Que los cuerpos muertos de ambos quedaron en esta tierra, pero que ellos mismos, los verdaderos individuos, pasaron a otra vida. Sobrevivían después de la muerte. Eran personas vivientes, palpitantes.

II. ¿Qué sucede en la muerte? Que los piadosos son llevados por los ángeles a la presencia de Cristo. Los ángeles actúan solícitamente para nuestro bien durante nuestra vida, como declara Hebreos 1:14, pero se toman un cuidado especial de nosotros en la hora de la muerte, introduciéndonos a la Presencia de Dios.

III. ¿Estamos conscientes en la otra vida? En esta historia, estaban bien conscientes. Ninguno de los dos estaba dormido; el rico estaba penosamente consciente de sus padecimientos, y el pobre gloriosamente consciente de sus goces. Todo lo que las Escrituras tienen que decir acerca del sueño de la muerte es solo de aplicación al cuerpo, no al alma. El Libro Sagrado afirma aquí que la consciencia la poseen todos, y ello inmediatamente después de la muerte.

IV. ¿Hay alguna diferencia en las moradas de los difuntos? ¡Muy ciertamente! Esta historia nos enseña que hay dos lugares; un lugar al que van los muertos sin Cristo, y un lugar en el que se encuentran los muertos en Cristo. El Seno de Abraham era la frase judía para denotar el Paraíso. Ahora sabemos que el Paraíso se encuentra en el Tercer Cielo, y no, como en esta historia, en el corazón de la tierra. Estudiemos Mateo 12:40; 2 Corintios 12:2-4. Sin duda, la transferencia del Paraíso desde el corazón de la tierra a la presencia inmediata de Dios tuvo lugar en la resurrección de nuestro Señor, como se ve en Efesios 4:8-10.

V. ¿Nos conoceremos unos a otros en la otra vida? La mujer de un clérigo le hizo esta pregunta, a lo que él respondió en el acto: «Oye, querida, nos conocemos aquí; ¿crees por un solo momento que cuando estemos allá arriba seremos más necios que aquí abajo?» El hombre rico conocía a Lázaro. Los tres discípulos en el Monte de la Transfiguración reconocieron a Moisés y Elías cuando se presentaron en aquella maravillosa escena acompañando al Señor, aunque Moisés había estado muerto por cientos de años, y cientos de años habían transcurrido desde el arrebatamiento de Elías. Es totalmente seguro que nos reconoceremos en la otra vida. Aunque el rico había dejado su cuerpo en esta tierra, tenía ojos con los que ver y una boca con la que hablar.

VI. ¿Hay alguna esperanza de una segunda oportunidad? Los hay muchos que enseñan que después de la muerte se dará una segunda oportunidad de salvación. ¿Qué es lo que aprendemos en base de esta historia? Aprendemos que el rico en el infierno no deseaba la salvación para sí mismo, ni pidió una sola misericordia espiritual, pero que deseó misericordias espirituales para sus parientes aún en el mundo. No parecía haber en él ningún deseo de ninguna gracia espiritual: «El árbol ... en el lugar donde caiga, allí se quedará».

VII. ¿Pueden los muertos comunicarse con nosotros? ¿Cómo podrían? Fíjate y lee esta gráfica descripción: «Además de todo esto, una gran sima está puesta entre nosotros y vosotros, de modo que los que quieran pasar de aquí a vosotros, no puedan, y de allá pasar acá». Esto declara que no hay esperanza de una segunda oportunidad y que no hay manera en que los muertos se puedan comunicar con nosotros. Lo que sucede en las Sesiones Espiritistas no es la comunicación de difuntos con sus amigos aún en la carne, sino de demonios que suplantan las personalidades de los difuntos y que engañan a la humanidad.

VIII. ¿Conseguiría un ángel o una persona resucitada enviada de vuelta a la tierra que otros se convirtiesen? La idea de que así sería es muy común, pero nuestro Señor puso en boca de Abraham una declaración tajante acerca de esta cuestión: «Si no oyen a Moisés y a los profetas, tampoco se persuadirán aunque alguno se levante de los muertos». ¡Cómo se honra aquí a la Palabra de Dios! ¡Cuán importante es prestar atención a la Palabra de Dios! La Biblia es ciertamente exaltada en esta parábola.

IX. Conclusión. Fíjate en el rico:

1. Despertado a verdades eternas, ¡PERO DEMASIADO TARDE!
2. Vio su propio peligro, ¡PERO DEMASIADO TARDE!
3. Oró, ¡PERO DEMASIADO TARDE!
4. Se preocupó por la salvación de sus parientes, ¡PERO DEMASIADO TARDE!

1.082. HIJO, ACUÉRDATE

Lucas 16:25

En base de la autoridad de Cristo, este «hombre rico» ha de ser tomado como una persona histórica real. Y se le hace este sorprendente llamamiento a su memoria:

I. La memoria es un maravilloso don. La pérdida de la memoria significa la pérdida de toda utilidad, de toda dignidad y de toda responsabilidad. Es la pérdida de nuestra identidad. El cerebro en sí mismo es una mera máquina; es la *mente* la que recuerda, ahora y en la eternidad.

II. La memoria es el almacén del alma. «Hijo, acuérdate.» Su capacidad de almacenamiento es tremenda. Ten cuidado con lo que pones dentro, por cuanto tales bienes te pueden volver a ser demandados. Puede ser un palacio de preciosos bienes, o una cámara de horrores. Es un museo de registros de acontecimientos, el libro de referencia para un juicio venidero. Es la sementera de esta vida, y de la vida venidera.

III. La memoria es afectada por el estado del corazón. «Hijo, acuérdate.» Lo que estamos escogiendo ahora queda determinado por lo que *amamos*. Si amamos el mundo, nuestros corazones estarán puestos en él. Recordamos con la mayor claridad lo que hemos amado con la mayor claridad. Nuestras impresiones juveniles, debido a su intensidad, generalmente se mantienen como las más duraderas en nosotros. Algunos ponen su mira en «las cosas de arriba», mientras que otros «piensan lo terreno».

IV. La memoria es la facultad reproductora. «Hijo, acuérdate.» Provee la evidencia para el juicio final, y puede que sea uno de «los libros» que serán abiertos «en aquel gran día». Cuando muere un hombre sin Cristo, «nada le queda más que una maravillosa memoria». Nunca hablamos de una memoria *pecaminosa*. Puede que sea débil o fuerte, pero no es en sí misma pecaminosa, por cuanto es solamente un espejo que refleja de vuelta lo que ha sido puesto ante ella. «Hijo, acuérdate que recibiste tus bienes *en tu vida*», etc. Aquí, el recuerdo se despierta con agitado pavor, se expande en el corazón, y convierte el pasado en dolor. Pedro lloró cuando pensó en el pasado reciente. Alma, recuerda que este es tu tiempo de vida, y que la mejor de todos los «bienes», el Evangelio de Cristo, está a tu alcance. Recíbele, y entonces tus pecados e iniquidades no serán recordados ya más.

1.083. AHORA ÉSTE ES CONSOLADO

Lucas 16:25

Estamos en el *ahora* de:

1. LA LIBERACIÓN. «Han venido procedentes de gran tribulación» (Ap. 7:14).
2. LA TRANSFORMACIÓN. «Han lavado sus ropas, y las han emblanquecido en la sangre del Cordero» (Ap. 7:14).
3. LA ETERNIDAD. «Por eso están delante del trono de Dios» (Ap. 7:15).

1.084. DIEZ LEPROSOS SANADOS

Lucas 17:11-19

«El pecado sutilmente en el corazón se ha establecido
Como enfermedad, como peste de un brujo,
Rige los mejores pensamientos contra su voluntad.
Sólo los rayos de Dios el corazón pueden sanar,
Limpiarlo de mal, no hay otro camino,
Excepto de todo corazón volverse a Dios»

ALLINGHAM

Allí donde Jesús fuera encontraba siempre ocasión para ejercitar su infinita compasión y poder; y lo que es mejor aún, estaba siempre buscando a los angustiados y a los desesperanzados, supremamente consciente de que en Él mismo Él era todosuficiente para suplir las necesidades de todos. En Jesucristo toda la plenitud de Dios plantó su tabernáculo entre los hombres, y cuando entregó *su vida* por nosotros en la Cruz expiatoria, fue pagando con sus inescrutables riquezas como el precio de la redención de nuestras almas. Su milagro de sanidad en este pueblo anónimo mientras iba de camino a Jerusalén (vv. 11, 12) tiene para nosotros unos pensamientos que van a lo más hondo del corazón. Veamos

I. El lastimoso espectáculo. «Le salieron al encuentro diez hombres leprosos» (v. 12). Diez hombres ligados por una común miseria, y absolutamente incapaces de salvarse a sí mismos. Aunque había *diez*, ello no disminuía los sufrimientos y peligros de cada uno. Aunque podamos tener muchos compañeros de pecado, ello no disminuye en nada la culpa de cada uno. En la Escritura, la *lepra* es el tipo destacado del pecado.

1. Como el pecado, conlleva IMPUREZA. El veraz grito del leproso, con su boca cubierta de vergüenza, debía ser: «¡Inmundo, inmundo!» (Lv. 13:45). Es tan solo la verdad lo que se nos *enseña* cuando, a semejanza del leproso, se nos pide que hagamos *confesión* de nuestros pecados.
2. Como el pecado, lleva a la SEPARACIÓN. «Se pararon a distancia» (v. 12). El lugar que la ley les había designado era «fuera del campamento» (Lv. 13:46). «Lejanos» es la posición de todos aquellos que no han sido hechos cercanos por la sangre de Cristo (Ef. 2:13). Su mismo carácter los aleja de la vida y comunión de Dios.
3. Como el pecado, es humanamente incurable. El hombre no tiene remedio alguno para la lepra. Solo puede tratar de aliviar sus sufrimientos mientras que la terrible plaga sigue su curso mortífero.

II. Su ferviente ruego. «¡Jesús, Maestro, ten compasión de nosotros» (v. 13). Puede haber sido un clamor ronco saliendo de gargantas enfermas de lepra, pero fue como música para los oídos de Jesús, porque salía del corazón, y era para la cosa necesaria. «Compasión», aquella compasión que en Jesús estaba unida a la Omnipotencia, y que tenía su morada en el más tierno y puro de los hombres.

III. El sencillo remedio. «Id y mostraos a los sacerdotes» (v. 14). Parece una extraña orden, pero el significado es claro: «Los sacerdotes os han condenado como leprosos; luego, si creéis que yo os puedo sanar y que así lo estoy haciendo, id y mostraos a ellos, para que puedan ver que estáis sanos» (Lv. 14:2-4). «Y aconteció que *mientras iban*, fueron limpiados.» Hay dos cosas absolutamente necesarias:

1. *Fe* en la PALABRA DE Cristo (v. 19).
2. *Obediencia* a la VOLUNTAD de Cristo.

Si hubieran esperado *a sentirse mejor* antes de ir, nunca habrían ido. Es en tanto que creemos y obedecemos que entramos en la vida.

IV. Un receptor agradecido. «Entonces uno de ellos, viendo que había sido sanado, volvió, glorificando a Dios a gran voz» (v. 15). La sanidad personal es algo más que sólo podemos *ver* por experiencia, y algo por lo que deberíamos sentir un pronto y profundo agradecimiento. Para este hombre era una imposibilidad moral *glorificar* a Dios mientras estuviera en la terrible atadura de la lepra. Es solo cuando somos liberados del pecado que podemos dar gloria a Dios. La misericordia sanadora de Cristo no solo hizo que el samaritano se sintiera sumamente lleno de gratitud, sino que también lo hizo *humilde*. «Se postró rostro en tierra a sus pies.» La humildad y el agradecimiento son característicos de los salvos por la gracia de Dios.

V. Una pregunta escudriñadora. «¿No son diez los que fueron limpiados? Y los otros nueve, ¿dónde están?» (vv. 17-19). El que contaba las estrellas no dejará de *contar* a los que han sido limpiados por su

Palabra. Él los conoce individualmente. «Y los nueve, ¿dónde están?» Es cosa cierta que nuestro Señor espera que aquellos que han sido salvos por Él glorifiquen a Dios haciendo un reconocimiento público de su poder purificador. No es bien posible a nosotros, como a aquellos nueve, tener una gran ansiedad de lograr la salvación solo para nuestro bienestar y felicidad, y ser totalmente indiferentes acerca de honrar al Salvador con nuestra nueva vida. Estos creyentes *secretos* –pues discípulos no podemos llamarlos– son unos ingratos cobardes. Este menospreciado «extranjero» que volvió para dar a Dios la gloria recibió algo que los nueve desagradecidos no recibieron. Recibió la *certidumbre* de que la obra hecha en él era perfecta (v. 19). La creencia del corazón debería ir siempre acompañada con la confesión de la boca (Ro. 10:9). ¿Dónde están los nueve? ¿Eres tú uno de ellos?

1.085. LA SEGUNDA VENIDA DE CRISTO

Lucas 17:20-37

«De cierto corto el tiempo es,
Y sin fin la tarea y el arte,
Para abrillantar para los eternos atrios
Un corazón a la tierra ligado, por ella manchado.
Pero ÉL, el gran proclamador de aquella hora,
A ti se ha comprometido en amor, como contra tus enemigos en poder»

KEBLE

El Señor Jesucristo no reprendió en absoluto a aquellos fariseos que le preguntaron «cuándo había de venir el reino de Dios» (v. 20). Está claramente revelado que el *Mesías* redimiría a su pueblo, estableciendo el trono de David. Esta esperanza se había apoderado de una manera tan poderosa del pueblo que en una ocasión estuvieron a puntos de tomar a Jesús por la fuerza para hacerlo Rey (Jn. 6:15). Pero Jesús no se fiaba de ellos, sabiendo lo que había en el hombre. Incluso después de su resurrección los discípulos le preguntaron: «Señor, ¿restaurarás el reino a Israel *en este tiempo*?» (Hch. 1:6). Incluso ni a ellos les era dado saber *cuándo*. Aquí se nos enseña algo acerca de:

I. La naturaleza del reino. «El reino de Dios estaba *en medio* de vosotros» (vv. 20, 21). Le preguntaron cuándo debía venir. El Reino, como *Gobierno de Dios*, estaba ya en medio de ellos en la Persona de su Hijo. No puede haber reino sin rey (véase Mt. 12:28). Pero en cuanto a su gloria externa y visible seguía estando oculto, porque no estaba aún glorificado como Príncipe y Salvador.

1. Vendrá REPENTINAMENTE. «Como el relámpago» (v. 24). El relámpago «no viene con advertencia», esto es, los hombres no ven el relámpago antes de que venga a ser una realidad presente. «Así también será el Hijo del Hombre *en su día*».
2. Será INCONFUNDIBLE cuando llegue. Cuando oramos: «Venga tu reino», oramos por la venida del Rey. Cuando Él *venga* no habrá necesidad de decir «Aquí está» o «allí está», para el resplandor de su influencia será como el relámpago que al fulgurar resplandece desde un extremo del cielo hasta el otro, esto es, de uno a otro hemisferio (vv. 21, 24).

II. Estado del mundo en su venida. «Como fue en los días de Noé, así también será en los días del Hijo del Hombre» (vv. 26-30). Con toda certidumbre, el mundo no fue convertido en los tiempos de Noé; y tampoco lo será en los tiempos de la venida del Señor (Lc. 18:8). Los días de Noé estaban caracterizados por la apostasía y la incredulidad (Gn. 6:1-7). Comían y bebían, se casaban y se daban en casamiento, *rechazando* el testimonio de Noé hasta que llegó el diluvio. Dios había dicho: «No contenderá mi espíritu con el hombre para siempre», indicando que en los días de Noé se resistía la voz y las amonestaciones de su Espíritu. «Así también será en los días del Hijo del Hombre». «En los últimos días habrá tiempos difíciles. Porque habrá hombres amadores de sí mismos..., impetuosos, infatuados, amadores de los deleites más bien que de Dios» (2 Ti. 3:1-4). Y nuestros críticos racionalistas están haciendo lo que pueden para completar esta tenebrosa imagen, luchando contra el Espíritu de Dios (véase 2 Ti. 4:3, 4), y «apartarán de la verdad el oído, y se volverán a las fábulas». De los tales, apártate. Toda enseñanza que no *exalte* al Señor Jesucristo y honre al Espíritu Santo no es de Dios.

III. Los resultados de su venida. Los resultados serán muchos aquí, pero hay dos efectos concretos que nos son presentados aquí.

1. SEPARACIÓN. Cuando Noé, que había condenado al mundo por su justicia (He. 11:7) fue tomado al arca y el arca fue cerrada, entonces vino el diluvio. Cuando Lot fue sacado de Sodoma, luego cayó el fuego y el azufre desde el cielo. «El uno será *tomado*, y el otro dejado» (vv. 34-36). Así será también cuando venga el Hijo del Hombre. Habrá un arrebatamiento de los que son del Señor: «Arrebatados juntamente con ellos en las nubes para salir al encuentro del Señor en el aire» (1 Ts. 4:16-17).
2. JUICIO. El arrebatamiento de los justos prepara el camino para los juicios de Dios sobre los incrédulos. El Señor declaró que no podía «hacer nada» hasta que Lot saliera de Sodoma. Cuando la «sal de la tierra» haya sido quitada, no habrá freno al proceso de muerte y corrupción. Cuando la Iglesia de Dios haya sido quitada de este mundo que niega a Cristo, entonces el Señor dará «retribución a los que no conocieron a Dios, ni obedecen al evangelio de nuestro Señor Jesucristo» (2 Ts. 1:7-10). Allí donde esté el cuerpo *sin vida* y corrompido, allí se congregarán las águilas de los juicios de Dios (v. 37).

1.086. ACORDAOS DE LA MUJER DE LOT

Lucas 17:32

Hay razones muy solemnes por las que *nosotros* debemos recordar la mujer de Lot, ahora que se acerca la venida del Hijo del Hombre (v. 30). No estar preparados para su presencia llevará a ser alcanzados por aquella venganza que caerá sobre los que «no obedecen al evangelio» (2 Ts. 1:6-10). Algunas cosas acerca de ella que debieran ser *recordadas*:

I. Pereció, aunque era la mujer de un hombre justo. Lot no fue todo lo que debió ser, pero era un «justo» que «afligía su alma» (2 P. 2:8) ante la abominable conducta de los sodomitas. También estaba emparentada con Abraham, el hombre de fe.

II. Pereció, aunque fue advertida del peligro. Les había venido un mensaje especial desde el cielo: «Escapa por tu vida». ¿No hemos recibido también nosotros una advertencia especial de parte de Dios por medio de su Hijo? (Jn. 3:36).

III. Pereció, aunque hizo un esfuerzo para salvarse. Ella oyó la advertencia, la creyó en parte, y corrió durante un rato, pero no llegó a alcanzar la salvación. No «olvidó *lo que quedaba atrás*». Lo mismo que Simón el Mago, su *corazón* no era recto para con Dios (Hch. 8:21). «Hacer lo mejor que uno pueda», aparte de una fe firme en Cristo, es perecer junto al camino.

IV. Pereció, aunque se había separado de los sodomitas. Su cuerpo estaba fuera de la ciudad, mas sus afectos estaban en ella. No era ella tan mala como los perversos ciudadanos de la llanura, pero seguía estando fatalmente aherrojada por el amor del mundo. Podía dar gracias a Dios, como los fariseos, de que ella «no era como otros», pero no era salva (He. 10:38, 39).

V. Pereció, aunque sólo cometió un pecado. Aquel terrible pecado fue el pecado de incredulidad, que se manifestó con una *mirada* de desobediencia. El mandamiento era: «Escapa por tu vida; no mires tras ti» (Gn. 19:17). Los pecadores perecen no debido al *número* de sus pecados, sino a la *naturaleza del pecado*. Por un hombre entró el pecado en el mundo, y la *muerte* por el pecado, no por *pecados*. Transgredir la ley de Dios en *un* punto es hacerse culpable de toda ella. Ella jamás habría *mirado atrás* si hubiera mantenido su mirada fija en el monte que había sido puesto delante de ella (He. 12:2).

1.087. ALGUNAS REALIDADES ACERCA DE LA ORACIÓN

Lucas 18:1

«Es necesario orar siempre y no desmayar». Así lo dijo el Señor de la salvación. Por ello:

I. La oración es una cosa **real**. Es algo que tiene un valor intrínseco. «Es necesario que el que se acerca a Dios crea que le hay» (He. 11:6). Un hombre confesó una vez: «Antes de convertirme, no oraba a nadie. Ahora oro a Dios».

II. La oración es una cosa **sencilla**. Cualquier niño puede orar. Es el ofrecimiento de nuestros deseos a Dios. Es pedir porque sentimos nuestras necesidades, y creemos que podemos recibir. No hay misterio alguno en esto.

III. La oración es una cosa **deseable**. Hay «la *necesidad* de orar siempre». Deberían orar, así como deberían trabajar y comer. Los hombres deberían tratar limpiamente con Dios, del mism modo que deberían tratar limpiamente con sus semejantes. Es su deber y privilegio.

IV. La oración es una cosa **de hombres**. «Quiero... que los *hombres* oren en todo lugar» (1 Ti. 2:8). El hombre es el único ser de esta creación que puede de natural mirar arriba. Algunos hombres viven vidas de bruto al no mirar nunca arriba. Levanta tu rostro a Dios, y mantén tu dignidad como hombre.

V. La oración es algo **constante**. «La necesidad de orar *siempre*.» Debería seguir orando, así como sigue deseando. Los hombres deberían ejercitar sus cuerpos a diario para ser sanos y fuertes. De la misma manera deberían ejercitar también sus almas para con Dios. Continúa trabajando si quieres atesorar bienes de este mundo. Continúa orando si quieres crecer y enriquecerte en fe y gracia.

VI. La oración es una **prueba**. «Sin desmayar.» Es fácil fatigarse en esta buena obra. Cosecharéis si no desmayáis. Orar siempre y *no desmayar* es la evidencia de una fe intensa. La prueba de vuestra fe es de gran precio.

VII. La oración es algo **provechoso**. «Pedid y recibiréis.» Nuestro Señor nunca habría dicho que «es necesario orar siempre» si no hubiera tenido siempre la intención de dar. Como prueba de esto, veamos la pequeña parábola en los versículos 2-7.

1.088. LA ORACIÓN, UNA NECESIDAD Y UN PRIVILEGIO

> «También les refería Jesús una parábola sobre la necesidad de orar siempre, y no desmayar» (Lc. 18:1).

Nuestro Señor da primero el precepto, y luego sigue el ejemplo. Hay en este capítulo cinco ejemplos de oración: 1) Una *viuda* orando (v. 3), 2) un *fariseo* orando (v. 10), 3) un *publicano* orando (v. 13), 4) un *principal* orando (v. 18), 5) un *mendigo* orando (v. 38). Todos los hombres debieran orar.

I. Los HOMBRES debieran orar. Se ha dicho que el hombre es el único animal que puede mirar hacia arriba. Pero qué doloroso que tantos actúen como el hombre con el rastrillo de basura que se describe en el *Progreso del Peregrino* de Bunyan. El hombre, hecho a imagen del Dios del cielo, debiera mirar arriba. Cuando Nabucodonosor miró arriba, le fue devuelto su entendimiento (Dn. 4:34).

II. Los HOMBRES debieran orar. Algunos escarnecen la eficacia de la oración, refiriéndose a la *inmutabilidad* de Dios. Como si el Dios inmutable no pudiera ordenar los medios así como el fin. El hombre *debiera* orar; esto admite la libre acción de su voluntad. Debiera; pero puede no hacerlo, o no *quererlo*; pero, no obstante, permanece su responsabilidad.

III. Los hombres debieran orar SIEMPRE. Orar acerca de todo, y estar agradecidos por todo (Fil. 4:6). «Mediante oración y ruego con acción de gracias», etc. Considera aquellas cosas que pudieran distraerte como el ladrido de un perro, porque de cierto que son los aullidos de la carne. Esto alcanza a toda extremidad y detalle de nuestra vida diaria y rutinaria. Necesitamos el consejo y la fuerza de Dios, incluso cuando no lo pensamos o cuando al menos estamos inconscientes de nuestra necesidad.

IV. Se debiera ORAR siempre. La palabra griega es *«desear»*. Los hombres debieran siempre *desear* y pedir. Orar sin desear es una burla. Estar siempre *deseando* no significa estar siempre pidiendo, sino comunicarse con Dios, como Padre, y como uno que se deleita en la comunión con Él. Es una vida de caminar y hablar con Dios. No es un trabajo afanoso para los que tienen el Espíritu de oración. Es su mismo aliento de vida.

V. Se debiera orar siempre y NO DESMAYAR. Estas son las palabras de Aquel que vengará a sus escogidos que claman a Él de día y de noche. Él sabe que la *importunidad* no quedará sin recompensa. Abraham desmayó cuando dejó de orar por Sodoma. Joás se detuvo también demasiado pronto, y no llegó a alcanzar la plena bendición (2 R. 13:19). La importunidad de Pablo prevaleció, aunque el aguijón no le fue quitado. Las causas del desfallecimiento son generalmente la duda y el retardo. En este capítulo hay algunos grandes *alientos* para la oración. Sigue orando. Si no puedes traer a Dios más cerca de ti, tú te acercarás más a Él.

VI. Por qué los hombres no oran.

1. POR INCREDULIDAD. No creen a Dios, y muestran por su incredulidad práctica que Jesucristo no tiene lugar en sus vidas.
2. POR SU AUTOCONFIANZA. Tienen tales pensamientos acerca de su propio carácter y capacidades que no sienten la necesidad de buscar la ayuda y conducción del Señor.
3. DEBIDO AL AMOR AL PECADO. Algunos están tan conscientes de que sus vidas están en oposición a la voluntad de Dios, que no oran a no ser que estén dispuestos a presentar confesión.

1.089. LA PARÁBOLA DE LA DESEMEJANZA

Lucas 18:1-8

¿Cómo suena con un nuevo nombre la parábola conocida como la del Juez Injusto, que aparece en Lucas 18:1 a 8? ¡Que os parece si la llamamos la parábola de la desemejanza! En todo caso, de este nombre se desprende la principal lección que nos enseña.

Somos informados acerca de la razón por la que el Señor la pronunció. Hay muchas cosas que deberíamos hacer, y aquí hay una: Que hay «necesidad de orar siempre, y no desmayar».

El juez de esta parábola era un carácter torvo y malvado, porque no tenía ni reverencia hacia Dios ni para las opiniones de sus semejantes. Esta es una infrecuente mezcla. Incluso las peores personas tienen generalmente alguna consideración por las opiniones de sus semejantes. No era éste el caso de este oficial. Hay una viuda en una causa. Con frecuencia se ha hecho notar el total desamparo de las viudas en el Oriente. Pero la Biblia muestra una tierna solicitud por ellas. Ha Dios le plugo revelarse como «Padre de los huérfanos, y Juez de las viudas», y Jeremías 49:11 ha sido un consuelo para muchos maridos y padres moribundos. Siendo débil, no podía obligar al juez a que le hiciese justicia; y siendo pobre, no podía sobornarlo para que se arriesgase a incurrir en el resentimiento de unos formidables adversarios. ¡En qué condición más impotente se encontraba! La autocomplaciente indolencia del juez, y la impotente pero desesperada condición de la suplicante... ¡qué contraste!

¿Es este Juez una imagen de nuestro Dios? ¿Es a él que lo asemejó nuestro Señor? Jamás. Hay solo una respuesta a esta pregunta, y es un NO enfático. No le arrancamos bendiciones. Él no está mal dispuesto a acudir en nuestro auxilio. No tenemos un «porque me es molesta» antes de conseguir nuestras peticiones.

La fuerza de la parábola reside en la desemejanza de este juez con el Juez de toda la tierra. Puede que haya, y desde luego hay, ocasiones en la experiencia de los mejores de nosotros, en las que Dios parece sordo a los fervientes ruegos de su pueblo. Desde luego, el pueblo del Señor espera generalmente una liberación más rápida que la que el Maestro concede. Pero podemos confiar.

El gran argumento de la parábola es éste: Si un hombre malo cede ante la mera fuerza de aquella importunidad que le fastidia, ¡cuánto más el Dios justo dará atención a las oraciones fieles y creyentes que Él ama!

Sí, verdaderamente ésta es la Parábola de la Desemejanza.

1.090. LA ORACIÓN EFICAZ

Lucas 18:1-14

> *«Ora, aunque el don que tu pidas,*
> *Pueda nunca tus temores apagar,*
> *Pueda nunca tus ruegos recompensar,*
> *Mas ora, ¡ora con esperanzadas lágrimas!*
> *Una respuesta, no la que tú anheles,*
> *Sino más divina, un día llegará;*
> *Tus ojos demasiado oscuros son para ver.*
> *Mas confía, espera y orando sigue»*
>
> A. Procter

Hay tanta diferencia entre la mera forma de la oración y el espíritu de la oración como la hay entre un cadáver y un cuerpo vivo. Lo primero es solo la estructura sin aliento de lo segundo.

I. La oración es un gran privilegio. ¡Cuán negros serían los cielos si no hubiera ninguna apertura para el clamor de la necesidad humana! ¡Cuán desesperanzadas nuestras vidas, en el día de la angustia, si no tuviéramos acceso al oído de Dios! Incluso este mundo caído en pecado puede venir a ser para nosotros el salón de audiencias del Rey de reyes; tu cámara puede quedar adornada con la gloria de Dios. Presenta tus peticiones a Él.

II. La oración es una necesidad. «[Hay] necesidad de orar siempre, y no desmayar» (v. 1). «Es imposible creer en Dios y no sentir la necesidad de orar.» Es «el aliento vital» del cristiano. Es una necesidad absoluta para la vida y salud espirituales. Deberíamos orar siempre, porque siempre dependemos de Aquel en quien vivimos y nos movemos. Si nos deleitáramos más en la oración, tendríamos menos inclinación a la murmuración; si amáramos más la presencia del Señor, no nos pelearíamos tanto con nuestros prójimos.

III. La oración debe ser apremiante. «Porque esta viuda me es molesta, le haré justicia» (vv. 3-5). La insistencia continua con la que «venía a él», y que prevaleció sobre la indiferencia de este «juez injusto», es empleada por nuestro amante Señor como argumento en favor de la oración persistente. Si nuestro deseo es por cosas *necesarias,* o para la gloria de Dios, no tengamos temor de «molestar al Maestro» acerca de ellas. Su silencio puede ser por un tiempo sólo una prueba de vuestra fe. Si podéis satisfaceros *sin* esta respuesta concreta a vuestra oración, lo más probable es que no recibáis respuesta. Sed *importunos,* y seguro que recibiréis todo lo que necesitéis (11:8).

IV. La oración debe estar vacía de confianza en uno mismo. La parábola de los dos hombres que subieron al Templo a orar fue dicha de aquellos «que confiaban en sí mismos» (vv. 9-12). La oración es una solemne burla en labios de los que pretenden justicia propia. Es bien cierto que él no era «como los demás hombres», porque no era ni santo a la vista de Dios, ni pecador a sus propios ojos. El hombre que quiera ser justificado por sus obras tiene de que gloriarse *él,* pero no para con Dios. El hecho es que el espíritu de la soberbia y de la autosuficiencia está en enemistad con el espíritu de la oración. Este fariseo *rezó* sus oraciones, pero no *oró.* El espíritu de oración es uno de los más humildes espíritus bajo el sol. En comparación con otros espíritus en la tierra, es un lirio entre cardos.

V. La oración debe ser honrada. El publicano se golpeaba el pecho, diciendo: «Dios, sé propicio a mí, pecador» (v. 13). Del corazón mana la vida. El fariseo se compara a sí mismo con los otros, y se justifica a sí mismo. El publicano se compara con Dios, y hace confesión de su pecado. Ninguna oración puede ser perfectamente honrada delante de Dios si no expresa la verdadera y consciente condición del corazón. El Señor tiene un oído abierto para nuestro clamor, pero tiene un ojo atento a nuestro corazón. Son oraciones gratas a Dios las que golpean a nuestro propio pecho; pero hay otras que golpean el pecho de Dios.

VI. La oración recibirá respuesta. «Os digo que pronto les hará» (v. 8). «Os digo que este descendió a su casa justificado» (v. 14). La verdadera oración nunca volverá de vacío. La oración de la pobre viuda carente de amigos, pero importuna, y la oración del publicano, honradamente consciente de su pecado, fueron oraciones *eficaces,* mientras que la del pretencioso fariseo solamente insultó a Dios y ministraba a su propia soberbia y autoengaño. Nuestra propia justicia jamás nos salvará, tampoco nos salvarán nuestras oraciones, ni tampoco unas joyas falsas podrían salvar a un hombre que se está ahogando. El camino para ascender en la estimación de Dios es descender en la nuestra propia. «El que se humilla será enaltecido» (v. 14), y el que así queda enaltecido puede pedir lo que quiera, y le será concedido.

1.091. EL FARISEO Y EL PUBLICANO ADORANDO

Lucas 18:9-14

«Así como Elías al cielo ascendiendo,
Su manto arrojó a la tierra detrás suyo,
Así cuando el corazón la oración a la altura presenta,
Excluye de tráfico con su mente al mundo»

SOUTHWELL

Esta parábola fue dicha como un reproche a todos aquellos «que confiaban en sí mismos como justos, y menospreciaban a los demás». En la parábola anterior Él había enseñado «sobre la necesidad de orar siempre, y no desmayar», pero aquí muestra con claridad que mientras que todos debieran orar, todo depende del espíritu y de los motivos que nos constriñen a orar si vamos a tener la respuesta de Dios a nuestras peticiones. Estos dos hombres representan dos clases de adoradores.

I. Un profesante autosatisfecho. Aquí tenemos algunas de las características generales de los tales:

1. CREE EN SER RELIGIOSO. Este fariseo sube al templo a orar. Como sus modernos descendientes, él va regularmente a su lugar de adoración, y mantiene una especie de familiaridad reverente con todas las ordenanzas de la casa de Dios. Tiene un gran respeto por la religión, y cree que todo el mundo debería rezar. En cuanto a él mismo, siempre puede rezar como un ángel no caído, porque él «no es como los demás».

2. TIENE UNA GRAN FE EN SI MISMO. Confía «en *sí mismo»* (v. 9). Si jamás hubo algún justo en la tierra, él es el hombre. Su centavo enmohecido vale un dolar de los demás. Se gloría en lo que él es, «no como los demás hombres», y en lo que *hace.* «Ayuno dos veces a la semana». En lo que da, «Doy diezmos». Toda su oración está centrada *en sí mismo.* Confía *en sí mismo,* no en Dios. Asiste a la Iglesia porque le gusta patrocinar cosas honorables. Cree que en tanto que pueda confiar *en sí mismo* no tiene causa alguna para que su fe se conmueva. Se ha hecho a sí mismo tal como es, y con ello adora a un dios de su propia factura.

3. NO TIENE SENTIDO DE NECESIDAD ALGUNA DELANTE DE DIOS. Confía en sí mismo como justo (v. 9). Es rico en obras religiosas, y se ha enriquecido con los bienes de sus prendas personales, y *de ninguna cosa tiene necesidad* (Ap. 3:17, 18). Pertenece a aquella célebre generación que es «pura en su propia opinión» (Pr. 30:12). La cruz de Cristo no le atrae. Es totalmente independiente de una provisión así. No se desmerecería clasificándose entre los *pecadores.* Sus ojos son tan inocentes que no puede ver nada muy malo en nada de lo que haya hecho en su vida.

4. NO TIENE AMOR POR OTROS. «Menospreciaban a los demás» (v. 9). Esto es algo muy conforme con su hipócrita profesión. *Otros* tienen tantas faltas e imperfecciones que su alma justa no puede estimarlos. No hay una verdadera rectitud religiosa más que en su propio pecho tan lleno de orgullo. *Otros* pueden, por su debilidad, caer, y ser atrapados en un torbellino de desastres, o pueden ir a lentamente a la deriva hacia el precipicio de la ruina eterna, pero ¡qué más le da a él! Estas almas a la deriva son indignas de su atención. Su credo es: Que cada uno se cuide de sí mismo.

II. Un confesor humillado.

1. CREE EN LA ORACIÓN. Puede que haya subido con el fariseo, pero no *como* él. El fariseo fue a llevar a cabo una obra, el publicano a gozar de un privilegio. La costumbre constreñía al primero, mientras que el otro era movido por una necesidad profundamente sentida.

2. ES SENSIBLE A LA SANTIDAD DE DIOS. «De pie y a bastante distancia» (v. 13). Se da cuenta de que hay una enorme distancia moral entre el carácter de Dios y el suyo. «Lejanos» es una descripción de nuestra verdadera posición como pecadores delante de Dios (Ef. 2:13). Pero cuando el pródigo «aún estaba lejos», el padre corrió a encontrarse con él. No acudió meramente a orar, sino a tener un trato personal con el Dios personal. «Es necesario que el que se acerca a Dios crea que *le hay.»*

3. ESTA CONSCIENTE DE SU PROPIA PECAMINOSIDAD. «Se golpeaba el *pecho»* (v. 13). Está convencido de que la fuente de su culpa va más honda que las meras palabras o acciones, que su *corazón* era «engañoso, y desesperadamente perverso». Se presenta delante de Dios condenándose a sí mismo, tan abrumado de vergüenza que «no quería ni aun alzar sus ojos al cielo». Toma su verdadero puesto como uno que «ya ha sido condenado» (Jn. 3:18).

4. APELA AL SACRIFICIO EXPIATORIO. Podemos inferir esto por la palabra empleada: «Dios, sé *propicio»: sé propiciado* por mí el pecador: que este hombre tocado por el pecado tenía sus ojos puestos sobre el sacrificio ardiendo sobre el altar cuando hizo esta oración. Cuando uno está totalmente convencido de su culpa delante de Dios deja de tener dificultades con respecto a la doctrina de la sustitución. Se da cuenta de que es su única esperanza, y le da a Dios gracias por la Cruz de Cristo.

III. Un Juez Infalible. Este «os digo» de Jesús es el pronunciamiento final de Dios sobre las actitudes de estas dos clases presentes delante de Él (v. 14).

1. LOS QUE SE ENALTECEN SERÁN HUMILLADOS. Nadie puede *levantarse* hasta el favor de Dios por medio de sus obras. «Dios *resiste* a los soberbios» (Stg. 4:6). En tanto que un hombre encubra sus pecados nunca prosperará a la vista del Dios que escudriña los corazones (Pr. 28:13).

2. LOS QUE SE HUMILLAN SERÁN ENALTECIDOS. «Humillaos delante del Señor, y Él os exaltará» (Stg. 4:10). La historia de Amán y de Mardoqueo es una perfecta ilustración de esta verdad. En Lucas, capítulo dieciséis, vemos a un soberbio rico abatido hasta el infierno, mientras que el humilde mendigo es exaltado al cielo. Este mundo se rectifica en el cielo, en que si tú salvas tu vida la perderás, y si la pierdes por causa de Cristo, la salvarás.

1.092. LA CRUZ Y LA PERSONA

Muchos y acerbos ataques se han hecho a lo largo de los siglos sobre el hecho fundamental de nuestra fe cristiana, el aspecto sustitutorio de la muerte de Cristo. Los enemigos de nuestra fe saben muy bien que si se derriba o siquiera si se oscurece el aspecto de su muerte sustitutoria, nuestro cristianismo se derrumbaría. Pero gracias a Dios, la Cruz se mantiene firme. ¡Aleluya! Sin embargo, no podemos ocultar el hecho de que el silencio de nuestros profesores universitarios y de nuestros predicadores actuales son una causa de grave preocupación. Pensad en esto: ¿Cuándo fue la última vez que oísteis un discurso en vuestra asamblea o iglesia acerca de la muerte expiatoria de nuestro Salvador? Pero vayamos más adelante: vosotros, los que ministráis la Palabra, ¿cuándo fue que hablasteis la última vez acerca de la Cruz de nuestro Señor Jesucristo? Las contestaciones, en muchos casos, serán desconcertantes. La verdad es que la caída de la Cruz sería la caída de Inglaterra, o de cualquier otro país profesamente cristiano.

Lo mismo sucede en el caso de cada persona individual. También nosotros nos mantendremos o caeremos según nuestra relación con la Cruz. Más aún, seguimos siendo criaturas no salvas si no hemos aún abrazado y recibido a Cristo y su muerte sustitutoria.

Esto se ve con claridad en la Parábola del Fariseo y del publicano, que se encuentra en Lucas 18:9-14. La diferencia entre ambos estriba en su relación distinta con la Cruz, o más bien con aquella verdad representada por la Cruz. En el primer caso, aunque hay muchas cosas admirables, observamos la total ausencia de toda conciencia de pecado y de sentimiento de necesidad de la Expiación, y era y siguió siendo una persona no salva. En el segundo, hubo un ruego pidiendo misericordia por medio de la expiación: el camino de Dios de la salvación. Esto se ve claramente en las palabras empleadas: «Dios, sé propiciado respecto a mí, pecador», o, como una autoridad fiable en griego ha señalado, se podría traducir de manera muy literal como *«Dios, muestra misericordia por medio de sacrificio a mí, el pecador»*. Esto lo desarrollaremos más adelante.

Fíjate que no se trata de una parábola acerca de la oración, sino acerca de la justificación. La parábola acerca de la oración la encontramos en los primeros versículos de este capítulo. ¿A quién fue dirigida esta parábola?

(1) A aquellos que «confiaban en sí mismos», y no en el Señor.

(2) A los que menosprecian a otros, no por un aborrecimiento del pecado, sino debido a una imaginaria superioridad moral sobre otros. Mark Guy Pearse contaba una visita a un hogar donde el padre, un hombre culto y educado estaba sentado borracho, actuando de manera insensata. Mientras salía de casa, la mujer exclamó, llorando: «¡Oh, ore a Dios por mí, para que me libre de menospreciarlo!» No era esta clase de menosprecio la que el Señor tenía en mente; era lo que la soberbia espiritual impulsa a uno a pensar, a hacer y a decir.

La oración revela el carácter. El verdadero carácter siempre se manifiesta de esta manera. Veamos cómo los caracteres de estos dos hombres se revelaron en sus oraciones.

I. El Fariseo.

1. ERA UNA BUENA PERSONA. Podía decir que no era «como los demás hombres». Por varias razones, el mismo nombre Fariseo nos sugiere hipocresía, pero esto es un error. Un hipócrita es un actor: alguien que pretende ser algo que no es, y lo sabe. Muchos profesan ser lo que no soy, y están totalmente inconscientes de la realidad de que no son lo que profesan ser. Estos están engañados, pero desde luego no son hipócritas. Así sucedía con el fariseo. Este fariseo pensaba de verdad que era un buen hombre, y lo era, en base de normas meramente terrenales.

2. ERA UN HOMBRE HONRADO. No era «ladrón», o extorsionador. Esto lo podía decir de manera veraz. En cambio, los publicanos (el término bíblico para denotar a los recaudadores de impuestos) eran notorios por esto. El difunto Profesor Henry Drummond consideraba que «la deshonestidad es un pecado tan grande como la embriaguez», pero este fariseo era un hombre honrado.

3. ERA UN HOMBRE JUSTO. Podía decir que no era «injusto», es decir, era recto en sus tratos con sus semejantes. Admiraba y practicaba la Regla de Oro. Hacía a los demás como deseaba que hiciesen con él.

4. ERA UN HOMBRE VIRTUOSO. Podía decir que no era «adúltero», porque tenía un pleno control sobre sus pasiones, y no solo respetaba la ley, sino que la obedecía.

5. ERA UN HOMBRE TEMPLADO, porque podía decir «ayuno dos veces a la semana». Moisés sólo había ordenado un ayuno anual, en relación con el Gran Día de la Expiación; pero este hombre iba más allá de las instrucciones de Moisés, y tenía un control tan excelente sobre sus propios apetitos legítimos que podía ayunar ¡dos veces a la semana!

6. ERA UN HOMBRE BENEVOLENTE. «Doy diezmos de todo lo que gano.» Ahora bien, Moisés solamente había ordenado el diezmo de los frutos de la tierra y del aumento del ganado, y por ello los israelitas no tenían ordenado diezmarlo *todo*; pero veréis que el fariseo podía decir con verdad que daba diezmos de todo lo que poseía.

7. ERA UN HOMBRE AGRADECIDO. «Te doy gracias», y tenía mucho por lo que dar las gracias. Mediante una cuidadosa instrucción y por los sanos frenos de la ley y de la sociedad, había sido salvado de mucho pecado externo. Hay miles de jóvenes asociados con nuestras asambleas, locales de misión, iglesias y capillas que han sido similarmente salvados de excesos pecaminosos externos, y que nunca han hecho tanto como este fariseo, porque nunca han dado gracias a Dios por estos sanos y benditos frenos.

Habiendo dicho todo esto, el lector podría expresar asombro y decir: «¡Pues este fariseo debía ser un modelo de ciudadano!, ¿qué más podría esperarse de él?» ¡Ah, había una total ausencia de cualquier conciencia de pecado o de indignidad personal! Su oración estaba lastrada con orgullo, y nunca subió más arriba de donde él estaba. Observaréis que aunque estaba agradecido, no presentó petición alguna de gracia, y no la recibió. Este desafortunado estado de mente y alma se debía indudablemente a un concepto erróneo acerca del pecado y a una errónea concepción de la religión. Es evidente que pensaba en el pecado como simplemente transgresión, mientras que éste es solamente un aspecto del mismo, porque está escrito no solo que «el pecado es la transgresión de la Ley», sino también que «Toda transgresión es pecado». Luego, su idea acerca de la religión era la de un mero manojo de deberes que debían ser observados y practicados. Cuidémonos de que no haya un fariseo latente en cada uno de nosotros.

II. El publicano. Hay versiones que oscurecen el verdadero sentido de esta oración. El difunto Obispo Daniel Wilson, de Calcuta, ordenó en su testamento que en la tableta en su memoria en la Catedral se grabasen estas palabras en griego, por ser tanto más enfáticas que en la traducción inglesa. Se puede encomiar la traducción que en el margen da la Versión Revisada inglesa: «Dios, se propiciado a mí, el pecador». ¿Qué aprendemos de esta oración?

1. SE CONSIDERABA INDIGNO DE ACERCARSE A DIOS. «De pie y a bastante distancia», en el Patio de los Gentiles. Aunque era judío, no osaba aventurarse más allá del Patio de los Gentiles. Estaba consciente de que sus pecados le habían distanciado de Dios. Pero, bendito sea el Señor, aunque el publicano se mantenía lejos de Dios en la conciencia de su indignidad, Dios no quedó lejos de él. Él está cerca de todos los que tienen el espíritu quebrantado y contrito.

2. CONFESÓ SER EL PEOR DE LOS PECADORES. No «un pecador» o «pecador», como en tantas traducciones, sino *«el* pecador», como en la Versión Revisada. Reconoció lo aborrecible del pecado, y su clamor era el de un alma aterrorizada por lo horrendo del pecado, y por el sentido de la ira de Dios.

3. RECONOCIÓ QUE EL ÚNICO CANAL DE MISERICORDIA ERA LA EXPIACIÓN. Indudablemente, había traído su ofrenda por el pecado, que, después de ser muerta, estaba siendo ofrecida sobre el altar, y oraba en el sentido de que Dios mostrase misericordia por medio de aquel sustituto que estaba siendo ofrecido, un sacrificio por él que prefiguraba el gran sacrificio que iba a ofrecer nuestro Señor.

Podríamos sugerir a todos los pecadores respetables que se unan ambas oraciones. Dando gracias humildes a Dios por todos los frenos con los que te ha rodeado, y por haberte preservado con tanta misericordia de tener que haber recogido torbellinos, clama entonces pidiendo su misericordia perdonadora y justificadora por medio de la muerte expiatoria de Jesucristo. «Dios, sé propiciado, por medio de sacrificio, a mí, el pecador.»

1.093. UNA COSA TE FALTA
Lucas 18:15-30

«Por tu gracia Señor mi elección hecha está,
En Tu Salvación es mi regocijo,
Vacío estaba yo, y vacío estoy,
Tu Salvación plena es lo que me llena a mí,
Pasajeras todas las cosas movibles son,
Mas tuyo es el amor permanente y eterno»
GROSART

Jesús es idóneo para todas las necesidades, desde la del principal de la sinagoga hasta el recién nacido en brazos de su madre (v. 15). Bienaventuradas son aquellas madres que buscan para sus hijos el del Cristo que da la vida, y que no se dejan desalentar en esta buena obra por las prohibiciones o burlas de discípulos ignorantes y de frío corazón. El Reino de Dios debe ser recibido con el espíritu sencillo y *creyente* de «un niño pequeño» (v. 17). Este hecho queda claramente expuesto en el siguiente relato del joven principal. En esta breve narración observamos:

I. Una pregunta importante. «¿Qué haré para heredar la vida eterna?» (v. 18). No hay ninguna pregunta más apropiada para un joven reflexivo que ésta. Es hermoso ver a un hombre que, mientras goza del calor de la prosperidad del mundo (v. 23), indaga ansioso acerca de las certidumbres eternas de lo que no se ve. ¿Por qué deberían las glorias de las riquezas terrenales cegar los ojos a la mayor gloria de las celestiales? Este gobernante vino a la persona adecuada con esta pregunta, de todas la de mayor importancia, cuando acudió a Jesús. Solamente Él tiene las palabras de vida eterna. Era también una pregunta sumamente *personal*. «¿Qué haré?» La salvación es un asunto entre Jesucristo solo y nuestras almas individuales.

II. Una pregunta escudriñadora. «Jesús le dijo: ¿por qué me llamas bueno?» (v. 19). Nuestro Señor quería que comprendiera que Él no está tratando meramente con el lenguaje de los labios, sino con los más profundos motivos del corazón. «Ninguno hay bueno, sino solo Dios» (v. 19). ¿Crees tú que Yo soy Dios? Cuando acudimos a Jesús acerca de la cuestión de la «vida eterna», tenemos que acudir con pleno propósito de corazón, creyendo que es divino, y que Él es el Camino, la Verdad y la Vida. ¿Crees tú esto?

III. Una confesión honrada. «Todo esto he guardado desde mi juventud» (v. 21). Es indudable que este ansioso hombre principal era perfectamente sincero al decir esto. No estaba consciente de nada contra sí mismo. Hay una paz de conciencia que no es la «paz de Dios». Hay una rectitud de carácter delante de la ley que no justifica delante de Dios, porque el justo vivirá *por la fe* (Gá. 3:10, 11). «Y sin fe es imposible agradar a Dios» (He. 11:6). El fariseo que «subió al templo a orar» tenía muchas buenas obras, pero estaba totalmente carente de fe en el sacrificio de expiación (Lc. 18:11-14).

IV. Un mandamiento de prueba. «Aún te falta una cosa: vende todo lo que tienes, ... y tendrás tesoro en el cielo» (v. 22). Los que quieran poseer la «vida eterna» que es en Cristo tienen que estar dispuestos a dejar ir todo lo demás cuando Él lo mande. «Tesoro en el cielo» es la posesión codiciada por todos aquellos cuyo corazón es recto para con Dios. No miran las cosas que se ven, sino las que no se ven, y que son *eternas*. Una rotura de la lámpara dejará al peregrino a oscuras. Un eslabón dañado hará inservible la cadena; una vía de agua en el barco lo hundirá. Si ofendemos en un punto, somos hallados culpables de todo. La cosa que falta es una fe cordial y estable en el mismo Señor.

V. Un resultado triste. «Entonces él, oyendo esto, se puso muy triste...» (v. 23). Privarse de todas sus posesiones, aunque fuera a cambio del todo de Cristo, era para él una dolorosa pérdida, lo que demostraba que tenía más fe en sus riquezas que en el Hijo de Dios. Nadie puede servir a dos señores. Cristo le dio la Palabra de vida, pero el engaño de las riquezas la ahogó (Mt. 13:22). «El que confía en sus riquezas caerá» (Pr. 11:28). Una cosa es necesaria, y María eligió la buena parte.

VI. Una enérgica aplicación. «¡Cuán difícilmente entrarán en el reino de Dios los que tienen riquezas!» (vv. 24-30). Es más fácil para un camello entrar *descargado* y a rastras por el portillo lateral de una ciudad amurallada, y esto no era trabajo fácil. Ningún camello podía, por sí mismo, desatar los fardos obstructores sobre su lomo. Tampoco podían los ricos liberarse de la carga y amor de sus riquezas, pero «lo que es imposible para los hombres, es posible para Dios» (v. 27). El sacrificio del propio interés por el interés de Cristo es «recibir mucho más en este tiempo, y en el siglo venidero la vida eterna».

1.094. BARTIMEO
Lucas 18:31-43

«Anhelaba la luz, pero toda la que hallé de segunda mano era,
Pensamiento reflejado que desde eras pasadas va coleando»
W. SMITH

Dios, que hizo los cielos y la tierra, por medio de su Hijo, y que mediante Él dividió la luz de las tinieblas de antaño, ahora puede y quiere, por medio de Cristo, abrir los ojos y las mentes cegados de los hombres, e iluminarlos con la gloriosa luz del cielo. «En Él estaba la vida, y la vida era la luz de los hombres» (Jn. 1:3, 4). Acerca de este ciego, observemos:

I. Su condición miserable. Era «ciego» y «mendigo» (v. 5). Sus ojos estaban entenebrecidos, y sus circunstancias de miseria; estaba en la más total miseria. Ningunos semejantes mortales podían restaurarle el gozo de la *luz* salvadora. ¡Qué imagen de todos nosotros por naturaleza, con nuestros ojos enceguecidos y nuestros corazones empobrecidos! Satanás ha cegado las mentes de los que no creen.

II. Su ansiosa indagación. «Y al oír pasar a una multitud, *pregunto* qué era aquello» (v. 36). Aunque había perdido la vista, le quedaba el *oído* y la *lengua*, y estaba dispuesto a emplear ambas cosas. Si solo usáramos debidamente las facultades que poseemos, nos veríamos, quizá, más ricos de lo que imaginábamos. No todos tienen fe en Dios, pero todos los hombres tienen fe en una u otra cosa. Hay multitudes que siguen siguiendo a Cristo y que están dispuestas a poner sus vidas por su causa. ¿No te has preguntado seriamente «que es esto»?

III. Una petición urgente. «Dio voces diciendo: ¡Jesús, Hijo de David, ten compasión de mí!» (v. 38). Y cuando los que estaban delante de él intentaron cerrarle el paso, «él clamaba mucho más». Cuando más le increpaban, tanto más clamaba él. Ésta es la santa lógica de un hombre consciente de su necesidad, y de un remedio enviado por Dios y que estaba a su alcance. «Pasaba Jesús nazareno». Si la voz de su necesidad no alcanza el oído de su misericordia *ahora*, puede que nunca lo haga. Para Bartimeo, éste era su «tiempo favorable», y se aprovechó plenamente de la oportunidad. Hay seguidores de Cristo completamente extraños a su carácter que querrían suprimir la voz de la oración de los necesitados.

IV. Un bendito privilegio. «Jesús... le preguntó, diciendo: ¿Qué quieres que te haga?» (vv. 40, 41). Su importunidad prevaleció. El mismo Señor lo invita a su presencia, y con estas palabras, «¿Qué quieres?», le pone, por así decirlo, todos sus tesoros divinos de poder y riqueza a los pies de este pobre y suplicante ciego. Ahora tiene a su alcance todo lo que su corazón pudiera desear. Esto es lo que toda alma pobre y en bancarrota encuentra cuando encuentra el favor del Señor Jesucristo. «Buscad, y hallaréis».

V. Una petición concreta. «Señor, que recobre la vista» (v. 41). Cuando estamos tan conscientes de nuestra pecaminosidad como lo estaba este hombre de su ceguera, no dejaremos de rogar por la una cosa necesaria. Él era pobre, pero no pidió riquezas; hay algo que Cristo puede darnos que tiene un valor infinitamente mayor que la plata o el oro, y que es *ojos* para poder ver al Señor mismo como nuestro Salvador y Amigo personal. Esto es lo que vio el ciego cuando le fueron abiertos los ojos.

VI. Una curación instantánea. «Y al instante recobró la vista» (vv. 42, 43). El Hijo de Dios sólo tiene que hablar, y es hecho. Su palabra de poder es siempre pronunciada en respuesta a la *fe*. Jesús dijo: «Tu *fe* te ha salvado». La fe instantánea conlleva una bendición instantánea. Al *recibir* la vista, la recibió, naturalmente, de parte del Señor como el don de su amor y la evidencia de su poder omnipotente. «Si crees, *verás*.» La sabiduría mundana nunca hará que los *ciegos* vean. Jesús es poderoso para salvar.

VII. Su gratitud práctica. «Y le seguía, glorificando a Dios» (v. 43). No se volvió a su mísera mendicidad. Al recibir la vista, perdió su derecho y papel como pobre profesional, y se convirtió en un *bien dispuesto* discípulo de su Salvador. ¿Cómo van otros a creer que hemos sido sanados por Cristo si nuestras vidas no dan gloria a Dios siguiéndole por el camino? Los que han sido libertados del enemigo del pecado y de la ceguera deben servirle sin temor, en santidad, todos los días de su vida (Lc. 1:74, 75). ¿Te ha salvado tu fe?

1.095. ZAQUEO
Lucas 19:1-10

«Tú nos has hecho para TI MISMO, y nuestros corazones no hallan reposo hasta que lo hallan en TI»
SAN AGUSTÍN

Hay un notable contraste entre el caso de Bartimeo y el de Zaqueo. Mientras que ambos estaban cerca de Jericó, los dos se encuentran sin embargo en los extremos opuestos de la ciudad; el primero estaba sentado junto al camino, el otro subido a un árbol; el primer era pobre, el segundo, rico; el primero buscó a Jesús para obtener *misericordia*, el segundo trataba de ver a Jesús; el primero tuvo que levantarse para ser salvo, el segundo tuvo que bajar. Jesucristo puede salvar hasta las más altas esferas de la ciudad, y también hasta lo más hondo de ella. Observemos:

I. Su posición social. «Era un jefe de los cobradores de impuestos, y rico» (v. 2). Era quizá, un contratista, con muchos recaudadores de impuestos a sus órdenes, y por ello tuvo amplias oportunidades para enriquecerse. Estos publicanos *judíos* eran intensamente odiados por sus hermanos, porque por medio de este negocio se fortalecía el yugo de Roma, bajo cuyo enorme peso gemían.

II. Su fervoroso deseo. «Procuraba ver *quién era* Jesús» (v. 3). No solo quería *verlo*, sino que evidentemente quería *conocerlo*. Es indudable que estaba llevado por otros motivos que los de la mera curiosidad. El Hijo de Dios nunca da satisfacción al que busca meros espectáculos. Si no hubiera habido un *anhelo* en su corazón por conocer personalmente a Cristo, el Señor muy probablemente habría pasado de largo. El que escudriña los corazones había dicho: «Lo hallarás, si lo buscas con todo tu corazón» (Dt. 4:29).

III. Su doble dificultad. «No podía a causa de la multitud, pues era pequeño de estatura» (v. 3). Una gran multitud y un par de piernas cortas son dos obstáculos formidables para poder *ver*. El obstáculo era tanto personal como circunstancial, tanto en él mismo como en otros. ¿Quién jamás buscó al Señor sin tenerse que enfrentar con estas dos clases de dificultades? Nuestros propios *fallos* y la endurecida indiferencia de los demás en cuanto a nuestros intereses espirituales serán una segura prueba de la sinceridad de nuestro deseo de hallar a Cristo.

IV. Su determinación firme. «Y corriendo delante, subió a un sicómoro para verle» (v. 4). ¡El jefe del grupo de publicanos corriendo y subiendo a un árbol como un escolar! ¿Quién se lo iba a imaginar? ¡Ah, cuando hay una *verdadera ansiedad* para conocer a Jesucristo y el poder de su salvación, no habrá preocupación acerca del «temor del qué dirán»: ningún sentimiento de vergüenza en una búsqueda tan desesperada. Los que se avergüenzan de mostrar entusiasmo por Cristo y su causa son totalmente indignos de Él.

V. Su llamamiento inesperado. «Jesús… mirando arriba, le vio, y le dijo: Zaqueo, date prisa, desciende, porque hoy tengo que hospedarme en tu casa» (v. 5). Zaqueos quería ver a Jesús y conocerlo, ignorando el hecho de que para ver a Jesús tal como debiera ser visto implica ser visto y conocido por Él. «Date prisa», el Señor está siempre dispuesto a suplir la necesidad de un alma ansiosa. «Hoy *tengo que* hospedarme». ¿Por qué este *tengo que*? ¿Acaso la verdadera ansiedad de corazón de un pecador por Cristo no impone una necesidad de gracia sobre Aquel que vino a buscar y a salvar lo que se había perdido?

VI. Una obediencia bien dispuesta. «Él descendió aprisa, y le recibió gozoso» (v. 6). La prontitud de su respuesta al llamamiento del Maestro y su gozoso recibimiento a Él demuestran simultáneamente que el publicano era serio y sincero en su búsqueda. Los falsos profesantes siempre presentan excusas cuando se les apremia el llamamiento personal de Cristo (Lc. 14:18). Un hombre *hambriento* no necesita mucho apremio para que coma cuando se le presentan alimentos apropiados y sabrosos. Los que están realmente en ansiedad de ser salvos no se encuentran nunca muy lejos del Reino.

VII. Su salvación instantánea. Toda la multitud murmuró cuando vieron que había entrado como invitado de un publicano. Quizá fue para apagar sus murmuraciones y para justificarse a sí mismo, y también al Señor por entrar en su casa, que Zaqueo «puesto en pie, dijo al Señor: Mira, Señor, voy a dar a los pobres la mitad de mis bienes; y si en algo he defraudado a alguno, se lo devuelvo cuadruplicado» (vv. 7, 8). Pero Jesús no entró en su casa debido a que «diera a los pobres», etc., sino porque era un pecador ansioso buscando comunión con Él: un perdido buscando un Salvador. Somos salvos, no por nuestras buenas obras, sino por la gracia de Dios (Ef. 3:8). El día que la salvación llegó a aquella casa fue el día en que llegó Jesucristo el Hijo del Hombre. «El que tiene al Hijo tiene la vida.» «No hay otro nombre dado a los hombres en que podamos ser salvos». La salvación es cierta para todos aquellos «que LE RECIBEN» (*cf.* Jn. 1:12).

1.096. CON JESÚS EN JERICÓ (I)

«Mirando hacia arriba, le vio, y le dijo: Zaqueo, date prisa, desciende, porque hoy tengo que hospedarme en tu casa» (Lc. 19:1-10).

LA CONVERSIÓN DE ZAQUEO

Introducción

DE LO MÁS INSÓLITO. Es decir, el Señor se invitó a casa de otra persona. Esto era algo insólito viniendo del Señor. De hecho, es el único caso registrado de que el Señor hiciese algo así. Por ello, este incidente se levanta como cosa única en los sagrados Registros.

SU COSTUMBRE. Con esta excepción, él sólo iba allí donde le invitaban. Incluso con sus discípulos actuó de esta manera.

1. En el relato de nuestro Señor andando sobre el agua (Mr. 6:48), Marcos declara que «quería pasarles de largo».
2. Y en el camino a Emaús (Lc. 24:28), Lucas afirma que «hizo como que iba más adelante».

MUCHAS VECES UN HUÉSPED. Ya en otras ocasiones había ido frecuentemente como huésped a las casas. No solo a las casas de sus amigos, sino también de sus enemigos secretos: pero siempre como huésped invitado. Sí, incluso en las casas de sus enemigos.

ENEMIGOS. Si sientes en tu corazón una acerba enemistad contra Él, aliéntate. Entrará en tu corazón como huésped, aunque le aborrezcas. Luego quitará el odio.

ACTUÓ COMO UN REY. Si preguntas por qué actuó de este modo, hay dos respuestas. Una la trataremos más adelante, la otra ahora. Esta conducta de nuestro Señor armoniza con los acontecimientos narrados en este capítulo más adelante. Este capítulo da un relato de una ocasión en la que Él permitió que su realeza fuese públicamente reconocida. Por lo general, reprimía y prohibía semejantes manifestaciones.

SU DERECHO. Como persona regia, tiene derecho a invitarse a Sí mismo. Tiene derecho a dar órdenes a sus súbditos. Es lo que hace nuestro propio rey.

UNA CLAVE PARA EL ANTERIOR ESTUDIO. Solo Lucas registra este acontecimiento. Hemos dicho en otro estudio que no sabemos cuánto tiempo transcurrió entre la curación del ciego cuando entró y la curación de los dos cuando salió de Jericó. Pero esto nos da una buena idea. Debió quedarse a pasar la noche en casa de Zaqueo.

SINGULAR. Un incidente tan insólito merece un estudio detenido. ¿Por qué fue seleccionado Zaqueo? ¿Qué había en su carácter que justificase esto? En el pasado había sido un muchacho judío puro, patriota. (su nombre revela que era judío puro.)

I. El descenso de Zaqueo.

1. COMENZÓ CON SU ELECCIÓN DE SU TRABAJO.
   a. Iba a decir con su elección de residencia.
   b. Porque indudablemente vivía en un lugar que tenía mala fama.
   c. Probablemente había nacido allá.
   d. Lo que es indudable es que su primer paso en sentido descendente fue cuando decidió hacerse recaudador de impuestos bajo el Gobierno de Roma.
   e. No que el negocio en sí mismo fuese malo.
   f. Las tasas y los tributos son molestias respetables y legítimas.
   g. Era el método de la recaudación de los impuestos romanos lo que daba abundantes oportunidades para el robo y la extorsión.
   h. Naturalmente, era posible llevar a cabo aquel trabajo con honradez. Nos imaginamos que Mateo (primero un publicano, y luego un apóstol) debió hacerlo así.

i. Pero para uno de naturaleza débil como Zaqueo era poco menos que imposible.
j. Algunos harían mejor en abandonar ciertos negocios si quieren vivir una vida recta.
2. SU DESCENSO AUMENTÓ RÁPIDAMENTE CUANDO SUFRIÓ LA PÉRDIDA DE SU REPUTACIÓN.
a. Nadie ama a los recaudadores de impuestos, ni siquiera en este país nuestro, porque a ninguno le gusta que le obliguen a dar a los gobiernos.
b. Pero en Judea los recaudadores de impuestos eran odiados por otra razón de más, por cuanto se habían hecho funcionarios de un poder pagano.
c. Observemos cómo le habían apodado: «Ha entrado a hospedarse con un hombre pecador» (v. 7).
d. No que no admitiesen por su parte que ellos eran pecadores (como también lo admiten en la China).
3. SU DESCENSO SE ACELERÓ CUANDO, AL PERDER SU REPUTACIÓN, PERDIÓ SU PROPIO RESPETO Y, COMO CONSECUENCIA, DEJÓ DE TENER UN CARÁCTER QUE MANTENER.
a. Por lo general es fácil degradar a alguien al contarlo como degradado.
b. El primer paso hacia abajo es quedar rebajado en la estima de los demás.
c. El siguiente paso es quedar rebajado en la propia estima.
d. Como no tenía un carácter que mantener ni por el cual medir su vida, se dio rienda suelta.
4. EN EL FONDO.
a. Allí le vemos al final, en el fondo.
b. Con una carga de culpa.

II. El ascenso de Zaqueo. Dios debe haber estado obrando con él. La primera evidencia de su ascenso es:

1. COMENZÓ CON SU ARREPENTIMIENTO Y RESTITUCIÓN.
a. El versículo 8 ha sido entendido como su decisión después de la entrada del Señor en su casa.
b. Pero fijémonos en el tiempo presente. No dice «daré», sino «doy».
c. Era una política que había estado siguiendo sin que sus enemigos lo supieran.
d. Y solamente la reveló para justificar a nuestro Señor a los ojos de ellos, y no buscando ningún honor personal.
e. Pensemos en esto: este hombre, tan condenado, había comenzado a vivir una vida mejor, sin que ellos lo supieran.
f. Muchas personas a las que juzgamos están quizá viviendo una vida mejor que nosotros mismos.
g. Pero fijémonos que la salvación no le vinieron entonces.
h. El arrepentimiento y la restitución no le salvaron.
i. La salvación vino solo cuando acudió Cristo.
2. AUMENTÓ CON SU RECHAZO DE PERMITIR QUE NINGÚN OBSTÁCULO SE INTERPUSIESE ENTRE ÉL Y JESÚS.
a. «Aunque Jesús no iba en pos de la fama, la fama iba en pos de Él», dijo un antiguo escritor. Le seguían multitudes.
b. Es indudable que Zaqueo fue movido a ver a Jesús por curiosidad.
c. Pero había también hambre en su corazón.
d. Siempre habrá algo que nos estorbe para ir a Él, una multitud de compromisos, amigos, proyectos.
e. Notemos:
(1) Se tragó su dignidad.
(2) No le importó que se riesen de él.
3. SU RÁPIDA RESPUESTA AL REGIO MANDAMIENTO DE NUESTRO SEÑOR.
a. ¿Cómo sabía el Señor que Zaqueo estaba ahí escondido?
b. ¿Cómo sabía el Señor su nombre?
c. Solo hay una respuesta posible: que Él era y es divino.
d. «Hoy»: no mañana.
e. Quizá era la primera vez en años que oía su nombre con un tono amable.
f. Bajó. Tiene siempre que haber un abajamiento antes que Él pueda morar en nuestros corazones.
g. ¡Ah, cuán pocos, relativamente hablando, dan a Cristo la feliz obediencia sin vacilaciones que dio Zaqueo!
4. SU FELIZ Y GOZOSA RECEPCIÓN DEL SEÑOR JESÚS.
5. SU HUMILDE RECONOCIMIENTO DEL SEÑORIO DE CRISTO.
a. «Puesto en pie.»
b. El puesto de un humilde esclavo.
c. Su reconocimiento de la autoridad señorial y dignidad de Jesús.

APLICACIÓN. Éste es un mensaje para:

1. Aquel que, con una verdadera hambre de corazón por cosas mejores,
2. Y menospreciado por otros,
3. Se sienta abrumado por una sensación de indignidad y de carencia de valía alguna.
4. «¡Date prisa!», llama el Señor.

1.097. ZAQUEO

Lucas 19:1-10

La historia de su conversión. Observemos:

1. Su **ansiedad**. «Procuraba ver quién era Jesús».
2. Sus **dificultades**. «*Jefe* de los cobradores de impuestos... era pequeño de estatura».
3. Su **determinación**. «Corriendo... subió a un sicómoro».
4. Su **llamamiento**. «Desciende».
5. Su **obediencia**. «Descendió aprisa».
6. Su **aceptación**. «Le recibió gozoso».
7. Su **salvación**. «Hoy ha venido la salvación a esta casa».

1.098. EL LLAMAMIENTO SALVADOR

Lucas 19:5

El llamamiento de Jesucristo es:

1. Un llamamiento lleno de *gracia* Hubiera podido pasar de largo.
2. Un llamamiento *personal* «Zaqueo».
3. Un llamamiento *apremiante* «Date prisa».
4. Un llamamiento *humillador* «Desciende».
5. Un llamamiento *afectuoso* «Hospedarme en tu casa».
6. Un llamamiento con *seguridad* «Tengo que».
7. Un llamamiento *eficaz* «Descendió aprisa».

1.099. LA MISIÓN DE CRISTO

«Porque el Hijo del Hombre vino a buscar y a salvar lo que se había perdido» (Lc. 19:10).

Zaqueo *procuró* ver a Jesús, y Jesús *procuró* salvar a Zaqueo. «Es palabra fiel y digna de toda aceptación: que Cristo Jesús vino al mundo para salvar a los pecadores» (1 Ti. 1:15).

I. El Buscador. «El Hijo del Hombre.» Como *Hijo de Dios* era el linaje de todo lo que Dios el Padre es en Sí mismo. Como *Hijo del Hombre* es linaje de la *humanidad.* La divinidad y la humanidad están ambas representadas en Jesús, que es llamado el Cristo. Él no es el Hijo de ángeles, sino que es el Hijo del Hombre, nuestro *pariente cercano* Redentor.

II. Los objetos. «Lo que se había perdido.» No solo lo que el hombre *había perdido,* sino al *mismo hombre* como perdido. El hombre como espíritu está perdido para el Cielo y para Dios en tanto que se mantenga esclavizado por el poder del pecado, aunque pueda ser tan rico y recibir tanta honra como este publicano. Puede que sea *insensible* a su estado de perdición, como la moneda de plata, o *miserablemente* perdido, como la oveja perdida, o *voluntariosamente* perdida, como el pródigo (Lc. 15). Pero estar fuera de la cuenta del pastor, o fuera de la comunión del Padre, es estar perdido. «La que *se entrega a los placeres,* viviendo está muerta»..

III. El propósito. «El Hijo del hombre vino a buscar y a *salvar.*» «No he venido a llamar al arrepentimiento a justos, sino a pecadores» (Jn. 3:17). Esta empresa de salvación comenzó en Edén. «[Adán] ¿Dónde estás tú?» El *Hacedor* había venido para restaurar al hombre espiritualmente para con Él. El hombre solamente puede ser salvo mediante la regeneración. Cuando el Hijo del Hombre vino a salvar a los perdidos, vino preparado para sacrificar todo lo que tenía para lograr su propósito. Se anonadó a Sí mismo, y se hizo obediente hasta la muerte de la Cruz. «Verá el fruto de la aflicción de *su alma,* y quedará satisfecho.»

IV. La manera. «El Hijo del hombre *ha venido a buscar.*» Ha venido, y ha venido en nuestra misma naturaleza, exceptuando el pecado, en nuestro lugar y por nosotros, a la maldición que nos era debida a nosotros, a la pena de muerte de nuestros pecados. Ha venido *buscando* para salvar. No vino para ser servido, sino para poner su vida en rescate por muchos. Buscando para salvar. Y sigue con su ministerio de *búsqueda.*

1.100. LA PARÁBOLA DE LAS MINAS

Lucas 19:11-27

Lucas ha colgado las llaves de esta parábola fuera de la puerta para que las usemos. Nos da dos razones de por qué fue dicha: «Por cuanto estaba cerca de Jerusalén, y ellos pensaban que el reino de Dios iba a manifestarse inmediatamente». Así que la parábola tiene referencia a los moradores de Jerusalén (los judíos), y a la venida del Rey. Vamos a hacer unas breves observaciones acerca de:

I. El Rey. Aquí recibe el nombre de «Un hombre noble» (v. 12). Este noble es el Señor Jesucristo, y desde luego Él es un *hombre noble.* Él es de alta cuna, porque nació de arriba (Lc. 1:35). Como Hijo del Hombre es ciertamente el más noble de los hombres. ¿No fue David Livingstone quien lo llamó «un perfecto caballero»? Todas sus palabras y obras tienen el aura de la nobleza de Dios a su alrededor.

II. El viaje. «Se fue a un país lejano, para recibir un reino» (v. 12). Jesús fue a un país lejano cuando ascendió al Padre, y, como el Hijo del Hombre, está ahora recibiendo un reino *para Sí* (Dn. 7:13, 14). Todos los que ahora creen en el Señor Jesucristo están siendo recibidos por Él, y son hechos para Él un reino (Ap. 1:6).

III. Los siervos (v. 13). Estos diez siervos recibieron cada uno una mina, y su misión estaba clara, «Negociad hasta que venga». Tenían que ocupar su puesto, y negociar con su don, hasta que Él volviera. Esta parte de la parábola halló su perfecto cumplimiento en Pentecostés, cuando sus siervos, reunidos en el aposento alto, recibieron el don del Espíritu Santo dado por el mismo Maestro. Este don no fue *dividido* entre ellos, porque «se posaron [las lenguas] sobre cada uno de ellos» (Hch. 2:3, 4). Cada uno recibió su mina, con la que tenían que negociar hasta que viniera. Es imposible para nosotros *ocuparnos* en Nombre de Cristo a no ser que negociemos con el don de Cristo, viviendo y actuando en el poder del Espíritu Santo.

IV. Los ciudadanos. «Pero sus conciudadanos le aborrecían, y enviaron tras él una embajada, diciendo: No queremos que éste reine sobre nosotros» (v. 14). Reciben el nombre de «*Sus* ciudadanos» (BAS) por cuanto Jesucristo era el heredero legal del trono de David, establecido en Jerusalén. Estos ciudadanos son tipo de todos aquellos que lo aborrecieron sin causa, y que, por la incredulidad y la soberbia de su corazón, no se quieren someter a su autoridad, sino que gritan: «¡Fuera, fuera!»

V. El regreso. «Aconteció que vuelto él... mandó llamar ante él a aquellos siervos» (v. 15). Lo primero que nuestro Señor hará, cuando regrese, será llamar a sus siervos para que den cuenta de cómo han empleado o descuidado su don del Espíritu Santo. Es el tribunal delante del que todos *nosotros*, como siervos suyos, debemos comparecer (2 Co. 5:10). Somos aceptos en Él por la gracia, pero debemos trabajar en el poder del Espíritu si queremos ser aceptados por Él.

VI. La recompensa de los fieles. La salvación es por la fe, pero las recompensas del Rey venidero serán según nuestras obras. Vemos tres clases de siervos representados aquí (vv. 16-24). Todos ellos tenían el mismo don; cada uno tenía las mismas posibilidades a su alcance. El primero tenía una *gran fe* en su mina, y ganó otras diez con ella. El segundo tenía *poca fe*, y logró ganar únicamente cinco. El tercero *no tenía fe* en ella, y solamente logró una reprensión de su Señor. Esta aplicación es clara y corta hasta el corazón. Cada creyente en Cristo tiene el don del Espíritu Santo a su alcance, y debe negociar para Dios en la fuerza y poder de este celestial dinero en lugar y en Nombre del Señor. Él no nos envía a la batalla a nuestras *expensas*. En esta «mina» hay una suficiencia total, mediante la que cada perceptor puede cumplir toda la voluntad y obra de su Señor ausente. Los que negocian con sus propios dones en lugar de con este don de Dios serán ciertamente hallados como este hombre (v. 23), sin fruto a la venida de Cristo. Si estamos trabajando para Cristo con nuestras propias energías y sabiduría, estamos escondiendo el dinero de nuestro Señor, y nunca seremos recompensados con su «Bien» (Mt. 25:21).

VII. La suerte de los incrédulos. Aquellos que «no querían que Yo reinase sobre ellos» debían ser degollados delante de Él (v. 27). Todo aborrecimiento e incredulidad será juzgado cuando Él venga. Los que con sus corazones y vidas han dicho: «No este hombre», oirán un día aquellas terribles palabras de aquellos labios tan misericordiosos: «Apartaos de Mí, malditos». «Porque *es preciso que Él reine* hasta que haya puesto a todos sus enemigos debajo de sus pies» (1 Co. 15:25).

1.101. EL LLANTO DE CRISTO SOBRE JERUSALÉN

Lucas 19:28-48

«Visto el Hijo de Dios fue
Más glorioso: en ÉL todo SU PADRE resplandecía
Sustancialmente expresado, y en su rostro
La divina compasión visible se hacía»

MILTON

En cada rayo de luz blanca, se nos dice, están todos los colores del arco iris. En esta sección tenemos una séptuple revelación del carácter del Señor Jesucristo.

I. Su sabiduría. Si los ojos de nuestro Señor no tenían más visión que los ordinarios mortales, ¿cómo podía asegurar a los discípulos que encontrarían un pollino atado en un cierto lugar que designa (v. 30)? Él habló como uno dotado de omnisciencia. La distancia no es nada para los ojos de Dios.

II. Su poder. Todas las razones que debían dar para llevarse el pollino de su dueño era: «El Señor lo necesita» (vv. 31-34). Con esta sencilla declaración hubo una tal influencia de la presencia del ausente Cristo que no se pudo oponer resistencia alguna. Él tendrá un pueblo bien dispuesto en el día de su poder. Todos los que salen, como estos discípulos, en su Nombre, para hacer su voluntad, no pueden dejar de tener la autoridad de su Señor con ellos (Mt. 28:18, 19).

III. Su humildad. «Montaron a Jesús encima de él.» El Rey de la Gloria sentado sobre un pollino prestado, y con «Sus mantos», esto es, *los de ellos,* sobre el pollino (vv. 35, 36). No había nada demasiado humillante para el Hijo de Dios, si con ello se cumplían las Escrituras (Zac. 9:9). El que se humilla de tal manera será ciertamente exaltado (Fil. 2:8, 9). La soberbia del hombre está para siempre opuesta a la voluntad revelada de Dios.

IV. Su regia dignidad. «¡Bendito el rey que viene en el nombre del *Señor!*», en el Nombre de *Jehová* (*cf.* He 5:38). ¡Jesús era Rey, aunque su rostro fue más desfigurado que el de ningún hombre! Carecía de hogar y no poseía dinero; pero cada una de sus palabras y acciones llevaba la impronta de la soberana majestad del Cielo (v. 37). La gloria de su carácter regio se manifestó en el monte santo cuando refulgió con un poder abrumador a través del velo ocultador de su carne, revelando «paz en el Cielo, y gloria en las alturas».

V. Su compasión. «Al ver la ciudad, lloró sobre ella» (v. 41). Si tuviéramos los ojos y la compasión de Jesucristo, nos veríamos constreñidos muchas veces para llorar por lo que a otros regocija. Cristo como el Hijo de Dios y Redentor de los hombres sólo puede considerar a los lugares y a las personas en su relación con Él mismo. Las piedras del templo pueden ser grandes y hermosas, pero ¿qué de ellas si no hay bienvenida para Él en la «Casa de su Padre»? (v. 45). Para Él el corazón de la ciudad era el corazón del ciudadano; y si éste era falso y cruel, todo lo demás era desolación. «Lloró sobre ella.» «Nadie tiene mayor amor que éste.» ¿Y qué de la ciudad dentro de nuestros corazones? ¿Qué es lo que ve nuestro compasivo Salvador en ellos?

VI. Su fidelidad. Tiene que haber sido con un agobiado corazón que nuestro Señor pronunció estas solemnes palabras que se registran en los versículos 42-46, puesto que Él no quiere la muerte de ninguno, antes al contrario, desea que acudan a Él y vivan. Pero incluso su llorosa compasión no le detiene de pronunciar estas terribles palabras de advertencia y de condenación. Es horrendo caer, como incrédulo, en manos del Dios vivo. Ni la ciudad, ni la nación ni el individuo pueden prosperar si rechazan las demandas y resisten los llamamientos del Señor Jesucristo. «Mientras tenéis luz, creed en la luz», porque este mismo Jesús que lloró y murió ha de juzgar a los vivos y a los muertos.

VII. Su influencia. Los principales sacerdotes... procuraban *matarle...* Porque todo el pueblo estaba *en suspenso, oyéndole»* (vv. 47, 48). Para algunos Él fue aroma de muerte, mientras que para otros fue aroma de vida. El sol que funde la cera endurece la arcilla. Todo depende de la actitud del corazón para con Cristo en cuanto a si su influencia nos ablandará para salvación o si nos endurecerá para juicio. La predicación de la Cruz es o bien *locura* o bien *sabiduría de Dios* (1 Co. 1:23, 24).

1.102. EL SALVADOR LLOROSO

«Y cuando llegó cerca, al ver la ciudad, lloró sobre ella» (Lc. 19:41).

1. La aproximación de la GRACIA. «Llegó cerca.» La gracia y la verdad vinieron por Jesucristo.

2. La mirada del AMOR. «Al ver la ciudad.»

3. Las lágrimas de SIMPATÍA. «Lloró sobre ella.»

1.103. INQUILINOS MOROSOS

Lucas 20:9-18

Antes de la Gran Guerra oíamos con frecuencia hablar de «Prófugos nocturnos», familias tan endeudadas y que tan pocas esperanzas tenían de poder llegar a pagar, que alguna noche trasladaban sus posesiones, quieta y secretamente, a otra ciudad o a un vecindario totalmente apartado, comenzando a vivir de nuevo. Pero desde la guerra las viviendas han estado tan escasas que los inquilinos morosos han tenido que recurrir a otras estratagemas. En Lucas 20:9 a 18 tenemos inquilinos morosos que recurrieron al asesinato como manera de salir de sus deudas.

El casero en esta parábola era más que dueño de esta viña, porque él mismo la había plantado, y por esto su relación con la viña era estrecha y personal. En Oriente no hay propiedad tan valiosa ni que dé tantos beneficios como una viña. Este hombre plantó esta viña, la protegió con una muralla, la ornamentó con una torre, y la arrendó luego a unos labradores con el bien entendido de que parte de sus beneficios le serían dados como renta.

Durante tres años, siguiendo la antigua costumbre, no se recogía el fruto; al cuarto año todo era santo para el Señor; en el quinto año, los arrendatarios y los propietarios podían comer y comenzaban a beneficiarse de su crecimiento (Lv. 19:23-25).

Durante aquel largo período, los labradores llegaron a olvidarse que eran arrendatarios, no propietarios. Y cuando el propietario envió a sus siervos para recibir su parte, los maltrataron, echándolos fuera de vacío. La paciencia de este dueño es maravillosa: una descripción de la maravillosa e infinita paciencia y longanimidad de Dios. Al final tenemos su dilema, expresado en solo dos palabras: «¿Qué haré?» Pero incluso su hijo amado fue rechazado y asesinado.

Es la historia de Israel la que queda recapitulada en esta tenebrosa imagen. Quien había plantado la viña era Dios. La viña, la tierra de Israel; los viñadores, Israel, en particular los líderes de la nación; los siervos del propietario, los profetas; el hijo, el Señor Jesucristo.

Pero hay una aplicación de esta parábola para ti como para mí. Lo que tenemos pertenece a Dios: nuestra misma vida, nuestras posesiones, nuestro tiempo, nuestros amigos, nuestro todo. No hay un momento en que Dios no nos reclame lo que le es justamente debido. Nos envía a sus siervos: más aún, a su Hijo, el Señor Jesús, y a su Espíritu Santo. ¿Los hemos enviado de vuelta con las manos vacías? Cuidado, hay un límite para su paciencia, y es entonces cuando sobrevendrá el juicio.

1.104. LA PARÁBOLA DE LOS VIÑADORES

Lucas 20:9-19

«¿Me atreveré a confiar mi corazón y voz en contra de la voz de todos? ¿Mas debería el rugir de la plebe ahogar jamás la verdadera voz del alma?»

W. SMITH

No es solo al estilo gallego, sino que muchas veces puede ser a la manera de Cristo responder a una pregunta con otra. Los principales sacerdotes y los escribas le preguntaron: «¿Quién es el que te ha dado esta autoridad?» Jesús replicó diciendo: «El bautismo de Juan, ¿era del cielo, o de los hombres?». Ellos «respondieron que no sabían de donde», aunque era más bien que *no querían* responder, para no revelarse a sí mismos. Pues Él tampoco iba a responderles. Y así sigue siendo. Los que rehusan aceptar el testimonio de sus siervos no conocerán el secreto de la autoridad y poder de Cristo. Tiene que haber fe en su Palabra si queremos tener revelaciones de Él mismo. Esta parábola, como la de las «minas», tiene un carácter decididamente dispensacional.

I. La viña. «Un hombre plantó una viña» (v. 9). Este hombre anónimo representa a Jehová, el Eterno; la *viña* es toda la casa de Israel, que Él había redimido para Sí mismo (Jer. 2:21); el acto de *plantarla* hace referencia a su establecimiento en la tierra prometida, donde fueron cuidadosamente nutridos y guardados por la presencia de Dios.

II. Los infieles viñadores. Éstos eran los orgullosos gobernantes del pueblo, que trataron *afrentosamente* a los enviados por Dios para reivindicar sus derechos sobre ellos como su pueblo profesante. Ellos persiguieron y dieron muerte a aquellos siervos de Dios que testificaban contra ellos (Neh. 9:26). ¿No presentó Esteban, lleno del Espíritu Santo, la misma acusación, de la manera más directa, al decir: «A cuál de los profetas no persiguieron vuestros padres»? Estos malvados viñadores, como muchos en nuestros propios días, estaban dispuestos a tomar todo lo que pudieran de Dios para enriquecerse a sí mismos, pero rehusaban *darle* nada a cambio.

III. El dilema divino. «¿Qué haré?» (v. 13). Su ingrato pueblo ha transgredido y se ha rebelado; sus advertencias y ruegos, por medio de sus siervos, se han desoído y menospreciado. «¿Qué haré?» Algo *nuevo* tiene que hacerse si el Señor de la viña quiere mantener sus derechos a los frutos de la misma. ¿Será venganza o misericordia? ¿Será un juicio repentino o una manifestación adicional de su infinita gracia? ¿Será sacrificar al hombre por sus pecados, o un sacrificio de Dios por los pecados del hombre? «Lo libró de descender al sepulcro..., halló redención.»

IV. El propósito lleno de gracia. «Enviaré a mi hijo amado» (v. 13). Puede que cuando le vean oculten sus rostros llenos de vergüenza, y confiesen sus pecados (v. 13). En lugar de abrir de par en par las compuertas de la ira contra estos delincuentes, les abre los tesoros de su corazón, y envía a su Hijo unigénito. «En esto consiste el amor, no en que nosotros hayamos amado a Dios, sino que Él nos amó a nosotros» (1 Jn. 4:10).

V. La expectativa deseada. «Quizá cuando *le vean a Él*, le tendrán respeto» (v. 13). ¿Qué vieron cuando le vieron a ÉL? Vieron al invisible pero frecuentemente insultado Dios, manifestado en carne mortal, como un Salvador amante, perdonador del pecado, la sabiduría y el poder de Dios. De cierto que al contemplar tal exhibición de su condescendencia y longanimidad deberían sentirse reprendidos por su soberbia y arrogancia. Parecería como si el Señor de la viña esperaba matar la enemistad de ellos con su bondad. La misión del Hijo del Altísimo era la de salvarnos de nuestros pecados y reconciliarnos a Dios. «El que honra al Hijo honra al Padre.» Rehusar *respetarlo* es deshonrar al Padre que lo envió.

VI. El rechazo deliberado. «Le echaron fuera de la viña, y le mataron» (vv. 14, 15). No querían que este Hombre reinara sobre ellos. Aunque sabían que era «el Heredero», sin embargo, en la soberbia de sus corazones, rehusaron someterse a Él. ¿Y en qué somos mejores nosotros que ellos al reconocer que Cristo es el Hijo de Dios, si no nos hemos dado a Él? ¿No es nuestra culpa mayor en que lo echamos fuera a diario de nuestros corazones y hogares; a diario fuera de nuestros negocios y placeres? Echarlo fuera de nuestras vidas es echar nuestras vidas a una bancarrota y ruina eternas (v. 18).

VII. Los terribles resultados. Los viñadores serán destruidos, y la viña entregada a otros (v. 16). Las oportunidades descuidadas conllevarán juicios apropiados. La Palabra de Dios fue *primero* proclamada a los judíos como su pueblo, pero ellos la echaron de sí, y ahora la viña es dada a los gentiles (Hch. 12:46). Los benditos privilegios que nos son ofrecidos pronto pasarán a otros. ¿Nos asimos de ellos para nuestro provecho eterno, o pasarán de largo, dejándonos en una más profunda condenación, debido a nuestra soberbia e incredulidad? «Cuando ellos oyeron esto, dijeron: ¡Que no suceda tal cosa!» Pero todos los «¡Que no suceda!» procedentes de labios rebeldes jamás impedirán, de manera alguna, los justos juicios de un Dios ultrajado.

1.105. CRISTO Y LOS ESCÉPTICOS

Lucas 20:20-40

«Una vida tengo en Cristo que vivir,
Y una muerte en Cristo tengo que morir-
¿Y esperar he hasta que la ciencia d
A todas las dudas una respuesta entera?
No, mas mientras que de las dudas el mar
Brame turbulento a mi alrededor,
Cuestionando de la vida, de la muerte y del pecado,
Que yo a Tu redil me acoja,
Oh Cristo, y a tus pies gozoso
Tome tan solo el más humilde asiento»

SHARP

Insensato es el que se ensoberbezca o deprima según la longitud de la sombra que arroja, pero no más que quienes, en la soberbia de sus corazones, se oponen a Cristo, que es sabiduría de Dios. Los principales sacerdotes y los escribas trataron de echarle mano porque Él había dicho esta parábola contra ellos. La luz siempre irá en contra de los que aman las tinieblas (v. 19). Aquí hay dos diferentes intentos de cazar al Señor por medio de sus palabras; pero en vano es que se pone el lazo delante de Él. Aquí tenemos lo que podríamos llamar:

I. La trampa del tributo. ¿Nos es lícito dar tributo a César, o no? Fue

1. ASTUTAMENTE DISPUESTA. Toda la astucia de la hipocresía y de la maldad se dedicó a sorprenderle en sus *palabras*. Otros hombres son fácilmente atrapados de esta forma. Estos engañadores *se fingieron justos* para poder llevar a cabo más facilimente su diabólico propósito. Observemos sus acarameladas palabras: «Maestro, sabemos que dices y enseñas rectamente, que enseñas el camino de Dios con verdad» (v. 21). La verdad estaba en los labios de ellos, pero la hipocresía anidaba en sus corazones. Así como no se podía poner miel en las ofrendas, de la misma manera ninguna lisonja podía mover a Aquel que es la Verdad y la Vida. Ellos esperaban un «sí» o un «no» a su apremiante pregunta. Si les respondía «sí», entonces levantarían al pueblo en contra de Él. Si la respuesta era «No», entonces lo denunciarían inmediatamente a las autoridades romanas. Pero fue
2. RÁPIDAMENTE DETECTADA. Pero Él se dio cuenta de la sutileza de ellos, y les dijo: «¿Por qué me tentáis?» No hay ninguna máscara lo suficientemente gruesa que pueda ocultar nuestros motivos de su mirada que todo lo escudriña. Horrenda cosa es caer como hipócritas en manos del Dios vivo. «Mostradme una moneda», dijo el empobrecido Salvador, y al darle la vuelta en sus dedos hizo que aquella «imagen e inscripción» llevaran a la nada la sabiduría de ellos y humillaran su soberbia. Aprendamos cuán poderosas se vuelven las cosas pequeñas en sus manos. Solo una moneda, pero empleada por Cristo se transforma en un testigo de Aquel a quien no puede contradecir toda la sabiduría de los hombres. A veces decimos: «Te doy un peso a cambio de lo que estás pensando», pero consideremos seriamente el pensamiento conectado con esta moneda. «Dad al hombre lo que es del hombre», y «¡a Dios las que son de Dios!» Si sois de Cristo, no sois vuestros. Habéis sido comprados por precio, y en tal caso dad a Dios las cosas que son de Él. Luego vino

II. La trampa de la resurrección (vv. 27-40). Fue

1. PUESTA POR LOS SADUCEOS. Esta secta niega que pueda haber resurrección alguna, porque para ellos es contraria a la razón. Estos saduceos eran los precursores de nuestros modernos racionalistas, que quisieran limitar las obras de Dios al entendimiento de mortales cegados por el pecado. Al referirse a esta mujer que había estado casada siete veces, presentaban su alegato bajo la luz más favorable, pero su luz era solo la negrura de las tinieblas de la ignorancia.
2. ROTA POR CRISTO. La verdad de Dios siempre escapará (cual ave) del lazo del cazador. En el mundo venidero los hijos de Dios son como los ángeles: no necesitan del matrimonio para aumentar su felicidad y placer; nunca heredan las posesiones unos de otros allí, porque «tampoco pueden ya morir». Y con respecto a la certidumbre de la resurrección, es tan cierta como que el Señor es el Dios de Abraham, de Isaac y de Jacob. Están viviendo ahora, porque Jehová no es Dios de *muertos*, sino de vivos. Aquel que es nuestra vida *más allá* de la tumba puede fácilmente levantar nuestros cuerpos de la tumba y tornar lo corruptible en incorrupción, y esto mortal en inmortalidad. «Gracias sean dadas a Dios, que nos da la victoria por medio de nuestro Señor Jesucristo» (1 Co. 15:57). Tened fe en Dios.

1.106. LA ÚLTIMA PASCUA DE CRISTO

Lucas 22:1-23

«Con todos sus padecimientos delante de su vista,
Y dolores para nosotros ignotos,
Firme a su tarea se lanzó su Espíritu,
Era el amor lo que intenso le apremiaba»

COWPER

Dice Lammenais: *«Todo lo que Cristo pidió a la humanidad, para poderla salvar, fue una Cruz donde morir»*. Y la recibió sin murmuración.
La palabra «pascua» se deriva de un verbo que significa «pasar por alto». Fue instituida en Egipto en medio de las circunstancias más solemnes y sugerentes (Éx. 12). No se debía romper ni un hueso del cordero pascual. Véase cuán literalmente se cumplió esto en «Cristo, nuestra pascua» (Jn. 19:33). Esta *última* pascua fue el cumplimiento final de la primera. Junto con ella vemos aquí:

I. Un odio irrazonable (vv. 1, 2). Al buscar cómo «acabar con Él», estos principales sacerdotes y escribas manifestaron la enemistad diabólica de sus propios corazones en contra del verdadero carácter de Jehová, a quien profesaban rendir culto. Poco se imaginaban que estaban planeando cómo matar el «Cordero de la pascua» de Dios. Le aborrecieron sin causa.

II. Una cruel traición (vv. 3-6). Satanás siempre encuentra un instrumento apropiado para su malvada obra en un profesante hipócrita. Satanás entró en Judas porque la puerta de su corazón estaba abierta de par en par a toda sugerencia malvada. El cebo del diablo para él fue el dinero, porque sabía que lo amaba, y que en su corazón era un ladrón.

III. Una provisión especial (vv. 7-13). El aposento de huéspedes fue dispuesta por Cristo, «un gran *aposento alto ya dispuesto*», que quedaría para siempre asociado como un lugar conectado con su muerte, resurrección y Pentecostés. El lugar estaba ya dispuesto para ellos, donde Cristo, el Cordero pascual de Dios, fue «dispuesto» como sacrificio por el pecado del mundo.

IV. Una sagrada comunión (vv. 14-18). Hay un intenso anhelo en este deseo de Cristo de comer la pascua con ellos antes que Él sufriera. La terrible sombra de la Cruz, cayendo sobre su Espíritu, parece sólo intensificar su amor para los suyos. Su amor fue más fuerte que la muerte; las muchas aguas no pudieron anegarlo. Fue una ocasión sagrada cuando tomó Él la copa, diciendo, «repartidlo entre vosotros». La copa de salvación, y también de «comunión de sus padecimientos». ¿La hemos *tomado*?

V. Una misericordiosa sustitución (vv. 19:20). El lenguaje es infinitamente tierno e inconfundible. «Mi cuerpo, *que por vosotros es dado*». «Mi sangre, *que por vosotros se derrama*». Si Dios nos ha de *pasar por alto* en su juicio, ello tiene que ser debido a que la sangre de Jesucristo, su Hijo, nos limpia de todo pecado. «Veré la sangre y *pasaré de largo* en cuanto a vosotros» (Éx. 12:13). La expiación de Cristo es la única cubierta para el pecado que puede hacer que Dios «pase de largo» de manera justa, justificando *al que cree* en Jesús.

VI. Una profecía infalible (vv. 21-23). «El Hijo del Hombre se va, según lo que está determinado» (Lc. 22:22). Mientras que fue con *manos de inicuos* que le dieron muerte, sin embargo Él iba por el determinado designio y previo conocimiento de Dios (Hch. 2:23). En el propósito de Dios, Cristo era el «Cordero que fue inmolado desde la fundación del mundo» (Ap. 13:8, V.M.). La incredulidad y maldad del hombre nunca dejarán vacío el eterno consejo de Jehová. «He aquí el Cordero de Dios, que quita el pecado del mundo.»

1.107. CON JESÚS EN LA ÚLTIMA CENA

«Y habiendo tomado una copa, dio gracias, y dijo: Tomad esto, y repartidlo entre vosotros» (Lc. 22:17).

Introducción

GRATITUD. Lessing, considerado por algunos como uno de los más grandes pensadores del siglo XVIII, observó una vez: «Un solo pensamiento de agradecimiento al Cielo es la más perfecta oración».

DIFICULTAD ACTUAL.

1. Observemos. Él no solo tomó la copa, sino que luego dio gracias y la dio a otros.
2. La dificultad reside en persuadirnos a nosotros a tomar la copa, y luego conseguir nuestra gratitud, y luego que la pasemos a otros.

LOS MODALES DE NUESTRO SEÑOR EN LA MESA.

1. De paso, aquí tenemos un atisbo de los modales de nuestro Señor en la mesa.
2. Los judíos participaban generalmente de sus comidas de una manera seria y solemne, después de una solemne bendición y acción de gracias a Dios por su bondad.
3. Participar de comida sin dar gracias a Dios era considerado un sacrilegio.

4. Podemos decir casi con total certidumbre qué palabras exactas pronunció nuestro Señor.
a. La acción de gracias usual antes de participar de pan era: «Bendito seas Tú, nuestro Dios, Rey del Universo, que produjiste pan de la tierra».
b. Y antes de participar del contenido de la copa, decían: «Bendito seas Tú, nuestro Dios, Rey del Universo, el Creador del fruto de la vid».

ORIGEN DE LA ACCIÓN DE GRACIAS ANTES DE COMER.

1. Se reconoce generalmente que aquí tenemos el origen de nuestra actual costumbre de dar gracias.
2. ¿Das tú gracias?
3. En los hogares donde no se practica este deber, es a menudo la primera confesión de Cristo por el nuevo convertido.
4. La inclinación de la cabeza, no con un espíritu de ostentación, sino con una acción sincera y adoradora.
5. Se informa de que cuando un buen rey se dio cuenta de que sus cortesanos nunca daban las gracias, resolvió darles una lección. Recogió a un mendigo harapiento de la calle, y le dijo cómo debía actuar. El rey lo trajo a la mesa regia. Después de participar del maravilloso festín, se levantó, y, dejando atónitos a los cortesanos, se fue sin dar gracias al rey por su generosidad. Ante la expresión de ira por la ingratitud de aquel hombre, él les recordó cómo ellos habían tratado a su Padre Celestial.
Antes de proseguir, y mientras tocamos el tema de dar gracias antes de comer, hagamos una o dos observaciones.
a. No pidas al Señor que te dé un corazón agradecido: ¡qué ruin ingratitud! Dile que estás agradecido.
b. No es aconsejable dar una oración larga, porque la comida se enfriará. Una acción de gracias impresionante que oímos fue simplemente: «¡Te damos gracias!».
c. Evita dar gracias de una manera meramente formal. Jesús no repetiría la usual acción de gracias judía de una forma meramente formal.

LA PRÁCTICA HABITUAL DEL SEÑOR.

1. Pero esta acción de nuestro divino Señor era su práctica habitual.
2. No solo respecto a tomar las copas diarias en las comidas caseras, sino todas las copas que su Padre Celestial le daba.
3. Se tomaban cuatro copas en la cena de la Pascua.
a. Al comienzo.
b. Durante la cena.
c. La copa de bendición (v. 17).
d. Al cantarse el himno (v. 20).
4. Se mencionan tres copas en la Escritura. Una la bebió el Señor. Las otras dos podemos beberlas nosotros.

I. La copa de Indignación e ira (Sal. 75:8).

1. Es la copa a que se hace referencia en este Salmo y en Lucas 22:42.
2. La copa que nuestro Señor temía era la de indignación e ira.
3. En la mano del Padre había una copa, y el Salvador la tomó y bebió hasta sus amargas heces.
Aquella copa no era de padecimiento físico, sino espiritual.
4. El doctor Pierson contaba una conmovedora historia tocante a la guerra entre Rusia y Circasia a mediados del siglo pasado.
5. El jefe profeta, casi adorado por sus seguidores, descubrió que alguien estaba revelando sus designios y planes al enemigo, y promulgó un decreto de que si el traidor era descubierto, le serían aplicados cien latigazos en la espalda desnuda.
6. Pocos días después se descubrió quién era, y para su asombro la culpable era su propia madre.
7. Se apartó para ayunar y estar aislado durante dos días, y saliendo luego pálido y lívido, ordenó que su madre fuese sacada de la tienda, y que le descubriesen la espalda para los azotes. Estuvo a su lado mientras que uno, dos, tres, cuatro, cinco de aquellos terribles latigazos desgarraban su carne, y luego mandó al verdugo que detuviera sus golpes, desnudó su propia espalda, y tomó los otros noventa y cinco latigazos sobre sí mismo, hasta que la carne colgaba a tiras.
8. Se cuenta que el efecto de esto fue electrizante. Sus seguidores quedaron conmovidos e incluso su madre quedó totalmente sometida, como nunca lo hubiese sido por la fuerza.
9. Jesús se adelantó.
a. Llevó todos los azotes que nos merecíamos nosotros.
b. Bebió esta copa que nosotros debíamos tomar como retribución de nuestra culpa.
10. Que nuestra oración sea:

«Oh, hazme comprenderlo,
Que pueda así asimilar,
Qué significó para ti, oh Santo,
Todo mi pecado llevar».

11. Pero Él bebió la copa de ira para que otra copa pudiera ser nuestra porción.

II. La copa de salvación (Sal. 116:13).

1. Pensando en la cruz, mi corazón clama: «¿Qué pagaré a Jehová por todos sus beneficios para conmigo?».
2. ¿Qué puedo hacer para mostrar mi gratitud?
a. Nuestra primera expresión de gratitud debería ser «tomar»
(1) Porque antes que puedas comenzar a trabajar para Él, has de confiar en Él.
(2) Antes que nuestro Señor clamara «Bienaventurados», dijo «Arrepentíos».
(3) «Tomad» –te la ofrece a ti.
(4) Es un don –debemos ser sus invitados.
b. Tu segunda expresión de gratitud ha de ser «repartidla» –esto es, pasa la historia a otros.
3. Todo lo que has de hacer es tomarla, dar gracias –y pasarla a otros después de participar tú de ella.
4. «¿Hasta cuándo puedo beber?», preguntó una muchacha pobre a la que le dieron un vaso de leche caliente. Pertenecía a una familia pobre, y estas cosas habían de ser compartidas. Se quedó asombrada cuando le dijeron que podía beberlo todo.
5. Oh, bebe a fondo. Bebe mucho de su Salvación. Bebe, y vuelve a beber.

III. La copa de padecimiento (Mt. 20:22, 23).

1. Es bueno cuando las madres acuden al Señor en favor de sus hijos –como en el caso de la madre de los hijos de Zebedeo.
2. «A la verdad, mi copa beberéis» –no se puede escapar de ella.
3. La copa de padecimiento la comparten todos. El hombre nace para la tribulación como las chispas se levantan hacia el aire.
4. Pero la ventaja del cristiano por encima del mundano es que él *acepta la copa de la mano amante del Padre.*
5. En los días de nuestra infancia, la amarga medicina era mejor aceptada si nos la daba la mano amante del padre o de la madre en vez de la mano de un extraño.

¿CÓMO TOMAS LA COPA DE PADECIMIENTO?

1. ¿Cómo la tomas?
2. Una persona que conozco fue llamada hace un tiempo a pasar por un tiempo de dolor.
3. Mientras andaba por una calle muy activa, y pensando acerca de este texto, le vino la reprensión de manera repentina: «Tú has tomado la copa de padecimiento, pero nunca has dado gracias».
4. Jesús lo hizo, tomó la copa, y dio gracias.
5. Hay copas de frustración que debemos beber… Quedan destruidos los planes para tu servicio futuro. Se perturban los planes acerca de tus hijos. Se desmoronan los planes acerca de tu posición en la vida.
6. ¿Qué debemos hacer bajo estas circunstancias? Toma la copa y *da las gracias.*

DEMOS DOS AYUDAS PARA EL AGRADECIMIENTO.

1. *No olvides las misericordias del pasado.*
a. Mira la vida como lo hacía Gladstone.
b. Cuando le recordaron el dolor que había sufrido durante los últimos seis meses de su vida, dijo que no había razón alguna para olvidar que había gozado dos veces 86 semestres de una maravillosa ausencia de dolor.
c. Generalmente dejamos que un poco de sufrimiento borre de nuestra memoria los años de ausencia de dolor.
d. En la obra de Stanley, *Vida de Arnold*, tenemos un ejemplo similar. Habiendo caído enfermo de repente, su hijo entró en la habitación, y se sentó con su madre al pie de la cama. Entonces su padre le dijo en voz baja: «Hijo mío, ¡dale gracias a Dios por mí!». Como su hijo no se dio cuenta enseguida de qué quería decir, siguió diciendo: «Da gracias a Dios, Tom, por darme este dolor. He sufrido tan poco dolor en mi vida que pienso que es algo muy bueno para mí; ahora Dios me lo ha dado, y le doy las gracias de verdad por ello».

2. *No olvides que esta amarga copa te la pasa una Mano Horadada.* Busca la gracia de la gratitud, para que puedas decir:

«Mi Dios, te doy gracias, que hiciste
La tierra tan esplendente,
De esplandor y gozo tan llena
De luz y de belleza;
Tantas cosas gloriosas aquí hay
Nobles y rectas.

Gracias te doy más por cuanto mi gozo
Tocado está con pena;
Que sombras caen en las horas más brillantes,
Que espinas quedan
Para que la gloria de la tierra mi guía sea,
y no mi cadena.

Porque Tú que conoces Señor cuán prontos
Nuestros pobres corazones son a anclarse,
Nos has dado gozos tiernos y veraces
Mas todos con alas, pasajeros;
Para que veamos, resplandeciendo arriba,
Más divinas cosas».

1.108. GETSEMANÍ

Lucas 22:39-54

«Así, como eras tú la semilla y no la flor,
No teniendo hermosura ni apariencia en ti,
Compartiendo tu pensar con tu compañero el dolor,
TU menospreciado fuiste, rechazado en tu hora
De soledad y del triunfante poder de Dios»

MACDONALD

Hay una gran profundidad conmovedora en estas palabras: «Se fue, como solía, al monte de los Olivos». Éste era el lugar de oración de Cristo, y ésta fue su última y para siempre memorable visita. Los intereses de la salvación de un mundo en muerte, y el eterno honor de su Santo Nombre son ahora echados en un crisol. El resultado de la terrible obra de esta noche afectarán al cielo, a la tierra y al infierno, y se extenderán hasta las más lejanas eras de la eternidad. En un huerto cayó el primer Adán por el pecado; en un huerto triunfó el segundo Adán por medio de padecimientos. Getsemaní fue para Cristo un lugar de

I. Solemne soledad. «Se apartó de ellos a una distancia como de un tiro de piedra» (v. 41). Lo suficientemente lejos como para estar más allá de su ayuda. Él pisó el lagar del sufrimiento expiatorio a solas. En el gran día de la expiación el Sumo Sacerdote debía hacer el trabajo *solo* (Lv. 16:29-30). «Todo lo pagó Jesús». «Nada en mi mano traigo.»

II. Resignación en oración (v. 42). Esta terrible copa era suficiente para aplastar a cualquier mortal ordinario hasta anonadarlo. Cristo conocía lo terrible de su contenido, porque conocía bien la santidad de Dios y lo horrendo del pecado. La única manera en que esta copa podía pasar de nosotros era gracias al «no se haga mi voluntad, sino la tuya», de Jesucristo.

III. Socorro celestial. «Y se le apareció un ángel del cielo para fortalecerle» (v. 43). Este ángel tuvo un elevado honor al serle encomendada una obra tan necesaria y gloriosa. Indudablemente se le recordaría por ello después de la Ascensión. ¿No debemos sentirnos agradecidos a Dios por enviar a este fortalecedor del Redentor en su camino de hacer la expiación por nuestros pecados?

IV. Terrible sufrimiento. La *agonizante* oración y las «grandes gotas de sangre» nos hablan de un corazón tierno y sensible, aplastado y herido en el mortero del amor por el peso del aborrecido pecado: no el suyo (2 Co. 5:21). Pero esta oración, con fuerte clamor y lágrimas, fue oído (He. 5:7). Si el pecado *imputado* a Él le llevó tal agonía de alma, «¿cómo escaparemos nosotros, si descuidamos una salvación tan grande?».

V. Cruel traición (vv. 47, 48). El beso de Judas fue para el «Varón de Dolores» como el mordisco de una serpiente. Ésta fue la primera salutación que recibió Cristo del hombre después de aceptar en su favor la copa de maldición. «La inhumanidad del hombre para con el hombre» no es nada en comparación con su inhumanidad para con Dios. Tan solo le damos a Jesús el beso de Judas cuando le damos los *labios* de la profesión y le negamos el *corazón* de amor.

VI. Milagro misericordioso (vv. 50-51). Incluso los sufrimientos sin paralelo de Cristo no le estorbaron sus simpatías por la desgracia de un enemigo. «Tocándole la oreja» invirtió el efecto de la espada de Pedro. «¡Qué abnegado amor el suyo!» El *poder* que sanó aquel oído pudo haber enviado a aquella entera banda de burladores a la perdición.

VII. Poder satánico. «Ésta es vuestra hora, y la potestad de las tinieblas» (vv. 52-53). Todos los que se oponen a Jesucristo están actuando como agentes del diablo. El triunfo de los malvados es breve (Job 20:5). Andad en la luz (Jn. 3:19-21).

1.109. LA NEGACIÓN DE PEDRO

Lucas 22:54-62

«Señores, el significado de esta duda vuestra
Reside en su razón; os molesta
Que éstas vuestras tierras otro Señor deban tener.
Leales no sois, y por ello quisierais
Que vuestro Rey bien lejos se hallara»

INGLELOW

«Hombre prevenido vale por dos». Pero a Pedro no pareció servirle de nada que el Señor le advirtiera de que «Satanás ha solicitado poder para zarandearos como a trigo». Y esto es más que lo que Job sufrió. Cristo emplea un *aventador* para aventar la paja y limpiar el trigo; el diablo emplea una criba para guardar la paja y echar fuera el trigo. A renglón seguido del poder de Cristo *muriendo* por nosotros está el poder por el que ora por nosotros. «Yo he rogado por ti» (v. 32; Jn. 17:15). Observemos los pasos en la caída de Pedro.

I. Autoconfianza. Él había dicho: «Señor, estoy dispuesto a ir contigo no solo a la cárcel, *sino también a la muerte*» (v. 33). Pedro creía que estaba dispuesto ahora, pero todavía no había llegado el momento de la prueba; debiera haber creído la Palabra del Señor, que *su oración* por él era muy necesaria. Pedro todavía no había aprendido que sin Él nada podía hacer, sino desmayar y fracasar. «El que confía en su propio corazón es necio» (Pr. 28:26).

II. El temor del hombre. «Pedro seguía de lejos» (v. 54). Ahora era la ocasión para Pedro de «ir con Él a la cárcel», pero sus pies se vieron atrapados en el lazo que es siempre el «temor del hombre». Las acciones hablan mucho más fuerte que las palabras. Cuidémonos de imitar la cobarde conducta de Pedro rehusando identificarnos con la causa de Cristo cuando otros estén tratando implacablemente su Palabra y su obra. «Seguir de lejos» no es más que una negación en sordina.

III. En compañía de los escarnecedores. «Pedro se sentó entre ellos» (v. 55). Por medio de la influencia de Juan, se le permitió a Pedro la entrada al patio abierto, pero se juntó con los escarnecedores y se calentó al fuego de los enemigos (Jn. 18:15-18). Indudablemente, Juan siguió a Cristo hasta la estancia del juicio. Seguir de lejos llevará de cierto a juntarse con los impíos, y a juntarse con ellos en su impío regocijo. Fue después que el pródigo fue a la provincia *apartada* que se vio juntándose a un ciudadano de allí (Lc. 15:5).

IV. Negación. «Pero él le negó, diciendo: ... no lo conozco» (vv. 56-60), y ello en tres ocasiones, como lo había anunciado el Señor. El fruto de la autoconfianza es la negación de Cristo. Cristo queda siempre rechazado cuando la soberbia se sienta en el trono de nuestro corazón. Cuidémonos de no echar piedras a Pedro por hacer en un día lo que puede que nosotros estemos haciendo cada día que vivimos: rehusar confesar a Cristo nuestro Señor. Luego vino su:

V. Arrepentimiento. «*Saliendo fuera, lloró amargamente*» (v. 62). El Señor Jesucristo, al ser llevado desde la estancia del juicio hacia el cuerpo de guardia a través del patio abierto, lanzó una mirada tan escudriñadora, llena de pena, y compasiva, que despertó su memoria, embotada por el pecado, y llenó sus ojos con las amargas lágrimas de la tristeza y del arrepentimiento. Una mirada de Cristo es suficiente para hacer que el profundo mar del pasado entregue a sus muertos. «Pedro *se acordó*». Una memoria despertada será una bendición o una maldición, según sea nuestra relación con el Señor Jesucristo. «Si *confesamos* nuestros pecados, Él es fiel y justo para *perdonar*» (1 Jn. 1:9).

1.110. PILATO Y CRISTO

Lucas 23:1-25

«¿Por qué debiera yo salir de mi lugar e ir y pedir
Si otros hombres en su tarea ocupados están?
¿Y apartarme de TI, o de tu Santa Luz,
Para mirar si otros orbes sus en circuitos se mantienen
Alrededor de su propio sol,
A Ti abandonándote, y desolado quedando?»

CLOUGH

Cristo fue acusado de estar «pervirtiendo a la nación, y prohibiendo dar tributo a César». Una doble acusación, que era una doble mentira totalmente crasa (Mt. 22:21). Siempre resultan mentirosos los que buscan una causa para condenar al Cristo. Observemos:

I. El privilegio de Pilato. «Le condujeron a Pilato» (v. 1). Nadie puede ser el mismo tras haber sido traído cara a cara con el Hijo de Dios Salvador. Es un gran y misericordioso honor tener a Jesús traído ante nosotros, pero ¿cuál serán las consecuencias en nuestro caso?

II. La pregunta de Pilato. «¿Eres Tú el rey de los judíos?» (v. 3). A esta pregunta directa Jesús da una respuesta llana y enfática, para que Pilato pudiera, si quería, sentir la grave responsabilidad de su posición actual. «Yo para esto he nacido, y para esto he venido al mundo, para dar testimonio a la verdad», declaró el regio «Varón de Dolores» (Jn. 18:36). «¿Que pensáis vosotros del Cristo?» ¿Tenemos alguna duda en cuanto a su regio carácter?

III. La confesión de Pilato. «Ningún delito hallo en este hombre» (v. 4). El reto que Cristo presentó en la primera parte de su ministerio sigue sin respuesta en su santo desafío: «¿Quién de vosotros me redarguye de pecado?» (Jn. 8:46). Nunca se halló mentira en su boca. No hay roca como nuestra Roca, siendo de ello testigos incluso enemigos como Pilato. Los incrédulos, a lo largo de los siglos, se han visto impulsados a hacer la misma confesión. Cristo no hubiera sido un sacrificio aceptable por nuestros pecados si hubiera habido en Él tacha alguna.

IV. La evasión de Pilato. «Le remitió a Herodes» (vv. 5-12). Se hubiera sentido contento de que Herodes le evitara tomar una decisión concluyente acerca de Jesucristo; pero nadie ha podido nunca librarse de ello. ¡Y el Señor le fue devuelto ricamente vestido en son de burla! Tampoco podemos nosotros evadirnos a esta gran pregunta: «¿Qué haré de Jesús?» Sigue estando ante nosotros como «despreciado y desechado», esperando la decisión de nuestros corazones. Nadie puede tomar esta decisión por nosotros.

V. La propuesta de Pilato. «Le soltaré, pues, después de castigarle» (vv. 17-22). ¡Qué sugerencia más cobarde! Él lo castigará, como si fuera culpable, para dar satisfacción al populacho, y le dará la libertad para dar respiro a su propia conciencia. Desde luego que tal conducta exhibe «la contradicción de pecadores». Pilato estaba dispuesto a sustituir a Jesús por Barrabás, pero ellos no estaban dispuestos a admitirlo; ni tampoco quieren admitirlo en la actualidad, porque el mundo «ama lo suyo». «No podéis servir a Dios y a Mamón (las riquezas)» (Lc. 16:13).

VI. La decisión de Pilato. «Entonces Pilato sentenció que se hiciese lo que ellos pedían; ... y entregó a Jesús a *la voluntad de ellos*» (vv. 23-25). Ellos querían su muerte, aunque «Dios no quiere la muerte de nadie». Mejor le hubiera sido para Pilato y para nosotros nunca haber nacido antes que dar una sentencia como ésta. ¿O es que no ha entregado Dios a Jesús a vuestra voluntad, por medio del ofrecimiento de su Evangelio? ¿Cuál es tu sentencia? ¿Será de rechazarlo, o de recibirlo? (Jn. 1:12).

1.111. EL CALVARIO

Lucas 23:24-48

«De dolor en dolor, de ay en ay,
Con amantes corazones y pasos lentos,
Al Calvario con CRISTO vamos...
¿Hubo jamás dolor como el suyo?
¿O pecado como el nuestro?»

FABER

¿Quién no preferiría ser como Simón de Cirene, que fue compelido a llevar la Cruz de Jesús, antes que el purpurado Pilato, que, por miedo, se vio empujado a entregar a Jesús a la voluntad del populacho? (vv. 24-26). Pero, aparte de la execrable cobardía de Pilato, Dios ha entregado a su Hijo a la voluntad del pueblo. Y cada vez que oímos el Evangelio de Cristo o bien le honramos en nuestros corazones o le deshonramos (Jn. 1:12). Los profundos y solemnes pensamientos de esta porción se pueden centrar fácilmente en «el lugar llamado de la Calavera» (v. 33). Era un

I. Lugar de culpa. «Llevaban a otros dos, que eran *malhechores*, para ser ejecutados con Él» (v. 32). Cristo fue crucificado *entre* los bandidos, como si Él fuera el mayor criminal. Los que pasaban por allí contaban a los malhechores como uno, dos, tres. Ciertamente, Él «fue contado con los transgresores». Sí, Él llevó los pecados de muchos.

II. Lugar de compasión. Jesús dijo: «Padre, perdónalos, porque no saben lo que hacen» (v. 34). ¡Qué oración de parte de un sufriente coronado de espinas! ¡Qué revelación del amor y de la misericordia de Dios, surgiendo a través del corazón dolido de Cristo, su Hijo, por los soberbios y culpables hijos de los hombres! Él amó a sus enemigos, y bendijo a los que le maldecían (Hch. 7:59).

III. Lugar de mofa. «Y aun los gobernantes se burlaban de Él... También los soldados le escarnecían» (vv. 35-37). El hecho de que «a otros salvó» no hizo en absoluto disminuir la enemistad de ellos ni apaciguó la ira que sentían, sino que más bien intensificaba su diabólica furia. Él no podía «salvarse a Sí mismo» porque vino precisamente con el propósito expreso de *darse a Sí mismo* en rescate por muchos.

IV. Lugar de testimonio. «Con letras griegas, latinas y hebreas» (v. 38) se escribieron sobre Él estas palabras: «ÉSTE ES EL REY DE LOS JUDÍOS». Aunque escritas y leídas con burla y desdén, estas palabras eran absolutamente ciertas; aunque se atribuyen a la ironía de Pilato, eran en verdad el testimonio del Espíritu de Dios. Habían crucificado a su Rey, su Mesías, el Hijo del Altísimo. En el Calvario se revela la enemistad natural del corazón humano en contra de la imagen de Dios.

V. Lugar de salvación. «Hoy estarás conmigo en el paraíso» (vv. 40-43). Este bandido arrepentido fue el primero en entrar en el paraíso por medio de la sangre del Cordero. La suma de la obra de la redención de Cristo se encuentra en estas pequeña palabra: «CONMIGO». Este malhechor moribundo quedó reconciliado con Dios por medio de la muerte de su Hijo. Aquellos que están *con Él* ahora en el Espíritu y en vida estarán con Él en el más allá transformados por su poder (1 Jn. 3:2).

VI. Lugar de milagro. «El sol se oscureció, y el velo del templo se rasgó por la mitad» (vv. 44, 45). La rotura del velo y el oscurecimiento del sol fueron símbolos sobresalientes de la bondad y de la severidad de Dios manifestadas en la Cruz de Cristo. La oscuridad declara su severidad contra el pecado, y el velo rasgado indica un camino abierto por Dios, por medio de los padecimientos de Cristo, para entrar en su propia presencia (He. 10:20).

VII. Lugar de muerte. «Expiró» (v. 46). Se hizo obediente hasta la muerte, y muerte de cruz. UNA MUERTE que ha traído a luz la vida y la inmortalidad; que ha hecho la paz con Dios, y que sigue llevando a los pecadores a que «se golpeen los pechos» ante tal espectáculo (v. 48); una muerte que quita nuestro pecado, y que es la muerte de la muerte.

«¡Calvario, oh Calvario! ¡Que tal agonía fue por mí!».

1.112. MARAVILLAS DE LA RESURRECCIÓN

Lucas 24:1-27

«¿Qué nos queda, más que creciendo en alma levantarnos...
Y desde el don, mirar al Dador,
Y de la cisterna al río,
Y a la Infinidad desde lo finitud
Y desde el polvo del hombre a la Divinidad de Dios?»

BROWNING

Los soldados hicieron su sepulcro con los sepulcros de los malvados que fueron crucificados con Él, pero «con los ricos fue en su muerte», para que se cumpliera la Escritura (Is. 53:9), porque José, un rico consejero, rogó que le fuera entregado el cuerpo, y lo sepultó en su propio nuevo sepulcro. Cristo se ofreció a Sí mismo en sacrificio a

Dios, por lo que su cuerpo le era de gran precio para Él, y como las *cenizas* del holocausto de tiempos antiguos debía ser llevado «a un lugar *limpio*» (Lv. 6:11). Se dice que hay siete maravillas del mundo, pero en este capítulo tenemos verdaderamente siete maravillas:

I. Una piedra maravillosa. «Y hallaron que había sido retirada la piedra del sepulcro» (v. 2). Esta piedra, que había sido sellada con el sello de Pilato, y delante de la que se puso una guardia romana para vigilarla, fue sin embargo *removida* (Mt. 27:62-66). Las grandes piedras puestas en el camino de Cristo y de su causa por parte de los enemigos de Dios son fácilmente eliminadas cuando «el Angel del Señor» pone encima de ellas sus manos (Mt. 28:2). ¿Quién podrá mantenerse en pie cuando Él aparezca?

II. Una tumba maravillosa. «No hallaron el cuerpo del Señor Jesús» (v. 3). Aquí había sido sepultado el Señor Jesús. Ahora la tumba estaba vacía. Allí se encuentran los lienzos de lino con que había sido envuelto, en el mismo lugar y con la misma forma que cuando el cuerpo estaba dentro; pero Él no está. Estaba bien claro por la *posición* de los lienzos que nadie había *robado* su cuerpo. «¿Dónde está, oh sepulcro, tu victoria?»

III. Una maravillosa visión. «He aquí que se pararon junto a ellas dos varones con vestiduras resplandecientes» (v. 4). Al seguir a Jesús *adentro* de la tumba, tuvieron el privilegio de *ver* a los glorificados. Cada lugar, incluso la tenebrosa y solitaria tumba, queda santificada e iluminada cuando Jesús ha estado allí. La gloria de la vida de resurrección se ve primero en el sepulcro de Jesús. Ser sepultado con Cristo es ser resucitado con Él en novedad de vida (Ro. 6:4).

IV. Un maravilloso mensaje. «No está aquí, sino que ha resucitado» (vv. 5-8). «No está aquí»: todos los poderes de la tierra y del infierno han fracasado en su intento de retenerle. «Sino que ha resucitado»: toda la potestad del cielo le ha sido dada a Él. Estos ángeles *recordaron* las palabras que Jesús había hablado, mientras que los discípulos las habían olvidado (v. 6). Es fácil olvidar lo que no *creemos*.

V. Una maravillosa incredulidad. «No las creían» (vv. 10, 11). El mismo Jesús les había dicho que Él *resucitaría al tercer* día (Mt. 17:23). Ahora las mujeres les comunican que el sepulcro estaba vacío, pero «no las creían». La verdad sobre la resurrección de Cristo es una verdad resucitadora del alma; los hombres son siempre lentos en creerla.

VI. Una maravillosa conversación. «Iban hablando entre sí» (vv. 13-17). Mientras ellos «hablaban y discutían entre sí, Jesús mismo se acercó», porque el Señor se deleita en escuchar y oír cuando los que temen al Señor hablan uno a otro (Mal. 3:16). Ningún científico estuvo nunca más interesado en ningún descubrimiento que lo estaban estos dos hombres en el informe: «Jesús ha resucitado». ¿Cómo podía ser de otra modo cuando, por así decirlo, la totalidad de su capital para el tiempo y la eternidad estaba implicado en este negocio?

VII. Un maravilloso forastero. «¿Eres tú el único forastero?» ¡Cuán sugerentes deben haberle sido estas palabras a Aquel que había sido «herido en casa de sus amigos»! Pero cuán consolador oír hablar de Él mismo como «un profeta, poderoso en obra y en palabra delante de Dios y de todo el pueblo». Sin embargo, este «forastero» los reprendió por la insensatez de ellos en no creer «todo lo que los profetas han dicho»; y «*comenzando desde Moisés:* donde los «altos críticos» naufragan: les expuso en todas las Escrituras *lo referente a Él*. Aquel que era la VERDAD nunca podía sancionar una falsedad. Él se deleita en revelarse a los que buscan. «Buscad, y hallaréis.»

1.113. CONDICIONES PARA LA COMUNIÓN
Lucas 24:29

1. Consideración, «El día ya ha declinado».
2. Invitación, «Quédate con nosotros».
3. Importunidad, «Le constriñeron».
4. Resultado, «Entró, pues, a quedarse con ellos».

1.114. ¡HE AQUÍ MIS PIES!
Lucas 24:39

Sus pies sugieren:

1. **Sufrimiento.** «Horadaron... mis pies» (Sal. 22:16).
2. **Misericordia.** «Junto a sus pies, comenzó a llorar» (Lc. 7:38).
3. **Poder.** «Cojos, ciegos, mudos, mancos, y otros muchos enfermos; y los pusieron a los pies de Jesús, y los sanó» (Mt. 15:30).
4. **Reposo.** «En su sano juicio, a los pies de Jesús» (Lc. 8:35).
5. **Esperanza.** «Vino y se postró a sus pies» (Mr. 7:25; Jn. 11:32).
6. **Enseñanza.** «María... sentándose a los pies de Jesús, oía su palabra» (Lc. 10:39).
7. **Consolación.** «¿Por qué estáis turbados... ? Mirad... mis pies» (Lc. 24:38, 39).
8. **Servicio.** «María... ungió los pies de Jesús... y la casa se llenó del olor del perfume» (Jn. 12:3).
9. **Adoración.** «Se asieron a sus pies, y le adoraron» (Mt. 28:9).
10. **Victoria.** «todo lo sometiste bajo sus pies» (He. 2:8).

1.115. TRES GRANDES NECESIDADES
Lucas 24:46-49

1. La necesidad puesta sobre el **Salvador**. «*Padecer* y resucitar de entre los muertos».
2. La necesidad puesta sobre el **pecador**. «Arrepentimiento».
3. La necesidad puesta sobre el **siervo**. «Dar testimonio».

1.116. EL SEÑOR ASCENDIDO
Lucas 24:50-53; Hechos 1:4-11

«Y los sacó fuera hasta Betania.» Desde Betania inició su viaje a la Cruz de vergüenza; desde allí se dirige también en su viaje a la Corona de gloria. Aquí los discípulos testificaron como el Señor ascendía lentamente delante de sus ojos. Mientras que su cuerpo iba gradualmente ascendiendo a los cielos, Él «alzando sus manos..., los bendecía», y mientras que los bendecía, fue alejándose lentamente de ellos hacia la nube que le llevó al cielo. ¿Es para asombrarse de que después que Él se fuera ellos siguieran «con los ojos puestos en el cielo»? Apenas acababan de hacerse conscientes del hecho de su resurrección cuando contemplaron otra maravilla igualmente trascendental y gloriosa. «Verdaderamente, éste era el Hijo de Dios.» Si nuestras esperanzas mundanas están crucificadas con Cristo, tendremos nuevas y más brillantes expectativas en su resurrección y traslación al trono del Padre. Asociadas con la Ascensión tenemos traídas delante de nosotros algunas de las cosas «que acompañan a la salvación» (He. 6:9). Prestémosle una profunda atención.

I. El bautismo del Espíritu Santo. «Seréis bautizados con el Espíritu santo» (Hch. 1:5-8). Jesús *murió* por nuestros pecados, y *resucitó* para nuestra justificación, y *ascendió* para que fuéramos dotados del poder del Espíritu Santo. El poder del Espíritu Santo sobre sus discípulos fue el testimonio de que Cristo, el Crucificado, estaba ahora en presencia del Padre (Jn. 16:7). Estos primeros y cordiales seguidores no creían, como lo hacen la mayoría de los cristianos modernos, que el fruto de la *muerte* de Cristo era la suma de la salvación; ellos esperaron y recibieron el fruto de su *Ascensión*: el bautismo del Espíritu Santo (Hch. 2:4). «¿Recibisteis el Espíritu Santo cuando creísteis?» (Hch. 19:2).

II. Testificando para Cristo. «Me seréis testigos», etc. (Hch. 1:8). Tan fieles eran estos discípulos llenos del Espíritu que en poco tiempo «llenaron Jerusalén con la doctrina» (Hch. 5:28). El poder del Espíritu estaba con ellos, por lo que leemos que «con gran poder los apóstoles daban testimonio de la resurrección del Señor Jesucristo» (cap. 4:33). Somos testigos desautorizados de Cristo a no ser que hayamos sido «revestidos de poder de lo alto». Nuestra enseñanza y predicación serán solo como «címbalo que retiñe» si no somos llenos «con el Espíritu Santo». Sin Él no seremos más que una trompeta que suena, sin una voz articulada divina. Para que seamos verdaderos testigos para Él, recibamos la «promesa del Padre», así como la promesa del Hijo.

III. La esperanza de su regreso. «Este mismo Jesús... vendrá así, tal como le haréis visto ir» (v. 11). Decir, como lo dicen algunos, que la venida del Espíritu Santo era la venida de «este mismo Jesús», conlleva no solo la negación de la personalidad del Espíritu, y un insulto al sentido común, sino que es una voluntariosa perversión de la Palabra de Dios. Parece, dice el autor de *The Coming Kingdom of God*, como si algunos odiaran tanto el pensamiento de un regreso personal de Cristo, que están dispuestos a creer en un absurdo antes que aceptar tal cosa. «El Señor mismo con voz de mando... descenderá del cielo» (1 Ts. 4:16). Ésta es la esperanza de la Iglesia de Dios, que está siendo actualmente *llamada fuera (ekklesia)* como testimonio para su Nombre. Ésta es la Esposa a la que Cristo ha prometido volver y recibir «a mí mismo» (Jn. 14). Tan pronto como el Señor estuvo fuera de la vista, los discípulos recibieron la enseñanza de creer en/ y *esperar* su regreso. Ésta es la esperanza que alienta en el servicio y purifica la vida (1 Jn. 3:3).

1.117. UN AMÉN MUY DESEABLE

¡Ah, dejar este mundo así con una bendición!

Lucas 24:50-53

I. Gozo y Alabanza.

1. Ningún verdadero cristiano puede dejar de anhelar:
a. Más gozo (v. 52).
b. Y más espíritu de alabanza.
2. Para tristeza nuestra, debemos confesar que carecemos a menudo de estas cosas esenciales.
3. Una vez y otra estamos en esta disposición de espíritu.
4. Pero estos estaban así «continuamente».
5. Dijo John Livingstone: «El crimen capital del pueblo del Señor es la esterilidad en la alabanza».
6. Rutherford dijo: «¡Qué gozoso está mi corazón que escribáis que estáis deseosos de uniros a mí en mis alabanzas, porque es caritativo ayudar a un deudor a pagar sus deudas».

II. Alabanza y bendición.

1. No son términos indistintos.
2. Alabar es magnificar su misericordia; bendecir es hablar bien de su Nombre.

III. Continuamente. Algunos parecen pensar que esto significaba «asistencia sólo a las horas designadas de oración».

IV. ¿Qué nos llevará a esta actitud de la mente y del alma?

1. Estar bendecidos por Él (debemos ser bendecidos antes de poder bendecir).
2. Adorarle.
3. Permanecer en Él (Él es nuestro Templo).
4. Entonces le alabarás tanto más.

1.118. LOS CRISTIANOS COMO ENVIADOS

«Como Tú me enviaste al mundo, así Yo los he enviado al mundo» (Jn. 17:18).

«Como me envió el Padre, así también Yo os envío» (Jn. 20:21).

¿Nos hemos dado cuenta alguna vez de que como cristianos ocupamos el puesto de Cristo en el mundo? Debemos obrar en su nombre hasta que Él venga (2 Co. 5:20). Así como el Padre envió al Hijo, del mismo modo el Hijo te ha enviado a ti, de la misma manera, y con el mismo propósito. Si queremos ver nuestra verdadera relación con el mundo como enviados, veamos cómo el Padre envió al Hijo.

I. Fue enviado como Uno que no pertenecía al mundo. Él había hecho al mundo, pero el mundo no lo conoció. Vino como Hijo de Dios. «Lo santo que va a nacer será llamado Hijo de Dios» (Lc. 1:35). «Éste es mi Hijo, el amado» (Mt. 3:17). «Como me envió el Padre, así también Yo os envío» (Jn. 20:21). «Ahora somos hijos de Dios». Es por ello que el mundo os aborrece. Habiendo sido salvados fuera del mundo, separados de Él por una vida nueva y divina, que nos ha sido impartida por el Espíritu Santo, somos ahora enviados a Él como testigos en contra de Él y como embajadores de Dios.

II. Fue enviado en amor al mundo. «De tal manera amó Dios al mundo, que ha dado a su Hijo unigénito» (Jn. 3:16). El amor hacia las almas perdidas constriñó al Padre a enviar a su Hijo. «Como me envió el Padre, así también Yo os envío.» El amor del Padre sigue ardiendo en el corazón de su Hijo. «Id por todo el mundo y proclamad el evangelio a toda criatura» (Mr. 16:15). ¿Nos constriñe a nosotros este amor? ¿Ha sido derramado el amor en nuestros corazones? ¿Tenemos los mismos motivos para servir a Dios que tenía Cristo? ¿Seríamos igualmente celosos de nuestra obra cristiana si no recibiéramos dinero ni favor de hombre alguno?

III. Fue enviado para revelar el carácter de Dios (Jn. 17:6). «El que me ha visto a Mí, ha visto al Padre» (Jn. 14:9). «Yo y el Padre somos una sola cosa» (Jn. 10:30). Una sola cosa en naturaleza, semejanza y propósito. «Como me envió el Padre, así también Yo os envío.» ¿Ve el mundo a Cristo en nosotros? ¿Podemos decir: «El que me ha visto, ha visto a Cristo Jesús»? ¿No es lo que Pablo significaba al decir «Para mí el vivir es Cristo»? «Sed imitadores de mí, así como yo de Cristo» (1 Co. 11:1); «ya no vivo yo, sino que Cristo vive en mí» (Gá. 2:20).

IV. Fue enviado para declarar la Palabra de Dios (Jn. 17:8-14). «Les he dado las palabras que me diste» (Jn. 17:8). ¡Ah, cuán fielmente transmitió Jesús las palabras que el Padre le dio para que hablara! «Como me envió el Padre, así también Yo os envío». ¿Estamos declarando todo el consejo de Dios, como lo hizo Jesús? Obsérvese cuán semejantes a su Señor fueron Pedro y Juan a este respecto: «Porque no podemos menos de decir lo que hemos visto y oído» (Hch. 4:20).

V. Fue enviado para dar su vida como rescate (Mr. 10:45). No vino para ser servido, sino para dar su vida. «Como me envió el Padre, así también Yo os envío.» ¿Estamos dispuestos y listos, como Él lo estaba, a entregar nuestras vidas plenamente por la gloria de Dios el Padre? Nuestro Señor y Maestro se ciñó con la toalla de humilde servicio, y fue obediente hasta la muerte. ¿Nos hemos ceñido con aquella humildad de mente que estaba en Él? ¡Qué privilegio tenemos de dar nuestras vidas para poder ministrar las cosas de Dios a las almas fatigadas y perdidas a nuestro alrededor!

VI. Fue enviado equipado con Poder de lo Alto (Mt. 3:16). El Señor lo ungió con el Espíritu Santo para que predicara, sanara, librara y recuperara (Lc. 4:19). Recibió poder de parte de Aquel que lo envió para la obra que le había encomendado que hiciera. «Como me envió el Padre, así también Yo os envío.» Recibiréis poder del Espíritu Santo viniendo sobre vosotros. Si el Salvador sin pecado, Jesús, fue equipado con esta dotación en el poder de la cual llevar a cabo los propósitos de Dios acerca de nosotros, ¡cuánto más vosotros precisaréis de ella para hacer su voluntad! ¿Estas tú sembrando para la carne o para el Espíritu? El camino de servicio de Cristo debe ser el nuestro por medio del Espíritu eterno.

1.119. EL AUTOANONADAMIENTO DEL SEÑOR JESÚS SEGÚN SE REVELA EN EL EVANGELIO DE JUAN

SEGÚN SE REVELA EN EL EVANGELIO DE JUAN

En el Evangelio de Juan somos llevados, por así decirlo, al «Lugar Santísimo». Aquel discípulo «a quien amaba Jesús», y que yacía junto a su seno, parece haber asimilado más profundamente el Espíritu del Maestro. En el anonadamiento de nuestro Señor aprendemos algunas de las más profundas lecciones de la vida cristiana. Nuestro Señor y Salvador fue tan verdaderamente humano que tenía un yo para cuyo agrado no vivió. «No se agradó a Sí mismo.» En esto también *padeció*, dejándonos ejemplo. El discípulo no es mayor que su Señor. Si por su negación de Sí mismo Él acabó la obra que le había sido encomendada, ¿cómo le seguiremos si no nos negamos a nosotros mismos y tomamos la cruz? *Oigámosle a Él.* Dice Él:

I. «Mi alimento es hacer la voluntad del que me envió, y llevar a cabo su obra» (Jn. 4:34).
«Mi *comida*». La misma fuerza y satisfacción de su alma residía en llevar a cabo la voluntad de su Padre. Su corazón hambriento podía solamente apaciguarse con el conocimiento de que los propósitos de Aquel que le había enviado se estaban cumpliendo. «No solo de pan *vivirá* el hombre, sino de *toda palabra* que sale de la boca de Dios.» ¿Encontramos *alimento* para nuestras almas en llevar a cabo la voluntad de Dios?

II. «De cierto, de cierto os digo: *No puede el Hijo hacer nada por su cuenta,* sino lo que ve hacer al Padre; porque todo lo que Él hace, también lo hace igualmente el Hijo» (Jn. 5:19). «*No puedo hacer Yo nada por Mí mismo*» (v. 30).
¡Qué revelación tenemos aquí del anonadamiento del Hijo de Dios, de su total abandono de todo lo que estuviera calculado para perjudicar el cumplimiento de la voluntad de Dios por medio de Él! Como HIJO no podía hacer nada por Sí mismo aparte del Padre. *No podía* debido al gran amor que tenía por su Padre. Que el amor de Cristo nos constriña así. El plan de la vida de Cristo no era de su propia elaboración. Vivía en una comunión tan estrecha con el invisible Padre que podía decir: «No puede el Hijo hacer nada por su cuenta, sino lo que VE *hacer al Padre*». ¿Vivimos nosotros en una

comunión tan estrecha con Cristo que sus acciones están siempre delante de *nuestros ojos* como modelo para nosotros? El Padre honró al Hijo al no hacer nada sin Él (Jn. 1:3). Ahora el Hijo, incluso en su humillación, no hará nada sin el Padre (Jn. 10:30). Y hemos sido introducidos en esta santa y feliz relación por medio de ser hechos los «hijos de Dios» (He. 2:11). «SIN Mí *nada podéis hacer*».

III. «Porque he descendido del cielo, *no para hacer mi voluntad,* sino la voluntad del que me envió» (Jn. 6:38).
Él descendió del cielo con el expreso propósito *no de hacer su propia voluntad, sino la voluntad del Padre* que lo envió. Cada creyente en Jesús es enviado al mundo con el mismo mensaje y propósito (Jn. 17:18). No para hacer su propia voluntad, sino la voluntad de Aquel que los envió. ¿Por qué hizo el Señor tan frecuente referencia al hecho de que Él no había venido, y obrado y hablado para *agradarse a Sí mismo*? ¿No fue para manifestar su *unidad* con el Padre, y para llevar a sus oyentes a un contacto personal con Él? Aunque Jesucristo hubiera hecho su *propia voluntad,* no debemos suponer que *aquella voluntad* habría sido contraria a la voluntad de su Padre, pero Él se anonadó a Sí mismo para poder ser un modelo para aquellos que deberían después creer y seguir. «No se haga mi voluntad, sino la tuya». ¿No nos ayuda esto a comprender la tan repetida petición: «Hágase tu voluntad, como en el cielo, así también en la tierra»?

IV. «Jesús les respondió y dijo: Mi doctrina *no es mía,* sino *de aquel que me envió*» (Jn. 7:16). «Yo, lo que le he oído a Él, esto hablo al mundo» (Jn. 8:26). «*Nada hago por mí mismo,* sino que según me enseñó el Padre, así hablo» (Jn. 8:28).
Estas palabras llenas de gracia que cayeron de labios de nuestro Salvador nos aseguran de que su *enseñanza,* proclamada *al mundo,* era la enseñanza de Dios el Padre que le había *enseñado.* Y no es diferente ahora en los verdaderos siervos de Dios. ¿No dijo Jesús: «Os he llamado amigos, porque todas las cosas que le oí a mi Padre, os las he dado a conocer»? (Jn. 15:15). Él recibió la enseñanza del Padre; nosotros las recibimos de Él para que podamos «proclamarla al mundo» tal como hemos oído de Él. En este sentido cada uno de nosotros puede decir con verdad: «No puedo hacer nada por mi cuenta». Éste es el puesto que tenemos que tomar delante de Él si su Palabra y doctrina deben ser enseñadas con poder. «No yo, mas Cristo.» El que se da a sí mismo así a la voluntad de Dios será declarado hijo de Dios con poder, según el espíritu de santidad (Ro. 1:4).

V. «Yo hago siempre lo que le agrada» (Jn. 8:29). «Es menester que Yo haga las obras del que me envió, entretanto que el día dura» (Jn. 9:4). «Porque *Yo no he hablado por mi propia cuenta;* ... Él me dio mandamiento de lo que he de decir» (Jn. 12:49).
Estos textos que hemos agrupado podrían ser tomados por separado, ya que revelan tres verdades profundamente significativas en relación con el ministerio terreno de nuestro Señor. 1) Él habló por *mandamiento* del Padre. Era hombre bajo autoridad. 2) Estaba impelido por la *necesidad* de la obediencia del amor. «Es menester que Yo haga». 3) su vida fue un total éxito delante de Dios su Padre. «Yo hago *siempre* lo que le agrada». Su decisión era siempre hacer la voluntad de Dios. Obrero cristiano, ¿cómo es tu vida a la luz de estos hechos? ¿Está el *mandamiento* de Dios en tu testimonio? ¿Es el amor constreñidor de Cristo la fuerza que te impele en tu servicio diario para Dios?

VI. «Las palabras que Yo os hablo, *no las hablo por mi propia cuenta,* sino que el Padre que mora en Mí, Él hace las obras» (Jn. 14:10). «La palabra que habéis oído no es mía, sino del Padre que me envió» (Jn. 14:24).
Era de una manera tan perfecta que el Hijo estaba abandonado a la voluntad del Padre, que Él *moraba en Él,* y hablaba *por medio de Él.* Dice el Señor que su *voluntad,* sus *palabras* y sus *obras* no eran suyas propias, sino del Padre. ¿Es así con nosotros en este presente mundo malo? Cristo nos está dando el secreto de su propia vida de dicha cuando dice: «Si permanecéis en Mí, y mis palabras permanecen en vosotros, pedid todo lo que queráis, y os será hecho... Así como el Padre me ha amado, también Yo os he amado» (Jn. 15:7-9). Él también está poniéndonos, como sus siervos, en la misma relación con el Padre y el mundo que Él mismo tenía cuando dice:

VII. «Les he dado las palabras *que me diste*» (Jn. 17:8). «Como Tú *me enviaste al mundo,* así Yo los he enviado al mundo» (Jn. 17:18).
Habiendo pues recibido las mismas palabras y la misma misión que recibió el mismo Hijo de Dios, ¿qué clase de personas debiéramos ser? Fiel es el que os ha llamado, que también lo hará.

1.120. LAS SIETE NECESIDADES DEL HOMBRE, CUBIERTAS

Juan 1

La más profunda necesidad del hombre puede ser suplida por:

1. Una **revelación divina del Padre.** Jesucristo le ha declarado v.v14-18
2. Una **Luz** divina mediante la que pueda ver las cosas como realmente son en Cristo la Luz .... vv. 7-9
3. Un **Sustituto** divino para hacer expiación por el pecado. Cristo es el Cordero de Dios .... v. 29
4. Un **derecho** divino a la Familia de Dios. Cristo da este derecho .... v. 12
5. Una **naturaleza** divina para adecuarlo para esta santa familia. Cristo, por Su Espíritu, da esto .... v. 13
6. Una **plenitud** divina para satisfacer esta naturaleza. Cristo la tiene .... v. 16
7. Un **poder** divino para el servicio. Cristo lo da .... v. 33

1.121. CRISTO, LA VIDA Y LA LUZ DE LOS HOMBRES

Juan 1:1-5

«Aquel que del Padre enviado fue,
Vino, la verdadera luz, para luz a nuestras almas dar.
La Palabra de Dios, la proclamación de sus consejos;
La Luz de Dios, visible haciéndolo ante nos;
La gloria trascendente trajo Él
En forma humana, para con el hombre habitar.»

El Evangelio de Juan ha sido bien llamado «El Evangelio de la Eternidad», porque es el Evangelio de Dios. Juan fue un vaso especialmente preparado para este muy honroso ministerio. Desde su juventud había sido un apóstol amado. «Su cabeza había estado recostada en el pecho del Señor, había estado junto a la cruz, había sido testigo de la Ascensión, había cuidado de la Madre del Señor hasta su muerte, había visto el fin de la dispensación judía y la caída de la Santa Ciudad, y le habían sido concedidas a él las visiones del Apocalipsis». El gran propósito de este Evangelio es muy apropiadamente expresado en 20:31: «Éstas se han escrito para que creáis que Jesús es el Cristo, el Hijo de Dios, y para que creyendo, tengáis vida en su nombre». Todas las palabras clave de este Evangelio se encuentran en este versículo. Las palabras iniciales de este capítulo se encuentran entre las más profundas jamás escritas por la mano del hombre. Revelan una triple relación del Señor Jesucristo en su:

I. Relación con Dios. Recibe el nombre de el Verbo, el «Logos». Cristo mismo es la palabra pronunciada y el pensamiento de Dios. Él es la expresión visible del Dios invisible. «La cual [vida manifestada] estaba con el Padre, y nos fue manifestada» (1 Jn. 1:2). Esta Palabra era en el principio. «Jehová me poseía en el principio, ya de antiguo, antes de sus obras (...) y era su delicia de día en día» (Pr. 8:22-30). El Verbo estaba con Dios. Sí, y más aún, el Verbo era Dios. La mente finita del hombre no puede captar el misterio de la Trinidad, pero el creyente devoto puede inclinarse y adorar. Que Aquel que era en forma de Dios, y que no consideró usurpación ser igual a Dios, se anonadara a Sí mismo, tomando sobre Sí la forma de siervo, y muriera en una cruz por el pecado del mundo, es un misterio de la gracia que sólo puede ser sondeado por el misterio de la Trinidad.

II. Relación con la creación. «Todas las cosas por medio de Él fueron hechas, y sin Él nada de lo que ha sido hecho, fue hecho» (v. 3). Pablo enseñó la misma doctrina: «Porque por Él [Cristo] fueron creadas todas las cosas» (Col. 1:16). Le plugo a Dios darle el ser a la vieja creación por medio de la instrumentalidad de su Hijo; también ha sido su beneplácito que la nueva creación sea «en Cristo Jesús». Por Él hizo también el universo (He. 1:2), y por Él busca asimismo redimir este mundo perdido en pecado. Aquel por quien Dios hizo todas las cosas ha hecho también la paz mediante la Sangre de su Cruz. El Señor Jesucristo como la Palabra de Dios mantiene la misma posición para con la nueva creación como la que mantenía con respecto a la antigua. «Y sin Él nada de lo que ha sido hecho, fue hecho.» Sin Él, Dios no hizo nada, y del mismo modo sin Él nosotros no podemos hacer nada. Todas las cosas fueron creadas por Él y para

Él, y en Él todas las cosas tienen consistencia. Él es el centro y sustento de todas las cosas, además de ser el Hacedor de ellas. «Señor, eres digno de recibir la gloria y el honor y el poder, porque Tú creaste todas las cosas, y por tu voluntad existen y fueron creadas» (Ap. 4:11). Si todas las cosas fueron creadas para su placer, ciertamente que Él verá del fruto del trabajo de su alma, y quedará satisfecho.

III. Relación con los hombres. «En Él estaba la vida, y la vida era la luz de los hombres.» ¿Por qué es la Vida descrita como la Luz de los hombres, y no de la creación? Él ha hecho la Luz del universo material, pero Él es la Luz de los hombres. El hombre es algo distinto de y superior a otras cosas creadas. Es una personalidad que necesita de la Personalidad Divina para afrontar todas sus necesidades. «En Él estaba la vida». El origen de la vida estaba en Él, y Dios, al darnos a su Hijo, nos ha dado la vida eterna (1 Jn. 5:11). La vida manifestada en Cristo Jesús es la verdadera luz que debiera alumbrar a todo hombre que viene al mundo. He venido para que tengan vida. Cristo, como la Palabra de Dios, es el pan de vida que descendió del cielo, para que todo el que coma no muera. No solo de pan vivirá el hombre, sino de toda palabra de Dios.

Entonces observemos:

1. Lo que esta LUZ es: «La vida era la luz».
2. Dónde esta luz RESPLANDECE: «La luz resplandece en las tinieblas». Como la luz, Cristo no resplandeció sobre la tiniebla del mundo, sino en la tiniebla. Se hizo carne, y habitó entre nosotros. Sus propias palabras son: «Yo, la luz, he venido al mundo» (Jn. 12:46). El propósito de la luz es vencer a las tinieblas. El centro de estas tinieblas es el corazón humano. El Dios que ordenó a la luz que resplandeciera en las tinieblas es Aquel que ha resplandecido en nuestros corazones, para dar la luz del conocimiento de Dios (2 Co. 4:6).
3. El EFECTO de su resplandecer. «Las tinieblas no la comprendieron» (RV). Se emplean dos términos distintos aquí, uno en la RV y otro en la RVR77, que si se toman separadamente exponen el doble resultado de este resplandecer de la verdadera luz.
   a. Las tinieblas no la *comprendieron* (RV). Las tinieblas de la voluntariosa incredulidad permanecieron inconscientes del amanecer de este nuevo día: «no conocieron el tiempo de su visitación» (Lc. 19:42-44).
   b. Las tinieblas no *prevalecieron* (RVR77). Gracias a Dios, en el caso de muchos las tinieblas del pecado y del temor no pudieron vencer ni resistir el brillante resplandor de su verdad. No importa lo densas que sean las tinieblas, no pueden de ninguna manera prevalecer contra la pureza o el propósito de la luz. La luz sigue resplandeciendo, pero los hombres pueden condenarse por amar las tinieblas en lugar de la luz (Jn. 3:19).

1.122. EL VERBO HECHO CARNE

Juan 1:1-18

«El que el trono de su Padre abandonó
Para tomar Tu carne y tu hueso,
¿Vida tuvo o no?
Si no hubiera Él vivido por ti
Tu míseramente habrías muerto,
Y dos muertes tu cuenta habrían sido»

HERBERT

«La vida del hombre», dice Westcott, «es el conocimiento de Dios. Pero este conocimiento vive y se mueve. No se trata de algo muerto, embalsamado de una vez por todas en unas frases. La Palabra de Dios se hizo carne, y habitó entre nosotros. Estamos ahí en tierra santa. Aproximémonos como Moisés lo hizo en la zarza ardiendo. Aquí vemos:

I. Una misteriosa encarnación. «El Verbo se hizo carne.» Aquel que estaba «con Dios» y que «era Dios» ha aparecido de repente en semejanza de carne de pecado. ¿Cómo se habría sentido Elías si aquella «voz suave y apacible» que le habló tan claramente al corazón se le hubiera aparecido misteriosamente en forma de carne y de huesos? Cristo, como el Verbo, no podía ser visto, y la carne como tal no podía ser oída, pero «el Verbo hecho carne» puede ser a la vez visto y oído. La carne sin el Verbo viviente no tiene ni mensaje ni virtud en sí para los pecados y ayes de este mundo necesitado. La unión del Verbo y de la carne es un misterio tan grande como la unidad de la Trinidad. Grande es el misterio de piedad: Dios manifestado en carne. Fue totalmente de gracia que Cristo tomara la simiente de Abraham en lugar de la naturaleza de los ángeles. El misterio de la Encarnación es el misterio de la gracia.

II. Una profunda humillación. «Y habitó entre nosotros.» No se trató de un saludo apresurado, como la visita de un ángel. Fue la voluntaria adopción de Sí mismo en la familia humana. Dios, que había morado en la milagrosa «columna de nube» y que había vivido con Israel en el desierto, se ha humillado ahora a Sí mismo tomando la forma común de los hombres pecadores, morando entre ellos. ¡Qué humillación, la imagen de Dios asumiendo la semejanza de carne de pecado!

III. Una manifestación divina. «A Dios nadie le ha visto jamás; el unigénito Hijo, que está en el seno del Padre, Él le ha dado a conocer» (v. 18). Aquel que estaba en «el seno del Padre» estaba bien calificado para hacer tal declaración. En la vida de Jesucristo se ha manifestado lleno de gracia el carácter del «Rey de los siglos, inmortal, invisible... a quien ninguno de los hombres ha visto ni puede ver». Así como «nadie conoce al Hijo, sino el Padre, y ninguno conoce perfectamente al Padre, sino el Hijo, y aquel a quien el Hijo resuelva revelarlo» (Mt. 11:27). Se precisa de Dios el Padre para ver plenamente la grandeza del carácter de Dios el Hijo. Se precisa de Dios el Hijo para dar una perfecta declaración de Dios el Padre, y se precisa de Dios el Espíritu Santo para capacitar a los hombres para recibir y gozar de tal manifestación. ¿Cuál es esta revelación? He manifestado tu nombre a los hombres que del mundo me diste» (Jn. 17:6).

IV. Una salvación provista. «Y el Verbo se hizo carne, y habitó entre nosotros... lleno de gracia y de verdad» (v. 14). «La gracia y la verdad vinieron por medio de Jesucristo» (v. 17). La gracia de Jesucristo es la actitud de Dios en bondad de buscar ganarnos, y Él está «LLENO» de ella. La gracia de Dios, trayendo salvación a todos los hombres, se ha aparecido en la persona de su Hijo. Pero esta gracia no ha venido a expensas de la verdad, porque es «gracia y verdad» que aquí se encuentran. Es en Él que la justicia y la verdad se besan, como dos amantes llenos de pureza (Sal. 85:10). Aunque la salvación nos viene como un ministerio de la gracia, es al mismo tiempo «la ministración de justicia», por medio de Cristo Jesús (2 Co. 3:9). En Él Dios es justo al justificar al injusto que cree en Jesucristo su Hijo. Debiéramos recordar siempre que es la gracia del DIOS infinito y eterno que nos ha venido por Jesucristo.

V. Un bendito testimonio. «Y vimos su gloria... Porque de su plenitud todos hemos recibido» (vv. 14-16). Una maravillosa visión: «Su gloria». Una maravillosa posesión: «De su plenitud». Vieron su gloria en el monte de la Transfiguración. Pero esta manifestación externa fue sólo la expresión visible de la gloria interior de su gracia, al venir a sufrir en Jerusalén por el pecado del mundo. Es un gran espectáculo contemplar la gloria de Dios en la faz de Jesucristo, la gloria del Unigénito del Padre. Aquellos cuyos ojos están así abiertos para ver su gloria tienen corazones preparados para recibir de su plenitud. Su plenitud es la plenitud de las riquezas divinas, que son inescrutables. Fue después que los hermanos de José contemplaran su gloria que tuvieron el privilegio de recibir de su plenitud. Fue después que los discípulos hubieron contemplado la gloria de su resurrección que recibieron la plenitud del don de Pentecostés. Es cuando hemos visto la gloria de su gracia que buscamos la plenitud de su salvación. La gloria de Cristo es la gloria de la GRACIA. ¿Y quién puede sondearla? ¿Quién ha visto jamás el horizonte de su gloria? Ésta es una gloria que puede aún ser vista. Es una plenitud de la que puedes aún recibir. ¿Has visto tú su gloria? ¿Estás recibiendo satisfacción de su plenitud?

1.123. CÓMO VOLVERSE NIÑOS

«Tú como el mísero hombre quisiste ser hecho,
En todo menos en el pecado,
Para que como Tu pudiéramos llegar a ser,
Como desemejantes habíamos antes sido»

STENNET

«Hubo un hombre enviado de parte de Dios, el cual se llamaba Juan. Este vino para testimonio». La «Luz verdadera» tuvo su heraldo en un mensajero especial venido del cielo. «Enviado de parte de Dios... para testimonio». Esta es una vida perfecta que cumple el propósito de Dios, aunque pueda ser solitaria y breve. No es necesario que un hombre viva mucho tiempo, pero si su vida no debe ser un fracaso es necesario que la viva para la gloria de Dios. Tan pronto como venimos a ser hechos «hijos de Dios» al nacer de nuevo de lo alto, entramos en aquella relación con Él que nos posibilita venir a ser como Juan, «un hombre enviado de parte de Dios... para testimonio». Entonces, ¿cómo podemos venir a ser hechos hijos de Dios? La respuesta es así de sencilla: «A todos los que le recibieron, a los que creen en su nombre, les dio potestad de ser hechos hijos de Dios» (v. 12). Nadie tiene derecho a ser llamado hijo de Dios si no lo ha recibido. «De una misma sangre ha hecho [Dios] toda nación de los hombres», pero la sangre de las naciones no es la misma que la Sangre de Cristo. Aquí se pone un gran énfasis acerca de a quién vamos a recibir. El acto de recibir solamente es válido porque nos pone en contacto con Aquel

I. Que hizo el mundo (v. 10). El mundo fue hecho por medio de Él. Aquel que hizo el mundo puede fácilmente volver a hacer un alma humana. Su poder creador fue manifestado, mientras estaba en el mundo, por sus obras milagrosas, como la alimentación de los miles con unos panes, y acallando la tempestad y las tumultuosas olas.

II. Que estaba en el mundo (v. 10). Aquel que hizo el mundo, y que se humilló a Sí mismo para nacer en el mundo en la semejanza de la carne pecaminosa, para poder entrar en contacto personal con los pecados y dolores del hombre. En el mundo, pero no del mundo, entre pecadores pero totalmente separado de ellos, en el mundo como el representante visible del Dios invisible.

III. Que es la verdadera luz (v. 9). Ésta es la única luz que puede posiblemente «alumbrar a todo hombre que viene a este mundo», porque esta verdadera luz es la vida de los hombres. Aquel que es eternamente perfecto, con todas las perfecciones de la eternidad. Él es la «verdadera Luz», la «verdadera vid», el «verdadero pan». Él es «la Verdad». Recibirlo a Él es recibir la luz de la vida.

IV. Que fue rechazado por los suyos. «El mundo no le conoció... los suyos no le recibieron» (vv. 10, 11). Le conocían como el Hijo de José, pero rehusaron reconocerlo como el Hijo de Dios. Aunque vivían, se movían y tenían su ser en Él, sin embargo no le conocieron. Recibían anhelantes a diario su rica provisión, pero a Él no le recibieron. Nadie pudo redargüirlo de pecado. Nadie pudo hallar en Él falta alguna. Pero los suyos no le recibieron. El hecho de que fue primero rechazado y después aceptado por su misma familia es otra prueba de la divinidad de su carácter. Él hizo las obras que nadie más podía hacer, y confirmó así la veracidad de sus declaraciones. Todos los que le reciban deben estar preparados para sufrir el rechazo junto con Él.

V. Que tiene autoridad para hacernos hijos de Dios. «A todos los que le recibieron, a los que creen en su nombre, les dio potestad de ser hechos hijos de Dios» (v. 12). Esta prerrogativa es solo de Él. Ningún privilegio eclesial ni imposición de manos puede dar a nadie el derecho de ser hecho hijo de Dios. El Espíritu de adopción es el don de Dios (Ro. 8:15). No hay otro camino por el que podamos venir a ser hijos de Dios, sino por medio de la «fe en Cristo Jesús» (Gá. 3:26). Cristo vino como el enviado de Dios para redimirnos, para que recibiéramos la adopción de hijos (Gá. 4:4, 5). Él tiene el derecho de adoptarnos, porque Él ha recibido el poder de redimir. Todos los que le reciben, reciben la redención del pecado y de la culpa.

VI. Que tiene poder para regenerar el alma. «Los cuales no han sido engendrados de sangre, ni de voluntad de carne, ni de voluntad de varón, sino de Dios» (v. 13). Venir a ser hijo de Dios implica regeneración por el Espíritu de Dios. No es un nacimiento natural: «no de sangre». No puede ser producido por ninguna cantidad de energía carnal: «ni de voluntad de carne». Tampoco puede venir como fruto del esfuerzo intelectual: «ni de voluntad de varón». Es de Dios, y es la respuesta inmediata de Dios a nuestra fe en su Hijo Jesucristo. Todos aquellos que le reciben son nacidos de Dios. ¿Cómo te pondré a ti entre los hijos? «Recíbele.»

1.124. EL TESTIMONIO DE JUAN ACERCA DE CRISTO

Juan 1:29-34

«¿Quién sigue en su cortejo?
Quien mejor de su copa de dolor beber pueda
Triunfando sobre el dolor;
Quien paciente su cruz aquí vaya llevando,
Éste en su cortejo sigue»

HEBER

«Los eventos venideros arrojan su sombra por delante de ellos.» La venida del Cristo solitario y sufriente fue anunciada por la aparición del solitario y sufriente Bautista. La confesión de Juan acerca de sí mismo preparaba el camino para el testimonio que iba a dar de su Señor: «Yo no soy el Cristo»; cuando le preguntaron si era Elías, también respondió: «No lo soy»: «Yo soy la voz de uno que clama en el desierto», la voz de Aquel que es la Palabra de Dios, clamando: «Enderezad el camino del Señor» (vv. 19-23). Es necesario que nos conozcamos a nosotros mismos si queremos dar un verdadero testimonio de Cristo. Aquel que dijo: «Todo lo puedo en Cristo, que me fortalece» también dijo: «En mí, esto es, en mi carne, no mora el bien». En estos versículos Juan nos dice siete cosas acerca del Señor Jesucristo, a las que haremos bien en dar oído. Observemos que:

I. Él es el Cordero de Dios (v. 29). El Cordero escogido de Dios para quitar el pecado del mundo, y a quien señalaban todos los sacrificios de la antigua dispensación. Entonces era «un cordero por casa», y ahora es un Cordero para todo un mundo (1 Jn. 2:2). El Cordero de Dios fue la manifestación por parte de Dios de su propia mansedumbre y sometimiento a la terrible necesidad del padecimiento divino como expiación por el pecado. Éste es el Cordero que, en el propósito de Dios, fue «inmolado desde la fundación de mundo» (Ap. 13:8). Si fue necesario que el cordero de la pascua fuera «sin tacha», desde luego así fue con Él. La Sangre de Cristo derramada en la Cruz es una prenda para todo el mundo de la disposición de Dios a «pasar por alto», en gracia perdonadora, a todos los que creen en Él (Éx. 12:1; 1 Jn. 4:10).

II. El cual es antes de mí (v. 30). Sí, mucho tiempo antes de Juan, porque Él es «antes de todas las cosas». Aunque Juan estaba consciente de que él era el precursor de Cristo, estaba consciente asimismo de la más profunda verdad de que Cristo era anterior a él, como el padre lo es al hijo. El ministerio de Juan fue ordenado por Dios, pero solo por causa del mayor ministerio de su Hijo. Nos es fácil creer que Cristo era antes que nosotros, pero ¡cuán fácil nos es olvidar que somos llamados a ser sus siervos, en virtud de esta realidad!

III. Era primero que yo (v. 30). En todas las cosas debe Él tener la preeminencia. El Cordero de Dios debe siempre mantenerse delante de todos nuestros propósitos, tal como lo está delante de todos los planes y propósitos de Dios. Cuando un siervo de Cristo se vuelve más ansioso de llegar a un puesto de eminencia delante del pueblo de Dios que de hacerle a Él eminente, comienza a actuar de manera traidora. Dios prefiere a su Hijo por encima de todos sus siervos; por ello, que no le insulte el siervo prefiriéndose a sí mismo.

IV. Sería manifestado a Israel (v. 31). El cordero de la Pascua era apartado en el día décimo del mes, y era manifestado en el decimocuarto (Éx. 12). Hubo tres etapas en la manifestación del Cordero de Dios: (1) su Bautismo; (2) su Transfiguración; (3) su Crucifixión. En la primera tenemos la prueba de su misión divina; en la segunda tenemos una revelación de su carácter intachable como Cordero; en la tercera tenemos el cumplimiento de su obra sustitutoria como ofrenda por el pecado.

V. Él es el Ungido. «Vi al Espíritu que descendía del cielo como una paloma, y permaneció sobre Él» (v. 32). El Espíritu, apareciendo en semejanza de paloma, vino de un «cielo abierto», y fue acompañado de una voz que daba certidumbre: «Tú eres mi Hijo Amado» (Mt. 3; Lc. 3). A Él lo selló Dios el Padre para el día de la redención, cumplida en la cruz del Calvario. Con el Espíritu santo vino la palabra atestiguadora de Dios. Siempre que viene la unción divina, se debe oír de manera distintiva la voz de Dios. Con Pentecostés vinieron lenguas de fuego. Cada bautismo del Espíritu Santo vendrá seguido del testimonio de Dios. «Recibiréis poder, cuando haya venido sobre vosotros el Espíritu Santo, y me seréis testigos» (Hch. 1:8).

VI. Él es quien bautiza con el Espíritu Santo. «Sobre quien veas descender el Espíritu y que permanece sobre Él, ése es el que bautiza con el Espíritu Santo» (v. 33). Juan da testimonio enfático de los dos grandes aspectos de la obra de Cristo: (1) Él quitará el pecado; (2) Él bautizara con el Espíritu Santo. Lo uno se corresponde con lo otro. Tenemos la misma base para esperar que Cristo nos bautice con el Espíritu Santo como la que tenemos de que nos quite nuestros pecados. Es cosa cierta que se trata de dos experiencias distintas, y que debieran ser disfrutadas de una manera concreta por parte de cada creyente en Jesús. Pentecostés es el resultado del Calvario.

VII. Él es el Hijo de Dios. «Yo le he visto, y he dado testimonio de que éste es el Hijo de Dios» (v. 34). Como el Cordero, Él quitó el pecado por el sacrificio de Sí mismo; como el Hijo, es todopoderoso para salvar. Juan fue un hombre enviado por Dios, para dar testimonio de que Él es el Hijo de Dios, para que Israel, como nación, le reconozca como el Mesías prometido. Fue como «el Hijo de Dios» que

Satanás lo tentó en el desierto. Y por cuanto es el Hijo de Dios, con poder, es capaz de cumplir cada una de las promesas que Él ha hecho. «Si no creéis que Yo soy, moriréis en vuestros pecados» (Jn. 8:24).

1.125. LOS PRIMEROS DISCÍPULOS

Juan 1:35-42

«El perfecto camino duro a la carne es,
No es difícil de amar:
Si mustio te encontraras por necesidad de Dios,
Cuán rápido emprenderías el andar.
Sé dócil a tu Guía invisible
Ámale como Él te ama a ti;
La fe y la obediencia suficientes son,
Y tú santo así serás»

FABER

«Es más fácil obedecer que mandar», aunque nuestros insensatos corazones preferirían conducir antes que seguir. Hay algo así como un halo de gloria alrededor de estos dos hombres que se aventuraron los primeros a «seguir a Jesús». Es fácil seguir a Jesús en una multitud, pero en casi cada compañía o familia se precisa de alguien con el suficiente valor para tomar la iniciativa, y dar el primer paso por Cristo, y como ejemplo a otros. Estos primeros discípulos vinieron a ser seguidores de Jesús de una manera muy semejante a la que se viene a ser discípulo de Jesús ahora. ¿Y cómo fue? Hubo:

I. Un sencillo testimonio. «Estaba allí Juan (...) y fijándose en Jesús que pasaba por allí, dijo: He aquí el Cordero de Dios» (vv. 35, 36). El predicador fue «Juan». Su actitud, «fijándose en Jesús». Su tema, «el Cordero de Dios». Y su actitud era asimismo ferviente, concentrando toda su alma en el mensaje que daba. Fue también práctico: «He ahí». Vedle ahora. Fue un mensaje breve, pero fue una palabra dicha en sazón, llena de poder, y fue inmediatamente fructífera.

II. Un acto de fe. «Le oyeron hablar los dos discípulos, y siguieron a Jesús» (v. 37). La fe viene por el oír, y el oír por la palabra de Dios. Oyeron, y siguieron. Habían estado siguiendo a Juan, pero ahora, en base del testimonio del mismo Juan, dejan al siervo de Cristo y siguen a su Señor. El deseo de Juan debería ser el deseo de cada heraldo del Señor Jesucristo: «Es necesario que Él crezca, y que yo mengüe» (Jn. 3:30). Él no se predicaba a sí mismo, sino a Cristo el Cordero de Dios, y así ellos creyeron. La fe de ellos quedó evidenciada en su seguimiento. Puede haberles costado mucho volverle la espalda a su último amado maestro, pero el sacrificio es hecho de manera bien dispuesta por la comunión con Aquel que puede quitar el pecado. No había momento que perder. La elección tenía que ser hecha en el acto, porque Jesús «pasaba», y pronto se perdería de vista.

III. Una pregunta escudriñadora. «Y volviéndose Jesús, y viendo que le seguían, les dijo: ¿qué buscáis?» (v. 38). Jesús pondrá a prueba los motivos de aquellos que le siguen antes de confiarse a ellos. ¿Qué buscáis? ¿Buscáis honores y preferencias mundanas al seguirme a Mí? ¿Es algo temporal lo que buscáis de Mí, o es a Mí a quién buscáis? Yo soy el Camino, la Verdad, y la Vida. Al seguirme, ¿estáis buscando el Camino a Dios, la Verdad de Dios y la Vida de Dios? ¿Qué buscáis? Que esta pregunta escudriñe nuestros corazones. Como profesos discípulos de Cristo, ¿cuáles son los secretos motivos que animan nuestra vida cristiana? ¿Nos sentimos más anhelantes de ser honrados por Cristo que de honrarle a Él? «Si alguno quiere venir en pos de Mí, niéguese a sí mismo» (Mt. 16:24).

IV. Una indagación anhelante. «Ellos le dijeron: Rabí, ¿dónde te hospedas?» (v. 38). Quizá piensan que la pregunta del Maestro es difícil de contestar del todo, y que si supieran dónde habita podrían ir y tener una larga entrevista con Él, para poder descargarle con calma sus corazones. Esta respuesta revela la profunda sinceridad de sus almas. Ellos desean conocerlo a ÉL como el Cordero de Dios que quita el pecado del mundo. ¿Dónde moras? Él mora (espiritualmente) en el seno del Padre (v. 18), y los que quieren morar con Él morarán también en Dios.

V. Una invitación llena de gracia. «Les dijo: Venid y ved.» Ellos aceptaron contentos la invitación, y «fueron, y vieron donde se hospedaba, y se quedaron con Él aquel día» (v. 39). Ésta fue una experiencia bienaventurada y memorable, y así Juan menciona la misma hora del día, «la hora décima». «Venid y ved.» ¡Qué gracia y privilegio comunican estas dulces palabras a sus almas anhelantes! Es la apertura de una puerta ancha y eficaz a la plenitud de la bendición. ¡Cuán triste hubiera sido que no hubieran entrado! ¿No es nuestro este privilegio, en un sentido más profundo? «Venid a Mí todos los que estáis fatigados y cargados, y Yo os haré descansar» (Mt. 11:28). Cree, y verás.

VI. Un servicio voluntario. «Andrés... halló a su hermano Simón (...) Y le trajo a Jesús» (vv. 40-42). Aquel plácido tiempo de estrecha comunión con Jesús resulta en una inmediata producción de fruto. «Los que esperan a Jehová tendrán nuevo vigor.» La compañía de Cristo conduce a la claridad de visión y a la valentía en la acción. Él podía decir: «Hemos encontrado al Mesías». Habían buscado y hallado, motivo por el cual su testimonio es claro y persuasivo. Su obra para Él comenzó después de haber estado con Él. «Éste es mi Hijo amado (...) a Él oíd» (Mt. 17:5), y servidle. El quieto Andrés realizó una gran obra cuando trajo al turbulento Pedro a Jesús. ¿Podemos estar verdaderamente siguiendo a Jesús si nuestras vidas no están constriñendo a otros a seguirle? En esto es glorificado mi Padre, en que llevéis mucho fruto, y seáis, así, mis discípulos» (Jn. 15:8).

1.126. EL CORDERO DE DIOS

Juan 1:36, 37

1. El **Testimonio** de Juan. «He aquí.» Una nueva Revelación.

2. El **Carácter** de Cristo. «Cordero de Dios.» Él *pertenecía* a Dios, y fue *dado* por Dios como *Sacrificio* a Dios.

3. La **Misión** de Cristo. «Que quita el pecado del mundo» (v. 29).

4. El **Resultado** de la fe. «Siguieron a Jesús.»

1.127. ¿QUÉ BUSCÁIS?

«Y volviéndose Jesús, y viendo que le seguían, les dijo: ¿Qué buscáis?» (Jn. 1:38).

Jesús no dijo: «¿A quién buscáis?» porque ya sabía que le buscaban a Él; sino: «¿Qué buscáis?» ¿Qué es lo que buscáis en Mí?» ¡Ah, esto abre de par en par la puerta de entrada; tanto hay en Jesús que vale la pena buscar! Algunos sólo buscan contemplarle; otros buscan su sonrisa perdonadora. Hay otros que quieren saber dónde mora, para poder morar con Él. ¿Qué buscas tú, alma mía? Busca su sabiduría para conducirte. Busca su paz para poseerte, su poder para guardarte, su Espíritu para morar en ti y transformarte en su imagen divina. Busca que su voluntad pueda ser hecha en ti como lo es en el cielo, y que su presencia pueda ser contigo una realidad permanente. Buscad, y hallaréis.

1.128. LA CONVERSIÓN DE NATANAEL

Juan 1:43-51

«Mi Maestro, ¡A Ti te han herido y a Tu amor!
Ellos solo me dijeron que hallaría el camino
Una vía Dolorosa de principio a fin.
Estrecho es ciertamente... ¡Ah! ¿Por qué
Tus palabras quieren deformar y hacer
'Estrecho' sinónimo con 'muy difícil'?
Por que Tú, divina sabiduría, Tú has dicho
Que Tus caminos placenteros son, y todas
Tus veredas son paz»

F. R. HAVERGAL

Hubo una gran diferencia entre la manera de la conversión de Natanael y la de Saulo, pero el cambio interior fue muy semejante. Veamos cómo sucedió, porque él:

I. Oyó. «Felipe... le dijo: Hemos hallado a Aquel de quien escribió a Moisés en la ley, así como los profetas: a Jesús... el de Nazaret» (v. 45). Oyó las gozosas nuevas de labios de uno que había sido él mismo hallado por Cristo, y que había hallado su solaz en Él. El evangelio de Felipe no era acerca de *algo*, sino acerca de Él: de Aquel en quien consistía la esperanza de Israel; el que responde a todas las predicciones de Moisés y de los profetas, y que afronta todas las necesidades de un alma humana y de un mundo agonizante. Él oyó, pero ¿cómo oirán sin que se les predique? ¿Y cómo predicarán si no son enviados? Todos los que le han hallado a Él son ciertamente capaces de testificar acerca de Él.

II. Preguntó. «¿De Nazaret puede salir algo bueno?» (v. 46). Aunque Jesús nació en Belén, creció en Nazaret, para que fuera llamado nazareno (Mt. 2:23). Nazaret era una ciudad insignificante, y quizá despreciable. ¿Cómo podía el mayor de los profetas venir de tal lugar? Como Nicodemo, estaba dispuesto a preguntar: «¿Cómo puede ser eso?». Felipe no se sentía inclinado a discutir la cuestión con este reflexivo indagador, sino que sencillamente le repuso: «Ven y ve». Es maravilloso ver cómo las dificultades se desvanecen cuando la persona angustiada entra cara a cara con el Hijo de Dios. Las nubes cegadoras de la duda no pueden mantenerse cuando Él aparece, porque sus palabras son haces de luz que sanan el alma y alumbran. Es desde luego una lógica celestial responder a los «cómos» de un indagador con los «ven» del Evangelio. ¿Cómo puede alguien saber que Cristo es poderoso para salvar y que desea hacerlo? Ven y ve.

III. Gustó. Natanael acudió a Jesús, y cuando Jesús lo vio llegar, dijo de Él: He ahí un israelita de verdad»; Natanael le preguntó: «¿De dónde me conoces?» (vv. 47, 48). Jesús se manifestó en el acto a este honrado buscador como el bondadoso y misericordioso escudriñador de los corazones. «Antes que Felipe te llamara, cuando estabas debajo de la higuera, te vi.» Natanael había hallado «lo bueno» que no había venido de Nazaret, sino del cielo. Acudió y vio por sí mismo la sabiduría y el poder de Dios manifestados en Jesús el Cristo. Este buscador sin engaño pronto llegó a ser un gozoso hallador. Es cuando la semilla cae en un corazón honrado que da fruto.

IV. Creyó. «¿Porque te dije: Te vi debajo de la higuera, crees?» (v. 50). Está clara la inferencia de que creyó. ¿Qué otra cosa podía hacer? La evidencia de su mesianismo había sido abrumadoramente convincente, puesto que la demostración hecha había estado enteramente con él. La divinidad de Cristo quedó demostrada mediante su operación en su propio corazón y conciencia, no mediante ninguna exhibición milagrosa externa. Los milagros morales son los monumentos que atestiguan su divino poder y Deidad. La mejor forma de demostrar la divinidad y el poder salvador de Jesucristo es someterse a Él, y entonces se tendrá un testimonio adentro que no podrá ser silenciado.

V. Confesó. «Respondió Natanael y le dijo: Rabí, Tú eres el Hijo de Dios; Tú eres el Rey de Israel» (v. 49). Creyó con su corazón, y ahora hace confesión con su boca. La confesión fue valerosa y plena. Como el «Hijo de Dios» era poderoso para salvar; como el «Rey de Israel» se le debía una total sumisión. Si lo reconocemos como Salvador, debiéramos también adherirnos a Él como Rey, porque Él es a la vez Salvador y Señor. La confesión hecha por Tomás fue: «¡Señor mío y Dios mío!» Muchos creyeron en Él, entonces como ahora, que tenían miedo de confesarle (Jn. 12:42, 43). Recuerda que son aquellos que le confiesan delante de los hombres que Él confesará delante de su Padre en el cielo (Mt. 10:32).

VI. Fue alentado. «Cosas mayores que éstas verás… De aquí en adelante veréis el cielo abierto», etc. (vv. 50, 51). Hay siempre un «cielo abierto» y un bienaventurado «más allá» para los que así le confiesan. Es una visión gloriosa y satisfaciente para el alma ver un «cielo abierto y a los mensajeros de Dios ascendiendo y descendiendo sobre el Hijo del Hombre». Ésta es la escalera que vio Jacob. No hay ninguna otra forma de comunicación entre una tierra maldecida por el pecado y un «cielo abierto» sino por medio de Él. «Yo soy el Camino (…) nadie viene al Padre sino por Mí.» Él es el Mediador entre Dios y los hombres, el Hombre Cristo Jesús. Solo los «ángeles de Dios» pueden hacer esto. Los impuros no andarán por este camino santo. Solo aquellos cuyo deleite es cumplir los propósitos de su voluntad pueden ascender y descender sobre este camino santo. ¿Hemos visto esta visión, y estamos siendo alentados y fortalecidos en nuestra vida diaria por ella?

1.129. LA PRIMERA SEÑAL

Juan 2:1-11

«Leemos en libros santos cómo Dios ha hablado
A santos hombres en muchas formas distintas;
Pero, ¿no tiene este mundo actual ni señal ni prenda?
¿Está Dios callado del todo en nuestros últimos días?
La Palabra sería solo un blanco, un hueco son,
Si todo lo que habló hablándolo no siguiera,
Si toda la luz y sombra alrededor
Fuera otro que del Todopoderoso la voluntad»

COLERIDGE

«Este principio de sus señales hizo Jesús en Caná de Galilea, y manifestó su gloria» (v. 11). Quizás era una de las «cosas mayores» que Jesús prometió a Natanael que vería (1:50). La «gloria» de Jesús, el carpintero, no había sido aún vista. Puede haber alguna significación en el hecho de que la primera manifestación de «Su gloria» fue al «tercer día» de su aparición a Israel, igual que el «tercer día» iba a ser el día de su mayor señal de todas: la resurrección. Observaremos:

I. La ocasión de esta señal. «Unas bodas en Caná.» El matrimonio es (o debiera ser) un esfuerzo unido para perfeccionar la dicha mutua. Pero esta pareja no buscó esta gran bendición sin la presencia del Señor, y por ello «fue también invitado a las bodas Jesús con sus discípulos»; y Jesús fue, porque Él desea dar su bendición a cada intento legítimo en pos de la santidad y la dicha. Toda ocasión es santa cuando está allí Jesucristo, y toda ocasión santa es dichosa. Al estar allí Jesús, pronto surgió una necesidad que sólo Él podía suplir: *Comenzó a faltar el vino.* Faltaba algo; sí, algo que Jesús podía hacer. Allí donde Él está tiene que hacerse algo que *manifieste su gloria.* Ningunos esfuerzos humanos en pos de la verdadera dicha pueden tener éxito sin su don de gracia infinita. Su vino es necesario para dar plena satisfacción al corazón del hombre. «Tú has reservado el buen vino hasta ahora.» Los que beben de «Su» vino están plenamente conscientes de que es lo mejor que se puede lograr en la tierra (Is. 55:1, 2). Los placeres sin Cristo son sin vida, y pronto se marchitan. Fue la manifestación de:

1. LA GLORIA DE SU GRACIA TODOSUFICIENTE. La primera palabra pronunciada por Jesús en esta gran ocasión fue significativa: «Llenad». ¡Ah, cuán característico es esto de la generosidad de su corazón lleno de gracia! «Llenad estas tinajas de agua.» Él, que está «lleno de gracia», se deleita en dar plenitud de bendición. Hubiera sido suficiente con menos de 500 litros, pero esto iba a ser una manifestación de su gracia, por lo que Él les da «superabundantemente» por encima de sus expectativas. Se llenaron todas las tinajas. Da tanto como podemos acoger. Abre del todo la boca de tus expectativas, y Él la llenará.
2. LA GLORIA DE SU PODER TRANSFORMADOR. «El agua [fue] hecha vino.» El primer milagro de Moisés, por quien fue dada la ley, fue transformar agua en sangre. El primer milagro de Aquel por quien vinieron la gracia y la verdad fue transformar el agua en vino. La sangre habla de juicio, el vino de plenitud de gozo. La misericordia más común en la vida puede ser cambiada por Él en la más rica de las bendiciones. Y no solo las misericordias comunes, sino que también puede tomar a hombres del común, como Pedro y Juan, y transformarlos mediante su maravilloso poder en vasos idóneos para el uso del Maestro. Cada alma convertida a Dios ha recibido de una manera definida y así de eficaz por el Señor Jesucristo como cuando transformó el agua en vino. La ejecución de esta señal fue la patentización de su capacidad de hacer nuevas todas las cosas. ¿Creéis que puedo hacer esto? Presentaos a Dios, y así «transformaos por medio de la renovación de vuestra mente» (Ro. 12:1, 2).
3. LA GLORIA DE SU CARÁCTER SUPERLATIVO. «Tú has reservado el buen vino hasta ahora» (v. 10). El último estado es mejor que el primero. La vida convertida es mejor que la más pura de las vidas no convertidas, como el vino es más rico que el agua. Cristo no podía hacer más que dar «lo mejor», de la manera en que sus palabras y obras son verdaderas manifestaciones de su verdadero carácter. Cristo sólo es el Hacedor de aquel vino que trae alegría sin dolor. Todos los otros vinos fabricados por los otros para alentar el corazón del hombre son sólo imitaciones engañosas. Cristo da lo mejor, el mejor gozo, la mejor paz, la mejor esperanza, las mejores promesas, la mejor amistad, la mejor recompensa. La piedad aprovecha para la vida que ahora es, así como para la venidera. Si tu vida no ha sido cambiada por el poder de Jesucristo, todavía tienes lo mejor delante tuyo. ¡Oh, gusta y ve que el Señor es bueno! Bueno como es ahora su vino, sigue habiendo algo mejor guardado para nosotros, cuando nos reuniremos en las «bodas el Cordero» (Ap. 19:7). Tú has reservado el mejor hasta ahora.

1.130. CON JESÚS EN UNAS BODAS

«Tú has reservado el buen vino hasta ahora» (Jn. 2:10).

LAS BODAS DE CANÁ

Introducción

UNA LÁMPARA EN UN SEPULCRO. Alguien ha descrito la religión como una «lámpara ardiendo con luz tenue en un sepulcro». Suena a poético, pero tiene un elemento de verdad. Si es una lámpara en un sepulcro, arde *esplendente*, no con luz tenue. Pero el pensamiento detrás de este dicho es absolutamente incorrecto, o sea, que sólo necesitamos un Salvador en nuestros momentos de dolor, y como preparación para el futuro. Muchos, triste es decirlo, actúan en base de este dicho, y nunca piensan en el Señor hasta que se encuentran con la muerte o con el dolor.

TIEMPOS DE ALEGRÍA. El tema que tenemos ante nosotros excluye este pensamiento. Aquí encontramos al Señor presente en una fiesta de bodas. Él emprendió un viaje de 70 km (de Betábara a Caná) para asistir. Después de todo, la experiencia nos enseña que es en las ocasiones alegres cuando necesitamos de manera especial una presencia santificadora. Es injusto esperar que el Señor comparta nuestros dolores en la vida, y que sea excluido de sus goces.

JESÚS NO ESTÁ FUERA DE LUGAR EN UNAS BODAS. Y no creáis ni por un momento que estaba fuera de lugar. Tú eres quién estás fuera de lugar en todo momento en que Él no está contigo. Él no tenía ningún concepto monjil de que el matrimonio sea algo no santo. El matrimonio es una institución solemne y divina. Y la presencia de Jesús proclama su santidad.

Jesús estaba ahí. Probablemente, éste fue el primer matrimonio cristiano que el mundo jamás haya visto. ¡Cómo nos detenemos ante el versículo 2! Si el Señor Jesús estuvo presente en tu boda, nunca tendrás que escribir como uno lo hizo: «¡Oh, cuántos tormentos se encuentran dentro del pequeño círculo de un anillo de boda». Es un matrimonio sin Cristo el que lleva a un testimonio tan dolorido.

ESCASEZ. Una ilustración del fracaso de los goces de este mundo. Escasez, sí, incluso con la presencia de Jesús. Probablemente, fueron Él y sus discípulos los causantes de que las provisiones se acabasen, al acudir a la fiesta más personas que las que habían sido calculadas. Pero pronto se venció la dificultad. Todo irá bien si Él está ahí.

LA SOLICITUD DE MARÍA. Es un acto sencillo y de buena vecindad ahorrar a los vecinos un apuro y vergüenza. Podría haber no prestado atención, o haber pensado: «No es cosa mía», o haber sentido una mala satisfacción ante el mal manejo de la fiesta.

¿POR QUÉ VOLVERSE A JESÚS? ¿Por qué se volvió María a Jesús para hablarle de la necesidad? Era su costumbre actuar así. Se había acostumbrado a volverse a Él en todas sus dificultades, y desde luego nunca le había consultado en vano.

EL EVANGELIO SEGÚN LA BENDITA VIRGEN. Un amigo le dijo a un Romanista: «¿No has oído nunca el Evangelio según la Bendita Virgen? Es: "Haced todo lo que Él os diga"».

LA OBEDIENCIA DE LOS SIERVOS. No dejéis de observar la bien dispuesta obediencia de los siervos. Y también la fe de ellos. Cada tinaja contenía unos 60 litros: en total 360 litros.

El testimonio del Maestresala.

1. Ésta era una fiesta sobria, porque podían distinguir entre las dos clases de vino.
2. Éste fue un gran encomio de su obra.
a. Pero ésta es invariablemente su norma al obrar.
b. El mundo da lo mejor de su parte al principio, y luego no es duradero, porque «los placeres de la tierra vienen en copas, no en fuentes», y el suministro es limitado y pronto se agota.
c. No así en el caso de Cristo. Con Él, todo va en continuo mejoramiento.

I. En la creación, lo mejor vino al final.

1. ¡Qué oscura condición vemos al principio! Leer otra vez Génesis 1.
2. El primer paso para la mejora fue llamar la luz a la existencia.
3. Es decir, una revelación más plena del estado vacío.
4. Obsérvense las sucesivas etapas.
5. Al final aparece el hombre, la obra culminante de la Creación.
6. Lo mejor vino al final.

II. En la Revelación, lo mejor vino al final.

1. Por causa del pecado vino la revelación de la verdad del Evangelio, pero por etapas.
2. ¡Cuán bosquejada, cuán oscura, cuán incompleta, durante generaciones!
3. Pero era el amanecer. Gradualmente, el sol se levanta más y más, hasta que se vio todo el resplandor de la gloria de Dios en el rostro de Jesucristo. Luego vino lo mejor, y fue lo último.

III. En la vida de Cristo, lo mejor viene al final.

1. «Varón de Dolores», «Experimentado en quebranto».
2. Mal comprendido por los suyos –y aborrecido por muchos.
3. La Cruz con toda su agonía y oprobio.
4. Pero vinieron la Resurrección y la Ascensión.
5. Lo mejor ha de venir aún, cuando Él venga a por los suyos, e introduzca la Edad Dorada.

IV. En tu vida, oh mundano, lo mejor puede que venga al final.

1. Lo que estás gustando de la vida podría parecer del todo correcto.
2. Pero es prueba de que no has gustado el vino de Cristo.
3. Los asistentes a la boda pensaban que el suyo era el mejor, hasta que gustaron el de Cristo.
4. Luego, ¡qué expectativa más terrible que tienes! ¡El infierno abriendo su boca para recibirte!
5. ¡Oh, mundano, tú estás recibiendo ahora tus buenas cosas, y tus malas cosas vendrán después!
6. Puede ser diferente, y así será si te vuelves a Él.

V. En la experiencia del cristiano, lo mejor debería venir lo último.

1. La amargura del arrepentimiento va seguida de la dulzura del perdón.
2. La tristeza de la convicción va seguida de la alegría de la conversión.
3. Y debería ir siempre mejorando.
4. Triste es decirlo, no es así en la experiencia de muchos.
5. «¡Oh, que fuese yo como en los días del pasado!», exclaman.
6. ¿Dónde está la bienaventuranza que conocí cuando vi por primera vez al Señor?
7. Pero no debería ser así. Humíllate delante de Él y Él pondrá todo en su sitio.

VI. En nuestra vida cristiana, lo mejor vendrá al final.

1. A llevar la cruz le sigue llevar la corona.
2. Rechazados por el mundo, seremos reconocidos por el Señor delante de las multitudes reunidas del Universo.
3. Tras nuestro actual fatigoso peregrinaje vendrá el eterno establecimiento en la tierra prometida.

1.131. LA PURIFICACIÓN DEL TEMPLO

Juan 2:13-19

«¿Santos no somos? ¡No comiences!
La sagrada voluntad de Dios es
Llamarnos templos separados
Que por su Espíritu Santo sean llenados»

A. Procter

Hay un notable contraste entre la escena en las bodas de Caná de Galilea (v. 1) y la de la Pascua en el templo de Jerusalén. En la primera Cristo fue un huésped invitado, en la otra, un extraño mal acogido, aunque el templo era «la Casa de su Padre». En la primera ocasión obró un milagro de gracia, en la segunda uno de juicio. Honrarle a Él es ser bienaventurado, deshonrarle es ser condenado. El templo es una figura tanto del cuerpo del Señor como del nuestro (v. 21 y 1 Co. 6:19). A la luz de esto examinaremos este milagro de purificación.

I. El verdadero carácter del templo. El Señor lo llama «la casa de mi Padre» (v. 16). Estaba identificado con el Nombre de Dios y debía ser para testimonio de Él. En Él Dios se revelaba a Sí mismo, y el hombre tenía comunión y adoraba. Debía ser la casa terrena del Rey celestial y eterno. Pero ahora «¿no sabéis que vuestro cuerpo es santuario del Espíritu Santo, el cual está en vosotros?» (1 Co. 6:19). Sois el templo del Dios viviente, como Dios ha dicho, «Habitaré... entre ellos» (2 Co. 6:16). Después que el templo en Jerusalén quedara «desolado» por el rechazamiento de Cristo, el Espíritu Santo descendió en Pentecostés y tomó posesión de ciento veinte templos, con lo que vinieron a ser testigos del Señor Jesucristo (Hch. 1:8).

II. Cómo el templo fue contaminado. Estaba contaminado por aquellos que profesaban ser amigos del templo, que empleaban la religión como disfraz, para poder asegurarse ventajas mundanas. Tenían celo por la Casa de Dios, porque les daba provecho personal, pero no tenían celo por el mismo Dios ni por la honra de su Nombre. Es posible tener celo por la Casa de Dios (la Iglesia) y sin embargo estar contaminando todo el tiempo el templo del Espíritu Santo. Si alguien contamina este templo, Dios lo destruirá (como testigo). Hay un celo religioso que es impío y contaminante a los ojos de Dios; se trata de un celo encendido sobre el vano altar del amor al yo, y alimentado con el combustible de las ambiciones egoístas y mundanas. La vida cristiana que está gobernada por unos motivos tan sórdidos y mezquinos está del todo contaminada. Preocuparse más acerca del cuerpo, o de las formas y ordenanzas de la Iglesia, que por el propósito del Espíritu Santo en el cuerpo o Iglesia, lleva a introducir una especie de tráfico en los atrios santos que contamina y que arroja deshonor sobre la Casa y el Nombre de Dios. Todo ánimo mundano y búsqueda de lo propio atrae contaminación moral en aquel cuerpo que es el templo del Espíritu Santo.

III. Cómo es tratado Cristo en un templo contaminado. «El celo de tu casa me devora.» Estaban tan celosos ellos acerca de las cosas de la Casa que el mismo Señor de la casa era para ellos como Uno que hubiera sido devorado y echado de la vista. No tenía lugar en absoluto en todos sus pensamientos, ni nada que decir en nada de lo que hicieran. Le trataron como si Él no tuviera nada suyo ni en ellos ni en los asuntos de la Casa. Éste es el lugar que el Redentor Todopoderoso recibe en las vidas de aquellos que, por amor a la ganancia y al honor entre los hombres, han dejado que el amor del mundo comiera su imagen cristiana, o de aquellos que son tan celosos por las cosas de la religión que no tienen ni tiempo ni deseo de una verdadera comunión con el mismo Cristo. Tienen una apariencia de piedad, pero niegan a Aquel que es el poder de la misma. Ah, vosotros los zelotes por las formas externas de la Iglesia, ¿qué estáis haciendo con Cristo?

IV. Cómo fue purificado el templo. Fue limpiado mediante la venida del mismo Señor. Hubiera transcurrido mucho tiempo antes que estos vendedores y cambistas actuaran en este sentido. La presencia del Señor significa pureza. Los intrusos, con su tráfico contaminante, fueron «expulsados». No hay otro remedio para estos pensamientos y motivos tan deshonrosos para Cristo, que han estado excluyéndolo a Él de su propia Casa, y estableciendo un negocio en su Nombre para la honra y la gloria del Yo. ¿Cuál de estos miserables usurpadores podrá mantenerse en pie cuando Él aparezca? Porque Él es como fuego de afinador; Él se sentará en el trono del corazón como refinador y purificador de la plata (Mal 3:1-3). El látigo puede ser necesario, pero en las manos de este misericordioso «Purificador» es un azote de cuerdecillas [griego, *schoinon*]. Tiene que ser un gran dolor para su corazón ver un alma redimida por su propia Sangre, para que se convirtiera en un templo de Dios, transformada en una mera «casa de mercado». No sois vuestros, porque habéis sido comprados por precio; por lo tanto, glorificad a Dios en vuestro cuerpo y en vuestro espíritu, que son de Él. Dad a Cristo su verdadero lugar en el templo del corazón, y aquellos motivos egoístas y contaminantes, que son semejantes a otros tantos impíos traficantes, serán rápidamente expulsados de la vida.

V. La señal de su autoridad como purificador. Después de haber echado esta «feria de vanidades» de los atrios del Templo, los judíos le preguntaron: «¿Qué señal nos muestras, ya que haces esto?» (v. 18). El hecho de que pudo expulsarlos a todos por el poder de su propia palabra y voluntad (porque no fue por mera fuerza física) hubiera debido constituir prueba suficiente de su autoridad divina, pero les respondió: «Destruid este templo (cuerpo), y en tres días lo levantaré» (vv. 19-22). Así, su poder de resucitar de los muertos es la evidencia de su poder para purificar el templo para gloria del Padre. ¿Puede Él ahora purificar el corazón y limpiar la vida de toda cosa contaminante? Su resurrección es la respuesta y señal. Esta malvada generación, o dispensación de maldad, no recibirá otra señal, sino la señal del profeta Jonás (Mt. 12:39, 40).

1.132. SIETE GRANDES REALIDADES

Juan 3

1. El don de Dios (16) *Amor.*
2. La misión de Cristo (17) *Salvación.*
3. La obra del Espíritu (8) *Vivificación.*
4. La necesidad del hombre (3) *Nueva vida.*
5. El camino de la vida (14, 15) *Creer.*
6. La consecuencia de la incredulidad (18, 19) *Condenación.*
7. La evidencia de la fe (21) *Obras.*

1.133. EL NUEVO NACIMIENTO

Juan 3:1-9

«Tu seno abre, extiende tus redes
Y deja entrar la hombría, deja entrar la dicha
Entre el ilimitado escenario del pensamiento
De la nada hasta Dios
lo que hace a un hombre»

Young

De la nada, sino de las tinieblas y la muerte, hasta la luz y la vida de Dios, es la experiencia de todos los que han nacido de arriba. Al tratar de comprender esta verdad tan escudriñadora, tal como nos es expuesta en estos versículos, quisiéramos tratar de señalar que es

I. Enseñada por el más sabio de los hombres. Las señales que Jesús obró demostraron que era «un maestro venido de Dios». Todo a través de su vida pública le vemos como «hombre aprobado de Dios por prodigios y milagros». «Jamás hombre alguno habló como ese hombre», fue el testimonio dado incluso por sus enemigos. Fue Aquel que es la Sabiduría de Dios que dijo: «¡Os es necesario nacer de nuevo!» No hay escapatoria a esto. Cristo lo dijo, y quiso decir lo que dijo.

II. Una necesidad para el Reino de Dios. «El que no nace de nuevo, no puede ver el reino de Dios.» «No puede entrar en el reino de Dios» (vv. 3, 5). Por naturaleza nacemos espiritualmente ciegos, y por ello no podemos ver aquella esfera en la que sólo Dios es Rey; y Satanás ha cegado de tal manera la mente que es moralmente imposible que los tales entren en allí. Cualquier nacimiento o vida que sea conforme a la voluntad de la carne no es apto para el reino de Dios (Jn. 1:13). Todo lo que el hombre pecaminoso toca está contaminado, y nada que contamine entrará en este reino celestial. Este nuevo reino en Cristo Jesús sólo puede ser habitado por una nueva creación según su propia semejanza (2 Co. 5; 17). El Reino de Dios no es ni comida ni bebida, y no consiste en meros placeres carnales que cualquier persona irregenerada pueda disfrutar, sino que es justicia de corazón, paz con Dios y gozo del Espíritu Santo, que nadie irregenerado puede jamás disfrutar. Tiene que nacer de lo alto antes que pueda entrar en la posesión de estas cosas que son de arriba. Los puros de corazón verán a Dios.

III. Un misterio para el hombre natural. «¿Cómo puede el hombre nacer siendo viejo?» Siendo aún un mero hombre natural, Nicodemo no podía recibir esta gran verdad espiritual. Le era locura, porque no poseía aquella facultad por la que podía discernir cosas espirituales (1 Co. 2:14). Pero no fue condenado por no poder entenderlas. Son los que aman las tinieblas en lugar de la luz los que caen en condenación (v. 19). Nicodemo amaba la luz de la verdad, y era un ferviente seguidor en pos de ella. Son las tinieblas de la incredulidad las que no comprenden la verdadera luz que ahora alumbra (Jn. 1:5). Aunque nadie puede razonar los misterios del nuevo nacimiento, esto no lo hace menos necesario. No se le pide que lo explique, sino que reconozca su necesidad personal del mismo. Si le fuera posible a alguien nacer de nuevo según la carne cincuenta veces, esto en absoluto arreglaría la situación; sigue necesitando nacer de lo alto si quiere entrar en el reino de Dios.

IV. La obra del Espíritu Santo. «El viento sopla donde quiere, y oyes su sonido; pero no sabes de donde viene, ni adónde va; así es todo aquel que es nacido del Espíritu» (v. 8). Es el Espíritu el que vivifica, la carne para nada aprovecha en la obra de la regeneración (Jn. 6:63). «Lo que es nacido de la carne, carne es.» ¿Quién puede hacer limpio lo inmundo? Lo que es nacido del Espíritu es espíritu, o espiritual. Por ninguna ley de evolución ni por ningún esfuerzo del hombre puede aquello que es de la carne engendrar aquello que es espíritu. Sólo aquello que es engendrado por el Espíritu Santo de Dios es idóneo para entrar en el Reino de Dios. El segundo nacimiento, como el segundo Adán, es del cielo (1 Co. 15:47), y es concebido en el corazón por el Espíritu Santo. Las obras de la carne están en terrible contraste con el fruto del Espíritu (Gá. 5:16-25). El que siembra para la carne sólo puede segar corrupción. El Espíritu es soberano, y, como el viento, se mueve a donde quiere; tú oyes su voz, pero no puedes saber, etc. Hay mucho en la manera de obrar del Espíritu que no podemos comprender, pero oír su voz y obedecer su voluntad es pasar de muerte a vida; porque la mente del espíritu es vida y paz (Ro. 8:6). La palabra del Espíritu es la Palabra de Dios, la simiente incorruptible que vive y permanece para siempre, y por la que nacemos de nuevo, tan pronto como la Palabra es recibida por la fe. De su propia voluntad nos engendró mediante aquella Palabra de Verdad que da nueva vida y esperanza al corazón creyente al crear una unión vital y eterna con el Hijo de Dios.

1.134. EL NUEVO NACIMIENTO

«De cierto, de cierto te digo, que el que no nace de nuevo, no puede ver el reino de Dios» (Jn. 3:3 y 5).

Si un «si no» y un «de cierto» son impresionantes, que diremos de dos «si nos» y de cuatro «de ciertos».

Así, se nos llama la atención a algo de inmensa importancia. Y desde luego esto tiene que ver con realidades vitales. En capítulo 3 de Génesis leemos sobre cómo el hombre perdió la vida. En el capítulo 3 de Juan descubrimos cómo el hombre puede recobrarla.

No hay ninguna narración del Nuevo Testamento mejor conocida que ésta, y sin embargo ninguna tan mal comprendida. Naturalmente, se entiende mal la doctrina que proclama; y lo cierto es que a menos que uno haya experimentado en su propia vida la sublime verdad que enuncia, no podrá ser comprendida. Pero incluso de comprenden mal los llanos hechos de la historia. El pobre Nicodemo podría ponernos a la mayoría de nosotros un pleito por difamación. Cierto, acudió a Jesús de noche, pero esto no lo hace un cobarde. Es cosa cierta que la cautela no es cobardía. Quizá acudió de noche porque sabía que era el único momento en que podría encontrar a Jesús apartado de multitudes para una conversación tranquila. Todos los que lo acusan de cobarde deberían recordar que era tiempo de la Pascua, y *que luciría la brillante luna llena de la Pascua, con las calles casi tan iluminadas como de día.*

La contestación de nuestro Señor a las palabras de Nicodemo es muy significativa, y deberíamos prestarle toda nuestra atención. La repetición de las palabras «De cierto, de cierto» era considerada entre los escritores judíos como una expresión equivalente al juramente más solemne. Aquí tenemos algunas grandes lecciones que surgen de la respuesta de nuestro Señor a Nicodemo.

I. Lo que el hombre necesita no es una mera instrucción, sino disposición, no enseñanza, sino vida. «Sabemos que has venido de Dios como Maestro.» Nicodemo pensaba que todo lo que Israel y el mundo necesitaban para elevarlos era un Maestro y una enseñanza, pero la contestación de nuestro Señor destruyó tal idea. La necesidad más honda del hombre no es conocer, sino ser ayudado a hacer. Bien se ha dicho que el peor de los hombres sabe más que lo que practica el mejor de los hombres. Es vida lo que necesita el hombre, y es además su primera necesidad.

II. Hasta que el hombre no tenga esta posición mediante el don de la vida, no puede comprender, ni mucho menos seguir las instrucciones. La regeneración es esencial para una verdadera comprensión de las cosas de Dios. Si uno no ha nacido de nuevo, no puede ver.

III. La regeneración es una necesidad universal. «A menos que el HOMBRE naciere de nuevo» (V.M.). El HOMBRE, no un judío o un gentil, sino el hombre como hombre. TODOS necesitan este maravilloso cambio. En el Terrario en el Zoológico observamos que de vez en cuando las serpientes mudan de piel. Pero, a pesar de este cambio, permanecen serpientes. Los hombres pueden cambiar la forma y el hábito de sus vidas sin cambiar por dentro, y seguir siendo pecadores. Nuestro Señor insistió en un cambio interior radical.

IV. El bautismo con agua solamente no es suficiente para efectuar este gran cambio. «A menos que el hombre naciere de agua y del Espíritu.» Lo primero era el único nuevo nacimiento de que el Rabí sabía algo. Los convertidos a la fe judía eran bautizados y eran conocidos como los que habían renacido. Cranmer, en 1553, escribió profundamente: «No todos los lavados con agua están lavados con el Espíritu Santo». Tú has sido bautizado con agua: ¿has nacido del Espíritu?

V. El nuevo nacimiento tiene lugar junto a la cruz. Hay dos «es necesarios» en este capítulo, ambos imperativos. En el v. 7 tenemos el «es necesario» para el pecador, y en el v. 14 el «es necesario» para el Salvador. Hay desde luego una relación muy estrecha entre la Regeneración y la Expiación. La Cruz de nuestro Señor y Salvador Jesucristo es el verdadero lugar de nacimiento del alma.

Como es bien sabido, el mayor obstáculo al progreso del Evangelio en la India es el sistema de castas. Las personas no se pueden casar, ni comer ni trabajar más que dentro de su propia casta. El Brahman es la casta más elevada. Como norma, no hay forma de entrar en esta casta. Los Rajás de Travancore pertenecen a una de las castas inferiores, pero para poder ser admitidos a la casta sagrada se ha de inventar una ceremonia de lo más extraordinaria. La vaca es en toda la India un animal sagrado. Nacer de una vaca en un estado futuro es considerado un gran honor y privilegio. Se hace una vaca de oro, hecha de oro conforme al peso del Rajá; dentro se ponen los cinco productos del animal (leche, cuajo, mantequilla, orina y estiércol), y en esta mezcla se baña su Alteza, permaneciendo en ella durante el período prescrito, y cuando se ha llevado la ceremonia a cabo, el príncipe es contado como vuelto a nacer. ¡Qué intento más vano de inventar un camino regio hacia la regeneración! Ah, solo hay un camino: el camino de Dios. Y este camino queda claramente señalado en Juan 1:11 y 12: «A todos los que le *recibieron*, a los que creen en su nombre, les dio potestad de ser hechos hijos de Dios». Así, la regeneración sigue *a* y es el resultado *de* una aceptación clara del Señor Jesús como Salvador y Señor. ¿No le querrás recibir aquí y ahora?

1.135. REGENERACIÓN

Juan 3:3, 6, 7

Es Juan, el apóstol del amor, quien habla de forma más directa acerca de la doctrina del «nuevo nacimiento». A ella se hace referencia en siete ocasiones en su primera epístola. Ser regenerado es nacer «de arriba» (*margen*), «nacido de Dios» (Jn. 1:13). Para tener más claridad acerca de esto, pensemos:

I. En lo que este cambio no es. No es:

1. UN NACIMIENTO NATURAL. «Os es necesario *nacer de nuevo*: nacer de arriba.» Lo que nace de la carne es carne, y la carne y la sangre no pueden heredar el Reino de Dios.
2. UN SISTEMA DE DOCTRINA. Nicodemo *sabía* que Jesús era un maestro venido de Dios, y estaba familiarizado con mucha de su enseñanza, mas Jesús le dijo: «Os es necesario nacer de nuevo».
3. UNA REFORMA EXTERIOR. Ningún adorno del carácter externo puede cambiar el corazón, ni hacer del hombre nueva criatura. Puede ser posible hacer que las agujas de un reloj vayan bien ocasionalmente, pero esto no lo hace *bueno* cuando el muelle principal está mal.
4. HACER UNA PROFESIÓN. La mera profesión de ser salvo no salva. Una puerca vestida de piel de cordero no ha cambiado de carácter. No es el que *dice*, sino el que *hace* la voluntad del Padre.

II. Lo que este cambio es en realidad. Es:

1. UN CAMBIO DIVINO. Es el Espíritu el que vivifica. Ser «nacido de arriba» implica la aplicación del poder creador de Dios. Si Dios ha de ser nuestro Padre, entonces nosotros debemos ser *nacidos* de Dios.
2. UN CAMBIO TOTAL. Si alguien está en Cristo, *nueva criatura* es. Las cosas viejas han pasado. El invierno de las tinieblas y de la muerte se ha desvanecido, y ha llegado el tiempo de cantar el nuevo cántico. La transformación del carácter es tan radical como lo fue en el caso de Saulo de Tarso (Hch. 9).
3. UN CAMBIO CONSCIENTE. Nadie puede ser sacado de tal terrible hoyo de ignorancia y pecado sin tener una dulce consciencia de ello (Sal. 40:1-3). «Una cosa sé, que yo era ciego, y ahora veo.» Sabemos que hemos pasado de muerte a vida.

III. Por qué se precisa de este cambio.

1. EL CARÁCTER DEL HOMBRE LO EXIGE. «El que no nace de *nuevo no puede ver* el reino de Dios.» El camino del hombre es educar y legislar, pero el de Dios es *regenerar*. No hay otro remedio para la mente carnal que es enemistad contra Dios.
2. EL CARÁCTER DE DIOS LO EXIGE. ¿Cómo pueden andar dos juntos, si no están de acuerdo? Dios es santo, por lo que sin santidad nadie verá al Señor. El Reino de Dios no es comida y bebida, sino justicia y paz y gozo *en el Espíritu Santo.*
3. LA OBRA DE CRISTO LO EXIGE. Él vino y sufrió y murió para que pudiéramos tener vida por medio de su Nombre. La voz de su Sangre clama por un cambio radical en el hombre antes que pueda acudir para ser aceptado ante el Padre (Jn. 14:6).
4. LA OBRA DEL ESPÍRITU LO EXIGE. Es el Espíritu el que vivifica; la carne de nada aprovecha. Si le fuera posible a un alma irregenerada entrar en el cielo, ello constituiría un eterno insulto al Hijo y al Espíritu Santo.
5. LA PALABRA DE DIOS LO EXIGE (v. 3). Esta Palabra, que está establecida en el cielo, no puede ser quebrantada. «Las palabras que Yo os he hablado son espíritu y son vida». Incorruptibles.

IV. Cómo se efectúa este cambio.

1. EL AGENTE ES EL ESPÍRITU. «No con la fuerza, ni con el poder, sino solo con mi Espíritu, dice Jehová.» «Él es el santo Aliento que sopla sobre los muertos, para que vivan» (Ez. 37:9).
2. EL INSTRUMENTO ES LA PALABRA. «Habiendo nacido de nuevo… por medio de la palabra de Dios» (1 P. 1:23). No son los pensamientos del hombre los que emplea el Espíritu Santo para regenerar cualquier alma, sino los de Dios.

3. LA CONDICIÓN ES LA FE. «Todo aquel que cree que Jesús es el Cristo, es nacido de Dios» (1 Jn. 5:1). «Para que todo aquel *que cree en Él,* no perezca, sino que tenga vida eterna.» Ésta es la propia respuesta del Señor a la gran pregunta de Nicodemo: «¿Como puede un hombre nacer siendo viejo?» (Jn. 3:14-16).

1.136. EL CAMINO A LA VIDA

Juan 3:14-21

«Sobre arena el arte construye: de la soberbia las obras
Y de la pasión humana cambian y caen;
Pero aquello que comparte la vida de Dios,
Con Él a todo sobrevive»

WHITTIER

«¿Cómo puede ser eso?», dijo Nicodemo, en respuesta a las más escudriñadoras declaraciones de Cristo con respecto al «nuevo nacimiento». Los versículos indicados más arriba pueden ser tomados como la plena y perfecta explicación de nuestro Señor acerca de cómo un hombre puede nacer de nuevo incluso cuando es viejo. Como tales, son de vital significado para todo hombre. Contienen:

I. La revelación de una gran necesidad. «Y como Moisés levantó la serpiente en el desierto, así también tiene que ser levantado el Hijo del Hombre» (v. 14). Había una gran necesidad de que Moisés levantara la serpiente en el desierto, porque era el remedio de Dios para un pueblo envenenado por veneno de serpiente. Así tenía que ser levantado el Hijo del Hombre por un mundo envenenado por el pecado. El levantamiento de la serpiente era para atraer la mirada de los moribundos, para que miraran y vivieran. No hay otro Nombre bajo el cielo dado a los hombres por medio de quien podamos ser salvos (Hch. 4:12).

II. La revelación de un gran amor. «Porque de tal manera amó Dios al mundo, que ha dado a su Hijo unigénito» (v. 16). Si amáis a los que os aman, ¿qué recompensa tendréis? ¿No lo hacen también así los gentiles? No es así el amor de Dios, porque cuando aún éramos pecadores, Cristo murió por nosotros (Ef. 2:4). La profundidad e intensidad del amor de Dios sólo se puede medir por la indignidad de los objetos, y por la grandeza del Don. Él pudiera haber amado el mundo hasta el punto de hablar por medio de su Hijo, pero lo amó hasta el punto de dar a su Hijo, y al darlo a Él –como el «unigénito del Padre, lleno de gracia y de verdad»– dio al mundo un remedio perfecto para todos sus pecados y dolores (Ro. 8:32). En esto consiste el amor, el amor en la perfección de su naturaleza, y en la más grande manifestación posible de su poder.

III. La revelación de un gran sufrimiento. De cierto que se implica un intenso sufrimiento en el hecho de que Dios entregara a su Hijo a la muerte por todos nosotros, y en que el Hijo se diera a Sí mismo para ser levantado sobre la Cruz por los pecados del mundo (Jn. 8:28). El camino de la vida para el hombre caído es por medio de la agonía del alma tanto del Padre como del Hijo. El pecado es algo tan terrible que ni siquiera el mismo Dios puede tratar con él más que a costa de un terrible sufrimiento personal. Cuando Nicodemo, perplejo ante la doctrina del «nuevo nacimiento», le preguntó al Señor Jesucristo, «¿Cómo puede ser eso?», su pregunta llegó más lejos y fue más profunda de lo que él podía llegar a concebir. ¿Cómo puede un pecador ser transformado en un santo? Por medio de los padecimientos de Dios, con la entrega de su Hijo, y el derramamiento de su Sangre (Hch. 20:28).

IV. La revelación de un gran propósito. «Para que todo aquel que cree en Él, no perezca.» «Para que el mundo sea salvo por medio de Él» (vv. 16, 17). Este propósito de salvación es primeramente individual, y luego de alcance mundial, cuando los reinos de este mundo vendrán a ser el Reino de nuestro Señor y de su Cristo. El «levantamiento» del Hijo del Hombre fue la apertura de la puerta de esperanza para un mundo culpable; fue el derramamiento de la corriente limpiadora de pecado desde la fuente abierta de la gracia omnipotente (Zac. 13:1). El propósito salvador de Dios es el propósito coronador de la Biblia, descollando por encima de todos los demás, y arroja su santificadora influencia sobre todo lo demás. Es sólo «por Él» que puede venir la salvación.

V. La revelación de un gran privilegio. La salvación, por medio de ser hechos nuevas criaturas, es la mayor bendición posible que el Dios de amor infinito puede otorgar a los pecadores, y sin embargo la ofrece en los términos más fáciles posibles: «Todo el que en el crea». Esta gran salvación es triple:

1. Liberación de la CONDENACIÓN PRESENTE (v. 18).
2. Liberación de la DESTRUCCIÓN FUTURA (v. 16).
3. Certidumbre de una VIDA presente y ETERNA (vv. 15-16). Obsérvese que es «el que en Él cree» el que no es condenado. No hay justificación delante de Dios por creer en nuestras obras o en nuestros caminos, ni en la Iglesia ni en el Credo. Es nuestro privilegio dado por Dios confiar en Aquel que Él ha enviado. He aquí ahora el día aceptable.

VI. La revelación de una gran responsabilidad. «Y ésta es la condenación: que la luz vino al mundo, y los hombres amaron más las tinieblas que la luz» (vv. 19-21). El Hijo ha venido como la Luz y la Vida de los hombres. Los que aman las tinieblas de la muerte espiritual, en vez de la luz de la vida espiritual, no vendrán a la luz para que no sean reprendidas sus obras insensatas y pecaminosas; pero el que ama y desea la verdad vendrá a la luz, igual que Nicodemo, aunque acuda en la oscuridad, para que su vida y acciones se ajusten a Dios. Él tenía un corazón honrado. Es la actitud del corazón para con Cristo, como la Luz de la vida, lo que conduce a la justificación o a la condenación. Amar las tinieblas de un estado irregenerado es demostrarnos ineptos para el Reino de Dios. Amar la luz, como ha sido revelada en Cristo, es estar más anhelante de estar a bien con Dios que con las opiniones de los hombres, o con los pensamientos de nuestros propios y engañosos corazones (Sal. 139:23-24). ¡Ahora resplandece la luz verdadera! ¿La aborrecemos, o acudimos a ella? Este aborrecimiento, y este acudir, son procesos continuados.

1.137. JUAN 3:16

«Porque de tal manera amó Dios al mundo, que ha dado a su Hijo unigénito, para que todo aquel que cree en Él no perezca, sino que tenga vida eterna» (Jn. 3:16).

Este es el texto más conocido, más inclusivo, y con todo el más sencillo de toda la Biblia.

I. El origen de la redención. «De tal manera *amó* Dios.» La fuente cabecera de salvación es el *amor* de Dios: No la santidad, ni la justicia, ni el poder, ni la verdad, sino el AMOR. El derramamiento del *corazón* de Dios en la más tierna y abundante compasión (Jn. 4:10).

II. El objeto de la redención. «El *mundo.*» El mundo impío en todo su naufragio y ruina y repulsión. Un mundo criado a la falda del Maligno. Un mundo tan ciego que no conoció a su Hacedor cuando Él vino (1 Jn. 1:10).

III. El plan de la redención. *«Dio a su Hijo.»* Éste fue el sacrificio del amor para ganar otra vez a un mundo extraño a Él debido al amor del pecado y el poder del enemigo. Dios, al planear la redención, dispuso que Él mismo pagaría el precio. Así es la gracia. Este gran sacrificio no podía ser comprado. Es don de Dios. «He aquí el Cordero de Dios.» Solamente el Cordero designado por Dios podría bastar para proveer a la tremenda necesidad del mundo.

IV. El propósito de la Redención. *«No perezca.»* Salvación. Que el mundo por Él fuera salvo (v. 17). Él no vino a destruir las *almas* de los hombres, sino a salvarlas (Lc. 9:56). Jesucristo no solo salva almas, sino que salva vidas. «Para Mí el vivir es Cristo».

V. El alcance de la redención. *«Todo aquel.»* En esta provisión hecha por la soberana gracia de Dios hay amplia satisfacción para todos. No se trata de una fuente de adorno con jarras de juguete y aguas pintadas. Todo el que quiera puede tomar *gratuitamente* del agua de la vida (Ap. 22:17).

VI. La aplicación de la redención. «Todo aquel *que cree* en Él.» La fe no es el agua, pero es la copa que cuelga del pozo del que bebes. Hay muchos que creen de una manera tal que están totalmente desprovistos de salvación. No es aquel que sólo cree, sino el que cree *en Él* que tiene la vida eterna. La fe tiene que *ser en el Hijo* (v. 36).

VII. El resultado de la redención. «No perezca, sino que *tenga vida eterna.»*

No perezca como el mundo antiguo, sino que tenga vida, como Noé.
No perezca como los sodomitas, sino que tenga vida, como Lot.
No perezca como el constructor insensato, sino que tenga vida, como el prudente.
No perezca como el rico, sino que tenga vida, como Lázaro.
No perezca con el diablo, sino que tenga vida eterna, que está en Cristo.

1.138. EL EVANGELIO UNIVERSAL

Juan 3:16

I. El **Objeto**, … «El Mundo».

II. El **Don**, … «Su Hijo unigénito».

III. La **Causa**, … «De tal manera amó Dios».

IV. El **Ofrecimiento**, … «Todo aquel».

V. La **Condición**, ... «Que en él crea».

VI. La **Promesa**, … «No se pierda, mas tenga la vida eterna».

1.139. EL REMEDIO DE DIOS PARA LOS MALES DEL MUNDO

Juan 3:16

I. El objeto del amor de Dios. «El mundo.» En toda su tiniebla, culpa y desesperanza.

II. La manifestación del amor de Dios. «Dio su Hijo.» Éste es el resultado de la valoración de Dios de la necesidad del mundo.

III. El propósito de esta manifestación.

1. Revelar SU ACTITUD PARA CON TODOS. «Amó.»
2. Hacer POSIBLE LA SALVACIÓN PARA TODOS. «Todo el que crea.»
3. Hacer la SALVACIÓN CIERTA PARA CADA CREYENTE. «No se pierda, mas tenga.»

1.140. POR QUÉ DIOS ENVIÓ A SU HIJO

Juan 3:17, 18

Hay algo que ha sido más caro que la guerra: el PECADO. Lo que llevó al perdón del *pecado* ha costado lo que nadie puede contar en su plenitud. La riqueza de los padecimientos y muerte de Cristo, en cuanto a nosotros y a Dios, es inescrutable para la mente finita. Lo que el pecado *im*perdonable le costará al pecador es una cuestión terrible y de gran alcance. Ningún pecador puede *jamás* llegar a pagar el precio que ha pagado el santo y eterno Hijo de Dios. En esta porción tenemos:

I. Un gran hecho. «Dios ha dado a su Hijo» (v. 16). Y estas son palabras del mismo Enviado. Con certeza que sabía de dónde venía. Aquella mujer en Kentucky que, en tiempo de guerra, dijo a su único hijo: «Ve, hijo mío, te doy con toda libertad», estaba exhibiendo una fugaz imagen del abnegado amor de Dios para un mundo perdido. Ella no podía ver todo lo que su hijo tenía por delante, e indudablemente tenía la esperanza de recobrarlo ileso. Pero Dios vio las terribles honduras de tristeza y sufrimiento a las que con toda buena disposición dio a su Hijo. En esto consiste el amor.

II. Un gran propósito. «No… para condenar al mundo, sino para que el mundo sea salvo por medio de Él» (v. 17). El mundo *merecía* la condenación, y Cristo tenía la *potestad* de condenarlo, pero con respecto a su condenación «no abrió su boca». Vino a SALVAR. Él mismo fue el don, excelso e inefable, para este mundo mísero y necesitado (Jn. 3:16). Todo lo que el hombre pueda contribuir para la salvación del mundo, aparte del don de Dios, es tan solo unas míseras monedas llenas de orín que jamás podrán redimir a alma alguna del pecado ni de la muerte. La obra de los socialistas y de los filántropos, como una moneda de cobre, es buena hasta allí donde puede llegar; pero sin Cristo no llega ni de lejos hasta donde es necesario. CRISTO vino a salvar el mundo. Nada puede tomar SU lugar.

III. Una gran responsabilidad. «El que cree *en* ÉL, no es condenado; pero el que no cree, ya ha sido condenado» (v. 18). Es una cosa creer en religión; otra cosa es creer en ÉL. Las promesas de Dios nos son todas dadas en Él. *Creer* no servirá de nada, a no ser que sea en el Cristo personal, que dio su vida en rescate por todos. No creer en Él es estar *ya* condenado, porque Él es el «*unigénito* Hijo de Dios», el único Nombre bajo el cielo dado a los hombres por el que podamos ser salvos. «Porque todos los que dependen de las obras de la ley *están bajo maldición*» (Gá. 3:10); pero los que le reciben a Él, a ellos les da poder de venir a ser hechos hijos de Dios. No hay condenación para los que están en Cristo Jesús. «¿Crees tú en el Hijo de Dios?» (Jn. 9:35).

1.141. RECHAZANDO LA LUZ

«Y ésta es la condenación: que la luz vino al mundo, y los hombres amaron más las tinieblas que la luz, porque sus obras eran malas» (Jn. 3:19).

Como la Luz del mundo, Jesucristo fue un gran Maestro venido de Dios.

I. Un gozoso anuncio. «La luz vino al mundo», una luz más resplandeciente que el sol.

1. QUÉ ES ESTA LUZ. Es la Luz de la Vida (1:14). No se trata de una mera luz fría como la de la luna. Es la cálida, compasiva y viva luz de la *vida de Jesús* (2 Ti. 1:10).
2. A DONDE HA VENIDO ESTA LUZ. «Al mundo». «En Él estaba la vida», y Él estaba *en el mundo* (1:10). En el lugar de tinieblas y muerte, para hacer resplandecer la luz de la vida (Jn. 3:16).
3. LO QUE ESTA LUZ REVELA. La revelación es doble. La vida de Cristo, como la luz del sol, revela su *propio* poder y gloria ocultos. La sabiduría y el amor del Padre resplandecen en el Hijo. Él es la imagen del Dios *invisible*. Revela, asimismo, la verdadera condición y destino del hombre como pecador impuro y culpable delante de Él. La santidad de Dios y lo terrible del pecado aparecen con un resplandor cegador.

II. Una condición lamentable. «Los hombres *aman* más las tinieblas que la luz.» ¿Que son las *tinieblas*? Precisamente aquel lugar, o condición, donde Cristo no está. Una vida sin Cristo. Aman

1. LAS TINIEBLAS DE LA IGNORANCIA en lugar de la luz del *conocimiento* de Dios en la faz de Jesucristo (2 Co. 4:6).
2. LAS TINIEBLAS DE LOS PLACERES DEL PECADO en lugar de la luz del glorioso Evangelio de Cristo (2 Co. 4:4).
3. LAS TINIEBLAS DE LA MUERTE en lugar de la luz de la *vida*. Esta miserable elección revela la depravación y perversidad del hombre: una mente *cegada* por el dios de este mundo.

III. Una razón triste. «Porque sus obras eran malas.» Las malas obras llevan a la vergüenza y a la confusión cuando son de repente reveladas. El Espíritu Santo ha venido a *convencer* al mundo de pecado. Bajo el resplandor de la luz algunos confiesan su pecado y lo abandonan. Otros abrazan sus malas obras a su corazón, y deliberadamente ocultan su rostro de la misericordiosa luz del cielo. La *Luz* ha venido; la responsabilidad *recae ahora* sobre aquellos que la rechazan (1 R. 22:8).

IV. Una conclusión solemne. «Ésta es la condenación.» La condenación será justa, por cuanto ellos *amaron* las tinieblas. Es el pecado *voluntario* por el que no queda más sacrificio (He. 10:26). Si un hombre se esconde del sol y rehusa su luz, nunca podrá ver otra luz más convincente. Si el profundo océano de la misericordia de Dios es considerado poco profundo para cubrir los pecados de alguien, entonces *nunca* pueden quedar cubiertos. El *soberbio* será cortado (Nm. 15:30). Mientras tenéis la Luz, *creed* en la Luz. Aún por un poco está la luz entre vosotros. ¿No dijo Jesús: «Yo soy la luz del mundo; el que me sigue, de ningún modo andará en tinieblas, sino que tendrá la luz de la vida» (Jn. 8:12)?

1.142. EL ULTIMO TESTIMONIO DE JUAN

Juan 3:25-36

«Hijo, ¡abandónate, y me hallarás! Señor, ¿cuán a menudo me resignaré y
En qué a mí mismo me abandonaré? Siempre, sí,
Cada hora: en lo pequeño así como en lo que grande es»

THOMAS DE KEMPIS

LOS DISCÍPULOS de Juan estaban evidentemente doloridos ante la creciente popularidad de Jesús (v. 26). Eran, como algunos modernos discípulos, más los seguidores de un hombre que testigos de Dios. El sectarismo, que es otra manifestación de egoísmo, siempre ciega los ojos a la grandeza de la misión de Cristo, y a la verdadera relación de sus siervos con Él mismo. Pero el hombre del desierto, enseñado por el Espíritu, sabía mejor cuál era la cuestión para poder ofenderse. «Es necesario que Él crezca, y que yo mengüe» (v. 30). Estas últimas palabras del Bautista, habladas en justificación del creciente poder de Jesucristo, están llenas de profundo significado. Nos enseñan:

I. Que todo éxito cristiano proviene de Dios. «Un hombre no puede recibir nada, si no se le ha dado del cielo» (v. 27). Juan se refiere aquí, naturalmente, a la preeminencia dada a Cristo como el Hijo del Hombre. «Éste es mi Hijo amado, en quien tengo complacencia.» El secreto de todo éxito en la obra cristiana, esto es, en la espiritual, reside en el favor de Dios. Todo don bueno y perfecto es de lo alto (Stg. 1:17). El levantamiento que no es de Dios está sentenciado a una terrible frustración.

II. Que los verdaderos amigos de Cristo se regocijan en su exaltación. «El amigo del novio… se alegra mucho…; así pues, este gozo mío se ha completado» (vv. 29-30). El que tiene la novia (la Iglesia) es el novio (Cristo). Ella es escogida por su gracia y redimida por su sangre. Juan, como amigo del novio, halla su gozo cumplido en aquello que le honra a Él, y ello trae gozo a su corazón. Ésta es verdaderamente la verdadera amistad. ¿No les dijo el Señor a sus discípulos: «os he llamado amigos»? (Jn. 15:15). ¿Nos regocijamos a causa de su voz? ¿Está rebosando la copa de nuestro gozo porque Cristo está recibiendo honra, aunque nosotros mismos vayamos siendo más y más deshonrados a los ojos de los hombres? Si nuestros corazones son rectos para con Él, habrá plenitud de gozo por el aumento de Cristo y por la disminución del yo.

III. Que el que viene de arriba está por encima de todos (v. 31). Esto es enfáticamente cierto de Jesucristo. La fuente de su existencia y el carácter de su vida es de arriba, y está por encima de todos. Pero esto es también cierto de todos los que han nacido de arriba, nacido de Dios. En su carácter y destino están «por encima de todo» lo que es del mundo, la carne y el Diablo. Sus afectos están puestos en las cosas de arriba, y viven por encima de las dudas, de las tinieblas y de las incertidumbres del mundo, y de los caminos de los impíos que deshonran a Cristo. Debemos venir de arriba antes de poder atacar con éxito todas las fuerzas del mal que son de abajo (Ef. 6:12, 13).

IV. Que recibir el testimonio de Cristo es honrar a Dios. «El que recibe su testimonio, ése certifica que Dios es veraz» (vv. 33, 34). «Aquel a quien Dios ha enviado, habla las palabras de Dios.» No creer en Él ni el testimonio dado de Él es hacer mentiroso a Dios (1 Jn. 5:10). ¿Cuál fue el testimonio de Jesucristo? Él dijo que «Aun el Hijo del hombre no vino a ser servido, sino a servir y a dar su vida como rescate por muchos» (Mr. 10:45). Vino como siervo para revelar las palabras y la voluntad de Dios, y como Redentor para darse a Sí mismo en sacrificio por el pecado. Recibir su testimonio creyéndolo, y actuando sobre su autoridad, es poner el sello de la vida entera en la verdad de Dios. Nunca hemos aceptado la Palabra de su salvación hasta que hayamos realmente puesto el sello de nuestra confianza personal en Él. Sea Dios veraz.

V. Que el Padre ha honrado al Hijo en todo. «El Padre ama al Hijo, y todas las cosas las ha entregado en su mano» (v. 35). Pensar en el Salvador de los pecadores como tan amado y honrado por el Dios y Padre eterno es suficiente para llenar el corazón de cada creyente de alabanza inenarrable y de adoración eterna. «El Padre ama al Hijo, y le muestra todo lo que Él hace; y… ha dado todo juicio al Hijo» (Jn. 5:20-22). «Sabiendo Jesús que el Padre le había dado todas las cosas en las manos» (Jn. 13:3). «Le has dado potestad sobre toda carne» (Jn. 17:2). «Todo lo sometiste bajo sus pies… Nada dejó que no esté sometido a Él» (He. 2:8). «Toda autoridad me ha sido dada en el cielo y sobre la tierra» (Mt. 28:18). «Lo dilatado de su imperio y la paz no tendrán fin» (Is. 9:7). «Porque en Él habita corporalmente toda la plenitud de la deidad» (Col. 2:9).

VI. Que creer en el Hijo es tener la vida eterna (v. 36). Este Nombre poderoso, honrado por Dios y que todo lo abarca es el único Nombre «bajo el cielo, dado a los hombres, en que podamos ser salvos». No puede haber ningún otro que tenga «potestad sobre toda carne, para que dé vida eterna» (Jn. 17:2). La vida eterna es el don de Aquel que tiene «potestad sobre toda carne». ¿No dijo Él que «si no creéis que Yo soy, moriréis en vuestros pecados»? (Jn. 8:24). El hecho de que Él da vida y paz eternas a todos los que creen en Él es para nosotros la prueba de su eterno poder y Deidad.

VII. Que rehusar creer en el Hijo es permanecer bajo la ira de Dios. «El que rehusa creer en el Hijo, no verá la vida, sino que la ira de Dios permanece sobre él.» En la Cruz de Cristo, la ira de Dios se revela desde el cielo contra toda impiedad e injusticia de los hombres, que detienen la verdad con injusticia (Ro. 1:18). Los que conocen el Evangelio, pero que no se han sometido al Hijo, son culpables de detener la verdad con injusticia. Dios no puede jamás justificar a los culpables de rechazar la Sangre expiadora de su Cordero. Estar fuera de esta Arca de Refugio es estar aún bajo la negra nube del juicio. Solamente Jesús puede liberar de la ira que ha de venir (1 Ti. 1:10). A Él oíd.

1.143. LA MUJER SAMARITANA

Juan 4:1-30

«Un amor que da y toma, que ve las faltas
No con ojos buscadores de error como punzones,
Sino amante, bondadoso, siempre sobre ellas prevalece
Con la fe vencedora de un gentil perdón»

LOWELL

«Y tenía que pasar por Samaria.» Había siempre una necesidad para cada palabra que Cristo hablaba, para cada acción que emprendía. Aquellos judíos «que no se tratan con los samaritanos» evitaban generalmente pasar por Samaria cuando iban de Judea a Galilea; pero el amor de Cristo por los pecadores lo empujó a ir por aquel camino. Él no vivió para agradarse a Sí mismo, sino para buscar y salvar a los perdidos. En esto nos ha dejado un ejemplo, para que sigamos sus pisadas. Mientras tanto, centremos nuestros pensamientos en la mujer. Veámosla como:

I. Una pecadora flagrante. Está bien claro por el versículo 18 que esta mujer vivía en una condición de desvergonzada inmoralidad. Parece haber sido principal entre esta clase de pecadores. Pero Jesús sabía cuando y dónde encontrarla. No es una casualidad entrar en contacto con el Hijo de Dios. Él sabe nuestro camino.

II. Una indagadora despertada. «¿Cómo Tú… me pides a mí?», etc. (v. 9). Tan pronto como entra en su presencia su curiosidad se despierta. ¿Quién podría entrar en contacto con Cristo sin sentirse movido de una u otra manera? Y sin embargo los hay que osan sentenciar que es meramente humano. Esta samaritana sabía que Él era judío, aunque los judíos, en su odio, lo trataban de samaritano (Jn. 8:48). Es interesante observar que fue el gran corazón de Cristo, tan poco propio de los judíos, lo que al principio despertó el interés de ella en Él. Ésta es su principal característica como Salvador de los pecadores.

III. Una caviladora carnal. Jesús respondió a la pregunta de la mujer con una revelación de Sí mismo, como el Dador del «agua viva». Trató de llevarla a la consciencia de su necesidad del «don de Dios» (v. 10). La respuesta de ella muestra que estaba en total ignorancia en cuanto a las cosas espirituales. «Señor», le dijo ella, «no tienes con que sacarla, y el pozo es hondo» (v. 11). Como si esta agua viva pudiera salir del pozo de Jacob. Pero no estaba más ciega que Nicodemo cuando repuso: «¿Cómo puede un hombre nacer siendo viejo?». Por medio del pecado, la caída del hombre de Dios es tan grande que, sin un milagro de la gracia, no puede recibir las cosas del Espíritu de Dios (1 Co. 2:14). La razón carnal nunca ha comprendido la Palabra de Dios.

IV. Una aturdida frivolidad. «Señor, dame de esa agua, para que no tenga yo sed, ni venga aquí a sacarla» (v. 15). Ella tiene ahora un oscuro vislumbre de que el agua acerca de la que Él está hablando no es el agua del pozo de Jacob; pero tiene la idea de que el agua que Él da es en lugar de la que estaba en el Pozo de Sicar. Así que su rápida e impertinente respuesta es: «Ah, esto sería muy conveniente; dámela para que pueda ahorrarme la incomodidad de la sed y el trabajo de acarrearla desde el pozo». La curiosidad de ella parece ahora transformarse en una especie de perplejo espíritu de ridiculización. Hasta ahora es incapaz de recibir el Reino de Dios por la fe. Las cosas profundas de Dios nunca son reveladas a un alma frívola. El arado de la convicción debe penetrar profundamente. La semilla de la Palabra tiene que hallar un corazón honrado para germinar.

V. Una indagadora religiosa. El Señor confrontó su petulante contestación con estas punzantes palabras: «Ve, llama a tu marido» (vv. 16-20). Esto condujo a la confesión: «Señor, estoy viendo que Tú eres profeta». Toda la ligereza y frivolidad parecen ahora desvanecerse, y con toda seriedad le pide que resuelva para ella aquel gran problema acerca de «dónde se debe adorar». El proceso mental y moral por el que pasa esta mujer guarda una hermosa armonía con la enseñanza de todo el Nuevo Testamento, y con la actual experiencia cristiana. La cuestión con que se encuentra ahora esta alma ansiosa es: ¿dónde debo adorar? ¿Cómo puedo ser justificado delante de Dios? ¿Qué debo hacer para ser salvo?

VI. Una oyente solemnizada. Ahora que esta conversación se ha vuelto tan maravillosamente al punto más vital para un alma azotada por el pecado y que busca la luz, con qué anhelo bebería ella del mensaje de luz y vida de los labios de su Salvador. ¡Qué mensaje es éste (vv. 21-24)! «Mujer, créeme (...) los verdaderos adoradores adorarán al Padre en espíritu y en verdad... Dios es Espíritu.» Ésta fue una nueva revelación para ella, y fue el golpe de muerte a todos sus prejuicios, pretensión de justicia propia, y sectarismo. Fue también la apertura de una nueva puerta de esperanza para ella, al traer la salvación allí y entonces a su alcance. «Sé que va a venir el Mesías», dijo ella. «Cuando Él venga, nos declarará todas las cosas». Jesús le dijo: «Yo soy, el que te está hablando.» ¡Qué revelación tan transformadora ésta!

VII. Una testigo denodada. Ella se fue y se lo dijo a los hombres de la ciudad: «Venid, ved a un hombre que me ha dicho todo cuanto he hecho. ¿No será éste el Cristo?» (vv. 28-30). Sí, éste es el Cristo, que nos dice con llaneza lo que somos y lo que necesitamos, y que nos ofrece suplir aquella necesidad sin dinero o precio (v. 10). Ella no se avergonzó de reconocerlo, como revelador de los pecados que ella había cometido, y como el Ungido de Dios; y su testimonio solemne y fiel fue bendecido para salvación de muchos (v. 39). Ella no había recibido comisión, pero el poder impelente de una nueva revelación se hizo irresistible en ella. Hablamos de lo que conocemos, y testificamos de lo que hemos visto. El amor de Cristo nos constriñe.

1.144. EL AGUA DE VIDA

Juan 4:7-14

Estas palabras de Jesucristo acerca del «Agua Viva», dichas como lo fueron a la pecadora samaritana, son más profundas y duraderas que el pozo de Jacob. ¡Este pozo es insondable! ¡Esta agua es eterna!

I. Su naturaleza. Nuestro Señor la llama «Agua viva» (v. 10). Es viva en el sentido de que es dadora de vivificante. Lo que Cristo nos da no es algo para mantenernos vivos, sino para hacernos vivos. Esta agua de «gracia y de verdad» que vino por Jesucristo (vv. 1-17), es el agua que salva y que da satisfacción (Ef. 2:8). No nos es dada meramente para refrigerar, sino para regenerar. En ella están los elementos de la luz y vida eternas.

II. Su procedencia. «Tú le habrías pedido a Él, y Él te hubiera dado.» Él mismo es el que da esta agua viva. A Él le ha sido dada «potestad sobre toda carne, para que dé vida eterna» (Jn. 17:2). Y es «un río limpio de agua de vida, resplandeciente como cristal, que salía del trono de Dios y del Cordero» (Ap. 22:1). La fuente original de esta gracia y verdad es el corazón lleno de gracia del Dios eterno, y nos ha sido manifestada en la vida y padecimientos del Cordero.

III. Su eficacia.

1. APAGA LA SED. «El que beba del agua que Yo le daré, no tendrá sed jamás» (v. 14). Nunca tendrán sed por las cenagosas aguas del pecado los que hayan bebido y sigan bebiendo del agua que Cristo da. Nunca tendrán sed de ninguna otra bebida, ni en esta vida, ni en la venidera. Nunca más tendrán sed.
2. SE CONVIERTE EN UN MANANTIAL INTERIOR. «El agua que Yo le daré se convertirá dentro de él en una fuente de agua» (v. 14). La idea aquí es que cuando alguien bebe de esta agua, o, en otras palabras, recibe esta gracia y verdad ofrecidas en Cristo, se abre dentro de él una fuente de nueva vida y bendición, un manantial secundario, dentro del corazón, de gozo y satisfacción perennes. Cada alma salvada es una ciudadela de Dios, y aunque constantemente asediada por los pecados y dolores de la tierra, tienen dentro una fuente inagotable de suministro. Esta fuente mana para siempre, saltando al océano de vida y alabanza eterna, en presencia de Dios y del Cordero.

IV. Sus condiciones. «Si conocieras el don de Dios... tú le habrías pedido a Él» (v. 10). Las condiciones son conocer y pedir. Tan pronto como conocemos lo que Cristo tiene para darnos, este conocimiento debería en verdad conducir a pedir y recibir. ¿Cómo le pedirán los pecadores los mayores de todos los dones, si no conocen que el don de Dios es la vida eterna? Benditos fueron los que conocían el bendito son de la trompeta jubilar, porque creyeron y recibieron por ella su libertad. Si tú conocieras el don de Dios, no frecuentarías las corrientes que tienen su fuente en este mundo manchado de pecado, y que jamás puede alcanzar la sed del espíritu humano. Ésta es la vida eterna: conocerle a Él. Pedid, y recibiréis.

V. Su gratuidad. «El que beba del agua» (v. 14). «El que quiera, tome del agua de la vida gratuitamente» (Ap. 22:17). Cristo mismo, como Fuente de Agua Viva, es el Don de Dios para un mundo agonizando con una sed inapagable aparte de Él. «El que quiera», ésta es la palabra escogida de la gracia de Dios. Se encuentra entre las primeras y últimas palabras empleadas en relación con la redención que es en Cristo Jesús (Jn. 3:15, 16; Ap. 22:17). ¿Siente sed tu alma por estas aguas, como el ciervo brama por las corrientes de aguas? Entonces aquí tienes tu esperanza: «A todos los sedientos: Venid a las aguas» (Is. 55:1). Fue en el último y gran día de la fiesta que Jesús, puesto en pie, clamó: «Si alguno tiene sed, venga a Mí y beba».

1.145. DIOS

Juan 4:24; 1 Jn. 1:5; 4:8, 16

¡Qué sencillo es el lenguaje del Libro! Algunas de las más magnas verdades que encontramos en la Biblia nos han sido dada por Dios en las más breves declaraciones. La sencillez de la Sagrada Escritura es muy atrayente y saciadora. Acerca de los misterios relacionados con el Ser de Dios tenemos tres escuetas y profundas declaraciones. Y contienen más información acerca de Dios que todos los libros sagrados de Oriente juntos.

I. «Dios es Espíritu». La Espiritualidad de su Ser (Jn. 4:24).

1. Ésta es una de las más sublimes revelaciones que se dan en la Biblia acerca de la naturaleza de Dios.
2. No dice que Dios es «un espíritu» ni «el espíritu», sino que «Dios es Espíritu».

II. «Dios es Luz». El resplandor de su Ser (1 Jn. 1:5).

1. No es una luz, ni aún la luz, sino Luz.
2. Hablando de manera rigurosa, el blanco no es un color, sino una combinación de todos los colores. Cuando el Apóstol escribió: «Dios es Luz», significaba que Dios no es un matiz, ni un color, ni un tono ni una gradación. Él es la unión de todos los colores, de todos los matices, de todas las gradaciones.

III. «Dios es Amor». El calor y atractivo de su Ser (1 Jn. 4:8, 16).

1. No «Dios ama», aunque naturalmente Él ama. No que Él manifiesta amor, sino que Él es amor.
2. Por lo general decimos que el Amor es uno de los atributos divinos. Hablando con rigor, esto no es correcto. Él es amor. El amor es la misma esencia de su ser.
3. Él es amor hacia nosotros porque Él es esencial y eternamente Amor en Sí mismo.

1.146. LA FE: SU NATURALEZA Y RECOMPENSA

Juan 4:46-54

«Reciba Él tu plena fe, porque no se malgasta
La confianza que al Padre se da;
Tu necesidad se siembra y arraiga para su lluvia...
¡Confía aún! Un día, más que todo pensamiento de alabanza
Un gozo esplendente te coronará con sus rayos:
Ninguna otra que tu necesidad tu recompensa será»

MACDONALD

Algunas de las más resplandecientes bendiciones de Dios nos vienen revestidas de las tinieblas del duelo. Si el corazón del noble no se hubiera conmovido por la enfermedad de su hijo, nunca hubiera conocido el poder sanador de Jesucristo por medio de la fe. Bendito aquel dolor que nos constriñe a ir con fe al Hijo de Dios.

I. Una ferviente petición. «Cuando oyó que Jesús había llegado de Judea a Galilea, se fue hacia Él y le rogaba que descendiese y sanase a su hijo» (v. 47). Oyó, fue y rogó. Ésta es la actuación de un corazón honrado. Su petición de que Cristo «descendiese» muestra fe en el poder de su presencia, pero quizá una falta de fe en su promesa. El Señor quería enseñar al noble y a nosotros que su Palabra es tan buena como Él mismo. «Las palabras que Yo os he hablado son espíritu y son vida». Tienen el mismo carácter que Él.

II. Una gentil reprensión. «Jesús le dijo: Si no veis señales y prodigios, de ningún modo creéis» (v. 48). «Los judíos piden señales» (1 Co. 1:22). En esta contestación, Cristo viene a decirle al noble: ¿No estás dispuesto a creer en Mí sin ver señales y milagros que Yo obre? Estás dispuesto a creer que soy el Mesías si desciendo a sanar tu hijo, que está a punto de morir. «Si no veis (...) de ningún modo creeréis.» Hay una fe que es más noble que ésta. «Cree, y verás.» ¿Y cuán mejores son los de nuestro tiempo, que no creen si no sienten? Una fe coja siempre busca las muletas de los «prodigios y milagros».

III. Una promesa concreta. Cuando el noble hubo en efecto dicho: Con o sin señales, en Tu misericordia, «desciende antes que mi hijo muera», entonces el Señor le ofreció la palabra de sanidad. «Vete, tu hijo vive» (vv. 49, 50). Al darle su Palabra le estaba dando con ella el «pan de vida», tanto para él como para su hijo. «No solo de pan vivirá el hombre, sino de toda palabra que sale de la boca de Dios.» «La fe viene por el oír, y el oír por la Palabra de Dios.»

IV. Un acto de fe. «Y el hombre creyó la palabra... y se puso en camino» (v. 50). Ahora que está preparado para creer en Cristo, sin ver señales, se queda satisfecho con su Palabra de promesa, y así emprende el camino, sin pedir nada más. Tuvo la bienaventuranza del que cree sin haber visto (Jn. 20:29). Ésta es la fe que corona al Cristo de gloria y honra. La fe que salva es una fe que acta confiadamente. Tener fe en Cristo para cualquier cosa prometida, que está aún por ver, es tener la evidencia de que aquella cosa es en realidad para ti (He. 11:1). «El que cree en el hijo tiene». Por fe andamos, no por vista. ¡Qué importancia vital otorga nuestro Señor siempre a sus palabras! Ellas son «espíritu y vida». Un hombre es o bendito o condenado, según su actitud hacia ellas. Creer su testimonio es certificar que Dios es veraz (Jn. 3:33). No creer este registro es hacer a Dios mentiroso (1 Jn. 5:10).

V. Una evidencia confirmadora. «Cuando él ya descendía, sus siervos salieron a recibirle, y le dieron noticias, diciendo: Tu hijo vive... ¿A qué hora había comenzado a mejorar? ... Ayer a la hora séptima... El padre, entonces, comprendió que aquélla era la hora en que Jesús le había dicho: Tu hijo vive» (vv. 51-53). ¿No queda esta fe siempre confirmada por la providencia de Dios? ¿No tuvo Josué que confesar, al final de su vida llena de acontecimientos, que «no ha faltado una palabra de todas las buenas palabras que Jehová vuestro Dios os ha dicho»? (Jos. 23:14). Cree y verás, porque «a la misma hora» en la que el todopoderoso Redentor dice que lo que se espera será hecho, lo será. Los que van en fe y a su mandato, como lo hizo este noble, encontrarán de cierto que es fiel Aquel que prometió. La certidumbre de la salvación debe seguir con toda certeza al acto de la fe.

1.147. VER Y CREER

«Entonces Jesús le dijo: Si no veis señales y prodigios, de ningún modo creeréis» (Jn. 4:48).

¡Ésta parece una manera extraña de tratar a un hombre rico que había viajado cuarenta kilómetros para buscar sanidad para su hijo! Imagínate, apresurándose toda aquella distancia para encontrarse con una reprensión!

Se trataba de un noble en un momento de angustia: los ricos tienen sus aflicciones lo mismo que los pobres. Era un muchacho a punto de morir; las enfermedades no hacen acepción de personas, sino que se ceban por igual en los jóvenes y en los mayores; se trataba de un padre terriblemente deseoso de lograr un encuentro entre su hijo y el Salvador. ¡Ah, que todos los padres estuviesen así de deseosos de hacer lo mismo!

Sí, tengo que admitir que parece haber una cierta severidad en la réplica de nuestro Señor. Pero había una necesidad para tal conducta. ¿Qué iba mal con este noble? Algunos creen que el bondadoso Salvador se mostró severo porque acudió al Señor no por causa del Señor, sino por causa de su hijo, empujado por el intenso impulso de una necesidad externa, y no por el deseo del alma. Ahora bien, es indudable que hay una cierta verdad en esta explicación, pero no ofrece una respuesta plena a la dificultad. La respuesta satisfactoria es el anhelo de nuestro Señor de purificar y fortalecer la fe. Aquel rico poseía fe en el Señor Jesús, pero solo una fe en su presencia, y no en su Palabra; era una fe que reposaba solo en lo milagroso. El Señor quería mostrar a aquel discípulo suyo que su palabra era tan eficaz como su presencia, y deseaba conducirlo al sentido profundo de la declaración del Antiguo Testamento: «Envió su Palabra y los sanó». Así, la conducta de nuestro Señor tenía el propósito no de extinguir aquella pequeña chispa de fe, sino de avivarla hasta que fuese una poderosa llama; y el método adoptado tuvo el resultado deseado».

«Si Dios quiere que yo crea, ¿por qué no pone una señal en el cielo?» Así es cómo algunos hablan y piensan. La forma en que nuestro Señor trató a este noble es la respuesta. La verdadera fe es asunto del corazón, no meramente de la cabeza; y la verdadera fe recibe el ser no por ninguna señal milagrosa, sino por la Palabra del Señor. Además, y como observaba un muy eminente escritor: «Si la creencia dependiese tanto de una señal visible en el cielo, se tendría que crear un milagro permanente para cada generación para dar a esa generación una oportunidad justa junto con las demás, y ésta es una suposición que choca contra todos los caminos de Dios. Además, es sumamente dudoso que tal señal consiguiese su propósito. "Si no oyen a Moisés y a los profetas, tampoco se persuadirán aunque alguno se levante de los muertos". No hace falta mucha imaginación para pensar en el brillante artículo que saldría en el periódico que "demostraría" que había sido un cometa; e incluso si esta explicación no diese satisfacción al intelecto, una mera maravilla pasajera no surtiría efecto sobre los corazones de los hombres».

Así, cuán preciosa es la fe para el Señor, y cuánta solicitud dedica Él para producirla, purificarla y vigorizarla. Ésta puede ser una explicación de muchos de sus extraños tratos con los hijos de los hombres. Su gran anhelo es conducirnos más profundamente en la vida de la fe.

Pero, «¿qué es la fe?» ¡Qué extraño!: aunque las personas ejercitan la fe cada día de sus vidas, sin embargo hacen frecuentemente esta pregunta. La primera aparición de la palabra «creer» está en Génesis 15:6: Abraham «creyó a Jehová, y le fue contado por justicia». Según una autoridad competente, la palabra «creyó» significa literalmente «afirmarse uno mismo apoyándose en algo o en alguien». Esto da una vívida ilustración de lo que la fe es en realidad: «así como un hombre apoya su temblorosa mano en su cayado, así apoyamos nuestros débiles y cambiantes egos sobre el poder de Dios».

Fijaos en esto: 1) La verdadera fe tiene a Dios como su origen y objeto. Abraham «creyó a Dios». En Juan 6 el Señor la llama una «obra de Dios», apuntando al profundo pensamiento de que es Dios quien da la verdadera inclinación de la mente a confiar. Luego 2) observemos que la fe es un acto, y no un mero sentimiento. No se trata de algo que venga a alguien aparte de sí mismo y fuera de sí mismo, sin referencia a él. Hay una relación muy íntima entre la fe y la voluntad. En el sentido más estricto de la palabra, la fe es una actividad de nuestra naturaleza más íntima: es un esfuerzo de la voluntad.

Se pueden distinguir tres etapas en la fe, porque la fe es un acto progresivo o una serie de actividades. La primera etapa es una creencia *acerca de Él*, una mera aceptación de su revelación. Pero en ello no hay elemento salvador. Es posible para una persona tener esta clase de fe y estar sin embargo perdida. La fe verdadera es más que esto. Es imprescindible llegar a la siguiente etapa, esto es, creer confiando *en* Él. Ahí es donde entra el elemento salvador. Si estoy fatigado y desfallecido y creo que la silla puede soportar mi peso, el mero creer esto no me dará descanso, sino que debo confiarme en ella, dejar que soporte mi peso. Y entonces, ¿qué? Hay una tercera etapa, creer *hacia* el Señor. Puedo confiarme en una silla o en un cayado, y descansar, pero la silla y el cayado y yo permanecemos separados y distintos. No así con Cristo y el alma. Creer confiándome en Él llevará a creer hacia Él, llegando a ser uno con Él, unido con los vínculos de la vida y del amor. ¡Qué unión más bendita es ésta! Las palabras no la pueden describir plenamente. Oremos:

«Mi fe pone en ti la mirada,
Cordero del Calvario,
Divino Salvador».

1.148. EL HOMBRE IMPOTENTE

Juan 5:1-15

«El Bendito, Él leyó el libro de lágrimas manchado de pobres almas»
KINGSLEY

Este estanque llamado Betesda, «casa de misericordia», parece haber sido el hospital de Jerusalén. El agua era agitada intermitentemente, y quizá poseía muchas virtudes terapéuticas. Pero no es con los que descendían al estanque con quienes tenemos que ver, sino con el hombre que no lo hizo, y que sin embargo fue sanado. Observemos

I. Su condición dolorida. «Hacía treinta y ocho años que estaba enfermo» (v. 5). Esta enfermedad era probablemente el resultado de su pecado (v. 14). Como el pecado mismo, era una enfermedad que venía de largo. Por lo que respectaba a su propia capacidad, o a cualquier capacidad meramente humana, su caso era desesperado. Esta casa de misericordia era su última esperanza. La misericordia de Dios es la única esperanza del pecador.

II. Su humilde posición. «Había allí un hombre.» ¿Dónde? Allí, entre los «ciegos, cojos y paralíticos, que esperaban». No se avergonzaba de tomar su puesto entre los impotentes y los necesitados. Si hubiera rehusado tomar este paso humillador nunca habría podido ser sanado. El orgullo y la vergüenza excluyen a muchos del toque sanador de Cristo. A muchos Dios les está aún diciendo: «¿Hasta cuándo no querrás humillarte?». Fue cuando el publicando asumió su lugar como pecador que fue justificado (Lc. 18:13).

III. Su esfuerzo estéril. «Entretanto que yo voy, otro desciende antes que yo» (v. 7). Él había tomado su puesto entre los «paralíticos». Ahora está haciendo todo lo que puede; pero esto sólo termina en fracaso y desengaño. Hay muchísimos «otros», vistos y que no pueden ser vistos, que están listos a descender antes que un alma que busca la salvación. Y esto es lo que desde luego va a hacer la ley quebrantada de Dios. La salvación no es por obras, para que nadie se gloríe. Su repetido fracaso lo hace más receptivo a la gracia salvadora de Jesucristo.

IV. Su misericordioso liberador. «Cuando Jesús lo vio tendido, y supo que llevaba ya mucho tiempo así, le dijo: ¿Quieres quedar sano?» (v. 6). Él conoce el camino de aquellos cuyos espíritus han quedado abrumados (Sal. 142:30. Este pobre hombre estaba esperando un momento más conveniente, pero no era esto lo que necesitaba. Necesitaba a uno que lo salvara allí donde estaba, y tal como estaba, y a esto se ofreció Cristo. ¿Quieres quedar sano, aquí donde estás, ahora? Cuando él le respondió: «Señor, no tengo a quien», etc., quedó claro que no sabía con quién estaba hablando, porque los que son salvos por Cristo no precisan de nadie más. ¿Quieres quedar sano?

V. Su llamamiento personal. «Levántate, toma tu camilla, y anda» (v. 8). Este llamamiento debe haberle venido de una manera sorprendentemente repentina. Él no había caminado durante «treinta y ocho años». Pero siempre hay aquel inexplicable algo acerca de la Persona y de la Obra del Señor jesucristo que despierta la confiada expectativa de los enfermos y de los abatidos. Era totalmente inútil que cualquier otro dijera: «Levántate y anda». Hubiera sido una solemne burla; pero viniendo de sus labios, las palabras eran «espíritu y vida».

VI. Su repentino cambio. «Y al instante aquel hombre quedó sano» (v. 9). Creyó la palabra del Señor, actuó en base de la autoridad de la misma, y encontró en su feliz experiencia que había recibido la bendición que tanto tiempo había anhelado. La recibió no obrando ni debatiéndose ni luchado, sino simplemente creyendo. El cambio obrado en él fue a la vez repentino y completo. «Al instante... quedó sano.» La cura misma era un misterio, pero el hecho de la misma era una certidumbre: perfecta y conforme a Dios.

VII. Su testimonio denodado. «El hombre se fue, y les contó a los judíos que era Jesús el que le había sanado» (v. 9). Tras encontrar al Señor en el templo (v. 14), ahora le confiesa ante los hombres, y ante aquellos que se oponían acerbamente a Él. «Porque con el corazón se cree para justicia, y con la boca se confiesa para salvación» (Ro. 10:10). Por la gracia somos salvos por medio de la fe, pero la fe es manifestada delante de los hombres mediante las obras (Stg. 2:18). Algunos rehusan confesar a Cristo porque aman la alabanza de los hombres más que la alabanza de Dios (Jn. 12:42, 43). Negarle delante de los hombres es verse negado por Él delante del Padre en el cielo (Mt. 10:32, 33).

1.149. YO Y MI PADRE

Juan 5:17-43

El Evangelio de Juan es el «Lugar Santísimo» en el tabernáculo del Nuevo Testamento. Juan no podía inventar las cosas enseñadas en este libro de la misma manera que podía hacer una escalera que llegara al cielo. El Evangelio de Juan es «el Evangelio del Padre y del Hijo», o de la relación del Hijo con el Padre. Con la excepción de Mateo 11:27, este gran tema casi nunca es tocado por los otros evangelistas. Estamos aquí en «tierra santa». Alleguémonos, por así decirlo, con pies humildes y descalzos. De la misma boca de Cristo aprendemos que:

I. Era amado por el Padre. «El Padre ama al Hijo, y le muestra todo lo que Él hace» (v. 20). Una de las pruebas de este amor es que «le muestra todo lo que Él hace». El Padre ama al Hijo, y le ha dado todas las cosas en su mano (Jn. 3:35). Es el estilo de nuestro gracioso Dios, manifestar su amor dando (Jn. 3:16).

II. Fue enviado por el Padre. «El Padre que me envió...» (v. 37). Cristo, como el Hijo, «de Dios ha salido, y ha venido», pero no de Sí mismo, con independencia del deseo y propósito del Padre (8:42). «Pero cuando vino la plenitud del tiempo, Dios envió a su Hijo» (Gá. 4:4). ¡Qué consuelo debe haberle sido este pensamiento «en la hora solitaria del dolor»! Así son enviados todos los siervos de Cristo (Jn. 17:18).

III. Vino en Nombre de su Padre. «Yo he venido en nombre de mi Padre» (v. 43). Vino como representante del Padre entre los hombres, y debido a esto, «no le recibieron». Aquellos cuyas vidas se oponen a Dios están siempre dispuestos a recibir a los que vienen en su propio nombre (Hch. 5:36, 37). Venir en el Nombre de su Padre implicaba también que venía en la naturaleza de su Padre (Jn. 14:10).

IV. Busca hacer la voluntad de su Padre. «No puedo hacer nada por Mí mismo; ... no busco mi voluntad, sino la voluntad del que me envió, la del Padre» (v. 30). Su propia voluntad estaba tan totalmente sometida a la voluntad de su Padre que no podía ni quería hacer nada en base de la suya propia. Todo su deleite estaba en cumplir la voluntad de Dios, porque su ley estaba dentro de su corazón (Sal. 40:7, 8). Su comida, la fuerza de su vida, era hacer la voluntad de Aquel que le había enviado (Jn. 4:34). Para Él se trataba de «no se haga como Yo quiero, sino como Tú», al precio que fuera (Mt. 26:39).

V. Sigue el ejemplo de su Padre. «Hasta ahora mi Padre trabaja, y Yo también trabajo... No puede el Hijo hacer nada por su cuenta, sino lo que ve hacer al Padre» (vv. 17-19). El Padre no conoce Sábado alguno al buscar la salvación de los perdidos, y tampoco el Hijo lo conoce (v. 16). Los ojos del Hijo, como siervo, estaban de continuo dirigidos al Padre, como su Dios. El Padre era el ejemplo de Cristo, así como Cristo lo es nuestro.

VI. Posee la prerrogativa del Padre de vida. «Porque como el Padre tiene vida en Sí mismo, así también le ha dado al Hijo tener vida en Sí mismo» (v. 26). El Padre, que tiene vida en Sí mismo, totalmente independiente de todas las circunstancias, ha dado la misma herencia al Hijo, de modo que Él podía decir: «Como... Yo vivo por medio del Padre, asimismo el que me come, Él también vivirá por medio de Mí» (6:57). Cristo, nuestra vida.

VII. Él vivifica a quien el Padre quiera. «Como el Padre levanta a los muertos (...) así también el Hijo da vida a los que quiere» (v. 21). Cristo es «la resurrección y la vida». Todos los que el Padre le ha dado, Él los vivifica mediante la fe en su Nombre. Ni el Padre ni el Hijo serán frustrados con los resultados finales de la gran redención.

VIII. Él juzga en lugar del Padre. «Ni aun el Padre juzga a nadie, sino que ha dado todo juicio al Hijo» (v. 22). Él le ha dado autoridad para ejecutar juicio, por cuanto es el Hijo del Hombre (v. 27). Por cuanto Cristo condescendió a asumir «semejanza de hombre», Dios lo ha designado como Juez de toda la humanidad (Hch. 10:42). Toda rodilla se doblará ante el Nombre de Jesús, bien en gracia, bien en juicio (Fil. 2:10). Todos los asuntos del reino de la gracia le han sido delegados a Aquel que se dio en rescate por todos (1 Ti. 2:6; Hch. 17:30).

IX. Él afirma igualdad con el Padre. «Que todos honren al Hijo como honran al Padre» (v. 23). El que no honra al Hijo, no honra al Padre. El que a Mí me aborrece, a mi Padre aborrece también (Jn. 15:23). Yo y el Padre uno somos. Todo el que niega al Hijo, el tal no tiene al Padre (1 Jn. 2:23). La vida, el carácter y la obra de Jesucristo estaban tan vitalmente conectados con la vida, el carácter y la obra del Padre que, en la estimación de ambos, eran uno. Besa al Hijo, y hallarás el refugio de tu alma en el seno del Padre.

1.150. EL GRAN PASAJE

> «El que oye mi palabra, y cree al que me envió, tiene vida eterna; y no vendrá a condenación, sino que *ha pasado de la muerte a la vida»* (Jn. 5:24).

La conversión es la emigración de un alma de la muerte a la vida. Muchos temen el pasaje; como alguien dijo: «Quisiera ser salvo, pero me da miedo el proceso». Aquí se mencionan dos estados: muerte y vida, y el paso entre ambos.

I. El estado de muerte. «Ha pasado de la muerte.» *Muerte* es el nombre dado a nuestro país natal. Una ciudad de perdición. Es un lugar de

1. MISERIA. Todos culpables ante Dios. Ya condenados. La tenebrosa y atemorizadora sombra de muerte se proyecta sobre todo.
2. IMPOTENCIA. Ningún poder para poder resistir o huir. Sin fuerzas. Estando sin Cristo, nada podemos hacer.
3. SEPARACIÓN. La muerte siempre es separación. No podemos tener comunión con los muertos, y Dios tampoco. Dios no es Dios de muertos, sino de vivos. El pecado es muerte, y aliena de la vida de Dios. «El alma que peque, ésa morirá» (Ez. 18:4).

II. El estado de vida. «Ha pasado de la muerte a la vida.» Esto implica:

1. LIBERACIÓN. El poder del pecado y la muerte ha sido vencido, y el alma emancipada de esclavitud y miseria. La muerte expiatoria de Cristo es el precio pagado. La vida significa libertad.
2. PLENITUD. La vida aquí contrastada con la muerte es mucho más que la mera existencia. Un hombre puede estar viviendo mientras que está medio muerto. En esta vida en Cristo hay toda la plenitud de Dios para proveer a cada anhelo puro y santo del alma. Plenitud de bendición. Vida y abundancia (Jn. 10:10).
3. FELICIDAD. Cuando el hijo pródigo volvió al hogar a la casa de su padre, pasó de muerte a vida. «Éste mi hijo estaba muerto, y ha revivido; ... y comenzaron a regocijarse.» ¿Cuándo cesaron?

III. El pasaje entre ambas. El que cree en Él «ha pasado». Es

1. UN PASAJE CORTO. Es el confiar del corazón, transfiriéndose del *yo* a Cristo. Esto puede tener lugar en un momento, aunque uno puede estar *pensando* acerca de ello durante meses y años. *Pensar* en emigrar nunca lo llevará a uno allende de la mar. «Quiero», y sucede.
2. UN PASAJE SEGURO. No perece ninguno de los que en Él confían. Si hay algún fracaso, es por falta de verdaderamente entrar a bordo de la nave de su promesa. «Al que *a mí* viene, de ningún modo le echaré fuera» (Jn. 6:37). «El que cree *en Él tiene* la vida eterna, y no vendrá a condenación.»
3. UN PASAJE GRATUITO. «*Todo el que quiera,* venga.» «El que cree». «Yo soy la Puerta; el que entre por medio de Mí, será salvo.» «¿Irás tú? (Gn. 24:58).

IV. La sencilla condición. «El que *oye* mi palabra, y *cree* al que me envió.» Oír la *palabra* de Cristo lleva a creer en Dios el Padre. Observemos la vital relación que existe aquí entre las palabras del Hijo y el honor del Padre, que nadie creerá realmente en Dios si no *oye* al Hijo. «Yo y el Padre uno somos.»

1.151. EL PODER DEL HIJO

Juan 5:24

I. La Persona que habla. «De cierto, de cierto os digo.»

II. La Bendición ofrecida. «Vida eterna.»

III. La Promesa dada. «No vendrá», «Tiene».

IV. La Condición mencionada. «El que oye... y cree.»

1.152. ALGUNAS ACTITUDES CON RESPECTO A CRISTO, SEGÚN APARECEN EN JUAN 6

1. Los curiosos, versículo 2
2. Los falsos entusiastas, versículos 14, 15
3. Los receptivos, versículo 21
4. Los buscadores sensuales, versículos 24-26
5. Los indagadores escépticos, versículos 28, 29, 36
6. Los murmuradores, versículos 41-43
7. Los indagadores burlones, versículos 52
8. Los oyentes ofendidos, versículos 60-61, 64
9. Los discípulos enfriados, versículo 66
10. El confesor abierto, versículos 68, 69
11. El engañador secreto, versículos 70, 71

1.153. CRISTO Y LA MULTITUD HAMBRIENTA

Juan 6:1-14

«*¿Quieres ir tú a bendecir? ¡Asegúrate de tu propio terreno!*
Fija bien tu centro, y luego tus círculos en redor dibuja»

TRENCH

Una vida centrada en Dios como base de operación tiene que ser un éxito, porque ningún enemigo podrá jamás inmiscuirse y quebrantar esta relación. La actitud de Cristo para con la multitud, como delante de nosotros aquí, nos da los principios de toda verdadera empresa misionera. A miles le han seguido al otro lado del lago, porque «veían las señales que hacía». Pero el anhelo de Cristo era satisfacer la necesidad de ellos, no entretenerlos con prodigios. Él sabía que estaban hambrientos, así como sigue sabiendo que hay multitudes cuya principal necesidad es la del Pan de Vida. Observemos cómo se hace esto: Él

I. Desea que sean alimentados. «¿De dónde compraremos panes para que coman éstos?» (v. 5). Su voluntad es que ellos queden satisfechos, y así es por cuanto tiene compasión de la multitud (Mt. 14:41). La infinita ternura de su corazón para con los necesitados lo constriñe a buscar el bien de ellos. Él no quiere la muerte de nadie. El más profundo anhelo de su alma es que la multitud hambrienta goce del Pan de Vida que se les ofrece, y que «coman éstos».

II. Conoce de dónde ha de venir la provisión. «Él sabía lo que iba a hacer» (v. 6). No se precisa de nadie para aconsejar a Aquel que es la «Sabiduría de Dios». Él sabía lo que iba a hacer, no lo que trataría de hacer. Él nunca hace una demanda sin estar dispuesto a suplir todo lo preciso para llevar a cabo su voluntad. Los propósitos del Señor no son meros experimentos, sino que son hechos cumplidos en su mente. Él sabía lo que iba a hacer cuando puso su rostro como un pedernal para ir a Jerusalén. Sabía también lo que iba a hacer cuando dijo: «Toda autoridad me ha sido dada... Por tanto, id». Sus siervos pueden frecuentemente verse probados y apurados, pero, mirándole a Él, no puede haber derrota.

III. Busca el reflexivo interés de sus seguidores. «¿De dónde compraremos panes?» (v. 5). Él ya sabía lo que iba a hacer, pero desea que las mentes y los corazones de sus discípulos sean ejercitados acerca de este gran y necesario asunto de alimentar a la hambrienta multitud. Al emplear esta forma en primera persona del plural, «compraremos», estaba declarando una comunidad de intereses entre Él y sus seguidores. El verdadero espíritu misionero tiene su fuente y el secreto de su lozanía permanente en la constante consciencia de este gran hecho. ¿No está Cristo diciendo hoy a su Iglesia: «Dónde encontraremos pan, dinero, hombres, para que los millones de hambrientos en el paganismo puedan comer y vivir?» ¿Cuál es la respuesta? «Señor, Tú lo sabes.» Orad al Señor de la mies.

IV. Hace uso de pequeños dones. «Aquí hay un muchacho, que tiene cinco panes de cebada, y dos pececillos; pero ¿qué es esto para tantos?» (v. 9). «Tomó Jesús aquellos panes» (v. 11). No eran poca cosa para Él. Aquel que ha creado los cielos y la tierra conoce el verdadero valor de lo pequeño, cuando se pone en sus manos. Dios ha escogido las cosas débiles... y las cosas menospreciadas... para que ninguna carne se gloríe en su presencia (1 Co. 1:27-29). «Seguidme», dice Él, «y os haré pescadores de hombres». Estas cosas pequeñas ven su valor aumentado enormemente al estar a su disposición; así es con toda vida que se consagra a Él.

V. El mismo es Todosuficiente para esta emergencia. «Y habiendo dado gracias, los repartió entre los discípulos... cuanto querían» (v. 11). La fuente del suministro estaba en Él mismo, no en lo que le había sido dado. Es por su poder y plenitud infinitas que Él puede usar cosas débiles en la manifestación de sus riquezas y gloria. Él pone el tesoro en un vaso de barro para que la excelencia del poder se vea que es de Dios. «Encomienda a Jehová tu camino, y confía en Él; y Él actuará» (Sal. 37:5).

VI. Alimenta a los hambrientos por medio de sus propios discípulos. «Lo repartió entre los discípulos, y los discípulos entre los que estaban recostados» (v. 11). Por sí mismos ellos no podían hacer nada para suplir la necesidad de la hambrienta muchedumbre, pero, por medio de Él, ellos podían hacer todo lo necesario. Nuestra suficiencia es del Señor. Nosotros, como los discípulos de antaño, tenemos el gran privilegio de que se nos haya encomendado este pan celestial, pero, lo mismo que ellos, seríamos muy culpables si lo guardáramos, en vez de entregarlo a la hambrienta multitud para los que está dispuesto. De gracia recibisteis, dad de gracia; y dadles a los que están en la fila trasera del paganismo con tanta generosidad como a los que se encuentran en la fila delantera de la patria. El maná que fue «guardado» en vez de usado se agusanó y hedió. Los que se dedican a buscar lo suyo se verán visitados por los gusanos de la soberbia, el descontento y la envidia; su carácter cristiano tendrá un aliento pestilente. Dad, y os será dado, buena medida, remecida y rebosante.

VII. Provee suficiente para todos. «Cuanto querían» (v. 11). «Recogieron, pues, y llenaron doce cestas de pedazos» (v. 13). Hubo abundancia de provisión de Cristo para cada uno de ellos. Si alguno tuvo poco o se fue sin quedar perfectamente saciado, la culpa la tuvo él. El mismo Cristo, que es «el Pan de Vida», es todosuficiente para satisfacer el hambre de todos los que a Él acuden (v. 35). En Él mismo hay pan suficiente y de sobras para los millones de hambrientos que siguen gastándose el dinero en lo que no es pan (véase 1 Jn. 2:2). Esta orden del Señor Jesucristo, «Dadles de comer», es obedecida de una forma muy parcial y tímida. No hay peligro de que fracasen sus recursos; por ello, como sus discípulos, mostremos nuestra fe en Él mediante el diligente empleo de aquellos «bienes» que Él nos ha encomendado para el adelanto de su gloria y para la gloria de su Nombre (Mt. 25:14).

1.154. JESÚS EN LA BARCA, O LA SALVACIÓN INSTANTÁNEA

Juan 6:16-21

«¡Emanuel! Dios con nosotros en su mansedumbre;
¿Emanuel? Dios con nosotros en su poder
Para nuestras heridas vendar y fuerzas dar a nuestro ser,
Para traernos, redimidos, al hogar de luz»

MORGAN

Cuando Jesús hubo dado a la multitud esta señal de que Él era el «Pan de Vida» alimentándolos, tuvo que retirarse «Él solo» al monte, al ver que la intención de ellos era tomarlo por la fuerza y hacerlo rey. El día de su coronación no había llegado todavía. Bien sabía que aún le tomarían a la fuerza y le coronarían con las espinas del ridículo. Los discípulos esperaron hasta el atardecer, pero al no venir Jesús, y hacerse tarde, entraron en su barca, y se dirigieron al otro lado. Toda esta escena está llena de un significado sugerente. Aquí observamos:

I. Una necesidad consciente. La condición de ellos era de lo más penosa. «Había oscurecido ya, y Jesús no había venido a ellos. Además, se levantaba el mar con un gran viento que soplaba» (vv. 17, 18). Se encontraron con un triple dolor: oscuridad, peligro, abandono. Ni la oscuridad ni la tempestad tienen por qué preocuparnos si sólo está con nosotros aquella maravillosa y consoladora Presencia. Su estado dolorido se parece al de muchos ahora: en oscuridad, en peligro, y sin Cristo, pero peor aún, totalmente inconscientes de su triste condición.

II. Un gran descubrimiento. «Vieron a Jesús que andaba sobre el mar y se acercaba a la barca» (v. 19). Éste es el más gran descubrimiento que puede hacer la pecadora y dolorida alma del hombre. Jesús, el misericordioso, en medio de la oscuridad; Jesús, el poderoso, pisando las amenazadoras olas de la muerte bajo sus pies; Jesús, el divino, «acercándose» a los angustiados. El Cristo hallará de cierto su camino hacia aquellos que sienten su impotencia, y que anhelan por Él. Él conoce dónde se encuentra el corazón angustiado e indagador, y cómo puede mejor revelarse a los tales. Viene a buscar y a salvar a los perdidos.

III. Un mensaje consolador. «Yo soy; no temáis» (v. 20). Es la prerrogativa del Señor Jesucristo salvar del temor. Ninguna otra criatura debajo del Cielo podría pronunciar estas palabras sin incurrir en el ridículo. Éste es el lenguaje del Vencedor. Yo soy; no temáis la oscuridad, porque Yo soy la Luz. No temáis la muerte, porque Yo soy la Vida. No temáis acerca de vuestros pecados, porque Yo soy vuestra Salvación. No temáis al infierno o el juicio, porque Yo soy el que estuvo muerto, y vive para siempre jamás, y tengo las llaves de la muerte y del Hades. «Yo soy; no temáis»; echa toda tu ansiedad sobre Mí, porque Yo soy tu Creador, tu Redentor y amigo. En estas pocas palabras puedes leer el «Evangelio de la gracia de Dios».

IV. Una recepción bien dispuesta. «Querían, pues, recogerlo en la barca» (v. 21). Aceptaron bien dispuestos su ofrecimiento de Sí mismo. ¡Qué oportunidad fue en un momento tan apurado! No podemos imaginarlos rehusando la salvación que les era ofrecida en Él mismo. Y sin embargo esto es lo que están haciendo multitudes a diario. Fue a Él a quien recibieron; no podían recibir su Palabra y rechazarle. Cristo y su Palabra se mantendrán o caerán juntos. Ellos lo acogieron en su barca en un momento de angustia, y, bendito sea su Nombre, Él estaba totalmente dispuesto a entrar. ¡Ah, corazón angustiado por la duda y el temor, deja entrar al Salvador!

V. Un resultado inmediato. «La cual [barca] llegó en seguida a la tierra adonde iban» (v. 21). Este lenguaje indica claramente que se obró un milagro de gracia. Se vieron salvados en el acto de su posición peligrosa, y tuvieron completamente satisfecho el anhelo de sus corazones, al llegar inmediatamente al puerto deseado. La recepción de Cristo en el corazón va acompañada siempre de liberación y reposo. No hay nada demasiado difícil para Él. La salvación de su pueblo es el gran propósito de su misión. Cuando los discípulos llegaron cerca del medio del lago parecían agotados, pero lo que ellos no podían hacer lo hizo Jesús de inmediato cuando logró la entrada en su barca. Nos salvó, no en virtud de obras de justicia que nosotros hubiéramos hecho, sino conforme a su misericordia. La salvación instantánea es el don de aquel único Salvador que nos puede salvar eternamente.

1.155. RECIBIÉNDOLE

Juan 6:21

1. ¿Quién? «Ellos.»
2. ¿Cuándo? «Entonces.»
3. ¿Qué? «Recibieron.»
4. ¿A quién? «A Él.»
5. ¿Cómo? «Gustosos» (V.M.)
6. ¿Dónde? «En la barca.»
7. Resultado: «En seguida a la tierra.»

1.156. EL ALIMENTO IMPERECEDERO

Juan 6:26-29

«El conocimiento es un árbol estéril y desnudo, si carente de Dios»

MORRIS

«Si tuviese toda ciencia, pero no tengo amor, nada soy»

PABLO

Muchos habían estado siguiendo al Señor, pero Aquel que mira al corazón los reprendió por sus motivos mezquinos y egoístas al hacerlo así. «De cierto os digo que me buscáis, no porque habéis visto señales, sino porque comisteis de los panes y os saciasteis». Mirar a Cristo como meramente un Salvador proveedor de pan era deshonrarle y engañar sus propias almas. Cristo no vino a alimentar a los hombres, sino a salvarlos. No es siempre necesario que un hombre viva, pero es necesario que sea salvo. Él les dio panes, pero Él es el Pan de Vida. Las palabras de nuestro Señor aquí son muy escudriñadoras. Revelan:

I. Un trabajo frustrante. «Trabajad, no por la comida que perece.» Esto no significa que no se debe trabajar para el pan diario, porque «el que no quiera trabajar, tampoco coma». La comida para la cual vale la pena trabajar debería cumplir las principales características y propósitos de los alimentos; debería suplir y satisfacer los mordiscos del hambre. Por ello, no malgastes toda la energía de tu ser trabajando por una comida perecedera que nunca dará satisfacción a un alma inmortal. «¿Por qué gastáis el dinero en lo que no es pan, y vuestro jornal en lo que no sacia?» (Is. 55:2). Abandona la frustrante actividad de tratar de dar satisfacción a tu alma con bienes terrenales (Lc. 12:19).

II. Un trabajo satisfactorio. «Trabajad… por la comida que permanece para vida eterna.» No se puede buscar esta comida con suficiente anhelo, porque es:

1. APROPIADA. Apropiada para vuestro espíritu eterno, porque están en ella los elementos de la eternidad. El mismo Cristo es esta comida: búscalo. «Yo soy el pan vivo…; si alguien come de este pan, vivirá para siempre» (v. 51). La enseñanza y obra de Jesucristo bastan para afrontar toda la necesidad del hombre para el tiempo y para la eternidad. El pan no es más apropiado para los hambrientos, o el agua para los sedientos, que Cristo lo es para las reales y profundas necesidades de los hombres.
2. EN SAZÓN. Esta comida imperecedera nunca se pasa. El tiempo no puede producir cambios en ella. Es la provisión incorruptible del Dios incorruptible para la incorruptible alma del hombre. Está tan fresca hoy como cuando fue cocida en el Calvario, y sacada del horno del sepulcro aquella mañana de la resurrección. Está en sazón en la temprana mañana de la vida,

al mediodía, y en el ocaso de la vejez. Está en sazón cada día de la semana y cada mes del año. En la iglesia o el mercado, en el palacio o la cabaña, en prosperidad o adversidad, este alimento enviado desde el cielo está siempre apropiado para su uso.
3. SACIADORA. Es «la comida que permanece». «El que a Mí viene nunca tendrá hambre» (v. 35). Los que comen de este Pan no buscarán satisfacción en ninguna otra fuente. Los que están andando en la luz del sol poco se preocupan de las velas. El peregrino, que tiene una fuente de agua brotando dentro de su propia alma, no se sentirá tentado con fuerza a agacharse a los cenagosos estanques junto al polvoriento camino. Este pan tiene garantía de total satisfacción para todo comensal, porque «a éste acreditó con su sello Dios el Padre» (v. 27). Dios nunca pondrá su sello sobre una falsificación. Debe ser totalmente pura la vida que recibe su sello. «Éste es mi Hijo amado, en quien tengo contentamiento.» Nadie hay como Cristo para dar satisfacción.

III. Cómo debe llevarse a cabo este trabajo. Se plantea esta pregunta: «¿Qué debemos hacer para poner en práctica las obras de Dios?» La respuesta es llana y destacable: «Ésta es la obra de Dios, que creáis en el que Él ha enviado» (v. 29). Así, trabajar por esta comida es el trabajo de la fe, porque esta comida es el don de Dios (v. 27). La fe debe obrar su camino llegando a la Persona de Cristo. Los rostros de los hombres se vuelven generalmente hacia el mundo en su búsqueda del pan de satisfacción, pero ¡cuán frustrante es tal trabajo! La obra de Dios no es meramente que creáis, sino que creáis «en el que Él ha enviado». El objeto de vuestra fe debe ser Él, como el Enviado de Dios: enviado a buscar y a salvar a los perdidos. «Y éste es su mandamiento: Que creamos en el nombre de su Hijo Jesucristo» (1 Jn. 3:23). La obra y la voluntad de Dios no ha sido aún llevada a cabo en ti, a no ser que hayas «creído en Él».

1.157. EL VERDADERO PAN
Juan 6:30-40

> *«A diferencia de la filosofía, el Evangelio tiene una vida ideal que ofrecer, y no solo a unos pocos, sino a todos»*
>
> JOWETT

Los judíos, en la ceguera de sus corazones, seguían clamando por una señal de Cristo que mostrara que Él era realmente aquella «comida que permanece para vida eterna», después de haberlos alimentado con pan milagroso. Nadie es tan difícil de convencer como aquellos que se han decidido a no dejarse convencer. Moisés, decían ellos, «pan del cielo les dio a comer». Le decían: «Qué, señal, pues, haces tú?» Una de las glorias del Evangelio es que tales indagaciones llevan frecuentemente a más plenas revelaciones de los misterios del carácter de Cristo. Así fue aquí. Jesús ahora se muestra a Sí mismo como aquel Pan del Cielo, del que el maná era un tipo. Observemos:

I. La procedencia de este Pan. «Es mi Padre quien os da el verdadero pan del cielo» (v. 32). No fue Moisés quién os dio aquel pan del Cielo, sino mi Padre, que ahora me envía a Mí como su provisión para vuestras almas pecadoras. «Yo soy de arriba», dijo Él. Cada aspecto del carácter de Cristo, cada acto y palabra, todo ello demuestra que Él era del cielo. Este mundo no podía producir una Personalidad tan singular. Sus padres, sus alrededores, o, de hecho, cualquier cosa fuera de Él mismo, era absolutamente impotente para producir un Pan como éste. «He descendido del cielo» (v. 38).

II. La forma de este Pan. «Yo soy». Cristo no meramente da este Pan, sino que Él es el pan. «Yo soy el pan de vida» (v. 35). Del maná se dijo: «Es el pan que Jehová os da para comer» (Éx. 16:15), y esto es totalmente cierto de Aquel que es el don de Dios. Ciertamente que la forma en que este pan es servido a un mundo que perece es muy atractiva. ¿Qué podría ser más atrayente para un alma fatigada y hambrienta? Él es totalmente maravilloso, y para el corazón hambriento Él es siempre y en todas partes de gran precio. «Mi carne es verdadera comida» (véase He. 10:19, 20).

III. La naturaleza de este Pan. Es llamado 1) el verdadero pan (v. 32). El verdadero pan es aquel que suple de una manera plena y satisface perfectamente todas las necesidades del hombre. Las vanas filosofías de la sabiduría mundana jamás pueden hacer tal cosa. Nadie sino Cristo puede satisfacer. Ningún otro sino este Nombre tiene las virtudes que necesita para sanar las llagas y dolores de un alma azotada por el pecado. Él es el verdadero Pan porque Él da satisfacción a toda parte del profundo y complejo carácter del hombre. 2) El Pan de Dios (v. 33). No solo da Jesucristo satisfacción, saciando toda el hambre del corazón del hombre por Dios, sino que también da satisfacción a toda el hambre del corazón de Dios por el hombre. «Éste es mi Hijo amado, en quien tengo complacencia». Adoremos a Aquel que puede a la vez dar satisfacción al corazón de Dios y al del hombre (Pr. 8:22-30). Él es también llamado 3) El Pan de Vida (v. 35). Él es el Pan vivo y dador de vida; así, entrar en contacto personal con Él por la fe es recibir la vida eterna.

IV. El propósito de este Pan. Dar «vida al mundo». La humanidad no espiritual tiene muchas cosas atractivas y útiles sin Cristo, pero carece de vida. El mundo necesita la Luz y la Vida de Cristo antes que pueda ser placentero para Dios. El mundo está hambriento de corazón por la Luz verdadera y por el verdadero Pan de satisfacción, pero en su incredulidad no mira más allá de sí mismo para obtener estas infinitas bendiciones. Sea lo que sea que piensen o digan los hombres, Dios trata con este mundo como una cosa ciega y muerta, y por esto en misericordia envió a su Hijo como su Luz y Vida.

V. La forma en qué debe ser tomado este Pan. Se usan aquí dos sencillas palabras para expresar este acto de apropiación. «El que a Mí viene, nunca tendrá hambre; y el que en Mí cree, no tendrá sed jamás». Acudir a Cristo, o creer en Él, es el ejercicio concreto del alma para con Él que hace nuestro a Jesucristo y a todo lo que Él es (v. 35). Luego, después que el alma le ha recibido por la fe, tiene que ir apropiándose de Él día a día como su alimento diario. Viviendo por la fe en el Hijo de Dios. Los que esperan en el Señor renovarán sus fuerzas. Comed, amigos, y que vuestra alma se deleite en grosura. Si no coméis la carne del Hijo del Hombre, no tenéis vida en vosotros.

1.158. EL PAN DEL CIELO
Juan 6:32-35

I. Cristo es el **Pan de Dios** (v. 33). Agradando al Padre en favor nuestro.

II. Cristo es el **Pan Vivificador** (v. 33). Afrontando las necesidades del mundo: muerto en pecados. Él es el Pan *dador de vida.*

III. Cristo es el **Pan de Vida** (v. 35). Supliendo y sustentando las necesidades de su pueblo. Comed, amigos.

1.159. EL PAN DE DIOS

> «Porque el pan de Dios es aquel que descendió del cielo y da vida al mundo» (Jn. 6:33).

El pan de Dios no es solo el pan de vida, sino el pan vivificador y sustentador de la vida que viene del cielo. Dios ha contado, en su misericordia, la verdadera necesidad de este mundo golpeado por la necesidad, famélico y moribundo; y por ello dio a su Hijo, como su don de pan, para las almas hambrientas. El pan de la moda, de las riquezas, o de la admiración mundana, pronto se enmohece. No hay verdadera nutrición para el alma en el pan cocido en el horno del mundo. El pan dador de vida tiene que venir del Dios dador de vida. Jesucristo, el Pan de Dios –el Pan que deleita al corazón de Dios– y, oh, ¡qué gracia que este Pan haya venido del cielo para dar vida al mundo? ¿Lo has recibido? ¿Te estás alimentando de él? El que come de este pan, vivirá para siempre.

1.160. TODO EL QUE QUIERA
Juan 6:37

1. Una gran **oportunidad**, «A Mí viene».
2. Una **oferta** universal, «Al que».
3. Una sencilla **condición**, «Viene».
4. Una preciosa **promesa**, «De ningún modo lo echaré fuera».

1.161. LA VIDA POR UNA MIRADA
Juan 6:40

1. La **promesa**, «Vida eterna».
2. La **Persona**, «El Hijo».
3. El **propósito**, «El que me ha enviado».
4. La **condición**, «Ve… cree».
5. La **oferta**, «Todo aquel».
6. El **aliento**, «Ésta es la voluntad del que me ha enviado».

1.162. ACUDIR A CRISTO

«Nadie puede venir a mí, si el Padre que me envió no le atrae» (Jn. 6:44).

–Si esto es así, ¿por qué me apremias a acudir a Jesús, si no siento el poder de atracción del Padre? ¿Por qué inquietarme acerca de acudir en absoluto, si todos los atraídos acuden? Ves, acudiré si soy atraído, porque no podré hacer otra cosa. ¿Y por qué he de ser yo condenado por no venir si no soy atraído? ¿Por qué entra aquí la responsabilidad moral? ¿Y dónde estaría la justicia de Dios si Él me castiga por no hacer lo que de todas maneras no podría?

Éstas no son en absoluto unas dificultades imaginarias, presentadas sólo para poder demolerlas: durante siglos, las almas se han encontrado y debatido con estos temores y estas dudas y dificultades, y muchos duros combates ha habido con estos gigantes de la imaginación y de la razón.

A menudo hemos observado que muchos espectros espirituales existen sólo por falta de conocimiento de las Escrituras, o por una lectura descuidada del Libro Sagrado. Aquí tenemos una prueba notable de esta falta. A todos los que son víctimas de las dudas y de las posturas que hemos expresado más arriba, les querríamos decir: *«¡Sigue leyendo!»*. El texto citado en el encabezamiento de este bosquejo no es la totalidad de lo que nuestro Señor dijo en esta ocasión. Lee el versículo 45: «Escrito está en los profetas: Y serán todos enseñados por Dios». En otras palabras, ¡Dios atrae a los hombres mediante la enseñanza! Esto simplifica la cuestión en el acto. No hay misterio alguno en ello. Dios quiere atraer a los hombres por la enseñanza de su Hijo, y de su Espíritu de gracia, por medio de las Sagradas Escrituras y del ministerio de sus redimidos. Así, todo se reduce a si los hombres van a escuchar o no.

En el discurso de nuestro Señor, Él había hablado del pan del cielo que Jehová daría, y ellos luego le pidieron aquel maravilloso Pan del que hablaba. Él se ofreció a Sí mismo como aquel pan. Pero esto los ofendió. ¿Cómo podría Él ser aquel Pan del Cielo, cuando él conocían (o pensaban conocer) todo lo que había que conocer acerca de Él? La contestación de nuestro Señor no fue una autodefensa, sino una revelación de la razón de su ceguera. En el versículo 44 Él declara la total impotencia del hombre; y luego cita una profecía de Isaías, observando que Dios estaba ahora enseñando a los hombres y tratando mediante aquella enseñanza atraerlos. Pero esta enseñanza de Dios no fue llevada a cabo personalmente por el mismo Padre, sino por su Hijo, que había visto al Padre. Los judíos no debían esperar que el mismo Padre les enseñase personalmente, porque nadie había visto al Padre sino su Hijo amado; debían esperar ser enseñados por su Palabra y por su Espíritu, y por sus ministros.

«Atraer» es un hermoso término, que denota la obra secreta del amor divino en los corazones y en las mentes de los hombres. A Dios le encanta atraer. Y su método de atraer a los hombres mediante la enseñanza está

I. En armonía con sus movimientos en la naturaleza. Las mareas son causadas por el poder de atracción de la luna; la evaporación, y en consecuencia la lluvia fertilizadora, es resultado del poder de atracción del sol; el crecimiento y la posición de las plantas y de los árboles dependen del poder seductor y atrayente del mismo sol; toda la naturaleza proclama que a Dios le gusta atraer. Lo mismo que en la naturaleza, así sucede en la gracia. Claro que su método de atraer en gracia difiere de su método de atraer en la naturaleza. Y esto nos lleva a nuestro siguiente pensamiento, esto es, que el método de Dios de atraer a los hombres mediante la enseñanza

II. Honra y ennoblece al hombre. Si Él atrae mediante la enseñanza, esto demuestra que el hombre no es un bloque de madera o de piedra, sino que es una criatura racional, poseyendo unas asombrosas capacidades mentales y morales y de razonamiento. Esto lo reconoce el Señor en este método de atraer, y así Él honra y ennoblece al hombre. Tú has perdido la llave de una caja o de un cajón; si tienes en poco la caja o el cajón, los abrirás con una palanca; pero si los valoras no querrás dañarlos empleando la fuerza, sino que intentarás el gentil arte de la persuasión o enviarás a por un cerrajero. Dios no fuerza, atrae; no compele, sino que persuade; todo ello por respeto al hombre. Luego, también, su método de atraer a los hombres

III. Honra y eleva su Palabra. Dijo el arzobispo Leighton: «El medio externo de atraer es mediante la Palabra; es el son del arpa que extrae y reúne las piedras de este edificio espiritual». ¿Edificar mediante música y melodía? Sí; la música y la melodía de la Palabra. Así, las Escrituras llegan a ser el instrumento y agente de la atracción del Señor. ¡Qué honor es el que es así conferido a la Palabra! Este método de atraer a los hombres también

IV. Honra y exalta al Hijo. Los Antiguos declararon que su dios Júpiter tenía una cadena de oro que podía hacer descender en cualquier momento desde el cielo, y mediante ella atraer a la tierra y a todos sus moradores a él mismo. Solo una fábula, y sin embargo es cosa cierta que nuestro Dios, el único y sabio Dios, tiene una Cadena de Oro, el Señor Jesucristo, que, en la plenitud del tiempo, hizo descender desde el cielo a la tierra para atraer a Sí a sus criaturas errantes. Él mismo dijo: «Y yo, si soy levantado de la tierra, a todos atraeré a mí mismo». El poder elevador y atractivo de la Palabra de Dios es la historia de la Cruz que declara y proclama. Es esto, y solo esto, lo que gana a hombres y a mujeres. Este método de atraer a los hombres también

V. Honra y glorifica a Dios. Hemos dicho que el Señor atrae mediante la Palabra, pero es Él quien hizo que se escribiesen las Sagradas Escrituras; también hemos dicho que Él atrae mediante su Hijo: pero Él dio a su Hijo; decimos que Él apela al intelecto: pero Él dio al hombre sus capacidades racionales. Hay solo una posible conclusión: que el método de Dios de atraer a los hombres y mujeres mediante la enseñanza le honra y glorifica a Él.

Todos estos hechos imponen una grave responsabilidad sobre el hombre. El Obispo Hooper escribió: «Dios atrae con su Palabra y por el Espíritu Santo, pero es deber del hombre oír y aprender; es decir, recibir la gracia ofrecida». Si alguien no puede acudir sin ser atraído, y la atracción consiste en ser enseñado por Dios, acudimos a la raíz de la dificultad, cuando suscitamos la pregunta: ¿Por qué no pueden los hombres ser enseñados por Dios? ¿Por qué no reciben su instrucción? Claramente, no es por falta de capacidad mental. "Y no queréis venir a mí para que tengáis vida" describe la sencilla y entera verdad del caso. Aprender es antes de venir; pero tú has aprendido de Él, ¿no querrás venir? Recuerda que está escrito: «Al que a mí viene, de ningún modo le echaré fuera».

1. Aquí tenemos el centro de este salmo.
2. Los primeros tres versículos llevan a esto.
3. Ésta es *la* razón para la alabanza.
4. Observemos el sentido de «Porque».

1.163. CRISTO, EL VERDADERO MANÁ

Juan 6:47-51

No puede haber duda alguna de que el maná es un tipo del carácter y de la misión de Cristo, porque tenemos la misma autoridad del Señor para creerlo. Y es un hermoso tipo. Como Cristo:

I. Era necesario. Los hijos de Israel estaban a punto de perecer por carencia de pan. No había para ellos ayuda alguna en el desierto. Así era con este mundo antes que viniera Cristo. Había gran hambre en los corazones de los hombres por el *verdadero* pan. El mundo necesitaba a Cristo.

II. Fue don de Dios. El maná no creció ni fue manufacturado en la tierra, ni podía serlo. El Salvador que el hombre necesitaba no podía ser de factura humana. Todo lo que el mundo pudo darle a Cristo fue una cruz. Dios amó al mundo, y le *dio* a su Hijo. El maná, como Cristo, no fue *merecido*, sino que fue un don de infinita misericordia a unas almas quejumbrosas y descontentas.

III. Dio satisfacción. El maná era perfectamente idóneo para suplir toda el hambre sentida. Fue preparado por Dios con este mismo propósito. De esta manera el carácter y la obra de Cristo, señaladas por Dios, suplen todas las necesidades de un alma en la más profunda de las carencias. El pan no es más idóneo para el hambriento que el Salvador para el pecador. El uno es el remedio designado por Dios para el otro.

IV. Estaba al alcance de todos. El maná no caía en las copas de los árboles, sino en el suelo, y estaba así bien al alcance de cada alma en el campamento. No se le puso ningún precio. Era gratis para todos. Cristo, el Pan de Vida, está también al alcance de todos los que oyen el Evangelio. No tenemos que subir al cielo para hacer descender a Cristo. La Palabra de salvación está cerca de ti, en tu corazón. Todos los que quieran pueden tomar.

V. Tenía que ser recibido personalmente. Nadie podía comer el maná para salvar a su hermano. Debía ser tomado en cada vida individual. Así es con Jesucristo, el don de Dios. «A todos los que *le recibieron*, a los que creen en su nombre, les dio potestad de ser hechos hijos de Dios» (Jn. 1:12). Así como cada persona debe respirar por sí misma si ha de vivir, así debe creer por sí misma si ha de ser salva.

VI. Era el único medio de salvar sus vidas. No apropiarse de este don enviado del cielo significaba morir de hambre. No había más alternativa que comer o morir. «Si no creéis que Yo soy, » dice Jesucristo, «moriréis en vuestros pecados» (Jn. 8:24). No hay más alternativa que aceptar a Cristo o perecer. «El que come de este pan, vivirá eternamente» (Jn. 6:58).

1.164. EL PAN DE VIDA

«Yo soy el pan vivo que descendió del cielo; si alguien come de este pan, vivirá para siempre; y el pan que Yo daré es mi carne, la cual Yo daré por la vida del mundo» (Jn. 6:51).

Ellos le dijeron: «¿Qué señal, pues, haces Tú, para que veamos, y te creamos?» (v. 30). Jesús hizo muchas obras poderosas, pero *Él mismo* era la mayor de las señales.

I. Su origen divino. «He descendido del cielo». Estas palabras aparecen siete veces en este capítulo. Su hogar era el Cielo, y su venida a la tierra era un *descenso*. Y hasta tal punto que no nos es posible medir la distancia local o moral. Abajo desde la gloria a la pobreza, a la humillación y a la muerte.

II. Su maravilloso carácter. «Pan vivo.» Como pan vivo de Dios Él es

1. VIVIFICADOR. «He venido para que tengan vida» (Jn. 10:10). Este pan hace vivir a los muertos. Así la vida de Dios estaba en el pan: su don a un mundo moribundo y muerto.
2. SACIADOR DE LA VIDA. «El que coma de este pan... nunca tendrá hambre». Las algarrobas de este mundo no pueden dar satisfacción a un alma viva. ¿Por qué morir de hambre? Aquí tienes el pan de Dios para ti. Cristiano, ¿encuentras tu satisfacción diaria en Él?

III. Su gran misión. «El pan que Yo daré es mi carne, la cual Yo daré por la vida del *mundo*» (Jn. 6:51).

1. LA NECESIDAD DEL MUNDO. «Vida.» «El mundo entero yace en poder del maligno» (1 Jn. 5:19). Cegados por el pecado, y tan indiferentes a las cosas de Dios como los huesos de los muertos.
2. EL DON DEL SALVADOR. «Yo daré... mi carne» (Jn. 6:51). El *cuerpo* preparado para Él por el Padre lo ofrece bien dispuesto como sacrificio en la Cruz por los pecados de todo el mundo (1 Jn. 2:2). Una ofrenda grata a Dios.

IV. Su promesa afirmadora. «Vivirá para siempre.» La:

1. NATURALEZA DE ESTA VIDA. Es la *vida de Dios*, por ser la vida del Hijo (Pan). El que tiene al Hijo tiene la vida. Es la vida de uno que ha sido *justificado*, librado de la condenación. Es la vida de *unión* con la Vid viviente.
2. CERTIDUMBRE DADA. El tal «*vivirá* para siempre». Y lo sabemos en base de la autoridad del Dador de la Vida. Ciertamente que el que da vida puede continuarla para siempre. Él siempre vive. «Por cuanto Yo vivo, vosotros también viviréis» (Jn. 14:19).

V. Su oferta universal. «Si *alguien* come.» Está:

1. AL ALCANCE DE TODOS. «*Alguien*.» Así como el maná caía en el campamento, como el don de Dios a cada alma en el desierto, así Jesucristo, como el Pan del Cielo, es para todo el que quiera.
2. DEBE SER APROPIADO. El pan no puede salvar de la muerte a no ser que sea consumido. El Señor no ha venido para que se hable de Él, sino para que se confíe en Él. ¡Cuán cierto es, en este sentido, que muchos están *enfermos*, y les disgusta este pan de vida. A otros parece que se les atragante en la garganta. «Oídme atentamente, y *comed* de lo bueno» (Is. 55:2).

1.165. EL PAN DE VIDA
Juan 6:51

¿Cuáles son sus características?

1. «Descendió **del cielo.**» Divino.
2. Es el «**Pan que da vida**». Vivificador.
3. Fue dado «**por la vida del mundo**». Totalmente suficiente.
4. El que coma de él «**vivirá para siempre**». Eterno.
5. Es para «**todo aquel**». Universal.

1.166. COMER SU CARNE

«De cierto, de cierto os digo: Si no coméis la carne del Hijo del Hombre, y bebéis su sangre, no tenéis vida en vosotros» (Jn. 6:53).

«Estas marcas son terriblemente unilaterales: ¡mire, el texto más importante de todos no está marcado, ¿puedo marcárselo?»

Por una petición especial, fui a visitar un día a un herrero que acababa de volver del hospital de Brampton para enfermedades del Tórax, en Londres. Me alegré de ver que estaba profundamente preocupado en cosas espirituales, y preguntando anhelante por el camino a Sion, con el rostro encarado hacia la patria celestial. Lo que había despertado su alma era un texto impreso de la Escritura con un ramo de flores que le había dado una señora que le había visitado: «Por gracia habéis sido salvados ... no a base de obras». Lo encontré listo para el Señor, y pronto tuve el gozo de conducirle al Salvador. ¡Qué cambio se pudo observar en el acto en él: estaba gozándose en una salvación presente y eterna. Viendo que no tenía un Nuevo Testamento a mano y que fuese manejable, y debido a que todos los recién nacidos espirituales han de tener alimento, le di una copia marcada del Libro de los libros.

Al cabo de un par de días volví a visitarle... ¡pero qué cambio vi en él! Lo había dejado resplandeciente y regocijándose, y ahora estaba triste y aturdido. Al preguntarle la razón de aquel cambio, me contestó: «Poco después de que usted se fuese el otro día, me visitó la hermana X (refiriéndose a una obrera de la Iglesia Alta). Le dije que usted acababa de verme, y le mostré mi nuevo tesoro. Al examinarlo, me dijo: "Estas marcas son terriblemente unilaterales; ¡mire, el texto más importante de todos no está marcado, ¿puedo marcárselo?". Naturalmente, le dije que sí; ella sacó su estilográfica, y subrayó intensamente este texto: "De cierto, de cierto os digo: Si no coméis la carne del Hijo del Hombre, y bebéis su sangre, no tenéis vida en vosotros". Luego me explicó que si no participaba del bendito sacramento no sería salvo. Ahora bien, ¿quién de ustedes dice la verdad?». ¡Claro que aquel pobre hombre estaba perplejo, lleno de dudas y angustiado! Pero pronto pude darle una certidumbre total y nunca volvió a dudar de su segura posición en Cristo por medio de la fe. En base del hallazgo de aquella dama, meditaremos acerca de «el texto más importante de todos».

Como es bien sabido, esta postura sacramental de la Cena del Señor es mantenida tenazmente por los seguidores tanto de la Iglesia de Roma como de la Iglesia Alta (Anglicana). Según la creencia de ellos, todo depende de comer y beber los sagrados elementos. Supongamos que estén en lo cierto: veremos en que situación más comprometida se colocan. Si están en lo cierto y se debe entender el texto de manera literal, *¡entonces todo el laicado católico romano y algunos de los miembros de la Iglesia Alta están también perdidos, porque solamente los sacerdotes beben el vino!*

Éste es un pensamiento sobrecogedor y atemperante, y que deberían considerar seriamente todos los que contemplan esta declaración de la Escritura desde una postura sacramental. Además, ¿cómo podía el Señor referirse al Sacramento de la Cena del Señor, siendo que no fue instituida hasta bien pasado un año de esto? No, este pasaje no se refiere en absoluto a la Cena del Señor.

Lo que eliminó las dudas y dificultades en la mente y en el corazón del herrero mencionado fue una cita de aquel devoto y leal miembro de la Iglesia Anglicana, el Obispo Ryle, y éste será un buen lugar donde darla. Dice él:

«Pocos pasajes han sido tan afanosamente retorcidos y pervertidos como éste. El comer y beber a que se hace referencia no significan un comer y beber literal. Por encima de todo, las palabras no fueron dichas con referencia alguna al sacramento de la Cena del Señor. Significa aquella recepción del sacrificio de Cristo que tiene lugar cuando alguien cree en Cristo crucificado para su salvación. Es un acto interior y espiritual del corazón ... cuando un hombre, consciente de su propia culpa y pecaminosidad, se aferra a Cristo y confía en la expiación obrada para él por la muerte de Cristo, en el acto come la carne del Hijo del Hombre y bebe su sangre. La fe en la expiación de Cristo es lo que es absolutamente esencial para la salvación».

Una mujer muy pobre y analfabeta yacía moribunda. Estaba tan enferma y débil que el médico prohibió las visitas. Pero un cura ritualista consiguió entrar en la estancia de la enferma. «Está muy enferma, Sra. X, ¿querría usted tomar del santo sacramento? ¿Sabe?, no podrá salvarse excepto si lo toma, porque las palabras de nuestro Señor en Juan 6:53 son bien claras al respecto. Además, le ayudará a morir feliz.»

La pobre alma estaba casi demasiado enferma para hablar o escuchar, pero como se había entregado al Señor hacía ya varios años en un

Local Misionero con el que yo estaba relacionado, conocía bien la Escritura, y le dijo: «Espero que me excuse, señor. Soy una mujer muy ignorante, y no puedo decirle dónde está, pero en algún lugar de la Biblia dice: "cree en el Señor Jesucristo, y serás salvo", y "el que cree en el Hijo tiene vida eterna", *y eso es suficiente para mí*». Armada con la Palabra de Dios, aquel astuto teólogo se encontró impotente para conseguir sus fines, y la dejó como caso imposible. ¡Ah, la importancia de aferrarnos a la Palabra de Dios con toda su simplicidad!

1.167. BEBER SU SANGRE

«De cierto, de cierto os digo: Si no coméis la carne del Hijo del Hombre, y bebéis su sangre, no tenéis vida en vosotros» (Jn. 6:53).

Estas palabras fueron parte del gran discurso de nuestro Señor, después del milagro de alimentar a una multitud con solo cinco panes de cebada y dos pececillos. El Señor hizo una pausa en su enseñanza, y los judíos, confundidos por las observaciones de nuestro Señor, aprovecharon esta pausa para discutir entre ellos. Como respuesta a una nueva pregunta, nuestro Señor presentó una nueva declaración, la cual tenemos en el pasaje que encabeza este estudio. Esta figura fue hecha repelente a propósito, a fin de provocar a la reflexión. A veces es difícil hacer pensar a las personas. Pero se consigue llamar la atención con observaciones insólitas. Y éste es el caso. El pensamiento de beber sangre era algo tanto más chocante cuanto que existe la prohibición Escrituraria de consumir sangre ya desde que Dios dio permiso al hombre de comer la carne de los animales (Gn. 9).

Esta declaración resultó demasiado fuerte para muchos de sus discípulos (v. 66), y se apartaron de Él. *Cometieron el error que cometen muchos en la actualidad, de tomar lo que dijo de manera literal.* Lo que significaba era un comer y beber espirituales. Esto debieran haberlo visto con claridad. El hecho de que dijese que no tendrían vida en sí mismos a no ser que comiesen y bebiesen debería habérselo mostrado. Tenían una vida animal natural, pero no espiritual. Ralph Erskine dijo una vez: «Cristo es el alimento de mi vida; yo moriría si Él no me alimentase con su carne y su sangre». Él comprendió bien el significado de las palabras de nuestro Maestro. Sigamos cuidadosamente el significado y sentido de la extraña declaración de nuestro Maestro.

I. La vida espiritual comienza bebiendo el significado del derramamiento de la sangre. Éste fue el comentario de un ministro escocés acerca de Juan 6:53, hace más de cien años, y es sugestivo. Bebe, bebe y vuelve a beber del gran océano de la verdad relacionada con el sacrificio expiatorio del Señor. Oyendo hablar a alguna gente, uno pensaría que hay sólo un arroyuelo de verdad que han agotado hace ya largo tiempo. Ah, no, el océano de la verdad acerca de la sangre derramada es vasto y profundo, y nunca podremos decir la última palabra acerca de esta cuestión. Si seguimos embebiendo el significado del derramamiento de la sangre, debemos también seguir comiendo –apropiándonos– del significado del cuerpo entregado. Sí, ésta es la verdad. La vida espiritual comienza en el alma del hombre tan pronto como comienza por la fe a beber del significado de la sangre derramada.

II. La vida espiritual únicamente puede llegar a los hombres por la muerte expiatoria. La figura empleada por nuestro Señor es sugerente de un camino a la vida sólo por medio de la muerte y del sacrificio. Su carne y sangre solo podían estar disponibles mediante la muerte. Solamente por su sacrificio vicario puede obtenerse la vida eterna. El pan sólo puede llegar a ser pan con la molienda y el horno; así, cuando el Señor se asemejó al pan estaba en realidad enfatizando la necesidad de su muerte expiatoria.

III. La vida espiritual solo puede ser recibida mediante una apropiación explícita por la fe. Esto se implica en la imagen verbal empleada, con referencia a comer y a beber. Estos actos son definidos y claros y, además, sencillos. No esperamos hasta comprender todos los misterios de la digestión antes de satisfacer nuestra hambre; tampoco deberíamos postergar nuestra aceptación de Cristo hasta que podamos sondear los misterios de la redención. No, porque hasta un niño de tierna edad puede comer y beber. ¡Ah, qué importante es este pensamiento! Tantos están postergando su decisión hasta que puedan comprender mejor las cosas de Dios. Dejan de darse cuenta de que el mero hombre natural no puede comprender las cosas de Dios, porque se deben discernir espiritualmente. Te rogamos, amigo, aférrate a Cristo –extiende la mano de la fe, y tómalo– come y bebe de Él, y todo estará bien.

IV. La vida espiritual solamente puede ser sustentada habitando en su presencia. Drummond lo dice bien: «Una persona que mora en la presencia de Jesucristo se apropia de alguna manera misteriosa, inconsciente e inevitablemente, de la vida y del carácter de Jesucristo, de manera que es edificado a semejanza suya». Este es un buen pensamiento.

Aquí tenemos una verdadera historia que leí en alguna parte. Un soldado herido fue declarado como sin remedio por parte de los médicos. Al notificar a sus padres de esto, su anciano padre corrió hacia el hospital, llevando consigo un paquetito con algo envuelto dentro. El pobre soldado yacía medio consciente, y nada de lo que dijesen su padre o los asistentes podía sacarle una respuesta, hasta que el padre exclamó: «Te he traído una hogaza de pan de tu madre». «¡Pan de casa¡ –dijo el moribundo– ¡pan de casa! Dame un trozo»; y desde aquel momento comenzó a mejorar, para asombro de todos. Oh, alma moribunda, podemos ofrecerte pan de casa, pan del Cielo –*¿No querrás decir, «Dadme de él»*?– Si lo pides y así comes de su carne y bebes de su sangre, tuya será la vida, la Vida Eterna.

1.168. LOS PROHIBIDOS Y LOS INVITADOS

Juan 7:32-39

«Dios, siendo tan grande, grandes dones imparte de voluntad;
Pero pobres continuamos los que el corazón estrechamos»

TRENCH

En esta gran fiesta en el templo, Jesús clamó dos veces. EL primero fue un clamor de reprensión (v. 28), y el segundo un clamor de misericordia y compasión (v. 37). Para ellos, como para muchos hoy, Jesucristo era un gran misterio. Le conocían, pero no le conocían. No podían conciliar al «hijo del carpintero» con el Hijo de Dios. Sin embargo, Jesús les declara sin temor su relación singular con el Padre, y el propósito de su venida al mundo (v. 29). Fue a aquellos «alguaciles» enviados por los fariseos y por los principales sacerdotes para prenderle que hizo esta dura y escudriñadora afirmación, y que podríamos llamar:

I. La prohibición. «Me buscaréis, y no me hallaréis; y adonde Yo esté, vosotros no podéis venir.» Esto no podía referirse a su presencia corporal, porque ellos estaban ahora juntos dentro del recinto del templo, sino a su actitud moral y espiritual hacia el Padre. Aquí surgen dos cuestiones: 1) Dónde estaba Jesús que ellos no pudieran ir; y 2) Cómo ellos no podían ir adonde Él estaba.

1. A DÓNDE NO PODÍAN IR. «Adonde Yo esté, vosotros no podéis venir.» ¿Dónde, pues, estaba Él? Estaba viviendo en la presencia de Dios. Estaba lleno del amor de Dios. Estaba gozándose en la voluntad de Dios. Estaba conducido por el Espíritu de Dios. Estaba guardado por el poder de Dios. En Espíritu ahí era donde estaba, y ahí es donde no podían ir.

2. POR QUÉ NO PODÍAN ACUDIR. Debido a su ignorancia. No conocían al Padre (v. 28). Debido a su soberbia. Se sentían autosatisfechos. Debido a su incredulidad. No creían en Él como el verdadero testigo de Dios. Así que, en su presente condición mental y de corazón, les era moralmente imposible de llegar donde Él estaba. La lección para nosotros es muy obvia, porque el principio en marcha aquí es eterno e inmutable. No podemos acudir a dónde Cristo está sin poseer la naturaleza semejante a la de Cristo. No podemos acudir a su santidad, paz y poder a no ser que abandonemos nuestros propios pensamientos y caminos, y nos entreguemos totalmente a la obediencia a su Palabra y voluntad. «Adonde Yo esté, vosotros no podéis venir», a no ser que vengáis por el camino que Yo he venido, al ser «nacidos de Dios» y bautizados por el Espíritu Santo.

II. La invitación. «Si alguno tiene sed, venga a Mí» (v. 37). En tu soberbia e incredulidad «no podéis venir», pero si estás sediento de una vida más profunda, verdadera y santa, entonces ahí tienes tu gran oportunidad. «Venga a Mí y beba.» Beber de su verdad y Espíritu es venir donde Él está. Los autosatisfechos no pueden acudir, pero los sedientos sí que pueden.

1. LOS INVITADOS. Son los sedientos los que reciben la invitación a que acudan a beber. La invitación es a Él: «Venid a Mí». No es «Venid al templo, o a la Iglesia, o a cualquier forma particular de adoración». Aparte de Él, toda otra fuente está contaminada, toda cisterna rota. No son los dones de Cristo lo que necesita el alma sedienta, sino al mismo Cristo. Beber de Él es recibir de su plenitud, lo único que puede apagar y satisfacer la sed de un alma por la justicia y por Dios. La sed del Dios viviente

es capacidad de Él. Jesucristo es el Único que pudo jamás retar honradamente a las almas sedientas de los hombres a que gustaran de Él como todosuficiente para afrontar toda necesidad.
2. LA PROMESA. «El que cree en Mí, como dice la Escritura, de su interior correrán ríos de agua viva» (v. 38). Cuando hemos acudido a este lugar de plenitud de bendición, hemos llegado entonces a «donde Él está». Cuando creemos en Él, como Él creyó en su Padre, entonces de dentro de nosotros, como de dentro de Él, fluirán ríos de agua de vida, debido a que el Espíritu Santo tendrá acceso libre a la vida interior, y un pleno control de todo el ser. Lo mismo que un buen alimento recibido en un estómago sano se manifestará en una acción útil y vigorosa, enviando riadas refrigerantes de vida por todo el sistema, así será cuando el Espíritu de Verdad sea recibido por un corazón obediente. Las fuentes de la vieja vida se secarán, y se abrirá dentro otra fuente, que tiene su fuente en el Dios vivo, y cuyas corrientes son para sanidad y salvación de otros. «No me hallaréis» (v. 34), dijo Cristo a sus críticos, porque los críticos jamás le hallarán a Él en toda la verdadera riqueza de su glorioso carácter. Pero «el que en Él cree» entrará en la bienaventurada plenitud de aquella maravillosa vida. El que quiera, que tome del agua de la vida gratuitamente (Ap. 22:17).

1.169. UN CLAMOR PARA LOS SIGLOS
Juan 7:37, 38

Este clamor de Cristo es un reto para los siglos. Es el clamor de:

I. La plenitud omnipotente. «Venga a Mí.»

II. La compasión infinita. «Si *alguno.*»

III. La más tierna compasión. «Si alguno *tiene sed.*»

IV. La invitación apremiante. «*Venga* a Mí.»

V. La promesa aseguradora. «De su interior correrán ríos de agua viva.»

1.170. LA LEY Y LA GRACIA
Juan 8:1-11

«El amor no busca a sí mismo agradarse,
No por sí mismo cuidado alguno tiene;
Sino que por otro su comodidad sacrifica,
Y un cielo erige en la desesperanza del averno»

BLAKE

«En la ley nos mandó Moisés apedrear a tales mujeres. Tú, pues, ¿qué dices?» Éste es el problema planteado a Jesús por aquellos escribas y fariseos que trataban de tentarle. La ley de Moisés era desde luego más severa que la ley de los romanos. Sabiendo, como sabían, la gentileza y gracia de nuestro Señor, quizá tenían la intención de obligarle a condenarse a Sí mismo llevándolo a oponerse al «mandamiento de Moisés». Este incidente es intensamente crítico e instructivo, ya que pone frente a frente las demandas de la ley y la acción de la gracia de Dios de una forma concreta. Así, aquí tenemos:

I. Una persona pecadora ante la ley. No se podía negar que era pecadora: Había sido sorprendida en el mismo acto. El hecho de que la ley la condenaba a muerte era otro terrible hecho que no se podía negar (Lv. 20:10). Por lo que respectaba a la ley, estaba sin esperanza. Allí donde hay culpa, la ley no puede hacer más que condenar. La paga del pecado es muerte. Sus acusadores estaban también clamando por su muerte. Pero, ¿dónde estaba el adúltero? Según la ley, el adúltero y la adúltera debían ser muertos, ambos. ¿Por qué estaban tan ansiosos de que Jesús la condenara, mientras que su compañero de pecado, quizá el que la había seducido, había escapado? El culpable prejuicio y la voluntaria ignorancia del hombre lo incapacitan del todo, no solo para guardar la ley de Dios, sino incluso para administrar una justicia básica a un semejante suyo con unos motivos rectos. Los acusadores de un pecador culpable bajo la ley son una terrible compañía: el mundo, la carne, y el diablo.

II. Una persona pecadora bajo la gracia. La ley y la verdad vinieron por medio de Moisés, pero la gracia y la verdad vinieron por Jesucristo. La ley manda que ella sea apedreada; «Tú, pues, ¿qué dices?» Obsérvese el contraste: la ley y Tú. La ley es «santa, justa y buena», y la ley dice: «condena»; pero, ¿qué dices Tú? ¿Puedes Tú decir «vive» cuando la ley dice «muere»? La manera en que Cristo trata esta cuestión palpita con interés vital para nosotros, por cuanto, en una medida, revela su propio carácter, en su actitud hacia la ley, hacia los acusadores, y hacia la mísera y culpable pecadora. Hubo:

1. MISTERIO. En respuesta a esta pregunta: «Y Tú, ¿qué dices?» «Inclinado hacia el suelo, escribía en tierra con un dedo» (v. 6). Al principio no dijo nada, pero sí hizo algo. Nadie puede saber lo que escribía, pero debe haber algún significado en el hecho de que en aquel momento se inclinara para escribir. Era una posición singular en la que se encontraba Cristo. Al venir a buscar y a salvar a los perdidos, esta pregunta, aunque hecha de una manera tan petulante, debió agitar su santa alma hasta lo más profundo. «Tú, ¿qué dices?» No podía responder del todo a esta pregunta hablando; solamente podría hacerlo muriendo. El hecho de inclinarse a escribir en tierra puede ser significativo de su profunda consciencia de que las meras palabras habladas no podían ser suficientes para comunicar su respuesta. Tenía que dirigirse al sepulcro, llevando los pecados del pecador, antes que los culpables pudieran quedar libremente justificados delante de Dios. Él vino... a entregar su vida.
2. REVELACIÓN. «Y como insistieran en preguntarle, se enderezó y les dijo: El que de vosotros esté sin pecado, sea el primero en arrojar la piedra contra ella» (v. 27). Vieron la fea mota de impureza en el ojo de la mujer, pero no la viga de la hipocresía en el suyo propio. Estaban sólo contemplando el pecado de la mujer, pero Jesús se irguió y miró al de ellos. Los secretos pecados de la incredulidad y del engaño son tan viles delante de Él como el pecado de aquella mujer. Así, se introduce aquí el gran principio del Nuevo Testamento. Jesús vino a solucionar el pecado, no éste o aquél, sino el pecado tal como es visto por el escudriñador ojo de Dios. Hay también transgresores de pensamiento como de hecho. Cristo no vino a echar la ley a un lado, sino a cumplirla. Él mismo, que era «sin pecado», fue llevado a la muerte por «manos inicuas». Las palabras del Señor Jesús aquí revelan algo de la pecaminosidad de no tener amor, incluso para el pecador sorprendido en pecado. Con aquella gracia que nos ha venido en Cristo Jesús nos ha venido asimismo aquella verdad que es en Dios.
3. CONVICCIÓN. «Al oír esto, acusados por su conciencia, salían uno a uno» (v. 9). En vez de juzgar a la mujer, ven que en su presencia son ellos los juzgados. «Él atrapa a los sabios en la astucia de ellos». «No juzguéis, para que no seáis juzgados». Ellos sabían que Cristo estaba lleno de gracia, pero pasaron por alto el hecho de que esta gracia iba unida a una verdad escudriñadora del corazón. Él no podía cubrir el pecado de la hipocresía. Ellos «salían» porque no tenían ni el valor ni la hombría de afrontar sus propios pecados, incluso en presencia del Salvador.
4. CONFIANZA. «Y quedó solo Jesús, y la mujer que estaba en medio» (v. 9). Los convictos acusadores huyeron, pero la arrepentida mujer se quedó. Ellos no pudieron condenar a la mujer cuando sus propias conciencias comenzaron a condenarlos a ellos. Si el corazón de esta mujer no hubiera sido alcanzado por la gracia del Señor Jesucristo, ella también habría aprovechado esta oportunidad para irse después que se habían ido sus acusadores, pero de voluntad se queda en presencia de Él. El amor de Cristo no obliga, pero sí constriñe.
5. CONFESIÓN. «Jesús... le dijo: ... ¿Ninguno te condenó?» En su contestación hubo algo más que la mera cortesía: «Ninguno, Señor». De cierto que había adoración: «¡Señor!» ¿Acaso no había visto y oído lo suficiente para darse cuenta de que Él era el escudriñador de los corazones y el Salvador de los pecadores? «Ninguno, Señor.» ¿Dónde está el que se atreverá a condenar en presencia del Señor perdonador del pecado? Gracias a Dios que el Impecable es más accesible que los pecadores farisaicos.
6. SALVACIÓN. «Tampoco Yo te condeno; vete, y no peques ya más» (v. 11). Cristo no vino a condenar, sino a salvar (Jn. 3:17). Ella fue salvada de la condenación de la ley, de las acusaciones de los hombres, y del poder del pecado. Ella no podía hacer nada para salvarse a sí misma, sino confiar en Aquel que podía salvarla eternamente. ¿Quién es el que condenará? Cristo es quien murió. «No peques ya más.» La evidencia del perdón del pecado debe ser una vida santa.

1.171. «YO SOY LA LUZ DEL MUNDO»
Juan 8:12

I. Pensemos en la naturaleza de esta proclamación. ¡Qué revelación del carácter de Cristo! ¡Qué consciencia de plenitud *ilimitada*!

II. Pensemos en la luz que el mundo había tenido. Luz de la ciencia, de la filosofía y de la experiencia; sin embargo, aparte de Cristo, es un mundo revolcándose en las tinieblas espirituales.

III. Pensemos en la Luz que Cristo ha traído al mundo.

1. Luz acerca del verdadero carácter de Dios.
2. Luz acerca del carácter y necesidad del propio mundo.
3. Luz acerca de los oscuros problemas de la historia del hombre.
4. Luz acerca del futuro del hombre y de su eterno destino.

1.172. EL TESTIMONIO DE CRISTO ACERCA DE SÍ MISMO

Juan 8:12-30

«Dios ha enviado ahora su Oráculo viviente
al mundo para enseñar su voluntad final»

MILTON

Las cavilaciones de aquellos escépticos fariseos constriñeron a nuestro Señor a decir muchas cosas acerca de Sí mismo que de otro modo habrían podido quedar inexpresadas. El Evangelio de Juan pudiera no haber sido tan rico en Cristología si no hubieran sido dados estos rayos aparentemente incidentales de su gloria personal. Aquellos incrédulos judíos tenían la intención de dañar su carácter, pero Dios lo llevó todo a una más plena revelación de su gloriosa naturaleza. En estos versículos el Señor Jesucristo nos dice siete cosas acerca de Sí mismo que están todas ellas llenas de infinito significado.

I. Él no era de este mundo. «Yo soy de arriba; … Yo no soy de este mundo» (v. 23). La sabiduría, el carácter y los motivos de Cristo no podían ser productos de «este mundo». El mundo por sabiduría no conoció a Dios. La paternidad y todos los antecedentes terrenales de la crianza de Cristo no pueden en absoluto explicarle a Él. La única explicación razonable de su carácter y misión profundamente singulares es el que da Él mismo: «Yo soy de arriba»; vosotros sois de abajo. La distancia entre Cristo y los hombres ordinarios es la que existe entre el cielo y la tierra, entre este mundo y la presencia de la gloria de Dios. Si alguien ama el mundo, el amor del Padre no está en él.

II. Él es la luz del mundo. «Yo soy la luz del mundo; el que me sigue, de ningún modo andará en tinieblas, sino que tendrá la luz de la vida» (v. 12). Hay una estrecha afinidad entre vida y luz. La planta que se debate por existir en un lugar oscuro se volverá hacia la más débil luz para vivir. El alma que busca su vida en la luz de Jesucristo no permanecerá en tinieblas, sino que poseerá la luz de la vida. La afinidad entre luz y vida no es más estrecha y vital que la que hay entre fe y salvación. Recibir la luz de su verdad es entrar en el poder de su vida. La luz que el mundo necesita no está en la ciencia ni en el arte ni en la filosofía, sino solo en Cristo. «Yo soy la Luz del mundo». ¡Qué pena que los hombres amen las tinieblas de los razonamientos humanos más que la luz de la vida divina! (Jn. 3:19). Cristo es la Luz del mundo, y todas las otras luces son solo inestables chispazos que el hombre enciende y que no pueden llevarnos a Dios.

III. El Padre estaba en Él. «No soy Yo solo, sino Yo y el Padre que me envió» (v. 16). El indomable valor del Hombre, Cristo Jesús, puede ser en parte explicado por este hecho: La presencia consciente del Padre. «No estoy solo.» La única vez que estuvo solo fue este breve pero terrible período en que clamó en la Cruz: «¿Por qué me has abandonado?» Éste es el gozoso testimonio del Hijo para la honra del Padre. «No solo.» El Varón de Dolores tenía una comida que tomar que los otros no conocían. Lo mismo podemos gozar nosotros si seguimos sus pisadas. «He aquí que Yo estoy con vosotros todos los días» (Mt. 28:20).

IV. Dijo las cosas que había aprendido del Padre. «Yo, lo que he oído a Él, esto hablo al mundo» (v. 28). Cristo vino no para hacer su propia voluntad, sino la voluntad de Aquel que le había enviado. Éste es el profeta que Dios prometió levantar, y poner sus palabras en su boca (Dt. 18:18). Como siervo de Jehová, fue fiel hasta la muerte. Justo antes de ir a la Cruz, dijo: «Todas las cosas que le oí a mi Padre, os las he dado a conocer» (Jn. 15:15). Rechazar el testimonio del Hijo es rechazar la Palabra de Dios el Padre. Creer en el Hijo es también creer en el Padre. «Yo y mi Padre somos uno.»

V. Él siempre complació al Padre. «Yo hago siempre lo que le agrada» (v. 29). El Padre mismo testifica de la verdad de esto. «Éste es mi Hijo amado, en quien tengo mi complacencia.» Ésta es una razón de por qué nuestras almas errantes pueden encontrar descanso en Jesucristo. Aquel que vivió y murió por nosotros siempre hizo lo que complacía a Dios. En Él no había pecado, y nosotros que creemos estamos en Él, aceptados en el Amado de Dios. Nos es infinitamente placentero que nuestro Sustituto fuera infinitamente placentero para Dios. Gracias sean dadas a Él por este testimonio que tanto aliento da al corazón.

VI. Conocerle es conocer al Padre. «Si a Mí me conocieseis, también a mi Padre conoceríais» (v. 19). La voz y la compasión del Dios invisible encontró su expresión audible y visible en las enseñanzas y padecimientos de Jesucristo su Hijo (Jn. 1:18). Nadie puede conocer al Señor Jesucristo si no ve en Él la imagen del Padre Eterno. Él fue enviado por el Padre, a fin de que por medio de sus padecimientos pudiera «llevarnos a Dios». Él nos trae al conocimiento de Dios, al amor y favor de Dios, y a la misma semejanza de Dios.

VII. No creer en Él es morir en pecado. «Si no creéis que Yo soy, en vuestros pecados moriréis» (v. 24). Éste es un rayo de luz escudriñador proveniente del Sol de Justicia. No osaremos trivializar este claro e inequívoco testimonio del Hijo de Dios. Por cuanto Él vino a quitar el pecado por el sacrificio de Sí mismo, no hay manera de escapar del pecado más que por la fe en Él. «El que rehusa creer en el Hijo, no verá la vida» (Jn. 3:36). «Si no creéis que Yo soy.» El énfasis no recae aquí tanto lo que Él dice como en lo que Él es. Él es el Enviado por el Padre, hablando sus palabras y haciendo sus obras, y, como tal, Él es «la Luz del Mundo». No creer en Él es vivir en tinieblas y morir en pecado. Por aquellas palabras del Padre, dichas por Cristo, será juzgado el que rechaza a Cristo al final (Jn. 12:48). Mirad que no rechacéis al que habla desde el cielo, porque el Señor Jesucristo ha pronunciado la última palabra con respecto al gran tema de la salvación eterna (He. 12:25).

1.173. LAS ESCRUTADORAS ESTIPULACIONES DE CRISTO

Juan 8:31-54

«La vida solo brilla cuando se dirige
Hacia una vida más cierta y profunda arriba.
El humano amor es más dulce cuando lleva
A un más divino y perfecto amor»

A. PROCTOR

La palabra «tanto» en Juan 3:16 es breve, pero ¿quién ha podido aún sondear su significado? Es como algunos de los seis condicionales de nuestro Señor en este capítulo, que están repletos de significado eterno. Son goznes sobre los que puede girar la vida del alma en o fuera de comunión con Dios. Examinémoslos. Tenemos:

I. El «si» del discipulado. «Si vosotros permanecéis en mi palabra, seréis verdaderamente mis discípulos» (v. 31). El verdadero discipulado es el resultado de permanecer en la verdad, tal como nos ha sido revelada en Cristo Jesús. Con certeza se suscitará la persecución por causa de esta palabra, y muchos se escandalizan, y la abandonan en teoría o en práctica (Mt. 13:20, 21). No continuar en su Palabra es volvernos falsos testigos, y así perder nuestra comunión con Él, porque el alma de Jesucristo no puede tener comunión con aquel hombre que se aparta de la clara luz de su Palabra (He. 10:38). Pedro fue un verdadero discípulo cuando dio testimonio abiertamente del Cristo a quien había una vez negado.

II. El «si» de la libertad. «Si el Hijo os liberta, seréis verdaderamente libres» (v. 36). La libertad que da el Hijo de Dios es una libertad que no puede venir de «ningún otro Nombre bajo el cielo». Es libertad de la maldición de la ley (Gá. 3:10); de la culpa del pecado (Ro. 8:33); del poder del pecado (Ro. 6:14); del temor de la muerte (He. 2:15); y del temor del hombre (Hch. 4:18-20). Es la libertad de hijos que tienen libertad de acceso a la presencia del Padre. Es posible emplear una libertad que no nos pertenece, pero aquellos a los que el Hijo liberta son verdaderamente libros.

III. El «si» del servicio. «Si fueseis hijos de Abraham, haríais las obras de Abraham» (v. 39). «Los que son de fe, éstos son hijos de Abraham» (Gá. 3:7). Los hijos espirituales de Abraham muestran su fe por sus obras, como lo hizo él. Abraham creyó a Dios, y su fe fue evidenciada por sus obras cuando «salió sin saber adónde iba», y cuando ofreció a su hijo Isaac. Los que son hijos del «Padre de los fieles» harán obras dignas de su Padre. Las obras de la fe son las pruebas infalibles de un verdadero linaje espiritual.

IV. El «si» de la filiación. «Si fuese Dios vuestro padre, me amaríais a Mí» (v. 42). No hay camino alguno al Padre excepto por el Hijo (Jn. 14:6). Conocer el Padre, tal como lo revela el Hijo, implica de cierto que amaremos sinceramente al Hijo por así llevarnos a un conocimiento amante del Padre. Llamar Padre a Dios e ignorar al Hijo es injuriar tanto al Padre como al Hijo. La evidencia de nuestra condición de hijos de Dios es el amor a su Hijo. Si Dios es nuestro Padre en un sentido verdadero y práctico, no solo amaremos supremamente al Señor Jesucristo, sino que amaremos también a cada hijo de Dios, porque «todo aquel que ama al que engendró, ama también al que ha sido engendrado por Él» (1 Jn. 5:1).

V. El «si» de la responsabilidad. «Si digo la verdad, ¿por qué no me creéis?» (v. 46). Él hablaba la verdad, y la vivía, porque nadie pudo «redargüirle de pecado». Él dijo la verdad acerca de Sí mismo, acerca de su Padre y acerca de las necesidades y responsabilidades de las gentes (vv. 12-24). Ellos no podían negar la veracidad de su carácter, ni la misericordia de su misión, pero no creían en Él, no se confiaban a Él. «¿Por qué no me creéis?» ¿Quién podrá jamás justificarse en su incredulidad? ¡Ah, la infinita locura de rehusar creer en Aquel que es la encarnación viva de la Verdad Eterna! Este «¿por qué?» resonará solemnemente cuando el incrédulo se encuentre con Él en el trono del juicio.

VI. El «si» de la seguridad. «Si alguno guardare mi palabra, no verá jamás la muerte» (v. 51, V.M.). La vida eterna y la salvación están en aquella Palabra. Guardarla es mantenerse en las antípodas de las tinieblas y de la muerte. La muerte no puede tener poder sobre aquel cuya vida está escondida con Cristo en Dios. Guardar su Palabra es guardar el mensaje que trae Cristo, y apropiarse de sus ofrecimientos para nuestras necesidades personales; es revestirnos en ella como de una vestidura y permanecer en ella, y al así guardarla somos guardados por el poder de Dios mediante la fe. La promesa es: «no verá jamás la muerte». No solo se trata de que «no morirá eternamente» (Jn. 11:26), sino que jamás verá la muerte. La muerte es siempre un espectáculo penoso si no atemorizador. Naturalmente, no se refiere a la muerte del cuerpo que a menudo vemos, sino a aquella terrible muerte, la pena eterna por el pecado y la culpa (Ro. 6:23), y por la que damos gracias que jamás veremos. Si es una bendición tan grande no verla, ¡qué horror debe ser estar en ella!

1.174. LOS LIBERTOS DE CRISTO

> «Así que, si el Hijo os liberta, seréis verdaderamente libres» (Jn. 8:36).

Hay muchos como estos judíos, que dicen: «Jamás hemos sido esclavos de nadie», mientras que a cada paso que dan se puede oír el ruido de sus cadenas. En tanto que estos jactanciosos judíos hablaban de su libertad, estaban:

1. En esclavitud bajo Roma.
2. En esclavitud bajo la letra de la ley.
3. En esclavitud bajo la soberbia y la incredulidad.

Cristo nos libera de:

1. El poder de nuestros enemigos.
2. La ley quebrantada.
3. La soberbia de la vida.

Es una gloriosa libertad, pero observaremos:

I. Lo que no es.

1. NO ES LIBERTAD DE SUFRIMIENTOS FÍSICOS. El capítulo once de Hebreos da abundante prueba de ello.
2. NO ES LIBERTAD DE LA DISCIPLINA DIVINA. Carecer de ella es quedarse sin una *evidencia impresionante* de la condición de hijos (He. 12:8).
3. NO ES LIBERTAD DE LAS TENTACIONES DE SATANÁS (Mt. 4). El discípulo no quedará exento de ellas, como tampoco lo estuvo el Maestro. Pero «Tenedlo por sumo gozo» (Stg. 1:2).
4. NO ES LIBERTAD DE LA PRESENCIA DEL PECADO (1 Jn. 1). Esta libertad la obtendremos cuando Él transforme este cuerpo de nuestra humillación.

II. Lo que sí es esta libertad. Es ser liberado

1. DE LA MALDICIÓN DE LA LEY (Gá. 3:10). «La ley era santa, justa y buena» (un reflejo del carácter divino), pero lo santo, justo y bueno puede *maldecir* allí donde hay violación y pecado.
2. DE LA CULPA DEL PECADO (Ro. 8:33). «Ahora, pues, ninguna condenación hay para los que están en Cristo Jesús» (Ro. 8:1). ¿Quién los acusará?
3. DEL DOMINIO DEL PECADO (Ro. 6). El pecado no se enseñoreará de vosotros, porque no estáis *bajo* la ley, sino bajo la gracia.
4. DEL PODER DE LAS TINIEBLAS (Col. 1:13). Siendo liberados por el poder trasladador de la gracia, ya no estamos bajo el gobierno de Satanás, sino bajo el bendito gobierno del Príncipe de Paz.
5. DEL TEMOR A LOS HOMBRES (Hch. 4:18-20). El temor al hombre viene a ser un lazo, y lo pone en las manos, los pies, la lengua, la mente y el corazón, y estorba al Espíritu Santo obrar por medio de nosotros.
6. DEL AGUIJÓN DE LA MUERTE (1 Co. 15:56, 57). «¿Dónde está, oh muerte, tu *aguijón*?» El aguijón de la muerte era *el pecado.* El pecado fue quitado por el Cordero de Dios. Y así el aguijón ha desaparecido y estamos liberados de Él.

III. Las responsabilidades de los libertos. No olvidemos que la nuestra es la:

1. LIBERTAD DE HIJOS (1 Jn. 3). No deshonremos al Padre.
2. LIBERTAD DE SIERVOS (1 Co. 7:22). Seamos fieles al Amo.
3. LIBERTAD DE ADORADORES (He. 10:19). Entrad con libertad y confianza.

IV. Cómo Él libera.

1. ACUDIENDO NOSOTROS a Él.
2. REPOSANDO NOSOTROS en Él.
3. OBRANDO NOSOTROS por Él. «Así que, si el Hijo os liberta, seréis verdaderamente libres» (Jn. 8:36).

1.175. LIBERTAD

Juan 8:36

I. El **privilegio** mencionado. «Os hará *libres.*» ¿De qué?

II. La **naturaleza** de esta libertad. «*Verdaderamente* libres.» ¿Libres para qué?

III. El **carácter** del Libertador. «Si el *Hijo.*» ¿Por medio de qué?

1.176. ¿ES DIOS TU PADRE?

> «Si fuese Dios vuestro Padre, *me amaríais a Mí*; porque Yo de Dios he salido» (Jn. 8:42).

Es mucho lo que se enseña en estos días acerca de la Paternidad de Dios. Es una verdad sumamente preciosa, pero según la declaración del Hijo de Dios sólo aquellos que *le aman* muestran evidencias en absoluto de que Dios sea el Padre de ellos. Dios el Padre estaba en Cristo, y nos es revelado a nosotros en Él. Negar al Hijo es negar al Padre. Somos hechos hijos de Dios *por medio de la fe.* «Todo aquel que cree que Jesús es el Cristo, es *nacido de Dios*» (1 Jn. 5:1). La doctrina de la Paternidad *universal* de Dios es una contradicción a las enseñanzas de Jesucristo. Si Dios fuera vuestro Padre, dice Cristo, *me amaríais.* El amor hacia el Hijo de Dios es la evidencia de que estamos bajo la paternidad de Dios. ¿Cómo se muestra este amor?

I. Confiando en Él. No podemos decir que le *amamos* si no hemos creído en nuestros corazones en Él como Aquel que vino de Dios para poner su vida por nosotros.

II. Recibiendo sus palabras. La verdad nos ha sido revelada, en y por medio de Él (v. 45). Allí donde haya amor habrá una gozosa recepción de sus palabras en el corazón. Si Dios es nuestro Padre, nunca tendremos ni una sombra de duda acerca de los dichos de su Hijo (Jn. 8:47).

III. Deleitándonos en su compañía. No podemos dejar de allegarnos y de mantenernos en la compañía de aquellos a los que amamos sinceramente. La posesión del espíritu de *oración* es otra prueba de que somos hijos de Dios. Si no nos deleita *allegarnos* a Dios no tenemos evidencia de que Dios sea nuestro Padre. Él es el Dios de todos, pero sólo Padre de los que creen (Ro. 8:15, 16).

IV. Hablando acerca de Él. El amor encontrará alguna forma de manifestar su tierna consideración. Aquellos que aman al Señor tienen gozo en hablarles a otros de Él. No podemos dejar de proclamar lo que hemos visto y oído.

V. Sufriendo de buena gana por Él. Sufrir de buena gana por causa de Cristo es otra prenda de que Dios es nuestro Padre, por cuanto revela nuestro amor al Hijo. Si no recibís disciplina, de la que todos han sido hechos partícipes, entonces sois bastardos, y no hijos.

VI. Anhelando ser semejantes a Él. Cada verdadero hijo desea parecerse a su noble y piadoso padre. Es una certidumbre de la condición de hijos que nuestras almas anhelan y desean ser amoldados a la semejanza de nuestro Padre celestial.

VII. Deseando agradarle. «Uno es vuestro Maestro, el Cristo.» «El hacer tu voluntad, oh Dios, me ha agradado»: Éste era el lenguaje del Hijo. Será también el lenguaje de cada uno que *ame* al Hijo. «El que me honra, también honra al Padre.» «Yo y el Padre uno somos.»

1.177. ¿POR QUÉ NO ME CREÉIS?

Juan 8:46

«Pues si digo la verdad, ¿por qué vosotros no me creéis?» «Yo digo la verdad»:

1. Acerca de **Mi Carácter**, versículo 12
2. Acerca de **Mi Misión**, versículo 18
3. Acerca de **lo Terrible del Pecado**, versículo 24
4. Acerca de **las Condiciones del Discipulado**, versículo 31
5. Acerca de **la Libertad Espiritual**, versículo 36
6. Acerca de **Vuestra Propia Condición**, versículos 42-44

«¿Por qué vosotros no me creéis?»

1.178. DE LAS TINIEBLAS A LA LUZ

Juan 9

«La luz eterna
para el ciego no existe, pero nace del ojo que ve»

LONGFELLOW

Es digno de notar que fue inmediatamente después de que Jesús estuviera a punto de ser lapidado justo fuera de la Casa de su Padre que manifestó su poder como la «Luz del Mundo», al dar la vista a un ciego de nacimiento (cap. 8:59). Las características principales de este capítulo pueden ser recogidas fácilmente al considerar la historia de este ciego. En ella tenemos:

I. Ceguera. «Un hombre ciego de nacimiento» (v. 1). Pero esta ceguera tiene todo el misterio del origen del pecado colgando sobre ella. No se debía a que él o sus padres hubieran pecado de una forma particularmente especial que él hubiera nacido ciego, como algunos de los judíos parecían enseñar (Lc. 13:2), sino «para que las obras de Dios se manifiesten en él». Este hombre nació ciego para que el Hijo de Dios tuviera la oportunidad de mostrar su misericordia y poder divinos. ¿No se permitió acaso que el pecado entrara originalmente en el mundo por esta idéntica razón: que las maravillosas obras del amor y de la gracia de Dios se manifestaran en la encarnación y crucifixión de su Hijo? De la misma forma se permitió que Lázaro muriera, con el objetivo de que la gloria de Dios pudiera manifestarse resucitándolo de entre los muertos (Jn. 11:4). No es tanto con el misterio del pecado y de la ceguera que tenemos que ver como con el hecho.

II. Liberación. El método de la salvación de este hombre fue casi tan extraño y misterioso como lo era la causa y origen de la dolencia. Sus ojos fueron untados con barro hecho con saliva, y luego le dijeron: «Ve a lavarte en el estanque de Siloé» (vv. 6, 7). No había poder en el polvo ni en la saliva, ni en el barro formado, ni en el estanque, ni en el lavamiento para abrir los ojos de un hombre ciego de nacimiento, y para engendrar en él el don de la visión. Todas estas cosas eran en sí mismo «cosas rudimentarias», pero el poder de abrir los ojos residía en su obediencia a la Palabra de Aquel que hablaba como la «Luz del Mundo». «Fue entonces, y se lavó, y regresó viendo.» Aquel hombre no era responsable por haber nacido ciego, pero sí era responsable de aceptar o rechazar el mensaje de gracia y salvación que le había venido por medio de Jesucristo. Si él hubiera menospreciado los medios, no habría sido obediente a la Palabra, y así habría permanecido en sus tinieblas. La predicación del Evangelio puede ser para algunos como el polvo, la saliva y el lodo, pero no es con la predicación como tal con lo que tienen que ver los hombres, sino con la palabra imperativa de Cristo, que siempre acompaña a estas débiles cosas: «Ve a lavarte». Es cuando le creemos y obedecemos, poniendo a prueba su Palabra mediante nuestra concreta entrega, que «regresamos viendo». No hay excusa ahora para la ceguera espiritual. «Yo soy la luz del mundo; el que me sigue, de ningún modo andará en tinieblas, sino que tendrá la luz de la vida» (8:12).

III. Confesión. Cuando los vecinos le preguntaron: «¿Cómo te fueron abiertos los ojos?» (porque quedaron totalmente convencidos de que le habían sido abiertos) su respuesta fue simple y honrada: «Ese hombre que se llama Jesús hizo lodo, me untó los ojos, y me dijo: Ve al Siloé, y lávate; y fui, y me lavé, y recibí la vista» (vv. 8-12). El ciego no pretendió mérito alguno en todo eso, y no se avergonzaba de contar todo lo que sabía acerca de ello, que no era mucho. Como un alma recién nacida en el Reino del Amado Hijo de Dios, está tan lleno de gozoso asombro que se siente como un misterio para sí mismo. ¡Cómo debían resplandecer sus ojos con deleite al pronunciar estas tan significativas palabras: «Fui, y me lavé, y recibí la vista». Solo podía hablar de los medios empleados; no podía explicar cómo había sucedido el prodigio. Esta parte le pertenece a Aquel que es la Luz del Mundo. El cambio producido por el resplandor de aquellos ojos antes ciegos era tan grande que apenas si le reconocían (v. 9).

VI. Certidumbre. «Una cosa sé, que yo era ciego, y ahora veo» (v. 25). No podía, aún, explicar el carácter de Aquel que le abrió los ojos; no sabía si era un hombre que había pecado como otros o no (v. 25). Tampoco se podía defender mediante argumentos contra aquellos filosóficos e incrédulos fariseos; pero una cosa sí sabía de cierto, y era que un hombre llamado Jesús le había abierto los ojos. Siempre los hay que tienen una mente tan retorcida que llegan a suponer que debe haber sido otro Jesús y no Jesucristo quien llevó a cabo la maravilla. No se puede contradecir el hecho cuando han sido abiertos los ojos interiores de un hombre, y cuando las cosas viejas de las tinieblas se han desvanecido, y todas las cosas se han vuelto nuevas. Ésta es la evidencia de que un hombre está en la luz de Cristo, y de que es una nueva creación (2 Co. 2:17). En este nuevo poder de visión tiene el testimonio en sí mismo. Hay en este «una cosa sé» un timbre de gozo. Es la confianza surgida de la bendita experiencia.

V. Testimonio. Aunque sabía poco acerca del Hombre que le abrió los ojos, su fe en Él era muy grande. Cuando le preguntaron qué pensaba acerca de Él, replicó en el acto: «Que es profeta» (v. 17). El hombre que pudiera obrar tal milagro sobre un hombre pobre, sin buscar ningún honor ni recompensa personal, debe haber sido enviado por Dios. Además, tras haberles contado cómo había sido sanado, en el calor de su entusiasmo añadió: «¿Acaso queréis también vosotros haceros sus discípulos?» (v. 27). Por ahora para él sólo había un Hombre en el mundo, y era el Hombre que le había abierto los ojos. Estaba decidido a no conocer otra cosa entre ellos más que Jesús, que le había abierto los ojos. Su credo era: «Si éste no viniera de parte de Dios, nada podría hacer» (v. 33). Es una señal bendita que Jesucristo ha venido a ser un bendito Maestro en aquel que está anhelante de que otros vengan también a ser sus discípulos. El Nombre de Jesús tiene poco poder en nuestras vidas si no nos inspira, sin temor, a conducir a otros a que confíen en Él y le sigan.

VI. Persecución. «Le injuriaron» (v. 28). «Le expulsaron» (v. 34). No pudieron soportar su testimonio, y por ello le injuriaron y escarnecieron. No podían soportar su compañía, y por ello lo echaron de la sinagoga. Alcanzó rápidamente las marcas de un «bienaventurado» al ser «aborrecido» y «apartado». Porque nuestro mismo Señor había dicho: «Bienaventurados sois cuando os odien los hombres, cuando os aparten de sí… por causa del Hijo del Hombre» (Lc. 6:22). A los enemigos de la verdad les resulta más fácil injuriar que refutar. Al expulsar al humilde creyente en Jesús, echaron también el crédito que pudieran tener como hombres honrados. Cualquiera de ellos se hubiera sentido así de devoto de Jesús si hubiera nacido ciego, y hubiera recibido la vista de esta manera. Pero al impío le parece casi imposible ponerse mentalmente por un momento en la posición y experiencia cristiana, para poder modificar su juicio. En tanto que el velo de la incredulidad esté sobre el corazón, las evidencias son de poco valor.

VII. Satisfacción. Después que hubieran expulsado al hombre, Jesús lo encontró y habló con él, de modo que el hombre se vio constreñido a aceptarlo como Señor, y a «adorarlo» (vv. 35-38). El haber sido echado lo trajo a un más estrecho contacto con el Hijo de Dios, su Salvador. Le fue mucho mejor estar fuera con Cristo que dentro sin Él. El Señor nunca deja de compensar, de una u otra manera, a aquellos que sufren por causa de Él (Is. 66:5). Inferimos que se sintió perfectamente satisfecho en base del hecho de que lo adoró. Sintió que el Señor había hecho tanto por él, que solamente podía postrarse y adorarlo por su gracia poderosa e incomparable. Hay algo ahí más que la mera acción de gracias, algo más profundo que la oración; es el acto más honroso para Dios que ninguna criatura en el cielo o en la tierra pueda efectuar. No podemos vivir sin ofrecer nuestros deseos a Dios en oración; pero, ¿por qué es que nos sentimos en tan pocas ocasiones abrumados con un tal sentimiento de su grandeza y bondad que no podemos hacer nada más que inclinarnos y adorar? Nuestro servicio en el cielo será de adoración; ¿por qué no practicarlo más ahora?

VIII. Juicio. «Añadió Jesús: Para juicio he venido Yo a este mundo; para que los que no ven, vean, y los que ven, se vuelvan ciegos» (vv. 39-41). Cristo no vino a condenar el mundo por un acto de juicio, pero, mediante su venida como la «Luz del Mundo», no podía evitar pronunciar sentencia de muerte sobre la tiniebla y el pecado. Aquellas palabras pronunciadas por el propio Señor contienen su propia aplicación del significado espiritual del milagro, porque todos sus milagros son típicos de cosas espirituales. No hay peor ciego que el que no quiere ver. Estos fariseos dijeron: «Vemos», y sin embargo no veían a Jesucristo como la «Luz del Mundo», aunque abrió los ojos de este ciego. Ellos habían dicho: «sabemos que ese hombre es pecador» (v. 24), aunque aquel hombre había dicho: «¿Quién de vosotros me redarguye de pecado?» (8:46). Por ello, se estaban condenando a sí mismos al preferir las tinieblas de la ignorancia y de la muerte en lugar de la luz del conocimiento y de la vida. Los que están ciegos y lo saben (espiritualmente) pronto no tendrán pecado, porque se volverán rápidamente a Aquel que ha venido a salvar a los pecadores. Pero los que dicen: «Vemos», y permanecen en la luz de aquellas chispas de su propio pedernal, descubrirán su ceguera cuando sean arrojados a la tiniebla de afuera de la condenación eterna. «Vuestro pecado permanece» en tanto que andéis en vuestra imaginada luz (v. 41). La apertura de los ojos del ciego de nacimiento representa un testimonio del poder de Cristo de impartir aquella visión espiritual que salva del pecado, y es una advertencia a aquellos que confían en la luz de sus propios ojos, que conduce al pozo de la tiniebla eterna (1 Co. 3:18).

> *«Todo lo que no procede de la regeneración espiritual, aunque sea tan puro y luminoso en su brillo, no es nada para la salvación»*, ZEISIUS.

> *«La gracia del Espíritu Santo es libre, no ligada ni a los medios, ni a las personas ni a las épocas»*, MAJUS.

> *«El cristianismo no consiste en encerrarse uno a sí mismo y asegurar la puerta con la llave, y sentarse con el libro de oraciones junto a la estufa. En tal caso, el Señor no habría hablado con la mujer samaritana»*, QUESNEL.

> *«Si Dios reposara como los judíos querían que los hombres reposaran en Sábado, ni el sol amanecería, ni las flores se abrirían»*, BROUNE.

> *«El Señor alimenta y nutre a aquellos que verdaderamente se reunen en torno de Él»*, SCHLEIERMACHU.

> *«La mente terrenal siempre calcula mal»*, SCHULTZ.

> *«El poder de atraer a los hombres es mayor que el poder de castigar»*, HEUBNER.

1.179. ¿CREES TÚ EN EL HIJO DE DIOS?

Juan 9:35

Si crees en el Hijo de Dios:

1. En tal caso **no abrigas dudas acerca de su divinidad** (Mt. 16:16).
2. En tal caso **te has arrepentido de tus pecados** (Hch. 20:21).
3. En tal caso tienes **vida eterna** (Jn. 3:36).
4. En tal caso ya estás **justificado de todas las cosas** (Hch. 13:38, 39).
5. En tal caso **tu corazón está siendo purificado** (Hch. 15:9; He. 9:14).
6. En tal caso **estás obrando por amor** (Gá. 5:6).
7. En tal caso **tienes victoria sobre el mundo** (1 Jn. 5:4).
8. En tal caso **ves lo invisible** (He. 11:1; 2 Co. 4:18).
9. En tal caso **buscas almas.** «Recibiendo el fin de vuestra fe, la salvación de almas» (no aparece en el original griego el «vuestras» añadido en la traducción).

1.180. EL PASTOR

Juan 10:1-10

> *«Ahora, la instrucción extraña y humilde,*
> *Inexplicada y fatigosa, ahora*
> *Después... el santo servicio*
> *Y la voz del Maestro: Entra y mora»*
>
> F. R. HAVERGAL

Estos «De cierto, de cierto» de nuestro Señor, que pudieran ser traducidos como: «La más solemne verdad», nunca parecen ser empleados al comienzo de un discurso, sino siempre para ilustrar o enfatizar una declaración anterior; por ello, la última sección del capítulo 9 está estrechamente relacionada con los versículos iniciales del capítulo 10. Aquellos asalariados que echaron fuera al hombre porque dijo que Cristo le había abierto los ojos son aquí contrastados con el verdadero pastor, que se cuida de las ovejas. La alegoría de este capítulo, como la parábola del capítulo 15 de Lucas, nos es dada en tres diferentes secciones. Tenemos 1°. el redil y el (sub) pastor (vv. 1-10); 2°. el Buen Pastor dando su vida por las ovejas (vv. 11-18); 3°. la seguridad de las ovejas (vv. 25-30).

I. El Redil. Era un vallado, en el que eran guardadas las ovejas a salvo durante la noche (v. 1). Esto puede que haga referencia a la antigua teocracia, a aquella posición de privilegio, que pertenecía a los judíos como pueblo escogido y protegido por Dios, y en el que nadie podía entrar de manera honrosa más que por la puerta del nacimiento, la simiente de Abraham; o puede que represente aquella nueva provisión de seguridad que el mismo Cristo iba a establecer para sus ovejas, dando la vida por ellas. Es un redil de *ovejas*, no hay aquí mención de cabras.

II. La Entrada. Hay una entrada, pero solo *una*. «Yo soy la Puerta de las ovejas» (v. 7). Es por medio de Aquel que murió por ellos que entran en la seguridad y quietud de este redil espiritual y celestial. «El que entra por la puerta, es el pastor de las ovejas». Las ovejas y el verdadero pastor entran todos por la misma puerta. No hay otro nombre en que podamos ser salvos (Hch. 4:12). No es pastor de las ovejas quien, ante todo, no se haya apropiado de Cristo para sí mismo, como el Camino, la Verdad y la Vida. Si no entra por esta puerta en el ministerio del redil, «ése es ladrón y salteador», y aquellas ovejas que han entrado por la puerta no le seguirán. Cristo es la única puerta abierta a la salvación de Dios, y, alabado sea Él, está abierta para todos. «Yo soy la Puerta; el que entre por medio de mí, será salvo» (v. 9).

III. El Portero. «El que entra por la puerta, a éste abre el portero» (vv. 2, 3). Es para asombrarnos cómo los comentaristas ignoran o minimizan al portero, alegando que no se debe llevar la alegoría demasiado lejos. De hecho, el portero es segundo en importancia tras Aquel que es la Puerta, e indudablemente representa el ministerio del Espíritu Santo. ¿Quién se quedó con las ovejas, siendo el único cuidador de las mismas durante las fatigosas horas de la noche? El portero. ¿Quién podía tomar la Puerta (Cristo), y abrirla y cerrarla a su voluntad? El portero. ¿Quién era el único que tenía autoridad para admitir a un pastor en el redil? El portero (Hch. 13:2). Todos los que quieran entrar por la puerta tendrán la ayuda y el aliento del portero. Es el Espíritu quien toma las cosas de Cristo y las muestra al alma que busca.

IV. El Pastor. «El que entra por la puerta, es pastor de las ovejas» (v. 2). Aquí la referencia es al subpastor, que tiene la libertad del portero (Espíritu) para entrar y salir, y para conducir y apacentar a las ovejas. Los asalariados del capítulo 9:34 ahuyentan las verdaderas ovejas de la grey de Cristo. Ellas no conocen la voz de los extraños. Es importante observar la naturaleza de la obra e influencia del pastor, tal como se declara aquí. Es:

1. PERSONAL. «Llama a sus propias ovejas *por su nombre.*» No se puede confundir el propósito del verdadero pastor cuando entra en el redil. No tiene la intención de maltratar a las ovejas ni de divertirlas; su principal objeto es llamarlas fuera a lugar mayor de bendición. Con este fin, Él trata con cada una de ellas de manera concreta y personal. Todos los fieles subpastores de la grey de Cristo trazan rectamente la Palabra: llaman a las ovejas por el propio nombre de cada una, y buscan su bien individual.

2. PROGRESIVA. «Las saca.» No es suficiente que las ovejas estén a salvo y en reposo en el redil; tienen que ser conducidas a pastos sanos y verdes. Los campos a disposición de los pastores son tan amplios, de gran alcance y ricos como toda la Revelación de Dios. Pero aquellos que no han examinado aquellas ricas tierras de pastos no será probable que conduzcan a las ovejas a ellas.
3. EJEMPLAR. «Va delante de ellas.» El verdadero pastor *conduce* con el ejemplo, así como por precepto. No dice, «id», sino «*venid*». Él va delante de ellas en doctrina y práctica (Tit. 2:7). No como señores sobre la heredad de Dios, sino como ejemplos del rebaño (1 P. 5:3). Pablo escribió a Timoteo: «Sé ejemplo de los creyentes en, *palabra conducta, amor, espíritu, fe y pureza»*. A los corintios les dijo: «Sed seguidores de mí, como yo de Cristo». El pastor conduce a pastos verdes, y a aguas de reposo, no al desolado desierto de aquella «alta crítica» que solo genera dudas y perplejidades al alma hambrienta.
4. PROTECTORA. «Al extraño no seguirán… porque no conocen la voz de los extraños» (v. 5). La verdadera oveja conoce la voz de un verdadero pastor, y no será arrastrada por la llamada de un extraño, que haya saltado por algún otro sitio. Algunos maestros religiosos tienen la forma de piedad, pero niegan su *poder* (el Espíritu Santo); de los tales apártate. Las ovejas que tienen un pastor fiel están demasiado bien enseñadas para llegar a ser seguidoras de ningún asalariado, o ladrón, que pueda revestirse del hábito del pastor.

V. Los intrusos. «El que no entra por la puerta en el redil de las ovejas, sino que *sube por otra parte,* ése es ladrón y salteador.» No importa cuál sea «la otra parte» en tanto que sea *otra parte;* es ignorar y negar a Aquel que es la Puerta, y a Aquel que es el Portero: una negación de Cristo y del Espíritu Santo. Los que no están dispuestos a entrar por la puerta de la gracia a este reino tendrán que *escalar* y saltar, y al final recibirán lo que se merecen los ladrones y salteadores. La «otra parte» que algunos prefieren es el camino del legalismo, o de la erudición, de las *obras* humanas, o de la humana sabiduría. Prefieren pasarse la vida escalando para saltar que someterse y entrar por la puerta. Pero todos estos escaladores son, en su corazón, enemigos del Pastor y de las ovejas, y buscan sólo sus fines mezquinos y egoístas. «Ése es ladrón.» No hay ningún otro camino para una oveja, o para un pastor, para la salvación o el servicio, sino por medio del Señor Jesucristo, que es la Puerta. «Yo soy la Puerta; el que entre por medio de mí, será salvo.»

1.181. YO SOY LA PUERTA

Juan 10:9

I. La **bendición**. Salvación. «Será salvo.»

II. El **camino**. «Por mí.»

III. La **condición**. «El que *entre*.»

IV. La **oferta**. «El *que* entre.»

V. La **expectativa**. «Entrará, y saldrá, y hallará pastos.»

1.182. «YO SOY LA PUERTA»

Juan 10:9

El doctor White, de América, nos da las siguientes sugestivas notas sobre este inclusivo texto:

Tenemos aquí:
1. Simplicidad, «Yo soy».
2. Exclusión, «Por Mí».
3. Inclusión, «El que».
4. Condición, «Entre».
5. Certidumbre, «Será salvo».
6. Libertad, «Entrará, y saldrá».
7. Provisión, «Hallará pastos».

1.183. VIDA Y ABUNDANCIA

Juan 10:10

I. Una gran necesidad. «Vida.» «Alejados de la vida de Dios.»

II. Una gran oferta. «He venido para que tengan vida… abundante».
1. Una vida de LIBERTAD del pecado y de la muerte, Juan 8:32
2. Una vida DIVINA, 2 Pedro 1:4
3. Una vida ETERNA, Juan 10:28
4. Una vida ABUNDANTE, Juan 10:10

1.184. VIDA Y ABUNDANCIA

«Yo he venido para que tengan vida, y para que la tengan en abundancia» (Jn. 10:10).

I. Una gran necesidad. «Para que tengan vida.» Es:
1. UNIVERSAL. «Como en Adán todos mueren» (cp. Gn. 2:17). «Por la transgresión de uno solo, por ese uno reinó la muerte» (Ro. 5:17).
2. VITAL. Se trata de una cuestión de vida o muerte (Ro. 6:23). «Y Él os dio vida a vosotros, cuando estabais muertos» (Ef. 2:1).

II. Una maravillosa condescendencia. «He venid.o»
1. LA PERSONA. «Yo.» Aquel por quien fue creado el universo (Jn. 1:3). El Hijo amado y eterno, la imagen del Dios invisible. La Palabra hecha carne.
2. EL PROPÓSITO. «Para que tengan vida.» «El cual… sacó a luz la vida y la inmortalidad» (2 Ti. 1:10). No vino para ser servido, sino para servir, y para entregar su vida en rescate por muchos. «El que tiene al Hijo tiene la vida» (1 Jn. 5:11, 12).

III. Una amplia provisión. «Y para que la tengan en abundancia.» Esto es:
1. ABUNDANCIA DE VIDA. La vida en toda su plenitud, como rama en la vid viviente, sacando su vida de una fuente viva, como miembros de su cuerpo. La mujer que tocó el borde de su manto recibió vida abundante.
2. ABUNDANCIA PARA SUPLIR LAS NECESIDADES DE AQUELLA VIDA. En Él hay toda suficiencia para dar satisfacción a las necesidades diarias, y para sustentar en medio de todas las pruebas y tentaciones de aquella nueva vida. «Mi Dios proveerá a todas vuestras necesidades» (Fil. 4:19).

1.185. LOS DONES DE JESÚS EN EL EVANGELIO DE JUAN

I. Su **vida** para redimir, 10:11

II. Su **ejemplo** a seguir, 13:15

III. Su **Espíritu** para consolar, 14:16

IV. Su **paz** para guardar, 14:27

V. Su **palabra** para apoyar, 17:8

VI. Su **gloria** para satisfacer, 17:22

1.186. EL BUEN PASTOR

Juan 10:11-18

El Señor Jesucristo es el buen o perfecto pastor. Todos los que jamás vinieron antes que Él *–pretendiendo ser Él–* o que vayan a venir así, son ladrones y salteadores. Solo hay un Buen Pastor que puede poner su vida por las ovejas *y volverla a tomar* (v. 18). Quizá no haya una imagen de Cristo que haya atraído tan poderosamente las imaginaciones de los hombres en todas las eras como la del «Buen Pastor». No dejemos que la familiaridad del término nos prive de la gran dulzura y profundidad de la preciosa enseñanza que revela.

I. «Da su vida por las ovejas» (v. 11). Ésta es la característica más destacable del Buen Pastor. No solo está dispuesto a sacrificar su vida en defensa de las ovejas, sino que tiene un *mandamiento* del padre de *poner* su vida por ellas (v. 18), para que por medio de Él las ovejas puedan tener vida en abundancia (v. 10). El alcance de la enseñanza no se puede limitar a la mera metáfora. La metáfora es empleada para ayudarnos a comprender la plenitud de la verdad. Está fuera de toda duda que Cristo está aquí enseñando la redención, cuando dice: «Por eso me ama el Padre, porque yo pongo mi vida, para volverla a tomar» (v. 17; He. 13:20). El Padre amó al Hijo porque obedeció bien dispuesto este mandamiento de poner su vida por la salvación de todos los que quieran entrar por este puerta al redil (1 P. 2:25).

II. Sus ovejas oyen su voz. «Oirán mi voz» (v. 16). Cada alma que vaya a seguir a Cristo tiene que oír su voz individualmente. Aquella voz puede ser oída por medio de la Palabra escrita, o en la predicación del Evangelio, pero será reconocida como su voz y su llamamiento a una vida nueva y separada. El primer mensaje de Cristo fue a la grey judía, pero tenía otras ovejas, multitudes de ellas, que no eran de aquel rebaño, sino que eran de toda raza, y lengua, y pueblo y nación. «Aquellas también», dijo Él, *«debo traer»*, porque aquella muerte que Él iba a morir iba a ser «la propiciación por nuestros pecados; y no solamente por los nuestros [de los judíos], sino también por los de todo el mundo» (1 Jn. 2:2). Esta actual dispensación es el tiempo de la introducción de «aquellas otras ovejas» que Él tiene, como regalo del Padre, y ellas oyen su voz, por medio de la predicación de la Palabra, y le siguen. A Él se congregarán los pueblos.

III. Él conoce sus ovejas. «Yo conozco mis ovejas» (v. 14). En cuanto a la extensión o límite de este conocimiento, es imposible, excepto con una total presunción, intentar una definición. Él conoce el nombre de ellas, su naturaleza y sus necesidades. El Señor no juzga como el hombre, por apariencias externas; Él juzga el corazón. Él discierne los espíritus escondidos de los hombres, tanto si se trata meramente de personas carnales o a semejanza de Cristo. Todas sus ovejas tienen amor hacia y disposición semejante a aquel mismo Pastor. «Pero si alguno ama a Dios, ha sido conocido por Él» (1 Co. 8:3). El Buen Pastor no juzga sus ovejas por su *clamor*, porque muchos dirán en aquel día «Señor, Señor», a los que responderá: «Nunca os conocí».

IV. Sus ovejas le conocen. «Y las mías me conocen» (v. 14). Este conocimiento es similar al existente entre el Padre y el Hijo (v. 15). Esta afinidad es la más profunda y sagrada de todas las relaciones. Podemos conocerle a Él como conocemos el sol que resplandece en los cielos, y sin embargo es poco lo que conocemos de Él. Las ovejas conocen al Pastor porque Él se ha manifestado a ellas; así «sabemos que el Hijo de Dios ha venido, y nos ha dado entendimiento para conocer al que es verdadero» (1 Jn. 5:20). «Yo sé a quien he creído» (2 Ti. 1:12). Ésta es la vida eterna, conocerle a Él y a Jesucristo, a quien Él ha enviado.

V. Sus ovejas le pertenecen. En el versículo 12 se contrasta a «el asalariado, … *de quien no son propias* las ovejas» con Aquel que puso su vida por las ovejas, como evidencia de que sí son *suyas propias*. La grey de Dios ha sido comprada con su propia sangre (Hch. 20:28). Jesús estaba hablando como el Buen Pastor cuando le dijo a Pedro: «Apacienta *mis* corderos… Pastorea mis ovejas» (Jn. 21). «No sois vuestros; habéis sido comprados por precio.»

VI. Él se cuida de sus ovejas. «El asalariado huye, porque es asalariado, y no le importan las ovejas», pero el verdadero Pastor tiene gran solicitud por sus ovejas (v. 13). El lobo Satanás encuentra a su peor enemigo en el Pastor de nuestras almas. Es el privilegio de las ovejas no tener ansiedad alguna, porque «Él cuida de vosotros»; por ello, echar sobre Él toda vuestra ansiedad (1 P. 1:7). El Pastor es sumamente solícito acerca de la *seguridad y provisión* de las ovejas, acerca de su defensa y alimento. Su sabiduría y su poder están siendo continuamente ejercitadas en su favor. «He aquí que yo estoy con vosotros todos los días, hasta el fin del mundo.»

VII. Sus ovejas serán todas reunidas en un rebaño. «Habrá un solo rebaño, y un solo pastor» (v. 16). Mientras tanto, sus ovejas están en todo clima y país, hablando casi todas las lenguas bajo el cielo, y divididas entre muchos rediles sectarios, pero todas ellas han oído su voz, y le conocen, habiendo sido conocidas de Él, y habiendo sido por un Espíritu bautizadas en un cuerpo. Pero cuando el Príncipe de los Pastores aparezcan, aquellos aún viviendo sobre la tierra serán arrebatados con aquellos que han dormido, y así estaremos para siempre con el Señor. Por tanto, consolaos unos a otros con estas palabras (1 Ts. 4:16-18). En las siempre verdes praderas del Reino Celestial Él guiará *su rebaño*, y ellos seguirán al Cordero doquiera que vaya. «Jehová es mi Pastor… y en la casa de Jehová moraré por largos días» (Sal. 23:1, 6).

1.187. LA SEGURIDAD DE LAS OVEJAS

Juan 10:22-30

Era invierno, y Jesús estaba andando por el porche del Templo que se llama «de Salomón», cuando los judíos, que estaban aturdidos acerca del carácter y acciones de Jesús, acudieron a Él diciéndole: «¿Hasta cuándo nos vas a tener en vilo? Si Tú eres el Cristo, dínoslo abiertamente» (v. 24). Él se lo había estado diciendo todo el tiempo con sus *palabras* y *obras*, pero ellos no creían (v. 25). Jamás hombre alguno había hablado con más llaneza que Él, pero para los que están voluntariosa o judicialmente cegados, tal evidencia es de poco valor. «Vosotros no creéis, porque no sois de mis ovejas» (v. 26). Por su persistente incredulidad se demostraron inaptos para entrar en el redil de sus escogidos. «No pudieron entrar a causa de su incredulidad» (He. 3:19). Esta pregunta de los judíos le da una oportunidad de explicar más plenamente la relación y el privilegio de sus ovejas.

I. La relación de ellas con Él. Son suyas:

1. POR GRACIA SOBERANA. «Mis ovejas oyen mi voz, y yo las conozco» (v. 27). «Todos nosotros nos descarriamos como ovejas, cada cual se apartó por su camino». El Señor hubiera podido pasarnos por alto debido a nuestro descarrío y miseria, pero nos habló en amor y misericordia. Si *Él* no hubiera hablado, las ovejas jamás habrían oído su voz, y nunca le habrían seguido. «¡Mi voz!» No hay otra voz como la de Él. *Oírla* es volverse y vivir; no oírla, morir en pecado. «Por gracia habéis sido salvados por medio de la fe.»
2. POR ELECCIÓN DELIBERADA. «Me siguen». Le oyen a Él, creen en Él y le siguen. Escogen obedecer su voz antes que las voces del mundo, o las murmuraciones de su propio corazón. Seguir a Cristo es renunciar al yo y abandonar todo aquello que pudiera obstaculizar al alma de permanecer en su presencia y obedecer su Palabra.

II. La seguridad de ellas. Ellas están perfectamente a salvo, porque:

1. TIENEN VIDA ETERNA. «Yo les doy vida eterna» (v. 28). El verbo está en presente, y pudiera leerse: «Les estoy dando la vida de los siglos». Esta vida es el *don* de Aquel que puso su vida por las ovejas, un don que es continuo, pasando a las eras sin fin del futuro. ¿Quién si no el Eterno podría hacer tal promesa y otorgar tal bendición? «El don de Dios es vida eterna» (Ro. 6:23).
2. SON EL DON DEL PADRE. «Mi Padre… me las dio» (v. 29). Las ovejas de Cristo son los «elegidos según la presciencia de Dios Padre» (1 P. 1:2). «Todo lo que el Padre me da, vendrá a mí» (Jn. 6:37). Están a salvo debido a que están poseídos de una vida apropiada para las edades de la eternidad, y porque son los escogidos del Padre, que «nos escogió en Él antes de la fundación del mundo, para que fuésemos santos y sin mancha delante de Él en amor… para alabanza de la gloria de su gracia» (Ef. 1:3-6). Fue por aquellos que oró Cristo cuando dijo: «Padre Santo, *a los que me has dado*, guárdalos *en tu* nombre».
3. ESTÁN EN MANOS DE CRISTO. «Nadie las arrebatará de mi mano». De aquellos que me diste no perdí ninguno (Jn. 18:9). Su *mano* denota aquí la omnipotencia de su poder, un poder tan gentil como el toque de una madre, tan fuerte como el Dios eterno. Ningún enemigo puede arrebatarnos de su mano. Las ovejas son salvas por el don de la vida divina, y por el aferramiento del poder de Dios. Son hechas partícipes de una nueva naturaleza y partícipes de un nuevo ambiente. Están en su corazón de gracia y en su mano de seguridad.
4. ESTÁN EN LAS MANOS DEL PADRE. «Nadie las puede arrebatar de la mano de mi Padre.» Mi Padre… es mayor que todos… Yo y el Padre somos una sola cosa». Las ovejas están en el poder todo inclusivo del Hijo, como el Hijo está en el poder todo inclusivo del Padre. «Yo les he dado la gloria que tú me diste, para que sean uno, así como nosotros somos uno» (Jn. 17:22). La seguridad del Hijo es virtualmente la seguridad de las ovejas. Así como Él está en manos del Padre, así estamos en manos del Hijo. Aceptados y guardados en el Amado, la *unidad* del Hijo con el Padre constituye una poderosa garantía (v. 30).
5. ELLOS TIENEN SU PROMESA. «No perecerán jamás.» La negación aquí es doblemente intensa, y podría ser traducida como «Ellos *jamás*, JAMÁS perecerán» (v. 28). La Palabra infalible del Hijo eterno se levanta como muro de diamante entre las inermes ovejas de su redil y la perdición. El quebrantamiento de aquella Palabra sería el quebrantamiento de su propio carácter. No pueden fallar ni «una jota ni una tilde» de su Palabra. Así, tenemos una poderosa consolación los que hemos acudido a Él como Refugio y Pastor de nuestras almas.

1.188. LÁZARO

Juan 11

La forma hebrea del nombre Lázaro es Eliezer, que significa Dios es mi Ayudador. Desde luego, es un nombre idóneo para quien fue ayudado tan poderosamente por Dios. La historia de Lázaro es, en sentido espiritual, la de todos los que hemos pasado de muerte a vida. Observemos las varias etapas en su destacable experiencia. Hubo:

I. Enfermedad. «Estaba enfermo uno» (v. 1). «El que amas está enfermo» (v. 3). Amado por el Señor, pero azotado por una enfermedad. Por una u otra causa, la dolencia del *alma* es casi invariablemente el preludio de una bendición espiritual ensanchada y más profunda. Cuando Jesús oyó de esta enfermedad, dijo: «Esta enfermedad... es... para la gloria de Dios» (v. 4). Sí, bendito sea su Nombre, por esta enfermedad que nos trae al lugar de la muerte, para que el Hijo del Hombre sea glorificado efectuando una maravillosa obra en y por nosotros. El Espíritu Santo tiene que convencer de pecado antes de vivificar a novedad de vida.

II. Muerte. «Jesús les dijo abiertamente: Lázaro ha muerto» (v. 14). Esta enfermedad no fue para muerte eterna, sino para una muerte que de una manera muy singular hizo de Lázaro un apropiado sujeto del poder de *resurrección* del Hijo de Dios. La verdadera dolencia del pecado es sólo para la muerte del amor al yo y a la voluntariosidad, para que el poder de Cristo sea manifestado. El pecado, cuando es consumado, produce muerte. Cuando el Espíritu convence de pecado, de justicia y de juicio, es el pronunciamiento de una sentencia de muerte sobre el pecador. Toda esperanza de salvación procedente de otro origen tuvo que ser abandonada. «El pecado revivió, y yo morí» (Ro. 7:9).

III. Vida. «Y el que había muerto salió» (v. 44). El poder *vivificador* de Jesucristo sólo podía manifestarse en el caso de un *muerto*. Si Lázaro sólo hubiera estado en un desmayo, o en un sueño, no se habría manifestado la gloria de Dios en su despertamiento. Cristo Jesús vino a este mundo a salvar a los pecadores. Ninguna gloria le daría dar vida o salvación a los que no lo necesitaran. Antes que el apóstol Pablo pudiera decir: «Ahora vivo», tuvo que decir: «Estoy crucificado». La vida de resurrección solo puede venir cuando ha habido muerte. Tenemos que morir al yo si queremos vivir para Dios. Para ser partícipes con Cristo de su poder de resurrección, nos es preciso ir a la Cruz y al sepulcro con Él. Si rehusamos morir, rehusamos entrar en la vida nueva y portadora de fruto. «Si el grano de trigo no cae en la tierra y muere, queda solo» (Jn. 12:24).

IV. Libertad. «Jesús les dijo: Desatadle, y dejadle ir» (v. 44). Poco le conviene a uno que haya resucitado de los muertos por el poder de Dios, quedar esclavizado a ningún hombre, o a las costumbres y hábitos de los hombres, especialmente a aquellas costumbres o hábitos que pertenecen a los muertos. Como en la naturaleza, así en la gracia; allí donde haya plenitud de vida habrá el reventamiento de las viejas formas y hábitos de una vida muerta. Todo lo que podemos hacer por nuestros muertos es envolverlos y enterrarlos, pero, ¡cuán diferente cuando, con gran voz, el Hijo de Dios les habla! El hombre que ha sido liberado de la muerte y del sepulcro no debe quedar atado por ningún tipo de ropajes funerarios. Aquellos a los que el Hijo de Dios libera quedan verdaderamente libres. Los parientes de los que son salvos por Cristo pueden hacer mucho para atar o desatar sus vidas para su servicio. El mandamiento del Señor a los amigos de Lázaro fue: «Desatadle, y dejadle ir» (Jn. 11:44). ¡Qué crimen hubiera sido delante de Él si hubieran rehusado obedecer! Ved que no rehuséis.

V. Comunión. «Lázaro era uno de los que estaban sentados a la mesa con Él» (cap. 12:2). ¡Qué bienaventurado privilegio, tener parte con Aquel que nos ha dado a conocer en nuestra propia experiencia que Él es «la Resurrección y la Vida». Para aquellos que han pasado de muerte a vida, no hay comunión que pueda comparársele. Así como semejante es atraído a semejante, así un espíritu resucitado debe ser atraído por Aquel que es la Resurrección. Cada vez que nos sentemos en oración a estudiar su Palabra, nos sentamos a la mesa *con Él*, escuchando su voz, y recibiendo alimento para nuestras almas. ¿Eres tú uno de aquellos que se *sientan* a esta mesa con Él?

VI. Testimonio. «A causa de él, muchos de los judíos se apartaban y creían en Jesús» (12:11). El poder de su testimonio residía no tanto en lo que podía decir como en lo que era. El hecho de haber sido levantado de la muerte y de la corrupción por la palabra de Jesucristo era en sí mismo una prueba de lo más convincente de que Jesucristo era Dios y Mesías. Cuanto mayor sea la obra de gracia obrada en nosotros por la poderosa fuerza de Dios, tanto mayor será la fuerza de nuestro testimonio para Él. La influencia de la vida resucitada de Cristo en nosotros debiera ser lo que condujera a otros a «creer en Jesús».

VII. Sufrimiento. Debido al poder convertidor de esta nueva vida manifestada en él, «los principales sacerdotes acordaron dar muerte también a Lázaro» (12:10). Su vieja vida no le atrajo persecución, pero ahora posee la bienaventuranza de aquellos que sufren vituperio por el nombre de Cristo (1 P. 4:14). Está más allá del poder del enemigo matar o destruir la vida de resurrección. Vuestra vida está escondida con Cristo en Dios. «Si alguno padece como cristiano, no se avergüence, sino glorifique a Dios por ello» (1 P. 4:16).

1.189. JESÚS

Juan 11

El Evangelio de Juan es como el rasgado del velo, nos abre el camino al Lugar Santísimo. Dejaremos de ver mucha de la gloria personal del Hijo de Dios si dejamos de discernir lo que sus dichos y acciones revelan acerca de Él mismo. En este capítulo tenemos varios resplandecientes atisbos de esta gloria interior, de los que tenemos por todas partes por los Evangelios.

I. Su divinidad. Cuando Jesús oyó de la enfermedad de Lázaro, dijo: «Esta enfermedad no es para muerte, sino para la gloria de Dios, para que el Hijo de Dios sea glorificado por medio de ella» (v. 4). Este lenguaje profético está lleno de misterio carente de significado si Jesucristo no era más que «el mejor de los hombres». Aunque Él *se anonadó* a Sí mismo como el Divino, para vivir y morir por nosotros, seguía siendo *Él mismo*, el Hijo eterno, en el seno del Padre. Él sabía que aquella enfermedad había sobrevenido para que Él, como Hijo de Dios, fuera glorificado por ella.

II. Su amor. «Y amaba Jesús a Marta, a su hermana y a Lázaro» (v. 5). En tanto que Jesucristo era divino, era también perfectamente humano con toda pureza. Amaba con todo el amor de Dios que es el amor de la piedad y de la compasión, amor incluso para los peores de sus enemigos, pero las Martas y Marías y Lázaros son los especiales objetos de su afecto y delicia. Únicamente puede deleitarse de corazón en aquellos cuyos corazones están abiertos con deleite para con Él. No es posible para un amor como el suyo regocijarse en iniquidad.

III. Su serenidad. «¿No son doce las horas del día?», etc. (vv. 7-9). Estas mismas sugerentes palabras fueron dichas a sus discípulos como respuesta a la alarma de ellos ante su propuesta de pasar al otro lado del Jordán, de Perea a Judea, donde los judíos habían tratado de darle muerte últimamente. Debía haber doce horas en su día de obrar, pero once ya habían pasado. Él debía obrar las obras de Aquel que le había enviado mientras que era aún día (Jn. 9:4). Sabía que su vida era «inmortal hasta que acabara su tarea», y así caminaba de día para no tropezar. La fe en Dios no conduce jamás a la pereza ni al fatalismo. El que cree no se apresurará ni actuará movido por un entusiasmo desordenado, sino que ira avanzando constantemente, a pesar de toda la oposición de todas las fuerzas del infierno. «¿No son doce las horas del día?».

IV. Su gozo. «Me alegro» (v. 15). La conjunción aquí es de lo más notable. «Lázaro ha muerto; y me alegro *por vosotros*, de no haber estado allí, para que creáis.» Se sentía alegre de que no había estado allí para impedir la muerte de Lázaro, para tener la oportunidad de resucitarlo de entre los muertos, para que ellos vieran su gloria, y creyeran en él. Observemos el secreto de la alegría de Cristo: alegre de tener la oportunidad de manifestar su poder de manera que otros pudieran *creer en Él*, para que pudieran ser bendecidos por él. Éste era el gozo que fue puesto delante de él cuando soportó la Cruz. La naturaleza de la alegría de Cristo es totalmente diferente de la buscada por los pecaminosos hijos de los hombres.

V. Su indignación. «Jesús entonces, al verla llorando, y a los judíos que la acompañaban, también llorando, se estremeció en el espíritu y se conmovió» (v. 33, *margen*). ¿A qué toda esta lamentación, *ahora* que Él había dicho, «Tu hermano resucitará», y «Yo soy la resurrección y la vida»? Frente a sus palabras y en su presencia, esta lamentación era desde luego para Él la lamentación de la incredulidad. Él gimió en el Espíritu con santa indignación debido a la lentitud de los corazones de ellos a creer todo lo que les había dicho.

VI. Su compasión. «Jesús lloró» (v. 35). Aquellas lágrimas eran como «gotas de dolor» manando del corazón amante de nuestro Gran Sumo Sacerdote, que es afectado con el sentimiento de nuestras debilidades (He. 4:15). ¡Qué contraste entre las hipócritas lágrimas de aquellos pretendidos endechadores y las lágrimas del puro Hijo de Dios. La voz de estas lágrimas parece haber hablado más fuerte que sus palabras, porque «dijeron entonces los judíos: Mirad cómo le amaba». Si estas lágrimas fueron perlas de amor, ¿qué diremos de aquellas gotas de sangre derramadas en el Huerto de Getsemaní?

«Nadie tiene mayor amor que éste.» Hay un camino a través de las lágrimas de Cristo, así como a través de sus palabras, al corazón de Dios el Padre.

VII. Su Poder. «Clamó a gran voz: ¡Lázaro, sal fuera!» Y el que había muerto salió» (vv. 43, 44). Éste fue el clamor de Aquel que es «la Resurrección y la Vida». «La Resurrección», ha dicho alguien, «no es una suerte impersonal, sino un efecto personal». No es el resultado natural de ninguna ley conocida, sino la consecuencia sobrenatural de un acto divino personal. En Cristo era la vida, y la vida era la luz de los hombres. Él habla, y es hecho. Así como cuando Cristo, que era la Vida, apareció ante el sepulcro de Lázaro, también apareció Lázaro con Él, por el poder de su Palabra, de la misma manera «cuando Cristo, que es nuestra vida, se manifieste, entonces vosotros también seréis manifestados con Él en gloria» (Col. 3:4). Mientras estaba en la tierra, nuestro Señor tuvo que tratar con la muerte en tres diferentes etapas: en la infancia en el lecho de muerte, en la juventud en las angarillas, y en la edad adulta en el sepulcro. Fue sólo en esta última etapa que clamó *a gran voz.* La resurrección de Lázaro fue una manifestación de aquel poder que un día despertará a los muertos con voz de trompeta, y así como fue cambiado el vil cuerpo de Lázaro (v. 30), así será en la resurrección (Fil. 3:20, 21). Esto corruptible debe vestirse de incorrupción. El que oye su Palabra ahora, y cree en Él, ha pasado de la muerte a la vida (Jn. 5:24).

1.190. ¿NO PODÍA ESTE HOMBRE?
Juan 11:37

Hay muchas cosas que Cristo no hizo porque no quiso.

1. ¿No podría Él haber impedido la **Caída del hombre**? Pudo, pero no lo hizo.
2. ¿No hubiera podido **destruir al Diablo**, lo mismo que sus obras? Pudo, pero no lo hizo.
3. ¿No podría salvar a los hombres **en contra de sus voluntades**? Podría, pero no lo hará.
4. ¿No podría bendecirnos **sin fe y oración** de nuestra parte? Podría, pero no lo hará.
5. ¿No podría libertarnos de la **posibilidad de pecar**? Podría, pero no lo hace.

1.191. CREE, Y VERÁS
Juan 11:40

Esta declaración puede ser considerada como una palabra de:

I. Reprensión al incrédulo en sus dudas.

II. Guía para el indagador ansioso.

III. Consuelo para el creyente que sufre.

IV. Aliento para el obrero desalentado.

V. Esperanza para el cristiano moribundo.

1.192. «CREE, Y VERÁS»
Juan 11:40

El feliz hogar de Betania había quedado repentinamente sumido en el dolor; Lázaro estaba enfermo. Sus amantes hermanas se habían apresurado a comunicar su angustia a Jesús. Cuando Él lo oyó, dijo: «Esta enfermedad… es… para la gloria de Dios». ¿Qué? *Enfermedad* para la gloria de Dios. ¡Qué lentos somos en creer esto! (Ro. 8:28). Jesús amaba a Marta y a su hermana y a Lázaro, y se quedó dos días en el mismo lugar en que estaba. ¡Qué extraño que su ausencia tuviera que ser una prueba de su amor por ellos. Al rehusar la petición *de ellos* quería darles mucho más de lo que le habían pedido (v. 15). Ellas le habían pedido, y ahora Él pide la confianza de ellas. Habiendo dicho que Él era la «Resurrección y la Vida», le dijo: «¿Crees esto?» Tal fe ha de ser puesta a prueba antes que pueda ser recompensada. Observamos a continuación:

I. La prueba de la fe. «Quitad la piedra» (v. 39). Si tú crees que tu hermano resucitará, y que «*Yo soy* la resurrección», entonces «quitad esta piedra». La fe sin obras está muerta en sí misma. Santiago dice: «Yo te mostraré mi fe *por* mis obras». Si esperamos grandes cosas de Dios, entonces nos lanzaremos a grandes cosas por Dios. Pero aquí vemos:

II. El lenguaje de la duda. «Señor, hiede ya» (v. 39). La corrupción estará haciendo su pestilente obra. Precisamente, Marta. Estás mirando más a la dificultad que a la promesa. Tus ojos siguen estando fijos más en el muerto que en el Dador de la vida. ¿No es ésta la razón de que muchos de nosotros dejamos de ver la gloria del poder del Señor? Estamos mirando más a los gigantes en la tierra que al brazo de la omnipotencia. Vemos a nuestros hermanos yaciendo en muerte espiritual, y nos lamentamos de la triste condición en que se hallan, considerándola desesperanzada, porque nuestros ojos no están fijados en Aquel que es la Resurrección y la Vida. Luego vino

III. El reproche del amor. «¿No te he dicho que si crees, verás a gloria de Dios?» (v. 40). Es indudable que estas palabras tiernas y ardientes cayeron con poder reblandecedor sobre el corazón de Marta. La duda no es una debilidad: es un pecado, una negación de la Palabra de Aquel que no puede mentir. ¡Oh, cuán a menudo nuestra incredulidad obstaculiza la manifestación de su poder! (Mt. 13:58). ¿Cuán a menudo oramos: «Señor, si hubieses estado aquí», mientras que Él nos dice: «Si crees»? Ahora viene:

IV. La obediencia de la fe. «Quitaron, pues, la piedra» (v. 41). La piedra de la incredulidad: la incredulidad del pueblo de Dios: se encuentra a menudo en medio del camino, estorbando que los muertos en pecados puedan ser levantados. «Si crees, verás.» Hay otras piedras que yacen en el camino, como *el temor del hombre, el amor del mundo, y la egoísta indiferencia.* Esto último adquiere la forma de un mórbido ultra-calvinismo o fatalismo, que dice: «Si van a ser salvos, lo serán». Pero, ¿qué dice el Señor? «¿No te he dicho que *si crees, verás* la gloria de Dios?» Tras la obediencia vino

V. La gloria de Dios. ¿Cómo se vio su gloria? En el acto de dar *vida* al muerto y *libertad* al vivo (v. 44). Lázaro fue restaurado a su hogar y a sus corazones. Todos sus deseos y anhelos quedaron cumplidos y colmados. Creyeron, y vieron su gloria, y quedaron satisfechos. ¿Has contemplado tú la gloria de su poder vivificador en respuesta a tu obediente confianza, o continúas lamentándote *desesperanzadamente* sobre el muerto, olvidando a Aquel que ha dicho: «Si crees, verás»? Esta indicación, «Cree, y verás», dicha por el Gran Sanador a aquellas afligidas hermanas, podría ser pronunciada como palabra en sazón:

1. AL INCRÉDULO QUE INDAGA. ¿Cómo puedo saber que la Biblia es la Palabra de Dios? ¿Cómo puedo saber que la Sangre de Jesús limpia de todo pecado? ¿Cómo puedo saber que la vida eterna está en Jesucristo? «*Cree, y verás.*»
2. AL BUSCADOR ANHELANTE. No puedo ver como puedo ser justificado simplemente creyendo. No, pero «*Cree*, y verás». «En Él es justificado todo aquel que *cree*» (Hch. 13:39).
3. AL CREYENTE SUFRIENTE. Ninguna aflicción parece al presente causa de gozo, sino de tristeza, *pero después* produce fruto apacible de justicia a los que por ella han sido ejercitados. «Cree, y verás.»
4. AL OBRERO DESALENTADO. «Después de bregar a lo largo de toda la noche, no hemos pescado nada»: «Boga mar adentro». «Sobre tu palabra, echaré la red.» El maestro de Escuela Dominical dice: «Anhelo ver a mis alumnos acudir a Cristo». *«Cree, y verás.»*
5. AL CRISTIANO MORIBUNDO. La marea de la vida está en reflujo, las cosas de este mundo se desvanecen rápidamente de delante de la vista, oscureciéndose los ojos a la luz del día; pero Jesús está cerca con su segura Palabra de la promesa: «CREE, Y VERÁS LA GLORIA DE DIOS».

1.193. EN UNA CENA
Juan 12:1-8

Según Mateo y Marcos, esta cena que «le hicieron» a Jesús fue en casa de Simón, que había sido leproso, y puede haber sido un esfuerzo unido, por parte de dos familias, de honrar a Jesús y a sus discípulos a causa de la resurrección de Lázaro de entre los muertos, y, quizá, por la curación de Simón. Tuvo lugar seis días antes de la pascua, lo que quiere decir seis días antes de su muerte y sepultura. Debe haber sido un tiempo sagrado. Pensemos en:

I. María, la sacrificadora. Mientras que otros se regocijan sentados a la mesa con Jesús, aprendiendo de Él, María, que antes había estado sentada a sus pies, se siente impulsada, por el amor de su corazón, a usar de esta oportunidad para probar su fe y afecto con un sacrificio personal. Para ella, en aquel momento, era cosa más bienaventurada dar que recibir. Y desde luego hay momentos en nuestras vidas en que nos será más bienaventurada cosa sacrificar que buscar, dar que recibir, alabar que rogar.Veamos su *naturaleza.* «María tomó una libra de perfume de nardo puro, de *mucho* precio.» Judas calculó su valor como en «trescientos denarios». Al precio actual, sería probablemente un sueldo de diez meses. Cuanto más costoso fuera, tanto mejor para el profundo propósito del amor de María. Los adoradores hipócritas se contentan con darle al Señor lo cojo y lo ciego, algunas monedas y algún tiempo muerto. Nunca atraviesan el umbral del santuario del servicio abnegado.Veamos la manera en que fue dado. María «ungió los pies de Jesús, y los enjugó con sus cabellos». Es posible dar incluso un presente costoso de tal manera que hiera el alma de quien lo recibe. El Señor ama al dador alegre. María no solo le ofreció a Él su precioso tesoro, sino que también puso a sus pies su propia gloria personal, rindiéndola a su servicio. Aquel ungüento era tanto más precioso para el Salvador porque el alma de la ofrendante estaba en él. Véase su influencia. «La casa se llenó del olor del perfume.» Un acto así de abnegación no podía dejar de ser sentido por todos los que lo vieron. Unas ofrendas tan costosas, hechas con un propósito tan sagrado, quedarán ciertamente evidentes (Pr. 27:16). Una vida consagrada desprende siempre un olor grato para Cristo y sus fieles discípulos.

II. Judas, el crítico. El único que ni apreció la santa acción de María fue Judas. El «olor del perfume» derramado sobre el Hijo de Dios no le era grato a él, «porque era ladrón», y hubiera preferido tener los «trescientos denarios» en su bolsa para su propio beneficio. Su hipócrita excusa era que hubiera podido venderse, y el dinero ser repartido entre los pobres. «No porque tuviese interés por los pobres». Desde luego, el Salvador de los pecadores sentía más interés por los pobres que él mismo. Él, siendo rico, se hizo pobre por nosotros. «¿Para qué este despilfarro?» (Mt. 26:8). Judas, el hijo de perdición, no podía ver quela rotura de este frasco de alabastro y el derramamiento de su fragrante tesoro sobre la Persona de Cristo era la consagración de ambos para el mayor servicio posible. Vale la pena observar que la palabra «desperdicio» empleada por Judas es literalmente la misma que emplea nuestro Señor al referirse a él como «el hijo de *perdición*». Allí donde hay espíritu egoísta hay también ceguera al honor y a la gloria del Señor Jesucristo. La visión que María tenía de Jesús era tal que la constriño a entregar su todo. Judas no podía ver más allá de la negra sombra de su propio y pecaminoso interés.

III. Jesús, el justificador. «Déjala; para el día de mi sepultura ha guardado esto.» Él comprendía el pleno significado de este servicio singularmente solemne, y siempre le da el mayor valor a tales dones. Aquella costosa ofrenda no fue en absoluto desperdiciada en Él. Para su alma, en vista de su muerte y sepultura, constituía un grato aroma: «Déjala». El Hijo de Dios que se sacrificó por los pecadores nunca pondrá obstáculo alguno en el camino de un corazón creyente y lleno de gratitud que le muestre su devoción a Él en toda su amplitud. Él sabe que este amor y sacrificio tendrá su correspondiente recompensa (Mr. 14:9). «Dejadla». Bien sabía Él que hay bien pocos que se cuiden de ir hasta tan lejos en honrarle. Ella había quebrantado todas las formas de la etiqueta, y le dio a Cristo mucho más abundantemente que lo que *ellos* hubieran podido pedir o pensar. Para Jesús, tal muestra espontánea de afecto abnegado fue la parte principal de la fiesta. El amor se regocija con el amor. Aquí el tenía una comida que comer que los otros no conocían. «A los pobres siempre los tenéis con vosotros, mas a mí no siempre me tendréis.» Pero no es probable que aquellos que consideran que es un desperdicio derramar la riqueza por la causa de Jesucristo vayan a romper *sus* cajas fuertes en favor de los pobres. Los mejores amigos de los pobres han sido siempre los que han sido más devotos amigos de Jesucristo. El amor de Cristo nos constriñe.

1.194. MUERTE, VIDA Y SERVICIO

Juan 12:20-26

Probablemente, estos griegos que deseaban ver a Jesús provenían de la misma ciudad que Felipe y Andrés, y puede que los conocieran personalmente. Felipe y Andrés hicieron lo que pudieron para lograr una entrevista de ellos con Jesús, pero aparentemente fracasaron. Las palabras finales en el versículo 36 son muy significativas en relación con esto. «Estas cosas habló Jesús, y se fue y *se ocultó de ellos.*» Pero aunque se ocultó de ellos, las cosas que dijo fueron eran en sí mismas una nueva y más plena revelación del Cristo, que Él quería que ellos conocieran. Los que quieran «ver a Jesús» como Dios desea que sea visto, tienen que verle como «un grano de trigo que cae en tierra y muriendo, y llevando mucho fruto».

I. La muerte. «Si el grano de trigo no cae en tierra y muere, queda solo.» La alusión aquí es a un grano de trigo *en el proceso* de morir. Aplicado a su propia preparación para la Cruz, la referencia está llena de solemnes sugestiones. Así como un grano de trigo tiene que *caer en tierra* antes de morir, así Él tenía que condescender a acudir al lugar de la muerte antes de poder cosechar los frutos de la vida de resurrección. Cuando Cristo vino a este mundo, vino al lugar de la muerte. Su venida fue la caída del grano de trigo en la tierra, pero si *no muere,* él solo queda. Una semilla que se había quedado en la mano de una momia durante 3.000 años quedó sola, pero cuando fue echada, por otra mano, en la tierra, muriendo así, entonces llevó fruto. El proceso de morir es el proceso de cederlo todo a esas fuerzas que se oponen a la esterilidad estacionaria. Del mismo modo que la simiente sepultada rinde lentamente su todo, así es formada su nueva capacidad para que dé fruto. La vida de Jesucristo, que acabó en la vergonzosa muerte de la Cruz, fue como la vida del grano de trigo en la tierra: no hubo reserva, ni retención, sino que los tesoros de su maravillosa naturaleza fueron totalmente entregados. No vino a ser servido, sino a servir, y a dar su vida. Por nosotros murió. Lo que es cierto de Cristo como «grano de trigo» es también cierto del cristiano: si no muere, esto es, a su vida vieja del yo, queda solo. Es cuando «siempre estamos entregados a muerte por causa de Jesús» que «la vida de Jesús se manifiesta en nuestra carne mortal» (2 Co. 4:11).

II. La vida. «Pero si muere, lleva mucho fruto.» La vida que es entregada por la semilla que muere condiciona y prepara el camino para otra vida más fructífera. Cristo murió, y por ello no quedó solo. La vida que Él entergó ha sido abundantemente fructífera en una cosecha eterna de almas resucitadas. Las posibilidades de Jesucristo como grano de trigo dejado caer, por así decirlo, de la mano del Padre Celestial a la tierra de la humanidad, son las posibilidades de DIOS. Él verá linaje, por cuanto su alma fue ofrendada por el pecado. Cristo murió, pero como un grano de trigo, volvió a nacer, vuelto a engendrar en feracidad de resurrección. En esta nueva vida, en Él y en nosotros que hemos muerto al pecado, está el poder permanente de la eternidad. En esto es glorificado mi Padre, en que llevéis mucho fruto, pero «lo que tú siembras *no se vivifica, si no muere antes*» (1 Co. 15:36). Si la semilla rehusa morir, el poder vivificador rehusa actuar. El Espíritu Santo, el *Vivificador,* sólo puede obrar esta *novedad de vida* allí donde hay muerte. Esta nueva vida divina, engendrada fuera de la muerte de la vida del yo, es la vida que glorifica a Dios llevando mucho fruto. El que siembra para la carne de la carne, como de una tierra corrompida, cosechará corrupción.

III. Servicio. «Si alguno me sirve, sígame». *Seguirle* es el servicio más elevado y sagrado. Seguirle a Él es proseguir de continuo negando el yo. No podemos seguirle en su vida de perpetua negación a no ser que estemos dispuestos a diario a perder nuestra propia vida. El que ama su (propia) vida, la perderá, y el que la aborrece (no le da valor alguno), la guardará para vida eterna (v. 25). Cristo no amó su propia vida, sino que la entregó, día a día, a la voluntad del Padre, y así le sirvió siguiéndole. Nuestro servicio debe ser de la misma naturaleza, ya que hemos sido llevados, por la gracia, al mismo privilegio. Ahora somos hijos de Dios. En esencia, así, este servicio de *negación propia* es por causa de Jesucristo. Pero pensemos en su bienaventuranza. «Al que me sirva, mi Padre le honrará.» El Padre honró al Hijo por tal servicio; y también honrará a quien siga en sus pisadas. Ellos serán honrados con su presencia, su paz y su poder, y «donde yo esté, allí también estará mi servidor». «Si alguno quiere venir en pos de Mí, niéguese *a sí mismo*» (Mt. 16:24). Es imposible ir en pos de un Cristo negador del yo sin negarse uno a sí mismo. Tenemos que negar nuestros propios pensamientos, voluntad, poder, e intereses, todo aquello que pueda estorbar al cumplimiento de su voluntad, poder e intereses en y por medio de nosotros.

1.195. SEÑOR, QUEREMOS VER A JESÚS

Juan 12:21

Jesús es una gran atracción.

I. Algunos motivos para buscar a Jesús.

1. CURIOSIDAD. Por «Lázaro, a quien había resucitado».
2. BENEFICIOS MUNDANOS. «Panes y peces.»
3. ANGUSTIA DEL ALMA. La mujer en casa de Simón.

II. Dónde podemos ver a Jesús.

1. En BELÉN. Como el Humilde.
2. En JERUSALÉN. Como el Misericordioso (Jn. 7:37).
3. En GETSEMANÍ. Como el Sufriente.

4. En LA CRUZ. Como el Redentor.
5. En LA RESURRECCIÓN. Como el Victorioso.
6. En LOS CIELOS. Como el Glorificado.

III. El efecto de ver a Jesús.

1. CONFESIÓN.
2. SALVACIÓN.
3. SATISFACCIÓN.
4. TRANSFORMACIÓN.
5. GLORIFICACIÓN.

1.196. FERACIDAD

«De cierto, de cierto os digo, que si el grano de trigo no cae en la tierra y muere, queda solo; pero si muere, lleva mucho fruto» (Jn. 12:24).

Cada otoño, toda la naturaleza resuena como un gran Amén a la declaración del dulce cantor de Israel: «Tú coronas el año con tus bienes» (Sal. 65:11). Los campos, las plantaciones frutales y los huertos están cargados de producto. La corona de bondad del Señor gravita entonces con todo su peso sobre la frente de la naturaleza. El fruto, y mucho fruto, alegran tanto el corazón de Dios como del hombre. Pero en el disfrute de la cosecha no nos olvidemos del importante «si no» de la feracidad. Uno de los hechos más conocidos de la naturaleza es que en las plantas y en las semillas, la vida viene a través de la muerte. El principal acontecimiento que hace valiosa la semilla de trigo para el hombre es la muerte de esta semilla. No podríamos tener los campos cargados de dorado grano si al principio no hubiese habido secretamente una gran entrega y una muerte al yo. Éste es un magno principio tanto en el reino de lo moral como en el de lo natural.

«Había ciertos griegos *entre los que subían*». Me pregunto si habían estado entre los que habían acogido a Jesús como Rey en Jerusalén. Si es así, no se sentían satisfechos con admirar al Señor Jesús, sino que querían llegar a conocerle más personalmente. ¡Oh, que todos los admiradores del Señor hicieran así! Hay demasiados que creen que la buena opinión que tienen del Rey de la Gloria será un pasaporte suficiente para la gloria eterna. ¡Qué vana esperanza! No, nada puede suplantar el papel de la fe personal y del contacto vital con el Señor mismo. Que los meros admiradores rueguen: «Queremos ver a Jesús».

No sabemos por qué estos griegos buscaron la mediación de Felipe. Observamos que el nombre de Felipe es más puramente griego que el de cualquier otro de los discípulos. ¿No indica esto la probabilidad de que tuviese parientes y relaciones del mundo griego? «Felipe fue y se lo dijo a Andrés; entonces Andrés y Felipe se lo dijeron a Jesús». ¡Qué bendición cuando los hermanos cristianos se unen para llevar a otros al Señor Jesús!

Indudablemente, el Señor se tenía a Sí mismo en mente cuando expresó este gran hecho de la naturaleza. La petición que ellos hicieron era una estrecha ventana a través de la que el anhelante espíritu de Jesús vio un gran horizonte, nada menos que la reunión en torno de Él de miríadas de gentiles, el «mucho fruto» al que se refiere aquí. Pero antes que esto pudiese acontecer, debía padecer la muerte en la Cruz.

Hay en este versículo varias palabras cargadas de significado. «Queda *solo*». Aquí tenemos una razón por la que el Señor acudió para ser hombre y morir: *No podía soportar estar solo en la gloria,* a solas con el Padre y los santos ángeles. Sin los hijos de los hombres, sentía que quedaría solo. Y Él deseaba que compartiésemos su gloria. ¡Ah, éste es verdaderamente el lenguaje del amor!

«Si el grano de trigo no cae.» Ésta es una palabra conocida, ¿no? El hombre ha caído, y para levantarle ha de caer y morir el Grano de Trigo, el Señor mismo, cayendo a la tierra.

«Y muere». El hombre murió en el Edén. El Hijo del Hombre ha de morir para dar vida al hombre. Aquí tenemos el gran principio fundamental del Evangelio. La muerte de Cristo fue y es la fuente de la vida espiritual del mundo. Él cayó a la tierra en su encarnación, y pareció sepultado vivo en el mundo; hasta tal punto veló su gloria. Murió; esta Semilla inmortal se sometió a las leyes de la mortalidad. Y yació en el sepulcro como la semilla bajo los terrones de tierra. Pero resucitó. Y de su Cruz y Pasión brotó una feraz cosecha de bendiciones para la humanidad. Las primicias se vieron en su resurrección. «Cristo murió solo; resucitó con un gran número», escribió el Venerable Beda.

Pero hay aquí una lección importante para todos los que han recibido vida por medio de aquella muerte expiatoria. Lo que fue cierto tocante al Salvador es igualmente cierto tocante a sus propios queridos hijos. *Si queremos ser fructíferos en la vida y en el servicio, también debemos morir al yo lo mismo que al pecado.* Un autor ha observado con razón que la clave de la aplicación de las palabras del Salvador es el presente griego. «Durante cinco siglos, los griegos han estado a la cabeza de la humanidad. Todo el mundo se reunió alrededor de la antorcha del genio griego. Sin embargo, no pudieron regenerar la sociedad. ¿Por qué? Sus palabras maestras eran el propio cultivo y el propio goce. Éste era, según los griegos, el bien último de la vida humana, el supremo objetivo. Los dioses del Olimpo eran representados como seres que vivían sólo para gozar. Cuando venían a la tierra, lo hacían sólo para buscar placenteras aventuras, o para una egoísta diversión, no cuidándose para nada de los dolores y pecados de la humanidad. Y el carácter de los dioses se reflejaba en sus adoradores. Pero Cristo los llama para que en lugar del propio cultivo pongan el propio sacrificio, y la abnegación en lugar del placer. En otras palabras, les pide que inviertan toda la dirección de su pensamiento y conducta». ¡Qué chocante debió ser para ellos oír la formulación de este principio. Estaban bien conscientes de su sentido en la naturaleza, pero jamás habían soñado de aplicarlo a sus propias vidas. Ahora pensamos de manera diferente, pero ... ¿actuamos en conformidad con nuestro conocimiento? Recuerda, si vivimos para el yo, vivimos en vano.

1.197. LA LUZ DE DIOS
Juan 12:35, 36

I. La **naturaleza** de esta Luz. El mismo Cristo. «Yo, la Luz, he venido al mundo» (v. 46).

II. La evidencia de estar **sin la luz.** «En que anda en tinieblas, *no sabe a dónde va.*»

III. Cómo se debe **gozar** de esta luz. «*Creed* en la Luz.» Cree en Él.

IV. La posibilidad de **perder** esta Luz. «Entre tanto que tenéis la luz, creed en la luz.»

1.198. LA LUZ HA VENIDO
Juan 12:36

1. Un privilegio presente: ... «Tenéis la luz».
2. Una obligación presente: ... «Creed en la luz».
3. Una oportunidad pasajera: ... «Entre tanto».
4. Una posibilidad gloriosa: ... «Que seáis hijos de luz».

1.199. LA LUZ DEL MUNDO
Juan 12:44-50

El ministerio de nuestro Señor en la tierra fue primero profético, y luego sacerdotal. La referencia de Juan al lamento del profeta Isaías, en los versículos 38-41, puede ser considerada como la clausura de la obra de Cristo como Profeta, y aquí el comienzo de su obra como Sacerdote.

I. Su relación con el mundo. «Yo, la *luz,* he venido al mundo.» En Él no había ningunas tinieblas. En Él estaba la pureza y el poder de la luz inefable, para suplir las necesidades y solventar los problemas de un mundo culpable y entenebrecido. «*Yo*... he venido.» No hay otra luz que sea suficientemente poderosa para esparcir las tinieblas de un mundo. Él viene, no como un ciudadano para compartir nues-tros dolores, o como patrón para proteger nuestros derechos, sino como Luz para *revelar.* Ésta era la primera gran necesidad del mundo.

II. La naturaleza de esta Luz. Fue la luz de la voluntad del gran Padre Celestial revelada en el Hijo. «Yo no he hablado por mi propia cuenta», dice, «sino que el Padre que me envió, Él me dio mandamiento de lo que he de decir, y de lo que he de hablar» (v. 49). El cuerpo de Jesucristo era como una lámpara, la luz que era en Él era la Luz de Dios, y su manifestación era por medio de sus palabras y obras. Estas palabras y obras revelan un infinito amor y misericordia, de la mano con un poder y una santidad infinitas. El resplandor era perfecto, porque Él podía decir: «El que me ve, ve al que me envió» (v. 45).

III. El propósito de la Luz. «No he venido a juzgar al mundo, sino *a salvar el mundo*» (v. 47). El propósito de cada faro es salvar. La luz es una gran salvadora de la muerte y de la destrucción. Los había que estaban opuestos a las luces de gas, cuando fueron introducidas por vez primera en 1807, pero se ha afirmado que la nueva luz ha hecho más para reducir el crimen que todas las leyes del parlamento desde los tiempos de Alfredo. La luz de Cristo es el mayor enemigo del pecado. Ver el amor del Padre en la vida y muerte de su amado Hijo es ver nuestra propia necesidad y el único remedio de Dios. Él no ha venido como luz para resplandecer en juicio y condenación, sino para que el mundo pueda ser SALVO por medio de Él (Jn. 3:17).

IV. Cómo es recibida esta luz. «Para que todo aquel que cree en mí no permanezca en tinieblas» (v. 46). Esta luz celestial y salvadora resplandece en los corazones de aquellos que con el corazón creen en Él. Esta fe viene por el oír. «Al que oye mis palabras», etc. Da oído a sus palabras, créelas, date a ellas, y la luz de la vida poseerá tu alma. Mientras tengáis esta luz, creed en ella, obedecedla, seguidla, confiad en ella. Es tan real y tan libre como la luz del sol. Habiendo creído en Él como la Luz de tu vida, *confiésalo*, y no te quedes obstaculizado por el temor a los hombres, ni por el deseo de la alabanza de parte de ellos (véase vv. 42, 43; He. 11:27). Creer en Cristo es creer también en Aquel que lo ha enviado (v. 44). Honramos al Padre cuando por la fe recibimos la salvación que es en Cristo Jesús (Jn. 6:40).

V. Las consecuencias de rechazar la luz. Si los que creen en Él «no *permanecen* en tinieblas» (*cf.* v. 46), entonces los que no creen en Él *sí que permanecen en tinieblas*. La luz ha venido al mundo, pero los hombres aman las tinieblas en lugar de la luz, por cuanto sus hechos son malos. Permanecer en las tinieblas es permanecer en la muerte. Rechazar esta luz es rebelión en contra de la voluntad de Dios. En dolor yacerán los que prefieren las chispas que ellos mismos generan antes que la luz de la verdad eterna. Pero aunque los hombres rechacen estas *palabras* iluminadoras, o el mensaje de Dios en Cristo, y se aferren al engaño de las tinieblas, no por ello se han librado de esta luz; tendrán que volverla a afrontar en su forma más fiera y agostadora, porque Él dice: «La palabra que he hablado, ella le juzgará en el último día» (v. 48). La luz, que ha sido rechazada para que no consumiera su pecado, se tornará en fuego consumidor para los pecadores. Así como cada flor refleja el color que rechaza, así cada rechazador de Cristo será manifestado en aquel día (Jn. 3:19-21).

1.200. LA ESPERANZA DEL MUNDO

Juan 12:46, 47

I. La **condición** del mundo. «En tinieblas.»

II. El **carácter** de Cristo. «Una Luz.»

III. La **esfera** de su resplandor. «En el mundo.»

IV. El **propósito** de su venida. «Para salvar el mundo.»

V. La **condición** de la salvación. «El que cree en mí.»

1.201. LA ÚLTIMA PRENDA DEL AMOR DE CRISTO

Juan 13:1-17

La pascua y la cena, vinculadas aquí, son de lo más significativo. La pascua conmemoraba la liberación de la tiniebla y de la esclavitud de Egipto; la Cena suplía los emblemas de la redención de la tiniebla y el dominio del pecado. Lo que Faraón era para los israelitas, Judas lo fue para Jesucristo, y las consecuencias fueron muy parecidas: la repentina destrucción del enemigo, y el triunfo del Señor y de su pueblo. Fue aquí, en la Cena, que Cristo dio a sus discípulos la prenda de despedida de su amor hacia ellos que le llevó a tal humillación de Sí mismo. Tratemos de volver a meditar renovadamente acerca de:

I. Lo que hizo. «Se levantó de la cena, y se quitó su manto, y tomando una toalla, se la ciñó… y comenzó a lavar los pies de los discípulos, y a enjugarlos con la toalla con que estaba ceñido». Lavar los pies de los invitados era trabajo para un *esclavo*. «Se despojó a sí mismo, tomando forma de siervo» (Fil. 2:7). Ésta fue la actitud del Señor Jesús desde el comienzo. «Como el Hijo del Hombre no vino para ser servido, sino para servir, y para dar su vida en rescate por muchos» (Mt. 20:28). El Señor quisiera que nuestros pies (nuestro andar) fueran, junto con nuestros corazones, limpios.

II. Cuándo lo hizo. «Sabiendo que su hora había llegado para que pasase de este mundo al Padre (v. 1) … que el Padre le había dado todas las cosas en las manos, y que había salido de Dios, y a Dios iba» (v. 3). Este humilde acto de humillación y servicio personal fue llevado a cabo, por así decirlo, en vista de la terrible muerte de la Cruz y de la gloria que iba a seguir. La cercana perspectiva de la agonía de Getsemaní, la deserción de sus discípulos lavados, y la gloria eterna del Padre, no impidieron que Él se humillara a Sí mismo para asistir a la necesidad presente de ellos. ¡Cuán fácil nos es a nosotros quedar tan absortos por nuestros propios sufrimientos o triunfos que llegamos a ser egocéntricos y orgullosos, o faltos de consideración hacia los demás. Él no se agradó a Sí mismo, sino que por nosotros vivió y murió.

III. Cómo lo hizo. Lo hizo con *amor*. «Habiendo amado a los suyos… los amó hasta el fin» (v. 1). El amor brotaba de sus ojos, palpitaba en sus palabras, goteaba de sus dedos. Su toque era tan gentil como el de una madre. Lo hizo *voluntariamente*. Ni la ley ni la costumbre demandaba que ÉL lavara los pies de ellos. Lo hizo de su propia voluntad y elección. Fue una expresión de la realidad y profundidad de su gracia y amor, buscadora de vías de bendición. Lo hizo con *perfección*. Podemos estar bien seguros de que cuando Él les lavó los pies debían quedar bien limpios. Todas sus palabras son perfectas. «La sangre de Cristo nos limpia de *todo* pecado» (1 Jn. 1:7).

IV. Por qué lo hizo. «Os he dado ejemplo, para que como yo os he hecho, vosotros también hagáis así» (v. 15). Haya en vosotros también el mismo sentir que hubo en Cristo Jesús (Fil. 2:3-5). El lavamiento de los pies es una cuestión muy delicada, y tiene que ser hecho en el Espíritu de Jesús, porque no es placentero para la carne y la sangre que se le señalen sus faltas. Hay una forma de hacer que puede ser más ofensiva que provechosa. Reprender a un hermano o a una hermana de una manera poco amable es como lavar sus pies en agua helada; guardémonos también de que el agua no esté hirviendo de ira. No olvidemos que es más difícil para algunos cristianos mantener los pies (el andar) limpios, porque en su trabajo diario tienen caminos más sucios que recorrer, porque están más frecuentemente en contacto con las influencias ensuciadoras del mundo. Por humillante y penosa que sea la obra, el ejemplo de Cristo nos enseña que en ocasiones es necesario llevar a cabo esta obra. Habrá siempre aquellos que, como Pedro, estén dispuestos a decir: «No me lavarás los pies jamás», pero una pequeña y gentil explicación puede transformarlo en una experiencia dichosa. Pero ¡ay del que rehúse aceptar la bendición ofrecida por medio de la humillación de Cristo! No tendrá parte con Él (v. 8; Jn. 3:5).

1.202. MAESTRO

«Me llamáis *Maestro* y *Señor*; y decís bien, porque *lo soy*» (Jn. 13:13).

I. Él salva (Lc. 8:24).

II. Él llama (Jn. 11:28).

III. Él es supremo (Mt. 23:8). Algunos escapan de sus amos (1 S. 25; 10).

IV. Sus siervos le son responsables a Él (Ro. 14:5). No tenemos derecho a juzgar al siervo de otro.

V. Él emplea (2 Ti. 2:21). Naamán era grande ante su amo. ¿Lo somos nosotros ante el nuestro?

VI. Él da satisfacción (Mr. 9:5). Es siempre bueno estar donde *Él* está.

VII. Él volverá (Mr. 13:35). Volverá para dar recompensa por la obra de sus siervos, porque aquel día se acerca.

1.203. AUTOEXCOMULGADO

Juan 13:21-30

Nuestro Señor acababa de lavar los pies de sus discípulos, dándoles un ejemplo final de su humillación y servicio abnegado. Después de esto dice Juan que «se turbó en el espíritu» (RVR77 *margen*).

I. La causa de la turbación de Cristo. «Uno de vosotros me va a entregar» (v. 21). La causa de su turbación espiritual no era que en pocas horas iba a ser crucificado, sino que «*uno de vosotros*», sus compañeros escogidos y amigos, iba a *traicionarle*. Bien sabía Él que «no todos» estaban limpios (v. 11). Su corazón compasivo y tierno estaba turbado no por Sí mismo, sino por la terrible ingratitud y culpabilidad de aquel «uno» que ya había levantado «contra Él su calcañar» (*cf.* v. 18). Pensemos en todo lo que Judas había visto y oído de Jesús, el lugar que ocupaba, y la confianza de que había sido hecho objeto (permitiéndole llevar la bolsa), y pensemos también en la caída desde tal elevación de privilegio a tal desesperanzada perdición. Él no se complace en la muerte de los malvados. «Se turbó en el espíritu.»

II. La prenda del amor de Cristo. «Y mojando el pan, lo dio a Judas Iscariote» (v. 26). Al dar el bocado a Judas en primer lugar, Cristo no solo estaba mostrando a Juan quién le iba a traicionar, sino que estaba demostrando también al traidor que aunque Él sabía lo que había resuelto en su malvado corazón, sin embargo lo amaba hasta el fin. ¿Acaso no le había lavado los pies? Le había lavado el mismo polvo recogido en su secreta visita a aquellos asesinos sacerdotes. Si Judas, o cualquier otro, se empecinan en pecar hasta la condenación, no hallarán ocasión alguna en Aquel cuyo amor es más fuerte que la muerte. ¿Acaso buscaba el Señor Jesús con este acto humillante de lavar los pies de Judas que se ablandara su duro y engañoso corazón? Si es así, ¡cuán terriblemente sugestivas son las palabras que siguen: «Y después del bocado, entró Satanás en él». Las prendas de amor del Salvador no surtieron efecto alguno para cerrar la puerta de su corazón contra la entrada del diablo. Satanás está siempre dispuesto a aprovechar de una manera plena cada oportunidad. Los que rechazan la gracia de Dios en Cristo Jesús se hacen los voluntariosos incautos seguidores del diablo.

III. El apartamiento de la presencia de Cristo. «Cuando él, pues, tomó el bocado, salió en seguida; *y era de noche*» (v. 30). *Salió.* Cristo no lo echó fuera. Él prefirió salir a la noche en lugar de permanecer en la luz. Amó las tinieblas más que la luz, porque sus obras eran malas. Salió; su elección estaba definitivamente tomada. Pensemos en aquello de lo que salió y en aquello a lo que salió.

1. Salió de LA MEJOR COMPAÑÍA EN LA TIERRA, para ir a la compañía de asesinos aborrecedores de Dios y rechazadores de Cristo.
2. Salió de EL GOBIERNO Y SERVICIO DEL HIJO DE DIOS, para ir al gobierno y a la esclavitud de Satanás.
3. Salió de EL LUGAR DE LUZ Y DE ESPERANZA, para ir a la noche de tinieblas y de desesperación.
4. Salió de LA OFERTA DE BIENAVENTURANZA ETERNA, para ir al lugar de condenación eterna.

Aparentemente no salió como alguien encolerizado y fuera de todo control: salió de una manera ordenada, como uno que tenía algo más importante que *hacer;* algo más importante que *conseguir.* Pero al apartarse del amor de Cristo, en este momento particular, estaba rechazando su última oportunidad de salvación. Habiendo rehusado el lugar de Cristo, no le queda nada más que «Su lugar» (Hch. 1:25): la perdición. Puede que Judas se imaginara que su entrega del Maestro por treinta monedas de plata no le afectarían seriamente, por cuanto Él podía fácilmente salvarse de las manos de sus enemigos; pero cada traidor es culpable del cuerpo y de la sangre del Señor. La sangre de todo rechazador de Cristo será sobre su propia cabeza. «Y *no queréis* venir a mí para que tengáis vida» (Jn. 5:40).

1.204. PROBLEMAS DEL CORAZÓN, Y SU CURACIÓN

Juan 14:1

I. La enfermedad. Turbación del *corazón.* «No se turbe vuestro corazón.» Esta dolencia es *común.* Sus causas, *múltiples.* Su curación, humanamente imposible.

II. El remedio. «Creéis en Dios, *creed también en mí.*» En Mí:

1. Como el HIJO del Padre (v. 2).
2. Como el PROVEEDOR de los suyos (v. 2).
3. Como el CAMINO al Padre (v. 6).
4. Como la IMAGEN del Padre (v. 9).
5. Como el REPRESENTANTE del Padre (vv. 10, 11).
6. Como el RESPONDEDOR de la oración (vv. 13, 14).
7. Como el DADOR del Espíritu Santo (v. 16).
8. Como AQUEL QUE HA DE VENIR (v. 3).

1.205. UNA CURACIÓN INFALIBLE PARA EL DOLOR DEL CORAZÓN

Juan 14:1-4

Había varias razones por las que los corazones de sus discípulos estaban turbados o atemorizados en este momento. Judas había abandonado la compañía; el Señor había estado hablando acerca de irse, y había estado advirtiendo a Pedro que antes que el gallo cantara le negaría tres veces. Nuestros corazones también pueden a veces angustiarse cuando contemplamos las señales de los tiempos, o cuando contemplamos en nuestro interior nuestros propios pecados y fracasos. El dolor de *corazón* es un mal común, pero la palabra y la obra de Jesucristo constituyen un remedio perfecto. Él vino para sanar a los quebrantados de corazón. Cuando Jesús dijo: «No se turbe vuestro corazón», derramó al mismo tiempo el aceite de la consolación sobre las aguas turbadas. En esta receta para el corazón turbado, dada por el Gran Sanador, hay siete elementos de consolación.

I. El poder de Cristo. «Creéis en Dios, creed también en Mí.» DIOS, MÍ. Creer «en Mí» es creer también en Dios. «Yo y el Padre uno somos.» ¡Qué consolación para un alma pecadora y dolorida, poder saber que Aquel que sufrió y murió por los pecadores tiene toda la autoridad y el poder del Dios Omnipotente! «Toda autoridad me ha sido dada en el cielo y sobre la tierra» (Mt. 28:18). Alma que tiemblas, atemorizada ante tu propia culpa y ante la muerte y el juicio venideros: No se turbe tu corazón, cree en Él.

II. Las muchas mansiones. «En la casa de mi Padre hay muchas mansiones» (v. 2). Las «muchas mansiones» es otra manera de decir que hay abundante lugar. El recibidor de la casa del Padre es lo suficientemente grande para todos, y hay multitud de estancias privadas para la comodidad individual de los redimidos. Puede que en el aquí y en el ahora os encontréis en estrecheces. Puede que no haya lugar para *vosotros* en los mesones del mundo; aunque, como el mismo Maestro, puede que no tengáis donde reposar vuestra cabeza, no dejéis por ello que se turbe vuestro corazón: en la casa de nuestro Padre hay muchas mansiones.

III. El lugar preparado. «Voy, pues, a preparar lugar para vosotros.» Él fue a la Cruz y al sepulcro para preparar salvación para nosotros. Salió del sepulcro, resucitando de entre los muertos, para prepararnos la vida eterna. Ascendió al Cielo para preparar un hogar para nosotros. El lugar *preparado* se corresponderá con la preparación del alma aquí, por la obra del Espíritu Santo. La medida de nuestro goce del Reino de los Cielos será conforme a la medida de nuestra capacidad espiritual. De ahí la importancia de crecer ahora en la gracia, y en el *conocimiento de Dios.* El lugar preparado para el apóstol Pablo no será igual al lugar preparado para el ladrón arrepentido. No se turbe tu corazón, pues el lugar preparado para *ti* será totalmente idóneo para ti.

IV. El regreso. «Vendré otra vez.» Cuando Él dice: «Vendré otra vez», desde luego no significa la muerte. Aquel que es la *Vida* no puede nunca ser comparado con la *muerte.* Tampoco se refería al Espíritu Santo. El Espíritu Santo no había sido dado aún. No fue el Espíritu quien murió «por nuestros pecados». Él era una constatación de lo que decía, porque «el Señor *mismo* con voz de mando... descenderá del cielo», por tanto alentaos los unos a los otros con estas palabras (1 Ts. 4:16-18). No se turbe vuestro corazón acerca de vuestros seres amados que han dormido en Jesús, porque en aquel día «así también traerá Dios con Jesús a los que durmieron en Él» (v. 14), y «los que hayamos quedado, seremos arrebatados juntamente con ellos» (1 Ts. 4:17). Y tampoco dejéis que vuestros corazones se atemoricen ante todas las cosas que van a acontecer en la tierra, porque «es preciso que él reine hasta que haya puesto a todos sus enemigos debajo de sus pies» (1 Co. 15:25).

V. La gran recepción. «Vendré otra vez, *y os tomaré conmigo,* para que donde Yo estoy, vosotros también estéis.» Ser tomado por Él es que nos sea conferido el honor del Padre y del Reino. Su oración en nuestro favor tendrá entonces su perfecto cumplimiento: «Padre, aquellos que me has dado, quiero que donde Yo estoy, *también ellos estén conmigo,* para que vean mi gloria que me has dado» (Jn. 17:24). «Si alguno me sirve, sígame; y donde Yo esté, allí también estará mi servidor.» No se turbe vuestro corazón aunque el mundo os menosprecie y rechace, os espera una gloriosa recepción a la Venida del Señor.

VI. El hogar eterno. «Para que donde Yo estoy, vosotros también estéis.» Mientras, las neblinas de la tierra ciegan parcialmente nuestros ojos a las glorias del lugar en el que Él está. Dios le ha exaltado a Él muy por encima de todos los principados y potestades, y le ha dado un Nombre que es sobre todo nombre. Está sentado a la diestra de Dios, coronado de gloria y de honra; y allí donde Él está, allí estará su amada esposa, para contemplar su gloria, y para gloriarse en contemplarla. El lugar de honor ganado por el Señor Jesucristo, como Redentor, será compartido por los redimidos. No se turbe tu corazón, aunque tus circunstancias aquí abajo puedan entremezclarse abundantemente con pruebas y dolores: todas las lágrimas serán secadas cuando estemos en el hogar con Él, allí donde Él está.

VII. La bienaventurada certidumbre. «Sabéis adónde voy, y sabéis el camino» (v. 4). Bendito sea su Nombre, sabemos *adónde* ha ido, y también el *camino* a su presencia. Ha ido a preparar un lugar para nosotros, y Él mismo es el Camino. La fe en Él siempre conduce a Él. «Y sabéis el camino.» Hay un camino que parece recto al hombre, pero su fin es muerte, en lugar de vida y gloria. No se turbe vuestro corazón; el camino puede a veces parecer escabroso y espinoso, y puede que parezca largo, pero cinco minutos en el hogar con Jesús nos compensarán abundantemente por todos los inconvenientes de nuestra vida de peregrinaje. Sabéis el camino, y para nosotros debiera ser suficiente que es el camino.

1.206. «NADIE SINO POR MÍ»

Juan 14:6

Para acudir al Padre se precisa de tres cosas de una manera absoluta. Necesitamos:

1. **El Camino.** «Yo soy *el Camino*. Nadie viene al Padre sino por Mí».
2. **La Verdad.** «Yo soy *la Verdad*. Nadie viene al Padre sino por Mí».
3. **La Vida.** «Yo soy *la Vida*. Nadie viene al Padre sino por Mí». «Hay *un solo* Mediador».

1.207. «YO SOY EL CAMINO»

Juan 14:6

Cristo ha venido no para *mostrarnos* el camino, ni sólo para *abrir* el camino, sino para ser el camino. Él es el Camino.

1. Él es el Camino nuevo y vivo, Hebreos 10:19
2. Él es el Camino a través de padecimiento, Hebreos 10:19, 20
3. Él es el Camino al Padre, Efesios 2:18
4. Él es el Camino a la Salvación, Juan 10:9
5. Él es el Camino al Lugar Santísimo, Hebreos 9:8
6. Él es el Camino consagrado para nosotros, Hebreos 10:20
7. Él es el único Camino, Juan 14:6

«ÉSTE ES EL CAMINO, ANDAD POR ÉL» (Is. 30:21).

1.208. CRISTO Y EL PADRE

Juan 14:6-21

Cuando Felipe le dijo a Jesús: «Señor, muéstranos el Padre, y nos basta», estaba expresando el más profundo, secreto y misterioso anhelo del alma humana. El ojo curioso y crítico nunca puede ver la faz de Dios; son los de puro corazón los que le ven. Felipe, como multitudes en cada generación, era perfectamente sincero en su deseo, pero tardo en creer que Jesús mismo era la expresión visible del Dios invisible. «El que me ha visto a mí, ha visto al Padre» (v. 9). En este capítulo nuestro Señor se extiende acerca de este hecho, quizá en respuesta a la petición de Felipe. La relación de Cristo con el Padre sólo puede ser comprendida, en la medida que sea, pensando profundamente en las mismas declaraciones de Cristo acerca de ella. Las hipótesis de los racionalistas carecen de valor ante el hecho de sus propias y claras declaraciones. De su enseñanza aprendemos que:

I. Él moraba en el Padre. «¿No crees que yo estoy en el Padre?» (v. 10). El hogar de su alma era el seno de Dios. Como Hijo Él moraba en el amor de su Padre, deleitándose en su voluntad. Él moraba en el Padre para poder estar siempre con Él para la gloria de su Nombre entre los hombres (véase 1 Jn. 4:12-16).

II. Su Padre moraba en Él. «Creedme que yo estoy en el Padre, y el Padre está en mí» (v. 11). El Padre, con todas las riquezas de su glorioso carácter, moraba en el Hijo para la edificación y salvación del hombre. Él no se agradó a Sí mismo; más aún, se *despojó* a Sí mismo, para que el Padre se gloriara en Él. Estando en el Padre, moraba en amor eterno; estando el Padre en Él, se manifestó así el amor de Dios.

III. Él es la revelación del Padre. Lo vemos cuando dijo a Felipe: «Si me conocieseis, también conoceríais a mi Padre; y desde ahora le conocéis, y *le habéis visto*... El que me ha visto, ha visto al Padre» (vv. 7-9). Él es la imagen del Dios invisible (Col. 1:15). Ésta es la causa de aquel halo de gloria que rodea el carácter de Jesucristo, haciéndolo inaccesiblemente singular entre los hijos de los hombres. La revelación de Jesucristo en la tierra fue el apocalipsis (el desvelamiento) del Padre. Conocer a Cristo en su verdadero carácter interior es *conocer* al Padre.

IV. Sus palabras eran las palabras del Padre. «La palabra que habéis oído no es mía, sino del Padre que me envió» (v. 24). Esta doctrina, de una u otra forma, es declarada enfáticamente unas diez veces en este Evangelio. Es aquella verdad profunda y de gran alcance que los críticos de Cristo y de su enseñanza tan a menudo olvidan o ignoran de una manera deliberada. «Mi doctrina», dice Él, «no es mía, sino de Aquel que me envió» (cap. 7:16). «Yo, lo que he oído a Él, esto hablo al mundo» (cap. 8:26-28). Rechazar sus palabras es rechazar el mensaje del Dios y Padre eterno a los hombres, y perecer en pecado e ignorancia.

V. Sus obras eran las obras del Padre. «Para que el mundo conozca que amo al Padre, actúo como el Padre me mandó» (v. 31). Los mandamientos del Padre eran el motivo secreto de su vida. Precisamente cuando estaba para acabar su carrera de obediencia hasta la muerte, dijo: «Yo he guardado los mandamientos de mi Padre» (Jn. 15:10). Tenía poder para poner su vida, y poder para volverla a tomar, porque había recibido «este mandamiento» de su Padre. Sus maravillosas obras, así como sus maravillosas palabras, fueron manifestación de la gracia y poder del Padre operando por medio del Hijo. «Creedme que Yo estoy en el Padre, y el Padre en Mí; si no, creedme *por las mismas obras*» (v. 11).

VI. Su deseo era que el Padre fuera glorificado en Él. «Cualquier cosa que pidáis al Padre en mi nombre, la haré, para que el Padre sea glorificado en el Hijo» (v. 13). Para que el Padre pueda ser glorificado es por lo que Él no se agradó a Sí mismo, sino que habló las palabras e hizo las obras de su Padre; y ahora promete responder a la oración en su Nombre, para que el Padre, que es representado por el Hijo, pueda ser glorificado *en* el Hijo. Es ciertamente este hecho divino el que explica el valor y el poder de su Nombre en oración (Jn. 16:24).

VII. Él es el camino al Padre. «Yo soy el camino (...) nadie viene al Padre, sino por medio de Mí» (v. 6). Perder a Cristo como el Camino, la Verdad y la Vida es perder al Padre, porque el Padre está en Él y Él está en el Padre. «Éste es el verdadero Dios y la vida eterna». Él es el *Camino* al Padre, porque Él es la *Verdad* acerca del Padre, y la misma *Vida* del Padre. Cristo como el *Camino* debe ser recibido por *fe*, así como Cristo la Verdad y la Vida. Acudir a Él como el Camino es abandonar nuestro propio camino y esperar en Él como la Verdad y la Vida, y venir así a la comunión con el Padre en Él y por medio de Él (Ef. 2:18).

VIII. Amarle a Él es ser amados por el Padre. «El que me ama, será amado por mi Padre, y Yo le amaré, y me manifestaré a él» (v. 21). Amar al Señor Jesucristo es amar al Padre y ser amados por Él de una manera muy especial. El efecto de este amor mutuo es una manifestación adicional y más plena del mismo Cristo como la imagen del Padre al corazón del que ama. ¡Qué consolación saber que por cuanto amamos al Hijo de Dios somos amados por Dios, y que este gran amor de Él no puede encontrar una mayor recompensa que dar a sus amantes que una experiencia más plena y profunda de su Hijo, Jesucristo! ¡Ah, las profundidades de las riquezas que están en Él! ¡Cuán aguzadamente debe haber sentido el apóstol esta verdad cuando dijo: «Si alguno no ama al Señor Jesucristo, sea anatema. El Señor viene» (1 Co. 16:22).

1.209. LA HABITACIÓN DIVINA

Pero ¿serás tú mi huésped,
en este mi pobre corazón?
¡Tu huésped! ¿Es esto para mí?
¡En tu puro corazón, Señor!»

«Vosotros en Mí, y Yo en vosotros» (Jn. 14:20) es un profundo y misterioso dicho, pero una de las más preciosas verdades en la Revelación. Consideremos brevemente:

I. El desarrollo de esta doctrina. La revelación crece y se intensifica al pasar las edades, desde el Huerto del Edén hasta el Paraíso arriba.

1. DIOS EN EL HUERTO (Gn. 3:8). Llamando en misericordia a un hombre caído por sí mismo en la ruina.
2. DIOS EN LA ZARZA (Éx. 3:4). Buscando preparar un libertador para su pueblo, y asimismo declarando que *«he descendido* para librarlos» (v. 8).
3. DIOS EN LA COLUMNA (Éx. 14:24). Juzgando a los egipcios y conduciendo a sus redimidos en el desierto.
4. DIOS EN EL TABERNÁCULO (Éx. 40:34, 35). Llenándolo con su gloria y *declarándose* a su pueblo (Éx. 25:22).
5. DIOS EN EL TEMPLO (2 Cr. 7:1-3). Como Jehová de los ejércitos y defensor de su pueblo como nación.
6. DIOS EN CRISTO (2 Co. 5:19). Reconciliando *el mundo* a Sí mismo, no tomándoles en cuenta a los hombres sus transgresiones. «Dios manifestado *en carne*» (1 Ti. 3:16). Desde luego esto es gracia sobre gracia, pero no es todo.
7. DIOS EN VOSOTROS (1 Co. 6; 19). Vuestro cuerpo es el templo del Espíritu Santo, que mora en vosotros (1 Co. 3:16). Dios en vosotros para que seáis testigos para Él. Esta es la revelación *final* a un mundo impío. Escogidos *«para que anunciéis las virtudes de aquel* que os llamó de las tinieblas a su luz admirable» (1 P. 2:9).

II. La naturaleza de esta plenitud.

1. CRISTO ES FORMADO EN NOSOTROS POR EL ESPÍRITU SANTO (Gá. 4:19). Así como el Espíritu de Dios hizo sombra a María, de manera que Jesús el Salvador fue engendrado dentro de ella; por el mismo Espíritu Él es formado y revelado en nosotros (Gá. 1:16).
2. CRISTO EN NOSOTROS COMO EL PADRE ERA EN ÉL. «Yo en ellos, y Tú en Mí» (Jn. 17:23). El Espíritu del Padre moraba en Él.
3. ÉL ES EN NOSOTROS COMO LA SAVIA ES EN LA VID (Jn. 15:4). La fuente de vida y de fruto (Ef. 3:16, 17).

III. Los resultados de esta plenitud.

1. UNA VIDA DE FE. «Cristo vive en mí; y lo que ahora vivo en la carne, lo vivo en la fe del Hijo de Dios» (Gá. 2:20).
2. UNA VIDA GRATA A DIOS. «Dios es el que en vosotros opera tanto el querer como el hacer, por su buena voluntad» (Fil. 2:13). No somos suficientes por nosotros mismos ni para *pensar* (2 Co. 3:5). Dios en nosotros por su Espíritu mueve nuestra voluntad de tal manera que nos *deleitamos* en hacer su voluntad, encontrando nuestro placer en complacer a Dios (He. 13:20, 21).
3. UNA VIDA DE VICTORIA. «Mayor es el que está en vosotros que el que está en el mundo» (1 Jn. 4:4). El espíritu del Anticristo está en el mundo movimiento a los impíos a querer y a hacer lo que a Él le agrada; pero el Espíritu de Dios está en vosotros, con poder para hacer de vosotros más que vencedores (Ro. 8:37). El que obró eficazmente *en* Pedro y que fue poderoso *en* Pablo (Gá. 2:8), el mismo puede ser poderoso en nosotros para la gloria de su propio Nombre (Col. 1:29).

1.210. LA RECOMPENSA DEL AMOR

Juan 14:21-24

Las palabras del Señor Jesucristo son tan insondables como inescrutable su naturaleza. «Dios es amor»; Cristo es la perfecta manifestación de este amor. «El que me ama», dice Él, «será amado por mi Padre, y yo le amaré, y me manifestaré a él». En estas palabras tenemos la promesa y la condición de la más grande herencia espiritual que Dios en Cristo pueda otorgar a un alma humana.

I. La promesa. «Me manifestaré a él.» La revelación de *Sí mismo* es el mayor solaz del alma redimida. El propósito del Espíritu Santo en nosotros es tomar las cosas de Cristo y mostrárnoslas. El espíritu vivificado del hombre tiene que buscar y anhelar a Dios. «Mi alma tiene sed de Dios», dice el Salmista. Lo que Cristo ha *hecho* suple todas las necesidades del pecador; lo que Cristo es suple todas las necesidades de un siervo. Felipe puede haber sido ignorante, pero era honrado al decir: «Muéstranos el Padre, y nos basta» (v. 8). Deja que vea y conozca al Dios verdadero, y entonces quedaré satisfecho. Él no había comprendido aún que ver a Jesucristo fue ver al Padre (v. 9). Éste es el verdadero Dios y la vida eterna. Para suplir esta profunda necesidad espiritual de Felipe, Cristo se manifestó a *Sí mismo* a él. ¡Qué revelación debe haber sido ésta para Felipe! Veamos cómo Jesús responde a una pregunta similar de Judas (no el Iscariote): «¿Cómo es que *te manifestarás a nosotros*, y no al mundo?» (v. 22). La respuesta del Señor a esta importantísima pregunta está impregnada de una vital enseñanza. Él se manifestará en el Espíritu del Padre a quien le ame, viniendo y haciendo *«morada con él»* (v. 23). Esta manifestación no es exterior o externa; es la introducción de la vida y del carácter divinos en un poder lozano y pleno en el hombre interior. La presencia *residente* de Dios es la realidad más central, más solemne y más influyente con la que tiene que ver el cristiano. El anhelo de un corazón puro es ver a Dios. En tiempos de dolor, de soledad, de fatiga y de esterilidad y fracaso, nuestra verdadera necesidad se expresa en una sola palabra: «Él». Es imposible exagerar este hecho y privilegio de la gracia, que Cristo desea anhelante *manifestarse* A SÍ MISMO como el Sanador de todas las dolencias, la Fuente de toda feracidad, y el Vencedor en todas las luchas. Siempre y en cada ocasión en que se manifiesta a Sí mismo, se llevarán a cabo resultados dignos de Él. Cuando Él se mostró a Sí mismo tras su pasión, fue «con muchas pruebas indubitables». Aunque los dos hombres en el camino a Emaús no le reconocieron cuando se apareció, sin embargo Él *hizo arder sus corazones* dentro de ellos mientras hablaba con ellos (Lc. 24:32). Cuando se manifestó a María, siguió a ello una confesión y *comisión* (Jn. 20:16, 17). Cuando se manifestó a sus discípulos incrédulos, primero los *reprendió* (Mr. 16:14), y luego, cuando les hubo mostrado sus manos y sus pies, ellos se *gozaron*, y Él sopló sobre ellos, diciendo: *«Recibid el Espíritu Santo»* (Jn. 20:20-22). El resultado de su aparición al incrédulo Tomás fue confesión y *adoración* (Jn. 20:26-28). Su aparición a los discípulos a la ribera del lago transformó el fracaso de ellos en un gran *éxito* (Jn. 21). Tres veces se manifestó el Señor a Sí mismo al apóstol Pablo con el propósito de alentarle en su servicio (Hch. 23:11; 18:9, 10; 27:23, 24). Al sufriente y moribundo Esteban se reveló a Sí mismo como el Glorificado (Hch. 7:55). A la luz de todo esto, busquemos la significación y maravilla de esta promesa: «El que me ama... *Yo le amaré, y me manifestaré a él»*. La manifestación de Él mismo a nosotros es su manera infinitamente llena de gracia de afrontar y dar satisfacción a cada una de nuestras necesidades. Pero, ¿cómo es que se manifestará Él a nosotros, y no al mundo? Esto nos lleva a otra cuestión, esto es:

II. La condición. *«El que me ama.»* Esta promesa de Cristo es verdadera para siempre, y esta sencilla condición está siempre a disposición. Cristo se *manifestará* a aquellos que le *aman*. Es posible ser sabios y eruditos, fieles y entusiastas, y a pesar de ello destituidos de aquel profundo gozo y satisfacción que proviene por medio de la manifestación de Él mismo al corazón *amante*. Gracias a Dios que esta la mayor de todas las bendiciones no se promete a los eruditos ni a los laboriosos, sino a los amantes. «¿Me amas?» fue la apremiante pregunta de nuestro Señor tras manifestarse a sus discípulos junto al mar de Galilea. Tiene que hacerse muy sensible el corazón que quiera recibir y retener la imagen del Hijo de Dios revelada por el Espíritu Santo. Es el amor, no el conocimiento, lo que suscita capacidad para Cristo. Un amor intenso le es más grato a Él que una intensa reflexión. El que ama al Señor con todo su corazón vivirá en la continua visión de su presencia consoladora y gloria incomparable. La condición es el amor: pero la prueba del amor está en «guardar sus palabras», su enseñanza. «El que tiene mis mandamientos, y los guarda, ése es el que me ama... El que me ama, guardará mi palabra... El que no me ama, no guarda mis palabras» (vv. 23, 24). Juan, en su primera epístola, reafirma esta verdad con toda llaneza: «El que guarda su palabra, en éste verdaderamente el amor de Dios se ha perfeccionado» (2:5). El alma en la que se ha perfeccionado este amor será honrada con el apocalipsis (desvelamiento) de Jesucristo. Fue a Juan, el más amante de sus discípulos, a quien le fue dado el libro de «la Revelación de Jesucristo» (Ap. 1:1). El amor de Dios puede sólo ser perfeccionado en el corazón allí donde el amor responde al amor. Es imposible guardar sus palabras y crecer bajo sus enseñanzas, como Él desea que lo hagamos, excepto si hay en nosotros un creciente amor y devoción a la persona y obra de Cristo. En estos tiempos de actividad intelectual y moral, seamos diligentes en mantener nuestros corazones rectos para con Dios, pues de otro modo no habrá manifestación de SÍ MISMO como la suma de todo poder, bendición y éxito.

1.211. OBEDIENCIA

Juan 14:23, 24

> «El que me ama, guardará mi palabra; y mi Padre le amará, e iremos a él, y haremos morada con él. El que no me ama, no guarda mis palabras; y la palabra que habéis oído no es mía, sino del Padre que me envió».

La obediencia es la consecuencia necesaria del amor.

1.212. PÁMPANOS, DISCÍPULOS, AMIGOS

Juan 15

Éstos no son títulos vanos; el mismo Señor es autor de cada uno de ellos, pero están todos condicionados con alguna otra cosa. El primero con el permanecer; el segundo con dar fruto; el tercero, con la obediencia. Estos tres nombres son sugerentes de tres experiencias diferentes.

I. Como pámpanos, recibimos. «Yo soy la vid, vosotros los pámpanos» (v. 5). Este proceso y privilegio de recibir de la plenitud que es en Cristo no puede comenzar hasta que como pámpanos hayamos sido quebrados del viejo tronco de Adán e injertados en Aquel que es el segundo Adán, la Verdadera Vid. La preciosa savia de esta Vid (el Espíritu) nunca ministrará al orgullo de la vieja y egoísta vida de pecado. Pero habiendo sido plantados en Cristo, vivimos ahora por la fe que es en Él. La rama no puede vivir aparte de la vid, ni tampoco podéis vosotros. Vivir separados de Cristo es estar muertos en vida. «Porque yo vivo, y vosotros también viviréis» (Jn. 14:19), si permanecéis en Mí. La vida del pámpano, así, es una vida de *continua apropiación*. El llamamiento de la vid al pámpano es a tomar, tomar, tomar. «Si alguno tiene sed, venga a mí y beba». Esta recepción de la savia por parte del pámpano debía manifestarse en feracidad. Ser lleno del Espíritu es ser lleno del fruto del Espíritu; así como es posible obtener manzanas diferentes de un mismo tronco, así también puede que haya diferentes manifestaciones por el mismo Espíritu, según el carácter del pámpano. En tanto que nuestra unión con Cristo es la muerte de nuestra vida pecaminosa, no es la muerte de nuestra individualidad. En cada vida cristiana debería hallarse todo el fruto del Espíritu (Gá. 5:22, 23), pero, generalmente, en las vidas de los cristianos suelen destacar uno o dos aspectos de este fruto; esto puede deberse en parte a la naturaleza del receptor. Con todo, «el viento sopla donde quiere».

II. Como discípulos, seguimos. «Y seáis, así, mis discípulos» (v. 8). Al proseguir la metáfora de la vid y de los pámpanos aquí, la idea es que el pámpano sigue verdaderamente a la vid, cuando permanece en ella, y cuando por el poder impartido a ella, lleva fielmente a cabo el propósito para el que había sido dada la vid. Así, por una adhesión a la mente y voluntad de nuestro Señor, y por producir mucho del fruto del Espíritu, declaramos que estamos andando tras sus pisadas. «Si vosotros permanecéis en mi palabra, seréis verdaderamente mis discípulos» (Jn. 8:31). Este discipulado implica una buena disposición a sentarse a sus pies, como María, y a aprender de Aquel que es el gran Maestro venido de Dios. Implica también una buena disposición a creer cada palabra que dice. ¿Cómo pueden sus palabras *permanecer en nosotros* si no son recibidas por la fe? (v. 7). ¿Cómo podemos seguir su ejemplo si no vivimos y caminamos por la fe en la Palabra de Dios como Él lo hizo? Otra marca de discipulado es el amor de unos por otros (Jn. 13:35).

III. Como amigos, tenemos comunión. «Vosotros sois mis amigos... Os he llamado amigos [no siervos], porque todas las cosas que le oí a mi Padre, os las he dado a conocer» (vv. 14, 15). Un amigo está más cerca del corazón que un siervo: «El siervo no sabe lo que hace su señor». Es un privilegio muy sagrado y conducente a la humildad andar entre los hombres como amigos de Jesucristo. Como amigos de Él, viviendo en comunión con Él, llegamos a:

1. Compartir SUS SECRETOS. «El secreto de Jehová es para los que le temen» (Sal. 25:14). Fue de aquel que era el «amigo de Dios» que dijo Dios: «¿Encubriré yo a Abraham lo que voy a hacer...?» Los profundos propósitos de corazón del Hijo de Dios se revelan a aquellos que viven en comunión con Él. En la luz de su presencia ven la luz con claridad. Caminan entre las tenebrosas sombras de un mundo pecaminoso con los secretos de la vida, de la paz y de la gloria eterna en sus almas.
2. Compartir SUS SIMPATÍAS. Así como una esposa entregada llega a compartir los gustos y desagrados de su marido, lo mismo el amigo de Jesús, por su estrecho contacto con Él, llega a impregnarse de sus pensamientos y sentimientos. Llegan a amar todo lo que Él ama, y a aborrecer todo lo que Él aborrece. Están en una verdadera sintonía de corazón con Él en su deseo de honrar al Padre, y al mismo tiempo amar, y tratar de salvar, a los pecadores hijos de los hombres.
3. Compartir SUS PADECIMIENTOS. «El mundo... me ha aborrecido... Porque no sois del mundo... por eso el mundo os aborrece» (vv. 18, 19). Cristo padeció debido a su desemejanza con el mundo. Y poca diferencia notarán sus verdaderos amigos. Cristo padeció en su vida diaria por su sintonía con Dios su Padre, y su separación de los pecados y de los falsos conceptos de su era. Cuanto más nos lleguemos a asemejar a Él, tanto más sentiremos el poder de aquellas fuerzas en el mundo que se oponen a Él.
4. Compartir SUS CONSOLACIONES. «Porque de la manera que abundan en nosotros los padecimientos de Cristo, así abunda también por medio de Cristo nuestra consolación» (2 Co. 1:5). Ser hecho partícipe de sus padecimientos es venir a ser heredero de sus consolaciones. Estas consolaciones no son pocas ni pequeñas, sino, en buena medida, remecida, y rebosante. Lo que el Padre es para el Hijo, lo es el Espíritu Santo, el Consolador, para nosotros en una compensación constante, presente y todo suficiente por todos los dolores y sufrimientos en que hemos incurrido por nuestra identificación con Cristo, y servicio para Él. Si sufrimos, también *reinaremos* con Él; y esto es una gran consolación.

1.213. LA TRIPLE RELACIÓN DEL CRISTIANO

Juan 15

Este capítulo será siempre una hondura insondable de instrucción espiritual, por cuanto los veinte «Yo» que se encuentran en él son cada uno de ellos un árbol de la vida tan grande como Dios, cargado de los frutos de la gracia. Todas las palabras de Jesucristo son eternamente lozanas y en sazón. El aliento de la vida eterna ha sido soplado en ellas, por lo que están destinadas a vivir para siempre. Todo el capítulo podría dividirse en tres partes, mostrando cada uno de ellas una relación distintiva con el creyente.

I. Nuestra relación con Cristo (vv. 1-11). Aquí se nos enseña que es una relación de

1. VIDA: «Yo soy la vid, vosotros los pámpanos» (v. 5). La conexión es vital. Cada pámpano es hecho partícipe de la vida que está en la vid. Así, por su gracia somos hechos «partícipes de la naturaleza divina», plantados en Él, que es la vida de los hombres y la plenitud de la Deidad corporalmente (1 Jn. 5:11).
2. DEPENDENCIA TOTAL. «Como el pámpano no puede llevar fruto por sí mismo, si no permanece en la vid, así tampoco vosotros» (v. 4). El principal propósito de la rama no es meramente sacar toda la vida que pueda de la vid para mantener su propia existencia, sino dar fruto. Para esto, es absolutamente necesaria una comunión ininterrumpida con la vid. Para ser fructíferos para Dios (el Labrador), tenemos que permanecer en Cristo cada momento, para que su Espíritu y Palabra permanezcan continuamente en nosotros.
3. COOPERACIÓN. «Separados de Mí, nada podéis hacer» (v. 5). La vid y las ramas laboran juntamente en llevar fruto. Jesús, como la verdadera Vid, desea que el Padre sea glorificado en la feracidad de aquellos que, como ramas, son unidos a Él mediante una amante fe, siendo hechos partícipes de su gracia y Espíritu. Si el «beneplácito» de Dios ha de ser obrado en nuestras vidas, lo será gracias a su obra en nosotros tanto en cuanto al querer como al hacer (Fil. 2:13). Una rama estéril es una deshonra para la vid; las fructíferas dan gloria a su nombre.
4. GRANDES POSIBILIDADES. «Si permanecéis en Mí, pedid todo lo que queráis, y os será hecho» (v. 7). ¿Quién ha probado jamás todas las potencialidades espirituales que yacen ocultas en estas pocas y sencillas palabras: «YO EN VOSOTROS» (v. 4). Nuestra unión con Cristo pone al alcance de los hombres aquellas cosas que les son en principio imposibles. Pablo sabía el poder de ello cuando dijo: «Todo lo puedo en Cristo que me fortalece» (Fil. 4:13). Tened fe en Dios.

II. Nuestra mutua relación (vv. 12-17). «Que todos sean uno», ésta fue la oración de nuestro Señor por sus seguidores (Jn. 17:21). Como creyentes, estamos estrechamente relacionados unos con otros. Aquí tenemos:

1. UNA UNIDAD DE VIDA. Cada rama está poseída por la misma savia (el Espíritu), y depende de la misma fuente. Una sola vida espiritual, gobernada por la única Cabeza, anima a todo el cuerpo de Cristo. «Cristo nuestra vida.» Todos somos nacidos del mismo Espíritu y formamos parte de la misma familia.
2. UNIDAD DE AMOR. «Que os améis unos a otros, como Yo os he amado» (v. 12). Amarse unos a otros como *Cristo nos ha amado* es amar con el *amor de Dios* derramado en nuestros corazones. Su amor fue inmerecido, desprendido y permanente. Nosotros lo amamos a Él porque Él nos amó primero, así que si su amor está en nosotros, no esperaremos hasta ser amados antes de amar a otros. Persistiremos en amar *primero*, porque es el amor de Cristo en nosotros. El que ama a Dios amará asimismo a su hermano (1 Jn. 4:21). Amarse unos a otros es la marca universal del discipulado (Jn. 13:35).

3. UNIDAD DE AMISTAD. «Os he llamado amigos, porque todas las cosas que le oí a mi Padre, os las he dado a conocer» (v. 15). *Hacer su voluntad* constituye la esencia de esta santa amistad (v. 14). «Todo aquel que hace la voluntad de mi Padre que está en los cielos, ése es mi hermano» (Mt. 12:50). En nuestra obediencia a la voluntad de Dios somos introducidos a esta divina hermandad, donde el «secreto del Señor» viene a ser propiedad común (Sal. 25:14). Fue precisamente por la fidelidad de Abraham a la voluntad de Dios que Él se preguntó: «¿Encubriré Yo a Abraham lo que voy a hacer?» (Gn. 18:17).
4. UNIDAD DE OBRA. «Yo os elegí a vosotros, y os he puesto para que vayáis y llevéis fruto» (v. 16). Nuestra unidad de vida y privilegio lleva a la unidad de servicio. Hemos sido *unidamente* escogidos y designados para ir y llevar el fruto del carácter de Cristo en nuestras vidas para la gloria del Padre, no para la gloria del pámpano individual. Allí donde esta verdad es conocida experimentalmente no hay lugar para los celos ni la envidia. Si un pámpano tiene más éxito que otro, habrá un gozo mutuo de que el corazón del Labrador ha recibido dicha. La fuente de toda feracidad no está en la rama, sino en la vid. «De Mí será hallado tu fruto» (Os. 14:8).

III. Nuestra relación con el mundo (vv. 18-27). Ésta puede ser expuesta con las siguientes palabras:

1. SEPARACIÓN. «No sois del mundo» (v. 19). Todo el mundo yace en el maligno, pero vosotros habéis sidos elegidos *de entre el mundo.* Escogidos para ser un pueblo especial para Él mismo, no porque fuerais mejores o más poderosos que otros, sino porque el Señor os amó (Dt. 7:6-8). Llamados por su gracia, purificados por su Sangre, y hechos aptos para su comunión mediante la morada de su Espíritu.
2. OPOSICIÓN. «Porque no sois del mundo..., por eso el mundo os aborrece» (v. 19). Tan pronto como vinimos a ser hijos de Dios el mundo dejó de conocernos, y nos menospreció como a forasteros y peregrinos (*cf.* 1 Jn. 3:1). El verdadero discípulo no puede esperar pasarlo mejor que su Maestro (Mt. 10:22). La «contradicción de pecadores» debe ser esperada por todos aquellos que quieran seguir en los pasos de Cristo (He. 12:2-4). «Bienaventurados seréis cuando por mi causa os vituperen... porque vuestro galardón es grande en los cielos» (Mt. 5:11).
3. TESTIMONIO. «Y vosotros daréis testimonio también, porque *estáis conmigo desde el principio»* (v. 7). Hemos sido separados por Él para ser sus testigos, en medio de una generación torcida y perversa. En cualquier tribunal ordinario, los testigos son personas *separadas;* no están allí para ver y ser vistas, sino para dar su testimonio. Nuestra parte en este gran tribunal del mundo, en el que Cristo sigue siendo juzgado y condenado, es como testigos de Él. Cuanto más íntimamente le conozcamos a Él: su Palabra, su obra, y su voluntad, tanto más poderosa y convincente será la evidencia que presentemos (Lc. 24:28). Somos sus testigos de estas cosas. ¿Qué cosas? Somos testigos de su muerte, porque hemos sido resucitados de los muertos; de su ascensión, porque estamos sentados juntamente con Él en lugares celestiales. «Así alumbre vuestra luz» (Mt. 5:16).

1.214. LA TRIPLE RELACIÓN DEL CREYENTE

Juan 15

Este capítulo es una continuación de las últimas palabras de nuestro Señor a sus aturdidos discípulos, y revela:

I. Nuestra relación con Cristo. Nuestra unión con Él implica:

1. UNIDAD DE VIDA. «Yo soy la vid, vosotros los pámpanos» (v. 5). La vida que está en el pámpano es la misma vida que está en la vid. Es la savia de la vid la que opera en el pámpano. Así que es Dios quien obra en nosotros tanto el querer como el hacer de su buena voluntad (Fil. 2:13).
2. TOTAL DEPENDENCIA. Sin la vid, el pámpano no puede hacer nada, sino secarse y morir: «El que *en mí no permanece,* es echado fuera como el pámpano, y se seca» (v. 6). La esterilidad en la vida cristiana es evidencia de una relación quebrantada. No crecen uvas de un pámpano sin savia. Pablo conocía este poder del Espíritu residente. «Todo lo puedo *en Cristo,* que me fortalece» (Fil. 4:13). Ser lleno de su Espíritu es la primera condición para llevar fruto.
3. COOPERACIÓN. «En esto es glorificado mi Padre, en que llevéis mucho fruto» (v. 8). La vid podría decirle al pámpano: «Separado de mí, nada puedes hacer». Pero en un esfuerzo unido ambos pueden llevar a cabo su propósito. Sin Cristo la Iglesia no puede hacer nada que glorifique al Padre. Pero no osaremos decir que sin la Iglesia Cristo no puede hacer nada, porque Él podría fácilmente enviar legiones de ángeles como heraldos del Evangelio; pero Él ha escogido a los redimidos por su Sangre y salvos por su gracia para ser sus testigos. En esto reside la responsabilidad de la Iglesia.

II. Nuestra relación unos con otros.

1. TODOS UNO EN CRISTO. Los pámpanos son todos en una vid. «Os he puesto para que vayáis y llevéis fruto» (v. 16). Nosotros somos hechura suya. Creados en Cristo Jesús para buenas obras (Ef. 2:10). Cada creyente individual es miembro de su Cuerpo, y, como tales, miembros unos de los otros.
2. UNO EN AMOR. «Que os améis unos a otros, *como yo* os he amado» (v. 12). Éste es el nuevo mandamiento de Cristo a su pueblo renacido (Jn. 13:34). Éste fue el mensaje que oyeron *al principio* de su vida cristiana (1 Jn. 3:11). ¡Ay, qué lentos que somos en aprenderlo! Uno puede tener grandes dones, gran sabiduría, gran fe; pero *sin amor,* nada es (1 Co. 13:2).
3. UNO EN OBRA. Tenemos sólo un Señor, y un propósito en la vida: dar fruto que permanezca (v. 16). Para este fin Él dio esta promesa llena de gracia: «Para que todo lo que pidáis al Padre en mi nombre, os lo dé» (v.

III. Nuestra relación con el mundo. Nuestra posición en el mundo es de:

1. SEPARACIÓN. «*No sois del mundo,* sino que yo os elegí *del mundo»* (v. 19). Habiendo sido hechos nuevas criaturas en Cristo Jesús, somos ahora, *en carácter,* extranjeros y peregrinos en el mundo. Separados para Dios, y salvos de la ira que viene sobre un mundo que «yace en poder del maligno» (1 Jn. 5:19).
2. OPOSICIÓN. Porque no sois del mundo, ... *por eso* el mundo os aborrece» (v. 19). Éste es el odio de Caín, que mató a su hermano Abel porque sus obras eran malas, y las de su hermano justas (1 Jn. 3:12). La *vida* del creyente está opuesta al espíritu que está en el mundo. Él no puede odiar a los impíos, pero sí que puede *resistir,* y resiste, a todo lo que tiene sabor al diablo. Orar por nuestros enemigos es el ejemplo de Cristo de resistencia pasiva. Le basta al discípulo ser como su Señor (Mt. 10:25).
3. TESTIMONIO. «El Espíritu de verdad... él dará testimonio acerca de mí. Y vosotros daréis testimonio *también»* (vv. 26, 27). Somos sus testigos, como *también* lo es el Espíritu Santo (Hch. 5:32). Sobre el testimonio de estos dos testigos quedará establecida su Palabra. Cuando su Palabra arda en nuestros corazones como «fuego encerrado en nuestros huesos», entonces, como Pedro y Juan, nos sentiremos constreñidos a decir: «No podemos menos de decir lo que hemos visto y oído» (Hch. 4:20). «Vosotros sois mis testigos.» Hay un ¡ay! para los que ocultan su luz (1 Co. 9:16, 17).

1.215. LLEVANDO FRUTO

Juan 15:1-8

Israel, como vid, fue sacada de Egipto y plantada en Canaán, después que los paganos hubieran sido echados fuera como malas hierbas (Sal. 80:8). La vida, aunque noble, y de una simiente correcta, pronto degeneró hasta ser una planta extraña para Dios (Jer. 2:21). Pero Jesucristo es la VERDADERA Vid, traída del cielo y plantada en la tierra. Él fue el testigo fiel y verdadero. No había nada en Él que originara un sentimiento de alienación o de frustración en el corazón de Dios. Él fue fiel a Dios, fiel a su propia naturaleza, fiel a su medio, y a los hijos de los hombres. Pero el principio pensado aquí es que, como Vid, Él es fiel a aquellos que están asociados con Él como pámpanos, para que puedan dar fruto. Obsérvese:

I. El origen del fruto. «La vid.» El pámpano no puede dar fruto por sí mismo (v. 4). «Separados de mí nada podéis hacer» (v. 5). Las ramas empobrecidas en esta vid no constituyen evidencia alguna de una vid empobrecida, porque Dios no le da a él el Espíritu con limitaciones (Jn. 3:34). Todos los tesoros de sabiduría y conocimiento, de gracia y poder, están en él, sí, la «plenitud de la Deidad». «De Mí será hallado tu fruto» (Os. 14:8).

II. La eliminación de los sin fruto. «Todo pámpano que en mí no lleva fruto, lo quita» (v. 2). «El que en Mí no permanece, es echado fuera como mal pámpano, y se seca» (v. 6). Esto puede referirse a aquellos que están en Él *religiosamente,* pero no *espiritualmente;* aquellos que desde su nacimiento han sido criados en la forma de piedad, pero que nunca han conocido el poder ni la dulzura de su comunión.

Hay una semejanza externa con la rama de la vid, pero ninguna producción de fruto de la vid, por lo que el labrador lo trata como carente de conexión con la vid. Un pámpano así «echado fuera» no puede hacer otra cosa que *secarse*. Aparte de Cristo, no hay poder salvador ni preservador en el hombre. Son solo aquellos cuyas raíces están en el río de Dios que no verán sus hojas marchitarse (Sal. 1:3). Estos pámpanos secos son recogidos, no por ángeles segadores, sino por *hombres*, que los echan en el fuego de la prueba, y quedan quemados. Una vida religiosa carente de Cristo nunca servirá de mucho a los hombres, y mucho menos a Dios. Lo mismo que la sal que ha perdido su sabor, para nada son buenos.

III. La poda de los fructíferos. «Todo aquel [pámpano] que lleva fruto, lo limpia, para que lleve más fruto» (vv. 2, 3). Hay desarrollos en la vida cristiana, como en la vid, que no tienden a dar fruto, brotes que muestran un vigor solamente bueno para la podadora. La riqueza de la gracia de Dios se ve aquí en buscar hacer más fructífero a lo fructífero. Él desea hacer más adecuados para su servicio a los que son adecuados. El proceso puede ser penoso, como ver *nuestros* recién nacidos deseos y renovados esfuerzos cortados y echados a un lado como estorbos; mas sea hecha su voluntad. La vida del corazón debe ser mantenida pura por la *fe* (Hch. 15:9). La podadera es la Palabra de Dios, que es aguzada y eficaz… discerniendo los pensamientos y las intenciones del corazón. «Y ahora estáis limpios por la Palabra.»

IV. La naturaleza del fruto. «Que llevéis mucho fruto, y seáis, *así*, mis discípulos» (v. 8). El verdadero discípulo es aquel pámpano que lleva mucho del fruto de la vid. Nosotros somos los verdaderos discípulos de Cristo, siempre que su carácter se manifiesta en nuestras vidas. Lo que la savia de la vid es para el pámpano, lo es el Espíritu de Cristo para el cristiano. El fruto del Espíritu es amor, gozo, paz, etc., porque el Espíritu mismo es todo esto, y cuando Él tiene acceso libre a nuestros corazones, y un pleno control sobre ellos, sus mismas características personales aparecerán como fruto en nuestras vidas.

V. La condición de la feracidad. «El que permanece en Mí, y Yo en él, éste lleva mucho fruto» (v. 5). El lado humano es: «Él en mí»; el divino: «Yo en él». «El pámpano no puede llevar fruto por sí mismo, … así tampoco vosotros, si no *permanecéis* en mí» (v. 4). «En *mí*», esto es, en mi carne, no mora el bien, pero en ÉL mora toda la plenitud. El constante contacto con Él implica la actitud de una receptividad continua: «Yo en él». Permanecer en Él es permanecer en su Palabra, su voluntad, y su obra, y entonces Dios obra en nosotros tanto el querer como el hacer de su buena voluntad.

VI. Los resultados de la feracidad. «En esto es glorificado mi Padre, en que llevéis mucho fruto, y seáis, así, mis discípulos» (v. 8). El resultado es doble: El Padre es glorificado, y se demuestra nuestro verdadero discipulado. Es para honra del labrador que el árbol da abundante fruto. Es también muestra de la calidad del árbol, que de esta manera demuestra la bondad de su carácter por sus obras. Allí donde hay un discipulado de todo corazón habrá fruto y una vida glorificando al Padre. El fruto es el resultado natural de un fiel seguimiento de Cristo, así como evidencia de ello. La vida vivida en Cristo, y para Él, es la única vida que glorifica a Dios. «Mucho fruto» significa mucho amor, mucho gozo, mucha paz, etc.

1.216. SIN MÍ

Juan 15:5

Sin Cristo el hombre está:

1. En peligro, como una **oveja perdida,** Lucas 15:4-6
2. Tan negro como **el etíope,** Jeremías 13:23
3. Tan miserable como un **niño abandonado,** Ezequiel 16:5-8
4. Tan repulsivo como un **leproso**, Marcos 1:40
5. Tan impotente como **un árbol corrompido,** Mateo 7:18
6. Tan pobre como un **quebrado**, Mateo 18:24-27
7. Tan desesperanzado como **un pámpano desgajado,** Juan 15:5

1.217. YO Y VOSOTROS

Juan 15:12-26

En este capítulo solamente Cristo emplea el pronombre personal en primera persona con un *estudiado énfasis* once veces. En cada caso, la principal importancia de las palabras pronunciadas reside en el carácter de Aquel que habla. En estos impresionantes Yo que emplea tenemos el pensamiento de:

I. Gracia. «Yo os he amado» (v. 12). A *vosotros*, que estabais alejados, pero que ahora habéis sido hechos cercanos; *vosotros* que me ignorabais en el pasado, cuando caminabais conforme a la corriente de este mundo. Yo *os he amado* con un amor que solamente puede ser comparado con el amor con el que el Padre me ha amado (v. 4). «Porque ya conocéis la gracia de nuestro Señor Jesucristo, que por amor a vosotros se hizo pobre, siendo rico, para que vosotros fueseis enriquecidos con su pobreza» (2 Co. 8:9).

II. Separación. «Yo os elegí del mundo» (v. 19). «El mundo entero yace en poder del maligno» (Jn. 5:19). Ser escogidos por Cristo es ser llamados fuera del mundo a su comunión y Reino. En esta comunión seréis partícipes de sus padecimientos, porque el mundo que a Él le aborreció os aborrecerá a vosotros. El espíritu cainita que trata de dar muerte a los que son más justos que ellos está siempre con nosotros (1 Jn. 3:12). Hemos sido escogidos de entre el mundo como Noé, para que fuéramos salvados de él, y venir a ser testigos en contra de él. Como Abraham, debemos salir fuera por la fe.

III. Amistad. «Os he llamado amigos» (v. 15). Ser llamados amigos por parte de Aquel que es el mejor Amigo de Dios es ciertamente un honor. Fue un día muy feliz para Mardoqueo cuando fue declarado amigo del rey (Est. 6:11). Los *siervos* tienen privilegios de cocina, pero los *amigos* tienen privilegios de salón. Cualquier rincón de la casa del Señor es en sí un honor y una bendición, pero codiciad anhelantes los mejores dones. Él os considerará *amigos* si permanecéis en Él.

IV. Enseñanza. «Todas las cosas… os las he dado a conocer» (v. 15). Él es el gran Maestro venido parte de Dios. Así como se dedicó a inculcar en las mentes de sus discípulos aquellas cosas que había oído de su Padre, así por el Espíritu Santo Él sigue dando a conocer la voluntad del Padre, porque todas las cosas le son ahora entregadas en sus manos, y el Espíritu toma las cosas que son de Él y nos las muestra a nosotros.

V. Responsabilidad. «Yo os elegí a vosotros… para que vayáis y llevéis fruto» (v. 16). Habiendo llamado amigos a sus discípulos, y habiéndoles instruido en las cosas acerca de Él mismo, espera Él que sean algo más que meros *pacientes* en manos de un sanador. El amor que ha crecido hasta la amistad tiene que ir madurando hacia un fructífero servicio. Una rama sin fruto nunca sirve para el propósito de la vid. Una profesión cristiana estéril es un falso testimonio de Cristo. «*Escogidos y puestos* para llevar fruto» (v. 16). Si el fruto del Espíritu no se manifiesta en nuestras vidas, estamos siendo infieles tanto a nuestro llamamiento como a nuestra designación.

VI. Amor fraternal. «Esto os mando: Que os améis unos a otros» (v. 17). El amor es el vínculo que debe mantener unido a su pueblo en medio del odio y de la oposición de este mundo. Es su *mandamiento,* su *nuevo* mandamiento que es la suma de toda la ley. Tened en *vosotros mismos* esta sal de amor, y tendréis paz unos con otros (Mr. 9:50). No amarse unos a otros es un acto de rebelión contra el gobierno de Cristo.

VII. Promesa. «El Consolador, a quien yo os enviaré…» (v. 26). En este versículo, la palabra Consolador puede ser traducida por «Ayudador». Este prometido «Ayudador» es el «Espíritu de verdad». Este «Espíritu de verdad… el mundo no puede recibir, porque no le ve, ni le conoce; pero… estará en *vosotros*» (Jn. 14:17). Al prometer el Espíritu, Cristo prometió todo lo necesario para la vida y el servicio. Él es el Espíritu de verdad, de gracia, de ardor, y de poder. ¡Qué Ayudador es Él! ¡Cuán inútil testificar sin Él! «El Consolador, a quien yo *os* enviaré.» «Recibid el Espíritu Santo.»

1.218. ¿SOMOS SIERVOS O AMIGOS?

> «Ya no os llamo siervos, porque el siervo no sabe lo que hace su señor; sino que os he llamado amigos» (Jn. 15:15).

Hay dos clases mencionadas aquí: *siervos y amigos*. Pueden representar dos clases de cristianos, o dos experiencias diferentes en la vida cristiana. Los que viven en el atrio exterior y los que en el interior de la comunión. En base de estas palabras profundamente significativas podemos aprender:

I. Que es un privilegio ser un siervo, pero mayor aun ser un amigo. Los siervos de uno puede que no siempre sean sus amigos. Podemos servir al Señor en cierto modo sin sentirnos dichosos con su amistad.

II. Que los siervos son asalariados, pero que los amigos lo son por elección personal. Es fácil conseguir siervos si la paga es generosa. Los amigos no se compran con dinero. ¿Estamos sirviendo al Señor únicamente por las ventajas materiales o sociales que nos vengan de ello, o estamos relacionados con Él por nuestra elección cordial? ¿Siervos, o amigos?

III. El siervo no conoce los propósitos secretos de su amo, pero sus amigos sí. El mero siervo tiene suficiente con *obedecer*, pero al amigo se le revelan las cosas ocultas (1 Co. 2:10). El asalariado no puede recibir el don del Espíritu Santo, precisamente porque es un asalariado, y por ello no se le puede impartir la sabiduría secreta. Los *amigos* son sabios en Cristo, teniendo una unción del Santo, y conociendo todas las cosas (cp. Sal. 25:14).

IV. El siervo trabaja por su salario, y el amigo sirve por amor. El amor de Cristo constriñe a los que viven en el círculo interior de su amistad. Los que sirven por salario anhelan el alargamiento de las sombras del atardecer para poder cesar de su trabajo. Siempre se alegran cuando la tarea se ha terminado. No es así con los amigos. A estos se les encuentra diciendo constantemente: «¿Qué puedo hacer ahora por ti?» *Viven* para el honor de su Nombre y para el bien de su causa. Para mí, el vivir es Cristo.

V. El siervo sugiere obediencia, pero el amigo comunión. El Señor dijo: «¿Encubriré Yo a Abraham lo que voy a hacer?» (Gn. 18:17). Abraham era más que un siervo: era el «amigo de Dios». Los amigos se mostrarán amistosos. Si alguien me ama, mis palabras guardará. «Vosotros sois mis amigos si hacéis cuanto Yo os mando». ¿Qué sois? ¿Siervos asalariados, o amigos entrañables?

1.219. PODER PARA EL SERVICIO

> «Cuando venga el Consolador, a quien Yo enviaré del Padre, el Espíritu de verdad, el cual procede del Padre, Él dará testimonio de mi; y *vosotros* daréis testimonio *también*» (Jn. 15:26, 27).

> «Recibiréis poder, cuando haya venido sobre vosotros el Espíritu Santo, y me seréis testigos» (Hch. 1:8).

> «Testificando Dios juntamente con ellos, tanto con señales como con prodigios y diversos milagros y dones distribuidos por el Espíritu Santo» (He. 2:4).

Cuando el Espíritu Santo fue dado por medio de Jesucristo y procedente del Padre, vino como Consolador (Abogado), y como Espíritu de verdad para dar testimonio de la resurrección y ascensión de Cristo, y para dotar a sus seguidores de poder para dar testimonio de Él. Cada hijo de Dios debiera ser un siervo. «Hijo, ve a trabajar hoy a mi viña.» Cada uno de los que han sido *liberados* por Él debería servirle sin temor en santidad todos los días de su vida (Lc. 1:74, 75). Para el servicio divino se precisa de una dotación divina.

I. Se precisa de poder. «*Vosotros quedaos* en la ciudad [de Jerusalén], *hasta* que seáis revestidos de poder desde lo alto» (Lc. 24:49). El Señor Jesús permaneció durante treinta años hasta el tiempo de manifestarse, cuando recibió poder de lo alto en el Jordán. Pero no es su *quedarse* que queremos enfatizar tanto como el hecho de que *no debían ir* en su Nombre hasta que hubieran recibido una especial dotación espiritual para esta obra concreta de testimonio. Jesucristo conocía el poder de las fuerzas del mal que debían ser vencidas, y que sin la presencia del Espíritu Santo de poder todos sus esfuerzos propios no valdrían de nada. Él no luchó contra *carne y sangre*, sino contra principados y potestades, contra los *dominadores de este mundo de tinieblas*» (Ef. 6:12). Por ello, debían ellos revestirse de toda la ARMADURA DE DIOS antes de lanzarse a esta guerra santa. Un hombre, por sí mismo, igual podría esperar hacer retroceder la marea con un bieldo que vencer las obras de las tinieblas sin el poder del Espíritu Santo. El revestimiento o bautismo del Espíritu Santo marca el servicio del hombre de Dios con *autoridad divina*. Sin este poder, nuestra obra para Dios será solamente causa de ridículo para los espíritus malignos.

II. Se da provisión de poder. «*Recibiréis poder* cuando haya *venido sobre vosotros* el Espíritu Santo» (Hch. 1:8). «Esto es lo dicho… derramaré de mi Espíritu» (Hch. 2:16; 10:45). Cuando vino el Espíritu Santo, vino como un VIENTO RECIO, símbolo de poder. Como viento está al alcance de todos, y todos los apremiantes poderes del infierno no podrán resistir a su poderosa *reciedumbre* (Is. 59:19). Lánzate a esta impetuosa corriente y aprovecha totalmente esta influencia espiritual todo-suficiente que espera, en la persona del Espíritu Santo, ser ligada a tu debilidad. Bien podemos gloriarnos en nuestras debilidades cuando el poder de Cristo reposa sobre nosotros (2 Co. 12:9).

III. La naturaleza de este poder. Es *espiritual*: el poder del Espíritu Santo. Consiste de una idoneidad para adaptar con una rectitud sin fallos y convincente las «cosas de Dios» a los impotentes y destituidos espíritus de los hombres. No es tanto un *don* del Espíritu como la obra del mismo Espíritu Santo en y por medio del corazón que ha sido totalmente entregado a Él como morada de Dios. Es algo enteramente diferente de los poderes que dominan en este presente mundo malo. 1) No es un *poder* económico. «Plata y oro no tengo, mas lo que tengo te doy.» 2) No es un *poder intelectual*. «Eran hombres sin letras y del vulgo» (Hch. 4:13). Son las cosas *necias* y *débiles* las que ha escogido Dios como canales de *su sabiduría* y *poder*, para que ninguna carne se gloríe en su presencia (1 Co. 1:27). (3) No es un *poder social*. Aquellos hombres poderosos que estaban al frente de la batalla en los primeros tiempos no eran ni príncipes ni pares, sino pobres del montón, pero revestidos de la armadura de Dios. Este poder no es del hombre, ni de la voluntad de la carne, sino de Dios.

IV. Cómo puede ser recibido este poder. «*Recibiréis* poder, *cuando* haya venido sobre vosotros el Espíritu Santo» (Hch. 1:8). Así como recibimos *vida* al recibir a Cristo, así recibimos *poder* al recibir al Espíritu Santo. La salvación está en el Salvador personal; el poder está en el Espíritu personal. Vuestro Padre celestial dará el Espíritu Santo a los que se lo pidan (Lc. 11:13). Pedid, y recibiréis; pedidle, y Él os dará el *agua viva* (Jn. 4:10). Algunos, como Simón el mago, querrían comprar este poder, si no con dinero, sí al menos con oraciones y obras (Hch. 8:18-20). No puede ser *adquirido*, es el *don* de Dios. Cuando los sufrientes discípulos oraron que «con todo *denuedo* hablen tu palabra» Dios respondió al clamor de ellos llenándoles con el Espíritu Santo (4:29-31). La única manera en que Dios puede *darnos* poder para servirle es llenándonos con su Santo Espíritu. No sois *vosotros* los que habláis, sino el Espíritu de vuestro Padre que está en vosotros. «¿Recibisteis el Espíritu Santo cuando creísteis?» (Hch. 19:2).

V. Cómo debe usarse este poder. Si no estamos usando este poder, estamos abusándolo. Debemos emplear el don del Espíritu Santo como los siervos debían emplear la mina que les fue confiada: *Negociando hasta que Él regrese.* Solo podemos ocupar *su puesto* en un verdadero sentido cuando estemos enteramente poseídos por su Espíritu. Al llevar a cabo *sus negocios* debemos mercar con *sus dones*. Él no nos ha enviado a la batalla a nuestras expensas. Debemos emplear este poder como lo emplearon Pedro y Juan cuando sanaron al cojo *en el Nombre* del Cristo resucitado. Debemos emplearlo como Eliseo empleó el manto que le había sido dado por su amo levantado y glorificado (2 R. 2:14, 15). Debemos emplearlo como Gedeón empleó la «espada de Jehová». Nos apropiamos del poder del Espíritu Santo cuando actuamos por la fe, *dependiendo de* Él para cumplir la obra y voluntad de Dios en y por medio de nosotros. Esta es la victoria, nuestra fe. «Vendré *con los hechos poderosos* de Dios el SEÑOR; haré mención de tu justicia, de la tuya sola» (Sal. 70:16).

1.220. EL EQUIPAMIENTO DEL CREYENTE

Juan 16

El Señor está aquí advirtiendo a sus discípulos que tenían ante ellos tiempos de prueba y de sufrimiento. «Estas cosas os he hablado, … para que cuando llegue la hora, os acordéis de que ya os lo había dicho» (vv. 1-4). Pero no los dejó con «la tristeza [que había] llenado [su] corazón» sin darles muchas promesas alentadoras, que podemos considerar como el equipamiento para la obra de su vida. Les dio:

I. La promesa de un Consolador. «Si no me fuese, el Consolador no vendría a vosotros; mas si me voy, os lo enviaré» (v. 7). En el original griego, el pronombre empleado no es el *neutro*, sino el *masculino personal*. Cristo jamás deshonra al Espíritu Santo refiriéndose a Él como una agencia impersonal. Como compañía, el Espíritu Santo será para ellos todo lo que Cristo había sido. Esto fue abundantemente demostrado después de Pentecostés. Esto es lo que el Espíritu puede ser para nosotros en nuestros tiempos de sufrimiento por su Nombre. Su Presencia invisible está aquí tan verdaderamente como que no está la Presencia visible de Cristo.

II. La promesa de guía y enseñanza. «Él os guiará a toda *la verdad*, ... y os hará saber las *cosas que habrán de venir*» (vv. 13, 14). Juan dice que no necesitáis que nadie os enseñe, porque la unción os enseña todas las cosas (1 Jn. 2:20-27). Éste es el Espíritu que todo lo escudriña (1 Co. 2:9, 10). ¿Por qué no deberíamos esperar que el Espíritu Santo haga su obra *en nosotros* con tanta eficacia como Cristo ha hecho su obra por nosotros? No contristéis el Espíritu rehusando su enseñanza acerca de estas «cosas que habrán de venir».

III. La promesa de su regreso. «También vosotros ahora tenéis tristeza; pero os volveré a ver, y se gozará vuestro corazón» (v. 22). Esto se cumplió literalmente cuando Él resucitó de los muertos. «Y los discípulos se regocijaron viendo al Señor». Pero, ¿no hay un cumplimiento más amplio que espera a sus sufrientes y entristecidos discípulos en estos últimos días? Tenemos su promesa: «Vendré otra vez, y os tomaré conmigo, para que donde yo estoy, vosotros también estéis» (Jn. 14:3).

IV. La promesa de la respuesta a la oración. «Todo cuanto pidáis al Padre en mi nombre, os lo dará; ... pedid, y recibiréis, *para que vuestro gozo esté completo*» (vv. 23, 24). Así que, hermanos, teniendo tales grandes y seguras promesas, entremos confiadamente en el Lugar Santo por la sangre de Jesucristo, y presentemos confiados nuestras peticiones (He. 10:19). «Abre tu boca, y yo la llenaré» (Sal. 81:10).

V. La promesa de la intercesión de Cristo. «*No os digo que yo rogaré* al Padre por vosotros, pues el Padre mismo *os ama*». (vv. 26, 27). La intercesión de Cristo por los suyos no es ante un Dios que tiene que ser aplacado con respecto a ellos: ¡Qué acción de gracias y confianza debería traer esto a nuestros corazones, que Cristo está rogando por nosotros ante el Padre que nos ama! ¿Qué pues, en el cielo, en la tierra o en el infierno puede estorbar que se cumpla en nosotros su voluntad? Sólo nuestra propia incredulidad.

VI. La promesa de paz. «Estas cosas os he hablado para que tengáis paz *en mí*» (v. 33). Él ha hecho la paz mediante la Sangre de su Cruz. Él ha hablado paz mediante el poder de su resurrección. Esta paz no es de nosotros mismos, ni resultado de nada que podamos hacer. No está condicionada por nuestras circunstancias. No está afectada por nuestros desengaños ni tribulaciones. El mundo ni la puede dar ni la puede quitar. Está *en Él mismo*, y en todo lo que *Él es* para con su propio pueblo. Es tan real como permanente, y tan eterna como Él mismo lo es. «*En mí* tendréis paz».

VII. La promesa de la victoria. «En el mundo tendréis aflicción; pero tened ánimo, yo he vencido al mundo» (v. 33). «Y en verdad todos los que quieran vivir piadosamente en Cristo Jesús, padecerán persecución» (2 Ti. 3:12). Pero persecución, burla, o muerte no significan derrota, porque de su tribulación saldrán con ropas lavadas (Ap. 7:14). Nada puede separarnos del *amor* de Cristo, y allí donde está su *amor*, allí está asimismo su *poder*, para hacernos *más que vencedores*» (Ro. 8:35-37). Los poderes de este mundo son impotentes cuando aquel «Mayor es el que está en vosotros» está con nosotros (1 Jn. 4:4). Cristo ya ha vencido al mundo, y vuestra vida está escondida con Cristo en Dios. A Dios sean dadas las gracias, que en Cristo siempre encabeza nuestras procesiones triunfales (2 Co. 2:14).

1.221. EL GRAN AYUDADOR

Juan 16:7-15

El Señor Jesucristo es poderoso para *salvar* al pecador; el Espíritu Santo es poderoso para *ayudar* al santo. La palabra «Consolador» ha sido traducida de varias formas. Se han empleado los términos «Abogado», «Paracleto», «Ayudador». En Romanos 8:26 leemos que «El Espíritu *nos ayuda* en nuestra debilidad»: literalmente, *se aferra conmigo*. La misma palabra se emplea en Lucas 10:40, pero en ninguna otra parte del Nuevo Testamento. «Dile, *pues, que me ayude*.» El Espíritu Santo ha venido, como uno que está bien dispuesto y que es poderoso para «aferrarse conmigo», para que sea ayudado en hacer la voluntad y la obra de Dios.

I. La condición de su venida. «Si no me fuese, el Consolador no vendría a vosotros; mas si me voy, *os lo enviaré*» (v. 7; obsérvese que aquí se emplea el género masculino en griego, *auton*, no el neutro). Cristo tenía que partir, tomando la humanidad al carácter y presencia de Dios, antes que pudiera venir el Espíritu Santo, trayendo la divinidad al carácter y a la presencia del hombre (Hch. 2:33). La ausencia corporal del Redentor debía asegurar la presencia del Ayudador. El Espíritu no podía ser dado hasta que Jesús fuera glorificado (Jn. 7:39). La venida del Ayudador fue la prueba de que la obra expiatoria de Cristo estaba consumada, y de que el Padre, Hijo y Espíritu Santo tenían un deseo anhelante de que los hombres recibieran *ayuda* para llegar a la posesión de los frutos presentes y eternos de la obra salvadora de Jesucristo.

II. Su misión en el mundo. «*Os* lo enviaré. Y cuando Él venga, redargüirá al mundo de pecado, de justicia y de juicio» (vv. 7, 8). En tanto que la actitud del Espíritu para la Iglesia es la de Ayudador, su actitud para con el mundo es la de redargüir. Hay tres cosas de que el mundo debe quedar convicto: De pecado, de justicia y de juicio.

1. «De PECADO, por cuanto no creen en mí» (v. 9). El gran pecado del mundo, a los ojos del Espíritu Santo, es la incredulidad: No creer en el Hijo de Dios. Su misión es glorificar a Cristo (v. 14), y lo primero que hace Él es convencer del pecado de rechazar su Palabra y sacrificio.
2. «De JUSTICIA, por cuanto voy al Padre» (v. 10). dios no podía ir a su Padre hasta haber ido a la Cruz y el sepulcro como expiación por el pecado. Para ir a su Padre, tenía que resucitar de entre los muertos. Su resurrección y ascensión nos asegura aquella justicia que había preparado su muerte por nuestros pecados. Él murió por nuestros pecados, y resucitó para nuestra *justificación* (Ro. 4:250. En la Cruz Él fue hecho pecado por nosotros; ahora a la diestra del Padre Él nos ha sido hecho por Dios justicia (1 Co. 1:30). Ésta es la justicia que necesita el mundo, y de la que el Espíritu Santo trata de redargüirlo. Nuestra propia justicia es para Él como trapos de inmundicia.
3. «De JUICIO, por cuanto el príncipe de este mundo ha sido ya juzgado» (v. 11). Con tanta certidumbre como que el príncipe de este mundo (el diablo) ha sido ya juzgado, y llevado a condenación por la muerte y resurrección de Cristo, así ha sido con cada incrédulo. «El que no cree ya ha sido condenado» (Jn. 3:18). Ésta es la condenación, que la luz ha venido al mundo, y los hombres aman las tinieblas más que la luz. El Espíritu ha venido a redargüir acerca del juicio. Todo a lo largo de estos siglos, el Espíritu Santo ha estado, por así decirlo, actuando como fiscal del mundo, llevándolo a juicio, debido a su criminal actitud hacia el Hijo de Dios. ¿Cómo lleva a cabo esta obra? ¿Emplea el Espíritu cualquier medio a través del que convence a los hombres del mundo? La última cláusula del versículo 7 no debería separarse conceptualmente, desde luego, del versículo 8. «Mas si me voy, os lo enviaré. Y cuando Él venga, redargüirá al mundo.» Fue cuando el Espíritu hubo venido con poder a Pedro, que los tres mil «se *compungieron* de corazón» en el día de Pentecostés. Un cristiano impotente, o una iglesia impotente, nunca lograrán convencer al mundo de pecado, de justicia y de juicio. Esta necesaria obra no puede ser llevada a cabo de otra manera más que por el Espíritu Santo, el Ayudador Omnipotente.

III. Su misión a la Iglesia.

Para los redimidos de Dios, el Espíritu Santo ha venido:

1. Como CONDUCTOR A TODA VERDAD. «Pero cuando venga el Espíritu de verdad, Él *os* guiará a toda la verdad» (v. 13). Él es el Espíritu de verdad, porque procede de Aquel que es «la Verdad» en su persona y doctrina. Él conduce a la verdad, porque el Espíritu escudriña lo *profundo de Dios* (2 Co. 2; 10). Oh alma, que estás sedienta de la verdad como está en Jesús, recibe la conducción de este Ayudador celestial; pídele, y depende de Él para hacerlo. Esta santa unción te enseña todas las cosas y es la verdad (1 Jn. 2:27).
2. COMO REVELADOR DE LAS COSAS DE CRISTO. «Él me glorificará; porque tomará de lo mío, y os lo hará saber» (vv. 14, 15). Él nos ayuda con todo su poder, tomando las cosas de *Cristo*, por derecho de sus padecimientos y muerte, cosas compradas para su pueblo mediante su propia sangre; y declarándolas, o dándonoslas a conocer, para glorificar al Hijo, llenando las vidas de sus redimidos y haciéndoles llevar fruto (Jn. 15:8). Bendito Ayudador, ayúdame a entrar en esta tan preciosa heredad. «Todas las cosas son vuestras, porque vosotros sois de Cristo.»
3. Como EJEMPLO DE SERVICIO ABNEGADO. «No hablará *por su propia cuenta*, sino que hablará todo cuanto oiga, y os hará saber las cosas que habrán de venir» (v. 13). Su ministerio era de total abnegación. Así como Cristo buscó, despojándose a Sí mismo, glorificar al Padre, el mismo Espíritu Santo busca glorificar al Hijo. También nosotros, con negación de nosotros mismos, debemos honrar al Espíritu Santo. El Hijo de Dios no habló por sí mismo (Jn. 14:10). Tampoco el Espíritu Santo. Y no debiéramos

tampoco hacerlo nosotros. La voluntariosidad y la sabiduría propia, y toda otra forma de auto-aserción, es una usurpación del Espíritu Santo. Si queremos tener la ayuda del Espíritu en nuestro ministerio para Cristo, no hablaremos por nuestra propia autoridad, sino que todas aquellas que oigamos de Él, éstas hablaremos, y declararemos *las cosas que habrán de venir.*

1.222. LAS REVELACIONES DEL ESPÍRITU SANTO
Juan 16:12-14

1. Él revela al Salvador traspasado, Zacarías 12:10
2. Él revela el Camino a la verdad, Juan 16:13
3. Él revela el Amor de Dios, Romanos 5:5
4. Él revela las cosas de Cristo, Juan 16:14
5. Él revela las cosas que Dios ha preparado, 1 Corintios 2:10
6. Él revela el Valle de la Necesidad, Ezequiel 37:1
7. Él revela el Camino del Servicio, Hechos 8:29

1.223. UN POCO
Juan 16:16-23

En estos versículos, las palabras «Un poco» se reiteran siete veces, como si tuvieran un significado especial. En base del hecho de que nuestro Señor, al explicar su significado, usa la forma parabólica, podemos inferir que se les puede dar diferentes aplicaciones (v. 25). «Todavía un poco, y no me veréis; ... lloraréis y os lamentaréis... pero os volveré a ver, y se gozará vuestro corazón... En aquel día no me preguntaréis nada». Estas preciosas palabras pueden fácilmente tener un triple sentido. Como:

I. Históricas. «Todavía un poco, y no me veréis.» Transcurrió un poco de tiempo, unas horas, y Cristo quedó sepultado y fuera de la vista de ellos, y aunque era un sepulcro *prestado*, fue *sellado* con el sello regio. El intervalo entre su muerte y resurrección fue para ellos, desde luego, un tiempo de llanto y de lamentación, pero para el mundo un tiempo de regocijo (Lc. 24:17). Las fiestas del mundo son celebradas con tanto más regocijo en ausencia de Aquel que nos salva del pecado, pero el cristiano no puede tener fiesta allí donde Él no está. «De nuevo un poco, y me veréis, ... y se gozará vuestro corazón.» Sus corazones se regocijaron cuando, después de tres días, le vieron de nuevo en poder y gloria de resurrección. «Y los discípulos se regocijaron viendo al Señor» (Jn. 20:20). «En aquel día» no le preguntaron nada. el hecho de su aparición ante ellos como el Resucitado era por sí mismo la respuesta a todas sus dudas y cavilaciones. Aquel que tenía poder para resucitar de los muertos tenía también poder para cumplir cada una de sus promesas. En un día oscuro y nublado, se puede discutir acerca del valor relativo de otras luces, pero cuando el sol sale en toda su gloriosa majestad, no hay dudas acerca de su toda suficiencia para suplir la necesidad.

II. Personal. «Todavía un poco, y... os lamentaréis... pero os volveré a ver, y se gozará vuestro corazón... En aquel día no me preguntaréis nada». El triste «poco« de sus convocados afuera es *ahora*, mientras que el Señor de ellos está ausente, y el mundo se regocija. «En el mundo *tendréis* aflicción» (v. 33), pero su «os volveré a ver» es la esperanza de sus santos sufrientes. A través de las tinieblas que se van espesando esperamos el rompimiento del alba, cuando le veremos faz a faz. Precisamente ahora podemos ver como por espejo, oscuramente; hay muchas cosas que no podemos comprender, movimientos misteriosos de la providencia de Dios, y del Espíritu Santo, que a veces nos dejan amargamente confundidos en nuestros anhelantes espíritus, con muchas cosas que quisiéramos ver explicadas. Sí, pero «*en aquel día* no me preguntaréis nada». Una mirada al rostro glorificado de nuestro Señor y Redentor acallará en el acto todo sentimiento agitado y todo pensamiento ansioso. Tan satisfechos quedaremos cuando le veamos a ÉL que no podremos hacerle pregunta alguna. Tan perfecta será entonces nuestra aquiescencia a *su voluntad* en todo.

«Ni un brote de ansiedad, ni una sombra de cuidado,
Ni apresuramiento alguno allí el espíritu agita».

III. Dispensacional. Estas palabras de nuestro Señor puede que sean proféticas de aquel tiempo en que volverá, tomando para Sí *su derecho* a regir y reinar sobre este mundo por el que murió. La Iglesia de Dios está pasando ahora por su «un poco» de dolor; éste es su tiempo de «llorar y lamentarse, pero el mundo se regocija». En los postreros días vendrán tiempos peligrosos. Pero la esperanza de la Iglesia reside en su promesa: «Os volveré a ver, y se gozará vuestro corazón, y nadie os quitará vuestro gozo». La Iglesia, como mujer que está dando a luz, tiene dolor ahora, pero cuando EL HOMBRE nazca *en el mundo*, ya no recordará su angustia por el gozo que tendrá (v. 21). El pueblo de Dios está ahora tristemente dividido y lleno de perplejidades, pero en aquel día en que ÉL *aparecerá* en la gloria de su poder, como Rey de reyes y Señor de señores, «no me preguntaréis nada». Todas las perplejidades humanas quedarán para siempre acalladas en la presencia del glorificado Hijo de Dios. Los ángeles no le hacen preguntas ni peticiones, pero es nuestro gran privilegio, *ahora*, pedir para poder recibir.

1.224. CERTIDUMBRE DE VICTORIA
Juan 16:33

I. La **esfera de servicio** cristiana. «En el mundo.»

II. La **fuente de sufrimiento** del cristiano. «En el mundo tendréis aflicción.»

III. El **secreto de la consolación** del cristiano. «Que en mí tengáis paz.»

IV. La **fuente de gozo** del cristiano. «Tened buen ánimo.»

V. La **certidumbre de victoria** del cristiano. «Yo [dice el Señor Jesús] he vencido al mundo.»

1.225. ALIENTO PARA LOS ANGUSTIADOS
Juan 16:33

I. El lugar de la **prueba**, «En el mundo».

II. El secreto de la **victoria**, «Yo he vencido».

III. Una palabra **fortalecedora**, «Tened ánimo».

1.226. LOS DONES DE CRISTO A LOS SUYOS
Juan 17

Al llegar a este capítulo, sentimos como si estuviéramos pasando por el velo hasta el lugar santísimo. Esta oración de nuestro Sumo Sacerdote, justo antes que se ofreciera a Sí mismo sobre el altar de la Cruz como el sacrificio por el pecado del mundo, es en sí misma una gran revelación de cosas santas. Aquí, cada petición es una revelación, cada declaración, un desvelamiento. De estas mismas palabras de Cristo observaremos ante todo algunas de las bendiciones que Él ha conferido sobre los suyos. Observemos:

I. La vida de Dios. «Le has dado potestad sobre toda carne, para que dé vida eterna a todos los que le has dado» (v. 2). Esta vida eterna consiste en conocer a Dios y a Jesucristo a quién Él ha enviado (v. 3). Conocerle es ser hecho partícipe de su naturaleza, ser adoptado en su familia como «hijos e hijas del Señor Dios Todopoderoso». Cuando Cristo condescendió a tomar sobre Sí la semejanza de carne de pecado, Dios le dio autoridad sobre *toda carne*, para que Él diera esta vida a todos los que creen.

II. El Nombre de Dios. «He manifestado tu nombre a los hombres que del mundo me diste» (v. 6). La vida y obra de Jesucristo fue el Señor proclamando el Nombre de JEHOVÁ, el Señor Dios, misericordioso y lleno de gracia, de longanimidad, y abundante en bondad y verdad. Al manifestar el *nombre* de Dios, estaba manifestado su naturaleza. Él podía decir verdaderamente: «El que me ha visto a mí, ha visto al Padre». Pero solo aquellos que le han sido dados «del mundo» podían recibir esta revelación llena de gracia. «El mundo no conoció a Dios mediante la sabiduría.»

III. Las palabras de Dios. «Les he dado las palabras que me diste» (v. 8). Este pensamiento es frecuentemente expresado en este Evangelio (caps. 12:49; 14:10). Los que han sido hechos vivos para Dios tienen que alimentarse de las palabras del Dios vivo. «No solo de pan vivirá el hombre, sino de *toda palabra* que sale de la boca de Dios.» Cristo mismo es la verdad, porque las palabras que Él habló eran las mismas palabras y doctrinas que recibió del Padre Eterno. «Yo y mi Padre uno somos.» Uno en naturaleza y en propósito, Uno en voluntad, en acción y en verdad. «Las palabras que yo os he hablado son espíritu y son vida.» Así como Él vivió en toda dependencia de aquellas palabras que le habían sido dadas a Él, así nosotros. «Cree, y verás.»

IV. El servicio de Dios. «He sido glorificado en ellos» (v. 10). Como el Padre fue glorificado en el Hijo (v. 4), así el Hijo debe ser glorificado en los suyos. Las palabras de Dios nos han sido dadas como lo fueron a Jesucristo su Hijo, con un propósito muy determinado y lleno de gracia, para que Dios pueda ser glorificado en un servicio fiel y fructífero (v. 4). El privilegio de trabajar para Él es un hermoso don. ¡Ay, que tantos descuiden despertar este don que está en ellos! ¿Cómo será Cristo glorificado en nosotros, excepto mediante la total y cordial entrega a su voluntad y obra, como Él se entregó a la voluntad y a la obra que el Padre le dio que hiciera? ¿No era esto lo que significaba el apóstol al decir: «Ahora también será magnificado Cristo en mi cuerpo, o por vida o por muerte»? (Fil. 1:20).

V. La gloria de Dios. «Y yo les he dado la gloria que me diste» (v. 22). ¿Qué gloria era esta que Cristo recibió de Dios el Padre, y pasó a sus discípulos? No consistía esta gloria en la naturaleza y Nombre de Dios, sus palabras y obra, que fueron dadas al Hijo, y que en gracia Él ha impartido a sus seguidores? Como Él es, así somos nosotros. Hay, además, la gloria que ha de ser revelada cuando estaremos con Él donde Él está (v. 24). Así como Dios le dio la gloria de la Filiación y la condición de heredero, así nos ha dado esta gloria a los que creemos (Jn. 1:12). El propósito de este multiforme don es «que todos sean uno», como Cristo y el Padre son Uno (v. 22). ¿Cuál sería el resultado, si esta gloria fuera verdaderamente observada por el mundo?

VI. El amor de Dios. «Y les he dado a conocer tu nombre, *y lo daré a conocer aún*, para que el amor con el que me has amado *esté en ellos*» (v. 26). Cristo ha dado a conocer y proseguirá dando a conocer el Nombre (carácter) de Dios, para que su naturaleza que es amor pueda ser continuamente alimentada en nosotros. Esto lo hace mediante el don del Espíritu Santo, que derrama este amor en nuestros corazones (Ro. 5:5). Es desde luego un pensamiento escudriñador de nuestros corazones que nuestro Señor terminara su gran y reveladora oración sacerdotal con este testimonio, que el propósito para el que Él había fielmente declarado el Nombre de Dios era que el *amor* que Dios tenía por su Hijo pudiera estar en *nosotros*. ¿Ha sido vana para nosotros esta gracia del Señor? ¿Nos estamos regocijando en la profundidad, plenitud y eternidad de este amor? ¿Está siendo este amor revelado a otros por medio de nosotros, como por medio de Cristo nos ha sido revelado a nosotros?

1.227. LAS PETICIONES DE CRISTO POR LOS SUYOS

Juan 17

Éste es uno de los capítulos de los que dice Baxter, en su obra «*El reposo del santo*», que «Es de más valor que todos los otros libros del mundo». Pero el velo sobre el corazón tiene que ser quitado, antes que pueda ser vista la gloria oculta. Ésta no es una oración por el mundo. «No ruego por el mundo.» Su clamor por el mundo en perdición brotó de su corazón agonizante mientras pendía de la Cruz (Lc. 23:34). Aquí Él ruega por aquellos que le habían sido dados del mundo. Ora que ellos puedan ser:

I. Guardados por el Padre. «Padre santo, a los que me has dado, guárdalos en tu nombre» (v. 11). Ser guardados *en su propio nombre* es ser guardados en su propio carácter y semejanza; es ser continuamente reconocidos y reivindicados como sus hijos e hijas. Deben ser guardados en aquel *nombre* que Cristo les había manifestado a ellos (v. 6). «Torreón fuerte es el nombre de Jehová; a Él se acogerá el justo, y estará a salvo» (Pr. 18:10).

II. Felices en sí mismos. «Pero ahora voy a ti; y hablo esto en el mundo, para que tengan mi gozo completo en sí mismos» (v. 13). Aquel que era el «Varón de Dolores, experimentado en quebranto», no era extraño a aquel gozo que es en el Espíritu Santo (Ro. 14:17). Si su gozo hubiera sido sólo en Sí mismo, ¿cómo hubiera podido impartirlo a otros? Pero estando en el Espíritu Santo, podía darlo y lo daba. No se le pide al Pueblo de Dios que ponga una cara sonriente sin poseer un corazón sonriente. Este santo gozo personal es el gozo de la verdadera *comunión* con el Padre, y con su Hijo Jesucristo, en la comunión del Espíritu Santo (1 Jn. 1:3, 4).

III. Protegidos del diablo. «Te ruego... que los guardes del maligno» (v. 15, *margen*). Cristo sabía, por experiencia, los sutiles peligros existentes en ser tentados por el diablo, por lo que ora que seamos guardados de caer en sus añagazas. «Oraréis así: ... Y no nos metas en tentación, mas líbranos del maligno» (Mt. 6:13, *margen*). «El que es engendrado de Dios, se guarda a sí mismo, y el maligno no le toca» (1 Jn. 5:18, RV). Mientras que por fe nos aferramos a Aquel que ha destruido las obras del diablo, Dios nos guardará del Maligno mediante su gran poder.

IV. Santos a Dios. «Santifícalos en tu verdad; ... Por ellos me santifico a mí mismo, para que también ellos estén santificados en la verdad» (vv. 17, 19). Así como Él se consagró, o apartó a Sí mismo por nosotros, Él ora que podamos ser consagrados (separados) *para* Él. Él dice: «Como tú me enviaste al mundo, así yo los he enviado al mundo» (v. 18). Él dio el mismo mensaje a sus discípulos tras su resurrección (Jn. 20:21). No sois vuestros, sino que, en el propósito de su gracia, habéis sido separados para Sí. «Glorificad, pues, a Dios en vuestro cuerpo y en vuestro espíritu, los cuales son de Dios» (1 Co. 6:20).

V. Útiles a otros. «Mas no ruego sólo por éstos, sino también por los que han de creer en mí por medio de la palabra de ellos» (v. 20). Cristo esperaba entonces que otros creerían en su nombre *por medio* de ellos; que las «otras ovejas» que no eran de este pequeño redil oirían *su voz* «por la *palabra* de ellos», siendo así traídos al un rebaño bajo el un Pastor (Jn. 10:16). Así alumbre vuestra luz, aquella luz que Él ha hecho resplandecer en vuestros corazones, para que otros, viendo las buenas obras de Dios en vosotros, glorifiquen a vuestro Padre que está en el cielo. Él nos ha bendecido, para que podamos ser hechos bendición. Cuidémonos de que el Santo no quede limitado en su gracia salvadora por nuestra incredulidad (Sal. 78:41).

VI. Unidos unos a otros. Él también oró: «Que todos sean uno» (v. 21). Hay aquí una doble unión. Su petición al Padre es que como *hermanos* puedan ser uno en sí mismos, y como hijos, puedan ser «uno en *nosotros*... como Tú, oh Padre, en mí, y yo en ti». Qué maravillosa sería la comunión cristiana si se pareciera a la comunión existente entre el Padre y el Hijo. Que *ellos* sean uno como *nosotros*, éste es el anhelo del corazón de Cristo (Ga. 3:28). El resultado anticipado de esto es: «Que el mundo crea que *Tú me has enviado*». El mundo sigue necesitando conocer aquel *amor* de Dios que envió a su Hijo a salvarlo (Jn. 3:16).

VII. Glorificados con Cristo. «Padre, aquellos que me has dado, quiero que donde yo estoy, también ellos estén conmigo, para que vean mi gloria que me has dado» (v. 24). Cuando Él aparezca, seremos como Él. Aquí estamos más familiarizados con los sufrimientos de Cristo que con la gloria que es ahora suya con el Padre; pero nuestras aflicciones, que son ligeras en comparación con la de Él, están obrando para nosotros de la manera en que las suyas obraron para Él: «En una medida que sobrepasa toda medida, un eterno peso de gloria» (2 Co. 4:17). Si sufrimos con Él, seremos también glorificados con Él. Nuestros ojos han quedado a menudo empañados de lágrimas al contemplar sus sufrimientos, pero todas las lágrimas serán enjugadas y todas las cavilaciones de los corazones acalladas cuando contemplemos su gloria. No podemos decir de las oraciones de Cristo lo mismo que de las de David, que «aquí se acaban», porque siguen siendo cumplidas. Que le seamos de ayuda, mediante nuestras vidas santificadas, para darle a Él estos deseos de su corazón.

1228. LA RELACIÓN DEL CRISTIANO CON EL MUNDO

Juan 17

I. Son sacados del mundo. «Los hombres que del mundo me diste» (v. 6). El *mundo* como tal es una masa arruinada, yaciendo en el regazo del Maligno; mimado por las ilusiones y conducido por los falsos principios del dios de este mundo; pero los seguidores de Jesucristo han sido en espíritu levantados de todo ello, como de un horrendo hoyo y pozo cenagoso, y han sido establecidos en el Reino de nuestro Dios, y de su Cristo, que es justicia, y paz y gozo en el Espíritu Santo. «No son del mundo, como yo tampoco soy del mundo.»

II. Se distinguen del mundo. «Yo ruego por ellos; no ruego por el mundo» (v. 9). Tan pronto como quedamos separados en espíritu del mundo, quedamos bajo un nuevo conjunto de leyes en el Reino de la gracia. Somos tratados como *hijos* de Dios, no como meras criaturas de su poder creador. Cristo ama a los suyos con un amor peculiar a ellos. Mientras que tiene amor de compasión por el mundo, tiene el amor del gozo por los suyos. Porque en sus corazones están por Él, Él está por ellos en corazón y poder; de modo que todas las cosas obran para bien para los que le aman.

III. Ellos están en el mundo. «Pero éstos están en el mundo» (v. 11). En cuanto a su espíritu y propósito, ellos son de fuera del mundo, mas en cuanto a su presencia corporal e influencia, siguen estando en el mundo. En el mundo, pero no de él, como sucedió con Cristo (v. 16). En el mundo, no como pámpano en la vid, sino como luz en las tinieblas; no como miembros del cuerpo, sino como médicos en un hospital. En el mundo, no como «hombres del mundo», sino como «hombres de Dios». No como sus esclavos, sino como sus vencedores.

IV. Son aborrecidos por el mundo. «Y el mundo los aborreció, porque no son del mundo, como tampoco yo soy del mundo» (v. 14). No hubo aborrecimiento hasta que les dio la Palabra de Dios. «Les he dado tu palabra; y el mundo los aborreció.» Esta *Palabra* dada por Dios, cuando fue recibida, revolucionó de tal forma sus mentes y corazones que el mundo no los conoció, y tan contrarios se hicieron a los caminos y a las máximas que los aborrecieron. Los sabios de este mundo y los sagaces de este mundo no pueden recibir estas preciosas cosas que Dios está dispuesto a revelar a los niñitos (Mt. 11:25). El *aborrecimiento* del mundo es cosa de poca monta para aquellos cuyos corazones están llenos del amor de Dios.

V. Son guardados del dios de este mundo. «Te ruego... que los guardes del maligno» (v. 15, *margen*). No ora que sean quitados de este mundo, sino guardados del maligno que rige en él. No tenemos que fatigarnos para salir de este mundo, en tanto que podamos ser hechos un perpetuo milagro y monumento de su poder guardador mientras estamos en él. Estamos ciertamente en perfecta libertad para reivindicar, por la gloria del propio Nombre de Cristo, el diario cumplimiento de esta oración en nuestras propias vidas. Nuestras amadas calabazas puede que se marchiten, pero no su promesa.

VI. Son enviados al mundo. «Como tú me enviaste al mundo, así yo los he enviado al mundo» (v. 18). Cada persona ungida por el Espíritu es enviada a predicar las buenas nuevas (Lc. 4:18). Así como Cristo fue enviado al mundo a buscar y a salvar lo que se había perdido, así nosotros también. Así como él fue un embajador de Dios, así lo somos nosotros de Jesucristo (2 Co. 5:20). Así como él no fue enviado a sus propias expensas, tampoco nosotros. Como él fue en el mundo, no por su propia cuenta, sino como *Enviado*, así lo somos nosotros. Los enviados por él serán equipados por él para la tarea, como él fue equipado por el Padre que le envió. «Como me envió el Padre, así también yo os envío» (Jn. 20:21).

VII. Vienen a ser morada de Dios para la salvación del mundo. «Yo en ellos, y tú en mí... para que el mundo conozca» (v. 23). Como el Padre estaba en el Hijo, así el Hijo anhela estar en nosotros, para que el mundo conozca el amor de Dios. Cristo cumplió, de una manera perfecta, todo lo que se le demandó; ¡pero qué míseras falsificaciones somos tantos de nosotros! El Hijo se ha dado a Sí mismo tan plena y libremente como el Padre se dio al Hijo, para que su gran amor pudiera triunfar en nosotros y por medio de nosotros. Así como Dios amó tanto al mundo que dio a su Hijo, así ama el Hijo al mundo que le da sus seguidores llenos del Espíritu, y por este mismo propósito. «Cristo vive en mí», dice Pablo (Ga. 2:20), y todo el mundo sabe con que resultados tan glorificadores de Dios. La única cosa necesaria que este mundo tiene que conocer es EL AMOR DE DIOS; no solo el amor de Dios para el *mundo*, sino su amor hacia *su Hijo*, y hacia aquellos que le aman. «Que los has amado a ellos como también a mí me has amado.» Que este amor sea derramado en nuestros corazones, y de nuestros corazones a este frío mundo a nuestro alrededor tan ajeno a Cristo.

1.229. LAS RESPONSABILIDADES DEL CREYENTE

Juan 17

Aquí tenemos lo que es enfáticamente «La oración del Señor», ofrecida al final de aquella solemne reunió con sus discípulos, antes de salir a afrontar la última gran tormenta de odio humano y diabólico. Las palabras son sencillas, pero los pensamientos son quizá los más profundos de la Escritura. Revelan muchos sublimes y santos privilegios que pertenecen a sus amados. Pero deseamos señalar algunas de las responsabilidades que nos corresponden en consecuencia de nuestros privilegios. Tenemos responsabilidades:

I. Como aquellos a los que ha sido revelado su Nombre. «He manifestado *tu nombre* a los hombres que del mundo me diste» (v. 6). O, tal como se podría leer: «Yo he revelado las perfecciones de Tu carácter a los que me has dado». El carácter de aquel gran y santo NOMBRE se ve en Éxodo 34:5-7. Por medio de la gracia de Cristo, aquel Nombre ha venido a ser la *experiencia práctica* de cada verdadero creyente. «Ni nombre está en Él» (Éx. 23:21). ¿Qué clase de personas no deberíamos ser, pues, con tal posesión?

II. Como custodios de sus Palabras. «Les he dado las palabras que me diste» (v. 8). Las verdades que el Padre encomendó al Hijo, el Hijo nos las ha encomendado a nosotros, los suyos. ¡Qué tesoro es éste, y qué responsabilidad reposa sobre nosotros, los que pasamos a otros lo que hemos recibido por fe! ¡Cuántos están sepultando este tesoro en la tumba de sus intereses personales! Esta *Palabra* del Evangelio nunca va más allá de sus propias necesidades. Sus palabras son palabras de «vida eterna». Así *alumbre* vuestra luz que otros puedan ver, y creer, y glorificar a vuestro Padre.

III. Como Dados por Dios para la gloria de su Hijo. «Yo ruego por ellos; ... *por los que me diste*; porque tuyos son, y todo lo mío es tuyo, y lo tuyo mío; *y he sido glorificado en ellos*» (vv. 9, 10). Si Cristo ha de ser enteramente glorificado en su pueblo, ciertamente que sus redimidos tienen que glorificarle mientras están aquí, como testigos por Él. Como dijo Pablo: «Será *magnificado Cristo en mi cuerpo*, o por vida, o por muerte» (Fil. 1:20). Veis vuestro llamamiento, hermanos, andemos como es digno de él, para la gloria de su Nombre.

IV. Como separados. «No son del mundo, *como tampoco yo soy* del mundo; ... que los guardes *del maligno; santifícalos* en tu verdad» (vv. 14-17). El Señor añade además: «Y *por ellos* yo me santifico a mí mismo, para que también *ellos* estén santificados en la verdad» (v. 19). El Señor se consagró a nuestra salvación, y espera que nosotros nos consagremos a su servicio en la verdad. No sois vuestros, *por ello* glorificad a Dios en vuestro cuerpo y espíritu, *que son de Él*.

V. Como enviados. «Como tú me enviaste al mundo, *así yo los he enviado al mundo*» (v. 18). Esta comisión fue repetida después que Él resucitó de entre los muertos (Jn. 20:21). ¿Con qué propósito le envió el Padre? Brevemente, fue por esto: «He descendido del cielo, no para hacer mi voluntad, sino *la voluntad del que me envió*» (Jn. 6:38). «Como me envió el Padre, así también yo os envío.» No para hacer vuestra propia voluntad, sino la *voluntad de Aquel* que os envió. Aquí tenemos nuestro privilegio dado por Dios y nuestra responsabilidad recibida de Dios. Nuestro lema, pues, debería ser: «Hágase tu voluntad».

VI. Como hermanos. Cristo oró «también por los que han de creer en mí por medio de la palabra de ellos, para que todos *sean uno*; como tú, oh Padre, en mí, y yo en ti, que también ellos *sean uno* en nosotros; para que el mundo crea que tú me enviaste» (vv. 21-23). Esta unión no se limita a ningún sistema eclesiástico, ni a ningún credo ni nación. En Cristo no hay ni judío ni gentil; ni esclavo ni libre, ni varón ni mujer; sino que todos *son uno en Cristo Jesús* (Gá. 3:28). Todos dados por el mismo Padre al Hijo. Todos redimidos por el mismo precio. Todos vivificados por el mismo Espíritu. Todos obedientes a la misma Palabra. Todos herederos de la misma herencia, y todos sus nombres escritos en el mismo «Libro de la Vida». A nosotros nos toca *guardar esta unidad* del Espíritu en el vínculo de la paz (Gá. 4:3).

VII. Como sus compañeros de eternidad. «Padre, *aquellos* que me has dado, quiero que donde yo estoy, también ellos estén *conmigo*, para que vean mi gloria que me has dado» (v. 24). ¡Qué gracia es ésta! «Donde yo esté, allí también estará *mi servidor*» (Jn. 12:26). *Siervos* compartiendo la honra de su Señor. «Y así estaremos *siempre* con el Señor» (1 Ts. 4:17). Por la fe tenemos ahora su presencia. Él dice: «Os he llamado *amigos*» (Jn. 15:15). Que nada quebrante vuestra comunión con Él. Recordad que debe ser para siempre. Amén.

1.230. LA SÉPTUPLE ORACIÓN DE CRISTO POR SU PUEBLO

Juan 17

1. Que fueran guardados *en Su nombre* (11).
2. Que tuvieran *Su gozo en ellos mismos* (13).
3. Que fueran *santificados* (17-19).
4. Que todos *fueran uno* (21, 22).
5. Que fueran *bendición a otros* (20).
6. Que poseyeran *el amor del Padre* (26).
7. Que vieran *Su gloria* (24).

1.231. LA JUSTICIA

1. Dios es justo (Jn. 17:25). Así lo es el Señor Jesús (1 Jn. 2:1).
2. El hombre es incapaz de justicia (Is. 64:6; Ro. 3:10). El pecado es toda falta de conformidad con el carácter de Dios, tanto si es por obra, disposición o estado.
3. Pero ha habido algunos hombres y mujeres que fueron justos (Lc. 1:6). Y por cierto que es uno de los apelativos del verdadero cristiano.
4. ¿Cómo es posible, esto?
a. Sólo Dios puede hacer que esto sea posible (Ro. 5:17).
b. Y en tal caso, solo por medio de Cristo (Ro. 3:21 y 22).
c. Al principio, es imputada (Ro. 3:22; 1 Co. 1:30).
d. Luego impartida; y de cierto es un rasgo del Nuevo Nacimiento (Ro. 8:4; 1 Jn. 2:29).
e. Promesas para los que tienen hambre y sed de justicia (Mt. 5:6; 6:33).

1.232. LOS SUFRIMIENTOS DE CRISTO EN MANOS DE LOS HOMBRES

Juan 18

Él padeció al ser:

I. Traicionado por un hipócrita. «Y también estaba con ellos Judas, el que le entregaba» (v. 5). Aquel que había acompañado a Cristo, que había compartido el compañerismo de sus discípulos, ahora toma su lugar entre los enemigos de su Señor, y presta su influencia para su caída. «Ay de vosotros, hipócritas.»

II. Defendido por un apasionado. «Entonces Simón Pedro, que tenía una espada, la desenvainó, e hirió al siervo del sumo sacerdote, y le cortó la oreja derecha» (v. 10). El Señor tiene tan poco necesidad del apasionamiento de Pedro como de su espada. La ira del hombre no obra la justicia de Dios. Hay un celo por Cristo y su causa que tiene que causarle más agravio que agrado.

III. Golpeado por los irrazonables. «Jesús le respondió: Si he hablado mal, testifica en qué está el mal; y si bien, ¿por qué me golpeas?» (v. 23). Es más fácil para el orgullo y el prejuicio escarnecer y golpear que enfrentarse a la verdad. Las personas egocéntricas están siempre dispuestas a justificarse aunque sea a costa de golpear el carácter del Salvador. Pero las nubes que pueden ocultar el rostro del sol no pueden detener su avance.

IV. Negado por un cobarde. Cuando Simón Pedro fue acusado de ser «de sus discípulos... Él negó, y dijo: No lo soy» (v. 25). El Señor y su causa siguen sufriendo mucho hoy por la cobardía de sus profesos seguidores. Hay otras maneras además de la de Pedro para negar a Cristo. Él lo hizo con su lengua; nosotros podemos hacerlo con nuestros pies o con nuestra conducta general. Cuando el acto o la conducta concuerdan más con los enemigos de Cristo que con su Palabra y enseñanza, ello constituye una negación práctica de él.

V. Rehuido por los justos en su propia opinión. «Llevaron a Jesús... al pretorio... y ellos no entraron en el pretorio para no contaminarse, y así poder comer la pascua» (v. 28). Cualquier cosa o lugar eran suficientemente buenos para Jesús, pero *ellos* debían preservar su (supuesta) santidad ceremonial. «Cuelan el mosquito, y tragan el camello». Esto es lo que alguien ha denominado «una miserable hipocresía». Éstos, como otros fanáticos farisaicos, querrían tener la bendición sin el Bendiciente; querrían tener la pascua sin Aquel que es la Pascua (1 Co. 5:7). Son como personas clamando por la luz, y cerrando los ojos al sol.

VI. Interrogado por un ambicioso. Pilato le hizo tres preguntas a Jesús, y no logró provecho alguno de ellas: (1) «¿Eres tú el Rey de los judíos?» (v. 33); (2) «¿Qué es verdad?» (v. 38); (3) «¿De dónde eres tú?» (cap. 19:9). Con estas preguntas, Cristo fue «oprimido y afligido», y «no abrió su boca». Esos animados por motivos egoístas e impuros siguen oprimiendo a Aquel cuya divinidad es tan clara como el sol, con sus preguntas sobre su carácter y enseñanza. El que *quiera hacer* su voluntad conocerá si la doctrina es de Dios (Jn. 7:17).

VII. Escarnecido por los frívolos. «Y los soldados entretejieron una corona de espinas, y se la pusieron en la cabeza... y le decían: ¡Salve, Rey de los judíos» (cap. 19:2). Estos guerreros *menospreciaron* al Príncipe de la Paz (Lc. 23:11). Para ellos, el reino del César es el todo, el Reino de Dios no es nada, las cosas materiales son lo importante, pero las cosas espirituales son asunto para ridiculizar y de las que reírse. Verdaderamente no saben lo que hacen aquellos que frivolizan con la Persona del Señor Jesucristo (Ap. 1:17, 18).

«La faz de Jesús he visto,
De nada más no me habléis;
La voz de Jesús he oído,
Saciada mi alma está.»

1.233. LOS PADECIMIENTOS DE CRISTO EN MANOS DE LOS HOMBRES

Juan 18

1. Traicionado por los **hipócritas**	versículo 5
2. Defendido por los **apasionados**	versículos 10-11
3. Golpeado por los **irrazonables**	versículos 21-23
4. Negado por los **cobardes**	versículo 25
5. Evitado por los **pretendidamente rectos**	versículo 28
6. Interrogado por los **ambiciosos**	versículos 33-38; capítulo 19:1
7. Escarnecido por los **frívolos**	versículos 19-23

1.234. REVELACIONES EN EL HUERTO

Juan 18:1-11

Cada circunstancia en la que Jesucristo fue puesto, de uno u otro modo, vino a ser la ocasión de una adicional revelación de su maravilloso carácter. Allí donde él estuviera, él, con su singular personalidad, no podía ser ocultado. En estos pocos versículos podemos ver algunos rayos de su gloria celestial resplandeciendo a través de la oscura nube de su debilidad eterna. Aquí tenemos una revelación de:

I. Su hábito de orar. «Judas... conocía aquel lugar, porque Jesús se había reunido allí muchas veces con sus discípulos» (v. 2). Aunque Cristo poseía el *espíritu* de oración, creía también en un *lugar* de oración. Cuando uno se familiariza con sus alrededores, la mente queda más libre para comunicarse con el Invisible y Eterno. En la cuestión de la oración frecuente, así como en el sufrimiento, el inmaculado Hijo de Dios nos ha dejado un ejemplo.

II. Su conocimiento del futuro. «Pero Jesús, sabiendo todas las cosas que le habían de sobrevenir, se adelantó» (v. 4). Él sabía que «se cumplirán todas las cosas escritas por los profetas acerca del Hijo del Hombre», porque las Escrituras tienen que ser cumplidas (Lc. 18:31). Nuestro conocimiento del futuro tiene que derivarse de las Escrituras. Si tuviéramos la fe de Cristo basada en estas palabras pronunciadas por hombres llenos del Espíritu Santo, estaríamos entre los sabios que disciernen las señales de los tiempos.

III. Su confesión acerca de Sí mismo. «Yo soy» (v. 5). Ellos declararon que estaban buscando a Jesús de Nazaret. Él les confesó que él era el Nazareno. Con este nombre había asociado un *reproche*, y él lo acepta bien dispuesto, y lo lleva. Es como si hubieran dicho: «¿Dónde está el Despreciado y Rechazado?» él respondió: «Yo soy». Este solemne «YO SOY» del Hijo de Dios puede ser considerado como su respuesta para todos los que le buscan, bien sea por amor y por misericordia, o con odio y ridículo. Es con *él* que todos tenemos que ver.

IV. Su poder sobre sus enemigos. «Cuando les dijo: Yo soy, retrocedieron, y cayeron en tierra» (v. 6). Fue bueno para ellos tener una tierra sobre la que caer. El mismo poder que los hizo caer atrás hubiera podido fácilmente mandarlos al infierno. Esta manifestación de su poder fue su última prueba convincente de que, aparte de su propia voluntad, no tenían poder alguno en contra de él. «Nadie me la quita [mi vida], sino que yo la pongo de mí mismo» (Jn. 10:18).

V. Su amor para los suyos. «Pues si me buscáis a *mí*, dejad ir a éstos» (v. 8). Estas palabras están llenas de un significado solemne, por cuanto revelan la actitud de Cristo hacia los poderes de las tinieblas y hacia las ovejas bajo su cuidado. Él no era un asalariado que fuera a huir al llegar el lobo. Lo que él dijo aquí a sus enemigos lo podía decir con un significado aún más profundo a aquella «muerte y maldición» que iba a venir sobre él. «Pues si me buscáis a mí, dejad ir a éstos.» Como nuestro Sustituto y Seguridad, su principal deseo era la salvación de su pueblo. Cristo es el fin de la ley para justicia a todo el que cree.

VI. Su sumisión a la voluntad de su Padre. «La copa que el Padre me ha dado, ¿acaso no la he de beber?» (v. 11). Él conocía demasiado bien el amor del Padre para rehusar aún aquella terrible copa de sufrimiento que ahora le era puesta en sus manos. Él estaba tan perfectamente en armonía con los propósitos de su Padre que su comida era hacer su voluntad y acabar su obra. Como las armas de su milicia no fueron carnales, tampoco lo son las nuestras, pero son poderosas, por obediencia a Dios, para derribar fortalezas. Mediante su entrega y obediencia hasta la muerte, triunfó en poder de resurrección. Él nos ha dejado ejemplo, para que sigamos sus pisadas.

1.235. DOS COPAS

Juan 18:11; Salmo 116:12, 13

I. La copa de sufrimiento ofrecida a Cristo (Jn. 18:11).

1. Su CONTENIDO. «Traición.» Falsas acusaciones, burla, abandono, muerte, maldición.
2. Su NATURALEZA. «Una copa.» Pero no una fuente ni un manantial.
3. Su DADOR. «Mi Padre.»
4. Su ACEPTACIÓN. «¿No la he de beber?»

II. La copa de salvación que se nos ofrece (Salmo 116:12, 13).

1. Su CONTENIDO. Perdón, paz, paraíso, salvación.
2. Su DADOR. «Don de Dios.»
3. Su ACEPTACIÓN. «Tomaré la copa de salvación.»

1.236. ¡HE AQUÍ EL HOMBRE!

Juan 19:5

I. El **Hombre enviado por Dios.** Juan 3:16.

II. El **Hombre sin pecado.** «¿Quién de vosotros me redarguye de pecado?»

III. El **Hombre lleno de compasión.** «Lloró sobre Jerusalén.»

IV. El **Hombre callado.** «No le respondía nada [a Pilato].»

V. El **Hombre padeciente.** Juan 19:5.

VI. El **Hombre Salvador.** «Vino a buscar y a salvar» (Hch. 15:11).

1.237. DEPENDENCIA

> «No tendrías ninguna autoridad ... si no se te hubiera dado de arriba» (Jn. 19:11).

Un comerciante retirado que vivía antes en Southport ideó un plan ingenioso para mantenerse humilde y recordar siempre cuánto debía a Dios y cuánto dependía de Él. Entre las muchas estancias bien amuebladas de su costosa mansión había una preparada con un estilo sencillo: tierra de madera lijada, una vieja alfombra delante del hogar, un banco, guardafuegos y sillas: una copia del humilde hogar que había tenido al comenzar su vida de casado como trabajador. Se sentaba frecuentemente en esta habitación sólo para recordar su antigua humilde posición, y para mantenerse humilde delante del Señor, que había bendecido de manera tan maravillosa sus empresas comerciales con un éxito tan visible.

Todos necesitamos mantenernos humildes acerca de nuestros logros intelectuales, físicos y espirituales. Es bueno que el pueblo del Señor nos sentemos frecuentemente delante de Él, y que recordemos nuestra condición pasada de perdición y degradación, dando toda la gloria a Aquel el único que nos ha hecho diferente de otros. Bien iría si como nación nos sentásemos para reflexionar, recordando nuestra pasada condición incivilizada y degradada, y cómo, por el Evangelio de nuestro Señor y Salvador Jesucristo y todas sus bendiciones concomitantes, hemos sido elevados hasta constituir un imperio sobre el que nunca se pone el sol, y que hemos llegado también a ser una de las naciones dominantes en el mundo, y darle entonces toda la gloria a Él. El estudio de la historia de la nación es un método para el cultivo de un espíritu humilde. Pensemos por un momento en el lema popular que prevaleció en los tiempos de la última y lamentable guerra, esto es, que todo lo que fue preciso para llevar a buen fin la guerra eran hombres, dinero y municiones. Al ver este cartel por todas partes, nos hacíamos esta pregunta: «¿Y qué de Dios? ¿Acaso Él no es necesario?». Oh, en nuestro entusiasmo por las fuerzas materiales que necesitaban nuestros queridos Rey y nación para llevar a buen fin aquella guerra, incurríamos en el grave peligro de olvidar el punto esencial: Dios, Dios.

Pilato habló con tal jactancia a nuestro Señor acerca de su poder y autoridad que el Maestro quebró su silencio con un estallido repentino de valerosa reprensión para recordar al orgulloso y arrogante gobernador romano, y a todos sus semejantes en todas las tierras y edades, la total dependencia del hombre de Dios. «No tendrías ninguna autoridad contra mí, si no se te hubiera dado de arriba». Y parece que este valeroso recordatorio de que todo poder procede de Dios y está guiado por su voluntad y es empleado por su propósito detuvo y aplacó un tanto al soberbio romano. ¡De nada vale olvidar este «si no» de nuestra dependencia de Dios!

¿Estás gozando de buena salud y vigor, en el disfrute de tus capacidades físicas? Recuerda entonces que fue Dios quien te dio el ser y quien te sostiene a diario en buena salud. El mismo aire que respiras es un don de Él. Un pequeño crujido del cordón de plata en manos de la Mano Divina, y dejas de vivir. No te olvides que no tendrías fuerza ni vigor en absoluto, si no te fuese dado de arriba.

Tal vez posees grandes capacidades mentales, y has adquirido o estés adquiriendo grandes acopios de conocimiento no accesible para otros. Problemas que dejan perplejos a personas de menor calibre mental no son nada para ti. ¿De dónde tienes estas capacidades de percepción? Aquí tienes la declaración divina que tenemos mediante su Palabra: No podrías tener vigor mental alguno si no te fuese dado de arriba. ¿No vas a inclinarte ante Él reconociendo humildemente esta realidad?

Quizá mantengas una posición de confianza y responsabilidad, con otras personas bajo tu autoridad. Puede que seas gerente, magistrado o gobernante a algún nivel, o empleado. Piensa entonces, ¿cuál es el significado de esta Escritura? Que los ascensos no vienen del Este ni del Oeste, ni del Norte ni del Sur. Entonces, ¿de dónde vienen? «De arriba.» No podrías tener ningún poder gubernamental si no te fuese dado de arriba. Fue el Señor quien te elevó a tu actual posición.

Esto es aplicable al pueblo del Señor. Quizá seas cristiano y te regocijes en el hecho de que no vives en aguas someras, como tantos, sino en la vida más profunda, y posees un conocimiento de la Palabra y de las cosas divinas que escapa a muchos. Dale a Él la gloria.

Recapitulando: El éxito, los ascensos, el conocimiento, la autoridad, el aumento de influencia, son todos dones que Dios mantiene totalmente en su propia mano. ¿Has reconocido que «toda buena dádiva y todo don perfecto viene de arriba»?

1.238. MARÍA MAGDALENA

Juan 20:1-18

Juan era el discípulo a quien Jesús amaba, pero María Magdalena era ciertamente la discípulo que amaba a Jesús de una manera preeminente. Ella amó mucho porque mucho le había sido perdonado (Lc. 8:2). Observemos:

I. Su ansiedad. Ella acudió «de madrugada, siendo aún oscuro, al sepulcro» (v. 1). La oscuridad exterior no era nada para quien tenía encendida en su corazón la lámpara del amor celestial. ¿Fue *solo* a ver el sepulcro que acudió allí? ¿No habría en los sentimientos de ella una agitación tumultuosa en el sentido de que iba a suceder algo «insólito?».

II. Su frustración. «Se han llevado del sepulcro al Señor, y no sabemos donde le han puesto» (v. 2). Nunca fue más verdad que en este caso que nuestras frustraciones son por designio de Dios. En busca de un Señor muerto, se encuentra con un sepulcro vacío. Él ha sido «llevado», pero no para que ella le pierda, sino para que pueda, para satisfacción de su corazón, encontrarle.

III. Su dolor. «Pero María estaba fuera llorando junto al sepulcro» (vv. 11-13). Pedro y Juan, al oír sus informes, habían ido corriendo al sepulcro, habían mirado dentro, y habían vuelto a la casa, pero María se quedó, como ligada a aquel sepulcro con ataduras de fe y amor. Tan intenso era su deseo, y tan encegados sus ojos por su dolor, que los «dos ángeles con vestiduras blancas, que estaban sentados el uno a la cabecera, y el otro a los pies, donde el cuerpo de Jesús había sido colocado», jamás parecieron despertar en su mente la sospecha de que el Señor hubiera *resucitado*. Sí, es posible quedar tan abrumados por nuestras pérdidas imaginarias que dejamos de comprender la más grande bendición de Dios.

IV. Su error. «Ella, pensando que era el hortelano», etc. (v. 15). Incluso en su poder de resurrección, nuestro Señor tenía aún la *semejanza* de carne de pecado. ¿Por qué no le conoció? Lo más probable es que estuviera tan totalmente ensimismada en su pensamiento que estaba envegada a todo lo exterior, consumida de demasiada tristeza. El amor de su corazón era todo correcto, pero la teoría en su cabeza estaba toda errada. Nos librará de muchos dolores y frustraciones el tener un credo correcto junto con una vida devota. Él había resucitado, *como había anunciado,* pero ellos no le habían creído.

V. Su descubrimiento. «Jesús le dijo: ¡María! Volviéndose ella, le dijo: ¡Rabuní!» (Maestro) (v. 16). Ella necesitaba *volver* sus ojos de sí misma y del sepulcro, para ver a Aquel que es la Resurrección y la Vida. La palabra de Jesús atrajo su oído y se posó hondo en su corazón. Él la llamó por su nombre, y la reclamó como suya (Is. 43:1). Sus ovejas oyen su voz. Nadie que busca al Señor Jesucristo encuentra jamás un Salvador muerto o impotente. El más profundo clamor de un alma viviente es por el Dios vivo (Sal. 42:2).

VI. Su libertad. «Suéltame» (v. 17). Evidentemente, ella se postró e iba a abrazarse a sus pies, cuando Jesús se retiró, diciéndole: «Suéltame, porque aún no he subido a mi Padre». Otra pequeña frustración para un corazón ardiente y otra lección para ella de que tenía que aprender a caminar por la fe y no por vista. A ninguna mano mortal le ha sido permitida *tocar a Aquel* que murió como el sustituto del pecador, hasta que se hubiera presentado a su Padre para aceptación como nuestro Redentor y Sumo Sacerdote. Después, cada Tomás dudoso fue invitado a poner su mano en su costado, para poder sentir la marca dejada por la herida de la lanza.

VII. Su obediencia. «Jesús le dijo… ve a mis hermanos, y diles… Fue entonces María Magdalena para dar a los discípulos las nuevas» (vv. 17, 18). Ella se quedó en el huerto hasta recibir el poder de una gran comisión. Un gran mensaje fue el encomendado a María, el Evangelio de la *filiación*: «*Mi* Padre y *vuestro* Padre», en el poder de la Resurrección. Su amor es recompensado al llegar a ser la primera heraldo de su poder de Resurrección. «El que me ama, … *me manifestaré* a él». La visión del Cristo glorificado lleva a un siervo bien dispuesto (Hch. 9:6).

1.239. EL INCRÉDULO TOMÁS

Juan 20:24-29

Aquel atardecer del primer día de la primera semana de resurrección fue para siempre memorable. Los corazones de los discípulos estaban llenos de temor y asombro ante las cosas que habían sucedido (v. 18). Se habían reunido en un aposento con puertas cerradas y atrancadas, por miedo a sus enemigos, para reconsiderar toda la situación. Pero Aquel que había muerto para salvarlos eliminó todas sus dudas y temores al aparecer repentinamente entre ellos, pronunciando la paz y soplando sobre ellos una anticipación del poder y de la bendición pentecostal. Todos los actos de Cristo aquí están llenos de significado. 1) Les anunció la «*Paz*» a ellos; 2) se reveló a *Sí mismo* como el Crucificado (v. 20); 3) *los comisionó* (v. 21); 4) los *dotó* (v. 22); 5) les prometió éxito en sus empresas (v. 23). Y, ¿qué sucede ahora con Tomás? Si Pedro fue impetuoso con la lengua, Tomás era lento en su mente (14:5). Observemos:

I. Su oportunidad perdida. «Pero Tomás… no estaba con ellos cuando vino Jesús» (v. 24). No se da la razón de por qué no estaba, pero al menos se indica que *él* estaba ausente. Tiene que haber sabido acerca de la reunión, pero al no creer la resurrección de Cristo, es probable que hubiera abandonado todas las esperanzas, sintiéndose absolutamente aturdido y avergonzado. Al rehusar reunirse con sus compañeros de apostolado, solo fortaleció su incredulidad, y se perdió la comunión del Señor, tan fortalecedora de la fe. Los que están fuera de comunión con el cuerpo de creyentes no pueden esperar gozar de la comunión de Cristo.

II. Su negación enfática. Cuando los discípulos le dijeron: «Hemos visto al Señor», les dijo: «Si no veo… no creeré» (v. 25). Fue incrédulo (v. 27). Su corazón estaba endurecido contra la verdad de «la resurrección». Su «no creeré» revela el desesperado antagonismo que estaba en su naturaleza. Estaba dispuesto a caminar por *vista*, y no por *fe*. Es poco menos que locura mantenerse uno en contra del testimonio unido de los discípulos de Jesucristo. El imperioso «no creeré» de la mente arrogante y llena de prejuicios nunca puede anular la fe de Dios. «Cree, y verás.»

III. Una reprensión humillante. Tomás no ganó nada sino tristeza y separación a causa de su actitud independiente. Pero no se perdió la siguiente reunión de los discípulos, «ocho días después», porque estaba «con ellos Tomás». Una vez más se apareció Jesús, y le dijo a Tomás: «Pon aquí tu dedo… y no seas incrédulo, sino creyente» (v. 27). Ahora tuvo, en la gracia del Señor Jesucristo, una oportunidad de «palpar el Verbo de vida», pero tan pronto como tiene esta oportunidad, la mano de incredulidad se queda paralizada. Lo que los discípulos no consiguieron en una semana de razonamientos, Jesucristo lo hizo en un momento con su Palabra. La incredulidad es de lo más vergonzoso cuando se ve al mismo Cristo. ¡Cómo tuvo que haberse arrepentido Tomás después del trato dado al testimonio de sus amigos creyentes. ¿No perdemos nosotros mucha bendición precisamente ahora por la misma razón, rehusando creer a quienes han experimentado una plenitud de bendición a la que nosotros, por nuestra incredulidad, somos totalmente ajenos? Que él se revele a nosotros de tal manera que cada duda se avergüence delante de él.

IV. Su confesión de fe. «Tomás respondió y le dijo: ¡Señor mío, y Dios mío!» Había visto, y había creído, pero la bendición del hombre que no ha visto pero que ha creído nunca podría ser suya (v. 29). Sin embargo, él ha creído, y ello con todo su corazón. Sus palabras fueron pocas, pero profundas, y provinieron de las más grandes profundidades de su alma. Hubo en ellas una confesión:

1. De su DEIDAD. «*Dios* mío».
2. De su AUTORIDAD sobre él. «*Señor* mío».
3. De su RENDICIÓN PERSONAL a él. «Señor *mío* y Dios *mío*».

1.240. CÓMO JESÚS SE MOSTRÓ A SÍ MISMO

Juan 21:1-14

Después de su resurrección nadie pudo ver a Jesús por mera curiosidad o accidentalmente. Ni María ni los dos discípulos que anduvieron con él en el camino de Emaús le conocieron hasta que él *se reveló a Sí mismo* a ellos. Nadie sino discípulos le vio jamás en su cuerpo de resurrección. La visión es ahora espiritual; sólo los que *creen verán* la gloria de Dios en la Persona del Cristo resucitado. Y «se manifestó de esta manera» a ellos en aquella mañana memorable.

I. El tiempo de su manifestación. Fue:

1. DESPUÉS DE UNA NOCHE DE FRACASO. «Aquella noche no pescaron nada» (v. 3). En aquellos días de quieta prueba Pedro se impacientó un tanto, y dijo: «Voy a pescar. Ellos le dijeron: Vamos nosotros también contigo». Siguieron a Pedro, y no pescaron nada. La frustración y la derrota pueden prepararnos para una nueva manifestación de la gracia y del poder de Jesucristo. Trabajar sin su presencia y bendición es como poner nuestro tesoro en una bolsa con agujeros. El fracaso en los negocios pueden ser una buena preparación para el éxito espiritual.
2. AL DESPUNTAR EL ALBA. «Cuando ya iba amaneciendo, se presentó Jesús en la playa» (v. 4). El dolor puede durar por la noche, pero el gozo viene por la mañana cuando él aparece. Él estaba allí, pero ellos no le conocieron. Hay siempre el romper de un nuevo día cuando Cristo se manifiesta de nuevo al alma fatigada. Cada visión de él es un nuevo y más pleno amanecer del día celestial.

II. La manera. Nuestro Señor no siguió el ejemplo de nadie. Él tenía su manera singular de presentarse tanto a Sí mismo como su doctrina. Comenzó a revelarse a ellos:

1. CONDUCIÉNDOLES A LA CONFESIÓN. «Hijitos, ¿tenéis algo de comer? Le respondieron: No» (v. 5). Ésta fue una honrada confesión de su fracaso. No habían pescado *nada*, por lo que no hicieron intento alguno de que pareciera *algo*. Nada tenían, ni para sí mismos ni para otros, y así lo dijeron; y al así decirlo se pusieron en una posición de poder ser bendecidos por el Señor. Cuidaros de representar falsamente o de exagerar. Cristo está interesado en nuestros informes.
2. PROBANDO LA FE DE ELLOS. «Echad la red a la derecha de la barca, y hallaréis» (v. 6). Habían estado trabajando toda la noche sin provecho alguno, y ahora que el día amanecía habían abandonado toda esperanza. Pero oyeron la voz autoritativa de aquel extraño en la ribera, tan llena de promesa, y obedecieron de inmediato. Hay siempre un timbre de certidumbre en la Palabra del Señor Jesús. *Oírla* es tener nuestros corazones puestos a prueba por ella.
3. TRANSFORMANDO EL FRACASO EN ÉXITO. «Entonces la echaron [la red], y ya no la podían sacar, por la gran cantidad de peces» (v. 6). Obedecieron, y la fe de ellos se vio abundantemente recompensada. Por esta señal que siguió, Juan se vio constreñido a decir: «Es el Señor» Esto es obra *del Señor*; Juan se da cuenta de que es tan a SU manera. Sí, es según el estilo de Jesús transformar nuestra total derrota en un éxito sin precedentes, por la pronunciación de su Palabra y el creer en ella. Es «de esta manera» que los pecadores son convertidos, y que cristianos sin fruto reciben sabiduría para ganar almas.

4. PROVEYENDO A SUS NECESIDADES. «Al descender a tierra, vieron unas brasas puestas, y un pez encima de ellas, y pan» (v. 9). Incluso en su cuerpo de resurrección, el Señor no dejaba de pensar en los cuerpos de sus discípulos, fríos y hambrientos. Ésta es otra *revelación* de su amor y cuidado por los suyos. No era, quizá, un suntuoso banquete, pero era según su estilo como el Pastor de su rebaño. «Jehová es mi Pastor, nada me *faltará*». «Mi Dios proveerá a todas vuestras *necesidades*» (Fil. 4:19). El Hijo de Dios está siempre delante de nosotros en sus disposiciones providenciales.

5. TENIENDO COMUNIÓN CON ELLOS. «Les dijo Jesús: Venid, comed... Vino, pues, Jesús, y tomó el pan y les dio, y asimismo del pescado» (vv. 12, 13). Ahora bien, «ninguno de los discípulos se atrevió a preguntarle: «Tú, quien eres?». Nadie sino el mismo Señor podía actuar de esta manera, mostrando tal gracia y poder. Cristo tiene un estilo de *dar* por el que él mismo se da a conocer (Lc. 24:30, 31). Él se dio a Sí mismo por nosotros. La ley exige, pero la *gracia* de Dios que nos ha venido en Cristo Jesús se deleita en dar. Es siempre una experiencia memorable tener nuestro largo ayuno espiritual roto por las bendiciones que nos son provistas y ofrecidas por Aquel que por nosotros murió y resucitó. ¡Comed, amigos! Bebed en abundancia, oh amados. «Ya he preparado mi banquete; ... todo está a punto» (Mt. 22:4).

1.241. ¿ME AMAS?

Juan 21:15

«¿Me amas tú?» (V.M.) Que penetre profundamente en nuestros corazones esta tierna pero escudriñadora pregunta de nuestro Señor. No es suficiente para Él que amemos sus palabras y obras si Él mismo no fuera el principal objeto de nuestros afectos. Si «Aquello que yo amo determina como amo», entonces el amor hacia Cristo, el «todo Él un encanto», debería determinar la manera e intensidad de nuestro amor para con otros.

I. El amor, deseado. «¿Me amas tú?» Tres veces, y con variado énfasis, hizo Cristo esta pregunta a Pedro (Jn. 21:15-17). El celo por la verdad sin una devoción personal al Hijo de Dios como encarnación del amor divino no es una verdadera piedad, sino una exhibición de una enmohecida teología. Al hacerle esta pregunta a Pedro, el Hijo del Hombre estaba simplemente buscando aquel único fruto que podía dar satisfacción a su corazón lleno de gracia. En grado, nuestro amor no puede ser como el suyo, pero debiera parecerse a él en especie.

II. El amor, reconocido. Allí donde hay amor a Cristo, Él es siempre pronto para reconocerlo y confesarlo. La mujer en casa de Simón, que le había lavado, secado, besado y ungido sus pies por cuanto «ella amó mucho», fue no solo observada y encomiada, sino empleada también por el Señor como poderosa reprensión para el fariseo de corazón congelado (Lc. 7:44-47). Es solamente el amor que puede comprender el amor, y dar una respuesta adecuada. El perfecto amor echa fuera el temor.

III. El amor manifestado. El amor tiene que revelarse a sí mismo; no puede ocultarse. Si Dios amó al mundo, este amor se ve en el don de su Hijo. Si Cristo amó a la Iglesia, se dio luego a Sí mismo por ella. Si amamos a Dios, entonces amaremos a nuestro hermano. El amor a Cristo se manifestará:

1. BUSCÁNDOLE. Fue el amor de María hacia Él que la constriñó tan apasionadamente a buscarle (Jn. 20:15). El amor de Cristo nos constriñe. ¿A quién buscáis?

2. CONFESÁNDOLE. Pedro dijo: «Sí, Señor; tú sabes que te amo» (Jn. 21:15). Con el desvanecimiento de nuestro primer amor sobreviene un desvanecimiento del deseo de testificar. Si le amamos de todo corazón, entonces le confesaremos con toda nuestra fuerza y poder.

3. SIRVIÉNDOLE. Después de la triple confesión de Pedro de amor por Él, vino la triple instrucción del Señor de servirle. Si le amamos de todo corazón, entonces le confesaremos con todas nuestras fuerzas y capacidad.

4. SACRIFICÁNDONOS por Él. El amor que no puede sacrificar es superficial e hipócrita. La pecadora en la casa de Simón, a causa de su «mucho amor», le sacrificó su «cabello» y su «ungüento de gran precio» a Él (Lc. 7:38; véase también Jn. 12:3). El apóstol que podía decir «me amó y se entregó a Sí mismo por mí» podía decir también: «Estoy dispuesto no solo a ser atado, sino también a morir en Jerusalén por el nombre del Señor Jesús» (Hch. 21:13). «El amor no puede ser comprado con nada más que con él mismo». Así como el acto más sublime del amor de Dios fue el sacrificio de su Hijo, la expresa imagen de Sí mismo, del mismo modo el más sublime acto del amor humano es el sacrificio del yo para la gloria de Dios.

1.242. «SI YO QUIERO»

Juan 21:15-22

Después de haber comido, el Señor se manifestó de otra manera a Pedro, cuando hubo indagado los secretos de su corazón con la triple pregunta: «¿Me amas?» Éste fue el último examen de Pedro para el ministerio del Evangelio. Tiene que ver más con el *corazón* que con la cabeza. Fue una prueba de *amor*. No puede haber ningún ministerio instruido sin una verdadera devoción de corazón a la persona de Jesucristo. Fue por su confesión de *amor* que Pedro recibió su comisión para servir: «Apacienta mis corderos». Después que el Señor hubiera dicho a Pedro con qué penosa muerte glorificaría a Dios, Pedro no emitió protesta alguna, aceptándolo en el acto como el beneplácito de Dios, pero se inquietó por saber cómo Juan iba a acabar su peregrinación terrena. «Y éste ¿qué?» Jesús le dijo: «Si quiero que él quede hasta que yo venga, ¿qué te va a ti? *Tú, sígueme*». Ésta réplica de Cristo a la pregunta curiosa de Pedro es una adicional revelación de sus singulares métodos e incomparable carácter. «Si *yo* quiero». Éste es un yo que se extiende desde las más grandes profundidades hasta las más sublimes alturas; sus brazos alcanzan a todo el tiempo pasado y a la eternidad venidera. Estas palabras de Cristo constituyen una revelación para nosotros de:

I. Su postura ante la vida. Su mirada estaba siempre sobre los grandes puntos esenciales de la verdadera existencia. Él no dejaba lugar para la mera curiosidad personal. «¿Qué te va a ti? Tú, sígue*me*.» Aquí tenemos el verdadero centro alrededor del que deberían moverse nuestras vidas, y desde las que deben recibir sus principios conductores e inspiradores. Tenemos que estar más ansiosos por seguir a Cristo que por contrastar nuestra experiencia con la experiencia de otros, tanto en su vida como en su muerte.

II. Sus métodos. «Si quiero que él quede... ¿qué a ti?» Sus tratos con sus discípulos no tienen lugar de una manera mecánica y rígida, ni siguiendo la estricta ley de la uniformidad. La riqueza de la sabiduría y del poder de Cristo no permiten esto. Cada discípulo individual tendrá su especial consideración y providencia. Él llama a cada uno de sus discípulos por su *nombre*, lo que significa su *naturaleza*, y tratará con ellos para el más grande bien de ellos y su más excelsa gloria.

III. Su poder divino. «Si yo quiero,» ¡Qué VOLUNTAD es ésta! ¡Qué refugio para el alma temblorosa! Su voluntad no es una carga que debamos llevar, sino un cabezal sobre el que reposar. Pensemos en la dignidad, autoridad, omnipotencia, que residen en estas palabras, como el poder en el brazo del Omnipotente. Solo tiene que *querer*, y así será, porque su voluntad se hace en el cielo y entre los moradores de la tierra. Si él quiere bendecirte y guardarte, entonces tú tendrás bendición y protección. ¡Cuál segura y recta va nuestra vida cuando se rinde a su voluntad!

IV. Su presencia permanente. «Tú, sígueme.» Por su Palabra y Espíritu, he aquí que él está con nosotros siempre, hasta el fin del siglo. Él nos ha dejado ejemplo, para que sigamos sus pisadas. «Tú, sígueme». ¿Es posible ahora que él esté resucitado en novedad de vida, y sentado en la gloria celestial? Sí. Es *su voluntad*. Sea cual sea su voluntad para nosotros, es posible par nosotros. Pensemos en el privilegio de seguir a Aquel a Quien los ángeles se deleitan en honrar, y de las inmensas *posibilidades* asociadas con tal vida.

V. Su segunda venida. «Hasta que yo venga» (v. 22). Ésta es al menos la tercera vez, en este Evangelio, en que nuestro Señor hace referencia concreta a su regreso (14:3, 16:22). A lo largo del Nuevo Testamento encontramos alrededor de 600 referencias a este tema. Él ha venido como Salvador sufriente. Volverá como Rey glorioso. La esperanza de la Iglesia es la *cruz* de Cristo; la esperanza del mundo reside en el trono de Cristo. Cuando él vuelva no será en gracia, sino para afirmar su *derecho* y reinar. Entonces se cumplirá la proclamación apocalíptica: «Los reinos del mundo han venido a ser de nuestro Señor y de su Cristo». ¡Qué bendita esperanza! Este mundo pesadamente cargado, vacilando a través de las edades con su carga siempre abrumadora de pecado y mal hacia una tiniebla cada vez más espesa, será, a la venida del Señor Jesucristo, salvado y lleno de su gloria (He. 10:37).

1.243. EL CRISTIANISMO APOSTÓLICO TAL COMO SE VE EN LOS HECHOS (I) LA FE APOSTÓLICA

I. La fe apostólica. La historia del Pródigo en Lucas 15 es con mucho la historia de la Iglesia. Ahora que ella «comienza a pasar necesidad», tiene que «levantarse e irse» de vuelta a su esfera original de poder y de prestigio. ¿Qué creían aquellos antiguos santos?

1. Creían en la DEIDAD de Jesucristo, 3:16
2. Creían en la obra EXPIATORIA de Cristo, 20:28
3. Creían en la PALABRA de Cristo, 27:25
4. Creían en el EVANGELIO de Cristo, 8:5
5. Creían en el NOMBRE de Cristo, 3:16
6. Creían en la PRESENCIA de Cristo, 18:9-10
7. Creían en el PODER del Espítitu Santo, 1:8; 2:38; 8:15; 10:44, 45; 11:16; 15:8

1.244. EL CRISTIANISMO APOSTÓLICO TAL COMO SE VE EN LOS HECHOS (II) LA ORACIÓN APOSTÓLICA

II. La oración apostólica

1. Oraban en horas establecidas, 3:1
2. Oraban, creyendo en Mucha Oración, 6:4
3. Oraban, con gran simplicidad, 4:24
4. Oraban, esperando una respuesta, 4:29-31
5. Oraban y ayunaban juntos, 10:30; 15:3; 14:23
6. Oraban y recibían revelaciones, 7:55-56; 10:9-11; 22:17
7. Oraban antes de despedirse, 13:3; 20:36; 21:5

1.245. EL CRISTIANISMO APOSTÓLICO TAL COMO SE VE EN LOS HECHOS (III) VALENTÍA APOSTÓLICA

III. Valentía apostólica. Tuvieron valentía:

1. Para predicar doctrinas menospreciadas, 4:2
2. Para reprender pecadores en altas esferas, 4:11; 5:30
3. Para proclamar todo el consejo de Dios, 20:27; 4:20
4. Para mantenerse en pie frente a la persecución, 8:1
5. Para vivir por encima del temor del hombre, 5:29, 4:19
6. Para arriesgar sus vidas por causa de Cristo, 15:26; 20:24
7. El secreto de este valor, Hechos 1:8; 13:4

1.246. EL CRISTIANISMO APOSTÓLICO TAL COMO SE VE EN LOS HECHOS (IV) EL PODER APOSTÓLICO

IV. El poder apostólico

1. La naturaleza de este poder.
   a. No era poder *social* 2:7
   b. No era poder *monetario* 3:6
   c. No era poder *intelectual* 4:13
   d. Era poder ***espiritual*** 1:8; 6:10
2. Las manifestaciones de este poder. Por el poder del Espíritu Santo:
   a. El cobarde es hecho valeroso 2:14
   b. El pecador es redargüido y humillado 2:37-38
   c. El perseguido queda satisfecho con gloria 7:55
   d. El perplejo recibe respuesta y es guiado 8:29; 16:9
   e. El convertido recibe poder para servir 9:17-20
   f. El siervo es separado y enviado 13:2-4
   g. El enemigo es denunciado sin temor 13:9-10

1.247. EL CRISTIANISMO APOSTÓLICO TAL COMO SE VE EN LOS HECHOS (V) EL TESTIMONIO APOSTÓLICO

V. El testimonio apostólico. No hay aquí ningún son incierto. Ellos testificaban:

1. Que Jesús es el *Cristo, el Hijo de Dios,* 2:36; 9:20
2. Que Dios le había resucitado *de entre los muertos,* 3:15; 4:33
3. Que su Nombre posee todo poder para sanar *por medio de la fe,* 3:16
4. Que la salvación es *solamente en su nombre,* 4:12
5. Que Cristo *ha sido designado por Dios* Juez de todos, 10:42
6. Que todos los creyentes son justificados *de todas las cosa,* 13:39
7. Que todos los creyentes *reciben el Don del Espíritu Santo,* 2:39; 19:2

1.248. EL CRISTIANISMO APOSTÓLICO TAL COMO SE VE EN LOS HECHOS (VI) EL ÉXITO APOSTÓLICO

VI. El éxito apostólico. Tuvieron éxito:

1. En recibir la promesa del Padre, 1:4; 2:4
2. En convertir pecadores a Dios, 2:41; 4:4
3. En obrar milagros de gracia, 3:7; 16:18
4. En recibir respuestas a sus oraciones, 4:31,12:5; 16:26
5. En extender su doctrina por todas partes, 5:28, 42
6. En conseguir resultados inmediatos por su predicación de Cristo, 8:5-8; 9:20-21
7. En suscitar persecuciones debido a su fidelidad, 4:21; 13:50-52; 14:2; 17:32
8. En llevar a cabo la obra que les había sido encomendada, 26:18

1.249. EL CRISTIANISMO APOSTÓLICO TAL COMO SE VE EN LOS HECHOS (VII) EL EJEMPLO APOSTÓLICO

Hechos 20:19-28

VII. El ejemplo apostólico. «Sed imitadores de mí», dijo el apóstol, «así como yo de Cristo» (1 Co. 11:1). Él es para nosotros un ejemplo:

1. En humilde servicio para Dios, v. 19
2. En fidelidad a la palabra de Dios, v. 20
3. En mostrar la actitud correcta para con Dios, v. 21
4. En ser enseñados por el Espíritu de Dios, vv. 22-23
5. En padecer con paciencia según la voluntad de Dios, v. 24
6. En predicar el Reino de Dios, v. 25
7. En declarar valerosamente todo el Consejo de Dios, v. 27
8. En cuidar de la Iglesia de Dios, v. 28

1.250. LA IGLESIA RECIÉN NACIDA

Hechos 1

La Iglesia recién nacida era poderosa en su infancia. El actual lazo de la *precedencia* era desconocido en aquellos tiempos primeros de confianza sencilla e infantil, cuando todo parecía estar rociado con un lozano rocío de resurrección. Que sea nuestra esta lozanía también. Con este fin, observemos algunos de aquellos rasgos que caracterizaban a los miembros de la Iglesia recién nacida, y preguntémonos a nosotros mismos si nosotros, como ovejas suyas, tenemos las mismas marcas sobre nosotros.

I. Estaban en comunión con su Señor resucitado. «A quienes también... **se presentó**... estando reunido con ellos» (vv. 3 y 4). La resurrección de Cristo era para ellos algo más allá de toda duda. Él había llegado a ser ahora la misma vida de ellos. «Cristo nuestra vida.» Ellos habían experimentado personalmente, cada uno de ellos, el poder de su presencia, presencia que jamás conoció ninguno de los incrédulos. ¿Sabes tú lo que esto significa?

II. Recibieron la promesa del Espíritu Santo. «Seréis bautizados con el Espíritu Santo dentro de no muchos días» (v. 5). Esta gran «promesa del Padre» es dada a cada hijo de Dios, nacido de lo alto, y debiera ser aceptada de una manera tan clara como la promesa de la vida eterna. Esta promesa no fue dada para que pudieran ser justificados delante de Dios de manera más plena, sino para que Dios pudiera quedar más plenamente justificados en ellos delante del mundo (Ez. 38:16). Véase Hechos 19:2.

III. Ellos fueron obedientes a su Palabra. «Entonces volvieron a Jerusalén... y... subieron al aposento alto» (vv. 12-13). El Señor les había dicho que esperaran el cumplimiento de la promesa, por lo que acudieron a *esperar.* No se reunieron para tratar de la manera, del tiempo o de la magnitud del derramamiento prometido, sino a ESPERAR. Se habían decidido simplemente a obedecer las instrucciones del Maestro, y a dejarle a Él el resto. «Ve tú, y haz lo mismo.»

IV. Estaban unidos en espíritu. «Todos estos preservaban unánimes en oración y ruego» (v. 14). ¿Por qué tenían que orar, cuando tenían la palabra segura de la promesa? ¿No era acaso la misma certidumbre de la promesa un poderoso incentivo para esperar y orar? Llegará un día de carácter pentecostal cuando exista la misma unidad de espíritu y una oración persistente y creyente (Mt. 18:19-20).

V. Honraban las Escrituras. «Se levantó Pedro en medio de los hermanos... y dijo: Varones hermanos, era menester que se cumpliese la Escritura», etc. (vv. 15-20). Pedro y los otros ciento diecinueve que estaban con él no tenían dificultades algunas acerca de la paternidad davídica del Salmo 69 y de que habló proféticamente bajo la conducción del Espíritu Santo (2 Ti. 3:16). Aquel que maneja la Palabra de Dios arrojándola en descrédito contrista con ello al Espíritu Santo, y ha hecho la obra del diablo.

VI. Trajeron en oración al Señor sus dificultades. «Tú, Señor, que conoces los corazones de todos, muestra cuál de estos dos has escogido» (21-24). Dos habían sido designados para ocupar el un cargo. Estaban bien dispuestos a abandonar sus preferencias individuales, y a aceptar a aquel a quien el Señor designase. Tal como era entonces, así es ahora. Solo el llamado por el Señor tendrá éxito. Si alguno carece de sabiduría, que la pida a Dios. La Iglesia *recién nacida* era más poderosa que la Iglesia *envejecida* de nuestros días. ¿Por qué?, sí, ¿por qué? La necesidad clamorosa de la iglesia es:

1. De una renovada revelación del Cristo Resucitado.
2. De una experiencia más plena del poder de su Resurrección.
3. De una fe inamovible en su Palabra.
4. De una poderosa acción del Espíritu Santo.
5. Del espíritu de unidad entre los creyentes.
6. De la oración de fe.

1.251. LA IGLESIA TESTIFICANTE

Hechos 2:14-36

«A este Jesús resucitó Dios, de lo cual todos nosotros somos testigos» (v. 32).

Una Iglesia avivada, o un alma avivada, darán de cierto la preeminencia a Jesús. ¿No había dicho Cristo que «Cuando venga el Espíritu de verdad, él... me glorificará»? (Jn. 16:13-14). La Iglesia o la persona que no está glorificando a Jesucristo como el Hijo de Dios crucificado y resucitado no puede ser llena del Espíritu. Tenemos esta seguridad, que el Espíritu Santo no dará su gloria a otro que a Jesucristo, en cuyo nombre ha venido, y cuya obra prosigue en la tierra. Así, cuando Pedro, lleno del Espíritu, «poniéndose en pie con los once, alzó la voz», fue para predicar «a Jesús y la Resurrección». Los hombres llenos del Espíritu no tienen otro tema que éste. Observaremos, de forma breve, las características destacadas del testimonio pentecostal de Pedro, y aquí Él habla como el portavoz de toda la Iglesia. Él testifica:

I. Acerca de la transformación de sus hermanos. «Éstos no están ebrios, como vosotros suponéis» (v. 15). Indudablemente, había un cambio muy marcado en su conducta. Estaban desde luego alterados, pero no con el vino del mundo, como ellos suponían, sino que estaban llenos del nuevo vino del Reino de Dios. Pero *el hombre natural* no puede comprender las cosas del Espíritu de Dios, porque le son locura (1 Co. 2:14).

II. Acerca del cumplimiento de la profecía (vv. 16-21). En las bodas de Caná, el mejor vino –el don de Cristo– quedó para el *final.* Lo mismo en «estos postreros días» el mejor vino ha sido dado en la venida del Espíritu Santo. Entre esta promesa dada a Joel y su cumplimiento había veinticuatro generaciones; pero su fidelidad no falla. El Espíritu ha sido dado, pero no «*toda carne*» ha sido tocada aún con la llama de este fuego vivificador. Pero esto también se cumplirá. Unámonos a los que recuerdan al Señor, y oremos por ello. El testimonio de una Iglesia viviente debe ser acerca de la fidelidad de Dios a su Palabra.

III. Acerca de la aprobación divina de Jesús de Nazaret. «Varón acreditado por Dios» (v. 22). Las obras que Jesús hizo fueron las obras que ningún otro podía hacer (Jn. 15:24). Sus «milagros, maravillas y señales» eran evidencia irrefutable de su santidad y poder sobrehumanos, de su verdadera unidad con el invisible Padre omnipotente (Jn. 14:10-11). Este Varón aprobado por Dios sigue esperando su aceptación por parte de los hombres.

IV. Acerca de la culpa de rechazar a Cristo. «A ÉSTE, ... *prendisteis* y matasteis por manos de inicuos, crucificándole» (v. 23). Pedro, lleno del Espíritu Santo, no conoce el temor, y no ve contradicción entre «el determinado designio de Dios» y la terrible iniquidad de aquellos que crucificaron a su Hijo (Lc. 22:22). Después de Pentecostés, la primera acción del Espíritu Santo sobre los impíos fue redargüir de asesinato. ¿Qué es el pecado? El pecado es iniquidad, rebelión, usurpación.

V. Acerca del poder de su Resurrección. «Era *imposible* que fuese retenido por la muerte» (v. 24). Aquel que había afirmado ser «la Resurrección y la Vida» demostró su afirmación resucitando de entre los muertos (Jn. 10:17). Como no era posible que los poderes de la muerte y del infierno le retuvieran, tampoco les es posible retener a aquellos que son de Él por la fe (Jn. 5:24-25; 2 Co. 4:14). Un testigo del poder de su resurrección debe tener una experiencia de resurrección (1 P. 1:3).

VI. Acerca de la inspiración de David. David habló acerca de Cristo, porque él «*Veía* siempre al Señor delante» de sí (v. 25; Sal. 16:8). Como Aquel que, conforme a la promesa de Dios, «haría surgir al Cristo para que se sentase en su trono» (v. 30). Negar el carácter profético de los *Salmos de David* es rechazar el testimonio del Espíritu Santo por quien estaba ahora Pedro hablando (Lc. 24:44). Los movidos por el Espíritu Santo son «hombres santos», y nunca son movidos a declarar cosas no consistentes.

VII. Acerca de la certidumbre de la exaltación de Cristo. La venida del Espíritu Santo no fue sólo el cumplimiento de una promesa, sino también la garantía de que Aquel que había sido crucificado era ahora «exaltado por la diestra de Dios» (vv. 33-36), y hecho «*Señor* y Cristo». Aunque le ha sido dada toda autoridad, Él sigue esperando con los brazos abiertos para dar «dones a los hombres» (Jn. 1:12). Cuando la muerte, resurrección y exaltación de Cristo son firmemente creídas y enfáticamente predicadas, se harán señales y maravillas en su nombre.

1.252. LA PROMESA DEL PADRE

Hechos 1:4

Jesucristo es el don de Dios para el mundo; el Espíritu Santo es el don del Padre y del Hijo a la Iglesia. Ambos dones debieran ser aceptados con gratitud e igualmente disfrutados.

I. Lo que es esta promesa. Es la promesa:

1. DE UN MORADOR (Jn. 14:6).
2. DE UN CONSOLADOR (Jn. 16:7).
3. DE UN TESTIGO (Jn. 15:16).

II. Las condiciones para la recepción de la promesa. Esta promesa no fue hecha al mundo, sino solo a los que le habían dado su obediencia a Él y estuvieran dispuestos a seguirlo.

1. CREYENDO
2. ESPERANDO (Lc. 44:3).
3. SEDIENTOS (Is. 44:3).

III. Los resultados que han de seguir:

1. PODER PARA CAMINAR CONFORME A LA MENTE DE DIOS (Fil. 2:13).
2. PODER PARA CAMINAR CONFORME AL CAMINO DE DIOS (Ez. 36:27).
3. PODER PARA TESTIFICAR CONFORME A LA PALABRA DE DIOS (Hch. 1:8; 4:33).

1.253. EL PODER DEL ESPÍRITU

Hechos 1:8

Para el creyente, el poder del Espíritu es el poder de una *Personalidad* siempre presente (Jn. 16:7-14).

I. Es el suyo un poder de **convicción** (Jn. 16:8).

II. Es el suyo un poder **vivificador** (Jn. 6:63).

III. Es el suyo un poder de **enseñanza** (Jn. 16:13).

IV. Es el suyo un poder **revelador** (Jn. 16:14).

V. Es el suyo un poder **testificante** (Hch. 1:8; Ro. 8:16).

VI. Es el suyo un poder **intercesor** (Ro. 8:26).

VII. Es el suyo un poder **residente** (1 Co. 3:16; 6:19).

1.254. LA IGLESIA DOTADA DE PODER

Hechos 2:1-13

Una Iglesia orante será siempre una Iglesia poderosa. La verdadera y real influencia de una Iglesia no reside en la cantidad ni en la posición social de sus miembros, ni en la elegancia del edificio, ni en el tamaño de sus contribuciones, sino en la presencia y *poder del Espíritu Santo.* Allí donde está ausente el ministerio del Espíritu, la Iglesia es tan solo un cuerpo sin aliento. «Es el Espíritu el que vivifica.» Observemos:

I. Dónde estaban. «Estaban todos unánimes juntos» (v. 1). Estaban todos «juntos», en un lugar, porque estaban todos «unánimes». Ésta es una condición del corazón absolutamente necesaria para recibir el poder del Espíritu Santo. Para ser llenados con el Espíritu debemos quedar vaciados de todo egoísmo y falta de caridad. Cuando los hermanos moran juntos en unidad, entonces el Señor enviará su bendición.

II. Cuándo vino la bendición. «Cuando se cumplió el día de Pentecostés» (v. 1, *margen*). Según el tipo, esto fue cincuenta días después que (Cristo como) la gavilla de las primicias fue presentada como ofrenda mecida (Lv. 23:15-16). Las obras de Dios están siempre en armonía con la «plenitud del tiempo» (Gá. 4:4). Él nunca hace nada prematuro; hay una idoneidad eterna en las sazones divinas. Hay una contrapartida *terrenal*, así como celestial en todo lo dispuesto por Aquel cuyas obras son perfectas. El Espíritu Santo sigue dispuesto para venir sobre todos aquellos que están *listos* a acudir a Él. Los que esperan en el Señor tendrán nuevo vigor.

III. Cómo sobrevino la bendición. «De repente vino del cielo un estruendo como de un viento recio que soplaba… y se les aparecieron lenguas como de fuego» (vv. 2-3). No vino como un proceso de crecimiento y de desarrollo; no evolucionó de su propia consciencia interior; fue el don directo del Padre en respuesta a la oración creyente de ellos, y en cumplimiento de su propia promesa llena de gracia. Vino como «un viento recio» y como «lenguas como de fuego», simbólico de una personalidad que no puede ser limitada ni controlada por la mera voluntad del hombre (Jn. 3:8).

IV. A quién le vino la bendición. «Se posaron sobre *cada* uno de ellos» (vv. 3-4). Dios no hace acepción de personas; cada uno de los corazones que esperaban fue llenado con el Espíritu. Cada uno de ellos recibió el mismo don, aunque la *manifestación* del poder en sus vidas individuales fuera diferente; pero era el mismo Espíritu. La lección indudable para nosotros es que cada discípulo creyente de Jesús puede y debería ser «lleno del Espíritu Santo». Más que esto, cada uno que en aquel aposento alto fue bautizado con el Espíritu Santo era perfectamente consciente de este hecho. A este respecto no hay diferencia alguna entre el siglo primero y el veinte (Lc. 11:13). El mismo Dios es rico para con los que le invocan.

V. Efectos producidos. Fueron dobles: (1) Sobre ellos mismos. «Fueron *llenos* del Espíritu Santo y comenzaron a hablar en *otras lenguas*, según el Espíritu les daba que se expresasen». Estaban poseídos y controlados por el infinito poder de Dios. Como vasos terrenales, estaban encargados con un tesoro celestial, un precioso don que está para siempre ocultado a los sabios del mundo, y que es revelado sólo a los pequeñuelos (Mt. 11:250. (2) Sobre otros. «Y estaban atónitos y desconcertados… Mas otros, burlándose, decían…» (vv. 7-13). La venida del Espíritu Santo será siempre una evidente innovación. No hay manera de ocultar su poder. Es un movimiento tan alejado de lo terrenal que los impíos filósofos quedan atónitos y perplejos, diciéndose unos a otros: ¿Qué quiere decir esto? (2 Co. 10:4). Ésta era ciertamente una iglesia «rica», rica en poder espiritual y en fruto.

1.255. ¿QUÉ SIGNIFICA ESTO?

Hechos 2:12

El don del Espíritu Santo, que fue motivo que unos quedaran «atónitos y perplejos», y que otros hablaran de ello «burlándose», está lleno de significado precioso para los que creemos.

I. Significa que Aquel que murió por nuestros pecados está **ahora exaltado** a la diestra de Dios (v. 33; Jn. 7:39).

II. Significa el **cumplimiento de la profecía** (v. 16).

III. Significa que Cristo tiene *poder* para cumplir **sus promesas** (1:5; 11:4).

IV. Significa **poder para el testimonio** (vv. 17, 18).

V. Significa **plenitud de bendición** para cada creyente (vv. 38, 39).

VI. Significa que Dios puede utilizar **poderosamente cosas débiles** (v. 7).

VII. Significa que Dios quiere que **todos los hombres sean salvos** (v. 21).

1.256. EL PODER DEL EVANGELIO

Hechos 2:37-47

EL sermón de Pedro fue en el poder del Espíritu santo, por lo que hubo «señales que seguían». Hubo:

I. Una profunda convicción. «Al oír esto, se compungieron de corazón» (v. 37). «Sintieron aquellos clavos con los que habían crucificado a Cristo penetrando en sus propios corazones como otras tantas aceradas dagas.» Cuando el Espíritu de Gracia es derramado, los pecadores verán de cierto a Aquel a quien *traspasaron* (Zac. 12:10). Él vino a convencer de pecado (Jn. 16:8). ¿Cómo oirán ellos sin un predicador, y cómo predicarán con poder de convicción, a no ser que sean enviados?

II. Una franca confesión. «Varones hermanos, ¿qué haremos?» Esta candente pregunta (Hch. 9:6; 16:30), brotando de corazones traspasados por el Espíritu, declara este hecho: que la salvación debe venir de Dios. «¿Qué haré?» Un pecador convicto nunca sabe por sí mismo qué hacer. No está en el hombre. Pero cuando se hace una confesión franca y plena, la luz conductora amanecerá velozmente (1 Jn. 1:9).

III. Unas claras instrucciones. «Arrepentíos, y bautícese cada uno de vosotros… y recibiréis el don del Espíritu Santo. Porque para vosotros es la promesa» (vv. 38-40). Las palabras de Pedro no fueron «Reformaos, y sed más civilizados», sino «Arrepentíos, y bautícese cada uno de vosotros». *Arrepentirse* era cambiar sus mentes de un modo total acerca de Jesucristo, a quien habían rechazado; y *bautizarse* implicaba una renuncia a la vida antigua, y una abierta confesión de Cristo como su Señor. Al hacer esto recibirían el don del Espíritu Santo, para ser dotados de poder para vencer al mundo y ser testigos de Aquel que murió y resucitó. ¿Recibiste tú al Espíritu Santo cuando creíste? «Porque *para vosotros* es la promesa» (v. 39).

IV. Una recepción bien dispuesta. «Así que los que acogieron bien su palabra fueron bautizados» (v. 41). La oferta de «perdón de los pecados» por medio del arrepentimiento fue como agua fría para un alma sedienta; la acogieron bien dispuestos. Ningún criminal sentenciado recibió jamás un perdón total más bien dispuesto que ellos aceptaron la oferta de misericordia. Éste es el Evangelio que Dios está ordenando a todos que crean arrepintiéndose. Tres mil entraron entonces, pero «aún hay lugar».

V. Un progreso firme. «Y se ocupaban asiduamente en la enseñanza de los apóstoles, en la comunión unos con otros, en el partimiento del pan y en las oraciones» (v. 42). Eran conversos de Dios, y por ello quedan claramente evidentes las verdaderas señales de una transformación interior. Éstas eran: amor por la *Palabra*, amor *los unos por los otros*, amor por su *Señor ausente*, y amor por la *oración* privada y pública. Al ser injertados en el Cristo viviente, vinieron a ser poseídos por su Espíritu, creciendo en la gracia y en el conocimiento de su Señor y Salvador.

VI. Una cordial cooperación. «Estaban juntos y tenían en común todas las cosas» (vv. 44-45). Esto quizá no por necesidad, sino debido a su cálido afecto mutuo y a su interés mutuo práctico. Este espíritu es muy hermoso, y revela la maravillosa influencia que tiene el amor de Dios cuando es *derramado* en nuestros corazones. Jesucristo había dado su todo por ellos; ahora ellos estaban dispuestos a dar su todo por Él y unos por otros (Ef. 5:2). ¿Qué obstaculiza la continuación de este espíritu de hermandad? La falta de fe en Dios, el espíritu mundano y el egoísmo.

VII. Un gran júbilo. «Con alegría y sencillez de corazón, alabando a Dios» (vv. 46-47). El arrepentimiento es la puerta estrecha que conduce al hogar dichoso del corazón de un Padre celestial. Los corazones que se sintieron traspasados con compunción alaban ahora a Dios por su salvación. El llanto puede durar una noche, pero a la mañana viene el gozo (*cf.* Hch. 10:43).

Este Evangelio en el poder del Espíritu sigue siendo el poder de Dios:

–Para traspasar con compunción en corazón de pecado.
–Para llevar a los hombres a confesar su necesidad.
–Para traer el gozo del perdón a un corazón creyente.
–Para mantener en comunión a los que obedecen.
–Para transformar la abnegación en gran deleite.
–Para llenar el corazón de alabanza a Dios.
–Para hacer de la vida un testimonio para Dios.

1.257. EL HOMBRE COJO

Hechos 3:1-11

I. No podía valerse. «Era traído.»

II. Recibió esperanza. «Míranos. Entonces él les estuvo atento.»

III. Recibió ayuda. «Tomándole por la mano derecha le levantó.»

IV. Fue sanado. «Entró con ellos en el templo, andando y saltando.»

V. Estaba dichoso. «Alabando a Dios.»

1.258. UNA OBRA DE PODER

Hechos 3:1-26

«¿Está fracasado el cristianismo?» Igual podríamos preguntar si el resplandor del sol ha fracasado. El paganismo cristianizado que está siendo puesto en lugar de la vida y del poder pentecostales es un fracaso, porque ofrece piedras en vez de pan a las hambrientas almas: nunca toca la necesidad inexpresable del corazón humano. Fue muy diferente con Pedro y Juan, llenos como estaban del Espíritu de oración y de poder. En este capítulo tenemos:

I. Una imagen de necesidad. «Un hombre cojo de nacimiento, a quien ponían cada día a la puerta del templo» (vv. 2-3). Era a la vez *pobre e impotente*. Pero estaba dispuesto a ser puesto en el *lugar* de conseguir ayuda, en «la puerta... llamada la Hermosa». No era demasiado orgulloso para pedir ni para hacer yacer su impotencia en el camino de la oración. Si se hubiera sentido avergonzado de confesar su necesidad, probablemente nunca habría experimentado el poder sanador del nombre de Jesús.

II. Una obra de fe (vv. 4-6). Pedro y Juan le dijeron: «¡Míranos!» y el lisiado, al ver que se le abría una puerta de esperanza, les estuvo atento, «aguardando a recibir algo de ellos». Los hombres llenos del Espíritu Santo despertarán ciertamente la expectación en las mentes de otros. Ellos no tenían «plata ni oro», pero tenían algo infinitamente mejor: tenían fe en el nombre salvador del Cristo resucitado. El Calvario y Pentecostés son el remedio para la lisiada e impotente humanidad.

III. Un milagro de gracia. «Al momento se le consolidaron los pies y tobillos» (vv. 7-9). Habiendo sido sanados por el poder del nombre de Jesús (v. 16). Da un testimonio inequívoco de ello «*andando, y saltando*, y *alabando* a Dios». *Entonces* fue que el cojo salto como un ciervo (Is. 35:6). Cuando una pobre, lisiada e impotente alma entra en contacto con Aquel que es la Resurrección y la Vida, habrá entonces una gozosa transformación: el *lugar* de la mendicidad es abandonado por el lugar de adoración (v. 8).

IV. Una manifestación de asombro. «Todo el pueblo a una, atónito, corrió hacia ellos». Pedro les dijo: «¿Por qué ponéis los ojos en nosotros?» (vv. 11-12). La gente, atónita y aturdida, sólo podía ver a los *instrumentos* que estaban en manos del invisible Salvador obrador de maravillas. Pedro y Juan eran los canales de un «poder y piedad» no propios de ellos, sino de Cristo. Toda potestad le ha sido dada a Él, y Pentecostés significa la distribución de aquel poder a sus discípulos, por la gloria de su nombre.

V. Una acusación de culpabilidad (vv. 13-16). Pedro, rápido en aprovechar aquel repentino brote de interés, los acusó de haber «negado al Santo» y de «matar al Autor de la vida», declarando luego que «por la fe en su nombre», el Nombre de Aquel a quien ellos habían matado, aquel hombre había recibido «esta completa sanidad». Con ello se demostraba que Dios le había resucitado de los muertos. Cada alma redimida y sanada es un testimonio del hecho de la resurrección de Cristo (2 Ti. 1:10).

VI. Un ofrecimiento de misericordia (vv. 17-21). Creemos ver una lágrima en el ojo de Pedro al decir: «Ahora bien, hermanos, yo sé que por ignorancia lo habéis hecho, como también vuestros gobernantes... Así que, arrepentíos y convertíos, para que sean borrados vuestros pecados». Muy grandes eran los pecados de ellos, pero la *sangre* de Jesucristo, a quien ellos habían crucificado, podía purificarlos todos. Al arrepentirse, llegarían de su presencia tiempos de refrigerio.

VII. Una palabra de advertencia. «Y toda alma que no oiga a aquel profeta, será totalmente exterminada del pueblo» (vv. 22-23). Menospreciar al mensajero del Señor es menospreciar a Aquel que le envió (Lc. 10:16). Él que oye estas palabras mías y las hace, será semejante a un hombre prudente. Oye, y vivirá tu alma.

1.259. JESÚS ENVIADO PARA BENDECIROS

Hechos 3:26

I. El Salvador.

1. El Hijo de Dios, ... Tito 2:13, 14
2. Enviado por Dios, ... Efesios 1:3
3. Resucitado de entre los muertos ... 1 Pedro 1:15, 16

II. La salvación. «Para bendeciros.» Esta bendición salvadora:

1. Era necesaria. «De sus *maldades*.»
2. Era poderosa. «Se convierta» (1 P. 1:15, 16).
3. Era general. «Cada uno» (Ro. 8:32).

«Y *creyeron* todos cuantos estaban destinados a vida eterna» (Hch. 13:48).

1.260. UNA BENDICIÓN COSTOSA

«DIOS... lo ha enviado... haciendo que cada uno de vosotros se convierta» (Hch. 3:26).

I. A quién Dios envió. «A su Hijo.» ¡Qué gran sacrificio, y qué padecimientos!

II. Por qué Dios envió a su Hijo. «Para bendeciros.» ¡Qué gracia, qué amor!

III. En qué consiste esta bendición.

1. En convertirnos de nuestras maldades (*cf.* Tit. 2:11).
2. En convertirnos a Dios (*cf.* 1 Ts. 1:9).

1.261. EL RETO Y LA DEFENSA

Hechos 4:5-23

Al predicar «en Jesús la resurrección de entre los muertos», Pedro y Juan estaban clavando la espada en el mismo corazón de los enemigos del rey. Si Jesús, que había sido crucificado, ha resucitado, entonces ellos son los más viles pecadores sobre la faz de la tierra, porque por su consejo habían dado muerte al Santo Hijo de Dios. Si Cristo no ha resucitado, entonces vanas son toda predicación y toda fe (1 Co. 15:14).

I. El reto. «¿Con qué clase de poder, o en qué nombre, habéis hecho vosotros esto?» (vv. 5-7). El *poder* era evidente en el hombre sanado; el *nombre* era un misterio. ¿Era satánico o divino? Los que lanzaban el reto eran muchos e influyentes: «gobernantes, ancianos, escribas, el sumo sacerdote, y todos los que eran del linaje de los sumos sacerdotes». ¿Cómo podían ellos regocijarse en la curación de este mendigo tullido, cuando corrían el peligro de que la misma dignidad personal de ellos se desvaneciera a los ojos del pueblo?

II. La defensa. Pedro, «lleno del Espíritu Santo», estaba listo para dar una fiel y valiente réplica (vv. 8-12). Sus penetrantes palabras iban a retiñir en «todo el pueblo de Israel», que era «en el nombre de Jesucristo de Nazaret, a quien ellos habían crucificado», que este hombre estaba ahora sano, siendo un testigo real de la resurrección de Jesús, y de la culpa de ellos. La piedra que ellos habían rechazado como indigna de ser usada había sido exaltada por Dios y hecha a la vez *fundamento* y *piedra cabeza de ángulo* de una nueva y mejor estructura. Sobre este fundamento solamente podrían ponerse piedras espirituales vivas, y por esta «cabeza del *ángulo*» tanto judíos como gentiles iban a ser hechos uno. «Todos uno en Cristo Jesús.»

Nadie puede poner otro fundamento: «porque *no hay otro nombre* bajo el cielo, dado a los hombres, en que podamos ser salvos».

III. Los resultados. a) Se maravillaban ante el denuedo de Pedro y Juan (v. 13). Pero tuvieron que confesar que aunque fueran «hombres sin letras y del vulgo», tenían sobre sus caracteres los rasgos de Jesús. Dios escogió lo necio del mundo para avergonzar a los sabios (1 Co. 1:27). Los tesoros de la gracia de Dios siguen ocultos a los sabios y prudentes, y son revelados a pequeñuelos humildes y confiados (Mt. 11:25). b) Se vieron silenciados cuando vieron al hombre sanado de pie ante ellos (v. 14). Las vidas transformadas por el poder del Cristo Resucitado son la mejor apologética para el cristianismo. En la causa de Jesucristo, *las palabras* son mera habladuría si carecen del poder del Espíritu Santo (1 Co. 4:19). c) Se sintieron movidos por un temor culpable (vv. 15-18). No podían negar que se había hecho «una señal notoria», pero estaban ansiosos de que «no se divulgue más». ¡Qué asombrosa perversidad! En *el nombre de Jesús* se había hecho un gran bien, pero ellos iban a amenazarlos «para que no hablen de aquí en adelante a hombre alguno en este nombre». Podían hablar todo lo que quisieran en el propio nombre de ellos, en tanto que no se salvaran almas, pero no debían predicar a Cristo, y a Cristo como crucificado, en el poder del Espíritu, porque esto causaría tales revoluciones que perturbarían sus pacíficas teorías, y estropearía la regularidad y el decoro de su forma de culto. Los descendientes de estos incrédulos formalistas siguen aún entre nosotros; preferirían tener el orden y la quietud de un cementerio antes que el movimiento de un avivamiento por el Espíritu de Dios. d) Los dejaron ir (vv. 19-23). Pero y Juan no estaban dispuestos a arriar la bandera ni a bajarla un solo milímetro, porque, en sus palabras, «no podemos menos de decir lo que hemos visto y oído». Cuando fueron «puestos en libertad», vinieron a los suyos, a aquellos que estaban poseídos del mismo Espíritu, miembros de la misma familia celestial. ¿A qué compañía perteneces tú?

1.262. EL ÚNICO NOMBRE

Hechos 4:11, 12

I. Una **necesidad** urgente: ... «Ser salvos».

II. Una esperanza única: ... «No hay otro Nombre».

III. Un ofrecimiento universal: «Nombre... dado a los hombres».

IV. Una obra insensata: ... «Desechada por vosotros los constructores».

1.263. NINGÚN OTRO NOMBRE

Hechos 4:12

I. Una gran necesidad. «*Tenemos* que ser salvos.» Porque estamos perdidos y somos impotentes.

II. Una gran posibilidad. «Salvación.» Cristo ha venido a buscar y a salvar.

III. Una gran autoridad. Su «Nombre». No hay otro nombre, pero a Dios gracias hay un *nombre* que significa salvación (Mt. 1:21; Hch. 10:43).

IV. Una gran autoridad. «*Ningún* otro nombre» (1 Ti. 2:5, 6).

1. Ningún otro camino (Jn. 14:6).
2. Ningún otro fundamento (1 Co. 3:11).
3. ¿Cómo escaparemos si lo descuidamos?

1.264. EL LLAMAMIENTO A DIOS

Hechos 4:23-31

«Y puestos en libertad, vinieron a los suyos.» Es un viejo dicho que «los pájaros de un mismo plumaje vuelan juntos». Así como cuando se libera a la aguja de una brújula de todo estorbo, señalará al Norte, de igual modo estos corazones encendidos con la misma llama espiritual serán poderosamente atraídos unos a otros. Este amor por aquellos que aman al Señor constituye una evidencia de relación espiritual, y una marca de separación del mundo. Tan pronto como Pedro y Juan hubieron contado lo sucedido, todos huyeron en oración a su ciudad de Refugio, que era el Dios de su Señor Resucitado. La oración es el secreto de toda fuerza y consolación, mientras como siervos sufrimos por su nombre. Observemos algunas cosas acerca de este llamamiento:

I. Fue con fe. «Soberano Señor, TÚ eres el Dios.» No oraron a un espacio vacío, sino que se dirigieron al mismo oído de Dios. «Es preciso que el que se acerca a Dios, crea que *existe*.» El Dios de ellos era el Dios que hizo «el cielo, la tierra y el mar, *y todo lo que en ellos hay*». El Dios de la creación, no de la evolución.

II. Fue unido. «Alzaron *unánimes* la voz a Dios» (v. 24). Ya habían comprobado el valor de la oración unida. Ellos confiaban que volverían a ver su poder. Parecían nunca olvidar las palabras de su ahora glorificado Maestro: «Si dos de vosotros se ponen de acuerdo», etc. (Mt. 18:19). La oración creyente unida es una de las más poderosas armas que Dios ha puesto al alcance de su pueblo. Cada Iglesia, por pequeña que sea, tiene esta espada de poder conquistador colgada de su cinto. ¡Ah, si fuera desenvainada! ¡Qué pena que haya estado tanto tiempo durmiendo en la funda de la incredulidad!

III. Fue escritural (vv. 25-28). Estos hombres santos de Dios, poseídos por el mismo Espíritu que enseñó a los profetas de la antigüedad, no temen ni se avergüenzan de hacer mención de David como autor del Salmo 2, o de interpretar sus palabras como el testimonio infalible del Espíritu Santo. Dará poder a nuestras peticiones que la Palabra de Dios more ricamente en nosotros. La *Biblia Policroma* es la horca de la que aún habrá de colgar la Alta Crítica.

IV. Fue concreto. «*Y en lo de ahora, ...* concede a tus siervos que con todo denuedo hablen tu palabra» (v. 29). ¿Cómo podían ellos hablar la *Palabra de Dios* con denuedo, si no sabían con certeza que era la Palabra de Dios? Ellos oraron por una respuesta inmediata, y la esperaban. «*En lo de ahora.*» Ellos extendieron sus necesidades así como Ezequías extendió la carta, y hubo una manifestación igual de repentina y abrumadora (Hch. 14:3). Hay una gran diferencia entre recitar *oraciones* y hacer un llamamiento personal y directo a Dios por una presente declaración de su poder salvador.

V. Fue honroso para Cristo. «Que se hagan sanidades y señales y prodigios mediante el nombre de tu santo Siervo Jesús» (v. 30). Estaban más interesados en el honor de Cristo que en el honor de la Iglesia. Ésta es siempre una característica de vidas llenas del Espíritu. Si el NOMBRE de Jesús no recibe la preeminencia, no tendrán lugar señales y prodigios al extender Dios su mano. Nuestra autosuficiencia siempre detendrá la mano obradora de maravillas del Espíritu Santo.

VI. Recibió contestación. «Cuando acabaron de orar, el lugar en que estaban congregados tembló; y todos fueron llenos del Espíritu Santo, y hablaban con denuedo la palabra de Dios» (v. 31). Ser *lleno* con el Espíritu es la respuesta de Dios a todas nuestras necesidades como sus siervos y testigos. Hay una gran diferencia entre proclamar la *Palabra de Dios*, y dar las *opiniones* de los hombres acerca de ella. Lo primero es trigo, lo segundo, paja (Jer. 23:28). El orden aquí es Sugerencia, Oración, Conmoción, Llenura y Testimonio.

1.265. LA ORACIÓN DEL SIERVO

Hechos 4:29

I. Implica confesión. «Tu siervo.» Ésta es una buena confesión. ¡Qué Señor!

II. Sugiere peligro. «Sus amenazas.» Éstas nunca faltan cuando el servicio es fiel.

III. Solicita protección. «Fíjate en sus», etc. Tal como Ezequías extendió la carta delante del Señor (Is. 37:14-17).

IV. Solicita la concesión de denuedo. «Que con todo denuedo», etc. (Hch. 14:3).

V. Apremia su Honra. «Que... hablen tu palabra.» Poderoso argumento.

VI. Apremia pidiendo ayuda instantánea. «Y ahora, Señor.» La fe es siempre importuna.

1.266. LA PALABRA Y LA MANO

«Y en lo de ahora, Señor..., concede a tus siervos que con todo denuedo hablen tu palabra, mientras extiendes tu mano para que se haga sanidades» (Hch. 4:29, 30).

En verdad que se precisa de gran denuedo para predicar la Palabra de Dios. Tantos hay que están dispuestos a *amenazar* cuando su Palabra es pronunciada denodadamente. Pero, después de todo, algo más es necesario si las almas deben ser heridas con un sentimiento de pecado, para ser sanadas por su gracia poderosa. A no ser que *su mano* sea extendida con su Palabra, no se sentirá ningún poder sanador. La mano del Espíritu de Dios queda muy obstaculizada cuando hay duda y temor. Pero no nos imaginemos que nuestros meros denuedo y fidelidad bastarán para traer almas a Cristo. Tenemos que recordar que es el «Espíritu el que da vida». Junto con nuestro testimonio debe darse el extendimiento de aquella mano todopoderosa e invisible que puede asirse de los corazones de hombre impíos y volverlos a donde Él quiera. Cuando esta mano se extienda, se harán señales y milagros. Tened fe en Dios.

1.267. TIEMPOS DE PRUEBA

Hechos 4:32-37; 5:1-16

El poder de una Iglesia será según la medida en que dicha Iglesia sea llena del Espíritu Santo. Cuando una Iglesia es «de un corazón y un alma», ello constituye evidencia de que no hay controversia entre ellos; y luego cada uno «no se cuida de lo suyo propio» (4:32-37). La prueba de que amamos a Dios es que «amamos también a nuestro hermano». La historia de Ananías y Safira es un faro inextinguible de advertencia para todos los que quieran vivir piadosamente; es como una terrible mano con cinco terribles dedos. Aquí tenemos:

I. El engaño humano. Ananías y Safira tenían hermosos nombres, pero unas naturalezas torcidas y deformes. Como los otros discípulos, vendieron sus posesiones, pero, a diferencia de los otros, «se quedaron con parte del precio». Se pusieron piel de cordero, pero seguían siendo cabras en sus corazones. Anduvieron *un largo camino* en la vida cristiana al poner una parte a los pies de los apóstoles, pero fueron por el *camino errado* al pretender que lo estaban dando *todo.* Como Acán, esperaban enriquecerse engañando al Señor. El corazón tiene que ser «engañoso sobre todas las cosas», por cuanto estaría dispuesto a engañar al mismo Dios del cielo.

II. La influencia satánica. «¿Por qué llenó Satanás tu corazón para que mintieses al Espíritu Santo?» (v. 3). Este «mentiroso desde el principio» trata aún de engañar *llenando el corazón* con pensamientos opuestos al Espíritu de Dios. Cuidaos de sus «dardos encendidos», aquellos ardientes deseos de dar más honra al yo que a Dios. Con respecto al servicio de Cristo, por lo general los *primeros* pensamientos son los mejores. El primer pensamiento de ellos fue darlo todo, y el segundo fue *retener parte* del precio. Todo lo que nos *estorbe* de buscar *primero* el reino de Dios y su justicia es cosa del mundo, de la carne, o del diablo.

III. Una inesperada detección. Tiene que haber sido un terrible despertar para Ananías cuando puso su dinero a los pies de los apóstoles, esperando su bendición, el oír en lugar de ella estas palabras escrutadoras: «Ananías, ¿por qué llenó Satanás tu corazón para que mintieses al Espíritu Santo?» Los pecados del *corazón* no pueden ser ocultados a Dios, como tampoco la sangre de un asesinado Abel. Los hombres *llenos* del Espíritu Santo, como Pedro, son prontos en detectar el espíritu de mentira del diablo en un falso profesante. Probad los espíritus, si son de Dios (1 Jn. 4:1). Recordad la mujer de Lot, y también al hombre sin vestido de bodas (Mt. 22:12).

IV. El juicio divino. «Al oír Ananías estas palabras, cayó y expiró» (v. 25). Hubo muy poco tiempo entre el resplandor de la convicción y el golpe de la retribución. Puede que no tuviera tiempo de decir: «Dios, sé propicio a mí, pecador». El que *endurece* su cerviz será cortado de repente. El que encubre sus pecados no prosperará. Puede que llegue lejos en su encubrimiento, pero vendrá el momento, y esto de repente, que la intensa luz procedente del Trono de Dios resplandecerá sobre él, trayéndole una condenación y muerte irremisibles. Que los falsos profesantes queden advertidos, porque ningún disfraz humano ocultará jamás una mentira del corazón a Aquel que es la Verdad.

V. La fatal frustración. Es extremadamente doloroso pensar en su mujer acudiendo tras «un lapso como de tres horas... no sabiendo lo que había acontecido», esperando quizá ver a su marido exaltado a un puesto de honor, y siendo portadora de la misma mentira en sus labios y en su corazón, y encontrándose con la misma repentina y abrumadora retribución. Dios no hace acepción de personas. El mismo pecado se encuentra con la misma condenación. Safira puede haber sido una mujer *hermosa,* como lo indica su nombre, pero la belleza exterior no es escondite para el engaño interior. Esta conmocionadora vindicación de la santidad de Dios tuvo un efecto muy saludable al imponer un sano temor en los corazones de muchos (v. 13), y al exaltar el poder de Dios en la vida y en el testimonio de los apóstoles.

1.268. LA SOMBRA DE PEDRO

> «Sacaban los enfermos a las calles, y los ponían en lechos y camillas, para que al pasar Pedro, a lo menos su sombra cubriese a alguno de ellos» (Hch. 5:15).

No todas las sombras eran la sombra de Pedro. Se necesitaban dos cosas para producir la sombra de Pedro: *luz* y su propia *presencia.* Allí donde fuera Pedro andando en la luz llevaba consigo la influencia de su sombra. Cada cristiano, andando en la luz de Dios, irá acompañado de su sombra. Los que caminan en las tinieblas de la duda no llevarán virtud sanadora alguna con su presencia. ¡Ay de los que están sólo imitando a otros, y perdiendo el poder de su *propia* presencia! Ningunos enfermos quedarán ayudados por la sombra (influencia) de tales huecos pretenciosos.

1.269. DENUEDO APOSTÓLICO

Hechos 5:17-42

Uno de los efectos más pronunciados de Pentecostés fue traer a los discípulos a una relación más estrecha y vital con Jesús como el Señor resucitado de ellos. Mediante este ardiente bautismo fueron todos ellos constituidos «un cuerpo», y, plantados juntos en la semejanza de su muerte, fueron también hechos en la semejanza de su resurrección (Ro. 6:5-6). Así que ahora le conocían en el poder de su resurrección y en la comunión de sus padecimientos. Nadie podía entrar en el poder santificador del alma de Pentecostés. Los discípulos no podían tomar, ni se les pidió que tomaran, su posición que Dios les daba como testigos de Él, que era la Verdad y el Crucificado, hasta que todos fueron llenados con el Espíritu Santo. Y tampoco podemos nosotros vivir sin el mismo equipamiento.

I. Ellos sufrieron por Él. Los pusieron «en la cárcel pública» (v. 18). Ellos sabían muy bien que era el amor de ellos para con Jesucristo y su semejanza con Él lo que atrajo esta persecución sobre ellos; fue «por su nombre». Si alguien quiere vivir piadosamente, tiene que sufrir. Las palabras del Maestro de ellos estaban ahora cumpliéndose en ellos (Lc. 21:12). Los gobernantes estaban llenos de indignación y temor porque la doctrina de los apóstoles había llenado Jerusalén y, si era cierta, los ponía en evidencia a ellos como asesinos del Hijo de Dios (v. 28). Aquellos que predican una doctrina como ésta, que convence de culpa y condenación en los corazones de las gentes farisaicas, sabrán también lo que es el sufrimiento.

II. Fueron alentados por Él. «Mas un ángel del Señor abrió de noche las puertas de la cárcel y, sacándolos, dijo: Id, y puestos en pie en el templo, hablad al pueblo todas las palabras de esta vida» (vv. 21-25). No fueron desobedientes a la visión celestial. Estos hombres, enseñados por el Espíritu, no sabían de nada por lo que valiera la pena vivir aparte de hacer la voluntad de Dios. El deseo de complacer a Jesús era la pasión dominante de sus almas. Uno es vuestro Maestro, el Cristo, y si somos fieles a Él, hablaremos y viviremos toda su voluntad revelada. Poner nuestros pensamientos en lugar de las «Palabras de esta vida» es negar al Señor, y venir a ser falsos testigos.

III. Eran temerarios por Él. «Hay que obedecer a Dios antes que a los hombres», etc. (vv. 29-32). Aunque acababan de escapar de la cárcel, no temían mirar a los enemigos de Cristo en la cara y decirles: «El Dios de nuestros padres levantó a Jesús, a quien vosotros matasteis colgándole en un madero. A éste, Dios ha exaltado con su diestra». El Espíritu de Dios había venido para «redargüir el mundo de pecado» por medio de las bocas y de las vidas de aquellos en cuyos corazones mora. El poder del Espíritu Santo, llevando a la convicción de pecado, queda estorbado y frustrado por la crasa pusilanimidad de muchos de los embajadores de Cristo. El temor al hombre trae lazo, no solo al alma del predicador, sino también al Evangelio que él predica.

IV. Tuvieron gozo en Él. «Salieron de la presencia del sanedrín, gozosos de haber sido tenidos por dignos de padecer afrenta por causa del Nombre» (vv. 41-42). No levantaron las manos en piadoso horror ante el pensamiento de hacer nada que llegara *afrenta* a sus nombres si con ello Jesús recibía honra. Solamente los llenos con el Espíritu pueden complacerse en afrentas (2 Co. 12:10). No nos avergonzamos de los mártires que a lo largo de las edades han sufrido como cristianos, pero bien podemos avergonzarnos de aquellos que se avergüenzan de sufrir por causa de su nombre (1 P. 4:13-16).

1.270. SIRVIENDO Y RESPLANDECIENDO

Hechos 6:1-15

La porción delante de nosotros aquí se puede dividir en 2 secciones:

I. Una nueva prueba. El número de los salvos había crecido rápidamente, y por ello la obra de la administración de ayuda a los necesitados se estaba haciendo más difícil.

1. LA QUEJA (v. 10). Entre los judíos de habla griega «hubo murmuración... contra los hebreos, de que las viudas de *aquellos* eran desatendidas». Esta desatención podía no ser intencionada. Es agradable ver lo solícitos que eran estos primeros hermanos sobre los intereses de sus dolidas y sufrientes hermanas.

2. EL REMEDIO. «Buscad, pues, hermanos de entre vosotros... llenos del Espíritu Santo», etc. (vv. 2-4). Hay aquí para nosotros dos lecciones importantes; la primera es que ministrar «la Palabra de Dios» es cosa más urgente que repartir limosnas a los pobres; la segunda es que incluso para la simple tarea de distribuir dones entre los necesitados se precisaba de estar lleno del Espíritu Santo. El Señor no estaba dispuesto a que los pobres de su pueblo fueran aliviados *de la forma* en que un hombre puede aliviar el hambre de su perro, sino con la ternura y compasión del Espíritu de Gracia, para que el recipiendario pueda tener en ello doble bendición. No es de Dios que a los pobres entre su rebaño se les recuerde constantemente su destitución. Todos los que han visto la obra inspirada por Dios entre los huérfanos en Bridge-of-Weir deben sentirse agradecidos a Dios por la ausencia del mismo olor del sistema de «talleres de caridad».

3. EL RESULTADO. «Eligieron a Esteban, varón lleno... del Espíritu Santo... Y crecía la Palabra de Dios» (vv. 5-7). Estos siete hombres, a los que habían «buscado», no fueron elegidos debido a su posición social o erudición, sino que la condición era que fueran «llenos del Espíritu Santo»; este es el equipamiento indispensable para un servicio aceptable a los ojos del Cristo glorificado. La Palabra de Dios incrementará de cierto en poder y feracidad por medio del ministerio de tales hombres. Si la «Palabra de Dios» no está *creciendo* en su aprehensión sobre los corazones y vidas de sus oyentes, es debido a que es predicada en espíritu de duda y de temor, en lugar de en el poder del Espíritu Santo.

II. Un nuevo testimonio. El *rostro* de Esteban vino a ser un testimonio de la *fe* de Esteban.

1. VEÁMOSLE SIRVIENDO. Estando «lleno de gracia y de poder», hacía grandes prodigios» (v. 8). El secreto de la influencia prodigiosa de Esteban está bien claro, y al alcance de cada siervo de Cristo. Tenía él dos poderosas manos: «gracia y poder», y con éstas le era fácil hacer grandes cosas. Esta fortaleza no es algo que uno se pueda poner o quitar, como una vestidura, sino que pertenece a la *constitución* de nuestra cualidad de hombres espirituales (Hch. 1:8).

2. VEÁMOSLE SUFRIENDO. Esteban nunca fue más como su maestro que cuando buscaron falsos testigos contra él (Mt. 26:59). En verdad le aborrecieron sin causa. En esta ardiente prueba fue él llenado por una sabiduría y un espíritu que «no podían resistir», experimentando con ello el cumplimiento de la promesa del Señor (Lc. 21:15). Los hombres llenos del Espíritu Santo pueden tener la seguridad de que se atraerán la enemistad de la mente carnal. Pero mayor es el que está en vosotros que el que está en el mundo (1 Jn. 4).

3. VEÁMOSLE RESPLANDECIENDO. Todos los que estaban sentados para juzgarle, «al fijar los ojos en él, vieron su rostro como el rostro de un ángel». La gloria de su alma transfigurada, por el Espíritu de Dios morando en él, resplandecía a través de sus ojos como las ventanas de aquel cuerpo que era templo del Espíritu Santo. Éste fue para el sanedrín un nuevo testimonio de la resurrección y glorificación de Jesús de Nazaret, a quien ellos habían crucificado, y en quién confiaba Esteban. Es la *Vida* espiritual en nosotros que es la luz que resplandece a través de nosotros. «La vida es la *luz* de los hombres». Así resplandezca vuestra luz. Pero nuestra luz será tinieblas a no ser que, como Esteban, seamos llenos con el Espíritu de Vida (2 Co. 3:18). Anhelad los mejores dones.

1.271. EL ROSTRO DE UN ÁNGEL

> «Al fijar sus ojos en él [Esteban], vieron su rostro como el rostro de un ángel» (Hch. 6:15).

Hay pocos rostros angélicos que puedan verse en este mundo egoísta y distorsionado por el pecado. Los rasgos del alma no quedan infrecuentemente estampados sobre el rostro. Si la imagen angélica de Jesús ha quedado impresionada sobre el «hombre interior», algo del halo de su gloria se verá fuera. Observemos que fue cuando Esteban fue acusado de blasfemia que reposó sobre su rostro la dulce calma de un ángel, lo que demostraba que en el corazón de este santo hombre no había maldición por maldición, sino *al contrario*. Cuando algunos cristianos son perseguidos y calumniados, se ve más fácilmente el rostro hostil. ¡Oh, amad a vuestros enemigos, y orad por los que os maltratan (Hch. 7:60)!

1.272. CARÁCTER APOSTÓLICO

Hechos 7:51-60

La defensa de Esteban es una obra maestra de política espiritual y de poder asimismo espiritual. No comenzó su discurso con las palabras «¡Duros de cerviz e incircuncisos de corazón!», no, sino con estas corteses palabras: «Varones hermanos y padres». El que gana almas es sabio. Podríamos observar aquí:

I. Su conocimiento de las Escrituras. Este hombre, lleno del Espíritu, tenía un conocimiento claro e inclusivo de las acciones y propósitos de Dios en la historia del Antiguo Testamento. El conocimiento de la voluntad de Dios será siempre una poderosa arma en manos de cualquiera que esté lleno del Espíritu Santo. El Espíritu de Dios tendrá poca cosa sobre la que trabajar a no ser que nuestros corazones estén llenos de las palabras de Dios. Éste es el secreto de la oración eficaz (Jn. 15:7). El corazón que da fruto es el corazón honrado que oye la Palabra y la guarda (Lc. 8:15).

II. Su fidelidad. «Duros de cerviz... Vosotros siempre resistís al Espíritu Santo» (vv. 51-53). Un hombre lleno del Espíritu Santo no puede ser otra cosa que valeroso por el Reino de Dios; la verdad le arde como fuego en sus huesos, mientras que el pecado, y las cosas de la eternidad, se destacan ante sus ungidos ojos en la clara luz de Aquel que se sienta a la diestra del Padre en los cielos. Están en una terrible condición los que *resisten* al Espíritu Santo por la dureza de sus voluntades y por el endurecimiento de sus corazones. Pueden sentirse «heridos en lo más vivo» (v. 54) por un testimonio fiel, pero a no ser que se sientan compungidos de *corazón* (vv. 11-37), su reacción será «rechinar los dientes», y morir en sus pecados.

III. Su visión. Mientras que ellos «rechinaban los dientes contra él», él vio «la gloria de Dios». Nuestro Padre celestial tiene siempre una rica compensación para sus hijos sufrientes. Ver a «Jesús de pie a la diestra de Dios» es un maravilloso bálsamo para las heridas hechas por los dientes de los enemigos. Esta revelación a Esteban es la visión que está siempre delante de la mente de aquellos que, como él, son capacitados por el poder del Espíritu Santo, por la fe, a fijar la mirada en el cielo. Es la obra del Espíritu revelar las cosas de Cristo al corazón creyente (Jn. 16:14). Tener la visión del alma llena con la gloria del Redentor exaltado es tener la vida conscientemente «escondida con Cristo en Dios».

IV. Su martirio. «Ellos... apedreaban a Esteban, mientras él invocaba y decía: ... Señor, no les tomes en cuenta este pecado» (vv. 57-60). Este primer mártir por Cristo fue testigo de la gracia vencedora de Dios en el corazón, que constriñe a orar por esos «que os maltratan». Si la muerte de Esteban hubiera sido sólo el medio en manos de Dios de enviar las aguijadas de la convicción al alma de aquel «joven que se llamaba Saulo» (9:5), ya hubiera sido una muerte que sirvió para abrir un canal de vida y bendición para el mundo. El Reino de Jesucristo nunca sufre la derrota por la muerte de sus seguidores. Las oraciones teñidas de sangre de aquellos santos que sufren el martirio por causa de su nombre serán vengadas poderosamente por la gracia de Dios. «La sangre de los mártires es la semilla de la iglesia.»

V. Su misericordia. «Y puesto de rodillas, clamó a gran voz; Señor, no les tomes en cuenta este pecado.» El amor de un corazón meramente natural nunca constriñó a nadie tan intensamente a buscar el mayor bien de aquellos que estaban cometiendo contra él el mayor de los males personales posible. Este último clamor del mártir moribundo es una prueba convincente del poder transformador del amor de Cristo en el corazón. Este espíritu de misericordia en el último aliento de Esteban hacia esos asesinos cegados por el pecado es el espíritu que Jesucristo ha enviado al mundo para buscarlo y salvarlo. «Este pecado» que ellos estaban cometiendo era un pecado terrible. Estaban destruyendo el templo del Espíritu Santo. Si Esteban no hubiera estado lleno del Espíritu Santo, no habría sido apedreado. «En cuanto lo hicisteis a uno de estos pequeños, a mí me lo hicisteis.»

1.273. LA NECESIDAD DE LA CIUDAD Y DE LA IGLESIA

Hechos 8:1-25

De esta porción podemos aprender:

I. Que la persecución no es un mal total (vv. 1-5). Si se le hubiera permitido a la Iglesia en Jerusalén permanecer en la muy cómoda situación en la que se habían establecido (cap. 4:32), hubiera pasado mucho tiempo antes que se hubiera predicado el Evangelio en «las regiones más allá». El viento de la persecución «esparció» la buena semilla del Reino, que brotó en nuevas cosechas de almas para la gloria de Dios. Lo que es cierto de la historia de la Iglesia es cierto asimismo en la experiencia individual, de manera que podemos gloriarnos en las tribulaciones (Ro. 5:3; Mt 5:11-12).

II. Que la gran necesidad de una ciudad es Cristo. «Felipe, descendiendo a la ciudad de Samaria, les predicaba a Cristo... así que había gran gozo en aquella ciudad» (vv. 5-11). Ningún campo de la obra podría verse más poco prometedor que la Samaria de aquellos días. Simón Mago, un agente del diablo, tenía captada la atención de toda la población; «a éste oían atentamente todos, desde el más pequeño hasta el más grande», y estaban totalmente seducidos por él. Estaban tan engañados por sus «prodigios mentirosos» que *estaban atónitos* e incapaces de todo juicio sobrio. ¿Y qué mejor están las multitudes de nuestras ciudades y pueblos hoy en día, seducidos por el engaño de las riquezas, por la excitación del juego, por el amor a los placeres, por las seducciones de Satanás, y por el engaño de un corazón enemistado contra Dios? Almas de bajos fondos, revolcándose en la ciénaga de la iniquidad, amando las tinieblas más que la luz. Felipe, lleno del Espíritu Santo, les predicó a Cristo. Los hombres del Espíritu Santo no tienen otro remedio que el de Dios para ofrecer a las almas cegadas por el pecado y lanzadas a la perdición. No les predicó ciencia y filosofía, historia, moralidad o «los eruditos resultados de la crítica». Les predicó a CRISTO, como el Redentor que llevó nuestros pecados, y fueron echados espíritus *inmundos*, y muchas vidas inútiles y lisiadas eran sanadas y restauradas, «así que había gran gozo en la ciudad». El gozo de las almas emancipadas de los engañosos poderes de las tinieblas.

III. Que todos los creyentes recibieran el don del Espíritu Santo (vv. 14-17). Samaria «había recibido la Palabra de Dios», el mensaje de vida proclamado por Felipe acerca de Cristo, pero hasta ahora «aún no había descendido sobre ninguno de ellos» el Espíritu Santo. Habían sido convertidos, pero no ungidos aún. Para Pedro y Juan, la *recepción* del Espíritu Santo era una bendición tan definida como la recepción del perdón de los pecados. En los días apostólicos el don del Espíritu Santo acompañaba a la remisión de los pecados. La primera pregunta de Pablo a los conversos de Éfeso fue: «¿Recibisteis el Espíritu Santo cuando creísteis?» (Hch. 19:1). Estaba ansioso de que no solo fueran discípulos, sino que fueran testigos poderosos de Cristo. La recepción del Espíritu Santo es tan absolutamente necesaria para el servicio como para la salvación lo es recibir a Cristo.

IV. Que el poder de Dios no puede ser comprado con dones. Simón dijo: «Dadme también a mí esta potestad», y ofreció comprar el don de Dios con dinero (vv. 18-25). El poder del Espíritu Santo no puede ser dado como *recompensa* por nada que el hombre pueda hacer o dar; es el «Don de Dios». ¿No es posible que nosotros estemos haciendo esta oración de Simón en otras palabras? Quizá nosotros no diríamos, «dadme de esta potestad» porque soy rico, pero en nuestros corazones puede que hayamos estado diciendo «Dame esta potestad» porque soy inteligente, o porque soy ferviente. Dios no hace intercambios con el hombre con respecto al Espíritu Santo. Sea tu oración: «Dame de esta potestad» porque soy *débil;* y cree que recibirás, y tendrás (Is. 40:29-31; Lc. 11; 13).

1.274. GANANDO ALMAS

Hechos 8:26-40

Hay varios ejemplos puestos delante de nosotros aquí, y haremos bien en prestarles atención. Hay un ejemplo de:

I. Ansiedad del alma (vv. 27-28). No era una curiosidad superficial la que había atraído a este noble etíope, este ministro de hacienda, a adorar en Jerusalén. Era, indudablemente, un fervoroso buscador en pos de la verdad de Dios para llenar su alma, y como honrado y ansioso indagador había, mientras tanto, echado todo a un lado para poder ver esta cosa necesaria. Vino a Jerusalén a *escuchar;* escudriñó las Escrituras para poder ver. Los que buscan de todo corazón hallarán pronto (Jer. 29:13).

II. Obediencia a Dios. Cuando Felipe recibió el llamamiento «Levántate... Él se levantó y fue» (vv. 26-27). Su deseo era hacer la voluntad de Dios, tanto si estaba en el silencio del «desierto» como si en medio del entusiasmo de un poderoso avivamiento espiritual. Salió, como Abraham, por la fe, sin saber a dónde iba. Ésta es la manera en que Dios cumple estos anhelos engendrados por el Espíritu en el alma, y que palpitaban en el corazón de aquel ansioso peregrino etíope. De una u otra manera las fervorosas oraciones de los necesitados recibirán respuesta, mientras usen los medios a su alcance. Dios hubiera podido dar bendición al eunuco sin la ayuda de Felipe, pero le place al Señor hacer *colaboradores* juntamente con Él a aquellos que están llenos del Espíritu.

III. Entusiasmo por las almas. Al indicárselo el Espíritu, «Felipe se acercó *corriendo*» (vv. 29-30). Solo aquellos cuyos corazones han sido ensanchados por el Espíritu de Dios correrán en el camino de sus mandamientos. Los hombres llenos del Espíritu Santo siempre estarán en su sitio al tratar con un alma ansiosa. El verdadero entusiasmo en la obra de Dios es un raro logro en estos días fríos, intelectuales, críticos. Los que quieren ser sabios para ganar almas deben estar dispuestos a «correr y *juntarse* a sus carros», a ponerse al lado de ellos, no como ángeles no caídos, sino como compañeros de peregrinación a la eternidad, tratando, mediante la ayuda del Espíritu Santo, de conducirlos al conocimiento salvador de Jesucristo.

IV. Fidelidad a la Biblia. El ansioso etíope estaba leyendo el profeta Isaías en el capítulo 53. Felipe, lleno del Espíritu Santo, y conducido por Él, comenzó en la *misma Escritura,* y «le anunció el Evangelio de Jesús» (vv. 32-35). Tenemos entre nosotros hoy en día maestros que evidentemente están llenos de y conducidos por otro espíritu, porque habrían reprendido gravemente a los modernos Felipes por tal *mal empleo* de la Biblia. Pero «*Toda* Escritura es inspirada por Dios, y útil para *doctrina*» (1 Ti. 3:16, lit.). Y «ellas son las que testifican de mí», dijo el Hijo de Dios acerca de las Escrituras. Felipe le anunció el evangelio *de* Jesús. ¿Quién más puede suplir la necesidad de un alma azotada por el pecado? ¿Qué otra *predicación* puede servir de nada?

V. Disposición a confesar. «La fe viene por el oír.» El eunuco había oído el Evangelio de labios de Felipe, y creyó y fue salvo. Ahora estaba listo y dispuesto a apartarse de sus propias creencias religiosas y de sus hábitos, y a confesar a Cristo en el bautismo. Para él, era una señal exterior de su idoneidad para unirse a la familia de los redimidos en la Casa de Dios en la tierra, y para ser contado entre los coherederos de Cristo. La fe debería siempre ir acompañada de confesión (Ro. 10:9-10).

VI. Dicha en Cristo. «Siguió gozoso su camino» (v. 39). Justificado por la fe, tenía paz para con Dios, y ahora sigue su camino regocijándose en esperanza (Ro. 5:1-2). Las tinieblas se han desvanecido, la verdadera luz resplandece ahora en el corazón. ¡Qué cambio introduce Jesús en la vida cuando es recibido y se confía en Él! La mayoría de los hombres de negocios continúan su camino tramando y haciendo planes en lugar de gozosos, porque son extraños a la bienaventuranza del hombre cuyos pecados son perdonados (Sal. 32:1-11).

1.275. LA CONVERSIÓN DE SAULO

Hechos 9:1-19

Las demandas de todas las otras religiones pueden quedar satisfechas mediante una mera conformidad externa, pero el cristianismo demanda la regeneración del hombre interior. Incluso hombres inconversos como Saulo pueden, por lo que respecta a la ley, vivir vidas intachables delante de los hombres, pero el hombre *convertido* es aquel cuyo corazón entero se ha *vuelto* a Dios. El proceso queda aquí ejemplificado en la experiencia de Saulo. Le vemos:

I. Como rebelde. *«Saulo, respirando aún amenazas»*, etc. (v. 1). Aún, después de todas las evidencias que tenía de la resurrección de Jesucristo en la vida y en el testimonio de Esteban; ser testigo de la muerte triunfante de un cristiano es apenas suficiente para matar la enemistad del corazón humano contra la voluntad revelada de Dios.

II. Como prisionero (vv. 2-4). Fue detenido por una «luz del cielo». El resplandor escrutador de Dios cayó sobre este salteador religioso que iba camino de Damasco para robarle a la Iglesia su tesoro viviente. Nada hay que el obrador de maldad tema más que la *luz* (Jn. 3:20). Desde este momento Saulo podría referirse a sí mismo como «prisionero de Jesucristo» (Flm. 1). Como muchos otros pecadores, fue alcanzado «repentinamente». La luz de la verdad hecha resplandecer en el corazón por el poder del Espíritu Santo sigue siendo la manera en que Dios somete a rebeldes a Sí mismo. La presión de la luz fue tan abrumadora que cayó al suelo. Esta luz, como la Palabra de Dios, fue viva y eficaz, más cortante que una espada de dos filos (He. 4:12). Las armas de nuestra milicia no son carnales.

III. Como indagador. «¿Quién eres, Señor?» Junto con la LUZ refrenadora vino una «*voz* que le decía: Saulo, Saulo, ¿por qué me persigues?» Cuando la *verdad* viene en el poder del Espíritu Santo hay siempre una voz con ella, haciendo que el pecador sienta que es con ÉL, no *ello*, con quien tiene que ver. Esta pregunta revela la terrible ceguera del corazón y de la mente de Saulo: no lo conocía. ¿Cómo podía *conocerle* y vivir en enemistad con Él? Es muy diferente con Esteban (vv. 6-55). Pero la luz del Señor conducirá de cierto a una indagación honrada en pos de Él.

IV. Como convertido. «Señor, ¿qué quieres que yo haga?» (v. 6). «Temblando» al descubrir su pasado pecado y culpa, y «atónito» (V. M.) ante la grandeza de la misericordia y de la gracia del Señor, le hace esta pregunta, verdaderamente arrepentido, listo y dispuesto a someterse a hacer su voluntad. Esto es la conversión. No hablar acerca de un deber religioso, sino la total entrega de todo el ser a la persona y al servicio del Señor Jesucristo. Saúl se arrepintió en el acto, tan pronto como descubrió el error de sus caminos (Mt. 18:3). Como discípulo, fue fácil de conducir (v. 8).

V. Como adorador. «Está orando» (v. 11). Hasta entonces, Saulo había recitado frecuentemente sus oraciones, pero ahora oraba. Ahora su corazón regenerado anhelaba tener comunión con el Señor resucitado, que se le había revelado. Un joven convertido dijo una vez: «Antes de convertirme oraba a mí mismo, pero ahora oro a Dios». Los que no conocen a Jesucristo como su propio Salvador personal sólo pueden acercarse a Él con sus labios. Adoran lo que no conocen.

VI. Como testigos (vv. 15-19). Antes de esto era vaso preparado para destrucción, pero ahora es «vaso escogido», habiendo sido purificado y transformado por la gracia de Dios, «para llevar mi nombre en presencia de los gentiles». Como vaso, fue hecho fuerte, porque iba a padecer mucho «por Mi nombre». Fue muchas veces abatido, pero no destruido. Como vaso, fue útil para uso del Maestro, «lleno del Espíritu Santo» (v. 17). Tenemos este tesoro en vasos de barro, para que la grandeza del poder sea de Dios, y no de nosotros. La conversión de Saulo y su equipamiento para el servicio de Cristo nos ha sido dado como *ejemplo* para los que creyeran *después* en el Señor Jesucristo (1 Ti. 1:16). Sed llenos del Espíritu.

1.276. LA CONVERSIÓN DE SAULO

Hechos 9:1-20

Veámosle:

I. Como **rebelde**. «Saulo, respirando aún amenazas» (ver Hch. 7:58).

II. Como **prisionero**. «Cayendo en tierra.»

III. Como **indagador**. «¿Quién eres, Señor?»

IV. Como **discípulo**. «Señor, ¿qué quieres que yo haga?»

V. Como **adorador**. «Está orando.»

VI. Como **testigo**. «Y en seguida se puso a predicar a Cristo» (v. 20).

1.277. EL TESTIMONIO DE SAULO

Hechos 9:20-31

Pablo, al escribir a los Gálatas, hace referencia a su conversión con un lenguaje muy notable. Dice él: «Dios que… me llamó *por su gracia, tuvo a bien revelar* a su Hijo *en mí*, para que yo *le predicase*». Estas palabras que aquí se dan en *itálicas* nos dan la recapitulación del Evangelio. Saulo no fue desobediente a la visión celestial.

I. Una postura valiente. «Y en seguida se puso a predicar a Cristo… diciendo que éste era el Hijo de Dios» (v. 20). Le era imposible a Saulo ser unitario, como lo es para todo aquel que, como él, haya sido transformado en su corazón por el poder del Cristo resucitado. Aquel que era enemigo de Jesús se ha transformado ahora en uno de sus más ardientes reclutadores. No se avergüenza del Evangelio de Cristo (Ro. 1; 16).

II. Una pregunta sugestiva. «¿No es éste el que arrasaba», etc. (vv. 21-22, *margen*). Sí, éste es aquel, pero no es el mismo, porque Saulo el perseguidor ha muerto, y Saulo el predicador ha sido vivificado de entre los muertos. El león ha sido convertido en cordero, y un carámbano religioso se ha transformado de repente en una llama de fuego santo. Henry Martyn decía: «Si pudiera ver a un converso del hinduismo, vería a un muerto resucitado». ¿Quién puede explicar el proceso de la resurrección? Así es todo aquel que ha *nacido* del Espíritu (Jn. 3:8).

III. Un enemigo vigilante. «Guardaban las puertas de día y de noche para matarle» (vv. 23-25). Cuanto más «Saulo se llenaba de poder», tanto más acerbos se volvían los enemigos de Cristo. Todos los que quieran crecer en la gracia deben estar dispuestos a una creciente oposición de parte de ciertos sectores. Los súbditos del «Reino de Dios» serán de cierto menospreciados por los súbditos del «Reino de Satanás». Pero el siervo de Cristo no tiene por qué temer mal alguno, por cuanto siempre habrá para ellos una «canasta» o una «abertura» en el muro en tiempo de necesidad. Se dice que «el hombre es inmortal hasta que acaba su tarea».

IV. Una confesión de discipulado. «Trataba de juntarse con los discípulos» (v. 26). Cuando Saulo se ofreció como miembro a la Iglesia de Jerusalén que había perseguido hasta hacía poco, «todos le tenían miedo», pensando que quizá se tratara de una de sus añagazas para atraparlos, «no creyendo que fuese discípulo». Pero como había sido introducido en la comunión de Jesucristo, anhelaba la comunión de los santos. Es una señal cierta de discipulado cuando amamos al pueblo de Dios, y buscamos la compañía de los redimidos.

V. Una acción fraternal. «Entonces Bernabé, tomándole, … les relató como Saulo había visto en el camino al Señor» (vv. 27-28). Este «Hijo de Consolación» hizo una obra de gracia al allanar el camino para este nuevo convertido. Hay discípulos que parecen lentos en creer el testimonio de aquellos que han sido *repentinamente* transformados por la gracia de Dios. Será siempre un ministerio bienaventurado y digno de Cristo ayudar a los que son mal comprendidos.

IV. Un testimonio confirmador. «Hablaba denodadamente en el nombre del Señor» (vv. 29-30). El hecho de que Saulo había sido transformado pronto se hizo evidente a todos. Estaba ahora llevando a cabo la misma obra por la que Esteban había sido lapidado, y de la misma manera valerosa y poderosa, porque estaba animado por los mismos motivos procedentes del cielo (Gá. 1; 15-16).

VII. Un magno resultado. Este resultado fue quíntuple. Las iglesias a) Tuvieron paz (v. 31). ¡Cuán dulce fue este período de calma tras la fiera tormenta de la persecución! ¡Cuán dulce es la paz tras la batalla interior del pecado y de la incredulidad! b) Fueron edificadas. Edificadas en la santa fe, fortalecidas por el estudio de las Escrituras. c) Andaban en el temor del Señor. Vivían sus vidas diarias en presencia de Aquel que dijo: «He aquí que yo estoy con vosotros todos los días». d) Tenían la consolación del Espíritu Santo. Había venido el Consolador prometido (Jn. 14:16), le habían recibido, y ahora experimentaban la bienaventuranza de su morada en ellos. e) Se acrecentaban. El éxito es absolutamente seguro para toda Iglesia que conlleve estas características. La paz, la sabiduría, la consolación siguen siendo buscadas anhelantemente por los agitados «hombres del mundo». ¡Oh, si pudieran ver estos dones comprados por sangre exhibidos en las vidas de los miembros de la Iglesia de hoy!

1.278. UNA IGLESIA MODÉLICA

Hechos 9:31

I. Era pacífica. «Entonces las iglesias tenían paz.» Paz con Dios, y paz unos con otros.

II. Era edificada. «Siendo edificadas.» Edificadas en la fe, fortalecidas por la Palabra, arraigadas en amor.

III. Era activa. «Andando.» No durmiendo o especulando. Caminando por fe.

IV. Era humilde. «Andando en el temor del Señor.» No en el temor del hombre, ni según la forma del mundo, ni con los impíos.

V. Era feliz. «En la *consolación* del Espíritu Santo.» No en la consolación de la prosperidad material (Ap. 3:17). Satisfechos con cosas espirituales.

VI. Era santa. «Fortalecidas por la consolación del *Espíritu Santo.*» En comunión con Dios, buscando agradarle a Él, no complacer ni divertir a los hombres del mundo,

VII. Se acrecentaba. Crece y se multiplica porque el Santo está en medio de ella. Su Nombre recibe honra, su Palabra es creída, y su voluntad es llevada a cabo.

1.279. LA VICTORIA DE LA FE

Hechos 9:32-43

El nombre de Saulo desaparece del registro, y se ve el halo de la gloria divina sobre Pedro. A él le fueron dadas las llaves del reino, y las empleó bien para abrir las puertas para otros. Él descendió a ver los santos. «Cuán dulce aquí es encontrarse con espíritus parejos», y el pobre paralítico Eneas pudo bendecir a Dios por su visita. «Y le dijo Pedro: Eneas, Jesucristo te sana; levántate, y haz tu cama.» Esta resuelta afirmación recuerda la fe inamovible de Pedro en su Señor resucitado, y así le fue hecho, según su fe. Pedro sabía que era para gloria del nombre de Jesús que se aventurara mucho en Él.

SU VICTORIA EN JOPE.

I. Por qué fue. Los discípulos le enviaron dos hombres, «a rogarle: No tardes en venir a nosotros» (vv. 36-38). Habían quedado repentinamente sumidos en el dolor por la muerte de su amada Dorcas. ¡Qué misericordia que Pedro, el hombre de Pentecostés, estuviera solo a pocas millas de distancia! Cuanto más estemos llenos del Espíritu santo, tanto más podremos ministrar la consolación de Cristo a los menesterosos.

II. Lo que vio. Con ojos llenos de lágrimas, las viudas le mostraron «las túnicas y los vestidos que Dorcas hacía». Mientras que las grandes batallas de los Emperadores Romanos han quedado totalmente olvidadas, las acciones bondadosas de Dorcas son mantenidas en un eterno recuerdo. Cada «Sociedad Dorcas» es un monumento a su inmortal memoria. Todo aquello que hagamos *para la gloria de Dios* será como oro y plata y piedras preciosas; todos los fuegos de prueba del tiempo y del juicio venidero no podrán jamás deshacer su belleza ni apagar la memoria de las mismas en la mente de Dios (1 Co. 3:11-14).

III. Lo que hizo. Los varios actos de Pedro aquí al resucitar a Dorcas de los muertos pueden sernos sugerentes acerca de cómo podemos tener éxito en *restaurar* almas a la nueva vida que es en Cristo. a) «Sacando a todos...» (v. 40). Ésta era una obra que *solamente* Dios podía llevar a cabo, por lo que se queda a solas con Dios. Todo lo que pudiera de alguna manera distraer nuestra fe en Él tiene que ser excluido. b) «Se puso de rodillas y oró.» Se precisa de una oración especial y concreta. Toda el alma de Pedro estaba centrada en esta una cosa. Cuando Elías oró pidiendo lluvia podemos estar seguro que en aquel momento no oró por otra cosa. Cuando un mendigo clama pidiéndolo todo, generalmente no recibe nada. c) La llamó por su nombre. «Tabitá, levántate.» No es suficiente que hablemos a Dios, tenemos que hablar con las personas, y hablar con ellas *personalmente,* y como si esperáramos que ellas oyeran y creyeran en el acto. Pedro no dijo: «Tabita, espero que puedas levantarte pronto», sino, «¡LEVÁNTATE!» En el nombre del Cristo Resucitado, levántate de los muertos. d) Él le dio la mano, y la levantó. Éste es un hermoso toque de verdadera *simpatía* y ternura. Si queremos *levantar* almas recién nacidas, tenemos no solo que hablar la verdad, sino hablarla en *amor.* Tan pronto como ella «vio a Pedro», sintió el poder elevador de su mano compasiva. e) «Llamando a los santos y a las viudas, la presentó viva.» Él quería que los demás se regocijaran en esta victoria por la gracia de Dios. El resultado fue que «muchos creyeron en el Señor». Estos resultados seguirán de cierto allí donde haya un trato definido y en oración con Dios para la liberación de las almas del poder de la muerte.

1.280. PREPARACIÓN DIVINA

Hechos 10:1-23

Cesarea era el centro del Gobernador de Roma. Cornelio era capitán de los cien italianos que constituían la guardia de corps. Las corrientes judía y gentil se encuentran y mezclan en Pedro y Cornelio. Había llegado el momento para la crecida del río de la gracia que durante tanto tiempo había estado limitada al estrecho canal de Israel. «Fue el estallido de la crisálida, en la que la vida ha quedado ciertamente preservada, pero confinada.» Observemos:

I. A Cornelio el peticionario.

1. SU CARÁCTER. «Piadoso y temeroso de Dios con toda su casa, y que hacía muchas limosnas al pueblo, y *oraba* a Dios *continuamente*» (v. 2). Ésta es una muy breve biografía de un gran hombre, que osó ser santo en las circunstancias más contrarias. ¿Nos extrañamos de que su influencia fuera tal que *toda su casa* temiera a dios? Un hombre puede ser un valiente soldado, y ser sin embargo un cobarde espiritual.
2. SU VISIÓN (vv. 3-6). El que mucho ora mucho verá. Dios está siempre dispuesto a abrir los tesoros de su gracia al corazón indagador y humilde. La visión le vino como a la hora novena del día, la hora de la oración (3:1). Trajo consigo un mensaje de seguridad personal (v. 4) y también una clara palabra de dirección (v. 5). Cuando Dios da respuesta a nuestras oraciones, no hay duda acerca de ello: todo es perfectamente claro y divino.
3. SU OBEDIENCIA. Tan pronto como el mensajero celestial se hubo ido, envió a Jope, a unos cincuenta kilómetros de distancia, en busca de Pedro (vv. 7-8). El corazón bien dispuesto y confiado nunca buscará una mejor ocasión que *ahora.* Es tal gran gozo para el hombre de oración conocer la voluntad de Dios que viene a ser su deleite llevarla a cabo.

II. A Pedro el predicador.

1. SU LLAMAMIENTO A CESAREA. «Envía... a Jope, y haz venir a Simón... Pedro» (v. 5). Dios podría fácilmente haber hecho de su ángel su mensajero para dar a Cornelio toda la luz y toda la consolación que necesitaba, pero Él escoge a *redimidos* para ser colaboradores juntamente con Él en la predicación del Evangelio.
2. SU AMOR POR LA ORACIÓN (vv. 9-10). El tiempo siempre pasa volando para los que se deleitan en la comunión secreta con el Señor. Mientras se estaba preparando la comida, Pedro estaba rogando, quizás, que le fuera aclarado su camino acerca de a dónde debía ir a continuación para predicar a Cristo.
3. SU EXTRAÑA PREPARACIÓN (vv. 11-23). La visión de «un gran lienzo» bajado del cielo fue ciertamente designado como revelación a Pedro del propósito lleno de gracia de Dios para reunir todo tipo de personas en su reino, por medio de la fe en Cristo Jesús. Cuando el hambriento apóstol vio este extraño lote, rehusó tener nada que ver con ellos. No estaba dispuesto a tener comunión con lo «común e inmundo». Pero éstos, «de todos los cuadrúpedos terrestres y reptiles y aves del cielo», representaban todo tipo de pecadores, fieros, reptantes y debatiéndose, y pecadores intelectuales de altos vuelos, pero no ya «comunes o inmundos», porque Dios los había lavado mediante la sangre de Cristo, por la fe en su nombre. Ellos eran todos uno *en* el «lienzo», así como nosotros somos «todos uno en Cristo Jesús», tanto judíos como gentiles. El pequeño «reptil» estaba igualmente segura con la fuerte fiera o la ave de los cielos, todos atados en el lienzo de la vida. Habían sido tomados de la tierra, pero su morada era en los lugares celestiales; fueron enviados otra vez a la tierra como testimonio del poder purificador de Dios. Fieras y reptiles, esto erais algunos de vosotros, pero ya habéis sido lavados.

El efecto de esta visión sobre Pedro fue que él estaba ahora listo y dispuesto para predicar el Evangelio a *toda* criatura (vv. 42-43).

1.281. ORACIÓN Y HAMBRE

«Pedro subió... a orar... Sintió hambre» (Hch. 10:9, 10).

La oración es un ejercicio sano. Hay muchos que nada saben de una verdadera hambre del alma, porque pasan poco tiempo en oración. La falta de oración es una de las causas más fructíferas de dispepsia espiritual. Mucha oración crea mucha hambre por la Palabra de Dios, que es el pan de vida. Si has perdido, o estás perdiendo, tu apetito por las cosas espirituales, levántate y ora, y pronto podrás felizmente «levantarte y comer».

1.282. EL EVANGELIO APOSTÓLICO

Hechos 10:38-44

Fue una recepción muy cálida la que Pedro recibió de Cornelio. Ningún profesor de medicina recibió jamás una mejor acogida por parte de ningún paciente aquejado de dolores. Le recibió como uno encerrado en una ciudad sitiada recibiría al General de las fuerzas de refresco. Bienaventurados los pies de los que traen buenas nuevas. «Cornelio... postrándose a sus pies...» (vv. 23-26). Luego Pedro «conversando con él, entró». Al compartir sus experiencias individuales, se hizo abundantemente claro para ambos que Dios les había estado conduciendo, y que habían sido traídos juntos para ser testigos de una manifestación muy concreta de su gracia y poder (vv. 27-33). La visión de Pedro le preparó para ir a donde Dios le enviara. La visión de Cornelio le preparó para recibir lo que Dios le diera (v. 33). En esto tenemos un ejemplo muy decidido de cómo Dios puede preparar un pueblo y un predicador cuando están a punto de llegar tiempos de avivamiento de su presencia. La fuente de la bendición comenzó a manar por ambos lados en oración *secreta*, allí donde todo avivamiento divino ha tenido su origen humano. Pedro jamás predicó a una audiencia más interesada que ésta, y aunque la reunión era pequeña, los resultados fueron poderosos y de gran alcance, porque les predicó a JESÚS.

I. A Jesús, el Ungido. «Ungió Dios con el Espíritu Santo y con poder a Jesús de Nazaret» (v. 38). Esta unción se hizo en el Jordán, cuando el Espíritu de Dios, como paloma, se posó sobre Él (Mt. 3:16). «A Él selló Dios el Padre», al que era su Hijo eterno, y en cuyas manos se ha encomendado la salvación de los pecadores y la gloria del Padre.

II. A Jesús, el compasivo. «Éste pasó haciendo el bien». Habiendo sido «ungido para predicar el Evangelio a los pobres» (Lc. 4:18), sus compasivos ojos estaban siempre atentos a las almas humildes y necesitadas, para bendecirlas Él con su bien. ¡Oh, la profundidad de aquel BIEN que estaba en Él!

III. A Jesús el poderoso. «Sanando a todos los oprimidos por el diablo». Él predicó la liberación a los cautivos, porque Él había venido para destruir las obras del diablo (1 Jn. 3:8). El diablo oprime con la carga de las tinieblas, de las dudas y de la total desesperación, afectando a la mente, al corazón y a las perspectivas del futuro. Él no solo libera del imperio del mal, sino que *sana* las heridas provocadas por el pecado y por Satanás. Él era poderoso, porque el Omnipotente estaba con Él (v. 38; Jn. 14:10).

IV. A Jesús el sufriente. «A quien mataron colgándole en un madero» (v. 39). ¡Qué condescendencia y gracia abnegada! El que liberó a otros de la opresiva y mortal trampa del diablo se somete a ser oprimido hasta la muerte en manos de los hombres. Ellos *dieron muerte* a aquel corazón amante y tierno suyo con la soberbia e incredulidad que manifestaron antes de *colgar* su cuerpo atormentado y sobrecargado en la cruz. Él sufrió por nosotros, el Justo por el injusto.

V. Jesús, el Resucitado. «A éste, Dios le resucitó al tercer día.» «Sueltos los dolores de la muerte, por cuanto era IMPOSIBLE que fuese retenido por ella» (Hch. 2:24). El amor de Dios por su hijo y por aquellos por los que Él murió hacían *imposible* que la muerte pudiera retenerlo. Habiendo resucitado de entre los muertos, Él es «*declarado* Hijo de Dios *con poder*»: con poder para salvar y guardar a todos los que creen en su nombre.

IV. Jesús, el Exaltado. «Designado por Dios como Juez de *vivos y muertos*» (v. 42). Todo juicio le ha sido encomendado al Hijo, por cuanto Él es el Hijo del *Hombre* (Jn. 5:22-27). En 2 Corintios 5:10 tenemos el juicio de los vivos, los *vivos* para Dios. En Apocalipsis 20:11-15 lo tenemos juzgando a los muertos, aquellos que han muerto en sus pecados.

VII. Jesús, el Salvador universal. «Todo el que crea en él, recibirá perdón de pecados» (v. 43). «Por su nombre» es que la puerta de la Misericordia y del Acceso ha sido abierta de par en par, y por medio de esta puerta abierta se está oyendo ahora en el Evangelio la voz de la invitación divina. Cuando esta puerta sea cerrada, nadie podrá entrar (Lc. 13:24-25).

1.283. EL PERDÓN

«De éste dan testimonio todos los profetas, que todo el que crea en Él, recibirá perdón de pecados por su nombre» (Hch. 10:43).

I. ¿De quién dieron testimonio los profetas? «De Él.»

II. Su testimonio unánime. «*Todos* los profetas.»

III. La naturaleza de su testimonio:

1. Testificaron del *perdón de pecados.*
2. Que este perdón es solamente *por su Nombre.*
3. Que *todo el que crea* recibirá perdón de pecados.

1.284. PERDÓN

Hechos 10:43

I. De **quien** daban testimonio los profetas. «De Él.»

II. Su testimonio **general**. «*Todos* los profetas.»

III. La **naturaleza** de su testimonio.

1. Testificaron del «PERDÓN de pecados».
2. Que este perdón era sólo «Por SU NOMBRE».
3. Que este perdón era dado a «Todo el que CREA en ÉL».
4. Que esta bendición se ofrece a «TODO EL QUE CREA».

1.285. EL TESTIMONIO DE PEDRO

Hechos 11:1-18

Cada nuevo movimiento del Espíritu de Dios puede suscitar preguntas llenas de dudas en los corazones de algunos cristianos conservadores. La Iglesia no ha aprendido aún a saludar gozosa *toda* innovación dirigida por el Espíritu que dé gloria a Dios en la salvación de los pecadores. Estos contendieron con Pedro por haber tenido comunión con los gentiles, aunque sabían que habían «recibido la Palabra de Dios» (vv. 1-3). Deberíamos ser siempre tan liberales en nuestra disposición como lo es el Espíritu Santo, pues si no somos mezquinos. ¿Dónde aprendimos que el Evangelio sólo se debía predicar cierto día de la semana, en un lugar determinado, a una hora fija? ¿Acaso la Iglesia de Dios no es un ejército en campaña contra los enemigos de Cristo y de la justicia? ¿Acaso ninguna nación en la tierra permitiría que su ejército luchara sólo un día a la semana, y dejar que sus enemigos llevaran a cabo su asoladora actividad de destrucción de almas los otros seis? Pedro había llevado esta guerra santa al país enemigo, y había logrado una gloriosa victoria, pero ahora se veía gravemente acusado de imprudencia por parte de los que habían preferido quedarse en caso. La defensa de Pedro es hermosa por su humildad y sencillez. Si se analiza, vemos en ella:

I. Un espíritu de oración. «Estaba yo en la ciudad de Jope orando» (v. 5). Los que están poseídos por el espíritu de oración hallarán siempre tiempo y lugar para el propósito de la oración. Sí, «en la ciudad», así como fuera de ella. Si el fuego del amor divino ha sido encendido en el corazón, lenguas ardientes de santos deseos saltarán hacia Dios.

II. Una visión celestial. Este «gran lienzo... que por las cuatro puntas era bajado del cielo» (v. 5), fue para Pedro, como hemos visto, una revelación de los propósitos de Dios en relación con los gentiles. Los secretos del cielo siguen siendo revelados a los que esperan en Dios en oración secreta. Los tales cambian sus debilidades por la elevadora fuerza de su voluntad manifestada (Is. 40:31).

III. Una comisión concreta. «El Espíritu me dijo que fuese.» Los hombres de fe y de oración oyen voces y ven visiones que otros mortales son incapaces de comprender (2 Co. 12:4). Bajo la conducción del Espíritu de Dios, se harán cosas también que parecerán insensatas y absurdas a los ojos de los sabios de este mundo. No podemos nunca estar demasiado llenos del Espíritu.

IV. Una preparación especial. «Nos contó como había visto en su casa al ángel» (vv. 13-14). Cornelio había sido también preparado, como Pedro, para mayores bendiciones por medio de la oración. La tierra del corazón del centurión había sido preparada para la semilla de la Palabra. «Él te dirá *palabras*, palabras obradoras de maravillas, palabras por las que seréis salvos». Las palabras, en el poder del Espíritu Santo, son espíritu y vida.

V. Una manifestación divina. «Y cuando comencé a hablar, cayó el Espíritu Santo sobre ellos también» (vv. 15-16). El Espíritu que le ordenó que fuera selló el testimonio que Pedro dio de Jesús viniendo en gran poder sobre los que oían, bautizándolos en el cuerpo místico de Cristo, y haciendo así de los dos un nuevo hombre.

VI. Una pregunta acalladora. «¿Quién era yo para poder impedir a Dios?» (vv. 17-18). ¡Bien dicho, Pedro! Éste fue un diestro golpe con la espada de defensa. ¿Qué podía él hacer, viéndose en medio de aquel recio viento celestial que «sopla adónde quiere»? Él no podía más resistirse a la presión del Espíritu de Dios que Saulo de Tarso resistir a la «luz del cielo». «Entonces, oídas estas cosas, callaron, y glorificaron a Dios.» Vieron la mano de Dios en ello, y tuvieron la suficiente gracia para glorificar a Dios por ello, aunque ellos mismos no hubieran intervenido. ¿Es ésta la gracia en que permanecemos?

1.286. AVIVAMIENTO EN ANTIOQUÍA

Hechos 11:19-26

Antioquía era la capital oriental del imperio. Y en esta metrópolis hubo una gran exhibición, pero no del arte y de la industria del hombre, sino de la poderosa gracia salvadora de Dios. Una muestra tan sin precedentes que valió la pena que Bernabé hiciera todo el camino desde Jerusalén para verla. Los que quieran viajar de vuelta por la línea de la historia a la pureza y al poder del cristianismo primitivo tienen que prestar atención a no perder su camino en aquel «valle de la sombra de muerte» llamado «las edades oscuras». La pura luz del Evangelio resplandece con el mayor resplandor al amanecer de este nuevo día:

I. El avivamiento de Antioquía.

1. SU ORIGEN. «Por la tribulación que había habido con motivo de Esteban» empujó a aquellos anónimos discípulos «hasta Antioquía». En este caso, la ira del hombre sirvió a la alabanza del Señor (Sal. 76:10). Pensaron mal contra la Iglesia, pero Dios lo volvió a bien (Gn. 1:20). Las cosas que les sucedieron redundaron más bien para el progreso del Evangelio (Fil. 1:12).

2. EL MEDIO DEL MISMO. Primero hubo la proclamación de «la Palabra» (v. 19), «anunciando el evangelio del Señor Jesús» (v. 20). Hubo, también, «la *mano* del Señor [que] estaba con ellos». La Palabra del Evangelio de Cristo es el arma en manos del Espíritu Santo (1 Ts. 1:5). Predicamos a Jesús, y la mano del Señor obra maravillas. Así somos colaboradores de Dios (1 Co. 3:9).

3. SUS RESULTADOS. «Gran número *creyó* y se *convirtió* al Señor». La vuelta del corazón al Señor es la evidencia de haber creído. El gran fin de toda predicación debería ser volver a los hombres al Señor. John Owen dijo, mucho tiempo ha, que «Los ministros raramente son honrados con el éxito a no ser que estén *continuamente dedicados a la conversión de los pecadores*». Este testimonio es cierto.

II. La visita de Bernabé. Observemos ahí:

1. LO QUE ÉL ERA. «Era varón bueno, y lleno del Espíritu Santo y de fe» (v. 24). Él era un hombre *bueno* (Hch. 9:27), bautizado con el Espíritu Santo y lleno de fe en el Evangelio, que él predicaba, esperando resultados directos. Estos son los elementos que constituyen el don del evangelista.

2. LO QUE ÉL VIO. «Él vio la *gracia de Dios*» (v. 23). Un filósofo romano únicamente podía ver en este movimiento «una vil superstición», mientras que los ungidos ojos de Bernabé vieron «la gracia de Dios». El carácter interior del hombre decide lo que verá. Los atenienses veían, con gran orgullo, a sus muchos dioses; pero Pablo vio «la ciudad entregada a la idolatría». Hay cosas que sólo pueden ser «discernidas espiritualmente», y la «gracia de Dios» es una de ellas. Cuando *tú* vas a una ciudad, ¿qué es lo que ves?

3. LO QUE SINTIÓ. «Se regocijó.» Su corazón se llenó de gozo al ver que prosperaba la obra de Dios, aunque no había participado en ella. El *carácter* de un hombre se revela de manera inequívoca por lo que le entristece o le alegra. Como el hombre piensa en su corazón, así es él.

4. QUÉ HIZO. «Exhortó a todos a que con propósito de corazón permaneciesen fieles al Señor.» Permanecer en Él como el pámpano permanece en la vid (Jn. 15:4). Como un niño inerme permanecería junto a su madre; y como *fieles* seguidores y amigos, «con propósito de corazón». Sed firmes y constantes (1 Co. 15:58). También buscó a Saulo para que le ayudase en la obra (vv. 25-26). Es un gran asunto poder llevar a otros a trabajar para Dios. Fue aquí y en este tiempo que los discípulos fueron primero llamados cristianos. ¡Qué título más dulce y sugestivo! Fueron llamados por el nombre de Cristo porque habían *creído* en Él, y se *volvieron* a Él, y estaban ahora, de todo corazón, *viviendo* para Él. ¡Oh que todos los que son llamados cristianos en nuestros días tuvieran estas marcas de las ovejas de Cristo! Es doloroso tener nombre de que se vive, y estar muerto.

1.287. CREYENDO Y VOLVIENDO

«Y gran número creyó, y se convirtió al Señor» (Hch. 11:21).

¿De qué te servirá tu llamada creencia si no ha tenido como resultado que te vuelvas al Señor? Muchos profesan creer, pero siguen en sus pecados. La fe que salva es la fe que convierte nuestros corazones y que vive para Cristo. No es tu creencia la que salva, sino el Señor en quien solo debe reposar tu fe. No es «Cree y sé salvo», sino «Cree *en el Señor Jesucristo*, y serás salvo».

1.288. PERSECUCIÓN Y LIBERACIÓN

Hechos 12:1-17

Iglesia recién nacida no fue mecida en la cuna de la comodidad ni criada en la falda del lujo. Tuvo que afrontar pronto el ardiente bautismo de la persecución. Herodes pensó que había hecho una gran cosa cuando descubrió que la muerte de Jacobo «agradaba a los judíos» así como a él mismo. Así que pasó a ganarse un mayor honor prendiendo también a Pedro. Pero Aquel que rige en los cielos dijo: «Hasta ahí, pero no más». Herodes ya había llegado al final de su carrera. Observemos a Pedro:

I. Su gran riesgo. Pedro estaba guardado por dieciséis soldados (vv. 4-5). La sentencia de muerte estaba pendiendo sobre él; en *sí mismo* era totalmente impotente y sin nada que esperar. Así es la condición de todos los que están bajo el poder del dios de este mundo (Jn. 3:18).

II. Sus fieles intercesores. «La iglesia hacía ferviente oración a Dios por él» (v. 5). Gracias a Dios, todas las fuerzas de la tierra y del infierno no pueden cerrar la puerta de la oración, nuestra comunicación con el cielo, esta senda secreta, teñida de sangre, que permite acceder a la misma sala de audiencias del Rey de reyes. Puede que no podamos hablar personalmente con nuestros amigos, que estén sufriendo aflicciones por la causa de Cristo, o que puedan haber sido conducidos cautivos por el diablo a su voluntad, pero podemos hablar con Dios en favor de ellos. La oración de fe *salvará*. Muchos son los que Él ha arrancado de los fuegos del pecado, como Pedro fue arrancado de la cárcel, por una «oración ferviente y eficaz».

III. Su pacífica sumisión. «Aquella misma noche estaba Pedro durmiendo entre dos soldados» (v. 6). Esa misma noche que Herodes le iba a sacar a la condenación y a la muerte, la mente de Pedro estaba reposando tan tranquilamente en la buena voluntad de Dios, que se fue a dormir tan dulcemente como un bebé en su cuna, mecido por la amante mano de la madre. Es bien sabido que Argiles, el mártir, tuvo que ser despertado de su sueño la mañana en que fue ejecutado. Cómoda yace la cabeza que lleva la corona de santa inocencia. Incluso en el frío y húmedo suelo de una mazmorra la Gracia de Dios nos puede hacer yacer como en verdes pastos.

IV. Su liberación sobrenatural. «Se presentó un ángel del Señor», etc. (v. 7). Los soldados son una triste cosa en presencia de un ángel, pero no más triste que lo son los caminos del hombre en comparación con los caminos de Dios. Su salvación es perfecta. Allí estaba la manifestación de la *protección divina*: «Un ángel del Señor» al servicio del necesitado. Hubo *una luz* [que] *resplandeció en la celda*. La luz del cielo resplandeció en aquel lugar oscuro (2 Co. 4:6). Hubo el golpe al preso, el toque despertador del Mensajero de Dios. «Cuando él [el Espíritu de Verdad] venga, redargüirá.» Hubo el *llamamiento*: «¡Levántate pronto!» Dios ha ordenado a todos los hombres, en todo lugar, que se arrepientan y que crean el Evangelio. Hubo la *oferta de libertad*. «Las cadenas se le cayeron de las manos». El Evangelio de Cristo ofrece «libertad a los cautivos» (Lc. 4:18).

V. Su instantánea obediencia. «Y lo hizo así.» Pedro era lo suficientemente sabio para no discutir ni objetar. Estaba profundamente consciente de que «La salvación es del Señor», y que su privilegio era confiar y obedecer. La salvación había entrado en la cárcel. Él la aceptó bien dispuesto como el mensaje de Dios para él. No seáis desobedientes a la visión celestial.

VI. Su perfecta certidumbre. «Ahora sé verdaderamente que el Señor ha enviado su ángel, y me ha arrebatado de la mano de Herodes» (vv. 10-11). Ningún vencedor gozó jamás de una marcha más triunfal que Pedro la tuvo desde la cárcel del Estado a la calle. Aquellos soldados que le custodiaban quedaron ciegos y sordos mientras él pasaba por el lado de ellos, y la recia puerta se abrió por sí sola al aproximarse ellos. ¿Cómo podía tener otra cosa que la CERTEZA de que estaba libre, después de tal experiencia del gran poder de Dios (Dn. 6:22)? ¿Sabes tú con certeza que el Señor te ha salvado?

VII. Su gozoso testimonio. «Les contó cómo el Señor le había sacado de la cárcel» (vv. 12-17). Fue maravillosa la historia que Pedro tenía para contarles; siempre es así la historia de la salvación. Mientras Pedro seguía llamando a la puerta de ellos, era la misma respuesta de Dios a sus oraciones que buscaba ser admitida, pero ellos apenas si lo podían creer. Los que han sido salvados por el Señor no deberían avergonzarse de confesarle a Él contando las grandes cosas que Él ha hecho por sus almas.

1.289. HERIDO

«Un ángel del Señor le hirió, por cuanto no dio la gloria a Dios» (Hechos 12:23).

La causa de la repentina caída de este orgulloso gobernante debería ser una advertencia para todos nosotros, especialmente para el predicador. Los oradores públicos se sienten enormemente tentados de buscar los honores del hombre más que los de Dios. Los gusanos de la soberbia y de la vanidad ya han comenzado su obra destructiva cuando dejamos de dar la gloria a Dios. Es bien posible hacer una gran oración y predicar muy elocuentemente, y empero, al mismo tiempo y por lo que respecta al poder espiritual, ser heridos por Dios. A los ojos de los hombres, la apariencia puede ser tan hermosa y atractiva como la calabacera de Jonás, pero si no se da la honra a Dios, tiene en sus raíces el mortífero gusano del cáncer.

1.290. COSAS QUE NO PUEDEN SER CONMOVIDAS

Hebreos 12:27

I. Cosas que han sido sacudidas.

1. Las opiniones de los hombres.
2. Los reinos de este mundo.

II. Cosas que serán removidas.

1. Los falsos fundamentos (Mt. 7:27).
2. Los cuerpos físicos.
3. Las tumbas de los muertos.

III. Cosas inconmovibles.

1. La Palabra de Dios.
2. El Fundamento de Cristo.
3. El Reino de Dios.
4. La Esperanza del cristiano.

1.291. LLAMAMIENTO DE BERNABÉ Y SAULO

Hechos 13:1-12

Después que un misionero en China les hubiera estado mostrando la insensatez de los ídolos, y les hubiera predicado Jesús a ellos, un anciano dijo: «Pare, y díganoslo, porque *no podemos encontrar la puerta*». ¡Qué triste pensar en las multitudes que están tanteando las tinieblas en busca de la puerta de la vida eterna, sin poder hallarla! ¿Cómo oirán sin haber un predicador, y cómo predicarán si no son *enviados*? El Espíritu Santo está muy deseoso de enviar obreros; rogadle. La joven Iglesia en Antioquía había crecido en número y poder. Entre los notables convertidos estaba Manaén, que había sido compañero de aquel Herodes que había ordenado la muerte de Juan el Bautista, y que se había burlado del Señor Jesucristo, menospreciándole. Pero por la gracia de Dios había sido arrebatado como tizón del incendio. Mientras los miembros de esta Iglesia «celebraban el culto del Señor, y ayunando», el Espíritu Santo suplió su verdadera necesidad al apremiar en sus corazones este mensaje de dirección concreta: «Apartadme a Bernabé y a Saulo». Quizá habían estado esperando en el Señor por una conducción especial, en cuanto a cómo podían adelantar la causa de Cristo, cuando vino este llamamiento inequívoco:

I. Fue un llamamiento divino. «Dijo el Espíritu Santo», etc. (v. 2). Ellos fueron tan ciertamente «llamados por Dios» como lo fue Aarón. Así como toda idoneidad para este servicio tiene que venir de Él, también debe serlo el *llamamiento.* El Espíritu Santo nunca escogerá a un hombre poseído del espíritu del mundo como embajador del Reino de Cristo.

II. Fue un llamamiento personal. «Bernabé y Saulo.» No había lugar a dudas acerca de a quién se refería el Señor, ni hubo ocasión para la envidia ni para los celos. El Espíritu Santo reparte a cada uno en particular según su voluntad (1 Co. 12:11). No todo el que dice Señor, Señor, es apto para el servicio de Dios. «Nadie toma para sí mismo este honor, sino el que es llamado por Dios» (He. 5:4).

III. Fue un llamamiento a la separación. «Apartadme», etc. Bernabé y Saulo debían ser separados para el Espíritu Santo, para que Él soplara la voluntad de Dios a través de ellos, como lo había hecho con los *hombres santos* de Dios en tiempos antiguos (2 P. 1:21). Para ser usados por el Espíritu Santo tenemos que ser separados del mundo, y totalmente rendidos a ÉL, como instrumentos preparados para su uso. Pero no debemos suponer que aquellos que *permanecieron* en Antioquía no estaban separados para Dios. Podemos vivir la vida separada en todo lugar viviendo para su gloria.

IV. Fue un llamamiento a la obra. «Para la obra a la que los he llamado.» Solo aquellos que son *nuevas* criaturas en Cristo Jesús pueden tener participación en la obra de esta «nueva creación». No somos llamados a la holganza y al ocio, sino a ser «colaboradores juntamente con Él», que nos ha llamado a este llamamiento santo. ¿Hemos entrado en esta obra a la que Dios el Espíritu nos ha llamado? ¿O estamos *ociosos* en su viña?

V. Fue un llamamiento en el que los hermanos mostraron su comunión. «Los despidieron» (v. 3), pero no sin haber antes «ayunado y orado». Sería una gran bendición para la Iglesia y para el mundo hoy si la Iglesia estuviera así dispuesta a reconocer y a enviar a aquellos que han sido llamados por el Espíritu Santo para hacer la obra de un evangelista. Por sus frutos les conoceréis. Estos hombres santos fueron «solemnemente ordenados» ¡no con banquetes y brindis!, sino con «ayuno y oración». No hubo «¡Hip, hip, hurras!», sino una solemne ejecución de la voluntad de Dios. Muchas modernas ordenaciones son un escándalo para la causa de Jesucristo.

VI. Fue un llamamiento seguido de hechos poderosos. ¿Cómo podemos creer que somos llamados y energizados por Dios si no se están llevando a cabo «señales y prodigios» dignos de Dios a través de nosotros en su nombre? (vv. 5-12). Dos maravillas fueron obradas aquí por Bernabé y Saulo: a) La victoria sobre el hechicero. Este «hijo del diablo» y «enemigo de toda justicia» fue azotado con una ceguera temporal. *Las obras* del diablo fueron destruidas. b) La conversión del procónsul (v. 12). La salvación del gobernador de la isla, y el silenciamiento de Elimas, el enemigo de Dios, fueron de cierto obras dignas del Espíritu Santo, al que habían sido apartados Bernabé y Saulo.

1.292. LA BONDAD DE DIOS

Hechos 13:13-43

Pablo y Bernabé habían llegado hasta la lejana Antioquía de Pisidia, y en día de Sábado tomaron asiento quietamente entre los adoradores en la sinagoga. Al pedírseles, como extraños, si tenían una palabra para el pueblo, «Pablo, levantándose», les dio una «palabra» como jamás habían oído. Este primer discurso registrado del gran Apóstol a los gentiles puede ser titulado «La bondad de Dios». Puede que Pablo hubiera tomado como su pauta el gran discurso de Esteban, que debía ser para él el más memorable. Él trata aquí de:

I. La bondad de Dios revelada con sus tratos con ISRAEL.

1. FUERON ESCOGIDOS (v. 17). Dios se había complacido, por la gracia, en hacer de ellos su pueblo, escogidos no por bien de alguno en ellos, sino como monumentos de su misericordia (Dt. 7:6).
2. FUERON LIBERTADOS (v. 17). Cuando eran extranjeros en la tierra de Egipto, «con brazo levantado los sacó de allá». Él los salvó de la casa de esclavitud.
3. FUERON PRESERVADOS (v. 18). Durante cuarenta años su paciencia longánime soportó sus murmuraciones e incredulidad. Sin embargo, fueron preservados, como pueblo, de perecer (Sal. 95:9-10; 2 p 3:9).
4. LES FUE PREPARADO UN LUGAR (v. 19). Siete naciones cananeas pecaminosas fueron arrojadas y destruidas para que ellos pudieran tener posesión. Las fuerzas de iniquidad tienen que ser todas vencidas antes que los hijos de Dios puedan entrar en su herencia.
5. ÉL SUPLIÓ A SUS NECESIDADES. Él les dio jueces, un profeta y un Rey. Luego les *levantó* a David, un hombre conforme a su corazón (vv. 20-22). David fue un tipo de Cristo como hombre

levantado por Dios, para hacer su voluntad entre el pueblo. Pablo, fiel a su misión, conecta en el acto a Cristo con el linaje de David, y muestra a continuación:

II. La bondad de Dios revelada en Su Hijo Jesucristo.

1 ÉL FUE DADO CONFORME A LA PROMESA (v. 23). Él era el vástago del tronco de Isaí, y el renuevo salido de sus raíces (Is. 11:1). Preparado en la eternidad, y levantado en la plenitud del tiempo como Salvador.

2 ÉL FUE PROCLAMADO POR JUAN (vv. 24-25) como bautizador con el Espíritu Santo y fuego, cuyas sandalias él no era digno de desatar.

3 FUE CONDENADO POR LOS GOBERNANTES (vv. 26-29). Pablo pone en claro que Cristo fue muerto por ellos «sin hallar en él ninguna causa digna de muerte», exponiendo así la terrible enemistad del corazón natural contra la Santidad de Dios.

4 ÉL FUE RESUCITADO DE ENTRE LOS MUERTOS (v. 30). Éste fue un sorprendente dogma para los oyentes del apóstol. ¿Él, dogmático? Sí, tan dogmático como el Hijo de Dios. Él hablaba como teniendo autoridad (1 Jn. 1:1). Si alguien no puede hablar dogmáticamente acerca de estas grandes verdades del Evangelio, que se calle, porque no tiene mensaje de parte de Dios para el pueblo; y ya hay abundancia de superficialidad en el mundo.

5 FUE PREDICADO POR TESTIGOS OCULARES DE SU RESURRECCIÓN(vv. 31-37). No hemos seguido fábulas ingeniosamente inventadas. La resurrección de Cristo está en total armonía con su vida y testimonio singulares. La muerte y la resurrección de Cristo son las dos columnas del puente de la GRACIA.

6 ÉL PUEDE AHORA SALVAR A TODOS LOS QUE CREEN (vv. 38-39). «En él es justificado todo aquel que cree.» Éste es otro maravilloso dogma (Ro. 3:28). No, la ley de Moisés no podía hacerlo. Es mediante la sangre de Jesús que se da el perdón de los pecados (Ef. 1:7).

III. La advertencia en contra de menospreciar esta bondad. «Mirad, pues», etc. (vv. 40-41). Los menospreciadores de cierto perecerán. Dios sigue obrando su obra de salvación en nuestros días, en los corazones y en las vidas de todos los que creen. Pero sigue habiendo muchos que aún «menosprecian, y se asombran, y desaparecen» en su incredulidad, aunque un hombre –salvado y transformado por el poder de este Evangelio– se lo declare. He aquí, por tanto, la «bondad de Dios» exhibida en la vida, muerte y resurrección de Jesucristo como el Salvador del hombre, y deja que tu corazón se incline y quebrante en arrepentimiento. Estas palabras de Pablo fueron para muchos como buenas nuevas de un país lejano, por lo que querían oírlas de nuevo al siguiente Sábado. Ninguna otra historia admite tanta y tan frecuente repetición como ésta.

1.293. MISERICORDIAS SEGURAS

Hechos 13:34

Alguien nos ha recordado que las misericordias de Dios no reciben el nombre de «las rápidas» sino «las firmes misericordias». Pocas veces aparece precipitación alguna en las acciones del Señor. Pero sí firmeza.

1.294. RESULTADOS DE LA PREDICACIÓN DE PABLO

Hechos 13:42-52

Por la razón que fuera, allí donde fueron estos primeros predicadores del Evangelio, lograron crear una agitación. Si «trastornaron el mundo» fue porque el mundo estaba al revés. Aquellos que han sido transformados, por así decirlo, en nuevos odres, y llenados del nuevo vino del reino de Dios, el Espíritu Santo, no pueden actuar en absoluto como ordinarios mortales del mundo. Están afectados por una nueva posesión que excita a un santo entusiasmo por el eterno honor del Señor Jesucristo. Es imposible que un hombre lleno del Espíritu Santo sea frío y formal; la Palabra de Dios arde en sus huesos como fuego inextinguible; no puede más que decir las cosas que ha *visto* y *oído*. Los efectos del sermón de Pedro fueron enfáticos y variados.

I. Había un deseo de escuchar. «Los gentiles les rogaron que el siguiente sábado les hablasen de estas cosas» (v. 42). El Evangelio había sido presentado de tal manera aquella mañana que se había creado una verdadera sed en los corazones de muchos para volverlo a escuchar. Hubo muchos ansiosos indagadores al terminar el discurso de Pablo (v. 43). Las «reuniones después de la reunión» no son cosa nueva.

II. Hubo un despertar general. «Al sábado siguiente, se reunió casi toda la ciudad para oír la palabra de Dios» (v. 44). Debía ser una audiencia muy interesada a la que se dirigieron Pablo y Bernabé aquel día. Veríamos más frecuentemente a las multitudes apiñandose «para oír la Palabra de Dios» si estuvieran seguras de que es la Palabra de Dios lo que iba a ser predicado. Mucha de la predicación del día de hoy no parece suscitar interés alguno en la Palabra de Dios. Multitudes de oyentes de sermones están totalmente a oscuras acerca de qué es lo que la Biblia enseña.

III. Hubo una acerba oposición. «Los judíos... se llenaron de celos, y se oponían a lo que Pablo decía, contradiciendo y blasfemando», etc. (v. 45). No había temor de que Pablo jamás cayera en aquel ay que cae sobre aquellos «de quienes todos hablan bien». El soberbio y envidioso judío, como el «hermano mayor» del pródigo, no podía regocijarse en aquella gracia de Dios que salva a los *pecadores* y los transforma en hijos. Aquellos que querrían predicar «la Palabra de Dios» deben estar preparados para la «contradicción y blasfemia» de pecadores farisaicos y religiosos, que están totalmente fuera de simpatía con Dios en la salvación de los perdidos. Pero su oposición solo movió a los apóstoles a un mayor denuedo, y a acusarlos de un modo más directa (v. 46). ¡Qué triste pensar en aquellos que, en la soberbia de sus corazones, se consideran indignos de recibir la vida eterna como el *don* de la gracia de Dios por medio de Jesucristo su Hijo.

IV. Hubo gozo entre los gentiles. «Se regocijaban y glorificaban la palabra del Señor» (v. 48). Véase Romanos 15:9-18. Estas «otras ovejas», que no eran de este redil judío, se sintieron cordialmente felices de entrar en estos pastos dadores de vida de su Palabra. Los hambrientos gentiles quedan alimentados, mientras que los autosatisfechos judíos son enviados de vacío. El Evangelio les es predicado a los *pobres*, con resultados de gloria para Dios. «Y no queréis venir a Mí para tener vida.»

V. Hubo una aparente derrota. «Los expulsaron de sus confines» (v. 50). Es triste pensar en las «mujeres piadosas y distinguidas» prestando su influencia a una causa tan impía y deshonrosa. Los siervos de Dios pueden ser expulsados, pero no se puede hacer lo mismo con la semilla de la Palabra que ha sido sembrada en los corazones de los oyentes. No: el propósito de Dios en las vidas de sus escogidos y consagrados siervos nunca puede sufrir derrota alguna. Todas las cosas cooperan para el bien de aquellos que aman a Dios (Ro. 8:28).

VI. Hubo una gracia triunfante. «Los discípulos fueron llenos de gozo y del Espíritu Santo» (v. 52). Cuando los predicadores fueron expulsados de entre ellos, Dios les dio una mayor bendición al llenarlos del Espíritu Santo, sellándolos así para el día de la redención final (Ef. 1:130. Estos jóvenes discípulos se regocijaban por su nuevo tesoro, que sabían les enriquecería durante todas las eras aún venideras, mientras que estos perseguidores tendrían que encontrarse aún con el polvo que los apóstoles habían sacudido contra ellos.

1.295. EXPERIENCIA MISIONERA

Hechos 14:1-20

En Iconio, Pablo y Bernabé «hablaron de tal manera que creyó una gran multitud, tanto de judíos como de griegos», y por manos de Pablo y de Bernabé se hacían «señales y prodigios» (vv. 1-3). No será probable que se *concedan* señales y prodigios allí donde la Palabra de Dios es predicada de tal manera que una gran multitud es hecha dormir. La predicación «con denuedo, confiados *en el Señor*», no en la fuerza de nuestra sabiduría carnal y energía propia, irá ciertamente acompañada del poder testificante de la presencia de Dios, obradora de maravillas (He. 2:4; Mr. 16:20). Siempre que Dios concede que se hagan señales y prodigios, es de esperar que se susciten persecuciones (vv. 4-6). Los gobernadores de las tinieblas se opondrán siempre a una violenta perturbación de su reino.

I. Un ejemplo de fe. Este hombre, que era «cojo de nacimiento», era la imagen de la *impotencia* (vv. 8-9). Nunca había caminado, y desde luego nunca esperaba poderlo hacer. Esta libertad y gozo no eran posibles para él. ¿Le hemos dado gracias a Dios alguna vez por el uso de nuestros pies? Pero este mismo hombre «oyó hablar a Pablo», y aquella fe, que «viene por el *oír*», brotó como una nueva facultad en la dolorida alma del tullido. Él oye y cree que el Salvador Resucitado puede sanarle. Ved, hay una nueva luz en su mirada, es la luz de aquella nueva esperanza que nace del Espíritu de Dios, por medio de la Palabra predicada. Tiene «fe para ser sanado», y el apóstol, enseñado por el Espíritu, capta rápidamente esto, y lo llama diciendo: «¡Levántate derecho sobre tus pies!» (v. 10). Y él «dio un salto y se puso a caminar». *Dio un salto* antes de caminar, no solo de gozo, sino también quizá porque nunca había aprendido a caminar. Este gran cambio no fue menos real porque fuera repentino.

II. Un ejemplo de insensatez. Cuando estos idólatras licaonios vieron al conocido tullido saltando y caminando, supusieron insensatamente que *sus* dioses les habían venido en la semejanza de Pablo y Bernabé. Los dioses de los idólatras son sordos, mudos y muertos. ¿Cómo podrían sanar a un pobre tullido, y de dónde podrían ellos «bajar»? (vv. 11-13). Pero aprendamos solemnemente de su ciego entusiasmo como nos es posible ser muy fervientes acerca de conceptos religiosos que son solo imaginarios y engañosos. ¡Cuán agradecidos deberíamos sentirnos por la Palabra Escrita de Dios, que es una luz resplandeciendo en las tinieblas, y a la que hacemos bien en estar atentos! Ninguna cantidad de «toros y guirnaldas» hará verdadera una cosa falsa. Llamaron a Bernabé Júpiter, y a Pablo Mercurio; pero estos paganos gálatas no fueron los últimos que trataron de adaptar las cosas de Dios a sus propias prácticas idolátricas (Jud. 4).

III. Un ejemplo de fidelidad. Es posible que Pablo y Bernabé no entendieran a la gente cuando les hablaban «en lengua licaónica», pero tan pronto como conocieron sus propósitos de ofrecerles sacrificios fueron prestos en presentar una vehemente protesta en contra de todo tipo de adoración a los hombres. «Rasgaron sus ropas» como expresión externa de su horror interior: de corazones rasgados de agonía ante el solo pensamiento de ello. Tan celosos eran ellos por el honor de Dios que nada les dolía tan profundamente como el hecho de que ellos, como siervos de Cristo, fueran a tener en los pensamientos y mentes de aquellas gentes un puesto que sólo su Señor y Maestro debía tener. El anhelo de sus corazones y el objeto de sus vidas era que se apartaran «de estas vanidades» y se convirtieran «al Dios vivo» (vv. 14-18). Ellos eran «hombres de *sentimientos semejantes* a los nuestros», pero ¡qué diferencia había hecho en ellos la gracia de Dios! Elías era un hombre de sentimientos semejantes a los nuestros, pero ¡qué pocos de nosotros podemos orar como lo hizo él! (Stg. 5:17). ¡Cuán diferentemente actuó Herodes cuando la gente le adoró! «No dio la gloria a Dios», y de inmediato el ángel del Señor le hirió (Hch. 12:22-23). Buscad la gloria que sólo de Dios viene (Dn. 4:37).

IV. Un ejemplo de veleidad. Pocos días después ellos mismos «después de haber apedreado a Pablo, le arrastraron fuera de la ciudad, suponiendo que estaba muerto» (v. 19). No hay mucha distancia entre los honores del mundo y su enemistad, entre sus «guirnaldas» y sus piedras. Hoy claman «Hosanná», y mañana, «¡Crucifícalo!» ¡Qué amigo tenemos en JESÚS, el mismo ayer, hoy, y por los siglos!

1.296. AYUDANDO A LOS SANTOS

Hechos 14:19-28

«Una vez [he sido] apedreado»; este es el nombre de una de las medallas que Pablo recibió por su fidelidad a Jesucristo (2 Co. 11:25). No hay mucha distancia entre las alabanzas y las maldiciones de una multitud impía (vv. 18-19). ¡Ay de aquellos que buscan su felicidad en el favor de los hombres en lugar de en el favor de Dios! Fue quizá mientras Pablo estaba fuera de la ciudad de Listra, como muerto, que tuvo aquella «inefable» experiencia de ser «*arrebatado* al paraíso», si en el cuerpo, no lo sé; si fuera del cuerpo, no lo sé» (2 Co. 12:3, 4). Si es así, veamos cómo el Señor puede compensar a sus sufrientes siervos para que ellos puedan «gloriarse también en las tribulaciones». Después de predicar el Evangelio en Derbe y de hacer muchos discípulos (v. 21), comenzaron su gran viaje de regreso, que estaba lleno acciones santas y coronado con abundantes resultados.

I. Fortalecieron los ánimos de los discípulos (v. 22). Ésta es una obra muy necesaria, si los jóvenes creyentes han de ser salvados de recaídas. Confirmar un alma en la fe es fortalecer aquella alma contra la tentación y los asaltos del mundo, de la carne y del diablo. Tratad tiernamente con los jóvenes convertidos, mostradles toda la armadura de Dios, y decidles cómo deben ponérsela. Dadle línea tras línea, y quizá un poco de vuestra propia experiencia, si tenéis alguna.

II. Los exhortaron a que permaneciesen en la fe. La fe cristiana es una lucha de *fe*. La FE, luchando contra los sentimientos, los fracasos y las apariencias. Como habéis *recibido* al Señor Jesús –por la fe– así andad en Él. Proseguid confiando en la promesa de Dios contra todo lo que parece opuesto, y tened a Dios por veraz, aunque haga de cada hombre un mentiroso. Ésta es la victoria que vence al mundo, nuestra fe. Hay una gran necesidad de *fe*, porque «es menester que pasemos por muchas tribulaciones para entrar en el reino de Dios» (v. 22). En el mundo tendréis tribulación, pero la fe se aferra a Aquel que ha dicho: «Mas confiad: yo he vencido al mundo».

III. Ordenaron ancianos en cada Iglesia (v. 23). Era necesario, en ausencia de los apóstoles, que se eligieran hombres idóneos y dignos de confianza como gobernantes y maestros. Es probable que fueran presentados mediante el voto del pueblo. No todos los hombres son idóneos para *gobernar* y para «trabajar en palabra y en doctrina». Desde el principio ha habido aquellos que, por la gracia divina, y por una más completa consagración de sí mismos a Dios, han llegado a ser más cualificados para el servicio espiritual que otros. Desead, pues, celosamente los dones mejores.

IV. Los encomendaron al Señor. Después de ser llamados, fueron entregados al Señor como su propia propiedad privada, para que Él los empleara como lo considerara conveniente. ¿Crees tú que esto es algo duro? Es una gloriosa libertad. No sois vuestros, porque por precio habéis sido comprados.

V. Predicaron la Palabra (v. 25). ¡Ah, qué palabra fue esta la que llenaba y encendía sus almas con un deseo inextinguible de trabajar y sufrir por la salvación de los hombres y por la gloria del nombre de Jesucristo. Desde el día de la conversión de Pablo hasta el día de su traslación, nunca se le vio «fuera de servicio». Era tanto un testigo de Jesús fuera del púlpito como en él. «Para mí *vivir* es Cristo.»

VI. Refirieron cuán grandes cosas había hecho Dios con ellos (v. 27). Fue una maravillosa historia de gracia la que tenían que contar. El Señor no solo había hecho grandes cosas *por* ellos, sino grandes cosas *con* ellos. Hay muchos que están siempre listos para decirnos lo que Dios ha hecho *por* ellos, pero más que nada anhelamos oír lo que Dios ha podido hacer *con* ellos. Si eres salvo, Dios ha obrado una gran obra por ti. Si estás consagrado, Dios hará una gran obra contigo.

1.297. LA DISPUTA ACERCA DE LA OBRA

Hechos 15:1-35

I. La cusa de la disputa (vv. 1-2). Surgió con respecto a si los convertidos de entre los gentiles debían ser circuncidados «conforme al rito de Moisés» o no. Aquellos hermanos que descendieron de Jerusalén eran tan vehementes en sus argumentos en favor del rito que lo hacían «necesario para la salvación». Estos hombres anónimos, que perturbaron la paz de la Iglesia con esta controversia, son los precursores de algunos que todavía tenemos entre nosotros, que no son famosos por su espiritualidad ni por su éxito en la obra del Señor, pero que están siempre listos para rectificar a quienes están siendo sumamente reconocidos y bendecidos por Dios. Los más poco espirituales son generalmente los más defensores de las formas. Pablo y Bernabé, que habían visto mucho de la *gracia de Dios*, se opusieron ardientemente a volverlos a poner bajo servidumbre. Tan agudamente sintió Pablo esto que al escribir a los Gálatas poco después, les dice: «Si os circuncidáis, de nada os aprovechará Cristo» (Gá. 5:2).

II. La conferencia en Jerusalén. Se accedió a plantear esta cuestión ante la Asamblea General en Jerusalén (vv. 2-21). Y allí fueron los evangelistas. Después de haber presentado su informe, «refiriendo cuán grandes cosas había hecho Dios con ellos», fue introducida en el acto la candente cuestión planteada por ciertos de los fariseos que se habían convertido, que tenían aún activa lo suficiente de su vieja naturaleza para ver difícil que los *gentiles* pudieran ser salvos «sin las obras de la ley». Después de «mucha discusión», Pedro se levantó y se dirigió a la Asamblea como uno revestido de la autoridad de Dios. Él habló de lo que sus ojos habían visto del poder del Evangelio entre los gentiles, cómo Dios «les dio testimonio, dándoles el Espíritu Santo lo mismo que a nosotros», sin hacer diferencia entre ellos, «*purificando por la fe sus corazones*». Hubo gran silencio en la audiencia cuando Bernabé y Pablo se dirigió otra vez a la audiencia (v. 12) acerca del tema especial que les ocupaba, tomándose cuidado de mostrar que las maravillosas obras que habían tenido lugar entre los gentiles eran las obras de Dios. El río de su gracia es siempre demasiado ancho para el estrecho canal de la soberbia y del prejuicio humanos. El siguiente en tomar la palabra es Jacobo, un hombre profundamente instruido en las Escrituras. Les muestra en base de la Palabra que era el propósito de Dios sacar de entre los gentiles «un pueblo para su nombre», y se toma la adicional libertad de proponer a la Iglesia el programa divino de la actual dispensación. Un pueblo «para su nombre» esta siendo tomado *ahora*, por medio de la predicación del Evangelio de Cristo. Éste es el *primer* punto de Jacobo. El *segundo* es el regreso del Señor: «Después de esto volveré». *Tercero*, la restauración de Israel: «Reedificaré el tabernáculo de David». En *cuarto* lugar, el Milenio: «Para que el resto de los hombres busque al Señor» (vv. 14-17). Al terminar su magno discurso, hace esta prudente proposición: Que a los conversos gentiles no se les moleste acerca de formas que no eran vitales para sus vidas y utilidad, sino que se les pidiera que se abstuvieran de aquellas prácticas paganas tan comunes a su alrededor (v. 20).

III. Los resultados. La propuesta de Jacobo fue aceptada unánimemente. Se enviaron cartas de saludos y de simpatía por medio de mensajeros especiales a todos los afectados por la controversia. Fue una causa de gran gozo para ellos cuando oyeron que «ha parecido bien al Espíritu Santo, y a nosotros, no imponeros ninguna carga más que estas cosas necesarias» (v. 28). La bondad del Espíritu Santo a este respecto no es siempre reconocida por aquellos que rigen en algunos tribunales eclesiásticos. El verdadero objeto del gobierno de la Iglesia no es abogar o elaborar las opiniones de los hombres, sino en encontrar la mente del Espíritu Santo, y actuar en conformidad a ella. Allí donde está el Espíritu del Señor, allí hay libertad.

1.298. EL CLAMOR DE LOS IMPOTENTES

Hechos 16:9-15

A Pablo y a Silas «les *impidió el Espíritu Santo* hablar la palabra en Asia», e «intentaron ir a Bitinia, pero *el Espíritu de Jesús no se lo permitió*». Éstos son hechos llenos de profundo significado para cada siervo del Señor Jesucristo. Revelan cuán completamente el Espíritu Santo tiene el control de sus vidas. La misión de este Gran Maestro venido de Dios es conducirnos a toda verdad, y proseguir la obra de Dios por medio de las vidas de aquellos que están totalmente consagrados a Él. Nuestro tema se puede dividir en tres partes:

I. El nuevo llamamiento. «Pasa a Macedonia y ayúdanos» (v. 9). Ahora se le aclaró a Pablo por qué el Espíritu Santo había estado cerrándole otras puertas delante de él. Macedonia necesitaba la *ayuda* que Pablo y Silas, apóstoles de la Cruz de Cristo, podían dar. ¿Qué ayuda hubieran podido dar si no hubieran sido poseedores de la gracia de Dios y del conocimiento de su poder salvador, por la muerte y resurrección de su amado Hijo? La mejor ayuda que nadie pueda recibir es ser elevado de una vida de pecado y de desesperanza a una vida de santidad y de victoria. No tenemos que detenernos a indagar cómo la visión le vino a Pablo; fue sencillamente la manera del Señor de revelar su voluntad a su siervo (Ro. 10:14-15). ¿Acaso no podemos oír este clamor por ayuda, aunque con sordina, surgiendo de una u otra forma de cada escalón social de la actualidad?

II. La respuesta inmediata. Ellos obedecieron en el acto, «dando por cierto que Dios nos llamaba para que les anunciásemos el evangelio» (v. 10). Pablo y el evangelio están unidos de una manera tan íntima que una puerta abierta delante de él significaba una puerta abierta para el Evangelio de Cristo. Cuando Pablo dijo: «Para mí, vivir es Cristo», estaba afirmando no un artículo de su credo, sino el principio totalmente absorbente de su existencia nacida del cielo. Miremos que no seamos desobedientes a ninguna visión celestial que pueda estar llamándonos a nuevos campos de servicio, o a experiencias más altas y plenas de las cosas profundas del Espíritu de Dios. Es solo aquellos que, como Pablo y Silas, han visto sus vidas enriquecidas con la gracia y el poder de Jesucristo, los que pueden prestar la *ayuda* necesaria a aquellos asentados en tinieblas y en la sombra de la muerte y de la desesperanza.

III. Los benditos resultados (vv. 13-15). No tardaron mucho en encontrar un lugar de oración. Puede que fuera un lugar junto al río, dedicado como oratorio público, debido a sus condiciones naturales. En esta «casa de oración» sin tejado Pablo y Silas se sentaron y proclamaron las maravillosas palabras de vida a las mujeres que allí se habían reunido. El interés se centra en «una mujer llamada Lidia, vendedora de púrpura» a la cual «*el Señor abrió su corazón*». Ella había sido una adoradora de Dios, pero ahora fue abierta la puerta de su corazón para recibir el mensaje del Evangelio, que el Señor le había enviado por medio de sus siervos. Observemos que la «Palabra de Salvación» enviada de Dios al hombre no se dirige tanto a la cabeza como al *corazón*. Con el corazón cree el hombre para justicia. El corazón *abierto* estará siempre «atento a las cosas» habladas por el siervo de Dios, y Dios de cierto abrirá los corazones para la recepción del mensaje que *Él ha enviado*. Otra evidencia del corazón abierto es la buena disposición a confesar a Cristo y un amor por la comunión con el pueblo de Dios (v. 15). Nunca podemos obrar nuestra propia salvación hasta que Dios la haya obrado en nosotros. Algunos corazones quedan abiertos como con el gentil beso de la luz (2 Co. 4:6). Otros tienen que ser abiertos a golpes como con una barra de hierro. Abrirle el corazón al Señor es darle el control de todos los resortes de la vida. Dame, hijo mío, tu corazón.

1.299. LA CONVERSIÓN DEL CARCELERO

Hechos 16:16-40

Estos incidentes nos recuerdan una galería de arte pictórico, donde tenemos diferentes escenas agrupadas, y que quizá nos llaman la atención por vía de contraste. Vamos, pues, a mirarlas por separado.

I. Una escena de posesión demoníaca. «Una muchacha que tenía espíritu de adivinación» (v. 16). ¡Qué triste pensar que esta hermosa muchacha estaba totalmente entregada al control de un espíritu engañador y maligno! Era propiedad de unas miserables personas endurecidas por el pecado, que probablemente vendían sus pronunciamientos espiritistas como oráculos de Dios. Lo que ella proclamaba tras los apóstoles cuando ellos se dirigían a la reunión de oración iba dirigido a confundir a los oyentes, tratando de hacer igual el camino de Cristo a los caminos de perdición: «Estos hombres son siervos del Dios Altísimo, quienes os anuncian *un* camino de salvación» (v. 17). Y además sus palabras tenían un tinte tan hueco y diabólico que Pablo, «cansado ya de esto», ordenó al espíritu malo, en el nombre de Jesucristo, que saliera de ella.

II. Una escena de egoísmo y de crueldad (vv. 19-24). «Viendo sus amos que había desaparecido la esperanza de su ganancia», porque aquella pobre muchacha estaba ahora liberada del enloquecedor poder del diablo, en lugar de dar gracias a Dios por tal emancipación, y a causa de que la salvación de ella afectaba a sus bolsillos, «prendieron a Pablo y a Silas», buscando la ruina de estos siervos de Dios. «El *amor* al dinero es la raíz de todos los males.» El espíritu que poseía a los amos no era mejor que el espíritu que había poseído a la engañada muchacha; por codicia de ganancia estaban dispuestos a hacer mercadería con las almas de sus semejantes.

III. Una imagen de felicidad proveniente del cielo. «Pablo y Silas... cantaban himnos a Dios» (v. 24). Aunque yaciendo en el más profundo y tenebroso agujero de aquella miserable cárcel, con espaldas ensangrentadas y miembros doloridos, el gozo del Señor llenaba de tal manera sus corazones que podían también «gloriarse en las tribulaciones». ¿Qué más que la gracia de Dios podía llevar a nadie a cantar en tales circunstancias? «Y los presos les escuchaban.» Bien podría ser ésta una de las razones por las que Dios permitió que sus siervos fueran echados en la cárcel. Estos compañeros de cárcel comparten también la victoria que Dios logró, porque «las cadenas de todos se soltaron».

IV. Una escena de intervención divina. «Entonces sobrevino de repente un gran terremoto», etc. Pablo y Silas resistieron al diablo en la muchacha, pero es indudable que *oraron* por aquellos que los habían maltratado y perseguido (Mt. 5:44). Habiendo confiado en Dios de una manera serena y con gozo, se extiende ahora la mano de Dios, poderosa y obradora de maravillas, para lograr su liberación. En verdad, cuando ellos hubieron orado, «los cimientos de la cárcel fueron sacudidos». Esto fue un cumplimiento del Salmo 10:15.

V. Una escena de conversión repentina (vv. 27-31). Fue un momento sumamente tenebroso en la experiencia del carcelero, cuando desenvainó la espada tratando de cometer suicidio; pero este gesto fue seguido de la más maravillosa experiencia que jamás tuviera. «Él entonces, pidiendo luz», se precipitó al calabozo más interior, donde se hallaban los dolidos santos, pero cuando clamó: «¿Qué debo hacer para ser salvo?» estaba pidiendo otra luz que pudiera conducir sus pies por caminos de justicia y paz y gozo en el Espíritu Santo. Entonces ellos le dijeron palabras mediante las que él *y toda su casa* serían salvos (v. 31). Así como había sido salvado de autodestruirse por la palabra del apóstol: «No te hagas ningún mal, pues todos estamos aquí», así puede ser salvo del poder del pecado y de la ira de Dios creyendo «en el Señor Jesucristo» (Jn. 3:16).

VI. Una escena de gozosa comunión (vv. 32-34). ¡Qué cambio! Pocas horas antes de esto, el carcelero estaba poniendo los pies de ellos en los terribles cepos. Ahora está limpiando sus heridas, tomándolos a su casa, y poniendo delante de ellos lo mejor que tiene, y comiendo con ellos, regocijándose «con toda su casa de haber creído a Dios». Él había sido repentinamente despertado de su sueño, pero ahora estaba a una con los siervos de Dios, y gozando con ellos de un temprano desayuno de alabanza: una escena que daría contenido a una «fiesta de gloria» del moderno Ejército de Salvación.

1.300. LA GRAN PREGUNTA

«¿Qué debo hacer para ser salvo?»

Ésta es quizá la pregunta más importante que pueda salir de la boca de los mortales. Fue grande la obra llevada a cabo en Él cuando se vio constreñido a hacerla. Cristo mismo es la única respuesta de Dios a este clamor de la más profunda necesidad humana, pero la manera de apropiarse de este don es diferentemente expresada en las Escrituras de Verdad.

I. Cree en Él, y sé salvo. «Cree en el Señor Jesucristo, y serás salvo» (Hch. 16:31). Nació como Salvador, murió para salvar, y vive para salvar. «¿Creéis que puedo hacer esto?» (Mt. 9:28).

II. Recíbelo y sé salvo (Jn. 1:12). Él es el don de Dios a un mundo que está muriendo. Cada persona que está muriendo puede aceptarlo. «El don de Dios es vida eterna» (Ro. 6:23).

III. Ven a Él y sé salvo (Mt. 11:28). Tus buenas obras son como cisternas rotas que no pueden contener agua; son médicos inútiles. «Al que a Mí viene, de ningún modo le echaré fuera» (Jn. 6:37).

IV. Confía en Él y sé salvo (Sal. 2:12). No confíes en sentimientos, emociones, ni en el esforzado brazo de la carne. No confíes en tu propia justicia, ni en tu propio entendimiento. Sólo confía en Él.

V. Óyele y sé salvo. «Éste es mi Hijo Amado, a Él oíd.» Oye, y tu alma vivirá.

VI. Mírale y sé salvo (Is. 45:22). «Y como Moisés levantó la serpiente en el desierto, así también tiene que ser levantado el Hijo del Hombre» (Jn. 3:14). «Y cuando alguna serpiente mordía a alguno, miraba a la serpiente de bronce, y vivía» (Nm. 21:9). Mira y vive.

VII. Preséntate a Él y sé salvo. «Presentaos vosotros mismos a Dios» (Ro. 6:13). Preséntate a su Palabra, su voluntad, y su camino. Suéltate de toda muleta, y déjate caer, cuerpo, alma y espíritu, en los brazos de Jesús. Que tu voluntad sea dada a Él. «Y no queréis venir a Mí para que tengáis vida» (Jn. 5:40).

1.301. SALVADOS MEDIANTE LA FE

«Cree en el Señor Jesucristo, y serás salvo» (Hch. 16:31). «Porque me has visto, Tomás, has creído; bienaventurados los que no vieron, y creyeron» (Jn. 20:29).

¡Cuán a menudo recordamos las palabras del himno infantil compuesto por la señora Luke!: «Pienso yo cuando leo esta dulce historia de antaño». Especialmente nos detenemos en esta frase:

«Desearía que sus manos sobre mi cabeza se hubiesen posado,
Que sus brazos a mí me hubiesen abrazado,
Y haber podido ver su mirada de amor cuando decía:
"Dejad a los niños que vengan a Mí"».

Bajo la influencia del pensamiento de que los contemporáneos del Hombre, Jesucristo, fueron más afortunados al verlo y oírlo que nosotros en nuestro tiempo, y con un suspiro de lamentación, sintiendo que aunque la mayor bendición no puede ser nuestra puede serlo la siguiente, decimos:

«Con todo a su estrado de oración puedo acudir
Y pedir tener parte en su amor».

Pero, ¿tenemos razón? Escuchemos la declaración del mismo Señor: «Bienaventurados los que no vieron, y creyeron». Esto de cierto derriba el concepto más comúnmente dominante. Cristo consideraba a aquellos que vivían entonces y que no le habían visto, pero que habían creído, como más bienaventurados que aquellos que creían porque habían visto. Tomás vio y fue bienaventurado, porque todo aquel que cree en Él es bienaventurado. Sin embargo, ésta no fue la bienaventuranza suprema. La más alta bienaventuranza de todas queda reservada para aquellos que no pueden verle con los ojos de la carne. Y por razones que examinaremos ahora.

Antes de considerar la naturaleza de la bienaventuranza, diremos algo bueno acerca de Tomás, porque desde luego ha sido tratado muy duramente desde muchos lugares. Su nombre ha llegado a ser un sinónimo de duda y de incredulidad. Pero recordemos que cuando dijo: «Si no veo en sus manos la señal de los clavos, y meto mi dedo en el lugar de los clavos, y meto mi mano en su costado, no creeré de ninguna manera», *estaba sólo pidiendo la misma evidencia que los otros habían podido examinar.* Ellos habían visto al Señor y las trágicas marcas de su pasión, y creyeron, y él deseó la misma evidencia. En lugar de reñirle, deberíamos compadecerle. Al ausentarse de la reunión de los discípulos, perdió la aparición del Señor; e, incapaz de aceptar el testimonio de ellos, estuvo triste y dolido durante ocho días mientras los demás se regocijaban. A veces nos preguntamos qué es lo que le llevó a estar ausente de la reunión. Siendo de carácter pesimista, quizá estaba alejado alimentando su dolor y frustración por el arresto y muerte del Señor. ¡Qué error, éste! Sin embargo, ¡cuántos se ausentan de la reunión de oración o de adoración por la misma causa! Es bueno observar que no consiguió el alivio de su aplastante dolor hasta que se reunió con sus hermanos en la fe. Asistentes irregulares a la casa de oración: ¡escuchad! *Cristo no se apareció a Tomás ¡hasta que estuvo en compañía de sus compañeros de discipulado*! Hemos de asistir al lugar de reunión aunque no tengamos el menor deseo. Y desde luego no volveremos de vacío a nuestras casas, porque el Señor se encontrará con nosotros y nos dará una palabra consoladora y liberadora. Este incidente es de gran interés dispensacional. Porque Israel, como nación, se encuentra precisamente donde Tomás se encontraba. Aunque muchos gentiles y judíos han creído individualmente y están creyendo en Aquel a quien no han visto, en cambio Israel, como nación, solo creerá cuando vea. Ésta es la enseñanza de Zacarías 12:10-14 y de Apocalipsis 1:7. Pero la suya no será la más alta bienaventuranza. Es la nuestra. Los que no ven pero creen son más bienaventurados, porque

I. Su fe es verdadera y genuina. Una fe que existe por la vista no tiene la naturaleza más robusta.

II. Es una fe que honra a Cristo, porque queda satisfecha con la evidencia de su resurrección y ser, lo que Él considera como totalmente suficiente.

III. Es una fe que honra su Palabra. A veces decimos que el mundo cuelga sobre la nada. Cierto. Y sin embargo sería mejor decir que el mundo cuelga de la Palabra de Dios, porque Él es «el que sostiene todas las cosas con la palabra de su poder» (He. 1:3).

IV. Es una fe que lleva a la vista, a la visión espiritual. Tomás consideró la vista como una ayuda para la fe; estaba equivocado, porque la fe es una ayuda para la vista. Algunos hablan de «una fe ciega», pero esto es un error, porque la fe verdadera y genuina tiene ojos para ver, manos para asir y pies con los que correr. Cuán sugerentes son las palabras del salmista: «Hubiera yo desmayado, si no *creyese que he de ver*». Ver no es creer. El creyente ve más de rodillas que el incrédulo con el mejor intelecto puede discernir puesto de puntillas.

V. Es por la fe que se alcanza el bienaventurado estado de justificación y de salvación.

1.302. MISIONES ESPECIALES

Hechos 17:1-14

Era muy largo el viaje desde Filipos a Tesalónica (unos 160 kilómetros) para dos hombres que hacía bien poco habían sido azotados con «muchos azotes». Pero así como abundaban en ellos los padecimientos de Cristo, también así era con la consolación de Cristo (2 Co. 1:3-6). Alrededor de un año después de esto, Pablo recuerda a los tesalonicenses que su entrada de ellos tuvo lugar «habiendo antes padecido y sido ultrajados en Filipos» (1 Ts. 2:2). Era frecuentemente a costa de un gran sacrificio personal que estos primeros apóstoles predicaron la Palabra.

I. Experiencias en Tesalónica.

1. A DÓNDE FUERON. Había allí una sinagoga de los judíos, «y Pablo, como acostumbraba, fue a ellos». Parece no haber habido sinagoga en Filipos, siendo allí el único lugar reconocido de culto un lugar «junto al río» (16:13). La forma de actuar de este evangelista, allí donde fuera, era buscar la «casa de oración», porque allí había libertad para la oración y la exhortación.
2. LO QUE HICIERON. «Discutió con ellos, basándose en las Escrituras.» Les demostró, desde Moisés, los profetas y los Sal-

mos que el Mesías tenía que sufrir la muerte y resucitar de entre los muertos, y que Jesús de Nazaret, a quien él les predicaba, era aquel Ungido. «Jesús, a quien yo os anuncio, decía él, es el Cristo.» Este predicador nunca carecía de un texto. Estaba tan enamorado con Jesús, como su Redentor y Señor, que no podía gloriarse en nadie más. Nadie puede predicar el evangelio de Cristo tal como debiera ser predicado, a no ser que haya esta pasión absorbente en el alma.

3. CÓMO ALCANZARON EL ÉXITO. «Algunos de ellos creyeron, ... Entonces los judíos que no creían, teniendo celos...» (vv. 5-9). El Evangelio, en el poder del Espíritu Santo, es o bien aroma de vida o muerte, de justificación o condenación, según se reciba o se rechace. En todo caso, tendrá lugar un cambio de actitud para con Dios. Si no se mata con ello la enemistad, lo más factible es que se vuelva más amarga. «Los ociosos, malos hombres» (RV) están siempre dispuestos a oponerse al título regio de Jesús.

II. Sus experiencias en Berea. En obediencia a la Palabra de su Señor, «Cuando os persigan en esta ciudad, huid a la otra», salieron de noche hacia Berea, a una distancia de cien kilómetros. Encontraron allí a la gente:

1. ABIERTA. «Recibieron la Palabra con toda solicitud» (v. 11). Sus mentes no estaban cerradas con prejuicios; estaban bien dispuestos a dar a esta nueva doctrina su cuidadosa y favorable consideración. Las mentes de muchos oidores del Evangelio son como un camino muy pisado en el campo. Puede que la simiente caiga *encima*, pero nunca tiene oportunidad de *penetrar*. No hay buena disposición a recibir la Palabra.

2. DE NOBLE CORAZÓN. «Escudriñando cada día las Escrituras para ver si estas cosas eran así.» Una buena disposición a llevar toda enseñanza a la prueba de «la Escritura de verdad» es evidencia de una mente noble (v. 11). ¿Qué podría ser más noble que un alma anhelante de conocer y obedecer la mente de Dios? Hay algo fatalmente errado en nuestros pensamientos y opiniones si no pueden resistir la prueba de la voluntad revelada de Dios tal como se encuentra en su Palabra. Si estamos edificando sobre unos cimientos de arena, cuanto antes descubramos nuestra insensatez y peligro, tanto mejor.

3. DE CORAZÓN HONRADO. «Así que creyeron muchos de ellos» (v. 12). Habiendo sido convencidos de la verdad de la enseñanza de Pablo, después de escudriñar la Palabra por sí mismos, fueron lo bastante honrados para creerla. Cuando un corazón bueno y honrado oye la Palabra, la guarda y trae fruto con paciencia (Lc. 8:15). Sé honesto para con Dios. Si alguno quiere hacer su voluntad, conocerá la doctrina, si es de Dios (Jn. 7:17).

1.303. PABLO EN ATENAS

Hechos 17:15-34

La razón por la que Pablo se dirigió a Atenas se da en los anteriores versículos. Podremos simplificar las lecciones aquí dadas expresándolas de esta forma moderna:

I. El predicador. Pablo. Un hombre instruido en toda la sabiduría de los filósofos. Un hombre que ha sido claramente convertido por Dios por medio de una revelación especial de Jesucristo. Un hombre con una comisión concreta del Resucitado. Un hombre que había sufrido mucho en el servicio de Cristo. Un hombre con un alma encendida de amor para con sus semejantes, que no conoce el temor, y que está preparado para enfrentarse a toda la sabiduría de los griegos en nombre de su Señor y Maestro. Un predicador que tiene siempre un mensaje, y que no está jamás avergonzado de proclamarlo.

II. La preparación. «Mientras... esperaba, su *espíritu se indignaba*» (v. 16). La ciudad estaba surtida con treinta mil dioses, muchos de ellos magníficas obras de arte. Pero Pablo no era un mero curioso. Él contemplaba las cosas a la luz de la revelación de Dios en Cristo y de la eternidad. Mientras que otros podrían ver sólo arte griego en los «objetos de su adoración», este hombre de Dios vio «la ciudad entregada a la idolatría». Aquel hombre cuyos ojos había abierto Dios vivirá «como viendo al Invisible». En muchas de nuestras ciudades y pueblos hay signos de «culto» que no son de Dios hasta el punto de poder conmover el espíritu de cualquier predicador que tenga los ojos iluminados por el cielo, como los del Apóstol.

III. El púlpito. «Entonces Pablo, puesto en pie en medio del Areópago» (v. 22). Esto fue después de haber estado en la sinagoga y en la plaza del mercado predicándoles «el evangelio de Jesús y la resurrección». Al ponerse de pie el solitario evangelista en medio de aquel patio al aire libre, mientras los dignatarios atenienses reposaban sobre sus asientos labrados en la piedra, pasaba a ocupar el principal púlpito de la ciudad. Fue atrevido su gesto, pero creía que el Señor estaba a su lado, y que era digno del lugar más exaltado en aquel centro de filosofía. Pablo consideró esto como un gran privilegio por causa de su Señor.

IV. La audiencia. «Varones atenienses» (v. 22). Ningún predicador se dirigió jamás a una congregación más crítica que ésta; ellos dedicaban su vida a indagar en cada cosa nueva (v. 21). En los epicúreos se enfrentaba a un grupo de arrogantes racionalistas, cuyo dios era su vientre; los estoicos exaltaban la virtud, pero negaban la responsabilidad humana y el juicio futuro. Ante estos, Pablo se enfrentaba directamente con la sabiduría de Sócrates y de Platón, pero ante él ellos se encontraban cara a cara con la «sabiduría de Dios». El mundo no conoce a Dios por la sabiduría.

V. El sermón. No fue leído, sino derramado desde un corazón ardiente. El *tema* fue «Él». Así que a Aquel a quien en ignorancia adoráis, a *Él* os anuncio. Este predicador siempre encontraba un atajo hacia Cristo porque se gloriaba en Él (Gá. 6:14). Los *encabezamientos* de este maravilloso sermón están muy claros. Les predicó: a) La existencia y el poder creador de Dios. «El Dios que *hizo* el mundo y todas las cosas que hay en él», etc. Esto era un golpe para la teoría epicúrea de evolución y «azar». b) El carácter espiritual de Dios (v. 25). Él no es servido «por manos de hombres». Es del corazón que mana la vida. c) La hermandad universal del hombre. «De una misma sangre ha hecho *toda nación* de los hombres». d) La providencia soberana de Dios. Él ha prefijado el orden de las sazones (v. 26). e) La necesidad que el hombre tiene de Dios: «Que busquen a Dios». f) La universalidad de la presencia de Dios: «Ciertamente no está lejos de cada uno de nosotros» (v. 27; Is. 55:6). g) Que el mismo Dios es la fuente de toda vida. «En él vivimos, y nos movemos, y somos» (v. 28). ¿Cuánto más están conscientes de esta verdad aquellos cuya «vida está escondida *con Cristo* en Dios»? Entonces vino la *aplicación*: a) Algo que *no debiéramos hacer*: «No debiéramos pensar que la Divinidad sea semejante a oro», etc. b) Algo que debiéramos *hacer*. Debemos *arrepentirnos*, porque «Dios... ahora manda a todos los hombres en todo lugar, que se arrepientan» (v. 30); y «por cuanto ha establecido un día en el que va a juzgar el mundo con justicia, por aquel varón a quien designó», Jesucristo (v. 31; Ro. 2:16).

VI. Los resultados. a) Algunos se burlaban (v. 32). La doctrina de la resurrección y del juicio final cortaba las mismas raíces de sus vidas egoístas y de su falsa filosofía. Lo que hizo *temblar* a Félix, les hizo a ellos *burlarse*. Cualquier insensato puede hacer lo mismo. b) Otros dudaban. «Ya te oiremos acerca de esto otra vez», dijeron. Vacilaron, y perdieron su oportunidad, porque nunca más volvieron a escucharle (v. 33). c) Algunos creyeron. El Evangelio es poder de Dios para salvación para todo el que cree.

1.304. PABLO EN CORINTO

Hechos 18:1-17

Atenas fue quizá el campo más difícil en el que el apóstol intentó jamás sembrar la buena semilla del reino. La sabiduría de este mundo es uno de los más fuertes baluartes del reino de Satanás. Pablo no escribe epístola alguna a los Atenienses. Cuando visitó Corinto, la capital de Acaya, debe haberla hallado un centro activo y populoso de comercio. Contemplémoslo aquí:

I. Como fabricante de tiendas. «Como era del mismo oficio, se quedó con ellos, y *trabajaban juntos*» (v. 3). Para Pablo era un principio que «el que *no quiera* trabajar, tampoco coma». En lugar de cargar sobre nadie con la responsabilidad de su manutención y alojamiento, él estaba dispuesto a trabajar día y noche (2 Ts. 3:8). Pablo era *valeroso* como para predicar el Evangelio a los profesores atenienses en la Universidad del Areópago; era también *humilde* como para actuar como fabricante de tiendas de campaña en el taller de Aquila. *Todo* lo que hagáis, hacedlo de corazón, como para el Señor.

II. Como razonador. «Discutía en la sinagoga todos los sábados» (v. 4). Pablo no razonaba con ellos meramente para llevarlos a su manera de pensar, ni para demostrar su superior erudición; razonaba con ellos «*en base de las Escrituras*» (17:2), para poderlos hacer sintonizar con la mente de Dios acerca de su Hijo Jesucristo. Si la *voluntad de Dios*, tal como se revela en las Escrituras de verdad, no ha llegado a ser el factor director e impulsor de nuestras vidas, entonces nuestra predicación es vana, y los hombres permanecerán en sus pecados. Muchos predicadores, en la actualidad, en lugar de razonar *en base* *de las Escrituras,* se salen de las Escrituras para razonar. En lugar de darle pan al pueblo, le ofrecen un luminoso polvo.

III. Como testigo. «Testificando solemnemente a los judíos que Jesús era el Cristo.» No solo podía razonar con ellos en base de una Biblia abierta, sino que también podía darles su propio testimonio *personal* de la condición Mesiánica y del poder salvador de Jesús, que era llamado el Cristo. ¿No le había visto acaso personalmente, y oído, y sido transformado por su gracia maravillosa? (Hch. 9). Los predicadores que meramente se levantan junto al camino como postes señalizadores pueden dar la dirección *correcta,* pero son siempre fríos, tiesos e inertes. Dios nunca envió a nadie a predicar a Cristo que no tuviera primero a Cristo revelado en sí mismo (Gá. 1:16). «Hablamos lo que sabemos.»

IV. Como protestante. «Pero oponiéndose y blasfemando ellos, les dijo… : Vuestra sangre sea sobre vuestra propia cabeza; yo soy limpio» (v. 6). Él protestó en contra de la irrazonable oposición y voluntariosa ceguera de aquellos judíos dirigiendo su ministerio especialmente hacia los gentiles. El mismo polvo que sacudieron de sus vestiduras quedará como testimonio en contra de ellos. Es algo muy solemne contristar al Espíritu de Dios, de manera que el mensaje del Evangelio, que es el mensaje de Vida, se convierte en una sentencia de muerte (Ez. 3:18-19).

V. Como ganador de almas. «Y muchos de los corintios, oyendo, creían» (vv. 7-8). Su apartamiento de los judíos redundó en la salvación de estos gentiles. Si *tú* no acudes al banquete de bodas del Evangelio, otros acudirán, porque todos los asientos estarán ocupados cuando llegue el Rey. Sin embargo, el testimonio del apóstol entre los judíos que se oponían no fue en vano: nunca lo fue. Entre los convertidos estaba «Crispo, el *principal de la sinagoga*». Mi Palabra no volverá a mí vacía.

VI. Como uno amado por Dios. «Entonces el Señor dijo a Pablo», etc. (vv. 9-10). Si jamás hubo algún resto de dudas en la mente de Pablo acerca de la sabiduría de apartarse de su propio pueblo con el Evangelio, este mensaje del Señor debió darle perfecta paz. Había en él 1) una palabra de *aliento*: «No temas»; 2) una palabra de *consejo*: «Habla, y no calles»; 3) una palabra de *seguridad,* «Yo estoy contigo»; 4) una palabra de *esperanza,* «Porque yo tengo mucho pueblo en esta ciudad». Siempre alcanzan bendición los favoritos del cielo.

VII. Como uno menospreciado por los hombres. «Los judíos se levantaron de común acuerdo contra Pablo» (vv. 12-17). ¡Ay de vosotros cuando todos los hombres hablen bien de vosotros! Cuanto más intensamente busque uno la gloria de Dios en la salvación de las almas, tanto más acerbos se vuelven los farisaicos formalistas religiosos. Golpearon a Sóstenes en presencia de un gobernador negligente (Galión), pero en cuanto a Pablo, le sucedió como el Señor le había dicho: «Ninguno pondrá sobre ti la mano para hacerte mal». Sé fiel.

1.305. ALIENTO PARA LOS OBREROS

Hechos 18:9, 10

1. La **obra,** «Habla, y no calles».
2. La **certidumbre,** «No temas … porque Yo estoy contigo».
3. La **promesa,** «Ninguno pondrá la mano sobre ti para hacerte daño».
4. La **perspectiva,** «Yo tengo mucho pueblo en esta ciudad».

1.306. PABLO EN ÉFESO

Hechos 19:1-20

Pablo hizo un gran servicio al llevar a Priscila y a Aquila consigo a Éfeso. Después de ganar almas, no hay mayor obra que la de situar a otros en el camino de llevar a cabo un mejor servicio para Dios. Los celos son una cruel monstruosidad que nos estorbaría de regocijarnos en el éxito de otros. Fue ciertamente la mano conductora de Dios la que llevó a Apolos a entrar en contacto con estos dos bien enseñados discípulos (18:26). Si no eran elocuentes ellos mismos, sí que pudieron, por la gracia de Dios, afilar la espada del poderoso Apolos. Él sólo conocía el bautismo de Juan, y evidentemente era extraño al bautismo del Espíritu Santo. Era un ferviente, elocuente y diligente creyente en el Señor, pero carecía de eso que tantos predicadores siguen careciendo: de un bautismo concreto del Espíritu Santo. Apolos no fue demasiado orgulloso para sentarse y aprender a los pies de los que eran menos eruditos, pero más profundamente espirituales que él. La humildad es una característica de todos aquellos que están dispuestos a ser empleados en la obra de Dios.

Pablo, que había ido a hacer una visita a Jerusalén, regresó a Éfeso. Su corazón debió alegrarse al encontrar allí «a ciertos discípulos» (v. 1). Su primera pregunta fue escrutadora: «¿Recibisteis el Espíritu Santo cuando creísteis?» Él no quería que estos jóvenes creyentes estuvieran como Apolos ajenos a este don del Cristo Ascendido. El Apóstol sabía que sin esto se encontrarían en grave peligro de recaer, o de vivir vidas sin fruto y sin poder. Y bien fue que lo hiciera así, porque ni siquiera habían oído del Espíritu de Pentecostés, siendo que conocían solamente «el bautismo de Juan». Pero tan pronto como oyeron de esta *segunda bendición,* se presentaron en el acto, para poder recibirlo. «Y… vino sobre ellos el Espíritu Santo; y hablaban en lenguas.» Nadie jamás recibió el bautismo del Espíritu Santo sin que siguieran *señales.* Es imposible que nadie sea lleno del Espíritu y que no sigan obras sobrenaturales. ¿Cómo se convencerá jamás el mundo de que Dios está en nosotros si no se obran maravillas dignas de Dios?

La Iglesia de Dios nunca será nada más que algo impotente, a los ojos de los impíos, batiendo el aire, a no ser que se asa experimentalmente de la gran verdad. Dios no dará su gloria a otro en la tierra salvo al Espíritu Santo. Ésta es una cuestión de tremenda y apremiante importancia para cada creyente en Jesucristo. «¿Recibisteis el Espíritu Santo *cuando* creísteis?» Pentecostés tiene que seguir al Calvario en la experiencia de cada uno que quiera honrar a Dios mediante una vida de servicio. Y lo decimos con toda ternura: la voluntad de Dios no está siendo llevada a cabo en las vidas de aquellos que no están llenos del Espíritu.

Durante dos años, pablo habló acerca «del Reino de Dios» (v. 10). Algunos no creyeron, pero todos los que moraban en Asia *oyeron* la Palabra del Señor Jesús. Sea que los hombres recibieran el mensaje de Dios o que lo rechazaran, Pablo hizo resonar la «Palabra de Vida». No parece que se preocupara mucho acerca de los *resultados.* Sabía él que la Palabra no volvería de vacío a Aquel que la había enviado. Su gran negocio como predicador era hacer *oír* a los hombres.

El milagro de «los paños» pareció excitar los celos y el espíritu de emulación en los judíos vagabundos; ellos, también, querían obrar milagros para su propia gloria en nombre de «Jesús, el que predica Pablo» (v. 13), pero el endemoniado «dominándoles, pudo más que ellos». La victoria del hombre que tenía el espíritu malo sobre estos fracasados exorcistas fue prueba suficiente de que ellos no habían sido enviados por Dios y que no estaban poseídos por el Espíritu Santo. Nadie puede enfrentarse al diablo con sus propias fuerzas. Los poderes de las tinieblas prevalecerán siempre contra aquellos que no están en sí mismos a bien con Dios. «A Jesús conozco, y sé quién es Pablo; pero vosotros, ¿quiénes sois?», dijo el demonio. Es algo chocante que los demonios no conocen enemigos excepto aquellos que están llenos del Espíritu y en contacto vital con dios. Es por medio de «el que está en vosotros», y que «mayor es que el que está en el mundo» que vencemos al mundo, a la carne y al diablo.

1.307. SABIDURÍA MUNDANA

Hechos 19:21-41

En Éfeso «hubo… un disturbio no pequeño» por el fiel testimonio del Pablo. Cuando se predica la Palabra de Dios en el poder del Espíritu Santo enviado del cielo, es como una espada de dos filos traspasando y haciendo separación entre las cosas que afectan tanto al alma como al espíritu. Es el resplandor del Trono Eterno de Dios lanzado sobre los inicuos pensamientos y actos humanos, y siempre produce consternación cuando se abate sobre aquellos que aman las tinieblas más que la luz.

Demetrio se volvió casi loco de rabia cuando se dio cuenta de que su idólatra «negocio» estaba en «peligro» (v. 27). Nada le importaba a él que hubiera muchas almas que estuvieran recibiendo bendición de Dios, al quedar redimidas de las tinieblas del paganismo, siempre que no le tocaran el bolsillo. Este platero, como muchos otros, podía ser muy religioso siempre que ello le comportara unos buenos ingresos. Dio ejemplo de una verdadera «sabiduría mundana» al congregar juntos a «los obreros del mismo oficio» para protestar contra las enseñanzas de Pablo. Bien nos iría a nosotros si fuéramos la mitad de fervientes en contender por la verdad como lo eran estos hombres por sus supersticiones paganas.

Al conectar «este nuestro negocio» con «la gran diosa Diana», Demetrio dio un golpe magistral. Su negocio y su diosa debían mantenerse o caer juntos. «No hay acaso aquí una lección más urgente para cada obrero cristiano? ¿Está nuestra obra para Cristo tan vitalmente relacionada con Él que su honra aumente o disminuya según nosotros seamos eficaces o infieles en su servicio? Así como por medio del trabajo de Demetrio y de sus compañeros de gremio se multiplicaban las *imágenes* de su diosa y se circulaban entre el pueblo para gloria de Diana, así por el trabajo de Pablo y de sus colaboradores se estaban produciendo *imágenes* de su Dios para su gloria y honra en aquellas almas que habían sido transformadas por el Espíritu Santo. Aquí, los poderes del reino de Satanás y las fuerzas del reino de Cristo se encontraron en un terrible choque. ¿Es para asombrarse acaso de que «la ciudad se llenó de *confusión*»? Estos enemigos de Dios estaban cegados por el humo de sus propios rifles. En su desesperación tomaron a dos de los compañeros de Pablo y se lanzaron al teatro, arrastrándolos a ellos consigo, para que su triunfo se hiciera más patente. Pablo, el indómito, hubiera querido enfrentarse a aquellos leones en su misma guarida, pero sus fieles amigos le aconsejaron «que no se presentase en el teatro» (v. 31). La escena en el teatro era como la agitada mar arrojando sedimento y suciedad. «Unos, pues, gritaban una cosa, y otros otra.» Reinaba la confusión, porque la mayor parte del populacho no sabía por qué razón se les había llamado. Pero como los demás fanáticos mezquinos y cegados por el pecado, podían decir *una* cosa, y por espacio de dos horas siguieron repitiéndola: «¡Grande es Diana de los Efesios!» ¿De qué nos sirve a nosotros proclamar la grandeza de nuestro Dios si actuamos de igual forma que un montón de majaderos? Es fácil predicar acerca de la fidelidad de Dios mientras mostramos con nuestras acciones que vivimos en total incredulidad. El secretario de la ciudad parece haber sido un hombre digno de su honorable cargo; fiel, con la cabeza clara y razonable. Él sabe como manejar al populacho enardecido pronunciando primero unas palabras de encomio a la universalmente famosa ciudad y a su diosa (v. 35). Luego les viene a decir que ya que la diosa a la que ellos adoran es la más grande que jamás viniera del cielo, y a que las cosas que ellos creen son «indiscutibles», debieran mostrar la realidad de su fe calmándose, y no haciendo nada apresuradamente. ¡Cuanto más aplicable es esto a los que creen en el Señor Jesucristo! ¿No es, Él, grande? ¿No descendió Él del cielo? ¿Acaso lo que Él ha dicho podría ser refutado? ¿No deberíamos nosotros, por consiguiente, «calmarnos y no hacer nada precipitadamente»? El que cree, no se apresurará. Cuando sabemos que mayor es el que está con nosotros que todos los que están contra nosotros, podremos de cierto permitirnos estar serenos y no hacer nada precipitadamente. Los que esperan en el Señor cobrarán nuevas fuerzas.

1.308. NO HAGÁIS NADA PRECIPITADAMENTE

«Varones efesios..., puesto que esto es indiscutible, debéis calmaros y no hacer nada precipitadamente» (Hch. 19:36).

Fue un sano consejo el que el secretario municipal dio a la enfurecida multitud que atestaba el teatro en Éfeso, y que durante dos horas había estado chillando: «¡Grande es Diana de los efesios!» Parece que tenía una gran fe en la imagen que había venido de Júpiter, y que por ello no tenía temor alguno a que nadie dañara el carácter de la divina diosa. ¿No sería mejor que los cristianos dieran oído al consejo del secretario municipal en medio del escándalo acerca de los métodos de los pretendidos «Altos» críticos y de los racionalistas frente a las Santas Escrituras? Creemos que la verdad revelada en la Biblia ha venido del Cielo, y que no puede ser contradicha. Por ello, tengamos calma, y no hagamos nada precipitadamente.

1.309. UNA REUNIÓN A MEDIANOCHE

Hechos 20:2-12

Una característica destacada del gran apóstol a los Gentiles era su intensa solicitud por los jóvenes creyentes, para que fueran establecidos en la fe (v. 2). Él no consideraba ningún sacrificio personal demasiado grande para que ellos pudieran ser confirmados en el Señor, para vivir y dar testimonio para Él. No es suficiente que seamos salvos: somos salvos para *servir*. Fracasaremos en nuestro ministerio si no conducimos a los jóvenes convertidos al gozo secreto y al poder de su servicio. Es una gran cosa conducir un alma al conocimiento salvador de Cristo, pero es una cuestión igualmente importante conducir un alma a la obra activa para Dios. Un alma entregada a Cristo es un alma salvada, pero una *vida* dada a Él es una vida salvada. No somos recompensados al final por ser salvos, sino por obras hechas en su nombre y para su gloria. Podría servirnos de ayuda para comprender mejor la enseñanza de esta sección si consideramos:

I. Al orador: «Pablo les enseñaba, habiendo de partir al día siguiente» (v. 7, RV). Su estancia en Tróade fue breve, únicamente «siete días», pero fue un tiempo memorable. ¿Quién podría olvidar nunca un sermón de Pablo? Cuando el alma de un predicador está encendida con un fuego venido del cielo, el pan de vida seguramente será servido en sazón. Es posible incluso predicar la verdad de tal manera que ponga enferma hasta a un alma hambrienta. El Evangelio del Amor de Dios tiene que ser servido caliente si los hombres van a recibirlo bien dispuestos. Nos sentimos perfectamente seguros de que Pablo no admitiría sermones leídos.

II. La ocasión. «El primer día de la semana, estando reunidos los discípulos para partir el pan.» El «primer día de la semana», que es nuestro *Sabbath*, es un día por el que deberíamos dar gracias a Dios de continuo. Es el memorial de la resurrección de Cristo, y el «partimiento del pan» era el memorial de su muerte. Pablo parece haber esperado una semana entera para tener esta oportunidad de ministrarles la Palabra. Si no hubiera *Sabbaths*, cuán pocos, incluso en nuestro propio país cristiano, pensarían siquiera en ir a escuchar la Palabra de Dios. Roguemos para que su santidad sea mucho tiempo preservada.

III. El lugar. «Había muchas lámparas en el aposento alto donde estaban reunidos» (v. 8). Desde el día de Pentecostés, los *discípulos* parecen haber tenido una especial predilección por el «aposento *alto*» (cap. 1:13). Siendo una reunión durante la noche, tenían necesidad de lámparas, pero quizá el término «*muchas* lámparas» indica la buena disposición de todos los discípulos de proveer abundantemente para aquella ocasión. La consecuencia natural sería el calentamiento de la atmósfera hasta un grado demasiado elevado, que puede en parte explicar que la ventana estuviera abierta, por la que cayó el adormilado joven.

IV. El discurso. «Pablo... alargó el discurso hasta la medianoche» (v. 7), y después de haber tomado un refrigerio, «habló largamente hasta el alba» (v. 11). Las personas que claman por sermones breves no es fácil que aparezcan por la reunión de medianoche. Por la actitud de algunos modernos asistentes a la iglesia, uno pensaría que consideran escuchar al predicador de la Palabra de Dios como una especie de penitencia que debería ser mantenida lo más breve posible. Se sienten perfectamente satisfechos con la más pequeña migaja del pan celestial para sus almas, y luego se van a sus casas para una comida de cinco platos. Es bien cierto que hay algunos sermones que con cinco minutos ya son demasiado largos, mientras que otros son breves a los cincuenta. Todo depende del hombre y de su mensaje.

V. La interrupción. «Eutico... vencido del sueño, cayó del tercer piso abajo» (v. 9). Este joven sufrió tremendamente por su «primer dormida en la iglesia»; casi perdió la vida. ¿No hay multitudes, hoy, que corren el riesgo de perder sus almas por el mismo hábito soñoliento y con solo alrededor de la décima parte de la causa que tuvo Eutico? De inmediato, Pablo corrió en ayuda del desafortunado joven, y «abrazándole» lo restauró de nuevo a la consciencia, para gran consolación de los discípulos. ¿No hay acaso, en otro sentido, muchos *caídos* que están a nuestro alcance, que podrían ser *restaurados* a una nueva y mejor vida si solo fueran *abrazados* por los brazos del amor y fe cristianos? Nunca tendremos éxito en «levantar a los caídos» a no ser que podamos tomarlos en los afectos de nuestro corazón.

1.310. UN TESTIMONIO PERSONAL

Hechos 20:13-27

El grupo de Pablo embarcó en Asón, y él dispuso encontrarse con ellos allí, prefiriendo hacer el viaje por tierra, que era sólo de unos pocos kilómetros. Quizá quería tener un tiempo de quieta meditación por el camino, o para poder gozar de alguna oportunidad adicional de predicar el Evangelio. Un verdadero cristiano puede gozar de la presencia de Dios en el camino lo mismo que en cualquier otro lugar. Se dice de un cierto hombre de Dios que solía andar por el camino con el sombrero quitado, tan consciente estaba de la presencia del Señor. Pablo mantuvo fielmente su cita, como debiera hacerlo toda persona honorable (v. 14). Los hay que siempre se las arreglan para llegar tarde. Si no pueden ser notables de una manera, lo serán de la otra. El que es fiel en lo más pequeño será honrado en lo más. Para ganar tiempo, dejó Éfeso de lado y se detuvo en Mileto, desde donde Pablo mandó llamar a los ancianos de Éfeso, para poder darles su último mensaje de despedida. Sus palabras a ellos tomaron la forma de un testimonio personal. No era egotismo lo que le movió al apóstol a darles esta perfecta imagen de su propio carácter espiritual como siervo de Cristo. Nos sentimos profundamente agradecidos a él por ello, por cuanto nos da una verdadera imagen de cómo debiera ser todo verdadero siervo del Señor Jesucristo. Observémoslo cuidadosamente.

I. Era humilde. «Sirviendo al Señor con toda humildad» (v. 19). No hay lugar para el orgullo ni para la egoísta jactancia allí donde rige el Espíritu de Aquel que era «manso y humilde de corazón». El Señor nunca puede ser *servido* de ninguna otra forma que «con toda humildad». El quebrantamiento de espíritu es una condición esencial incluso para la *comunión* con Él, y no puede haber ningún verdadero servicio para Él fuera de comunión con el Espíritu Santo. Su humildad se ve también en su disposición a trabajar con sus manos para sustentarse a sí mismo y a los que estaban con él (v. 34). Él no se avergonzaba de llamarse a sí mismo «el más pequeño de los apóstoles», ni de declarar que «por la gracia de Dios soy lo que soy».

II. Era compasivo. Él sirvió al Señor «con *muchas lágrimas*, y pruebas» (v. 19). No cesó «de amonestar *con lágrimas* a cada uno» (v. 31). El ministerio de Pablo no era una actividad fría, formal, calculada. Sus palabras estaban humedecidas con el rocío del corazón del amor y de la ternura divinos. Muchos predicadores emplean las palabras: «Os lo digo»; ¡pero cuán pocos pueden añadir, «llorando»! (Fil. 3:18). Igual podríamos lanzarles piedras a la gente que palabras de sabiduría sin *corazón*. La verdad tiene que ser dicha con amor. El hombre que no pueda llorar por los enemigos de la Cruz de Cristo no alcanza a dar *plena prueba* de su ministerio. Podemos llorar por nuestros propios dolores y pérdidas, y si los intereses de Jesucristo nos fueran igual de reales, también lloraríamos por los de Él. Siervo de Dios, ¿es recto tu *corazón*?

III. Él era fiel. «No me retraje de anunciaros nada que fuese útil», etc. (vv. 20-21). Enseñaba de casa en casa, tanto a judíos como a griegos, predicando el arrepentimiento para con Dios, y *fe* para con nuestro Señor Jesucristo, y no rehuía declarar *todo el consejo* de Dios (v. 27). Pablo no tenía teorías humanas que defender, sino que tenía una revelación de Dios que declarar. Es muy de lamentar que una de las más destacables doctrinas de este gran apóstol, el arrepentimiento para con Dios, haya casi desaparecido del sermón moderno. La búsqueda de la popularidad y la alabanza de parte de los hombres, en lugar de declarar todo el consejo de Dios, es traición contra Cristo, y un tropiezo para las almas de los hombres. Solamente los *fieles* recibirán recompensa (Lc. 19:17).

IV. Era sumiso. «Encadenado en el espíritu, voy a Jerusalén… pero de ninguna cosa hago caso» (vv. 22-24). Aunque Pablo tenía el testimonio del Espíritu Santo «por todas las ciudades… diciéndome que me esperan cadenas y tribulaciones», su corazón no se escandalizaba ante esta penosa providencia. No se ofendía por nada que fuera tocado por el dedo de Dios. Creía que *todas las cosas* cooperan para bien para los que aman a Dios (Ro. 8:28). Las «cadenas y tribulaciones» no son en sí mismas una evidencia de que hayamos errado, y que por ello las necesitemos como *castigo*; a menudo son condiciones necesarias para la disciplina del alma, para una más profunda y progresiva experiencia en las cosas de Dios. Los sufrimientos de nuestro Señor no fueron correctivos en ninguno de los sentidos, pero sirvieron, en una manera, como fondo para la manifestación de su glorioso carácter.

V. Era devoto. «Ni estimo preciosa mi vida para mí mismo, con tal que acabe mi carrera… para dar solemne testimonio del evangelio de la gracia de Dios» (v. 24). Proclamar el Evangelio de la gracia de Dios era para Pablo algo más valioso que su propia vida. Hacer la voluntad de su Redentor y Señor era su comida y bebida. Él podía decir: «Para mí, vivir es Cristo». El Evangelio nunca es predicado como debiera serlo, a no ser que lo sea por aquellos más deseosos de glorificar a Dios que a sí mismos. El que busca «grandes cosas para sí» está moralmente incapacitado para el servicio de Cristo. Si alguno quiere venir en pos de MI, *niéguese a sí mismo.*

VI. Era valeroso. «No he rehuido anunciaros todo el consejo de Dios» (v. 27). Ningún «temor al hombre» podía silenciar la lengua de este fiel testigo. Le había sido revelado un Evangelio completo, y estaba decidido, a toda costa, de que ninguno de sus rayos de luz se viera ocultado en su resplandor a través de él. El perfecto *amor* del que estaba lleno el corazón de Pablo echaba fuera todo *temor*. Amaba al Señor Jesucristo y las almas de los hombres con demasiada intensidad para retener nada que fuera provechoso (v. 20). Es una caridad mezquina y falsa la que rehuye declarar todo el consejo de Dios.

1.311. SIRVIENDO AL SEÑOR

Hechos 20:19

1. A QUIÉN SERVÍA ÉL: «Al Señor».
1. Como su Salvador.
2. Como su Amo.
3. Como su Dios.
2. CÓMO SERVÍA:
1. Con humildad (Mt. 20:28).
2. Con lágrimas (2 Co. 2:4).
3. Con tentaciones (1 P. 1:6; 2 Co. 11:24-27).

1.312. FE Y FRACASO

Hechos 21:1-36

«San Pablo fue un gran mercader de Cristo tanto por tierra como por mar.» Esto dijo John Trapp, y es un dicho de lo más sugestivo. Ningún mercader apremiaba más sus mercaderías que Pablo apremiaba las cosas del Reino de Dios. Fuera donde fuera, hiciera lo que hiciera, era siempre un embajador de Cristo. Para él, la religión no era un manto que pudiera ponerse o quitarse según demandara la ocasión. Era los huesos y los nervios y el vital aliento de su ser. Como Saulo, estaba crucificado con Cristo; como Pablo, no tenía existencia más que en y por Él. «Para mí, el vivir es Cristo.» Observemos aquí algunas cosas adicionales acerca de él:

I. Su triste expectativa. Mientras iba de camino a Jerusalén, fue advertido al menos dos veces del peligro y de un encarcelamiento cierto, si acudía entonces en aquel tiempo (vv. 4-11). Él ya sabía antes de esto, por el Espíritu Santo, y por todas las ciudades, que le esperaban cadenas y aflicciones (vv. 20-23). En sus días de inconverso, «en el judaísmo aventajaba a muchos de sus contemporáneos» (Gá. 1:14) en que era honrado y alabado por los hombres; pero lo había sacrificado todo por Él, que le había llamado por su gracia, y que había prometido mostrarle cuán grandes cosas debía sufrir por su nombre. Había sido llamado a la comunión de los padecimientos de Cristo.

II. Su fe valerosa. La réplica de Pablo a su ruego unido fue breve y decisiva: «Yo estoy dispuesto» (v. 13). Dispuesto, no solo a ser atado, sino a morir por el nombre del Señor Jesús. El secreto de la paz y de la victoria frente a toda prueba y persecución es conectar el NOMBRE del Señor Jesús con ello. El que puede decir confiado «¿Quién podrá separarme del amor de Cristo?» puede decir también «somos más que vencedores en Aquel que nos amó». «Yo estoy dispuesto.» ¡Que timbre de confianza inalterable se oye aquí! ¡Cuánto se ha perdido política, comercial, moral y espiritualmente por falta de estar *dispuesto* cuando llegó la crisis. Fueron las que estaban *preparadas* las que entraron cuando llego el Esposo; las que se *estaban preparando* fueron excluidas.

III. Su poderoso testimonio. «Contó una por una las cosas que Dios había hecho entre los gentiles» (vv. 17-20). Habiendo llegado a Jerusalén, y habiendo sido calurosamente acogido por los hermanos, Pablo les relató otro capítulo de la historia de su vida, maravillado por las grandezas de la gracia de Dios. Los que por la fe intentan grandes cosas para Dios, tendrán experiencias que glorificarán a Dios (v. 20). Si queremos ver el poder maravilloso de Dios, tenemos que «bogar a lo profundo», a lo profundo de la insondable gracia de Dios, y las inescrutables riquezas de su Hijo. Cree, y verás.

IV. Su gentileza contemporizadora (vv. 21-26). Viendo que había tantos en Jerusalén que creían que la enseñanza de Pablo llevaba a los convertidos a «apostatar de Moisés», los ancianos le persuadieron a que mostrara su devoción a la ley de Moisés afeitándose la cabeza, y uniéndose a aquellos cuatro hombres que estaban para presentarse como observantes de la ley del voto de nazareato (Nm. 6:13-18). Esto tenía el propósito de silenciar a aquellos que cavilaban en su furor contra la predicación del apóstol, y mostró la gran humildad de Pablo, cuando se sometió a tal cosa por causa de ellos. Estaba dispuesto a hacerse todo… para de todo punto salvar a algunos.

V. Su conspicuo fracaso (vv. 27-31). El mismo medio empleado para desarmar al enemigo vino a ser causa de ofensa. Se había afeitado la cabeza por temor al hombre; ahora queda atrapado en el lazo. No podemos dejar de pensar que en su deseo de complacer a los hermanos, y quizá de justificarse a los ojos de los hombres, fracasó en esta ocasión al no mantenerse firme «en la libertad con la que Cristo le había libertado». Pero en todo caso lo seguro era que iba a venirle gran apuro en Jerusalén, porque el Espíritu Santo ya había dado testimonio de ello, y el amado Pablo no pareció en absoluto quedar frustrado con las terribles consecuencias.

VI. Su rescate por los soldados (vv. 32-36). Esta fue una triste escena. Los adoradores del templo de Dios queriendo matar a aquel cuyo cuerpo era templo del Espíritu Santo. Los *formalistas* religiosos están siempre resistiendo al Espíritu de Dios, porque donde está el Espíritu, hay libertad. Las cadenas de los soldados romanos eran más misericordiosas que las lenguas de estos hipócritas. Pero un hombre de Dios es inmortal hasta que ha terminado su tarea.

1.313. LA DEFENSA DE PABLO: UN EVANGELIO

Hechos 22:1-21

La vida de Pablo es una exhibición de lo que la gracia de Dios puede hacer. Incluso en las circunstancias más duras e inesperadas, podía poseer su alma en paciencia. Veamos su hermosa cortesía: «*¿Se me permite* decirte algo?» (vv. 21-37), y obsérvese su maravillosa sabiduría y valor cuando le pidió, como «un judío de Tarso, *ciudadano* de una ciudad no insignificante», que le permitiera hablar al pueblo. ¡Qué mezcla de fortaleza gigantesca y de simplicidad! Habiendo recibido permiso para hablar desde los escalones del castillo, se dirige a la multitud religiosa, no como enemigos de muerte, sino como «Varones hermanos y padres». Su defensa toma la forma de un testimonio personal. No tiene tanto deseo de justificarse a sí mismo como de mostrarles cuán grandes cosas Dios había hecho por él. Aquí hace referencia a sí mismo:

I. Como un judío erudito (v. 3). Él no era un fanático ignorante, ni un gentil lleno de prejuicios, sino un judío nacido en la famosa ciudad *libre* de Tarso, y educado a los pies del gran Gamaliel: hebreo de hebreos. Las dotes naturales de Pablo y su instrucción de élite le hacían uno de aquellos hombres que no era fácilmente engañado.

II. Como perseguidor lleno de celo. «Y perseguí *este Camino* hasta la muerte» (v. 4). Este Camino se refiere al camino de los cristianos, a la manera en que ahora andaba. Al llevar a cabo la entenebrecida convicción de su corazón, pensaba que *debía* oponerse a todo lo relacionado con el nombre de Jesús (Hch. 8:3). El «yo había creído» (Hch. 26:9) del hombre irregenerado está siempre opuesto a la mente de Dios. Hay un entusiasmo religioso que no ha sido encendido por el santo fuego del cielo, sino por el fuego del infierno.

III. Como enemigo vencido. «Caí al suelo» (vv. 6-7). Un repentino resplandor de luz procedente del glorificado Salvador abrumó al arrogante Saulo, punzando su alma con convicción, lanzándole al suelo. ¿Qué otro poder hubiera podido detener a tal pecador y sometido una voluntad tan decidida? Cuando Dios habla es con poder de convicción. ¿Qué puede hablar con mayor convicción que la *luz*? Mediante la luz de su Palabra Él sigue llevando almas rebeldes al polvo. ¿No es mi Palabra martillo y fuego?, dice el Señor. Con este martillo puede Dios el Espíritu quebrantar el corazón de piedra.

IV. Como humilde indagador. «Yo entonces respondí: ¿Quién eres, Señor?… ¿Qué haré, Señor?» (vv. 8-10). Estas citas revelan un cambio radical en la mente y en el corazón de Saulo, pero entre la primera y la segunda se da la *revelación de Jesús* mismo a su alma. Cuando alguien está *dispuesto* a obedecer la luz y la voz de la Palabra de Dios, no quedará por mucho tiempo en ignorancia del poder salvador de Jesús. Pero la pregunta de ¿Quién eres? debiera ir seguida de ¿Qué haré?, porque somos salvos para servir (Lc. 1:74).

V. Como creyente consolado. «Hermano Saulo, recobra la vista» (vv. 11-13). Al principio «no veía a causa del resplandor de la luz», que había cegado sus ojos a todo objeto terrenal. La luz de la gloria de Dios es siempre una luz cegadora a la gloria de este mundo. «*Hermano Saulo.*» ¡Qué aplacadora sería esta salutación, viniendo de boca del santo Ananías! Y como evidencia de que el Señor, a quien había encontrado, deseaba bendecirle, recibió la vista, una nueva vista para el nuevo mundo en el que ahora había entrado. Para él las cosas viejas habían pasado, y todas las cosas habían sido hechas nuevas.

VI. Como discípulo instruido. «Dios… te ha designado para que conozcas su voluntad… Porque le serás testigo ante todos los hombres» (vv. 14-16). Fue llamado a ser testigo de la resurrección de Cristo, como uno nacido fuera de tiempo. El evangelio que él predicaba no lo había recibido de hombre, sino por la *revelación* de Jesucristo (Gá. 1:12). Por medio de Ananías aprendió más plenamente el propósito de Dios al llamarle. ¿Hemos aprendido todo lo que Dios, por su gracia quiere que nosotros seamos y hagamos?

VII. Como apóstol divinamente comisionado (vv. 17-21). Fue mientras *oraba* en el templo que le vino la visión de Dios, diciendo: «Date prisa, y sal prontamente de Jerusalén… Ve, porque yo te enviaré lejos a los gentiles». ¿No es generalmente mientras oramos que se da a conocer la visión de la voluntad de Dios? (Hch. 9:11, 30). Pedid y recibiréis. Como «instrumento escogido», Pablo no fue enviado a sus expensas, sino que fue llenado de la abundancia y del poder del nombre de Jesús (Hch. 9:15). Fue divinamente llamado, divinamente comisionado, y divinamente equipado. Así es con todos los verdaderos siervos del Señor Jesucristo.

1.314. UN DÍA DE PRUEBA Y UNA NOCHE DE ALIENTO

Hechos 23:1-24

Después de pasar una noche en la fortaleza rocosa de la torre Antonia, Pablo fue llevado a dar razón de sí ante los principales sacerdotes y todo su consejo. Los puntos principales de esta sección serán quizá más fácilmente asimilados si los presentamos así:

I. Una confesión honesta. «Yo con toda buena conciencia me he comportado delante de Dios hasta el día de hoy» (v. 1). Tener una conciencia «irreprensible ante Dios» era la constante ambición del apóstol (24:16). Los hay cuyas conciencias están cauterizadas como con un hierro al rojo, por sus muchos rechazos a obedecer la Palabra y la voluntad de Dios. Una buena «conciencia» es aquella que está en perfecta armonía con la mente de Dios, y es la garantía de una vida llena de gloria.

II. Una santa indignación. «¡Dios te va a golpear a ti, pared blanqueada!», etc. (vv. 2-4). Puede que parezcan duras estas palabras, pero la pura y justa alma del preso se sintió enormemente dolida de que el hombre exaltado para administrar *justicia* debiera, por odio *personal*, ordenar que le golpeasen, «quebrantando la ley». El oficio del sumo sacerdote era condenar a los malvados; nunca golpear a los inocentes (Dt. 21:5). Se nos dice que al comienzo de las guerras judías este mismo sacerdote fue golpeado de muerte por un capitán de los judíos.

III. Una actitud diestra. «Pablo, dándose cuenta…», etc. (v. 6). Pablo era un hombre cuyos *ojos* Dios había abierto, y por ello se dio cuenta rápidamente de la situación. Era astuto como una serpiente, pero no tan venenoso, porque también tenía la simplicidad de una paloma. Al declararse fariseo y creyente en la resurrección estaba diciendo algo que era totalmente cierto, porque nadie podía ser más celoso por la verdad de Dios que él.

IV. Un jurado dividido. «Se produjo un altercado entre los fariseos y los saduceos» (vv. 7-10). Antes de esto clamaban: «Quita de la tierra a tal hombre», pero ahora los fariseos intentan justificar a Pablo diciendo: «Qué, si un espíritu le ha hablado, o un ángel». Esto era un golpe para los saduceos, que negaban la existencia de ángeles y espíritus. Tenemos aquí una vieja exhibición de un moderno pecado, el de poner el partidismo, la pasión y los intereses personales antes de la verdad de Dios y de la causa general de la justicia.

V. Un aliento divino. «A la noche siguiente se le presentó el Señor y le dijo: Ten ánimo, Pablo» (v. 11). Fue una noche bendita, luminosa con la gloria de su presencia, y su alma quedó fortalecida con su palabra de promesa. ¡Qué fácil que es para el fiel Salvador suplir la necesidad de su santo sufriente! Él puede transformar en un momento nuestra cárcel en un hermoso palacio. Mientras madame Guyon yacía en una cárcel francesa, dijo: «las mismas piedras de su cárcel resplandecían como rubíes a sus ojos». Él sabe cómo y cuando hablar palabra al cansado.

VI. Un complot abominable (vv. 12-15). Estos cuarenta fanáticos, juramentados a no comer ni beber hasta que hubieran dado muerte a Pablo, creían sin duda que estaban sirviendo a Dios, pero los tales se cuidan mucho de consultar a Dios acerca de ello. No hay noche lo suficientemente negra para ocultar unos planes tan asesinos de la mirada del Señor. El consejo de los malvados fracasará, sus palabras no se cumplirán (Is. 8:10).

VII. Un descubrimiento inesperado (vv. 16-24). Este sobrino de Pablo era un joven valiente. Es evidente que este muchacho había oído a los juramentados tramando sus planes; quizá estos hombres crueles estaban tan fijados en su diabólico propósito que no pararon mientes en aquel muchacho. El muchacho *oyó, creyó* y *actuó* en el acto. Dirigirse al castillo en favor de un preso era un gesto atrevido, pero el *amor* le constriñó. Su oportuno esfuerzo se vio coronado por el éxito. Él fue el medio de salvar la vida de su querido tío. El *retardo* no es solo el «ladrón del tiempo», sino que es también el ladrón de almas y del cielo. Lo que has de hacer, hazlo más pronto.

1.315. PABLO ANTE FÉLIX

Hechos 24:1-27

El viaje desde Jerusalén hasta Cesarea era de más de cien kilómetros. Para Pablo fue una marcha triunfal fuera de las garras de sus frustrados asesinos. El Señor sabe cómo liberar a los piadosos. Cinco días después llegaron el sumo sacerdote con los ancianos, y un orador, Tértulo, como acusadores del preso. El sacerdote y los ancianos habían fabricado las balas, y alquilaron a este elocuente orador para que las disparase. Pero fallaron el blanco, porque Félix tenía conocimiento de «aquel camino». Observemos:

I. La acusación. Después que Tértulo hubiera dirigido unas palabras aduladoras al voluble Félix, lanzó cuatro acusaciones terribles contra el santo apóstol. 1) *Este hombre es una plaga.* Un hombre cuyo carácter es todo pestilente, un peligro para la moralidad del pueblo. 2) *Promotor de sediciones.* Un perturbador de la paz nacional, y enemigo del gobierno de Roma. 3) *Cabecilla de la secta de los nazarenos.* Un fanático religioso. Un hombre que se ha enloquecido acerca de la supuesta resurrección de Jesús, que fue crucificado. 4) *Intentó también profanar el templo.* Un hereje absoluto. Un hombre que no tiene respeto alguno a la verdadera adoración de Dios. Esta acusación era tan horrenda como la pudiera inventar el príncipe de las tinieblas. Llevaba la impronta de «el padre de mentira».

II. La defensa. Pablo no trata de adular al gobernador, pero se siente satisfecho de mencionar el hecho de que Félix ha sido «desde hace muchos años... juez de esta nación», pudiendo por ello comprender bien la naturaleza del caso (vv. 10-11). 1) *Niega la acusación* (vv. 12-13). ¿Qué otra cosa podía hacer que lanzarles de vuelta sus dardos envenenados a sus propios pechos con el desafío de que «ni te pueden probar las cosas de que ahora me acusan»? 2) *Hace una confesión* de su *fe* en la Palabra de Dios (v. 14). De su esperanza en Dios y en la resurrección (v. 15). De la *limpieza* de sus *propósitos* al buscar siempre «conservar una conciencia irreprensible» (v. 14). Debido a su carácter genuino y sencillo, como de un niño, Pablo no podía sino expresar los sentimientos profundos y tiernos de su alma. Estas cosas constituían el mismo entramado de su vida espiritual. 3) *Da una explicación* (vv. 17-21). Cuenta, en un lenguaje sencillo y veraz, lo que en realidad había sucedido. La *verdad* siempre es lo mejor, y las personas honradas y rectas la aman.

III. El aplazamiento. Cuando Félix oyó estas cosas decidió no hacer nada hasta que Lisias, el centurión principal de las tropas romanas en Jerusalén, llegara y le explicara la cuestión con mayor detalle (vv. 22-23). Mientras tanto, Pablo debía tener la libertad y el privilegio de ver a los amigos que pudieran ir a visitarle. El hombre honrado había logrado una victoria.

IV. La audiencia privada. Félix, dispuesto a entretener a su mujer, que era judía, y también creyendo que el nombre de Pablo era uno con por el que conjurar, lo hizo conducir a su presencia, y tuvo con él una entrevista privada, la que revela: 1) *Un preso valeroso.* Llamado a explicarles la causa de su «fe en Cristo», no dejó de *razonar* con ellos acerca de «la justicia, del dominio propio y del juicio venidero». Aprovechó esta plácida oportunidad para reprender personalmente a los nobles pecadores. Desde luego, no buscaba grandes cosas para sí. 2) *Un juez cobarde.* Aunque tembló ante las veraces palabras de su intachable preso, sin embargo lo hacía llamar con frecuencia, y lo volvía a mandar a su calabozo, pensando que podría conseguir algún beneficio económico (vv. 26-27). Pero Pablo vivía delante de otro Juez, cuya gracia y misericordia nunca le habían dejado (Hch. 23:1). Los que se atreven por Jesucristo, pueden atreverse a estar solos. Félix fue llevado a la convicción –temblaba– pero no a la conversión. Su conciencia le condenaba, pero su terca voluntad, por temor a los hombres, o a su mujer, rehusó ceder. Propuso considerar esta cuestión en una mejor oportunidad. Cuál propensos somos a olvidar que hay dos lados en cada «oportunidad». No podemos hacer que surja una mejor oportunidad a capricho nuestro. Puede que un agricultor tenga más tiempo libre para sembrar en invierno, pero... ¿de qué le aprovecharía?

La más conveniente de las oportunidades para ponerse a bien con Dios es cuando su Palabra nos está aguijoneando en el corazón, y cuando estamos temblando bajo su poder.

1.316. LA APELACIÓN DE PABLO A CÉSAR

Hechos 25:1-12

Pablo había estado encarcelado dos años ya. Acababa de llegar un nuevo gobernador (Festo) para tomar el puesto de Félix. Ésta era una nueva oportunidad para «los más influyentes de los judíos», cuyos corazones estaban aún repletos de un odio asesino contra el apóstol, y no dejaron de aprovecharla.

I. Un astuto plan. Buscaron el favor de Festo para poder persuadirlo que enviara a Pablo a Jerusalén, para poderle matar por el camino (vv. 2-3). No tuvieron el privilegio de matar a Pablo, pero de cierto que se hicieron culpables de asesinato a los ojos de Dios. «El que *odia* a su hermano es un homicida». El Señor mira al corazón.

II. Una propuesta razonable. Tuvo que ser muy frustrante para estos enemigos del apóstol que Festo rehusara ceder a sus siniestra demanda (vv. 4-5). Siendo que Cesarea era el centro de la administración romana, era el lugar apropiado para el juicio. Todos los que *pudieron* (por tener tiempo y medios suficientes) podían ir ante él y «acúsenle». Pero no era *justicia* lo que querían estos gobernantes judíos, sino la *muerte* de aquel que predicaba «a Jesús y la Resurrección».

III. Una acusación renovada. Al día siguiente, después de la llegada de Festo, Pablo fue sacado por tercera vez para ser interrogado. Las quejas de los judíos eran muchas y graves. Eran tan numerosas y tan negras como las pudieran hacer tantas lenguas mentirosas, pero no podían demostrar ninguna de ellas. Se ha dicho que «la verdad pocas veces va con un rostro sin arañazos». Aquel que era Él mismo la VERDAD tuvo su rostro más desfigurado que el de ningún otro hombre. Aquellos que viven en enemistad contra Dios siempre amarán las tinieblas más que la luz. Cristo dijo que ellos le aborrecieron *sin causa,* y también a ti te aborrecerán.

IV. Una renovada negativa. Todas las viles acusaciones que presentaron contra Pablo no pudieron causar el más mínimo temblor en su corazón, ni ruborizar con vergüenza sus mejillas. No había «hecho ningún agravio». Los que viven delante de Dios con una conciencia limpia no tienen que temer mal alguno (23:1), porque mayor es Aquel que está *en ellos* que aquel que está en el mundo. Es el Espíritu de Dios en el creyente el que guerrea contra el espíritu malvado que obra en los hijos de desobediencia (Ef. 2:2).

V. Una extraña petición. Festo dijo a Pablo: «¿Quieres subir a Jerusalén, y allá ser juzgado?» ¿Por qué le pregunta el juez al preso en cuanto a dónde quiere ser juzgado? Está ahora vacilando, y deseando complacer a los judíos, se vuelve «de doble ánimo... inconstante en todos sus caminos» (*cf.* Stg. 1:6-8). Los que quieran que la luz de la verdad resplandezca en sus vidas deben de corazón andar en la luz.

VI. Una nueva arma. Cuando el avisado apóstol vio que su juez tendía a buscar el favor del lado de sus mortales enemigos, blandió una inesperada pero poderosa arma defensiva: «A César apelo». Como ciudadano romano, no demostrado criminal, tenía este derecho. Cuando Festo respondió: «A César irás», fue otra victoria para el hombre de Dios. El dedo de Dios se ve claramente en esto. ¿No le había dicho el Señor hacía poco que tenía que dar testimonio de Él en Roma? (23:11). Ahora tiene la promesa de ser llevado allí gratuitamente, para predicar también en Roma el Evangelio. Verdaderamente, Dios se mueve por caminos misteriosos, haciendo que todas las cosas cooperen para el bien de aquellos que le aman.

1.317. PABLO COMO TESTIMONIO PARA DIOS

Hechos 26:1-32

Cuando el rey Agripa acudió a Cesarea a saludar a Festo, el nuevo gobernador, le fue contada la historia de Pablo, el preso: cómo las acusaciones presentadas contra él no habían sido demostradas, y cómo él había apelado al César. Festo se sentía muy satisfecho de que Agripa lo quisiera oír a la mañana siguiente, con la esperanza de que esto pudiera ayudarle a salir de aquella situación «fuera de razón» de enviar un preso a Augusto sin tener «nada en concreto que escribir» acerca de «los cargos que haya en su contra». Así, Pablo es sacado de nuevo y se le permite hablar por sí mismo. La defensa del apóstol fue la historia de su *conversión*: Ésta era siempre su apología por el cristianismo. Como la espada de Goliat, «ninguna [hay] como ella». Tanto afectó a Festo que pensó que Pablo se había enloquecido por «las muchas letras»; tanto afectó a la conciencia de Agripa, que dijo: «Por poco me persuades a hacerme cristiano». Contemplemos la defensa de Pablo, luego, como revelando las características de un verdadero cristiano. Consideremos la defensa de Pablo, entonces, como reveladora de las características de un verdadero cristiano.

I. Es un hombre cambiado (vv. 9-15). Antes había hecho muchas cosas contra el nombre de Jesús. Ahora era su siervo. El cambio era radical y total, obrado no por la voluntad de la carne, ni por la voluntad del hombre, sino por Dios. Había nacido de lo alto. Nadie puede ser cristiano sin haber «nacido de nuevo». Se precisa de una nueva *naturaleza* antes de poder ver las cosas del reino de Dios, o gozar de la comunión de Cristo, el unigénito del Padre.

II. Es un hombre energizado. Energizado por el Señor Jesucristo para ser testigo suyo abriendo los ojos de hombres cegados por el pecado, y liberándolos del poder de Satanás a Dios (vv. 16-18). Dios no nos envía a la guerra a nuestras expensas (Hch. 1:8). La evidencia de que un hombre es enviado por Dios es que hace la obra que nadie puede hacer por su propia fuerza y sabiduría. Deben seguir *señales* a los que *creen*.

III. Es un hombre obediente. «No fui desobediente a la visión celestial» (v. 19). Ser desobediente al llamamiento celestial es sellar nuestra propia condenación. Tampoco deshonró a Aquel que le había llamado conferenciando de *inmediato* con carne y sangre (Gá. 1:15-16). Ajustó enseguida con el mismo Señor la cuestión de qué era lo que debía hacer.

IV. Es un hombre ayudado divinamente. «Pero habiendo obtenido auxilio de Dios, persevero hasta el día de Dios» (vv. 21-22). Había sido frecuentemente perseguido, pero nunca desamparado; abatido, pero no destruido. Había experimentado la promesa del Señor: «Nunca te dejaré». Cada *fiel* siervo de Cristo podrá, al final de su vida, levantar un Ebenezer en honor de su nombre. Hasta aquí nos ayudó el Señor.

V. Es un hombre devoto. «No diciendo nada fuera de las cosas que los profetas y Moisés dijeron que habían de suceder: Que Cristo iba a padecer» (v. 23). Pablo estaba totalmente entregado a los intereses de Cristo y de su cruz. Quería decir lo que dijo: «Para mí el vivir es Cristo. Resolví no saber entre vosotros cosa alguna sino a Jesucristo, y a éste crucificado». A no ser que nuestras vidas estén enteramente consagradas a Él, nuestro testimonio de Él será impotente y sin fruto.

VI. Es un hombre mal comprendido. Festo le dijo: «Estás loco, Pablo; las muchas letras te están llevando a la locura» (v. 24). El hombre *natural* no recibe las cosas del Espíritu de Dios, porque le son locura. Para los que se están perdiendo, «el mensaje de la cruz es locura» (1 Co. 1:18). El discípulo no es mayor que su Señor. ¿Acaso no dijeron de Cristo: «Tiene demonio, y está fuera de sí»? (Jn. 10:20).

VII. Es un hombre cortés. «No estoy loco, *excelentísimo* Festo». Se debe dar honra a quien se debe. La gracia de Dios siempre enseñará al cristiano a ser cortés. No hay hombre en la tierra que pueda mejor permitirse honrar la nobleza que el cristiano, porque él mismo ha sido exaltado al rango de la sangre regia del cielo. Hijos de Dios.

VIII. Es un hombre fiel. «¿Crees, oh rey Agripa, en los profetas?» Este llamamiento personal al rey debe haberle venido de cierto con una sorprendente brusquedad, mientras que revela el sencillo y arrojado valor del hombre cuyo corazón había sido transformado por Dios, y quizá un verdadero anhelo por el bienestar espiritual y eterno de Agripa. Pablo siempre tenía la mirada atenta a los negocios de su Maestro: sacar hombres del fuego del pecado.

IX. Es un hombre satisfecho. Cuando Agripa confesó: «Por poco me persuades a ser cristiano», veamos cuán rápidamente Pablo le muestra que es la mejor parte. «¡Quisiera Dios que por poco o por mucho, no solamente tú, sino también todos los que hoy me oyen, *fueseis hechos tales cual yo soy*, excepto estas cadenas!» (v. 29). No había nadie tan rico o feliz en toda Cesarea como Pablo. La paz de Dios moraba en su corazón, y suyas eran las inescrutables riquezas de Cristo.

1.318. CASI CRISTIANO

Hechos 26:28

I. Lo que podrías ser, sin ser cristiano.

Nacido en un país cristiano.
Criado en una familia cristiana (Judas).
Educado de una manera cristiana.
Relacionado con una iglesia cristiana.
Enterrado de una manera cristiana.

II. ¿Qué es un cristiano?

Uno que ha *recibido* a Cristo.
Uno que *pertenece* a Cristo.
Uno que es *semejante* a Cristo.
Uno que *sirve* a Cristo.

III. ¿Qué es ser casi cristiano?

Es *ver* tu necesidad, y no confesarla.
Es *desear* ser salvo, y permanecer indeciso.
Es estar *a la puerta*, pero aún fuera.

1.319. EL NAUFRAGIO DE PABLO, O EL PODER DE LA FE

Hechos 27:1-44

El transporte del apóstol Pablo a Italia fue una de las más importantes y trascendentales empresas jamás emprendida por el poderoso gobierno de Roma. La llegada de aquel solitario preso era la llegada del Embajador del Cielo para establecer un nuevo y eterno reino entre las naciones gentiles de la tierra. Era la plantación de aquel nuevo árbol, cuyas hojas finalmente serán para sanidad de las naciones. Mirad cuán gran bosque un pequeño fuego enciende. No podemos entrar aquí en detalles, pero buscaremos algunas lecciones espirituales de las características sobresalientes. Observamos:

I. Una peligrosa posición. «Siendo combatidos por una furiosa tempestad... no apareciendo ni sol ni estrellas por muchos días... ya se fue perdiendo toda esperanza» (vv. 17-20). Apenas si podemos imaginar un apuro más apremiante. Ésta es una verdadera imagen de aquellos que han sido despertados por el Espíritu Santo a una verdadera consciencia de su culpa y peligro como pecadores a los ojos de Dios. Sacudidos por el temor y la alarma, sin ver ninguna luz que les guíe, y habiendo perdido toda esperanza de salvación. En aquel tiempo estabais sin Cristo, sin esperanza (Ef. 2:12).

II. Una misericordiosa revelación. «Ha estado conmigo el ángel del Dios de quien soy y a quien sirvo, y me ha dicho: Pablo, no temas: ... Dios te ha concedido todos los que navegan contigo» (vv. 23-24). La oración eficaz, ferviente, del justo tiene mucha fuerza (Stg. 5:16). Es indudable que fue en respuesta a los fervientes ruegos de Pablo que se le respondió. ¡Y qué victoria de la fe fue ésta! ¿No se nos recuerda aquí la respuesta de Dios al clamor del corazón de Cristo: «Te daré las naciones como tu heredad»? Todos los que navegan en la misma nave que Cristo le serán dados para la eternidad.

III. Una fiel proclamación. «Por tanto, oh varones, tened buen ánimo; porque yo confío en Dios» (vv. 22-25). Era un «grato y glorioso Evangelio» el que Pablo pudo predicar a estos cuyas almas estaban sumidas en la desesperación. Era, en verdad, el *evangelio de salvación*. «No habrá ninguna pérdida de vida entre vosotros». Era un evangelio de *certidumbre* para Pablo, porque él añade: «Yo confío en Dios que acontecerá exactamente como se me ha dicho». Así es el Evangelio de Cristo para todos los que, como Pablo, lo han recibido como revelación de Dios. Solo aquellos que *creen* la Palabra de Dios tienen un Evangelio de *salvación cierta* que predicar.

IV. Una condición necesaria. «Si éstos no permanecen en la nave, vosotros no podéis salvaros» (v. 31). Pablo advierte a los soldados que si se permite a los *marineros* abandonar la nave, ellos no podrían salvarse (v. 30). No hay incongruencia entre la soberana gracia de Dios y la responsabilidad del hombre en cuanto al uso de los medios prescritos. La promesa era que «todos se salvarían»; la condición era «*permanecer*» en la nave. El evangelio de Cristo ofrece la salvación a todos, pero la condición es: creed en Él y permaneced en Él.

V. Una exhortación compasiva. «Os ruego que comáis algo, porque es conveniente para vuestra *salud*» (v. 34). Ningún pastor podría mostrar más solicitud por su rebaño que la que muestra Pablo por sus 276 compañeros de travesía. No solo busca la salvación de ellos, sino también su *salud* y bien. Pero el orden de Dios es PRIMERO la *salvación*, y luego la salud y mejores viviendas si se desea. El Espíritu Santo es el agente en todos los avi*vamientos enviados por Dios, y Él nunca comienza con las condiciones sociales* de los hombres, sino siempre con sus espíritus pecaminosos y doloridos. Pero observemos que aquí *comer*, lo mismo que *permanecer*, es una condición para la plena salvación. «Tu *Palabra* fue hallada, y yo la comí.»

VI. Una maravillosa trasformación. «Todos, teniendo ya mejor ánimo…» (v. 36). ¡Qué contraste entre las experiencias mencionadas en el versículo 29, «se fue perdiendo toda esperanza de salvarnos», y el versículo 36, «mejor ánimo»! ¿Cuál fue la causa de la diferencia? La *promesa* de la salvación. Después de haber recibido seguridades de que ninguno de ellos perdería la vida, pudieron comer con buen ánimo. Así es con todos aquellos que por fe reciben la promesa de Dios en Cristo Jesús (Hch. 16:31). Aquellos cuyos pies han sido sacados del horrible hoyo de la desesperación y plantados en la roca de la Palabra de Dios tendrán el cántico de «buen ánimo» en sus bocas (Sal. 40:2-3).

VII. Una salvación perfeccionada. «Y así aconteció que todos llegamos a tierra sanos y salvos» (v. 44). No todos de la misma manera, y no todos al mismo tiempo; pero todos gozaron del cumplimiento de la misma promesa de liberación. Si no hubieran sido obedientes y no hubieran permanecido en la nave, no hubieran podido tener las «tablas» y los «objetos» de la nave que les llevaron a salvo a tierra. Siempre es cosa segura confiar en Dios y obedecer su voluntad. «*Nadie* perece de los que en Él confían». Cristo no perderá a ninguno de aquellos que el Padre le ha dado (Jn. 6:39). De una u otra forma todos llegarán a salvo a la tierra celestial. Ahora bien, ¿cómo escaparemos si *descuidamos* una salvación tan grande? De la acción de Pablo en esta crisis podemos aprender el valor y el poder de la fe individual en Dios.

1.320. EL PELIGRO DE LA MERA SUPOSICIÓN

Hechos 27:13

Introducción

SUPONIENDO. Ésta es una palabra bien común en el lenguaje diario. Solemos decir: «Bueno, pues supongamos, para seguir con el argumento…»

LEGÍTIMO Y NECESARIO. Esto puede que sea legítimo y necesario en algunas ramas de la filosofía y de la ciencia. Un ejemplo: En uno de los últimos libros acerca de la existencia de Dios, se proclama el argumento hipotético como la única prueba satisfactoria. *Suponiendo* que haya un Dios, vemos que funciona.

PELIGROSO. En temas tocantes a la vida diaria, es peligroso.

1. La suposición de Moisés le resultó en cuarenta años de exilio (Hch. 7:25).
2. La suposición de los soldados y marineros llevó a la pérdida de la nave, de su cargamento y de los bienes (Hch. 27:13).

FATAL. En cuestiones tocantes a Cristo y a nuestra salvación personal, se trata de algo fatal.

I. Suponiendo que fuese un mero hombre (Lc. 3:23).

1. Éste era ENTONCES un error que se podía excusar, porque vino revestido de humildad.
2. Pero AHORA es inexcusable, a la vista del descubrimiento hecho por sus compatriotas, y a la vista de la plena revelación de su Palabra y de la historia de los últimos dos mil años.
3. Cometer este error significa que:
   a. No tienes un Salvador.
   b. Estás aún en tus pecados, porque Él está en tal caso aún muerto.

II. Suponiendo que estaba donde no estaba (Lc. 2:44).

1. Excusable entonces, recordando las costumbres sociales de aquel tiempo.
2. Un trágico error si se comete hoy.
3. ¿«Supones» que Él está
   a. En tu corazón como Salvador y Señor?
   b. Contigo como Amigo y Guía?
4. ¡Ah, cuídate de que esta «suposición» se torne en certidumbre!

III. Suponiendo que sea menos que lo que realmente era (Jn. 20:15).

1. Excusable en el caso de la pobre María, cegada por el dolor.
2. Pero fatal en la actualidad para la santidad y la comunión.
3. «Un hortelano» –sí– ¡pero más que esto!
4. No te imagines que Él:
   a. Quiera enterrar tus esperanzas, y que Él sea
   b. Salvador solamente del alma, y no el Señor de la vida.

1.321. EL TRIPLE TESTIMONIO DE PABLO

Hechos 27:23-25

1. En cuanto a su vida. «De quién soy.»
2. En cuanto a su obra. «A quien sirvo.»
3. En cuanto a su credo. «Yo confío en Dios.»

1.322. LA NAVE SE ROMPIÓ

Hechos 27:40-44

De este naufragio podemos aprender:

I. Que hay **escollos escondidos** en el curso de la vida. Incredulidad, negligencia, amor al mundo.

II. Que nuestros planes y propósitos pueden quedar **repentinamente frustrados**. «El rico necio.»

III. Que pruebas y frustraciones inesperadas pueden ser **para nuestro bien.** El ejemplo de Pablo.

IV. Que la contemplación de la impotencia y del sufrimiento **atrae la simpatía** y la abnegación.

V. Que en presencia de una gran calamidad **las cosas terrenas** pierden su valor. «Cargamento al agua.»

VI. Que los **medios de salvación** pueden ser poco estimados. «Trozos rotos de la nave.»

1.323. PABLO ENTRE BÁRBAROS

Hechos 28:1-10

«Todos llegamos a tierra sanos y salvos.» Ésta parece haber sido la tercera vez que Pablo naufragaba (2 Co. 11:25). Hay pocos que han tenido tales vívidos atisbos de cosas celestiales como Pablo, y pocos que hayan tenido que *padecer* tanto por la causa de Cristo. Parece que cada nueva experiencia espiritual necesita su equilibrio de padecimiento. Observamos aquí:

I. Una bondad inesperada. «Los bárbaros nos mostraron no poca humanidad» (v. 2, RV). Aunque los moradores de esta isla no eran *romanos*, no eran salvajes. Tenían «la leche de la bondad humana» en sus corazones. El fuego fue un espectáculo muy bien acogido por aquellos que, ateridos de frío, acababan de salir del mar a una lluvia que les calaba hasta los huesos. El Señor tiene muchas maneras de arrojar migajas de consuelo a los que temen su nombre (Jn. 21:9). Es indudable que Pablo contempló este fuego como si hubiera sido encendido por la mano de Jesucristo.

II. Un humilde servicio. «Al recoger Pablo algunas ramas secas y echarlas al fuego…» El gran apóstol de los gentiles no consideraba por debajo de su dignidad ir a buscar leña para ayudar a secar las ropas de aquellos soldados y marineros que eran sus compañeros de desdicha. Había aprendido de su Maestro que la manera de ser el mayor de todos es ser siervo de todos. Cuanto más profunda sea nuestra experiencia de la grandeza de la gracia de Dios, tanto más generosos y atentos seremos a aquellas *pequeñeces* que ministran al bienestar de los demás. A Pablo no le tuvieron que ordenar que cuidara del fuego para que lo hiciera. «Considerándonos unos a otros para estimularnos al amor y a las buenas obras.»

III. Otra prueba. «Salió una víbora, huyendo del calor, y se le prendió en la mano.» ¿Por qué debía el humilde esfuerzo del apóstol de confortar a otros ser recompensado por la repentina mordedura de una venenosa víbora? ¿Por qué? Pablo no lo sabe, pero cree que «todas las cosas cooperan para bien de los que aman a Dios». Los que están dispuestos a sacrificarse para que sus semejantes ateridos de frío se calienten no tienen que sorprenderse de que el *calor* haga reaccionar a alguna entorpecida serpiente que intentará morder la mano de la misericordia. Si es una tentación al pecado, sea en pensamiento o en acción, sacude la criatura ponzoñosa al fuego de donde vino, y posee tu alma en paciencia.

IV. Falso juicio. Estos isleños, juzgando por las apariencias, pensaron al principio que Pablo debía ser un asesino, y después pensaron que era un dios (vv. 4-6). Cuando la víbora logró asirse de él, le condenaban, pero cuando venció a la víbora, le adoraron. No hay demasiado entre las maldiciones y los vítores de los que no conocen la verdad según es en Cristo Jesús. El mundo está siempre dispuesto a aplaudir a los que triunfan, y está pronto a creer en la indignidad de aquel que cae presa de aquella venenosa serpiente llamada Calumnia. Fue una víbora así la que salió del calor y se prendió de José mientras estaba en casa de Potifar, pero se la sacudió, y no sintió mal alguno (Gn. 39:13-14). El diablo muchas veces estropea sus pinturas empleando una brocha demasiado gorda.

V. La generosidad recompensada. Publio estuvo hospedando un ángel sin saberlo cuando recibió a Pablo y lo alojó a él y a otros por tres días (v. 7). Fue abundantemente recompensado por su bondad con la curación de su padre por parte de este misterioso preso. De una u otra manera, Dios compensará a los que den siquiera un vaso de agua fría a su discípulo. Pablo el preso seguía siendo Pablo el apóstol. Ninguna circunstancia en la que él fuera situado podía dañar su autoridad ni manchar la pureza de su manto apostólico.

VI. Las necesidades, suplidas. «Los cuales también nos honraron con muchas atenciones; y... nos proveyeron de las cosas necesarias» (v. 10). Habían perdido todo lo que tenían en el naufragio, pero ahora, gracias al misericordioso poder milagroso de Pablo, quedaban suplidas todas las necesidades para el viaje a Roma. Verdaderamente, la presencia de este hombre de Dios entre ellos fue la sal que les salvó de la corrupción de la muerte. Los impíos no saben lo mucho que deben a la presencia de los que creen en Dios. El juicio no podía caer sobre Sodoma hasta que Lot fuera sacado (Gn. 19:22). Cuando el «pregonero de justicia» fue encerrado en el arca, entones vino el diluvio.

1.324. EL MINISTERIO DE PABLO EN ROMA

Hechos 28:11-31

La entrada de Pablo en Roma, aunque desconocido y no advertido por la multitud, fue un mayor acontecimiento que la llegada de un ejército entero o que la arribada de toda una flota de navíos de guerra. Él era como un grano de trigo echado en la tierra para morir, pero destinado a llevar un fruto que sería bendición a todas las naciones de la tierra. Las posibilidades de una sola vida totalmente presentada a Dios, y poseída por su Santo Espíritu, son, para nosotros, incalculables. La vida y el testimonio de Pablo han sido dados como *ejemplo* para los que habían de creer después (Fil. 3:17).

I. La alegre salutación. Cuando Pablo vio a los hermanos que habían acudido a recibirle, «dio gracias a Dios, y cobró ánimo» (v. 15). El Foro de Apio se encuentra a unos 43 km de Roma, pero algunos de los hermanos más débiles solo pudieron llegar a la población de «Tres Tabernas», a una distancia de unos 27 km. El ministerio angélico de alentar los corazones de los sufridos y probados siervos de Dios está totalmente al alcance de todos los hermanos que quieran sacrificarse un poco por causa de ellos. No esperes hasta que ellos vengan buscando tu simpatía: ve a encontrarlos. Hay un maravilloso aliento y consolación en la fe y en el amor *mutuos* (Ro. 1:12).

II. La conferencia preliminar. Después de tres días, Pablo, a quien se había permitido «vivir aparte... convocó a los principales de los judíos», etc. (vv. 16-22). Aunque había sufrido tanto de manos de sus hermanos judíos, sin embargo el deseo y oración de su corazón al Dios de Israel era que fueran salvos (Ro. 10:1). Les cuenta sus sufrimientos en Jerusalén, y la razón por la que estaba «sujeto con esta cadena». Ellos habían oído de esta secta que «en todas partes se la contradice», y estaban deseosos de oír de su propia boca lo que él tenía que decir respecto a ella. Nadie en la tierra podría contarles mejor la historia del Evangelio de la Salvación.

III. La historia contada. En el día dispuesto con este especial motivo «vinieron a él muchos adonde se hospedaba», etc. (v. 23). ¿Ha habido jamás una reunión como esta en una «hospedería». Una cárcel transformada en iglesia, el preso el predicador; los temas: «El Reino de Dios, y acerca de Jesús». Los argumentos eran sacados de la ley de Moisés y de los profetas, y el sermón duró «desde la mañana hasta la tarde». Observemos otra vez que Pablo, desde el momento de su conversión, *nada sabía entre los hombres* más que a Jesús, y a Éste crucificado. ¿Por qué ha de ser diferente hoy entre los predicadores?

IV. Los diferentes resultados. «Algunos eran persuadidos... pero otros no creían» (v. 24). Sí, gracias a Dios, «algunos» creyeron. Allí donde Cristo es fielmente predicado, algunos creerán y serán salvos, mientras que otros preferirán, en incredulidad, permanecer como vasos de ira, en lugar de ser transformados en vasos de misericordia. El mensaje de la cruz es locura para los que se pierden. No importa cuán claramente sea predicada la Palabra de la salvación, no será para provecho a no ser que vaya mezclada con *fe* en los que *oyen* (He. 4:2). Por gracia sois salvos por medio de la fe.

V. El mensaje final. Son solemnes y decisivas las palabras que se registran en los versículos 25-29. Contienen las últimas palabras de advertencia y reprensión de Pablo a sus hermanos según la carne. Ellos tenían ojos y oídos, pero no llegaron a emplearlos de manera apropiada, porque el *corazón* de ellos se había vuelto torpe y sensual por el orgullo y la pretensión de justicia propia (v. 27). No hay peor ciego que el que no quiere ver. Los que se «complacen en la injusticia» no creerán la verdad, sino que creerán bien dispuestos una mentira para su propia condenación (2 Ts. 2:11-12).

VI. El ministerio de dos años. Durante dos años en su propia casa de alquiler, y con un soldado que lo guardaba, Pablo mantuvo su casa abierta a los indagadores «acerca del Señor Jesucristo». Predicó con toda confianza, «sin obstáculo alguno». Aquí fueron escritas varias de las más ricas epístolas de Pablo. Solo la eternidad revelará cuánto la iglesia de Dios debe al encarcelamiento de Pablo. Fue de la cárcel de Bedford que salió *El Progreso del Peregrino* de Bunyan. Es a menudo de las profundidades de nuestras más hondas pruebas que brotan nuestros más ricos frutos.

1.325. EXPERIENCIA PROGRESIVA COMO SE VE EN LAS DECLARACIONES PERSONALES DE PABLO EN SU EPÍSTOLA A LOS ROMANOS

Estas declaraciones son atisbos que se nos dan de las actividades internas del alma del apóstol. Son, por así decirlo, una autobiografía espiritual.

I. Soy carnal (7:14). Y siendo carnal está vendido al poder del pecado. Se da cuenta de que la ley es espiritual, y que trata con su *espíritu* más bien que con sus *acciones*. Siendo su espíritu carnal, no puede cumplir una ley espiritual. Por ello, está *vendido*. Se encuentra esclavizado por el pecado, un enemigo irremediable de la justa voluntad de Dios. Tal es nuestro estado por naturaleza. No hay *verdad* en lo *íntimo* (Sal. 51:6).

II. [Soy] **Miserable** (7:24). Cuando bajo la luz de la Palabra de Dios descubrimos nuestro estado ante su mirada, es suficiente para hacer de nosotros las más míseras criaturas en la tierra. Es solo al darnos cuenta de nuestra miseria que clamamos: «¿Quién me libertará?». El clamor de Job, «No hay entre nosotros árbitro», salió también de lo más hondo de su miseria.

III. No me avergüenzo (1:16). Éste es el lenguaje de uno que ha experimentado ahora el poder salvador de Dios revelado en el Evangelio de Cristo. «Gracias sean dadas a Dios, que nos da la victoria» (1 Co. 15:57). La salvación de Dios en Cristo es a la vez una *victoria* y una *transformación* (12:2). Es una liberación del *poder* de Satanás y del *amor* a pecar.

IV. Me debo (1:14). Ahora que ha recibido la salvación por medio de la gracia de Dios viene a ser deudor a los no salvos, sean ellos griegos o bárbaros, a sabios o a no sabios. Cada cristiano es *administrador* de la multiforme gracia de Dios (1 P. 4:10). ¿Hemos pagado nuestra deuda a aquellos que no conocen a Cristo dándoles el Evangelio? O, como administradores infieles, ¿estamos empleando egoístamente los bienes de nuestro Maestro?

V. Estoy ansioso (1:15). Pablo estaba preparado para pagar esta deuda suya, incluso a los romanos, y al costo que fuera. Ésta debería ser la constante actitud del corazón hacia el Dios de nuestra salvación. Dispuestos, y más que bien dispuestos, para todo lo que el Rey pueda disponer. Como soldados, deberíamos estar siempre a disposición de Aquel que nos ha elegido. La manera de estar dispuestos para grandes cosas es estarlo siempre para las pequeñas.

VI. Estoy persuadido (8:38). Aquí el apóstol nos desvela su profunda e inalterable condición acerca del inmutable amor de Dios que es en Cristo Jesús. Esta es una necesidad primaria para el gozo y consolación de un obrero cristiano. Está siempre dispuesto a complacer a Dios, y quedarás más pronto persuadido del permanente e inseparable amor de Dios.

VII. Soy apóstol (11:13). Pregúntale a Pablo qué es, con respecto a su misión, y su respuesta está lista: «Soy apóstol de los gentiles». Había recibido un encargo del Señor, y lo sabía. No todos son apóstoles. No. ¿Qué eres tú? ¿Qué obra concreta te ha encomendado el Señor? Muchas vidas cristianas son malgastadas sin objeto por falta de esta profunda conciencia de haber recibido una obra definida y especial de parte de Dios para llevar a cabo. Pídele: «Señor, ¿qué quieres que yo haga?» (Hch. 9:6).

VIII. Sé (15:29). Es una gran bendición tener certidumbre de que cuando vamos en el Nombre de Dios vamos en el poder de Dios, y en la plenitud del Evangelio de Cristo. Aunque Pablo fue a Roma encadenado, fue sin embargo en la plenitud de la bendición. Nada puede impedir nuestra utilidad como cristianos más que el pecado. Esta bienaventurada certidumbre debería ser la característica de todo predicador del Evangelio.

IX. Me gozo (16:19). Este gozo surgía en el corazón del apóstol debido a la obediencia de otros a la verdad de Dios. Lo estrecho de nuestra comunión con Jesucristo puede ser probado por la profundidad e intensidad de nuestra tristeza, o gozo, ante la desobediencia, u obediencia, de otros al llamamiento de Dios. ¿Sientes el maltrato de Cristo tan agudamente como sentirías el de tu más querido amigo terrenal? Jesús dijo: «Me alegro por vosotros» (Jn. 11:15). ¿Te gozas tú por su causa?

1.326. EL EVANGELIO DE CRISTO

«No me avergüenzo del evangelio, porque es poder de Dios para salvación a todo aquel que cree» (Ro. 1:16).

Éste era el abierto y valeroso testimonio de Pablo. El Evangelio que Cristo le predicó a Él en el camino de Damasco revolucionó toda su vida. Ahora ni se avergonzaba de Él ni de sus palabras (Mr. 8:38). Los que se avergüenzan del Evangelio son totalmente extraños a su poder.

I. De qué no se avergonzaba Pablo. «Del Evangelio de Cristo.» Hay evangelios que no son de Cristo. «Por sus frutos los conoceréis» (Mt. 7:16). Los evangelios del razonamiento carnal y los meros esfuerzos humanos únicamente pueden conducir a la vergüenza y a la confusión. El Evangelio de Cristo es la maravillosa nueva que viene de Dios acerca de

1. LA COMPASIÓN DIVINA. La manifestación del amor infinito hacia los hombres culpables y muertos en pecado: Un amor más fuerte que la muerte.
2. LA REDENCIÓN TODOPODEROSA. La redención que es en Cristo Jesús tiene un infinito poder para satisfacer todas las santas demandas de Dios contra el pecado, y cubrir así y limpiar toda mancha y pecado de todos los que creen.
3. LA GLORIOSA RESURRECCIÓN. No es solamente la salvación del pecado lo que obtenemos por medio de Cristo, sino la segura esperanza de un cuerpo glorificado –semejante al suyo– incorruptible.
4. SATISFACCIÓN ETERNA. «Al despertar, me saciaré de tu semblante» (Sal. 17:15). Los más profundos anhelos en lo más íntimo del corazón quedarán plenamente satisfechos cuando seamos hechos aptos para su *eterna* comunión en presencia de la gloria del Padre. ¡Qué glorioso Evangelio es éste!

II. Por qué no se avergonzaba de Él.

1. PORQUE ES PODER DE DIOS. ¡Ah, qué poder parece encontrarse incluido en el Evangelio de Cristo! Hay en Él la fuerza activa del *amor*, de la *misericordia* y de la *justicia* omnipotentes: un amor que funde el corazón de piedra; una misericordia como océano para cubrir todo pecado; y justicia, tan pura como la luz, a la que es traída el alma que cree; un cordón de tres cabos no se rompe con facilidad (*cf.* Ec. 4:12).
2. PORQUE ES PODER DE DIOS PARA SALVACIÓN. El Evangelio de Cristo significa que el gran poder de Dios se concentró y dirigió a la *salvación* de los hombres. Se precisa del mismo poder para salvar un alma que para crear un mundo. Es vana la ayuda del hombre. Esta salvación es doble: El alma es salvada del pecado y de la ira al ser *reconciliada* con Dios; la *vida* es salvada de esterilidad y fracaso al *entregarse* a Él. Cuando una rama ha sido injertada a un mejor tronco, no es sólo salvada de su vieja vida, sino que es poseída y llenada y usada por la nueva vida. Es una salvación plena.
3. PORQUE ES PODER DE DIOS PARA SALVACIÓN A TODO AQUEL QUE CREE. ¿Por qué es esta salvación para *los que creen*? Porque es para el corazón. «Porque con el *corazón* se cree» (Ro 10:10). El pecado ha azotado al hombre con una dolencia en el corazón; Dios, en su misericordia, ha proveído una cura para el corazón. Un convertido chino dijo: «Vine primero con mis ojos, luego con mis oídos, luego con mi corazón». La provisión se ajusta a la necesidad. «*A todo aquel* que cree.» «A todos los sedientos: *Venid* a las aguas» (Is. 55:1).

1.327. EL EVANGELIO DE CRISTO

«No me avergüenzo del Evangelio, porque es poder de Dios para salvación a todo aquel que cree» (Ro. 1:16).

I. Lo que es este Evangelio. El Evangelio de Cristo es las buenas nuevas de paz con Dios, por medio de la sangre de su Cruz. No solo es bueno el *mensaje*, sino que el mismo *Mensajero* está lleno de gracia y de verdad. La ley fue dada con muchos símbolos de terror, pero la gracia vino con un corazón agonizante. El Evangelio abraza la vida, muerte y resurrección de Cristo como el Salvador del mundo.

II. La valoración del Evangelio por parte de Pablo. «No me avergüenzo.» Indudablemente, recordaba las palabras del Señor Jesús en Marcos 8:38.

1. No se avergonzaba de CREERLO. Nunca desde aquel día en que se encontró con el Señor, y se rindió a Él, diciendo: «¿Qué quieres que haga?». (Hch. 9:6).
2. No se avergonzaba de CONFESARLO. Estaba decidido a no saber nada más entre los hombres (1 Co. 2:2). Listo también para predicarlo en Roma (v. 15).
3. No estaba avergonzado de SUFRIR por él. Sufrir por el Nombre de Cristo era parte de su herencia en Él (Hch. 9:16). En 2 Co. 11:23-28 aparece una lista de sus sufrimientos. Todo el que quiera vivir piadosamente tendrá que sufrir.

III. Por qué no estaba avergonzado del Evangelio. «Porque es poder de Dios.»

1. Es el PODER DE DIOS. Es la proclamación de la poderosa Palabra de Aquel que creó los cielos y la tierra por la misma Palabra. Es el medio por medio del que la *omnipotencia* de Dios obra en *misericordia* y *salvación*.
2. Es el poder de Dios PARA SALVACIÓN. El mismo poder que *creó* en la antigüedad se dirige ahora mediante el Evangelio para la *salvación* de los perdidos. La salvación ha sido para Dios una obra más costosa que la creación. De cierto que ahí tenemos un poder suficiente para afrontar la necesidad de todos. «¿No es mi palabra como fuego, y como martillo?» (Jer. 23:29).
3. Es el poder de Dios para salvación A TODO AQUEL QUE CREE. *Todo aquel* que *cree* entra dentro del campo de este poder levantador, salvador. Hay muchos tan fascinados por los placeres del pecado que no dan oído a las nuevas de salvación del cielo (Gá. 3:1). La *libertad* y *gracia* de este Evangelio es la gloria de él, pero por esta misma causa muchos se avergüenzan del él, porque reprende su soberbia e ignora la justicia que ellos pretenden.

1.328. LA JUSTIFICACIÓN
Romanos 3-5

En el libro de Job (25:4) se hace esta gran pregunta: «¿Cómo, pues, se justificará el hombre ante Dios?» Y en estos capítulos delante de nosotros tenemos una respuesta clara y decisiva. La importancia de la pregunta exige una respuesta clara y que satisfaga al corazón. Se hace frecuentemente la pregunta: «¿Cómo puede el hombre vivir mejor en el mundo?» ¿Cómo ser saludable? ¿Cómo lograr el favor y patrocinio de los hombres? ¿Cómo ser felices? etc. Pero cuando uno se descubre como pecador culpable delante de Dios, su pregunta es: «¿Cómo, pues, se *justificará* el hombre ante Dios?» Trataremos de responder a esta pregunta haciendo algunas otras.

I. ¿Necesitan justificarse todos los hombres por un igual? En Romanos 3 leemos: «Todos están bajo pecado» (v. 9); «Todo el mundo… bajo el juicio de Dios» (v. 19); «Todos… están destituidos» (v. 23). El retrato tanto de judío como gentil bajo la ley queda distintivamente dibujado en los versículos 10 a 18. Y el resultado deseado es que *«toda boca se cierre»*, toda conciencia quede tocada, toda alma quede culpable delante de Dios. Todos creyendo y sujetos al juicio de Dios. Todos precisan por un igual de la justificación, porque todos son condenados por un igual, «porque no hay diferencia» (v. 22).

II. ¿Qué es ser justificado? En estos capítulos observamos una séptuple bendición que poseen los justificados. Tomando los hechos tal como los encontramos, estos son los siete puntos:

1. Ser justificado es ser PERDONADO (4:7, 8).
2. Ser justificado es ser SALVO DE LA IRA (5:9).
3. Ser justificado es ser CONTADO JUSTO (4:9).
4. Ser justificado es tener PAZ CON DIOS (5:1).
5. Ser justificado es GOZARSE EN LA ESPERANZA (5:2).
6. Ser justificado es POSEER EL AMOR DE DIOS (5:5).
7. Ser justificado es ser RECONCILIADO CON DIOS (5:10).

A la vista de estas preciosas bendiciones, ¿qué es no ser justificado? La diferencia es la que hay entre la luz y las tinieblas, el cielo y el infierno.

III. ¿A quién justifica Dios? «¡Ah!», dice la sabiduría humana, «creo que Dios justifica a los buenos y a los piadosos». Pero, ¿qué dice la Escritura? Él «justifica al *impío*» (4:5). «Porque Cristo… murió por los impíos» (5:6). «Él vino a salvar a los *pecadores*». Así que, «siendo aún *pecadores*, Cristo murió por nosotros» (5:8). Él no vino a llamar a los justos, ¿y cómo podría Dios justificar a aquellos a los que Cristo no había llamado? El hombre debe tomar su puesto en las filas de los impíos antes de poder ser justificado a la vista de Dios. Es muy humillante, pero es a «los humildes» a los que Él ensalza.

IV. ¿Cómo puede Dios justificar a los impíos? Jesús fue entregado por nuestros *delitos*, y resucitado para nuestra justificación (4:25). Dios puso a Jesús como propiciación, para que Él sea justo y el Justificador de aquel que cree en Jesús (25:26). Dios puede justificar al culpable, porque se ha hecho la expiación por ellos (5:11). La propiciación era lo dispuesto por Dios. Él mismo pagó el precio de la expiación (Éx. 30:15), y habiendo pagado aquel precio de una manera total, Él es justo para perdonar a los creyentes en Jesús. La culpa del hombre queda primero perdonada, y luego Dios puede justificar con justicia. Él no puede justificar a nadie en un estado de impiedad; es a los *creyentes en Jesús* que Él justifica, porque cuando creemos en Él, somos perdonados y por ello aptos para ser justificados.

V. ¿No será el hombre justificado por sus buenas obras? «Por las obras de la ley *ningún ser humano* se justificará *delante de él*» (3:20). Si alguien lo hace todo lo bien que puede (¿y quién hay que lo haga?) ¿no será justificado? Sí, a los ojos de los hombres (Stg. 2:21), pero no delante de Dios. «Si Abraham fue justificado por las obras, tiene de qué jactarse (delante de los hombres), *pero no para con Dios*» (4:2). No puede haber buenas obras delante de Dios a no ser que broten de un corazón bueno. Y el hecho de que un hombre confíe en su propia bondad en lugar de en la de Dios demuestra que su corazón sigue estando enemistado con Él.

VI. ¿De qué manera justifica Dios al hombre? Lo justifica judicialmente, como acto justo suyo como Juez, en el momento en que cree en Jesús como su Sustituto, quien obró la expiación por él. Pero hay dos palabras que aparecen diez veces en este cuarto capítulo que expresan claramente la naturaleza y la manera de esta justificación. Estas palabras son: «contar» e «imputar». Así, la justicia de Dios es contada, imputada, al creyente. En el mismo sentido en que nuestros pecados fueron *puestos* o *imputados* a Cristo. Se trata de una cuenta totalmente *divina*. Esta justicia es «*sobre todos* los que creen en creen» (3:22) con tanta certidumbre como que Él llevó nuestros pecados en su cuerpo. ¿Dónde están los sentimientos, entonces? Quedan excluidos. La cuestión es: ¿Qué ha hecho el Señor?

VII. ¿Puede alguien quedar justificado simplemente creyendo? Sí, completamente, en el acto, y para siempre, y de ninguna otra manera. Dios justifica al *creyente en* Jesús (3:26). Por ello, podemos llegar a la conclusión de que un hombre está justificado por la fe (3:28). Por ello, estando justificados por la *fe*, tenemos paz para con Dios (5:1). Abraham *creyó* a Dios, y le fue contado por justicia (4:3-16; 3:22; Hch. 13:39). El *creer* es nuestra parte, el *contar* es parte de Dios. Por la fe, contamos que la Palabra de Dios es verdad, y actuamos en base de ello. El que no cuenta en base de esto es un incrédulo; y el que no cree ya ha sido condenado (Jn. 3:18).

1.329. NO HAY DIFERENCIA

Romanos 3:22

I. Algunos puntos en los que sí hay diferencia.

1. En las circunstancias del nacimiento.
2. En la capacidad mental.
3. En la crianza recibida.
4. En grado de pecaminosidad.

II. Algunos puntos en los que no hay diferencia.

1. Todos son mortales,	Hebreos 9:27
2. Todos han pecado,	Romanos 3:23
3. Todos están bajo condenación,	Juan 3:18
4. Todos son amados por Dios,	Juan 3:16
5. Todos tienen provisión en Cristo,	1 Juan 2:2
6. Todos son invitados por el Evangelio,	Apocalipsis 22:17
7. Todos los que creen son salvos,	Juan 3:36

1.330. SALVADOS Y JUSTIFICADOS

«Creyó Abraham a Dios, y le fue contado por justicia» (Ro. 4:3).

«Cree en el Señor Jesucristo, y serás salvo» (Hch. 16:31).

Hace muchos años, se incendió un gran bloque de pisos. Se creía que ya todos los ocupantes se habían puesto a salvo cuando, ante la mirada horrorizada de los socorristas y espectadores, aparecieron dos niños en la ventana más alta. El hueco de la escalera era un horno ardiente, y tenían por ello impedida la huida. ¿Qué se podía hacer? Rápidamente, unos hombres fuertes extendieron una gruesa manta, y manteniéndola tensa para amortiguar su caída, gritaron a los niños que saltasen. Sin embargo, todo lo que los chiquillos hacían era mirar con ojos asustados. En esto, el fuego iba rugiendo y devorando, y saltando de piso a piso, hasta que pareció apoderarse de toda la estructura con un ardiente abrazo. «¡Saltad! ¡saltad! ¡saltad!», chillaba la gente hasta enronquecer, pero sin conseguir nada. Justo entonces un hombre dobló la esquina. En un momento se dio cuenta de la situación. Adelantándose rápido, gritó: «¡Saltad!», y los niños obedecieron en el acto, y fueron salvados. Dirigiéndose a él, los que habían estado intentando rescatar a los niños todo aquel tiempo le preguntaron cómo era que los niños habían saltado en el acto cuando él dio la orden, mientras que todos los ruegos de ellos habían sido inútiles. «Soy su padre», respondió.

¿Qué fue lo que salvó a los niños? ¿Las mantas? Difícilmente. ¿La obediencia? No del todo. *Fue la fe en su padre lo que les condujo a confiar en su palabra.* Fue por medio de la fe que se salvaron. Creyendo en su padre, pudieron creerle a él. La fe que salva es la fe que cree en, no meramente acerca de: «Cree en el Señor Jesucristo, y serás salvo». En el Evangelio especialmente escrito para que los hombres crean, esto es, Juan, se nos llama a la fe **en** Él. Muchos dicen que creen en el Señor Jesús, pero solo creen algunas cosas acerca de Él. No han dado aún el paso vital de poner la confianza personal *en* Él.

¡Cuán sutil es el enemigo! En la biografía del doctor Andrew Bonar tenemos esta confesión: «Resolví entrar en el estudio de la teología. Mi principal motivo era la esperanza y creencia inconcretas de que con ello podría tener una posibilidad de hallar la salvación». Pronto descubrió su error y vio que era necesaria la fe. Entonces se sintió tentado a confiar en su propia fe. «Él me mostró que estaba descansando mi esperanza en mi creencia, y no en el Objeto de aquella creencia, y que no recibía mi gozo de aquel Objeto.»

«… para que todo aquel que cree en él, no perezca, sino que tenga vida eterna» (Jn. 3:16). A veces me he sentido inclinado a pensar que la fe es mayor que el amor. El amor es a veces dado a los indignos, pero esto no es cierto de la confianza. Tan pronto como la confianza descubre que ha sido mal situada, muere. El hijo o la hija descarriados son amados por los sufrientes padres aunque no puedan confiar en ellos. Pero 1 Corintios 13:13 es decisivo. Sin embargo, la fe tiene la precedencia. Un maestro de Escuela Dominical en Irlanda, a mediados del siglo pasado, visitó tres veces a una pobre mujer, y en su tercera visita ella le dijo: «Oh, señor, yo no amo a Dios». «¿Y qué tiene usted que ver con amar a Dios?», le contestó él. «Él no se lo pide a usted en su estado actual, sino que le tema. ¿Cómo puede usted amar mientras no se da cuenta del amor de Él por usted? *Esto no podrá hacerlo hasta que crea.* Es una insensatez pensar en amar a Dios antes de obtener el perdón y conseguir que la virtud de la sangre del pacto lave sus pecados.» Ella le contestó: «Señor, nunca lo había entendido así». Lo mismo que muchos otros, ella había pensado que era necesario amar a Dios antes de poder confiar en Él. No, sino que la fe ha de preceder al amor a Dios.

¿No te has dado cuenta nunca del valor de la conjunción «y» en relación con la fe? El primer resultado bienaventurado de la fe es el *temblor*. «Los demonios también creen, y (literalmente) tiemblan» (Stg. 2:19). La salvación comienza con el temblor. Cuando el pecador tiembla ante el pensamiento del pecado e impureza personales, y de la bondad y santidad del Dios airado, hay gran esperanza. El segundo y bienaventurado resultado de la fe es la justificación. «Creyó Abraham a Dios, y le fue contado por justicia» (4:3). El tercer resultado bienaventurado de la fe es la salvación: «Cree en el Señor Jesucristo, y serás salvo». Muchos tienen una dificultad acerca de la fe. Lo mismo sucedía con Frank Crossley, aquel gran ingeniero y filántropo de Manchester. Un gran dolor lo llevó a la oración, y, dice su biógrafo, *«de la oración provino el creer»*. Y pronto estuvo regocijándose en el Salvador.

1.331. LA JUSTIFICACIÓN

Romanos 5:1, 2

I. Las condiciones de la justificación.

1) No por obras.
2) Por medio de Jesucristo.
3) Por la fe.

II. Los privilegios de los justificados.

1) La paz con Dios.
2) El acceso a la gracia.
3) El regocijo en la esperanza.

1.332. LA GRACIA TRANSFORMADORA

«Esta gracia en la cual estamos firmes» (Ro. 5:2).

La gracia de Dios, que trae salvación, obra una total transformación en el carácter y relaciones de todos los que creen. Cambia nuestra relación:

1. CON RESPECTO A DIOS EL PADRE. Ya no somos más enemigos, sino hijos; en lugar de estar bajo la ira de Dios, estamos ahora bajo su cuidado especial.
2. CON RESPECTO A CRISTO EL HIJO. Estábamos sin Él, y sin esperanza, pero ahora la gracia nos ha hecho cercanos: unidos a Él, purificados por su sangre, y guardados por su poder.
3. CON RESPECTO AL ESPÍRITU SANTO. Antes Él no tenía lugar en nuestros corazones, que eran cual jaulas llenas de aves inmundas. Ahora Él mora dentro como nuestro Guía y Consolador.
4. CON RESPECTO A LA LEY. Antes que llegara la gracia estábamos bajo la ley, y, debido al pecado, bajo maldición. Ahora ya no estamos bajo la ley, sino bajo la gracia, y la ley está siendo cumplida en nosotros que caminamos según el Espíritu.
5. CON RESPECTO AL PODER DEL PECADO. El pecado solía tener dominio sobre nosotros; éramos sus esclavos. Ahora su culpa ha sido quitada, y su poder quebrantado. Libertados del pecado.
6. CON RESPECTO A ESTE MUNDO PRESENTE. En tiempos pasados caminábamos según el curso de este mundo. Pero ahora hemos sido escogidos de entre Él, y enviados a Él para ser testigos de Dios en contra de Él (Jn. 17). Solíamos amar al mundo, pero ahora no amamos el mundo, y somos aborrecidos por Él.
7. CON RESPECTO A LAS OBRAS. Hasta que llegó la gracia confiábamos en nuestras buenas obras para salvación, pero al ser salvos por la gracia aparte de ellas, venimos a ser colaboradores de Dios.
8. CON RESPECTO A PRUEBAS Y AFLICCIONES. Mientras no éramos salvos considerábamos las pruebas y aflicciones como enemigas de nuestro bien. Ahora sabemos que «todas las cosas cooperan para bien de los que aman a Dios» (Ro. 8:28).
9. CON RESPECTO A LA MUERTE. Antes de conocer la gracia de Dios, la muerta iba vestida de ropajes de terrible color; su terror estaba constantemente sobre nosotros. Ahora sabemos que es un enemigo vencido. «¿Dónde está, oh muerte, tu aguijón?» (1 Co. 15:55, margen).
10. CON RESPECTO AL JUICIO. Cuando vagábamos por las tinieblas de la duda y del pecado, la perspectiva del juicio arrojaba una terrible sombra sobre el alma. Ahora, el tribunal de Cristo significa para el fiel cristiano el lugar donde será recompensado.

«¡Qué son más hermoso, el de la Gracia!»

1.333. EL AMOR DE DIOS

«El amor de Dios ha sido derramado en nuestros corazones por medio del Espíritu Santo que nos fue dado» (Ro. 5:5).

I. El carácter de este amor.

1. ES EL AMOR DE DIOS. Es la naturaleza del amor buscar a los desvalidos y a los menesterosos, y derramar en el regazo de la pobreza todas las riquezas de sus posesiones. El amor no puede permanecer inactivo.
2. SE MANIFIESTA. «Dios muestra su amor para con nosotros, en que siendo aún pecadores, Cristo murió por nosotros» (Ro. 5:8). El amor no se oculta; salta todas las barreras y se muestra. «En esto consiste el amor; no en que nosotros hayamos amado a Dios» (1 Jn. 4:10).

II. La esfera de su operación. No es suficiente ver las evidencias del amor de Dios; su amor no queda satisfecho con ello. Debe estar

1. EN NUESTROS CORAZONES. En la ciudadela del alma, regando las raíces de nuestros afectos y purificando los manantiales de la vida.
2. «DERRAMADO.» El amor de Dios debe llenar y saturar nuestro ser, como la luz del sol es esparcida por la tierra, dispersando las tinieblas y tornando el yermo en feracidad. Si el amor de Dios nos posee, será nuestro placer, a semejanza de Él, el amar a los pecadores y hacer sacrificios por su salvación. El amor es la cosa más práctica de la tierra (véase 1 Co. 13).

III. El Divino Operador. Esta magna obra es llevada a cabo por

1. EL ESPÍRITU SANTO. Es la obra del Espíritu desvelar el amor de Dios a nosotros en Cristo Jesús, y crear este amor dentro de nosotros. Él lo derrama en nuestros corazones tomando las cosas de Cristo, y mostrándonoslas.
2. EL ESPÍRITU SANTO QUE NOS ES DADO. Si nuestros corazones deben llenarse del amor de Dios, el Espíritu Santo debe tener su morada dentro de nuestro propio corazón. El fruto del Espíritu es amor. «Por cuanto sois hijos, Dios envió a vuestros corazones el Espíritu de su Hijo» (Gá. 4:6). Amados, si Dios nos amó de este modo, entonces, en el poder y según la manera de aquel amor, deberíamos nosotros igualmente amarnos unos a otros (1 Jn. 4:11).

1.334. LA ESPERANZA QUE NO AVERGÜENZA

Romanos 5:5

I. Cuál es esta esperanza?

1. Es esperanza en el Señor.
2. Es una esperanza engendrada por medio de su Palabra.
3. Es una esperanza inspirada por el amor de Dios.
4. Es una esperanza sustentada por la fe en Dios.

II. Qué es lo que esta esperanza hace. «No avergüenza.»

1. Del Amo (2 Ti. 1:12).
2. Del Evangelio (Ro. 1:16).
3. De las Escrituras (Mr. 8:38).
4. Del pueblo del Señor (2 Ti. 1:8).
5. De su propia confianza (He. 6:17-20).

1.335. HECHOS DE LA SALVACIÓN

Romanos 5:6-11

I. El objeto de su muerte.

1. IMPÍOS (v. 6).
2. PECADORES (v. 8).
3. ENEMIGOS (v. 10).

II. El propósito de su muerte.

1. SALVAR (v. 9).
2. JUSTIFICAR (v. 9).
3. RECONCILIAR (v. 10).
4. SATISFACER (v. 11).

1.336. LA DOBLE PAZ

«Paz *con* Dios» (Ro. 5:10).

«La *paz* de Dios» (Fil. 4:7).

Introducción

Cuando se estaba tendiendo el gran Cable Atlántico, el primer mensaje transmitido por el mismo fue uno de la Reina Victoria al Presidente de los Estados Unidos: «Paz en la tierra, buena voluntad para con los hombres». Ésta es la primera y más grande necesidad de la humanidad. Llega el tiempo en que la paz será universal sobre la tierra. Mientras, la paz puede llegar a ser la posesión individual de cada uno. Y lo cierto es que esto es realmente esencial para la paz universal.

Es inmensa la diferencia entre los dos textos que encabezan esta meditación. «*Con* Dios» y «*de* Dios» se refieren a una paz doble que es vitalmente importante para la felicidad humana. Podemos tener la primera sin la segunda, aunque jamás tendremos la segunda sin la primera. La primera paz depende de la fe; la segunda depende de la oración. La primera es una paz *fuera* de mí. La segunda es una paz *dentro* de mí. Si la primera describe un estado entre Dios y yo mismo, la segunda describe una condición dentro de mi ser.

«Paz con Dios»: una paz fuera de mí mismo. La paz es difícil de definir. Se puede entender como armonía, unidad, concordia. Romanos 5:1 implica un anterior estado de enemistad, de guerra. «*Tenemos paz*», no hacemos la paz. La «paz con Dios» nunca puede ser nuestra sin una entrega personal a Dios de nuestra parte, pero es el fruto de la rendición personal del Salvador del pecador, y no del pecador. Anteriormente, se les preguntó a los pecadores si habían *hecho* la paz con Dios. Aunque el que preguntaba lo hacía con buena intención, estaba equivocado. Una mejor frase es: ¿Has *hallado* la paz? En Efesios 2 se dan tres realidades acerca de la paz.

1. ÉL HIZO LA PAZ (v. 15). ¿Cómo la hizo? No declarándola, esto lo hizo más adelante. La hizo derramando su sangre (véase Col. 1:20). «Paz con honor.» Esta frase familiar de Lord Beaconsfield describe bien la paz que hizo Cristo. Todos los atributos de Dios están activos en la obra de la Expiación. Así, esta paz honra la Ley de Dios. Cada atributo de Dios queda perfectamente satisfecho. Con su muerte, Él satisfizo todas sus justas demandas y dejó paso a su misericordia y amor.
2. ÉL PROCLAMÓ LA PAZ (v. 17). ¿Cuándo proclamó nuestro Señor la paz por vez primera? No tenemos registro de que jamás proclamase la paz antes de su muerte expiatoria. La primera vez que proclamó la paz se registra en Juan 20:19-31. Si un embajador se presentase ante una gente rebelde llevando nuevas de paz, después de proclamarla exhibiría sus credenciales. Jesús se pone en medio diciendo «Paz», y habiéndolo dicho, les muestra sus manos y su costado: sus credenciales, porque sus manos y su costado llevaban las marcas de su pasión.
3. ÉL ES NUESTRA PAZ (v. 14). ¡La paz que Cristo predicó tiene su seguridad en la persona de Cristo! Él es la seguridad y garantía de la paz con Dios.

1.337. SALVADOS POR SU VIDA

«Porque si siendo enemigos, fuimos reconciliados con Dios por la muerte de su Hijo, mucho más, habiendo sido reconciliados, seremos salvos por su vida» (Ro. 5:10).

¡Qué! ¿Salvados por su vida? ¡Creía que éramos salvados por su muerte! Ésta es desde luego una declaración sorprendente. Salvados por su vida: ¿qué vida? ¿La vida que vivió *antes* de la Cruz; la vida que derramó *en la Cruz,* o la vida que está viviendo ahora *desde la Cruz*? La respuesta a estas preguntas constituye el mensaje de este estudio.

Si examinas el texto y el contexto con cuidado, verás que se trata de un mensaje a personas reconciliadas, a aquellos que ya han sido salvados por su muerte. Esto se debe comprender con claridad: el apóstol no se está refiriendo a la vida que nuestro Señor Jesús vivió antes de la Cruz. A pesar de que es así como algunos entienden este texto. Muchos enseñan que al estudiar la vida de Cristo y tratar de imitarla y copiarla, seremos salvos. Suena más bien a filosófico y es atrayente para la generalidad de la gente, pero no funciona en la experiencia real. De hecho, la contemplación de esta vida, en lugar de salvar, condena. Todos los que lo intentan honradamente tienen al final que confesar:

«Querido Maestro, en cuya vida veo
Todo lo que ser quisiera, pero ser no puedo».

La contemplación de su vida conduce siempre a la vergüenza, y es impotente para ayudar. Está también bien claro que el apóstol no se refiere aquí ni a la salvación por el derramamiento de su vida, ni a su vida derramada en nosotros, aunque éstas sean unas gloriosas verdades. Es un mensaje para aquellos que han sido ya salvados por su muerte, y por una infusión de su vida.

Bien entendido, se trata de una muestra del riguroso, claro y agudo razonamiento de Pablo. Contemplad al Señor Jesús en la Cruz, tan débil y frágil. Ved qué obra poderosa obró Él por nosotros en aquella debilidad. Pero Él vive. Si Él logró tanto por nosotros en aquella debilidad, ¡qué no podrá hacer por nosotros con su energía inagotable y con su poder infinito y Omnipotente! Lo que podemos ver es que el apóstol está llamando la atención a la obra que el Señor Jesús está haciendo ahora por nosotros en la Gloria. No pensamos tanto como debiéramos en la vida que Él está ahora viviendo por nosotros. Él murió para salvarnos; vive para mantenernos salvados. Ilustremos esto de varias maneras:

I. Como un paciente es salvado por la vida de su médico. Al morir un amigo o pariente, ¿no has oído nunca la observación de que, humanamente hablando, si sólo hubiese vivido aún el viejo médico de la familia, el difunto no habría muerto de aquella enfermedad? Y hay una gran verdad en esta declaración. Aquí tenemos un médico que nos conoce desde nuestro nacimiento, que nos ha asistido y tratado de graves enfermedades, y que por ello mismo comprende nuestros cuerpos físicos como nadie más puede conocerlos.

¡Cuán desesperado era nuestro estado cuando fuimos llamados por primera vez por el Gran Médico! Pudimos gustar que ciertamente el toque de su mano sigue teniendo su antiguo poder, porque Él nos sanó de nuestros desórdenes espirituales. Pero recuerda que Él sigue viviendo para guardarnos en buen estado. Verdaderamente, los suyos somos salvados por su incesante destreza y cuidados.

II. Como un niño es salvado por la vida de su madre. Humanamente hablando, muchos niños huérfanos mueren prematuramente por faltarles el amante cuidado de una madre. La única hermana de un joven conocido por quien esto escribe murió a los dieciséis años. La madre había muerto hacia once años. La niña había sido explotada y descuidada, y su hermano afirma una y otra vez que si su querida hermana hubiese sólo gozado del cuidado de una madre, estaría viva hoy. Gracias sean dadas a Dios que Aquel que nos salvó cuando primero confiamos en Él vive siempre para mantenernos en salvación. Somos siempre el objeto de sus tiernas atenciones. Da constantemente sus tiernos cuidados a aquellos que confían en Él.

III. Como un oficial ausente es salvado por la vida de un enemigo en la corte. En los países orientales, los enemigos traman la desgracia y la ruina de un oficial ausente, y feliz es quien tiene un amigo en la corte para que defienda su causa. Satanás es con razón llamado el acusador de los hermanos, y Job 1:6 señala la posibilidad de su admisión en la corte celestial. El adversario podría causarnos allí grandes daños excepto porque en aquella Corte tenemos un Amigo.

«Por mí el Salvador allí está,
Sus heridas muestra y sus manos extiende.»

Para siempre vive para hacer intercesión por nosotros, y por su vida de intercesión somos salvados de ser echados fuera en ignominia. ¡Ah, gracias a Dios que verdaderamente tenemos un Amigo en la Corte!

IV. Como un ejército es salvado por la vida de su comandante. La historia registra muchas batallas perdidas, y muchos ejércitos derrotados y deshechos, cuando el general cayó mortalmente herido. Pero ningún dardo mortífero puede herir jamás a nuestro Comandante, que vive para siempre jamás. Él ha pasado a la inmortalidad a través de los portales de la muerte, y, así como los generales terrenales suelen seleccionar un monte desde el que contemplar los movimientos tácticos del enemigo, y enviar refuerzos a cualquier sección excesivamente presionada y en peligro, así nuestro General está sentado ahora sobre el Monte de Sion, con su mirada puesta sobre nosotros, para socorrernos en tiempos de necesidad. Salvados por su incesante vigilancia.

«Defended el Fuerte, que ya vengo,
Sigue Jesús indicando;
Enviad así la respuesta al Cielo:
Por tu gracia, seguiremos.»

Un hombre se quejaba en medio de su delirio, diciendo que estaba abandonado, sin amor y sin cuidados, ¡y durante todo este tiempo su amante esposa y una diestra enfermera estaban adelantándose a todos sus deseos y llorando a causa de sus disparates! «Sin embargo –dirás tú– este pobre hombre estaba delirando, y no era responsable de las insensateces que decía.» Hay, empero, miles de pobres pecadores culpables de la misma insensatez. «Nadie se cuida de mí», gimotean, siendo que el Señor murió por ellos, y ahora quiere salvarles. Y aún peor que esto, a veces el mismo pueblo del Señor caen en desesperación y presentan las mismas quejas, cuando todo aquel tiempo Él conoce, ama y se muestra solícito, y está viviendo su vida ascendida y glorificada especialmente en favor de ellos.

1.338. GOZO EN DIOS

Romanos 5:11

El «gozo» ha sido descrito como «la sonrisa de felicidad y la flor de la gloria». Este gozo es:

I. Necesario. Hay lugar para una más amplia «sonrisa de felicidad» en el rostro de nuestra vida y obra. Pero la sonrisa puede estar en el rostro mientras que en el corazón lo que hay es un dolor punzante. Este gozo viene por medio de la experiencia de la salvación de Dios, pero «cuán posible es conocer a Dios y, sin embargo, como David, perder el «gozo de su salvación» (Sal. 51:12). Allí donde hay esclavitud espiritual sólo puede haber un testimonio carente de gozo. Es cuando el cautiverio del alma termina que el gozo la inunda; entonces somos como hombres que sueñan (Sal. 126:1).

II. Posible. Es la voluntad de Cristo que su gozo esté en nosotros (Jn. 15:11). El gozo de Cristo era el gozo de la consciente comunión con el Padre. Este «óleo de gozo» es un bendito sustituto del espíritu de pesadez. Ningún obrero cristiano debería carecer de él. Aunque salga llorando, llevando la preciosa semilla, sabe que indudablemente volverá gozoso, llevando consigo sus gavillas (Sal. 126:5, 6). Pedro y Juan encontraron posible este gozo incluso sufriendo afrenta por el Nombre y la causa de Jesucristo (Hch. 5:41; véase Hch. 16:25).

III. Condicional. Es gozo «en el Señor» (Is. 61:10). No es gozo en nosotros mismos, en nada que *nosotros* tengamos o seamos. Es gozo en Dios por medio de nuestro Señor Jesucristo, por medio de quien hemos obtenido la reconciliación (Ro. 5:11). Este santo gozo no puede venir de ninguna otra fuente, y de ninguna otra condición. Hay un gozo que es como hermosura en un rostro, es atractivo, pero sólo de la piel afuera; en cambio, este gozo es tan profundo como el corazón del Dios Eterno; es un gozo inexpresable, lleno de gloria (1 P. 1:8). Regocijarse en el Señor es gozarse:

1. En SU NOMBRE. Su Nombre denota todo lo que Él es en su carácter esencial (Sal. 20:5).
2. En SU PALABRA. Cuando sus palabras son creídas, el alma tiene que regocijarse, como alguien que ha hallado un gran tesoro (Neh. 8:12).

IV. Eficaz. «Es vuestra fuerza» (Neh. 8:10). El gozo es fuerza, en el mismo sentido en que la desesperanza es debilidad. El gozo en el Señor es una de las fuerzas espirituales más agresivas. Fue D. L. Moody quien dijo que «Dios nunca emplea a un hombre desalentado». Este gozo es un poder, porque es la evidencia de una vida felizmente ajustada a la perfecta voluntad de Dios. Esta fuerza es necesaria para vencer las múltiples tentaciones que están siempre a mano (Stg. 1:1-3), y para sostener cuando seamos hechos partícipes de los padecimientos de Cristo (1 P. 4:13). Si el gozo en el Señor nos ha de fortalecer, entonces regocijémonos en el Señor siempre, y otra vez os digo, regocijaos. El mismo Señor cumpla vuestro gozo por amor de su propio Nombre (Jn. 17:15).

1.339. LA OBEDIENCIA DE CRISTO

Romanos 5:19

La bondad de Napoleón. Durante una de las guerras de Napoleón Bonaparte, tras un día de intensa lucha y al caer la noche, se designaron centinelas para que vigilasen diferentes puntos del campamento, para impedir un ataque por sorpresa. Se les ordenó, bajo pena de muerte, que se mantuviesen despiertos y que cumpliesen su deber. Hacia medianoche, el emperador se levantó y dio una vuelta, y encontró a un centinela dormido, con su fusil yaciendo a su lado. Agotado por la terrible lucha del día anterior, al quedarse solo, había quedado rendido por el sueño. ¿Qué podría hacerse? El deber del centinela debía ser cumplido, o habría de morir. En silencio, el emperador tomó el fusil y, poniéndoselo sobre el hombro, hizo de centinela hasta despuntar el día.
Cuando el soldado despertó, se llenó de temor. Pero Napoleón simplemente le devolvió su fusil, avisándole que fuese más cuidadoso en el futuro. Estás bien dispuesto a aplaudir este acto de humanidad. Queremos atraer tu atención a Otro que ha hecho mucho más por nosotros. Nuestro texto se refiere a Él: al Señor Jesús.

I. La comisión del hombre. Al marchar cada alma por la arena de la vida, Dios da una comisión (véase Dt. 10:12; Mi. 6:8). ¿Hay una sola alma que pueda decir que ha ejecutado esta comisión?

II. La desobediencia del hombre. «Querría acordarme tanto de Dios como mi perrito se acuerda de mí», dijo un niño pequeño. Esta declaración revela la depravación del hombre.
Todo obedece al Señor.

1. LOS ORBES DE LUZ (Jos. 10:12 a 14). El sol se detuvo.
2. EL PODEROSO OCÉANO (Mt. 8:27). «Aun los vientos y el mar le obedecen.»
3. LOS MALOS ESPÍRITUS (Mr. 1:27). «Da órdenes incluso a los espíritus inmundos.»
4. LAS AVES DEL CIELO (1 R. 17:4). «Yo he mandado a los cuervos que te den allí de comer.»

¿Hemos dicho «todo»? ¡Ah, hay una excepción: el hombre! ¿Y cuál será el fin de los desobedientes? Josué 5:6 nos dice de Israel que «fueron consumidos, por cuanto no obedecieron a la voz de Jehová».

III. Tomó nuestro lugar. El Señor Jesús

1. No solo vivió una vida perfectamente obediente, cumpliendo la plena medida de la justicia,
2. Sino que expió nuestra desobediencia.
3. No solo hizo lo que Napoleón, sino más, porque Él sufrió por nuestra desobediencia.
4. Por la obediencia de Napoleón se salvó la vida de este soldado.
5. Por la obediencia de Jesús (obediente hasta la muerte, y muerte de cruz) somos salvos.

IV. Ahora se te manda obedecer el Evangelio, y si lo haces y acudes a Jesús, Él te dará el Espíritu Santo, que te capacitará para vivir la vida de santidad.

1.340. LAS RELACIONES DEL CREYENTE

Romanos 6

Este capítulo explica el carácter de «vida y muerte» del cristiano. El comienzo, causa y efecto de ambos quedan claramente declarados. Para el no espiritual, esta declaración está llena de enigmas inexplicables. Aun para muchos que conocen a Cristo está lleno de misterios. Para los que están enseñados por el Espíritu, es un retrato preciso del nacimiento y de la vida del nuevo hombre interior. Enseña:

I. La relación del creyente con Cristo. Esta relación es de lo más estrecha posible. Implica:

1. MUERTE CON CRISTO. «Crucificado juntamente con Él» (v. 6). «Bautizados en su muerte» (v. 3). «Porque por un solo Espíritu fuimos todos bautizados para formar un solo cuerpo» (1 Co. 12:13). Nuestra primera relación con Cristo es con su muerte. Nuestros primeros tratos con Dios han de tener lugar en nuestra condición de pecadores. La vida para Dios implica la muerte del yo. «Con Cristo estoy juntamente crucificado.» La cuestión del pecado tiene que ser solucionada primero. Queda establecida para nosotros en nuestra identificación con su muerte.
2. SEPULTURA CON CRISTO. «Fuimos, *pues*, sepultados juntamente con él» (v. 4). Cuando uno es sepultado, se supone que queda fuera de la vista, y en buen camino de quedar más allá de toda posible identificación. Si la muerte no ha sido real, no tendrá lugar la sepultura. No enterramos a nadie en tanto que haya un hálito de vida. Por ello, el hombre viejo no será puesto fuera de la vista en tanto que viva. Uno podría tratar de ocultarlo y de esconder su obra, pero si él no está *muerto* se le verá u oirá de alguna manera.
3. RESURRECCIÓN CON CRISTO. «Como Cristo resucitó de los muertos por la gloria del Padre, así también nosotros andemos en novedad de vida» (v. 4). La resurrección sólo puede seguir allí donde la muerte ha tenido lugar. El poder de la vieja vida tiene que irse antes que pueda venir la nueva; y esta nueva vida viene totalmente *de Dios*. Es un ser nacido de arriba, una nueva creación. «Y ya no vivo yo, sino que Cristo vive en mí.» «Él os dio vida a vosotros, cuando estabais muertos por vuestros delitos y pecados.» Con tanta certeza como hemos estado muertos y sepultados, así de cierto que estamos resucitados. Hemos «pasado de muerte a vida» (Jn. 5:24).

4. SEMEJANZA CON CRISTO. «Así también lo seremos [plantados] en la [semejanza] de su resurrección» (v. 5). Esta *semejanza* en resurrección es resultado de ser plantados en la semejanza de su muerte. Si no hemos sentido los dolores de la crucifixión no podemos poseer la imagen de la resurrección, como tampoco podemos tener día sin noche. Ésta es la semejanza divina, la semejanza de un vencedor, de uno dotado de poder.

II. La relación del creyente con el pecado. Es:

1. LA RELACIÓN QUE LA VIDA TIENE CON LA MUERTE. «Consideraos muertos al pecado, pero vivos para Dios en Cristo Jesús, Señor nuestro» (v. 11). El pecado no está muerto, pero el creyente debe estar muerto a él. La muerte pone un fin a la comunión en esta vida. Hay una gran sima establecida entre los vivos y los muertos. No se puede pasar de unos a otros. Así debería ser entre el cristiano y el pecado.
2. LA RELACIÓN QUE LOS ABSUELTOS TIENEN CON LA LEY QUEBRANTADA. «El que ha muerto, ha sido justificado del pecado» (v. 7). Cuando alguien ha quedado absuelto delante del Tribunal, la ley no tiene más que decir acerca de él. Así ha sido liberado el creyente de las demandas del pecado. Las demandas de la ley terminan con la muerte. Habiendo por tanto muerto en Cristo, quedamos justificados del pecado. Seguirá presentando exigencias, pero, recuérdalo, eres *libre* (v. 18).
3. LA RELACIÓN QUE EL VENCEDOR TIENE CON LOS VENCIDOS. «El pecado no se enseñoreará de vosotros» (v. 14). Es un enemigo desarmado, un rey destronado; como uno cuyo poder y autoridad están destruidos, pero cuya naturaleza permanece inalterada e inalterable. Una serpiente congelada (esto es, impotente hasta que sea recalentada), sobre la que tenemos dominio y a la que podemos fácilmente destruir. El pecado había sido nuestro dueño, pero ya no debemos «*obedecerlo*» más (v. 12).

III. La relación del creyente con el servicio. Es:

1. DE RENDICIÓN PERSONAL. «Presentaos vosotros mismos... y vuestros miembros a Dios» (v. 13). Primero se dieron a sí mismos al Señor. Todo el hombre, con sus afectos y deseos, debe ser consagrado a Dios. Algunos están dispuestos a dar tiempo y dinero, pero siguen reservándose *a sí mismos* para sí mismos. Vuestros miembros deben ser presentados como sus siervos para justicia (v. 19).
2. DE CORDIAL OBEDIENCIA. «Habéis obedecido *de corazón*» (v. 17). No puede haber ningún verdadero servicio sin una obediencia cordial. Hay mucho servicio que se hace para complacer al hombre. Dios mira al corazón. Si alguien no ha obedecido la *doctrina* de Cristo no puede ser un *siervo* de Cristo. Su *verdad* y *obra* van juntas.
3. DE SENCILLEZ DE PROPÓSITO. «Hechos siervos de Dios» (v. 22). «Todo lo que hagáis, hacedlo de corazón como para el Señor.» No llaméis a ningún hombre maestro en esta cuestión. Si un creyente tiene el ojo sencillo, ¿dónde estará la búsqueda de agradar a los hombres? Hay a menudo gran diferencia entre los que buscan agradar a los hombres y los que buscan agradar a Dios. «No sois vuestros... porque habéis sido comprados por precio.»

1.341. EL PECADO

«El pecado no se enseñoreará de vosotros» (Ro. 6:14).

El pecado tiene un poder *dominador*, y sus amantes son gobernados por Él; todos aquellos que no han sido salvados de Él están bajo su maldición, mientras que los que están bajo la gracia han escapado de su servidumbre.

I. Consideremos su naturaleza. La idea popular es que se trata de una especie de debilidad perdonable, de un fallo de la carne común a todos y esperado en todos. El concepto de la Biblia es: «Fallar el blanco», no lograr el propósito para el que fuimos creados, rebelándonos contra Dios, y culpables ante Dios. «¿Qué dice la Escritura?»:

1. «EL PENSAMIENTO DEL NECIO ES PECADO» (Pr. 24:9). El Señor mira al corazón.
2. «TODO LO QUE NO PROVIENE DE FE ES PECADO» (Ro. 14:23). Esto penetra profundamente dentro de la vida del yo, que busca sólo las cosas que se *ven*.
3. «EL PECADO ES ILEGALIDAD» (1 Jn. 3:4). El pecado incluye la transgresión de la ley, pero abarca también el *rechazo* de la ley, el vivir *ajeno* a la voluntad de Dios. Cada torcedura en nuestra vida, pensamiento y sentimiento que no se conforma a la santa voluntad de Dios es pecado.
4. «TODA INJUSTICIA ES PECADO» (Jn. 5:17). No importa lo justo que pueda parecer el acto a nuestros ojos, si Dios discierne impureza en el motivo, es pecado. La ley de Dios es harto amplia.

II. Consideremos las características de ello. No es siempre una cosa abominable a los ojos de los hombres:

1. TIENE PLACERES. Moisés escogió «antes ser maltratado con el pueblo de Dios, que gozar de los *deleites* temporales del pecado» (He. 11:25). ¡Qué baño más agradable!, dijo el joven, cuando se le advirtió del peligro, mientras era arrastrado a las fatales cataratas. Muchos parecen estar gozando mientras caminan conforme *a la corriente de este mundo.* Sí, puede que haya placeres presentes, pero ninguna satisfacción en la expectativa del futuro.
2. TIENE SU SALARIO. «La paga del pecado es muerte» (Ro. 6:23). El valor de un artículo es juzgado por el precio que tiene. Lo horrible del pecado se ve por las consecuencias. Dios lo ha unido a la muerte, a la corrupción, al gusano que no muere, al lloro y gemido, al abismo, y al lago de fuego.
3. ES ENGAÑOSO (He. 3:13). Está siempre prometiendo, pero nunca cumpliendo. Hace que los hombres crean que las tinieblas son mejores que la luz, y que hay más libertad en servir al yo que a Dios. Arrastra traicioneramente a la muerte y al infierno.

III. Consideremos el remedio dado para ello. «... Dios tuvo de Él misericordia, ... lo libró de descender al sepulcro, ... halló redención» (Job 33:24). ¿Dónde la halló?

1. EN LA PERSONA DE SU HIJO. «Jehová quiso quebrantarlo» (Is. 53:10). «Jehová cargó sobre Él la iniquidad de todos nosotros» (Is. 53:6). «Quien llevó él mismo nuestros pecados en su cuerpo sobre el madero» (1 P. 2:24).
2. EN LA SANGRE DE SU HIJO. «La sangre de Jesucristo, su Hijo, nos limpia de todo pecado» (1 Jn. 1:7). La vida en la sangre está.

IV. Consideremos la aplicación del remedio. Está al alcance de todos.

1. «HE AQUÍ el Cordero de Dios» (Jn. 1:29). «Mirad a Mí, y sed salvos.»
2. «VENID luego, ... y estemos a cuenta: aunque vuestros pecados sean como la grana, como la nieve serán emblanquecidos» (Is. 1:18).
3. «CREE en el Señor Jesucristo, y serás salvo» (Hch. 16:31). «De todo... es justificado todo aquel que cree» (Hch. 18:39).

1.342. LA PAGA DEL PECADO Y EL DON DE DIOS

«La paga del pecado es muerte, mas la dádiva de Dios es vida eterna en Cristo Jesús Señor nuestro» (Ro. 6:23).

Pecado y salvación, como dos poderosos ríos, fluyen a través de la Biblia, y nos han llegado juntos a través de las edades. Cada hombre navega por uno u otro. El primero nos lleva hacia el mar de tinieblas eternas, y el otro lleva a todos los que flotan en sus aguas hacia el océano de la luz y el amor infinitos de amor. Nótense los dos cursos:

I. El curso del pecado. «La paga del pecado es muerte» (Ro. 6:23).

1. ¿QUÉ ES PECADO? Literalmente, es «errar el blanco». Un yerro constituye en pecador, y una ofensa hace culpable del todo; un sorbo de veneno contamina todo el sistema moral.
2. ¿CUÁL ES EL FRUTO DEL PECADO? «Muerte.» Ésta es la obra consumada del pecado (Stg. 1:15). «El pecado entró en el mundo por medio de un hombre, y por medio del pecado la muerte» (Ro. 5:12). La muerte significa la *separación* de Dios, la fuente de toda vida y esperanza espirituales. Es «la ausencia de esperanza».
3. ¿CUÁL ES LA RELACIÓN ENTRE EL PECADO Y SU FRUTO? Es una relación *justa*, la misma relación que existe entre el trabajo y su paga. Es algo que se *gana*, algo que un Dios justo debe pagar. «¿Cómo escaparemos nosotros, si descuidamos una salvación tan grande?» (He. 2:3).

II. El curso de la gracia. «La dádiva de Dios es vida eterna» (Ro. 6:23).

1. LA GRACIA TRAE LA VIDA ETERNA. «La gracia de Dios se ha manifestado para ofrecer salvación» (Tit. 2:11). Cristo Jesús es la encarnación viviente de la vida eterna. «Y ésta es la vida eterna: que te conozcan *a ti*» (Jn. 17:3).
2. LA GRACIA TRAE LA VIDA ETERNA COMO UN DON. ¿Cómo podría la gracia ser más llena de gracia? El amor de Dios lo constriñó a dar a su Hijo. Este río de la vida está cerca: Echad vuestro recipiente y sacad para vosotros mismos.

3. LA GRACIA TRAE LA VIDA ETERNA POR MEDIO DE JESUCRISTO. Sí, solo a través de Él. No es el que cree el que tiene vida eterna, sino «el que *cree en el Hijo*». «El que *tiene al Hijo* tiene la vida.» Cuando lo recibimos tomamos la mano salvadora de Dios (Jn. 1:12).

1.343. NO HAY CONDENACIÓN

Romanos 8:1

I. ¿Qué? «¡No hay condenación alguna!» (V.M.) ¡Qué maravilloso privilegio! ¡Qué bienaventurada esperanza! Todo el negro pasado borrado está. Bienaventurados los que están en tal caso.

II. ¿Cuándo? «Ahora.» «*Ahora*, pues, ninguna condenación hay.» Así, pues, esta gran bendición puede ser disfrutada en esta vida presente. Podemos andar por este mundo de pecado y dolor con la certidumbre en nuestros corazones de que somos perdonados, y de que nuestros pecados ya han sido juzgados, y que la noche de la culpa ha pasado, y que el día de la paz ha amanecido en el alma.

III. ¿Por qué? Porque es «en Cristo Jesús». *Él* es el Refugio del alma. Dios es nuestro amparo y fortaleza. Aquí el alma está tan segura como Noé lo estaba en el arca. Estar «en Cristo» es estar limpio de todo pecado, y envuelto en el centro de los propósitos eternos de Dios. Estar en Él es ser un pámpano de la Vid verdadera, idóneos para dar fruto. En Cristo estamos completos, porque Él nos ha sido hecho por Dios sabiduría, justicia, santificación y redención (1 Co. 1:30). En Él, *no* somos hallados con nuestra propia justicia, sino revestidos de la hermosura del Señor. Si alguno está en Cristo, *nueva creación* es, y por ello no hay condenación para los que están en Cristo Jesús.

1.344. NINGUNA CONDENACIÓN

Romanos 8:1

I. Una condición dichosa. «En Cristo Jesús.» Esto implica:

1. ESTAR EN SU FAVOR. Gozando de su gracia.
2. ESTAR EN SU NOMBRE. Compartiendo su honor.
3. ESTAR EN SU CORAZÓN. Llenos de su amor.

En Él por la *fe*. Tal como Noé entró en el arca (Jn. 6:37).
En Él para *dar fruto*. Como un pámpano en la vid (Jn. 15).
En Él para *comunión*. Como los miembros del cuerpo (Ef. 4:16).

II. Un privilegio bienaventurado. «Ninguna condenación.» Ello no significa que no vaya a haber aflicción ni tentaciones. Estas cosas pueden obrar juntamente para bien.

1. NINGUNA CONDENACIÓN POR PARTE DE LA LEY. «Estáis muertos» (Col. 3:3). La ley ya no tiene nada que ver con una persona muerta. «Cristo es el fin de la ley, para justicia a todo aquel que cree» (Ro. 10:4).
2. NINGUNA CONDENACIÓN DE PARTE DE DIOS. Aquel que justifica no condenará. «Dios es el que justifica» (Ro. 8:33).
3. NINGUNA CONDENACIÓN POR PARTE DE LA CONCIENCIA. Cuando la conciencia está purificada de pecado está exenta de ofensa.

III. Una solemne reflexión. Si no hay condenación alguna para los que están *en* Cristo, ¿cuál es la condición y el futuro de los que están *fuera* de Cristo? Un hombre puede estar en mucho de lo que es bueno, y sin embargo estar sin esperanza de parte de Dios. El que está sin Cristo está sin esperanza (Ef. 2:12). «El que cree en Él, no es condenado» (Jn. 3:18).

1.345. LA LEY DEL ESPÍRITU

Romanos 8:2

La *ley* del Espíritu es tan cierta como la ley de la gravedad. Él tiene su método inalterable de operación, aunque, como el viento, va a donde quiere.

I. Su naturaleza. «Es la ley de la *vida*.» «La ley del Espíritu de vida.» La ley del Viviente. Es el Espíritu el que da vida. La letra mata, mas el Espíritu da vida. La ley moral no puede dar vida; su fuerza solo se siente en hacer el pecado sobremanera pecaminoso. «Por medio de la ley yo he muerto» (Gá. 2:19).

II. Su esfera de acción. «La ley del Espíritu de vida *en Cristo Jesús*.» Esta ley de vida solamente puede operar por medio del Príncipe de la Vida. La verdad viviente de Dios nos viene por medio de Aquel que es la Palabra de Dios (Jn. 3:34). El Espíritu del Señor estaba sobre Él para predicar buenas nuevas a los humildes. El último Adán fue hecho Espíritu vivificante (1 Co. 15:45).

III. Su poder. «Me ha *librado* de la ley del pecado y de la muerte.» La ley del Espíritu de vida en Cristo Jesús es más poderosa que la ley del pecado y de la muerte, trayendo liberación y emancipación. Allí donde está el Espíritu del Señor, allí hay libertad. «Estad, pues, firmes en la libertad con que Cristo nos hizo libres» (Gá. 5:1). Habiendo sido libertados del pecado para que viniéramos a ser siervos de Dios (Ro. 6:18-23). El aguijón de la muerte es el pecado, pero gracias sean dadas a Dios, que nos da la victoria por medio de nuestro Señor Jesucristo (1 Co. 15:56, 57).

1.346. LA CONDENACIÓN DEL PECADO

Romanos 8:3

I. La debilidad de la ley. «Lo que era imposible para la ley.» La ley puede hacer mucho, por cuanto es «santa, justa y buena», pero no puede perdonar el pecado. Es absolutamente débil para justificar al pecador. «Por las obras de la ley ningún ser humano será justificado delante de él». La ley no llevó nada a la perfección (He. 7:18).

II. El amor de Dios. «Dios, enviando a su propio Hijo.» En esto se manifestó el amor de Dios para con nosotros (1 Jn. 4:9). ¿Quién puede medir la hondura de este amor al hacer que «Su Único, su Amado», se identificara en la cruz con el pecado y la culpa de la humanidad (Jn. 3:16)?

III. La gracia de Cristo. «A su propio Hijo en *semejanza* de carne de pecado.» ¡Qué gracia de parte del Hijo! «El Verbo se hizo carne, y habitó entre nosotros… lleno de gracia y de verdad. Aunque en forma de Dios, e igual con Dios, se despojó a sí mismo… al hacerse obediente hasta la muerte, y muerte de cruz» (Fil. 2:6-8). Por gracia sois salvos.

IV. El fin del pecado. «Y… condenó al pecado en la carne.» Mediante la ofrenda de su cuerpo como sacrificio, Él ha puesto fin a la transgresión y al pecado como obstáculo en el camino del hombre a Dios. «Al que no conoció pecado, por nosotros lo hizo pecado, para que nosotros fuésemos hechos justicia de Dios *en él*» (2 Co. 5:21). Somos santificados por medio de la ofrenda del cuerpo de Jesucristo hecha una vez para siempre (He. 10:10). El pecado fue condenado en Él para que nosotros fuéramos justificados en Él.

1.347. LA JUSTICIA DE LA LEY

Romanos 8:4, 5

I. Su carácter. La ley es justa, y demanda justicia. Es «Santa, justa y buena». Es una expresión de la justicia de Dios. Por medio de la ley es el *conocimiento* del pecado. Los que tratan de establecer su propia justicia ignoran con ello la justicia de Dios.

II. Su cumplimiento. «Para que la justicia de la ley se cumpliese en nosotros.» Cumplida en nuestro sometimiento a la justicia de Dios en Cristo, porque Él es el fin del la ley para justicia a todo el que cree. El amor es el cumplimiento de la ley. Porque con el corazón el hombre cree para justicia. Solo podemos ser hechos justicia de Dios *en Él*, que fue hecho pecado por nosotros (1 Co. 5:21).

III. La condición. «Los que no andamos conforme a la carne, sino conforme al Espíritu.» Los que se quieren regocijar en Cristo Jesús no pueden tener confianza en la carne (Fil. 3:3). Andar conforme al Espíritu es andar en la mente de Jesucristo. Andad en el Espíritu y no cumpliréis los deseos de la carne. Los conducidos por el Espíritu no están bajo la ley. Andad en el Espíritu, y la justicia de la ley será abundantemente cumplida en vosotros, porque el fruto del Espíritu, que es «amor, gozo, paz, paciencia, benignidad, bondad, fidelidad, mansedumbre, dominio propio», se manifestará. Ciertamente, la ley no podría tener mejor cumplimiento que éste. Éstas no son *obras*, sino el *fruto* del Espíritu que mora en el creyente (Gá. 5:16-25). Los creados según el Espíritu pensarán en cosas del Espíritu (v. 5).

1.348. LAS MENTES CARNAL Y ESPIRITUAL

Romanos 8:6, 7

I. La mente carnal. «La mentalidad de la carne es *muerte*.» No hay nada en absoluto en ella que agrade a Dios. El que siembra para esta mente carnal segará corrupción, la prueba de la muerte. Los que están en la carne no pueden agradar a Dios. La mente carnal no es muerte en un sentido pasivo, porque es aún peor que esto: es «enemistad contra Dios», y una enemistad tan amarga que no puede *someterse* a la ley de Dios (v. 7). Un árbol corrompido no puede dar buen fruto. La única cura para la mente carnal es la crucifixión. Saulo fue libertado de su mente carnal cuando dijo: «¿Qué quieres que haga?». «Con Cristo estoy juntamente crucificado.»

II. La mente espiritual. «La mentalidad del Espíritu es vida y paz.» Es la evidencia de un gran cambio. La vida y la paz son el resultado de esta nueva creación espiritual. La enemistad ha sido muerta por la Cruz. Ahora siembran para el Espíritu y cosechan vida eterna. La mente espiritual es una mente iluminada por el Espíritu de verdad, gozando del amor de Dios, y buscando llevar a cabo sus propósitos. Son vivos para Dios, y por ello presentan a Él sus miembros como instrumentos de justicia (Ro. 6:11-13). Es el buen árbol que no puede dar mal fruto (Mt. 7:18). Es una condición de vida en Cristo y de paz con Dios.

1.349. ENEMISTAD EN CONTRA DE DIOS
Romanos 8:7

La mente carnal exhibe su enemistad:

1. Usando con ligereza el Nombre de Dios.
2. Descuidando la Palabra de Dios.
3. Escarneciendo la Obra de Dios.
4. Burlándose del Pueblo de Dios.
5. Mostrando ingratitud ante las misericordias de Dios.
6. Resistiendo al Santo Espíritu de Dios.
7. Rechazando al Salvador Hijo de Dios.

1.350. EN EL ESPÍRITU
Romanos 8:8, 9

I. No en la carne. «Vosotros no estáis en la carne» (RV; V.M.), aunque aún en el cuerpo. Los que están *en* la carne (mente carnal) no pueden agradar a Dios, porque están en un estado de muerte (v. 6). No estáis en tal condición, porque habéis pasado de muerte a vida, habiendo nacido de Dios.

II. En el Espíritu. No estar en la mente carnal es estar en la mente espiritual. No tener el Espíritu de Cristo es no ser de Él. La *carne* denota al hombre pecador e impotente; el Espíritu es el Santo, Poderoso y Vivificador. Estar en el Espíritu es estar en Dios, atado en la gavilla de los vivientes.

III. El Espíritu en vosotros. «Si es que el Espíritu de Dios mora en vosotros.» «¿No sabéis que sois santuario de Dios, y que el Espíritu de Dios mora en vosotros?» (1 Co. 3:16). Después que creísteis fuisteis sellados con el Espíritu Santo de la promesa. Por cuanto sois hijos, Dios ha enviado el Espíritu de su Hijo a vuestros corazones (Gá. 4:6). El Espíritu que mora en vosotros es el secreto de la sabiduría y del poder divinos. Él puede llevar a cabo la buena obra de Dios en el corazón y a través de la vida. Si el Espíritu de Dios, que guía a toda verdad, está en vosotros, no tenéis entonces necesidad de que nadie os enseñe (Jn. 2:27).

1.351. EL ESPÍRITU DE RESURRECCIÓN
Romanos 8:10, 11

I. La causa de la muerte. «El pecado.» El cuerpo está muerto por causa del pecado. El pecado fue la muerte del alma, y lo es también de la muerte del cuerpo. En Cristo Jesús, tanto alma como *cuerpo* serán libertados de su poder (Jn. 11:25, 26).

II. El secreto de la vida. «El espíritu es vida a causa de la justicia» (v. 10, V.M.). El Espíritu es dador de vida por cuanto lleva el alma del creyente a una *rectitud* de relación con Dios. «El que se une al Señor, es un solo espíritu con él» (1 Co. 6:17).

III. La morada del Espíritu. «El Espíritu de aquel que levantó de los muertos a Jesús… *mora en vosotros.*» Cuando Cristo fue devuelto al hogar del seno de su Padre, el Espíritu Santo vino a hacer su morada en los corazones de los redimidos por su sangre. «Para que esté con vosotros para siempre.»

IV. La relación entre el Espíritu y Cristo. «Si Cristo está en vosotros… el Espíritu… habita en vosotros.» La morada de Cristo por el Espíritu es a menudo presentada como idéntica. «Vigorizados con poder *en el hombre interior por medio del Espíritu;* para que *habite Cristo* por medio de la fe *en vuestros corazones*» (Ef. 3:16, 17). La preciosa verdad es ésta, que la presencia y el poder de Cristo queda plasmada en nuestros corazones por el Espíritu Santo que nos ha sido dado. Oigamos lo que dice el Espíritu.

V. El poder del Espíritu. Aquí se nos enseña que:

1. ÉL LEVANTO A CRISTO DE ENTRE LOS MUERTOS. Él fue muerto en la carne, pero vivificado en el Espíritu (1 P. 3:18). Este mismo poderoso Espíritu que nos ha vivificado en novedad de vida lo vivificó a Él.
2. ÉL VIVIFICARA TAMBIÉN VUESTROS CUERPOS MORTALES. El que levantó al Señor Jesús nos levantará también a nosotros (2 Co. 4:14). Esto incorruptible tiene que revestirse de incorrupción. El Espíritu Santo, que ha comenzado en nosotros la buena obra, perfeccionará lo que a nosotros se refiere, nuestros cuerpos mortales. Por aquel mismo Espíritu serán cambiados a semejanza de su cuerpo de gloria (2 Co. 5:4, 5).

1.352. LA NUEVA VIDA
Romanos 8:12-14

I. Es una vida no según la carne. «Somos deudores, no a la carne, para que vivamos conforme a la carne.» La sabiduría o la energía carnal nunca podría producir tal vida. Es una vida que tenéis de parte de Dios. Nacidos de Dios.

II. Esta vida no debe nada a la carne. «Somos deudores, *no a la carne*». Nada recibisteis de la carne, nada le deis. El nuevo hombre no le debe nada al viejo. Baste al tiempo pasado para la voluntad de la carne.

III. Ésta es una vida opuesta a la carne. «Hacéis morir las obras de la carne.» La salvación traída a nosotros por la gracia de Dios nos enseña a apartarnos de *toda* impiedad. Pablo mantenía dominado su cuerpo a fin de no ser echado a un lado como instrumento inútil (1 Co. 9:2-7).

IV. Esta vida debiera ser en el poder del Espíritu. «Si *por* el Espíritu.» Al ceder al Espíritu obedeceremos la verdad por la que nuestras almas quedarán purificadas (1 P. 1:22). Éste es el gran propósito de Dios con respecto a nosotros (2 Ts. 2:13).

V. Esta vida debe estar bajo el control del Espíritu. «Guiados por el Espíritu.» Cuando el Espíritu entra en nosotros es para que andemos «en sus caminos» (Ez. 36:27). Él os llevará a toda verdad.

VI. Ésta debe ser una vida de comunión. «Hijos de Dios.» Amados, ahora somos los hijos de Dios. Nuestra comunión es con el Padre, y con su Hijo Jesucristo, y en la *comunión* del Espíritu Santo.

1.353. LOS PRIVILEGIOS DE LA FILIACIÓN
Romanos 8:15-17

En nuestra presente condición somos muy lentos en comprender todo lo que se significa en ser «Hijos de Dios».

I. Hijos libertados de la esclavitud. «No habéis recibido espíritu de servidumbre.» El temor de la ley ha sido quitado (Éx. 20:18, 19). Todos los que son de las obras de la ley están bajo maldición. El perfecto amor quita el temor.

II. Los hijos tienen el Espíritu de adopción. «Hemos recibido el Espíritu de adopción.» No solo son *adoptados*, sino que reciben en verdadero *Espíritu* de hijos nacidos de Dios.

III. Los hijos reconocen al Padre. «Clamamos Abbá, Padre.» Me levantaré, e iré a mi padre, y le diré: *Padre*, el Hacedor y Señor de todo es mi Padre.

IV. Como hijos tienen el testimonio del Espíritu. «El Espíritu mismo da testimonio juntamente con nuestro espíritu, de que somos hijos de Dios» (*cf.* 1 Jn. 5;10).

V. Como hijos, son herederos de Dios. «Y si hijos, también herederos.» Habiendo sido unidos a Cristo, vienen a ser coherederos con Cristo, y Él es «Heredero de todas las cosas». Todas las cosas son vuestras, y vosotros de Cristo, y Cristo de Dios.

VI. Como hijos, sufren con Él. «Si es que padecemos juntamente con Él.» El discípulo no es mayor que su Señor. Si sois afrentados por el Nombre de Cristo, felices sois.

VII. Como hijos serán glorificados juntamente con Él. «Glorificados *juntamente.*» La Cabeza y los miembros no están separados en los padecimientos, ni en la gloria. La *voluntad* de Cristo el Hijo ha hecho esto seguro (Jn. 17:24). Habiendo sido hechos partícipes de la naturaleza divina, serán igualmente hechos partícipes de su gloria celestial.

1.354. LA MANIFESTACIÓN FUTURA

Romanos 8:18-25

I. Es una gran realidad (vv. 18, 19). «Aún no se ha *manifestado* lo que hemos de ser» (1 Jn. 3:2). Ahora el mundo no nos conoce, así como no le conoció a Él. Cuando Él se manifieste, entonces nosotros seremos *manifestados* con Él.

II. Será la liberación de la Creación de su servidumbre (v. 21). Cuando Adán pecó, la tierra fue maldita por causa de él. Cuando se manifieste el Segundo Adán, el Señor del Cielo, la maldición será quitada.

III. Tendrá efectos en todas las criaturas (v. 22). La gloriosa *manifestación* de los hijos de Dios proclamará el Evangelio del Reino a todas las criaturas.

IV. Será la redención del cuerpo (v. 23). El sellado del Espíritu Santo es *hasta* el día de la Redención, cuando tendremos un cuerpo como su glorioso cuerpo (Fil. 3:20, 21).

V. Es un tiempo intensamente anhelado (v. 23). Esperamos al Salvador, al Señor Jesucristo. El Espíritu y la Esposa dicen, Ven, y el que oiga del Venidero Salvador *diga Ven.* Ven, Señor Jesús: Ven pronto.

VI. La expectativa de esto da gozo en medio del sufrimiento (v. 18). Nuestra presente aflicción es *ligera,* sabiendo que obra para nosotros un eterno peso de gloria *mientras que esperamos* las cosas que *no se ven.* Como Moisés, tengamos puesta la mirada en el galardón, y mantengámonos firmes, *como viendo* al Invisible. Los padecimientos de este tiempo presente no pueden ser comparados con la gloria que será revelada en nosotros.

1.355. SALVADOS POR ESPERANZA

«En esperanza somos salvos» (Ro. 8:24, RV).

¿Está bien, esto? ¡Yo pensaba que éramos salvados por medio de la fe! Por decir poco, uno no puede dejar de sobresaltarse cuando se lee esta declaración por primera vez. ¡Qué hombre era Pablo para atraer la atención de sus oyentes y lectores! No hay nada vulgar en sus escritos. Y es bueno que nuestra atención quede así atraída y que nuestros pensamientos queden prendidos. Recordemos, ésta es la declaración de alguien para quien la doctrina de la Justificación por la Fe no era una mera doctrina, sino una bendita experiencia personal. «Cree en el Señor Jesucristo, y serás salvo», fue su declaración al carcelero de Filipos. La salvación por la fe en el Señor Jesús fue predicada de tal manera por el Apóstol que nadie jamás le ha sobrepasado. No solo tenemos aquí una declaración por parte de alguien leal a la doctrina de la Justificación por la Fe, sino que es un mensaje a los que están ya en un estado de justificación, como lo indica su posición en la Epístola. Así, somos introducidos por San Pablo al dulce y amante ministerio de esperanza. La esperanza es la gran palanca que levanta el mundo. Prívale a una persona de esperanza, y en el acto paralizas el resorte de la acción. Esperemos de manera decidida. La esperanza tiene que ver con el futuro invisible. Es una certidumbre que Dios da respecto al futuro. «La fe se apropia, pero la esperanza aguarda con anticipación; la fe mira atrás y arriba; la esperanza mira hacia adelante. La fe acepta, pero la esperanza aguarda.» La esperanza ha sido llamada «el bálsamo y la sangre del alma», por la vital importancia que tiene. Las varias traducciones dan tres tiempos verbales. «En esperanza *somos* salvos» (RV). «En esperanza fuimos salvos» (RVR77). «En esperanza *hemos* sido salvados» (BAS); «Porque nuestra salvación *reside en esperanza*» (C. & H.). «En esta esperanza fuimos salvos» (20th Century). Así, tenemos los tres tiempos, pasado, presente y futuro. Todos están en lo cierto, aunque lo que armoniza con el contexto es el ministerio de esperanza tocante al futuro.

I. Lo que la Esperanza ha hecho en el pasado. «Porque por esperanza fuimos salvos.» La esperanza tiene mucho que ver con nuestra salvación. El apóstol no dice «esperamos que seamos salvos», sino que «en esperanza somos salvos», lo que es algo muy distinto. No hay tal vaguedad tocante a la salvación a la que se refiere Pablo: él se refiere a una salvación ya recibida y disfrutada. «Salvado» es una frase médica; salvar significa sanar o mantener en salud. La primera condición de la recuperación es la esperanza en su posibilidad. La desesperación lleva muchas veces a que toda la destreza del mejor médico no sirva para nada. La fe no puede hacer ningún bien si la esperanza no nos ha visitado de antemano. Lo mismo que el hombre que descendió de Jerusalén a Jericó, el pecador yace golpeado y amoratado en el camino de la vida, desesperando poder jamás llegar a ser sanado y salvado. Pero la esperanza viene como ángel ministrador musitando palabras de aliento, señalando las gloriosas posibilidades. Luego, cuando el ángel de esperanza ha encendido la esperanza en el pecho, viene la fe y conduce fácilmente al Salvador a aquel que antes no tenía esperanza. La mayoría de los pecadores acuden a Cristo apoyados a un lado por la fe y al otro por la esperanza. Alabado sea Dios,

«Nadie tiene que perecer;
Todos pueden vivir, pues Cristo murió».

Observa ahora lo que la esperanza tiene que decir acerca del futuro: «Porque nuestra salvación *reside en esperanza*». Habiendo la esperanza conducido el pecador a Cristo, no le abandona, sino que se refiere constantemente a un glorioso futuro, declarando que aunque *nuestra salvación no ha sido plenamente llevada a cabo aquí,* lo será en el gran tiempo venidero. En el gran plan de la redención de Dios no solo hay un nuevo corazón para nosotros (lo que todo su pueblo tiene ahora), sino también un nuevo cuerpo. Poseemos mucho, pero más seguirá aún tanto aquí como en el futuro. Siempre hay «más después».

II. Lo que la Esperanza hace en el presente. «Porque en esperanza somos salvos», esto es, somos mantenidos en la salvación en esperanza. Ser salvos significa no solo ser salvados, sino ser mantenidos en salud. «Porque en esperanza somos salvos», es decir, guardados, preservados, sustentados en nuestras pruebas por la esperanza. Richard Baxter, el predicador y escritor Puritano, sufrió toda su vida debido a un cuerpo débil y enfermizo. A menudo se sentía tentado a desear no haber nunca nacido. ¿Qué le guardaba de ello? Escuchemos su testimonio: «¿Que debería sustentarme y consolarme bajo el languidecimiento y los dolores de mi cuerpo, mis fatigosas horas, y mi experiencia diaria de la vanidad y vejación causadas por todas las cosas bajo el sol, si no tuviese la perspectiva del consolador fin de todo? Yo, que he vivido en medio de grandes y preciosas misericordias, he encontrado en mi vida que debía esforzarme para vencer las tentaciones de desear que jamás hubiese nacido; y nunca las habría vencido excepto por la creencia de una bendita vida más allá». Richard Baxter fue salvado en esperanza. Así será con el pueblo del Señor. Tendrán que encontrarse con muchas tempestades y padecer muchas dificultades, pero se sienten alentados ante la brillante perspectiva que se les presenta delante;

«La esperanza, como la luz que baña las calles,
Adorna y alegra nuestro andar;
Y cuanto más la noche oscurece,
Más brillante ante nosotros resplandece».

1.356. EL ESPÍRITU ROGANTE

Romanos 8:26, 27

I. El Espíritu es necesario. «Qué hemos de pedir como conviene, no lo sabemos.» Sin el Espíritu que nos guía, el Señor debería decirnos de continuo lo que le dijo a la madre de los hijos de Zebedeo: «No sabéis lo que pedís».

II. El Espíritu nos ayuda en nuestra debilidad. Él imparte la necesaria sabiduría mediante la que podemos conocer *nuestra* necesidad y la plenitud de Cristo.

III. El Espíritu intercede por los santos. No sois vosotros los que habláis, sino el Espíritu de vuestro Padre que habla en vosotros. El Espíritu que mora en el *santo* ruega por él delante de Dios y de los hombres. Estar lleno del Espíritu es la forma segura de prevalecer, tanto en oración como en testimonio.

IV. El Espíritu intercede con gemidos. Los gemidos del Espíritu son frecuentemente sentidos por un alma *sedienta* de Dios en silenciosa espera delante de Él en la indecible solemnidad de la santa adoración.

V. El Espíritu intercede según la voluntad de Dios. Lo que era cierto del Hijo es también cierto del Espíritu. A Él le *oye* Dios en todo tiempo, porque Él se deleita en hacer su voluntad. Si estamos «orando siempre en el Espíritu», estamos por ello orando siempre según la voluntad de Dios. Si pedimos alguna cosa conforme a su voluntad, Él nos oye. Cree en el Espíritu Santo.

VI. El que escudriña los corazones sabe cuál es la mente del Espíritu. Dice Salomón: «La oración de los *rectos* es su delicia [del Señor]». ¡Cómo se deleitará, entonces, en el ruego del Espíritu Santo! El gran Escudriñador de los Corazones busca la mente del Espíritu en nosotros. Démosle nuestras voluntades.

1.357. LA PROMESA TODOSUFICIENTE

Romanos 8:28

I. A quién es dada.

1. A LOS QUE AMAN. «A los que aman a Dios.» Le amamos porque Él nos amó primero. Él busca primero, no la obra de nuestras manos, sino el amor de nuestros corazones.
2. A LOS QUE SON LLAMADOS. A «los que son llamados conforme a su propósito.» «Amados de Dios, llamados a ser santos.» Procurad hacer firme vuestra vocación (*cf.* 2 Ti. 1:9).

II. La naturaleza de la misma. Es:

1. GRANDE. «Todas las cosas.» Todas las cosas que pertenecen a la vida y a la piedad quedan aquí incluidas. «Todas las cosas son vuestras.»
2. ACTIVAS. «Todas las cosas *cooperan.*» En el reinado de la gracia todo está constantemente en movimiento para el bien del creyente. Como en el mundo material, no existe lo estático.
3. ARMÓNICAMENTE. «Todas las cosas cooperan.» No hay inarmonías ni irregularidades allí donde todo opera conforme a *su propósito.* Todo está bien para los llamados de Dios, incluso cuando parece que todo va de la peor manera. «¿Creéis que puedo hacer esto?»
4. PRECIOSAS. «Todas las cosas cooperan *para bien.*» Jacob dijo: «Contra mí son todas estas cosas» (Gn. 42:36), pero todas ellas eran para bien (Gn. 50:20). Tened fe en Dios.
5. SEGURAS. «Sabemos.» Sabemos, porque conocemos la fidelidad del Dios en quien confiamos. Fiel es Aquel que prometió. Y debido a que *conocemos,* nuestros corazones son mantenidos en perfecta paz con respecto a las cosas presentes y a las cosas venideras. «Bástate mi gracia.»

1.358. EL PROPÓSITO ETERNO

Romanos 8:29, 30

I. El gran propósito de Dios.

1. QUE SU HIJO FUERA EL PRIMOGÉNITO entre muchos hermanos. Él se humilló a Sí mismo, pero Dios le exaltó hasta lo sumo. En todas las cosas Él debe tener la preeminencia.
2. QUE LOS CREYENTES DEBEN SER HECHOS CONFORME a la imagen de su Hijo. Como obra suya, somos creados *en Cristo Jesús,* que es la imagen del Dios invisible. No os conforméis al mundo.

II. Las pisadas de la gracia. Es profundamente interesante darse cuenta de las obras del amor infinito en su salida a buscar y a salvar a los perdidos.

1. CONOCIDOS DE ANTEMANO. «A los que de antemano conoció.» «Antes que te formase, te conocí» (Jer. 1:5). Escritos en el libro de la vida, antes de la fundación del mundo (Ef. 1:4).
2. PREDESTINADOS. Designados según la voluntad de Dios. En Hechos 4:28 (V.M.) se traduce la misma palabra como *predeterminado.* A los que antes conoció, a ellos los ha predeterminado.
3. LLAMADOS. No hay lugar para cavilaciones acerca de estas cosas. Digamos con Pablo: «Dios, que me había separado desde el vientre de mi madre, y me llamó por su gracia, *tuvo a bien*». Llamados por el Espíritu Santo a ser un pueblo separado para Él mismo.
4. JUSTIFICADOS. «A los que llamó, a éstos también justificó.» Es Dios el que justifica. ¿Quién acusará a los escogidos de Dios? Justificados libremente por su gracia.
5. GLORIFICADOS. «A los que Él justificó, a éstos también glorificó.» La gloria que tú me has dado, les he dado a ellos. Si sufrimos con Él, también seremos glorificados con Él teniendo un cuerpo semejante a su *glorioso* cuerpo.

1.359. EL GRAN RETO

Romanos 8:31-35

I. Si Dios está por nosotros, ¿quién contra nosotros? (v. 31). «Jehová está conmigo; no temeré lo que me pueda hacer el hombre» (Sal. 118:6). Mayor es el que está *en vosotros* que el que está en el mundo. Todos los recursos de Dios son para todos aquellos que están de parte de Él.

II. ¿Quién puede condenar cuando Cristo ha muerto y resucitado? (v. 34). Habiendo muerto con Él, estamos ahora resucitados con Él. Libres de la ley. Para los que están en Cristo Jesús no hay por tanto condenación ahora, ni por parte de Dios, ni del hombre, ni de ángel ni del diablo.

III. ¿Quién acusará a los escogidos de Dios cuando es Dios el que justifica? (v. 33). La herencia de los siervos del Señor es: «Ningún arma forjada contra ti prosperará» (Is. 54:17). Cuando Satanás intentó presentar acusación contra Josué, el Señor le reprendió (Zac. 3:1, 2).

IV. ¿Quién nos separará del amor de Aquel que se dio a Sí mismo por nosotros? (v. 35). «Yo les doy vida eterna; y no perecerán jamás, ni nadie las arrebatará de mi mano.» El pueblo del Señor, comprados con su propia sangre, le son demasiado preciosos para separarse fácilmente de ellos. El Padre, habiendo *amado* a los suyos que estaban en el mundo, los amó hasta el fin.

V. ¿Quién puede estorbar a Dios de darnos todas las cosas cuando no eximió ni a su Hijo? (v. 32). Siendo reconciliados, seremos *salvos por su vida* (Ro. 5:10). En ÉL todas las necesidades quedarán suplidas. Vosotros sois de Cristo, y todas las cosas son vuestras. ¿Cómo no nos dará también con él todas las cosas?

1.360. MÁS QUE VENCEDORES

Romanos 8:35-37

I. Debemos ser vencedores. No esclavos de las modas y de los placeres de este mundo, sino vencedores para Dios. Habiendo nacido de Dios, pertenecemos a la clase *alta,* y vencemos al mundo por medio de la fe.

II. Somos vencedores en medio de padecimientos. La tribulación, la angustia, la persecución, el hambre, la desnudez, el peligro, y la espada. Todo esto sigue estando con nosotros, pero la fe da la victoria. Somos siempre entregados a la muerte por causa de Jesús. Este mundo actual siempre mantiene en el lugar de los muertos a aquellos que tienen en sí la vida de Jesús, pero ellos siguen venciendo y persisten en conocerle más a Él.

III. Somos más que vencedores. Los enemigos no son solo vencidos y sometidos, sino que son atraídos como siervos bien dispuestos a la obra del Señor. Saulo fue *más* que vencido cuando pasó a ser predicador de aquel Evangelio que tanto había aborrecido. Observa esto: Para ser más que vencedores tenemos que ser *más que vencidos.* No es suficiente que venzamos; tiene que haber una bien dispuesta y total rendición de nosotros mismos en manos de Dios, para decir, ser y hacer todo lo que Él pueda disponer.

IV. Somos más que vencedores por medio de Él. El poder de la victoria y de un obrar agresivo por Dios no está en nosotros mismos, ni en nuestros planes ni en las organizaciones, sino en el Dios que obra en nosotros. Gracias sean dadas a Dios que nos da la victoria por medio de nuestro Señor Jesucristo. Ellos vencieron mediante la sangre del Cordero. La sangre del Cordero es el acerado filo de la espada de la Palabra, la santa arma del Espíritu. Aférrate a ella, empléala.

1.361. LA VICTORIA

Romanos 8:37

1. «¿Qué?»...	«Más que vencedores».
2. «¿Quién?»...	«Somos».
3. «¿Cuándo?»...	«En todas estas cosas».
4. «¿Cómo?»...	«Por medio de Aquel que nos amó».

1.362. EL AMOR DE DIOS

Romanos 8:38, 39

I. Su naturaleza. «El amor de Dios.» Dios es amor, por lo que al manifestar su amor se manifiesta a Sí mismo. En esto consiste el amor. Sí, en esto tenemos a Dios. No que nosotros le amáramos a Él, sino que Él nos amó a nosotros. ¡He aquí, que amor!

II. Su canal. «Que es en Cristo Jesús.» Él es el *mediador* entre Dios y los hombres, la Escalera que llega de la tierra al cielo. En Él se manifestó el amor de Dios para con nosotros, para que nosotros viviéramos *por medio* de Él. «Yo soy el Camino.»

III. Sus objetos. «Nos(otros).» Él nos amó y se dio a Sí mismo por nosotros (Jn. 3:16). En esto consiste el amor, no en que nosotros amáramos a Dios, sino en que Él nos amó a nosotros, y envió a su Hijo para ser la propiciación por nuestros pecados. Por nosotros, cuando estábamos aún muertos en delitos y pecados.

IV. Su poder. «Ni la muerte», etc. «nos podrá *separar* del amor de Dios». «Con amor eterno te he amado.» Puede que en ocasiones dejemos que las mezquindades de este mundo separen nuestro amor de Él, pero, bendito sea su Santo Nombre, nada puede separarnos de su amor. Su amor es más fuerte que la muerte.

V. Su certeza. «Estoy persuadido.» Es un gran testimonio cuando podemos decir con verdad: «Hemos *conocido* y *creído* el amor que Dios tiene para con nosotros» (1 Jn. 4:16). Teniendo el amor de Dios derramado en nuestros corazones, y viviendo día a día como aquellos que creen en el amor infinito y eterno de Dios, éste es el secreto de una vida reposada, gozosa y contenta. «Estoy persuadido de que [nada] nos podrá separar del amor de Dios, que es en Cristo Jesús nuestro Señor.»

1.363. CRISTO, EL FIN DE LA LEY

«Porque Cristo es fin de la ley, para justicia de todo aquel que cree» (Ro. 10:4).

I. ¿Qué es la Ley? Como norma revelada por Dios es «santa, justa y buena» y, por ello, una revelación de su santidad, justicia y bondad. La fuente de la ley es santa, su carácter es justo, y bueno su propósito.

II. ¿Cuál es el fin de la Ley? «Cristo es el fin de la ley.» Este bendito hecho puede ser interpretado de formas diferentes. El fin de la ley, para un ladrón, es la cárcel. Para un asesino, es la pena de muerte. El fin de la ley para todos los pecadores es o la condenación o Cristo. El fin de un libro es instruir; el de un reloj, medir el paso del tiempo; el de una lámpara, dar luz; el fin de la ley es llevarnos a Cristo. Vino como ayo (esclavo) para este mismo propósito (Gá. 3:24). El fin del vengador de la sangre es matar, y en este intento frecuentemente perseguía al homicida hasta la ciudad de refugio.

III. ¿Por qué vino a ser Cristo el fin de la Ley? Fue «par justicia». Él no vino a actuar desafiando la ley, sino a cumplirla. Él fue constituido bajo la ley, para que sus santas y justas demandas fueran perfectamente satisfechas en él. Él se hizo obediente hasta la muerte, y así llevó a su fin las justas demandas de la ley contra todos los que están en Él. Él nos ha sido hecho ahora por Dios «*justicia*» (1 Co. 1:30).

IV. ¿Para quiénes es Cristo el fin de la Ley? «A todo el que cree.» «De todo aquello de que por la ley de Moisés no pudisteis ser justificados, en él es justificado todo aquel que cree» (Hch. 13:39). El fin de una ley inalterable para Daniel era, a los ojos de sus enemigos, el foso de los *leones*, pero para él *Dios* era el fin de aquella ley para liberación. Para los que están fuera de Cristo, no hay fin para las demandas y amenazas de aquella ley ofendida e insultada. Sólo los que ignoran la justicia de Dios tratarán de establecer la suya propia. El sometimiento a la *justicia* de Dios es la única actitud sabia, y se hace esto cuando se cesa de las propias obras y se cree en el Señor Jesucristo, que vino a ser el fin de la ley, y que introdujo para nosotros la justicia eterna.

1.364. CONFESIÓN DE CRISTO

Romanos 10:6-10

Durante la Guerra Franco-Prusiana, cuando el ejército alemán se dirigía hacia París, pasaron por muchos pueblecitos. En uno de éstos, los habitantes salieron a resistirse a su avance armados con rudimentarias armas de diversos tipos. Se dice que una anciana salió con una muleta, que blandió en el aire. «¡Vuélvase!, se pensarán que está loca!», exclamaron sus vecinos. «No me importa lo que piensen», dijo ella, «*siempre que sepan de qué lado estoy*». ¡Muy bien! ¡Es magnífico! Ya nos vendría bien algo de este valor en la vida cristiana. ¿Saben nuestros parientes, amigos y vecinos de qué lado estamos?

I. El deber de la confesión. Observa el doble énfasis en el corazón y en la boca en Romanos 10:6-10.

1. CORAZÓN (vv. 6, 8, 9 y 10).
2. BOCA (vv. 8, 9 y 10).

Nunca deberían separarse. La boca sin el corazón sería hipocresía; y el corazón sin la boca sería cobardía.

II. El tema de la confesión.

1. MIS PECADOS, PERO SOLO AL SEÑOR. Los pecados (1 Jn. 1:9). Mis transgresiones (Sal. 32:5), mi iniquidad (Lv. 26:40).
2. MIS FALTAS;A LOS HERMANOS O HERMANAS EN EL SEÑOR. (Stg. 5:16).
3. MI SALVADOR: A TODOS (Mt. 10:32). Siempre que confesamos a nuestro Señor, recibimos su «Bienaventurado eres». Siempre nos beneficiamos por la confesión de Él.
4. LA DEIDAD DE NUESTRO SALVADOR (1 Jn. 4:15). ¿Por qué hemos de vacilar en confesar este aspecto esencial de su Ser?
5. EL SEÑORÍO DE NUESTRO SALVADOR (Fil. 2:11). Observemos en Romanos 10:9: «Si confiesas... que Jesús es el Señor». Mas le confiesan como Salvador sin proseguir para confesar que es Señor.
6. LA SEGUNDA VENIDA DE NUESTRO SALVADOR (2 Jn. 7, BAS *margen*). «Muchos engañadores han salido al mundo que no confiesan a Jesucristo *viniendo en carne*».

III. Métodos de confesión.

1. ESCRIBIENDO CARTAS. Una joven convertida sentía que debía hablar a un mozo de cuerda del ferrocarril sobre la salvación, pero se sentía muy nerviosa. Con mucha oración, escribió una carta; y luego, cuando el tren se iba, se la dio desde la ventana. Esto sirvió para romper el hielo, y se volvió más valiente.
2. LLEVANDO O MOSTRANDO UNA BIBLIA. En el momento en que el capitán Hedley Vicars aceptó el evangelio, vio que debía confesar a Cristo ante sus compañeros de milicia, pero era tímido. Sin embargo, consiguió una Biblia, la puso en una mesita en su tienda, y de aquella manera dio a conocer al Salvador y Señor que acababa de descubrir.
3. DE PALABRA. Este es de manera preeminente el método de confesar. Durante una comida, el eminente Sir Robert Peel se sintió entristecido por el lenguaje blasfemo de los caballeros que estaban con él. Llamando su carruaje, se levantó, y dijo: «Caballeros, debo pedirles que me excusen: sigo siendo cristiano».
4. DANDO GRACIAS EN LA MESA. Ésta fue la primera confesión de Cristo en su hogar por parte del autor de estas líneas, donde nunca se daba gracias antes de la comida.
5. POR EL BAUTISMO. Éste es otro método de confesión. (Véase un Estudio sobre el Bautismo en este libro.)
6. La Vida: y, naturalmente, debemos confesar a Cristo por medio de nuestras vidas cambiadas.

IV. Los frutos de la confesión.

1. PERDÓN. «Si confesamos nuestros pecados, él es fiel y justo para perdonarnos nuestros pecados» (1 Jn. 1:9).
2. PURIFICACIÓN. «Si confesamos nuestros pecados, él es fiel y justo para perdonarnos nuestros pecados, y *limpiarnos de toda maldad*» (1 Jn. 1:9).
3. CERTIDUMBRE. «*Díganlo* los redimidos de Jehová» (Sal. 107:2). El doctor Fullerton conocía a una mujer que no recibió la seguridad de la salvación hasta que confesó a Cristo.
4. SALVACIÓN. «Con la boca se confiesa para *salvación*» (Ro. 10:9, 10). Esta palabra, «salvación», es una palabra de enorme significado, y significa mucho más que perdón o justificación. Incluye todas las bendiciones que nos pertenecen en Cristo Jesús.
5. PRESERVACIÓN. Es muchísimo mejor para un joven convertido izar en el acto sus colores que tratar de ser un discípulo secreto. La gente conoce entonces quién eres.
6. CURACIÓN. En Santiago 5:16 se declara que la curación corporal sigue a la confesión.
7. BENDICIÓN. Siempre que confesamos a Cristo nos hacemos conscientes de la declaración del Maestro: «Bienaventurado eres» (Mt. 16:17), y saber que le estamos agradando es una verdadera recompensa.

1.365. EL BRAZO DEL SEÑOR HACIA ABAJO

«Dice: Todo el día *extendí* mis manos» (Ro. 10:21).

«Acá abajo los brazos eternos» (Dt. 33:27).

«El eterno Dios es tu *refugio*». La palabra traducida «refugio» es muy intensa, y no se encuentra frecuentemente en la Biblia. Significa infinitamente más que un lugar temporal de refugio, una mera cubierta. Es, como lo señala la RV, una morada, una habitación, un *hogar*. Te encuentras con una tempestad repentina mientras estás en un parque, y rápidamente te diriges al refugio preparado por la administración: es un refugio, y es cosa muy aceptable; pero no es tu hogar. Intentas cruzar una de las principales avenidas en la frenética ciudad, y encontrando que el tráfico empieza a moverse, te refugias en una isla peatonal. Aquel pequeño oasis en medio del activo tráfico es muy acogedor: pero no es tu hogar. Ahora bien, Dios en Cristo es todo esto para el alma que confía –y mucho más– porque Él es un *hogar*. Después de todo, ¿qué es lo que constituye un hogar? ¿No es los brazos amantes de un padre y de una madre? ¿Te sientes cómodo en el hogar con Dios? Si te sientes incómodo con el pensamiento de la presencia de Dios, si el pensamiento de Dios no te resulta grato, deja que Él ponga sus brazos a tu alrededor y debajo de ti, y echará fuera todo temor.

¡Qué contraste da esta expresión con la citada por Pablo en Romanos 10:21! «Todo el día *extendí* mis manos hacia un pueblo desobediente y contradictor.» Desde luego, si los brazos eternos no están debajo de ti, estarán extendidos en intenso llamamiento. El lujo de reposar en los brazos eternos lo conocen sólo los que han respondido a su amante invitación. Pero observa: *«Todo el día»*. ¡Qué ejemplo de paciencia y de hondo sentimiento! Se describe a Dios extendiendo su mano *durante un día entero*. ¡Qué difícil es mantener las manos extendidas sólo un breve tiempo! Sin embargo, Él espera larga y pacientemente. ¿Cuánto tiempo más lo mantendrás tú en esta posición tan incómoda?

El brazo de Dios es símbolo de poder, y por ello en esta figura hay un pensamiento de fuerza. Pero en esta metáfora hay también el pensamiento de afecto y amor. En su profecía, Isaías tiene mucho que decir acerca del *brazo* de Jehová, pero Moisés está ocupado en los brazos: no solamente poder, sino también amor. La Esposa en el Cantar de los Cantares podía decir: «Su izquierda esté debajo de mi cabeza, y su derecha me abrace». ¡Gracias a Dios! Aunque la diestra del Omnipotente está extendida para defendernos de todos los peligros y riesgos, su izquierda nos abraza contra su gran corazón de amor.

Pero hay otro pensamiento importante. Él extiende sus brazos no solo para rescatarnos del peligro, *sino para dar satisfacción a su gran corazón de amor.* Los hombres y las mujeres tienen hambre de amor de niños pequeños, y nunca parecen tan felices como cuando sostienen a los pequeñitos contra ellos. Así es que se sacia el hambre de sus corazones. ¿Y no es así con nuestro Dios? Acude Él, y Él reposará en su amor.

1.366. BONDAD Y SEVERIDAD

Romanos 11:19-22

Dios es bueno, pero es también severo. Dios es Amor, pero Dios es también Luz.

1. **La severidad de Dios.** Dios se separa de los incrédulos y de los contaminados (v. 17).
2. **La bondad de Dios.** «La benignidad *para contigo*», porque *creíste en él* (v. 22).
3. **La solemne lección que se enseña.**

a. Que LA INCREDULIDAD separa de la benignidad de Dios (v. 20; He. 3:19).
b. Que la salvación es solo por LA GRACIA DE DIOS. La *benignidad* de Dios nunca puede ser merecida por hombre alguno.
c. Que LA FE UNE a la benignidad de Dios (v. 23).
d. Que solo por la fe NOS MANTENEMOS EN PIE (v. 20).
e. Que Dios es poderoso y que está bien dispuesto a salvar A TODOS LOS QUE CREEN (v. 23).

1.367. NUESTRO CULTO RACIONAL

Romanos 12:1

El pensamiento del sacrificio pasa por todos los libros de la Biblia como el hilo de grana en los ropajes y ataduras del gobierno. El sacrificio tiene dos aspectos generales: 1) Como un *don*, entregado para el bien de otro, como en Marcos 7:11; 2) Como un objeto de «holocausto», para ser absolutamente *consumido*, como en Levítico 1:9. La ofrenda de Caín pertenecía a la primera clase, y era incompleta. La de Abel pertenecía a la otra, y fue aceptable. Ambos fueron actos voluntarios, y constituyeron por ello una revelación de carácter. Aquí tenemos tres razones por las que el sacrificio de nuestra parte es eminentemente razonable: Porque:

I. Se hizo sacrificio por nosotros. «Cristo nos amó, y se entregó a sí mismo por nosotros a Dios» (Ef. 5:2). «*A si mismo* por nuestros *pecados*» (Gá. 1:4). ¡Qué costoso sacrificio y para qué propósito! Mediante el sacrificio de Sí mismo Él ha quitado el pecado para siempre como obstáculo en el camino del pecador para acercarse a Dios (He. 9:26). Al darse a Sí mismo, dio todo lo que Él era y tenía: no un yo empobrecido, porque Él, siendo rico, por nosotros se hizo pobre, para que nosotros fuéramos enriquecidos con su pobreza (2 Co. 8:9). Él, como «grano de trigo», murió bien dispuesto, para poder dar fruto en las vidas de aquellos por los que Él murió. Si Él se dio a Sí mismo por nosotros, ciertamente que nosotros deberíamos darnos a nosotros mismos para Él.

II. Se nos pide sacrificio. «Os exhorto por las misericordias de Dios, a que presentéis vuestros cuerpos como sacrificio vivo, santo, agradable a Dios» (Ro. 12:1). ¿Por qué el *cuerpo*? Porque es el instrumento, o arma, del Espíritu Santo, que mora en vosotros. Las posibilidades del cuerpo, para bien o para mal, son enormes (Ro. 6:13). Cuán a menudo se pueden remontar las recaídas y los fracasos a los miembros inconsagrados del cuerpo. Ser un «sacrificio vivo» es estar de continuo y totalmente a disposición de Dios. Esto es «santo y agradable a Dios». Y también debido a su *aceptabilidad* a Él, es de lo más razonable que así sea hecho. El cedernos a Dios es la raíz y rama de la negación de uno mismo, sin la que no puede haber un verdadero discipulado (Mt. 16:14). Es verdad en el más profundo de los sentidos, que «no sois vuestros... Porque habéis sido comprados por precio; glorificad, *pues*, a Dios en vuestro cuerpo y en vuestro espíritu, los cuales son de Dios» (1 Co. 6:20). ¿No es razonable que Dios tenga los suyos, aquellos a los que Él ha comprado con su sangre? Nosotros le robamos a dios cuando retenemos esta parte (los cuerpos) de su posesión adquirida.

III. El sacrificio asegura una mayor bendición para nosotros. Al presentarnos como «sacrificio vivo» a Dios, nos salvamos a nosotros mismos de «adaptarnos a este siglo», y además nos ponemos en aquella posición en la que podemos experimentar «cual sea la buena voluntad de Dios, agradable, perfecta» (Ro. 12:1, 2, RV). Nunca probaremos la bondad y hermosa perfección de la voluntad de Dios en nuestra propia experiencia personal hasta que nos abandonemos totalmente a ella. Así como no podemos experimentar el poder del agua para sostener nuestros cuerpos hasta que nos confiamos enteramente a ella. Una vida totalmente rendida a Dios es la única vida razonable que puede vivir el cristiano. Es el secreto de la utilidad, porque significa el ajuste apropiado de las facultades y funciones de nuestro ser con la perfecta voluntad y propósitos de Dios. Cada don presentado sobre el altar es santificado por el altar.

1.368. CONSAGRACIÓN

Romanos 12:1, 2

En los anteriores capítulos Pablo ha estado tratando acerca de doctrinas fundamentales. Ahora llega la aplicación, porque él no es un mero teorizador. El cristianismo es intensamente práctico, y el *ruego* del apóstol demuestra cuán agudamente lo siente. El cristianismo de algunos es como un cierto pez que es casi todo cabeza. La entrega de todo corazón a Dios debería caracterizar a cada cristiano, y esto se evidencia en el hecho de que presentamos nuestros cuerpos como sacrificio viviente a Dios.

I. El sacrificio a ofrendar. «Presentad vuestros *cuerpos*.» Tan propensos somos a presentarle nuestras *almas* a Él, y a dar el cuerpo como sacrificio al alma. Parece que pensemos que nuestros *cuerpos* son enteramente nuestros, y que nuestras *almas* pertenecen a Dios. Pero el cuerpo es el templo del alma y del espíritu, y el medio a través de los que estos actúan y se manifiestan a sí mismos. El hombre interior actúa así por medio del hombre exterior. Luego el *medio* debería estar en manos de Dios así como el actuante individual. De hecho, a no ser que Dios esté totalmente encargado de todo el ser, el poder divino será retraído. No se trata tanto de que Él *nos dé* poder como que Él desea manifestar su poder *por medio de nosotros*. Cada uno de nosotros debe *presentar su cuerpo*, como el judío presentaba su cordero, y lo dejaba en manos del sacerdote.

II. La naturaleza de este sacrificio. Debe ser:

1. UN SACRIFICIO VIVIENTE. La muerte de Cristo ha barrido para siempre todos los sacrificios muertos de sobre el altar. Ahora Él los busca vivos. Esto es, debemos, por así decirlo, *vivir sobre el altar*. Los antiguos sacrificios estaban sobre el altar solo por un poco de tiempo. La nuestra es UNA VIDA CONSAGRADA. «Para mí, el vivir es Cristo.»
2. Un sacrificio SANTO. «¿No sabéis que vuestros cuerpos son templo del Espíritu Santo?» Este templo tiene que ser santo, porque Dios mora en vosotros, y al ofrecer el cuerpo como sacrificio ofrecemos a Él lo que Él ya ha reclamado y santificado para Sí.
3. Un sacrificio ACEPTABLE. «*Agradable a Dios.*» No solo aceptable, sino que en realidad le da satisfacción. Dios no queda totalmente satisfecho con respecto a nuestra salvación hasta que nosotros nos ofrecemos como sacrificio bien dispuesto, santo, a Él. Somos salvos para servir.

III. Los motivos que se apremian. Son dobles.

1. LAS MISERICORDIAS DE DIOS. «Os exhorto por las misericordias de Dios.» «Muchas son tus misericordias, oh Jehová» (Sal. 119:156). ¿Cuáles son sus misericordias para con nosotros? Pensemos en su amor en Cristo, su perdón, su paz, su gozo, su Espíritu Santo, sus promesas (cap. 8). Éstas nos deberían constreñiros a presentarnos a Él de una manera total. La *bondad* de Dios debería conducirnos al arrepentimiento en esta cuestión de retener de Él lo que se le debe, más aún, lo que es suyo por derecho de compra (1 Co. 6:20).
2. LA RAZONABILIDAD DEL SERVICIO. «Que es vuestro racional culto» (RV). Es sencillamente racional que nos presentemos a Dios si Él nos ha redimido para Sí. Es solo razonable que Él disponga de *todo*. Y por ello, es totalmente irrazonable retener lo que es suyo.

IV. Las consecuencias de este sacrificio.

1. LA NO CONFORMACIÓN AL MUNDO. «No os adaptéis a las formas de este mundo.» Éste es el remedio para la conformación mundana. Una presentación definida de nosotros mismos a Dios y un reconocimiento *constante* de ello. No hay posibilidad de que los muertos sigan las formas de este mundo. «Consideraos muertos.» «El cual se dio a sí mismo por nuestros pecados para librarnos del presente siglo malo» (Gá. 1:4). Los que están del todo en las manos de Dios no tienen por qué preocuparse demasiado acerca de si esto o aquello es consistente con la vida cristiana. Es *Él* quien decide.
2. UNA TRANSFORMACIÓN DEL CARÁCTER. «Transformaos por medio de la *renovación* de vuestra mente.» La transformación de la vida exterior tendrá lugar en proporción a la renovación del hombre interior. Cuando Cristo fue transfigurado, fue sencillamente la manifestación visible de la gloria interior. «Como piensa el hombre en su corazón, así es él.» Los hay que anhelan una vida renovada pero que no desean poseer la *mente* renovada. La presentación es nuestra. La transformación, de Dios.
3. UNA NUEVA EXPERIENCIA DE LA BUENA VOLUNTAD DE DIOS. «Para que experimentéis cuál sea la buena voluntad de Dios» (RV). Muchos nunca han probado la bondad y perfección de la voluntad de Dios, porque no se han dado plenamente a Dios. Y así la voluntad de Dios les es incómoda. La temen, en lugar de deleitarse en ella. La voluntad de Dios es *perfecta*, y solo en su voluntad son nuestras vidas perfectas delante de Él. Cuando se presenta el sacrificio agradable se experimentará la voluntad agradable. Él puede obrar en nosotros tanto el *querer* como el hacer de su buena voluntad.

1.369. «DOY GRACIAS A MI DIOS»

«Doy gracias a mi Dios continuamente por vosotros, por la gracia de Dios que os fue dada en Cristo Jesús» (1 Co. 1:4).

Es deliciosamente fácil dar gracias a Dios por la gracia que nosotros mismos hemos recibido, pero se precisa de una mayor gracia para dar gracias a Dios *siempre* por la gracia que es dada a otros. Hasta los cristianos son susceptibles a sentimientos de celos y envidia, considerándose mejor capacitados para servir a Dios que sus prójimos. Este egoísmo nunca puede andar en la comunión del Espíritu. «En cuanto honor, dando la preferencia los unos a los otros.» No somos aptos para ser usados por Dios en tanto que estemos indispuestos a reconocer y agradecer a Dios por la gracia y los dones que Él ha derramado sobre otros para la edificación del Cuerpo, la Iglesia. Esta disposición a dar gracias a Dios siempre por la gracia dada a otros muestra un espíritu en una plena y dulce comunión con la mente y los propósitos de Dios.

1.370. EL LLAMAMIENTO DE DIOS

1 Corintios 1:4-9

Toda verdadera experiencia cristiana tiene su origen en el llamamiento de Dios: «No me elegisteis vosotros a mí, sino que yo os elegí a vosotros». «A los que llamó, a éstos *también* justificó» (Ro. 8:30). Vamos a observar algunas cosas preciosas inherentes en este llamamiento. Es:

I. El llamamiento de la Gracia. «La gracia de Dios que os fue dada en Cristo Jesús» (v. 4). Esta gracia por Jesucristo nunca podía venir como respuesta al mérito humano. «Por gracia habéis sido salvados por medio de la fe; y *esto no proviene de vosotros*, pues es *don de Dios*» (Ef. 2:8). En gracia nos llama, porque, mientras «éramos aún pecadores, Cristo murió por nosotros».

II. Un llamamiento al enriquecimiento. «En *todas las cosas* fuisteis *enriquecidos* en él, en toda palabra y en todo conocimiento» (v. 5). La nueva *vida en Cristo* es enriquecida con un nuevo valor y un nuevo poder. Hay un más profundo conocimiento de Dios, una clara visión del tesoro de su Palabra, y una más plena expresión de todas estas cosas en la vida. Verdaderamente, el cristiano es una persona rica. Rico en fe, rico para con Dios.

III. Un llamamiento a la paciente espera. «No sois inferiores en ningún don, esperando la manifestación de nuestro Señor Jesucristo» (v. 7, V.M.). Es de temer que muchos sí se rezagan en su don de esperar la Venida del Señor (1 Ts. 1:9, 10). Deberíamos ser agradecidos de que este don esté siendo libremente otorgado al pueblo de Dios en estos días.

IV. Un llamamiento a una vida irreprochable. «Para que seáis irreprensibles en el día de nuestro Señor Jesucristo» (v. 8). Aquí reside el *uso práctico* de esta «Bienaventurada Esperanza», que frecuentemente es puesta en tela de juicio por los incrédulos. Nuestras vidas deben quedar afectadas por nuestras expectativas. «Todo aquel que tiene esta esperanza puesta en él, se purifica a sí mismo» (1 Jn. 3:3). ¿Cómo puedes decir que no hay ningún bien que se derive de esperar a su venida?

V. Un llamamiento a la comunión. «Fuisteis llamados a la comunión con su Hijo Jesucristo nuestro Señor» (v. 9). Hermanos, ¡qué magno llamamiento es éste! Llamados a la asociación con el Hijo de Dios en tratar de salvar a los perdidos y para la edificación de su Iglesia, y para el apresuramiento de su Reino. En todo esto debemos ser no participantes *adormilados*, sino activos «colaboradores juntamente con Él». Somos llamados a la comunión con Él, pero el «capital» en este gran negocio es todo suyo. «Porque en Él habita corporalmente toda la plenitud de la Deidad» (Col. 2:9). Y de esta plenitud hemos recibido todos nosotros.

VI. Un llamamiento de un Dios fiel. «Fiel es Dios, por el cual fuisteis llamados» (v. 9). Este santo llamamiento implica una seria responsabilidad. Bien podríamos temblar cuando pensamos en nuestra propia pobreza, ignorancia y debilidad. Pero en todo caso es por el Dios siempre fiel a sus promesas que fuisteis llamados. Oigamos lo que dice el apóstol a los misericordiosos filipenses: «Mi Dios, tan grande en su riqueza en Cristo Jesús, suplirá plenamente cada necesidad vuestra» (Fil. 4:19). ¡Cree solamente!

1.371. EL PODER DE LA CRUZ

1 Corintios 1:18

Obsérvese el lugar que ocupaba la Cruz en la predicación de Pablo (v. 17).

I. ¿Qué se significa por la Cruz? La muerte expiatoria del Señor Jesucristo.

II. ¿Qué se significa por la predicación de la Cruz? Exponer la muerte de Cristo como el divino remedio de los pecados y para las almas de los hombres. Como Moisés levantó la serpiente en el desierto.

III. ¿Cuáles son los efectos de una Cruz predicada?

1. «LOCURA» para los que *no* creen.
2. «PODER DE DIOS» para los que creen. Poder para salvar y para dar satisfacción.

1.372. LA ATRACCIÓN DE LA CRUZ

1 Corintios 1:18-31

La predicación, o mensaje, de la Cruz, es tratado en estos días de una manera muy similar a como Cristo mismo fue tratado en los días de su humillación y dolor (v. 18). Los sabios de este mundo escarnecieron, y la dignidad oficial le negó. Por la predicación del Cristo crucificado, la Cruz sigue emitiendo su llamamiento.

I. A los que se están perdiendo es locura (v. 18). Tiene que estarse hundiendo en la negrura de la desesperanza final aquel que cree que el método de salvación de Dios es «locura». También podría considerar locura esperar recibir luz del sol.

II. Para los que se salvan es poder de Dios (v. 18). Para los que están siendo arrebatados del fuego, como tizones sacados del incendio, y librados del dominio del pecado, y trasladados al Reino de su amado Hijo, y que reciben la enseñanza de su Santo Espíritu y la satisfacción de su gracia *es poder de Dios.*

III. Para el judío es un tropezadero (v. 23). El pobre judío, cegado por la incredulidad, ha estado tropezando sobre la Cruz desde que Cristo resucitó de los muertos. La Cruz de Cristo está justo en su camino. No puede sacarla de él. Algunas de las cosas proclamadas por los profetas se han cumplido literalmente en la vida y muerte de este Hombre llamado Jesús, el Cristo (Is. 53), a quien ellos crucificaron. Como nación, seguirán tropezando hasta que miren a Aquel a quien traspasaron (Zac. 12:10).

IV. Para los griegos es locura (v. 23, RV). Los griegos buscan sabiduría, pero el mensaje de la Cruz, que es la materialización de la *sabiduría de Dios*, es «locura» para estos sabios según el mundo. Ciertamente que «lo insensato de Dios es más sabio que los hombres» (v. 25). «El mundo no conoció a Dios mediante la sabiduría» (v. 21). Hay muchos, en nuestros propios días, como estos griegos, que están buscando anhelantes la sabiduría, y que sin embargo dejan de lado a Aquel que es *sabiduría de Dios* (v. 24).

V. Para el cristiano, tanto si es judío como griego, Cristo, y Él crucificado, es el poder de Dios y la sabiduría de Dios (v. 24). El Evangelio de Cristo es el *poder* de Dios para salvar hasta lo último de la necesidad humana, y la *sabiduría* de Dios para dar satisfacción hasta lo último de la búsqueda del hombre en pos de la verdad. Conocer a Dios tal como Él se revela en su Palabra es ser hecho *sabio* para salvación. Nuestra visión de Cristo en relación con Dios puede ser algo maravilloso, pero la visión de Cristo en relación con nosotros su pueblo lo es más aún. Es con su cuenta que tenemos especialmente que ver. Porque por imputación de la Gracia Omnipotente Cristo nos es hecho por Dios:

1. «SABIDURÍA» PARA LA MENTE. La cualidad de ser sabio pertenece más al carácter que al pensamiento. Él nos ha dado capacidad para comprender cosas espirituales. Él puede llevarnos a abundar en esta sabiduría (Ef. 1:8), para que seamos llenos (Col. 1:9).
2. «JUSTICIA» PARA EL CORAZÓN. Esta justicia no viene por «obras de la ley», sino por imputación de la gracia. «Abraham *creyó* a Dios, y le fue contado por justicia». Quedar justificado delante de Dios significa: «No ya yo, más Cristo».
3. «SANTIFICACIÓN» PARA LA OBRA. Separados, no como reclusos, sino como colaboradores juntamente con Él. Jesús dijo: «Y por ellos yo me consagro a mí mismo, para que también ellos estén consagrados en la verdad» (Jn. 17:19, gr.). No somos salvos del modo en que un tacaño guarda su dinero, sino como un padre sabio salva a su hijo, dándole *capacidad* para la obra de su vida.
4. «REDENCIÓN» PARA NUESTRA CERTIDUMBRE. Esta promesa bien puede alentar y dar confianza a nuestros corazones, que Él obrará nuestra liberación, tanto si es como peregrinos tentados y sometidos a prueba, o como guerreros por la verdad. «He aquí, *yo estoy* con vosotros todos los días».

1.373. LA JACTANCIA

NEGATIVO: «A fin de que nadie se jacte» (1 Co. 1:29).

POSITIVO: «El que se gloría, gloríese en el Señor» (1 Co. 1:31).

La jactancia parece parte propia de nuestra constitución. Todos se glorían en algo. Dios ha preparado un remedio, no reprimiendo el instinto, sino dando para la misma un objeto y un tema dignos. Así, la jactancia viene a ser algo legítimo si se adopta el tema correcto. ¿Y cuál es el tema? Jeremías 9:23, 24. Pablo se gloriaba en:

I. La Cruz, Gálatas 6:14

II. El Señor, 1 Corintios 1:31

III. En Tribulaciones, Romanos 5:3

IV. En Debilidades, 2 Corintios 12:9

1.374. UNA GRAN HERENCIA

«Cristo Jesús, el cual nos ha sido hecho de parte de Dios sabiduría, justificación, santificación y redención» (1 Co. 1:30).

I. Se implica la gran necesidad del hombre. Si *se nos tiene que ser dada la sabiduría* y la *justicia*, con todo lo demás por parte de Dios por medio de Cristo Jesús, es evidente que si estamos sin Cristo somos

1. IGNORANTES. Insensatos e ignorantes con respecto a las cosas de Dios, contando como insensatez la predicación del Crucificado (v. 23).
2. INJUSTICIA. La justicia en su sentido más profundo y pleno solo puede venir por medio del sacrificio de Jesucristo (Ro. 10:4).
3. IMPÍOS. La bondad natural no es santidad; la honradez y la veracidad como carácter no nos harán por sí aptos para tener comunión con Dios (2 Co. 5:21).

II. La gran provisión de Dios revelada. «Cristo Jesús, el cual *nos ha sido hecho de parte de Dios.*» Cristo Jesús «en quien mora toda la plenitud de Dios» hecho para nosotros:

1. SABIDURÍA. Cristo es la sabiduría de Dios, tal cómo Él quiere que esta sabiduría nos sea dada a conocer (1 Co. 1:24). ¡Oh, la profundidad de las riquezas de esta sabiduría!
2. JUSTICIA. Hechos *sabios* y *justos* por la imputación de nuestra culpa y pecado a Cristo, y de su vida y santidad hacia nosotros (Is. 45:24).
3. SANTIFICACIÓN. No solo *justificados* de todas las cosas, sino *regenerados* en naturaleza, y librados de la esclavitud y del *poder* del pecado.
4. REDENCIÓN. La redención final del cuerpo. «A los que justificó, a estos también glorificó» (Ro. 8:30). ¡Liberación de la *presencia* del pecado!

III. Cómo se efectúa este gran cambio. Vale la pena señalar:

1. Que Cristo y sus bendiciones son INSEPARABLES. Todas están *en* Él. Dios no puede hacernos sabios y justos aparte de Cristo Jesús.
2. Que estas bendiciones nos son DADAS POR DIOS. «Dios es el que justifica» (Ro. 8:33). ¡Qué alentador que sean obra de Él! Su obra es perfecta. Él nos bendice con toda bendición espiritual en Cristo (Ef. 1:3, 4).
3. Que estas bendiciones son dadas a aquellos que están EN CRISTO JESÚS. En Él están escondidos todos los tesoros de sabiduría. Estáis completos en Él, sois hechura suya. «Creados en Cristo Jesús» (Ef. 2:10).
4. Que estas bendiciones dadas por Dios, por medio de Cristo, están AL ALCANCE DE TODOS LOS QUE CREEN. Todos los que le recibieron a Él reciben el privilegio de la filiación, «los que creen en su nombre» (Jn. 1:12). Viendo que estos beneficios nos son *dados por Dios* sobre la base de la obra expiatoria de Cristo por el pecado por medio de nuestra fe, ¿dónde quedan las *obras*? ¡Quedan excluidas! ¿Por qué ley? «Por la gracia» (Ef. 2:5). Salvos por la sola gracia.

1.375. TRES POTENCIAS

1 Corintios 1:30

1. Se implica la condición desesperada del sin Cristo.

2. Se expone la bienaventurada herencia del cristiano.

3. Se revela la maravillosa gracia de Dios.

1.376. LA REVELACIÓN CRISTIANA

1 Corintios 2:9-16

I. Esta revelación no puede en absoluto ser invención de los hombres. El *ojo* de la mente carnal del hombre jamás la ha visto. El *oído* de la sabiduría humana del hombre jamás la ha oído. Ni ha entrado jamás en el corazón del hombre (aparte de por el Espíritu Santo) cuáles son las cosas que Dios ha preparado para los que *le aman* (v. 9), y así ha sido *desde el comienzo del mundo* (Is. 64:4). El mundo no conoció a Dios mediante la sabiduría (1:21).

II. Es una revelación de Dios. «Pero Dios nos las reveló» (v. 10). Solo Dios podía revelar los misterios de su sufriente Hijo. «¡Oh profundidad de las riquezas de la sabiduría y del conocimiento de Dios!» (Ro. 11:33). Conocimiento acerca de su Hijo. Ésta es la gloria del mensaje del Evangelio, que es tan verdadero y tan lleno de gracia como el Dios que lo dio (Gá. 1:12).

III. Lo que es esta revelación. Es el desvelamiento del misterio de Cristo, y de Él crucificado (v. 2). La revelación del hecho de que Él murió *por nuestros pecados,* y de que *resucitó para nuestra justificación,* y de que volverá para nuestra liberación final (He. 9:26). Es una revelación de su gracia abundante a hombres pecadores, y de su poder para salvar hasta lo último a todos los que a Él acuden.

IV. Cómo se da a conocer esta revelación. «Dios nos las reveló a nosotros *por medio del Espíritu*» (v. 10). Ha venido de Dios, y es traído al corazón creyente por el Espíritu de Dios. Porque «el Espíritu escudriña las cosas profundas de Dios». «Nadie conoce las cosas de Dios, sino el Espíritu de Dios» (v. 11). El Espíritu Santo es el ministro de las cosas de Cristo (1 Co. 12:8-11). Él es el «Espíritu de Verdad», y Él os enseñará todas las cosas que tienen que ver con la voluntad revelada del Padre, «tomará de lo mío, y os lo hará saber» (Jn. 16:13). ¡Ah, que todo su pueblo fuera así enseñado por Dios! Con tal «Maestro venido de Dios» no hay excusas que valgan para la miseria espiritual. «Recibid el Espíritu Santo». Pues puede que conozcáis la letra de la palabra, y que empero seáis extraños a su enérgica potencia.

V. Cómo se deberían predicar estas cosas. «Ni mi predicación fue con palabras persuasivas de *humana sabiduría,* sino con *demostración del Espíritu y de poder*» (v. 4). «Nuestro evangelio no llegó a vosotros *solamente en palabras,* sino también en *poder,* en el Espíritu Santo» (1 Ts. 1:5). Sin este poder, la predicación carece de autoridad: «címbalo que retiñe». Puede que se dé una exhibición de palabras elocuentes y de energía carnal, pero sin la demostración del Espíritu es espiritualmente impotente (v. 13). «Pero *recibiréis poder, cuando haya venido sobre vosotros* el Espíritu Santo: y me seréis testigos» (Hch. 1:8). Vosotros ministros de Él, esperad «hasta que seáis revestidos de poder *desde lo alto*» (Lc. 24:49). «Porque para vosotros es la promesa» (Hch. 2:39).

VI. La actitud del cristiano hacia esta revelación divina. «Resolví no saber entre vosotros cosa alguna sino a Jesucristo, y *a éste crucificado*» (v. 2). En Corinto había muchas contiendas, como las hay por todas partes del mundo hoy. Pero Pablo sabía que la una cosa necesaria por parte de todos era el poder del Evangelio de Cristo. Los mundanos, en su sabiduría, llamarían a esto estrechez de mente; pero es la sabiduría de Dios ofrecer el *remedio divino* para todos los males del mundo. «*Resolví*», dice él. «Una cosa hago.» Quiera Dios que esta decisión fuera el motivo asentado en los corazones de todos los que sirven en la predicación de la Palabra de Dios. Todo el consejo de Dios emana de «Cristo, y de Él crucificado». «Estimo todas las cosas como pérdida por la excelencia del *conocimiento de Cristo Jesús,* mi Señor» (Fil. 3:8).

1.377. LA PRUEBA DE LA OBRA DE NUESTRA VIDA

1 Corintios 3:10-20

Pablo, como perito arquitecto, está tratando aquí de algunos hechos fundamentales acerca de la vida y obra del cristiano.

I. Se ha echado un fundamento. «Nadie puede poner otro fundamento que el que está puesto, el cual es *Jesucristo*» (v. 11). un fundamento lo necesitaba, *primero,* el mismo Dios, sobre el que edificar la estructura de su Iglesia redimida; *segundo,* por parte del hombre, sobre el que edificar sus esperanzas para esta vida y para la vida venidera. Este fundamento ha sido *bien y verdaderamente* echado por la mano de la infinita sabiduría. Echado tan hondo como la tumba, y tan estable como el Trono Eterno. «Sobre esta Roca (Cristo) edificaré mi Iglesia, y las puertas del Hades no prevalecerán contra ella» (Mt. 16:18). «Porque el fundamento de Dios se mantiene firme» (2 Ti. 2:19). Por cuanto Dios Padre se ha propuesto edificar su Iglesia y su Reino sobre aquella Roca, que es Cristo, tengamos *la fe de Dios,* y edifiquemos *nuestro todo* sobre *Él.*

II. Se está levantando una superestructura. «Y si alguien *edifica sobre* este fundamento oro, plata, piedras preciosas», etc. (v. 12). Aquí tenemos dos clases diferentes de edificadores.

1. EL EDIFICADOR SABIO. «Y si alguien *edifica sobre* este fundamento oro, plata, piedras preciosas.» Pone sobre este fundamento aquello que es congruente con lo precioso de su carácter (Ap. 21:19). Tiene cuidado acerca de su *doctrina,* que aquello que enseña en Nombre de Dios sea en en armonía con su Palabra. También tiene cuidado acerca de *su forma de vivir.* En 2 Pedro 1:5-7 se nos pone a disposición toda una carga de material apropiado para un constructor sabio.

2. EL EDIFICADOR INSENSATO. Emplea «madera, heno, paja». El constructor insensato es sabio en su propia opinión. Cree que en tanto que uno *crea* en el fundamento no importa mucho lo que uno edifique encima, y por ello se hace fácil la falsa enseñanza, y las vanas filosofías de los orgullosos de corazón se vuelven atrayentes. Es descuidado e indiferente en la *practica, su* fe en Cristo no ha conllevado cambio alguno en su vida y manera de ver las cosas. Sigue creyendo bueno edificar con «madera, heno y paja». Estos materiales pueden ser útiles en algunos contextos, pero son «según la *tradición de los hombres,* conforme a los principios elementales del mundo, *y no según Cristo*» (Col. 2:8).

III. Viene un día de prueba. Aquel día en que «la obra de cada uno se hará manifiesta… por el fuego será revelada; y el fuego mismo *probará la calidad de la obra de cada uno*» (v. 13). El fundamento ya ha sido *probado* (Is. 28:16). Peo la obra llevada a cabo que ha estado asociada con su Nombre será probada con el fuego de la prueba escrutadora de Dios. «He aquí que está para llegar aquel día, ardiente como un horno; y todos los *soberbios* y todos los que hacen *maldad* serán como el rastrojo» (Mal. 4:1). Si los *soberbios* y los obreros de *maldad* son contados como rastrojo, así también lo son las *obras* de los cristianos orgullosos y egoístas. Esta prueba de fuego no es para revelar si somos cristianos o no, sino si *nuestras obras* como cristianos son dignas de Cristo o no. ¿Las reconocerá, o las hará arder? Esto depende del carácter intrínseco de las mismas, si es que son de oro, o de madera, de plata o de heno, de piedras preciosas o de paja. Lo *que ellas* sean determinará el destino de las mismas.

IV. Los resultados.

1. ALGUNOS, RECOMPENSADOS. «Si permanece la obra de alguno que sobreedificó, recibirá recompensa» (v. 14). No recibe recompensa porque es cristiano. La salvación no es una recompensa por las buenas obras. Es el *don* de Dios. La recompensa viene por las buenas obras hechas en su Nombre, que le son *agradables* delante de sus ojos: obras que son congruentes con el carácter del Fundamento. Verdaderas y buenas, preciosas a sus ojos, y que llevan el sello del valor eterno.

2. ALGUNOS NO RECOMPENSADOS. «Si la obra de alguno se quema, él sufrirá pérdida, si bien él mismo será salvo, aunque así como a través del fuego» (v. 15). Si su obra es quemada, se debe a que es como madera, heno y paja, cosas solo buenas para el fuego. Puede que su alma sea *salva,* pero tiene una *vida* perdida. Los tales serán tanto más pobres durante todas las eras venideras, y ello como resultado de su actual ignorancia e insensatez. La paga de este pecado es también muerte. Muerte en cuanto a la perspectiva de recibir recompensa por un *fiel* servicio cuando el Señor venga (1 P. 5:4), que probará la obra de cada uno, de qué clase sea. Porque todos debemos comparecer ante el tribunal de Cristo, y manifestados en nuestros verdaderos caracteres, *a fin de que* cada uno pueda entonces recibir *recompensa por las acciones en esta vida,* en conformidad a lo que haya hecho, sean *buenas o malas* (2 Co. 5:10). «Nadie se engañe *a sí mismo*» (v. 18), porque tenemos la certidumbre de que Dios no puede ser burlado. Él no confundirá el hueco servicio carente de corazón de heno y paja con la fe, el amor y las obras de la vida consagrada. Que cada uno mire cómo *sobreedifica* (v. 10).

1.378. HABLA Y PODER

«Conoceré, no las palabras, sino el poder de los que andan envanecidos» (1 Co. 4:19).

«Éste fue un buen discurso.» «Es un orador muy elocuente.» Éste es un lenguaje común, pero Pablo tiene otro modo de juzgar estas proclamaciones orales. «Conoceré, no las palabras, sino el *poder.*» Las mentes no espirituales solo pueden juzgar el habla, la forma externa: no conocen el poder. ¿Qué poder es éste, por el que se revela la misma vida del corazón de los cristianos? Es aquel algo inescrutable, santo, lleno de gracia, gentil, que alcanza y derrite el corazón, que se llama «unción», que hace las cosas eternas y espirituales muy reales y preciosas y poderosas para aquellos que oyen. El Espíritu Santo actuando por medio del corazón y del habla del predicador. Sin este poder, toda predicación es solo como bronce que resuena, o címbalo que retiñe. Que nuestra habla esté siempre sazonada con sal.

1.379. CRISTO, NUESTRA PASCUA

1 Corintios 5:7

Véase Éxodo 12:1-24. El cordero de la Pascua:

1. Fue **ordenado** por Dios — Juan 1:29
2. Fue **sujeto** a un tiempo de prueba — Lucas 9:35

Véase toda la vida pública de Cristo.

3. Debía ser **sin defecto** — 1 Pedro 18:19
4. Debía **ser inmolado** — Lucas 24:26
5. No se debía **quebrar hueso** alguno — Juan 19:36
6. La sangre debía ser **rociada** — Hebreos 9:21-23
7. La carne debía ser comida **asada al fuego**. Es el «Cristo crucificado» el que da satisfacción.

1.380. COSAS QUE DEBIÉRAMOS SABER

1 Corintios 6

En este tiempo, la Iglesia en Corinto era inestable en su doctrina, y facciosa en cuanto a la comunión. Algunas cosas están enfatizadas de una manera especial por el prefijo: «¿O no sabéis...?» Veamos cuáles son algunas de estas cosas. ¿O NO SABÉIS que...?

I. Los santos juzgarán el mundo? (v. 2). Daniel, en su visión, vio venir al Anciano de Días, y el tiempo en que los santos poseyeron el reino (Dn. 7:22). Jesús dijo: «En la regeneración, vosotros que me habéis seguido os sentaréis también sobre doce tronos, para juzgar a las doce tribus de Israel» (Mt. 19:28). Vivieron y reinaron *con Cristo* mil años (Ap. 20:4). Es nimia cosa para sus santos ser juzgados ahora por los hombres. Vendrá el día de ellos.

II. Vuestros cuerpos son miembros de Cristo? (v. 15). «El cuerpo... es para el Señor, y el Señor para el cuerpo» (v. 13). ¿O no sabéis que estos cuerpos vuestros pertenecen a Cristo tan realmente como vuestras almas? El Señor es para vuestro espíritu, y también para *vuestro cuerpo*. Vuestro cuerpo es un miembro funcional visible de Cristo. Las tentaciones del diablo vienen frecuentemente por vía del cuerpo. Mantenedlo sujeto, no sea que de alguna manera os lleve a la inutilidad (1 Co. 9:27).

III. Vuestro cuerpo es el Templo del Espíritu Santo... (v. 19). En el Templo de Salomón la gloria del Señor reposaba sobre el propiciatorio, justo en el centro del Lugar Santísimo, haciendo del Templo un verdadero testimonio de su presencia y poder. La Iglesia de Dios es asimismo su templo. «*Vosotros* sois el santuario del Dios viviente, como Dios dijo: *Habitaré y andaré entre ellos, y seré su Dios, y ellos serán mi pueblo*» (2 Co. 6:16). «También vosotros sois juntamente edificados para morada de Dios en el Espíritu» (Ef. 2:21, 22). Todos somos uno en Cristo, como cuerpo corporativo, y ello constituye el templo de Dios. Pero el *cuerpo* de cada creyente individual deviene un templo del Espíritu Santo. Éste es un pensamiento más conducente a la humildad, al examen propio y a la inspiración que el que Dios more en su Iglesia. *Tu* cuerpo es el templo del Espíritu Santo. Justo en el centro de este templo, en el Lugar Santísimo, el *corazón*, el Espíritu Santo habita y obra, trayendo consolación y conducción en la vida, y poder para el testimonio. Dios *en medio*.

IV. No sois vuestros? Porque habéis sido comprados por precio (vv. 19, 20). ¿Es esto libertad o esclavitud? Es ambas cosas. Significa la libertad de los hijos de Dios, la libertad del Espíritu, y la servidumbre de un amor conquistado. La independencia es imposible. Para ser independientes debemos carecer de país, de cuerpo y de Dios. «Habéis sido comprados por precio». Un precio que sólo el mismo Dios podía pagar: la preciosa Sangre de su amado Hijo (1 P. 1:18, 19). Cristo es mucho más que un *Ejemplo* para nosotros: Él es nuestra *Redención*. Habiendo sido comprados por su Sangre, *pertenecéis a Él;* por ello, «no sois vuestros», y deberíais glorificar «a Dios en vuestro cuerpo y en vuestro espíritu, *los cuales son de Dios*» (v. 20). El amor de Cristo debería constreñirnos, para que los que vivimos por su gracia redentora no vivamos desde ahora para nosotros mismos, sino para Aquel que murió por nosotros y resucitó (2 Co. 3:14, 15), para que proclamemos las alabanzas de Aquel que nos ha llamado de las tinieblas a su luz admirable (1 P. 2:9).

1.381. EL TIEMPO ES CORTO

1 Corintios 7:29

I. Para el **estudio**: Sé decidido	1 Reyes 18:21
II. Para la **salvación**: Sé rápido	2 Corintios 6:2
III. Para el **servicio**: Sé diligente	Colosenses 3:23
IV. Para el **sufrimiento**: Sé paciente	Santiago 5:7

1.382. EL MINISTERIO

1 Corintios 9:7-27

El apóstol está aquí vindicando tanto su ministerio como su método, y se sugieren algunas cualificaciones para un ministerio de éxito.

I. Tuvo una experiencia personal con Jesucristo. «¿No he visto a Jesús el Señor nuestro?» (v. 1). Le había visto y oído, y conocía el poder transformador de su revelación. Podía decir con verdad: «Yo *sé en quién* he creído». ¿No debería ésta ser la experiencia inicial de cada mensajero del Evangelio? ¿Cómo podemos decir: «Hablamos lo que sabemos», si no tenemos una experiencia personal de su poder salvador?

II. Tenía fe en Dios para suplir sus necesidades. Aunque no pedía nada a aquellos a los que ministraba la Palabra, pero mostrándoles que si él sembraba cosas espirituales no era gran cosa que segara sus cosas materiales (v. 11), les recordaba que se trataba de un ordenamiento del Señor, que «los que anuncian el evangelio, que vivan del evangelio» (v. 14). El Evangelio de Cristo es sin precio, y él no quería poner precio para su propio beneficio (v. 18). Él podía decir: «Mi Dios proveerá a todas vuestras necesidades conforme a sus riquezas en gloria en Cristo Jesús» (Fil. 4:19). Es un pobre servicio el que puede ser comprado con dinero.

III. Tiene entusiasmo por el Evangelio. «Me siento constreñido a hacerlo: y ¡ay de mí si no anuncio el evangelio!» (v. 16). No es aquella clase de entusiasmo que puede ser suscitado para una ocasión especial; no se trata de un esfuerzo convulsivo que pueda ser producido por un torrente de palabras. Es el resultado del fuego santo del altar de la cruz ardiendo en el corazón, donde han ardido la «madera, heno y paja» de toda búsqueda egoísta, y donde el Espíritu Santo ha tomado posesión de la vida, centrando las energías del alma en Cristo, y en Él crucificado. «Para mí el vivir es Cristo.»

IV. Tiene humildad de espíritu. «Me he hecho *siervo de todos* para ganar al mayor número» (v. 19). Estaba dispuesto a aceptar el puesto más inferior para si era posible poder alcanzar al más bajo. Como el Maestro, tomó la toalla de la humildad y se ciñó, para lavar los pies de otros (Jn. 13:4, 5). «El que se humilla será exaltado». «Al altivo lo trata a distancia». «Si alguno no tiene el Espíritu de Cristo, el tal no es de él» (Ro. 8:9).

V. Tiene el poder de adaptarse en métodos. «Me he hecho a los judíos como judío, para ganar a los judíos; a los que están bajo la ley (aunque yo no esté bajo la ley), como si estuviese bajo la ley, *para ganar* a los que están bajo la ley» (vv. 20, 21). Y además declara: «A todos me he hecho todo, para que de todos modos salve a alguno. *Y esto lo hago por causa del evangelio*» (vv. 22, 23). En todo esto podemos estar seguros de que Pablo jamás condescendió a contemporizar con nada que fuera malo, ni a alentar costumbres o prácticas que deshonrasen el Nombre de Jesús. De una manera sencilla y amante se humillaba lo suficiente para asirse de ellos, para levantarlos a la salvación de Dios. Ningún débil en la fe debería intentarlo. Se precisa de alguien fuerte para nadar contra esta corriente.

VI. Se niega a sí mismo para mantenerse físicamente apto. «Trato severamente a mi cuerpo, y lo pongo en servidumbre, no sea que habiendo proclamado a otros, yo mismo venga a ser reprobado» (v. 27). El cuerpo es un sagrado instrumento para la obra de Dios. Al comer y beber, al trabajar o al hacer ejercicio físico, recordemos que el cuerpo es para el Señor, y el Señor para el cuerpo (1 Co. 6:13). «No sois vuestros.» Por consiguiente, tened cuidado de la propiedad del Señor.

1.383. LA PROVISIÓN DE DIOS PARA SU PUEBLO PEREGRINO

1 Corintios 10:1-4

Pablo nos asegura aquí dos veces (vv. 6-11) que estas cosas les sucedieron como ejemplos para nosotros, a quienes han alcanzado los fines de los siglos. Nosotros, como ellos, somos peregrinos y extranjeros sobre la tierra, gozando de grandes misericordias espirituales. Ellos tenían las «sombras». Nosotros tenemos las realidades.

I. La nube que se movía. «Nuestros padres estuvieron todos bajo la nube» (v. 1). Nube de refugio de día y de fuego de noche, como protección y guía de ellos (Éx. 13:21). La nube era el símbolo y evidencia de la Presencia Divina, un misterio en sí misma. Cuando se movía, ellos la seguían. Parecía moverse con facilidad, pero nada en la tierra *fuera de ella* podía moverla. ¡Qué emblema más sugestivo de la *Palabra revelada de Dios*! Todos ellos estuvieron *bajo ella*, y Dios estaba *en ella*, y todos fueron bautizados a Moisés, su líder y legislador (v. 2). Fueron conducidos infaliblemente por la nube de Dios, así como nosotros podemos serlo por su Palabra inerrante. Moverse *sin* la nube era ir en su propio nombre, sabiduría y poder, lo que significaría para ellos confusión y fracaso. Esto es lo que significa cuando escogemos nuestro camino, y actuamos sin su autoridad. Fue porque *creyeron* y *siguieron* la nube que pudieron ir por medio del mar como por tierra seca (Éx. 14:22). Es porque hemos creído y actuado en base de la «Palabra del Señor» que hemos pasado de muerte a vida, del lugar de servidumbre a la libertad de la tierra de las promesas. Persiste en creer. Mantén tu mirada en la nube inspirada de Dios.

II. El maná diario. «Todos comieron el mismo alimento espiritual» (v. 3). «Pan del cielo les dio a comer» (Jn. 6:31). Los que siguen la Palabra de Dios serán de cierto alimentados con el «Pan de Dios». Jesús dijo: «Yo soy el pan vivo que descendió del cielo» (Jn. 6:48-51). Así, el maná es un tipo de Jesucristo, que descendió del cielo como «el Pan de Vida». El maná era como Cristo en que:

1. ERA DON DE DIOS. Naturalmente, todo pan es don de Dios, sea que brote de la tierra o que venga del cielo; pero el desierto no podía hacer nada para producirlo. Así que Cristo vino a ser el don de Dios para un mundo muriendo de hambre (Jn. 3:16). Dios sabía lo que necesitaba el hambriento corazón del hombre cuando entregó a su Hijo como «el Pan de Vida».
2. ERA IDÓNEO PARA TODOS. Todos por un igual pudieron comprobar que era lo que manifestaba ser: algo que daba satisfacción a su hambre. Lo que Cristo tiene para darnos es precisamente lo que necesitan todos los hijos de los hombres, aquello que les exactamente apropiado: el perdón de los pecados y gracia para ayudar en cada momento de necesidad. Satisfechos con su abundancia.
3. FUE OFRECIDO A TODOS. Desde los más jóvenes hasta los más viejos, sin dinero, sin precio. Los ricos y los pobres lo necesitaban por un igual. En esta oferta del pan del cielo, Dios no hace acepción de personas, por cuanto todos han pecado. Así que Cristo es ofrecido como el «Pan Vivo» del cielo, en la gracia de Dios, a *todo aquel* que quiera comer de este pan (Jn. 6:51), prometiendo que el que lo coma *vivirá para siempre*.
4. FUE USADO PERSONALMENTE. «Todos *comieron* el mismo alimento espiritual.» No era suficiente con recoger y jactarse de cuánto habían recibido. Para recibir beneficio personal tenían que apropiarse de una manera personal de aquella provisión. Puede que recojamos mucho conocimiento acerca de Cristo, y sin embargo recibir poca fuerza y satisfacción de ello, si no asimilamos la verdad en nuestra propia vida espiritual. «El que me come, él también vivirá por medio de mí» (Jn. 6:47).

III. La roca que les seguía. «Bebían de la roca espiritual que los seguía, y la roca era Cristo» (v. 4).

1. COMO CRISTO, ESTA ROCA FUE REVELADA POR DIOS. Puede que Dios sólo precisara de un corto tiempo para mostrarle a Moisés esta roca en Horeb, pero precisó de más de treinta años para mostrar la Roca, Cristo; porque todos los años de su vida terrenal fueron un desvelamiento de su carácter como el Escogido: «Este es Mi Hijo amado, en quien tengo mi complacencia».
2. COMO CRISTO, ESTA ROCA ESTABA POSEÍDA POR DIOS. «He aquí que *yo estaré* delante de ti allí *sobre la peña* en Horeb» (Éx. 17:6). En el bautismo de Cristo, el Espíritu Santo reposó sobre Él. No podía haber error alguno en su identificación como el medio designado por Dios para la bendición de su pueblo. «Dios estaba *en Cristo* buscando reconciliar consigo mismo a un mundo errante» (*cf.* 2 Co. 5:19).
3. COMO CRISTO, ESTA ROCA ERA RICA EN BENDICIÓN IGNORADA. Los israelitas podían decir: «¿Cómo puede venirnos bien alguno de esta roca?», como dijeron de Cristo: «¿De Nazaret puede salir algo bueno?», o «¿Cómo nos va a salvar este Hombre?» Pero le plugo a Dios que toda la plenitud morara en Él (Col. 1:19). Sin embargo, más tarde podían decir: «De su plenitud todos hemos recibido» (Jn. 1:16).
4. COMO CRISTO, ESTA ROCA DEBÍA SER GOLPEADA. «Golpearás la peña, y saldrán de ella aguas, y beberá el pueblo» (Éx. 17:6). La roca no fue golpeada para sí misma, sino para la salvación del pueblo. Él fue herido por nuestras transgresiones, la vara del juicio de Dios cayó sobre Él, y por sus llagas somos sanados (Is. 53).
5. COMO CRISTO, LA ROCA GOLPEADA DERRAMÓ SUS OCULTOS TESOROS. «Hendió las peñas en el desierto, y les dio a beber raudales de agua» (Sal. 78:15). ¡Ah, maravilla de maravillas, que de su Hijo golpeado surgieran corrientes de misericordias redentoras, brotando de las *grandes profundidades* del eterno propósito de Dios! En aquel día en que Cristo fue traspasado, se abrió una fuente de purificación para un mundo pecaminoso. «A todos los sedientos: Venid a las aguas» (Is. 55:1).
6. COMO CRISTO, ESTA ROCA ESPIRITUAL LOS SEGUÍA. Ellos bebieron de aquella Roca Espiritual que los seguía: y aquella Roca era Cristo (v. 4). Esta agua de la Roca les fue una bendición *permanente*. Los seguía. Algo para darles satisfacción a todo lo largo del camino. Jesús dijo: «El agua que yo le daré se convertirá dentro de él en una fuente de agua que salte para *vida eterna*» (Jn. 4:14). Y: «He aquí, yo estoy contigo; nunca de desampararé ni te dejaré». Él es nuestra Roca, la Roca de nuestra salvación eterna y eterna provisión.

1.384. LA ROCA ERA CRISTO

1 Corintios 10:4

La peña en Horeb era un tipo de Cristo, y el apóstol la llama «aquella roca *espiritual*». De aquella Roca espiritual podemos aprender algunas profundas lecciones espirituales.

I. Aquella roca estaba en un lugar seco y estéril. Horeb significa seco o vacío. Estaba en el desierto, un lugar estéril, y por sí mismo una ayuda aparentemente inútil. Cristo estaba en el mundo, pero el mundo no le conoció. «No hay apariencia en Él, ni hermosura como para que le miremos, ni atractivo como para que nos deleitemos en Él» (Is. 53:2). «¿De Nazaret puede salir algo bueno?» (Jn. 1:46).

II. Aquella roca era nativa del desierto. Era una de tantas, sin ninguna característica aparentemente destacada. Jesús era tan parecido a sus semejantes que cuando estaba entre la multitud, tenían que preguntar, «¿quién es?» Nació de mujer, y fue hecho «en semejanza de carne de pecado» (Ro. 8:3).

III. Aquella roca fue escogida por Dios. El Señor indicó a Moisés cuál era la peña a la que debía dirigirse. La roca que debía ser golpeada fue designada por Dios. Jesucristo es el escogido de Dios. «Éste es mi Hijo amado, ... a Él oíd» (Mt. 17:5).

IV. Aquella roca estaba poseída por Dios. «He aquí que Yo estaré... *sobre la peña*» (Éx. 17:6). Aquí estaba el secreto de sus riquezas y su capacidad de suplir a las necesidades de los sedientos israelitas. Dios estaba en Cristo. «Hasta ahora mi Padre trabaja, y Yo también trabajo» (Jn. 5:17).

V. Aquella roca estaba llena de bendición invisible. Un lugar de lo más improbable. ¿Acaso de una peña puede venir algo de bueno? Pero en la infinita misericordia y plenitud de Dios había en ella profundidades insondables de bendición. ¡Cuán semejante al Hijo de Dios. En Él mora toda la plenitud (Jn. 1:14). Él dice: «Si alguno tiene sed, venga a Mí» (Jn. 7:37).

VI. Aquella roca fue golpeada. «Golpearás la peña.» Esto nos recuerda de unas palabras similares: «Hiere al pastor» (Zac. 13:7). La roca fue golpeada con una *vara*. La vara del juicio cayó sobre Cristo. Fue golpeado no por causa de Él mismo, sino para la salvación del pueblo, pecador y murmurador. Él sufrió por *nosotros*, el Justo por los injustos.

VII. Aquella roca dio sus tesoros tras ser golpeada. Incluso el que la había golpeado podía beber de su misericordia. El golpe dado a Jesús con la lanza abrió la fuente para limpiar el pecado y la inmundicia. Incluso los que golpearon podían beber de la corriente de salvación. «Padre, *perdónalos,* porque no saben lo que hacen» (Lc. 23:34). Su muerte fue la muerte de nuestros pecados y la vida de nuestras almas.

VIII. La roca que los seguía. «Y todos bebieron... de la roca espiritual que los seguía.» De cierto que no padecerán más sed aquellos que tienen tal fuente que los acompaña día a día en sus peregrinaciones por el desierto. «El agua que Yo le daré se convertirá para Él en una fuente de agua» (Jn. 4:14). La presencia de Jesús con nosotros es como un manantial brotando en el corazón. «He aquí que Yo estoy con vosotros todos los días» (Mt. 28:20). Esta Roca *espiritual* sigue siguiéndonos. Bebed de ella todos.

1.385. DERRIBADOS POR EL PECADO

1 Corintios 10:5-15

Salió de Egipto una multitud mezclada (Nm. 11:4), pero ninguno de ellos vieron a Caleb y Josué entrar en la posesión prometida (Nm. 26:65). ¡Qué advertencia tenemos aquí contra los *pecados secretos,* que conducen a la recaída y al derribo definitivo!

I. ¿Quiénes fueron los que cayeron en el desierto? Habían sido:

1. SALVADOS DE EGIPTO. Pasaron a través del mar, y sabían algo del Dios de la Liberación. Se habían identificado con la hueste redimida.
2. BAUTIZADOS al Nombre del Conductor designado por Dios, reconociendo su autoridad, y profesando ser sus seguidores.
3. MANIFESTADOS EN PLENA COMUNIÓN. Todos ellos comieron del mismo pan y bebieron de la misma Roca (vv. 3, 4). ¡Qué privilegios eran los suyos, pero cuán hueca su profesión!

II. Su fracaso. Fue grande, y conllevó resultados fatales. «Quedaron *tendidos* en el desierto». En un día cayeron veintitrés mil (v. 8). El carácter de su fracaso como recaídos se puede ver en que:

1. DESAGRADARON A DIOS. De muchos de ellos no se agradó Dios (v. 5). El desagrado de Dios puede no manifestarse durante un tiempo, por cuanto es lento para la ira, pero si no hay arrepentimiento, ciertamente que madurará hasta resultar en juicio.
2. ERRARON EL BLANCO. Su blanco era la Tierra Prometida, pero no la alcanzaron por su incredulidad (Jud. 3). Fallaron porque perdieron su fe en Dios.
3. SUFRIERON MUERTE PREMATURA. Cada uno de ellos murió, podríamos decir, antes de su hora. Dios estaba dispuesto a introducirlos en la «buena tierra», pero la *maldad* mata al malvado (Sal. 34:21). Aquellos que yerran en su corazón alejándose de Dios difícilmente se dan cuenta de cómo están acortando sus vidas.

III. Las causas del fracaso. Hay muchas, pero todas ellas tienen su raíz en el apartamiento del corazón del Dios viviente, al dejar de honrar y obedecer su Palabra. Sus pecados son los pecados de muchos en nuestros propios días, que se han apartado en su corazón de seguir al Señor.

1. CODICIARON COSAS PROHIBIDAS (v. 6). Se anhelan los placeres de la vieja vida irregenerada, y el pan de Dios se vuelve insípido (Nm. 11:4). Dios mismo se vuelve irreal.
2. ADORARON OTROS DIOSES (v. 7). Cuando cualquier otro objeto es amado y honrado más que el Señor nuestro Dios, entonces nos volvemos idólatras, sea que se trate de nuestros negocios, nuestros placeres, nuestros hijos, nosotros mismos. «El que ama a cualquiera o cualquier cosa más que a Mí», dice Cristo, «no es digno de Mí» (Mt. 10:37, 38).
3. SE ENTREGARON A LA IMPUREZA SOCIAL (v. 8). Este pecado secreto, destructor del alma, no puede ser tapado a los ojos de Dios. «Sabed que vuestro pecado os alcanzará».
4. MURMURARON CONTRA LA PROVIDENCIA DE DIOS (v. 10). Murmuraron contra Moisés, contra Aarón, contra el método con que Dios trataba con ellos, y se mostraron descontentos incluso contra el maná del cielo (Nm. 14:2). Cuando un profeso cristiano comienza a murmurar contra los siervos de Dios, y a criticar y encontrar fallos en la Palabra y mensaje de Dios, ten por cierto que están alejados de Dios en sus corazones, si es que jamás le conocieron de verdad.

IV. La presente aplicación. Estas cosas son todas ellas ejemplos para nosotros (vv. 6-11). Todos los pecados, secretos o abiertos, siguen teniendo el mismo efecto de separar el alma de la comunión con Dios, y de derribar el testimonio de la vida como testimonio del poder de Cristo. El descontento con la provisión y las promesas de Dios es el fruto plagado de un corazón que duda. Hermanos, esforcémonos por tanto en entrar en aquel «reposo de fe», no sea que alguien caiga en pos del mismo ejemplo de incredulidad (He. 4:11). «*Por la fe estás en pie.* No te ensoberbezcas, sino teme» (Ro. 11:20). «El fin de todas las cosas se acerca; sed, pues, sensatos y manteneos sobrios para la oración» (1 P. 4:7).

1.386. LA CENA DEL SEÑOR

1 Corintios 11:23-29

Esta ordenanza es la herencia de la Iglesia Cristiana. Los emblemas son de un carácter de lo más simple y hogareño: «Pan y vino». Pero el significado de los mismos en manos de Cristo incorporan las más profundas realidades en la fe cristiana. El pan: *«Mi Cuerpo»;* el vino: *«Mi Sangre».* Símbolos de su carácter y misión.

I. Su encarnación. «*Tomó* pan... y dijo: ... esto es mi cuerpo» (v. 23). Me preparaste *cuerpo.* Él no tomó naturaleza de ángeles, sino «*semejanza* de carne de pecado» (Ro. 8:3). Tomó el cuerpo preparado para Él por el Padre, para que pudiera tener algo que ofrecer como sacrificio visible por el pecado del mundo. La toma del pan como símbolo de su cuerpo fue un acto voluntario, porque Él *se humilló a Sí mismo* cuando tomó forma de siervo (Fil. 2:7).

II. Su devoción. Dio gracias (v. 24). Tomó el pan, emblema de su cuerpo, y dio gracias a Dios por él. ¡Pensemos en ello! ¡Dando gracias a Dios por un cuerpo que iba a ser herido y clavado en una cruz: Dando gracias al Padre por el privilegio de morir por una humanidad culpable y desagradecida! En este sencillo acto vemos la cordial devoción de nuestro Señor a la terriblemente dolorosa obra que el Padre le había encomendado. «No se haga mi voluntad, sino la tuya.»

III. Su sufrimiento. Después de dar gracias, *lo partió.* Cada palabra, cada acción, parecen llenos de significado. No le pidió a Judas que lo partiera. Él mismo lo partió. Él *se dio a Sí mismo* en sacrificio por nuestros pecados. Él podía decir: «Nadie toma mi vida de Mí: Yo de mí mismo la pongo». Él partió el pan, del que había dicho: «Éste es mi Cuerpo» (Jn. 10:18). Fue por su *amor* para con nosotros que se dio a Sí mismo por nosotros como ofrenda a Dios (Ef. 5:2). Su vida fue una vida de acción de gracias; su muerte fue una ofrenda voluntaria. «Heme aquí, oh Padre.»

IV. Su Sustitución. «Esto es mi cuerpo que *por vosotros es partido.*» No partido por accidente. Él fue herido por *nuestras* transgresiones, molido *por nuestros* pecados, el castigo de nuestra paz fue sobre él. Él fue experimentado en quebranto por ti (Is. 53:5). El vino de su preciosa sangre fue derramado por nuestra redención (1 P. 1:19). Somos propensos a hablar a la ligera y a pensar poco en estas palabras pronunciadas en su última comida en la tierra. «*Mi cuerpo,* partido por» vosotros. ¿Cuáles serían sus pensamientos en su mente al pronunciar estas palabras? Él ya veía la Cruz, y quizá ya sentía las angustias de Getsemaní en su alma. Pero el amor le constreñía. Cuando nos sentamos a la mesa del Señor y tomamos el pan y la copa, ¿somos conscientes como deberíamos serlo de: «Mi Cuerpo partido *por vosotros*», «Mi Sangre derramada *por vosotros*»?

V. Su invitación. «Tomad, comed». «Haced esto en memoria de Mí.» Después de haber quedado cumplida la expiación mediante su sufrimiento y muerte, viene (simbólicamente) la invitación a participar de los beneficios adquiridos. «Tomad, comed», apropiaos de aquello que es puesto aquí delante de vosotros. Éste es el mensaje del Evangelio. «Haced esto *en memoria de mí*». No hay virtud en los meros actos de *comer* y *beber.* El alma de la ordenanza está en *recordarle a Él.* Los elementos son simplemente memoriales de lo que Él ha hecho por nosotros al dar su Cuerpo y Sangre como Rescate por nuestras almas.

V. Su propósito en ello. «Porque todas las veces que comáis este pan, y bebáis esta copa, *la muerte del Señor estáis proclamando.*» No nos han dejado ninguna ordenanza simbólica para *proclamar* su Encarnación, ni su Transfiguración, ni su Ascensión, pero sí para su *Crucifixión.* ¿Por qué *su muerte* debe ser mantenida tan prominente y persistentemente delante de nuestras mentes? Porque toda nuestra salvación procede de ella, y todas las esperanzas de los impíos se encuentran en ella. «Jamás acontezca que yo me gloríe, sino en la cruz de nuestro Señor Jesucristo» (Gá. 6:14). Predica a Cristo, y *a Él crucificado.*

VII. Su expectativa. «La muerte del Señor estáis proclamando *hasta que él venga*» (v. 26). Cuando Él venga, según su promesa, la Iglesia no tendrá necesidad de este memorial de Él. Tenemos poca necesidad de la fotografía de un amigo ausente cuando Él mismo ha venido a nosotros. La actual dispensación es un intervalo entre su Cruz y su Trono. Mientras que podemos sentarnos a su mesa con corazones entristecidos, pero en paz; mientras que pensamos en su dolor y vergüenza por nuestra causa, podemos mirar con esperanza hacia arriba, sabiendo que Él volverá a recibirnos a Sí mismo (Jn. 14:1-3). Cuando pensamos en la mesa del Señor tenemos que reconocer que no se trata de la mesa de ninguna Iglesia o secta en particular. Es *del Señor,* y tienen acceso a ella todos los que pueden *discernir* el cuerpo del Señor en los emblemas. Nuestra aptitud o inaptitud para sentarnos a su mesa reposa no en nuestra buena educación, ni en nuestro carácter moral, ni en nuestra profesión religiosa, sino en nuestro *discernimiento espiritual* (v. 29).

1.387. QUE CADA UNO SE EXAMINE A SÍ MISMO

1 Corintios 11:28

Cuando examinamos a *otros* justificamos el *yo,* pero cuando examinamos el *yo* estamos más dispuestos a justificar a otros. Que cada uno

1. Examine su **compañía** (Sal. 1; Pr. 13:20). Los pájaros del mismo plumaje van juntos.
2. Examine sus **hábitos** (1 Jn. 2:15).
3. Examine sus **pensamientos** (sal 10:4). «Cual es su pensamiento en su corazón, tal es Él» (Pr. 23:7).
4. Examine sus **afectos** (Col. 3:2). Tener una mentalidad carnal es muerte (Ro. 8:6).
5. Examine sus **motivos** (1 Co. 10:31). ¿Estamos actuando para nosotros mismos o para Dios? (Col. 3:17).

1.388. LA IGLESIA COMO CUERPO DE CRISTO

1 Corintios 12:12-31

El cuerpo humano es una perfecta metáfora, o imagen, de la Iglesia de Jesucristo, siendo como es un organismo vivo con muchos miembros, controlado por un espíritu.

I. La Iglesia es un cuerpo. Un cuerpo con dos cabezas sería una monstruosidad. Lo mismo sucedería con una cabeza con dos cuerpos. «Vosotros sois el cuerpo de Cristo» (v. 27). «Nosotros, siendo muchos, somos un solo cuerpo en Cristo» (Ro. 12:5). Nosotros vemos muchas iglesias, pero Cristo sólo tiene una.

II. Los miembros están todos unidos por Un Espíritu. «Porque por un solo Espíritu *fuimos todos* bautizados para formar un solo cuerpo» (v. 13). Podemos ser admitidos en una iglesia local en base de una *profesión* de fe, pero para ser unidos al Cuerpo Espiritual de Cristo necesitamos el poder regenerador del Espíritu Santo. «Es el Espíritu el que da vida; la carne de nada aprovecha» (Jn. 6:63). El Señor conoce a los suyos.

III. El cuerpo de Cristo incluye a cada miembro. «Sean judíos o griegos, sean esclavos o libres» (v. 13). Sean blancos o negros, de color o amarillos, ricos o pobres, eruditos o ignorantes, vivos o muertos: todos los que en cada era han sido llevados a beber del Espíritu alimentador del alma (v. 13), todos son de Él. Todos los que han sido hechos cercanos por la Sangre de Cristo (Ef. 2:13). ¿Es la Iglesia un fracaso? Puede. Pero la Iglesia que es el Cuerpo de Cristo no es ningún fracaso, porque cuando Él venga para recoger su precioso tesoro, Él tendrá un cuerpo que será un glorioso testimonio del triunfo de sus sufrimientos.

IV. Cada miembro tiene su propia función. «Dios ha colocado los miembros cada uno de ellos en el cuerpo, como *él quiso»* (v. 18). No se espera del pie que haga la obra de la mano, ni del ojo que haga aquello para lo que ha sido hecho el oído. Hay diversidades de dones (véase vv. 28-31), sino un Espíritu y un propósito. No os desalentéis si vuestro don no es tan visible y útil como otros. El ojo no codicia la función del oído, ni el oído la del ojo. Busquemos en oración cuál es el don que Dios ha querido otorgarnos. Si *eres* un miembro del Cuerpo de Cristo, entonces hay algo que tú *puedes* hacer por Él. Un miembro paralizado es una traición a su carácter.

V. Todos los miembros son interdependientes. «Ni el ojo puede decir a la mano: No te necesito», etc. (v. 21). Cada miembro del cuerpo necesita la ayuda de los otros. Deberíamos alabar a Dios por los dones de otros miembros, cuando se está impulsando la obra del Señor. ¿Qué importa cuál sea el miembro que tenga el don especial, en tanto que esté siendo cumplida por medio del cuerpo la obra de la Cabeza?

VI. No hay a su vista división en el cuerpo (vv. 25-27). «Todos vosotros sois uno en Cristo Jesús» (Gá. 3:28). «Uno mismo es el Señor de todos, que es rico para con todos los que le invocan» (Ro. 10:12). «Hay *un solo* cuerpo, y *un solo* Espíritu, como también fuisteis llamados en una misma esperanza de vuestra vocación» (Ef. 4:4). Las cosas que dividen a los miembros de su Cuerpo, a los ojos de los hombres, son cosas suscitadas por el orgullo y los prejuicios de los hombres. Como cristianos, seamos «solícitos en guardar la *unidad del Espíritu* en el vínculo de la paz» (Ef. 4:3).

VII. Todos los miembros del cuerpo están en simpatía mutua. Así, los miembros de Cristo deberían tener la misma solicitud unos por otros. «De manera que si un miembro padece, todos los miembros se duelen con él, y si un miembro recibe honra, todos los miembros se gozan con él» (vv. 25, 26). No hay aquí lugar ni para la envidia ni para los celos. En el servicio del Señor tal espíritu inmundo tiene que ser echado fuera. Porque «si yo hablara lenguas humanas y angélicas, pero no tengo amor, vengo a ser como bronce que resuena» (13:1). «El amor no busca su propio interés». Seguid el amor, y desead los dones espirituales (14:1).

1.389. GRACIA TRANSFORMADORA

1 Corintios 15:9, 10

[El testimonio de Saulo de Tarso]

1. Su pasado: «Perseguí a la Iglesia de Dios».
2. Su presente: «Apóstol».
3. Cómo fue obrado este magno cambio: «Por la gracia de Dios».

1.390. LA SIGNIFICACIÓN DE LA RESURRECCIÓN DE CRISTO

1 Corintios 15:12-23

Aquí el apóstol razona acerca de esta magna verdad desde dos perspectivas diferentes:

1. La NEGATIVA. «Si Cristo *no* resucitó», entonces ¿qué?
2. La POSITIVA. «Ahora bien, *Cristo ha resucitado»,* entonces, ¿qué? Como si se fuera a decir: «Si el sol no fuera a levantarse de nuevo, ¿qué sucedería?» Pero el sol se levanta, y ello se hace evidente por sí mismo.

I. Si Cristo no resucitó.

1. ENTONCES EL MISMO TESTIMONIO DE CRISTO ERA FALSO. Él había dado su promesa: «Resucitaré». «Destruid este templo (su cuerpo) y en tres días lo levantaré» (Jn. 2:19). Si fracasó aquí, ¿cómo podría Él ser «la Resurrección y la Vida»? (Jn. 11:25).
2. ENTONCES SUS DISCÍPULOS FUERON TOTALMENTE ENGAÑADOS. Porque ésta era la nota clave de su gozoso testimonio. Ellos enseñaban «al pueblo, [anunciando] en Jesús la resurrección de entre los muertos» (Hch. 4:2). Cuando su Señor fue crucificado, los discípulos fueron los más míseros de entre todos los hombres, ocultándose avergonzados de sus compatriotas. Pero de repente se volvieron los más gozosos y valientes de todos los mortales. ¿Qué había sucedido? Habían visto a su Señor levantado de la tumba.
3. ENTONCES LA IGLESIA CRISTIANA ES UN GIGANTESCO FRAUDE. Es una majestuosa estructura sin fundamento alguno. Si no hubo un sepulcro vacío en el huerto de José de Arimatea al tercer día, ésta es la cosa más vana del mundo. Está erigida sobre la suposición de que Cristo se levantó de entre los muertos. Si no se levantó de la tumba, ¿cómo vamos a dar cuenta de su potencia y perpetuidad durante estos largos siglos?
4. ENTONCES LA EXPERIENCIA CRISTIANA ES UN GRAN ENGAÑO. Nuestra certidumbre de perdón, nuestro gozo en ser justificados en la luz de Dios, nuestra paz de corazón y de mente, nuestras oraciones contestadas, nuestra dulce comunión con Dios, nuestras brillantes esperanzas para el mundo venidero, todo esto es imaginario; y todos los millones en todos los siglos que han tenido estas experiencias han sido fatalmente engañados.
5. ENTONCES LOS QUE CREEN EN LA INMORTALIDAD HAN ESTADO VIVIENDO EN UN PARAÍSO DE INSENSATOS.

En lugar de «partir para estar con Cristo», los que han muerto en esta fe han perecido como las bestias. Los gozos, las esperanzas y las visiones del cristiano que muere han sido todas ellas engañosas. Sus expectativas de ver a Jesús y de encontrarse con los amados que les han precedido han sido solamente unas pérfidas y vanas fantasías. Toda su vida ha sido solo una mera alucinación.

6. ENTONCES SOMOS LOS MÁS MISERABLES DE TODOS LOS HOMBRES. Porque nosotros, de entre todos los hombres, nos hemos situado en el más elevado pináculo de expectación, poseyendo la más brillante perspectiva y las más confiadas esperanzas que nadie haya podido tener. Para nosotros significa ser arrojados de la elevada torre de nuestra bienaventuranza personal al abismo de tiniebla y de desesperación. Si Cristo no ha resucitado, entonces la vida cristiana es un horrible espejismo, porque no habrá resurrección de los muertos (v. 12), nuestra predicación ha sido en vano, y nuestra fe también es vana (v. 14). Hemos sido *falsos testigos*, y estamos aún *en nuestros pecados*, y todos los que han muerto en la fe *perecieron* (v. 18).

II. Ahora bien, Cristo ha resucitado (v. 20). ¡Qué timbre de gozo hay en este grito! Es como el toque de la trompeta de la victoria. «Ahora bien, Cristo ha resucitado», y los cimientos del Infierno han sido sacudidos. El sol ha salido en toda su fuerza y esparcido las tinieblas, y traído salud y belleza con sus rayos sanadores. «Ahora bien, Cristo ha resucitado.»

1. ENTONCES NUESTRA PREDICACIÓN NO ES EN VANO. La gran comisión sigue manteniéndose buena y verdadera: «Toda autoridad me ha sido dada en el cielo y en la tierra. *Por tanto,* id» (Mt. 28:18-20). «He aquí que yo (el Resucitado) estoy con vosotros todos los días.» Él no te fallará, no te desalientes. El Evangelio del Cristo Resucitado sigue siendo el *poder de Dios* para salvación para todo aquel que cree.

2. ENTONCES NUESTRA FE NO ES EN VANO. No confiamos en un Salvador muerto, sino en Aquel que es «la Resurrección y la Vida» (Jn. 11:25). No es una cosa vana confiar en el Señor Viviente, que tenía poder para poner su vida, y poder para *volverla a tomar*. Aquel que venció a la muerte y al sepulcro puede fácilmente restaurar nuestra fe enferma y resucitar nuestros esfuerzos moribundos del sepulcro de la inutilidad.

3. ENTONCES NO ESTAMOS AHORA EN NUESTROS PECADOS (v. 17). Él murió por nuestros pecados, pero «resucitó para nuestra justificación». Su muerte fue el pago del precio. Su resurrección fue la evidencia de que Dios había aceptado el precio pagado por nuestra redención. Ahora los que creemos somos aceptados en Él, siendo resucitados juntamente con Él en el propósito de Dios.

4. ENTONCES LOS QUE HAN DORMIDO EN CRISTO NO HAN PERECIDO (v. 18). Están con su Señor, que fue las *primicias* de entre los muertos (v. 23). «Porque si creemos que Jesús murió y resucitó, así también traerá Dios *con Jesús* a los que durmieron con él» cuando Él venga a ser glorificado en sus santos (1 Ts. 4:14, 15). «Sabiendo que el que resucitó al Señor Jesús, a nosotros también nos resucitará con Jesús» (2 Co. 4:14).

5. ENTONCES NO SOMOS DE TODOS LOS HOMBRES LOS MÁS MISERABLES (v. 19). Los cristianos debieran ser las personas más felices sobre la faz del mundo. Tienen al mejor de todos los amigos en Jesús, las más dulces de todas las promesas en la Palabra de Dios, el mayor de los tesoros en la plenitud de la gracia divina. Mantienen la más elevada de todas las posiciones como siervos del Señor, coronado con honra y gloria. Gozan de las más brillantes expectativas en el Reino venidero. *Reinarán con Él* por mil años (Ap. 20:6).

1.391. LA RESURRECCIÓN

1 Corintios 15:20-22; 35-58

Había algunos en la Iglesia de Corinto que enseñaban que «no hay resurrección de los muertos» (v. 12). Para combatir un error tan fatal, y establecer la doctrina más firmemente en la mente de los santos, Pablo escribió este magnífico compendio de la cuestión. Nada hay como esto en ninguna parte; ni en todo el mundo, porque el gran apóstol da aquí lo que él había *recibido* del mismo Cristo resucitado (vv. 3, 4). Las grandes verdades de este capítulo de resurrección son:

I. La resurrección de Cristo. «Ahora bien, Cristo ha resucitado de los muertos» (v. 20). El Cristo de las Escrituras tiene que morir, ser sepultado y resucitar (vv. 3, 4). Que Jesús era el Cristo quedó demostrado por su resurrección de entre los muertos y su aparición a Cefas y a «quinientos hermanos a la vez» (vv. 5, 60. *Engañar* a quinientos *hermanos* a la vez hubiera sido una maravilla tan grande como resucitar de entre los muertos, especialmente cuando estos hermanos eran al principio escépticos. Esto no es un mito, sino un hecho establecido por muchas pruebas indubitables (Hch. 1:3).

II. La esperanza de la resurrección. «Si Cristo no resucitó, vuestra *fe* es vana; *aún estáis en vuestros pecados*. Entonces también los que durmieron en Cristo, han *perecido*» (vv. 17, 18). Es sobre este fundamento –la resurrección de Cristo– que este apóstol enseñado por el Espíritu erige toda la estructura de la fe cristiana. La muerte de Cristo de nada nos servirá si *Él no ha resucitado* ni ha sido aceptado por Dios en nuestro favor. Él murió por nuestros pecados, pero Él tiene que ser resucitado y exaltado a la diestra de Dios antes que se pudiera predicar el perdón en su Nombre (Hch. 5:31). Si Cristo no ha resucitado, no hay esperanza para el hombre (Ro. 5:10).

III. La resurrección de los muertos. Nada sino confusión y error puede sobrevenir si se piensa que Pablo se refiere aquí a una resurrección general del día postrero. Los *muertos* a que se hace referencia en este capítulo son aquellos que «durmieron en *Cristo*» (v. 18). «Así *en Cristo* todos serán resucitados» (v. 22). Todos están *en Adán*, y mueren. Todos aquellos que están *en Cristo* serán vivificados. «Los que *son de Cristo*, en su venida» (v. 23). Los muertos malvados no tendrán parte en la primera resurrección (Ap. 20:5). ¿Como se podría referir a *los tales* como «sembrados en deshonor, resucitados en *gloria*»? (v. 43).

IV. El cuerpo de resurrección. Pablo suscita ahora esta gran cuestión doble, y pasa a responderla. «¿Cómo *resucitarán* los muertos? ¿Con *qué clase de cuerpo* vendrán?» (vv. 35-49).

1. NO será EL MISMO CUERPO que es sembrado en la tumba (v. 37). Gracias a Dios, no habrá mutilados en el cielo, ni cuerpos deformes allí.
2. Será un CUERPO DADO POR DIOS (v. 38). Un cuerpo que en todo le será agradable, y digno de un espíritu redimido (2 Co. 5:10.
3. Será un cuerpo en todo APROPIADO AL ESPÍRITU INDIVIDUAL. «A cada *semilla* su propio cuerpo» (v. 38). Un cuerpo puede diferir de otro cuerpo en gloria, así como «una estrella difiere de otra» (vv. 41, 42).
4. Será un CUERPO INCORRUPTIBLE (v. 42). Incapaz de muerte, de enfermedad o de corrupción.
5. Será un CUERPO DE GLORIA (v. 43). Semejante a su cuerpo en gloria (Mt. 17:2).
6. Será un cuerpo de PODER (v. 43). No sujeto a las leyes de la tierra. Todas las cadenas materiales quedarán rotas.
7. Será un CUERPO ESPIRITUAL (v. 44). Totalmente sujeto a las voliciones del espíritu lavado en sangre (1 Jn. 3:2). Entonces llevaremos la *imagen* del celestial (v. 49).

V. El misterio de la resurrección. «He aquí, os digo un misterio», etc. (vv. 51-54). Aquí el apóstol revela una verdad que había estado velada hasta entonces, y que, extraño es decirlo, es una verdad que sigue velada para muchos, aunque revelada, esto es, que *no todos* los hijos de Dios *morirán*, aunque sí que todos ellos deben ser transformados (v. 51). El mismo Señor vendrá, y los que viven y quedan en aquel tiempo serán arrebatados *junto* con aquellos que han dormido en Cristo, pero que serán entonces resucitados de entre los muertos (1 Ts. 4:15-17). En un momento, en un parpadeo, los muertos serán resucitados, y *nosotros* (los vivos en aquel tiempo) seremos transformados (v. 52). Está reservado a los *hombres* –no a **todos** los hombres– que mueran una vez (He. 9:27).

VI. El cántico de la resurrección. Este cántico se titula: «Sorbida es la muerte con victoria» (v. 54). Es una victoria sobre el *poder* del pecado, un pecado, además, que fue *intensificado* por una ley santa (v. 56). Es una victoria perfecta sobre todos los efectos del pecado. «¿Donde está, oh muerte, tu victoria?» ¿Dónde se encuentra el efecto de su veneno en estos nuevos cuerpos? «¿Donde está, oh muerte, tu aguijón?» Tú habías reclamado una vez nuestros cuerpos como tu botín, pero has quedado eternamente derrotada en este nuevo cuerpo incorruptible. Con todo, éste es un cántico de *alabanza* además de triunfo. «Gracias sean dadas a Dios, que nos da la victoria *por medio de nuestro Señor Jesucristo*» (v. 57). Únicamente Él pudo «sorber la muerte con victoria» (Is. 25:8). Éste será el cumplimiento total de Oseas 13:14. Obsérvese allí la expresión clara de su determinado propósito.

VII. El incentivo de la resurrección. Pablo concluye ahora su gran argumento con una exhortación llena de poder motivador. «*Así que,* hermanos míos amados, sed firmes» (v. 58). Teniendo ante nosotros una expectativa tan gloriosa, ¿qué clase de personas deberíamos ser *ahora*?

1. Debería haber ESTABILIDAD DE CARÁCTER. «Manteneos firmes y constantes.» No dejemos que la incredulidad de otros nos aparte de la fe de este Evangelio.
2. Debería haber CONSTANCIA DE SERVICIO. «Abundando en la obra del Señor siempre», sabiendo que no es en vano; porque en el estado de resurrección y ante el Tribunal de Cristo, serán dada la recompensa (Ap. 22:12). Se someterá a prueba la obra de cada uno, de qué clase sea (1 Co. 3:12-15).

1.392 LA VICTORIA FINAL

1 Corintios 15:51-58

«Gracias sean dadas a Dios, que nos da la victoria por medio de nuestro Señor Jesucristo» (v. 56).

I. Victoria sobre el pecado. «El aguijón de la muerte es el pecado». «¿Dónde está, oh muerte, tu victoria? *¿Dónde está,* oh muerte, *tu aguijón?*» (vv. 55, 56). La muerte es tan común como el nacimiento, tan imparcial como la ley de la gravedad, y tan incierta como un ladrón. Para el cristiano, la muerte carece de aguijón, porque el *aguijón* del pecado fue sepultado en el Cristo Crucificado, que llevó nuestros pecados en su propio cuerpo en el madero. La fuerza del pecado es la *Ley*, pero su obediencia hasta la muerte en favor nuestro cumplió las justas demandas de la justicia de Dios. «El pecado no se enseñoreará de vosotros; pues no estáis bajo la ley, sino bajo la gracia» (Ro. 6:14). La Ley fue dada por Moisés, mas la gracia y la verdad vinieron por Jesucristo (Jn. 1:17). Gracias sean dadas a Dios, que nos da la victoria *sobre el pecado.*

II. Victoria sobre la mortalidad. «Porque es menester que esto corruptible se haya vestido de incorrupción, y esto mortal (este cuerpo) sea vestido de inmortalidad» (v. 53). Estos *cuerpos* nuestros deben compartir la victoria de la resurrección de nuestro Salvador cuando Él vuelva. Entonces, «en un instante, en un abrir y cerrar de ojos, ... los muertos serán resucitados incorruptibles, y nosotros (los que aún vivamos) seremos transformados» (v. 52). «Porque asimismo los que estamos en este tabernáculo gemimos con pesadumbre, por cuanto no queremos ser *desnudados*, sino revestidos, para que lo *mortal* sea *absorbido por la vida*» (2 Co. 5:4). Él está anhelando aquella «nuestra habitación celestial», la nueva morada del Espíritu. «Se siembra cuerpo natural, resucitará cuerpo espiritual» (v. 44). Nuestros cuerpos de resurrección pueden diferir en gloria, según las vidas que hayamos vivido. «Una estrella se diferencia de otra en el resplandor. Así *también* es la resurrección de los muertos» (vv. 41, 42). «Gracias sean dadas a Dios, que nos da la victoria por medio de nuestro Señor Jesucristo.»

III. Victoria sobre la muerte. «¿Dónde está, oh muerte, tu aguijón?» Él ha sorbido la muerte (Is. 25:8). Cristo mismo participó de carne y sangre para por medio de la muerte destruir al que tenía el imperio de la muerte, esto es, el Diablo, y *liberar* a aquellos que por *temor de la muerte* estaban toda la vida sujetos a servidumbre (He. 2:14, 15). La muerte ha sido siempre, para la raza humana –allí donde se desconoce a Cristo y su resurrección–, un monstruo alado. Porque Jesucristo ha abolido la muerte, y ha traído a luz la vida y la inmortalidad por medio del Evangelio (2 Ti. 1:10). Gracias sean dadas a Dios que nos da esta victoria por medio de nuestro Señor Jesucristo.

1.393. UN GRAN ALIENTO PARA LA ESTABILIDAD Y EL SERVICIO

1 Corintios 15:57, 58

I. La Exhortación.

1. Sed *constantes* en la fe (Col. 1:23).
2. Sed *firmes* en medio de las pruebas.
3. *Abundad siempre* en la obra.

II. El Aliento.

1. Vuestra obra es *en el Señor.*
2. Vuestra labor *no es en vano.*
3. Vuestro *triunfo* es seguro. Él «nos da la victoria».

1.394. LAS DEMANDAS DE UN SIERVO

1 Corintios 15:58

1. Sé activo... «Trabajo».
2. Sé devoto... «Trabajo en el Señor».
3. Sé firme... «Constantes».
4. Sé generoso... «Abundando».
5. Sé esperanzado... «Sabiendo que vuestro trabajo en el Señor no es en vano».

1.395. METÁFORAS DE CREYENTES

2 Corintios

Epístolas, capítulo 3:3;
Ministros, capítulo 3:6;
Vasos, capítulo 4:7;
Obreros, capítulo 6:1;
Templos, capítulo 6:16;
Hijos e Hijas, capítulo 6:18.

1.396. SUFRIMIENTOS Y CONSOLACIÓN

> «Porque de la manera que abundan en nosotros los padecimientos de Cristo, así abunda también por medio de Cristo nuestra consolación» (2 Co. 1:5).

Los padecimientos de Cristo eran peculiares. Él sufrió a causa de su justicia. Él era tan semejante al Padre –siendo «la imagen del Dios invisible»– que todos los que no amaban al Padre le aborrecieron. Él sufrió asimismo por su fidelidad. Hablaba la verdad, y debido a que el mundo no amaba la verdad, fue menospreciado y rechazado por los hombres. Si nosotros, como cristianos, nos hemos consagrado a Dios para hacer su voluntad y manifestar su verdad, como lo hizo Cristo, comprenderemos algo de los padecimientos de Cristo. Pero es aquí donde el mundo nos entiende mal y nos aborrece, que «así abunda por medio de Cristo nuestra consolación». Para beber profundamente de la consolación celestial, tenemos que entrar plenamente en el espíritu y las simpatías de Cristo.

1.397. LO QUE DIOS HA HECHO POR NOSOTROS

2 Corintios 1:21, 22

1. Él nos ha consolidado.
2. Él nos ha ungido.
3. Él nos ha sellado.
4. Él nos ha asegurado. «Nos ha dado las arras del Espíritu en nuestros corazones.»

1.398. LA VIDA TRIUNFANTE

2 Corintios 2:14-17

«Gracias a Dios, quien siempre nos lleva en triunfo en Cristo Jesús» (v. 14). La vida que ha sido siempre llevada en triunfo debería ser ciertamente una vida *agradecida.* ¡Son tantos los aparentes fracasos en la experiencia de uno! ¿Cuáles son los secretos de una vida victoriosa? En estos versículos citados arriba observamos algunos de ellos.

I. Una vida en Cristo. «Dios... nos lleva en triunfo *en Cristo*». No hay posibilidad de vivir la vida victoriosa, a los ojos de Dios, fuera de Cristo. Estar *en* Cristo es estar a una con Él, y estar tan totalmente entregados a su voluntad que su voluntad sea hecha en nosotros. Tal como el apóstol lo expresa: «Con Cristo estoy juntamente crucificado, y ya no vivo yo, sino que Cristo vive en mí» (Gá. 2:20). «En esto conocemos que *permanecemos en él*, y él en nosotros, en que nos ha dado de su Espíritu» (1 Jn. 4:13).

II. Una vida que revela algo de la sabiduría de Dios. «Por medio de nosotros manifiesta en todo lugar el olor de su conocimiento» (v.

14). El principio conductor en la vida cristiana es la verdad revelada en su Palabra (2 Co. 4:2). Los conducidos por el Espíritu de Dios serán de cierto testigos de algo más elevado y más noble que la sabiduría de este mundo, que es insensatez para con Dios.

III. Una vida que es grato olor de Cristo para Dios. «Porque para Dios somos *grato olor de Cristo*» (v. 15). «Cristo nos amó, y se entregó a sí mismo por nosotros a Dios como ofrenda y sacrificio de olor fragante» (Ef. 5:2). Los que han sido participantes de esta ofrenda deben ser asimismo partícipes de aquel mismo grato olor *para Dios.* Él podía decir: «Éste es mi Hijo amado, en quien tengo contentamiento», porque Él sabía que todos sus intereses encomendados a su Hijo estarían a salvo y tendrían éxito. Busquemos complacer a Dios de esta misma manera.

IV. Una vida que afecta tanto a los salvos como a los perdidos. «Somos grato olor de Cristo entre los que se salvan, y entre los que se pierden» (v. 15). La influencia de una vida cristiana puede ser constituida una confirmación para otro que ama al mismo Señor. El «olor de Cristo», como la fragancia de la rosa, puede ser fácilmente detectada por los que se salvan, pero para los que se pierden huele a condenación, por lo que no les gusta (v. 16).

V. Una vida fiel a la Palabra de Dios. «Pues no somos como la mayoría que trafican con la palabra de Dios» (v. 17). Los que andan en astucia con seguridad que manejarán la Palabra de Dios de manera engañosa (cap. 4:2). Si el corazón no es fiel para con Dios, la vida no será fiel a su Palabra. Es fácil corromper el mensaje de Dios mezclándolo con filosofías y tradiciones humanas que deshonran a Cristo. No puede haber victoria espiritual para los que se han apartado *del camino* (Col. 2:8).

VI. Una vida vivida en la presencia de Dios. «Delante de Dios, hablamos en Cristo» (v. 17). Permanecer en Cristo y practicar la presencia de Dios en la vida diaria es la evidencia del poder conquistador. Ésta es la victoria que vence al mundo, nuestra fe. Fe en Aquel que es mayor que todo lo que pueda estar en contra de nosotros. «Si permanecéis en mí, y mis *palabras* permanecen en vosotros, pedid todo lo que queráis, y os será hecho» (Jn. 15:7). No que nosotros seamos suficientes por nosotros mismos para pensar nada como de nosotros mismos, sino que nuestra suficiencia es de Dios. «Gracias sean dadas a Dios, que nos da la victoria por medio de nuestro Señor Jesucristo».

1.399. EPÍSTOLAS VIVAS

«Siendo manifiesto que sois carta de Cristo expedida por nosotros, escrita no con tinta, sino con el Espíritu del Dios vivo» (2 Co. 3:3).

Una epístola es simplemente una carta o algo que ha sido escrito para el bien de algún otro. Puede contener la *revelación* de los pensamientos y sentimientos de alguien para con otro. La creación visible es una gran carta extendida delante de los ojos de los hombres, en la que podemos leer la sabiduría y el poder de Dios. La providencia es otra carta escrita con el dedo de Dios, pero no todos pueden leerla rectamente; es muy frecuentemente leída como «mediante espejo, borrosamente». La Iglesia es la *Epístola de Cristo* escrita por el Espíritu de Dios, y enviada al mundo como expresión de su amor y gracia y poder, y de la «*multiforme sabiduría* de Dios». Cada cristiano es un párrafo de esta gran carta, escrita no en tablas de piedra, sino en las tablas de carne del corazón. «Somos hechura suya.»

I. Una carta está escrita sobre material preparado. No sobre la tabla del corazón de *piedra,* sino sobre la tabla de carne del *nuevo* corazón (Éx. 36:26, 27). No sobre los trapos inmundos de nuestra propia justicia, sino sobre el *lino* blanco de la justicia de Él, que es para todos los que creen (Jer. 31:33).

II. Una carta comunica la expresión del que la escribe. Cada verdadero creyente es una *expresión* del carácter y de la mente de Cristo. «La Epístola de Cristo.» «Les he dado las palabras que me diste.» «El que tenga mi palabra, cuente mi palabra verdadera.» «Mas nosotros tenemos la *mente* de Cristo.»

III. Una carta lleva la firma del escritor. Su Nombre es puesto sobre su pueblo. Su Nombre debe ser firmado en todo lo que hacemos y añadido a todo lo que pedimos. «Si me pedís algo en mi Nombre, Yo lo haré.» «Mas no yo, sino Cristo.»

IV. Una carta debería ser legible. ¿De qué sirve una carta si no se puede entender? Algunos cristianos profesantes son tan difíciles de entender como la letra de ciertos escritores: están tan mal hechas que es casi imposible comprender el mensaje que encierran. Pedro y Juan, como epístolas, eran grandes y legibles (Hch. 4:13). Así alumbre vuestra luz.

V. Una carta debería estar exenta de borrones. Si hay algún gran borrón en una carta que envíes, el borrón será seguramente *lo primero* que se vea. Las faltas son fácilmente vistas. Si como Epístolas de Cristo estamos manchados, es bien seguro que los borrones no son culpa del escritor. Su obra es perfecta. Si hay manchas, demos gracias a Dios que hay un borrador de manchas (1 Jn. 1:7).

VI. Una carta es conocida por su letra. No hubo confusión posible acerca de «la escritura en la pared» (Dn. 5:5, 6). ¿Acaso no mira el mundo el carácter de cada cristiano, y se pregunta: «Cuya imagen e inscripción es ésta»? Si hemos sido hechos participantes de la naturaleza divina, el Señor, cuyas cartas somos, sabe que somos suyos, aunque el mundo no nos conozca. Hay otro tipo de escritura que Él no reconocerá (Mt. 7:23; 13:40-42).

1.400. EL SEÑORÍO DEL ESPÍRITU

«Ahora bien, el Señor es el Espíritu; y donde el Espíritu es Señor, allí hay libertad» (2 Co. 3:17, Rotherham).

Introducción

El apóstol contrasta la gloria del Viejo Pacto con la del Nuevo, la Ministración de Muerte (v. 7) con la Ministración del Espíritu (v. 8), el Ministerio de Condenación (v. 9) con la Ministración de Justicia (v. 9). El velo, originalmente sobre el rostro de Moisés, es mencionado aquí como estando sobre los corazones del pueblo (v. 15). Ahora tenemos que admitir que no siempre hay libertad donde está el Espíritu del Señor, por lo que es con alivio que observamos la muy buena traducción de Rotherham.

I. La presencia del Espíritu Santo. El Espíritu Santo está al principio fuera de nosotros, debatiendo con nosotros por Dios, queriendo convencernos de pecado. Luego nos atrae al Salvador. En el momento en que acudimos a la Sangre del Rociamiento, en aquel momento en que acudimos al Manantial de Sangre abierto para nosotros, en aquel momento el Espíritu Santo nos regenera, impartiéndonos la misma vida de Dios. Sin embargo, el Espíritu Santo puede estar morando dentro de nosotros pero contristado, contristado a causa de nuestra desobediencia y carnalidad, contristado, pero no desaparecido.

II. El señorío del Espíritu Santo. Una mujer cristiana piadosa perdió a su marido precisamente cuando sus dos hijos necesitaban la firme mano de un padre. Tuvo que aceptar huéspedes para ganarse la vida. Uno de sus huéspedes, un hombre cristiano sincero, después de haberse hospedado un año allí, se casó con la viuda. El huésped llegó a ser señor y amo. Fue muy interesante observar los cambios a mejor en aquella casa. Que el huésped llegase a amo significó la mayor de las diferencias.
Cuando te convertiste, querido lector, el Señor Jesús y el Espíritu Santo entraron en tu corazón y vida como Huésped. ¿Los has hecho ya tu Señor? Si no llegamos a reconocer el señorío del Espíritu Santo y hacemos que Él sea el Señor de nuestra vida, nunca podremos tener dominio sobre nosotros mismos ni sobre el mundo, la carne y el diablo. En lugar de eso, nuestra experiencia será de muchos altibajos. A no ser que el Espíritu sea señor dentro de nosotros, estaremos desbocados, y nuestro ser no estará en armonía. ¡Observa, por favor, que el Espíritu Santo puede quedar contristado y no dirigirnos!

III. Libertad a través del Señorío. En la historia leemos acerca de un Emperador de Roma que fue sacado de la cárcel, pero con cadenas en sus manos y pies, y que fue sentado sobre el Trono Imperial, para poder llevar a cabo asuntos de estado. ¡Qué semejante a muchos cristianos: que son verdaderamente del Señor, pero en esclavitud al pecado y al mundo! Cierto es que quien arrastra una cadena no es libre. ¡Oh, Señor, haznos cristianos *gramaticales*», dijo un hombre con fervor en una reunión de oración. Claro, él quería decir «genuinos», pero se había enredado con su inglés. La oración que le siguió tomó el hilo de la suya, con estas palabras: «¡Oh Señor, Tú nos has bendecido en el *tiempo pasado;* Tú nos estás bendiciendo en *el tiempo presente;* y Tú, oh Señor, seguirás bendiciéndonos en el *tiempo futuro*!» Uno de los presentes pensó enseguida en 2 Corintios 1:10, donde tenemos los tres tiempos relacionados con la liberación. ¡Alabado sea Dios, Él puede hacer las tres cosas!

IV. El crecimiento mediante este Señorío. 2 Corintios 3:17 podría leerse como: «Ahora bien, el Señor es el Espíritu; y donde el Espíritu es Señor, allí hay libertad» Y el siguiente versículo: «Y todos nosotros, mirando a cara descubierta como en un espejo la gloria del Señor, vamos siendo transformados de gloria en gloria a la misma imagen, como por la acción del Espíritu que es Señor». Ésta es una traducción sugestiva. Proclama con claridad que, después de haberlo hecho Señor, hay un rápido desarrollo en nuestras vidas cristianas, con un marcado crecimiento en la semejanza divina. Su Majestad británica honra a un benefactor público con un título de nobleza, un señorío. El Espíritu Santo te ha otorgado y comunicado grandes beneficios: ¡Hazlo Señor! Entonces vendrán mayores bendiciones.

V. Tres declaraciones acerca del Espíritu. En Efesios 1:13, 14 tenemos tres declaraciones acerca del Espíritu Santo.

1. ES LLAMADO EL ESPÍRITU DE LA PROMESA (v. 13). Es llamado por este nombre bien porque fue el Espíritu prometido, o bien porque es el Espíritu cuya venida a nosotros nos da tantas promesas, está lleno de promesa, y estas promesas nunca son quebrantadas ni frustradas, excepto por nuestra propia insensatez. Para ver algunas de las gloriosas posibilidades, observemos la plena significación de los otros dos nombres.
2. ES ASEMEJADO A UN SELLO. EL MISMO ESPÍRITU SANTO ES EL SELLO. Y el hecho de que somos sellados:
   a. Demuestra nuestro valor, porque sólo las cosas valiosas son selladas.
   b. Es prueba de nuestra aceptación en el Amado (la prueba de que Mardoqueo había ganado el favor del Rey residía en su posesión de su sello, el sello del reino - estúdiese Ester).
   c. Prueba de que somos propiedad del Señor. Porque Él no sellaría nada ni a nadie que no le perteneciese a Él.
   d. Prenda de nuestra seguridad. Pilato selló el sepulcro de Jesús para asegurarlo.
   e. Prenda de frescura. Sellamos jarros cuando están llenos de mermelada, para preservarla fresca.
   f. El método de Dios para comunicar la semejanza divina. El sello imprime su impronta.
3. ÉL ES LAS ARRAS (v. 14). Cuando acudimos a Cristo, llegamos a ser coherederos juntamente con Él, y el Espíritu Santo es las arras y la prenda de nuestra posesión última de manera plena de aquella bendita herencia.

1.401. EL ROSTRO ABIERTO

«Y todos nosotros, mirando a cara descubierta como en un espejo la gloria del Señor, vamos siendo transformados de gloria en gloria a la misma imagen» (2 Co. 3:18).

El rostro abierto es necesario al acercarse al espejo de la Santa Palabra de Dios, si queremos vernos como realmente somos, y ser transfigurados a la imagen del Señor de gloria. La Palabra de Dios no tendrá ningún poder transformador en nuestros corazones si la contemplamos sólo con aquel guiñador ojo crítico que orgullosamente se sienta en juicio frente a la verdad. Que el Señor nos dé aquel rostro franco, abierto, honrado, que se regocija en la verdad, para que nuestro hombre interior sea cambiado a su imagen. Si la verdad de Dios no transforma nuestros corazones y vidas, no tenemos el rostro abierto.

1.402. EL DIOS DE ESTE SIGLO

2 Corintios 4:1-7

«El dios de este siglo ha cegado los entendimientos de los que no creen, para que no les amanezca la luz del *evangelio de la gloria de Cristo*, el cual es la imagen de Dios» (v. 4, V.M.). Esta Escritura ha sido muy descuidada, pero da tremendas realidades. Hay poderosas fuerzas espirituales que guerrean en contra de los más elevados intereses de las almas humanas. «Porque no tenemos lucha contra sangre y carne, sino contra *principados*, contra *potestades*, contra los *dominadores* de este mundo de tinieblas, contra huestes espirituales de maldad» (Ef. 6:12). Todo bajo el liderazgo de «el dios de este siglo».

I. Su personalidad. Este dios no es un mero fantasma, sino un gran y poderoso individuo espiritual. Tan grande que incluso «el arcángel Miguel» no osó emplear términos maldicientes cuando luchaba contra él (Jud. 9). No fue un ordinario espíritu maligno el que osó tentar al Señor Jesucristo con los reinos de este mundo (Mt. 4:8, 9). Ni el Señor escarneció su insensatez ni ridiculizó su presunción. Sencillamente dijo: «Apártate de mí, Satanás». Éste no es un lenguaje apropiado para una *influencia* maligna invisible, sino para el «príncipe de los demonios».

II. Su posición. Él es «el dios de *este siglo*». Este siglo es la dispensación del ministerio del Espíritu Santo; también es la «hora y el poder de las tinieblas» (Lc. 22:53). En el Evangelio de Juan, Satanás es llamado «el príncipe de este mundo» en tres ocasiones; también «el *príncipe* de la *potestad del aire*, el espíritu que ahora actúa en los hijos de desobediencia» (Ef. 2:2). Fue indudablemente bajo esta influencia que los príncipes de este mundo dieron muerte al Príncipe de la Vida, porque él «engaña a todo el mundo» (Ap. 12:0). El *dios* de este siglo no es adorado y obedecido como un demonio feo y de cruel rostro, sino como «ángel de luz», porque así se ha transformado Satanás (2 Co. 11:14). Él es el gran engañador en estos últimos días, cuando el conocimiento ha aumentado, y las multitudes van de aquí para allá sobre la tierra.

III. Su propósito. Es cegar los pensamientos para que la luz del *evangelio de la gloria de Cristo* no les resplandezca (v. 4). El Evangelio de la *gloria venidera de Cristo*, cuando Él *abatirá* toda autoridad y poder, y tomará para Sí su derecho a reinar, debe llenar de terror el corazón de Satanás; porque le serán arrebatados sus bienes; entonces «aquel gran dragón, la serpiente antigua, que se llama diablo y Satanás, será echado fuera» (Ap. 12:9). ¿Por qué en esta edad está Satanás tan ansioso por dificultar, si fuera posible, el resplandecer de la luz de la verdad acerca del Retorno del Señor en poder y gran gloria? ¿Se debe acaso a que esta revelación trae una renovada inspiración y una confianza más gozosa a los corazones de los siervos de Cristo en estos últimos días tan de prueba? Pero este propósito diabólico está siendo mayormente frustrado, por cuanto multitudes del pueblo de Dios se regocijan en la luz del Evangelio de aquella gloria del reino de nuestro Señor Jesucristo, que ciertamente se está acercando.

IV. Su manera de actuar. ¿Cómo logra cegar los pensamientos de los hombres a la luz del Evangelio de la gloria del Cristo venidero? Veamos cómo trató con nuestro Señor cuando lo tentaba. ¿No estaba intentando cegar los pensamientos de Cristo en cuanto al tiempo y método por los que el Padre le daría el dominio de este mundo al mostrarle «todos los reinos del mundo, y la gloria de ellos», ofreciéndoselos a cambio de un acto de homenaje? ¿No sigue mostrándoles a los hombres honras y placeres de la tierra para cegar sus pensamientos a las cosas más grandes y duraderas del Reino de Dios y de su Cristo? Al poner un resplandor especial en las cosas materiales, no le cuesta al gran engañador cegar los ojos de los hombres a las cosas eternas. Incluso cuando ha quedado sembrada en el corazón la semilla de la Palabra de Dios, es fácil para el Maligno quitarla, cegando el entendimiento con intereses confusos (Mt. 13:19). No ignoramos sus artimañas. Velemos y seamos sobrios.

V. Sus súbditos son los que *no creen* (v. 4). Aquellos cuyos corazones están cerrados a la «iluminación del conocimiento de la gloria de Dios en la faz de Jesucristo» (v. 6) y que son idóneos súbditos y voluntarias víctimas de los engaños de Satanás. No pueden entrar en la luz y la libertad de los hijos de Dios a causa de su incredulidad. Pueden tener un creciente deseo por lo *ficticio*, lo *teatral*, y lo *sentimental*, pero las cosas que pertenecen a su paz eterna siguen estando ocultas a sus ojos, y las falsificaciones del dios de este siglo se van haciendo más y más atractivas. Si tan solo puede ocultar el Evangelio de Jesucristo de sus ojos, sabe que su propósito tendrá éxito: *se perderán* (v. 3). Pues esta es la condenación: que la *luz vino* al mundo, y que los hombres aman las tinieblas antes que la luz. El que no cree ya ha sido condenado (Jn. 3:18, 19).

VI. Sus vencedores son aquellos en cuyos corazones «Dios... resplandeció... para iluminación del conocimiento de la gloria de Dios en la faz de Jesucristo» (v. 6). Únicamente la luz de la verdad de Dios, revelada en la faz de Jesús, puede liberarnos del poder de las *tinieblas*, que es el dominio de las actividades de Satanás. Aquí reina la muerte espiritual; pero Cristo, por su muerte, nos ha liberado de esta muerte y de aquel que tenía el *poder de la muerte*: el Diablo (He. 2:14). Cristo nuestro Redentor y Conquistador posee ahora las llaves del Hades y de la muerte (Ap. 1:18). El que ha nacido de Dios se guarda, y el maligno no lo toca (1 Jn. 5:18). Jesús le dijo a Pedro: «Simón, Simón, he aquí que Satanás ha solicitado poder para zarandearos como a trigo; pero yo he rogado por ti, que tu fe no falle» (Lc. 22:32). Escucha este clamor gozoso de victoria definitiva y eterna que resonará en el cielo: «Ahora ha venido la *salvación*, el poder, y el reino de nuestro Dios, y la autoridad de su Cristo; porque ha sido lanzado fuera el acusador de nuestros hermanos, el que los acusaba delante de nuestro Dios día y noche. Y ellos le han vencido por medio de la sangre del Cordero» (Ap. 12:10, 11). «Gracias sean dadas a Dios, que nos da la victoria.»

1.403. LA LUZ DEL EVANGELIO

2 Corintios 4:3, 4

I. El Evangelio. ¿Qué es? Buenas nuevas. El mensaje de Dios. La gloria de Cristo.

II. Su Influencia.

1. Es una LUZ.
2. Una Luz que resplandece EN LAS TINIEBLAS (v. 6).
3. Una Luz que debe RESPLANDECER EN EL CORAZÓN.
4. Una Luz que REVELA LA GLORIA DE DIOS en la faz de Jesucristo.

III. El ocultamiento de la luz. «Si nuestro Evangelio está encubierto», etc.

1. Si está encubierto, es evidencia de INCREDULIDAD (v. 4).
2. Si está encubierto, es evidencia de ESCLAVITUD. Satanás «cegó los pensamientos»
3. Si está encubierto, es evidencia de PERDICIÓN. «Si nuestro Evangelio está todavía encubierto, entre los que se pierden está encubierto».

1.404. RESPLANDOR DIVINO

«Dios... resplandeció en nuestros corazones» (2 Co. 4:6).

Cuando aparece el bendito resplandor del sol de detrás de las espesas cortinas de las tinieblas, no hay manera de confundirse acerca de que ha tenido lugar un enorme cambio. Así es el cambio que tiene lugar en la entenebrecida alma del hombre cuando resplandece a través de las tinieblas la *luz* del conocimiento de Dios.

I. La fuente de este resplandor. «Dios... resplandeció.» Esta luz no es de factura humana. De en medio de las tinieblas de adentro no podría producirse jamás una luz así. Solamente Aquel que podía mandar «que de las tinieblas resplandeciese la luz» pudo hacer que resplandeciera una luz así en los corazones de los hombres entenebrecidos por el pecado. La luz del conocimiento de Dios es la luz del mismo Dios. Es un acto definido y directo de la infinita misericordia y bondad de Dios sobre el alma individual. «Dios... resplandeció». Dios, que es Luz, y en quien no hay tinieblas ningunas, sigue resplandeciendo por medio de su Hijo Jesucristo, por su Palabra.

II. El lugar de este resplandor. «Dios... resplandeció *en nuestros corazones.*» La más resplandeciente cosa en el cielo en el lugar más tenebroso de la tierra. Este resplandor de Dios en el corazón trae consigo una doble revelación. Muestra por vía de contraste cuán oscuro por naturaleza era el corazón, y cuán imposible era para él en sí mismo crear una luz que diera satisfacción al alma. Es igualmente una revelación del carácter y de la presencia de Dios en el corazón. No es tanto una luz creada por Dios como la luz de la *presencia* de Dios en el corazón. Y este resplandor ha penetrado en cada oscuro rincón oscuro del alma. Está en la naturaleza de la luz ejercer su influencia sobre todo aquello que está a su alcance. Al resplandecer en el *corazón,* esta luz entra en cada acción y hecho de la vida, en cada pensamiento y sentimiento y motivo de las actividades del alma. *Dios* ha resplandecido en su luz, y la sabiduría ha acudido a tomar el lugar de nuestra tiniebla e ignorancia. El dios de este mundo ha cegado la mente, pero el Dios del cielo ha resplandecido en nuestros corazones para dar la luz del conocimiento de Dios (v. 4).

III. El propósito de este resplandor. «Para iluminación *del conocimiento de la gloria de Dios en la faz de Jesucristo.*» Este resplandor de Dios, en su gloriosa gracia, sobre y en el corazón, nos da a conocer algo de aquella gloria que ha venido a Dios en y por medio de su Hijo Jesucristo. Dios ha resplandecido en nuestros corazones en respuesta a la muerte expiatoria de su Hijo, por quien su Santo Nombre ha sido glorificado. Este resplandor nos asegura de mucho más que la *existencia* de Dios; es la manifestación de su gloria, la gloria de su gracia *salvadora,* en la faz o carácter de Jesucristo. Así como están todos los colores de la naturaleza en un solo rayo de pura luz blanca, así todos los atributos de Dios están perfectamente armonizados e incorporados en esta revelación de él mismo. El *conocimiento* es luz, pero el conocimiento de la gloria de Dios que irradia de la faz de Jesucristo es la más resplandeciente y eficaz luz que jamás traspasó las tinieblas del corazón humano. Es una luz que transforma la totalidad del hombre interior, y que adorna con la hermosura del Señor; es el amanecer del gran día eterno sobre el alma, que nunca será seguido por la tiniebla de la noche, sino que resplandecerá mientras van pasando las horas y los años, hasta el día *perfecto* de perfecta semejanza, cara a cara. Dios ha resplandecido. Andad en la luz, y no tropezaréis.

1.405. LA VIDA IDEAL

2 Corintios 4:7-11

Dios se complace en manifestarse a Sí mismo. En la creación Dios manifiesta su sabiduría y poder mediante las obras de sus manos. «Los cielos cuentan la gloria de Dios, y el firmamento denuncia la obra de sus manos». En Jesucristo, Dios manifiesta su amor en misericordiosa plenitud para nuestra salvación. En las vidas de los redimidos, Él desea manifestar su gracia salvadora y sacadora como testimonio y aliento a los que no creen; porque la *vida de Jesús* debe *manifestarse en nuestra carne mortal* (vv. 10, 11).
La vida de Jesús es *la vida ideal,* y la vida del cristiano debe ser, en una medida, una reproducción espiritual. Se han *escrito* muchas vidas de Cristo, pero la más eficaz y que más honra da a Dios es la *viviente.* «La *vida* de Jesús manifestada en nuestro cuerpo.» Pensemos en esto. La vida del Señor Jesús fue:

I. Una vida de Dios. Él nació de lo alto (Lc. 1:35). Él podía decir: «Yo soy de arriba. Yo he venido del cielo». Él era Dios manifestado en carne (1 Ti. 3:16). Así, si la vida de Jesús debe manifestarse en nuestra carne mortal, tenemos que nacer de Dios, nacer de arriba. «El que no nace de nuevo, no puede ver el reino de Dios». ¿Cómo entonces puede vivir la vida de Jesús si no ha recibido la vida de Jesús? Cristo tiene que vivir en nosotros si su vida debe ser manifestada en nosotros (Gá. 2:20).

II. Una vida totalmente entregada a Dios. Era una vida totalmente entregada a la voluntad divina. En su bautismo, se consagró a cumplir la justicia de Dios. Dijo: «No puede el Hijo hacer nada por su cuenta, sino lo que ve hacer al Padre» (Jn. 5:19). También hablaba las *palabras* del Padre (Jn. 14:10). «Mi doctrina», dijo Él, «no es mía, sino de aquel que me envió» (Jn. 7:16). La clave de su vida fue: «No se haga mi voluntad, sino la tuya». ¡Qué ejemplo para todos los que desean vivir la vida de Jesús en sus cuerpos mortales! Él se rindió totalmente a la Palabra, voluntad y obra de Dios. ¿Y cómo menos deberemos hacer nosotros al tratar de vivir su vida y de llevar a cabo su obra? «Presentaos vosotros mismos a Dios como vivos de entre los muertos» (Ro. 6:13).

III. Una vida energizada por el Espíritu de Dios. Juan dio testimonio, diciendo: «Vi al Espíritu que descendía del cielo como una paloma, *y permaneció sobre él*». Dios *ungió* a Jesús de Nazaret con el *Espíritu Santo* y con poder (Hch. 10:38). Habiendo tomado la semejanza de carne de pecado, se hizo dependiente del poder del Espíritu Santo que el Padre le había dado (véase Is. 11:2, 3), y cuando comenzó su ministerio público testificó que «El Espíritu del Señor está sobre mí, por lo cual me ungió para predicar el evangelio» (Lc. 4:18). Él sabía que *todos sus discípulos* necesitaban esta dotación espiritual desde lo algo si debían ser verdaderos testigos para Él. Así que les ordenó que permanecieran en Jerusalén *hasta* que fueran investidos. ¿Cómo podemos esperar vivir esta vida de Jesús sin este don? No hay excusa alguna para carecer de Él. Porque la promesa es a vosotros y a todos los que están lejos (Hch. 2:29).

IV. Una vida de fidelidad inmutable a Dios. Su faz estaba dirigida firmemente a hacer la voluntad de su Padre a cualquier precio. Debido a esta actitud y a su devoción, tenía que sufrir. La santidad de su carácter lo llevó al sufrimiento, porque no podía ser comprendido por hombres pecaminosos y malvados. Sufrió por su fidelidad en testificar contra las obras malas del mundo, y por ello el mundo le aborreció (Jn. 15:9). Sufrió por su intenso amor para con los ciegos y engañados pecadores, como se ve en sus lágrimas sobre la culpable Jerusalén. Pero, con todo ello, su confianza en el Padre no mostró la menor vacilación. «El que quiera vivir piadosamente, sufrirá.» ¡Cuán propensos somos a esquivar de vivir «la vida de Jesús» en nuestros cuerpos mortales, debido a las condiciones de prueba que de cierto seguirán! Es entonces que necesitamos una firme confianza. Pero para estas cosas, ¿quién es suficiente? Nuestra suficiencia se encuentra en Dios (2 Co. 3:5). «Porque Dios es el que en vosotros opera tanto el *querer* como el *hacer*, por su buena voluntad» (Fil. 2:13).

V. Una vida de actividad concentrada. Sus primeras palabras registradas son: «¿No sabíais que *yo debo* estar en *los asuntos de mi Padre?*».

Los asuntos del Padre eran *los asuntos de su vida.* Nunca hubo nadie más diligente en estos asuntos que Jesús. «Entonces dije: Aquí estoy; en el rollo del libro está escrito de mí. *El hacer tu voluntad,* oh Dios mío, *me ha agradado»* (Sal. 40:7). En el ministerio de nuestro Señor no había disipación de interés ni de energía. Todo estaba subordinado a la voluntad conocida de su Padre. Si esta característica del carácter de Jesús debe manifestarse en nuestra vida presente, entonces nosotros debemos estar dispuestos a humillarnos a nosotros mismos y a tomar forma de *siervos,* aceptando *su yugo,* para aprender de Él mansedumbre y humildad de corazón; y así en comunión con Él en servicio, manifestar en nuestros cuerpos la devoción de Jesucristo. «Una cosa hago.»

VI. Una vida coronada de victoria. Fue una prolongada batalla, con una prolongada victoria. Sus palabras fueron todas ellas victorias de sabiduría. Sus milagros fueron todos victorias sobre la debilidad humana. Su muerte fue su victoria sobre el pecado del mundo, en el derribo de la gran barrera que se levantaba en el camino del allegamiento del hombre a Dios. Su resurrección fue su victoria sobre la mortalidad, la muerte y el sepulcro. Él no conoció la derrota. ¿Podemos nosotros, los que somos llamados a manifestar «la vida de Jesús» en nuestra carne mortal, esperar lograr la victoria a lo largo de nuestra vida de peregrinos? ¿Ha hecho Dios provisión para la victoria o para la derrota? ¿Estaba atemorizado el apóstol a causa de las debilidades de la carne cuando dijo: «Pero gracias a Dios, quien *siempre nos lleva en triunfo en Cristo»* (2 Co. 2:14)? Y otra vez: «Pero gracias sean dadas a Dios, que nos da la victoria *por medio de nuestro Señor Jesucristo»* (1 Co. 15:57). Si Jesucristo ha vencido en nosotros, entonces somos más que vencedores en todas estas cosas (Ro. 8:37). Tenemos este tesoro en *vasos de barro,* para que la excelencia del poder sea de Dios (v. 7). «Llevando en el cuerpo siempre por todas partes *la muerte* de Jesús, para que también la vida de Jesús se manifieste en nuestros cuerpos» (v. 10). «No ya yo, mas Cristo.»

1.406. LA EXPIACIÓN
2 Corintios 5:14, 15

I. Su **naturaleza**. «*Él* murió.»

II. Su **extensión**. «*Por todos* murió.»

III. Su **necesidad**. «Entonces *todos murieron.*»

IV. Su **propósito**.

1) Asegurar la *Vida.* «Los que viven.»
2) Asegurar Vida *consagrada.* «Ya no vivan para sí, sino para Él.»

1.407. EL GRAN CAMBIO
2 Corintios 5:14-21

Las experiencias de un cristiano pueden no ser todas ellas experiencias cristianas. Las experiencias pueden ser tan variadas como los mismos cristianos. Pero hay algunas experiencias radicales y fundamentales que se encuentran en la raíz de cada verdadera vida cristiana. Aquí tenemos algunas de ellas. Observaremos:

I. El cambio necesario. «Si uno murió por todos, *luego todos murieron»* (v. 14). «Así también la muerte alcanzó a todos los hombres, *por cuanto todos pecaron».* El pecado separa de Dios, y estar separado de Dios es *muerte* espiritual. Se precisa de un cambio, no en Dios, sino en la condición del alma que está perdida para Él debido al pecado.

II. El cambio obrado. «Si alguno está *en Cristo, nueva criatura es»* (v. 17). Estar *en* Cristo es estar confiado en Él tan totalmente que Dios se complace en gracia en contar la justicia de su Hijo como *nuestra. En esta nueva creación* las cosas viejas han pasado. Nadie puede crearse a sí mismo. Somos *hechura suya.* «Creados en Cristo Jesús para buenas obras» (Ef. 2:10). El cambio es tan enorme que «todas las cosas son hechas nuevas», tanto en nosotros como a nuestro alrededor, porque el *corazón* es renovado y los *ojos* son iluminados.

III. El método divino en efectuar este cambio. «Dios estaba *en Cristo* reconciliando consigo al mundo» (v. 19). Sí, en Jesús de Nazaret, aquel humilde Varón de Dolores, DIOS estaba buscando reconciliar consigo mismo a un mundo enemistado con Él. *En* Cristo nos encontramos con este Dios buscador y perdonador, encontrando en Él salvación y novedad de vida, siendo justificados libremente por *su* gracia, *por medio* de la redención que es en Cristo Jesús (Ro. 3:24). «Por gracia habéis sido salvados por medio de la fe.» «Es por fe, para que sea por *gracia»* (Ro. 4:16).

IV. La evidencia de este cambio. «Y por todos murió, par que *los que viven,* ya no vivan *para sí,* sino *para aquel* que murió y resucitó por ellos» (v. 15). La evidencia de que hemos sido redimidos y transformados es una actitud cambiada con respecto a nosotros y a nuestro Señor. Ya no es «Yo», sino «Cristo». Él se dio a *Sí mismo* para redimirnos. Desde ahora debe ser *nosotros* para Él. Y este nuevo propósito en la vida es ciertamente lo que se espera de una nueva criatura. Baste al tiempo pasado para el amor al yo, para la voluntad de la carne, y para la soberbia de la vida. La gracia de Dios que nos ha salvado nos enseña a negar los deseos mundanos y a vivir sobria, justa y piadosamente en este presente siglo (Tit. 2:12). Porque a santidad nos ha llamado Dios (1 Ts. 1:7).

V. Las responsabilidades relacionadas con este cambio. «Así que, somos embajadores de Cristo» (v. 20). Nosotros somos representantes de Cristo en este mundo, tanto en lo que respecta a su *carácter* como a su *propósito.* Debemos rogar a los hombres, en nombre de Cristo, que se reconcilien con Dios. Habiendo sido reconciliados con Dios por medio de Jesucristo, se nos encomienda *«el ministerio de la reconciliación»* (v. 18). Gracias a Dios que no se trata de un ministerio de condenación sin remedio. Dios no espera a reconciliarse con los hombres, sino a reconciliar a los hombres con Él. Como embajadores, no quedamos entregados a nuestros propios recursos. Somos colaboradores *juntamente con Él* (6:1). De su plenitud debemos recibir todos. Trabajemos y oremos que almas sean ganadas para Cristo y para su reino.

1.408. LA NUEVA CREACIÓN

«Si alguno está en Cristo, nueva creación es; las cosas viejas pasaron; he aquí, todas son hechas nuevas» (2 Co. 5:17, *margen*).

I. Su condición. «En Cristo.» «Si alguno está en Cristo, nueva creación es.» Esto implica que hemos huido a él para refugio y salvación, como el homicida hacia la Ciudad de Refugio, buscando refugiarse en su muerte expiatoria. En Cristo, como el pámpano está en la vid para fortaleza y provisión; en Cristo, como el miembro está en el cuerpo, para simpatía y servicio.

II. Su naturaleza. «Nueva creación.» Es una regeneración de una manera muy radical. «Somos *hechura suya,* creados en Cristo Jesús» (Ef. 2:10). Hay una *nueva vida.* Nacidos no de sangre, ni de la voluntad de la carne, ni de voluntad de varón, sino de Dios. Hay una *nueva mente.* «Que os renovéis en el espíritu de vuestra mente» (Ef. 4:23), y podáis comprender ahora algo del carácter y poder de Dios en Cristo Jesús. Hay un *nuevo corazón.* Los afectos que estaban enajenados de Dios están ahora centrados en él. Hay un *nuevo espíritu.* El Espíritu de Dios da testimonio ahora a nuestros espíritus, implicando unidad de propósito en servicio y testimonio. Hay un *nuevo cántico,* porque ha habido una nueva revelación de la misericordia y gracia divinas (Sal. 40:1-3).

III. Sus resultados. «Las cosas viejas pasaron, he aquí todas son hechas nuevas.» Así, con la nueva creación viene una nueva perspectiva acerca del *pecado.* El pecado es considerado ahora como un crimen y una maldición, y la antigua concepción de que era una deuda o una desgracia desaparece. El yo es considerado ahora como algo indigno e inmundo, y también pasa a ser una «cosa vieja», sólo buena para desvanecerse. Las antiguas concepciones no escriturales de *Cristo* se desvanecen, y unas nuevas perspectivas inspiradas por el Espíritu toman su lugar. Jesucristo deja de ser un Salvador esperándonos en nuestro lecho de muerte, sino que es una realidad presente y viviente en la vida diaria. Las cosas viejas que solían interesarnos en el *mundo* se desvanecen, y, he aquí, se despiertan nuevos intereses. En la vieja vida los placeres y provechos del mundo eran los objetos de nuestros deseos, pero ahora el deseo es para la salvación del mundo. Y el mundo, que solía ser el lugar para la diversión del yo, viene a ser el taller para Cristo.

IV. Su privilegio. «Si alguno.» La puerta a esta vida nueva y mejor está abierta para todos. «Alguno», no importa cuán débil e impotente, no importa cuán triste y pecador, «alguien», no importa lo viejo y olvidadizo, si sale del yo arruinado por el pecado y acude a Cristo, se transformará en el acto en una nueva creación. Porque en Cristo Dios estaba reconciliando al mundo consigo mismo.

1.409. SALVACIÓN AHORA
2 Corintios 6:2

1. Una gran bendición, «Salvación».
2. Una oferta llena de gracia, «Tiempo favorable».
3. Una necesidad presente, «Ahora, ahora».
4. Un llamado apremiante, «He aquí... He aquí».

1.410. UN LLAMAMIENTO A LA SEPARACIÓN
2 Corintios 6:14-18; 7:1

El cristiano no es del mundo, pero ha sido enviado a él como nueva criatura, para ser testigo de Jesucristo (Jn. 17:18). El peligro es el de contemporizar con las malas costumbres y falsas doctrinas con las que se ve rodeado.

I. ¿Por qué es necesaria la separación? Debido a que las dos grandes corrientes de influencia en el mundo están diametralmente opuestas entre sí. «El Espíritu de Verdad y el espíritu de error.» El propósito del Señor Jesucristo y el de «el dios de este siglo» son radicalmente diferentes.

1. «¿QUE ASOCIACIÓN tiene la justicia con la injusticia?» ¿Cómo pueden permanecer asociados la justicia de Dios y la injusticia de hombres impíos?
2. «¿QUE COMUNIÓN [tiene] la luz con las tinieblas?» Las tinieblas, se acostumbra decir, son la condición natural del universo. La luz es vencedora. «Vosotros erais en un tiempo tinieblas, pero *ahora sois luz* en el Señor». Andad como hijos de luz. No tengáis comunión con las infructuosas obras de las tinieblas (Ef. 5:6-11).
3. «¿QUE CONCORDIA [tiene] Cristo con Belial?» ¿Qué armonía puede existir entre el Santo Cristo y la vileza e indignidad sin paliativos? (Dt. 13:13).
4. «QUÉ PARTE [tiene] el creyente con el incrédulo?» La parte del creyente es el conocimiento de Dios y el gozo de su salvación. ¿Cuál es la parte del incrédulo?
5. «¿QUÉ CONCORDIA [hay] entre el santuario de Dios y los ídolos?» «[Vosotros] sois santuario de Dios, y... el Espíritu de Dios mora en vosotros» (1 Co. 3:16). ¿Cómo podría el *Espíritu de Dios* acceder a aquello que destronaría a Dios? La separación es absolutamente necesaria.

II. El llamamiento a la separación. «Salid de en medio de ellos, y apartaos, dice el Señor, y no toquéis lo inmundo» (v. 17). Al principio Dios «*separó* la luz de las tinieblas» (Gn. 1:4), y desde aquel entonces el hombre ha estado tratando de mezclarlas. Lo carnal y lo espiritual, las obras de la carne con las obras del Espíritu. En nuestras mentes y corazones, en nuestros pensamientos y afectos, debe haber un éxodo para rehuir el dominio de las influencias del mundo, y una total rendición de nosotros mismos al llamamiento de Dios. «Poned la mira en las cosas de arriba, *no en las de la tierra,* porque habéis muerto, y vuestra vida está escondida con Cristo *en Dios*» (Col. 3:1-3). Los que se dedican a las cosas terrenas son considerados enemigos de la Cruz (Fil. 3:18, 19). «No podéis servir a Dios y a las riquezas.» Por ello, salid y apartaos para Dios y para su Cristo.

III. Las promesas dadas a los separados.

1. «Y YO OS ACOGERÉ» (v. 17). No vais hacia un frío aislamiento. Cuando os separáis *para Dios,* vais más cerca de Él en sus brazos y más cerca de su corazón. El hombre del mundo puede miraros con asombrada compasión, porque *él* no tiene experiencia de la comunión con Dios ni de la victoria de su Espíritu constreñidor.
2. «Y SERÉ PARA VOSOTROS POR PADRE» (v. 18). Nuestro Dios sabe cuánto le necesitamos cuando nos separamos *para* Él. Y así Él se nos promete, y actuará en su parte Paterna para con sus devotos hijos. Ellos pueden decir llenos de gozo: «Mirad *qué amor tan sublime* nos ha dado el Padre» (1 Jn. 3:1). No temas, Él no te fallará.

Así que, amados, puesto que tenemos *estas promesas,* limpiémonos de toda contaminación de carne y de espíritu, perfeccionando la santidad en el temor de Dios (7:1). Padre, así lo haré.

1.411. TODA LA GRACIA ES SIEMPRE TODOSUFICIENTE

«Poderoso es Dios para hacer que abunde en vosotros toda gracia, a fin de que, teniendo siempre en todas las cosas todo lo suficiente, abundéis para toda buena obra» (2 Co. 9:8).

I. Su naturaleza. Es

1. TODA GRACIA. Todo es de gracia de principio a fin.
2. Toda la gracia ABUNDANTE. Profunda y rebosando, como las olas del mar.
3. Toda gracia abundando EN VOSOTROS. Para suplir vuestras necesidades individuales, para suplir lo que falta en vuestra propia alma y vida. Bebieron de aquella Roca Espiritual que los *seguía.*

II. Su medida. La medida es profunda y capaz, y es «conforme a sus riquezas en gloria» (Fil. 4:19). Es:

1. TODO-SUFICIENCIA. La fuente es inagotable y abundante. Él es la fuente de aguas vivas.
2. Todosuficiencia SIEMPRE. En cada tiempo de necesidad, en cada etapa de la vida, y cada hora del día.
3. Todasuficiencia siempre EN TODAS LAS COSAS. En todos los detalles que van a constituir tanto las experiencias internas como las externas de la vida

III. La certidumbre de la misma. «Poderoso es Dios.»

1. CREEDLO. Tened fe en Dios. Probadme, dice Él. No temas, cree solamente. Poderoso es Dios.
2. ESPERADLO. Si me pedís algo en mi Nombre, Yo lo haré. Contad con ello. Poderoso es Dios.
3. DADLE LAS GRACIAS POR ELLO. No hay nada demasiado difícil para el Señor. Alabadle y probadlo.

IV. El resultado de ello. Los resultados de tal plenitud de bendición deberían ser una abundancia de servicio. Para que podáis

1. TRABAJAR. La gracia de Dios no solo salva, sino que da hueso y músculo, para que seáis fuertes para servir. Negociad hasta que venga. «Hijo, ve a trabajar.»
2. Sed encontrados en TODA OBRA BUENA. Todo lo que hagáis, hacedlo de corazón, como para el Señor. Agradándole en todo.
3. ABUNDAD en toda buena obra. La gracia abundante debería producir una obra abundante. ¿Por qué estáis aquí todo el día ociosos? Poderoso es Dios para hacer que abunde en vosotros toda gracia.

1.412. LA GRACIA SIEMPRE TODOSUFICIENTE
2 Corintios 9:8

I. El carácter de la gracia.

1. Es de «GRACIA». El libre favor de Dios. No por obras.
2. Es «TODA GRACIA». Nada sino Gracia para todo el camino.
3. Es «TODA GRACIA» para «QUE ABUNDE EN VOSOTROS». Para vuestras necesidades personales y eternas.

II. La medida de la gracia.

1. Es TODOSUFICIENTE. En cuanto a su fuente.
2. Es SIEMPRE todosuficiente. En cuanto a su corriente.
3. Es Todosuficiente siempre EN TODAS LAS COSAS. En cuanto a su adaptabilidad.

III. La certidumbre de la gracia. «Poderoso es Dios.»

1. CRÉELO.
2. ESPÉRALO.
3. DALE GRACIAS por ella.

IV. El resultado de la gracia. «A fin de que... abundéis en toda buena obra.»

1.413. LAS PERSONAS GENTILES DE DIOS
2 Corintios 10:1

Había dos magistrados que estaban un día comiendo junto con varias otras personas. Uno de ellos era hijo de un hombre muy rico, Westbury. El otro, St. Leonards, era hijo de un hombre pobre. Durante la comida, Westbury, *a quien le gustaba decir cosas hirientes,* dijo: «Ah, de pasada, St. Leonards, ¿tu padre que era?». «Bueno, mi padre era barbero.» «¡Qué lástima que no te hiciese como él!» Pocos minutos después, St. Leonards se dirigió a él, y le preguntó: «Oye, de pasada, ¿tu padre qué era?» «Mi padre era un gentilhombre». «Ah, ¡qué pena que no te hiciese como él!» *No todos los que son ricos y de alta cuna son necesariamente unos caballeros, por muy bien vestidos que vayan.*

Nuestro Padre Celestial puede hacer de cada uno de sus hijos un gentilhombre o una gentil dama. Andrew Marvell tenía un buen dicho: «Jesucristo fue el primer verdadero gentilhombre que jamás existió». Y cuando este verdadero Gentilhombre entra para morar en nuestros corazones, es maravilloso el cambio que Él logra.
Tennyson escribió, acerca de su amigo Hallam:

«Llevó sin mancilla
El prestigioso nombre de gentilhombre».

El Señor Jesús puede hacer de nosotros verdaderos gentilhombres y gentiles damas.

1.414. NUESTRA LUCHA

2 Corintios 10:3-7

La idea de la lucha es aquí muy enfática. Es una lucha no sangrienta por la vida más elevada. Siendo desertores del campamento de Satanás, tenemos que esperar hallarnos en conflicto, pero mayor es Aquel que es por nosotros.

I. Nuestro enemigo. Nuestro enemigo es una coalición de fuerzas. Se nos enfrentan:

1. LA CARNE, O MENTE CARNAL. «Aunque andamos en la carne (esto es, el cuerpo), no militamos según la carne» (v. 3). «La carne codicia contra el Espíritu, y el Espíritu contra la carne». La mente carnal es una enemiga jurada de las cosas del Espíritu. Es una rebelde en contra de la ley de Dios (Ro. 8:7). La mente *mundana* está esencialmente opuesta a la mente del Espíritu. Pensar carnalmente es muerte.
2. ESPECULACIONES. «Derribando especulaciones» (v. 5). Estos volátiles pensamientos renegados que querrían llevarnos al palacio de la vanidad y que tratan de poner sobre nosotros la corona de la soberbia, sobre nuestra autosatisfacción. Estas vanas imaginaciones son peligrosas para el mayor bien del alma (Sal. 2:1).
3. TODO AQUELLO QUE SE EXALTA CONTRA EL CONOCIMIENTO DE DIOS (v. 5). Todo pensamiento y sentimiento y acción que brotan de un corazón que duda frente a la palabra, la voluntad y la sabiduría de Dios es una vil presunción. Todo lo que es moral en el «viejo hombre» intenta exaltarse *a sí mismo*. Cuidado con la soberbia.

II. Nuestras armas. Las armas de nuestra milicia:

1. NO SON CARNALES (v. 7). No pertenecen a la «vieja naturaleza». No son de factura humana. No son producto del ingenio humano. Los enemigos espirituales no pueden ser vencidos con armas materiales. No podemos vencer el mal con el mal. «Maldición por maldición» y cosas así son de la carne, y no de Dios.
2. SON PODEROSAS EN DIOS. Son poderosas porque la mano de Dios se aferra a ellas, y esta mano es omnipotente. Éstas son Sus armas para derribar las «fortalezas» de la incredulidad, del pecado y de Satanás, y para quebrantar las alas de nuestras vanas y elevadas especulaciones, y *todo* aquello que se exalta «contra el conocimiento de Dios». Esta arma inflexible y que nunca falla es «la Palabra de Dios» en manos del Espíritu Santo, porque la Espada del Espíritu es la Palabra de Dios (Ef. 6:17). Con esta arma de su Verdad, también nosotros hemos de ser, por medio de la fe, más que vencedores. «Porque la palabra de Dios es viva y *eficaz*, y más cortante que toda espada de dos filos; y penetra hasta la división del alma y del espíritu, ... y discierne los *pensamientos* y las *intenciones* del corazón» (He. 4:12). Como la espada de Goliat, «no hay ninguna como ésta. Dámela».

III. Nuestra victoria

1. ES SEGURA. «La *destrucción* de fortalezas» (v. 4). La primera fortaleza que tiene que ser destruida es nuestra propia voluntad. Ésta es la ciudadela del hombre carnal. Aquí tenemos victoria sometiéndonos al Príncipe de la Vida. Cuando nuestras voluntades han quedado sometidas por el poder conquistador de su poderoso amor, entonces nos hacemos participantes de la naturaleza divina, y entramos en alianza con el mismo Cristo, con lo que, por su gracia, llegamos a ser vencedores sobre el pecado y conquistadores de las fortalezas de Satanás. «Robusteceos en el Señor, y en el vigor de su fuerza» (Ef. 6:10).
2. SERÁ TOTAL. «Llevando cautivo *todo pensamiento a la obediencia de Cristo*» (v. 5). Cuando un fuerte es conquistado, todos los que están allí son hechos prisioneros. Los *pensamientos* son cosas fugitivas, y tienen que ser vigilados y dominados, porque «como *piensa* el hombre tal es él». Los pensamientos constituyen el carácter. Los pensamientos puros llevan a la acción noble. Son las sutiles armas de la guerra de la vida. ¡Cuán importante es que nuestros *pensamientos* sean llevados a *cautividad* a la voluntad de Jesucristo! Los pensamientos necesitan ser dominados. ¿Quién puede guiarlos, santificarlos y emplearlos como Cristo? Bajo su control se transforman en armas de triunfo. Los pensamientos son cosas difíciles de asir, pero cuando son capturados por Cristo, Él los mantendrá, porque los pensamientos quedan capturados cuando son *cautivados*. Como Rebeca, dicen: «Iré con este Varón» (Gn. 24:58). Podemos traer nuestros pensamientos a la cautividad de la obediencia a Cristo manteniéndonos con firmeza *«mirando a Jesús»*, que es el *Autor* y *Consumador* de nuestra fe, el *Cautivador* de nuestros pensamientos, y el *Dador* de todo don bueno y perfecto. «¿Qué pensáis de Cristo?»

1.415. PADECIENDO POR CRISTO

2 Corintios 11:24-33

Cuando Pablo fue llamado como *vaso escogido* para llevar el nombre de Jesucristo delante de los gentiles, y de reyes y de los hijos de Israel, el Señor pronunció estas significativas palabras: «Porque yo le mostraré cuánto es menester que padezca por mi nombre» (Hch. 9:15, 16). El que quiera vivir piadosamente, recibiendo la Palabra de Cristo, ocupando su puesto, actuando solamente en su Nombre y para su gloria, tiene que padecer; porque el mundo sigue yaciendo en el maligno, y la mente carnal sigue estando en emistad contra Dios. «Ay de vosotros cuando todos los hombres hablen bien de vosotros». Los padecimientos de este siervo de Dios fueron terribles. Veamos:

I. La razón por la que habla de ellos. Algunos «falsos apóstoles, obreros fraudulentos» se habían estado glorificando a sí mismos, y aparentemente haciendo todo lo que estaba en su poder para minimizar el nombre y carácter de Pablo. Él condesciende (como insensato) a entrar en el propio terreno de ellos dándoles una lista de sus padecimientos y riesgos por la causa de Jesucristo. Si el gran apóstol no hubiera actuado como en locura por una sola vez, nunca habríamos llegado a conocer la mitad de todo lo que soportó en fidelidad a su Maestro. El hecho de que se sentía avergonzado de hablar de sus *sufrimientos* por el Cristo que había muerto por él muestra la nobleza de su verdadero carácter interior.

II. La naturaleza de los mismos. Son sencillamente abrumadores. Es casi difícil creer que un hombre pudiera pasar por tantas pruebas a lo largo de una sola vida. Cinco veces azotado, en manos de los judíos, recibiendo 39 azotes cada vez. Tres veces apaleado con varas por un lictor romano. Tres veces náufrago y perdido en tempestuosa alta mar, quizá agarrándose a un pecio, durante toda «una noche y un día». Muchos largos y fatigosos viajes. Soportó ocho clases diferentes de *peligro*, sufrió ocho clases de privaciones físicas, y, además de todo esto, tenía sobre sí el cuidado personal de todas las iglesias. Pero toda esta tribulación, angustia, persecución, hambre, desnudez y peligro no le separaron del amor de Dios en Cristo Jesús (Ro. 8:35). ¡Cuán parecidos fueron sus sufrimientos a aquellos «muchos dolores» que desfiguraron el rostro de su Santo Maestro, y cuán verdaderamente llegó a ser «partícipe de los padecimientos de Cristo»!

III. Su efecto. No se lamentaba por ellos, sino que se *gloriaba en ellos* (vv. 30, 31). No los miraba como desgracias, sino como señales del favor de su Maestro. Eran medallas ganadas en sus batallas para el Señor (2 Co. 12:9, 10). Gloriarse en los sufrimientos era un artículo del credo de Pablo (Ro. 5:3). Él sabía que «si sufrimos, también reinaremos con Él» (2 Ti. 2:12). Quizá ésta fuera una de las razones por las que podían cantar alabanzas en la cárcel, con espaldas sangrantes y piernas y espaldas doloridas (Hch. 16:25). Sólo aquellos que miran las cosas que no se ven puede llegar a tener «por mayores riquezas el vituperio de Cristo que los tesoros de los egipcios» (He. 11:26). «*Cuando por mi causa* os vituperen y os persigan, y digan toda clase de mal contra vosotros, *mintiendo*... Gozaos y alegraos, porque vuestro galardón es grande en el cielo.»

1.416. PODER EN LA DEBILIDAD

2 Corintios 12:1-10

Las experiencias personales del apóstol, tal como se registran en estos versículos, son de profundo significado para todos los que están persistentemente lanzados al empeño de seguir su ejemplo.

I. Una nueva revelación. «Fue arrebatado hasta el tercer cielo... y oyó palabras inefables que no le es permitido al hombre expresar» (v. 4). Esta revelación era solo para él mismo, y por ello era incomunicable a los demás. Solamente podemos conocer su carácter por sus frutos, porque por sus frutos los conoceréis; y los frutos que se ven aquí son dignos del Dios de toda gracia. Muchos de los fieles siervos de Dios reciben revelaciones especiales, cuando sus mentes y pensamientos son *arrebatados* por el Espíritu Santo, como en alas de fe y de esperanza, hasta los más elevados cielos (Ez. 11:24; Hch. 8:39), donde ven y oyen cosas que la lengua de los mortales no puede expresar de manera plena. Son tiempos preciosos de la consciencia de la presencia de Dios, y de la realidad y del poder de las cosas eternas.

II. Una nueva prueba. «Me fue dada una espina en mi carne, un mensajero de Satanás que me abofetee, para que no me enaltezca sobremanera» (v. 7). Tras nuevas visiones suelen venir nuevas pruebas. Dios sabe que antes que la caída es la *soberbia*, por lo que permitió a Satanás que hincara en el cuerpo de Pablo este aguijón de aflicción. Es difícil llegar a saber lo que realmente fuera. A los gálatas les escribió: «Pero bien sabéis que a causa de *una enfermedad del cuerpo* os anuncié el evangelio la primera vez» (Gá. 4:13). Estaba tanto más deseoso de *predicar el Evangelio* que de gloriarse en su especial *revelación*. Es mejor, a sus ojos, que demos testimonio de Cristo que nos absorbamos en nuestros nuevos descubrimientos, pero sepamos que no se trata de cosas contradictorias, sino complementarias.

III. Una nueva promesa. «Bástate mi gracia; *porque mi poder se perfecciona en la debilidad*» (v. 9). El poder de esta debilidad es abundantemente evidente en 1 Corintios 2:3-5. No se trata de la debilidad de la ignorancia ni de la incredulidad, sino de la de la consciencia de la *impotencia* y de la consiguiente total dependencia en la gracia que Dios ofrece. Si el poder de Dios se ha de perfeccionar en *debilidad*, ciertamente que aquí tenemos una oportunidad para todos nosotros. Pero es mucho más fácil para algunos el confiar en sí mismos que en vaciarse a sí mismos. Estar llenos de autoconfianza es estar vacíos del poder de Dios. Dios no dará su gloria a otro para la exhibición del yo. Humíllate a ti mismo, y Él te exaltará.

IV. Una nueva fuente de buena disposición. «Por tanto, de muy buena gana me gloriaré más bien *en mis debilidades*, para que habite en mí el poder de Cristo» (v. 9). *Gloriarse* en las propias debilidades es algo más noble que meramente someternos a ellas. Pero nadie puede gloriarse en las aflicciones porque sean aflicciones; sin embargo, si por la fe vemos que son los medios designados por Dios mediante los que llegamos a ser más eficaces testigos del poder de Cristo, entonces podemos de buena gana gloriarnos en ellas. Es cosa normal para los obreros cristianos alegrarse por sus *dones*, pero no es tan común encontrar alegría en sus *debilidades*. Regocijaos en el Señor siempre; Él todo lo ha hecho bien.

V. Una nueva resolución. «*Por lo cual, por amor a Cristo* me complazco en las debilidades, en afrentas, en necesidades, en persecuciones, en estrecheces; porque cuando soy débil, entonces soy fuerte» (v. 10). Se complacía en todas las pruebas y dificultades que le hacían sentir de manera más acusada la medida de su *debilidad*, sabiendo que esto sólo daba más lugar en su vida para la gracia y el poder de Dios. Nos gloriamos en la tribulación, sabiendo que la tribulación *obra* paciencia, experiencia y esperanza (Ro. 5:3). «Es verdad que ninguna disciplina *parece* al presente ser causa de gozo, sino de tristeza; pero *después* da fruto apacible de justicia *a los que han sido ejercitados por medio de ella*» (He. 12:11). Que este *después* fortalezca nuestra fe para el presente.

1.417. LA GRACIA QUE ALEGRA

2 Corintios 12:9

Notad el testimonio de Pablo. Ha tenido una revelación del Señor y un mensajero de Satanás. *Revelaciones y golpes*, visiones y aguijones, son gran parte de la experiencia del cristiano.

I. El prometedor. Él dijo: «Mi gracia». Aquel que no puede mentir, Aquel en cuyos labios ha sido derramada la gracia, dará gracia y gloria: Él, el Dios Hombre, Mediador, en quien habita toda plenitud.

II. La promesa. Gracia suficiente. Amplia:

1. PARA SALVAR. Se perfecciona en la *debilidad*. Se deleita en perdonar, en librar y guardar.
2. PARA SUPLIR. Para llenar toda necesidad (Fil. 4:19). Es una corriente que basta para hacer girar cualquier molino, para *satisfacer* todo anhelo del corazón que confía.
3. PARA SOPORTAR. Se mantiene firme en medio de todas las pruebas y tentaciones, todas las espinas y abrojos en la vida; también hace que se pueda sobrellevar la indecible revelación sin orgullo.
4. PARA VENCER. Destruye el poder del *pecado* dentro, resiste al diablo fuera, y vuelve las oscuras sombras de la muerte en precursoras de gloria.

III. El resultado.

1. ALEGRÍA. «De buena gana me gloriaré». Contento porque todo lo necesario está prometido por Uno que es tan amante y fiel (Ro. 8:32).
2. PODER. El poder de Cristo descansando sobre Él, porque se regocijaba en su flaqueza, la debilidad gracias a la cual pudo apoyarse aún más en la poderosa promesa del Señor.

1.418. LA GRACIA TODOSUFICIENTE

«Bástate mi gracia» (2 Co. 12:9)

Su gracia es suficiente, y está *siendo hecha* suficiente, como también se puede traducir aquí. Una plenitud siempre manando, para nuestra necesidad siempre en crecimiento.

I. La sustancia de la promesa. Gracia y poder. La gracia y el poder de nuestro Señor Jesucristo en nuestro favor son el resultado de su *muerte* y *resurrección*. Donde tenemos favor y poder, amor y capacidad, de nuestro lado, podemos sentirnos seguros y satisfechos. Riquezas inescrutables y poder omnipotente.

II. El propósito de la promesa. Era para *suplir la necesidad* de su siervo en aquel momento de su dura prueba. Es la naturaleza de la gracia llenar una vacante y transformar la debilidad en fortaleza, la deformidad en belleza, la inmundicia en pureza, y la enemistad en amor.

III. La plenitud de la promesa. Es *suficiente*. Todosuficiente para todas las clases, en todas las circunstancias, para todas las edades. En esta preciosa promesa hay todosuficiencia para

1. EL QUE QUIERE SER CRISTIANO. Los que quizá están luchando con una conciencia despertada, buscando ansiosamente al Señor. Aliéntate. La salvación es por la gracia. No importa cuán numerosos sean los pecados o profunda la iniquidad. Su GRACIA te basta. «Por gracia sois salvos.»
2. EL JOVEN CRISTIANO. Jóvenes peregrinos acabados de salir de Egipto, quizá desalentándose debido al camino... ¡No temáis! Aquí tenemos una inagotable fuente de suministro. Esta promesa fue cumplida a los israelitas cuando obtuvieron agua de la peña y pan del Cielo. Ambas cosas de Dios.
3. EL OBRERO CRISTIANO. El *obrero* necesita más para mantener sus fuerzas que el ocioso. Cuanto más activo sea nuestro servicio para el Señor, tanto más necesitaremos su gracia. Toma tu cruz; hay gracia en ella, y gracia para ella. Toda gracia viene por medio de su Cruz.
4. EL CRISTIANO TENTADO. Tentado quizá a la desesperanza debido a los cuidados y a las cargas de la vida. Tentado a través de la pobreza del pecado. Hay victoria en la gracia de Dios. Tú conoces la gracia de nuestro Señor al hacerse pobre, a fin de que pudierais ser hechos *ricos*, ricos en gracia y fortaleza.
5. EL CRISTIANO SUFRIENTE. Si no somos salvados de las aflicciones, como en el caso de los jóvenes hebreos en el horno, podemos ser salvos *en* ellas. Fue a través del valle de la sombra de muerte que David pasó al trono de Israel.
6. EL CRISTIANO CAÍDO. «¿Me recogerá?» dijo un joven, no hace mucho, mientras lloraba detenido a la puerta donde el escritor estaba predicando. «Sí, y contento de hacerlo», fue la respuesta, citándole Lucas 15:20.
7. EL CRISTIANO ANCIANO. «Aun en la vejez y las canas, oh Dios, no me desampares» (Sal. 71:18). *De ningún modo* te dejaré ni te desampararé es lo que Él mismo dice, y *su presencia* significa suficiente gracia para ti.
8. EL CRISTIANO MORIBUNDO. Es muy fácil morir en compañía del Salvador resucitado. Las sombras se desvanecen cuando Él aparece. «Aunque pase por valle de sombra de muerte, no temeré mal alguno, porque TÚ ESTARÁS CONMIGO» (Sal. 23:4). «Morir es ganancia.» «La gracia es un grato son.»

1.419. EXAMINAOS A VOSOTROS MISMOS

2 Corintios 13:5

Éste es un trabajo necesario. Guardaos del engaño del corazón. Esta autoprobación necesita hacerse:

1. **Instantáneamente.** El secreto de nuestro fracaso debe ser buscado en seguida.
2. **Voluntariamente.** ¿Estás pronto para conocerte a ti mismo, y tener una vista de pecado escondido?
3. **Cuidadosamente.** No permitas que ningún pecado acariciado te engañe. Juzga cada hecho por sus frutos. No llames inocentes cosas que no sean santas.
4. **Intrépidamente.** Con la lámpara de la escudriñadora palabra de Dios (Heb. 4:12).
5. **Implacablemente.** No perdones a ningún Agag. Haz confesión. Reconoced el pecado (Sal. 51:3).
6. **Honestamente.** Sé severo con el pecado, mas aprueba lo que es bueno. Distingue entre pecados y flaquezas.
7. **Devotamente.** Recuerda que solamente el Señor puede escudriñar el corazón. «Examíname, oh Dios, y conoce mi corazón.»

1.420. LA BENDICIÓN APOSTÓLICA

2 Corintios 13:13 (o 14)

Introducción

1. Este versículo es muy familiar para nosotros, ya que se emplea de manera universal para despedir a las congregaciones.
2. Todos hemos repetido el «Amén» después que lo pronunciase el ministro, y es bueno responder así.
3. Pero, ¿qué «Amén» es éste?
4. Este «Amén» significa en la práctica dos cosas:

I. Nuestra aceptación de la Trinidad.

1. Si Jesús no fuese Dios el Hijo, y el Espíritu Santo no fuese una personalidad, sería una blasfemia asociar así los nombres.
2. No significa que podamos comprender la Trinidad.
3. Pero podemos aceptar la Doctrina.
4. Fue Henry Ward Beecher quien dijo que era más fácil para él creer en la Trinidad que en la Unidad de Dios.
5. La ciencia tiene algo que decir a favor, porque en la naturaleza las formas de vida más elevadas son las más complejas.
6. La filosofía nos enseña que el amor demanda amor; la Paternidad Eterna implica Filiación Eterna.

II. Nuestro deseo de las bendiciones que nos otorgará la Trinidad. ¡Qué espléndido deseo y oración tenemos en estas palabras para una congregación a punto de ser despedida, o, en general, para nuestros amigos!

1. LA GRACIA DEL SEÑOR JESUCRISTO... sea con todos vosotros.
   a. Observemos, no Jesús, sino Señor Jesús. ¡Con qué reverencia se pronuncia el Nombre sin parangón!
   b. No solo las bendiciones que nos vienen por medio de Jesús.
   c. Ni las bendiciones que nos son dadas por Él.
   d. Pero hay un significado adicional: la gentileza y gracia del Señor Jesús.
   e. Jesucristo fue siempre lleno de gracia en su conducta y forma de actuar.
2. EL AMOR DE DIOS... sea con todos vosotros.
   a. Una constante conciencia del amor de Dios.
   b. Su propio amor morando constantemente dentro de nosotros.
3. LA COMUNIÓN DEL ESPÍRITU SANTO... sea con todos vosotros.
   a. Dios tiene únicamente un vicario sobre la tierra: el Espíritu Santo.
   b. Él está ahí ahora, justo a nuestro lado.
   c. Podemos tener compañía, unidad, con Él en todos sus deseos e intenciones.

Obsérvese la escala ascendente.

1º Gracia. 2º Amor. 3º Comunión.

Cuando recibo gracia, se me hace saber el hecho de que me ama, y, lo más maravilloso de todo, podemos tener luego comunión.

1.421. A SÍ MISMO POR NUESTROS PECADOS

«Nuestro Señor Jesucristo, el cual se dio a sí mismo por nuestros pecados» (Gá. 1:3, 4).

¡Qué contraste! Él mismo: nuestros pecados. Él dio la ley para exponer nuestros pecados. Él se dio a Sí mismo por nuestros pecados. La ley es un ayo para llevarnos a Cristo. ¡Cuán profundo tiene que ser el amor de Cristo para con el pecador, cuando Él se *dio* a Sí mismo como precio por la redención de los culpables! ¡Cuán impotente y desesperada la condición del hombre cuando nada menos que ÉL MISMO era suficiente para salvar! ¡Cuán de par en par debe estar abierta ahora la puerta de la salvación, por cuanto Él mismo la ha abierto! Él se dio a Sí mismo, el Hijo amado. ¡De qué manera tan bien dispuesta Dios el Padre aceptaría este don! Habiéndose dado a Sí mismo, los hombres tienen ahora su elección entre Él mismo y sus pecados. ¡Recíbele!

1.422. LAS AGUAS SANADORAS

Gálatas 1:3-5

A sí mismo por *nuestros pecados*. ¡Qué contraste! Aquí tenemos grandes profundidades.

1. **Revelación.** «Gracia y paz sean a vosotros, de parte de Dios el Padre y de nuestro Señor Jesucristo.»
2. **Sustitución.** «El cual se dio a sí mismo *por* nuestros pecados.»
3. **Salvación.** «Para librarnos del presente siglo malo.»
4. **Explicación.** «Conforme a la voluntad de nuestro Dios y Padre.»
5. **Adoración.** «A quien sea la gloria por los siglos de los siglos.»

1.423. EL EVANGELIO DE CRISTO

Gálatas 1:3-9

El *Evangelio* de Cristo es sencillamente las buenas nuevas acerca de Cristo. La Ley nos fue dada por Moisés, pero la gracia y la verdad, esto es, el *favor* y la *exacta expresión* de Dios, vinieron por Jesucristo (Jn. 1:17, 18).

I. ¿Qué es lo que se le ofrece a los hombres en este Evangelio?

1. PERDÓN. Él «se dio *a sí mismo* por nuestros pecados» (v. 4). Aquí tenemos lo mejor de Dios, en contacto con lo peor del hombre. El Santo en el cielo, con lo más horrible de la tierra. ¿Cómo debe ser el pecado a los ojos de Dios, que se precisó de la vida y de la muerte, y de toda la riqueza del carácter de su Hijo para quitarlo? Ahora tenemos en Él la redención por medio de su Sangre, y el *perdón de pecados* (Ef. 1:7).
2. LIBERACIÓN. «Para librarnos del *presente siglo malo*» (v. 4). Aunque perdonados y justificados, seguimos encontrándonos en medio de todos los males de este siglo malo, y necesitamos ser liberados y guardados continuamente de su dominio. Él «puede guardaros de caída».
3. GRACIA Y PAZ (v. 3). Gracia suficiente para suplir cada una de vuestras necesidades, y la paz de Dios para guardar vuestros corazones y mentes en Cristo Jesús (Fil. 4:7). Da bendición a Dios por una salvación tan plena.

II. ¿Cómo deben ser recibidas estas bendiciones? ¿Cómo puedo asegurar que son mías? «El que os *llamó por la gracia de Cristo*» (v. 6). El Evangelio trae al alma el llamamiento de Dios para que entre en el pleno goce de aquella gracia abundante que es en Cristo Jesús. No hay otra manera más que la *obediencia de la fe*. Tú crees el mensaje, tú obedeces el llamamiento, y la gracia de Dios hace todo el resto (1 Jn. 3:5). «Fiel es el que prometió.»

III. ¿Cómo puede ser pervertido este Evangelio? «Hay algunos que os perturban y quieren pervertir el evangelio de Cristo» (v. 7). El Evangelio en sí no puede ser pervertido: es y será siempre y en todas partes el mismo. Pero sí que puede ser presentado *de manera distorsionada* con lo que las mentes y los pensamientos de los hombres pueden tener una visión muy distorsionada de su verdadero carácter. El judaizante enseñaba que tienen que circuncidarse para recibir los plenos beneficios del Evangelio de Cristo. A los gentiles no nos toca la cuestión de la circuncisión; pero hay muchos que creen que deberían adquirir un *compromiso*, que Dios les salvará debido a su carácter moral y buenas obras. Ésta es una visión pervertida del Evangelio de Cristo. Todo lo que podamos hacer, o ser, nunca añadirá valor alguno a la *gracia* salvadora *de Dios* en Jesucristo. «*Siendo aún* pecadores, Cristo murió por nosotros» (Ro. 5:8). Por ello es *por fe*, para que sea *por gracia* (Ro. 4:16). «El *don* de Dios es vida eterna *por medio* de Jesucristo Señor nuestro.»

IV. No hay otro camino. «Mas si aun nosotros, o un ángel del cielo, os anuncia otro evangelio diferente del que os hemos anunciado, sea anatema» (vv. 8, 9). Ni la sabiduría de los siglos, ni todo el tiempo, ni la eternidad, producirán jamás ningún otro evangelio por medio del que los pecadores –sin la gracia de Dios en Jesucristo su Hijo– puedan ser salvos. «*No hay otro nombre* bajo el cielo, dado a los hombres, en que podamos ser salvos» (Hch. 4:12). Jesús dijo: «Yo soy el Camino, y la Verdad y la Vida; *nadie* viene al Padre, *sino por medio de* Mí». «El que cree *en el Hijo* tiene la vida eterna, mas el que *rehusa creer en el Hijo*, no verá la vida, sino que la ira de Dios *permanece* sobre él» (Jn. 3:36). *¿Crees esto?*

1.424. NO SEGÚN HOMBRE

> «Mas os hago saber, hermanos, que el evangelio anunciado por mí, no es según hombre» (Gá. 1:11).

El Evangelio no es según la sabiduría humana, porque es insensatez para los sabios de este mundo. No es según los afectos humanos; la mente carnal es enemistad contra él. Siendo que el Evangelio es contrario a la mente y a la voluntad del hombre, no podía haber evolucionado desde la consciencia interior del hombre. No es del hombre, ni puede ser del Diablo, que lo odia a muerte. Es de Dios. Esta verdad ardió hasta los mismos huesos de la naturaleza moral de Pablo, y debería arder en los mismos huesos de cada cristiano: nacido, no de la carne, ni de voluntad del hombre, sino de Dios. El Evangelio es sobrenatural y divino, y por ello lo menosprecia el hombre natural. Para los que creen es el poder de Dios.

1.425. SU HIJO EN MÍ

> «Cuando Dios... tuvo a bien revelar a su Hijo en mí» (Gá. 1:15, 16).

¡Qué revelación! Cristo se reveló a Pablo en el camino a Damasco. Ahora habla de Cristo revelado en él. ¡Qué cambio! ¡La imagen del Dios invisible engendrada en él! ¡Qué misterio! ¡Qué realidad! Su Hijo en mí, en la gentileza y mansedumbre de SU carácter de gracia. Su Hijo en mí en su amor por los pecadores que perecen. Su Hijo en mí en su paciencia en el sufrimiento. Su Hijo en mí en su fidelidad a la verdad. Su Hijo en mí en su deleite en hacer la voluntad de Dios el Padre. ¡Su Hijo en mí! Ésta es la orden de ejecución para la soberbia, la búsqueda de los propios intereses y de toda concupiscencia no santa; de toda pendencia y de todo motivo impuro. Su Hijo en mí: éste es el secreto de la consagración, y de una vida de poder y de feracidad para Dios. «He sido crucificado con Cristo; sin embargo vivo; mas no ya yo, sino que Cristo vive en mí» (Gá. 2:20, V.M.)

1.426. SALVADOS PARA SERVIR
Gálatas 1:15, 16

1. Un llamamiento divino: «Me llamó por su gracia».
2. Una revelación divina: «Tuvo a bien revelar a su Hijo en mí».
3. Una comisión divina: «Para que yo *le predicase*».

1.427. LA VIDA QUE AHORA VIVO
Gálatas 2:16-21

Desde luego no era la vida que solía vivir, cuando estaba «respirando aún amenazas y muerte contra los discípulos del Señor» (Hch. 9:1), sino que se trata de una breve autobiografía espiritual de la vida que ahora vivía. Es:

I. Una vida justificada sin las obras de la Ley. «Nadie será justificado a base de las obras de la ley» (v. 16). Si hemos ofendido en *un* punto, hemos quebrantado la ley. La ley *no puede perdonar* el pecado, sino que por la ley es el conocimiento del pecado (Ro. 3:20). Ser justificado delante de Dios es quedar libre de *culpa*. Y por ello libre del castigo.

II. Una vida impartida por medio de la fe en Jesucristo. «Nosotros también *hemos creído* en Cristo Jesús, para ser *justificados a base de la fe* de Cristo» (v. 16). Así, por la fe en Cristo se imputa al creyente la justicia de Dios. La ley es sencillamente nuestro ayo para *llevarnos a Cristo*, a fin de que podamos ser justificados *por la fe* (Gá. 3:24). «Abraham *creyó* a Dios, y le fue contado *por* justicia» (Ro. 4:3). Ésta es la divina ley de la gracia. «Justificados pues por la fe, tenemos paz para con Dios.»

III. Una vida vivida para Dios. «Yo he muerto a la ley, a fin de vivir para Dios» (v. 19). Estando ahora libertado de los terrores de la ley, y del poder esclavizador del pecado, salvo de la vida del yo a la feliz libertad con la que Cristo ha libertado a sus creyentes, su propósito absorbente es amar, honrar y obedecer a Aquel que le ha redimido mediante la Sangre de su Hijo e introducido en feliz comunión consigo mismo.

IV. Una vida crucificada con Cristo. «Con Cristo estoy juntamente crucificado» (v. 20). El *viejo hombre*, con todas sus pasiones y concupiscencias carnales, es crucificado con Cristo, para que sea destruido el cuerpo de pecado (Ro. 6:6). En la Cruz de Cristo ve todo el cuerpo de su naturaleza pecaminosa clavado en la cruz, y en esto se gloriaba él. «Pero jamás acontezca que yo me gloríe, sino en la cruz de nuestro Señor Jesucristo, por la cual el mundo está crucificado para mí, *y yo para el mundo*» (6:14). La crucifixión es un penoso remedio, pero es eficaz.

V. Una vida en la que Cristo mora. Y ahora es «Ya no vivo yo, sino que Cristo vive en mí». Ha devenido, por así decirlo, una nueva personalidad. Una nueva voluntad, un nuevo propósito, y un nuevo poder rigen y reinan ahora. Allí donde Cristo mora es siempre un centro de atracción, como el hogar de Betania. Ser fortalecido con poder por su Espíritu en el *hombre interior* es como Cristo morando en el corazón. Esto viene por la fe (Ef. 3:16, 17). La morada de Cristo se manifiesta por la presencia y el poder del Espíritu Santo. «En esto conocemos que permanecemos en él, y él en nosotros, en que nos ha dado de su Espíritu» (Jn. 4:13).

VI. Una vida continuada por la fe en el Hijo de Dios. «Lo que vivo en la carne, lo vivo en la fe del Hijo de Dios» (v. 20). Esta vida comenzada por fe en Cristo debe ser perpetuada mediante un acto *continuado* de fe en Cristo. Por la gracia sois salvos *por medio* de la fe, a todo lo largo del camino. La nuestra es una vida de fe en el Hijo de Dios. Por fe vivimos, no por vista. Continuad en la fe, y no os alejéis de esta doctrina. El que persevere hasta el fin en esta firme actitud de confianza asentada será salvo con una plena salvación. «Porque sin fe es imposible agradar a Dios» (He. 11:6).

1.428. CRISTO EN MÍ
Gálatas 2:20

Pablo tuvo dos revelaciones distintas de Jesús. De camino a Damasco Jesús se le reveló. Esta revelación mató la enemistad de su corazón y le convirtió a Dios. Luego él escribe a los Gálatas que Dios «tuvo a bien revelar a su Hijo *en* mí» (Gá. 1:16). Esta segunda revelación demostró ser su santificación y capacitación para el servicio, porque añade: «Para que yo le predicase entre los gentiles». ¡Cuán estéril y sin fruto es nuestro testimonio para Dios hasta que se revela Cristo en todo su poder y suficiencia, no solo en el cielo, sino *en nosotros*. Entonces, como él, podemos decir triunfantes: «Y ya no vivo yo, sino que *Cristo vive en mí*». Si Cristo está en mí, entonces yo debo ser:

I. Una nueva criatura. Cuando el «Viviente» entra, entonces cesa el reinado de la muerte: «Yo he venido para que tengan vida». La regeneración es la irrupción de la «Vida de Dios» en el alma mediante el Espíritu Santo. Los cuales fueron nacidos, no de sangre –no es hereditario, ni de voluntad de la carne, no es por energía carnal, ni de voluntad de varón no es por poder intelectual–, *sino de Dios*. ¿Cómo explicarán esto los evolucionistas? Hasta que uno pone la confianza en Cristo y le recibe, solo puede haber muerte y degeneración; pero cuando Él entra en el corazón y en la vida del hombre, ¡cuán completamente se cumple su Palabra: «He aquí, yo hago nuevas todas las cosas»!

II. Un templo de Dios. Solemne pensamiento. ¿Morará realmente Dios con los hombres? «¿No sabéis que sois templo de Dios?» (1 Co. 3:16). Así como Dios descendió y moró en el templo de Salomón, así Dios el Espíritu Santo ha venido a morar en el cuerpo de cada creyente, para mostrar la gloria de su gracia y de su poder (1 Co. 6:19, 20). La morada del Espíritu implica la purificación total mediante la sangre. Limpiados, poseídos, empleados. Espíritu, alma y cuerpo.

III. Gobernados por su voluntad. «No se haga mi voluntad, sino la tuya»; éste fue un resplandor de gloria del cielo procedente de Jesús como el templo de Dios. La casa no puede mantenerse si hay en ella dos voluntades opuestas. Si reconozco a «Cristo en mí», entonces todos mis caminos y propósitos serán de corazón sometidos a Él. La tierra es escabel de sus pues, pero Él no se sienta en un escabel, sino en un trono, el centro de poder y autoridad. El *reinado de Cristo* dentro de nosotros es el remedio divino para pasiones desenfrenadas, temperamentos desatados, un testimonio sin fruto y la vida egoísta que contrista al Espíritu. Venga a nos tu reino, hágase tu voluntad *en nosotros*, como en el cielo.

IV. En posesión de toda suficiencia. Las necesidades continuas de la vida espiritual son muy grandes, pero toda la plenitud mora en Él, y si Él mora en nosotros, entonces nosotros podemos ser llenos de toda la plenitud de Dios. Ciertamente, las «inescrutables riquezas de Cristo» son suficientes para afrontar las demandas diarias y de cada momento para nuestras nuevas naturalezas que Dios nos ha dado. «Cristo en mí.» ¡Qué provisión a la que acudir! Cristo en mí, para llenar cada resquicio de mi ser, como las aguas cubren el abismo. Cristo en mí, para empujarme y constreñirme, como el vapor en la máquina. «Poderoso es Dios para hacer que abunde en vosotros toda gracia, a fin de que, teniendo siempre en todas las cosas todo lo suficiente, abundéis para toda buena obra» (2 Co. 9:8).

V. Los placeres pecaminosos no tendrán atracción para mí. «Si alguno ama al mundo, el amor del Padre no está en él.» ¿Qué comunión puede tener la luz con las tinieblas? Si Cristo satisface plenamente los deseos del corazón, no habrá anhelos en pos de cosas contrarias a su voluntad. Cuando los cristianos siguen en pos de cosas dudosas, ello es una evidencia de que no se confía plenamente en Cristo. La que está satisfecha con su amante marido no busca a otro. La hoja de col no tiene para la mariposa la atracción que tenía para el gusano de seda. Aquellos cuyas vidas están escondidas con Cristo en Dios pondrán sus afectos en las cosas de arriba.

VI. Dispuesto a sacrificarse por otros. Si Cristo está en mí, entonces se manifestará la vida de Cristo. «El Hijo del Hombre no vino para ser servido, sino para servir» (Mt. 20:28). Él glorificó a Dios mediante una vida de sacrificio de sí mismo por el bien del hombre. No buscó la popularidad esforzándose y clamando por las calles (Mt. 12;19). Si Cristo está en nosotros, no nos esforzaremos por lograr los principales puestos de honor, ni por alcanzar los encomios de los hombres. Por cuanto Cristo nos ha amado, y se ha dado a Sí mismo por nosotros, ¿no deberíamos nosotros, por amor a los que perecen, darnos a nosotros mismos a Dios por su salvación?

VII. Más que vencedores. El alma poseída de Cristo entrará en contacto con principados y potestades, con gobernantes de las tinieblas y con espíritus de maldad, de una forma que otros no pueden comprender; pero «mayor es el que está *en vosotros*, que el que está en el mundo» (1 Jn. 4:4). Nunca olvidemos mientras luchamos contra la incredulidad, la injusticia y todos los poderes de las tinieblas que la batalla es del Señor. Dios, que mora en vosotros, Él hace las obras. «Dios es el que en vosotros opera tanto el querer como el hacer, por su buena voluntad» (Fil. 2:13). ¡Cómo debe el apóstol haberse hecho consciente del poder del Salvador que moraba en su corazón cuando dijo: «Todo lo puedo en Cristo, que me fortalece»! También nosotros debemos, por fe, echar mano de su poder omnipotente, para que grandes cosas sean hechas en su Nombre. La duda o la ignorancia de «Cristo en nosotros» es la fuente de la debilidad, inferacidad, y desaliento en el servicio de Dios. Cree en Dios, que Cristo por el Espíritu mora en ti; cuenta siempre con su presencia, poder y plenitud, y pronto cantarás: «¡Gracias sean dadas a Dios, que nos da la victoria por medio de nuestro Señor Jesucristo!».

1.429. LAS MARAVILLAS DE LA GRACIA

Gálatas 2:20

Hay siete maravillas espirituales en este portentoso texto.

1. Que el Hijo de Dios **amara** a un perseguidor como Pablo. «Que me amó.»
2. Que el Hijo de Dios debiera ser **crucificado**. «Crucificados con Cristo.»
3. Que Cristo se *diera a Sí mismo* por pecadores. «Se entregó a Sí mismo por mí.»
4. Que un hombre fuera a ser **crucificado** con Cristo. «Con Cristo estoy juntamente crucificado.»
5. Que un hombre crucificado **siguiera estando vivo**. «Lo que ahora vivo en la carne.»
6. Que Cristo, el crucificado, fuera hallado **viviendo en un hombre crucificado**. «Ya no vivo yo, sino que Cristo vive en mí.»
7. Que un hombre pueda vivir esta nueva vida por **la fe en el Hijo de Dios**. «Lo que ahora vivo en la carne, lo vivo en la fe del Hijo de Dios.»

1.430. EL EVANGELIO EN POCAS PALABRAS

Gálatas 2:20

Este versículo ha sido llamado «El Evangelio en Pocas Palabras». Bengel afirmó que era «La cumbre y el tuétano del cristianismo». La vida cristiana es:

I. Una vida **en muerte**: «Estoy crucificado», muriendo a diario.

II. Una vida **en vida**: «Vivo».

III. Una vida **dual**: «Yo, Cristo».

IV. Una vida de **fe**: «Por la fe».

1.431. NO YO, MAS CRISTO

Gálatas 2:20

I. Piensa en estas dos personalidades. «Yo», «Cristo». Hay un misterio en cada una de ellas. El misterio del mal está conectado con la primera, y el misterio de la piedad con la segunda. Cada una de ellas es el medio a través del que obra otra gran Personalidad. «El príncipe de la potestad del aire; el espíritu que ahora actúa en los hijos de desobediencia» (Ef. 2:2) actúa en y por medio de la primera, mientras que el Padre Todopoderoso se manifiesta a Sí mismo por medio de la segunda. La primera es instrumento de Satanás, la segunda, sierva de Dios. Este irregenerado *«Yo»*, en su ignorancia, egoísmo, soberbia e incredulidad, es un súbdito adecuado para el príncipe de las tinieblas. El Cristo, ungido por el Cielo, en su devoción abnegada a la voluntad de Dios, es perfectamente idóneo para el cumplimiento de sus propósitos.

II. Piensa en la relación de la primera con la segunda. ¿Qué hay ahí en común entre este «Yo» y el «Cristo», entre el siervo de Satanás y el siervo de Dios? ¿Qué comunión tiene la luz con las tinieblas? ¿Qué concordia Cristo con Belial? Qué parte tiene el que cree con el incrédulo? (2 Co. 6:14-16). Cada uno de ellos está animado y controlado por un espíritu diferente y opuesto. Los principios de la *carne* y del *Espíritu* son contrarios entre sí. Lo nacido de la carne es carne, y pertenece al reino de este mundo; lo nacido del Espíritu es espíritu, y pertenece al Reino de Dios. La corrupción no puede heredar la incorrupción (1 Co. 16:20). El «Yo» es carnal, Cristo es espiritual. Porque la mentalidad de la carne es muerte, pero la mentalidad del Espíritu es vida y paz» (Ro. 8:6). Este Yo, el hombre natural, no recibe las cosas del Espíritu de Dios, y por tanto no puede tener comunión con Cristo. No está sujeto a la ley de Dios, ni puede estarlo.

III. Piensa en el significado de esta nueva relación: «Ya no yo, sino Cristo.» Estas palabras implican un despojarse del viejo hombre, y un revestirse de Cristo. El pecaminoso y egoísta «Yo» se ha rendido, y ha dado lugar a la vida y gobierno del Santo. Solía ser «Yo, no Cristo», pero ahora es «No yo, mas Cristo».

1. En la cuestión de la SALVACIÓN. Las obras de la ley y de la carne han dado lugar a la fe en el Señor Jesucristo. El arenoso fundamento ha sido echada a un lado para asentarse en la Roca que no puede ceder. La propia justicia ha dejado paso a la justicia de Dios. Es también «Ya no yo, mas Cristo».
2. En la cuestión de la SANTIFICACIÓN. «Cristo vive en mí.» El usurpador dentro ha quedado destronado, y el Señor de la vida y de la gloria ha sido coronado. La santidad ha venido, no por las obras, sino admitiendo al Santo y dándole su verdadero lugar en el corazón como Señor. El viejo «Yo» ha quedado crucificado con Cristo, y se ha dado la formación de un nuevo «Yo» que se deleita en decir: «Ya no yo, mas Cristo».
3. En la cuestión del SERVICIO. «Para mí vivir es Cristo.» «De quien soy y a quien sirvo.» No busca ahora su propia voluntad, sino la voluntad de Aquel que lo ha salvado y enviado. Si todavía agradara a los hombres, no sería siervo de Cristo. «Todo lo puedo en Cristo, que me fortalece» (Fil. 4:13). «De modo que si alguno está en Cristo, nueva criatura es.»

1.432. LA NUEVA VIDA
Gálatas 2:20

1. Una **experiencia** bienaventurada, «Ahora vivo».

2. Un **testimonio** alentador, «Vivo en la fe».

3. Una **fuente** todosuficiente, «El Hijo de Dios».

1.433. LEY, GRACIA, FE
Gálatas 3:6-14

Estas tres, mas la mayor de ellas es la «gracia». La ley nos muestra nuestra necesidad. La gracia revela la provisión de Dios para suplir esta necesidad. La fe es la aplicación personal de esta provisión para suplir esta necesidad.

I. Por la ley hay condenación.

1. EXIGE UNA OBEDIENCIA PERFECTA. «Maldito todo aquel que no permanezca en todas las cosas escritas en el libro de la ley, *para hacerlas*» (v. 10). «El que ofende en *un punto* es culpable de todo.» No podéis quebrantar *un* eslabón sin romper toda la cadena.
2. NO PUEDE JUSTIFICAR UNA TRANSGRESIÓN. «Por la ley ninguno se justifica para con Dios» (v. 11). Suele ser fácil para nosotros justificarnos *a nuestros propios ojos,* pero *es con* Dios con quien tenemos que ver. Éste fue el engaño de los fariseos (Lc. 16:15).
3. CONFIAR EN LAS OBRAS DE LA LEY ES ESTAR BAJO LA MALDICIÓN (v. 10). Ésta es la sentencia agostadora contra todos los que esperan alcanzar la vida eterna tratando de obedecer las justas demandas de la ley. «Todo lo que la ley dice, lo dice *para los que están bajo la ley,* para que toda boca se cierre» (Ro. 3:19). La ley quería encerrarnos para que miráramos a Cristo.

II. Por la gracia hay salvación. «La gracia vino por Jesucristo» (Jn. 1:17).

1. «CRISTO NOS REDIMIÓ DE LA MALDICIÓN DE LA LEY» (v. 13). Jesucristo nos ha comprado con su misma Sangre. Ahora le pertenecemos y no estamos bajo la ley. Así que quedamos liberados de su maldición. Uno es vuestro Maestro ahora, el Cristo.
2. «HABIÉNDOSE HECHO MALDICIÓN POR NOSOTROS.» «Nacido *bajo la ley*, para que redimiese a los que *estaban bajo la ley*» (Gá. 4:4, 5). Él se sometió bajo la ley, para poder entrar en contacto con los que estaban bajo la maldición. Él no podía ser hecho maldición por nosotros haciéndose desobediente a la ley. Dijo: «No he venido a destruir la ley, sino a *cumplirla*» (Mt. 5:17). De su voluntad tomó el lugar y la maldición de los que estaban bajo la ley, llevando su pena al colgar de un madero (v. 13). Él murió por nosotros, el Justo por los injustos, para llevarnos a Dios.
3. CRISTO NOS REDIMIÓ «para que… *recibiésemos* la promesa del Espíritu» (v. 14). Es una gran bendición para nosotros ser liberados de la maldición y del dominio de la ley. Es también un gran honor para Cristo que seamos *poseídos por su Espíritu* y hechos testigos de Él. ¿No es éste el propósito final de nuestra redención? Salvados para servir. Él nos ha redimido para que *recibiéramos* la promesa del Espíritu. El Espíritu Santo es prometido a cada creyente en Jesús, y una *promesa* es para la fe. «¿Recibisteis el Espíritu Santo cuando creísteis?» (Hch. 19:2).

III. Por la fe hay justificación. «El justo por la fe vivirá» (v. 11). Abraham fue justificado por la fe porque creyó en la promesa (v. 6). Esto fue 430 años de ser promulgada la ley. La *promesa* de la vida eterna, dada a nosotros en Cristo, que la Escritura previó antes de Abraham (v. 8) es una revelación infinitamente mayor de Dios que la ley dada por Moisés. La ley no ofrece promesa alguna, sino un mandamiento con una pena por desobedecer. Al no tener promesa, no puede ser por fe. El Evangelio es una *promesa* gloriosamente honrosa de Dios, y por ello el llamamiento es a la *fe.* «Todos los que creen son justificados de todas las cosas». «El que oye *mi palabra,* y cree al que me envió, tiene vida eterna; y *no vendrá* a condenación» (Jn. 5:24). Al ser el Evangelio ofrecido en promesa, entonces la salvación *no* puede ser por obras. ¿Dónde está pues la jactancia? Queda excluida. ¿Por qué ley? ¿Por la de las obras? No, sino por la ley de la fe (Ro. 3:27).

1.434. REDIMIDOS PARA SER POSEÍDOS
Gálatas 3:13, 14

1. **La condenación**. «La maldición de la ley.»

2. **Redención**. «Cristo nos redimió.» Adquiridos.

3. **Sustitución**. «Hecho maldición por *nosotros.*» Por designación de su Padre y por su propia elección (Is. 53).

4. **Posesión**. «A fin de que… recibiésemos la promesa del Espíritu.» Es su propósito que su posesión adquirida sea poseída por la presencia del Espíritu de poder.

1.435. EL PROPÓSITODE LA ENCARNACIÓN
Gálatas 4:4-7

I. El tiempo. «Cuando vino la *plenitud* del tiempo» (v. 4). No hay acciones *prematuras* en la Divina Providencia. No recoge frutos inmaduros. El tiempo era maduro para la venida de la largamente prometida Simiente (Gn. 3:15). La era mosaica había llegado a su fin. «Ahora, *en la consumación de los siglos,* ha sido manifestado una vez para siempre por el sacrificio de sí mismo para quitar de en medio el pecado» (He. 9:26). Había llegado el momento psicológico, tanto profética como políticamente, para la Venida de Aquel que iba a introducir a los hijos de los hombres en la nueva dispensación de la gracia salvadora.

II. La Persona. «Dios envió a *su Hijo*» (v. 4). Se implica claramente la preexistencia del Hijo. «En el principio era el Verbo» (Jn. 1:1). «Él es *antes de todas las cosas*» (Col. 1:17). Solo Él podía referirse a la gloria que tenía con el Padre «*antes que el mundo fuera*» (Jn. 17:5). Fue por su Hijo que Dios «*hizo* el mundo» (He. 1:2). Ahora es por su Hijo que busca salvarlo. ¡Qué despedida habría entre los ángeles cuando Él dejó el Hogar del Padre para tomar la forma de carne de pecado, y venir a ser «Dios manifestado en carne». Es humillante pensar que hay maestros tan ciegos y presuntuosos como para decir que este Cristo fue un producto de su era. «De tal manera amó Dios al mundo, que dio a su Hijo unigénito» (Jn. 3:16).

III. La manera. «*Nacido de mujer*» (v. 4). Con respecto a su naturaleza física, Él nació de mujer, pero nunca fue llamado el Hijo de María. No era el Hijo de José. Pero Él se llamaba a Sí mismo «*El Hijo del Hombre*», el Hijo de la humanidad, como si la sangre de toda la raza corriera por sus venas. Él fue el Hijo de todas las eras y de todas las naciones. «Un niño nos es nacido, un *Hijo nos es dado.*» Como hijo en forma *humana* Él *nació*; pero como *Hijo* en la semejanza del Padre, Él fue dado (Is. 9:6). «*Nacido bajo la ley.*» Ningún ángel ha sabido jamás lo que era estar bajo la ley, y sin embargo Aquel que era más alto que los ángeles se humilló a Sí mismo para hacerse deudor a toda la ley, y ser obediente hasta la muerte, y muerte de Cruz. Ni la ley ni ninguno de sus acusadores, ni el príncipe de este mundo, pudieron encontrar nada en contra de Él (Jn. 14:30). ¡Digno es el Cordero!

IV. El propósito. Cuando el reloj dio la hora señalada, Dios envió a su Hijo.

1. PARA REDIMIR «a los que *estaban bajo la ley*» (v. 5). Todos estaban bajo la ley, y todos estaban bajo la *maldición* (cap. 3:10), y la única manera de escapar a la maldición era mediante una redención ordenada por Dios; porque nadie puede «redimir a su hermano». Él se dio a *Sí mismo* como la Garantía de una humanidad insolvente.
2. «A FIN DE QUE RECIBIÉSEMOS LA ADOPCIÓN DE HIJOS» (v. 5). Esta filiación se basa en la redención. Los hay que enseñan que Cristo vino a revelar la Paternidad de Dios y la Hermandad de los hombres. Estos hechos están implicados en la enseñanza de Cristo, pero NUNCA se dice que Él viniera, sufriera y muriera para dar a conocer esto. Él «vino para buscar y salvar lo que se había perdido». Él vino a *redimirnos*, para que *recibiéramos* la adopción de hijos. Todos los hombres son criaturas de Dios, pero sólo aquellos que han sido reconciliados con Dios por la muerte de su Hijo pueden tener el verdadero espíritu de adopción (v. 6). Ser hijos implica tener *semejanza* de familia. «Todos uno en Cristo.»
3. «SI HIJO, TAMBIÉN HEREDERO DE DIOS». «*Heredero de Dios por medio de Cristo*» (v. 7). «Y si hijos, también herederos; herederos de Dios y *coherederos* con Cristo» (Ro. 8:16). Todos los que

están en Cristo son herederos con Él de aquella herencia de «honra y gloria» que es ahora de Él, estando exaltado a la diestra de Dios. Ésta es una herencia incorruptible, incontaminada e inmarcesible, y reservada en los cielos para vosotros (1 P. 1:3, 4). «Todo es vuestro, y *vosotros de Cristo,* y Cristo de Dios» (1 Co. 3:23). «¿Qué pensáis vosotros del Cristo?»

1.436. EL AMOR COMO FRUTO DEL ESPÍRITU

Gálatas 5:22

I. Su Autor. «El Espíritu.»

1. Lo hace brotar revelando la obra de Cristo.
2. Lo sostiene aplicando la Palabra de Cristo.

II. Su carácter. «Amor.»

1. Es de la naturaleza de Dios (1 Jn. 4:8).
2. Debe morar en nosotros (1 Jn. 4:16).

III. Su resultado. «Fruto.»

1. El fruto es la evidencia de vida (1 Jn. 4:19).
2. El fruto es la prueba de una condición sana (2 Co. 5:14).

1.437. AUTOENGAÑO

«Se engaña a sí mismo» (Gá. 6:3).

1. Cuando cree que es *suficientemente bueno.*
2. Cuando cree que se puede *salvar a sí mismo.*
3. Cuando cree que nadie puede *saber* si es salvo o no.
4. Cuando cree que debe *esperar* a ser salvo antes de poder ser salvo.
5. Cuando cree que está *haciendo lo mejor que puede* mientras que duda de Dios.
6. Cuando cree que si se pierde *no tiene él la culpa.*
7. Cuando cree que la obra no está *ya consumada.*
8. Cuando cree que hay algo más que hacer que sencillamente *creer* (Hch. 13:38, 39).
9. Cuando cree que *escapará* aunque tenga en poco la salvación (He. 2:3).

1.438. EL AUTOENGAÑO

Gálatas 6:3

1. Una vaciedad real.
2. Un algo imaginario.
3. Un engaño definitivo.

1.439. SIEMBRA Y SIEGA

Gálatas 6:7, 8

1. **Un frecuente error.** El autoengaño. «*No* os engañéis» por vuestros mismos pensamientos o sentimientos.

2. **Un solemne recordatorio.** «Dios no puede ser burlado.» No será burlado por indiferencia, falsas promesas o profesiones.

3. **Una ley invariable.** «Lo que el hombre siembre, esto también segará.»

1.440. SEMBRANDO Y SEGANDO

Gálatas 6:7-9

En el capítulo 5, versículos 17-25, tenemos una descripción de las *obras* de la carne y del *fruto* del Espíritu. El contraste está entre la corrupción y la perfecta sanidad, entre lo más bajo y lo mejor. Las obras de la carne son actos individuales separados. El fruto –que no frutos– del Espíritu son todos de uno, pero múltiples en su expresión. Este fruto es el resultado de la energía del Espíritu que mora en nosotros, y «contra lo tal no hay ley», porque está por encima y más allá de la ley. Ahora habla acerca de *sembrar* para la carne y sembrar para el Espíritu. Aquí tenemos:

I. Una ley inmutable. «*Todo* lo que el hombre siembre, *eso* también segará» (v. 7).

1. LA SEMILLA. La cosecha no será según cuánto *conocemos,* sino según cuanto *sembramos.* Puede que tengamos una gran cantidad de semilla en el granero de la mente, pero a no ser que sea plantada en un terreno apropiado no aprovechará en el tiempo de la cosecha. Las semillas del pensamiento se siembran en palabras y acciones. La «Palabra de Dios» es la simiente incorruptible (1 P. 1:23). Y siempre da fruto «según su naturaleza».

2. EL TERRENO. Hay dos clases de terreno: La *carne* y el *Espíritu.* Sembrar para la carne es sembrar semilla corrompida, en un terreno venenoso. Nada puede salir de ahí sino corrupción. Sembramos para la carne cuando sembramos para nuestras vidas carnales, egoístas y mundanas. Nada hay en ello para la honra de Dios, por lo que se corromperá como un cadáver sin vida. Sembrar para el Espíritu es sembrar para la voluntad revelada de Dios, aquello que le agrada a Él. Entonces aparecerá el fruto del Espíritu.

II. Un recordatorio solemne. «No os dejéis engañar; de Dios nadie se mofa» (v. 7). Nadie puede nunca recoger «uvas de espinos» ni «higos de los abrojos», ni el fruto del Espíritu de las obras de la carne. La carne es mala, y no puede dar buen fruto delante de Dios. El Espíritu es bueno, y no puede dar mal fruto (Mt. 7:17, 18). Por sus frutos los conoceréis.

1. NO OS ENGAÑÉIS. Es fácil engañarnos con falsas expectativas, confiando en *apariencias,* guiándonos por nuestros *sentimientos,* en lugar de por la Palabra de Dios. Nos engañamos a nosotros mismos cuando pensamos que no importa lo que sembramos, si nuestra intención es buena. ¿Sería éste un buen consejo para un agricultor? Desde luego, la *vida del yo* jamás producirá los frutos del Espíritu.

2. DE DIOS NADIE SE MOFA. Él no va a ser silenciado ni avergonzado por la indiferencia e incredulidad del hombre, con respecto a esta gran y eterna ley, de que jamás se pueden producir cosas espirituales con cosas carnales. El hombre irregenerado no puede dar los frutos de la nueva creación. La carne y el Espíritu son tan diferentes como la muerte y la vida. El hombre sin Cristo siembra para la vida carnal, y cosecha corrupción. El cristiano siembra para el Espíritu Eterno, y cosecha vida eterna (v. 8).

III. Una palabra de aliento. «No nos cansemos, pues, de hacer el bien; porque *a su tiempo* cosecharemos si no desmayamos» (v. 9). Tenemos mucha necesidad de esta palabra alentadora en estos días de conflicto. La *sazón* para que nosotros seguemos la cosecha final no ha llegado todavía; pero las primicias están siendo recogidas, mientras que el carácter personal se enriquece con las gracias del Espíritu Santo. Algunos se fatigan buscando los frutos de *sus* labores, y se desalientan porque parecen tan escasos y pobres. Que los tales busquen aun con más fervor que el *fruto del Espíritu* se manifieste *en* sus propias vidas, y Dios se cuidará del fruto de las labores de ellos (Jn. 15:5).

1.441. GLORIÁNDONOS EN LA CRUZ

Gálatas 6:14

Nos gloriamos en la cruz porque en ella vemos:

1. El cumplimiento de la profecía. Génesis 3:15; Isaías 55; Daniel 9:24-26.
2. La manifestación del amor de Dios. 1 Juan 3:16.
3. La declaración del amor de Cristo. Juan 15:13; Gálatas 2:20.
4. La eliminación de lo que estaba contra nosotros. Colosenses 2:14.
5. El precio de redención de nuestras almas. Gálatas 3:13.
6. La vía de escape de nuestros pecados. 1 Pedro 2:24.
7. El establecimiento de la base de nuestra paz. Colosenses 1:20; Efesios 2:16.

1.442. BENDICIÓN ESPIRITUAL

Efesios 1:3

I. Su **carácter**. «Espiritual.»

II. Su **fuente**. «En Cristo.»

III. Su **grandeza**. «*Toda bendición* espiritual.»

IV. Su **dador**. «El Padre de nuestro Señor Jesucristo.»

V. Su **efecto**. «Bendito sea el Dios… que nos bendijo.»

1.443. EXPERIENCIAS CRISTIANAS

Efesios 1:3-14

Ésta es una maravillosa e inclusiva declaración de la *gracia* divina y del progresivo descubrimiento que los creyentes hacen de sus riquezas. «Nos bendijo con toda bendición espiritual en los lugares celestiales con Cristo» (v. 3). La perspectiva del apóstol es desde el punto de vista de Dios. «Según nos escogió en él *antes* de la fundación del mundo» (v. 4), luego siguiendo paso a paso hasta el día en que «habiendo oído la palabra de verdad, el evangelio de vuestra salvación, fuisteis sellados» (v. 13). Será útil invertir este orden, y examinar las verdades tal como aparecen en la *experiencia* cristiana.

I. «Habiendo oído la palabra de verdad, el evangelio de vuestra salvación» (v. 13). ¡Qué evangelio es éste! Buenas nuevas del amor redentor de Cristo, que tiene su origen en el remoto propósito eterno del Dios eterno. Oírlo es contemplar la puerta abierta a la plenitud de bendición en el favor de un Dios reconciliado.

II. «Habiendo oído la palabra de verdad, y habiendo creído» (v. 13). No es suficiente escuchar, sino que tiene que haber la entrega de los afectos y de la confianza del corazón. Esta *confianza* es la *apropiación* personal de la oferta que Dios ha hecho en Jesucristo. «Todos sois hijos de Dios *mediante la fe en Cristo Jesús*» (Gá. 3:26).

III. Fuisteis sellados también en él con el Espíritu Santo de la promesa. «Habiendo creído» (v. 13). El Espíritu Santo *de la Promesa* ha sido dado como arras en nuestros corazones de todo lo que Dios tiene reservado para sus hijos (2 Co. 1:22). «Con el cual fuisteis sellados para el día de la redención» final y perfecta (Ef. 4:30). Sois reivindicados por Él, y lleváis la marca de su firma.

IV. Tenemos redención por medio de su sangre (v. 7). No fuisteis sellados para que pudierais ser redimidos, sino por cuanto *habéis* sido redimidos. Él se dio a Sí mismo por nosotros para redimirnos de toda iniquidad (Tit. 2:14). Él fue «el Cordero inmolado desde antes de la fundación del mundo». La *redención* es un pensamiento más antiguo que la *creación,* y será el tema del cántico final (Ap. 5:9).

V. Tenemos el perdón de pecados, y ello «según las riquezas de su gracia» (v. 7). *Adquiridos* por la preciosa sangre de Cristo, y *perdonados* según las infinitas riquezas de la gracia omnipotente. ¡Ah, cuán maravillosa es su misericordia para con nosotros, que nada merecíamos más que su justa condenación! Él ha amado nuestras almas, sacándolas del hoyo, y nos ha llamado hijos de Dios (1 Jn. 3:1).

VI. Somos aceptos en el Amado (v. 6). Sí, aceptos ya en Él en toda nuestra ignorancia, debilidad, fracaso e impotencia consciente, por la fe en Cristo. Dios se complace en envolver al alma que confía dentro de los pliegues de las riquezas de su gracia en Cristo Jesús, para que seamos para alabanza de su gloria (v. 6). ¡Con cuánto reconocimiento y con cuánta plenitud aceptó el Padre al Hijo cuando lo resucitó de entre los muertos! Ésta es la medida de tu aceptación en Él.

VII. En quien asimismo obtuvimos herencia «En quien también hemos tenido porción asignada» (v. 11, *margen*). No solo aceptos en el Amado, sino también partícipes en su herencia. «Y si hijos, también herederos; herederos de Dios y coherederos con Cristo, si es que padecemos juntamente con él, para que juntamente con él *seamos glorificados*» (Ro. 8:17). Ésta será la herencia de los santos en luz (Col. 1:12). ¿«Herederos de Dios»? ¿Qué significa esto? Jesucristo es el Unigénito Hijo de Dios y el único Heredero. La Iglesia es la Esposa de Cristo. Todos los salvados por su gracia y poseídos por su Espíritu son uno con Él. La Esposa redimida compartirá la gloria y la honra del Esposo en aquel día en que se celebren «las bodas del Cordero».

VIII. Fuimos predestinados a la adopción de hijos (v. 5). Habiendo sido perdonados, aceptados y honrados como herederos, hacemos este gran descubrimiento de que todas estas experiencias tuvieron lugar conforme al propósito predeterminante y beneplácito de su voluntad (v. 5). «A los que de antemano conoció, también los predestinó a ser modelados conforme a la imagen de su Hijo» (Ro. 8:29, 30). En nuestra simplicidad, podíamos pensar que cuando confiamos primero en Cristo estábamos añadiendo un renovado lustre a la gloria de Cristo, pero ahora vemos que estábamos simplemente cumpliendo la promesa del Padre al Hijo, de que Él le daría al Hijo una heredad de entre las naciones de la tierra. Jesús dijo: «Todo lo que el Padre me da, vendrá a mí» (Jn. 6:37).

IX. Nos escogió en Él antes de la fundación del mundo (v. 4). El origen de la Iglesia, como Cuerpo de Cristo, puede ir tan atrás como «En el principio era el Verbo» (Jn. 1:1). Pentecostés fue la manifestación visible de este propósito eterno (2 Ts. 2:13). No hubo nada casual acerca del pacto que Dios hizo con su Hijo de darle un pueblo para la honra eterna de su Nombre. Cristo no murió al azar de que alguien fuera a creer en Él y ser salvo. Él sabía que el Padre le había dado poder sobre toda carne, para poder dar vida eterna a todos aquellos que el Padre le ha dado (Jn. 17:2). Así que nuestro Señor podía decir: «Ésta es la voluntad del Padre, que me envió: Que de todo lo que me ha dado, *no pierda yo nada*» (Jn. 6:39). ¡Qué halo de gloria se ve aquí en la frente de la iglesia de Dios: que fuera algo ya completo en el propósito divino miles de eras antes de la encarnación de su amado Hijo. El Cristo que amó la Iglesia antes que naciera, y que se dio a Sí mismo por ella, la presentará un día a Sí mismo, «una iglesia gloriosa, que no tenga mancha, ni arruga *ni cosa semejante*» (Ef. 5:27). Entonces Él verá del trabajo de su alma, y quedará satisfecho. «Y a aquel que es poderoso para guardaros sin caída, y presentaros sin mancha *delante de su gloria* con *gran alegría*, al único y sabio Dios, nuestro Salvador, sea gloria y majestad, dominio y autoridad, ahora y por todos los siglos» (Jud. 24, 25).

1.444. LA ELECCIÓN DE GRACIA

«Según nos escogió en Él» (Ef. 1:4).

I. ¿Quién? «Él», 2 Tesalonicenses 2:13

II. ¿Qué? «Nos escogió.»

III. ¿Cómo? «En Él.»

IV. ¿Cuándo? «Antes de la fundación del mundo.»

V. ¿Para qué? «Para que fuésemos santos» (*cf.* 1 P. 2:9; Fil. 2:15).

1.445. REDENCIÓN

Efesios 1:7

I. Una gran obra efectuada: «La redención por medio de su sangre».

II. Una gran bendición asegurada: «El perdón de pecados».

III. Una gran medida empleada: «Según las riquezas de su gracia.

IV. Una gran necesidad implicada: «*¿En* quiénes?» «Si alguno está en Cristo, nueva criatura es» (2 Co. 5:17).

1.446. LA SALVACIÓN

«En quien tenemos redención por medio de su sangre, el perdón de pecados según las riquezas de su gracia» (Ef. 1:7).

1. La SUSTANCIA. 1) Se trata de una *adquisición*; «Redención por medio de su sangre». 2) Es un perdón; «El perdón de pecados».
2. La MEDIDA. «Según las riquezas de su gracia».
3. La CONDICIÓN. «En quién».
4. La EXPERIENCIA. «Tenemos».

1.447. LA SALVACIÓN

Efesios 1:7

I. Una **provisión** llena de gracia: «Redención».

II. Una **condición** sobrenatural: «En Él».

III. Un **canal** maravilloso: «Por medio de su sangre».

IV. Una **experiencia** bienaventurada: «El perdón de pecados».

V. Una **medida** infinita: «Según las riquezas de su gracia».

1.448. SELLADOS CON EL ESPÍRITU SANTO

Efesios 1:13

«En Él también vosotros [los gentiles], habiendo oído la palabra de verdad, el evangelio de vuestra salvación, y habiendo creído, fuisteis sellados también en él con el Espíritu Santo de la promesa.»

I. El Sello es el Espíritu Santo, que fue prometido, y ahora ha sido dado. Su presencia en nuestros corazones es la evidencia de nuestra aceptación por parte de Dios (2 Co. 1:22). Así como un sello puede quedar dañado y roto, así el Espíritu Santo puede ser «contristado» y «apagado».

II. El Sellador es Dios, que da el Espíritu a los que creen. «A éste le selló el Padre, Dios» (Jn. 6:27). El que ha obrado en nosotros para esta misma cosa es Dios, que nos dio las arras del Espíritu (2 Co. 5:5).

III. Los Sellados son los que han «oído la palabra de verdad, el evangelio de... salvación... habiendo creído [en Cristo]» (véase Ef. 1:12, 13). Es «por cuanto sois hijos [que] Dios envió a vuestros corazones el Espíritu de su Hijo» (Gá. 4:6).

IV. La Significación del Sellado. Es generalmente efectuado como el acto final de un compromiso. Mahoma es llamado por los musulmanes «el sello de los profetas», porque creen que él es el último de este orden. El sellamiento del Espíritu Santo habla de:

1. SEGURIDAD. La piedra puesta en la boca del foso en el que Daniel fue echado «el rey la selló con su anillo» (Dn. 6:17), para que el propósito *no pudiera ser cambiado.* El sellamiento de la piedra en el sepulcro de Jesús tuvo también el mismo propósito. Los que son escogidos por Dios «según su propósito» son edificados sobre el fundamento de Dios, que se mantiene firme, teniendo este sello: «Conoce el Señor a los suyos». Nadie puede arrebatarlos de su mano.
2. PROPIEDAD. Cuando el Espíritu Santo descendió sobre el Hijo de Dios, vino también una voz diciendo: «Este es mi Hijo amado». Los que son sellados por el Espíritu son reconocidos por Dios. Todos los que por Dios son *establecidos* en Cristo son también ungidos y sellados (2 Co. 1:21, 22). La sangre de Cristo redime *para con* Dios. El Espíritu Santo posee *para* Dios. Los hombres señalados de Dios son aquellos a los que querría evitar un mundo amante de los placeres, aquellos «que gimen y que claman» (Ez. 9:4).
3. AUTORIDAD. El sello es el signo de la autoridad. José y Mardoqueo fueron ambos investidos de la autoridad regia cuando recibieron el sello del rey (Gn. 41:41, 42; Est. 8:8). Poseídos del sello del rey, actuaban en nombre del rey; así nosotros, poseídos del Espíritu Santo, debemos actuar «en nombre de Cristo» (2 Co. 5:20). Los testigos de Él son aquellos en quienes ha venido a morar el poder del Espíritu Santo (Hch. 1:8).
4. SEMEJANZA. Un sello imparte su propia imagen al objeto sellado; esto es, si el objeto está en condición de recibir y retener la imagen. Ni el Espíritu Santo puede poner la impronta de Cristo en un corazón endurecido, de piedra. El corazón contrito y humilde será la morada de Dios el Espíritu Santo (Is. 57:15). Los sellados por el Espíritu tendrán la mente del Espíritu, que es «la mente de Cristo». La obra del Espíritu con nosotros produce el carácter de Cristo en nosotros. Presentaos a Dios. Él es poderoso para obrar en vosotros tanto el querer como el hacer de su buena voluntad.

1.449. LA POSESIÓN ADQUIRIDA

«Para la redención de la posesión adquirida para alabanza de su gloria» (Ef. 1:14).

Ésta es una verdad grande, profunda, maravillosa. Este título abarca a toda la Iglesia de Dios, y sugiere el misterio del propósito eterno y lleno de gracia de Dios. Dios tiene una posesión: esta posesión es su pueblo, redimido por la sangre de su Hijo (v. 7), y sellado con el Espíritu de la promesa (v. 13). En este tiempo presente Dios, por el Espíritu mediante el Evangelio, está reuniendo un pueblo para Sí mismo. Todavía no ha recibido toda la parte de su herencia, pero ellos, dice el Señor, serán míos, en el día en que yo actúe. ¡Qué maravilloso que Cristo, por su muerte y resurrección, al comprar una herencia para nosotros en Dios, comprase al mismo tiempo y por el mismo medio una herencia para Dios en nosotros que somos su pueblo. Llegará el momento en que el reino será entregado al Padre, y Dios será todo en todos.

1.450. UNA ORACIÓN INCLUSIVA

Efesios 1:15-21

El espíritu con el que fue ofrecida esta gran oración es el de acción de gracias y fe abundante. La oración y la acción de gracias son hermanas gemelas (v. 16).

I. A quién fue ofrecida. La *manera* en la que los hombres se allegan a Dios es frecuentemente una revelación de su carácter espiritual. Esta oración fue ofrecida:

1. A «EL DIOS DE NUESTRO SEÑOR JESUCRISTO» (v. 17). Está indudablemente pensando en la manifestación de su propio carácter en la persona de su Hijo. Está orando al Dios de amor infinito y de supereminente gracia.
2. A «EL PADRE DE GLORIA.» El Padre de toda la gloria que pertenece a su Hijo eterno, en cuya *faz* fue vista esta gloria (Jn. 1:14). La personalidad de Cristo era la Shekiná de Dios, desvelada ante los ojos de los hombres.

II. Las peticiones. Están en dulce armonía con un tal Dios de gracia.

1. Que Él «os dé ESPÍRITU DE SABIDURÍA y de REVELACIÓN en el CONOCIMIENTO PLENO DE ÉL». Esto significaría una preciosa herencia para todo poseedor. Sabiduría para discernir cosas espirituales. Renovadas revelaciones y un creciente conocimiento del glorioso carácter de *Aquel* que es la Sabiduría y el Poder de Dios. Todos estos dones son para la glorificación de Jesucristo en nuestros corazones y en nuestras vidas.
2. ALUMBRANDO LOS OJOS DE VUESTRO CORAZÓN (v. 18, gr., Besson, BAS, RVR77 *margen*). Puede haber cosas espirituales y divinas que podemos ver con nuestros *corazones* y que no podemos comprender con nuestras mentes. Los afectos del corazón pueden captar aquello que el intelecto se siente inclinado a dudar, como cuando el incrédulo Tomás exclamó: «Señor mío, y Dios mío» (véase 2 Co. 4:4-6).

III. Los resultados esperados. Para que sepáis:

1. CUÁL SEA LA ESPERANZA DE SU VOCACIÓN (v. 18, RV). No cuál sea la esperanza de *vuestro* llamamiento, sino cuál sea la esperanza de su llamamiento. ¡Cuán pocos son conscientes de la grandeza y magnitud de esta esperanza a la que la gracia de Dios nos ha llamado! «Os encargábamos que anduvieseis como es digno de Dios, que *os llamó a su reino y gloria*» (1 Ts. 2:12). Nuestro llamamiento tal como *nosotros* lo vemos y nuestro llamamiento tal como Dios lo ve, pueden ser cosas inmensamente diferentes. El apóstol tenía la perspectiva divina cuando dijo: «Prosigo hacia la meta para el premio de la superior vocación de Dios en Cristo Jesús... Nosotros, en efecto, tenemos en los cielos la ciudadanía de donde también aguardamos por salvador al Señor Jesucristo quien transformará el cuerpo de nuestra humillación *en uno semejante al cuerpo de su gloria*» (Fil. 3:14, 20, Besson).
2. ¿CUÁLES SON LAS RIQUEZAS DE LA GLORIA DE SU HERENCIA EN LOS SANTOS? A menudo pensamos en nuestra herencia *en* Cristo, pero aquí son las riquezas de la herencia de Cristo en *los santos* (v. 18). Todos aquellos que han nacido de lo alto, poseídos por su Espíritu y entregados a su voluntad son sus santos. Son el peculiar tesoro de Cristo. La porción del Señor es su pueblo; y en las edades venideras la Iglesia glorificada será un testimonio eterno de las riquezas de la gloria de la gracia salvadora de Cristo.
3. ¿CUÁL ES LA SUPEREMINENTE GRANDEZA DE SU PODER PARA CON NOSOTROS LOS QUE CREEMOS? Creemos que Dios es Omnipotente. Vemos su poder en la obra creadora de sus manos. Pero, ¿cuál es la grandeza de su poder obrando *para con nosotros*, que somos ahora sus hijos necesitados? Es aquel mismo poder potente que obró en Cristo cuando le resucitó de entre los muertos y lo sentó en los lugares celestiales, por encima *de todo poder y señorío*, y de *todo nombre que se nombra* en este mundo y también en el venidero (vv. 20, 21). Éste es el poder a disposición de la Iglesia de Dios hoy; porque ha sido dado a Cristo ser Cabeza *sobre todas las cosas* a la Iglesia (v. 22). «Toda autoridad me ha sido dada en el cielo y sobre la tierra. Por tanto, id.» «Vosotros estáis completos en él» (Col. 2:10).

1.451. LA CAPACIDAD DE DIOS EN Y POR MEDIO DE SU PUEBLO

«La supereminente grandeza de su poder para con nosotros los que creemos, conforme a la eficacia de su fuerza, la cual ejercitó en Cristo, resucitándole de los muertos y sentándole a su diestra en los lugares celestiales, por encima de todo» (Ef. 1:19-21).

«Para lo cual también trabajo, luchando según la potencia de Él, la cual actúa poderosamente en mí» (Col. 1:29).

«Cuando soy débil, entonces soy fuerte» (2 Co. 12:10).

Se trata de un gran pensamiento: el Dios todopoderoso e invisible obrando en nosotros: su pueblo creyente: y por medio de nosotros, cumpliendo todo el beneplácito de su voluntad. Es Dios el que obra en nosotros tanto el querer como el hacer, por su buena voluntad (Fil. 2:13).

I. Lo que Dios puede hacer por nosotros. Él

1. PUEDE SALVARNOS (He. 7:25). Para esto vino Él, por esto es que su Nombre fue llamado Jesús, por esto murió y resucitó. Él salva de la ira, del pecado, del mundo, del yo, del diablo, y de la muerte y del sepulcro.
2. PUEDE LIBRARNOS (Dn. 3:17). Él libra cerrando las bocas de nuestros enemigos y apagando la violencia de sus fieras pasiones (He. 11:33, 34).
3. PUEDE SOSTENERNOS EN PIE (Ro. 14:4). Éste es un gran consuelo en estos días tan resbaladizos, cuando los hombres no soportan la sana doctrina. Podremos sostenernos en pie si podemos decir, como Elías: «Jehová Dios de Israel, *en cuya presencia estoy*» (1 R. 17:1).
4. PUEDE GUARDARNOS (Jud. 24). Él puede guardarnos hasta de tropezar. En Cristo somos guardados en la mano del Padre, donde ningún ladrón puede robar. «Guardados por el poder de Dios por medio de la fe» (1 P. 1:5).
5. PUEDE SACIARNOS (2 Co. 9:8). ¡Qué tesoro tenemos aquí! «Poderoso es Dios para que abunde en *vosotros* toda gracia, a fin de que teniendo en todas las cosas todo lo suficiente...» ¿Es así contigo? ¿Y por qué no? Dios puede hacerlo: poderoso para hacer mucho más.
6. PUEDE RESUCITARNOS (He. 11:19). Él puede guardar lo que le hemos encomendado a Él: espíritu, alma y *cuerpo*. ¡Que gozosa expectativa, que esto mortal se revista de inmortalidad! ¡Qué cambio, un cuerpo como el suyo glorioso!
7. PUEDE PRESENTARNOS SIN MANCHA (Jud. 24). ¡Qué gozo para Jesús! ¡Qué consolación para el Padre! ¡Que perspectiva y privilegio para el cristiano!

II. Lo que Dios puede hacer en nosotros. Él es

1. PODEROSO PARA MORAR EN NOSOTROS (Ef. 3:17-20). ¿No sabéis que vuestro cuerpo es el templo de Dios, y que Dios mora en vosotros? Cristo morando en nosotros por su Espíritu en el hombre interior debe ser el poder que obra en nosotros, como la savia obra en la rama.
2. PODEROSO PARA SOMETER (Fil. 3:21). Si Cristo reina dentro, los enemigos adentro serán sometidos. Él someterá las concupiscencias de la carne, el genio vivo, y la lengua imprudente.
3. PODEROSO PARA SOCORRER (He. 2:18). Las tentaciones son cosa común. Si estamos en comunión con Cristo seremos socorridos con su simpatía en la hora de la prueba. «Él sabe lo que son las duras tentaciones».
4. PODEROSO PARA FORTALECER (2 Ti. 4:17). Morando Él en nosotros por medio de su Espíritu, nosotros nos hacemos conscientes de que Él está a nuestro lado. Un sentido de su presencia inspira con lozanía y vigor.
5. PODEROSO PARA EDIFICAR (Hch. 22:32). La vida interior y el carácter precisan de edificación –el nuevo hombre– cuyo arquitecto y constructor es Dios. Él edifica al creyente revelando la verdad por medio del Espíritu Santo, que puede edificarnos a la imagen de su Hijo (Col. 2:7).
6. PODEROSO PARA LLENAR (Col. 1:9). ¡Qué parte más deleitosa es la muestra: «Que seáis llenos del cabal conocimiento de su voluntad» (Col. 1:9); y otra vez, «Sed llenos del Espíritu» (Ef. 5:18). Dios se ha reservado el derecho de *llenar* el alma humana.
7. PODEROSO PARA OBRAR (He. 13:21). Éste es un dulce pensamiento, que en medio de todo el terco material dentro Él es poderoso para obrar en nosotros lo que es agradable para su voluntad. Cédelo todo, y todo bien estará (1 Jn. 4:4).

III. Lo que Dios puede hacer por medio de nosotros. Él es:

1. PODEROSO PARA REVELAR (Gá. 1:16). Si su Hijo ha sido revelado en nosotros, es para que pueda ser revelado por medio de nosotros. Si la luz ha resplandecido en nosotros, es para que otros puedan verlo y glorificar a Dios (1 Co. 4:6). El tesoro se pone en el vaso de barro para que el poder sea de Dios.
2. PODEROSO PARA RECONCILIAR (2 Co. 5:18-20). ¡Qué responsabilidad que Dios nos encargue la palabra de la reconciliación! ¡Qué privilegio que Dios, por medio de nuestro débil ministerio, reconcilie consigo a los pecadores!
3. PODEROSO PARA MINISTRAR (2 Co. 3:16). Poderoso para servir a otros por medio de sus siervos consagrados. ¡Que Él nos dé la lengua de los sabios para saber cómo hablar una palabra a los fatigados!
4. PODEROSO PARA VENCER (Ef. 6:11). Nuestra derrota es su deshonra. Cuando nosotros, revestidos de la armadura de Dios, logramos la victoria sobre las tretas del Diablo, es en realidad Cristo venciendo por medio de nosotros.
5. PODEROSO PARA DAR FRUTO (Col. 1:10). Andando dignamente del Señor, Él nos hará fructíferos en toda buena obra. La vida necesita de las ramas para que lleven su fruto, y de esta manera Cristo necesita a su pueblo que muestre las riquezas de su gracia (Jn. 15:6).
6. PODEROSO PARA OBRAR SU BENEPLÁCITO (Fil. 2:13). Dios obra en vosotros tanto el querer como el *hacer* por su buena voluntad. Él está cerrado de los corazones de los impíos, pero que se haga su voluntad en nosotros como se hace en el cielo. Somos «colaboradores juntamente con Él» (2 Co. 6:1). Moramos con el Rey, ocupados en su servicio (*cf.* 1 Cr. 4:23).

«¡Oh, quedar llenos de vida divina;
Oh, de poder ser revestidos;
Oh, poder a mi Señor reflejar, y resplandecer
Como los santos en luz resplandecen!»

1.452. LA IGLESIA, QUE ES SU CUERPO
Efesios 1:22, 23

Ésta es una sencilla declaración, pero revela un maravilloso misterio. La Iglesia es el cuerpo de Cristo. ¡Cuán precioso y hermoso es este pensamiento de que cada creyente, cada alma verdaderamente convertida, es un miembro vivo del Cuerpo místico del Cristo viviente, y que les tan preciosa como le niña de su ojo! Siendo bautizados o plantados en Cristo, somos hechos partícipes de su naturaleza divina, y así venimos a ser herederos de aquella vida eterna. Como miembros de su cuerpo somos parte de él mismo. Esta metáfora es sumamente sugerente.

I. La Iglesia, como su Cuerpo, es la prueba visible de su presencia. Yo no puedo ver tu espíritu; tampoco puedes ver tú el mío; pero nuestros cuerpos son igualmente visibles. La presencia de un cuerpo *viviente* es la evidencia de la presencia de un *espíritu* viviente invisible. El mundo no puede ver al Cristo invisible que mora en su Cuerpo la Iglesia, pero puede ver el cuerpo. Te puede ver a ti y a mí. ¿Vive Cristo en nosotros de forma que nuestras vidas sean evidencia de la presencia y del poder de un Salvador invisible? Cada judío es una prueba de que Abraham existió. Cada cristiano es un testigo del Cristo *viviente*, con tanta certidumbre como una mano viva demuestra una cabeza viva (Ef. 5:23-30).

II. Como su cuerpo, la Iglesia está animada por el Espíritu divino. «Él os dio vida a vosotros.» La vida es dada por Dios. Es su propia vida. «Yo vivo, y vosotros también viviréis.» Es Dios quien mora en vosotros. En cada cuerpo viviente humano hay un espíritu humano. La Iglesia de Cristo es un cuerpo divino, y es morada del Espíritu Divino. Cada pámpano en la vid debe participar de esta vital savia de la vid. ¿Nos damos cuenta que como miembros de su cuerpo la fuente y el poder de nuestra vida está solo en él? Así como la mano depende de la cabeza, y espera la dinamización de la voluntad, así nuestros espíritus dependen de Cristo, nuestra Cabeza, y están animados por su Espíritu (1 Co. 6:17; Ef. 4:4).

III. Como su cuerpo, sus miembros son todos uno. La cabeza controla cada miembro del cuerpo, y cada uno de los miembros están conectados entre sí gracias a su conexión con la cabeza. Como miembros de Cristo, somos miembros unos de los otros, y debiéramos tener el mismo cuidado unos por los otros (1 Co. 12:25). Hay diferentes funciones para los miembros, pero a los ojos de Cristo, la Cabeza, no hay divisiones: «todos son uno en Cristo». ¡Ah, que como miembros individuales vivamos y trabajemos bajo el poder de esta verdad sublimadora del alma –en cuanto a honor, dando la preferencia los unos a los otros» (Ro. 12:9; *cf.* v. 5; Col. 1:18).

IV. Como su cuerpo, cada miembro depende de la Cabeza. Si la cabeza, el cuerpo no sería nada más que un cadáver corrompido carente de vida. El cuerpo existe para la cabeza, y no la cabeza para el cuerpo. Desde la cabeza cada miembro recibe su autoridad. Hijo de Dios, recuerda esto. Si la cabeza es capacitada para ejecutar cualquier obra diestra, es debido a que le ha sido impartida la sabiduría de la cabeza. Él nos ha sido hecho por Dios sabiduría (Ro. 14:7, 8; Ef. 2:21, 22).

V. Como su cuerpo, está sujeto a sufrimientos. Cristo, como «la Cabeza que fue herida», está ahora fuera del alcance del golpeador; pero su cuerpo, la Iglesia, sigue expuesta al escarnio y a la persecución. Es dulce saber que la Cabeza está en la más profunda y estrecha relación con *cada* uno de los miembros sufrientes. «En cuanto que lo hicisteis a uno de estos mis hermanos más pequeños, a mí me lo hicisteis». Cuando Saulo estaba persiguiendo a los miembros de su cuerpo, Jesús le dijo: «¿Por qué *me* persigues?». Ah, cristiano, toma paciencia. Si la cabeza, que siente el dolor más agudamente que el miembro, no se queja, ¿por qué debería hacerlo el miembro? Estas cosas pueden ser permitidas para edificación. «La tribulación produce paciencia» (Stg. 1:3; *cf.* 2 Ti. 3:10-12; Mt. 19:29; Fil. 3:8).

VI. Como su cuerpo, sus miembros son sus instrumentos de servicio. El cuerpo es el siervo de la cabeza; la Iglesia es sierva de Cristo. La cabeza no tiene otra manera de cumplir sus propósitos más que a través del cuerpo. Así Cristo, como la Cabeza viviente y pensante de su Cuerpo, la Iglesia, es complace en cumplir su voluntad, y obrar sus propósitos llenos de gracia por medio de los miembros de su cuerpo. ¡Qué privilegio! «Colaboradores juntamente con él». «Presentaos… a Dios como instrumentos de justicia.» «No sois vuestros.» No; sois las manos y los pies, los ojos y la lengua de Cristo. Es Dios quien obra en vosotros tanto el *querer* como el *hacer*. Si cada miembro de su cuerpo estuviera totalmente entregado a su voluntad, ¡qué cosas más poderosas se cumplirían! ¿Quién puede resistirle a *Él*? (1 Co. 6:15-20; Ro. 12:1).

VII. Como su Cuerpo, goza de amplia provisión. Los cuerpos quedan frecuentemente arruinados por cabezas irreflexivas, y a veces unas grandes cabezas son estorbadas por unos cuerpos débiles y deformes. Es obra de la cabeza proveer para el cuerpo. ¡Qué provisiones de gracia y de verdad, qué poderes de suficiencia, están en Cristo por nosotros, como miembros de su Cuerpo! Una rama seca no es para honra de la vid. Un cristiano impotente y medio muerto de hambre es un descrédito para Cristo. «Mi Dios proveerá a *todas* vuestras necesidades conforme a sus riquezas en gloria en Cristo Jesús.» Si vosotros, siendo malos, sabéis como alimentar, proteger y vestir a vuestros cuerpos, ¿no hará más por el suyo Jesucristo vuestro Señor? «Hombres de poca fe» (Mt. 6:30-32; Fil. 4:6; Sal. 34:9-10).

VIII. Como su cuerpo, la Iglesia no puede ver corrupción. El Cuerpo de Jesús, que era un tipo de su Iglesia, fue maltratado, golpeado y quebrantado, pero no vio corrupción. La Iglesia como su cuerpo puede quedar desfigurada y mostrarse exteriormente débil, pero es morada del Espíritu de Dios. Con tanta certidumbre como el *cuerpo* de Jesús fue glorificado en el Monte de la Transfiguración, así su cuerpo, la Iglesia, será transformado con hermosura de resurrección y lleno de la gloria de Dios. Él, como la cabeza del Cuero, ya está ascendido. El cuerpo, que sigue estando en la tierra, será igualmente «arrebatado» un día. «No todos dormiremos, pero todos seremos transformados.» «Aún no se ha manifestado lo que hemos de ser, pero sabemos que cuando él se manifieste, seremos semejantes a él, porque le veremos como él es» (1 Co. 15:51; 1 Jn. 3:2; *cf.* Col. 1:21, 22; Ef. 5:27; Cnt. 4:7; Jud. 24, 25).

1.453. EL PASADO Y PRESENTE DEL CREYENTE COMO SE VE EN EFESIOS 2

1. El pasado	Versículo	2. El presente	Versículo
Estábamos muertos en pecado	1	Hemos sido vivificados,	2
Vivíamos conforme al mundo,	2	Somos salvos,	5
Éramos siervos de la carne,	3	Somos resucitados,	6
Éramos hijos de ira,	3	Somos sentados,	6
Estábamos sin Cristo,	12	Somos creados en Cristo	10
Estábamos excluidos,	12	Somos hechos cercanos,	13
Éramos extranjeros,	12	Somos hechos uno,	14
Éramos advenedizos,	19	Somos hechos nuevos,	15
Estábamos sin esperanza	12	Somos reconciliados,	16
Estábamos sin Dios,	12	Tenemos entrada,	18
Estábamos lejos,	13	Somos conciudadanos,	19
Estábamos enemistados	16	Somos edificados,	20
		Somos ajustados,	21
		Somos morada de Dios,	22

1.454. VIVIFICADOS DE ENTRE LOS MUERTOS

«El os dio vida a vosotros, cuando estabais muertos por vuestros delitos y pecados» (Ef. 2:1).

Vivos o muertos, ¿qué? No hay aquí ningún estado intermedio. O un hombre está vivificado, o no lo está. Estos dos estados incluyen a todos.

I. La pasada condición de ellos. «Estabais muertos». Solo aquellos que están *vivos* de entre los muertos pueden darse cuenta de que *estaban muertos.*

1. UN ESTADO DE SEPARACIÓN. Cada muerto ha quedado cortado de la causa y del poder de la vida. La muerte separa al hombre del aliento y del aire que son tan necesarios para vivir. La muerte espiritual significa el acortamiento de la sustentadora presencia de Dios. No hay capacidad para gozar de las cosas celestiales.
2. UN ESTADO DE INSENSIBILIDAD. Los muertos ni se sienten atraídos ni alarmados por nada que se diga o haga en presencia de ellos. No tienen ni lágrimas ni temores con respecto a sus pecados ni a su estado futuro. Ni la ley ni el Evangelio los mueve.
3. UN ESTADO DE IMPOTENCIA. Nunca esperamos nada de los muertos. Los que están muertos en pecados están *sin* Cristo, y por ello no pueden hacer *nada,* nada en cuanto a impartir vida divina en sus corazones. «Cristo, cuando aún éramos débiles, a su tiempo murió por los impíos».
4. UN ESTADO DE TOTAL INCAPACIDAD. Los muertos no tienen nada en común con los vivos. Son repulsivos, y totalmente incapaces para el compañerismo. Mientras estábamos en nuestros pecados estábamos *fuera* de comunión con Dios. El pecado tiene siempre un efecto *mortífero.* ¡La muerte es por el pecado!

II. Su presente goce. «Y Él os dio vida a vosotros.» La VIDA es el único remedio para la muerte. El hombre puede presentarse con sus formas y adornos, pero son peores que inútiles. El método que Dios tiene para salvar de los pecados es VIVIFICAR. Esto implica:

1. DONACIÓN. Es la donación de una nueva vida por parte de la energía directa del Omnipotente Espíritu de Dios. «*Él* os dio vida a vosotros.» Nacidos de lo alto. «El *don* de Dios es vida eterna» (Ro. 6:23).
2. SEPARACIÓN. Cuando Lázaro obtuvo vida pronto salió del lugar de los muertos. Nadie con el toque sanador de Cristo sobre ellos *morará* entre los sepulcros. Cuando amanece la luz de la vida salimos de entre los muertos y nos apartamos de ellos. La muerte separa de Dios; la vida separa de las cosas de la muerte.
3. RESTAURACIÓN. Una persona vivificada no es solo restaurada a la vida, sino también a todos los goces y responsabilidades del más elevado estado: restaurada a Dios, a la comunión de Cristo, y a la comunión del Espíritu Santo.
4. CONSAGRACIÓN. Esta nueva vida debe ser toda para Dios. «*Vivos para Dios*». Vivificados *juntamente con* Cristo, para que podamos exhibir las abundantes riquezas de su gracia. No sois vuestros. Vuestra vieja vida era *muerta,* «ajenos de la vida de Dios» (Ef. 4:18). Esta nueva vida es de Dios, para que podáis glorificarlo. «Mi vida te doy.»

1.455. LA VIDA ESPIRITUAL

Efesios 2:1

I. La **necesidad** de la misma: «Muertos».

II. La **naturaleza** de la misma: «Dio vida».

III. El **autor** de la misma: «Él os dio vida».

IV. El **gozo** de la misma: Novedad de vida.

1.456. EL PASADO, PRESENTE Y FUTURO DEL CREYENTE

Efesios 2:1-13

I. Su pasado. Constituye una revisión negra y deprimente. Ellos estaban:

1. SIN VIDA. «Estabais *muertos* por vuestros delitos y pecados.» Espiritualmente muertos con respecto a Dios, y sepultados en

tumbas de su propia fabricación: «delitos y pecados». Ninguna respuesta en absoluto a las iniciativas de la misericordia divina en Cristo Jesús. «La mentalidad de la carne es muerte».
2. SIN FUERZA. «En los cuales anduvisteis en otro tiempo, siguiendo la corriente de este mundo» (v. 2). Arrastrados por la corriente de las influencias del mundo, y, como un pez muerto en la corriente, sin poder alguno para resistir.
3. SIN CRISTO. «En aquel tiempo estabais sin Cristo» (v. 12). Todo lo que *ahora* Cristo significa en nuestra experiencia personal y esperanzas futuras, no existía en aquel tiempo en nuestras vidas. Aquí vemos la pobreza y desolación de las almas irregeneradas. Destituidas, afligidas, atormentadas.
4. SIN PROMESA. Extraños a los pactos de la promesa (v. 12). Se dice que hay treinta mil promesas en el libro de Dios, pero no hay ninguna para aquel cuya mente está enfrentada en enemistad contra Dios. Hay «preciosas y grandísimas promesas», pero el alma mundana, carnal y sin Cristo no ve valor alguno en ellas.
5. SIN ESPERANZA. «Sin esperanza» (v. 12). Careciendo de promesas, carecen de esperanza. Éste es el juicio que Dios hace del caso de ellos; pero ellos no lo veían. Jesucristo dijo: «*Nadie* viene al Padre, *sino por mí*» (Jn. 14:6). Pero en aquel tiempo estábamos «sin Cristo», y por ello no podíamos acudir al Padre de la manera que Él había dispuesto. «El que no cree ya ha sido condenado.» Sin esperanza.
6. SIN DIOS EN EL MUNDO. Sin Dios, en un mundo repleto de evidencias de su sabiduría y poder. En el mundo amado por Dios, en el que vivió su propio Hijo, amando y muriendo para perdonar a los pecadores (Jn. 3:16). Sí, así éramos algunos de nosotros, «pero habéis sido lavados».

II. Su presente. Pero AHORA *en Cristo Jesús.* ¡Qué cambio!

1. HABÉIS SIDO VIVIFICADOS (v. 1). El Santo Espíritu de Dios ha infundido en vosotros el aliento de una nueva vida. Vuestros ojos han sido abiertos para ver los misterios y las realidades de las cosas eternas. Las tinieblas han pasado, y la verdadera luz alumbra. Las promesas antes cubiertas por nubes ahora parecen como estrellas de primera magnitud. Cristo se ha convertido en una realidad que todo lo llena.
2. HABÉIS SIDO HECHOS CERCANOS. «Habéis sido hechos cercanos por la sangre de Cristo» (v. 13). Se ha depositado la confianza en Cristo, y Aquel que murió, el Justo por los injustos, nos ha llevado a Dios (1 P. 3:18). Los pecados que hacían separación han sido quitados. Tenemos ahora la comunión de los reconciliados.
3. ESTÁIS RESUCITADOS juntamente con Cristo (v. 6). En el propósito de Dios estuvimos una vez con Él en la Cruz. Ahora compartimos su vida y poder en resurrección. «Él murió por nuestros pecados, pero resucitó para nuestra justificación.»
4. ESTÁIS SENTADOS juntamente con Él en los lugares celestiales (v. 6). Su última palabra en su vida terrenal fue: «Consumado es», y luego ascendió a la diestra del Padre y se sentó. Nuestro bendito privilegio ahora es *reposar* con Él en la obra cumplida por nosotros.
5. SOIS HECHURA SUYA. Es todo obra de Él. Por medio de la fe sois salvos *por la gracia,* y ello no es de nosotros, sino que es el don de Dios (v. 8). «Porque Dios es el que en vosotros opera tanto el *querer como el hacer,* por su buena voluntad» (Fil. 2:13).

III. Su futuro. «Para mostrar en los siglos venideros las sobreabundantes riquezas de su gracia en su benignidad para con nosotros en Cristo Jesús» (v. 7). En este siglo presente hemos visto mucha de la bondad de Dios para con nosotros por medio de Cristo Jesús en su plenitud salvadora, preservadora y sacadora. Pero en la era venidera seremos testigos de la gloria que ha de seguir. Cuando el mismo Señor aparezca, y cuando todos sus redimidos sean arrebatados para encontrase con Él y para ser glorificados juntamente con Él como «herederos de Dios», habremos entonces entrado en nuestra gloriosa herencia (Ro. 8:17-19, Lc. 22:28-30).

1.457. LA BONDAD DE DIOS

«Para mostrar en los siglos venideros las sobreabundantes riquezas de su gracia en su benignidad para con nosotros en Cristo Jesús» (Ef. 2:7).

Aquí se abre la *fuente* del gran abismo de la bondad de Dios. «Venid a las aguas.» Aquí hay un río cuyas corrientes alegran la ciudad de Dios.

I. El carácter de la gracia de Dios. «Las sobreabundantes riquezas de su gracia.» Él está lleno de gracia, y su gracia contiene *sobreabundantes riquezas.* Él es rico en poder y en sabiduría, pero es *sobreabundantemente* rico en gracia, por lo que puede perdonar de forma abundante. Todas las necesidades de este gran mundo agonizante no podrían agotar las riquezas de su gracia. «Donde el pecado abundó, *sobreabundó* la gracia.»

II. EL misericordioso propósito de Dios. «Para *mostrar*», etc. Tan sobreabundantemente rica era esta gracia que llenaba el corazón infinito de Dios que no podía permanecer sin ser vista o sentida, sino que tenía que derramarse en un torrente abrumador de bendición. Las sobreeminentes riquezas de esta gracia se ven primero en la creación, y luego en la formación del hombre a su propia imagen, en la salvación de Noé, en el llamamiento de Abraham, de Moisés, y de los profetas, y por encima de todo ello en el don de su Hijo (Jn. 1:17; Ef. 2:8; 2 Ti. 1:9).

III. La forma especial en que esta gracia se mostró. «Para mostrar... las sobreabundantes riquezas de su gracia *en su benignidad para con nosotros.*» Bendigamos su Nombre que le plugo hacer tal exhibición de las *riquezas de su gracia* al mostrar benignidad *a nosotros* que «éramos por naturaleza hijos de ira» (v. 3). No ha sido su voluntad *mostrar* tal benignidad a los ángeles que no guardaron *su primer* estado. Esta benignidad para con nosotros se ve en que cargó nuestros pecados sobre su propio Hijo (Is. 53), en el perdón a todos los que creen (Hch. 13:38, 39), en hacernos hijos e hijas, en darnos el Espíritu Santo para servirle ahora, y en preparar lugar para nosotros en la casa del Padre.

IV. El canal por el que fluye esta benignidad. «En Cristo Jesús.» Así que ahora «se manifestó la benignidad de Dios nuestro Salvador, y su amor para con los hombres» (Tit. 3:4). Hay solamente un mediador entre Dios y los hombres, el Hombre Cristo Jesús. Aquel Hombre a quien Dios ha llenado con toda su propia plenitud (inescrutables riquezas), para que por medio de Él se pudiera mostrar su benignidad a hombres necesitados y miserables.

V. El tiempo y la duración de esta benignidad. «En los siglos venideros.» Estos siglos o dispensaciones abarcan el presente, y se extienden por las incontables eras que aún han de seguir. Las supereminentes riquezas de aquella gracia que nos ha venido en su benignidad por medio de Jesucristo seguirán siéndonos dadas en una revelación siempre permanente a través de toda la eternidad venidera.

1.458. SALVACIÓN

Efesios 2:8, 9

1. No es por *obras.*
2. No es de *vosotros.*
3. Es por *gracia.*
4. Es *don* de Dios.
5. Es por medio de la *fe.*

«Una salvación tan grande.»

1.459. UNA GRAN OBRA

«Somos hechura suya, creados en Cristo Jesús para buenas obras» (Ef. 2:10).

I. La obra. «Somos hechura suya, *creados.*» Al salvar al hombre, Dios ha de hacer lo que hizo al principio: crear de la nada. Nada hay de bueno en el hombre para empezar. «En mí, esto es, en mi carne, *no mora el bien*» (Ro. 7:18). «Si alguno está **en Cristo, *nueva criatura* es.»**

II. El obrero. «Hechura suya.» El obrero es Dios. Como diestro artista, selecciona sus propios materiales y utensilios. No pide consejos. Hace su propia voluntad. Habla, y es hecho; manda, y se cumple. Es Dios quien obra en vosotros. Nadie puede detener su mano de su obra.

III. La hechura. *Nosotros* «somos». El carácter del obrero se ve en su obra. La hermosa escultura o pintura pone de manifiesto la capacidad del artista. *Nosotros* somos las exhibiciones de la obra de Dios en gracia. Cada cristiano es un monumento de la misericordia, del amor, de la paciencia y santidad de Dios. ¿Somos nosotros para alabanza de Aquel que nos ha hecho y conformado según la imagen de su Hijo amado? Hemos sido creados *para* buenas obras. No temas: Aquel que ha comenzado en vosotros una buena obra la llevará a su culminación (Fil. 1:6; Ro. 8:29).

IV. El taller. «Creados *en* Cristo Jesús.» Este artículo puede estar hecho en Alemania, o en cualquier otro lugar del mundo donde haya un alma permaneciendo *en* Cristo. *En* Cristo Jesús somos conformados según el modelo divino. Permaneced en Él, y permaneceréis en el taller de la gracia Omnipotente. «Sois edificio de Dios» (1 Co. 3:9). Pecador, si quieres ser hecho nueva criatura, entra en el taller de Dios. Acude a Jesús, y Él obrará sobre ti y en ti aquello que le es agradable.

1.460. SIN CRISTO

Efesios 2:12

Estar sin Cristo es estar:

1. **Sin Dios.** «Dios estaba en Cristo» (2 Co. 5:19).
2. **Sin vida.** «Yo soy la Vida» (Jn. 14:6).
3. **Sin luz.** Él es «La luz del mundo.»
4. **Sin salvación.** «No hay otro nombre.»
5. **Sin promesa.** «Todas las promesas están en Cristo.»
6. **Sin esperanza.** «Sin esperanza en el mundo.»

1.461. LA IGLESIA COMO NUEVO HOMBRE

Efesios 2:14-22

En eras pasadas el carácter de la Iglesia «no fue dado a conocer a los hijos de los hombres» (3:5). Era un «misterio escondido desde los siglos en Dios» (3:9). En todas las edades Dios ha tenido a sus santos; pero la Iglesia como nuevo hombre, un creado nuevo Cuerpo de Cristo, por medio del que iba a ser dada a conocer la multiforme sabiduría de Dios (3:10), no había sido aún revelada. Éste es el tema que tenemos ahora delante de nosotros.

I. El plan divino. Éste era *hacer en Sí mismo* de dos (judío y gentil) un nuevo hombre, un nuevo *Cuerpo*, haciendo así la paz (v. 15). Este nuevo Cuerpo debía estar:

1. COMPUESTO DE JUDÍOS Y GENTILES. Estos términos engloban a toda la raza humana. El que no es judío es gentil, sea cual sea el color de su piel o el lenguaje que pueda hablar. La Iglesia debe estar compuesta de «llamados afuera» de cada nación y pueblo bajo el cielo.
2. RECONCILIADOS UNOS CON OTROS. No más ya extranjeros y extraños, sino *conciudadanos* y de la *casa de Dios* (v. 19). «Todos uno en Cristo Jesús». Al ser traídos a Dios, cada miembro debe ser traído en armonía y comunión unos con otros. Todos ellos pertenecen a «la familia de la fe» (Gá. 6:10).
3. RECONCILIADOS CON DIOS. «Para... reconciliar con Dios *a ambos en un solo cuerpo*» (v. 16). Delante de Dios no hay ahora ni judío ni gentil, sino un cuerpo, hechos cercanos por la Sangre de Cristo (v. 13). Todos son salvos por la gracia. Este «nuevo hombre» es «acepto en el Amado», porque la Cabeza de esta nueva creación es el mismo Cristo.

II. La preparación divina. Antes de que se pudiera cumplir este propósito de Dios lleno de gracia, se tenía que llevar a cabo una gran obra, una obra que solamente Dios podía efectuar. Había:

1. UNA PARED DE SEPARACIÓN QUE DERRIBAR. «Él... de ambos pueblos hizo uno, derribando la pared intermedia de separación» (v. 14). En el culto del templo el atrio de los gentiles estaba separado del atrio interior por una pared intermedia de separación. Pero en esta nueva creación en Cristo esta barrera es *derribada.* Cuán penoso es que los hombres sigan edificando paredes de separación en su orgullo sacerdotal, estrechez sectaria y superstición pagana; pero gracias sean dadas a Dios que *en Cristo* todo esto se desvanece, «derribado».
2. UNA ENEMISTAD QUE MATAR. «Y *mediante la cruz* reconciliar con Dios a ambos en un solo cuerpo, *matando en ella* la enemistad» (v. 16). La Cruz de Cristo es la poderosa arma de Dios para quebrantar las barreras entre los individuos y las naciones, entre los corazones humanos y un Santo Dios. La mayor de todas las murallas de separación es la *enemistad* de la mente carnal (Ro. 8:7). Esta enemistad no puede ser sanada, tiene que ser *muerta;* y la visión humilladora y ablandadora de Cristo crucificado por nuestros propios pecados puede matarla.
3. AMBOS DEBEN SER POSEÍDOS POR EL MISMO ESPÍRITU. «Por medio de él los unos y los otros tenemos acceso por un mismo Espíritu al Padre» (v. 18). Esta unión entre judío y gentil no es una mera conveniencia para un fin temporal. Es una obra vital y eterna de la gracia de Dios. *Un Espíritu* anima a todo el cuerpo. «Porque por *un solo Espíritu* fuimos todos bautizados para formar un solo cuerpo, sean judíos o griegos, sean esclavos o libres; y a todos se nos dio a beber *de un mismo Espíritu*» (1 Co. 12:13). Cristo es la Fuente Cabecera de esta vida del Espíritu que fluye a través de cada miembro del cuerpo. «Si alguno tiene sed, venga a mí y beba» (Jn. 7:37).

III. El propósito divino es que este «nuevo hombre» sea *morada fija de Dios por el Espíritu* (v. 22). ¿Significa esto que en la era venidera la Iglesia será la morada fija del Espíritu Santo para la manifestación de la gloria de Cristo? «Para que esté con vosotros para siempre».

1. TODOS SOBREEDIFICADOS SOBRE EL UN FUNDAMENTO. Sobreedificados sobre el fundamento de los apóstoles y profetas, siendo la principal piedra del ángulo Jesucristo *mismo* (v. 20). Los profetas, así como los apóstoles, construyeron sobre la verdad revelada, sea por el Espíritu Santo o por el mismo Cristo (He. 1:1, 2). En ambos casos el mismo Jesucristo era la principal piedra del ángulo, ligando toda la edificación espiritual como una a Sí mismo. La fuerza y la estabilidad de la estructura depende de la presencia y *posición* de la «Principal Piedra del Ángulo» (Mt. 21:42).
2. TODO BIEN AJUSTADO. «En QUIEN todo el edificio, bien ajustado, va *creciendo para ser un santuario sagrado* en el Señor» (v. 21). En Cristo cada creyente separado depende de Él como el fundamento de sus esperanzas, pero deben ser individualmente *«bien ajustados»* con sus hermanos en la fe locales. No debe haber «desaveniencia en el cuerpo». Las piedras que *no ajustan unas con otras* constituyen una estructura nada fiable ni atrayente. Los cristianos han arruinado muchas veces su testimonio al romper la armonía con sus hermanos. La iglesia es un edificio *en crecimiento,* «creciendo para ser un santuario sagrado en el Señor».
3. TODOS UNIDOS PARA CONSTITUIR UNA MORADA DE DIOS EN EL ESPÍRITU (v. 22). Ninguna lengua de ángel ni pluma de escriba puede decir cuándo este sagrado santuario en el Señor estará listo como una morada fija para Aquel a quien pertenece. Pero llegará el día en que se hará la última adición, y cuando se colocará encima la piedra culminante, «con aclamaciones de: Gracia, gracia a ella» (Zac. 4:7). En verdad que cada piedra en el edificio es un monumento de la gracia de Dios por medio de Cristo Jesús. Así, este «nuevo hombre», totalmente crecido y glorificado, será el santuario sagrado del Señor, y un testimonio del triunfo del sacrificio de Cristo en el reino que ha de venir. Bien podemos orar: «VENGA TU REINO».

1.462. LAS INESCRUTABLES RIQUEZAS DE CRISTO

Efesios 3:8

¡Qué son las riquezas de la tierra, del mar o del sol, en comparación con éstas! Sin embargo, todas son de Él.

I. Lo que son estas riquezas. Inescrutables:

1. LAS RIQUEZAS DE SU SABIDURÍA (Ro. 11:33). Evidenciadas en creación, providencia y redención.
2. LAS RIQUEZAS DE SU GRACIA (Ef. 1:7). Evidenciadas en su amor, sacrificio y misericordia.
3. LAS RIQUEZAS DE SU GLORIA (Fil. 4:19).

II. Para quién son estas riquezas. «Para los gentiles». Estas riquezas nos son ofrecidas:

1. Por medio de su HUMILLACIÓN (2 Co. 8:9).
2. Por medio de su EXALTACIÓN (Fil. 2:9).
3. Por medio de su HERENCIA (Col. 1:18, 19).

III. Cómo pueden obtenerse estas riquezas. «Te aconsejo que de *mí* compres oro refinado por fuego, para que *seas rico* (Ap. 3:18).

1. CÓMPRALE A ÉL.
2. PERO SIN DINERO NI PRECIO (Is. 55:1, 2).

1.463. LAS INESCRUTABLES RIQUEZAS DE CRISTO

«A mí, que soy menos que el más pequeño de todos los santos, me fue dada esta gracia de anunciar entre los gentiles el evangelio de las inescrutables riquezas de Cristo» (Ef. 3:9).

Éste puede ser considerado como el título explicativo de la gran obra redentora de Cristo. Todas las dificultades y misterios de la redención son afrontados y revelados en las «inescrutables riquezas de Cristo». ¿Cómo puede ser quitada la culpa de un pecador y quedar éste justificado? ¿Cómo puede un corazón enemistado con Dios ser cambiado y llenado del amor de Dios? ¿Cómo pueden las justas demandas de una ley santa quedar satisfechas con respecto a los que no tienen ni el poder ni el deseo de ceder a sus demandas? ¿Cómo puede ser Dios justo y con todo justificar a los impíos? ¿Cómo puede la pobre alma de un hombre quedar poseída por el Espíritu de Dios y ser traída a la plenitud de la Divinidad, y conformada a su imagen? La respuesta a todo esto, e infinitamente más, se encuentra en las maravillosas palabras: «Las inescrutables riquezas de Cristo».

1.464. LAS POSIBILIDADES DE LOS CREYENTES

Efesios 3:14-21

«Por *esta causa* doblo mis rodillas.» No se trataba de una mera oración formal. Pablo se daba profunda cuenta de la inmensa importancia de las peticiones que iba a hacer. Sabía que como cristianos eran necesarias estas experiencias.

I. Cuáles eran estas bendiciones. Oró que pudieran tener:

1. PODER ESPIRITUAL. «Ser vigorizados con poder en el hombre interior por medio de su Espíritu» (v. 16). El *poder* del Espíritu Santo en el hombre *interior* es la necesidad suprema de cada cristiano en nuestros propios días. Aquí está el secreto de nuestra verdadera influencia para Dios. Este poder está dispuesto a darlo a los fatigados (Is. 40:29-31).
2. LA PRESENCIA RESIDENTE. «Que habite Cristo por medio de la fe *en vuestros corazones*» (v. 17). No puede haber poder *espiritual* donde Cristo no recibe honra. Si Cristo mora en nosotros *por medio de la fe,* entonces el Espíritu tomará las cosas de Cristo y nos las mostrará. Esta *morada* está asegurada por una fe inalterable en Él.
3. ESTABILIDAD DE CARÁCTER. «*Arraigados* y *cimentados* en amor» (v. 17). El crecimiento hacia abajo de las raíces de nuestro ser debe ser en el rico y fructífero terreno del amor de Dios, y el crecimiento hacia arriba de la erección del carácter se debe basar también en el amor. «Arraigados y *sobreedificados* en Él, y consolidados en la fe» (Col. 2:7).
4. ENSANCHAMIENTO DE LA COMPRENSIÓN. «A fin de que... seáis plenamente capaces de comprender con todos los santos... y de conocer el amor de Cristo, que sobrepasa a todo conocimiento» (v. 19). Se precisará de la comprensión de «todos los santos» en cada edad para hallar la anchura, la longitud, la profundidad y la altura de aquel amor de Cristo que en sí mismo sobrepasa a todo conocimiento. Es un gran descubrimiento hallar la inconmensurable magnitud de aquel amor con el que Cristo nos ha amado. Y, ¿quién podrá separarnos de tal amor? (Ro. 8:35).
5. SATISFACCIÓN PERMANENTE Y COMPLETA. «Para que seáis llenados hasta toda la plenitud de Dios» (v. 19). Llenos de esta insondable plenitud de Dios. Se puede parafrasear así: Para que seáis completos en conformidad a la propia pauta de plenitud de Dios. Y ya «de su plenitud todos hemos recibido, y gracia sobre gracia» (Jn. 1:16). Pero, oh Señor, aumenta nuestra fe, para que podamos ascender a la *norma divina* de la plenitud.

II. La fuente inagotable. «Y a Aquel que es poderoso para hacer todas las cosas *mucho más abundantemente de lo que pedimos o pensamos*» (v. 20). Éstas eran grandes peticiones, pero el apóstol sabía que él las estaba haciendo a un Dios grande y lleno de gracia. Sabía y creía lo que nosotros olvidamos con tanta facilidad, que: «El que no eximió ni a su propio Hijo, sino que *lo entregó por todos nosotros*, ¿cómo no nos dará también con él *todas las cosas*?» (Ro. 8:32). Si esta magna verdad reinará sobre nuestras oraciones, ¡cuán diferentes que serían muchas de ellas! Dios nos ha dado a su Hijo; ésta es la prueba y prenda de que Él no retendrá ninguna cosa buena de aquellos que le aman y le piden a Él. Pero la medida de nuestra recepción es «según el *poder que actúa en nosotros*» (v. 20). «Según vuestra *fe*.» Este poder obraba poderosamente en el apóstol, y obras poderosas eran llevadas a cabo (véase He. 11).

III. La medida del don de Dios. «Según las riquezas de su gloria» (v. 16). Creemos que conocemos algo de «las riquezas de su gracia» (Ef. 1:7), pero, ¿qué podemos saber de «las riquezas de su gloria»? Al tratar con los siervos que le ruegan a Él, es la medida mayor de su gloria eterna la que Él emplea, según la riqueza de su posición resucitada y glorificada. Si en su pobreza Él podía hacer tanto para bendecir y enriquecer las almas necesitadas, ¡cuánto más ahora, habiendo entrado en la herencia de la gloria de su Padre! «Toda autoridad me ha sido dada en el cielo y sobre la tierra.» ¿Crees esto? «Pedid, y recibiréis.» Él «da a todos abundantemente y sin reproche».

1.465. UNA RELIGIÓN DE DELANTAL

Efesios 3:17

El difunto Capitán Dawson, en su relato de su experiencia e impresiones durante una visita a Italia, hace referencia a una *religión de delantal,* con una especial aplicación al romanismo.
Hay mucha religión de delantal en la actualidad en los países protestantes, además de en los católicoromanos. Muchos protestantes tienen solo una *religión de delantal,* esto es:

I. Hacia afuera, no hacia adentro. Una religión meramente *hacia afuera,* y no *hacia adentro.* La verdadera religión es del corazón, y no es Cristo y yo, sino Cristo *en* mí. «Es Dios quien obra en vosotros.»

II. Intermitente. Una religión que puede ser puesta en marcha o apagada en un momento. Meramente formal y mecánica. La verdadera religión viene a ser parte constitutiva de nosotros, parte de nuestro mismo ser.

III. Externa. Una religión que no causa ninguna diferencia en el interior. Los delantales no llenan los estómagos hambrientos.

IV. Ocasional. Una *religión de delantal* es una religión para ocasiones especiales, como los mejores delantales. En cambio, la religión verdadera es para todo momento.

1.466. CARÁCTER Y CONDUCTA

Efesios 4:17-32

Como aquellos que han aprendido de Cristo (v. 20), el apóstol exhorta a los hermanos de Éfeso acerca de que su manera de vivir tiene que ser diferente de «los demás gentiles», que andan «*en la vanidad de su mente*», con el *entendimiento entenebrecido* y «*excluidos de la vida de Dios*» por la *ignorancia* y *dureza* de su corazón (vv. 17-19). ¡Qué triste imagen tenemos aquí del hombre irregenerado! «Y así erais algunos de vosotros, pero ya habéis sido lavados.» La diferencia que la gracia produce tiene que ser evidente tanto en el carácter como en la conducta. A este fin honroso para Cristo los llama a ellos y nos llama a nosotros, a:

I. Despojarnos del viejo hombre (v. 22). Este viejo hombre tiene tu misma edad. No puedes quitártelo como un abrigo viejo, ni le puedes dar largas con promesas. Se trata de la mente carnal natural, cuyo lema era «Yo primero»: el espíritu egoísta, jactancioso y que busca su satisfacción. Es el corazón viejo y corrompido, que amaba las cosas que deshonraban a Cristo. ¡Sacúdetelo como lo harías con una víbora ponzoñosa! ¡Que sea crucificado! (Ro. 6:6).

II. Revestirnos del nuevo hombre. Este nuevo hombre es conforme a la imagen de Dios en justicia y verdadera integridad (v. 24). Este nuevo hombre es el «segundo hombre, el Señor del cielo». «Vestíos del Señor Jesucristo, y no hagáis caso de la carne» (Ro. 13:14). Vestirse de Cristo es vestirse con su Espíritu y con el yugo de su voluntad. Cuando Él tiene en el corazón y en la vida el puesto que le corresponde, no hay lugar para nadie más. «Jesús debe reinar.»

III. Despojamos de toda irrealidad. De toda cosa engañosa y falsa (v. 25). ¿Te parece extraño que a aquellos que han sido hechos nuevos según la semejanza de Cristo se les esté advirtiendo en contra de mentir, de airarse, de robar? Todos sabemos que los *pensamientos* del corazón, así como las palabras de la lengua, a menudo nos traicionan. Estas cosas han de ser aborrecidas y rechazadas en su estado más incipiente.

IV. No deis lugar al diablo (v. 27). El diablo está siempre buscando un *lugar* en nuestras vidas. Él sabe que si puede poner su veneno en la sangre, todo el hombre quedará afectado. Pablo perdonaba a otros, «para que Satanás no gane ventaja alguna sobre nosotros» (2 Co. 2:10, 11). El temperamento vehemente y la actitud implacable le dan una gran ventaja a Satanás. «Resistid al diablo, y él huirá de vosotros.»

V. Que vuestras comunicaciones estén libres de corrupción, y que sean buenas para edificación (v. 29). Cuando la conversación degenera a una mera murmuración, o a una exhibición de ingeniosidades, hay poco pensamiento de obedecer esta instrucción de hacer de ello un *«ministerio de gracia a los oyentes»*. Muchas oportunidades dadas por Dios han sido totalmente perdidas por la frívola disposición exhibida en ocasiones por los siervos de Dios en presencia de almas calladas, reflexivas y ansiosas (Col. 4:6).

VI. No contristéis al Espíritu Santo. Ésta es una terrible posibilidad por parte del obrero cristiano. Podemos contristarle *ignorando su presencia*, o mediante *palabras profanas* y *un temperamento* que falsifica su carácter, *resistiendo su enseñanza, y dependiendo de nuestra propia sabiduría y fuerza.* Contristar al Espíritu significa la pérdida del goce del amor de Dios, la pérdida de la comunión que es por el Espíritu Santo, la pérdida del poder para servir (Is. 63:10). No le contristéis, porque por el Espíritu Santo estáis *sellados* y asegurados para el día de la final redención de Cristo (v. 30).

VII. Sed benignos y misericordiosos. «Perdonándoos unos a otros, *como también Dios os perdonó a vosotros en Cristo»* (v. 32). Sed benignos, misericordiosos, perdonándoos unos a otros por causa de Cristo, *así como* Dios por causa de Cristo os ha perdonado. Esta medida es «hasta setenta veces siete» (Mt. 18:22).

1.467. EXCLUIDOS DE LA VIDA DE DIOS

Efesios 4:18

I. ¿Qué se significa por «la vida de Dios»? Jesucristo ha sido la perfecta exhibición de esta vida. En Él se manifestó esta vida como una vida de:

1. SANTIDAD. Él era la imagen de Dios, aunque en semejanza de carne de pecado. Una vida vivida en la comunión y en el favor de Dios.
2. ABNEGACIÓN. Él no se agradó a Sí mismo. Él nos amó y se dio a Sí mismo por nosotros. Siempre agradable a Dios (Mt. 17:5).
3. GOZO Y PAZ INTERNOS. Él podía decir: «*Mi paz* os doy», y que «*mi gozo* esté en vosotros». La vida de Dios es una vida en perfecta armonía, con un perfecto ambiente.

II. ¿Qué se significa por estar «excluidos» de esta vida? Es:

1. NO TENER SEMEJANZA CON DIOS. Sin relación de naturaleza. Separados por el pecado y viviendo en enemistad contra Él (Ro. 8:7).
2. CARECER DE COMUNIÓN CON DIOS. Tan pronto como Adán hubo pecado perdió su comunión con Dios. Los que están en comunión con los poderes de las tinieblas no pueden andar en esta luz (26:18).
3. NO TENER ESPERANZA EN DIOS. En el momento mismo en que pecó, Adán dejó de tener comunión con Dios. Los que están en comunión con los poderes de las tinieblas no pueden andar en esta luz (Hch. 26:18).
4. NO SER APTO PARA DIOS. La mente carnal no puede complacerle, y sin santidad nadie verá al Señor. «El que no nace de nuevo no puede ver el reino de Dios.»

III. ¿Cuál es la causa de esta exclusión? Es triple:

1. IGNORANCIA. «Excluidos... por la ignorancia que hay en ellos.» Se trata de ignorancia voluntaria, porque Jesús dijo: «Si me conocieseis, también conoceríais a mi Padre». «Y no queréis venir a Mí.»
2. DUREZA. «Por la *dureza* de su corazón.» Los que prefieren las tinieblas a la luz quedarán ciertamente endurecidos en su corazón. La ignorancia espiritual es la condición más favorable para un «corazón engañoso».
3. TINIEBLAS. «El entendimiento entenebrecido.» Las cosas espirituales se les tornan en insensatez. Éstas son las cadenas con las que el dios de este mundo ata a los enemigos de Dios (2 Co. 4:3, 4).

IV. ¿Cuál es el remedio para esta exclusión? Podemos escapar en el acto de esta terrible condición mediante:

1. LA CONFESIÓN. Si confesamos nuestros pecados, Él es fiel y *justo* para perdonarnos, por cuanto el Cordero de Dios ha sido inmolado (Jn. 1:29). Se ha hecho la *propiciación* (1 Jn. 2:2).
2. LA RECEPCIÓN. «A todos los que le recibieron, a los que creen en su nombre, les dio potestad de ser hechos *hijos de Dios*» (Jn. 1:12). El pródigo dejó de estar excluido tan pronto como «marchó hacia su padre». «Nadie viene al Padre, sino por medio de Mí.»
3. SUMISIÓN. Para permanecer en su comunión tiene que haber un sometimiento continuo a la voluntad de Dios. «Si guardáis mis mandamientos, permaneceréis en mi amor» (Jn. 15:10).

1.468. NO CONTRISTÉIS AL ESPÍRITU SANTO

Efesios 4:30

Es solemnemente posible contristar al Espíritu Santo, porque él es una *Persona* llena de gracia, amante, tierna. No es posible contristar o entristecer a una mera influencia. El *viento* sopla donde quiere, y uno no puede contristar al viento; pero el aliento del Espíritu Santo es el aliento del mismo corazón de Dios. Todos los atributos de Dios son predicados del Espíritu Santo. Él es el Espíritu de verdad, de sabiduría, de vida, de poder. Contristarle a él es obstaculizar sus amantes y misericordiosas operaciones en el corazón, empobreciendo con ello nuestras vidas, y estorbando nuestros más denodados esfuerzos en el servicio de Cristo.

I. Por un hablar no santo y sin provecho (véanse vv. 29 y 31). Las comunicaciones que no son «para edificación», sino que tienen una influencia *corruptora*, tienen que doler a Aquel que es «Santo», y que ha venido a tomar las cosas que pertenecen al Cristo incorruptible y a mostrárnoslas. El Espíritu de Verdad no puede tener comunión con un habla frívola y con palabras malas.

II. Ignorando su presencia. Si nuestros amigos terrenales nos trataran como nosotros frecuentemente tratamos al Espíritu Santo, nos sentiríamos gravemente ofendidos. Vivir en la misma casa con otro y apenas si ver reconocida la presencia tiene que ser un gran pesar. El reconocimiento mutuo es totalmente esencial para el mantenimiento de una verdadera amistad. No le contristes con la frialdad del olvido.

III. Por el rechazamiento de su enseñanza. Fue por su rebelión contra su conducción que los del pueblo de Israel «contristaron su Santo Espíritu» (Is. 63:10). El Espíritu está siempre tratando de conducirnos a la verdad como es en Jesús, para que podamos ser santificados y hechos útiles para su uso. Nosotros contristamos al Espíritu cuando, por prejuicio o incredulidad, rehusamos aceptar su enseñanza, u obedecer su conducción. Si no *crecemos* en la gracia y en el conocimiento de Dios, bien podemos sospechar que hemos desobedecido al Señor el Espíritu. Para él tiene que ser muy doloroso que su obra llena de gracia sea en absoluto dificultada en nosotros o a través de nosotros, por cuanto Cristo es por ello mismo deshonrado, siendo que su principal propósito es glorificarle.

IV. Entrando en connivencia con cosas que él aborrece. El Espíritu Santo se opone al pecado en todas sus formas. Toda forma mundana y búsqueda del propio provecho son antagónicas a su naturaleza y misión. Si descubriéramos a cualquiera de nuestros amigos personales gozándose secretamente en cosas que nuestras almas aborrecen, ¡cuán doloridos nos sentiríamos ante tal descubrimiento! ¿Somos nosotros más sensibles que el Espíritu Santo? Si nos avergonzamos de reprender lo que él reprende, y de enaltecer lo que él enaltece, entonces no estamos en la comunión del Espíritu. No contristes al Espíritu Santo alentando a los impíos en su pecado. Recuerda a Sansón.

V. Contristando a los hijos de Dios. El *pensamiento* poco caritativo que lleva a *habla* poco caritativa tiene que dolerle a Aquel que es el Espíritu de *amor* y de *unidad*. Todo lo que tienda a enajenar los afectos del pueblo de Dios entre sí es contender contra la obra del Espíritu Santo. «Que todos sean uno» fue la oración de Cristo. «Que todos sean uno» es el propósito del Espíritu. Poner estorbos a esta *unidad* es contristar al Espíritu al desfigurar la unidad del Cuerpo, que él tanto desea mantener.

VI. Sirviendo al Señor con nuestras propias fuerzas. El Espíritu Santo ha venido para que tengamos poder para testificar para Cristo. Hablar y trabajar en *nuestro propio* poder es una negación de su misión, y debe dolerle en lo más hondo. ¡Qué triste debe ser para el poderoso Espíritu Santo ver a los siervos de Cristo, a los que él ha venido a dotar de poder, usar la energía carnal y las políticas mundanas en lugar de su presencia sometedora y vivificadora. Cuando el Espíritu es contristado por esta autoafirmación, la evidencia de ello se manifiesta en una vida formal y carente de fruto. Un Espíritu contristado no solo significa un testimonio carente de poder, sino también una ausencia de goce del amor de Dios en el corazón.

Si este amor ha de ser derramado en nuestros corazones, necesitamos la *comunión* del Espíritu Santo: y no podemos tenerla si nuestra forma de vida y servicio se opone a su mente y voluntad. Puede que tengamos nuestras lámparas, y puede que tengamos una medida de luz, como las vírgenes insensatas, pero si no tenemos aquella reserva de aceite que se encuentra en la presencia de un Espíritu no contristado, nos avergonzaremos delante de él en su venida.

1.469. SEGUIDORES DE DIOS

«Sed, pues, imitadores de Dios como hijos amados» (Ef. 5:1).

La idea de raíz aquí es la *imitación* de Dios. No podemos imitar a aquellos que no conocemos. Para imitar a Dios tenemos que conocerle, y conocerle significa la vida eterna, sin la que no podemos en absoluto asemejarnos a Él. Imitar a Dios significa la manifestación de una vida que es divina. Cristo era la perfecta *imagen* de su Padre. Él tiene que vivir en nosotros de tal manera que esta divina imitación sea engendrada en nuestro carácter y en nuestras vidas. Él nos ha dejado ejemplo, para que sigamos sus pisadas. Es tanto más fácil imitar a algún eminente cristiano que a Cristo, y al actuar así llegar a la propia satisfacción. ¿Imitamos a Dios en su compasión para con los perdidos, en su celo por su propia gloria, en su misericordia y longanimidad, en su amor sacrificial, abnegado?

1.470. EL SACRIFICIO DE CRISTO

Efesios 5:1, 2

Desde Edén hasta la Cruz de Cristo se mantuvo ininterrumpida la línea roja sacrificial. Pero todos los sacrificios hallaron su culminación en el Cordero de Dios. Todas las ofrendas proveídas por el *hombre* quedaban muy alejadas de la justicia de Dios. En su misericordia a un mundo azotado por el pecado, Dios se proveyó de un Cordero (Jn. 1:29).

I. Lo que fue este sacrificio. Él «se entregó a Sí mismo por nosotros». No solo su amor, su tiempo, su poder, su sabiduría, su sangre, sino a Sí mismo, en toda la plenitud de su vida y de su valía moral.

II. A quién fue ofrendado. Él «se entregó... *a Dios*». A Dios como el Gobernante universal y Juez justo de todos. Se necesitaba el perdón, y sólo Dios podía darlo. Si Dios ha de salvar, lo hará *con justicia*. El es un Dios justo y Salvador. Justo *ante todo*.

III. Por quién fue ofrendado. Él «se entregó a Sí mismo *por nosotros*». En este *nosotros* Pablo se incluye a sí mismo, que había sido blasfemo e injuriador. Por nosotros, pobres y menesterosos, moralmente deformes y alienados de Dios. Y fue como el *sustituto* del pecador que Él murió.

IV. Cómo se hizo la ofrenda. Fue totalmente voluntaria. Él «*se entregó* a Sí mismo». Solo Aquel que tenía *vida en Sí mismo* podía entregarla por otros. Fue su propia elección, y era capaz de llevar a cabo esta obra. «Tengo poder para ponerla.»

V. Su naturaleza. «Ofrenda y sacrificio.» Dos aspectos de la misma ofrenda. La oblación (ofrenda vegetal) y el sacrificio por el pecado en una misma persona. La *ofrenda* nos muestra al «Amado Hijo», en quien Dios tenía toda su complacencia; el *sacrificio* nos señala al Sustituto hecho por nosotros *maldición*. Lo primero es la vida impecable de Jesucristo. Lo segundo es la muerte expiatoria.

VI. Su gran valor. «A Dios como... olor fragante.» Hubo aquello en la muerte de Cristo que fue para Dios infinitamente *grato*. Es por esto que la *Sangre* de Cristo es llamada preciosa. Nos regocijamos en su muerte, porque es un olor fragante para Dios.

VII. El motivo que lo constriñó. «Cristo nos *amó*.» Fue por el amor con que nos amó que se entregó a Sí mismo por nosotros. Y por ello mismo nos exhorta diciendo: «Que os améis unos a otros, como Yo os he amado» (Jn. 13:34).

VIII. Su propósito. «Sed, pues, *imitadores* de Dios... Y andad en amor» (vv. 1, 2). Imitemos su vida abnegada. Él no se agradó a Sí mismo. «Si alguno quiere venir en pos de Mí, niéguese a sí mismo, tome su cruz, y sígame» (Mt. 16:24; cp. 5:44). El niño puede que sea una deficiente imitación del padre, pero mediante la obediencia puede llegar a crecer a su perfecta semejanza. «Que andéis como es digno del Señor, agradándole en todo» (Col. 1:10).

1.471. EL AMOR DE CRISTO

Efesios 5:1, 2

I. El Amante. «Cristo nos amó.» «Dios es amor.» Cristo es el Hijo del vivo y amante Dios, y la misma imagen de su Padre. Él es también el Hijo del Hombre venido en semejanza de carne de pecado.

II. Los objetos de su amor. «Nos amó.»

1. ¿Cuándo? «Siendo aún pecadores.» Cuando estábamos muertos en pecado.
2. ¿Cómo? Con un amor divino, inclusivo, y más fuerte que la muerte. Nos amó más que a los ángeles caídos; más que nosotros nos amábamos a nosotros mismos; más que a los ángeles del cielo; más que se amó Sí mismo. ¡Qué amor!

III. La evidencia de su amor. «Se dio a Sí mismo por nosotros.» El amor del hombre se abre gradualmente, y puede manifestarse en dones de un valor constantemente creciente. El amor de Cristo lo da todo desde el principio. Todas las riquezas de Dios están incluidas en «Él». Él se dio a Sí mismo por nosotros

1. COMO OFRENDA VOLUNTARIA. La ofrenda de la vida y obra de Cristo a Dios fue un don aceptable, agradable delante de Él. Él se ofreció a Sí mismo sin mancha. El corazón de Dios quedó infinitamente satisfecho con la vida y el carácter de su amado Hijo. Él fue obediente hasta la muerte.
2. COMO SACRIFICIO VICARIO. «Se entregó a Sí mismo por nosotros a Dios como ofrenda y sacrificio.» Aquí tenemos el pensamiento de sustitución. Cristo murió por nosotros. Él llevó nuestros pecados en su cuerpo sobre el madero.
3. COMO... OLOR FRAGANTE. Hay una gran diferencia entre el aroma de nuestras vidas carnales y el del carácter de Jesús. «En mí, esto es, en mi carne, no mora el bien» (Ro. 7:18). «Porque en Él habita corporalmente toda la plenitud de la Deidad» (Col. 2:9). «Y vosotros estáis completos en Dios» (v. 10).

IV. El fruto de este amor en nosotros.

1. SEGUIDORES DE DIOS. El amor de Cristo debe constreñirnos a ser imitadores de Aquel que nos amó: imitadores de su amor, paciencia, pureza, devoción y de un celo impulsor. ¡Qué pobres imitaciones que somos! ¡Quiera el Espíritu Santo obrar en nosotros su propio beneplácito, para que seamos conformados a la imagen de su Hijo!
2. ANDANDO EN AMOR. Siguiendo esta nueva y divina pauta, nuestro andar tendrá lugar en una nueva y celestial atmósfera. Permaneced en Él, y andaréis en amor.

1.472. EL AMOR Y SACRIFICIO DE CRISTO COMO NUESTRO EJEMPLO

Efesios 5:2

I. Él se dio **a sí mismo** por nosotros. Todo su ser fue echado como un peso en las balanzas de la redención.

II. Él se dio a sí mismo **a Dios**. Su vida y muerte fueron también un don a Dios así como para nosotros.

III. Él se dio a sí mismo **como ofrenda y sacrificio**. Dos aspectos de su carácter como Redentor: una ofrenda de paz, una vida santa y una muerte expiatoria.

IV. Él se dio a sí mismo como **grato aroma a Dios**. Infinitamente complaciente para Dios.

V. Él se dio a sí mismo **porque nos amó**. Su amor fue más fuerte que la muerte.

VI. Él se dio a sí mismo **para que camináramos en amor**. El amor lo constriñó a dar su todo. El suyo fue un camino de amor.

VII. Él se dio a sí mismo para que nosotros anduviésemos en amor, **como Él nos amó** (Jn. 13:34; 1 Jn. 3:11-16).

1.473. EL LLAMAMIENTO DE LA LUZ

Efesios 5:13, 14

I. La **naturaleza** de la luz. Manifiesta las cosas como realmente son.

II. La **voz** de la luz. Clama ella:

1) Despiértate tú que duermes.
2) Levántate de entre los muertos.

III. La bienaventuranza de **andar** en la luz. «Te alumbrará.»

1.474. SED LLENOS DEL ESPÍRITU

Efesios 5:16-18

Para «redimir el tiempo» (v. 16, RV) y para «comprender bien cuál es la voluntad del Señor» (v. 17), tenemos que estar «llenos del Espíritu». Dios no envía ahora truenos desde un monte ni envía profetas con mensajes *nuevos*. El último de los profetas fue su Hijo desde el cielo, y su último gran don para esta era es el Espíritu Santo, quien revela la voluntad de dios e inspira con poder para llevarlo a cabo.

I. Un notable contraste. «No os embriaguéis con vino…; antes bien, sed llenos del Espíritu.» Un contraste entre estar borracho y estar lleno del Espíritu. Entre el vicio más embrutecedor del hombre y la más santa y sublime virtud de Dios. Entre lo que engendra escarnio y autoengaño y aquello que da iluminación divina. Entre lo que da licencia a la concupiscencia y a la vergüenza y lo que da libertad y poder en el servicio de Dios. Lo uno significa desperdicio y pérdida de autodominio, lo otro significa nuevos dones y renovación. Lo uno llega a vanas imaginaciones y a acciones lamentables, lo otro guía a la verdad y fortalece para hacer la voluntad de Dios. «El vino es *escarnecedor.*» El Espíritu Santo es el gran *Maestro* venido de Dios para tomar el puesto del Señor Jesucristo.

II. Una exhortación necesaria. «Sed llenos del Espíritu Santo». Esto implica:

1. QUE EL ESPÍRITU SANTO HA SIDO DADO, y ello con tanta certeza como que Dios dio a su Hijo; Pentecostés es un testimonio de esto (Hch. 2:1-4). Así como hay una amplia provisión en el Sacrificio de Cristo para suplir a todas nuestras necesidades como pecadores delante de Dios, así hay suficiencia en el Espíritu Santo para suplir nuestras necesidades como hijos y siervos de Dios en presencia de los hombres.
2. CADA CREYENTE HA SIDO INFLUENCIADO POR EL ESPÍRITU. Fue Él quien primero convenció de pecado (Jn. 16:8). Fue Él quien dio el primer toque vivificador a nuestras almas espiritualmente muertas (Ef. 2:1), y desde que primero confiamos en Cristo ha estado en muchas maneras ayudándonos, conduciéndonos a la verdad y revelándonos las cosas de Cristo a nuestros renqueantes corazones. «Si alguno no tiene el Espíritu de Cristo, el tal no es de Él». Pero hay algo más que esto:
3. CADA CREYENTE DEBERÍA SER LLENO DEL ESPÍRITU. Cuando el Espíritu fue primeramente derramado, reposó sobre *cada uno de ellos*, y *todos* fueron *llenados* con el Espíritu Santo (Hch. 2:3, 4). Una vez más, tras orar, leemos que *todos los que estaban reunidos* fueron llenos del Espíritu Santo (Hch. 4:31). Mientras Pedro aún hablaba, el Espíritu Santo cayó *sobre todos los que oían la palabra* (Hch. 10:44). Está perfectamente claro que los apóstoles, al comienzo de su ministerio, fueron enseñados por la providencia de Dios que *cada creyente* en el Señor resucitado debía ser, o podía ser, lleno del Espíritu. La primera pregunta de Pablo a los discípulos en Éfeso fue: «¿Recibisteis el Espíritu Santo cuando creísteis?» (Hch. 19:2). Hay muchos jóvenes discípulos hoy que podrían dar la misma respuesta que ellos dieron: «Ni hemos oído que haya un Espíritu Santo que recibir». «Por gracia *habéis sido salvados*», pero es por el Espíritu Santo que debéis ser *llenados*. Esta llenura es para vosotros. Buscadla.

III. Una poderosa inducción para buscar esta llenura es la que se nos presenta en las vidas pacíficas, fieles y fructíferas de aquellos que fueron llenados con el Espíritu en los tiempos bíblicos y en los modernos. Sólo podemos observar algunas de las características más prominentes.

1. UN PROFUNDO SENTIMIENTO DE INDIGNIDAD PERSONAL. Cuanto más nos hay del Espíritu, menos hay del yo. «No yo, mas Cristo». Ellos saben que aparte de Él nada hay.
2. UN HAMBRE POR LA PALABRA DE DIOS. Cuando el Espíritu tiene un total control en el interior, y revela de nuevo las cosas de Cristo, hay un creciente amor y reverencia para el Libro viviente.
3. UNA CONSCIENCIA AVIVADA DE LA PRESENCIA DE DIOS. Hay en la naturaleza maravillosos espectáculos y sones, que no pueden ser vistos ni oídos sin alguna instrumentalidad especial. Hay cosas más maravillosas en la esfera espiritual, que el ojo o el oído natural nunca han visto ni oído, pero que Dios nos ha revelado por su Espíritu (1 Co. 2:9, 10). Le conocemos a *Él*.
4. UN DESEO DE Y DELEITE EN LA ORACIÓN. La oración significa ahora la comunión con Dios en nuestras necesidades. No hay desconfianzas acerca del interés personal que Dios se toma en su hijo que en Él confía. Sus oraciones van mezcladas de notas de acción de gracias y de una alabanza que brota del corazón.
5. UN ANHELO POR LA SALVACIÓN DE OTROS. Pablo lloraba por aquellos que eran enemigos de la Cruz de Cristo (Fil. 3:18). Las cosas espirituales se han vuelto tan vitales y preciosas que se intensifican la compasión y la piedad por aquellos que están fuera del camino. El amor de Cristo nos constriñe.
6. UN CONFLICTO MAS REAL CON LOS ENEMIGOS ESPIRITUALES. Hasta ahora hemos sido sólo espectadores y estudiantes de las fuerzas espirituales, pero ahora nos encontramos de lleno en el campo de batalla, luchando «contra principados, contra potestades, contra los dominadores de este mundo de tinieblas, contra huestes espirituales de maldad en lugares celestes» (Ef. 6:12), y conocemos el poder de la Palabra del Espíritu, que es la *Palabra de Dios*.
7. UNA ACTITUD MÁS CRISTIANA ANTE LA OPOSICIÓN. Cuando se nos entiende mal o se nos calumnia (Hch. 2:13), no devolvemos maldición por maldición, sino al contrario, oramos por los que nos maltratan, como oró Cristo: «Padre, perdónalos», y como también oró Esteban: «Señor, no les tengas en cuenta este pecado». Ser lleno del Espíritu es ser lleno del conocimiento de su voluntad y del deseo de complacerle.

IV. ¿Qué es lo que estorba? No hay estorbo desde el lado divino. Él dice: «Sed llenos del Espíritu». Entonces, si no lo somos, el obstáculo reside en nosotros. ¿Es *ignorancia* de su posibilidad y necesidad? ¿Es *incredulidad* acerca de su realidad? Puede que sea indiferencia en cuanto a su vital importancia, o puede ser amor del mundo y una total *autosatisfacción*. Sea lo que sea, somos responsables por no ser llenos del Espíritu. Entonces, por causa de Jesucristo, y por vuestro honor eterno, «sed llenos del Espíritu». «Si vosotros, siendo malos, *sabéis dar* buenas dádivas a vuestros hijos, ¿cuánto más vuestro Padre celestial *dará el Espíritu Santo* a los que *se lo pidan*» (Lc. 11:13). «Si conocieras el don de Dios, … tú *le habrías pedido a él*» (Jn. 4:10).

1.475. CRISTO Y LA IGLESIA

Efesios 5:21-33

La unión que se conlleva en un matrimonio verdaderamente cristiano es empleada aquí por el apóstol como metáfora de aquella unión espiritual entre Cristo y su Iglesia. Examinemos:

I. La relación de Cristo con la Iglesia.

1. Es la de UN AMANTE. «Cristo amó a la Iglesia» (v. 25). ¿Cuándo comenzó este amor? Él la amó antes de que ella naciera, como el don prometido por el Padre. Su amor es permanente bendición, un amor que sobrepasa todo entendimiento (3:19).
2. Es la de UN REDENTOR. «Se entregó *a sí mismo* por ella» (v. 25). Como un verdadero amante, se da primero *a sí mismo*. Él ha comprado a la Iglesia para sí mismo mediante la redención de su preciosa Sangre (Ef. 1:7). «No sois vuestros».
3. Es la de UN MARIDO. «El marido es cabeza de la mujer, así como Cristo es cabeza de la iglesia» (v. 23). La *Cabeza* es el asiento de la *autoridad*. En la Cabeza reside también la *responsabilidad* de suplir a las necesidades de la esposa, de la Iglesia. ¿Por qué pues apelamos constantemente a la esposa por la obra que pertenece a la Cabeza? Si estamos llevando a cabo la obra del Señor deberíamos hacerlo en la vía del Señor, confiando en Aquel que es capaz para proveer «a todas vuestras necesidades» (Fil. 4:19).
4. Es la de UN SANTIFICADOR. «Para santificarla, habiéndola purificado con el lavamiento del agua por la palabra» (v. 26). La santifica, *o separa,* para Sí mismo. La halló en harapos y miseria, pero la miró con amor, y extendió sobre ella su manto de misericordia. La lavó y la vistió con obra de bordado. La ungió y la adornó con joyas y ornamentos, y la hizo perfecta con la belleza que puso sobre ella (Ez. 16:5-14). Es todo obra *de Él*. Alabado sea su Nombre.
5. Es la de UN SACIADOR. «La sustenta y la trata con cariño» (v. 29). Ninguna madre fue nunca más cuidadosa por su hijo que el Señor lo es por su Iglesia. Él la nutre con la leche de su Palabra, y la acaricia en los brazos de su amor (Jn. 17:14, 15). Él la satisface con cosas buenas mediante su Espíritu consolador (Jn. 16:13, 14).

6. Es la de UN NOVIO. Anhela presentarsela a Sí mismo una Iglesia gloriosa, sin mancha ni arruga ni *cosa semejante»* (v. 27). Una Novia sin tacha a *sus ojos*. Viendo que éste es su propósito último con respecto a todos los suyos, ¿no deberíamos esperar que Él lleve a cabo aquello que le agrada en cada vida individual? Recordemos que estamos siempre en manos de Aquel que puede *guardarnos* de caída, y *presentarnos* sin mancha *delante de su gloria* con gran alegría (Jud. 24, 25). Aquel será el día feliz de «las bodas del Cordero».

II. La relación de la Iglesia con Cristo. Es la de:

1. SALVOS. «Él es el Salvador del cuerpo» (v. 23). Nunca se debe olvidar que la Iglesia es como un tizón arrebatado del incendio.
2. MIEMBROS DE SU CUERPO, de su carne y de sus huesos (v. 30). Tan estrecha es la relación que «los dos vendrán a ser una sola carne» (v. 31). Los *miembros* del cuerpo son los que obran de parte de la Cabeza (Ro. 12:5).
3. SUMISIÓN. «La iglesia está *sometida a Cristo»* (v. 24). Los miembros del cuerpo que *no están sujetos* al control de la Cabeza están o bien *separados* o *paralizados*.
4. REVERENCIA. «La mujer respete a su marido» (v. 33). Reverenciamos a nuestro Señor cuando creemos su Palabra, amamos su voluntad y adoramos su Santo Nombre. Ésta es la feliz servidumbre del amor. «Tú eres digno, Señor, de recibir la honra.»

1.476. MIEMBROS DE SU CUERPO

Efesios 5:30

La Iglesia, como su Cuerpo, es todo lo que es *visible* de Cristo al mundo. *En* un Espíritu hemos sido todos bautizados en un cuerpo.

1. Como Miembros gozamos de un Privilegio en gracia (Jn. 15:5).
2. Como Miembros tenemos una seguridad incuestionable (Col. 3:3) («en Cristo»)
3. Como Miembros obedecemos la Voluntad soberana (Ef. 5:23).
4. Como Miembros somos energizados por un Poderoso Espíritu (1 Co. 12:7-11).
5. Como Miembros somos unidos en la ejecución de Un Gran Propósito (2 Co. 6:1).
6. Como Miembros recibimos un especial cuidado por parte de Aquel a quien pertenecemos (Ef. 5:29).

1.477. LA ARMADURA CRISTIANA

Efesios 6:10-20

Bunyan mostró sabiduría al enviar a sus Peregrinos a la armería justo después de cenar. Tan pronto como entramos en comunión con Dios, nos es preciso ser equipados para la lucha de la fe. Todos los que están en el Reino del amado Hijo de Dios tienen las fuerzas del reinado de Satanás contra ellos, por lo que les es preciso ser equipados con toda la armadura de Dios. Consideremos:

I. El enemigo. «No... sangre y carne, sino... principados..., potestades..., los dominadores de este mundo de tinieblas..., huestes espirituales de maldad en las regiones celestes» (v. 12). Todas las potestades del infierno y todos los gobernantes de las tinieblas de este mundo, que están coligados con el diablo, están en oposición al avance del Reino de Jesucristo. No *carne y sangre,* sino aquel malvado espíritu que obra en los hijos de desobediencia, empleando como instrumentos carne y sangre (Ef. 2:2). Nuestro conflicto no tiene tanto lugar contra seres mortales como contra los inmortales poderes del mal que rigen en sus vidas, y que vienen a nosotros en forma de «las *artimañas* del diablo». Estas artimañas son muy variadas, y se adaptan para ajustarse a las diferentes tendencias de la época o del individuo. Si fracasa con sus *artimañas,* intentará de cierto sus «dardos encendidos» (v. 16). Estos pueden venir como pensamientos impuros lanzados a la mente como encendidas flechas que proceden del abismo. Verdaderamente, frente a un enemigo tan poderoso e invisible necesitamos toda la armadura de Dios.

II. La armadura. Ponernos la armadura de Dios significa sencillamente fortificarnos contra todos los poderes del mal mediante aquellas virtudes o excelencias morales por las que el Hijo de Dios pudo resistir todas las tentaciones del diablo (Col. 2:15). Esta armadura consiste de seis piezas:

1. EL CEÑIDOR DE LA VERDAD. Los lomos de nuestra mente deben estar ceñidos con la verdad como es en Jesucristo, y quedar así fortalecidos para pensar y actuar por Él. Esta *verdad* es «luz del cielo», que desparrama toda tiniebla de duda y de temor, y que nos capacita para hablar de aquello que *conocemos,* y no de aquello que *no conocen,* como los que se ponen el ceñidor de la duda.
2. LA CORAZA DE JUSTICIA. Una conciencia limpia de ofensa hacia Dios y los hombres es aquella *rectitud* que es una coraza protectora para la paz y el gozo del *corazón.* Esta coraza la llevó Cristo constantemente, porque siempre se deleitaba en hacer la voluntad de su Padre.
3. EL CALZADO DE LA PREPARACIÓN. El «Evangelio de la paz» provee para nuestros pies el calzado de la preparación, de manera que deberíamos estar siempre *dispuestos* para hacer su voluntad y para correr en el camino de sus mandamientos. Los que han recibido el Evangelio de la paz deberían tener unos pies rápidos para publicarlo (Is. 52:7).
4. EL ESCUDO DE LA FE. El escudo romano era tan grande que el soldado podía cubrirse completamente con el mismo, y por ello estaba por encima de todo. Éste es el escudo con que se cubrió David cuando se enfrentó al terrible Goliat. Esta pieza de la armadura significa una firme confianza en Dios que siempre vence (1 Jn. 5:4).
5. EL YELMO DE SALVACIÓN. La certidumbre de la salvación es una poderosa protección para la *cabeza* en estos tiempos que vivimos en que hay tanta falsa enseñanza a nuestro alrededor. La fuerza de este yelmo reside en el hecho de que el mismo Dios es nuestra Salvación. Esta pieza, como las otras, es el *don* de Dios, por lo que debemos *tomarla.*
6. LA ESPADA DEL ESPÍRITU. La espada del Espíritu es la *Palabra de Dios,* no los pensamientos u opiniones de los hombres. Jesucristo no dejó de utilizar la Palabra *escrita* cuando se vio asaltado por el archienemigo de Dios y del hombre (Mt. 4:4). Muchos hay hoy en día que parecen no saber dónde hallar esta espada. El diablo ha cegado de tal modo sus mentes que se imaginan que la «Palabra de Dios» ha quedado sepultada bajo un montón de antigua basura, y por ello prosiguen luchando con los podridos bastones de sus propias teorías. Nada sino fracaso y vergüenza puede sobrevenir cuando no se predica la Palabra de Dios, por-que el Espíritu Santo de Dios, el autor de la vida y de la bendición, no puede emplear otra arma. Es la espada del Espíritu.

III. La lucha. Las actitudes que se deben mantener en este conflicto son:

1. ESTAR FIRMES. «Para que podáis *estar firmes.»* Habiendo sido *justificados* libremente por su gracia, y *aceptados* en el Amado, hemos conseguido una bendita firmeza, de la que el gran enemigo de las almas está siempre tratando de expulsarnos. La estratagema del diablo es interponerse entre nuestras almas y Dios para que la fuente de nuestro suministro espiritual quede cortado.
2. LUCHA. «Tenemos lucha... contra principados», etc. En esta guerra no podemos ocultarnos en medio de la hueste. La lucha es un conflicto *personal,* un contacto individual con el enemigo. Al revestirse de toda la armadura de Dios, cada cristiano individual debe vencer por la fe en Aquel que puede siempre dar la victoria.
3. ORACIÓN Y VIGILANCIA. Esto no solo mantendrá el brillo de la armadura, sino que la mantendrá en su sitio. Una armadura brillante colgando en la sala de nuestro credo no nos salvará en el día de la batalla. Un corazón en oración y unos ojos vigilantes nunca serán tomados por sorpresa por los exploradores del reino de Satanás. Daniel oraba tres veces al día, y a pesar de la trampa cuidadosamente puesta por sus enemigos, triunfó. Ésta es la victoria que vence al mundo, nuestra fe.

1.478. EL ENEMIGO DEL GUERRERO

Efesios 6:11, 12

(Para notas acerca de «Toda la armadura de Dios», ver «LA ARMADURA CRISTIANA, en el Bosquejo 1.477 de esta misma página.) Aquí consideraremos brevemente la cuestión de «Vuestro adversario, el diablo». El gran enemigo del cristiano no es «la carne y la sangre» (v. 12). Ni siquiera la naturaleza humana, como tal, sino una personalidad espiritual real y poderosa. «Que se llama el diablo y Satanás» (Ap. 12:9).

I. Su carácter. Hay solo un diablo –o Satanás–, pero hay muchos «demonios». «El Diablo y sus *ángeles.»* Ha tenido una larga experiencia en el pecado. «El Diablo peca desde el principio.» Es grande. Es llamado el «hijo del Alba» (Is. 14:12). Es también llamado «león» por su fuerza, «dragón» por su fiereza, y «la serpiente antigua» por su sutileza. Hasta nuestro Señor lo llamó «el *príncipe* de este mundo».

Cuando acaudilló la revuelta en el cielo, fue el gran arcángel Miguel quien luchó contra él (Ap. 12:7). Éste es el pasaje con el que tenemos que tratar: Aquel que es el *«acusador de los hermanos»* (Ap. 12:10).

II. Su esfera. Cuando fue echado del cielo, parece haber levantado su campamento en las regiones del aire cerca de este mundo, convirtiéndose en «el príncipe de la potestad del aire» y el dios de este siglo (2 Co. 4:4), y «el espíritu que ahora obra en los hijos de desobediencia» (Ef. 2:2). Aunque su fortaleza es maldades espirituales *en lugares celestes,* se le encuentra «rodeando la tierra, y andando por ella» (Job 2:2).

III. Sus recursos. Son difíciles de definir. Pero cuando tomamos nuestra posición «firmes contra las artimañas del diablo» (v. 11), nos encontramos en conflicto con los despotismos, con los imperios, con las fuerzas que controlan y gobiernan este mundo tenebroso: *las huestes espirituales de mal* puestas en línea contra nosotros en la guerra espiritual. Pero gracias sean dadas a Dios que «mayor es el que está *por nosotros*».

IV. Sus métodos. No debemos ser ignorantes «de sus maquinaciones», para que no gane ventaja alguna sobre nosotros (2 Co. 2:11). Sus añagazas son variadas:

1. Él prueba con sus «ARTIMAÑAS» (v. 11). Algo *atractivo,* pero engañoso; un lazo. Éste fue el método que intentó con Cristo en su gran tentación.
2. Él prueba con «DARDOS ENCENDIDOS» (v. 16). Flechas envenenadas, que golpean tan repentinamente como un *pensamiento* impuro o una imaginación perversa y malvada. Si no amas tales cosas, sino que las aborreces, no tienes por que preocuparte por ello. *Recházalo.*
3. Él prueba la LUCHA PROLONGADA. *«Tenemos lucha...* contra *principados,* contra *potestades,* contra los *dominadores* de este mundo de tinieblas, contra huestes espirituales de maldad» (v. 12). El conflicto puede ser severo, pero *resistid* al diablo, y él huirá de vosotros.

V. Sus súbditos no son los que luchan contra él, sino los que son sus esclavos voluntarios, por su *ceguera* (Ef. 2:2; 2 Co. 4:4). Viven en su «reino de tinieblas», atrapados por sus poderes, señales y *prodigios mentirosos* (2 Ts. 2:9). Están esclavizados en un gran engaño. Ésta es la condición a la que el pecado y la incredulidad nos había llevado, y en la que están ahora todos los inconversos. Que el amor de Cristo nos constriña a buscar la liberación de los tales.

VI. Sus vencedores. Nuestro Señor Jesucristo, el *más fuerte,* ha entrado en el dominio del diablo, venciéndole, y despojándole de sus bienes (Lc. 11:21, 22). Por su vida y muerte, y triunfante resurrección, Él ha despojado *a los principados* y a las *potestades.* Los sacudió, y las exhibió abiertamente como sus cautivos, cuando por su cruz triunfó sobre ellos (Col. 2:15). El Hijo de Dios se manifestó con el fin de *destruir las obras del diablo,* y a él mismo, que tenía el poder de la muerte (He. 2:14). Ahora, los que creemos en Él hemos sido liberados del poder y del dominio de Satanás, y *trasladados* al *Reino* del amado Hijo de Dios (Col. 1:13). Sabemos que hemos pasado *de muerte a vida* (Jn. 5:24), y que las tinieblas han pasado, y que resplandece ahora la *verdadera luz* (Jn. 2:8). «Gracias sean dadas a Dios, que nos da *la victoria»* (Ap. 12:11).

1.479. LA NECESIDAD DEL PREDICADOR

Efesios 6:19, 20

I. Las **oraciones** de los santos. «Y para mí.»

II. Libertad para hablar. «Que me sea dada palabra.»

III. Valor para hablar. «Para dar a conocer con denuedo.»

IV. Fidelidad al Evangelio. «Para dar a conocer con denuedo el misterio del evangelio.»

1.480. LA MENTE DE CRISTO

«Haya, pues, entre vosotros los mismos sentimientos que hubo también en Cristo Jesús» (Fil. 2:5). La *mente* de Cristo ha supuesto un misterio en cada época. Se espera que todos los seguidores de Cristo tengan la misma disposición que el Señor de ellos. «Os he dado ejemplo, para que como yo os he hecho, vosotros también hagáis así» (Jn. 13:15).

I. Resignación. «No se haga mi voluntad, sino la tuya» (Lc. 22:42). Éste es el fundamento del verdadero carácter cristiano. Deseoso de estar ausentes del cuerpo del propio interés, y presentes a la voluntad de Dios. Buscando no nuestra propia voluntad, sino la voluntad de nuestro Padre (Jn. 5:30). «Ni aun Cristo se agradó a sí mismo» (Ro. 15:3). «El hacer tu voluntad, Dios mío, me ha agradado.» Sométete *tú* a Dios.

II. Consagración. «¿No sabíais que yo debo estar en los asuntos de mi Padre?» (Lc. 2:49). Los asuntos de su Padre eran la cuestión más suprema e importante del mundo. Él estaba plenamente dedicado a «obrar las obras de Aquel que me envió». Su comida era hacer su voluntad y *llevar su obra a término* (Jn. 4:34). ¡Qué privilegio ser partícipe en tal actividad y ser «colaboradores juntamente» con Él en el cumplimiento del propósito del Padre. Haya, pues, en vosotros los mismos sentimientos.

III. Mansedumbre. «Soy manso y *humilde de corazón»* (Mt. 11:29). Allí donde está ausente esta semejanza a Cristo hay también terreno abonado para el crecimiento de la soberbia y de la presunción, del egoísmo, de la envidia, de la codicia, de la altanería y del amor de los placeres más que del amor a Dios. Encontramos a Pablo rogando a los creyentes *por la mansedumbre y clemencia de Cristo* (2 Co. 10:1). Él *se humilló* a Sí mismo, tomando forma de siervo (Fil. 2:7). Haya, pues, en vosotros los mismos sentimientos. «Bienaventurados los mansos», ellos *heredarán* (Mt. 5:5). Ellos serán conducidos y se les enseñará su camino (Sal. 25:9). Crecerá su gozo en el Señor (Is. 29:19). Encontrarán reposo en su servicio (Mt. 11:29).

IV. Espíritu de oración. Cristo fue la persona más ocupada de la tierra, pero siempre encontró tiempo para orar, y a veces estuvo toda la noche orando (Lc. 6:12). Fue, de manera enfática, *«el Hombre de Oración».* Oraba (Mr. 1:35; Lc. 5:16; 6:12; 9:28, 29; Jn. 11:41; 17:1; Mt. 26:36-39; He. 5:7-9). Éstas son únicamente oraciones registradas. Nunca estuvo fuera de comunión con su Padre. Toda su vida fue una larga e ininterrumpida intercesión. «Haya, pues, en vosotros los mismos sentimientos.» «Orad sin cesar.»

V. Simpatía. «Jesús lloró.» Vio a María llorando. También Él lloró (Jn. 11:33-35). Cuando Él contempló la ciudad, lloró sobre ella (Lc. 19:41). Él, como nuestro Sumo Sacerdote, se compadece de *nuestras debilidades* (He. 4:15). Se nos enseña a *que lloremos con los que lloran, y que nos regocijemos con los que se regocijan.* La gracia de Dios nunca nos salva de nuestra fraternidad humana. Haya, pues, en vosotros los mismos sentimientos.

VI. Dolor ante la incredulidad de otros. Contempló la multitud curiosa y escéptica, y se sintió «entristecido por la dureza de sus corazones» (Mr. 3:5). Él conocía *la necesidad de ellos,* y también *su propia capacidad* para ayudarlos, y se entristecía ante la locura de ellos al cometer suicidio espiritual. Como obreros cristianos conocemos la necesidad de los inconversos, y también conocemos el remedio. ¿Nos afecta esta incredulidad con verdadera tristeza de corazón? ¿Tenemos esta disposición en nosotros?

VII. Benevolencia. Dios ungió a Jesús de Nazaret con el Espíritu Santo, y *«pasó haciendo el bien»* (Hch. 10:38). El gran propósito de su vida fue mostrar bondad y dar ayuda. Para llevar esto a cabo estuvo constantemente pasando en busca de oportunidades para hacer el bien, para mostrar la «bondad de Dios». ¡Qué poder tendría la Iglesia de Dios si todos los que pertenecen a ella fueran poseídos por esta mente. Haya, pues, en vosotros *los mismos sentimientos,* porque este es el más gran ideal en la vida cristiana.

1.481. LA MENTE DE CRISTO

Filipenses 2:5

Su sentir era:

1. En humildad (Mt. 11:29; Jn. 13:4, 5).
2. En pureza (Lc. 22:61; 1 P. 2:22).
3. En fortaleza (He. 12:3; Mt. 4:10).
4. Fructífero (Mt. 4:7; Jn. 8:29; 1 P. 2:23).
5. Abnegado (Ro. 15:8; Jn. 11:35; 1 P. 2:23).
6. Lleno de oración (Lc. 6:12; Jn. 17).
7. Amante (Lc. 23:34; Ef. 5:2).

Haya, pues, entre vosotros los mismos sentimientos.

«Siempre contemplando, amando y alabando,
Con las huestes angélicas del cielo;
Un eterno ¡Aleluya! resonando
En un eterno canto de amor.»

1.482. EL CRISTO AUTOHUMILLADO, EMPERO EXALTADO POR DIOS

Filipenses 2:5-11

I. Su humillación. En las Escrituras se hace frecuente referencia a la posición preencarnada y gloria del Señor Jesucristo. «Siendo en forma de Dios, no tuvo por usurpación ser igual a Dios» (v. 6, RV). «En el principio era el Verbo… *y el Verbo era Dios*» (Jn. 1:1). Él es antes de todas las cosas (Col. 1:17). Fue Él quien en el principio puso los fundamentos de la tierra, y los cielos son obra de sus manos (ver He. 1:10). Éste es Aquel que era «el Cordero de Dios, que quita el pecado del mundo» (Jn. 1:29, RV). Éste es aquel que:

1. SE ANONADÓ A SÍ MISMO (v. 7, RV). Pensemos en la gloria que *Él tenía* en los cielos, antes que el mundo fuera, y de cuánto se vació a Sí mismo cuando apareció entre los hombres para ser menospreciado y rechazado. «Varón de dolores, experimentado en quebranto.»
2. TOMANDO FORMA DE SIERVO. El que era el Creador de los confines de la tierra, a quien los ángeles se complacían en servir y adorar, que *era en forma de Dios,* toma la forma *de siervo,* para poder traer bendición a un mundo rebelde (Lc. 22:27).
3. FUE HECHO SEMEJANTE A LOS HOMBRES. Él mismo participó de la misma carne y sangre, porque le convenía ser hecho *semejante a sus hermanos* (He. 2:14-17), excluido el pecado (v. 15, Lacueva, *Nuevo Testamento interlineal*). El Hijo del Hombre no vino para ser servido, sino para *servir,* y para *dar*» (Mt. 20:28). Aquel que era la «fiel representación del ser real de Dios» toma sobre Sí la semejanza de una humanidad pecadora.
4. SE HIZO OBEDIENTE HASTA LA MUERTE (v. 8). ¡OBEDIENTE! pero no a los clamores de una raza orgullosa y cegada por el pecado, sino a la *voluntad de su Padre.* «El hacer tu voluntad, oh Dios, me ha agradado» (Jn. 6:38). Nada en la tierra ni en el Infierno podía apartarle de su gran propósito lleno de gracia. «Puso su rostro como un pedernal.»
5. SE HIZO OBEDIENTE HASTA LA MUERTE, Y MUERTE DE CRUZ (v. 8). Desde nuestra perspectiva natural, es simplemente abrumador pensar en el Hijo Eterno y Amado de Dios sometiéndose a ser clavado a una Cruz por parte de aquellos a los que en amor buscaba salvar. La absoluta indignidad y culpa de los hombres jamás se hizo más abominable ante la mirada del cielo. Pero con ello se revela aquí la infinita gracia de Dios. Él se estaba con ello *entregando* «en rescate por todos nosotros». El Justo sufrió voluntariamente por los injustos, *para llevarnos a Dios* (Gá. 3:13).

II. Su exaltación. «*Por lo cual* Dios también *le exaltó hasta lo sumo*» (v. 9). Debido a su humildad y sufrimiento obediente, en el cumplimiento del propósito de su Padre, Él le ha exaltado hasta lo sumo como el *Hijo del Hombre.* Como el Eterno *Hijo de Dios,* Él no podía ser exaltado por encima de su posición anterior a su nacimiento, como «Uno con el Padre» (Jn. 14:9). Allí le fue dado:

1. UN NOMBRE PREEMINENTE. «El nombre que es *sobre todo nombre*» (v. 9). El *Nombre* que es para siempre por encima de todo otro nombre es «JEHOVÁ». Ahora el *Hombre,* Cristo Jesús, que vino a ser «Varón de Dolores», ha sido exaltado por encima de todo nombre que se nombra. Aquel que fue coronado con las espinas de la vergüenza por nosotros está ahora coronado de gloria y de honra (He. 2:9) como nuestro Representante.
2. AUTORIDAD UNIVERSAL. Al Nombre de Jesús se inclinará aún todo ser en el cielo, en la tierra y debajo de la tierra (v. 10). «Toda autoridad me ha sido dada en los cielos y en la tierra» (Mt. 28:18). Aquel que lleva ahora sobre Sí el estigma eterno de la Cruz sobre sus manos y pies, «sujetará todas las cosas a Sí mismo», no solo en este mundo, sino también en el venidero (Ef. 1:20, 21).
3. ADORACIÓN UNIVERSAL. «Toda lengua confesará que Jesucristo es SEÑOR, para gloria de Dios Padre» (v. 11). Fue Dios el Padre quien envió a su Hijo a buscar y a salvar a los perdidos, y Él recibirá honra y satisfacción cuando todo el mundo confiese a Jesús como SEÑOR. Porque Él será Señor tanto de los muertos como de los vivos (Ro. 14:9). Ahora vemos a Jesús, que *gustó la muerte* por todos los hombres, coronado de gloria y de honra. «tuyo es el reino, y el poder, y la gloria para siempre. Amén». «El que *se* humillare, será exaltado.»

1.483. SANTAS ASPIRACIONES

Filipenses 3:7-14

Cuando Pablo se encontró con el Señor en su camino a Damasco (Hch. 9), todo su ser quedó revolucionado. Al abrírsele los ojos, descubrió que en Él había hallado un tesoro ilimitado de riquezas espirituales, por amor de quien contaba todo lo demás como carente de valor alguno (v. 7). Tenemos aquí algunas de las experiencias a las que apuntaba su santa ambición. ¡Que nuestros corazones sean también movidos a buscarlas!

I. Para ganar a Cristo (v. 8). Cristo ya lo había ganado a él (Hch. 9). Pero el apóstol se daba cuenta de que aunque él estaba ahora en la tierra prometida, quedaba aún mucha tierra que poseer. Evidentemente quería ganarlo como premio *diario.* Estaba decidido a no conocer nada entre ellos más que a Jesucristo (1 Co. 2:2).

II. A fin de conocerle (v. 10). Hay, naturalmente, muchos grados de conocimiento. Todos los cristianos le conocen *a Él* a quien conocerle es la vida eterna. Pero el Cristo que conocen algunos santos hombres y mujeres es un Cristo mucho más grande que el que muchos han experimentado jamás. Es el mismo Jesús, pero tienen un conocimiento más profundo y entrañable de su carácter y capacidades. Se precisará de toda la eternidad para conocerle como realmente es. Hemos de «crecer en la gracia», pero también *«en el conocimiento de Él».*

III. Ser hallado en Él (v. 9). Es una victoria constante para todos aquellos cuya fe y obras son halladas *en Él.* Si Él permanece en nosotros nosotros seremos hallados en Él (Jn. 15:4), y, al final, cuando haya llegado el tiempo de nuestra partida, será para nosotros un gozo, será una honra para Cristo, y será gloria para Dios, cuando ÉL nos halle envueltos en la dignidad de su propio Hijo. Ser hallados *en Él* será encontrarnos irreprensibles y completos (Ro. 8:1).

IV. A fin de conocerle, y el poder de su resurrección (v. 10). No hay dudas en cuanto al *hecho* de la resurrección de Cristo. Él le había visto, y tenía una fe tan exultante en Él que anhelaba el *poder* que había resucitado a Jesús de los muertos, para que la vida resucitada de Jesús se manifestara en su carne mortal (2 Co. 4:10). Si hemos sido crucificados con Cristo, entonces *juntamente con Él* somos resucitados. El poder de su resurrección es el poder de su vivificador Espíritu. La vitalidad del Evangelio tiene su fuente en su resurrección.

V. Y [conocer] la participación de sus padecimientos (v. 10). Con los sufrimientos de Cristo como nuestro *Sustituto* expiatorio no podemos tener comunión. Estuvo a solas, y siempre estará a solas en esto, pero al sufrir debido a su santa devoción que tanto honraba a Dios, haciendo la voluntad de su Padre, Él nos ha dejado un ejemplo, para que sigamos sus pisadas; porque «el que quiera vivir *piadosamente…* sufrirá persecución» (2 Ti. 3:12). No podemos conocer la comunión de *sus* padecimientos a no ser que estemos poseídos por el mismo Espíritu y que sirvamos fielmente en la misma causa. Esta comunión exige una *vida consagrada,* una vida dispuesta a ser «semejante a él en su muerte».

VI. Por si de algún modo consigo llegar a la resurrección de entre los muertos (v. 11). En la venida de nuestro Señor, los *muertos en Cristo* resucitarán primero (1 Co. 15:20). Ésta recibe el nombre de «la *primera* resurrección». «Bienaventurado y santo el que tiene parte en la primera resurrección; … serán sacerdotes de Dios y *de Cristo,* y reinarán *con él* por mil años» (Ap. 20:5, 6). Indudablemente, ésta es la verdad a la que el apóstol hace referencia aquí en cuanto a resucitar *de entre* los muertos. (El resto de los muertos no viven hasta el final del reino Milenial.) Él quería conseguir un puesto de honor y de servicio en el venidero Reino de su Señor; y ciertamente que así será, porque él «libró la batalla y acabó la carrera»; había guardado la fe, y esperaba la corona (2 Ti. 4:7). «Buscad las cosas que están arriba.»

VII. Prosigo, por ver si alcanzo aquello para lo cual fui también alcanzado (v. 12). Fue Jesucristo quien repentinamente le alcanzó, mientras se encontraba en su expedición perseguidora (Hch. 9). Él sigue anhelando conocer y llevar a su cumplimiento todo el propósito de su Señor al salvarlo. Muchos los hay que se quedan satisfechos con haber sido salvados de la pena del pecado. No tienen preocupación en cuanto a *la obra* para la que el Señor les ha salvado. Saulo era muy práctico y razonable, porque tan pronto fue convertido, dijo: «Señor,*¿qué quieres que haga?»,* e hizo la empresa de su vida cumplir esta voluntad. «Para mí el vivir es Cristo» es el lema del cristiano fiel.

VIII. Para conseguir el premio del supremo llamamiento de Dios en Cristo Jesús (v. 14). Cuanto más elevado el llamamiento, tanto mayor es la recompensa. Recibir el *«llamamiento de Dios»*, y ello *«en Cristo Jesús»*, es la mayor honra que el cielo puede conferir sobre un pecador. ¿Cuál puede ser el premio de este llamamiento celestial? Tiene que ser perfectamente congruente con la gloria del llamamiento. Y ciertamente significa un *carácter perfeccionado*, no solo en el mundo venidero, sino aquí y ahora, como la recompensa de la obediencia de todo corazón (1 P. 5:10). «Así que, todos los que somos perfectos, *esto mismo sintamos»* (v. 15). Y conoceremos, y *proseguiremos* en conocer a Jehová (Os. 6:3).

1.484. LA POSICIÓN, EXPECTATIVA Y PREPARACIÓN DEL CREYENTE

Filipenses 3:20, 21; 4:5, 6

I. Su posición. Su «ciudadanía está en los cielos» (v. 20). Han *nacido de arriba*, y tienen su hogar en la Ciudad de Dios. Así que no tienen aquí «ciudad permanente», sino que buscan aquella ciudad «cuyo artífice y constructor es Dios» (He. 11:10). Ellos saben que en la casa de su Padre hay muchas moradas, y que se les está preparando un lugar para ellos allí (Jn. 14:1, 2). Sabiendo que son ciudadanos de un *país mejor*, no aman el mundo ni las cosas de este mundo, sino que le son leales a Aquel que rige en la «Jerusalén celestial».

II. Sus expectativas. Las expectativas del *creyente* son tan grandes como las promesas de Dios.

1. Esperan que CRISTO VOLVERÁ. *Esperan anhelantes* «al Salvador, al Señor Jesucristo» (v. 20). Creen que Él aparecerá por *segunda* vez sin tener nada que hacer en cuanto al pecado para una salvación perfecta (He. 9:28). Son obedientes a su Palabra *esperando* la Venida del Señor Jesucristo (1 Co. 1:7; 1 Ts. 1:10). Felices son aquellos que participan de esta «Esperanza Bienaventurada».
2. Esperan UN CUERPO TRANSFIGURADO. «El cual transfigurará el cuerpo de nuestro estado de humillación, conformándolo *al cuerpo de la gloria suya»* (v. 21). El Señor Jesús mostró a sus discípulos una pauta de este nuevo cuerpo, cuando fue transfigurado delante de ellos en el Monte (Lc. 9:29). Así que cuando Cristo, que es nuestra vida, se manifieste, entonces seremos manifestados con *Él en gloria* (Col. 3:4). Ahora somos hijos de Dios, pero «aún no se ha manifestado lo que hemos de ser; pero sabemos que cuando él se manifieste, seremos *semejantes a él»* (1 Jn. 15:53). Porque este cuerpo corruptible tiene que ser cambiado por el incorruptible (1 Co. 15:53). Entonces «será sorbida la muerte con victoria». «¿Creéis que puedo hacer esto?»

III. Su preparación. La consigna de los antiguos cristianos parece haber sido: «El Señor *está cerca»* (4:5). A la vista de su manifestación, se les exhortó a:

1. NO INQUIETARSE POR NADA (v. 6). Que ninguna acosadora ansiedad angustie vuestra mente con respecto a las aparentemente contradictorias experiencias de esta vida o a las señales de los tiempos. Aquel que vuelve otra vez querría que echáramos sobre Él nuestras ansiedades, porque *Él tiene cuidado de nosotros* (1 P. 5:7). Aquel que llevó nuestros pecados es el mismo Señor que lleva nuestros dolores. Echa tu carga sobre el Señor, y Él te sostendrá (Sal. 55:22). «Por nada os inquietéis».
2. ORAD EN TODO. «En todas las circunstancias, por medio de la oración y la plegaria, con acción de gracias, dense a conocer vuestras peticiones a Dios» (4:6, V.M.). Nada de lo que nos perturba es demasiado pequeño para llevarlo a Dios. Los que han aprendido esta santa práctica saben lo que es «orar sin cesar». La bienaventuranza de ello es indecible. En estos últimos días de esta dispensación, con el fin de las actuales condiciones a mano, «sed, pues, sensatos y *manteneos sobrios para la oración»* (1 P. 4:7).
3. SED AGRADECIDOS POR TODO. «En *todas las circunstancias... con acciones de gracias»* (4:6). Porque «todas las cosas cooperan para bien de los que *aman* a Dios». «Dad gracias en todo, porque ésta es la *voluntad de Dios para con vosotros* en Cristo Jesús» (1 Ts. 5:18). Es fácil dar gracias a Dios cuando recibimos cosas que deseamos y que nos complacen; pero cuando viene el desencanto, cuando nuestros planes se tuercen o nuestros amigos nos traicionan, puede ser fácil olvidar esto: *entonces* es que necesitamos la fe de que Dios *todo lo hace bien*, para que podamos seguir diciendo: «Gracias sean dadas a Dios».

1.485. EL SEÑOR ESTÁ CERCA

Filipenses 4:5

Por ello mismo:

1. Sed diligentes,	2 Pedro 3:14
2. Orad sin cesar,	Marcos 13:33; Lucas 21:36
3. Sed pacientes,	Santiago 5:8
4. Sed puros,	1 Juan 3:3
5. Sed vigilantes,	Marcos 13:36, 37
6. Tened esperanza,	Lcucas 21:28; Romanos 8:19-23
7. Estad preparados,	Mateo 24:44
8. Consolaos,	1 Tesalonicenses 4:18

1.486. UNA CURACIÓN PARA LA ANGUSTIA

Filipenses 4:6, 7

I. La **enfermedad**: «La inquietud».

II. El **remedio**: La oración. «Sean presentadas vuestras peticiones delante de Dios.»

III. La **promesa**: Bendición. «La paz de Dios... guardará vuestros corazones.»

1.487. SANTOS EN LA CASA DEL CÉSAR

Filipenses 4:22

Introducción

1. Pablo está escribiendo una carta a la Iglesia en Filipos.
2. Está en medio de todas las duras incomodidades de una prisión oriental, escribiendo en medio de muchas dificultades, encadenado a un soldado.
3. Éstas son sus palabras finales.

I. Su nombre. El Nuevo Testamento tiene varios nombres para los creyentes, cada uno de los cuales expresa alguna gran verdad.

1. CREYENTES (Hch. 5:14; 1 Ti. 4:12). El vínculo central que los ligaba. El vínculo de la fe.
2. HERMANOS (Mt. 12:48; 23:8; 28:10).
   a. Éste era un nombre por el que eran conocidos.
   b. Hablaba de su común relación con el Padre.
   c. Y les constituía una prenda de la dulzura y bienaventuranza de una familia.
3. CRISTIANOS (Hch. 11:26). Los sarcásticos ingeniosos de Antioquía los llamaron cristianos. Un nombre que sugería no solo que fuesen adherentes de algún fundador de una escuela o partido, sino que eran seguidores de Cristo.
4. DISCÍPULOS (Mt. 27:57).
   a. Su humilde actitud para aprender.
   b. El reconocimiento de la autoridad de su Señor.
5. SANTOS (1 Co. 1:2).
   a. Una profecía de su carácter personal.
   b. Lo que Dios espera que seamos.

II. Su residencia.

1. ¿Quién era este César? NERÓN, un monstruo de maldad, y que ha sido descrito como «medio animal, medio demonio». Era un payaso, sensual y asesino.
2. Su presencia había envenenado la misma atmósfera del Palacio Imperial, haciendo de él una pocilga moral.
3. Y sin embargo, había santos brillantes que vivían allí cada día.

III. El peligro en que se encontraban.

1. MORAL.
   a. Extraño lugar donde encontrar santos.
   b. Que nadie diga que es imposible vivir una vida limpia en todas las circunstancias.
2. ESPIRITUAL. Era una atmósfera materialista.
3. FÍSICO.
   a. La vida carecía de valor.
   b. Las personas eran ejecutadas bajo los más insignificantes pretextos.

IV. Nuestro peligro.

1. Nuestro Nerón ha cambiado.
2. Nuestro peor enemigo ahora no es un mundo perseguidor, sino un mundo tentador.
3. Resistir a la espada del mundo es difícil; resistirse a sus escarnios, aún más. Pero más difícil: resistirse a sus seducciones.

1.488. TAMBALEÁNDOSE

«Por lo cual también nosotros ... no cesamos de orar por vosotros, y de pedir ... que andéis como es digno del Señor» (Col. 1:9, 10).

Una de las más extrañas oraciones que he oído fue una que oí ofrecer solemne y fervientemente por un minero de Lancashire en una maravillosa reunión de oración. Dijo él, en su inimitable vocabulario regional: «Señor, sabemos que hay dos clases de cristianos: los de pies de pato y los de pies de gallina. ¡Señor, hazme un cristiano con pies de gallina!». Aquella petición parecía ridícula, pero fue ofrecida con tanta seriedad que nadie podía atreverse a reír. Se había dado cuenta del andar tambaleante del pato cuando trataba de andar, primero a un lado, luego a otro, mientras que la gallina se movía de manera espléndida. Y por eso oró que el Señor le salvase de una vida tambaleante. Hemos de confesar que la enfermedad del tambaleo es en nuestros días demasiado frecuente.

I. Las dudas acerca de nuestra posición en Cristo llevarán a una experiencia de altibajos. Nuestro privilegio es saber que somos salvos, perdonados, justificados y felizmente de camino al cielo. Lee la Primera Epístola de Juan.

II. La ignorancia de nuestros gloriosos privilegios en Cristo, de victoria y comunión, conducirán al tambaleo. Podemos ser salvados del poder del pecado así como de la culpa del pecado. Hay para nosotros una gracia vencedora a diario. Podemos vivir en comunión diaria con Cristo.

III. El descuido de la lectura devocional de la Biblia a diario nos llevará al tambaleo. Sí, ésta es una causa muy activa. Demos a la Palabra de Dios su lugar apropiado en nuestras vidas diarias.

1.489. ÉSTE ES EL CAMINO
Colosenses 1:9-12

1. *Conocer* la voluntad de Dios.
2. *Andar* en el camino de Dios.
3. *Obrando* la obra de Dios.
4. *Esperando* el tiempo de Dios.
5. *Sufriendo* pacientemente por Dios.
6. *Regocijándonos* en Dios.
7. *Agradecidos* a Dios.

1.490. EL PODER DEL CRISTO GLORIFICADO
Colosenses 1:9-14

En esta oración, el apóstol muestra su gran fe en la total suficiencia de su Señor, cuando oraba por los «hermanos en Cristo», que fueran bendecidos «*conforme* a la potencia de su gloria», o, más bien, su poder en gloria. Recordemos todos que tenemos al mismo Señor, que es rico para con todos los que le invocan.

I. Lo que el Señor ha hecho por nosotros.

1. NOS HA REDIMIDO. «En quien tenemos redención por medio de su sangre» (v. 14). Él «se dio *a sí mismo* por nosotros para redimirnos de toda iniquidad» (Tit. 2:14). El *precio* de nuestra redención es *incorruptible* (1 P. 1:18), y por ello posee un valor eterno.
2. NOS HA PERDONADO. «En quien tenemos... el perdón de pecados» (v. 14). Sí: Dios, *por causa de Cristo,* ha hecho esto (Ef. 4:32), y, *por causa de Él*, está listo y dispuesto a hacer por ellos todo lo que realmente necesitan sus redimidos.
3. NOS HA RESCATADO. «Nos ha liberado del poder de las tinieblas» (v. 13). Rescatado de las cadenas del pecado, del temor de la muerte, del terror de las tinieblas, y del dominio y de los engaños del diablo.
4. NOS HA AFIRMADO. «Nos ha... trasladado al reino de su amado Hijo» (v. 13). Los que éramos extraños y forasteros hemos sido, por la gracia de Dios, tomados y establecidos en un nuevo reino, bajo un nuevo Rey, y en condiciones totalmente diferentes. Hemos pasado «de muerte a vida».

II. Lo que el Señor puede hacer por nosotros. Él puede:

1. «LLENARNOS DEL CABAL CONOCIMIENTO DE SU VOLUNTAD» (v. 9). Con respecto al carácter y a los propósitos de Dios, no hay lugar para la mera especulación. *Su voluntad* para nosotros queda claramente revelada en su Palabra, y el Espíritu Santo está listo para enseñar, dando «sabiduría e inteligencia espiritual». Si alguno carece de sabiduría, pídala a Dios, que da abundantemente.
2. Hacernos «ANDAR COMO ES DIGNO DEL SEÑOR» (v. 10). Hay en la Palabra muchas referencias acerca del «*andar*» cristiano, es decir, que la expresión exterior y visible de su vida diaria delante de los hombres debería ser *agradable a Dios*. «Os encargábamos que anduvieseis como es digno de Dios» (1 Ts. 2:12). Andad como es digno de vuestra vocación (Ef. 4:1). Andad en novedad de vida (Ro. 6:4). Andad como sabios (Ef. 5:15). Enoc tuvo ese testimonio, que había agradado a Dios (He. 11:5). Andar y no desfallecer es una bendición culminante (Is. 40:31).
3. Hacernos «LLEVAR FRUTO EN TODA BUENA OBRA» (v. 10). ¡Qué victoria significaría esto para muchos obreros desalentados! Esto es posible, porque da honra a Dios. «En esto es glorificado mi Padre, en que llevéis mucho fruto» (Jn. 15:8). Un ministerio estéril deshonra a Dios, y es una revelación de la debilidad del obrero. Allí donde el Espíritu Santo está al control se manifestará «el fruto del Espíritu» (Gá. 5:22, 23). El Espíritu Santo es fructífero en toda su obra. Permaneced en Cristo, y haced que su Palabra permanezca en vosotros, y vuestro fruto permanecerá (Jn. 15:16).
4. FORTALECERNOS «CON TODO PODER». Todo el poder de nuestro Señor glorificado está a disposición de su necesitado pueblo creyente. Este *fortalecimiento* a que aquí se hace referencia es para que puedan andar «en toda *paciencia y longanimidad, con gozo*» (v. 11). Se precisa de una fe intensa para tener paciencia y gozo en medio de un prolongado sufrimiento. Muchos de los santos de Dios en el pasado «se revistieron de poder, siendo débiles» (He. 11:34).
5. Hacernos APTOS PARA LA HERENCIA DE LOS SANTOS EN LUZ (v. 12). Pablo no creía que los santos estuvieran sepultados en la tiniebla del sepulcro, ni perdidos en el abismo del «eterno olvido». Sabía que habían entrado en la más plena *luz* de la Presencia de su gloria, y que habían encontrado su herencia en la comunión de su Redentor. Él anhela ser *partícipe* con ellos de «la gloria que ha de venir». No es éste el deseo morboso de un corazón desmayado, sino el anhelo de un corazón verdaderamente amante. «Ausente del cuerpo, presente con el Señor».

1.491. LA ESCALERA DE LA GRACIA
Colosenses 1:9-14

Las cartas de Pablo están tan vivas hoy como lo estaban cuando fueron leídas por vez primera en las Iglesias hace 1.800 años (*) ¿Cómo es que siguen viviendo y prosperando a pesar de los fuegos de la crítica adversa? Debido a que está en ellas el aliento viviente de Cristo. ¿Quién podría predicar como Pablo? Solamente los que pudieran orar como él. El púlpito es débil hoy debido a que el aposento privado es frío. Tenemos aquí una de las maravillosas oraciones de Pablo por sus hermanos. Este pasaje parece como una escalera de gracia, abriendo camino desde las tinieblas a la luz, desde la vaciedad a la plenitud, desde la muerte hasta la vida. Pablo, de pie en las alturas de la gracia, cuenta los peldaños de arriba abajo; pero nosotros la comprenderemos mejor si comenzamos por abajo. El primer peldaño en esta escalera de la vida, así, es:

I. Perdón. El perdón de los pecados es la primera bendición que Dios ofrece al hombre, aunque muchos piensan, en su ignorancia, que es el último beneficio que el hombre puede lograr de Dios. Hay una buena cantidad de Papismo Protestante por ahí, una especie de creencia en que Dios perdona nuestros pecados cuando llegamos a la muerte. Si fuera así, ciertamente Pablo debe haber sido muy presuntuoso al decir, como lo dice aquí: «En quien *tenemos*... el perdón de pecados». Hasta que no hayamos recibido el perdón de nuestros pecados, no hemos avanzado un paso en dirección al cielo. El primer peldaño en la escalera es el perdón, el segundo es:

II. Redención. «Tenemos redención por medio de su sangre.» Redimir significa comprar de nuevo. En estos días malos la obra redentora de Cristo es mayormente ignorada en ciertos lugares. Cuando se saca un artículo de la casa de empeños, se dice que es redimido, y cuando está redimido está fuera de las manos del prestamista, y en manos del comprador. El viejo prestamista a quien nos habíamos

(*) Esta obra fue escrita el siglo pasado. Naturalmente, ahora hace ya más de 1.900 años. (*Nota del Traductor.*)

vendido a cambio de nada es el diablo. Pero Cristo, habiéndonos redimido mediante su sangre, nos reclama como suyos. El siguiente paso hacia arriba es:

III. Traslación. «Nos ha... trasladado al reino de su amado Hijo.» Solamente los redimidos pueden crecer en este Reino. El proceso de la traslación es un misterio. No hay nada como esto en la naturaleza hasta allí donde lo podamos saber. No hay paso de un reino a otro. El mineral nunca se transforma en vegetal, y el vegetal nunca se transforma en animal. Pero por la gracia de Dios un pecador puede tornarse en santo. Esto queda evidenciado por las vidas cambiadas de muchos a nuestro alrededor.

IV. Liberación. El siguiente paso es «Nos ha librado de la potestad de las tinieblas». El pecado, como poderoso vampiro, ha extendido sus entenebrecedoras alas sobre las mentes de los hombres. Con respecto a las cosas espirituales somos, aparte de Dios, ciegos como una piedra. El poder de las tinieblas es algo terrible. ¡Cuántos hay que están envueltos en su miseria! Dios nos libera de él abriendo los ojos de nuestro entendimiento, y plantando nuestros pies sobre la roca de su verdad eterna. El siguiente paso nos levanta a una gran esperanza.

V. Partícipes. «Nos hizo aptos para participar de la herencia de los santos en luz.» Participantes, no compradores. Se dice que un día, en Inglaterra, el Rey le preguntó a sus nobles qué les daba derecho a sus tierras. De inmediato, cientos de espadas resplandecieron en la luz. Contestaron: «Con éstas las ganamos, y con éstas las conservaremos». No es así con nosotros. Cristo, la espada de nuestra excelencia, ha conquistado por nosotros. Nosotros cosechamos porque Él ha sembrado. Vencemos porque Él ha triunfado. Heredamos porque Él ha muerto. El siguiente paso es:

VI. Fortalecidos. Esta palabra nos recuerda que seguimos estando en el lugar de debilidad, de trabajo y de lucha; y sugiere suficiencia para toda nuestra necesidad. «Fortalecidos con todo poder.» Como tus días, así serán tus fuerzas. Pero observa que la fuerza aquí mencionada debe ser manifestada en paciencia y longanimidad. La agitación y un genio vivo son señales seguras de debilidad.

VII. Llevando fruto en toda buena obra es el siguiente peldaño de esta escalera. La obra de Cristo ha introducido la posibilidad de una vida verdaderamente triunfante, al alcance de todo hombre. Si un hombre planta patatas podridas, no puede esperar que salgan buenas. La vida redimida debería producir fruto en toda buena obra. Aparte de Cristo nuestras vidas son tal estériles como pámpanos separadas de la vid. La última y más sublime experiencia es:

VIII. Llenos del cabal conocimiento de su voluntad, etc. Esto implica caminar en la luz y regocijándonos en certidumbres. Cuanto más alto ascendemos en experiencia espiritual, tanto más nítido el aire se vuelve. Muchos nunca parecen salir de la zona de las nubes; parecen contentarse con permanecer en medio de dudas y temores. ¿Cuántos de nosotros hemos comenzado en este peldaño de la vida? Ahí vemos a uno que quiere subir con el mundo a las espaldas. Allí tenemos a otro cabalgando sobre su iglesia con la confesión de fe bajo su brazo. Allí tenemos a otro tan lleno de orgullo que está hinchado como un fariseo. Pero el primer peldaño implica perdón, por lo que el primer acto de nuestra parte tiene que ser confesión.

1.492. LA ESCALERA DE LA GRACIA

Colosenses 1:9-14

Este pasaje debería ser leído en orden inverso para alcanzar la experiencia progresiva.

I. El perdón de los pecados (v. 14).

II. La redención por medio de la sangre (v. 14).

III. La traslación al Reino (v. 13).

IV. Libertados del poder de las tinieblas (v. 13).

V. Partícipes de la herencia (v. 12).

VI. Fortalecidos con todo poder (v. 11).

VII. Dando fruto en toda buena obra (v. 10).

VIII. Llenos del conocimiento de su voluntad (v. 9).

1.493. LA PREEMINENCIA DE CRISTO

Colosenses 1:15-19

Jesucristo, como el Amado Hijo de Dios, y como Redentor de los hombres, ha sido tan honrado por el Padre hasta el punto de que en todas las cosas, en todas las esferas, en cualquier tiempo, y en toda la Eternidad, de modo que Él tenga la PREEMINENCIA. Y tiene la preeminencia:

I. En poder. «Porque por él fueron creadas todas las cosas.» Todas las cosas en los cielos y en la tierra, visibles e invisibles (v. 16). Le plugo a Dios que todas las cosas vinieran a ser «por» Él, *«por medio de»* Él, *«en»* Él y *«para»* Él, y sin Él no se hizo nada de lo que ha sido hecho (Jn. 1:3). Pensemos en esto. Éste es el *mismo Cristo* por quien, por medio de quien, en quien y para quien Dios está ahora buscando salvar pecadores para la gloria de su Nombre.

II. En nacimiento. «Él es el *Primogénito* de toda creación» (v. 15). Él podía decir: «Yo soy el *Primero*: el Principio y el Fin» (Ap. 21:6). Él es también el «Primogénito de entre los muertos» (v. 18). Éste ha sido llamado su «segundo nacimiento». Cristo las primicias; *después* los que son de Cristo en su venida (1 Co. 15:23). El primogénito generalmente viene a ser el *heredero*. Dios lo ha designado «heredero de todas las cosas» (He. 1:2). Y ahora por su maravillosa gracia, los que creemos en Él somos hechos «herederos juntamente con Él».

III. En semejanza. «Él es la imagen del Dios invisible» (v. 15). Los ángeles son *santos*, muchos de su pueblo en cada edad han sido *piadosos*, pero sólo Cristo en su carácter esencial era «la *fiel representación de su ser real*» (He. 1:3). Él podía decir: «El que me ha visto a mí, ha visto al Padre» (Jn. 14:9). También: «Yo y el Padre somos uno». Si los Evangelios fueran leídos a la luz de esta gloria de «la faz de Jesús», seguramente que tendrían un significado más profundo, una influencia más humilladora y más inspiradora sobre nuestros corazones y nuestras vidas. Aquí vemos la preeminencia de la gracia.

IV. En autoridad. «Y todas las cosas *tienen consistencia* en Él» (v. 17). La ley de la gravedad como ordenanza de Dios tiene un poderoso efecto en la sustentación *conjunta* de las cosas materiales. Pero esta ley no tiene influencia sobre cosas celestiales. Las cosas invisibles, las autoridades, dominios, principados y potestades espirituales (v. 16). Cristo sostiene *todas las cosas* por la *Palabra de su poder* (He. 1:3). Su sabiduría y su voluntad están en constante actividad sobre todas las obras de sus manos. Su voluntad se hace en los cielos, y vendrá el tiempo en que se hará en la tierra. La *enemistad* del *libre albedrío* del hombre es entre tanto un obstáculo perenne. Pero le ha sido dada toda autoridad en los cielos y en la tierra, y Él *someterá todo* a Sí mismo. El Señor reinará.

V. En la Iglesia. «Él es la *Cabeza* del Cuerpo, la Iglesia» (v. 18). Aquí su preeminencia es generalmente reconocida, pero, ¿recibe Él su verdadero lugar como tal en la vida práctica? Es la *Cabeza* del cuerpo, y no las *manos*, quien hace el pensamiento y la planificación. En *su Palabra* tenemos claramente revelada su mente y voluntad acerca de nosotros. El secreto de la autoridad y del poder de la Iglesia reside en la obediencia a su Palabra, tanto en doctrina como en la administración. Lo que desagrada a la Cabeza debe ser deshonroso para el cuerpo. La cabeza toma todas las responsabilidades del cuerpo, y por ello deberíamos echar *toda nuestra ansiedad* sobre Él, tanto en cuanto a hombres como en cuanto a recursos. Él suple a todas las necesidades de su Cuerpo.

VI. En riquezas. Él es preeminentemente rico, «por cuanto tuvo a bien el Padre que *en él habitase toda plenitud*» (v. 19). Éste es un acto de la gracia divina, que Dios *se complazca* que en Jesucristo, el *Redentor* del mundo, more *toda plenitud*, para que todos los que estén *en Él* por la fe puedan estar en contacto con toda la plenitud de Dios. Él «por amor a vosotros se hizo pobre, siendo rico, para que vosotros fueseis enriquecidos con su pobreza». «Y de su plenitud todos hemos recibido» (Jn. 1:16). Toda la bendición que hemos recibido ha venido de *su plenitud*. Nuestra copa puede estar llena, pero los océanos de *su plenitud* permanecen (Ef. 1:3). Su *Nombre* será llamado «MARAVILLOSO» (Is. 9:6).

1.494. RECIBIENDO Y ANDANDO

«De la manera que recibisteis al Señor Jesucristo, andad así en Él» (Col. 2:6).

I. Así como le habéis recibido en **vuestra necesidad**, así andad en Él en vuestra necesidad (Fil. 4:19).

II. Así como le habéis recibido **por la fe**, así andad en Él por la fe. Él es fiel.

III. Así como le habéis recibido como el **don de Dios**, así andad en Él como esperando recibir todas las cosas libremente de Él.

IV. Así como le habéis recibido al **llamamiento de Dios**, así andad en Él al llamamiento de Dios.

V. Así como habéis recibido a **Cristo Jesús el Señor**, así andad en Él como vuestro ungido Salvador y Señor.

VI. Así como le habéis recibido **para vuestro todo**, así andad en El como vuestro todo en todo.

VII. Con tanta certidumbre como lo **habéis** recibido, con la misma certidumbre deberíais andar en Él. ¡Hazlo así!

1.495. ARRAIGADOS

«Arraigados y sobreedificados en Él» (Col. 2:7).

Sí, arraigados y sobreedificados. No echados dentro y atados. El árbol que está bien arraigado no necesita de ataduras exteriores para mantenerse derecho. Arraigados en Cristo. Cada anhelo y deseo centrados en Él, y permaneciendo en Él, seremos plenamente suplidos por Él.

De Cristo tiene que venir el material de construcción. En mí, esto es, en mi carne, no mora el bien. Somos edificados en su semejanza, lo mismo que su Espíritu, como la savia dadora de vida, fluye y mora en nosotros. Fuera de Él no hay vida, y por ello tampoco crecimiento ni edificación.

Seremos cristianos enfermizos a no ser que *todas* las raíces de nuestro ser estén reposando solamente en Cristo. Si estamos arraigados en Él, será imposible la esterilidad.

1.496. ARRAIGADO

Colosenses 2:7

Introducción

1. En la época de la acción de gracias por la cosecha estamos, generalmente, ocupados tanto con el fruto, que podemos olvidar la importancia de la raíz.

2. La hemos perdido de vista porque está oculta.

3. En Efesios 3:17 leemos: estar «arraigados en amor»; en Colosenses 2:7, estar arraigados en Cristo: «Sed como árboles bien arraigados».

4. ¿Tienes en ti mismo la raíz?

5. Uno de los más tristes frutos de la Gran Guerra fue el descubrimiento por parte de muchos de que no había en ellos una verdadera raíz de piedad.

6. Fíjate, la cosecha es consecuencia de un arraigamiento fuerte.

I. Su necesidad. Es esencial para

1. LA VIDA.
   a. No hay vida sin raíz.
   b. ¿Qué es el fruto sino el rebosamiento de la vida del árbol?
2. REPOSO.
   a. No ir errante.
   b. Fijeza de carácter, el resultado de estar arraigado. Más constante en temperamento, talante, disposición.
3. PERSISTENCIA. Un árbol bien arraigado resiste la tempestad más fuerte.

III. Como estar arraigado.

1. SEPARACIÓN. Cortado del mundo, o sea, del tronco paterno.
   a. El Labrador ha de hacer esto.
   b. La planta no puede hacerlo por sí misma.
2. LA RECEPCIÓN DE LA VIDA. «Recibido» viene en primer lugar. ¿Acaso un bastón de andar se arraigaría. No. ¿Por qué? No tiene vida. Estamos muertos, y primero debemos recibir vida de Él.
3. PLANTADOS. En Cristo. Cristo en el alma.
4. CALOR. El calor del Espíritu Santo, que nos hace crecer.
5. HUMEDAD. El rocío de su gracia.
6. OSCURIDAD. La oscuridad de la prueba y del dolor hará que arraiguemos más profundamente.
7. PROTECCIÓN de los gusanos y de la helada. Él nos guardará.

1.497. COMPLETOS EN CRISTO

Colosenses 2:9-15

I. Donde se halla esta plenitud. «Vosotros estáis *completos en Él.*» En Él en quien *«habita corporalmente toda la plenitud de la deidad»* (v. 9). Esta plenitud *habita* en Él para siempre, para que sus amados y amantes puedan ser completados y perfeccionados eternamente. Él nos ha sido hecho por Dios a nosotros sabiduría y justicia, santificación y liberación (1 Co. 1:30). Ésta es parte de su plenitud, que todos hemos recibido, y «gracia sobre gracia» (Jn. 1:16). En Cristo moramos en la tesorería de la gracia infinita, y con Él que es «la *Cabeza* de todo principado y potestad». En Él hay *plenitud* para satisfacer y *poder* para proteger, para conducir, para guardar, para fortalecer, para liberar y para hacer la vida abundantemente fructífera. «Y vosotros estáis *completos* en él.»

II. Cómo se alcanza esta plenitud. Sencillamente estando *en* Cristo. Pero, ¿qué se implica por esta experiencia? Se explica en las afirmaciones que siguen en los versículos 11-15.

1. SIENDO PERDONADOS. «Tras habernos concedido el perdón de todos los delitos» (v. 13). El perdón es nuestra primera necesidad, y el perdón de Dios es completo. *Todos los delitos*. Es contra Dios que hemos pecado, y la reconciliación tiene que comenzar mediante su acto de gracia al *no imputarnos* nuestros delitos (2 Co. 5:19).
2. SIÉNDONOS CANCELADO EL DOCUMENTO DE DEUDA EN CONTRA NUESTRA. Borrando el autógrafo que estaba contra nosotros, que nos era adverso, y quitándolo de en medio, clavándolo en la cruz. La ley era un documento en contra de nosotros, diciendo: «*Haz esto* y vivirás, desobedece esto y morirás». Pero este documento como la condición de vida ha quedado cancelado por Cristo *clavándolo* a su cruz, haciendo que forme parte de su cruz (v. 14). Ahora no estáis bajo la ley, sino en el reino de su gracia. Porque Él ha abolido en su carne «la ley de mandamientos», y por su Cruz ha matado las enemistades (Ef. 2:15, 16).
3. SIENDO SEPULTADOS CON ÉL. «Habiendo sido sepultados con él en el bautismo» (v. 12). No tenemos aquí un mero símbolo o figura de lenguaje, sino una experiencia profunda y espiritual. Por la fe somos bautizados *en la muerte* de Jesucristo (Ro. 6:3). Ahora el «viejo hombre» tiene que ser echado fuera y dejado en el sepulcro (1 P. 3:21). Pablo hace referencia a esto cuando dice: «Con Cristo estoy juntamente crucificado». La Cruz debería ser para nosotros la muerte de la vida del yo.
4. SIENDO RESUCITADOS CON ÉL. «Fuisteis también resucitados con Él, mediante la fe en la fuerza activa de Dios» (v. 12). Habiéndonos identificado con su muerte, hemos sido *vivificados juntamente* con Él (v. 13) a la nueva vida de resurrección. Habiendo sido plantados juntamente en la semejanza de su muerte, lo seremos también en la *semejanza* de su resurrección (Ro. 6:5). La vida cristiana, así, es una vida *escondida con Cristo* en Dios; una vida cuyo nacimiento es «de arriba»; una vida que es la vida eterna, porque Él nos ha hecho *renacer de nuevo* a una esperanza viva, por la resurrección de Jesucristo (1 P. 1:3). Entonces, ¿qué es lo que el Señor demanda ahora de nosotros? Ciertamente que esto: «Presentaos vosotros mismos a Dios como vivos de entre los muertos» (Ro. 6:13). La vida que ahora vivimos en la carne nos ha sido dada por medio de Jesús; ríndela por tanto a Él en servicio agradecido.
5. TENIENDO NUESTROS ENEMIGOS VENCIDOS POR ÉL. «Despojando a los principados y a las potestades, los exhibió públicamente, triunfando sobre ellos en la cruz» (v. 15). Todo poder le ha sido dado, y Él es poderoso, y ha hecho a sus fieles seguidores más que vencedores por medio de su inagotable e inseparable amor (Ro. 8:37-39). «Él se sacudió de Sí todos los hostiles príncipes y gobernantes, y los expuso abiertamente *como sus conquistas, cuando mediante la Cruz* Él triunfó sobre ellos.» En Cristo. «Mayor es Aquel que es por nosotros, que todos los que pueden ser contra nosotros.» «Vosotros estáis completos en Él.» «Gracias sean dadas a Dios, *que nos da la victoria* por medio de nuestro Señor Jesucristo.»

1.498. ESTÁIS COMPLETOS, POR TANTO VENID A SERLO

«Vosotros estáis completos en él» (Col. 2:10). «Esforzándose intensamente por vosotros en sus oraciones, para que estéis ... completos» (Col. 4:12).

Se podría excusar a quien, después de leer estos dos textos, exclamase: «Bien, y ahora, ¿cuál de estas dos cosas debo creer? En el primer pasaje, el gran Apóstol asegura a los cristianos en Colosas que están completos en Cristo, y sin embargo, en el segundo texto, veo que su querido amigo Epafras estaba esforzándose intensamente en oración por ellos, para que llegasen a ser completos. Ahora bien, ¿cuál de los dos es el correcto? ¿Cuál tienes que creer?» Pues claro, los dos, porque los dos son igualmente correctos. El primero se refiere a nuestra posición, mientras que el segundo se refiere a nuestro estado. En otras palabras, lo que Pablo nos dice es: Estáis completos, y por tanto debéis llegar a serlo.

Naturalmente, es innecesario decir que esto no concuerda con el método usual del razonamiento humano. Pero debemos recordar siempre que los pensamientos de Dios son a menudo diferentes de los nuestros. ¿Quién soñaría siquiera en exhortar a los cristianos a buscar la madurez, a llegar a ser completos porque son completos? La razón dice: «Venid a ser completos a fin de ser completos». Dios dice: «Estáis completos, por tanto esforzaos por llegar a serlo». La razón dice: «Debo llegar a ser santo haciendo actos de santidad». Dios dice: «Eres un santo; por tanto ven a serlo». (Observemos que «a ser» en Ro. 1:7 está en itálicas en muchas versiones, porque no pertenece al original. Léase, por tanto, «llamados santos». Véase también 1 Co. 1:2.) Bien se podría decir que *el hombre está convirtiendo en su meta aquello que Dios contempla como punto de partida.* Y los competidores en carreras terrenales ni siquiera soñarían en cometer tales errores.

Pero ilustremos nuestra primera Escritura. Hay dos tiendas del mismo ramo en una misma calle repleta de actividad comercial. Aunque las dos son dirigidas por comerciantes muy trabajadores y tienen la misma capacidad de tener éxito, ¡que diferente ha sido su suerte! Una está bien llena de género, y muestra sus mercancías en un escaparate de lo más atractivo y moderno. La otra tienda está mal montada, con poca variedad de mercancías y con un frente viejo y anticuado. Es cosa evidente que mientras el primero considera el negocio un placer y un deleite, para el segundo se trata de una tarea pesada y aburrida. Vayamos al comerciante menos afortunado y pidamos una explicación. «¡Ah! –dice él– enseguida se la doy. *El otro hombre comenzó donde yo sólo tengo la esperanza de llegar.* Su padre es rico y le dio una espléndida suma de dinero para comenzar su negocio; una suma de dinero como ésta solo puedo soñar en tenerla al fin de años y años de intenso trabajo.»

Hay muchos en la gran actividad de la vida cristiana que solo pueden tener la esperanza de acabar donde muchos otros comienzan. Comienzan a leer la Biblia y a orar, a intentar vivir vidas buenas, desprenderse de aquel mal hábito y de aquel pecado, y a asistir a los servicios del santuario, esperando conseguir al final el favor de Dios y la gloria eterna. Pero su vida es una mísera lucha, y todos sus esfuerzos están condenados al fracaso. El verdadero creyente comienza donde estos esperan en vano llegar. *El comienza con un espléndido capital.* Comienza su carrera siendo contado justo delante de Dios, poseyendo, por medio de Cristo, el favor y las riquezas de Dios. «Porque Cristo es el fin de la ley para justicia para todo el que cree». Hermano, tú también puedes comenzar el negocio de la vida cristiana con un capital maravilloso. «De su plenitud hemos recibido todos» puede llegar a ser tu testimonio.

«Vosotros estáis completos en Él.» ¡Cuán enfático es esto! «*Vosotros estáis.*» No «vosotros estaréis». Y, ¡cuán inclusivo también! «Vosotros.» El más débil cristiano queda incluido en este «Vosotros». Observa, «en *Él*». No «en mí mismo». Así, no se trata de una cuestión de logros, sino de fe. ¡Qué consolación hay en comenzar a cuidarse de una casa estando la casa totalmente equipada; si no es así, el resultado son años de ahorrar y de fatigosos esfuerzos. Pero hay esta diferencia: una casa totalmente equipada depende de una buena suma de dinero, mientras que un alma totalmente equipada depende de la fe. ¡Qué cosa más gloriosa!

«Para que estéis ... completos.» Generalmente limitamos nuestras oraciones a rogar por los inconversos; no era éste el caso de los cristianos primitivos. Ellos oraban fervientemente para que el pueblo del Señor viviese de una manera santa e irreprochable, porque se daban cuenta de que el mayor obstáculo para la evangelización del mundo es las vidas mundanas de los cristianos. Nuestro segundo texto predica que, aunque considerado como completo, soy experimentalmente incompleto. Pero el Señor desea que haga cierto en mí mismo lo que ya es cierto de mí en Cristo, o, como ha sido dicho, *que convierta una realidad doctrinal en una realidad de experiencia y logro.* (Nótese Lv. 14:7, 8. Aunque pronunciado limpio, el leproso tenía una obra que llevar a cabo para poder ser limpio.) Entonces recuerda que el Señor considera completa a un alma que ha descansado en Él a fin de hacerla conforme a ello. ¡Ah, Él desea hacer de mí aquello que ya ha declarado de mí! Y Él no pondrá obstáculo alguno en el camino.

1.499. LA VIDA ESCONDIDA

Colosenses 3:1-4

La esencia del cristianismo no es un «credo», ni un «sistema de doctrina», ni un modo particular de adoración, sino una vida, y esta vida *semejante a Cristo.* Es:

I. Una vida de entre los muertos. «Estabais muertos por vuestros delitos y pecados» (Ef. 2:1). Muertos en cuanto a Dios, en cuanto a que no había fe en Él, ni respuesta a su amor, ni necesidad sentida de su misericordia; tan insensible a las cosas espirituales y celestiales como los muertos en sus sepulcros lo son a las cosas de la tierra.

II. Una vida resucitada. «Resucitados con Cristo» (v. 1). El hombre carnal, como grano de trigo, ha caído en la tierra y muerto, y ha aparecido la nueva vida, vivificada por el Espíritu de Dios (Jn. 12:24). «Lo que siembras no se vivifica, *si no muere antes*». Las hojas muertas de la *vieja vida* caen en la primavera de la nueva. Si hemos sido sepultados con Cristo en su muerte, somos resucitados con Él en novedad de vida. Esta vida en Cristo es eterna, porque Aquel que es *nuestra vida* no muere ya más. Hemos pasado de la muerte a «la vida eterna».

III. Una vida sustentada por cosas celestiales. «Buscad las cosas de arriba, donde está Cristo sentado a la diestra de Dios. Poned la mira en las cosas *de arriba,* no en las de la tierra» (vv. 1, 2). Esta vida que es de arriba solo puede ser alimentada y nutrida con las cosas que pertenecen a los lugares celestiales. Las cosas materiales nunca pueden dar satisfacción a un espíritu vivificado. Todos los que son *según el Espíritu* deben ocuparse de las cosas del Espíritu (Ro. 8:5). La vida espiritual es a menudo ahogada con las riquezas de este mundo. Buscad primeramente el reino de Dios, y todas las otras cosas os serán añadidas (Mt. 6:33); y al hacerlo así atesoraréis para el cielo. «Si alguno ama el mundo, el amor del Padre no está en él» (1 Jn. 2:15).

IV. Una vida sustitutoria. «Cristo, *vuestra vida*» (v. 4). Su su muerte fue en sustitución de nosotros, también lo es su resurrección y vida. «Ya *no vivo yo, sino que Cristo* vive en mí.» «Estamos en el verdadero, *en su Hijo* Jesucristo. Éste es el verdadero Dios y la vida eterna (1 Jn. 5:20). Verdaderamente, «vivimos, y nos movemos y *somos en Dios*». Él fue juzgado por nosotros en la Cruz. Ahora somos justificados por *su vida* (Ro. 5:10). «Porque *yo vivo,* y *vosotros también viviréis*» (Jn. 14:19).

V. Una vida segura. «Vuestra vida está *escondida con Cristo en Dios*» (v. 3). En gracia, Dios estaba en Cristo reconciliando a los pecadores consigo mismo. En gloria, Cristo está en Dios representando a su pueblo redimido. Por la fe, vosotros estáis en Cristo como fruto de su victoria, el tesoro especial que Él halló en el campo del mundo (Mt. 13:44). «Escondidos con Cristo en Dios»; estáis tan a salvo como el mismo Cristo. Así como Noé fue encerrado en el arca por Dios, así su Iglesia como su cuerpo ha sido encerrada y resguardada en el arca de su ungido. «Yo les doy vida eterna; y no perecerán jamás, ni nadie las arrebatará de mi mano» (Jn. 10:28).

VI. Una vida que aún ha de ser manifestada. «Cuando Cristo, vuestra vida, *se manifieste, entonces* vosotros también *seréis manifestados con él en gloria*» (v. 4). «*Todavía no* se ha manifestado lo que hemos de ser.» «Aquí sufrimos pena y dolor», debido a los pecados y dolores del mundo, y debido a nuestra propia debilidad y fracasos. Pero cuando Él aparezca, seremos como Él, viéndole como Él es (1 Jn. 3:2). Porque Él «transfigurará el cuerpo de nuestro estado de humillación, conformándolo al cuerpo de la gloria suya» (Fil. 3:21). «Considero que las aflicciones del tiempo presente no son comparables con la gloria venidera que ha de manifestarse en nosotros» (Ro. 8:18). Cristo vino y murió para que pudiéramos tener vida. Resucitó y ascendió para que pudiéramos tenerla en abundancia (Jn. 10:10). «No temáis, manada pequeña.»

1.500. LA VIDA ESCONDIDA

«Porque habéis muerto, y vuestra vida está escondida con Cristo en Dios» (Col. 3:3).

Las campañas militares de las dos últimas generaciones han demostrado al mundo la absoluta importancia de que los combatientes en la guerra moderna se mantengan ocultos de la vista del enemigo.Ésta es una lección que los soldados de la cruz deberíamos asimilar. De hecho, no podemos llegar a ser sus soldados si no estamos escondidos. Es el deseo de nuestro Capitán que todos sus seguidores sean sus escondidos, en el más profundo sentido de la palabra.

Israel podía jactarse de ser los escondidos del Señor (Sal. 83:3, «protegidos»). Cada persona salvada en la actualidad puede recurrir a la misma posición de ser uno de sus escondidos. Si la posición de Israel era segura, la nuestra lo es todavía más, porque nosotros tenemos un doble baluarte: «Escondidos *con* Cristo *en* Dios».

Sir Arthur Blackwood se refería siempre a las palabras del texto que nos ocupa como el medio de su conversión. Por la gracia, llegó a ser un pecador despierto a su condición. Pero vacilaba acerca de dar el paso a Cristo, debido a las dificultades de su posición social.

En este estado de mente acudió a la iglesia en Barnet, donde el señor Pennefather, el piadoso vicario, anunció el himno de Newton:

«Aunque muchos enemigos nuestro camino acechen,
Y débil tu brazo sea,
Tu vida escondida con Cristo en Dios está,
Fuera del alcance de todo mal».

Las últimas dos líneas las hizo penetrar el Espíritu Santo en aquel corazón anhelante, y puso toda su confianza en Dios.

Le dijo un gobernante pagano a un cristiano: «Si no renuncias a tu fe, te quitaré la vida». «Esto no podrás hacerlo», le contestó él, «porque mi vida está escondida con Cristo en Dios».

Esto desde luego nos muestra el valor que Dios nos asigna. En Mateo 13:44 se nos habla de un «hallazgo» que fue considerado de tanto valor que fue escondido por el afortunado descubridor. El hecho de que los que hemos sido hallados seamos escondidos por Dios es una prueba de que para Él tenemos un gran valor. Aunque indignos para nosotros mismos, Él nos considera de un valor enorme. Aunque considerados como insensatos por el mundo, en su estima vale la pena escondernos.

La vida del cristiano es la vida escondida. Escondida, ¿en qué sentido? En seis:

I. La vida escondida es la vida SEGURA, porque estamos escondidos en Cristo para Salvación, así como Noé y su familia fueron escondidos en el Arca (Is. 32:2; He. 11:7).

II. La vida escondida es la vida JUSTIFICADA, porque somos escondidos en Cristo para Justificación, como las piedras del Templo estaban escondidas bajo madera de cedro (madera roja, el emblema de la Expiación) y oro (el emblema de la Justicia Divina) (1 R. 6:18). En el Templo no se veía ni una sola piedra.

III. La vida escondida es la vida GOZOSA (Is. 42:11). Mientras andaba apresuradamente por una camino rural, una mañana fría y oscurecida por negros nubarrones, para tomar un tren, un canto feliz me hizo detener. Era un petirrojo resguardado a salvo en un árbol hueco, protegido de la tempestad, derramando su feliz cántico al Fiel Creador. Los escondidos pueden cantar de gozo.

IV. La vida escondida es la vida CÓMODA, y el creyente está escondido en Cristo como un débil polluelo está resguardado y a salvo bajo la cálida protección de la gallina (Mt. 23:37).

V. La vida escondida es la vida FRUCTÍFERA, porque somos escondidos en Cristo como el grano de trigo queda escondido en la tierra: para que lleve fruto. «¿Cómo puedo morir a mí mismo? Es bien cierto que se puede decir de los que están en Cristo: *Estáis* muertos». Pero la pregunta es: ¿Cómo puede esta doctrina, que es cierta en cuanto a *posición*, llegar a ser un hecho *experimental* en nuestra experiencia individual? ¿Cómo muere el grano de trigo, sino dándose totalmente al medio que le rodea? Nuestra salvación real comenzó cuando nos dimos primero al Señor Jesús, pero progresará en proporción a la constancia y globalidad de esta rendición (Jn. 12:24).

1.501. CRISTO, NUESTRA VIDA

Colosenses 3:4

I. Él es la **Fuente** de nuestra vida (Jn. 10:10).

II. Él es la **Confianza** de nuestra vida (Jn. 10:28).

III. Él es el **Sustento** de nuestra vida (Jn. 6:50).

IV. Él es el **Objeto** de nuestra vida (Fil. 1:21).

V. Él es el **Ejemplo** de nuestra vida (1 P. 2:21).

VI. El es la **Seguridad** de nuestra vida (Col. 3:3).

VII. Él es la **Corona** de nuestra vida (Stg. 1:12).

1.502. CARÁCTER CRISTIANO

Colosenses 3:8-24

Se les recuerda aquí a los creyentes en Colosas que como cristianos hay cosas de las que se tienen que *despojar* como inconsistentes; algunas cosas de las que tienen que *revestirse* como totalmente necesarias; algunas cosas *que hacer* como prueba de su fe; y *cómo* deben ser hechas como evidencia de una devoción de pleno corazón.

I. Algunas cosas de que despojarse.

1. Despojaos «DEL VIEJO HOMBRE con sus prácticas» (v. 9). La vieja mente carnal corrompida, y que vive bajo la influencia de las engañosas concupiscencias (Ef. 4:22). Despójate de él.
2. Desechad «IRA, ENOJO, malicia, blasfemia, palabras deshonestas de vuestra boca» (v. 8). ¿Por qué necesitan los cristianos que se les diga que echen de sí estas cosas que son semejantes al diablo y no al Redentor de ellos? Estos son pecados que acosan a algunos (He. 12).

II. Algunas cosas de que revestirse. Revestíos de

1. EL NUEVO HOMBRE, que es según la imagen de Dios (v. 10). Revestirse del nuevo hombre es darle al Señor Jesucristo –el Segundo Hombre, el Señor del Cielo– el lugar que le corresponde en nuestra vida. Actúa como si Él te estuviera recubriendo con su presencia.
2. «DE ENTRAÑABLE MISERICORDIA, de benignidad, de humildad, de mansedumbre, de longanimidad» (v. 12). Observemos que éstas son características de la imagen divina vista en la faz de Jesús (son el fruto del Espíritu). «Y sobre todas estas cosas, vestíos de amor» (v. 14). «Dios es amor, y el que permanece en amor permanece en Dios, y Dios en él» (1 Jn. 4:12-16). Que el amor de Cristo nos constriña a ser más como Él.

III. Algunas cosas que dejar entrar.

1. LA PAZ DE DIOS. «Y la paz de Dios gobierne en vuestros corazones» (v. 15). ¡Qué reino maravilloso serían nuestros corazones si la paz de Dios rigiera en ellos (Ro. 14:17)! «Tu guardas en completa paz a aquel cuyo pensamiento en ti persevera; porque en ti confía» (Is. 26:3). Podemos dejar que esta paz rija en nuestros corazones mediante una confiada sumisión a la voluntad de Aquel que puede decirle a la tormenta: «¡Calla, enmudece!»
2. LA PALABRA DE DIOS. «La palabra de Cristo habite ricamente en vosotros» (v. 16). «La palabra de Dios [que] es viva y eficaz, y más cortante que toda espada de dos filos... y discierne los pensamientos y las intenciones del corazón» (He. 4:12). «Escudriñad las Escrituras, porque... ellas son las que dan testimonio de mí.» Es a Él mismo que nuestras almas necesitan cuando nuestro carácter debe ser enriquecido y nuestro testimonio hecho fructífero.

IV. Algunas cosas a las que dar salida. Lo que por la fe hemos asimilado, debería ser dado fuera en servicio. «De gracia recibisteis, dad de gracia.» Debemos:

1. SERVIR CON LEALTAD. «Y todo lo que hagáis, *de palabra o de obra,* hacedlo todo en el *Nombre del Señor Jesús*» (v. 17). Que diferente sería la vida si nuestros deberes ordinarios fueran llevados a cabo «por causa de Cristo». «En su Nombre» sacaría la espina de la vergüenza de muchas humildes tareas. «Uno es vuestro Maestro, el Cristo.»

2. SERVID DE CORAZÓN. «Todo lo que hagáis, hacedlo *de corazón,* como para el Señor» (v. 23). «No sirviendo al ojo, como los que solo quieren agradar a los hombres, sino con corazón sincero». El frío servicio debe ser una solemne burla a sus ojos. El servicio meramente de labios es una crasa hipocresía.

3. SERVID DE GRATITUD. «Hacedlo todo en el nombre del Señor Jesús, *dando gracias* a Dios Padre por medio de Él» (v. 17). Deberíamos dar gracias siempre por todas las cosas (Ef. 5:20). El Señor ha hecho grandes cosas por nosotros, y sigue haciéndolas en favor nuestro, y por ello, «Su alabanza debería estar de *continuo* en nuestros labios» (Sal. 34:1). Al dar y al quitar, su Nombre debe seguir siendo alabado (Job 1:21).

V. Algunas cosas por las que esperar mirando arriba. «Sabiendo que del Señor recibiréis la recompensa de la herencia, porque a Cristo el Señor servís» (v. 24). Cada cosa buena será recompensada (Ef. 6:8). La herencia como cosecha será conforme a nuestras obras. Él dará a cada hombre conforme a sus obras (Ro. 2:6). Pero *verle* a Él, y ser hecho *semejante a Él,* y *morar con Él,* ésta es la recompensa de la sola gracia.

1.503. EL GOBIERNO DE LA PAZ DE CRISTO

Colosenses 3:15

I. Un tema maravilloso. «La paz de Cristo» (V.M.). Nada la podía perturbar (Jn. 14:27).

II. Una bienaventurada posesión. «En vuestros corazones la paz de Cristo.» En mí tendréis paz (Jn. 16:33).

III. Un feliz gobierno. «Reine en vuestros corazones la paz de Cristo.»

IV. Un llamamiento de gracia. «A la que asimismo fuisteis llamados.» No subimos a ella, somos llamados a él.

V. Una unión mística. «En un cuerpo.»

VI. Un resultado honroso para Dios. «Sed agradecidos» (Ef. 5:20).

1.504. PAZ, PERFECTA PAZ

Colosenses 3:15

I. Una gran posesión. «La paz de Dios». (1) Paz por medio de la fe; (2) Paz que sobrepasa a todo entendimiento; (3) Paz como el mundo no puede dar.

II. Un llamamiento en gracia. «A la que asimismo fuisteis llamados.» Llamados por Dios. Oh, oídle.

III. Un gobierno bendito. «Y la paz de Dios gobierne en vuestros corazones.» Su yugo es fácil. Su carga es ligera. Sométete al reinado de la gracia.

IV. Una condición sencilla. Viene a decir: «*Que sea así*». Ha salido el sol: abre la ventana, deja que entre la luz. Que el cetro de su paz rija el corazón y la vida.

V. Un resultado de gratitud. «Sed agradecidos.» Sed agradecidos de que Él es poderoso, de que su gracia es suficiente, de que Él nunca falla.

1.505. LA PAZ QUE GOBIERNA

Colosenses 3:15

I. Una gran posesión. «La paz de Dios.»

1. Paz por la fe.
2. Una paz que sobrepasa al entendimiento.
3. Una paz que el mundo no puede dar.

II. Un llamamiento lleno de gracia. «A la que asimismo fuisteis llamados.» Llamados por Dios. ¡Oh, oídle!

III. Un gobierno bendito. «La paz de Dios gobierne en vuestros corazones.» Su **yugo es fácil. Su carga es ligera. Somete al reinado de la gracia.**

IV. Una condición simple. El sol se ha levantado: abre la ventana, y deja que entre la luz por ella. Deja que el cetro de su paz gobierne en tu corazón y vida.

V. Un resultado de gratitud. «Y sed agradecidos.» Sed agradecidos de que Él puede, de que su gracia es suficiente, de que Él nunca falla.

1.506. SIETE ACTITUDES PARA CON DIOS

1 Tesalonicenses

En esta epístola podemos observar siete cosas que marcaban a los tesalonicenses. Siete actitudes, o relaciones, diferentes, que deberían caracterizar a cada hijo de Dios nacido de lo alto. Leemos de ellos que

I. Habían recibido la Palabra de Dios (2:13). Ésta es la primera gran necesidad. «La recibisteis no como palabra de hombres, sino según es en verdad, la palabra de Dios.» Es por la Palabra de Verdad que de su voluntad nos hace renacer (Stg. 1:18). La Palabra es frecuentemente recibida en medio de gran tribulación (1:6). Lo tal es resultado de la obra de labranza del Espíritu Santo: preparando el suelo del corazón para la simiente incorruptible (1 P. 1:23).

II. Se habían convertido a Dios. «Cómo os convertisteis a Dios, abandonando los ídolos» (1:9). Estos ídolos de propia factura representan los deseos de sus mentes carnales. Se volvieron *de* ellos a Dios. El Dios viviente toma ahora el lugar del *yo* pecaminoso. Si el corazón quiere quedar satisfecho con Dios, tiene que volverse enteramente a Él. Cuando el manantial de la verdad de Dios es degustado, infunde deseos de volver a la fuente. Nunca conoceremos la profundidad del amor de nuestro Dios hasta que nos zambullamos en Él.

III. Moraban en Dios. «La iglesia de los tesalonicenses *en Dios* Padre y en el Señor Jesucristo» (1:1). Habiendo recibido la Palabra de Verdad, y habiéndose convertido a Dios, encuentran su morada y lugar de reposo en Dios. Los que se vuelven a Dios de todo corazón nunca tratarán de apartarse de Él. En Él hallamos nuestra vida y fortaleza, como el pámpano en la vid. En Él somos plantados junto a corrientes de aguas, de modo que las raíces de nuestros deseos quedan abundantemente satisfechos.

IV. Servían a Dios. Se convirtieron a Dios, «abandonando los ídolos, para servir al Dios vivo y verdadero» (1:9). El servicio de ellos es un noble ejemplo para nosotros. Obsérvese su carácter:

1. Era *obra de fe.*
2. Era *obra de amor.*
3. Era *en paciente esperanza*
4. Era *en el Señor Jesucristo.*
5. Era *delante de Dios* (véase 1:3). No era meramente servicio al ojo. Uno es vuestro Maestro, Cristo. A Él agradad.

V. Esperaban al Hijo de Dios. «Os convertisteis… para servir (…) y esperar de los cielos a su Hijo» (1:10). Jesús había anunciado que volvería, y le creyeron, y esperaban la gloriosa aparición de su gran Dios y Salvador (Tit. 2:13). El servicio activo es totalmente congruente con la paciente espera. Sirven mientras esperan. Aquellos cuya expectativa es *sólo* del Señor lo servirán mientras esperan expectantes su venida. Bienaventurados todos los que así esperan.

VI. Aprendían de Dios. «Vosotros mismos habéis aprendido de Dios» (4:9). Nunca abandonan la escuela los que se sientan a los pies de Jesús. Sabios son los que reciben enseñanza del gran Maestro venido de Dios. Los que tienen el Espíritu Santo han recibido la santa unción, y no tienen necesidad de que nadie los enseñe (1 Jn. 2:27). La principal lección enseñada por nuestro Divino Maestro es *amaos unos a otros* (4:9). «En esto conocerán todos que sois mis discípulos» (Jn. 13:35). «Aprended de Mí» (Mt. 11:29).

VII. Andaban como es digno de Dios (2:12). Somos llamados a esta santa ocupación. «Que andéis como es digno del Señor, agradándole en todo» (Col. 1:10). ¿Estamos andando como corresponde a los hijos de Dios: de un modo digno de su amor, de su plenitud, de su santidad, de su poder? Si nuestras vidas están insatisfechas, sin poder ni fruto, no son *dignas de Dios.* Toda *dignidad* proviene de Él. Y es sólo por su poderoso Espíritu que mora en nosotros que somos hechos andar dignamente de la vocación con que hemos sido llamados (Ef. 4:1). Anda como Él anduvo.

1.507. LA IGLESIA MODÉLICA

1 Tesalonicenses 1:6-10

La belleza de esta iglesia no consiste de un hermoso edificio material, sino de un pueblo que se dice que está «*en Dios Padre y en el Señor Jesucristo*» (v. 1). Y que ellos eran un *modelo* para todos los creyentes (v. 7). Observemos su carácter.

I. Habían sido salvados de la ira. Fueron liberados de la ira venidera (v. 10). Nunca se debería olvidar que se avecina una ira (Ap. 6:10). La ira contra toda impiedad. Bienaventurados son aquellos a los que «ha puesto Dios... para alcanzar salvación por medio de nuestro Señor Jesucristo» (1 Ts. 5:9). Cristo nuestro Refugio. «Huid de la ira venidera».

II. Se convirtieron a Dios. «*Os convertisteis a Dios* abandonando los ídolos» (v. 9). Cristo es la propiciación por todo el mundo, pero este hecho en sí mismo no salva al mundo; es necesario *volverse a Dios* personalmente del pecado y de la incredulidad. Los ídolos de los inconversos son numerosos y variados. *Volverse a Dios* es abandonar todo aquello que dividiría nuestros afectos y que obstaculizaría nuestra confianza de todo corazón.

III. Recibieron la Palabra de Dios. «Recibiendo la palabra en medio de gran tribulación» (v. 6). Estos eran tiempos turbulentos, como leemos en Hechos 17; pero el antagonismo de los mundanos no les obstaculizaron de recibir valerosamente la Palabra. Es siempre una señal de un alma y iglesia saludable la que bien dispuesta bebe de la verdad revelada en la Palabra de Dios. Las filosofías humanas pueden tener su lugar, pero no son alimento para edificar una iglesia modelo. Los espíritus vivificados necesitan de la «Palabra de Vida».

IV. Se dedicaron al servicio de Dios. Se convirtieron de los ídolos a Dios «para servir al Dios vivo y verdadero» (v. 9). ¡Qué cambio! Servir al Dios vivo, en lugar de a cosas muertas que solamente se burlaban de sus necesidades con una silenciosa indiferencia. «¿A quién, oh Señor, podemos ir más que a Ti?» Tú eres digno del servicio de todo poder y pasión, de todo pensamiento y sentimiento del alma, que Tu has redimido mediante Tu Sangre. «Servid al Señor con alegría.»

V. Estaban esperando al Hijo de Dios. Habían decidido *servir*, a Dios y «*esperar de los cielos a su Hijo*» (v. 10). Creían que Cristo volvería, como lo creían todos los primeros cristianos, y como Él mismo lo había prometido. Esto recibió el nombre de «*aquella esperanza bienaventurada*» (Tit. 2:13). Los profetas de la antigüedad esperaron y anhelaron la Venida del Mesías largas eras antes que llegara; pero en la plenitud del tiempo Él vino. La Iglesia puede haber esperado largo tiempo, tanto que muchos han perdido la visión y la esperanza. Pero en la plenitud del tiempo *Él vendrá* como ha prometido (véase Jn. 14:3; Hch. 1:11; 1 Ts. 4:16; Ap. 1:7).

VI. Estaban gozosos en el Espíritu de Dios. Tenían el «gozo del Espíritu Santo» (v. 6). Con la Palabra de Dios en sus corazones, y esta gloriosa perspectiva delante de sus ojos, y el poder del Espíritu reposando sobre ellos, su servicio no era una tarea gravosa, sino un feliz privilegio y un creciente deleite. Ésta era una característica de los primeros miembros de la Iglesia. «Estaban llenos de gozo y del Espíritu Santo» (Hch. 13:52). «¡Cómo han caído los valientes!»

VII. Eran ejemplos para otros. «Habéis llegado a ser un modelo para todos los... que son creyentes» (v. 7). Ésta era verdaderamente una iglesia próspera, aunque nada se diga acerca de su posición financiera, ni se haga referencia a su «Cuenta Anual de Resultados». Pero su *fe en Dios* era conocida en todas partes (v. 8), y la *influencia* de su entusiasmo misionero, en la proclamación de la Palabra de Dios, se había hecho sentir por toda Macedonia y Grecia. Honraban a Cristo como Cabeza de la Iglesia, y eran honrados por Él en llevar a cabo cosas dignas de su gran Nombre. Esto es lo que debería hacer la Iglesia de Cristo. Esto es lo que es cada Iglesia fiel a la Palabra de Dios; y esto es lo que cada cristiano debería ser: un ejemplo alentador para otros. «Cree, y verás.»

1.508. ¿QUÉ ES LO QUE ESPERAMOS?

La Iglesia de Tesalónica se había vuelto de los ídolos a Dios, para servir al Dios vivo y verdadero, y para «*esperar de los cielos a su Hijo*» (1 Ts. 1:10). En el Gran Día de la Expiación, el Sumo Sacerdote iba detrás del velo, no sin sangre, y la congregación esperaba fuera que él volviera a salir. Ahora Cristo, nuestro gran Sumo Sacerdote, ha ido detrás del velo por medio de su propia sangre, y la Iglesia, fuera, está esperando y anhelando que vuelva a aparecer, conforme a su promesa (Jn. 14:3).

I. A su Hijo de los cielos. «Nuestra ciudadanía está en el cielo, *de donde* también esperamos al Salvador, al Señor Jesucristo» (Fil. 3:20). No estamos esperando la muerte, ni al Espíritu Santo, que ya ha sido dado; ni la conversión del mundo antes que Él venga, porque «como fue en los días de Noé, ... lo mismo será el día en que el Hijo del Hombre se manifieste» (Lc. 17:30). Ciertamente, el mundo no estuvo convertido antes que viniera el diluvio.

II. La consumación de nuestra salvación. «Así también Cristo... aparecerá por segunda vez sin relación con el pecado, a los que le esperan ansiosamente para salvación» (He. 9:28). Nuestra salvación ahora, aunque es grande, es tan solo un *paladeo anticipado* de lo que aún ha de venir. Hemos sido salvados de la pena y del poder del pecado, pero no de su *presencia*. Asociadas con nuestra actual condición siguen existiendo el sufrimiento y el dolor. El que comenzó en vosotros esta buena obra la perfeccionará en su día.

III. La redención del cuerpo. «Esperamos al Salvador, ... el cual transfigurará el cuerpo de nuestro estado de humillación, **conformándolo al cuerpo de la gloria suya**» (Fil. 3:20, 21). Esta será ciertamente «una nueva moda» para los redimidos. El alma transfigurada, con un cuerpo transfigurado. Ha sido cosa buena *oír* su Palabra; mejor aún será *verle* a Él, pero sobre todo ser hechos *semejantes a Él*. Ésta es la vida eterna.

IV. Al Esposo de la Iglesia. Fue a *medianoche* que se levantó el clamor: «¡Aquí viene el esposo!» (Mt. 25:6). Él viene a recibir a la Esposa para Sí (Jn. 14:3). Frío es el corazón de la novia que no espera anhelante la llegada de su prometido. Si se tarda, espérale. Fiel es el que prometió. «Por tanto, también vosotros estad preparados; porque el Hijo del Hombre vendrá a la hora en que no penséis» (Mt. 24:44).

V. La consolación de Israel. «Simeón... [estaba] esperando la consolación de Israel; y el Espíritu Santo estaba sobre él» (Lc. 2:25). Pero Israel no recibió consolación a la venida de Jesús. Le aborrecieron, diciendo: «No queremos que ése reine sobre nosotros», y clamaron por su crucifixión. Así, Israel carece aún de consolación. Pero vendrá de Sion el libertador de la nación, y así todo Israel será salvo (Ro. 11:26). Una nación salvada significará un testimonio de alcance mundial, y bendición universal.

VI. La recompensa que Él nos dará en su venida. «Y vosotros sed semejantes a hombres que aguardan a su señor» (Lc. 12:36). No en ociosidad, sino con lomos ceñidos y con luces encendidas, esperando por completo en la gracia que se nos traerá *en la revelación* de Jesucristo (1 P. 1:13). «Mira que yo vengo pronto, y mi galardón conmigo, para recompensar a cada uno según sea su obra.» «Por tanto, no durmamos como los demás, sino velemos y seamos sobrios» (1 Ts. 5:6). «Por tanto, velad; porque no sabéis cuándo viene el dueño de la casa» (Mr. 13:34).

VII. Nuevos cielos y nueva tierra. «Pero esperamos, según su promesa, cielos nuevos y tierra nueva, en los cuales habita la justicia» (2 P. 3:13). O, como este mismo apóstol declaró en su gran discurso: «A Jesucristo, ... a quien el cielo debe guardar hasta los tiempos de *la restauración de todas las cosas*» (Hch. 3:21). Estas nuevas condiciones en los elementos de los cielos y en los principios prevalecientes en la tierra, serán perfectamente armónicas con la justicia. El fuego de la prueba de Dios sólo purificará (2 P. 3:10). Los nuevos cielos y la nueva tierra serán hechos idóneos para sus nuevas criaturas en Cristo Jesús. «Puesto que todas estas cosas han de ser deshechas, ¡qué clase de personas debéis ser en vuestra conducta santa y en piedad!» (2 P. 3:11). Que no quedéis atrás en este don de esperar su Venida (*cf.* 1 Co. 1:7).

1.509. COMPLACIENDO A DIOS

«Os conviene... agradar a Dios» (1 Ts. 4:1).

I. Los que no agradan a Dios.

1. Los que viven SOLAMENTE PARA SÍ MISMOS no agradan a Dios. «Debemos... no agradarnos a nosotros mismos, Porque ni aún Cristo se agradó a Sí mismo» (Ro. 15:1-3). El yo es todo el dios que muchos adoran.

2. Los que solo tratan de AGRADAR A LOS HOMBRES no agradan a Dios. «¿Trato de agradar a los hombres? Pues si aún agradara a los hombres, no sería siervo de Cristo» (Gá. 1:10).
3. Los que están EN LA CARNE no agradan a Dios. «Mas vosotros no vivís según la carne, sino según el Espíritu» (Ro. 8:8, 9).
4. Los que NO TIENEN FE no pueden agradar a Dios. «Sin fe es imposible agradar a Dios» (He. 11:6). Un hombre puede tener fe en el ministro, en la Iglesia, y en la Biblia, y sin embargo no tener fe en Dios.

II. Los que agradan a Dios.

1. Los que PIDEN COSAS RECTAS A DIOS. Salomón pidió «corazón entendido para juzgar» al pueblo de Dios, y «para discernir entre lo bueno y lo malo... Y agradó delante del Señor que Salomón pidiese esto» (1 R. 3:9, 10).
2. Los que están SEPARADOS PARA DIOS. «Ninguno que está alistado como soldado se enreda en los negocios de la vida, a fin de agradar a aquel que lo tomó por soldado» (2 Ti. 2:4). ¡Y cuán numerosos son los enredos!
3. Los que están TOTALMENTE ENTREGADOS A DIOS. «Y Dios os haga aptos en toda obra buena... haciendo Él en vosotros lo que es agradable delante de Él por medio de Jesucristo» (He. 13:20, 21).
4. Los que ANDAN CON DIOS. «Caminó, pues, Enoc con Dios» (Gn. 5:24), y «tuvo testimonio de haber agradado a Dios» (He. 11:5).
5. Los que ALABAN A DIOS. «Alabaré yo el Nombre de Dios con cántico, lo ensalzaré con himnos de alabanza. Y agradará a Jehová» (Sal. 69:30, 31). No todo cántico es alabanza. Dios juzga el corazón.

III. Promesas para los que agradan a Dios.

1. «Aun a sus ENEMIGOS hace estar en paz con Él» (Pr. 16:7). Es algo diferente de estar en paz con nuestros enemigos. *Ellos* se rinden.
2. Sus ORACIONES recibirán respuesta (1 Jn. 3:22). Si estamos siempre haciendo lo que le agrada a Él, podemos siempre esperar lo que pedimos.
3. Su NOMBRE será eterno (Is. 56:4, 5). A los que «escojan lo que Yo quiero... Yo les daré... nombre perpetuo». «Serán llamados por su nombre, y su nombre permanece para siempre.»

1.510. LA SEGUNDA VENIDA

1 Tesalonicenses 4:13-18; 5:1-6

Éste es un tema lleno de interés vital para estos últimos días. La enseñanza de Pablo es aquí clara y apremiante. En cada capítulo de esta epístola se refiere a la Venida del Señor. En la porción delante de nosotros afirma varios hechos que se pueden examinar por separado.

I. Que el Señor volverá. «El Señor mismo... descenderá del cielo» (v. 160. No se trata de que sobrevenga la muerte, ni es la venida del Espíritu Santo. Es la venida de «el Señor mismo». Es tanto una venida *personal* como cuando David se ungió y *se cambió de ropa* o entró en la casa del Señor (2 S. 12:20).

II. Que los que han dormido en Jesús vendrán con Él (v. 14). Todos los que han muerto en la fe han sido llevados a dormir en la gracia y presencia de Jesús. Así, cuando Él venga traerá a aquellos espíritus redimidos consigo mismo, porque ellos son su tesoro peculiar, comprados con su propia sangre, y no pueden ser separados de Sí.

III. Que los que viven cuando Él venga no precederán a los que durmieron (v. 15). Ni el tiempo ni las circunstancias pueden dar precedencia alguna en aquel día. Los que han muerto en el Señor no perderán nada por ello; los que permanezcan vivos a su venida se ahorrarán el dolor de morir, pero no tendrán por ello ventaja alguna en el sentido de preeminencia delante de Él (2 Co. 4:14).

IV. Que los muertos en Cristo resucitarán primero (v. 16). Todos los que han muerto confiando en el Señor Jesucristo, habiendo sido salvos por su gracia, tendrán una parte en esta «*primera*» resurrección. Serán solamente aquellos «que *son de Cristo* en su venida» (1 Co. 15:23). Bienaventurado y santo el que tiene parte en esta primera resurrección; sobre los tales la segunda muerte no tiene poder alguno. El resto de los muertos, muertos en sus pecados, no serán levantados hasta mil años después (Ap. 20:5, 6).

V. Que todos seremos arrebatados juntamente. Cuando Cristo vuelva, aquellos cristianos que estén viviendo en la tierra serán «transformados, en un instante, en un abrir y cerrar de ojos», y *juntamente* con aquellos que han sido resucitados de entre los muertos serán «arrebatados» para salir al encuentro del Señor en el aire. Ellos son todos *uno* en Cristo Jesús. Un pastor, un rebaño.

VI. Que estaremos con Él para siempre (v. 17). Estar *para siempre* con Él, que es la Sabiduría y la Plenitud de Dios, para quién fueron hechas todas las cosas, y en quién todas las cosas consisten, implica más que lo que la lengua puede decir o que las finitas mentes pueden llegar a abarcar. Siguen al Cordero allí donde vaya. Entonces recibirá respuesta la propia oración de Cristo: «Conmigo donde yo estoy» (Jn. 17:24). En verdad que podemos consolarnos unos a otros con estas palabras (v. 18).

VII. Que éste será un terrible día para los incrédulos. Mientras que *ellos* estén diciendo «Paz y Seguridad». Él vendrá como ladrón en la noche, y luego «vendrá sobre ellos destrucción repentina» (vv. 1-3). Un ladrón no da advertencia alguna acerca del momento en que entrará en la casa. Será cuidadoso en escoger el momento más *inesperado*. La parte de cada uno que haya rechazado a Cristo será una repentina y eterna destrucción *de delante de la presencia del Señor* en su venida (2 Ts. 1:9). Estas son palabras terribles; su terror reside en el hecho de que son verdad, y de que este cumplimiento puede tener lugar en cualquier momento. ¿Estás preparado?

VIII. Que el cristiano debería estar esperando su venida. Todos los que son de Cristo son «Hijos de la Luz», habiendo sido salvados de las tinieblas que cubren este mundo por el pecado. No son «de la noche», durmiendo el sueño de la indiferencia o de la incredulidad, sino que de ellos se espera que «velen y sean sobrios» (vv. 5, 6). Es ya hora de despertarse, porque ahora está más cerca vuestra salvación final y plena que cuando creísteis (Ro. 13:11).

1.511. PALABRAS CONSOLADORAS

1 Tesalonicenses 4:13-18

Hay mucho alimento para la mente en estos versículos, que terminan con esta exhortación: «*Por tanto*, alentaos los unos a los otros con estas palabras» (v. 18). Hay consolación aquí acerca de:

I. La Segunda Venida. «El Señor mismo descenderá del cielo» (v. 16). El Señor no promete enviar muerte, ni ningún otro mensajero, para llevar al hogar a su Esposa. Él viene a por ella *por Sí mismo*. Es *«este mismo Jesús*, que ha sido tomado de vosotros al cielo, [quien] vendrá así, tal como le habéis visto ir al cielo» (Hch. 1:11); y «verán al Hijo del Hombre viniendo sobre las nubes del cielo, con poder y gran gloria» (Mt. 24:30). ¡Qué consoladora esperanza es ésta en estos «tiempos peligrosos»!

II. Nuestros amigos difuntos. No debemos estar en ignorancia acerca de ellos, ni estar doloridos acerca de ellos, porque creemos que Jesús resucitó, y que cuando Él venga Él los traerá *consigo* (vv. 13, 14), porque en espíritu están ya con Él ahora (2 Co. 5:8). Son los «muertos en Cristo» los que *resucitan primero* (v. 16). Esta resurrección significa revestirse del cuerpo incorruptible, siendo cambiados a su imagen de resurrección. Ellos no perderán nada por dormir antes de la Venida del Señor (1 Co. 15:52). Porque nosotros los que vivamos en la Venida del Señor no precederemos a aquellos que han dormido (v. 15). Verdaderamente, palabras consoladoras.

III. Los santos vivientes. «Luego nosotros los que vivamos, los que hayamos quedado, seremos arrebatados *juntamente con ellos* en las nubes para salir al encuentro del Señor en los aires» (v. 17). Tenemos la certidumbre, como pueblo del Señor, de que no todos morirán antes que Él venga. «No todos dormiremos (moriremos); pero todos seremos *transformados, en un instante*, en un abrir y cerrar de ojos, a la final trompeta» (1 Co. 15:51, 52). Cuando todos en toda era que hayan sido hechos dormir en Jesús hayan sido resucitados y revestidos con inmortalidad, y cuando todos los creyentes que viven en la tierra, cuando Él venga, sean cambiados en un momento y arrebatados *juntos con ellos*. ¡Qué hueste de almas redimidas! «Una multitud que nadie puede contar.» Dime, ¿dirá alguien en aquel día que la Iglesia de Dios ha sido un fracaso? «Verá el fruto de la aflicción de su alma, y quedará SATISFECHO.» «Consolaos unos a otros con estas palabras» (v. 18).

IV. El lugar de reunión. «Arrebatados... en las nubes para *salir al encuentro del Señor en el aire*» (v. 17). El aire es mencionado como la esfera de la fortaleza de Satanás. Él es llamado el príncipe de la *potestad del aire*, el espíritu que ahora obra en los corazones de los hijos de desobediencia» (Ef. 2:2). ¿Significa esto que la transfiguración y *reunión* de todos los redimidos de Cristo tendrá lugar en el mismo corazón del territorio de Satanás? ¡Qué triunfo será esto para «el Cordero que fue inmolado», y para todos aquellos que durante todas sus vidas han estado guerreando contra el príncipe de las tinieblas! ¡Y qué vergonzosa derrota para el diablo». «Yo veía a Satanás caer del cielo como un rayo» (Lc. 10:18).

V. Nuestra posición final. «Así estaremos *siempre con el Señor*» (v. 17). Salvos por Él. Hechos a su semejanza. Luego para siempre con Él. Él ha ido a *preparar un lugar* para su Iglesia en el Reino venidero. Él vendrá otra vez y nos recibirá a Sí mismo, para que donde Él esté, allí esté también la Esposa (Jn. 14:3). Luego recibirá una gloriosa respuesta la oración del Esposo. «Padre, *aquellos* que me has dado, quiero que donde yo estoy, también ellos estén *conmigo*, para que vean mi gloria que me has dado» (Jn. 17:24); y estar «*para siempre* con el Señor». La mayor bendición en la tierra es *hallarle* a Él. El mayor honor del cielo es estar *para siempre con Él.* Este honor lo tienen todos los santos. «Consolaos unos a otros con estas palabras.»

1.512. DESPERTAD

1 Tesalonicenses 5:6

I. Un **hecho** lastimoso: Otros duermen, porque están ciegos e insensibles.

II. Una **advertencia** oportuna: «No durmamos». Espiritualmente hablando, esta es una era de embotamiento.

III. Un **llamamiento** urgente: «Vigilemos y seamos sobrios», porque el diablo está activo, y Cristo vuelve.

1.513. TRES HECHOS DE IMPORTANCIA UNIVERSAL

2 Tesalonicenses 1:6-12

Aquí tenemos unos acontecimientos que de cierto sucederán, y que afectarán a toda la humanidad.

I. Una nueva revelación. «Será revelado el Señor Jesús desde el cielo *con los ángeles de su poder*, en llama de fuego» (v. 7). Este mismo Señor Jesús que fue abandonado por sus discípulos en su momento de mayor dolor. En el día de *su humillación* Él hubiera podido llamar a «legiones de ángeles» en ayuda suya, pero ahora los ángeles de *su poder* vienen con *su presencia ardiente*, para cumplir su largamente atrasado propósito de echar de su reino *todas las cosas* que ofenden y a los que hacen iniquidad (Mt. 13:40-42). «Los segadores son los ángeles» (Mt. 13:39), que están esperando ahora hasta que «esté madura la cosecha de la tierra» (Ap. 14:15). El Señor ha estado a lo largo de esta era revelándose a Sí mismo como el manso, y humilde, y misericordioso Cristo; pero Él se revelará a Sí mismo en «llama de fuego» contra toda impiedad. ¿Quién podrá resistirse cuando Él aparezca?

II. Una retribución infalible. «Para dar tribulación a los que *no conocieron a Dios, ni obedecen el evangelio* de nuestro Señor Jesucristo» (v. 8). El día de gracia habrá ya pasado; no quedará más sacrificio por el pecado, sino una expectativa *cierta* de juicio y de *hervor de fuego* que devorará a los adversarios (He. 10:27). Los culpables son los que *no conocen a Dios*, porque *no han obedecido* las buenas nuevas de Jesucristo. Obedecer el llamamiento del Evangelio de Cristo es el camino para *conocer a Dios*, cuyo conocimiento es la vida eterna. Puede haber alguna excusa por la ignorancia, pero no puede haber excusa alguna para la *negligencia.* «¿Cómo escaparemos nosotros, si descuidamos una salvación tan grande?» *¿Cuál es el castigo?* Destrucción eterna, *excluidos de la Presencia* del Señor y de *la gloria* de su poder. «En su presencia hay plenitud de gozo; *delicias a tu diestra para siempre*» (Sal. 16:11). Entonces, ¿qué significará para aquellos que estén *eternamente exiliados* del Reino de Dios y de los placeres que siempre manan de su benéfica Presencia? Llámale cómo quieras a este estado o condición. Hay una terrible atmósfera acerca de ella. «Huye por tu vida.»

III. Una recompensa honradora de Cristo. Vendrá «para ser glorificado en aquel día en sus santos y ser admirado *en todos los que creyeron*» (v. 10). Él será glorificado en la glorificación de sus santos en su propia semejanza gloriosa. Él será «admirado» en la obra de gracia otorgada a todos los que creen. En tanto que la recompensa será nuestra, la gloria será suya. «No a nosotros, oh Señor, sino a tu Nombre sea la gloria.» «Para que la multiforme sabiduría de Dios sea ahora dada a conocer por medio de la iglesia a los principados y potestades en los lugares celestiales» (Ef. 3:10). *Nosotros* quedaremos saciados cuando le veamos como Él es; y *Él* quedará saciado cuando nos verá como entonces seremos. La *Iglesia* será su gozo y corona de regocijo en su Venida (1 Ts. 2:19, 20), y causa de asombro a lo largo de las edades venideras. Su presencia con el Cristo de Dios en la gloria significará: «La bendición, la gloria, la sabiduría, la acción de gracias, el honor, el poder y la fortaleza sean a nuestro Dios por los siglos de los siglos» (Ap. 7:12).

«Tú mi gloria pronto has de ver,
cuando la *Obra de Gracia* finalizada esté.»

1.514. EL «HOMBRE DE PECADO»

2 Tesalonicenses 2:1-12

En los versículos anteriores tenemos una imagen profética dibujada por el apóstol inspirado, que demanda una seria atención en estos días, y que es también una poderosa acusación contra la doctrina popular de que «el mundo será convertido» antes de la Venida del Señor. Pablo basa su llamamiento (vv. 1, 2) sobre el hecho de que el Señor Jesucristo va a venir, y que su pueblo será recogido a Él en aquel día. Luego advierte contra ser movidos del modo de pensar o alarmados por falsas enseñanzas acerca de su Venida. Pero *su manifestación* es cierta; también lo es la aparición de aquel «Hombre de Pecado» (v. 3).

I. El tiempo de su aparición. Dos condiciones preceden al «Día de Cristo». Primero, deberá haber una «apostasía» de la fe, luego la revelación de aquel «Hombre de Pecado». Esta *apostasía* tiene que referirse a la apostasía de la Iglesia en la negación de aquellas verdades antes creídas o confesadas. Nadie puede apostatar de aquello donde no ha estado. El *Espíritu dice claramente* que en los últimos tiempos algunos *apostatarán* de la fe, escuchando a espíritus engañadores y a doctrinas de demonios, etc. (1 Ti. 4:1-3). «El misterio de iniquidad», de rebelión, está siempre en evidencia (v. 7). Es el espíritu del Anticristo, que ya ahora está en el mundo (1 Jn. 4:3), y en estos días se manifiesta de manera abundante en medio de mucha predicación y de distribución de Biblias. La *iniquidad*, que es la negación práctica de la autoridad divina y espiritual, es una condición moral armónica para la aparición y obra de este «Hombre de Pecado». Puede que esté cerca la plenitud del tiempo para su manifestación (2 P. 2; 1, 2).

II. Su carácter. Es llamado «el hijo de perdición» (v. 3). Así como Jesús, el Hijo de Dios, era la manifestación corporal del carácter divino, así el «hijo de perdición» parece ser la manifestación corporal del carácter satánico, porque será aquel «cuyo advenimiento es por la actuación de Satanás» (v. 9). También recibe el nombre de «aquel inicuo», a quien el Señor matará con el espíritu de su boca «con la manifestación de su Venida» (v. 8). ¿Implica esto que el pecado y la iniquidad hallarán todavía su culminación en una *persona*, en un hombre del mundo, movido por poder satánico, creído y seguido por el populacho agitado, escéptico y rebelde a Cristo, en su último intento de derribar la fe que fue «transmitida a los santos de una vez por todas»?

III. Su propósito. No es otro que oponerse a todo lo que pertenece a Dios y a *su Cristo*, y *exaltarse a sí mismo* sobre todo lo que es llamado Dios, o que es objeto de culto (v. 4). Evidenciando así que es *«el Anticristo»*. «Exaltarse a sí mismo», éste fue el pecado de Satanás al principio, pero al tomar cuerpo en el «Hombre de Pecado», éste será seguramente su última añagaza para seducir a una crédula humanidad. Siempre ha sido «*el que engaña* a todo el mundo». Si Satanás espera triunfar mediante esta blasfema pretensión de estar por encima de todo lo que es Dios, ciertamente revela algo de las terribles profundidades en que ha caído la humanidad por su apartamiento de la verdad. Cuidaos de buscar lo propio y de la exaltación del yo, porque es según el espíritu del «Hombre de Pecado». «El que se ensalza será abatido.» «No ya yo, mas Cristo» es la única actitud segura.

IV. Sus métodos. Son variados y poderosos. *«Con todo poder y señales», y «prodigios mentirosos»* (vv. 9, 10). Esto es, con cada añagaza malvada *concordante* con los que van de camino a la perdición. Este «Hombre de Pecado» parece como la bestia que *ha de venir* de la tierra con el poder (cuernos) de un *cordero*, y con la pasión y el propósito de un *dragón; y que puede hacer que descienda fuego del cielo a la vista* *de los hombres* (Ap. 13:11-13). Con gran frecuencia hemos pensado de «*las artimañas* del diablo» en relación con nuestras vidas individuales, pero aquí tenemos un «*Hombre* de pecado», la simiente de la perdición (v. 3), dotado del poder de Satanás, adorado como Dios, y llevando al eterno abismo a las multitudes de aquellos que «*no recibieron* el amor de la verdad para ser salvos» (v. 10). Las maravillas de la verdad fueron rechazadas en favor de «prodigios mentirosos».

V. Su obstaculizador. Hay *Uno* que es Obstaculizador de su diabólica misión. «Solo que hay quien al presente lo detiene, hasta que él a su vez *desaparezca* de en medio» (v. 7).

1. ¿QUIÉN ES ÉL? Este ostaculizador no es un sistema ni un partido, sino una Persona. Tiene que ser poderoso y divino para resistir una obra tan poderosa y engañosa. ¿Quién puede ser más que el Santo Espíritu de Dios, que está aún luchando con los hombres, y llevando a muchos a Jesucristo?
2. ¿CÓMO OBSTACULIZA? *Abriendo* los cegados ojos de los pecadores para que vean la *necesidad* que tienen de un Salvador. *Revelándoles* las cosas que son de Cristo para su salvación. *Conduciéndoles a la verdad* que satisface y fortalece contra «las artimañas del diablo».
3. ¿CUÁNDO «DESAPARECERÁ ÉL DE EN MEDIO»? De cierto cuando la Iglesia de Dios sea *quitada* del mundo, como en 1 Tesalonicenses 4:17. La Iglesia, como Cuerpo Redimido de Cristo, es actualmente el «templo del Espíritu Santo». Cuando Él sea *quitado* con la Iglesia, dejará entonces de «luchar con los hombres». Entonces, ¿quién estorbará a Satanás en su obra de engaño y de destrucción espiritual? «Si la sal pierde su sabor, ¿con qué será salada?»

VI. Su aliado temporal. Por una vez vemos a Dios añadiendo su influencia para impulsar los esfuerzos de Satanás al éxito. ¡Qué terrible crisis es ésta! La gente ha *rechazado su verdad* que les había sido dada para salvarlos (v. 10). «Por esto Dios les envía un espíritu engañoso, para que *crean la mentira*» (v. 11), porque no quisieron creer la verdad (v. 12). Con esto su condenación queda doblemente asegurada. Hermanos, ¿qué diremos a estas cosas? Dios no puede ser burlado. Cuando Israel no quería escuchar su voz, los entregó a las concupiscencias de sus propios corazones (Sal. 81:11, 12). En el reinado del venidero «Hombre de Pecado», cuando la indiferencia espiritual de los hombres se torna en desafío contra Dios, y la longánime misericordia de Dios se torna en aborrecimiento y retribución, ¿cuál será entonces el fin? (1 Ts. 1:8).

VII. Su destrucción. El Inicuo, «a quien el Señor *barrerá* con la tempestad de su ira, y *abrumará hasta lo sumo* con el *terrible esplendor de su Venida*» (v. 8). Aquellos que se han visto deslumbrados y hechizados, y sentidos llenos de maravilla ante los prodigios mentirosos de este «hombre» de Satanás, quedarán azotados por una terrible confusión delante del «RESPLANDOR de la Venida del Señor». «Verán al *Hijo del Hombre* viniendo sobre las nubes del cielo, con poder y GRAN GLORIA» (Mt. 24:30). Y la gloria de aquel «Hombre de Pecado» resultará ser una engañosa insignificancia en la *Presencia* de la gloriosa efulgencia del Hombre Cristo Jesús. Pero habrá aquellos en su Venida que dirán: «He aquí, este es *nuestro Dios*. Lo hemos esperado. Él nos salvará, y nos regocijaremos en *su salvación*» (Is. 25:9). «Así sea. Ven, Señor Jesús.»

1.515. LA DIRECCIÓN DEL CORAZÓN

«El Señor encamine vuestros corazones al amor de Dios, y a la paciencia de Cristo» (2 Ts. 3:5).

I. Nuestros corazones necesitan dirección, debido a que son propensos al extravío, y engañosos.

II. Nuestro privilegio es que sean dirigidos al amor de Dios, para allí encontrar paz, descanso y satisfacción.

III. Nuestros corazones, dirigidos al amor de Dios, serán entonces hechos **partícipes de la paciencia de Cristo.**

1. A su paciencia en el SUFRIMIENTO.
2. A su paciencia en el SERVICIO.

IV. El director de nuestro corazón es **el mismo Señor.** «Él sabe lo que hay en el hombre, y, como Booz, habla al corazón» (Rut 2:13).

1.516. UN MODELO PERFECTO

1 Timoteo 1:11-17

Aquí el apóstol se refiere a *sí mismo* como modelo para los creyentes (v. 16). Un modelo puede ser dado como espécimen de artesanía para su exhibición, o como un ejemplo que imitar. La experiencia de Pablo era a la vez una exhibición de la gracia divina y un ejemplo para todos aquellos «que habrían de creer en él para vida eterna». Lo veremos como modelo o espécimen de:

I. El engaño del pecado. Él había sido «blasfemo, perseguidor e injuriador» (v. 13). Aquí tenemos a un hombre tan engañado que pensaba que estaba sirviendo a Dios al destruir la Iglesia (Hch. 26:9-11). La historia nos ha dado muchos ejemplos de esta especie de locura, por la soberbia y el prejuicio de corazones incrédulos y de mentes cegadas por el pecado. Pero, ¡que golpe fue para él cuando este «Jesús de Nazaret», a quien él estaba persiguiendo, lo confrontó y lo echó en tierra con el resplandor de su Presencia, y cuando él, «temblando y temeroso», dijo: «Señor, *¿qué quieres* que yo haga?» (Hch. 9:1-6). Cada pecador salvado ha hecho el mismo descubrimiento en alguna medida.

II. Gracia abundante. «Fui recibido a misericordia... Y la gracia de nuestro Señor fue más abundante» (vv. 13, 14). La poderosa y abundante suficiencia de la gracia de Cristo para someter y salvar un pecador jamás se manifestó de modo más esplendoroso. Aquí tenemos una pauta de lo que puede llegar a hacer «la gracia de nuestro Señor». «Donde el pecado abundó, sobreabundó la gracia» (Ro. 5:20). Él estaba diciendo agradecido la verdad cuando dijo: «*Por la gracia de Dios* soy lo que soy» (1 Co. 15:10). Si el «mayor de los pecadores» fue salvo por gracia, ninguno tiene que desesperar. «Por *gracia* sois salvos por medio de la fe.» Pero recordad que es la *gracia* de DIOS.

III. La responsabilidad de los creyentes. «El glorioso evangelio del Dios bendito, que *me ha sido encomendado*» (v. 14). Si hemos sido hechos partícipes de esta misma salvación, ¿no somos también participantes en cierta medida de esta responsabilidad? Las *buenas nuevas* han sido dadas para salvarnos, y también como depósito para que podamos ser de bendición para otros. Si Dios, «*que mandó* que de las tinieblas resplandeciese la luz, es el que resplandeció en nuestros corazones, para *iluminación del conocimiento* de la gloria de Dios en la faz de Jesucristo», entonces Él también ha mandado que dejemos *resplandecer nuestra luz.* «Vosotros sois la *luz* del mundo.» «Por lo tanto, id», predicad el Evangelio con la boca y con vuestra vida.

IV. El testimonio cristiano. No hay registrado nada más eficaz, como breve y perfecto modelo de testimonio personal, que 1 Timoteo 1:15. «Es palabra fiel y digna de toda aceptación: que Cristo Jesús vino al mundo para salvar a los pecadores, de los cuales yo soy el primero.» Este dicho es tan *fiel* como lo es el mismo Dios, y la bendición ofrecida cumple la más urgente necesidad de la humanidad, «*salvar pecadores*». No hay ninguna declaración que sea más digna de la aceptación de todos. Jesucristo vino al mundo para salvar. ¿De dónde vino? ¡Qué prueba incidental de su preexistencia! Por medio de Él, Dios el Padre *encarece su amor* para con una raza rebelde (Ro. 5:8). ¿Saben tus amigos las grandes cosas que Dios ha hecho por tu alma? (Mr. 5:19). El salmista dijo: «Venid, oíd todos los que teméis a Dios, y contaré lo que ha hecho a mi alma» (Sal. 66:16). «El que oiga, *diga: Ven.*»

V. Alabanza y bendición. ¡Qué pauta más maravillosa es ésta! «Por tanto, al Rey de los siglos, inmortal, invisible, al único y sabio Dios, sea honor y gloria por los siglos de los siglos. Amén» (v. 17). A menudo el lenguaje de los mortales no puede expresar las profundidades de los sentimientos del corazón; pero Dios juzga *el corazón*, y toma nota de cada reconocimiento agradecido de sus misericordias. La alabanza y la acción de gracias, la adoración y el arrobo, son de lo más apropiados cuando la Majestad de la bondad de Dios se hace abrumadora. «Alaben la misericordia de Jehová, y sus maravillas para con los hijos de los hombres» (Sal. 107:15). Al contar tus muchas bendiciones, no dejes de añadir tu acción de gracias con bendición.

1.517. GRACIA SOBREABUNDANTE

1 Timoteo 1:12-14

1. LO QUE YO ERA: «Blasfemo».
2. LO QUE SOY: Un siervo, puesto «en el ministerio».
3. CÓMO VINO A SER ASÍ: 1) Obtuve misericordia; 2) Por medio de la gracia de Cristo; 3) por fe y amor.
4. LO QUE HAGO AHORA: «Doy gracias... a Cristo Jesús nuestro Señor».

1.518. GRACIA ABUNDANTE

«La gracia de nuestro Señor fue más abundante con la fe y el amor que es en Cristo Jesús» (1 Ti. 1:14).

El apóstol ha estado justo refiriéndose a su pasado culpable como perseguidor blasfemo, y al emplear las palabras que anteceden demuestra de manera concluyente que él fue salvo sólo por la GRACIA de Dios. No por obras, para que nadie se gloríe. En este breve pero muy sugestivo relato de la salvación de Saulo observamos:

I. El medio. «LA GRACIA.» «Donde el pecado abundó, *sobreabundó* la gracia» (Ro. 5:20). Es la naturaleza de la gracia divina inundar todas las profundidades y rebosar sobre todas las alturas de la necesidad de un pecador. «Por gracia habéis sido salvados» (Ef. 2:8).

II. La fuente. «La gracia de NUESTRO SEÑOR.» «Conocéis la gracia de nuestro Señor Jesucristo, que por amor a vosotros se hizo pobre, siendo rico, para que vosotros fueseis enriquecidos con su pobreza» (2 Co. 8:9). Él nos amó, y se entregó a Sí mismo por nosotros.

III. Su plenitud. «Fue MÁS ABUNDANTE.» Mucho más de lo que pensamos o pedimos. En este océano de plenitud de la misericordia infinita hay sitio suficiente para el principal de los pecadores. «Sobremanera abundante». ¿Quién puede sondearla? «Bástate mi gracia» (2 Co. 12:9).

IV. Su canal. «EN CRISTO JESÚS.» Es *por medio de* Él que ha sido abundantemente derramada la renovación del Espíritu Santo (Tit. 3:5, 6). Hay sólo un Mediador entre Dios y los hombres, Jesucristo hombre. Fue por medio de Él también que hizo el universo.

V. Sus acompañamientos. «CON LA FE Y EL AMOR.» La gracia de Dios que trae salvación trae con ella fe y amor, sin las que la salvación no podría ser ni recibida ni disfrutada. El engendramiento de la fe y del amor en el corazón constituyen parte de aquella gracia que es sobremanera abundante (Ef. 2:7-9). La fe se aferra, y el amor constriñe a servir y a adorar.

1.519. LA PALABRA FIEL

1 Timoteo 1:15 (5)

Éste es el propio testimonio del apóstol, una declaración de su propia experiencia (vv. 12-15). Esta «palabra», o «dicho» no es suyo propio, sino que lo recibió de otros. Es de significación universal.

I. Revela el amor de Dios. La naturaleza puede parecer «enrojecida en dientes y garras». Dios es amor.

II. Revela la gracia de Cristo. «Cristo Jesús vino al mundo.» ¿De dónde? ¿A qué? (1 Co. 8:9).

III. Revela la necesidad del hombre. «Vino al mundo a *salvar pecadores.*» No vino como un capitalista a ayudar en caso de fracaso, sino como Salvador a salvar.

IV. Es una palabra fiel. Está plenamente de acuerdo con el carácter de Dios y la condición de los hombres. Ha venido de los labios de Aquel que es la Verdad (Jn. 7:17).

V. Es digna de toda aceptación. Digna de ser aceptada por todos, y digna de ser totalmente aceptada por todas las clases y condiciones de hombres.

1.520. «FUI RECIBIDO A MISERICORDIA»

1 Timoteo 1:16

I. Él necesitaba misericordia. Según su misma confesión, él era de los pecadores «el primero» (v. 15). Él había sido un cabecilla entre los enemigos de Cristo. Nada sino la *misericordia* podía suplir su necesidad. No precisaba él de más sabiduría terrenal o de una vida que agradase más a los hombres: precisaba de la misericordia de Dios que perdonara su pecado y que salvara su alma de la muerte. La misericordia divina cubrió su profunda, terrible necesidad.

II. Él **fue recibido** a misericordia. No la obtuvo por ninguna obra o mérito propios. La obtuvo simplemente porque Dios, en su infinita gracia, se la *dio*. La obtuvo porque la *aceptó* bien dispuesto cuando le fue ofrecida. No hay para nosotros otra manera de obtener la misericordia que recibiéndola.

III. Obtuvo la misericordia **por medio de Cristo Jesús** (v. 15). No hay otro nombre bajo el cielo, ningún otro canal entre el Cielo y la tierra, por medio del que pueda fluir la corriente de la misericordia perdonadora y salvadora de Dios. El único precio por el que podemos obtener la misericordia de Dios es la preciosa Sangre de Cristo. Cuando el Señor le dijo a Saulo: «Cosa dura te es dar coces contra el aguijón», estaba llamándole en gracia a que se rindiera a él. La misericordia y la victoria vinieron cuando Saulo respondió: «Señor, ¿qué quieres que yo haga?». Dios es rico en misericordia por Jesucristo su Hijo.

IV. Obtuvo misericordia para **que Jesucristo mostrara en él primero toda su paciencia.** No solamente para que fuera salvo de una vida de rebelión y de ira venidera, sino para llegar a ser una lámpara por medio de la que pudiera resplandecer la bondad y la paciencia de Cristo. El longánime Cristo le fue revelado a él y fue revelado en él, para que pudiera ser revelado por medio de él. La obtención de misericordia tiene que ver con el honor y la gloria de Dios, así como con nuestra propia salvación.

V. Obtuvo misericordia **para venir a ser ejemplo de los que habrían de creer en Cristo después de él.** Al obtener misericordia, no solo vino él a ser una exhibición de la gracia de Dios, sino un ejemplo para alentar a aquellos que deseaban confiar en Jesucristo, con vistas a obtener aquella misericordia que significa «vida eterna». Viendo, entonces, que la conversión de Saulo debe ser tomada como *ejemplo* de la gracia salvadora de Dios, ¡que inmenso aliento hay ahí para los pecadores de cada época a creer en el Señor Jesucristo! Se dice que Abraham Lincoln dio órdenes a sus porteros que nunca despidieran a nadie que acudiera a rogar por el perdón de una vida. Todos los porteros de la casa de Dios tienen las mismas órdenes. Si estás buscando vida, la vida eterna, aquí tienes misericordia. ¿La has obtenido?

1.521. NECESIDAD DE INTERCESORES

1 Timoteo 2:1-6

En Isaías 59:16 leemos que el Señor «se maravilló de que no hubiera quien intercediese». Se asombró de la necedad e incredulidad de su pueblo, al descuidar este eficacísimo medio de bendición. Éste es un privilegio dentro del alcance de cada hijo de Dios, una esfera de servicio abierta a cada creyente para hacer intercesión.

I. Su importancia. «Exhorto, pues, *ante todo*, a que se hagan rogativas, oraciones, peticiones» (v. 1). Aquí este santo ejercicio obtiene el *primer* lugar en sus exhortaciones. Es posible que la recompensa de un intercesor sea mayor que la de un predicador. Samuel sabía cuánto esto honraba al Señor al decir: «Lejos sea de mí que peque yo *contra Jehová cesando de rogar por vosotros*» (1 S. 12:23). La falta de oración no es sólo un pecado contra nuestras almas, sino también contra nuestro prójimo y contra Dios.

II. Su alcance. «Por *todos los hombres... y por todos los que están en eminencia*» (vv. 1, 2). Si no sabéis *por qué orar* como debierais, aquí al menos tenemos un amplio campo de operación. Los del Cautiverio son exhortados a procurar «la paz de la ciudad a la cual os hice deportar, *y rogad por ella a Jehová*» (Jer. 29:7). Nuestras modernas ciudades están en desesperada necesidad de intercesores, y quizá nuestras iglesias modernas no menos que ellas. Al orar por «todos los hombres», no olvidemos *los todos* en vuestro hogar, en vuestro círculo de comunión, y en vuestra nación. Recordad el gran TODO por quienes Cristo murió.

III. Sus incentivos. Como aliento a la intercesión, piensa:

1. EN LA VOLUNTAD DE DIOS. «El cual *quiere que todos los hombres* sean salvos y vengan al conocimiento de la verdad» (v. 4). Por su propio *poder* Dios podría salvar a todos los hombres, tanto si quieren como si no. Pero *en gracia* Él está dispuesto a salvar a todos aquellos que *vienen* al conocimiento de la verdad. Al orar por «todos los hombres» estamos en línea con la voluntad de Dios, y ayudando al cumplimiento de su propósito.
2. EL PRECIO DE LA REDENCIÓN. Cristo «se dio *a Sí mismo* en rescate *por todos*» (v. 6). Hay amplia provisión en la muerte de Cristo, y en la voluntad del Padre para la salvación de todos los hombres. «He aquí el *Cordero de Dios* que quita el pecado del mundo» (Jn. 1:29).

3. EL MEDIADOR. «Hay… un solo mediador entre *Dios y los hombres,* Jesucristo *hombre»* (v. 5). ¡Qué incentivo es éste para la oración, cuando nos damos cuenta de que el eterno Hijo de Dios en la semejanza *de los hombres* es nuestro Mediador delante del trono, y que Él siempre vive para interceder por nosotros! Ponderemos asimismo:

IV. Los ejemplos puestos delante de nosotros. Abraham intercedió por la sentenciada ciudad de Sodoma (Gn. 18:24); Moisés desde la cumbre del monte con manos levantadas intercedió silenciosamente por la victoria (Éx. 17); Elías oró por una manifestación divina para que la nación fuera rescatada de la idolatría (1 R. 18:37); Job en medio de su dolor y sufrimientos hizo intercesión por sus errados amigos (Job 42:10). Pensemos también en «el Varón de Dolores», que fue herido y molido por nuestras iniquidades, pero *intercediendo por los transgresores* (Is. 53:12), y su última oración en la tierra fue para sus asesinos. «Padre, perdónalos.» Bien podemos orar. «Señor, *enséñanos* a orar.» La necesidad de intercesores es una gran y *creciente necesidad,* porque la cosecha es abundante, pero pocos son los obreros divinamente equipados. *Orad por lo tanto* (Mt. 9:37, 38).

1.522. DIOS NUESTRO SALVADOR

«Dios nuestro Salvador, el cual quiere que todos los hombres sean salvos y vengan al conocimiento de la verdad» (1 Ti. 2:3, 4).

I. La necesidad del hombre. La necesidad, tal como nos es traída aquí, es doble:

1. LA SALVACIÓN. «El cual quiere que todos los hombres sean *salvos.»* ¿Qué debo hacer para ser *salvo*?» es el primer clamor de un alma redargüida por el Espíritu. Para Dios, la salvación es la más primordial necesidad del hombre (Jn. 3:17).
2. EL CONOCIMIENTO DE LA VERDAD. El hombre debe ajustarse con Dios, en su alma, antes de poder llegar a conocer y a apreciar la verdad como es en Jesús. «El que quiera *hacer* la voluntad de Dios, *conocerá»* (Jn. 7:17).

II. El carácter de Cristo. «Dios nuestro Salvador.»

1. ÉL ES SALVADOR. «Llamarás su nombre Jesús, porque *Él salvará.»* Su muerte expía, su resurrección justifica. No hay ningún otro Nombre.
2. ÉL ES DIOS. «Dios estaba en Cristo reconciliando consigo al mundo» (2 Co. 5:19). Como Dios, es poderoso para salvar.

III. La voluntad de Dios. «Porque Yo sé los pensamientos que tengo acerca de vosotros, dice Jehová, pensamientos de paz» (Jer. 29:11). Su voluntad es:

1. QUE LOS HOMBRES SE SALVEN. «Yo no me complazco en la muerte del que muere, dice Jehová el Señor» (Ez. 18:33). «Porque de tal manera amó Dios al mundo, que ha dado a su Hijo unigénito, para que todo aquel que cree en Él no perezca, sino que tenga vida eterna» (Jn. 3:16).
2. QUE TODOS LOS HOMBRES SE SALVEN. Id por todo el mundo, y predicad el Evangelio a toda criatura. «Si *alguno* tiene sed, venga a Mí y beba.» «La gracia de Dios se ha manifestado para ofrecer salvación a todos los hombres» (Tit. 2:11).

1.523. SALVACIÓN PARA TODOS

1 Timoteo 2:3, 4

I. Un **Salvador omnipotente**. «Dios nuestro Salvador.»

II. Un **propósito inclusivo**. «El cual quiere que todos los hombres sean salvos.»

III. Una **necesidad de la mayor importancia**. «Y vengan al conocimiento de la verdad.»

IV. Un **objetivo de la mayor importancia**. «Esto es bueno y agradable delante de Dios.»

1.524. EL SALVADOR

1 Timoteo 2:3-6

I. El **poder** del Salvador. «Dios nuestro Salvador.»

II. El **propósito** del Salvador. «Quiere que todos los hombres se salven.»

III. La **provisión** del Salvador. «Se dio a Sí mismo en rescate por todos.»

IV. La **posición** del Salvador. «Entre Dios y los hombres.»

1.525. RESCATE POR TODOS

1 Timoteo 2:4-6

I. La **necesidad** implicada. «El cual quiere que todos los hombres *sean salvos.»*

II. El **deseo** de Dios. «*El cual quiere que todos* los hombres…»

III. La **provisión** dada. «El cual se dio a Sí mismo en rescate por todos.»

IV. El **camino** establecido. «Un solo mediador entre Dios y los hombres, Jesucristo hombre.»

1.526. EL MISTERIO DE LA PIEDAD

1 Timoteo 3:16

Este misterio se vio en la zarza ardiendo, en el Lugar Santísimo, y en la Persona de Cristo. Obsérvese aquí la relación de Dios el Hijo

1. Con la carne, … «Manifestado».
2. Con el Espíritu, … «Justificado».
3. Con los Angeles, … «Visto de [ellos]».
4. Con los Gentiles, … «Predicado [a ellos]».
5. Con el Mundo, … «Creído [en Él]».
6. Con la Gloria, … «Recibido [en ella]».

«Como Él es, así somos nosotros.»

1.527. SEIS BREVES PALABRAS DE ADVERTENCIA

1 Timoteo 6:11-19

I. «Huye» (v. 11) Una honrosa huida.

II. «Sigue» (v. 11). Una gloriosa prosecución.

III. «Pelea» (v. 12). Un conflicto continuo.

IV. «Echa mano» (vv. 12 a 19). Un tesoro al que aferrarse.

V. «Guarda» (vv. 13 a 16 y 20). Un tesoro que guardar.

VI. «Manda» (vv. 17 a 19). Una advertencia que dar.

1.528. LAS MULTIFORMES MISERICORDIAS DEL DIOS VIVO

«Que… pongan la esperanza… en el Dios vivo, que nos ofrece todas las cosas en abundancia para que las disfrutemos» (1 Ti. 6:17).

I. Una fuente inagotable. «El Dios vivo.»

II. Un suministro abundante. «Todas las cosas.»

III. Una oferta llena de gracia. «Que nos ofrece.»

IV. Una feliz experiencia. «Todas las cosas en abundancia para que las disfrutemos.»

V. Una sencilla condición. «Pongan la esperanza.»

1.529. LA SALVACIÓN DE DIOS

2 Timoteo 1:8-10

Éste es el testimonio de un prisionero por Cristo acerca de la gran salvación.

1. Es «según el **poder de Dios**» (v. 8).
2. Nos es «**dada** en Cristo Jesús».
3. Es «no conforme a **nuestras obras**».
4. Es «según el **propósito suyo** y la gracia».
5. Es «ahora… **manifestada mediante la aparición** de nuestro Salvador Jesucristo».
6. Implica la **abolición de la muerte** (v. 10).
7. Nos asegura de «**la vida y la inmortalidad**».

1.530. UNA PLENA CERTIDUMBRE

2 Timoteo 1:12

Tener esta plena certidumbre implica:

1. Un **conocimiento** personal de su carácter. «Porque yo sé A QUIÉN.»

2. Una **fe** personal en su Palabra. «Yo sé a quién he creído.»

3. Una **entrega** personal a su protección. «Mi depósito [que Él mismo guarda].»

4. Una **convicción** personal de su capacidad. «Estoy seguro que es poderoso para guardar.»

1.531. CERTIDUMBRES DE LA SALVACIÓN

2 Timoteo 1:12

I. Revelación. «Yo *sé a quién he creído*». «Jesucristo, el cual abolió la muerte» (v. 10).

II. Fe. «He creído.»

III. Rendición. «Mi depósito» [entregado a Él].

IV. Certidumbre. «Estoy seguro.»

V. Confianza. «*Es* poderoso.»

VI. Experiencia. «Yo sé.»

VII. Testimonio. «No me avergüenzo.»

1.532. UN BUEN SOLDADO

2 Timoteo 2:3, 4

Ésta es una metáfora muy apropiada. Cristo es nuestro Capitán, y nosotros, como soldados, tenemos una lucha real y *actual* contra las fuerzas del mal fuera y dentro (Ef. 6:11-13). Aquí se nos indican las cualidades de un buen soldado de Jesucristo. Debe ser:

I. Aceptado. «Tomado.» No todos son aptos para ser soldados; los defectos físicos pueden ser un estorbo; del mismo modo los defectos morales y espirituales estorban para ser un *buen* soldado de Jesucristo. A Él le toca escoger, tomar para Sí. «Escogidos de Dios.» Él ha escogido lo débil, etc.

II. Separado. «Ninguno... *se enreda* en los negocios de la vida.» Se dice que cuando un oficial que había recibido la orden de ir al Cabo pidió licencia para quedarse en casa, Wellington le respondió: «Embárcate o abandona la carrera militar». Todo lo que estorbe en el servicio de Dios debe ser abandonado. «Buscad *primeramente* el reino.»

III. Consagrado. «A fin de *agradar a aquel*». Uno es vuestro Maestro. Presentaos a Dios (Ro. 12:1, 2).

IV. Perseverante. «Sufre penalidades.» «Si me han perseguido a Mí, también os perseguirán a vosotros», dice el Capitán. Pero no os desalentéis debido al camino.

V. Vaciado del yo. «Vestíos de toda la *armadura* de Dios», no teniendo confianza en la carne. Entonces es segura la victoria (1 Co. 15:57, 58). Las murallas de cada Jericó caerán ante la fe.

1.533. UN FUNDAMENTO SEGURO

2 Timoteo 2:19

I. Hay un fundamento. No es necesario edificar sobre la arena (Mt. 7:26).

II. Este fundamento ha sido puesto por Dios. «El fundamento de Dios» (Is. 28:16).

III. Este fundamento es inconmovible. «Está firme.»

IV. Todos los que están edificados sobre él están sellados para Él. «Teniendo este sello: El Señor conoce a los que son suyos.»

1.534. EL FUNDAMENTO, LA CASA, Y SUS VASOS

2 Timoteo 2:19-21

Timoteo recibe aquí una advertencia en contra de un error gangrenoso que había derribado la fe de algunos; pero ninguna cantidad de error puede alterar «el fundamento de Dios».

I. El fundamento. Es «el fundamento *de Dios*» (v. 19).

1. ES SEGURO. «Está firme.» Esta Roca, como fundamento del edificio de Dios, está tan firmemente establecido como su propio Trono Eterno, porque esta Roca es Cristo (Mt. 16:16), y Él vive y permanece para siempre (1 Co. 3:11).
2. ES IMPOSIBLE DE CONFUNDIR. Tiene esta inscripción: «El Señor conoce a los que son suyos». Cada alma individual que confía en Cristo es conocida *personalmente* por Él. Esto no es así con ninguna otra religión bajo el cielo. Multitudes hay que se inclinan ante profetas muertos y ante falsos dioses, pero los adoradores son desconocidos individualmente por los objetos de su adoración. «Yo *conozco mis ovejas*» (Jn. 10:14).

II. La casa. «Pero en una *casa grande*» hay diferentes tipos de vasos (v. 20). Esta «casa grande» se refiere indudablemente a la «Iglesia de Dios» (1 Ti. 3:15). La cual es la institución *mayor* y más *evidente* en el mundo, debido a que es la más *potente*, edificada sobre Jesucristo, que es la encarnación de la Verdad Eterna. Es grande porque está ocupada por un gran residente, el Espíritu Santo, que por medio del Cuerpo de Cristo, la Iglesia, está buscando cumplir el gran propósito de Dios en la salvación de los hombres. Es una casa grande; ha estado en construcción por más de 1900 años, y se le sigue «añadiendo».

III. Los vasos. En cada casa grande hay vasos de diferente valor y diseño, apropiados para todo tipo de usos. «De oro y plata... también de madera y de barro» (v. 20). Algunos para honra, otros para usos comunes. Los de oro y plata reciben una posición honrosa debido a su *carácter más perfecto* e idoneidad especial para un servicio más elevado y patente. Los siervos que puedan ser clasificados con los tipos de «madera y barro» puede que sean igual de *útiles* en su propia esfera como sus hermanos con más honor. No se busca el oro y la plata en la humilde pero indispensable tarea de la cocina. Los siervos de Dios tienen todos su puesto en la gran casa de Dios. Algunos profetas, algunos apóstoles, algunos pastores, algunos maestros, algunos evangelistas, y algunos que puedan ser la «madera y barro», a los que nadie presta especial atención, pero que están esperando y listos para ser empleados para *cualquier cosa* que el Amo decida. Estos vasos, aunque de carácter diferente, pertenecen *todos* a la misma casa grande, y son propiedad del mismo Amo, y son todos necesarios para un mismo propósito: el cumplimiento de la voluntad de su Señor. No todos tienen los mismos dones y cualidades, pero todos son partícipes de una misma gracia. No hay aquí lugar para la envidia ni para los celos. Cada uno de ellos podría decir: «Por la gracia de Dios soy lo que soy».
Pero aquí se sugiere la alquimia de la gracia divina. Es *posible* para un vaso común ser transformado en vaso de honra. «Si alguno se limpia de estas cosas [de todo lo falso e impuro], será utensilio para honra, santificado, útil para el Dueño, y *dispuesto para toda buena obra*» (v. 21). «He aquí que como el barro en la mano del alfarero, así sois vosotros en mi mano» (Jer. 18:6). «Somos hechura suya, creados en Cristo Jesús para buenas obras» (Ef. 2:10). «Señor, ¿qué quieres que yo haga?»

1.535. EL TESTIMONIO DE UN CRISTIANO AL BORDE DE LA MUERTE

2 Timoteo 4:6-8

Este gozoso testimonio fue escrito por el preso Pablo, mientras yacía en una mazmorra en Roma, esperando la hora de su ejecución. Nos habla de:

I. Un pasado victorioso.

1. COMO SOLDADO. Había «peleado la buena batalla» (v. 7). Había hecho una gloriosa lucha. Había peleado «la buena batalla de la fe» contra todos los principados y potestades del mal, visibles e invisibles. Había sido una *buena batalla*, porque era por la *bondad* que había descubierto en su Dios y Salvador.
2. COMO CORREDOR. Había «acabado la carrera». Su carrera le había sido especialmente señalada (Hch. 9:15, 16). La pista que había sido ordenada por Dios para este corredor tenía muchos obstáculos, lo que resultó duro para la carne y para la sangre.

«El Espíritu Santo por todas las ciudades me da testimonio solemne, diciendo que me esperan cadenas y tribulaciones» (Hch. 20:23). A nosotros nos toca «correr *en el camino* de sus mandamientos»; Él es quien nos ayudará a terminar.
3. COMO CREYENTE. «He guardado la fe.» Había guardado la verdad que le había sido revelada, y había predicado y presentado el Evangelio de la gracia de Dios como había sido revelado en Jesucristo. Si alguien «predica otro evangelio, sea anatema» (Gá. 1:8).

II. Un presente lleno de paz. «Yo *ya estoy siendo* derramado, y el tiempo de mi partida es inminente» (v. 6). Estaba dispuesto, como fruto *maduro*, para caer en manos de Aquel a quien pertenecía. Para él, la muerte no tenía aguijón ni terrores; para él la tumba no tenía victoria. *Partir* era estar *«con Cristo,* lo cual es muchísimo mejor» (Fil. 1:23). «Estad también vosotros dispuestos.» Nuestra preparación no consiste en la cantidad de buenas obras que hayamos hecho, ni en la cantidad de años que hayamos vivido, sino en aquella «quietud y confianza» en Jesucristo que trae al corazón la fuerza de su paz prevalente, y que musita confiadamente: «Padre, hágase tu voluntad, y no la mía. Tú me has redimido, oh Señor. En tus manos encomiendo mi espíritu». Un escocés yacía agonizando en una casa de labranza, mientras que rugía una tempestad de nieve. Su hija le dijo: «Padre, te voy a leer». Y él respondió: «No, niña, no te preocupes. Preparé bien el tejado de mi casa mientras hacía buen tiempo».

III. Un futuro lleno de gloria. «Por lo demás, me está guardada la corona de justicia, la cual me dará el Señor» (v. 8). La *corona* de justicia es la recompensa que está guardada y otorgada a aquellos que han vivido la vida justa y que complace a Dios. No es ssolamente para un apóstol, sino también para «todos los que *aman* su venida». ¿No implica esto que amar su venida tiene una influencia llena de gracia e inspiradora de la vida? Esta fe en y *esperando* la Venida del Señor no es una vana y estéril imaginación, sino un santo incentivo para una vida justa. «El que tiene esta esperanza se purifica a sí mismo.» «Cuando aparezca el Príncipe de los pastores, recibiréis la corona incorruptible de gloria» (1 P. 5:4). La Segunda Venida de Cristo es la perenne expectativa del creyente iluminado, y la única esperanza de liberación del mundo (Ro. 11:26).
«Mira que yo vengo pronto, y mi galardón conmigo, para recompensar a cada uno según sea su obra» (Ap. 22:12).

1.536. CINCO METÁFORAS DE LA VIDA CRISTIANA
2 Timoteo 4:6-8

Pablo:

I. Habla como un sacrificio. «Ya estoy siendo derramado [como una libación]», asemejando el fin de la vida a una ofrenda a Dios. Años antes había aceptado la ofrenda de Cristo por sus pecados, y luego se ofreció a sí mismo como sacrificio vivo. Toda su vida cristiana había sido sacrificial. Ahora iba a ser ofrecido literalmente, como mártir por la fe.

II. Habla como un marino. «El tiempo de mi partida», asemejando el fin de la vida a largar amarras.

III. Habla como un soldado. «He peleado», asemejando la vida a una lucha.

IV. Habla como un atleta. «He acabado la carrera», asemejando la vida a una carrera entre corredores.

V. Habla como un fideicomisario. «He guardado la fe», asemejando la vida a un sagrado depósito.

1.537. LA ÚLTIMA CARTA DE PABLO
2 Timoteo 4:6-18

Hay siempre un patetismo especial en las últimas palabras de los seres amados. Las tales son frecuentemente una revelación del carácter interior y de la vida. Así es con el último mensaje de la pluma de nuestro amado apóstol. Al inclinar nuestro oído para captar este mensaje, procedente, por así decirlo, de sus labios moribundos, no nos quedamos con dudas acerca de qué es lo que puede significar. Hay un timbre claro en su voz; su mente está clara; sus palabras son enfáticas, y hablan volúmenes de verdad. Hablan de:

I. Una resignación perfecta. «Yo ya estoy para ser derramado como ofrenda de libación» (BAS). Aquel que había derramado su vida en el servicio del Señor Jesucristo estaba ahora para que su sangre fuera derramada como sacrificio por Él. Hubo un momento en que estaba «puesto en estrecho» acerca de esto (Fil. 1:23), pero ahora estaba listo. Era como uno que ya lo tenía todo empaquetado y listo para subir a bordo de aquella nave que le iba a llevar a un mejor país. Estad también vosotros dispuestos.

II. Un triunfo seguro. «He peleado la buena batalla, he acabado la carrera, he guardado la fe.» Estaba perfectamente confiado en que su vida y testimonio como siervo del Señor no había constituido un fracaso, sino que se había cumplido en él la voluntad de Dios al llamarlo a su obra. Como *guerrero* había *peleado* y vencido. Como *corredor* había permanecido en su curso y acabado con honor la carrera. Como *custodio* había *guardado* firmemente la fe que le había sido entregada. Él fue fiel hasta la muerte (Ap. 2:10).

III. Una esperanza gozosa. «Por lo demás, me está guardada la corona de justicia», etc. El Señor, que era su Juez *justo, le reservaba* esta corona, aunque Nerón, el injusto juez, le tenía reservada una espada. En vista de su día de coronación, Pablo podía cantar con gozo: «¿Dónde está, oh muerte, tu aguijón?». El Señor siempre *reserva* tesoro y honor para aquellos que con fidelidad le sirven ahora en el día de su rechazamiento en manos de los hombres (Stg. 1:12).

IV. Unas experiencias penosas. Fue seguramente con un alma profundamente agraviada que el anciano apóstol se refirió a «Demas», que le había *desamparado,* «amando este mundo», y a Alejandro, el calderero, que le había «causado muchos males», y al hecho de que «ninguno estuvo a mi lado» durante su primer juicio, sino que «todos me desampararon». En todo esto Pablo compartió los dolores de su Maestro (Mt. 26:56). «*Sólo* Lucas está conmigo.» El amor al mundo, el rencor y la cobardía siguen siendo los pecados que traen dolor a muchos fieles siervos de Dios. En el mundo tuvo tribulación, pero en Cristo tenía paz.

V. Un amor perdonador. «No les sea tomado en cuenta.» Es fiel al Espíritu de su Maestro al orar por aquellos que le maltrataban y perseguían (Mt. 5:44). Éste debería ser el deseo de todos los que han experimentado la gracia perdonadora de Dios. Vencer las *malas* acciones de otros con tus *buenas* acciones es luchar en la armadura de Dios.

VI. «Pero el Señor estuvo a mi lado, y me revistió de poder» (v. 17). Mientras que daba su «primera respuesta» delante del juez injusto, indudablemente experimentó el cumplimiento de la promesa del Señor: «No sois vosotros los que habláis, sino el Espíritu de vuestro Padre que está en vosotros» (Mt. 10:19, 20). El último testimonio de Pablo, como el de Josué, es acerca de la inamovible fidelidad de su Dios y Salvador (Jos. 23:14). «He aquí, yo estoy con vosotros todos los días».

VII. Una confianza firme. «Y el Señor me librará de toda obra mala, y me preservará para su reino celestial» (v. 18). Venga lo que venga, no hay ninguna sombra de duda ni ninguna vacilación de temor en el corazón de este noble hombre en cuanto a su presente seguridad frente a todo *mal* y a su futura recompensa y eterna satisfacción en el Reino venidero de su gloria. Ha recibido la seguridad de que los sufrimientos de esta vida presente no pueden compararse con la gloria que será revelada en aquel día cuando Él «aparecerá». Miremos arriba, porque se acerca el día de nuestra redención.

1.538. DIOS NUESTRO SALVADOR
Tito 2:10

I. Una gran salvación. «Dios nuestro Salvador.» ¡Qué bendición que

1. Hay un SALVADOR!, y que
2. ¡Este Salvador es DIOS!

II. Una maravillosa revelación. «La *doctrina* de Dios nuestro Salvador.»

1. Revelada en su Palabra.
2. Encarnada en su Hijo.

III. Una hermosa ocupación. «Que *adornen* la doctrina.»

1. Creyéndola (Fil. 4:8).
2. Viviéndola (Fil. 1:27).

1.539. LA GRACIA DE DIOS

Tito 2:11, 12

I. Lo que es la Gracia de Dios. No es Ley. No tiene nada que ver con el mérito humano. Es el inmerecido favor de Dios, en acción todopoderosa.

II. Lo que hace la Gracia de Dios. Trae salvación. Desde lo más extremo hasta lo más extremo.

III. A quién se aparece esta Gracia de Dios. «A *todos* los hombres.» No a los demonios, sino a todos los hombres, por cuanto todos pecaron.

IV. Lo que enseña esta Gracia de Dios. A *apartarnos* de toda impiedad y de los deseos mundanos. A *vivir* sobria, recta y piadosamente.

1.540. LA SALVACIÓN

Tito 2:11, 12.

1. Lo que todos necesitan: «La salvación».
2. Lo que todos debieran saber: «Se ha manifestado para ofrecer salvación».
3. Cómo ha venido esta salvación: Por medio de «la gracia de Dios».
4. Lo que esta gracia nos enseña: a renunciar «a la impiedad».

1.541. SIETE MARAVILLAS

Tito 2:11-14

Numerosos son los cazadores de novedades: como los atenienses, están siempre buscando algo nuevo. Pero la mayor maravilla del mundo es la Biblia. Su origen, su enseñanza y poder son totalmente sobrehumanos.

I. Una maravillosa exhibición. «La gracia de Dios se ha manifestado para ofrecer salvación a todos los hombres.» Ésta es una exhibición de la gracia de Dios. Esto significa todos los atributos de Dios, manifestándose a fin de salvar a los hombres. Una manifestación de la bondad de Dios. Se ve en la Cruz del Calvario, donde Dios dio al Hijo de su amor para que sangrara y muriera por hombres culpables. La gran «Exposición Universal» solo es un montón de basura en comparación con esto.

II. Un carácter maravilloso. Jesús es aquí llamado «nuestro gran Dios y Salvador Jesucristo». Puede que digas que Jesucristo fue sólo un hombre. Pablo declara que Él es el Gran Dios. «Se llamará su nombre: Admirable... Dios fuerte.» ¡Qué consolación tiene aquí el cristiano! Tu Salvador es el Gran Dios: ¡no temas! ¡Qué aliento tenemos aquí para los ansiosos! El gran Dios es Salvador, no temas confiar en él. ¡Qué consternación hay aquí para el presuntuoso! Si esperas salvarte a ti mismo, ¡cuán infructífero es tu esfuerzo! Se precisa del Gran Dios para salvar un alma.

III. Un maravilloso don. «Se dio *a Sí mismo* por nosotros.» Que un hombre entregue su vida por su amigo es maravilloso. Aquí tenemos al hombre en su mejor aspecto. Pero mientras éramos aún enemigos, Cristo murió por nosotros. Esto es divino. Éste es el único ejemplo que nos da la historia del mundo de alguien que muriera voluntariamente por sus propios asesinos. Él se dio a Sí mismo por ti. ¿Qué has dado tú para Él? Oh, tú dices, «no tengo tiempo». ¡Cómo! ¿¡No tiempo para dar gracias a Dios por tal Don!?

Da ahora a Jesús lugar y tiempo.
Pronto el Día de la Gracia de Dios pasará;
Pronto frío y silencioso tu corazón quedará,
Y tu Salvador sus ruegos cesará.

IV. Una obra maravillosa. La obra de Cristo que aquí se expone fue para redimir y purificar, para comprar y limpiar. Cuando una mujer compra un juego de porcelana, no considera que está listo para emplear hasta que está lavado. Los compra, y luego los lava. El Señor nos usa no porque seamos grandes y dotados; ni porque seamos inteligentes, sino porque somos limpios. No es suficiente con que seamos redimidos. Si Dios ha de ser glorificado en nosotros, tenemos que ser limpiados.

V. Un pueblo maravilloso. Los redimidos y purificados son «un pueblo *de su propiedad*». Algunos cristianos tienen temor de manifestarse como peculiares de Cristo, no sea que se hable de ellos. Quieren oscurecer aquellas mismas obras por las que deberían ser conocidos. Los cristianos son un pueblo peculiar. Tienen una ciudadanía peculiar. Su ciudadanía esta en los cielos, porque han nacido de lo alto. Un nacimiento así no es nada de lo que deban sentir vergüenza. Hablan un lenguaje peculiar. Los impíos no se cuidan de su conversación, como uno que hable en una lengua extraña.

VI. Una vida maravillosa. La vida del redimido debe ser una vida de *resistencia*. «Renunciando a la impiedad.» Debe ser una vida *sobria*. Sé sobrio en tu comer, en tu beber, en tu vestir, en tu hablar. Debe ser una vida *justa*. El cristiano debería ser el hombre de negocios más exacto, el más digno de confianza de todos los hombres. Debe ser una vida *piadosa*. Una vida resplandeciendo con la gentileza y veracidad de Jesús, transmitiendo a un mundo oscurecido la imagen del Dios invisible. Debe ser una vida *activa*, «celoso de buenas obras».

VII. Una expectativa maravillosa. «Aguardando... la manifestación gloriosa.» Que el sol se levantará mañana no es cosa más cierta que el hecho de que Cristo volverá. Puede parecer extraño que Él dijera «Vengo pronto» hace más de mil novecientos años, y que no lo haya hecho aún. Pero tenemos que recordar que para el Señor 1.000 años son como un día, por lo que no han pasado aún dos días según su cuenta. Él volverá. ¿Estás listo para su manifestación? Que Dios te conceda que estés preparado para aquel gran día.

1.542. SALVACIÓN

Tito 2:11-14

I. Su **necesidad**. «Impiedad y deseos mundanos.»

II. Su **fuente**. «La gracia de Dios.»

III. Su **extensión**. «A todos los hombres.»

IV- Su **plenitud**. Hay en ella:

1. SUSTITUCIÓN. «Se dio a Sí mismo por nosotros.»
2. REDENCIÓN. «Para redimirnos de toda iniquidad.»
3. PUREZA. «Purificar para Sí.»
4. SERVICIO. «Celoso de buenas obras.»
5. ESPERANZA. «Aguardando la esperanza bienaventurada», etc.

1.543. SIETE MARAVILLAS

Tito 2:11-14

I. Una maravillosa **exhibición**. «La gracia de Dios se ha manifestado.»

II. Un maravilloso **carácter**. «Nuestro gran gran Dios y Salvador.»

III. Un **don** maravilloso. «Se dio a Sí mismo.»

IV. Una **obra** maravillosa. «Redimirnos... purificarnos.»

V. Un **pueblo** maravilloso. «Un pueblo de su propiedad.»

VI. Una **vida** maravillosa. «Vivamos... sobria, justa y piadosamente.»

VII. Una **expectativa** maravillosa. «Aguardando la esperanza bienaventurada y la manifestación gloriosa de nuestro gran Dios y Salvador Jesucristo.»

1.544. LA BIENAVENTURADA ESPERANZA

Tito 2:13, 14

No esperamos aquello que ya poseemos. Cada cristiano posee el perdón de los pecados, la paz con Dios y la vida eterna.

Esta bienaventurada esperanza es caracterizada como:

1. Una buena esperanza, 2 Tesalonicenses 2:16
2. Una esperanza segura, Hebreos 6:18
3. Una esperanza viva, 1 Pedro 1:3
4. Una esperanza que salva, Romanos 8:24
5. Una esperanza purificadora, 1 Juan 3:3
6. Una esperanza consoladora, 1 Tesalonicenses 4:18

Es la bienaventurada esperanza de:

1. El individuo, Hechos 1:11
2. La Iglesia, Juan 14:1-3
3. El Siervo, Lucas 19:13
4. Israel, Romanos 11:26
5. La Creación, Romanos 8:22-23

1.545. POR NOSOTROS MURIÓ

I. Para **liberarnos de toda iniquidad**	Tito 2:14
II. Para **llevarnos a Dios**	1 Pedro 3:18
III. Para liberarnos **de este mundo malo**	Gálatas 1:4
IV. Para que **recibiéramos la adopción de hijos**	Gálatas 4:5

1.546. SALVACIÓN PLENA

Tito 3:3-7

Es fácil decir que hay plenitud de agua en el océano, plenitud de riquezas en la tierra, y plenitud de luz en el sol; pero ¿se puede contar la *riqueza* de esta plenitud? Así hay plenitud de salvación en la gracia de Dios, pero esta *plenitud* solo puede ser comprendida en los siglos de los siglos. En el pasaje citado tenemos lo que podríamos denominar siete pasos a una salvación plena.

I. Una confesión honrada. «Nosotros también éramos en otro tiempo insensatos, desobedientes, extraviados, esclavos [del pecado]» (v. 3). La confesión es la apertura de las ventanas del corazón a la luz del cielo: un reconocimiento delante de Dios de nuestra culpa y necesidad de su misericordia. Dios es fiel y justo para perdonar a cada sincero confesador (1 Jn. 1:9).

II. Una revelación divina. De «la benignidad de Dios nuestro Salvador, y su amor para con los hombres» (v. 4). La *benignidad y amor* de Dios, todo ello revelado en Cristo Jesús, es el mayor y más precioso descubrimiento que haya hecho jamás el hombre pecador. Para él es una fuente abierta, donde manan corrientes de misericordia para todo su pecado e inmundicia. Cuando se ve y se confía, le lleva a hacer esta otra confesión: «En esto consiste el amor: no en que nosotros hayamos amado a Dios, sino en que él nos amó a nosotros, y envió a su Hijo como propiciación por nuestros pecados» (1 Jn. 4:9, 10).

III. Una justificación plena. «Justificados *por su gracia*» (v. 7). Así como hemos pecado *contra Dios*, únicamente Dios puede justificar. Esto lo hace por su propio, libre e inmerecido favor, por medio de Jesucristo. «No por obras, para que nadie se gloríe» (*cf.* Gá. 2:16). Cuando Dios justifica al creyente en Jesús, ello constituye una evidencia de que su perdón ha sido pleno y total.

IV. Una regeneración completa. «Nos salvó... mediante el lavamiento de la regeneración» (v. 5). Supongamos que fuera posible quedar justificados de todo pecado, y sin embargo no recibir un cambio de corazón ni ser hechos nuevas criaturas. ¡Qué pronto que este justificado sería como la puerca lavada, volviendo al lodazal! «A los que justificó, a éstos también glorificó» (Ro. 8:30). La justificación nos pone a bien con Dios para bendición adicional. La regeneración nos hace como Dios en carácter para servicio santo. No sería una *plena* salvación sin haber «nacido de lo alto».

V. Una renovación diaria. Para suplir esta necesidad tenemos «la *renovación por el Espíritu Santo*, a quien derramó sobre nosotros abundantemente» (vv. 5, 6). Éste es el remedio divino para nuestra sequedad espiritual. «Que... os renovéis en el espíritu de vuestra mente» (Ef. 4:23). A lo largo del escabroso camino de la vida hay mucho que desgasta y agota la energía del alma; pero el Espíritu Santo puede renovar nuestra energía e idoneidad con su influencia vivificadora. «Es el Espíritu el que da vida.» Aquí la carne de nada aprovecha. *Allí donde está* el Espíritu del Señor, *allí hay* libertad. Nuestro Señor dijo: «El que cree en mí, como dice la Escritura, de su interior correrán ríos de agua viva» (Jn. 7:38). «Cree, y verás.»

VI. Una posesión eterna. «Herederos conforme a la esperanza de la vida eterna» (v. 7). Nuestro Padre Eterno tiene tan vastas posesiones que cada hijo «nacido de Dios» viene a ser un *heredero*, no meramente de una existencia eterna, que se ve, sin haber «nacido de nuevo», sino de la *vida en abundancia* que es en Jesucristo, a lo largo de todas las edades venideras. Así, tenemos plenitud de misericordia para empezar, plenitud de gracia para proseguir, y al final plenitud de vida para gloriarnos para toda la eternidad. «El que tiene al Hijo tiene la vida» (1 Jn. 5:11). «Él puede salvar ETERNAMENTE.»

1.547. SALVADOS POR REGENERACIÓN

«Nos salvó... conforme a su misericordia, mediante el lavamiento de regeneración y la renovación por el Espíritu Santo» (Tit. 3:5).

Éste era desde luego un caso lastimoso. Aquella joven yacía en aquel gran hospital, aparentemente muerta a todo lo que la rodeaba. Tenía un marido amante y un hogar cómodo, pero su vida y fuerza parecían estar desvaneciéndose. Al final, el médico decidió que el único remedio que quedaba era una transfusión de sangre. Pero, ¿quién aceptaría someterse a esta debilitadora operación? Su marido, un hombre fuerte y sano, se ofreció bien dispuesto, por amor a su mujer. Le sacaron una sangre caliente, rica, vigorosa, y la infundieron al cuerpo casi sin vida de la paciente, que se recuperó: salvada por la transfusión de vida.

Algo así estaba en la mente del escritor de Tito 3:5. Por naturaleza, nuestro caso es lastimoso. A diferencia de la pobre mujer a la que hemos hecho referencia, en nosotros no queda ni siquiera un hálito de vida espiritual; estamos muertos en delitos y pecados. No solo estamos «sin fuerza», sino que estamos también expuestos a la justa ira de un Dios airado. Hemos visto cómo ser salvos de la espada de la Divina Justicia. Es la Sangre de Cristo la que hace la expiación por el alma. Salvos por su vida derramada, hemos de ser salvos por su vida infundida. «Las vidas de los hombres han sido prolongadas por la transfusión de sangre proveniente de naturalezas vigorosas. Así es como pasa el valor de la sangre de Jesucristo a nuestras venas. La Iglesia escogió al pelícano como uno de sus antiguos emblemas del Salvador, porque alimentaba a sus polluelos, según la fábula, con sangre de su propio pecho. Así es como Cristo nos revitaliza. Él es nuestra vida en nosotros.» No solo ha derramado su vida por nosotros para la recuperación de nuestra alma, sino que en la regeneración Él derrama su vida en nosotros, haciéndonos participantes de la naturaleza divina. También nosotros precisamos ser salvados por la transfusión de vida. Tenemos débiles ilustraciones de esto en la naturaleza. Como por infusión de una nueva vida mediante el injerto se salva el manzano silvestre de su amargor e inutilidad, y el rosal común es transformado en algo hermoso, así el alma y la vida son, por la vida de Dios, endulzadas, hermoseadas y hechas útiles.

Fijémonos que no se trata de «la regeneración del lavamiento», sino de «el lavamiento de regeneración». Las palabras son las mismas en cada frase, pero su orden es distinto, y aquí el orden es vital. Por vía de énfasis, repitamos la frase: No es la «regeneración de lavamiento», ficción ésta que el hombre es tan propenso a idolatrar, sino el «lavamiento de regeneración», esto es, la purificación que recibimos cuando somos regenerados o renacidos, la purificación que da la nueva vida, una vida que es dada sobre la base de la Sangre derramada. Todos los bautismos de agua en el mundo no pueden limpiar el alma; es el lavamiento del Espíritu el único que es efectivo.

Es importante observar que debe haber la aplicación de la preciosa Sangre de Cristo antes que podamos recibir la vida de Dios. En el Tabernáculo y en el Templo esta verdad era celosamente guardada. Antes que se llegase a la gran Pila de lavamiento, se debía llegar primero al altar de bronce del sacrificio. No hay duda alguna que el Altar era lo primero que se encontraba. En Levítico 4:7 es llamado «el altar a la puerta».

¿Por qué no se dan en Éxodo 27 las instrucciones tocante a la Pila de lavamiento, sino que se reservan hasta el capítulo 30:18? Para guardar la magna doctrina de la Expiación. La Expiación ha de venir antes de la purificación; la purificación mediante la sangre antes del lavado de regeneración.

Nos salva no solo por regeneración, sino también por renovación. ¿Qué se significa por renovación? En palabras de T. Binney: «Por regeneración entendemos el comienzo de la vida de Dios en el alma del hombre, el principio de aquello que no tenía antes existencia; por renovación, la vigorización de aquello que ha comenzado ya; el sustento de una vida ya poseída.

En primavera, la naturaleza recibe una poderosa renovación. Desaparece el largo, frío y duro invierno, y al llamado de la primavera los desnudos árboles se revisten de gloria y hermosura, y la vida, en su lozanía y atractivo, asoma sus rostros por la pelada superficie de la tierra. La naturaleza goza de su periódica renovación. ¿Y no necesita renovación el alma cristiana? En verdad, grande es esta necesidad. Busquemos un derramamiento de su gracia, y entonces podremos por experiencia decir y cantar:

«Hay primavera hoy en mi alma,
Porque cuando cercano está el Señor,
La paloma de la paz en mi corazón canta,
Y las flores de la gracia se ven en derredor».

1548. LA TAREA Y SU CUMPLIMIENTO

Filemón

Ésta es la más breve de todas las Epístolas de Pablo. Es el único ejemplo de la correspondencia privada del Apóstol que ha sido preservada. Es conocida como «La Epístola Cortés». Su objeto era persuadir a Filemón a que no castigara, sino que restaurara a su esclavo huido, llamado Onésimo, y por cuanto ahora se había convertido, tratarlo como hermano en el Señor.

I. La tarea.

Invariablemente, en aquellos días los esclavos huidos eran crucificados. Pablo quería reconciliar al dueño –Filemón– sin humillar al siervo –Onésimo–; recomendar al arrepentido malhechor sin minimizar su culpa; así, tenía que equilibrar las demandas de la justicia y de la misericordia.

II. Su solución.

1. Tocando el corazón de Filemón en varias ocasiones, mencionando que era preso por causa del Evangelio.
2. Reconociendo franca y plenamente el muy excelente carácter cristiano de Filemón, haciéndole con ello difícil que rehusara actuar conforme a su reputación, y conduciéndole a tratar con gracia para con el ofensor.
3. Retrasando mencionar el nombre del arrepentido hasta haber abierto el camino.
4. Refiriéndose a Onésimo como su «hijo», estableciendo así el nuevo vínculo en Cristo.
5. Dando por supuesto, una vez hecha su petición, que Filemón haría como le había pedido (21).
6. Rehusando mandar con la autoridad de un apóstol, sino rogando como un hermano, como amigo entrañable. Véanse los vv. 8, 9, 20; especialmente «Amado hermano» (v. 1).
7. Reconociendo con franqueza el mal hecho (11), y prometiendo compensar cualquier pérdida (18, 19).
8. Mediante una cuidadosa elección de las palabras, evitando irritar, como, por ejemplo, diciendo «se apartó» (15), en lugar de «huyó» o «escapó», etc. etc.
9. Sintiendo que el esclavo no debe encontrarse a solas con su ultrajado amo, dispone que el amigo de Filemón, Tíquico, le acompañe para actuar de mediador. Está claro, Tíquico entregó esta carta a Filemón junto con Onésimo (ver Col. 4:7-9).
10. Citando sus planes de visitar a Filemón (22); y ¿cómo podría encontrarse con él si hubiera rehusado cumplir su petición?

1.549. UNA COMUNIÓN CUÁDRUPLE

Filemón

I. Compañero en la fe. CONFIANZA (6).

1. «La participación de tu fe.» Esta fe que compartes con nosotros.
2. ¡Qué gloriosa es esta comunión de la fe! ¡Qué honra la de ser contado como miembro de la Familia de la Fe del Señor.

II. Compañero de milicia. LUCHA (2).

1. Apia es llamada «la amada hermana». ¿Sería la esposa o la hija de Filemón?
2. Generalmente, se acepta que Arquipo era hijo de Filemón.
3. Después de la confianza vienen las luchas. El joven creyente pronto descubre esto. Luchas fuera, sí, y luchas dentro: «El deseo de la carne es contra el Espíritu, y el del Espíritu es contra la carne» (Gá. 5:17). Recordemos que fue inmediatamente después que Dios hubiera dado agua (tipo del Espíritu Santo) a Israel que Amalec (tipo de la carne) luchó contra Israel. (Véase Éx. 17:1-8.) Obsérvese el sentido de «Entonces» en el versículo 8. Pero en esta lucha, por mediación de nuestro Celestial Moisés en el monte –nuestro Señor Jesús como Sumo Sacerdote–, somos más que vencedores.

III. Colaborador. OBRANDO (1).

1. Filemón no se menciona en la Epístola a los Colosenses, pero Arquipo, a quien Pablo asocia (en Fil. 2) con Filemón es citado de tal manera que implica que ambos ostentaban cargos (Col. 4:17). Filemón era uno de los convertidos de Pablo.
2. J. N. Darby lo traduce de la siguiente forma: «Nuestro compañero de obra».

IV. Compañero de prisiones. SUFRIMIENTO (23).

1. Es la única Epístola en la que Pablo comienza llamándose simplemente «prisionero». Alude seis veces a esta condición (vv. 1, 9, 10, 13, 22, 23)
2. La Epístola comienza con Pablo encadenado, pero lleva a Pablo en oración.
3. Obsérvese, «prisionero de Jesucristo» (v. 1). No menciona esto con ningún espíritu de jactancia ni de orgulloso exhibicionismo, sino con un propósito benigno.
4. Sufrir por el Señor cae de natural como la parte de todos los que han renacido. La concupiscencia de la carne, por ejemplo, causa sufrimiento. Además la gracia nos afina, haciéndonos más sensible al escarnio y a las burlas del mundo, y a las críticas agrias y carentes de amor de hermanos en la fe.
5. Pero nunca nos olvidemos de que no somos los únicos que sufren, porque ésta es la parte común de todos los creyentes. «Compañero de prisiones.»
6. Aquí se entiende en general que los hermanos principales se turnaban en compartir voluntariamente el encarcelamiento del Apóstol, para servirle en estas circunstancias, «no avergonzándose de sus cadenas» (*cf.* 2 Ti. 1:16). Con esta comunión de padecimientos deben haber dado refrigerio al corazón del Apóstol.

Epafras es la forma abreviada o provinciana de Epafrodito.

1.550. UNA ANALOGÍA DE NUESTRA SALVACIÓN

Filemón

I. Posición original. Dios creó al hombre perfecto, y el hombre era así propiedad de Él. Pero al pecar no solo se apartó de Dios, como había hecho Onésimo, sino que le había robado de sus derechos y de lo que le era debido.

II. Triste apuro. De igual modo en que Onésimo huyó a Roma, y se encontró en una posición peligrosa, así es con el hombre. Así como la ley romana no daba derecho de asilo a ningún esclavo, tampoco la Ley de Dios le da al hombre ningún derecho de asilo, ningún lugar de reposo, ninguna vía de escape. La Ley dice: «El alma que pecare, ésa morirá».

III. Dios tiene un compañero (17). Algunos creen que Filemón y el Apóstol habían sido socios en alguna cuestión de negocios. En Jesús, Dios tiene un Asociado absoluta y totalmente uno con Él. Él intercede por nosotros. Sabiendo de una manera plena cuánto hemos ofendido a Dios, y cuánto le debemos, Jesús dice: «Ponlo a mi cuenta». Toda nuestra deuda es cargada a la cuenta de Cristo.

IV. Interviene la gracia. La ley romana permitía que un esclavo huyera a un amigo de su amo, que podría interceder por él. Onésimo halló al amigo de su amo, el Apóstol Pablo, y nació de nuevo: «a quien engendré en mis prisiones» (10). Los pecadores huyen al Señor Jesucristo. En Él y por medio de Él reciben el perdón, renacen como hijos, y encuentran un Salvador, un Intercesor y un Padre. El pecador regresa a Dios, y es recibido no como un esclavo huido, sino como el mismo Cristo (v. 16).

1.551. RECIBE

Filemón

Ésta podría ser considerada como la palabra clave de la Epístola, y constituye tanto su núcleo como su centro de irradiación. Observemos el énfasis acumulativo en su repetición de esta palabra, cómo va tañendo cada vez una nota más fuerte y en una clave más elevada.

I. El acto. ¿Qué debía hacer? Recibir (12).

II. La manera. ¿Cómo debía Filemón recibir a Onésimo?

1. COMO RECIBIRÍA AL MISMO PABLO (12, 17). «Como mi propia carne y sangre» (Conybeare). «Como si fuera mi propio corazón» (RVR77). Como lo ha observado del doctor Scofield: «Recíbelo como a mí mismo» (*atribúyele mis méritos*). «Y si en algo te perjudicó, o te debe, ponlo a mi cuenta» (*atribúyeme a mí su demérito*). Una notable ilustración de cómo Dios actúa en nuestra justificación.

2. COMO HERMANO AMADO EN EL SEÑOR (16). En la carne, Filemón tiene a su hermano de humanidad como esclavo; en el Señor Jesús tiene al esclavo como su hermano. Por la conversión, un pecador viene a ser hijo de Pablo y hermano de Filemón, su amo y señor.

III. El período. «Para que le recibieses para siempre» (15). «Porque quizá se apartó de ti *por una hora* (literalmente), para que le recibieses para siempre». ¡Qué contraste tenemos aquí! Pablo sugiere el predominio de una amante Providencia.

1.552. EN CRISTO JESÚS

Filemón 5-8

Hay once referencias por nombre al Señor Jesús en esta breve Epístola de sólo un capítulo. La frase de especial significación, «en Cristo Jesús», aparece más frecuentemente que en el mismo número de versículos en cualquier otra parte de las Escrituras. El Señor Jesús es mencionado en sus muchos oficios, de la siguiente manera:

I. Como objeto de la fe y del amor de su pueblo (5). «La fe que tienes hacia el Señor Jesús.»

II. El canal por medio del que la gracia y la paz de Dios vienen a ser nuestras (3, 25).

III. La fuente de toda cosa buena en nosotros (6).

IV. El poder transformador (16). En el versículo 11 tenemos dos descripciones de un hombre. Aquí tenemos un juego de palabras con el significado del nombre de Onésimo, que es «Útil». Llamado Útil de nombre, llegó a ser, por el pecado, inútil para su Amo, pero por la gracia del Señor, y gracias al maravilloso poder transformador de Cristo, volvió a ser provechoso tanto para Pablo como para su amigo Filemón. El Señor transforma pérdidas en ganancias. «En el Señor» (16), ésta es la explicación de la maravillosa transformación que tuvo lugar en Onésimo.

V. Da libertad a sus siervos (8).

VI. Da satisfacción y refrigerio a sus obreros, impulsando a sus convertidos a acciones generosas y dignas de encomio (20).

VII. Da reposo en la conciencia de que Él lo sabe todo, y de que nada nos puede sobrevenir excepto por permisión divina (1, 9, 23). Observemos que Pablo se llama a sí mismo no prisionero de las autoridades romanas, por cierto que ello fuera, sino de Jesucristo. Detrás de Roma veía al Señor, y sabía que su encarcelamiento no hubiera podido tener lugar más que por permisión divina.

1.553. RUEGO

Filemón 8-10

Obsérvese la intensidad de sentimientos evidente en el uso y repetición de esta intensa palabra «te ruego». Pero obsérvese también la gran sabiduría del Apóstol al renunciar a su autoridad para ordenar.

I. La autoridad de Pablo (8). «Por lo cual, aunque tengo mucha libertad en Cristo para mandarte lo que conviene, más bien te ruego por amor.» Pablo tenía autoridad para ordenar a Filemón que recibiera a Onésimo, porque

1. Era apóstol.
2. Era el padre espiritual de Filemón.
3. Filemón tenía un cargo subordinado a Pablo.

II. La sabiduría de Pablo (9). Pablo decidió sabiamente, en este caso, no ejercer su autoridad, sino apelar al amor mutuo entre ellos, y a su condición anciana y de sufrimientos. Los hermanos ancianos y los líderes cristianos en las iglesias harían bien en emular frecuentemente el ejemplo de Pablo, y cuidarse de que su posición de responsabilidad no suscite un espíritu permanente, oficioso, dominante, autocrático y dictatorial. Esto puede desarrollarse con mucha facilidad. Obsérvese con cuanta frecuencia en las Epístolas Pastorales de Pablo él recomienda un espíritu «manso». Hay una enorme sabiduría en esta exhortación.

III. El éxito de Pablo (10). No hay duda alguna de que Pablo tuvo éxito con su ruego. Su manera capaz de abogar por esta causa, y, por encima de todo, sus ruegos gentiles y amantes, eran abrumadores. Más éxito habría en muchas cuestiones difíciles de asamblea e iglesia si el ejemplo de Pablo fuera seguido con más frecuencia.

1.554. HEBREOS

Hebreos es un libro anónimo. Aunque nadie puede dogmatizar acerca de su paternidad, sí parece ser del pensamiento de Pablo y de la redacción y escritura de Lucas. Fue dirigido a judíos convertidos que vivían en Judea y que, debido a las duras persecuciones que sufrían, estaban vacilando en cuanto a su adhesión a Cristo. Es una epístola de exhortación, consolación y advertencia.

1.555. CÓMO PRESENTAR EL EVANGELIO A LOS JUDÍOS

Los llamados a evangelizar a los judíos declaran que no hay mejor declaración del Evangelio para presentarles que esta Epístola. Sigamos el método de presentación tal como se ve en esta Epístola. Observamos primero que EL AUTOR DEMUESTRA AQUÍ A LOS JUDÍOS QUE EL JESÚS DE NAZARET A QUIEN ELLOS DIERON MUERTE EN LA ABORRECIDA CRUZ NO ES OTRO QUE CRISTO SU MESÍAS, EL HIJO DE DIOS, LA SEGUNDA PERSONA DE LA BENDITA TRINIDAD. Éste es un punto importante. No podemos más que admirar el valor y la fidelidad del Apóstol, porque los judíos, entonces como ahora, estaban dispuestos a admirar mucho en Jesús, pero no estaban dispuestos a dar oídos a su afirmación de Deidad. Observemos cuán lenta y metódicamente les declara y demuestra esto.

I. Mayor que los profetas. Los profetas, apreciados por todos los judíos, fueron grandes, pero Jesús más grande que cualquiera de ellos (1:1-3). ¿Por qué? Jesús es:

1. EL ORIGINADOR de todas las cosas: «Por medio del cual hizo también el universo» (v. 2).
2. EL SUSTENTADOR de todas las cosas: «*El que sostiene* todas las cosas» (v. 3).
3. LA GLORIA de todas las cosas: «*El resplandor* de su gloria» (v. 3).
4. SINGULAR entre todas las cosas. Aquí el escritor señala la total singularidad de Jesús. Por grandes que fueran los profetas, ninguno de ellos compartió la Deidad, ninguno de ellos era «la fiel representación de su ser real» [de Dios].

II. Mayor que los ángeles. Los ángeles son poderosos seres, pero Jesús es mayor que cualquiera de ellos o que todos ellos juntos (1:4-14), porque:

1. Le son dados NOMBRES divinos (1:2, 5, 8, 10).
2. Le fue ofrecida ADORACIÓN divina (1:6).
3. Se anuncia de Él NATURALEZA divina (1:8).
4. Se le adscribe MAJESTAD divina (1:8).
5. Se le otorga la UNCIÓN divina (1:9).
6. Se le asignan OBRAS divinas (1:10).
7. Reside en Él el divino ATRIBUTO DE INMUTABILIDAD (o permanencia de constante continuidad) (1:11, 12).
8. El COMPAÑERISMO divino era suyo: compañero del Altísimo (1:13).
9. Se le encomienda el GOBIERNO divino (2:5-8).
10. La REDENCIÓN divina fue obrada por Él (2:9-18).

III. Mayor que Moisés. Moisés fue muy grande, pero Jesús fue, y es, más grande aún. Esto debe haber abrumado a los judíos. Pero el escritor lo demuestra de la siguiente manera:

1. MOISÉS fue solamente un *criado*, mientras que Jesús era el *Hijo* de Dios, y un hijo es más grande que un mero criado (3:5, 6).
2. MOISÉS FUE fiel *en* toda la casa DE DIOS, pero Jesús «como hijo SOBRE SU CASA».

IV. Mayor que Josué. Josué fue un gran caudillo, pero Jesús lo fue mucho mayor (4:1-13). Porque Jesús da un servicio más sobresaliente en el otorgamiento de un Reposo mucho mejor que aquel al que Josué condujo a Israel. Estúdiense los vv. 5 y 8 en contraste con el v. 9.

V. Mayor que Aarón. Aarón, el primer Sumo Sacerdote de Israel, fue grande, pero Jesús es mayor (5:4-8); comparar 7:10-28). ¿Cómo puede ser esto?

1. SU TÍTULO. Aarón era Sumo Sacerdote, pero Jesús es llamado «*Gran* Sumo Sacerdote» (4:14).
2. SU CONDICIÓN DE HIJO. Ningún sacerdote fue jamás llamado «El Hijo de Dios» (4:14). Obsérvese: no «*un* Hijo», sino «*el* Hijo».

3. SU PERFECTA COMPASIÓN. Se compadece «de nuestras debilidades» de una manera más perfecta que cualquier sacerdote terrenal (4:15).
4. SU IMPECABILIDAD. Todos los sacerdotes o sumos sacerdotes son solo hombres pecadores, pero hasta los más acerbos enemigos de Cristo tuvieron que reconocer que en Él no había pecado (7:26).
5. SU CONDICIÓN DE REY. Jesús es Rey y Sacerdote, combinación ésta que no se le permitió a ningún rey de Israel ni de Judá (7:1). (Estúdiese Nm. 16:40; 18:7; 2 Cr. 26:18.) Fue hecho Sacerdote según el orden de Melquisedec, y Abraham había reconocido a Melquisedec como su superior (7:4-10).
6. SU ESFERA. Jesús ministra en un santuario mucho mejor que Aarón o cualquiera de sus sucesores (8:1-4; 9:1-15).

1.556. MEJOR
Hebreos

Este término puede ser tomado como la nota clave de la Epístola. Los cristianos judíos, a los que se dirigía esta epístola de manera específica, estaban comenzando, por causa de los escarnios y burlas de sus perseguidores, a infravalorar sus posesiones cristianas. Por ello, el escritor hace resonar los cambios con la palabra «mejor», concediendo que tenían ciertas cosas bajo la Ley, pero que bajo la Gracia eran mucho «mejores».

I. Bendiciones (11:40).

II. Sacrificio (9:23).

III. Una Sangre que habla mejores cosas (12:24).

IV. Esperanza (7:19).

V. Pacto (8:6; 7:22).

VI. Promesas (8:6).

VII. Posesión (10:34).

VIII. Patria (11:16).

IX. Resurrección (11:35).

1.557. «TENEMOS»
Hebreos

Los judíos cristianos estaban recibiendo escarnios de parte de sus compatriotas inconversos en el sentido de que al adherirse a la causa de Cristo lo habían perdido todo. El Apóstol les demuestra que solo habían perdido la sombra para lograr la sustancia. Los «Tenemos» del Apóstol deben haberles impresionado en gran manera.
«Tenemos.»

I. Un Gran Sumo Sacerdote (4:14).

II. Un Tal Sumo Sacerdote (8:1).

III. Un fuerte consuelo (6:18).

IV. Una esperanza alentadora (6:19).

V. Libertad (10:19).

VI. Una mejor y perdurable posesión (10:34).

VII. Un Altar: Cristo (13:10).

1.558. LA SALVACIÓN
Hebreos

I. Nuestro nombre: HEREDEROS. «Herederos de salvación» (1:14).

II. Nuestra salvación: GRANDE. «Una salvación tan grande» (2:3).

III. Nuestro peligro: ¿Cómo? «¿Cómo escaparemos?» (2:3). La pregunta sin respuesta. ¿Qué debo hacer para perderme? Nada. No tengo que rechazar la salvación ni tratarla con menosprecio: solo descuidarla.

IV. Nuestro benefactor: EL AUTOR. «Autor de la salvación de ellos» (2:10). Autor, originador de la salvación.

V. Nuestro destino: LA ETERNIDAD. «Salvación eterna» (5:9)

VI. Nuestras bendiciones: COSAS. «Cosas que acompañan a la salvación» (6:9, V.M.).

VII. Nuestra meta: COMPLETAMENTE. «Salvos completamente» (*cf.* 7:25).

VIII. Nuestra esperanza: SIN PECADO. «Sin relación con el pecado... para salvación» (9:28).

1.559. POR QUÉ JESUCRISTO DESCENDIÓ A ESTE MUNDO NUESTRO
Hebreos 1:3

Existe mucha confusión en las mentes de muchos hombres y mujeres en cuanto a la principal misión de nuestro Señor al venir a este mundo nuestro. ¿Fue Él enviado al mundo...

I. ... para ser el profeta de Dios? Vino con un mensaje el Altísimo, ¡y qué mensaje! Fue totalmente original y singular. Él fue y es el (no *un*) profeta de Dios, pero ésta no fue su misión primaria.

II. ... para ser el revelador de Dios? «Muéstranos al Padre, y nos basta», le dijo uno de los discípulos al Salvador, articulando así la secular hambre y apasionado deseo del hombre. Ahora bien, Jesús reveló al Invisible. Él dijo: «El que me ha visto a mí ha visto al Padre», una maravillosa declaración. Pero ésta no fue su suprema misión.

III. ... para ser el Gobernante de Dios? No solo nació de la tribu de Judá, sino también de la familia de David, y era por ello de la línea davídica. Entró en Jerusalén como Rey tras su ministerio de tres años y medio. Reivindicó el Trono de David. Pero fue rechazado. Sin embargo, tiene que acceder a este trono en el futuro. El siguiente rey del Israel unido tiene que presentar y demostrar su ascendencia Davídica. Solo una persona puede hacer esto: el Hombre Cristo Jesús. Porque todos los registros genealógicos fueron quemados en la destrucción del Templo el 70 d.C., y el único descendiente de David que puede presentar su genealogía es Jesús, porque ésta ha sido preservada a perpetuidad en los Evangelios de Mateo y de Lucas. Pero vino para hacer algo muy importante antes que pudiera reinar.

IV. ... para ser el Cordero de Dios? Sí. Hebreos 1:3 declara la principal misión para la que vino. Ésta fue la misión para la que Él vino. Vino para ser hombre y morir. Siendo que Él vino a limpiar nuestros pecados, ¿por qué pasar tanto tiempo en estos primeros capítulos de Hebreos demostrando su Majestad y Deidad? ¡Ah, la importancia de la obra efectuada queda demostrada por la grandeza del Agente! La obra más importante del Estado es confiada a los más importantes siervos. Cuando el Rey confía un deber a su propio primogénito Príncipe, todos están conscientes de la importancia de la tarea.

1.560. ATENCIÓN
Hebreos 2:1

Aquí se nos llama a prestar atención a:

I. Nuestro privilegio. «A las cosas que hemos *oído.*» Cosas preciosas reveladas a nosotros por el Evangelio.

II. Nuestro deber. «*Debemos* prestar mucha mayor atención.» Oye, y vivirá tu alma. Esfuérzate por entrar.

III. Nuestro peligro. «No sea que acaso, como vasos rajados, las dejemos escurrir» (V.M.). Por un oído entra, por el otro sale. Aférrate a lo que tienes.

1.561. LA GRAN SALVACIÓN

> «¿Cómo escaparemos nosotros, si descuidamos una salvación tan grande?» (He 2:3).

I. Es una gran salvación. Grande, cuando se piensa en la grandeza de Aquel que salva. Él es el Heredero de todas las cosas, el Hacedor del universo, el resplandor de la gloria del Padre, la expresa imagen de su Sustancia, quien sustenta todas las cosas por la palabra de su poder, y es muy superior a los ángeles (He. 1:2-4). Grande, cuando se piensa en la terrible condición de la que nos salva, de la culpa y el dominio del pecado, y nos libra de aquella muerte que es el salario del pecado, y de la ira de Dios que debe reposar para siempre sobre el pecado y los pecadores. Grande, cuando se piensa en la feliz posición a la que él nos salva: introducidos a la familia de Dios, justificados de todas las cosas, hechos hijos e hijas y herederos de la vida eterna, poseyendo la promesa de la vida que es ahora, así como la vida venidera. Grande, cuando se piensa en el inenarrable precio que tuvo que pagar para nuestra salvación. No cosas corruptibles, como plata y oro, sino con su propia y preciosa sangre. Fue necesario el *sacrificio* de SÍ MISMO para purificar nuestros pecados, y él, voluntaria y amantemente, dio su todo.

II. Esta salvación puede ser descuidada. Es descuidada cada vez que se deja pasar la oportunidad de ser salvo. Debiéramos prestar mucha atención a las cosas que hemos oído, no sea que *jamás* marchemos a la deriva. Porque dejar pasar la oportunidad en *cualquier momento* puede significar dejarla pasar por *última* vez. Muchos descuidan la salvación al descuidar el Día del Señor. Descuidar la Palabra de Dios, el Evangelio de Dios, la contención del Espíritu de Dios y la Providencia de Dios es descuidar la salvación. El proceso de descuidar, como el proceso de irse a la deriva, puede ser indoloro e inconsciente, pero por ello mismo es tanto más peligroso. Puedes descuidarlo sin odiarlo o negarlo. Los Obstinados que rehusan ir adelante, y los Flexibles que se vuelven atrás, descuidan igualmente la salvación.

III. Esta salvación, si es descuidada, no tiene alternativa. Esta pregunta, «¿Cómo escaparemos nosotros, si descuidamos?», es una que la sabiduría de Dios no puede contestar, aunque algunos hombres, en la soberbia de sus corazones, lo han intentado. ¿Cómo escapará un comerciante de la ruina, si descuida su negocio? ¿Cómo escaparemos nosotros del hambre, si descuidamos la comida? ¿Cómo escaparemos de las tinieblas, si descuidamos la luz? ¿Cómo escaparemos de la paga del pecado, si descuidamos la Expiación por el pecado? ¿Cómo escaparemos de la ira de Dios, si descuidamos el don de Dios? ¿Cómo escaparemos de la condenación del Infierno si descuidamos la salvación del Cielo? «He aquí ahora el tiempo favorable.» Uno de los más deprimentes espectáculos de la tierra es una ancianidad sin Cristo.

1.562. LA GRAN SALVACIÓN
Hebreos 2:3

1. Una gran certidumbre… «Salvación».
2. Una gran posibilitad… «Descuidar».
3. Una gran imposibilidad… «Escapar».

1.563. UNA GRAN SALVACIÓN
Hebreos 2:3

1. La bendición necesitada: «Salvación».
2. El carácter de la misma: «Tan grande».
3. El común peligro: «Si descuidamos».
4. Pregunta sin respuesta: «¿Cómo escaparemos si descuidamos?».

1.564. PERO VEMOS A JESÚS
Hebreos 2:9

1. Vedlo como *igual de Dios* (Jn. 1:3; He. 1:3).
2. Vedlo en *gran pobreza* (2 Co. 8:9).
3. Vedlo en *profunda tristeza* (Is. 53).
4. Vedlo en *abnegado amor* (Mt. 20:28).
5. Vedlo en *su obediencia sin límites* (Jn. 6:38).
6. Vedlo en *su eficaz poder* (Ef. 1:20, 21; Fil. 2:9, 10).
7. Vedlo en *su infinita compasión* (He. 4:15).
8. Vedlo en *gran gloria* (1 Jn. 3:2).

1.565. UNA VISIÓN SALVADORA DEL ALMA
Hebreos 2:9, 10

«PERO vemos… a Jesús.»

I. **Humillándose** a sí mismo. «Hecho inferior a los ángeles.»

II. Sufriendo **muerte**.

III. Sufriendo muerte **por la gracia de Dios.**

IV. Sufriendo muerte **por todos los hombres.**

V. **Coronado** con gloria y honra.

VI. **Llevando a muchos** hijos a la gloria.

VII. **Perfeccionado como Salvador** por medio de padecimientos.

1.566. EL AUTOR DE LA SALVACIÓN
Hebreos 2:10-11

I. El **propósito** de Dios. «Llevar muchos hijos a la gloria.»

II. El **carácter** de aquellos que Él lleva. «Hijos.»

III. El **método.** Por medio de uno *hecho perfecto* como Salvador.

IV. Cómo Cristo fue **hecho perfecto** como Salvador. «Por medio de padecimientos.»

V. El **acto** concordante con Dios. «Le *convenía.*» Era conforme a su carácter.

VI. El bendito **resultado.** «El que santifica y los que son santificados, de Uno son todos.» Unidad de naturaleza y de propósito.

1.567. TODOS UNO EN CRISTO
Hebreos 2:11

1. En Cristo somos poseídos por una vida, Juan 15:5

2. En Cristo pertenecemos a un cuerpo, 1 Corintios 12:12-14

3. En Cristo somos unidos por un espíritu, 1 Corintios 6:17

4. En Cristo estamos seguros en una posición, Juan 17:21

5. En Cristo somos piedras de un edificio, Efesios 2:22

6. En Cristo somos miembros de una familia, Efesios 3:14-15

7. En Cristo somos partes de un templo, Efesios 2:21-22

1.568. AYUDA PARA LOS TENTADOS

«Como cuando una repentina tormenta de granizo y lluvia
Abate al suelo la planta aún no espigada,
No creas que la esperanza de cosecha se ha desvanecido
Sobre el llano campo, y sobre el desnudo vacío:
El ligero y no cargado tallo, de tempestades libertado,
Levantará los honores juveniles sobre su cabeza,
Y pronto llevará, restaurado por vigor nativo
El producto en sazón del muy fructífero año»

DRYDEN

«Porque no tenemos un sumo sacerdote que no pueda compadecerse de nuestras debilidades, sino uno que ha sido tentado *en todo* según nuestra semejanza, pero sin pecado» (He. 4:15). «Pues en cuanto Él mismo fue probado mediante el sufrimiento, es poderoso para venir en auxilio de los que son tentados» (He. 2:18).
La *naturaleza de nuestras* tentaciones demostrará por lo general lo que realmente somos. Cuanto más elevado sea el carácter moral y espiritual, tanto más elevadas y sutiles serán las tentaciones. Cristo nunca pudo ser tentado por las formas bajas y comunes de pecado. El diablo elevó sus cebos tentadores a la altura de la dignidad del Hijo de Dios. Por ello, al ser tentado como Hijo en todo según nosotros (hijos) lo somos, Él es poderoso para venir en auxilio de los tentados con el consuelo con el que Él mismo fue fortalecido por parte de Dios. ¿Observaremos algunos de estos puntos en los que Él fue tentado, como nosotros, y debido a lo cual somos hechos partícipes de sus padecimientos?

I. Fue tentado a conseguir una cosa legítima de una manera ilegítima (Mt. 4:3, 4). «Al final *tuvo hambre.* Y acercándosele el tentador, le dijo: Si eres Hijo de Dios, di que estas piedras se conviertan en *panes.*» ¿No es ésta una tentación común, especialmente para los que luchan con las dificultades de un mundo de *negocios*? Aquello que se codicia, anhelado con un corazón *hambriento,* parece estar a nuestro alcance sólo con decir una palabra, pero una palabra que está prohibida por la conciencia íntima. El mismo pensamiento de ello es el murmullo de Satanás. En esto el Señor gustó lo que se conoce generalmente como «la lucha por el pan». Pero Él venció esta tentación con «No solo de pan vivirá el hombre», etc. «Confió en Dios» (Mt. 27:43).

II. Fue tentado a exhibir su poder para honra de su propio Nombre. «*Si eres Hijo de Dios, échate abajo*, porque escrito está: A sus ángeles les encargará acerca de ti» (Mt. 4:6). Nunca podremos demostrar nuestra *filiación divina* al mundo ni al diablo «echándonos abajo». Hay una cosa del todo cierta: si el diablo hubiera podido lanzarlo abajo, no le hubiera pedido «écha*te*». ¿No nos sentimos nosotros también tentados a hacer una exhibición de nuestros dones o capacidades: dinero, cántico, oratoria u obras, únicamente para demostrar a otros que *nosotros* somos hijos de Dios, en lugar de hacerlo por la gloria de Dios? Él fue tentado en todo a nuestra semejanza, pero sin pecado.

III. Fue tentado a llevar a cabo los propósitos de Dios adoptando un método que deshonraba a Dios. «El diablo... le mostró todos los reinos del mundo y la gloria de ellos, y le dijo: Todo esto te daré, si postrado me adoras» (Mt. 4:8, 9). Era el propósito de Dios darle todos los reinos del mundo y la gloria de los mismos (Zac. 14:9; 1 Cr. 29:11; Ap. 11:15). La tentación es la de salirse del plan del Padre, esquivar la agonía de la Cruz, y esperar la bendición prometida empleando medios que están opuestos a la Palabra y al carácter de Dios. Ésta fue la tentación mediante la que cayeron Adán y Eva, y una tentación que parece ir creciendo más y más en estos tiempos presentes. El diablo está siempre dispuesto para enfrentarse al devoto siervo de Cristo que está *hambriento* por el reino de Dios con su «Si *postrado*». Abraham cayó cuando tomó a Agar, para apresurar la promesa de Dios. El Evangelio de Cristo, predicado en el Espíritu Santo, y recibido por la fe, es EL PODER DE DIOS. El acto de poner cualquier cosa en su lugar como medio para llevar el mundo a Cristo es caer delante de la tentación del diablo.

IV. Fue tentado a hablar imprudentemente. «Los escribas y fariseos comenzaron a acosarle en gran manera, y a *provocarle* a que hablase de muchas cosas, y procurando cazar alguna palabra de su boca para acusarle» (Lc. 11:53, 54). Los cristianos que tienen que mezclarse mucho con los impíos son frecuentemente asaltados de esta manera. Argumentan encendidamente, para provocar al seguidor de Cristo a que pronuncie alguna palabra impensada, para asirse de ella como espada para herir al inocente. Tú que eres tentado, recuerda que Él fue tentado como tú, y que Él es poderoso para socorrer a los tentados. No hay ningún miembro del cuerpo tan listo a actuar de Judas como la lengua. Pon guarda a tus labios.

V. Él fue tentado a salvarse soslayando la cruz. «*Sálvate* a ti mismo.» «Si eres Hijo de Dios, *desciende* de la cruz... y *creeremos*» (Mt. 27:40-43). Negar la cruz y *salvarnos* del sufrimiento y la vergüenza relacionadas con ella es una tentación con que se encuentra repetidas veces el siervo de Jesucristo. Hay una fuerza adicional en ella cuando parece haber la perspectiva de que otros crean en nosotros si actuamos de esta forma. El mundo, la carne y el diablo están siempre clamando, de una manera u otra, «*sálvate a ti mismo*» a cada hijo de Dios que quiere estar crucificado con Cristo (Gá. 2:20). El enemigo sabe que si nos salvamos a nosotros mismos se habrán perdido nuestras *vidas* (véase Mt. 16:24, 25). Tomar su cruz es perder nuestra vida del yo, como el grano de trigo muere en la tierra y vuelve a vivir en una forma nueva y más abundante. «Si eres Hijo de Dios, sálvate a ti mismo.» Nunca es apropiado que los *hijos* de Dios *se salven a sí mismos*, aunque a veces puedan verse constreñidos a preguntar: Si soy un *hijo* de Dios, ¿por qué tengo que sufrir así? Él fue tentado en todo según nuestra semejanza, y por ello es poderoso para auxiliar a los que son tentados.

La tentación a evitar sufrir por el bien de los otros está siempre delante de nosotros. Pero así como Jesús *padeció* fuera de la puerta *para santificar* al pueblo con su propia sangre, así nosotros somos llamados a salir a Él, fuera del campamento, *llevando su vituperio* (He. 13:12, 13). El vituperio de Cristo es una gloriosa *carga* (1 P. 4:14; He. 11:26).

1.569. LA RECAÍDA

Hebreos 3:12

I. Los advertidos. «¡Mirad, hermanos!» Solo aquellos que han sido hechos cercanos a Dios pueden recaer apartándose de él».

II. La causa. «Un corazón malo de incredulidad.» La incredulidad es en sí misma el fruto de un corazón malo.

III. La manera. «Apartarse del Dios vivo.» El impulso del corazón apartándose de Dios a alguna otra cosa.

IV. La prevención. «¡Mirad!» Examinaos a vosotros mismos.

1.570. LOS CRISTIANOS COMO PARTÍCIPES

«Hemos llegado a ser participantes de Cristo» (He. 3:14).

1. De su **naturaleza** divina, 2 Pedro 1:4.
2. De su **Espíritu** Santo, Hebreos 6:4.
3. De su **santidad**, Hebreos 2:10.
4. De sus **padecimientos**, 1 Pedro 4:13.
5. De su **disciplina**, Hebreos 12:8.
6. De su **consolación**, 2 Corintios 1:7.
7. De su **gloria**, 1 Pedro 5:1.

1.571. PROVOCANDO A DIOS

Hebreos 3:15

I. Un **privilegio.** «Si oís su voz.»

II. Una **advertencia.** «No endurezcáis vuestros corazones.»

III. Un **ejemplo.** «Como en la provocación» (Nm. 14:1-11). Incredulidad.

IV. Una **responsabilidad.** «Si oís.»

V. Una **oportunidad.** «*Entretanto* que se dice... hoy.»

1.572. HOY

Hebreos 3:15

I. Un precioso **privilegio**, «Si oís... Su voz».

II. Un posible **peligro**, «No endurezcáis vuestros corazones».

III. Una **oportunidad** presente, «Hoy».

1.573. EXCLUIDOS POR INCREDULIDAD

«Y vemos que no pudieron entrar a causa de su incredulidad» (He. 3:19).

Los hijos de Israel fueron abatidos en el desierto porque *no creyeron* a su Palabra y no dieron oído a la voz del Señor (Sal. 106:24-26). Así como la incredulidad estorba al pecador de entrar en la salvación de Dios que es en Cristo Jesús, estorba asimismo a muchos del pueblo de Dios de entrar en la plenitud de la bendición: una vida satisfecha con Dios y victoriosa en su Nombre. No pudieron entrar *a causa de su incredulidad*.

I. No fue porque no conocieran la voluntad de Dios. Sabían que era la voluntad de Dios que entraran y poseyeran la tierra, pero perecieron fuera de ella. Él no desea que ninguno perezca. Aunque muchos lo saben, permanecen sin embargo fuera de la promesa de vida que es en Cristo Jesús. Saben que Cristo murió por todos, pero se retardan y murmuran en el desierto de la incredulidad.

II. No fue por falta de evidencias del poder de Dios. Habían sido testigos oculares de muchas maravillas que Él había obrado: plagas de Egipto, el Mar Rojo, el maná del cielo, etc. Desde luego que tenemos en los cielos arriba, y en la tierra abajo, y dentro del dominio del alma humana y del Libro Divino pruebas abundantes de la presencia y del poder de Dios para cumplir las promesas que Él ha hecho. Las cosas *invisibles* pueden ser entendidas, o hechas inteligibles, por las cosas que son visibles, por lo que no tienen excusa (Ro. 1:20).

III. No fue por falta de ver los frutos de la tierra. Les fueron mostradas las uvas y las granadas de la buena tierra (Nm. 13:26). Les fueron puestos delante de los ojos frutos que jamás podrían crecer en el desierto. Pero cayeron, por causa de su incredulidad. Los incrédulos, hoy día, no carecen de la misma poderosa evidencia. Los frutos de la vida de Canaán, el *amor* a los enemigos, el *gozo* en el Espíritu Santo, la *paz* con Dios y la paz de Dios, son todos ellos frutos que no pueden crecer en la estéril tierra de la naturaleza. El fruto del Espíritu en la vida cristiana es una revelación a los de fuera «de la tierra buena y placentera» de su realidad y riqueza. Estos frutos pueden ser vistos en casi todas partes, y como no son el producto de la vida natural, son evidencias del poder de Cristo para salvar, santificar y satisfacer.

IV. No fue por falta de un deseo por algo mejor. No estaban satisfechos con su presente parte en el desierto. Sentían profundamente su necesidad de una heredad mejor y más permanente; anhelaban intensamente algo más que lo que tenían. Pero no entraron a causa de su incredulidad. Es legión el nombre de los que se encuentran espiritualmente en la misma condición. Conscientes de su necesidad de una vida mejor y más satisfactoria, pero rehusando creer en la Palabra de Dios acerca de su Hijo. Esta «buena tierra» prometida les es ofrecida, pero no pueden entrar a causa de su incredulidad. El corazón malo de incredulidad siembre busca su bien *apartándose* del Dios viviente (v. 12). La necesidad del corazón sólo puede ser plenamente suplida por una fe que entra en la promesa de Dios y reposa allí. «Cree, y verás.»

1.574. UN SANO TEMOR
Hebreos 4:1

1. La bendición,	«Su reposo».
2. La oferta,	«Permaneciendo aún la promesa».
3. La posibilidad,	«No haberlo alcanzado».
4. La advertencia,	«Temamos, pues».

1.575. EL ANCLA SEGURA Y FIRME

«La cual [esperanza] la tenemos como segura y firme ancla del alma, y que penetra hasta dentro del velo, donde Jesús entró por nosotros» (He. 6:19, 20).

La vida aparte de Jesucristo está llena de incertidumbres, porque está fuera del plan y propósito de Dios. Solamente el cristiano puede decir: «*Tenemos una esperanza* segura y firme».

II. Qué es esta ancla. Es el mismo Jesús, que ha entrado dentro del velo como nuestra Esperanza. Puede que no sea fácil definir el Amor, la Paz o la Esperanza, pero a Él *lo* hemos conocido.

II. Cómo fue formada esta ancla. Hay dos elementos en ella, el *divino* y el *humano*. Nuestra Ancla es a la vez Dios y Hombre. «Cristo nuestra Esperanza» como Ancla. Él ha sido sometido a duras pruebas, probado por Dios, por el hombre, por los demonios, y es abundantemente poderoso para soportar cualquier esfuerzo que se le pueda aplicar.

III. Cómo se puede conseguir esta ancla. Todos los que se han refugiado en Él, al aferrarse a Jesús como su esperanza, son hechos partícipes de su poder salvador. *Una necesidad* sentida a la vista de la venidera tempestad es todo lo que se demanda. Es demasiado tarde para que busquemos el ancla cuando la nave ha sido partida contra las rocas.

IV. Cómo se debe emplear esta ancla. No debemos dejarla tras nosotros para pedirla cuando aparezca el peligro (Hch. 27:29); tiene que estar *de continuo con nosotros*. «He aquí, Yo estoy con vosotros todos los días.» ¡Qué privilegio estar constantemente en contacto con Aquel que es omnipotente para guardar! Cada mirada de fe es un lanzamiento del ancla dentro del velo (véase Col. 3:1).

V. Cómo aguanta esta ancla. Es «segura y firme», asiéndose de lo invisible y eterno. Jesús, en la presencia de Dios *por* nosotros, hace segura nuestra posición, habiendo entrado por medio de *su propia* sangre. Como nuestro representante que es, Él está arraigado en Dios por medio de un pacto eterno. Su ancla se mantiene firme en el *día de la adversidad* cuando todo a nuestro alrededor se desmorona. Se mantiene en el *día de la muerte*, cuando baten sus «frías y tenebrosas olas». Se mantiene en el *día del juicio*, «cuando los elementos, ardiendo, serán deshechos». Esperanza *que poseemos* como goce actual. El que está sin Cristo carece de esperanza. «¿Se mantendrá firme, tu ancla»?

1.576. EL PODER DE UNA VIDA INDESTRUCTIBLE
Hebreos 7:16

La vida de Jesús no parecía *indestructible* cuando pendía desangrándose y muriendo en la Cruz. Su vida alcanzaba al pasado sin fin así como al futuro sin fin. El sacerdocio aarónico era según el poder de una ley pasajera; pero el de Cristo, el verdadero Melquisedec, era según el poder de una vida indestructible. Él vive «por los siglos de los siglos» (Ap. 1:18). No es tanto la *indestructibilidad* de su vida lo que queremos examinar como el PODER de la misma. Es:

I. Un poder transmisor de vida. La venida del Espíritu vivificador en *Pentecostés* es evidencia de ello. Cada pecador convertido es un testigo (Jn. 5:26) de **que Él vive. La vida que El vive es también indestructible, «vida eterna».**

II. Un poder que da certidumbre de paz. Él ha entrado mediante su propia sangre, aquella sangre que habla dentro del velo. Cállate, alma agitada: Él vive «siempre para interceder por ellos» (He. 7:25; *cf.* Col. 2:14).

III. Un poder fortalecedor. «Por cuanto Yo vivo, vosotros también viviréis» (Jn. 14:19, V.M.). La vid siempre viva sostiene al pámpano que en ella permanece.

IV. Un poder confortador. «Yo sé que mi Redentor *vive*» (Job 19:25). Mi Redentor vive, aunque mis amigos en la tierra hayan quedado cortados por la muerte. Él sigue viviendo aunque sus valiosos y amados siervos no hayan sido permitidos continuar por razón de la muerte.

V. Un poder que da satisfacción al alma. «Puede también salvar completamente... viviendo siempre» (v. 25). «Si conocieras el don de Dios, ... tú le habrías pedido a Él, y Él te habría dado» (Jn. 4:10).

VI. Un poder suscitador de esperanza. Por cuanto su vida es indestructible, Él puede tomarse un cuidado sin fin de los suyos. Él puede perfeccionar lo que toca a nosotros llevando a su fin la buena obra que ha comenzado en nosotros, y en la Iglesia y en el mundo en general.

VII. Un poder que da testimonio de Cristo. El poder de su vida indestructible mora en cada creyente por el Espíritu Santo. Es un poder testimoniador al mundo de que Aquel que fue crucificado y sepultado está ahora coronado y glorificado. «He venido para que tengan vida» (Jn. 10:10). «A todos los que *le recibieron*, a los que creen en su nombre, les dio potestad de ser hechos hijos de Dios» (Jn. 1:12).

1.577. SALVOS HASTA EL MISMO FIN
Hebreos 7:25

Este versículo ha sido llamado «El Evangelio para los Santos». ¿Pero por qué para los santos? Los *pecadores* necesitan el Evangelio, esto se admite universalmente. Pero ¿necesitan los *santos* un mensaje del Evangelio? Sí; y cuando el mensaje de «hasta lo último» se comprende, se ve el sentido de esta palabra. El sentido de la palabra traducida en la versión Reina-Valera «completamente» (RVR77), o «eternamente» (RV) significa «hasta el mismo fin». «El fin»: *no fin en el tiempo, sino fin en cuanto a lugar*. Es cierto que su salvación es válida para ambas cosas. Pero estamos tratando de penetrar en el sentido de esta palabra ante nosotros.
Israel se salvó de la muerte en Egipto por el rociamiento de la sangre, y se salvó del poder del enemigo cuando las aguas del Mar Muerto ahogaron al ejército perseguidor. Pero no fueron salvados «completamente», esto es, «hasta lo último» (como lo traduce Rotherham) hasta que, habiendo terminado la peregrinación de cuarenta años por el desierto, pasaron el Jordán y tomaron posesión de la Tierra Prometida. Esta es una gran palabra. Si un alma redimida no ha entrado aún plenamente en sus posesiones en Cristo, y consiguientemente no está viviendo la vida de victoria y de comunión de la tierra de Beulá, no ha sido aún salvada «hasta lo último».

I. Su capacidad para salvar. «Puede salvar.»

II. A quiénes salva. «A los que... se acercan.»

III. Extensión de su salvación. «Completamente», hasta Canaán, esto es, la vida de comunión y de victoria.

IV. Período de su salvación. «Hasta lo último» (Rotherham).

V. Base de esta salvación. «[Que Cristo está] viviendo siempre.»

VI. Carácter de esta salvación. «Completamente.»

1.578. ÉL ES PODEROSO
Hebreos 7:27

I. El es poderoso para **salvar**.

II. El es poderoso para salvar **a aquellos que se acercan.**

III. Puede salvar a aquellos que se acercan **a Dios.**

IV. Puede salvar a aquellos que se acercan a Dios **por medio de Jesucristo.**

V. Puede salvarlos **completamente.**

VI. Puede salvarlos completamente **porque Él vive siempre.**

1.579. LA PLENITUD Y EFICACIA ETERNAS DE LA MUERTE DE CRISTO
Hebreos 8:12

Esto queda expuesto y enfatizado muchas veces en esta epístola (7:27; 9:25, 26; 10:1-3), pero en particular en conexión con He. 8:12. El difunto James Neill, M. A., ha señalado bien que el Nuevo Pacto a que se hace referencia en el capítulo 8:6-13 comienza en un punto al que el Antiguo Testamento jamás llegó ni por un momento. Porque no había sacrificio para expiar por un pecado voluntarioso bajo el Antiguo Pacto, con solo cuatro excepciones:

1. Ocultación voluntariosa de conocimiento como testigo (Lv. 5:1).
2. Una mentira voluntariosa (Lv. 6:2).
3. Perjurio (Lv. 6:2).
4. Un pecado de impureza (Lv. 19:20, 22).

En cuanto todos los demás casos, se dice: «Mas la persona que hace algo con soberbia… esa persona será cortada» (Nm. 15:30). Esto nos muestra el sentido de la petición de David: «Porque no quieres sacrificio, que yo lo daría» (Sal. 51:16). Se está refiriendo a su voluntarioso pecado, para el que no se había dado provisión. Pero este Nuevo Pacto comienza en un punto al que el Antiguo Pacto jamás había alcanzado: el pleno, libre perdón de *todo* pecado. ¡Alabado sea el Señor! De ahí el sentido de «La Sangre de Jesucristo, su Hijo, nos limpia de *todo* pecado» (1 Jn. 1:7).

1.580. LA SEGUNDA VENIDA DE CRISTO

Las tres apariciones mencionadas en Hebreos 9:24-28 están relacionadas con los tres aspectos de la gran Salvación de nuestro Señor, el pasado, el presente y el futuro.

I. El pasado. «Ha sido *manifestado*… para quitar de en medio el pecado.» Redención.

II. El presente. «Entró… en el cielo mismo para *presentarse* ahora por nosotros en la presencia de Dios.» Intercesión.

III. El futuro. «*Aparecerá* por segunda vez sin relación con el pecado… para salvación.» Transformación. Esta misma triple liberación es mencionada en 2 Corintios 1:10, y se corresponde con el triple carácter de Cristo, como profeta, sacerdote y rey. La segunda venida de Cristo no recibe mucha atención en la predicación de hoy en día, aunque tiene un gran puesto en la Palabra de Dios. Hay 260 capítulos en el Nuevo Testamento, y más de 300 referencias a este magno acontecimiento venidero.

1.581. UNA SALVACIÓN TRIPLE
Hebreos 9:24-28

1. Se ha aparecido para quitar el pecado.
2. Aparece ahora en la presencia de Dios por nosotros
3. Aparecerá por segunda vez.

Estas tres apariciones representan tres aspectos de la gran Salvación (pasada, presente y futura), y se corresponden con las tres liberaciones mencionadas en 2 Corintios 1:10.

I. De la culpa del pecado. «Ha sido manifestado una vez para siempre por el sacrificio de Sí mismo.» Esta es una liberación *pasada*. Cristo sufrió una vez por los pecados, el Justo por el injusto, para llevarnos a Dios (1 P. 3:18). Esto lo hizo una vez por todas. Por ello, no hay condenación ahora para los que están en Cristo Jesús.

II. Del poder del pecado. «Cristo [entró] … en el cielo mismo para presentarse ahora por nosotros en la presencia de Dios» (v. 24). Ésta es una Salvación *presente*. En este sentido estamos siendo salvados de día en día. Con respecto a nuestra culpa *somos* salvos por la Sangre de la expiación; pero con respecto al pecado en nosotros, necesitamos ser constantemente salvados. La aparición de Cristo en la Cruz quita la culpa del pecado; la aparición de Cristo en la presencia de Dios da el poder para vencer al pecado dentro de nosotros. «Y si alguno peca, *abogado* tenemos para con el Padre, a Jesucristo el *justo*» (1 Jn. 2:1; Ro. 8:34).

III. De la presencia del pecado. Él «aparecerá por segunda vez, sin relación con el pecado, a los que le esperan ansiosamente para salvación» (v. 28). Ésta es una Salvación *futura*. Así que en este sentido mantenemos la *esperanza* de la salvación. Nunca seremos salvos de la *presencia* del pecado hasta que seamos salvados de este «cuerpo de nuestra bajeza». Seremos salvos de este cuerpo de bajeza cuando Él aparezca y lo cambie, y lo conforme a la semejanza de su cuerpo glorioso. Entonces esto corruptible se revestirá de incorrupción (Fil. 3:20, 21).

1. La salvación de la culpa del pecado por el Sacrificio de Cristo.
2. La salvación del poder del pecado por la Intercesión de Cristo.
3. La Salvación de la presencia del pecado a la Venida de Cristo.

1.582. MORANDO EN LA CORTE
Hebreos 10:19-22

La sección doctrinal de la Epístola ya ha finalizado, y comienza la importante aplicación. Aquí llegamos a la meta. Aquí vemos al hijo de Dios en su hogar. Este Hogar es el Lugar Santísimo, la misma presencia de Dios. «El cristianismo es una religión de acceso.»

I. El privilegio. «Teniendo entera *libertad*» (v. 19). El privilegio de morar en el Lugar Secreto es el fruto de la muerte de Cristo. Y este privilegio es para hoy, y para todos nuestros días, para el tiempo lo mismo que para la eternidad.

II. La capacitación. «Acerquémonos.» Observemos: «Libertad» asociada con «la Sangre de Jesús».

III. Las condiciones.

1. UN CORAZÓN SINCERO. El corazón recto para con Dios.
2. PLENA CERTIDUMBRE. La fe en un pleno, vigoroso y sano ejercicio.
3. BUENA CONCIENCIA. Por medio de su Sangre hallamos la liberación del acosador sentimiento de culpa.
4. CUERPOS PURIFICADOS. Un cuerpo dedicado y purificado y una vida limpia de toda práctica y de todo hábito externos degradantes e innobles.

1.583. LA LOZANÍA ETERNA DEL SACRIFICIO DE CRISTO
Hebreos 10:20; Apocalipsis 5:6

El doctor Chadwick llama la atención a la palabra griega traducida «Nuevo», diciendo que es desconocida en el resto de la Escritura, y que significa «recién inmolado». Así se declara la lozanía perpetua de la ofrenda de Cristo. Esto se enseña adicionalmente en aquella oración llena de sentido de Apocalipsis: «Un Cordero… como inmolado», como si recién inmolado. Lutero se dio cuenta de este extremo, y dijo: «Parece como ayer que Jesús murió en la Cruz». Un moderno poeta ha visto también esta verdad, cristalizándola en aquella línea de su poesía:

«Amado agonizante Cordero, Tu Sangre preciosa
Jamás su eficacia perderá».

1.584. LA FE EN ACTIVIDAD
Hebreos 11

Este capítulo ha sido llamado la **Galería de la Fe de la Biblia.** Aquí tenemos preservados unos retratos verbales de algunos miembros de la familia de Dios en relación con la vida de la fe.
¿Te has preguntado alguna vez por qué se hace mención de la fe de ellos, y no de sus pecados? ¿Por qué? Evidentemente, porque cada creyente es visto aquí a la luz del capítulo 10. Están sobre el pacto de la gracia, y son vistos como aquellos que han aceptado plenamente la gran obra sacrificial del Redentor de ellos, y esto significa el perdón y borrado de sus pecados, que nunca más han de ser recordados. ¡Gloria al Señor!
Sumaricemos este capítulo:
En el versículo 1 tenemos LA NATURALEZA DE LA FE: esto no es una suposición, ni algo nebuloso, sino «sustancia», «evidencia». En el resto del capítulo hemos demostrado LA POSIBILIDAD DE LA FE para todas las clases y grados de individuos, mujeres y hombres, siervos y amos, los débiles y los fuertes, los educados y los iletrados.

1.585. LA FE
Hebreos 11

1. **Descripción**	Firme seguridad, prueba convincente (1).
2. **Aprobación**	Los antiguos (2, BAS).
3. **Entendimiento**	La creación (3).
4. **Adoración**	Abel (4).
5. **Testimonio**	Enoc (5).
6. **Obra**	Noé (7).
7. **Caminar**	Abraham (8).
8. **Paciencia**	Abraham (9, 10).
9. **Disposición**	Sara (11, 12).
10. **Acogida**	Héroes desconocidos (13-16).
11. **Sacrificio**	Abraham (17-19).
12. **Triunfo**	Isaac (20-22).
13. **Preservación**	Los padres de Moisés (23).
14. **Renuncia**	Moisés (24-26).
15. **Huida**	Moisés (27).
16. **Contagio**	«Él», y luego «ellos» (28, 29).
17. **Hazaña**	Israel (30).
18. **Salvación**	Rahab (31).
19. **Actividad múltiple**	Muchos santos (32-40).

1.586. LA FE TAL COMO SE EXPONE EN HEBREOS 11

I. La naturaleza de la fe (vv. 1, 2). Es la *firme seguridad* o base de las cosas que se esperan; no es ni una sombra ni un sentimiento: es la *evidencia,* la prueba convincente, de lo que no se ve. Jacob la ejercitó cuando dio valor al derecho de primogenitura, y dio a cambio el cocido. Se aferró a la promesa, y no hizo provisión para la *carne,* por lo que por la fe obtuvo buen testimonio. La fe da un buen testimonio de Dios, y consigue un buen testimonio para el creyente. Creí, por lo cual hablé.

II. Conocimiento de fe (v. 3). «Por la fe entendemos.» «Ver es creer», dice el mundo. Cree, y *verás,* dice la Palabra. Por la fe entendemos que Cristo ha muerto, que el pecado ha sido quitado, que tenemos la vida eterna, y que somos aceptos en el Amado. La incredulidad no puede entender esto: ningún incrédulo jamás lo conoció. ¿Sabéis estas cosas? «Estas cosas os he escrito a vosotros que creéis en el nombre del Hijo de Dios, para que *sepáis»* (1 Jn. 5:13).

III. La adoración de la fe (v. 4). «Por la *fe,* Abel ofreció a Dios.» El que se allega a Dios *00* que creer. Dios es Espíritu. La fe entra dentro del velo, y adora. De los adoradores exteriores se puede decir que adoran lo que no conocen. Recordemos tres cosas *necesarias*: La primera está en el umbral del reino: «Os es necesario nacer de nuevo» (Jn. 3:7); la siguiente en el umbral de la oración: «Es necesario que… crea» (v. 6); la tercera a la puerta de la adoración: «Es necesario que le adoren en Espíritu y en verdad» (Jn. 4:24).

IV. Traslación de fe (v. 5). «Por la fe, Enoc fue trasladado.» Hablamos frecuentemente de la justificación por la fe, pero poco de la traslación por la fe; cada creyente ha sido trasladado por la fe al reino del Hijo amado de Dios (Col. 1:13), y sentado con Cristo en lugares celestiales, *por encima* de todo principado, autoridad, poder y señorío, y de *todo nombre* que se nombra, *no solo en este siglo.* Esta es la victoria que vence al mundo. A menudo pensáis acerca de la vida cristiana más elevada, y anheláis ser liberados de la opresiva atmósfera e influencias mortíferas de este mundo presente. ¿Lo habéis probado nunca al estilo de Enoc? Tened fe en Dios.

V. El gran valor de la fe (v. 6). «Sin fe es imposible agradar a Dios.» La fe es de gran precio debido a que complace a Dios. Hay dos grandes cosas que agradan a Dios: 1) La preciosa Sangre de Cristo. ¿Te complaces tú en ella? 2) La fe en esta Sangre. *Dios* se agrada de esto. Aquí hay dos verdades. Aférrate a ellas por la fe, y entonces todas las cosas te serán posibles: 1) Cree que *Él es;* 2) que Él es lo que dice ser: un *Galardonador.* Muchos creen en su existencia y niegan en la práctica su carácter de gracia. ¿Has recibido Tú una fe igualmente preciosa?

VI. El testimonio de la fe (v. 7). «Noé… preparó un arca para salvación de su casa; y por esa fe condenó al mundo.» Las obras de cada creyente deberían condenar al mundo. La construcción del arca fue la obra *diaria* de Noé durante 120 años. Cada martillazo proclamaba salvación para su casa, pero el eco susurraba condenación para el mundo. cada conversación y cada transacción del cristiano debería tener este testimonio.

VII. La obediencia de la fe (v. 8). «Abraham, siendo llamado, obedeció para salir…; y salió sin saber adónde iba.» La fe no duda, sino que sigue. A los israelitas les dijo Dios: «Pasad». Obedecieron, y paso a paso las aguas huyeron de ellos. Él siempre abre un camino de salida para los fieles. El Señor llamó a Pedro con Él a las agitadas aguas, y él obedeció, aunque nunca había hecho hasta entonces tal cosa. Los obedientes seguirán a Jesús a donde sea. El Maestro ha venido, y te llama. A los fisgones les contesta así: «¿Qué te va a ti? Tú, sígueme».

VIII. El caminar de la fe (v. 9). «Por la fe, habitó como extranjero en la tierra prometida.» Cada creyente ha sido llamado de este mundo para ser peregrino con Dios en la tierra que es suya (Lv. 25:23). Con tal compañía no tienes por qué preocuparte por tu vida. «Mi Dios proveerá a todas vuestras necesidades» (Fil. 4:19). «No temas, cree solamente» (Mr. 5:36).

1.587. LA FE –Estudio II

I. La aspiración de la fe (v. 10). «Esperaba la ciudad que tiene fundamentos, cuyo artífice y constructor es Dios.» La fe no se quedará satisfecha con templos hechos con manos. Mira más allá al edificio de Dios, y contempla la Santa Ciudad, la Nueva Jerusalén, que desciende de Dios. La fe busca realidades eternas; sólo las cosas invisibles son eternas. Señor, aumenta nuestra fe.

II. El fruto de la fe (vv. 11, 12). «Por la fe… Sara… recibió poder para concebir.» Muchos también, como Sara, se han reído al principio de las grandes y preciosas promesas de Dios, pero después lo han considerado fiel, y, como Isaac, han sembrado la semilla, y recibido ciento por uno aquel mismo año (Gn. 26; 12). La incredulidad es estéril. ¿No habéis estado glorificando al Padre llevando mucho fruto, hombres de poca fe?

III. La visión de la fe (v. 13). «Mirándolo de lejos.» Son solamente los ojos ungidos los que pueden ver en absoluto. La fe asciende a la cumbre del Pisgá, y contempla la tierra lejana. Es el privilegio de la fe no solo soñar en una escalera que llega al cielo, sino contemplarla de continuo. La incredulidad es ciega. «Los puros de corazón verán a Dios».

IV. La confesión de la fe (v. 13, 14). «Confesando, y dan[do] claramente a entender.» Los fieles no se avergüenzan de confesar que son extranjeros y peregrinos en la tierra. No había ambigüedad en las declaraciones de Rut (1:16). La confesión clara y práctica de la joven viuda es muy necesaria entre los santos de nuestros días acerca de Cristo.

V. La devoción de la fe (vv. 15, 16). «Si hubiesen estado *recordándose* de aquella de donde salieron, ciertamente tenían tiempo de volver.

Pero aspiran a una mejor.» La fe tiene solo una mano, y se dirige a aquellas cosas que están delante, *olvidando* las que están detrás. El lenguaje de la fe es: «Una cosa hago» (Fil. 3:13).

VI. La prueba de la fe (vv. 17-19). «Por la fe, Abraham… ofreció a Isaac.» La prueba de la fe es más preciosa que el oro. Vuestra fe será probada: si es real resistirá el fuego, como en el caso de los jóvenes hebreos. La fe del joven rico fue probada, y hallada en falta; pero Abraham estaba dispuesto a vender todo lo que tenía. *¿Lo estás tú?* Nuestro Señor y Amo vendió todo lo que tenía y compró el campo: el campo es el mundo.

VII. Las bendiciones de la fe (vv. 20, 21). «Por la fe, bendijo Isaac… Por la fe, Jacob... bendijo.» La promesa es para vosotros y para vuestros hijos El padre creyente la recibe por la fe, y la pone sobre la cabeza de su descendencia. La fe puede demandar la bendición para otros (Mt. 8:13). ¿Reciben bendición otros por medio de nuestra fe? Las oraciones del justo tienen mucha fuerza. ¿Cuánta?

VIII. El recuerdo de la fe (v. 22, RV). «Por la fe José, muriéndose, se acordó de la partida de los hijos de Israel.» A menudo hablamos acerca de *alcanzar* la promesa, pero todo lo que la fe necesita es recordarla. El copero dijo: «Me acuerdo hoy de mis faltas». Lo mismo le sucedió a Pedro cuando el Señor le miró. Recuerda las palabras del Señor Jesús.

IX. Los secretos de la fe (v. 23). «Por la fe, Moisés, cuando nació, fue escondido.» Los hay que leen esto como si hubiera sido por *temor* que Moisés fue escondido; pero la verdad es que ellos «no temieron el decreto del rey». Lo mismo que los padres de Moisés, cada creyente tiene esperanzas escondidas y expectaciones secretas con las que ningún extraño se puede mezclar; cada hijo de la fe es un «niño hermoso».

1.588. LA FE –Estudio III

I. La elección de la fe (vv. 24, 25). «Por la fe Moisés, … rehusó, … escogiendo antes ser maltratado.» Lot escogió las llanuras bien irrigadas, lo que era sólo deleites pasajeros. Esaú prefirió el cocido; esto era también un deleite pasajero. Los sentidos escogen a la luz del presente: la fe lo hace a la luz de la Eternidad. La fe rehúsa los honores del mundo a costa de Cristo, y tal fe nunca yerra.

II. La valoración de la fe (v. 26). La fe valora «por mayores riquezas el vituperio de Cristo que los tesoros de los egipcios». Si eres vituperado por el Nombre de Cristo, eres bienaventurado, y tu posición es envidiable. ¿Por qué? Porque el Espíritu de gloria y de Dios reposa sobre ti (1 P. 4:14). Si realmente lo creemos, ¿no deberíamos estar más dispuestos a salir fuera del campamento, llevando su vituperio?

III. La huida de la fe (v. 27). «Por la fe abandonó Egipto.» Esto puede sonar a cobardía, pero la fe nunca teme. «*No* temiendo la *cólera del rey*.» Nos encontramos constantemente rodeados de estas tentaciones y trampas, y de concupiscencias dañinas que ahogan a los hombres, pero Pablo toca la nota de advertencia: «Mas tú, hombre de Dios, huye de estas cosas». Estas viviendo con cualquier concupiscencia adquirida en tu juventud? «Huye de los deseos juveniles.» ¿Te sientes frecuentemente tentado a pecar? Ten el valor, como José, para huir (Gn. 39:12).

IV. Los medios de la fe (v. 28). «Por la fe celebró… la aspersión de la sangre.» Los medios humanos pueden únicamente cumplir un propósito humano. La fe utiliza, con toda confianza, los medios divinamente señalados, sin importar cuán débiles o ridículos puedan parecer a los ojos del mundo. Dios no tiene fe en varas, piedras pequeñas, cuernos de carnero, quijadas ni cántaros rotos; pero Dios llama a la fe en su propia *Palabra*, y la fe se aferra a ella como el medio todopoderoso.

V. La osadía de la fe (v. 29). «Por la fe, pasaron por el Mar Rojo.» La fe tiene libertad para entrar allí donde sea invitada, incluso en el Lugar Santísimo. La fe es autoridad divina, y es más poderosa que cualquiera de los tres valientes de David. Marcha valiente a través del enemigo, del horno ardiente, y del diluvio, y habla como teniendo autoridad. La palabra de la fe es con poder.

VI. La victoria de la fe (v. 30). «Por la fe, cayeron los muros de Jericó». Jacob oyó de los 400 hombres de Esaú, y se atemorizó en gran manera, pero en Peniel consiguió la victoria mediante la fe. Los que quieren conseguir victorias *patentes* para Dios tienen que vencer primero en el *lugar secreto* (Mt. 6:6). Tenemos este tesoro (la luz del conocimiento de la gloria de Dios) en un vaso de barro; para que nuestra luz resplandezca, el cántaro tiene que ser roto. Los cántaros rotos son lo que precede a la victoria. «Y os lo digo llorando.» Esto es luz de un cántaro roto.

VII. La salvación de la fe (v. 31). «Por la fe, Rahab… no pereció.» «Para que todo el que en Él cree no se pierda». Israel hubiera actuado injustamente si hubiera olvidado a Rahab. El copero olvidó a José. Tenemos un Dios justo y Salvador que es fiel en sus promesas. Rahab estuvo bien dispuesta y obediente porque creyó. Si estáis dispuestos y sois obedientes, comeréis «del bien de la tierra» (Esd. 9:12). «Porque por gracia habéis sido salvados por medio de la fe; y esto no proviene de vosotros, pues es don de Dios» (Ef. 2:8), pero «la fe, si no tiene obras, está muerta» (Stg. 2:17).

VIII. La todosuficiencia de la fe (vv. 32-35). «¿Y qué más digo? Porque el tiempo me faltaría para contar de… que mediante la fe.» La fe es una de las tres cosas que nunca fallan. Si puedes creer, *todas las cosas* son posibles para el que cree. ¿Qué quieres que Yo te haga? Según vuestra fe os sea hecho.

IX. Los padecimientos de la fe (vv. 36-38). Escarnecidos, azotados, encarcelados, apedreados, aserrados, puestos a prueba, afligidos, atormentados. Lo hemos dejado *todo* y te hemos seguido. ¿Qué tendremos? Cien veces *ahora* en esta vida, con persecuciones, y en el mundo venidero la vida eterna; pero el «con persecuciones» va acompañado de la bendición de Mateo 5:10. Compárese con Hebreos 12:2: «Jesús… por el gozo puesto delante de Él soportó la cruz, menospreciando el oprobio». Si sufrimos con Él, reinaremos también con Él. «En el mundo tendréis aflicción; pero tened ánimo, Yo he vencido al mundo» (Jn. 16:33).

1.589. ENOC

Hebreos 11:5, 6

Ésta es una breve pero muy inspiradora biografía. «Enoc» significa *dedicado*.

I. Agradó a Dios. Esto demuestra que tenía fe en Dios (v. 6).

II. Sabía que había agradado a Dios. «Tuvo este testimonio.» Esto debe haber sido para él una gran fuente de *consuelo y valor*.

III. Cómo había agradado a Dios. «Caminó… Enoc con Dios» (Gn. 5:24).

IV. El **resultado** de agradar a Dios. «Fue trasladado.» La muerte no tuvo poder sobre él. Así es con la vida que está escondida con Cristo en Dios. «Por *la fe* Enoc fue trasladado.»

1.590. VENID AL GALARDONADOR

> «Es necesario que el que se acerca a Dios crea que le hay, y que es galardonador de los que le buscan» (He. 11:6).

I. A quién. «A Dios.»

1. A Dios en Cristo (1 Co. 5:19).
2. A Dios *Todopoderoso*.
3. A Dios como *Padre*.

II. Cómo venir. «Es necesario que crea.» Es necesario que crea

1. Que Él *es*: su existencia.
2. Que Él es *galardonador*: su gracia.
3. Que Él galardona a los que *le buscan*: su fidelidad.

III. ¿Cuáles son sus galardones? Él galardona

1. Al pecador que busca con la salvación.
2. Al santo luchador con municiones.
3. Al santo sufriente con glorificación (2 Ro. 8:17, 18).

1.591. LA ELECCIÓN DE MOISÉS

Hebreos 11:25

Es un bienaventurado privilegio tener una instrucción piadosa temprana, pero se debe hacer una elección personal.

I. Cuál fue esta elección. «Ser maltratado con el pueblo de Dios.» Esto implica:

1. Que Dios tiene un pueblo (Éx. 6:4; 1 P. 2:10).
2. Que es un pueblo sufriente. «En el mundo tendréis tribulación» (Mt. 5:11; Fil. 3:10).

II. ¿Qué impulsó a Moisés a hacer esta elección? «La fe.»

1. Por la fe vio la naturaleza de los placeres sin Dios. «Los deleites del pecado» (Dn. 5; Ap. 3:17-20).
2. Por la fe vio las riquezas de Cristo. «Teniendo por mayores riquezas el vituperio de Cristo», etc. (1 P. 4:14).
3. Por fe vio las recompensas de la eternidad. «Tenía puesta la mirada en el galardón» (v. 26). «En el mundo venidero la vida eterna» (Mr. 5:30).

III. Lo que implicaba esta elección.

1. Un rechazamiento (v. 24; Fil. 3:7).
2. Un abandono (v. 27; 2 Co. 6:17).

IV. Cómo fue sustentado en su elección. «Se mantuvo firme, como viendo al Invisible» (v. 27). Ver al Invisible da:

1. Paciencia en medio de las pruebas,	versículo 27
2. Fuerza para la batalla,	Josué 5:14
3. Consuelo en la aflicción,	Salmos 23:4
4. Apoyo en la muerte,	Hechos 7

1.592. LA VISIÓN PERMANENTE

«Por la fe abandonó Egipto, no temiendo la cólera del rey; porque se mantuvo firme, como viendo al invisible» (He. 11:27).

Puede que se vean muchas escenas, y sin embargo pocas de ellas son permanentes. Pedro, Jacobo y Juan nunca olvidaron la escena de su Señor transfigurado. Saulo nunca olvidó la escena que vio en el camino a Damasco. Una mirada salvadora a Jesús es siempre una escena memorable y permanente.

I. Es una gloriosa visión verlo a Él. Moisés tuvo esta maravillosa visión ante la zarza ardiendo, cuando se le apareció «El Dios de la gloria» (Éx. 3:2), diciéndole, «he descendido para librar» (Éx. 3:8). En la llama contempló al Rey inmortal e invisible. Esto es lo que vemos en Jesucristo. Dios descendió para librar, Dios en Cristo buscando a los perdidos para salvarlos. Es una escena gloriosa, aunque humillante y terrible.

II. Es una visión transformadora. Cuando Moisés se volvió para contemplar esta gran visión (Éx. 3:3-10), fue el momento decisivo de su vida. El propósito y la actitud de su vida para con Dios quedaron cambiados para siempre. Es imposible contemplar a Dios en Cristo sin quedar transformados. Nadie puede ver a Jesús y quedar el mismo que antes. Cuando Saulo lo vio, cayó en tierra.

III. Es una visión separadora. «Abandonó Egipto» (He. 11:27). Fue después que Isaías hubo visto al Señor que estuvo dispuesto a clamar: «Heme aquí, envíame a mí» (Is. 6:8). Una visión del Jesús glorificado es una visión que ciega al alma, por lo que respecta al mundo y a los placeres del pecado. «¿Quién es ciego, sino mi siervo? ¿Quién es sordo, como mi mensajero que envié?» (Is. 42:19).

IV. Es una visión inspiradora. «No temiendo la cólera del rey» (He. 11:27). Moisés no había todavía visto a Dios cuando «huyó de delante de Faraón» (Éx. 2:15). La visión de Dios salva del temor al hombre. Miremos al fiel Miqueas (1 R. 22:14). Elías, mientras estaba delante de Dios, estuvo por encima del temor a Acab (1 R. 17:1). Una visión de Jesucristo salva no solo del temor al hombre, sino también del temor a la muerte y al juicio.

V. Es una visión sustentadora. «Se mantuvo firme, como viendo al Invisible» (He. 11:27). Pensemos en lo que Moisés tuvo que soportar de parte de su mujer, de Faraón, y de sus hermanos que no creían en Él. En esta vida habrá mucho que sufrir. El secreto de la duradera fuerza del cristiano reside en mirar a Jesús. Ellos le miraron a Él, y se vieron aligerados.

VI. Es una visión que satisface. «Teniendo por mayores riquezas el vituperio de Cristo que los tesoros de los egipcios» (He. 11:26). Pablo sufrió bien dispuesto la pérdida de todas las cosas viendo al Invisible. Un cristiano no puede sufrir ninguna *pérdida* real mientras se mantenga en contacto con las inescrutables riquezas de Cristo. ¿Cuánto valor damos a las riquezas del *vituperio de Cristo?*

VII. Es una visión espiritual. «Por la fe… se mantuvo firme» (He. 11:27). Se precisa de fe para ver al Invisible, a quien no habiendo visto amáis. Moisés creyó la promesa de Dios en la zarza: «He descendido para librar» (Éx. 3:12). Se debe poner confianza en la promesa de Dios si el alma ha de verlo, mantenerse firme y vencer. ¿Acaso no está escrito: «Cree, y verás»?

1.593. LA SALVACIÓN DE RAHAB

Hebreos 11:31

I. El **carácter** de ella,	«La ramera».
II. Su **peligro,**	«Vivía entre los que perecieron».
III. Su **liberación,**	«No pereció».
IV. Su **fe,**	«Por la fe».
V. Sus **obras,**	«Habiendo recibido a los espías».

LA FE SIN OBRAS ESTÁ MUERTA

1.594. LA CARRERA

Hebreos 12:1, 2

En la Biblia hay varias vistas de la vida. Aquí tenemos una de atlética, la de una carrera. Este símil es sugerente.

I. La carrera. Hablando de

1. Un esfuerzo INTENSO.
2. CORRER, no holgazanear.
3. Implicación de una vida LLENA DE CAMBIOS, con una visión siempre renovada.
4. Una vida PROGRESIVA, exigiendo
5. CONCENTRACIÓN.

II. Su designación. «Que tenemos por delante.»

III. El incentivo. Una nube de testigos. Estamos siendo observados, en todo caso por nuestro Bendito Señor.

IV. La preparación. «Despojémonos de todo peso.»

«Peso»: cosas legítimas, pero que no sirven de ayuda.
«El pecado»: el pecado acosador.

V. La velocidad. «Corramos», no holgazaneemos.

VI. El Espíritu. «Corramos con paciencia.»

VII. La inspiración. Puestos los ojos en Jesús.

VIII. La meta. La gloria.

Nota: Para un estudio más detallado de esta Epístola, véase *The Outlined Hebrews* (Bosquejo de Hebreos) de este mismo autor, donde aparecen 118 estudios separados y distintos, además de los que aquí aparecen.

1.595. LA VIDA CRISTIANA

Hebreos 12:1, 2

La característica sobresaliente del cristiano es que tiene *vida.* No la vida común y natural de la carne, sino la nueva vida de Dios engendrada por el Espíritu, que lo hace nueva creación. Observemos sus características. Se trata de

I. Una vida con energía. «Corramos… la *carrera.*» Un hombre en una carrera está siempre totalmente alerta. «Una cosa hago» parece estar escrito en su rostro. Y ello según la manera de Cristo, que «puso su rostro como un pedernal».

II. Una vida ordenada. «La carrera *que tenemos por delante.*» No se trata de correr al azar. El *curso* del cristiano está bien definido. Tanto la Palabra de Dios como el ejemplo de Cristo lo dejan claro. Éste es el camino, andad en él. «No se haga mi voluntad, sino la tuya» (Lc. 22:42).

III. Una vida perseverante. «Corramos con paciencia.» Tiene que haber una paciente persistencia en bien hacer en aquellos que buscan gloria y honra (Ro. 2:7). Es la constancia de la *fe* que se ve en el capítulo anterior.

IV. Una vida ascendente. «Mirando a Jesús.» Le miramos a Él por cuanto proseguimos hacia el premio de su eterna gloria y recompensa. Al contemplarle persistentemente, somos elevados por encima de las cosas de la tierra y de los sentidos, y amoldados a su semejanza (Fil. 3:13, 14). El apóstol dijo: «Prosigo».

V. Una vida de fe. «Puestos los ojos en Jesús, el autor y consumador de la fe.» Es simplemente una vida de fe en el Hijo de Dios. Una fe en que Aquel que ha comenzado la buena obra de la fe en nuestros corazones la consumará (2 Ti. 4:7, 8). Una *fe consumada*. ¿Qué será? Os. será hecho conforme a vuestra fe. La fe, cuando es cumplida, da satisfacción. Una gran fe es una gran capacidad.

VI. Una vida abnegada. «Despojémonos de todo peso.» Mantengo mi cuerpo bajo disciplina, para que no sea yo reprobado, esto es, un corredor descalificado. Cuando uno va a correr una carrera, poco se fija en las modas del día. Si alguien quiere venir en pos de Mí, niéguese a sí mismo. Nuestra propia voluntad y nuestros propios pensamientos son sólo pesos muertos que conviene echar fuera.

VII. Una vida llena de expectación. «El cual por el gozo *puesto delante* de Él.» Cristo vivió sufrió y murió con la expectativa de ver el fruto del trabajo de su alma. El siervo fiel será recompensado. Entra tú en el gozo de tu Señor. La salvación es enteramente de gracia, pero las obras de los salvos recibirán recompensa.

VIII. Una vida pública. «Teniendo en derredor nuestro tan gran nube de testigos.» *Nosotros*, como los citados en el capítulo undécimo, estamos también rodeados de una nube de testigos. Cada cristiano individual tiene una nube de testigos. Que corramos en nuestro curso hacia el cielo de manera que también ellos sean conducidos a glorificar a nuestro Padre en el cielo. ¿Estás registrado para esta carrera?

1.596. LA SANGRE QUE HABLA

Hebreos 12:24

La sangre de Abel clama venganza (Gn. 4:10). La Sangre de Cristo habla de *cosas mejores*. Habla de:

1. **Un propósito eterno,** Apocalipsis 13:8
2. **Perdón,** Colosenses 1:14
3. **Purificación,** 1 Juan 1:7
4. **Libertad,** Hebreos 10:19
5. **Paz,** Colosenses 1:20
6. **Cielo,** Apocalipsis 7:14, 15

1.597. LA SANGRE QUE HABLA

Hebreos 12:24

La sangre de Abel habla de pecado y de culpa; la sangre de Cristo habla de cosas mejores.

1. Habla de amor, … Juan 3:16
2. Habla de un propósito eterno, … Apocalipsis 13:8
3. Habla de sufrimiento, … Apocalipsis 5:9
4. Habla de sustitución, … Juan 1:29
5. Habla de redención, … Colosenses 1:14
6. Habla de purificación, … 1 Juan 1:7
7. Habla de libertad, … Hebreos 10:19
8. Habla de paz, … Colosenses 1:20
9. Habla del c ielo, … Apocalipsis 7:14, 15

1.598. NUESTRO DIOS: UN FUEGO CONSUMIDOR

Hebreos 12:29

Aquí tenemos unas pocas y notables palabras empleadas en la Escritura para describir el carácter esencial de Dios. 1) Dios es Espíritu. En esto se ve su indivisibilidad y grandeza. 2) Dios es Amor. Esto revela su bondad insondable e inmutable. ¡Qué privilegio morar en tal morada! (1 Jn. 4:16). 3) Dios es Luz. Y esto, por cuanto Él es Amor. En Él no hay tinieblas algunas. Ninguna incertidumbre. Ninguna injusticia. 4) Dios es Fuego. No en figura, sino en realidad: un fuego *consumidor*. Este solemne y terrible aspecto de la naturaleza de Dios es frecuentemente descuidado. Aquí está la muerte del pecado y del yo; aquí reside la vida de la santidad. Éste es el Dios con quien nosotros, como cristianos, tenemos que ver. Fue en forma de fuego que Dios apareció por primera vez a su siervo Moisés. Esto santificó aquella tierra, y aunque la zarza no se consumía, podemos estar seguros de que todo lo que fuera impuro *dentro* de la zarza sí que debía quedar consumido. Nosotros llevamos dentro de nosotros a diario el misterio de la zarza ardiendo. «¿No sabéis que Dios mora en vosotros?» Pero la frágil zarza de nuestros cuerpos no se consume. Tenemos este tesoro en vasos de *barro* para que la excelencia del poder sea de Dios.

I. Como fuego, nuestro Dios consume. El fuego sobre el altar, símbolo de la presencia de Dios, ardía de continuo. En el altar de nuestro corazón, como en el trono de nuestro ser, sigue morando el Espíritu de fuego. Este santo fuego no puede sufrir el acercamiento de lo inmundo. Los Nadabs y Abiús de la soberbia y engreimiento quedan consumidos de inmediato (Nm. 10). Fue una revelación autocrucificadora la que recibió Pablo, cuando le plugo a Dios revelar a su Hijo *en* él (Gá. 1:15, 16; 2:20). El Lugar Santísimo lo era porque en él moraba la columna de fuego. Por ello no había allí modo de entrar sin sangre. Que la sangre de Jesús guarde de tal manera la vía de acceso a lo más interior de nuestra alma, donde mora el Espíritu, y que este santo fuego consuma todo lo que se acerque sin la sangre.

II. Como fuego, nuestro Dios purifica. La presencia de Dios era la purificación y santificación del Templo. Es cierto hoy que cuando el Señor el Espíritu llega repentinamente al templo de nuestro cuerpo es como fuego purificador. «¿Y quién podrá estar en pie *cuando él se manifieste*?» (Mal. 3:2). No debe haber otra autoridad cuando Él aparezca; cada capacidad de nuestro ser debe sujetarse a Él, y en este sometimiento quedan purificadas. Así como cada vaso en el Tabernáculo era dado a Dios, y reclamado y empleado por Él, de la misma manera los miembros de nuestro cuerpo deben ser entregados a Él como instrumentos de justicia (Ro. 6:13).

III. Como fuego, nuestro Dios energiza. ¡Qué poder más real es el fuego! Pensemos en las máquinas movidas por fuego que impulsan a los poderosos navíos acorazados a hender la mar. Allí donde hay fuego, se siente su poder. «Nuestro Dios es un fuego consumidor.» ¿Puede Él estar en nosotros sin que se vea y sienta un poder divino? Cuando los discípulos fueron bautizados con el Espíritu Santo y con fuego, no se pudo esconder el hecho. «Están llenos de mosto.» Cuando el carbón *encendido* tocó la boca del profeta, ¡cuán rápidamente se vio en él el poder! «Heme aquí, envíame a mí» (Is. 6). El fuego interior es el remedio para toda formalidad y frialdad en el servicio del Señor. Es el eterno enemigo del helado y aterido aliento de la incredulidad. «Él os bautizará con fuego.» ¿Estáis dispuestos a ser bautizados con este bautismo?

1.599. «SALGAMOS»

Hebreos 13:13

I. ¿De dónde?

De la formalidad de una religión impotente.
De los placeres de un mundo pecador.
De los engaños de una vida egoísta.

II. ¿A dónde?

A Él como creyentes en Él.
A Él como aquellos que están separados a Él.
A Él como aquellos dispuestos a padecer con Él.
A Él como aquellos que testificarán por Él.

1.600. SANTIAGO

O la Epístola de Jacobo, porque Santiago es un nombre compuesto con el prefijo «Sant», esto es, *Sant Iago*, de *Sanctus Iacus*, San Jacobo. Es la más práctica de todas las Epístolas, y podría ser llamada «Una guía práctica a la vida y conducta cristianas», o «Una guía para la religión diaria». Obsérvese el vívido y gráfico estilo. Jacobo piensa en figuras, e ilumina su tema con metáforas. A menudo es muy dramático. Frecuentemente declara grandes verdades en una forma que toca la paradoja, lo que fuerza a pensar activamente.

1.601. LA ORACIÓN

Santiago

En los primeros pocos versículos de esta Epístola Santiago toca la mayor parte de las cuestiones que más tarde tratará con detalle. Esto es así de manera especial con el tema de la oración.

La oración es uno de los temas más fáciles de prédica por parte de los oradores, o acerca de los que escribir por parte de autores, pero no es tan fácil de practicar. Después de oír una prédica acerca de la oración, el hecho de preguntarles a los predicadores cuánto de su tiempo dedican a la oración podría ponerles en una situación muy embarazosa.

Pero Santiago tiene mucho que decir acerca de la oración. ¿Y qué de su práctica? ¡Ah, él practicaba lo que predicaba! La tradición dice que al morir, las mujeres que acudieron a dar a su cuerpo las últimas tristes atenciones, descubrieron que sus rodillas estaban encallecidas como las de un camello, por su constante hábito de oración.

I. La necesidad de la oración. Santiago, en común con otros escritores del Nuevo Testamento, señala la necesidad y el extremo valor de la oración.

II. ¿Por quién? «Unos por otros» (5:16), así como por nosotros mismos (1:5).

III. ¿Cuándo? Naturalmente en todo tiempo, en las cuestiones normales y cotidianas de la vida, pero especialmente cuando somos «afligidos» (5:13) o estamos enfermos (5:14).

IV. ¿Cómo?

1. FERVIENTEMENTE (5:17).
2. EFICAZMENTE. «La oración eficaz.»

V. ¿Qué demandas?

1. FE (1:6; 5:15). «Oración de fe.»
2. ENERGÍA (5:16, 17). Se precisa de la energía del Espíritu Santo. «La oración eficaz del justo *tiene mucha fuerza.*»
3. JUSTICIA. «La oración eficaz *del justo*», esto es, de aquel que ha descubierto la indignidad de su propia justicia, y la justicia de Dios que se hace nuestra por la fe.
4. DE TODO CORAZÓN. «La súplica de corazón del justo» (Weymouth).

VI. Éxito.

1. «MUY PODEROSA es una súplica eficaz de un hombre justo» (Young). La oración es eficaz delante de Dios.
2. «La oración eficaz del justo PUEDE LOGRAR MUCHO» (BAS).

VII. Exponente de ello. Elías (5:17, 18).

1.602. LOS RICOS Y LOS POBRES

Santiago

Santiago, en su epístola, muestra una característica indiferencia, sí, casi un menosprecio, por la riqueza. En tanto que había muchos pobres en las primeras asambleas cristianas, también los había ricos. Es evidente que había una tendencia a exagerar la importancia de las riquezas, y que por parte de algunos había una consideración y respeto indebidos hacia los ricos, en detrimento de los pobres. Santiago quiere corregir este error. Hay lugar para el respeto en la vida cotidiana. Mostrar respeto por la edad, por los débiles, por las mujeres, por la posición oficial, para la autoridad, es un deber cristiano. Que los súbditos muestren respeto a su Rey, Emperador o Presidente es encomiado en la Escritura. Pero el respeto que Santiago denuncia aquí es muy diferente. La acepción de personas no se limita a malos modales y una descortesía hacia los pobres, sino que es un pecado contra Dios (2:9). Lo que Santiago prohibe aquí, lo hace el mundo cada día: adorar a los que han alcanzado el éxito, a los fuertes, a los ricos, y menospreciando al pobre. Los creyentes no deben seguir el ejemplo del mundo.

I. Los pobres:

1. Debieran regocijarse en ser herederos del Reino (2:5).
2. Debieran ser conscientes de que son ricos en fe (2:5).
3. Debieran regocijarse humildemente en cualquier mejora en empleo o en riqueza (1:9).

II. Los ricos:

1. Debieran inclinarse humildemente ante los varios tratos adversos de la Providencia Divina (1:10).
2. No debieran esperar ningún trato preferencial en la asamblea (2:2-4).
3. Deberían recordar con humildad las injusticias inflingidas por algunas personas ricas a los miembros pobres de la grey cristiana (2:6, 7).

1.603. EL LIBRO

Santiago

Es interesante e instructivo seguir lo que Santiago ha de decir acerca del Santo Libro de Dios. Reuniéndolo todo, tenemos un útil estudio.

I. Sus nombres.

1. «PALABRA». Origen de la misma (1; 18). La Palabra demuestra un Autor. Una palabra es resultado del ejercicio mental y vocal de un ser personal. Por ello, en esta sencilla palabra de siete letras, P-A-L-A-B-R-A, se nos enseña el origen del Libro, el mismo Dios.
2. «LEY». Su autoridad (1:25). ¡Qué paradoja tenemos aquí! La ley impone un freno. Pero por aquí hallamos la frase «la ley de la libertad». Observemos unos pocos extremos:
a. El freno del Libro: «Ley».
b. La libertad del Libro: «Ley de la libertad».
c. La perfección del Libro: «La ley perfecta».
d. La autoridad del Libro: Ley implica el Dios Legislador.
3. «VERDAD»: su finalidad (1:18). Es la Palabra de Verdad: esto sugiere su finalidad. Tanto Cristo, la Palabra Viviente, como la Biblia, la Palabra Escrita, son la Verdad.
4. JUEZ. El ejercicio de la Palabra (2:12). Este versículo no declara ningún pensamiento nuevo, sino solo mantiene en vigor lo que declaró nuestro Señor Jesús (Jn. 12:48). La Palabra de Dios será nuestro Juez en aquel Gran Día.

II. Sus operaciones.

1. CONVENCE (2:9). La Ley convence de transgresión.
2. ENGENDRA (1:18). Somos nacidos del Santo Espíritu de Dios, mediante la Palabra. La Palabra es el gran medio regenerador.
3. IMPLANTA (1:21). «Echando a un lado toda impureza y *abundamiento de maldad*» es como lo traduce J. N. Darby. La palabra «implantada», que significa *injertada*, es sugestiva, enseñando que es sobre el tallo de nuestra vida natural que Dios injerta su Palabra, infundiendo así su propia vida. El término «implantada» enseña la acción interior de la operación de la Palabra.
4. ENERGIZA (1:25). La frase «Ley de la Libertad» sugiere poder, energía. La ley denota fuerza, poder, energía.

III. Nuestra actitud.

1. EXAMINAR (1:25). «El que mira atentamente a.» Aquí, y también en el v. 23, la Palabra es asemejada a un Espejo, en el que miramos, y cuyo contenido debemos examinar.
2. OÍR (1:23). «Oidor de la Palabra.» ¡Qué privilegio, oír su Palabra!
3. RECIBIR (1:21). Pero oír la palabra no es suficiente, tenemos que «recibirla con mansedumbre».
4. HACER (1:23). ¡Qué práctico es Santiago! No debemos quedar satisfechos con solo «oírla»; debemos persistir en *practicarla.*

1.604. LA LEY REGIA

Santiago 2:8

La ley del amor es aquí llamada la Ley Regia. Ésta es una encantadora y sugestiva descripción, enseñándonos:

I. Su origen. Esta Ley viene de la Realeza del Cielo, el Dios Trino y Uno.

II. Su dignidad. Se trata de una Ley REGIA. No hay en ella nada mezquino.

III. Su autoridad. El hecho de que proviene de Dios le da autoridad regia, la misma autoridad del cielo.

IV. Su alcance. Su alcance regio, incluyéndome a solo a mí mismo y a los míos, sino a otros. «Tu prójimo», con la interpretación de Lucas 10:29, 36, significa cualesquiera y todos.

V. Su tema. Amor, no admiración o respeto. ¡Qué regia cualidad!

VI. Su cualidad. Hay realeza en su cualidad. Debemos amar «como a ti mismo». Pero el nuevo mandamiento (Jn. 13:34) es aún de una cualidad más rica y con una norma más elevada: «Amaos unos a otros *como yo os he amado*».

VII. Su poder. Su regio poder. El amor es aquí llamado una *Ley*, esto es, un poder, una fuerza, una dinámica.

1.605. LA DEIDAD DE NUESTRO SEÑOR

Santiago 1:1; 2:1

Esclavo. Éste es el verdadero sentido de la palabra «siervo». «Jacobo, esclavo de», etc. (J. N. Darby).

La mayor parte de los siervos de aquel tiempo eran esclavos, y los escritores del Nuevo Testamento aceptaron ufanos este título como una idónea descripción de su asociación con Dios y con Cristo. Obsérvese la humildad de Santiago al abstenerse de hacer referencia alguna a su relación terrenal con el Señor Jesucristo, de Quien él era hermano según la carne.
Aunque Santiago menciona el Nombre de Dios diecisiete veces, repite el Nombre de Jesús sólo dos veces, aquí y en 2:1, pero observemos con qué reverencia y devoción lo hace; y que inmensa significación tenemos aquí en su deliberada asociación del imponente Nombre de Dios con Jesús. Aunque Santiago estuvo acerbamente opuesto a Jesús y a sus afirmaciones antes de y hasta su muerte, fue convertido, inmediatamente después de la Resurrección, por medio de una entrevista especial y privada con el Resucitado (1 Co. 15:7). Esto añade valor al testimonio de Santiago con respecto a la Deidad de nuestro Señor.

I. Un hecho poderosamente convincente. Santiago sólo se refiere a su propio hermano Jesús en dos ocasiones, y ello de una manera reverente y devota. Aunque se conocían muy bien, no aparece familiaridad alguna, porque le llama Señor y Cristo así como Jesús. Éste es un hecho profundamente convincente.

II. Un hecho impresionante. El hecho de que un hermano asocie a su pariente de tal manera con Dios como para implicar una igualdad con el Omnipotente es impresionante. Si Jesús no fuera Dios, tal asociación sería blasfema. Obsérvese: «De Dios y del Señor Jesucristo».

III. Un hecho glorioso. Santiago llama a su hermano Jesús «nuestro glorioso Señor» (2:1). Éste es un glorioso título del Antiguo Testamento para designar a Dios.

IV. Un hecho significativo. Santiago se llama a sí mismo esclavo de Dios y del Señor Jesucristo. Esto implicaba por su parte una plena rendición de la voluntad y de la vida. Un esclavo por cuanto había sido:

1. COMPRADO: por la Sangre de Cristo.
2. LIBERADO: de la culpa y de la esclavitud del pecado.
3. COMPROMETIDO: consciente de la bendita libertad, en gratitud había comprometido su vida, su servicio y sus posesiones.
4. DEPENDIENTE: en una total y absoluta dependencia de Él.

V. Un hecho interesante. «A las doce tribus». No había ningunas tribus perdidas, porque dirigía su carta a las doce, cuya situación era evidentemente bien conocida en aquel tiempo.

1.606. VALORANDO

Santiago 1:2

La aritmética espiritual es valiosa. La aritmética de la Biblia es importante, y ningún creyente cristiano puede permitirse ignorarla. Santiago, en el versículo 2, invita a sus hermanos cristianos a *contar*.

I. Como cuenta Dios.

1. SU RECUENTO DE IDENTIFICACIÓN. Como Job, a causa de su enfermedad, fue contado como enemigo (Job 19:11; 33:10), y extraño y ajeno (Job 19:15), así Dios contó al Señor Jesús en la Cruz como nosotros hubiéramos debido ser contados: como enemigo y extraño.
2. SU RECUENTO DE JUSTICIA. Como la fe de Abraham le fue contada por justicia (Gn. 15:6), así es con nosotros (Ro. 4:3).
3. SU RECUENTO DE CONSOLACIÓN. Él cuenta:
   a. A los creyentes como «hijos según la promesa» (Ro. 9:8).
   b. Todos nuestros pasos (Job 31:4).
   c. Todos los cabellos de nuestras cabezas (Mt. 10:30). La mayoría de nosotros solo vemos el cuidado del Señor al *contar* nuestros cabellos; pero el difunto doctor Pierson vio mucho más. Dice él: «Numerados, no solo contados. Cada cabello tiene su propio número, y si uno ha desaparecido, aquel número ha quedado tachado de la lista». ¡Qué maravilloso pensamiento!
   d. Cuenta el lugar de nuestro nacimiento como merecedero de honor (Sal. 87:6).
   e. Se deleita en contar a sus siervos como fieles (1 Ti. 1:12).
   f. Y como compañeros (Flm. 17).

II. Cómo cuenta el creyente.

1. LA SANGRE COMO PRECIOSA (1 P. 1; 19), en contraste con algunos que consideran la sangre como impura (He. 10:29).
2. LOS PENSAMIENTOS DE DIOS, TAL COMO ESTÁN PRESERVADOS EN LA BIBLIA, COMO DE GRAN PRECIO (Sal. 139:17, 18).
3. A SÍ MISMO COMO UN SACRIFICIO, para vivir, de día en día, la vida sacrificial (Hch. 20:24).
4. TODO MÉRITO HUMANO como pérdida por Cristo (Fil. 3:7).
5. TODO ORGULLO HUMANO COMO MISERIA, contándolo como «estiércol» para ganar un más excelente conocimiento de Cristo (Fil. 3:8).
6. EL COSTE de la lealtad y devoción a nuestro Señor (Lc. 14:28).
7. LAS PRUEBAS COMO PROVECHOSAS (Stg. 1:2).

1.607. TENTACIONES

Santiago 1:2, 12-15

Después de una breve salutación, Santiago pasa directamente a lo que le ocupa. Comienza diciéndoles cómo han de considerar sus tentaciones.

I. Su naturaleza (13). La tentación con que se trata aquí no es aquella prueba de carácter tan frecuente en otras partes de la Biblia (Gn. 22:1, etc.), sino la seducción a pecar.

II. Su origen (14). No debemos atribuirla a quien no procede. Mientras que las pruebas del carácter proceden de Dios, las tentaciones al mal no provienen de Él, sino del maligno a través de nuestra propia naturaleza corrompida. «Cuando cayereis» (RV), no «cuando os hallareis» (v. 2).

III. Su forma. «Multiformes» (Young) «Diversas tentaciones» (v. 2).

IV. Su estimación. «Tened por sumo gozo», etc. (2). Generalmente tenemos por sumo gozo escapar a las tentaciones, al dolor o a las pérdidas. En lugar de ello, deberíamos considerar el tiempo de la prueba como una gloriosa oportunidad de probar nuestra fe.

V. Su propósito (3). La razón de que hayamos de tenerlo por sumo gozo no es la prueba misma, sino su propósito. Dios hace de ella el instrumento de bendición. Es posible que la prueba obre impaciencia, pero Él dará gracia para que su verdadero propósito se cumpla.

VI. Su bienaventuranza. El hombre que no escapa, sino que sobrevive a la tentación y la vence, es bienaventurado, y se hace felizmente consciente de la bendición del Señor (v. 12).

1.608. PACIENCIA

Santiago 1:3, 4; 5:7, 8, 11

¡Qué hombre era Santiago para la palabra «paciencia»! Tanto J. N. Darby como Young dan «*endurance*», tesón, en 1:3, 4, que es un fruto y manifestación de la paciencia.

I. Su pasividad. El diccionario define la paciencia como «sufrir sin perturbación de ánimo los infortunios y trabajos». Longanimidad, tesón. La paciencia es una virtud pasiva. Nos permite «sonreír y aguantar» bajo las pruebas más intensas y dolorosas.

II. Su actividad (1:3, 4). Pero la paciencia no es mera pasividad: realmente es activa. «Tenga la paciencia su obra completa.» Si se permite a la paciencia todo su campo y operación en nuestras vidas, entonces maduraremos con rapidez, y gozaremos de plenitud. «Para que seáis perfectos y cabales, sin que os falte cosa alguna.»

III. Su producción. Las varias asignaciones de la Divina Providencia vienen como pruebas, y éstas, por la gracia y bendición de Dios, producirán paciencia (1, 3 y 4).

IV. Su ejercicio (1:4). La paciencia es un don para la que se da una gracia especial. Sus músculos demandan ejercicio para el desarrollo. «La paciencia ha de tener su perfecto resultado» (BAS), en el v. 4.

V. Su persona ejemplar (5:11). Job nos es presentado como ilustración y exhibición de paciencia. Ponderemos la frase «el fin del Señor», esto es, su propósito al permitir y disponer la prueba de Job. Hubo un fin para la paciencia de Job, pero no por parte del Señor.

1.609. SABIDURÍA

Santiago 1:5; 3:13, 15, 17.

La sabiduría era una magna palabra entre los judíos. Es precisa para cada área de la vida. La presencia de la sabiduría aquí en asociación con tentaciones es muy indicativa. Es especialmente difícil *comportarse sabiamente* en tiempos de prueba, cuando uno es perjudicado o insultado. Pero la sabiduría de lo alto nos capacitará para ello. Refundamos la enseñanza sobre la sabiduría que aparece en esta breve Epístola.

I. Falta de sabiduría. Es posible que uno carezca de sabiduría. Esto se sugiere en las palabras: «Si alguno de vosotros tiene falta de sabiduría.» ¡Qué triste carencia! ¡Y a qué enredos nos puede llevar esta carencia!

II. La singularidad de la sabiduría. ¿Acaso Santiago dice: «Si alguno de vosotros carece de sabiduría, que se siente y reflexione, o que inicie un curso de estudio»? No. Así, la sabiduría que tiene en mente es absolutamente singular.

III. El origen de la sabiduría. Esta sabiduría es «de lo alto» (3:17), de Dios (1:5). Es del cielo, no de la tierra, que recibimos todas aquellas influencias llenas de gracia sin las que todo nuestro mundo sería sólo una gigantesca ceniza carente de vida dando vueltas por el espacio. La luz y el calor, el brillo del sol y la lluvia, vienen de lo alto. Nuestra vida espiritual, así como nuestra vida terrenal, dependen de lo que viene de lo alto.

IV. La condición de la sabiduría. Su posesión sigue al «pedirla a Dios» (*cf.* 1:5). La oración conduce a alcanzar esta sabiduría.

V. La falsificación de la sabiduría. Éste es el extremo sugerido por 3:15. ¡Qué triste es engañarse, imaginar uno que es sabio! Pero la sabiduría que no viene de Dios es, en el mejor de los casos, solamente «terrenal», y posiblemente «sensual», e incluso «diabólica».

VI. La prueba de la sabiduría. «¿Quién es sabio e instruido entre vosotros? *Pruébelo* por una vida recta con un comportamiento conducido por un espíritu sabio y receptivo a la enseñanza» es la excelente traducción inglesa de Way de 3:13. La prueba coronadora de la sabiduría es nuestra «conducta» (3:13). Es aquí en la lengua cuando tan frecuentemente fallamos, cuando somos sometidos a prueba. La sabiduría de lo alto influenciará nuestra lengua.

VII. Manifestación de sabiduría. La verdadera sabiduría es manifestada por la posesión y práctica de las siguientes excelentísimas cualidades registradas en 3:17; Es:

1. PURA.
2. PACIFICA.
3. CONDESCENDIENTE: «Cortés» en Way.
4. BENIGNA: no implacable.
5. LLENA DE MISERICORDIA: «compasión» en Way.
6. SIN PARCIALIDAD (RVR77 *margen*): esto es, exenta de favoritismos.
7. «SIN HIPOCRESÍA»: «exenta de toda insinceridad» (Way).

1.610. EL DIOS DADOR

Santiago 1:5

Nuestro Dios es un Dios que ama dar. Alejandro Magno le dijo a uno abrumado por su generosidad: «Yo doy como un rey». Jehová da como el Dios infinito. Alguien ha dicho que la frase aquí debiera ser traducida: «Que la pida al Dios dador abundante». Él ama dar porque Él es Amor, y el amor *debe* dar y seguir dando.

I. ¿Qué? LA IDENTIDAD de sus dones. Él da muchas cosas, pero la sabiduría es lo que aquí se menciona. Cuánto necesitamos la sabiduría. Dios da esta misericordia.

II. ¿A quiénes? EL RECEPTOR de sus dones. Dios da «a todos», porque Él no hace acepción de personas.

III. ¿Cuándo? LA FECHA de su don. «Que la pida a Dios»:

«Que la vaya pidiendo a Dios» es como traduce Rotherham. Tenemos que persistir en pedir, y no presentar nuestra petición una sola vez, sino una y otra vez.

IV. ¿Cómo? EL ESPÍRITU de su donación. «El cual da a todos abundantemente y sin reproche.» Observemos:

1. DA EN ABUNDANCIA. Él da más allá de nuestras peticiones.
2. ÉL DA SIN REPROCHE.
3. ÉL DA SIN CRITICAR NI REÑIR. No reprende nuestra ignorancia, ni nos riñe por nuestra insensatez. No dice una palabra de reproche. No retrae nada del pasado.

1.611. ACERCA DE SER ENGAÑADOS

Santiago 1:16, 22, 26

Tres veces en este capítulo advierte Santiago al pueblo de Dios acerca de la posibilidad y del peligro de engañarse. Seremos sabios si damos oído a esta advertencia.

I. En cuanto a Dios (1:16). «No os engañéis» en la BAS. A primera vista no estamos seguros de si se trata de una advertencia en contra (v. 13) de atribuir a Dios nuestras tentaciones al mal, o en contra de imaginar cambio alguno en Él (v. 170. Finalmente, decidimos que tiene que ver con los vv. 17 a 21.

1. LOS DONES DE DIOS SON:
a. «Buenos.»
b. «Perfectos.»
c. «De lo alto» (v. 17).
2. DIOS MISMO.
a. Fuente de toda Luz: Como el sol, el centro y la principal de todas las glorias del universo visible.
b. Exento de variación: Es fiable.
c. «En el cual no hay fases ni períodos de sombra.»

II. Acerca de nosotros mismos (1:22).

1. Si solamente somos oidores y no hacedores de la Palabra, nos engañaremos a nosotros mismos (1:22).
2. Los tales son como la mayoría de nosotros que tenemos el hábito de mirarnos al espejo de una forma distraída (1:23, 24).

III. Acerca de la religión (1:26).

1. La religión que no influencia a la lengua no es de verdadero valor ni viva.
2. La verdadera piedad vital conduce a e incluye:
a. Control de la lengua.
b. Pureza de la vida: «Sin mancha del mundo».
c. Utilidad de la vida: «Visitar a los huérfanos y a las viudas».

1.612. LA LENGUA

Santiago 1:19, 26; 3

En la primitiva Iglesia cristiana había evidentemente una gran libertad de palabra, y esta libertad era abusada. Por la severidad con que Santiago trata con la lengua está claro que debe haber habido una gran cantidad de habla mal considerada, maliciosa, egoísta y violenta entre los cristianos judíos.

Probablemente esto había tomado la forma de encolerizados debates y de amargas contiendas en la asamblea. En todo caso, el versículo 1 del capítulo 3 parece indicar esto. El versículo muestra claramente que había muchos que aspiraban al liderazgo y al ministerio público sin tener en cuenta la seria responsabilidad de tal posición. En este versículo Santiago se refiere al peligro asociado con una inclinación demasiado dispuesta a expresar las propias opiniones en temas de religión.

Junto con la advertencia tenemos aquí luminosas lecciones del Evangelio, y el recuerdo de que una prueba de nuestro estado justificado se ve en nuestras palabras; que nuestra habla revelará que somos y a quién pertenecemos.

Un joven fue enviado a Sócrates para aprender oratoria. Al ser presentado al filósofo habló tan incesantemente que Sócrates le pidió una doble cuota. «¿Por qué debo pagar el doble?», preguntó el muchacho. El orador contestó: «Porque te tengo que enseñar dos ciencias: la de cómo mantener la lengua quieta, y la de cómo hablar».

I. Una declaración despertadora (3:2). ¿Quién es varón perfecto? Santiago nos informa: «Si alguno no ofende en palabra». Dominando este difícil miembro, la lengua, el resto es fácil. «Capaz de refrenar también todo el cuerpo.» «Éste es varón perfecto»: Este hombre ha alcanzado la madurez de carácter. Ésta es entonces la marca de un cristiano maduro.

II. Una descripción conducente a la sobriedad. Obsérvense las sugestivas descripciones que Santiago da de la lengua:

1. UN FUEGO (3:6). Inflamando todo el ser con fuego como del infierno.
2. UN MUNDO DE INIQUIDAD (3:6). Que contamina a la totalidad del ser de cada individuo.
3. LLENA DE VENENO MORTÍFERO (3:8).
4. UN MAL QUE NO PUEDE SER REFRENADO (3:8).

III. Una terrible posibilidad (3:9, 10). Que la misma lengua pueda:

1. Bendecir y maldecir (3:9, 10).
2. Ser como una fuente dando dos clases de agua (3:11).

IV. Una sabia amonestación (1:19; 3:13-18). Obsérvese cuán afectuosamente Santiago se dirige a sus lectores. «Todo hombre sea pronto para oír; tardo para hablar»: ¡Qué palabras más sabias! Un hombre sabio sólo buscará producir «Buena conducta».

V. Una triste confesión (3:7, 8). La mayor parte de seres vivos pueden ser domados, pero «ningún hombre puede domar la lengua», excepto el Hombre, Cristo Jesús.

VI. Una gloriosa posibilidad (1:26; 3:3-6). Este punto se impone sobre nosotros cuando ponderamos las figuras empleadas por Santiago para la lengua.

1. BOCADO Y FRENO (3:2, 3). Para hacer volver todo el cuerpo del caballo se precisa de una firme mano sobre las riendas. La mano del Hombre, Cristo Jesús, puede asirse y usar firmemente el bocado y la rienda en nuestras bocas.
2. EL TIMÓN PEQUEÑO (3:4). La Mano traspasada puede controlar firmemente y emplear sabiamente el timón de nuestras vidas: nuestra lengua.

1.613. LA PALABRA

1. Cómo debe *ser recibida* la Palabra Implantada (Stg. 1:21).
2. Cómo debe *ser retenida* la Palabra Fiel (Tit. 1:9).
3. Cómo debe *ser mantenida* la Palabra de Vida (Fil. 2:16).
4. Como debe *ser tratada* rectamente la Palabra de Verdad (2 Ti. 2; 15).

1.614. ¿QUÉ ES EL PECADO?
Santiago 2:9; 4:17

¡Qué pregunta más sencilla! Pero, cómo fallan muchos a la hora de responder a ella. Observemos: no se trata de «Qué dicen los hombres que es el pecado», sino: «¿Qué dicen las Escrituras?». Demos las mismas palabras de la Biblia. Hay 7 definiciones de pecado en el Libro: Dos dadas por Santiago, dos por Juan, una por Pablo, y dos por Salomón.

I. Es iniquidad, o andar dejando de lado la Ley de Dios (1 Jn. 3:4).

II. Es no alcanzar a las demandas de la Ley (1 Jn. 5:17).

III. Es no vivir conforme a la luz que Dios ya nos ha dado (Stg. 4:17).

IV. Podemos pecar en pensamiento así como con acciones (Pr. 24:9).

V. Pecamos cuando hacemos cosas acerca de las que tenemos dudas (Ro. 14:23).

VI. El pecado contemplado como orgullo y vanidad, y el llevar a cabo cosas legítimas e incluso esenciales, como orar, *con un mal* motivo (Pr. 21:4).

VII. La acepción de personas (Stg. 2:9).

1.615. LA SOLIDARIDAD DE LA LEY
Santiago 2:10-12

Aquí se nos exhorta a mantener en mente el hecho de que seremos juzgados por la Ley, llamada aquí la Ley de la Libertad (v. 12), y que el constante recuerdo de esta realidad debería influenciar nuestra habla y conducta. «Así *hablad*, y así *haced*, como los que habéis de ser juzgados por la Ley de la Libertad.»

Hay otro punto que consideraremos en nuestro siguiente estudio, pero debemos ahora considerar la solidaridad de la Ley.

Es humano tener en poco el pecado. Una niñita dijo, cuando trataba de excusar alguna acción cuestionable: «No he roto el mandamiento, *solamente lo he agrietado*». Aquí en los versículos 10 y 11 se nos dice que el que infringe un solo mandamiento es hecho «culpable de todos». Léase Gálatas 3:10, que vigoriza esta realidad, observando la palabra «todas». Puede que tengamos una cadena muy fuerte, pero ¿de qué sirve si todos los eslabones son buenos salvo uno? Este eslabón roto hace que toda la cadena sea inútil. «Porque cualquiera que guarda toda la ley, pero ofende en un punto, se hace culpable de todos.»

Otro hecho. Está claro que el pecado en que se está pensando aquí es el mencionado en el versículo 9, esto es, la acepción de personas. Y son bien pocos los que de sí mismos llegarían siquiera a soñar que esta conducta es pecado.

Éstos son hechos a considerar.

1.616. JUICIO Y MISERICORDIA
Santiago 2:13

El meollo de este versículo es a lo que alude nuestro Señor en Mateo 7:1 y 2, que seremos tratados de la manera en que tratemos a otros. «Porque el juicio será sin misericordia para aquel que no haga misericordia.»

Pero, ¿no hay situaciones en las que es difícil pensar en ejercitar misericordia? Desde luego. ¿Y qué entonces? Para nuestra guía, observemos la hermosa frase: «La misericordia triunfa sobre el juicio», o, como observa el doctor John Kerr, «Frente a él». «Es una hermosa figura, la misericordia mirando de lleno al rostro del juicio, y no perdiendo ni un ápice de su triunfo.» Éstos son grandes hechos en la historia y en la experiencia humana.

I. Juicio sin misericordia. Malo para el pecador (Sal. 1:5). No hay sustento alguno para el impío.

II. Juicio justo. Malo para el Salvador. La justicia y el juicio son la morada del trono de Dios (Sal. 89:14; 97:2). Él midmo sufrió en nuestro lugar.

III. Juicio con justicia. Bueno para el pecador (Sal. 33:5). En el Calvario, la misericordia y la justicia se encontraron en la Persona de Cristo, y el juicio de Dios quedó satisfecho.

IV. Juicio con misericordia. Bueno para nuestros prójimos. Este ejercicio produce cántico (Sal. 101:1).

V. Juicio desafiado por la misericordia. Un principio en nuestro trato con los que nos han perjudicado. Bueno para nuestro hermano errado (Stg. 2:13).

1.617. FE Y OBRAS
Santiago 2:14-26

Éste es el verdadero corazón de la Epístola, mostrando que la verdadera fe viva es siempre conocida por sus frutos. Son muchos los que se han imaginado que Santiago escribió estas frases para combatir la enseñanza de Pablo sobre la justificación por la fe tal como se expone en la Epístola a los Romanos. En realidad, Santiago escribió su Epístola varios años *antes* que Pablo escribiera Romanos. No hay conflicto entre las dos Epístolas, siendo una complemento de la otra. La fe y las obras son inseparables, como lo demuestra esta ilustración:

Un viejo barquero, hombre muy reflexivo y observador, aunque de pocas palabras, lector de la Biblia y firme creyente en sus verdades, tenía entre sus pasajeros habituales a dos hombres de negocios, que pasaban el mismo día una vez a la semana. Su conversación pasaba frecuentemente a esta cuestión de la fe y de las obras, pensando uno de ellos que podría pasarse sin obras si tenía fe, y creyendo el otro que podría pasarse sin fe si tenía obras. La paciencia del barquero estaba sometida a prueba por la frecuente e infructífera repetición de «fe» y «obras», siendo que estaban siendo empleadas en un sentido tan diferente de su verdadero significado y de una manera tan destructora de su armonía escritural, por lo que al final se sintió compelido a intervenir. No dijo nada, pero acudió a esta estratagema. En uno de sus remos pintó la palabra «Fe», y en el otro «Obras». Cuando, a la siguiente travesía con sus dos amistosos disputantes, llegó al lugar más peligroso, puso dentro el remo «Fe» y se puso a remar con «Obras» con toda su fuerza. La embarcación fue dando vueltas y vueltas, para enfado y miedo de los dos pasajeros. «Use el otro remo», dijo uno de ellos irritado y gritando. «Muy bien», dijo con calma el viejo barquero, poniendo «Obras» en la barca y sacando «Fe», usándolo como había hecho antes con el otro. Naturalmente, esto produjo el mismo resultado, y los dos pasajeros comenzaron a pensar que estaba fuera de sí. Pero el viejo barquero siguió un poco más su demostración práctica, y luego llamó la atención de ellos a los nombres pintados en los remos. «He probado *su manera*», dijo, «y *la de usted;* y ya han visto con qué resultado. Ahora, observen mi manera de hacer». Y remando con brío con ambos remos, la barca reconoció en el acto el poder de sus armónicos golpes lanzándose adelante, y en pocos minutos estaban en el embarcadero. «Y así es», añadió él, «que la fe obra por amor». Así que la fe sin obras, o las obras sin fe, no serán suficientes para llevarnos a nuestro puerto deseado. Pero que haya ambas cosas, y se llegará a salvo a puerto.

I. Una fe viva. Las obras son una evidencia de *una fe verdadera y viva.* Se declara aquí la posibilidad de una fe muerta (14, 15, 17, 18, 20, 26). Así como un cuerpo vivo manifestará su vida en acción, así la fe viva moverá.

II. Una fe provechosa. *Las obras hacen provechosa la fe* (14). «¿De qué aprovechará?» es una gran pregunta. Aquí tenemos provecho asociado con fe. Es esencial que tengamos una fe provechosa.

III. Una fe que obra.

1. LA FE LLEVA A TEMBLAR (19). La verdadera fe nos lleva a creer en un Dios viviente. Pero ¿a qué conduce tal fe? Hace incluso temblar a los demonios, o, como se traduce: «También los demonios lo creen, y *tiemblan*». ¿Te ha llevado a temblar tu fe en la existencia de Dios?
2. LA FE LLEVA AL SACRIFICIO (21). La fe de Abraham lo condujo al monteMoria, y a ofrecer su hijo. La verdadera fe nos llevará al Calvario, y a aceptar el sacrificio que Cristo ha hecho.
3. LA FE CONDUCE A LA JUSTIFICACIÓN (24). Esto es, la verdadera fe viviente.

IV. La perfección de la fe (22). La fe puede madurar. La prueba de una fe fuerte y madura se verá en una plenitud de obras.

1.618. EL AMIGO DE DIOS

Santiago 2:23; 4:4

La separación del mundo es aquí expuesta como una prueba infalible de que estamos entre los justificados, que tenemos una verdadera fe salvadora en Jesucristo.

¿No te ha atraído nunca esta frase, «amigo de Dios»? Evidentemente, Dios necesitaba un amigo, y encontró en Abraham aquella amistad que su corazón anhelaba.

¿Cuáles son los puntos esenciales de una verdadera amistad con Dios? Esta pregunta recibe respuesta observando cuáles son los requerimientos para una amistad terrenal.

I. La confianza. No puede haber ninguna verdadera amistad sin confianza. Éste es el fundamento. La confianza es hija del conocimiento. Cuanto más conocemos a nuestros amigos, tanto más confiamos en ellos. La fe es el comienzo de la amistad con Dios.

II. El afecto. La sola confianza no constituirá una amistad ideal. El afecto es esencial. Es esencial para la amistad, para la verdadera amistad para con Dios.

III. La franqueza. Los amigos tienen entre sí una relación franca, familiar, unos con otros. Una niñita definía a un amigo como aquel que lo sabe todo de ti, pero que te ama a pesar de ello. Una amistad que no puede soportar la verdad no tiene valor. La amistad con Dios da la bienvenida a la verdad.

IV. Consideración. Los amigos se regocijan cuando ven cumplidos los deseos mutuos. Son totalmente considerados el uno por el otro. Nosotros, si somos amigos de Dios, tendremos toda consideración para con Él.

V. Sacrificio. Incluso si para lo anterior tenemos que llegar a hacer un verdadero sacrificio. Y, naturalmente, los verdaderos amigos se gozan en darse presentes.

VI. Lealtad. Los verdaderos amigos se mantendrán leales el uno al otro, especialmente cuando están separados.

VII. Perpetuidad. Una verdadera amistad no es temporal, sino que soportará el paso de los años.

1.619. LA SINRAZÓN POR LOS PLACERES

Santiago 3:18; 4:1-5

Dos veces aparece en esta sección en griego la palabra *hëdonë*, traducida como «pasiones» (v. 1) y «deleites» (v. 3). El doctor Pierson definió la pasión como «Un anhelo natural y normal que rebasa los límites puestos por Dios. La pasión debería ser nuestra esclava, no nuestra dueña». El doctor Jowett la definió como «cualquier cosa que empaña las ventanas del alma», y que por ello emborrona nuestra visión. J. N. Darby traduce «placeres» en ambos versículos, y ello da la clave del sentido de estos versículos y también la clave de la enseñanza que contienen. Lo que aquí se describe es un anhelo desordenado por placeres, por placeres pecaminosos, y sus resultados. La entrega indulgente a los placeres es pecaminosa.

LA OPERACIÓN DE LA MANÍA POR LOS PLACERES

I. Fomento. ¿De dónde vienen las guerras y los pleitos entre vosotros? ¿No es de vuestros placeres?» (4:1). Los placeres desordenados, la pasión por los placeres, fomentaba los problemas en la Iglesia. Comparar el «fruto de justicia» (3:18) con los resultados de placeres pecaminosos en 4:1-4.

II. Penetración. «Vuestros placeres que *toman el campo* en vuestros miembros» (trad. etimológica), o, en la traducción del doctor Young, «que son *como soldados* en vuestros miembros» (4:1). Estas traducciones son sugestivas. Si se le permite al placer que haga su obra en nosotros, *toma el campo* en nuestros miembros como si de un grupo de soldados se tratara; esto es, llega a dominarnos, y los resultados son dolorosos.

III. Agitación. «Codiciáis, y no tenéis... ardéis de envidia, y no podéis alcanzar; combatís y lucháis» (4:2). ¡Qué estado de agitación vemos aquí, como resultado de la indulgencia en placeres pecaminosos! Y observamos otro triste resultado descrito en una palabra:

IV. Insatisfacción. Observemos: «Codiciáis, y no tenéis (...) Ardéis de envidia, y no podéis alcanzar». ¡Qué condición tan insatisfecha y frustrada la que tenemos aquí!

V. Estancamiento. Notemos bien: «No tenéis lo que deseáis, porque no pedís. Pedís, y no recibís, porque pedís mal, para gastar en vuestros deleites» (4:2, 3). ¡Qué terrible efecto que tiene la excesiva indulgencia en los placeres sobre la vida de oración, como se ve en estos versículos! ¡Qué terrible imagen de estancamiento espiritual! Primero, ausencia de oración. «No pedís.» Segundo, agitación, «Pedís, y no recibís». ¿Por qué? Porque «pedís mal», pidiendo con malos propósitos, impulsados por un motivo malo.

VI. Degeneración. Terrible es la caída que tenemos expresada en lo que sigue: «¡Oh, almas adúlteras!», «La amistad del mundo», «enemistad contra Dios» (4:4). ¡Cómo habían degenerado estos creyentes en su andar, práctica y experiencia como cristianos! Ahora eran infieles a su Dios.

VII. ¿Hay cura? Sí. Examinemos estrechamente el versículo 5: «La Escritura dice: El Espíritu que él ha hecho morar en nosotros nos anhela celosamente» (4:5). O, como le encantaba decir a F. B. Meyer: «Se podría traducir: "El Espíritu que Él ha hecho morar en nosotros anhela celosamente por toda nuestra devoción"». Ningún creyente que haya caído víctima de los placeres podrá jamás quedar satisfecho en este triste estado. Desde luego, el Espíritu Santo no lo está. ¡Cómo debe amarnos el Espíritu Santo para «anhelarnos celosamente»! La cura para ello se muestra en los versículos que vienen a continuación, esto es, humillarnos ante el Señor, buscando su plena liberación.

1.620. SOMETEOS A DIOS

Santiago 4:6, 7

El hombre, apartado de Dios, es presentado como enemigo y rebelde.

I. Lo que no es sometimiento. Un hombre no se ha sometido a Dios en tanto que está

1. EN UN ESTADO DE INDIFERENCIA. Como Galión, despreocupándose de todas estas cosas (Hch. 18:17).
2. VIVIENDO SOLO PARA SÍ. Deseando su propia alabanza y honor.
3. TRATANDO DE COMPLACER A LOS HOMBRES. Satisfecho con una apariencia externa.
4. AMANDO AL MUNDO. Si el mundo está en el corazón, sigue siendo un enemigo de Dios.

II. A quién deberíamos someternos. A Dios.

1. Porque *Él nos ha hecho.* Nuestro Creador.
2. Porque *Él envió a su Hijo para salvarnos* (Jn. 3:16).
3. Porque Él nos ha dado *su Espíritu para vivificarnos y para fortalecernos.*
4. Porque Él nos ha dado su *Palabra para guiarnos y para darnos certidumbre.*

III. Qué debe serle sometido. «Vosotros mismos.» Esto implica

(1) Tu voluntad y tus afectos.
(2) Tu tiempo y tus talentos.
(3) Tus planes y propósitos.
(4) Tus placeres y posesiones.
(5) Tus cuitas y ansiedades.

IV. Por qué deberías someterte. «Someteos, *pues*» (v. 7)

1. Porque Dios *resiste a los soberbios:* Se pone en contra de aquellos que se rebelan contra Él. Es en vano esperar el éxito frente a un Dios que nos resiste.
2. Porque Dios *da gracia a los humildes.* Aquellos que se someten recibirán gracia suficiente para el perdón, la reconciliación, la protección, la satisfacción, y para ser traídos a la presencia de su gloria (Sal. 138:6).

1.621. HUMILDES O HUMILLADOS, ¿CUÁL?

Santiago 4:6-10, 13-17

¡Qué diferencia más grande hay entre ser hechos humildes y ser humillados! Lo primero es mi acción, el segundo es un acto de Dios; lo primero es curativo, lo segundo retributivo; lo primero es el comienzo de una bendición, lo segundo es el comienzo de una maldición. No hay escape de lo uno o de lo otro. Si no me humillo a mí mismo bajo la poderosa mano de Dios, la poderosa mano de Dios me humillará a mí.

I. Someteos a Dios (4:6, 7). ¿Por qué deberíamos someternos a Dios?

1. EN VISTA DE LA TRISTEZA DEL PASADO (4:1-4). ¡Qué triste catálogo de pecado y de fracaso tenemos en los versículos 1 a 4, mostrando el embrollo que hemos hecho nosotros con nuestras vidas! Y esto proviene de no someternos a Dios.
2. EN VISTA DEL PODER PRESENTE DEL MALIGNO. Observemos que antes de exhortarnos a «resistir al diablo» se nos apremia a que nos sometamos a Dios. Intentar resistir al Maligno sin rendirse del todo a Dios es buscar problemas. Cuando el diablo es resistido por quienes antes se han rendido plenamente a Dios, huye.
3. EN VISTA DE LA INCERTIDUMBRE DE LA VIDA (4:13-15). ¡Qué fácil es hacer planes sin Dios, pero cuán inútil! Todos nuestros planes deberían ser primero sometidos a Dios, e incluso entonces anunciados con un «Si el Señor lo permite».
4. EN VISTA DE LAS SORPRESAS DE DIOS (4:13-15). Ésta es otra línea de pensamiento sugerida por estos versículos. La vida es una serie de sorpresas. Con la división del tiempo Dios nos separa cada día, gustando de sorprendernos. Ciertamente, la vida es una serie de sorpresas. ¡Qué maravilloso Dios tenemos!

II. Acercaos a Dios (4:8, 9). Ésta es una y, desde luego, la primera expresión y prueba de sumisión a Dios. ¿Cómo debemos acercarnos a Él?

1. CON SINCERIDAD (8). Buscando manos limpias y corazones purificados.
2. EN ARREPENTIMIENTO (9). Con un verdadero dolor por el pecado.

III. Humildes delante de Dios (4:10). Recordando nuestra condición pecaminosa, tomando el puesto bajo que nos corresponde. Y luego, ¿qué?

1. DIOS TE EXALTARÁ. Como un padre levanta el entristecido rostro de un niño.
2. DIOS DARÁ GRACIA (4:6).

1.622. RESISTID AL DIABLO

Santiago 4:7

I. El enemigo. El Diablo.

1. Personal (Mt. 4:10).
2. Poderoso (1 P. 5:8; 2 Co. 2:11).

II. Nuestra actitud con respecto al diablo. «Resistid.»

1. Resistid, no argumentéis (Ef. 6:10, 11).
2. Resistid, no entréis en componendas (Mt. 4:10, 11).

III. La promesa. «Huirá de vosotros.» La victoria será

1. Repentina. *«Huirá.»*
2. Total. «Huirá *de vosotros.»*

1.623. OPRIMIENDO A LOS JORNALEROS

Santiago 5:1-11

Evidentemente muchos de los pobres entre los judíos cristianos eran oprimidos por los ricos, que les defraudaban sus jornales duramente ganados (v. 4). La fe en Cristo y en su venida nos llevará a soportar pacientemente los males que no podemos evitar. «Habéis... dado muerte al justo».
Observemos lo siguiente de LOS JORNALEROS:

I. Su jornal. «Retenido» (v. 4). Observemos: «Está clamando». ¡Qué frase más notable! Clama con una voz que Dios puede oír.

II. Su paciencia (7, 8, 10, 11). Santiago pasa de los opresores a los oprimidos. «Sufrid con largura de ánimo», dice la nota marginal. Éste es un sabio consejo. Porque a veces la agitación es inútil.

III. Esperanza. Pero, ¿para qué la paciencia? ¿Hasta cuándo debería ejercitarse la paciencia? El jornalero defraudado que no puede hallar justicia inmediata de parte de los hombres debe recordar la futura venida del Señor, en la que todos los males serán corregidos. Leamos en las profecías del AT los maravillosos resultados del reinado del Mesías. Nuestra gran esperanza es la Venida del Señor. Esta Venida «está cerca». Esto era cierto en aquellos tiempos, ¡cuánto más en los nuestros! Hay personas impacientes que quieren la inmediata rectificación de todos los desmanes, y que objetan al consejo que aquí se da. Éste es el ideal, que no se puede llevar a cabo de inmediato. ¿Y qué, entonces? Deberíamos permitir que la paciencia obre hasta que los males sean barridos. ¿Y quién barrerá estos males de la faz de la tierra? El hombre ha puesto todo de su parte, y ha fracasado. ¡Ah, hay uno, el Hombre Cristo Jesús! Él «el juez está ya a las puertas» (v. 9). Tengamos paciencia, entre tanto, los que abrigamos ardientemente esta esperanza, y revelemos nuestra paciencia en:

IV. Silencio. Esto se enseña en el v. 9. «No os quejéis unos contra otros», o, «No murmuréis unos contra otros» (V.M.). Desde luego, lo que esto significa es que, al contar con la Venida de Aquel que barrerá todos los abusos y castigará a los opresores, dejaremos de quejarnos unos a otros, o unos de los otros, dejando de llenar los oídos de otros con la historia de cómo hemos sido perjudicados. El gemido dejará paso a gloriarse: a gloriarse en el Señor. Callados ante los hombres en cuanto a nuestros problemas porque confiamos en el Señor, llevándoselos a Él.

V. Oración (v. 13). ¡Ah, aquí tenemos el gran resultado de abandonar las quejas! Derramamos a oídos de nuestro amante Dios nuestras tristezas, y los males que nos han sido inflingidos.

1.624. HABLA PURA

Santiago 5:12

Hay una más estrecha relación entre este versículo y el tema de la opresión del jornalero ya tratado que lo que pudiera imaginarse a simple vista. Bajo la amargante presión de la injuria y de la injusticia, uno se siente tentado al empleo de improperios, de palabras impuras e insensatas, como expresión de enojo. Pero esto queda aquí prohibido.

¿Acaso no es este versículo un eco de unas palabras pronunciadas en el monte por el ilustre Hermano de Santiago, registradas en Mateo 5:33-37?

I. Nuestra manera de hablar. Para ser recta, tiene que ser:

1. PURA: «No juréis».
2. SIN ADORNOS. «Vuestro sí sea sí», etc.
3. DIGNA. Como conviene a creyentes.
4. INSPIRADA. Por medio de y desde la fuente correcta. «Pues lo que se añade de más, procede del maligno», sugiriendo que es el Maligno el autor del habla impura y carente de dignidad.

II. Consecuencias de la desobediencia. Toda otra cosa nos hace «caer bajo juicio», perturbando nuestra conciencia, y contristando al Señor.

1.625. ORANDO EN TODO TIEMPO

Santiago 5:13-18

Lo que Santiago predicaba lo practicaba, porque él mismo oraba mucho. A lo largo de toda esta Epístola el escritor insiste en la necesidad y valor extremo de la oración.

I. Ora en la aflicción (v. 13). Cuando un hombre está afligido, se siente tentado a dejar de lado la oración. Esta tentación debe ser resistida.

II. Ora cuando estés enfermo (vv. 14, 15). El afligido debería orar, pero el enfermo debería pedir a otros que «oren sobre él, ungiéndole con aceite en el nombre del Señor». ¡Qué extraño, que las personas creyentes se olviden de orar cuando están enfermas! ¡Qué promesa llena de gracia se da aquí de responder a estas oraciones!

III. Ora cuando cometas faltas (v. 16). Aquí se nos apremia a confesar nuestras faltas los unos a los otros, pero no nuestros pecados. Estos últimos deberían ser confesados sólo a Dios. ¿A qué debería conducir la confesión? A orar unos por otros

IV. Ora cuando estés feliz (v. 13). Cantar salmos significa orar por medio de un cántico sagrado, porque el mejor libro de oraciones del mundo es el Libro de los Salmos.

V. Ora en la prosperidad. «¿Hay quien esté contento? Cante alabanzas.» El canto y la oración son señales de salud espiritual.

1.626. LA PODEROSA INFLUENCIA DE LA ORACIÓN

«La oración eficaz del justo tiene mucha fuerza» (Stg. 5:16)

Rayos F. Últimamente nos hemos quedado sobrecogidos por el descubrimiento por parte de un italiano de lo que ahora se conoce como los «Rayos F». Estos rayos pueden hacer estallar una nave con su propia dinamita a una distancia de 20 millas. Es una fuerza invisible, pero poderosa.

Un poder más grande. Pero conocemos un poder mayor, y también invisible, el de la oración, como lo expone aquí Santiago.

Santiago. La tradición acerca de Santiago es que tenía las rodillas encallecidas como las de un camello, por su constante hábito de la oración. Esto da fuerza a su declaración tocante a la oración, porque vivía la vida de la oración. Practicaba lo que predicaba, y predicaba lo que practicaba. Santiago insistía en el enorme valor y poder de la oración (véase el texto).

¿Es cierto? La mayoría de nosotros tiene poca fe en la oración. Los cristianos a menudo tienen poca fe en la oración como un poder en la vida real. O aunque podamos decir algo distinto con nuestros labios, con nuestra vida mostramos poca fe en la oración.

Los paganos nos hacen avergonzar. Los hábitos devocionales de los paganos nos hacen avergonzar. La oración pagana, cual sea o lo que no sea, es creída de verdad en la mente de los paganos. Cuando el rey sajón de Northumberland, Ethelred, invadió Gales y estaba a punto de presentar batalla a los britanos, observó que cerca del enemigo había un grupo de hombres desarmados. Preguntó quiénes eran y qué hacían. Le respondieron que eran monjes de Bangor, orando por el éxito de sus compatriotas. «Entonces», dijo el príncipe pagano, «ya han comenzado la lucha contra nosotros; ataquémoslos en el acto».

Poderosa. Recuerda que la oración es un arma poderosa. Empléala.

Llave. La oración es una llave dorada, que si se mantiene pulida con su constante uso, abrirá el acceso a los tesoros de la tierra y del cielo.

1.627. UN HERMANO EXTRAVIADO

Santiago 5:19, 20

El ministerio lleno de gracia de restauración es aquí encomiado. Así es como concluye esta Epístola. No una despedida, sino un final abrupto con una nota elevada.

I. La posibilidad. La posibilidad de que incluso unos hermanos se extravíen. «Hermanos, si alguno entre vosotros se ha extraviado.»

II. Defección. ¿Extraviarse de qué? «Extraviarse de la verdad.»

III. La gravedad de ello. El extravío de la verdad conduce a una multitud de pecados.

IV. El peligro. El peligro es la muerte. «Salvará de muerte un alma.» ¡Qué terrible peligro

V. La salvación. En tanto que la Santísima Trinidad obra en salvación, aquí se destaca el ministerio humano. Porque generalmente el Dios Trino obra por medio de la actividad humana.

1.628. ESTUDIOS EN 1 PEDRO

1 Pedro

Esta carta fue escrita por el Apóstol Pedro hacia el final de su vida (60 d.C.), mientras estaba en Babilonia (v. 13), donde se había establecido una iglesia cristiana. Se dirige sobre todo, aunque no exclusivamente, a los cristianos hebreos. Observemos: «Judíos» (1.1, Versión Revisada inglesa); «Gentiles» (2:9, 10). Fue escrita con dos propósitos. Primero, mostrar Pedro que concordaba con la enseñanza de Pablo. Segunda, fortalecer y consolar al pueblo de Dios que pasaba por duras pruebas. Es un Libro de Consolación.

1.629. VIVIENDO COMO EXTRANJEROS

1 Pedro 1:1

I. Introducción. El escritor de esta Epístola no necesita presentación. En cumplimiento de la exhortación y comisión de nuestro Salvador, «Y tú, cuando te hayas vuelto, fortalece a tus hermanos» (Lc. 22:32), Pedro escribió esta Epístola para consolar y fortalecer a sus hermanos en Cristo que pasaban por un tiempo de amargas pruebas y de acerbas persecuciones. Tiene una tan rica abundancia de consejos, advertencias y consolación que Lutero, el reformador, la apreciaba grandemente. La profundidad de penetración doctrinal nos sorprende. «¿De dónde tiene éste esta sabiduría?» Desde luego que de Dios el Espíritu Santo. En ninguna otra parte de la Escritura encontramos una más plena enseñanza de la Trinidad. Se puede señalar de manera especial cómo Pedro trata de consolar a los sufrientes, llenando sus mentes con grandes pensamientos de Dios y de su salvación. ¿Quiéres ser diestro en el arte de la consolación? Entonces toma nota de este hecho. Pon delante de los sufrientes grandes y profundos pensamientos de Dios, de su salvación y verdad.

II. Extranjeros. Hay diversas opiniones que se dan acerca de a quiénes se dirigía Pedro cuando envió su carta a los «extranjeros». Algunos piensan que se refería simplemente a judíos que estaban dispersos por Asia. Pero Pablo en Efesios habla de los cristianos gentiles como «extranjeros» (Ef. 2:11, 12). Obsérvese especialmente lo siguiente:

1. Nuestro tiempo aquí es una peregrinación (1 P. 1:17).
2. Habíamos sido extranjeros en cuanto a la gracia y a Dios (Ef. 2:14).
3. En estas cuestiones ya hemos dejado de ser extranjeros (*cf.* Ef. 2:19).
4. Pero por lo que al mundo atañe, somos «extranjeros y peregrinos», esto es, peregrinos en cuanto extranjeros (1 P. 2:1).

III. Expatriados. La Biblia de las Américas (BAS) da «expatriados» por extranjeros. ¿Cuál es el deber de un expatriado? Un expatriado muestra:

1. UNA MENTE AUSENTE. Está siempre pensando en su patria. Pongamos «la mira en las cosas de arriba». Así tendremos un corazón y una mente ausentes.
2. SEPARACIÓN. Un expatriados difiere en vestimenta, apariencia y paladar, de aquellos entre los que vive. Como expatriados, hemos de vivir la vida separada, no moldeados por las máximas y leyes de este mundo, y gozando de una nueva comida.
3. PROVISIONALIDAD. No arraiga en tierra ajena. Está siempre en situación de provisionalidad.
4. LEALTAD. Intenta, en una tierra extraña, mantener el honor e intereses de su propio país. Éste es un pensamiento importante.
5. LITERATURA. A un expatriado le encanta examinar la literatura de su propia tierra, y para satisfacer este anhelo hace arreglos con las casas publicadoras en la tierra patria. Si vivimos verdaderamente como expatriados en este mundo, nos encantará leer y estudiar la literatura de la Patria Mejor, que ya tenemos en la Biblia.
6. COMUNIÓN. Un expatriado gusta de encontrarse para tener compañerismo con compatriotas, y no le importará qué esfuerzos se deban hacer para encontrarse con ellos. Los expatriados espirituales gustan de tener compañerismo con los que comparten su misma condición.

1.630. LA ELECCIÓN

1 Pedro 1:2

Debido a verbosas batallas del pasado, muchos del pueblo del Señor se atemorizan ante las palabras «elegido» y «elección». Pero son palabras bíblicas, verdades bíblicas. La elección se emplea en la Escritura con tres propósitos: 1) describe una elección a/o ser escogido para, un cargo (Jn. 15:16); 2) la designación para ciertos privilegios (Sal. 135:14); 3) para salvación. Estos cristianos esparcidos son llamados los escogidos de Dios. ¡Qué título más honroso!

I. El origen de la elección. No es la santificación, como algunos creen: esto es, nuestra santificación, aunque en un sentido podemos decir que esta elección fue posibilitada por la santificación de Cristo a la obra de salvación y por su obediencia hasta la muerte, porque ése fue real y verdaderamente su propósito. El verdadero origen de la elección está en la gracia de «Dios Padre». Es consolador ver que Pedro asocia la doctrina de la elección (que algunos consideran «dura») con la suavizadora y consoladora doctrina de la Paternidad de Dios. La una se funde deleitosamente con la otra. La elección es el amor elector del Padre.

II. La posibilidad de la elección. Observemos aquí en el versículo 2, también en el 20; en Hechos 2:23; Romanos 8:29; 11:2; y 2 Timoteo 2:19, la asociación del conocimiento previo de Dios (su presciencia) con la elección de Dios. En dichos versículos se nos permite entrar en la cámara del consejo del Altísimo, y escuchar los Consejos Eternos. Esta asociación de la presciencia con la elección ha sido de gran ayuda para las pequeñas mentes de los terrenales mortales al tratar de encarar esta profunda, profunda verdad.

III. La prueba de la elección. La prueba infalible de nuestra elección es de un carácter doble.

1. INTERNA. Sentir y potenciar constantemente dentro de nosotros la santificación del Espíritu Santo.
2. EXTERNA. Prestar rápida obediencia, y vivir como exiliados, como extranjeros en este mundo.

IV. El propósito de la elección. «Para obedecer y ser rociados con la sangre de Jesucristo.» Así hay dos cosas en el propósito de la elección:

1. «Con vistas a su obediencia.» Nuestra obediencia.
2. Y para poder recibir el rociamiento de la sangre.

V. El privilegio de la Elección.

1. QUE LOS ELEGIDOS SEAN ROCIADOS POR LA SANGRE DE CRISTO.
2. MULTIPLICACIÓN DE GRACIA Y PAZ. Esto significa más que dar. Se les había dado y ellos habían recibido, y ahora se les tiene que multiplicar. Estas bendiciones van de la mano. Primero, la Gracia, esto es, el favor inmerecido de Dios que es nuestro *por medio* de Cristo. Gracia es también un nombre para las bendiciones que nos pertenecen en Cristo. Estas han de ser multiplicadas, ahora que han sido recibidas.
Paz: Paz *con* Dios, por medio de nuestro Señor Jesús, y paz *de* Dios. Alguien ha observado que «la gracia es el alimento de la vida cristiana; la paz es su carácter».

Obsérvese la frase: «Santificación del Espíritu, para obedecer». Aprendamos de esto que:
a. La verdadera santificación es de y por el Espíritu Santo.
b. El propósito y resultado de la santificación es una vida de obediencia, no meramente nuestra felicidad y comodidad. Dios piensa más en nuestra santidad que en nuestra felicidad, aunque no se olvida de esta misericordia.

1.631. EL NACIMIENTO DE UNA DOXOLOGÍA

1 Pedro 1:3-5

Probablemente hayáis observado en los escritos del Nuevo Testamento la frecuencia de las doxologías. Es a la vez interesante y provechoso estudiarlas, tratando de remontar su fuente. Aquí podemos hacerlo. Este *Te Deum* es cantado en el recuerdo de la gracia redentora en regeneración.
¡Con qué fácilidad prorrumpían estos primeros cristianos en doxologías! ¿Por qué? ¿Cómo es que estamos tan alejados de ellos en esta práctica! ¿No ha hecho el Señor tanto por nosotros como hizo por ellos? ¿No está tan lleno el depósito de la gracia como siempre? ¡Sí! De seguro que la razón está en la miseria de nuestra experiencia cristiana individual. La precipitación de la vida diaria deja poco tiempo para reflexionar acerca de las maravillas admirables de la gracia; por ello, pocos creyentes se apropian como debieran de las riquezas que son suyas en Cristo Jesús.

I. La doxología.

1. UN NUEVO TEMA. «Bendito sea el Dios», etc. La palabra traducida «Bendito» aquí no tiene la misma significación que la palabra empleada en las Bienaventuranzas del Sermón del Monte. Aquí es bendición por causa de algo inherente en la persona, mientras que en las Bienaventuranzas se trata de bendición recibida. «Bendecir a Dios» significa literalmente «Hablar bien de Él». Es bueno cuando un padre bendice a su hijo. Es conmovedor cuando el hijo bendice al padre. Aquí tenemos a un hijo bendiciendo a su Padre Celestial.
2. UNA NUEVA RELACIÓN. «Bendito sea el Dios *y Padre*.» Esta relación es nueva, y en su sentido novotestamentario es desconocida en el Antiguo Testamento. Obsérvese: «*Dios* y Padre». Obsérvese Juan 20:17. No «*Nuestro* Padre», sino «*Mi* Padre y *vuestro* Padre». También «*Mi* Dios y vuestro Dios», no «*nuestro* Dios».

II. Su origen.

1. UN NUEVO NACIMIENTO. «Nos hizo renacer.» Ésta es una de las singulares frases del vocabulario cristiano, no hallado en otros sistemas religiosos. Otros sistemas enfatizan la cultura, la instrucción, la disciplina, la educación, la evolución.
2. UNA NUEVA VIDA. «Una nueva vida de esperanza inmortal» (*20th Century*). Antes de la regeneración no había nada que esperar. Nótese aquí la conexión de la esperanza con la Resurrección de Cristo. Desde luego, si Él no hubiera resucitado de entre los muertos, no hubiera podido surgir nuestra esperanza. La esperanza del cristiano es una esperanza Viva, o, como lo tenemos aquí, Avivadora, porque Cristo vive. La tumba ha dejado de ser una estación de término. Es ahora un lugar de paso.
3. UNA NUEVA HERENCIA. «Para una herencia» (v. 4). Nacemos de nuevo para una posesión. Como hijos de Adán tenemos una terrible herencia: herederos de una naturaleza caída y de la ira de Dios. Ahora, por la gracia, somos herederos de «una herencia incorruptible, incontaminada e inmarcesible».
4. UNA NUEVA SEGURIDAD. «Que sois guardados» (v. 5). Ésta es una metáfora militar: Guardados por el poder de Dios, Jesús (1 Co. 1:24), y «en poder de Dios». La herencia es preservada para los herederos, y los herederos para la herencia.
5. UNA NUEVA SALVACIÓN. La Salvación es una gran palabra, incluyendo no solo lo que Dios ha hecho ya o está haciendo por o en nosotros, sino lo que aún ha de hacer por nosotros: «una salvación que ya está lista para ser desvelada» (Way).

1.632. EL NACIMIENTO DE UNA PARADOJA

1 Pedro 1:6, 7

En nuestro último estudio estábamos siguiendo una doxología hasta su fuente; en éste debemos observar el nacimiento de una paradoja. En 2 Corintios 6:9, 10 tenemos un racimo de paradojas. Aquí tenemos la paradoja de Pedro: «Os alegráis», «seáis afligidos».

I. La paradoja.

1. UN GOZO EXUBERANTE. «En lo cual vosotros os alegráis.» Otra traducción dice: «saltáis de gozo». Lo que asombraba al mundo pagano de aquel entonces era el gozo que los creyentes tenían y mostraban en medio del sufrimiento.
Nuestra fe cristiana nos capacita a afrontar las pruebas con una serenidad intacta y despejada, y con alegría. Nuestra salvación es una que nos conduce a una gran alegría.
2. UNA TRISTEZA DEPRIMENTE. Pero el gozo aquí mencionado es alegría más tristeza. «Aunque ahora por un poco de tiempo, si es necesario, seáis afligidos en diversas tentaciones.» «Aunque, por poco tiempo, si es necesario, afligidos en diversas pruebas, para que lo probado de vuestra fe, mucho más precioso que el oro que perece, y por fuego acrisolado, os sea hallado en alabanza, gloria y honor en la revelación de Jesu-Cristo» (Besson).
¿Cómo pueden un gozo exultante y una tristeza deprimente coexistir en nuestra experiencia? Que sufrimos «aflicción» está más allá de toda duda: por causa de pruebas personales y de presión externa; que nos «regocijamos grandemente» está también fuera de toda duda.

II. La explicación. Hay una gran diferencia entre el *siempre* y el *sólo* regocijarse. El gozo y la tristeza coexisten. El gozo no priva a la aflicción de todo su peso, ni al dolor de todo su aguijón. No hay ningún estoicismo en la fe cristiana; ni ningún intento de dar explicaciones fáciles.

III. La posibilidad. ¿Qué se necesita para hacer posible esta paradoja?

1. LA CONTEMPLACIÓN DE NUESTROS GLORIOSOS PRIVILEGIOS. Esta pequeña palabra «En lo cual» conecta lo que ha ido antes con esta declaración. No se nos pide que fabriquemos emociones espirituales. Somos apremiados a decidir acerca de qué vamos a *pensar* más, y qué vamos a *mirar* más. La posibilidad de esta paradoja depende del objeto de nuestra contemplación. ¿Estamos permaneciendo en las verdades proclamadas en los vv. 3 a 5? Entonces esta paradoja es posible.
2. EL RECUERDO DE LO FUGAZ DEL DOLOR. «Por un poco de tiempo, si es necesario.» ¡Qué rápido pasará este momento!
3. RECONOCIMIENTO DEL PROPÓSITO Y DE LOS RESULTADOS DE LA PRUEBA. «Si es necesario.» Hay por ello una necesidad. La fe es algo de gran precio. Tal como es la fe del hombre, así es el hombre. El fuego prueba y afina. La palabra «prueba» significa más que *prueba*. Realmente significa hacer patente, fortalecer, confirmar.
4. UN RECUERDO DE LA GRAN RECOMPENSA. «Se halle que resulta en alabanza, gloria y honra en la revelación de Jesucristo.» Cuando sufras, manten la mirada en la Venida del Señor. Ten en mente el gozo de oír su «Bien hecho, siervo bueno y fiel».

1.633. LA PRUEBA DE LA FE

1 Pedro 1:7

I. ¿Qué es lo que se pone a prueba? ¿Tu fe? Algunos «no tienen fe». Algunos tienen «poca fe». Algunos tienen «gran fe».

II. ¿Cómo se pone a prueba la fe? Nuestra fe puede ser puesta a prueba:

1. Como la de Job, por una adversidad prolongada.
2. Como la de Abraham, por un llamamiento a sacrificar.
3. Como la de José, por la tentación a pecar.
4. Como la de Daniel, por obreros de maldad.

III. ¿Por qué es la fe puesta a prueba? Porque, como la plata y el oro, se hace más *preciosa* (2 P. 1:1). Porque la hace más *fructífera*. «Alabanza y honra y gloria.»

1.634. NO VISTO, PERO CREÍDO Y AMADO

1 Pedro 1:8

Introducción

NO VISTO. Recuerda que Pedro está hablando y escribiendo. Había visto al Señor. Parece haber una especie de tierna piedad en estas palabras: «A quien amáis *sin haberle visto*». Dos veces repite la declaración de que no le habían visto. «Nunca le habéis visto, mas le amáis. Y aunque aún no le veis, con todo creéis en Él, y exultáis con una dicha triunfante demasiado grande para expresarla en palabras» (*20th Century*).

CREÍDO. Verdaderamente aquí encontramos a Pedro haciéndose eco de las palabras de su amado Maestro, tal como las vemos registradas en Juan 20:29.

AMADO AL VERLO. «Amor a primera vista» es una frase muy conocida. Generalmente el amor humano sigue a la impresión de los ojos. Pero el amor al que Pedro se refiere no es amor a primera vista, sino amor por la visión del corazón. (Por cuanto ellos nunca habían visto al Señor con los ojos de la carne.)

PRUEBA DE AMOR. ¿Le amamos? ¡Qué fácil es errar imaginándose que la admiración es amor, lo cual no es! Aquí tenemos las marcas del verdadero amor.

I. Adhesión. El amor une a dos en uno. En «los matrimonios hechos en el cielo», la ceremonia matrimonial, indispensable según la ley de Dios, es, después de todo, solo un reconocimiento externo de una unión que ya ha tenido lugar, una unión de corazones y de mentes, de afectos e ideales, de propósitos y planes. El amor, el verdadero amor, une a dos en uno.

II. Obediencia. El amor se deleita en cumplir los deseos y obedecer los más pequeños mandatos del ser amado. Esto es preeminentemente cierto en cada experiencia individual si realmente amamos al Señor. El amor obedecerá sus mandamientos (Jn. 14:15), y nos impulsará a acciones sacrificiales (2 Co. 5:14) en servicio.

III. Separación. El amor nos separará de todos otros gustos y admiraciones, y nos unirá en una sola y gloriosa devoción a la persona y a los intereses del ser amado; y 1 Juan 2:15 es el versículo que tenemos en mente en relación con esto.

IV. Consagración. El amor nos lleva a despojarnos de nuestros tesoros y a ponerlos a disposición del ser amado, volviéndonos totalmente entregados a sus intereses. Así, vemos el amor que Jonatán tenía para con David (1 S. 18:1-4). Si nuestro amor hacia el Señor Jesús no nos ha llevado a inclinarnos ante el Señor a quien amamos y a despojarnos de todo lo que tenemos, somos y esperamos, en palabras de un conocido himno, entonces nuestro amor es defectivo en su cualidad esencial.

«Ten mi vida, sea así,
Consagrada a ti Señor;
Mis momentos llene yo,
De alabanza sin cesar.

»Ten mis manos, muévelas,
Al impulso de tu amor;
Que mis pies, al caminar,
Su hermosura den a ti.

»Ten mi voz, y hazme cantar
Sólo y siempre a mi Rey;
Que mis labios cuenten pues,
Los mensajes de tu amor.

»Ten mi oro y mi afán,
Nada quiero retener;
Ten mi mente y úsame,
Tú según tu voluntad.

»Tuya haz mi voluntad;
Mía ya no ha de ser:
Toma Tú mi corazón,
Trono regio tuyo es.

»Ten mi amor: derramo yo
Su tesoro a tus pies;
Tenme, y siempre seré
TODO y sólo para ti».

V. Anticipación. El amor vive en anticipación de una más plena comunión. El amor hace que la otra persona sea esencial para la vida. Los amantes encuentran difícil vivir sus vidas separadamente, y anticipan anhelantemente el momento en que podrán vivir bajo un techo, y nunca estar ausentes el uno del otro excepto cuando sea obligado para poderse ganar la vida. Si realmente amamos al Señor, esperaremos de manera ardiente estar con Él en la gloria, cuando veremos su rostro y conoceremos como somos conocidos.

1.635. TRES BENDICIONES INEFABLES

1 Pedro 1:8, con 2 Corintios 9:15; 12:4

Introducción

George Eliot, en su obra *Scenes in Clerical Life*, habla de la posibilidad y peligro de tener un buen vocabulario religioso sin una experiencia religiosa acorde. Ahí se agazapa un verdadero peligro. Es posible tener un buen conocimiento de verdad religiosa, poder definir doctrina cristiana, y expresar nuestras posturas con un lenguaje claro, *y sin embargo carecer de la experiencia de estas verdades*. El hecho de que alguien pueda hablar con fluidez de temas divinos no constituye prueba de la posesión de una experiencia real y vital.

Hay otro peligro, el de poseer una experiencia religiosa que pueda ser reducida a y ser expresada por un vocabulario. Se debe admitir que tal experiencia es cosa bastante común. Una vida espiritual débil y enfermiza puede ser fácilmente descrita. Una vida así tiene pocas experiencias entusiasmantes, si es que tiene alguna. Se pueden encontrar fácilmente palabras para poderla describir. Y si es así con nosotros, es para nuestra vergüenza.

Cowper llama al lenguaje un «sagrado intérprete del pensamiento humano». Y es de cierto un maravilloso intérprete. Pero es posible que el más diestro intérprete llegue prematuramente a agotar sus recursos. Hemos sido testigos de la incapacidad de un espléndido intérprete para traducir algunas frases floridas. Y el sagrado intérprete del pensamiento humano no puede dejar de fracasar en la traducción de algunas experiencias en palabras. Esto es cierto incluso tocante a cosas *terrenales*. Las cosas más profundas y ricas en la vida diaria son inefables, indescriptibles. «¡Un amor de madre!» ¿Quién ha descubierto un símbolo mediante el cual expresarlo? Es inefable. ¡Un dolor profundo! ¿Dónde hallar el lenguaje con el que pueda ser descrito? La majestad de los montes, la hermosura y fragancia de los lirios y de otras flores: ¿dónde está el lenguaje para expresar todo esto?

Y si esto es cierto tocante a las cosas terrenales, ¿qué de las celestiales? Si el amor de una madre es inefable, ¿qué diremos acerca del amor divino?

«¿Pero qué para los que lo encuentran? ¡Ah, esto
Ninguna lengua ni pluma pueden mostrarlo:
El amor de Jesús, qué es ese amor
Solo sus amados saberlo pueden».

Incluso los apóstoles inspirados encontraron una y otra vez cuán inadecuado era el lenguaje humano. Entonces empleaban la palabra «inefable», que aparece tres veces en la Sagrada Escritura, y que ahora pasamos a examinar en cada una de sus ocasiones.

I. Un don inefable. «Gracias a Dios por su don inefable» (2 Co. 9:15). Ésta es una de las doxologías de Pablo. En la mayoría de ellas no parece haber relación entre el tema de que trata y la doxología. A menudo, justo en medio de un profundo argumento, tiene que detenerse para adorar. Pero aquí sí hay una relación. El apóstol había estado refiriéndose a los generosos dones de los cristianos macedonios, presentándolos como un ejemplo digno de imitación para los corintios, cuando le abrumó el pensamiento de la maravillosa gracia y bondad de Dios, y halló alivio con este estallido de amor y adoración reverentes.

Hay algo que no va bien con nosotros si no nos sentimos afectados una y otra vez de manera similar. Una prueba infalible del crecimiento en la gracia es un aprecio creciente del amor de Dios en Cristo, y de su muerte expiatoria en la cruz. Porque el don de Dios no puede ser nunca estimado en demasía. Sus riquezas son inescrutables, y su amor sobrepuja a todo entendimiento. El don de Dios es una Persona. Y una Persona maravillosa más allá de toda medida. ¿Le has dado gracias hoy a Dios por su Don inefable? ¿Es su Don indescriptiblemente maravilloso para ti?

II. Palabras inefables. «Fue arrebatado al paraíso, y oyó palabras inefables que no le es permitido al hombre expresar» (2 Co. 12:1-4). Aquí habla Pablo. Nos desvela un secreto personal que había mantenido callado durante catorce años. En esta época, Pablo había sido apedreado fuera de Listra (Hch. 14). Nadie podía ser apedreado sin morir. Es indudable que había muerto, y mientras su pobre y golpeado cuerpo yacía inmóvil, él mismo ascendió al Paraíso, pero como su obra no había aún terminado, Dios efectuó un milagro, y él y su cuerpo se reunieron. Mientras estaba en el paraíso, oyó palabras que no podía reproducir con lenguaje humano.

De pasada, esto es importante, por cuanto muestra el efecto de la muerte de Cristo y su resurrección sobre el paraíso. Antes de la Cruz, el paraíso estaba abajo (Lc. 16:19-31), en el corazón de la tierra (Mt. 12:40), a donde fue Cristo al morir. Cuando resucitó de entre los muertos, transfirió el paraíso al Tercer Cielo, a la presencia inmediata de Dios (2 Co. 12:2, 4; Ef. 4:8-10), aunque dejando donde estaba el lugar de los difuntos impíos.

¡Qué palabras más arrebatadoras son éstas! Y nos son aplicables en esta vida. ¿No es esto cierto de la oración y de la comunión con Dios? Viviendo en comunión con Él, oiremos palabras inefables, como lo expresa el himno *En el secreto de su Presencia*:

«Si lo intentase, no podría expresar
Lo que Él dice cuando nos encontramos así».

Nuestro paraíso ahora es tener debajo de nosotros los Brazos Eternos, y oír sus palabras de amor; nuestro paraíso después será la inmediata presencia del Señor.

III. Gozo inefable. «Os gozáis con gozo inefable y glorioso» (1 P. 1:8), o, como otra versión lo traduce: «¡Exultáis con gozo triunfante, demasiado glorioso para expresarlo con palabras!». Hay gozos que debilitan el alma y guerrean contra ella. No sucede así con éste: Está coronado de gloria. ¿Quiénes eran estas felices personas a las que se dirigía Pedro? Unas gentes pobres, menospreciadas, perseguidas, a muchos de los cuales les habían confiscado sus propiedades por causa del Nombre. Eran creyentes en el Señor Jesús. Así, el gozo no depende de lo que tenemos, sino de lo que somos; no de nuestras circunstancias, sino de la comunión con Cristo.

Observemos que no se trata de una exhortación, sino de la declaración de un hecho. No les estaba apremiando a que se regocijasen, sino sencillamente expresaba lo que ya estaba sucediendo en su experiencia. Evidentemente, ésta era su experiencia normal. ¡Qué lejos parecen los creyentes en la actualidad de llegar a una experiencia de esta clase!

Obsérvese ahora el orden de estos tres «inefables»: Primero el Don inefable, después palabras, y finalmente Gozo. El primer acto de importancia es la recepción de este don. Por consiguiente, es nuestro privilegio comenzar a andar y a hablar con Dios en santa y bendita comunión. Esto significará la posesión de un gozo que no puede ser descrito.

1.636. LA GLORIA Y LA GRANDEZA DE NUESTRA SALVACIÓN

1 Pedro 1:9-12

Introducción

LA SALVACIÓN. Es bien evidente que a Pedro le encantaba repetir la palabra «salvación». Ved cómo se desliza de su pluma en los versículos 5, 9 y 10. Aparentemente, nunca pensaba en ella sin entusiasmo. Esto aparece en la traducción de Moffatt: «Y os *estremeceréis* con un gozo inefable y glorioso obteniendo *el resultado de vuestra fe* en la salvación de vuestras almas». Es decir, el pensamiento de la gloria y grandeza de nuestra salvación le hacía estremecerse de gozo, como sucederá ciertamente en nuestra experiencia.

ESTREMECIMIENTO GOZOSO. ¿No te has estremecido nunca de gozo al pensar en tu propia salvación personal? Algunos no dan valor a las cosas hasta que descubren que otros las aprecian en grado sumo. En este estudio veremos que nuestra salvación ha sido, y ciertamente es, asombro para los profetas del pasado, y de los ángeles en el pasado y en el presente.

I. La descripción de la salvación. Obsérvese la destacable variedad de palabras y frases que se emplean aquí para describir una cosa: la salvación.

1. LA SALVACIÓN. Una gran palabra, repleta de significado.
2. GRACIA. Viene *con* gracia, y es gracia.
3. GLORIA. ¡Qué descripción del fruto de la gracia!
4. EVANGELIO. Una magna palabra.

II. La base de la salvación. Pedro destaca aquí que los sufrimientos de Cristo constituyen la base o el fundamento de nuestra salvación. Éste es *el* hecho fundamental del cristianismo. Aquí observáis que Pedro nunca se refiere a los padecimientos de *Jesús*, o de *Jesucristo*, ¡sino de Cristo! Prefiere detenerse en la pasión de Cristo *en su aspecto oficial* y no en el *personal*. Si se examina la primera Epístola, este hecho aparece con claridad. Se refiere a «Jesucristo» en 1:2, 3, 7, 13, 2:5, etc. En las siguientes Escrituras se refiere a Jesús simplemente como el Cristo: 1:1, 19; 2:21; 3:18; 4:1, 13, 14; 5:1. Pedro nunca olvidó que el mismo día en que él confesó que Jesús era el Cristo, él mismo reprendió a su Señor por hablar de sus padecimientos y de su muerte (Mt. 16:22, 23).

El Evangelio no es que Jesús murió, sino que «Cristo» murió por nuestros pecados (1 Co. 15:3). «Cristo» es el título oficial de Jesús, y por ello el uso del mismo atrae la atención al aspecto oficial de su muerte. Él murió no cómo mártir, sino la muerte de un sacrificio. Observemos que el Evangelio es:

1. No una especulación.
2. No una mera teología.
3. No un tratado de moral.
4. No una declaración de principios.

Es la *historia de un hecho*, de cosas hechas sobre esta tierra nuestra.

III. La profecía de la salvación. Fue predicha por los profetas (Lc. 1:69, 70). Nuestra salvación era el tema de la profecía.
La unidad de la salvación se expresa en el hecho de que las cosas que los profetas predijeron son mencionadas como siendo las mismas que aquellas «que ahora os fueron anunciadas mediante los que os han predicado el evangelio» (v. 12).
Algunas de las personas a las que Pedro escribió esta Epístola, en particular los judíos, tenían una gran veneración por los profetas, y habrían quedado altamente impresionados por el hecho enfatizado por él, que ellos habían predicho esta maravillosa salvación que es ahora nuestra. Él destaca mucho este tema, como se ve en Hechos 3:18. Pablo también destacó esto (Hch. 26:22, 23). Observemos también Juan 8:5, 6.
El evangelio abre los tesoros del Antiguo Testamento. El A.T. suscita una actitud expectante, apuntando adelante, con una claridad siempre en aumento, a Cristo. Tanto era así, que las almas piadosas estaban, por así decirlo, esperando de puntillas cuando «llegó la plenitud del tiempo».

IV. La investigación de la salvación.

1. Las Personas que investigaban. «Los profetas.»
2. El Objeto de su investigación. «Tiempo», «Salvación».
3. La Manera de su investigación. «Investigaron y averiguaron diligentemente.»
4. El Éxito de su investigación. ¡Qué sublime frustración fue la de ellos, como se ve en el v. 12! Léase Hebreos 11:40.

V. El estudio de la salvación de parte de los ángeles, «Cosas a las que anhelan mirar los ángeles» (v. 12). «*Inclinarse a un lado para mirar.*» Ésta es la traducción literal, que indica una atención tensa a algo que ha atraído tu mirada, algo fuera de tu línea usual de mirada.

La Escritura. 1 Corintios 4:9; Efesios 3:10; 1 Timoteo 3:16.

Ruskin escribió: «Existe una curiosidad *mezquina*, como la de un niño que abre una puerta prohibida, o la de un criado espiando los asuntos de su señor; y una curiosidad *noble*, que se pregunta, frente al peligro, acerca de la fuente del gran río; y una curiosidad aún *más noble*, que se pregunta por la fuente del Río de la Vida, y del espacio del Continente del Cielo, cosas en las que los ángeles desean mirar».

Querubines.

1. La idea comunicada por la palabra, «mirar en», es la de *un deseo anhelante y de atención fija.*
2. Lo que aquí se sugiere es las alas extendidas y las cabezas inclinadas de los Querubines cubridores que se encontraban sobre el Propiciatorio, contemplando el milagro de amor que se manifestaba debajo de ellos.

Poetas.

Esta referencia a la curiosidad angélica ha atraído la imaginación de los poetas. C. Wesley:

«Al Padre de Sapiencia pregunta
Cómo Él los medios de salvación dispuso;
Inclínanse ángeles en nuestro redor
Y en vano lo tratan de saber.
Ángeles con *asombro atónito*
A nuestro alrededor vuelan
Y con *mirada anhelante* la gracia adoran
De nuestro Amante eternal».

Puntos Finales.

1. «¿Ha venido la gracia sobre ti?» (10).
2. ¿«Indica en ti» algo «El Espíritu de Cristo»? (11).
3. ¿Conoces tú el «anuncio» del Espíritu Santo? (12)

Sujeto de la inspiración. El pasaje que nos ocupa es uno de los más notables en todo el N.T. tocantes al tema de la inspiración.

1. *¿Son los escritos proféticos, que poseemos actualmente, resultado de esta indagación?*
   a. ¿Consiguieron su conocimiento como resultado del esfuerzo personal? Si así fuere, esto reprendería la pereza e indolencia de muchos. Pero no fue así.
   b. Más bien, los escritos proféticos fueron el sujeto de su indagación, y luego Dios les dio el conocimiento que poseían.
   c. Sabían que estaban hablando acerca de una salvación, pero no sabían nada acerca de los detalles.
2. *¿Hasta qué punto eran suyos sus pronunciamientos, y hasta qué punto les fueron sugeridos desde las Alturas?*

Los profetas se vieron impelidos a decir y escribir palabras que ellos escogían y empleaban conscientemente, pero que sentían que tenían un sentido más profundo que el que ellos mismos tenían con consciente intención. Éste es un hecho digno de señalar.

1.637. CIÑENDO LA MENTE
1 Pedro 1:13-16

Introducción

El moderno énfasis sobre la mente, sobre la importancia de los pensamientos en el ámbito de la vida limpia, es considerado como un moderno descubrimiento psicológico. De hecho, y por lo que a la Biblia atañe, no es cosa nueva en absoluto. Para pruebas de esto, obsérvese Gnénesis 6:5; 8:21; Proverbios 23:7; Filipenses 4:8. Aquí en Pedro debemos observar la estrecha relación que existe entre la mente ceñida y una vida santa.
«*Por lo cual.*» Esta breve expresión relaciona en el acto esta lección y la anterior. La última meditación fue sobre la intensa y reverente curiosidad de los profetas de tiempos antiguos, incluso de los ángeles, sobre el maravilloso plan dispuesto para la redención. El término «por lo cual» recoge todos los ricos resultados del anterior estudio. ¿Qué efecto debería tener sobre nosotros el resultado de nuestro anterior estudio? Una mente ceñida conducente a una vida santa.

I. La mente ceñida. «Ceñid» (V.M., RVR). ¿Tenemos aquí un eco de Juan 21:18? Parece probable. La figura de este pasaje se toma de la vestimenta suelta de los orientales. La ropa suelta atrapaba el viento y envolvía las piernas, lo que como resultado constituía un estorbo serio para la libertad de movimientos. Por ello, el que así vestía se recogía los faldones que le estorbaban, prendiéndolos de una faja que actuaba como cinto.
Un desorden similar puede darse de manera dominante en el reino del pensamiento y de los afectos. Nuestra vida puede que esté caracterizada por desorden mental. Puede que nuestros pensamientos no estén sujetos a disciplina. Hay muchos pensamientos mal hilvanados con respecto a las cosas divinas.
Ahora bien, el pensamiento indisciplinado es peligroso. Lo mismo que los ropajes sueltos, podría hacernos tropezar. Podría llevarnos a una vida descuidada e inconsecuente.
Este concepto también es válido para el siglo XX. El marinero o el minero se fajan para prepararse para tareas que demandan un esfuerzo particularmente intenso. De la misma manera, debemos «ceñir nuestras mentes» o «fajar nuestras mentes» para la gran tarea que tenemos delante de nosotros.

II. La mente fría. «Sed sobrios.» Esto es más que un mandamiento contra la intemperancia. Es un llamamiento a los pensamientos serios. La nuestra es una era frívola, mariposeante. Pero no confundamos la seriedad con la lobreguez. Debemos ser serios, pero no lóbregos. La traducción de Moffatt es «Manteneos fríos». Que los que padecen mantengan la compostura cuando caiga un golpe, y no hagan ninguna acusación maldiciente contra el Señor. «Que se mantengan fríos.» Una condición febril es peligrosa.

III. La mente controlada. La traducción de *20th Century* es: «Ejercitad el más estricto dominio propio». Éste es realmente uno de los resultados de ceñirse.

IV. La mente obediente. «Como hijos obedientes.» La obediencia en relación con la santidad, y como una condición de la misma. Volveremos a tocar este punto.

V. La mente optimista. «Y esperad por completo», o «tened vuestra esperanza puesta completamente», como en la V.M. La referencia aquí no es a *duración*, sino a la calidad de la esperanza cristiana. Obsérvese:

1. EL OBJETO DE LA ESPERANZA CRISTIANA. «Y esperad por completo en la gracia que se os traerá en la revelación de Jesucristo.» «Está siendo traída» (RV, *margen*), esto es, ya está en camino. Es un lenguaje muy notable. La luz de las lejanas estrellas puede precisar de siglos para llegarnos, pero está todo este tiempo desplazándose por el espacio. De la misma manera, la gracia que ha de ser revelada cuando venga el Señor está ya de camino.
2. LA CALIDAD DE LA ESPERANZA CRISTIANA. «Esperad por completo.» Así, hay grados en la esperanza. La esperanza puede que sea débil al principio, pero debería desarrollarse y fortalecerse con el uso.

1.638. LA SANTIDAD

1 Pedro 1:14-16

Sin duda alguna, el apóstol Pedro tenía Levítico 11:44 en mente al referirse a la santidad como lo hace aquí. Pero hay una diferencia. Guiado por el Espíritu Santo, cambia el mandato imperativo («Seréis santos») en una amante exhortación invitadora («Sed santos»).

I. El desagrado acerca de la santidad. El doctor Stuart Holden escribe así: «Recuerdo a un hombre que se dirigió a mí, diciendo que no le gustaba algo que se había dicho desde la tarima. Me dijo: "No acepto toda esta enseñanza acerca de la santidad y de la conformidad a Cristo. Estoy bien satisfecho con saber que soy salvo y que estoy de camino al cielo". Yo le tuve que decir: "Amigo mío, difícilmente puede ser este el criterio para juzgar de las cosas. ¿Que *usted* se siente satisfecho con saber que está salvo y de camino al cielo. *¿Pero está satisfecho Dios?* ¿Es para esto para lo que murió Cristo?". Y aquel hombre se quedó sin saber qué responder».
El Obispo Moule dijo: «Quien está plenamente perdonado *debe* anhelar ser totalmente santo».

II. La necesidad de la santidad. Decía uno acerca de una mujer a la que admiraba, aunque no la conocía bien: «¡Esa mujer es sal de la tierra!». «Sí», contestó otro que la conocía mucho mejor, «¡Sal! … ¡es vinagre y tabasco y todo lo mordiente!». Éste es el triste significado de una bondad no atractiva. Un amigo llamaba a estas personas «Las gotas de vinagre del Señor». Tienen su papel, pero en ocasiones son una dura carga para otros.

III. La definición de la santidad. En un sentido, es indefinible. George Goodman observa: «No hay palabras que puedan describir la santidad, porque es conocida solo por los que se dan a Dios». Es bueno recordar esto, y observar que la mejor de las definiciones puede ser corta e imperfecta. ¿Qué es la santidad? «Es sencillamente una total conformidad, en las cosas grandes y pequeñas, a la Santa Voluntad de Dios; ser de una mente con Dios en todos los juicios de la mente, en todos los sentimientos del corazón, y en todas las manifestaciones de la vida, estando de acuerdo con la valoración que Dios hace de las cosas».
Thomas Carlyle dijo que *holy*, el término para santo en inglés, y *heilig* en alemán, significa también sano; nuestro término castellano «íntegro», todo de una pieza, sin un agujero, es un término que comunica una idea equivalente. No se podría conseguir una mejor definición de lo que es santo que lo que es sano, totalmente sano.
«La santidad», dice George Goodman, «es tener una conciencia limpia por medio de la Sangre, y una vida conducida por el Espíritu por medio de la Palabra. Es tener el poder de Cristo reposando sobre uno, y ser feliz en la libertad que Él da».

IV. La condición de la santidad. Esto se indica en 1 Pedro 1:14 como obediencia: obediencia a todos los mandamientos y deseos conocidos de nuestro Señor. La obediencia a Él siempre conduce a la Sangre (1 Jn. 1:7).

V. El imperativo de la santidad. «Seréis santos» (Lv. 11:44). Law dice, en su obra *Serious Call*, «Puede que escojamos una vida casada o soltera, pero no se nos deja a nuestro albedrío si vamos o no a entrar en un *estado* de santidad, humildad, devoción y todos los demás deberes de la vida cristiana. Es nuestro deber dedicarnos a Dios en estos estados».

VI. El campo de la santidad. La santidad en la «conversación» (1 P. 1:15, RV), o en conducta (RVR77; la santidad incluso en pequeñeces. Alguien ha dicho: «Todo aquel que no tiene un cristianismo que santifique las *pequeñeces* tiene un cristianismo que no santificará las crisis de la vida».

VII. La posibilidad de la santidad. El mismo hecho de que Dios nos apremie a la Santidad aquí en su Santa Palabra debería ser totalmente suficiente para establecer la posibilidad de la santidad. Sin embargo, y para que sirva de ayuda, obsérvese que la santidad está envuelta en Cristo. «Cristo por nosotros es toda nuestra paz delante de un Dios Santo; y Cristo en nosotros es toda nuestra fortaleza en un mundo impío.» «La santidad es a la vez un don y un proceso.» Es un buen don de parte de Dios en Cristo; es también un proceso que debe ser puesto en acción en la vida diaria.

1.639. «CONDUCÍOS CON TEMOR»

1 Pedro 1:17-21

Ésta es una de varias declaraciones sorprendentes en esta sección. Además, hay en estos versículos varias extraordinarias concatenaciones de términos. ¡Temor! Yo pensaba que el creyente era librado del temor por la gracia.
Pero, ¿qué se significa aquí por temor? No significa terror ni aprensión. No hemos de pasar el tiempo de nuestra vida mortal sumidos en un temor paralizador, ni vivir nuestra vida como esclavos rastreros. Tanto Rotherham y el Nuevo Testamento *20th Century* dan la traducción «reverencia» en lugar de «temor». Lo que «temor» significa aquí es en realidad un sano sentimiento de maravilla, un temor que surge del amor, un temor de contristar a Alguien que es tan abundante en misericordia.
Existe una lamentable falta de reverencia entre el pueblo de Dios. Éste es un llamamiento para más reverencia en el pensamiento, la oración y el caminar. Deberíamos cultivar un temor reverente. ¿Cómo? Bien, esto aparece en el resto de los versículos. Todo reside en el recuerdo. Debemos hacer memoria de tres hechos.

I. El carácter del Autor de la redención. «Si invocáis por Padre», esto es: Si *llamáis* Padre. Que esta palabra, *llamar*, o invocar, os haga detener. Significa más que enviar un telegrama al Altísimo, breve aunque encomiablemente concreto. Significa una larga llamada telefónica; sí, aún más, es una larga entrevista personal cara a cara, aunque en este tiempo presente no le veamos. Él siempre está «en casa». «Invocar» significa esperarle. Recuerda que Él te «llamó» *primero*. Devuelve esta «llamada».
Otro punto. «Padre», «Juez». ¡Qué sorprendente concatenación de contrarios! ¿Es Dios ambas cosas? Desde luego. Pero, ¡qué asombrosa unión de contrarios! «En lugar de la amistad junto al fuego del hogar, tenemos la solemnidad del trono; en lugar de la chimenea del hogar, tenemos el Gran Trono Blanco». Algunos piensan solo en el Padre y se olvidan del Juez; y algunos piensan en Él sólo como Juez y se olvidan que es también Padre. No dejemos que la confianza filial haga desaparecer un temor legítimo. La santa soberanía ha de ser un elemento en nuestra concepción de la Paternidad de Dios.
Sin embargo, tengamos siempre en mente que nuestro amante Padre Celestial es también el augusto Juez de toda la tierra, que su Trono no es solamente un trono de gracia, sino también de justicia imparcial. «Que sin acepción de personas juzga.» Hacer memoria de esto generará en nosotros reverencia y destruirá toda indebida e inapropiada frivolidad. Sí, el Autor de la redención es el Padre y el Juez. Nunca lo olvides, ni por un momento.

II. El costo de la redención. «Sabiendo» (1:18). ¿Sabiendo qué? Pues que nuestra redención no fue cosa barata. Costó todo lo que Dios tenía: su Hijo amado. Ah, movámonos siempre con pasos contenidos entre los misterios de la redención. ¿No te has sentido nunca sobrecogido por aquel versículo en el Salmo 130? «En ti hay perdón, *para que seas reverenciado.*» ¿Reverenciado? ¿No debería ser amado? Ah, no. Cuando nos damos cuenta del terrible costo de la redención, le reverenciamos con un temor que teme pecar contra Él. Una redención barata podría habernos vuelto cómodos, pero nunca nos habría vuelto buenos. Un perdón fácil solamente habría confirmado el pecado que perdonó. Cuando nos damos cuenta plena del costo de la redención, buscaremos dejar de ver con el pecado.

III. El propósito de la redención. Es útil observar las varias traducciones que exponen el propósito de la redención que aquí se desvela. Redimidos

1. «De vuestra vana conversación» (RV).
2. «De vuestra vana manera de vivir» (V.M., RVR, RVR77).
3. «De vuestra vana conducta tradicional» (Besson).

1.640. LA PRECIOSA SANGRE

1 Pedro 1:19

Las circunstancias hacen preciosas a las cosas. El hambre hace precioso el pan; la sed al agua; la pobreza a las riquezas. El pecado y la condenación hacen preciosa la sangre de Cristo.

1. Preciosa debido a su poder **redentor**. «Rescatados… no con cosas corruptibles, como oro o plata, sino con la sangre preciosa de Cristo» (1 P. 1:19; *cf.* Hch. 20:28).
2. Debido a su poder **purificador** (1 Jn. 1:7). La pureza va antes de la comunión.
3. Debido a su poder **pacificador** (Col. 1:20). Da paz a la ley quebrantada y a la conciencia culpable.
4. Debido a su poder **reconciliador** (Ef. 2:13). El parentesco de sangre con el cielo.
5. Debido a su poder **liberador** (He. 10:19, 20). El derecho a la condición de hijos.
6. Debido a su poder **vencedor** (Ap. 12:11). Venciendo al mundo, al temor de la muerte, y al poder del diablo.
7. Debido a su poder **conducente al cántico** (Ap. 5:9). ¿Quiénes pueden cantar como más que vencedores por medio del poder protector de la sangre del Capitán de ellos? Un nuevo cántico para nuevas almas en una nueva esfera.

1.641. PUREZA
1 Pedro 1:22

¡Qué plenitud de enseñanza y de verdad tenemos en este primer capítulo de Pedro! Consiguientemente, en nuestro estudio vamos progresando lenta pero constantemente. En este versículo tenemos delante de nosotros dos temas: pureza y amor. En este estudio trataremos de la pureza. Las palabras clave son «en» y «mediante».

I. La necesidad de la pureza. La pureza que Pedro recomienda es la de alma y vida, real y no meramente ceremonial. Es la pureza personal.

II. Los medios de la pureza. «En» la obediencia a la Verdad. Moffatt escribe verdad con una «V» mayúscula, sugiriendo que lo que aquí se menciona es Aquel que es la Verdad. Desde luego, al obedecer su Palabra le obedecemos a Él.

III. El otorgador de la pureza. «Mediante el Espíritu.» El Espíritu Santo es el Espíritu de Pureza y la fuente de la pureza.

IV. El resultado de la pureza. «Para un amor fraternal no fingido.»

1.642. EL AMOR FRATERNAL
1 Pedro 1:22

Hay once mandamientos, los diez dados por Dios por medio de Moisés, y el undécimo, el nuevo mandamiento dado por el Señor Jesús: «Que os améis unos a otros como yo os he amado». Amamos al Señor a quien no hemos visto (1:8); debemos amar a los hermanos a los que hemos visto y vemos. Esto último es además la prueba de lo primero (1 Jn. 4:20).

I. Su naturaleza. El amor es más que cortesía, adhesión o afabilidad. Significa abnegación, darse uno mismo. Significa que refrenaremos la palabra precipitada, el habla ácida, la crítica destructiva. Es una hermosa y deleitosa flor. La flor del amor que Pedro tiene en mente es de un tierno exotismo. Hay una clase más burda, que crece con mayor facilidad, común a todos, sin diferencia de credos o ideologías. Pero ésta es una planta delicada, pero, ¡cuánta necesidad tiene de ella este fatigado mundo!

II. Su razón. «Habiendo nacido de nuevo.» El amor poseído, gozado y vivido constituye una evidencia del Nuevo Nacimiento y un resultado del mismo.

III. Su alma y ambiente. Se señala aquí a la pureza de corazón y de vida como el alma y ambiente del verdadero amor. Existe lo que se llama amor impuro. Moffatt lo traduce «purificado vuestras almas *para un* amor fraternal». «*En* caridad hermanable», RV.

IV. Su cultivo. «Amaos unos a otros», etc. El *modo* de crecimiento es la Palabra de Dios amada y morando en el interior. El amor es el conocimiento de la Palabra en acción. La *causa* de su crecimiento: el mantenimiento de la pureza en el interior.

V. Su protección. «Amaos», esto es, *vosotros*. Estamos encargados de esta tierna flor exótica. Somos sus guardianes.

VI. Su calidad.

1. AMOR FRATERNAL. «Amor… de los hermanos» (22, V.M.).
2. AMOR NO FINGIDO. Es decir, no una mera pretensión de amar. A menudo nos sentimos tentados a profesar más de lo que sentimos.
3. AMOR CONSTANTE. La traducción de Moffatt: «Amaos unos a otros de corazón y con constancia». Un amor constante, sea cual sea su prueba o las dificultades con que se encuentre.
4. AMOR FERVIENTE. No es un amor frío. «De corazón y fervientemente» es como lo da la versión de Weymouth.

1643. LA PALABRA DE DIOS
1 Pedro 1:23-25; 2:1, 2

Introducción

POR QUÉ DEBERÍAMOS AMAR. El apóstol Pedro introduce la cuestión del Nuevo Nacimiento como razón adicional por la que deberíamos amarnos unos a otros. Por medio del Nuevo Nacimiento hemos llegado a ser miembros de una nueva familia, compartiendo una vida, y por esta razón deberíamos amar.

EL NUEVO NACIMIENTO. Al referirse al Nuevo Nacimiento, hizo dos magnas declaraciones. La primera es cómo se produjo este gran cambio llamado el Nuevo Nacimiento. Con ello, magnifica la Palabra de Dios. Éste es el principal tema en estos versículos. Pero en ello debemos contemplar la cuestión del Nuevo Nacimiento.

¿ES DIOS O LA PALABRA LO QUE VIVE Y PERMANECE PARA SIEMPRE? La RV declara que es la Palabra, lo mismo que Besson; la RVR77 enseña que es Dios. Rotherham traduce «Por medio de la Palabra de un Dios vivo y que permanece»; y Moffatt vierte: «Mediante la Palabra viviente y permanente de Dios».

En realidad, no se puede dividir entre ambas sin gran pérdida. ¿Qué podemos saber de Dios excepto mediante su Palabra? Dios nos habla por medio de su Palabra. Descuida tu Biblia, y tu vida espiritual sufrirá. *Obsérvese*:

1. «Toda carne es como hierba.» Los hombres y las mujeres pasan como las sucesivas cosechas en los prados.
2. «La gloria del hombre.» La misma élite, como las flores de la tierra, comparte la suerte de las humildes briznas de hierba.

I. Su poder, como martillo (Jeremías 23:29).

1. El Poder de la Palabra de Dios. Golpeando duros corazones.
2. La Utilidad de la Palabra de Dios. ¡Cuán útil es un martillo en la vida diaria!

II. Su utilidad y calor como fuego. Este símil se halla también en Jer. 23:29, y comunica tres pensamientos:

1. SU PODER DESTRUCTIVO. El fuego destruye lo consumible y lo inflamable. La Palabra de Dios como fuego consume nuestros oropeles y nuestra escoria: la madera, la paja y la hojarasca en nuestras vidas.
2. SU CALOR. ¡Qué acogedor es un fuego en una fría noche tormentosa! ¡Qué consuelo da la Palabra de Dios cuando nos sentimos conscientes de la frialdad del mundo, y en tiempos de dolor y de tinieblas!
3. SU PROTECCIÓN. En regiones inhóspitas, los viajeros descubren que el fuego es por la noche una maravillosa protección contra las fieras que acechan.

III. Su feracidad es comparada a la de una semilla.

1. El versículo 23 responde a la pregunta: ¿Cómo nacer de nuevo? Fue mediante la Palabra de Dios que nos fue dada la semilla de una vida regenerada.
2. La mejor semilla que conoce el mundo es corruptible, pero ésta es incorruptible.
3. «Por medio de la Palabra de Dios», V.M., RVR77; «mediante la Palabra de Dios», BAS.
4. Aquí tenemos la feracidad que la Palabra de Dios trae a vidas estériles e infructíferas.

IV. Su sustento asemejado a la leche.

1. Aquí se nos dice cómo crecer (2:1, 2).
2. «Poniendo aparte toda malicia» es la traducción de la V.M. «Desechando», RVR77.
3. «Como niños recién nacidos.» La metáfora es muy conmovedora. El mundo es sólo el lugar de crianza donde los herederos de Dios pasan los primeros años infantiles de su existencia.
4. «Desead, como niños recién nacidos», o, como la V.M., «apeteced».

1644. CRISTO, LA PIEDRA VIVIENTE

1 Pedro 2:4-8

Cuando Pedro escribió estas palabras, ¿estaba pensando en lo que el Señor Jesús le había dicho hacía mucho tiempo, en Cesarea de Filipos? (Mt. 16:17, 18; Jn. 1:42). Parece probable. Pedro es ahora un anciano. Recuerda el pasado de manera vívida, y aquí tenemos un eco de sus pensamientos.
Jacob fue el primero en pensar en el Señor como una Piedra (Gn. 49:24), y fue seguido por Moisés, David y otros.
Pedro amontona sus metáforas en rica profusión: recién nacidos, piedras, sacerdotes, etc. En el Antiguo Testamento, el Señor es asemejado a una Piedra, o a una Roca. Pero el Nuevo Testamento va más allá: una Piedra *Viva*. Aunque en la naturaleza no se conoce ninguna piedra *viva*, en el mundo espiritual es una realidad.

I. En sus características esenciales.

1. ETERNIDAD. La Roca de la Eternidad. Exactamente. Las rocas y las piedras parecen eternas. Él es el Eterno.
2. FORTALEZA INVENCIBLE. ¡Cuán fuerte parece una piedra!
3. PODER PARA SOSTENER. Él sostiene todo el peso de la gloria de Dios. La salvación de su pueblo reposa sobre Él y es sólida, segura y permanente. Él es también la piedra angular sobre la que edificamos.
4. COMBINACIÓN DE CONTRARIOS. Dos ideas, opuestas por sí mismas, quedan incluidas en este título «Piedra Viva», lo que nos muestra cuán maravillosamente se combina todo ello en el Señor Jesús.
   a. Vida y muerte.
   b. Calor e inmovilidad.
   c. Firmeza y gentileza.
   d. Mansedumbre e ira.

II. En la estimación de Dios y en la del hombre. Según una tradición, durante la edificación del Templo de Salomón los bueyes acarrearon una piedra que no se ajustaba a ninguna de las paredes que estaban levantando. Fue echada a un lado, y pronto olvidada y cubierta por la vegetación. Pasado el tiempo, cuando el edificio estaba para terminarse, se descubrió que se necesitaba de una piedra de una forma especial para unir los muros y ajustarse a una esquina particular. Esta necesidad recordó la pieza olvidada y rechazada de piedra, que luego ajustó perfectamente. ¿No nos recuerda esto el Salmo 118:22, citado por nuestro Señor mismo? Tomemos nota de la traducción:

1. «Desechada ciertamente por los hombres».
2. «Mas ante Dios escogida y preciosa».

La incredulidad y falta de aprecio del hombre no disminuye su valor (v. 7).

III. En su bendito ministerio para el hombre.

1. NOS ATRAE CON SU AMOR. En la antigua imaginación mitológica las piedras de Tebas fueron atraídas por la Lira de Anfión. Sabemos que las piedras vivas que ahora son edificadas en un templo espiritual, los redimidos, hombres y mujeres, han sido atraídas al Señor Jesús por la fuerza atractiva y el poder de su amor. Esta Piedra Preciosa atrae a hombres y mujeres a Él.
2.COMUNICA SUS PROPIAS CARACTERÍSTICAS MARAVILLOSAS. Acudiendo a Él, venimos a ser lo que Él mismo es. Una combinación de contrarios, en bendita armonía. Nosotros, que espiritualmente éramos tan muertos como piedras, venimos a ser *piedras vivientes*.
3. UNE LAS UNIDADES SEPARADAS EN UNA CASA O MORADA PARA DIOS. Él es «la Principal Piedra del Ángulo», ligando las diferentes unidades separadas en una. ¡Qué maravillosa unidad entre las personas resulta de la unión con Cristo!
4. PROVEE COSAS VITALES:
   a. Un lugar donde refugiarse cuando hay peligro.
   b. Un fundamento seguro para edificar tanto el carácter como las esperanzas.
   c. Un lugar seguro donde plantar el pie para luchar contra el poder del mal. Pues, como muestra el Salmo 40, Él no solo nos levanta del hoyo, sino que «Afianzó mis pies sobre una roca».

1.645. EL INVALORABLE CRISTO

1 Pedro 2:7

I. El carácter de Cristo. «Es de gran valor.» En Él hay gran precio, rareza y adaptabilidad.

II. Para quiénes Cristo es de gran valor. «Para vosotros... los que creéis.» Su dulzura tiene que ser gustada para ser conocida.

III. Por qué Cristo es de gran valor para los creyentes.

1. Porque Él es su ida, Colosenses 3:4
2. Porque Él es su sostenimiento, Juan 6:55
3. Porque Él es su paz, Efesios 2:14
4. Porque Él es su carácter, 1 Corintios 1:30
5. Porque Él es su ejemplo, 1 Pedro 2:21
6. Porque Él es su toda suficiencia 2 Corintios 8:9

1646. UN PUEBLO ADQUIRIDO

1 Pedro 2:9-12

Introducción

«MAS.» Pedro pasa, con evidente alivio, de la contemplación de la suerte de los que rechazan a Cristo a una cuestión más feliz y grata. Contrasta la bendita posición del pueblo del Señor con la triste posición de las personas mundanas e inconversas. Sí, más aún, contrasta la actual gloria de la iglesia con la gloria perdida de Israel.

«VOSOTROS.» El pronombre «vosotros» es muy enfático. Establece un contraste entre judíos desobedientes e incrédulos y cristianos.

I. Nuestro pasado. Lo que fuimos una vez (10).

1. «No erais pueblo.»
2. «No habíais *alcanzado misericordia*.» «Incompadecidos», en Moffatt.

II. Nuestro presente. Lo que somos (9).

1. RAZA ESCOGIDA (V.M.). «Linaje Escogido» (RV, etc.). Los judíos eran ciertamente la nación escogida de Dios. Durante el actual período de su rechazamiento, la Iglesia Cristiana ha sido llamada a la gloriosa tarea de ser el canal para la bendición divina para la humanidad. Sus miembros han venido a ser una «generación escogida».
2. SACERDOCIO REAL. Eran «una casa espiritual» (5). Aquellos que habían sido solo como cascotes sobre las laderas de los montes, no son solo constituidos como parte del edificio espiritual, sino que, por medio de un rápido cambio de pensamiento, son representados como ejecutantes de funciones sacerdotales, «real sacerdocio». Esta referencia se retrotrae indudablemente a Éxodo 19:6 (donde se menciona «un reino de sacerdotes), un carácter y un oficio que uno de los comentaristas judíos dice que volverá a los judíos en tiempos venideros. Mientras tanto, ha sido dado a la iglesia.
«Real sacerdocio», con
   a. «el *Poder* regio» sobre el pecado y Satanás.
   b. «las *riquezas* regias». «Las inescrutables riquezas de Cristo.»
   c. «la *vestimenta* regia». El Ropaje de Cristo.
   d. «la *dieta* regia». Sentados a la mesa del Rey, alimentándonos de delicias regias.
   e. «la *escolta* regia». Con los ángeles como nuestros siervos y guardianes.
Un pueblo sacerdotal, con acceso directo a Dios, y también representando a Dios delante de los hombres. Estos dos oficios habían sido celosamente separados en Israel. En Cristo, ambos se unen (Zac. 6:13).
3. NACIÓN SANTA.
4. PUEBLO ADQUIRIDO. Esta palabra traducida «adquirido» es un término de traducción muy difícil. Las autoridades dicen que era una palabra que se empleaba en tiempos antiguos de los esclavos a los que se les permitía ganar y retener sus ganancias. Hay una gran diferencia entre el pueblo del Señor y el pueblo del mundo. Para «adquirido», BAS traduce «pueblo para posesión»; y la V.M., «pueblo de posesión exclusiva». Ciertamente, en esta palabra tenemos un eco de Éxodo 19:5. Nuestro Dios lleno de gracia manifiesta hacia su pueblo:
   a. Un *amor* peculiar. Otorgado.
   b. Una *bendición* peculiar. Los toma.
   c. Un *cuidado* peculiar de ellos; y los hace
   d. Su particular *tesoro*. La palabra hebrea traducida «tesoro» en Malaquías 3:17 (V.M.; RVR77, «propiedad») tiene el mismo significado que el término griego traducido «adquirido». El pueblo del Señor son el tesoro del Señor.

III. Nuestro deber. Lo que deberíamos ser (11, 12).

1. Un título lleno de afecto: «Amados».
2. Y un ruego lleno de afecto: «Yo os ruego».

3. Obsérvese el sugerente título: Peregrinos. Observemos el orden: no es peregrinos y extranjeros, sino «extranjeros y peregrinos». Es decir: peregrinos porque, por la gracia, nos hemos vuelto extraños al mundo y a las cosas del mundo.
4. «Que batallan contra el alma» o «que toman el campo contra el alma».

IV. Nuestra misión. Lo que deberíamos hacer (9).

1. En lugar de «pueblo adquirido», F. F. da «Un pueblo para la acción». Aquí tenemos una sugerencia acerca del servicio.
2. Nuestra misión es manifestar sus excelencias (V.M.). ¿Cómo podemos manifestar sus excelencias?
a. Mediante la proclamación. «Para que anunciéis las virtudes» es la traducción de Reina-Valera del v. 9. Debemos anunciar sus excelencias.
b. Mediante el testimonio. «A fin que manifestéis las excelencias de Aquel que os llamó». Debemos dar testimonio de su maravillosa gracia.
c. Mediante la vida. Mostrando sus virtudes, o sus excelencias, en nuestras vidas.

1647. EL MINISTERIO DE LA CONDUCTA APROPIADA
1 Pedro 2:11-25

Introducción

El doctor Jowett veía en este versículo «un llamamiento a las influencias evangelizadoras de un carácter casto y atrayente. Una glorificación del testimonio silencioso de la santidad».
Puede que no seamos llamados al ministerio del púlpito o de la tarima, pero todos podemos llevar a cabo el ministerio de una conducta apropiada. «Cada persona debería ser un embajador de la vida, llevando a cabo su oficio por el medio de la santidad.»
Es instructivo ver cuán literalmente se obedecían estos preceptos. Tertuliano contrasta la conducta de los cristianos primitivos con la de los paganos. Se dijo en aquel entonces que los santos ejemplos de las iglesias primitivas fue una de las principales causas de la conversión al cristianismo del viejo y pagano Imperio Romano.
Pedro observa que la muerte de Cristo fue más que un ejemplo. No solo escribió el versículo 21, sino también el 24. ¿Por qué murió Él?

1. ¿Para que nosotros pudiésemos vivir? Sí.
2. ¿Para que pudiésemos ser sanados? Sí.
3. ¿Para que pudiésemos romper con el pecado? vv. 22 y 24.

«Por cuya herida», «Por cuyas llagas». Los esclavos conocían en aquellos tiempos el significado, por dura experiencia, de los azotes y de las llagas. Él llevó el cruel castigo en nuestro lugar. Aquellos azotes fueron a la vez el *precio* de la redención, la *evidencia* de nuestra compra, y la *prenda* del perdón.
Pedro y Pablo acerca de la Muerte de Cristo. ¿Habéis observado alguna vez que, mientras que Pedro y Pablo hacen ambos de la Cruz de Cristo el centro de su enseñanza, Pablo se refiere más a su *muerte*, mientras que Pedro se refiere más a sus *padecimientos*? La razón es que en Pedro tenemos el testimonio ocular de los sufrimientos de un amante Amigo, lo que le llevó a meditar acerca de lo que acompañó a su muerte. (Estúdiese esto en relación con 1:2, 19; 1:11; 2:21; 3:18; 4:1, 13; 5:1.)

I. Nuestro deber a nivel individual (11, 12).

1. «ABSTENEOS.» Una nueva clase de abstinencia de aquello con lo que generalmente estamos familiarizados.
2. «COMO.» Confesad que sois peregrinos mediante y en vuestra vida así como en vuestra conversación.
3. «MANTENIENDO VUESTRA MANERA DE VIVIR.» Un hombre perfecto es el que no ofende con la lengua y que mantiene una vida intachable.

II. Nuestro deber para con el Estado (13-17). Era una acusación constante contra los primitivos cristianos que conspiraban para derribar el Imperio y para destronar a César, en favor de «un tal Jesús». Se pensaba que sus reuniones privadas tenían propósitos políticos ilegítimos.
Así, era necesario quitar de las mentes de los hombres la impresión de que se intentaba violencia alguna. Por ello, Pedro los exhorta a conformarse, hasta donde pudiesen, a las demandas y a los usos de las personas en medio de las que peregrinaban. Porque el cristiano reconoce la necesidad del orden social. Obsérvese cuán sabias son las palabras de exhortación que da el Apóstol.

1. «Someteos a toda institución humana»: «Toda ordenación humana» (RV); y ello «por causa del Señor», o, RV, «por respeto a Dios».
2. Aquí se ve «la voluntad de Dios». Que «hagáis enmudecer la ignorancia de los hombres insensatos»; hacer enmudecer es, literalmente, «embozalar», como de un perro.
3. Obsérvese:
a. Es a *todos* los hombres que se debe dar honra. ¿Cuántos entre nosotros somos obedientes a este mandamiento? ¿No se posan nuestros ojos demasiadas veces sobre la vestimenta o cosas accidentales, en lugar de sobre la *persona* misma?
b. Se debe amar a la hermandad cristiana. El amor no es un sentimiento, sino abnegación.
c. Dios debe ser reverenciado: «Temed a Dios».
d. El rey terrenal ha de ser honrado y respetado.

III. Nuestro deber a nuestros patronos (18-25). Recordando que «siervos» significaba mayormente «esclavos», la exhortación es de lo más conmovedor y enérgica. «Porque esto merece aprobación» (19); o «es agradable», RV; «es digno de alabanza», V.M.; «esto es gracia», Besson. «Como libres» (v. 16), o, en BAS: «*Andad* como hombres libres». «Los difíciles de soportar», mencionados en el v. 18, describe, como se traduce en otras versiones, a los amos «de áspera condición», V.M.; «rigurosos», RV; «perversos», Besson; «insoportables», BAS. «Con todo temor», en v. 18, V.M. tiene el sentido de «con todo respeto», RVR77.

1648. EL MARIDO Y LA MUJER IDEALES
1 Pedro 3:1-13

En el pasaje que tenemos ante nosotros el Apóstol delinea algunas de las características del marido y de la mujer ideales. Como cristianos, no solo debemos mostrar nuestra fe cristiana mediante acciones cristianas para con el rey, el país y los vecinos, sino también en nuestras propias casas. Al hablar a las mujeres y a los maridos, Pedro tenía la capacitación de la experiencia. Recordemos los problemas que entonces afrontaban ellos debido a:

1. La emancipación de la mujer por el Evangelio.
2. La común tendencia humana de precipitarse a extremos.
3. Muchas de las mujeres que se habían hecho seguidoras del Señor Jesús se preguntaban si no debían dejar a sus maridos paganos. Obsérvese, «para que vuestras oraciones no sean estorbadas» (v. 7).

I. Tocante a las mujeres (1-6). Elementos del verdadero adorno femenino:

1. LEALTAD a «vuestros propios maridos» (v. 1, V.M.). El énfasis sobre «vuestros propios maridos» es impresionante.
2. SUJECIÓN (v. 1). «Estad sometidas». Una mujer sabia sabe cuál es el lugar que le corresponde.
3. ROPAJE DE PUREZA en conversación y conducta (v. 2). «Teniendo a la vista vuestra conducta casta y respetuosa».
4. «EL SER INTERIOR DE LA PERSONA» (v. 4). «El hombre interior del corazón», V.M., *cf.* RV, se refiere al carácter interno.
5. GENTILEZA. «En el incorruptible ornato de un espíritu gentil y modesto» es la lectura de Moffatt en el versículo 4.
6. MODESTIA. Como en Moffatt.
7. RESPETO (vv. 5, 6).
8. AUSENCIA DE TEMOR (v. 6). «Sin temer ninguna amenaza.» BAS traduce, «y no estáis amedrentadas por ningún temor».

Es muy buena la traducción del versículo 3 en el Nuevo Testamento *20th Century:* «El atractivo de la mujer no debería depender de cosas externas como la disposición de su cabello, de las joyas que lleva ni del estilo de su vestido, sino de su vida interior, la hermosura imperecedera de un espíritu tranquilo y gentil, porque esto es de gran precio a los ojos de Dios». Y ciertamente es así cómo las santas mujeres de la antigüedad se hacían atractivas.

II. Tocante a los maridos (7). Los maridos han de ser:

1. CONSIDERADOS. «Convivid con ellas con comprensión.»
2. INTELIGENTES. «Habitad con ellas según inteligencia» es la traducción de la V.M. Sugiere la necesidad de inteligencia, de estar bien informados.
3. RESPETUOSOS. «Dándoles honor también», esto es, tratándolas con una seria y religiosa consideración. ¿Por qué? Por dos razones:
a. Son vasos más frágiles.
b. Son «coherederas».

III. Tocante a las relaciones de unos con otros (8-13).

1. Entre los hermanos cristianos debería haber
   a. Unidad de criterio (v. 8).
   b. Compasión (v. 8).
   c. Amor (v. 8).
2. PARA CON LOS DÉBILES Y EXTRAVIADOS. «Misericordiosos», esto es, de corazón tierno (v. 8).
3. PARA CON LOS IGUALES, corteses (8, V.M., 9).
4. PARA CON LOS ENEMIGOS. No toméis represalias (v. 9).

1.649. OBSTÁCULOS A LA ORACIÓN

«Que vuestras oraciones no sean estorbadas» (1 P. 3:7).

Algo debe ir mal cuando sembramos mucho en oración y conseguimos poco fruto. Para que vuestras oraciones no sean estorbadas, cercioraos de:

I. Amar al Señor. «Pon asimismo tu delicia en Jehová, y él te concederá las peticiones de tu corazón» (Sal. 37:4). ¿Es tu *corazón* recto para con Dios? La naturaleza del amor es buscarlo a *Él mismo,* y Él ha prometido manifestarse a aquellos que le aman. Deléitate también en su *Palabra* si quieres que tus peticiones sean sin estorbos al acudir a él (Jn. 15:7).

II. Confesar el pecado. «Si en mi corazón hubiese acariciado yo la iniquidad, el Señor no me habría escuchado» (Sal. 66:18). El pecado descubierto en el corazón y no confesado delante de Dios permanece como una barrera a la oración. Estos pecados hacen que él oculte su rostro de nosotros para no escuchar (Is. 59:1, 2). El Señor mira el corazón, y no debe haber ninguna controversia secreta ahí con él: no traidores en el campo. No se trata de qué es lo que otros puedan pensar de mí. Si yo acaricio la iniquidad allí, entonces debo confrontarla si quiero prevalecer con Dios.

III. Quitar los ídolos. «Estos hombres han puesto sus ídolos en su corazón... ¿Acaso he de ser consultado yo en modo alguno por ellos?» (Ez. 14:3). Un ídolo es cualquier cosa que pongamos como cosa prioritaria en nuestros afectos, tomando el lugar de Dios. Vistos o no por los hombres, quedan erigidos frente a su faz. Puede que tomen la forma de Placer, Moda, Amigos, Negocios, Pecado, o el Yo. No hay sitio *en el corazón* para un ídolo y el Espíritu Santo. El corazón debe ser limpiado si ha de prevalecer el espíritu de oración.

IV. Negar el yo. «Pedís, y no recibís, porque pedís mal, para gastar en vuestros deleites» (Stg. 4:3). El deseo de ir en pos de nuestros placeres personales ahoga una multitud de oraciones. Las peticiones son buenas en sí mismas cuando rogamos pidiendo sabiduría, poder, gracia, o la salvación de nuestros amigos; pero si nuestro motivo es *nuestro propio deleite,* pedimos mal. ¿Acaso no ha dicho el Señor: «Si alguien quiere venir en pos de mí [en oración], niéguese a sí mismo»? Dios sigue ocultando muchas cosas de los «sabios y de los prudentes» que buscan su propio placer.

V. Ser firmes. «Pero pida con fe, no dudando nada; porque el que duda es semejante a la ola del mar; ... no piense... que recibirá cosa alguna del Señor» (Stg. 1:6, 7). No hay estabilidad en una ola del mar; carece absolutamente de propósito, arrastrada por el viento, criatura de las meras circunstancias. La oración de la fe perseverante asalta el fuerte de la bendición. Una oración puede ser como una ola lanzada al trono de Dios, por la fuerza de alguna prueba tempestuosa, pero no se trata de una oración llena de duda. «Y todo lo que pidáis en oración, creyendo, lo recibiréis».

VI. Consideraros los unos a los otros. «Vosotros, maridos, igualmente... tratando a la mujer como a vaso más frágil, y dándoles honor también como a coherederas de la gracia de la vida, para que vuestras oraciones no sean estorbadas» (1 P. 3:7). Lo que es cierto de los maridos es asimismo cierto de las mujeres, y, en gran medida, de los hijos y de las hijas, hermanos y hermanas, y de toda *la familia de la fe.* Todos son «*coherederos* de la gracia de la vida» (1 P. 3:7). Todos uno en Cristo Jesús; por ello el descuido en dar honor unos a otros, especialmente a los vasos más frágiles, actúa como obstáculo a la oración, por cuanto con ello se contrista al Espíritu Santo, y se causa deshonra al amor del Padre y a la gracia redentora del Salvador. El *acuerdo* mutuo es una poderosa condición para la oración que prevalece, y ello hasta el punto de que «Si *dos* de vosotros se ponen de acuerdo en la tierra acerca de cualquier cosa que pidan, les será hecho por mi Padre que está en los cielos» (Mt. 18:19).

1.650. SANTIFICANDO AL SEÑOR

1 Pedro 3:11-17

Introducción

UNA RELIGIÓN DEL CORAZÓN. Obsérvese el énfasis que se le da aquí a una religión del *corazón.* Es algo que debe tener lugar en los corazones del pueblo de Dios. «*Santificad* al Señor Cristo *en vuestros corazones*» (V.M.).

EL HOMBRE, UN SANTUARIO. El corazón del cristiano, hombre o mujer, es un santuario. Es un lugar de adoración. Hay allí una gran congregación, de deseos, motivos, ambiciones, afinidades, repulsiones, pasiones, anhelos, querencias. Y también está Cristo allí. Él debería ser el principal, el que reinase. Primero acude como Invitado, pero debería llegar a ser el supremo Amo, Señor, en el pleno sentido de esta palabra. Y éste debería ser nuestro acto deliberado: poner al Invitado en el trono de nuestro ser, pedir al Pasajero que suba al puente y que tome el mando de la nave. Pedir a nuestro Compañero que asuma el mando supremo.

I. Qué significa santificar a Cristo.

1. PONERLE APARTE DE LO COMÚN Y ORDINARIO PARA UN USO ESPECIAL. Santificar, en la Biblia, significa «poner aparte», y en consecuencia contemplar bajo una luz diferente, dejar de usar o de tratar como anteriormente. ¿Cuál es el uso común que se hace de nuestro Señor? Un escape del fuego. Primero pensamos en Él como Salvador del pecado y de la ira venidera. Él es un escape del fuego. Pero es mucho más que esto. Debería llegar a ser *todo* para nosotros. Da gracias a Dios que te haya salvado del infierno, ¡pero descubre también *para qué* te ha salvado! Si eres creyente, Él está ya en tu corazón como Cristo. Ahora haz de Él tu *Señor, Amo, Soberano.*
2. ADORAR. Santificar a Cristo en tu corazón como Señor significa que le pones en el pedestal y pináculo de tu ser, y que te postras delante de Él con amor y maravilla llenos de adoración, y con reverencia y sumisión, adorándole.
3. SANTIFICAR en el sentido comúnmente entendido. Santificamos a alguien que ya es santo cuando reconocemos aquella santidad, y honramos con nuestras palabras, pensamientos y acciones, lo que reconocemos. Significa santificarlo con nuestros labios, pensamientos y servicio.

II. ¿Cuál será el resultado de tal acción por nuestra parte?

1. UNA BUENA CONCIENCIA (v. 16). ¡Qué beneficio! Una conciencia libre de ofensa para con Dios y los hombres.
2. PUREZA (v. 16) Pureza de corazón, pensamiento y vida, tan patente para nuestros perseguidores, que «sean avergonzados los que calumnian vuestra buena conducta en Cristo».
3. AUSENCIA DE TEMOR, SERENIDAD (v. 14). «No os amedrentéis por temor a ellos, ni os turbéis.» Cuando Cristo es Señor en nuestros corazones, Él calma y da estabilidad, y nos da calma y valor.
4. ATENCIÓN MENTAL (v. 15). «Estad siempre preparados», es decir, la atención mental sigue a la santificación de Cristo como Señor. La pereza mental y la incapacidad de comprender cosas espirituales es una perturbación demasiado frecuente, y que desaparecería en gran medida si hiciésemos de Cristo el Señor de nuestro ser.
5. GENTILEZA. Listos siempre para «presentar defensa con mansedumbre y reverencia ante todo el que demande razón». Otro resultado maravilloso e impresionante de santificar a Cristo como Señor.

1.651. LA CONDUCTA DE LOS PERSEGUIDOS

1 Pedro 3:13-17

El versículo 15 es una cita del profeta Isaías (8:13), con algunas variaciones muy significativas. Isaías estaba en peligro debido a su fiel predicación, por lo que el Señor le envía, o más bien le da, un mensaje tranquilizador. Y este mensaje lo cita Pedro, poniendo el nombre de Cristo (véase V.M., BAS) en lugar del de Jehová en el Antiguo Testamento, sin ninguna explicación ni vindicación, como cosa normal. Recordemos la reverencia que los judíos tenían por las Escrituras, su intenso monoteísmo y su temor de poner a ninguna criatura en lugar de Dios, y algo de la significación de este hecho nos hará ver la Deidad del Señor.

Otra diferencia. El Señor es el Santuario en Isaías, mientras que en Pedro nosotros somos los santuarios.
Éstos son puntos importantes.

I. Los perseguidos. Pedro sigue preocupado por los perseguidos. La persecución trae sufrimiento. En todas las Epístolas de Pablo, la palabra «sufrir» o «padecer» aparece solamente siete veces, y nunca dos veces en la misma epístola, mientras que aparece doce veces en una breve carta del Apóstol Pedro. No se debe descuidar la conexión del versículo 12 con el 13. La lección es: si la mirada de Dios está sobre ti, ¿quién te podrá hacer daño?

II. La seguridad del celo (v. 13). Puede parecer una frase extraña, pero es cosa bien cierta que nuestra seguridad depende de nosotros, así cómo del Señor. Observemos la importancia de la pequeña palabra «si». «¿Y quién es el que os podrá hacer daño, si…?». ¿«Si» qué? «¿… si vosotros tenéis celo por el bien?». Moffatt lo interpreta así: «Todos los que os hagan daño, si tenéis *pasión* para el bien». Nuestro Señor Jesús estuvo revestido de celo como con un manto (Is. 59:17). Y así deberían ir revestidos sus seguidores. La idea de celo como un manto es sugerente. Un manto es

1) *una protección* contra el mal tiempo, de modo que estamos en parte seguros en nuestro propio entusiasmo.
2) *apropiado y decoroso.* No ser celoso por el Señor y por su causa es cosa muy inapropiada e indecorosa por nuestra parte.

1.652. LOS ESPÍRITUS ENCARCELADOS

1 Pedro 3:18-22

¡Qué problema constituye esta sección! Tocante a ella, el Dr. Jowett escribió: «El pasaje final de este gran capítulo es como un paisaje bajo la incierta luz del amanecer. Aquí y allá las negras sombras permanecen y prolongan la noche. Los valles están llenos de neblina. Una niebla general domina la escena. El velo sólo ha caído de algunas cosas, y sus formas se ven en sugestivas siluetas. De manera global, estamos tratando acerca de oscuras indicaciones, con desvelamientos parciales, que despiertan maravilla más que comunican iluminación». Se sostienen tres puntos de vista distintos sobre la predicación a los espíritus encarcelados, dos de las cuales rechazamos.

I. Una probación después de la muerte. Después de su muerte, nuestro Señor descendió a los infiernos para predicar el Evangelio. Algunos creen que esta probación es solo para los que nunca han oído el Evangelio de Cristo. ¡Oh, la insensatez de edificar una idea y esperanza así en base de un solo y poco claro pasaje de la Escritura. Esta Escritura no dice que haya una probación después de la muerte. Nuestro período de prueba es aquí y ahora, en la vida.

II. Jesús fue a los ángeles, a los ángeles caídos, encarcelados, para proclamar su triunfo en la cruz. Hay más en estos versículos para apoyar este punto de vista que la primera idea que hemos observado. Porque la palabra traducida «espíritus» por sí misma, sin ninguna descripción calificadora, se usa siempre de seres sobrenaturales, más altos que los hombres, pero menores a Dios.
Comparando ciertos pasajes, como 2 Pedro 2:4 a 9; 1 Ti. 3:16; Jud. vv. 6 y 7, aprendemos que antes del diluvio ciertos seres angélicos pecaron. Pero observemos esto, que la palabra traducida «predicó» nunca se emplea en conexión con la predicación del Evangelio. Rotherham lo traduce como «proclamar» o «anunciar». Si aceptamos este punto de vista, entonces lo que el pasaje expresa de manera sencilla es que la triunfante consumación de la muerte de Cristo fue dada a conocer al Infierno lo mismo que al Cielo. No se nos dice que ninguno se arrepintió, ni que podrían arrepentirse.

III. Una predicación que tuvo lugar en días de Noé, por parte del mismo Noé. El doctor Pierson, que era muy equilibrado, declaró: «Estas Escrituras no se refieren en absoluto a su propia predicación (esto es, del Señor Jesús) a ellos después de su propia muerte, sino en la persona de Noé por el Espíritu Santo, que condujo a Noé como predicador de Cristo». Noé era predicador. Él predicó, para el Señor, mediante la ayuda del Espíritu Santo. «En el cual (Espíritu) también fue y predicó (por medio de Noé) a los espíritus (ahora) encarcelados» (C. H. MacIntosh).
No dejes que este problema de los «espíritus encarcelados» te aparte de la principal idea de los versículos. Pedro está comparando los padecimientos de nuestro Señor con los padecimientos de sus perseguidos seguidores. ¿Estás padeciendo? Aliéntate, no eres un caso excepcional. Incluso nuestro Maestro no fue eximido del sufrimiento, y el sufrimiento no tiene por qué obstaculizar nuestra utilidad.

Puntos importantes.

1. «Padeció *una sola vez*» (v. 18). Esto derriba la idea subyacente al sacrificio de la Misa, de repetidos sacrificios.
2. «*Por.*» Esta preposición contiene volúmenes de teología. Anuncia el aspecto sustitutivo de la muerte de Cristo.
3. «Para *llevarnos a Dios.*» La traducción de Rotherham es «Nos *introduce* a Dios».

1.653. ARMADOS

1 Pedro 4:1-6

Armados con un poderoso pensamiento a fin de que la vida pueda ser dominada por la Voluntad del Espíritu de Dios.

Introducción.

Hay varias frases en esta sección que llaman la atención.

1. «ARMAOS» (4:1). Ésta es una pintoresca metáfora. La vida es una batalla, una campaña. ¡Hemos de armarnos! ¿Con qué? ¡*Con un pensamiento*! Y un pensamiento acerca de la muerte de Cristo y sus implicaciones y aplicaciones.
2. «HA ROTO CON EL PECADO» (4:1). «No tiene nada que ver con el pecado» (V.M.). «Ha terminado con el pecado» (BAS). ¡Qué glorioso mensaje tenemos aquí!
3. OBSERVEMOS LAS DOS VOLUNTADES. La voluntad de Dios (4:2) *contra* la Voluntad de los Gentiles (4:3).

I. El reino de la carne. «Concupiscencias» (v. 3).

1. No hay mal alguno en ningún apetito natural, considerado en sí mismo. Los apetitos nos han sido dados para la preservación de la raza y para nuestro bienestar físico.
2. Pero nuestros apetitos han sido distorsionados por la Caída. Han sido perturbados por el pecado, de modo que no funcionan como Dios había querido. Como escribió el doctor F. B. Meyer: «Cuando el hombre cayó, el apetito se liberó del control de la voluntad, y comenzó a buscar a menudo su propia gratificación, con independencia de aquellos usos necesarios y vínculos legítimos que habían sido asignados en el amor y la sabiduría de Dios».
3. Estos apetitos, estos hábitos, han sido potenciados por generaciones de mal vivir.
4. Ahora, aquí tenemos el problema: Estos apetitos no deben ser erradicados. Esto no debe ser, porque la raza se extinguiría. En lugar de ello, han de ser limpiados, santificados, controlados. ¿Es posible?
5. Los pecados de la abrumadora lista de los versículos 3 están muy estrechamente relacionados con la carne, con la carne literal.

II. El reino del Espíritu. ¿Cómo es posible el versículo 2? Éste es el mismísimo propósito del Evangelio (v. 6). ¿Y cómo puede conseguirse esto? Armaos con un pensamiento. Así vemos el efecto de la mente sobre el carácter.
Alguien ha observado: «La moralidad cristiana introdujo dos cosas nuevas en el mundo: un nuevo tipo de vida en acusado contraste con la sensualidad desaforada que se da en todo lugar, y un nuevo conjunto de motivaciones, que ayudan de manera poderosa a vivir esta vida. Estas dos novedades se presentan en este pasaje».
¿Qué Pensamiento? Debemos armarnos con un pensamiento. ¿Qué pensamiento?

1. Que padecer en la carne no es, como piensa el mundo, un mal sin paliativos, sino a menudo una profunda bendición.
2. Que los padecimientos de Cristo durante la vida se debieron al hecho de que «Su vida estaba dominada por un pensamiento supremo; estaba controlada por un propósito totalmente dominante. Rechazó la soberanía de la carne; ¡subordinó lo temporal! Él destronó el cuerpo, que en su caso estuvo sujeto a la obediencia a una Voluntad excelsa».
3. El pensamiento de la Cruz de Cristo. Es preciso impregnarse del sentido de la muerte de Cristo. «La piadosa contemplación de su muerte matará de la manera más poderosa el amor al pecado en el alma, y encenderá un ardiente aborrecimiento contra él».
4. El pensamiento de mi muerte en Cristo, de mi identificación con su muerte. Imprégnate del espíritu de la muerte de Cristo hasta que se reproduzca en ti. Los muertos no pecan. Somos contemplados en la Mente y en el Propósito de Dios como habiendo muerto con Cristo en su muerte, y resucitado en su resurrección. Debemos contemplarnos como habiendo pasado de esta vida en la que la carne y los sentidos reinan supremos.

1.654. AYUDAS PARA LA VIDA DE ORACIÓN

1 Pedro 4:7

Introducción

Para los que leen las señales de los tiempos, hay dos señales que inducen al gozo. Primero, una expectativa general de la Venida del Señor. Segundo, un general avivamiento de la oración. ¿Hay alguna relación entre ambas cosas? Sí. Lo último es resultado de lo primero. Léase 1 Pedro 4:7.

La cuestión de la oración es de la máxima importancia. La oración es la primera evidencia de la nueva vida («mira, está orando», Hch. 9:11); es una condición elemental de la plenitud del Espíritu Santo (Lc. 3:21 y 22). Una de las primeras condiciones para oír la Voz de Dios es cerrar la puerta (Mt. 6:6, ejemplificado en Jn. 20:19-23), y para el éxito en la obra cristiana. Véase qué sucedió cuando Eliseo cerró la puerta (2 R. 4:33, etc.).

Naturalmente, hemos de obrar además de orar.

1. Una nave se encontró de súbito azotada por un temporal. El tumulto del viento y de las olas se hizo tanto más terrible debido a los destellos de los relámpagos y el rugir del trueno. El capitán dio órdenes, y todos menos un hombre se precipitaron a sus varios puestos. Este, vencido por el terror, se puso de rodillas sobre la cubierta, orando por misericordia y liberación. Al ver al hombre de rodillas, el capitán fue corriendo a él, le dio una buena sacudida, y le gritó: «*Di tus oraciones* durante el buen tiempo».
2. Dos ministros escoceses estaban una vez atravesando un lago en las tierras altas de Escocia. Era un transbordador, y la embarcación estaba llena de pasajeros. De repente estalló una tormenta, como sucede con frecuencia en estos lugares montañosos. Parecía haber peligro. Uno de los pasajeros exclamó: «*¡Que los ministros oren, o nos ahogaremos!*» «*¡Ni hablar!*», dijo el botero: «*El chiquito que ore, pero el fornido que tome un remo y que reme mientras ora*».

I. Dominio propio. «Sed pues sensatos, y manteneos sobrios *para la oración.*» En la BAS: «Sed pues prudentes y de espíritu sobrio para la oración». Que haya un noble autocontrol con respecto a todos los apetitos legítimos.

II. Sobriedad en el pensamiento. «Firmes entonces, manteneos fríos y orad» es como Moffatt traduce el versículo 7. El pensamiento de la inminencia de la Venida del Señor no debería llevar a un superficial entusiasmo y descuido de los deberes comunes, sino a la sobriedad en nuestros pensamientos. Rotherham da «de sana mente» en lugar de sobrio. Esto sugiere salud, una mente sana. La vida ha de ser disciplinada mediante la racionalidad y la reflexión. Debemos evitar el pánico y la excitación.

III. Vigilancia. «Sed pues… vigilantes en las oraciones» (V.M.). Obsérvese la asociación en otros pasajes entre la vigilancia y la Venida del Señor (Mt. 24:44; 25:13), y también con la oración (Mt. 26:41; Ef. 6:18; Col. 4:2).

1.655. EL AMOR

1 Pedro 4:8-11

Introducción

La Lección de Pedro. No nos sorprende encontrar al Apóstol Pedro insistiendo de manera tan enérgica acerca del amor. ¿Acaso podría olvidar la entrevista que tuvo con el Señor cuando el Maestro le recordó tres veces que la suprema cualificación para el ministerio era el amor?

La concordancia de los Tres. Al dar la preeminencia al amor como la mayor de las virtudes cristianas, Pedro muestra una perfecta armonía con Pablo y Juan. Es especialmente interesante en relación con esto *recordar las diferentes naturalezas de estos tres hombres, y observar su concordancia en énfasis.* Pablo era un teólogo; Pedro, un zelota; Juan, el místico. Pero todos concuerdan, como se evidencia en base de sus escritos, que el amor es la virtud distintiva del cristianismo.

LA CALIDAD DEL AMOR.

1. Pedro da por supuesto que la caridad está ahí, pero insiste en su calidad.
2. Ha de ser *ferviente.*
a. Al punto de ebullición.
b. Un amor cálido, ardiente.
c. «No sugiere tanto un amor ardiente como un amor *tenso.* La misma palabra *tenso* es casi el término original» (Jowett).
3. Un amor que se exhibe en muchas formas prácticas.

I. El amor cubre. «El amor echa un velo sobre una multitud de faltas» (Weymouth, v. 8).

1. Es una cita de Proverbios 10:12.
2. ¿Has relacionado alguna vez Proverbios 28:13 con esta declaración en Pedro?
3. Hay una cubierta para el pecado que es permisible, si el pecado es de otro, y no el mío propio.
4. El amor olvida así como perdona.
5. *El amor no persiste en recordar pasadas faltas y pasadas rebeliones. El amor está dispuesto a ocultarlas en una tumba anónima.*
6. Ninguno de nosotros carece de faltas.

II. El amor da (v. 9).

¿QUÉ? Muchas cosas, pero aquí se hace referencia a la hospitalidad.

¿CÓMO? Sin «murmuraciones» o quejas.

1. La mayoría de los cristianos primitivos eran muy pobres, y vivían en lo que nosotros llamaríamos chabolas. Pero fueron exhortados a ser hospitalarios.
2. Luego se contempla con claridad la necesidad de hospitalidad.
a. Había los que habían perdido sus casas por causa de Cristo.
b. Había predicadores itinerantes alejados de sus propias casas.

III. El amor ministra (v. 10).

1. Para «don», Moffatt parafrasea «talento».
2. «Multiforme.» Multicolor; no cuestión de cantidad, sino de cualidades en amplia gama.
3. «Que cada uno traiga su color, y que todo el mundo vea cuán multicolor en atractivo y amor es la gracia o don total de Dios.»
4. «Cada hombre mantiene su propio color de gracia *como administrador.*»
5. Los matices de los colores solo se ven bien dentro de un conjunto íntegro.
6. Otras facetas de la multiforme gracia de Dios son como sigue:
a. Sabiduría (Ef. 3:10).
b. Misericordias (Neh. 9:19, 20).
c. Obras (Sal. 104:24).
d. Gracia (Ef. 3:7).
e. Talentos (1 P. 4:10).
7. «Recibido.» Por tanto, no hemos de atribuirnos mérito alguno.

IV. El amor dogmatiza (v. 11). «Si alguno habla, que hable como si fuesen palabras de Dios.» O, como en Moffatt: «Predique como uno que pronuncia las Palabras de Dios»; o Weymouth, «como expresando la verdad de Dios».

El amor no habla con un son incierto. Porque el amor habla con autoridad. Hay también en esta frase el pensamiento de hablar en el Espíritu Santo cuando fueron escritos los oráculos de Dios.

V. El amor glorifica. La pasión maestra del amor es que el amado: el Señor: sea glorificado. «Para que en todo Dios sea glorificado».

1.656. INSTRUCCIONES PARA LOS QUE PADECEN

1 Pedro 4:12-19

Como ya se ha observado, Pedro escribió su Epístola en particular para consolar a los que sufren. Ésta es una sección de gran relevancia. Sumaricémosla. Su consejo a los santos sufrientes es:

I. No os sorprendáis (v. 12). Observemos la hondura de la simpatía que se expresa en «Amados». «No os sorprendáis de la hoguera que ha prendido en medio de vosotros para probaros, como si os aconteciese alguna cosa extraña… sois participantes de los padecimientos de Cristo.» En el pasado, Pedro había pensado de manera distinta (véase Mt. 16:21 a 23). Ahora piensa que es cosa extraña que él o cualquier otro hubiese imaginado cualquier otra cosa.

1. LO QUE ERES. Eres un hijo de Dios, enemistado con Satanás y opuesto al mundo.
2. DÓNDE ESTÁS. Estás pasando por territorio enemigo. Estás viajando por lo que podría llamarse de derecho «la Tierra de Emanuel», pero el enemigo la ha invadido y capturado, y ha llegado a ser «el Dios de este Mundo».
3. TU DESTINO. Estás pasando por territorio enemigo a «mundos más bellos en las alturas». No es extraño que seas asaltado y perseguido.

Observa esto: «Hoguera… para probaros». La V.M. traduce «el fuego de tribulaciones». El fuego;

a. Prueba el carácter.
b. Purifica las vidas.
c. Une a los creyentes.
d. Introduce a una santa y bienaventurada comunión (véase Dn. 3:25).

II. Asegúrate y regocíjate (v. 13). ¿Por qué? Estás compartiendo los padecimientos del Señor. Él sufre contigo. Como consecuencia, compartirás en su triunfo. «Para que también os regocijéis con regocijo triunfante» (Weymouth).

III. Eres dichoso (v. 14). «Si sois vituperados por el nombre de Cristo, sois dichosos.» ¿Por qué? Se pueden dar varias razones, pero Pedro da una: a los que sufren se les da un don especial del Espíritu Santo. «Porque el Espíritu de gloria y de Dios reposa sobre vosotros.»

IV. Estad, sin embargo, vigilantes (vv. 15, 16). Ten cuidado que tú mismo no te atraigas sufrimientos a causa tu conducta.

V. Tened la certeza de que Él os vengará (vv. 17, 18). ¿No dice Él acaso en otro lugar, «Mía es la venganza, yo daré el pago, dice Jehová»?

VI. Que haya una total entrega de vuestra parte (v. 19). «Según la voluntad de Dios», esto es, por cuanto Dios lo quiere, encomendad vuestras vidas.

1. ¡*Encomendad*! ¿Acaso estaba Pedro recordando cómo Jesús encomendó su alma cuando moría? (Lc. 23:46). Parece ser algo probable. El Señor Jesús lo hizo en la hora de su más grande sufrimiento.
2. «*Con dificultad se salva.*» Es una frase muy sugestiva, y es tratada ampliamente en otra sección de este volumen.

1.657. ¿CUÁL SERÁ EL FIN?

1 Pedro 4:17

I. ¿Cuál es el **Evangelio de Dios**? Es las buenas nuevas del amor de Dios, de su misericordia y de su poder que busca salvar.

II. ¿Qué es **obedecer el Evangelio**? Es creer su mensaje, aceptar su ofrecimiento, y seguir su enseñanza.

III. ¿Cuál será el fin de **los que no obedecen**? Su fin será destrucción (2 Ts. 1:8).

1.658. LA SUERTE DE LOS DESOBEDIENTES

«¿Cuál será el fin de aquellos que desobedecen al evangelio de Dios?» (1 P. 4:17).

Tenemos aquí una pregunta de mucha gravedad. ¿Quién puede contestarla de una manera plena? Es una cuestión que tiene un profundo interés para todo aquel que oye el Evangelio. Dios *manda* a todos los hombres en todo lugar que se arrepientan y crean el Evangelio.

I. ¿Qué es el Evangelio? El Evangelio es simplemente las «Buenas Nuevas», las buenas noticias de que Dios ha proveído plenamente para nuestra salvación y que en su bondad nos llama a ella.

1. En cuanto a su *Fuente*, es el EVANGELIO DE DIOS (Ro. 1:1). Las buenas nuevas del amor de Dios para con un mundo perdido (Jn. 3:16).
2. En cuanto a su *Canal*, es el EVANGELIO DE CRISTO (Ro. 1:16). Las buenas nuevas de la santa vida vivida, y de una expiación totalmente suficiente proveído para el pecador.
3. En cuanto a su *Propósito*, es el EVANGELIO DE LA SALVACIÓN (Ef. 1:13). Las buenas nuevas de una perfecta liberación del pecado y de la ira venidera.
4. En cuanto a su *Naturaleza*, es el EVANGELIO DE LA GRACIA (Hch. 20:4). Las buenas nuevas de una salvación plena, sin dinero ni precio, a todo el que quiera.
5. En cuanto a su *Duración*, es el EVANGELIO ETERNO (Ap. 14:6). Las buenas nuevas que jamás perderán su lozanía en todas las eras venideras.

II. ¿Qué se demanda de los que oyen el Evangelio? «Que obedezcan». Esta obediencia se muestra:

1. CREYÉNDOLO. «La fe viene por el oír, y el oír por la Palabra de Dios.» «El que no cree a Dios, le ha hecho mentiroso.»
2. VIVIÉNDOLO. «Es *poder de Dios*… a todo aquel que cree» (Ro. 1:16). Estas gratas nuevas, cuando sean recibidas, y cuando el corazón y la vida sean entregadas a su influencia, transformarán todo el carácter del creyente.
3. DECLARÁNDOLO. «De gracia recibisteis, *dad de gracia.*»

III. ¿Cuál será el fin de aquellos que desobedecen al Evangelio? No arrepentirse y no creer al Evangelio es desobedecer el *mandamiento* de Dios (Hch. 17:30).

1. Implicará la PERDIDA DE TODO PRIVILEGIO. El camino ancho lleva a la *destrucción* de toda esperanza. Desobedecer el Evangelio es rehusar los únicos medios divinos por los que el hombre puede recuperarse de su estado perdido al reconciliarse con Dios (He. 2:3; 10:29).
2. Será la OSCURIDAD DE LAS TINIEBLAS. La negrura de las tinieblas de una eternidad en perdición (2 Ts. 1:7-9; Mt. 25:46; 13:40-42).
3. Será la SEGUNDA MUERTE. La porción de los que recibirán maldición por cuanto no quisieron recibir la bendición (Lc. 16:23-26; Ap. 20:15; Lc. 12:5).

1.659. SALVADOS CON DIFICULTAD

«Si el justo con dificultad se salva, ¿En dónde aparecerá el impío y el pecador?» (1 P. 4:18)

Se ha pensado que debido a que Pedro escribió su primera epístola diez años antes de la destrucción de Jerusalén, lo anterior es una profecía. Sí sabemos que cuando Cesto Gallo atacó la ciudad, muchos del pueblo del Señor estaban dentro; cuando insólitamente levantó el sitio por un corto tiempo, los cristianos huyeron inmediatamente a Pella, en el dominio del rey Agripa, aliado de Roma, y allí quedaron a salvo. Apenas habían tenido tiempo de abandonar la ciudad que el ejército romano volvió al mando de Tito, y ya no dejaron su sitio hasta haber destruido el templo, arrasado la ciudad hasta el mismo suelo y matado hasta un millón de sus desgraciados habitantes. Puede que así sea, pero estamos bien seguros de que este versículo tiene una aplicación mucho más profunda que la acabada de mencionar. Se refiere a la cuestión de la salvación, y señala a que somos salvos con dificultad.

«Con dificultad» no significa que haya el menor grado de incertidumbre sobre nuestra salvación. La salvación del creyente está asegurada en Cristo; el creyente tiene el goce presente de la salvación, y está tan seguro de alcanzar el hogar más allá como si ya estuviese allí. Tampoco significa que aunque nuestra salvación final está asegurada, llegaremos allí igual que un marinero náufrago alcanza la playa dificultosamente sobre un pecio. Sin duda, ésta será la manera en que muchos llegarán al hogar, pero no es el ideal de Dios para nosotros (ver 2 P. 1:11). Él desea que tengamos amplia entrada : que pasemos triunfantes por las puertas, y no arrastrándonos por ellas. Como alguien ha dicho, si hay asientos traseros en el cielo, ya habrán sido todos tomados hace mucho, mucho tiempo.

Esta palabra se emplea en Hechos 14:18 y 27:7 en el sentido de algo que se hace sólo con dificultad. Y hay tres dificultades que podemos mencionar.

I. Atributos. Dios tuvo una dificultad consigo mismo acerca de nuestra salvación, debido a sus atributos. En la parábola del Señor acerca de los labradores malvados hay una sola frase repleta de significado: «¿Qué haré?». Aquí se presenta a Dios como frente a un dilema. A menudo nos referimos al sencillo plan de la salvación, y, gracias a Dios, es sencillo y llano. Pero por esta causa hay un peligro de pensar a la ligera acerca de él, un peligro de olvidar la dificultad de la salvación debido a la sencillez del concepto. Las cosas sencillas a menudo son muy dificultosas. Se precisa de un genio para producir un bien sencillo que llega a ser un beneficio y una bendición para la humanidad. El sencillo plan de salvación fue obrado sólo a costa de mucha angustia y afán. La dificultad residía en Él. Él no tenía dificultad en amarnos, ni tampoco en inducirse a Sí mismo a desnudar su brazo en nuestro favor. La dificultad residía en sus atributos, particularmente los de Misericordia y Verdad. La Misericordia clamaba por la salvación del hombre, mientras que la Verdad y la Justicia exigían la condenación del hombre. En el Salmo 85:10 se nos habla de la reunión de la Misericordia y de la Verdad: «La misericordia y la verdad se encontraron; la justicia y la paz se besaron». Ésta es una profecía que se cumplió en la Cruz. En la parábola a la que ya hemos hecho referencia, la de los Labradores Malvados, el problema fue resuelto enviando al Hijo. ¡Oh, la sabiduría de Dios! Bien podía Pablo, en Efesios 1:7, 8, ensalzar la sabiduría del Señor en el desarrollo de su plan de salvación. Tan sabio y prudente ha sido Él para resolver esta gran dificultad, que el Cielo se maravilla y el Infierno tiembla. Ni el diablo puede encontrar fallo alguno en el programa divino de la redención. Todos los atributos de Dios están ahora obrando para la salvación del hombre.

II. Terquedad. Dios resolvió la gran dificultad acerca de sus atributos únicamente para encontrarse con otra, la dificultad con los injustos debido a la terquedad de ellos. Él desea la salvación del hombre, pero el hombre, dejado a sí mismo, no la desea, aunque la necesite desesperadamente. Y recuerda la delicadeza del Señor. Él nunca obligó a nadie. «Hacia la cuarta vigilia de la noche viene hacia ellos caminando sobre el mar, *y quería pasarles de largo*» (Mr. 6:48). «Llegaron a la aldea adonde iban, *y él hizo como que iba más lejos*» (Lc. 24:28). Sí, no quería obligarles, sino que esperó a su invitación. Pero la dificultad con la terquedad del hombre la ha resuelto en el caso de multitudes de hoy, gracias a Él. Mediante su Santo Espíritu y su poderosa Palabra, y mediante sus siervos, pone sitio a la ciudad de Alma Humana. ¿Te has rendido ya a su amor?

III. Extravío. Dios tiene también una dificultad con los justos, debido a su extravío. Si la terquedad de los injustos presenta una formidable dificultad para el Señor, ¿qué diremos del mismo pueblo salvo del Señor? Si Lot afligía cada día su alma justa al vivir en Sodoma, fue sin embargo una dura prueba para el Señor, y es solo con dificultad que pudo ser rescatado de la ciudad sentenciada. ¡Y qué problemas tuvo con el extraviado Pedro; y cuántos problemas tiene también con todos nosotros! La declaración en la Escritura que encabeza este estudio deja clara, de una vez por todas, la cuestión de la salvación más allá de esta vida. Si Dios encuentra tan difícil la salvación de la persona, y ello con la cooperación del Espíritu Santo y la ayuda del Libro Santo y de los creyentes, ¿qué esperanza puede haber de salvación en el Infierno, donde no habrá ninguna de estas ayudas?

1.660. CUALIFICACIONES PARA EL SERVICIO

1 Pedro 5:1-7

Los versículos 5 a 7 constituyen una agrupación sugestiva de útiles e importantes pensamientos sobre el Servicio Cristiano. Observemos algunos hechos interesantes.

1. La simplicidad de la constitución de la iglesia primitiva se muestra en el símil «*la grey* de Dios».
2. La palabra «Pastoread», o «apacentad» en la RV, significa más que alimentar. Significa defender, gobernar, refrenar.
3. ¿Estaba Pedro pensando en Juan 21:16 cuando escribió estos versículos? Lo cierto es que le habían sido confiados las ovejas y los corderos del Señor. Pero ésta no es una prerrogativa petrina: es un deber que les corresponde a otros.

I. Un testigo (v. 1). «Testigo de los padecimientos de Cristo.» Ésta es la gran cualificación para apacentar a la grey de Dios: contemplar, cada uno por sí mismo, los sufrimientos de Cristo con la mirada del alma. Esta contemplación es también la cualificación para compartir la gloria.

II. Una buena disposición. «No forzados» (v. 2). «No por coacción» (Besson), sino con buena voluntad, según «la voluntad de Dios», como parafrasea Weymouth.

III. Un llamamiento. «Sino con buena voluntad que sea según Dios» (V.M.). ¿Significa esto un mero llamamiento a la obra misma, o un llamamiento acerca de cómo llevar a cabo la obra?

IV. Con voluntad. No por fuerza. Esto sugiere una buena disposición para el servicio como cuarto punto esencial.

V. Afecto. «No por vil lucro» (Besson), sino movidos por amor.

VI. Animosidad. «Con ánimo pronto», o, «con sincero deseo», BAS.

VII. Humildad (vv. 3-6). No «como teniendo señorío sobre», o «como enseñoreándoos de». Para «las heredades del Señor», RV, la RVR77 da «los que están a vuestro cuidado»; BAS: «Los que os han sido confiados». No se trata meramente de las heredades de Dios, sino de la heredad que Él os ha confiado. En vez de «revestíos de humildad», Moffatt lee «con delantales de humildad», esto es, poneos el delantal del esclavo. El doctor Maclaren tiene un interesante comentario sobre esto: «El apóstol emplea aquí una expresión destacable, y que nunca vuelve a aparecer en la Escritura. La palabra traducida «revestíos» en Reina-Valera, o mejor en la V.M. como «ceñíos», implica realmente algo más que lo sugerido en cada una de estas traducciones. Describe una especie de vestimenta así como la acción de ponérsela. Era parte del uniforme de los esclavos. Algunos académicos creen que se trataba de un delantal blanco, o algo semejante; otros piensan que se trataba simplemente de una faja o ceñidor; en todo caso, era una marca distintiva de un esclavo, y se ponía esta prenda cuando debía ponerse a trabajar, y así, lo que Pedro está diciendo es: «Ceñíos el delantal de esclavo, y hacedlo con la misma razón, la de servir».
Cuando Pedro escribió estas palabras, ¿estaba pensando en la acción de su Maestro, que se registra en Juan 13:4 y 5?

VIII. Confianza (v. 7). ¡Qué magno versículo! «Echando toda vuestra ansiedad sobre él, porque él tiene cuidado de vosotros». Un buen lema es: «Despide las ansiedades y abre la puerta al gozo».
Cuando Florence Nightingale llegó a la edad de los noventa y ya no podía seguir una lectura sostenida, seguía gustando sin embargo de oír himnos familiares. Dice su biógrafo: «Uno de los favoritos, si se debe juzgar por la frecuencia con que aparecen estrofas del mismo en su última meditación escrita, fue:

"Oh, Señor, cuán felices seríamos,
Si nuestra ansiedad sobre ti echar pudiésemos,
Si del yo pudiésemos reposar".
Ésta fue la expresión de una aspiración; ahora, quizás, ya de posesión».

1.661. LA SOBRIEDAD

1 Pedro 5:7-8

Con frecuencia hallamos en el Nuevo Testamento exhortaciones a la sobriedad, y esto significa mucho más que la abstinencia de bebidas alcohólicas. Podemos embriagarnos de soberbia, de autoestima.

I. Encomio. En esta escritura se encomia la sobriedad.

II. Definiciones. Sobrio ha sido traducido como:

1. Sed VIGILANTES.
2. Estad ALERTA.
3. Sed VIGILANTES.
4. Sed MODERADOS. «Reprimid toda pasión» (Weymouth).
5. Sed PRUDENTES.
6. Sed DIGNIFICADOS EN CONDUCTA. «Ejerced el dominio propio» es la traducción que da la traducción 20th Century, en lugar de sobrio.

III. Un extra.

1. AÑADIR A LA SANTIDAD(1 Ti. 2:15). Moderación y prudencia.
2. AÑADIR A LA ACEPTACIÓN de la verdad de la Segunda Venida (1 P. 1:13).
3. AÑADIR A LA ORACIÓN (1 P. 4:7 y 8).

IV. ¿Sobrios en qué?

1. EN LOS PENSAMIENTOS (Ro. 12). Una mente sana.
2. EN LAS PALABRAS (Hch. 26:25). Prudencia y moderación.
3. EN LA VIDA(Tit. 2:12). Con templanza y prudencia.
4. EN LA MENTE (2 Co. 5:13). Sanos y prudentes. Una mente equilibrada y sin altibajos (1 Ts. 5:6, 8, esto es, estemos mentalmente vigilantes o alertas).

V. ¿Por qué? Porque somos del día (1 Ts. 5:8). Por ello, estemos vigilantes y alerta.

VI. ¿Quiénes?

1. Los OBISPOS (Tit. 1:8; 1 Ti. 3:2). Sed vigilantes.
2. Las MUJERES (1 Ti. 3:11). Sed vigilantes.
3. Los ANCIANOS (Tit. 2:2). De sana mente.
4. Las MUJERES JÓVENES (Tit. 2:4).
5. Los HOMBRES JÓVENES (Tit. 2:6).
6. Las MUJERES (1 Ti. 2:9).

1.662. VUESTRO ADVERSARIO EL DIABLO

1 Pedro 5:8

I. «Vuestro adversario el Diablo.» Palabras ominosas, éstas, y sugieren a la vez nuestro privilegio y nuestra lucha. Luchamos, no contra carne y sangre, no contra seres humanos, sino contra principados y potestades, y contra espíritus de maldad rigiendo y reinando en los corazones de hombres impíos.

II. Su carácter. En la Biblia se le describe como:

1. EL MÁS ASTUTO (Gn. 3:1-7). *Tan astuto como una serpiente.* Y parte de su astucia reside en presentarse como ángel de luz.
2. TENTADOR (Mt. 4:1). Tenía presentando objetos deseables delante de la mirada. Intenta hinchar nuestra soberbia para que olvidemos a Dios o le neguemos. Lo consiguió con Eva. Fracasó con Cristo.
3. ADVERSARIO. Está opuesto a toda santa resolución, a toda buena obra, a todo deseo proveniente del cielo.
4. ENGAÑADOR (Jn. 5:44). El engaño es el veneno de la serpiente. Engaña a los hombres con los placeres del pecado, y a las naciones con el dominio de la injusticia. No ignoramos sus añagazas.
5. HOMICIDA (Jn. 8:44). Es homicida desde el principio, y lo será hasta el fin, destruyendo a todos los que se pongan al alcance de su destructora influencia, aniquilando así toda capacidad y facultad.

III. Su propósito. El Diablo tiene un propósito, y está intentando desesperadamente llevarlo a cabo. En los siguientes textos observamos su actividad en siete maneras. Se dedica a:

1. ROBAR (Lc. 8:14). Quita la Palabra de sobre el corazón; la Palabra que está guardada *en* el corazón está fuera de su alcance.
2. CONTAMINAR (Mt. 13:38). La cizaña es el producto de su actividad. Su objeto es estropear lo bueno entremezclándolo con lo malo.
3. SUGERIR (Jn. 13:2). En estos dos textos lo tenemos a él tratando con Dios y el hombre. En Cristo no encontró nada. En el corazón de Judas los dardos encendidos hallaron madera, heno y hojarasca.
4. INCITAR (1 Cr. 21:1-14). Un hombre es fácilmente incitado cuando piensa que algo puede promover su propio honor. Sus incitaciones son todas para la deshonra de Dios.
5. SACUDIR (Lc. 22:31). La criba del Diablo rechaza lo bueno y guarda lo malo.
6. DEVORAR (1 P. 5:8). ¡Qué terrible pensamiento, ser devorado por el diablo, alimento para tal horrendo ser!
7. RESISTIR (Zac. 3:1). El Diablo es rápido para señalar a la impureza del hombre y la santidad de Dios, y a olvidarse de la preciosa Sangre.

IV. Su poder. Es indudable que el Diablo tiene un gran poder (véase Job 1). Se le describe como:

1. LEÓN (1 P. 5:8). Extraño a la misericordia, y de naturaleza *destructora.*
2. EL DIOS DE ESTE MUNDO (2 Co. 4:4). El objeto de la adoración de los mundanos, por cuanto el mundo yace en él (Mt. 4:8, 9).
3. POSEYENDO EL PODER DE LA MUERTE (He. 2:14). Como autor del pecado, sujeta el poder de la muerte.
4. CAPAZ DE LLENAR EL CORAZÓN (Hch. 5:3). Tiene que ser una mísera casa aquella cuya llave la posee el Diablo.

V. Su derrota. Para el creyente el Diablo es ya un enemigo derrotado. Cristo, nuestro David, ha destruido la autoridad del gigante mediante el poder de su propia espada (He. 2:14). Y el Dios de paz, que nos ha proporcionado la paz, pronto lo aplastará bajo nuestros pies. Es nuestro privilegio AHORA ser más que vencedores. Lo vencemos a través de

1. LA ARMADURA DE DIOS (Ef. 6:11). Revestíos de Cristo.
2. LA PALABRA DE VERDAD (Mt. 4:4). «Escrito está». Es por este poder que los demonios han de ser expulsados de los corazones de los hombres.
3. LA RESISTENCIA DE LA FE (Stg. 4:7). Tened el valor de *manteneros firmes* en estos días de retroceso (Ef. 6:13).
4. EL ESPÍRITU COLMADOR (1 Jn. 4:4). Frente a esta realidad no hay excusas por las derrotas.

VI. Su condenación. El camino del pecado es siempre hacia abajo. Satanás cayó del cielo al aire, del aire a la tierra, y pronto de la tierra al abismo, y luego al lago de fuego (Ap. 20:1-10). Entonces nuestros enemigos se desvanecerán para siempre de la vista. El camino del transgresor es duro.

1.663. EL ENEMIGO

1 Pedro 5:8-14

Introducción

¿Hay un diablo personal? Naturalmente que sí. «Nunca es tan peligrosa una banda de ladrones cuando esparcen ampliamente el rumor de que han abandonado el vecindario» (Meyer).

I. Nuestro Adversario (v. 8).

1. SU IDENTIDAD. Aquí se nos dice que es el Diablo.
2. SUS DISFRACES. Tiene un guardarropa muy extenso. Es un artista de los cambios rápidos de ropajes. Tiene tres disfraces comunes y familiares. Nos asalta más frecuentemente bajo alguno de estos tres disfraces que bajo cualquier otro. Veámoslos en su orden bíblico.
   a. Serpiente (Ap. 12:9; Gn. 3:14).
   –Como Serpiente es más peligroso que como León Rugiente.
   –Este nombre sugiere que hechiza nuestros sentidos, pervierte nuestro juicio y encanta nuestra imaginación.
   b. Ángel de Luz (2 Co. 11:14).
   –Engaña con falsas perspectivas de cosas espirituales.
   –Y de esta manera, *se presenta como evangelista y maestro*, mientras que mina la fe que profesa enseñar.
   –«Si el mal que nos asalta fuese tan terrible en su aspecto como lo es en su esencia, poco peligro tendríamos de tales asaltos, pero a menudo nos acosa con apariencias bellas y con resplandeciente colorido, y ahí reside el peligro.»
   c. León Rugiente (1 Pedro 5:8).
   –Aterrorizando con sus amenazas.
   –Exhibiéndose en amenazas y persecuciones.
   –Con golpes y blasfemias de una multitud rugiente.
   –Su fuerza; echándonos en tierra.
   –Tratando de destruirnos por mediación de una violenta oposición.

II. Nuestro deber (vv. 8, 9).

1. MANTENERNOS FRÍOS.
2. MANTENERNOS DESPIERTOS.
3. RESISTIR. Y no dejarle lugar (Ef. 4:27). Mantenernos en contra (Ef. 6:11).
4. «REFRENAR TODA PASIÓN» (Weymouth). Ejercitar el dominio propio (*20th Century*), v. 8.

III. Nuestra seguridad (v. 9).

1. «Mantened vuestro terreno en la fe» (Moffatt).
   a. ¿Has plantado tus pies sobre la fe?
   b. Provee una firme base.
2. Recuerda que tu prueba es una experiencia común.

IV. Nuestra capacitación (10, 11). «Mas el Dios de toda gracia.»

1. ¿Sientes TEMOR al pensar en tu adversario?
2. «MAS DIOS.»
3. UN HERMOSO TÍTULO: «de toda gracia».
4. «EL MISMO.»
5. METÁFORAS ARQUITECTÓNICAS.
   a. Perfeccione. «Repare» (Moffatt). Os ponga en vuestro puesto.
   b. Afiance. O afirmará.
   c. Fortalezca. Con firmeza.
   d. Establezca. Situando sobre su fundamento.

1.664. ESTUDIOS EN 2 PEDRO

2 Pedro

Esta epístola la escribió el apóstol Pedro con un propósito totalmente distinto de Primera Pedro. La Primera había sido escrita con el deseo de alentar a los creyentes que estaban sufriendo duras pruebas y acerbas persecuciones. Por otra parte, Segunda Pedro fue escrita para advertir al pueblo del Señor de la presencia y propaganda de falsos maestros y de sus doctrinas corruptas y corrompedoras. La Primera Epístola de Pedro fue escrita para consolar; la Segunda de Pedro, para advertir.

1.665. UNA GLORIOSA IGUALDAD

2 Pedro 1:1 y 2

Introducción

Cuando el doctor Jowett ponderaba estos dos primeros versículos, le vinieron a la mente las palabras emblemáticas de la Revolución Francesa: «*Libertad, Igualdad, Fraternidad*». Y ciertamente que estas tres palabras recapitulan de manera admirable las verdades que tenemos aquí.

I. Libertad.

«*Siervo*: literalmente, *esclavo*» Pablo (Ro. 1:1; Fil. 1:1; Tit. 1:1); Jacobo (Stg. 1:1); Pedro (2 P. 1:1); Judas (Jud. 1).

1. ¡Qué son más extraño! «Simón Pedro, ¡esclavo!»
2. Sabiendo lo que significaba la esclavitud en aquellos tiempos, es desde luego cosa extraña.
3. Sigamos leyendo: «*esclavo*... de Jesucristo».

¿DÓNDE ENCONTRAR LA LIBERTAD, AQUÍ? Pondera:

1. «En el corazón de toda verdadera libertad hay una cierta servidumbre.»
2. «Incluso las sociedades anarquistas están obligadas a tener algunas reglas; y el establecimiento de una regla implica la forja de una cadena.»
3. «La servidumbre es el secreto de la libertad.»
4. «Quien no quiera estar atado a nada ni a nadie es el más esclavizado de todos».
5. «El mayor triunfo del Evangelio es el hecho de que lleva a los hombres de vidas de libertad indisciplinada a vidas de voluntario servicio.»
6. «La consagración es la entrada en una más profunda servidumbre.»
7. OBSERVA:
   a. Un esclavo, pero no servil. No hay adulación.
   b. Es la esclavitud del amante: un amante sirve a los seres amados.
   c. Reconocimiento de que pertenece con justicia.
   d. El significado de esto en la vida sólo puede descubrirse según vamos avanzando en el camino cristiano.

II. Igualdad.

¿Quiénes son los que son iguales?

1. «A los que... igualmente... que la nuestra.»
2. *No somos superiores a ti.* Estamos sobre una igualdad del Evangelio.

Igual: ¿En qué?

1. En privilegios espirituales.
2. En las cosas temporales hay muchas desigualdades.
3. En *Estudiantes sobre las armas*, Donald Hankey dice, en un capítulo titulado «Un experimento en democracia»: «*Se ha dado la igualdad de oportunidades, y se ha demostrado la desigualdad entre los hombres*».

«UNA FE IGUALMENTE PRECIOSA.»

1. «Igualmente preciosa fe», en V.M.
2. No que todos tuviesen la misma cantidad de fe.
3. Pero su fe era semejante aunque difiriese en vigor, lo mismo que los hermanos pueden parecerse, aunque difieran en salud y otros aspectos.

Preciosa. ¿Por qué?

1. Porque mediante ella entramos en la posesión de la justicia.
2. Debido a la riqueza que, por medio de ella, entra en la vida.
3. «La puerta de la fe.» Una puerta es de poco valor por sí misma, pero si abre el paso a un palacio, tiene valor.

¿Cómo se obtiene?

1. «A quienes tocó» (Besson), esto es, como un don de gracia de Dios.
2. La palabra griega indica que ni la habían ganado ni merecido por sí mismos, sino que les había sido otorgada.

Por la Justicia de Dios.

1. Esto es enormemente sorprendente.
2. Esta es un término de los llamados paulinos, y sin embargo, es Pedro quien lo pronuncia.
3. En lugar de «por», léase «en» (*cf.* V.M., Besson).
4. ¿Significa aquí esta palabra lo mismo que significa en Romanos? Lutero y otros así lo piensan.
5. *Ciertamente, en su otorgamiento de justicia, Dios no hace acepción de personas.*

«Equidad» traduce Moffatt, en lugar de «justicia». Otra traducción es: «En la justicia y el favor absolutos de Dios habéis obtenido una fe igualmente preciosa con nosotros».
¿Cómo ha sido obtenida? Se obtiene esta bendición de fe mediante la fe, pero debido a la justicia de Dios.

III. Fraternidad.

1. Escucha los deseos de Pedro y otros escritores sagrados sobre nuestra mutua relación: «Gracia y paz os sean multiplicadas».
2. Es alentador y consolador recibir los buenos deseos de otros.

1.666. EL CONOCIMIENTO DEL SEÑOR, LA ÚNICA FUENTE DE BENDICIÓN

2 Pedro 1:2, 3

Introducción

Palabra Clave.

1. En la primera Epístola oímos *mucho acerca del sufrimiento;* en esta segunda Epístola, mucho acerca del conocimiento.
2. Pedro conocía muy bien a su Señor, y por ello habla mucho de la *necesidad y del resultado del conocimiento.*

Los Gnósticos.

1. En época muy temprana del cristianismo surgieron los que *pretendían un conocimiento exclusivo,* llamándose a sí mismos gnósticos, esto es, conocedores.
2. Siempre existe la tendencia de *atribuirnos para nosotros mismos una sabiduría superior.*
3. En esta Epístola se nos muestra el *verdadero conocimiento.*

«En».

1. En lugar de «por», léase «en», esto es, el ámbito.
2. El conocimiento de Dios es el ámbito en el que nos vienen todas las bendiciones espirituales.

«Personal».

1. «En el conocimiento personal.»
2. *No se trata meramente de un conocimiento intelectual,* sino espiritual y salvador para la persona individual.

«Pleno» (2 P. 3:18). Ha de ser un conocimiento en crecimiento.

1. «Pleno conocimiento» es la traducción literal.
2. *Un conocimiento superficial produce cristianos superficiales.*
3. ¿Cómo crecerá mi conocimiento?
   a. Acudiendo a Él.
   b. Viviendo con Él.
   c. Teniendo comunión con Él.
   d. Callando delante de Él. «Estaos quedos y conoced.»
   e. Por su Palabra.

«De Dios y de Jesús.» ¡Qué maravillosa unión!

Una terrible posibilidad. Ser ociosos y sin fruto en orden al conocimiento de nuestro Señor (1:8).

Por medio de un *conocimiento creciente* tenemos:

I. Gracia y Paz (v. 2).

1. Primero la gracia, luego la paz. Primero el favor de Dios, luego los efectos de este favor.
2. Tú los posees, pero *pueden ser multiplicados.*
3. Otros en el Nuevo Testamento sólo expresan el deseo, pero no señalan el camino a esta experiencia.
4. ¿Cómo? Por medio de un creciente conocimiento de Él.

II. Todos los requisitos para la vida y la piedad (v. 3).

1. «Todas las cosas que pertenecen».
2. «Han». Ya en nuestra posesión.
3. «*Todas*» las cosas.
4. Nos ha llamado a «gloria y excelencia». «*Por medio*», o, Besson, «por».

5. Algunos hoy dicen: «Es imposible vivir una vida santa». No, no digas tal cosa. ¿Quieres saber cómo? Conócelo a Él.

III. Pureza (2 P. 2:20).

1. Ciertamente, en el mundo hay unas terribles contaminaciones.
2. ¿Es posible escapar de ellas cada día y todo el día? Sí.
3. ¿Cómo? Participando de la Naturaleza Divina mediante la regeneración.

APLICACIÓN

¿Cómo puedo conseguir este conocimiento, y de qué forma puedo profundizarlo?

1. Acudiendo (Mt. 11:27, 28).
2. Teniendo comunión. Cuanto más hablamos con las personas, tanto más y mejor las conocemos.
3. La Palabra. Aprende el corazón de Dios en la Palabra de Dios.
4. Quietud. Estad quietos y conoced (Sal. 46:10).

1.667. PARTICIPANTES DE LA MISMA NATURALEZA DE DIOS

2 Pedro 1:4

Introducción

ATREVIMIENTO. Desde luego, éstas *son palabras atrevidas*. Son abrumadoras. Éste era el *más querido sueño de los clásicos*. Pensaban que era una posibilidad solo para los Emperadores y personajes exaltados como ellos. Pero ahora *«Vosotros»*, ¡el común de los mortales, la gente ordinaria! Solamente una *frase original para una antigua verdad*. Solamente otra manera de hablar de la regeneración.

LOS PARTÍCIPES.
Obsérvese la traducción: «Participantes de la naturaleza divina».

MINISTERIO DE RIQUEZA.
Esta riqueza trae bendición. El ministerio de esta riqueza es para conseguir:

a. Una liberación, de la corrupción. Un maravilloso escape.
b. Una gloriosa adopción en la Familia de Dios.

«ANHELOS TERRENALES».

a. Es la paráfrasis de Weymouth para «concupiscencias».
b. Así, la concupiscencia significa más que apetito animal; significa una ambición terrenal.

–Obsérvese cómo amontona los adjetivos.
–Promesas

a. Tamaño-grande. Grandísimas.
b. Calidad: preciosas.
c. Isaac Watts estaba muriendo. Observó, conversando con un amigo, que recordaba a un anciano ministro que solía decir que *los más eruditos y sabios cristianos,* cuando llega la hora de la muerte, solo tienen la misma y llana promesa del Evangelio que *los comunes y carentes de erudición.* «Y así es como lo encuentro. *Son las promesas llanas que no demandan mucho trabajo y esfuerzo comprenderlas, porque nada puedo hacer sino buscar en mi Biblia alguna promesa que me sustente, y vivo en base de ella.»*

Pedro, en su vejez, enfatizó el valor de las promesas de Dios.
¡Qué cosa más bendita cuando las promesas se nos hacen tanto más preciosas cuanto mayores nos hacemos!
Un concepto original y profundo. ¡Qué profundo y original es este concepto, *la participación vital en la propia sagrada y gloriosa naturaleza de Dios!*

I. El aspecto negativo.

1. NO HAY EXCLUSIVIDAD EN DIOS.
a. En toda la sociedad humana hay *una desdichada tendencia a la exclusividad y a absorberse en uno mismo.*
b. Se ha dicho que «el fin de la ley humana es impedir la dispersión de los beneficios que ciertos grupos de personas se han apropiado».
c. El fin de la Ley Divina es difundir la riqueza de Dios, hasta el ser y la vida de Dios.
2. EL HOMBRE NO POSEE NATURALEZA DIVINA.
a. ¿Qué se significa al decir: «hay lo divino en todos los hombres»? ¿Se refiere a la imagen de Dios, o a la vida de Dios?
b. Hay en esto una gran necesidad de cuidado.
c. Su imagen permanece en nosotros, aunque quebrada (1 Co. 11:7). Pero ni un átomo de su vida. Estamos muertos, inertes, por lo que toca a la Vida de Dios.
3. NO HAY ABSORCIÓN EN DIOS.
a. Participación no significa absorción.
b. Este es el sueño de una mística extravagante.
c. ¿La absorción, como gota de agua que vuelve al océano y se pierde? Esto nunca puede ser.
d. Porque siempre habrá «Yo» y «Tú»: dos personalidades distintas y separadas.
4. NO SE COMPARTEN LOS ATRIBUTOS ESENCIALES.
a. Participantes, no de la esencia de Dios como para ser deificados.
b. Participantes, no de atributos *esenciales,* sino de morales.
c. Participantes, pero no como Cristo. En Él mora corporalmente la plenitud de la Deidad.
5. NO UNA PARTICIPACIÓN ABSOLUTA, SINO CRECIENTE.
Esta participación es creciente. Por ello no es absoluta.

II. El aspecto positivo. Venimos a ser partícipes de la Naturaleza Divina llegando a ser:

1. PARTÍCIPES DE LAS PROMESAS (1:4, con Ef. 3:6). Así, tenemos el ministerio de la Palabra en regeneración (1 P. 1:23). ¿Cómo? Viniendo a ser:
2. PARTÍCIPES DE CRISTO (He. 3:14).
a. «Compañero» (literalmente) de Cristo.
b. Accionistas (literal) en Cristo.
c. ¿Cómo?
3. AL PARTICIPAR DEL PAN (1 Co. 10:17).
a. Esto es, al tomar a Cristo, que es el Pan de Vida.
b. Éste es un acto de fe.
c. ¿Cómo?
4. AL PARTICIPAR DEL ESPÍRITU SANTO (He. 6:4).
a. ¡Qué frase más maravillosa!
b. Ciertamente, cuando entra el Espíritu Santo, llegamos a ser partícipes del Espíritu Santo.

III. Los benditos resultados.

1. EN CUANTO AL CARÁCTER. Partícipes de su santidad (He. 12:10).
2. EN CUANTO A LA VIDA. Partícipes de sus padecimientos (1 P. 4:13).
3. EN CUANTO A A LA CONSOLACIÓN. Partícipes de su consolación (2 Co. 1:7).
4. EN CUANTO AL SERVICIO. Partícipes de su esperanza (1 Co. 9:10).

1.668. MIOPÍA ESPIRITUAL, o avances espirituales en gracia y santidad

2 Pedro 1:5-9

Introducción

«POR ESTO MISMO»

1. Esto conecta nuestra anterior meditación con lo que sigue.
2. Somos partícipes de la misma Vida de Dios, *y por ello debemos lanzarnos a poseer más.*

DILIGENCIA.

1. Pedro era un hombre de acción.
2. Es característico de Pedro insistir en la necesidad de diligencia.
3. Es *una exigencia de estar alerta en nuestras actividades en el reino del espíritu.*
4. El significado original del término es apresuramiento. *Se emplea para describir la anhelante celeridad con la que la Virgen acudió a Elisabet después de la salutación y anunciación del ángel.*

AVANCE.

1. *Pedro desea alentarlos y comprometerlos a que avancen en gracia y santidad.*
2. Alguien ha dicho: *«La diligencia es la panacea para todas las dolencias de la vida cristiana. Donde hay fe, todo lo que se necesita para poseer cualquier otra gracia es diligencia».*
3. ¿Es cierto, esto?

LIMITACIONES.

1. Hay limitaciones en el dominio y posesión de cosas naturales. Ejemplo: Logros musicales, en lenguaje y en arte.
2. Pero no hay ninguna especie de virtud moral que esté más allá del alcance de una diligencia creyente.

DANZAS EN CORRO

1. La palabra traducida «añadid» aludía en su significado primario a las danzas en corro, donde, asiéndose de las manos de los otros, los ejecutantes mantenían un movimiento acompasado al son de la música, como en la Sardana catalana, que tiene precisamente un origen griego.
2. Que avancen juntas todas las gracias, dándose las manos; dando la fe una mano al valor; el valor dando la otra mano al conocimiento; el conocimiento dando su otra mano al dominio propio, etc., etc.
3. Éste es el sentido que se da en Besson: «En la fe de vosotros». *No se trata de gracias separables, sino que la fe es la raíz de la que brotan la virtud y todas las otras gracias.*

AÑADID.

1. *No es una sola gracia la que hace a un cristiano.*
2. *Estas gracias no surgirán sin esfuerzo, ni permanecerán sin cultivo.*

Observemos estas gracias por separado:

I. Fe.

1. La fe *conduce el grupo o corro.* Es desde luego la raíz.
2. *Ninguna excelencia edifica a uno como cristiano*, excepto si son las excelencias añadidas a la fe.
3. La fe es la gracia fundamental; *pero de poco sirve un fundamento si no sigue ningún edificio encima.*

II. Virtud.

1. ¿Qué virtud se significa aquí? En Weymouth se parafrasea como «un noble carácter». V.M. traduce «poder».
2. Lo que se significa es valor o ánimo, resolución varonil, el santo valor que capacita a los hombres a portarse con hombría.
3. «Valiente» sin aspavientos: arrojados pero sin ferocidad.

III. Conocimiento.

1. Inteligencia (Moffatt).
2. Conocimiento general y particular, de ciencia, y en particular de la de la Biblia y de las cosas divinas.

IV. Templanza. «Dominio propio». Un uso apropiado y limitado de todos los goces.

V. Paciencia. Capacidad de persistencia o constancia. BAS traduce «perseverancia».

VI. Piedad.

VII. Afecto fraternal. V.M.: «Fraternidad».

VIII. Amor. RV: Caridad.

APLICACIÓN. No hacerlo así denota:

1. Miopía espiritual, un término que el oculista emplea para la vista corta en lo físico.
2. Quien tiene estas cosas tiene vista.
3. Quien no, no puede mirar suficientemente atrás («ha olvidado») y no puede mirar tan adelante como debiera.

1.669. CERTIDUMBRE ESPIRITUAL

2 Pedro 1:10, 11

Introducción

«DILIGENCIA».

1. Aquí tenemos de nuevo esta palabra tan conectada con la actividad comercial.
2. 2 Pedro 1:5; 3:14.

CONEXIÓN.

1. En el versículo 5 habla de la necesidad de diligencia para la adquisición de las gracias espirituales.
2. El que carece de tales cosas padece de miopía espiritual
3. Que no suceda tal cosa, sino *«sed tanto más diligentes en afianzar vuestro llamamiento y vuestra elección».*
4. *Nadie puede mirar en el Libro de los Consejos y Decretos Eternos de Dios.* Pero tenemos algo que hacer.
5. *«Aunque Dios nos ha llamado y escogido en Cristo, sin embargo depende de nuestro propio cuidado hacer que esto sea efectivo para salvación»* (Un antiguo obispo).

ALGUNAS ESCRITURAS.

1. Sobre la Predestinación (Ro. 8:29, 30; Ef. 1:5, 11).
2. Sobre Elección. Israel, el pueblo *elegido* de Dios (Is. 45:4). Él tiene un pueblo escogido hoy (Ro. 8:33; Col. 3:12; 1 P. 1:2; Ro. 9:11; Ro. 11:5; 1 Ts. 1:4).

CÓMO CERCIORARNOS.

1. Examinando nuestras propias vidas. Si estamos manifestando las gracias del Espíritu.
2. Buscando el testimonio del Espíritu.

II. La certidumbre espiritual produce benditos resultados.

1. ESTABILIDAD EN LA GRACIA. «No *tropezaréis* jamás» (V.M.).
a. La vida está llena de tropezaderos.
b. Crecer en la gracia significa fortaleza para nuestros tobillos.
2. ESTABILIDAD DE PROPÓSITO «Nunca *vacilaréis*» F. F.
a. Ninguna ruinosa duda.
b. Muchas batallas se han perdido en un momento de duda.
c. Conocer de una manera clara la mente de Dios es una cosa maravillosa.
3. UNA ENTRADA TRIUNFANTE EN LA GLORIA. «Amplia entrada.» La *20th Century* traduce «Una admisión triunfal». No una entrada a gatas por la Puerta del Cielo. Una entrada llena de júbilo.
4. NADA DE QUÉ AVERGONZARSE AL COMPARECER ANTE ÉL.
a. En una magna revista, cuán avergonzado estaría un soldado mal aseado.
b. Todas las faltas en el uniforme merecerían censura. ¿Y qué de la Gran Revista ante el Tribunal de Cristo?

1.670. DOS RAZONES PARA EL APREMIO MINISTERIAL

2 Pedro 1:12-15

Introducción

NEGLIGENCIA.

1. Pedro había estado apremiando a sus oyentes a la diligencia.
2. Y *¿qué de él mismo?* Tampoco yo descuidaré.
3. No descuidaré mis deberes.

RECORDADOR.

1. Pedro tenía un deber que cumplir: había sido designado recordador del Señor.
2. Éste es el oficio de todos los pastores fieles.
3. Observemos: 1) «Siempre». 2) «Estas cosas». 3) Aunque las supiesen. 4) Y estuviesen establecidos en ellas. («Fijados en la verdad»). Y era «justo».
4. Necesitamos que se nos recuerde lo que ya sabemos para impedir que lo olvidemos, para mejorar nuestro conocimiento, y para llevarlo todo a la práctica.

RAZONES PARA EL APREMIO MINISTERIAL:

I. Una susceptibilidad demasiado común a ser olvidadizos.

1. UNA DOLENCIA COMÚN(véase 2 P. 1:9).
a. El olvido es una dolencia común. Más dominante hoy día que en tiempos antiguos.
b. «La memoria es con mucho hija del capricho», incluso en cuestiones puramente seculares.
c. Nos hace curiosas jugarretas.
d. «Recordamos los rostros de las personas pero olvidamos sus nombres; recordamos un solo insulto y olvidamos una multitud de gentiles favores.»
e. Esto es más pronunciado en las cosas del espíritu.
f. Encontramos más fácil recordar las cosas materiales que las espirituales.
g. Observemos: Israel en el pasado. «Entonces se olvidaron de Jehová su Dios.»
2. LA NECESIDAD DE RECORDADORES.
a. Sentimos nuestra necesidad de ayudas a la memoria en cosas materiales y comerciales.
b. Algunas de las estratagemas son humorísticas. (Atar un trozo de hilo o cinta en un dedo.)
c. Dios tiene sus métodos para hacernos recordar, como:
1º). El ministerio de la Palabra (2 P. 3:1), o,
2º) El Sacramento de la Cena del Señor. *«Un trozo de pan roto recuerda el cuerpo del Señor que fue entregado»*; y también
3º) El ministerio de sus siervos.

NOTA.

1. El deber de un ministro es *recordarnos verdades que ya conocemos* así como traer nuevas verdades a nuestra atención.
2. Y hacerlo incluso *a almas plenamente establecidas.*
3. La memoria es admitida como no tan buena en nuestros tiempos (debido a las ayudas para la mente) como en los tiempos del Antiguo Testamento, cuando la memoria tenía que hacer más trabajo. Por ello, la necesidad de que se nos recuerden estas cosas es mayor que en el pasado.

II. La brevedad de la vida del obrero (v. 14).

1. Obsérvese el sentido de la traducción de Wycliffe: «Sabiendo que rápido es desvestirme de mi tabernáculo», *esto es,* mi muerte será rápida y repentina.
2. El cuerpo, asemejado a una tienda. «Una tienda pequeña.»
3. Era una metáfora popular.
4. Denota:
   a. Una estructura frágil, endeble.
   b. Una estructura movible.
   c. El hogar de un colono.
   d. Fácilmente levantada: «Éxodo».
   e. Ha de ser quitada.

El hombre: Y Dios.

1. El hombre, olvidándose de Dios (Dt. 32:18; Is. 17:10; Jer. 2:32; 3:21; 13:25; Os. 8:14).
2. Dios no se olvida nunca del hombre (Is. 49:15).

1.671. LA VERDAD DE NUESTRA FE CRISTIANA

2 Pedro 1:15-21

Introducción

«En todo momento tener memoria».

1. La diligencia de Pedro de que *«en todo momento tuviesen memoria»* de estas cosas.
2. Pero, *¿valen el esfuerzo de recordarlas?*
3. Aparece entonces en su memoria la escena en el monte de la Transfiguración.
4. Desde luego, aquella escena debe haber estado a menudo en su mente, *porque habla frecuentemente de su propia partida mediante la misma palabra que los visitantes celestiales habían empleado para designar la partida de Cristo cuando estaban en el santo monte:* Éxodo.

Declaración.

1. Sí, son dignas de todo crédito.
2. No se trata de «fábulas ingeniosamente inventadas», como otras creencias religiosas.
3. Os hemos dado a conocer:
a. El poder de nuestro Señor Jesús.
b. La presencia (Besson) de nuestro Señor Jesús.
c. No la Segunda Venida, sino la Encarnación.

Pedro y Pablo. Alguien ha dicho: «Es interesante comparar las Epístolas de Pedro con las de Pablo. Las Epístolas de Pedro hablan de *gracia, de Cristo sobre esta tierra*; las de Pablo de *gloria, de Cristo en los lugares celestiales.* Pedro vio la Transfiguración en la tierra; Pablo fue arrebatado a los cielos y vio al Dios de la Gloria. Pedro nos habla de las cosas que vio aquí; Pablo de la revelación y de la palabra "inefable"».

I. La verdad del cristianismo, demostrada.

1. EL TESTIMONIO DE LA EXPERIENCIA PERSONAL(v. 16).
   a. «Testigos oculares de su majestad» (BAS).
   b. Una evidencia así en favor del cristianismo tiene para nosotros un inmenso valor cumulativo.
   c. Primero expresada por Pedro. Y no te olvides de tu propia experiencia personal.
2. EL TESTIMONIO DE LO DIVINO (v. 17).
   a. No es suficiente la experiencia personal.
   b. ¡Y qué experiencia debió ser! «Le fue enviada desde la magnífica gloria una voz». Hubo el testimonio de lo alto. Esto era el testimonio de lo divino.
3. EL TESTIMONIO ORAL (v. 16).
   a. El 99% de nuestro conocimiento nos viene de oídas. «Os hemos dado a conocer».
   b. El testimonio de otros tiene valor.
4. EL TESTIMONIO DE LAS ESCRITURAS (vv. 19-21).
   a. «Más permanente».
   –Léase la enérgica traducción que hace Weymouth del versículo 19: «Y en la Palabra escrita de la profecía tenemos algo más permanente».
   –«Y así hemos conseguido una nueva confirmación de la Palabra profética».
   b. «Más segura». Hecha tanto más segura cuanto hemos recibido la confirmación de todo lo que los profetas hablaron oscuramente.

II. Queda justificada la confianza en las Escrituras.

1. SU ORIGEN (20, 21).
   a. Procedente del cielo, «fueron llevados por el Espíritu Santo» (RVR77 *margen*).
   b. Interpretación privada.
   (i) No es producto del profeta.
   (ii) No es la propia interpretación del profeta de la visión que le era presentada a la mente.
   c. La definición de la inspiración.
   (iii) Toda la Escritura concuerda con la Escritura.
   (iv) Ningún Papa ni ningún cónclave humano debe limitar ni dictar cuál sea la interpretación de la Escritura.
   (v) Solo puede ser comprendida en el Espíritu (léase *20th Century*).
2. SU DISEÑO. Es una lámpara.
   a. Que ilumina.
   b. Lugares sórdidos: exponiendo la sordidez de su tiempo.
3. SU OBJETIVO.
   a. Resplandece como lámpara orientadora. Una luz más plena resplandece en el alma cuando el creyente, conducido por la Palabra profética, se apropia de manera personal del conocimiento del Señor.
   b. El progreso de la Revelación: lámpara o lucero.
   c. El Día.
   i) De la más plena revelación de Cristo al alma.
   ii). De la Segunda Venida de Cristo.
   d. ¿Significa esto que empleamos menos las Escrituras cuando vivimos en comunión con Dios? No.
4. SU INTERPRETACIÓN (v. 20).
   a. «Ninguna profecía de la Escritura procede de interpretación privada», esto es, «de su propia interpretación. » O sea, cada Escritura separada, para ser bien comprendida, ha de ser comparada con otras Escrituras.
   b. Ponderar la paráfrasis de este versículo en la versión *20th Century*: «Primero tened claro esto: Que no hay ninguna enseñanza profética en la Escritura que pueda ser interpretada por la razón autónoma del hombre». Por lo tanto, necesitamos la luz del Espíritu Santo.

1.672. UNA LUZ SEGURA EN UN LUGAR OSCURO

2 Pedro 1:19

Pedro fue un testigo ocular de la *gloria* en el monte, y oyó la voz del cielo, y sin embargo afirma que tenemos una *Palabra más segura.* Las visiones y las voces no son suficientes sin la PALABRA. Veámoslo seguidamente:

I. El lugar oscuro. El *mundo* en su ignorancia de Dios, el *corazón* sin Cristo, y la i sin Dios, son todos ellos lugares oscuros.

II. La lámpara segura. «La palabra profética.» Inspirada por Dios, y por Dios honrada (2 Ti. 3:16; 2 S. 23:2).

III. El consejo oportuno. «A la cual hacéis bien en *estar atentos.»* Como luz esta ahora resplandeciendo, revelando cosas venideras, pero muchos prefieren las tinieblas a la luz.

IV. La gloriosa expectativa. «Hasta que el día amanezca.» Hasta que «Cristo, vuestra vida, se manifieste» (Col. 3:4). Hasta que el *lucero de la mañana* se levante en vuestros corazones (2 Co. 4:6). Tenemos, a semejanza de los israelitas en Egipto, luz en *nuestras* habitaciones, mientras estamos esperando el amanecer sobre este entenebrecido mundo.

1.673. LA APOSTASÍA
2 Pedro 2

I. Los falsos maestros, y su destino.

1. CARÁCTER DEL CAPÍTULO.
a. Éste es un capítulo tenebroso y abrumador.
b. La sombra no se aclara, de principio a fin.
c. Es un capítulo de tinieblas sin mitigación.
2. SOLAMENTE HAY OTRO SIMILAR.
a. Hay solamente otra porción de la Escritura semejante a él: el Libro de Nahúm.
b. Nínive era un pueblo apóstata. De modo que el libro de Nahúm se dirigía a unos apóstatas.
3. LO TERRIBLE DE LA APOSTASÍA.
a. La apostasía es peor que la ignorancia.
b. La única cosa que Dios puede hacer con los apóstatas es destruirlos.
c. *«La luz con la que se frivoliza se transforma en un rayo.»*
4. COSAS BUENAS Y MALAS.
a. En una anterior lección leímos acerca de buenos profetas.
b. Ahora aprendemos acerca de los malos profetas.
5. UN HECHO CUMPLIDO.
a. Pedro dice que «habrá»: una profecía.
b. Judas dice que «se han introducido», y «son»: un hecho cumplido.
6. EL PECADO CULMINANTE Y PRUEBA DE LA APOSTASÍA.
a. «Negarán al Dueño que los compró».
b. *Ésta es la marca mediante la que se debe poner a prueba y rechazar al falso maestro.*
c. *Lo que le rebaje a Él y su obra redentora ha de ser falso.*
d. La fuerza de este pasaje: Pedro había negado tres veces a su Señor.
e. Es *«una expresión que recapitula todo tipo de pecados».*
f. Cómo podemos negarle:
(i) De *palabra.*
(ii) *Con nuestra vida*: una vida impía.
(iii) *Con errores doctrinales.*

II. Un castigo repentino y cierto sobre la apostasía en el pasado. Demostrado por el aplicado a

1. Ángeles (v. 4).
2. Todo el mundo (v. 5).
4. Las ciudades de la llanura (v. 6).

III. El poder y la disposición de Dios de preservarnos si deseamos ser preservados (vv. 5-7 a 9).

1. Noé *vivió* y predicó la justicia (v. 5).
2. Lot vivió rectamente y no se reconcilió con la injusticia (v. 8).
3. «Sabe el Señor»: nadie más sabe (v. 9).

IV. Descripción de la apostasía.

1. ENCUBIERTAMENTE: no de manera abierta y honesta (v. 1).
2. PRINCIPAL PECADO Y MARCA (v. 1).
3. SU FIN (1, 3, 12, 13).
4. SU ÉXITO –«muchos» (1, 3, 12, 13).
5. INMORALIDAD –lascivia (2, 10, 14, 18).
6. PÉRFIDOS y engañosos (v. 3).
7. PRESUNTUOSOS (vv. 10, 11).
8. IRRACIONALES (v. 12).
9. MERCENARIOS (vv. 15, 16).
10. VACÍOS (v. 17).
11. UN TRISTE COMENTARIO(vv. 20, 21 y 22).
12. IRREFRENADOS POR LOS ESFUERZOS MILAGROSOS POR CONDUCIRLOS RECTAMENTE (v. 16).
13. POPULARIDAD (v. 18).

1.674. EL SOSIEGO DE DIOS
2 Pedro 3:1-9

Introducción

Será bueno que recordemos la diferencia entre la Primera y la Segunda Epístola. La Primera Epístola fue escrita para fortalecer *a los que estaban padeciendo pruebas.* La Segunda advierte de terribles peligros. La Primera trata de los *peligros externos, la Segunda trata de los peligros internos.* Los peligros *internos* son más peligrosos que los *externos.*

1. PROFETAS BUENOS Y MALOS.
a. Hemos observado la referencia de Pedro a los buenos y malos profetas.
b. Luego vuelve a esta cuestión. Viene a decir: *«No quiero que olvidéis lo que dijeron los buenos profetas»* (v. 2).
2. LOS ESCRITOS DE LOS APÓSTOLES Y DE LOS ANTIGUOS PROFETAS (v. 2).
a. Observemos el sentido del versículo 2.
b. Pedro, sin dudarlo un momento, *pone sus propios escritos y los de los otros Apóstoles al mismo nivel que los del Antiguo Testamento.*
c. Pedro *afirma el origen divino* de sus escritos y de los de los otros apóstoles.
3. OPTIMISMO DE LOS ÚLTIMOS DÍAS (v. 3)
a. Este escritor, optimista y enérgico, tiene mucho que decir tocante a los últimos días, y que *los últimos días serían días tristes.*
b. (i) «Escarnecedores» o «Burladores».
(ii) Weymouth sugiere que el escarnio había llegado a ser un hábito, *porque se burlaban de todo.*
(iii) Estos burladores eran *hombres de mala vida.*
(iv) El triste hecho en la actualidad es que *hombres de vida buena se burlan* de la Verdad del Advenimiento.
(v) ¡Qué tristeza! ¡Burlarse de la gran Esperanza de la Iglesia!
4. ¿POR QUÉ SE BURLAN? Sus argumentos vienen a ser como sigue:
a. El no vendrá porque todavía no ha venido.
b. Nada sucederá fuera de lo común y corriente, porque nunca ha sucedido nada fuera de ello.
5. VOLUNTARIAMENTE IGNORANTES. Se olvidan de manera deliberada y voluntaria:
a. Del diluvio: las cosas no han continuado sin cambios desde la Creación.
b. El Diluvio.
6. UNA IDONEIDAD SINGULAR. Hay una singular idoneidad en la referencia al Diluvio como juicio por el pecado.
7. AGUA Y FUEGO.
a. Observemos «reservados… para el fuego».
b. Lo que el agua dejó sin terminar lo logrará el fuego.
8. ¿POR QUÉ SU RETARDO? Su lentitud: carencia de precipitación; su sosiego.

I. En la esfera de la Naturaleza.

1. ¡De qué manera tan pausada, segura y espléndidamente persistente ha estado Dios dando forma al mundo!
2. *Dios es paciente porque es eterno* (Agustín).
3. *Su día es como 1000 años.*
4. El «Día de la Salvación» ha durado ya casi 2000 años.

II. La esfera de la Revelación.

1. Hay una cosa que Dios jamás ha hecho, y es *precipitarse en su revelación.*
2. Haber revelado todo en el acto habría sido:
a. Una crueldad, no bondad, porque los hombres habrían quedado *cegados por el resplandor.*
b. Además, habría sido peor que inútil.

III. En la esfera del Juicio.

1. A veces Dios es *muy rápido en juicio.*
2. Otras veces es *inexorablemente lento.*

IV. En la esfera de la Vida Cristiana.

1. EN LA REVELACIÓN DE SU VOLUNTAD PARA CON NOSOTROS.
a. No todo en un momento, sino que Dios revela el camino de nuestro deber paso a paso.
b. Pablo quería ir hacia el sur a Galacia, y deseó volverse al norte hacia Bitinia, pero el Señor lo dirigió de manera distinta.
2. EN RESPUESTA A NUESTRAS ORACIONES. No responde de manera totalmente inmediata,
3. EN EL OTORGAMIENTO DE ALGUNOS DE SUS DONES (Gá. 4:4).
4. LECCIÓN: Seamos pacientes.

1.675. UN PACIENTE SEÑOR
2 Pedro 3:9

1. El carácter del Señor: «Paciente, no queriendo que nadie perezca» (Is. 30:18).
2. El objeto de su compasión «para con nosotros». «Siendo aún pecadores» (Ro. 5:8). *Cf.* 1 Ti 2:4.

3. El propósito de su paciencia: La salvación (1 P. 3:20).
4. La gran necesidad del hombre: «Que todos vengan al arrepentimiento» (Ez. 33:11).

1.676. APRESURANDO EL TIEMPO GLORIOSO

2 Pedro 3:10-14

Introducción

¿Por qué se tarda el Señor ausente? ¿Oh, por qué? En el Servicio de Enterramiento oramos que «Puedas tú pronto cumplir el número de Tus escogidos». Aquí en nuestra elección tenemos un pensamiento importante.

1. DOS DÍAS (10 y 12).
a. En estos versículos tenemos mencionados dos días distintos.
b. «El día del Señor» y «El Día de Dios» no son lo mismo.
c. Hay cuatro días:
(i) El día del Hombre (1 Co. 4:3, V. M. margen «día humano», esto es, el *día del hombre*) es el tiempo en que el hombre ejerce el dominio de los imperios del mundo, y que terminará con la irrupción de Cristo (*cf.* Daniel 2).
(ii) El día de Cristo (2 Ts. 2:2) es el Día de la Glorificación.
(iii) El día del Señor es el Día de la Tribulación y Reino Milenial.
(iv) El día de Dios es el Día de la Consumación.
2. PEDRO ACERCA DEL DÍA DEL SEÑOR.
a. Dice que vendrá como ladrón: de manera callada, inopinada, inesperada, por lo que al mundo concierne.
b. «Los cielos desaparecerán con gran estruendo».
c. «Las estrellas se encenderán y desharán» (Moffatt).
d. «Las obras del hombre... serán quemadas» (Weymouth).
3. PEDRO ACERCA DEL DÍA DE DIOS.
a. Los terrores en el cielo y en la tierra introducen el Día de Dios, poniendo fin al Día del Señor (v. 12).
b. Nuevos cielos y nueva tierra (v. 13).
c. Justicia en el cielo y en la tierra.

I. Nuestra expectativa.

1. «Aguardando.» «A los que le esperan» (He. 9:28).
2. «Con expectativa» (Rotherham). Esto es lo que significa esperar. No meramente aguardamos, sino que esperamos con gran expectativa.
3. ¿Qué expectativas tienes tú?

II. Nuestros preparativos.

1. Apresurando el gran Día de Dios.
2. Acelerándolo mediante nuestro arrepentimiento, oraciones y esfuerzos.
3. CÓMO PODEMOS APRESUARLO.
a. Mediante una vida santa (Weymouth, v. 11): «Una vida toda santa».
b. Mediante una conducta piadosa (Weymouth, v. 11): «Y conducta piadosa».
c. Mediante una santa conversación (RV): Cuidemos nuestra manera de hablar.
d. Esperando anhelantes (Weymouth, v. 12): «Aguardando con expectativa anhelante».
e. Con un objetivo piadoso (Moffatt): «Vosotros que aguardáis anhelantes y apresuráis la venida del Día de Dios». Observemos: 1) Diligencia. Nunca seremos santos sin diligencia. 2) «Hallados en él» (v. 14).

III. Nuestra actitud consecuente (v. 14).

1. Todo esto es lo que conviene en aquellos que esperan la venida del Señor.
2. ¿Estás esperando su venida? ¿Qué efecto tiene esta esperanza sobre ti?

1.677. CRECIMIENTO

2 Pedro 3:15-18

Introducción

1. Es muy grande la diferencia entre la manera en que Pedro termina su Segunda y su Primera Epístola, y también muy diferente de como acaban otras Epístolas.
2. Está tratando acerca de un tema grave, y está tan lleno de este tema que lo termina abruptamente.
3. Significado de la longanimidad del Señor: 1) No es postergación. 2) «Es para salvación»: en su longanimidad tiene propósitos de salvación.
4. «Fieles son las heridas del que ama.» «Nuestro amado hermano Pablo», aunque le había resistido «*cara a cara*» (Gá. 2:11). «*Amado* hermano Pablo».
5. «Si alguno carece de sabiduría», etc. «Según la sabiduría que le ha sido dada.»
6. *Se precisa de sabiduría de lo alto para escribir cartas.* «Os ha escrito.»
7. Arduo trabajo (v. 16). Cosas «difíciles de entender».
8. Los escritos de Pablo, puestos al mismo nivel que otras Escrituras (v. 16).
9. Un triste abuso de las Escrituras (v. 16).
10. «Sabiéndolo de antemano, guardaos» (v. 17). Que el que piensa que está firme, que tenga cuidado que no caiga.
11. «Amados.» Por causa de nuestro Señor y Salvador Jesucristo.

Una cosa insólita. Uno nunca pensaría en mandarle a un niño que crezca, como tampoco se mandaría tal cosa a una planta. Pero Pedro manda a los cristianos que crezcan. ¿Por qué? Porque no son plantas, sino hombres y mujeres con voluntades, y pueden resistirse, y pueden o bien propiciar u obstaculizar su crecimiento.

I. Un medio esencial para el crecimiento.

1. Significación de «la» gracia. No meramente «en gracia» sino «en *la* gracia».
2. No hay crecimiento fuera de la gracia y del conocimiento personal.
3. «No se puede «crecer» hacia la gracia.
4. Éstas son las condiciones para la gracia.

II. La naturaleza de este crecimiento.

1. «GRACIA.» El término gracia denota una de estas tres cosas:
a. «Favor» (Lc. 2:52).
b. Dones.
c. Una actitud de gracia hacia otros.
2. «CONOCIMIENTO.»
a. Aumenta tu conocimiento de Él.
b. Conocimiento de las posibilidades de su condición de Salvador (eres plenamente salvo).
c. En las posibilidades de su Señorío.
d. En su naturaleza de Jesús (Josué): Caudillaje.
e. En su condición de Cristo: la Unción; Uno que unge.

III. La necesidad de crecimiento.

1. El crecimiento es necesario para la firmeza.
2. No se puede estar parado en la vida cristiana.
3. Cada uno está o progresando o retrocediendo.
4. «Estado siempre creciendo» (Weymouth).

1.678. ESTUDIOS EN 1 JUAN

Esta Epístola, escrita alrededor del 90 d.C., fue redactada con un cuádruple propósito, como el mismo Juan declara: Primero, que pudieran tener gozo (1:4); segundo, que pudieran ser santos (2:1); tercero, que pudieran tener seguridad (2:26). Finalmente, que pudieran tener certidumbre: «conocer». Sus palabras clave son «conocer» y «comunión».

1.679. EL PECADO

1 Juan

I. Su definición. Juan da dos de las siete definiciones del pecado en la Biblia, esto es:

1. TRANSGRESIÓN. Pasar por alto la ley, esto es, iniquidad, anomía, anarquía. El pecado es anarquía, esto es, la ausencia de toda autoridad y la negación de toda obligación para con Dios.
2. INJUSTICIA. No cumplir las expectativas de la Ley (3:4; 5:17).

II. Su universalidad (1:8, 10). ¡Qué lenguaje más llano!

III. Su destrucción. ¿Para qué vino el Señor Jesús? Para «quitar» el pecado (2:2; 3:5; 4:10). Esto significa más que cubrir el pecado: es quitarlo, llevándolo fuera, borrándolo.

IV. Su confesión (1:9).

VI. Su victoria (2:1; 3:8, 9). «Hijitos míos, os escribo estas cosas para que no pequéis.» 1 Juan 3:8 y 9 han causado desazón a muchos de los amados hijos de Dios. Pero obsérvese la siguiente traducción: «Aquel que es practica habitualmente el pecado es hijo del diablo» (W.). «Nadie que es hijo de Dios practica habitualmente el pecado», esto es, no se mantiene pecando. Es la buena voluntad de Dios que seamos a diario más que vencedores sobre el pecado, sobre el mundo, el diablo y la carne.

VII. Su secreto. El secreto de la victoria constante sobre el pecado es permanecer en Cristo (3:6), y en «ser guardado» (5:18).

1.680. EL NUEVO NACIMIENTO: EVIDENCIAS Y RESULTADOS

1 Juan

El apóstol Juan no dice en esta epístola cómo tiene lugar la regeneración, porque esto ya lo había hecho en su Evangelio, de manera particular en Juan 1:12 y 13, y todo el capítulo 3. Aquí en su Epístola observa las pruebas por las que podemos saber que hemos nacido de lo alto.

I. La fe es a la vez la condición y prueba de la regeneración. «Todo aquel que cree que Jesús es el Cristo, es nacido de Dios» (5:1).

II. El amor. «Todo aquel que ama es nacido de Dios» (4:7).

III. La vida. «Todo aquel que es nacido de Dios, no practica el pecado», o, como dice W, «Nadie que es hijo de Dios practica habitualmente el pecado» (3:9). Es decir, una de las más claras pruebas del nuevo nacimiento se debe encontrar en el hecho de que comienza una nueva vida. No una vida de pecado, como antes, sino una vida de victoria. Puede que haya, y hay generalmente, especialmente al principio, recaídas en pecado, pero no una vida de pecado. De día en día aprendemos el secreto de la plena victoria.

IV. Vence. «Todo lo que es nacido de Dios vence al mundo» (5:4).

V. Guardado. «Sabemos que todo aquel que ha nacido de Dios, no continúa pecando, sino que Aquel [esto es, el Señor Jesús] que fue engendrado por Dios le guarda, y el maligno no le toca» (5:18). El engendrado de Dios es guardado por el Unigénito del Padre. ¿Y el resultado?

VI. La santidad. La santidad personal. «Todo el que hace justicia es nacido de Él» (2:29).

1.681. PERMANECIENDO EN CRISTO

1 Juan

I. Condiciones.

1. Permanecer en Cristo sigue a que la Palabra de Dios permanezca en nosotros (2:14, 24).
2. Permanecer en Cristo sigue a la unción del Espíritu Santo (2:27).
3. Permanecer en Cristo sigue a la obediencia a Cristo (3:24).

II. Conocimiento. Sabemos que Él permanece en nosotros y nosotros en Él «por el Espíritu que nos ha dado» (3:24).

III. Resultados.

1. Nuestro andar se vuelve totalmente diferente (2:6).
2. Amamos a otros (2:10).
3. Confianza en el día de la Venida del Señor, cuando seremos introducidos en su presencia (2:28).
4. Una vida de victoria (3:6).

1.682. VIDA ETERNA

1 Juan

I. Su definición. La vida eterna es una relación viva con una Personalidad viva (5:11, 12).

II. Su localización. «Esta vida está en su Hijo» (5:11).

III. Su personificación. En la Encarnación la vida fue manifestada. Está personificada en Cristo (1:1, 2).

Nota: Nosotros solo vivimos; Él es la vida.

IV. Su preeminencia. «El que tiene el Hijo tiene la vida» (5:12). Hay vidas y vidas. Pero ésta es la vida de todas las vidas.

V. Su posesión.

1. NEGATIVA.
   a. Los que no tienen al Hijo no tienen la vida (5:12).
   b. Por naturaleza, estamos muertos. «Pasamos de la muerte a la vida» (3:14). ¡Maravilloso viaje!
   c. El que odia a sus hermanos no tiene la vida eterna (3:16).
2. POSITIVA.
   a. La vida eterna es una promesa que atesorar (2:25).
   b. La vida eterna es un don que recibir.
   c. Al recibir al Señor Jesús recibimos la Vida Eterna (5:11, 12).
   d. Podemos conocer de manera factual cuándo tenemos la vida eterna (5:13).
   e. La fe conduce a la posesión de la vida eterna (5:10, 11).

1.683. MANIFESTADO

1 Juan

Ésta es una magna palabra. El apóstol Juan parece encariñado con ella. Nunca se ha dado una palabra tan completamente llena de significado. «Condensa en un vocablo la historia del largo descenso» de Jesús desde la Gloria, al pesebre, a la cruz, y desde el sepulcro hasta el Trono.
El diccionario dice que «manifestar» significa aclarar a la vista o al entendimiento.; y que «un manifiesto» es la factura de un cargamento para propósitos de aduana. En y por medio de Él se manifiestan:

I. La vida manifestada (1:2). La vida reside en el Señor Jesús, y mediante su Encarnación «nos fue manifestada».

II. El amor manifestado (4:9). «En esto se mostró [esto es, se manifestó] el amor de Dios para con nosotros.» Mediante la Encarnación se manifestó el amor de Dios, y se manifiesta en la actualidad mediante el Espíritu Santo y mediante las vidas de los redimidos, hombres y mujeres.

III. La salvación: el propósito de su manifestación (3:5). «Para quitar nuestros pecados.» ¡Que maravillosa realidad! Esto es más que cubrir el pecado. Esto último era todo lo que se podía hacer en el Antiguo Testamento.

IV. Reforma, o Santificación. El resultado de su manifestación (3:8). «El diablo peca desde el principio», esto es, Satanás es el pecador original. Él fue creado perfecto, pero se rebeló contra Dios de una manera deliberada. Así, por medio de él entró el pecado en el mundo, y con el pecado todo el mal. Pero el Señor Jesús «se manifestó … para deshacer las obras del diablo». Esto significa, a la larga, no solo un nuevo hombre, sino un nuevo cielo y una nueva tierra.

1.684. NUESTRA COMUNIÓN ES CON SU HIJO

1 Juan 1:3

I. Con su **muerte**, Gálatas 2:20

II. Con su **vida**, Gálatas 2:20; Colosenses 3:1-3

III. Con su **naturaleza**, 2 Pedro 1:4

IV Con su **Nombre**, Efesios 3:14, 15

V. Con su **servicio**, Juan 17:18

VI. Con sus **padecimientos**, 1 Pedro 4:13

VII. Con su **gloria**, Romanos 8:17; Juan 17:24; Apocalipsis 20:4

1.685. LA VIDA GOZOSA

1 Juan 1:4

> «Os escribimos estas cosas para que vuestro gozo sea completo.»

I. El gozo del perdón es el comienzo del gozo. Podemos saber que somos perdonados (2:12). Observemos «vuestros pecados os han sido perdonados».

II. El gozo de la comunión es la plenitud del gozo. Juan señala que la plenitud del gozo es resultado de la comunión con el Padre, con el Señor Jesucristo y con nuestros hermanos en la fe. Esta plenitud de gozo, derivada de una estrecha y bendita comunión, sigue a:

1. Andar en la luz.
2. La confesión de los pecados.
3. El perdón de los pecados.
4. La purificación de los pecados.

1.686. PURIFICACIÓN DIVINA

1 Juan 1:7

I. La **enfermedad**, «El pecado».

II. El **remedio**, «La sangre de Jesús».

III. El **resultado**, «Purificación».

1.687. COMUNIÓN UNOS CON OTROS

1 Juan 1:7

Aquí tenemos varias poderosas razones por las que los creyentes deberían mantenerse en comunión unos con otros:

1. Todos han nacido de un mismo Padre (Jn. 1:13).
2. Todos han sido comprados por el mismo Precio (1 Co. 6:20).
3. Todos son miembros del mismo Cuerpo (Col. 1:18).
4. Todos son enseñados por el mismo Espíritu (Jn. 16:13).
5. Todos están andando en el mismo Camino (2 Co. 5:7).
6. Todos están sirviendo al mismo Maestro (Mt. 23:8).
7. Todos son herederos de la misma Herencia (Ro. 8:17).

1.688. EL FIRME FUNDAMENTO SOBRE EL QUE DESCANSA EL PERDÓN DIVINO

1 Juan 1:9

Introducción

Uno de los predicadores de Wesley, que tenía varios hijos, fue encarcelado. Uno de sus acusadores dijo ante el tribunal: «Este hombre es bueno en otras cosas, pero los caballeros no pueden soportar su impertinencia. ¡Señores, él dice que sabe que sus pecados le han sido perdonados!» Lo que era considerado como impertinencia en este caso es nuestro gran privilegio y derecho de primogenitura. Es nuestro gozo no solo pedir su perdón, sino gozar del conocimiento consciente de su gracia perdonadora. Junto con el salmista, podemos mirar a su rostro y decir: «En ti hay perdón» (Sal. 130:4), y «Tu perdonaste la maldad de mi pecado» (Sal. 32:5).
Ésta es una palabra para todos: para el santo anciano lo mismo que para el joven creyente, porque el perdón es la gracia a la que tenemos que apelar de continuo, más que a ninguna otra. Tenemos que orar cada día: «Perdónanos nuestras deudas».

¿HAY ALGÚN PELIGRO DE QUE EL PERDÓN SEA RETIRADO? Se reconoce que Dios perdona. Pero, ¿hay alguna razón concebible para la retirada de este perdón? Una mujer había tenido una larga y acerba pendencia con una hermana en el Señor. Durante meses no se habían dirigido la palabra. La mujer injuriada cayó luego gravemente enferma. Pensaba que estaba muriendo, y el pensamiento del alejamiento por aquella pendencia le hizo temer morir. Envió a buscar a su amiga, y se perdonaron mutuamente, tras lo cual pasaron un agradable tiempo juntas.
Después, cuando la visitante se disponía a irse, la enferma la llamó y le dijo: «De veras te he perdonado, porque creo que es mi deber hacerlo, y de otra manera no podría morir en paz. No espero mejorar; pero en caso que me recupere, quiero que quede claro que este asunto queda tal como estaba antes que te mandase llamar».
Cuando Dios perdona, ¿hay algún peligro de que retire este perdón? Pensamos que para nuestra paz necesitamos la constante certidumbre de la misericordia amante de Dios para con nosotros a lo largo de nuestras vidas, y desde luego a través de la eternidad.
Bendito sea su nombre, en Él no hay variabilidad ni mutabilidad. Él ha dejado registrada en su bendito Libro una gran abundancia de certidumbre de su inmutable perdón. Su perdón reposa sobre un triple fundamento, inexpugnable e inamovible.

I. La justicia divina. Su perdón reposa sobre un fundamento de justicia divina.
Una muchacha muy joven acudió un día y echándose a los pies de Napoleón, exclamó:
–«¡Gracia, sire; tened misericordia de mi padre!».
–«¿Y quién es tu padre, niña?», preguntó gentil el Emperador.
–«Está encarcelado», contestó ella, «y ha sido condenado a muerte».
Cuando Napoleón oyó de ella cuál era el crimen de su padre, le dijo:
–«Pobre niña, ésta es ya la tercera vez que tu padre ha conspirado contra el Estado. ¡He de hacer justicia!».
–«¡Ah, señor, ya lo sé! ¡Pero no es justicia lo que le pido, sino misericordia!»
Los labios de Napoleón temblaron, y tomando a la muchacha de la mano, le dijo:
–«¡Levántate!; perdono a tu padre por tu causa».
Esta historia ha sido citada muy a menudo como un ideal que copiar al cercarnos a Dios, y se nos ha apremiado a buscar su misericordia, no su justicia. Sin embargo, la realidad asombrosa y maravillosa acerca del perdón del pecado por parte de Dios es que aunque nos es otorgado por causa de otro, del Señor Jesús, y también en compasión [porque está escrito que «él, misericordioso, perdonaba la maldad, y no los exterminaba» (Sal. 78:38)], es otorgado también sobre el sólido fundamento de la Justicia Divina. Observemos: «Él es fiel y justo para perdonarnos nuestros pecados».
Existe un perdón que brota de un mero amor paterno humano, o de una indiferencia ante el pecado debido a una naturaleza bonachona. Si el perdón que Dios da tuviese esta naturaleza, ¿qué sucedería? Supongamos que Él, sin una satisfacción adecuada, pasase por alto mis ofensas, y me perdonase por aquello acerca de lo que me condena mi conciencia, ¿cuál sería la consecuencia de esta clemencia? No podría ya reverenciarle ni estimarlo. Al dejar de ser justo (recordemos la frase del poeta Cowper, «Un Dios todo misericordia sería un Dios injusto»), a mis ojos Él dejaría de ser Dios. La única clase de perdón que nos da satisfacción es aquel que procede no solo de su amor, sino manteniendo incólume la ley; que no solo proviene de la lástima, sino que es además acorde con su santidad y justicia.

II. La fidelidad divina. Su perdón reposa también sobre un fundamento de fidelidad divina.
«Fiel y justo para perdonarnos nuestros pecados.» En los anales bélicos hemos oído de una promesa de perdón ofrecido solamente como añagaza para atrapar a los enemigos escondidos. No es así con el Señor: Él es veraz en su ofrecimiento. Dios es fiel a sus promesas y a sus pactos.

III. La supervisión divina. Su perdón reposa también sobre el fundamento de la supervisión divina.
Lo que queremos decir con estas palabras se puede explicar de la mejor manera por medio de un incidente tomado de la vida de Ricardo I, el rey favorito de mi infancia. Ricardo Corazón de León era no solo un hombre valiente, sino también generoso y capaz de perdonar males que le hubiesen hecho.
Cuando había reinado diez años, uno de sus vasallos franceses se rebeló. En el acto, Ricardo emprendió la marcha con su ejército, y asedió el castillo del rebelde. Durante el último ataque, en el que se consiguió vencer al rebelde, un joven, Bertrand de Gurden, disparó una flecha que hirió mortalmente al rey. El castillo cayó, y Bertrand fue llevado delante del moribundo monarca. Para confusión de sus hombres, Ricardo dijo: «Joven, te perdono mi muerte», y volviéndose a sus oficiales, les ordenó: «Soltadle, y dadle cien chelines». Murió Ricardo, y Bertrand fue vuelto a apresar y ejecutado. Ricardo no pudo cuidarse de que sus órdenes fuesen cumplidas. El Señor Jesús murió para liberarnos, y para enriquecernos. Pero Él vive para cuidar que sus deseos, mandamientos y pactos son cumplidos. Si Él perdona, perdona para siempre.
La prueba del perdón se ve en una vida purificada: «Y [para] limpiarnos». El perdón y la purificación son inseparables. El pecado está en el alma bajo dos formas: como culpa, lo que precisa de perdón; y como contaminación, lo que precisa de purificación.
«Si…» Todo el versículo gira en torno a esta primera palabra. No puede haber perdón sin confesión. Y la confesión implica apartarse del pecado (Pr. 28:13).

1.689. LA VIDA VICTORIOSA

1 Juan 2:1

«Hijitos míos, os escribo estas cosas para que no pequéis.»

1. Éste es un mensaje a «Mis amados hijos», a aquellos que han llegado a serlo por medio de Cristo Jesús.

2. Siendo hijos de Dios por la fe en Cristo Jesús, la vida victoriosa debería ser su propia posesión y para su disfrute. «Os escribo a vosotros, hijitos, porque habéis conocido al Padre» (2:13).

3. Lo triste es que pecamos. Para los pecadores hay un Abogado.

4. «La abogacía es aquella obra de Jesucristo para con los santos que han pecado y que Él lleva a cabo delante de su Padre, mediante la que, debido a la eficacia eterna de su propio sacrificio, los restaura a la comunión» (Scofield).

5. El Dr. Griffith Thomas da una explicación útil de esta cuestión. «Se ha provisto una perfecta propiciación: "Si alguno peca, abogado tenemos para con el Padre". No se admite el pecado, pero hay una perfecta provisión respecto al pecado si pecamos; no hay necesidad de pecar, no hay derecho a pecar, no hay contemporización con el pecado, ni licencia, sino provisión en caso que caigamos en ello. A bordo de un barco no se asocia la provisión de salvavidas con ninguna intención de naufragar, pero están ahí para un caso de necesidad. Cuando se dice, "si alguno peca, abogado tenemos", es la provisión en caso de necesidad. Como sabéis, hay dos abogados. El Señor Jesucristo es el Abogado para con el Padre; y la misma palabra se usa acerca del Espíritu Santo en el Evangelio de Juan: Él es el Abogado en nuestro interior. Hay la perfecta provisión de Cristo para nosotros, y hay la perfecta provisión del Espíritu Santo en nosotros.»

1.690. EL PERFECTO AMOR DE DIOS

1 Juan 2:5, 6

I. La fuente del mismo. «El amor de Dios.» Grande como su naturaleza, profundo como la eternidad.

II. La esfera de su perfección. «En *Él* ha sido perfeccionado el amor de Dios.»

1. LA PALABRA DEBE SER GUARDADA.
2. El que la guarda recibe la bendición del PERFECTO AMOR DE DIOS.

III. La certidumbre que da. «En esto conocemos que estamos en Él». En esto tenemos:

1. La confianza del CONOCIMIENTO. «Conocemos.»
2. La confianza de la EXPERIENCIA. «En Él.»

IV. Su manifestación. «Andar como Él anduvo.» Su andar fue el andar de:

1. La fe estable.
2. La entera sumisión.
3. La humildad en toda gracia.
4. La firme perseverancia.
5. El paciente sufrimiento.
6. El servicio activo.
7. La victoria consciente.

1.691. JÓVENES INFRECUENTES

1 Juan 2:14

I. El **carácter** de ellos. «Sois fuertes.»

II. La **evidencia** de su fuerza. «Habéis vencido al maligno.»

III. La **fuente** de su fuerza. «La Palabra de Dios permanece en vosotros.» Su Palabra es pura, pacífica y poderosa.

1.692. LA VIDA SEGURA

1 Juan 2:26

«Os he escrito esto sobre los que os engañan.»

1. La herejía ya estaba en marcha (2:18, 19). «Conocemos que es el último tiempo.» Éstos se habían extraviado acerca de la doctrina.

2. Pero los creyentes están a buen seguro, guardados por la Santa Unción (2:20-27).

3. Esta unción ilumina nuestras mentes, comunicando conocimiento (2:20).

1.693. UNA VISIÓN QUE SATISFACE

1 Juan 3:2

1. ¿A quién veremos? Le veremos a *Él.*
2. ¿Quién le verá? *Nosotros.*
3. ¿Cómo le veremos? «Cómo Él es.»
4. ¿Cuál será el efecto de verle? «Seremos como Él.»
5. ¿Es esto totalmente cierto». «*Seremos.*»

1.694. EL TRONO DE LA GRACIA

1 Juan 3:2

1. El lugar de la bendición. «El trono de la gracia.»
2. La manera de allegarse. «Confiadamente.»
3. La certidumbre. «Alcanzar misericordia y hallar gracia para el oportuno socorro.»

1.695. LA CONDICIÓN DE HIJO

1 Juan 3:2

1. Un maravilloso privilegio. «Hijos de Dios.»

2. Una consoladora negación. «Aún no se ha manifestado lo que hemos de ser.»

3. Una bienaventurada certidumbre. «Sabemos.»

4. Una gloriosa esperanza. «Le veremos como Él es.»

1.696. LA ESPERANZA PURIFICADORA

1 Juan 3:2, 3

I. ¿Cuál es esta esperanza? Es la esperanza de:

1. SU MANIFESTACIÓN. «Sabemos que cuando Él se manifieste.» Él volverá en cumplimiento de su promesa (Jn. 14:3). «Cuando Cristo, nuestra vida, *se manifieste...*» (Col. 3:4).
2. SER COMO ÉL. «Seremos semejantes a Él.» Lo mortal se revestirá de inmortalidad. «Transfigurará el cuerpo de nuestro estado de humillación, conformándolo al cuerpo de la gloria suya» (Fil. 3:21).
3. VERLE. «Le veremos como Él es.» «Veré tu rostro en justicia; al despertar, me saciaré de tu semblante» (Sal. 17:15). «Ahora vemos mediante espejo, borrosamente; mas entonces veremos cara a cara» (1 Co. 13:12). ¡Qué perspectiva tan resplandeciente y llena de gloria!

II. ¿Cuál es el efecto de esta esperanza? «Todo aquel que tiene esta esperanza puesta en Él, se purifica a sí mismo, así como Él es puro.» Hay

1. PUREZA PERSONAL. «Se purifica *a sí mismo.*» Esta esperanza segura y bienaventurada nos constriñe a una pureza voluntaria. Es intensamente práctica (1 Jn. 3:5), como lo es toda verdadera fe.
2. PUREZA SEGÚN SU EJEMPLO. «Como Él es puro.» Él se separó bien dispuesto a Dios por el gozo que había sido puesto delante de Él. Sed santos, porque Yo soy santo. Ya no vivo yo, mas vive Cristo en mí. Los que anhelan su venida anhelarán también *vivir* como Él, para que no tengamos de qué avergonzarnos en su presencia (1 Jn. 2:28).
3. PUREZA COMO UNA EVIDENCIA DE LA FE. Todo aquel que *tiene esta esperanza* puesta en Él, se purifica a sí mismo. Si alguien no está tratando de purificarse, es evidente que no tiene *esta esperanza,* y que no hay fe en el Salvador que viene. «Amados, ... limpiémonos» (2 Co. 7:1).

1.697. EL PECADO

1 Juan 3:4

I. Su **carácter.** Contaminación (Is. 1), rebelión (Ef. 2:2), esclavitud (Ro. 5:21; 6:17), muerte (Ef. 2:1).

II. Su **carrera** (Ro. 5:12; Gá. 3:22).

III. Su **maldición** (Ro. 6:23). Maldición sobre la tierra.

IV. Su **curación** (2 Co. 5:21; Gá. 3:13).

1.698. EL HIJO DE DIOS SALVADOR

«El que practica el pecado es del diablo; porque el diablo peca desde el principio. Para esto se manifestó el Hijo de Dios, para deshacer las obras del diablo» (1 Jn. 3:8).

Este texto tiene dos lados, el oscuro y el resplandeciente, el diabólico y el divino. Pecado y salvación; ruina y remedio.

I. La enfermedad. El pecado. Esta enfermedad:

1. ESTÁ PROFUNDAMENTE ARRAIGADA. La raíz llega hasta lo más profundo del corazón. «Nacido en pecado»; todo el hombre está contaminado (Is. 1:5, 6).
2. ES MUY ANTIGUA. «El diablo peca *desde el principio*» (1 Jn. 3:8). El pecado es contagioso, y el hombre adquirió esta enfermedad del viejo pecador Satanás, que es homicida desde el principio. «El pecado entró en el mundo por medio de un hombre» (Ro. 5:12).
3. Y MUY COMÚN. «El que practica el pecado es del diablo.» Todos los que aman y practican el pecado están bajo el poder de Satanás. La culpa y el peligro de los no salvos residen en estar en liga con el príncipe de las tinieblas, haciendo su voluntad y resistiéndose al Espíritu de Dios.

II. El remedio. «El Hijo de Dios.»

1. ES DIVINO. «De tal manera amó Dios al mundo, que a dado a *su Hijo*» (Jn. 3:16). Hizo el diagnóstico de la dolencia, y así su remedio es tan grande como la abierta llaga moral del mundo. Ninguna mezcla humana de obras y de sabiduría humana podían servir de nada.
2. ESTÁ DISPUESTO. «Se manifestó el Hijo de Dios.» Su poder salvador se ha dado a conocer a través de sus poderosas palabras y obras, por su muerte y resurrección. «Consumado está» (Jn. 19:30). «La sangre de Jesucristo… nos limpia de todo pecado» (1 Jn. 1:7).
3. ES TODOPODEROSO. «Para deshacer las obras del diablo.» El taller del diablo es el corazón humano. «Del corazón salen» (Mt. 15:19). Si sus obras deben ser deshechas el poderoso destructor debe entrar *dentro* de su taller. Déjale entrar (He. 2:13). Recibe a Cristo y el poder de Satanás será quebrantado (2 Ti. 2:26).

1.699. EL LADO VENCEDOR

«Mayor es el que está en vosotros, que el que está en el mundo» (1 Jn. 4:4).

I. ¿Quién es el que está en el mundo? El espíritu del anticristo (no Cristo) manifestado en aquellos que: 1) Menosprecian su Nombre. 2) Descuidan su Palabra. 3) Evitan a su pueblo. 4) Se deleitan en lo mundano. 5) Se toman el pecado a la ligera.

II. ¿Quién es el que está en nosotros? El Espíritu Santo de Dios (vv. 12, 13). Dios mora en nosotros. 1) El Espíritu de sabiduría. 2) El Es-píritu de verdad. 3) El Espíritu de poder. 4) El Espíritu de santidad.

III. ¿Cómo es mayor? 1) Como la luz lo es más que las tinieblas. 2) Como la verdad lo es más que la falsedad. 3) Como el rey es mayor que el súbdito. 4) Como el Creador es mayor que lo creado.

1.700. EL AMOR

1 Juan 4:7-9, 11

I. El hogar del amor.

1. «El amor es de Dios.»
2. El amor es la misma naturaleza de Dios: «Dios es amor» (4:8).

II. La asimilación del amor. «Hemos conocido y creído el amor» (4:16). El conocimiento sigue a la fe.

III. La manifestación del amor. La prueba del amor de Dios fue que Él envió a su Hijo (4:9).

IV. El derramamiento del amor. Nos lleva a amarnos unos a otros (4:7, 11). Desde luego, en 4:7 se enseña que no existe el amor divino en el corazón de ninguna persona irregenerada. El amor divino es algo mucho más elevado que el mero afecto natural.

1.701. LA HISTORIA Y EL DESARROLLO DEL AMOR

1 Juan 4:8, 9, 17; 2:5

I. La esencia de su amor. El mismo Dios: «Dios es amor» (4:8).

II. La causa de su amor. No en nosotros. «En esto consiste el amor: no en que nosotros hayamos amado a Dios, sino en que él nos amó a nosotros» (4:10).

III. La actividad de su amor. Él envió a su Hijo a morir por nosotros (4:8, 9).

IV. La manera de su amor. El resultado de aquel amor es nuestra adopción como hijos (3:1, 2).

V. El perfeccionamiento de su amor. Esto es, el descubrimiento creciente de nuestra parte de la certidumbre y perfección de su amor. Esto nos da confianza (4:17).

VI. La maduración de su amor. Esto es, lo que debemos hacer para liberar el amor de Dios derramado en nuestros corazones y vidas mediante una santa actividad (2:5).

1.702. AMOR SUPERLATIVO

1 Juan 4:10

1. Una dolorosa posesión. «Nuestros pecados.»
2. Una confesión abierta. «No en que nosotros hayamos amado a Dios.»
3. Una bendita revelación. «Nos amó.»
4. Una maravillosa condescendencia. «Envió a su Hijo.»
5. Una provisión llena de gracia. «Propiciación por nuestros pecados.»
6. Una gozosa aclamación. «En esto consiste el amor.»

1.703. LAS TRES PREPOSICIONES DEL AMOR

1 Juan 4:16, 9, 12, 17

I. «Hacia nosotros»: la dirección e intención del amor (4:9, 16).

II. «En nosotros»: la morada del amor (2:15; 3:17; 4:12).

III. «Con nosotros»: la perfección del amor (4:17, margen). «En esto se ha perfeccionado el amor con nosotros» (RVR77, margen). Sugiriendo una mayor medida del amor de Dios morando dentro de nosotros, y una mayor conciencia, en mente y corazón, de la grandeza de su amor.

1.704. TEMOR

1 Juan 4:18

1. Cuando el amor de Dios me es personalizado, mediante el Espíritu Santo de gracia, y cuando este amor entra impetuoso en mi corazón por el Espíritu, echa fuera el temor que atormenta, pero hace profundizar la reverencia.
2. «El temor piadoso no es miedo medroso; es el amor de rodillas» (Doctor Moule).

1.705. POR QUÉ LOS CREYENTES DEBERÍAN AMARSE UNOS A OTROS

1 Juan 4:19

I. Porque Él nos amó primero (4:19). En la V.M. se lee: «Nosotros amamos, por cuanto él nos amó primero». «A Dios» no aparece, y esto quiere decir que no solo amamos a Dios, sino también a los hermanos.

II. Porque Él sigue amándonos (4:11).

III. Porque Él nos lo manda (3:23).

IV. Porque Él ha venido a morar dentro de nosotros (4:12).

V. Porque hemos pasado de muerte a vida (3:14).

VI. Porque ya no somos hijos del diablo, como antes (3:10).

1.706. EL PODER DE LA FE

1 Juan 5:4

Un antiguo escritor dice: «La fe es el *pie* del alma; por ello, acude a Cristo. La fe es la *mano* del alma; por ello, recibe a Cristo. La fe es el *ojo* del alma; por ello, mira a Cristo. La fe es la *boca* del alma; por ello, se alimenta de Cristo. La fe es los *labios* del alma; por esto besa a Cristo».

I. La fe es preciosa. Es infinitamente preciosa, debido a sus infinitas posibilidades. Con ella, nada necesario es imposible. Es la mano que se aferra de modo firme y sin cejar de las fieles promesas del Dios de la salvación. Preciosos son los frutos de la fe. Por ella somos justificados (Ro. 5:1), santificados (Hch. 26:18). Es por la fe que «vivimos» (Ro. 1:17), «nos mantenemos firmes» (Ro. 11:20), «andamos» (2 Co. 5:7), «esperamos» (Gá. 5:5). Es una gracia que revoluciona el alma, porque involucra la rendición de la voluntad a la Palabra viviente, transformadora de Dios. «Tomar la mitad por confianza y la mitad a prueba no es fe, sino un fanatismo claudicante». Dios glorifica la fe, porque la fe glorifica a Dios. Y sin fe es imposible agradar a Dios.

II. La fe debería ser progresiva. Pablo encomió a los tesalonicenses porque su fe crecía sobremanera. La fe no puede más que crecer cuando hay un creciente conocimiento de Dios y de la plenitud y fidelidad de su Palabra. La fe, como el amor, no puede ser empujada o forzada; tiene que ser alimentada e inspirada. La manera de su crecimiento es «de fe en fe» (Ro. 1:17). No de una confesión de fe a otra, sino que puede ser de una pequeña fe a una gran fe, de una gran fe a una fe aún mayor, desde la mayor fe humana hasta la absoluta y perfecta «fe de Dios» (Mr. 11:22, *margen*). La «fe de Dios» es la confianza de Dios en su propia Palabra y obra. Él no se desalentará; su Palabra no volverá a Él como habiendo resultado inútil. Oh Señor, aumenta nuestra fe, y haz que crezca y se extienda, hasta que alcance a la confianza que Tu mismo tienes en Tu propia Palabra inspirada y en tu obra rociada con sangre.

III. La fe triunfará. La fe se aferra a la más poderosa de todas las armas, cuando se aferra a la Palabra de Dios, que es la Espada del Espíritu. Las victorias mencionadas en Hebreos 11 fueron todas logradas mediante el arma de la fe. Los verdaderos héroes del mundo han sido todos hombres de fe. Las manos de Cristo fueron omnipotentes porque eran las manos de la perfecta confianza. Ésta es la victoria que vence al mundo, nuestra fe (1 Jn. 5:4). Por la fe vencemos al mundo:

1. Como ENOC, siendo trasladados fuera de él e introducidos al reino del amado Hijo de Dios (He. 11:4).
2. Como NOÉ, al aceptar la advertencia de Dios, y entrar en el arca de la salvación de Dios (He. 11:7).
3. Como ABRAHAM, obedeciendo el llamamiento de Dios, y saliendo a lo desconocido (He. 11:8).
4. Como MOISÉS, al rehusar ser llamados hijos del mundo: eligiendo antes sufrir aflicción con el pueblo de Dios (He. 11:24-27).
5. Como JOSUÉ, marchando alrededor de las murallas, esperando la caída de las mismas (He. 11:30).
6. Como GEDEÓN y DAVID, sometiendo reinos… y alcanzando promesas (He. 11:32, 33). Todos estos obtuvieron buen testimonio por la fe. «¿No te he dicho que, si crees, verás la gloria de Dios?»

1.707. LA VIDA CONOCEDORA

1 Jn. 5:13

«Estas cosas os he escrito a vosotros que creéis … para que sepáis.»

«Conocer» es una de las palabras clave de esta Epístola. Examinemos algunas de ellas.

1. ¿Cómo podemos estar seguros de que «le conocemos»? «Si guardamos sus mandamientos» (2:3, 5).
2. Un conocimiento de Dios en constante crecimiento, y de sus caminos y Palabra, son una señal de madurez espiritual (2:13).
3. El Espíritu Santo nos enseña de tal manera que «sabéis todas las cosas» (2:20).
4. «Sabemos que cuando él se manifieste, seremos semejantes a él, porque le veremos tal como él es» (3:2).
5. Estamos seguros de que «hemos pasado de la muerte a la vida, en que amamos a los hermanos» (3:14).
6. El Espíritu Santo con nosotros nos da la certidumbre de que permanecemos en Él (3:24; 4:13).
7. Una prueba infalible de conocimiento (4:1-3).
8. La conciencia de que tenemos vida eterna nos viene por la creencia en la Palabra de Dios (5:13).

1.708. CERTIDUMBRE

«Estas cosas os he escrito a vosotros que creéis en el nombre del Hijo de Dios, para que sepáis que tenéis vida eterna» (1 Jn. 5:13).

I. Quiénes deben recibir la certidumbre. «Vosotros que creéis.» Creer en el nombre del Hijo de Dios era, en tiempos de Juan, aceptar la ignominia de la Cruz. El objeto de la fe no es el cristianismo como sistema, ni la Biblia como libro, sino el Hijo de Dios como una Persona viva y permanente. No está escrito, «*Cree* y serás salvo», sino «Cree *en el Señor Jesucristo*, y serás salvo» (Hch. 16:31). La fe que no se ase de Cristo es una fe muerta. Para tener la certidumbre de la salvación nos es necesario algo más que una fe en cosas: precisamos de fe en Él.

II. La bendición de la que estar ciertos. «Vida eterna.» Esto es algo diferente de la mera existencia eterna, y mejor que ella. Los demonios saben lo que es la existencia eterna, pero no conocen nada experimentalmente de la vida eterna. Esta vida eterna denota la suma de todo bien, aquí y en el más allá. Así como la bellota contiene dentro de sí misma, en potencia, todo el poder y la majestad del roble, así esta vida, engendrada en nosotros por el Espíritu Santo, contiene la plenitud de gozo y de gloria que ha de ser aún revelada.

III. La bienaventuranza de recibir la certidumbre. «Para que sepáis.» Esta palabra «saber» es una de las predilectas de Juan. En estos pocos versículos (13 a 20) la emplea siete veces. Si tú eres creyente en Jesucristo y no sabes que tienes vida eterna, te lo dice «para que lo sepas». No es sólo una posibilidad, sino que es tu privilegio saberlo. Esta certidumbre es necesaria para la consolación y el gozo de la salvación. ¿Cómo vamos a poder dar gracias a Dios por el don de la vida eterna, si no estamos seguros de que lo tenemos?

IV. La base de esta certidumbre. «Estas cosas os *he escrito* a vosotros… para que sepáis.» La certidumbre no viene por medio de ninguna revelación especial del cielo, aparte de la *Palabra escrita.* «El que tiene al Hijo, tiene la vida» (v. 12). Estas palabras, inspiradas por el Espíritu Santo, y escritas por el apóstol, son para que tú las creas, para que sepas que tienes la vida eterna. No recibir este testimonio es hacer a Dios mentiroso, y robar tu alma de esta bendita confianza. Le preguntaron a una pequeña huérfana, feliz en el conocimiento de Cristo como su Salvador, cómo sabía que era salva; ella dijo: «él lo dice, y con esto tengo bastante». ¿No es bastante para ti?

1.709. PARA QUE SEPÁIS

1 Juan 5:13

En esta Epístola hay muchas cosas que **sabemos**. Sabemos:

1. Que nuestros pecados **son perdonados**	3:5
2. Que hemos **pasado de muerte** a vida	3:14
3. Que somos de la **Verdad**	3:19
4. Que **Él está en nosotros**	4:13
5. Que **tenemos vida eterna**	5:13
6. Que **Él responde a la oración**	5:15
7. Que **tenemos una nueva naturaleza** (RV)	5:18
8. Que **el mundo entero yace en poder del maligno**	5:19
9. Que **tenemos este conocimiento procedente de Dios**	5:20
10. Que **seremos** como Él es	3:2

1.710. EVIDENCIAS DE SALVACIÓN

«Para que sepáis que tenéis» (1 Jn. 5:13)

Los que están en el goce de la salvación lo muestran:

1. *Alabando a Dios por ello,* 1 Pedro 2:9.
2. *Aborreciéndose a sí mismos,* Job 42:5, 6.
3. *Deleitándose en la oración,* Hechos 9:11.
4. Estando *sediento* por la Palabra de Dios, Salmos 19:10.
5. *Buscando* complacer al Señor, Colosenses 1:10.
6. Llevando *otros* a Él, Juan 1:40-42.

1.711. «YACE EN EL MALIGNO»

1 Juan 5:19

En este pasaje tenemos dos declaraciones sorprendentes.

I. La palabra «En». Ésta es la misma palabra que se emplea del creyente cuando se dice de él que está en Cristo, como ramas en la vid. Es una palabra abrumadora. Nos enseña que así como los creyentes en Cristo están unidos a Cristo, recibiendo de Él vida y bendición, del mismo modo los impíos están unidos a Satanás, y están siendo energizados por él.

II. La palabra «Yace». Literalmente, «yace durmiendo», corroborando un estado de inconsciencia. Los salvos están en manos del Padre, y tienen debajo de ellos los Brazos Eternos. Pero la gran masa de la humanidad se encuentra en brazos de Satanás, y con su sutileza son arrullados al sueño, y por ello quedan inconscientes de su terrible posición.

1.712. «AMÉN» AL EXTRAÑO MANDAMIENTO DE JUAN

1 Juan 5:21

I. ¿Qué es un ídolo?

1. Este «Amén» debe ser considerado como algo más que una mera conclusión para la Epístola, más buen un deseo ferviente tocante a este último mandamiento.
2. Podríamos sentirnos inclinados a pensar que esto no nos es de aplicación.
3. Hay mucha idolatría en la actualidad.
   a. Naturalmente, hay mucho culto a las imágenes. En cuanto a esto, haríamos como John Knox, cuando yacía encadenado en la galera francesa. Le pidieron que diese culto a una imagen de la Virgen María, pero él la hecho por encima de la borda, declarando que era tan solo «un trozo de madera pintada».
   b. Puede haber sistemas de culto idolátricos. Seguir una religión de factura humana es idolatría. «Toda adoración, honra o servicio de Dios inventados por el cerebro humano en la religión de Dios, sin su mandamiento expreso, es idolatría», decía Knox en los últimos años de su vida.
   c. El doctor Torrey dijo: «Aquello a lo que el hombre da más valor, esto es su dios. Puede que sea el dinero, la posición social, los placeres».

II. ¿Quienes son los «hijitos»?

1. 1 Juan 2:12, 13 lo decide.
2. Observa las etapas de crecimiento:
   a. La infancia espiritual.
   b. La juventud espiritual.
   c. La madurez espiritual.
3. Los hijitos tienen una necesidad particular tienen una necesidad particular de una palabra acerca del perdón (2:12), de la victoria sobre el pecado (2:1), del poder de la victoria (4:4), etc.

III. «Guardaos.» Que Dios tenga el lugar que le pertenece en vuestros corazones y en vuestra vida.

1.713. ESTUDIOS EN 2 JUAN

Ésta es una carta personal del anciano apóstol Juan dirigida a una mujer cristiana desconocida, y a su piadosa familia. Ésta es la única epístola del Nuevo Testamento dirigida de manera exclusiva a una dama. Hay una tradición de que la dama a la que se dirige la carta era Marta de Betania. «El término griego *Hyria* (Dama, v. 1) se corresponde con el hebreo *Marta*», según ha escrito Bengel. Si esto es cierto, la «hermana» a que se hace referencia en el versículo 13 sería María de Betania. Fue escrita de manera específica para advertir a esta dama y a su familia frente a algunos falsos maestros (v. 10).

1.714. AMOR Y VERDAD

2 Juan 1, 2

La palabra «verdad» aparece cinco veces en esta breve epístola de sólo trece versículos, y constituye su palabra clave.

I. La fuente del amor. La verdad. La mayoría de las versiones dan verdad con la primera letra en mayúscula: Verdad, que es uno de los nombres del Señor, y Él es la fuente de todo verdadero amor.

II. La realidad del amor. Esto es, la naturaleza del amor aquí encomiado es el verdadero amor, el amor que no es mera pretensión o simulación.

III. La amplitud del amor. El amor no puede quedar confinado a uno. El Anciano (Juan debe haber tenido 90 años cuando escribió esta Epístola) no solo amaba a «la señora elegida», sino también a «Sus hijos», y esta piadosa familia no solo era amada por el anciano apóstol, sino también por «todos los que conocen la verdad».

IV. La conciencia del amor. Rotherham da «comprender» en lugar de «conocer» (v. 1). Es decir, los que han llegado a ser conscientes de la verdad y del amor de Dios en Cristo por sí mismos aman a otros.

V. La interioridad del amor. «Que mora en nosotros», el amor de Dios esparcido en nuestros corazones por el Espíritu Santo. ¿A qué se hace referencia aquí, a la verdad o al amor? Bien, Él es a la vez Verdad y Amor, y como ambos mora en nosotros y con nosotros.

1.715. GRACIA, MISERICORDIA, PAZ

2 Juan 3

Ésta es una forma muy singular de salutación apostólica en el Nuevo Testamento, y solamente se encuentra en las Epístolas Pastorales y aquí (1 Ti. 1:2; 2 Ti. 1:2; Tit. 1:4). Observarás que se añade «Misericordia» a la salutación usual de «Gracia y paz». ¿Cuál es el sentido, y cuál es la enseñanza?
Bien, leamos Lucas 10:37 con Génesis 39:21. ¿Quién mostró misericordia? El Buen Samaritano. ¿Qué significa mostrar misericordia? Vendar las heridas y los hematomas, etc. Pero, ¿qué tenía que ver la «misericordia» con José en la cárcel? Bien, hay heridas más peligrosas que las del cuerpo: hay heridas y hematomas del espíritu. La reputación de José había sido puesta en tela de juicio. Había sido encarcelado bajo falsas acusaciones. Su espíritu estaba herido y ensangrentado. Pero el Buen Samaritano llegó cuando todas las puertas estaban cerradas, atrancadas y bloqueadas, y ministró ayuda y consolación a aquella angustiada persona. Los siervos del Señor frecuentemente precisan del ministerio lleno de gracia de Buen Samaritano que lleva a cabo el Señor.

1.716. VERDAD

2 Juan 4

1. Se da para andar en ella (v. 4), no meramente para admirarla.

2. Es una prueba de nuestro amor a Dios (v. 6), porque el amor se manifiesta en una pronta obediencia.

1.717. LA PRUEBA DE LA VERDAD

2 Juan 7, 11

Había falsos maestros que viajaban entre las iglesias (vv. 7-11), y Juan advierte a esta dama contra siquiera dar hospitalidad a los tales (vv. 10-11), y mucho más en contra de aceptar sus falsas doctrinas. Luego el anciano Apóstol da una prueba infalible de la verdad.

1. La realidad de la humanidad de nuestro Señor en su vida terrenal. «Que Jesucristo ha venido en carne».
2. La realidad de la humanidad de nuestro Señor en su segunda venida. «Viene en carne» (RV).

Apliquemos esta prueba a algunos populares movimientos religiosos de nuestro tiempo, y el resultado es elocuente. La Ciencia Cristiana, el Espiritismo, el movimiento de los llamados Testigos de Jehová, el Mormonismo, y otros similares, quedan desenmascarados, y se hace evidente que son contra Cristo, y totalmente erróneos, del diablo.

1.718. ESTUDIOS EN 3 JUAN

Éste es otro ejemplo de la correspondencia personal del apóstol Juan. La carta fue escrita a un amigo generoso y afectuoso llamado Gayo, destacado por su amante hospitalidad, y en ella le apremia a seguir dando hospitalidad a los predicadores itinerantes, a pesar de la acerba oposición de un clérigo autocrático y abusivo llamado Diótrefes.

1.719. VARIOS ASPECTOS DE LA VERDAD

3 Juan 1, 3, 4, 8

Lo mismo que en sus anteriores escritos, Juan tiene mucho que decir acerca de la Verdad. Obsérvense los varios aspectos de la Verdad.

I. Un camino. La verdad es primero considerada como un camino por el que anda el hombre, y dentro de sus límites. «De cómo andas en la verdad» (v. 3).

II. Una atmósfera. La verdad es considerada como una atmósfera dentro de la que el hombre se mueve. «Andan en la verdad» (v. 4).

III. Un suelo, en el que se arraiga el amor (v. 1). «Amo en la verdad.»

IV. Un arma (v. 8). «Cooperadores con verdad» (RV), sugiriendo la verdad como su poderosa arma en el servicio cristiano.

V. Una compañera. «Que seamos cooperadores de la verdad» (v. 8, Besson), sugiriéndose que en nuestro peregrinaje deberíamos hacer de la verdad nuestra compañera.

VI. Árbitro. Dando testimonio a favor de los que andan en la verdad. «Todos dan testimonio de Demetrio, y aun la verdad misma.»

1.720. PREGUNTAS INTERESANTES

3 Juan 2, 4, 5, 11

1. ¿Estaba Gayo enfermo? (v. 2).
2. ¿Era Gayo uno de los convertidos de Pablo? Observa: «Mis hijos» (v. 4).
3. ¿Tenía Pablo a Gayo en gran afecto? La palabra «Amado» se repite en esta breve carta, indicando un profundo afecto (1, 2, 5, 11).
4. ¿Prosperaba Gayo espiritualmente en las cosas de Dios? (v. 2).

1.721. ESTUDIOS EN JUDAS

Lo mismo que Santiago, Judas no era un apóstol, sino un discípulo ordinario. Su hermano Santiago había sufrido el martirio pocos años antes de que Judas escribiese esta epístola. Él mismo había emprendido escribir un gran tratado acerca de la Salvación (v. 3), pero lo había abandonado constreñido por el Espíritu Santo, llevado así en cambio a escribir una carta de media página dando una historia de la Apostasía, desde el principio, y a advertir de este peligro a sus lectores.

1.722. GUARDADOS

Judas

La palabra «guardar» y sus sinónimos aparecen cinco veces, y constituyen un útil estudio.

I. El pueblo del Señor es guardado. Guardados del pecado por Dios para Jesucristo. «Guardados para Jesucristo» (v. 1).

II. Algunos ángeles «no guardaron su dignidad» (v. 6), por lo que son «guardados» en cadenas.

III. Debemos guardarnos en la plena y constante certidumbre de que Dios nos ama, «conservaos [guardaos] en el amor de Dios» (v. 21).

IV. Él es poderoso para guardarnos, no meramente de «caída», sino «sin tropiezo» (BAS margen), porque lo que causan las caídas son los tropiezos (v. 24).

1.723. UN TRIPLE PRIVILEGIO

Judas

1. Llamados (v. 1).
2. Preservados (v. 1).
3. Santificados (v. 1).

1.724. COMÚN SALVACIÓN

Judas 3

La salvación recibe el nombre de «común» no porque sea barata y valga poca cosa, sino porque

I. Proviene de una fuente común: Dios, el Amor de Dios.

II. Es ofrecida a todas las clases. «Comunes» es el nombre que se da en Inglaterra a espacios abiertos que pertenecen a todo el público, y que son mantenidos por Ayuntamientos o Corporaciones para que todos puedan disfrutarlos. Así también, la salvación es para todos.

III. Suple a nuestra común o general necesidad.

IV. Es el tema común de todos los escritores sagrados.

1.725. COSAS ETERNAS

Judas 6, 7, 21

Tres cosas eternas que se mencionan en esta carta.

1. Vida (v. 21).
2. Cadenas (v. 6).
3. Fuego (v. 7).

1.726. EL CAMINO DE CAÍN

«¡Ay de ellos!, porque han seguido el camino de Caín» (Jud. 11)

La gracia no corre por la sangre, por lo que se habla del *camino* de Caín como opuesto al camino de Dios. Los caminos ancho y estrecho pueden ser distinguidos como el camino de Caín y el camino de Cristo. «Porque mis pensamientos no son vuestros pensamientos, ni vuestros caminos mis caminos, dice Jehová.» El camino de Caín es:

I. El camino de la mera opinión humana. Él ofreció las primicias, lo mejor que tenía, como expiación por su alma. «Bien», dice el moderno cainita, «si uno pone lo mejor de su parte, ¿qué puede hacer mejor? Lo mejor que podemos hacer es tomar el camino de Dios. Caín rehusó acudir a Dios como *pecador*. Por la fe ofreció Abel a Dios un mejor sacrificio.

II. El camino de la ignorancia voluntariosa. Caín debe haber sabido, por el hecho de que había nacido *fuera* de Edén, y por el ejemplo de su padre y madre, que era pecador a los ojos de Dios. Las mismas túnicas de *pieles* que les habían sido dadas por Dios revelaban la necesidad de una expiación que los cubriera. Pero esto él, como muchos en nuestro tiempo, «lo ignoraba voluntariamente». Dios no puede aceptar nuestra ofrenda de acción de gracias en tanto que rehusemos reconocer su ofrenda por el pecado (Jn. 1:29).

III. El camino hacia un total rechazamiento. «No miró con agrado a Caín y a la *ofrenda* suya» (Gn. 4:5). El *espíritu* de Caín era inaceptable, así como su ofrenda. La ofrenda y el ofrendante o se mantienen juntos, o juntos caen. *Nosotros* somos aceptados *en* el amado. Mediante una ofrenda Él hizo perfectos para siempre a los santificados. Jesús dice: «Yo soy el Camino (…) nadie viene al Padre, *sino por medio de Mí*».

IV. El camino de una soberbia tenaz. «Y se ensañó Caín en gran manera, y decayó su semblante» (Gn. 4:5). Aunque sabía que el *camino* por el que había acudido a Dios era de su propia elección, y que no le agradaba a Él, no hay deseo de arrepentimiento ni buena disposición a confesar su pecado y a abandonar su camino. Abel había encontrado su ofrenda a la puerta, entre los rebaños. También a la puerta de Caín había una ofrenda por el pecado, esperando su aceptación y lista para su uso, pero no quería. La predicación de Cristo, y de Cristo crucificado, es poner la ofrenda por el pecado señalada por Dios a la puerta de cada pecador que oye el evangelio. Si *no haces bien*, esta ofrenda por el *pecado* es para ti (Gn. 4:7).

V. El camino de odio manifiesto. «Caín se levantó contra su hermano Abel, y lo mató», porque sus propias obras eran malas y las de su hermano eran buenas (1 Jn. 3:12). El pecado, cuando es consumado, da a luz la muerte. La pendencia entre el bien y el mal es antigua. Rechazar la ofrenda de Cristo por el pecado es tomar el puesto de un asesino. El que odia a su hermano es homicida. El primer homicidio fue cometido por un hombre que negaba la doctrina de la sustitución y la necesidad de la expiación.

VI. El camino de la condenación divina. «*Ahora*, pues, maldito seas tú» (Gn. 4:11). «El que no cree ya ha sido condenado.» ¿Dónde puede ocultarse el hombre que ha huido del único refugio bajo el cielo para el pecador, la ofrenda por el pecado, el Cordero de Dios? La culpa del no perdonado clama a Dios como la sangre de Abel. El pecado siempre clama a Dios por venganza, pero Cristo, nuestra ofrenda por el pecado, respondió a este terrible clamor mediante el sacrificio de Sí mismo (1 P. 2:24).

VII. El camino de la desesperanza irremediable. Caín dijo: «Grande es mi iniquidad para ser de perdonar» (Gn. 4:13, *margen). «Salió*... de delante de Jehová» (v. 16). Todos los que rechazan la ofrenda por el pecado están condenados a salir para siempre de la presencia del Señor y de la gloria de su poder (2 Co. 1:9). La culpa de Caín comenzó al adoptar su propio camino, y quedó agravada por su rechazo a arrepentirse cuando se le dio luz. Queda ahora confirmado en su incredulidad y fijado en su condenación. «¡Ay de ellos!, porque han seguido el camino de Caín» (compárese Is. 1:18).

1.727. PENSAMIENTOS PARA LOS OBREROS

Judas 20-23

I. Una obra **necesaria**: «Edificándoos».

II. Una obra **santa**: «Orando en el Espíritu Santo».

III. Una obra **dichosa**: «Conservaos en el amor de Dios».

IV. Una obra **vigilante**: «Aguardando con anhelo la misericordia de nuestro Señor Jesucristo».

V. Una obra **compasiva**: «De otros tened misericordia».

VI. Una obra **urgente**: «A otros salvadlos, arrebatándolos del fuego».

VII. Una obra **desprendida**: «Aborreciendo aun la ropa contaminada por su carne».

1.728. LAS CARACTERÍSTICAS DE UN OBRERO CRISTIANO

Judas 20-23

1. Se edifica en la fe.
2. Ora en el Espíritu Santo.
3. Se guarda en el amor de Dios.
4. Busca la todosuficiente misericordia de Dios.
5. Tiene compasión por los que se están perdiendo.
6. Trata de sacar a los perdidos del fuego.
7. Aborrece un vestido manchado de carne.

1.729. PRIVILEGIOS DE LOS CREYENTES

Judas 20-25

Mas vosotros, amados,

1. Edificándoos en la fe de Dios.
2. Orando en el Espíritu de Dios.
3. Guardándoos en el amor de Dios.
4. Esperando la misericordia de Dios.
5. Manifestando la compasión de Dios.
6. Activos en la obra de Dios (v. 23).
7. Aborreciendo vestimentas que no son conforme a Dios.
8. Guardados por el poder de Dios.
9. Intachables en la presencia de Dios.

1.730. SACADOS DEL FUEGO

Judas 23

¿Qué hay más alarmante que un incendio? ¡Qué tumulto, y qué consternación! ¡Qué grandes esfuerzos se han de hacer para salvar a los habitantes de un edificio en llamas que están en peligro de perecer! El fuego del pecado se desencadenó en Edén, y se ha extendido por todo el mundo. La única escapatoria es mediante la escalera que soñó Jacob, y que alcanza desde la tierra al cielo (Jn. 14:6). Pensemos en:

I. La naturaleza del pecado. Se compara aquí con el «fuego». El fuego es un elemento que no puede ser ni pesado ni medido. ¿Quién puede establecer límites a los efectos del pecado, o contar sus capacidades y efectos? La naturaleza del pecado, como la del fuego, es la de dañar o destruir todo lo que está a su alcance que no pueda resistir su poderosa influencia. Por lo que respecta a la sabiduría y al poder del hombre, el pecado es un fuego inextinguible.

II. El peligro en que se halla el pecador. Por cuanto necesita ser «arrebatado» del fuego, está claro que debe estar *en el fuego*. Está viviendo bajo el poder y dominio del pecado, y por ello *en* pecado. Puede que esté totalmente inconsciente de su terrible posición, pero el fin es igualmente destrucción. Estar en estado de pecado es estar en estado de condenación. El pecado, como el fuego, cuando es consumado, produce la muerte.

III. El trabajo de rescate. «Arrebátalos del fuego.» Hay solo dos caminos por los que un tizón puede ser arrebatado del fuego: o bien apagando el fuego, o bien sacando el tizón del fuego. Los hombres no pueden apagar el fuego del pecado, por lo que los pecadores han de ser sacados de en medio del fuego. En este mundo de pecado la Iglesia es la brigada de bomberos de Dios, una partida de rescate enviada para sacar a los hombres del fuego. No hay forma de escapar al poder destructivo del pecado excepto separándose de él. El amor de Cristo es el motivo que constriñe.

1.731. A ÉL SEA LA GLORIA

«Y a aquel que es poderoso... sea gloria» (Jud. 24, 25).

Digno es el cordero, por cuanto fue inmolado por nosotros. A Él sea la gloria, por cuanto Él es:

I. El «único y sabio Dios». La sabiduría del hombre es tan solo insensatez delante de Dios. «Oh, hombres, a vosotros clamo» (Pr. 8:4).

II. «Dios nuestro Salvador.» Toda la sabiduría y omnipotencia de Jehová en acción para nuestra redención. ¡Qué Evangelio! ¡Qué refugio! ¡Qué Salvador!

III. «Poderoso para guardaros sin caída.» «Al que puede *consolidaros...*» (Ro. 16:25). Él puede guardaros de caída por el camino, de caer tras otros dioses, de caer en el error, y de caer fuera de comunión con Él. Guardados por el poder de Dios por medio de la fe.

IV. Poderoso para «presentaros sin mancha». Loor a su Nombre. Esto redundará en honor de su propia gracia salvadora y Sangre *purificadora*. Como limpios cantaremos «Al que nos amó, y nos liberó de nuestros pecados con su sangre» (Ap. 1:5; cp. Ef. 5:25-27).

V. Poderoso para presentarnos «con gran alegría». Por este gozo que fue puesto delante de Él es que soportó la Cruz. Verá el fruto del trabajo de su alma, y quedará satisfecho. Su gozo será el nuestro. Entra tú en el gozo de tu Señor.

1.732. ESTUDIOS EN APOCALIPSIS

Un célebre ministro metodista y director del Instituto Superior de Cliff, Samuel Chadwick, confesaba que en sus primeros tiempos de ministerio Apocalipsis era para él un enigma. Luego emprendió resolverlo leyendo el libro entero de una sentada, cada día durante un mes. No es de extrañar que el libro comenzase a abrirse y a predicarle a él, y que descubriese que era una preciosa tesorería de instrucción y un santuario de adoración.

Incurrimos en gran pérdida y peligro si descuidamos este libro. Incluso en días oscuros proporciona consolación. Alguien ha observado que «Apocalipsis no fue escrito sin lágrimas, y tampoco puede ser comprendido sin lágrimas» (Ap. 5:4).

Obsérvese, como ayudas para su recta comprensión:

1°. Deberíamos acudir a este libro primariamente para ver qué dice acerca del Señor Jesucristo, más que por el futuro. Su frase clave es sus tres primeras palabras: «Revelación de Jesucristo». Es un develamiento del Señor Jesús. Sencillamente, el libro está lleno de Él. Encontramos ahí no menos de veintiséis veces el título sacrificial de Cristo, «el Cordero».

2°. Tras acabar el capítulo 3, la iglesia ya no aparece en la tierra. El arrebatamiento debe haber tenido lugar entre los capítulos 3 y 4.

En el capítulo 1, versículo 19, tenemos su correcta triple división; y la última división se distribuye a su vez en tres subsecciones.

1.733. LA SINGULARIDAD DE ESTE LIBRO

Apocalipsis 1:1-9, 19

I. El singular carácter del libro (1-3).

1. ¿QUÉ ES? Un apocalipsis, o sea, una «revelación», un desvelamiento de Jesucristo, no un misterio. Si el libro es un misterio para ti, esto es una prueba de que lo estás leyendo mal.
2. ¿DE DONDE VINO? Vino por revelación. Fue dado por Dios a su Hijo (v. 1), el Hijo lo dio a su ángel (obsérvese, su Ángel: un ángel especialmente designado para el servicio de Jesús, probablemente el que le ministró en Getsemaní), y este ángel la dio a Juan (22:16).
3. ¿PARA QUÉ FUE DADA? Para mostrarles cosas que iban a suceder.
4. ¿A QUIÉN FUE DADA? A su siervo, y por ello de manera especial a obreros.
5. ¿QUÉ CONTIENE? (v. 2). El testimonio de Cristo, esto es, o bien un testimonio acerca de Él, o bien un testimonio que procede de Él.
6. ¿POR QUÉ DEBERÍA LEERSE? (v. 3).
7. ¿CUÁNDO DEBERÍA LEERSE? Ahora, porque el tiempo está cerca.
8. UNA BENDICIÓN ESPECIAL para los lectores, oyentes, amantes del libro («ponen en su corazón», W.), que meditan en él («guardan en mente», Bullinger), obedientes («guardan»).

II. El singular orden que hay en el libro (1:19).

1. «Las cosas que has visto.» EL SEÑOR JESÚS GLORIFICADO (cap. 1).
2. «Las cosas que son.» EL SEÑOR JESÚS COMO CABEZA SOBRE LA IGLESIA (caps. 2 y 3).
3. «Las que han de ser después de éstas.» EL SEÑOR JESÚS COMO TRIUNFADOR (caps. 4–22).
   1. 4-11:18. 2. 11:19-16. 3. 17-22.

III. La singular introducción al libro (4–9).

1. Salutación (v. 4). Únicamente Juan quedaba de los apóstoles.
2. Bendición (v. 4). Gracia primero; luego paz.
3. Doxología (vv. 5, 6).
4. Anticipación (v. 7).
5. La propia Revelación (v. 8). La voz del Hijo de Dios.
6. Explicación (v. 9). Escribe como hermano, no como enseñoreándose sobre las heredades del Señor.

Nota: «Siete Espíritus», o el séptuple Espíritu. No se trata tanto del Espíritu contemplado en su personalidad individual como del Espíritu en la manifestación de su operación en la Iglesia. Siete es el número bíblico para denotar perfección, y por ello se trata del Espíritu Santo en su séptuple plenitud.

1.734. PRINCIPIO Y FIN

Apocalipsis 1:8

Éstos son dos de los muchos títulos del Señor. Él es Principio y Fin.

1. De la Creación, ... Proverbios 8:22, 23; Juan 1:1-3.

2. De la Redención, ... Apocalipsis 1:18.

3. De la Salvación Experimental, ... Filipenses 1:6.

4. Del Servicio Cristiano, ... Efesios 3:20; Filipenses 2:13; Colosenses 1:29.

1.735. NUESTRO SEÑOR GLORIFICADO

Apocalipsis 1:9-20

UNA BRILLANTE IMAGEN VERBAL DEl SEÑOR GLORIFICADO

Introducción.

1. SIGNIFICACIÓN DE ESTA VISIÓN.
   a. Antes que Juan pudiese ser mensajero a otros acerca de la revelación de Jesucristo, él mismo había de contemplar al Señor en su gloria.
   b. Antes de poder ver a Dios Padre (cap. 4) había de ver a Dios Hijo.
   c. El Espíritu Santo reveló al Señor Jesús (v. 10).
   d. Esta visión le fue dada en su soledad. Una de las benditas compensaciones del Señor.
   e. Y fue dada a uno que estaba padeciendo por causa de Cristo. La vida está llena de compensaciones.
2. JUAN OYÓ ANTES DE VER: el valor de la Palabra de Dios. ¿Qué derecho tenemos a pedir a Dios a que se revele a Sí mismo, si descuidamos la Biblia?

I. El Señor (1:9-18).

1. LO QUE CONOCEMOS DEL SEÑOR POR MEDIO DE ESTA VISIÓN. El Señor aparece en su dignidad regia y sacerdotal:
   a. Voz (vv. 10, 15), claridad; musical; denotando gran majestad.
   b. Vestidura sacerdotal.
   c. Ceñido. Servicio activo. El pecho, no los lomos. Reposo regio y serenidad sacerdotal.
   d. El cinto. De oro. Dignidad regia.
   e. La cabeza y los cabellos (v. 14). Eternidad y divinidad (véase Dn. 7:9). A veces el cabello blanco es un resultado de un gran dolor. Nadie jamás ha padecido como Él.
   f. Los ojos. Escrutadores, penetrantes.
   g. Los pies. Calientes, ardientes, de firme pisada.
   h. La mano (v. 16), la boca. El poder de su Palabra.
2. LO QUE CONOCEMOS DEL SEÑOR POR MEDIO DE SUS TÍTULOS
   a. Él es Jehová (v. 4). El Jehová del Antiguo Testamento es el Jesús del Nuevo.
   b. Testigo fiel (v. 5). ¡Qué fidelidad es la suya!
   c. «Primogénito» (v. 5). Un título de dignidad y de honor.
   d. Príncipe (v. 5).
   e. Alfa y Omega (vv. 8, 11, 17).
   f. Todopoderoso (v. 8).
   g. El Hijo del Hombre (v. 13).
   h. El que vive (v. 18).
3. LO QUE CONOCEMOS DEL SEÑOR POR MEDIO DE SU ACCIÓN. Esta magna visión nos da ciertamente al Señor Jesús revestido de majestad, y teniendo el poder supremo, pero también nos muestra su antiguo amor y ternura (v. 17); el mismo Jesús.

II. La iglesia (v. 12).

1. DORADO. De valor incomparable. No puede perder su lustre.
2. CANDELEROS. No hay luz en ellos mismos. ¡Cuánto dependemos de Él!
3. SIETE.
   a. Emblema de una unidad no formal, sino real.
   b. No uniformidad, sino unidad en diversidad.
   c. Unidad, pero no por una centralización humana.
4. EL SEÑOR EN MEDIO:
   a. No es indiferente.
   b. No abandona a su infiel Iglesia.

III. Los ángeles de las iglesias (v. 16). Las Estrellas.

1. SÍMBOLO DE AUTORIDAD.
2. SÍMBOLO DE TALENTO. Posesión de dones estelares.
3. LAS ESTRELLAS SON PARA LAS TINIEBLAS. Las estrellas, lo mismo que los hombres, son para los días tenebrosos.
4. SOSTENIDAS EN LA MANO DE CRISTO. La prominencia en la obra cristiana los expone a especiales tentaciones, pero se les concede un especial privilegio. Él nos sostiene.

NOTAS

Alfa y Omega. En 1893, Moody llevó a cabo una gran campaña evangelística en la Exhibición de Chicago. El doctor A. J. Gordon se alojó en la misma casa que Rabinowitz, de Rusia, que una noche le dijo: «¿Sabe usted los debates y las controversias que han mantenido los judíos acerca de Zacarías 12:10? "Mirarán a Mí (Aleph-Tau en hebreo) a quien traspasaron". No quieren admitir que es a Jehová a quien traspasaron. Por ello la disputa acerca del A Quién. Pero si lo observa, verá que esta palabra es simplemente la primera y última palabra del alfabeto hebreo. Ya se imaginará mi sorpresa y asombro cuando abrí Apocalipsis y en 1:7 y 8 leí estas palabras de Zacarías, ahora citadas por Juan. Jesús parecía estarme diciendo: "¿Dudas tú quién es a quien vosotros traspasasteis? Yo, Jesús, soy el Alef-Tau, el Alfa-Omega, Jehová Todopoderoso"».

Un triple retrato de Jesús. En Apocalipsis 1 tenemos un triple retrato de Jesús:

1°. Profeta. Su predicción (1:1).
2°. Sacerdote. Su vestidura hasta los pies (1:13).
3°. Rey. Su cinto de oro (1:13).

«Caí como muerto a sus pies» (v. 17). Todo acercamiento a Dios que no nos abata en tierra con la más profunda humillación y vaciamiento de nosotros mismos es una pura imaginación.

1.736. LOS MENSAJES A LAS SIETE IGLESIAS

Apocalipsis 2–3

Introducción

Ángel significa mensajero. El Ángel de la Iglesia es un título tomado de la Sinagoga judía, y era el nombre que se le daba en ella al cargo más destacado. El Ángel de la Iglesia era el responsable. Al dirigirse de principio al Ángel de la Iglesia, tenemos la maravillosa cortesía del Señor al cargo responsable.

I. Éfeso. La Iglesia Sierva (2:1-7). Falta: Amor en decadencia.

1. INTRODUCCIÓN (v. 1).
2. RECONOCIMIENTO (vv. 2, 3). Su servicio, carácter y doctrina parecían correctos. Buena disciplina y lealtad.
3. ADVERTENCIA (vv. 4, 5). El lenguaje de la amistad herida. Encuentra a un siervo donde está buscando a la novia.
4. ENCOMIO (v. 6).
5. PROMESA (v. 7).

II. Esmirna. La Iglesia Sufriente (2:8-11). No hay faltas; sólo encomios.

1. La más breve de estos mensajes es el dirigido a Esmirna.
2. Orgullosa de su antigüedad, Él declara que tiene una mayor antigüedad: «El primero y el postrero» (v. 8).
3. Ellos estaban sufriendo, pero Él había sondeado las profundidades del sufrimiento: «El que estuvo muerto y volvió a la vida» (v. 8).
4. Él es quien todo lo sabe (v. 9).
5. Él es Aquel cuya valoración difiere de la del mundo: «Tú eres rico» (v. 9).
6. Advierte que vendrán tiempos peores (v. 10).
7. Alienta a la lealtad, hasta la muerte (v. 10).

III. Pérgamo. La Iglesia Contemporizadora (2:12-17). Tolerando el mal en su seno.

1. Se introduce en su carácter judicial (v. 12).
2. Reconoce el especial ambiente pecaminoso en que se mueven (v. 13). Pérgamo era un centro especial de culto pagano.
3. Les encomia por su lealtad (v. 13).
4. Les advierte acerca de la presencia de hombres pecadores en medio de ellos (vv. 14, 15).
5. Los apremia al arrepentimiento (v. 16), advirtiéndoles del resultado de no arrepentirse.
6. Promete:
   a. Un especial sustento, y
   b. una especial amistad (v. 17).
7. Una palabra dura. En Pérgamo vivía el Gobernador Romano de aquella provincia, el único que tenía derecho a blandir la espada. Pero Jesús tiene una singular espada (v. 16).

IV. Tiatira. La Iglesia en Peligro (2:18-29). Permitía que una falsa maestra ocupase una honrosa posición. En Tiatira encontramos una iglesia que junto con mucha fidelidad y energía de servicio, está muy seriamente afectada por falsas enseñanzas. Y a una persona que está dando falsas enseñanzas se le permite ocupar una importante posición oficial en la Iglesia.

1. Un lugar de poca importancia.
2. A esta Iglesia oscura y poco importante, el Señor resucitado se describe en términos de la más exaltada majestad, y le comunica una promesa del poder más exaltado.
3. «Tu mujer, Jezabel» (R. V.).
4. La única carta en la que se menciona a una mujer.
5. Y en la que el Señor declara de manera tan clara su Filiación divina.
   a. La introducción (v. 18).
   b. El encomio (v. 19). «Has trabajado más duro que al principio» (Weymouth).
   c. La advertencia (20-23).
   1º. La identidad de la falsa enseñanza.
   2º. El juicio sobre la falsa enseñanza.
   d. Amonestación (vv. 24, 25).
   e. Bendiciones para los vencedores (26-29).

V. Sardis, la Iglesia Muerta (3:1-6). Falta: Habían perdido de vista a Cristo.

1. Una triste condición (v. 1).
2. Pasos que habían conducido a esta triste condición:
   a. Vestiduras manchadas (v. 4).
   b. Caer dormidos. «¡Despierta!»
   c. Un ministro muerto.
3. La pena sobre los mismos (v. 3).
4. Pasos para recuperarse:
   a. Despertad.
   b. Cuidad de las cosas que están para morir.
   c. Recordad.
   d. Hay un Espíritu.
   e. Una gloriosa recompensa (v. 5).
   1º No borrar.
   2º Confesión del nombre. Mencionado en Despachos.
   3º Caminar con Él vestidos de blanco.

VI. Filadelfia. La Iglesia con un Talento (3:7-13). Característica: Fidelidad a la Palabra de Dios. Solo hay dos de las siete Iglesias que no reciben reprensión de parte del Señor: Esmirna y Filadelfia. La primera recibe poco encomio, aunque mucha simpatía; la segunda se destaca en solitario en la abundancia y singularidad del elogio que Cristo le hace. (1) No que fuesen perfectos; sólo tenían «poca fuerza» (v. 8). (2) No que no tuviesen necesidad de ser advertidos.

1. QUIÉN ELOGIA (v. 7).
   a. Su carácter. Perfecta santidad y perfecta verdad.
   b. AUTORIDAD. Las llaves de David.
2. EL ELOGIADO. ¿POR QUÉ?
   a. Poca fuerza (v. 8).
   b. Ha guardado y amado su Palabra (vv. 8, 10).
   c. Ha confesado el Nombre (v. 8).
3. LA PROMESA.
   a. Una puerta abierta.
   b. El respeto de otros.
   c. Guardado.

VII. Laodicea. La Iglesia Tibia (3:14-22). Característica: centrados en sí mismos, satisfechos de sí mismos.

Nota: Es notable que la primera y la última Iglesia padezcan la misma dolencia de decadencia espiritual, solo que en la primera estaba en embrión, y en la última totalmente desarrollada.

1. El carácter del Señor (v. 14). Amén. Testigo. Originador.
2. El diagnóstico del Señor (vv. 15, 17).
3. La preferencia del Señor (v. 15).
4. La amenaza del Señor (v. 16).
5. El consejo del Señor (v. 18).
6. La apelación del Señor (v. 19).
7. La actitud del Señor (v. 20).
8. La recompensa del Señor (vv. 20, 21).

1.737. LA RECOMPENSA DEL CRISTIANO

Apocalipsis 2:10

I. La condición: «Fiel hasta la muerte».

II. El galardón: «La corona de vida».

1.738. EL QUE ABRE Y CIERRA

«El que abre y ninguno cierra, y cierra y ninguno abre» (Ap. 3:7).

I. Su carácter. En este versículo vemos al Señor Jesús como:

1. EL SANTO. «Esto dice el Santo» (v. 7). Da gracias ante la memoria de su santidad (Sal. 30:4). Ninguna falta encontraron en Él ni Dios, ni los hombres, ni el diablo.
2. EL VERDADERO. «El Verdadero» (v. 7). El Testigo Fiel y Verdadero. «Yo soy la Verdad», la verdadera expresión y cumplimiento del carácter y de la mente de Dios.
3. EL AUTORIZADO. «El que tiene la *llave* de David.» Con relación al reino venidero, y a nuestra salvación presente y futura, el Señor tiene la llave de toda la situación. Todo poder le ha sido dado a Él, de manera que Él tiene las llaves del Cielo, de la tierra y del infierno (Is. 22:22; Ap. 1:18).

II. Su doble obra. «Abrir y cerrar.» Lo que Él abre *nadie* puede cerrar.

1. EL ABRE LA PUERTA DE SALVACIÓN. Él ha abierto un «camino nuevo y vivo… para nosotros a través del velo, esto es, de su carne» (He. 10:20).

2. ÉL ABRE LA PUERTA DEL CORAZÓN. «Abrió el corazón de Lidia» (Hch. 16; 14). Con la llave de la *luz* abrió también el corazón del perseguidor Saulo.
3. EL ABRE LA PUERTA DE LA PALABRA. «Nos abría las Escrituras» (Lc. 24:32). La Biblia es para muchos un libro sellado porque no conocen al Abridor. «Abre mis ojos, y miraré las maravillas de tu ley» (Sal. 119:18).
4. ÉL ABRE LA PUERTA DEL SERVICIO. «Se me ha abierto una puerta grande y eficaz» (1 Co. 16:9). Puede también abrir una puerta de *proclamación*, para que hablemos abiertamente. Él abrió la puerta para David, Moisés, Nehemías, Pablo. Si quieres una puerta abierta para servir, vé a Él; Él tiene la llave.
5. ÉL ABRE LA PUERTA DEL CIELO. «Veo los cielos abiertos» (Hch. 7:56), dijo Esteban. Él puede abrir las «*ventanas* del cielo» lo mismo que la puerta (Mal. 3:10). La puerta del Cielo se abre desde dentro.
6. ÉL CIERRA, Y NADIE ABRE.
a. Él cierra las puertas a la ira inundadora. Nadie podía abrir el Arca cuando Noé fue encerrado en ella por el Señor.
b. Él cierra la puerta de la oportunidad. Las vírgenes insensatas no estaban listas cuando llegó el Esposo, y la puerta fue cerrada. Nadie podía abrirla.
c. Él cierra las puertas del infierno, y nadie abre (Lc. 16). La gran sima está *establecida*. El que quiera pasar desde allí no puede. «Señor, abre a mí Tu corazón, y encierra mi vida en la tuya.»

1.739. FIDELIDAD

«Has guardado mi palabra, y no has negado mi nombre» (Ap. 3:8).

I. La palabra que debe ser guardada. La Palabra de Jesús, Palabra de Dios (Jn. 17:8).

II. Cómo guardarla. Guárdala en el corazón (Sal. 119:11).

III. El Nombre. El Nombre que es sobre todo nombre.
1. SU SIGNIFICADO. Salvador (Mt. 1:21). Emanuel, Dios con nosotros.
2. CÓMO PUEDE SER NEGADO. 1) Por un infiel silencio. 2) Por una incredulidad práctica. 3) Por un temperamento descontrolado. 4) Por una actitud quejumbrosa. 5) Por una vida mundana. 6) Por un testimonio sin fruto. Aquellos que guardan su Palabra no negarán su Nombre.

1.740. UNA PUERTA ABIERTA PARA TI

«He aquí, he puesto delante de ti una puerta abierta» (Ap. 3:8).

Cuando no encuentran trabajo, los honrados profesionales tienen que decir frecuentemente, con un corazón pesado y pies cansados: «se me cierran todas las puertas». ¡Qué triste sería si no hubiera para las almas fatigadas y cargadas de pecado ninguna puerta abierta al amor de Dios o a la gracia de Jesucristo. La obra de Cristo fue la obra de un Abridor. El pecado había cerrado la puerta de todo privilegio espiritual, pero Aquel que tiene ahora las llaves de la muerte y del Hades ha puesto delante de nosotros:

I. La puerta abierta de la salvación. «Yo soy la puerta; el que entre por medio de mí, será salvo.» Ésta es una puerta para huir de la ira de Dios, de la culpa y contaminación del pecado, y de la tiranía del yo. Es para ti, y por ello puedes tener libertad para entrar mediante la sangre de Jesús. Ven ahora.

II. La puerta abierta de la enseñanza. El privilegio de ser «enseñados de Dios» está abierto para todos. Si alguien tiene falta de sabiduría, que la pida; la puerta a la sala de audiencias divinas está ahora abierta por el Nombre de Jesús. Él puede no solo «abrirte las Escrituras», sino también ungirte los ojos con un colirio que te hará ver cosas maravillosas en su Santa Palabra. Él puede también hacerte inteligente y penetrante, sabio en Cristo.

III. La puerta abierta de la oración. Otros han logrado grandes victorias por la oración. La misma puerta por la que han entrado en la plenitud de la bendición está abierta para ti. «Si pedís algo en mi Nombre.» Moisés, Elías, David, Daniel, Pablo, Lutero, Knox, Müller, Quarrier y una hueste de otros poderosos, lo debían casi todo a esta puerta abierta. ¿Quién puede contar todo el provecho que tendrás si le oras a él? (Job 21; 15). Entra ahora.

IV. La puerta abierta de la comunión. Éste es otro glorioso privilegio abierto a todos los santos. «Acercaos a Dios, y él se acercará a vosotros» (Stg. 4:8). El Señor no precisa de ningún apremio urgente para acudir y morar con nosotros. El más profundo anhelo de su amante corazón es que «permanezcamos» en él. Su dificultad con nosotros es nuestra puerta cerrada a él. «He aquí, yo estoy a la puerta y llamo.»

V. La puerta abierta del poder. Es indudable que algunos tienen más poder espiritual que otros. ¿Cómo? ¿Acaso han logrado un favor especial para con Dios por medio de alguna puerta privada y escondida? ¿No ha dicho él que «Toda autoridad me ha sido dada en el cielo y sobre la tierra. Por tanto, id»? (Mt. 28:18, 19). Id por tanto a él y por él. «Él da vigor al cansado, y acrecienta la energía al que no tiene fuerzas» (Is. 40:29). Él ha puesto esta puerta abierta delante de ti. Espera en él, y recibirás su poder.

VI. La puerta abierta de servicio. Si eres un hijo, ve hoy a trabajar a su viña: tienes la puerta abierta, y el trabajo te espera. ¿Qué puedes hacer? Haz lo que se te ha mandado: «Ve a trabajar». Cristo no nos fuerza a servirle ni a seguirle, pero sí que manda e invita. ¿Quién está pues dispuesto a consagrar su servicio al Señor, un servicio de corazón y de voz, de mente y de medios? En cada campo misionero extranjero tenemos ante nosotros puertas abiertas y eficaces.

VII. La puerta abierta del cielo. «Voy a preparar lugar para vosotros.» Los que son de Cristo no tienen temor de que jamás esta puerta se les cierre. Él la abierto, y nadie puede cerrar. Seamos fieles ahora, aprovechando totalmente los privilegios que nos son ofrecidos, para que nos sea dada abundante entrada en aquel día, cuando lleguemos a entrar por esta puerta a la ciudad. Cuídate de que no sea tu papel el de las vírgenes insensatas que se quedaron fuera cuando «se cerró la puerta».

1.741. COMPRA DE MÍ

Apocalipsis 3:18

Al dirigirse a la Iglesia en Laodicea, nuestro Señor usa términos que deben haberles sido muy familiares. La ciudad era conocida por sus riquezas, lana y colirio, mientras que la Iglesia es acusada de tibieza y autosatisfacción. El mensaje del Salvador era tierno, oportuno y misericordioso. En la gran «feria de las vanidades» de este mundo hay muchas voces ofreciendo su patronazgo, de manera que la voz suave y apacible del mercader celestial pocas veces se oye. Estas sencillas palabras, «Comprad de Mí», nos llevan a pensar en

I. Nuestra necesidad. ¿Por qué quiere que le compremos? Porque ve nuestra desnudez y necesidad, y sabe que ignoramos nuestra propia condición. ¿Te puedes permitir pasarte sin Él y sin sus dones?

II. Las mercancías que Él ofrece. ¿Qué son?
1. ORO REFINADO POR FUEGO. Su preciosa Palabra (Sal. 19:8-10) que ha pasado por las candentes pruebas de muchas persecuciones. La palabra del Evangelio de la Salvación que trae vida y fortaleza al corazón creyente.
2. VESTIDURAS BLANCAS. Vestiduras lavadas en la Sangre del Cordero (Ap. 7:14). La justicia de Dios que es para todos y sobre todos los que creen. No las marchitas hojas de higuera de factura humana (véase Ap. 19:8).
3. COLIRIO PARA LOS Ojos Este maravilloso «colirio» para los ojos es el Espíritu Santo, que es ofrecido a todos los que han creído su *Palabra* y que han sido adornados con las «vestiduras blancas» de la justificación delante de Dios. Este santo colirio nos capacita para discernir las cosas que Dios nos ha dado libremente (1 Jn. 2:20-27; Ef. 1:18).

III. El mercader mismo. «QUE DE MÍ COMPRES.» Él es el único agente para estas cosas preciosas. Ningún siervo suyo puede otorgarlas, aunque puedan hablar mucho acerca de ellas. Se debe hacer una *transacción* personal con el mismo Señor. Los bienes que Él quiere vender fueron comprados con su propia Sangre.

IV. El precio demandado. «Venid, comprad sin dinero y sin precio» (Is. 55:1). *Comprar* implica *reclamar para uno* una vez que las condiciones ya se han cumplido. La condición es la de acudir *sin dinero,* sin precio alguno, porque estos dones sin precio no pueden ser dados a cambio de nada que el hombre pueda dar, ni demandar bajo tal condición los dones que Él ofrece. Un rey no nos vende, sino que nos da (Ro. 6:23).

V. Nuestra actual oportunidad. «Compra de Mí.» «Ahora es el día de la salvación.» «He aquí, Yo estoy a la puerta y llamo.» Éste es el *día de mercado* del mundo, en el que los dones de la gracia de Dios están a la venta sin precio. Bienaventurado el hombre que encuentra esta mercancía (Pr. 3:13-17).

VI. La posibilidad de perder esta especial oferta. Se cuenta que un hombre perdió una apuesta consistente en intentar vender «soberanos», una moneda de oro inglesa, a un céntimo cada una. La gente no se lo creía, y la oportunidad pronto pasó. ¿Cómo escaparéis a sufrir una perdición eterna, si descuidáis una Salvación tan grande? Todavía estará un poco la luz con vosotros. Andad mientras tenéis la luz (Jn. 12:35; Lc. 19:42).

1.742. CRISTO CERCA, PERO FUERA

Apocalipsis 3:20

1. Un Salvador presente, «A la puerta».
2. Un Salvador que espera, «He aquí, *Yo estoy a la puerta*».
3. Un Salvador que busca, «Y llamo».
4. Un Salvador que ruega, «Si alguno... abre la puerta».
5. Un Salvador que promete, «Entraré».
6. un Salvador providente, «Y cenaré con él, y *él conmigo*».

1.743. EL VISITANTE DIVINO

«He aquí, yo estoy a la puerta y llamo» (Ap. 3:20).

Cristo *llamando* a la puerta es una prueba de que ha llegado muy cerca, y ello para bendecirnos. También implica su *buena disposición* a entrar, y la mala disposición del corazón a dejarle entrar. La naturaleza del hombre es como una casa con muchas estancias. El Señor llama a la puerta de cada apartamento para poder tener acceso a toda la casa del Alma Humana.

I. Llama como Redentor *para salvar.* Para salvar a la dormida conciencia de dormir el sueño de la muerte. Como Aquel que pagó la redención del alma, llama para poder entrar en posesión de la propiedad que él compró con su sangre, para salvarla de las destructoras manos del enemigo. «Si algún pecador abre la puerta, entraré» *(cf.* Ap. 3:20).

II. Llama como Médico *para sanar.* Sabe que todos los moradores de esta casa del Alma Humana están enfermos, y que necesitan su toque sanador. Toda la cabeza está enferma, el corazón, débil, y las manos y las rodillas, débiles. De hecho, nada hay que esté sano; toda la vida interior ha sido polucionada con el veneno del pecado. He aquí, tu Sanador está a la puerta. «Si algún enfermo abre la puerta, entraré a él» (*cf.* Ap. 3:20).

III. Llama como Maestro *para dar instrucción.* Él es el gran Maestro venido de parte de Dios, que puede ungir los ojos de sus discípulos con el celestial colirio, para que vean y comprendan cosas celestiales. Las mentes, cegadas por Satanás, pueden quedar hermosamente iluminadas por Aquel que es la Sabiduría de Dios. «Si alguno carente de instrucción abre la puerta, entraré a él» (*cf.* Ap. 3:20).

IV. Llama como Rey *para reinar.* Una vida egocéntrica es una vida arruinada. Como Señor, él llama para poder entrar de tal manera en aquella vida que él ha redimido mediante su vida que pueda llegar a gobernarla y a controlarla para el propio bien de ella y para su gloria. Hasta que el Rey esté entronizado dentro, el alma está bajo la servidumbre y la tiranía del yo insensato y presuntuoso. Desea que el gobierno de tu vida esté sobre sus hombros, para que no haya mal gobierno en los asuntos del alma. Aunque él es «Rey de nuestras vidas», no obliga, sino que llama. «Si alguno oye mi voz y abre la puerta, entraré a él» (Ap. 3:20).

V. Llama como un Mercader *para enriquecer.* Él conoce la pobreza de aquellos que se dicen ricos y que piensan que nada necesitan. Las riquezas inescrutables están en *Él,* y la infinita misericordia y el infinito amor le han traído a la misma puerta de tu empobrecida vida, para que seas lleno de su plenitud. «Te aconsejo que de Mí compres oro refinado por fuego, para que seas rico» (Ap. 3:18). Comprarás sin dinero cuando dejes entrar a este Mercader. «Si alguno oye mi voz y abre la puerta, entraré a él» (Ap. 3:20).

VI. Llama como un novio, *para cortejar.* Su deseo no es únicamente salvar, sanar, enseñar y enriquecer, sino tener la *comunión* de todos aquellos a los que ha bendecido. Llama a la puerta del corazón porque busca admisión al afecto. Tres veces oyó Pedro esta llamada: «¿Me amas?» (Jn. 21:15). Debido a que nos ama tanto, es muy celoso de nuestro afecto. Si tú lo has admitido como Salvador y Rey, de seguro que le darás con tu adhesión el amor de tu corazón y la comunión de tu vida. Su amor le constriñe a llamar para que nuestro amor nos constriña a abrir, para que toda barrera entre el alma y Cristo pueda quedar eliminada, y podamos gozar de una comunión ininterrumpida. «Si alguno oye mi voz, y abre la puerta, entraré» (Ap. 3:20).

1.744. LA CORTE CELESTIAL DEL REY DE REYES

Apocalipsis 4

Introducción

I. El hecho de la superioridad y del poder de Cristo es una gran consolación. Esto se revela aquí.

1. El doctor Dale menciona en una de sus obras que en un tiempo de gran debilidad corporal y de depresión, padeciendo una grave enfermedad, buscó afirmar su alma en las promesas de la Escritura que le recordaban el amor y la ternura del Señor, pero que no consiguió consolación por las mismas.
   a. Luego, tratando de meditar acerca de la realidad del Poder y de la Soberanía del Señor, encontró un singular apoyo en el que descansar.
   b. Cuando estalló la Rebelión de los Boxers en China, los líderes de la Misión del Interior de la China llegaron una mañana a sus oficinas temiendo recibir en cualquier momento noticias desastrosas; uno de ellos descubrió que el texto para aquel día en la pared era una promesa basada en la realidad de que el Señor es Rey. Estas palabras trajeron la necesaria certidumbre y fortaleza, y pudieron volver a sus ocupaciones habituales, seguros de que el Señor predominaría sobre todas las cosas para bien.
   c. El hecho de la Soberanía Divina estabiliza.
   d. Ésta es la visión que Apocalipsis da del Señor.
   e. Éste es el pensamiento que necesitamos para días oscuros.
   f. Y también la certidumbre de la victoria definitiva del bien sobre el mal.
2. También en esta sección de Apocalipsis (cap. 4 hasta el final) tenemos la certidumbre de la victoria definitiva del bien: Dios.
3. Este capítulo da comienzo a la 3ª gran sección de Apocalipsis.
5. Somos introducidos al glorioso Salón de Audiencias del Gran Rey.
6. Todo allí nos habla de la Realeza.

I. El cielo abierto (v. 1).

1. Hay cinco aperturas del cielo mencionadas en la Biblia: Un cielo abierto:
   a. En juicio (Gn. 7:11).
   b. En bendición (Mal. 3:10).
   c. Para el Espíritu Santo (Lc. 3:21).
   d. Para una visión de Jesús (Hch. 7:56).
   e. El Señor como vencedor (Ap. 4:1; 19:11).
2. «SUBE ARRIBA». No podemos concebir la verdad más elevada si caminamos a un nivel bajo de pensamiento y de conducta.

II. El que está sentado en el Trono (2, 3). «Vio al Omnipotente exaltado y sublime, entronizado sobre todos los mundos, velado en una luz inaccesible, pero conocido, con su presencia titilando con el resplandor del diamante, fulgurando como cornalina, con el rojo violento de un horno, y sin embargo coronado con un arco verde fresco y viviente, como de una esmeralda. Una luz cegadora; el resplandor del fuego consumidor; la suave brillo del arco iris de la promesa; todos estos eran los elementos contrastados en la impresión que recibió el vidente de Aquel que estaba sentado sobre el trono.» Nótese:

1. «Arrebatado en el Espíritu» (M.).
2. Los dos opuestos en Él.
   a. Aquel que era Sardio bajo la Ley ha terminado como Jaspe por la Revelación de su Hijo.
   b. Santidad e ira.
   c. Sardio como Jaspe. Nunca conoceremos todo acerca de Él.
3. Arco iris: a. Un círculo completo. Señal del pacto.
   a. Verde.

III. Los que están alrededor del trono (4-8).

1. Los ancianos (vv. 4, 5), cabezas de rangos angélicos.
2. Los seres vivientes (6-8).
   a. Un mar de cristal, no de agua. No hay purificación en el cielo.
   b. Una combinación de serafín y de querubín, uniendo.
   (i) La realeza y arrojo del león.
   (ii) La utilidad del buey.
   (iii) La inteligencia del hombre.
   (iv) La espiritualidad y el vuelo del águila.

IV. El cántico de la creación (8-11).

1. La Santidad de Dios.
2. La Soberanía de Dios.
3. La Omnipotencia de Dios.
4. La Atemporalidad de Dios.

1.745. EL ARCO IRIS EN EL CIELO

Apocalipsis 4:3

Introducción

1. Poco antes de comenzar su ministerio, Murray M'Cheyne sufrió una enfermedad sumamente grave. Mientras convalecía, escribió: «¡Ah, nada hay como una serena mirada al Mundo Eterno para aprender la vaciedad de buscar lo propio, de la vanagloria, y para aprender el gran precio de Cristo, que es llamado la Piedra Probada».
2. Muchos pueden dar un testimonio similar. El mundo, con toda su pompa, ambición, pendencias, soberbia y vanagloria, nunca ha sido lo mismo para ti, y más aún, ha perdido toda su seducción desde aquella grave enfermedad cuando viste de cerca al Eterno.
3. Creemos que es la intención del Señor que, asistidos aquí por la Palabra de Dios y por el Espíritu de Dios, tengamos una serena mirada al cielo abierto.
4. Parece fuera de moda meditar acerca del cielo. Pero estamos bien dispuestos, para el tiempo que resta, a ser pasados de moda. Hace años que el cielo parece muy cercano y muy real. Porque podríamos decir con Samuel Rutherford: «Cristo ha venido y ha vuelto veloz al cielo con mi corazón y con mi amir, de manera que ni el corazón ni el amor son míos». Uno por uno, nuestros mejores tesoros están siendo llevados allí.
5. Es entusiasmante la descripción que da Juan aquí. Ha tenido una entrevista con el Hijo de Dios; ahora, el vidente es introducido al Salón de Audiencias del Gran Rey. Vio la Corte Celestial del Rey de reyes, en el centro del Omnipotente, «exaltado y sublime, entronizado sobre todos los mundos, velado en una luz inaccesible, pero conocido, con su presencia titilando con el resplandor del diamante, fulgurando como cornalina, con el rojo violento de un horno, y sin embargo coronado con un arco verde fresco y viviente, como de una esmeralda. Una luz cegadora; el resplandor del fuego consumidor; la suave brillo del arco iris de la promesa; todos estos eran los elementos contrastados en la impresión que recibió el vidente de "Aquel que estaba sentado sobre el trono"».
6. Al contemplar esa maravillosa escena que se nos presenta de modo tan realista, dejemos reposar nuestra mirada un momento sobre el arco iris. ¿Has visto tú alguna vez algo semejante?
7. El arco iris con el que estamos familiarizados es desde luego uno de los espectáculos más hermosos de la naturaleza. Generalmente aparece cuando está a punto de cesar una tormenta, y es causada por gotas de agua en la nube que dispersan los rayos de la luz.
8. Estábamos en el mar. Nada se veía en el horizonte más que el mar y el cielo uniéndose en un amante abrazo. A nuestra izquierda apenas si se discernía la indistinta silueta de algunos de los montes de Gales. De repente, el cielo se ennegreció y enrojeció, y se precipitó una intensa lluvia. Pero de repente, desde el oscuro seno de la nube de tormenta se abrió aquella flor celestial de luz, un arco iris, abriendo sus siete pétalos de distintos colores. Fue un espectáculo maravilloso.
9. Sin embargo, mientras teníamos la mirada fija en aquel maravilloso espectáculo, este texto vino a la memoria. Ah, ¡ningún arco iris terrenal, a pesar de toda su gloria, jamás estuvo revestido de una gloria similar!
10. Observemos algunos de los puntos diferenciales distintivos.
11. Pero antes de ello, contemplemos
   (i) El Arco Iris de Génesis: en el cielo, sobre la tierra (Gn. 9:9-17).
   (ii) El Arco Iris de Ezequiel, en el desierto (Ez. 1:26-28).
   (iii) El Arco Iris de Apocalipsis, en el cielo (Ap. 4:3).

I. Aparece en el cielo como preludio de la tormenta.

1. No es así con el arco iris con el que estamos familiarizados. Aquel apareció por vez primera después del terrible diluvio, como prenda o garantía de la promesa de Dios de nunca volver a anegar toda la tierra con un diluvio de aguas.
2. Mediante el estudio de la Palabra de Dios vemos que se avecina un tiempo terrible, de ardiente juicio. Los profetas se refieren a este tiempo con aliento contenido, como el Día Grande y Terrible de Jehová. «He aquí que viene con las nubes, y todo ojo le verá, y los que le traspasaron, y todos los linajes de la tierra harán lamentación por él» (Ap. 1:7). «Cuando sea revelado el Señor Jesús desde el cielo con los ángeles de su poder, en llama de fuego, para dar retribución a los que no conocieron a Dios, ni obedecen al evangelio de nuestro Señor Jesucristo; los cuales sufrirán pena de eterna perdición, excluidos de la presencia del Señor y de la gloria de su poder» (2 Ts. 1:7-9).
3. Bien podríamos clamar con voz de trompeta: «Huid de la ira que ha de venir».

II. En el cielo el arco iris es verde.

1. Nuestro arco iris se compone de los siete colores del prisma, pero en el cielo todos los colores se funden en uno, absorbiendo su verde esmeralda sus otros varios matices, o al menos predominando sobre ellos.
2. Sí, todos los colores quedan reunidos en uno, y éste es el matiz más suave y reparador para los ojos. Porque en el verde hay algo que el ojo no teme, sino que le encanta reposar sobre él.
3. Has estado trabajando duramente todo el día, tienes los ojos fatigados y el cerebro cansado, y emprendes un breve paseo por el parque. Y al posarse tus ojos sobre la verde hierba y el follaje, descansan, se renuevan y recobran fuerzas.
4. Y de esta manera, al reposar los ojos del creyente sobre el Trono de Dios, halla allí reposo y consolación, porque aunque sea un Trono de Juicio, está coronado por el arco iris, una prenda de que en su juicio Dios recordará la promesa de su pacto.
5. En el primer capítulo de su libro, Ezequiel nos describe una visión que tuvo del Trono de Dios. Él también vio un arco iris rodeando aquel Trono, pero era de un color rojo brillante. ¿Y por qué? Dios estaba airado con su pueblo.
6. ¿De qué color es para ti el arco iris alrededor del trono?
   a. Si no puedes decir, «Aunque estabas airado conmigo», será de color rojo brillante: algo aterrorizador, para amedrentarse y temer.
   b. Pero si junto con Juan conoces al Señor, entonces tus ojos se posarán con deleite sobre este espectáculo, encontrarás reposo ahí, y tu espíritu tendrá refrigerio. Porque recordarás que si el arco iris de Noé es una señal del gran pacto con el mundo, comunicándonos que Dios es un fiel Creador, éste me habla de un Fiel Redentor.
7. Además de esto, la Augusta Persona en el Trono es mi Padre, por medio de Cristo.

III. En el cielo, el arco iris es un círculo completo.

1. En la tierra es solo medio círculo –a veces ni esto– como mucho es imperfecto e incompleto. Desde luego, todo lo que tenemos aquí es imperfecto e incompleto. Lee Eclesiastés para ver el resultado de la búsqueda más diligente y penosa que jamás haya habido en pos de la felicidad y del reposo en las cosas de aquí abajo. Resultado: fatiga y frustración.
2. Pero en el cielo todo es completo y perfecto. El arco iris es un círculo pleno. Todo es pleno. El cielo suple todas tus necesidades. Sean cuáles sean los anhelos de tu alma, el cielo los suplirá.
   a. A una pescadora que había perdido su marido y dos hijos en el mar le preguntaron en qué prefería pensar acerca de la tierra más allá, y dijo: «Y no habrá más mar».
   b. Pregúntales a los enlutados qué es lo que más les gusta pensar acerca del cielo: «Y no habrá más muerte».
   c. El sufriente transido de dolor: «No habrá más dolor»; el que lucha con la pobreza, «No tendrán más hambre»; para el amante de la naturaleza: «Un manantial eterno». Allí permanece el manantial eterno, y nunca se marchitan las flores.

IV. En el cielo permanece.

1. Sobre la tierra, todo es pasajero, una señal de un estado cambiante de cosas.
2. Pero en el cielo prosigue, permanece.

3. Nos sonreímos cuando un comerciante dice que un tejido o artículo de vestir «es eterno». Este arco iris sí permanece.

V. La última palabra.

1. Observa cuidadosamente: «después de esto». ¿Después de qué? Después de la visión del Hijo, la visión del Padre.
2. Juan se encontró con Cristo en la tierra, y luego vio al Padre en el Trono.
3. Dios, aparte de Cristo, es fuego consumidor.

1.746. LA CORONA DEL CRISTIANO

«Y alrededor del trono... vi sentados en los tronos a veinticuatro ancianos, cubiertos de ropas blancas y *con coronas* de oro en sus cabezas» (Ap. 4:4).

«Los veinticuatro ancianos... *echan sus coronas* delante del trono, diciendo: Señor, eres digno de recibir la *gloria* y el *honor* y el *poder*» (Ap. 4:10, 11).

Estos «veinticuatro ancianos» parecen representar la compañía de los redimidos en el cielo. Evidentemente, presentan toda característica de la Iglesia glorificada. 1) Están *cubiertos* de ropas blancas. 2) Adoran al *Cordero* (Ap. 5:8). 3) Han sido *redimidos* con la sangre. 4) Están *alrededor* del trono. 5) Están *coronados* de gloria y honra. 6) Son *reyes* y *sacerdotes* para Dios. 7) Esperan *reinar sobre la tierra* (Ap. 5:8-10).

I. Lo que significan estas coronas. Los ancianos arrojan sus *coronas* a los pies del Redentor, diciendo: «Eres digno de *recibir la gloria, y el honor y el poder*». Así, estas coronas simbolizan la «gloria, honor y poder» puestos sobre ellos por la gracia de Dios el Salvador de ellos como recompensa por la fidelidad por ellos mostrada, y como cumplimiento de su promesa: «Entra en el *gozo de tu Señor*». Pero estas cosas, «gloria, y honor, y poder», que se representan en las coronas, los redimidos las ponen a los pies de Jesús, diciendo: «Digno eres», etc.

II. Lo que son estas coronas, y cómo se logran.

1. LA CORONA INCORRUPTIBLE. «Todo aquel que lucha, en todo ejercita el dominio público; ellos, en verdad, para recibir una corona corruptible, pero nosotros, una incorruptible» (1 Co. 9:25). Los participantes en las carreras en Olimpia se negaban muchas cosas para ganar la *gloria* y el *honor* de ser coronados con una guirnalda de perejil, que se marchitaba y secaba en pocas horas. Pero nosotros negamos el yo y retenemos el cuerpo, «poniéndolo *en servidumbre*» (v. 27), para obtener una gloria, y un honor y un poder (corona) tan inmarcesibles como la *Palabra* de Aquel que prometió. Debemos luchar por el *dominio*, no en nuestra propia fuerza, sino armados con «toda la armadura de Dios» (Ef. 6:12). Esta corona de gloria y honra está al alcance de todos los santos (He. 12:1).
2. LA CORONA DE LA VIDA. «Dichoso el varón que soporta la tentación; porque cuando haya resistido la prueba, recibirá la corona de la vida, que el Señor ha prometido a los que le aman» (Stg. 1:12). Podemos tener *vida* por medio de la fe en Cristo sin llegar a poseer jamás la *corona* de la vida. Esta corona, o la *«gloria, y honra, y poder»* de la vida se da sólo a los que han sido *probados* y *aprobados*, y que le *aman*. La fidelidad a Dios en tiempos de prueba, debido a un amor sincero y cordial hacia Él, recibirá la corona de la vida (Ap. 2:10). ¿Acaso no hay muchos cristianos cuyas vidas no están coronadas con gloria, y honor y poder, sino que se parecen más a los pámpanos secos, recogidos y quemados a placer de ellos? (Jn. 15:6).
3. LA CORONA DE JUSTICIA. «Por lo demás, me está guardada la corona de justicia, la cual me dará el Señor, el juez justo, en aquel día; y no solo a mí, sino también a todos los que *aman su venida*» (2 Ti. 4:8). Alcanzamos la corona de justicia, rectitud en nuestra vida diaria, «*amando* su venida». La venida de nuestro Señor es una doctrina de lo más práctico. Ninguna verdad tiene tanta influencia en *rectificar* nuestras vidas. «Y todo aquel que tiene *esta esperanza* puesta en Él, se purifica a sí mismo, así como Él es *puro*». El alma que ama al Señor anhelará asimismo su venida, y tratará cada día de ser semejante a Él. Muchos hay que no *aman* su venida, porque sus propias vidas no son rectas. Estos no recibirán «aquel día» la «gloria, y honor y poder» (corona) que pertenece a aquellos cuyas vidas aquí hayan sido rectificadas por la esperanza y el amor de su venida. Este amor constreñidor no fue un factor en su historia espiritual en la tierra, por lo que su fruto no podrá ser recogido por ellos.
4. LA CORONA DE GOZO. «Porque, ¿cuál es nuestra esperanza, o gozo, o corona de que me gloríe? ¿No lo sois *vosotros* en la presencia de nuestro Señor Jesucristo, en su venida? Porque *vosotros* sois nuestra gloria y gozo» (1 Ts. 2:19, 20). Esta corona de gozo se gana por medio de ganar almas (Fil. 4:1). ¡Qué *gloria* y *honor* ser usados por el Espíritu Santo para llevar a otros a un conocimiento salvador del Hijo de Dios! Éste es el fin de vuestra fe, «Recibiendo el fin de vuestra fe, la salvación de almas» (1 P. 1:9). Esta corona es dada cuando el ganador de almas y el alma se encuentren «*delante* de nuestro Señor Jesucristo en su venida». «He aquí yo y los hijos que me dio Jehová» (Is. 8:18).
5. LA CORONA DE GLORIA. Y cuando aparezca el príncipe de los pastores, recibiréis la corona incorruptible de su gloria» (1 P. 5:4, Alford). Ser bendecidos con la corona incorruptible de *su gloria* es hecho partícipe de aquella «gloria, y honor, y poder» que son eternamente suyos. «Yo les he dado la gloria que me diste» (Jn. 17:22). Seremos *semejantes a Él* cuando Él, el gran Pastor, aparezca, coronado de gloria, honra y vida eterna.

III. Cómo se emplean estas coronas. «Se postran delante del que está sentado en el trono, y adoran al que vive por los siglos de los siglos, y *echan sus coronas* delante del trono, diciendo: Señor, Tú eres digno de *recibir*», etc. (Ap. 4:10, 11). Están llenos de gratitud por las coronas, para poder tener algo con lo que honrar a Aquel que los redimió y que se sienta en el trono. No trabajamos y luchamos para ganar coronas para nuestro propio engrandecimiento en el reino de los Cielos, sino para tener que poner a sus pies, para exaltar su gloria y *honor*. «Coronadle de todo el Señor.» «El Cordero que ha sido inmolado es digno de tomar *el poder, las riquezas, la sabiduría, la fortaleza, el honor, la gloria y la alabanza*» (Ap. 5:12). Este es Aquel que fue una vez coronado con espinas, pero en cuya cabeza hay ahora «muchas diademas» (Ap. 19:12).

1.747. EL CORDERO Y EL LIBRO

Apocalipsis 5

I. El Libro (1-4). Obsérvese

–No se trata del libro de la vida: éste ya pertenece al Cordero.
–Es el Libro del Juicio: el libro de los actos secretos de Dios. Véasse.

1. ES UN LIBRO SELLADO. Su secreto solamente lo conoce Dios.
   a. En Daniel 12:1-3 leemos acerca de la Gran Tribulación. Pero a Daniel no se le permite más que dar a conocer este hecho, no los detalles. De ahí Daniel 12:4.
   b. El libro está a punto de ser abierto, y entonces se dará a conocer su contenido.
   c. Pero ni a Juan se le permite revelar todo lo que vio (Ap. 10:4).
   d. Los designios y métodos de Dios durante la Gran Tribulación quedan fijados y registrados, y este registro solamente lo conoce Él.
2. ES UN LIBRO QUE SOLAMENTE PODRÁ ABIRLO UNO QUE SEA DIGNO
   a. La posesión de los secretos de Dios es un privilegio condicionado a que uno sea digno personalmente de ello.
   b. Nadie fue hallado digno, ni en el cielo, ni en la tierra.
   c. ¿Nos hace llorar el hecho de la indignidad del hombre?
3. EL LIBRO :
   a. De la vida. Un registro de nombres (Ap. 3:5).
   b. De obras. Un registro de las obras de cada uno (Ap. 20:12).
   c. De los juicios de Dios. Un registro de los castigos que Dios ha de aplicar (Ap. 5).

II. El Cordero (5, 6).

1. La SUPREMACÍA del Señor Jesús. «En medio.»
2. La PREEMINENCIA del Señor Jesús.
3. El PODER del Señor Jesús.
4. La SABIDURÍA del Señor Jesús.
   SSiete Cuernos. Plenitud de fuerza.
   Siete Ojos. Plenitud de sabiduría.
5. El MINISTERIO del Señor Jesús.
6. La REGIA CONDICIÓN del Señor Jesús.
7. La SINGULARIDAD del Señor Jesús.
   «La raíz de David» (un hijo que es padre de su padre).
8. El CULTO al Señor Jesús.

III. El Nuevo Cántico. Cántico de Redención.

1. EL PRECIO. La sangre.
2. OBJETOS. Hombres «de todo linaje», etc.
3. PROPÓSITO. «Para Dios.»
4. RESULTADOS. Reyes y sacerdotes.
5. GLORIA. Solo al Señor.

1.748. EL SACERDOCIO DE LOS CREYENTES

Apocalipsis 5:9, 10

Nos es bueno mantener en mente la diferencia entre sacerdocio y apostolado. El sacerdote representaba al pueblo delante de Dios, el apóstol representa a Dios delante del pueblo. Jesucristo fue y es Apóstol y es Sumo Sacerdote. El propósito de Dios en gracia fue manifestarse a Sí mismo al hombre; esto lo hubiera podido hacer sin ninguna mediación humana, pero le plugo llamar a Aarón y a sus hijos para que ellos actuaran, mediante sacrificio, como mediadores entre Él y el pueblo, prefigurando con ello a Aquel que debía ser el gran Sumo Sacerdote y único Mediador entre Dios y el hombre. Cristo es Sacerdote según el orden de Melquisedec –Sacerdocio Regio– sin predecesor ni sucesor. Por su muerte, el velo del templo fue rasgado de arriba abajo. En su resurrección entró en su actividad Sumo Sacerdotal. Él se ofreció como sacrificio, y entró «mediante su propia sangre». Ahora nosotros que creemos hemos sido redimidos para Dios por medio de su sangre, y hechos para Dios reyes y sacerdotes.

I. Nuestro llamamiento. Nadie toma este honor por sí mismo sino el que es llamado de Dios, como lo fue Aarón (He. 5:4). Aarón fue escogido por Dios, y sus hijos fueron escogidos con él (Lv. 8:2). Nosotros somos escogidos en Cristo ¡qué gran misterio! desde antes de la fundación del mundo. Los hijos de Aarón eran sacerdotes de nacimiento. No hay otra forma de entrar en el sacerdocio que Dios acepta y reconoce excepto la de ser «nacido de arriba». Ni un ropaje sacerdotal ni una profesión sacerdotal constituía a nadie en sacerdote; los hijos de Aarón eran sacerdotes con independencia de todo esto. En estos días se debe temer que muchos están tomando el habito y la profesión como sustituto del llamamiento de Dios.

II. Nuestro carácter.

1. SOMOS LIMPIADOS. «Aarón y sus hijos... los lavó [Moisés] con agua» (Lv. 8:6). A los que Él llama, también los justifica. El llamamiento de Dios implica purificación de todo pecado. Llamados a ser santos. No puede haber idoneidad para el servicio hasta que haya quedado resuelta la cuestión del pecado y la culpa quitada. «Si no te lavo, no tendrás parte conmigo».
2. SOMOS REVESTIDOS. «Después Moisés hizo acercarse a los hijos de Aarón, y les vistió las túnicas» (v. 12). Aarón, como tipo de nuestro gran Sumo Sacerdote, lleva el «pectoral», y es revestido con vestiduras «de gloria y hermosura»; a los hijos, como representando los creyentes, se les reviste de «lino puro», que habla de la justicia de los santos, que es la justicia de Dios para todos y sobre todos los que creen.
3. SOMOS RECLAMADOS. «Puso Moisés de la sangre sobre el lóbulo... los pulgares de sus manos... y los pulgares de sus pies» (Lv. 8:27). La sangre habla de redención, redimidos para Dios, y reclamados por Dios: «sacerdotes para Dios» (Ap. 5:10). El pie, la mano y el oído untados con sangre nos pueden recordar que hemos sido adquiridos con sangre, cuerpo, alma y espíritu. No sois vuestros, porque habéis sido comprados con precio; glorificad por tanto a Dios en vuestros cuerpos y espíritus, que son de Él.
4. SOMOS SANTIFICADOS. El aceite de la unción fue rociado sobre ellos y sobre sus vestiduras (v. 30). Esta santa unción prefigura la bendición de Pentecostés. El precioso óleo se derramaba desde la cabeza de Aarón, el sumo sacerdote, descendiendo a las faldas de sus vestiduras. Esto fue cumplido en Pentecostés cuando el Espíritu Santo, tipificado por el aceite, que había sido derramado sobre la cabeza de Aquel que es nuestro gran Sumo Sacerdote, descendió a «vuestros hijos e hijas» (Hch. 2:17), que son como las faldas de sus vestiduras. Ningún sacerdote podía oficiar sin esta unción; antes que podamos ser «sacerdotes para Dios» tenemos que ser ungidos con este óleo celestial. Para lo que se llama «servicio divino» tiene que haber una capacitación divina.

III. Nuestro privilegio.

1. SOMOS SACERDOTES PARA DIOS. Como embajadores, somos enviados en nombre de Dios. Es para lamentarse que estos oficios sean tan generalmente confundidos entre los hombres en su práctica cristiana. Delante de Dios deberíamos siempre acudir con una solemne, sagrada, humilde maravilla sentida en lo más hondo del corazón. Como sacerdotes, no debe haber ninguna frivolidad, pretensión ni irrealidad. Delante de los hombres, como testigos, no debe haber vacilación, dudas ni cobardía. Toda la verdad, y nada más que la verdad, es lo que debemos proclamar. ¡Ay, cuando los hombres invierten este orden, y ponen ante Dios un rostro de bronce, y una lengua de terciopelo ante los impíos!
2. COMO SACERDOTES, TENEMOS LIBERTAD PARA ENTRAR. Sólo al sumo sacerdote se le permitía pasar a través del velo a la presencia de Dios. ¡Qué gracia tener permiso para estar delante de Dios! Por medio de Él, que fue sacrificado por nosotros, tenemos también acceso por la fe a esta gracia en la que permanecemos firmes, y nos regocijamos en esperanza de la gloria de Dios (Ro. 5:20. La libertad de acceso ciertamente implica libertad de éxito.
3. COMO SACERDOTES, OFRECEMOS SACRIFICIOS ESPIRITUALES (1 P. 2:5). El mundo le da poco valor a un humilde «espíritu quebrantado», pero es un sacrificio de olor grato para Dios (Sal. 51:17). Que seamos salvados de tal manera de toda soberbia y voluntariosidad que el incienso de un «espíritu quebrantado» pueda siempre ascender. Si éste es nuestro carácter y condición, quedaremos bien capacitados para ofrecer el sacrificio de alabanza que glorificará a Dios.
4. COMO SACERDOTES, HACEMOS INTERCESIÓN. Abraham actuó como sacerdote cuando rogó por Sodoma; Moisés, cuando intercedió por el pueblo; Pablo, cuando oró por Israel. ¡Qué privilegio y poder es la oración! Y está dentro del alcance de todo cristiano. Muchos no pueden ser capaces de cantar o de predicar, pero todos pueden «interceder». Si como sacerdotes estuviéramos más frecuentemente en la estancia secreta de la oración, prevaleceríamos más como príncipes con Dios y con los hombres. El pueblo de Israel era bendecido después que el sacerdote hubiera estado en la presencia de Dios. De la misma manera nuestro Padre no nos recompensará abiertamente como testigos hasta que hayamos estado mucho con Él secretamente como sacerdotes (Mt. 6:6). Creyente, ¿estás empleando este privilegio como debieras?

1.749. SEVEROS JUICIOS SOBRE LA TIERRA

Apocalipsis 6

Introducción

1. Nuestros navíos de guerra navegan a veces bajo órdenes selladas. Solo en alta mar pueden romperse los sellos. El Libro del Juicio conteniendo los profundos y secretos propósitos de Dios está sellado con siete sellos, esto es, perfectamente sellado.
2. Es el Cordero quien abre el Libro Sellado que contiene los profundos y secretos propósitos de Dios. La clave del futuro está en manos de Cristo.
3. El Día de la Tribulación tiene su comienzo con la apertura del Primer Sello.
4. Los juicios aumentan en intensidad y en severidad según van progresando.

I. El primer sello: Invasión por parte del Anticristo (vv. 1, 2).

1. «Un arco», pero no flechas, indicando victorias no cruentas.
2. Un gran conquistador, y una gran conquista.

II. El segundo sello: Guerra civil (vv. 3, 4).

III. El tercer sello: Hambre. Los alimentos 16 veces más caros que de ordinario. En el reinado de Trajano, un denario compraba veinte medidas.

IV. El cuarto sello: Peste y Muerte (vv. 7, 8). «La muerte aparece montada sobre un caballo, no en un trono; llega, y pasa de largo» (C. G. Rossetti).

V. El quinto sello: Mártires judíos (vv. 9-11). Este quinto sello es distinguido y separado de todos los demás.

1. LA IDENTIDAD DE ELLOS.
2. LA LEALTAD DE ELLOS A LA PALABRA DE DIOS.
3. SUS ORACIONES.
4. LOS DIFUNTOS:
   a. No han dejado de existir.
   b. No son inconscientes.
   c. Retienen una conciencia de su anterior vida en la tierra.
   d. Retienen la capacidad de orar.
   e. Son capaces de recibir conocimiento.
   f. Son capaces de recibir consuelo y gloria adicionales.
   g. Estaban impacientes por la llegada de la hora de la justicia y del azote de la retribución sobre los impíos.

IV. El sexto sello: Señales en el cielo arriba y en la tierra abajo (vv. 12-17).

1. Un gran terremoto.
2. Un gran apresuramiento en tratar de esconderse.
3. Querían esconderse de delante de la presencia del Señor. Nosotros nos lamentamos cuando Él nos oculta su rostro.
4. Una pregunta en el versículo 17: «¿Quién podrá sostenerse en pie?», recibe su respuesta en Apocalipsis 7:9.
5. «Fueron removidos de su lugar» (v. 14) se predice en Mateo 24:35; Isaías 34:4; 13:6-13.

1.750. EL ROSTRO DEL SEÑOR

«Escondednos del rostro del que está sentado sobre el trono» (Ap. 6:16).

«Mi corazón responde: Tu rostro buscaré, oh Jehová» (Sal. 27:8).

¡Qué contraste más acusado tenemos aquí en estas dos Escrituras! En la primera tenemos una escena de horror sin parangón. No hay nada más terrible en la Sagrada Escritura ni en ninguna otra literatura. Hombres y mujeres clamando aterrorizados para que la naturaleza les esconda «del rostro del que está sentado sobre el trono», y clamando en vano. Pero el segundo pasaje nos introduce a una escena de paz y de gloria. La negrura y la tiniebla han dado paso a la luz de una brillante mañana de verano. En lugar del angustiado grito de terror y espanto tenemos las notas seductoras y calmantes de la adoración. El mismo rostro, para un grupo un horror inexpresable, pero para otro grupo un deleite exquisito; los unos huyendo despavoridos de delante de aquel rostro santo, y los otros buscando el mismo de todo corazón y con fervor. ¡Qué contraste más acusado! ¿A qué se debe?
«No me verá hombre, y vivirá» (Éx. 33:20). Ésta fue la palabra del Señor a Moisés. Esto, desde luego, no significa que Él desee ocultarse de nosotros. Desechemos este pensamiento. ¡Sí, Él quiere que busquemos su rostro! Lo anterior significa sencillamente que el rostro de Jehová, que comporta todo el resplandor de su gloria manifestada, es algo que ningún ser humano puede soportar, porque su contemplación abrumaría y quebrantaría nuestra constitución. Hemos conocido casos de personas que al ver de repente e inesperadamente el rostro de un hijo o de una hija largamente perdidos, el gozo fue tan grande que la frágil constitución de un padre o madre ancianos no pudo soportarlo, y sobrevino la muerte. Por esta razón, en casos de esta naturaleza hablamos de la sabiduría de «introducir la noticia» poco a poco. Y esta obra preparatoria es necesaria tocante a la visión del rostro del Señor. Esto queda bien ilustrado en estas dos Escrituras delante de nosotros. El hecho de que «verán su rostro» (Ap. 22:4) el día venidero es considerado por los creyentes como un privilegio inefable, porque están ahora pasando aquí abajo por las etapas preparatorias. En cambio, la masa de gente mundana está aterrorizada ante la perspectiva de verle, porque están conscientes de no estar dispuestos ni preparados. La mejor preparación para contemplar su rostro el día de mañana es contemplarlo aquí y ahora. ¿Cómo es posible esto?
El primer y más importante paso preparatorio es el que tomó Moisés, esto es, *dirigirse a la hendidura de la Roca* (Éx. 33:22). Hay otra Roca, abierta por una tempestad más terrible, abierta por un rayo de la justicia divina: se trata de la Roca de la Eternidad, la Roca que es Cristo.

1.751. LOS ISRAELITAS SELLADOS Y LOS GENTILES REDIMIDOS

Apocalipsis 7

Obsérvese.

1. Éste es el primero de varios paréntesis en Apocalipsis.

2. Es da para mostrarnos qué gran obra de gracia se llevará a cabo durante la Gran Tribulación.

I. El sellado (1-8).

1. PREPARACIÓN.
a. Versículo 1. Ninguna influencia del Este, del Oeste, del Norte o del Sur podrá ser obstáculo a lo que Dios tiene que hacer.
b. Versículo 2. Son marcados como de Dios, no por un hombre fuera de la Ciudad, como en Ezequiel 9, sino por un ángel. Observarás que también la Bestia tiene su sello para sus seguidores. Véase Ap. 13:16-18; 14:9-11; 16:2; 19:20; 20:4).
c. Versículo 3. Un sellado visible. Los romanos marcaban a sus soldados en la mano, pero a sus esclavos en la frente.
2. TEMAS.
a. Un cambio de dispensación. Israel es ahora retomado.
b. Observemos: Leví es incluido, pero Dan omitido. ¿Por qué? (véase Dt. 29:18-21).
c. Lecciones.
1°. Por asociación con el Señor Jesús seremos exaltados.
2°. «Sabed que vuestro pecado os alcanzará».
3°. El carácter preservador del sellado de nuestros tiempos.
4°. No sabemos qué será este sello.
5°. Éxito de este sellado (Ap. 14:1-5).

II. La gran multitud (9-17).

1. CONSUELO. Para obreros angustiados y cristianos sometidos a prueba.
2. ¿QUIÉNES SON?
a. ¿No son la Iglesia. La Iglesia ha sido arrebatada.
b. No son la Esposa, porque ella está en, no delante del Trono.
c. Son redimidos que han pasado a través de «La Gran Tribulación».
3. SU POSICIÓN.
a. Delante del Trono.
b. Sirven constantemente.
c. En ellos mora Dios.
d. No padecerán más hambre, etc.
e. Ni más lágrimas.

1.752. SILENCIO EN EL CIELO

Apocalipsis 8, 9

I. Silencio (8:1-6).

1. ¿Qué extraño que el silencio sea el primer resultado de la apertura?
2. La necesidad de silencio en nuestra propia vida espiritual.
3. Es el silencio antes de la tempestad.
4. Es un silencio para que se pueda oír la voz de la oración.
5. Cómo se ofrecen nuestras oraciones (vv. 3, 4).
6. El resultado directo de la ofrenda de oraciones es un terrible juicio.
7. Las oraciones en 6:10 son presentadas (vv. 3, 4) y respondidas (v. 5).

II. Los juicios de las trompetas (8:7-9, 21).

–Este Séptimo Sello es notable como aquel que exhibe un juicio de lo más hondo.
–Estas plagas se corresponden muy estrechamente con las plagas de Egipto, solo que éstas son universales y horribles.

1. EL JUICIO QUE AFECTÓ A LA TIERRA(8:7). Los árboles son un conocido símbolo de la grandeza humana (Dn. 4:4-27).
2. EL JUICIO SOBRE EL MAR. Se destruyen una tercera parte de los peces y de las naves (8:8, 9). Ateniéndonos al lenguaje de la Escritura, una montaña representa un reino (Is. 11:9; Zac. 4:7; Jer. 51:25).
3. EL JUICIO AFECTANDO EL AGUA POTABLE (8:10-11). Obsérvese, no un monte, sino «algo como una gran montaña».
4. EL JUICIO OSCURECIENDO EL SOL, LA LUNA Y LAS ESTRELLAS (8:12, 13).
5. EL EXTRAÑO JUICIO DE LAS LANGOSTAS (9:1-12). Las langostas no tienen rey (Pr. 30:27), pero éstas sí, y se da su nombre (v. 11).
a. El cielo es abierto en 4:1; ahora, el infierno se abre (v. 2).
b. La Estrella caída del cielo: el Príncipe de la Potestad del Aire.
c. El origen infernal de esta plaga.
d. No para matar, sino para atormentar (v. 5).
e. No pueden morir (v. 6).
f. El ejército de langostas es una representación simbólica de juicio de una especie sobrehumana.
6. UN EJÉRCITO DE CABALLERÍA, doscientos millones de jinetes (9:13-32).
a. La Sexta Trompeta convoca a una veloz invasión, y una hueste destructora del Oriente para detener a los hombres del Imperio Occidental.
b. Una terrible imagen de la perversidad humana (vv. 20, 21).

1.753. VICTORIA POR FIN

Apocalipsis 10:1-11 y 11:1 a 18

Obsérvese.

1. En lugar del toque de la Séptima Trompeta tenemos otro paréntesis. ¿Por qué? Es para apartarnos de estas escenas terroríficas para conseguir otra visión del Señor.
2. Antes de que se abriese el Séptimo Sello, tuvo lugar un sellado (véase 7); antes que toque la Séptima Trompeta tenemos otro sellado (10:4).
3. Llegamos al final de la primera sección de esta tercera gran división (4:1-11:18).

I. El Ángel (10:1-7). (El Señor Jesús). Él desciende del cielo como el gran Antagonista del «Ángel del Abismo», que procede de abajo, y que está envuelto de la nube del humo del Abismo.

1. Su Poder.
2. Su Descenso.
3. Su Majestad. Revestido de una nube. Una señal especial de la majestad de Jehová (Is. 19:1). Las vestiduras del cielo flotan sobre sus hombros; el arco iris constituye su diadema.
4. Su Acto de Toma de Posesión.
5. Su Clamor de Victoria (v. 3).
6. Su Declaración («No habrá más dilación», v. 6).

«La descripción de este Ángel ha sido admirada por cada erudito clásico. Considerada meramente como una producción literaria, se levanta sin rival con nada que nos encontremos en todas las páginas de la literatura de Grecia y Roma».

II. El Libro pequeño (10:8-11).

1. Hay muchas cosas que es dulce conocer, pero amargo hacerse consciente de ellas.
2. Es dulce estar al servicio del Señor, pero hay también amargura.
3. El Siervo del Señor debe, para ser un verdadero testigo, asimilar primero el mensaje.

III. La medición (11:1, 2).

1. El Templo habrá de ser reconstruido (véase 2 Ts. 2:4).
2. El Señor toma bajo su cuidado especial:
   a. El Santuario.
   b. El altar de bronce.
   c. Los adoradores.

IV. Los dos testigos (11:3-12).

1. ¿Quiénes son? ¿Enoc y Elías? ¿O Elías y Moisés? (véase 4:5, 6; Mt. 11:14).
2. Obsérvese que ellos:
   a. Son revestidos de poder por el Señor (v. 3).
   b. Predican durante 3 1/2 años.
   c. Ejercen su ministerio sobre líneas veterotestamentarias (vv. 5, 6).
   d. Son muertos cuando termina su tarea (vv. 7, 8).
   e. Sus cuerpos muertos son maltratados (v. 8).
   f. El regocijo de sus enemigos es interrumpido por la resurrección y glorificación de ellos (vv. 11, 12).
3. Nótese la primera mención de la Bestia (11:7).

V. El gran terremoto (11:13, 14).

VI. La séptima trompeta de victoria (11:15).

VII. El cántico del Mesías (11:16-18).

Éste es el cuarto gran cántico del presente Libro.

1. Hubo el Cántico de la Creación (4:9-11).
2. Hubo el Cántico de la Redención (5:9-14).
3. Hubo el Cántico de la Victoria (7:9-12).
4. Hubo el Cántico del Mesías (11:17, 18).

1.754. PODERES SATÁNICOS

Apocalipsis 11:19–13:18

Los poderes satánicos operando durante la Gran Tribulación.

Introducción

1. Comenzamos un estudio de la 2ª Sección de esta 3ª División del Libro de Apocalipsis.
2. La primera división (4:1 hasta 11:18) tenía más que ver con la maldad secular, y su perspectiva es desde el Trono; esta división tiene más que ver con maldad religiosa, y su perspectiva es desde el Templo.
3. La otra sección comenzó con Cristo glorificado (4:5) y terminó con Cristo triunfante (10:11); esta sección nos lleva más atrás aún, al Nacimiento de Cristo, y atrás a otros acontecimientos aún anteriores, dándonos muchos detalles adicionales.
4. Obtenemos en esta sección la visión interior de los acontecimientos, las poderosas personalidades de maldad detrás de toda la terrible apostasía y maldad de los últimos días.
5. Obsérvese: Una señal (12:1).

I. La mujer (12:1, 2).

1. No es Cristo, ni la Iglesia, ni la señora Baker Eddy (como pretenden los partidarios de la Ciencia Cristiana), ni la Virgen María (como pretenden algunos católicos romanos).
2. Esta mujer es Israel, cuya gloria es descrita con un esplendor inimaginable.
3. Obsérvese, el poder y la luz otorgada bajo sus pies.

II. El dragón (12:3, 4).

1. Otra maravilla, pero ésta no es una gran maravilla.
2. Solo diez cuernos.
3. «La cola», denotando su influencia. Llevó a la ruina a muchos de los seres celestiales.

III. El Hijo varón (12:5).

1. No hay dificultades para reconocer al Hijo Varón cuando se compara el versículo 5 con el Salmo 2:9. Es Cristo.
2. Su vida y muerte se pasan por alto, por cuanto ya son enfatizadas en otras Escrituras.

IV. La guerra en el cielo (12:7-9, 12).

1. Actualmente, Satanás es el «príncipe de la potestad del aire».
2. Aún ha de ser echado de ahí por el Arcángel Miguel.

V. El desierto (12:6).

1. El Dragón es descrito primero como enemigo del Hijo, pero luego se vuelve enemigo de la mujer.
2. Siempre ha perseguido al verdadero Israel.
3. Bajo Moisés, Israel pasó 40 años en el desierto; deberán pasar otros 3 1/2 años allí.

VI. El dragón parado junto al mar (13:1). El sentido de llamarles Bestias.

1. LA PRIMERA BESTIA (1-10).
   a. No se trata solo del sistema Imperial de Roma redivivo, un gran poder político, sino de una persona: el Anticristo.
   b. Una caricatura de la resurrección (13:3).
   c. Su obra (5-10).
2. LA SEGUNDA BESTIA (13:11-18).
   a. Sube «de la tierra», esto es, de un orden de cosas establecido.
   b. Es el Falso Profeta (16:13; 19:20; 20:10). Un gran poder eclesiástico.
   c. Nuestro Señor se refirió a falsos profetas además de a falsos cristos (Mt. 24:5, 11, 24; Mr. 13:22).
   d. Su manera de hablar le traiciona (13:11).

Finis. Tres grandes requisitos para estos tiempos (13:10).

1. Huida (Mt. 24:15-28; Mr. 13:14-23; Ap. 12:14).
2. Paciencia (Ap. 1:9; 2:19; 3:10; 14:9, 12).
3. Fe (Ap. 2:10, 13, 17; 17:14).

1.755. VENCIERON MEDIANTE LA SANGRE

Apocalipsis 12:11

1. **El carácter del Dragón,** y su caída (v. 9).

2. **La causa de su caída.** «La entronización del Hijo varón» (v. 5).

3. **Las bendiciones ofrecidas.** «Ahora ha venido la salvación, el poder, y el reino de nuestro Dios, y la autoridad de su Cristo».

4. **El secreto de la victoria.** Triple.

(1) Mediante la «Sangre del Cordero».
(2) Mediante la «Palabra del Testimonio de ellos».
(3) Menospreciando «Sus vidas hasta la muerte». Rendición de sí mismos.

1.756. LA VENIDA DEL HIJO DEL HOMBRE

Apocalipsis 14:1–16, 21

Introducción

1. El capítulo anterior (13) es el más tenebroso de este Libro de Apocalipsis.
2. Es un alivio apartarnos del terrible espectáculo de la temida Trinidad de Maldad para fijar nuestra mirada otra vez en el Señor.
3. En el último capítulo vimos al diablo y a sus asociados ocupados; pero, ¿qué está haciendo Dios con y para los suyos? En este estudio veremos el resultado de la obra del Señor.

I. El Cordero y los sellados (14:1-5).

1. El Monte Sion, Jerusalén: para allí tomar posesión de la ciudad (v. 1).
2. El Cordero de pie, no sentado.
3. Con Él están los que fueron sellados en el capítulo 7, pero desde entonces han pasado por la Tribulación.
4. Su presencia en el Monte de Sion con el Cordero es ocasión de gran regocijo entre sus hermanos, los santos martirizados de la Tribulación, ahora resucitados y en el cielo (2).
5. El carácter de los Sellados y Redimidos.
   a. Pureza (v. 4). Libres de la terrible impureza moral asociada con la idolatría; libres de impurezas espirituales en culto y práctica. (Newman tomó esto de manera errónea como un elogio del celibato).
   b. Obediencia y discipulado. «Siguen al Cordero» (v. 4).
   c. Veracidad (v. 5). «La mentira».
   d. Irreprensibles (v. 5).

II. La predicación del Evangelio Eterno (14:6, 7).

1. No el Evangelio predicado hoy en día.
2. Obsérvese:
   a. No es un son de misericordia ni una historia de amor. No hay mención del Nombre de Jesús.
   b. Habla de temer a Dios: de juicio.
   c. Es el Evangelio de Dios como Creador.

III. Una terrible imagen de la suerte de los impíos (14:8, 13). La más terrible imagen de la suerte de los impíos que se puede hallar en la Escritura. La mirada se encoge ante este espectáculo. Se nos da como advertencia contra adorar a la Bestia.

1. CUATRO DERRAMAMIENTOS.
   a. Sangre (Lv. 4:7).
   b. Bendición (Mal. 3:10).
   c. Espíritu Santo (Hch. 2:17, 18).
   d. Ira (Ap. 14:10).
2. NO HAY REPOSO para:
   a. Los redimidos (Ap. 4:8; 14:3).
   b. Los impíos (Ap. 14:11).

Los redimidos tienen reposo de sus obras, pero no de la adoración.

IV. Cristo como Juez, viniendo en las nubes del cielo (14:14-20). «Una nube blanca»: símbolo de la Presencia Divina.

V. La consumación de la ira de Dios (15:1-16, 21).

1. Siete ángeles con las siete últimas plagas (15:1).
2. La victoriosa compañía de mártires de Judá (15:2-4).
3. Los ministros de la ira de Dios equipados ya para el juicio (15:5, 6).
4. Las plagas (16:1-21).

Conclusión

Obsérvense dos declaraciones tocantes a la Cabeza del Hijo del Hombre. La primera vez que se hace referencia a su Cabeza en el Nuevo Testamento, Lucas 9:58. La última vez que se hace referencia a su Cabeza en el Nuevo Testamento, Apocalipsis 14:14.

1.757. BABILONIA LA GRANDE

Apocalipsis 17:1–19:16

Introducción

LEY DE RECURRENCIA. Esta ley se ve operando en relación con Babilonia. Fue mencionada en Apocalipsis por primera vez en 14:8 y de nuevo en 16:19. El escritor vuelve a su tema para dar detalles adicionales.

UN HECHO NOTABLE. Aquí hallamos un hecho sumamente notable, que ningún acontecimiento, excepto la muerte del Señor Jesús, ha tenido tan amplio tratamiento en la Palabra de Dios, como productor de tanta satisfacción, como la caída de Babilonia. ¿Por qué?

LA HISTORIA DE BABILONIA. Satanás es un imitador. La Santa Ciudad de Dios es Jerusalén. Al tener Dios su Ciudad, Satanás ha de tener también una, y la capital de Satanás es Babilonia. Fue fundada por el oponente del Señor (Gn. 10:9). Fue construida tal como se registra en Génesis 11. Este capítulo undécimo de Génesis registra dos hechos, la edificación de Babel y el llamamiento de Abraham, esto es, el intento del hombre de establecerse en la tierra, y el llamamiento de Dios al hombre para salir de ella, para encontrar su herencia y hogar en el cielo.

¿QUÉ SIGNIFICA BABILONIA? ¿Es esto Babilonia o Roma? Hay la Babilonia mística y la Babilonia literal (véase 17:18).

LA MUJER.

1. Hemos leído antes de una mujer (véase cap. 12).
2. Pero hay diferencias notables.
   a. La primera estaba vestida de luz: todos los ornamentos de esta segunda son falsos (para «adornada con oro» léase «dorada con oro», RVR77 margen).
   b. La mujer vestida del sol no tenía nombre: ésta si lo tiene (vv. 3, 5).
   c. La primera estaba sobre la luna; a ésta se la ve sentada sobre una bestia (v. 3), esto es, sostenida por Satanás y el Anticristo.

¿QUIÉN ES ESTA MUJER?

1. Los católicos romanos dicen que era la Roma pagana.
2. Los protestantes afirman que es la Roma papal. Los funcionarios de la Iglesia Católica Romana se revisten de estos colores.
3. ¿Una ciudad? Sí (v. 18). Es ambas cosas. Es una Ciudad, la sede de un falso sistema religioso, sustentada por el Anticristo.

I. La visión (17:1-6).

1. Uno de los ángeles con las Siete Copas.
2. «La Gran Ramera», la ciudad (v. 18).
3. La Bestia de Color Escarlata, la Roma Papal.
4. Siete Cabezas, formas de gobierno.
5. Diez Cuernos, Personajes de la realeza.
6. Nombres de blasfemia, Muchas y variadas formas de voluntariosidad y de rebelión contra Dios.
7. «Adornada», con un sistema maravilloso y atrayente de idolatría llena de abominaciones.
8. Ebria de sangre culpable de muchas muertes.

II. La interpretación (17:7-18).

1. «Era»: pasado. «No es»: en el presente. «Está para subir»: esto es, resucitará (v. 8).
2. «Siete montes»: La Ciudad de las Siete Colinas: Roma.
3. Hará guerra contra el Cordero.

III. El cumplimiento (18:1-24).

1. «Morada de demonios»: La sede del Espiritismo.
2. Llamamiento a la separación (v. 4).
3. Su maldad (v. 5).
4. La mercadería.
5. «En una hora», «En un solo día» (8, 10, 17, 19).

IV. El regocijo (19:1-16). Los Amenes.

1. Amén a las maldiciones (Dt. 27:15).
2. Amén a la extraña orden de Juan (1 Jn. 5:21).
3. Amén a su Presencia (Mt. 28:20).
4. Amén a la Obra del Señor (Mr. 16:20).
5. Amén a su Venida (Ap. 22:20).
6. Amén con el Aleluya (Ap. 19:4).

1.758. ALGUNAS DE LAS COSAS POSTRERAS

Apocalipsis 19:1–20:15

¡Cuán significativas son las palabras de nuestro Señor en Mateo 26:63-64! Él ha estado sentado a la diestra del poder desde su ascensión, mientras que ha reunido para Sí a su amada Iglesia. Ahora debe cumplirse la segunda parte de la declaración: «Viniendo en las nubes del cielo».

I. La Cena de las Bodas del Cordero (19:1-10).

1. Obsérvense los Cuatro Aleluyas (19:1-6).
2. Ésta es la primera aparición de esta palabra en el NT.
3. La primera aparición de esta palabra Aleluya en el Antiguo Testamento se corresponde de manera marcada con su primera aparición en el N.T. La encontramos por vez primera en el Salmo 104:35. Estos dicen ¡Aleluya! por aquello mismo por lo que se lamentan («ay», 18:9, 10) los moradores de este mundo.
4. Acerca del versículo 4, el poeta Tennyson escribió: «Un concepto magnificente, tinieblas y fuego ondeando para siempre jamás».
5. Luego, en los versículos 7-10 tenemos las Bodas del Cordero. La Esposa es la Iglesia. Bienaventurados los «llamados» (v. 9), pero más bienaventurados los que llaman: la Esposa. Obsérvese cuán insensato es dar culto a los ángeles y santos (v. 10).

II. La gran Cena de Dios (19:11-21).

1. La Segunda Venida de la Palabra de Dios (19:11-16). El cielo se abrió, no como antes una puerta en el cielo (14). Observemos los tres nombres del Señor (vv. 12, 13, 16). Obsérvese: un ejército sin armas.
2. La Batalla de Armagedón (19:17-21). Ésta será la última batalla. «Guerrear contra»: ¿contra quien? Contra el Señor. Observemos: «Fueron lanzados vivos».

III. El Milenio (20:1-6).

1. Observemos: Cadenas que pueden atar espíritus (v. 3). Hay cadenas que pueden atar carne y sangre, y otras que pueden atar espíritus. Tronos (v. 4).
2. «Prendió al dragón» (v. 2). Aquel que ha planeado todo y empleado todo para llevar a cabo todos sus propios pecaminosos propósitos va a recibir ahora su merecido.
3. La primera Resurrección la tenemos registrada en los versículos 5 y 6.

IV. Después de los mil años (20:7-15).

1. Después del Milenio, Satanás ha de ser soltado (v. 7). Observemos el «debe» de necesidad divina en el v. 3.
2. La salida de Satanás por sí mismo con la intención de engañar (v. 8). Así que aquí no lo deja para otros. Su especial instrumento en esta ocasión será Gog, príncipe de Ros, Mesec y Tubal.
3. GOG Y MAGOG. *Gog y Magog* denotan las naciones como un todo. *Magog* es mencionado en Gn. 10:2 como primer hijo de Jafet. Josefo traduce la palabra *Magog* como los escitas. Las dos palabras combinan las naciones al Norte y Este de Palestina. La palabra *Magog* está solamente en Génesis 10:2, como hijo de Jafet; en Ezequiel, donde significa una tierra o país donde el príncipe es Gog; y en Apocalipsis 30:8, donde *Gog y Magog* parecen ser un término inclusivo para denotar las naciones gentiles. Ezequiel 38 y 39 deben ser distinguidas de Apocalipsis 20. Ezequiel registra la guerra a la que se hace referencia en Apocalipsis 16:14; 17:4; 19:17-21, que tiene lugar antes del Milenio; en Apocalipsis 20 se trata de la que tiene lugar después del mismo.
4. «Rodearon el campamento de los santos» (v. 9). Ezequiel 38:18-22. Tan terrible será la matanza que se precisará de siete meses para enterrar a los muertos, y durante siete años los hijos de Israel tendrán combustible suficiente, con la madera de las armas abandonadas sobre el campo de batalla.
5. «El Gran Trono Blanco» (v. 11). Obsérvese.
   a. «Gran», indicando la grandeza de la ocasión.
   b. «Blanco»: pureza, santidad, justicia.
   c. No se da ningún nombre ni aparece ningún arco iris, ni se describe ninguna forma: solamente una terrible y misteriosa presencia.
   d. «Grandes y pequeños»: todas las clases de hombres.
   e. «De pie»: ya más allá de ponerse de rodillas, más allá de poder orar.
   f. «Libros»: los libros de las obras; el Libro de la Vida.
   g. «Según sus obras.»

1.759. CÓMO DECIR AMÉN
Apocalipsis 19:4

I. En el Bosquejoo 1.712 tuvimos para nuestra meditación un «Amén» de los más difíciles de la Biblia.

II. Pensamos que hemos llegado muy adelante en la vida espiritual cuando podemos decir «Amén» a todos los tratos de Dios para con nosotros.

III. Pero hay otra cosa necesaria. ¿Cómo decimos «Amén»?

IV. Muchos hay que dicen «Amén» a la providencia de Dios como si fuesen mártires al tener que someterse a ella.

V. Observemos en Apocalipsis 19:4 qué es lo que sigue al «Amén».

VI. Si se precisa de mucha gracia para decir «Amén», ¡qué gracia se precisa para decir también «¡Aleluya!» Una señora fue a la China a emprender un trabajo misionero. Amaba profundamente a los chinos y aprendió su lengua. Después de algunos meses, le pidieron que se quedase en el Instituto de Enseñanza. Sorprendida, y por un momento desilusionada, sin embargo, dijo Amén, pero pasó algún tiempo antes de poder añadir Aleluya.

VII. El versículo 4 nos cuenta un secreto para poder añadir «¡Alabado sea el Señor!».

VIII. Cuando recordamos que a pesar de toda la tiniebla y de todas las cosas que no podemos comprender, Dios está sin embargo en su trono, es entonces que podemos decir «¡Aleluya!», así como «Amén».

IX. Y cuando Él está en el trono de nuestros espíritus, coronado como Señor de todo, entonces podemos decir: «Mi corazón desea que sea exactamente así: ¡alabado sea el Señor!».

1.760. LA SANTA CIUDAD
Apocalipsis 21:1-22:5

Introducción

1. TRES JERUSALÉN:
   a. La ciudad actual que existe ahora.
   b. La Ciudad Celestial: una Ciudad literal en el cielo.
   c. La Ciudad Mística: tanto una gente como una ciudad aquí en Apocalipsis.
2. ¿ES LA CIUDAD DEL VERSÍCULO 2 LA MISMA QUE LA DEL VERSÍCULO 10?
   a. Dice Walter Scott: «El "descenso" del versículo 2 tiene lugar mil años después del 'descenso' del versículo 10. La primera está en la Eternidad; la segunda, al comienzo de la Era Milenial; lo primero es la Iglesia que desciende a la tierra eterna; lo segundo es la Iglesia reposando por encima de la tierra milenial».
   b. La Ley de Recurrencia lo explica.
3. Este capítulo y el siguiente tratan de acontecimientos eternos. Los tiempos y acontecimientos eternos son descritos más plenamente en los primeros ocho versículos del capítulo 21 que en cualquier otra porción de la inspirada Palabra.

I. Nuevos cielos y nueva tierra (21:1).

1. La declaración divina en el versículo 5 (tiempo presente).
2. El cumplimiento (v. 1).
3. El Agente: Primero (2 P. 3:10).
(La Tierra Santa ha sido dada a Israel para posesión eterna).
OBSÉRVESE.
1. Una «nueva tierra» no significa necesariamente otra tierra.
2. Hacer todas las cosas nuevas es diferente de hacer nuevas cosas, como, por ejemplo, hacer un vestido nuevo de otro viejo.
3. Hay dos palabras traducidas «nuevo» en el Nuevo Testamento.
   a. Aquello que ha sido recientemente traído a la existencia.
   b. Un aspecto nuevo dado a algo que ha existido previamente, pero en lo externo. Este último es su significado aquí.
4. No hay más mar.
   a. Literalmente cierto entonces.
   b. También es espiritualmente cierto. No hay más misterio, no más iniquidad, no más agitación.
5. Una eterna distinción incluso en el cielo entre las personas terrenales y celestiales.

II. La Nueva Jerusalén (21:2–22:5).

1. LO QUE ERA NECESARIO ANTES QUE JUAN VIESE (vv. 2, 9, 10). Juan fue llevado al desierto para poder ver Babilonia (17:1), la falsa Iglesia y Ciudad; tenía que ser situado sobre un terreno alto para poder ver a la verdadera Iglesia y Ciudad.
2. LO QUE VIO. Una ciudad y una gente (vv. 2, 9).
3. La CIUDAD.
   a. Esperada. Buscada (He. 11:13-16).
   b. Su origen. Como Jesús y el Espíritu Santo, desciende del cielo (vv. 2-10).

c. Su carácter. Santo (vv. 2, 10). Una Ciudad Santa ha de venir de arriba.
4. SU BELLEZA (vv. 2, 11, 18-21).
a. La gloria de Dios. No como Babilonia, la gloria del hombre.
b. Oro puro, pero transparente (v. 18).
c. Las autoridades en piedras preciosas se asombran ante la maravillosa destreza que aquí se exhibe en la armonización y el ordenamiento de los colores.
5. SU CARENCIA. No hay Templo (v. 22). Por ello, está más allá del Milenio.
6. SU TAMAÑO. Enorme, 2. 400 km de longitud, anchura y altura (v. 16).
7. SU AMPLIA PROTECCIÓN.
a. Una ciudad fuerte rodeada por una muralla (v. 12) de 66 metros de altura.
b. Véase versículo 27.
8. SU POPULARIDAD (v. 24).
9. SU VIDA (v. 24).
10. SUS GLORIOSOS HABITANTES(22:1).
11.UNA ESPLÉNDIDA EXHIBICIÓN DE NEGACIONES (21:3, 22), lágrimas (22:3).
12. TRES ELEMENTOS del estado perfecto del hombre:
a. Servicio.
b. Contemplativo.
c. Semejanza.
13. Gratuitamente (21:6).

1.761. LA VENIDA DE CRISTO

Apocalipsis 22:6-21

Introducción

1. Afirmaciones acerca de la verdad del Libro de Apocalipsis.
a. De parte del mismo Dios (21:5).
b. De parte de un Ángel (22:6).
c. De parte del Señor Jesús (22:16, 18, 19).
2. La inminencia de su Segunda Venida.
a. De parte de un Ángel (vv. 6, 10).
b. De parte del Señor Jesús (vv. 7, 12, 20).
3. Bendición reafirmada para los lectores y guardadores de este libro (v. 7). «el que», no «los que» como en 1:3.
4. La segunda vez que Juan fracasa en presencia de estas gloriosas escenas (vv. 8, 9). «Adora a Dios» (obsérvese Jn. 5:23).
5. La obediencia a los mandamientos no es la base sobre la que se otorga la vida eterna (v. 14; cf. Jn. 5:24).
6. Daniel tiene que «sellar el Libro» (Dn. 12:4), porque el tiempo del fin estaba aún alejado. Aquí, «no selles las palabras de la profecía de este libro, porque el tiempo está cerca».
7. En la eternidad no tenemos más ofrecimiento de misericordia (11, 15).
8. Obsérvese la significación del versículo 16. Fuente, pero raíz de David.
9. El último llamamiento del Evangelio en la Biblia, «Ven» (v. 17).
10. El Antiguo Testamento termina con una «maldición» (Mal. 4:6); el Nuevo Testamento con una bendición (v. 21).

I. Inminente. ¿Puedes tú decir: «Amén; sí, ven»?

II. La significación de los movimientos actuales.

III. ¿Por qué nunca se menciona la Segunda Venida en el Nuevo Testamento excepto de una manera muy de pasada? Porque los primeros creyentes estaban muy bien instruidos en la verdad de la Segunda Venida.

IV. El tema más destacado en la Biblia.

V. El progreso de la Revelación Divina tocante a la Venida del Señor en la Biblia.

VI. La promesa del Señor (Jn. 14:3).

VII. Cada apóstol destaca una fase distinta del regreso del Señor.

1. En Santiago es la JUSTICIA (Stg. 5:1-7).
2. En Judas es el JUICIO (Jud. 14, 15).
3. Con Pedro es la MAJESTAD (2 P. 1:16).
4. Con Pablo es el ARREBATAMIENTO(1 Ts. 4:13 y 14).
5. En Hebreos es el CUMPLIMIENTO(He. 9:28).
6. En Juan es la PUREZA (1 Jn. 3:3).

VIII. La venida del Señor.

1. EL TESTIMONIO DE LOS ÁNGELES (Hch. 1:9-11).
a. Certidumbre. «Vendrá.»
b. Identidad. «Este mismo Jesús.»
c. Manera. «Así, tal como le habéis visto.»
d. Premilenial.
e. Tiempo.
f. Fruto.
2. EL TESTIMONIO DE LOS APÓSTOLES
a. Por qué observamos la Cena del Señor (1 Co. 11:26).
b. No todos moriremos (1 Co. 15:51 y 52).
c. De Pablo cuando era anciano (Tit. 2:11-14).
d. Tres manifestaciones.
1ª Pasada (He. 9:26).
2ª Presente (He. 9:24).
3ª Futura (He. 9:28).
e. Tres pastores.
1º El Buen Pastor (Jn. 10:11).
2º El Gran Pastor (He. 13:20).
3º. El Príncipe de los pastores (1 P. 5:4).
f. Tres Venidas.
1º Vino primero a morir.
2º La segunda vez vendrá a por los suyos (1 Ts. 4:17).
3º Finalmente, vendrá con los suyos (2 Ts. 1:7).

IX. Bosquejo general de acontecimientos en y después de su venida. Los cuatro juicios.

1. El juicio ante el Tribunal de Cristo (2 Co. 5:10). Para los creyentes, en el aire (inmediato).
2. El juicio de las Naciones Vivas, sobre la tierra (Mt. 25:31). (Siete años después.)
3. El juicio de los Muertos Inconversos ante el Gran Trono Blanco (1.000 años después). (Ap. 20:11, 12.)
4. El juicio de los Ángeles (2 P. 2:4; Jud. 6; 1 Co. 6:3).

X. Tiene que ser más que una mera doctrina. «Amar» su venida (2 Ti. 4:8).

1.762. EL AGUA DE VIDA

«Y el que tiene sed, venga; y el que quiera, tome del agua de la vida gratuitamente» (Ap. 22:17).

El Espíritu y la Esposa se unen en decir «Ven» a la estrella resplandeciente de la mañana a que se hace referencia en el versículo 16, y los que oyen la promesa de su venida son invitados también a decir «Ven». Luego la invitación es dada a los sedientos de la tierra, para que acudan y beban de esta agua de la vida. Es desde luego cosa muy apropiada que las últimas invitaciones que se registran en el libro de la inspiración sean a un Salvador ausente, «Ven, Señor Jesús» (v. 20), y al pecador ausente, «El que tiene sed, venga».

I. La bendición mencionada. «*El agua de la vida*».

1. SU FUENTE. Procede «del trono de Dios *y del Cordero*» (v. 1). Viniendo del trono, viene con toda la autoridad y dignidad de la gloria de Dios. Viniendo del Cordero, viene en misericordia y con gran sacrificio, porque Él fue inmolado por nosotros.
2. SU NATURALEZA. «El agua *de vida*» en plenitud como un «*río limpio*» (v. 1). El *agua* puede ser aquí emblemática de aquella corriente limpia de «gracia y *verdad*» que nos ha venido por Jesucristo (Jn. 1:17). Las palabras que Yo os hablo, dijo Él, son espíritu y *vida*. La vida es la cosa necesaria para aquellos que están muertos en delitos y pecado (Jn. 4:10). Esta buena nueva es como agua fría para un alma sedienta.

II. Las partes invitadas. Aquí se sugieren dos clases:

1. EL QUE TIENE SED. El que *siente* su necesidad y cuya alma está anhelante por tener satisfacción. No los justos o los entendidos, sino los *sedientos*. La invitación es de misericordia, y por ello es para los necesitados.
2. EL QUE QUIERA. Los *sedientos* de alma, y los *dispuestos* de mente. «El que quiera... conocerá» (Jn. 7:17).

III. Las condiciones expuestas.

1. Son SENCILLAS. «*Tome*». No dice *haga*. Así como las aguas se derramaron de la roca golpeada en el desierto, así fluye para todos el río del agua de la vida. «A todos los que le recibieron», etc. (Jn. 1:12).

2. Son GENEROSAS. «Tome... i». Tomad sin dinero y sin precio todo lo que necesitéis (Is. 55:1, 2).

1.763. «AMÉN» A LA VENIDA DEL SEÑOR

«Ciertamente vengo en breve. Amén» (Ap. 22:20)

I. ¿Podemos todos decir «Amén» a esta declaración divina?

II. Me temo que muchos cristianos profesantes no podrían hacerlo.

III. Cuando nuestros amigos nos dicen que tienen la intención de visitarnos algún día, les pedimos que nos avisen con antelación para estar preparados para recibirlos.

IV. ¡Y cómo desearíamos que el Señor hiciese lo mismo!

V. Pero no lo hace. ¿Por qué no? Porque desea que estemos siempre listos.

VI. Observemos el tiempo presente: «Vengo». Desea que vivamos en la expectativa de su venida.

VII La Venida de nuestro Señor se menciona 318 veces en los 260 capítulos del Nuevo Testamento, y ocupa uno de cada 25 versículos desde Mateo hasta Apocalipsis.

VIII. Es mucho lo que se ha dicho, de tiempo en tiempo, acerca de la situación mirando hacia el este. La posición del cristiano es la posición hacia arriba, mirar a las alturas.

BOSQUEJOS TEMÁTICOS

EN ORDEN ALFABÉTICO

1.764. A LOS PIES DE JESÚS

1. Para la Redención, Lucas 7:38.
2. Para Adorar, por las misericordias recibidas, Lucas 8:35.
3. Para Instrucción, Lucas 10:39.
4. Para Consolación, Juan 11:32.
5. Para Intercesión por otros, Marcos 7:25.
6. Para Adoración, Mateo 28:9.

1.765. A PUNTO DISPUESTO

1. Algunos están a punto de perecer (Is. 27:13).
2. Dios está dispuesto a perdonar (Neh. 9:17).
3. No estés dispuesto a vacilar (Sal. 38:17).
4. Muéstrame dispuesto a hablar (Is. 32:4).
5. Muéstrame dispuesto a ir (Lc. 22:33).
6. Muéstrame dispuesto a trabajar (Tit. 3:1).
7. Muéstrame dispuesto a testificar (1 P. 3:15).
8. Muéstrame dispuesto a sufrir (Hch. 21:31).
9. Está a punto para Su manifestación (Mt. 25:10).

1.766. ALGUNAS COSAS DERRAMADAS

I. La sangre en la EXPIACIÓN (Lv. 4:7). ¿Cómo? Todos han pecado. ¿Dónde? En el altar de la Cruz. ¿Quién? Su propia sangre.

II. Sus Bendiciones en SALVACIÓN (Mal. 3:10). La Sangre de Cristo adquirió una bendición sobreabundante. *Pruébalo* dándole tu confianza y entregándote a Él.

III. Su Espíritu en PODER (Hch. 2:16-18). Poder para la santificación y el servicio. Capacidad **de ver visiones de Dios, y de dar testimonio de su Hijo.**

IV. El corazón en ORACIÓN y ADORACIÓN (Sal. 62:8). ¿Dónde? «Delante de Él.» ¿Cómo? «Derramándolo.» ¿Por qué? «Dios es nuestro refugio.» Él llena de bien al alma hambrienta (Sal. 107:9).

V. La ira en JUICIO (Ap. 14:9, 10). Sus objetos: «Los adoradores de la bestia», marcados en sus *cabezas* y *manos*, pensamientos y acciones. Su naturaleza: «puro», esto es, sin mezcla alguna, sin misericordia. Pura retribución, el fruto final de la incredulidad (Jud. 5).

1.767. ALIENTO DIVINO

El Señor Jesucristo no envía a nadie a guerrear a sus expensas. Él asume la responsabilidad de suplir todas las necesidades de aquellos que salen por su palabra a hacer su voluntad (Fil. 4:19). Nadie jamás intentó conducir un negocio tan grande como el apóstol de los gentiles, porque nadie estuvo jamás más profundamente convencido de la riqueza y sabiduría de su SOCIO en el negocio. He aquí, yo estoy con vosotros. En los siguientes textos tenemos una séxtuple revelación de cómo Pablo se vio alentado por su Señor y Maestro en sus grandes obras misioneras.

I. Por un llamamiento especial al servicio (Hch. 22:18-21). Fue *mientras oraba* en el templo de Jerusalén, poco después de su conversión, que oyó este llamamiento definido de Dios: «Ve, porque yo te enviaré lejos a los gentiles». Nadie ha llevado a cabo una gran obra para Dios que no haya estado consciente de un llamamiento distintivo de Él para llevar a cabo esta obra. El servicio de Dios, como cualquier otro servicio *gubernamental*, implica una dedicación concreta, y un mutuo entendimiento en cuanto a las condiciones. El Espíritu Santo, como representante de Dios en la tierra, es el único agente autorizado por Él para contratar trabajadores para su viña (Hch. 13:2; He. 5:4). Él fue alentado

II. Por una palabra especial de promesa. «No temas, ... porque yo estoy contigo» (Hch. 18:9-10). La fe en la promesa de su presencia es el secreto del valor y del arrojo en el servicio del Señor. No dice Él que nadie se te *opondrá*, sino que «ninguno pondrá sobre ti la mano para *hacerte mal*», como testigo de Él. La promesa fue cumplida literalmente. Fue a menudo azotado, encarcelado y calumniado, pero como *testigo* de Cristo, nadie, ni hombres ni demonios, pudo dañarle. Terminó su carrera con gozo, porque luchó la buena batalla de la fe. Escondidos en Dios, ninguna arma forjada contra nosotros podrá prosperar. Ésta es la herencia de los siervos del Señor (Is. 54:17).

III. Por un especial mensaje de aliento. «Ten ánimo, Pablo, pues... es necesario que testifiques también en Roma» (Hch. 23:11). Las nuevas de que le había sido legada una fortuna no hubieran sido ni la mitad de alentadoras para el corazón de Pablo en ningún momento como las de que le iba a ser permitido proclamar el Evangelio de Cristo también en Roma. ¡Cuánta consideración tiene nuestro Señor! Él está dispuesto de una u otra manera a dejar caer en los turbados corazones de sus santos alguna palabra que dé consolación y ánimo. Él sabe como hablar palabra al cansado. Este Buen Pastor tiene una especial solicitud sobre aquellas ovejas cuyas vidas peligran por seguirle. La vida cristiana debería ser de gozo, porque todos los bienes son nuestros en Cristo Jesús (Ro. 8:28).

IV. Por una especial seguridad de salvación. «Pablo, no temas; ... Dios *te ha concedido* todos los que navegan contigo» (Hch. 27:23-24). ¡Y qué don fue éste! ¡Qué triunfo de la fe y de la oración! ¡Qué aliento sería para él, en su futuro ministerio, para esperar grandes cosas de Dios, y ganar a muchas almas! Bienaventurado es el que cree, porque habrá cumplimiento de aquellas cosas que le fueron dichas de parte del Señor (Lc. 1:45). El que gana almas es sabio.

V. Por una especial distribución de poder. «El Señor estuvo a mi lado, y me revistió de poder» (2 Ti. 4:17). *Cinco* veces recibió los cuarenta azotes menos uno, y seis veces se manifestó el Señor a él en tiempos de necesidad. Cuando todos los hombres le abandonaron (v. 16), avergonzándose de él y de su testimonio, su fiel y glorificado Maestro se mantuvo a su lado, como menospreciado y rechazado con él, pero poderoso para salvar y ayudar. Muchos misioneros en el extranjero saben lo que significa cuando se han encontrado solos luchando por la causa de Cristo.

VI. Por una especial provisión de gracia. «Y me ha dicho: Bástate mi gracia» (2 Co. 12:9). No le complugo al Señor quitar la *espina*, que para Pablo era un «mensajero de Satanás», pero sí que le complugo mucho darle otro tanto de gracia que le capacitaría para triunfar de una manera gloriosa sobre la aflicción. Los siervos de Cristo no deben esperar que les sean quitadas las causas de cada dolor o dificultad; pero sí pueden esperar una gracia suficiente, como la marea ascendente, para levantar sus almas sobre los escollos amenazadores. ¿Quién no se gloriaría en sus debilidades para ser partícipe del poder de Cristo?

1.768. AMÉN

«Mi corazón desea que sea exactamente así» (versión china).

Introducción

No hay otra palabra más empleada en la devoción que ésta.
Y podríamos añadir que no hay ninguna empleada más a la ligera.
La empleamos como un final adecuado a nuestras oraciones, aunque su pleno significado no sea tan bien conocido.
Es una palabra susceptible de muchas traducciones, y su sentido preciso ha de ser decidido por el contexto.

I. Se emplea como una declaración de afirmación. En la versión de Douay, las palabras del Señor «De cierto, de cierto» se transcriben simplemente como «¡Amén! ¡Amén!».

II. Se emplea como significando «Verdadero, fiel, cierto, firme». En Apocalipsis 3:14, Cristo es llamado «El Amén». ¡Ah, cuán veraz es Él! ¡Cuán infieles nosotros!

III. En 2 Corintios 1:20 se declara que **todas las promesas de Dios** son «Amén en Cristo», es decir, son ciertas y firmes para los que están en Cristo.

IV. Hay otro uso y significado de la palabra «Amén», el que le solemos asignar. El uso que nos enseñó nuestro Señor: «Así sea».

1.769. ANDANDO

I. Delante de Dios: Inspección Divina (Gn. 17:1).

II. Con Dios: Compañerismo Divino (Gn. 5:22).

III. En pos de Dios: Liderazgo divino (Dt. 13:4).

IV. En Dios: Habitación Divina (Col. 2:6).

Y el último punto incluye todos los otros.

1.770. BAUTIZO Y CURACIÓN

Me divertía mucho la observación de la vieja tía Matilda Jane, que dijo, cuando el médico le advirtió que tenía un catarro nasal: «Es un resfriado común en la cabeza, pero no le he pedido que venga a bautizarlo, sino a curarlo». En el reino moral y espiritual hay demasiado de bautizo y demasiado poco de curación.
Pero no se debe menospreciar un bautizo correcto. Los médicos no pueden tratar satisfactoriamente a un paciente hasta que hayan dado el nombre correcto a la dolencia.

I.¿Qué pasa con la humanidad? Hay demasiado intrusismo en este campo, por lo que pasemos al Experto, porque nadie puede hacer un diagnóstico como Él. Veamos lo que Él dice acerca de nuestros corazones: «Engañoso es el corazón más que todas las cosas, y perverso; ¿quién podrá conocerlo? Yo, Jehová» (Jer. 17:9, 10). Observemos también su diagnóstico en Isaías 1: «Toda cabeza está enferma, y todo corazón doliente. Desde la planta del pie hasta la cabeza no hay en él cosa sana». Es una descripción abrumadora de nuestro estado por naturaleza. Observemos:

1. EL CORAZÓN MALO. El corazón es la sede de los afectos.
2. LA CABEZA MALA. La cabeza es la sede de la inteligencia.
3. EL PIE MALO. Los pies posibilitan el movimiento.

II. La curación. ¿No te ha conmovido nunca que en la Cruz:

1. Manó la sangre de su cabeza, para expiar nuestros pecados de pensamiento.
2. Manó sangre de su corazón, para expiar nuestros pecados respecto a los afectos.
3. Manó sangre de sus manos para expiar nuestros pecados de acción.
4. Manó sangre de sus pies, para expiar nuestros pecados respecto a nuestros caminos? ¡Qué perfecta expiación!

En el ritual del Antiguo Testamento (la Purificación del Leproso, etc.), el aceite seguía a la sangre, esto es, el Espíritu Santo, porque el aceite es emblema del Espíritu. Si se nos aplica la sangre, su Espíritu Santo ungirá nuestras cabezas, pies y manos, y así con un nuevo corazón creado dentro de nosotros somos hechos nuevas criaturas en Cristo Jesús.

1.771. CERCANÍA EN CRISTO

Efesios 2; 13

1. Como estábamos: … «Lejos».
2. Donde estamos ahora: … «En Cristo Jesús».
3. La posición que disfrutamos: … «Hechos cercanos».
4. Cuándo la disfrutamos: … En este tiempo presente.
5. Cómo se logra: … «Por la sangre de Cristo». (He. 2:14; 9:12).

1.772. CINCO ACERADAS CONSIGNAS

Introducción

1. Gosner, cuando despedía a los misioneros que había enseñado, solía decirles al partir: «*Creed, amad, esperad, orad, arded*».

2. Consideraba que ésta era la manera de ayudar al mundo en sus males.

3. Desde luego, no habría podido encontrar cinco mejores consignas para dar guía e inspiración. Esta es la forma de llegar a ser de verdadera ayuda. Examinémoslas.

I. Cree.

1. El primer acto que se espera de la persona. El primer acto de toda verdadera operación es la fe.
2. El primer paso del apartamiento fue la falta de confianza, y de ahí la Caída. El primer paso hacia arriba es la fe.
3. El capítulo más breve de la Biblia es el Salmo 117.
4. Pero los versículos 8 y 9 del Salmo siguiente son, numéricamente, el centro de toda la Biblia.
5. La fe debería ser el centro de nuestras vidas.
6. El primer acto conducente a la salvación debería llegar a ser el hábito de nuestras vidas.
7. La fe es precisa para nuestra obra, como para nuestras almas.

II. Ama. Ah, ¡aquí tenemos el calor! El espíritu farisaico mata: necesitamos más amor. El amor (1) engendra amor; (2) constriñe en nosotros; (3) gana. El amor nunca cuenta los sacrificios hechos por Dios ni por los demás. Toda obra verdadera hecha para Dios significa sacrificio, pero nosotros no contaremos tal sacrificio.

III. Espera. En conformidad con las otras dos gracias. La fe, la *esperanza*, el amor. La esperanza está en el cuidado de la fe y del amor. La Biblia nos da varias esperanzas para nosotros mismos, pero precisamos de esperanza no solo para nosotros mismos, sino acerca de otros. Cultiva un temperamento sanguíneo.

IV. Ora. Ah, la oración es la gran ausente en la moderna

1. Vida de la iglesia. Las oraciones, ¡ay!, se han desvanecido en muchos casos.
2. Vida individual. ¿Cuánto tiempo dedicas a la oración?
Orar es servir. Hay misterios en su filosofía. Pero Él conoce, Él ama, Él se cuida, etc.; nos aferramos a este hecho, y encontramos que nos ayuda.

V. Arde. «Agita hasta una llama el don que hay en ti.» «Él era una luz que ardía y resplandecía.» Arder significa quemar. Esto significa *sacrificio*. El camino de la Cruz:

1. Conduce al Hogar.
2. Conduce a arder.
3. Conduce a resplandecer.

1.773. CINCO COSAS DE GRAN PRECIO DE LA BIBLIA

1. Su Palabra y Pensamientos, Salmos 139:17
2. Su Redención, Salmos 49:8
3. La vida del creyente, Salmos 72:14
4. Los labios de los bien informados, Proverbios 20:15
5. La muerte de su pueblo, Salmos 116:15

1.774. CINCO FASES

I. Postrado, Salmos 116:6

II. Extraído, Salmos 40:2

III. Sacado *de*, Salmos 107:14

IV. Sacado *a*, Salmos 18:19

V. Encaminado, 2 Corintios 1:16

1775. CON CRISTO EN EL CALVARIO

En tinieblas:

Sentados en las tinieblas, Lucas 1:78, 79
Colgando en tinieblas, Mateo 27:45, 46
Llamados de las tinieblas, 1 Pedro 2:9
Convertidos de las tinieblas, Hechos 26:18

Cuatro Escrituras que tienen una estrecha relación entre sí, como veremos en el curso de nuestra meditación.

I. Sentados en tinieblas (Lucas 1:78, 79). Algunos críticos de la Biblia han señalado entusiasmados una supuesta inexactitud aquí. Dicen ellos: «¡Ved cómo Zacarías, lleno del Espíritu Santo, cita erróneamente la Escritura!». Lo dicen suponiendo que estaba citando Isaías 9:2. Pero Zacarías no dijo que estuviese citando este pasaje. Estaba tan saturado de la Escritura que al examinar su declaración observamos que estaba en realidad citando de Génesis, Éxodo, Levítico, Salmos, Isaías, Jeremías, Ezequiel y Malaquías. De hecho, hay en Isaías dos textos especiales acerca de las tinieblas: 1°, acerca de andar en tinieblas (9:2). Pero veintinueve años después el profeta habló de sentarse en tinieblas (42:7).

Es una imagen de deterioro y de degeneración, y en los tiempos de nuestro Señor había llegado a ser cierto. Una vez en el pasado habían ejercitado un elemento de libertad, agitación e insatifacción, porque *andaban* en tinieblas; ahora, en una férrea y fatal esclavitud, se *sientan* en una tenebrosa y hedionda mazmorra.

Dejad que esta imagen verbal os afecte. El doctor Jowett llamaba la atención a esto de una manera muy gráfica. «¡Sentados en tinieblas!» Intenta imaginarlo. Te sientas junto al hogar en una noche de invierno, con un resplandeciente fuego calentando la habitación, haciéndola acogedora. Estás allí sentado hasta que el fuego va bajando y finalmente se extingue, y el calor deja lugar a un frío en aumento. Luego se apaga la luz, y se añade oscuridad al frío. Pero sigues allí sentado, y quedas presa de una terrible esclavitud. Y hay personas cuya vida del alma es precisamente así. No hay fuego en el hogar, y su luz se ha apagado, y permanecen en una fría y desolada situación, bajo dura esclavitud.

No siempre fue así. Antes había habido fuego en el hogar, y una luz brillante y evidente. El alma del hombre estaba alumbrada por la presencia del Espíritu Santo, y calentada por la realidad y presencia del divino amor.

Pero el pecado cambió todo esto. A veces una estancia oscurecida ayuda a un inválido a recobrar la salud, pero un alma oscurecida es siempre el resultado de un cataclismo espiritual, y es muestra de la presencia de un espíritu muerto, de un alma sin vida. Job habla de una «tierra... donde la luz misma es como densas tinieblas».

SENTADOS EN TINIEBLAS. Aquí se trata o bien de una imagen de goce y contentamiento, o de esclavitud y desesperanza, o de ambas cosas a la vez.

II. Colgando en tinieblas (Mt. 27:45, 46). ¿Has relacionado alguna vez el estar Sentado en Tinieblas con Colgar en Tinieblas? Hay una estrecha relación entre ambas cosas. Si nunca hubiésemos andado o sentado en las tinieblas del pecado, Él nunca hubiese visto necesario colgar en tinieblas. El colgó en tinieblas para expiar nuestro pecado y para hacer posible que nosotros estuviésemos sentados en luz, la luz de su presencia y amor. La oscuridad solar que Él experimentó fue un emblema de las tinieblas del alma que soportó por nuestra causa.

III. Llamado de las tinieblas (1 P. 2:9). Esto declara que Dios tiene una tierna solicitud para los sentados en tinieblas. Que «nos visitó un amanecer del sol desde lo alto». También, que se oye una voz llamando afuera de las tinieblas.

IV. Convertidos de las tinieblas (Hch. 26:18). ¿Dices tú, «Oigo la voz llamándome de las tinieblas, pero estoy encadenado, y no puedo responder?». Bien, hay esperanza para ti, porque hay Uno que te *convertirá* de las tinieblas, porque te puede liberar de las cadenas del pecado, y conducirte a la libertad.

1.776. CON JESÚS EN EL CALVARIO

LAS SIETE PALABRAS DESDE LA CRUZ

Introducción.

¡Cuán apropiado es para el pueblo del Señor meditar en las siete últimas palabras de nuestro Señor desde la Cruz! No sus últimas siete palabras, porque nunca tendrá una última palabra; Él es el Eterno.

De los cientos de personas mencionadas en la Biblia, el Señor se ha complacido en aludir a las palabras de unas pocas en el momento de la muerte, y ello además de la manera más escueta posible. Pero hay una excepción, y las excepciones a las normas generales en la Biblia atraen la atención. Esta excepción es el Señor Jesús. Los capítulos dedicados al relato de la muerte de Cristo están totalmente fuera de proporción a los que se dedican al registro de su vida. Este hecho es impresionante. Sabemos la lección: que la obra que vino a llevar a cabo era morir por los hombres. Éste es el Evangelio, que «Cristo murió por nuestros pecados».

Las siete palabras desde la Cruz caen en dos claras secciones: las primeras tres para otros; las siguientes cuatro tocantes a Él mismo.

El sufrimiento es una gran prueba del carácter. Lo que realmente somos se manifiesta con la mayor claridad por medio del sufrimiento. Observemos que el primer pensamiento de nuestro Señor no fue acerca de Sí mismo, sino para otros, y te darás de una de las grandes revelaciones de su sufrimiento. Como tuvo que sufrir los dolores más crueles, podría habérsele excusado si se hubiese quedado absorto en sus propios padecimientos y dolores; pero no fue así; pensó en otros: los otros eran su interés primordial.

I. Perdón. La primera palabra de Cristo desde la Cruz es la primera gran necesidad del pecador, el perdón. «Padre, perdónalos, porque no saben lo que hacen» (Lc. 23:34).

«Y ÉL», o «Mas Él». Observa esto bien. Fue precisamente tras ser clavado en aquella Cruz de madera, como un indeseable, y de ser levantado, habiéndola plantado en aquel agujero con un choque y sacudida terribles que laceraron las heridas acabadas de hacer con los clavos, «¡Y Él!». No había ni una traza de resentimiento o de amargura. Antes de consolar a su madre, antes de fijar su atención en Sí mismo o en ninguna otra cosa, oró por sus ejecutores, y por las autoridades judías que estaban detrás de todo aquello.

«PADRE.» ¡Qué palabra más tierna! Pero aquella palabra tierna y amante no podría ya ser repetida más hasta después del fin de aquella terrible agonía de tres horas. Dios siguió siendo su Padre, pero Él asumió el puesto del pecador, y como sustituto de los pecadores ya no podía emplear aquella palabra. Éste es un pensamiento importante, y explica muchas cosas.

ABOGADO. El Señor Jesús fue Sacrificio y Abogado, todo en uno. Un abogado busca siempre puntos eximentes. Desde el momento en que la Sangre sagrada comenzó a manar comenzó la intercesión por los pecadores. Jesús ruega por eximencia, alegando la ignorancia de la parte culpable.

RESPUESTA. Esta oración tuvo una rápida respuesta en el caso del bandido moribundo; en el caso del centurión; en el caso del pueblo en el Día de Pentecostés; y en cada pecador arrepentido desde aquel entonces, incluyéndote a ti, querido lector, y a mí.

ALGUNAS PREGUNTAS.

1. ¿Has sido perdonado? No te mantengas apartado de Él. ¿Ha recibido respuesta esta oración con respecto a ti?
2. ¿Has sido perdonado? ¿Ha tomado posesión de ti el Espíritu de Jesús? Nosotros perdonamos no para ser perdonados, sino por cuanto hemos sido perdonados (Ef. 4:32).
3. Debo hacerme tres preguntas: 1ª ¿Soy yo un pecador perdonado? 2ª ¿Soy un santo perdonado? 3ª ¿Soy un siervo perdonado?

II. La vida futura. La segunda palabra de Cristo desde la Cruz quita el temor en la mayoría de los corazones acerca del futuro, y fue dicha al bandido moribundo: «Hoy estarás conmigo en el Paraíso» (Lc. 23:39-43). Está bien claro que al principio ambos bandidos injuriaban a Cristo. Para demostrarlo, solo hemos de pasar a Mateo 27:44 y Marcos 15:32. ¿Por qué el cambio? Desde luego, debido al Espíritu Santo. Pero el Espíritu Santo trabaja generalmente por medio de otros. Desde luego, lo que influenció a aquel bandido fue el maravilloso espíritu de perdón manifestado por el Señor Jesús, y su conducta como un todo.

Las Evidencias de la Conversión son tres:

1. Su honrada confesión (v. 41). El primer paso a Dios es generalmente el que el pecador asuma el puesto que le corresponde.
2. Su franca declaración de la Deidad y Condición Regia de nuestro Señor. Observa: «Tu reino».
3. Su convicción de que el alma sigue viviendo después de la muerte. «Acuérdate de *mí*.»

LA RÁPIDA RESPUESTA DEL SEÑOR.

1. Destruye la enseñanza acerca del purgatorio. «Hoy estarás conmigo en el *Paraíso*». No existe ningún purgatorio aquí. De la tierra al Paraíso en el acto, directamente.
2. Explica qué es el Paraíso. El valor de la promesa reside en esta palabra: «*Conmigo*». ¿Le habría dado satisfacción entrar solo en el Paraíso, sin un amigo que le presentase y que intercediese por él, manchado como estaba con su culpa? Pero «*Conmigo*»: ¡ah! ¡Esto era algo totalmente distinto!
3. Destruye la teoría del «sueño». Jesús no se refería a que su alma estaría con Él en un sueño. Lo cierto es que sus palabras signifi-

can la presencia consciente de dos personalidades totalmente despiertas. «Hoy, etc.», habría sido un lenguaje engañoso excepto si ello significaba que el bandido arrepentido iba a estar consciente de la presencia del Señor Jesús. El concepto de sueño se emplea solamente para el cuerpo.

APRENDE.

1. Aquí tenemos la salvación por la sola fe. Él no podía hacer ninguna obra para salvar su alma, porque estaba clavado en una cruz.
2. No se precisa de una gran cantidad de conocimiento para ser salvo.
3. Hay un camino al cielo desde el mismo portal de la muerte.
4. Lo abrupto de la conversión y del cambio espiritual. En un momento.
5. Obsérvese también lo rápido del crecimiento espiritual. En pocos momentos el bandido moribundo adquirió un conocimiento de la verdad mesiánica, y otras verdades, como se hace evidente en su petición.
6. Hay esperanza para el peor de los pecadores.
«El moribundo ladrón se alegró
Al ver aquel Manantial en su día,
Y allí puedo yo, vil como soy,
Lavar mis pecados todos.»
7. No menosprecies los arrepentimientos en el lecho de muerte, el Señor Jesús no lo menospreció.

III. El círculo hogareño. La tercera palabra desde la cruz afecta al círculo hogareño, a la amada familia, con la que da como legado a Juan a su madre (véase Jn. 19:25-27). Después de la Encarnación y del nacimiento del Salvador, la bendita madre de Jesús parece retirarse a un plano muy discreto. Oímos muy poco acerca de ella. Su obra en el mundo era ser la madre de su humanidad. No la Madre de Dios, como algunos declaran erróneamente, sino de Aquel que era Dios.

MARÍA AL PIE DE LA CRUZ.

1. Siendo su madre, está allí, en el momento de su muerte. ¡Cuán propio de una madre!
2. Está allí sumisa y sin murmuraciones.
3. No está sola, porque con ella hay otras dos Marías, la bienaventuranza de la compañía en el dolor.

LA SACRALIDAD DE LAS RELACIONES FAMILIARES.

1. Aquí, en la hora de su mayor dolor, Él santifica los vínculos familiares, la relación del hogar. Los servidores públicos nunca deberían olvidar las demandas privadas de la familia.
2. El amor sólo necesita una indicación. El discípulo, que comprendía a Jesús, sabía lo que significaba el mensaje de nuestro Señor, y cumplió el encargo llevando a María a su casa.
3. ¿No te ha llamado nunca la atención el hecho de que en ningún pasaje de la Escritura llama el Señor «¡Madre!» a María. Naturalmente ella era su madre, pero a la vista de la Mariolatría existente en el Romanismo, ¡qué significativo es este hecho!

IV. La expiación. La cuarta palabra de Cristo revela el terrible precio que tuvo que pagar para expiar nuestro pecado. La cuarta palabra fue el clamor del Desamparado (véase Mateo 27:46). Desde mediodía hasta las tres de la tarde hubo tinieblas. No sabemos lo que le sucedió a nuestro Señor Jesús durante aquellas tres horas. Debemos respetar el silencio de las Escrituras. Las tinieblas fueron la simpatía de la Naturaleza con su Creador. Una luz extraordinaria asistió a su nacimiento. Una extraordinaria oscuridad asistió a su muerte. Al final, el silencio queda desgarrado por un clamor. De forma que no solo hubo las tinieblas de la naturaleza, sino que hubo tinieblas en el alma de nuestro Salvador.

«DIOS MÍO.» Solamente una vez clamó el Señor Jesús a su Padre como Dios. Y fue aquí. Apela a Dios como Creador, y éste es el nivel más bajo. Aquí en su agonía vuelve al lenguaje de su infancia, porque habla en arameo, su vieja lengua vernácula. En medio de las tinieblas, no ha perdido la conciencia ni la realidad de la Filiación, sino el derecho, por aquel momento, al tomar nuestro puesto, por lo que ni emplea ni se vale del término Padre.

SU ÚNICA PREGUNTA. Observaréis que se trata de una pregunta, la única pregunta que jamás fuese al Padre desde aquellos labios. Y, ¡cuán turbador que no hubiese respuesta a esta solitaria pregunta! ¿Por qué aquel clamor?

1. ¿Fue por debilidad? No, no podía ser por debilidad, porque más adelante clamó con voz fuerte. Esto demuestra que no estaba agotado.
2. ¿Fue una imaginación? A veces *nosotros* creemos que estamos abandonados por Dios, porque la mayoría tenemos épocas de profunda depresión. Pero, naturalmente, estamos equivocados, porque Él mismo ha declarado: «Nunca te dejaré ni te desampararé». ¿Estaba Él equivocado? ¿Cometió un error? No, Él nunca cometió un solo error en su vida.

FUE DESAMPARADO PORQUE FUE HECHO PECADO. «Éste es realmente un clamor que no puede sondear ninguna inteligencia creada. Es un clamor desde una profundidad más honda que la que jamás haya tocado alma humana alguna.» Esto es realmente cierto. Fue desamparado porque debía ser desamparado; fue desamparado a fin de que esta suerte nunca fuese la nuestra.

REFLEXIÓN. El pueblo del Señor tiene a veces que andar o sentarse en las tinieblas (léase Mi. 7:8). Recordemos que incluso en las tinieblas podemos seguir diciendo «Dios mío». Jesús no tenía ningún deseo ni intención de abandonar al Dios que le había desamparado.

V. Sed. La quinta palabra de Cristo desde la Cruz es el clamor de su humanidad, «Tengo sed» (Jn. 19:28). Ésta es la única de las Siete Palabras que nos hace ver la verdadera humanidad del Señor Jesús. Él verdaderamente se hizo carne. Por un tiempo, su espíritu triunfó plenamente sobre su cuerpo; pero finalmente dejó que su cuerpo maltratado se hiciera sentir, y la angustia física ha de encontrar expresión. Ésta es la más breve de las siete palabras.

VARIAS CLASES DE SED.

1. Hay la sed corporal. Fue la angustia de la sed física en su forma más aguda.
2. Hay la sed de Dios. «Como el ciervo busca jadeante las corrientes de las aguas, así te anhela a ti, oh Dios, el alma mía». Su clamor en pos de Dios era una evidencia del padecimiento de esta sed del alma.
3. Hay la sed por las almas de los hombres. «Tenía sed de que tuviesen sed de Él.»

VI. Logros. La sexta palabra de Cristo fue, «Consumado es» (Jn. 19:28-30). Bien entendida, esta afirmación es singular. Significa mucho más que «todo acabó». La mayoría de los hombres dejan tareas inacabadas. Jesús terminó todo lo que emprendió hacer. «La obra consumada de Cristo» era una frase muy predilecta de nuestros padres. Por esta frase significaban que Dios ya no necesitaba ser propiciado, porque Jesús había consumado esta gran obra. El profesor Clow da cuatro pensamientos acerca de esta frase. En ella vio:

1. *Un suspiro de alivio.* ¡Qué alivio cuando hemos terminado una ardua tarea! «Bien, hemos terminado», decimos nosotros. Esto significaba para el Salvador que había terminado su vida de padecimientos y de soledad.
2. *Un clamor de victoria.* Tennyson afirmó que «La más patética proclamación en toda la historia es la de Cristo en la Cruz: "¡Consumado es!"» «Sin embargo», prosigue su biógrafo, «también reconoció la nota de triunfo en este "¡Consumado es!"».
3. *Un mensaje al Padre.* No se avergonzaba de anunciar a su Padre la consumación de la obra que le había sido encomendada. La obra estaba bien hecha, y del todo hecha.
4. *Una proclamación a los hombres.* ¿Qué tiene esto que ver conmigo? ¡El hecho de que alguna otra persona haya llevado a cabo una tarea puede tener muy poco interés para mí! Pero en este caso me afecta directamente. La triunfante conclusión de su obra es para mí una cuestión de vida o muerte.

¿QUÉ QUEDÓ ASÍ CONSUMADO? ¡La obra de la expiación.

VII. Reposo. La séptima y última palabra de Cristo en la cruz es enormemente preciosa: «Padre, en tus manos encomiendo mi espíritu» (Lc. 23:46). Estas palabras fueron proclamadas con voz fuerte, demostrando que Jesús no murió de fatiga, que su vida no le fue arrebatada. Observemos.

1. Murió con la Escritura en sus labios. Estas palabras se encuentran en el Antiguo Testamento.
2. De nuevo llama a Dios mediante el término cariñoso de Padre. La tempestad de la ira de Dios cayó pesadamente sobre aquella devota cabeza, pero ha pasado la tempestad y ha vuelto a salir el sol.
3. Observemos: «En tus manos». No en las del diablo. Algunos dicen erróneamente que cuando murió, Satanás lo tomó y lo llevó al infierno. No, no, mil veces NO. Estaba bajo la protección amante y segura del Padre. «Tus manos.» Guillermo el Conquistador murió exclamando: «Encomiendo mi alma a María». Pero

Lady Jane Grey, al poner la cabeza sobre el tajo fatal, dijo: «Señor, en tus manos encomiendo mi espíritu». Ella siguió el ejemplo de su Señor. Luego leemos que nuestro Señor «entregó el espíritu», ¡maravillosa declaración! Esto fue un acto de la Deidad. Nosotros nunca podemos entregar nuestros espíritus. Él sí lo hizo.

1.777. COPAS DE LA BIBLIA

1. La copa de padecimientos,	Juan 18:11
2. La copa de salvación,	Salmos 116:13
3. La copa rebosante,	Salmos 23:5
4. La copa de comunión,	1 Corintios 11:25
5. La copa de los demonios,	1 Corintios 10:21
6. La copa de la ira,	Salmos 75:8; Apocalipsis 16:19

1.778. CRISTO PASÓ A LOS ÁNGELES

1. Cuando descendió muy por debajo de ellos en su humillación.
2. Cuando ascendió muy por encima de ellos en su exaltación.

1.779. CUATRO ACCIONES Y POSICIONES RELACIONADAS CON ÁRBOLES

I. Adán detrás del árbol. RUINA (Gn. 3:8).

II. Jesús en un árbol. SUSTITUCIÓN (Hch. 10:39).

III. Natanael bajo un árbol. DESCUBRIMIENTO (Jn. 1:48).

IV. Zaqueo arriba en un árbol. APROPIACIÓN (Lc. 19:4).

1.780. DEBEMOS DELEITARNOS

I. En Dios mismo,	Salmos 37:4
II. En su Palabra,	Salmos 1:2; 119:24
III. En su Servicio,	Salmos 40:8
IV. En la oración,	Isaías 58:2

Y luego, ¡qué regocijo saber que Dios se deleitará en nosotros! (Sal. 37:23; Pr. 11:20; 12:22).

1.781. «DESDE LO ALTO»

El mensaje del campanario. Cuando nos acercamos a una ciudad o pueblo, el objeto más evidente suele ser la torre o campanario de la iglesia o catedral, levantándose por encima de los otros edificios y echando su sombra sobre ellos. Y cada campanario predica un sermón continuamente, señalando a los hombres hacia arriba, al cielo, donde «podrán ver el resplandor de cosas más elevadas, divinas». Así, cada campanario es un dedo que señala hacia las alturas.

NECESARIO HOY EN DÍA. Es un mensaje muy necesario para nosotros hoy en día. Sufrimos el riesgo de quedar tan absorbidos por los asuntos de esta vida que nos olvidemos que hay un cielo, esto es, otra vida. Muchos, triste es decirlo, están arrastrándose como gusanos por el polvo cuando deberían estar viviendo en el Lugar Celestial. La imagen que da Bunyan del hombre que rastrillaba estiércol es apropiada para describir a muchos hoy.

SOMBRÍA. ¡Cuán sombría y tenebrosa es una vida vivida sin Dios! Una imagen sin un cielo es algo sombrío, sin vida. Es el cielo lo que glorifica. Y así es con la vida. Una vida sin un cielo es sombría, vacía, llana, sin vitalidad.

ENIGMA. No solo es sombría la vida sin un cielo: es un misterio, algo ininteligible. Muchas cosas nos dejan perplejos, y no se pueden explicar si se excluye el cielo. La historia es simplemente un enigma si se deja a Dios fuera de consideración.

«DE LO ALTO.» Estas tres palabras atraen muy poderosamente la atención. Son la traducción del término griego *anothen*. Sigamos este término.

I. «Revelación de lo alto». La única explicación satisfactoria de la profundidad, pureza, sabiduría y existencia de la Biblia es la que se da en Lucas 1:3: «Desde su origen», o «de lo alto».

DE LO ALTO. La palabra griega (*anothen*) se traduce en otros pasajes «de lo alto». Lucas había conseguido mucho conocimiento de parte de testigos oculares. Y este conocimiento había sido confirmado por revelación. Sin embargo, Lucas afirma aquí un origen celestial para su Evangelio. El Evangelio de Lucas no era tradicional, sino por revelación así como por inspiración.

NO ES IRRAZONABLE.

1. Esto no es irrazonable.
2. ¿Sería acaso probable que Dios emprendiera la tarea que emprendió en favor del hombre, y que sin embargo le dejase en ignorancia acerca de su voluntad?

LA ÚNICA EXPLICACIÓN. Ésta es la única explicación que nos satisface. Es la única explicación que da cuenta de la Biblia de una manera satisfactoria. Aunque escrita por *manos humanas*, fue redactada por el Espíritu Santo.

II. Un salvador de lo alto. La única explicación satisfactoria del misterio de la persona de Cristo (Jn. 3:31; 8:23).

LA HERMOSURA DE CRISTO. Llegamos al tiempo de Adviento, cuando celebramos el nacimiento de nuestro Señor. Todos, incluso sus enemigos del pasado y de nuestros propios tiempos, admiran su amor, bondad, etc.

EL MISTERIO DEL SEÑOR. Pero el Señor es un misterio. Él mismo dijo que lo era. «Nadie conoce al Hijo...» (Mt. 11:27). El último testimonio de Juan el bautista, y la propia declaración de nuestro Señor, nos dan la única explicación de este misterio.

III. Una salvación de lo alto. La única explicación satisfactoria de la recuperación de muchas almas perdidas (Sal. 18:16).

En este salmo se nos da la imagen de un hombre que se está ahogando. ¿Puede este hombre salvarse asiéndose de su propia mano? No; la salvación:

1. Está fuera del hombre.
2. Proviene de lo alto.

Cada persona tiene que llegar a ser un Moisés, porque este nombre significa «sacado fuera». Moisés recibió este nombre porque fue sacado de un sepulcro de agua.

IV. Un nuevo nacimiento de lo alto. La única explicación satisfactoria de la transformación y revolución que se observa en las vidas del pueblo de Dios (Jn. 3:3, *margen*). «Nacido de arriba». ¿Qué es lo que distingue a unos de otros? La infusión de una nueva vida.

V. Dones de lo alto. La única explicación satisfactoria del enriquecimiento de las vidas del pueblo de Dios (Stg. 1:17). Sus dones son muchos, y difícilmente pueden ser enumerados. Pero observemos cinco:

1. Su Hijo.
2. El perdón.
3. La vida.
4. La gracia.
5. La gloria.

Lo que sucede es que solamente los mejores y perfectos dones vienen de lo alto.

VI. La sabiduría de lo alto. La única explicación satisfactoria de la sabiduría exhibida por el pueblo de Dios (Stg. 3:15 y 17).

LAWRENCE. Los nativos de la India tenían este dicho acerca de Sir Henry Lawrence: «Cuando Sir Henry miraba dos veces al cielo y una vez a la tierra, y luego se acariciaba la barba, sabía qué había de hacer». Reconocían que su sabiduría provenía de lo alto».

PUREZA. Véase. Santiago habla de la pureza y de otras virtudes morales como procediendo de esta sabiduría.

VII. Poder de lo alto. La única explicación satisfactoria de la gentil resignación del Señor (Jn. 19:11). Ésta fue la réplica de nuestro Señor a la soberbia jactancia de Pilato. Aquí tenemos una explicación de la serenidad y gentil resignación de nuestro Señor. El poder de Pilato era por permisión de Dios.

«Cada gozo y cada prueba
De lo alto son enviados;
Todo ello procedente
De Aquel que es todo Amor.»

1.782. DISCIPULADO

Cuando los fariseos injuriaron al ciego cuyos ojos el Señor había abierto, diciendo: «Tú eres discípulo de ése; pero nosotros somos discípulos de Moisés», significaban que Él había estado con Jesús y *aprendido* de Él. Un discípulo es uno que se ha entregado a otro para ser enseñado, y para seguir el ejemplo del maestro. El discipulado tiene una gran importancia en los Evangelios.

I. Sus privilegios. El más gran honor del *discípulo* es tener comunión con el mismo Maestro. El mayor don del maestro es revelarse a *si mismo*. Éste fue el método de Cristo después de su resurrección. Y es su método ahora, por medio del Espíritu Santo. «Les mostró las manos y el costado» (Jn. 20:20). Entonces se alegraron los discípulos. «Hizo además Jesús muchas señales en presencia de sus discípulos» (v. 30). De nuevo se *manifestó* a sus discípulos (Jn. 21:1). «Ésta era ya la tercera vez que Jesús se *manifestaba* a sus discípulos» (v. 14). ¡Qué maestro lleno de gracia! «Aprended de Mí» (Mt. 11:28).

II. Sus condiciones. El camino puede parecer estrecho, pero conduce a una vida abundante.

1. DEBE HABER ABORRECIMIENTO. «Si alguno viene a Mí, y no aborrece a su padre, y madre, y mujer, e hijos, y hermanos, y hermanas, y aun también su propia vida, no puede ser mi discípulo» (Lc. 14:26). No hay amargura en este aborrecimiento. El padre, la madre, etc., deben tomar el lugar, en relación con Cristo, de *nuestro aborrecimiento de nosotros mismos*.
2. DEBE SOBRELLEVARSE LA CRUZ. «Y el que no lleva su cruz y viene en pos de Mí, no pude ser mi discípulo» (Lc. 14:27). Síguele, con tu cruz y todo. Un discípulo sin cruz es indigno de tal Señor (Mt. 10:38; 2 Ti. 3:12).
«Tu Cruz toma, tuya es, alma mía,
pero sujeta al control del Señor;
tómala pues, si a un lado la quieres dejar
más pesada se hará cuando después la debas tomar.»
3. DEBE HABER UN ABANDONO DE TODO. «Cualquiera de vosotros que no renuncia a todo lo que posee, no puede ser mi discípulo» (Lc. 14:33). Como dice Bengel: «Mejor es no intentar entrar en este discipulado si no está satisfecho con todo lo que lo promueve». Pablo sabía el significado de esto cuando dijo: «Estimo todas las cosas como pérdida por la excelencia del conocimiento de Cristo Jesús, mi Señor» (Fil. 3:7, 8). Esta *renuncia* viene como consecuencia de una *valoración*.
4. DEBE HABER UNA PERMANENCIA EN SU PALABRA. «Si vosotros permanecéis en mi palabra, seréis verdaderamente mis discípulos» (Jn. 8:31). No «oidores de pedregales» (Mt. 13:20, 21). El Señor no puede tener comunión con los que «retroceden» (He. 10:38). Hay hoy gran necesidad de *continuar* aprendiendo de Cristo. Sigue en el amor de su Palabra, y continuarás en su poder. La *corona* de vida se da a los que son fieles hasta la muerte (Ap. 2:10).
5. DEBE HABER FRUTO. «Que llevéis mucho fruto, y seáis, así, mis discípulos» (Jn. 15:8). Como el fruto del Espíritu fue manifestado en abundancia en la vida de Jesús (Gá. 5:22), así lo será en las vidas de quienes son «verdaderamente discípulos» (Fil. 1:11).

III. Cómo será conocido este discipulado por parte de los otros. «En esto conocerán todos que sois mis discípulos, si tenéis *amor los unos con los otros*» (Jn. 13:35). Los discípulos pueden diferir, y difieren, en muchas cosas, pero si falta el *amor* de unos a otros, aunque no pertenezcamos a la misma secta, es una evidencia de que el *amor de Dios* no mora en nosotros (1 Jn. 4:20), y de que no hemos aprendido en nuestro *corazón* la enseñanza de Jesús. Si «el amor con que Dios nos ha amado» ha sido derramado en nuestros corazones, no podemos dejar de amar a los hermanos, y este amor se manifestará deseando y disfrutando la comunión con los santos en luz.

IV. Una pregunta para los discípulos. «¿Acaso queréis también vosotros haceros sus discípulos?» Aquel que ha abierto nuestros ojos, que nos ha redimido por su sangre, que nos ha *llamado* por su Espíritu, es digno de ser proclamado a otros. «Tú, sígueme» (Jn. 21:22). ¿Queréis también vosotros haceros sus discípulos?

1.783. DOS GRANDES PREGUNTAS

1. AL PECADOR. ¿Qué has hecho? (Gn. 3:13).

2. AL SALVADOR. ¿Qué has hecho? (Jn. 18:35).

1.784. EL ALTAR Y EL ARCO IRIS

Génesis 8:20, 21; 9:12-16

Hay una conexión muy íntima entre el altar y el arco iris. Existe la misma entre la muerte y resurrección de Cristo. El altar habla de sacrificio; el arco iris, de promesa y certidumbre. Cristo murió por nuestros pecados y resucitó para nuestra justificación.

I. El altar. Era un altar levantado al Señor. Era un testimonio y una confesión de que Dios tenía santas y justas demandas que deben ser reconocidas y satisfechas. La primera cosa que Noé hizo al salir era reconocer que el Lugar de Dios era el *primero*. «En el principio... Dios.»

1. LA NECESIDAD DE UNA OFRENDA. Ahora iba a hacerse un nuevo comienzo. Si la vida ha de ser una de dicha y fruto, es menester procurar el favor de Dios. En el cumplimiento del tiempo vino el Hijo de Dios. Iba a empezar un nuevo orden de cosas. Él hizo paz por la sangre de su cruz. Por su ofrenda somos reconciliados con Dios. Éste es un buen comienzo.
2. LA NATURALEZA DE LA OFRENDA. «Todo animal limpio.» Todo animal limpio significa la combinación de toda la excelencia que se encuentra en un ser creado. Una ofrenda perfecta. Cuando Cristo se ofreció a Sí mismo a Dios, era una ofrenda sin mancha o defecto. Aunque el primer hombre fracasó, Dios halló en el segundo todas las virtudes que satisfacían su corazón.
3. EL RESULTADO DE LA OFRENDA. Dios halló en ella: 1) *Un olor grato* (Gn. 8:21). ¡Precioso pensamiento! Cada deseo del corazón de Dios plenamente complacido en la suave fragancia de la ofrenda de Cristo (Ef. 5:2). 2) *Una certidumbre de seguridad.* No más maldición. No hay ahora, pues, ningún juicio. Nunca se vendrá a condenación. 3) *La promesa de incesante bendición* (Gn. 8:22). Toda bendición espiritual es nuestra en Cristo Jesús (Ef. 1:3).

II. El arco iris. El arco de la promesa viene después del altar de sacrificio. Como todos los colores de la naturaleza están en el arco iris, así todas las bendiciones de Dios están en Cristo. Toda perfección divina está manifestada en la gloria de la resurrección de Jesús. Cristo como nuestro Sacrificio aparece en el altar de la cruz; Cristo como nuestro Intercesor aparece en el arco de su gloria medianera. El arco iris es:

1. UNA SEÑAL DE LA BONDAD DE DIOS. ¡Cuánta era la bondad de Dios al dar una tal expresión visible de su amor y favor, tanta seguridad al corazón! Si Cristo no ha resucitado, somos los más miserables de todos los hombres. Pero ahora Cristo ha resucitado (1 Co. 15:17-20).
2. UNA SEÑAL DE LA PLENITUD DE DIOS. Hay plenitud de color y belleza en el arco iris, una plenitud en la más dulce armonía. Pensad en la plenitud de la deidad en Jesucristo, en Él por nosotros, y todo en perfecta armonía con un Dios justo y santo. ¡Oh las riquezas de su gloriosa gracia!
3. UNA SEÑAL DE LA FIDELIDAD DE DIOS. «Mi arco he puesto... por pacto» (Gn. 9:13). El haber puesto Dios a Cristo a su diestra es para nosotros que creemos una prueba de eterna seguridad. Fiel es el que prometió. «¿Crees tú en el Hijo de Dios?» (Jn. 9:35).

1.785. EL ARREPENTIMIENTO

La ley no lo demanda, porque no puede ofrecer perdón.

1. **Cristo declaró su necesidad**	Mateo 4:17
2. **Cristo exaltado para darlo**	Hechos 5:31
3. **Ofrecido en su Nombre**	Lucas 24:17
4. **Ordenado por Dios**	Hechos 17:30
5. **Producido por la bondad de Dios**	Romanos 2:4
6. **Necesario para el perdón**	Hechos 3:19
7. **Acompañado de fe**	Marcos 1:15
8. **Gozo en el cielo por ello**	Lucas 15:10

1.786. EL ASNO MONTÉS

1. El hombre, **nacido como asno montés** Job 11:12

2. El hombre, **perdido** como las asnas de Cis 1 Samuel 9:3

3. El hombre **aspira el viento** (la vanidad) como el asno montés Jeremías14:6

4. El hombre, como el asno montés, está acostumbrado al **desierto** Jeremías 2:24

5. El hombre, como el asno, puede ser **redimido** Éxodo 13:13

6. El hombre, como el asno, puede tener su **boca abierta** por Dios Números 22:28

7. Muchos, como el asno, pueden ser usados por el Señor, Mateo 21:3

8. Muchos, como el asno, pueden conocer el pesebre de su Señor (la Biblia) Isaías 1:3

9. La **quijada** del hombre, como la de un asno, puede ser una gran arma de victoria Jueces 15:16

1.787. EL BAUTISMO DEL ESPÍRITU

Hay un Señor, una fe, un bautismo (Ef. 4:5). Sin embargo, las Escrituras enseñan de manera clara:

1. Un bautismo con agua (Hch. 8:38).
2. Un bautismo con el Espíritu Santo (Mt. 3:11).
3. Un bautismo en Jesucristo (Ro. 6:3).

¿Cuál es el *un* bautismo? Los primeros dos sin el último serían insuficientes. ¿Es el bautismo el bautismo en Cristo? (Gá. 3:27). ¿Y no es el bautismo con agua el testimonio *terreno*, y el bautismo con el Espíritu Santo el testimonio *celestial* de este *un* gran bautismo? De manera que mediante estos dos testigos (humano y divino) queda establecida la gran verdad mística de nuestra unión espiritual con Cristo. Por el Espíritu somos primero bautizados en Cristo, y luego por Cristo somos bautizados *con* el Espíritu.

Observemos por un momento qué implica este bautismo en Cristo:

1. Implica MUERTE. «¿O ignoráis que todos los que hemos sido bautizados en Cristo Jesús, hemos sido bautizados en su muerte?» (Ro. 6:3). Y esto no es una mera figura de lenguaje, sino una solemne realidad espiritual. «He muerto… y ya no vivo yo, sino que vive Cristo en mí» (Gá. 2:19, 20).
2. Implica SEPULTURA. «Sepultados juntamente con Él para muerte por medio del bautismo» (Ro. 6:4). No se trata solo de una sepultura en agua, sino *para muerte*, en la muerte de Cristo. La muerte al yo debe en realidad tener lugar antes que ceda a la sepultura, porque en tanto que viva gustará de ser visto por los hombres.
3. Implica RESURRECCIÓN. «Habiendo sido sepultados con Él en el bautismo, *en el cual* fuisteis también con Él» (Col. 2:12). No puede haber resurrección sin muerte. Haber *resucitado* con Cristo es la prueba de que hemos muerto en Él. Léase Filipenses 3:10 en su sentido inverso.
4. Implica SEMEJANZA. «Porque todos los que habéis sido bautizados en Cristo, os habéis revestido de Cristo» (Gá. 3:27). Si hemos sido plantados juntamente en la semejanza de su muerte, también lo seremos en la semejanza de su resurrección. Nuestra semejanza a su resurrección será precisamente en aquella medida de nuestra semejanza en su muerte.
5. Implica UNIDAD. Por un Espíritu somos todos bautizados en un Cuerpo. Todos los bautizados en Cristo son miembros del *un Cuerpo*, y así son todos uno en Él. Puede que no estemos todos en un mismo credo, pero todos los creyentes en Cristo son uno en Él.

El bautismo del Espíritu Santo, como la conversión, no es experimentado por todos de la misma forma. A algunos la certidumbre les ha venido repentinamente, a otros les ha venido como una revelación gradual. Algunos pueden recordar el día y lugar en que el *poder* cayó sobre ellos como un manto del cielo; otros sólo pueden decir: «Antes era débil, ahora soy fuerte». Y ¡cuántos más parecen contentarse con no saber nada acerca de ello como una posesión presente, personal y preciosa. Con respecto a este bautismo, podríamos observar:

I. El Bautizador. «Él os bautizará en Espíritu Santo» (Mt. 3:11). Es a *Él* sólo que debemos mirar para esta poderosa y concreta bendición. Este gran *don* es el fruto de su humillación y muerte. Y para la gloria de su propio Nombre Él está tan dispuesto a bautizar a un santo como a salvar al pecador.

II. La promesa. «SERÉIS bautizados con el Espíritu Santo» (Hch. 1:5). «Recibiréis el don del Espíritu Santo, … porque PARA VOSOTROS es la promesa» (Hch. 2:38, 39). Esta promesa, «Él os bautizará», es igual de cierta, y debería ser tan ciertamente experimentada, como «Él salvará». Y, además, esta promesa es la segunda parte de la gran salvación. No era suficiente que los hijos de Aarón fueran lavados, sino que debían ser también ungidos.

III. El cumplimiento. «*Esto es lo dicho* por medio del profeta Joel» (Hch. 2:16). Ahora estaban perfectamente ciertos de que la gran promesa estaba cumplida en la propia experiencia de ellos. Pedro testificó que «cayó el Espíritu Santo sobre ellos también, *como sobre nosotros* al principio» (Hch. 11:15; cp. 2:15). Juan escribe también: «*Tenéis* unción del Santo» (1 Jn. 2:20). Pablo habla de la «renovación por el Espíritu Santo, a quien *derramó sobre nosotros* abundante-mente» (Tit. 3:6). Cada embajador de Cristo debería poder dar testimonio, como Cristo, de que «El Espíritu del Señor *es sobre Mí*, por cuanto me ha ungido» (Lc. 4:18, RV).

IV. La necesidad. «¿Recibisteis el Espíritu Santo cuando creísteis?» (Hch. 19:2). La *necesidad* de este don, y la necesidad de *saber* que lo hemos recibido, son cosas ambas implicadas aquí. Sabemos que «Nadie llama a Jesús Señor excepto por el Espíritu», pero es evidente que aquí se significa algo muy diferente, y este algo es de vital importancia para cada creyente. «Ojalá todo el pueblo de Jehová fuese profeta, y que Jehová pusiera su espíritu sobre ellos.» ¿Lo has recibido?

V. La condición. «*Has amado* la justicia y *aborrecido* la maldad; POR TANTO te ungió Dios, el Dios tuyo» (Sal. 45:7). Este amor y este aborrecimiento son el fruto de un corazón perfectamente recto delante de Dios. Si se ama a Dios de todo corazón, entonces el pecado será aborrecido de todo corazón. Los sacerdotes de antiguo tenían que ser limpiados antes de su unción, y este orden jamás ha sido cambiado. Si tu cabeza no ha de carecer de unción, tu corazón no debe entonces abrigar pecado. «Yo os tomaré *de entre* las naciones, … y os traeré a vuestra propia tierra. LUEGO rociaré sobre vosotros agua limpia (tipo del *Espíritu Santo*)» (Ez. 36:24, 25, V. M.) La separación y la restauración precedieron a la santa aspersión.

VI. La evidencia. «Nos recomendamos… como ministros de Dios… *en el Espíritu Santo*» (2 Co. 6:4-6). La presencia y el poder del Espíritu Santo es la insignia por la que se conoce a un hombre como ministro de Dios. Si esto está ausente, solo puede hablar como uno sin autoridad, como los escribas. «Porque no es aprobado el que se alaba a sí mismo, sino aquel a quien Dios alaba» (2 Co. 10:18).

VII. El resultado. ¡Qué maravillosos que son los resultados del bautismo del Espíritu Santo, tal como se registra en Hechos, cuando «fueron todos llenos del Espíritu Santo»! ¿Quién puede medir los resultados desde los tiempos de los apóstoles? ¿Cuáles son los resultados *sin* este revestimiento?

1.788. EL BAUTISMO DEL ESPÍRITU: SUS EFECTOS

Cuando un hombre es bautizado con el Espíritu Santo, el efecto será muy señalado (primero) sobre la experiencia interior del hombre mismo. Habrá una humildad más profunda, debido a un sentimiento más profundo de impotencia e indignidad. Una sobriedad más santa, debido a que habrá una consciencia más agudizada de cuán fácilmente puede el Espíritu ser contristado. Habrá la tranquila intensidad que brota de un corazón veraz y solemne, en el que la Palabra viva de Dios arde como un fuego. No el entusiasmo de una pomposa arenga de palabras elocuentes, sino el resplandeciente aliento de un alma llena de la presencia y del poder de Dios. Esta unción no se derrama sobre la carne del hombre (la vieja naturaleza egoísta), porque con ello sólo se ministraría a su orgullo, sino sobre la cabeza mitrada de la nueva criatura consagrada en Cristo Jesús, para que ninguna carne se gloríe en su presencia. El Espíritu no fue dado *hasta* que Cristo fue glorificado, y no es *hasta* que estemos preparados para glorificarlo a Él a toda costa no podemos esperar este bautismo del Espíritu. E indudablemente ésta es la principal razón por la que muchos carecen de este gran don. Cristo no es exaltado en el trono de sus corazones.

Lo que sigue son algunos de los más destacados resultados que siguen ciertamente a este bautismo espiritual:

I. Asombro general. «Y estaban todos atónitos y perplejos, diciéndose unos a otros: ¿Qué quiere decir esto?» (Hch. 2:7-12). Aquí había algo que ellos no podían negar, y que sin embargo no podían comprender. El hombre natural *no puede* discernir estas cosas; está ciego a ellas hasta que nace de arriba por el Espíritu de Dios (1 Co. 2:10-16). Cuando un hombre es bautizado con el Espíritu Santo, su palabra y predicación no serán con palabras halagadoras de la sabiduría humana, sino en demostración del Espíritu y de poder. Si el Espíritu está ahí, Él le demostrará su propia presencia.

II. Gloria a Dios. «El Espíritu... de Dios reposa sobre vosotros... *en cuanto a vosotros* es glorificado» (1 P. 4:14). El vituperio del mundo se lanzará de seguro al asalto cuando el Espíritu de Dios repose sobre nosotros. Pero considerémoslo un gozo, porque Dios será glorificado. Él es siempre glorificado en el caso de los que han recibido esta unción. Antes, el yo era exaltado y Dios deshonrado. Ahora, el yo ha caído, como Dagón, y Dios es entronizado. Y cuando Él es verdaderamente glorificado en nosotros, será de cierto glorificado por medio de nosotros.

III. Comunión continua. «La unción que recibisteis de Él *permanece en vosotros*» (1 Jn. 2:27). «El Padre os dará otro Consolador, para que esté con vosotros para siempre» (Jn. 14:6). Nuestra comunión con el Padre y el Hijo será real y continua si permanecemos en plena comunión con el Espíritu Santo. Pero, ¡ay! cuán a menudo el alma queda autoexcluida de esta bendita comunión por la soberbia y la incredulidad. Samuel ungió a David, y el Espíritu del SEÑOR vino sobre él *«desde aquel día en adelante»* (1 S. 16:12). ¿Ha habido un día así en tu experiencia?

IV. Santa intrepidez. «Entonces, viendo el *denuedo* de Pedro y de Juan, ... les reconocían que habían estado con Jesús» (Hch. 4:13). Esto implica claramente que el mismo Jesús era intrépido. ¿Acaso no le dijeron: «Sabemos que eres veraz, y que no te importa de nadie»? (Mr. 12:14). Gedeón fue muy osado cuando fue y derribó el altar de Baal. «Entonces el *Espíritu de Jehová* vino sobre Gedeón, y... éste tocó el cuerno» (Jue. 6:30-34). Cuando un hombre es bautizado con el Espíritu *no puede más* que tocar la trompeta. Llenos del Espíritu, Pedro y Juan dijeron: «No podemos menos que decir lo que hemos visto y oído» (Hch. 4:20). ¿Cómo concuerda esto con aquellos que *no están dispuestos* a hablar a no ser que se les pague por ello?

V. Un testimonio poderoso. «Todos fueron llenos del Espíritu Santo, y... *con gran* poder los apóstoles daban testimonio» ((Hch. 4:31-33). El Espíritu del Señor vino sobre Jesús, y se maravillaban de las palabras llenas de gracia que salían de su boca. «Porque su palabra era *con autoridad*» (Lc. 4:32). Esteban estaba lleno del Espíritu Santo, y ellos *no podían resistir* al Espíritu con que hablaba (Hch. 6:5-10). Miqueas dijo: «Yo estoy lleno de poder del Espíritu de Jehová». ¿Para qué? Porque cuando Dios llena un vaso, tiene la intención de emplearlo: «Para *denunciar* a Jacob su rebelión, y a Israel su pecado» (Mi. 3:8). ¡Ah, cuánto se necesita hoy de este poder, para declarar todo el consejo de Dios, sin retener nada! El Espíritu Santo mismo es el gran testigo, y nosotros debemos testificar *juntamente con Él* (Jn. 15:26, 27; Hch. 5:32). Nuestro poder para Dios estará entonces en la proporción en que seamos colaboradores juntamente con el Espíritu Santo. Teniendo los mismos motivos a la vista, y actuando de la misma forma fiel y desprendida (Jn. 16:13).

VI. Obras poderosas. El Espíritu del Señor vino sobre Sansón, y despedazó un león con tanta facilidad como lo habría hecho con un cabrito (Jue. 14:6). Cuando somos llenos con el Espíritu, las dificultades leoninas que nos habrían atemorizado y hecho retroceder antes, ahora se vuelven como cabritos en nuestras manos. Jesús dijo: «Aun hará mayores [obras] que éstas, porque Yo voy al Padre... si no me fuese, el Consolador [el Espíritu Santo] no vendría a vosotros» (Jn. 14:12; 16:7). Pero Él se fue, y el Espíritu Santo ha venido, y las obras poderosas se muestran en todos los que tienen en este bautismo, mientras que los que sirven sin Él siguen planificando, trazando planes y golpeando el aire.

VII. Influencia silenciosa. «Te ungió Dios, el Dios tuyo... Mirra, áloes y casia *exhalan todos tus vestidos*» (Sal. 45:7, 8). Los ungidos están cubiertos de vestiduras fragantes. Esta influencia no se pone solamente para ocasiones especiales. Observemos que son *todos tus vestidos*, de modo que sin ellos quedamos vergonzosamente desnudos. Es bueno orar, «sea la hermosura de Jehová nuestro Dios sobre nosotros» (Sal. 90:17, V.M.), pero es verdaderamente mejor *revestirse* de tus hermosas vestiduras, ¡oh hija cautiva de Sion! El Antiguo Testamento está lleno de lo que deberíamos *hacer*, y el objetivo del Nuevo Testamento es mostrarnos lo que deberíamos SER. Todo el fruto y poder para Dios es el resultado no de lo que hacemos, sino de lo que *somos*.

1.789. EL BENEPLÁCITO DEL SEÑOR

1. Con respecto a sus enemigos,	Ezequiel 33:11
2. Con respecto a su hijo,	Isaías 53:10
3. Con respecto a su palabra,	Isaías 55:11
4. Con respecto a su evangelio,	1 Corintios 1:21
5. Con respecto a su servicio,	Gálatas 1:15-16
6. Con respecto a su pueblo,	1 Samuel 12:22
7. Con respecto a su propósito,	Lucas 12:32

1.790. EL CAMINO A DIOS

1. Un camino necesario	Salmos 63:1
2. Un camino nuevo	Hebreos 10:19, 20
3. Un camino consumado	1 Pedro 3:18
4. Un camino personal	Juan 14:6
5. Un camino seguro	Hebreos 7:25
6. Un camino libre	Hebreos 10:20-22
7. Un camino feliz a toda la ayuda en tiempo de necesidad	Hebreos 4:14-16
8. Un camino infalible	Santiago 4:8

1.791. EL CAMINO AL PADRE

I. El camino cerrado por el pecado (Gn. 3:24). Como el rebelde Absalón, necesitamos la reconciliación (2 S. 14:14).

II. El camino cerrado por la ley (Éx. 19:12, 13; Ro. 3:20).

III. El nuevo camino en expectativa (He. 9:7, 8).

IV. La apertura del camino (He. 10:19, 20). El velo separador fue rasgado de arriba abajo (Mr. 15:38).

V. El fin de este camino (Ef. 2:18; Jn. 14:6; He. 4:14-16).

VI. Las condiciones de la entrada (Ef. 3:12). La fe. «Es necesario que el que se acerca a Dios crea» (He. 11:6).

VII. Los privilegios de los que entran.

1. *Aceptados* en el Amado (Ef. 1:6).
2. *Comunión* (1 Jn. 1:3).
3. *Partícipes* (He. 12:9, 10).

1.792. EL CAMINO DE LA VIDA

1. Salvados por la **gracia** de Dios,	Efesios 2:1
2. Justificados mediante la **fe** en Dios,	Romanos 5:1
3. Redimidos por la **sangre** de Cristo,	Hechos 20:28
4. Asegurados por la **Palabra** de Dios,	1 Juan 5:13
5. Guardados por el **poder** de Dios,	1 Pedro 1:5
6. Poseídos por el **Espíritu** de Dios,	1 Corintios 6:19
7. Presentados ante la **presencia** de Dios,	Judas 24

1.793. EL CAMPO DE MISIÓN

I. Contempla el campo:

1. EL CAMPO ES EL MUNDO (Mt. 13:30). La Iglesia está en el mundo, para que pueda dar bendición al mundo. La semilla del reino es suficiente y apropiada para cada parte del campo.
2. UN MUNDO EN ESCLAVITUD (Jn. 5:19). Poseído y contaminado por el Maligno. Las espinas y los cardos del pecado son los frutos naturales del suelo.

3. UN MUNDO BAJO CONDENACIÓN (Ro. 5:12). Todos han pecado; todos son culpables; todos están bajo sentencia de muerte, para que pueda tener misericordia de todos.
4. UN MUNDO AL QUE DIOS AMO (Jn. 3:16). Que Dios ama al mundo queda abundantemente manifestado en el don de su Hijo. La razón de que amara a un mundo así es un misterio para los hombres y para alabanza eterna de Dios.
5. UN MUNDO POR EL QUE CRISTO OBRO LA PROPICIACIÓN. Él es la propiciación por nuestros pecados, y no solo por los nuestros, sino por los de todo el mundo (1 Jn. 2:2). Él es el propiciatorio, donde la ley quebrantada queda cubierta, y donde todos pueden allegarse a Dios.
6. UN MUNDO EN IGNORANCIA DE DIOS (1 Co. 1:21). Es triste pensar en los millones aún en ignorancia del amor de Dios y de la muerte expiatoria de Cristo. La tierra no puede dar frutos para bien mientras que carece de la buena semilla.
7. UN MUNDO LISTO PARA LA COSECHA (Jn. 6:35-36). Cristo vio el campo ya blanco en sus tiempos, porque vio ya la gracia y el poder por el que se podía llevar a cabo esta obra. ¡Ay, que tan poco haya sido aún recogido! «¿Dónde, oh dónde están los obreros de la mies?»

II. Contempla la obra. Se cuenta que cuando preguntaron al Duque de Wellington si valía la pena enviar misioneros a una cierta gente, él preguntó: «¿Cuál es la consigna?». Bien, aquí la tenemos:

1. ID POR TODO EL MUNDO (Mr. 16:15). El gran Redentor tenía la mirada y el corazón puestos en cada parte del campo cuando dio su vida en rescate por todos.
2. ME SERÉIS TESTIGOS (Hch. 1:8). Esto implica más que un mero testimonio. No podemos ser verdaderos testigos del poder transformador, purificador y preservador de Cristo, a no ser que hayamos sido renovados, poseídos y transformados en los corazones.
3. ENSEÑAD A TODAS LAS NACIONES (Mt. 28:19). Todas las naciones necesitan el conocimiento de Cristo. Cristo es suficiente para las necesidades de todas las naciones.
4. PREDICAD EL EVANGELIO (2 Co. 10:16). Las buenas del amor del Padre, de los sufrimientos y triunfo del Salvador; de la presencia y poder del Espíritu; de la venida del Rey.
5. DECLARAD SU GLORIA (1 Cr. 16:24). Declarad la gloria de su carácter; la gloria de su resurrección; la gloria de su futuro reino.
6. INVITAD A LA FIESTA DE LA BODA (Mt. 22:9). No olvidéis dar a cada uno una cordial invitación. Dios no hace acepción de personas. Todo el que quiera, que venga.
7. ORAD AL SEÑOR DE LA MIES (Mt. 9:28). Orad a Él para que envíe obreros a su mies. Orad a Él que envíe a aquellos que están esperando dinero para ir. La Iglesia está esperando en los *medios* para enviarlos. «Orad *a Él* que envíe», y los medios serán enviados con ellos.

III. Contempla los obreros.

1. SON POSEÍDOS (Jn. 17:23). El vaso necesita ser llenado antes que pueda ser bendición. Pablo tuvo la revelación del Hijo en él antes que fuera llamado a predicarle. Moisés tuvo la visión antes de recibir la comisión (Éx. 3:1-10).
2. SON ENVIADOS (Jn. 17:28). Enviados como el Padre envió al Hijo. ¿Qué significa esto? Pensemos de dónde vino Cristo, qué vino a hacer, y cómo hizo la voluntad de su Padre.
3. SON FIELES (Hch. 8:4). Aunque esparcidos por la persecución, predicaban por todas partes la Palabra. Fieles a Aquel que los había llamado. Vosotros servís al Señor Cristo.
4. SON ENSEÑADOS (Jer. 1:7). El que mora dentro enseña cómo y qué hablar. De vuestros corazones brotarán ríos de agua viva. Esto dijo Él del Espíritu.
5. SON DEUDORES (Ro. 1:14-15). Somos deudores a todas las clases, por cuanto nos ha sido dado aquello (el Evangelio) que todos necesitan. A los inconversos les debemos el Evangelio. Que el Señor nos dé la gracia de pagar nuestra deuda.
6. SON VALEROSOS (2 Co. 10:16). Fueron a las regiones más allá, donde el Evangelio era aún desconocido, no gloriándose en el fruto de las labores de otros. Osa ser un Daniel.
7. ALCANZAN EL ÉXITO (Hch. 17:6). El mundo tiene que ser revolucionado, porque hasta ahora está dando acatamiento a falsos dioses. Está de espaldas a Dios, y esta actitud precisa de una revolución, para que en lugar de darle la espalda, acuda a Él. Y para estas cosas, ¿quién es suficiente? Mayor es el que está en vosotros, que el que está en el mundo.

IV. Contempla los alientos dados.

1. PIENSA EN LA VOLUNTAD DE DIOS (1 Ti. 2:3-4). Es su voluntad que todos sean salvos. Él no quiere la muerte de nadie. Al buscar la salvación de los hombres, buscamos el cumplimiento de su voluntad.
2. PIENSA EN LOS PADECIMIENTOS DE CRISTO (Gá. 1:4). ¡Qué maravilla es aquella sangre derramada a los ojos de Dios el Padre; cuán poderosa es aquella sangre para purificar!
3. PIENSA EN EL DON DEL ESPÍRITU (Hch. 1:8), lo que demuestra un Salvador resucitado y un Abogado aceptado. Por la presencia del Espíritu mora dentro de nosotros la presencia del Salvador viviente en todo su amor y poder.
4. PIENSA EN EL PODER DEL EVANGELIO (Ro. 1:16). El mensaje que hemos de proclamar es el complemento divino de la necesidad humana. Es la panacea de Dios para los males del mundo.
5. PIENSA EN LA PROMESA (Mt. 28:19-20). «He aquí que yo estoy con vosotros.» Ésta fue la respuesta de Dios a Moisés. «¿Quién soy yo?» La verdadera pregunta no es ¿quién soy yo?, sino «Quién es Aquel que está conmigo?»
6. PIENSA EN LAS RECOMPENSAS (Mr. 10:29-30). «No hay nadie que haya dejado… que no reciba cien veces más.» ¡Qué compensación! La moneda del cielo pagada en gracia por la mano del Rey.
7. PIENSA EN EL PROPÓSITO DIVINO. Todos los confines de la tierra verán la salvación de Dios. Todos los reyes y naciones le servirán. Los reinos de este mundo aún han de llegar a ser el reino de nuestro Señor y de su Cristo. No os fatiguéis en hacer el bien.

1.794. EL CORAZÓN

¿Qué se significa por este término? El asiento de los afectos y el centro del hombre moral.

1. **Su carácter inherente.** «Engañoso y perverso», Jeremías 17:9

2. **Su resultado natural.** «El mal continuadamente», Génesis 6:5

3. **¿Qué se debería hacer con él?** «Hijo mío, *dame* tu corazón», Proverbios 23:26

4. **Lo que Dios puede hacer con él.** Sacar y renovar, Ezequiel 11:19

5. **El propósito del nuevo corazón.** «Para que me conozcan», Jeremías 24:7

6. **La visión del nuevo corazón.** «Verán a Dios», Mateo 5:8

7. **Los privilegios de los de recto corazón.** Allegamiento, plena certidumbre, adoración, Hebreos 10:22

1.795. EL ESPÍRITU SANTO, NUESTRO MAESTRO

Hay dos grandes personalidades que son muy olvidadas en estos días: el diablo, el padre de mentira; y el Espíritu Santo, el Espíritu de verdad.

I. Se precisa de un Maestro divino. Cada pecador necesita de un Salvador Divino; cada santo necesita un Maestro Divino. «El os enseñará» (Jn. 14:26) debiera ser tan real para nosotros como «Él salvará» (Mt. 1:21). Necesitamos a este gran Maestro porque:

1. NADIE CONOCE LAS COSAS DE DIOS (1 Co. 2:11). Toda persona no regenerada ignora las cosas de Dios. El hombre no puede encontrar *buscando*, sino solo por *revelación*. Esta revelación es por el Espíritu Santo (1 Co. 2:11).
2. EL HOMBRE NATURAL NO PUEDE RECIBIR LAS COSAS DE DIOS (1 Co. 2:14). No solo tiene que *revelarnos* el Espíritu Santo las cosas de Dios, sino que también tiene que cambiarnos el corazón, y darnos la *naturaleza para recibirlas*.
3. SANTOS HOMBRES DE DIOS HABLARON SIENDO INSPIRADOS POR EL ESPÍRITU SANTO (2 P. 1:21). Los santos de hoy deben tener el mismo Maestro. Él os conducirá a toda verdad (Jn. 16; 13).

II. Ha venido un Maestro divino.

1. FUE ENVIADO POR EL PADRE EN NOMBRE DEL HIJO (Jn. 14:26). Tanto el Padre como el Hijo están profundamente interesados en la educación de sus hijos. Este don implica que hay mucho más en esta vida para los cristianos que la mera salvación de la ira.
2. HA VENIDO A INSTRUIR (Neh. 9:30). Dos cosas que cada cristiano debería ser: puro y sabio. La ignorancia de las cosas de Dios es una evidencia de un Espíritu contristado.

3. ÉL TODO LO ESCUDRIÑA (1 Co. 2:10). Este Maestro es todo-suficiente; los profundos misterios de Dios son conocidos por Él y por Él revelados.
4. ÉL PERMANECE EN VOSOTROS (Jn. 14:17). «Vuestro cuerpo es templo del Espíritu Santo» (1 Co. 6:19). El está siempre cerca, de manera que «no tenéis necesidad de que nadie os enseñe» (1 Jn. 2:27).
5. ÉL HABLA EN VOSOTROS (Mt. 10:12). Él tiene que hablar por medio de nosotros antes que pueda hablarnos a nosotros. No sois vosotros los que habláis, porque habéis muerto, y vuestra vida está escondida con Cristo en Dios.

III. El carácter de su enseñanza. Él es el Espíritu de sabiduría, de consejo y de conocimiento (Is. 11:2). Este texto será mejor comprendido leyéndolo desde el final hasta el principio.

1. ÉL NO HABLARÁ DE SÍ MISMO (Jn. 16:13). Como Cristo, no busca lo suyo. ¿Nos caracteriza este rasgo de nuestro Maestro? No yo, mas Cristo.
2. ÉL DESPIERTA EL OÍDO (Is. 50:4). Oh Dios, danos un oído para oír. Algunos tienen oído, mas no oyen. ¿Por qué? Porque duermen.
3. ÉL USA LA PALABRA (Ef. 6:17). Siendo el Espíritu de verdad, se deleita en la palabra de verdad, y busca guiarnos a la verdad.
4. ÉL RECIBE LAS COSAS DE DIOS PARA NOSOTROS (Jn. 16:14). Toda la plenitud está en Cristo; el Espíritu recibe y toma de las cosas de Cristo para mostrárnoslas.
5. ÉL NOS MUESTRA LAS COSAS QUE HAN DE SUCEDER (Jn. 16:13). Ahora, desde que los cristianos han comenzado a dar honra al Espíritu Santo, están comenzando a comprender «las cosas que están para suceder».
6. TRAE AL RECUERDO (Jn. 14:26). Él escribe la verdad en el corazón y la trae a nuestras mentes cuando es necesario. Su memoria nunca le falla. Estar llenos del Espíritu es la curación para una mala memoria.
7. ÉL DISTRIBUYE SUS DONES (1 Co. 12:8). «Repartiendo a cada uno en particular según su voluntad» (1 Co. 12:11). Desead, pues, celosamente los mejores dones. ¿Quién enseña como Él? (Job 36:22).

IV. Los privilegios de los enseñados.

1. LE CONOCEN (Ef. 1:17), no solo como su Salvador, sino también como su suficiencia diaria y Rey que vuelve.
2. SABEN QUÉ LES HA SIDO DADO LIBREMENTE (1 Co. 2:12). Por la fe se han asido de las inescrutables riquezas de Cristo. A los tales, estas promesas son preciosas.
3. SON RÁPIDOS DE COMPRENSIÓN (Is. 11:3). al ser enseñados por Dios tienen la mente de Dios, y así comprenden rápidamente su voluntad.
4. HABLAN CON SABIDURÍA (1 Co. 2:13). El Espíritu del Señor habló por mí, y su palabra estuvo en mi lengua.
5. TIENEN UNA SANTA UNCIÓN (1 Jn. 2:20). El aliento celestial es sentido allí donde está el Espíritu. Pablo no juzgaba por las palabras sino por el *poder* (1 Co. 4:19-20).
6. NO NECESITAN A NINGÚN OTRO MAESTRO (1 Jn. 2:27). Sea que leamos u oigamos la Palabra de Dios, sentémonos a sus pies. Aprended de Mí.
7. SON DE AYUDA A OTROS (Is. 50:4). Éste es el secreto de una vida útil: Dios obrando en ti tanto el querer como el hacer por su buena voluntad.

1.796. EL EVANGELIO, REVELACIÓN DIVINA

Una sencilla definición del término «Evangelio» es «buenas nuevas», «gratas nuevas de cosas buenas», pero la definición bíblica no es tan elemental. ¿Cuáles son estas buenas nuevas? ¿Cuáles son estas gratas noticias? Incluir todo lo que enseña el Nuevo Testamento como formando parte del Evangelio implica tomar todo el universo de la gracia. Los siete colores que constituyen la luz del sol se ven en el arco iris. El séptuple carácter del Evangelio se revela en el arco de la gracia de la promesa divina.

I. Lo que es el Evangelio. Se le llama:

1. EL EVANGELIO DE DIOS (Ro. 1:1). Es las buenas nuevas de la misericordiosa actitud de Dios para con el mundo. «De tal manera amó Dios al mundo, que ha dado a su Hijo unigénito» (Jn. 3:16). Aquel que declaró: «Todas las almas son mías» se revela ahora a Sí mismo en la empresa de buscar salvar a todos mediante el sacrificio de su propio Hijo.
2. EL EVANGELIO DE CRISTO (Ro. 1; 16). Pablo declaró: «No me avergüenzo de las buenas nuevas; son el poder de Dios que ahora está obrando para salvación de todo el que cree». El carácter y la obra de Cristo, incluyendo su vida, muerte y resurrección, es el resplandor, o irradiación, de la gloria del amor y poder de Dios.
3. EL EVANGELIO DE LA GRACIA DE DIOS (Hch. 20:24). ¿Podemos darnos cuenta de lo que verdaderamente significa la gracia como ofrecida por el Dios Omnipotente? Es un favor que nos es otorgado, con toda la Omnipotencia de Dios en él. La *gracia de Dios* es el poder de Dios obrando en amor y misericordia en nuestro favor. Esta gracia fue manifestada en Jesucristo, su Hijo. Ciertamente que esto es «buenas nuevas».
4. EL EVANGELIO DE VUESTRA SALVACIÓN (Ef. 1:13). Buenas nuevas para tu propia alma individual. Algo que pueda suplir a nuestras propias *necesidades personales*, para evocar la confianza, acción de gracias y agradecido servicio de nuestros corazones. «Por designio de *su voluntad* nos hizo nacer por la palabra de la verdad» (Stg. 1:18). Gracias sean dadas a Dios por tales gratas nuevas.
5. EL EVANGELIO DEL REINO (Mr. 1:14). Las buenas nuevas de un reino aún venidero, cuando Jesús reinará de mar a mar, y los más remotos confines de la tierra serán su posesión. Mientras tanto, «será predicado este evangelio del reino en todo el mundo, para testimonio a todas las naciones; y entonces vendrá el fin» (Mt. 24:14).
6. EL EVANGELIO ETERNO (Ap. 14:6). Ésta es la buena nueva de las edades. Aquí tenemos algo que jamás perderá su lozanía. Es eternamente bueno, y crecientemente precioso para cada creyente. ¡Qué contraste con los engañosos placeres de los mundanos! Placeres *para siempre* a la diestra de Dios.
7. EL EVANGELIO DE LA GLORIA DE CRISTO (2 Co. 4:4). El Evangelio es verdaderamente «glorioso», pero aquí tenemos «las buenas nuevas» de la *gloria de Cristo.* El Cristo que se dio a Sí mismo a la «muerte maldita de la Cruz» está ahora glorificado, y ha venido a ser el Mediador delante del Trono de Dios. Verdaderamente, son buenas nuevas, que nuestro Señor está ahora «exaltado por encima de todo nombre que se nombra».

II. Este Evangelio es una Revelación. Multiforme e intensamente divino. Es un mensaje del Padre de los espíritus a los espíritus humanos. Los cuatro Evangelistas nunca intentan describir a Cristo, ni siquiera dar sus propias opiniones acerca de Él. Simplemente, «lo ponen de manifiesto». En este Evangelio, así, tenemos:

–Algo que no pudo ser *inventado* por el hombre, porque la mente natural nunca podría *concebir* lo que no puede *recibir*, aparte del Espíritu Santo.
–Algo que el hombre jamás podía *descubrir*, sino por revelación. Éste es el misterio de la Piedad.
–Algo para lo que la civilización no tiene sustitutivo.
–Algo que entre todos los avances de las eras *nunca puede ser mejorado.*
–Algo de lo que ni Dios ni el hombre se avergonzarán jamás.
–Algo que es lo único que puede resolver el misterio de la culpa del hombre y de la justicia de Dios. Éste es el Evangelio de la paz (Ro. 10:15).
–Algo «en lo que los ángeles anhelan mirar», como una nueva manifestación del carácter divino (1 P. 1:12). ¿No os es nada a vosotros, que pasáis junto al camino?

1.797. EL FRACASO EN LA VIDA CRISTIANA

I. La vida cristiana nunca debería ser un fracaso. El hecho de que muchos fracasan en cuanto a vivir la vida verdaderamente cristiana es una penosa realidad, aunque Dios no ha hecho provisión para el fracaso. ¿Por qué debería ser un fracaso? No tendría que serlo, por cuanto

1. LA VIDA ES DIVINA. Vivificados por el Espíritu, nacidos de lo alto, participantes de la naturaleza divina, vida eterna.
2. EL GUÍA ES INFALIBLE. La Palabra infalible aplicada por el Espíritu infalible (Jn. 16:13). «El que anduviere en este camino, por torpe que sea, no se extraviará» (Is. 35:8).
3. LA PROVISIÓN ES SUFICIENTE (2 Co. 9:8). ¿Por qué debería haber pobreza cuando se ofrece abundancia libremente? «Mi Dios proveerá a todas vuestras necesidades» (Fil. 4:19).
4. SE OFRECE SOCORRO (He. 2:18). Las tentaciones nos vendrán como le vinieron a Cristo, pero, como Él, podemos vencer por medio de la Palabra de Dios (Lc. 4:4).
5. SE PROMETE PODER (Jud. 24). Él puede guardarnos de caída, y llenarnos con un poder suficiente para resistir al diablo, y capacitarnos para vivir una vida que será un testimonio de su poderoso poder salvador.

6. SE ESPERA LA VICTORIA (1 Co. 15:57, 58). Dios ha hecho provisión para que cada uno de sus hijos sea más que vencedor. «Vencieron por la sangre del Cordero.»

II. Cómo la vida cristiana fracasa. Debido a...

1. UN APARTAMIENTO DE DIOS. Las cisternas rotas son míseros sustitutos para las «Fuentes de Aguas Vivas». Preferir nuestras obras a la gracia de Dios.
2. LA TERQUEDAD (Sal. 81:11). La preferencia de nuestra propia sabiduría a la que viene de lo alto. Cuidado con querer tu propio camino.
3. EL TEMOR AL HOMBRE (1 S. 15:24). «El que teme a los hombres caerá en el lazo.» Tened el valor de Pedro y Juan (Hch. 4:19).
4. EL ESPÍRITU MUNDANO. El amor del mundo lleva a mezclarse con Él, y al ahogamiento de la Palabra de Dios. Ahogar la Palabra es ahogar nuestra vida espiritual (Mt. 13:22).
5. DESOBEDIENCIA (Sal. 106:34). La consulta de nuestros propios sentimientos y comodidad, y el olvido el mandamiento de Dios, es el camino a la desobediencia. «Porque por fe andamos, no por vista» (2 Co. 5:7).
6. UNA CONFIANZA MAL PUESTA (2 Cr. 16:7). Apoyarse en las promesas del hombre en lugar de en las de Dios es deshonrar a Dios y asegurar la frustración.
7. LA SOBERBIA (Jos. 9:14). El mismo Josué se consideró bien capaz de discernir a los gabaonitas, pero fracasó. No te apoyes en tu propio entendimiento. Buscar el honor de unos por otros es una causa fructífera de fracasos.
8. NEGLIGENCIA EN LA ORACIÓN (Job 15:4). La autoconfianza conduce a esto. La negligencia en la oración es un obstáculo a la bendición.
9. AUTOSUFICIENCIA. La Iglesia de Laodicea es un solemne ejemplo de esto (Ap. 3:17).
10. DESCUIDO DE LAS COSAS PEQUEÑAS (Cnt. 2:15). Pequeños pecados sin confesar. Recuerda, «las zorras pequeñas» crecen.
11. INCREDULIDAD (Sal. 78:19-41). Ellos dijeron: «¿Podrá [Dios] poner mesa en el desierto?» Dios es suficiente para cada circunstancia de la vida.

III. Lo que implica en la vida cristiana. Implica:

1. FRUSTRACIÓN (Jer. 2:13). La porción satisfactoria no puede encontrarse en ningún otro lugar más que en el mismo Dios. Tú eres mi porción.
2. DESALIENTO (Dt. 1:28). El fracaso de uno puede desalentar y obstaculizar las oraciones de muchos.
3. UNA VIDA EGOÍSTA (Os. 10:1). El ego orgulloso dentro busca todo el honor; el miserable yo. Los que están confiados en sí mismos nunca pueden entrar en la plenitud de la bendición.
4. ESTERILIDAD (Mt. 13:22). Fuera de comunión con Cristo, lo que lleva a la esterilidad de vida, porque el Espíritu Santo es contristado (Jn. 15:4).
5. TIBIEZA (Ap. 2:4; 3:16). Ésta es una condición enfermiza para el corazón de Dios. ¡Qué cambio de amor a asco!
6. DERROTA (Jos. 7:13). No puede haber victoria cuando se ignora al gran Capitán del ejército (Jos. 5:13, 14).
7. DESHONRA. Cada fracaso deshonra a Dios, que quiere darnos «la victoria por medio de nuestro Señor Jesucristo» (1 Co. 15:57).

IV. El remedio para el fracaso en la vida cristiana.

1. CONFESIÓN DE PECADO (1 Jn. 1:7). Si hemos fallado, entonces hemos pecado. «Si confesamos nuestros pecados, Él es fiel y justo para perdonarnos» (1 Jn. 1:9).
2. LA RENDICIÓN DE LA VOLUNTAD (Os. 14:1-4). Regresa y cede. Confíate a Él. «No se haga mi voluntad, sino la tuya» (Lc. 22:42).
3. CONSAGRACIÓN DE LA VIDA (Ro. 12:1, 2). Consintiendo que Cristo viva en nosotros, y obre el propósito de su voluntad por medio de nosotros. «Para mí el vivir es Cristo» (Fil. 1:21).
4. ECHAR A UN LADO TODO PESO (He. 12:1). Lo que no pueda ser un pecado sobre nuestra conciencia puede ser un peso sobre nuestra vida.
5. RECIBIR LAS PROMESAS DE DIOS (2 P. 1:4-8). Por éstas somos hechos participantes de la naturaleza divina, y capacitados a añadir a la fe virtud, etc., a fin de que no seamos ni estériles ni sin fruto.
6. CONSTANTES EN PERMANECER EN ÉL (Jn. 16:1-5). Esto podemos hacerlo con una confianza continua e implícita.
7. ANDAR HUMILDEMENTE DELANTE DE ÉL (Mal. 2:6). El propósito del candelero de oro era resplandecer delante del Señor. ¿Es éste el propósito de tu vida?

1.798. EL FRUTO DEL ESPÍRITU

Es evidente, hay una diferencia entre la *obra* del Espíritu y el *fruto* del Espíritu. La obra del Espíritu puede ser considerada como el resultado directo de la energía *activa* del Espíritu, el *fruto* como resultado de su presencia plena. En Gálatas 5:19-22 vemos las obras de la carne contrastadas con el *fruto* del Espíritu. Las obras de la carne son el resultado natural de un principio activo en el interior. El fruto del Espíritu no brota de nada que esté en nosotros de natural, sino que es el resultado de la nueva vida engendrada en nosotros por el Espíritu Santo, y mantenida por su plenitud continuada. «En mí, esto es, en mi *carne*, no mora el bien» (Ro. 7:18). El fruto del Espíritu no se cita en forma plural como sí sucede con las obras de la carne. Esto significa la *unidad* del fruto. Cada una de las gracias mencionadas constituye sólo una parte de un todo, de modo que ningún cristiano está al completo hasta que no queda caracterizado por ninguna de estas nueve gracias (Gá. 5:22). El fruto del Espíritu es *en toda* bondad, justicia, verdad (Ef. 5:9). ¿Qué es el fruto? El fruto es:

I. Una evidencia de muerte. «Si el grano de trigo no cae en la tierra y muere, queda solo; pero si muere, lleva mucho fruto» (Jn. 12:24). Estoy crucificado, y ya no vivo yo, *mas* Cristo vive en mí. Solo esta nueva vida puede traer fruto para la gloria de Dios. Concluimos, entonces, que una razón por la que tantos cristianos carecen de fruto es porque el yo no ha muerto, y por ello quedan *solos*.

II. La necesidad de la gracia. «Todo pámpano que en mi no lleva fruto, lo quita» (Jn. 15:2). Cavaré «alrededor de ella... y si da fruto, bien; y si no, la cortarás *después*» (Lc. 13:9). La rama estaba en la vid, la higuera estaba en la viña, ambas cosas en el lugar de gracia y privilegio. Para mantener este sublime privilegio se tiene que encontrar fruto. Lo que no tiene fruto no puede gozar mucho tiempo de los privilegios de lo no fructífero; más tarde o más temprano se hundirán en el lugar de la rama marchita. La ausencia de fruto y el favor no pueden vivir juntos: tiene que haber un divorcio.

III. La manifestación de carácter. «Por el fruto se conoce el árbol» (Mt. 12:33). «Que llevéis mucho fruto, y seáis, así, mis discípulos» (Jn. 15:8). Ellos les mostraron el fruto de la *tierra* (Nm. 13:26) justo para demostrarles el carácter de la tierra. Así, el fruto manifiesta: 1) El carácter del árbol. 2) De los hombres. 3) De la tierra. Por sus *frutos* los conoceréis, no por sus apariencias. Si el Espíritu Santo mora en nosotros, el fruto del Espíritu se tiene manifestar a través de nosotros. No salen higos de los espinos, ni uvas de los abrojos (Mt. 7:16).

IV. El resultado de la abundancia de vida. «De mí será hallado tu fruto» (Os. 14:8). He venido para que tengan vida abundante (Jn. 10:10). El fruto sólo puede venir cuando hay vida de sobras, cuando hay más que la necesaria para el sustento propio. El fruto del Espíritu en nosotros es el resultado de *corrientes de agua* sobre el sequedal. El alma misma tiene que quedar primero abundantemente satisfecha antes que se pueda encontrar fruto en ella. El pozo tiene que estar lleno antes que pueda rebosar.

V. El resultado de la permanencia constante. «Como el pámpano no puede llevar fruto por sí mismo, si no *permanece* en la vid, así tampoco vosotros, si no permanecéis en Mí» (Jn. 15:4). «Dan fruto por *su constancia*» (Lc. 8:15). El árbol que no está *arraigado* será por ello mismo sin fruto. «Que habite Cristo por medio de la fe en vuestros corazones, a fin de que *arraigados* y cimentados *en amor*, seáis plenamente capaces» (Ef. 3:17, 18). En Colosenses 2 el orden es: Arraigados y... *abundando en acciones de gracias* (Col. 2:7). No seáis llevados a la deriva, como una rama sin fruto, desarraigada. Permaneced en Mí, son las palabras del Señor.

VI. Algo para bien de otros. «Envió sus siervos... para que recibiesen sus frutos» (Mt. 21:34). El fruto no es para *el bien del árbol*. Aunque sí es el bien del árbol. El fruto del Espíritu es en toda «bondad». Para que ellos puedan ver vuestras buenas obras, y glorificar a vuestro Padre (Mt. 5:16). Si buscamos fruto meramente para nuestro propio nombre, deshonramos al Padre. Recordemos que Jesús dijo: «Mi Padre es el Labrador». Muchos van desfalleciendo por falta de este fruto (Lm. 4:9).

VII. El objeto de la búsqueda del Señor. «Vengo a buscar fruto» (Lc. 13:7). He aquí, el Labrador espera el fruto de la tierra, y ha mostrado mucha paciencia (Stg. 5:7). Producid fruto para Dios (Ro. 7:4). El fruto del Espíritu en nosotros es lo que el bendito Señor busca de nosotros. Él es un paciente Labrador. ¿Cuánto tiempo ha esperado Él? Hasta la lluvia temprana y la *tardía*. La lluvia temprana de la conversión, y la tardía de la consagración.

VIII. El método natural de la propagación. «Dijo Dios: Produzca la tierra... árbol que da fruto, *cuya semilla está en él*, según su género» (Gn. 1:11). La semilla está en el fruto. Si no hay fruto no hay semilla. Entonces, si el fruto del Espíritu no se manifiesta en nuestras vidas, somos un estorbo real para la extensión del reino de Dios. Que «el Dios omnipotente te bendiga, y te haga fructificar» (Gn. 28:3). «Llevando fruto en toda buena obra» (Col. 1:10). Cuidaos de los espinos que ahogan (Mr. 4:7).

1.799. EL FRUTO DEL ESPÍRITU

I. El origen del fruto.

1. SU ORIGEN NO ESTÁ EN LA RAMA. La rama no puede dar fruto por sí *misma* (Jn. 15:4, 5). En mí, esto es, en mi carne, no mora el bien. Igual podríamos esperar higos de espinos como que brotara fruto del Espíritu de una mente carnal.
2. SU ORIGEN ESTA EN EL MISMO CRISTO. Toda la plenitud de la Deidad mora en Él. Él, como la verdadera y viviente Vid, tiene sus raíces en el Padre Eterno. Como Hombre, Él es el cuenco al que fluye el aceite desde los árboles vivientes, y desde el que todas las lámparas reciben su suministro (Zac. 4:2), y quedan llenas de los frutos de justicia.
3. EL SUMINISTRO ES POR EL ESPÍRITU SANTO (Ro. 5:5). La savia en la vid es una hermosa metáfora del Espíritu Santo manando a través de Cristo hacia aquellos que permanecen en Él. La savia vivifica a novedad de vida.
4. LLENA LA RAMA QUE PERMANECE con la vida de la vid (Jn. 6:63). Así que por su Espíritu somos hechos poseedores de la vida divina. Si alguno no tiene el Espíritu de Cristo, no es de Él.

II. Características de los portadores de fruto. Son:

1. ESCOGIDOS (Jn. 15:16). Como ramas secas e indignas han sido escogidos por Dios. Mientras que éramos como la sucia abandonada en Ezequiel 16, Él pasó junto a nosotros y nos hizo objetos de su amor.
2. ADOPTADOS (Ro. 8:15). No solo escogidos, sino adoptados también en su familia; plantados en la Vid Viviente, y hechos partícipes de la plenitud de la misma. «Todos uno en Cristo.»
3. PERMANECIENTES (Jn. 15:5). Los que sienten y saben que su vida y fuerza dependen enteramente de su unión con el Viviente. Cuando fueron por primera vez plantados en Cristo estaban tan secos como las tablas del Tabernáculo.
4. SANTIFICADOS (Ro. 15:10). Habiendo sido escogidos y adoptados, han sido santificados –puestos aparte– para el uso del Señor. Cuando el Espíritu posee a los cristianos, como la savia a la rama injertada, es para que Dios se glorifique en él.
5. RECEPTORES (Hch. 1:8). Nada pueden dar hasta que hayan recibido primero de su Espíritu Santo. ¿Qué puede dar una rama a una vid antes que venga a ser parte de ella? Bien pueden las ramas decir: «¿Qué tenemos que no hayamos *recibido*?».
6. POSEIDOS (1 Co. 3:16). La rama no *poseída* por la savia es una rama seca, y no puede mostrar el carácter de la vid. «Morad en Mí, y yo en vosotros.-» Es Dios que mora en vosotros; Él hace la obra.
7. LLENOS (Hch. 2:4). La rama tiene que ser llenada de savia antes de poder dar fruto. El fruto es resultado de la abundancia de la vida. Sed *llenos* con el Espíritu.

III. El carácter del fruto. Aquí observaríamos, y pongamos énfasis en este hecho:

1. QUE ESTE FRUTO ES EL FRUTO DEL ESPÍRITU (Ef. 5:9). No es del cristiano –aparte del Espíritu–, sino el resultado de la presencia y del poder del Espíritu Santo que mora en el cristiano. La rama no *trabaja* para dar fruto, sino la savia, y por ello es el fruto de la savia. «Es Dios que obra en vosotros.»
2. ESTE FRUTO SIGNIFICA EL CARÁCTER DE CRISTO (Ro. 5:5). Si el Espíritu Santo derrama en nuestros corazones el *amor* de Dios, es para que este collar de perlas, mencionado en 1 Corintios 13, y llevado por Jesucristo, pueda exhibirse en nosotros. Si este amor es engendrado por nosotros por el Espíritu, nos capacitará para dar un fruto como el mencionado en Colosenses 3. Como la savia toma las cosas de la raíz y las revela sobre la rama, de la misma manera el Espíritu toma las cosas de Cristo y nos las muestra, para que se pongan de manifiesto por medio de nosotros.
3. EL FRUTO ES LA PRUEBA Y EL PODER DEL CRISTIANO. «Por sus frutos los conoceréis.» La luz de una vida llena del Espíritu conducirá a otros a glorificar a nuestro Padre en el cielo. Si Cristo mora en nuestro corazón por la fe se verán en nuestras vidas los rasgos de su carácter.

IV. Lo precioso del fruto.

1. DA GLORIA Y ALABANZA A DIOS (Fil. 1:11). En esto es glorificado mi Padre, en que llevéis mucho fruto. Cristo dijo: «Yo soy la vid verdadera, y mi Padre es el labrador». ¡Cuánto se debe haber regocijado este Labrador por el fruto de esta Vid!
2. DA SATISFACCIÓN AL CORAZÓN DE CRISTO (Cnt. 4:16). Ver su propia imagen en las vidas de su pueblo debe ser un dulce fruto para su paladar. Los frutos que dan alabanza al Padre son todos de Él «Su dulce fruta».
3. ES TESTIMONIO DE LA GRACIA Y PODER DE DIOS (Hch. 1:8). Un cristiano portador de fruto es una maravillosa exhibición de la misericordia de Dios. Son testigos, por medio del Espíritu Santo, del infinito poder salvador y saciador de Jesucristo.
4. CONDUCE A OTROS A CREER EN DIOS (Hch. 2:41). «Que vean vuestras buenas obras, y glorifiquen a vuestro Padre que está en los cielos.» Cuando vieron el denuedo de Pedro y de Juan, reconocieron que habían estado con Jesús. Si moramos en Cristo seremos como José: «Rama fructífera junto a una fuente, cuyos vástagos se extienden sobre el muro».

1.800. EL MUNDO

I. El estado del mundo. El mundo por Él fue hecho (Jn. 1:10): *Creación*. El pecado entró en el mundo (Ro. 5:12): *Corrupción*. Todo el mundo yace en el maligno (1 Jn. 5:19): *Desolación*. El diablo es el dios de este mundo (2 Co. 4:4), y en Mateo 4:8 lo vemos ofreciendo venderlo.

II. La Esperanza del mundo. Dios amó al mundo (Jn. 3:16): *Compasión*. «He aquí el Cordero de Dios, que quita el pecado del mundo» (Jn. 1:29): *Sustitución*. Para que el mundo pudiera ser salvo por medio de Él (Jn. 3:17): *Salvación*. Él es la propiciación por los pecados del mundo (1 Jn. 2:2).

III. La necesidad del mundo. Él redargüirá al mundo de pecado (Jn. 16:8): *Convicción*. Para que todo el mundo sea hecho culpable (Ro. 3:19). : *Contrición*. Para que el mundo sepa que Tú me has enviado (Jn. 17:23): *Confesión*. El don de lenguas en Pentecostés es una prueba de que Dios desea que *todos* oigan y vivan. El mensaje era para «toda criatura que está debajo del cielo» (Col. 1:23).

IV. El creyente y el mundo. Él es *dado* a Cristo *fuera del mundo* (Jn. 17:6): *Divinamente separado*. Es enviado por Cristo al mundo (Jn. 17:18): *Divinamente comisionado*. Es *inhabitado* por Cristo *para* la bendición del mundo (Jn. 17:23): *Divinamente equipado*.

1.801. EL PLAN DE LA SALVACIÓN, MOSTRANDO LA TRINIDAD DEL AMOR DIVINO EN ACCIÓN

Dios es

A) UN DIOS JUSTO
Y no puede absolver al culpable, y es
B) UN DIOS SANTO
Que no puede asociarse con los impuros.

Pero nosotros somos:

A) CULPABLES, y:
B) IMPUROS

Por ello, para poder estar firmes:

A) EN EL JUICIO ...
B) EN LA ESTANCIA DE LA PRESENCIA ...

Nos es necesario ser:

A) JUSTIFICADOS.
Esto es, declarados inocentes.
B) SANTIFICADOS.
Esto es, hechos santos.

Esto solamente puede conseguirse por medio de que:

A) NOS SEA IMPUTADA LA JUSTICIA DE CRISTO.
B) NOS SEA IMPARTIDA LA SANTIDAD DE CRISTO.

En esto consiste

A) LA OBRA DE CRISTO POR NOSOTROS.
Pasiva y activa, sufriendo y sirviendo.
B) LA OBRA DE CRISTO EN NOSOTROS.

Por la habitación del Espíritu Santo.
1) La causa originadora es el amor de Dios Padre.
2) La causa procuradora es el mérito de Cristo el Hijo.
3) La causa eficiente es la operación del Espíritu Santo.
4) La causa instrumental es la Palabra de Dios.
5) La causa receptiva es la fe del hombre.

El Resultado: Somos

A) JUSTIFICADOS:
1) De toda culpa.
2) Por un acto.
3) Consumado al creer.
B) SANTIFICADOS:
1) En la integridad del hombre.
2) Un acto progresivo.
3) Consumado solamente cuando estemos arriba.

Amén.

Por un autor desconocido. (Copiado y traducido del latín por el difunto canónigo Stuart, de Canterbury. Preservado por el autor de este volumen en su Biblia de bolsillo durante treinta años.)

1.802. EL PODER DE LA ORACIÓN

Tenemos más necesidad de aprender a orar que a predicar. La comunicación «inalámbrica» puede ser un misterio para muchos, pero es una gran realidad para los que la usan. Con respecto a la oración, hay necesidad de redescubrir las posibilidades que siempre han existido, la de una comunicación directa con el eterno Trino Dios.

I. Condiciones para tener poder en oración.

1. LA VOLUNTAD DE DIOS. «Y ésta es la confianza que tenemos ante él, que si pedimos alguna cosa conforme a su voluntad, él nos oye. Y si sabemos que él nos oye en cualquier cosa que pidamos, sabemos que tenemos las peticiones» (1 Jn. 5:14, 15). La suprema fuente de todo poder en oración pertenece a Dios.
2. EL NOMBRE DE JESÚS. «Y cualquier cosa que pidáis al Padre *en mi nombre*, la haré, para que el Padre sea glorificado en el Hijo» (Jn. 14:13, 14). Su «Nombre» denota todo lo que es Jesucristo a los ojos de su Padre. Cuando oremos en *su Nombre*, pensemos en su carácter y obra. «Nadie puede venir al Padre, sino por medio de mí.» «Si permanecéis en mí... pedid todo lo que queráis» (Jn. 15:7).
3. EL MINISTERIO DEL ESPÍRITU SANTO. Cuando no sabemos cómo orar como debiéramos, el mismo Espíritu Santo intercede por nosotros (Ro. 8:26). Cuando no podemos hilvanar nuestras palabras para expresar los profundos anhelos del alma, el Espíritu Santo, que «discierne *los pensamientos del corazón*», ayuda a nuestra debilidad intercediendo por nosotros.
4. LA FE DEL CORAZÓN. Con el *corazón* cree el hombre. «Pero pida *con fe*, no dudando nada» (Stg. 1:5, 6). Es el *deseo* del corazón lo que debe ser dado a conocer a Dios (Mr. 11:24), y se debe poner confianza en la Palabra de Dios. Pedir con fe significa recibir con gozo (Jn. 16:24). Así. tenemos un cuádruple secreto de poder.

II. Obstáculos a la oración eficaz. Son numerosos. Aquí tenemos algunos de los comunes.

1. EL EGOÍSMO. «Pedís, y no recibís, porque pedís mal, para gastar en vuestros deleites» (Stg. 4:3). Pedimos mal cuando pedimos alguna cosa para honra y exaltación del yo. «Dios no dará su honra a otro.» Para muchos, ésta es una sutil y poderosa tentación.
2. EL PECADO SECRETO. «Si en mi corazón hubiese acariciado yo la iniquidad, el Señor no me habría escuchado» (Sal. 66:18). Aseguremos, ante todo, que nuestras propias almas estén limpias «de pecados secretos». Recuerda que los penetrantes ojos del Señor «contemplan toda la tierra» (2 Cr. 16:9).
3, INCREDULIDAD. «*Es necesario que* el que se acerca a Dios *crea*» (He. 11:6). «No piense, pues, ese hombre [el que duda], que recibirá cosa alguna del Señor» (Stg. 1:7).
4. FORMALIDAD. Jesús dijo: «Si me pedís algo en mi nombre, yo lo haré» (Jn. 14:14). Puede que terminemos nuestras oraciones con: «Por causa de Cristo, amén», cuando en la oración no ha habido nada *por causa de Cristo*. Este santo y omnipotente NOMBRE es a menudo empleado con una arrogancia sin corazón. Ésta fue la condenación de los principales fariseos. Las oraciones, como los ángeles, ascienden y descienden *sobre el Hijo del Hombre*.
5. UN ESPÍRITU IMPLACABLE. Cuando ores, perdona; si *tú no perdonas*, tampoco te perdonará tu Padre celestial (Mr. 11:25, 26). De nada sirve orar si anidas rencor contra cualquiera. Debemos perdonarnos unos a otros, como Cristo nos perdonó (Col. 3:13).
6. IMPACIENCIA. Dios «es galardonador de los que le buscan» (He. 11:6). La recompensa puede perderse por falta de perseverancia. Abraham prevaleció porque «tampoco vaciló, por incredulidad, ante la promesa de Dios» (Ro. 4:20). Jacob prevaleció porque no estaba dispuesto a *dejar ir*. Elías prevaleció sobre el Monte Carmelo porque *continuó* orando cuando no había señal de lluvia, diciendo: «Vuelve siete veces». La viuda prevaleció sobre el juez injusto debido a su *importunidad*, y Jesús añade: «¿Y acaso Dios no hará justicia a sus escogidos, que claman a él día y noche? ¿Y está esperando con longanimidad en cuanto a ellos?» (Lc. 18:1-7). *Os digo que pronto les hará justicia* (v. 8).

1.803. EL PODER DE SU PRESENCIA

La *presencia* de Cristo significa poder, sea que estemos conscientes de él o no. Cuando Él dio su última comisión a sus discípulos, diciendo: «Toda autoridad me ha sido dada... Por tanto, id, He aquí que Yo estoy *con vosotros* todos los días», estaba con ello prometiendo su presencia como garantía de toda necesidad para el cumplimiento de su voluntad a través de ellos. Su presencia:

1. Da SEGURIDAD a los perplejos (Gn. 28:15).
2. Da ALIENTO a dar testimonio (Éx. 3:12; He 13:5, 6).
3. Da FORTALEZA al guerrero (Jos. 1:5).
4. Da ALIENTO al tímido (Jer. 1:8).
5. Da VICTORIA al tentado (Gn. 39:2-21).
6. Da CONFIANZA al siervo (Mt. 28:20; Fil. 4:13).
7. Da REPOSO al peregrino (Éx. 33:14).

1.804. EL PODER DEL ESPÍRITU

Ésta es la edad del *poder espiritual*. Un cristiano o una iglesia carentes de esto están desfasados. Cuando Cristo ascendió para perpetuar su obra en el cielo, el Espíritu Santo descendió para perpetuar su obra en la tierra. Y no vino como un impotente niño. No. La obra de expiación estaba consumada. Y por ello vino en el acto en toda su gloriosa majestad con «un ESTRUENDO como de UN VIENTO RECIO», un símbolo de poder en todo caso. Y es la voluntad de Dios que la Iglesia viva y permanezca en esta tormenta pentecostal de poder. Pero cuán doloroso es ver cómo la iglesia ha extendido sus velas blancas para atrapar el viento del favor humano más que el de Dios, y por ello se ha quedado huérfana de su poder impulsor. ¿No parece como si hubiera ya llegado el tiempo en que el cristianismo y los cristianos fueran puestos a prueba no por sus profesiones, por magnas o elocuentes que sean, sino por su poder espiritual? El mercado ministerial puede que tenga un exceso de hombres, pero no hay posibilidad de que se dé un exceso de esto. El *poder del Espíritu Santo* está en todas partes en gran demanda, y cada cristiano debería poseerlo. Este poder:

I. Es necesario. «Quedaos *hasta que seáis revestidos* de poder» (Lc. 24:49). De nada sirve sin ello. Nadie sabía mejor que Cristo lo que los discípulos necesitaban realmente para equiparlos para la obra de sus vidas. Y la misma obra demandará siempre el mismo equipamiento: «No con la fuerza, ni con el poder, sino solo con mi Espíritu, dice Jehová». Mediante el poder de su Espíritu a través del corazón y de la vida consagrados es que se debe llevar a cabo la obra. Espera en esto como el marino espera la brisa que lo llevará. David tuvo que esperar al ruido de las balsameras antes de moverse. Si lo hacía antes que se movieran las balsameras, se movía sin Dios (2 S. 5:24; 1 Co. 4:19, 20).

II. Ha sido prometido. «Recibiréis poder, cuando haya venido sobre vosotros el Espíritu Santo» (Hch. 1:8); y sabemos que los discípulos que esperaban vieron la promesa cumplida en su experiencia. Pablo testificó también a Timoteo que «Nos ha dado Dios espíritu... de poder» (2 Ti. 1:7). ¿Qué beneficio nos ha reportado el Calvario, a no ser que hayamos llegado a una relación personal con aquella terrible muerte? ¿Qué poder te ha traído Pentecostés a no ser que hayas entrado en una relación personal con el Espíritu Santo? El poder del Espíritu debería ser tan real para nosotros como el perdón de nuestros pecados.

III. Es dador de vida. «El espíritu vivifica» (2 Co. 3:6). «El Espíritu es el que da vida» (Jn. 6:63). «Y Él os dio vida a vosotros» (Ef. 2:1). Él no solo da vida de entre los muertos, sino que da también aquella «vida abundante», sin la que no se puede dar un testimonio vital para Cristo. Es de «la abundancia» del corazón que habla la boca. Si el corazón no está lleno, no habrá rebosamiento, y si no hay rebosamiento, es señal clara de que tenemos más necesidad de recibir que de dar.

IV. Es suficiente. Hemos de depender solo del poder del Espíritu Santo para triunfar en la obra para Dios, así como nos confiamos exclusivamente a la Sangre de Cristo para ser aceptados por Dios. El poder del Espíritu es suficiente: 1. Para nuestra vida interior. «Vigorizados con poder en el *hombre interior*» (Ef. 3:16). Es el hombre interior o nuevo el que el Espíritu Santo renueva y fortalece a diario, y emplea para la gloria de Dios. «Como el hombre *piensa en su corazón*, así es él» en realidad delante de Dios. 2. Para nuestro testimonio exterior. Dice Pablo: «Yo me presenté ante vosotros con *debilidad*, y con temor y mucho temblor; ... y mi predicación fue... con demostración del Espíritu y de *poder*» (1 Co. 2:3, 4). Por lo que nuestra debilidad es nuestra mayor idoneidad para el poder de Dios. «Comenzaron a hablar... según el Espíritu les daba que se expresasen» (Hch. 2:4). Y los que así hablan, nunca lo hacen en vano. Es tan cierto hoy en día como lo era en los tiempos pasados, que los *hombres santos* hablan con poder según son movidos por el Espíritu Santo (2 P. 1:21).

V. No puede ser comprado. Simón el mago ofreció dinero, diciendo: Dame también a mí este poder (Hch. 8:18). Es indudable que hay muchos en nuestros días que anhelan intensamente este mejor don, pero que parecen olvidar que este poder es *don* de Dios, y que no puede ser comprado con educación, ni con elocuencia, ni con fervor, y ni siquiera con muchas obras y oración. Debe ser *recibido*, pero al igual que el viento no puede ser comprado.

VI. No puede ser imitado. El aceite de la unción, que era un tipo del Espíritu Santo, no debía ser imitado. No se podía jamás aceptar ningún otro aceite en lugar de él (Éx. 30:33). Ningún celo ni fervor pueden jamás tomar el lugar del poder del Espíritu Santo. Es fácil imitar el fervor de un hombre revestido de este poder, pero el mismo poder nadie puede copiarlo. Los hombres pueden tronar mientras que no hay ningún fuego vivificador y escudriñador. La lengua de fuego no está en el trueno, sino en el rayo.

VII. Puede perderse. El poder del Espíritu estuvo sobre Sansón, pero pecó, se durmió, y no supo que el Señor se había apartado de él. Y así, fue en vano que se debatió (Jue. 16:20). Y cuán mísero que se encontró sin el poder. Nadie parece tan totalmente impotente como los que estuvieron una vez revestidos de poder espiritual. Sin este poder uno puede debatirse, pero es sólo él mismo a quien hace temblar. Hemos conocido a hombres cuyo poder solía hacer temblar a miles, pero cuyo testimonio nos recuerda ahora a la rama seca. En Números 11:17 vemos, en el mensaje de Dios a su siervo Moisés, cómo Dios puede tomar el Espíritu que está sobre uno, y ponerlo sobre otro. Muchos, como Uzías, han sido maravillosamente empleados, hasta que se hicieron fuertes. Pero cuando se fortalecieron en su propio poder, se apartó de ellos el Espíritu de Poder. Y, ¿dónde está la utilidad de un cristiano *impotente*? Lo mismo que la sal que ha perdido su sabor, para nada son buenos.

1.805. EL PODER Y LA OBRA DEL ESPÍRITU SANTO EN EL CREYENTE

En relación con la vida cristiana hay dos clases de poder que se mencionan en la Palabra de Dios; o quizá sería más correcto decir que este poder es visto actuando de una manera doble.

–Recibimos poder para venir a ser hijos al recibir a Jesucristo (Jn. 1:12).

–Recibimos poder para ser testigos al recibir el Espíritu Santo (Hch. 1:8). Ambos son *dones*. El Hijo es el don del Padre, el Espíritu Santo es el don del Padre y del Hijo. Por medio de nuestra bien dispuesta entrega a Cristo el poder de la filiación viene a ser nuestro. De la misma manera, por medio de nuestra total entrega al Espíritu Santo viene a ser nuestro el poder de testificar. El Tabernáculo quedó lleno de la gloria de Dios sólo después que le fue consagrado a Él (Éx. 40:33-38). Fue cuando Jesús se hubo dado públicamente a Sí mismo a hacer la voluntad de Dios el Padre que vino sobre Él el Espíritu Santo. Fue cuando los discípulos se habían entregado a hacer la voluntad de su Señor, al quedarse en Jerusalén, que vino sobre ellos el Espíritu Santo. El poder pertenece a Dios; el Espíritu Santo es Dios. No podemos recibir el poder del Espíritu Santo aparte de su propia *presencia* ni podemos gozar de la luz y calor del sol aparte del mismo sol. Ser lleno de poder significa estar lleno con Dios. Esta palabra PODER nos da de forma concreta el carácter energético del Espíritu de Dios. Su presencia en el alma creyente es totalmente sometedora y vencedora. El Espíritu saturador manifiesta su carácter de diferentes maneras.

I. Consuela. «El Consolador, el Espíritu Santo» (Jn. 14:26). Jesús dijo: «Si no me fuese, el Consolador no vendría a vosotros» (Jn. 16:7). El Espíritu Santo, como *Consolador*, no podía venir hasta que Cristo hubiera *acabado su obra* y reaparecido ante el Padre. No podía haber consolación por parte de Dios hasta que la redención estuviera consumada y acabado con el pecado. El Espíritu Santo no da consuelo tanto como que Él mismo es el Consolador. El hecho de su presencia en nuestro corazón como Embajador del Cielo nos da certidumbre de paz y de que todo está bien. «No contristéis al Espíritu Santo» (Ef. 4:30).

II. Enseña. «El Espíritu Santo, ... Él os enseñará todas las cosas» (Jn. 14:26). «Él os guiará a toda la verdad» (Jn. 16:13). «Tenéis unción del Santo, y sabéis todas las cosas» (1 Jn. 2:20). Este Gran Maestro venido de Dios no habla de Sí mismo, sino de Aquel que le envió. «Tomará de lo mío, y os lo hará saber» (Jn. 16:14). La esfera de sus enseñanzas es «toda verdad», no las especulaciones de los hombres. Mientras que Él habita en nosotros, la santa unción de su presencia reposa sobre nuestros espíritus, dándonos una viva comprensión, y haciendo las cosas de Cristo tan verdaderamente nuestras que conocemos todas las cosas que nos es preciso conocer. El Espíritu Santo nos enseña capacitándonos para entrar en la experiencia de aquellas mismas cosas reveladas. Esto es ser enseñado de Dios, que *enseña para salvación* y para *provecho*. Hay sólo un camino a la verdad de Dios, y solamente el Espíritu Santo puede *conducirnos* a ella.

III. Da libertad. «Donde está el Espíritu del Señor, allí hay libertad» (2 Co. 3:17). «La ley del Espíritu de vida en Cristo Jesús me ha *librado* de la ley del pecado y de la muerte» (Ro. 8:2). El poder del Espíritu Santo dentro quebranta las cadenas del temor, libera de la esclavitud del amor del pecado, y la esclavitud de la mente al mundo. Es bien posible ser *hijo* de Dios y sin embargo no estar en el pleno goce de la *libertad* de hijos. La libertad del Espíritu es la libertad del total olvido de uno mismo, debido a la visión arrebatadora para el alma de las cosas de Dios. «Ah, si tan sólo pudiera olvidar el yo», dijo un predicador. *Lo harías* si tan sólo estuvieras más dedicado a Cristo, y estarías más dedicado a Cristo si estuvieras más plenamente en las manos del Espíritu Santo. Él da libertad.

IV. Él llena el corazón con el amor de Dios. «El amor de Dios ha sido derramado en nuestros corazones por medio del Espíritu Santo» (Ro. 5:5). «El fruto del Espíritu Santo es amor» (Gá. 5:22). El fruto es el resultado de la plenitud. El amor de Dios derramado en nuestros corazones es el *fruto* de la plenitud del Espíritu de Dios en el corazón. El *amor* de Dios. ¿Qué amor es éste? Es el amor que inundó el alma del Señor Jesús, constriñéndole a llorar sobre Jerusalén, y a darse a Sí mismo como sacrificio por los pecadores. Fue el amor de Dios. Este amor *es derramado* en nuestros corazones, sobre todas las colinas y los valles de nuestras experiencias. ¿Ves todas tus pruebas, aflicciones y éxitos a la luz del amor de Dios? El Espíritu Santo puede llenar nuestros corazones con el amor de Dios por cuanto Él es Dios y mora en nosotros.

V. Él hace intercesión por nosotros. «El Espíritu nos ayuda en nuestra debilidad; ... porque conforme a la voluntad de Dios intercede por los santos» (Ro. 8:26, 27). El Espíritu Santo no nos ayuda en nuestros pecados, sino en nuestras *debilidades*. Nuestras oraciones y nuestra obra para Dios adolecen todas de debilidad aparte de la ayuda del Espíritu santo. Él intercede dentro de nosotros y por nosotros, y sus gemidos y ruegos son conforme a la voluntad de Dios. Confiemos de tal manera en este Ayudador celestial que cuando oremos podamos estar conscientes de que no somos nosotros los que hablamos, sino el Espíritu del Padre que «habla en nosotros» (Mt. 10:19, 20).

VI. Nos capacita para mantener comunión. «La comunión del Espíritu Santo sea con todos vosotros» (2 Co. 13:13). La atmósfera a nuestro alrededor nos posibilita gozar de la presencia del sol encima de nosotros. Así el Espíritu Santo *con nosotros* nos guarda en comunión con el Padre y el Hijo. No puede haber comunión con el Padre o el Hijo cuando el Espíritu Santo está contristado (1 Jn. 1:7). Así como la *gracia* pertenece a Jesucristo y el *amor* a Dios, así la *comunión* pertenece al Espíritu Santo, por cuanto Él es el Espíritu tanto del Padre como del Hijo. Dale honra.

VII. Él da poder para testificar. «Recibiréis poder, cuando haya venido sobre vosotros el Espíritu Santo, y me seréis testigos» (Hch. 1:8). Vosotros sois sus testigos, y así lo es el Espíritu Santo. «Aún no había sido dado el Espíritu Santo, porque Jesús no había sido aún glorificado» (Jn. 7:39). Ahora sí ha sido dado, y así Él es el gran TESTIGO de la resurrección y exaltación de Jesús como Hijo de Dios. Todo verdadero testimonio debe ser en el poder del Espíritu Santo. No son tus palabras, sino tu PODER, lo que da testimonio del Salvador resucitado (1 Co. 4:19). Los sermones pueden ser productos de gran reflexión y elocuentes, pero totalmente inútiles como testimonio a no ser que sean dados en el poder del Espíritu Santo. Dios nunca espera que un cristiano impotente de honor al Nombre del Omnipotente Cristo. «Vosotros quedaos en la ciudad [de Jerusalén], hasta que seáis revestidos de poder desde lo alto» (Lc. 24:49). Si los apóstoles necesitaban este poder, lo mismo nosotros.

VIII. Su presencia en nosotros nos da la certidumbre de la victoria. «Los habéis vencido; porque mayor es el que está en vosotros, que el que está en el mundo» (1 Jn. 4:4). El Espíritu Santo está en nosotros, y el príncipe de las tinieblas está en el mundo (Jn. 12:31). «Tenemos lucha», no contra carne y sangre –no contra hombres, ni siquiera hombres malvados–, «sino contra principados, contra potestades, contra *los dominadores de este mundo de tinieblas*» (Ef. 6:12). Estas fuerzas del mal son infinitamente demasiado poderosas para nosotros, pero «mayor es el que está en vosotros». Nuestra lucha, así como nuestro testimonio, debe ser en el poder del Espíritu Santo, o será inútil.

IX. Él obra en nosotros lo que agrada a Dios. «Dios es el que en vosotros opera tanto el querer como el hacer, por *su buena voluntad*» (Fil. 2:13). «Haciendo Él en vosotros lo que es agradable delante de Él por medio de Jesucristo» (He. 13:21). La única vida que vale la pena vivir es una vida *agradable delante de Él*, y ello no por fuerza ni por poder, sino por Mi Espíritu, dice el Señor. Es para este fin que hemos sido redimidos; es con este propósito que el Espíritu de Dios ha venido, para que vivamos vidas santas, irreprensibles, victoriosas y gratas a Dios. Esto no se logra con *nuestros* esfuerzos, sino por medio de *su obra* en nosotros. Mi alma, sé tú como barro en manos del Divino Alfarero, y Él obrará esta grande y buena obra en ti.

1.806. EL SACO, EL LIBRO Y LA REDOMA

I. El Saco. PARA MIS PECADOS (Job 14:17). Al leer este versículo vino a mi recuerdo la práctica, en las ciudades costeras, de meter en sacos a gatos o perros que han sido condenados, y echarlos lastrados con pesos, atados, al río o al mar. Esto es lo que hace el Señor, en figura, con los pecados.

II. El Libro. PARA MI NOMBRE (Sal. 139:16; Fil. 4:3). ¡Qué gran privilegio tener el nombre escrito en el Libro de la Vida del Cordero!

III. Redoma. PARA NUESTRAS LÁGRIMAS(Sal. 56:8). Era una costumbre egipcia en los funerales que a los deudos se les diese una esponja o paño con el que enjugar sus lágrimas, que eran escurridas en una redoma para lágrimas, que era dejada en el sepulcro. Dios observa todas nuestras lágrimas.

Él lo sabe. Él nos ama. Él se cuida,
Y nada esta verdad puede oscurecer.

1.807. EL SIERVO DE CRISTO

Los siervos conscientes del mundo poseen unos rasgos característicos; el verdadero siervo de Cristo tiene los suyos. Es:

I. Obediente. La pregunta que muchos hacen parece ser más «¿Qué quieres que crea?». que «¿qué quieres que haga?». El siervo bien dispuesto tiene siempre un oído abierto. «Habla, Señor, porque tu siervo oye.» «Mis ovejas oyen *mi* voz, y me siguen.» Entre la babel de las voces del mundo, obedecerá su voz (Jos. 24:24). Cristo no se agradó a Sí mismo; y el siervo no es mayor que su Señor. Muchos preferirían lamentarse a seguir. Es más fácil para la carne ofrecer el sacrificio de las lágrimas que obedecer; pero la obediencia es mejor que los sacrificios. Jesús, que nos ha dejado ejemplo, dijo: «Yo hago siempre lo que *le* agrada» (Jn. 8:29). ¿Estás entonces listo para obedecer?: «Haced todo lo que os diga». En 2 Samuel 15:15 vemos siervos listos para cualquier eventualidad.

II. Diligente. La mano de los diligentes enriquece; la mano del perezoso está en su seno. El que observa el viento no sembrará; el que considera las nubes no segará. «Siembra al lado de todas las aguas. Insta a tiempo y a destiempo». La mano de un siervo diligente busca trabajo. Todo lo que tu mano encuentre para hacer, hazlo, y hazlo de corazón como para el Señor, porque sirves al Señor Cristo. No frivolices con la obra del Señor, porque escrito está: «Maldito el que haga indolentemente la obra de Jehová» (Jer. 48:10). No escondas el dinero (los dones) de tu Señor; recuerda que el siervo inútil fue echado fuera (Mt. 25:30). Sirve al Señor con una conciencia limpia.

III. Humilde. «En cuanto a honor, dando la preferencia los unos a los otros» debe ser la norma entre los siervos. El siervo del Señor *no debe* ser pendenciero (2 Ti. 2:24). La *envidia*, como la lepra de Miriam, incapacita totalmente para el servicio. ¿Alabamos al Señor tan de corazón por el servicio que den los otros como por el que demos nosotros? Si no, ¿no estamos buscando en alguna medida nuestra propia gloria, y no la del Señor? «Nuestro lugar más excelso es el más humilde». Uzías fue maravillosamente ayudado hasta que se hizo fuerte, pero cuando fue fuerte siguieron la soberbia y la destrucción (2 Cr. 26:15). La marca de Jacob, el vencedor en la lucha, era el cojeo. El siervo humilde no asume ningún lugar, para que el Amo no sea defraudado. José, el siervo intachable, dijo: «no está en mí». Pablo, el siervo eficaz, dijo: «mas no yo». Sigamos su ejemplo, sirviendo al Señor con toda humildad de mente (Hch. 20:19).

IV. Perseverante. Jacob sirvió durante catorce años por el objeto de su afecto. «A su tiempo segaremos, si no desmayamos». Si el Señor nos da una obra que hacer, a nosotros nos toca llevarla a cabo fielmente. Elías envió a su siervo *siete* veces con el mismo mensaje, y él fue sin murmurar. No era misión del siervo *hacer* la nube, ni desesperar ante lo aparentemente infructuoso de sus desplazamientos; su deber era *ir* y *mirar*. ¡Cuán a menudo se desalienta el siervo porque no ve señales de una bendición venidera! ¿Te envía el Señor? Bien, pues vuelve a ir. Ten la seguridad de que ÉL oye el son de la abundancia de lluvia. Él no se desalentará (Is. 42:2). «Servid a Jehová con alegría» (Sal. 100:2).

V. Fiel. Se demanda de un siervo que sea hallado fiel. Me siento lleno de agradecimiento de que no se trata de si tiene éxito, y sin embargo cada uno que sirva «con un corazón perfecto y una mente dispuesta» (1 Cr. 28:9) tendrá éxito según la valoración del Señor, aunque otros lo consideren fracasado. El siervo tiene que ser fiel con las cosas pequeñas, «lo que uno tiene». El que tenía solamente una mina no será llamado a dar cuenta de diez. Nada es pequeño si se hace para Él. La copa de agua fría no perderá su recompensa. La eternidad da dignidad al servicio más humilde. «Sé fiel hasta la muerte, y te daré la corona de la vida.»

VI. Valeroso. Esfuérzate, sé fuerte y muy valiente. Moisés, como siervo, fue muy valiente cuando pidió a Faraón que dejara salir a Israel. Fue un embajador valeroso. Bien sabía él que no había sido enviado a la batalla a sus propias expensas. Su autoridad era: «YO SOY» me ha enviado. ¿Por qué teméis? «He aquí, Yo estoy con vosotros.» Buenos motivos tiene para temer el siervo que va en su propio nombre, en lugar de poseer el «Así ha dicho el Señor». ¡Ojalá que todos los siervos de Dios tuvieran el valor de hacer la misma demanda del mundo que hace el Maestro: una total rendición, una total separación, una entera consagración. Añadid a vuestra fe valor.

VII. Dedicado. En Éxodo 21:1-6 tenemos la confesión del siervo dedicado. «Yo amo a mi Señor, no saldré libre.» Aquello que es dedicado al Señor no será redimido. *No* sois vuestros, pues *habéis sido* comprados por precio; glorificad pues a Dios. El poder que constriñe es el amor de Cristo, nuestro Señor. Le amamos porque Él nos amó primero. Los levitas eran llamados a servir a la edad de los veinticinco, y quedaban exentos a los cincuenta. Daban lo mejor de sus vidas a Dios. Dios demanda lo mejor: Él es digno. Muchos viven con la expectativa de hacerle un favor a Dios presentándole una vida indigna y gastada cuando van a morir. «Que presentéis vuestros cuerpos como sacrificio vivo, santo, agradable a Dios, que es vuestro servicio de adoración espiritual» (Ro. 12:1).

VIII. Sin componendas. En *primer* lugar, con el mundo. Faraón dijo: «Yo os dejaré ir, con tal que no vayáis más lejos… ¿Cómo os voy a dejar ir a vosotros y a vuestros niños?… Id vosotros los varones… solamente queden vuestras ovejas y vuestras vacas». La respuesta del siervo fue tan enfática como un trueno: «No quedará ni una pezuña». Construyamos juntos, dice el mundo, pero el siervo de todo corazón respondió: «No nos conviene edificar con vosotros», etc. (Esd. 4:3). «Ven y reunámonos en alguna de las aldeas en el campo de Onó.» La respuesta de Nehemías fue: «*No puedo* ir». Jefté dijo: «Le he dado palabra a Jehová, y no podré retractarme». Que no nos encontremos entre los que retroceden. En *segundo* lugar, con el pecado. El mandamiento dado a Israel era: «Expulsad», «Destruid», «Desposeed». Cada enemigo perdonado es una perturbación que permanece, y cada pecado no vencido es un enemigo dentro del campamento. El contemporizador Saúl perdonó a Agag, pero el resuelto Samuel lo despedazó. Así hagamos nosotros con cada pecado oculto. «Crucificad al viejo hombre con sus concupiscencias.» Como siervos, mantengámonos sobre la dignidad de la Palabra de Dios, y «morando con el Rey, ocupados en su servicio» (*cf.* 1 Cr. 4:23). Entonces otros serán constreñidos a decir: «Dichosos estos siervos tuyos que están siempre delante de Ti». Recordemos que los ojos del Señor están sobre nosotros. «Yo sé… Tu servicio.»

1.808. EMBLEMAS DE LA IGLESIA

I. Como **perla** es de gran precio (Mt. 13:46).

II. Como **casa** tiene orden (1 P. 2:5).

III. Como **columna** es testimonio (1 Ti. 5:2).

IV. Como **grey** es dependiente (1 P. 5:2).

V. Como **familia** lleva su imagen (Ef. 3:15).

VI. Como **esposa** está vitalmente relacionada (Ap. 19:7).

VII. Como **cuerpo** es todo una (Ef. 1:22, 23).

VIII. Como **candelero** es exaltada (Ap. 1:12).

1.809. EN EL ESPÍRITU

Habiendo recibido el Espíritu, y teniéndole a Él morando en nosotros y llenándonos, nuestra vida tiene que ser vivida ahora «en el Espíritu». Esto es, bajo su influencia conductora, siempre presente y omnipotentemente protectora, como los israelitas bajo la columna de nube. En las Escrituras observamos que hay ciertos privilegios y bendiciones que sólo pueden ser disfrutadas por los que están «EN EL ESPÍRITU». Mencionamos los siguientes:

I. Dios debe ser adorado. Adoramos a Dios en el Espíritu (Fil. 3:3). Dios es Espíritu, y nuestro espíritu debe adorarle (Jn. 4:24). Pero esto no es todo, sino que nuestro espíritu tiene que adorar *en el Espíritu de Dios*, o, como en la *Biblia de las Américas*, «que adoramos en el Espíritu de Dios». Puede que seamos serios y solemnes en nuestra adoración, y sin embargo no estar en el Espíritu; y si no es en el Espíritu, no se da ningún culto aceptable. Todos los adoradores así, no importa lo sinceros que sean, adoran lo que no saben. En todas las iglesias, lo mismo que en Atenas, ¡cuántos hay de los que se podría decir: «son sobremanera supersticiosos»! (*cf.* Hch. 17:22, RV).

II. Se oye la voz de Dios y se es testigo de su gloria. «Yo estuve *en espíritu,* ... y oí detrás de mí una gran voz... y... vi a uno semejante al Hijo del Hombre, vestido de gloria» (véase Ap. 1:10-18). Los que están continuamente en el Espíritu están continuamente embargados con la gloria del Señor. Los que no están en el Espíritu pueden hablar fluidamente de la «voz» y de la «gloria», pero para sus propios corazones todo es irreal. En el Espíritu no oímos el *silbo apacible y delicado* sólo como el de alguien hablando desde lejos y oído con dificultad, sino «una GRAN VOZ como de trompeta», acerca de la cual no puede haber duda alguna.

III. Se comprenden las cosas celestiales. «Sube acá, y te mostraré las cosas... Y al instante estuve en espíritu» (Ap. 4:1, 2). No podemos comprender las cosas de Dios de otro modo que por el Espíritu de Dios, porque se disciernen espiritualmente. Entonces, si Dios quiere mostrarte, ... *inmediatamente* tienes que estar en el Espíritu. El libro del Apocalipsis o Revelación de Jesús puede ser dividido en cuatro secciones. La primera comienza en el capítulo 1:10; la segunda en el capítulo 4:2; la tercera en el capítulo 17:3; la cuarta en el capítulo 21:10. en cada uno de estos cambios en la escena de Apocalipsis, Juan nos recuerda que estaba «en el Espíritu». ¿De qué otra manera podría haber comprendido los grandes misterios? ¿Y de qué otra manera podemos nosotros? ¿No es nuestro estar en el Espíritu la razón principal por la que «los eventos del porvenir» se comprenden tan poco? Pablo indudablemente comprendió las inefables palabras que oyó en el Paraíso, aunque le era imposible pronunciarlas (2 Co. 12:4). Cada uno que está en el Espíritu está incomparablemente por encima de los que no lo están.

IV. Se ven la impotencia del hombre y el poder de Dios. «Me llevó Jehová en espíritu y me puso en medio de un valle que estaba lleno de huesos; ... profeticé... y se pusieron en pie» (Ez. 37:1-10). Era mientras que estaba *en el Espíritu* que vio cómo estaban de muertos y secos aquellos huesos, y cuando profetizó con tanto éxito. Los que están en el Espíritu ven la necesidad como no pueden verla los demás, y así no tienen fe en los meros remedios humanos, sino que hablan la palabra como Dios les ha ordenado (vv. 7-10), siendo de esta manera testigos del poder vivificador del omnipotente aliento.

V. Se goza de la fortaleza y el consuelo divinos. «He aquí que yo, encadenado en el espíritu, voy... me esperan cadenas y tribulaciones. Pero de ninguna cosa hago caso» (Hch. 20:22-24). Cuando en el Espíritu, el hombre mora en la santa calma y elemento imperturbable del cielo, y es fortalecido en medio de circunstancias que de otro modo resultarían abrumadoras. La paz de Dios guarda su corazón. «Dios es nuestro amparo y fortaleza... Por tanto, no temeremos, aunque la tierra sea removida... Hay un *río* cuyas corrientes alegran» (Sal. 46:1-4).

VI. Es la prueba de su morada en nosotros. «Vosotros vivís según el Espíritu, *si es que* el Espíritu de Dios mora en vosotros» (Ro. 8:9). Si el Espíritu de Dios no mora en nosotros, no podemos *vivir en el Espíritu*. Es fácil predicar la teoría de la plenitud del Espíritu, pero vivir en el Espíritu es la manifestación práctica de la misma. Él no viene a morar en nosotros como una luz bajo un almud, o como un impotente inválido cuya presencia no puede ser vista o sentida fuera, sino como un poderoso vivificador y obrador de maravillas espirituales, cuya presencia no puede quedar oculta.

VII. Se debe rendir todo servicio. «Buscad... de entre vosotros a... varones... llenos del Espíritu Santo» (Hch. 6:3). Sí, hasta para la obra de un limosnero se necesitaba esto. La predicación de Pablo fue en demostración del Espíritu (1 Co. 2:4). Toda oración tiene que ser en el Espíritu (Ef. 6; 18). Estar en el Espíritu es estar en contacto directo con Dios, y no estar en contacto directo con Dios es estar fuera de comunión, y como consecuencia, sin fruto (Jn. 15:6).

1.810. EN EL SEÑOR HAY LIBERACIÓN

De:

I. El temor,	Salmos 34:4
II. Los peligros,	Salmos 34:7
III. Las tribulaciones,	Salmos 34:7
IV. Las aflicciones,	Salmos 34:19
V. La muerte,	2 Corintios 1:10
VI. El mundo,	Gálatas 1:4
VII. Las tinieblas,	Colosenses 1:13
VIII. La ira,	1 Tesalonicenses 1:10

1.811. EN SU PRESENCIA

Aquí y ahora hay:

1. Tristeza (su presencia es dolorosa cuando no todo está bien), Nehemías 2:1
2. Gozo, Salmos 16:11
3. Poder para servir a Dios y a nuestros semejantes, Nehemías 2:6

1.812. EN SU PRESENCIA

I. Salvación,	Salmos 42:5
II. Reposo,	Éxodo 33:14
III. Gozo,	Salmos 16:11
IV. Seguridad,	Salmos 31:20
V. La más elevada comunión,	Salmos 140:13; Cantares 2:41

1.813. EXPIACIÓN

LA MUERTE DE CRISTO COMO EXPIACIÓN, Y MUCHO MÁS.

En una ocasión, cuando el poeta Tennyson estaba de vacaciones en un lugar en el campo, le preguntó a una anciana metodista si había algunas noticias. «Bueno, señor Tennyson», respondió ella: «Sólo sé una noticia, y es que "Cristo por todos murió"». Y él respondió: «Esta es una vieja noticia, y una buena noticia, y una noticia siempre nueva». Y tenía razón. Desde luego, no hay mejores noticias, viejas, pero siempre nuevas, porque su significado y poder están siendo descubiertas y experimentadas personalmente de una manera continua, primero por unos, y luego por otros.

Es algo turbador encontrar que en el Nuevo Testamento Revisado ha desaparecido la palabra «Expiación»; pero no hay motivos para alarmarse; porque aunque aquella palabra desaparece, la verdad tocante a la muerte sacrificial de Cristo permanece incólume. En lugar de sentirnos inquietos, deberíamos estar profundamente agradecidos, porque nada hace resaltar más la perfección de la obra de Cristo en la Cruz, cuán exhaustiva ha sido, que esta desaparición.

En la *Versión Autorizada* inglesa de la Biblia aparece la palabra «Atonement» [expiación] 77 veces en el AT, y solo una vez en el NT, en Romanos 5:11. En la *Versión Revisada*, la palabra queda retenida en todos los pasajes del Antiguo Testamento donde se usa en la *Versión Autorizada*, pero desaparece del Nuevo; el término en Romanos 5:11 se traduce correctamente como «reconciliación». El hecho es que en el texto original del Nuevo Testamento no aparece una sola vez el término «expiación» del Antiguo Testamento.

¿Qué significa esto? El sentido de las palabras cambia con el paso de las generaciones, como lo demostrará cualquier diccionario etimológico. Así sucede con la palabra inglesa *atonement*. El uso bíblico de la palabra *atonement* difiere de su actual uso teológico. En el Antiguo Testamento denota solo una experiencia escrituraria. Hoy día, en teología denota toda la obra sacrificial y redentora de Cristo. En este sentido, naturalmente, denota expiación, y es el hecho fundamental de nuestra vida cristiana. La salvación mediante el sacrificio expiatorio de nuestro Señor Jesucristo no es meramente algo importante, sino que es el rasgo esencial y característico de nuestra fe cristiana. De hecho, es el hecho fundamental de nuestra fe cristiana.

Debemos recordar que la obra de Cristo llevada a cabo en la Cruz fue algo tan magno, tan glorioso, y tan complejo en sus múltiples aspectos, tanto para con Dios como para con el hombre y para con la creación, que no puede expresarse con una sola palabra.

Para mayor claridad de pensamiento, y a fin de contemplar los varios aspectos del término *expiación en su sentido bíblico*, será de utilidad el siguiente bosquejo.

I. El origen de la Expiación: el sacrificio. Desde tiempo inmemorial, siempre que el hombre pensaba en allegarse a la Deidad, lo hacia invariablemente mediante el sacrificio. Esta práctica parece universal. Esta costumbre se observa en todas partes del mundo.

II. La razón de la Expiación: el pecado. La Biblia es el único Libro sagrado del mundo que da esta verdadera razón para el temor hacia lo Divino. Este temor reside en el hombre mismo, en su pecado.

III. El significado de la Expiación: cubrir. El término hebreo «expiación» significa «cubrir». La primera aparición de este término es en Génesis 6:14, donde se nos dice que el arca de Noé fue cubierta con brea, por dentro y por fuera, quedando así a prueba de juicio. Tocante al pecado, significa que el pecado queda cubierto de tal manera que Dios lo considera como neutralizado, desarmado, inoperante para *suscitar* su ira.

Ésta es claramente la enseñanza de Génesis 32:20. Precisamente cuando Jacob iba a encontrarse con su hermano, a quien había enojado y perjudicado, le envió un presente, y dijo: «Apaciguaré su ira con el presente que va delante de mí, y después veré su rostro; quizá le seré acepto». Los presentes que Jacob envió por delante de su grupo tenían el propósito de cubrir el rostro del ofendido, Esaú, para que ya no pudiera ver más la ofensa.

Se rociaba sangre sobre y delante del propiciatorio, para poder dar satisfacción a Jehová. ¿Por qué? El propiciatorio alojaba las dos tablas de piedra de la ley, evidencia de la culpa de Israel. En la muerte del Señor Jesús hubo lo que dio satisfacción a la justa ira del Dios Santo que había sido encolerizado por el pecado del hombre.

Pero la obra de Cristo fue más exhaustiva. En la Cruz no hubo ni contemporización ni un trato parcial con el pecado. La obra de Cristo no pasa el pecado de lado ni por alto, *sino que lo quita*. Estúdiese Juan 1:29, Colosenses 2:14, Hebreos 10:4 y 1 Juan 3:5. ¿Has entendido esto, de verdad? Miles de verdaderos creyentes no lo comprenden todavía. Las ofrendas levíticas cubrían, *pero no quitaban* (He. 10:4). Aquellos pecados Dios los pasaba por alto (Ro. 3:25). Según la Escritura, los sacrificios levíticos cubrían el pecado del ofrendante, y lograban el perdón divino. Pero el pecado no era quitado. La muerte de Cristo, en cambio, *quita totalmente el pecado*.

Hay otro punto: por muy oportuna que fuese la provisión de las ofrendas levíticas, solo afrontaba la necesidad de manera imperfecta. Por ejemplo, parece que había pecados para los que aquellas ofrendas no eran válidas. Como lo observa Neill, no parece haber habido ninguna expiación para pecados voluntariosos bajo el Antiguo Pacto, con sólo cuatro excepciones (Lv. 5:1; 6:2; 19:20-22). La ley solo proveía sacrificios para pecados de ignorancia, omisiones accidentales u olvido, no para ningún quebrantamiento de los diez mandamientos, con tres excepciones en el caso del noveno, y una en el caso del séptimo (Lv. 4:2, 3; 5:18; Nm. 15:22-29). David conocía esto bien, y en su dolor clamó: «No quieres sacrificio, que yo lo daría». Su pecado era voluntarioso, y para aquel pecado no había provisión. El Señor, sin embargo, tuvo misericordia de él. Pero el sacrificio de Cristo provee perdón para TODO pecado. ¿Qué se dice en 1 Juan 1:7? «La sangre de Jesucristo su Hijo nos limpia de *todo* pecado.» «TODO», ¡bendita, bendita palabra!

IV. La fuente de la Expiación: el mismo Dios (Is. 53:6, 10). No es el hombre, ¡no! Nadie en la tierra hubiese siquiera pensado en esto, si Dios no hubiese ideado este plan.

V. El fundamento de la Expiación: el amor (Jn. 3:16; Ef. 5:2 y 25; 1 Jn. 4:10). No la ira. Aunque Dios es un Ser capaz de ira y enojo, de placer y desagrado, detrás de la Expiación subyace el amor.

VI. El método de la Expiación: la sangre (Lv. 17:11; 16:27; 19:22). El Señor le dijo a Moisés: «Te cubriré con mi mano» (Éx. 33:22). Pero esto sólo sucedió después que Moisés se introdujera en la hendidura de la peña, una imagen de la Peña de la Eternidad traspasada por mí.

VII. La esencia de la Expiación; o la morada permanente de la Expiación: **el mismo Jesús** (1 Jn. 2:2). El difunto doctor Edwards de Bala, mientras estaba dedicado a redactar su admirable tratado sobre la Expiación, quedó de repente abrumado por este pensamiento. Se levantó de su despacho, cuenta el doctor M'Intyre, dejando sus libros y papeles como estaban, salió a la calle, y clamó gritando: «*¡Jesús es la Expiación! ¡Jesús es la Expiación!*». Luego volvió a su estudio para escribir frases como ésta: «Esto es la Expiación, no los sufrimientos, y no la muerta, sino la Persona del Hijo de Dios en los sufrimientos y en la muerte. Él es la Propiciación. Él es la Expiación; no Él mismo sin el acto, sino *Él mismo en el acto... la expiación es eternamente ofrecida al Padre en la Persona del Hijo*».

VIII. El resultado de la Expiación: la salvación. Si *cubierta para el pecado* significaba la salvación en el Antiguo Testamento, ¡qué maravillosa salvación tenemos para nosotros en que el pecado nos haya sido quitado.

1.814. FALSAS SUPOSICIONES

1. Que la ganancia es piedad (1 Ti. 6:5). Dinero, influencia, autosatisfacción.

2. Que Cristo es solamente un Espíritu (Mr. 6:49). Uno que carece de sentimientos de simpatía hacia nosotros en las tormentas de la vida.

3. Que Él es un Hortelano (Jn. 20:15). Que es un *podador* en lugar de un Salvador.

4. Que está en la compañía (Lc. 2:44; Ap. 3:17).

5. Que estos están bebidos (Hch. 2:15). El vino nuevo necesita odres nuevos.

6. Que Él estaba muerto (Hch. 14:19).

7. Que habían conseguido su propósito (Hch. 27:13-41).

1.815. FERACIDAD

I. Antes que haya fruto, debe haber vida. «*Separados* de Mí», dice Cristo, «nada podéis hacer» (Jn. 15:5). Él es el que vive, y ha venido para que tengamos vida. Nunca esperamos fruto de un árbol muerto. Un alma muerta en pecado (Ef. 2:1) nunca puede dar frutos de justicia. Tiene que haber primero el ser *plantados* en Cristo (Ro. 6:5). «El que tiene al Hijo, tiene la vida» (1 Jn. 5:12).

II. Debe darse una total rendición a las nuevas condiciones. Si las raíces del árbol no penetran dentro del nuevo suelo al que ha sido transplantado, no prosperará. Pablo habla (Fil. 3:9, 10) de ser hallado *en Él*, la fuente de la vida, y luego dice: «A fin de *conocerle*», un creciente conocimiento de Él. La rama debe mostrarse totalmente pasiva ante el poder de la vid. «Presentaos vosotros mismos a Dios como vivos de entre los muertos» (Ro. 6:13). El fruto de la vida del yo está corrompido. Crucificad la carne con sus concupiscencias; creced en el conocimiento de Dios. Esta total rendición a la gracia y poder del Espíritu de Dios abre el camino al corazón y a la vida, de modo que Dios puede entrar dentro de ellos y obrar poderosamente (Ef. 3:16, 17).

III. La plenitud debe venir antes de la feracidad. La rama no dará fruto hasta que haya sido *llenada* abundantemente con la sustentadora savia. La copa no rebosará hasta que haya sido llenada. Si deben manar de nosotros ríos de agua, la fuente inagotable debe brotar y llenarlo todo en el interior primero (Jn. 7:38, 39). Un corazón insatisfecho dará un testimonio pobre e insatisfactorio de Cristo. Si las raíces de nuestro ser están extendidas al lado del río, junto al Espíritu Santo, entonces no cesaremos de dar fruto (Jer. 17:8).

IV. El carácter del fruto.

1. Será un NUEVO fruto (Ez. 47:12). No pertenece al hombre irregenerado. No es el fruto de la carne; ni el resultado de una enérgica vida del yo. El árbol corrompido ha sido hecho bueno al ser creado nuevo por el Espíritu de Dios. Su fruto es para santidad (Jn. 1:13).
2. Será fruto SEGÚN LA NATURALEZA DEL ÁRBOL. No se pueden conseguir higos de los espinos, ni uvas de los cardos. El fruto del ESPÍRITU es amor, gozo, paz, etc. (Gá. 5:22); no es el fruto del *cristiano*. El fruto del Espíritu, como se puede observar, es precisamente la *semejanza* a Cristo. Sois participantes de la naturaleza divina. Como el fruto es el resultado de la savia viva y activa en el interior, así la imagen y las características de Cristo son formadas en el creyente por el Espíritu viviente y activo en su interior. Es por *Mí* que se forma tu fruto. Es la obra de Dios, y es *evidencia* de un alma totalmente poseída por Él. Allí donde hay plenitud del Espíritu residente debe darse la manifestación de la semejanza a Cristo. La muerte es el camino a la vida y a la feracidad. «De cierto, de cierto os digo, que si el grano de trigo no cae en la tierra y muere, queda solo; pero si muere, lleva mucho fruto» (Jn. 12:24).

1.816. GALARDONES

¿Qué amor es éste? Que Dios nos amara de tal modo que diera su Hijo a la muerte por nosotros, y que luego nos recompense por cada pequeñez hecha por Él. ¡Ah, la maravillosa gracia de Dios: es gracia sobre gracia. Contemplemos:

I. Al galardonador.

1. PENSEMOS EN SU GRANDEZA (Col. 3:24). El mismo Señor es el galardonador. El mundo fue hecho por y para Él. Él mora en la eternidad. Él habla y es hecho.
2. PENSEMOS EN SUS RIQUEZAS (Gn. 15:1). ¿Es una bendición terrenal? De Jehová es la tierra y su plenitud. ¿Son dones espirituales? La plenitud de la Deidad mora en Él. Él que *era rico* por nosotros se hizo pobre, para que nosotros, por su pobreza, fuéramos enriquecidos.
3. PIENSA EN SU BONDAD (Mt. 6:4). ¡Cuán dulces son las palabras: «Tu Padre». El Padre que dio a su Hijo, ¿cómo no nos dará, *con Él*, todas las cosas? ¡Oh, cuán grande es tu bondad!
4. PIENSA EN SU FIDELIDAD (Fil. 2:8-10). Aquel que, por Dios, llego a ser gusano y no hombre, es exaltado por Dios con un nombre sobre todo nombre. Le vemos soportando la cruz, y le vemos coronado de gloria y de honra (He. 2:9). Habiendo sido fiel a su Hijo unigénito, será fiel a cada uno de sus hijos.

II. Los galardonados. No todos tendrán galardón por sus obras. La madera, la paja y la hojarasca serán quemados. Si la obra de alguno permaneciere, él recibirá recompensa (1 Co. 3:12-15). Se recompensa:

1. AL BUSCADOR DILIGENTE (He. 11:6). No aquellos que buscan meramente las recompensas, sino a *Él*: «Mi alma tiene sed del Dios viviente».
2. AL OBRERO DILIGENTE (1 Co. 3:13-14). Tened cuidado de cómo y qué construís. Recordad el fuego de la prueba. Sed diligentes en este negocio. Sed fervientes en espíritu: al rojo vivo.
3. AL DADOR ALEGRE (Mt. 10:42). El Señor ama al dador alegre. Todo lo que hagáis, hacedlo de corazón. La más mínima cosa hecha en nombre de Cristo será recompensada.
4. AL SEMBRADOR JUSTO (Pr. 11:18). Jesucristo fue el Sembrador justo. ¡Y qué recompensa ha recibido! Sigamos su ejemplo (Sal. 126:6).
5. AL TRATANTE RECTO (2 S. 22:21). El cristiano debería hacer su negocio como delante de Dios, con una balanza justa y con manos limpias.
6. AL QUE ANDA HUMILDEMENTE (Pr. 22:4). El galardón de la humildad es riquezas y honra. Cristo se humilló a Sí mismo, por lo que Dios le exaltó hasta lo sumo (v. 29).
7. AL CREYENTE FIRME (He. 10:25). Todo lo que obstaculice tu confianza en Dios te priva de una gran recompensa de galardón. No des oído al diablo tentador. Ésta es la victoria: nuestra fe.
8. AL PADECEDOR PIADOSO (Mt. 5:11-12). Jesús mismo, como nuestro capitán, fue consagrado por medio de padecimientos. Sufrimos con Él para que, con Él, podamos ser glorificados.
9. AL SOLDADO FIEL (2 Ti. 4:8). Del lado de Dios, la batalla es del Señor; del nuestro, es la batalla de la fe. Sé fiel hasta la muerte, y gana la corona de la vida.

III. Los galardones.

1. SON GRANDES (Gn. 15:1). Será conforme a la grandeza del Dador. Tenerle a Él mismo es tener un galardón sobremanera grande. «Si Él es mío, entonces todo es mío».
2. SON SEGUROS (Col. 3:24). Debido a que son del Señor. Fiel es el que prometió.
3. SON VARIADOS. Cada hombre recibirá conforme a su propia labor (1 Co. 3:8). En este caso, no será «cada hombre su *denario*». El ladrón arrepentido no puede esperar la recompensa del laborioso Pablo.
4. SON SUFICIENTES (Mt. 25:21). Es indudable que cada uno quedará abundantemente satisfecho con su propio galardón. Su «bien hecho» será suficiente para esto. Pero, ¿qué se quiere decir con «el gozo del Señor»?
5. SON ETERNOS (2 Co. 4:17). Estos son unos laureles que nunca se marchitarán; unas bendiciones que no perecerán con el uso. ¿Quién puede contar el valor de «un peso eterno de gloria?»
6. DEBEN SER ANHELADOS (2 Jn. 8). Los hombres nos seducirán de nuestra recompensa si consiguen seducirnos apartándonos de servir al Señor. Sigue firme avanzando hacia la meta para el galardón.

IV. El galardón.

1. SERÁ CONFORME A NUESTRAS PROPIAS OBRAS (1 Co. 3:13). Él recompensará a cada uno conforme a sus *obras* (Mt. 16:27), no según su profesión.
2. SERÁ ABIERTO (Mt. 6:4). Los actos secretos para Cristo no serán *sólo* recompensados en secreto, aunque el fiel obrero recibe muchas recompensas secretas.
3. SERÁ EN ESTE TIEMPO PRESENTE (Lc. 19:29-30). Las recompensas no quedan todas reservadas para el cielo. La abnegación de Daniel fue recompensada con una sabiduría celestial (cap. 1).
4. SERÁ EN LA VIDA VENIDERA (Ap. 22:12). Cuando seamos revestidos de nuestra morada celestial, podremos tanto más recibir y gozar de las bendiciones celestiales.
5. TENDRÁ LUGAR CUANDO VENGA (Mt. 16:27). Las grandes recompensas son entregadas cuando el Galardonador mismo se manifiesta. Cuando Él venga *a por* sus santos, ellos recibirán el nuevo cuerpo: la idoneidad eterna. Cuando Él venga con sus santos, ellos serán recompensados con honores.
6. SERÁ DURANTE SU REINADO (Ap. 20:4). ¿No sabéis que los santos juzgarán el mundo?
7. SERÁ POR TODA LA ETERNIDAD (2 Co. 4:17). ¿Donde yo estoy también estará mi seguidor. «Para siempre con el Señor.» Aleluya.

1.817. ¡HE AQUÍ!

UNA DELAS EXPRESIONES DE LA VIDA CRISTIANA

El ¡He aquí! de:

I. La **rendición** espiritual,	Marcos 10:28
II. La **consagración**,	Isaías 6:7
III. La continua **presencia** de Cristo,	Mateo 28:20
IV. Hacer la **voluntad** de Dios,	Hebreos 10:7
V. La verdadera **adoración**,	Apocalipsis 5:6; y 14:1

1.818. «HECHO»

I. El mundo fue *hecho por medio de Él* (Jn. 1:10).

II. *Hecho semejante* a los hombres (Fil. 2:7).

III. *Hecho* bajo la ley (Gá. 4:4, V.M.).

IV. Por nosotros *lo hizo* pecado (2 Co. 5:21).

V. *Hecho* por nosotros maldición (Gá. 3:13).

VI. El cual nos *ha sido hecho* de parte de Dios sabiduría, justificación, santificación y redención (1 Co. 1:30). ¿QUÉ HAS HECHO TÚ DE ÉL?

1.819. INDULTO Y PERDÓN

El término «Indulto» no la encontramos nunca en el Nuevo Testamento. En su lugar se encuentra su equivalente, el término «Perdón». Esto está en plena armonía con uno de los principales mensajes del Nuevo Testamento. El Indulto es la acción de un soberano; el perdón es la acción del Padre. La paternidad de Dios es una de las principales verdades en el Nuevo Testamento. Un pecador inconverso, pero arrepentido, debe, como rebelde, pedir el indulto. Cuando ha sido indultado y regenerado, luego necesita a diario pedir perdón a su Padre en Cristo.

I. Sólo Dios puede indultar (Lc. 5:21; Dn. 9:9).

II. Dios gusta de otorgar el indulto. Dios es «perdonador» (Neh. 9:17). «Nuestro Dios ... es grande en perdonar» (Is. 55:7).

IV. Dios sólo otorga su indulto:

1. En base de la confesión (Sal. 25:11).
2. Al creer (Hch. 10:43).
3. Al recibir. El perdón es un don para ser recibido (Hch. 5:31).

1.820. JESÚS COMO REY

Mientras nuestro Señor estuvo en la tierra, enseñó como profeta; mientras espera en el cielo intercede como sacerdote; cuando venga otra vez, será como Rey en poder y gran gloria. «A su debido tiempo mostrará el bienaventurado y único Soberano, Rey de reyes, y señor de los que gobiernan» (1 Ti. 6:15). Este no es su tiempo con respecto a esta fatigada y malvada tierra; ésta es la «hora y potestad de las tinieblas» (Lc. 22:53). Todo el mundo yace en el Maligno. Durante este día de salvación, Dios está, por medio de la muerte expiatoria de su Hijo, rescatando a todos los que creen, sacándolos del reino de Satanás y de la culpa del pecado. Que Jesús ha de ser Rey sobre toda la tierra es algo que se enseña claramente en la infalible Escritura de Verdad.

I. Observemos las profecías. En Salmos 72:6-9 leemos: «Descenderá... Florecerá en sus días la justicia... Dominará de mar a mar». Si Él rige ahora sobre la tierra, ¿dónde se muestra su autoridad? Nuevamente vemos, en Is. 9:6, 7: «Un niño nos es nacido (...) y el principado sobre su hombro; ... sobre el trono de David». En sus tiempos «morará el lobo con el cordero» (Is. 11:1-6). «Tú, Belén Efrata... de ti me saldrá el que será Señor en Israel» (Mi. 5:2). Este Señor vino, pero no quisieron que Él reinara sobre ellos; dieron muerte al Príncipe de Paz, y así pusieron fin a su imperio. Cristo nació Rey. «¿Dónde está el que ha nacido rey de los judíos?» (Mt. 2:2), y como tal fue crucificado. Pilato escribió la verdad cuando puso en el título en la cruz: «ÉSTE ES JESÚS, REY DE LOS JUDÍOS» (Mt. 27:37).

II. Observemos el anuncio angélico. «Gloria a Dios en lo más alto, y sobre la tierra paz, buena voluntad para con los hombres» (Lc. 2:14). Esto fue proclamado al nacer el Rey, y en anticipación de un reinado de paz universal. Pero no es difícil convencerse de que todavía no se ha realizado. El Dios de Gloria no tiene el puesto más elevado en los asuntos del mundo; no hay paz en la tierra; la buena voluntad de Dios no se está manifestando entre los hombres. Guerras y rumores de guerras, conflictos laborales, luchas sociales y agitación, son todas ellas cosas que evidencian que el Gobernante designado por Dios ha sido rechazado por el hombre.

III. Observemos la oración que Cristo enseñó a sus discípulos. «Cuando oréis, decid: Padre nuestro que estás en los cielos, santificado sea tu nombre. Venga tu reino. Hágase tu voluntad, como en el cielo, así también en la tierra» (Lc. 11:2). Todo esto antes de hacer una sola petición. Es propósito de Dios que su reino y gobierno sean introducidos entre los hombres, y que su voluntad se haga en la tierra como se hace en el cielo. La voluntad de Dios es perfectamente llevada a cabo en el cielo, debido a que el perfecto Gobernante está allí. Y será hecha en la tierra como en el cielo cuando el divino Gobernante, el Rey de reyes, establezca su trono sobre la tierra; entonces se doblará ante Él toda rodilla, confesándolo como Señor. Se sentará sobre «el trono de su padre David».

IV. Observemos sus Parábolas. En varias de las parábolas se hace mención de la «Venida del Rey», notablemente en la del «hombre noble» (Lc. 19). Jesucristo es el Noble. Es Él quien va al país lejano a recibir un reino y regresar. En Daniel 7:13, 14 el Hijo del Hombre es visto recibiendo el reino, en el que «todos los pueblos, naciones y lenguas le sirvieran». Cuando vuelve, pasa cuentas con sus siervos, recompensándolos con privilegios terrenos –gobierno sobre ciudades: heredarán la tierra. Y castigando a sus enemigos, a aquellos que no querían que Él reinara sobre ellos.

V. Obsérvese su respuesta a Pilato. «¿Luego, eres Tú rey?» (Jn. 18:37). Si hubo un momento en que Cristo hubiera podido desear negar su condición de Rey es ahora, cuando se encuentra preso. Escarnecido y sin ayuda, coronado de espinas ante Pilato, ¿cuál es su respuesta cuando se le hace esta pregunta? «Yo para esto he nacido, y para esto he venido al mundo» (Jn. 18:37). Al dar esta respuesta nuestro Señor mira directamente al futuro, y por el gozo que es puesto delante de Él soporta la cruz. Justo ahora su reino no es de este mundo (este presente estado de cosas); está dentro de vosotros. Pero Él aún ha de deponer toda autoridad, y reinar de mar a mar. «Verá el fruto de la aflicción de su alma, y quedará satisfecho» (Is. 53:11). Nació «Salvador», pero también «Rey de los judíos». No tuvo donde reposar su cabeza; pero ha de ser aún Rey de reyes. Apareció como «caminante«para quitar el pecado; cuando vuelva será la gloriosa aparición de nuestro Gran Dios y Salvador. Vendrá Aquel que tiene el derecho de reinar. «Sí, ven, Señor Jesús» (Ap. 22:20).

1.821. JESÚS COMO REY

1. La visión del Rey y de su reino (Dn. 7:13-14).
2. Designado por Dios como Hijo y Rey (Sal. 2:6-8).
3. La manera de su venida, y su carácter (Is. 9:6, 7).
4. La promesa antes de su nacimiento referida a la realeza (Lc. 1:31-33).
5. La búsqueda del rey (Mt. 2:1, 2).
6. El intento de coronarlo como Rey (Jn. 6:14, 15).
7. Públicamente reconocido como Rey (Lc. 19:37-40).
8. Acusado de hacerse Rey (Lc. 23:1-3).
9. Se confiesa Rey (Jn. 18:33-37).
10. Escarnecido como Rey (Jn. 19:1-5).
11. Crucificado como Rey (Jn. 19:14, 15, 19).
12. Predicado como Rey (Hch. 17:7).
13. Viniendo como Rey (Mt. 16:28; 17:5).
14. Reinando como Rey (Ap. 11-15).

1.822. JOSUÉ: LLAMADO Y DOTADO

«Mas de los testigos la nube solemnemente avanza,
Ensanchándose al apagarse cada voz de corneta en muerte aquí abajo;
Mas la celestial visión resplandece de arrebatadas miradas,
Prontos con su cambio de vestidura, a su inmutable Señor conocer.»

Tan pronto como Moisés hubo muerto, le vino el llamamiento divino a Josué: «Ahora, pues, levántate» (Jos. 1:2). Dios puede sepultar a su obrero, pero prosigue con su obra. La forma griega del nombre Josué es Jesús. Como siervos de Dios, hay muchas y preciosas lecciones que podríamos aprender de su tan maravillosa vida y obra. Lo vemos como

I. Indagador. «El joven Josué, hijo de Nun, nunca se apartaba de en medio del tabernáculo» (Éx. 33:11). En el versículo 7 podemos leer: «Cualquiera que buscaba a Jehová, salía del tabernáculo de reunión que estaba fuera del campamento». Inferimos que la elección de este joven de *permanecer* en el tabernáculo del Señor demostraba su amor por la comunión con Él y su deseo de conocer más plenamente su mente y voluntad. Las almas que están realmente deseosas no esperan a horas determinadas para aprender el camino de la vida. Cuando el corazón está de veras buscando a Dios, su casa y su Palabra poseerán una nueva fascinación. Se abandonarán las «cisternas rotas» en favor de la fuente de aguas vivas.

II. Cambiado. «Y a Oseas hijo de Nun le puso Moisés el nombre de Josué» (Nm. 13:16). Este cambio de nombre era desde luego una indicación de cambio de naturaleza. El viejo nombre, *Oseas*, implicaba que la *salvación* estaba en si mismo; el nuevo nombre, *Jehoshua*, enseñaba que «JEHOVÁ es *salvación*». Es la vieja historia de una conversión, cuando la autoconfianza se transforma en fe en Dios, cuando la vieja naturaleza usurpadora se transforma en principesca y divina, poseyendo poder delante de Dios y con los hombres, y prevaleciendo (Gn. 32:28). Él esperó en el Señor, y ahora su fortaleza es cambiada. «No yo, mas Cristo.»

III. Testigo. «La tierra por donde pasamos para reconocerla, es tierra en gran manera buena» (Nm. 14:6-9). En el tiempo de la murmuración, temor y disensión, él, junto con Caleb, tomaron abiertamente postura en base de la Palabra de Dios. Él testificó que la tierra *era* todo lo que Dios había dicho que era. Era bien evidente que *él* estaba del lado del Señor. No estamos siguiendo fábulas astutamente inventadas cuando damos a conocer el poder y la fidelidad de nuestro Señor Jesucristo. Lo que se precisa hoy día es una denodada fidelidad a las declaraciones de la Palabra de Dios, frente a todas las murmuraciones de aquellos incrédulos espías conocidos como los «altos críticos». El clamor de todos los racionalistas no es «volvamos a Cristo», sino «volvamos a Egipto». Pero «con nosotros está Jehová; no los temáis» (v. 9).

IV. Llamado a honor. «Toma a Josué y pondrás tu mano sobre él... y pondrás de tu dignidad sobre él» (Nm. 27:18-20). Habiéndose puesto de parte de Dios, es ahora llenado del espíritu de sabiduría y poder (Dt. 34:9). Ha buscado el honor que sólo de Dios viene, y ahora recibe abundante recompensa con su promoción en el servicio del Señor. Ésta es la unción que los que creen debieran recibir (Jn. 7:29). El Espíritu de Moisés reposó sobre Josué, como después reposó sobre Eliseo el espíritu de Elías, y como el Espíritu de Cristo debiera ahora reposar sobre nosotros.

V. Enseñado por Dios. En el libro de Josué, capítulo 1, y versículos 1 a 9, tenemos al Señor mismo dando a Josué sus órdenes de marcha. Él recibió su gran comisión directamente de parte de Dios. Esta porción es digna de la mayor atención por parte de todos los siervos del Señor, por cuanto revela el espíritu y la manera en que Él quisiera llevar a cabo la obra.

1. CADA PASO debe ser tomado por fe (v. 3).
2. El gran PROPÓSITO DE DIOS debe ser mantenido siempre a la vista (v. 4).
3. Debe haber la CONFIANZA DE LA VICTORIA (v. 5).
4. Debe haber VALOR y FIDELIDAD en adherirse estrechamente a la Palabra de Dios (vv. 6-8).
5. Se debe CONTAR permanentemente con presencia residente (v. 9).

En verdad, el siervo de Dios tiene una comida que comer de la que otros nada saben.

VI. Buscador de la gloria de Dios. «Y Josué dijo al *pueblo*: Santificaos, y habló Josué a los sacerdotes, diciendo: Tomad el arca del pacto, *y pasad delante del pueblo*» (Jos. 3:3:6, 7). Él quería tener a Dios EN PRIMER LUGAR, y un pueblo *santificado* que lo siguiera. En estas circunstancias bien podían ellos esperar que el Señor hiciera «maravillas entre ellos». Antes que el Señor pueda ser glorificado delante de todo el pueblo, tiene que ser santificado *en los suyos* (véase Lv. 3:10). Pero observemos el resultado de esta acción de gloria a Dios por parte de Josué en las mismas palabras de Dios: «Desde este día comenzaré a engrandecerte delante de los ojos de todo Israel» (v. 7). Los que pongan a Dios en primer lugar siempre tendrán un primer lugar de honra en su servicio. «Yo honraré a los que me honran» (*cf.* Fil. 2:9).

VII. Totalmente consagrado a la voluntad de Dios. Cuando de repente se encontró con el «Príncipe del ejército de Jehová... postrándose sobre su rostro en tierra, le adoró; y le dijo: ¿Qué dice mi Señor a su siervo?» (Jos. 5:13-15). Josué quedaría perfectamente satisfecho con saber simplemente que se cumplía *su* voluntad. Esto era para él un lugar santo; y así es siempre allí donde está SU PRESENCIA. El calzado de nuestro servicio voluntarioso tiene que ser removido si queremos ser aceptados sobre el «lugar santo» de su presencia permanente. «Presentaos a Dios.»

VIII. Victorioso en la causa de Dios. «Jehová dijo a Josué: Mira, Yo he entregado en tu mano a Jericó» (Jos. 6:2). «Por la *fe* cayeron los muros de Jericó» (He. 11:30). «Ésta es la victoria que vence al mundo: nuestra fe.» Los que honran a su Dios serán fuertes y obrará hazañas (Dn. 11:32). Es en la debilidad de nuestra fe como de niño que se perfecciona su poder (2 Co. 12:9). El éxito en la obra de Dios es totalmente cierto cuando se cumplen a la perfección todas las condiciones. «Solamente esfuérzate y sé muy valiente, no te apartes... ni a diestra ni a siniestra, para que seas prosperado» (Jos. 1:7-9). El apóstol dijo: «Una cosa hago».

1.823. JOSUÉ: PROBADO Y TRIUNFANTE

Aunque la experiencia cristiana debiera ir de fuerza en fuerza y de gloria en gloria, sin embargo entre cada logro sucesivo y más elevado puede haber profundos valles de pruebas y tentaciones que echan la misma sombra de muerte sobre el camino del peregrino que se dirige al cielo. A este respecto, la noble vida de Pablo y la del fiel Josué son semejantes en muchas formas.

I. Fue severamente probado. «Josué rompió sus vestidos, y se postró en tierra sobre su rostro delante del arca de Jehová» cuando oyó que sus «como tres mil hombres... huyeron delante de los de Hay» (Jos. 7:4-9). ¡Qué victoria habían tenido ante la gran Jericó, y qué vergonzosa derrota delante de la pequeña Hay! La flor de su nueva vida se había consumido de repente, marchita. El enemigo se regocija, y el nombre de Dios ha quedado deshonrado. ¿Y cuál es la causa de ello? «Israel *ha pecado*» (v. 11). El Señor no puede permitir que su poder conquistador repose sobre aquellos que en sus corazones no son rectos para con Él. Pero que ningún joven cristiano se desaliente, aunque al comienzo de su vida de testimonio para Cristo haya vergonzosas derrotas, sino que lleve esto más bien a una más profunda humildad y escudriñamiento del corazón. Es el propósito de Dios darnos la victoria sobre todos nuestros enemigos, pero sólo puede hacerlo de una manera que redunde en la gloria de su propio Nombre (He. 10:38).

II. No hace componendas con ningún pecado conocido. «Josué, pues, levantándose de mañana..., fue tomado Acán..., y los apedrearon» (7:16-26). Esta solemne acción no fue sólo de él, sino de Dios; por ello, por causa de Él no podía dejar que la razón o los sentimientos humanos se interpusieran en el camino de una total remoción de lo que infectaba a Israel. ¡Qué lección para nosotros, para apartarnos de toda codicia, que es idolatría!: «A causa de las cuales cosas viene la ira de Dios sobre los hijos de desobediencia» (Col. 3:5, 6).

III. Destaca en gran manera la Palabra de Dios. «Entonces Josué edificó un altar a Jehová Dios de Israel, También escribió allí sobre las piedras una copia de la ley de Moisés... las bendiciones y las maldiciones» (Col. 3:5, 6). Sabía el poder de ella en su propia experiencia, y declara en fidelidad, sin temor alguno, «todo el consejo de Dios», sin rehuir nada de él. Predica la Palabra. Que las bendiciones para los obedientes y las maldiciones para los desobedientes tengan ambas su apropiado lugar en tu testimonio. Lo que Dios ha unido, que nadie lo separe.

IV. No era infalible. Los gabaonitas, con sus falsas pretensiones, «usaron de astucia» de tal manera que fue inducido a celebrar «con ellos alianza», en contra del mandamiento de Dios. Después de todo, él era un hombre «de sentimientos semejantes a los nuestros», por lo que su error es motivo de aliento para nosotros. Si Dios pudo emplear tan poderosamente a un hombre capaz de cometer tal error, ¡hay buena esperanza para nosotros! Sí, ésta es la clase de material que la gracia de Dios emplea. Vemos cuán verdaderamente humano era este firme siervo de Dios. No obstante, deberíamos prestar cuidadosa atención de que al tomar consejo no nos olvidemos del Señor (Is. 30:1).

V. Mostró una prodigiosa fe. Josué «dijo en presencia de los israelitas: Sol, deténte en Gabaón» (10:12-14). Su fracaso no le impidió en absoluto pedir y esperar grandes cosas de Dios tan pronto como surgió la necesidad. Ésta fue una exhibición singular de las posibilidades de la fe. La fe que podía demandar tal cosa de Dios era ciertamente apropiada para cualquier cosa. Tomó plena ventaja de la promesa de su gracia: «Pídeme». Este registro de fe nunca ha sido quebrantado, pero ¡cuán lejos quedamos de lo que está al alcance de cada siervo de Dios que realmente busca la gloria de su Nombre. Todas las cosas que den gloria a Dios son posibles a los que creen (1 Jn. 3:22).

VI. Reivindicó toda la Tierra Prometida. «Tomó, pues, Josué toda la tierra, conforme a todo lo que Jehová había dicho a Moisés» (11:23). La reivindicó por la fe, aunque el pueblo se mostró lento en tomar posesión de ella (cap. 13:1). No creyó que fuera presunción aceptar todo lo que Dios había prometido. ¿Qué está haciendo nuestra fe por nosotros, si no es echar mano de aquello que Dios nos ha prometido en Cristo Jesús? (1 Co. 1:30). Es honroso para Él que recibamos aquellas cosas que Él nos ha dado libremente. «El que no cree en Dios le ha hecho mentiroso.»

VII. Alienta a otros a ensanchar sus posesiones. Cuando los hijos de José se quejaron de lo limitado de su heredad, les dijo: «Subid al bosque..., lo desmontarás y lo ocuparás... arrojarás al cananeo, aunque tenga carros herrados y sea muy fuerte» (17:14-18). Es fácil quedar insatisfecho con nuestras vidas cristianas cuando la contemplamos en su estrechez y poca profundidad si dejamos a un lado la promesa todosuficiente de Dios. La cura eficaz para esta murmuración es «subir» y «expulsar» las dudas y los temores, y asirse de las inescrutables riquezas de Cristo, a pesar de toda la oposición, si tienes fe en Dios. No hay pocos que, a semejanza de la tribu de José, han conseguido lo suficiente de la «tierra prometida» como para hacerles sentir miserables, siempre clamando acerca de su pobreza y escasez, cuando la causa de ello es su absoluta holgazanería espiritual. ¡Oh, hombres de poca fe! ¿Hasta cuándo tendréis pereza de entrar y poseer la tierra? (18:3).

VIII. Da testimonio de la fidelidad de Dios. «Reconoced, pues, con todo vuestro corazón y con toda vuestra alma, que no ha faltado una palabra de todas las buenas palabras que Jehová vuestro Dios había dicho de vosotros; todas os han acontecido» (23:14). Dios estaba dispuesto a darles todo lo que les había prometido. Muchos lo saben *en sus corazones*, como los israelitas, pero no tienen el valor, a semejanza de Josué, de ponerlo en práctica, y de decirlo así. Aunque creamos en nuestros corazones que «más fácil es que pasen el cielo y la tierra, que se frustre una tilde de la ley» (Lc. 16:17), cuán lentos somos sin embargo en reivindicar las promesas de Dios con los pies de la fe (1:3). Si ha de haber alguna vergüenza en el cielo, será desde luego que esperáramos tan poco de nuestro exaltado y glorificado Redentor y Señor.

IX. Él nos exhorta a un servicio de todo corazón. «Ahora, pues, temed a Jehová, y servidle con integridad y en verdad» (24:14, 15). Al considerar cuán grandes cosas Él había hecho por ellos, y cuántas les había prometido, desde luego era sólo *razonable* que le sirvieran. No nos ruega el gran apóstol, por *las misericordias de Dios*, que presentemos *nuestros cuerpos* como *servicio* de adoración espiritual? (Ro. 12:1). «¿No sabéis que si os sometéis a alguien como esclavos para obedecerle, sois esclavos de aquel a quien obedecéis?», sea al pecado o a la justicia, al yo o a Cristo (Ro. 6:16).

X. Su influencia póstuma. «Y sirvió Israel a Jehová todo el tiempo de Josué, y todo el tiempo de los ancianos que sobrevivieron a Josué» (cap. 24:31). La poderosa vida de este Príncipe con Dios prosiguió hablando a través de aquellos con los que había estado asociado después de haber partido. La vida de la fe siempre cuesta de desvanecer, mientras que la memoria de los malvados pronto se pudre. Las vestiduras de una vida consagrada, incluso cuando se echan a un lado, son como el aroma del Líbano, que se reconoce a gran distancia (Cnt. 4:11). Bienaventurados los muertos que mueren en el Señor a todo interés propio, porque reposan, y sus obras les siguen.

1.824. JOSUÉ Y LA VIDA CRISTIANA

El carácter y la vida de Josué nos proveen una notable ilustración de cómo las promesas de Dios deben ser recibidas y disfrutadas. Canaán representa la tierra mejor, o lo que el mismo Dios designa como «mi reposo» (He. 3:11). Este reposo no significaba un cruzarse de brazos y un echarse a dormir. Significaba dificultades, guerra y victoria. Significaba simplemente entrar en los planes y propósitos de Dios, y reposar quietamente sólo en Él, para cumplir todo lo que Él había prometido. La vida cristiana es una vida de:

1. Fe en las promesas de Dios. «*Yo os he entregado*... todo lugar que pise la planta de vuestro pie» (1:3). No puede haber ningún verdadero progreso sin plantar el pie de la fe sobre la «palabra segura de la promesa». Toda otra base es arenas movedizas. No se seguirá al Señor de cerca a no ser que haya una constante confianza en Él. El creyente debe estar dispuesto a aventurarse, como lo hizo Pedro, a lanzarse a las más hondas aguas cuando Él llame. La fe será puesta a prueba, y es demasiado preciosa para no serlo. Habrá Jordanes delante de nosotros, y murallas de Jericó, dificultades que solo la fe puede superar. «Mas nada será imposible para los que crean» y persistan en creer. Fue cuando los pies de los sacerdotes *fueron mojados a la orilla del agua* que las aguas se detuvieron (3:15, 16).

II. Consagración a la voluntad de Dios. En Ai vemos el fracaso por falta de una total consagración (como un cuerpo) al propósito revelado de Dios (6:18, 19). Para vivir una vida consagrada debe existir:

1. Un entendimiento de la *Palabra de Dios*. «Que no se aparte de tu boca este libro de la ley, sino que de día y de noche has de meditar en él» (1:8).
2. Una obediencia implícita a la mente y a la voluntad de Dios. «No te apartes de ella ni a diestra ni a siniestra» (1:7). Apartarnos de la Palabra es apartarnos *de Dios*, y son muchas las tentaciones para volvernos a un lado, que surgen de nuestros propios sentimientos y de los anhelos de los hombres carnales.
3. Una santificación propia (3:5). Si queremos ver las *maravillas* del Señor, esto es necesario: que nos separemos para Dios (23:11, 12).

III. Comunión en la presencia de Dios. La promesa dada era clara y consoladora: «Estaré contigo: no te dejaré, ni te desampararé» (1:5). ¡Cuán llena de gracia! Luego la promesa fue confirmada: «Como estuve con Moisés, así estaré contigo» (3:7). Las promesas de Dios son igual de buenas para el creyente como lo eran para su propio Hijo, y su presencia debería ser para nosotros igual de real y permanente. Josué creyó la Palabra, y así él dijo: «El Dios viviente está en medio de vosotros» (3:10). ¡Cuán notable es el versículo 15 del capítulo 5! Vemos a Josué en comunión con el Capitán, el Príncipe del ejército de Jehová. Él le dijo: Quita el calzado de tus pies, porque el lugar donde estás es santo. Y Josué así lo hizo». Luego la escena concluye bruscamente, dejando a Josué de pie con los pies descalzos en la santa presencia de su poderoso Señor, tipo ello de la actitud permanente del cristiano para con su Señor y Dueño. Luego leemos en el capítulo 6:27: «*Estaba*, pues, Jehová con Josué». Y el testimonio de Josué al morir fue: «Jehová vuestro Dios es quien pelea por vosotros, *como Él os prometió*» (23:10).

IV. Testimonio del honor de Dios. Toda la vida de Josué fue un testimonio por Dios. Pero las doce piedras que erigió en Gilgal debían permanecer como un testimonio especial del poderoso poder salvador de Dios al abrir un nuevo camino para su pueblo en Él confiado. Estas piedras eran las obras de la fe, y otros, al verlas, glorificarían a Dios. El fruto de todo testimonio es que los hombres teman «a Jehová vuestro Dios todos los días» (4:21, 24), y este testimonio debe ser dado a «todos los pueblos de la tierra» (v. 24).

V. Guerra contra los enemigos de Dios. Tan pronto como se pasa el Jordán, y se erige el testimonio, se encuentran con que Jericó está totalmente cerrado (cap. 6:1). Por lo que se precisa entablar una guerra agresiva si se quieren alcanzar las promesas de Dios. Los enemigos son muchos y grandes. «*Todos los reyes... se concertaron* para pelear contra Josué» (9:1, 2). Hay muchos reyes contra los que luchar. Está el rey Soberbia, el rey Concupiscencia, el rey Ama-la-comodidad, el rey Cobardía, y el rey Complace-a-todo-el-mundo. Hay también el rey Moda, el rey Odio-a-la-verdad, el rey Amor-a-las-tinieblas, el rey Mundanalidad, el rey Incredulidad. Todo lo que no agrada a Dios es nuestro enemigo.

VI. Victoria en el Nombre de Dios. «Nadie te podrá hacer frente *todos los días de tu vida*» (1:5). Es una vida de victoria constante. Si hay derrota, como en Ai, es «por causa del pecado». Toda muralla debe ser abatida ante el clamor de la fe (6:5). Todo oponente debe ser herido y la tierra poseída para Dios (véase cap. 12). Si los hombres son fieles a Dios, entonces el terror de Dios caerá de cierto sobre los enemigos (2:9). Si tu vida no es victoriosa, es entonces ya hora de que investigues en tu mismo corazón.

VII. Reposa en la fidelidad de Dios. Repartieron la tierra (cap. 14:5), y reposaron de las guerras (cap. 15), con lo que reposaron en el buen don de Dios. Una tierra que no habían comprado, con ciudades y viñedos que no habían trabajado (23:14). Pero mientras reposamos en las posesiones que Dios nos ha dado, no debemos a pesar de ello reposar de la guerra en tanto que hay aún mucha tierra (bendición) para poseer (13:1; 18:3). Si reposamos antes de alcanzar la *plenitud*, entonces lo probable será que no disfrutemos de lo que ya poseemos. Los enemigos no destruidos vienen a convertirse en espinos en su costado. Reposad en el Señor.

1.825. JUSTIFICACIÓN

1. **No** es por las obras de la Ley	Romanos 3:20
2. Es en base a la Muerte y Resurrección de **Cristo**	Romanos 4:25
3. Es por **su Sangre**	Romanos 5:9
4. Es **gratuitamente** por su gracia	Romanos 3:24
5. Es bajo la condición de la **fe**	Romanos 3:26
6. Es **perfecta** en su naturaleza	Hechos 13:39
7. Es **Dios** el que justifica	Romanos 8:33
8. Su resultado es paz **para con Dios**	Romanos 5:1

1.826. LA ACTITUD PARA CON CRISTO Y SU CAUSA

1. HELADA,	Filipenses 3:18, 19
2. FRÍA,	Apocalipsis 2:4
3. TIBIA,	Apocalipsis 3:15, 16
4. ARDIENTE,	Juan 5:35

1.827. LA BANDERA

Introducción

–Las banderas eran muy comunes en la antigüedad.
–Tenían entonces un significado que parece haberse perdido en estos nuestros días más prosaicos.
–«Hay una bandera regia dada para que la muestren los soldados del rey. Como bella enseña la levantamos hoy, y como redimidos cantamos».
–Examinemos algunas de las banderas mencionadas en la Biblia.

I. Un testimonio abierto de salvación. «Nos alegraremos en tu salvación, y en el nombre de nuestro Dios alzaremos pendón» (Sal. 20:5, V.M.).

1. Salvación. La salvación recibida de parte de Dios.
2. Luego el regocijo, naturalmente, «en tu salvación».
3. Aquí, ciertamente, alzar pendón significa un testimonio abierto por Dios.
4. Demos un abierto testimonio de Dios.

II. Un testimonio abierto acerca del amor: Comunión. La Esposa habla en estos términos: «Me llevó a la bodega, y su bandera sobre mí fue amor» (Cnt. 2:4).

1. La Esposa. Aquí habla el verdadero creyente.
2. Aquí tenemos comunión.
3. En la India, los que reciben honra son enguirnaldados con flores. En Palestina había banderas.

III. El resultado abierto de la bondad: Santidad. Habla el Esposo: «Hermosa eres..., bella ... imponente como ejército con banderas» (Cnt. 6:4).

1. Hermosa, bella, imponente.
2. Un pueblo santificado y santo es a la vez atrayente e imponente.
3. Los meros profesantes no pueden tolerar la santidad.

IV. Guerra. «Levantad bandera» (Is. 13:2).

1. Guerra. La vida es una lucha.
2. El juicio del Señor sobre Babilonia.
3. Guerra sobre el pecado.
4. No nos avergonzamos de nuestra fe. Una declaración abierta, mediante nuestra bandera, o siguiendo a la bandera.

1.828. LA COMPLACENCIA DEL SEÑOR

Hay una diferencia entre «la voluntad del Señor«y «el beneplácito del Señor». Él puede permitir una cosa, y sin embargo no complacerse en ella. Debiéramos estar sumamente interesados en todo lo que complace a nuestro Señor. Y si Él no se complace en algo, tampoco debiera su pueblo. Observaremos el beneplácito del Señor

I. Con respecto a los malvados. «Vivo Yo, dice el Señor Jehová, que no me complazco en la muerte del malvado» (Ez. 33:11). Que los malvados se perderán si no se arrepienten es algo seguro; pero es igual de cierto que Dios no se complace en su muerte. Entonces, ¿por qué morirán? Por cuanto eligieron la muerte antes que la vida? Al preferir los placeres del pecado, incurren en su salario. Ningún pecador encontrará placer en aborrecer a Dios porque Dios lo aborrezca. El tañido de la condenación del pecador no da placer al Señor.

II. Con respecto a Cristo. Aquí vemos el beneplácito del Señor en un triple aspecto:

1. EN LA PERSONA DE CRISTO. «Éste es mi Hijo, el amado, en quien he puesto mi complacencia» (Mt. 3:17). Aquí tenemos al Cordero que iba a quitar el pecado del mundo puesto ante la santa mirada de Dios para ser examinado. No solo es Él sin mancha ni contaminación, sino que todo aquello que hizo dejó complacido a Dios. Parece haber aquí más que una mera satisfacción. Hay una plenitud de placer en el corazón de Dios.
2. EN LOS SUFRIMIENTOS DE CRISTO. «Con todo eso, Jehová quiso quebrantarlo (...) Y lo que plazca a Jehová se cumplirá por su mano» (Is. 53:10). Al quebrantarlo a Él (a su amado Hijo) Él se estaba quebrantando a Sí mismo. Fue el beneplácito del Señor quebrantarlo a Él en lugar de a nosotros, salvar al hombre por medio de Él, y este beneplácito prosperará en la mano del Quebrantado. Él «puede salvar completamente» (He. 7:25).
3. EN LA MEDIACIÓN DE CRISTO. «Tuvo a bien el Padre que en Él habitase toda plenitud» (Col. 1:19). Él es el Mediador entre Dios y los hombres, y fue el beneplácito del Padre poner todas las cosas en sus manos, para que nosotros pudiéramos recibir de su plenitud, y ser llenados con toda la plenitud de Dios.

III. Con respecto a su Palabra. «Mi palabra... cumplirá aquello para que la envié» (Is. 55:11). Su Palabra fue enviada al principio sobre la creación vacía, y volvió el vacío en feracidad. Y Él dice que no volverá, ni hoy, a Mí de vacío. No podemos decir lo que está logrando su Palabra cuando es proclamada, pero tenemos la certidumbre de que cumplirá el beneplácito de Dios.

IV. Con respecto al Evangelio predicado. «Agradó a Dios salvar a los creyentes mediante la locura de la predicación» (1 Co. 1:21). De manera que Dios se place en salvar a los que creen mediante la locura de la predicación. No ciertamente por medio de una predicación loca. Hay mucha predicación en la que Dios no puede complacerse, porque el hombre es ensalzado y Cristo ocultado. Pero es consolador de que Dios se complace en salvar a todos los que creen, no a los que obran. Así que si no tienes nada más que fe, será el beneplácito de Dios salvarte a ti.

V. Con respecto a la aptitud para el servicio. «Dios... tuvo a bien revelar a su Hijo en mí, para que yo le predicase» (Gá. 1:15, 16). ¡Qué maravillosa revelación! Cristo en nosotros, en todo su amor y gracia, en toda su sabiduría y poder. Cuando todo esto se aprecia, es imposible no predicarlo a Él. ¡Ah, que cada predicador tuviera esta revelación; entonces sería Cristo predicado! Y, ¿por qué no tenerla? Es el beneplácito de Dios revelarlo a Él en ti. Él está en ti si tú eres de Él, y si tú no lo has visto en ti en toda su plenitud, para darte toda la capacidad necesaria, es debido a que el pecado te está cegando los ojos.

VI. Con respecto al privilegio del creyente. «Jehová no desamparará a su pueblo, por su gran nombre; porque Jehová ha querido haceros pueblo suyo» (1 S. 12:22). Somos su pueblo por cuanto éste ha sido el beneplácito del Señor hacernos tal pueblo, y habiéndonos hecho su pueblo es su beneplácito no desampararnos, por causa de su gran Nombre. «Él dijo: De ningún modo te desampararé, ni te dejaré» (He. 13:5). Ésta es la única respuesta que podemos dar en cuanto a cómo el Señor nos ha hecho su pueblo; y siendo suyo, podemos contar con su conducción, protección, presencia y ayuda.

VII. Con respecto a la esperanza del creyente. «No temáis, manada pequeña, porque a vuestro Padre le ha placido daros el reino» (Lc. 12:32). Entonces tiene que ser su beneplácito llevarnos a Él, y hacernos aptos para recibirlo. «Mi reino no es de este mundo», dijo Cristo (Jn. 18:36). «En el mundo tendréis aflicción» (Jn. 16:33). La apariencia de este mundo pasa, pero el reino que vamos a recibir es «inconmovible» (He. 12:28). Y nuestro título a Él no puede ser puesto en tela de juicio, por cuanto Él nos ha hecho reyes para Dios (Ap. 1:6). Y la promesa es: «Reinarán por los siglos de los siglos» (Ap. 22:5).

1.829. LA CONSAGRACIÓN, o el llenado de las manos

Esta palabra, en sus varias formas cognadas, aparece en cuarenta y dos ocasiones en la Biblia. En el sentido de «separar» se emplea tres veces; en el de «poner aparte», siete; en el de «denotar» y «dedicar», una vez cada uno; pero en el de «llenar» o «ser llenado», veintinueve veces. Sólo se emplea una vez en el sentido de «perfeccionar», y ello en relación con el Hijo eterno y unigénito (He. 7:28). Consideremos este tema en el anterior cuádruple aspecto. Significa

I. Separarse de lo inmundo. La ley del nazareno enseñaba esto claramente (Nm. 6:1-13). *Tocar* lo inmundo significaba contraer impureza en el acto y dañar su santa relación. La separación no es una doctrina novedosa. Comenzó con Adán; aparece en Abel, Se ve en Enoc y Noé. Se enseña en el *llamamiento afuera* de Abram, en las vidas de los patriarcas, en los Jueces suscitados por Dios, así como en los profetas y apóstoles. La misma Iglesia ha sido *llamada fuera* por la gracia de Dios. El mismo nombre *santo* nos habla de que somos *separados*. No sois del mundo, dice el Señor, sino que os he escogido *fuera del* mundo (Jn. 15:19). «Por lo cual, salid de en medio de ellos, y apartaos, dice el Señor, y no toquéis lo inmundo, y Yo os acogeré» (2 Co. 6:14-17).

II. Apartar para Dios. La separación no significa aislamiento. El Señor ha apartado *para Sí* al piadoso (Sal. 4:3). La palabra piadoso aquí hace referencia más directamente al estado del alma *en gracia*. Todos los sujetos de esta gracia salvadora son señalados como pertenecientes a Él. Aarón y sus hijos fueron consagrados (puestos aparte) mediante la santa unción para que sirvieran al Señor (Éx. 30:30). Lo mismo con todos los vasos del Tabernáculo, que fueron puestos aparte para el servicio de Dios mediante la unción. Estos vasos, aunque eran una «nueva creación» para la obra y el culto de Dios, eran sin embargo inapropiados para su empleo hasta que hubieran recibido el bautismo de la santa unción (Lv. 8:10, 11). Fueron *santificados* y hechos aptos para el uso de Jehová tan pronto ocuparon su verdadero puesto, y fueron puestos aparte mediante la especial unción. En este sentido, aquella *santificación* que hace apto para el servicio no es un crecimiento, sino un *don*. Crecemos en la gracia, pero somos hechos aptos para el uso del Señor mediante la unción del Espíritu Santo. No podemos crecer en la promesa del Espíritu. La recibimos por la fe (Gá. 3:13, 14). ¿Quién está pues dispuesto a apartarse a sí mismo para poder recibir la unción del Santo?

III. Ser dedicado a Dios. Se dijo que Jericó que «será la ciudad *anatema* (esto es, dedicada) a Jehová, con todas las cosas que están con ella» (Jos. 6:17). Acán tomó de «lo dedicado» y atrajo perturbación sobre el campamento, y condenación sobre sí mismo. ¡Tenemos aquí una solemne advertencia a no apropiarnos nunca para nuestros fines egoístas aquello que ha sido dedicado a Dios! «No sois vuestros, porque habéis sido comprados con precio» (1 Co. 6:20). Samuel fue dedicado al Señor «todo el tiempo que viva». Cada ofrenda puesta sobre el altar estaba dedicada a Dios. Hubiera sido sacrilegio volverla a tomar. El siervo al que se le horadaba el oído quedaba para siempre dedicado a su amo (Éx. 21:5). ¿Quién está pues dispuesto a dedicarse al Señor?

IV. Tener las manos llenadas para el servicio de Dios. Como ya hemos observado, la palabra «consagrar» se emplea veintinueve veces en el sentido de «llenar las manos». De manera que el pensamiento más destacado en relación con la consagración no es dar, sino tomar; no ceder, sino recibir. La lectura marginal de aquel bien conocido texto, 1 Cr. 29:5, es, «¿Y quién pues se ofrece a *llenar sus manos* este día para el Señor?» (*cf. Reina* 1569). El Señor no quiere que le sirvamos con las manos vacías. ¿Qué tenemos que valga la pena de ofrecer, bien a Él o bien a los que perecen, que no hayamos primero *recibido*? Nuestro Señor Jesucristo no envió de vuelta a las multitudes hambrientas porque los discípulos no tuvieran suficiente para satisfacerles. Él *llenó las manos de ellos* con el pan del cielo, y así los equipó para el cumplimiento de su voluntad de gracia. ¿Están nuestras manos tan llenas de Cristo, el «pan de Dios», que se esté dando satisfacción a almas hambrientas? No podemos bendecir al pueblo con manos vacías. ¿Y de qué aprovechará si nuestras manos están llenas de otras cosas que aquellas que el mismo Dios pone en ellas? Nuestras manos se quedarán inactivas en vaciedad y en debilidad hasta que sean «dadas al Señor» y llenas con el don de su Hijo (2 Cr. 30:8, *margen*). Manos vacías significan manos impotentes y un servicio estéril para Dios. Así como las manos del sacerdote únicamente eran llenadas después de ser limpiado y ungido, de la misma manera nosotros debemos ser salvados y santificados antes de que nuestras manos puedan ser llenas con un servicio acepto a sus ojos. ¡Y qué plenitud nos da Él cuando Jesucristo, en todas las inescrutables riquezas de su gracia, es hecho nuestra en realidad mediante la revelación del Espíritu Santo! (Jn. 16:14).

1.830. LA CRUZ DE NUESTRO SEÑOR JESUCRISTO (I) EL MENSAJE DE LA CRUZ

«Aquí –en la ruina de mis años–, Señor, te doy gracias
en medio de mis lloros;
Tú aquí sufriste, y no fallaste
Tus pies ensangrentados
Estos caminos Tu pisaste.
Pero Tú fuerte eras, frágil yo; y yo soy un hombre, y
Tú eres Dios.»

LYTTON

Se ha dicho que «El corazón del mundo es Gran Bretaña, el corazón de Gran Bretaña es Londres, y el corazón de Londres es Westminster». El corazón del cristianismo es la Biblia; el corazón de la Biblia es la Cruz, y el corazón de la Cruz es el mismo corazón de Dios: un corazón lleno de la más tierna compasión para con el hombre pecador y errante; un corazón que fue herido y quebrantado mientras estaba expiando nuestra culpa. Antes de proseguir, ¿le pediremos en silencio al Espíritu Santo que nos dé una más clara visión de esta maravillosa Cruz, y una experiencia más real y profunda de su poder transformador?

La Cruz de Cristo es a la vez el objeto más terrible y glorioso visto por hombres o ángeles fuera de la puerta del cielo. En 1 Corintios 1:18 leemos: «Porque el mensaje de la cruz es locura para los que se están perdiendo; pero para nosotros que somos salvos, es poder de Dios». La palabra, o mensaje, de la Cruz no puede leerse en un texto aislado de la Escritura. Si vamos a recibir este mensaje en toda la plenitud de su significado, debemos escuchar toda la Palabra de Dios acerca del mismo. La gran plenitud del mensaje de la Cruz es muy poco comprendida, debido a la forma fragmentaria en que frecuentemente se presenta. Pero no importa cuál plenamente pueda ser predicado el Evangelio de la Cruz, sigue siendo locura para los que se están perdiendo. ¡Cuán escudriñador es esto! Es una señal de que te estás perdiendo si no ves la infinita sabiduría y poder de Dios en la Cruz de Cristo. El Mensaje de la Cruz es la Palabra de Dios acerca de la Cruz, y su mensaje de amor y de gracia para nosotros por medio de la Cruz. ¡Qué Palabra tan maravillosa! Intentemos comprender su profundo significado.

I. El Mensaje de la Cruz es la Palabra de Dios **acerca de la santidad y del pecado.** Me refiero a la santidad del Padeciente y a la vileza del pecado por el que sufrió. En Jn. 8:34 Jesús dijo: «Todo aquel que hace pecado, es esclavo del pecado»; luego dice en el versículo 46: «¿Quién de vosotros me redarguye de pecado?» Según la enseñanza de Jesucristo, el pecado y la esclavitud van inevitablemente juntos. No hay verdadera libertad allí donde no ha habido un rompimiento con el pecado. Cristo «nunca hizo pecado»; si lo hubiera hecho, habría quedado bajo su dominio, perdiendo con ello su mesianismo y su idoneidad para ser sacrificio «sin tacha». Pero Él era santo, inocente, apartado de pecadores, pero aquel Santo, cuyo carácter y palabras eran revelaciones del Dios invisible y eterno, llevó nuestros pecados sobre su cuerpo en el madero, siendo muerto por «manos inicuas» (Hch. 2:23). La santidad de Dios y la pecaminosidad del hombre se han enfrentado en terrible conflicto en la Cruz de nuestro Señor Jesucristo: aquella Cruz que revela a Dios en su aspecto más positivo, si es que podemos hablar así, revela al hombre en la mayor profundidad de su mal (véase Hch. 4:27, 28). Así como las tinieblas no pueden tener comunión con la luz, tampoco puede el espíritu irregenerado del hombre tener comunión con el Santo Espíritu de Dios. Este Mensaje de la Cruz es así el mensaje de la victoria para la santidad, y de la derrota y eliminación del pecado.

II. El Mensaje de la Cruz es la Palabra de Dios **acerca del amor y del sacrificio.** Cuando Dios dio a su Hijo, no lo hizo con ninguna expectativa de que de alguna u otra manera podría escapar a la muerte maldita de la Cruz. Dios no tenía otro camino para salvar a los hombres más que por medio de la muerte de su Hijo, y por ello el hombre no tiene esperanza de ser salvo más que por medio del poder de su Cruz (Hch. 4:12). La Cruz denota el amor de Dios el Padre y el sacrificio de Dios el Hijo. «Porque de tal manera amó Dios al mundo, que ha dado a su Hijo unigénito» (Jn. 3:16). Cristo también nos amó, y se entregó a Sí mismo por nosotros como ofrenda y sacrificio a Dios (Ef. 5:2). El testimonio de nuestro propio Señor es: «El Hijo del Hombre no vino para ser servido, sino para servir, y para dar su vida en rescate por muchos» (Mt. 20:28).

El mensaje de la Cruz es el mensaje de un amor infinito y sin reservas. Sólo Dios podía amar al mundo de pecadores de tal manera que llegara a dar a su Hijo unigénito a la muerte de la Cruz por ellos. Sólo Dios el Hijo podía amarnos tanto, mientras que nosotros éramos aún enemigos, hasta el punto de ofrecer su intachable vida en sacrificio por el pecado. «En esto consiste el amor»; en esto el sacrificio. Los padecimientos y el sacrificio de Jesucristo constituyen la prueba y expresión de la intensidad del amor de Dios.

«Inscrito En luminosas letras,
sobre la Cruz vemos: "Dios es Amor"».

III. El Mensaje de la Cruz es la Palabra de Dios **acerca de la justicia y de la paz.** Algunos de los padres de la Iglesia primitiva enseñaban que el precio de la redención ofrecido por Cristo fue pagado a Satanás para la liberación de las almas. ¿Qué derecho tenía él a las almas de los hombres, él, que «es homicida desde el principio»? Se nos anuncia de una manera clara que Cristo se entregó a Sí mismo como sacrificio a Dios. La Cruz no solo denota un amor infinito, sino también una justicia eterna, y una paz hecha, basada en la justicia. «Él hizo la paz mediante la sangre de su Cruz.» La justicia infinita queda infinitamente vindicada con el valor infinito de la vida y de la sangre de Aquel que era el Infinito. Observemos Colosenses 2:14. «Cancelando el documento de deuda en contra nuestra, que consistía en ordenanzas, y que nos era adverso, quitándolo de en medio, y clavándolo en la cruz». Todo lo que estaba en contra de nosotros en los ojos de un Dios justo, y que se levantaba en el camino de nuestra reconciliación con Él, fue clavado en su Cruz: esto es, fue identificado con Él, o contado como de Él, que sufrió y murió en aquella Cruz. De manera que «ahora en Cristo Jesús, vosotros que en otro tiempo estabais lejos, habéis sido hechos cercanos por la sangre de Cristo» (Ef. 2:13). Mediante su Cruz se ha hecho que la justicia y la paz se besen. Ahora el mensaje de la Cruz es: «Él es nuestra paz, que de ambos pueblos [judíos y gentiles] hizo uno, derribando la pared intermedia de separación, aboliendo en su carne la enemistad, la ley de los mandamientos expresados en ordenanzas, para crear en sí mismo de los dos un solo y nuevo hombre, haciendo la paz, y mediante la cruz reconciliar con Dios a ambos [judíos y gentiles] en un mismo cuerpo» (Ef. 2:15, 16). Cristo no conocía otros medios por los que pudiéramos ser reconciliados con Dios más que «por medio de su Cruz». ¿Quién osará decir que los medios no son plenamente suficientes para este fin? ¿Lo has comprobado por ti mismo?

IV. El Mensaje de la Cruz es la Palabra de Dios **acerca de la salvación y del poder.** Observa el versículo con el que hemos comenzado (1 Co. 1:18). «El mensaje de la cruz... para nosotros que somos salvos, es poder de Dios». La Cruz es el símbolo que da Dios de su poder omnipotente para salvarnos. Todos los que creen en ella y moran bajo su sombra están conscientes de estar en contacto con el salvador «poder de Dios». Así como la seguridad del israelita residía en no salir de la casa rociada con sangre hasta la mañana (Éx. 12:22), igualmente estamos nosotros a salvo morando bajo la Cruz rociada de sangre hasta que amanezca el día eterno, y las sombras del pecado y de la muerte se desvanezcan. Así como en la Cruz el Señor Jesucristo perdió su vida para que Él pudiera salvarla en gloria de resurrección, igualmente aquí debemos nosotros perder nuestra vida del yo para que podamos encontrarla de nuevo en Él, para honra y gloria de Dios el Padre.

La Palabra de la Cruz es la Palabra del poder de Dios para salvación de todo aquel que cree. Es el instrumento infalible de Dios, siempre activo, por el cual cualquiera puede, en el acto, por medio de la fe, ser levantado de las tinieblas a la luz, y ser hecho nueva creación. La influencia de la Cruz es como la de una cuerda sin fin rodeando el mundo y el trono de Dios. Los hombres, en toda su impotencia y necesidad, pueden aferrarse a ella desde cualquier lugar con la mano de la fe, y ser inmediatamente trasladados al Reino del Amado Hijo de Dios. En todo tiempo, y en cualquier lugar, la Cruz es el Poder de Dios. Huye a la Cruz de Cristo, y toma refugio en el poder de Dios para salvar.

Romanes fue llevado a Dios al descubrir que Cristo, muchos siglos atrás, no dijo nada que el crecimiento del conocimiento haya refutado. La sabiduría de los hombres o de los ángeles nunca rebasará la sabiduría de Dios, revelada en la Cruz de Cristo. «Cristo Jesús, el cual nos ha sido hecho de parte de Dios sabiduría, justificación, santificación y redención» (1 Co. 1:30).

1.831. (II) LA MUERTE DE LA CRUZ

«Se humilló a Sí mismo, al hacerse obediente hasta la muerte, y muerte de cruz» (Fil. 2:8).

«¡Ah, amado Señor! ¿Qué pudiste ver Tú
En este impuro y rebelde barro
Que te hizo así resolverte a morir
Por aquellos que cada día muerte te dan»

VAUGHAN

La muerte de Cristo es mencionada directamente en el Nuevo Testamento 175 veces. Todas las grandes doctrinas de la Biblia, como guirnaldas inmarcesibles, son puestas por el Espíritu Santo al pie de la Cruz. La Cruz y el Cristo son representados como uno, porque fueron clavados juntos. Predicar la Cruz es predicar a Cristo crucificado. Gloriarse en la Cruz es gloriarse en aquella gracia que, por medio de la muerte, ha quitado el pecado y matado la enemistad del corazón humano (Ef. 2:16). La muerte de la Cruz es la muerte del pecado como barrera en el camino del hombre a Dios, y la muerte de la muerte como paga del pecado. Nuestra misma voz necesita ser santificada para hablar de una muerte así. Fue

I. Una muerte vergonzosa. Por robo o asesinato, el esclavo romano era desnudado y crucificado. El Santo, que fue contado con los transgresores, no tuvo mejor trato que el más abyecto de los criminales (léase Jn. 19:23-24). «Tomaron los vestidos de Él, e hicieron cuatro partes, una para cada soldado (...) Tomaron también su túnica (...) y [echaron] suertes sobre ella». Lo desnudaron, exponiéndolo a vituperio; pero tan profundo y poderoso era su amor por los pecadores, y tan grande era su deleite en la voluntad de Dios, que «soportó la cruz, menospreciando la vergüenza» (He. 12:2). Ser colgado de un árbol era ser contado maldito por la tierra y por el cielo. También estaba escrito: «Maldito todo el que es colgado de un madero». Él llevó el pecado y sufrió también la vergüenza, porque no se pueden separar el pecado y la vergüenza. ¿Estás tú tan avergonzado de tus pecados que has dejado de exponerle a Él a vituperio? (He. 6:6). ¡Ah, la vergüenza de sentirse avergonzado de Aquel que no se avergonzó de sufrir la penosa y vergonzosa muerte de la Cruz por nosotros, para que pudiéramos ser salvos del poder y de la culpa del pecado, y de la agonía de una vergüenza eterna! Veríamos más profundamente el significado de aquel pequeño himno: «No estoy avergonzado de reconocer a mi Señor», si pensáramos más profundamente en su vergonzosa muerte en la cruz.

II. Una muerte voluntaria. La voluntad de Dios estaba escrita en su corazón. En su obediencia diaria y continua a aquella voluntad, se hizo obediente hasta la muerte, y muerte de Cruz. Oigamos sus palabras registradas en Jn. 10:17-18: «Por eso me ama el Padre, porque Yo pongo mi vida, para volverla a tomar. Nadie me la quita, sino que Yo la pongo de Mí mismo. Tengo potestad para ponerla, y tengo potestad para volverla a tomar. Este mandamiento recibí de mi Padre». ¿Puede ser ésta la muerte de un mártir en el sentido ordinario? El mundo ha visto a no pocos que tuvieron el poder moral para poner sus vidas, pero, ¿dónde está el que tenga poder para volverla a tomar? «Destruid este templo», dijo Jesús, refiriéndose a su cuerpo, «y en tres días lo levantaré». ¿Es ésta la manera de hablar de un mero «hombre bueno» a punto de sufrir muerte por causa de la verdad? El hecho de que tenía poder para volver a tomar su vida da un valor infinito al hecho de «ponerla». Su muerte no hubiera podido tener ningún grato aroma para Dios como expiación por el pecado si no hubiera sido ofrecida libremente y con gratitud con este mismo propósito. Aquí reside «la gracia de nuestro Señor Jesucristo, que por amor a vosotros se hizo pobre, siendo rico, para que vosotros fueseis enriquecidos con su pobreza» (2 Co. 8:9). Su muerte voluntaria nunca debería ser disociada de su vida voluntaria. Su obediencia fue hasta la muerte, de modo que su obediencia y muerte fueron una ofrenda, ofrenda que tendrá dulce aroma para Dios por los siglos eternos. ¿Hay en ella aroma para tu alma?

III. Una muerte predicha. Mejor aún, fue LA muerte predicha. El pensamiento más original que jamás haya penetrado en la mente del hombre va conectada con el Cordero de Dios: Los sufrimientos del Señor Jesucristo, «el Cordero, el cual fue muerto desde el principio del mundo» (Ap. 13:8, RV). No fue un pensamiento sobrevenido lo que llevó a Dios a entregar su Hijo para la salvación del mundo. En el mismo comienzo del mundo, sea cuando sea que ello sucediera, el Hijo de Dios fue dado y muerto en el propósito de Dios. Pedro nos dice que Cristo «ya [fue] provisto desde antes de la fundación del mundo» (1 P. 1:20). Su muerte fue el propósito de su encarnación. Vino no para ser servido, sino para servir, y para dar su vida en rescate por muchos. Sólo tenéis que estudiar a «Moisés y los profetas» para ver cuán claramente vieron aquellos santos hombres, que hablaron inspirados por el Espíritu Santo, tanto los sufrimientos de Cristo como las glorias que vendrían después de ellos (Gn. 3:15; 22:18; Is. 50:6; 53:3-12; Dn. 9:24-26; Zac. 6:12, 13; 13:6, 7; Mal 3:1-3).

En su defensa en el templo, Pedro, por así decirlo, desafía a los judíos, que conocían bien las enseñanzas de los profetas, a que comprueben si aquellas cosas que Dios había antes mostrado por la boca de todos sus profetas, que el Cristo debía sufrir, no se habían cumplido a la perfección (Hch. 3:18). En aquella gloriosa reunión en el Monte de la Transfiguración, el único tema digno de su presente atención fue «LA MUERTE que debía cumplirse en Jerusalén». Todo el cielo, toda la tierra y todo el infierno quedarían afectados por aquella muerte. «¡Oh insensatos, y tardos de corazón para creer en todo lo que los profetas han dicho! ¿No era necesario que el Cristo padeciera estas cosas, y que entrara en su gloria?» (Lc. 24:25, 26). La muerte de Cristo, con la gloria que debe seguir a ella, es el hecho más preeminente dentro de todo el campo de la revelación. Perder esto de vista es tomar una falsa perspectiva, que puede conducir a error o a confusión, pero que desde luego dañará la gloria y belleza de la Palabra de Dios y estorbará su influencia en el corazón y en la vida.

IV. Una muerte sustitutoria. Él puso su vida con el propósito de salvarnos de la culpa y del pecado, para que pudiéramos ser traídos a Dios. ¿Qué dicen las Escrituras? Desde luego, la Palabra de Dios está bien clara con respecto a esta cuestión tan vital. Oigamos las palabras de Pedro: «Quien llevó Él mismo nuestros pecados en su cuerpo sobre el madero, para que nosotros, muriendo a los pecados, vivamos para la justicia; y por cuya herida fuisteis sanados» (1 P. 2:24). Oigamos la declaración de Pablo: «Jesucristo, quien se dio a Sí mismo por nosotros para redimirnos de toda iniquidad y purificar para Sí un pueblo de su propiedad» (Tit. 2:14). Isaías dice de Él: «Ciertamente Él llevó nuestras enfermedades, y soportó nuestros dolores; y nosotros le tuvimos por azotado, por herido de Dios y abatido. Mas Él fue herido por nuestras transgresiones, molido por nuestros pecados; el castigo de nuestra paz fue sobre Él». Pero llega a lo más hondo de esta cuestión con estas palabras: «Con todo esto, Jehová quiso quebrantarlo, sujetándole a padecimiento. Cuando haya puesto su vida en expiación por el pecado, verá descendencia» (Is. 53:4-10). «Al que no conoció pecado, por nosotros lo hizo pecado, para que nosotros fuésemos hechos justicia de Dios en Él» (2 Co. 5:21). «El Hijo de Dios, el cual me amó y se entregó a Sí mismo por mí.»

La muerte de Jesucristo en lugar del pecador es el ajuste de cuentas final e irrevocable de Dios con el pecado. Los sacrificios del Antiguo Testamento nunca podían quitar los pecados; en ellos «cada año se [hacía] memoria de los pecados» (He. 10:3, 4). Pero Cristo, por la una ofrenda de Sí mismo, «con una sola ofrenda ha hecho perfectos para siempre a los santificados» (He. 10:14). Aquel sacrificio ofrecido en la Cruz es el último recuerdo por parte de Dios de los pecados de su pueblo creyente. «No me acordaré más de su pecado» (Jer. 31:34). El pecado debe ser algo indescriptiblemente horrendo para Dios, cuando Él no pudo aceptar ni aceptará ningún otro precio por Él que la Vida santa y sin mancha de su propio amado Hijo Eterno. «Cuando haya puesto su vida en expiación por el pecado, verá descendencia» (Is. 53:10). Con este Sacrificio por nuestros pecados Dios está infinita y eternamente complacido. ¿Y por qué no debiéramos estarlo nosotros? ¿Estás tú complacido con Él?

1.832. (III) LA SANGRE DE SU CRUZ

«Por cuanto tuvo a bien el Padre que en Él habitase toda plenitud, y por medio de Él reconciliar consigo todas las cosas, así las que están en la tierra como las que están en los cielos, haciendo la paz mediante la sangre de su cruz» (Col. 1:20).

«¡Tu amor registra
Que hasta por hombres tales Tu sangre derramada fue!
Así que en todo tiempo, si sacerdotes del ego y del orgullo
Y escribas –los sabios de este mundo– el santuario poseen
Dentro de tu alma, entonces tuya es la condena de Pilato-
El terrible silencio del Crucificado!»

Una de las más maravillosas declaraciones en toda la Biblia sobre el singular carácter de nuestro Señor Jesucristo se halla en este primer capítulo de Colosenses, en los versículos 14 a 20, y, si los examinas, verás que comienzan y acaban con una referencia a la Sangre redentora de su Cruz, como la base de su gloriosa preeminencia.

El pecado y la muerte quedaron unidos en una relación de causa y efecto desde el mismo principio. «El día que de él comieres, de cierto morirás.» Cuando Adán pecó, la muerte apareció de inmediato en el hecho de que trataba de ocultarse de la mirada de Dios. El pecado de Caín lo excluyó también «de delante de Jehová». La paga del pecado es muerte a toda aptitud para la comunión y goce de Dios. Los que no han sido reconciliados con Él por medio de la muerte de su Hijo son descritos como muertos en vida. Hay dos preguntas de gran importancia que deseamos preguntar, y a las que trataremos de responder, en relación con este aspecto de la Cruz.

I. ¿Qué significa la sangre de su cruz? La sangre de su Cruz debe ser distinguida de la sangre de toda otra cruz. La sangre de aquellos que fueron crucificados al lado de Cristo no vale para nada. Aunque se derramara la sangre de toda la humanidad sobre una cruz, no serviría para la expiación de un solo pecado delante de Dios. El énfasis no debiera ser puesto tanto en la Cruz como en el hecho de que fue su Cruz, y que todo lo que Él era en su santa humanidad, en su divina dignidad, gloria y honra, fue sacrificado allí. «La vida... en la sangre está», ¡y qué vida era ésta! Todo el gran precio y la inconmensurable valía de la vida de Dios está aquí representada en la Sangre de Cristo. El derramamiento de aquella Sangre en la Cruz fue el derramamiento de su alma, con toda su infinita riqueza de pureza, de amor y de poder. Él se entregó a Sí mismo por nosotros. Esto se dice fácilmente. Pero, ¿cómo pueden las mentes finitas comprender todo lo que Él mismo significa para el ojo y el corazón de Dios? Solamente el Padre Eterno puede comprender y apreciar de forma plena el valor del alma del Hijo Eterno. La Sangre de Cristo, así, derramada por nuestros pecados, es aquello que denota todo lo que el mismo Cristo es delante de Dios en nuestro favor. ¿Quién osará decir que el precio no fue suficiente? No es la cuestión del valor que podamos poner nosotros a la Sangre de su Cruz, sino el valor que Dios le da. La siguiente pregunta que haremos es:

II. ¿Qué ha conseguido la Sangre de su Cruz? Ha puesto la base por la que Dios puede justificar con justicia a los impíos. Ha abierto un canal por medio del que la misericordia salvadora de Dios puede manar gozosamente hasta los últimos confines de la tierra, y hacia las más hondas profundidades de la necesidad humana. Por medio de la Sangre de su Cruz hay;

1. PROPICIACIÓN. «Y Él es la propiciación por nuestros pecados, y no solo por los nuestros, sino también por los de todo el mundo» (1 Jn. 2:2). Fue indudablemente al precio del sacrificio de unas vidas que Dios al principio vistió a Adán y Eva con «túnicas de pieles». Ahora, al precio de la vida de su Hijo, hay una cubierta apropiada ofrecida a cada hijo de Adán. La cubierta proveída por la Sangre de Cristo es suficientemente larga y ancha para cubrir los pecados de todo el mundo. El que encubre sus pecados no prosperará. Ninguna cubierta de factura humana es lo suficientemente larga o fuerte para ocultar un pecado no perdonado de la mirada de Aquel que, como Juez de toda la tierra, se sentará sobre el Gran Trono Blanco.

2. REDENCIÓN. La Sangre de Cristo no es solamente una cubierta por el pecado, sino que es también un precio de rescate pagado por el pecador. Veamos cómo lo expresa Pedro: «Sabiendo que fuisteis rescatados de vuestra vana manera de vivir... no con cosas corruptibles, como oro o plata, sino con la sangre preciosa de Cristo» (1 P. 1:18). «Nuestro gran Dios y Salvador Jesucristo... se dio a Sí mismo por nosotros, para redimirnos de toda iniquidad» (2:14). No hay Iglesia de Dios aparte de la Sangre redentora del Señor Jesucristo (Hch. 20:28). Negar el poder redentor de la sangre derramada de Cristo es negar la misma existencia de la Iglesia como pueblo llamado fuera por Él. «No sois vuestros... porque habéis sido comprados por precio». Y esto es verdad de cada uno que por la gracia es hijo de Dios. El pecado no es una deuda, sino un crimen por el que Cristo fue hecho maldición. Su Sangre fue derramada, no para pagar la deuda del pecado, sino para quitarlo y redimir al pecador de toda iniquidad. El precio fue Él mismo, y es totalmente suficiente, en la estimación de Dios, por los pecados de todo el mundo. Amigo, ¿has reclamado por la fe esta libertad que te ha sido comprada con la Sangre de su Cruz?

3. PERDÓN. La Sangre de Cristo no solo provee una cubierta por el pecado (como el propiciatorio cubría las tablas de una ley quebrantada), y un precio suficiente para redimir al pecador, sino también provee el perdón del pecado. En Él, y por medio del derramamiento de su Sangre, tenemos nuestra liberación: el perdón de pecados» (Ef. 1:7). Él fue manifestado, aprobado para el propósito de quitar nuestros pecados. Él llevó nuestros pecados en su cuerpo sobre el madero, y en aquel árbol maldito se murió una muerte equivalente al pecado. La paga del pecado del mundo fue la muerte del Hijo de Dios. Ahora que ha sido satisfecha la paga del pecado, el pecado no debería tener ya más dominio sobre nosotros. «En Él es justificado todo aquel que cree» (Hch. 13:38, 39). La Sangre de su Cruz es la base del completo y eterno perdón de Dios. La libertad y plenitud de este perdón es según la libertad y plenitud del sacrificio de Cristo; nos salva, no en virtud de obras de justicia que nosotros hubiéramos hecho, sino conforme a su misericordia.

4. PURIFICACIÓN. Tan perfecta es esta maravillosa obra de gracia en nuestro favor, que la misma contaminación causada por la acción de estos pecados ahora perdonada queda purificada. La sangre de los machos cabríos y de los toros, y las cenizas de la vaca alazana, aquellas sombras de la Sangre de Cristo, sólo podían lograr una pureza ceremonial, pero ¿cuánto más la sangre de Cristo, el cual mediante el Espíritu eterno se ofreció a Sí mismo sin mancha a Dios, purificará vuestras conciencias de obras muertas?» (He. 9:13). Esta purificación es necesaria, a fin de que podáis «servir al Dios vivo». Los de puro corazón verán a Dios, y lo verán de tal manera que le servirán gozosamente todos los días

de su vida. Hemos sido redimidos para que fuéramos un pueblo purificado para Él, celosos de buenas obras. Pero, ¿cómo vamos a mantenernos limpios para que podamos ser de continuo útiles para el Señor? La respuesta nos es dada en 1 Juan 1:7: «Pero si andamos en luz, como Él está en la luz, tenemos comunión unos con otros, y la sangre de Jesucristo su Hijo nos limpia de todo pecado». Mientras vivimos en la luz de su presencia, la siempre eficaz Sangre de Cristo sigue purificando todo lo que pudiera dañar nuestra comunión unos con otros, o dificultar nuestra idoneidad para su servicio.

5. PAZ. No se trata de una paz hecha con Dios, sino de una paz hecha por Dios. Dios es quien hizo «la paz mediante la sangre de su cruz» (Col. 1:20). La larga lucha entre el pecado del hombre y la justicia de Dios ha llegado a su fin en la Cruz, por lo que a los redimidos respecta. Es una paz con honor. Honor eterno a la infinita sabiduría y amor del Padre, y a la infinita condescendencia y gracia del Hijo. La Cruz de Cristo es una manifestación tan abrumadora de la bondad de Dios que solo tenemos que verla para que quede muerta la enemistad de nuestro corazón, y para acudir arrepentidos y rendirnos gozosos ante ella, entrando así a la paz, una paz que el mundo no puede dar. «Él es nuestra paz.»

6. CERCANÍA. «Pero ahora en Cristo Jesús, vosotros que en otro tiempo estabais lejos, habéis sido hechos cercanos por la sangre de Cristo» (Ef. 2:13). El pecado es no solo una «impureza» que nos hace ineptos para la presencia de Dios, sino que es también «transgresión», que arroja al alma «lejos» de Él. Lo que hace el pecado, lo deshace la Sangre de Cristo. El amor del pecado aparte de Dios. El amor por el Señor Jesucristo, como nuestro sacrificio por el pecado, nos acerca a Dios. El pecado no os apartará de Él si no tenéis nada que ver con el mismo. Tener comunión con el pecado es alejarse de Dios; tener comunión con la muerte de Cristo es ser hechos cercanos. Ésta es la cercanía de un hijo nacido en la familia de Dios, y encontrando su lugar de reposo en los brazos de su amor eterno. Así como la luz elimina las tinieblas, así la Sangre de Cristo elimina la distancia.

7. LIBERTAD. Siendo que nuestros pecados e iniquidades no son ya más recordados, tenemos entera libertad para entrar en el Lugar Santo por medio de la Sangre de Jesús por el camino nuevo y vivo que Él nos abrió por el desgarramiento del velo de su carne (véase He. 10:17-20). La libertad para entrar sin temor en el Lugar Santísimo es el mayor de nuestros privilegios terrenales. Era el más magno acto que podía llevar a cabo el Sumo Sacerdote durante el gran Día de la Expiación. Esta libertad de acceso al lugar de la Presencia de Aquel que es el Santísimo es la victoria cumbre de la Cruz. Mediante la Sangre de Jesús ha sido quitada la culpa de nuestro pecado, y eliminada del alma la contaminación del pecado, de manera que podemos acercarnos con confianza por la fe en Él (Ef. 3:12). Esta libertad de acceso es el secreto y la fuente de la libertad en el servicio. «Acerquémonos, pues, confiadamente al trono de la gracia, para alcanzar misericordia y hallar gracia para el oportuno socorro» (He. 4:16). Los que acuden confiados al Trono de la Gracia irán confiados a la obra del Señor. ¿Estamos aprovechando del todo esta libertad comprada con Sangre? En los días de la esclavitud, «un pobre hombre logró pasar al Canadá. Al entrar el tren en Toronto, Harriet Tubman, que era también una esclava emancipada, lo encontró escondido en un rincón, con un temor mortal de que algún cazador de esclavos estuviera persiguiéndole. "Joe, tonto", le dijo, "¿de qué te escondes? Te has sacudido la garra del león; eres un hombre libre en una tierra de libertad. ¡Alaba al Señor, Joe!"». Toma para ti misma la libertad que Cristo te ha comprado. Eres un hombre libre en una tierra libre. ¡Alaba al Señor!

1.833. (IV) EL PROPÓSITO DE LA CRUZ

«Nuestro Señor Jesucristo, el cual se dio a Sí mismo por nuestros pecados para librarnos del presente siglo malo, conforme a la voluntad de nuestro Dios y Padre» (Gá. 1:4).

«Siete veces habló, siete palabras de amor,
Y las tres horas su silencio clamó
Por misericordia de las almas de los hombres-
Jesús, nuestro Señor, el Crucificado»

FABER

En aquel gran día de Israel cuando el sumo sacerdote hacía la expiación anual, rociaba con la sangre del sacrificio todos los vasos del Tabernáculo, significando que el camino estaba ahora abierto para entrar en el goce de todas las bendiciones que ellos representaban. Así, por medio del rociado de la sangre de la expiación, todas las cosas típicamente presentadas en el Tabernáculo eran libremente ofrecidas al pueblo. Así, leemos: «El que no eximió ni a su propio Hijo, sino que lo entregó por todos nosotros, ¿cómo no nos dará también con Él todas las cosas?» (Ro. 8:32). ¿Cómo no va a darlas, por cuanto todas estas cosas necesarias para la vida y la piedad han sido compradas para nosotros por la muerte de su Hijo? Fue a sus propios discípulos que Jesús les dijo: «Pedid, y recibiréis; buscad, y hallaréis». ¿Cuáles son, entonces, estos privilegios y bendiciones especiales que han sido comprados mediante la Sangre de su Cruz, y que nos han sido dejados como legado a su muerte?

I. Cristo murió por nosotros **para comprar nuestra libertad de toda iniquidad** (Tit. 2:14). El término «iniquidad» tiene dos aspectos: el pasivo y el activo; como un estado, y como un acto. Como estado significa desigualdad; como acto, injusticia. La actitud natural del hombre con respecto a Dios no es justa; no hay igualdad ni unidad de propósito, por lo que sus obras son injusticia para Él. Son llamadas «obras inicuas». Así, es de estas obras injustas y de aquella naturaleza torcida y desigual que es autora de ellas que nos libera la preciosa Sangre de Cristo. Ser redimido de «toda iniquidad» es ser liberados de todo lo que estorba al alma de llegar a ser semejante a Aquel que murió por nuestros pecados. Si no somos liberados de todos estos motivos y temperamentos que dañan nuestra igualdad con el plan divino, entonces el propósito de la Cruz no ha sido perfectamente cumplido en nosotros.

II. Él murió por nosotros, el Justo por el injusto, **para llevarnos a Dios** (1 P. 3:18). El propósito de la muerte de Cristo fue no solo liberarnos de toda culpa e iniquidad, sino «llevarnos a Dios». «Os habéis acercado», dice el autor de Hebreos, «a Jesús el Mediador del nuevo Pacto, y a la sangre rociada... a la ciudad del Dios vivo» (He. 12:22-24). Traernos a Dios, no como criminales, sino como hijos comprados por Sangre, es el gran triunfo de la Cruz de Cristo». Pero, ¿cómo puede la muerte de Cristo traernos a Dios? Bien, en primer lugar nos da un conocimiento de Dios. Nunca podríamos haber conocido el amor infinito y la infinita misericordia de Dios si su Hijo no hubiera sido enviado a sufrir y a morir por los impíos. Por la muerte de su Hijo, Dios nos ha dado una nueva y más plena revelación de Sí mismo. En segundo lugar, los sufrimientos de Cristo nos traen al favor de Dios. Somos reconciliados con Dios por medio de la muerte de su Hijo. En tercer lugar, por medio de esta muerte somos traídos por la fe a la semejanza de Dios, siendo hechos «partícipes de la naturaleza divina». En cuarto lugar, somos traídos al disfrute de Dios; y, finalmente, seremos introducidos en el hogar e inmediata presencia de Dios. El propósito de la Cruz es no solo el de traer nuestras almas por fin a Dios, sino traer nuestra vida diaria a una rendición agradecida y llena de gloria a su voluntad. ¿Te está trayendo a Dios el poder de esta Cruz?

III. Murió por nosotros **para que podamos recibir la adopción de hijos.** «Dios envió a su Hijo... para que redimiese a los que estaban bajo la ley, a fin de que recibiésemos la adopción de hijos» (Gá. 4:5). El privilegio de ser hijos nos ha sido comprado por la Sangre de su Cruz. Antes que podamos llamar a Dios Padre tenemos que ser libertados de nuestra culpa y del poder de la ley. Antes de que Dios pueda reconocernos como hijos, tenemos que llevar su imagen, y se tienen que cumplir todas las justas demandas de su santa ley. Todos los hombres, como toda la creación, son «linaje de Dios», pero solo pueden ser «hijos de Dios» por la fe. Ser hecho hijo es ser hecho heredero; ser hecho heredero es ser puesto en posesión de todo lo que ha sido comprado para nosotros por aquella maravillosa muerte en la Cruz. Por cuanto somos hijos, Dios ha enviado el Espíritu de su Hijo a nuestros corazones clamando «Abbá Padre» (Gá. 6:6), de modo que el Padre pueda oír el clamor, y responder en la plenitud de su sabiduría y amor paternos.

IV. Murió por nosotros **para librarnos del presente siglo malo** (Gá. 1:4). Mientras estemos en el cuerpo, nos veremos expuestos a las muchas influencias y corrientes cruzadas de este mundo malo. Fuera de la influencia del Espíritu Santo de Dios todos los principios que obran en esta edad están en perfecto acuerdo con estos «espíritus de maldad que están ahora obrando en los corazones de los hijos de desobediencia» (Ef. 2:2). Uno de los frutos de la muerte de Cristo es salvarnos de todos los falsos principios y motivos impuros, y preservar nuestras almas en salud, incluso en medio de esta edad malvada y perversa. Una de las peticiones en la gran oración sumo sacerdotal de nuestro Señor fue: «No te ruego que los quites del mundo, sino que los guardes del mal» (Jn. 17:15). Los tres hebreos no fueron salvados del horno, pero fueron salvos en él, lo que fue para mayor gloria de

Dios. La siempre presente Cruz es una siempre presente protección del mal de este mundo. Vencemos por la Sangre del Cordero. Al mirar de continuo a Él, seremos de continuo rescatados.

V. Él murió por nosotros **a fin de que no vivamos para nosotros mismos, sino para Aquel que murió por nosotros** (2 Co. 5:15). Él murió por nosotros para rescatarnos de la mortífera condición del egocentrismo, y para que pudiéramos hallar un nuevo centro vital en Él. Vivir para nosotros mismos es, delante de Dios, estar muertos en vida. El alma que no ha sido atraída por el poder de su Cruz para encontrar en Él su centro de vida y de actividad, no puede decir que ha hallado su verdadero reposo. Las más sutiles tentaciones con las que tenemos que ver son las que intentan seducirnos a vivir «para nosotros mismos». Toda la energía del yo, en una forma u otra, busca la gloria del yo. Las aguas que brotan de un corazón egoísta no subirán por encima del nivel de la honra egoísta. Cuando el corazón se transforma en el canal de la energía divina, en lugar de la fuente del esfuerzo propio, las corrientes de la vida subirán por encima del agente humano a Aquel que es la fuente de la vida y de la salvación. Cristo sufrió por nosotros, dejándonos un ejemplo, para que siguiéramos sus pisadas. «Él no se agradó a Sí mismo». Habéis sido comprados por precio; por ello, glorificad a Dios en vuestro cuerpo y en vuestro espíritu, que son de Él. El lenguaje del alma redimida es: «No yo, mas Cristo».

VI. Murió por nosotros **para que recibiéramos la promesa del Espíritu** (Gá. 3:13, 14). Él ha comprado nuestra libertad de la maldición de la ley para que recibiéramos el don del Espíritu Santo. Pentecostés estuvo incluido en el Calvario. El poder del Espíritu ha sido asegurado para nosotros por medio del poder de su muerte y resurrección. Aquí se nos enseña que nadie puede recibir la promesa del Espíritu a no ser que haya sido redimido de la maldición por Aquel que fue hecho por nosotros maldición. La Sangre de Cristo debe primero purificar el corazón antes que el bendito Santo Espíritu pueda hacer en él su morada. La sangre de Cristo provee toda bendición espiritual para nosotros: el Espíritu Santo viene a ayudarnos al goce experimental de estas bendiciones, y a obrar en y a través de nosotros aquello que es agradable delante de Dios. Él murió para salvarnos de nuestros pecados, no solo para que pudiéramos escapar de la ira venidera, sino para que pudiéramos llegar a ser templos del Espíritu Santo, y por ello mismo testigos de Él (Hch. 1:8). La promesa del Padre del Espíritu, como la promesa de la salvación, se recibe por la fe.

VII. Él murió por nosotros **para ser Señor tanto de los vivos como de los muertos.** «Porque Cristo para esto murió y resucitó, y volvió a vivir, para ser Señor, así de los muertos como de los que viven» (Ro. 14:9). Él se humilló hasta lo más hondo, y Dios lo ha exaltado hasta lo sumo. Él, que se anonadó a Sí mismo, está ahora coronado como Señor de todo. Él nos redimió mediante su Sangre para ser Señor de nuestras vidas. «No sois vuestros.» Él nos ha redimido para que seamos su peculiar tesoro, libremente entregados, y a su plena disposición. ¡Qué maravilloso privilegio, pertenecerle a Él, que, por medio de un gran sufrimiento y de la muerte, está exaltado «por encima de todo», teniendo toda potestad en el cielo y en la tierra, y que desea y demanda el derecho de aliviarnos de toda indebida ansiedad y angustia, de proteger y gobernar nuestras vidas para nuestro propio y eterno bien, y para su propia y eterna gloria. Si Cristo es vuestro Redentor, Él es entonces también vuestro Señor. Por medio de la muerte, Él ha venido a ser Señor tanto de los muertos como de los vivos. Solamente los vivos ante Dios le reconocen como su Señor. Los que mueren en sus pecados le confesarán Señor cuando le encuentren en el trono del juicio. Deja ya ahora sobre sus hombros el gobierno de tu vida. Deja que el Señor, tu Redentor y Dios, tome el lugar que le pertenece en el trono del corazón, y su reino entrará en vosotros, y su voluntad será hecha en tu vida terrenal, como es hecha en el cielo. Para este propósito «nuestro Señor Jesucristo… murió por nosotros para que, ya sea que velemos, o que durmamos, vivamos juntamente con Él» (1 Ts. 5:10).

1.834. (V) LOS TRIUNFOS DE LA CRUZ

«Despojando a los principados y a las potestades, los exhibió públicamente, triunfando sobre ellos en la cruz» (Col. 2:15).

«A través de la sombra de una agonía
Viene la redención».

De todas las vidas que se han cerrado repentinamente sobre la tierra, ninguna pareció un mayor fracaso y derrota que la vida de nuestro Señor Jesucristo. Ser «colgado de un madero» era, en la estimación de los hombres, tener la memoria del propio nombre borrada de la tierra y del cielo. Pero su Cruz, el símbolo de la maldición, se convierte en el símbolo del eterno triunfo. Aquí sus enemigos, vistos y no vistos, lo exhiben a la vergüenza pública; aquí, también, hizo pública exhibición de ellos. El primer trofeo de la Cruz fue visto en aquel pobre y arrepentido compañero de suplicio en el Calvario. El siguiente hombre cuya enemistad fue muerta por la Cruz fue el centurión, que se vio constreñido a confesar que «verdaderamente éste era el Hijo de Dios». La muerte de Cristo fue el mayor logro que jamás hubiera en este mundo. Su influencia y resultados tienen tanto alcance como los más recónditos rincones del cielo, de la tierra y del infierno. Así como el punto culminante del pecado y del fracaso del hombre se ve en la Cruz en la crucifixión del Señor de la gloria, así el mayor triunfo de Cristo ha venido por medio de su Cruz. ¿En qué consiste esta gran victoria? Es:

I. Un triunfo sobre la ley. Él canceló «el documento de deuda en contra nuestra, que consistía en ordenanzas, y que nos era adverso, quitándolo de en medio y clavándolo en la Cruz» (Col. 2:14). Todo lo que fuera clavado en su Cruz fue identificado con Él en su muerte. La ley, con su rectitud y sus incesantes demandas, que estaba totalmente en vigor contra nosotros debido a nuestra transgresión y pecado, Él, al tomar nuestros pecados en su cuerpo, y clavando la ley a su Cruz, haciendo reconciliación por el sacrificio de Sí mismo, la despejó junto con el pecado, como obstáculos que eran en nuestro camino de allegamiento a Dios. La ley moral como forma de vivir ha quedado cancelada por la muerte de Cristo. No hay ahora ningún camino al cielo de esta forma, «ya que por las obras de la ley ningún ser humano será justificado delante de Él» (Ro. 3:20). «Yo soy el camino (...) nadie viene al Padre, sino por medio de Mí». La muerte de Cristo constituye su triunfo por nosotros sobre la ley quebrantada.

II. Un triunfo sobre el pecado. Cristo «ha sido manifestado una vez para siempre por el sacrificio de Sí mismo para quitar de en medio el pecado» (He. 9:26). Nuestro pecado, así como la ley, fue clavado a su Cruz, a fin de que pudiera ser quitado como algo muerto. «El aguijón de la muerte es el pecado, y el poder del pecado, la ley. Pero gracias sean dadas a Dios, que nos da la victoria por medio de nuestro Señor Jesucristo» (1 Co. 15:56, 57). No debemos pensar acerca de aquel pecado, por el que Cristo murió, como algo fuera de y ajeno a nosotros mismos. Es aquella abominable naturaleza en tu corazón y en el mío que nos impide tener comunión con Dios y que aleja a Cristo haciéndolo irreal al alma. Él murió por nuestros pecados para que nosotros pudiéramos triunfar a diario sobre el poder del pecado. Si el pecado, en cualquiera de sus formas, está ejerciendo dominio sobre nosotros, ello es una prueba de que la Cruz de Cristo no ocupa su debido lugar en nuestras vidas, porque la presencia de la misma significa la derrota del pecado.

III. Un triunfo sobre la muerte. «El también participó igualmente de [una carne y una sangre], para… librar a todos los que por el temor de la muerte estaban durante toda la vida sujetos a servidumbre» (He. 2:14, 15). El pecado se gana la muerte, y el temor de la muerte encadena la libertad humana para la vida. La muerte siempre significa separación. La muerte espiritual es la separación espiritual de Dios, el Autor y Dador de toda vida espiritual. La muerte de Cristo es la muerte del temor de la muerte para todos los que creen en Él. Pablo, escribiendo a Timoteo, afirma: «Nuestro Salvador Jesucristo, el cual abolió la muerte y sacó a luz la vida y la inmortalidad por medio del evangelio» de su muerte y resurrección (2 Ti. 1:10). Los que por fe han visto al Cristo gustando la muerte por ellos, tienen su promesa de que jamás «gustarán la muerte», que nunca «verán la muerte». Pueden cantar triunfantes: «¿Dónde está, oh muerte, tu victoria? ¿Dónde está, oh muerte, tu aguijón? El aguijón de la muerte es el pecado (…) Pero gracias sean dadas a Dios, que nos da la victoria por medio de nuestro Señor Jesucristo». La muerte fue sorbida con la victoria de su Cruz (Is. 25:8).

IV. Un triunfo sobre la obra del Diablo. Se nos dice de una forma concreta que «para esto se manifestó el Hijo de Dios, para deshacer las obras del diablo» (1 Jn. 3:8). ¿Cuáles son las obras del diablo? Él es engañador y mentiroso desde el principio. Su principal ocupación es engañar a los hombres cegando sus mentes a las cosas de Dios y de su Cristo. La obra de Cristo es quitar el engaño de los hombres dándoles el conocimiento de la verdadera luz y del verdadero conocimiento del Dios verdadero. La Cruz de Cristo es la destrucción de la mentira del diablo de que «No moriréis». Porque la paga del pecado es la muerte, y Cristo «debe padecer» si el pecado ha de ser quitado de en medio. Si Dios no castiga el pecado es porque ya lo ha castigado en la Persona de su Hijo. Todos los que creen en el Señor Jesucristo, confiando en la eficacia de su Sangre redentora, han sido libertados del encantamiento engañador y de la esclavitud del diablo, y son ahora libertos en el Reino del amado Hijo de Dios. La obra del diablo será un total fracaso en el caso de aquellos que «se glorían en la Cruz». Es la gran arma, en contra de la que ni el diablo ni sus obras podrán jamás prevalecer.

V. Un triunfo sobre el mismo Satanás. Juan nos dice que él oyó «una gran voz en el cielo, que decía: ... ha sido lanzado fuera el acusador de nuestros hermanos... Y ellos le han vencido por medio de la sangre del Cordero» (Ap. 12:10, 11). La Sangre del Cordero triunfa sobre todas las acusaciones del diablo, y tiene poder para echarlo fuera de su punto elevado a donde sea totalmente impotente para tentar. Por la Sangre del Cordero el diablo y todas sus acusaciones pueden ser arrojadas de aquella alma por la que Cristo murió. La herida en el talón de Cristo causada por Satanás fue la prenda del aplastamiento de la cabeza de Satanás por parte de Cristo (Gn. 3:15). La herida del talón de Cristo puede parecer que cortó su camino en la tierra entre los hombres, pero el aplastamiento de la cabeza de Satanás fue el aplastamiento del asiento de su gobierno y poder. Resistid al diablo con la Sangre de la Cruz, y él huirá de vosotros.

«Tiembla Satanás cuando ve
Al más débil santo de rodillas.»
Y se puede añadir otro par de líneas:
«Se goza Satanás cuando ve
A cristianos tibios en su comodidad».

VI. Un triunfo sobre todo. Todos los representantes de las fuerzas del mal fueron arrojados fuera y avergonzados por su muerte en la Cruz. «Y despojando a los principados y a las potestades, los exhibió públicamente, triunfando sobre ellos en la cruz» (Col. 2:15). El fuerte y poderoso Príncipe de las Tinieblas retuvo sus bienes en paz hasta que Cristo, el más fuerte que él, le venció mediante el poder de su Cruz, y le arrebató la misma arma en que confiaba. La muerte y resurrección de Jesucristo no solo constituyó la frustración de los propósitos de aquellos poderes organizados del mal, que se manifestaba en aquellos principales sacerdotes y príncipes romanos, sino que constituyó también un triunfo sobre toda la humanidad. Oigamos las propias y solemnes palabras de Cristo sobre esto mismo. Acababa de confesar que «Ahora está turbada mi alma». Estaba cayendo sobre Él la agonía de aquella terrible muerte sobre el madero. «Mas», añade Él, «para esto he llegado a esta hora». Luego, después que la voz celestial le hubiera dado una palabra fortalecedora, dijo: «Ahora es el juicio de este mundo; ahora el príncipe de este mundo será echado fuera. Y Yo, si soy levantado de la tierra [clavado en una cruz], a todos atraeré a Mí mismo» (Jn. 12:27-32). «Y decía esto dando a entender de qué muerte iba a morir» (v. 33). Esta «clase de muerte» iba a ser tan maravillosamente singular y poderosa que afectaría, de una u otra manera, a todos los hombres, así como a todos los demonios y a los santos ángeles. Todos los hombres deben ser atraídos a Él, bien para gracia o bien para juicio, porque, por virtud de la muerte de Cristo por el pecado del mundo, y de su resurrección, Dios le ha designado como Juez del mundo (Hch. 17:31). Por cuanto Él fue levantado en la Cruz, ha sido ahora exaltado al Trono. Todos los hombres deben comparecer ante Él, bien ante el Trono de las Recompensas (2 Co. 5:10), o bien ante el Gran Trono Blanco del Juicio Eterno (Ap. 20:11-15): bien como pecadores salvos por su sangre, bien como pecadores que han rechazado deliberadamente su sacrificio, o que han muerto en ignorancia del mismo. El hecho de que todos los hombres serán atraídos a Él no demuestra en absoluto que todos los hombres vayan a ser salvos; sí que demuestra que por cuanto Cristo murió para obrar la reconciliación de todos, todos son responsables ante Él que debe juzgar «a los vivos y a los muertos». Los impíos verán el poder de la Cruz de Cristo en una nueva luz cuando vean al Salvador que fue enclavado sentado como Juez de toda la tierra en su trono blanco. En verdad que el Juez de toda la tierra hará lo justo siendo que se dio a Sí mismo por la redención del mundo.

La victoria de la Cruz se ve también en el cielo. Mientras Juan estaba llorando porque nadie había sido hallado digno de abrir el libro, uno le dijo: «No llores más.» «He aquí que el León de la tribu de Judá... ha vencido para abrir el libro.» Luego oyó él este nuevo cántico: «Digno eres de tomar el libro y de abrir sus sellos; porque fuiste inmolado, y con tu sangre nos compraste para Dios, de todo linaje, lengua, pueblo y nación» (Ap. 5:4-10). Que el Cordero sea digno de abrir este libro se debe a que «ha sido inmolado». Este libro representa de forma muy adecuada el alma humana, tomada por Él y abierta para honra y gloria de su Nombre. Nadie más que Él es digno de abrir esos sellos que entorpecen a las almas de los hombres servir al Dios vivo, porque solo Él ha muerto para comprar nuestra libertad con su propia sangre. Preséntate a Él, y su triunfo tuyo será. «Somos más que vencedores por medio de Aquel que nos amó.» Y aquí se pueden añadir las intensas palabras del doctor Forsyth. Dice él que «Cuando leyó: "Él me amó, y se entregó a Sí mismo por mí", el Evangelio de la Expiación saltó fuera del libro y se apoderó de él. "¿Quién?", preguntó él, "podrá separarme, con todo mi mísero cisma, del amor de Cristo?" "¿Quién podrá arrancarme de la seguridad del amor de Dios en Cristo?" Estoy seguro, no porque esté escrito, sino porque la escritura se vuelve luminosa con el paso a su través del Espíritu Santo. El hilo resplandece con la corriente. Toda el alma de la Biblia me busca, me establece y me acalla con la gracia de Dios». ¿Ha triunfado así sobre ti?

1.835. (VI) LA OFENSA DE LA CRUZ

> «Los judíos piden señales, y los griegos buscan sabiduría; pero nosotros predicamos a Cristo crucificado, para los judíos ciertamente tropezadero, y para los gentiles locura; mas para aquellos que son llamados, así judíos como griegos, Cristo es poder de Dios, y sabiduría de Dios» (1 Co. 1:22-24).

«Y yo», escribe el Apóstol dirigiéndose a los Gálatas, «si aún predico la circuncisión», esto es, como condición de salvación, para complacer a los maestros judaizantes, «¿por qué padezco persecución todavía?» ¿Cómo es que los que enseñan que debemos obedecer toda la ley de Moisés para ser salvos me siguen persiguiendo? «En tal caso ha sido abolido el escándalo de la cruz» (Gá. 5:11). La inferencia es, bien claramente que si somos fieles a la verdad de Dios tal como se revela en la Cruz de Cristo, será una ofensa y un tropezadero para aquellos que están tratando de ser salvos por sus obras. La Cruz proclama la libertad, sin las obras de la ley; la ley es un amo cuyo servicio es el yugo de la esclavitud (Gá. 5:1). Pero la Cruz de Cristo nunca puede ser otra cosa que un tropezadero en el camino de aquellos que rehusan ser salvos sólo por la fe. Será una caída terrible tropezar sobre su Cruz precipitándose hacia el infierno. Al mirar este aspecto de la Cruz trataremos de dar respuesta a dos preguntas. La primera de ellas es:

I. ¿Por qué es la Cruz de Cristo un escándalo? ¿No tuvo como propósito quitar de delante nuestro el tropezadero del pecado? Entonces, ¿por qué la Cruz misma debe convertirse en un tropezadero?
Difícilmente se podrá decir que la muerte nunca es atractiva, pero la muerte de la Cruz era la más ignominiosa de todas. Que el más santo de los hombres sufriera la más vergonzosa de las muertes es en sí mismo en pensamiento que aturde a los que creen en la soberana providencia de un Dios Personal. La Cruz fue el golpe mortal a la soberbia humana y al honor y a la gloria humanos, e identificarse con uno que sufrió en una cruz era también sufrir pérdida.
Cuando no se comprende el divino misterio de la Cruz de Cristo, es considerado como una vergüenza, una mala fortuna o un martirio, uno que sufrió por sus principios. El hecho es que algunos pueden ser sumamente religiosos y no ver nada atrayente en la Cruz de nuestro Señor y Salvador. Más bien prefieren evitarla; su misma sombra les es ofensiva, porque no hay lugar para ella en sus corazones y vidas. Los sumos sacerdotes, con los escribas y los ancianos de antaño, clamaron: «Descienda ahora de la cruz, y creeremos en Él». Como muchos hoy en día, querrían tener un Cristo sin la Cruz, pero la Cruz y el Cristo, en el propósito lleno de gracia de Dios, han sido eternamente clavados juntos. Ahora no hay Cristo más que el Cristo que fue crucificado; incluso en el cielo es conocido como «el Cordero que fue inmolado». Cuando el Señor Jesús llegó a la vista de su Cruz, algunos de sus propios discípulos «le abandonaron y huyeron». La Cruz de Cristo es un tropezadero para los que se quedan satisfechos con una vida religiosa egoísta, porque si quisiéramos seguirle plenamente debemos estar dispuestos a ser crucificados con Él. ¡Ah! Ésta es la roca de escándalo. No deseamos que estas nuestras pequeñas barcas autopropulsadas naufraguen haciéndose astillas contra la abierta Roca de la Eternidad. Pero el que pierda su vida la salvará. La siguiente pregunta es:

II. ¿Para quién es un tropiezo la Cruz de Cristo? Pablo predicaba a Cristo crucificado: «para los judíos ciertamente tropezadero, y para los gentiles locura». Los judíos y los griegos pueden ser considerados como clases representativas y típicas. Los primeros representan las obras religiosas; los segundos la sabiduría mundana. Para los primeros la Cruz de Cristo es un tropiezo, para los segundos motivo de risa. Ni el piadoso engreído ni el sabio mundano pueden pasar junto a la Cruz sin quedar afectados por ella de alguna manera. Deja sin base al legalista, y revienta la oronda pompa de la sabiduría carnal.

1. ¿QUIÉN ES EL JUDÍO? ¿A quién representa? Es el hombre que ha sido criado religiosamente; tiene el hábito de pronunciar sus oraciones; asiste regularmente al culto público; da de sus medios para el mantenimiento de la iglesia; es totalmente ortodoxo en

sus creencias; no tiene compañerismo con bebedores o jugadores; es hijo de la iglesia, y tiene un nombre intachable entre sus compañeros; es un hombre muy recto y religioso, pero la Cruz de Cristo es vana para él; puede que oiga acerca de ella, y que se maraville ante ella, pero no puede ver ninguna necesidad de ella; para él es un tropezadero. No tiene sentido de pecado, ni siente necesidad de la Sangre expiatoria. No es nada para él. La Cruz es una manifestación de la misericordia de Dios, pero él no necesita de misericordia. Es una declaración de la justicia de Dios, pero él es justo, y no tiene necesidad de la justicia de Dios. Es una oferta de las riquezas de Dios, pero él no tiene necesidad de nada. Cuando se le apremia la necesidad de Cruz, tropieza, porque hace de sus justicias nada más que trapos de inmundicia, y no da valor alguno a sus oraciones y acciones. Para él la aceptación de la cruz significaría crucificar su propia bondad. No hay ningún yo al que le cueste tanto de morir como el yo religioso. Para el hombre naturalmente religioso, la Cruz de Cristo es un tropezadero.

2. ¿QUIÉN ES EL GRIEGO, para el que la Cruz de Cristo es locura? El griego representa a aquellos que se entregan al arte, a la filosofía y a la cultura física. Todo ello bueno en sí mismo, pero cuando estas cosas devienen el objeto de la vida y la esperanza de todo futuro bien, entonces la Cruz de Cristo es considerada como una locura. En los días de Pablo, Atenas era la «Ciudad de las Escuelas»; incluso los jóvenes romanos que querían distinguirse académicamente iban allá a estudiar. «Todos los atenienses y los extranjeros residentes allí, en ninguna cosa se interesaban sino en decir o en oír las últimas novedades» (Hch. 17:21). Pero toda la cultura y la filosofía humanas son en sí mismas totalmente incompetentes para apreciar la Cruz de Cristo, porque ninguna carne puede gloriarse en su presencia. Cada producto y logro del hombre no espiritual se marchita y muere tan pronto como queda bajo el poder de la Cruz. Para todos los materialistas y racionalistas la Cruz es locura, porque para ellos es algo incomprensible. Pero esta cosa, que es insensatez a los ojos de los sabios de este mundo, que caminan a la luz de las chispas de su propia factura, es, en realidad y en verdad, «sabiduría de Dios». Porque la predicación del Cristo crucificado es, para los que obedecen el llamamiento, «Cristo... poder de Dios, y sabiduría de Dios» (1 Co. 1:24). Piensa ahora acerca de:

III. Lo que realmente es la Cruz. No la Cruz aparte de Cristo, sino como representando a Aquel que fue crucificado.

1. ES PODER DE DIOS. No es la predicación el poder de Dios, sino el «Cristo crucificado» que es predicado. La Cruz de Cristo es la *dunamis*, el poder operante, para la salvación del mundo. La fuerza que Dios puede aplicar sobre la redención de los hombres del pecado y de la muerte está aquí, en la Cruz de Cristo.

2. ES «LA SUPEREMINENTE GRANDEZA de su poder para con nosotros los que creemos» (Ef. 1:19). Se precisa del poder de Dios para salvar, y este poder omnipotente puede obrar solamente por medio de la muerte de su Hijo. Creer en aquella muerte es ponerse en contacto con el poder de Dios que libera de toda iniquidad y salva con una salvación eterna.

3. ES TAMBIÉN LA SABIDURÍA DE DIOS. Es solamente después que hemos experimentado el poder salvador de Dios por medio de la Cruz que podemos realmente verla como «la sabiduría de Dios», la manifestación de una infinita inteligencia. La planificación de la redención del hombre mediante el don de su Hijo y la Sangre de su Cruz constituyó una revelación de la sabiduría de Dios además de del amor de Dios. Cuando tenemos una verdadera visión del Crucificado, nos vemos constreñidos a exclamar: «¡Oh profundidad de las riquezas de la sabiduría y del conocimiento de Dios!». Huir a aquella Cruz es poner tu impotencia y debilidad en su poder: tu locura e ignorancia en su sabiduría. «Entonces serás fuerte, y sabio y estarás a salvo en Cristo Jesús vuestro Señor.»

«La Cruz, nuestra culpa elimina,
Y el débil espíritu fortalece;
Alienta con esperanza en medio del día tenebroso,
Y dulcifica toda copa amarga.

Al espíritu cobarde lo hace valeroso,
Y templa el débil brazo a la lucha;
El terror arrebata al sepulcro,
Y al lecho de muerte le da un aura dorada.

El bálsamo de vida, de todo mal remedio,
La medida y prenda del eterno amor;
Del pecador refugio acá abajo,
De los ángeles en el cielo el tema de alabanza.»

«Pero jamás acontezca que yo me gloríe, sino en la cruz de nuestro Señor Jesucristo» (Gá. 6:14).

1.836. (VII) LOS ENEMIGOS DE LA CRUZ

«Por ahí andan muchos, de los cuales os dije muchas veces, y aun ahora lo digo llorando, que son enemigos de la cruz de Cristo» (Fil. 3:18, 19).

«¿No os conmueve a cuantos pasáis por el camino?» (Lm. 1:12).

Pablo tuvo una visión tan clara de la gracia y de la gloria de la Cruz de Cristo, y una perspectiva tal de la culpa y del peligro de los que se constituyen en enemigos de la misma, que no podía hablar de ello sin que le vinieran lágrimas a los ojos. Es terrible ser enemigo de la más grande de las manifestaciones del amor y de la sabiduría de Dios. Ser enemigo de la Cruz de Cristo es ser enemigo de Dios, rebelde contra su misericordiosa voluntad para salvar a los hombres de sus pecados mediante la muerte de su Hijo. Hay muchos que honran al Señor como bebé en el pesebre, y que le niegan en la Cruz. Les encantan los himnos navideños, pero no gustan de los cánticos de la redención. Puede que no sean enemigos declarados de la Cruz, pero se avergüenzan de ella. ¿Por qué debiera nadie ser enemigo de la muerte de Cristo que no sea un enemigo también de su nacimiento? Él nació para morir. Él vino con el mismo propósito de darse a Sí mismo en sacrificio por el pecado.

Los enemigos a los que el Apóstol hace referencia aquí eran los de Filipos que habían quedado influenciados por la herejía antinomiana. Profesaban creer en Cristo, pero vivían vidas de pecado y de impureza. Amaban el pecado, demostrando con ello que eran enemigos de la Cruz, porque la Cruz de Cristo es la enemiga del pecado. Amar el pecado es besar la espada que atravesó el alma de Jesús. «Si yo creyera que la Sangre de Cristo quitó el pecado», le decía un hombre a otro, «me hartaría de pecar». El otro le dijo: «¿Y cuánto pecado se necesita para hartar a un cristiano?» ¿Cuánto veneno sería preciso para hartar a alguien que lo abomina? Contemplaremos ahora algo más estrechamente el objeto de esta enemistad. Son enemigos de la Cruz de Cristo. ¿Qué significa la Cruz de Cristo, y cómo pueden ser sus enemigos? La Cruz de Cristo se levanta como:

I. Sacrificio divino. «En esto se mostró el amor de Dios para con nosotros, en que Dios envió a su Hijo unigénito al mundo, para que vivamos por medio de Él. En esto consiste el amor:no en que nosotros hayamos amado a Dios, sino en que Él nos amó a nosotros, y envió a su Hijo como propiciación por nuestros pecados» (1 Jn. 4:9, 10). La venida y la muerte de Jesucristo en el madero fue la manera divinamente expresiva de Dios de revelarnos su propio corazón, un corazón movido al infinito sacrificio por medio de la agonía del amor. Los hombres, por el amor a las ganancias, invierten su todo en una especulación comercial. Dios, por su amor a los pecadores, ha invertido su todo en la transacción de la Cruz. Y esto no fue una mera especulación, sino un misericordioso gasto de la gracia omnipotente por un propósito determinado e infalible. Ser enemigo de la Cruz de Cristo es ser enemigo del amor y del propósito de Dios que se revelan en la Cruz.

Aquellos opositores de la Cruz a los que Pablo se refiere mostraban su enemistad mediante sus vidas autoindulgentes: «Cuyo dios es el vientre», dice él. La auto-indulgencia no puede más que quedar opuesta al espíritu de abnegación de la Cruz. La Cruz de Cristo es la mayor exhibición de la abnegación: vivir una vida meramente sensual es negar la Cruz. La mente carnal, aquella mente que piensa lo terreno, es enemistad contra la Mente y el Espíritu de Dios. La Mente de Cristo tal como se revela en la Cruz es la de autoabandono para la gloria de Dios y la salvación de los hombres. Por ello, aquellos que viven para sí mismos están viviendo en rebelión contra el espíritu y el propósito de la Cruz. Estar más interesados en el cuerpo que en el espíritu es como estar más interesados en la madera de la Cruz que en el Cristo. Un hombre rico que había construido una pequeña capilla cerca de su casa se la mostraba un día a un amigo, y éste le observó que podría transformarse bien en una cocina. Su contestación fue: «Sí, la transformaré en una cocina cuando haga un dios de mi vientre». El egoísmo humano está esencialmente opuesto al sacrificio divino ofrecido sobre la Cruz. Esta mente carnal es una evidencia de muerte (Ro. 8:6). La Cruz de Cristo se levanta proclamando:

II. La santidad divina. La intensidad del aborrecimiento del pecado por parte de Dios no podía quedar más enfáticamente expresada que mediante la muerte de su Hijo en la Cruz. La grandeza del sacrificio hecho por Dios, al dar a su Hijo, muestra la grandeza de la necesidad. Grande era la necesidad desde el lado humano, debido al pecado;

grande era la necesidad desde el lado divino, debido a la santidad. El poder interponerse entre los fuegos de la pecaminosidad humana y de la santidad divina precisaba de impecabilidad humana y de plenitud divina, condiciones éstas que sólo podían ser cumplidas por el Hombre Cristo Jesús. ¿No pensáis que si le hubiera sido posible al Dios Santo salvar a los pecadores sin la muerte de la Cruz habría respondido de manera consecuente a aquella angustiosa oración de su Hijo, acompañada por sudor de sangre, en el huerto, cuando clamó: «Padre mío, si es posible pase de Mí esta copa; sin embargo, no se haga como Yo quiero, sino como Tú» (Mt. 26:39)? Fue el amor de Dios por un mundo en perdición que le ofreció esta terrible copa. Fue la santidad de Dios la que no podía dejar que pasara aquella copa si se debía poner fin al pecado; e incluso cuando aquel Bendito estaba colgando del maldito madero, tuvo que clamar: «Dios mío, Dios mío, ¿por qué me has desamparado?» (Sal. 22:1). El santo Padre tuvo que ocultar su rostro de su santo Hijo, porque la maldición del pecado imputado estaba sobre Él.

Por tanto, ser enemigo de la Cruz de Cristo es ser enemigo de aquella santidad que es el carácter de Dios. Otra característica de estos enemigos a la que hace referencia el Apóstol era «cuya gloria está en su vergüenza» (Fil. 3:19). Gloriarse en cosas vergonzosas es diabólico. Gloriarse en cualquier cosa por la que tuvo que aplicarse la Cruz de Cristo para quitarla es ser enemigo de la Cruz. El borracho, el glotón y el jugador se glorían en cuánto pueden apropiarse para sus egoístas fines. El próspero «hombre del mundo» y el fanático farisaico, que se glorían en su parte en esta vida, son los enemigos de la cruz de Cristo. El pecado es del diablo, la santidad es de Dios. No podéis servir a ambos señores. Escogeos hoy a quien sirváis. La Cruz de Cristo se levanta como:

III. Riqueza divina. «El que no eximió ni a su propio Hijo, sino que lo entregó por todos nosotros, ¿cómo no nos dará también con Él todas las cosas?» (Ro. 8:32). La muerte de Cristo es la prenda divina a todos los creyentes de que toda bendición necesaria está dentro de su alcance. «Porque ya conocéis la gracia de nuestro Señor Jesucristo, que por amor a vosotros se hizo pobre, siendo rico, para que vosotros fueseis enriquecidos con su pobreza» (2 Co. 8:9). La tesorería de las inescrutables riquezas de Cristo nos ha sido abierta mediante la Sangre de su Cruz. Cuando Cristo se dio a Sí mismo por nosotros, dio su todo por nosotros. Estas riquezas espirituales y eternas consisten no solo en lo que Dios tiene, sino en lo que Él es. No solo da dones a los hombres, sino que nos hace, por la fe, partícipes de su propia naturaleza. Estas palabras de nuestro Señor adquirirán ciertamente un más profundo significado para nosotros cuando las leamos a la luz de su Cruz. «No os afanéis por vuestra vida, qué comeréis; ni por el cuerpo, qué vestiréis... vuestro Padre sabe que tenéis necesidad de estas cosas» (Lc. 12:22-31). Haced del reino de Dios el objeto de vuestra vida, y estas cosas os serán dadas por añadidura. Todo es prometido en la Cruz, y todo puede ser allí reclamado. Toda bendición temporal y espiritual, todo bautismo pentecostal, con todos sus goces y poder y feracidad, estaba potencialmente en la Cruz de Cristo. Cada conversión a Dios, cada avivamiento por medio del Espíritu de Dios, cada estallido de celo misionero por los paganos, han tenido su motivación poderosa en la Cruz de nuestro Señor Jesucristo.

Pero hay aquellos que son enemigos de la Cruz de Cristo, aunque aquella Cruz es el símbolo y prenda de riquezas celestiales y eternas. La tercera característica que Pablo menciona de aquellos que son sus enemigos es que «piensan en lo terrenal». Esto es, las mentes de ellos están totalmente dedicadas a las cosas de la tierra, y rechazan, o ignoran, aquellas cosas celestiales que les son provistas por la muerte de Cristo, y así llegan a ser enemigos de su Cruz. El hombre cuyo corazón está en las cosas de la tierra no tiene porción en la Cruz de Cristo. Él murió por nosotros para que nosotros pusiéramos nuestros afectos en las cosas de arriba. Puede parecer únicamente una pequeña ofensa el «pensar en lo terrenal», pero es una ofensa contra el espíritu y propósito de aquella Cruz de la que el apóstol Pablo dijo: «El mundo me ha sido crucificado a mí, y yo al mundo». Si alguno ama el mundo, el amor del Padre, como se manifestó en el Calvario, «no está en él». La Cruz de Cristo también denota:

IV. El ultimátum divino. Es la última oferta de Dios en cuanto a términos de paz. Acerca de los enemigos de la Cruz, Pablo nos dice: «El fin de los cuales será perdición». Al rechazar el sacrificio de Cristo en la Cruz, rechazaron las condiciones divinas de la paz, y por ello prosiguieron hasta su condenación. La paga del pecado es la muerte. Vivir en oposición al mensaje y a las demandas de la Cruz es vivir en verdadera rebelión contra la última y más grande de las proposiciones de un amor infinito. ¿Cómo escaparemos si tenemos en poco una salvación tan grande? Los términos de Dios no pueden ser alterados; el tratado de la Cruz nunca será quebrantado. Estamos encerrados a la fe en Cristo, o morimos en nuestros pecados y sufrimos el juicio eterno. Allégate ahora a Dios y alcanza la paz. Todos los que reciben a Cristo, reciben el derecho de ser hijos de Dios, todos los que creen en su Nombre (Jn. 1:12).

1.837. (VIII) LA COMUNIÓN DE LA CRUZ

«Con Cristo estoy juntamente crucificado, y ya no vivo yo, sino que Cristo vive en mí; y lo que ahora vivo en la carne, lo vivo en la fe del Hijo de Dios, el cual me amó y se entregó a Sí mismo por mí» (Gá. 2:20).

«De dolor en dolor, de mal en mal,
Con corazón amante y lentos pasos
Al Calvario con Cristo vamos...
¿Hubo jamás dolor como el suyo?
¿O pecado como el nuestro?

«Con Cristo estoy juntamente crucificado.» La crucifixión de Jesucristo, el Segundo Adán, fue potencialmente la crucifixión de la humanidad. Todos estamos representados en Él. Es un gran descubrimiento ver que he sido crucificado por mis pecados en la Cruz de Cristo. Éste es el descubrimiento que la fe hace cuando se cree en el Evangelio de Cristo. ¿Lo has visto y recibido, que Dios ha aceptado la muerte de su Hijo unigénito como tu muerte por tus propios pecados, para que ya no vivas tú más en pecado, sino en aquella novedad de vida que es tuya en Él? El Señor fue crucificado unos doce meses antes que Pablo fuera convertido, y sin embargo él dice: «Con Cristo estoy juntamente crucificado». Fue algo que quedó cumplido antes que él naciera de parte de Dios. Y descubrió que el Señor Jesucristo se había identificado de tal modo con él y con sus pecados que él mismo (Pablo) había sido muerto por ellos juntamente con Cristo en la Cruz. Ahora, dice él, «ya no vivo yo, sino que Cristo vive en mí». La vieja y confiada vida del yo ha muerto, y ahora «vivo en la fe del Hijo de Dios, el cual me amó y se entregó a Sí mismo por mí».

El Apóstol no habla de crucificarse a sí mismo. La autocrucifixión es imposible. Nadie podría traspasar sus propias manos y pies con clavos. Se nos ordena que crucifiquemos la carne con sus pasiones y concupiscencias, pero ¿quién crucificará aquel espíritu que quiere exaltarse contra Dios? ¿Aquella mente carnal que es enemistad contra Dios: quién la crucificará? «¡Miserable hombre de mí!; ¿quién me libertará de este cuerpo de muerte? Gracias doy a Dios, por medio de Jesucristo nuestro Señor» (Ro. 7:24, 25). Por medio de la muerte que murió Cristo vino a ser, una vez por todas, muerto en relación con el pecado. Asimismo consideraos muertos en relación con el pecado (Ro. 6:10, 11). No han sido sólo nuestros pecados, sino que nuestro mismo pecaminoso yo ha quedado, en el magno propósito redentor de Dios, clavado a su Cruz. «Y ya no vivo yo, sino que Cristo vive en mí.» He sido crucificado con Cristo, y por ello debo contar mi yo pecador como juzgado por Dios en su propio Hijo en aquel madero maldito, y colocado en el lugar de la muerte. Estáis vivos, y vuestra vida está ahora escondida con Cristo en Dios. ¡Bienaventurada paradoja: muertos, pero vivos! ¡Maravilloso misterio, Cristo viviendo en mí!

Todos los que han creído en el Señor Jesucristo como su sacrificio de expiación delante de Dios, han sido bautizados en su muerte por el Espíritu Santo, para que pudieran ser partícipes de su resurrección (Ro. 6:3-5). No hay posibilidad de conocer el poder de su resurrección en nuestras almas, si no hemos sido primero hechos conforme a Él en su muerte (Fil. 3:10).

Cuando la madre de Jesús vio a su Hijo muriendo en la Cruz, y cuando el soldado «le abrió el costado con una lanza», se cumplieron entonces las palabras proféticas de Simeón a María: «Y una espada traspasará tu misma alma». Ella fue traspasada con Cristo en la Cruz. Si no hubiera sido por la fe y el amor que María tenía en y para su Señor y Salvador, la lanza que traspasó en dos el corazón de Cristo nunca habría tocado su alma. Así es con nosotros. Si creemos que aquella terrible muerte de la Cruz fue escogida y asumida voluntariamente por Cristo por amor a nuestras almas arruinadas por el pecado, con esta creencia brota dentro del corazón un nuevo afecto hacia el sufriente Hijo de Dios, un amor tan puro y tierno que las angustias de la Cruz de Cristo traspasan nuestras propias almas; luego el yo de endurecido y frío corazón queda crucificado con Cristo. Nunca hemos visto con provecho alguno a Cristo traspasado por nosotros a no ser que hayamos sentido la lanzada de la convicción en nuestras propias almas. ¿No te ha provocado nunca ninguna herida en tu alma el hecho de que Cristo fue herido y traspasado por tus iniquidades? Si, por la incredulidad o dureza de nuestro corazón, rehusamos «morir como Él murió», entonces no podemos «ser partícipes en sus sufrimientos», y por ende no podemos «conocer el poder de su resurrección». Viendo que la crucifixión del yo es una experiencia tan definida y penosa, es cosa segura que sus efectos serán marcados y estarán bien definidos. Trataremos de señalar algunos de ellos.

I. La crucifixión del mundo. En su carta a los Gálatas, Pablo les dice: «Pero jamás acontezca que yo me gloríe, sino en la cruz de nuestro Señor Jesucristo, por la cual el mundo está crucificado para mí» (6:14). Para Pablo, el mundo había quedado desnudado de toda su gloria y poder, y clavado como una cosa inútil y vergonzosa en la Cruz junto con Cristo. Para él era cosa muerta o a punto de morir, sin poder para tentar o atraer a su alma. La gloria de la gracia del Cristo crucificado se había interpuesto entre él y el mundo, y había así cegado sus ojos con la visión de las cosas celestiales, hasta el punto de que las cosas de este mundo vinieron a ser para él como meros cadáveres. «Si alguno ama al mundo, el amor del Padre no está en él». Las operaciones de los principios de este mundo hallaron, por así decirlo, su cima en la crucifixión del Hijo de Dios. El mundo por sabiduría no halló al Dios, sólo pudo crucificarle, y por ello su impío espíritu debiera ser cosa crucificada para nosotros.

II. La crucifixión del yo. No solo se trata de que el mundo esté crucificado para mí, sino que el apóstol también añade: «yo [estoy crucificado para el mundo». La muerte de Cristo no solo ha hecho separación entre el mundo y yo, sino que también me ha separado a mí del mundo, y lo ha crucificado para mí, y a mí a él. Aquel «viejo yo», que amaba al mundo, y que buscaba una parte de su honra y gloria, «fue crucificado juntamente con Él, para que el cuerpo del pecado sea reducido a la impotencia, a fin de que no sirvamos más al pecado» (Ro. 6:6). Aquel que ha pagado la pena de muerte se queda libre de su pecado (v. 7). El primer acto del yo en Adán fue anhelar lo prohibido. Éste es el yo que fue crucificado con Cristo, el yo que anhelaría cualquier cosa fuera de la buena voluntad de Dios. Aunque el yo en Cristo era perfectamente humano y perfectamente exento de pecado, sin embargo «no se agradó a Sí mismo». Se deleitaba en hacer la voluntad de su Padre. Las demandas del yo son muchas y exigentes, y generalmente son expresadas de la manera más plausible, pero cada vez que se agrada y da honra al yo, se niega la Cruz de Cristo. Uno de los mensajes que vienen por medio del Crucificado a nosotros es: He muerto por ti para que aquella vida del yo en ti pudiera morir en Mí». «Si el grano de trigo no cae en la tierra y muere, queda solo». Aquella vida tuya del yo quedará sola, estéril e infructuosa, a no ser que muera y sea sepultada con Cristo en el sepulcro. Pero si muere –si llega a un absoluto fin de sí misma–, llevará el abundante fruto de una nueva vida en Cristo Jesús. Ser muerto al mundo es vivir para Dios, y abundantemente fructífero en el mundo. Estar crucificados con Cristo implica además:

III. Una nueva vida de servicio. «Y ya no vivo yo, sino que Cristo vive en mí» (Gá. 2:20). «Porque si fuimos plantados juntamente con Él en la semejanza de su muerte, así también lo seremos en la de su resurrección» (Ro. 6:5). Si considero mi vida del yo crucificada con Cristo, también puedo contar con Él viviendo en mí en el poder de su resurrección. Si el yo ha muerto, deja de haber obstáculo a la manifestación de la vida de Cristo en nuestros cuerpos mortales (2 Co. 4:10). Una de las pruebas más claras de que hemos muerto al yo y al pecado es que estamos del todo «vivos para Dios». La medida de nuestra vida y libertad para Dios es la medida de nuestra libertad del poder del yo y del pecado. El yo arroja esclavitud en el servicio del Señor. No hay lugar para él si Cristo debe ser glorificado en nosotros. Si Cristo vive en mí, entonces Él ha tomado este yo para santificarlo, llenarlo y usarlo para la gloria de su propio Nombre. Buscar nuestra propia alabanza y honra es negar a Aquel que vive dentro de nosotros. Si Cristo vive en mí, entonces toda el tesoro de sus riquezas inescrutables están a mi alcance para servirle a Él entre los hombres. «La Cruz, como acontecimiento moral, pertenece a todas las edades», dijo el doctor Gordon; por ello su poder para crucificar el yo, y preparar el camino para la vida de resurrección, está siempre presente con nosotros. La vida del hombre irregenerado es: «Yo, no Cristo»; la vida del hombre regenerado es: «No yo, mas Cristo». La Cruz de Cristo es un lugar terrible, pero es la puerta del Cielo.

1.838. (IX) GLORIÁNDONOS EN LA CRUZ

«Pero jamás acontezca que yo me gloríe, sino en la cruz de nuestro Señor Jesucristo» (Gá. 6:14).

«En el Monte de la Crucifixión
Se abrieron manantiales profundos y anchos;
Por las compuertas de la misericordia divina
Derramóse una vasta marea de gracia.
Gracia y amor, cual caudalosos ríos,
Derramáronse incesantes de lo alto,
Y la paz y perfecta justicia del cielo
Besaron en amor a un mundo culpable.»

C. H. Spurgeon dijo en cierta ocasión: «El corazón del Evangelio es redención, y la esencia de la redención es el sacrificio sustitutorio de Cristo. He descubierto por larga experiencia que nada toca el corazón como la Cruz de Cristo». Así como se precisó de los ojos de un Miguel Ángel para ver un ángel en un burdo bloque de mármol, así se precisa de los ojos de un hombre iluminado por el Espíritu para ver la gloria de la Cruz de Cristo. Lo que para unos es una piedra de tropiezo es para otros la sabiduría de Dios.

Había varias cosas en las que el Apóstol hubiera podido gloriarse, si la gloria de la Cruz no le hubiera cegado los ojos a la gloria de todo lo demás. Hasta como cristiano pudiera haberse gloriado de lo singular de su conversión, aunque desde luego se regocijaba en ella y no dejaba de hablar de ella cuando había oportunidad. Pero no se gloriaba tanto en ser salvo como en el hecho de que el Señor Jesús le había amado hasta el punto de darse a la muerte de la Cruz en su favor. «¡Aleluya, estoy salvado!» no es exactamente lo mismo que «¡Aleluya, Jesucristo me ha salvado!» Es mejor ocuparse en las glorias del Salvador que en los consuelos de la salvación. Él hubiera podido gloriarse en su posición singular como apóstol a los gentiles. Pero incluso la gloria de su sublime llamamiento estaba oscurecida por la gloria de la Cruz. O pudiera haberse gloriado en su éxito como ministro del Evangelio y siervo de Jesucristo. Pero no: no estaba dispuesto a gloriarse en nada más, por cuanto «Cristo, y él crucificado» era la Fuente y Dador de todo. La gloria de su Cruz jamás puede ser dejada atrás como un «elemento rudimentario» o «un primer principio». Está eternamente presente en su eficacia eterna. Hasta el el cielo de la gloria se conoce a Jesucristo como «el Cordero que fue inmolado».

El predicador que ha dejado de gloriarse en la Cruz de Cristo ha dejado de predicar en el poder del Espíritu Santo. Todo el Consejo de Dios encuentra su centro en el Crucificado, y por ello gloriarse en la Cruz de Cristo es gloriarse en la sabiduría y en el poder de Dios. «No se alabe el sabio en su sabiduría, ni en su valentía se alabe el valiente, ni el rico se alabe en sus riquezas. Mas alábese en esto el que se hubiere de alabar: en entenderme y conocerme» (Jer. 9:23, 24). Conocer el sentido de la Cruz de Jesucristo es entender y conocer a Dios, y gloriarse en Él. Gloriarse en cualquier cosa terrenal es negar la Cruz de Cristo, y robar a Dios de su gloria. «El que se gloría, gloríese en el Señor.» En estos tiempos nuestros, pocos parecen tener la decisión que tenía Pablo: «Resolví no saber entre vosotros cosa alguna sino a Jesucristo, y a éste crucificado» (1 Co. 2:2). Aquí tenemos algunas buenas razones por las que debiéramos gloriarnos en la Cruz de nuestro Señor Jesucristo.

I. Por ella se ve el amor del Padre. «En esto se mostró el amor de Dios para con nosotros, en que Dios envió a su Hijo unigénito al mundo, para que vivamos por medio de Él» (1 Jn. 4:9). «Porque de tal manera amó Dios al mundo, que ha dado a su Hijo unigénito». Su amor hacia el mundo tiene que haber sido inenarrable para enviar a su unigénito Hijo a un mundo como éste; pero la profundidad e intensidad de aquel amor sólo pueden ser concebidos cuando pensamos en la infinita humillación de la muerte de la Cruz. «En esto consiste el amor: no en que nosotros hayamos amado a Dios, sino en que Él nos amó a nosotros, y envió a su Hijo como propiciación por nuestros pecados» (1 Jn. 4:10). La entrega a su Hijo al mundo por nosotros fue la manera en que Dios mostró su amor para con nosotros (Ro. 5:8). Ni la sabiduría de Dios pudo concebir una manera más impresionante y poderosa de manifestar su amor que ésta. Nos gloriamos en la Cruz, porque en ella está la gloria de su amor.

II. Por ella se declara el amor del hijo. «El Hijo de Dios… me amó y se entregó a Sí mismo por mí.» «El buen pastor da su vida por las ovejas» (Jn. 10:11). La mayor manifestación del amor humano es «que uno ponga su vida por sus amigos», pero «Dios muestra su amor para con nosotros, en que siendo aún pecadores, Cristo murió por nosotros». Las muchas aguas de la indiferencia humana, de la ingratitud, de la burla y del aborrecimiento no apagaron ni impidieron el derramamiento de su amor, porque el de Él fue un amor más fuerte que la muerte. Aquellas marcas de los clavos en las manos y en los pies incluso del cuerpo glorificado de Jesucristo son los eternos monumentos de aquel amor que le condujo al sacrificio de Sí mismo en el árbol del Calvario, como rescate por las almas pecadoras de los hombres. El calor del amor de Cristo es solo igualado por el gran precio de su Sangre. ¿No oímos aquellas escudriñadoras palabras dichas a Pedro como dirigidas a nuestro corazón desde su misma Cruz: «Me amas, tú»? Piensa en todo lo que Él ha hecho por ti.

III. Por ella los pecadores son reconciliados con Dios. «Siendo enemigos, fuimos reconciliados con Dios por la muerte de su Hijo» (Ro. 5:10). La única vía al disfrute de la presencia de Dios es por medio de la reconciliación; el único camino a la reconciliación es por medio de la muerte de su Hijo. Aquel mismo momento en que el alma, que hasta entonces ha sido hostil a Dios, se ase por la fe a aquel Sacrificio expiatorio en la Cruz, en aquel momento la mano del poder de Dios se ase del alma, e instantáneamente hay reconciliación y salvación. La Cruz de Cristo, como la escalera de Jacob, fue puesta en la tierra como el camino a Dios. Aquí los ángeles de la gracia, de la misericordia y de la paz ascienden y descienden sobre el Hijo del Hombre. Es un lugar terrible, pero es la puerta del cielo. «Terrible», como lugar de juicio; «hermoso» como la puerta del cielo. «Yo soy el Camino, la Verdad, y la Vida; nadie viene al Padre, sino por medio de Mí.» Encuéntrate ahora con Él, y ten paz. Nos gloriamos en la Cruz, porque

IV. Mediante ella los creyentes son separados del mundo. Ésta es la principal razón, dada por el Apóstol en Gálatas 6:14, de por qué no se gloriaba en nada salvo en la Cruz de Cristo, «porque», dice él, «por ella, o sobre ella, el mundo ha sido crucificado para mí, y yo estoy crucificado para el mundo». Para muchos esto constituye más una calamidad que una victoria. Para ellos, que las agonías de la Cruz de Cristo se interpongan entre ellos y los falsos principios de este mundo les parece como quedar desheredados. Quieren honrar a Jesucristo como maestro venido de parte de Dios, pero no desean que su Cruz se interponga y destruya su comunión con el mundo. Los tales no pueden gloriarse en la Cruz, porque están gloriándose en aquellas cosas para quitar las cuales se levanta la Cruz de Cristo. Pablo contaba la liberación de este presente mundo malo como una bendición tan enorme que se gloriaba en aquella Cruz por medio de la cual se había alcanzado algo tan maravilloso. Se había logrado una separación completa y final, porque, por medio de la Cruz, tanto Él como el mundo quedaron crucificados, el uno al otro. Los placeres pecaminosos de este mundo son tan sutiles, poderosos y traicioneros que solo por el poder de su Cruz puede escapar el alma de sus lazos e ilusiones. Cristo no vino a condenar al mundo, y el mundo, al condenar a Cristo, al echarlo fuera, se ha condenado a sí mismo. Pero, por esta condenación, los que creemos en Jesús hemos sido liberados. «Por lo cual, salid de en medio de ellos, y apartaos, dice el Señor.» Nos gloriamos en la Cruz porque

V. Por medio de ella se ha dado la prenda de toda bendición necesaria. «El que no eximió ni a su propio Hijo, sino que lo entregó por todos nosotros, ¿cómo no nos dará también con Él todas las cosas?» (Ro. 8:32). Aquel que se deleita en darnos dones de oro no nos escatimará dones de cobre. Dios, al darnos el resplandor del sol, nos ha dado con él también todos los colores con los que está familiarizado el ojo. Al darnos el mar, Dios nos ha dado libremente todo lo que está en él. Al darnos su Hijo, todo lo que Cristo era y tiene es, por así decirlo, entregado a nosotros para la vida y la piedad. «Todo es vuestro (...) y vosotros de Cristo, y Cristo de Dios» (1 Co. 3:21-23). Habiendo vencido mediante la Sangre del Cordero, somos hechos herederos de todas las cosas (Ap. 21:7; Ro. 8:17). ¡Todas las promesas de Dios son en Cristo Sí y Amén! Estando en Él, venimos a ser copartícipes con Él. Recibir a Jesucristo, el don de Dios, como nuestro Sacrificio, nuestro Salvador y nuestro Señor, es recibir con Él la promesa infalible de Dios de que todas las cosas necesarias para el tiempo y para la eternidad nos serán dadas libremente. Ésta es ciertamente una buena razón para gloriarnos en la Cruz, pero hay otra:

VI. En ella reside el remedio para todos los ayes del mundo. «Porque de tal manera amó Dios al mundo, que ha dado a su Hijo unigénito» (Jn. 3:16). Dios amó de tal manera al mundo, que dio al mundo a Aquel que podía salvar abundantemente y que estaba bien dispuesto a salvarlo de todos sus pecados y a sanar todas sus dolencias. El yeso de Dios es lo suficientemente abundante para cubrir todas las grietas del pecado del mundo. Dios no tiene otro remedio para las dolencias del mundo que la Sangre de su Hijo. Las mixturas de factura humana son frecuentemente puestas en lugar del don de Dios, y por ello acaban frecuentemente en fracaso y desengaño. La salud del pueblo no queda restablecida. No hay poder como la Cruz de Cristo para sanar las plagas morales, sociales y espirituales del mundo. Cada avivamiento espiritual es una prueba de ello. El hombre o la nación que se inclinan creyentes ante el Hijo de Dios reciben una infusión de nueva y sana sangre. Todos los que así le tocan son sanados. Este mundo es un hospital lleno de casos incurables aparte del remedio divino. No hay otro Nombre debajo del cielo, dado a los hombres, en quien podamos ser salvos. Sobre los portales de este portón amplio como el mundo la mano de la inspiración ha escrito estas palabras: «JEHOVÁ-ROPHECA» (Jehová quien te sana). Él, en su infinita sabiduría, ha hecho un estudio especial de cada caso individual. Su palabra sanadora nunca fracasa cuando se pone en ella la confianza. Dios puede salvar eternamente a los que a Él se allegan por medio de su Hijo. «Por sus llagas fuimos nosotros curados.»
¿Te has dado cuenta de este hecho vital, de que la provisión de Duis para los pecados y dolores de tu propia alma está ahí para ti mismo en la muerte de su Hijo? La mano que se aferra de esto puede ser débil, pero la bendición que se recibe es la de la todo-suficiente misericordia omnipotente de Dios. Toda la virtud que está en Jesucristo es tuya y está al alcance de tu toque (Mt. 11:21).

«Ella solo el borde de su manto tocó,
Acercándose a su lado
Entre la multitud que en redor suyo se agolpaba,
Y en el acto sanada quedó.
Oh, ¡toca de su manto el borde!
Y tú también libre serás.
Su poder salvador este mismo momento
Nueva vida a ti te dará!»

¿Puedes tú decir ahora: «Pero jamás acontezca que yo me gloríe, sino en la cruz de nuestro Señor Jesucristo?» (Gá. 6:14).

1.839. LA ENSEÑANZA DEL ESPÍRITU

El hombre necesita no solo un Salvador divino, sino también un Maestro Divino. El Espíritu Santo ha venido a enseñarnos, igual de verdaderamente que el Señor Jesús vino a salvarnos. Debemos confiar en Él para que haga su obra en nosotros, mientras confiamos en el Señor para que haga su obra por *nosotros*. Observemos:

I. Las características de este Maestro. Él es:

1. INDISPENSABLE. «Nadie conoce las cosas de Dios» (1 Co. 2:11). «El hombre natural... no las puede conocer» (v. 14); «¡Cuán... insondables sus caminos!» (Ro. 11:33). Viendo, por tanto, que el hombre en su estado natural es totalmente incapaz de conocer a Dios por sí mismo, ni las cosas de Dios, le es necesario tener un maestro; porque nadie puede conocer a Dios excepto el que es enseñado por Dios, y esto solamente puede hacerlo el Espíritu Santo.
2. INFALIBLE. «El Espíritu *todo* lo escudriña, aun las profundidades de Dios» (1 Co. 2:10); «¿Quién escudriñó el Espíritu de Jehová, o le aconsejó, enseñándole?» (Is. 40:13). Si menospreciamos a este Maestro, es en vano que buscamos sabiduría espiritual. Nunca nos arrepentimos ni olvidamos de lo que hayamos aprendido de Él. «El Espíritu mío que está sobre ti, y *mis palabras* que puse en tu boca, *no faltarán* de tu boca» (Is. 59:21).
3. TODOSUFICIENTE. «La unción que recibisteis de Él permanece en vosotros, y no tenéis necesidad de que nadie os enseñe» (1 Jn. 2:27). El Señor ha ordenado pastores y maestros a fin de perfeccionar a los santos, y tenemos que estimarlos muchos por amor de su obra. Aunque tales maestros son muy necesarios en estos días, sin embargo no deja de ser cierto que «no tenéis necesidad de que nadie os enseñe». «Él os enseñará *todas las cosas*» (Jn. 14:26); «Él os guiará a toda verdad» (Jn. 16:13). ¿Quién puede explicar mejor un libro que aquel que lo escribió?
4. DISCRETO. «No hablará por su propia cuenta» (Jn. 16:13). Él se oculta para poder glorificar más a Cristo. En esto es un ejemplo para todos los maestros. Si el Gran Maestro mismo es tan discreto, ¿cómo debería aparecer el académico?

II. Los métodos de su enseñanza. Él enseña mediante

1. EL ALUMBRAMIENTO DEL ENTENDIMIENTO. «Que el Dios de nuestro Señor Jesucristo, el Padre de gloria, os dé espíritu de sabiduría y de revelación... alumbrando los ojos de vuestro entendimiento» (Ef. 1:17, 18). «El dios de este mundo cegó el pensamiento» (2 Co. 4:4). «Las tinieblas le han cegado los ojos» (1 Jn. 2:11). A no ser que los ojos del entendimiento sean alumbrados por el Espíritu Santo, el mejor esfuerzo del hombre es tan sólo enseñar a ciegos.
2. SEÑALANDO A LOS PADECIMIENTOS DE CRISTO. «Redargüirá al mundo de pecado» (Jn. 16:18). ¿Y cómo lo hace? «Derramaré... *espíritu de gracia*, ... y *mirarán a Mí*» (Zac. 12:10). Y mientras miran a Aquel a quien traspasaron, se dolerán y sentirán amargura. La madre amante y reflexiva redarguye a su hijo de su culpa señalándole con calma el mal que ha hecho.
3. AVIVANDO EL ENTENDIMIENTO. «Reposará sobre él el Espíritu de Jehová; ... espíritu de conocimiento» (Is. 11:2, 3). Pronto para discernir la mente y la voluntad de Dios, y para agradarse en hacerlo así. Su voluntad debería ser para nuestras mentes y corazones lo que el aroma grato es para nuestros sentidos, un deleite positivo, sensible.

4. COMPARANDO LAS COSAS ESPIRITUALES. «Las [cosas] que enseña el Espíritu, acomodando lo espiritual a lo espiritual» (1 Co. 2:13). Él compara las cosas espirituales del Antiguo Testamento con las del Nuevo. Expone cosas espirituales solo a quienes son espirituales, debido a que son espiritualmente discernidas. Siempre habrá prueba suficiente para aquellas cosas enseñadas por el Espíritu, al comparar Él una cosa espiritual con otra. Pero no creáis a todo espíritu, por cuanto algunos están siempre comparando cosas espirituales con las razonables, las temporales, las naturales, en lugar de las espirituales.
5. REVELANDO COSAS ESCONDIDAS. «El Espíritu Santo le había comunicado [a Simeón]...» (Lc. 2:26). «Él... tomará de lo mío, y os lo hará saber» (Jn. 16:14). «Cosas que ojo no vio... Dios nos las reveló a nosotros por medio del Espíritu» (1 Co. 2:9, 10). Las cosas profundas de Dios están siendo constantemente desveladas delante de la visión arrebatada de aquellos que humildes se sientan a los pies de este Gran Maestro venido de Dios.
6. RECORDANDO COSAS OLVIDADAS. «Él... os recordará todo lo que *yo os he dicho*» (Jn. 14:26). «Las palabras de Cristo que han sido *guardadas* en el corazón» (cp. Sal. 119:11). Aunque ahora olvidadas, no están perdidas. Son como armas depositadas por el Espíritu Santo, y a su debido tiempo *Él las traerá*. Si el mensaje que tú quieres entregar es sólo un discurso dibujado en la cabeza y una carga en la memoria, no puedes esperar la ayuda del Espíritu; pero si es una carga en el corazón, no temas.
7. ESTORBANDO LOS IMPULSOS PROPIOS. Pablo y Silas se encontraron con que «les *impidió* el Espíritu Santo hablar la palabra en Asia; y cuando llegaron a Misia, intentaron ir a Bitinia, pero el Espíritu de Jesús *no se lo permitió*» (Hch. 16:6, 7). «El hombre no es señor de su camino, ni del hombre que camina es el ordenar sus pasos» (Jer. 10:33). «Encomienda a Jehová tu camino, y confía en Él; y Él actuará» (Is. 37:5). Una cosa es hacerse planes, y *luego* pedir dirección; otra muy distinta es confiar en Él para que haga los planes. Los estorbos que pone el Espíritu Santo en el camino son sólo una parte de sus ayudas.

III. Las actitudes de los que son enseñados. Él nos enseña

1. EN TANTO QUE APRENDEMOS. «El Señor habló a Felipe, diciendo: Levántate y ve... Él se levantó y fue» (Hch. 8:29). Estaba en el camino del Señor cuando el Espíritu le enseñó. Los desobedientes no tienen por qué esperar el ministerio especial del Espíritu Santo. Los ganadores de almas son siempre obreros enseñados por el Espíritu Santo.
2. MIENTRAS MEDITAMOS. «Mientras Pedro meditaba sobre la visión, le dijo el Espíritu...» (Hch. 10:19); es en las plácidas aguas que se refleja la imagen con claridad. ¿Cuántos no oyen de aquellas cosas que son verdaderas, respetables, justas y de buena reputación, pero que no *piensan* en ellas? (cp. Fil. 4:8). La reflexión es una necesidad positiva para el crecimiento en la gracia y la utilidad. «Ocúpate en estas cosas; permanece en ellas, para que tu aprovechamiento sea manifiesto en todos» (1 Ti. 4:15). Léase Salmos 119:99.
3. MIENTRAS SERVIMOS. «Mientras estaban éstos celebrando el culto del Señor, ... dijo el Espíritu Santo» (Hch. 13:2). el que sirve con la mirada puesta en el Maestro será conducido por la mirada del Maestro. El Espíritu se regocija en conducir e instruir al corazón bien dispuesto, Y en nuestros *momentos más activos*, si seguimos estando sometidos a Él, seremos enseñados con sabiduría.
4. MIENTRAS ESPERAMOS. «Simeón... [estaba] *aguardando* la consolación de Israel; ... y el Espíritu Santo le había comunicado...» (Lc. 2:26). «*Aunque* tarde, espéralo» (Hab. 2:3). Si se cree en la promesa, la respuesta de cierto llegará. Pero la espera será vana a no ser que haya una expectación bien basada (Rut 3:18).
5. MIENTRAS ESCUCHAMOS. «El que tiene oído, *oiga lo que el Espíritu dice*» (Ap. 2:7). El Señor salva a toda alma creyente, el Espíritu habla a cada oído abierto. El *Espíritu* de oración es mejor que *tiempos* de oración. Así también el Espíritu de entendimiento es mejor que todos los comentarios (por buenos que sean). Cada cristiano podría ser como Bezaleel, lleno de sabiduría y entendimiento (Éx. 31:2). Daniel fue enseñado por el Espíritu, y así es como pudo leer e interpretar la escritura de la mano de Dios. «Desead, pues, celosamente los dones mejores.»

1.840. LA FAZ DE JESÚS

Ver su faz es ver una visión de Jehová Jesús. ¿Qué se ve en esta faz?

I. Perfección. «La gloria de Dios en la faz de Jesucristo» (2 Co. 4:6).

II. Consagración. «Pon los ojos en el rostro de tu ungido» (Sal. 84:9).

III. Decisión. «Afirmó su rostro para ir a Jerusalén», etc. (Lc. 9:51).

IV. Sustitución. «Tan desfigurado era su aspecto más que el de cualquier hombre» (Is. 52:14; Is. 53:2, 3).

V. Rechazamiento. «Le escupieron en el rostro» (Mt. 26:67).

VI. Glorificación. «Su rostro era como el sol» (Ap. 1:16; Mt. 17:2).

VII. Consumación. «De cuya presencia [*margen* BAS, de cuyo rostro] huyeron la tierra y el cielo» (Ap. 20:11).

VIII. Salvación. «Haz resplandecer tu rostro, y seremos salvos» (Sal. 80:3). Busca su rostro (Sal. 27:8).

1.841. LA FE

1. El oír de la fe	1 Reyes 18:41.
2. Los ojos de la fe	2 Reyes 6:17.
3. Los pies de la fe	Génesis 5:24.
4. La mano de la fe	Hechos 3:7.
5. El corazón de la fe	Romanos 10:10

1.842. LA GRACIA (I)

1. La fuente de la gracia,	1 Pedro 5:10; Juan 3:16
2. El canal de la gracia,	1 Corintios 1:4
3. La administración de la gracia,	Hebreos 10:29
4. El Evangelio de la Gracia,	Hechos 20:24
5. La aplicación de la gracia,	Romanos 3:24
6. El reinado de la gracia,	Hebreos 4:16

1.843. LA GRACIA (II)

1. Salvo por la gracia,	Efesios 2:8
2. Cayendo de la gracia,	Gálatas 5:4-9
3. Persistiendo en la gracia,	Hechos 13:43
4. Creciendo en la gracia,	2 Pedro 3:18

1.844. LA IGLESIA

Hay dos grandes maravillas en el mundo: el judío y la Iglesia. El primero es testigo del Cristo rechazado; la segunda, del Cristo resucitado.

I. Su carácter maravilloso.

1. ES UN CUERPO DISTINTIVO. Hoy día existen el Judío, el Gentil, y la Iglesia de Dios (1 Co. 10:32). La Iglesia no es ni judía ni gentil, aunque ambos puedan entrar en ella. El judío espera un Mesías venidero; la Iglesia, al Esposo. Y el gentil no se cuida de ninguna de ambas cosas.
2. ES DE SU PROPIA HECHURA. «Sobre esta roca *edificaré* mi Iglesia» (Mt. 16:18). Él mismo, como el Cristo, el Hijo del Dios viviente, es el fundamento echado en Sion: una piedra probada, angular, preciosa, de cimiento estable (Is. 28:16). También efectúa la *edificación* por su Espíritu Santo, plantando a las almas creyentes a Sí mismo, como piedras vivas en el fundamento vivo. Es Dios que obra en vosotros.
3. ES LLAMADA FUERA PARA SU PROPIO NOMBRE. «Dios visitó por primera vez a los gentiles, para tomar de entre ellos un pueblo para su nombre» (Hch. 15:14). La Iglesia de Dios, como su pueblo de antiguo, ha sido *formada para Sí* mismo para que publique sus alabanzas (Is. 43:21). Esta obra de *llamamiento afuera* ha sido encomendada al Espíritu Santo, está en marcha en la actualidad, y proseguirá hasta que haya entrado la plenitud de los gentiles. Haz seguro tu llamamiento.
4. ESTÁ LLENA DE SU PLENITUD (Ef. 1:22, 23). Cada miembro individual de su cuerpo es puesto en contacto con el poder y la sabiduría de la Gran Cabeza. Crezcamos en todo *hacia aquel* que es la cabeza (Ef. 4:15). Toda la plenitud mora en Él. Permanezcamos en Él. El mundo no puede ver a la cabeza invisible, pero sí que contempla su cuerpo visible. ¡Cuán necesario es que le seamos fieles!

II. Sus presentes privilegios.

1. SE MANTIENE ACTIVA HASTA QUE ÉL VENGA (Lc. 19:12-15). Ha sido dejada en el puesto de servicio, ha sido dotada con dones, para ser usados durante la ausencia del Señor, y de los que tendrá que rendir cuenta cuando Él vuelva. Su verdadera posición es «*embajadora en nombre de Cristo*» (*cf.* 2 Co. 5:20), ocupando el puesto de Cristo hasta que Él venga. ¿Está cumpliéndose la mente y propósito de nuestro Señor ausente en nosotros ahora? ¿Estamos ocupándonos en sus intereses, o en los nuestros?
2. SUFRE POR ÉL. El sufrimiento es parte de la heredad del cristiano. «Pues para esto fuisteis llamados» (1 P. 2:20, 21). Si alguno quiere vivir piadosamente, tiene que sufrir. Los miembros del cuerpo están relacionados de modo tan estrecho con la cabeza *rechazada* que tienen que sufrir. Bendita comunión. «Si sois vituperados por el nombre de Cristo, sois dichosos, porque el Espíritu de gloria y de Dios *reposa sobre* vosotros... Si alguno padece como cristiano (...) glorifique a Dios por ello» (1 P. 4:14-16).
3. COLABORA JUNTAMENTE CON ÉL (2 Co. 6:1). «*Colaboradores de Dios*» (1 Co. 3:9). Ciertamente, los miembros del cuerpo deberían laborar juntamente con la cabeza. ¿Qué pasaría si no lo hicieran así? Si el servicio de la mano o del pie no está controlado por y está en armonía con la voluntad de la cabeza, ¿de qué vale? Así como Eva debía ser una ayuda idónea para Adán, así la Iglesia debe serlo para Cristo. Su voluntad debe ser llevada a cabo en nosotros y por medio de nosotros. La cabeza no tiene otro medio de obrar que por medio del uso de los miembros del cuerpo.

III. Sus esperanzas para el futuro.

1. LO ESPERA A ÉL. Él prometió: «Volveré otra vez». «Este mismo Jesús, que ha sido tomado de vosotros al cielo, vendrá *así tal como* le habéis visto ir al cielo» (Hch. 1:11). Esperan a su Hijo del cielo (1 Ts. 1:10). La Desposada anhela al Esposo. El amor anhela la compañía.
2. ESPERA SER ARREBATADA POR ÉL. El mismo Señor descenderá, y nosotros seremos arrebatados juntos para recibir al Señor (1 Ts. 4:16). En los tiempos antiguos los poderosos *arrebataban* a sus desposadas. Será una experiencia arrebatadora ser tomados en los brazos de nuestro Amado, y llevados al hogar del reposo eterno.
3. ESPERA SER HECHA A SU SEMEJANZA. «Esperamos al Salvador (...) el cual transfigurará el cuerpo de nuestro estado de humillación, conformándolo al cuerpo de la gloria suya» (Fil. 3:20, 21). Debemos ser como Él ahora en el *espíritu interior*, conformado por el Espíritu Santo. Como Él en forma exterior, cuando los hijos de Dios sean manifestados (1 Jn. 3:1-3).
4. ESPERA CELEBRAR LAS BODAS CON ÉL. «Han llegado las bodas del Cordero, y su esposa se ha preparado» (Ap. 19:7). Justo ahora la Iglesia, como Rebeca, se encuentra de camino a través del desierto para encontrarse con el Hijo Amado del Padre, en cuyas manos todas las cosas han sido encomendadas, y casarse con Él (Gn. 24).
5. ESPERA REINAR CON ÉL. «Y reinarán con Él» (Ap. 20:6). «¿No sabéis que los santos han de juzgar al mundo?» (1 Co. 6:2). «Nos hiciste para nuestro Dios reyes y sacerdotes, y reinaremos sobre la tierra» (Ap. 5:10). ¡Qué gran llamamiento es éste! Y el que tiene esta esperanza en Él se purifica a sí mismo, así como Él es puro. Una esperanza que no avergüenza.

1.845. LA IMAGEN DE DIOS

Es interesante ver cómo la imagen de Dios se relaciona con cuatro importantes hombres en las Escrituras. Observemos:

I. La imagen de Dios creada en el Primer Hombre. «Fue hecho el primer Adán alma viviente» (1 Co. 15:45). «Creó Dios al hombre a su imagen» (Gn. 1:27). Él no reposó satisfecho hasta que se manifestó su propia semejanza. Éste era el gran objeto de la creación, reproducir la imagen de Aquel que había creado. El primer hombre llevaba la semejanza de Dios

1. EN SER UN ESPÍRITU. Su vida era algo aparte de la creación meramente animal. Dios había creado a los animales, pero no *sopló* en ellos el aliento de su propia vida, como hizo con el hombre. Sólo Adán podía *conocer* a Dios.
2. EN SER INMORTAL. La vida más profunda y real de Adán era independiente de lo externo y material. Al recibir el aliento de Dios vino a ser participante de lo divino.
3. EN SER INOCENTE. Aún no había caído en nada que fuera contrario o desagradable a Dios.
4. EN TENER SATISFACCIÓN. Entre el Santo Creador y su nueva semejanza creada había una perfecta armonía y mutuo contentamiento. Dios se veía a Sí mismo en el hombre, y el hombre se veía a sí mismo en Dios. Había un total contentamiento en la imagen de uno en el otro.
5. EN LA POSESIÓN DE AUTORIDAD. Adán era la corona de la creación, exaltado por encima de todo, rigiendo en el poder y la autoridad del Todopoderoso Hacedor de todas las cosas.

II. La imagen de Dios destruida en el viejo hombre. En Efesios 4:22 se nos dice: «Que... os despojéis del viejo hombre, que está viciado». Comparar el primer nuevo hombre Adán con este viejo hombre. ¡Qué cambio! ¿Dónde están la inocencia, la felicidad, y la armonía? El pecado lo ha envenenado y polucionado todo. Nada queda sino un espíritu inmortal enfrentado contra Dios. Este viejo hombre está tan absolutamente desmoronado que no hay esperanza para Él. Tenemos que despojarnos del *viejo hombre* con sus prácticas (Col. 3:9). ¿Dónde hemos de ponerlo? El único sitio adecuado para Él es la cruz. «Nuestro viejo hombre fue crucificado juntamente con Él» (Ro. 6:6). La ausencia de la imagen de Dios significa corrupción y muerte.

III. La imagen de Dios manifestada en el segundo hombre. «El segundo hombre, que es el Señor, es del cielo» (1 Co. 15:47). Como si todos los que están entre medio fueran indignos del Nombre. En Jesucristo, la imagen de Dios vuelve a aparecer en perfecta belleza. Él es el resplandor de la gloria del Padre, y *la imagen expresa* de su Persona (He. 1:3). Él es la imagen del Dios invisible (Col. 1:15). El hombre perdió la santa semejanza; sólo Dios podía restaurarla. Cuando vemos a Jesús y vemos al Padre, y vemos lo que el hombre hubiera debido y debiera ser, caminando en santidad y en una comunión humilde, gozosa e ininterrumpida con Dios. Cristo vino a buscar y a salvar lo que se había perdido. Por medio de su muerte, resurrección y el don del Espíritu Santo, Él *renueva*, restaura y regocija.

IV. La imagen de Dios restaurada en el nuevo hombre. «Y revestido del nuevo [hombre], el cual *conforme a la imagen del que lo creó* se va renovando hasta el conocimiento pleno» (Col. 3:10). Nos vestimos del Señor Jesucristo (Ro. 13:14), y somos *creados* en Cristo Jesús (Ef. :10). «De modo que si alguno está en Cristo, nueva criatura es» (2 Co. 5:17).

Obsérvese que esta obra de restauración solamente puede ser llevada a cabo por el Dios cuya imagen tiene que ser formada, y que se trata de *creación* y no una mera reforma. Los que intentan establecer su propia justicia nunca se establecerán en la semejanza de Dios. No se trata de la cantidad de actos o acciones, sino de una renovación del *espíritu de la mente* por medio del poder regenerador del Espíritu Santo: «Os es necesario nacer de nuevo» (Jn. 3:7). Que tu oración sea: «*Crea* en mí, oh Dios, un corazón limpio, y renueva un espíritu *recto dentro* de mí» (Sal. 51:10).

1.846. LA OBRA DEL ESPÍRITU

En estos estudios ya se han hecho bastantes observaciones acerca de la obra del Espíritu. Pero podríamos considerar sus varios aspectos de una manera más sistemática.
La obra del Espíritu en relación con la vida de Cristo se manifestó claramente, y debería reconocerse con la misma claridad en la vida de cada cristiano. Con respecto a su encarnación, se dice que «el *poder* del Altísimo te cubrirá con su sombra» (Lc. 1:35), y que «lo engendrado en ella es del Espíritu Santo» (Mt. 1:20). A su bautismo, el Espíritu Santo descendió sobre Él. Aquí tenemos tanto la *concepción* como la unción, ambas cosas muy distintas. Luego fue *conducido* por el Espíritu al *desierto*, y *volvió* en el poder del Espíritu (Lc. 4:1-14). La tentación secreta precede siempre a la venida en poder. Luego Él predicó en el Espíritu, y sus oyentes se quedaron atónitos ante sus palabras llenas de gracia (Lc. 4:18-32). Echó fuera a demonios por el Espíritu (Mt. 12:28), y al final se ofreció a Sí mismo por medio del Espíritu eterno (He. 9:14). Por medio de diferentes pasajes de la Escritura aprendemos algo de los aspectos activos de su obra. El Espíritu Santo:

I. Contiende. «No contenderá mi Espíritu con el hombre para siempre» (Gn. 6:3). Esta contención implica, evidentemente, que el hombre está, por su misma naturaleza, *opuesto* al Espíritu de Dios. «Porque mis pensamientos no son vuestros pensamientos, ni vuestros caminos mis caminos» (cp. Is. 55:8). El Espíritu contiende debido a que se le resiste, de la manera en que Jacob resistió al ángel en el torrente de Jaboc, y puede tener una resistencia absoluta, como en los días de Noé.

II. Redarguye. «Redargüirá al mundo de pecado» (Jn. 14:8). El acto de *redargüir* es el primer objetivo de su contención. Su obra es sensibilizar al pecador acerca de su culpa. Esto es precisamente lo que el pecador no quiere saber, sino que preferiría ocultar. Lo que el Espíritu busca es convencer el corazón y la conciencia de la verdad con respecto a nuestro estado a la vista de Dios.

III. Vivifica. «El Espíritu es el que da vida» (Jn. 6:63). «El que no nace... del Espíritu» (Jn. 3:5 6). Aunque un hombre sea hecho profundamente consciente de su estado de culpabilidad, sigue siendo tan impotente como el niño no nato, o como el muerto en su sepulcro. Pero el Espíritu es prometido a los que lo pidan (Lc. 11; 13). El toque de vida proviene de Él. Él es el que da vida al adormecido espíritu del hombre, de modo que lo despierta, afirma su poder, y rige al hombre. Se convierte en «nueva creación» (2 Co. 5:17).

IV. Sella. «*Habiendo creído*, fuisteis sellados también en Él con el Espíritu Santo» (Ef. 1:13). «No contristéis al Espíritu Santo con que fuisteis sellados» (4:30). El compromiso se cierra en el momento en que confiamos en Cristo, y luego es puesto encima el sello de *propiedad* sobre nosotros como pertenencia suya. No sois vuestros, habéis sido comprados; por tanto, glorificad a Dios.

V. Revela. 1) El amor de Dios derramándolo en nuestro corazón (Ro. 5:5). 2) Las cosas de Cristo (Jn. 16:14). 3) Lo que Dios ha preparado (1 Co. 2:10). 4) El camino a la verdad (Jn. 16:13). 5) El valle de la necesidad (Ez. 37:1). Únicamente Él puede hacernos ver la muerte espiritual existente. 6) El Salvador sufriente (Zac. 12:10). 7) El camino del servicio (Hch. 8:29).

VI. Testifica. «El Espíritu mismo da testimonio juntamente a nuestro espíritu» (Ro. 8:16). Nuestro espíritu *vivificado* testifica que somos hijos de Dios, y el Espíritu de Dios corrobora este testimonio. Somos testigos de estas cosas. Y también el Espíritu Santo (Hch. 5:32). Éste es testigo que no puede mentir: «El testigo verdadero libra las almas» (Pr. 14:25).

VII. Intercede. «Dios envió a vuestros corazones el Espíritu de su Hijo, *el cual clama: ¡Abbá*, Padre!» (Gá. 4:6). El Espíritu nos ayuda también en nuestras debilidades y hace intercesión por nosotros (Ro. 8:26, 27). La esfera de su abogacía es *dentro* del alma del hombre. El Espíritu de oración es poco comprendido. Contrastemos los «gemidos indecibles» del Espíritu Santo con las frívolas oraciones de muchos. No es para asombrarse que nuestras peticiones sean contestadas tan infrecuentemente cuando se da tan poco oído a los gemidos del Espíritu. Las oraciones del Espíritu Santo son como «Dios ascendiendo con un clamor».

VIII. Llama. «Dijo el Espíritu santo: Apartadme a Bernabé y a Saulo para la obra a que *los he llamado*» (Hch. 13:2). «Llamados por Dios», como lo fue Aarón, es cierto de todo verdadero siervo de Dios. Separadme, dijo el Espíritu Santo, como para enseñarnos que solo quienes han sido enteramente apartados y consagrados a Él pueden ser por Él empleados. Obrero cristiano, piensa en esta importante verdad.

IX. Ordena. «Mirad por *vosotros*, y por todo el *rebaño* en que el Espíritu Santo os ha puesto por supervisores» (Hch. 20:28). Cada hombre es ordenado supervisor sobre sí mismo por el Espíritu Santo, pero los que intentan *apacentar* el rebaño sin haber sido ordenados para ello por el Espíritu Santo serán sólo nubes sin agua. Ésta es la ordenación que glorificará a Dios con producción de fruto (Jn. 15:16).

X. Comisiona. «Ahora me envió Jehová el Señor, y su Espíritu» (Is. 48:16). «Ellos, entonces, *enviados* por el Espíritu Santo, descendieron» (Hch. 13:4). El Espíritu Santo es el Señor de la mies. Orad a Él que envíe obreros (Mt. 9:38). Porque cuando Él los envía hay seguridad de la recolección de una cosecha, porque los tales son «ministros capacitados» (2 Co. 3:6; véase 1 Co. 12:11).

XI. Invita. «El Espíritu dice: Ven» (Ap. 22:17). En esto el Espíritu y la «Esposa» participan juntamente. Se unen en invitar a la «Estrella resplandeciente de la mañana». *Ahora* es de noche. Pero la noche está avanzada, el *día* se acerca. Y así el Espíritu obra, y espera, y anhela con nosotros en este mundo de tinieblas hasta que venga Jesús, y las sombras se desvanezcan.

XII. Conduce. «Pero si sois guiados por el Espíritu, no estáis bajo la ley» (Gá. 5:18). «Porque todos los que son guiados por el Espíritu de Dios, éstos son hijos de Dios» (Ro. 8:14). Jesús fue conducido por el Espíritu al desierto (Lc. 4:1). Ésta fue en sí misma una prueba de la *Filiación* de Cristo. Aquellos que se encuentran bajo la ley, por muy fervientes que sean y activos en obras religiosas, no son guiados por el Espíritu. Todos los hijos de Dios deben ser guiados por el Espíritu. «Él te guiará.»

XIII. Consuela. «[El Padre] os dará otro Consolador, ... el Espíritu de la verdad» (Jn. 14:16). «Entonces las iglesias tenían paz... fortalecidas por la consolación del Espíritu Santo» (Hch. 9:31). Aquel que mora con nosotros *para siempre* (Jn. 14:16) sabe como nadie más la naturaleza de nuestros problemas; la verdadera profundidad de nuestra necesidad, el consuelo concreto que necesitamos, y el mejor tiempo y manera de administrar el socorro y aplicar las cosas de Cristo. Eliezer alentó a Rebeca con las cosas de Isaac: «Y sacó el criado vasos de plata y alhajas de oro, y vestidos, y dio a Rebeca» (Gn. 24:53).

XIV. Vence. «Cuando viniere el adversario, cual avenida de aguas, el Espíritu de Jehová levantará bandera contra él» (Is. 59:19, V.M.). «No con la fuerza, ni con el poder, sino solo con mi Espíritu, dice Jehová de los ejércitos» (Zac. 4:6). «En nosotros no hay fuerza..., y a ti volvemos nuestros ojos» (2 Cr. 20:12). Es cuando la oposición bate como avenida de aguas que somos susceptibles a buscar recursos en nuestra fuerza, o a ceder desalentados. Es entonces el momento de *confiar*, de fijar la mirada en el *Vencedor*.

1.847. LA PALABRA «HASTA LO ÚLTIMO» EN DOCTRINA Y PRÁCTICA

La palabra «hasta lo último» se encuentra en un buen número de lugares en el Libro Santo. Consideraremos algunas de estas ocasiones.

I. El «hasta el último» de la necesidad (Mt. 5:26). No hay escapatoria hasta que todo sea pagado: hasta el último cuarto. ¿Qué hay de las justas demandas de Dios? La Ley de Dios nos detiene. Nuestra condición es de gran peligro.

II. El «hasta lo último» de la salvación (He. 7:25). El Señor ha venido a suplir nuestra necesidad. Ha pagado hasta el último cuarto de todas las justas demandas de la Divina Justicia sobre nosotros. Su salvación es hasta lo último, alcanzando a lo más hondo de la cloaca, y elevándonos a lugares Celestiales en Cristo Jesús.

III. El «hasta lo último» del testimonio (Hch. 1:8). Después de haber recibido su maravillosa salvación, seguida de la plenitud de su Espíritu Santo, viene el testimonio, hasta lo último de la tierra.

IV. El «hasta lo último» de las oraciones (Sal. 2:8). Aquí tenemos el desafío de Dios para nuestras oraciones «hasta lo último [hasta los confines] de la tierra».

V. El «hasta lo último» del éxito (Mt. 12:42). Podemos tener tanto éxito en la oración y en el servicio que los pecadores puedan acudir a Uno mayor que Salomón incluso desde los confines de la tierra.

1.848. LA PERSONALIDAD DEL ESPÍRITU

El nombre «Espíritu Santo» aparece en el Nuevo Testamento en noventa y tres ocasiones. Solamente en el libro de los Hechos se cita más de cincuenta veces; y en el capítulo 8 de Romanos hay diecisiete menciones. Estos hechos demuestran con claridad que Él ocupa un lugar conspicuo en la presente dispensación, que es en verdad la dispensación de «el ministerio del Espíritu» (2 Co. 3:8). En los Evangelios vemos el ministerio de Jesús; en Hechos, vemos el ministerio del Espíritu Santo. ¿Recibe Él aquel mismo destacado reconocimiento en los actos de la Iglesia en la actualidad? ¡Cuánto oímos de «obra de la iglesia», de «obra evangelística», de «obra misionera», etc., pero cuán poco de «la obra del Espíritu»! Su Nombre revela su verdadera relación con el hombre redimido. En el nombre del Padre vemos al progenitor del que nos hemos alejado. En el nombre de Jesús vemos al Salvador mediante el cual somos reconciliados. En el nombre del Espíritu Santo vemos la atmósfera en la que nuestros espíritus deben vivir, y moverse, y tener su ser (Hch. 17:28). Él, como el aire que respiramos, entra en un continuo e indispensable contacto con nuestro hombre interior, supliendo nuestras almas con la vida y el espíritu que estaban en Cristo Jesús (Ez. 37:5-10). El nombre «Espíritu Santo» conlleva la idea de un aliento santo, en movimiento, vitalizador. En Pentecostés este poderoso aliento vino como un viento recio, introduciendo la vigorizante atmósfera para el alma de la misma «presencia de Dios» en y alrededor de los discípulos que esperaban (Hch. 2:1-4).

Él viene asimismo como el fragante olor de algún hermoso y fructífero jardín, que nos hace sentir la *realidad* de mucho de lo que aún no se ve; y así mediante la esperanza, dando satisfacción a cada sentido espiritual de la nueva naturaleza, y dando días del cielo sobre la tierra. Bajo esta luz, la bendición apostólica (2 Co. 13:14) está llena de un bendito significado.

I. La gracia de nuestro Señor Jesucristo: «Humillación y muerte».

II. El amor de Dios: «Justificación y vida».

III. La comunión del Espíritu Santo: «Asimilación y comunión».

IV. Sea con **todos vosotros**: «Privilegio y responsabilidad».

La *semejanza*, así, es indispensable para la comunión. ¿Qué comunión tiene la luz con las tinieblas, o Cristo con Belial? Ninguna. Porque no la hay. Pero mediante el Espíritu santo somos hechos semejantes al Padre, porque somos cambiados a la misma imagen por el Espíritu de Dios (2 Co. 3:18). Y así, nuestra comunión es con el Padre y con su Hijo Jesucristo (1 Jn. 1:3). La presencia del Espíritu Santo es por ello tan necesaria para nuestra vida espiritual como lo es el aire para nuestra vida física. Sin esto no podemos regocijarnos más en el el amor de Dios que lo que podríamos gozarnos del calor del sol sin el medio de la atmósfera.

Y ahora, unas palabras acerca de su personalidad. Se cree generalmente que el Espíritu santo es una persona, pero se actúa muy imperfectamente en base de esta creencia. El frecuente empleo del pronombre personal cuando se hace referencia a Él implica con claridad que Él es una persona (Jn. 16:13, 14). Y a través de toda la Escritura se le atribuyen actos y atributos que no podrían ser predicados por ninguna mera influencia o emanación (Hch. 5:3). Y por muy insondable que sea el misterio, permanece el hecho de que este ser poderoso y santo, cuya presencia es como un aliento impulsor del alma, es una Persona. Y esta Persona se llama DIOS (Hch. 5:3, 4). Su individualidad debería ser tan claramente reconocida como la del Padre y la del Hijo. El diablo sabe que en tanto que esta verdad sea olvidada y descuidada, el reino de Cristo progresará sólo lentamente, por cuanto es el Espíritu Santo el agente directo entre Cristo y las almas pecadoras de los hombres. Como Persona, así, ¿qué tipo de trato está recibiendo de parte de los hombres? (Hch. 7:51-53).

1.849. LA PLENITUD DEL ESPÍRITU

David oró: «No retires de mí tu santo Espíritu» (Sal. 51:11). Todos los que, como David, desean vivir del todo para Dios, encuentran que es una necesidad indispensable la continuada plenitud del Espíritu. Sin tal cosa, incluso un Sansón es débil como los otros hombres. Es el propósito de Cristo no solo darnos el Espíritu, sino que Él *permanezca* con nosotros para siempre (Jn. 14:16). En los textos que hablan de su plenitud, se emplean varias y sugerentes imágenes.

I. Como comisionado en una casa. «Si alguno no tiene el Espíritu de Cristo, el tal no es de Él» (Ro. 8:9). Allí donde el Señor sea rechazado, no habitará el comisionado. El Espíritu toma posesión del corazón para Cristo, de manera que Cristo mora en nuestros corazones por su Espíritu. El Espíritu ocupa la morada hasta que Él venga. Y cada casa (corazón) así ocupada es ocupada *del todo* para Cristo. Él debe tener la llave de cada puerta. Debe tener el empleo de todo el mobiliario. El mundo no le conoce, mas vosotros le conocéis, porque Él mora con vosotros, y estará en vosotros (Jn. 14:17).

II. Como un manantial en un pozo. «El agua que Yo le daré se convertirá *dentro* de él en una fuente de agua que salte para vida eterna» (Jn. 4:14). El corazón del hombre es por naturaleza como un pozo lleno de corrupción. La limpieza tiene que preceder necesariamente a la utilidad. Este manantial vivo dentro llena y da satisfacción a todo el ser. El pozo es hondo, porque el manantial está en Dios (Sal. 87:7).

III. Como un río en una fuente. «De su interior correrán ríos de agua viva. Esto dijo del Espíritu» (Jn. 7:38, 39). La bendición no se limita al pozo, sino que rebosa como refrescantes corrientes. El Espíritu que habita en nosotros debe ser como una fuente disponible para otros. Pero la corriente que salga sólo será en proporción al brotar dentro. «Sube, oh pozo» (Nm. 21:17).

IV. Como la savia en el árbol. «Vivificará también vuestros cuerpos mortales por medio de su Espíritu que habita en vosotros» (Ro. 8:11). Es la subida de la vital savia lo que vivifica al árbol aparentemente muerto e inútil dándole vida y belleza, haciéndolo corpulento y floreciente. Así vitaliza el Espíritu Santo a todo el hombre. Los cuerpos mortales de Moisés y de Esteban fueron vivificados cuando sus rostros resplandecieron. Muchos de los santos de Dios son testigos vivientes de la prueba de ello como una experiencia presente, y como anticipada degustación de la gloria de la resurrección. «Se llenan de savia los árboles de Jehová» (Sal. 104:16; véase Jn. 15).

V. Como las aguas en la mar. «Sed llenos del Espíritu» (Ef. 5:18). El Espíritu Santo debe llenar todo nuestro ser como las aguas llenan la mar. Entrando y llenando cada grieta, inundando cada golfo y abismo, limpiando lo sucio, y cubriendo todo lo inconveniente, y quiera así Él fluir sobre todo detalle de nuestra vida. Y así como en la mar hay suficiente espacio para el ejercicio de todo ser viviente, así *en el Espíritu* hay amplio campo para todas las capacidades humanas.

VI. Como la fortaleza en el cuerpo. «Yo estoy lleno del poder del Espíritu de Jehová» (Mi. 3:8). Un hombre fuerte no se quita y pone su fortaleza según convenga a la ocasión. Lo lleva con él y en él. Sencillamente, lo emplea, y cada parte de su cuerpo está llena de él. Está literalmente lleno de poder. Es el vapor que funciona en la máquina el querer y hacer. «Es *Dios* que *obra en vosotros*». Un hombre, no importa lo poderoso que pueda ser intelectual o moralmente, si no tiene el «poder del Espíritu» es, espiritualmente, solo un inerte cadáver.

VII. Como la gloria en el templo. «¿No sabéis que sois santuario de Dios, y que el Espíritu de Dios mora en vosotros?» (1 Co. 3:16). «Vuestro cuerpo es santuario del Espíritu Santo» (1 Co. 6; 19). La gloria en el templo era como el tesoro en el vaso de barro. Antes que llegara la gloria, Salomón era todo, pero después no fue nada. La presencia de la gloria era el símbolo de la *habitación* y *ocupación* divina. Y así el edificio vino a ser «El Templo de Dios». De la misma manera sois vosotros el templo de Dios, poseído y ocupado para la gloria de su nombre. ¿Qué concordancia tiene el templo de Dios con los ídolos? Cuídate de contaminar este templo, «porque el santuario de Dios, el cual sois vosotros, es sagrado» (1 Co. 3:17).

1.850. LA RECEPCIÓN DEL ESPÍRITU

El don del Espíritu es tanto una promesa de Cristo como lo es la salvación (Jn. 15:26), y debería ser igual de definidamente gozada. Recibimos la adopción de hijos (Gá. 4:5) al recibir a Cristo, y creyendo que Él nos ha dado el derecho de venir a ser hechos hijos conforme a su promesa (Jn. 1:12), y de la misma manera Él nos ha dado el derecho a recibir el Espíritu Santo, y a venir a ser hijos dotados con poder. Observemos varias condiciones indicadas en la Escritura en base de las que el Espíritu Santo es dado y recibido:

I. Condición del perdón. «Arrepentíos y bautícese cada uno de vosotros… para perdón de pecados, y recibiréis el don del Espíritu Santo» (Hch. 2:38). El Espíritu puede ser recibido sin haberse bautizado (Hch. 10:47), pero no sin ser perdonado. Esta Santa Paloma no puede morar entre aves inmundas. El primer trato de Cristo con el templo fue purificarlo (Mt. 21:12); y el primer trato del Espíritu con el pecador es convencerlo de pecado (Jn. 16:8).

II. Condición de filiación. «Por cuanto sois hijos, Dios envió a vuestros corazones el Espíritu de su Hijo» (Gá. 4:6). ¿A qué se debe este *«por cuanto»*? Cada hijo debería asemejarse a su padre. Por ello Él envió a su Espíritu para que pudieran ser cambiados a su imagen (2 Co. 3:18). Una cosa es afirmar la *relación*, y otra muy distinta afirmar la *semejanza*. Y sin embargo la semejanza es solo la prueba externa de la relación.

III. Condición de necesidad sentida. Yo derramaré agua sobre el *sequedal*, y ríos sobre la tierra *árida* (Is. 44:3). Él da vigor al cansado (Is. 40:29). Sobre aquellos que buscan al Espíritu Santo como hombres muriendo de sed derramará Dios su Espíritu como torrente. Pero los que pueden vivir sin Él es probable que no lo reciban.

IV. Condición de fe. Esto dijo Él del Espíritu, que habían de recibir los que *creyeran* en Él (Jn. 7:39). En Gálatas 3:13, 14 tenemos: 1) *La declaración de un hecho*: «Cristo nos redimió». 2) *La declaración de un propósito*: «A fin de que *por medio de la fe* recibiésemos la promesa del Espíritu». ¡Qué extraño que el *hecho* sea tan generalmente creído, mientras que el *propósito* es casi totalmente ignorado.

V. Condición de obediencia. «El Espíritu Santo, el cual ha dado Dios a los que le obedecen» (Hch. 5:32). Según la medida de nuestra buena disposición y prontitud a hacer la voluntad de Dios, podemos esperar la ayuda del Espíritu Santo. En la cuestión de la *voluntad*, cada hijo debería poder ser capaz de decir: «Yo y mi padre somos uno». Si no es así, hay desobediencia en el corazón.

VI. Condición de espera. «Vosotros quedaos... hasta que seáis revestidos de poder desde lo alto» (Lc. 24:49). *Esperad* la promesa del Padre (Hch. 1:4). Los discípulos esperaron, y llegó la plenitud. Hay algunos que parecen leer este pasaje como «*Obrad* por la promesa del Padre». Tienen miedo de *esperar*, no sea que todo vaya mal, como si Dios no pudiera pasarse sin su bulliciosa agitación.

VII. Condición de oración. «Vuestro Padre celestial dará el Espíritu Santo a los que se lo *pidan*» (Lc. 11:13). Fue mientras Jesús *oraba* que se abrió el cielo y descendió el Espíritu Santo (Lc. 3:21). Fue cuando los discípulos *hubieron orado* que fueron todos llenos del Espíritu Santo (Hch. 4:31). Fue cuando Salomón acabó de orar que el fuego y la gloria *llenaron* la casa (2 Cr. 7:1).

1.851. LA RELACIÓN DEL CRISTIANO

Como creyentes en el Señor Jesucristo estamos relacionados:

1. Con el Padre como HIJOS, Juan 20:17; Mateo 6:9; Romanos 9:26
2. Con el Hijo como SIERVOS, Mateo 23:8-10; Juan 13:13
3. Con el Espíritu como TEMPLOS y como CANALES, 1 Corintios 6:19-20; Juan 7:38
4. Con el Mundo como TESTIGOS, Hechos 1:8; Juan 17:18
5. Unos a otros como HERMANOS, Mateo 23:8; Hebreos 2:11

1.852. LA RELACIÓN DEL CRISTIANO CON EL MUNDO

Es importante observar que la palabra «mundo» en el NT no significa siempre «gente», como sucede en Juan 3:16 y 1 Juan 2:2, sino que frecuentemente significa «época» o «siglo», como cuando leemos de «el dios de este mundo (siglo)». «No os amoldéis a este mundo (siglo)»; «la siega es al fin del mundo (siglo)»; «el mundo venidero», lit., la era, o las eras, venideras.

I. Su carácter. Este mundo, así, es expuesto como gobernado por principios no acordes con la voluntad revelada de Dios; porque «el dios de este siglo ha cegado las mentes de los que no creen» (2 Co. 4:4). ¿Qué puede esperarse de una era que ha sido cegada por Satanás a las glorias del Cristo resucitado? «Sabemos que somos de Dios», dijo Juan, y que «el mundo entero está puesto en maldad» (1 Jn. 5:19). Cuando meditamos en el hecho de que «todo espíritu que *no confiesa* que Jesucristo es venido en la carne *no es de Dios*» (1 Jn. 4:3), sino que sabe al espíritu del Anticristo, bien podemos maravillarnos y adorar al Dios de Amor, que dio su Hijo para que muriera por un mundo como éste.

II. Cómo se manifiesta este carácter. Se expresa:

1. EN LA CONCUPISCENCIA DE LA CARNE. Los que son según la carne –controlados por su naturaleza terrenal– piensan las cosas de la carne (Ro. 8:5), las cosas que pueden toca, gustar y de las que jactarse. La *concupiscencia* de la carne es el antagonista del Espíritu Santo (Gá. 5:24).
2. EN LA CONCUPISCENCIA DE LOS OJOS. Anhelando las cosas que ministran a la vista y al deseo de la mente. Esto se ve en el amor a la moda y en la ambición de poseer.
3. EN LA SOBERBIA DE LA VIDA. En la concupiscencia de la carne hay el brote; en la concupiscencia de los ojos, la flor, y en la soberbia de la vida tenemos el fruto maduro de la vanidad y de la autosatisfacción. Enajenados de la vida de Dios, tales cosas *no son del Padre*, sino del mundo (1 Jn. 2:16).

III. Cuál es nuestra relación con este mundo.

1. LIBERTADOS DE ÉL. Él «se dio a Sí mismo por nuestros pecados para librarnos del presente siglo malo» (Gá. 1:4). Redimidos de *nuestros pecados*, se ha roto el lazo de la conexión con este siglo malo, y se ha formado un nuevo centro de atracción. Le *amamos* porque Él nos amó primero. «¿Quién es el que vence al mundo, sino el que cree que Jesús es el Hijo de Dios?» (1 Jn. 5:5).
2. CRUCIFICADOS A ÉL. «Jamás acontezca que yo me gloríe, sino en la cruz de nuestro Señor Jesucristo, por la cual el mundo está crucificado para mí, y yo para el mundo» (Gá. 6:14). Aquí tenemos una doble crucifixión. «Nuestro viejo hombre fue crucificado juntamente con él, para que *el cuerpo del pecado* sea reducido a la impotencia» (Ro. 6:6), y cuando el cuerpo de pecado, que estaba sujeto al mundo, sirviéndole, queda reducido a la impotencia, entonces el mundo es también como muerto para nosotros.
3. DESCONOCIDOS PARA ÉL. «Mirad que amor tan sublime nos ha dado el Padre, para que seamos llamados hijos de Dios; *por esto el mundo no nos conoce*, porque no le conoció a Él» (1 Jn. 3:1). La piedad separa del mundo y es extraña a él. «El mundo amaría *lo suyo*, pero porque no sois del mundo, sino que os elegí del mundo, *por esto* el mundo os aborrece» (Jn. 15:19). Jesús venía a decir: «No os asombréis si el mundo os *aborrece*, porque me aborreció a mí». «No os adaptéis a las formas de este mundo» (Ro. 12:2).
4. TESTIFICANDO A ÉL. «No ruego que los quites del mundo, sino que los *guardes del mal*... . Como tú me enviaste al mundo, así yo *los he enviado al mundo*» (Jn. 17:15, 18). Los creyentes son *llamados fuera* del mundo a la comunión con Él, luego dotados de su Espíritu, y *enviados a este mismo mundo* como testigos de Él y de su Evangelio salvador (Jn. 20:21). Ahora, así, somos «*embajadores* en nombre de Cristo, como si Dios exhortase por medio de nosotros; os rogamos *en nombre de Cristo:* Reconciliaos con Dios» (2 Co. 5:20).
5. VENCEDORES SOBRE ÉL. Porque «*mayor* es el que está en vosotros, que el que está en el mundo» (1 Jn. 4:4). El que está en el mundo es *grande*. Tiene toda la sabiduría de un ángel caído, todo el veneno de la serpiente, toda la ferocidad del dragón, todos los recursos del infierno, toda la impureza y susceptibilidad al engaño de una humanidad caída a su favor. Pero *mayor* es el que está *en vosotros*, el Espíritu Poderoso de Dios y del victorioso Cristo está con vosotros. «He aquí que yo estoy con vosotros todos los días, hasta el fin del mundo». Ésta es la victoria que vence al mundo, nuestra fe (1 Jn. 5:4). «Gracias sean dadas a Dios, que nos da la victoria, por medio de nuestro Señor Jesucristo» (Ro. 8:37).

1.853. LA REMISIÓN DE PECADOS

LA MUERTE DE CRISTO POSIBILITA LA REMISIÓN DE LOS PECAOS

En la última cena dijo nuestro amado Señor: «Porque esto es mi sangre del nuevo pacto, que va a ser derramada por muchos, para remisión de los pecados» (Mt. 26:28), y en la carta a los Hebreos el Apóstol escribe: «Sin derramamiento de sangre no hay remisión» (He. 9:22). La remisión es ciertamente uno de los grandes temas de la Biblia.

En los solemnes y peligrosos tiempos de los Covenantistas, una muchacha de las Highlands escocesas iba de camino a una reunión ilegal, cuando una partida de tropas de Claverhouse la sorprendió.

–«¿A dónde vas, bonita?», preguntó el capitán de la tropa.

Confesar su destino habría significado la muerte inmediata:

–«Oh, mi hermano ha muerto», respondió ella con presteza, «y voy a oír la lectura de su testamento y a reclamar mi parte».

–«Buena suerte», le contestó el oficial, mientras se apartaba para dejarla proseguir su camino.

Y ella tenía toda la razón. Aquel que «no se avergüenza de llamarnos hermanos» (He. 2:11) ha muerto. ¿No es acaso la Biblia el Testamento? ¿Por qué reclamamos nuestra parte, cada vez que lo leemos? Seríamos más ricos los cristianos si lo hiciésemos.

Ahora bien, en un Testamento que nos atañe, cada palabra es estudiada con cuidado. ¿Por qué no le damos más atención a las palabras de la Biblia, una por una? Solo si lo hacemos así conseguiremos saber de las riquezas de nuestra herencia, y podremos ser capacitados por la maravillosa gracia para apropiarnos y gozar de todos los frutos de su muerte.

REMISIÓN es traducción de la palabra griega *Aphesis*. Sólo que es curioso ver que *Aphesis* no se traduce siempre así. Sí, es más que curioso, porque es realmente un hecho importante, y en observarlo debidamente hay grandes riquezas. Esta misma palabra griega se traduce en la RVR solo tres veces como *remisión* (Mt. 26:28; He. 9:22; 10:18); doce veces como *perdón*, y dos como *libertad*.

Tomemos un diccionario castellano normal, y nos sorprenderemos de encontrar una variedad de significados asignados a esta palabra, todos ellos significativos. Es una palabra empleada por el comerciante, como remesa, pago de bienes; por un Tribunal de Justicia, eximir a alguien de una pena o de una multa; por un Soberano, denotando el perdón de una culpa y la anulación de la pena; por un médico, significando el abatimiento o mitigación de una fiebre; por un Emancipador o Restaurador, significando manumitir o liberar. Uniendo todos estos significados, obtenemos un maravilloso entendimiento del profundo, del hondo significado de la Remisión. Observemos:

I. El fundamento y la base de la Remisión.

Cuando un cliente envía por correo un pedido de unos ciertos artículos, generalmente *remite* con el pedido una *remesa* en forma de un cheque u Orden de Pago. El precio de la Remisión del pecado fue la Sangre de Cristo. Cuando Él derramó su vida en la Cruz hizo posible la Remisión de nuestros pecados. De hecho, la Sangre posibilitó cada una de las bendiciones que se encuentra en el Inventario Divino. Cada bendición de la que gozamos nos viene teñida de sangre. Aparte de la preciosa Sangre, no hay esperanza ni bendición. A continuación, observemos:

II. La soberanía y grandeza de la Remisión.

¿En qué difieren la remisión, el perdón y la justificación? Tenemos en ello tres aspectos de la verdad divina y tres perspectivas de nuestro Dios. En la remisión, tenemos a Dios actuando como Soberano; en el perdón, lo tenemos actuando como Padre; en la justificación, tenemos a Dios dictaminando como Juez.
Hablando estrictamente, una persona convertida y renacida no debería pedir a Dios remisión como Juez, sino perdón como Padre. Por otra parte, un pecador irregenerado no tiene derecho a pedir de Dios un perdón paterno, sino que es llamado a recibir la remisión judicial. El orden correcto es primeramente la remisión, seguida de cerca, de inmediato, por la justificación. Luego, como hijos de Dios, necesitamos cada día su gracia del perdón. Mezclamos estas misericordias en nuestras oraciones, y el Señor, en su gracia, predomina. La remisión ciertamente incluye el *perdón.*

Cuando los misioneros moravos fueron al principio a los esquimales, no encontraron en su lengua ninguna palabra denotando perdón, por lo que tuvieron que acuñar una, y es esta: *Issumagijoujungneinermik.* Es una palabra que intimida, y sin embargo tiene en su lengua un significado hermoso: «No-poder-pensar-más-acerca-de-ello». ¡Alabado sea el Señor! Observemos ahora:

III. La realidad y goce de la remisión.

En un Tribunal de Justicia, Remisión significa *exención* de una pena o de una multa. ¿No es esto acaso el resultado de su gracia amante y justificadora? Cierto, es así. Significa la bendita conciencia y pleno goce de la clemencia y justificación del Señor. No es sólo su voluntad que nosotros seamos tratados así, sino que seamos sabedores en el acto de estas magnas y benéficas transacciones. Es muy importante que aprendamos:

IV. La extensión y la significación de la remisión.
Remisión es un término de amplia y profunda significación. Significa, y desde luego se traduce como, *liberación* en Lucas 4:18. Esto significa mucho más que la liberación de la culpa y del castigo del pedo, aunque, desde luego, también lo engloba. Significa «liberación a los cautivos», y «a poner en libertad [otra traducción de la misma palabra] a todos los oprimidos» (Lc. 4:18). Nunca olvidemos que la Sangre de Cristo es:

«Del pecado el remedio doble:
Que de su culpa y poder nos salva».

¡Ahí lo tenemos, el doble remedio! Es su voluntad no solo que seamos perdonados y justificados, sino también liberados de la cárcel; no solo que en nuestros oídos resuenen dulces palabras de perdón, sino que caigan las cadenas de nuestras manos y pies, y que tengamos plena libertad.
Hay una plena y bendita liberación y libertad de todos los malos hábitos, de todos los deseos pecaminosos, de toda cosa mala. Una maravillosa libertad es nuestra herencia comprada con Sangre. Líbrate de la vieja idea pecaminosa de que la única manera de ser guardado en humildad es caer frecuentemente en pecado. La rama del fruto que más se dobla hacia abajo es la que lleva más fruto. Si nos rendimos totalmente a Él, y a su Santo Espíritu, Él llenará nuestras vidas a rebosar con el fruto de justicia, y el fruto del espíritu madurará y se multiplicará en nosotros.
Remisión significa también *curación y enriquecimiento.* Hemos observado que REMISIÓN es un término clínico empleado del abatimiento de una fiebre. Nuestro Médico celestial no solo perdona y justifica, sino que también santifica. No solo ha llevado a cabo una gran obra en nuestro favor, sino que comienza y prosigue una buena obra dentro de nosotros. Él puede remediar la enfebrecida condición que produce el arraigado pecado.
Remisión se emplea de *reinstauración* o de enriquecimiento. Volvemos a ganar todo lo perdido en Adán, y ciertamente mucho más, en Cristo. Pero para gozarlo, hemos de apropiarnos de ello por la fe.
El doctor Guthrie describe en su autobiografía a un viejo feligrés de Airbirlot, «que murió como había vivido, una curiosa mezcla de benevolencia e insensatez». El abogado que redactó su testamento, después de transcribir que legaba quinientas libras a una persona, y mil libras a otra, y así, le interrumpió al fin:

–«Pero ¡un momento! ¡No creo que usted disponga de tanto dinero para dejar!»
–«No» replicó él, «lo sé tan bien como usted; es que quiero mostrarles mi buena voluntad».
En cambio, la «buena voluntad de Dios para con los hombres» es algo más que una pretensión de otorgar dones. Tenemos que determinar qué es lo que nos ha sido dejado, y entonces podemos reclamar nuestra parte en el Nombre de Aquel que derramó por nosotros su preciosa sangre.

1.854. LA SANGRE DE CRISTO

I. Su aspecto para con Dios.

1. La base de la EXPIACIÓN, Una Cubierta.	Levítico 17:11
2. La base de la REDENCIÓN, Un Precio.	1 Pedro 1:18, 19
3. La base de la PAZ, Una Compra.	Colosenses 1:20

II. Su aspecto para con el Hombre.

1. PERDÓN, Colosenses 1:14	
2. PURIFICACIÓN CONTINUA,	1 Juan 1:7
3. ALLEGAMIENTO,	Efesios 3:13
4. LIBERTAD,	Hebreos 10:19, 20
5. SANTIDAD,	Hebreos 13:12
6. SERVICIO,	Hebreos 9:14
7. VICTORIA,	Apocalipsis 12:11

1.855. LA SANTIFICACIÓN

I. La naturaleza de la misma

1. Es una purificación del pecado, Efesios 5:26
2. Es un apartarse para Dios, Levítico 20:24-26; Salmos 4:3

II. Su aplicación

1. Por Dios Padre, ... Judas 1
2. Por Dios el Hijo, ... Hebreos 13:12
3. Por Dios el Espíritu, ... 1 Pedro 1:2
4. Por la Palabra de Verdad, ... Juan 17:17-19
5. Por la voluntad del creyente, ... Levítico 20:7

1.856. LA MANERA Y FORMA DE SU APARICIÓN

Cuando Él venga a por su pueblo, ellos serán arrebatados para encontrarse con Él en el aire (1 Ts. 4:17), pero los que están en la tierra no lo verán. Cuando Él *aparezca* con sus santos, todo ojo le verá. Así como Él se *apareció* a sus discípulos después de su resurrección y se *manifestó,* así Él aparecerá la segunda vez y manifestará su gloria. Para exponer la verdad en orden, preguntemos:

I. ¿Cuál será la manera de su aparición? Será:

1. CIERTA. «Y si me voy... *vendré* otra vez» (Jn. 14:3). Su regreso, así, es tan cierto como su partida. «Si me voy, vendré.» No se trata de la venida de la muerte, sino de Él mismo. «El Señor *mismo* descenderá del cielo» (1 Ts. 4:16).
2. PERSONAL. «Este mismo Jesús... vendrá así, tal como le habéis visto ir al cielo» (Hch. 1:11). Una venida espiritual, o la venida del Espíritu Santo, no es «este mismo Jesús».
3. REPENTINA (Mal. 3:1-3). «Velad, ... no sea que venga de repente y os encuentre durmiendo» (Mr. 13:35, 36). Su venida será rápida como el relámpago (Mt. 24:27).
4. VISIBLE. «He aquí que viene con las nubes, y todo *ojo le verá»* (Ap. 1:7). «Veréis al Hijo del Hombre» (Mt. 26:64). ¡Qué espectáculo para esta era buscadora de placeres y que desecha a Cristo! «Y *todos los linajes* de la tierra harán lamentación sobre Él» (*cf.* Is. 2:19).
5. GLORIOSA. «La manifestación gloriosa de nuestro gran Dios y Salvador Jesucristo» (Tit. 2:13). Cuando vino por vez primera se humilló a Sí mismo, y vino a ser el «Varón de Dolores», pero cuando aparezca por segunda vez será con *«gran poder y gloria»* (Mr. 13:36). Su Nombre ha sido exaltado ya sobre todo nombre.
6. CON SUS SANTOS. «He aquí, vino el Señor con sus santas decenas de millares» (Jud. 14). «Cuando Cristo, vuestra vida, se manifieste, entonces *vosotros también seréis manifestados con él* en gloria (Col. 3:4). Para aquel entonces habremos sido hechos «se-

mejantes a Él» (1 Jn. 3:2). Éste es el fruto de la gracia. Bendito sea el Señor, que nos ha hecho partícipes de una tan sublime y santa vocación (Ef. 1; 16).
7. PARA ESTABLECER LA JUSTICIA. «Para... dejar *convictos* a todos los impíos de todas sus obras impías que han hecho impíamente, y de todas las cosas duras que los pecadores impíos hablaron contra Él» (Jud. 15). Él «*juzgará* al mundo con justicia, y a los pueblos con rectitud» (Sal. 98:9). «Florecerá en sus días la justicia, y muchedumbre de paz» (Sal. 72:7).

II. ¿Aparecerá antes o después del Milenio? Ésta es una cuestión discutida. Puede sernos de ayuda para ver la verdad considerar la *condición* del mundo cuando Él aparezca, tal como es descrita en las Escrituras.

1. LO QUE DICEN LOS PROFETAS (Dn. 12:1, 2). Aquel tiempo, Miguel, el *primer* príncipe, *se levantará* por el pueblo. Será *tiempo de angustia* como nunca fue desde que existen las naciones. Miguel representa ciertamente al Hijo de Dios, porque al levantarse Él, o aparecer, muchos se levantan de los muertos (Is. 60:1-3). Aquí se dice que el pueblo está en *tinieblas* cuando el Señor se levante en su gloria (Zac. 14:3, 4). En este último pasaje el Señor es representado como *luchando* contra las naciones, cuando sus pies se planten en el Monte de los Olivos. No hay Milenio presente aquí.
2. ¿QUÉ DICEN LOS EVANGELISTAS? «La cizaña y el trigo deben *crecer juntos* hasta la siega» (Mt. 13:30). Cuando venga el Señor de la viña, no encuentra que la justicia prevalece, porque «*a estos malvados* les dará un fin miserable» (Mt. 21:37-41). Cuando el Esposo llegó, cinco de las vírgenes no estaban preparadas para entrar, y quedaron fuera (Mt. 25:10-12). «Como fue en los días de Noé, *así también será* en los días del Hijo del Hombre» (Lc. 17:24-30). El mundo estaba en su *peor* estado, en vez del mejor, cuando vino el diluvio. Si las cosas han de ir mejorando (espiritualmente) hasta que Cristo venga, cuál es el significado de estas palabras del Señor, «Pero cuando venga el Hijo del Hombre, ¿hallará fe en la tierra?» (Lc. 18:8; 1 Ts. 5:3). Antes que el Hijo del Hombre venga con poder y gran gloria estarán «*desmayándose los hombres por el temor* y la expectación de las cosas que sobrevendrán en la tierra» (Lc. 21:25-28).
3. ¿QUÉ DICEN LOS OTROS APÓSTOLES? «Pero el Espíritu dice *claramente* que en los *últimos tiempos* algunos apostatarán de la fe» (1 Ti. 4:1, 2). ¿No es ésta una señal entre nosotros actualmente? «Nadie os engañe [ni doctores ni profesores] *en ninguna manera,* porque no vendrá [el día del Señor] sin que antes venga la *apostasía*» (2 Ts. 2:3; *cf.* 2 Ti. 3:1-5). Este apartamiento de la fe del Evangelio será el resultado de la influencia de «*los burladores*» que han de venir en los últimos días (2 P. 3:3). ¿Por qué deberíamos esperar que en estos últimos tiempos hayan de llegar *tiempos de paz,* cuando el Espíritu Santo dice *expresamente* que en los últimos días vendrán *tiempos difíciles*? (2 Ti. 3:1-5). No se trata del fracaso del Evangelio ni del poder del Espíritu Santo, sino de lo que es el propósito revelado de Dios. Tengamos cuidado que en cuanto a esta grande y preciosa verdad el Señor no pueda estarnos diciendo: «Mis pensamientos no son vuestros pensamientos» (Jud. 17, 18).

1.857. LOS RESULTADOS Y SEÑALES DE SU APARICIÓN

Tengamos en mente la diferencia entre su venida a por su pueblo y su venida *con* ellos.

I. Algunos de los resultados cuando Él venga A POR su pueblo. Habrá:

1. LA RESURRECCIÓN DE LOS MUERTOS EN CRISTO. «Los muertos en Cristo resucitarán *primero*» (1 Ts. 4:16). «Bienaventurado y santo el que tiene parte en la *primera* resurrección» (Ap. 20:6). Éste era el deseo de Pablo (Fil. 3:11). Es llamada la resurrección de los justos (Lc. 14:14) y de *vida* (Jn. 529).
2. LA TRANSFORMACIÓN DE LOS VIVOS. «No todos dormiremos (moriremos); pero todos seremos transformados (todos los que estemos vivos en su venida), en un instante, en un abrir y cerrar de ojos, a la final trompeta... Porque es menester que esto corruptible sea vestido de incorrupción, y esto mortal sea vestido de inmortalidad» (1 Co. 15:50-57). Entonces seremos «revestidos de aquella nuestra habitación *celestial*» (2 Co. 5:2). Enoc, al ser trasladado, no gustó la muerte (véase Mt. 16:28; Fil. 3:20, 21).
3. LA TRASLACIÓN DE TODOS LOS SANTOS. «Luego nosotros los que vivamos, los que hayamos quedado, seremos arrebatados *juntamente* con ellos (los resucitados de entre los muertos) en las nubes para salir al encuentro del Señor en el aire» (1 Ts. 4:16, 17). Éste será el cumplimiento de Juan 14:3.

II. Algunos de los resultados cuando aparezca CON su pueblo. Él:

1. MANIFESTARÁ A LOS SUYOS. «Cuando Cristo, nuestra vida, se manifieste, entonces vosotros también seréis manifestados *con Él* en gloria» (Col. 3:4). «Cuando Él se manifieste, seremos *semejantes a Él*» (1 Jn. 3:2). Los ocultos serán entonces revelados. El mundo verá entonces la bienaventuranza de ser cristiano.
2. TOMARÁ VENGANZA SOBRE LOS DESOBEDIENTES. «Cuando sea revelado el Señor Jesús desde el cielo... en llama de fuego, para dar retribución a los que no conocieron a Dios, *ni obedecen al evangelio*» (2 Ts. 1:7-9). Los poderosos ángeles mencionados en este pasaje son los «mensajeros de su poder». Ellos pueden ejecutar este terrible juicio sobre los endurecidos frente al Evangelio y sobre los incrédulos (Is. 2:19).
3. RESTAURARÁ A SU ANTIGUO PUEBLO. Cuando Él aparezca «mirarán a Mí, a quien traspasaron, y llorarán» (Zac. 12:10). Pero «en aquel tiempo habrá un manantial abierto *para la casa de David*, y para los *habitantes de Jerusalén*» (cap. 13:1), cuando «vendrá de Sión el Libertador, que apartará de Jacob la impiedad». «Así todo Israel será salvo (Ro. 11:25-29).
4. JUZGARÁ LAS NACIONES. Esto se enseña claramente en Mateo 25:31-46. La gran imagen del poder del mundo y del injusto gobierno queda rota en pedazos a la venida de la piedra, sobre la que las «manos» de los hombres no tienen control alguno (Dn. 2:31-35), y que «*llenará toda la tierra*» (Sal. 2:7-9; Ap. 19:11).
5. DESTRUIRÁ AL ANTICRISTO. Entonces será «revelado el hombre de pecado (como la luz del sol que se levanta lleva a las plantas venenosas a dar el fruto que revela su verdadero carácter), ... a quien el Señor matará con el espíritu de su boca» (2 Ts. 2:3-9; 1 Jn. 4:3).
6. REGIRÁ LAS NACIONES. «En sus días florecerán los justos, y habrá abundancia de paz hasta que no haya luna. Y dominará de mar a mar... Asimismo delante de Él se postrarán todos los reyes. ¡Todas las naciones le servirán!» (Sal. 72:7-11, V.M.). «Y Jehová será rey sobre toda la tierra» (Zac. 14:9). Las guerras cesarán y la paz vendrá a la tierra cuando Él venga, «suyo es el *derecho* de REINAR». Ven, Señor Jesús, ven pronto. Toda la creación está gimiendo por aquel Día (Ro. 8:22).
7. PREMIARÁ A LOS FIELES. En Lucas 19:11-27 encontramos un perfecto bosquejo o programa de estos eventos venideros, dado por el mismo Señor. *En su venida* sus siervos son recompensados según sus obras. Éste es ciertamente el juicio al que se refiere el apóstol en 2 Corintios 5:10. Las recompensas diferirán según la medida de fidelidad. «Pues una estrella se diferencia de otra en el resplandor. Así también en la resurrección de los muertos» (1 Co. 15:41).

III. Algunas de las señales de su aparición. La Escritura no nos enseña que el mundo vaya a convertirse antes que Él venga, pero hay ciertas señales que nos son dadas para indicar la inminencia de su regreso.

1. LA PREDICACIÓN DEL EVANGELIO A TODAS LAS NACIONES. «Será predicado este evangelio del reino en todo el mundo, *para testimonio a todas las naciones* (no seres humanos); y entonces vendrá el fin» (Mt. 24:14). Incluso pasando por alto el hecho de que esto fue realmente llevado a cabo en los tiempos de los apóstoles (Ro. 10:18; Col. 1:5, 6, 23), no podemos sino creer que está siendo llevado a cabo hoy día.
2. EL REBROTE DE LA HIGUERA. Es una inferencia natural y legítima que nuestro Señor hace referencia en esta parábola a la nación judía (Lc. 21:29-31). Que están mostrando señales de una nueva vida nacional, y que la visión de Ezequiel de los huesos está siendo cumplida ante nuestros ojos de una manera nunca antes aproximada, debe ser más o menos evidente para todos.
3. LOS PELIGROS DE LOS TIEMPOS. Somos advertidos de que «en los últimos días vendrán tiempos difíciles» (2 Ti. 3:1). Muchos se apartarán de la fe, habrá angustia en las naciones, y los corazones de los hombres se desmayarán de temor viendo las cosas que han de sobrevenir en la tierra» (*cf.* Lc. 21:25-28). Ésta no es la concepción de un pesimista, antes al contrario, es la de un creyente en Dios.
4. EL CLAMOR DE LOS AMIGOS DEL ESPOSO. «Y a la *medianoche* se oyó un *grito*: ¡Aquí viene el Esposo!» (Mt. 25:6). A medianoche llegó. «El *día* del Señor vendrá como *un ladrón en la noche*» (2 P. 3:10). Este clamor sigue siendo levantado en estos días: «*He aquí que Él viene*». No hay ningún tiempo fijado, pero el hecho de su inminente llegada está siendo proclamado por todo el mundo, aunque muchos no lo creen. La condición y el estado del mundo ha constreñido a muchos a «levantar sus cabezas», sabiendo que su redención se acerca (Lc. 21:28).

1.858. SU REINADO PERSONAL

Echemos a un lado los prejuicios y la incredulidad, y no tendremos dificultad alguna en comprender esta parte tan interesante de la revelación divina. El profeta Zacarías pone todo este asunto ante nosotros *ordenadamente*. El método de muchos es materializar lo que se refiere al pasado, y espiritualizar todo lo que se proyecta al futuro. En la profecía de Zacarías vemos:

1. EL ANUNCIO DEL NACIMIENTO DEL MESÍAS. «He aquí que vengo, y moraré en medio de ti» (2:10).
2. SU CARÁCTER PREDICHO. Como «el Renuevo, como Gobernante, y como Sacerdote sobre su trono» (6:12, 13).
3. LA MANERA DE SU APARICIÓN PUBLICA. «He aquí que tu rey viene a ti... cabalgando sobre un asno, sobre un pollino» (9:9, 10).
4. SU RECHAZO PREDICHO. «Mirarán a Mí, a quien *traspasaron*» (12:10).
5. SU SEGUNDA VENIDA. «Se posarán sus pies en aquel día sobre el monte de los Olivos (14:3, 4). Nótese que ello es *después* de haber sido traspasado y *herido* en la casa de sus amigos (los judíos) (13:6).
6. SU REINADO. «Y Jehová será rey sobre toda la tierra. En aquel día Jehová será *uno*, y *uno su nombre*» (14:9).
7. EL MILENIO. «En aquel día estará grabado sobre las campanillas de los caballos: SANTIDAD A JEHOVÁ» (14:20, 21). ¿Qué podría ser más sencillo que esto? El programa está completo, el orden en perfecta armonía con la enseñanza del Nuevo Testamento. Miremos entonces a

I. La condición regia de Jesús. En Isaías 9:6, 7 el «Niño *nacido* y el Hijo *dado*» debe tener el gobierno sobre sus hombros, y su reino ha de ser establecido no con gracia, sino «en *juicio* y en *justicia* desde ahora y para siempre» (Sal. 2:7, 9). El mensaje del ángel a María fue éste: «Éste será grande y... reinará sobre la casa de Jacob para siempre» (Lc. 1:32, 33). Nuestro Señor no está ahora en el trono de su padre David, reinando sobre la casa de Jacob, sino que está en el trono de su Padre en el cielo, como nuestro gran Sumo *Sacerdote*. Los magos, conducidos por Dios mientras estaban buscando a Jesús, preguntaban: «¿Dónde está el que ha nacido rey de los judíos?» «He aquí que tu rey viene a ti... cabalgando sobre un asno» (Zac. 9:9). Pilato le dijo a Él, mientras estaba en las *honduras* de su terrible humillación: «¿Luego, eres Tú rey?» (Jn. 18:37). Jesús no negó la verdad, sino que la reconoció abiertamente, diciendo: «Yo para esto he nacido, y para esto he venido al mundo» (Jn. 18:37). «ÉSTE ES JESÚS, REY DE LOS JUDÍOS» (Mt. 27:37).

II. La esfera de su reinado. «Será rey sobre *toda la tierra*» (Zac. 14:9). Desde la salida del sol hasta donde se pone (Mal. 1:11). «*Todos los confines de la tierra* verán la salvación de nuestro Dios» (Is. 52:10). Los reinos de *este mundo* vendrán a ser el reino de *nuestro Señor* y de *su* Cristo (el Cristo de Dios). Él juzgará entre las naciones (Is. 2:4). Todas las naciones serán benditas en Él, y *todas las naciones* «lo llamarán bienaventurado» (Sal. 72:17). «En el nombre de Jesús se doble toda rodilla de los que están en los cielos, en la tierra, y debajo de la tierra; y toda lengua confiese que *Jesucristo* es SEÑOR». Él regirá *las naciones* con vara de hierro como REY DE REYES Y SEÑOR DE SEÑORES (Ap. 19:15, 16). «Hasta que fuesen cumplidos *los mil años*» (Ap. 20:3).

III. La naturaleza de su reino. Se ha dicho que «a tal sacerdote, tal gente», por lo que será a tal rey, tal reino. El poder de este Rey será supremo, «Rey de reyes», por lo que el reino participará de todas las características del Rey. Habrá:

1. LIBERACIÓN DEL PODER DE SATANÁS. Será atado por mil años y echado al abismo (Ap. 20:2, 3). Entonces toda la tierra tendrá reposo y quietud (Is. 14:7). Entonces habrá llegado el momento del tormento para los espíritus inmundos (Mt. 8:28, 29).
2. ARMONÍA UNIVERSAL. «Toda la creación gime a una, y a una está con dolores de parto hasta ahora, ... esperando... la redención» (Ro. 8:22, 23). Entonces ya no se adiestrarán más para la guerra (Is. 2:4). «Morará el lobo con el cordero, ... porque la tierra será llena del conocimiento de Jehová, como las aguas cubren el mar» (Is. 11:1-9). Paz en la tierra y buena voluntad entre los hombres.
3. PROSPERIDAD PARA LOS RECTOS, y justo juicio a los pobres (Sal. 72:1-14). Cristo se manifestará como el Rey de justicia y el Rey de paz (He. 7:2; véase 2 P. 3:13).
4. UNA EXTENSIÓN DE LA VIDA HUMANA. «El más joven morirá de cien años» (Is. 65:20). No edificarán y otro habitará (Is. 65:18-25). «No dirá el morador: Estoy enfermo» (Is. 33:24).
5. SALVACIÓN PARA LOS GENTILES. Las naciones le serán dadas como herencia (Sal. 2:8). «Se acordarán y se volverán a Jehová todos los confines de la tierra, y todas las familias de las naciones adorarán delante de ti» (Is. 22:26). Todos los pueblos, naciones y lenguas le servirán (Dn. 7:13, 14; Sal. 82:8).
6. HONOR PARA LOS SANTOS. Ellos «reinarán *con Él* mil años» (Ap. 20:6). «Y nos ha constituido reyes y sacerdotes para el Dios y Padre suyo» (Ap. 1:6, V.M.). «Nos hiciste para nuestro Dios reyes y sacerdotes, y reinaremos sobre la tierra» (Ap. 5:10). ¿No sabéis que los santos *han de juzgar el mundo*» (1 Co. 6:2). A la Venida del Señor el siervo fiel recibió el *gobierno* sobre *diez* ciudades (Lc. 19:17). Estas notas podrían extenderse indefinidamente, pero citamos una promesa adicional del Señor resucitado a la Iglesia en Tiatira, y repetida en sustancia a la iglesia de Laodicea: «Al que vence y al que guarda mis obras hasta el fin, le daré autoridad sobre las naciones» (Ap. 2:26; 3:21). Habrá también:
7. GLORIA PARA EL SALVADOR. «Será *su nombre* para siempre», y «todas las naciones LO LLAMARAN bienaventurado» (Sal. 72:17), y «Toda la tierra sea llena de su gloria. AMÉN Y AMÉN» (Sal. 72:19).

1.859. LA SOBERBIA

I. Su origen.

1. El diablo (1 Ti. 3:6).
2. El mundo (1 Jn. 2:16).
3. El corazón (Mr. 7:21 y 23).

II. Su obra.

1. Satanás cayó por su soberbia (Is. 14:13, 14; Ez. 28:17).
2. Es una definición del pecado (Pr. 21:4).
3. Es, ¡ay!, parte de nuestra constitución personal (Ro. 1:30).

III. Su curso.

1. Engaña (Jer. 49:16).
2. Endurece y envilece (Dn. 5:20).

IV. Su remedio. Dios y su Salvación.

1.860. LAS COSAS NECESARIAS DE LA ESCRITURA

I. La Necesidad del pecador y de que el pecado sea quitado (Esd. 10:12 y Hch. 9:6).

II. La Necesidad tocante a la **Regeneración** (Jn. 3:7; Hch. 16:30 y 31).

III. La Necesidad de la **Propiciación** por el pecado (Jn. 3:7 y Hch. 4:12).

IV. La Necesidad de la **Adoración** (Jn. 4:24).

V. La Necesidad acerca de la **Fe** (He. 11:6).

VI. La Necesidad de **Recibir** y **Confesar** a Cristo (Lc. 19:5).

1.861. LAS PREGUNTAS DE DIOS. (I) EN RELACIÓN CON EL PECADO

Parece que desde el mismo principio era manera de actuar de Jehová introducir en las mentes de los hombres sus propios pensamientos por el método de hacerles preguntas. En casi cada gran crisis de la historia de su antiguo pueblo nos encontramos con alguna pregunta concreta. ¿Qué mejor método hay mejor calculado para hacer pensar a las personas? Éste fue también el método de Jesucristo, Dios manifestado en carne. Comenzó en el templo «haciéndoles preguntas», y durante todo su ministerio sus preguntas caían continuamente como ascuas ardientes sobre las cabezas de sus incrédulos seguidores, y a menudo con un notable efecto sobre sus propios amados discípulos. Cada pregunta hecha por Dios tiene la intención de detener la atención y dirigir los pensamientos de la mente humana hacia algún propósito muy concreto de su corazón. Así que detrás de cada pregunta parece haber una revelación. Las preguntas señaladas a continuación, hechas por el mismo Dios, se clasifican en tres secciones, bajo temáticas diferentes, y se pueden emplear como tantos diferentes bosquejos de estudio.

LAS PREGUNTAS DE DIOS EN RELACIÓN CON EL PECADO

I. «¿Dónde estás tú?» (Gn. 3:9). Una pregunta calculada para llevar a Adán a «considerar sus caminos». ¿Por qué se sentía turbado por la presencia de Dios? (Job 23:15). ¿Por qué lo condenaba su corazón? (1 Jn. 3:20).

II. «¿Quién te enseñó que estabas desnudo?» (Gn. 3:11). ¿Cómo es que tu inocencia, como «vestidura de gloria y hermosura», se ha desvanecido de repente y te ha dejado vestido sólo con tu propia vergüenza? La mano del *pecado* desnuda al alma, despojándola de todo atractivo delante de Dios.

III. «¿Qué es lo que has hecho?» (Gn. 3:13). Se ha hecho algo terrible, y *tú* has sido quien lo ha hecho. ¿De qué se trata? Piensa bien acerca de ello en la misma presencia del Santo, de Aquel que te ha bendecido con toda bendición necesaria. ¡Qué humillante experiencia *debiera ser* esto; mas ella intenta ofrecer una excusa. «No os dejéis engañar; de Dios nadie se mofa».

IV. «¿Por qué te has ensañado?» (Gn. 4:6). ¿Es Dios injusto y parcial en sus tratos con los hombres de modo que estés enemistado con Él en tu corazón? ¿Por qué haces «decaer tu semblante» en lugar de acudir y estar a cuenta con el Señor? (Is. 1:18). Él no hace acepción de personas (Ro. 2:11).

V. «¿Hasta cuando no querrás humillarte delante de Mí?» (Éx. 10:3). ¿No sabes acaso que «Antes del quebrantamiento se ensoberbece el corazón del hombre»? (Pr. 18:12). Rehusar humillarte a ti mismo es declararle la guerra al Omnipotente.

VI. «¿Hasta cuándo no me creerán?» (Nm. 14:11). En tanto que *no* LE *credis*, estáis guardando compañía con aquellos que tendrán su parte con todos los mentirosos en el lago de fuego. Al no creer en Él le llamáis mentiroso. Él ha jurado que aquellos «que no creen» no entrarán en su reposo (He. 3:18).

VII. «¿Quién pondrá contra Mí en batalla espinos y zarzas?» (Is. 27:4). Vuestras razones y excusas por no creer su Palabra y obedecer su voluntad son tantos espinos y zarzas puestos para oponerse al avance de un fuego inextinguible. «Yo los hollaré», dice el Señor. «¿Quién se sostendrá delante de su ira?» (Nah. 1:6).

VIII. «¿Se ocultará alguno, dice Jehová, en escondrijos que Yo no lo vea?» (Jer. 23:24). Si yo hiciera mi cama en el Seol, Tú estás allí. Los «densos nubarrones» que le rodean escondiéndole a Él de ti no pueden ocultarte de Él (Job 22:13, 14). «Los ojos de Jehová están en todo lugar, mirando a los malos y a los buenos» (Pr. 15:3). Todas las cosas están desnudas y a descubierto delante de «el Alto y Sublime, el que habita la Eternidad».

IX. «¿Me condenarás a Mí, para justificarte tú?» (Job 40:8). Lo estamos condenando a Él cuando decimos que no hemos pecado, y tratamos de establecer nuestra propia justicia. Lo tratamos como mentiroso cuando no creemos su Palabra. La vida que es edificada sobre principios que deshonran a Dios es edificada sobre la arena y está condenada a una destrucción repentina (Mt. 7:24-27).

1.862. LAS PREGUNTAS DE DIOS. (II) EN RELACIÓN CON LA SALVACIÓN

I. «¿Qué tienes?» (Gn. 21:17). ¡Cuán pronto es Dios a oír la voz de los menesterosos, y a ser tocado de compasión ante el clamor de un corazón desolado y arrepentido! ¿Qué tienes? es el lenguaje de este Gran Sanador, que bien puede sanar todas las *dolencias* del alma humana.

II. «¿A quién, pues, ME haréis semejante?» (Is. 40:25). No podéis *asemejar* al SANTO a ninguna cosa creada. ¡Oh, hombre, con toda la multitud de tus dolencias, no asemejes a Dios, la Fuente de Vida, a las cisternas rotas de la tierra, ni su camino al engaño de tu propio corazón! ¿Dónde hallarás a su *semejante* en misericordia, poder y buena disposición para salvar?

III. «¿Para qué me sirve... la multitud de vuestros sacrificios? (Is. 1:11). Vuestros dones y vuestras obras religiosas no sirven a *propósito* alguno mientras que el *corazón* esté enemistado con Dios. Los sacrificios de Dios son un espíritu contrito (Sal. 51:16, 17). Obedecer la voz de su Palabra es mejor que el sacrificio. Un oído dispuesto es mejor para Él que el sebo de los carneros (1 S. 15:22).

IV. «¿Por qué gastáis el dinero en lo que no es pan?» (Is. 55:2). ¿Por qué persistís en formas religiosas que no dan fuerza ni satisfacción al corazón y a la vida? ¿Por qué ponéis vuestros afectos en cosas perecederas, y dejáis que vuestra propia alma imperecedera afronte un hambre eterna? ¿Por qué trabajáis para establecer *vuestra propia* justicia, cuando después de haber puesto todo de vuestra parte no habéis logrado otra cosa que «trapos de inmundicia»? (Is. 64:6).

V. «¿Cómo te he de perdonar por esto?» No es posible al hombre dar ninguna razón convincente de por qué Dios deba perdonar el pecado, aparte de por la «Sangre de Cristo». Cuando Dios perdona, siempre tiene muy buena razón para ello, pero esta razón nunca está en nuestra propia valía, sino en la valía de Aquel que murió por nosotros.

VI. «¿Cómo te pondré entre los hijos?» (Jer. 3:19). ¿Cómo puede Dios incluir a los «hijos de desobediencia» entre sus propios hijos? Sólo *redimiéndolos* de toda iniquidad y enviando el espíritu de su Hijo en sus corazones, de modo que puedan clamar con verdad, «¡Abbá, Padre!» (Gá. 4:4-6). El motivo constreñidor de parte de Dios es el amor (1 Jn. 3:1).

VII. «¿No me llamarás a Mí: Padre mío?» (Jer. 3:4). Si Él te ha amado hasta el punto de dar a su Hijo a la muerte por ti, para que pudieras tener el derecho de tomar tu lugar entre sus hijos, ¿no clamarás tú, «Padre mío»? (Jn. 1:12). ¿No le reconocerás como tu Padre? Somos hijos de Dios *mediante la fe* (Gá. 3:26).

VIII. «¿Habrá algo que sea demasiado difícil para Mí? (Jer. 32:27). ¿No tiene Él poder sobre toda carne, para dar vida eterna a todos los que crean? (Jn. 17:2). ¿No puede Él «salvar eternamente» a todos los que acuden? ¿Hay algo en tu corazón, tu vida, o tus circunstancias que sea *demasiado difícil* para Él? Las cosas que son demasiado difíciles para ti son fáciles para Dios (Mt. 19:26).

IX. «¿Cómo podré entregarte?» (Os. 11:8). En verdad aquí tenemos una buena prueba de la buena disposición de Dios de mantener a los suyos junto a Sí. ¿Tienes miedo de no poder mantenerte aferrado? Oye: «¿Cómo podré entregarte?» Tu seguridad reside en *su poder* para guardar. «Él es poderoso para guardar mi depósito.» Ésta es una pregunta que debiera ablandar el corazón de cualquier recaído.

1.863. LAS PREGUNTAS DE DIOS. (III) EN RELACIÓN CON EL SERVICIO

I. «¿Qué ves tú?» (Jer. 1:13). Los hay que no ven hermosura alguna en Jesús, ni atractivo alguno en su Palabra. ¿Ves tú aquellas cosas que son puestas delante de ti en la visión del Evangelio? Entonces tus ojos han sido ungidos como el santo colirio (Ap. 3:18). «Pon tu corazón a todas las cosas que te voy a mostrar» (Ez. 40:4).

II. «¿Donde está... tu hermano?» (Gn. 4:9). Andrés encontró a su hermano, y lo trajo a Jesús (Jn. 1:41, 42). Los que han visto al Cordero de Dios y creído en Él debieran tratar de que otros también le vean. ¿Estas tú tan dedicado *a ti mismo* que te olvidas que tienes un hermano?

III. «¿Quién irá?» (Is. 6:8). Jesucristo fue al lugar de vergüenza y muerte, para que el mensaje divino de la salvación nos pudiera llegar *por medio* de Él. ¿Quién irá *de su parte*? No hay otra compulsión en el servicio de Dios excepto la del *amor*. «Heme aquí, envíame a mí», porque el amor de Cristo me constriñe.

IV. «¿Por qué te postras así sobre tu rostro?» (Jos. 7:10). Hay un tiempo para orar, y para humillarse delante de Dios, pero hay también un tiempo para estar de pie y en acción (Éx. 14:15). El pecado no solo debe ser confesado en nosotros mismos, sino que debe ser también reprendido en otros. Podemos llegar a estar postrados sobre nuestros rostros hasta llegar a ser un dolor para nuestro Señor y Dueño.

V. «¿Qué es eso que tienes en tu mano?» (Éx. 4:2). Es bueno tener algo en *mano* que pueda dar gloria a Dios. La cosa en sí *puede* parecer pequeña e inútil para este gran fin; pero Él puede hacerla poderosa para derribar las fortalezas de Satanás. Cada cosa lícita en tu mano puede llegar a ser un arma de conquista para Dios.

VI. «¿No podré Yo hacer de vosotros como este alfarero?» (Jer. 18:6). «¡Ay del que pleitea con su Hacedor!» (Is. 45:9). Si el alfarero puede obrar maravillas con un poco de arcilla, ¿no puede el Omnipotente obrar en ti tanto el querer como el hacer de su buena voluntad? Fuisteis comprados por precio, y por ello es ciertamente lícito para Él hacer lo que quiera con lo suyo (Mt. 20:15). *Presentaos* a Dios, para que no vengáis a serle como vasos echados a perder.

VII. «¿No es mi palabra como fuego?» (Jer. 23:29). ¿No hace que *arda el corazón* cuando viene de los labios de amor? (Lc. 24:32). Es una luz divina que necesita solamente del oxígeno de la fe humana para hacer de él una llama ardiente en el alma. La Palabra de Dios no es un arma carnal; es una lengua de fuego inextinguible. Las palabras de los hombres con como espinas y zarzas en presencia de esta santa llama (Jn. 6:63).

VIII. «¿Pueden vivir estos huesos?» (Ez. 37:3). ¿Puede Dios levantar de estos huesos muertos, secos y sueltos unos hombres vivos, activos y poderosos? (Ro. 4:17). ¿Cómo resucitan los muertos? Es el espíritu el que vivifica. La fe profetiza, pero Dios hace que el aliento entre. «En Él estaba la vida» (Jn. 1:4).

IX. «¿Quién es ciego... quién es sordo, como mi mensajero que envié?» (Is. 42:12). Así como Saúl quedó cegado por el «resplandor de aquella luz», así todos los verdaderos siervos del Señor han sido cegados a las cosas perecederas de la tierra mediante la revelación de la gloria de las cosas celestiales. Una cosa hacen: se glorían «en la cruz del Señor Jesucristo», y están ciegos a la gloria y sordos a las voces de este mundo que nada tuvo para Él más que una corona de espinas. «No podéis servir a Dios y a Mamón (a las riquezas)». Como mensajeros de Dios, debemos tener la ceguera y la sordera de aquellos que *no quieren* ver ni oír nada que nos pueda distraer en nuestra misión de salvar las almas.

1.864. LAS PRIMERAS COSAS

1. *Buscad,*	Mateo 6:33
2. *Dad,*	2 Corintios 8:5
3. *Reconciliaos,*	Mateo 5:24
4. *Sacad,*	Mateo 7:5
5. *Aprended,*	1 Timoteo 5:4
6. *Decid,*	Lucas 10:5
7. *Contad,*	Lucas 14:28

1.865. LOS ACTUALES PRIVILEGIOS DEL CREYENTE

Juan 14

Estas palabras de nuestro Señor, pronunciadas en su última Pascua, contiene una revelación de los preciosos privilegios conferidos sobre su pueblo creyente. Hay:

I. Una curación para la turbación. «No se turbe vuestro corazón; creéis en Dios, creed también *en mí*» (v. 1). Es posible creer en la *existencia* de Dios y no obstante no saber nada de su poder para sanar la turbación del corazón. Jesús dice: «Cree también en Mí. He muerto para quitar tus pecados. He resucitado para darte paz». «Echando toda vuestra ansiedad sobre Él, porque Él tiene cuidado de vosotros.» «No temas, porque yo estoy contigo.»

II. Una bienaventurada esperanza. «Voy, pues, a preparar lugar para vosotros. Y... vendré otra vez, y *os tomaré conmigo*» (v. 3). Estas palabras fueron dichas a la Iglesia que entonces existía, y son de aplicación a la Iglesia que es ahora; y serán perfectamente cumplidas, tal como se registra en 1 Tesalonicenses 4:17. Jesús oró por esto. «Padre, aquellos que me has dado, quiero que donde yo estoy, *también ellos* estén conmigo, para que vean mi gloria que me has dado» (Jn. 17:24). ¡Qué perspectiva para corazones que a veces puedan sentirse angustiados debido al camino!

III. Una visión del Padre. «Felipe le dice: Señor, muéstranos el Padre, y nos basta». Jesús le dijo: «El que me ha visto a mí, ha visto al Padre» (v. 9). El invisible Padre de todo se ha revelado a Sí mismo en y por medio de Jesucristo, el Hijo. Cuanto más conocemos de Cristo, tanto más conocemos del Padre Eterno. «DIOS... en estos últimos días nos ha hablado en el Hijo, ... el cual [es] el resplandor de su gloria, y la fiel representación de su ser real» (He. 1:3). En Él los de puro corazón ven a Dios. Cree, y verás.

IV. Una gran oportunidad. «Cualquier cosa que pidáis al Padre en mi nombre, la haré, *para que el Padre sea glorificado en el Hijo*» (v. 13). ¡Qué amplia y eficaz puerta es ésta para la oración de fe! «Mi Nombre» y «la Gloria del Padre». ¡Qué razón más poderosa! «Yo os elegí a vosotros, y os he puesto... para que todo lo que pidáis al Padre en mi nombre, os lo dé» (Jn. 15:16). ¿Cómo escaparemos a la pobreza del alma y a una vergonzosa derrota si descuidamos una oportunidad tan grande?

V. Un Consolador Personal. «Y yo rogaré al Padre, y os dará otro Consolador, para que *esté con vosotros para siempre*» (v. 16). Este Consolador, que es el Espíritu Santo, «Él os *enseñará* todas las cosas» (v. 26). Él es el «Espíritu de Verdad» (v. 17). Él nos ayuda en nuestra debilidad (Ro. 8:26). Él derrama el amor de Dios en nuestros corazones (Ro. 5:5). Él nos hace abundar en esperanza (Ro. 15:13). Él nos unge con poder (Jn. 2:20). Por medio de nosotros Él testifica de Cristo (Jn. 15:26). Él es la Fuente de todo fruto que da honra a Dios (Gá. 5:22). Él sella el alma creyente hasta la final redención (Ef. 1:13).

VI. Una doble certidumbre. «El que tiene mis mandamientos, y los guarda, ése es el que me ama; y... será *amado por mi Padre*, y yo le amaré, y *me manifestaré* a él» (v. 21). Al observar su palabra, el amor de Dios es perfeccionado en el corazón (1 Jn. 2:5). ¡Qué certidumbre consoladora es ésta! Amados por el Padre, y amados por el Hijo, que nos ha prometido darnos una creciente manifestación de Él mismo. El amor se deleita en dar. Cristo nos da lo mejor de Sí cuando nos otorga una más plena revelación *de Sí mismo*. Ésta es la vida eterna: conocerle a Él.

VII. Una dotación permanente: «La paz os dejo, mi paz os doy». «No se turbe vuestro corazón, ni tenga miedo» (v. 27). ¡Qué herencia tan descuidada tenemos aquí! «En el mundo tendréis aflicción», pero no tenéis que tener esta tribulación en vuestro *corazón*, porque «estas cosas os he hablado para que tengáis paz EN MÍ» (Jn. 16:33). Así, «la paz de Dios *gobierne* vuestros corazones, a la que asimismo *fuisteis llamados*» (Col. 3:15). Llamados a una vida de paz, así como de fe. Y ¡qué paz es ésta! «Mi paz.» «La paz de Dios, que sobrepasa a todo entendimiento, guardará vuestros corazones y vuestros pensamientos en Cristo Jesús» (Fil. 4:7). «Paz a vosotros.»

1.866. LOS CÓMOS Y CUÁNTOS DEL SEÑOR

1. El cómo de la Reprensión, ... Marcos 4:40

2. El cuántas veces de la Invitación, ... Mateo 23:37

3. El cómo de la Advertencia, ... Hebreos 2:3

4. El cuánto de la Promesa,

    Para las cosas temporales, ... Lucas 12:28
    Para las cosas espirituales, ... Lucas 11:13

1.867. LOS DICHOS DE JESÚS, UNA REVELACIÓN DE SÍ MISMO

Cada dicho de Jesús es un rayo de luz divina. El sol puede ser visto sólo por la luz que emite él mismo. Igualmente Jesús, la Luz del Mundo, solo puede ser comprendido por «los dichos acerca de Sí mismo».

I. Los dichos de Jesús revelan la divinidad de su propio carácter. ÉL se manifiesta a Sí mismo:

1. COMO EL PRIMERO Y EL ÚLTIMO (Ap. 1:8). Una contundente declaración de la eternidad de su Ser.
2. COMO POSEEDOR DE PODER SOBRE LA MUERTE Y EL INFIERNO (Ap. 1:18). Las llaves son los emblemas de la autoridad. Las lleva, porque por medio de la muerte ha adquirido este derecho.
3. COMO EL CUMPLIMIENTO DE LA PROFECÍA (Ap. 22:16). Como Señor de David, Él es la Raíz; como Hijo de David, es el Linaje; como el profetizado Mesías, Él es la Estrella Resplandeciente de la Mañana.
4. COMO EL SACRIFICIO POR EL PECADO (Jn. 12:32). El levantamiento de la serpiente de bronce fue un tipo del levantamiento del herido Hijo, para que los *heridos* puedan ser sanados.
5. COMO LA LUZ DEL MUNDO (Jn. 8:12). Él será mejor comprendido como nuestra Luz, cuando le hayamos recibido como nuestra Vida.
6. COMO EL CAMINO, Y LA VERDAD, Y LA VIDA (Jn. 14:6). Él es la Vida para salvar, la Verdad para saciar, y el Camino por donde andar.

7. COMO EL PAN DE VIDA. Él es el Pan de Dios (Jn. 6:33), dando satisfacción a todas las demandas de Dios. Él es el Pan de Vida, para satisfacer todos los anhelos del hombre. También, pan de ángeles.
8. COMO LA FUENTE DE FERACIDAD (Jn. 15). Todo lo que el pámpano necesita puede ser encontrado en la Vid. Permanece en Él.
9. COMO LA FUENTE DE PODER (Mt. 28:18). El poder está en Él mismo; permaneciendo en Él permanecemos en poder.
10. COMO LA RESURRECCIÓN Y LA VIDA (Jn. 11:25). Solamente Él puede resucitar almas muertas a la vida. Él resucitará los cuerpos muertos de sus santos a la gloriosa imagen de su propia vida eterna.

II. Revelan su propia relación con el Padre.

1. FUE ENVIADO POR EL PADRE (Jn. 8:29). Aquel que le envió estaba con Él. El que nos envía a nosotros también ha prometido estar con nosotros.
2. ES AMADO POR EL PADRE (Jn. 5:20). Este amor es manifestado en que el Padre le muestra todas las cosas. ¿No se hace patente el amor de Cristo hacia nosotros de esta manera?
3. TENÍA LA AUTORIDAD DEL PADRE (Jn. 5:22). Los que no le honran no honran al Padre. La autoridad del Padre es menospreciada cuando Cristo es menospreciado.
4. EL POSEÍA VIDA COMO EL PADRE (Jn. 14:10). Las obras del Padre fueron obradas en Él. «Es Dios quien obra en nosotros.»
6. FUE SUMISO AL PADRE (Mt. 26:29). La evidencia del Cristo que mora dentro de nosotros es una voluntad enteramente entregada a Él.
7. ÉL SIEMPRE COMPLACIÓ AL PADRE (Jn. 8:29). Él no se complació a su mismo. Si podemos decir de verdad «No busco mi propia gloria», nosotros podemos complacerle a Él también.
8. ÉL MANIFESTÓ EL NOMBRE DEL PADRE (Jn. 17:6). «Vosotros sois carta de Cristo.»
9. ÉL CONSUMÓ LA OBRA QUE EL PADRE LE HABÍA DADO QUE HICIERA (Jn. 18:4). La consumación de la obra es para nosotros como lo fue para Él, el logro de una victoria.
10. ÉL ENTREGO SU ESPÍRITU AL PADRE (Lc. 23:46). El hogar es dulce cuando ha sido cumplida la voluntad del Padre, y su nombre ha sido glorificado. Ciertamente que ahora estos anhelos expresados por el amante y sufriente Hijo serán plenamente satisfechos (Jn. 17:1).

III. Revelan la naturaleza de su propia misión.

1. ÉL NO VINO A SER SERVIDO (Mt. 20:28). A los grandes de la tierra les encanta ser lisonjeados y servidos. Él vino para dar lo que el mundo necesitaba: «Su vida».
2. ÉL VINO PARA GLORIFICAR AL PADRE (Jn. 17:4). La bondad de Dios nos es hecha pasar delante de nosotros en Cristo SU Hijo. Él glorificó el nombre del Padre en presencia del pueblo.
3. ÉL VINO PARA LLAMARNOS A UNA VIDA DE FE (Jn. 5:30). Él podía decir: «Las palabras que yo hablo, no las hablo por mi propia cuenta». Su comunión con el Padre hacía que el Padre actuara por medio de Él. Que así Cristo more en nuestros corazones por la fe.
4. ÉL VINO A REVELAR UNA VIDA DE ABNEGACIÓN. (Jn. 8:50). Jesús rehusó de todo punto buscar su propia gloria. Él había venido a buscar y a salvar lo que se había perdido.
5. VINO A MANIFESTAR PACIENCIA EN MEDIO DE LA POBREZA (Mt. 8:20). La piedad con contentamiento es gran ganancia. Ganancia conseguida por medio de la fe.
6. ÉL VINO A PADECER Y A MORIR (Mr. 8:31). Ésta fue una necesidad que le fue impuesta por el amor que tenía por nosotros. «Él llevó nuestros pecados en su propio cuerpo.»
7. ÉL VINO A ABRIR UN CAMINO NUEVO (Jn. 10:9). El Buen Pastor dio su vida por las ovejas, para poder venir a ser la Puerta a los pastos siempre verdes.
8. ÉL VINO PARA PODER VENIR A SER LA CABEZA DEL ÁNGULO (Mt. 21:42). Menospreciado y rechazado por los hombres, Dios le ha exaltado hasta lo sumo. Entre las diez mil piedras del edificio, Él es el señalado.
9. ÉL VINO, Y VOLVERÁ (Mt. 25:31). Ésta es su promesa: «Volveré otra vez» (Jn. 14:3). Será una manifestación personal: «Este mismo Jesús» (Hch. 1:11). Viene en su gloria para resucitar a los muertos, para cambiar a los vivos, para dar retribución a los que no obedecen el Evangelio, para destruir al Anticristo, para restaurar a su pueblo Israel, para regir las naciones, para recompensar a los fieles, y para introducir la justicia eterna. «Amén, ven, Señor Jesús.»

1.868. LOS DONES DEL ESPÍRITU

Jesucristo es el don de Dios para el mundo (Jn. 3:16), y en este don se encuentra todo lo que puede necesitar el mundo pecador para la aceptación y la paz con Dios. El Espíritu Santo es el don tanto del Padre como del Hijo para cada creyente, y en este don se incluye todo lo que el cristiano puede necesitar para su vida, obra y testimonio. Porque grandes y multiformes son los dones del Espíritu. Son:

I. Muy diversos. En 1 Corintios 12:8-10 se especifican nueve dones diferentes, y estos son presentados como dados a otros tantos individuos. Todos estos varios dones estaban en acción en los días de la Iglesia recién nacida, y eran el resultado de la obra del *«Un Espíritu»*. Observemos que no se trata de dones naturales, sino espirituales; no el desarrollo de algo bueno desde dentro, sino la implantación de una nueva facultad espiritual desde fuera, y ello en manos del omnipotente Espíritu de Dios.

II. Otorgados soberanamente. «Todas estas cosas las efectúa el mismo Espíritu, repartiendo a cada uno en particular según *su voluntad*» (1 Co. 12:11). La edificación del santo templo, la Iglesia, es la obra del Espíritu (Ef. 2:22). Y desde luego Él sabe mejor sobre qué partes otorgar cualquier don o gracia particulares. Por ello, como piedras espirituales, debemos estar totalmente sometidos a su santa voluntad, dejando que Él lleve a cabo la conformación y adecuación; creyendo que Él es poderoso y que está dispuesto a hacer el mejor uso de cada uno entregado a su voluntad.

III. Para provecho de todos. «La manifestación del Espíritu para provecho común» (1 Co. 12:7). Todos (esto es, todo el cuerpo o Iglesia) deben recibir provecho por los dones y revelaciones del Espíritu a *cada hombre*». Cada creyente debería ser un miembro *provechoso* del cuerpo de Cristo. Para este fin se da la común manifestación del Espíritu a cada uno. Y estando convencidos de que tenemos el Espíritu en nosotros, podemos tener la certidumbre de que la suficiencia del Todopoderoso (Mr. 9:23) está a nuestro alcance, de manera que no tenemos por que estar siempre lamentándonos como «siervos inútiles» como si ello fuera un logro de la gracia.

IV. Para ser fervientemente deseados. «Desead, pues, celosamente los dones mejores» (1 Co. 12:31). «Desead con celo los dones espirituales, especialmente que profeticéis» (1 Co. 14:1). «Anhelad el profetizar» (v. 39). Pablo menciona la profecía como el don que debe ser buscado con mayor anhelo. La razón de ello se da bien explícitamente en los versículos 22-25. Para que los indoctos e incrédulos puedan ser *convencidos y convertidos* y que den *testimonio* de la verdad, para que Dios sea glorificado. Toda el alma del apóstol se dirigía a esto. No es algo vano anhelar incluso *«el mejor don»* si buscamos sólo la gloria de Dios, porque no negará ningún bien a los que andan rectamente (Sal. 84:11, V.M.).

V. Apropiado para cada poseedor. «Cada uno tiene su *propio don* de Dios, uno de un modo, y otro de otro» (1 Co. 7:7). No solo es cierto que cada hombre tiene su don, sino que el don que cada uno tiene es su propio don, apropiado de manera exacta a él, y propio en él. Algunos dicen: No tengo don; pero ¿qué dice la Escritura? «Cada uno tiene.» Quizá tú no tengas el don que tiene tu eminente amigo, pero sí que tienes *tu propio don*. Sí, y *tu don apropiado* también. Pero, ¿cuál es? Indágalo y descúbrelo.

VI. Para ser cuidadosamente empleado. «No descuides el don que hay en ti» (1 Ti. 4:14). ¿Cuántos esconden sus preciosos talentos en la tierra como inútiles, porque no son los mismos que otros? (Mt. 25:18). ¿Qué sucedería si tu oído rehusara oír porque no es un ojo? Muchos se quejan de su poquedad y carencia de fruto, y no es de extrañarse, cuando *imitan* los dones de otros, y *descuidan* los suyos propios. Y así todo el cuerpo sufre pérdida por una parte deficiente (contrastar con Ef. 4:16). Conténtate con no ser nada más que aquello que Dios quiere que seas, y serás entonces todo lo que Dios desea que llegues a ser.

VII. Para ser constantemente mejorados. «Que avives el fuego del don de Dios que está en ti» (2 Ti. 1:6). El don puede estar en ti como un fuego de lenta combustión, pero debe ser avivado y mantenido en brillante llama. Todos los recursos de nuestro ser deben ser dirigidos a, y concentrados en, el desarrollo de este don celestial: «Luchando según la potencia de Él, la cual actúa poderosamente en mí» (Col. 1:29). ¿Qué es lo que tú puedes *mejor* hacer para Dios? Luego aviva el fuego de aquel don, y tendrás poder tanto ante Dios como con los hombres.

1.869. LOS MEDIOAMBIENTES DE LOS CRISTIANOS

Se les ve:

1. Entre leones Salmos 57:4
2. Entre espinos Cantares 2:2
3. Entre escorpiones Ezequiel 2:6
4. Entre lobos Lucas 10:3
5. Como trigo, entre la cizaña Mateo 13:30
6. Entre las huestes celestiales 2 Reyes 6:17
7. Rodeados por el mismo Señor Salmos 125:2

1.870. LOS TRES «DISPUESTO» DE PABLO

«DISPUESTO» era una de las palabras favoritas de Pablo. Era uno de los «hombres de confianza» de Dios, porque estaba siempre dispuesto. Observemos tres de sus «dispuesto».

I. Dispuesto para el servicio («Pronto», Ro. 1:15, RVR). Pablo anhelaba predicar en Roma a fin de pagar una deuda. Estaba siempre dispuesto:

1. Para toda buena obra (Tit. 3:1).
2. Para distribuir (1 Ti. 6:18).
3. Para simpatizar (1 Ti. 6:18).
4. Y, al igual que Pedro, para dar una razón de su esperanza y fe cristianas (1 P. 3:15).

II. Dispuesto a padecer (Hch. 21:13). Pablo estaba totalmente dispuesto a sufrir en el camino de la obediencia.

III. Dispuesto al sacrificio (2 Ti. 4:6). No parecía haber posibilidad de que el apóstol pudiera librarse. Y estaba bien dispuesto al sacrificio.

1.871. «MAS NO YO»

En el Nuevo Testamento, Pablo emplea varias veces el correctivo: «Yo, mas no yo». ¿Por qué? ¿Se trataba de una nueva forma de hablar cristiana de la que todavía no había llegado a adquirir plenamente el hábito? Difícilmente. Más bien se trataba de un recuerdo para sí mismo y para otros de aquel gran cambio que había tenido lugar; o mejor aún, una declaración de que el «yo» siempre permanece, sólo que mediante la conversión con un añadido maravilloso: Cristo. En el Espiritismo se da la extinción de la personalidad, pero nunca en el Cristianismo. Aunque Cristo y yo somos personalidades separadas, por la gracia venimos a ser uno, pero reteniendo nuestra identidad separada. El «Yo, mas no yo»:

I. De la vida,	Gálatas 2:20
II. Del servicio,	1 Corintios 15:10
III. De la ofensa,	Marcos 14:29
IV. De hablar,	1 Corintios 7:10
V. De gloriarse,	2 Corintios 12:5

1.872. «NO SOIS VUESTROS»

Aunque el creyente valora toda la Biblia, hay porciones que le son particularmente valiosas, debido a que el Señor le ha hablado a través de ellas en épocas de grandes crisis personales. «No sois vuestros» es una de las experiencias de este autor.

Pocos años después de su conversión, debido a falta de instrucción y a la atmósfera mundana de la iglesia que tenía que respirar, se volvió frío y mundano. Avergonzándose del todo de sí mismo y totalmente insatisfecho, pensó que debía tomar una decisión aquella misma tarde, y al llegar a su alojamiento, se retiró temprano, y, cerrando la puerta con pestillo, se puso de rodillas en confesión y arrepentimiento, pidiendo el perdón del Señor, pero rogando por algo adicional y más profundo, si había tal misericordia en el plan divino para él en Cristo. Mientras confesaba y rogaba al Señor, una voz le musitó muy claramente: «No sois vuestros». Inmediatamente, respondió: «¡Claro, naturalmente que no me pertenezco a mí mismo!». En esto, cayó el fuego de Dios, y se hizo benditamente consciente de una obra muy real de purificación, renovación y de llenura del Espíritu Santo, y su vida nunca ha vuelto a ser la misma desde aquel entonces. ¿Nunca ha reconocido el lector al Señor que él o ella no pertenece a otro más que al Señor que le salvó?

Considera estas palabras escritas por el doctor Handley Moule: «Nos salvó *para anexionarnos*». Observa: no nos ha salvado para que hagamos lo que bien nos plazca, ¡sino *para anexionarnos*! Hay tres preguntas que podríamos hacer y contestar:

I. ¿Por qué no me pertenezco a mí mismo? Hay tres buenas razones por las que no te perteneces a ti mismo.

1. PRESENTACIÓN. Hemos sido dados por Dios Padre a Dios Hijo. «He manifestado tu nombre a los hombres que del mundo me diste; tuyos eran, y me los diste» (Jn. 17:6). Jesucristo fue y es el don de amor de Dios al mundo, y los creyentes somos el don de amor del Padre a Jesucristo.
2. COMPRA. Hemos sido comprados, y, ¡a qué precio! «Porque habéis sido comprados por precio» (1 Co. 6:20). El doctor Moule tiene unas buenas palabras acerca de esto: «Somos la propiedad adquirida de nuestro Salvador, comprados totalmente para sus fines».
3. POSESIÓN. No solo hemos sido comprados por el Señor, sino que ya hemos sido poseídos por Él y por el Espíritu Santo. «Vuestro cuerpo es el templo del Espíritu Santo» (1 Co. 6:19).
4. PRESERVACIÓN. Algunos de nosotros hemos sufrido graves enfermedades en las que, humanamente hablando, se desesperó de que pudiésemos seguir viviendo, y los médicos nos deshauciaron. Pero el Señor nos ha levantado y alargado nuestros días. ¿Para qué? Desde luego, no podemos dejar de considerar que nuestras vidas son especialmente sagradas.

II. ¿Qué obligaciones me impone este hecho?

1. No debemos permanecer esclavos de los hombres. Ésta es la enseñanza de 1 Corintios 7:23. Si pertenecemos a Él, venimos a ser sus siervos y esclavos, y ya no somos gobernados ni por las máximas del mundo ni por sus modas.
Es posible ser verdaderamente del Señor y sin embargo no ser totalmente del Señor. Somos propensos a decir que lo que tenemos es nuestro, y que con lo nuestro podemos hacer lo que nos plazca. Pero la Biblia dice algo diferente. «De Jehová es la tierra y cuanto hay en ella.» Siendo los esclavos del Señor, no debemos permanecer como esclavos del pecado; esclavos de las opiniones de los hombres, ni esclavos de las modas o normas terrenales.
2. Debemos glorificar a Dios (1 Co. 6:20). Debemos glorificar a Dios en nuestros cuerpos, nuestra conducta y vida externas; en nuestros espíritus, la vida interior y oculta.

III. ¿Qué resultado seguirá a tal reconocimiento?

1. PURIFICACIÓN. Alguien le dio a Miss Frances Ridley Havergal un tratado titulado *Todo para Jesús*. Su lectura despertó en ella tal interés que escribió al autor para recibir luz adicional. Él contestó dándole dos pistas: 1º, Todo debía ser puesto sobre el altar, Cristo. 2º, Todo lo que así era puesto sobre Cristo queda purificado.
Ella puso en práctica este consejo, y luego escribió: «Uno de los momentos más intensos de mi vida fue cuando vi el sentido de esta palabra, "purifica". Primero, vi que "la Sangre de Jesucristo su Hijo nos *limpia* de todo pecado". Entonces se me hizo claro que Aquel que así me había limpiado tenía poder para mantenerme limpia, por lo que simplemente me entregué a Él y me confié de manera absoluta para que me guardase. Lo veo todo; y poseo la bendición. El sentido del todo inesperado y absolutamente inimaginado de su cumplimiento en mí al simplemente creerlo en su plenitud fue sencillamente indescriptible. No esperaba nada así aparte del cielo mismo. Es muy sencillo, todo entregado a Dios, y todo lo entregado de esta manera purificado por la eficacia siempre presente de la Sangre expiatoria».
Miss Havergal nunca fue la misma después. Su vida se enriqueció, y la mayor parte de su gran utilidad se remonta a esta experiencia.
2. LLENURA DEL ESPÍRITU SANTO. Recuerda que bajo el Antiguo Pacto el fuego sólo caía sobre los sacrificios. Si me dedico a Él, rindiéndome plenamente a Él, ciertamente caerá el fuego del Espíritu Santo sobre un sacrificio viviente así.
3. EN CADA ETAPA DEL PEREGRINAJE CONSULTAMOS A NUESTRO AMO. Nuestra oración diaria será:

«Señor, ¿qué quieres que haga?».
«¡No me pertenezco a mí mismo! Mi tiempo, mis talentos
Todo a Cristo traigo,
Para ser usado en gozoso servicio
Para la gloria de mi Rey.»

1.873. LAS CINCO OCASIONES DE ORACIÓN REGISTRADAS DEL SEÑOR

1. En su *bautismo,*	Lucas 3:21
2. En el *montede la transfiguración,*	Lucas 9:28
3. Al *escoger a sus discípulos,*	Lucas 6:12
4. Cuando *los judíos querían matarle,*	Juan 12:27
5. En *Getsemaní,*	Lucas 22:4

1.874. «¡OH, HOMBRES DE POCA FE!»

Esta palabra se emplea en cuatro ocasiones:

1. Cuando nuestro Señor reprendió la *ansiedad,* Mateo 6:30
2. Cuando nuestro Señor reprendió el *temor,* Mateo 8:26
3. Cuando nuestro Señor reprendió la *duda,* Mateo 14:31
4. Cuando nuestro Señor reprendió el *razonamiento ilógico,* Mateo 16:7, 8

1.875. PABLO COMO VASO

Pablo se deleitaba en llamarse a sí mismo «un esclavo de Jesucristo». El esclavo estaba a disposición de su amo, sin tener intereses especiales propios. El mismo pensamiento aparece en el título de «vaso» dado a Pablo por el mismo Señor inmediatamente después de su conversión: «Vé; porque éste mismo me es un vaso escogido» [Hch. 9:15, V.M. (nótese que en las diversas revisiones de Reina Valera, RV, RVR, RVR 77, se traduce como «instrumento escogido», aunque en RV margen se clarifica «gr. *vaso de elección*», lo mismo que en RVR 77 margen: «Lit. *vasija de elección*»)]. Un *vaso* no tiene voluntad propia, sino que está abierto para ser llenado con lo que sea o para ser llevado a donde sea. Sigamos la historia de Pablo como vaso. Como

I. Un vaso impuro (Hch. 9:1, 2). «Respirando aún amenazas y muerte contra los discípulos del Señor.» Lleno de voluntariosidad y de odio contra los seguidores de Jesús. «Blasfemo, y perseguidor, e injuriador.» Una jaula de aves inmundas. «Y así erais algunos de vosotros, pero ya habéis sido lavados.»

II. Un vaso vacío (Hch. 9:6). «Señor, ¿qué quieres que yo haga?» sus propios planes y propósitos son ahora abandonados. El Señor lo ha puesto del revés y lo ha limpiado como vaso. Es una solemne crisis en la vida cuando todos tus excelsos pensamientos y virtudes de que te jactabas tienen que ser derramadas a la vera del camino como suciedad y basura.

III. Un vaso escogido. «Me es un vaso escogido» (Hch. 9:15). «Escogido, no por ningún bien en Mí.» No a nosotros, oh Señor, no a nosotros. El propio testimonio de Pablo es: «Cuando Dios... *me llamó por su gracia*» (Gá. 1:15). Esto es conforme a su beneplácito que Él se había *propuesto en sí mismo.* «Por gracia habéis sido salvados» (Ef. 2:8). Dios escoge a sus propios testigos (Hch. 10:41).

IV. Un vaso llenado. «Dios... tuvo a bien revelar a *su Hijo en mí*» (Gá. 1:15, 16). ¡Qué tesoro, Cristo *en* nosotros! ¡Qué plenitud del vaso vacío! Llenos de toda la plenitud de Dios. Y tenemos este tesoro en vasos de barro, para que la excelencia del poder sea de Dios (2 Co. 4:7). Escogidos y llenados con los tesoros de su gracia para que Él pueda *llevar su nombre* ante los gentiles. El vaso puede ser fácilmente roto, pero el precioso contenido no puede ser robado. «Cuando soy débil, entonces soy fuerte» (2 Co. 12:10).

V. Un vaso separado. «Apartadme a Bernabé y a Saulo para la obra a que los *he llamado*» (Hch. 13:2). El Espíritu Santo afirma aquí tener una parte en el *llamamiento* de Saulo, y ello con el propósito bien concreto de apartarlo para Dios con vistas a su obra específica. Él comienza su carta a los Romanos con: «Pablo, siervo de Jesucristo, llamado a ser apóstol, *apartado para el evangelio de Dios*». Les recuerda a los gálatas que Él es «apóstol, *no de parte de hombres ni por medio de hombre*». Ésta es la experiencia de cada verdadero siervo de Dios. ¿Sabemos algo acerca de este divino llamamiento, y de esta santa vida de Dios, separada y llena de propósito? (Ef. 4:17-24; Ro. 12:1, 2).

VI. Un vaso de honra. «Para esto me he aparecido a ti, para designarte ministro y testigo» (Hch. 26:16). Solamente hay que echar un vistazo a la vida del apóstol para ver cuán grandemente testificó Él acerca del poder y del Nombre de su resucitado Salvador. Tuvo honra en abrir los ojos de muchos, y en hacerlos volver «de las tinieblas a la luz, y del poder de Satanás a Dios» (Hch. 26:18). Un vaso lleno de tales riquezas seguramente que será abundantemente empleado por Dios en bendición de las almas pobres y necesitadas. Un pozo *vacío* no atrae para nada a los sedientos, nada hay en Él más que frustración.

VII. Un vaso sufriente. Aunque podía decir «tenemos este tesoro en vasos de barro», añade sin embargo: «Estamos atribulados en todo... estrechados... en apuros... perseguidos... derribados...; llevando en el cuerpo siempre por todas partes la muerte de Jesús» (2 Co. 4:7-10). En 2 Corintios 9:22-28 nos da un catálogo de sus aflicciones y peligros. Los vasos de Dios, que *llevan su Nombre* en medio de la precipitación y turbulencia de esta era negadora de Dios, no pueden esperar pasarlo mejor que el Maestro mismo. Es un dicho fiel: «Si sufrimos, también reinaremos con Él» (2 Ti. 2:11, 12). Justo ahora Dios, en su gracia, está buscando dar a conocer las riquezas de su gloria en los vasos de misericordia que Él ha preparado para gloria (Ro. 9:21-23).

1.876. PEDID Y RECIBIRÉIS

Los hombres debieran siempre orar sin desmayar. Los que más oran son los que más aliento tienen para orar. Su testimonio es: «Amo al Señor, porque Él ha oído mi voz».

I. Las promesas. Son:

1. SEGURAS (Jn. 16:23). «De cierto, de cierto os digo.» Pensad en Aquel que prometió. Yo, que he hecho los cielos y la tierra. Yo, que tengo toda potestad. El Testigo fiel y verdadero, el Dios que no puede mentir, el Señor tu Redentor.
2. SENCILLAS (Mt. 7:7). Las declaraciones aquí son tales que las puede comprender un niño. Cuán lleno de gracia es nuestro Dios al poner unas verdades tan grandes y misteriosas en un lenguaje tan de niño, tan diferente de la sabiduría de este mundo.
3. SUFICIENTES. Este «*todo* lo que pidáis» es ciertamente una puerta ancha y eficaz. Hay aquí suficiente lugar para la vida que es ahora y para la venidera. Su «¿Cuánto más?» (Lc. 11;13) es ciertamente suficiente para asegurarnos de su *voluntad* de dar. Todas las promesas son «Sí y amén» en Él.

II. Las condiciones. Como las promesas, son llanas y simples. Que nosotros:

1. PIDAMOS (Mt. 7:7). Como hijos, tenemos que dar a conocer nuestras peticiones de una manera infantil.
2. PIDAMOS AL PADRE (Jn. 16:23). Vuestro Padre sabe que tenemos necesidad de estas cosas. Tenemos libertad de acceso. ¡Qué privilegio!
3. PIDAMOS EN EL NOMBRE DE JESÚS. Recordemos siempre que este nuevo camino es a través del velo rasgado de la carne del Redentor, pero acudamos con libertad.
4. PIDAMOS SEGÚN SU VOLUNTAD (1 Jn. 5:14, 15). Si la Palabra de Cristo mora ricamente en nosotros, entonces pediremos aquellas cosas que le agradan a Él.
5. PIDAMOS EN FE (Mr. 11:24). El que a Dios se allega es necesario que *crea.* «Elías era hombre de sentimientos semejantes a los nuestros, y.... oró, y el cielo dio lluvia.» Cree, y verás.
6. PERMANEZCAMOS EN ÉL (Jn. 15:7). La rama que no permanece en la vid no tiene necesidad de orar para ser llena de la savia. Buscando su gloria, podéis pedir lo que queráis, y os será hecho.
7. QUE NUESTRO CORAZÓN NO NOS CONDENE (1 Jn. 3:21, 22). Es posible –y, ay, tan común– pedir con los labios lo que el corazón nunca espera. Él no nos responde según la longitud y anchura de nuestras peticiones, sino por nuestra fe.

III. Los obstáculos. No hablamos aquí de obstáculos a la oración, sino de aquellas cosas que estorban a las respuestas.

1. INSINCERIDAD (1 Jn. 3:21). Es bien posible que mantengamos la forma de la oración y que pidamos grandes cosas de Dios, mientras que nuestro corazón condena toda nuestra ficción.
2. VOLUNTARIEDAD (Sal. 66:18). Conscientes de iniquidad en el corazón, pero no dispuestos a confesarla. Reconcíliate primero con Dios acerca de aquello, y luego trae tu petición ante Él.
3. EGOÍSMO (Stg. 4:3). ¡Oh, la soberbia y sutileza del yo pidiendo cosas divinas para alimentar los fuegos de sus codicias! Oramos pidiendo éxito para que *nosotros* podamos triunfar. Él no dará su gloria a otro.
4. IMPACIENCIA (Sal. 40:1). Dice David: «Pacientemente esperé en Jehová, se inclinó hacia mí, y escuchó mi clamor». No seas de los que llaman y se van apresuradamente. Ten la paciencia de Dios. Si Dios puede permitirse esperar, también nosotros.

5. INCREDULIDAD (Mr. 11:24). Esto cierra la puerta de la expectativa. Todas las cosas son posibles para el que cree. ¿Creéis que puedo hacer esto?

IV. Los ejemplos. En los textos anteriores tenemos algunos ejemplos inspiradores alma de cómo el Señor responde a la oración, y de los que podemos aprender:

1. QUE EL SEÑOR ESTÁ INTERESADO EN TODO LO QUE TIENE QUE VER CON SUS HIJOS (1 S. 1:27). Lo que era una afrenta para Ana (la esterilidad) el Señor lo eliminó (2 P. 1:8).
2. QUE DEBERÍAMOS PRESENTAR NUESTRAS NECESIDADES AL SEÑOR (Éx. 17:4-7). No tengáis ansiedad por nada, orad en todo (Fil. 4:6).
3. QUE DEBERÍAMOS ESPERAR AQUELLAS MISMAS COSAS QUE PEDIMOS (Esd. 8:21). Ana dijo: «Por *este* niño oraba». Aunque a Pablo no le fue quitado su aguijón, sin embargo por el hecho de que oró *tres* veces vemos que había sido enseñado a esperar lo que pedía (2 Co. 12:8).
4. QUE NO HAY NADA DEMASIADO DIFÍCIL PARA EL SEÑOR (2 R. 4:23). Aunque esté muerto, vivirá. Miradme a Mí, porque *Yo soy* Dios.
5. QUE EL SEÑOR A MENUDO DA MUY POR ENCIMA DE LO QUE PEDIMOS (1 R. 3:9-14). Elías oró que pudiera morir (1 R. 19:4), pero el Señor lo trasladó al cielo sin pasar por la muerte.
6. QUE LA ORACIÓN DE LA FE ES EL ARMA MAS PODEROSA SOBRE LA TIERRA (1 R. 17:30-39). Piensa en lo que ha hecho en el pasado, está haciendo ahora, y pudiera hacer en el futuro por medio de ti: cree solamente.

1.877. PEDRO

La biografía de Pedro es singularmente instructiva para cada seguidor de Cristo.

1. Su llamamiento. El *primero* de los Doce, Mateo 10:2
2. Su valor, Mateo 14:28
3. Su confesión, Mateo 16:15-16
4. Su impulsividad, Mateo 17:4; Jn. 18:10
5. Su autoconfianza, Marcos 14:29-31
6. Su indiferencia, Marcos 14:37
7. Su cobardía, Marcos 14:54
8. Su negación, Marcos 14:68-71
9. Su arrepentimiento, Marcos 14:72
10. Su perdón, Marcos 16:7
11. Su fe, Juan 20:2-4
12. Su amor, Juan 21:7
13. Su devoción, Juan 21:15
14. Su denuedo, Hechos 2:14; 4:19-20
15. Su poder, Hechos 3:6; 5:3

Él era un hombre de sentimientos semejantes a los nuestros. *Alentaos.*

1.878. PERDÓN

Es algo que debería encontrarse en el fundamento de nuestra vida cristiana. Sin esta doctrina, «la teología sería un cielo sin sol, un arco sin piedra clave, una brújula sin aguja, un reloj sin muelles o sin pesas, una lámpara sin aceite».

I. Su autor: Dios (Ef. 4:32).

II. Su canal: Cristo (Ef. 4:32; Hch. 13:38).

III. Su fundamento: Sangre (Ef. 1:7).

IV. Su inclusividad: «Todos» (Sal. 103:3).

V. Su proclamación: «Anuncia» (Hch. 13:38).

VI. Su dispensador: el Señor (Hch. 5:3).

VII. Su recepción: Arrepentimiento (Hch. 5:31), Fe (Hch. 13:39), Confesión (Sal. 32:5).

1.879. POR CAUSA DE CRISTO

Nuestras oraciones generalmente acaban con estas palabras: «Por Cristo». Deseamos que Dios mire el rostro de su amado Hijo, y que nos trate conforme a los méritos de nuestro sufriente Sustituto. Pero ésta es sólo una faceta de esta gran verdad. Dios también quiere que *nosotros* miremos la faz de su Hijo, y que por causa de Cristo suframos, sirvamos y glorifiquemos al Padre. ¿Cuánto sufrirá una madre por causa de su hijo? David, por causa de Jonatán, estaba dispuesto a dar bendición a la casa de Saúl. Por causa de Cristo debemos:

I. Perdonar. «Perdonándoos unos a otros, como también Dios os perdonó a vosotros en *Cristo*» (Ef. 4:32). Dios nos ha perdonado por causa de Cristo, y así nosotros por causa de Cristo debemos perdonar a otros, aún hasta setenta veces siete (Mt. 18:21, 22). Es muy *conforme a Cristo* mostrar compasión y piedad, y un corazón dispuesto a bendecir y a perdonar (ver Col. 3:12, 13). Por causa de él debemos:

II. Servirnos unos a otros. «Nosotros como siervos vuestros por amor de Jesús» (2 Co. 4:5). El Hijo del Hombre no vino a ser servido, sino a servir, y a poner su vida; de manera que el que quiera ser principal entre los siervos de Cristo será el *siervo* de todos. Pablo se gloriaba en esto, que él se hizo «siervo de todos para ganar al mayor número» (1 Co. 9:19). El servicio de cada miembro, cuando es hecho «por causa de Cristo», es hecho por el bien de todo el cuerpo, no al revés. Los que buscan agradar a los hombres no añaden nada al perfeccionamiento del Cuerpo de Cristo. Por su causa nosotros debemos ser

III. Siempre entregados a muerte. «Nosotros que vivimos, siempre estamos entregados a muerte por causa de Jesús, para que también la vida de Jesús se manifieste en nuestra carne mortal» (2 Co. 4:11). Por su causa, el yo debe ser continuamente rendido a la muerte, «Muertos todo el día», para que la vida del ahora glorificado Jesús se pueda manifestar en nosotros. Solo salvan sus vidas los que las pierden por causa de él (Mt. 10:39). La aparente tiniebla penosa y mortífera de esta experiencia puede hacer que algunos teman este entero abandono del yo a la muerte; pero morir *por causa de Él* es el camino a la libertad y al poder de su *vida* resucitada. Por causa de Cristo, los mártires afrontaron la espada, las hogueras y las aguas, y entraron en su reposo. Si sufrimos con él, también reinaremos con él. El sordo clamor de los menospreciadores de Cristo sigue siendo: «Sálvate a ti mismo, y desciende de la Cruz». Que nuestra respuesta sea: «Con Cristo estoy juntamente crucificado, y ya no vivo yo, sino que Cristo vive en mí». Por causa de Cristo debiéramos:

IV. Complacernos en la aflicción. «Por amor de Cristo me complazco en las debilidades, en afrentas, en necesidades, en persecuciones, en estrecheces; porque cuando soy débil, entonces soy fuerte» (2 Co. 12:10). Allí donde Cristo está, allí está la salvación y el reposo del Cielo; por ello, introdúcelo en todas tus «debilidades», «afrentas», «necesidades», «persecuciones» y «estrecheces». Esto forma parte de nuestra herencia en Cristo, porque «se os ha *concedido* la gracia, por amor de Cristo, no solo de que creáis en él, sino también que padezcáis por él» (Fil. 1:29). Por causa de él debemos

V. Luchar juntos en oración. «Os ruego, hermanos, *por nuestro Señor Jesucristo* y por el amor del Espíritu, que luchéis a mi lado con vuestras oraciones a Dios por mí» (Ro. 15:30). Como cristianos podemos diferir en muchas cosas, pero desde luego estaremos de acuerdo en esto: que por causa de nuestro Señor Jesucristo debiéramos orar unos por otros. Sí, hay cosas feas y aguzadas en los caracteres de algunos discípulos, pero por *su causa* debiéramos luchar juntos en oración. Nunca se ha sondeado toda la profundidad de las posibilidades de la oración. Por su causa debemos también:

VI. Trabajar pacientemente. «Has tenido paciencia, y has trabajado arduamente *por amor de mi nombre*, y no has desmayado» (Ap. 2:3). Un obrero vacilante es tan poco digno de confianza como un amante vacilante. Es fácil perder la paciencia, y fatigarse cuando la labor no se hace directamente «por causa de su Nombre». El secreto de la perseverancia y de la victoria reside en hacer todas las cosas como para él. La obra que nos ha sido dada es su obra, y tiene que ser hecha en su Nombre y por causa de él. Por ello, por causa de él trabajad pacientemente para la salvación de los perdidos, y para la santificación de los salvos. «Considerad, pues, a Aquel… para que no desfallezcáis faltos de ánimo.»

«No trabajaré para mi alma salvar;
Esto lo hizo mi Señor.
Mas cual fiel siervo trabajaré
Por causa del amado Hijo de Dios.»

Además, debemos estar dispuestos, por su causa, a ser:

VII. Considerados insensatos. «Nosotros somos insensatos *por amor de Cristo*» (1 Co. 4:10). A los ojos del mundo, un insensato es aquel que, quizá por debilidad mental, es incapaz de entrar en las actividades y placeres que atraen a la multitud, y cuya mente se ocupa, quizá, en alguna cosa trivial e indigna de atención; o es una persona fuertemente voluntariosa cuya disposición le conduce constantemente a dificultades y frustraciones. Aquellos que son insensatos por Cristo tienen una actividad, unos placeres y unas expectativas que los ojos de los sin Cristo jamás han vislumbrado. Insensatos, porque se toman a la ligera lo material, y se aferran con mano firme a lo eterno. Las cosas del Espíritu de Dios son insensatez para el hombre natural (1 Co. 2:14). Morir para vivir es más sabio que morir para perderse.

1.880. POR QUÉ DIOS QUIERE QUE NOS ALLEGUEMOS A ÉL

1. Para oír (Palabras antes que Obras), Josué 3:9
2. Para la Revelación de Sí mismo y de su voluntad, Génesis 10:24
3. Para Victoria, Josué 10:24
4. Para el Ministerio, Ezequiel 44:15, 16

1.881. PROFECÍAS RELACIONADAS CON CRISTO

El autor ha empleado varias veces este estudio bíblico con agnósticos y con otros que dudaban de la plena inspiración de la Biblia, y ello nunca, por la gracia de Dios, sin hacer una profunda impresión y con notables efectos. Generalmente, después de observar que estas Escrituras existían cientos de años antes de la escena de Belén, del Nacimiento de Cristo, preguntaba: «¿Cómo se pueden explicar estas predicciones tan precisas?».

I. Su Nacimiento.

1. Modo,	Génesis 3:15
2. Nación,	Génesis 12:3
3. Tribu,	Génesis 49:10
4. Familia,	Isaías 11:10
5. Madre,	Isaías 7:14
6. Lugar,	Miqueas 5:2
7. Precursor,	Isaías 40:3

II. Su Vida y Muerte.

1. Pobreza y sufrimiento,	Salmos 22:6-16
2. Adorado por los gentiles,	Isaías 60:6
3. Cómo entró en Jerusalén,	Zacarías 9:9
4. Por causa de otros,	Daniel 9:26
5. Objeto de una conjura,	Samos 2:1-3
6. Sus seguidores dispersados,	Zacarías 13:7-9
7. Maltratado,	Isaías 50:6
8. Traspasado,	Zacarías 12:10; 13:6
9. Vinagre por bebida,	Salmos 69:21
10. Escupido,	Isaías 50:6
11. Cortado sin juicio,	Isaías 53:8; Daniel 9:26
12. Repartieron sus vestidos,	Salmos 22:18
13. Ningún hueso quebrado,	Salmos 34:20
14. Resucitaría,	Sal. 16:1 aplicado en Hechos 2:27 a 31.

III. Su Segunda Venida.

1. Volverá a recoger,	Deuteronomio 30:3
2. Rechazado, Reinante,	Salmos 2; 50:30; 95:10-13
3. Esperando,	Salmos 110:1
4. Gobierno sin fin,	Isaías 9:7
5. Buen gobierno,	Jeremías 23:5
6. Sacerdote, Rey,	Zacarías 6:13
7. Eterno,	Daniel 7:13, 14

1.882. PROPICIACIÓN

LA MUERTE DE CRISTO COMO PROPICIACIÓN: SU NECESIDAD, MÉTODO Y GOCE

«Dios está airado con el impío todos los días» (Sal. 7:11) es una declaración que aparece en el Libro de todos los libros, y de la que muchos querrían librarse. Porque los hay que objetan a tal cualidad en el Altísimo. Se aferrar orgullosamente a las declaraciones acerca del amor de Dios, pero rechazan con escarnio estas declaraciones, igualmente inspiradas, que le adscriben ira y enojo. Pero por todas partes de la Biblia encontramos tales declaraciones: «Entonces Jehová se enojó contra Moisés» (Éx. 4:14); «Jehová, no me reprendas en tu enojo, ni me castigues con tu ira» (Sal. 6:1). Estos son sólo unos ejemplos de muchas, muchísimas referencias a la ira del Señor. Incluso en el Nuevo Testamento se encuentran abundantemente. Aunque de una manera preeminente los libros del Nuevo Testamento destacan el amor de Dios, encontramos muchas referencias a su ira y a su enojo.

La simple razón por la que Dios es a veces un Dios de ira es porque es un Dios de amor. Porque el Dios de la Biblia no es un Coloso de hierro fundido, sin emociones ni sentimientos. Al contrario, como está escrito: «Como el padre se compadece de los hijos, se compadece Jehová de los que le temen». Y el ser humano que conoce mejor su propio corazón nunca se turba por las declaraciones acerca de la ira de Dios, porque en lo más íntimo de su corazón sabe que ha merecido por sus pecados la más ardiente ira del Omnipotente. Y cuando el Santo Espíritu de Dios despierta a un pecador a la conciencia de su propio pecado, se vuelve también consciente del desagrado del Señor debido a su maldad, y de la necesidad de una propiciación.

Pero, ¿qué significa Isaías 12:1: «En aquel día dirás: Yo te alabo, oh Jehová; porque aunque te enojaste contra mí, tu indignación se apartó, y me has consolado»? ¡Qué maravillosas palabras! Aquí la persona, antes alarmada al ver que la ira de Dios era su parte, queda ahora benditamente consciente del feliz hecho de que la ira se ha apartado de él. ¿Cómo es esto? Dios es santo, y ha de aborrecer el pecado. Y su santidad y odio contra el pecado han de manifestarse, y encontrarse con alguien y golpearlo por ello. Su ira contra el pecado ha de golpear en algún lugar, bien sea al mismo pecador, bien a un sustituto legítimo. «Jehová cargó sobre él [literalmente, «hizo golpear encima] la iniquidad de todos nosotros» (Is. 53:6).

¡Ah!, ahí está el secreto de Isaías 12:1: el golpe merecido por nosotros cayó sobre Él, y por la Sangre Él fue propiciado. No hay pensamiento en la doctrina bíblica de la Propiciación de aplacar a un Dios vengativo, sino de hacer lo recto por medio de su Santa Ley, y hacer así posible que Él mostrase misericordia sin abdicar de su justicia.

Esta palabra Propiciación aparece sólo tres veces en la RVR, y es traducción de dos palabras griegas distintas, aunque relacionadas. En 1 Juan 2:2 y 4:10 es traducción del término griego *hilasmos*, es decir, aquello que propicia; y en Romanos 3:25, del griego *hilasterion*, esto es, el lugar donde se hace la propiciación. En Hebreos 9:5 se usa *hilasterion* para designar el propiciatorio. Lo que el propiciatorio era típicamente para Israel, esto lo es ahora el Señor Jesús en realidad para el creyente. El propiciatorio era rociado con sangre expiatoria en el gran Día de la Expiación, en prenda de que la justa sentencia de la Ley había sido cumplida (en tipo), de modo que lo que en otro caso debería haber sido el Trono de Juicio podía llegar a ser en justicia un Trono de Misericordia, un lugar de bendición.

I. El medio divinamente designado de propiciación: la muerte de Cristo. «Porque a Él Dios lo ha puesto en su Sangre, para ser un sacrificio propiciatorio, por medio de la fe, para con ello manifestar la justicia de Dios, porque en su paciencia, Dios había pasado por alto los anteriores pecados de los hombres en los tiempos pasados» (Traducción de Ro. 3:25 de Conybeare y Howson). Este versículo será siempre memorable como el medio de la conversión del poeta Cowper en St. Albans, en 1764.

Aquí tenemos una dificultad. Mientras Dios había proclamado su Ley y todavía no había proclamado su Evangelio, sin embargo tenía paciencia con los pecadores. ¿Por qué? ¿Acaso se tomaba a la ligera sus pecados? ¡Bien al contrario! Y este versículo da la respuesta de por qué. La pasada paciencia de Dios se ejercitó en virtud de lo que el Señor Jesús iba a hacer en la plenitud del tiempo.

Propiciar es aplacar y disponer a la bondad o al favor, con la bendición consiguiente. Esto solamente puede lograrse con sacrificio. Pero ¿el de quién? Un sacrificio eficaz así es el que ha hecho el Señor Jesús. La Sangre de Cristo tiene valor para aplacar su santa y justa ira.

II. El lugar divinamente designado y la seguridad garantizada para la propiciación, todo ello lo es el mismo Señor Jesucristo. Lo que el Propiciatorio era típicamente para Israel lo es el mismo Cristo hoy para el creyente. Observemos lo que se dice: «Él es la propiciación» (1 Jn. 2:2). No meramente que Él haya llevado a cabo la propiciación, sino que Él es, en su propia persona, la prenda y seguridad de la Propiciación. Pensemos en el antiguo Propiciatorio, y veamos cómo retrata a Cristo.

1. Estaba hecho de oro puro macizo, y era de enorme precio. Del mismo modo nuestro Propiciatorio es puro, divino.
2. Alojaba dos Tablas de Piedra no rotas, que daban testimonio del pecado de Israel. ¡Ah, pero entre el símbolo de la presencia de Dios en la Gloria de la Shekiná por encima del Propiciatorio y aquel testimonio del pecado de Israel se encontraba la Sangre

derramada sobre el Propiciatorio! Era la Sangre lo que convertía en Trono de Misericordia y Bendición lo que debería haber sido un Trono de Juicio.

3. Fue únicamente aquí que Dios podía encontrarse con el pecador en gracia, y solo aquí que se podía oír con misericordia la voz de Dios. Era aquí donde Dios tenía comunión con el hombre redimido.

Y ahora Dios le dice al pecador: ¿Deseas, a pesar de tu pecado, encontrarte conmigo? ¿No quieres seguir siendo mi enemigo, apartado de Mí? Deseas mi bendición? ¿Deseas tener comunión conmigo en paz y unidad? ¿Quieres tener tratos conmigo? ¿Quieres tener relaciones con el cielo? Bien, acude a Cristo, como el israelita acudía al Propiciatorio, donde puedo encontrarme contigo en gracia y maravillosa bendición.

1.883. PUERTAS ABIERTAS A LA VIDA ESPIRITUAL PROFUNDA

Si no somos llenados de toda la plenitud de Dios no se debe a que Él haya cubierto el pozo de su gracia o cerrado la puerta de entrada a las inescrutables riquezas de Cristo. «He aquí, he puesto delante de ti una puerta abierta». El Espíritu Santo está continuamente invitándonos a una más profunda experiencia y a un pleno goce de «lo que Dios nos ha otorgado gratuitamente» (1 Co. 2:12, 13). Él ha querido daros el reino. *Toda la tierra* adquirida por Cristo está delante de vosotros. Entrad en ella y poseedla. Hay varias puertas que abren a esta bendita vida, y todas están abiertas a todos.

I. La puerta de la promesa. «Al que tenga sed, Yo le daré gratuitamente de la fuente del agua de la vida» (Ap. 21:6). Ser traídos en contacto con la inagotable y eterna *fuente* de refrigerio es desde luego la garantía de lozanía y satisfacción perpetuas. «Derramaré agua sobre el sequedal» (*cf.* Jn. 4:14). «Mi Dios proveerá a todas vuestras necesidades» (Fil. 4:19).

II. La puerta de la oración. «Es necesario que el que *se acerca* a Dios crea que… es *galardonador*» (He. 11:6). La oración no vale para nada cuando es solo una especulación o un experimento. Si queremos ser galardonados al allegarnos a Dios, *«debemos creer»*. Solamente los que buscan a Dios de todo corazón le encontrarán a Él (Jer. 29:13). Encontrar nuestro todo en Dios es la recompensa de buscarlo diligentemente. El buscador *secreto* será *abiertamente* recompensado con mayor poder y fruto. «Buscad y hallaréis» no solo hace referencia a la salvación, sino a la provisión para las profundas necesidades de nuestra vida diaria (2 Co. 9:8; Sal. 84:11).

III. La puerta de la fe. «Conforme a *vuestra fe* os sea hecho» (Mt. 9:29). Aquí tenemos otra avenida a este gran lugar de plenitud de bendición. «Por eso os digo que todo cuanto rogáis y pedís, *creed* que lo *estáis recibiendo*, y lo tendréis» (Mr. 11:24). El que duda no recibe nada (Stg. 1:6, 7). Dios no puede dar honra a la desconfianza, porque la desconfianza deshonra a Dios. Los israelitas tuvieron que reivindicar la tierra con los pies (Jos. 1:3). Cree, y verás. Confía, y vencerás.

IV. La puerta de la comunión. «Si *permanecéis en mí*, y mis palabras *permanecen en vosotros*, pedid todo lo que queráis, y os será hecho» (Jn. 15:7). No podemos hacer otra cosa que pedir conforme a su voluntad cuando su Palabra permanece en nosotros. En comunión con Él el alma crece a su semejanza, y así se vuelve más y más apta para recibir y gozar de «la plenitud de Aquel que todo lo llena en todo» (Ef. 1:23). Por ello, «la Palabra de Cristo habite ricamente en vosotros» (Col. 3:16; Sal. 119:11).

V. La puerta de la abnegación. «No hay nadie que haya dejado casa, o padres, o hermanos, o mujer, o hijos, por el reino de Dios, que no haya de recibir *mucho más en este tiempo*» (Lc. 18:29, 30). La negación propia por bien del reino de Dios lleva a una esfera de posesiones aumentadas, tanto espirituales como temporales, tanto en el tiempo como en la eternidad. El amor del mundo y de la fácil comodidad estorba a muchos de los hijos de Dios de la «*plenitud de la bendición* del evangelio de Cristo» (Mt. 6:22). ¿Por qué deberíamos temer probar lo provechosa que es la piedad (1 Ti. 4:8)?

VI. La puerta de la invitación. «Si *alguno* tiene sed, *venga a mí* y beba» (Jn. 7:37). Esto incluye a los santos sedientos así como a los pecadores sedientos. Los santos sedientos son los más numerosos. Al aproximarse el día de su aparición el deseo de parte de los escondidos de Dios por una vida más santa y útil se intensifica. Este clamor de Jesús en el *último día* de la fiesta es especialmente apropiado para estos *últimos días*: «Venid a Mí, y creed en Mí, y de vosotros manarán ríos de agua viva». Satisfechos y rebosando (Sal. 23:5; Pr. 18:4).

VII. La puerta de la obediencia. «Por la fe, Abraham, siendo llamado, obedeció para salir *al lugar* que había de recibir *como herencia*» (He. 11:8). «Si queréis y obedecéis, comeréis el bien de la tierra» (Is. 1:19). El alma obediente tiene siempre buen apetito y abundancia de comida. «Buen discernimiento tienen todos los que practican sus mandamientos» (Sal. 111:10). Toda la tierra de gracia infinita está delante de ti; entra, y poséela. Al *obedecer* la verdad *purificaréis* vuestras almas (1 P. 1:22), y quedaréis así aptos para beber de los puros ríos de vida y quedar abundantemente satisfechos (ver Jn. 10:10).

1.884. ¿QUIÉN ES UN CRISTIANO?

Es uno que:

1. Ha **visto** una visión. «No fui desobediente a la *visión celestial.*»
2. Ha **recibido** una comisión. «Para abrir ojos y volver de las tinieblas a la luz.»
3. Ha **efectuado** una consagración. «No fui desobediente.»

1.885. RAZONES PARA AMAR AL SEÑOR

Una niñita estaba jugando con su muñeca en una habitación donde su madre estaba ocupada en un cierto trabajo literario. Cuando la madre hubo terminado, le dijo: «¡Ya puedes venir, Alicia!». La niña corrió hacia ella, exclamando: «¡Qué contenta estoy, porque quería quererte mucho!». «Pero pensaba que estabas muy contenta con tu muñeca, ¿no?» «Sí, mamá, claro que sí» –respondió la mozuela–, «pero me he cansado pronto de quererla, *porque no me puede querer de vuelta*».

¡Qué misericordia que Dios «no se cansa pronto de querernos» porque no demos respuesta a su amor. Él nos ama a todos. Pero tiene un amor especial para los que responden a su amor (Jn. 16:27). No solo nos amó cuando éramos pequeños, sino mucho más que esto: «Antes de la fundación del mundo».

Hay siete hechos acerca de su amor. Son:

1. Infinito en su carácter (Jn. 17:23).
2. Constreñidor en su poder (2 Co. 5:14).
3. Inseparable en su objeto (Ro. 8:35-37).
4. Individual en su elección (Gá. 2:20).
5. Universal en su extensión (Jn. 3:16).
6. Inmutable en su propósito (Jn. 13:1).
7. Eterno en su duración (Jer. 31:3).

Algunos testimonios bíblicos acerca de por qué otros le amaron. Dando razones de por qué también nosotros deberíamos amar a Dios.

1. Él me amó primero (1 Jn. 4:19).
2. Él ha oído nuestras oraciones (Sal. 116:1).
3. Él nos cuida, preserva y galardona (Sal. 31:23).
4. Él está con nosotros como uno de nosotros (1 S. 18:16). Es por esta razón que Israel amaba a David, y es otra razón por la que amamos a nuestro Señor.
5. Él predomina sobre todas las cosas, haciendo que todas obren para nuestro bien.
6. Él da de manera sorprendente tanto para ahora como para el más allá (1 Co. 2:9).

1.886. RECIBIENDO

Alguien ha observado de manera espléndida que:

1. MIRAR es recibir con los *ojos*.
2. OÍR es recibir con los *oídos*.
3. TOMAR es recibir con las *manos*.
4. GUSTAR es recibir con la *boca*.
5. VENIR es recibir con los *pies*.
6. CONFIAR es recibir con el *corazón*.
7. ESCOGER es recibir con la *voluntad*.

1.887. RECONCILIACIÓN

LA MUERTE DE CRISTO COMO RECONCILIACIÓN

En un reciente libro publicado en relación con un nuevo movimiento de mala doctrina aparece este pasaje: «Los antiguos sacrificios hablaban de un Dios airado que necesitaba ser propiciado por la sangre de víctimas "muertas sobre altares judíos". La Cruz de Cristo reveló a un Dios de amor cuyo amor, tan tierno, vasto y profundo, podía ir incluso a la Cruz del Calvario».

Diciendo poco, éste es un párrafo engañoso. Es una caricatura de la verdad. ¡Qué insensatez intentar enfrentar el Nuevo Testamento contra el Antiguo, con la intención de desacreditar este último! Porque, recordemos, el Antiguo Testamento es igualmente una revelación del amor de Dios, como lo es el Nuevo, tal como se demuestra con Deuteronomio y otros libros de la Biblia. ¿Y por qué se ha de hacer un intento de destruir el concepto de la ira de Dios? Porque la ira de Dios se encuentra en el Nuevo Testamento lo mismo que en el Antiguo. En Romanos 1:17, 18, y en muchas otras Escrituras, se demuestra que el Evangelio no solo es una revelación del amor de Dios, sino igualmente una revelación de su justicia y de su justa ira. Además, el Dios del Antiguo y del Nuevo Testamento no es un Ser carente de emociones, estereotipado. Es amor, y ama a todos, y sin embargo «Dios está airado con el impío» en el sentido de que su ira arde contra ellos hasta allí donde se identifican con sus pecados.

Es bien evidente que detrás de esta declaración acabada de citar hay un profundo desagrado del aspecto sustitutivo de la Muerte de Cristo y de las verdades que ciertamente subyacen a esta necesidad.

En determinados ambientes se ha expuesto mucha hostilidad y crítica contra el bien conocido verso de Charles Wesley:

> *«Mi Dios reconciliado está,*
> *Oigo su Voz de perdón».*

Dicen ellos: «Si la Expiación fue un acto de reconciliación, eran los hombres rebeldes, y no Dios, quienes necesitaban ser reconciliados, porque Dios estaba en Cristo reconciliando consigo al mundo (2 Co. 5:19). Dios es amor y no necesita ser reconciliado». Esta declaración es inexacta. Es cierto que los hombres necesitaban ser reconciliados, pero, ¿acaso no había necesidad de reconciliación en Dios? Dios es ciertamente Amor, pero es por esta causa que su reconciliación fue una primera necesidad. Por turbador que esto sea para algunos, es ciertamente la verdad.

I. La reconciliación de Dios con el hombre. «Y si el justo con dificultad se salva, ¿En dónde aparecerá el impío y el pecador?» (1 P. 4:18). ¿Cuál es el significado del término «con dificultad»? No puede significar que haya *el más mínimo grado de incertidumbre acerca de nuestra salvación.* La salvación del creyente queda sellada en el mismo momento en que confía en el Salvador. Acerca de esta vital cuestión hay un glorioso timbre de certidumbre.

Tampoco significa que aunque nuestra salvación final quede asegurada, que *nos salvaremos con apuros,* como un marinero náufrago alcanza *a duras penas* la costa sobre un madero flotante. Sin duda que éste será el carácter de la llegada de muchos al Hogar. Pero no es el ideal de Dios. Él desea que tengamos «abundante entrada» y que entremos triunfantes por las puertas de la Nueva Jerusalén.

La palabra «con dificultad» se refiere a la dificultad de llegar a la conversión y salvación. «Y si es difícil incluso para un justo el salvarse, ¿qué sucederá con los irreligiosos y pecadores?» La misma palabra traducida «con dificultad» aparece en Hechos 14:18: «Y diciendo estas cosas, *a duras penas* lograron impedir que la multitud les ofreciese sacrificio»; y en Hechos 27:7, «Navegando muchos días despacio, y llegando *a duras penas* frente a Gnido…».

Este versículo significa de cierto que al disponer su plan de Salvación, Dios hizo frente a muchas dificultades, y que la primera gran dificultad estaba en Él mismo. Él no tenía dificultad alguna para amarnos. ¿Cómo podría tenerla, si «Dios es amor»? Tampoco tenía dificultad alguna en desnudar su brazo en nuestro favor, porque su amor es enormemente práctico. La dificultad residía en sus Atributos.

A Dios le plugo en varios tiempos revelar, por palabra u obra, que en Él residen ciertos rasgos o cualidades. Éstas son conocidas teológicamente como sus Atributos. Un Atributo es aquello que pertenece a una persona en distinción a la persona misma.

Cinco de los Atributos Divinos son conocidos como Absolutos o Esenciales, porque son esenciales en la Deidad: Eternidad, Inmutabilidad, Omnipotencia, Omnipresencia y Omnisciencia. Y cinco son conocidos como Atributos morales: Santidad; Justicia (o Verdad o Rectitud); Amor; Misericordia y Fidelidad. Ahora bien, necesariamente cada acto de Dios ha de estar en perfecta armonía con cada Atributo por separado. No se puede pasar por alto ni violar un solo Atributo. El problema era: ¿Cómo puede Dios ser justo, y sin embargo ser quien justifica al impío? El Atributo de la Justicia clamaba por la condenación del hombre, pero el Atributo de Misericordia deseaba su perdón; el Atributo de la Rectitud demandaba la muerte del pecador, mientras que el Atributo del Amor rogaba por la salvación del pecador.

En la parábola de los Labradores Malvados hay una sola sentencia: «¿Qué haré?» (Lc. 20:13), que es un ventanal con dos cristales que dejan pasar un raudal de luz. ¿No revela esto el dilema de Dios, al Señor teniendo consejo ante este problema? Hablando, claro está, como habla el hombre. Nos referimos al «sencillo plan de salvación», y con razón. Pero con el pensamiento de la sencillez tenemos el peligro de olvidar la dificultad de la salvación.

En el Salmo 85:10 tenemos una declaración tocante al encuentro en perfecta armonía de estos mismos Atributos: «La misericordia y la verdad se encontraron; la justicia y la paz se besaron». Ciertamente, ésta fue una profecía pronunciada muchos años antes de su cumplimiento. Esta profecía se cumplió en la Cruz. Fue allí que se encontraron los Divinos Atributos y que hallaron el medio de la perfecta Reconciliación.

Al ponderar este tema una y otra vez, se han sugerido muchos pensamientos que derriban las ideas populares. Algo vacilante ante estos descubrimientos, el autor ha recibido ayuda de varios devotos eruditos bíblicos totalmente acreditados.

«La reconciliación, que es el fundamento del Evangelio Apostólico, no es algo que *nosotros* llevemos a cabo cuando echamos a un lado nuestra incredulidad y enemistad y nos volvemos a Dios en arrepentimiento y fe (aunque debemos decir que hay verdad en esta declaración, como veremos en el segundo punto). Es algo inconmensurablemente más importante, algo que *Dios* llevó a cabo por medio del sacrificio propiciatorio de Cristo», A. E. Barnes-Lawrence, M. A.

«Todo el tenor de las Escrituras va en el sentido de que por medio del sacrificio vicario de Cristo se consiguió un cambio en Dios de la siguiente naturaleza: que en tanto que antes Él no podía, en coherencia con la perfección de sus atributos, otorgar perdón o arrepentimiento, ahora sí puede», Litton.

Éstos son unos magnos pensamientos. Naturalmente, es necesario destacar que la Expiación no fue necesaria para inducir a Dios a perdonar, sino para *posibilitarle* que pudiese perdonar el pecado sin cometer por ello injusticia. «La muerte de Cristo elimina todos los obstáculos morales en la mente de Dios tocante a la salvación de los pecadores. Por la muerte de Cristo, el amor y poder infinitos de Dios son liberados de sus ligaduras mediante el cumplimiento de todos los juicios que su justicia podía exigir contra el pecador», L. S. Chafer.

Así, en la muerte de Cristo se provee una base sobre la que Dios puede actuar en perfecta justicia, aunque en maravillosa misericordia, para con el mundo. El hecho de que Cristo murió provee una base suficiente sobre la que Dios tiene libertad, en plena armonía con su santidad, para salvar incluso al mayor de los pecadores.

Durante una campaña evangelística en Aberdeen llevada a cabo hace muchos años por el Mayor Whittle, un joven de dieciocho años testificó diciendo: «Fui salvado por la justicia de Dios». Esto sobresaltó mucho al Mayor. Pero el joven prosiguió: «Fui condenado por la justicia de Dios; por la justicia de Dios, Jesucristo vino a ser mi Sustituto, morí en la Cruz, y soy salvo por la justicia de Dios». El Espíritu Santo le había revelado una gran verdad, una verdad asimismo estabilizadora, de la que miles de personas son hoy día desconocedoras. ¡Oh, es glorioso descubrir que nuestra salvación reposa en un fundamento tan sólido!

El doctor A. T. Pierson expuso de manera espléndida y a grandes rasgos otro aspecto de éste, el problema de todos los problemas.

«El problema de la redención era el siguiente: justificar al pecador sin justificar su pecado; salvarle de la pena legal y sin embargo salvar a Dios de contemporizaciones y complicidad con la culpa del pecador. La justicia demanda la ejecución de la pena en interés del mantenimiento de la ley y del perfecto gobierno; la misericordia anhela rescatar al ofensor en interés del amor. El problema era tan enorme que sólo la sabiduría y gracia Infinitas, obrando juntas, pudieron estar a la altura del mismo y solucionarlo. Ahora que está resuelto, puede parecer sencillo.»

Bendito sea Dios, el problema ha quedado resuelto debido a la muerte vicaria de Cristo. Dios ha sido ahora reconciliado, y Él puede a la vez ser «Dios justo y Salvador» (Is. 45:21). «Justo, y el que justifica al que es de la fe de Jesús» (Ro. 3:26), y, solo por ello, «el que justifica al impío» (Ro. 4:5). «Él es fiel *y justo* para perdonarnos nuestros pecados» (1 Jn. 1:9).

II. La reconciliación del hombre con Dios. El diccionario declara que *reconciliar* significa «traer al acuerdo; traer al consentimiento; restaurar a la amistad». Todas estas definiciones son sugeridoras de lo que significa la reconciliación del hombre con Dios.

Ahora bien, lo triste es que no se trata meramente de que el pecador sea impotente o que esté en peligro, sino que está en una actitud de activa rebelión y con una obstinación persistente, estado y talante que llevan un triste fruto en un terrible desafío de Dios y de su Ley.

La verdad de la reconciliación en la Biblia presenta una doble naturaleza. La primera necesidad era la reconciliación en el mismo Dios. Y hasta allá donde se trata de esto, fue conseguido en la Cruz (Ef. 2:16). La segunda necesidad es una reconciliación del hombre con Dios, y también esto se hizo posible en la Cruz (Ro. 5:10; Col. 1:20, 21; 2 Co. 5:18, 19).

«Aunque nunca se implica que quede eliminada la enemistad del mundo para con Dios, se declara que el estado judicial del mundo queda tan alterado delante de Dios mediante la muerte de Cristo, que se dice de Él que ha reconciliado el mundo consigo», L. S. Chafer.

Otro teólogo lo ha expresado muy pertinentemente de la siguiente manera: «La *iniciativa* de la reconciliación procede de Dios, su *aceptación* le corresponde al hombre».

Estando alienados por naturaleza de Dios, ha sido Dios quien ha dado el primer paso. Dios se reconcilió con el hombre; los peores de los hombres pueden ahora reconciliarse con Dios. Ahora Él envía a sus siervos con el Evangelio, con el gran mensaje de la Reconciliación, para proclamar: «¡Reconciliaos con Dios!» (2 Co. 5:20).

Uno de los predicadores de John Wesley, predicando acerca de la gracia salvadora, dijo que el instrumento de su conversión había sido aquel himno de Charles Wesley, en particular la primera estrofa, y lo citaba así:

«Todos los que aquí pasáis
Allegaos a Jesús;
¿Nada acaso os importa
Que Jesús debiera morir?

Tu rescate y tu paz,
Tu Seguridad Él es;
Venid, mirad si jamás
Dolor fue como su dolor».

Y luego añadió: «Luego creí que Dios me había perdonado todos mis pecados por causa de Cristo, y *hallé aquella paz que brota de la conciencia de la reconciliación*».

1.888. RECUERDA

1. De dónde has caído, Apocalipsis 2:5.
2. Ahora a tu Creador, Eclesiastés 12:1.
3. La mujer de Lot, Lucas 17:32.
4. Hijo, recuerda, Lucas 16:25.

1.889. REDENCIÓN

LA MUERTE DE CRISTO Y LA GLORIA DE LA REDENCIÓN

El lenguaje ha sido llamado el ámbar en el que mil preciosos y sutiles pensamientos han sido alojados y preservados. Esto es particularmente cierto por lo que respecta a la palabra «Redención». Aunque además de los pensamientos sutiles y preciosos tenemos que añadir muchos otros de penosos y entristecedores. Expliquemos:

Uno de los espectáculos más familiares en el mundo antiguo lo formaban largas líneas de cautivos encadenados, de camino a la capital. Después de tomar parte a la fuerza en la entrada triunfal de su vencedor, por lo general se ponía un precio de rescate por sus cabezas, tras lo cual eran encarcelados esperando el pago, o la muerte. En Israel había la adicional provisión de un Gaal, esto es, uno que por ser pariente próximo tenía el deber de redimir a un cautivo, o incluso de redimir la herencia de un pariente insolvente. Por ello, la redención significa volver a comprar, o un estado o condición cambiados de esclavitud a libertad como resultado de este acto de redención.

La Cruz de nuestro Señor Jesucristo es, en un sentido, un gran misterio, o, mejor aún, tiene una faceta de misterio. Se han hecho intentos, de diversas maneras, de explicar y aclarar de alguna manera algo de su maravilla, y una de las más claras es la de pensar en ella en términos de una Redención. Desde luego, es el concepto más antiguo que el hombre ha tenido, y es uno de los más hermosos aspectos de aquella muerte sacrificial. Contemplemos el pecado como esclavitud; los pecadores como esclavos del pecado y de Satanás; la Sangre de Cristo con el Precio de Rescate, pagado a las santas demandas de Dios respecto al pecador; el Cristiano como el que ha quedado libertado de una justa condenación, restaurado a la libertad y mucho más, y comenzaremos a comprender algo de su longitud y anchura, de su altura y hondura.

Solo que no debemos olvidar jamás esto: la compra significa que pertenecemos a otro amo. El redimido ha de servir ahora como amante y devoto siervo de Aquel que le ha redimido. Se ha dicho de manera muy apropiada que «el concepto de Dios como *Creador* es la base fundamental de la revelación cristiana, y el concepto de Dios como *Redentor* es el alma y la sustancia de la misma».

Se da a continuación el siguiente bosquejo de la Redención, resultado de años de meditación acerca de esta cuestión, con la esperanza de que pueda ser de utilidad para el pueblo del Señor.

I. El autor de la Redención: Dios. En el Salmo 49:6-8 se muestra la desesperada imposibilidad de que el hombre pueda jamás redimirse por sí mismo. ¿Por qué? El precio de la redención es demasiado elevado para que nadie lo pueda pagar. Pero observemos el v. 15, y con qué triunfo exclama el Salmista: «Pero Dios redimirá». Él es nuestra única esperanza. Observemos «de parte de Dios» en 1 Corintios 1:30.

II. El canal de la Redención: La Redención es mediante Cristo. ¿Nunca te ha sobrecogido Efesios 1:7, «En *quien* tenemos Redención»? No hay redención aparte del Señor Jesucristo. Él es nuestro Pariente Próximo-Redentor: «Su *pariente* más próximo». «Uno de sus *hermanos* lo rescatará» (Lv. 25:25, 48.) Véase Gálatas 4:5.

III. El precio de la Redención: es por la sangre. En Efesios 1:7, Colosenses 1:14 y 1 Pedro 1:18 y 19 se enseña claramente que la Sangre de Cristo es el precio de la Redención. «Redimidos... con la preciosa Sangre de Cristo.»

IV. El depositario de la Redención: la Redención es en Cristo. Que la Redención es en Cristo lo enseñan las siguientes Escrituras: Romanos 3:24; Colosenses 1:14. La redención es en Él, y sólo ahí puede quedar garantizada. Cuando le recibo a Él, recibo la Redención.

V. La seguridad de la Redención: incluye el Espíritu Santo. En relación con esto, considérese Efesios 1:13 y 14; y 4:30. Por el Espíritu Santo somos «sellados para el día de la Redención», y este mismo Espíritu Santo es «las arras de nuestra herencia». Cuando en los tiempos antiguos se compraban tierras, en lugar del 10 % de la cantidad acordada de dinero como depósito de compromiso legal, el vendedor se inclinaba y, tomando un puñado de la tierra adquirida, lo entregaba al comprador. Al darnos el Espíritu Santo, recibimos las Arras de nuestra plena Redención. Una doble seguridad.

VI. La operación de la Redención: es por poder. «Yo os redimiré con brazo *extendido*» (Éx. 6:6). «Jehová nos sacó *con mano* fuerte de Egipto, de casa de servidumbre» (Éx. 13:14). El poder del Espíritu, el Ejecutivo de Dios en esta dispensación, libera al cautivo sobre la base de la Sangre de Cristo. «La ley del Espíritu... me ha librado» (Ro. 8:2). Veamos Hebreos 11:35, donde la palabra traducida «el rescate» es la misma palabra traducida en otras partes como Redención.

VII. El alcance de la Redención: es para todos. Léase y estúdiese 1 Timoteo 2:6. Esto muestra con claridad que no puede haber redención aparte del Señor Jesús, porque «Él se dio en Rescate», y que la Redención es «para todos». Así, está a disposición de todos, pero sólo gozada por los que reciben al Redentor.

VIII. Su asombrosa latitud: la Redención es inclusiva. Véase qué amplio alcance tiene la Redención, y obsérvense sus bendiciones. ¿De qué somos redimidos?

1. DE LA MALDICIÓN DE LA LEY . Gálatas 3:13. Obsérvese como el Antiguo Testamento termina con una maldición (Mal. 4:6), y el Nuevo Testamento con una bendición (Ap. 22:21).
2. DE TODA INIQUIDAD. Salmo 130:8. No se trata sólo de una promesa para Israel, porque Tito 2:14 muestra que se trata de una promesa para hoy.
3. DE TODO MAL (Génesis 48:16). «Que me *rescató* de todo mal» en la V. M.
4. DE DESTUCCIÓN. Salmo 103:4.
5. DE LA MUERTE. Oseas 13:14.
6. DE ENGAÑO. Salmo 72:14.
7. DE TODAS LAS ANGUSTIAS. Salmo 25:22
8. DE SOLEDAD, como queda ilustrado en Rut, para lo que véase nuestro siguiente punto.
9. EL CUERPO. Romanos 8:23.

En estas Escrituras vemos *de qué* somos redimidos; observemos ahora *a qué* somos redimidos: 1) La primera bendición consciente es el perdón de los pecados (Col. 1:14; Ef. 1:7). 2) La siguiente bendición consciente es quedar libertados del poder del pecado, así como de su culpa, como se ve bajo el punto VI.

IX. El enriquecimiento a causa de la Redención: la Redención es por unión. Ésta es la enseñanza del Libro de Ruth. Estúdiese especialmente Rut 4:4 a 11. Redimir las posesiones de Rut significaba la unión de Booz y Rut en matrimonio, significando el adiós a la soledad y a la penuria. Porque desde entonces gozó de la compañía de su marido.

X. El período de la Redención: es para la eternidad. En Hebreos 9:12 se nos muestra con claridad que Él obró Eterna Redención. Así, este hecho se extiende, con sus privilegios y bendiciones, más allá del tiempo, a la Eternidad.

«Gloria a Él, cuyo desconocido amor
Tocó el abismo del hombre desde el sublime trono celestial;
Como un lucero nuevo su fulgor alumbró,
Un nuevo cántico se levantó: ¡REDIMIDO SOY, ALELUYA!»

1.890. REGOCIJAOS EN EL SEÑOR

¿Por qué los cristianos tienen necesidad de que se les exhorte a regocijarse en el Señor? ¿No traiciona falta de fe en el Señor, la ausencia de regocijo? Observaremos:

I. El objeto del gozo del creyente. Debemos regocijarnos:

1. EN EL SEÑOR (Sal. 35:9). No solo debemos estar en Cristo para regocijarnos en Él, sino que Él mismo tiene que ser para nosotros nuestro todo.
2. En el Señor COMO NUESTRO DIOS (Joel 2:23). Jesús dijo: «Asciendo… a mi Dios, y a vuestro Dios». ¿Sabemos lo que significamos cuando decimos: «Mi Dios, mi Padre»? Un Dios por Padre.
3. En el Señor COMO NUESTRO REY (Sal. 149:2). Bien podemos estar gozosos en *nuestro* Rey, porque no hay rey como Él.
4. En el Señor como EL SANTO (Is. 41:16). Sólo aquellos que aman la santidad pueden gustar de este gozo. Los puros de corazón verán a Dios, y se gloriarán en Él como el Santo.
5. En el Señor como EL SALVADOR (Fil. 3:3). Cuando Cristo es recibido por la fe es entonces que se canta el cántico de Simeón: «He visto Tu salvación».
6. En el Señor como EL TODOSUFICIENTE (Hab. 3: 17). Si nuestro gozo está en la bendición en lugar de en Aquel que bendice, pronto se marchitará.

II. Base de este gozo. Cada buen don es de lo alto. «Para que *mi gozo* permanezca en vosotros». Nos regocijamos en el Señor:

1. DEBIDO A SU SALVACIÓN (Sal. 35:9). ¡Ah, la gracia que trajo salvación, y que nos liberó del terrible hoyo de la culpa, y que nos limpió del lodo cenagoso del pecado!
2. DEBIDO A SU CUBIERTA (Is. 61:10). Él vistió a los primeros pecadores con túnicas de piel, lo que implica sacrificio. Así somos cubiertos (Ro. 3:22).
3. DEBIDO A SU PALABRA (Sal. 119:14). Su fiel palabra, cuando es creída, o comida, deviene el gozo y regocijo del corazón.
4. DEBIDO A SU FIDELIDAD (Sal. 5:11). Los que ponen en Él su confianza pueden regocijarse, porque nunca serán avergonzados.
5. DEBIDO A SU PROTECCIÓN (Sal. 28:7). Él no es sólo nuestro Escudo para defendernos, sino también nuestra Fortaleza para sustentarnos. Este sentimiento de seguridad debería aumentar nuestro gozo. El temor es la desaparición de la dicha.
6. POR CAUSA DE SU AYUDA (Sal. 63:7). ¡Cuántas veces, como Padre amante, Él ha extendido su mano auxiliadora en nuestro tiempo de necesidad!
7. POR CAUSA DE SU AVIVAMIENTO. Si nuestra vida espiritual decae, lo mismo sucede con nuestro gozo. Cada avivamiento de vida es avivamiento del Gozo.
8. DEBIDO A SU PRESENCIA (Sal. 16:11). Hay plenitud de gozo en su presencia *ahora* así como en el más allá. Este gozo puede ser nuestro siempre, pues, ¿no ha dicho él: «He aquí, yo estoy con vosotros todos los días»?
9. DEBIDO A SU GOZO (Sof. 3:17). Bien podrás gozarte en el Señor cuando Él se regocije sobre ti con cánticos.

III. El carácter de este gozo. Es:

1. UN GOZO SANTO (Lv. 23:40). Es un regocijo *delante* del Señor; el regocijo que tenía el sumo sacerdote al entrar en el lugar santísimo; el gozo que Jesús tenía.
2. UN GRAN GOZO (Is. 61:10). Grande en el sentido de ser divino, digno de Dios, señalado.
3. UN GOZO AGRADECIDO (Jl. 2:23). El corazón que se alegra en el Señor se deleita en derramar su gratitud al Señor.
4. UN GOZO LLENO DE EXPECTACIÓN (Zac. 9:9). Este gozo sobrevenido del cielo está a la expectativa del Rey que viene, en quien, aunque ahora no le vemos, sin embargo creyendo, nos regocijamos.
5. UN GOZO CONTINUADO (Fil. 4:4). Si nos regocijamos en su Nombre, y conocemos que su nombre permanece *eternamente*, entonces podemos regocijarnos en el Señor *siempre*.
6. UN GOZO GLORIFICÁNDOSE EN DIOS (Sal. 89:16). Glorificándose no en nuestro propio nombre, sino en el suyo. ¡Oh, por más de esta pura alegría que exalta su precioso Nombre!
7. UN GOZO TRIUNFANTE (Hab. 3:18). No está conectado con las cosas de este mundo, sino en el mismo Dios eterno.
8. GOZO INEXPRESABLE (1 P. 1:8). Lo llamamos gozo, pero la plenitud del deleite, el éxtasis, la gloria, no se puede expresar en lenguaje alguno. «Dios, mi gozo sobreabundante.»

IV. Consecuencias de este gozo. El regocijo en el Señor es el feliz talante que hace nuestras vidas más fructíferas. Este gozo:

1. DA IDONEIDAD AL SACRIFICIO (2 Cr. 23:18). Nuestras ofrendas tienen que ser hechas con regocijo (Ro. 12;1). El Señor ama al dador alegre.
2. DA PODER PARA EL TESTIMONIO (Sal. 107:22). Sus obras deben ser *declaradas* con regocijo. Si el gozo del Señor no está en nuestros corazones, nuestras declaraciones servirán de poco.
3. DA LIBERACIÓN DEL YO (Fil. 3:3). Si nuestro gozo es sólo en Cristo Jesús, nuestra confianza será también en Él.
4. DA FUERZAS PARA EL SERVICIO (Neh. 8:10). El gozo de tener la promesa de Dios debería fortalecernos en nuestra obra, como fue en el caso de Nehemías.
5. DA ALIENTO PARA DAR TESTIMONIO (Sal. 20:5). Si nuestro gozo en el Señor fuera medido por la altura de nuestras banderas, ¿cómo nos iría? Regocijaos; otra vez os digo: regocijaos. Regocijaos en el Señor.

1.891. CUALIFICACIONES PARA EL SERVICIO

1. Ven a Cristo, Mateo 11:28-2
2. Ve por Cristo, Mateo 28:19
3. Confía en Cristo, Mateo 28:20
4. Actúa como Cristo, Juan 13:14-15

1.892. SEIS ASPECTOS DE LA SALVACIÓN

1. *Cuerno* de Salvación: el Poder de la salvación, Lucas 1:69

2. *Roca* de Salvación: la Estabilidad de nuestra salvación, Salmos 95:1

3. *Torre* de Salvación: la Seguridad de nuestra Salvación, 2 Samuel 22:51

4. *Yelmo* de Salvación: la Preservación de nuestra Salvación, 1 Tesalonicenses 5:8

5. *Copa* de Salvación: el Gozo de nuestra Salvación, Salmos 116:13

6. *Manantiales* de Salvación: el Refrigerio en nuestra Salvación, Isaías 12:3

1.893. «SÍ, SEÑOR»

Introducción

1. Hay en nuestra lengua una pequeña palabra de enorme importancia: «Sí».

2. No hay ninguna palabra que sea empleada con tanta frecuencia.

3. Es una palabra que aprendemos a decir antes de «Gracias».

4. No hay palabra que caiga sobre el oído de una madre amante y que le dé más gozo que esta palabra «Sí».

5. Siete veces en el Libro de Dios encontramos estas palabras.

«Tu maravillosa voluntad, mi Dios,
Con triunfo hago ahora mía;
Y la fe clamará un gozoso "Sí",
A cada querido mandamiento que des.»

6. El «Sí» al Señor es el secreto de la salvación, de la santidad, de la esperanza, de la utilidad y de la dicha.

I. Humildad. El «Sí» de la humildad, de una profunda humildad en presencia de una gran necesidad (Mr. 7:28).

1. El primer «Sí» viene de los labios de una pobre mujer pagana.
2. Estaba profundamente angustiada por causa de otra persona: su hijo.
3. Los padres son sabios cuando llevan a sus queridos pequeños al Señor.
4. Los discípulos cometieron un gran error. Ella no estaba gritando detrás de «*nosotros*», sino detrás de Él.
5. ¿Por qué el silencio del Señor? Hasta que ella aceptó el puesto que le pertenecía.
6. Él habló a sus discípulos, no a ella; o, más bien, les habló a ellos de manera que ella pudiese oír.
7. Ella aceptó el puesto de bajeza. Si ella era un perro, solo era un cachorrillo, a los que se les permitía entrar en la casa y recoger las migajas.
8. Ahí está el secreto de:
   a. La salvación. ¿Has reconocido tu condición pecaminosa?
   b. El éxito en la vida de oración.

II. Confianza. El «Sí» de la confianza, en presencia de la ceguera (Mt. 9:28).

1. Los dos ciegos. Aunque ciegos, *vieron* el valor de seguir a Jesús, aunque fuese a oscuras.
2. Él los invitó a considerar su poder, y ellos respondieron confiados con un «Sí».
3. Se trataba de un reto a su fe.
4. El secreto:
   a. De la salvación.
   b. Del éxito para tratar casos difíciles.

III. Aceptación. El «Sí» de la aceptación de su Palabra (Mt. 13:51).

1. Pero, ¿entendían de verdad?
2. Él les había estado explicando hermosas parábolas.
3. Les echa este desafío.
4. Hazte esta pregunta al leer su Palabra.
5. Aunque ya no tenemos el Espíritu de Inspiración, si que tenemos al Espíritu de Iluminación.

IV. Aprecio. El «Sí» de un aprecio y apropiación crecientes (Jn. 11:25-27).

1. El Señor había declarado a Marta cosas maravillosas.
2. ¿Comprendía ella realmente el pleno sentido de sus palabras?
3. La pregunta no es, «*¿Crees que puedo hacer...?*», sino, «*que soy*». No se trata de una cuestión de capacidad, sino de lo que Él es en Sí mismo.
4. Éste es el secreto de la consolación.

V. Abandono. El «Sí» del abandono al escudriñamiento divino (Jn. 21:15).

1. Después de tener fiesta con el Señor.
2. El «Sí» del amor.
3. El secreto de la comunión.

VI. Sumisión. El «Sí» de la sumisión leal (Ap. 16:7).

1. En la actualidad están teniendo lugar muchos misterios.
2. Aquí tenemos la respuesta de la convicción.

VII. Expectativa. El «Sí» de la Novia expectante (Ap. 22:20).

«Sí«, Señor –oh, responde suave y quedo,
Con la respuesta inmutable que el amor conoce.
¡Amén! Tu voluntad se haga en tierra y cielo–
¡Aleluya!

«Sí» –aunque sombras nuestro camino atraviesen;
«Sí», bendito Maestro, aunque Tu vibrante llamada
Nos invite a seguirte, abandonando todo–
¡Aleluya!

«Sí», cuando se oye la voz del Espíritu que llama;
«Sí, a cada antigua promesa en la Palabra;
«Sí», aunque el cumplimiento tan retardado parezca–
¡Aleluya!

«Sí», aunque miles quisieran oír nuestro «No»;
La fe se aferra al camino a través del enemigo agazapado;
En Ti reposamos y en Tu Nombre avanzamos.
¡Aleluya!

1.894. SIEMPRE BLANCO

EL GOCE DE NUESTRA PROPIA EXPERIENCIA INDIVIDUAL DE ALGUNOS DE LOS BENDITOS FRUTOS DE LA MUERTE DE CRISTO

El adornamiento de las paredes de nuestras casas con textos de la Escritura coloreados artísticamente y con buen gusto es cosa buena tanto para sus moradores como para los visitantes. Nunca se nos podrá recordar suficiente de la Palabra de Dios. Además, es una práctica totalmente escrituraria (Dt. 6:9, 11:20), y es un método de confesar nuestra fe en Cristo y en su Libro.

Una vez estaba pasando un fin de semana ministrando el evangelio lejos de casa, y me llevaron a mi habitación. Allí, sobre el palanganero, había un texto con estas palabras: «En todo tiempo sean blancos tus vestidos». En la tenue luz del atardecer pensé que era sólo un lema, pero a la mejor luz de la mañana descubrí que era una declaración inspirada de Eclesiastés 9:8. Comunicaba una sencilla pero importante lección, la misma que tenía en mente el doctor F. B. Meyer cuando observó a uno que había entrado en el campo misionero: «Lo que realmente importa no es la sagacidad, sino la limpieza». Pero, ¿qué comunicaba este sencillo mensaje para la mente oriental cuando fue escrito al principio, y después? Investigando, se descubre que comunicaría uno de cinco distintos mensajes, o los cinco a la vez:

I. Absolución divina. «En todo tiempo... blancos» significa vivir a diario en el goce de la absolución divina, porque ésta sería la primera lección que comunicaría. Cuando un sacerdote judío era acusado de un crimen y se le hacía comparecer ante el Gran Sanedrín, en caso de ser hallado culpable salía de delante del tribunal vestido de *negro*; si era declarado inocente, salía de allí vestido de *blanco*. Así, el blanco era el color de la absolución. Así sucedía también en la antigua Persia. En relación con Dios y su misericordia justificadora, aquí tenemos la maravilla y el milagro de la gracia: sólo los culpables, los que reconocen su culpa e indignidad, y que muestran arrepentimiento para con Dios y fe para con el Señor Jesucristo, quedan absueltos y son justificados. ¡Maravillosa gracia! Culpables, pero absueltos. Y la prueba de mi absolución es ir vestido del ropaje blanco, de la vestidura blanca de la justicia imputada.

Por lo que toca a la pureza, el hombre natural está desnudo; por lo que toca a la justicia, está vestido de harapos inmundos. Pero, ¿qué son estos inmundos harapos? No son sus borracheras, ni su impureza o iniquidad, sino su *propia justicia*. Así es como Dios ve lo mejor que hay en nosotros. ¡Cómo pues han de ser nuestras maldades! La vestidura blanca de la inocencia ha desaparecido para siempre, pero hay otro ropaje: el ropaje de la justicia imputada. Todos los creyentes reconocen esta gloriosa realidad del Evangelio. Pero, ¿gozamos constantemente de nuestra justificación? Recuerda, los benditos frutos de la muerte expiatoria de Cristo son para goce así como para posesión de los creyentes. «En todo tiempo sean blancos tus vestidos». Vive en el constante goce del perdón y justificación que Dios te ha dado.

Un devoto siervo del Señor, Sir Arthur Blackwood, escribió que había estado viviendo una semana entera en base de dos palabras: «Justificado gratuitamente». Algunos de los amados hijos de Dios no parecen estar gozando de su salvación. El gozo en la salvación puede ser restaurado por el recuerdo diario y la meditación en la misericordia justificadora de Dios.

II. La vida de victoria. «En todo tiempo... blancos» significa: vive a diario la vida de la victoria, lo que debería seguir a nuestra justificación por la fe como otro resultado de la muerte de Cristo, y es el segundo mensaje que se nos comunica con esta sencilla amonestación. En la antigua Grecia y Roma era el color de la victoria. En cambio, hoy en día no significa triunfo. La bandera blanca es el símbolo de la sumisión, y la pluma blanca es el emblema de la cobardía. Pero en tiempos de Salomón era símbolo de victoria. En las recepciones oficiales a soldados vencedores, el héroe entraba en la ciudad entre los aplausos de la multitud, vestido de blanco. De ahí la significación de Apocalipsis 3:5: «El que venza será vestido de vestiduras blancas».

¡Así es! «Me sentía tan hermosamente salvada esta mañana... hasta que se rompieron las líneas del tendedero de ropa», exclamó desolada una mujer, llorando, «y desde entonces no me he sentido salva en absoluto». Pobre alma. No había estado mucho tiempo del lado del Señor. En un momento de prueba, cuando perdió todo el trabajo de una mañana entera, sus viejos hábitos de pasión y de mala lengua la vencieron. Entonces recibió seguridades de que en Cristo había no solo perdón, sino liberación de la cadena de los malos hábitos, y, humillándose ante el Señor y confesando su pecado y fracaso, prosiguió dichosa su camino, vestida de blanco.

Que tus vestiduras sean siempre las de un vencedor. Sí, por medio de Él podemos llegar a ser «más que vencedores» (Ro. 8:37).

III. La vida de pureza. «En todo tiempo... blancos» significa, ciertamente, vivir a diario la vida totalmente blanca, la vida de pureza, debido a su Cruz, porque blanco es el símbolo de la pureza en todos los idiomas y en todas las naciones.
En Canadá, el mayor cumplido que se le puede hacer a alguien es decir: «Es blanco», por lo que se significa que es genuino, recto, abierto, honrado, valiente, puro, alguien que no haría nada malo ni para salvar la vida.
No es el ropaje de la inocencia, sino de los que por la gracia han vencido sus pecados. El Señor puede mantenernos limpios y puros allí donde moremos, sea cual sea nuestra ocupación.

IV. La vida de gozo. «En todo tiempo... blancos» significa, vive a diario la vida de gozo, porque blanco era el color de los ropajes festivos de los judíos. Tres veces al año, cada varón de doce años en adelante debía comparecer delante de Dios en Jerusalén vestido de blanco. El blanco es el color que expresa gozo. Hay algo alegre en la luz. Atrae la música de los pájaros y despierta el mundo de la naturaleza. A veces hace desaparecer como por ensalmo la tristeza y la depresión de la noche pasada. «En todo tiempo sean blancos tus vestidos.» Es un llamamiento a la luz de la alegría. No hemos de ir por la vida revestidos de saco o enlutados, sino revestidos de la luz, porque si estamos viviendo en comunión con Él, cada día será día festivo.

V. La vida de servicio. «En todo tiempo... blancos» significa, vive a diario la vida de servicio, porque el blanco era la vestimenta del servicio celestial. Era la vestimenta imprescindible de los sacerdotes y levitas para poder servir en el Tabernáculo y en el Templo. Es la vestimenta de los ángeles. Vive para ti mismo, y vives en vano. Vive para otros, y gustarás lo dulce de la vida. Fíjate en la progresión de la verdad en el orden de nuestros pensamientos. Antes que puedas gozar de la victoria debes recibir la misericordia justificadora de Dios y gozarte en ella, y luego, con la justificación y la victoria diaria te apropiarás de la vida de pureza y del gozo. Entonces estarás equipado, experiencialmente, para el servicio.
Pero, ¿cómo es esto posible en este mundo de pecado? ¡Qué difícil es mantener las cosas blancas en nuestra atmósfera llena del hollín del pecado! Hay una nota ausente en la exhortación de Salomón. Dice él: «En todo tiempo sean blancos tus vestidos». Lo que no explica es como se puede hacer. Parece una cosa humanamente imposible. Pero, al volver las páginas de la Biblia, descubrimos el secreto. En Apocalipsis 7:13 y 14 descubrimos cómo pueden ser *blanqueadas*: «Han lavado sus ropas, y las han emblanquecido en la sangre del Cordero». Luego, en Apocalipsis 3:4, cómo pueden ser *guardadas blancas*: «Andarán conmigo en vestiduras blancas».
Finalmente, Salomón no solo apremia con las palabras «En todo tiempo sean blancos tus vestidos», sino que añade: «Nunca falte perfume sobre tu cabeza». Aquí, lo que se significa es la unción y la llenura del Espíritu Santo; y ésta es la prenda y el secreto de la blancura.
En una de nuestras grandes ciudades rescataron a un pequeño niño callejero y lo llevaron a un hogar infantil. Después de arduo trabajo quedó limpio y vestido con un hermoso traje de terciopelo. Nunca antes había él conocido del deleite de un traje así. ¡Qué ufano se sentía, y cuánto se admiraba en el espejo! Llegó el momento de ir a la cama cuando, para su consternación tuvo que desvestirse. Luego la matrona intentó enseñarle su primera oración, pidiéndole que repitiese la conocida oración infantil: «Ahora me echo a dormir», etc. Soñoliento, murmuró él:

«Ahora me echo a dormir,
Y ruego al Señor que mi ropa guarde».

Y aunque intentaron corregirle y explicarle, una y otra vez repitió la misma oración. ¿Acaso nosotros no podemos ofrecer la misma oración de manera inteligente? Él puede guardar blancas nuestras ropas.

1.895. SIETE MALES DE LOS QUE SER LIBRADOS

Los discípulos vieron orando a Jesús, y observaron la gran diferencia entre sus oraciones y las de ellos, por lo que le pidieron que les enseñase cómo orar. Sólo Él puede librarnos del mal. Él dijo a Moisés: «He descendido a librarlos», esto es, a Israel. Estamos tan profundamente hundidos en el lozadal del pecado que sólo Él puede levantarnos y sacarnos de ahí.

«Líbranos del mal». ¿De qué mal?
Hay siete males de los que ser librados:

I. De una mala conciencia. Mediante la sangre de Cristo (He. 10:22).

II. De un corazón malo de incredulidad. Mediante la regeneración (He. 3:12).

III. De hablar mal. Llenando nuestros corazones con tal amor que nos lleve a cubrir los pecados de otros (Ef. 4:31).

IV. De malas comunicaciones. Poniendo una guarda sobre nuestra boca y guardando la puerta de nuestros labios (1 Co. 15:33).

V. De toda mala obra, de toda mala intención y añagaza del diablo y de sus emisarios (2 Ti. 4:18), mediante la amante providencia de Dios.

VI. De toda especie de mal. Con un espíritu de suma diligencia (1 Ts. 5:22). Observemos, toda especie y tipo de mal, sea el que sea.

VII. Del presente siglo malo. Él vino a buscarnos (Gá. 1:4), Él nos salvará del mundo quitando el mundo de nuestros corazones. Y pronto nos sacará del mundo llevándonos a su glorioso Hogar en las alturas.

1.896. SIETE NECIOS

Un necio es aquel cuya estupidez queda demostrada por sus acciones o palabras. Tenemos:

I. El necio ateo. Dice en su corazón: «No hay Dios» (Sal. 14:1). *Desea* que no haya, y así se aventura a pensar y a decir que no hay Dios. Es un necio por hablar así, porque no lo sabe. No ha investigado todos los rincones del universo para verlo.

II. El necio racionalista (1 Co. 15:35, 36). Duda de la resurrección y niega todos los milagros, porque no conoce las Escrituras ni el *poder de Dios*. Un escéptico americano quedó abrumado y conquistado con esta palabra: «*Insensato*, lo que tú siembras no se vivifica, si no muere antes». La debilidad de la *razón* humana para comprender no puede invalidar la Palabra de Dios.

III. El necio impúdico. Este necio «se mofa del pecado» (Pr. 14:9). Un minero en Tasmania quedó ciego debido a una explosión, que le reventó los ojos. Era un hombre irreflexivo y blasfemo. Una de sus exclamaciones muy comunes era: «¡Que Dios maldiga mis ojos!». El pecado es una cosa abominable que Dios aborrece, y por lo que Cristo derramó su Sangre. Pero los necios se mofan de ello.

IV. El necio irreflexivo (Mt. 7:26). Sigue erigiendo la casa de todas sus esperanzas para el futuro sobre *la arena*. Tan necio es que espera salvarse gracias a sus propias obras aparte del único fundamento puesto por Dios, que es la peña Cristo Jesús.

V. El necio activo (Lc. 12:20). Este hombre no es escéptico, ni se toma el pecado a la ligera. Es reflexivo, activo y diligente en sus actividades. Pero todo lo que le preocupa son los bienes terrenos. Actuó bien para él mismo, y los hombres le encomiarían, pero era un necio a los ojos de Dios, que pesa las vidas humanas en las balanzas de la eternidad. Confiar en la abundancia de las riquezas y no hacer de Dios tu fuerza es una suprema necedad. ¿Cuál es tu vida presente? Es tan solo un vapor; por ello, allegaos tesoros en el cielo. «Buscad primeramente el reino de Dios y su justicia, y todas estas cosas os serán añadidas.»

VI. El necio autoconfiado (Ro. 1:21, 22). Este hombre sabe que hay Dios, pero no le glorifica como Dios. Y tampoco es agradecido, sino que se envanece en sus pensamientos, y profesando ser sabio se hace necio. ¡Ah, la insensatez de creer en Dios y de no honrarle como a Dios! Al lanzarse a seguir los vanos pensamientos de su propio y necio corazón en lugar de los pensamientos de Dios, y al poner sus propios pensamientos en lugar de la voluntad revelada de Dios, ve la luz, pero ama más las tinieblas.

VII. El necio cristiano (1 Co. 4:10). «Nosotros somos insensatos por amor de Cristo.» Es infinitamente mejor ser insensatos a los ojos de los que están sin Cristo, y sabios a los ojos de Dios, que ser necios a los ojos de Dios y sabios a los ojos de hombres cegados por el pecado. La sabiduría de Cristo está tan por encima de la más elevada sabiduría de los hombres como está por debajo de ella la insensatez del necio. Así que ser sabios en Cristo es ser insensatos a los ojos de los sabios de este mundo. Después que el erudito Saúl se convirtiera, fue llamado «charlatán». Festo lo trató de «loco». El hombre natural no recibe las cosas del Espíritu de Dios, porque le son necedad. Para el loco cristiano está preparado un gran y bienaventurado asilo (Jn. 14:2).

1.897. LOS SUFRIMIENTOS DE CRISTO

¿Como, y de qué manera, sufre el Espíritu Santo por causa de los hombres? Él se ve

I. Blasfemado por la presunción humana (Mt. 12:31, 32). Si comparamos el versículo 24 con el versículo 28, se verá con claridad el pecado de que se trata. Ellos decían: «Éste no echa fuera los demonios sino en virtud de Beelzebú». Jesús dijo: «Yo echo fuera los demonios en virtud del Espíritu de Dios». Por ello, ellos atribuían la obra del Espíritu a la obra del diablo, blasfemando con ello contra el Espíritu Santo. ¿Y cuán mejor es atribuir la obra del Espíritu Santo a la «mera excitación» o a la inteligencia del predicador?

II. Insultados por la soberbia del hombre. En Hebreos 10:29 leemos de aquellos que en el orgullo de su corazón «han hollado al *Hijo de Dios*, y... tenido por inmunda la sangre del pacto... y... ultrajado al Espíritu de gracia». Negar la divinidad de Cristo y el gran valor de la Sangre es menospreciar el testimonio del Espíritu Santo, e insultarlo abiertamente. Los que se pasan sin la Sangre carecen del Espíritu (1 Jn. 5:8).

III. Contristado por la desobediencia de los hombres. «En su amor y en su clemencia los redimió, ... mas ellos fueron rebeldes, y contristaron su Santo Espíritu» (Is. 63:9, 10). Pensemos en esto: *redimidos* pero *rebelándose* y contristando al Santo. ¡Cuán a menudo, cuando Él nos revela alguna fealdad inesperada adentro, en lugar de sentirnos agradecidos por el descubrimiento, el orgulloso corazón se rebela y rehusa confesar! Así queda contristado el Espíritu Santo, y no puede dar la bendición que quisiera, debido a la terquedad de nuestra voluntad.

IV. Resistido por la incredulidad de los hombres. «Vosotros siempre resistís al Espíritu Santo; como vuestros padres, así también vosotros» (Hch. 7:51). «Y vemos que no pudieron encontrar a causa de su *incredulidad*» (He. 3:19). Al dudar de la Palabra de Dios, se presenta resistencia al Espíritu de Dios, porque la Palabra es su espada. Si el Espíritu Santo debe tener plena posesión de la tierra de Canaán del corazón, a fin de eliminar todas las fieras (concupiscencias), y todo lo que contamine el monte santo, entonces se deben creer las promesas de Dios, o se estará presentando resistencia al Espíritu.

V. Tentado por la insinceridad de los hombres. «¿Por qué os pusisteis de acuerdo para tentar al Espíritu del Señor?» (Hch. 5:1-9). Ananías y Safira, al intentar engañar a sus hermanos, tentaron y mintieron al Espíritu Santo. Uno se hace culpable de esto cuando pretende ante sus hermanos que está totalmente entregado a Dios, y al mismo tiempo está abrigando un pecado secreto. ¡Cuidado con ser más santo delante de los hombres que delante de Dios, y de tentar al Espíritu Santo: sí, tentándole a dejarte en tu propio engaño. «Crea en mí, oh Dios, un corazón limpio» (Sal. 51:10).

VI. Apagado por los prejuicios de los hombres. «No apaguéis el Espíritu; no menospreciéis las profecías» (1 Ts. 5:19, 20). Me parece que lo aquí prohibido es un pecado muy común, la indiferencia frente al *mensaje de Dios*, debido a que quizá el *mensajero* no sea exactamente como a nosotros nos gustaría. Este prejuicio secreto, que es frecuentemente resultado del sectarismo, puede ser desconocido para nuestros compañeros, pero es conocido y sentido por el Espíritu Santo, y cuelga como velo entre su influencia y el alma.

VII. Contristado por la frivolidad humana. «No contristéis al Espíritu Santo» (Ef. 4:30). Esta solemne exhortación se halla entre estas otras dos: «Salga de vuestra boca... la [*palabra*] que sea *buena para edificación*» (v. 29), y «Quítense de vosotros toda amargura y... *maledicencia*» (v. 31). ¡Cuán a menudo es contristado el Espíritu por la conversación ligera y sin provecho de los cristianos! Contristado porque Él quiere enseñarnos para provecho. Él no puede unirse en la conversación carente de provecho, y mucho menos en la maledicencia. El Espíritu Santo no puede permitirse la frivolidad. ¿Y por qué nosotros? Pongamos una guardia en la puerta de nuestros labios. Los hombres llenos del Espíritu Santo son hombres serios.

1.898. SUSTITUCIÓN

LA SIMPLICIDAD Y, SIN EMBARGO, LA SUPREMACÍA DE LA MUERTE SUSTITUTORIA DE CRISTO

La importancia de cualquier suelto periodístico puede medirse por la cantidad que se le da en el diario. La misma norma es de aplicación a la Biblia. Tomemos el tema de la muerte. Cuando comenzamos a leer la Biblia, encontramos que se da el más pequeño espacio posible a la muerte de los caracteres bíblicos. Esta primera impresión se ahonda según vamos adelantando en oración en la lectura del sagrado libro, hasta que llegamos al Nuevo Testamento, donde encontramos que se da un gran espacio –varios capítulos enteros– a la muerte de Cristo. Mateo le dedica un capítulo de 66 versículos; Marcos, que generalmente es muy parco en sus declaraciones, 47 versículos; Lucas, 56, y Juan, 42. ¿A qué se debe esto? ¡Desde luego, la implicación es que esa muerte fue diferente de todas las otras muertes! La realidad es que la obra suprema de Cristo para la salvación de los hombres se cumplió en su muerte. *Nosotros* venimos a vivir; la muerte concluye nuestra tarea; *Él vino para morir;* la muerte fue el medio de llevar a cabo la obra que vino a hacer. Y hay otro hecho igualmente impresionante, y es que la Biblia declara que no hay salvación aparte de esta muerte.
Uno de los aspectos más simples de la muerte de Cristo es el de la sustitución. Esto se enseña en innumerables porciones de la Escritura, como Juan 10:11; Gálatas 2:20; 1 Pedro 3:18. Pero no se puede encontrar ninguna explicación ni ilustración más clara de la sustitución que la que tenemos en Génesis 22:13: «En lugar de». Aquel gran evangelista que fue D. L Moody tenía razón cuando dijo: «Se quita la gran doctrina de la Sustitución de la predicación de Pablo, Pedro, Juan, Santiago, Felipe y todos los otros hombres de Dios, y *se les quita todo lo que predicaban*. No parece haber ni un rayo de esperanza para los que ignoren la bendita verdad de la Expiación».
Volviendo a Génesis 22, ¿por qué se le hizo hacer a Abraham un viaje de tres días para ofrecer a su hijo? Para mostrar que el acto no era impulsivo, sino que tenía una intención serena, deliberada y medida. Ésta es una de las imágenes más claras de la muerte sustitutoria de Cristo en la Biblia. El sacrificio designado, Isaac, se asemejaba al Hijo de Dios, el gran Cordero de Dios, en su nacimiento sobrenatural; en que era el hijo amado y único de su padre; en su buena disposición a ser sacrificado; y que él, como posteriormente el Señor Jesús, llevó la madera (en la experiencia del último, la Cruz de madera) hasta el lugar de la muerte; en su soledad, los dos aparte de todos los demás, en este gran acto, una débil imagen de la soledad y aislamiento de Dios el Padre y de Dios el Hijo en la Cruz, aislados de la multitud durante tres horas de tinieblas. Solo que para el Hijo de Dios no se encontró un sustituto, como sí en el caso de Isaac. Porque el Señor Jesús fue nuestro sustituto, y murió en nuestro lugar. ¿Has contemplado tú con la mirada de la fe al Cordero de Dios, como invitó Juan a sus oyentes con las famosas palabras: *«He ahí el Cordero de Dios, que quita el pecado del mundo»*?

1.899. «TODOS»

1. El pecado en,	Salmos 53:1-3
2. El Evangelio para,	Marcos 16:15
3. Cristo murió por,	Hebreos 2:9
4. La invitación a,	Isaías 55:1
5. El don ofrecido a,	Apocalipsis 22:17
6. La promesa para,	Hechos 2:21
7. Trabajo para,	Marcos 13:34
8. Darán cuenta a Dios de sí,	Romanos 14:12

1.900. TRES ÁRBOLES

I. El Árbol del Conocimiento. Que nos recuerda el pecado y la ruina del hombre (Gn. 2:17).

II. El Árbol del Calvario. Que nos habla de la redención del hombre (Hch. 10:39; Hch. 5:30; 1 P. 2:24).

III. El Árbol de la Vida. Que nos habla de la plena regeneración del hombre (Gn. 2:9; Ap. 2:7; 22:2).

1.901. TRES COSECHAS

1. *Pasada,* Jeremías 8:20

2. *Presente,* Mateo 9:37

3. *Futura,* Mateo 13:39

1.902. TRES GRANDES PALABRAS

I. «Venir.» Allegamiento (Mt. 11:28). Ésta es una de las más dulces palabras en nuestro idioma. Es una palabra llena de música. A los que vengan, Él dará reposo.

II. «Venir a ser.» Filiación (Jn. 1:11, 12). Los que vienen a Él y le reciben, vienen a ser lo que no eran, hijos de Dios.

III. «Vencer.» Victoria (1 Jn. 2:13). ¡Cuánto valor le damos a esta palabra! ¡Cuánta necesidad tenemos de la gracia vencedora! ¡Ay, demasiadas veces somos vencidos, en lugar de ser vencedores!

Pero recordemos, que no podemos *venir* a *ser* ni *vencer*, a no ser que primero obedezcamos la invitación de *venir*.

1.903. UN CRISTIANO BÍBLICO

El año 1815 nació en Inglaterra la secta llamada «Cristianos Bíblicos». Adoptaron este nombre porque profesaban aferrarse a la Biblia. Cada cristiano es un «cristiano bíblico», aferrándose a Cristo y su Palabra de verdad. Cualquier otro tipo de cristiano es un falso cristiano. Un «cristiano bíblico» es un cristiano según el orden de la Biblia. Es

1. UNO QUE CONFÍA EN CRISTO (Ef. 1:12). Uno que ha sido convencido por el Espíritu, al que se le ha hecho sentir su necesidad de Cristo, y que, por un acto deliberado de su propia voluntad, ha puesto toda su confianza en Él. Tiene una fe asentada en Él como el todopoderoso e infalible Hijo de Dios.
2. UNO QUE TIENE VIDA POR MEDIO DE CRISTO (Jn. 6:37). Era ajeno a la vida de Dios, pero ahora, por la fe, está injertado en ella. Al recibir a Aquel que es el «pan de vida«le ha sido impartida la vida, ha sido hecho nueva creación, nacido de Dios, hecho participante de la naturaleza divina. Ésta es la vida eterna.
3. UNO QUE TIENE AMOR HACIA CRISTO (1 Jn. 4:19). El amor es la primera evidencia de un corazón regenerado. Cuando el amor de Dios es derramado en el corazón, se levantará en toda su fuerza y plenitud a Aquel de quien proviene. Es un amor que ahora cree y se regocija con un gozo inenarrable (1 P. 1:8).
4. UNO QUE TIENE COMUNIÓN CON CRISTO (1 Jn. 1:3). Esta comunión es dulce, porque hay un intenso amor por ambos lados. «Señor, ¿a quién iremos?» (Jn. 6:68). Nadie hay en la tierra que el alma nacida de nuevo desee aparte de Él. «Si tu presencia no ha de ir conmigo, no nos saques de aquí» (Éx. 33:15). «Permaneced en Mí» (Jn. 15:4).
5. UNO QUE OBRA PARA CRISTO (2 Co. 6:1). «De quien soy y a quien sirvo» (Hch. 27:23). Perteneciendo a Él y viviendo para Él es su privilegio no solo trabajar por Cristo sino también trabajar con Él. Hay este camino más excelente: Dios obrando en nosotros tanto el querer como el hacer por su buena voluntad. Liberados para servir.
6. UNO CUYOS RECURSOS ESTÁN EN CRISTO. (2 Co. 2:9, 10). Toda la plenitud de la Deidad está en Él, y vosotros estáis en Él. Permaneciendo en Cristo recibe, como pámpano en la vid, toda la plenitud de Aquel que es su vida, su fuerza, su poder, su todo. ¡Las inescrutables riquezas de Cristo! ¿Qué son ellos? Todo es vuestro, porque vosotros sois de Cristo.
7. Uno que será recompensado por Cristo (2 Co. 5:10). Cada cristiano será salvo, pero no todo cristiano recibirá recompensa. Las recompensas serán dadas solo por obras hechas en su Nombre y para su gloria (1 Co. 3:13-15). La salvación es un don. Las recompensas deben ser ganadas. Cristo mismo fijará el valor de cada acción llevada a cabo (Mt. 25:19-25).
8. Uno que pasará la eternidad con Cristo (Jn. 17:24). Este gran privilegio está prometido en Juan 14:3, fue pedido en oración en Jn. 17:24, y es cumplido en Ap 5:9. Una niña pequeña dijo que vivía donde su mamá. Nuestra aptitud para estar con Él será nuestra semejanza a Él (1 Jn. [añado yo, según el libro nuestro] 3:2). Para siempre con el Señor.

1.904. UN INTERÉS PERSONAL

LA NECESIDAD IMPERATIVA DE UN INTERÉS PERSONAL EN LA MUERTE DE CRISTO, REFLEJADA EN UNA ANTIGUA COSTUMBRE CENSAL

Los comerciantes sagaces mantendrán un inventario anual, para ver cómo les va el negocio. Las naciones, al igual que las personas, tienen su inventario, pero en el caso de las naciones se le da un nombre distinto: censo.

Es antigua la costumbre de celebrar censos. Sabemos que los egipcios acostumbraban hacerlos: eran sumamente metódicos y organizadores natos. Pero el más antiguo de los censos registrados no tuvo relación con Egipto, sino con Israel, y tuvo lugar hace más de 3.000 años. Es relatado en Éxodo 38:26, cuando los israelitas fueron contados en el Desierto.

Cuando fue conducido al Salvador hace más de medio siglo, el escritor de estas líneas llegó a hacerse conscientes de una enorme hambre y sed por la Palabra de Dios, y nunca se sentía tan feliz como cuando estaba leyéndola y meditándola. Recuerdo bien cuando llegué por primera vez a 1 Pedro 1:18, y que al leer «Sabiendo que fuisteis rescatados de vuestra vana manera de vivir… no con cosas corruptibles, como oro o plata», prorrumpió con énfasis: «¡Claro que no!, ¡nadie ha sido nunca redimido del pecado, de la muerte y de las tinieblas de afuera, con cosas perecederas como plata y oro: es la Sangre la que hace la expiación!».

Pero, más adelante, cuando comencé a leer y a ponderar las Escrituras Antiguo Testamento, vi para mi sorpresa y aturdimiento en Éxodo 30:11-16 que Dios había ordenado esto mismo. *A diferencia de cualquier otra nación*, cada vez que se celebraba un censo, fuese de carácter nacional, un pase de lista después de una batalla, la conclusión de una campaña militar, o cualquier otro propósito nacional, todos los varones israelitas de veinte años y más debían pagar una pequeña moneda de plata llamada medio siclo, equivalente a unos seis gramos de plata.

Había otras diferencias respecto a los censos actuales, como por ejemplo que el censo era llevado a cabo cuando lo ordenaba el gobernante o rey, era llevado a cabo por los militares, y no se contaban ni las mujeres ni los niños. Pero la principal diferencia era el pago de esta pequeña moneda de plata, cuya omisión exponía a la persona a un terrible peligro. En Éxodo 30 se afirma que su pago era (a) un rescate (v. 12); (b) una preservación (v. 12); y (c) una expiación (v. 15).

Antes de considerar la significación de esta extraña costumbre, examinemos los once censos registrados en las Escrituras. Probablemente hubo muchos más, pero de ellos no tenemos registros.

El **primer censo** tuvo lugar cuatro meses después del Éxodo (ver Éx. 38:25 y 26). El **segundo** se hizo nueve meses después, o cuatro meses después de haber sido erigido el Tabernáculo (Nm. 1:1 a 3; con Éx. 40:17 y 18). Muy poco después se realizó el **tercer censo**, que quedó confinado a la enumeración de los primogénitos de Israel y de la tribu de Leví, después de la decisión de que ésta tomase el puesto de los primeros, y los que excedían en número a la tribu de Leví tuvieron que pagar un precio de redención especial de cinco siclos cada uno (Nm. 3:46 y 47).

El **cuarto censo** tuvo lugar treinta y ocho años después en los campos de Moab (Nm. 26). Poco después de ello se realizó el **quinto** (Nm. 31:49 a 54), pero éste tenía más naturaleza de un listado militar después de una terrible batalla contra Moab en la que murió el profeta Balaam. Para asombro de ellos, aunque la mortandad entre el enemigo había sido enorme, no faltaba ni un solo guerrero israelita, y como especial ofrenda de acción de gracias, pidieron que se les permitiese ofrecer oro en lugar de plata, petición que fue concedida.

El **sexto** fue el ordenado por el rey David y está registrado en 2 Samuel 24, tras el cual 70. 000 hombres murieron debido a la peste. ¿Había olvidado el rey David, o quizá el general Joab, que se debía pagar el medio siclo de moneda de la expiación? Es posible, *porque no se menciona esta redención en todo el pasaje*. Si es así, ¿no tenemos en esta omisión una suficiente réplica para el reto que se ha hecho a la justicia de Dios de que castigase a 70. 000 personas por el pecado de un solo hombre? Ninguno de los censados era inocente; todos compartían la culpa de no dar el medio siclo.

El **séptimo censo registrado** fue llevado a cabo por Salomón, mencionado en 2 Crónicas 2:17. ¿Se tenía con él el propósito de terminar la tarea comenzada pero no terminada por David y Joab? El **octavo** fue tomado al regreso de Babilonia (Esd. 2); el **noveno** al nacer Cristo (Lc. 2:1). El **décimo** tuvo lugar durante su maravillosa vida, y es mencionado en Mateo 17:24 a 27, cuando admitió a Pedro a participar en la milagrosa redención, recordándonos cómo admite él a cada creyente a participar ahora en su redención, y luego a la gloria. El **undécimo** es mencionado por Gamaliel en Hechos 5:37.

La recaudación del primer censo fue empleada para proveer las basas de plata sobre las que descansaba el Tabernáculo, simbolizando esto que el hecho de que Dios more con el hombre, y nuestra unidad y comunión con Él, reposa todo ello sobre la sólida base de la Redención. Después, el dinero de la redención fue empleado para sustentar los servicios del santuario.

Ahora bien, ¿cuál es la misión que tiene esta notable costumbre? ¿Qué se nos quiere enseñar con esto? ¿Qué verdades espirituales comunica? ¿Qué quiere el Señor que aprendamos, o que recordemos, como resultado de esta meditación?

I. La indignidad personal.

«Cada uno dará a Jehová el rescate de su persona» (Éx. 30:12). Al ser censados en Israel, sería natural que pensasen acerca del gran honor que les era conferido, y podrían comenzar a hincharse de orgullo, imaginando que el honor se debía al mérito y no a la gracia. Esta ordenanza designada por Dios tenía el propósito de mantenerlos humildes a sus pies. El momento del censo era el mismo designado por Dios para el pago del medio siclo, a fin de recordarle a cada persona su indignidad personal, su pecaminosidad y su necesidad de redención. Con eso serían salvados de un gran peligro: del orgullo espiritual. Se ha dicho con razón que hay cuatro clases de orgullo:

1. EL ORGULLO DE LA POSICIÓN: orgullo de la posición o situación en el mundo de los hombres, o en la Asamblea. Sin embargo, ¿de dónde vinieron las cualidades que llevan al liderazgo, y de dónde aquel conocimiento de su Palabra que hace que nuestro ministerio sea provechoso y útil para los demás? Todo lo que tengamos lo hemos recibido de Dios. Nosotros no somos nada por nosotros mismos; más aún, menos que nada.
2. EL ORGULLO RACIAL: jactancia por el accidente del nacimiento. Pero Dios ha hecho de una sola sangre todas las naciones de los hombres, determinando *cuándo* íbamos a nacer y donde (Hch. 17:26). ¿Por qué olvidas estas realidades?
3. EL ORGULLO DE LA PRESENCIA. Quizá esto sea más común entre los jóvenes, aunque los adultos no están siempre exentos de ello. Pero deberíamos recordar que toda hermosura procede de Dios, y que la hermosa presencia es sólo externa, excepto si es hermosura de alma y de espíritu.
4. ORGULLO DE LA GRACIA. Cuidado con ella. Es una forma de lo más sutil del orgullo. Imagínate, estar orgullosos de nuestra humildad, o de nuestra posición en su gracia y Reino. ¡Asombroso! Si el diablo no puede hacernos tropezar en ninguna otra forma, intentará seducirnos en esta dirección, y frecuentemente lo logra. ¡Oh, mantente humilde y realista! Recuerda siempre cuán absolutamente dependes de su gracia y del mérito de nuestro Redentor. Si esta antigua costumbre del censo ha cesado debido a la perfección de la obra de Cristo en la Cruz, ha ocupado su puesto el acudir semana tras semana a la mesa del Señor. Al comer del pan y al beber de la copa en memoria de su cuerpo entregado y de su Sangre derramada, deberíamos decir en lo más hondo de nuestro corazón:

«Mi más rica ganancia la cuento como pérdida,
Y sobre todo mi orgullo menosprecio derramo».

II. Apropiación personal.

«Cada *uno*» (Éx. 30:12, 14). Al realizarse un censo, cada israelita acudía, por así decirlo, individualmente delante de Dios, y *cada uno*, con independencia de su cuna o posición, debía dar medio siclo como rescate «de *su persona*». El rico y el pobre tenían exactamente el mismo valor delante de Dios, y tenían igualmente necesidad de la gracia redentora. Por ello, la redención es el gran igualador. Si todos no son pecadores por un igual, todos sí son igualmente pecadores, y necesitan un Salvador. Cada uno, individualmente, *precisa* de un *interés personal en Cristo y en su gran redención*. Esto es importante. Ha de haber una apropiación personal de la Sangre de Cristo y de los méritos de nuestro Salvador.

III. Acción de gracias personal.

La ofrenda de medio siclo en un censo después de la batalla o campaña no tendría sólo la naturaleza de expiación y de dinero de rescate, sino también de acción de gracias. Cada uno daba gracias a Dios individualmente por la misericordia que los había preservado. Tan completa y perfecta es aquella única ofrenda de Cristo por el pecado en el Calvario que la obra fue consumada entonces una vez por todas. «Consumado es», clamó Él. Fue una gran y triunfante proclamación.
No se nos demanda hoy que presentemos una ofrenda para expiar nuestro pecado, esto ha sido hecho una vez por todas por nuestro Salvador. Nuestra primera necesidad es aceptar la obra llevada a cabo. Pero, después de este acto de apropiación y de identificación, debería haber el acto de dar, primeramente a nosotros mismos, luego de nuestros bienes, como acción de gracias por una redención y expiación consumadas. Al meditar acerca de la Cruz, debería haber no solo un sentimiento ahondado de indignidad personal, y una renovada conciencia de la dignidad de Cristo y de la perfección de su obra consumada, sino el derramamiento de nuestro agradecimiento a Él en oración, y el ofrendamiento de dinero para el sustento e impulsión de su obra en nuestro país y en el extranjero. No, naturalmente, para comprar la salvación, sino para celebrar una salvación ya recibida y que ya disfrutamos.

1.905. UNA COSA

I. Una cosa faltaba: Lo inclusivo de la demanda que hace el Señor de nosotros (Mr. 10:21).

II. Una cosa necesaria: La bienaventuranza de dar al Señor nuestra confianza, nuestro amor y nuestra atención (Lc. 10:42).

III. Una cosa hecha. El valor de la concreción y de la concentración en las cosas de Dios (Fil. 3:13).

1.906. UNA PALABRA PARA TODOS

I. A los **inconversos**	Juan 3:7
II. Al **indagador** ansioso	Juan 1:12
III. A **los que dudan**	1 Juan 5:12, 13
IV. A **los que desesperan**	Hebreos 7:25
V. Al **recién convertido**	1 Pedro 2:2
VI. Al **cristiano experimentado**	Isaías 46:4,
VII. Al **obrero fatigado**	2 Corintios 12:9

1.907. VALOR

Tened el valor:

1. De *obedecer* como Abraham, Génesis 12:4; Hebreos 11:8
2. De *sufrir* como Moisés, Hebreos 11:25
3. De *huir* como José, Génesis 39:12
4. De *mantenerse* firme como Elías, 1 Reyes 17:1
5. De *perseverar* como Daniel, Daniel 6:10
6. De *aventurarse* como Pedro, Mateo 14:28, 29
7. De *testificar* como Pablo, Hechos 26:22, 23

1.908. VASOS

1. Roto,	Salmos 31:2
2. Recién hecho,	Proverbios 25:4
3. Echado a perder,	Jeremías 18:4
4. Despreciado, de deshecho,	Jeremías 22:18; Oseas 8:8
5. Precioso,	Jeremías 25:34
6. Escogido,	Hechos 9:15
7. Para honra,	2 Timoteo 2:21
8. Vacío,	Jeremías 14:3
9. Prestado,	2 Reyes 4:3
10. Impuro,	Isaías 65:4
11. Profanado,	Daniel 5:23
12. Restaurado,	Esdras 1:7; 5:15
13. De misericordia y de ira,	Romanos 9:22

1.909. VEN

1. *Y reposa,*	Mateo 11:28
2. *Y ve,*	Juan 1:39
3. *Y bebe,*	Juan 7:37
4. *Y come,*	Juan 21:12
5. *Y sígueme,*	Marcos 10:21
6. *Y descansa un poco,*	Marcos 6:31
7. *Y hereda,*	Mateo 25:34

1.910. VIDA ETERNA

«Vive aquel que para Dios solamente vive,
Y todo el resto muerto está;
Porque no hay más fuente que Dios.
De donde la vida pueda proceder.»

I. La fuente de esta vida.

1. VIENE DEL PADRE ETERNO (Jer. 10:10, *margen*). Aquel que mora en la eternidad es el Manantial de esta agua de vida. El Dios viviente y Rey de la eternidad. Nacidos de Dios.
2. ES OFRECIDA POR MEDIO DEL HIJO ETERNO (Ro. 6:23). «Éste estaba en el principio con Dios» (Jn. 1:2). «El Verbo se hizo carne, y habitó entre nosotros.» Ésta es la vida eterna: el Buen Pastor que puso su vida por las ovejas.
2. ES ENGENDRADA POR EL ESPÍRITU ETERNO (He. 9:14). «Y él os dio vida a vosotros, cuando estabais muertos por vuestros delitos y pecados.» Es el Espíritu el que vivifica. La salvación es del Señor.
4. ES ORDENADA POR UN PROPÓSITO ETERNO. Escogidos en Él antes de la fundación del mundo (Ef. 1:4). Prometida antes que el mundo fuera. Una preciosa verdad que demanda una sencilla fe (He. 11:3).
5. ES SUSTENTADA POR COSAS ETERNAS (2 Co. 4:18). Las cosas de este mundo no pueden dar satisfacción a los deseos y afectos de esta vida eterna y dada por Dios (Col. 2:1-3).
6. ESTA DESTINADA PARA GLORIA ETERNA (1 P. 5:10). Ha venido de parte de Dios, y a Dios se dirige.

II. La posesión de esta vida.

1. NO ES HEREDADA POR OBRAS (Mt. 19:16). Por los hechos de la ley ninguna carne se justificará delante de Él (Ro. 3:20). Ofrecer obras como precio es hacer deudor a Dios (Ro. 4:4).
2. ES LA PROMESA DE DIOS (1 Jn. 2:25). La promesa del verdadero Dios que mora en la eternidad. Esta promesa es la palabra de vida. Habla, y es hecho.
3. ES UN DON (Ro. 6:23). La vida divina solo puede venir de Dios. Tiene que ser dada porque no puede ser comprada. Lo que fue perdido por el pecado sólo puede ser logrado por la gracia.
4. ES EN CRISTO (1 Jn. 5:11). Le complugo a Dios que esta plenitud morara en Él: en Él que vive para siempre jamás. El que tiene al Hijo tiene la vida.
5. ES RECIBIDA POR LA FE (Jn. 3:15). No por obras, para que nadie se gloríe. Ésta es la obra de Dios, que *creáis*. La gracia queda encerrada en la fe.
6. CONSISTE EN CONOCER A DIOS (Jn. 17:3). Los *vivientes* te alaban. Yo sé en quién he creído. Conozco a mis ovejas, y las mías me conocen. ¿Quién dices tú que yo soy?
7. CONSISTE EN TENER A DIOS (Jn. 6:54). «Todos los que le recibieron», etc. (Jn. 1:12). Conocer y tener al Eterno es poseer la vida eterna. No es tener esperanza, sino tener a Cristo, quien es nuestra esperanza.

III. La plenitud de esta vida. Esta plenitud se ve:

1. EN LA FUENTE DE LA QUE PROVIENE (Is. 57:15). El inmutable y Omnipotente. Esta bendición viene del «Alto y Sublime» como una corriente de frescas y refrigerantes aguas que mana de los altos y sublimes montes, coronados de eternas nieves.
2. EN EL PROPÓSITO DEL DON. Dios tanto amó al mundo, que dio a su Hijo (Jn. 3:16). Él sabía todo lo que el mundo necesitaba, y sabía que al dar su Hijo, daba al mundo todo lo que necesitaba.
3. EN LA VIDA DEL CRISTO (1 Jn. 1:1-2). ¡Qué amor y sabiduría, gracia y poder, se manifestaron en la vida de Jesús! Toda la plenitud mora en Aquel que es la imagen del Dios invisible.
4. EN LAS PROMESAS DE DIOS (Jn. 10:28). ¡Qué promesas son las nuestras en Cristo! Habiéndonos dado a su Hijo, ¿cómo no nos dará también con Él libremente todas las cosas?
5. EN LAS VIDAS DEL PUEBLO DE DIOS. Aquellos que han sometido reinos, obrado justicia, obtenido promesas, han obtenido fuerzas en su debilidad, se hicieron fuertes en batallas, y pusieron en fuga a ejércitos extranjeros (He. 11:33-34). Sus riquezas se ven en su bondad para con nosotros (Ef. 2:7).

IV. El poder de esta vida. Es eterna, y por ello posee todo «el poder de una vida incorruptible» (He. 7:16). Esta vida tiene en ella:

1. UN PODER ABORRECEDOR DEL PECADO (Jn. 12:25). Siendo una vida santa, participando de la naturaleza divina, aborrece instintivamente aquello que no es digno de Cristo.
2. UN PODER MENOSPRECIADOR DEL MUNDO (1 Jn. 2:15). Esta vida eterna, nacida y nutrida por cosas invisibles, no puede amar este presente mundo malo.
3. UN PODER DE OLVIDO DE UNO MISMO (Mr. 10:30). Una vida que encuentra su más alto bien en ser buena y en hacer el bien. La vida de Jesús manifestada en nuestra carne mortal (2 Co. 4:11).
4. UN PODER DE AMOR AL PECADOR. Aunque el pecado es odiado, el pecador es amado por causa de Jesús. «Amad a vuestros enemigos, orad por los que os persiguen.»
5. UN PODER INSPIRADOR DE ESPERANZA (Tit. 1:2). Cada creyente individual, de pie delante de Dios, reposando en su voluntad, es un optimista confirmado y gozoso.
6. UN PODER VENCEDOR DEL DIABLO. En esta vida eterna hay tal poder de *resistencia* cuando es ejercido por la fe que el diablo tiene que huir de vosotros (Stg. 4:7).
7. UN PODER GLORIFICADOR DE DIOS. Habiendo sido *vivificado* a Dios, tenemos que glorificarle a Él en nuestros cuerpos y espíritus, que son de Él, y esperar el tiempo en que Él será glorificado en sus santos, y admirado en todos los que creen (2 Ts. 1:10).

ANÉCDOTAS
E
ILUSTRACIONES

1.911. AGUA VIVA INTERIOR

En las arenas de Saltcoats hay un manantial de agua dulce, pero como se encuentra dentro del margen de las mareas, se halla frecuentemente por debajo de las saladas olas. Sin embargo, cada vez que la marea baja, vuelve a aparecer la fuente tan dulce y abundante como siempre. Si tenemos dentro de nosotros lo que nuestro Señor ha ofrecido darnos, «una fuente de agua que salte para vida eterna», se manifestará. Las olas de la tentación o la marea del dolor y de la aflicción pueden cubrirnos por un corto tiempo, pero tan cierto como que cada ser vivo debe moverse, con la misma certeza volverá a saltar sin mancha por el contacto. Su fuente no está en lo que le rodea, sino hondo en el corazón de Dios, la Fuente de vida y amor eternos (Jn. 4:14).

1.912. ALGO EN NADA

La cifra 0, por sí misma, significa *nada*, y se emplea frecuentemente sólo para llenar un espacio *vacío*. Pero es de capital importancia para llenar, sin atraer ninguna atención, ni disminuir el valor de otros. Cuando cantamos: «Oh, que nada seamos», ¿nos referimos a «cero» para llenar un espacio vacío, sin tener ningún valor a los ojos del mundo? Éste es ciertamente un servicio humilde. Con dos ceros y Cristo como el 1 delante, se tendrá 100. «Todo lo puedo en Cristo que me fortalece» (Fil. 4:13).

1.913. ALIENTO DADOR DE VIDA

En América del Sur, el viento de las marismas viene cargado de microorganismos que provocan una fiebre intermitente, y a menudo el cólera más mortífero acompaña a la *quietud* de la atmósfera. Una tormenta es el mejor purificador del aire, y los habitantes la esperan con ansia. De las marismas de nuestra naturaleza inferior surge la fiebre de la concupiscencia y de la pasión sin santificar. La quietud de la inactividad y de la holganza es siempre favorable para el cólera de la duda y de la incredulidad. El gran preventivo es el aliento del Espíritu Santo agitador del alma. Cuando Él viene como un viento poderoso y estruendoso, toda la atmósfera de la vida queda purificada.

1.914. AMANDO LAS TINIEBLAS

La «nictalopía» es una peculiar dolencia que provoca tal defecto de la visión que los objetos sólo pueden ser vistos *de noche*. Cuando más brillante el día tanto más ciegos se vuelven los que la padecen. ¿No hay muchos cristianos que parecen sufrir de una especie de nictalopía espiritual? Les gusta sólo un poco de luz. El brillante resplandor de una vida enteramente consagrada les hace daño a sus ojos debilitados y enfermos. Aman las *tinieblas* más que la luz, porque hay algún mal oculto en el interior.

1.915. APARIENCIA EXTERNA Y CARÁCTER INTERNO

La vida exterior de Cristo fue fiel a su carácter interno, pero… ¡ay!, cuántos de nosotros pretendemos el Nombre de Cristo cuando carecemos de su Espíritu. Como el pavo real, famoso por su hermosura y glotonería, puede haber muchos cuya apariencia sea atractiva, pero al mismo tiempo un deseo insaciable de propia gratificación. La jactancia autocomplacida es igual de desagradable que el horrible chillido del pavo real. «Cual es su pensamiento en su corazón, tal es él» (Pr. 23:7).

1.916. ARMADO CABALLERO PARA EL SERVICIO

Para ser «Caballero del Baño» se tenía que pasar por una ceremonia de baño, como emblema de la pureza que desde entonces se demandaba de Él en base de las leyes de la caballería. Se precisa de un corazón de caballero para ser puro. Los que están lavados en la sangre y bañados en el amor de Dios han sido introducidos en la orden de caballería del Cielo. ¿Eres tú un caballero de este santo bautismo? Muéstralo por tu vida santa y útil.

1.917. ARRAIGADOS EN CRISTO

Un neófito es *un recién plantado*. Éste es el nombre que la Iglesia de Roma da a uno recién admitido a un monasterio. Son de compadecer los que son plantados en un suelo tan estéril. Los que están plantados en Cristo tienen sus raíces donde mora toda la plenitud de la Deidad. «Toda planta que no ha plantado mi Padre celestial, será desarraigada» (Mt. 15:13).

1.918. AUTOAPROBACIÓN

Las peculiares y engreídas maneras del pavo son bien conocidas. Es tan cobarde que huirá del animal más insignificante que se atreva a enfrentarse abiertamente contra él; pero si logra asustar a un niño o un perrito faldero, recorrerá el patio exhibiendo su plumaje con tanto orgullo como si hubiera vencido a un toro. ¿No has visto tú nunca lo que podríamos vulgarmente llamar un pavo cristiano? Es aquel tipo de obrero que no hará nada por el Señor que implique autosacrificio, ni dañará el plumaje de *su propia buena reputación* a los ojos de los hombres del mundo, pero que, cuando logra cumplir algo con un aparente éxito, se pavonea tanto de ello que todos tienen que saberlo a una milla a la redonda. Creen que los otros deberían alabarlos, mientras que se glorían en su propio engreimiento.

1.919. AUTODEFENSA

El molusco del orden de los calamares se defiende cuando es perseguido expeliendo un *fluido semejante a la tinta* alrededor de Él. Su principal objeto es crear una cubierta negra para salvarse. La manera en que actúa este molusco difusor de suciedad no es diferente de aquellas viles personas que ennegrecen el carácter de otros para salvarse, siendo su único refugio una nube de suciedad.

1.920. BENDITA AFLICCIÓN

Alexander Peden, en uno de sus sermones, habla de una mujer a la que le preguntaron cómo le iba en aquellos malos tiempos, de zozobra y prueba. «Me va muy bien», contestó ella. «Saco más de un versículo ahora que antes sacaba de todo el Libro. Él me ha dado la llave de la despensa, y me ha invitado a que me sacie.» Sí, las pruebas hacen dulces sus promesas.

1.921. CALABAZAS

El coqueteo, con la frustración resultante por parte del que ha recibido calabazas tras haber tenido falsas esperanzas por causa de Él, debe ser una experiencia muy penosa. Todo el que se dedica a ello está en alianza con el infierno. Pero los placeres de este mundo y del pecado coquetean con todos los que los aman y cortejan. Cristo corteja para ganar. «Fiel es el que prometió» (He. 10:23). No importa cuán pobres o poco atractivos seamos, Él nunca frivoliza, ni en la muerte.

1.922. CAMBIO DE APARIENCIA

En América del Sur se ven algunas curiosas aves con plumas amarillas. Los indios han aprendido el arte de hacer cambiar que estas aves cambien el color de sus plumas. Las arrancan, y luego inoculan en la herida fresca una secreción de la piel de un sapo. Las plumas que crecen después son de color distinto. Pero la distinta apariencia de las plumas no alteran en absoluto el *carácter* del ave. Uno puede tener el color de su vida exterior totalmente cambiado, y permanecer sin embargo como la misma alma irregenerada delante de Dios. Puede haber reforma sin regeneración. Una mejor apariencia no significa un mejor carácter. Las sociedades de templanza y de otro tipo han inoculado a muchos con unas concepciones mejores de la vida, pero no pueden transformar la mente carnal, que es enemistad contra Dios.

1.923. CANDIDATOS PARA EL CIELO

En los gloriosos días de la antigua Roma todos los que eran solicitantes a cargos oficiales vestían *vestiduras blancas*. Eran llamados *candidatos* debido a que iban *vestidos de blanco*, como significa literalmente la palabra. Los candidatos al cielo son conocidos por sus vestiduras no manchadas por el mundo. ¿Has «lavado tus ropas, y las has emblanquecido en la sangre del Cordero»? (Ap. 7:14).

1.924. CANTAD DE SU AMOR

Algunos de los antiguos poetas líricos de Alemania eran llamados «bardos del amor» debido a que los temas que trataban eran generalmente el amor y la belleza. ¿No hay lugar para más cantores del amor entre los patriotas de la patria celestial? Si el amor de Dios está derramado en nuestros corazones, y nuestros ojos deleitándose en Aquel que es todo Él adorable, de cierto que deberíamos tomar nuestro puesto entre los «bardos del amor». ¡Oh, cantad de su amor!

1.925. CARACTERES MARCADOS

El «*brill*», o pez-perla, es algo parecido al rodaballo, y es reconocido por sus marcas *perlinas*. Pero las *marcas* perlinas no hacen perlas, aunque las perlas puedan tener marcas. Un hombre puede estar marcado por muchas características cristianas y estar sin embargo tan lejos de ser cristiano como el brill lo está de ser una perla. Los hijos de Dios pueden tener marcas, pero no son las marcas las que los hacen hijos. «Sois hijos de Dios *mediante la fe*» (Gá. 3:26).

1.926. CARIDAD

Cuando la gente del otro lado del globo mira *arriba al cielo*, miran a una dirección distinta de la nuestra, pero esto no es razón por la que debamos tener pendencias con ellos. En relación con los dos hemisferios del Antiguo y Nuevo Testamentos hay mucho lugar para diferir, pero ninguno para dudar. Al mediodía, la gente que viven en el ecuador tienen las sombras en diferentes direcciones. Pero ellos no pueden remediarlo; es el *sol* que los hace diferir. Así, por la gracia de Dios, deberíamos estar de acuerdo en diferir.

1.927. CATALEPSIA ESPIRITUAL

La catalepsia es una terrible enfermedad. Es la repentina suspensión de toda capacidad de moverse o sentir. Este terrible cambio puede sobrevenir en un abrir y cerrar de ojos. Es algo terrible frivolizar acerca de la operación del Espíritu Santo de Dios. Tú que vas resistiendo, ¡cuidado! Si el Espíritu de Dios cesara en su obra llena de gracia en tu favor, vendrías a ser un cataléptico espiritual. Esto significa la cesación de tu consciencia de pecado y de todo *deseo* de ser salvo, y la suspensión de toda capacidad de orar o de buscar al Señor. Abandonado para morir en tus pecados.

1.928. CEGUERA ESPIRITUAL

En Kentucky hay una gran y profunda caverna que se extiende a varios km por bajo tierra, y en la que tienen su hábitat peces ciegos. Al amar las tinieblas más que la luz, estos pobres peces han perdido la capacidad de la vista. Tienen ojos, pero no ven. El amor del hombre por las tinieblas del pecado le priva de toda visión espiritual. Al *amar* las tinieblas se pierde la capacidad de ver. No sería suficiente que resplandeciera la luz en esa caverna tenebrosa; aquellos desdichados peces necesitan la regeneración de su capacidad de visión si han de disfrutar de la luz. La luz del Evangelio ha venido, pero sin el poder del Espíritu Santo para abrir los ojos, no es suficiente para salvar de las tinieblas de la muerte. «El espíritu es el que da vida» (Jn. 6:63).

1.929. CEGUERA ESPIRITUAL

«A veces se nos dice», según Drummond, «que no existen los ateos». Pero tiene que haberlos. Hay algunos hombres para los que es verdad que no hay Dios. No pueden ver a Dios, porque carecen de vista». Cuando el insensato dice *en su corazón*, no hay Dios, parece que en su insensato corazón cree lo que dice, pues en realidad no tiene capacidad para ver a Dios, por la ceguera de su corazón. Esa *pureza* de corazón que ve a Dios es un ojo dado por Dios para que se le pueda ver.

1.930. COBARDÍA

Hay una cierta enfermedad moral peculiar de los soldados que se llama «maulería». Es el fingimiento de enfermedades cuando se tiene que ir a la lucha. Hay muchos mauleros en el campo religioso cuando toca la trompeta de la batalla. No tienen dones; no pueden hacer nada más que hablar acerca de su pobreza.

1.931. COMIENDO Y TRABAJANDO

Pallas, en sus viajes, ha observado que aquellos animales herbívoros que consiguen su alimento con facilidad son generalmente indolentes y poseen una pequeña actividad mental, mientras que los carnívoros son más vivaces y están más alerta. Sus sensaciones son más intensas. Estas dos clases de animales parecen representar a dos clases de cristianos. Los primeros encuentran lo que comen sin ninguna dificultad; no hay ninguna profunda investigación de la Palabra, y siempre tienen sus sensibilidades espirituales embotadas. La otra clase escudriña las Escrituras como un tesoro escondido; se ocupan en encontrar alimento fresco para la nueva vida, y así se mantienen despiertos y activos en la obra del Señor.

1.932. COMO LOS CANGREJOS

Una persona avinagrada está generalmente atormentada o solitaria, e irritante como un cangrejo. ¿Pero quién no se a visto a veces atrapado en esta actitud cangrejil? Uno de los más avinagrados de los cangrejos es el ermitaño. Luchan entre sí casi hasta la muerte por unas pocas conchas vacías, que muchas veces no les son más apropiadas que las que ya tienen. El egoísmo y la codicia casi siempre lleva al «cangrejismo». Echad de vosotros el viejo hombre con sus hechos, y revestíos del nuevo, y contentaos con lo que tenéis.

1.933. COMO RECIBIR BENDICIÓN

Algo semejante a las leyes de la naturaleza se ve a veces en marcha en el mundo espiritual. ¿Por qué las lluvias refrescantes del cielo jamás caen sobre el gran desierto arenoso? Humboldt explica que «cuanto más estéril la superficie y mayor el grado de calor adquirido por la arena, tanto más altas subirán las nubes, y más difícil será la precipitación de sus vapores». La vida destituida de la humedad de la gracia de Dios, y calurosa con el entusiasmo de la propia confianza, nunca puede convertirse en un fructífero huerto para el Señor. Cuanto más intensamente derramemos el calor de nuestra energía carnal, tanto más lejos irá la nube de la bendición espiritual.

1.934. CONCUPISCENCIAS ABRUMADORAS

Existe una especie de águilas tan atrevida que ataca a las focas. Clavan repentinamente sus garras en la carne de la foca y, con la fuerza de sus alas, la arrastran hasta la orilla. Pero a veces la foca es demasiado fuerte para el águila, y no pudiendo soltar ésta su presa, se ve arrastrada a las profundidades y se ahoga. ¡Con cuánta frecuencia los hombres se aferran a placeres pecaminosos, esperando dominarlos, pero se ven vencidos por ellos! Los afectos de sus corazones se quedan tan atados por ellos, y asentados en ellos, que no pueden soltarlos, y son así arrastrados a la perdición que ahoga las almas humanas.

1.935. CONSEJO PARA PREDICADORES

Ora pidiendo iluminación.
Emplea tu imaginación.
Da una buena ilustración.
Pero cuidado con la exageración.

1.936. CONTEMPORIZACIÓN

En el norte de Escocia, y en tiempos de Rob Roy, los granjeros ricos solían pagar con regularidad lo que se conocía como «chantaje»: una determinada cantidad de grano que se daba anualmente a poderosos bandidos como precio de su buena voluntad y protección. Si los cristianos han de mantener amistad con el mundo y con la impiedad, ello será solo en base del principio del «chantaje», esto es, sacrificando tanto de su bien para alentar el mal de los otros. El que es amigo del mundo es enemigo de Dios.

1.937. COSAS INVISIBLES

Las cosas espirituales no pueden ser vistas por los de mente carnal, como tampoco pueden aquellas criaturas microscópicas, que encuentran un mundo de espacio en una gota de agua, ser vistas con el ojo desnudo. Pero, ¡qué insensatez sería decir que no existen tales criaturas porque no se pueden discernir sin la ayuda de un potente microscopio! Se precisa de las poderosas lentes de una fe viva para poder ver las cosas espirituales y eternas. Para aquellos cuyos ojos están abiertos por el Espíritu de Dios aparece un nuevo mundo de vida y de belleza en cada gota de agua en aquel océano de la verdad revelada de Dios. El ojo no ayudado no ha visto, ni el oído no ayudado ha oído siquiera las cosas que Dios ha preparado para todos los que le aman.

«Las verdades más sublimes y de más peso,
que más vivifican y consuelan a los fieles,
confunden a los impíos» –GOSSNER

1.938. CREADOS DE NUEVO

Cada siete años se dice que toda la estructura del cuerpo queda renovada. Cada momento de nuestras vidas estamos echando fuera lo viejo y revistiéndonos de lo nuevo. Ésta es la ley de una vida física sana. Es también la ley de una vida espiritual sana. Despojaos del viejo hombre (el yo) con sus hechos, y revestíos del nuevo hombre (Cristo). Permaneciendo en Cristo somos recreados para nuevas obras. Aunque el cuerpo está constantemente cambiando, la individualidad permanece la misma. La regeneración por el Espíritu Santo no destruye la responsabilidad individual.

1.939. CRISTIANOS AL VIENTO

No es ni prudente ni seguro volverse siempre del viento que sopla, como la veleta. El *foque* enfrente del trinquete se gira para *atrapar* el viento, y de este modo la nave es ayudada en su curso. Viejas formas, como el molino de viento, pueden ser hermosas, pero son inútiles cuando no hay viento. Con frecuencia nos será necesario, como al foque, *volvernos* si queremos tomar el aliento del cielo y ser *llenos* del Espíritu Santo.

1.940. CRISTIANOS DE SALÓN

Un caballero de salón es el que ha sido ordenado caballero no debido a sus hazañas militares, sino debido al mero favor cortesano. Tiene el nombre de caballero, pero carece de la naturaleza del verdadero caballero. Del mismo modo, a muchos se les califica de cristianos debido a su carácter bondadoso y cordial, pero que nada saben experimentalmente de la lucha de la fe ni de «vencer por la sangre del Cordero» (Ap. 12:11).

1.941. CRISTIANOS RESPLANDECIENTES

No hay dos diamantes que brillen igual. Y algunos *no pueden* brillar porque no han sido tallados. El resplandor de la luz depende mayormente del carácter de sus facetas. Se necesitan tres cosas para hacernos brillar:

1) Debemos ser diamantes. Salvos, preciosos delante de Él.
2) Debemos ser tallados. Conformados según su voluntad.
3) Debemos permanecer en la luz. En su luz veremos la luz, y seremos luces en este mundo.

1.942. CRISTIANOS SECRETOS

El microscopio ha revelado al hombre un mundo desconocido de animales vivientes, pero Dios sabía que estaban ahí, y los tenía todos contados. Puede que haya muchos cristianos vivientes no vistos y desconocidos por los hombres, aunque el ojo microscópico de Dios discierne su forma viviente; ¡pero qué pequeños que son! «Vosotros sois la luz del mundo» (Mt. 5:14).

1.943. CRISTO, EL INTERMEDIARIO

Un intermediario, en Irlanda, es uno que arrienda grandes fincas, y las subarrienda en secciones pequeñas a los labradores. Jesucristo ha arrendado grandes fincas en el reino celestial. Y las asigna al paisanaje de los cielos: a los pobres de este mundo que son ricos en fe. «En la casa de mi Padre hay muchas mansiones; ... voy, pues, a preparar lugar para vosotros» (Jn. 14:2).

1.944. DANDO

Se ha dicho que «muchos pocos hacen un mucho». Una sola abeja no recoge más que una cucharilla de tamaño de té de miel durante una temporada. Pero en una sola colmena se encuentran frecuentemente hasta 35 kg. No deberíamos rehusar dar para la causa de Cristo porque no podamos dar grandes sumas. La enseñanza de la abeja es que todos deberíamos dar. Los pocos juntados de los pobres de Dios serán suficiente para complacerle. Pero no olvidemos que la abeja da toda su vida para hacer aquel poco. «El Señor ama al dador alegre» (2 Co. 9:7).

1.945. DE GUARDIA

Cuando un ejército está en una campaña, los soldados han de vivaquear. Esto es, se pasan la noche al raso, y *todos* se mantienen de guardia. ¿No debería ésta ser la posición de la Iglesia de Cristo, que está ahora en guerra contra el mundo, la carne y el diablo? La noche está cayendo. Que la Iglesia haga un vivac; que cada uno mantenga la guardia alta. «Lo que os digo a vosotros, lo digo a todos: Velad» (Mr. 13:37).

1.946. DELEITE EN LAS TINIEBLAS

Un viajero por el Istmo de Darien nos cuenta de una tribu de indios que tienen unos ojos tan débiles que no pueden soportar la luz del sol. Duermen por el día, y viven de noche. Son como muchos en nuestro propio país: aman las tinieblas más que la luz. No gustan de la resplandeciente Palabra de Dios; no es placentera para sus ojos débiles y medio ciegos. Están dormidos y muestran pereza acerca de todas las cosas espirituales, pero se muestran muy despiertos a las cosas del mundo. La debilidad de sus ojos es resultado de *amar las tinieblas* más que la luz.

1.947. DESCANSO Y PROGRESO

Descansar no significa inactividad o inutilidad. Estamos siendo movidos a través del espacio mientras descansamos en la tierra. Mientras reposamos en el tren o en un barco, estamos siendo llevados velozmente; del mismo modo, mientras reposamos en Cristo crecemos en la gracia, y somos llenados con su plenitud, como la rama crece y es fructífera al absorber de o descansar en la vid. Naturalmente, mucho depende de dónde reposa uno. «Venid a *Mí*... y Yo os haré descansar. Llevad mi yugo sobre vosotros, y aprended de Mí» (Mt. 11:28).

1.948. DESCUIDO

Shelley, el poeta, le preguntaba a veces a su mujer: «Mary, ¿he comido?» después de haber dejado su plato sobre su librería durante horas sin tocarlo. Una comida en la estantería no iba a satisfacer su hambre como tampoco una Biblia en la estantería satisfará la tuya. Tómala y empléala, y luego no tendrás dudas acerca de si has recibido provecho de ella o no.

1.949. DEVOCIÓN

Dícese de las amazonas –una raza de guerreras– que se cortaban el pecho derecho para poder utilizar sus armas con más eficacia. ¿Y por qué los soldados de Cristo no debieran cortar todo aquello que los estorba en su guerra santa? «Si tu mano derecha te es ocasión de caer [te estorba], córtala» (Mt. 12:1). «Despojémonos de todo peso» (He. 12:1).

1.950. DISCIPLINA

Sin el difícil y arduo proceso de «doma», un caballo no se convierte en idóneo para un trabajo constante y provechoso. Muchos de nuestras amargas pruebas y dolores de corazón nos vienen a fin de *domarnos*. Disciplinan el espíritu, y nos hacen más dispuestos y deseosos de hacer la voluntad de Dios. «Ninguna disciplina parece al presente ser causa de gozo, sino de tristeza; pero después da fruto apacible de justicia a los que han sido ejercitados por medio de ella» (He. 12:11).

1.951. DONES DESCUIDADOS

Es un hecho bien conocido que los «peces de las cavernas» están ciegos». La razón de ello, se nos dice, es «que el desuso continuado del órgano actúa, con el paso del tiempo, en la nutrición de las partes afectadas, y que el resultado final es la atrofia o desaparición». Darwin confesó que por cuanto «Su mente parecía haberse transformado en una especie de máquina para extraer leyes generales de grandes colecciones de datos, había perdido todo gusto por la poseía y la música». Ésta es la ley en el mundo espiritual, lo mismo que en el natural. Aviva el espíritu que está en ti. Si la fe ha de ser alimentada y fortalecida, y salvada de la atrofia, debe ser ejercitada.

1.952. EDUCACIÓN ESPIRITUAL

La verdadera educación no es llenar la mente con diferentes ideas, sino desarrollar nuestras capacidades, para que su verdadero carácter pueda ser dirigido a lo mejor, y se puedan cumplir los más elevados propósitos de nuestras vidas. En la oruga se pueden ver todos los rudimentos de la mariposa, pero se precisa de un enorme cambio para liberar las más elevadas facultades, y hacer de la oruga la nueva criatura que trata de ser. Jesucristo dijo: «Aprended de Mí». Él educa regenerando el carácter y abriendo el camino para el pleno desarrollo de todas las capacidades del nuevo hombre. Así, aprender de Cristo es ser amoldados a su semejanza, y poder así cumplir todos los propósitos de Dios en la nueva vida.

1.953. EL ÁRBOL DE VIDA

El «árbol del pan» crece en las Islas de los Mares del Sur. Los nativos lo asan y resulta un buen sustitutivo del pan. Este árbol es la provisión de Dios para ellos. Y ellos no trabajan para conseguir este pan: es don de Dios. He aquí la Cruz de Cristo, el «árbol del pan» dado por Dios para un mundo que está pereciendo. «El que come de este pan, vivirá eternamente» (Jn. 6:58).

1.954. EL CONSOLADOR

Los egipcios solían tratar con un famoso fármaco llamado «nepentes», porque podía apaciguar la *tristeza por un día*. En un mundo tan lleno de dolor los analgésicos están en gran demanda. Pero los pseudorremedios no son atractivos para los creyentes en Jesús, porque Él les ha enviado «otro Consolador» (Jn. 14:16) que permanece con ellos para *siempre*.

1.955. EL ENCANTO DE LA INTIMIDAD

La distancia no siempre «añade encanto a la perspectiva». Wordsworth dijo, al mirar una catarata a dos millas de distancia, que estaba «congelada por la distancia». El incomparable amor de Dios, el goce de la salvación, y el servicio de Cristo están para muchos «congelados por la distancia». En el Reino espiritual, la cercanía añade encanto a la perspectiva. El encanto de Cristo crece más y más al crecer nosotros en nuestra cercanía a él. Son los que están *alejados* los que no ven en él hermosura alguna, y que no sienten su encanto. «Acerquémonos».

1.956. EL ENGAÑO DEL PECADO

La rana pescadora, descrita por el Profesor Forbes, es una astuta criatura de lo más engañosa, que vive para engañar y destruir. Encima de su cabeza tiene dos filamentos movibles óseos, uno de los cuales tiene un brillo plateado. Éste lo va moviendo en vaivén para atraer a los pececillos, que acuden allí esperando algo que comer, mientras que el monstruo, con su horrible boca, yace medio enterrado en la arena o fango del fondo. Debajo de cada pecado se hallan las hambrientas fauces de la muerte. El pecado tiene frecuentemente la apariencia de una delicia plateada, y puede que haya un placer momentáneo en ello, pero «cuando el pecado es consumado, produce la muerte».

1.957. EL ESPÍRITU SANTO

Hace mucho tiempo, en Escocia, mucha gente creía en el «kelpie», un espíritu que se suponía daba una premonición a los que iban a morir ahogados, y los asistía en la muerte al llegar el momento. Son muchos los que creen todavía en el Espíritu celestial, que convence a los hombres de su necesidad de salvación, y que los asiste en conseguirla.

1.958. EL ESPÍRITU SANTO

Hay una clase especial de llave llamada «llave maestra» debido a que está hecha de tal manera que puede abrir muchas cerraduras. La llave maestra de las Escrituras es el Espíritu Santo. Él puede abrir toda verdad oculta. Él ha venido para guiarnos a toda verdad. Él toma las inescrutables riquezas de Cristo y nos las muestra. Los que poseen esta llave maestra siempre consiguen nuevas visiones de cosas secretas. ¿La posees tú?

1.959. EL EVANGELIO

Cuando John Knox desembarcó en Escocia procedente de Ginebra, la noticia corrió por todo el país como un rayo. Los habitantes de Edimburgo salieron a las calles. Todos los negocios quedaron suspendidos. Mensajeros a caballo se dirigieron en todas direcciones proclamando la alegre noticia: «Ha llegado John Knox». Toda la tierra se conmovió y agitó con la inspiración de que «ha llegado John Knox». Para Escocia, ello significaba la salvación de la tiranía del Papado. Pero hay mejores noticias, y ojalá surtieran el mismo efecto: «El Hijo del Hombre ha venido a buscar y a salvar lo que se ha perdido» (Mt. 18:11). Mensajeros de Dios, proclamadlo: «Cristo ha venido». Significa una Salvación presente de la servidumbre al pecado y al yo. Y la sufriente Escocia, y todos los países del mundo, siguen necesitándola.

1.960. EL EVANGELIO

Se supone que en el pimiento de Jamaica se encuentra el *aroma* de todas las especias. No solo el aroma sino también los ingredientes de todas las bendiciones terrenas y celestiales se encuentra en el glorioso Evangelio. Es un bendito compuesto de todas las dulces especias del carácter de Jehová. Son ricos y llenos los que lo poseen. ¡Que dé su aroma a nuestros corazones y vidas!

1.961. EL EVANGELIO DE CRISTO

El muérdago era llamado por los druidas el «curalotodo», porque se le atribuían maravillosas curaciones. El Evangelio no es solo el «*cúralotodo*» del cielo, sino también el «*curatodos*». Cura a todos los que creen, así como que *cura perfectamente* a todos los que creen.

1.962. EL EVANGELIO INFALIBLE

Con el fin de aliviar del dolor con frecuencia se recetan «analgésicos». Esta palabra, de hecho, significa «supresor del dolor». Pero los analgésicos, como todos los demás remedios terrenales, son frecuentemente infieles a su hermoso nombre. El analgésico todopoderoso, infalible para los males del mundo y los pecados del alma humana es el Evangelio de Jesucristo, que es el poder sanador y aliviador de Dios para cada creyente.

1.963. EL GAS QUE ASFIXIA

l gas carbónico se encuentra generalmente en hoyos o en los fondos de pozos viejos, porque tiene la propiedad de desplazar el aire, al tener más densidad. Por ello, ha causado muchas veces la muerte por asfixia a personas que han bajado a tales lugares. En el hoyo de la iniquidad y en los viejos pozos de la mundanalidad sigue abundando este gas mortífero para el alma. Si quieres que tu vida espiritual quede asfixiada, *desciende* simplemente a la oscuridad de una vida sin oración, y al pozo vacío de los placeres del mundo. Hay siempre mucho gas asfixiante allí, que quitará de ti el aliento celestial.

1.964. EL NOMBRE DE JESÚS

Los amuletos que llevan los paganos tienen un supuesto *encanto* contra el mal. El sabor de su precioso Nombre encanta al corazón *apartándolo* del mal. Toma el nombre de Jesús contigo.

1.965. EL NUEVO NACIMIENTO

La ley de la limitación está en todas partes presente en la naturaleza. Se han hecho muchos intentos de introducir al oso blanco, al perro esquimal y al reno en Gran Bretaña, pero sin éxito. Si han de vivir en este reino, se debe cambiar o bien el clima, o bien sus naturalezas. El carácter del reino de Dios no puede ser cambiado para adecuarse a la naturaleza pecaminosa del hombre, por lo que el hombre debe ser transformado si quiere morar en el reino de Dios. «El que no nace de nuevo, no puede ver el reino de Dios» (Jn. 3:7).

1.966. EL OLVIDO DE LOS PECADOS

En la mitología griega leemos de un río en el Hades que se llamaba *Leteo*. Se decía de sus aguas que causaban el *olvido* del pasado a todos los que bebían de ellas. El rico de Lc. 16 se hubiera sentido feliz de poder beber de esta agua. Pero este río de olvido está no en el infierno, sino en el cielo. Brota del mismo corazón de Dios. «*Nunca más me acordaré* de sus pecados e iniquidades» (He. 10:17). Bendito Leteo.

1.967. EL OLVIDO DIVINO

Los delincuentes políticos reciben en ocasiones lo que se llama una «amnistía», lo que significa un *no recordar*. Esto es lo que Dios concede a todos los que se someten a Él por medio de su Hijo Jesús. No importa cuántos delitos, el Dios que está dispuesto a perdonar dice: «Y *nunca más me acordaré* de sus pecados e iniquidades» (He. 10:17).

1.968. EL PAN DE VIDA

Leemos en la mitología del alimento de los dioses que se llamaba «néctar». Este alimento se suponía que confería la inmortalidad a todos los que participaban de Él. Aquello de lo que los paganos tanta necesidad sentían nos ha sido ahora ofrecido en Cristo Jesús. Él es el Pan de Vida. «El que come de este pan, vivirá eternamente» (Jn. 6:58).

1.969. EL PAN DE VIDA

El cuerpo tiene un notable poder de asimilación. No importa cuán *variados* sean los artículos alimenticios, todos son recibidos y asimilados de tal forma que el que se alimenta es por ellos fortalecido. El alma, lo mismo que el cuerpo, necesita una variedad de alimentos si debe crecer del todo desarrollado en cada una de sus partes. Esta saludable variedad se encuentra en la Palabra de Dios. Cada verdad revelada por Dios que es creída y aceptada queda así asimilada por el nuevo hombre, que es por ella fortalecido y edificado. Por ello, si queremos ser hombres sanos de plena estatura, debemos alimentarnos de todo el «árbol del pan» de la revelación divina. La obra de asimilación puede proseguir inconscientemente, pero el proceso de edificación no es por ello menos seguro. Se precisa de toda una Biblia para revelar a la totalidad de Cristo como el Pan de Vida para todo el hombre. Comed, amigos, para que seáis perfectos y completos, sin tener falta de nada.

1.970. EL PECADO, UN CÁNCER

El pecado ha sido frecuentemente comparado con el cáncer, y la semejanza es más perfecta de lo que muchos creen. Este virulento cáncer en expansión recibió su nombre por su semejanza con el *cangrejo*, y la idea es la de *enfermedad viviente*. El pecado no es como una rama podrida que pueda ser fácilmente sacudida con el buen viento de circunstancias más favorable. Es más parecido a un cangrejo venenoso, reptante, viviente en el alma, y que sólo puede ser vencido mediante las aguas dulces de una nueva vida.

1.971. EL PODER DE LA UNIDAD

En África Occidental existe un terrible insecto, la llamada «hormiga *driver*». Se mueven en grandes masas, y todo ser vivo huye delante de ellas. Ningún animal puede resistir su avance. Solas, son absolutamente insignificantes. ¿Cuál no sería la influencia del cristianismo si todos los que lo profesan y lo poseen, estuvieran unidos en el Espíritu de Jesucristo? El poder de las tinieblas cedería ante Él; los pecadores públicos quedarían avergonzados. Una marcha victoriosa tan bienaventurada tendrá lugar cuando el mismo Rey aparezca.

1.972. EL PODER DE LAS CIRCUNSTANCIAS

Un hombre descendía de Jerusalén a Jericó, y cayó entre bandidos. Si tú o yo hubiéramos descendido por aquel camino en aquella hora, posiblemente hubiéramos corrido la misma suerte. Nosotros no hemos caído entre bandidos, simplemente porque no hemos sido criados en medio de ellos. Dice Ganot que «en un vacío los líquidos caen como sólidos, sin separación de sus moléculas». Cuando no hay resistencia, todas las cosas materiales caen con la misma rapidez: una pluma es tan rápida como una piedra. ¿Quién puede decir cuánto debemos a las circunstancias que nos frenan en medio de las que hemos nacido? ¿No hubiera podido ser que muchos de aquellos ladrones y borrachos hubieran sido igual de morales y religiosos como nosotros si hubieran tenido las mismas circunstancias? Que esto nos despierte a la reflexión y a la simpatía.

1973. EL PRIVILEGIO NO ES SUFICIENTE

Los científicos modernos opinan que es bien posible que el distante Saturno sea un mundo muy cálido, mientras que Mercurio, tan cerca del sol, puede que sea frío. Esto depende del carácter de la atmósfera de cada uno de ellos. La atmósfera da la capacidad de un mundo para recibir y retener el calor que es el don del sol. Cada hombre es un mundo en miniatura dentro del universo de Dios. Su fe, o su incredulidad, es lo que determina su capacidad de recibir o no aquellas cosas que Dios le da en abundancia. Puede que se encuentre cerca, con respecto al privilegio, y sin embargo muy lejano con respecto a la experiencia.

1974. EL REY PECADO

El «basilisco», o pequeño rey, es una serpiente de fábula que tiene una corona en la cabeza, del que se suponía que su aliento y mirada eran fatales. El pecado en el corazón, cuando es amado y obedecido, es una serpiente coronada cuya mirada y aliento te marchitan y dan muerte. «Cuando el pecado es consumado, produce la muerte» (Stg. 1:15).

1.975. EL SUTIL Y PECAMINOSO YO

Un viajero por África del Sur dice: «Es cosa notable cómo los buitres parecen escapar de una cueva en el cielo cuando queda expuesto un cadáver por unos pocos minutos. Pocos momentos antes no se podía ver ni uno, y ahora se alimentan del corrompido cuerpo». ¡Qué semejanza teneos ahí con las obras del yo pecaminoso. Imaginábamos que el espíritu amante del mundo y egoísta en nuestro interior estaba bien muerto y sepultado, fuera de la vista. Y puede ser que por un tiempo no se detecten movimientos del mismo, pero de repente sobreviene una tentación, una oportunidad para el honor del yo o para el aplauso del mundo. Entonces con cuánta presteza, como un buitre desde el azul insondable, se muestra el viejo espíritu del orgullo, listo y anhelante por la carroña de la autoexaltación.

1.976. EL SUTIL YO

El lución, se dice, es la criatura más difícil de atrapar. Cuando se toma por la cola, deja la cola en las manos del aprehensor, y desaparece rápidamente. Incluso se partirá el cuerpo en pedazos para impedir ser atrapado. Un parecido muy grande aquí con el reptil vidrioso, pecaminoso y escurridizo del *yo*. Uno lo toma, lo hace morir, lo crucifica, lo cuenta como muerto, pero vive, y si se le permite, pronto queda restaurado a su forma y vitalidad originales. Como la cabeza de aquella antigua serpiente el diablo, se precisa del poder del Cristo Todopoderoso para aplastarla.

1.977. EL TENAZ YO

Quizás el más feroz animal de la creación es el «hámster». Cuando se aferra a algo, antes que ceder preferirá dejarse destrozar a golpes de palo. Si se aferra a la mano de un hombre, tiene que ser muerta antes de dejar ir su presa. ¡Cómo se parece a este «hámster» nuestro soberbio, terco y pecaminoso yo. Este espíritu egoísta, que se aferraría a la nueva naturaleza nacida del cielo chupando toda su vida, no dejará su presa hasta que haya sido muerto.

1.978. EL TIEMPO ES CORTO

¡Corto el tiempo es!
Si para Dios quieres trabajar, ahora ha de ser;
Si ceñida a tu frente la corona quieres ver,
El tiempo debes redimir.

Con su galardón
El viene y no tardará; cercano el día está;
Cuando menos se lo esperen todos, Él vendrá;
¡Tu encuentro prepara con Él! –H. BONAR

1.979. EL VAPOR EVANGELÍSTICO

Es cosa muy sugerente que la palabra «aliento» significa literalmente *«vapor»*, algo gentil, pero de lo más poderoso, procedente de una *fuente* cálida y resplandeciente. «Espíritu, ven de los cuatro vientos, y sopla» (Ez. 37:9). El Espíritu Santo es el *aliento* de Dios, el gentil, resplandeciente y todopoderoso vapor del Todopoderoso. Un predicador lleno del Espíritu Santo tiene siempre el *vapor* activo. Es fácil conducir tu tren cuando se tiene abundancia de vapor, pero ¡qué inmóvil se queda uno cuando carece de esta energía celestial! La manera de mantener la presión del vapor es tener un corazón encendido de amor para Dios, y alimentarlo constantemente con los carbones de las promesas divinas.

1.980. EL VENENOSO YO

La serpiente de cascabel es bien conocida y justamente temida como la más venenosa y mortífera de todos los reptiles. El doctor Bell ha demostrado que su veneno es secretado incluso *tras* su muerte. El yo pecaminoso es la serpiente de cascabel que todo cristiano tiene razón en temer. En tanto que nos consideramos muertos, y hemos crucificado la carne con sus concupiscencias, incluso cuando estemos *diseccionando el yo*, estamos en peligro de ser envenenados por Él. «Desentendeos del hombre» (Is. 2:22).

1.981. ELIGE LO MEJOR

Los antiguos romanos indudablemente se consideraban prudentes al elegir como su dios a la mayor estrella del cielo: Júpiter *(el padre del cielo)*. Que sea Jesús, el más brillante y el mejor, nuestra elección. Él «descuella entre diez mil» (Cnt. 5:10), y es «todo Él un encanto» (Cnt. 5:16). Él es la Estrella que resplandece a un día eterno.

1.982. EMBAJADORES DE CRISTO

Los marineros tienen que emplear a veces lo que llaman una «bandola». Se trata de un mástil temporal que toma el lugar y hace el trabajo de uno que ha sido arrebatado por una tempestad. Cristo fue arrebatado por la tempestad de la indignación y odio humano. Como cristianos estamos ahora actuando «en nombre de Cristo» (2 Co. 5:20), haciendo su obra en su lugar. Nuestra obra es también como la de la «bandola»: muy temporal, solo por un corto tiempo.

1.983. EN LUGAR DE CRISTO

Cada cristiano es, en un sentido muy real, un lugarteniente de Cristo. Un lugarteniente es *uno que mantiene el lugar de otro* en su ausencia. En ausencia de Cristo, el gran Capitán de la Salvación, debemos actuar en su lugar. Pablo dijo: «Os rogamos *en nombre* de Cristo: Reconciliaos con Dios» (2 Co. 5:20). ¡Qué responsabilidad! Tendremos que dar cuenta de nuestra representación.

1.984. ENDURECIDO

Un barco de madera queda endurecido cuando se forra con hierro o acero, y así queda fortalecido para que resista a todas las influencias del exterior, y preserve todo el contenido interior. Un hombre queda endurecido a todas las influencias espirituales cuando sus sentimientos y más elevada sensibilidad han quedado incrustadas dentro de una egoísta comodidad y del amor por el mundo. Desea preservar lo que ya ha obtenido: una mísera porción.

1.985. ENERGÍA PARA EL SERVICIO

Una plancha no sirve para su propósito de eliminar las arrugas hasta que se conecta a la energía eléctrica. Su capacidad de servir se deriva de ser movida por una energía no propia. «Sed llenos del Espíritu» (Ef. 5:18), el Espíritu de poder y de ardor, y tu obra será eficaz, y tú mismo te verás transformado por su presencia residente.

1.986. ENTROMETIDOS

En la acepción general del término, un «entrometido«es una persona a evitar, porque siempre se preocupan de los *asuntos de los demás*. No seamos entrometidos en el sentido de meternos en los asuntos de los demás. Pero si debemos ser seguidores de Jesucristo debemos, en otro sentido, ser ciertamente «entrometidos», cuidándose de los asuntos espirituales y de los intereses temporales de otros. Por lo que respecta a cuidarse de los intereses de Jesucristo y de su causa podemos ser entrometidos. Si no nos preocupamos de los demás seremos inútiles.

1.987. EXPLOSIONES DE IRA

Se dice de un hombre que está «erizado» cuando está enfurecido. ¿Se da a entender con esto que el tal padece de una *erupción de espinas*, y que todo su ser está erizado de cosas aguzadas y punzantes, de manera que no importa donde le toques vas a salir herido? La furia es la locura del egoísmo. Un temperamento irascible es una gran maldición para el hombre, aunque pueda tener tantas buenas cualidades como un erizo.

1.988. FALSOS PROFESANTES

Se dice del zorro que es el príncipe de la astucia. Cuando ve que es imposible la huida, en ocasiones finge estar muerto, y se deja patear y llevar por el rabo encima del hombro sin mostrar señal alguna de vida; pero en el momento que se le ofrece una oportunidad escapa a toda la velocidad posible hacia su madriguera. Los profesantes falsos no son infrecuentes. Se mezclan con el pueblo de Dios, cantan y hablan como ellos. Uno se imagina que todo está bien con ellos, pero tan pronto como ven una oportunidad en forma de alguna diversión mundana, escapan. No es del todo imposible incluso para un cristiano fingirse muerto al mundo y al pecado, cuando asiste a convenciones de santidad, y luego, después que cesan estos frenos santos, actuar como un zorro volviendo a la vieja vida de egoísmo.

1.989. FE Y VISTA

«Aquel que une la fe a la vista corporal, a lo terrenal y visible, se expone a cambio, por cuanto todas las cosas visibles son temporales, y sólo las invisibles son eternas» (2 Co. 4:18) –GERLACH

1.990. FORMA SIN AROMA

Un *antólito* es una flor petrificada, mostrando aún la forma, pero habiendo desaparecido la fragancia. ¿No hay entre nosotros cristianos antólitos que solían tener aroma para Cristo, pero que están ahora tan rígidos y muertos como una piedra? Vidas petrificadas, «teniendo forma de piedad, pero negando su eficacia» (2 Ti. 3:5).

1.991. FORMALIDAD

Hay una variedad de manzana que se llama «Apple-John», que se considera como *perfecta* cuando está toda arrugada y marchita. También los hay que creen en una religión «Apple-John», que para ellos solo es perfecta cuando está totalmente seca de todo poder espiritual y absolutamente carente de la savia de la vida y del crecimiento. Los árboles del Señor están llenos de savia.

1.992. FUEGO EN UN ASILO

El 27 de enero de 1903 se desencadenó un incendio en un instituto mental de Londres. De los 300 asilados, 50 murieron, y 250 tuvieron que ser literalmente *arrebatados del fuego*. Mientras tenía lugar el rescate, estos pobres seres se comportaban de tal manera que recordaba intensamente como los insensatos pecadores se comportan cuando otros buscan ardientemente su salvación. Se informa que:

–«*Algunos se reían ante la mención del fuego.*» Solamente los insensatos podrían reírse ante una tal calamidad. Los necios se burlan del pecado. Sólo personas moralmente insensatas se atreverían a frivolizar con el fuego del pecado.

–«*Algunos dijeron que no estaban dispuestos a dejar la cama en medio de la noche y salir fuera.*» No estaban dispuestos a abandonar sus presentes goces, ni para salvar sus vidas. Hay muchos así, que prefieren los placeres de un estado de condenación antes que los goces de la salvación. Su locura es bien evidente por la elección que toman.

–*«Algunos fueron hallados escondiéndose del fuego bajo sus camas.»* En su refugio de mentiras decían: «Paz, paz, cuando no hay paz». Nadie sino un insensato puede suponer que una cama de comodidad o de indiferencia es ninguna protección contra un fuego consumidor. Puedes estar seguro de que tu pecado, como un fuego, te alcanzará.
–*«Algunos parecían imaginar que eran los bomberos los que habían prendido el fuego.»* Les dieron la culpa de querer «quemarlos». Uno pensaría, por lo que dicen algunas personas, que los predicadores son los que han hecho el Infierno, y los que perturban la paz, por tratar de convencer a los hombres de su pecado e intentar sacarlos de su condición perdida. Naturalmente, al emitir una acusación así sólo demuestran que están fuera de sí mismos.
«Muchos de ellos se debatieron contra sus salvadores, mordiéndoles y arrancándoles los cabellos.» ¡Qué imagen más deprimente! ¡Qué triste imagen de locura! ¡Luchando en contra de los que se estaban sacrificando para salvarlos! No es poco común, para los que tratan de sacar a los hombres del fuego del pecado, la experiencia de que sus esfuerzos cristianos sean desgarrados y calumniados. Solamente los lunáticos espirituales podrían comportarse de esta manera.
«A algunos se les oyó golpeando una puerta cerrada para poder salir, cuando ya era demasiado tarde.» Debe haber sido un terrible despertar al volver en sí y encontrarse rodeados por un fuego consumidor. Los que rehusan ser arrebatados del fuego perecerán en él. «¿Cómo escaparemos nosotros, si descuidamos una salvación tan grande?»
«Todos los hombres y mujeres cuerdos acudieron al rescate.» El tiempo era corto; la perdición de los no salvos era cierta; la obra era grande y urgente; todos los demás intereses fueron echados a un lado; la una cosa necesaria era la salvación de las almas. Todos los cristianos cuerdos consideran su principal actividad lograr arrebatar almas del fuego del pecado. ¿Estás tú fuera o dentro?

1.993. FUEGO SAGRADO

Hace tiempo que se atribuían supersticiosamente ciertas maravillosas virtudes a lo que se llamaba «fuego de necesidad». Se generaba con fricción. Al frotar dos palos entre sí, se suponía que esta maravillosa llama procedía directamente de Dios. El Espíritu Santo es el «fuego de necesidad«de este tiempo presente. Él vendrá al corazón como llama ardiente, como respuesta a los continuos ruegos del alma. Entonces se harán cosas grandes y maravillosas.

1.994. FUERA Y FUERA

Los animales anfibios, que tienen una doble vida, y pueden vivir igualmente bien en el agua o en tierra, no son útiles al hombre. El profesante religioso anfibio, que se siente igual de bien en el mundo que en la Iglesia, que halla placer tanto en los pecados como en los sermones, no es de utilidad para Dios. «¡Ojalá fueses frío o caliente!» (Ap. 3:15).

1.995. GRANDEZA IMAGINARIA

Froude nos dice que «Pompeyo era un hombre débil, ignorante de sí mismo; y poco dispuesto a separarse de su imaginaria grandeza, fue echado abajo por las crueles fuerzas del mundo». Las fuerzas de este presente mundo malo son siempre demasiado poderosas para los que están revestidos de la armadura de una «imaginaria grandeza». Solo es en la «armadura de Dios» que podemos *resistir*.

1.996. GUERRA

En el reino de la naturaleza cada animal tiene su enemigo, y el enemigo será según la posición y el poder de cada animal. El tigre tiene al león, la avispa al moscardón, y la mosca a la avispa. Cuando el hombre nace en el reino de Dios, y es sentado en lugares celestiales, tiene enemigos más poderosos a los que enfrentarse que antes. Entra entonces en conflicto con «principados, potestades y espíritus de maldad» (Ef. 6:12). El más gran hombre tiene el más gran enemigo. Pero revestidos de toda la armadura de Dios podemos resistir.

1.997. GUERRA ESPIRITUAL

El más fuerte atleta es la debilidad misma en comparación con el fiero gorila que puede retorcer el cañón de un rifle como si de un palo podrido se tratara. Así de impotentes somos cuando nos enfrentamos a las maldades espirituales en los lugares celestiales son la armadura de Dios y la espada del Espíritu que nunca podrá el gran gorila, el Diablo, ni doblar ni romper. Las armas para nuestra guerra contra el diablo no son carnales, sino espirituales. «Vestíos de toda la armadura de Dios, para que podáis estar firmes» (Ef. 6:11).

1.998. HACEDLO DE CORAZÓN

Cuando le preguntaron a Sir Thomas Lawrence cómo ponía tanto cuidado en cierta pintura encargada por una corte extranjera de un país semibárbaro, contestó: «No puedo remediarlo: lo hago lo mejor que puedo, incapaz, por un sentimiento tiránico, de hacerlo de otra manera». Bien les iría a los siervos de Jesucristo, cuya obra ha de ser exhibida en la corte del cielo, si tuvieran algo de este «sentimiento tiránico» que no permite hacer las cosas a medias, sino que siempre impulsa a hacerlo lo mejor posible. «Todo lo que hagáis, hacedlo de corazón, como para el Señor.»

1.999. HE AQUÍ AHORA

En las regiones polares la estación veraniega da mucho gozo y placer. Se usa cada hora de luz, porque saben muy bien que en unas *pocas semanas* se habrá desvanecido la oportunidad, y que volverá a instalarse la severidad de un largo invierno. Actúan conscientes de que el tiempo es corto. Así es el «tiempo favorable, el día de salvación». Una estación breve pero preciosa. Sin embargo, son muchos que no prestan atención a esta única oportunidad de una cosecha de gloria celestial antes que caiga sobre ellos el largo invierno de muerte y tiniebla eterna. «Levántate, resplandece; porque ha venido tu luz» (Is. 60:1).

2.000. HECHOS Y CARÁCTER

Es un hecho a destacar de la naturaleza que el dibujo en la hoja de cualquier árbol representa el bosquejo de todo el árbol. Cada hoja declara la forma y carácter del árbol al que pertenece. Una pequeña palabra o un pequeño hecho suelen revelar todo un carácter. Un acto apresurado y poco caritativo muestra un corazón que no es recto para con Dios. Es imposible que el fruto sea diferente del árbol del que sale. «Por sus frutos les conoceréis»; por sus pensamientos es que Dios los conoce. «¿Acaso se cosechan… higos de los abrojos» (Mt. 7:16).

2.001. HERMOSA INDIFERENCIA

Cuando alguien está encallecido y es insensible, se dice de Él que tiene «un corazón de mármol». Pero todos sabemos que el mármol puede recibir el pulido más hermoso. Es posible tener una vida sumamente pulimentada, y tener mucho brillo, y sin embargo tener un corazón tan muerto e insensible al amor de Dios como un trozo de piedra. «Con el corazón se cree para justicia» (Ro. 10:10).

2.002. HIPOCRESÍA

A lo largo de las costas de los mares helados, en la región de Arkangelsk, se dice que hay unas 1.000 familias llamadas «Samoiedes» que adoran al oso, le dirigen sus oraciones y le ofrecen sacrificios, y que luego lo cazan para matarlo. Lo reconocen como su dios, y luego hacen todo lo que pueden para atraparlo y darle muerte. ¿Cuán mejores son los que profesan creer en Jesucristo, y que sin embargo con sus malas obras lo niegan, exponiéndole a vituperio, y no dándole lugar en sus vidas? Con sus labios le confiesan, pero sus corazones están lejos de Él.

2.003. IDÓNEOS PARA AMBOS MUNDOS

Existe un curioso pez, dice Agasisiz, en su libro *Viaje al Brasil*, que se llama «Anableps», y que tiene cuatro ojos; , o, más bien, ojos divididos en una mitad superior y en otra inferior, mediante lo cual pueden ver igualmente bien en el aire o en el agua. No tienen ellos dificultad alguna para ver en ambos mundos, siendo que por su naturaleza tienen la capacidad para ello. Todos los que han nacido de lo alto han recibido la capacidad de ver el reino de Dios. Pero esto no los incapacita en absoluto para llevar a cabo sus deberes en este mundo inferior.

2.004. INCONFORMISTAS

Hay más inconformistas que los que rehusaron conformarse a la Iglesia Establecida [Anglicana] a la Restauración de Carlos II de Inglaterra. Cada cristiano es llamado por Dios a ser conformado a la imagen de su Hijo (Ro. 8:29). Hablamos acerca de la «noble conciencia inconformista». Que sea noble, ciertamente, no conformándose al mundo. Si nuestras vidas no están siendo conformadas a la semejanza de Aquel que nos ha llamado, entonces somos verdaderamente unos tristes inconformistas.

2.005. INCONSECUENCIA

La fabulosa sirena tenía la mitad superior del cuerpo como el de una mujer, y la inferior como un pez. Hermosa a distancia, pero repulsiva cuando estaba cerca. El cristiano sirénido no es de fábula. Adoptan la forma, pero niegan el poder. La parte visible de su carácter es atractiva, pero la oculta es brutal. «Cual es su pensamiento en su corazón, tal es Él» (Pr. 4:23).

2.006. INDECISIÓN

Se cuenta la fábula de un asno hambriento que se encontró entre dos montones de paja. Miró al primero, luego al segundo, y no podía decidir cuál de los dos comer primero, hasta que murió de hambre. Así de estúpidos son los que vacilan entre dos opiniones, hasta que mueren en sus pecados. «¿Hasta cuándo claudicaréis vosotros entre dos pensamientos?» (1 R. 18:21).

2.007. INESTABILIDAD

Se dice que algo es amorfo cuando carece de una forma determinada. ¿No hay profesos cristianos que podrían ser designados así, que parecen ni tener la forma de una verdadera mundanalidad ni la de un verdadero creyente? Carentes de carácter; ni fríos ni calientes; sal sin sabor; buenos para nada.

2.008. INFLUENCIA CRISTIANA

Cuanto más alta sea la cima del monte donde estemos, tanto más durará la sombra de nuestra presencia. Cuanto más arriba ascendamos hacia la luz y semejanza de nuestro Señor y Maestro, tanto más profunda y de mayor alcance será la sombra de nuestra influencia para Él.

2.009. INFLUENCIA ESPIRITUAL

Park Benjamin, en su obra *La era de la electricidad*, nos explica cómo «alrededor del polo de un imán existe un extraño medio, un denominado "campo de fuerzas", en el que existen tensiones, atracciones y repulsiones, como si hubiera una hueste de seres infinitésimos operando». Esta misteriosa influencia, real y poderosa, del imán es un símbolo real de aquel poder espiritual que está siempre asociado con aquella alma que está llena del poderoso Santo Espíritu de Dios.

2.010. INMORTALIDAD

Es un hecho científico que nada en la naturaleza puede ser aniquilado. Se ha dicho que «todo perece, pero nada se pierde». Si el alma del hombre pudiera pasar a la nada, sería lo *único* que puede quedar aniquilado. No es probable que esta la más preciosa y maravillosa de las creaciones de Dios sea lo único que puede descender a la no existencia. La razón, el sentido común, la Escritura y la constitución del alma, todo ello declara unánimemente su protesta en contra de tal idea. El espíritu, lo mismo que la materia, puede tener muchas formas de existencia y diferentes esferas de ser. «Por cuanto Yo vivo, vosotros también viviréis» (Jn. 14:19, V.M.).

2011. IRREALIDAD

Quizás hayas visto a alguien que haya inhalado algo de «óxido nitroso» (gas hilarante): como lo excitó a la risa. Ni era más rico ni más dichoso, pero se rió fuerte y mucho tiempo. Era solamente un gas. No codicies la risa de los impíos ni la alegría de los mundanos… es solo gas. La botella del diablo puede parecer que traiga alegría, pero es únicamente la hilaridad de los insensatos, la hueca burla del gas hilarante. No juzgues por la apariencia externa.

2.012. LA AFLICCIÓN

Para *templar* metales se les somete a gran calor, y enfrían lentamente, pues si no se volverían frágiles y se romperían con facilidad. Pablo había quedado bien templado en el horno de la prueba, y pudo decir: «He *aprendido* a contentarme, cualquiera que sea mi situación» (Fil. 4:11). Los que se desalientan con facilidad es porque no han sido bien templados. «Me ha sido un bien para mí el haber sido humillado» (Sal. 119:71).

2.013. LA AFLICCIÓN

Se hacen hermosas figuras y estatuillas de una fina especie de porcelana no vidriada llamada «bizcocho». Se llama así porque se pasa dos veces por el horno Una doble porción de la ardiente prueba puede ser solo adecuada para llevar más perfectamente la imagen de Aquel que es la imagen del Dios invisible. «Perfeccionar por medio de padecimientos» (He. 2:10).

2.014. LA AFLICCIÓN

Los caparazones de las tortugas son un valioso artículo comercial. Para hacer que la tortuga ceda sus hermosas placas, los nativos encienden un fuego sobre la espalda del animal. Es un proceso cruel, pero puede ser que haya necesidad de que se enciendan los fuegos de la aflicción a nuestro alrededor y sobre nosotros para que demos el precioso fruto del Espíritu. No nos gusta el proceso de ser quemados: «Ninguna disciplina parece al presente ser causa de gozo, sino de tristeza; pero *después* da fruto apacible de justicia» (He. 12:11).

2.015. LA BIBLIA

«En el arca estaba el vaso de oro conteniendo maná».

1. La Biblia es un vaso. Fue hecho con un propósito.
2. Un vaso de oro. Es pura, preciosa, imperecedera.
3. Tiene maná dentro. La Palabra de Vida, pan del cielo.
4. Está en el arca. Encerrada en Cristo, preservada por el poder de Dios.

2.016. LA BOLSA CRISTIANA

En Escocia un «bolsero» es un estudiante cuyo mantenimiento proviene de unos fondos derivados de una fundación. Cada estudiante en la escuela de Cristo, cuyo corazón haya sido rendido a Cristo, ha recibido la bolsa de la *todosuficiente* gracia. «Bástate mi gracia; porque mi poder se perfecciona en la debilidad» (2 Co. 12:9). Conseguir la bolsa de su gracia y fuerza es suficiente para ser mantenido.

2.017. LA BÚSQUEDA DEL TESORO

¡Qué conmoción la creada en las mentes de muchos por la recompensa de una enorme suma de dinero ofrecida por el propietario de un diario escocés para quien halle un medallón escondido! ¡Con qué afán han estado muchos buscando día y noche, sin cuidarse de quien los pueda estar observando, ni de lo que otros puedan pensar! Están buscando un tesoro que creen está a su alcance. Aunque solamente una persona puede obtener el premio, cientos de personas lo están buscando. El tesoro de la «vida eterna» yace escondido en el campo abierto de la Palabra de Dios, y aunque *cada* buscador puede hallar este premio, ¡cuán pocos hay que lo buscan!

2.018. LA CONDENACIÓN DE LOS INEPTOS

Es un hecho universal que cualquier ser vivo no equipado apropiadamente para todas las circunstancias de aquella vida a la que pueda ser traído está condenado a morir. Para cada esfera de existencia se precisa de una aptitud correspondiente. Para la esfera espiritual del reino de Dios se precisa de una aptitud espiritual. Sin este ajuste interior de carácter a las circunstancias de la vida celestial y eterna hay sentencia de muerte. El que no nace de nuevo no puede ver el Reino de Dios.

2.019. LA CONVERSIÓN

La nave de los emigrantes, al pasar de Europa a Australia tiene que atravesar una zona que los marinos llaman «la zona ecuatorial». Esta región es conocida por lluvias y nubes, por calmas chichas que sumen en la perplejidad, y por inesperados vientos; pero la tierra soleada se encuentra más allá. El alma emigrante, al pasar de la muerte a la vida, tiene que pasar por la zona ecuatorial de la conversión. Las experiencias aquí no son siempre las mismas. Para algunos puede que se trate de una angustiosa calma, el silencio penoso de la oración sin respuesta. Para otros puede que se trate de una región de tempestad y de terrible agitación. Algunos pasan rápidamente por allí, mientras que otros se encuentran refrenados impotentes durante semanas y meses. Pero no te contentes con quedarte ahí. Prosigue hacia la tierra soleada de la salvación cierta (Ro. 7:24, 25).

2.020. LA CRUZ

En las Islas de los Mares del Sur se encuentra un árbol cuyo fruto, cuando es asado, constituye un buen sustituto del pan, y se llama «árbol del pan» La Cruz de Cristo es un «árbol del pan», plantado por Dios para la hambrienta humanidad. Su fruto es verdadero pan de vida, impartiendo vida a los muertos.

2.021. LA CRUZ DEL MERCADO

En la antigüedad se solía levantar una cruz en el lugar en el que iba a tener lugar el mercado. Si algunos extraños preguntaban dónde podían conseguir tales y cuáles cosas, se les decía que fueran a la cruz a por ellas. La Cruz de Cristo es el lugar de mercado para el mundo. Extraño: si quieres perdón, vida y reposo, ve a la Cruz. Pero tienes que comprar *sin dinero*.

2.022. LA DOBLEZ DE ÁNIMO

Bunyan habla acerca del Señor Mirando-dos-caminos. Es la misma imagen de la indecisión, como el anfípodo, cuyos pies se dirigen en dos direcciones; como las pulgas de playa, que no parecen seguir una dirección determinada, y que tanto van atrás como adelante. Así son los de doble ánimo, inconstantes en todos sus caminos.

2.023. LA ESPADA DE LA PALABRA

Se nos dice que la garza real tiene una manera muy singular de defenderse. Cuando se ve atacada por un águila o por un halcón, se mantiene quieta y firme, empleando su pico a guisa de espada, dejando que el enemigo quede traspasado con la misma fuerza de su envite. El método defensivo del cristiano es muy similar. Tenemos la espada del Espíritu que es la Palabra de Dios. Cuando te veas atacado por el enemigo, por dentro o por fuera, mantente firme y exhibe la Palabra, mantenla firme. Cuanto más fieramente ataque el enemigo, tanto más seguramente se traspasarán ellos con ella. Su Palabra es un fuego, y todos los que se encuentren con ella serán quemados. «Estad, pues, firmes, ceñidos vuestros lomos con la verdad» (Ef. 6:14).

2.024. LA FASCINACIÓN DEL PECADO

La serpiente de cascabel es temida con razón. Dice Murray: «Cuando la mirada penetrante de la serpiente de cascabel se fija sobre ellos [los pájaros], el terror y el asombro los incapacitan para escapar, y mientras que se quedan involuntariamente con los ojos fijos en los del reptil, se ha observado a pájaros caer dentro de la boca de Él como paralizados, a ardillas bajar de árboles y a lebratos correr adentro de las fauces de los ansiosos devoradores». Muchos jóvenes, asimismo, caen irremediablemente dentro de las fauces destructoras del pecado, porque persisten en mirarlo hasta que su ojo fascinador los vence. «Volveos, volveos… ¿por qué queréis morir?» (Ez. 33:11).

2.025. LA FE

Hace muchos años un hombre fue condenado a la horca. Ya en el patíbulo, pidió agua para beber. Le fue concedida su petición, pero su mano le temblaba tanto que no podía beberla. «Tómate tu tiempo», le dijo el rey, que estaba sentado cerca para ver la ejecución: «No serás colgado hasta que la hayas bebido». En aquel momento el reo echó de sí la copa, diciendo: «Pues jamás la beberé, por lo que no puedo ser colgado». Tomó al rey al pie de la letra, y salvó su vida.

2.026. LA GRACIA TRANSFORMADORA

La química se han conseguido muchos maravillosos experimentos de transformación. ¿Qué hay más negro, sucio y poco prometedor que el alquitrán de hulla? Sin embargo, ha sido transformado en los más hermosos y útiles colorantes. Y la gracia de Dios ha obrado maravillas aun más sublimes. ¿Qué podía ser más sucio y poco prometedor que un pecador aborrecedor de Dios, blasfemo, echado en un inmundo charco de iniquidad, y poseído por el espíritu del Diablo? Pero la gracia de Dios, como por medio de una química espiritual, ha transformado estos depravados y desesperados carácteres en las vidas más hermosas y útiles. «Por la gracia habéis sido salvados» (Ef. 2:5).

2.027. LA GRAN COMISIÓN

En el ejército y en la marina de Gran Bretaña hay muchos que tienen el título de «oficial sin comisión». Tienen un oficio, pero no comisión. No hay ninguno así en el ejército del Señor. Aquí cada oficial está comisionado: «Id por todo el mundo y proclamad el evangelio a toda criatura» (Mr. 16:15; *cf.* Ap. 22:17). «Y el que oye, diga: Ven».

2.028. LA GRAN COMISIÓN

Cuando una nave es comisionada por un gobierno para ejercer represalias contra naves de otro gobierno, se dice que lleva una «patente», la marca de la autoridad oficial. Cada nave o súbdito perteneciente al reino de Dios lleva un documento así, y debería ejercer represalias sobre las almas e intereses de aquellos que continúan siendo enemigos de Dios, sirviendo en el reino de Satanás. Tómalos para Dios.

2.029. LA HERMOSA ENCARNACIÓN

Todos estamos bien familiarizados con la hermosura del clavel, que en inglés toma su nombre de *«carnation»*, carnación, de su apariencia de color de *carne*. Se dice que ninguna otra flor presenta unas escenas tan maravillosas y de hermosura cuando es contemplada al microscopio. ¡Qué emblema de Aquel que fue hecho en semejanza de *carne* de pecado! ¡Qué maravillas ocultas hay en la gran encarnación, que solo se pueden ver mediante el poder magnificador de Cristo operado por el Espíritu Santo!

2.030. LA HIPOCRESÍA

La sociedad, así llamada, tiene frecuentemente sus tiempos de mascaradas. Les encanta disfrazarse para poder participar en algún nuevo placer que no podrían tener si la máscara. En cuestiones de religión, ¡cuántos no se disfrazan, poniéndose el disfraz para algún placer egoísta, engañando y siendo engañados! Llegará el tiempo en que cada máscara será quitada, y en que se desvelará toda cosa oculta. «No os dejéis engañar; de Dios nadie se mofa» (Gá. 6:7).

2.031. LA IGLESIA

La iglesia ha sido llamada la «Esposa del Cordero» (Ap. 21:9). El nombre *esposa* significa literalmente una poseída o adquirida. La esposa de Cristo es *poseída* por Él, porque fue *adquirida* al costo de su preciosa sangre. Cada creyente en Jesús es una adquisición; cada uno de los así adquiridos será reconocido por Él. «El Señor conoce a los que son suyos» (2 Ti. 2:19).

2.032. LA INMORTALIDAD

Está bien documentado el hecho de que unas aves migratorias (las codornices), aunque nacidas en cautiverio y bien domesticadas, se lanzan, al tiempo de la migración contra los barrotes de sus jaulas en su anhelo de libertad y de cambio. Este instinto forma parte de su naturaleza, y no importa donde hayan nacido, o cómo hayan sido criadas, se hace evidente en determinadas ocasiones. Así es con el hombre en lo referente a su deseo por la inmortalidad. No importa donde haya nacido, o en qué circunstancias haya sido criado, como las aves migratorias, este instinto aparece de una manera u otra de manera intensa. El instinto migratorio del ave no estaría ahí si no hubiera un algo en alguna parte que se correspondiera con aquel deseo innato.

2.033. LA LUZ DEL EVANGELIO

Cuando el sol resplandece en nuestra ventana, no alumbra sólo aquella parte que está directamente accesible a sus rayos, sino que cada rincón de la estancia queda iluminada, y todo es manifestado por la luz. Cuando la palabra del Evangelio de Cristo es creída, será como el resplandor del sol dentro del corazón trayendo la luz de la vida al alma y alumbrando todos los rincones oscuros dentro de la estancia del corazón. Así, quedan reveladas nuestras verdaderas relaciones y responsabilidades para con Dios y los hombres. «En tu luz veremos la luz.»

2.034. LA NATURALEZA GANSA

Ganso ha sido siempre un nombre de reproche. Darwin dice: «Esta ave merece unas observaciones, porque ninguna otra ave domesticada desde la antigüedad ha variado tan poco». Parece que el paso de los siglos no ha mejorado al ganso. En ello se parece a la «mente carnal», sin cambios e inalterable en medio de todos los avances de los tiempos. La naturaleza no renovada del hombre ha resultado inflexible, aparte de la regeneración, a todas las influencias más elevadas del reino espiritual.

2.035. LA NUEVA VIDA

Es una característica singular del cuclillo que nunca pone sus huevos en su propio nido. Los deposita en nidos de otros pájaros más pequeños, donde nacen. Cuando el cuclillo joven es lo suficientemente fuerte, echa fuera del nido a los otros ocupantes, y se apodera totalmente de él. Esta conducta parece muy egoísta e ingrata, pero ilustra el proceso de la nueva vida en el alma. «El poder expulsivo de un nuevo afecto», según lo ha denominado el Dr. Chalmers. La nueva vida, como el joven cuclillo, procede de un origen totalmente diferente: nacida de lo alto. Se espera que tome el entero control de todo el ser, y debe llegar a ser heraldo de la primavera de la salvación, trayendo alegría y esperanza a otros.

2.036. LA ORACIÓN

Los fisiólogos dicen que «todo lo que perturbe a los eritrocitos de la sangre en el proceso de respiración provoca la muerte». La sangre puede estar con la misma apariencia, y sin embargo muerta. La forma de oración y la apariencia de santa vitalidad pueden persistir igualmente mientras que el poder y la virtud de ello han desaparecido. Todo lo que obstaculice nuestros deseos de subir a Dios y nuestro deleite en su presencia, está obrando la muerte en el alma. Todo lo que detenga los procesos de la vida causa la muerte. Debemos «orar siempre, y no desmayar» (Lc. 18:1).

2.037. LA ORACIÓN

Una de las mayores maravillas de esta edad de inventos es que dos pequeños instrumentos sintonizados entre sí, aunque estén a miles de kilómetros de distancia, pueden comunicarse entre sí. El mar rugiente, o las enhiestas montañas, no pueden interponerse, siempre que los instrumentos estén en justa correspondencia. Sintonizados con la voluntad de Dios, ¿quién podrá obstaculizar la oración? Se dice que el único peligro de perturbaciones en la comunicación inalámbrica es *demasiado sol*. No permitas que la prosperidad perturbe tu comunión con Él. Ponte a bien con Dios.

2.038. LA PALABRA DE DIOS

La «lente encendedora» se hace de manera que concentre los rayos del sol en un foco, de manera que su poder de ignición queda potenciado. La Palabra de Dios es a la vez fuego y lente; es de hecho una *lente encendedora*, es verdad divina concentrada. Cuando cae, enfocando el corazón del hombre, es irresistible en su influencia, es como un fuego en los huesos. «La Palabra de Dios es viva y eficaz» (He. 4:12), cortante, marchitadora, avivadora, consumidora.

2.039. LA PALABRA DE DIOS

La esbelta dulcamara, trepadora, con sus rojas bayas, recibe este nombre [dulcamara = dulce y amarga] debido a que cuando se mastica su raíz, es primero amarga, y luego dulce. La Palabra de Dios, con su poder de *convicción*, puede ser primero muy amarga para el alma, pero después es más dulce que un panal de miel. Para sentir la dulzura de esta raíz divina, debemos persistir en comer de ella. «Fueron halladas tus palabras, y yo las comí.»

2.040. LA PALABRA DE DIOS

El caleidoscopio es un ingenioso instrumento óptico en el que se puede observar una variedad sin fin de colores y formas. Es de temer que muchos emplean la Biblia de la misma manera y muy con el mismo propósito: la hacen girar sólo para satisfacer su curiosidad. La Palabra de Dios es una espada, un martillo, y un fuego, algo que debe más ser sentido que admirado.

2.041. LA PALABRA DE DIOS, UN ARMA

La «quina», una planta medicinal bien conocida en Venezuela y el Perú, ha sido ensalzada por Sir Samuel Baker como el mejor amigo del viajero por Africa, porque es una potente arma contra el demonio de la fiebre y de los escalofríos. La Palabra de Dios es la quina del creyente mientras se encuentra en el desierto de este mundo. Es el arma omnipotente de su guerra mediante la que son vencidas las fiebres de la pasión y de la excesiva ansiedad, y los escalofríos de la duda y de la incredulidad. El peregrino espiritual puede ir desde las profundidades de los apuros tropicales estando en posesión de este maravilloso antídoto. «Escrito está» (Lc. 4:12) traspasó la armadura de Satanás.

2.042. LA PALABRA INMARCESIBLE

El multicolor amaranto es una flor que se supone que nunca se marchita. Duran mucho tiempo, pero finalmente sí se marchitan. Tienen nombre de que viven, pero mueren. Las promesas de Dios son los verdaderos amarantos. Ellas sí son flores *inmarcesibles*. «Las palabras que Yo os he hablado son espíritu y son vida» (Jn. 6:63).

2.043. LA PALABRA PURA

El tinte rojizo del árbol «anotta» (de América del Sur) se emplea mayormente para colorear la mantequilla y el queso. A algunos les gusta más coloreados. En todo caso, la pura Palabra de Dios no precisa de ser coloreada. El hombre no tiene nada a añadir para mejorarla. Pero el proceso de coloreado persiste. La Palabra se mezcla con sabiduría humana para hacerla más sabrosa a la mente irregenerada. Les gusta tanto la coloración a muchos que no quieren tomar la pura leche y mantequilla sin ella. Algunos incluso tratan de ingerir el colorante, sin nada más.

2.044. LA PARTE OCULTA

«Hay algunos», dice Sir T. Overbury, «que están siempre jactándose de su noble linaje. Dan gran apariencia y florecen, pero, como las patatas, la mejor parte está bajo tierra». Puede que éste sea un pobre cumplido para la nobleza rural, pero es un buen rasgo en el carácter cristiano. Algunos cristianos profesantes son como el casi arruinado pañero, que pone todas sus existencias en el escaparate: todo lo que tienen está abierto al público. Otros son como las patatas: lo mejor de ellos está oculto, y cuanto más te aproximas a ellos tanto mejor y más valiosos aparecen. Tienen la verdad en lo íntimo.

2.045. LA PROMESA ROMPEOLAS

Con frecuencia se levantan barreras fuera del puerto para romper la fuerza de las olas, y proteger así a las naves dentro del puerto. «Todas las cosas cooperan para bien de los que aman a Dios» (Ro. 8:28). Esta preciosa promesa rodea al cristiano en cada circunstancia, y quebranta la fuerza de toda ola de angustia que quisiera lanzarse adentro y perturbar la nave de la paz reposando en el puerto del corazón.

2.046. LA REGENERACIÓN

Es un hecho bien conocido, aunque es una maravilla cada vez mayor, que una oruga cambia a mariposa. Hay desde luego bien poca semejanza entre ambas cosas, pero cada mariposa ha sido una oruga. Las mariposas pueden verdaderamente decir, al mirar a las pobres orugas: «Y así éramos, pero hemos sido transformadas». Así, cada santo ha sido un pecador, pero ha tenido lugar una obra maravillosa en ellos. El pecador oruga no conoce nada de los deleites del santo metamorfoseado a la nueva vida. La única manera en que una oruga puede entrar en los goces de la vida de la mariposa es siendo hecha «nueva creación»: llegando a «nacer de nuevo». La oruga amante de hojas de col no tiene capacidad para los nuevos movimientos y deleites de la mariposa. Tampoco puede la naturaleza carnal del hombre entrar en los goces de las cosas de Dios sin nacer de nuevo.

2.047. LA SABIDURÍA DEL MUNDO

Es un hecho científico bien conocido que el poder iluminador del fósforo se debe al proceso de descomposición, el resultado de su degradación, aunque no sea ello visiblemente evidente. La sabiduría de este mundo puede ser muy atractiva en ciertas circunstancias, pero con respecto a las cosas espirituales es solo fosforescencia, en comparación con la sabiduría de Dios en Cristo Jesús. Puede ser hermosa, pero es efímera y fugaz, siendo como es sólo el producto del hombre corrompido. En las Escrituras tenemos «más segura la palabra profética, a la cual hacéis bien en estar atentos» (2 P. 1:19).

2.048. LA SANGRE DE JESÚS

Hay una planta llamada *bistorta* que se supone cura la mordedura de serpiente. La divina bistorta es la sangre de Jesucristo, que purifica de todo pecado, que sana de toda mordedura de la vieja serpiente, el diablo. ¡Jesús es poderoso para salvar!

2.049. LA SEMEJANZA A CRISTO

La oruga de la polilla, se nos dice, se vuelve del color de la hoja de la que se alimenta. De esta manera, su color indica el carácter del alimento que toma. Si queremos ser como Cristo, tenemos que alimentarnos de Él. Nuestro carácter moral manifestará siempre el color de la alimentación de nuestra mente. Cristo vivía de la Palabra de Dios su Padre, y mantenía así una vida divina. Si queremos ser sus discípulos, debemos seguirlo en esto. No solo de pan vivirá el hombre, sino de toda palabra que sale de la boca de Dios. «Comed, amigos» (Cnt. 5:1).

2.050. LA UNIDAD DEL ESPÍRITU

En el cuerpo humano hay un músculo llamado «aductor», porque atrae una parte del cuerpo hacia otra. Ésta es la obra del Espíritu Santo en relación con el cuerpo místico de Cristo. En nuestros días se precisa mucho de la acción de este gran «Aductor».

2.051. LA VESTIDURA DE JUSTICIA

Desde la caída de Adán el hombre tiene un profundo instinto de adornarse. El amor del yo y la adoración personal han tomado el puesto del amor a y admiración de Dios. El salvaje espera ser admirado con sus tatuajes, y la dama del mundo mediante sus vestidos parisinos. Adán y Eva pueden haber admirado sus hojas de higuera, pero no estuvieron *vestidos* hasta que Dios los cubrió con pieles. Puede que estemos enorgulleciéndonos de nuestra belleza y logros, mientras que Dios sólo ve nuestra desnudez. Solo la justicia de Dios puede cubrir la vergonzosa desnudez del hombre como pecador. Es «para todos y sobre todos los que creen» (Ro. 3:22, RV 1569).

2.052. LA VIDA HUMANA

¿Qué es un «*breve*»? En *escritura* es una nota *corta*; en *música* es una nota *larga*. ¿Qué es tu vida? ¿Es unos garabatos cortos y apresurados? ¿O es una larga y dulce nota musical? En todo caso es un breve, una nota que, si es corta, puede ser, por la gracia de Dios, hecha dulce.

2.053. LAS DOS NATURALEZAS

Se ha constatado, mediante un examen microscópico, que dentro del cuerpo de una oruga existe una distinta pero no desarrollada mariposa. Al ir desarrollándose la naturaleza de la mariposa, el cuerpo de la oruga debe ser quitado, y la reptante naturaleza terrenal da lugar a la nueva y más elevada vida interior. «¿Quién me libertará de este cuerpo de muerte?» (Ro. 7:24). Gracias a Dios, Jesucristo lo hará. Quita el viejo hombre con sus hechos. La nueva naturaleza engendrada en nosotros por el Espíritu Santo es según la imagen del segundo Hombre, el Señor del Cielo, y un día ascenderá en su gloriosa semejanza.

2.054. LENGUAS CANÍBALES

Los caníbales son llamados «antropófagos», o comedores de hombres, porque se matan y comen unos a otros. Hay diferentes maneras de matarse y devorarse entre sí. Uno lo puede hacer con la *lengua* con tanto éxito como con los dientes. ¿No habla el apóstol de los que se *muerden y devoran* entre sí? (Gá. 5:15). Es bien posible matar y devorar la influencia de alguno mediante la murmuración y la maledicencia. Este espíritu anticristiano es un resto de la era caníbal. Orad por los que os maltratan.

2.055. LIRIOS PODRIDOS

«Las más dulces cosas se amargan por sus actos, y lirios que hieden peor que malas hierbas».

¡Cuán encantadora y fragante es una vida de un santo conformado a Cristo, pero qué fuerte hedor se desprende de uno que fue un gran profesante que ha vuelto a la pocilga del pecado y de la iniquidad abierta! La influencia de su vida es mucho peor que la de la mala planta irregenerada ordinaria. «¡Ojalá fueses frío o caliente! Así, por cuanto eres tibio, y no frío ni caliente, voy a vomitarte de mi boca» (Ap. 3:16).

2.056. LO FALSO Y LO REAL

El profesor Robinson descubrió una vez una planta creciendo de una manera lujuriante en una mina de carbón. Siéndole nuevas su forma y características, hizo llevarla a su jardín, cuidándola con esmero. Pronto la planta languideció y murió, pero de sus raíces salió una nueva y distinta forma de vida, que reconoció rápidamente como un tanaceto común. La vida del tanaceto en la mina era irreal y engañosa, como lo son las vidas de todos los que viven en el pozo de la tiniebla espiritual. No es hasta que somos trasplantados a la luz del reino de Dios que nos volvemos verdaderamente acordes a los más profundos instintos de nuestra naturaleza. «*Él* me extrajo del pozo cenagoso.»

2.057. LOS BENEFICIOS DE LA ADVERSIDAD

Es un hecho sabido que la «tenue luz del ocaso» es mucho más favorable para una provechosa reflexión, porque «mucha luz estimula el nervio óptico hasta el punto de que distrae la atención». La «mucha luz» de la prosperidad tiene a menudo el efecto de distraer la atención de las cosas más permanentes; mientras que la luz tenue de la adversidad resulta más provechosa para la reflexión espiritual.

2.058. LOS ESLABONES DEL TEMOR

El juego de la gallina ciega es muy viejo y, metafóricamente, muy común. Se jugaba vendando los ojos de uno, y diciéndole: «atrápame». Naturalmente, es fácil escapar de las manos de alguien con los ojos vendados. Si los hombres consiguen infundir al predicador temor a ofenderlos, habrán conseguido cegar sus ojos, y podrán sonreír ante sus vanos intentos para atraparlos. Es triste ver a ministros en el púlpito cada domingo jugando a la gallina ciega. «El que teme a los hombres caerá en el lazo» (Pr. 29:25).

2.059. LOS PLACERES DEL PECADO

Con relación al árbol del loto, en el Norte de Africa, existe la fábula de que si un extraño come de su fruto, le hará olvidar su hogar. El fruto del árbol de loto del pecado ha hecho olvidar a muchos su hogar celestial. Como peregrinos y extranjeros sobre la tierra, ¡cuidado con este árbol de loto! Moisés rehusó comer de su fruto (He. 11:5). Abraham buscaba una ciudad.

2.060. LOS PLACERES DEL PECADO

Los ladrones y bandidos tienen lo que se llama sus «francachelas», ocasiones en las que se huelga en secreto en bienes robados, banqueteando en alimentos prohibidos. Su dureza de corazón se ve en el hecho de que realmente gozan de estos diabólicos deleites. ¿Qué diremos de aquellos cristianos que pueden encontrar *placer* en aquellas cosas que son desagradables para Dios? Deleitándose a veces en entretenimientos robados, quizá un libro, una amistad o un mal deseo.

2.061. LUGAR PARA TODOS

Todos saben cuál es el significado de ómnibus. El sentido del nombre es «para todos». Puede quedar fácilmente lleno, y muchos quedarse sin subir a Él. La salvación de Jesús es el *ómnibus* de Dios. Ésta sí es *para todos*. No se producen aquí apretujones, y ninguno es rehusado, ni hay tampoco averías ni retenciones por el camino. Todo el que quiera puede venir.

2.062. MENTALIDAD ESPIRITUAL

Si, como dice Emerson, «El ojo de Lyncaus podía ver a *través* de la tierra», entonces ¿qué otra cosa podía ver en la distancia que los *cielos*? No es siempre lo mejor lo que uno puede ver de manera transparente. ¿Qué ganaría un hombre si ganara todo el mundo, cuando pudiera ver a través de Él? Todos aquellos cuyos ojos han sido abiertos por el Espíritu de Dios pueden ver a través de la tierra a las cosas espirituales y eternas. Son sólo miopes los que no pueden ver a través de la tierra a los cielos más allá. Es triste cuando se permite que la tierra se interponga y ciegue los ojos a la herencia permanente en el reino celestial.

2.063. MIS OVEJAS

Las ovejas no tienen medio alguno de defensa; ni tienen alas ni velocidad de piernas; se reunen en un rebaño, pero sus números no aumentan su fuerza. La única seguridad de ellos reside en el poder y solicitud del pastor. Nosotros somos las ovejas de su prado, y no podemos ser apacentados o defendidos por nadie más. «Vivo en la fe del Hijo de Dios» (Gá. 2:20). «Jehová es mi pastor» (Sal. 23:1).

2.064. MORANDO EN LAS PROFUNDIDADES

Los geólogos nos aseguran que siguen existiendo en las profundidades marinas «especies vivas de animales que en anteriores períodos geológicos vivían en los distritos costeros del océano». Y parecen haber encontrado un refugio de los peligros que parecían amenazar su misma existencia. Nuestra seguridad, lo mismo que la de ellos, depende de morar profundamente en el Dios eterno, que es nuestro refugio (Sal. 46:1).

2.065. MUERTE Y RESURRECCIÓN

Existe un proceso químico conocido como *catálisis*, que ha sido definido en las siguientes palabras: «Es la *descomposición* de un compuesto, y la *recomposición* de sus elementos por la presencia de *otra sustancia*, la cual *no sufre cambios en sí misma*». La descomposición denota muerte, la recomposición es literalmente una resurrección. Esto se logra, se nos dice, por la presencia de un elemento que no puede cambiar, por el poder del Espíritu eterno. ¡Qué ilustración tenemos aquí también de la regeneración de un alma! Hay primero el proceso de *disgregación* de toda soberbia y autosuficiencia, luego el proceso de *reconstitución* por el vivificador Espíritu de Dios, todo ello llevado a cabo por Aquel que es Él mismo inmutable en su carácter y obra. «Porque Yo Jehová no cambio» (Mal. 3:6).

2.066. NACIDOS DE NUEVO

Spenser emplea la palabra «misborn» [erradamente nacido] en relación con aquellos cuyas vidas están llenas de mal y de infortunio. Más tarde o más temprano cada vida experimentará un mal y un infortunio que ha nacido en una mala dirección: de la carne. El único remedio verdadero y efectivo es «nacer de nuevo»: de Dios. «Os es necesario nacer de nuevo» (Jn. 3:7).

2.067. NECESIDAD DE PODER

¿Quién no ha visto a las milicias voluntarias entrenando? Tienen buenos rifles, *apuntan* bien, disparan, se ve la descarga, se oye, pero es sólo una bala de fogueo. No puede hacer nada. ¿No sucede que los predicadores usan a veces cartuchos de fogueo? Puede que tengamos un buen sermón, que tengamos buena intención, y que demos una gran *descarga* –ensordecedora y fiera– pero totalmente impotente para dar muerte a la enemistad del corazón humano contra Dios. Sin el poder del Espíritu Santo el sermón es solo un cartucho de fogueo (1 Co. 4:19, 20).

2.068. NECESIDAD DE AVIVAMIENTO

El rev. J. G. Wood, en su obra *Homes Without Hands* (Casas sin manos), habla acerca de una colonia artificial de hormigas preparada para experimentos, que cuando las hormigas se quedaron lánguidas y dejaron de trabajar debido a la carencia de humedad, un ligero rociado de agua las volvía a la tarea con renovadas energías. Muchas iglesias están inactivas y adormiladas en cuanto a una agresiva obra por Dios por falta de un refrigerio celestial. Una *lluvia* de bendición haría más por mover a sus aletargados miembros a la labor que kilométricos sermones estériles. «Yo seré a Israel como rocío» (Os. 14:5).

2.069. NUESTRA CIUDADANÍA

Un ciudadano es alguien que tiene derecho a todos los privilegios de una ciudad, y que ejerce una actividad con los bienes de aquella ciudad para su propio beneficio y el de sus conciudadanos. «Nuestra ciudadanía está en el cielo.» ¿Estamos reivindicando todos los derechos de la ciudad celestial? ¿Estamos activos en las cosas que tocan a aquella ciudad, para el enriquecimiento de nuestras propias almas y el provecho de los demás? El Gran Alcalde de esta ciudad celestial se complace en cada ciudadano fiel y honorable.

2.070. OBREROS

Hay una gran diferencia entre la hormiga y la chova como obreros. La hormiga se aprovecha de circunstancias accidentales, mientras que la chova falla en ello. Si no puede entrar en la estrecha abertura que lleva a su nido con una ramita en el pico en posición horizontal, la dejará caer. Si tú tienes un trabajo que hacer y no puedes llevarlo a cabo de la manera que esperabas, no lo dejes. Si tu propósito no funciona de través, trata de que funcione a lo largo. Si la palabra del Evangelio no entra a sus anchas, inténtalo de canto; pero, en todo caso, no hagas como la chova, dejándola caer.

2.071. OBREROS FRUSTRADOS

Ha quedado demostrado que cuando el nido de un pájaro ha sido robado varias veces, construye el último de una manera más burda. Queda evidentemente influenciado por la frustración, y estos resultados son muy naturales en aquellos que dependen de sus *obras*. Sea como sea que resulten las cosas, el obrero cristiano nunca debe volverse negligente en su servicio para Cristo. Haz lo último tan cuidadosamente como lo primero, y lo más pequeño tan de corazón como lo más grande. «Todo lo que esté al alcance de tu mano, esmérate en hacerlo según tus fuerzas», porque al Señor Cristo servimos. Los ángeles nunca se sienten frustrados, ni nunca son negligentes en su tarea. Ellos obedecen y adoran. «Ve tú, y haz lo mismo.»

2.072. OBSTÁCULOS

Cualquier sustancia que no transmita formas de la energía como el calor o la electricidad recibe el nombre de «no conductor» o aislante. Los no conductores son muy útiles cuando se debe cerrar el paso a algo dañino, pero son muy perjudiciales cuando se obstaculiza la transmisión de algo bueno. El calor del amor de Dios y la electricidad del Espíritu de Dios buscan la entrada en nuestro corazón y en nuestra vida, pero la *incredulidad y el amor del mundo* actúan como unos muy eficaces aislantes.

2.073. OPORTUNIDAD PERDIDA

Se dice de Isaac Newton que una vez, habiendo desmontado de su caballo para conducirlo cuesta arriba, se le escapó sacando la cabeza de la brida, pero Newton, sin darse cuenta de lo sucedido, prosiguió sosteniéndola hasta que llegó a la cumbre del monte, donde se volvió para montar otra vez. Mientras él había estado ocupado en su mente en una y otras cosas, le había desaparecido el caballo. Tengamos cuidado nosotros, no sea que, mientras que estamos absortos en otras cosas, se nos escape para siempre la oportunidad de la salvación.

2.074. ORGULLO

El tábano es una notoria fuente de molestias para las pobres e inermes ovejas. Se aferra a su nariz y causa un intenso dolor. Para evitar su ataque, las ovejas, al advertir su presencia, bajan la nariz cerca del suelo, o la entierran en la tierra seca. El orgullo es el tábano que provoca muchas molestias a las ovejas de la grey de Cristo. ¡Ojalá los cristianos fueran tan sabios y prudentes como las pobres ovejas, y abajaran la cabeza al polvo a la primera señal de su presencia. Un caminar *humilde* delante de Dios nos salvará de muchos ataques de este enemigo perturbador del alma y de la causa de Cristo. Este tábano parece tener su nido en un profundo rincón del corazón natural.

2.075. PARENTESCO Y VARIEDAD CRISTIANA

Dios «de una misma sangre ha hecho toda nación de los hombres... sobre toda la faz de la tierra». Dios ha hecho también de la una sangre de su Hijo a una familia redimida de entre todas las naciones de la tierra. Se encuentran los mismos condimentos minerales en los trópicos que en la templada Europa, pero las formas vegetales son todas distintas, siendo la diferencia debida a la relación que tienen con el sol. Así como el mismo Espíritu mora en todos los hijos de Dios, sin embargo los frutos exteriores y sus efectos son muy variados. Nuestra relación personal y permanente con Cristo como el Sol de justicia determina el carácter de nuestro fruto.

2.076. PECADO EN EL CORAZÓN

Aquel pequeño promontorio delante del cuello, la «nuez», recibe también el nombre de «manzana de Adán», de la idea de que el fruto prohibido se atascó en el cuello de Adán. El pecado no se atascó en su cuello; fue más abajo, hasta las mismas fuentes de su ser. El corazón es engañoso. Sigue siendo creencia de muchos que un hombre puede tener un buen corazón y una mala vida. «De Él [el corazón] mana la vida» (Pr. 4:23).

2.077. PECADO

Se dice que el jugo del manzanillo es tan venenoso que cuando toca la sangre provoca la muerte con una terrible rapidez. Sin embargo, su apariencia y fruto parecen de lo más hermoso. Exteriormente, es de lo más atractivo; interiormente, es un veneno mortífero. ¡Cómo se parece al pecado! Su mismo atractivo es su mayor peligro. Seduce prometiendo mucho, pero su fin es destrucción. «Cuando el pecado es consumado, produce la muerte.»

2.078. PECADO Y CULPA

Los antiguos solían hacer copas para beber de amatista, suponiendo que impedían la embriaguez. Pero la amatista azul no podía impedir que llegaran las consecuencias del abuso. La copa del placer pecaminoso, por hermosa que sea, no salvará de culpa ni de juicio. «Sabed que vuestro pecado os alcanzará» (Nm. 32:23).

2.079. PECADO Y SALVACIÓN

Los habitantes de la zona tropical, donde nunca se sienten los rigores del invierno, no pueden apreciar del mismo modo la lozanía de la primavera. Nunca han visto la desnudez del invierno, y por ello son incapaces de apreciar la delicia del verano que se avecina. Los que jamás han sentido la frialdad de su propia muerte espiritual, ni han llegado a estar conscientes de su desnudez como pecadores delante de Dios, no se regocijan ante la primavera del amor redentor de Dios. Para apreciar la gracia que es ofrecida en la muerte expiatoria de Cristo, se tiene que sentir la tiniebla y vaciedad del pecado. Fue el hombre que sentía la miseria de la esclavitud el que dio gracias a Dios por su gran liberación (Ro. 7:24, 25).

2.080. PECADOS SECRETOS

Hay una terrible enfermedad llamada marasmo; es una consunción de la carne, sin causa aparente. El marchitamiento prosigue, pero sin haber enfermedad visible alguna. El marasmo espiritual es una enfermedad común. La vida y el testimonio del cristiano pueden ir lentamente decayendo, pero puede que no haya ninguna falta o fallo visibles. Hay pecado secreto, y el Espíritu Santo ha quedado contristado, de manera que la vida y el poder espirituales son sólo un seco esqueleto de lo que fueran. «Absuélveme de los [pecados] que me son ocultos» (Sal. 19:12).

2.081. PECADOS SECRETOS

Hay un insecto que tiene un gran parecido al abejorro, pero que es un terrible enemigo del mismo. Debido a su gran parecido, se introduce fraudulentamente en ocasiones en sus colmenas, depositando sus huevos allí. Pero cuando los huevos se abren, sus larvas devoran las larvas de los abejorros. Entra como amigo y ayudador, pero resulta ser un enemigo devorador. Así es el pecado secreto que se abriga en el corazón. Va corroyendo las partes vitales de la vida espiritual, y destruye eficazmente el poder del crecimiento y la utilidad. Es tanto más peligroso cuando acude como amigo y ayudador en la obra.

2.082. PENSAMIENTO

En la mitología griega, se decía que «Briareus» era un gigante de cien cabezas. El pecado es un gigante así, y cada átomo de su ser puede sacar una cabeza directora. Este monstruo «briareno» sólo puede ser vencido mediante la presencia plena de Aquel «que fue hecho pecado por nosotros, para que nosotros fuésemos hechos justicia de Dios en Él» (*cf.* 2 Co. 5:21).

2.083. PENSAMIENTOS PONZOÑOSOS

Se dice que el cabello de la Medusa, una de las Gorgonas, se convirtió en serpientes. ¡Qué cabeza tan venenosa que debe haber tenido! Cuando los pensamientos e imaginaciones de los hombres son malos, y sólo malos de continuo, ¡Qué contenido de serpientes morales que tiene en la cabeza! Los pensamientos impuros son víboras ponzoñosas. Sacúdelas al fuego.

2.084. PEQUEÑAS ACCIONES

Contemplamos con admiración las extendidas ramas del gran roble que ha resistido a las tormentas durante siglos. ¿Cómo llegó aquí? ¿Quién lo plantó? Una pequeña ardilla enterró una pequeña bellota en aquel lugar hace cientos de años. «¡Mirad qué gran bosque se incendia con un pequeño fuego!» (Stg. 3:5). ¿Cuál será el resultado en las edades de la eternidad de las semillas de Verdad Divina y de bondad sembradas ahora en Nombre de Jesús? Incluso un vaso de agua fría no perderá su recompensa. Las recompensas en el mundo venidero permanecen para siempre. Sé fructífero.

2.085. PERFECTAMENTE SANO

En un cobertizo para locomotoras en América hay un instrumento semejante a un piano, para comprobar máquinas de vapor. El sonido de cada parte de la máquina, cuando está en perfecto estado, va al unísono con la nota correspondiente en la máquina de pruebas. El más ligero defecto en cualquiera de las piezas provocará una disonancia, revelando que la parte es defectuosa. La Palabra de Dios es un perfecto instrumento de prueba del carácter y de la vida de Dios. Si nuestros pensamientos y acciones no están en armonía con ella, es porque hay en nosotros algún defecto por alguna parte. El carácter perfectamente sano estará en perfecta concordancia con este instrumento divino.

2.086. PERO UNA COSA HAGO

La «monomaníaha» sido definida como «obsesión por un asunto». Pero un asunto es cosa suficiente para cualquier hombre que quiera sondearlo y llegarlo a conocer a fondo. Pablo era un monomaniaco cuando dijo: «Pero una cosa hago» (Fil. 3:13). El cristiano que desee no saber nada entre los hombres más que a Jesucristo será considerado por el polifacético mundano como un loco. Pero estos locos tienen un bienaventurado asilo en la casa del Padre en lo alto.

2.087. PLACERES «MEDUSOS»

La medusa es quizá la criatura en apariencia más inofensiva de todos los moradores del océano. Es como los placeres del pecado, atractivos en su forma, pero de carácter mortífero. Veamos como actúa. Los peces pequeños pueden deleitarse por un momento en sus tentáculos aparentemente suaves y tiernos, pero en un momento se ven paralizados, capturados y devorados. Hay abundancia de placeres «medusos» en el mar de la vida humana. *La bebida fuerte* es uno de ellos, el *juego*, otro, el embriagador *baile* y el *amor al dinero* son otros.

Las tentaciones medusas de los negocios y de la sociedad son innumerables. Evítalas del mismo modo que evitarías a una monstruosa medusa al bañarte.

2.088. PLANTADOS EN CRISTO

Es una singular y hermosa providencia de Dios que casi todas las plantas en los climas cálidos, donde la lluvia es escasa y hay pocos ríos, tienen «raíces tuberosas enterradas muy por debajo de la tierra», de manera que no saben cuando llega la sequía, y son casi independientes de sus circunstancias externas. Éste es el privilegio especial de los hijos de Dios, que son plantados en Cristo. Las raíces de sus vidas penetran en las profundidades de la plenitud de Dios. Esta vida es totalmente independiente del medio ambiente de los placeres o modas del mundo. No verán cuando llegue la sequía. Son como árboles plantados junto a ríos de aguas, cuyas raíces penetran profundamente en la corriente incesante del amor eterno y de la gracia inmutable de Dios. Y su hoja no se caerá (Sal. 1:3).

2.089. PODER PARA SERVIR

Un gran poder para servir se consigue estando de continuo en ello. El imán, por la constante actividad, aumenta más bien que disminuye su potencia con la actividad constante. Va perdiendo gradualmente su potencia cuando se deja a un lado y deja de ser empleado. El poder magnético puede ser impartido y crecer con ello. Lo mismo sucede con el poder espiritual, que es impartido por el Espíritu Santo, y que puede ser desarrollado mediante la obra activa para el Señor. Los que tienen el mayor poder para Dios son generalmente aquellos que están más dedicados a la causa del Maestro.

2.090. PODER PARA SERVIR

Toda luz y poder dependen de tener su propia condición. Una brasa de madera estalla en llama cuando es echada a un recipiente con oxígeno. Un alma al rojo vivo con celo celestial, al ser bautizada con la atmósfera del Espíritu Santo, estallará en una llama de poder para Dios, una llama que no podrán apagar todas las tormentas y fuerzas opuestas de la tierra y del infierno. Pero así como una combustión eficaz depende de una constante presencia del oxígeno, así un eficaz y ardiente testimonio para Dios depende de que permanezcamos en el poder de la presencia del Espíritu Santo. «Yo estoy lleno del poder del Espíritu de Jehová» (Mi. 3:8). Sed llenos del Espíritu Santo.

2.091. PODER PULMONAR ESPIRITUAL

Cuando alguien sufre de asma, no se puede ocultar; cada vez que respira es una confesión de ellos; y no son pocos los cristianos que tienen problemas con la respiración. Cada vez que oran parece más como si se ahogaran. No respiran libremente en presencia de Dios. Su poder pulmonar espiritual es muy pequeño. Tienen necesidad de orar: «Espíritu, ven... y sopla» (Ez. 37:9).

2.092. PREDICACIÓN Y ENSEÑANZA

El granjero tiene dos maneras de plantar su semilla. Al plantar grano, lo *esparce*. Al sembrar nabos, la semilla es cuidadosamente *colocada* en el agujero. El predicador esparce la semilla de la Palabra. El maestro la coloca en el corazón según los oyentes pueden sobrellevarla, «trazando rectamente la Palabra de Verdad» (2 Ti. 2:15).

2.093. PREJUICIOS

La enfermedad moral del prejuicio, como la enfermedad física de la ictericia, se caracteriza por la coloración de los ojos. Si tu ojo es sencillo (puro), entonces todo tu cuerpo estará lleno de luz. Si tu ojo (ictérico) te ofende, arráncalo de ti. El prejuicio cierra la puerta a muchos amigos. Es el *rostro abierto* el que se transforma a su semejanza.

2.094. PRIVILEGIO Y PROVISIÓN

Un oficial del ejército recibe en ocasiones lo que se llama un «nombramiento efectivo», esto es, una comisión a tomar una graduación por encima de aquella para la cual es pagado. Su grado de honor aumenta, pero sus *ingresos* no. Su responsabilidad es mayor, pero su provisión no queda aumentada. Gracias a Dos, no hay «nombramientos efectivos«en el servicio del Señor, aunque el diablo ha estado predicándolo durante siglos, y aunque parece que muchos cristianos lo crean. Para cada privilegio *aumentado* en el servicio de Jesucristo se da un aumento de suministro. *Según* tus días serán tus fuerzas. «Bástate mi gracia» (2 Co. 12:9).

2.095. PROMESAS CON CHEQUE EN BLANCO

Un cheque en blanco es un documento con la firma de una persona rica en la parte inferior, y que puede ser cumplimentado a placer por aquel a quien ha sido entregado. Es la feliz parte del cristiano tener un cheque en blanco así, firmado con el Nombre de Aquel que tiene todo poder en los cielos y en la tierra. Aquí tenemos uno de estos: «Si me pedís algo en mi nombre, Yo lo haré» (Jn. 14:14).

2.096. PROMESAS SUSTENTADORAS

En algunos «jardines de infancia» hay lo que se llama «andadores». Se emplean para sostener a los niños cuando comienzan a andar. Los hijos de Dios tienen estos días mucha necesidad de ser mantenidos por los «andadores«de las promesas ciertas de Dios, especialmente los bebés en Cristo, si quieren aprender a caminar de manera digna. «Delante de la caída [va] la altivez de espíritu» (Pr. 16:18).

2.097. PROVISIÓN PARA LA CARNE

Justo antes de la Cuaresma, los catolicorromanos tienen lo que llaman el tiempo de carnaval, que literalmente significa el *solaz de la carne*. Si han de ayunar durante la Cuaresma, tienen que gozar antes de una especial licencia. El solaz de la carne no queda limitado a los romanistas. Se nos exhorta a que no hagamos provisión para la carne. Si vivimos en la carne, la carne hará provisión para sí misma; si vivimos en el Espíritu, las concupiscencias de la carne serán crucificadas.

2.098. PRUEBAS CON FUEGO

Antes de que los colores puedan quedar fijados al vidrio, éste tiene que ser sometido a un intenso calor; luego el vidrio puede ser roto en pedazos, pero el resultado del fuego nunca puede desaparecer. Algunas verdades nos tienen que ser grabadas con fuego, y con este propósito es que se emplea frecuentemente el horno de la aflicción. Las lecciones así aprendidas quedan permanentemente marcadas; por ello, glóriate también en las tribulaciones.

2.099. PUREZA

Todo el mundo sabe que ciertas materias textiles, cuando son dejadas al *aire libre*, se blanquean. Pero para conseguir este blanqueado tienen que *exponerse totalmente* a los purificadores elementos. Así es con la vida cristiana. Debe darse una total rendición de todo, y la exposición total y sin reservas de todo el corazón y vida del pecador a la purificadora influencia del Espíritu Santo.

2.100. PURIFICADO CON FUEGO

La limpieza de fondos de una nave se hacía para limpiar el casco de algas, conchas, piedras, etc., con *fuego*. Cada prueba ardiente es para la purificación del alma. Hay pequeñas cosas que se alojan en nuestros corazones. Crecen y se multiplican hasta que llegan a ser *pesos* y dificultan nuestro progreso en la vida cristiana. Cuando el fuego del Espíritu Santo viene sobre nosotros, o nos llena, estos hábitos o concupiscencias, que son solo excrecencias sobre la nueva vida, son pronto quemados.

«Ven como fuego y purifica nuestros corazones
como llama sacrificial;
Que toda nuestra alma sea ofrenda
al nombre de nuestro Redentor.»

2.101. ¿QUÉ ES EL HOMBRE?

El hombre ha sido designado con mucha propiedad como un «microcosmos», esto es, «un pequeño mundo», un pequeño mundo lleno de grandes posibilidades, un pequeño mundo envuelto en las tinieblas del pecado y de la muerte, o rodando en la luz del día eterno, un pequeño mundo de caos, confusión y desorden debido a la rebelión contra Dios, o de armonía, feracidad y hermosura debido a la obediencia a Dios; un mundo amado por Dios y por el que Cristo murió, y en el que el Espíritu de Dios quiere anidar y morar; un mundo que puede ser salvado y transformado en un paraíso de Dios, o perdido y quemado en las llamas de la ira eterna. «¿Qué es el hombre (...) para que te preocupes de Él» (He. 2:6).

2.102. ¿REALIDAD O SIMULACIÓN?

Hay una gran diferencia entre la madreperla y las pompas de jabón. Sin embargo, ambas están caracterizadas por la misma riqueza de colorido; pero el valor y el poder permanente de la una es infinitamente mayor que la otra. Es bien posible tener muchos puntos de parecido con la verdadera vida cristiana, pero estar tan destituido de la verdadera virtud, a los ojos de Dios, como la pompa de jabón respecto a la madreperla. Los cristianos de pompa de jabón jamás soportarán la prueba de fuego.

2.103. RECORDAD A LOS JÓVENES

El ministro cristiano debería parecerse al bonito y pequeño «Junípero», que da bayas jóvenes mientras las viejas maduran. Si descuidara las jóvenes, pronto no tendría viejas de las que cuidar. Mientras buscamos llevar a cristianos mayores a la madurez, no olvidemos a los niños. «Apacienta mis corderos» (Jn. 21:15).

2.104. LA RECTITUD

Es posible incluso en la vida cristiana practicar lo que en los asuntos del mundo recibiría el nombre de «chalaneo». Uno que chalanea intenta sacar provecho privado de su posición y actividades *oficiales*. Los chalaneadores religiosos son los que buscan cargos eclesiásticos y hacer obra cristiana para sacar un provecho egoísta de ello. Como los jockeys, montan en el caballo de otro para provecho propio.

2.105. RECULADORES RELIGIOSOS

Reculador significa *uno que vacila*, uno que se ha apartado del camino recto. Todos hemos visto al espantapájaros, que tiene el objeto de hacer huir a los pájaros de los sembrados. Cuidaos de los escépticos y dubitativos que se han apartado de la verdad de Dios, y que intentan atemorizar a las almas tímidas del campo de las Escrituras inerrantes, y que actúan como espantapájaros de Satanás. Ya sabéis que los espantapájaros sólo consiguen su fin asumiendo una *apariencia*.

2.106. REDIMIENDO EL TIEMPO

El Lunes de Pascua del año 1360 el ejército del rey Eduardo III de Inglaterra sufrió terriblemente debido a la severidad del invierno. Aquel día se conoce hoy como «El Lunes Negro». Pero ¿fue aquel el único «lunes negro»? ¿Acaso un domingo malgastado no introduce siempre un lunes negro? Los días brillantes de privilegio malgastados comportarán con toda certeza negros días de remordimiento. Redime el tiempo.

2.107. REFUGIOS EN RUINA

Los peces voladores, cuando se encuentran aterrados y apremiados por sus enemigos, salen volando del agua, y en ocasiones buscan refugio en un barco que pasa, donde los marineros los recogen gustosos, y donde los pobres peces, sin aliento, encuentran su fin. Al ver el pecado como enemigo, y por miedo del juicio venidero, las almas aterrorizadas salen frecuentemente volando de sus viejos alrededores, pero en lugar de huir hacia Cristo, el único Salvador, se refugian en el barco de la mera reforma moral, y caen como fáciles presas de la soberbia y de la propia suficiencia, que obran la muerte con tanta seguridad como cualquier otro pecado. «DIOS es nuestro Refugio» (Sal. 46:1).

2.108. RESPONSABILIDAD

Las plantas se cierran al aproximarse la noche, y se abren al alba. Considera las plantas, como crecen. Las tinieblas del pecado y de la duda no pueden añadir a la belleza de la vida cristiana. No podemos evitar entrar en contacto con tales tinieblas, pero, como las plantas, podemos cerrar nuestro ser a su dañina influencia.

2.109. ROBANDO LA PALABRA

Las gaviotas atrapan el pescado por sí mismas, pero hay otra ave, la *skua*, que las persiguen para arrebatarles la presa. Las ladronas *skuas* no quieren molestarse en zambullirse dentro del océano para conseguir su propio alimento, sino que viven de lo que otros sacan. ¿No hay muchos del pueblo de Dios que consiguen su alimento espiritual de una manera muy similar, que no se toman la molestia de zambullirse en el océano de la Palabra de Dios para alimentarse por sí mismos, sino que están siempre tras aquellos que lo hacen para poderlo conseguir de ellos? Hay abundante provisión en el mar para todos. «Escudriñad las Escrituras» (Jn. 5:39).

2.110. SANTIDAD

Antiséptico es lo que contrarresta la putrefacción, pero para ser eficaz, tiene que entrar en contacto con ella. El Espíritu Santo morando en nosotros es el omnipotente antiséptico contra las concupiscencias de la carne. «El pecado no se enseñoreará de vosotros» (Ro. 6:14).

2.111. SANTIDAD

No hay nada que deba ser más temido que ser nosotros los jueces en esta cuestión. El sacerdote tenía que lavarse en la pila tanto si se consideraba limpio como no.

2.112. SEGUROS DE VIDA

Todos están familiarizados con las Sociedades de Seguros de Vida. Pero, después de todo, ninguna sociedad puede asegurar la vida por un solo momento. Pueden asegurar una cantidad de dinero al *morir*, pero esto no es asegurar la vida. El único *seguro de vida* para el hombre se encuentra en el Evangelio de la gracia de Dios: la unión con el siempre vivo Hijo de Dios. «Todo aquel que vive y cree en Mí *no morirá eternamente*» (Jn. 11:26). ¿Te has asegurado la vida?

2.113. SELLADO

Para impedir apropiaciones indebidas, el gobierno británico graba o estampa su sello, la ancha flecha, en todos los materiales sólidos en los muelles de su Majestad. El Sello Real del cielo es puesto sobre todas las almas que pertenecen al reino de Dios. Cada persona redimida está marcada. Estáis sellados con el Espíritu Santo. Míos seréis.

2.114. SERVICIO

No cada nave está preparada para el mismo servicio, ni cada cristiano puede llevar a cabo la misma obra. En algunos puertos se puede ver un viejo barco que se ha vuelto ineficaz por su edad para el servicio activo, pero que es ahora útil para la defensa del puerto. Si un hombre no puede luchar en el campo evangelístico, puede, si pertenece al ejército de Dios, defender uno u otro de los fuertes del cristianismo. Una vida consecuente es siempre una buena defensa.

2.115. SERVICIO ESPASMÓDICO

Hay un fármaco llamado *antiespasmódico*, que se supone es un remedio contra los espasmos o convulsiones. ¿No es ésta una medicina muy necesaria para muchos obreros cristianos, que sólo sirven a Cristo de vez en cuando, y lo hacen como en un espasmo? Puedes ver claramente que no se sienten dichosos en ello. El antiespasmódico, para ellos, es ser llenados del Espíritu Santo, que llena el corazón de amor por las almas, y de fe en Cristo. Esto lleva a trabajar con constancia y perseverancia.

2.116. SIN RESUELLO ESPIRITUAL

Se puede estar sin resuello cuando se ha perdido la respiración o cuando se está agotado e incapacitado por el trabajo. ¡Cuántos aspavientos hacen algunos cuando hacen un poco por la causa de Cristo! Se encuentran sin resuello durante una semana después, y no pueden hablar acerca de ninguna otra cosa. Es maravilloso lo resistentes que algunos profesos cristianos pueden ser cuando hablan acerca de cosas del mundo, y sin embargo jadean y se agitan y parecen sin resuello cuando se trata de cuestiones espirituales. Este asma espiritual es el resultado de unos enfermizos órganos respiratorios, y la causa es la respiración del contaminado aire del mundo, y descuidar el limpio y sano aire de la oración secreta y de la santa comunión con Dios. Un hombre no lleno del Espíritu Santo será siempre un hombre *sin resuello*. Los hombres sin resuello resultan obreros deficientes. «Sed llenos del Espíritu» (Ef. 5:18).

2.117. SOBERBIA

La soberbia y la ambición son mellizos. La palabra «ambición«tuvo su origen en Roma, derivada de candidatos que visitaban a la gente en busca de votos. Buscar el honor que viene de los hombres es una ambición no santa, y traiciona una soberbia de corazón que se opone al Espíritu de Jesucristo. Si Dios es por nosotros, entonces tenemos la mayoría, y no deberíamos buscar el favor de los hombres.

2.118. TEMOR PARALIZADOR

Hay un temor que es «principio de la sabiduría» (Sal. 111:10): el temor filial y reverente a Dios, pero ¿por qué debería un hijo de Dios quedar paralizado y estupefacto a la vista del enemigo, como una perdiz llena de pavor y vencida ante la vista de un buitre o de un halcón, hasta el punto de perder toda su capacidad de dominio propio hasta que ha desaparecido su enemigo? Nuestros enemigos son grandes y mortíferos, pero mayor es Aquel que está con nosotros. La amenazadora actitud del mal de nuestros días no debería en absoluto dificultar la fe y las actividades del siervo de Jesucristo.

2.119. TENTACIONES

La «rana pescadora«ha recibido el nombre de «diablo de mar«porque se supone que atrae y atrapa pececillos por medio de apéndices parecidos a gusanos en su boca. ¿Cuántos apéndices engañosos tiene el demonio de la bebida saliéndole de la boca? Cócteles, reuniones sociales, cenas de gala, etc. Hombres sin carácter se dejan atrapar y son devorados. Las atracciones del pecado son sólo los tentadores gusanos colgando de la boca de la vieja serpiente, el diablo. No os dejéis engañar.

2.120. TENTACIONES

Nuestras tentaciones nos vienen frecuentemente del lugar más inesperado. El astuto cazador de aves, para atrapar ciertas aves, generalmente emplea aves del mismo plumaje. La descuidada ave no teme a su compañera, y es tentada a la cautividad. Cuidado con la astucia del viejo tentador que es el diablo. Puede engañarte por medio de aquellos que más se parecen a ti. La cautiva alondra en manos del tentador es más peligrosa para ti que el más temido halcón. El cristiano mundano puede ser más peligroso que un enemigo declarado.

2.121. TENTACIONES

Las tentaciones puede ser evidencias de vida y de riqueza espirituales. ¿Por qué será que el Mar Muerto no tiene jamás el «rugir profundo» del océano? Porque está muerto. ¿Por qué será que nunca es visitado por las gaviotas, o pelícanos? ¿Por qué todas «las aves migratorias pasan por encima sin detenerse siquiera un momento a buscar presas»? Porque está muerto. ¿Por qué es que los inconversos no son visitados por las tentaciones que sufre un cristiano? Por la misma razón.

2.122. TESORO EN EL CIELO

Los que lisonjean y adulan a los ricos con el objeto de conseguir un legado reciben el nombre de «cazadores de herencias». Estos codiciosos harán cualquier cosa por complacerse, únicamente para conseguir que su nombre quede seguro en la herencia. El cristiano no tiene por qué cazar herencias; le ha sido dejado suficiente por medio de la muerte del Hijo de Dios. Pero bien puede buscar solícito el favor de Cristo, haciéndolo todo para agradarle a Él, y así amontonando tesoro en el cielo.

2.123. TESTIMONIO

Hay una clase de carbón llamado «carbón ciego», porque arde sin mostrar llama. Pero aunque no muestre llama puede desprender un buen calor. Si bien no se puede ver, se puede sentir. ¿No es acaso posible tener un llameante testimonio de boca afuera, y sin embargo carecer de calor? Hay cristianos de carbón ciego, muy útiles, que no son tan vistos como sentidos. Pero lo mejor es tener llama y calor, un testimonio tanto de los labios como de la vida.

2.124. TESTIMONIO Y AFLICCIÓN

De la parte interior de un cierto árbol en el Asia tropical se consigue lo que se llama «madera de áloes». Esta madera da su mayor fragancia cuando se pone en el fuego. No habrá un testimonio fragante para Dios en los fuegos de la aflicción a no ser que el hombre interior sea mantenido dulce y agradecido en comunión con Jesucristo.

2.125. TESTIMONIO Y FERACIDAD

No cada flor llega a dar fruto. Una abundancia de flores no siempre lleva a una abundancia de frutos, pero una escasez de flores ciertamente determina una escasa cosecha. Así, es posible que haya mucho testimonio y poco fruto, pero allí donde hay mucho fruto hay siempre mucho testimonio. La piña americana (la mejor fruta) es fruto de muchas flores. «En esto es glorificado mi Padre, en que llevéis mucho fruto» (Jn. 15:8).

2.126. TRANSFORMADO

Cada planta que ha pasado a ser cultivada ha sido mejorada, hermoseada y hecha más útil. Cada alma que ha pasado a las manos y cuidado diestro de Jesucristo ha sido también tremendamente mejorada, en que ha quedado hermoseada con la justicia de Dios, transformada a su semejanza, y hecha útil para su servicio y reino. Así como la planta mejora estando pasiva en manos del diestro hortelano, también nuestra alma quedará maravillosamente *prosperada* al quedar totalmente sometida al sabio y tierno trato de Aquel que todo lo hace bien, y que tiene el poder y la buena disposición de hacer grandes cosas con cosas pequeñas.

2.127. TRAZA RECTAMENTE LA PALABRA DE VERDAD

Mezclar el té ha venido a ser un arte muy cultivado en estos últimos tiempos. El gran objeto es que sea placentero para todos los gustos. El aroma es lo principal. También en estos días es un arte muy cultivado mezclar los pensamientos de los hombres con la Palabra de Dios, y así mezclarlos (corromperlos) de manera que los oídos con comezón de oír se complazcan grandemente con ellos. La Ley y el Evangelio, las obras y la fe, son tan habilidosamente mezclados, que los corazones irregenerados lo reciben con satisfacción. Pero no se nos ordena mezclar rectamente la Palabra, sino trazarla rectamente.

2.128. UN NOMBRE HERMOSO

Se dice que el «pez ángel«es notable por su voracidad y fealdad, estando relacionado con la familia de los tiburones. Uno esperaría un carácter diferente de un nombre tan celeste. El nombre no lo hace de naturaleza angélica. Puede que adoptemos una apariencia angélica, incluso teniendo un corazón de tiburón. Puede que hayamos asumido el nombre de Cristo, mientras que el corazón está en enemistad con Dios.

2.129. UNA ADVERTENCIA A LOS OCIOSOS

¡Mirad, hermanos, que no haya en ninguno de vosotros un corazón malo de pereza! Cuando las abejas obreras han terminado la reproducción, y descubren que tienen suficientes reinas, entonces caen todas sobre los zánganos, que son muertos sin misericordia. Así la Naturaleza, con estas ocupadas obreras, impone la sentencia de muerte sobre los inútiles zánganos. Ésta es también la ley del mundo espiritual. Aquellos cristianos que no trabajan para el bien de la causa de Cristo entre los hombres se verán visitados por la plaga de muerte en sus espíritus. Ningún zángano en la viña puede vivir con salud y prosperidad en su alma. «¡Hijo, ve a trabajar hoy!» El que no quiera hacer la obra de Dios no debería comer el alimento de Dios.

2.130. UNA LENGUA PARALÍTICA

Hay una cierta dolencia del sistema nervioso llamada *afasia*, en la que el paciente se ve incapaz de expresar sus pensamientos mediante el lenguaje. La conexión entre su mente y su lengua ha quedado interrumpida. ¿Cuántos cristianos sufren esta enfermedad? Puede que *piensen* bien de Cristo, pero nunca *hablan* de Él.

2.131. UNA MALDICIÓN SANADA MEDIANTE UNA MALDICIÓN

Hay una antigua leyenda de que durante una plaga un ángel le mostró a Carlomagno la raíz del cardo carlino como cura para la peste. Los cardos son uno de los frutos de la maldición. No creemos demasiado la leyenda de que la raíz de aquello que representa una maldición cure la maldición de la peste, pero sí sabemos y creemos que el Cristo, que «por nosotros fue hecho maldición», es un remedio infalible para la maldición del pecado (Gá. 3:13).

2.132. UNIÓN

Alunos fragmentos de materia tienen una maravillosa fuerza atractiva cuando son traídos a un estrecho contacto entre sí. ¡Cuán difícil es, por ejemplo, separar dos trozos iguales de vidrio pulimentado cuando han entrado en contacto! El secreto de esta tenaz unión reside en que no hay nada en ambos lados de las piezas de dificulte su adhesión. Si nuestra unión con Cristo, o unos con otros, debe ser estrecha y permanente, no debe haber nada entre medio. No debe haber ninguna partícula de pecado sin confesar o de falta de caridad. Del lado de Cristo tenemos un plano perfecto, y en el nuestro tenemos mucha rugosidad, pero el plano del Espíritu Santo es igual al plano del Santo Hijo, por lo que en el Espíritu puede haber una perfecta unidad.

2.133. UNO ES VUESTRO MAESTRO

Dos abejas reinas ni pueden vivir juntas en la misma colmena. «No podéis servir a Dios y a Mamón.» Bien nos iría si, cuando nos entregamos a Cristo, hiciéramos como algunos bárbaros príncipes, que cuando reciben la corona, echan en la mazmorra o dan muerte a todos aquellos que pudieran intentar usurpar su trono o estorbarles de emplear su autoridad. Todo lo que estorba a los cristianos de ejercer los privilegios y autoridad que poseen como hijos y siervos de Dios debería ser en el acto o sometido o echado fuera. Con respecto al pecado y al mundo, el espíritu cristiano es severamente autocrático.

2.134. VALOR

Se ha dicho que lo que se ha atribuido al tigre de ferocidad se debe a su «increíble audacia y valor». Simplemente, no ve peligro alguno, no conoce ningún temor, no deja las cosas para después, no emplea estratagemas, y no abandona su objetivo. ¿Son éstos los elementos del valor del cristiano? Si estuviéramos llenos de un profundo sentido de la presencia y del poder de Dios, y de nuestros privilegios y responsabilidades, ¿no nos cegaría ello a muchas de las cosas que nos perturban y aterrorizan, y que inspiran a muchos actos y obras que ahora nos acobardan? «Esforzaos y cobrad ánimo» (Dt. 31:6).

2135. VANA ESPERANZA

Muchos están familiarizados con aquel patético cuadro llamado «la lejana nave». La doncella aparece sentada en una peña, con la mano izquierda a guisa de visera sobre los ojos, mirando lastimeramente a un océano sin naves.

«Fatigosamente esperará la doncella,
Meses y años antes que acabe su espera,
Por un amor que jamás volverá,
Por una nave que nunca a puerto arribará.»

No es esta la esperanza del cristiano, porque Cristo ha dicho: «Vendré otra vez, y *os tomaré conmigo*» (Jn. 14:3). Pero, como esta doncella, *esperemos* anhelantemente la venida de Aquel a quien amamos, y que en su venida nos bendecirá con la gloria de su presencia eterna.

2.136. VIDA DIVINA

La mejor variedad de asbesto es el «amianto». Recibe este nombre porque no se puede manchar ni destruir. Así es la vida divina en el alma. Lo que es nacido de Dios no puede pecar, no puede ser tocado del mal. Es también indestructible, imperecedero.

2.137. VIDA EN MUERTE

Es un hecho de lo más destacable que el ave más hermosa del mundo ha sido vista haciendo su nido en el árbol más mortífero de la creación. El colibrí, o ave del paraíso, hace sus nidos y vive sobre la ponzoña del mortífero manzanillo. ¡Qué relación ésta! El árbol más mortífero para el Hijo del Hombre era la Cruz, pero es la vida de los hijos del Paraíso. Es vida en muerte. El pecado es una terrible ponzoña. Cristo bebió en el árbol de la muerte el terrible fruto de la maldición. Ahora cada hijo del Paraíso construye en Él sus esperanzas, y halla su vida en Él. Vivimos por la fe en el Hijo de Dios (Gá. 2:20).

2.138. VIENDO LO INVISIBLE

Cuando alguien está en un estado de *clarividencia*, se supone que están, según el sentido del término, en un estado de *ver las cosas claras*, de manera que pueden ver cosas invisibles a los otros. Hay en verdad un estado de clarividencia espiritual en el que se pueden ver las cosas de una manera en que otros cuyos ojos nunca han sido abiertos no pueden comprender. Moisés «se mantuvo firme, como viendo al Invisible» (He. 11:27). No miramos a las cosas que se ven, sino a las cosas invisibles y eternas.

2.139. VOLUNTARIOS O REGULARES

En Inglaterra, cuando alguien se apunta a los Voluntarios, se ofrece para el servicio militar, pero solamente para servir dentro de la nación; cuando alguien se une a los Regulares, se ofrece para servir donde sea que se le envíe. ¿Eres un voluntario o un regular en el servicio de Cristo? ¿Estás dispuesto a ir a cualquier sitio por Jesús?

ÍNDICES DE:

- PALABRAS CLAVE
- TÍTULOS DE LOS BOSQUEJOS
- VERSÍCULOS CLAVE

E

F

H

P

S